歷代名臣奏議

一

附 篇名目録 作者索引

（明）黄淮　楊士奇　編

上海古籍出版社

圖書在版編目（CIP）數據

歷代名臣奏議 /（明）黄淮、楊士奇編 . — 上海：上海古籍出版社，2012.12（2025.3 重印）
ISBN 978－7－5325－6482－8

Ⅰ . ①歷… Ⅱ . ①黄… ②楊… Ⅲ . ①奏議—彙編—中國—古代 Ⅳ . ① K206.5

中國版本圖書館 CIP 數據核字（2012）第 107566 號

歷代名臣奏議
（全五册）
［明］黄　淮　楊士奇　編
上海古籍出版社出版發行
（上海閔行區號景路 159 弄 1-5 號 A 座 5F　郵政編碼 201101）
（1）網址：www.guji.com.cn
（2）E-mail：guji1@guji.com.cn
（3）易文網網址：www.ewen.co
上海世紀嘉晉數字信息技術有限公司印刷
開本 787×1092　1/16　印張 310.25　插頁 25
2012 年 12 月第 1 版　2025 年 3 月第 6 次印刷
ISBN 978－7－5325－6482－8
K·1593　定價：1480 圓

序言

《歷代名臣奏議》三百五十卷，明黄淮、楊士奇編。黄、楊《明史》有傳，黄有《省愆集》、楊有《東里集》傳世。明成祖永樂時，兩人曾任太子東宫僚。永樂十二年（一四一四），明成祖征瓦剌還北京，「以太子遣使迎駕緩，徵侍讀黄淮、侍講楊士奇，正字金問及洗馬楊溥、芮善下獄，未幾，釋士奇復職」，而黄淮却「坐繫十年」，直到明洪熙皇帝即位後，方才出獄「復官」〔一〕。今存永樂十四年（一四一六）付梓的《歷代名臣奏議》，應是兩人任宫僚時所編。按此書君德、聖學、治道等等分門看來，無疑是供統治者參稽歷代政治得失，以爲借鑑之用。當此書付梓之際，編者黄淮尚在囹圄之中。

《歷代名臣奏議》卷帙龐大，所搜羅的奏議，上自商周，下迄宋元，稱得上是古今奏議之淵海，不論前代後世，尚無在規模上與之相頡頏的奏議彙編。

《歷代名臣奏議》之成書，僅比著名的《永樂大典》晚數年。從今存《永樂大典》殘本看來，在明朝前期，人們所能看到的自唐以前文字記載，或遼、金兩代文字記載，其實已與清人和今人差不多。唯獨宋、元兩代，當時却能看到許多後人看不到，或不易看到的文字記載。至於明人的著述，在立國四十年間，尚不算太多。清人修《四庫全書》時，從《永樂大典》中輯出許多宋、元載籍，他們自詡「菁華已採，糟粕可捐」，故《永樂大典》一書「原可置不復道〔二〕」。其實，《永樂大典》中的大量宋、元載籍，例如著名的宋朝會要，元朝《經世大典》等，都未被《四庫全書》搜採，或成遺缺。從治斷代史的角度看，《永樂大典》所遭受的劫難，實爲宋、元史研究最可痛心的損失。

《歷代名臣奏議》一書的編纂，也有與《永樂大典》類似的特點。此書自唐以前之奏議，大致録自今人所能看到的古書，故一般説來史料價值不大。遼、金兩朝之奏議，大致節録自《遼史》和《金史》等，史料價值也不太大。此書所録宋人奏議，約占全書篇幅的十分之七八，乃全書之精華所在。其次是元人奏議，如趙天麟、鄭介夫等人的奏議，亦常爲人們所引用。

從現代史料學的角度看，《歷代名臣奏議》一書無疑是研究宋、元史，特别是宋史的重要資料，其史料價值大致有以下幾個方面。

第一，不少宋人已無文集或奏議集傳世，而他們的很多奏議却保存於《歷代名臣奏議》一書。南宋趙汝愚編纂《國朝諸臣奏議》一百五十卷，但此書搜録範圍僅限於北宋的諸臣奏議。《歷代名臣奏議》的北宋諸臣奏議與《國朝諸臣奏議》互有異同，而其南宋諸臣奏議，却爲《國朝諸臣奏議》所無。例如曾任執政和宰相的張浚，雖然志大才疏，却仍是宋史研究中不容忽略的人物。其《張魏公奏議》包括《紹興奏議》和《隆興奏議》各十卷〔三〕，已經佚亡，而《永樂大典》殘本和《歷代名臣奏議》兩書中，却搜録了他的許多奏議。虞允文指揮了著名的采石之戰，扭轉了宋朝的敗局。他著有《虞雍公奏議》二十二卷，共二百二十七篇〔四〕，亦已佚亡，而《歷代名臣奏議》中也保留了他的許多奏議。著名詞人辛棄疾是南宋的一位英雄人物，其《稼軒奏議》也已佚亡，鄧廣銘先生所編《辛稼軒詩文抄存》一書，即是從《歷代名臣奏議》等書中保存的詩文輯録而成。人們研究宋史，常苦於南宋後期傳世史料之不足，而《歷代名臣奏議》也保留了不少南宋後期的諸臣奏議，提供了有價值的記載。關於雲南地方史，自唐朝樊綽《蠻書》之後，至元朝占領大理之前，空白甚多，在某種意義上成爲歷史記載中的一個斷層。《歷代名臣奏議》卷三三九吴昌裔《論湖北蜀西具備奏》介紹了蒙古軍攻大理時，雲南的民族和地理狀況，是一份有價值的史料。

第二，今存宋人文集大多爲《四庫全書》本，其中很多奏議文字，經清人篡改，而失其真。因此，《歷代名臣奏議》所録之宋人奏議，即使與今存的宋人文集重複，也具有資料原始性，有較高的校勘價值。换言之，以《四庫全書》爲原始版本的宋人文集，若其中奏議與《歷代名臣奏議》重複者，從版本學的角度考慮，自然以使用《歷代名臣奏議》爲好。例如袁燮《絜齋集》卷四《論備邊劄子二》説：「自秦檜當國，陰與金人相結，沿邊不宿重兵。故大軍屯於江山，有急出戍，給之生券。」今查對《歷代名臣奏議》卷三三七同一奏，「陰與金人相結」，原作「陰與虜結」，而經清人篡改；「江山」，應作「江上」。類似例證甚多，不必贅舉。南宋抗金名臣宗澤文集有兩個流行版本，一爲《金華叢書》本，一爲台灣影印清康熙刊本，連同《建炎以來繫年要録》一書所保存的宗澤奏議文字，都是經過清人篡改的。若以《歷代名臣奏議》和《三朝北盟會編》所搜録的宗澤奏議參對，就不難發現，要認真整理宗澤文集，以便於研究宗澤這個歷史人物，就只能以後兩部書作爲原始版本。

第三，有些宋人雖有較好版本的文集或奏議集傳世，《歷代名臣奏議》一書也仍有拾遺和補闕之價值。例如北宋名臣范仲淹，其文集之流行版本是《四部叢刊》本的《范文正公集》，乃影印明翻元刊本，文字未經清人篡改。此文集中僅存《范文正公政府奏議》上、下兩卷，限於他任參知政事時的上奏。事實上，范仲淹著有「文集二十卷，奏議十七卷，兩府論事三卷〔五〕」。《歷代名臣奏議》保存了《范文正公政府奏議》之外的不少奏議，如此書卷三二四共載范仲淹十三奏，其中有六奏爲文集所無。

綜上所述，《歷代名臣奏議》對研究宋元史 特別是宋史，提供了大量經濟、政治、軍事、文化等史料，其史料較具原始性，值得我們重視。

《歷代名臣奏議》目前主要有兩個版本，一是明永樂十四年（一四一六）内府刊本，當時僅印數百册，流傳甚少。二是明崇禎八年（一六三五）張溥節録本。清人修《四庫全書》，即是抄録永樂本，但對其中文字多所篡改，自不足道。台灣學生書局影印明永樂本《歷代名臣奏議》六册，前有蔣復璁先生作序，指出《四庫全書總目》稱崇禎本有漕運一門，爲永樂本所無之説，係誤，永樂本卷二六一實有漕運門。此影印本印刷質量不錯，但在中國大陸流傳不廣。應當承認，長期以來，中外學者對《歷代名臣奏議》的研究和使用是不够充分的。今上海古籍出版社以繁榮學術，整理祖國優秀文化遺産爲宗旨，將鄧廣銘先生本人珍藏的永樂本《歷代名臣奏議》影印出版，並由張希清等同志另編了兩套詳細的篇名目録和作者索引，就比台灣的影印本更便於大家使用，確是爲中國的歷史研究，特別是宋史研究，做了一件大好事。

王曾瑜　寫於一九八八年五月四日北京大學九十週年校慶日

〔一〕《明史》卷七《成祖紀》，卷八《仁宗紀》，卷一四七《黄淮傳》，卷一四八《楊士奇傳》。

〔二〕《四庫全書總目》卷一三七。

〔三〕《朱文公文集》卷九五張浚行狀。

〔四〕《宋史》卷三八三《虞允文傳》，《文獻通考》卷二四七。

〔五〕《范文正公集·褒賢集》富弼撰范仲淹墓誌銘。

總目録

序言（王曾瑜）……一
四庫全書提要……一
目録……一
卷一　君德……一
卷二　君德……一四
卷三　君德……二七
卷四　君德……三八
卷五　君德……五二
卷六　聖學……六九
卷七　聖學……八五
卷八　聖學……九六
卷九　聖學……一〇九
卷十　孝親……一三〇
卷十一　孝親……一四四
卷十二　孝親……一五七
卷十三　敬天……一七四
卷十四　郊廟……一七九
卷十五　郊廟……一九一
卷十六　郊廟……二〇三
卷十七　郊廟……二一五
卷十八　郊廟……二二七
卷十九　郊廟……二四〇
卷二十　郊廟……二五二
卷二十一　郊廟……二六五
卷二十二　郊廟……二八一
卷二十三　治道……二九五
卷二十四　治道……三〇七
卷二十五　治道……三二一
卷二十六　治道……三三五
卷二十七　治道……三四八
卷二十八　治道……三六三
卷二十九　治道……三七八
卷三十　治道……三九三
卷三十一　治道……四〇六
卷三十二　治道……四一九
卷三十三　治道……四三五
卷三十四　治道……四四八
卷三十五　治道……四六〇
卷三十六　治道……四七三
卷三十七　治道……四八五
卷三十八　治道……五〇八
卷三十九　治道……五二四
卷四十　治道……五三九
卷四十一　治道……五六〇
卷四十二　治道……五七三
卷四十三　治道……五八九
卷四十四　治道……六〇一
卷四十五　治道……六一四
卷四十六　治道……六二二
卷四十七　治道……六三六
卷四十八　治道……六四九

卷四十九 治道……六六三
卷五十 治道……六七五
卷五十一 治道……六八九
卷五十二 治道……七〇二
卷五十三 治道……七一七
卷五十四 治道……七三四
卷五十五 治道……七五五
卷五十六 治道……七七七
卷五十七 治道……七八九
卷五十八 治道……七九九
卷五十九 治道……八一二
卷六十 治道……八二一
卷六十一 治道……八三六
卷六十二 治道……八五四
卷六十三 治道……八六六
卷六十四 治道……八七六
卷六十五 治道……八八九
卷六十六 治道……九〇〇
卷六十七 治道……九一六
卷六十八 治道……九四〇
卷六十九 法祖……九四九
卷七十 法祖……九六二
卷七十一 儲嗣……九七二
卷七十二 儲嗣……九八四
卷七十三 儲嗣……九九六
卷七十四 内治……一〇一一
卷七十五 内治……一〇二五
卷七十六 宗室……一〇三三
卷七十七 宗室……一〇四八
卷七十八 經國……一〇六一
卷七十九 經國……一〇七七
卷八十 經國……一〇九〇
卷八十一 經國……一一〇五
卷八十二 經國……一一一八
卷八十三 經國……一一三〇
卷八十四 經國……一一四七
卷八十五 經國……一一六〇
卷八十六 經國……一一七三
卷八十七 經國……一一八九
卷八十八 經國……一二一〇
卷八十九 經國……一二二〇
卷九十 經國……一二三〇
卷九十一 經國……一二四三
卷九十二 經國……一二五六
卷九十三 經國……一二七二
卷九十四 經國……一二八一
卷九十五 經國……一二九七
卷九十六 經國……一三〇七
卷九十七 經國……一三二四
卷九十八 經國……一三三六
卷九十九 經國……一三四六
卷一百 經國……一三五七
卷一百一 經國……一三六九
卷一百二 守成……一三八三
卷一百三 都邑……一三八七
卷一百四 封建……一三九七
卷一百五 仁民……一四〇九
卷一百六 仁民……一四二〇
卷一百七 仁民……一四三三
卷一百八 仁民……一四四五
卷一百九 仁民……一四五七
卷一百十 務農……一四七〇
卷一百十一 務農……一四八二

卷一百十二　田制……一四八八
卷一百十三　學校……一四九三
卷一百十四　學校……一五〇五
卷一百十五　學校……一五一七
卷一百十六　風俗……一五三一
卷一百十七　風俗……一五四四
卷一百十八　禮樂……一五五五
卷一百十九　禮樂……一五六八
卷一百二十　禮樂……一五八一
卷一百二十一　禮樂……一五九三
卷一百二十二　禮樂……一六〇六
卷一百二十三　禮樂……一六一九
卷一百二十四　禮樂……一六三一
卷一百二十五　禮樂……一六四三
卷一百二十六　禮樂……一六五五
卷一百二十七　禮樂……一六六五
卷一百二十八　禮樂……一六七七
卷一百二十九　用人……一六九〇
卷一百三十　用人……一七〇一
卷一百三十一　用人……一七一四
卷一百三十二　用人……一七三三

卷一百三十三　用人……一七四四
卷一百三十四　用人……一七五五
卷一百三十五　用人……一七六五
卷一百三十六　用人……一七八二
卷一百三十七　用人……一七九五
卷一百三十八　用人……一八〇七
卷一百三十九　用人……一八一八
卷一百四十　用人……一八三一
卷一百四十一　用人……一八四四
卷一百四十二　用人……一八五九
卷一百四十三　用人……一八六九
卷一百四十四　用人……一八八二
卷一百四十五　用人……一八九四
卷一百四十六　用人……一九〇六
卷一百四十七　用人……一九二〇
卷一百四十八　用人……一九三二
卷一百四十九　用人……一九四四
卷一百五十　用人……一九五六
卷一百五十一　用人……一九七〇
卷一百五十二　用人……一九八一
卷一百五十三　求賢……一九九七

卷一百五十四　知人……二〇〇八
卷一百五十五　知人……二〇二八
卷一百五十六　知人……二〇四一
卷一百五十七　知人……二〇五二
卷一百五十八　知人……二〇六三
卷一百五十九　建官……二〇七二
卷一百六十　建官……二〇八八
卷一百六十一　建官……二一〇〇
卷一百六十二　建官……二一一六
卷一百六十三　選舉……二一二九
卷一百六十四　選舉……二一四五
卷一百六十五　選舉……二一六〇
卷一百六十六　選舉……二一七四
卷一百六十七　選舉……二一八九
卷一百六十八　選舉……二二〇三
卷一百六十九　選舉……二二一五
卷一百七十　選舉……二二二八
卷一百七十一　考課……二二四三
卷一百七十二　考課……二二五二
卷一百七十三　去邪……二二六〇
卷一百七十四　去邪……二二七一

卷一百七十五　去邪……二二八五
卷一百七十六　去邪……二二九八
卷一百七十七　去邪……二三一二
卷一百七十八　去邪……二三二九
卷一百七十九　去邪……二三四二
卷一百八十　去邪……二三五九
卷一百八十一　去邪……二三六九
卷一百八十二　去邪……二三八二
卷一百八十三　去邪……二三九七
卷一百八十四　去邪……二四〇九
卷一百八十五　去邪……二四二四
卷一百八十六　去邪……二四四〇
卷一百八十七　賞罰……二四四六
卷一百八十八　賞罰……二四六二
卷一百八十九　賞罰……二四七七
卷一百九十　勤政……二四九一
卷一百九十一　節儉……二五〇〇
卷一百九十二　節儉……二五一二
卷一百九十三　戒佚欲……二五二三
卷一百九十四　戒佚欲……二五三五
卷一百九十五　戒佚欲……二五四七
卷一百九十六　慎微……二五五七
卷一百九十七　謹名器……二五七三
卷一百九十八　謹名器……二五八六
卷一百九十九　求言……二六〇三
卷二百　求言……二六一七
卷二百一　聽言……二六二九
卷二百二　聽言……二六四九
卷二百三　聽言……二六六五
卷二百四　聽言……二六七九
卷二百五　聽言……二六九二
卷二百六　聽言……二七〇五
卷二百七　聽言……二七一九
卷二百八　法令……二七三一
卷二百九　法令……二七四四
卷二百十　法令……二七五七
卷二百十一　法令……二七七一
卷二百十二　法令……二七八一
卷二百十三　法令……二七九三
卷二百十四　法令……二八〇七
卷二百十五　慎刑……二八二〇
卷二百十六　慎刑……二八三四
卷二百十七　慎刑……二八四八
卷二百十八　赦宥……二八六〇
卷二百十九　兵制……二八七三
卷二百二十　兵制……二八八七
卷二百二十一　兵制……二九〇三
卷二百二十二　兵制……二九一六
卷二百二十三　兵制……二九三〇
卷二百二十四　兵制……二九四五
卷二百二十五　宿衛……二九六一
卷二百二十六　征伐……二九六九
卷二百二十七　征伐……二九八二
卷二百二十八　征伐……二九九五
卷二百二十九　征伐……三〇〇六
卷二百三十　征伐……三〇二三
卷二百三十一　征伐……三〇三六
卷二百三十二　征伐……三〇五三
卷二百三十三　征伐……三〇六五
卷二百三十四　征伐……三〇七八
卷二百三十五　征伐……三〇九〇
卷二百三十六　任將……三一〇四
卷二百三十七　任將……三一一八

卷二百三十八　任將……三一三二
卷二百三十九　任將……三一四四
卷二百四十　任將……三一五七
卷二百四十一　任將……三一六九
卷二百四十二　馬政……三一八一
卷二百四十三　荒政……三一九三
卷二百四十四　荒政……三二〇五
卷二百四十五　荒政……三二一七
卷二百四十六　荒政……三二三一
卷二百四十七　荒政……三二四三
卷二百四十八　荒政……三二五三
卷二百四十九　水利……三二六五
卷二百五十　水利……三二七七
卷二百五十一　水利……三二八九
卷二百五十二　水利……三三〇〇
卷二百五十三　水利……三三一一
卷二百五十四　賦役……三三二三
卷二百五十五　賦役……三三三六
卷二百五十六　賦役……三三四七
卷二百五十七　賦役……三三六二
卷二百五十八　賦役……三三七二
卷二百五十九　賦役……三三八四
卷二百六十　屯田……三三九六
卷二百六十一　漕運……三四〇九
卷二百六十二　理財……三四一九
卷二百六十三　理財……三四三二
卷二百六十四　理財……三四四五
卷二百六十五　理財……三四五七
卷二百六十六　理財……三四七〇
卷二百六十七　理財……三四八三
卷二百六十八　理財……三四九四
卷二百六十九　理財……三五〇八
卷二百七十　理財……三五二二
卷二百七十一　理財……三五三六
卷二百七十二　理財……三五四八
卷二百七十三　理財……三五五九
卷二百七十四　崇儒……三五七二
卷二百七十五　經籍　圖讖……三五八五
卷二百七十六　國史……三五九七
卷二百七十七　國史……三六一〇
卷二百七十八　律曆……三六二三
卷二百七十九　律曆……三六三四
卷二百八十　律曆……三六五〇
卷二百八十一　謚號……三六六一
卷二百八十二　謚號……三六七一
卷二百八十三　褒贈……三六八九
卷二百八十四　褒贈……三七〇〇
卷二百八十五　禮臣……三七一一
卷二百八十六　禮臣……三七二三
卷二百八十七　巡幸……三七三七
卷二百八十八　外戚……三七四九
卷二百八十九　外戚……三七五八
卷二百九十　寵倖……三七七一
卷二百九十一　近習……三七七七
卷二百九十二　近習……三七八五
卷二百九十三　近習……三七九八
卷二百九十四　封禪……三八〇六
卷二百九十五　災祥……三八一三
卷二百九十六　災祥……三八二八
卷二百九十七　災祥……三八四一
卷二百九十八　災祥……三八五三
卷二百九十九　災祥……三八六九
卷三百　災祥……三八八五

卷三百一　災祥……三八九八
卷三百二　災祥……三九一〇
卷三百三　災祥……三九二三
卷三百四　災祥……三九三六
卷三百五　災祥……三九五〇
卷三百六　災祥……三九六一
卷三百七　災祥……三九七二
卷三百八　災祥……三九八四
卷三百九　災祥……三九九七
卷三百十　災祥……四〇〇九
卷三百十一　災祥……四〇二五
卷三百十二　災祥……四〇三五
卷三百十三　災祥……四〇四五
卷三百十四　災祥……四〇五七
卷三百十五　營繕……四〇六八
卷三百十六　營繕……四〇八三
卷三百十七　弭盜……四〇九六
卷三百十八　弭盜……四一〇九
卷三百十九　弭盜……四一二四
卷三百二十　禦邊……四一四一
卷三百二十一　禦邊……四一五五
卷三百二十二　禦邊……四一六八
卷三百二十三　禦邊……四一八一
卷三百二十四　禦邊……四一九七
卷三百二十五　禦邊……四二〇九
卷三百二十六　禦邊……四二二一
卷三百二十七　禦邊……四二三一
卷三百二十八　禦邊……四二四四
卷三百二十九　禦邊……四二五五
卷三百三十　禦邊……四二六九
卷三百三十一　禦邊……四二八一
卷三百三十二　禦邊……四二九五
卷三百三十三　禦邊……四三〇七
卷三百三十四　禦邊……四三二二
卷三百三十五　禦邊……四三三八
卷三百三十六　禦邊……四三四九
卷三百三十七　禦邊……四三六五
卷三百三十八　禦邊……四三七七
卷三百三十九　禦邊……四三九〇
卷三百四十　夷狄……四四〇五
卷三百四十一　夷狄……四四二二
卷三百四十二　夷狄……四四四〇
卷三百四十三　夷狄……四四五六
卷三百四十四　夷狄……四四六八
卷三百四十五　夷狄……四四八〇
卷三百四十六　夷狄……四四九一
卷三百四十七　夷狄……四五〇〇
卷三百四十八　夷狄……四五一二
卷三百四十九　夷狄……四五二六
卷三百五十　夷狄……四五三七

欽定四庫全書提要

歷代名臣奏議三百五十卷

明永樂十四年黄淮楊士奇等奉敕編自商周以迄宋元分六十四門名目未免太繁區分往往失當又如文王周公太公孔子管仲晏嬰鮑叔慶鄭宫之奇師曠麥邱邑人諸言皆一時荅問之語悉目之為奏議則尚書颺言何一不可採入亦殊踳駮失倫然自漢以後收羅大備凡歷代典制沿革之由政治得失之故實可與通鑑三通互相考證當時書成刊印僅數百本頒諸學宫而藏版禁中世頗希有崇禎間太倉張溥始刻一節録之本其序自言生長三十年未嘗一見其書最後乃得太原藏本為刪節重刊卷目均依其舊所不同者此本有慎刑一門張本無之張本有漕運一門此本無之不知為溥所改移為傳本互異然溥所去取頗乏鑒裁至唐宋以後之文盡遭割裂幾於續鳧斷鶴全失其真此本為永樂時頒行原書猶稱完善雖義例蕪雜而採摭賅備固亦古今奏議之淵海也

歷代名臣奏議目録

目録

卷之一　君德
卷之二　君德
卷之三　君德
卷之四　君德
卷之五　君德
卷之六　聖學
卷之七　聖學
卷之八　聖學
卷之九　聖學
卷之十　孝親
卷之十一　孝親

卷之十二　孝親
卷之十三　敬天
卷之十四　郊廟
卷之十五　郊廟
卷之十六　郊廟
卷之十七　郊廟
卷之十八　郊廟
卷之十九　郊廟
卷之二十　郊廟
卷之二十一　郊廟
卷之二十二　郊廟
卷之二十三　治道

卷之二十四
治道
卷之二十五
治道
卷之二十六
治道
卷之二十七
治道
卷之二十八
治道
卷之二十九
治道
卷之三十
治道
卷之三十一
治道
卷之三十二
治道
卷之三十三
治道
卷之三十四
治道
卷之三十五
治道

卷之三十六
治道
卷之三十七
治道
卷之三十八
治道
卷之三十九
治道
卷之四十
治道
卷之四十一
治道
卷之四十二
治道
卷之四十三
治道
卷之四十四
治道
卷之四十五
治道
卷之四十六
治道
卷之四十七
治道

卷之四十八
治道
卷之四十九
治道
卷之五十
治道
卷之五十一
治道
卷之五十二
治道
卷之五十三
治道

卷之五十四
治道
卷之五十五
治道
卷之五十六
治道
卷之五十七
治道
卷之五十八
治道
卷之五十九
治道

卷之六十
治道
卷之六十一
治道
卷之六十二
治道
卷之六十三
治道
卷之六十四
治道
卷之六十五
治道

卷之六十六
治道
卷之六十七
治道
卷之六十八
治道
卷之六十九
法祖
卷之七十
法祖
卷之七十一
儲嗣

卷之七十二
儲嗣
卷之七十三
儲嗣
卷之七十四
内治
卷之七十五
内治
卷之七十六
宗室
卷之七十七
宗室

卷之七十八
經國
卷之七十九
經國
卷之八十
經國
卷之八十一
經國
卷之八十二
經國
卷之八十三
經國

卷之八十四
經國
卷之八十五
經國
卷之八十六
經國
卷之八十七
經國
卷之八十八
經國
卷之八十九
經國

卷之九十
經國
卷之九十一
經國
卷之九十二
經國
卷之九十三
經國
卷之九十四
經國
卷之九十五
經國

卷之九十六　經國
卷之九十七　經國
卷之九十八　經國
卷之九十九　經國
卷之一百　經國
卷之一百一　經國
卷之一百二　守成
卷之一百三　都邑
卷之一百四　封建
卷之一百五　仁民
卷之一百六　仁民
卷之一百七　仁民

卷之一百八　仁民
卷之一百九　仁民
卷之一百十　務農
卷之一百十一　務農
卷之一百十二　田制
卷之一百十三　學校
卷之一百十四　學校
卷之一百十五　學校
卷之一百十六　風俗
卷之一百十七　風俗
卷之一百十八　禮樂
卷之一百十九　禮樂

卷之一百二十
禮樂
卷之一百二十一
禮樂
卷之一百二十二
禮樂
卷之一百二十三
禮樂
卷之一百二十四
禮樂
卷之一百二十五
禮樂
卷之一百二十六
禮樂
卷之一百二十七
禮樂
卷之一百二十八
禮樂
卷之一百二十九
用人
卷之一百三十
用人
卷之一百三十一
用人

卷之一百三十二
用人
卷之一百三十三
用人
卷之一百三十四
用人
卷之一百三十五
用人
卷之一百三十六
用人
卷之一百三十七
用人
卷之一百三十八
用人
卷之一百三十九
用人
卷之一百四十
用人
卷之一百四十一
用人
卷之一百四十二
用人
卷之一百四十三
用人

卷之一百四十四
用人
卷之一百四十五
用人
卷之一百四十六
用人
卷之一百四十七
用人
卷之一百四十八
用人
卷之一百四十九
用人

卷之一百五十
用人
卷之一百五十一
用人
卷之一百五十二
用人
卷之一百五十三
求賢
卷之一百五十四
知人
卷之一百五十五
知人

卷之一百五十六
知人
卷之一百五十七
知人
卷之一百五十八
知人
卷之一百五十九
建官
卷之一百六十
建官
卷之一百六十一
建官

卷之一百六十二
建官
卷之一百六十三
選舉
卷之一百六十四
選舉
卷之一百六十五
選舉
卷之一百六十六
選舉
卷之一百六十七
選舉

卷之一百六十八
選舉
卷之一百六十九
選舉
卷之一百七十
選舉
卷之一百七十一
考課
卷之一百七十二
考課
卷之一百七十三
去邪

卷之一百七十四
去邪
卷之一百七十五
去邪
卷之一百七十六
去邪
卷之一百七十七
去邪
卷之一百七十八
去邪
卷之一百七十九
去邪
卷之一百八十
去邪
卷之一百八十一
去邪
卷之一百八十二
去邪
卷之一百八十三
去邪
卷之一百八十四
去邪
卷之一百八十五
去邪

卷之一百八十六
去邪
卷之一百八十七
賞罰
卷之一百八十八
賞罰
卷之一百八十九
賞罰
卷之一百九十
勤政
卷之一百九十一
節儉

卷之一百九十二
節儉
卷之一百九十三
戒佚欲
卷之一百九十四
戒佚欲
卷之一百九十五
戒佚欲
卷之一百九十六
慎微
卷之一百九十七
謹名器

卷之一百九十八
謹名器
卷之一百九十九
求言
卷之二百
求言
卷之二百一
聽言
卷之二百二
聽言
卷之二百三
聽言

卷之二百四
聽言
卷之二百五
聽言
卷之二百六
聽言
卷之二百七
聽言
卷之二百八
法令
卷之二百九
法令

卷之二百十
法令
卷之二百十一
法令
卷之二百十二
法令
卷之二百十三
法令
卷之二百十四
法令
卷之二百十五
慎刑

卷之二百十六
慎刑
卷之二百十七
慎刑
卷之二百十八
赦宥
卷之二百十九
兵制
卷之二百二十
兵制
卷之二百二十一
兵制
卷之二百二十二
兵制
卷之二百二十三
兵制
卷之二百二十四
兵制
卷之二百二十五
宿衛
卷之二百二十六
征伐
卷之二百二十七
征伐

卷之二百二十八
征伐
卷之二百二十九
征伐
卷之二百三十
征伐
卷之二百三十一
征伐
卷之二百三十二
征伐
卷之二百三十三
征伐
卷之二百三十四
征伐
卷之二百三十五
征伐
卷之二百三十六
任將
卷之二百三十七
任將
卷之二百三十八
任將
卷之二百三十九
任將

卷之二百四十
任將
卷之二百四十一
任將
卷之二百四十二
馬政
卷之二百四十三
荒政
卷之二百四十四
荒政
卷之二百四十五
荒政

卷之二百四十六
荒政
卷之二百四十七
荒政
卷之二百四十八
荒政
卷之二百四十九
水利
卷之二百五十
水利
卷之二百五十一
水利

卷之二百五十二
水利
卷之二百五十三
水利
卷之二百五十四
賦役
卷之二百五十五
賦役
卷之二百五十六
賦役
卷之二百五十七
賦役

卷之二百五十八
賦役
卷之二百五十九
賦役
卷之二百六十
屯田
卷之二百六十一
漕運
卷之二百六十二
理財
卷之二百六十三
理財

卷之二百六十四
理財
卷之二百六十五
理財
卷之二百六十六
理財
卷之二百六十七
理財
卷之二百六十八
理財
卷之二百六十九
理財
卷之二百七十
理財
卷之二百七十一
理財
卷之二百七十二
理財
卷之二百七十三
理財
卷之二百七十四
崇儒
卷之二百七十五
經籍圖讖

卷之二百七十六
國史
卷之二百七十七
國史
卷之二百七十八
律曆
卷之二百七十九
律曆
卷之二百八十
律曆
卷之二百八十一
謚號
卷之二百八十二
謚號
卷之二百八十三
褒贈
卷之二百八十四
褒贈
卷之二百八十五
禮臣下
卷之二百八十六
禮臣下
卷之二百八十七
巡幸

卷之二百八十八
外戚
卷之二百八十九
外戚
卷之二百九十
寵倖
卷之二百九十一
近習
卷之二百九十二
近習
卷之二百九十三
近習

卷之二百九十四
封禪
卷之二百九十五
灾祥
卷之二百九十六
灾祥
卷之二百九十七
灾祥
卷之二百九十八
灾祥
卷之二百九十九
灾祥
卷之三百
灾祥
卷之三百一
灾祥
卷之三百二
灾祥
卷之三百三
灾祥
卷之三百四
灾祥
卷之三百五
灾祥

卷之三百六
灾祥
卷之三百七
灾祥
卷之三百八
灾祥
卷之三百九
灾祥
卷之三百十
灾祥
卷之三百十一
灾祥

卷之三百十二
灾祥
卷之三百十三
灾祥
卷之三百十四
灾祥
卷之三百十五
營繕
卷之三百十六
營繕
卷之三百十七
弭盜
卷之三百十八
弭盜
卷之三百十九
弭盜
卷之三百二十
禦邊
卷之三百二十一
禦邊
卷之三百二十二
禦邊
卷之三百二十三
禦邊

卷之三百二十四
禦邊
卷之三百二十五
禦邊
卷之三百二十六
禦邊
卷之三百二十七
禦邊
卷之三百二十八
禦邊
卷之三百二十九
禦邊
卷之三百三十
禦邊
卷之三百三十一
禦邊
卷之三百三十二
禦邊
卷之三百三十三
禦邊
卷之三百三十四
禦邊
卷之三百三十五
禦邊

卷之三百三十六
禦邊
卷之三百三十七
禦邊
卷之三百三十八
禦邊
卷之三百三十九
禦邊
卷之三百四十
夷狄
卷之三百四十一
夷狄

卷之三百四十二
夷狄
卷之三百四十三
夷狄
卷之三百四十四
夷狄
卷之三百四十五
夷狄
卷之三百四十六
夷狄
卷之三百四十七
夷狄
卷之三百四十八
夷狄
卷之三百四十九
夷狄
卷之三百五十
夷狄

歷代名臣奏議目録終

歷代名臣奏議卷之一

君德

周武王踐阼三日。召師尚父而問焉曰。黃帝顓帝之道存乎。曰在丹書。王欲聞之則齋矣。齋三日。王端冕。師尚父亦端冕奉書而入。王東面而立。師尚父西面道書之言曰。敬勝怠者吉。怠勝敬者滅。義勝欲者從。欲勝義者凶。凡事不強則枉。弗敬則不正。枉者滅。廢敬者萬世。王聞書之言惕若恐懼。

魯哀公問於孔子曰。吾聞君子不博有之乎。孔子對曰有之。哀公曰。何為其不博也。孔子對曰。為其有二乘。哀公曰。有二乘則何為不博也。孔子對曰。為行惡道也。哀公懼焉。有間曰。若是乎君子之惡惡道之甚也。孔子對曰。惡惡道不能甚。則其好善道亦不能甚。好善道不能甚。則百姓之親之也亦不能甚。詩云。未見君子。憂心惙惙。亦既見止。亦既覯止。我心則悅。詩之好善道之甚也如此。哀公曰。善哉。吾聞君子成人之美。不成人之惡。微孔子。吾焉聞斯言也哉。

齊桓公謂鮑叔曰。寡人欲鑄大鐘昭寡人之名焉。寡人之行豈避堯舜哉。鮑叔曰。敢問君之行。桓公曰。昔者吾圍譚三年。得而不自與者仁也。吾北伐孤竹。剗令支而反者武也。吾為葵丘之會以偃天下之兵者文也。諸侯抱美玉而朝者九國。寡人不受者義也。然則文武仁義寡人盡有之矣。寡人之行豈避堯舜哉。鮑叔曰。君直言臣直對。昔者公子糾在上位而不讓非仁也。背太公之言而侵魯境非義也。壇場之上詘於一劍非武也。姪娣不離懷衽非文也。凡為不善遍於物不自知者無天禍必有人害。天處甚高。其聽甚下。除君過言。天且聞之。桓公曰。寡人有過乎。幸記之。是社稷之福也。子不幸。教幾有大罪以辱社稷。

楚惠王食寒葅而得蛭。因遂吞之。腹有疾而不能食。令尹入問曰。王安得此疾也。王曰。我食寒葅而得蛭。念譴之而不行其罪乎。是法廢而威不立也。非所以使國聞也。譴而行其誅乎。則庖宰食監法皆當死。心又不忍也。故吾恐蛭之見也。因遂吞之。令尹避席再拜而賀曰。臣聞。天道無親。惟德是輔。君有仁德。天之所奉也。病不為傷。是夕也。惠王之後。蛭出。故其久病心腹之疾皆愈。天之視聽不可不察也。

魏武侯浮西河而下。中流。顧謂吳起曰。美哉乎河山之固。此魏國之寶也。吳起對曰。在德不在險。昔三苗氏左洞庭右彭蠡。德義不脩而禹滅之。夏桀之居。左河濟。右太華。伊闕在其南。羊腸在其北。脩政不仁。湯放之。殷紂之國。左孟門而右太行。常山在其北。大河經其南。脩政不德。武王伐之。由此觀之。在德不在險。若君不脩德。舟中之人盡敵國也。武侯曰善。

武侯謀事而當。群臣莫能逮。朝而有喜色。吳起進曰。今者有以楚莊王之語聞者乎。武侯曰未也。莊王之語奈何。吳起曰。楚莊王謀事而當。群臣莫能逮。朝而有憂色。申公巫臣進曰。君朝而有憂色何也。莊王曰。吾聞之。諸侯自擇師者王。自擇友者霸。足已而群臣莫之若者亡。今以不穀之不肖而議於朝。且群臣莫能逮。吾國其幾於亡矣。吾是以有憂色也。莊王之所以憂而君獨有喜色何也。武侯逡巡而謝曰。天使夫子振寡人之過也。天使夫子振寡人之過也。

漢成帝即位。光祿勳御史大夫匡衡上疏戒妃匹勸經學威儀之則曰。陛下秉至孝。哀傷思慕不絕於心。未有游虞弋射之宴。誠隆於慎終追遠無窮已也。竊願陛下雖聖性得之。猶復加聖心焉。詩云。煢煢在疚。言成王喪畢思慕意氣未能平也。蓋所以就文武之業崇大化之本也。臣又聞之師曰。妃匹之際生民之始。萬福之原。婚姻之禮正。

然後品物遂而天命全。孔子論詩以關雎為始。言太上者民之父母。后夫人之行不侔乎天地則無以奉神靈之統而理萬物之宜。故詩曰窈窕淑女。君子好仇。言能致其貞淑。不貳其操情欲之感無介乎容儀宴私之意不形乎動靜。夫然後可以配至尊而為宗廟主。此綱紀之首王教之端也。自上世以來。三代興廢未有不由此者也。願陛下詳覽得失盛衰之效以定大基。采有德戒聲色近嚴敬遠技能。竊見聖德純茂專精詩書好樂無厭。臣衡材駑無以輔相善義宣揚德音。臣聞六經者。聖人所以統天地之心。著善惡之歸。明吉凶之分。通人道之正使不悖於本性者也。故審六藝之指。則天人之理可得而和。草木昆蟲可得而育。此永永不易之道也。及論語孝經聖人言行之要。宜究其意。臣又聞聖王之自為動靜周旋奉天承親。臨朝享臣。物有節文。以章人倫。蓋欽翼祇栗事天之容也。溫恭敬遜。承親之禮也。正躬嚴恪臨衆之儀也。嘉惠和説饗下之顔也。舉錯動作物遵其儀。故形為仁義動為法則。孔子曰。德義可尊。容止可觀。進退可度。以臨其民。是以其民畏而愛之。則而象之。大雅云。敬慎威儀惟民之則。諸侯正月朝覲天子。天子惟道德昭穆穆以視之。又觀以禮樂饗醴迺歸。故萬國莫不獲賜祉福蒙化而成俗。今正月初幸路寢臨朝賀置酒以饗萬方。傳曰。君子慎始。願陛下留神動靜之節。使羣下得望盛德休光以立基楨。天下幸甚。上敬納其言。

東漢光武為大司馬時。引兵東北拔廣阿披輿地圖指示鄧禹曰。天下郡國如是。今始乃得其一。子前言以吾慮天下不足定何也。禹曰。方今海內淆亂。人思明君猶赤子之慕慈母。古之興者在德厚薄。不以大小也。

建武四年。隗囂使馬援往觀公孫述。援與述舊同里閈相善。以為既

至當握手歡如平生。而述盛陳陛衛以延援。禮饗官屬甚盛。欲授以封侯大將軍位。賓客皆樂留。援曉之曰。天下雌雄未定。公孫不吐哺走迎國士與圖成敗。反修邊幅如偶人形。何足久稽天下士乎。因辭歸謂囂曰。子陽井底蛙耳。而妄自尊大。不如專意東方。囂乃使援奉書雒陽。初到良久。中黃門引入。帝在宣德殿南廡下。但幘坐迎笑謂援曰。卿遨遊二帝間。今見卿使人大慙。援頓首謝因曰。當今之世非但君擇臣。臣亦擇君矣。臣與公孫述同縣。少相善。臣前至蜀。述陛戟而後進臣。臣今遠來。陛下何知非刺客姦人而簡易若是。帝復笑曰。卿非刺客。顧説客耳。援曰。天下反覆盜名字者不可勝數。今見陛下恢廓大度同符高祖。乃知帝王自有真也。

桓帝延熹二年。帝問侍中爰延朕何如主。對曰。陛下為漢中主。帝曰。何以言之。對曰。尚書令陳蕃任事則治。中常侍黃門與政則亂。是以知陛下可與為善可與為非。帝曰。敬聞闕矣。拜五官中郎將。

靈帝中平五年。望氣者以為京師當有大兵。兩宮流血。帝欲厭之。乃發四方兵講武於平樂觀。陳三匝而還。問討虜校尉蓋勳曰。吾講武如是。何如。對曰。先王耀德不觀兵。今寇在遠而設近陳。不足昭果毅。秖黷武耳。帝曰。善。恨見君晚。羣臣初無是言也。

蜀先主時。羣臣議欲推漢中王稱尊號。前部司馬費詩上疏曰。殿下以曹操父子偪主篡位。故乃羈旅萬里。糾合士衆將以討賊。今大敵未克而先自立。恐人心疑惑。昔高祖與楚約。先破秦者王。及屠咸陽獲子嬰。猶懷推讓。況今殿下未出門庭。便欲自立邪。愚臣誠不為殿下取也。

魏文帝問羣臣三不欺於君德孰優。太尉鍾繇司徒華歆司空王朗對曰。臣以為君任德則臣感義而不忍欺。君任察則臣畏覺而不能

欺。君任刑則臣畏罪而不敢欺。任德感義與夫導德齊禮有恥且格等也者也。任察畏罪與夫導政齊刑免而無恥同歸者也。孔子曰。為政以德譬如北辰。居其所而衆星拱之。考以斯言。論以斯義。臣等以為不忍欺不能欺優劣之縣在於權衡。非徒低昂之差乃錙銖之覺也。且前志稱仁者安仁。智者利仁。畏罪者強仁。校其仁者功則無以殊。核其為仁者則不得不異。安仁者。性善者也。利仁者。力行者也。強仁者。不得已者也。三仁相比。則安仁優矣。易稱神而化之。使民宜之。若君化使民然也。然則安仁之化與夫強仁之化。優劣亦不得不相縣絶也。然則三臣之不欺雖同。所以不欺異矣。則純以恩義禦不欺與以威察成不欺。既不可同概而比量。又不得錯綜而易處。

吳烏程侯鳳凰元年。中書令賀邵諫曰。臣聞興國之君樂聞其過。荒亂之主樂聞其譽。聞其過者過日消而福臻。聞其譽者譽日損而禍至。陛下嚴刑法以禁直辭。黜善士以逆諫口。杯酒造次。死生不保。是以正士摧方。庸臣苟媚。入執反理之評。士吐詭道之論。遂使仕者以退為幸。居者以出為禍。非所以保洪緒也。何定安興事役。發江邊戍兵以驅麋鹿。老弱飢凍。大小怨歎。傳曰國之興也。視民如赤子。其亡也。以民為草芥。今法禁轉苛。賦調益繁。呼嗟之聲感傷和氣。且國無一年之儲。家無經月之蓄。而後宮坐食萬有餘人。北敵注目。伺國盛衰。長江之限。不可久恃。苟不能守。一葦可航也。願陛下豐基強本。割情從道。則聖祖之祚隆矣。

晉孝武帝時。中郎將王坦之上表曰。臣聞人君之道以孝敬為本。臨御四海以委任為貴。恭順無為。則盛德日新。親仗賢能。則政道邕穆。昔周成漢昭並以幼年纂承大統。當時天下未為無難。終能顯揚祖考。保安社稷。蓋尊尊親親。信納大臣之所致也。伏惟陛下誕奇秀之姿。稟生知之量。春秋尚富。涉道未曠。方順訓導。以成天德。皇太后仁淑之體。過於三母。先帝奉事積年。每稱聖明。臣願奉事之心。便當自同孝宗。太后慈愛之隆。亦不必異所生。琅邪王餘咸主。及諸皇女宜朝夕定省。承受教誨。導習儀刑。以成景仰恭敬之美。不可以屬非至親。自為疏疑。昔肅祖崩殂。成康幼沖。事無大小。必諮丞相導。所以克就聖德。實此之由。今僕射臣安。中軍臣沖。人望具瞻。社稷之臣。且受遇先帝。綢繆繾綣。並志竭忠貞。盡心盡力。歸誠陛下。以報先帝。愚謂周旋舉動。皆應諮此二臣。二臣之於陛下。則周之旦奭。漢之霍光。顯宗之於王導。沖雖在外。路不云遠。事容信宿。必宜參詳。然後情聽獲盡。庶事可畢。又天聽雖聰。不啓不廣。群情雖忠。不引不盡。宜數引侍臣。詢求讜言。平易之世。有道之主。猶尚誠懼。日昃不倦。況今艱難理實應經安危。祖宗之基。繫之陛下。不可不精心務道。以申先帝堯舜之風。可不敬脩至德。以保宣元天地之祚。表奏。帝納之。

後周武帝保定三年。養老于太學。以太傅燕國公于謹為三老。帝訪治道於謹。謹對曰。木從繩則正。后從諫則聖。明王虛心納諫以知得失。天下乃安。又曰。去食去兵。信不可去。願陛下守信勿失。又曰。有功必賞。有罪必罰。則為善者日進。為惡者日止。又曰。言行者。立身之基。願陛下三思而言。九慮而行。勿使有過。天子之過如日月之食。人莫不知。願陛下慎之。

隋文帝時。有人告大都督邴絡非毀朝廷為憒憒者。上怒將斬之。工部尚書長孫平進諫曰。川澤納汙所以成其深。山岳藏疾所以就其大。臣不勝至願。願陛下弘山海之量。茂寬裕之德。鄙諺曰。不癡不聾。未堪作大家翁。此言雖小。可以喻大。邴絡之言不應聞奏。陛下又復誅之。臣恐百代之後有虧聖德。上於是赦絡。因勅群臣誹謗之罪勿復以聞。

唐太宗貞觀初。有上書請去佞者。太宗謂曰。朕之所任。皆以為賢。卿知佞者誰耶。對曰。臣居草澤。不的知佞者。請陛下佯怒以試群臣。若能不畏雷霆。直言進諫。則是正人。順情阿旨。則是佞人。帝謂封德彝曰。流水清濁。在其源也。君者政源。人庶猶水。君自為詐。欲臣下行直。是猶源濁而望水清。理不可得。朕常以魏武帝多詭詐。深鄙其為人。此豈可堪為教令。謂上書人曰。朕欲使大信行於天下。不欲以詐道訓俗。卿言雖善。朕所不取也。

太宗嘗從容謂侍臣曰。周武平紂之亂。以有天下。秦皇因周之衰。遂吞六國。其得天下不殊。祚運長短若此之相懸也。尚書右僕射蕭瑀進曰。紂為無道。天下苦之。故八百諸侯不期而會。周室雖微。六國無罪。秦氏專任智力。蠶食諸侯。平定雖同。人情則異。太宗曰。不然。周既

尅殷。務弘仁義。秦既得志。專行詐力。非但取之有異。抑亦守之不同。祚之脩短。意在茲乎。

太宗又謂侍臣曰。為君之道。必須先存百姓。若損百姓奉其身。猶割股以啖腹。腹飽而身斃。若安天下。必須先正其身。未有身正而影曲。上理而下亂者。朕每思傷其身者不在外物。皆由嗜欲以成其禍。若耽嗜滋味。玩悅聲色。所欲既多。所損亦大。既妨政事。又擾生人。且復出一非理之言。萬姓為之解體。怨讟既作。離叛亦興。朕每思此。不敢縱逸。諫議大夫魏徵對曰。古者聖哲之主。皆近取諸身。故能遠體諸物。昔楚聘詹何。問其理國之要。詹何對以脩身之術。楚王又問理國何如。詹何曰。未聞身理而國亂者。陛下所明。實同古義。

貞觀二年。太宗謂侍臣曰。人言作天子則得自尊崇。無所畏懼。朕則以為正合自守謙恭。常懷畏懼。昔舜戒禹曰。汝惟不矜。天下莫與汝爭能。汝惟不伐。天下莫與汝爭功。又易曰。人道惡盈而好謙。凡為天子。若惟自尊崇。不守謙恭者。在身儻有不是之事。誰肯犯顏諫奏。朕每出一言。行一事。必上畏皇天。下懼群臣。天高聽卑。何得不畏。群公卿士。皆見瞻仰。何得不懼。以此思之。但知常謙常懼。猶恐不稱天心及百姓意也。魏徵曰。古人云。靡不有初。鮮克有終。願陛下守此常謙常懼之道。日慎一日。則宗社永固。無傾覆矣。堯舜所以太平。實用此法。

六年。太宗謂侍臣曰。朕聞周秦初得天下。其事不異。然周則惟善是務。積功累德。所以能保七百之基。秦乃恣其奢淫。好行刑罰。不過二世而滅。豈非為善者福祚延長。為惡者降年不永。朕又聞桀紂帝王也。以匹夫比之。則以為辱。顏閔匹夫也。以帝王比之。則以為榮。此亦帝王深恥也。朕每將此事以為鑒戒。常恐不逮。為人所笑。魏徵對曰。

臣聞魯哀公謂孔子曰。有人好忘者。移宅乃忘其妻。孔子曰。又有好忘甚於此者。丘見桀紂之君乃忘其身。願陛下每以此為慮。免後人笑。

八年。太宗謂侍臣曰。言語者君子之樞機。談何容易。凡在眾庶。出一言不善。則人記之。成其恥累。況是萬乘之主。不可出言有失。其所虧損至大。豈同匹夫。我常以此為戒。隋煬帝初幸甘泉宮。泉石稱意。而怪無螢火。勑云。捉取多少於宮中照夜。所司遽遣數千人採拾。送五百轝於宮側。小事尚爾。況其大乎。魏徵對曰。人君居四海之尊。若有虧失。古人以為如日月之蝕。人皆見之。實如陛下所戒慎。

九年。太宗謂魏徵曰。頃讀周齊史。末代亡國之主。為惡多相類也。齊王深好奢侈。所有府庫。用之略盡。乃至關市無不稅斂。朕常謂此猶如饞人自食其肉。肉盡必死。人君賦斂不已。百姓既弊。其君亦亡。齊

主即是也。然天元齊主若為優劣。徵對曰。二主亡國雖同。其行則別。齊主懦弱。政出多門。國無綱紀。遂至亡滅。天元性兇而強。威福在己。亡國之事。皆在其身。以此論之。齊主為劣。

十六年。太宗問魏徵曰。朕克己為政。仰企前列。至如積德累仁豐功厚利。四者常以為稱首。朕皆庶幾自勉。人苦不能自見。不知朕之所行何等優劣。徵曰。德仁功利。陛下兼而行之。然則內平禍亂。外除戎狄。是陛下之功。安諸黎元。各有生業。是陛下之利。由此言之。功利居多。惟德與仁。願陛下自強不息。必可致也。

太宗時。太上皇幸兩儀殿內外群臣奉見。太上皇還西宮。太宗送至大安宮還。顧謂長孫無忌等曰。今天下無事。侍太上皇與公等同宴。可謂至樂。然朕若與公等忘政事。但歡宴。蓋非常安之法。魏徵對曰。陛下酣宴之後。猶不忘庶政。古者堯舜禹湯所以太平。實用此道。太

宗因曰。古之人君處廊廟。居逸樂。臣下一事失所。便棄前功。解免黜放。慈處如此。徵對曰。人君發怒於一臣。將行刑罰而能念其舊功者鮮矣。陛下今發德音。臣等幸甚。

太宗曰。朕常思自古有天下者。皆欲子孫萬代。政化過於堯舜。及其所行。則與堯舜相反。如秦始皇亦是英雄之主。平定六國已後。纔免其身。至子便失其國。桀紂幽厲亦皆喪亡。朕為此不得不懼。且天下百姓傾耳側目。唯看善惡。朕豈得不自思之。魏徵對曰。自古以來。人君為難。秖為出言即成善惡。若人君出言欲聞己過。其國即興。若出言欲人從己。其國即喪。古人云。一言可以興邦。一言可以喪邦。正為如此。但天下人皆自進於陛下。以榮其身。若正人即欲以正道輔佐。使人即欲以邪道自媚。工巧者則進奇服異器。好鷹犬者即欲勸令畋遊。所欲自進者。不覺為非。皆言為是。若陛下常守正道。則姦人不

能自效。如開其路。則人人欲遂其心矣。太宗曰然。

太宗謂侍臣曰。朕觀隋主文集。博物有才。亦知悅堯舜之風。醜桀紂之行。然而行事即與言相違何也。魏徵對曰。自古稱人主之善。在有君人之量。能任使人。智者為之謀。勇者為之戰。雖聰明聖哲。以黈纊冕旒垂耳目。隋主雖有俊才。無人君之量。恃才驕物。所以至於滅亡。

太宗曰。然。昔漢武征役不息。戶口減半。中途能改。還得傳祚子孫。向使隋主早寤。亦不至滅亡也。

太宗又謂侍臣曰。齊文宣何如人。魏徵對曰。非常顛狂。然與人共爭道理。自知短屈。即能從之。臣聞齊時魏愷先任青州長史。嘗使梁還。除光州長史不就。楊遵彥奏之。文宣帝大怒。召而責之。愷曰。臣先任青州大藩長史。今有使勞。更無罪過。反授小州。所以不就。乃顧謂遵彥曰。此漢有理。因令捨之。太宗曰。往者盧祖尚不肯受官。朕遂殺之。

宣帝雖顛狂。尚能容止。此事朕所不如也。祖尚不受處分。雖失臣之禮。朕即殺之。大是傷急。一死不可再生。悔所無及。宜復其官蔭。徵容貌不逾中人。而有膽略。善回人主意。每犯顏苦諫。或上怒甚。亦為之霽威。上嘗得佳鷂。自臂之。望見徵來。匿懷中。徵奏事故久。鷂竟死懷中。嘗謁告上冢。還言於上曰。人言陛下欲幸南山。嚴裝已畢。而竟不行。何也。上咲曰。初實有此心。畏卿嗔。故中輟耳。

太宗謂右僕射李靖等曰。人君之道。唯在寬厚。非但刑戮。乃至鞭撻。亦不欲行。比每人嫌朕太寬。未知此言可行否。魏徵對曰。古來帝王以殺戮肆威者。實非久安之策。臣等見隋煬帝初有天下。亦大威嚴。而官人百姓造罪未一。今陛下仁育天下。萬姓獲安。臣下雖愚。豈容不識恩造。太宗曰。公等假以為非。朕終不改此志。

太宗又嘗謂侍臣曰。朕每日坐朝。欲出一言。即思此一言於百姓

有利益否。所以不能多言。給事中兼知起居事杜正倫進曰。君舉必書。言存左史。臣職當兼脩起居注。不敢不盡愚直。陛下若一言乖於道理。則千載累於聖德。非止當今損於百姓。願陛下慎之。太宗大悅。賜綵百段。

幽州總管府記室兼直中書省張蘊古奏上大寶箴。其詞曰。今來古往。俯察仰觀。惟辟作福。為君實難。宅普天之下。處王公之上。任土貢其所求。具僚和其所唱。是故競懼之心日弛。邪僻之情轉放。豈知事起乎所忽。禍生乎無妄。固以聖人受命。拯溺亨屯。歸罪於己。因心於人。至明無偏照。至公無私親。故以一人治天下。不以天下奉一人。禮以禁其奢。樂以防其佚。左言而右事。出警而入蹕。四時調其慘舒。三光同其得失。故身為之度。而聲為之律。勿謂無知。居高聽卑。勿謂何害。積小成大。樂不可極。極樂成哀。欲不可縱。縱欲成災。壯九重於內。

所居不過容膝。彼昏不知。瑤其臺而瓊其室。羅八品於前。所食不過適口。唯狂罔念。丘其糟而池其酒。勿內荒於色。勿外荒於禽。勿貴難得之貨。勿聽亡國之音。內荒伐人性。外荒蕩人心。難得之物侈。亡國之聲淫。勿謂我尊而傲賢侮士。勿謂我智而拒諫矜己。聞之夏后據饋頻起。亦有魏帝。牽裾不止。安彼反側。如春陽秋露。巍巍蕩蕩。推漢高大度。撫茲庶事。如履薄臨深。戰戰慄慄。用周文小心。詩云不識不知。書曰無偏無黨。一彼此於胸臆。捐好惡於心想。眾棄而後加刑。眾悅而後命賞。弱其強而治其亂。伸其屈而直其枉。故曰。如衡如石。不定物以數。物之懸者輕重自具。如水如鏡。不示物以情。物之鑑者妍蚩自露。勿渾渾而濁。勿皎皎而清。勿汶汶而闇。勿察察而明。雖冕旒蔽目而視於未形。雖黈纊塞耳而聽於無聲。縱心乎湛然之域。遊神於至道之精。扣之者應洪纖而效響。酌之者隨深淺而皆盈。故曰。天之清。地之寧。王之貞。四時不言而代序。萬物無為而受成。豈知帝有其力。而天下和平。吾王撥亂。戡以智力。民懼其威。未懷其德。我皇撫運。扇以淳風。民懷其始。未保其終。爰述金鏡。窮神盡聖。使人以心。應言以行。包括治體。抑揚詞令。天下為公。一人有慶。開羅起祝。援琴命詩。一日二日。念茲在茲。唯人所召。自天祐之。爭臣司直。敢告前疑。太宗嘉之。賜帛三百段。仍授以大理寺丞。

太宗問給事中孔穎達曰。論語云。以能問於不能。以多問於寡。有若無。實若虛。何謂也。孔穎達對曰。聖人設教。欲人謙光。己雖有能。不自矜大。仍就不能之人求訪能事。己之才藝雖多。猶以為少。仍就寡少之人更求所益。己之雖有。其狀若無。己之雖實。其容若虛。非惟匹庶。帝王之德亦當如此。夫帝王內蘊神明。外須玄默。使深不可知。故易稱以蒙養正。以明夷蒞眾。若其位居尊極。炫耀聰明。以才凌人。飾非

拒諫。則上下情隔。君臣道乖。自古滅亡。莫不由此也。太宗曰。易云。勞謙君子有終吉。誠如卿所說。詔賜物二百段。

太宗每與公卿言及古道。必詰難往復。散騎常侍劉洎上書諫曰。帝王之與凡庶。聖哲之與庸愚。上下相懸。擬倫斯絕。是知以至愚而對至聖。以極卑而對極尊。徒思自強。不可得也。陛下降恩旨。假慈顏。凝旒以聽其言。虛襟以納其說。猶恐群下未敢對揚。況動神機。縱天辯。飾辭以折其理。援古以排其議。欲令凡蔽何階應答。臣聞皇天以無言為貴。聖人以不言為聖。老君稱大辯若訥。莊生稱至道無文。此皆不欲煩也。是以齊侯讀書。輪扁竊議。漢皇慕古。長孺陳譏。此亦不欲勞也。且多記則損心。多語則損氣。心氣內損。形神外勞。初雖不覺。後必為累。須為社稷自愛。豈為性好自傷乎。竊以今日昇平。皆陛下力行所致。欲其長久。匪由辯博。但當忘彼愛憎。慎茲取舍。每事敦朴。無

非至公。若貞觀之初則可矣。至於秦政強辯失人心於自矜。魏文宏才虧衆望於虛說。此才辯之累皎然可知。伏願略茲雄辯。浩然養氣。簡彼緗圖。淡焉怡悅。自固萬壽於南岳。齊百姓於東戶。則天下幸甚。皇恩斯畢。上飛白答之曰。非慮無以臨下。非言無以述慮。比有談論。遂致煩多。輕物驕人。恐由斯道。形神心氣非此爲勞。今聞讜言。虛懷以改。

太宗嘗謂侍臣曰。傳稱去食存信。孔子曰。人無信不立。昔項羽既入咸陽。已制天下。向使能行漢高之仁信。誰能奪邪。房玄齡對曰。仁義禮智信謂之五常。廢一不可。能勤行之。甚有裨益。殷紂狎侮五常。而武王伐之。項氏以無仁信爲漢祖所奪。皆誠如聖旨。

著作郎鄧崇表請編次太宗文章爲集。太宗謂崇曰。朕若制事有益於人者。史則書之。足爲不朽。若不師古。亂政壞物。雖有詞藻。終貽後代笑。非所須也。秖如梁武帝父子及陳後主隋煬帝。亦大有文集。而所爲多不法。宗社皆須臾傾覆。凡人主唯在德行。何必要事文章耶。竟不許。太宗嘗曰。隋煬帝性好猜防。專言邪道。大忌胡人。乃至謂胡牀爲交牀。胡瓜爲黃瓜。築長城以備胡。終被宇文化及使令狐行達殺之。又誅戮李金才及諸李殆盡。卒何所益。且居天下者。唯正身脩德而已。此外虛事。不足在懷。太宗又嘗謂群臣曰。朕爲人主。兼行將相事。豈不是奪公等名。舜禹湯武得稷卨伊呂而四海安。漢高祖有蕭曹韓彭而天下寧。茲事朕皆兼之。給事中張行成退上疏曰。有隋失道。天下沸騰。陛下撥亂反正。拯人塗炭。何周漢君臣所能比數。雖然盛德含光。規模宏遠。左右文武。誠無將相材。奚用太庭廣衆與之量挍。損萬乘之尊。與臣下爭功哉。帝嘉納之。帝又問侍臣曰。自古帝王雖平中夏。不能服戎狄。朕才不逮古人。而成功過之。何也。羣臣稱頌功德。上曰。不然。朕所以能及此者。止由五事耳。自古帝王多疾勝己者。朕見人之善。若己有之。人之行能不能兼備。朕常棄其所短。取其所長。人主往往進賢則欲寘諸懷。退不肖則欲推諸壑。朕見賢者則敬之。不肖者則憐之。人主多惡正直。陰誅顯戮。無代無之。朕踐阼以來。正直之士比肩於朝。未嘗黜責一人。自古皆貴中華。賤夷狄。朕獨愛之如一。故其部落皆依朕如父母。此五者朕所以成今日之功也。

肅宗嘗從容與侍謀軍國元帥長史李泌語及李林甫。欲敕諸將克長安日發其冢焚骨揚灰。泌曰。陛下方定天下。奈何讎死者。彼枯骨何知。徒示聖德之不弘耳。且方今從賊者皆陛下之讎也。若聞此舉。恐沮其自新之心。上不悅。

德宗時。渾瑊破朱泚。走之奉天。圍解。從臣皆賀。沂滑兵馬使賈隱林進言曰。陛下性太急。不能容物。若此性未改。雖泚敗。所憂未艾也。上甚稱之。

敬宗游幸無常。昵比羣小。視朝月不再三。大臣罕得進見。浙西觀察使李德裕上言曰。臣聞詩云。心乎愛矣。遐不謂矣。此古之賢人所以篤於事君者也。夫迹疏而言親者危。地遠而意忠者忤。然臣竊念拔自先聖。偏荷寵光。若不愛君以忠。則是上負靈鑑。臣頃事先朝。屬多陰沴。嘗獻大明賦以諷。頗蒙先朝嘉納。臣今日盡節明主。亦猶是心。昔張敞之守遠郡。梅福之在遐徼。尚竭誠盡規。不避尤悔。況臣嘗學舊史。頗知官箴。雖在疏遠。猶思獻替。謹稽首上丹扆六箴。具列于後。仰塵睿覽。伏積兢惶。

一宵衣。先王聽政。昧爽以俟。雞鳴既盈。日出而視。伯禹大聖。寸陰爲貴。光武至仁。反支不忌。無俾姜后。猶去簪珥。彤管記言。克念前志。

二正服。聖人作服。法象可觀。雖在宴遊。尚不懷安。汲黯莊色。能正不冠。楊阜毅然。亦譏縹紈。四時所御。各有其官。非此勿服。惟辟所難。

三罷獻。漢文罷獻。詔還騄駬。鑾輅徐驅。安用千里。厥後令王。亦能恭己。翟裘既焚。筒布則毀。道德爲麗。慈儉爲美。不過天道。斯爲至理。

四納誨。惟后納誨。以求厥中。從善如流。乃能成功。漢驁流湎。舉白浮鍾魏徵倣淩霄作宮。中雖不悖而善亦從。以覘爲瑱是謂塞聰。

五辯邪居上處深在察微。萌雖有讒慝不能蔽明。漢之孝昭獻過周成。

上書知詐。聦奸濁情。燕蓋既折。王猷洽平。百代之後。乃流淑馨。

六防微。天子之孝。敬遵王度。安必思危。乃無遺慮。亂臣猖獗。非可遽數。

玄黃莫辯。觸瑟始仆。栢谷微行。豺豕塞路。覩貌獻餐。斯可誡懼。

文宗嘗顧鄭覃曰。覃老寒當無妄。試論我猶漢何等主。覃曰。陛下文宣主也。帝曰。渠敢望是。頃虞支李石欲彊帝志使不怠。因曰。陛下之問而覃之對。臣皆以爲非。頻回匹夫耳。自比於舜。陛下有四海春秋富。當觀得失於前日引月長。以齊堯舜。柰何比文宣而又自以爲不及。惟陛下開肆勵志。不以文宣自安。則大業濟矣。

後唐明宗時。水運軍將於臨河縣得一玉杯。有文曰傳國寶萬歲杯。明宗甚愛之。以示中書侍郎馮道。道曰。此前世有形之寶。王者固有無形之

寶也。明宗問之。道曰。仁義者帝王之寶也。故曰大寶曰位。何以守位曰仁。明宗武君不曉其言。道已去。召侍臣講說其義。嘉納之。

宋真宗咸平三年。田錫知泰州。召歸。進經史子集要語。奏曰。臣聞古者帝王盤盂皆銘。几杖有誡。起居必覩。夙夜不忘。故湯之盤銘曰。德日新。日日新。太公之金匱云。武王欲造起居之誡。乃銘於几杖曰。安無忘危。存無忘亡。孰惟二者後必無凶。墨子曰。堯舜禹湯書其事於竹帛。篆之盤盂。曰。君子福大而愈懼。爵隆而益恭。遠察近覘。俯仰有則。列黃帝與几皆銘焉。曰吾居民之上。惴惴恐不及。武王戶席必諷爲席之銘曰。無行可悔。戶之銘曰。難得而易失。聖人脩德罔怠。然佩服鑑戒。終日不忘。故至德大業永保天下也。臣又嘗讀唐書見高宗命黃門侍郎趙智講孝經於百福殿。因謂之曰。大旨朕知之矣。即舉此經要切處言之。以裨不逮。智曰。天子有爭臣七人。雖無道不失其天下。微臣敢以此言上獻。帝大悅。又憲宗聽政之暇採漢史三國以來經濟要言。撰書十四篇。號曰前代君臣事跡。書之六扇屏風。置於御座之右。出入觀省之。臣每覽經史子集。因取其要語。總一十卷。輒用進獻。可書於屏扆之御座。出入觀省。所冀聖德日新。與堯舜禹湯文武比隆也。

景德間。崇文院檢討陳彭年獻大寶箴曰。二儀之內。最靈者人。生民之中。至大者君。民既可畏。天亦無親。所輔者德。所歸者仁。恭己御下。辨光益新。載籌斯在。謀猷備陳。內綏萬姓。外撫百蠻。治亂所始。言動之間。觀之則易。處之甚難。由是先哲。喻彼投艱。茍能慮未。乃可防閑。審求逆耳。無惡犯顏。既庶而富。教化乃施。慈儉之政。富庶之基。鰥寡孤獨。人之所悲。發號施令。宜先及之。黃髮鮐背。心實多知。左右侍從。何尚於茲。瞻言百辟。咸代天工。儻無虛授。可建大中。克彰慎柬。惟藉至公。知人則哲。聽德則聰。才固難備。道亦少同。葑菲罔捨。杞梓乃充。不扶自直。惟蓬在麻。非揀莫見。惟金在沙。

參備顧問。必辨忠邪。獻替以正。裨益無涯。自匿草澤。亦有國華。訪此髦士。可拒朋家。三章之言。庶民作程。欽哉恤哉。可以措刑。七代之建。亥尊是平。本仁本義。可以弭兵。是爲審禮。亦曰好生。有教無類。自誠而明。宗廟社稷。饗之以恭。宮室苑囿。誡之在豐。春蒐秋獮。不廢三農。擊石拊石。用格神宗。使人以悅。乃克成功。治國以政。罔或不從。濟濟多士。用之有光。硜硜小器。謀之弗臧。忠言致益。豈讓膏粱。六藝爲樂。寧後笙簧。任賢勿貳。堯所以昌。改過不吝。湯所以王。六合至廣。萬彙攸多。風俗靡一。嗜欲相摩。如馭朽索。若防決河。左契斯執。六轡遂和。導之以德。民免嬰羅。不懈于位。俗乃偃戈。先王之訓。罔不咸然。吾君之治。亦取斯焉。小心翼翼。終日乾乾。三靈降鑒。百祿無愆。由茲率去。永戴先天。巍巍洪業。億萬斯年。

仁宗至和二年。翰林學士歐陽脩上奏曰。臣聞自古有天下者莫不欲爲治君而常至於亂。莫不欲爲明主而常至於昏者其故何哉。患

於好疑而自用也。夫疑心動於中。則視聽惑於外。視聽惑。則忠邪不分。而是非錯亂。是非錯亂。則舉國之臣皆可疑。盡疑其臣。則必自用其所見。夫以疑惑錯亂之意而自用。則多失。失則其國之忠臣必以理而争之。争之不切。則人主之意難回。争之切。則激其君之怒心。而堅其自用之意。然後君臣争勝。於是邪佞之臣得以因隙而入。希旨順意。以是為非。以非為是。惟人主之所欲者從而順之。夫為人主者方與其臣争勝而得順意之人。樂其助己而忘其邪佞也。乃與之并力以拒忠臣。夫為人主者拒忠臣而信邪佞。天下無不亂。人主無不昏也。自古人主之用心。非惡忠臣而喜邪佞也。非惡治而好亂也。非惡明而欲昏也。以其好疑自用而與臣下争勝也。使為人主者豁然去其疑心而回其自用之意。則邪佞遠而忠言入。則聰明不惑而萬事得其宜。使天下尊為明主。萬世仰為治君。豈不臣主俱榮而樂哉。

奏議卷之一　十七

與其區區自執而與臣下争勝。用心益勞而事益惑者。相去遠矣。臣聞書載仲虺稱湯之德曰。改過不吝。又戒湯曰。自用則小。成湯古之聖人也。不能無過而能改過。此其所以為聖也。以湯之聰明。其所為不至於繆戾矣。然仲虺猶戒其自用。則古之人主惟能改過而不敢自用。然後得為治君明主也。臣伏見宰臣陳執中自執政以來。不叶人望。累有過惡。招致人言。而執中遷延尚玷宰府。陛下憂勤恭儉仁愛寬慈。堯舜之用心也。推陛下之用心。天下宜至於治者久矣。而紀綱日壞。政令日乖。國日益貧。民日益困。流民滿野。濫官滿朝。其亦何為而致此。由陛下用相不得其人也。近來宰相多以過失因言者罷去。陛下不悟宰相非其人。反疑言事者好逐宰相。疑心一生。視聽既惑。遂成自用之意。以謂宰相當由人主自去。不可因言者而罷之。故宰相雖有大惡顯過。而屈意以容之。彼雖惶恐自欲求去。而屈意以

留之。雖天災水旱。饑民流離。死亡道路。皆不暇顧。而屈意以用之。其故非他。直欲阻言事者爾。言事者何負於陛下哉。使陛下上不顧天災。下不恤人言。以天下之事委一不學無識諂邪狠愎之執中而甘心焉。言事者本欲益於陛下。而反損聖德者多矣。然而言事者之用心。本不圖至於此也。由陛下好疑自用而自損也。今陛下用執中之意益堅。言事者攻之愈切。陛下方思有以取勝於言事者。而邪佞之臣得以因隙而入。必有希合陛下之意者。將曰執中宰相。不可以小事逐。不可使小官動搖。甚者則誣言事者欲逐執中而引用他人。陛下方患言事者上忤聖聰。樂聞斯言之順意。不復察其邪佞而信之。所以拒言事者益峻。用執中益堅。夫以萬乘之尊。與二三數言事小臣角必勝之力。萬一聖意必不可回。則言事者亦當知難而止矣。然天下之人與後世之議者。謂陛下拒忠言。庇愚相。以陛下為何如主也。

奏議卷之一　十八

前日御史論梁適罪惡。陛下赫怒。空臺而逐之。而今日御史又復敢論宰相。不避雷霆之威。不畏權臣之禍。此乃至忠之臣也。能忘其身而愛陛下者也。陛下嫉之惡之。拒之絶之。執中為相。使天下水旱流亡。公私困竭。而又不學無識。憎愛挾情。除改差繆。取笑中外。家私穢惡。流聞道路。阿意順旨。專事逢君。此乃諂上傲下愎戾之臣也。陛下愛之重之。不忍去之。陛下睿智聰明。羣臣善惡無不照見。不應倒置如此。直由言事太切。而激成陛下之疑惑爾。執中不知廉恥。復出視事。此不足論。陛下豈忍因執中上累聖德而使忠臣直士卷舌於明時也。臣願陛下豁然回心。釋去疑慮。察言事者之忠。知執中之過惡。悟用人之非。法成湯改過之聖。遵仲虺自用之戒。盡以御史前後章疏出付外廷。議正執中之過惡。罷其政事。別用賢材。以康時務。以拯斯民。以全聖德。則天下幸甚。臣以身叨恩遇。職在論思。意切言狂。罪當

萬死

嘉祐中知諫院司馬光陳論三德劄子曰臣伏蒙聖恩不以臣無似擢臣為諫官臣自幼學先王之道意欲有益於當時是以雖在外方為他官猶願竭其愚心陳國家之所急況今立陛下之左右以言事為職陛下仁聖聰明求諫不倦群臣雖有狂狷愚妄觸犯忌諱陛下皆含容寬貸未嘗加罪誠微臣千載難逢之際苟不以此時傾輸胸腹之所有以副陛下延納之意則不可以自比於人死有餘罪矣臣竊惟人君之大德有三曰仁曰明曰武仁者非嫗煦姑息之謂也興教化脩政治養百姓利萬物此人君之仁也明者非煩苛伺察之謂也知道義識安危別賢愚辯是非此人君之明也武者非彊亢暴戾之謂也惟道所在斷之不疑姦不能惑佞不能移此人君之武也故仁而不明猶有良田而不能耕也明而不武猶視苗之穢而不能耘也

武而不仁猶知穫而不知種也三者兼備則國治彊闕一焉則衰闕二焉則危三者無一焉則亡自生民以來未之或改也臣不勝區區觸死忘生竊見陛下天性慈惠慎微接下子育元元泛愛群生雖古先聖王之仁殆無以過然自踐祚以來垂四十年夙夜孜孜以求至治而朝廷紀綱猶有虧缺閭里窮民猶有怨歎意者群臣不肖不能宣揚聖化將陛下之於三德萬分之一亦有所未盡歟臣聞春秋傳曰賞慶刑威曰君臣幸得以修起居注日侍黼扆之側伏見陛下推心御物端拱淵默群臣各以其意有所敷奏陛下不復詢訪利害考察得失一皆可之誠使陛下左右前後股肱耳目之臣皆忠實正人則如此至善矣或出於不意有一姦邪在焉則豈可不為之寒心哉夫善惡是非相與混殽若待之如一無所別白或知其善而不能賞知其惡而不能罰則為善者日懈為惡者日勸善者懈惡者勸雖有堯舜禹湯文武之君稷契伊呂周召之臣以之求治猶鑿冰而求火適楚而北行也伏惟陛下少垂聖思以天授之至仁廓日月之融光奮乾剛之威斷善無微而不錄惡無細而不誅則唐虞三代之隆何遠之有此臣愚淺所見不敢不陳

仁宗時天下久無事參知政事宋綬慮宴樂有漸乃上言人心逸於久安而患害生於所忽故立防於無事銷變於未萌事至而應不亦殆歟勵群司不以承平自怠乂上馭下之道有三臨事尚乎守當機貴乎斷地謀先乎密能守則奸不能移能斷則邪不能惑能密則事不能撓願陛下念之至若深居燕閒聲味以調六氣節宣以順四時保養聖躬宗社之休也

知制誥田況嘗面奏事論及政體帝頗以好名為非意在遵守故常況退而著論上之其略曰名者由實而生非徒好而自至也堯舜三

代之君非好名者而鴻烈休德倬若日月不能纖晦者有實美而然也設或謙弱自守不為恢闊睿明之事則名從而晦矣雖欲好之豈可得耶方今政令寬弛百職不修二虜熾結凌慢中國朝廷憫矜下民橫罹殺掠竭瀝膏血以資繕備而未免侵軼之憂故屈就講和為翕張予奪之術自非君臣朝夕恥憤大有為以遏後虞則勢可憂矣陛下若惡好名而不為則非臣之所敢知也陛下儻奮乾剛明聽斷則有英睿之名行威令懾姦宄則有神武之名斥奢泰革風俗則有崇儉之名澄冗濫輕會歛則有廣愛之名悅亮直惡諂媚則有納諫之名務咨詢達壅蔽則有勤政之名責功實抑偷幸則有求治之名今皆非之而不為則天下何所望乎抑又聖賢之道曰名教忠誼之訓曰名節群臣諸儒所以尊輔朝廷紀綱人倫之大本也陛下從而非之則教化微節義廢無恥之徒爭進而勸沮之方不行矣豈聖人

陛下之意耶。

判許州賈昌朝召對邇英閣。帝問乾卦。昌朝上奏曰。乾之上九稱亢龍有悔。悔者凶災之萌。爻在亢極。必有凶災。不言凶而言悔者。以悔有可凶可吉之義。修德則免悔而獲吉矣。用九見群龍無首吉。聖人用剛健之德。乃可決萬機。天下久盛。柔不可以濟。然亢而過剛。又不能久。獨聖人外以剛健決事。內以謙恭應物。不敢自矜為天下首。乃吉也。手詔優答。

英宗即位。初知諫院司馬光乞簡省細務。不必盡關聖覽。劄子曰。臣聞皋陶賛於舜曰。元首明哉。股肱良哉。庶事康哉。蓋言人君明則百官得其人。百官得其人。則衆事無不美也。又曰。元首叢脞哉。股肱惰哉。萬事墮哉。蓋言人君細碎無大略。則群臣不盡力。群臣不盡力。則萬事皆廢壞也。此二者治亂之至要也。荀子曰。明主好要。闇主好詳。

主好要。則百事詳。主好詳。則百事廢壞。為人君者自有職事。固不當詳察細務也。然則人君之職謂何。臣愚以為量材而授官。一也。度功而加賞。二也。審罪而行罰。三也。材有長短。故官有能否。功有高下。故賞有厚薄。罪有大小。故罰有輕重。此三者人君所當用心。其餘皆不足言也。臣伏見國家舊制。百司細事。如三司鞭一胥吏。開封府補一廂鎮之類。往往皆須奏聞。崇政殿所引公事。有軍人武藝國馬芻秣之類。皆一一躬親閱視。此蓋國初艱難。權時之制。施於今日。頗傷煩碎。陛下龍興撫運。聖政惟新。臣愚以為宜令中書樞密院撿詳中外百司自來公事須申奏取旨。及後殿所引公事。其間不繫大體。非人君所宜身親者。悉從簡省。委之有司。陛下養性安身。以專念人君之三職。之以法天地之易簡。致虞舜之無為。誠天下幸甚。

治平二年。光又奏曰。臣聞書曰。面稽天若。詩曰。文王陟降。在帝左右。蓋言王者為天之子。不敢不朝夕小心。祇畏其命。如在其上。如在其左右也。是故洪範九疇以五行為本。言王者當祇順五行之性。內謹五事以治身。外脩八政以治國。正五紀以承天序。折衷於皇極之道。登用三德之人。又參合以龜筮之謀。察風雨寒燠之來。以省得失。知休咎。導迎和氣。遠避六極。此萬世不易之道也。臣不勝狂愚。忘生觸死。伏見陛下即位以來。災異甚衆。日有黑子。江淮之水或溢或涸。去夏霖雨。涉秋不止。京畿東南十有餘州。廬舍沉於深淵。浮苴棲於木末。老弱流離。捐瘠道路。妻兒之價。賤於犬豕。許潁之間。親戚相食。積尸成丘。既而歷冬無雪。煖氣如春。草木早榮。繼以黑風。今夏癘疫大作。彌漫數千里。病者比屋。喪車交路。至秋幸而豐熟。百姓欣然。庶獲蘇息。未及收穫。而暴雨大至。一晝之間。川澤皆溢。溝渠逆流。原隰丘陵。悉為洪波。一苗半穗。蕩無孑遺。都城之內。道路乘桴。城闕摧圮。官

府倉廩。軍壘民居。覆沒殆盡。死於壓溺者不可勝紀。耆耋之人。皆言耳目所記。未嘗覩聞此。乃曠古之極異。非常之大災。陛下安得不側身恐懼。思其所以致此之咎乎。臣性愚學淺。不足以窺測天意。竊以書曰。天聰明。自我民聰明。天明畏。自我民明威。又曰。天視自我民視。天聽自我民聽。然則災異之來。不在於他。苟人心和悅。則天道無不順矣。詩曰。亹亹文王。令聞不已。又曰。如珪如璋。令聞令望。古之聖王未有不先其令名。而能行其政於天下者也。臣伏見陛下踐祚之初。上自宰輔。次及朝臣。下逮閭閻細民。士伍廝養。無不翕然同辭稱頌聖德。如出一口。皆云方今皇族奉朝謁者八百餘人。陛下仁孝聰明。為之首冠。知人疾苦。識其情偽。節儉愛物。剛果能斷。既美先帝知人之明。又慶己身逢時之幸。涕泣共談。悲喜相半。臣愚以為昔漢惠帝無子。而得文帝仁儉謙恭。百姓富饒。幾致刑措。昭帝無子。而得宣帝

動惠明斷吏良民樂歸稱中興。然則國無嗣子而旁親入繼。未必不為天意福祐社稷而先啓聖賢也。私心自奇。又甚於衆人。俄而聖躬有疾。上下之人思殺身為牲。粉骨為藥。庶祈早瘳以觀聖政。不意數月之後。道塗之議。稍異於前。頗有謗言。不專稱美。逮乎周歲之外。則頌者益寡。謗者益多。臣竊伏於閭門之外。日聞衆論。不勝悵恨。痛心疾首。晝而忘食。夕而忘寢。為陛下深思其故。終不能明。意者陛下於舉動循守之間。萬一有所未思乎。敢以愚慮言之。蓋有三焉。惟陛下寬其罪。使得畢其辭。竊以皇太后仁明之德。著自先朝。布聞四方。加之保育聖躬。在於襁褓。陛下入承大統。不可謂全非皇太后之力。當陛下初得疾之時。外間傳言皇太后於先帝梓宮之前。為陛下叩頭祈請。額為之傷。如此。豈可謂無慈愛之心於陛下哉。不幸為讒賊之人交相離間。遂使兩宮之情。介然有隙。就使皇太后有不慈於陛下。

陛下為人之子。安可校量曲直。遂生忿恨。而於孝恭之心有所不備乎。傳曰。大德滅小怨。先帝擢陛下於衆人之中。自防禦使升為天子。唯以一后數公主屬於陛下。而梓宮在殯。已失皇太后之歡心。長公主數人。皆屏居閑宮。希曾省見。臣請以小喻大。設有閭里之民。家有一妻數女。及有數畝之田。一金之產。老而無子。養同宗之子以為後。其人既沒。其子得田產而有之。遂疎母棄妹。使之愁憤怨歎。則鄰里鄉黨之人謂其子為何如人哉。以匹夫而為此行。猶見貶於鄉里。況以天子之尊。為四海所瞻仰哉。此陛下所以失人心之始也。先帝天性寬仁。重違物意。晚年嬰疾。厭倦萬幾。遂以天下之事。悉委之兩府。兩府或見有所偏。或意有所私。取捨黜陟。未必皆當。又巧設倖門。進援所愛。超資越級。欺罔衆人。抑塞孤寒。無所伸愬。及陛下即位。皆謂必能奮發乾剛。昭明君德。收取威福。復還王室。進賢退愚。賞善罰惡。

使海內廓然。立見太平。而陛下益事謙遜。深自晦匿。凡百奏請。不肯與奪。動循舊例。不顧事情。謹於細務。忽於大體。知人之賢。不能舉。知人不肖。不能去。知事之非。不能改。知事之是。不能從。大臣專權甚於先朝。率意差除。無所顧忌。或非材而驟進。或有罪而見寬。此天下所以重失望也。臣聞書曰。木從繩則正。后從諫則聖。是以堯稽于衆。舍己從人。舜好問而好察迩言。禹聞善言則拜。湯用人猶己。改過不吝。此四聖人者。豈其才智之不足哉。然猶孜孜汲汲。下詢愚賤之人者。蓋以四海之廣。萬幾之衆。非一人所能獨知。必資天下之耳目思慮。然後能曲盡其理也。陛下聖質雖美。亦當取法於堯舜禹湯。而即政以來。或意有所見。執之不移。如堅守嚴城。禦敵外寇。使羣臣之言。皆無自而入。殆非所以納百川而成巨海也。孔子曰。人之言曰。予無樂乎為君。唯其言而莫予違也。如其善而莫之違也。不亦善乎。如不善

而莫之違也。不幾乎一言而喪邦乎。是故明君之於聽納。無彼無我。無親無疎。無先無後。唯其是而已矣。若重我所有而輕彼所陳。信其所親而疑其所疎。主先入之言而拒後來之議。則雖有是者。亦不可得而見矣。夫人心之所好者。視醜以為美。所惡者。視善以為惡。苟能以平心察之。則是非易見矣。書曰。有言逆于汝心。必求諸道。有言遜于汝志。必求諸非道。若必待合於聖意。則悅而從之。不合。則怒而棄之。臣恐讒諂日進。方正日疎。殆非所以增社稷之福也。又國家置臺諫之官。為天子耳目。防大臣壅蔽。朝廷政事。皆大臣相與裁定。然後施行。而臺諫或以異議干之。陛下當自以聖意察其是非。可行則行。可止則止。今乃復付之大臣。彼安肯以己之所行為非。而以他人所言為是乎。此乃陛下所以獨取拒諫之名。而大臣坐得專權之利者也。夫以君相之重。何啻泰山。賤臣之輕。何啻雞卵。乃欲相與校其勝

貧臣固知其不敢矣。是以四方懷忠之士願效區區者皆望風不進結舌沮氣此天下所以又失望也。凡此三者在列之臣皆知其不可。而上畏嚴誅下避怨怒。莫敢以此極言聞於陛下。使海內憤鬱之氣積而不發。宜其有以感動天地之和矣。臣聞天意保佑王者。故爲之下災異以譴告之。若王者恐懼修省則非徒免一時之害。又將有福禄隨之。商之太戊武丁周之成宣是也。若傲忽不顧。非徒爲害於一時。又將有危亡之禍。漢之成哀桓靈是也。今災異之來。意者皇天亦將保佑陛下以成商周之美乎。臣願陛下上稽天意。下順人心。於此三者皆留聖念。奉事皇太后。愈加孝謹。務得驩心。諸長公主。時加存撫。無令失所。總攬大柄。勿以假人。選用英俊。循名責實。賞功罰罪。捨小取大。剗塞弊倖。一新大政。延納讜言。虛心從善。皆行之以至誠。非特爲空言而已。夫至誠可以動金石。而況人乎。不誠不足以感匹夫。而況天乎。詩云。無曰高高在上。陟降厥士。日監在茲。天雖至高。視聽甚邇。人之所爲發於中心。則天已知之。固不待見其容貌形於聲音也。陛下果能盡誠於此。則聖德日新。令名四達。人心既悅。天道自和。百穀蕃昌。嘉瑞並至。蠻夷率服。福流子孫矣。臣自知不才。無補朝廷。然不敢遂自塞嘿。復有所陳。惟陛下裁察。臣光昧死再拜上疏。

英宗時。起居舍人傅堯俞上奏曰。臣聞自古受命之君。未有不上對天意而下順人心者也。夫受命者非他。天意所嚮而人心所歸耳。其所以上尉下順者亦非他。恭儉仁孝耳。臣伏見陛下越自藩邸。入繼大統。中外欣戴。若應試之久者。可以驗人心之歸矣。踐祚之初。遇哀生疾。臣民傾耳未聞德音將越三時。而天下晏然無一事者。可以驗天意之嚮矣。然臨朝淵嘿。未決政事。不知陛下務爲謙抑耶。將起居之間尚有所未適耶。以爲未適。則當親近藥物。如曰謙抑。則亦已至

矣。伏望陛下察昊穹眷祐之深。念先帝顧託之重。思皇太后援助之勞。顧天下瞻望之極。宣暢言意。總覽萬機。出則親禮大臣。委曲以通其志。延見近侍。講摩以輔其闕。入則奉養母后。順承乎顏色。撫育諸主。務隆於慈愛。恭以久其德。儉以豐其財。簡去思慮。一歸至誠。夫誠之至。金石爲開。矧嚮陛下之天意而歸陛下之人心。詎有不通者乎。思慮之煩。適足害正。維至誠以定其心。大公以措諸事。靜者勿撓而來則應之。尚何思慮之多也。行此足以受多福。泮羣疑。苟異于是。非臣所知。臣雖甚愚。誠恐天意不可以久咈。人心不可以久鬱。四聖大業。百年神器。願陛下念之毋忽。小臣亡狀。輒獻孤忠。干冒天威。伏俟斧鉞。

給事中王疇上疏曰。董仲舒爲武帝言天人之際曰。事在勉彊而已。勉彊學問。則聞見廣而智益明。勉彊行道。則德日進而大有功。陛下起自列邸。光有天命。然而祖宗基業之重。天人顧享之際。所以操心治身正家保國者。尤在於勉彊力行也。陛下昔在宗藩。已能務德好學。語言舉動。未嘗越禮。是天性有聖賢之資。自疾平以來。于茲半歲。而臨朝高拱。無所可否。群臣關白軍國之政者日益至。其請人主財決者日益多。然猶聖心盤桓無所是非者何也。得非以初繼大統。或慮未究朝廷之事。故謙抑而未遑耶。或者聖躬尚未寧而不欲自煩耶。抑有所畏忌而不言耶。苟爲謙抑而未遑。則國家萬務日曠月廢。其勢將趨於禍亂無疑也。若聖躬未能寧。則天下之名醫良工。日可召於前而方技不試。藥石不進。養疾於身。坐俟歲月。非求全之道也。苟有所畏忌而不言。則又過計之甚也。今中外之事無可疑畏。臣嘗爲陛下力言之矣。陛下何不坦心布誠。廓開大明以照天下。外則與執政大臣講求治體。內則於母后請所未至。延禮賢俊。諮訪忠直。廣

所未見逮所未聞若陛下朝行之則衆心夕安矣況陛下向居藩邸日夕於側者惟一二講學之師與左右給事之人耳脩身行己德業日新而知者無幾所是爲善多而得名常少也然而終能德成行尊美名遠聞此先帝之所以屬心也今處億兆之上有一言動則天下知之簡冊書之比之於昔是善行易顯而美名易成也然而尚莫之聞者是不爲爾非不能也有始有終者聖賢之能事在陛下勉彊而已

歷代名臣奏議卷之一

歷代名臣奏議卷之二

君德

宋神宗即位初御史中丞司馬光上奏曰臣聞澄其源則流清固其本則末茂臣蒙陛下聖恩拔於衆臣之中委以風憲天下細小之事皆未足爲陛下言之敢先以人君脩心治國之要爲言此誠太平之原本也臣聞脩心之要有三一曰仁二曰明三曰武仁者非嫗煦姑息之謂也脩政治興教化育萬物養百姓此人君之仁也明者非煩苛伺察之謂也知道義識安危別賢愚辯是非此人君之明也武者非強亢暴戾之謂也惟道所在斷之不疑姦不能惑佞不能移此人君之武也故仁而不明猶有良田而不能耕也明而不武猶視苗之穢而不能耘也武而不仁猶知穫而不知種也三者兼備則國治彊闕一焉則衰闕二焉則危三者無一焉則亡自生民以來未之或改

也治國之要亦有三一曰官人二曰信賞三曰必罰夫人之才性各有所長官之職業各有所守自古得人之盛莫若唐虞之際然稷契皐陶垂益伯夷夔龍各守一官終身不易苟使之更來迭去易地而居未必能盡善也故人主誠能收采天下之英俊隨其所長而用之有功者勸之以重賞有罪者威之以嚴刑譬如乘輕車駕駿馬總其六轡奮其鞭策何往而不可至哉昔仁宗皇帝之時臣初爲諫官上殿首曾敷奏此語先皇帝時臣曾進歷年圖又以此語載之後序今幸遇陛下始初清明之政虛心下問之際臣復以此語爲先者誠以臣平生力學所得至精至要盡在於是願陛下勿以爲迂闊試加審察若果無可取則臣無所用於聖世矣

熙寧元年右正言孫覺上奏曰臣聞血者陰也氣者陽也二物合而成人雖合而成人而無心術之妙精神之運則亦下愚而已矣昔者

孔子深見此理而推言之曰。血氣未定。戒之在色。以謂二物之交。爭則人之欲心甚熾。無妙道至神以勝之。則至于違禮義而戕壽命矣。又曰。血氣方剛。戒之在鬬。二物既盛。則令人喜鬬。衆人之鬬。則尚氣好勝。取必於人。以爭淺小而忘後患。人主之鬬。則彊兵右武。拓土開邊。以爭利於夷狄。凡鬬皆所以傷神明而悖性理矣。又曰。血氣既衰。戒之在得。凡人之老。必嗇而貪。血氣之衰。自然及此。故年彌高而德邵者。謂之孔子之徒。此三者。蓋論常人之情。常人爲陰陽所役。故一人之身而少壯老三變。聖賢則不然。知禮義之可貴。壽命之可寶。潛心於妙道至神。則少之時不惑於色。知神明之可尊。性理之可樂矣。狄禽獸不足以校勝負。爭彊弱。則壯之時不恍於鬬。少而寡慾。長而盡性。則血氣雖衰而不貪。陰陽爲之役而不得與之變。故心閑而神明。體佚而壽考。陛下以睿明之質。鼎盛之年。求治甚切。而聽覽不倦。

眞可謂有意天下者矣。然臣之忠。竊獨私憂而過計。願陛下深鑒孔子之言而終始以三者爲戒。則宗廟幸甚。天下幸甚。

富弼徙判汝州。詔入覲。許肩輿至殿門。神宗御內東門小殿。令其子掖以進。且命毋拜。坐語從容。訪以治道。弼知帝果於有爲。對曰。人主好惡。不可令人窺測。可測則姦人得以傅會。當如天之監人。善惡皆所自取。然後誅賞隨之。則功罪無不得其實矣。

二年。五月。王安石還參知政事。上奏曰。臣切以爲陛下既終亮陰。考之於經。則羣臣進戒之時。而臣待罪近司。職當先事有言者也。切聞孔子論爲邦。先曰放鄭聲。後曰遠佞人。仲虺稱湯之德。先曰不邇聲色。不殖貨利。而後曰用人惟己。蓋以謂不淫耳目於聲色玩好之物。然後能精於用志。能精於用志。然後能明於見理。能明於見理。然後能知人。能知人。然後佞人可得而遠。忠臣良士與有道之君子類進於時。有以自竭。則法度之行。風俗之成。甚易也。若夫人主雖有過人之才。而不能早自戒於耳目之欲。至於過差以亂其心之所思。則用志不精。用志不精。則見理不明。見理不明。則邪說詖行必窺間乘殆而作。則其至於危亂也。豈難哉。伏惟陛下即位以來。未有聲色玩好之過聞於外。然孔子聖人之盛。尚自以爲七十而後敢縱心所欲也。今陛下以鼎盛之春秋。而享天下之大奉。所以感移耳目者。不爲少矣。則臣之所豫慮。而陛下之所深戒。宜在於此。天之生聖人之材甚吝。而人之值聖人之時甚難。天既以聖人之材付陛下。則人亦將望聖人之澤於此時。伏惟陛下自愛以成德而自強以赴功。使後世不失聖人之名。而天下皆蒙陛下之澤。則豈非可願之事哉。臣愚不勝惓惓。惟陛下恕其狂妄而幸賜省察。

三年。右正言李常上奏曰。臣聞孔子曰。大哉堯之爲君也。惟天爲大。

惟堯則之。蕩蕩乎民無能名焉。巍巍乎其有成功。煥乎其有文章。夫堯之爲德。至民莫能名。功業高大。法度煥明。如此其盛者。配天故也。所以配天者。能則天也。亦何獨堯爲然。王天下者莫不欲然也。易曰。天行健。君子以自彊不息。則王者之事也。中庸曰。肫肫其仁。淵淵其淵。浩浩其天。配天。王者之德也。夫立天下之正位。行天下之大道。不求則天而配其德。可乎。臣竊聞陛下即位已來。聖德日新。殆將天縱。碩儒元老。自愧不及。追帝王之盛。際將在今日。臣所以樂爲陛下言也。昔者子思論爲天下國家有九經。所以行之者。脩身而已。誠能脩身。天下國家之治尚足道哉。其脩身之叙。亦必始於至誠無息。而極乎高明。上配天德。然則志在於配天者。何可息也。詩曰。於乎不顯。文王之德之純。孔子曰。我學不厭。皆言其不息也。臣願陛下就天質之至明。因聖術之已著。法文王孔子之意。勉之又勉。極夫廣大而盡乎精微。比德於唐堯之盛。尚慮功業法度不輝耀乎。萬世不垂譽於無窮乎。非愚臣苟以責難之義事陛下。誠以陛下睿智之資為此甚易故也。

知滄州曾鞏上言曰。臣聞基厚者勢崇。力大者任重。故功德之殊垂光錫祚。隔奕繁衍。久而彌昌者。蓋天人之理。必至之符。然生民以來。能濟登茲者。未有如大宋之隆也。夫禹之績大矣。而其孫太康乃墜厥緒。湯之烈盛矣。而其孫太甲既立不明。周自后稷十有五世至於文王。而大統未集。武王成王始收太平之功。而康王之子昭王難於南狩。昭王之子穆王殆於荒服。暨于幽厲。陵夷盡矣。及秦以累世之智并天下。然二世而亡。漢定其亂。而諸呂七國之禍相尋以起。光武中興。然冲質以後。世故多矣。魏之患天下為三。晉宋之患天下為南北。隋文始一海內。然傳子而失。唐之治在於貞觀開元之際。而女禍世

出。天寶以還綱紀微矣。至于五代。蓋五十有六年而更八姓十有四君。其廢興之故甚矣。宋興。太祖皇帝為民去大殘。致更生。兵不再試。而粵蜀吳楚五國之君生致闕下。九州來同。復禹之跡。內輯師旅而齊以節制。外甲藩服而納以繩墨。所以安百姓。禦四夷。綱理萬事之具。雖創始經營。而彌綸已悉。莫貴於為天子。莫富於有天下。而啓子傳弟。為萬世策。造邦受命之勤。為帝太祖。功未有高焉者也。太宗皇帝遹求厥寧。既定晉疆。錢俶自歸。作則垂憲。克紹克類。保世靖民。丕丕之烈。為帝太宗。德未有高焉者也。真宗皇帝繼統遵業。以涵煦生養蕃息齊民。以并容偏覆擾服異類。蓋自天寶之末。宇內板蕩。及真人出。天下平。而西北之虜猶間入闚邊。至于景德二百五十餘年。契丹始講和好。德明亦受約束。而天下銷鋒灌燧。無雞鳴犬吠之驚。以迄于今。故於是時遂封泰山。禪社首。薦告功德。以明示萬世不祧之

廟所以為帝者宗。仁宗皇帝寬仁慈恕。虛心納諫。慎注措。謹規矩。早朝晏退。無一日之懈。在位日久。明於羣臣之賢不肖忠邪。選用政事之臣。委任責成。然公聽並觀。以周知其情偽。其用舍之際。一稽於衆。故任事者亦皆警懼。否輒罷免。世以謂得馭臣之體。春秋未高。援立有德。傳付惟允。故傳天下之日。不陳一兵。不宿一士。以戒非常。而上下晏然。殆古所未有。其豈弟之行。足以附衆者。非家施而人悅之也。積之以誠心。民皆有父之尊。有母之親。故棄羣臣之日。天下聞之。路祭巷哭。人人感動歔欷。其得人之深。未有知其所繇然者。故皇祖之廟為宋仁宗。英宗皇帝聰明叡智。言動以禮。上帝眷相。大命所集。而稱疾遜避。至于累月。自踐東朝。淵默恭慎。無所言議。施為而天下傳頌稱說。德號彰聞。及正南面。勤勞庶政。每延見三事。省決萬機。必咨詢舊章。考求古義。聞者惕然。皆知其志在有為。雖早遺天下。成功盛

烈。未及宣究。而明識大略。足以克配前人之休。故皇考之廟為宋英宗。陛下神聖文武。可謂有不世出之姿。仁孝恭儉。可謂有君人之大德。憫自晚周秦漢以來。世主不能獨見於衆人之表。其政治所出。大抵蹖襲卑近。因於世俗而已。於是慨然以上追唐虞三代荒絕之跡。修列先王法度之政。為其任在己。可謂有出於數千載之大志。變易因循。號令必信。使海內觀聽莫不奮起。羣下遵職。以後為羞。可謂有能行之效。今斟酌損益。革敝興壞。制作法度之事。日以大備。非因陋就寡。拘牽常見之世所能及也。繼一祖四宗之緒。推而大之。可謂至矣。蓋前世或不能附其民者。刑與賦役之政暴也。宋興以來。所用者鞭扑之刑。然猶詳審反復。至於緩囚縱之誅。重誤入之辟。蓋未嘗用一暴刑也。田或二十而稅一。然歲時省察。數議寬減之宜。下詔除之。令。蓋未嘗加一暴賦也。民或老死不知力政。然猶憂憐惻怛。常謹復

除之科。急擅興之禁。蓋未嘗興三十里外役也。所以附民者如此。前世或失其操柄者。天下之勢或在於外戚。或在於近習。或在於大臣。宋興以來。戚里宦臣。曰將曰相。未嘗得以擅事也。所以謹其操柄者如此。而況輯師旅於內。天下不得私尺兵一卒之用。畀藩服於外。天下不得專尺土一民之力。其自處之勢如此。至於畏天事神。仁民愛物之際。未嘗有須臾懈也。其憂勞者又如此。蓋不能附其民。而至於失其操柄。又怠且忽。此前世之所以危且亂也。民附於下。操柄謹於上。處勢甚便。而加之以憂勞。此今之所以治且安也。故人主之舉意輸色揆。而六服震動。言傳號渙。而萬里奔走。山巖窟穴之氓。不待期會而掎輸歲送以供其職者。惟恐在後。航浮索引之國。非有發召。而贏齎橐負以致其贄者。惟恐不及。西北之戎。接弓縱馬。相與袨服而戲豫。東南之夷。正冠束衽。相與挾冊而吟誦。至於六府順敘。百嘉鬯遂。凡

在天地之內。含氣之屬。皆裕如也。蓋遠莫懿於三代。近莫盛於漢唐。然或四三年。或一二世。而天下之變不可勝道也。豈有若今五世六聖。百有二十餘年。自通邑大都。至於荒陬海聚。無變容動色之慮。萌於其心。無接枹擊柝之戒。接於其耳目。臣故曰生民以來未有如大宋之隆也。竊觀於詩。其在風雅。陳太王王季文王致王迹之所由。與武王之所以繼伐。而成王之興。則美有假樂鳧鷖。戒有公劉泂酌。其所言者。蓋農夫女工築室治田。師旅祭祀。飲尸受福。委曲之常務。至於兔罝之武夫。行修於隱。牛羊之牧人。愛及微物。無不稱紀。所以論功德者由小以及大。其詳如此。後嗣所以昭先人之功。當世之臣子所以歸美其上。非徒薦告鬼神。覺寤黎庶而已也。書稱勸之以九歌。俾勿壞。蓋歌其善者。所以起其嚮慕興起之意。防其怠廢難久之情。養之以德而成之於心。其於勸帝者之功美。昭法戒於將來。聖人之所以列之於經。垂爲世教也。今大宋祖宗興造功業。猶太王王季文王。陛下承之以德。猶武王成王。而群臣之於考次論撰。列之簡冊。被之金石。以通神明。昭法式者。闕而不圖。此學士大夫之過也。蓋周之德盛於文武。而雅頌之作。皆在成王之世。今以時考之。則祖宗神靈固有待於陛下。臣誠不自揆。輒冒言其大體。至於尋類取稱。本隱以之顯。使莫不究悉。則今文學之臣。充於列位。惟陛下之所使。至若周之積仁累善。至成王周公爲最盛之時。而泂酌言皇天親有德饗有道。所以爲成王之戒。蓋履極盛之勢。而動之以戒懼者。明之至智之盡也。如此者非周獨然。唐虞至治之極也。其君臣相飭曰。兢兢業業一日二日萬幾。則處至治之極而保之以祗慎。唐虞之所同也。今陛下履祖宗之基。廣太平之祚。而世世治安。三代所不及。則宋興以來全盛之時實在今日。陛下仰探皇天所以親有德饗有道之意。而奉

之以寅畏。俯念一日二日萬幾之不可以不察。而處之以兢兢。使休光美實。日新歲益。閎遠崇侈。循之無窮。至千萬世永有法則。此陛下之素所畜積。臣愚區區愛君之心。誠不自揆。欲以庶幾詩人之義也。惟陛下之所擇。

元豐七年。資政殿學士知揚州呂公著上奏曰。臣聞人君以至誠爲道。以至仁爲德。守此二言。終身不易。堯舜之主也。何謂至誠。上自大臣。下至小民。內自親戚。外至四夷。皆推赤心以待之。不可以絲毫僞也。如此則四海之內。親之如父子。信之如心腹。未有父子相圖。心腹相欺者。如此而天下之不治。未之有也。絲毫之僞一萌於心。如人有病先見於脈。如人飲酒先見於色。聲色動於幾微之間。而猜阻行於千里之外。強者爲敵。弱者爲怨。四海之內。如盜賊之憎主人。鳥獸之畏弋獵。則人主孤立而危亡至矣。何謂至仁。親臣如手足。視民如赤

乎。戢兵省刑。時使薄斂。行此六事而已矣。禍莫逆於好用兵。怨莫大於好起獄。災莫深於興土功。毒莫甚於奪民利。此四者陷民之坑穽而伐國之斧鉞也。去此四者。行彼六者。而仁不可勝用矣。傳曰。至誠如神。又曰。至仁無敵。審能行之。當獲四福。以人事言之。則主逸而國安。以天道言之。則享年永而卜世長。此必然之理。古今已試之效也。去聖益遠。邪說滋熾。厭常道而求異術。文姦言以濟暴行。為申商之學者則曰。人主不可以不學術數。人主天下之父也。為人父而用術於子。其可乎。為莊老之學者則曰。聖人不仁。以百姓為芻狗。欲窮兵黷武。則曰。吾以威四夷而安中國。欲煩刑多殺。則曰。吾以禁姦慝而全善人。欲虐使厚斂。則曰。吾以彊兵革而誅暴亂。雖若不仁。而卒歸於仁。此皆亡國之言也。秦二世王莽嘗用之矣。皆以經術附會其說。書曰。惟辟作福。惟辟作威。此言威福不可移於臣下也。欲威福不移

於臣下。則莫若捨己而從眾。眾之所是。我則與之。眾之所非。我則去之。夫眾未有不公。而人君者天下公議之主也。如此。則威福將安歸乎。今之說者則不然。曰。人主不可以不作威福。於是違眾而用己。己之耳目。終不能徧天下。要必資之於人。愛憎喜怒。各行其私。而浸潤膚受之說行矣。然後從而賞罰之。雖名為人主之威福。而其實左右之私意也。姦人竊吾威福而賣之於外。則權與人主侔矣。書曰。威克厥愛。允濟。愛克厥威。允罔功。威者畏威之謂也。愛者懷私之謂也。管仲曰。畏威如疾。民之上也。從懷如流。民之下也。畏威之心勝於懷私。則事無不成。今之說者則不然。曰。人君當使威刑勝於恩愛。如是。則予不如奪。生不如殺。堯不如桀。而幽厲威靈之君長有天下。此不可不辨也。

哲宗即位。監察御史王巖叟上奏曰。臣聞孔子曰。為君難。為臣不易。如知為君之難也。不幾乎一言而興邦乎。臣竊以君道之大。無所不難。苟得其要而持之。則所難者少矣。臣請略舉其要。陛下試垂聽焉。言無所隱之謂忠。心無所欺之謂信。忠於主者不避嫌。信其己者不恤謗。所以忠信或至於獲罪。故人君以察忠信而主之為難。巧於言之謂佞。順於事之謂柔。巧言則易得。順事則易從。所以佞柔常至於日親。故人君以辨佞柔而遠之為難。廣大業者存乎勤。而人情常易於生倦。以隳其業。故人君以久而不倦為難。成大謀者存乎斷。而人情常牽於小不忍以亂其謀。故人君以棄小不忍為難。臣以謂為國之要。能察忠信而主之。使得盡言。辨佞柔而遠之。使不害政。行之以勤而無廢弛之憂。濟之以斷而無優游之患。則治道成矣。陛下盛德日新。四事之要曾無所難。而皆自得。益願陛下不以易心處之。則德日新又日新矣。

岩叟為起居舍人。又論洪範三德。上奏曰。臣伏以人主言而為天下法。動而為天下則。聖人思所以嚴百王之心而重其事。故置右史以記言。左史以記動。伏惟陛下即位以來。恭默思道。敬畏不言。五年于今。臣幸得以右史入侍。願聞德音而書之。不啻飢渴者亦有時矣。昨日臣預立邇英。侍講臣司馬康講洪範九疇。至乂用三德。陛下忽啓聖問曰。只此三德為更有德。臣不覺心躍而神竦。既以初聞堯言為喜。又以陛下問德得其要為慶。臣敬已書之於冊。以示萬世。竊伏思念陛下既能審而問之。必將體而行之。三德者。君人之大本。得之則治。失之則亂。不可須臾而去者也。臣請為陛下別白而言之。夫明是非於朝廷之上。判忠邪於多士之間。不以順己而忘其惡。不以逆己而遺其善。私求不徇於所愛。公議不遷於所憎。竭誠盡節。以先國家之急。而忘其身者。任之當勿貳。附下罔上。以盜寵祿。而不恤百姓之患

者棄之當勿疑。惜紀綱。謹法度。重典刑。戒姑息。此人主之正直也。聲色人之所好也。而遠之。盤游人之所樂也。而絕之。財利人之所貴也。而賤之。勇於赦天下之弊。果以斷天下之疑。邪說所不能移。非道所不能悅。此人主之剛也。居萬乘之尊而不驕。饗四海之富而不侈。聰明有餘而處之如不足。俊傑並用而求之猶弗及。虛心以訪道。屈己以從諫。懼若臨深淵。怯若履薄冰。此人主之柔也。三者足以盡天下之要。願人主力行何如耳。陛下誠能用洪範之三德以修己。推皐陶之九德以用人。則堯舜三王之盛可坐而致矣。斯無難。在陛下勉之而已。

元祐元年。御史中丞傅堯俞上宣仁皇后論治性之道疏曰。臣聞之於書曰。慎厥初。惟其終。又曰。慎厥終。惟其始。始則念終。不敢不慎也。終則念始。不敢不勉也。臣愚伏念陛下考古御今。備明法度。恭儉以

克己。慈惠以愛人。登崇老成。開廣言路。大義明著。仁聲流聞。總攬萬機。得其綱要。所以欽崇祖宗。導世成俗。為子孫百世之慮甚備。非臣筆舌所能形象。雖詩書所載。丹青所傳。殆非有以過也。可謂有其始矣。臣愚不勝拳拳。謂陛下雖聖性得之。猶當加聖心焉。夫天地無全功。聖人無全能。此不可不思。傳曰。審好惡。理情性。而王道畢矣。治性之道。必審己之有餘而強其所不足。有餘則養之不敢矜。不足則勉之以為戒。然後無間可窺。而巧偽之徒不得比周而望進。今陛下不出房闥而天下嚮風。百僚奉職者。無它。以陛下通達乎鈞而政出於大公云耳。苟一有所偏。則好惡之情露。首邪羣枉。必爭隙而入矣。陛下前日積勞之所成就。將中廢而不完矣。豈可不兢兢業業。日慎一日。以圖厥終哉。願陛下留神省察。則天下幸甚。天下幸甚。陛下不遺臣愚。屬以言責。非臣衰拙所當蒙被。仰貪盛明。黽勉就職。臣輙自惟忖。蓋志有向背。而材有能否。事有大小。任有重輕。陛下使臣拾遺補過。以輔盛德。明善正失。以平庶政。舉直錯枉。以正大臣。方是之時。臣極其力。以死繼之。若夫窺人之愆。摘其細故。有聞必達。遇事輙言。則非臣之任。又非臣之志也。伏惟陛下責其大節。寬其近功。因臣所能。俾效其力。臣終不以狗馬之年為子孫計。畏首顧尾。以孤負恩獎。惟始之之難。陛下既蹈之矣。顧不能善其終乎。然不可不戒也。伏望陛下察臣懇款。不廢其言。特賜覽觀。則永譽無悔。臣不勝大願。

蔡確以作詩誹謗得罪。堯俞又上奏曰。臣觀蔡確狂悖。陛下神斷不疑。下合人情。上明邦憲。雖一以公議裁之。固未嘗臨之以怒。然豈陛下之所樂者哉。况區斷之際。亦須少勞睿思。愚臣妄度。竊恐陛下於海嶽之量。不能無少忤而未能忘懷也。外廷側聆。日增驚惕。臣聞之於易曰。天下同歸而殊塗。一致而百慮。天下何思何慮。夫事至以無

心應之。既往若未嘗經意。此聖人所以養至誠而御遐福者也。願陛下寬聖心。省浮念。游情太清。以固真粹。陛下之氣和。則上下之氣和。上下之氣和。則天地之氣和應矣。唐柳公綽奏太醫箴以諷憲宗。謂之曰。卿憂朕深者。臣無公綽之才。而有其誠。臣以為今天下事莫重於此。故惓惓而不能自已。惟陛下無易臣言。留神省察。

三年。中書舍人曾肇論君道在立己知人上奏曰。臣伏見陛下即位以來。早朝晏罷。負扆端莊。淵默弗言。雖在深宮之中。不為佚豫之好。可謂有克肖祖宗之聖質。退朝燕處。翰墨是親。日御邇英。虛心恭己以延講誦。可謂有急於問學之誠心。夫有克肖祖宗之聖質。又有急於問學之誠心。則引而達之。廣而大之。正今日之所務也。蓋聖人之性與人同。在謹其初而已。夫性之初。若火之始然。泉之始達。火之始然。一螢爝之微爾。及其至也。其明足以燭萬物。其用足以爍金石。其

利博矣然設之不當則燎原野焚玉石而不勝其害也泉之始達一勺之多爾及其至也大而爲之江河細而爲溝澮其利博矣然導之非理則暴怒悍突懷山襄陵而不勝其害也人之性何以異於是哉況夫有天下之大貴四海之富靡曼之聲妖淫之色足以移其耳目宮室狗馬珠玉綺繡之玩足以移其心志與賢人處寡而不肖者參之與正士游寡而邪人間之日漸月漬習與性成則明者或至於昏仁者反而爲暴豈其天資之固然哉設之弗當導之非理故也故以舜之爲君而禹告以無若丹朱傲以禹之爲君而其戒見於五子之歌以武王之爲君而太保作旅獒以訓至於成王而訓戒益詳周公作無逸又作七月之詩召康公作公劉以戒民事又作泂酌以言皇天親有德饗有道其辭可謂諄諄矣故以成王中材之主而能持盈守成卒爲賢君者設之得其當導之適其理故也自古治世少而亂

奏議卷之二　十二

世多天下之柄或移於權臣或假於外戚或出於宦寺諸侯或強大而不可制夷狄或驕慢而不可屈兵或恣睢而不可使海內之賦入或專於彊藩悍將而縣官不能有也百里之長或專殺而司寇不能治也有一於此人主雖有特起之資欲治之志而其勢不能以大有爲此古今之通患也本朝承平百有餘年政出於一羣臣奉法遵職外戚奉朝請宦寺供掃灑而已州縣之勢如臂使指夷狄引首待我衣食制兵與賦皆得其要刑罰清平又前世之所未有也六聖相傳以至陛下言其德則光大言其業則富有言其勢則便利陛下又有克肖祖宗之聖質有急於問學之誠心引而達之廣而大之欲王則王欲帝則帝惟陛下之所嚮而已孔子曰爲君難知爲君之難固有時而易矣何以言之君道莫難於立己莫難於知人己非禮不立人非言不知也孔子曰不知禮無以立也不知言無以知人也臣請爲陛

下言之夫所謂禮非制度文爲之事也姦聲亂色不留於聰明淫樂慝禮不接於心術非正勿視也非正勿聽也非正勿言也非正勿動也視聽言動由於禮則內之非僻之思無自而生外之非僻之習無自而入內有以正其心外有以正其行夫然故施於事親則孝施於兄弟則順施於族姻則睦施於郊廟則敬施於朝廷則莊施於治民則仁施於軍旅則威無所施而不當矣孔子曰一日克己復禮天下歸仁焉其守豈不約其效豈不博哉至於知言其事尤難蓋言亦多端矣有辯有訥有華有質有是而非有迂而直不可不察也非獨如此人主必有好惡之心有是非之心所好者吾所惡者邪以忠爲是以佞爲非則固善矣不幸反此則小人必將逢其所好避其所惡矜其所是諱其所非以售其姦言以行其私說故人主好高遠則窾言入好卑近則邇言至好刑名則慘刻之說進好功利則興作之謀用

奏議卷之二　十三

上以此求於下下以此應於上同者謂之賢異者謂之愚而君子雜處小人之間方且逆其所順強其所劣君所謂可而有否焉必獻其否以成其可君所謂否而有可焉必獻其可以替其否如是而君不察焉則小人日親君子日疏小人日進君子日退君子道消小人道長此治亂安危之所以分也治亂安危所分在於聽言之際豈不可畏也哉故漢文帝聽張釋之而退嗇夫則風俗至於篤厚唐太宗聽魏鄭公而絀封倫則致治幾於太平齊威公不聽管仲而進易牙苻堅不聽王猛而信慕容垂則旋踵而敗亡其效豈不深切著明哉伏惟陛下有克肖祖宗之聖質有急於問學之誠心宜其於行不勉而中於言不思而得然臣猶惓惓以是爲獻者蓋天下之物接於我者無窮而不能以道觀物則爲物所引而欲必至於敗度縱必至於敗禮尚何以立己哉天下之言接於我者無窮而不能以道觀言則爲

言所蔽而浸潤之譖膚受之愬無所不行尚何以知人哉。臣愚願陛下及此春秋方富血氣未定早爲之制。不邇聲色不殖貨利出入起居凡所以害德之事勿爲也。左右前後凡可以蕩心之物勿近也。便辟側媚遠之而勿親。直諒多聞親之而勿遠。動容周旋唯禮之從。則己無不立矣。無作好惡無作聰明使人不能窺。有言逆于心必求諸道。有言遜于志必求諸非道。使姦言不得入。虛心廣覽以接衆論。辭寡者知其人之吉。辭多者知其人之躁。辭游者知其誣善。辭枝者知其心疑。以至詖辭知其所蔽淫辭知其所陷邪辭知其所離遁辭知其所窮。則人無不知矣。有以立己。充而至於美風俗不難矣。有以知人。推之以修政事不難矣。方今海內雖號治安。然內則忠邪雜揉。是非紛亂。士節不厲。奉公守義者寡。而交私合黨者多。外則爭訟盜發。法不勝姦。歲論大辟五千餘人。祖宗以來未嘗如此。風俗未可謂美也。朝廷上下紀綱不肅。百司庶務類多文具。官不勝其冗而未有以革。財不足於用而未有以制。哀矜惻隱之書日下。而百姓之力未裕也。是故和風未洽而歲之順成者常少。恩信未孚而夷狄之侵侮者尚多。以至寇賊姦宄所在竊發。政事未可謂脩也。陛下誠能早留意於此。正己以先之。得人而任之。力行以久。馴致以漸。則豈惟卿士大夫相化以義哉。芻牧之微。裨販之陋。可使忠厚而知恥矣。豈惟朝廷之上百工得其職哉。海隅障塞之遠。抱關擊柝之賤。亦皆獨方而宿業矣。如是風俗不美。政事不脩。未之聞也。捨是而不務。則接物而不能無累。聽言而不能不惑。接物而累。則雖有克肖祖宗之聖質。而敗之者衆。聽言而惑。則雖有急於問學之誠心。而蔽之者多。如是則風俗愈入於薄惡。政事愈入於弛壞。貴者不能自克。況其賤者哉。近者且猶弗治。況其遠者哉。非獨如此。人事不立。而望天道之助順。中國

不尊而望夷貊之免懷。抑又難矣。臣愚故曰。陛下有克肖祖宗之聖質。有急於問學之誠心。則引而達之廣而大之。正今日之所務也。不然。則用心雖勞而去道愈遠。用力雖勤而爲術愈疎。雖日接多士。日求讜言。而於道無補也。書曰。惟聖罔念作狂。惟狂克念作聖。傳曰。學而不思則罔。思而不學則殆。陛下欲至此。非他。學以求之。思以精之而已。惟陛下留意毋忽。則天下幸甚。

四年。右諫議大夫范祖禹上宣仁皇后乞先正君心疏曰。臣蒙陛下擢受諫職。才力淺薄。懼不克勝。受命以來。夙夜不遑寧處。深思天下之事。自非大者遠者。未之敢先。恭惟祖宗受天命百三十年。自三代以來。未有承平如此之久。累聖基業。付畀子孫。成之至難。壞之至易。是以古之明王欲治天下。先立其本。其本在於人君一心而已。天下治亂出於君心。君心一正。則萬事無不正。孟子曰。君仁莫不仁。君義莫不義。君正莫不正。一正君而國定矣。易曰。正其本。萬事理。差之毫釐。失之千里。臣侍經筵。因進講每及人君正心脩身之要。君子小人繫於治亂之際。未嘗不反覆開陳。伏計陛下聞之已熟。今有言責。不敢忘此。竊惟天下之本在於君心。臣愚伏望太皇太后陛下。日以祖宗之艱難。治天下之勤勞。萬民之疾苦。羣臣之邪正。政事之得失。說諭皇帝。存之於心。若皇帝陛下聖心曉然。明於邪正是非。他日衆說不能惑。小人不能進。則萬事定矣。臣竊熟思莫大於此。惟陛下深留聖意。以幸天下。

七年。端明殿學士兼翰林侍讀學士守禮部尚書蘇軾上奏曰。臣聞始之學也。以適用爲本。而恥空言。故其仕也。以及民爲心。而愧尸祿。乃者屢請治郡。兼乞守邊。欲及殘年少施實效。而有志莫遂。負愧何言。今乃以文字爲官。常以語言爲職業。下無所見其能否。上無所考其

幽明備省初心有靦面目。故於拜恩之日。少陳有益之言。孔子曰。一言可以興邦。而孟子曰。一言正君而國定。昔漢文帝悅張釋之長者之言。則以德化民。輔成刑措之功。孝景入鼂錯數術之語。則以智馭物。馴致七國之禍。乃知爲國安危之本。只在聽言得失之間。陛下即位以來。學如不及。問道八年。寒暑不廢。講讀之官談王而不談伯。言義而不言利。八年之間。指陳文理何啻千萬。雖所論不同。然其要不出六事。一曰慈。二曰儉。三曰勤。四曰謹。五曰誠。六曰明。慈者謂好生惡殺。不喜兵刑。儉者謂約己省費。不傷民財。勤者謂躬親庶政。不遑聲色。謹者謂畏天法祖。不輕人言。誠者謂推心待下。不用智數。明者謂尊信君子。不雜小人。此六者皆先王之陳迹。老生之常談。言無新奇。人所忽易。譬之飲膳。如服藥石。則天人自應。福禄難量。而臣等所學先王之道。亦不爲無補於世。若陛下聽而不受。受而不信。信而不行。如聞春禽之聲。秋蟲之鳴。過耳而已。則臣等雖以三尺之喙日誦五車之書。反不如醫卜執技之流。簿書奔走之吏。其爲尸素。死有餘誅。伏願陛下一覽臣言。少留聖意。天下幸甚。

徽宗即位初。哲宗將祔廟。中旨索省中書畫甚急。祕書丞韓宗武言先帝祔廟。陛下哀慕方深。而丹青之玩取索不已。播之于外。懼損聖德。陛下踐祚。如日初升。當講劘典訓。開廣聖學。好玩易志。古人所戒也。

殿中侍御史陳瓘乞觀無逸及漢唐事。曰。臣聞商之高宗舊勞于外。作其即位。不敢荒寧。享國久長。爲後王法。無逸所陳是也。漢之與唐。四十餘君。賢而可紀者三君而已。漢之文宣。唐之太宗是也。文帝年二十有三。來自代邸而有天下。後世恭儉之主莫有及焉。宣帝年十有八。興於民間而有天下。後世勵精之主莫有及焉。太宗年十有八。舉

兵除亂。又數年而有天下。後世納諫之主莫有及焉。此三君者方其在外之時。斯民之利病。朝政之臧否。耳聞目見。皆得其實。後雖深處九重而考往驗今。不忘鑑戒。此其所以爲賢也。恭惟陛下久處潛藩。充養聖德。亦如高宗舊勞于外。春秋鼎盛。曆數在躬。亦如三君自外而入。置無逸於座右。採唐漢之所長。則文宣太宗之事。蓋有燦然可觀者矣。神考所謂吾無間然者。臣愚願有稽焉。

瓘又奏曰。臣聞四時各守一節。天道無節也。有變而已。人君如天。人臣如四時。故臣宜守節。不可變也。君當制變。不可守一節也。坤之用六。人臣之職。一吐其言。終身不變。乾之用九。人主之道。變其往事。無所不可。如上天寒暑之變。或霜或雨。在我而已。運而無積。歲功乃成。故曰王省惟歲。豈與四時同守一節而已哉。蓋以天言之。則四時分守。合而成歲功。以人言之。則臣下執節。變而爲主道。主道可變也。臣道不可變也。王安石守其節。神考變之。故人主之權不分于下。紹聖大臣。以不改安石爲節。而敢變神考之事。其理乖倒。可謂甚矣。然則人臣之節。人主之變。不可不辨也。

徽宗時。起居郎周常上言。自古求治之主。未嘗不以尚志爲先。然溺於富貴逸樂。蔽於諂諛順適。則志隨以喪。不可不戒。元祐法度。互有得失。人才各有所長。不可偏棄。

遂昌令張根爲帝言。人言一日萬幾。所恃者是心耳。一累於物。則聰明智慮且耗。賢不肖混淆。綱紀不振矣。願陛下清心省欲。以窒禍亂之原。遂請罷錢塘製造局。帝改容嘉聽。

議禮武選編修官葉夢得召對。言自古帝王爲治。廣狹大小。規模各不同。然必自以治其心者始。今國勢有安危。法度有利害。人材有邪正。民情有休戚。四者治之大也。若不先治其心。或誘之以貨利。或陷

之以聲色，則所謂安危利害邪正休戚者，未嘗不顛倒易位，而況求其功乎。上異其言，特遷祠部郎。

侍御史黃蓀光上奏曰：君尊如天，臣卑如地。剛健者君之德，而其道不可屈。柔順者臣之常，而其分不可亢。苟致屈以求合，則是傷信，非所以馭下也。苟矯亢以求伸，則是犯分，非所以尊君也。帝感悟，命近臣讀其奏於殿中。

左司諫江公望乞攬權斷，上奏曰：臣竊以一池四監，未知其孰守；十羊九牧，莫知其孰從。在朝之臣，盈廷之議，未知其孰是。非仁不足與謀，非智不足與明，非勇不足與斷。仁、智、勇，天下達德，操大物者其可忽諸。不咨於岳牧而有四罪之誅，後世不以仁智爲不足，而以勇稱舜者，以善斷故也。捨己而從人，可謂仁而謀矣。不偏物而急先務，可謂智而謀矣。不資於仁智，未有能勇者也。非勇未有能斷者也。非斷

未有能成天下之務者也。舜以是傳之湯，故伐桀而斷之以今朕必往。湯以是傳之周公，故誅二叔而斷之以從十夫之哲。周公以是傳之孔子，其於少正卯，疑若無顯過也，斷之以七日之必誅。書曰：惟克果斷，乃罔後艱。信乎當斷不斷，其蹈後艱也必矣。先王知其然也，故以衣服器用著以法象，俾朝暮起居見而知之。故天子之服十二章，而黼居一焉。王之四飲三酒，凡巾皆黼焉。天子諸侯於明堂，其負必斧扆，爲黼之爲斧々，以其有剛斷之才，過物必決，遇理必斷，取之以爲法象，其意亦深矣。施之於服用之間，雖不以言，其丁寧告戒亦至矣。此君天下所當發聞也。昔高宗舊勞于外，故能知小人之情；漢宣帝上下諸陵，周遍三輔，故能知閭閻姦邪，吏治得失。陛下在潛邸時，天下利病，民間疾苦，以至於人臣之忠佞，當熟聞而周知矣。及臨御以來，日見群臣，日聞異議，躬攬天下之事，不爲不衆矣。以潛邸之所聞，陳于前；以臨御之所知，操驗於後。深籌靜計，精閱詳講，無一不宜，故獨斷之權正在今日。此臣所以汲汲爲陛下道，當機會之不可失也。伏望陛下不牽於左右之論，不膠於衆多之口，不以先入已信之言宿於心，不以未信遽告之言拒於耳。從善有走阪之易，去佞無拔山之難。決事如析薪，從理如破竹。本在上，末在下。要在君，詳在臣。若以本付下，無異持太阿而付人以鐏者也。以要與臣，是猶振千鈞之裘而不得領。以網畀人而欲舉萬目之網者也。不太疏哉？箕子曰：惟辟作福，惟辟作威。老聃曰：魚不可脫於淵，國之利器不以示人。此言本必在上，要必在君也。伏望陛下攬威福，持利器，濟之以必行之斷。龍見而雷聲，風行而火馳。不以芒刃嬰髖髀而取蝨，不以粱肉理疾而喪人之軀。漢元帝不知出此，以柔仁草法吏，持刑太深之弊，而牽制文義，優柔不斷，天下機務浸弛矣。伏望陛下以仁智勇行大舜成

湯周孔之事，以優柔牽制鑑漢元帝之失，於衣服器用之間深思黼之爲義，朝夕起居未嘗怠忽。雖萬機之叢湊日進于前，不足治也。黃帝曰：日中必熭，操刀必割。以言乘機會之不可緩如此。伏望陛下少留神。

公望又進心說曰：耳目口鼻之不相亂，其所以能視能聽能味能嗅，有心爲之官而管攝之也。役使群動，鼓舞萬物，莫知所以然而然者，有心爲之宰而制割之也。能貴能賤，能與能奪，能生能死，其所以貴賤與奪生死之者，有心爲之君而命令之也。心之爲心亦大矣。世之論者莫得其旨。以時求心，而心非時之可求，所謂出入無時者是也。以處求心，而心非一處之可得，所謂潛天而天，潛地而地者是也。以體求心，而心非一體之可見，所謂不在內外中間者是也。以用求心，而心非用之獨得，所謂無思無爲，寂然不動，感而遂通者是也。衆人

放心。賢人勿喪心。聖人縱心。至人無心。惟無心。故能忘天下。能忘天
下。然後能得天下而若固有。惟縱心。故能不拘拘於天下。能不拘拘
於天下。然後應天下而有餘裕。前乎百千萬世之已去。後乎百千萬
世之未來。不離乎方今之一念。此一念心直下研究。不見倏起之端
倪。亦不得瞥去之蹤迹。方生方滅之間。亦了然無所倚薄。惟狂克念
作聖。一念聖則全體是聖。惟聖罔念作狂。一念狂則全體是狂。惟狂
與聖。只一念間爾。一念瞥起之心。與前乎百千萬世之已去。後乎百
千萬世之未來。同一時爾。蓋由念起念自心生。心一心無二心。故一
時無二時也。是以日新之德。則念念故矣。罔念之狂。則心心新矣。後
之視今。亦猶今之視昔。故人君之運心動念。其可不克謹耶。四方萬
里以爲遠矣。而不思四方萬里之外果何物耶。以爲虗空。則虗空之
外復何物耶。空生於覺心之中。如大海之一漚。漚緣風激。空自妄生。

妄本無妄。虗亦非空。空既非空。則四方萬里亦非物也。物亦非物。空
亦非空。同一真境爾。堯之光被四表。格于上下。禹之東漸于海。西被
于流沙。朔南暨聲教。文王之化。自北而南。其爲感格則至矣。而未免
彼疆我界之有所也。莊周曰。六合之內。聖人論而不議。六合之外。聖
人存而不論。論而不議。猶在理也。存而不論。則心存而言絕矣。言絕
之處。心境昭然。心通境亦通。攝萬法於一塵。不爲不足。故會四海於
一堂之上。尚足道也。心遠境亦遠。徧一塵於萬法。而不爲有餘。故推
恩足以保四海。未足多也。則人君置心之處。其可自狹耶。草木有理。
蟲魚有性。有理而無知。有性而無別。無知則無好惡。無別則無親踈。
自其異觀之。肝膽甚遠。矧無好惡親踈者乎。自其同觀之。天地爲一。
矧有理有性者乎。理不異性。性不異心。同一體爾。一草一木。一榮一
謝。吾心之理實在焉。一蟲一魚。一飛一潛。吾心之性實具焉。以爲無

知而夭之以斤斧可乎。以爲無別而困之以羅網可乎。葉頭節尾。毛
端介末。理無不具。性無不存。心無不在。一蟲魚之身。毛端介末之甚
微。一草木之體。葉頭節尾之至細。尚不忍傷其生。況擁羣而哆喁。澤
而漁。童山赭林。暴殄不以時者哉。豺獺祭天。葵藿向陽。蜂蟻之有君
臣。喬梓之有父子。雖無知無別。非此心實徧於其間者。何因而然。況
又其類自有相賓相使相制相用之妙理。人不得而知者。爲人君烏
可不知此心之全體耶。蜣之丸。蟻之垤。與夫承蜩貫虱者。同一心之
巧用也。螳螂之斧。莎雞之羽。與夫扛鼎拔山者。同一心之力用也。工
倕之削。輪扁之斲。庖丁之牛。與夫堯舜禹湯之治天下者。同一心之
妙用也。人君知此。故能任六子之力。而收天下之成功。斡四時之樞。
而總一歲之能事。雷風疾驅而號令紛馳。雨霜時至而刑政並行。九
重淵嘿。龍見而雷聲。四方赫怒。氷凝而淵止。用於太天地不能圍。周

於小毫毛不能位。用之遠則四方上下莫能禦。用之通則瞬揚眉睫
之不及。其用如此。其感亦然。易曰。咸速也。唯無心。故能感人心之速
如此。爲人君者。爲可不知此心之妙用也耶。陛下踐祚以來。爲政取
人。無彼時此時之間。損益惟時之宜。用捨惟義所在。可謂達用心之
時矣。陛下之心。即神考之心。神考之心。即一祖五宗之心。一祖五宗
之心。即堯舜三代之心。心同則念同。念同則時同。時同則治同。念是
雖惡亦是。念非雖善亦非。桀紂幽厲之心。未必皆惡也。念非雖善亦
惡矣。齊宣王之心。未必皆善也。不忍一牛之觳觫。孟子以爲是心足
以王矣。念是雖惡亦善矣。陛下以神考爲念。即當以一祖五宗爲念。
以一祖五宗爲念。即當以堯舜三代之君爲念。以堯舜三代之君爲
念。即當以桀紂幽厲爲念。以桀紂幽厲爲念。即當以齊宣王舉心動
念處爲念。充此一念。則仁不可勝用矣。易曰。通乎晝夜之道而知。記

曰大時不齊能知古今治亂之不齊然後能齊古今治亂不齊之理非通乎晝夜之爲一者不知也能通乎晝夜之爲一此所以爲大時又奚必以今日之不齊而求合於昔之齊者哉陛下論心之時貴通此也守新邊之城堡陛下不以廣土爲大棄湟鄯之屬部陛下不以蹙國爲小大小見於畛域陛下心無畛域則大小之勢平矣八荒之外無以異於反足之下尺土寸天無以異於九夷八蠻之中陛下不以大小望於物則物亦不以大小望於陛下天下孰有爭者哉舜陶於河濱一年而成聚二年而成邑三年而成都無心於留而人不釋也太王居邠狄人侵之去之岐山之下而居焉無心於去而人不置也文王三分天下有其二猶復事商無心於大而人不矜也隨心而足陛下今不啻是矣心若不足無時而足故漢武甘心於大宛唐太宗銳意於高麗行不足守民力疲矣心不足之過也有民有土置君

以安之也彼之土安於民矣彼之民安於君矣彼安則我安安而不去即我守也如是則豈獨守在四夷在在處處皆爲陛下守矣蓋一心無二心故一處無二處也陛下論置心之處貴踐此也陛下於鰥寡孤獨常時有養疲癃老疾冬賜之粟一有凶荒水旱分遣使者賑貸賙恤無所不至垂死之囚刑可疑情可矜請必得生其仁於人之生者如此已死之骨埋掩有祭其仁於死者如此燒田野有令不輕於植物矣殺牛馬有禁不賊於動物矣可謂知心之全體也禹見罪人而泣曰堯舜之人皆以堯舜之心爲心今寡人爲君百姓各自以其心爲心是以痛之也詩曰他人有心予忖度之他人之心可忖度者其體同也本同而自異此禹所以痛之也禹痛百姓之心異而臣痛有天下者以萬物之異鳳凰來儀百獸率舞堯之德也敦彼行葦牛羊勿踐履文王之仁也鳥獸草木何知而堯與文王何治而致然

也若曰道化仁德此其大略也惟知心之同體然後能該能徧能感能格陛下以禹之心恩百姓以堯文王之心及鳥獸草木則一人向隅陛下爲之不樂也一草一木一虫一魚取非其時陛下爲之不忍也由一體無二體故一心無二心陛下論心之體當知此也陛下以旱乾爲災夕祝而朝雨以日蝕爲變晝祈而午晦天固高且遠矣其應陛下如響陛下以儉德率民故民日用而加富以修心用民故民日勤而加厲以公心行賞賞不及者歉然若親被其澤以不忍之心行刑刑不當者愀然如身被其辱民固愚且下其應陛下也如神其故何也陛下心即天心天心即民心是以一言之出足以風四方一行之見足以表萬世蔀屋之下日月所不照而不敢爲陛下隱幽囹之間天地所不聞而不敢爲陛下究陛下非親臨之也高拱深嚴所以鼓舞天下者蓋有道也易曰神也者妙萬物而爲言者也又曰鼓

之舞之以盡神心之妙用其神如此可不素養耶心不可不虛不虛則不明不可不實不實則不誠不方則不足與守不正則不足與行擾擾萬緒靜有餘應紛紛羣言公無遺理陛下審是非以養公則言之逆遜無所迸也寡思慮以養靜則事之變態不足多也端好惡以養正則人知嚮矣致剛健以養方則事知制矣實以虛養故精誠外通虛以靜養故純白內含養之不厭擴之則彌滿天地掃之則不見蹤跡手提神器而萬夫不敢睥睨鑄持太阿而一介無敢覬望以之爲政故日新而人不倦以之設教故神化而人不知陛下論心之用當契此也心之旨如此其廣且大彼梏於形骸之內見於肝膈之上昭昭然以爲妙道之行曾無異於鼓井淖以議東海坐蚊睫而笑九萬之圖南也陛下紹述先烈可謂孝矣必欲豐功偉蹟超然度越於百主之上當出自胸襟無膠於一偏之論無蹈於已陳之迹故臣敢以

心說獻願賜閒宴一過睿目臣願畢矣莊周曰使道可獻人莫不獻於其父臣莫不獻於其君以道為果不可獻也周所言道也臣所知說本無說心亦非心道果在乎臣不敢知也

公望又奏曰臣願君為堯舜莫不皆然未曾所以為堯舜之道者孟軻曰責難於君謂之恭又曰我非堯舜之道不敢陳於王前若軻者庶矣乎夫天無為而在上地無為而在下天地所以不息者乾坤默運之而已堯舜取諸乾垂衣在上故至尊之勢隆取諸坤垂裳在下故至卑之分別尊卑既倚名分定矣然行乎名分之兩間蓋亦有道焉道者何虛與靜而已致虛以應天下之務故天下之務雖沓至而常虛守靜以觀天下之動故天下之動雖萬變而常靜靜為動君虛為實主君主得於此天下皆吾役矣此所以垂衣裳而治也臣伏願陛下寡欲以養心故心常虛而跡通端意以寧神故神常靜而淵默

道之所集理之所會雖一日二日萬幾若乾坤自然之運豈弊弊焉以事為哉堯之無名舜之無為用此道也有志乎二帝猶不能與三王並駕況區區下為文景之治乎自古未有不知道而能斡旋天下於掌握坐視天民之阜者也臣有志於斯之為臣陛下勿以難為辭天下幸甚

欽宗時起居郎胡安國上奏曰春秋大居正凡得正而居者天下莫不心悅誠服無所待於號令而歸焉者也自古人君多自旁支入繼大統則不得其正故魯僖公不書即位以少先長則不得其正故魯閔公不書即位未嘗受誓為世子則不得其正故魯莊公不書即位不承國於君親則不得其正故魯隱公不書即位夫即位人君之重事以不得其正而春秋削之端本正始之義微矣陛下聖躬誕降於請和皇后母儀天下之初載此一正也上皇三十四王而陛下為之長此二正也建號東宮備物典冊告于宗廟係天下之望十有餘年此三正也躬受內禪自道教一門之外殺生除拜軍國大事皆得自專此四正也履此四正而又有溫恭之德有儉約之行有憂勤願治之誠有好謀納諫之善故一日端拱當極而四方盜賊莫不鳥栖鼠伏解甲以聽朝廷之命而戴白父老相與扶杖傾耳拭目延跂嘉祐至和之治以終餘生冀得無憾此臣所謂天下莫不心悅誠服無所待於號令而歸焉之明效也惟昔有為之君不敢矜其所已能者以自驕必求進其所未至者以自益不名之臣不稱頌其君之所已能者以為佞必勉進其君之所未至者以為忠春秋大居正如鄭昭公亦正矣然失國出奔則直書其名得國復歸則又絕其位厲公入櫟遂與其爵而不貶何也已雖得正而無君德以居正或暗而不明或柔而不斷或疑忌而不寬則人得取而有之矣是故大居正者道之

常春秋之正例也或與或奪者權之中春秋之變例也明莫先於知人斷莫勇於任賢而去佞寬莫大於藏疾而納度外之讜陛下具四美履四正而又進於三德則寰海可保夷狄可服祖宗之基業可以長守而勿墜矣

高宗立御史中丞許景衡乞脩德劄子曰臣聞堯以天下為憂不以位為樂也今中國勢弱夷虜暴橫二聖播遷而陛下纂臨大寶適當此時非止堯之所以為憂也思所以強中國思所以攘夷狄其說雖多然其大要則在陛下脩德而已記曰為人君止於仁為人子止於孝書曰孝乎惟孝友于兄弟此皆脩德之要也而以至誠不息為本故在陛下一話一言念必在茲一號一令念必在茲一賞一罰念必在茲以至於出入起居雖斯須之念未嘗不在茲也孔子曰言忠信行篤敬雖蠻貊之邦行矣夫如是則中國之安強可冀而二聖之來

歸有日矣。不然則念不在茲而誠意怠矣。是以位爲艱也。故在言動則未必慎。在號令則未必信。在賞罰則未必當。盜賊未消。而夷虜未服。如是則中國之安强未可冀。而二聖之來歸未有期也。天下之愚夫愚婦尚不忍聞此言。而況於陛下乎。然則今日中國之安危。二聖歸期之淹速。乃在陛下一念之間耳。臣愚伏望陛下戒之慎之。始終不倦。則何爲而不成。何求而不獲耶。自古帝王憂深責重。未有甚於陛下者。則爲陛下計宜何如哉。天下顒望如此。而臣愚不敢不盡言惟睿明采擇。

歷代名臣奏議卷之二

歷代名臣奏議卷之三

君德

宋高宗建炎元年。尚書右僕射李綱上奏曰。臣聞昔有夏先后方懋厥德。罔有天災。山川鬼神。亦莫不寧。暨鳥獸魚鼈咸若。而伊尹之稱商則曰。非天私我有商。惟天佑于一德。非商求于下民。惟民歸于一德。帝王之所以爲神民萬物主者。仰以動天。俯以感民。非德何以哉方今國家新罹夷狄之禍。百度多廢。四方未寧。乃天意民心去就之際。伏望陛下日新盛德。以感動之。體堯之仁以覆民。躬舜之智以察物。卑宮室。菲飲食。以法大禹之儉。遠聲色。遺貨利。以法成湯之明。至于日昃不遑暇食。如文王之憂勤。一怒而安天下之民。如武王之果毅。豁達大度。同漢高祖之用人。聽言如流。同唐太宗之納諫。勿以小善爲無益而弗爲。勿以小累爲無傷而弗去。日慎一日。新而又新。思宗社之危而不忘之於寤寐。念父兄之辱而欲見之於羹牆。出於至誠。悠久不息。則天意民心自然感動。以圖中興有不難也。書曰。皇天無親。惟德是輔。又曰。民罔常懷。懷于有仁。傳曰。應天以實不以文。動人以行不以言。臣願陛下特留聖意。天下不勝幸甚。

三年。觀文殿學士張浚上奏曰。臣竊惟自昔大有爲之君。莫不內剛以立事。外柔以待下。內剛所以堅在己之志。外柔所以來天下之賢。易曰。天行健。君子以自强不息。其意以謂人君之德。要當抗以剛大。持以至誠。是以在乾則以剛健中正純粹精也。以象人君之大德。在大畜則曰剛健篤實輝光日新其德。以言人君之自養。古之聖人。未嘗不以此持身者。是以文王拘於羑里。而王德日修。少康有田一成。有衆一旅。而夏后氏之基復振。向使文王以被辱爲羞。少康懷退縮之慮。則二王之業無自而興矣。豈獨文王少康爲然哉。漢高祖先入關中於懷王之約。當王全秦之地。項氏不義。肆行威詡。當是時。鴻門之會。僅以身免。其後屢戰屢敗。事幾可笑。太公呂后爲質敵人。而高祖之氣未嘗少屈。終能滅項氏而有天下。此亦內剛以立志之效也。以陛下繼祖宗積累之基。承人心推戴之業。上天眙格。眷佑顯然。以陛下英斷之資。仁儉之德。何求而不得。何爲而不成。顧惟風俗之壞。積有歲年。天其或者俾陛下一變舊風。重致治效。是以虜人侵突無歲無之。而生民轉徙。比昔尤甚。天意亦欲以堅陛下有爲之志。啓下民願治之心也。孟子曰。天將降大任於是人也。必先苦其心志。勞其筋骨。餓其體膚。空乏其身。所以動心忍性。增益其所不能。人常有過。然後能改。困於心。衡於慮。而後有作。出則無敵國外患者。國常亡。然後知生於憂患。而死於安樂也。願陛下勉之。至於飲食之奉。起居之養。喜怒之節。願陛下以道寧志。寄以恬淡。持以戒謹。無使陰陽之寇。或

至傷和。上念祖宗委寄之重。下念生靈繫望之深。自然動靜之間。不至乖養。臣言狂切。幾至犯分。然區區具述至此。其中心之所感激者。已不覺涕泗交流矣。願陛下無忽於須臾。臣與天下不勝幸甚。

建炎間。開封尹宗澤上奏曰。臣昨奏乞脩寶籙宮爲淵聖皇帝他日遊止之所。未蒙降旨。臣聞有子曰。孝悌也者。其爲仁之本歟。知孝悌則不犯上。不犯上。則天下治矣。恭惟陛下孝於道君。則天下莫不愛其親。陛下悌於淵聖。則天下莫不欽其兄。是知上有所好。則下必有甚焉者矣。此所謂以身教者也。臣竊見隆德宮面勢聳飛。孔安如舊。將來迎奉道君皇帝自可臨御。願陛下預勅有司。灑掃嚴潔。使天下知陛下孝於父。淵聖將來還歸。未有遊止之處。臣欲乞將寶籙宮改建。以爲迎奉之地。使天下知陛下悌於兄也。推而行之。薄海內外。父父子子。兄兄弟弟。黎民不時雍而萬國不咸寧者。未之有也。如蒙俞允。伏望斷自淵衷。御前處分行下付臣施行。

樞密院編修官胡銓上奏曰。臣竊聞近日中外洶洶之議。皆以醜虜方強。吾兵力不敵爲患。臣竊以爲不然。昔魏文侯恃山河之固。吳起對以在德不在險。楚子問鼎之大小輕重。王孫滿對以在德不在鼎。今日之事。臣亦以謂在德不在兵。夫誠能修德以結民心。以固吾圉。兵雖弱。未害也。德苟不修。而惟兵是急。惟民是殘。兵雖強。未善也。彼謂醜虜方強。而吾兵力不敵者。非善覘國者也。臣嘗讀春秋至魯昭四年。晉司馬侯對平公之言。未嘗不反復太息。歎其切於治體也。方楚靈爲封豕長蛇。薦食上國。使椒舉如晉求諸侯。晉侯欲勿許。司馬侯曰。不可。楚王方侈。天或者欲逞其心。以厚其毒而降之罰。未可知也。其使能終。亦未可知也。晉楚唯天所相。不可與爭。君其許之。而修德以待其歸。若歸於德。吾猶將事之。況諸侯乎。若適淫虐。楚將棄之。

吾又誰與爭。義哉斯言。聖人復起。無以加毫末於此矣。臣於今日亦云。區區管見如此。惟陛下財幸。

銓又論持勝疏曰。臣聞有道之主能持勝。自古賢君良臣更相敕戒。未嘗不以戰爲危事。然而居危思安之心則同。而居安慮危之心則異。陛下留神春秋。臣請以春秋之事明之。楚子之克庸。重耳之城濮。秦伯之王官。晉悼之蕭魚。此戰而勝也。然克庸之役。楚人危之。則曰禍至之無日。又曰。紂之百克而卒無後。城濮之役。重耳病之。則曰得臣猶在。憂未歇也。王官之役。秦伯畏之。則曰同盟滅。敢不矜乎。吾自懼也。蕭魚之役。魏絳難之。則曰願君安其樂而思其終。是何也。勝而憂也。晉厲之鄢陵。子國之侵蔡。子耳之圍蕭。齊侯之伐晉。此亦戰而勝也。然鄢陵之役。士燮危之。則曰君驕侈而克敵。難將作矣。侵蔡之役。國僑憂之。則曰小國無文德而有武功。禍莫大焉。圍蕭之役。仲孫

淺危之則曰鄭其有災乎師競已甚伐晉之役晏嬰患之則曰不德而有功憂必及君是何也勝而驕也勝而憂則其勝為福故曰知懼如是斯不亡矣勝而驕則其勝為禍故曰狃君驕而驟滑勝必棄其民矣此治亂興衰已然之明效也陛下以神武定四方相賢將良動則有功兵興以來未有如今日之勝者然勝非難持之則難願陛下以春秋為鑑而謹持之則社稷之福也抑臣聞逄滑有言國之興也視民如傷是其福也其亡也以民為土芥是其禍也臣愚無識敢以此規惟陛下憐其區區之心而少賜容焉

紹興二年進士張九成對策略曰禍亂之作天所以開聖人也願陛下以剛大為心無以驚憂自沮臣觀金人有必亡之勢中國有必興之理夫好戰必亡失其故俗必亡人心不服必亡金皆有焉劉豫背叛君親委身夷狄黠雛經營有同兒戲何足慮哉前世中興之主大抵以剛德為尚去讒節慾遠佞防姦皆中興之本也今閭巷之人皆知有父兄妻子之樂陛下貴為天子冬不得溫夏不得清昏無所定晨無所省感時遇物悽愴于心可不思所以還二聖之車乎

奏議卷之三　四

九年右正言陳淵上奏曰臣聞孔子之言智仁勇曰知斯三者則知所以脩身知所以脩身則知所以治人知所以治人則知所以治天下國家矣夫自脩身治人以至為天下國家莫不以此故子思子曰智仁勇三者天下之達德也所以行之者一也無所不達而行之不以一則於斯三者莫知所先後矣臣至愚甚陋陛下不知其不才處之諫省意將責以言者臣井蛙之智識不足以測知滄溟之大亦何所言然臣嘗讀中庸之書竊窺三者之旨求所以合乎聖德者以誦陛下仁智則有餘矣而獨於勇未嘗加意焉此臣所以不能無疑也何以明之陛下無所不知而能行其所無事智之至也無所不愛而能克己以消兵仁之至也乃若抑畏太甚而示人以弱則歉於勇矣夫勇非撫劍疾視曰彼烏敢當我之謂也如天之行健終古不息如水之攻堅強莫之能先操至權以默運斡萬化於不測夫是之謂真勇神器待之而後安四海依之以為命其又可略耶昔者以大事小莫若湯之於葛文王之於昆夷以小事大莫若太王之於獯鬻勾踐之於吳孟子蓋嘗以是為仁且智矣彼其處心積慮豈有異於陛下乎如太王勾踐固不足為陛下道至於湯文之事乃陛下之所安行者然以臣觀之湯事葛文王事昆夷雖曰無所不至及其十一征而無敵於天下命將帥遣戍役以守衛中國亦何有於葛與昆夷哉故忘己以樂天者雖聖人之事而用兵以保民者亦王者之所不得已焉此湯之勇所以表正萬邦文王之勇所以一怒而安天下之民也由是言之湯之於葛文王之於昆夷方其事之也勇已行乎其中矣第不露其威而已今陛下之於鄰國將不露其威乎亦將信之而不以為備乎此臣所以通夕不寐求其說而不可得也或曰小役大弱役強天也順天者存吾何容心哉臣則以謂欲知天道視民之去就而已民心歸之天其有不從乎湯以七十里文王以百里其強大不足言矣而孔子以湯武之事為順乎天而應乎人得民故也得民斯得天矣曷不觀今日河南陝右之民乎已叛者欲歸方叛者隨悔此豈人力之所能致哉天實使之也然則或以不校為順天或以征誅為順天其義一也陛下孝悌之至通於神明凡遐方異類不可以言化而理諭者固將有以感之也則兩宮之還宜有近日未還之間隱忍以致愛親之誠既還之後釋憾以睦鄰國之好此固陛下已定之意其誰曰不然然臣之所言蓋非謂今日之所當行也以謂天下之大宗廟社稷之重祖宗開創之至勤累世持守之不易適當小雅盡廢

奏議卷之三　五

之後。而陛下承之。其可不爲後來慮乎。天命靡常。事變難測。以天下之力過爲之備。以待不虞。非失計也。記曰。凡事豫則立。不豫則廢。故臣願陛下稍收異議。以來天下敢言之士。毋或輕棄。庫積錢穀以爲他日糗糧之用。毋或妄費。寬飭諸將練兵秣馬。毋得輕動失信。亦毋恃其不來以豫立事而養之以勇。庶幾萬世根本於我乎定。則天下幸甚。

淵又奏曰。臣聞古之聖賢不能無過。雖周公孔子顏子皆有過也。而萬世所法焉。苟知過而改之。亦何足以累德哉。故曰過而不改。是謂過矣。過而能改。善莫大焉。夫聖賢之過二。有形於事者周孔之過也。有動於心者顏子之過也。形之於事或不可悔。則當改之於後。來動之於心。在所當克。則當改之於方作。故有心過。有行過。人主之所宜改者心過而已。心過不作。而行過亦無矣。顏子之不貳過。過於心不貳之於行也。故孔子之稱顏回曰。有不善未嘗不知。知之未嘗復行也。夫如是何過之可名哉。祖宗之設諫官蓋不自以爲無過。使之進諫以補過也。然形於事者可得而言。而每患於難改。動於心者宜若易改。而每患於難言。故心過非自知而改之。不可也。孔子之語顏回曰。非禮勿視。非禮勿聽。非禮勿言。非禮勿動。所防者心過而已。蓋操則存。舍則亡。出入無時。莫知其鄉者。人心也。而人君之在天下。一日萬幾。語默動靜之間。所應多矣。安能無過。而居補過之職者亦何所致力哉。然臣嘗聞之師曰。心有私爲過也。仁而不私。則無過矣。心有偏爲過也。公而不偏。則無過矣。心有利爲過也。義而忘利。則無過矣。是三者。正心也。理義之心也。過或生焉。如太空之有雲霧。乍起乍滅而空之體常自若也。如明鑑之有塵埃。或去或留。而鑑之體常自若也。於此乎知之。則偏私而利將無所容矣。是之爲說。見於論語之所

謂仁。子思之所謂誠。孟子之所謂性。堯舜之所以帝。禹湯文武之所以王。以心傳心。後之王者不可不知也。故臣願陛下所防者心過。而行過自無者以此。敢緣職事。輒陳所學。庶幾涓塵。有補海岳。區區僭言。惟陛下赦之。

高宗時。御史中丞廖剛上奏曰。臣聞人之言曰。予無樂乎爲君。惟其言而莫予違也。仲尼以爲斯言或可以喪邦。故人君之患莫大乎好人從己。若大臣惟一人之從。百執事又惟大臣之從。則小大之政必至於委靡爛熟。不可爲而後憊。是豈所以爲天下哉。故君臣上下不貴於同而貴於和。和者可否相濟之謂也。言有當否。事有逆順。一切惟理之從。而相臨之勢不行於其間。然而治道不興者。未之有也。伏望聖慈謹察乎此。舍己從人。樂取諸人以爲善。常不忘舜之所爲。則大臣百執事自當效上之德。阿諛順旨之風不復見於有道之朝矣。天下幸甚。

權中書舍人張孝祥上論曰。漢文帝可謂知道也已。不以武力休威易天下。故約於處己。而天下以尊榮歸之。誕於一時。而萬世以盛德稱焉。炎正傳祺。稱於四百。文帝所以固結天下之心者在是也。夫儉非難。而出於誠之爲難。民至愚而神。不可以文具化也。慎夫人不出房闥而天下知其衣不曳地。文帝亦庶乎其誠矣。其於富海內而興禮義也何有。昔者舜禹之世。而苗民不格。夷狄之患尚世無之。不曰舞干羽乎。文德誕敷而後干羽可以懷遠。不然。抑末也。匈奴盜邊。文帝猶恐傷民。不欲深入。蓋諱兵而不用也。然當文帝之時。疆場無甚擾。匈奴浸亦帖服。文帝所以爲強在德而不在兵也。夫強固不在兵而軍政不可不脩。細柳之屯。帝識其爲真將軍。當饋而歎。然後又知文帝勤於脩德。猶不敢一日而忘兵也。

殿中侍御史張守上劄子曰。臣聞創業之艱難。守文之不易。古今以為名言。臣竊謂中興之君。則於守文之時。而行創業之事。蓋為尤難。何以言之。創業之君。則崛起於干戈百戰之餘。撫循於人心厭亂之後。守文之君。則當天下之升平無事。而先王之法度可遵。殆未為甚難。至於中興之時則不然。狃於治安。上下苟玩。禍難遽作。不容枝梧。夷狄方強而未衰也。寇盜方起而未息也。兵驕而責之戰。財匱而費益廣。民力困弊。天災流行。乃於是時。扞外治內。振紀綱。脩法度。復先王之大業。比之創業守文。誠為尤難。自非人君側身脩行。痛自貶損。豈足以致治哉。恭惟陛下體斤斤之明。纂承大統。念元元之災。焦勞聖心。踰年于茲矣。然而二聖母后尚蹈沙漠。雖祈請之使項背相望。而平安之問初未通也。兩河輦洛猶為賊區。則夷狄未衰。閩粵淮右尚困討殺。則寇盜未息。軍士所至。輒縱暴略。則兵驕而不可用也。府庫所出。費倍前日。則財窘而莫之繼也。流亡未復而民力困弊。飛蝗徧野而天災流行。臣於是時。誠知其難矣。又復自念責難於君之義。不敢不盡臣子之恭也。臣聞傳曰。君以為難。易將至矣。君以為易。難將至矣。又曰。動民以行不以言。應天以實不以文。書曰。惟德動天。言有德則為天所佑也。又曰。至誠感神。言至誠則為神所依也。有德而不能動。至誠而無所感。則聖人之言是欺後世矣。伏願陛下處宮室之安。則思二聖母后穹廬毳幕之居也。享膳羞之奉。則思二聖母后羶肉酪漿之味也。服輕煖之衣。則思二聖母后窮邊絕漠之寒苦也。握予奪之柄。則思二聖母后語言動作之受制於人也。享嬪御之適。則思二聖母后誰為之使令也。對臣下之朝。則思二聖母后誰為之尊禮也。要如舜之兢兢業業。如湯之慄慄危懼。如大禹之菲惡。如文武之憂勤。聖心不倦。盛德日隆。而神天不為之助順者。萬萬無此理也。

日者伏聞聖體小失調護。罷朝兩日。臣下憂懼。不知所云。蓋以宗廟社稷之重。海宇億兆之衆。託命於陛下一人而已。更願陛下於衛生之經。少留神焉。漢王吉有云。俯仰屈伸以利形。進退步趨以實下。吐故納新以練藏。專意積精以適神。此言可以行也。漢枚乘有云。出輿入輦。命曰蹷痿之機。洞房清宮。命曰寒熱之媒。皓齒蛾眉。命曰伐性之斧。甘脆肥醲。命曰腐腸之藥。此言可戒也。以陛下生知之聖。必深明乎此。而臣猶區區以為言者。出於愛君憂國之誠。而不自知其進越。惟陛下裁赦。

守又上劄子曰。臣仰惟祖宗基業垂二百年。積累之久。國回之幾憂勤恭儉。垂訓萬世。陛下纂服適際艱難之時。歲苦夷狄之蕃。而根本之地盡為賊區。今則屬車駐於江南。越在一隅。而四方朝貢之職尚未脩也。二聖留於沙漠。行及三歲。而一介咫尺之問尚未通也。九廟播遷。而神主未盡奉安。諸陵阻遠。而松檟失於保護。財用窘竭。而費出滋廣。將士惰驕。而無所稟畏。加以苗劉之變生於肘腋。今雖宵遁。而公肆剽掠。浙東騷然。為患未艾。政如虛羸之人。病久變生。砭劑靡及。中外臣子雖痛心疾首。莫效救寧之方。朝廷大臣雖勞形怵心。未聞經濟之略。今日所恃以苟存者。大江之險而已。若防秋之策一有不善。而一騎南渡。則無可言者。他日不幸至此。不過還譴大臣。誅戮將帥。亦何所益。禍福利害。陛下實任之。伏望陛下念祖宗基業之重。增脩恭儉之德。益勵憂勤之心。勉其所難。節其所欲。至誠不倦。則盛德日新。而上下孚信。神天佑助。將何往而不克哉。昔越王勾踐為吳所敗。食不加肉。衣不重采。卒能報吳。衛文公為狄所遷。大布之衣。大帛之冠。晚年兵車致十倍之衆。況於陛下為天之子。動靜語默。上與天通。固非臣下所可擬倫。儻脩德不已。則恢復大業亦豈甚難。昔[illegible]

銘紀成湯之德曰。德日新。日日新。又日新。言其修德有加而無已也。更望訓飭大臣，曰以禹惜寸陰之義，汲汲措置，仍詔行在職事官及沿江帥守監司條具守江之策以聞。擇其可者而亟行之。臣言狂瞽，惟陛下裁赦。

守又上劄子曰：臣近緣奏對論及金人深入陝右，伏蒙聖諭謂自古人君要須有德，豈有專事殺戮而能長久者。大哉帝王之言也。臣退竊歎仰，陛下深識遠慮，跨古帝王，因敢復進修德之說。伏以國家自金人犯順，憑陵中都，殘破郡邑，兵不用命，非敗則潰，自崇寧以來，不獨軍政不備，賞罰失當，亦由大臣導諛，近習蔽欺，以敗主德，卒致禍亂。宗社危於累卵，賴陛下勃興，神器有屬，海內外延頸望治，然自今春以來，金人所破，甚於前日。唐鄧均房陳蔡汝許青齊淄濰同華秦隴長安鳳翔西京河陽鄭州等處，皆被焚掠。雖鄜延涇原仰憑天

威，連獲勝捷，而賊巢河陽，猶未退舍。近者又聞韓世忠兵輒亦敗衄。夫以陛下留神軍政，信賞必罰，而世忠名將，統領精銳，未能成尺寸之功。主憂臣辱，計無所出。臣竊意其天未悔禍，患毒未已。而又去冬徂春，雨雪過多。入夏已半，暑氣未壯。陽微陰盛，灼見不疑。災變之頻，必有所自。恭惟陛下以聰明神武，應天順人，宗廟社稷之所爲重，四方萬里之所託命者，陛下一人而已。更願上思宗社之重，下念生靈之艱，痛憤夷狄之恥，修德以格天意，庶幾信順獲助天人。書曰：無怠無荒，四夷來王。又曰：明王慎德，四夷咸賓。言德足以服四夷也。昔舜之時，苗民逆命，帝號于旻天，負罪引慝，祗事瞽瞍，誕敷文德，舞干羽而有苗格。文王伐崇，三旬不降，退脩德教而復伐之，因壘而降。夫舜非伐叛之謀，壘非決勝之計，卒能服之者，脩德故也。伏望陛下以虞舜文王嘗試之効爲心，寢食起居，二聖是念，屏聲色，遠佞人，容直言，恤民隱，日慎一日。至誠不倦，自然德盛而日新。率普雖遠，自然心悅而誠服。傳曰：動民以行不以言，應天以實不以文。動民以行則人助之，應天以實則天助之。人助則用命，天助則降康。將何求而不得。區區之愚，念此至熟。惟陛下採納。

劉行簡進故事曰：魏武侯謀事而當，羣臣莫能逮，朝而有喜色。吳起進曰：今者有以楚莊王之語聞者乎。武侯曰：未也。莊王之語奈何。起曰：莊王謀事而當，羣臣莫能逮，朝而有憂色。申公巫臣曰：君朝而有憂色，何也。莊王曰：吾聞之，諸侯自擇師者王，自擇友者霸。足己而羣臣莫之若者亡。今以不穀之不肖而議於朝，羣臣莫能逮，吾國其幾於亡矣。是以有憂色。莊王之所以憂，而君獨有喜色，何也。武侯逡巡而謝曰：天使夫子振寡人之過也。

臣嘗謂人主之憂，莫大乎國無謀臣。苟無謀臣，不可以爲國矣。故

有爲之君，不以獨智先物爲能，而以衆智不足爲憂。懼事變之爲來，而謀不勝應也。今羣臣之謀反不逮君，謂之無謀臣可也。楚莊之所憂，而魏武侯乃以爲喜，是何見之相戾耶。晁錯謂五霸不及其臣，故屬之以國，任之以事，使其臣之謀乃不逮君，則臣知其不能霸矣。漢高帝嘗曰：運籌帷幄之中，決勝千里之外，吾不如子房。蓋不以不如爲恥，此其所以能兼衆智，屈羣策而成大功也。書曰：能自得師者王，謂人莫己若者亡。謂人莫己若者，好自矜大而已。然猶懼焉，況其臣真莫及之，將誰與謀。臣故以國無謀臣爲人主之大憂也。

權吏部侍郎汪應辰上奏曰：臣恭惟陛下清心約己，仁民愛物。比者洊下明詔，廢甲庫，罷教坊，减遞卒，出宮女，盛德之事，一一皆出於聖意，非羣臣所能預。縉紳大夫交相告語，以爲聖德日新，天意可見，惟是

和戎以來諱兵不言幾二十年。中外之人習熟見聞，以為朝廷規摸止於如此。今乃一旦整飭奮厲，備舉兵政，小民無知，或疑其未必然。以臣觀之，此亦無足怪者。傳曰：天不為人之惡寒而輟其冬，地不為人之惡險而輟其廣，君子不為小人之匈匈而易其行。況今日之舉特出於民志之未信，而陛下所以動天地、通神明者，亦豈有待於外哉。臣嘗竊考自昔興衰撥亂之君，非獨其才術勝人也，要必有脩其在我之道焉。漢高祖入關中，財物無所取，婦女無所幸，范增知其必有天下。光武入河北，馮異勸之曰：當行人所不能為者。於是節儉飲食，動遵法度，鄧禹、吳漢、寇恂、邳丹、耿純、劉植之徒望風慕德，奔走踵至。夫脩之於此，而敵我者懼，慕我者勸，則高光之所以卓然成功者，此其本也。臣願陛下推今日之所以行者擴而充之，凡無益之作，其害之惟恐不盡；凡利民之事，其行之常若不及。表裏如一，細大畢舉，

至誠不息，真積力久，發為輝光，流為潤澤，則威德大業皆在於陛下。彼其一時紛紛之議，復安在哉。孟子曰：古之人所以大過人者無他焉，善推其所為而已。此亦微臣惓惓之志也。

孝宗乾道三年十月，汪應辰自成都召還，上奏曰：臣竊觀漢宣帝厲精為治，其丞相魏相數上疏，反復懇切，以天道民事為言。又勑掾史案事郡國及休告從家還至府，輒白四方異聞，或有逆賊、風雨災變，郡不上，相輒奏言之。蓋宣帝君臣之間，更相儆戒，未嘗不在於畏天愛民，而唯恐有所不知不聞。其精神之會，念慮之積，政事所設施，規模所成就，終於使吏稱其職，民安其業，非苟然也。唐史亦稱明皇厲精政事，然姚崇為相，山東蝗起，倪若水、盧懷慎謂當脩德，崇皆疆辭以卻之，專以遣使捕蝗為事。其後明皇將幸東都，而太室屋壞，宋璟、蘇頲請勿行以荅天戒，崇獨贊其行，使明皇忽略災異而無恐懼脩省之意。治不克終，以致天寶之亂，崇實啓之。夫欲治而不知以畏天愛民為本，其明必有所蔽，其志必有所移，治亂之幾固已分於此矣。恭惟陛下日致孝養，躬行儉德，無宮室苑囿之娛，無聲色玩好之惑，省覽庶政，不遺細微，延見臣下，不間疏賤。至於雨暘或愆，則焦勞惻衷，減損常度，絜嚴禱祠，以導迎善氣。歲或不登，則除租賦，發倉廩，以賑救乏絕。州縣水旱而奏報不以實，與夫檢視不以時者，皆正其罪。戒慘刻之刑，卻羨餘之獻，詔書屢下，德音甚厚。所謂畏天愛民之實，陛下固已見諸行事以幸天下矣。然臣竊以天人之理無窮，而聖人之心未嘗以自足。伊尹、周公之言天，曰難諶，曰不可信，曰我不敢知。以堯舜之盛，而以知人安民為難，以脩己安百姓為病。夫在天者常有所不敢必，在己者常有所不敢易，非苟為是謙退抑畏而已，乃其理當然也。伏願陛下以聖心之所自得，而聖政之所已行者，擴之以廣

大，持之以悠久，陟降不違，微顯如一。凡言行之發，刑賞之用，大公至正，無非順天理而服人心，則感應召致以為天下福者，將日新又新矣。孟子曰：古之人所以大過人者無他焉，善推其所為而已。臣不勝惓惓。

五年，應辰為敷文閣待制，又進故事曰：唐太宗問給事中孔穎達云：孔子稱以能問於不能，以多問於寡，有若無，實若虛，何謂也。穎達對曰：此聖人教謙耳。己雖能，仍就不能之人以咨所未能；己雖多，仍就寡少之人更資其多。內有道，外若無，中雖實，容若虛。非特匹夫，君德亦然。故易稱蒙以養正，明夷以蒞衆。若其據尊極之位，炫燿聰明，恃才以肆，則上下不通，君臣道乖，自古滅亡，莫不由此。太宗稱善。

臣竊惟聖人聰明睿智，首出庶物，而不有其善，不居其聖，謙沖退託，委曲周密，以通天下之情，以兼天下之智，此所以為聖人也。孔

穎達對太宗之言簡直明白切於治道太宗能嘉納之其致貞觀之治宜矣

孝宗時攝吏部尚書韓元吉進故事曰後漢書鄧禹傳光武自薊至信都使禹發奔命得數千人令自將之別攻拔樂陽從至廣阿光武舍城樓上披輿地圖指示禹曰天下郡國如是今始乃得其一子前言以吾慮天下不足定何也禹曰方今海內殽亂人思明君猶赤子之慕慈母古之興者在德薄厚不以大小光武悅

臣觀光武可謂知難者也語有之君以為難易將至焉方其用兵河朔僅得一郡視天下郡國之衆怛然自畏慮己之不能取也以問於禹為禹者以他人論之當時更始據關西赤眉青犢之屬動以萬數三輔假號往往群聚必勸其君以厲兵秣馬務其事力以角一旦之勝而禹乃曰在德薄厚不以大小是料光武必足以定

天下欲廣其德以收天下之心爾嗟夫此三代王者之佐之言伊尹呂望所以思濟斯民者也故光武至邯鄲分遣官屬徇行郡縣理冤結布恩澤錄囚徒存鰥寡其勒馮異有曰今之征伐非必略地屠城要在平定安集之耳皆禹有以發之也後世乃以禹不能徑攻長安為疑然禹以謂赤眉新拔長安財富充實鋒未可當盜賊群居無終日計財穀雖多變故萬端蓋始欲假以歲月待其自斃也禹之謀固不盡用而師行有紀降者日以千數傳車住節勞來父老以慰其謳吟思漢之心光武以元功賞之豈其謀識所先後者哉今以天下之半而慮夷狄則與地固已遠過漢光而懸虜猖狂理極踰五十年其勢亦將自斃聖主盛德日新施者厚矣群臣宜亦有禹之謀而不計近功以圖之則中興為日月可冀也

楊萬里上奏曰臣聞人主之治天下必正其治之之主人臣之相其君必先正其人主之主而小人敵國之欲傾人之國也必先敗其人主之主而已齊人懲於夾谷而謀魯也不以齊謀魯也以魯謀魯也魯以女樂一能朝而孔子行則先敗其用孔子之主也孰為用孔子之主也非魯君之心乎越人懲於會稽而謀吳也不以越謀吳也以吳謀吳也吳信宰嚭而子胥誅則先敗其用子胥之主也孰為用子胥之主也非吳王之心乎是故人主之有天下如富家之產也人主之有一心如富家之有家主也今也有千金之產而其家主者博奕酗酒色焉與不逞之奴客狎而不嚴焉則其千金之資人孰不覬之為外府耶而其友之忠焉者不先正其家之主而欲扶其主之家是故枝其東而西傾富其左而右貧世之君子之相其君也不過曰人材之未用也民力之未裕也國未富而兵未強也太平之未有期而敵國外患未有已也是皆知扶其主之家也而未知正其家之主也古

之君繼體守文不知艱難而敗其國者臣未暇言也請言其創業之難而又自敗者隋文帝取周取陳以混二百年四分五裂之天下開皇之治漢以來僅有此爾其賢明何如也唐莊宗與梁對壘於河上不解甲者十五六年百戰而氣不折卒以滅梁其英雄何如也二君者創業之難如此然皆身不免於禍而國不免於亡夫興隋者文帝也亡隋者亦文帝也滅梁者莊宗也自滅者亦莊宗也君一君也而興亡成敗之自異也蓋前日之文帝前日之莊宗正其主也其主正則國從而興後日之文帝後日之莊宗自敗其主而已其主敗則國有不敗乎蓋二君者天下之主也二君之心者二君之主也勤儉創業之心一變而為逸慾樂成之心主已敗矣當其惑於女子嬖於伶人二君自以為無害也然女子伶人之禍一發則橫潰決裂而不可救卒以殺二君之身而覆二國之祀則天下之所以治亂存亡者夫豈

階於外哉。亦視其人主之主如何耳。今以天子之聖明仁孝而加之以典學之緝熙業如舜勤儉如禹不迩聲色如湯不盤于遊田如文王則所以正心誠意以立其致治之主者至矣臣猶首以為言者蓋聖人之防其心。不恃其天而盡其人。不儆于危而儆于安。今日邊事小息矣。忌顧小紓矣外息而內紓此治亂安危之所伏而未測者也豈無以新聲麗色而蠱上之心者豈無以伎巧玩好而蕩上之心者豈無以弋獵遊幸宮室臺榭而迎上之心者道塗相傳萬機之暇毬馬稍進矣臣不敢信也。而不能不懼也。獨不見高漸離之筑耶。事豈必大而後慮也。漢文帝之賢與成康孰先孰後也。敦朴勤儉。一無嗜好顧獨稍好射獵未損帝之賢也。而賈誼諫之曰。不獵猛獸而獵田彘獵細娛而不圖大患可為流涕。賈山亦諫曰。願少衰射獵脩先王之道。不如此。則狩日壞而榮日滅。二臣者所以責文帝備也。非責之備也。責帝之全也。臣願聖天子罷毬馬之細娛而求聖賢之至樂妝名天下耆儒正學之臣與之探討古今之聖經賢傳。深求堯舜三代漢唐所以興亡之原而擇其中。以之正心脩身日就月將。聖德進矣則二帝三王之治涵養於聖心。而周流於天地。敵國雖強其強易弱也。

提點江西刑獄公事朱熹上奏曰。臣竊惟陛下以大有為之資奮大有為之志即位之初。慷慨發憤。恭儉勤勞務以內脩政事外攘夷狄汛掃陵廟恢復土疆為己任。如是者二十有七年于茲矣。而因循荏苒。日失歲亡。了無尺寸之效。可以仰酬聖心。下慰人望。不審陛下亦嘗中夜以思而求其所以然之說耶。以為所任者非其人。則陛下之神明豈可謂所任盡非其人。以為所由者非其道。則陛下之仁聖豈可謂所由盡非其道。以為規模不定則陛下之規模嘗定矣。以為志

氣不立。則陛下之志氣嘗立矣。然且若是何耶。臣誠愚賤。竊為陛下惑之。故嘗反覆而思之。無乃燕閒蠖濩之中。虛明應物之地。所謂天理者有未純。所謂人欲者有未盡而然歟。天理有未純是以為善常不能充其量。人欲有未盡是以除惡常不能去其根。為善而不能充其量除惡而不能去其根。是以雖以一念之頃。而公私邪正是非得失之幾。未嘗不朋分角立而交戰於其中。故所以體貌大臣者非不厚。而便嬖側媚之私顧得以深被腹心之寄。所以寤寐豪英者非不切。而柔邪庸繆之輩顧得以久竊廊廟之權。非不樂聞天下之公議正論。而亦有時而不容。非不欲聖天下之讒說殄行。而亦未免於誤聽。非不欲報復陵廟之讎恥。而或不免於畏怯苟安之計。非不欲愛養生靈之財力。而或未免於歎息愁怨之聲。凡若此類不一而足。是以所用雖不至盡非其人。而亦不能盡得其人。所由雖不至盡非其道。而亦不能盡合其道。規模蓋嘗小定。而卒至於不定。志氣蓋嘗小立。而卒至於不立。虛度歲月以至於今。非獨不足以致治。而或反足以召亂。非獨不可以謀人。而實不足以自守。非獨天下之人為陛下惜之。臣知陛下之心亦不能不以此為恨也。間者天啓聖心。日新盛德。奮發英斷。整頓綱維。蓋有意乎天理之純。而人欲之盡矣。然臣竊以其事觀之。則猶恐其未免乎交戰之患也。蓋詰傳寫漏泄文字之罪。則便嬖側媚之流知所懼矣。然而去者未遠而復還存者更進而愈盛。則知陛下親寵此曹之意未衰也。罷累年竊位盜權之姦。則柔邪庸繆之黨知所懼矣。然而希次補者襲其迹以僥倖而不訶。當言責者懷其私。以緘默而不問。則知陛下委任此輩之意猶在也。增置諫員斥遠邪佞。則兼聽之美固有以異乎前日矣。然可諫之端無窮則其或繼進而愈切。未知陛下果能納而用之否也。辯明誣枉慰撫

孤直。則燭幽之明固有以異乎前日矣。然造言之人無責。則其或捷出而益巧。未知陛下果能遠而絕之否也。謝却傲倖。嘉獎壯圖。宜若可以勵苟安之志矣。而置將之權。旁出奄寺。軍政敗壞。士卒愁怨。則恐未有以待天下之變。振廪蠲租。重禁科擾。宜若可以寬疲民之力矣。而監司不擇。守令貪殘。政煩賦重。元元失職。則恐未有以固有邦之本。即是數者而論之。則是所謂天理者雖若小勝。而所謂人欲者終未盡除也。天以陛下之神聖仁明。蒞政之久。圖治之切。宜其晏然高拱。以享功成治定之安久矣。而歲月逾邁。四顧茫然。陰陽方争。勝負未決。不知將復何日何時而可以粗見聖治之成也耶。聞之道路比來士大夫之進說者多矣。然不探其本而徒指其末。不先其難而姑就其易。毛舉天下之細故而不本於陛下之身。營營馳驟乎事爲利害之末流。臣恐其未足以端出治之本。清應物之源。以贊陛下正

大宏遠之圖。而使天下之事悉如聖志之所欲也。昔者舜禹孔顏之間。蓋嘗病此而講之矣。舜之戒禹曰。人心惟危。道心惟微。惟精惟一。允執厥中。而必繼之曰。無稽之言勿聽。弗詢之謀勿庸。謹乃有位。敬脩其可願。四海困窮。天祿永終。孔子之告顏淵。既曰克己復禮爲仁。一日克己復禮。天下歸仁焉。爲仁由己。而由人乎哉。而又申之曰。非禮勿視。非禮勿聽。非禮勿言。非禮勿動。既告之以損益四代之禮樂。而又申之曰。放鄭聲。遠佞人。鄭聲淫。佞人殆。嗚呼。此千聖相傳心法之要。其所以極夫天理之全而察乎人欲之盡者。可謂兼其本末巨細而舉之矣。而漢以來非無願治之主。而莫克有志於此。是以雖或隨世以就功名。而終不得以與乎帝王之盛。其或恥爲庸主而思用力於此道。則又不免蔽於老子浮屠之說。靜則徒以虛無寂滅爲樂。而不知有所謂實理之原。動則徒以應緣無礙爲達。而不知有所謂善惡之幾。是以日用之間。內外乖離。不相爲用。而反以害於政事。蓋所謂千聖相傳心法之要者。於是不復講矣。臣愚不肖。竊願陛下即今日之治效。泝而上之。以求其所以然之故。而於舜禹孔顏所授受者少留意焉。自今以往。一念萌則必謹而察之。此爲天理耶。爲人欲耶。果天理也。則敬以擴之。而不使其少有壅閼。果人欲也。則敬以克之。而不使其少有凝滯。推而至於言語動作之間。用人處事之際。無不以是裁之。知其爲是而行之。則行之惟恐其不力。而不當憂其力之過也。知其爲非而去之。則去之惟恐其不果。而不當憂其果之甚也。知其爲賢而用之。則任之惟恐其不專。聚之惟恐其不衆。而不當憂其爲黨也。知其爲不肖而退之。則退之惟恐其不速。去之惟恐其不盡。而不當憂其有偏也。如此。則聖心洞然。中外融徹。無一毫之私欲得以介乎其間。而天下之事將惟陛下之所欲爲。無不如志矣。詩

曰。豐水有芑。武王豈不仕。詒厥孫謀。以燕翼子。武王烝哉。矧今祖宗光明盛大之業。付在陛下。將以傳之無窮。四海之內。所望於陛下者。不但數世之仁而已。書曰。若藥不瞑眩。厥疾不瘳。惟陛下深留聖志。痛自刻勵而力行之。使萬世之後。猶可以爲後聖法程。則宗社神靈永有依託。萬方黎獻。永有歸在。天下幸甚。天下幸甚。臣孤陋寡聞。學無所就。前此兩蒙賜對。所言大意與此略同。辭不別白。旨不分明。曾不足以上悟聖心。而陛下哀憐。不忍終棄。使得復望清光。環視其中。無他所有。輒繹舊聞復以此進。僭妄狂率。罪當萬死。伏惟陛下財赦。

孝宗方銳志肆武。右諫議大夫黄洽因風諫言頤之大象。君子以慎言語。節飲食。言語飲食猶謹節之。況其他乎。凡筋力喘息之間。一有過差。皆非所以養其身也。上曰。卿言無非仁義忠孝。可爲萬世臣子之法。朕常念之。

衛博上奏曰。臣聞蒼天也。天以元氣祖羣物。君以神道制萬方。盎焉而春燠焉。而夏潔焉。而秋肅焉。而冬盤薄乎太虛之中。胚胎融液。不可測知。而萌者達。屈者信。潜者奮。生者遂。人徒知確然在上。若以不宰爲功。而不知天之所以祖羣物者。以元氣之正也。經之爲文。緯之爲武。威之爲刑。慶之爲賞。奔走乎四海之內。動化鼓舞。不可測知。而大者畏。小者懷。亂者定。肆者束。人徒知巍然在上。若以不勞而治。而不知君之所以制萬方者。以神道之設也。惟元氣正。則茫然運育。然代所以爲天之高。惟神道設。則震動靜專。參侔開闔。所以爲君之尊。仰惟陛下躬大歷服。于今六年。賞慶刑威。文昭武烈。所以恢張天紀。奠安區極。宥天下以不測之神者。固已與天侔大。無間然矣。然臣猶未足說者。以臣之愚。竊謂陛下有四三王之資。一九州之志。蕭勺羣慝。冠帶百蠻之略。而功之所加。化之所被。尚未酬聖神之心。此臣區區所以益願陛下體乾之健。秉天之決。而執神之機。以運天下。則何事之不成。何征之不服。何政之不治哉。

虞允文上奏曰。臣伏蒙聖恩。頒賜御筆。曲示腹心之眷。臣下拜感藏之餘。竊惟陛下以天錫之智勇。天授之規摹方略。如臣至愚。何敢望清光之萬分。然出入周行。七年於此。仰窺陛下營經四方之遠圖。終始惟一。臣有以卜知上天畀付大勳大業。開億萬年無窮之基者。固自默定矣。然天下之事有敗有成。而衆人之謀有失有得。得失之間。而成敗遂分。甚可懼也。臣嘗觀自古明良之會。精神交感於一堂之上。而言意相通於萬微之表。惟信與誠而已。誠則不變。信則不疑。不疑則無間言之可入。不變則無異論之可移。勳業之集。蓋本於此。載籍所傳可考也。陛下秉誠信一德。方將以眞情推布於下。臣嘗四顧其身。惟有隻影。雖使之處至危之地。而行至難之事。亦何敢不堅其誠信。傾盡肺腑。勉圖於一得。覬事之或成。以効後日之報乎。感天荷聖。不能自已。併及其惓惓之忠。伏乞睿照。

衛涇上奏曰。臣聞君天也。易曰。天行健。君子以自強不息。言天德主乎剛健。君德貴乎自強。故造化所以運用不窮。而德業所以光輝日新也。恭惟陛下以不世出之資。兼大有爲之會。飛龍之始。厲精圖治。憤腥膻之逆理。讎版圖之未復。疆場備禦之畧。不忘於念慮。規恢廣大之志。嘗載於詠歌。以陛下英武神聖。銳意事功。中興之圖。日月可冀。然歷歲滋久。一事未就。仰知天機洞照。廟謨密運。草茅書生。固難窺識。而臣所得竊聞者。自陛下即位以來。八策多士。大抵曰兵。曰財。曰民。曰風俗。曰人才。曰賞罰刑政。曰紀綱法度。孜孜講求。不外此十數端。而二十六年之間。凡所規畫。凡所施設。凡所建立。孰非所以興利除害。而課效無有。捄過不暇。行寬卹之政。而民困未蘇。作武勇之氣。而士弱未振。取財已溶。而常憂乏用。用人雖廣。而尚多遺才。吏冗而未澄。令行而數改。舉目前之事。曾無足以少稱陛下意者。而何暇於規恢之大計。事機易失。時不再來。陛下富於春秋。聖子神孫。本支日茂。以一祖八宗之業。太上皇付託之重。子孫億萬年之基緒。陛下一身任之。可不圖終慮遠。詒謀燕翼。爲宏遠久大之規摹。僅可以苟安無事而遂已耶。臣甲辰之春。獲偕諸生。冒上愚對。嘗謂天下非治效不進之足憂。而風俗安於苟且之可畏。大略言陛下即位之始。銳於爲治。不次而用。將相委任而責成功。一時之臣。徒肆大言。誕謾亡補。往往負責而去。而陛下大有爲之志。亦因是少弛。故妄議陛下前日求治傷於太急。而今日之事又失於太緩。故庸常之流。得以持祿保身。成偷安之習。上下苟且。莫肯任事。風俗日以壞。士氣日以隳。民生日以困。刑法日以濫。天下之患。將有出於意慮之外者。臣嘗以吏化之説爲陛下獻臣所謂更化非變法易令之謂也願陛下體剛健之德堅自強之志振紀綱以尊國體明賞罰以厲偷墮起萬事於積靡圖大業於日新顧豈在於紛紛多事耶詩曰周雖舊邦其命維新此之謂也陛下過聽擢置首選茲緣故實誤恩收召綴貢班行獲因輪對瞻望天日臣竊伏惟念一介疎賤僭言朝廷大體則未信而諫聖人深戒若掇拾細故上瀆淵聽則又負夙心敢以奏篇之末議嘗蒙陛下所採録者誦言之惟陛下貰其狂愚

歷代名臣奏議卷之四

君德

宋光宗臨御初方求讜論太保致仕史浩進封事曰臣恭讀訓詞不勝感懼臣聞重華揖遜文命祗承面授之規不踰數語親傳之妙夫豈多歧惟精惟一以執中惟幾惟康而弼直直乃人之主也中亦人皆有之然喜怒哀樂方泯乎未發之時怵惕惻隱忽萌乎乍見之際豈可以言語得豈可以形象求操捨繫於存亡休拙分於勞逸指其大要名之曰心是故謀國之言必以正心爲主心是百行之本心爲萬化之原天地之災祥陰陽之舒慘日星之明晦禾黍之豐凶綱紀之弛張風俗之薄厚人材之邪正夷狄之從違雖萬變之差殊由一心之感召收之不外方寸用之彌滿六虚胷中一不正焉天下不可爲矣所以帝舜當倦勤之日神禹於嗣德之初首發要言誠知急務

勿謂書生之末學俗儒之常談也洪惟壽皇久御萬邦黎獻之臣陛下風正一人元良之位百祥並萃二紀有餘燕翼詒謀龍潛藴德過庭承詩禮之訓至寢問晨暮之安金口所宣玉音不閟精微之理涵養之素既已悟於耳聞又復得之身教尹京之政民間盡服神明參決之機天下陰蒙福利此豈師資之善誘實由父子之密傳伏諒淵衷洞照靈府瑩如止水之不撓皎如明鑑之無塵妍醜倏分鬚眉莫遁過此以往實必他求由是而之莫非此道故大學曰心正而後身脩身脩而後家齊家齊而後國治國治而後天下平董仲舒曰正心以正朝廷正朝廷以正百官正百官以正萬民正萬民以正四方四方正遠近莫不一於正要其極摯義則昭然宜在睿明講之熟矣而況壽皇拔尤取穎慎收英才之流端爲陛下選制揚功丕闡治安之具朝廷之上禁闥之間輔養彌縫論思獻納一歸之正以復於君寧

有闕遺。下問閒退。猶且海嶽不厭涓塵之助。綸綍俯逮田野之臣。遂使陳人亦承清問。耄矣無能為也。言之得無詡乎。然念飛蜂走蟻之微。尚識尊君之義。食芹負暄之賤。不忘享上之忠。當聖主推誠納諫之秋。無昔人逆耳嬰鱗之懼。臣學誠淺陋。材亦荒唐。雖乏寸長。願殫一得。是敢不量僭越。上瀆威嚴。臣竊謂人之有心。亦如弩之有栝。發於此者不過毫釐之眇。應於彼者奚啻胡粵之殊。論人主之宅心。與匹夫而異轍。匹夫守之不正。則禍止於一己。人主守之不正。則害及於萬方。夏癸商辛。秦皇隋煬。驕奢暴虐。淫亂荒亡。皆由一念朕兆於初萌。不得其正。及至百姓蹙頞而相告。雖悔何追。是以舜受堯言。禹承舜告。必於歷數在躬之後。始揚危微至妙之辭。臣曩塵建邸之具僚。叨輔隆興之初政。抱其所學。得遂達宸。故非是道而不陳。偶幸斯言之適契。不圖晚歲獲觀德化之成。又值真人出繼離明之照。敢以

不移之論。著為得效之方。伏望聰明特垂采納。蓋以心正則本立。本立而道生。推而行之。未自遂矣。踐阼之始。圖治當先。建官以輔儲皇。求賢而用吉。吉則萬邦以正矣。奬拔取乎靜退。抑黜及乎浮華。則羣臣以寧矣。精擇守臣。確許久任。則江淮重地。荊襄上游。邊防可修矣。寬給楮幣。下紓版曹。則大江東西。重湖南北。月春可罷矣。力求正諫。深斥流言。則正人安居。邪黨退聽。習俗可變矣。博選謀臣。次求勇將。則車馬必脩。器械必備。恢復可圖矣。迎刃勢如破竹。善刀見無全牛。茲乃土苴緒餘。自然桴鼓響應。蓋本既立矣。業則隨之。當知萬事雖繁。要在一心。所運一心既云克宅。萬事何憂不成。自昔願治之君。率能明見此理。崇高之勢不敢恃。富貴之資不能淫。兢兢無曠庶官。翼翼昭事上帝。若馭六馬。若保赤子。是心也。如臨深淵。如履薄冰。亦是心也。是故不邇聲色。不殖貨利。懼其驕吾心而弗正也。不營土木。不衣綺繡。懼其侈吾心而弗正也。不寶珠玉。不育禽獸。懼其汩吾心而弗正也。不親近倖。不昵佞人。懼其蠱吾心而弗正也。不貪游宴。不務畋獵。懼其蕩吾心而弗正也。不事窮誅。不興大獄。懼其陷吾心而弗正也。所守如是。其應維何。能使上而風雨時。三光全。下而草木茂。五穀熟。甘露屢降。靈芝叢生。麟鳳在郊。龜龍在沼。仁聲洋溢。和氣充盈。四海九州。羣黎百姓。如歸化國。如登春臺。百工師師。多士濟濟。六服承德。四夷嚮風。極地際天。儲祥蹟祉。措皇基於不拔。衍聖壽於無疆。歷祚綿綿。子孫蟄蟄。邈乎億載不足以為遠。巍乎六合不足以為容也。孰謂一心之正。不可為即政之權輿乎。惟我國家用為矩範。壽皇得之烈祖。陛下得之壽皇。何所更張。惟勤祖述。蓋興衰撥亂。觀時樂天。脩文德以服遠人。裕後昆而作家法。此心之正。不約而同。陛下當念念不忘。孜孜求策。先自治以固本。後繼志而廣聲。收效虞夏。同符

增光日月可冀。如此。則壽皇付託之意得。陛下基隆之勳成。入躬重闈戲綵之歡。出享萬國垂衣之治。曰壽曰富。兩宮並受於繁禧。以孝以功。千古永彰於絕德。乃知正心於始。果可以平天下而正四方。臣久在田間。不知時務。加之精神已憊。言語無倫。姑誦舊聞。仰奉明詔。退惟狂斐。甘俟刑誅。

紹熙元年。給事中兼侍講尤袤入對。言願上謹天戒。下畏物情。內正一心。外正五事。澄神寡欲。保毓大和。虛己任賢。酬酢庶務。不在於勞精神。耗思慮。屑屑事為之末也。

三年。起居舍人陳傅良上劄子曰。臣待罪右史。日侍清光。恭覩陛下大昕視朝。天顏肅穆。垂衣拱手。尊嚴若神。凡所施行。悉中機會。凡所延見。曲盡謙勤。未嘗有一話一言多猝過差。一趍一步俄傾失錯。可謂動容周旋中禮。盛德之至者矣。近者車駕過宮。日分與引班直換

授之時百官有司伺候移日寬成中輟各自引退臣切惑焉何者平居暇時嘗無過舉何獨至於六飛戒嚴百辟就列却乃深處九重都不省記近在旬月頻違常度者哉而軍民籍籍妄生謗議轉相倡和無所不有臣雖至愚固知陛下之不如所云也反覆思惟乃得其故蓋自往歲之冬聖意嘗有不能釋然者矣爲之震怒至於愆和嘗發感歎痛有行遣由此宮掖之內人人自危宦官嬪御皆有歸過君父之心往往故作緣由欲開間隙每至期會上撓沖襟所以或於臨軒而爽興居之節或於命駕而虧號令之信陛下天資仁厚未察其爲誤已臣所以深惜陛下無故而得怠荒之謗也臣聞人主之心當與天同今夫太虛清明天之體也將以潤物則爲雨露將以動物則爲風霆將以成物則爲霜雪俄而開霽天體湛然纖翳不留三光如故若夫人主喜則爲賞怒則爲刑刑賞既行更何疑滯心宇泰定卽天

德也豈容鬱鬱有所不快自古帝王蓋有處世故之難遭人倫之變者矣要以宗廟社稷付託爲至隆天下蒼生關繫爲至重矣莫不先定其心期於克濟是故父母未順舜有南風之歌兄弟不咸周有棠之燕是皆轉禍爲福身致泰和不聞以此自累方寸今陛下上有重慶之親以慈儉閑四海下有盛年之子以孝敬聞兩宮三朝累世曠古所無歷觀載籍之傳最得聖人之幸而又邊鄙不聳年穀屢豐一時賢才略在朝列只守成業已謂小康若懷遠圖可以大治而又以九州之富無供養有闕之虞以萬乘之尊無使令不足之恨志所欲爲胡鄉不可則陛下果何所不快於心歟况夫怨不在明患生所忽方其因循但曰細故寖以愆忒遂成後憂則尤不可不慮何者一國之勢譬如一身氣血標本貴在貫通少有壅底便生疾恙若乃咫尺君門杳如萬里今日遷延其事明日阻節其人日復一日莫以爲

恠人心益疑主勢益輕脫有姦險乘時爲利則中外之情不接威福之柄可移雖是擅傳指揮將亦無從覺察或放散儀衛或隔退臣寮或闌謀宮闈或激怒軍旅萬一有此臣恐陛下孤立而外庭無以救區區矣然則陛下何不務自節宣以養氣體務自寬大以怡精神出則從順動之宜居則享燕閒之福而眞爲此悒快徒速無故之譏且貽萬一之憂哉臣嘗謂愛君之至莫如詩人見於南雅樂只君子之辭不一而足至於不能自樂則風之山有樞雅之魚藻皆以爲刺作詩之旨豈是容悅誠以一人有慶兆民賴之非其己之私也臣不勝拳拳願附於詩人之義惟陛下留神幸甚幸甚

四年傳良又上劄子曰臣聞天不可俄度也而示人易地不可俄測也而示人簡是故天地之神而萬物有所恃者以其易簡也帝王之德配於天地亦若是而已共惟陛下臨御于今五年省刑薄斂天下

皆知其爲仁兼聽廣納天下皆知其爲恕而近日以來忽事獨斷舉常指揮動出意表天聽甚高人言難入群臣惶懼莫知所爲以臣愚昧孰意而究觀之則陛下本心端不如此何者臺諫對班多是隔下間有論奏亦無施行人以爲陛下怒臺諫矣然經筵侍講姑選陛辭而黄艾首預議擢陛下何嘗怒臺諫乎給舍封駁旋被改除雖蒙留中未卽處分人以爲陛下怒給舍矣然王府翊善付以元子而黄裳終見信用陛下何嘗怒給舍乎留正無故乞解機政出郊數月猶未早決人以爲陛下怒大臣矣然隨班上壽之請朝奏而夕報可至欲使以左相爲上公陛下何嘗怒大臣乎甚者或以致仕而恤典不下則紛然竊議曰陛下惡人言死彼李端友備數館客卒於邸中賻贈隨至然則陛下豈惡人言死耶或以乞去而亟請不獲則又紛然竊議曰陛下惡人言去彼辛棄疾名爲大卿卽未爲帥至欲以次對寵

其行然則陛下豈惡人言去耶臣故曰熟慮而虛心觀之則陛下本心端不如此終歸於仁恕而已臣聞天度有常而或寒暑乖錯晦明反繆者必有干陰陽之和者矣而天度固自若也聖德周密而或喜怒失節舉措過差者必有誤聰明之治者矣而聖德亦自若也以是言之則不怒臺諫不怒給舍不怒大臣皆陛下本心也而況於惡人言死惡人言去豈陛下之心哉而又況自夏徂冬稍闕過宮之禮遂謂陛下以疑阻虧孝養又豈陛下之心哉夫不察聖心而見其形似若諫而力爭之是宜天聽甚高人言難入也雖然群臣孰不希寵何苦自絕雨露之恩孰不畏罪何苦自干雷霆之譴而孜孜率率爭此數事陛下亦盍反求而徐察之乎若陛下於此數事反求而徐察之曰吾心寬大本無所怒今若有所怒然何歟毋乃以某人嘗言之故歟吾心和平本無所惡今若有所惡然何歟毋乃以某人嘗言之故歟

吾心孝敬本無所疑今若有所疑然何歟毋乃以某人嘗言之故歟苟有其人苟言其事則是誤陛下者也所以誤陛下者將以孤陛下也夫不察陛下之心而以形迹諫爭者群臣之罪也陛下本心端不如此而不察人之誤已以致於此或者亦聖人之過乎陛下誠以本心之所存而徐察之則知人之誤已者矣知所以誤已則外廷之黨論可破外廷之黨論可破則兩宮之情意可通外廷之黨論破兩宮之情意通天下尚何事耶以此圖大功可也不暇遠圖以此為小康基拱而責成可也垂拱而責成則鍾鼓絲竹樂與今同尊俎衽席樂與今同臺池鳥獸樂與今同無不可也然則陛下何直為此鬱鬱使天下徒日夜洶洶也臣最微賤最荷恩寵不勝忠愛之心為陛下白發其端而不敢盡言惟至明至聖為社稷大計為富貴崇高遠慮而決省焉則天下幸甚

傳良又上劄子曰臣頃因奏事妄意窺測以陛下之心務在無為而厭多事雖蒙採納不謂違忤然言之未悉不足感動今請申明之臣聞人主之德當與天同今天生成萬物皆六子之職也而天不與其勞此之謂無為若夫一晝夜之運周天三百六十五度四分度之一者則必天德也假如天德不健而一晝夜三百六十五度之間或差須刻則其始也以早為晏其積也以春為秋由是而六子之功廢六子之功廢則萬物不遂矣今夫平治天下皆群臣之職也而君不與其勞此之謂無為若夫兢兢業業一日二日應萬機之煩者則必君德也假如君德不強而一日二日萬機之際或廢一二則其始也宜速者遲其積也宜行者罷由是而群臣之官曠群臣之官曠則天下不理矣天德不健而六子之功廢則萬物不遂君德不強而群臣之官曠則天下不理謂之無為無乃反多事乎天將以無為反以多事

其故何也人主不自彊而讒間迎合之計中也是故因其厭省覽也則有以好名之說中傷忠讜因其憚改作也則有以生事之說沮壞勞績凡若此皆讒間也因其近聲色也則有以勿親小事之說固結宮禁因其樂燕飲也則有以勿問外人之說竊弄威福凡若此皆迎合也甚者諱惡災異雖水旱螟蝗之變而不以告禁止張皇雖盜賊夷狄之警而不以聞且夫讒間之計中則君子日疏迎合之計中則小人日親而其極至於天變不告邊警不聞如是而天下不多事者未之有也由是言之不求於實而眩於無為之名特姦臣持祿保妻子者之利非有國家者之福也然則人主果何便於此而墮姦臣之計乎恭惟陛下天資英明學力剛健遇事即斷罔或留難有言必中靡容熒惑君德如此足以上當高宗宏濟艱難之志光紹壽皇總攬權綱之業矣踐祚以來其見於明效大驗如不信近習而請託苞苴

之弊息。不采游言。而察探羅織之獄衰。不尚獨斷。而宰相執政之啓擬行。不事繁文。而百官有司之職守定。則又漢唐以來君德所不及也。臣猶慮聖心務在無爲。而進自强之論。誠欲陛下充此德濟此治效於其所已行達之於其所不行者而已。恭以陛下天資英明。學力剛健。誠以其所已行達之於其所不行。特反掌之易耳。臣竊見聞者擢用同姓爲大臣。有以故事爭之者。陛下勿疑也。雖大臣自以紹興聖訓。逡巡不敢就職。而詔旨丁寧。不可回奪。二三大璫。屏黜省事。俄以片紙出禁中。雖左右朝夕之人。欲顧哀乞憐而不可得。此則陛下之所已行者也。至於蠢爾小臣。白身補授。被封駁者再矣。而陛下久不忍決。監司郡守差除不當。臺臣論列。至於數四。蓋逾月而後付出。此則陛下之所不行者也。然則陛下非不能行。直偶不行矣。臣故曰。誠以其所已行達之於其所不行。特反掌之易耳。此臣之所以拳拳也。

傳良又上劄子曰。臣聞人莫難於養其心。而人主之養其心爲尤難。恭惟本朝列聖養心之道備矣。臣不敢遠引。亦不敢精深言之。姑誦臣少壯時身所見聞高宗壽皇兩朝時事。每自退朝。於起居食息之暇。無非以禮樂刑政之具務自檢束。一日之內。每事有常。以何時刻延見儒臣。以何時刻省閱章奏。以何時刻親方册。或游戲翰墨也。然後以其餘景燕衎尊俎。娛嬉苑囿。至於暮夜。又必宣召宿直官從容晤語。間以觴詠。如是者皆三二十年。寒暑不渝。忽一日不如是。即內侍以近醫藥爲請。而中外惶惑矣。夫以堯父舜子。稽古學道。度越漢唐之君。而克勤小物。課爲日程。拘拘不廢何也。意者雖聖人不可以不持養之故也。臣幸遭逢。備員近侍。每見陛下臨朝之際。莊敬肅穆。儼然若神。雖執禮名家。無以竊議。于以仰窺聖心持養必有道矣。而比來傳聞。往往以爲玉音所發。或異尋常。機務之間。稍失次第。廷臣震灼。莫曉其故。妄意窺度。其說多端。以臣愚見。或者陛下言動偶有此差誤耳。共惟至聖至明。動循法則。而又春秋鼎盛。剛健日新。何緣言動有此差誤。無乃起居食息之暇。所以自持養者。懈其常度。而延見儒臣之時少歟。省閱章奏不屑加意歟。或親方册游戲翰墨等事暫置弗講歟。不然。則燕衎尊俎娛嬉苑囿之樂。惟意所適而無節歟。又不然。則是燥濕陰陽之沴。或傷其和。而忽忽不樂以得此也。陛下幸因臣言。試自省察。萬一有之。不可不反求之也。孔子以終日無所用心爲難。而孟子論心亦曰。出入無時。莫知其鄉。操存而舍亡。則心之不可以無所繫也如此。伏願陛下法高宗壽皇之所行。存孔孟之所戒。以其日力定爲常度。非徒以親政蒞民。亦所以尊生介壽。惟赦其狂僭。留神財察。社稷幸甚。臣不勝忠愛之情。

光宗時。彭龜年論剛斷得失疏曰。臣恭惟陛下自即大位五年于今。廣覽兼聽。隆寬盡下。自古願治之主。克己自勵。勉强欲爲而不能者。陛下爲之無難。爲真所謂有能致之資者也。然縉紳之間竊議聖德。猶以剛斷不足爲恨。羣臣進對。必有以是告陛下者。臣不知其說爲如何。但見陛下期年以來。施爲稍異。若示人以不可測者。政事舉措。稍不循節奏。進退臣下。頗不事禮貌。意所欲用。雖給舍屢繳而不可回。意所不欲。雖臺諫彈擊而不可動。宦寺濫職于中禁而不用詔命。內廷取財於總司。而特免錄黄。如此之類。未易悉數。其始羣臣爭之。而不能得。其終陛下行之而不復疑。一時操縱自我。予奪自我。仰窺聖意。必自以爲能駕御臣下。而權綱在我矣。然而紀綱隳廢。廉恥刓滅。陛下雖快一時之意。而不知實爲異日之憂。蓋紀綱隳廢則國制亡。廉恥刓滅則士氣奪。國制亡則禍亂所由作。士氣奪則緩急不足恃此臣所甚懼也夫人君而無剛斷誠不足以宰制萬物統御萬方然所謂剛斷者豈以事自己出人不我違之謂哉司馬光曰聞人之言而能別其是非故謂之聰見人之行而能辯其邪正故謂之明去是而捨非去邪而用正故謂之剛姦不能惑佞不能移故謂之斷然則剛斷者蓋謂於是非邪正之中有所辯別而能執持者是也寧有是非不問邪正不分而獨任己見以為剛斷者乎不知誰為此說臣深恐其誤陛下也臣竊觀今日陛下所為不過以勢屈羣下使之從己而已夫人主其威雷霆也其重萬鈞也震之以威壓之以重夫誰敢不從然陛下無徒喜其從也從者未必非禍違者未必非福孔子曰如其善而莫之違也不亦善乎如不善而莫之違也不幾乎一言而喪邦乎此不可不察也陛下勿謂今日恬嬉無事可以肆意臣仰觀天象則變異屢作俯察人情則輕浮易動官府無嚴重之勢小

人有陵慢之心無異駕腐舟泛滄海所幸風濤未作爾正紀綱以立國制勵廉恥以作士氣臣謂陛下朝夕在念猶恐不及而況可緩之耶乃若陛下剛斷不足臣亦憂之然此不可以彊作也臣願陛下講學以明理循理以攷事理既明於胸中而不可惑則斷自明於事外而不可移此三代盛王所謂勇智而後世賢君所謂明斷也唯陛下察焉

是年又上愛身寡欲務學三事疏曰臣聞古者史為書瞽為詩工誦箴諫大夫規誨士傳言庶人謗凡天下之言無不可達於上近世唯宰相日得獻替于天子侍從臺諫之言其進已有限矣卿監而下雖有轉對然歲或不得再見也至於百官輪對大率近三歲始一周爾言之得達于上如此其難而當言者又不切當為稱為人臣出入同行乎臣則不敢臣之欲有言於陛下者有三曰愛身曰寡欲曰務學然治國莫急於愛身愛身莫切於寡欲寡欲莫先於務學其實則一而已耳何謂治國莫急於愛身古者人君立三公之官師道之教訓傅傅之德義保保其身體後世宰相實兼三公之責而不任三公之責道之教訓傅之德義僅委之經筵至於保身體之事雖世之賢者未嘗留意也人君退朝之後不過女子小人以姑息之愛奉其君爾夫姑息之愛身體之賊也而可不慮乎恭惟國家大業未復大讎未雪壽皇聖帝坐薪嘗膽未酬此志舉神器而付之陛下政欲親見聖子身致太平陛下不辦十分憂勞豈易克集此事自天下言之陛下誠不可不愛身也壽皇聖帝退處重華怡神養氣有陛下任其付託之重雖無復一毫天下之憂然父母愛子至老猶切人之情也陛下朝夕起居之宜飲食疏數之節壽皇能頃刻置念已乎自陛下言之尤不可不愛身也故曰治國莫急於愛身何謂愛身莫切於寡欲外

作禽荒內作色荒酣酒嗜音峻宇彫墻有一于此未或不亡自古人君致亂之道非一然大要不出是數者而已陛下自登大位六飛時動後宮嬪御寵遇絕少宮禁興造外亦罕聞不可謂欲不寡矣但道塗之言或謂宮掖之間宴飲爽節夫酒之傷性敗德固不待言臣竊讀本草酒性大熱是以凝寒則不冰沃火則益炎醞酒之地雪霜不積推是數者天下之熱未有加於酒者也竊聞聖體嘗苦瘍疾此非其致之之由耶抑又有大可慮者酒之為害不特不嗜飲者病之嗜飲者亦病之何也自其既醒必悔所以知其飲之過度非其本性然也蓋酒與女子小人相似近之則不可遠非不欲遠也既近之則遠之將不能也臣嘗觀不嗜飲酒之人每飲則昏嗜飲之人不飲則昏飲而昏者氣為主也故有酒則氣亂不飲而昏者酒為主也故無酒則氣奪是一日不飲則榮衛脈絡若不可支蓋酒已勝氣氣不能自

主其身故至于此因循陷溺不至沉湎不已聖之與凡雖曰不同而人之氣體未嘗有異陛下宮中無事小小宴飲固不至此然臣區區愚忠政恐其不已而或至於是則非陛下愛身之道也故曰愛身莫切於寡欲何謂寡欲莫先於務學臣聞善惡之理相爲消長此盛彼衰未能兩大所以禹惡旨酒而好善言善言既親旨酒斯遠臣觀祖宗親近儒學之深意乃是消弭人欲之微權每以夜分之時率召經筵之士不獨欲究義理之粹蓋亦大爲逸豫之防蓋聞古今之禍亂則警懼自生聞閭閻之艱苦則憂慮必切退即閒宴必無過淫竊聞近日宣召經筵多在晝漏臣不知遊息深宮之際何以爲存養夜氣之方欲護清明孰如義理臣故曰寡欲莫先於務學恭惟陛下聖性虛靜義理昭明視臣所言何啻白黑漢儒所謂陛下聖性得之願加聖心焉臣愚欲望陛下精擇名儒賓之講席日與之講論經理夜與

之商確古今自此聖學日以高明聖德日以光大既有義理之可樂自然物欲之難移復於宴飲之間漸爲裁抑之限視尋常御酒之數十分中減一二漸減至三四如此數月必大有益不特身之能養而德亦無不懋矣保國寧家孰大於是唯陛下留神

龜年又上疏曰臣聞書曰惟天聰明惟聖時憲聖憲天者也故天命有德五服五章哉天討有罪五刑五用哉無一事而不與天同也昊天曰明及爾出王昊天曰旦及爾遊衍無一息而不與天通也洪範以五事次五行而驗之以庶徵要之以五福六極豈彊爲是牽合哉猶人之一身氣作於內則動於容貌形於顏色者皆是物也容有二乎恭惟陛下愛人如天之溥博臨事如天之專直陟降左右與天爲一和氣致祥宜如影響然自去秋以來大異數見星變地震生毛雨土赤青作於夜黑子見於日大師相去數日輙有一事當是時人皆皇

皇然爲陛下憂之而臣則不以爲憂何也見天之不忘陛下若甚切也董仲舒曰國家將有失道之敗天乃出災害以譴告之不知自省又出怪異以警懼之尚不知變而傷敗乃至此見天心仁愛人君欲止其亂也無異父兄之於子弟雖譴怒訶責若甚可畏其意但欲使之成人耳苟能因是以恐懼修省乃進德之實地也此臣所以不以爲憂也及至十一月望日車駕過宮人情歡豫其晝晴寒夜忽飛雪又兩日而日中黑子頓消當是時人皆欣欣然爲陛下喜而臣則不敢以爲喜何也臣於此見天與陛下脗合無間陛下動靜語嘿豈可少有不合於天乎神宗皇帝嘗禱雨而應富弼奏曰脩德致雨其應如此萬一於德有損其災應豈有緩耶此臣所以不敢爲陛下喜也臣懷此欲告陛下久矣茲蒙異恩擢寘右史既略資格躐而進之猗天之寵無以爲報唯念所居之官以記注人君言動爲職陛下一言

動之善臣皆得記之以爲世法陛下一言動之不善臣亦得記之以爲世戒作而不記臣固不敢辱其職然書而不法臣亦豈忍舉其職而使陛下貽萬世之辱哉記曰王前巫而後史卜筮瞽侑皆在左右王中心無爲也以守至正夫正天道也古之王者能守天之正道故以巫史卜筮瞽侑諸臣寘左右之少有不正諸臣皆得警懼於王非諸臣固欲拘檢於王也王實藉之以自拘檢其身也後之史官君舉必書謂之善於其職則可謂之忠於其君則未可近世記注之官許以直前使得獻替此意蓋甚美也與其必書以懲其失於後孰若熟諫以救其失於先乎此臣區區之心也臣愚欲望陛下反躬自省動循天道欲如天之剛則無所牽制不屈於欲欲如天之健則兢兢業業不敢怠荒如天之中則每事循理不倚一偏如天之正則一出至公盡絕私意由是一而不二則爲天之純由是養之盎和則爲天之

粹由是而無一而不致其極則為精而與天渾然矣。陛下端拱無為而守之於上，臣等請共厥職而欽承於下，君臣之間雍雍熙熙，豈不休哉。萬一陛下未能以道制欲，則雖欲諸臣箝口結舌以苟取容，亦有所不可。蓋人主者天也，人主有一毫不與天相似，而其臣不諫，則為不能以天事其主，此乃不忠之大者，臣不敢也。唯陛下察焉。

翊善羅點嘗召對便殿，上言近者中外相傳，或謂陛下內有所制，不能遽出，溺於酒色，不恤政事，果有之乎。上曰無是。點曰臣固知之，竊意宮禁間或有攖拂之事，姑以酒自遣耳。夫閭閻匹夫處閨門逆境，容有縱酒自放者，人主宰制天下，此心如青天白日，當風雨雷電既霽之餘，湛然虛明，豈容復有纖芥停留哉。

劉光祖上奏曰：臣幸以迂拙日侍清光，凡人主一言一動，職所當記，而蝸坳遠於黼座。二府大臣常日奏事，陛下曰俞曰咈，事之可否形

於玉音，心之精微見諸宸訓者，既不得備聞退而直書，以為信史。所可紀者，猶有侍從臺諫請對、百官輪對、監司守臣陛對，凡上殿班次內引奏事，各關本省，以所得聖語書之。而比年以來，一切但申別無所得聖語，習成定例，使謨言鬱而不彰，心聲無所著見。只如臣初以司農少卿到闕引見，首進五事箴，讀至思箴，陛下俟臣讀畢，徐云要只從原頭理會。臣對云臣千百言不如陛下原頭一語，望陛下致力於此，則貌言視聽四者俱治矣。退欲以所得聖語申省，則曰近例不然，於是亦例云無之。臣今以記注為職，若不申明，則雖有似此玉言，亦無自而紀載。自今欲望陛下於群臣進退之際，雖所疎遠，如所親近，雖所嚴憚，如所款密，或以玉音褒嘉慰勞，或以聖意戒諭訓勉，是曰是，非曰非，可曰可，否曰否，使天下聳然知人主好惡予奪之所在。仍令奏事臣寮凡得聖語，即以具申本省，不得一例將有聖語亦申

曰別無，庶幾主道昭明，史筆傳載，以垂萬世。雖然，外朝之言動皆可得而知也，宮中之言動不可得而知也。可得而知者固所當謹，不可得而知者尤所當謹也。謹於所不見不聞之地，則所見所聞之地從容中道，不待謹而自合。謹於所見所聞之地，而肆於所不見不聞之地，人將窺而議之，一以傳十，十以傳百，播之四方，轉相增飾，吁可畏也。臣因申明本職，冒言及此，惟陛下留神，幸甚。

寧宗即位初，吏部侍郎彭龜年上人主當理情性疏曰：臣聞人主莫大於理情性，理情性而王道畢矣，天下可得而治矣。昔漢元帝即位之初，匡衡首以此為言，曰治性之道，必審己之所有餘，而彊其所不足。蓋聰明疏通者戒於太察，寡聞少見者戒於壅蔽，勇猛剛彊者戒於太暴，仁愛溫良者戒於無斷，湛靜安舒者戒於後時，廣心浩大者戒於遺忘。必審己之所當戒，而齊之以義，然後中和之化應，而巧偽之

徒不敢比周而望進。夫治性繫於人主，而衡乃及巧偽之徒者，蓋正直之人知君性之偏，則以為懼，從而救正之；巧偽之人知君性之偏，則以為喜，從而逢迎之。故欲治性者必知天，欲知天者必知人。若能知巧偽之人而不為其所惑，則性可得而治矣。如衡可謂知言者也。臣仰惟陛下聖性質直，至誠無偽，此三代令王之所難得，而漢唐以來賢主之所未有者，唯是傷於太急。臣侍潛邸講讀之暇，每以為言，亦蒙陛下和顏開納，不以為非。今既踐大寶，則嚬笑之間治亂所繫，尤與昔日不同。今日君急則所傷多矣。易稱君德曰學以聚之，問以辯之，寬以居之，仁以行之。書稱舜曰御眾以寬，稱湯曰克寬克仁。寬與急為對者也。君德尚寬，則急非君德矣；舜湯稱寬，則急非舜湯所尚矣。蓋言急則難信，行急則難久，令急則難從，政急則難繼，此安可不戒。臣竊觀陛下自臨御以來，每事從容，唯近日進退人材之際，微

傷於急則人已不安矣。及察其黠陟先後。則若有成畫。操縱取舍。則若有機數。傷急之中。又損陛下質直之性。臣恐有巧僞之徒誤陛下也。臣嘗敬讀皋官之銘曰。不植黨與。此言何爲有哉。此必有所自矣。自古小人欲空人之國者。必進朋黨之說。陛下亦記潛邸所講元祐紹聖之事乎。夫能言人之黨者。此人必有黨。但欲黜君子之黨。而後其黨始可進耳。此語一出。令人寒心。陛下臨政未兩月。而小人已能以此惑陛下。則必是因聖性之急耳。急則輕信。輕信則易惑。易惑則小人之計行矣。臣願陛下自此遇事。毋臨之以急。而寬以察之。有如聰明必能照見情僞。則知近日之舉爲是爲非。當不待辯而自判矣。臣備員勸講。其職以養君德爲先。偶有愚見。不敢不盡。其言狂率。罪當萬死。臣下情不勝殞越俟命之至。

嘉定三年。工部員外郎楊簡上奏曰。臣不勝起敬起恭。有請于陛下。陛下已自信。陛下已有大道乎。臣竊恐陛下謙沖未必自信。舜曰道心。明心即道。動乎意則爲人心。孔子曰。心之精神是謂聖。孟子曰。仁人心也。此心虛明無體。廣大無際。日用云爲。無非變化。故易曰。變化云爲。虛明泛應。如日月之光。無思無爲。而萬物畢照。陛下已自有此大道。有此光明。而昨者吳曦之變。韓侂胄之變。近又羅日愿之變。又有江淮湖湘之寇。何也。皋陶曰。兢兢業業。一日二日萬幾。謂心思微動。不勝其多。故曰萬。後儒謂之萬事。非也。舜禹尚兢兢業業。陛下宜法此兢兢業業。非有所思爲也。平常日用。無作好。無作惡。無怠無荒。而融明無不照。知微起乎意。則昏蔽。則放逸。陛下聖性澹然無所嗜好。宜清明無所不照。舉無失策。而猶有禍變如前所云者。臣妄意恐意微動如雲氣之興。故日月之光。或有不照之處。舜禹相戒。猶以精一爲難。願陛下兢兢業業。無起意。孔子曰毋意。不起意則此心光明所照。自然知柔知剛。知賢知不肖。洞見治亂之幾。似是而非之言。末可得而惑。隱微之情。自無所不燭。常清常明。可以弭禍亂。消天變。祈天永命。其幾在此。此非世儒所能知也。惟陛下兢業毋忽。

嘉定中。都官郎官袁燮上奏曰。臣恭惟仁聖在上。涵育群生。無有遐邇。同一覆載。施恩務從其厚。用刑寧過乎輕。無愧於古聖人用心矣。孟軻有言。以不忍人之心。行不忍人之政。治天下可運於掌上。明效大驗。何其速也。今陛下求治。不爲不久。而稽其效驗。尚爾遲遲。何可不思其故歟。臣聞古者大有爲之君。所以根源治道者。一言以蔽之曰。此心之精神而已。心之精神。洞徹無間。九州四海。靡所不燭。故書曰。光被四表。格于上下。又曰。帝光天之下。二帝之精神也。曰。明明我祖。萬邦之君。德日新。宣重光。三王之精神也。二帝三王。終日乾乾。自強不息。故能全此精神。以照臨天下。明並日月。不遺微小。至于今仰

之。漢之宣帝。唐之太宗。雖未極純懿。而能勉強振作。興起治功。爛然可觀。而史皆以厲精稱之。亦可謂英主矣。陛下視今之治。具已畢張乎。未乎。民生已舉安乎。未乎。更化以來。拔延俊彥。隨才授職。責其功效。治具似已張矣。而頹綱未至於盡舉。宿弊未免於猶在。則難以謂之畢張。都城之內。財貨流通。米價至平。閭閻熙熙。遠過曩日。民生似亦安矣。而遠方之民。凋弊乎財賦之煩。愁苦乎刑戮之慘。雖當豐歲。猶不聊生。則難以謂之舉安。陛下尊居宸極。臨制萬方。惟所欲爲。其誰能禦。今也雖有仁心仁聞。而大有爲之效。猶未至於昭明彰著。歲月蹉跎。所就止此。豈不深可惜歟。臣願陛下毋以寬裕溫柔自安。而必以發強剛毅相濟。朝夕警策。不敢荒寧。以磨厲其精神。監觀往古。延訪英髦。以發揮其精神。日進而不止。常明而不昏。則流行發見。無非精神矣。謹所從出。出則必行。宣布四方。無不鼓舞。號令之精神也。

褒一有德而千萬人悦戮一有罪而千萬人懼賞罰之精神也有正直而無邪佞有恪恭而無媮墮有潔清而無貪濁布滿中外炳乎相輝人才之精神也民間逋欠不可催者悉蠲之中外冗費凡可省者盡節之其源常濬其流不竭財用之精神也將盡威恩以馭其衆士致死力以衛其長勇而知義一能當百軍旅之精神也黎元樂其生業習俗興於禮遜五穀屢豐百嘉咸遂民物之精神也明主精神在躬運手一堂之上而普天之下事事物物靡不精神豈非帝王之盛烈歟昔我藝祖躬上聖之資當寓縣分裂之際整齊乾坤如再開闢端門軒豁無有壅閉謂左右曰此如我心小有邪曲人皆見之矣大哉聖謨此二帝三王所以日用其力者乎詩曰周雖舊邦其命維新新者精神之謂也陛下誠能以藝祖為法則我宋之維新亦當常如創業之初矣一元之氣周流磅礴化成萬物日新無已天地之精神

也惟陛下省察

燮又上奏曰臣聞天下有大體人君有大德先其大者而衆善從之則天下可以大治闇於大而明於小難乎其致治矣陛下尊居宸極餘二十年無聲色之奉無遊畋之娛無耽樂飲酒之過不事奢靡不殖貨利不行暴虐凡前代帝王失德之事陛下皆無之可謂有聖君之資矣然影者形之符響者聲之答君德者形聲也治效者影響也陛下視今之治效為如何哉以言乎財計則未裕以言乎兵力則未彊以言乎人才則忠實可仗者寡以言乎民生則愁苦無聊者衆明聖在上而是數端者未滿人意如此人皆疑之以臣管見或者君人之大節猶有可議者歟易曰大哉乾元萬物資始又曰大哉乾乎剛健中正純粹精也語曰大哉堯之為君也惟天為大惟堯則之蕩蕩乎民無能名焉巍巍乎其有成功也乾惟其大所以能首出庶物堯

惟其大所以能光宅天下大則足以兼小小則烏能兼大是故君子大之為貴古人有言曰大節非也小節是也吾無觀其餘矣夫小節亦豈可略哉蓋慮夫君人者安於小而不志於大故抑揚其辭以快廣人主之心云爾竊聞近者禁中銀器頗有遺失掌者不虞加以責罰法當然爾而陛下惻然憫念易之以錫樸素如此可謂儉矣不忍以器物累人俾貪者息心而掌者無責可謂仁矣臣願陛下充而大之自一身之儉充而至於中外冗費靡所不節自一念之仁充而至於四海九州皆歸吾仁豈不恢恢乎其大哉齊宣王不忍一牛之觳觫以羊易之孟子勉之曰古之人所以大過人者無他焉善推其所為而已故推恩足以保四海唐開成之主舉衫袖以示近臣曰此衣三澣矣柳公權箴之曰貴為天子富有四海當進賢退不肖納諫諍明賞罰則可以致雍熙服澣濯之衣廼末節爾由是觀之人君於小

大之辨可不審哉天下大器也惟大君為能舉之伏惟陛下恢洪志氣無自菲薄篤信聖人之言力行先王之道立大規模成大功業以隆我宋不拔之基豈非大君之所為哉古人恥君不及堯舜中常之主猶欲引於當道況陛下天資粹美聖心淵靜是以與古帝王匹休而猶有未及為者此臣所以發於忠憤不能自默也孔子曰為仁由己而由人乎哉惟陛下自彊不息日進無疆宗社幸甚天下幸甚

寧宗時煥章閣侍講朱熹上奏曰臣竊聞之天下之事有常有變而其所以處事之術有經有權君臣父子定位不易事之常也君命臣行父傳子繼道之經也事有不幸而至於不得盡如其常則謂之變而所以處之之術不得全出於經矣是則所謂權也當事之常而守其經雖聖賢不外乎此而衆人亦可能焉至於遭事之變而處之以權則唯大聖大賢為能不失其正而非衆人之所及也故孔子曰可與

亨未可與權。蓋言其難如此。而夷齊季札之徒。所以輕千乘之國。以求即乎吾心之所安。寧殞其身。正其國。而不敢失其區區之節者。亦爲此也。乃者天運艱難。國有大咎。天變爲之見於上。地變爲之作於下。人情爲之哀恫怫鬱。而皆有離叛散亂之心。方此之時。宗廟社稷危於綴旒。是則所謂天下之大變而不可以常理處焉者也。是以太皇太后躬定大策。皇帝陛下寅紹丕圖。未及號令之間。不越須臾之頃。而鄉之危者安。離者合。天下之勢翕然而大定。此亦可謂處之以權而庶幾乎有以不失其正者矣。然自頃至今。亦既三月。而天變未盡消。地變未盡弭。君親之心未盡懽。學士大夫羣黎百姓或反不能無疑於逆順名實之際。至於禍亂之本。又已伏於冥冥之中。特待時而發耳。臣雖至愚。亦知竊爲陛下憂之。而未知其計之所出。故嘗反覆以思。而參以所聞。則尚猶有可議者。亦曰陛下之心。前日未嘗有求位之計。今日未嘗忘思親之懷而已爾。嗚呼。此則所謂道心微妙之全體。天理發用之本然。而所以行權而不失其正之根本也。誠即是心以充之。則孔子所謂求仁得仁而無怨。孟子所謂終身訢然樂而忘天下者。臣有以知陛下之不難矣。借曰天命神器不可以無傳。宗廟社稷不可以無奉。則轉禍爲福。易危爲安。亦豈可以舍此而他求哉。充吾未嘗求位之心。則可以盡千古負罪引慝之誠。充吾未嘗忘親之心。則可以致吾溫清定省之禮。以始終不越乎此。而大倫可正。大本可立矣。陛下誠能動心忍性。深自抑損。所以自處。常如前日未嘗有位之時。內自宮掖燕私之奉。服食器用之須。亦不敢一毫有所加於潛邸之舊。外至百辟多儀之享。恩澤匪頒之式。亦不敢一旦而全享乎萬乘之尊。專務積其誠意。期以格乎親心。然後濬發德音。痛自克責。嚴飭羽衛。益勤問安視膳之行。十日一至而不得見。則繼以五日。五日

一至而不得見。則繼以三日。三日而不得見。則二日而一至。以至于無一日而不一至焉。俯伏寢門。怨慕號泣。雖勞且辱有所不憚。然而親心猶未底豫。慈愛猶未復初。逆順名實之疑不渙然而冰釋。則臣不信也。若夫災異之變。禍亂之幾。有未盡者。則又在乎陛下凝神恭默。深監古先。日與大臣講求政理。可否相濟。惟是之從。必使發號施令。無一不出乎朝廷。進退人材。無一不合乎公論。不爲偏聽以啓私門。則聖德日新。聖治日起。而天人之應不得違。釁孽之萌不得作矣。今日之計。莫大於此。惟陛下深留聖意而亟圖之。若復因循日復一日。所以行權者遂失其正。則臣恐禍變之來。不但禮樂不興。刑罰不中而已也。人心易離。天命難保。殷監不遠。深可畏懼。臣山野戇愚。不識忌諱。罪當萬死。惟陛下寬之。

中書舍人陳傅良上請對劄子曰。人主心術必有所尚。何謂所尚。先定其志。而後力行之者是也。臣不暇遠引前古。且以高宗德業爲陛下誦之。方高宗艱難百戰之初。必以復大讎。欲定中原。欲還謁九廟。則其志尚在恢復。及大母已歸。徽廟之梓宮已還。南北之勢已成。高宗之責少塞。而天下亦倦於用兵矣。則其志尚在和好。方志在恢復。則用趙鼎用張浚。自退朝之後。延見臣下。省閱章奏。游戲翰墨。至於燕私。皆恢復之謀也。及志在和好。則用秦檜。自退朝之後。延見臣下。省閱章奏。游戲翰墨。至於燕私。皆和好之事也。高宗所以享國之久。動無過舉者以有定尚。不雜不怠而已。雖然。此臣借以爲喻之說。而非勸陛下之說也。今陛下春秋鼎盛。銳意於學。而又聖稟純素。絕無嗜好。臣切以爲陛下之心。方如止水。方如明鑑。以此爲堯舜。以此爲三王。無不可者。臣獨未知陛下之心所尚者何事。欲先定者何志耳。不主一事。則將並進人之言。而無適從。不先定一志。則將泛泛然日復一日而無用

力之地。且夫人主天下之利勢也。富貴尊榮之所自出也。儻陛下將聽並進之言。而無適從。泯泯然日復一日。而無用力之地。臣恐有來間而入陛下之心者矣。陛下此心方如止水。方如明鑑。可以為堯舜。可以為三王。或萬一有先入者得陛下之心而用之。臣恐陛下聖明雖銳意於學。無他嗜好。而此心已有所偏著也。故臣私憂過計。欲勸陛下且以拯民窮為所尚。此志先定。則陛下始有用力之地。自退朝之後。以此意引見臣下。以此意省閱章奏。至於游戲翰墨。至於燕私。此憂此念造次不忘。臣切以為是亦陛下養心之法。不雜不急。充而大之。堯舜三王之治。可由是而致也。何者。以拯民窮為所尚。即是仁心。仁心即是堯舜三王之心。孟子嘗言之。臣嘗發明之。陛下嘗深信之矣。

著作郎吳泳輪對言。願陛下養心以清明。約己以恭儉。進德以剛毅

發強。毋以旨酒遠善言。毋以嬖御嫉莊士。毋以靡曼之色伐天性。杜漸防微。澄源正本。使君身之所自立者先有其地。夫然後務所留之聰明以經世務。務所舍之精神以強國政。務所用之心力以恤罷民。按所嘗省之浮費以犒邊上久戍之士。則不惟可以消弭災變。攘除姦凶。殄滅寇賊。雖以是建久安長治之策可也。

袁說友上言曰。臣嘗觀夫子之言曰。為君難。又曰如知為君之難也。不幾乎一言而興邦乎。大哉。聖人之言深切乎帝王用心至到之地也。仰惟陛下以春秋方盛之年。履九五崇高之位。固欲長享天下之奉。而安守天下之尊也。然則為君於上。而所謂難者。雖一嚬笑之細而無所不寓。陛下蓋亦知人君之所謂難者乎。臣請為陛下略陳之。夫貴為無敵。富為無倫。富貴之感為君者獨有也。生殺自我。予奪自我。慶賞刑威為君者獨專也。有此富貴。專此刑罰。天下之事宜若無有難者。嗚呼。是豈知為君之道哉。人主以一念慮之間。知吾之所謂難者無一而可忽。是故不敢易其難而畏其難。則富貴刑賞我可有而不敢恃。不以為難而忽其難。則富貴刑賞我可得而不能守。蓋知其難則畏。畏則無一而不謹。不知其難則忽。忽則無一而不縱。陛下試觀自古賢君聖主。凡守此大寶居此大位。而可以忽而縱者為之耶。君人者。大則政刑號令而關於治亂安危之機。微則言動趣向而繫於教化表儀之本。細則聲音笑貌而達於視傚觀瞻之地。小有不謹。則悔吝隨至。浸以不善。則災害有作。大而悖理傷道。則亂亡不可禦矣。此必至之驗也。非如天下之人。其善否得失。獨繫於一身一家而已。陛下亦嘗思前日之在潛邸。與今日之履大位。其難易果如何。方陛下潛龍之時。養聖人之德。儲天下之望。其一身之所形見。而或有善否得失者。未必盡關於目前之安危治亂。而天下之議論責望

其屬於王邸者。亦未必如是之切且亟也。今陛下上承祖宗社稷之付託。下為四海生靈之宗主。萬目之所觀瞻。萬務之所關繫。萬口之所責備。其為甚艱。舉是皆是。凡政刑號令言動趣向聲音笑貌。是三者一有過差。小而議論責望。大而利害休戚。又大而安危治亂。皆所由出也。陛下當此之時。其視潛邸之日。一難一易。固自判然矣。試以堯舜觀之。其君臣都俞之間。且曰后克艱厥后。又曰惟帝其難之。方且兢兢業業。知其艱且難者而不敢自安。蓋以為君之難動有所關繫。故堯則不敢以位為樂。而舜則猶有已憂也。由漢以下。知此難者惟唐太宗。其言曰。創業之難既已往矣。守成之難與諸公謹之。又曰。人主惟一心。而攻之者眾。少懈而受其一。則危亡隨之。此其所以難也。太宗以聰明絕人之資。其闔回天下若不足道。而念慮發言之間且知為君之難。反覆憂懼如此。此貞觀之治後世所不可及。本朝太

祖皇帝嘗謂近臣曰。爾謂帝王可容易行事耶。仁宗皇帝嘗下詔曰。當念守文之難。敢忘置器之安。祖宗念爲君之難。其形諸詔誥者。不敢一毫有易心。故能垂裕於世世。此又陛下之家法也。雖然。知其難而圖其易。顧豈無説於此乎。臣願陛下不以有位爲樂。而以保位爲憂。懋其如是之難。而圖其爲説之易。一念之發。則以爲難。曰是善乎否也。一行之出。則以爲難。曰是得乎否也。居隱顯。則一其心。不以隱而加忽。處細大。則一其行。不以細而弗察。小而聲音笑貌。推此難之之心而不以妄發。微而言動趨向。推此難之之心而不以輕舉。大而政刑號令。推此難之之心而不以自用。在闇室屋漏之中。常若議者之在其後。當積日累月之久。不敢一日安其心。惟善是循。惟不善是去。惟人言是畏。惟過失是憂。其難在事。難之在心。則有治無亂。有安無危。陛下享國萬年而端命上帝。譬如人之一身。康強無疾而能惕焉難之。飲食起居。必畏必謹。則疾疢何自而生。彼恃其強者易其所難。縱飲食。忽起居。不病則已。病則雖欲救之。何及哉。臣蒙國恩。職在獻納。幸遇陛下始初清明之政。虚心聽納之時。用敢盡竭愛君之言。仰裨聖聽。唯陛下勿以爲迂闊而詳察焉。天下厚幸。

衛涇上奏曰。臣聞天之愛人君甚。欲扶持而安之。人君之體天意者既至。則天心之愛人君者無窮。此自然不易之理也。臣恭惟陛下頃繇初潛。受天眷佑。賢聖仁孝。聞於天下。祗若慈訓。丕承大寶。二年于茲。天意益彰。感召彌速。自初行大典。每舉常儀。鑾輿所臨。若有陰相。至於雨暘順序。年穀薦登。四方無虞。邊陲不聳。自昔人君臨政。願治慨想而未能致者。髣髴類見之。豈惟中外臣庶冀覩太平。陛下覩此景象。寧不自喜。臣嘗考之往古。驗之當今。竊有所懷。願質之聖心焉。大抵天之愛人君者至。則所以望之者亦至。唯此心對越。每思副其所望。則天人相與。寢昌。苟玩其所愛。不自省循。則天心之愛或有時不可恃。而譴咎傷敗之來。未必不基於此。由是觀之。則凡天意之順從。嘉祥之協至。人君未易晏然自處也。今天心之愛陛下。可謂甚至。不識陛下所以體天意者。其已至歟。抑猶有未至歟。臣竊謂此天俾陛下以大有爲之時。所以望陛下者。任大守重。固當精思熟慮。實休咎禍福之所判也。臣不敢遠引泛論。請以仁祖及壽皇近事言之。仁祖臨御三數年間。水旱仍臻。天變數起。可謂多事。然在位四十二載。深仁厚澤。淪浹四海。而丕烈懿範。垂諸萬世。號稱本朝全盛之時。壽皇初受內禪。變故尤多。連歲饑荒。逆虜犯順。若不能一朝居者。然二十八年之久。方內乂寧。生民休息。雖大志未就。迄底小康。有光高宗中興之治。夫嘉祥之應。不亟見於慶曆元祐之盛時。而眚異之來。適以厲乾道淳熙之志業。則今日天意順從。如前所陳者。殆未可測。蓋甚可畏而未暇自喜也。陛下將何以勵之乎。昔楚莊王天不見妖。地不出孽。則禱於山川曰。天其忘余歟。蓋在陛下省之於心。反之於身。措之於行事而已。臣不勝拳拳。願陳其愚。

涇又奏曰。臣猥以庸虚。承乏宰掾。自惟空餐。方祈外補。忽蒙誤恩。俾司記注。日侍清光。在臣可謂僥踰。而內視闕然。念終無以補報。敢忘冒昧。布其愚忠。幸陛下垂聽。臣竊惟自昔人主非不願治。而君德未免有虧。或失之猜忌。或失之暴虐。或縱聲色。或崇貨利。或事奢侈。此心一有所溺。臣下莫能救正。治亂之分。實由於此。今陛下寬仁天覆。聖敬日躋。清心而寡欲。好賢而樂諫。凡臣所謂前數者之患。無毫髮之累矣。以如是之聖質。而有意於治功。帝王之盛。要不難致。而陛下踐阼以來。三年於此。四海之內。延頸跂踵。以聽維新之政。而卒未有以大慰厭天下之望。倘也。毋乃聖心或未加乎。臣聞人主一心。固不可有所溺。尤不可無所用也。天位雖不可以為樂。而尤不可不知天位之至重也。天命雖繫其自至。而尤當知天命之可畏也。崇高富貴雖不可恃。而人主之利勢不可以無所據也。若曰吾既不以位為樂而視之若可輕。吾安於天命之自然。而不畏其難保。崇高富貴不足以動吾心。而舉天下臣民事物之衆。一切不以經意。此非帝王所以出而撫世御俗之道也。臣昨在遠外。傳之道塗。咸謂陛下臨朝淵嘿寡言。於事少所可否。臣始聞之而未敢信。已而備數朝列。兩賓賜對。臣雖不能無惑。而猶不敢謂盡然也。及待罪史官。分立柱下。今踰兩月。每覩陛下尊居黼扆。延見羣臣。自宰執之敷陳。侍從之獻納。臺諫之論奏。以至中外庶官之進對。奏篇無慮累十百。前席或至移時。陛下霽色溫顏。兼聽廣覽。雖靡間厭倦。而聖志謙。深自退託。未嘗有所咨訪。有所質問。多唯唯默默而容受之。進言者不得極其說。秉筆者

無所載其美。已事而退。皆若有不自得之意。臣實懼焉。夫陛下所以未欲形於言者。豈陰拱自晦。徐觀默察。有所待而后發耶。則陛下臨政在御。不為不久。機務之變。可以槩見矣。將深思熟慮。抑畏謹重。恐言之或未審耶。則輔弼禁近之臣。皆股肱耳目。陛下所親信委任。而小大臣子。孰無愛戴君父之心。設有未當。豈不竭誠効忠。安敢懷情而不自盡。庸何損於盛德耶。蘇軾有云。人君之言。與士庶不同。言脫於口。而四方傳之。捷於風雨。故太祖太宗之世。天下皆諷誦其語言以為聳動之具。陛下果何嫌何疑。而憚於言耶。臣是以妄議陛下之未加聖心也。人徒曰。天不言。而四時行焉。百物生焉。不知天未嘗不言也。昔聖人作易六十四卦。而獨以乾為首。乾。天德也。亦所以言君德也。它卦皆陰陽相雜。而乾獨純陽成卦。蓋天之德純乎剛。惟剛故能首出庶物。宰制群動。噓焉而春夏。吸焉而秋冬。感焉而雷霆。思焉而雨露。闔闢變化。無不自我。故曰。天行健。君子以自強不息。人君法天不言。必與天同德而后可也。儻泊然於天下一無所用其心。而惟託於不言。則是啓頹墮之端。樂因循之習。忘遠大之慮。忽經久之圖。以是而求治功之進。猶適楚而北轅。鑿冰而取火也。陛下承列聖二百四十年之基業。膺太上皇付託之重。臣誠愚戇。竊揣陛下聖質有祖宗之風。仁慈恭儉。無失德過行。真大有為之主。時可為而不為。優游俛默。偷安歲月。臣恐志士解體。人將窺測陛下淺深。其所關繫殆非細事。此臣區區私憂過計。懷不能已。輒因史事為陛下極言之也。臣伏願陛下念宗社之甚重。防禍亂於未形。毋恃聖質之美。必加聖心。自今以始。於聽納之間。留神省察。奮發德音。特出英斷。二三大臣相與都俞吁咈。務歸於至當。凡百執事。有所是非可否。咸決以至公。庶幾下情畢通。事幾洞照。行之以剛健。積之以悠久。將見志氣之發

如日星之昭明。號令之行。如雷風之震蕩。聽斷之勤。如四時之不息。德業日新。令聞日彰。何事之不可成。何功之不可立。保皇圖於有永。耀史冊於無窮。端本澄源。特在陛下此心而已。臣不勝惓惓愛君憂國之誠。不自覺其狂僭。惟陛下財幸。

宗正少卿崇中行上奏曰。陛下初政。則以剛德立治本。更化則以剛德除權姦。今者顧乃垂拱仰成。安於無成。夫剛德實人主之大權。不可以久出而不收。覆轍在前。良可鑒也。

歷代名臣奏議卷之四

君德

宋理宗寶慶元年。禮部侍郎真德秀上奏曰。臣竊聞陛下迺者涓選剛辰。移御清燕。非特恬養神明之觀。抑且稍正宮寢之儀。臣子之心。不勝慰幸。然區區之愚有欲獻於陛下者。不敢自嘿。恭惟高宗皇帝受命中興。再造區夏。六飛南渡。駐蹕錢塘。其與前世之君篳路藍縷以啓山林。披攘荊棘以立朝廷者。殆無以異。其艱其勤。可謂至矣。孝宗皇帝嗣守丕緒。志清中原。二十八年之間。菟攬賢材。厲精聽斷。未嘗一日少懈。用能保固大業。垂萬世無疆之休。今陛下所御之宮。廑即二祖儲神閒燕之地也。仰瞻楹桷。俯視軒墀。當若二祖實臨其上。念昔者剏守之惟艱。思今日繼承之匪易。則兢業祗懼。其容少忽乎。漢文帝有言。朕奉先帝宮室。常恐羞之。惟其以是存心。故能終身爲

恭儉之主。兩漢之賢君莫先焉。此臣之所欲獻者一。陛下前所居廬。寢適東朝。唯恩曲盡人子之恭。其敢遽當人主之奉。今宮閫暨乘輿服用之需。頤指使令之便。必將浸備於昔。臣知聖性恬淡。固非外物可移。然以一心而受衆攻。非卓然剛明弗惑。未有不浸淫而盡蝕者。然則將何道以處之。曰。惟學可以養此心。惟敬可以存此心。惟親近君子可以維持此心。盖理義之與物欲相爲消長者也。篤志于學。則日與聖賢爲徒。而有自得之樂。持身以敬。則凜如神明在上。而無非僻之侵。親賢人君子之時多。則規儆日聞。諂邪不得而惑。三者交致其力。則聖心湛然如日之明。如水之清。理義常爲之主。而物欲不能奪矣。此臣之所欲獻者二。三年之喪。行於宮壼。非獨衰麻在躬而已。哀慕之存於心者。不可頃刻忘。憂戚之形於色者不可斯須已。古者卒哭而廬居。小祥而堊室。今雖未能如昔。然居處之制。不可不極其

樸素也。古者服喪。非有疾不飲酒食肉。今雖未能如昔。然饔人大官之供。不可不極其菲儉也。古者終喪不處于內。今雖未能如昔。然防微謹獨。屏遠聲色。不可不極其嚴也。食則見先帝于羹。立則見先帝于牆。庶幾不負罔極之恩。丕昭純孝之實。儻因移御之適。凡所以自奉者少異於居喪之儀。則雖衰麻在躬。猶不服也。此臣之所欲獻者三。陛下前者日侍慈明。兩宮之情。常歡然而無間。今視膳問安之敬。雖無改於昔。而其見則有時矣。此正陛下深留聖心之日也。古之事親者聽於無聲。視於無形。一舉足。一出言。不敢忘父母也。況皇太后親舉神器以授陛下。同聽萬機。曾未數月。褰裳去之。如脫敝屣。隆恩厚德與天地無極。陛下將何以報之乎。然則恭勤之禮。孝養之誠。當有加於前日可也。至於兩宮侍御之臣。恩意當使如一。盖愛親者及其犬馬。況左右使令者乎。厥今羣臣萬民之命。繫於兩宮。慈孝交隆

於上。則羣臣萬民皆有所恃以爲安。而兩宮侍御之臣。亦得以保其富貴。此臣所欲獻者四。臣猥以不材。叨備勸讀。比者親承聖訓。苟可裨益朕躬。毋或有隱。陛下之虛懷求助如此。臣其敢以淺陋自解乎。用是輙陳其愚。冀補萬一。惟聖明擇焉。

紹定六年。德秀爲戶部尚書。又奏曰。臣聞當天命已定之餘而不忘戒懼者。三代令王之所以長世也。當天命未定之時而遽忘戒懼者。後世人主之所以不克終也。臣嘗讀書而得基命定命之說。竊以謂周之文武基命者也。若成王則命已定矣。而周公作詩以戒王。乃曰。宜監于殷。駿命不易。又曰。命之不易。無遏爾躬。召公作書以戒王。亦曰王其德之用。祈天永命。又曰。欲王以小民受天永命。夫周至成王再世耳。而文武之功配天罔極。天命烏乎而遽止。亦豈待祈而後永耶。及觀太康之於夏。太甲之於商。僅一再傳而一則以盤游失國。一

則以欲敗度縱敗禮而幾失之天未嘗以禹湯之烈而私其子孫也是以謂之難諶是以謂之靡常然後知二公惓惓之忠非過計也然則繼體守成之主其可以天命已定而忽之哉方今天下何時也臣以爲天命未定之時也夫自藝祖基肇造之命而太宗定之高宗基中興之命而孝宗定之聖子神孫繼繼承承于千萬年命之定也久矣而臣以爲未定者蓋觀皇矣之詩而知文王受命之由方天厭商亂而求民之定也始則觀之二國爲求之不獲而又觀之四國爲其德皆莫若文王者於是睠焉西顧命之爲中夏主夫豈苟然哉今中原淑擾天之簡求民主茲惟厥時使吾之德足以當天心天必不舍而他界也苟吾之德未足以當天心天必轉而他之矣臣故曰此天命未定之時也嘉定中臣繆直禁林是時韃日以興金日以削嘗中夜彷徨而起曰此吾國安危將判之秋君臣上下恐懼修省之日也

於是進祈天永命之戒寧宗皇帝優容狂瞽嘉歎再三而權臣寡識懵不之省自是二十餘年德政未嘗增修人心惟益咨怨所謂祈天永命之言直視以爲迂闊而欺天罔人之事則益甚焉是以譴告頻仍災害酷烈錢塘巨浸淼爲沙磧天台苕霅州化爲湖而都城之災則尤曠古所未有他如彗孛飛流之變無歲無之盜賊兵燼之厄幾半天下吾國之勢蓋岌岌然上賴九廟之靈權臣殞命陛下親政英明果斷薄海聳觀而於外攘內修之政未及大有所爲金遽以滅告矣群雄虎爭猛敵森銳豫備深防所當汲汲內顧根本猶有可虞而邊臣匆匆或假和以紓患或恃戰以成功臣以爲皆非至計也昔人有言凡舉大事必順天心夏秋以來積陰多雨陽澤弗競而乾文示異數見於清臺之占因人事以推天心殆有甚可懼者臣是以復進祈天永命之說也然所謂祈者豈世俗禬禳小數諂瀆鬼神之謂也

稽諸召誥曰敬德曰小民而已傳有之敬者德之聚能敬必有德近世大儒皆謂敬者聖學之所以成始成終也陛下聖學高明固嘗以母不敬之言揭諸宥坐朝夕仰視如對神明然所以害吾敬者則不可不謹也儀狄之酒伐德亂性此害吾敬者也南威之色蕩心惑志此害吾敬者也陛下於此心惕然自省曰沉湎冒色婦言是用昔人之所以自絕也其可不戒乎侏儒之戲滑稽之談此害吾敬者也陛下於此心肅然自持曰優笑在前賢才在後昔人所以取亡也其可不戒乎鄭聲之淫佞人之殆有一于此皆足害敬放而遠之不可以不嚴盤游之樂弋射之娛禽獸之珍狗馬之玩有一于此皆足害敬屏而絕之不可以不力如此則陛下之心清明純粹萬善出焉則又反而思之曰朕自即位以來爲權臣所誤其失有幾凡聖心之所未安者即天理所未安也改之其可以或吝則又稽于衆曰朕言動之

不中道政令之不合宜者其事有幾凡人情之所未允者即天意所未允也更之其可以或後蓋一念之愧不敢安此敬也一事之戾不敢忍亦敬也謹之於心術之微而發之於踐履之實必如湯之日躋文王之緝熙中宗之嚴恭寅畏然後謂之無不敬此祈天永命之一也然召公既曰敬德又必以小民參之何邪蓋天之視聽因民之視聽民心之向背即天心之向背也權臣用事以來戕賊元元殆非一事蓋其始也易楮幣易鹽鈔顓用罔利之術而峻繩下之刑估沒編隸濫及無辜而民怨其中也黜忠良而進貪刻舉赤子以付豺狼遠近嗷嗷恬不之恤而民益怨其末也廉恥道絕貨賂公行以服食器用爲未足而責之以寶玉珠璣以寶玉珠璣爲不足而責之以田宅契券希指求進者雖殺人于貨亦所忍爲而民大怨矣江湖閩廣三衢之盜相挺而起生靈荼毒幾千萬人戶口減少殆什七八幸而無

盜者又以官吏爭白為盜田里荒穢州縣蕭條亦無異於綠林黑山
之所躪轢也可勝嘆哉仰賴陛下布端平之詔一洗而新之然狃于
舊習者鮮為革心之圖困于虐政者未被息肩之惠蓋賄道雖窒而
昔之賄進者尚存贓吏雖懲而贓多者或反漏網加以邊事既興江
淮之間科調百出所至騷然民不堪命遠而襄蜀抑又可知臣偲非
所以培本根壽命脉也陛下至仁寧忍聞此臣願聖志惻然興念申
頒詔旨凡郡邑揭刻之攻邊關科調之擾悉從禁止敢違命者必罰
無赦至於行都近甸為沐浴雨露之首而楮輕物貴為生孔艱愁嘆
之聲在在而有書稱文王惠鮮鰥寡蓋窮悴之人奄奄就盡惠澤所
及鮮然咸有生意此海內所望於仁聖之君也宜命近臣條畫便民
之書如魏相所上詔書二十三事者以次行之此祈天永命之二也
易曰天之所助者順人之所助者信是以自天祐之吉無不利陛下

真能敬德於上而使斯民懷生於下則人心悅而天意順恢拓之本
其在斯乎天厭夷德久矣韃戎殘暴所至為墟必非眷命之所屬陛
下春秋鼎盛聖德日新惟益懋敬為一陟一降在帝左右一游一行
若天與俱強勉力行悠久不息以迓續休命於無窮乃睠南顧嘗有
其日中原故物終為吾有若徒以力求之而不反其本天意難測臣
實憂之昔梁武欲取河南嘗自語曰吾之基業有如金甌既致紛紜
悔之何及徒以乙卯之夢羣臣之諛不能自克卒墮金甌之業追迹
梁武平生所為違天悖理何可勝數無得天之實而希不世之功其
失宜哉臣區區所陳本於周召聖賢典訓必不誤人且前日嘗以告
先皇今敢不以告陛下臣之愚忠狂老一心惟聖明裁察
寶慶初魏了翁上奏曰臣不佞待罪史臣獲際陛下龍飛御極命侍
從言語之臣以次面對切惟澄源正本罔不在初臣不敢援給細微

具文應詔臣聞心者人之太極而人心又為天地之太極以主兩儀
以命萬物不越諸此故天之神明春秋冬夏風雨霜露地載神氣為
風霆流形庶物露生其於人也則清明在躬氣志如神蓋貫通上下
表裏民物自繼善以及於成性皆一本而分也而人心之靈則所以
與人極人極立而天地位焉孔子曰事父孝故事天明事母孝故事
地察子思曰君子之道造端乎夫婦及其至也察乎天地夫天高地
下人位乎其中判然三才若不相接也而五行二氣自一而分故上
下同流彼動此應從行乎宮庭屋漏之間炯然清明無少愧怍則仰
觀俯察光潔昭著前參後倚流布充塞無非此心之發見一有不慊
則睽上帝而夢夢顧四方而蹙蹙雖日星草木亦若隨人意而不舒
者陛下謂此心之外別有所謂天地神明者乎抑天地神明不越乎
此心也正月之朔風來自乾丁丑既望月蝕于翼占者以為兵戈之

應迫近之象而雷電先時而發雨雪繼雷而降劉向亦以為陽不閉
陰陰見間而勝陽之應然而此必有感而後為應既應則復為感不
可以其變在外而忽之其事已應而幸為側聞陛下嘗謂講讀之臣
夜來雪作朕終夜為之不安當益恐懼脩德大哉聖言此正求端用
力之要也且陛下居深宮之中十手十目所不睹聞也而惕然終夜
若有臨乎其前者以此見天非蒼蒼之謂也陛下之心與億兆人之
心義理所安是之謂天不愧于人是不愧于天也不畏于人是不畏
于天也臣願陛下即此不安之心而益加推廣其見天地也毋專以
禱祠為事事使此心兢兢惕惕如與天陟降如在帝左右可以對越
而無愧奉宗廟也毋專以備物為饗常使此心油油翼翼如見乎其
位如聞乎其容聲可以受終而無怍事太母也毋專以儀恪為恭常
使此心洞洞屬屬如執玉捧盈如將弗勝可以感通而無間對公卿

百執事毋徒以尊嚴爲儀也。常使此心寬虛乎衷。盡下而無所伏。對經生學士。毋徒以誦説爲功也。常使此心緝熙光明。日新而不可已。播告于萬方有衆。毋徒以言語爲化也。常使此心明白洞達。觀感而無所惑。心有未喻。必反覆問辯以求之。毋厭煩以自畫也。心有未可。必熟復思念以圖之。毋耻過以成非也。夫如是息養瞬存。朝習暮盈。無頃刻之間。則大本既立。何事不可爲。以證諸庶民。以攷諸三王。以建諸天地。以質諸鬼神。以施諸後世。何往而不可合也。不然。則庶民且弗信。而况其他乎。聖學淺深之候。氣數屈伸之感。世途理亂之變。人物消長之幾。根於此心。决於此時。惟陛下速圖之。

了翁權禮部尚書又奏曰。臣嘗從師友講學。每謂治國之本。始於正君。嘗儲神蓄思。將爲陛下力陳修身齊家之要。既至近畿。則所聞日異。恐或者指臣爲闊於事情。又不然。謂臣爲專攻上身。故臣先爲陛

下據時事之迫切者而言之。然而本原之論。則何可以終無一言也。臣每惟後世之治與古絶異。古之人君。以天位爲至艱至危。如履虎尾。如蹈春冰。如恫瘝乃身。是故。師氏司朝。僕臣正位。太史奉諱。工師誦詩。御瞽幾聲。巫史後先。卜筮左右。人主無一時可縱弛也。虞賓在位。三恪助祭。夏士在庭。殷士在廟。黜民在甸。夷隸在門。人主無一事不戒懼也。蟲飛而會盈。日出而視朝。朝退而路寢聽政。日中而考政。夕而糾虔天刑。日入而絜奉粢盛。然後即安。人主無一刻可暇逸也。后妃御見有度。應門擊柝。鼓人上堂。女史授環。彤管記過。人主無一息可肆欲也。夫以貴爲天子。富有四海之内。而自朝至昃。兢兢業業。居内之日常少。居外之時常多。蓋所以養壽命之源。保身以保民也。豈惟可以保民。雖子孫千億亦自此始。自秦人蕩滅古制。爲人上者。深居穆清。而投事於婦寺。出令於房闥。四方之書。非暬御之臣不得上聞。千數百年以來。相尋一轍。於是宦官外戚。女寵嬖倖。代操政柄。人主僅擁虚器以寄于民上。其接士大夫不過視朝數刻之外。凡以傷生伐性者。畢陳於前。豈惟湮政事之原。抑以傷壽命之本。身不得康。嗣不得蕃。凡以是耳。陛下以聖智之資。而爲權臣所操者十年。幾無以自白於斯世。今幸居可爲之時。外而百官有司奔走效職。内而妃嬪嬙御便嬖取憐。自淺中者視之。必曰今乃知爲皇帝之貴也。今天下太平。宜及時爲樂也。而臣以古今禍亂之事觀之。則陛下雖曰勢重形佚。其實巍然孤立於至艱至危之地。而不自覺也。陛下試思夫獨居深宫之中。可託之以腹心者誰歟。當此事變遝來之時。可以繫天下之望者誰歟。詩曰。价人維藩。大師維垣。大邦維屏。大宗維翰。懷德維寧。宗子維城。此六者守邦之要道也。而其要則又在於宗子。宗子者。傳謂王之適子也。無適子以爲之城。則王之獨居。何特而不

畏乎。故繼之曰。無俾城壞。而獨斯畏。陛下誠能長慮及此。則今日孤立之勢。亦可以自覺矣。傳曰。后妃有正淑之行。則嗣續有賢聖之君。制度有威儀之節。則人君有壽考之福。此言帝御幸以嗇精神。則可以永壽命而蕃嗣續。臣嘗記魏史。明帝耽于内寵。廷尉高柔上疏。以爲嬪嬙過數。聖嗣不昌。宜妙選淑媛以備内官之數。其餘盡遣還家。且以育精養神。專靜爲寶。則螽斯之美可致。若魏明者雖不足爲聖時道。而柔之言實保身蕃嗣之要。故臣願陛下念天命之不易。思王業之惟艱。必也居内之時常少。居外之日常多。親賢而遠色。則思慮精明。清心而寡欲。則體力堅實。無姦聲亂色。則血氣循軌。無淫樂慝禮。則精神内守。豈惟保壽命之道。是乃致嗣續之原。臣之所憂甚於漆室之女。故忘其愚僭者若此。若夫韓琦言于仁祖。所謂建學内中。擇宗室之謹厚好學者。升入内學。冀得親賢以屬大事。是説也。亦宜

早入聖慮博訪而豫定焉。惓惓之忠退俟斧鑕。

端平中祕書少監袁甫上劄子曰臣仰惟陛下更化以來廣開獻言之路而羣臣交進互說大而朝廷之綱紀微而田里之纖悉遠而邊鄙之變故近而宮闈之興寢臣下言之可謂詳陛下聽之可謂熟矣而至於切陛下之身之心者間雖言及一二而未有懇懇惻惻竭盡忠愛不顧忌諱不避嫌疑為陛下盡言無隱者臣一介踈遠去國一紀茲叨誤渥幸覲清光敢不一吐其愚以報陛下知遇哉臣嘗讀無逸一書蓋周公晚歲所作字字真實吐自肺肝非徒紙上空言而已觀其論商周享國之脩短明示兩途若曰由此則金玉厥躬而養壽命之原由彼則斲喪戕賊而失性命之正故凡受病之根伏於隱微而萌蘖易生者周公皆一一先其未病而藥之蓋適情肆欲是之謂逸故此書戒以後王惟耽樂之從亦罔或克壽懼其心志內荒而縱

伐德之斧也勞民動衆是之謂逸故此書戒以無淫于觀于逸于遊于田懼其窮極民力以騁耳目之娛也輕改舊章是之謂逸故此書戒以變亂先王之政刑至于小大懼其驟更數易而無堅凝之守也不恤衆怨是之謂逸故此書戒以民否則厥心違怨否則厥口詛祝懼其怨讟繁興隄決而川潰也淫刑窮兵是之謂逸故此書戒以亂罰無罪殺無辜懼其輕視人命路熟而手滑也老臣忠愛先事預防列此數條凜若金科苟犯其一害已可畏兼犯數者危乎殆哉嗚呼周公受文王武王付屬之任恐恐然惟懼成王不自愛重則於吾責為有負故其勤拳真切之意必欲始終保護成王全而歸我文武庶幾無懟於託孤云爾然則無逸一書尚切於成王之身心尤萬世帝王之藥石也恭惟陛下勇智本乎天錫聰明冠乎羣倫猶且孜孜勉勉崇儒興學其於帝王之道蓋已脗合無間矣抑臣猶願以無逸為陛下告者蓋臣即此書以驗今日之事如印券符籥之相契殆若端為陛下而發者不可不精思而深省也且陛下固知節情欲之流以保天和持儆戒之念以彌德性矣天下咸以是賀陛下臣則未敢以為慶也譬彼蔓草暫爾芟薙春陽一轉芃然復生何則元有蔓草之根固與無宿根者不同也泛觀天壤之間嘉禾與蔓草同受一氣而不能兩立嘉禾茂則蔓草不殖蔓草榮則嘉禾必枯反此理以觀此身物欲之根不去則性命之基不牢性命之基欲牢則物欲之根當絕陰陽消長之理斷斷乎有不可誣者而況女德無極易以溺人剛制于酒克終實難尤陛下所宜兢兢戒謹也陛下固知體恤民情而不至積怨讟之釁存心仁厚而未嘗萌嗜殺之念矣天下咸以是賀陛下臣亦未敢以為慶也數年以來江湖閩浙寇亂交作吾民死於征斂死於徭戍死於兵革者則死於饑荒者何可數計重以楮令日

變物價日增民生無聊怨讟並起昨者中原有可乘之會臣下獻規恢之策淮襄困於餽餉百姓踣於道塗偏師輕動棄甲而復然則陛下雖不疲民力以召怨而民力至今日而竭陛下雖無嗜殺人之念而民命至今日而殘孟軻有言殺人以梃與刃有以異乎無以異也以刃與政有以異乎無以異也陛下心甚仁於百姓而百姓怨乃歸於陛下凡無辜而死者雖非陛下殺之猶陛下殺之也無逸之終篇論哲王聞小人之怨詈則皇自敬德大哉敬乎敬心常存必不溺於情欲必不移於玩好必不勞民必不佳兵天下欣然戴之為君而又何怨之有不然兢業一或少懈邪僻乘間而入侈心虐政捷出無端其極也民咨胥怨怨之不已至于詈詈之不已至于詛詛騰於萬口怨萃於一人故周公痛切而言曰怨有同是叢于厥身此怨不歸於他人而身實當之然則人怨乃積為己怨禍人乃所以自禍也勢一

至此。雖欲長享天禄以綿無疆之休。其可得乎。且夫逸欲之極。至於輕殺。而原其根本。則始於一念。盍一念喜功。伏藏于中。始若甚微。炎炎不已。易以滋熾。及兵端一啓。小不如意。則遂斂而藏之。夫斂之固是也。然臥薪嘗膽。果為何事。敵國外患。所以進德。又豈容信甘言而弛武備乎。臣恐前日之輕舉。與今日之宴安。其為逸一也。抑臣又聞勤者逸之對也。人皆知勤之為無逸。而不知徒勤亦逸也。秦皇之程書。隋文之傳餐。乃叢脞。非無逸也。正使日御經帷。親近儒生。若可以言勤矣。然耳聽經訓。而身不行焉。則雖勤亦逸耳。是故專心致志。自彊不息。是謂無逸。聽之必行。行之必力。是謂無逸。出而與講讀相親。是心也。入而與妃嬪相處。亦是心也。治朝聽政之時。是心也。燕朝便坐之時。亦是心也。無作輟。無暴寒。是謂無逸。斯道也。在大易謂之生生。在魯論謂之仁壽。斯須放逸。則生理息。一念間斷。則仁壽虧。甚可畏也。甚可懼也。周公所以保護成王至于壽考者。正以元老大臣其責切己故耳。陛下可不深念於此哉。臣曩者椅指江東。因辛卯欝攸之後。嘗瀝忱悃。力言逸欲之害。時朝廷以言為諱。抱此孤忠。無階得達。今公道開明。樂受忠言。臣敢復以此說一悟聖聽。惟陛下財幸。

甫又上直前劄子曰。臣猥以庸虛。嘗膺誤渥。擢司記注。直前奏事。職也。今事之當言者。奚止一端。陛下樂受盡言。不以犯顏為罪。臣其敢苟為緘默。以上負明天子知遇哉。臣近者密侍經帷。因論聖人之剛德。嘗啓奏陛下剛之一字最切於陛下之身。羣臣言剛德者多矣。而實未識所謂真剛也。孔子曰。吾未見剛者。或以申棖為對。子曰。棖也慾。焉得剛。夫剛與慾似非對也。而孔子必對言之者。蓋有慾則我為物役。無慾則我能役物。我能役物。非真剛乎。有慾則私意横生。無慾則與天為徒。與天為徒。非真剛乎。大易所謂剛健中正純粹精者。此

也。中庸所謂發強剛毅足以有執者此也。有毫髮之私喜私怒。則罣隙由此開。有纖微之旁蹊曲徑。則蟻穴由此啓。是故懲忿窒慾謂之真剛。克己復禮謂之真剛。漢高祖唐太宗非無英明雄武之略。然君子不敢以真剛許之者。正以其不知帝王宅心密察之功。而害吾之剛德者多也。元帝牽制文義。優游不斷。而漢業以衰。文宗虛懷聽納。不能堅決。而唐室不振。嗚呼。惟辟作福作威。何所拘牽而無斷。人主天下利勢。何事遲回而不決。誠以為不斷耶。可恭顯之奏而殺望之。所堪猛更生者。又何其斷歟。不斷於去佞。而反斷於去賢。此漢之所以衰也。誠以為不決耶。擯李德裕之黨。黜李石於遠外者。又何其決歟。不決於逐小人。而反決於逐君子。此唐之所以不振也。夫元帝文宗天資仁厚之主也。親近儒生之主也。剛德不足。卒至大弊。而當時之臣。又無以真剛之説啓沃上心者。二君自視吾之資稟決不足以望高帝太宗。則寧守吾之仁厚。喜儒不至於失故步耳。特不知人主宰制四海。運動六合。豈區區仁厚喜儒所可辦哉。是必有真剛之德而後可也。仰惟陛下聰明天錫。問學日新。真剛之德固已得之聖心矣。夫蘊於中。必發於外。陛下果有真剛之德。則政事施設之間。必有不可掩者。何為乎闇焉而未彰也。陛下豈以發號出令。率意輕變。以是為剛乎。此似剛而非真剛也。且今日至大至急之務有二。曰楮弊也。邊事也。陛下雖弊弊焉日夜以為憂。而算計見效。迄無秋毫之功者。臣以為皆由陛下剛德之未充耳。誠使剛德見於節浮費。則凡宮闈之用度。近臣之錫賚。冗官冗吏之蠹食。自今以始。痛加裁抑。推此以行於州縣。則所省之費。皆可以助收楮之用矣。今乃以節用為老生之常談。悠悠歲月。苟且因循。終不忍大有所損。以示吾刻苦警勵之意。真剛固如是乎。剛德見於懲贓吏。則取二三十年以來蠹國害民

之人。富藏於私者。盡歸之於公。毀家紓國。自古有之。明白洞達務在
必行。則皆可以佐收楮之用矣。今乃僅因人言。略加發擿。罪大罰輕。
輿論未快。陛下方且回旋曲折。依違掩覆。已發之贓旣如是。而未發
者厚積深鏑。偃然安享。陛下悉置之不問。是前日縱其爲國之賊。而
今日又教之不體國也。眞剛固如是乎。剛德見於核軍政。則邊境之
事所合大加搜校。某處新疆失守。某處戍兵損折。某處招人塡補。兵
糧元計若干。減省若干。新招贍給若干。盡吐事實。毫髮無隱。而不然
者顯寘之罰。今乃諱敗遂非。不以實聞。生券剩贏。缺額不補。陛下明
知其欺。而未嘗一加黜責。眞剛固如是乎。剛德見於擇帥權。則堂堂
中國。豈無至公血誠沉幾多智之士。足以當閫外之寄。今馬淮襄蜀
垣。不聞虛心無我。收羅俊彥。以資籌畫。又不聞深謀遠計。保境安民。
以圖後效。精神困於挫衄之餘。智勇竭於耗散之後。至於分閫沿江

者。兩淮事勢。不相統屬。下多矛盾之見。上無調一之策。平居尚有違
異緩急何以得力。自古用人。必先儲代。今未用者謂其局生。而非老
手。已試者雖云局熟。而又罔功。邊遽日聞。虜情叵測。臥薪嘗膽。合智
併力。猶懼不足。陛下乃宴安暇裕。如平時。眞剛固如是乎。陛下自更
大化。動以漢宣總核名實爲比。臣竊觀陛下徒有慕漢宣厲精爲治
之名。而乃墮於元帝文宗柔弱不振之失。是以擇善固執。未有堅定
之力。聽言納諫。未有果決之操。剛德不競。意變少偏。潛窺於杳冥之
中。旁睨於幾微之際。希求御札。浸開竊弄之門。憑恃寵恩。將有履霜
之漸。陛下勿謂吾之聰明自足洞照。而不必過慮也。罅隙一開。皆害
剛之斧。損德之蠹也。臣恐日積月累。浸淫不已。勸陛下以所當爲者。
則蓄縮而有待。贊陛下以非所當爲者。則果斷而必行。何則主宰不
定。意向易移。其弊必至此耳。古語曰。不見其形。願察其景。今陛下剛

德之未充。是必有陰受其病者。而陛下特未之覺耳。因景知形。防微
杜漸。勿使之彰著。則善矣。眞剛在心。不在力。養剛以漸。不以暴。撫劍
疾視。匹夫之勇。一鼓作氣。再則易衰。夫惟奮以大勇。而又有積習涵
養之功。則剛德塞天地矣。陛下有堯舜之資。而甘與漢元帝唐文宗
伍。此臣所以憤懣不快。而欲一吐。其愚也。狂僭妄言。罪當萬死。惟陛
下財赦。

甫爲中書舍人。又上內引劄子曰。臣猥以疎庸。誤蒙收召。寵光狎至。
感深涕零。自惟蒲柳弱質。早衰多病。游布恍惚。竟閱俞音。然而葵藿
傾陽。寸心炯炯。儻終於辭避。非陛下負臣。而臣實負陛下矣。是以勉
策疲駑。祗服明命。幸借玉階方寸地。輒攄管見。少裨萬分。願賜垂聽。
臣仰惟陛下聰明天縱。勇智天錫。心源昭徹。時幾洞見。亦嘗深思而
默省乎。夫莫尊乎天矣。其喜說。其威怒。陛下所以知之者。非心歟。莫

幽乎鬼神矣。其肸蠁。其怨恫。陛下所以知之者。非心歟。莫嚴乎祖廟
矣。其安樂。其憂悲。陛下所以知之者。非心歟。方此心之未與物交也。
湛然清明。寂然靜止。及其旣交。於是喜怒哀樂生焉。然而時值乎艱
危。事遭乎變故。喜樂未見而哀怒先形。繼天爲子而天心未契也。主
祭百神。而神心未格也。受列聖之付託。而列聖之心未慰也。則爲之
戚焉。赧焉。慄慄焉。而加以羽檄交馳。邊塵暗矣。士馬物故。喪師聞矣。
孤人之子。寡人之婦。哭聲震野矣。仰顧蒼穹。邈焉弗聞。禱亦于上下
神祇。渺不可測。率前人有指疆土。又岌岌乎不可保也。而法家拂士
方且日以危急痛切之辭交進乎吾前。則愈爲之震惕。震惕未已。消
沮繼之。當是之時。此心之清明靜止者亂矣。於是乎柔媚之人乘其
幾而入之。曰。是適然爾。且將按堵也。否則曰。天數有定。非人力可與
也。又否則曰。責在臣下。不必過憂也。夫以前日法家拂士之言如彼

而今也柔媚之言乃如此。於是乎疑慮頓釋，憂懷遽紓。邊塵若不見，喪師若不知，哭聲若不聞。嗚呼，外境固迷也，內心之炳炳者其可欺哉。惟其不可欺，爲知不難，然悔悟，躍然奮發耶。孔子曰：操則存，舍則亡。出入無時，莫知其鄉，其心之謂歟。噫，是正操舍存亡之幾也。此念一興，宜深懲既往之咎，覲鯁直而斥柔佞可也。未幾而處逆境爲甚艱，反思順境之可喜，而又適會夫虜騎暫退，羽書暫稀，果以爲天助神佑也。雖明知秋高馬肥，指期非遠，而敵去則舞，偷安目前。又將曰：今者不樂，日月其除矣。於是震惕轉而爲喜幸，消沮易而爲縱肆。何翻覆之甚耶。夫始之震惕消沮，今之喜幸縱肆，不過隨勢急緩而爲之變遷，皆非本心之正也。陛下何不奮乾剛之勇，充離照之明，自覺悟於心曰：嗜欲之娛，何能解憂；宴安之懷，何足爲樂。徒使我獲戾于天，于神，于宗廟，而不得一日暫安。今將清其天君，盡更前轍，則必屏

嗜欲，懲宴安，而吾身始立於無過之地。則必察民瘼，決壅蔽，而天下無異乎戶庭之間。然後命股肱大臣曰：國勢蹙矣，危機迫矣，凡可以拯救生靈、延續天命者，汝其開誠布公，汲汲圖之。又命諫臣曰：朕躬有過，汝其盡規；臣有佞邪，汝其極言。此何如時，而尚可有所諱避乎。又命將帥邊臣曰：凡兵之失利者，汝其察夷傷，勞呻吟，慰安其父母妻子；不幸而歿于陳者，告于上，而厚矜恤之；其忠烈之章章者，朝廷亟官其子若孫而旌異之。大信昭布，決不失言。如此，則天地宗廟必能察陛下之心，豈不陰相嘿佑，轉災爲祥乎。四方忠臣義士必能信陛下之心，豈不感激奮厲，捐軀報國乎。理亂安危之機，特在陛下方寸間耳。臣不敢毛舉庶事，而獨論心源者，蓋以陛下之心清明靜止，則必知疾痛痒痾，必通關節脈。悼邊甿之塗炭，憫國步之多艱，自能惡旨酒如大禹，自能不邇聲色如成湯，自能衣大布、冠大帛如興衛

之文公，自能坐卧仰膽、飲食嘗膽如報吳之勾踐，轉危爲安，易亡爲存，有不難者。不然，中外之事可爲痛哭流涕者，豈易枚數哉。詩云：我瞻四方，蹙蹙靡所騁。陛下之憂，臣之憂也；陛下之辱，臣之辱也。主憂臣辱，主辱臣死。臣固不惜一死，而惜不以一疏悟陛下乎。臣學淺識闇，所言樸直，然區區忠赤，粗得吐露。陛下儻恕其狂斐而加采擇焉，豈惟微臣之幸，實宗社生靈之幸。

甫爲兵部侍郎，又上內引劄子曰：臣迂疏樸野，投迹山林，自知無補於當世。陛下游加趣召，臣前後控免屢矣，而陛下迄不俞所請者，豈以微忠粗有可采耶。今茲勉策羸軀，復覲清光，亦願一吐真忱，圖報陛下萬分一耳。臣聞激烈而言天下事，固臣子愛君之忠；涕泣而言天下事，尤臣子忠愛之切。何則？居安而思危，處存而懼亡，慨然爲激烈之論，以聳動人主之聽，是固可以言忠矣。乃若危中求安，亡中圖

存，當事勢蹙迫之際，而祈哀請命於君父，惟有涕泣而道之耳，又何止激烈言之而已哉。廉今江潮暴涌，蕩陵我都邑；旱魃遺虐，勦絕我民命。內則楮幣蝕其心腹，外則強韃剝其四肢，危亡之禍，近在旦夕。陛下何爲不一省悟乎。夫憂慮切而後戒懼深，警策至而後悔艾力。臣敢涕泣以二語爲陛下獻：一曰秉一德，二曰塞邪徑。而究其所以行此二語者，則在陛下真知省悟而已。何謂秉一德？臣聞終始不變之謂一，表裏無二之謂一。當昕朝臨莅之時，雖儼乎其齋莊；及內庭邃密之地，或弛然而縱肆，則不可以言一德矣。陛下靜觀默察，內隱諸心，吾之德一乎否乎。聽治朝而百辟聳瞻，御經幄而儒生款接，當此之時，求一言之謬、一動之愆，無有也。及退而自便，其矜敬心一懈，純德或虧。陛下曷爲至於此哉。蓋所以潛移陛下之心者多矣。何則？燕處之際，娛悅耳目者，聲色爾；奔走後先者，便嬖爾，是皆順我者也。

皆求媚乎我者也。四方有敗彼則掩蔽。天顏未懌彼則寬譬。誘於易入。動於可喜。湛溺其中。迷不自覺。視治朝經幄邈然不侔矣。陛下慱覽古昔。洞見成敗。戒謹恐懼者。國未有不治。荒淫逸豫者。國未有不亂。獨柰何不審所決擇而反至於與亂同事乎。陛下豈以禁嚴之地。設有過言過行人莫予知耶。潛雖伏矣。亦孔之昭。鼓鐘于宮。聲聞于外。是烏可欺哉。陛下縱自欺。柰蒼蒼在上。林林在下者何。臣所以涕泣妄言陛下未能消天變。孚民聽。服遠夷者。皆秉德不一之所致也。何謂塞邪徑。臣聞以義交者為正路。以利合者為邪徑。正路迂而易壅。邪徑捷而易趨。為人主者。躬帥以正。誰敢不正。其有稍趨於邪者痛懲而力遏之。天下怵然。知邪徑之不可由。其背邪向正也決矣。今陛下不謹幾微。邪正雜揉。旁蹊曲徑。其隙漸開。宮掖之私。近習之褻稍有一隙。則寡廉鮮耻者。群起而赴之。紛紛多門。不可悉數。大凡公則必正。私則必邪。當今之時。自上及下。由中及外。習以成風。牢不可解。一言以蔽之曰私而已。請託以私而行。賄賂以私而成。黨與以私而固。恩怨以私而報。官爵以私而攫。權勢以私而傾。私意之萌。陛下既有以啓之。私意之極。陛下又從而養成之。臣來自草野。側聞迩日邪徑之開。難以枚舉。其甚不忍聞者。且至於累陛下之聖德矣。夫私意勝。則利心動。利心熾。則邪徑多。邪多而正少。則導諛迎合者日衆而忠言讜論落落乎難合矣。其極也不止於難合。將反為邪所勝。而正論愈榛蕪矣。其何以為國乎。將見寖微寖滅。蒼蒼者愈怒。林林者愈怨。而陛下孤立於上。其為憂懼又不止如今日矣。臣所以涕泣妄言陛下未能消天變。孚民聽。服遠夷者。又皆邪徑未塞之所致也。夫此二說。其實一原。果能秉一德。則邪徑有可窒之漸。苟不窒邪徑。則反至於累吾之一德。故曰。惟在陛下真知省悟而已。臣曩侍經帷。屢

陳懇欵。嘗進心本不動之說。而陛下欣然嘉納。且有學者之褒。今復以省悟之說啓陛下。陛下試思省悟者誰歟。不知省悟者又誰歟。豁然明白。了無凝滯。此正陛下之本心也。即此本心。坐照是非。的然知夫宴安之必為鴆毒。美疢之不如藥石。凡以甘言蠱我。以逸樂投我者。彼皆自為富貴地耳。一中其計。於彼則利。於我何益。及夫危亡之迫乎其後。自詒伊戚。誰復分憂。陛下省悟及此。則知一德果不可以不秉。邪徑果不可以不塞也。昭昭矣。雖然。今當拯溺救焚之時。他無良策。而獨恃省悟之說。毋乃迂乎。曰。人之未省悟也。猶醉之未醒。夢之未覺。雖有良策。亦安所施。一省悟則醒矣覺矣。良策乃可得而施矣。然則目前之事。姑聽其自敗自壞。必待省悟而後救之乎。曰。隨事而救之。不過一事而止耳。今日衆弊膠轕。禍亂方興。何可以一事盡。借使一害僅去。一害又生。源源方來矣。豈智力之所能勝。故莫若大正其本。盡悟前非。而今而後。奮乾剛之勇。毅然不屈於物欲。開衆正之門。確乎不牽於私意。勿置其身於安平逸樂之地。而常納其身於憂危恐懼之中。念祖宗凜凜在天之靈。則為之長慮而却顧。懼國家岌岌不可保之業。則為之痛心而疾首。觀萬姓將有淪胥阽亡之憂。則為之食不下咽。寢不安席。罪己有真切之意。格天非虛偽之為。薄海內外。皆知陛下昭然此心。對越上帝。然後大勢可回。大業可固。非獨可以處暇也。雖急而無以異乎暇之整。非獨可以履常也。雖變而無以異乎常之安。此豈非一日省悟之機乎。不然天下之事殆未可知。而臣之涕泣。恐未有已也。披瀝忠肝。不敢累牘。惟陛下留神。

甫又進故事曰。漢元帝永光五年。太子少傅匡衡上疏曰。臣聞治亂安危之機。在乎審所用心。傳曰審好惡理情性。而王道畢矣。治性之道。必審己之所有餘。而强其所不足。蓋聰明疏通者。戒於太察。寡聞

少見者戒於壅蔽勇猛剛強者戒於太暴仁愛溫良者戒於無斷湛靜安舒者戒於後時廣心浩大者戒於遺忘必審己之所當戒而齊之以義然後中和之化應而巧僞之徒不敢比周而望進惟陛下戒所以崇聖德

臣觀匡衡所陳其戒雖有六而切於漢元帝之身者二條而已一曰無斷二曰後時蓋元帝之天資仁愛溫良者也湛靜安舒者也仁愛溫良者乏剛明果斷之操湛靜安舒者無奮迅振作之風遂使賢否混淆邪正雜揉漢業之衰端由於此衡不能挈此二戒懇切言之使元帝豁然感悟改過遷善而乃混於六條之中以聽人主自擇衡亦不善於格君矣當是時貢禹之徒不力救優柔之失而徒以甘言游辭求合主意此固不忠之甚者劉向上疏慷慨激切其言曰執狐疑之心者來讒賊之口持不斷之意者開羣枉之

門可謂深中膏肓之病矣然亦有遺憾焉孟軻曰人不足與適也政不足與間也惟大人爲能格君心之非君仁莫不仁君義莫不義一正君而國定矣當元帝時號中書典樞機者其人其政夫略可覩然奚必屑屑然較勝負於此哉君心之本原未正而欲挽回於末流固宜憂乎其甚難也獨匡衡能從其用心治性而箴之然所言駁而未純泛而不力嗚呼漢儒病在不學耳使果有孟軻之學尚患不能正君而國定哉匡衡劉向號爲名儒卒不能究格心之業使天下謂儒無益於人之國儒果無益於國耶讀史至此爲之掩卷三歎

嘉熙二年校書郎徐元杰上奏曰臣嘗讀易於否泰剝復而知天下之理無有終窮剝極則必復否極則必泰一陽兆於復此生生之基也進則可以爲三陽之泰矣人主爲天地立心觀否剝已極之象將以新世道復泰之生意在乎反諸一心體復之義而已故有一身之生意則一身泰有國家之生意則國家泰有天下之生意則天下泰反是則剝與否而已茲非交通爲泰之難不遠而復之難也人主患不知復爾知復則隨寓隨覺有自新之功不知復則隨覺隨泯有自暴之累秦穆殽陵之歸受責如流此過而能復者也漢武末年之詔深咎既往此迷而能復者也梁陳隋唐之君覩變異而不悟縱佚遊而不悔終於迷復敗亡而已然則處否剝之世有能自反而復則君德生生日新之義即天地生生日新之功致泰之道其在是乎恭惟皇帝陛下以仁聖之資撫艱難之運自其緝熙聖學玩易知幾謂宜致天地之泰無難矣然端平新政初心清明不遠而復生意將新此一機也失之名更化而實未嘗更化嘉熙以來容養善念端復無悔生意又新此一機也失之於始玩變而終未能消變激而爲標榜之

禍泄而爲非時之雷溢而爲水旱日星之咎民物以是而消蝕上下以是而扞格天地剝否之象至此極矣然天下無終極之理君德不可無自反之忱苞桑之戒不嚴不足以致休否之吉貫魚之寵不密不足以遠剝近之災陛下悔悟之機屢動而屢窒得非自反之未至復德之生意猶有未新者乎壬午之風陛下之法家拂士也夫以恐懼修省方嚴於避殿求言之時而火星失度且有戰氣是天心仁愛之意其有加無已又如此則陛下夙夜畏威以祈天永命者當何時而可已哉天亦念斯世否剝之極開一綫之生意者在陛下然則轉一世之剝爲一陽之復新一陽之復爲三陽之泰其機在聖心而已今也人臣愛君請御正殿至再至三陛下勉而從之此正朝廷清明之機開世道以復泰之日也非徒曰復新御朝之禮而已陛下勿憂世道之泰爲難當憂天理之復爲難進潛陽之剛則陽明勝而德性

用者不可不充也。消外陰之柔，則陰獨勝而物慾行者不可不窒也。以孔門之克己復禮者求之，凡便安順適意欲好樂皆己也，必剛以克之而後欲盡而禮復矣。以視聽言動之勿非禮者求之，則凡隱微之差、形似之妄皆非也，必明以辯之而後非禁而禮復矣。由乎中而應乎外，制於外所以養其中。陛下以臨朝之清明玩不遠而復之義，持之以克己之勇，自身而家，自家而國，自國而天下，無往而不求爲生意之充，則世道復泰舉無難矣。何以言之？惡旨好善，此一身之生意也。臣竊覩陛下臨朝之詔有曰：惟知菲食，尙暇嗜音。臣子聳聞，莫不以謂自斯言充之，清明在躬，志氣如神，何往而不爲修身之泰。然寘筵惟戒，媟近侍儇罔匪正人，得無有所當檢柅，蓋爲聖德之謹者乎。防微杜漸，此一家之生意也。臣嘗側聞陛下臨朝之旦嘗曰：戚里予郡，易啓私恩。中外驩傳，莫不謂自斯心充之，糾禁內謁，政無多門，

何往而不爲齊家之泰。然蠱冗每難盡窒，狐社率多虛附，得無有所當警飭，蓋爲命令之嚴者乎。黜陟有序，此一國之生意也。陛下臨朝而率作，凡差除進擬，職所當遷，亦莫不曲致其謹。小大聳聞，以謂自此意充之，上盡道揆，下盡法守，何往而不爲治國之泰。然用賢轉石，去佞拔山，箴切上身，詆及宮禁，或有恚憤於導人使諫之後，是豈容不以正論元氣、公道命脈益爲之扶植者乎。備禦有經，天下之生意也。陛下臨朝而憂顧，以淮右封部盡隸督閫，將以一其事任。中外驩傳，以謂自此見充之，舉措得宜而人心服，城守相接而虜騎擒，又將何往而不爲天下之泰。然淮寇方掠，憂重石城，西蜀未平，難置度外，况乎東西猶有治水鄰壑之疑，是豈容不以同舟遇風叶力共濟者益爲之戒諭者乎。夫以陛下復德義意，一旦發動其機如此，則陽明之生駸駸不已，轉斯世否剝而復泰之，此陛下所能爲而不容不勉

而爲之者。昔董仲舒論災異警懼，以爲自非大亡道之世，天盡欲扶持而安全之，必繼之曰：在勉強而已。勉強行道，則德日起而大有功。此陛下所當深體也。夫克己復德之誠，求以無愧乎上天仁愛之本心，則天下國家之泰未有不自勉強充之，是又愚臣之所惓惓也。雖然，陛下反復爲本，固所以致泰也。臣嘗觀剝復否泰之機，其所以然者，君子小人實爲之。陛下燕閒玩易之頃，亦嘗於君子小人消長之際而深長思乎？曰泰曰否，上下之志交與不交、同與不同而已。善處否者有傾否之喜，不善處泰者有復隍之憂，其機至可畏也。處剝之勢，君子得輿尙爲小人之剝廬，而况於剝床以膚魚肉生靈者哉。至於處復之時，聖人不言君子而言朋來無咎，正以世道一綫之生意在此，故潛來君子之朋，僅曰無咎而已，蓋有意君子之道長也。然則人主因天理之復，開世道之泰，又非九二大臣叶贊不能也。故自天

子至于大臣，壹是皆以克己復禮爲本。今陛下克己無我，尊禮大臣，蓋亦閔世否剝，求以爲復泰之圖。大臣包荒應遠，固無一日不爲天下計，抑馮河有勇，朋亡得中，相與叶贊陛下基泰之道者，尤不容不重用其心也。昔諸葛亮曰：宮府當爲一體，陟罰不宜異同，親賢臣，遠小人，此先漢所以興隆也。繼今陛下惟日與二三大臣致謹其所以興隆之本，自一差擢之謹等而上之，凡一命令，凡一黜陟，無往而不以公天下爲心，於陽明必極其充，於陰欲必嚴其窒，則天地生生之意當亦無往而不普。而况右揆久虛，論相者陛下之職也。曩者更化之初，輕用此職，開邊之禍猶未歇也，今不可以復輕矣。世道存亡之決在此一舉。臣願陛下宵衣旰食，默祈於上天之公，非耆艾骨鯁足以負荷斯世者不以輕畀，而又博參中外之情以決之，一皆出於天命有德而無私，如是則天佑賢佐，叶濟中興，開之以朋來無咎，進之

於茅茹彙征基世道以復泰之運或者猶可及也常人之見見於已形識者之見見於未形自其見於已形言之上而天變之未弭下而邊患之未弭凡世道否剝之可爲痛哭又有如賈誼所謂難徧以疏舉者臣積忱竭慮思以轉移機括感悟聖心惟自其未形者而圖之故願陛下静觀否泰剥復之幾益謹諸聖心而求所以爲輔相裁成之道庶乎可以感悅人心迓續天命上以重一祖十二宗之付託下以繫四海億兆生靈之愛戴則天地復泰之象不在天地而在陛下方寸中矣臣狂瞽末學叨對清光猥褻縷陳冒犯天聽罪當萬死惟

陛下裁赦之

元杰又奏曰臣惓惓孤忠既以天理之復爲世道之泰務悅君父矣臣又私切有感焉夫邊患莫慘於今日故天變莫稠於今日陛下克謹天戒有感必通宜矣邇者太白經天流星隕晝賁之占變皆非細

故此必猶有應天以實而未盡舉行者也昔伊尹恥其君不及堯舜孟子非堯舜之道不敢陳於王前臣戴陛下天地罔極之恩方待對也蚤夜齋栗如對上帝曷敢隱情惜己追有後言故竭瀝忱略述帝道冀以感悟萬分之一惟陛下力行好事無往不盡而後可以回天心之悔禍昔舜伐苗之師以禹誓衆無不一乃心力三旬之逆猶不免焉盖書者記事之史也當時所載如此則苗之爲害可知益之贊禹乃曰惟德動天無遠弗屆繼之以謙益滿損時乃天道之言至又推本於帝初歷山之號泣旻天瞽亦允若益豈爲是縷而不切之言哉其意若曰格有苗易格旻天難格旻天易格傲象難象至不仁親愛無已是於其所難格者格之矣當時誕敷文德之實皆自其天理中發之此所以至誠感神天爲之動苗亦以格也陛下聰明濬哲稽古如舜舉天下仰之如父母久也覩天變之狎至悵邊好之未通固欲

以反求其躬行內修其政事此盖有所不容緩者然臣謂舉繁縟不足以格天變之弭惟盡人事則不期而自弭彌計力不足以結邊好之和惟回天意則有感而自和故言善則星舍有潜回之機家和則狄華亦寔得而至爲今之計莫若充姚虞親愛之心密加於已復爵之邸崇周家內睦之仁深寓乎無不盡之情酌典禮於遷瘞惻懃之時施德澤於昭天漏泉之域使存者有所慰藉往者有所憑依是亦盡人事之一端或者回天意之有所待也曩時儒生忠愛似失之激不惟不足以迎陛下無窮之意反有以感陛下親愛既往之心然而陛下高明配天何所不察博厚配地何所不容以御朝清明之初此正復見天地之心之日也新陽生意幽壤如春冥昧昭蘇氤氲蟠塞天開泰道助者順矣一順舉百順備何憂乎天變何畏於韃酋陛下其深繹之臣螻蟻微蹤生平無他妄念惟知盡臣子之職爲難今叨

恩非據得對天日少殫畎畝之忠而後屏處窮閻臣之志願塞矣惟

陛下矜察

景定四年禮部侍郎牟子才上奏曰臣違遠闕庭凡閱九載中蒙全度獲保山林不自意聖明照知終賜收召遂得復望穆清之光自惟蒙恩至深所當竭忠以報而臣衰病廢學莫效萬分此臣之所愧懼也臣嘗觀先儒朱熹之於孝宗盖自癸未入對首以本然之天理爲言辛丑再入又中言之至於戊申之對越八年矣而尤拳拳焉望以天理之純而人欲之盡夫以孝宗聖明二十七年之間熹之效忠者終始不越乎天理之説然後知臣子之愛君惟於閲歷之久而驗其本然之天理而已恭惟陛下聖性高明聖學緝熙其所用力於天理者久矣臣曩侍經幄親承睿訓固知陛下可以爲堯舜可以爲湯武而一時諸臣之誤陛下者乃日夜與陛下之理爲仇聖心本實畏也

而彼則有逸豫之說。聖德本忠厚也。而彼則有刻薄之說。聖度本優容也。而彼則有譁競之說。臣固知陛下本心必不出此。而皆諸臣之誤陛下也。及一覺悟。以之戡難更化。定大本。不勞餘力。皆陛下本心之天理。實爲之。臣益有以驗陛下四十餘年講明之素。持循之力。懲艾感發之真。而諸臣之說。終不足以誤陛下也。臣恍不佞。以爲陛下之天理。蓋至是而始定矣。天理人欲。介乎毫芒。體認難真。操持易失。而所謂人欲者。非必聲色貨利也。苟纖有所係吝。微有所壅滯。皆足以爲本心之累。而三者之說每得以乘之。此臣熹之所以告孝宗者。猶恐其天理之未純。人欲之未盡。而公私是非邪正。咸得以交戰于中也。臣切觀陛下自再造以來。經理創殘。鎮定危疑。內而振贍畿輔之水潦。外而應酬疆場之事會。君臣相與焦勞圖惟者。久之而後定。其勤蓋如此。切度聖心固不忍以目前之庶寧遽忘前時之克艱。而臣愚過計。則以爲宿憂既弛。順境易移。不知天將去其疾

而俾遂無後憂邪。抑順適吾意而或爲宴安之鴆毒也。故臣願陛下有以全敬畏之本心。陛下即位以來。恪守家法。以禮待士大夫。以仁愛百姓。不幸小人誤國。始用一切以戕其脉。夫以法毒天下。未有不反中其身者也。今既盡反其所爲矣。譬如人之一身。寒邪既去。元氣尚虛。非養之以粱肉。調之以參朮。不可也。謂宜悉取祖宗所以待士愛民祈天永命者循而行之。而後可以輯四海安靜和平之福。而延洪億萬世子孫無疆之休。故臣又願陛下有以全忠厚之本心。維我祖宗治尚寬厚。而公議一脉。極力扶持。所以振起其頹墮不舉之處。而使之無壅底不通之患。往者言議之臣。指喻時有過當。聖度猶見涵容。中更積威之餘。風采消沮。雖或求言之意形於詔旨。而人懲曩禍。孰肯盡言。言及乘輿。尚見優假。事關廊廟。悉怒斯形。臣恐日往月來。遂成風俗。非所以養敢言之氣。而爲國家之福。臣益願陛下有以全優容之本心。凡是三者。皆陛下本然之天理。所以旋乾轉坤。傾否致泰。蓋陛下之所嘗實用其力而終賴其力者也。故臣納約自牖。輙援是以忠益之義。而不暇泛及於事物之末。惟陛下毋以臣言爲迂。而幸聽之。不勝幸甚。

理宗嘗視朝。謂將作監王應麟曰。爲學要灼見古人之心。應麟對曰。嚴恭寅畏。不敢怠皇。克勤克儉。無自縱逸。強以馭下。制事以斷。此古人之心。然操舍易忽於眇綿。競業每忘於遊衍。帝嘉納之。

理宗時。秘書郎許應龍上奏曰。臣聞國於天地。必有與立。一曰君德。二曰人心。夫天下至大也。王業至重也。所賴以憑藉而扶持者。固亦多術矣。而臣獨以君德人心爲先者。蓋君德厚薄。乃安危之地。人心向背。實理亂之基。君德苟正。則朝廷清明。治功振起於寬厚宏博之中。而隱然有不可犯之勢。人心苟固。則尊君親上。如手足之捍頭目。雖當危疑緩急之秋。亦無解散動搖之患。故古先聖人。不慮國勢之

不強。惟慮己德之不脩。不慮外侮之難禦。惟慮人心之未附。蓋敵國外患。何世無之。雖虞朝之盛。猶有弗率之苗民。周治之隆。猶有不服之崇國。然舜文之心。曷嘗以是爲患哉。文德之敷。民心之洽。既足以致風動之休。則蠢茲有苗。何慮其不格。徽猷之德。懷保之恩。足以格子來之衆。則崇墉言言。亦因壘而自降矣。漢、唐之君。雖非帝王比。然七制能以公恕統天下。而四百年之間舉無二志。唐以仁厚結人心。雖屢更變故。皆不旋踵而定。是知君德人心。乃國家之元氣。而長治久安。未有不本諸此。請復以國朝之事明之。洪惟藝祖立極。聖聖相承。講學行仁。求賢納諫。下情通而無壅蔽之患。公論伸而絕好惡之偏。其正君德有如此者。戒藩侯以撫養。嚴將臣之殺降。緩故縱之誅。重誤入之辟。蠲河北之逋。寬陝西之稅。其結民心有如此者。是以朝廷尊安。基業鞏固。雖澶淵西夏之警。智高界章之黠。皆隨起隨仆。卒

晏然而無患。是果何以得此哉。以兵而言。則無大兵威以控制生人之命。以刑而言。則無深責重罰以禁遏姦宄之心。疑若委靡而不振矣。而二百餘年之間。主威國勢。隱如雷霆。固若磐石。亦惟君德明於上。人心固於下。足以消姦邪之萌。而杜禍亂之原也。陛下纂承丕緒尊奉慈極。親近儒生。開廣言路。聽斷訪問。未嘗少懈。出入起居。固有不欽。皆所以正君德也。大風之變。首議蠲免。洪水之災。倍加賑卹。旌廉抑貪。欲宣德意。赦過宥罪。務行寬大。皆所以結人心也。是宜天地和應。雨暘時若。年穀順成。民生豐裕。將以建大政而興太平。而疆埸之防。猶關宸慮。然大明當天。魍魎自伏。今聖德昭明。賢才萃聚。豈無運籌帷幄以決千里之勝者乎。人心愛戴。中外和協。豈無賢於長城者為吾之捍衛乎。昔裴度言於憲宗之朝。謂淮西遠寇。河北底寧。豈朝廷之力能制其命。直以區處得宜。能服其心耳。今日之事。苟區處

得宜。隨機而應變。強本而弱支。則進退伸縮。無不如意。尚何外患之足慮哉。雖然。君德人心。固所以為固國之本。而君德之脩。又所以為固人心之本。然人心不難固。而君德為易虧。苟德脩於上。有加而無已。則民戴於下。無時而或釋。臣願陛下法乾之健。體常之久。不以躬行為已至。而或怠於力行。不以日新為已盛。而益期於又新。則澤流而益深。仁增而益高。民之戴德。永永無窮。將使外薄四海。無思不服。國勢尊安。猶太山而四維之矣。臣不勝拳拳。

應龍又進故事曰。仁宗朝。丁度等嘗通英聖問一卷。其序曰。自古求治之主。靡不欲興理道。安邦國。納忠正。退姦邪。廣聰明。致功業。然行此數事。在明與剛斷爾。明則不惑。剛則有執。斷則能行。總是三者。守而勿失。非聖人孰能為之。司馬光言人君大德有三。曰仁。曰明。曰武。武者。非強亢暴戾之謂也。惟道所在。斷之不疑。姦不能惑。佞不能移。此人君之武也。

臣聞赳赳雄斷。光武所以再造。剛明果斷。憲宗所以中興。蓋天下無不可為之事。特患夫人主無獨斷之明。所見苟明。是則行之。非則違之。而不為群議所惑。用賢則勿貳。去邪則勿疑。有功則必賞。有罪則必罰。振厲奮發。凜然有不可犯之勢。則令行而禁止。利興而害除。顧何事之不可為哉。奈何時君世主。明不足以有臨。剛不足以有執。非不用人。而人之賢否莫能別。非不立事。而事之是非不能辨。故讒說者得以容其欺。巧言者得以逞其辯。悠悠歲月。竟無成緒。天下之治。將日趨於委靡而不復振矣。吁。此丁度所以有自古致治之主在明與斷之論。而司馬光亦曰。斷之不疑則姦不能惑。佞不能移者。正謂此爾。今日總攬權綱。作新政治。切於用賢則旁搜而博採。急於求言則廣覽而兼聽。然守邊備塞。豈無一定

之畫。而和戰之議角立。建功立業。當有敢為之勇。而遲疑之意未決。是以望治雖勤。而成效愈邈。夫執狐疑之心者。來讒賊之口。持不斷之意者。開群枉之門。故劉向獻言於漢。而欲其決斷狐疑。分別猶豫。使是非炳然而後可以興太平之基者。真至當之論也。夫所謂斷者。非強明自任之謂也。參之以眾論之公。酌之以當然之理。是非未明。則反覆詰問。必求其實。若果合宜。則守之以堅。行之以果。不以異議而搖。不以小未如意而沮。則事無不舉。功無不成。而中興可冀矣。

洪舜俞進故事曰。其席前左端之銘曰。安樂必敬。前右端之銘曰。無行可悔。後左端之銘曰。一反一側。亦不可以忘。後右端之銘曰。所監不遠。視邇所代。机之銘曰。皇皇惟敬。口生咍。口戕口。鑑之銘曰。見爾前。慮爾後。盥盤之銘曰。與其溺於人也。寧溺於淵。溺於淵。猶

可游也，溺於人，不可救也。楹之銘曰：毋曰胡殘，其禍將然；毋曰胡害，其禍將大；毋曰胡傷，其禍將長。杖之銘曰：惡乎危？於忿懥。惡乎失道？於嗜慾。惡乎相忘？於富貴。帶之銘曰：火滅修容，謹戒必恭，恭則壽。屨履之銘曰：謹之勞，勞則富。觴豆之銘曰：食自杖，食自杖，戒之憍，憍則逃。戶之銘曰：夫名難得而易失。無懃弗志，而曰我知之乎？無懃弗及，而曰我杖之乎？擾阻以泥之，若風將至，必先搖搖，雖有聖人，不能為謀也。牖之銘曰：隨天之時，地之財，敬祀皇天，敬以先時。劍之銘曰：帶之以為服，動必行德，行德則興，背德則壞。弓之銘曰：屈伸之義，廢興之行，無忘自過。矛之銘曰：造矛造矛，少閒弗忍，終身之羞。予一人所聞，以戒後世子孫。衣之銘曰：桑蠶苦，女工難，得新捐故，後必寒。鏡之銘曰：以鏡自照見形容，以人自照見吉凶。觴之銘曰：樂極則悲，沉湎致非，社稷為危。机之銘曰：安無忘

危，存無忘亡。孰惟二者，必後無凶。紋之銘曰：賴人無苟，扶人無咎。此武王聞丹書於師尚父，為銘以自警也。維昔帝王之治天下，莫不以敬為主。敬則百慮澄，不敬則百慮擾；敬則萬善集，不敬則萬善隳。是敬非自外而入也。上帝臨女，毋貳爾心。知所畏然後知所敬也。人主身都崇貴，心受眾攻，非隨物致戒以警勅之，則畏心忘而敬心泯，天理之存者幾何？武王惕懼而銘諸物，不曰視邇所代，則曰溺不可救；不曰其禍將大，則曰社稷為危。何其辭之嚴也。天真難保，人慾易流。出入起居之際，盤盂鑑在目，庶幾常若危亡禍亂之壓其前，而起臨深履薄之懼，無一念之非敬也。然以武王之聖，豈待睹銘而知懼哉？堯舜性之也，湯武身之也。身之則寧過於檢防，求進乎性之之域也。其或收歛於十手十目之地，而縱肆於暗室屋漏之中，修飾於親儒生學士之時，而玩狎於對宦官女子之

頃，雖有此銘，如無此銘矣。故中庸、大學皆貴乎君子謹其獨。

度宗即位，起居郎兼侍講湯漢入奏言：願陛下持一敬心，以正百度，則追養繼孝，所以報先帝者，必益致其隆；先意承志，所以事太母者，必益致其謹。其愛身也，必不以物欲撓其和平；其正家也，必不以私昵瀆其法度。政事必出於朝廷，而預防於多門；人才必由於明揚，而深杜於蹊徑。

度宗時，牟濚進故事曰：臣聞孔子曰：為君難，為臣不易。如知為君之難也，不幾乎一言而興邦乎？臣竊以君道之大，無所不難，苟得其要而持之，則所難者少矣。臣請略舉其要，陛下試垂聽，幸甚。言無所隱之謂忠，心無所欺之謂信。忠於主者不避嫌，信其己者不思謗。所以忠信或至於獲罪。故人君以察忠信而任之為難。巧於言之謂佞，順於事之謂柔。巧言則易得，順事則易從，所以佞柔常至於日親。故人

君以辨佞柔而遠之為難。廣大業者存乎勤，而人情常易於生倦，以恢其業。故人君以久而不倦為難。成大謀者存乎斷，而人情常牽於小不忍，以亂其謀。故人君以棄小不忍為難。臣以謂為國之要，能察忠信而主之，使得盡言；辨佞柔而遠之，使不害政；行之以勤而無廢弛之憂；濟之以斷而無優游之患，則治道成矣。

臣日侍經筵，荐蒙聖問以為君難之義，臣嘗敷陳其槩，退而仰聖學高明，深惟克艱厥后之旨，而不以易心臨天下，堯舜之用心也。臣每思所以推廣聖意者，今觀王巖叟所論為君難四事，言言懇切，真有益於君德。臣敢摭其說為陛下告。蓋正人之事君也，主於忠；忠則不欺，不欺則至公，至公則言有所拂，事有所違。人君主之不力，則往往始親而終疎之。而忠信或至於受禍，漢元帝之於蕭望之是也。佞人之事君也，主於不忠，不忠則欺罔，欺罔則為私。

為私則言皆諛悅事皆柔從人君察之不至則往往始遠而終比之而佞柔終至於得志唐德宗之於盧杞是也廣大業者存乎勤不能競業一心則或至倦惰唐玄宗開元天寶之治是也成大謀者存乎斷不能以義制事則或失之優游漢元帝不能振孝宣之業是也為君之難雖不止是四者而四者乃其綱領也臣嘗推本而論之惟見善明用心剛則主忠信必立遠佞柔必果無始勤終怠之憂無優游不斷之患矣昔太祖皇帝一日坐便殿俛首不語者久之左右請其故帝曰爾謂帝王可容易行事乎朕早來乘快指揮一事史官必書於簡冊故不樂也此深得為君難之義臣願陛下以太祖之心為心而取巖叟所陳四事深加之意則治天下可運諸掌奚其難惟陛下幸聽

遼興宗時翰林都林牙兼脩國史蕭韓家奴曰我國家創業以来孰

為賢主韓家奴以穆宗對帝怍之曰穆宗嗜酒喜怒不常視人猶草芥卿何謂賢韓家奴對曰穆宗雖暴虐省徭輕賦人樂其生終穆之世無罪被戮未有過今日秋山傷死者臣故以穆宗為賢帝默然

金太祖與高麗議和凡女真入高麗者皆索之至十餘年索之不已太宗時皇子勗上書諫曰臣聞德莫大於樂天仁莫先於惠下所索戶口皆前世姦宄叛亡烏蠢訛謨罕阿海阿合東之緒裔先世綏懷四境尚未賓服自先君與高麗通問我將大因謂本自同出稍稍款附高麗既不聽許遂生邊釁因致交兵久方連和蓋三十年當時壯者今皆物故子孫安於土俗婚姻膠固徵索不已彼固不敢稽留胥內乖離誠非衆願人情怨甚可愍者而必欲求為己有特彼我之藩非一視同仁之大也國家民物繁夥幅員萬里不知得此果何益耶今索之不遂我以強兵勁卒取之無難然兵凶器戰危事不得已而後用高麗稱藩職貢不闕且臣屬民亦非外聖人行義不貴小過理之所在不俟終日臣愚以為宜施寬下之仁弘樂天之德聽免徵索則彼不謂己有如自我得之矣從之

哀宗時禮部尚書兼侍讀楊雲翼嘗患風痺至是稍愈上親問愈之之方對曰但治心耳心和則邪氣不干治國亦然人君先正其心則朝廷百官莫不一於正矣上矍然知其為醫諫也

元世祖中統二年春內難平奇渥上表賀因進諷諫曰患難所以存儆戒禍亂將以開聖明伏願日新其德雖休勿休戰勝不矜功成不有和輯宗親撫綏將士增修庶政選用百官儉以足用寬以養民安不忘危治不忘亂恒以北征宵旰之勤永為南面逸豫之戒世祖稱善久之

世祖時趙天麟上策曰臣聞放之彌六合卷之退藏於密者心之體

也範圍天地而不過曲成萬物而不遺者心之用也此兩者其實體用而已矣體以統用則神道設教而天下咸服用以達體則行其無事而真源自淨含之若靈臺之有餘內外周圓上下如一三皇大之而道徹終古五帝性之而德垂後世三王身之而仁流萬邦五霸假之而功加一時何以言之蓋四端如四時之相用五常猶五行之不忒混而為一謂之太極暢而示微謂之無極非無極不足以知神人之圓靈非太極不足以見聖人之大致太極即無極也聖人即神人也性無不善人無不同雖凡愚不能無道心道心惟微故聖人貴天下之道氣稟所拘物慾所移雖神聖不能無人心人心惟危故聖人崇天下之教道者名異而理同既非心而不圓教者下學而上達又非心而不立夫性者心之齊而具理也情者心之發而為事也仁者心之愛也義者心之宜也禮者心之節也智者心之覺也信者心之

實也理以存妙事以應務變以盡公宜以方外節以暢文覺以燭情實以明誠此七者其實性情而已矣性定而情自檢者心也情定而性自復者亦心也凡在下者心定則非分之望消凡在上者心定則化育之方備欽惟陛下父天母地寰海為家四三皇而六五帝仰三王而俯五霸以非常之資御非常之尊以不世之德膺不世之運一言之出神鬼橫集一意之行風雷翕變夫動者靜之末也靜者動之本也審乎本末則心自定矣原乎動靜則心自正矣精乎道藝則心自誠矣昭乎體用則心自明矣定正以契天人之相通誠明以洞天人之無二又豈在察察以用術孜孜以致感哉五常包絡於此四時調和於彼運天下於掌上炳天下於胸中無為而為不宰而宰斯皆陛下固有之當然已行之常事伏望慎終如始疇不賴焉

天麟又上策曰臣聞運元氣之神以安五行而盡自然之健者天也

協五行之位以定元形而備無疆之順者地也據五行中五方法健以為動效順以為靜者帝王也帝王之德參天兩地貴于公而不私焉公者義也私者利也量義以動則憂以天下樂以天下而王道備矣放利而行則既失民望又失民心而王政息矣是以聖人其臨民也懍乎若朽索之馭六馬其撫民也柔乎若慈母之視嬰兒所欲與之聚之所惡勿施爾也且下民皆國家之民也而民財皆國家之財也又何須泛取於下而輕用於上哉竊見郡縣之中賦斂之時鄉司里正定其貧富專加擅減營利于中富家之利優游有餘貧家力不能及遂舉債于他家其或失期稽限罪莫可逃齊之以號令威之以刑罰愁怨之氣冤苦之聲充塞天淵伊誰救者又或不辦則官吏亦從而得罪矣及其會計上司納于府庫凶年不發其積貧民不蒙其賜樂工之流呈戲技而圖之被寵之人迎喜氣以期之豈不傷於用財之至公哉且怒者聖人之所不免也一怒之中事存萬理故中庸以中節為和顏子以不遷為德竊見數年以來北征閱墻之叛東伐浮海之國近又大舉南征鞭策未嘗停戎韁未嘗解謗曰天子怒起伏尸萬里信乎其如是能不戒之哉臣竊以四遠未知禮樂之當然遷徙無常翱翔邊徼勝之不足喜得之不足治今乃煩天威而怒之而討之豈不傷於用力之至公哉伏望陛下思地利之艱難上審天心之仁厚知民之欲富也則寡用其財而衆生之知民之欲逸也則常愛其力而務存之知喜之太過而損其陽則節之知怒之太過而盪其陰則息之知王者之貴於無私則數大公以御之知信之可示於天下則推赤心以治之財積而下富上足心固而下定上安喜怒有宜而內外無可悔之機公信既宣而上下無相疑之意如膠漆之固如壎篪之和君聿致於無為民不知其帝力然而兆人之不富四

遠之不服未之有也

天麟又上策曰臣聞動植具於有物之先乾坤判於無名之始流通二氣班布五行惟人也括萬象以獨靈執一中而不倚芒乎若醇醪之酩酊寂乎猶混沌之鴻濛及其清濁遂分視聽胥引智愚驕隅強弱難齊總總而生林林而羣大朴降為良心放矣中人以下騁利慾之紛拏下愚之流梏癡迷而忘返以至剝牀交戰暴戾相凌或顧影以無依或籲天而無告爰生大聖弘濟風波肇啓三皇繼開十紀維持造化把握陰陽三才定而天地位尊卑立而萬物育由此觀之蓋天為民而立君也君道貴仁天道輔德年丁五百命我皇家祖帝軒蔓衍之遺芳掃金宋區分之偏境東浮洋水西越崑崙南蕃于交廣之南北限於玄虛之北廣夏之玉帛萬國越可稍同漢唐之宇宙一家猶難並議功已成矣德已躋矣道已行矣政已平矣陛下能無思

乎。陛下能無戒乎。思夫業之所立者祖也。方其雲興虎嘯。神兕助功。電激雷奔。龍蛇起陸。欲起而不遑啓處。欲自暇而不遑自暇。櫛風沐雨。勞身於戈甲之秋。冒棘披荆。抗志於煙塵之際。以至于有天下。益惟艱哉。今天下已定。守之非易。能不思艱難乎。戒夫業之所本者民也。民之所恃者政也。民可近。不可下。非民無以立統。非衆罔與守邦。慮其啼飢也。薄取其斛粟。念其號寒也。減徵其織帛。冀其知禮也。申之以孝弟。欲其知禁也。示之以好惡。勞之來之。匡之直之。輔之翼之。又從而振德之。且政雖一理。日有萬機。一事尚未形見而即防之。一言雖無大害而即慮之。堤潰於蟻孔。氣泄於鍼芒。骨銷於積毀。軸折於叢薄。可不戒哉。而又據古今成敗以爲龜鑑。參天人感應以察休咎。冕旒前蔽。不矜其明而視於至公。黈纊旁塞。不昧其聰而聽於大同。委賢以任之。量能而用之。敬以居之。簡以行之。勤而不煩。逸而不過。清而不激。默而不窒。披衮服。端拱以向陽。執鎮圭。宴坐而當宁。寶位以之而克安。龜祚以之而克固。傳諸子孫。耀於罔極。使史筆欣然而贊之曰。大元天子之德。皇兮將兮。莫之與京。尚矣巍巍。莫之或擬。不亦光哉。不亦快哉。愚臣亂言。罪當萬死。伏望陛下檢身若不及。爲善惟不足。稽伯禹之不自滿。假體成湯之聖敬日躋。過聽愚臣之言。曲免狂妄之罪。竊謂聖心同海。涓流不棄。而浸浸增深。故能大實齊天。億萬無疆。而綿綿永鎮矣。

歷代名臣奏議卷之六

聖學

魯哀公問子夏曰。必學而後可以安國保民乎。子夏曰。不學而能安國保民者。未嘗聞也。哀公曰。然則五帝有師乎。子夏曰。有。臣聞黃帝學乎大真。顓頊學乎綠圖。帝嚳學乎赤松子。堯學乎尹壽。舜學乎務成跗。禹學乎西王國。湯學乎威子伯。文王學乎鉸時子斯。武王學乎郭叔。周公學乎太公。仲尼學乎老聃。此十一聖人。未遭此師。則功業不著乎天下。名號不傳乎千世。詩曰。不愆不忘。率由舊章。此之謂也。夫不學不明古道而能安國家者。未之有也。

晉平公問於師曠曰。吾年七十。欲學。恐已暮矣。師曠曰。何不炳燭乎。平公曰。安有爲人臣而戲其君乎。師曠曰。盲臣安敢戲其君乎。臣聞之。少而好學。如日出之陽。壯而好學。如日中之光。老而好學。如炳燭之明。炳燭之明。孰與昧行乎。平公曰。善哉。

東漢和帝富於春秋。侍中竇憲自以外戚之重。欲令少主頗涉經學。上疏皇太后曰。禮記曰。天下之命。垂於天子。天子之善。成乎所習。習與智長。則切而不勤。化與心成。則中道若性。昔成王幼小。越在襁保。周公在前。史佚在後。太公在左。召公在右。中立聽朝。四聖維之。是以慮無遺計。舉無過事。孝昭皇帝八歲即位。大臣輔政。亦選明儒韋賢蔡義夏侯勝等入授於前。平成聖德。近建初元年。張酺魏應召訓亦講禁中。臣伏惟皇帝陛下。躬天然之姿。宜漸教學。而獨對左右小臣。未聞典義。昔五更桓榮親爲帝師。子郁結髮。崇尚繼傳父業。故再以校尉入授先帝。父子給事禁省。更歷四世。今白首好禮經。行篤備。又宗正劉方。宗室之表。善爲詩經。先帝所褒。宜令郁方並入教授。以崇本朝。光示大化。由是郁遷長樂少府。復入侍講。

永元十一年。中散大夫魯丕上疏曰。臣以愚頑。顯備大位。犬馬氣衰。猥得進見。論難於前。無所甄明。衣服之賜。誠為優過。臣聞說經者傳先師之言。非從己出。不得相讓。相讓則道不明。若規矩權衡之不可枉也。難者必明其據。說者務立其義。浮華無用之言不陳於前。故精思不勞而道術愈章。法異者各令自說師法。博觀其義。覽詩人之旨意。察雅頌之終始。明舜禹皋陶之相戒。顯周公箕子之所陳。觀乎人文。化成天下。陛下既廣納謇謇以開四聰。無令芻蕘以言得罪。既顯巖穴以求仁賢。無使幽遠獨有遺失。

十五年。鄧太后臨朝。尚書郎樊準上疏曰。臣聞賈誼有言。人君不可以不學。故雖大舜聖德。孳孳為善。成王賢主。崇明師傅。及光武皇帝受命中興。羣雄擾攘。旗亂野。東西誅戰。不遑啓處。然猶投戈講藝。息馬論道。至孝明皇帝兼天地之姿。用日月之明。庶政萬機。無不簡心。而垂情古典。游意經藝。每享射礼畢。正坐自講。諸儒並聽。四方欣欣。雖闕里之化。矍相之事。誠不足言。（孔子闕里人也。礼記云。孔子射於矍相之圃。蓋觀者如堵牆也。）又多徵名儒。以充禮官。如沛國趙孝。琅邪承宮等。或安車結駟。告歸鄉里。或豐衣博帶。從見宗廟。其餘以經術見優者。布在廊廟。故朝多皤皤之良。華首之老。（皤皤。白首皃也。音步河反。書曰。皤皤良士。華首。謂白首也。）每讌會則論難衎衎。共求政化。詳覽羣言。響如振玉。朝者進而思政。罷者退而備問。小大隨化。雍雍可嘉。期門羽林介冑之士。悉通孝經。博士議郎一人開門。徒眾百數。（開門。謂開一家之說。）化自聖躬。流及蠻荒。匈奴遣伊秩訾王大車且渠來入就學。八方肅清。上下無事。是以議者每稱盛時。咸言永平。今學者益少。遠方尤甚。博士倚席不講。儒者競論浮麗。忘謇謇之忠。習諓諓之辭。（諓諓。巧言也。音踐。前書曰。昔秦繆公說諓諓之言也。）文吏則去法律而學詆欺。銳錐刀之鋒。斷刑辟之重。德陋俗薄。以致苛刻。昔孝文竇后性好黃老。而清淨之化流景武之間。臣愚以為宜下明詔。博求幽隱。發揚巖穴。寵進儒雅。有如孝宮者。徵詣公車。以俟聖上講習之期。公卿各舉明經及舊儒子孫。進其爵位。使續其業。復召郡國書佐。使讀律令。如此。則延頸者日有所見。傾耳者月有所聞。伏願陛下推述先帝進業之道。

魏高貴鄉公正元元年。司馬師上書曰。荊山之璞雖美。不琢不成其寶。顏冉之才雖茂。不學不弘其量。仲尼有云。予非生而知之者。好古敏以求之者也。仰觀黃軒五代之主。莫不有所稟。則顓頊受學於綠圖。高辛問道於柏招。逮至周成。旦望作輔。故能離經辯志。安道樂業。夫然。故君道明於上。兆庶順於下。刑措之隆。實由於此。宜遵先王下問之義。使講誦之業屢聞於聽。典謨之言日陳於側也。

甘露元年四月丙辰。帝幸太學。問諸儒曰。聖人幽贊神明。仰觀俯察。始作八卦。後聖重之為六十四。立爻以極數。凡斯大義。罔有不備。而夏有連山。殷有歸藏。周曰周易。易之書其故何也。易博士淳于俊對曰。包羲因燧皇之圖而制八卦。神農演之為六十四。黃帝堯舜通其變。三代隨時質文。各繇其事。故易者變易也。名曰連山。似山出內氣連天地也。歸藏者。萬事莫不歸藏於其中也。帝又曰。若使包羲因燧皇而作易。孔子何以不云燧人氏沒。包羲氏作乎。俊不能答。帝又問曰。孔子作彖象。鄭玄作注。雖聖賢不同。其所釋經義一也。今彖象不與經文相連。而注連之。何也。俊對曰。鄭玄合彖象於注者。欲使學者尋省易了也。帝曰。若鄭玄合之。於學誠便。則孔子曷為不合以了學者乎。俊對曰。孔子恐其與文王相亂。是以不合。此聖人以不合為謙。帝曰。若聖人以不合為謙。則鄭玄何獨不謙邪。俊對曰。古義弘深。聖問奧遠。非臣所能詳盡。帝又問曰。繫辭云。黃帝堯舜垂衣裳而天下治，此包羲神農之世爲無衣裳，但聖人化天下，何殊異亦邪？俊對曰：三皇之時，人寡而禽獸衆，故取其羽皮而天下用足，及至黃帝，人衆而禽獸寡，是以作爲衣裳以濟時變也。帝又問：乾爲天，而復爲金爲玉爲老馬，與細物並邪？俊對曰：聖人取象，或遠或近，近取諸物，遠則天地。講易畢，復命講尚書。帝問曰：鄭玄云稽古同天，言堯同於天也。王肅云堯順考古道而行之。二義不同，何者爲是？博士庾峻對曰：先儒所執，各有乖異，臣不足以定之。然洪範稱三人占從二人之言，賈、馬及肅皆以爲順考古道，以洪範言之，肅義爲長。帝曰：仲尼言唯天爲大，惟堯則之。堯之大美，在乎則天，順考古道，非其至也。今發篇開義以明聖德，而舍其大美，稱其細，豈作者之意邪？峻對曰：臣奉遵師說，未喻大義，至於折中，裁之聖思。次及四岳舉鯀，帝又曰：夫大人者與天地合其德，與日月合其明，思無不周，明無不照。今王肅云堯意不能明鯀，是以試用。如此，聖人之明有所未盡邪？峻對曰：惟聖人之弘，猶有所未盡，故禹曰知人則哲，惟帝難之，然卒能改授聖賢，緝熙庶績，亦所以成聖也。帝曰：夫有始有卒，其唯聖人。若不能始，何以爲聖？其言惟帝難之，然卒能改授，蓋謂知人聖人所難，非不盡之言也。經云：知人則哲，能官人。若堯疑鯀，試之九年，官人失敘，何得謂之聖哲？峻對曰：臣竊觀經傳，聖人行事不能無失，是以堯失之四凶，周公失之二叔，仲尼失之宰予。帝曰：堯之任鯀，九載無成，汩陳五行，民用昏墊。至於仲尼失之宰予，言行之間，輕重不同也。至於周公管蔡之事，亦尚書所載，皆博士所當通也。峻對曰：此皆先賢所疑，非臣寡見所能究論。次及有鯀在下曰虞舜，帝曰：當堯之時，洪水爲害，四凶在朝，宜

速登賢聖濟斯民之時也。舜年在既立，聖德光明，而久不進用，何也？峻對曰：堯咨嗟求賢，欲遜己位，岳曰否德忝帝位。堯復使岳揚舉側陋，然後薦舜。舜之本實由於堯，此聖人欲盡衆心也。帝曰：堯既聞舜而不登用，又時忠臣亦不進達，乃使岳揚仄陋而後薦舉，非急於用聖恤民之謂也。對曰：非臣愚見所能逮及。於是復命講禮記。帝問曰：太上立德，其次務施報。爲治何由而教化各異？皆脩何政而能致於立德，施而不報乎？博士馬照對曰：太上立德，謂之皇五帝之時，以德化民；其次報施，謂三王之世，以禮爲治也。帝曰：二者教化薄厚不同，將主有優劣邪？時使之然乎？照對曰：誠由時有樸文，故化有薄厚也。

時上賜宴羣臣於太極東堂，與侍中荀顗、尚書崔贊、袁亮、鍾毓、給事中中書令虞松等並講述禮典，遂言帝王優劣之差。帝慕夏少康，因問顗等曰：有夏既衰，后相殆滅，少康收集有衆，復禹之績；高祖拔起隴畝，驅帥豪雋，芟夷秦項，包舉宇內。斯二王可謂殊才異略，命世大賢者也。考其功德，誰宜爲先？顗等對曰：夫天下重器，王者天授，聖德應斯，然後能受命創業。至於階緣前緒，興復舊績，造之與因，難易不同。少康功德雖美，猶爲中興之君，與世祖同流可也。至如高祖，臣等以爲優。帝曰：自古帝王功德言行，互有高下，未必創業者皆優，紹繼者咸劣也。湯、武、高祖雖俱受命，賢聖之分，所覺縣殊。少康、殷宗中興之美，夏啓、周成守文之盛，論德校實，方諸漢祖，吾見其優，未聞其劣。顧所遇之時殊，故所名之功異耳。少康生於滅亡之後，降於諸侯之隸，崎嶇逃難，僅以身免，能布其德而兆其謀，卒滅過戈，克復禹績，祀

夏配天不失舊物非至德弘仁豈濟斯勳漢祖因土崩之勢仗一時之權專任智力以成功業行事動靜多違聖檢為人子則數危其親為人君則囚繫賢相為人父則不能衛子身沒之後社稷幾傾若與少康易時而處或未能復大禹之績也推此言之宜高夏康而下漢祖矣諸卿具論詳之翌日丁巳講業既畢顗亮等議曰三代建國列土而治當其衰弊無土崩之勢可懷以德難屈以力逮至戰國強弱相兼去道德而任智力故秦之弊可以力爭少康布德仁者之英也高祖任力智者之儁也仁智不同二帝殊矣詩書述殷中宗高宗皆列大雅少康功美過於二宗其為大雅明矣少康為優宜如詔旨贊毓松等議曰少康雖積德累仁然上承大禹遺澤餘慶內有虞仍之援外有靡艾之助寒浞讒慝不德于民澆豷無親內外棄之以此有國蓋亦有所因至於漢祖起自布衣率烏合之眾以成帝者之業論德則少康優課功則高祖多語資則少康易校時則高祖難帝曰諸卿論少康因資高祖創造誠有之矣然未知三代之世任德濟勳如彼之難秦項之際任力成功如此之易且太上立德其次立功漢祖功高未若少康盛德之茂也且夫仁者必有勇誅暴必用武少康武烈之威豈必降於漢祖哉但夏書淪亡舊文殘闕故勳美闕而罔載惟有伍員粗述大略其言復禹之績不失舊物祖述聖業舊章不行自非大雅兼才孰能與於此向令墳典具存行事詳備亦豈有異同之論哉於是羣臣咸悅服中書令松進曰少康之事去世久遠其文昧如是以自古及今議論之士莫有言者德美隱而不宣陛下既垂心遠鑒考詳古昔文發德音贊明少康之美使顯於千載之上宜錄以成篇永垂于後帝曰吾學不博所聞淺狹懼於所請未獲其宜縱有可采億則屢中又不足貴無乃致笑後賢彰吾闇昧乎於是侍郎鍾會退論次焉

唐太宗嘗謂中書令岑文本曰夫人雖稟定性必須博學以成其道亦猶蜃性含水待月光而水垂木性懷火待燧動而焰發人性含靈待學成而為美是以蘇秦刺股董生垂帷不勤道藝則其名不立文本曰夫人性相近情則遷移必須以學飾情以成其性禮云玉不琢不成器人不學不知道所以古人勤於學問謂之懿德太宗又謂房玄齡曰為人大須學問朕往為羣兇未定東西征討躬親戎事不暇讀書比來四海安靜身處殿堂不能自執書卷使人讀而聽之君臣父子政教之道具在書內古人云不學面墻莅事惟煩不徒言也卻思少小時行事大覺非也

太宗又詔羣下曰朕比尋討經史明王聖帝曷嘗無師傅哉前所進令遂不覩三師之位意將未可何以然黃帝學大顛顓頊學錄圖堯學尹壽舜學務成昭禹學西王國湯學威子伯文王學子斯武王學郭叔前代聖王未遭此師則功業不著乎天下名譽不傳乎載籍況朕接百王之末智不同聖人其無師傅安可以臨兆民者哉詩不云乎不愆不忘率由舊章夫不學則不能明古道而能政致太平者未之有也可即著令置三師之位

唐高宗顯慶元年立子弘為皇太子受春秋左氏於率更令郭瑜至楚世子商臣弒其君喟而廢卷曰聖人垂訓何書此邪瑜曰孔子作春秋善惡必書褒善以勸貶惡以誡故商臣之罪雖千載猶不得滅弘曰然所不忍聞願讀他書瑜拜曰里名勝母曾子不入殿下睿孝天資黜凶悖之迹不存視聽

臣聞安上治民莫善於禮。故孔子稱不學禮。無以立。請改受禮。

太子曰善。

穆宗嘗坐延英。與門下侍郎弘文館大學士鄭覃論詩工否。覃曰。孔子所刪三百篇是已。其非雅正者烏足為天子道哉。夫風大小雅皆下刺上之變。非上化下為之。故王者采詩以考風俗得失。若陳後主隋煬帝特能詩之章解而不知王術。故卒歸於亂。章什纖讒頌陛下不取也。帝每言順宗事不詳實。史臣韓愈豈當時屈人邪。昔漢司馬遷與任安書辭多怨懟。故武帝本紀多失實。覃曰。武帝中年大發兵事邊。生人耗瘁。府庫殫竭。遷所述非過言。李石曰。覃所陳因武帝以諫。欲陛下終究盛德。帝曰。誠然。靡不有初。鮮克有終。覃曰。陛下樂觀書。然要義不過一二。陛下所道是矣。宜寢饋以之。

穆宗嘗問朕欲學經與史何先。刑部侍郎薛放曰。六經者聖人之言。孔子所發明天人之極也。史記道成敗得失。亦足以鑒。然謬於是非。非六經比。穆宗曰。吾聞學者白首不能通一經。安得其要乎。對曰。論語。六經之菁華也。孝經。人倫之本也。漢時論語首立於學官。光武令虎賁士皆習孝經。玄宗親為注訓。蓋人知孝慈。則氣感和樂也。穆宗曰。聖人以孝為至德要道。信然。

宋仁宗慶曆四年。趙師民上勸講箴曰。若帝之元。於稽古先。將以其道格于皇天。格天如何。謹徽舊典。惟聖時憲。乃克盡善。在帝宅中。亮寶天下有帝。体元䂓制。非先聖之舊章。不足以秉同文而執司契。日章溫雅。將以其文化成天下。化成如何。順考正道。席上之珍。茲惟國中為市。以養四方。非先聖之遺法。不足以舉大義而正國常。帝度其身。郁郁乎文。彰禮施樂。以副皇瀆。帝出其言。穆穆厭厭。含仁吐義。式諧羣情。旨天降祥。我民既康。不觀于經。懼先猷之寖忘。四序放命。有嚴揞令。不觀于經。憲大功之未定。無以方隅之多事。而謂經籍之宜息。虞舜征苗。誕敷文德。無謂宸居之至尊。而忽右文之為責。岐昌造周。天經地緯。無以陳久之可替。乃謂迂闊而難行。先哲之言。雖無老成。無讒鄙生之寠陋。而畧愚儒之淺昧。先師之謨。不以人廢。無以世治之或殊。而謂陳言之可侮。商弼之諫。事不師古。無玩歲月之其除。而謂寸陰之已速。周王之戒。惟日不足。有以見世主之御圖。或萬機紛然。不酌于古道。則風化有時而弗宣。有以見人君之居極。或百度差忒。不斷於古義。則權制有時而弗允。昔令王之經世。必去害而稱利。明主觀其書。可以効財成于萬事。昔賢臣之事君。有謀猷而必陳。明主觀其書。可以示軌度于羣倫。正朝之上。法宮之中。非賁褒雅奧。不足以興嗜欲于清躬。神駕之游。光明之處。非啓迪深厚。不足以立

正事於古語。是故可以上文。可以立武。可以奉天地。可以為宗主。匪止玩其辭而釋其詁。可以觀道。可以行仁。可以對萬物。可以臨兆人。不止明其舊而知其新。靖恭乙夜。總覽羣書。夫聖人之至德。倚以加諸。從容晏朝。紬繹微旨。非天下之至精。孰能與此。臣初聞始元之間。儒風寖還。待問之臣。賜以清閒。臣伏觀永平之烈。經術未缺。羣儒議前。稱制以決。柔軋之后。來自幽陵。東䮄右旆。斯文有承。金陵之君。𨁎于夷裔。雖則講習其文。已弊李唐之興。賢君挺生。貞觀初治。開元既平。東辟羣山。儒風墨鄉。侍從之臣。官有伊名。在我大祖。神武披攘。親駕辟雍。眞儒有光。有赫太宗。文武丕運。經臣師師。以承帝問。於穆眞皇。講求多藝。以其人文。發為盛際。陛下即位。纂承天祿。肇開以商。以延儒服。西臨邇英。北啓延義。瞻仰皇明。彌綸聖智。成天下之務。昔游焉而穆清。陳天下之謨。墳於兹而講肄。帝坐甚明。天章不秘。願以議道。願以出

治下臣執經敢告中侍師民又嘗講詩如彼泉流奏曰水之初出喻王政之發順行則通通故清潔逆亂則壅壅故濁敗賢人用則王政通而世清平邪人進則王澤壅而世濁敗幽王失道用邪黜正正不勝邪雖有善人不能為治亦將相牽而淪于汙濁也帝曰水何以喻政對曰水者順行而潤下利萬物故以喻政此于比興義最大後講論語問修文德曰文者經天緯地之總稱君人之道撫之以仁制之以義接之以禮讓之以信皆是帝曰然其所先者無若信也曰信者天下之大本仁義礼樂皆必由之此實至道之要復問鑽燧改火曰古之聖王舉動必順天時所以四時變火隨木色近世漸務苟簡以為非治具而遂廢之至其萬事皆不如古又問子夏子張所言交道孰勝曰聖哲之道含覆廣大與天地參善者有以進德惡者俾之改行子張之言為優他日讀漢記問長安城衆莫能知共推師民因陳自古都雍年世舊址所在若畫諸掌帝悅曰何其所記如此

嘉祐五年右司諫趙抃上言曰臣竊以人主之御天下也其聰明必欲廣聰明廣則禍福之鑒遠矣其尊威必欲重尊威重則上下之理明矣伏惟陛下承祖繼宗體堯蹈舜睿聖仁厚固四海稱頌之不暇何闕遺之有焉然臣備位諫垣朝慮夕思不敢循默者庶幾有補於未至萬分之一耳夫易之吉凶詩之美刺禮之汙隆樂之治亂春秋之善惡以至史漢之書先代得失存亡無不紀述今經筵侍講者講吉不講凶講治不講亂侍讀者讀得不讀失讀存不讀亡臣愚以謂陛下非所以廣聰明之義也伏望發德音命經筵臣僚臨文講誦無隱諱至於吉凶治亂得失存亡之所由兆尤宜詳究鋪陳之使禍福之鑒日聞宗廟社稷無窮之福也夫帝王文章天子翰墨真圖書之祕寶實聖神之能事今夫輔弼左右之臣宦官近戚之家碑名挽詞佛牓僧號或上求御製或仰覬宸翰咸出非望多遂其請臣愚以謂陛下非所以重尊威之道也伏望惜堂陛之崇祕奎璧之彩慎重命賜杜絕倖望上下之理從而益明朝廷中外莫大幸也二者惟陛下留神察焉臣無任激切納忠待罪之至

仁宗時王拱辰為學士承旨帝於邇英閣置太玄經著草顧曰朕每閱此卿亦知其說乎拱辰具以對且曰願陛下垂意六經旁采史策此不足學也

英宗即位天章閣待制知諫院兼侍讀司馬光上奏曰臣伏覩講筵所告報依乾興年故事講論語讀史記續奉聖旨直候來春臣聞傳說曰王人求多聞時惟建事學于古訓乃有獲又曰念終始典于學厥德修罔覺然則學者帝王之首務不可忽也況今陛下初臨大寶所宜朝夕延訪群臣講求先王之至道覽觀前世之成敗以輔益聖德緝熙大化不可但循近例以寒暑為辭如此使下情何以上通四方何以觀望殆非所以廣聰明宣令名也伏乞依前降聖旨擇日開講筵

治平元年光又奏曰臣伏覩講筵所告報奉聖旨令自九月初五日後遂日開講筵至重陽節住講候將來開春別選日開講筵臣竊以國家本設經筵欲以發明道誼裨益聖德先帝時無事常開講筵近歲因聖体不安遂於端午及冬至以後盛暑盛寒之時權罷數月今陛下始初清明方宜銳精學問之時而五日開講八日已罷臣恐議者以為陛下非有意於求道但欲循故事備外飾而已群臣非有意於明道但欲塞職業求錫賚而已若果如此臣竊為朝廷羞之且陛下近增置諸宮教授仍下詔戒勗宗室使之向學儻陛下不以身先

之。則宗室安肯奉詔哉。臣愚以為陛下若别有所為未暇開講則且俟他時亦未為晚。若既開講筵則恐數日之間未宜遽罷。

光又奏曰。臣伏覩經筵所講說論語將畢。竊以尚書者二帝三王嘉言要道盡在其中。為政之成規。稽古之先務也。陛下新承大統。留意萬機。欲求楷模。莫盛於此。臣不勝區區。欲望陛下更以聖意裁酌。將來論語既畢令講說尚書。

二年。光又上乞經筵訪問疏曰。臣以駑朽得侍勸講。竊見陛下天性好學。孜孜不倦。然於經席之中未嘗發言有所詢問。臣愚意陛下欲護群臣之短。恐於應對之際倉猝失據不能開陳。稠人之中受其愧怍。此誠聖心仁恕之極。群臣捐軀無以報塞。然臣聞易曰。君子學以聚之。問以辯之。論語曰。疑思問。中庸曰。有弗問。問之弗得弗措也。有弗辯。辯之弗明弗措也。以此言之。學非問辯。無由發明。今陛下若皆默而識之。不加詢訪。雖為臣等疏淺之幸。竊恐無以宣暢經旨。裨助聖性。伏望陛下自今講筵或有臣等講解未盡之處。乞賜詰問。或慮一時記憶不能詳備者。許令退歸討論。次日别具劄子敷奏。庶幾可以輔稽古之志。成日新之益。

治平間。起居注韓維上言曰。臣幸得以史官侍左右記言動。竊見每開邇英閣。召近臣講讀經史。陛下未嘗一發德音有所詢問。遂使執經者不得極其說。秉筆者無所載其美。已事而退。莫不俛默有不自得之意。臣竊惑之。臣聞傳說有言。王人求多聞。惟以建事。事不師古以克永世。匪說攸聞。蓋治天下者必先於建事。欲建事者莫重於師古。欲師古者莫急於求多聞。然則今之所謂講筵者。陛下之所以求多聞也。堯舜聖帝必先稽古。三代令王。皆有師傅之官。坐論道義。爾後德薄不能如古。然至於欲治之主。亦莫不以此為急。漢高祖初得

天下。感陸賈之言。知不可以馬上治之。每奏新語。篇篇稱善。光武數引公卿郎將講論經理。夜分乃寐。唐太宗命學士杜如晦等十八人。更直閣下。降以溫顏。與之討論經義。此數君者。豈樂勤苦而徇虛名哉。誠以治天下之要莫不出此。故功業隆於當時。聲名流於後世。非其幸也。其道以致之也。朝廷自宰相以及羣司。率以職事進退。所言皆目前常務。而又迫景晷。不得詳盡其理。邇英閣者。陛下燕閒之所也。侍於側者。皆獻納論思之臣。陳於前者。非聖人之經。則歷代之史也。御燕閒。則可以留漏刻之永。對侍臣。則可以極咨訪之博。論經史則可以窮仁義之道。究禍敗之原。遵而行之。則上可以為堯舜三代之君。下猶不失為漢高光武唐太宗也。然非從容降接。則無以盡臣下之情。非往復研究。則無以見聖人之奧。非力而行之。則不足以追前古之治。陛下於此三者似未盡之。此臣所以不得不惑也。至於群臣亦皆惑之。議者以為陛下嚮在亮陰。惟于諮決政事。有不得已而言耳。其餘可得而略也。今禮制終畢。臣下傾耳以聽王音。語曰。時然後言。陛下之言。此其時也。臣雖不敏。請秉筆以竢。干冒天威。臣無任惶懼戰慄懇激之至。

張方平上言曰。荀子曰。聖王有百。吾孰法焉。欲觀聖王之迹。則於其粲然者矣。禹湯有傳政而不若周之政也。非無善政也。久故也。傳者久則論略。近則論詳。當今之世。而君必談堯舜。臣又稱禹稷。是迂儒拘生之論。非適時濟用者也。伏以唐氏有天下三百年。其閒治亂得失詳矣。朝廷立國之紀。典刑制度。自於唐者也。故觀今之政。唐氏最近。臣以不敏。忝職諫司。思有以薦乙夜之親程。廣覽文之典學。欲乞今後節略唐書紀傳中事迹。今可施行有益治道者。間錄一兩條上進。伏乞萬機之暇。特賜開覽。善者可以為準的。惡者可以為鑒戒。茲

亦賈誼晁錯借秦以喻漢事之意也。

神宗初，詔侍臣講讀。監察御史唐淑問言：王者之學，不必分章句、飾文辭，稽古聖人治天下之道，歷代致興亡之由，延登正人，博訪世務，以求合先王，則天下幸甚。

熙寧元年，右正言供諫職孫覺論人主有高世之資、求治之意，在成之以學。上奏曰：臣聞人主患無高世之資，有其資而無求治之意，有其意而無好學之實。三者之備，而治效不成者，未之有也。然此三者常若不可以兼備，何也？聰明睿智、博達而疏通者，高世之資也。然或矜其才，以天下之萬事為不足為，若此者必無成。蚤朝晏罷，選用群臣，孜孜而不懈者，求治之意也。然或蔽於一曲而不見聖人之全，因陋就寡而不本先王之意，若此者雖安易危，雖強易弱，可以偷安於一時，而不可傳之後世。人主欲無此患，其惟學乎。夫學非篤好而審問、謹思而力行，則不足以覽道德之粹，精極性命之微妙。人主之學，苟不深造於道德性命之際，則無以應萬務之變，知群下之情。以堯舜之聖，而稱之曰若稽古。夫古者，人主之所當若，又當稽也。以孔子之聖，而孟子稱之曰學不厭、誨不倦。夫已誨人矣，然猶不忘於學，學可以已耶？陛下以高世之資，求治甚力，好學而不倦，可謂不世出之主矣。然臣獨以為未者，竊觀朝廷之政，未盡得先王之意，而先後之序，未盡合聖人之道也。臣非以謂朝廷無賢臣、左右無端士，顧恐陛下於學問之道，未能極高明而道中庸，政事之間，未能先本務而後末業也。陛下幸聽臣言，以聽政之暇，特召兩府大臣或從官之中素所親倚者，虛心克己，問以上躬之所不逮、時政之所過差，使之具以條對，必有能言之者矣。陛下增益其所未至，勉強其所不能，救其所偏，解其所蔽，則臣將見陛下之治，度越漢唐而比隆於三代矣。

二年，監察御史裏行程灝上疏曰：臣伏謂君道之大，在乎稽古正學，明善惡之歸，辨忠邪之分，曉然趨道之正，故在乎君志先定。君志定而天下之治成矣。所謂定志者，一心誠意，擇善而固執之也。夫義理不先盡，則多聽而易惑；志意不先定，則守善而或移。惟在以聖人之訓為必當從，先王之治為必可法，不為後世駁雜之政所牽制（牽一作），不為流俗因循之論所遷惑，自知極於明，信道極於篤，任賢勿貳，去邪勿疑，必期致世如三代之隆而後已也。然天下之事，患常生於忽微，而志亦戒乎漸習。是故古之人君，雖出入從容閒燕，必有誦訓箴諫之臣，左右前後無非正人，所以成其德業。伏願陛下禮命老成賢儒，不必勞以職事，俾日親便座，講論道義，以輔養聖德；又擇天下賢俊，使得陪侍法從，朝夕延見，開陳善道，講磨治體，以廣聞聽。如是則聖智益明，王猷允塞矣。今四海靡靡，日入偷薄，末俗嘵嘵，無復廉恥，蓋亦朝廷尊德樂道（義一作）之風未孚，而篤誠忠厚之教尚鬱也。惟陛下稽聖人之訓，法先工之治，一（正一作）心誠意，體乾剛健而力行之，則天下幸甚。

知明州陳襄被召修起居注，進誠明說曰：臣竊以帝王之德，莫大於務學；學莫大於根誠明之性，而蹈乎中庸之德也。生而不動之謂誠，知而有為之謂明，正而不邪之謂中。故誠者立善之本也，明者致道之用也，中庸者常德之守也。三者立，天下之能事畢矣。聖人者，先得乎誠者也。因誠而後明，必資乎學，全盡以居之，神固以行之，酬酢萬物而無失於曲當，此之謂誠則明矣。賢人者，思誠也。因明而後誠者，必擇乎善。所謂善者，可欲之謂也，性也，正而公者也。所謂惡者，有所不可為之謂也，情偽者也，邪而私者也。存其所謂正而公者，而去其所謂邪而私者，此之謂擇善矣。精一以守之，中正以養之，持循戒懼於不聞不覩之際此之謂慎獨而固執之矣久而不息則形形而不息則明明而不息則動動而不已則化化而不已則神高明博厚而配乎天地此之謂明則誠矣子思曰溥博淵泉而時出之溥博如天淵泉如淵言其誠之篤也誠之者篤則其為之者至是以其政不肅而行其教不言而諭其事不勞而成舉而措之天下之民無不從服而不知為之者故曰凡為天下國家有九經所以行之者一此之謂也是之謂誠明之學伏望留神聖覽

通判越州曾鞏上言曰准御史臺告報臣寮朝辭日具轉對臣愚淺薄恐言不足采然臣切觀唐太宗即位之初延羣臣與圖天下之事而能絀封倫用魏鄭公之說所以成貞觀之治周世宗初即位亦延羣臣使陳當世之務而能知王朴之可用故顯德之政亦獨能變五代之因循夫當衆說之馳騁而以獨見之言陳未形之得失此聽者之所難也然二君能辨之於羣衆之中而用之以收一時之效此後世之士所以常

奏議卷之六　十六

感知言之少而須二君之明也今陛下始承天序亦詔羣臣使以次對然且將歲餘未聞取一人得一言豈當世固乏人不足以當陛下之意與抑所以延問者特用累世之故事而不必求其實與臣愚竊計殆進言者未有以當陛下之意也陛下明智大略固將比跡於唐虞三代之盛如太宗世宗之所爲恐不足以望陛下故臣之所言亦不敢效二臣之卑近伏惟陛下超然獨觀於世俗之表詳思臣言而擇其中則二君之明豈足道於後世而士之懷抱忠義者豈復感知言之少乎臣所言如左臣伏以陛下恭儉慈仁有能承祖宗之德聰明睿智有能任天下之材即位以來早朝晏罷廣問兼聽有更制變俗比跡唐虞之志此非羣臣之所能及也然而所遇之時在天則有日食星變之異在地則有震動陷裂水泉湧溢之災在人則有飢饉流亡訛言相驚之患三者皆非常之變也及從而察今之天下則風俗日以薄惡

紀綱日以弛壞百司庶務一切文具而已內外之任則不足於人材公私之計則不足於食貨近則不能不以盜賊為慮遠則不能不以夷狄為憂海內智謀之士常恐天下之勢不得以久安也以陛下之明而所遇之時如此陛下有更制變俗比迹唐虞之志則亦在正其本而已矣易曰正其本萬事理臣以謂正其本者在陛下得之於心而已臣觀洪範所以和同天人之際使之無間而要其所以為始者思也大學所以誠意正心修身治其國家天下而要其所以為始者致其知也故臣以謂正其本者在得之於心而已得之於心者其術非他學焉而已矣此致其知所以為大學之道也古之聖人舜禹成湯文武未有不由學而成而傅說周公之輔其君未嘗不勉之以學故孟子以謂學焉而後有為則湯以王齊桓公以霸皆不勞而能也蓋學所以成人主之功德如此誠能磨礱長養至於有以自得則天

奏議卷之六　十七

下之事在於理者未有不能盡也能盡天下之理則天下之事物接於我者無以累其內天下之以言語接於我者無以蔽其外夫然則循理而已矣邪情之所不能入也從善而已矣邪說之所不能亂也如是而用之以持久資之以不息則積其小者必至於大積其微者必至於顯古之人自可欲之善而充之至於不可知之神自十五之學而積之至於從心之不踰矩豈他道哉由是而已矣故曰念終始典于學又曰學然後知不足孔子亦曰吾學不厭蓋如此者孔子之所不能已也夫能使事物之接於我者不能累其內所以治內也言語之接於我者不能蔽其外所以應外也有以治內此所以成德化也有以應外此所以成法度也德化法度既成所以發育萬物而和同天人之際也自周衰以來道術不明為人君者莫知學先王之道以明其心為人臣者莫知引其君以及先王之道也一切苟簡溺

於流俗。末世之卑淺。以先王之道為迂遠而難遵。人主雖有聰明敏達之質。而無磨礲長養之具。至於不能有以自得。則天下之事在於理者。有所不能盡也。不能盡天下之理。則天下之以事物接於我者。足以累其內。天下之以言語接於我者。足以蔽其外。夫然。故欲循理而邪情足以害之。欲從善而邪說足以亂之。如是而用之以持久。則愈甚無補。行之以不息。則不能見效。其弊則至於邪情勝而正理滅。邪說長而正論消。天下之所以不治而有至於亂者。以是而已矣。比周衰以來。人主之所以可傳於後世者少也。可傳於後世者。若漢之文帝、宣帝。唐之太宗。皆可謂有美質矣。由其學不能遠而所知者陋。故足以賢於近世之庸主矣。若夫議唐虞三代之盛德。則彼烏足以云乎。由其如此。故自周衰以來千有餘年。天下之言理者亦皆卑近淺陋。以趨世主之所便。而言先王之道者。皆絀而不省。故以孔子之聖。孟子之賢。而猶不遇也。今去孔孟之時又遠矣。臣之所言。乃周衰以來千有餘年。所謂迂遠而難遵者也。然臣敢獻之於陛下者。臣觀先王之所已試。其言最近而非遠。其用最要而非迂。故不敢不以告者。此臣所以事陛下區區之志也。伏惟陛下有自然之聖質。而漸漬於道義之日。又不為不久。然臣以陛下有更制變俗比迹唐虞之志。則在得之於心。得之於心。則在學焉而已者。臣愚以謂陛下宜觀洪範、大學之所陳。知治道之所本。未在於他。觀傳說、周公之所戒。知學者非明主之所宜已也。陛下有更制變俗比迹唐虞之志。則當懇誠惻怛。以講明舊學而推廣之。務當於道德之體要。不取乎口耳之小知。不急乎朝夕之近效。復之熟之。使聖心之所存。從容於自得之地。則萬事之在於理者。未有不能盡也。能盡萬事之理。則內不累於天下之物。外不累於天下之言。然後明先王之道而行之。邪情之所不

能入也。合天下之正論而用之。邪說之所不能亂也。如是而用之以持久。資之以不息。則雖細必鉅。雖微必顯。以陛下之聰明而充之以至於從心之不踰矩。夫豈遠哉。顧勉強如何耳。夫然。故內成德化。外成法度。以發育萬物而和同天人之際。甚易也。若夫移風俗之薄惡。振綱紀之弛壞。變百司庶務之文具。屬天下之士使稱其位。理天下之財使贍其用。近者使之親附。遠者使之服從。海內之勢使之常安。則惟陛下之所欲。何求而不得。何為而不成乎。未有若是而福應不臻。而變異不消者也。如聖心之所存未及於此。內未能無秋毫之累。外未能無纖芥之蔽。則臣恐欲法先王之政。而智慮有所未審。欲用天下之智謀材諝之士。而議論有所未一。於國家天下愈甚無補。而風俗紀綱愈以衰壞也。非獨如此。自古所以安危治亂之幾。未嘗不出於此。臣幸蒙降問。言天下之細務而無益於得失之數者。非臣所以事陛下區區之志也。輒不自知其固陋。而敢言國家之大體。惟陛下審察而擇其宜。天下幸甚。

元豐間。鞏知福州。又上言曰。伏以陛下聰明睿知。天性自然。可謂有不世出之姿。自在藩邸。入承顏色。出奉朝請。怡怡翼翼。未自暇豫。至恭極孝。聞於天下。及踐大位。內事兩宮。外嚴七廟。仁被公族。德刑閨門。嬪御備官。不溢於色。音樂備數。不溺於聲。食菲衣綈。務遵節儉。臺卑圃小。無所增飾。近習無便嬖。左右無私謁。未嘗出遊幸。未嘗從畋漁。其於憂憫元元。勤勞庶政。則念慮先於兆朕。祗慎盡於纖芥。晝而訪問。至於日昃。夕而省覽。至於夜分。每群臣進見。接之禮篤而情通。凡四方奏事。莫不朝入而暮報。雖大禹之勤於邦。文王之不暇食。無以加此。其淵謀遠略。必中事幾。善訓嘉謨。可為世則者。傳聞下土。雖

僅得其一二已足以度越衆慮非可闚測可謂有君人之大德其高深閎遠則惘自晚周秦漢以來世主不能獨見於衆人之表其政治所出大抵踵襲卑陋因於世俗而已於是慨然以上追唐虞三代荒絶之迹修列先王法度之政爲其任在己可謂有出於數千載之大志變革因循號令必信使海内觀聽莫不震動羣下遵職惟恐在後可謂有能行之効蓋刻意尚行未差毫髮縉紳之士有所不能及憂勞惕勵無懈須臾又非羣臣之所能望可謂特起於三代之後非常之主也愚臣孤陋熙寧二年出通判越州因轉對幸得論事敢據經之説以誠意正心修身治國家天下之道必本於學爲獻逮今有十一年始得望穆穆之清光敢别白前説而終之臣以謂陛下有不世出之資有君人之大德與出於數千載之大志又有能行之効特越於三代之後然顧以治國家天下之道必本於學爲獻於陛下何也

蓋古之聖人雖出乎其類拔乎其萃然至其成德莫不由學故堯舜性之也而見於傳記則皆有師其史官識其行事則皆曰若稽古至於湯武身之也則湯學於伊尹武王學於太公見於詩禮孟子在商高宗得傅説爲相其命説之辭曰予小子舊學于甘盤而傅説告之則曰學于古訓乃有獲又曰惟學遜志務時敏厥修乃來又曰惟斆學半念終始典于學蓋高宗既已學于甘盤矣及傅説相之乃更丁寧反復勉之以學其要歸則以謂當終始常念于學明學蓋不可一日而廢也至於孔子之自叙則自十有五而志於學至于七十而從心所欲不踰矩夫以孔子之聖必至于學其學之漸每十年而一進至于七十矣其從心也蓋不踰矩則傅説所稱當終始常念于學者雖孔子之聖不能易也故揚子曰學之爲王者事久矣堯舜禹湯文武汲汲仲尼皇皇其已久矣聖賢之篤於學至於如此者蓋樂而不亂復而不厭者道也測之而益深窮之而益遠者聖人之言也知不足與困者學也方其始也求之貴博畜之貴多及其得之則於言也在知其要於德也在知其與能至於是矣則求之博畜之多者乃筌蹄而已所謂多聞則守之以約多見則守之以卓也如求之不博畜之不多則未有於言也能知其要未有於德也能知其與所謂寡聞則無約寡見則無卓也子貢稱孔子之學識其遠者大者則於言也能知其要於德也能知其與然後能當於孔子之所謂學也審能是則存於心者有以爲主於内天下之事雖其變無窮而吾所以待之者其應無方古之大有爲於天下者未有不出於此也堯舜湯武所以爲盛德之至孔子所以從心而不踰矩或得其行者未得其所以行得其言者未得其所以言孟子之所謂聖而不可知之謂神在是而已矣陛下萬幾之餘日引天下之士推原道德而講明其意陳六

藝載籍之文而紬繹其説博考深思無有解倦其折衷是非獨見之明老師宿儒所不能到此臣之所聞也有不世出之資與君人之大德又有出於數千載之大志特起於三代之後此臣之所知也則陛下之學已可謂至矣然臣區區敢誦經之陳言以進於左右者誠將順陛下之聖志采傅説始終典學之言觀孔子少長進學之漸以陛下之明智知言之要知德之與皆陛下之所素蓄誠以陛下之樂道而繼之以不倦以陛下之稽古而加之以不已使天性之睿智所造者益深所積者益厚日日新又日新其於自得之者非徒足以待萬事無窮之變而應之以無方天下之人必將得陛下之行者不得其所以行得陛下之言者不得其所以言堯舜湯武所以爲盛德之至孔子所以從心而不踰矩孟子所謂聖而不可知之謂神不在於陛下而孰在哉繇是斂五福之慶以大賚庶民享萬年之休以永綏方

夏。德厚於天地。名昭於日月。惟聖意之所在而已。臣愚不敏。蒙恩賜對。不敢毛舉叢細之常務。而於國家之体。肎言其遠且大者。此臣所以愛君區區之分也。伏惟留神省察。

元豐八年。守門下侍郎司馬光上哲宗孝經指解奏曰。臣竊惟自古五帝三王。未有不由學以成其聖學者。所謂學者。非誦章句習筆札作文辭也。在於正心脩身齊家治國明明德於天下也。恭惟皇帝陛下肇承基緒。雖年在幼沖。而執喪臨朝。率禮弗越。體貌尊嚴。舉止安重。顒顒卬卬。有老成之德。華夷瞻仰。無不愛戴。此乃聖性自然。不聞亦式。實天祐皇家。宗廟社稷生民之盛福也。然玉不琢不成器。人不學不知道。儻復資學問以成之。則堯舜禹湯文武何遠之有。伏見近降聖旨。過冬至開講筵。臣竊以聖人之德。無以加于孝。自天子至于庶人。莫不始於事親。終於立身揚名於後世。誠為衆所宜先也。臣鄉

不自揆。嘗撰古文孝經指解。皇祐中獻於仁宗皇帝。竊慮歲久遺失不存。今別繕寫為一册上進。伏乞聖明少賜省覽。

侍御史劉摯上奏曰。右臣竊以聖人之德。其聰睿神智。固天性之所自有。然孔子曰。吾非生而知之。好古敏以求之者也。孟子亦謂人皆有是四端。猶火之始然。泉之始達。在乎充之而已。苟不充之。將失其本然。則性雖聖人。方其始也。學問以達之。範圍以成之者。其可少哉。昔者周成王幼沖踐祚。其師保之臣。傳之德誼道之訓教者。周公召公太公其人也。夫左右之人既如此。則成王雖幼。其耳目所令。蓋無有不正者矣。我仁宗之初。亦以盛年嗣服。用李維晏殊為侍讀。馮元孫奭為侍講。惟茲數人。皆名儒宿德。極天下之選。是時方親庶政。聽斷之暇。每於雙日。召使入侍。講說經典。或讀祖宗故事。盛明之政。慶澤無窮。恭惟皇帝陛下紹膺天命。傳序統業。夫以異稟之質。夙成之善。而又上有太皇太后陛下之至仁厚德。保護開佑。所以成就者。罔不備至矣。然方春秋鼎盛。在所資養。左右前後。宜正人與居。語默見聞。宜正事是接。所以起善養源。保微慎始。尊德美而長智習。致廣大而熙光明。則勸講進讀輔導之官。其可不慎擇也哉。伏見新侍讀給事中陸佃蔡卞。皆新進少年。越次暴起。論德業則未試。語公望則素輕。使在此官。衆謂非宜。伏請罷其兼職。以允公議。仍欲望聖慈於內外兩制以上官內。別選通經術有行義忠信孝悌淳茂老成之人。以充其任。遇非聽政之日。便殿燕坐。時賜延對。使之執經誦說。陳天下之義理。古今君臣父子之道。以廣睿志。仰副善繼求治之意。臣不勝愚欵。

神宗時。王安國上師友策曰。書曰。能自得師者王。詩之序曰。自天子至於庶人。未有不須友以成者。然則師友之於人。其不可以無也如

此。夫養父母畜妻子。而衣食出於其力者。庶人之事盡此矣。其所以慮於憂患之際甚微。而猶曰須友以成。況士大夫守宗廟朝廷之事甚衆。則不可以無友。士大夫尚然。又況諸侯守一國之大乎。至於天子之勢。大於諸侯。則猶不可以不學。無師友也。湯之於伊尹。文武之於太公望。高宗之於甘盤。皆上盡惻怛以求於下。而下之自重不可以詘者。豈以其道德足以驕上哉。蓋以為所以望於吾者以道德。而其求也不勤。則其聽也不一。故君之於臣也忘其貴。臣之於君也忘其賤。論道德於君臣之際而無貴賤者。此天下國家之所以治也。記曰。取人以身。脩身以道。夫脩身至於足以取人者。學之効也。而果可以不學於師友乎。夫以四海九州之民。屬於一人之治。聰明不足以當萬事之視聽。操天下之要者取人而已。果可以不學於師友乎。自先王之澤竭。而禮義詘乎戰國之俗。權使天下之士。而君臣之際形

隔勢絕師友之道。遂湮滅不聞於後世。雖有學於其臣者，豈復有懇惻之心哉。夫治亂之幾，出乎此。而世俗之談者不能推見本末。徒以其事之末者甚淺而易見。而安知夫効於本者如此。有天下者可不戒哉。

哲宗元祐元年，崇政殿說書程頤上宣仁皇后書曰。臣愚鄙之人，自少不喜進取。以讀書求道為事，于茲幾三十年矣。當英祖朝，曁神宗之初，屢爲當塗者稱薦。臣於斯時，自顧學之不足。不願仕也。及皇帝陛下嗣位，太皇太后臨朝，求賢願治。大臣上体聖意，授揚巖穴，首及微賤。蒙恩除西京學官。臣於斯時，未有意於仕也。辭避方再，而遽有召命。臣門下學者促臣行者半。勸臣勿行者半。促臣行者則曰。君命召，禮不俟駕。勸臣勿行者則曰。古之儒者，召之則不往。臣以爲召而不往。惟子思孟軻則可。蓋二人者處賓師之位。不往，所以規其君也。已之

微賤，食土之毛而爲王民，召而不至，邦有常憲。是以奔走應命，到闕蒙恩授以館職。方以義辭。遂蒙召對。臣於斯時，尚未有意於仕也。進至簾前，咫尺天光。未嘗敢以一言及朝政。陛下視臣豈求進者哉。既而親奉德音，擢置經筵。事出望外，惘然驚惕。臣竊内思，儒者得以道學輔人主，蓋非常之遇。使臣自擇所處，亦無過於此矣。臣於斯時，雖以不才而辭。然許國之心實已萌矣。尚慮陛下貪賢樂善，果於取人，知之或未審也。故又進其狂言以覬詳察。曰。如小有可用，則敢不就職。或狂妄無取，則乞聽辭避。章再上，再命祗受。是陛下不以爲妄也。臣於是受命供職而來。夙夜畢精竭慮，惟欲主上德如堯舜。異日天下享堯舜之治，廟社固無窮之基。乃臣之心也。臣本山野之人。稟性朴直。言辭鄙拙。則有之矣。至於愛君之心，事君之禮，告君之道，敢有不盡。上賴聖明可以照鑒。臣自惟至愚，蒙陛下特達之知，遭遇如此，願

効區區之誠，庶幾毫髮之補。惟陛下留意省覽。不勝幸甚。伏以太皇太后陛下。心存至公。躬行大道。開納忠言。委用耆德。不止維持大業，且欲興致大平。前代英主所不及也。但能日慎一日，天下之事不足慮也。臣以爲今日至大至急，爲宗社生靈久長之計，惟是輔養上德而已。歷觀前古輔養幼主之道，莫備於周公。周公之爲，萬世之法也。臣願陛下擴高世之見。以聖人之言爲可必信，先王之道爲可必行。勿狃滯於近規，勿遷惑於衆口。古人所謂周公豈欺我哉。周公作立政之書，舉言常伯常任至於綴衣虎賁，以爲知恤益者鮮。一篇之中，丁寧重複，惟在此一事而已。書又曰。僕臣正，厥后克正。又曰。后德惟臣。不德惟臣。又曰。侍御僕從，罔匪正人。以旦夕承弼厥辟。出入起居，罔有不欽。是古人之意，人主跬步不可離正人也。蓋所以涵養氣質，薰陶德性。故能習與智長，化與心成。後世不復知此。以爲人主就學，

所以涉書史，覽古今也。不知涉書史，覽古今，乃一端爾。若止於如是，則能文宮人，可以備勸講。知書内侍，可以充輔道。何用置官設職，精求賢德哉。大抵人主受天之命，稟賦自殊。歷考前史，帝王才質，鮮不過人。然而完德有道之君至少，其故何哉。皆輔養不得其道，而位勢使之然也。伏惟皇帝陛下天資粹美，德性仁厚，必爲有宋令主。但恨輔養之道有未至爾。臣供職已來，六侍講筵，但見諸臣拱手默坐，當講者立案傍，解釋數行而退。如此，雖弥年積歲，所益幾何。與周公輔養成王之道，殊不同矣。或以爲主上方幼，且當如此，此不知本之論也。古人生子能食能言而教之。大學之法，以豫爲先。人之幼也，知思未有所主，便當以格言至論日陳於前。雖未曉知，且當薰聒，使盈耳充腹。久自安習，若固有之。雖以他言惑之，不能入也。若爲之不豫，及乎稍長，私意偏好生於内，衆口辯言鑠於外，欲其純完，不可得也。故

所急在先。豈有太早者乎。或又以為主上天資至美。自無違道。不須過慮。此尤非至論。夫聖莫聖於舜。而禹皋陶未嘗忘規戒。至曰無若丹朱好慢遊作傲虐。且舜之不為慢遊傲虐。雖至愚亦當知之。豈禹而不知乎。蓋處崇高之位。儆戒之道。不得不如是也。且人心豈有常哉。以唐太宗之英睿。躬歷艱難。力平禍亂。年亦長矣。始惡隋煬侈麗。毀其層觀廣殿。不六七年。復欲治乾陽殿。是人心果可常乎。所以聖賢雖明盛之際。不廢規戒。為慮豈不深遠也哉。況沖幼之君。閑邪拂違之道。可少懈乎。伏自四月末間以暑熱罷講。比至中秋。蓋踰三月。古人欲旦夕承弼出入起居。而今乃三月不一見儒臣。何其與古人之意異也。今士大夫家子弟。亦不肯使經時累月不親儒士。初秋漸涼。臣欲乞於內殿或後苑清涼處。召見當日講官。俾陳說道義。縱然未有深益。亦使天下知太皇太后用意如此。又一人獨對。與衆見

不同。自然情意易通。不三五次。便當習熟。若不如此漸致。待其自然。是輔道官都不為力。將安用之。將來伏假既開。且乞依舊輪次直日。所貴常得一員獨對。開發之道。蓋自有方。朋習之益。最為至切。故周公輔成王。使伯禽與之處。聖人所為。必無不當。真廟使蔡伯希侍仁宗。乃師古也。臣欲乞擇臣僚家子弟十歲已上十二已下端謹穎悟者三人。侍上左右。上所讀之書。亦使讀之。辨色則入。昏而罷歸。常令二人入侍。一人更休。每人擇有年宮人內臣二人隨逐看承。不得暫離。常情笑語。亦勿禁止。唯須言語必正。舉動必莊。仍使日至資善堂呈所習業。講官常加教導。使知嚴憚。年纔十三。使令罷去。歲月之間。自覺其益。自來宰臣十日一至經筵。亦止於默坐而已。又聞日講讀則史官一人立侍。史官之職。言動必書。施於視政時則可。經筵講說之所。乃燕處也。主上方開學之初。宜心泰体舒。乃能悅懌。今則前對

大臣。動虞有失。傍立史官。言出輒書。使上欲遊其志得乎。欲發於言敢乎。深妨問學。不得不改。欲乞特降指揮。宰臣一月兩次與文彥博同赴經筵。遇宰臣赴日。即乞就崇政殿講說。因令史官入侍。崇政殿說書之職。置來已久。乃是講說之所。漢唐命儒士講論。亦多在殿上。蓋故事也。邇英迫狹。講讀官內臣近三十人在其中。四月間尚未甚熱。而講官已流汗。況主上氣体嫩弱。豈得為便。春夏之際。人氣蒸薄。深可慮也。祖宗之時。偶然在彼。執為典故。殊無義理。欲乞今後只於延和殿講讀。後楹垂簾。簾前置御座。太皇太后每遇政事稀簡。聖体康和時。至簾下觀講官進說。不惟省察主上進業。於陛下聖聰。未必無補。兼講官輔導之間。事意不少。有當奏稟。便得上聞。亦不可煩勞聖躬。限以日數。但旬月之間。意適則往可也。今講讀官共五人。四人皆兼要職。獨臣不領別官。近復差修國子監太學條制。是亦兼他職

也。乃無一人專職輔導者。執政之意可見也。蓋惜人才不欲使之閑耳。又以為雖兼他職。不妨講讀。此尤不思之甚也。不敢言告君之道。只以告衆人言之。夫告於人者。非積其誠意。不能感而入也。故聖人以蒲盧喻教。謂以誠化之也。今夫鍾。怒而擊之則武。悲而擊之則哀。誠意之感而入也。告於人亦如是。古人所以齋戒而告君者。何謂也。臣前後兩得進講。未嘗敢不宿齋豫戒。潛思存誠。覬感動於上心。若使營營於職事。紛紛其思慮。待至上前。然後善其辭說。徒以頰舌感人。不亦淺乎。此理非知學者不能曉也。道衰學廢。世俗何嘗聞此。雖聞之。必以為迂誕。陛下高識遠見。當蒙鑒知。以朝廷之大。人主之尊。置二三臣專職輔導。極非過當。今諸臣所兼皆要官。若未能遽罷。且乞免臣修國子監條制。俾臣夙夜精思竭誠。專在輔道。不惟專其任。當然。且使天下知朝廷以為重事。不以為閑所也。陛下擢臣於草野之

中。蓋以其讀聖人書，聞聖人道。臣敢不以其所學上報聖明。竊以聖人之學不傳久矣。臣幸得之於遺經。不自度量，以身任道。天下駭笑者雖多。而近年信從者亦衆。方將區區駕其說以示學者，覬能傳於後世。不虞天幸之至。得備講說於人主之側。使臣得以聖人之學上沃聖聰。則聖人之道，有可行之望。豈獨臣之幸哉。如陛下未以臣言為信。何不一賜訪問。臣當陳聖學之端緒。發至道之淵微。陛下聖鑒高明。必蒙照納。如其妄偽。願從誅殛。臣愚無任懇悃惶懼待罪之至。

頤又奏曰。臣頤傾竭愚誠。冒聞天聽。狂妄之誅。非所敢避。伏念臣章萊賤士。蒙陛下拔擢寘之勸講之列。夙夜畢精竭慮。思所以補報萬一。昨於去年六月中。嘗有奏陳。言輔道人主之事。已踰半年。不蒙施行一事。臣愚切思所言甚多。如皆不可用。其狂妄亦甚矣。雖朝廷寬大。不欲以言罪人。然主上春秋方富。宜親道德之士。豈可以狂妄之人寘之左右。臣彷徨疑慮。不能自已。況臣所言。非出己意。皆先王之法。祖宗之舊。不應無一事合聖心者。臣竊疑文字煩多。陛下不能詳覽。或雖蒙覽而未察愚意。臣不敢一一再言。止取一事最切者。復為陛下陳之。臣前上言乞於延和殿講讀。太皇太后每遇政事稀簡。聖體康和時。至簾下觀講官進說。不惟省察主上進業。於陛下聖聰。未必無補。兼講官輔道之間事意不少。有當奏稟。便得上聞。臣今思之。太皇太后雙日垂簾聽政。隻日若更親臨講讀。亦恐煩勞聖躬。欲乞只就垂簾日聽政罷。聖体不倦時。名當日講官至簾前。問當主上進業次第。講說所至。如何開益。使天下知陛下於輔養人主之道。用意如此。延對儒臣。自古以為美事。陛下試從臣言。後當知其不謬。此一時之事。且非定制。如其無益。罷之何晚。自來經筵賜坐啜茶。蓋人主崇儒重道之体。今太皇太后省察主上進業。雖或使之講說。亦無此

禮。臣所以再言此一事者。蓋輔道之間。有當奏知之事。無由上達。若得時至簾前。可以陳說。所繫甚大。此下必謂主上幼沖。間日講讀足矣。更無他事。此甚不然。蓋從前不曾有為陛下極陳輔養少主之道者。故陛下未深思爾。願陛下聖明。不以臣之微賤而忽其言。察臣區區之心。豈有他哉。惟欲有補於人主爾。臣披瀝肝膽。言盡於此。伏望聖慈采納。天下幸甚。

頤又奏曰。臣昨日上殿。面奉德音。除臣崇政殿說書。臣雖瀝懇辭遜。不蒙俞允。臣竊有愚誠。昧死上聞天聽。竊以知人則哲。帝堯所難。雖陛下聖鑒之明。然臣方獲進對於咫刻之間。陛下見其何者。遽加擢任。今取臣於畎畝之中。驟寘經筵。蓋非常之舉。朝廷責其報效。天下之所觀矚。苟或不當。則失望於今。而貽譏於後。可不謹哉。臣未敢必辭。只乞再令臣上殿進劄子三道。言經筵事。所言而是。則陛下用臣為不誤。臣之受命為無愧。所言而非。是臣才不足用也。固可聽其辭避。如此。則朝廷無舉動之過。愚臣得去就之宜。伏望聖慈特賜俞允。

其一曰。臣伏觀自古人君守成而致盛治者。莫如周成王。成王之所以成德。由周公之輔養。昔者周公輔成王。幼而習之。所見必正事。所聞必正言。左右前後皆正人。故習與智長。化與心成。今士大夫家善教子弟者。亦必延明德端方之士。與之居處。使之薰染成性。故曰少成若天性。習慣如自然。伏以皇帝陛下春秋之富。雖睿聖之資得於天禀。而輔養之道不可不至。所謂輔養之道。非謂告詔以言。過而後諫也。在涵養薰陶而已。大率一日之中。接賢士大夫之時多。親寺人宮女之時少。則自然氣質變化。德器成就。欲乞朝廷慎選賢德之士以侍勸講。講讀既罷。常留二人直日。夜則一人直宿。以備訪問。皇帝習讀之暇。游息之間。時於內殿召見。從容宴語。不獨漸磨道義。至於

人情物態稼穡艱難積久自然通達比之常在深宫之中爲益豈不甚大竊聞間日一開經筵講讀數行羣官列侍儼然而退情意略不相接如此而責輔養之功不亦難乎今主上沖幼太皇太后慈愛亦未敢便乞頻出但時見講官久則自然接熟大抵與近習處久熟則生褻慢與賢士大夫處久熟則生敬愛此所以養成聖德爲宗社生靈之福天下之事無急於此其二曰臣聞三代之時人君必有師傅保之官師道之教訓傅傅其德義保保其身體後世作事無本知求治而不知正君知規過而不知養德傅德義之道固已踈矣保身體之法復無聞焉伏惟太皇太后陛下聰明睿哲超越前古皇帝陛下春秋之富輔養之道當法先王臣以爲傅德義者在乎防見聞之非節嗜好之過保身體者在乎適起居之宜存畏愼之心臣欲乞皇帝左右扶侍祗應宫人内臣並選年四十五已上厚重小心之人服用

器玩皆須質朴應華巧奢麗之物不得至於上前要在侈靡之物不接於目淺俗之言不入於耳及乞擇内臣十人充經筵祗應以伺候皇帝起居凡動息必使經筵官知之有翦桐之戲則隨事箴規違持養之方則應時諫止調護聖躬莫過於此其三曰臣竊以人主居崇高之位持威福之柄百官畏懾莫敢仰視萬方承奉所欲隨得苟非知道畏義所養如此其惑可知中常之君無不驕肆英明之主自然滿假此古同患治亂所繫也故周公告成王稱前王之德以寅畏祗懼爲首從古已來未有不尊賢畏相而能成其聖者也皇帝陛下未親庶政方專問學臣以爲輔養聖德莫先寅恭動容周旋當主於此歲月積習自成聖性臣竊聞經筵臣僚侍者皆坐而講者獨立於禮爲悖欲乞今後特令坐講不惟義理爲順所以養主上尊儒重道之心

二年又乞遇六參日許講讀官上殿奏曰臣竊以朝廷置勸講之官輔導人主豈止講明經義所以薫陶性質古所謂承弼厥辟出入起居者固宜朝夕納誨以輔上德自來暑熱罷講直至中秋方御經筵數月之間講讀官無由進見夫以文武之齊聖欲旦夕承弼今乃數月不接儒臣甚非先王輔導養德之意方主上春秋之富輔養之道豈可踈略如此臣欲乞未御講筵間每遇六參日宰臣奏事退許講讀官上殿問聖體數日一對儒臣不唯有益人主在勸講之臣禮亦當然伏望聖慈特賜俞允

歷代名臣奏議卷之六

歷代名臣奏議卷之七

聖學

宋哲宗元祐二年。平章軍國重事文彥博進尚書孝經解奏曰。臣伏以皇帝陛下。間日御邇英閣。令講官講尚書。又閣之南壁。張孝經圖。出入觀覽。有以見陛下祖述堯舜憲章文武。以至德要道孝治天下。臣今輙於尚書諸篇中節錄十篇及孝經諸章中節錄六章進上。以備禁中清閒之暇。研究義味。或時令講官節錄疏義進入。上資聖德稽古求治之意。臣伏讀尚書序云。孔子生於周末。覩史籍之煩文。懼覽之者不一。遂乃討論墳典。斷自唐虞以下。訖于周。舉其宏綱。撮其機要。典謨訓誥之文。凡百篇。所以恢宏至道。示人主以軌範也。帝王之制。坦然明白。以其上古之書。謂之尚書。然則後代聖帝明王。莫不祖述。實為大訓。恭以皇帝陛下。聰明文思。稽考古道。日御邇英延訪經義。方命講官講解尚書。孜孜不倦。所以聖德日新。比隆堯舜。臣以叨侍經筵。輙於尚書三十二篇采其切於資益聖治宜於重複溫故者。凡十篇錄進。篇別有後序。所以發明本篇之大旨。所冀便於乙夜之觀。

堯典。堯之聖德。蕩蕩難名。而此篇極簡要。亦仲尼舉宏綱撮機要之理。如篇之所載者。克明俊德。以親九族。平章百姓。協和萬邦。分命羲和。典掌四時。使民務農。利用厚生。允釐百工。庶績咸熙。斯皆後世聖帝明王所宜祖述而模範之。臨文而三復之。故摘其目以敘之。

舜典。虞舜之德。重華協帝。故列于二典。後世作者。雖三王之盛。不可及矣。篇之所載。命禹作司空。而下至於四岳十二牧。官得其人。庶績咸治。流放共工驩兜竄三苗殛鯀四凶人而天下咸服。故曰。舜有大功二十。茲所以重華協帝。

大禹謨。禹稷皋陶共事。舜帝君臣同寅。咸有一德。故矢厥謨。成厥功。曰俞。曰都。乃君唱臣和之美。其謨則有后克艱厥后。臣克艱厥臣。罔遊于逸。罔淫于樂。任賢勿貳。去邪勿疑。罔咈百姓以從己欲。斯皆上下交儆以成聖功。舜禹之所以為聖帝明王以此。

皋陶謨。皋陶曰。允迪厥德。謨明弼諧。禹曰。俞。如何。皋陶曰。都。慎厥身修。思永。禹拜昌言曰。俞。皋陶曰。在知人。在安民。知人則哲。能官人。安民則惠。黎民懷之。臣以舜禹之時。君臣謨議之協恭。後王所宜為法。

益稷。此篇所載禹戒舜曰。慎乃在位。帝曰。俞。然禹言受其戒。禹曰。安汝止。惟幾惟康。帝曰。吁。臣哉鄰哉。鄰哉臣哉。禹曰。帝庸作歌曰。元首叢脞哉。股肱惰哉。萬事墮哉。帝拜曰。俞。臣謂斯言可為深戒。

伊訓。篇云。嗚呼。先王肇修人紀。從諫弗咈。先民時若。居上克明。為下克忠。惟上帝不常。作善降之百祥。作不善降之百殃。臣以尹之斯言。愛其君忠於國。可謂至矣。有臣如此。時君固當尊禮其人。信受其訓。

洪範。天地之大法。其類有九。而敬用五事。曰貌言視聽思。茲乃人君尤當慎思之。蓋人君言動。則左右史書之。為法不可不慎也。故臣以此篇五事為重。

無逸。此篇周公以戒成王曰。君子所其無逸。先知稼穡之艱難。文王不敢盤于遊田。以庶邦惟正之供。自今嗣王其無淫于觀。于逸。于遊。于田。故成王服其訓戒。乃為令王。至唐開元中。作無逸圖。置於禁中。出入省覽。以為龜鑑。臣亦嘗錄此篇為圖以進。以助聖覽。伏望曲留睿意。

立政周公告于成王曰。王左右常伯常任準人。自今立政。其勿以憸人。其惟吉士。蓋有天下國家所切者任人。得賢則治。非賢則亂。

周官王曰。若昔大猷。制治于未亂。保邦于未危。唐虞稽古。建官惟百。夏商官倍。亦克用乂。明王立政。不惟其官。惟其人。又戒庶官欽乃攸司。慎乃出令。以公滅私。民其允懷。推賢讓能。庶官乃和。不和政厖。舉能其官。惟爾之能。稱匪其人。惟爾不任。成王稽古建官。為治之本。後之帝王。所宜詳慎。

孝經圖。臣以官忝師保。得侍邇英。伏覩閣中有仁祖命學士蔡襄所書孝經圖。張於南壁。以便觀覽。有以見仁祖孝德在躬。推廣以及天下。恭以皇帝陛下天資聖德。行在孝經。嘗閣令講官備錄經義。進於禁中。臣以伏望陛下日省而時思之。

彥博又進尚書二典儀劄子曰。臣伏覩尚書序曰。仲尼討論墳典。斷自唐虞以下。訖於周。所以堯舜二典為書之首篇。垂世立教。示人主以軌範。帝王之制。坦然明白。可舉而行。堯舜二典並云曰若稽古帝堯帝舜。以謂二帝並能順考古道而行之。乃知人主之聖。必由稽古。恭惟皇帝陛下。日御經筵。集講官說尚書。蓋聰明文思。稽考古道。垂意於安天下之安。天下之幸甚。臣以衰殘忝任保傅。得侍經閣。為幸已深。又不自揆。輒於二典之中采掇事義數條。兼以訓傳。或理有切近治體。亦以愚短之議附之。庶幾粗有所補。夫以齊之霸國。而孟軻陳堯舜之道於齊王之前。欲勉進之。今臣遭堯舜之時。陳堯舜之道。固其宜矣。臣愚不勝區區之誠。謹錄以上進。

堯典曰。乃命羲和。欽若昊天。敬授人時。　分命羲仲宅嵎夷曰暘谷。平秩東作。　申命羲叔宅南交。平秩南訛。敬致。　分命和仲宅西曰昧谷。平秩西成。　申命和叔宅朔方。平在朔易。

臣按帝堯上以敬順天命。下以恭授人時。使此羲和氏之四人。各居其方。以布四時之令。春序其農疇興作之功。夏致其生物化育之事。秋秩其百穀收成之宜。冬察其一歲豐儉之實。吏久於職官修其方。民變時雍。庶績咸治。帝乃命舜歷試諸難。

舜典曰。欽哉欽哉。惟刑之恤哉。　流共工于幽州。放驩兜于崇山。竄三苗于三危。殛鯀于羽山。四罪而天下咸服。　舜曰。咨四岳。有能奮庸熙帝之載。使宅百揆。亮采惠疇。僉曰。伯禹作司空。帝曰俞。咨禹。汝平水土。惟時懋哉。　帝曰。棄。黎民阻飢。汝后稷播時百穀。　帝曰。契。百姓不親。五品不遜。汝作司徒。敬敷五教在寬。　帝曰。皋陶。蠻夷猾夏。寇賊姦宄。汝作士。五刑有服。　帝曰。疇若予工。僉曰垂哉。帝曰俞。咨垂。爾作共工。　帝曰。疇若予上下草木鳥獸。僉曰益哉。帝曰俞。咨益。汝作朕虞。　帝曰。咨四岳。有能典朕三禮。僉曰伯夷。帝曰俞。咨伯。汝作秩宗。　帝曰。夔。命汝典樂。教胄子。　帝曰。龍。朕堲讒說殄行。震驚朕師。汝作納言。出納朕命惟允。　帝曰。咨汝二十有二人。欽哉。惟時亮天功。三載考績。三考黜陟幽明。庶績咸熙。

臣按舜既紹堯熙帝之載。以謂治天下者必先任人。人有善惡。必先審知。故曰在知人。在安民。故曰知人則哲。安民則惠。黎民懷之。苟不知人。則賢愚善惡混淆。不分。蓋善惡不可並用。惡人道長。則善人道消。當須屏去姦惡。可以登用善良。故其始也。先去四凶而天下服。然後咨詢岳牧。而用禹稷皋夔而下二十有二人。天下大治。又命龍作納言。戒勑之曰。朕堲讒說殄行震驚朕師。汝作納言夙夜出納朕命惟允。讒邪之人。尊在諸毀善良舜深疾之。納言喉舌之官出納王命必在忠信。故舜受命而切戒之。隋唐以來納言之名不改。隸門下省。至於本朝頗循唐制。以侍中爲門下省官長。侍郎爲貳。並爲執政官。所選益重。必協僉論。又曰。三載考績三考黜陟幽明。古之任官必在於久。久則有功可以考其績効故先朝之法省寺監官並以三年爲任。循古之義法也。義當遵守。如其藉才不次任用。則難拘常制。臣學術荒淺不足以發明但以狂言聖擇。冀有少補。

彥博又進漢唐故事疏曰。臣近者竊聞聖旨令經筵官間日進漢唐故事各一件。以備御覽。有以見聖德稽古求理之切。臣忝預經筵。固當粗有裨補。輒亦於漢唐史中節録得數事繕寫進呈。伏望聖慈采覽。

漢文帝紀贊曰。孝文皇帝宮室苑囿車騎服御無所增益。有不便。輒弛以利民。嘗欲作露臺召匠計之。直百金。上曰。百金中人十家之産也吾奉先帝宮室常恐羞之。何以臺爲。身衣弋綈。（弋黑色。綈厚繒。）帷帳無文繡以示敦朴爲天下先。專務以德化民是以海内豐富興於禮義。斷獄數百幾至刑措。嗚呼仁哉。

漢武帝問東方朔曰。吾欲化民。豈有道乎。朔對曰。堯舜禹湯文武成康。上古之事經歷數千載尚難言也臣不敢陳。近述孝文皇帝之時當世耆老皆聞見之。貴爲天子。富有四海。身衣弋綈足履革舃。（師古曰。革。生皮也。韋言熟革也。）以韋帶劍莞蒲爲席。（師古曰。莞。今謂之葱蒲。以莞蒲爲席。尚質也。）兵木爲刃。（服虔曰。兵器如木而無刃。言不大治兵器也。）衣縕無文。（師古曰。縕。亂如絮也。言內有亂絮。上無文采也。）集上書囊以爲殿帷。（師古曰。集。謂合聚也。）以道德爲麗。以仁義爲準。（師古曰。麗美也。準平也。）於是天下望風成俗昭然化也。

漢丞相王嘉上疏言孝文帝時吏居官者或長子孫以官爲倉氏庾氏。則倉庾吏之後也其二千石長吏亦安官樂職然後上下無苟且之意。其後稍稍變易。公卿以下轉相促急。又數以改更政事。司隸部刺史察過悉劾發揚陰私。（悉。盡也。言大小盡皆舉劾過於所察之條。）吏或居數月而退。送故迎新。交錯道路。中材苟容求全。下材懷危內顧。一切營私者多。二千石益輕賤。吏人慢易之。或至上書章下。（條其所上之章而下令理之。）衆庶知其易危。（言易可傾危。）小失意則有離判之心。

漢宣帝謂太守吏民之本。數變易則下不安。民知其將久不可欺罔。乃從其教化。故二千石有治效輒以璽書勉勵增秩賜金。或爵至關內侯。公卿缺則選諸所表以次用之。（師古曰。所表謂增秩賜金爵也。）是故漢世良吏於是爲盛。稱中興焉。

臣近曾上言。乞刺史縣令須滿三年一替。及尚書吏戶刑三部

郎官職務尤重。須令久任。此皆治古之法。兼先朝亦不令速遷。

漢賈誼云。今民賣僮者。（如淳曰。僮。謂隸妾也。）爲之繡衣絲履偏諸緣。（服虔曰。如牙條以作履緣。師古曰。偏諸。若今之織成以爲要襻及褾領者也。古謂之車馬裙。其上爲乘車及騎從之象也。）內之閑中。（服虔曰。賣奴婢闌。）是古天子服所以廟而不宴者也。（師古曰。入廟則服之。宴處則不著。蓋貴之也。）而庶人得以衣婢妾。白縠之表。薄紈之裏。緁以偏諸。（音妾。謂以偏諸緁著衣也。師古曰。緁。音妾。謂以編諸緁。音步千反。）美者黼繡。（師古曰。黼者。織爲斧形。繡者。刺爲衆文。）是古天子之服。今富人大賈嘉會召客者以被牆。古者以奉一帝一后而節適。今庶人屋壁得爲帝服。倡優下賤得爲后飾。然而天下不屈者殆未有也。（師古曰。屈謂財力盡也。）且帝之身自衣皁綈。而富民牆屋被文繡。天子之后以緣其領。庶人孽妾緣其履。（師古曰。孽。謂庶賤者。）此臣所謂舛也。夫百人作之不能衣一人。欲天下亡寒。胡可得也。一人耕之。十人聚而食之。欲天下亡飢。不可得也。飢寒切於民之肌膚。欲其亡爲姦

邪不可得也。國已屈矣，盜賊直須時耳。然而獻計者曰毋動，(師古曰：言天下安，不可動搖。)為大耳。(如淳曰：好為大語者。)夫俗至大不敬也，至亡等也，(師古曰：無尊卑之等。)至冒上也。(師古曰：冒，犯也。)進計者猶曰毋為，可為長太息者此也。

臣近曾上章，以風俗僭侈，乞檢舉制度，使上下不僭侈，務節儉，蓋富民之本在於節儉。民富矣，君孰與不足？致太平之風，無出此道。雖聞已有施行，更望聖慈垂意。

唐太宗問褚遂良曰：舜造漆器，禹雕其俎，當時諫舜禹者十餘人，食器之間，苦諫何也？遂良對曰：雕琢害農事，纂組傷女工。首創奢淫，危亡之漸。漆器不已，必金為之；金器不已，必玉為之。所以諍臣必諫其漸，及其滿盈，無所復諫。太宗以為然，因言夫為人君不憂萬姓，而事奢淫，危亡之機，可反掌而待也。

唐太宗謂侍臣曰：夫以銅為鏡，可以正衣冠；以古為鏡，可以知興

替；以人為鏡，可以明得失。朕常保此三鏡，以防己過。今魏徵殂逝，遂亡一鏡矣。

唐史論魏徵與文皇討論政術，往復應對，凡數十萬言。其救過弼違，能近取譬，其實根於道義，發為律度。身正而心勁，上不負時主，下不阿權倖，中不私親族，外不為朋黨，不以逢時改節，不以圖位賣忠。所載章疏四篇，在徵本傳，可為萬代王者法。

唐明皇先天元年，大獵于渭川，侍中魏知古獻詩一篇曰：嘗聞夏太康，五子訓禽荒。我后來冬狩，三驅盛禮張。順時鷹隼擊，講事武功揚。奔走未及反，翾飛豈暇翔。非熊從渭水，瑞翟想陳倉。此欲誠難縱，茲遊不可常。子雲陳羽獵，僖伯諫漁棠。得失鑒齊楚，仁恩念禹湯。咸熙諒在宥，亭毒匪多傷。辛甲今為史，虞箴遂孔彰。明皇嘉之，手制詔曰：夫詩者，志之所之，以寫心懷，實可諷諭人主。是故揚雄陳羽獵，馬卿賦上林。爰自風雅，率由茲道。朕頃自溫泉，觀省風俗，時因暇景，掩渭而畋，方開一面之羅，或亦三驅之禮。躬親校獵，聊以從禽。卿遂有箴規，正予不逮，自非誠欵夙著，孰能繼於此耶？賜物五十段。

唐穆宗嘗謂侍臣曰：國家貞觀中，文皇帝躬行帝道，治致昇平。及神龍、景龍之間，繼有內難。明皇平定，而興復不易，而聲名最盛，歷年長久，何道而然？宰相崔植對曰：前代創業之君，多起自人間，知百姓疾苦。初承丕業，皆能厲精思理。太宗文皇帝特稟上聖之姿，同符堯舜之道。是以貞觀一朝，四海寧晏。有房玄齡、杜如晦、魏徵、王珪之屬為輔佐股肱。君明臣忠，事無不理。聖賢相遇，固宜如此。明皇守文繼体，嘗經天后朝艱危，開元初得姚崇、宋璟委之為政。此二人者，天生俊傑，動必推公，夙夜孜孜，致君於道。璟嘗手寫尚

書無逸一篇，為圖以獻。明皇置之內殿，出入觀省，咸記在心，每歎古人至言，後代莫及，故任賢戒欲，心歸沖漠。開元之末，因無逸圖朽壞，始以山水圖代之。自後既無座右箴規，又信奸臣用事，天寶之世，稍倦於勤，王道于斯缺矣。建中初，德宗皇帝嘗問先臣祐甫開元、天寶治亂之殊。先臣具陳本末。臣在童丱，即聞其說。信知古人以韋弦作戒，其益宏多。陛下既虛心履道，亦望以無逸為元龜，則天下幸甚。穆宗善其對。

臣恭以仁宗皇帝聖德勤儉，因御前親試進士，以無逸為元龜為賦題，乃知聖意兩存深遠。

盧懷慎景龍中上疏，其一曰：臣聞孔子曰：為邦百年，可以勝殘去殺。又曰：苟有用我者，朞月而已，三年有成。尚書云：三載考績，校其功也。昔子產相鄭，更法令，布刑書，一年而人歌之曰：取我田疇而

伍之取我衣冠而褚之孰殺子產吾其與之三年而人又歌之曰我有子弟子產教之我有田疇子產殖之子產而死誰其嗣之終有遺愛流芳史策子產賢者也其為政尚累年而化成況其常才乎臣竊見比來州牧上佐及兩畿縣令下車布政罕終四考在任多者一二年少者三五月遽即遷除不論課最或有歷時未改便傾耳而聽企踵而望爭求冒進不顧廉恥亦何暇為陛下宣風布化求瘼恤人哉禮義未能興行風俗未能齊一戶口所以流散倉庫所以虛空百姓凋弊日更滋甚職為此也何則人知吏之不久則不從其教吏知遷之不遠又不盡其力偷安爵祿但養資望陛下雖勤勞之懷宵衣旰食然僥倖路啓上下相蒙共為苟且而已寧盡至公乎此國之病也此賈誼所謂蹠盭之病乃小小者耳此弊久而不革臣恐為膏肓雖和緩不能瘳豈蹠盭而已哉漢宣帝

總覈名實興理至化黃霸良二千石也就增秩賜金以旌其能而不還於潁川前代之美又古之為吏長子孫倉氏庾氏即其後也書云事不師古以克永世匪說攸聞臣請諸州都督刺史上佐及兩畿縣令等在任未經四考以上許遷察其課効尤異者或錫以車裘或就加祿秩或降使臨問并璽書慰勉若公卿有闕則擢以勸能其政績無聞及犯貪暴者免歸田里以明聖朝賞罰之信則萬方之人一變於道矣致此之義革彼之弊易於反掌陛下何惜而不行哉

三年著作郎兼侍講范祖禹進經書要言奏曰臣近於邇英閣進講嘗指陳尚書要切之語望陛下因習筆札書之以置坐右臣退而伏思古之人君雖在閒燕之中出入起居必存儆戒左右前後動有箴規所以正心脩身自彊於德以舜之聖而益戒之曰罔失法度罔遊于逸罔淫于樂禹戒之曰無若丹朱傲湯有盤銘武王於席之四端為銘於几杖為銘於衣帶為銘於履屨為銘於觴豆為銘於戶牖為銘舜湯武王其自脩如此而況於後世之君乎今陛下纂承聖日勤問學若於翰墨之際不出聖人之經略舉要言以為明鑒置之左右朝夕觀省與夫舜禹之戒湯武之銘其揆一也臣職在勸講無補毫分苟有愚見不敢不盡謹節略尚書論語孝經要切之語訓戒之言得二百一十九事以備聖札所冀陛下手書之目視之心存之庶可以少助進德之萬一臣不勝拳拳之愚干冒宸嚴臣無任惶懼之至

祖禹又進古文孝經說奏曰臣伏覩國史章獻明肅太后嘗命侍讀宋綬擇前代文字可以資孝養補政治者以備仁宗觀覽臣職勸講雖不足以跂望前人髣髴然區區忠益敢不盡愚竊以聖人之行莫

先於孝書先於孝經有古文有今文今文即唐明皇所注十八章古文凡二十二章由漢以來唯孔安國馬融為之傳自餘諸儒多疑之故學者罕習仁宗朝司馬光在館閣為古文指解一卷表上之臣竊考二書雖不同者無幾然古文實得其正故嘗妄以所見又為之說非敢好異尚同庶因聖言少闡省覽伏惟陛下方以孝治天下此乃羣經之首萬行之宗儻留聖心則天下幸甚其古文孝經說謹繕寫為一冊上進干冒宸嚴臣無任惶懼之至

祖禹又進勸學疏曰臣不侍經席已踰兩月陛下深居閒燕聖學日勤然臣等無由罄竭愚短補助萬一昔唐憲宗不對學士兩月李絳奏曰為臣等竊祿偷安之計則便矣其如陛下何今臣之愚竊欲陛下以學為急故敢略陳一二惟陛下留聽臣聞孔子曰學如不及猶恐失之揚雄曰學之為王者事其已久矣堯舜禹湯文武汲汲仲尼

皇皇其已久矣。夫學者所以學治天下主者之事也。故自堯舜禹湯文武之君皆汲汲於學。仲尼雖聖亦皇皇有所不暇。此聖人所以不可及也。後世繼体守文之君生而驕逸不能務學。忘其祖宗之艱難累世之勤勞。徒見天下無事以為禍亂無從而生。或荒耽于酒或盤于遊畋。或窮奢極侈。或輕用民力。諂諛日親忠正日疎。人心離貳遂亡其國。其所行之迹後世視以為戒。自古以來治日常少亂日常多。推原其本由人君不學故也。天下治亂皆繫於人君之心。君心正則朝廷萬事無不正。故天地順而嘉應降。陰陽和而風雨時。古者三公太師太傅太保。論道經邦。燮理陰陽。無他術焉。惟正君心而已。保保其身體。傅傅其德義。師道之教訓。皆所以正君心也。如欲心正未有不由稽古好學而能致也。臣竊考之前世揆之當今。恭惟本朝累聖相承百有餘年四方無虞中外底寧。動植之類蒙被涵養。德澤深厚遠過前世。皆由以道德仁義文治天下。人主無不好學故也。太祖皇帝以神武定四方。創業垂統日不暇給。然而晚年尤好讀書。嘗曰宰相須用讀書人。陛下試思太祖此言宰相既用讀書人。則自餘執政侍從之臣臺諫之職必皆文學之士然後可用。外至州縣亦必由進士出身乃可委以親民刑獄之任。是朝廷之士皆不可以無學也。然則天子豈可以獨不知學乎。太宗嘗謂近臣曰。人君當澹然無欲形見於外則姦倖無自而入。朕年老無他欲。但喜讀書用鑒古今成敗耳。真宗之時盡修太宗之業。仁宗在位四十二年。問學未嘗少廢。今邇英講讀乃仁祖之成規也。英宗神宗皆遵守仁宗之法。稽古好學陛下所知。不幸先帝早棄四海。累聖已成之業任大守重傳付陛下。陛下嗣位于今四年。幸賴太皇太后以至仁盛德母臨天下。陛下垂拱無為海內晏然。當今之務莫如學問之為急也。陛下今日學與不學繫天下他日之治亂。臣不敢不盡言之。陛下如好學則天下之君子皆欣慕願立於朝以直道事陛下。輔助德業而致太平矣。陛下如不好學則天下之小人皆動其心欲立於朝以邪諂事陛下。竊取富貴而專權利矣。君子專於為義。小人專於為利。君子之得位欲行其所學也。小人之得位將濟其所欲也。用君子則治用小人則亂。君子與小人皆在陛下心之所名也。凡人進學莫不在於年少之時。陛下聖質日長龍德進升。數年之後雖欲勤於學問恐不得如今日之專也。臣竊為陛下惜此日月。願以學為急則天下幸甚。論語記聖人言行之要。修身治國之道無不在焉。尚書言帝王政事人君之規範也。論語雖已講畢望陛下更加詳熟。尚書未講者亦望陛下先熟其文。臣等以次講解及之。則陛下聖意已先有得矣。臣不勝拳拳之愚。

祖禹又乞置無逸孝經圖奏曰。臣竊以無逸者周公之至戒。孝經者孔子之大訓。陛下嗣守祖宗鴻業方以孝治天下。二書所宜朝夕觀省以益聖德。昔仁宗皇帝初建邇英閣即書無逸於屏間。其後歲久而弊。又命知制誥蔡襄書之。仁宗曰朕不欲背聖人之言。乃置之左方。又諭侍讀學士丁度取孝經之天子孝治聖治廣要道四章對為右圖。命侍讀學士王洙書之。又命學士承旨王拱辰為二圖序。亦令襄書之。仁宗尊崇經訓如此。陛下宜以為法。今邇英閣止書圖序于屏間而無逸孝經二圖不復張列。臣欲乞指揮所司檢尋。如舊圖尚在乞置之左右。如已不存則乞特命侍臣善書者書之。其蔡襄所書圖序徙來置在御坐之後。昨因脩展邇英閣方徹去。却書于屏間。此圖乃祖宗舊物。臣竊惜之。伏乞依舊張掛三圖並列如仁宗朝故事。以彰陛下欽明稽古仰遵先烈之意。

祖禹又進尚書說命講義奏曰。臣等近進講尚書說命。竊以為君治天下國家欽天稽古修身務學任賢立政至言要道備在此書誠能法之可為堯舜昔太宗皇帝嘗曰尚書王言治世之道說命最備特詔孫奭講此三篇伏望陛下詳覽深思必有啓迪聖學之益臣等雖罄竭謏聞講解于前謹輒記錄所言編寫成冊以備尋繹或賜顧問庶幾少助聰明之萬一其說命講義三冊謹具上進

五年祖禹為右諫議大夫又乞常觀圖史上奏曰臣伏見仁宗皇帝慶曆元年七月出御製觀文覽古圖記以示輔臣皇祐元年十一月御崇政召近臣三館臺諫官及宗室觀三朝訓鑒圖臣竊以古之帝王常觀圖史以自戒仁宗皇帝講學之外為圖鑒古不忘箴儆以養聖心又圖寫三朝事迹欲子孫知祖宗之功烈如目覩之二圖皆常須賜臣僚禁中必有本臣願陛下以永日觀書之暇閒覽此圖可以見前代帝王美惡之迹知祖宗創業之艱難不唯有所戒勸易於記省亦好學不倦之一端也

元祐四年中書舍人彭汝礪上奏曰臣聞昔者周成王即位始謀於廟其言憂深思遠慄慄悼懼若方隕淵墜谷所以求其臣甚至而羣臣進戒乃反覆曲折獨以學問為先務其詩曰念茲皇祖陟降庭止於乎悠哉朕未有艾又詩曰維予小子不聰敬止學有緝熙于光明佛時仔肩示我顯德行其君臣可謂知本矣是時周公畢公召公史佚實在左右前後伯禽唐叔實相與周旋而猶有管蔡之禍周之不亡者以此唐太宗取名儒為學士者十八人如房玄齡杜如晦之類是也番宿迭侍相與討論古今考前王之成敗雖閒燕飲食皆與於是在下之情無不達在上之失無不得二君卒為周唐賢君古今事不同條當使內外左右朝夕所以輔拂之者咸備其要則在擇人苟非其人猶不如不為之愈也

汝礪又奏曰臣聞治亂之幾在於好惡好惡之端在於謹其始其始正無所為而不為正其始不正雖有智力不能善其後是以人主必務學學莫大於近正人陛下盛德至行得於天者甚厚見於行事者甚善此非臣下所能窺度深淺也近侍進讀儒臣勸講見聞可謂甚博耆艾在前忠良在後其輔翼可謂甚衆夫學者非徒出於口耳之謂也聞乎其言將見於其行得乎其心將見乎其外今臣下所誦說陛下能昭然不疑乎能沛然有所得乎使誠無疑也使誠有得也固甚善若猶未也是為名而已是為觀美而已今延英之對邇英之講隔於內外見有不得而久限於上下言有不得而盡雖太皇仁聖所以擁護啓佑者甚至然天性之愛不可以責善久矣然則陛下退而與處者其誰欤其使令者其誰乎其婦人乎輔拂之人寡順從之人衆學問之日少安閑之日多善或莫之告過或莫之諫臣甚懼所以輔成聖德者或未備也記曰三王四代惟其師詩曰自天子至於庶人未有不須友以成者然則師友不可無久矣然則如之何曰尊有道者擇有德者不使柔邪權譎之士間廁於其間間宴與俱言動使相接焉簡上下之分勢盡君臣之底裏問以所疑而無隱質之所欲而無間有善焉使必告告焉而必從有過焉使必諫諫焉而必改如是而不堯舜如者未之有也惟陛下留意無忽

汝礪又論人主盡道在修身修身在正學奏曰臣聞之孟子曰欲為君盡君道欲為臣盡臣道二者皆法堯舜而已堯舜之治至矣上達日月星辰旁施草木蟲魚幽格鬼神外薄四海遠及于萬世其原則修身而已書曰克明俊德以親九族九族既睦平章百姓百姓昭明協和萬邦黎民於變時雍其本末施設次序可謂彰明較著而自漢迄唐千數百年有為者衆而終不能窺其髣髴非聖人所為終不可

及。蓋後世為之不至而已。以區區千里之齊。其君蓋不過中人。孟子之為臣非其道不陳於前。故其言曰。不以舜之所以事堯事君。不敬其君者也。不以堯之所以治民治民。賊其民者也。孟子豈欺乎哉。修身無他在乎學而已。大學之道。始於誠意正心。終於治天下。蓋古人以天下為不可勝治。故所治者一國而已。以一國為不可勝治。故所治者一家而已。以一家為不可勝治。故所治者一身而已。又以一身為不可勝治。故所治者一心而已。心正故身正。身正故無所不正。此其守甚約而其施甚博。其源甚近。而其流甚遠。其事甚難而其理甚易。然心至微者也。至危者也。古人譬之槃水焉。正錯勿動。湛濁在下。而清明在上。則足以見須眉而察理矣。微風過之。湛濁動乎下。清明亂乎上。則不足以得夫形之正也。心亦如是矣。至虛而能受。至神而甚察。苟有蔽之。則有不能別黑白矣。蔽欺之言入。則是非有不得其正。

私比之言入。則喜怒有不得其正。功利之言入。則取與有不得其正。便佞之言入。則好惡有不得其正。此學之大者也。恭惟陛下。聖學所得。固自拔於世俗之表。惟加之意而已。敷求碩德。以備勸講。容納正言。以聞過闕。思之至于謹辨之。至于明問之。至于博積之以漸。要之以久持之以不倦。行之至于不已。其本正矣。事至而不惑。物來而能名。四環而觀。惟陛下所欲為而已。二帝三王之盛。蓋不跂而至也。詩云。俾爾彌爾性。似先公酋矣。性人所有也。蓋有不能充而成之者。又曰。學有緝熙于光明。光明性所有也。緝之熙之。在學而已。書曰。學于古訓。乃有獲。蓋學莫如師古。又曰。念終始典于學。言學之不可一日已也。臣愚亡識。惟陛下幸察。

右諫議大夫朱光庭乞召講官詢訪以進聖學奏曰。臣聞孔子曰。吾十有五而志于學。周頌曰。日就月將。學有緝熙于光明。由此言之。聖人未有不學而至于道也。恭惟皇帝陛下。生知之性。天縱之聖。聰明睿智。與日增新。然而正當孔子志學之年。成王緝熙之旦。彊勉學問。則可以大就堯舜之德矣。臣愚乞陛下每五日一次退朝之後。清閑之燕。召講官于便殿。親發聖問。詢訪人君之所先務。古今之治亂可以為法。可以為戒者三五事。同召執政大臣坐而論道。自來年正月為始。如此。則聖學日進。君道日隆。堯舜之德。不難至矣。伏望太皇太后陛下。日勸皇帝陛下專心聖道。以致盛德。

五年。御史中丞梁燾論進學之時不可失。上奏曰。臣聞自天子至於庶人。皆以修身為本。本亂而末治者。未之有也。故曰。身修而家齊。家齊而國治。國治而天下平。古之聖人。未有不以修身而為本者也。書之稱堯曰。克明俊德。以親九族。九族既睦。平章百姓。百姓昭明。協和萬邦。黎民於變時雍。克明俊德者。自明其德。脩身之謂也。九族既睦

者。家齊之謂也。百姓昭明者。國治之謂也。協和萬邦。黎民於變時雍者。天下和平之謂也。其始則正心誠意。而不出方寸之間。其終則德業滂洋。而遍滿天下。是聖人之道所持者約。而所致者廣也。有天下者能知盡心致力於此。而後可以奉天享國矣。夫明德者孰先而能焉。必曰學而已矣。禮曰。大學之道。在明明德。謂人君有清明之德。必由學以發之。然後能光被四表。格于上下。以此知雖天子之尊。而能成聖者。其必由學乎。說命曰。王。人求多聞。時惟建事。學于古訓。乃有獲。蓋事不稽古。從政則迷。是君人者不可以無學也。又曰。惟學遜志。務時敏。厥脩乃來。允懷于茲。道積于厥躬。蓋學之在身。非一日而致。由積善以成之。是學之一時不可以失也。恭惟皇帝陛下。受天明命。早有萬國。日就月將。學以成聖。此其時也。願擇吉日。詔開經筵。優接勸講進讀之臣。使從容反復治亂之事。究先王之蘊。辨歷代之蹟。無惜

聖問再三詢考。使聖心曉然無疑。日新一日。可底大成。願加聖意無忽。臣又願陛下萬機之暇留思經筵講讀群臣所論之事。以考政事之從違得失。以裨皇帝陛下之聰明。屏遠聲色遵次不忘古訓博厚高明與天地並德。臣不勝拳拳懇切之至。

肅又上宣仁皇后劄子曰。臣恭惟陛下。以大公至正之心。保護皇帝。周密嚴謹。委曲纖悉。起居寢食之間。無不留神而注意。如天地久於其道無一日之或怠也。誠有大功於宗社。有大德於天下矣。陛下鍾愛皇帝如此其至。然而特為其愛之小者。非所謂大愛也。所謂大愛者在成其聖德爾。成聖德者其必由學也。仰惟陛下之聰明。非不知其大愛之以成德。而獨以為皇帝沖眇而未暇學乎。今皇帝聖年十五。齒亦已長矣。自古人君遠則十五而冠。冠者謂有成人之道。在庶人則為童子。在天子則為成人。何也。謂王教之本不可以童子之道理焉。故必責善而進之以成人。是以古之學者十五入大學。謂七八之數。陰陽備而志明可以學矣。志已明則當識其至善而遠其所不善。故孔子曰。吾十有五而志於學。皇帝清明在躬天稟英異。以聖人志學之時稽焉。則不可以不學也。以天子成人之道望焉。則不可以多暇也。伏願陛下當天春布德之元王正授政之始面勉皇帝早開經筵。召見儒臣談經讀史從容賜對熟復古今。宮中遴選茂俊之人。以誘掖講說。審擇謹厚之人。以輔視興寢服。勤道義為聰明睿知之德。疏遠紛華為康寧壽考之資。習之既久。乃如自然。至若誠意喜書正心樂道。終副海內聖神之望。不貽宸衷宵旰之憂。協成靜治。為太平之真主焉。然則陛下他日退託深宮還辟自處保護之慈有始有卒。佑我大宋萬世無疆之休而功德於此足矣。誠清衷素所屬念者。臣敢妄論以發之。亦惟陛下亟行而無疑。非獨臣之願乃天下之願。非獨臣之幸乃天下之幸。臣不勝惓惓。

八年五月七日。端明殿學士兼翰林侍讀學士左朝奉郎守禮部尚書蘇軾同呂希哲吳安詩豐稷趙彥若范祖禹顧臨等奏曰。臣等猥以空疎。備員講讀。聖明天縱學問日新。臣等才有限而道無窮。心欲言而口不逮。以此自愧。莫知所為。竊謂人臣之納忠譬如醫者之用藥。藥雖進於醫手。方多傳於古人。若已經效於世間。不必皆從於己出。伏見唐宰相陸贄才本王佐學為帝師。論深切於事情言不離於道德。智如子房而文則過。辨如賈誼而術不疎。上以革君心之非下以通天下之志。但其不幸仕不遇時。德宗以苛刻為能而贄諫之以忠厚。德宗以猜疑為術而贄勸之以推誠。德宗好用兵而贄以消兵為先。德宗好聚財而贄以散財為急。至於用人聽言之法。治邊馭將之方。罪己以收人心。改過以應天道。去小人以除民患。惜名器以待有功。如此之流未易悉數。可謂進苦口之藥石。鍼害身之膏肓。使德宗盡用其言。則貞觀可得而復。臣等每退自西閣。即私相告言。以陛下聖明。必喜贄議論。但使聖賢之相契。即如臣主之同時。昔馮唐論頗牧之賢。則漢文為之太息。魏相條鼂董之對。則孝宣以致中興。若陛下能自得師莫若近取諸贄。夫六經三史。諸子百家。非無可觀皆足為治。但聖言幽遠末學支離。譬如山海之崇深難以一二而推擇。如贄之論開卷了然。聚古今之精英實治亂之龜鑑。臣等欲取其奏議稍加校正繕寫進呈。願陛下置之坐隅。如見贄面。反復熟讀如與贄言。必能發聖性之高明成治功於歲月。臣等不勝區區之意。

知河中府范百祿論黃帝堯舜養生禔身之道。上奏曰。臣伏以陛下留心大學之道。日就月將。淵源精微。積善成聖。以至於高明光大。無所不通。此乃宗廟社稷之休天地元元之福。而太皇太后豐功盛德也臣千載之遇實與四方生靈同茲慶幸然臣區區管窺猶願有所獻焉者誠以為聖主之學詩書禮樂之大道德仁義之實與夫一祖五宗之典法謨訓英謀睿烈既日陳於前而飫聞於上然猶有不可一日而離者蓋又有黄帝堯舜之道存焉人主欲尊其慕尚必行三聖人之道儻未知師三聖人之所以養生提身以永保天下生民之福以長固國家無窮之休則何以致行三聖人之遺心餘積也哉凡三聖人所以養生提身之要布在方册詩書周易傳記百家燦然備載皆可參考臣願詔經筵講讀官討論採掇自古黄帝堯舜以來帝王養生提身可法之言可行之事於雙日所進故實内時以一二上資聖覽或意義有所未顯亦宜雍容敷繹以聞顧陛下觀其所以致福壽康寧之術取法而行之覽其反此而致不善者規警而戒之孔子曰少之時血氣未定戒之在色易頤之象曰君子以謹言語節飲

食言語猶節而況其餘乎臣戇愚匹夫之慮不足以為陛下至計方出守外郡遠去闕庭臣子之心不勝惆悵伏惟留神省察

紹聖元年曾肇乞選端良博古之士以參諷議奏曰臣聞玉雖美追琢然後成珪璋金雖堅砥礪然後成利器人主雖有自然之聖質必賴左右前後磨礱漸染所聞正言所見正行然後德性内充道化外行以之知人則無不明以之舉事則無不當故周公之戒成王自常伯常任至於虎賁綴衣趣馬小尹左右攜僕百司庶府必皆得人以為立政之本穆王之命伯冏亦曰命汝正于羣僕侍御之臣懋乃后德交修不逮遴簡乃僚無以巧言令色便辟側媚其惟吉士下至西漢猶詔郡國歲貢吏民之賢者以給宿衛則虎賁之任也出入起居執器物備顧問皆用士人如孔安國之掌唾壺蕭助朱買臣之專應對則左右攜僕之任也雖用人有媿于古亦一時之盛矣其後唐太宗平定四方有志治道則引虞世南等聚於禁中號十八學士退朝之暇從容宴見或論往古成敗或問民間事情每言及稼穡艱難則務遵勤儉言及閭閻疾苦則議息征徭以至諷誦詩書講求典禮咨詢忘倦或至夜分若夫軍國幾微時務得失則責之輔相悉不相干其上下相與之際如此是以後世言治獨稱貞觀惜其一時之士不以堯舜三代之道啓迪其君故其成就止此夫以貞觀之治猶須招集賢能朝夕親近然後成功又況有志於其大者乎伏惟皇帝陛下聰明慈惠有君人之德況静淵默有天下之度方且躬親聽斷勵精為治其志大矣臣謂宜於此時遴選忠信端良博古多聞之士置諸左右前後以參諷議以備顧問陛下聽政之餘引之便坐講論經術諮詢治道不必限其日時煩其禮貌接以誠意假以温顔庶使人得盡情理無不燭於此增益聖學裨補聰明漸染磨礱日累月積循習

既久化與心成自然於道不勉而中於事不思而得非僻之習異端之言無自而入矣如是而施之任令則邪佞者遠忠直者伸以之立事則言而為天下則動而為天下法其於盛德豈曰小補之哉與夫深處法宫之中親近執御之徒其損益相去萬萬唯陛下留意毋忽

哲宗時起居舍人王巖叟因侍講奏曰陛下退朝無事不知何以消日哲宗曰看文字巖曰陛下以讀書為樂天下幸甚聖賢之學非造次可成須在積累積累之要在專與勤屏絶他好始可謂之專久而不倦始可謂之勤願陛下特留聖意

侍讀蘇頌請詔儒臣討論唐朝故事奏曰臣聞前事不忘後事之師也在昔聖帝明王莫不以稽考古道為有國之先務故能享御永世垂無疆之休然往古所行或文或質施之今日各有所宜臣竊觀國朝號令風采超邁百王原其典章文物刑名法制大抵沿襲唐舊其

間或有損益亦不相遠。然自古之事迹紛綸無統史官所記善惡咸備善者可以為規。惡者可以為商鑒。往在慶曆之初。仁宗皇帝因臣僚上言。請留意近代典故。遂詔儒臣檢討唐朝故事日進五條。曾未朞歲省閱迨遍。嘗聞德音宣諭近輔。以為有助聽斷。臣伏見陛下祗紹先烈。勤勞萬機治理之間多用仁宗故事。外則邇英講讀經史。內則臣僚進獻封事。古今得失之迹。忠賢治安之策。固以溢黈聰而積淵慮矣。而臣愚管之見猶有所陳者。誠見陛下稽古奉先之心。孳孳不怠。故敢復僭越而盡言也。臣聞之荀卿之言曰。道不過三代。道過三代謂之蕩。言其遠而難信也。本朝去唐。正同三代。其事近而易考。所宜宸衷之留聽也。臣欲望聖慈特舉慶曆故事。詔史官學士采錄新舊唐書中列帝所行之事。與夫羣臣獻替之言。每日上奏數事。清燕之間。特賜覽觀。所冀螢燭末光增輝日月。臣不勝惓惓之願。

李薦上論曰。臣聞效一官可謂卑矣。古之人必曰。學而優則仕。治一邑可謂微矣。古之人必曰。君子學道則愛人。子使漆雕開仕曰。吾斯之未能信。蓋以學之弗優。不敢效官。尹何為邑。子產以為未聞政學。蓋以學而後從政乃可治邑也。彼子路使子羔宰費。孔子以為賊夫人之子。子路復曰。有人民社稷焉。何必讀書然後為學。孔子惡其佞。夫效官治邑必由學而後可。況奄有四海為天下君乎。一日二日萬機何以俾有條而不紊。萬邦有衆何以俾樂推而不厭。一言其幾興衰繫之。好惡所示靡然成俗。如之何俾百工熙哉庶事康哉。嗚呼。為君實難可不學歟。乾之九二曰。學以聚之問以辨之寬以居之仁以行之。君德也。古之聖君任賢所以能不貳失邪所以能不疑作福所以能賞善作威所以能罰惡。蓋以聖人之道折衷之。斷然晳矣。所以能折衷聖人之道者。由其中有學問以為之主也。高宗既舊學於甘盤。復師資於傅說。觀其好學之誠意。則曰。爾交修予。罔予棄。予惟克邁乃訓。可謂勤矣。此所以為商之高宗。成王席文王之大謨繼武王之大烈。觀其好學之誠意。則曰。日就月將。學有緝熙于光明。佛時仔肩示我顯德行。可謂勤矣。此所以為周之成王。於皇有宋。本支百世。世有哲王。故天縱陛下之聖。德溫文。日就。天誘陛下之宸衷。睿智夙成。仁愛孝恭出於天性。是皆生知天縱受道之質矣。重念承平累聖之業。御茲九有之師。欲致乎治必先乎學。學也者致治之道也。古之聖賢。不可得而見矣。其言具載方冊要之皆王者事爾。人臣學之期以致君。人君學之。自致其治。故天地之情。陰陽之理。吉凶之變。其得之故備在乎易。而卦者時也。一治一亂或美或惡。初不可齊。亂可使治惡可使美。察理之變。為時之主。惟君乃能之。臣願陛下學易則体乾御坤。進陽退陰。觀道設教。濟神合德。使天下之時常為泰而無至于

否。常為晋而無至于剥。天子之學易。固當如此。一國之事。繫諸侯之本。天下之事。形四方之風。美盛德告成功者。皆在於詩。四詩之名。各辨其實。不敢誣也。臣願學詩則為政之大。而無入於小雅。為政以正而無淪於變雅。無若東周降於國風。必使功德終美於頌。天子之學詩。固當如此。夫尊王正法。誅始善終。詳天地之災祥。著君臣之美惡者。無尚於春秋。臣願陛下學春秋則師治而戒亂。賞善而罰罪。常為知孔子者。無為罪孔子者。以堯舜禹湯文武成康之世。其典謨訓誥誓命之文。百王之心迹。治亂之大略者。無尚于書。臣願陛下學書。則考稽古之得失。操制令之法令。皇步帝驟王馳霸騖。皆得之。陛下欲以正六職以治六官。必也學夫周禮。然後百工允釐。庶績咸熙。巍巍乎其有成功矣。陛下欲以正其威儀。詳其辭令。必也學夫儀禮。然後五禮之合制見於典章。文物之間。六儀之中節見於動容周旋之

際煥乎其有文章矣陛下又當發揮孔孟之正道鋤薙百家之邪說在亹亹而已乾之象曰天行健君子以自強不息詩曰勉勉我王綱紀四方惟陛下不倦以終之則日進無疆聖益聖矣天下幸甚伏惟陛下有聖人之材而居聖人之位能進聖人之學以充聖人之道則功利天地澤及萬世可侔德商宗周成矣雖然陛下有好學之誠而無進學之說陛下有望道之意而無明道之人則或博而寡要勞而無功故陪卿之列賓師之選不可不慎臣願不可與迂儒共學迂儒好為太高不經之論將使陛下畏道之難行或自畫矣不可與佞儒共學佞儒好為苟合過情之譽將使陛下志滿假而輕道術或自聖矣願陛下妙選忠義正直博學守道之士以備顧問則用力少而見功多適道正而為利博天下幸甚

歷代名臣奏議卷之七

歷代名臣奏議卷之八

聖學

宋徽宗即位初右正言鄒浩上奏曰臣竊觀自昔才智之君固有務學以為先者然而學非其本矣所以學終不足以成帝王之高致記曰欲明明德於天下者先治其國欲治其國者先齊其家欲齊其家者先修其身欲修其身者先正其心欲正其心者先誠其意欲誠其意者先致其知致知在格物此學之本也又曰物格而後知至知至而後意誠意誠而後心正心正而後身修身修而後家齊家齊而後國治國治而後天下平此所學之効也揚子曰學之為王者事其已久矣堯舜禹湯文武汲汲夫堯舜禹湯文武皆萬世所仰以為帝王之師者也尚汲汲於學而不敢怠為人君者其可以忽此乎恭惟陛下天資聖神群臣莫及方且延納名儒以侍講讀招來讜論用廣聰明固已卓然知所務矣所以為學之本更望深賜察焉雖處宮闈之間常若對乎天地則知人安民自如帝堯能察邇言自如帝舜身為法度自如大禹不邇聲色自如成湯卑服即康功田功自如文王垂拱而天下治自如武王其事豈不至約而其功豈不博乎陛下不以臣愚而廢其言不勝幸甚

翰林學士兼侍讀曾肇上奏曰臣竊觀近世帝王善為治者莫如唐太宗人臣善言治者莫如唐陸贄太宗正觀之治論者以謂庶幾成康自漢以下莫及焉雖聰明英武出自天資然其要乃在於廣延賢智博考古今容受直言從諫不倦故唐史官掇其大者別為一書謂之正觀政要陸贄事唐德宗自為學士至宰相知無不言言無不盡蓋其議論反復條暢切於事情周於世用而要其歸必本於帝王之道必稽於六藝之文雖賈誼董仲舒不能遠過焉今其言見於世者

有奏議數十篇。此二書雖一代之文。實百王之龜鑑。卷秩不繁。詞理明白。臣愚伏願陛下退朝之暇。紬繹經史之餘。取二書置之座右。留神省覽。如御珍羞。必有以開廣聰明。上當聖意。發言行事。以此為準。庶於盛德有補萬一。

殿中侍御史陳師錫上奏曰。臣伏聞今月八日有聖旨宣取秘書省畫圖進覽。格入神妙。可以閱目。非有補於盛德。六經載道。諸子談理。歷代史籍。祖宗圖書。天人之蘊。性命之妙。治亂安危之機。善惡邪正之迹在焉。以此為圖。天地在心。流出萬物。以此為圖。日月在目。光宅四海。伏望聖慈觀心於此。則天地沖氣生焉。注目於此。則日月揚光麗焉。唐以山水圖代無逸。左右前後無所警戒。動靜語默無所龜鑑。社稷至於陵替不可支持。臣聞心以道觀則正。目以德觀則明。國壽可以不損。天下可以不亂。愚夫之言。智者擇焉。願留聖懷無忽。

右正言陳瓘上奏曰。臣竊惟人君稽古之學。一經一史。經則守之而治身。史則考之而應變。天下之事其變無窮。故往古可監之迹不可以不詳知也。仁宗嘗謂輔臣曰。朕聽政之暇。於舊史無所不觀。思考歷代治亂事迹以為監戒也。英宗命儒臣論次歷代君臣事迹可以為監戒者。既上通志八卷。又命置局續修。書成取旨賜名。神考繼志述事。賜其名曰資治通鑑。又親製序文。炳若雲漢。為章于天。自然之功變化出焉。臣嘗三復明訓。掩卷歎息。以謂諸史所載數千年事。文字繁多。不可勝覽。寠儒寒生。業專習一。窮年皓首。猶或昧隱。仰窺聖作。區判事類。數語之間。盡史之要。翕受以畜德。敷施而日新。堯舜之所謂稽古。何以加此。而況不忘謙抑。俯比漢唐。自謂於文宣太宗無間然矣。自餘治世盛王得聖賢之一体者。皆有取焉。至于荒墜顛危之主。亂賊姦宄之臣。可觀可監。無不悉論。以著聖志。蓋自祖宗以來。聖聖相繼。稽古之學同乎一心。以後述先。非一日之積也。至于神考。然後典刑之總會。簡牘之淵林。底于成就。繼而張之。正在今日。恭惟皇帝陛下道隆業大。極本該末。揆萬事而復乎一。制羣節而適於變。六經妙義既自得於心術之微。而於前古已陳之迹。又盡心焉。今經筵將開。而進讀之官當循舊例。泛讀諸史。文字繁複。事實支離。不得其要。未周于事。伏望聖慈特降睿旨。候經筵開日。令侍讀官讀資治通鑑。以承神考所以繼述英廟。緝熙聖學。垂訓後嗣之意。

瓘又奏曰。臣聞周官司徒之教有六德。有六行。有六藝。禮樂射御書數。所謂六藝也。教亦多術矣。而藝居其末。藝亦多術矣。而書居其末。元豐中。王安石進字說表云。先王立官以教之者。謂司徒六藝之教也。又曰。蓋將以合乎神恉者布之海內。神考讀其說而好之。玩味不忘。可謂合乎神恉矣。然不以布之海內者。何也。以教化之本不在文

字故也。神考之所以教天下者。可謂知本矣。紹聖中。用事之臣必以字說頒之海內。違神考之心矣。又況咀嚼莊老之言而不由其道。仵絕稽古之學而求利於己。晉之王衍嘗用此術。倡為虛無。鼓舞天下。朝野翕然。謂之一世龍門。後進之士莫不景慕倣傚。選舉登朝。必由於衍。矜高浮誕。遂成風俗。於是人心支離。天下分為南北者三百餘年。當時識者以謂王衍之罪過於桀紂。言其以荒唐之學偏私之說蒙蔽人主而養成天下之亂也。景德元年。王欽若請幸金陵。當是之時。若無寇準。則天下分裂久矣。既往之事。今可監也。天佑我宋。今日以前幸無不虞之變。故欽若之討未及施行。南北之士復得同心以向陛下。然而王衍之言入於骨髓。滌除痕垢。非一朝一夕之所能也。唯願一經一史。緝熙堯舜稽古之學。則天下之士皆當觀上而化矣。

建中靖國元年。給事中上官均論治天下在好學廣問。上奏曰。臣聞

人主之治天下。一日萬機。未可勝察也。而明君操術。蓋有至要。可以不勞而治。蓋好學則知天人之道。通古今之變。好問則察群臣之情。達天下之政。通古今而達事情。物理豈有不燭。注措豈有不善哉。說命曰。念終始典于學。揚雄曰。學之為王者事其已久矣。此言人主之不可不好學也。仲尼稱舜曰。舜好問而好察邇言。孟軻稱舜曰。大舜善與人同。樂取諸人以為善。仲虺之告湯曰。好問則裕。自用則小。此言人主之不可不廣問也。然而人主之學。異乎人臣之學。何則。人臣之學。或以文詞為工。或以博記為能。以文詞為工。則有不適用之患。以博記為能。則有不燭理之蔽。非所謂善學也。人主之學。在乎簡而知要。達而適用。知要在乎明道。明道在乎味五經之微言。適用在乎遠觀前世治亂盛衰之迹。而近稽祖宗聖明相繼治天下之意。因已然之迹而考其理亂。因理亂而鑒其所以得失。可以知要而適用矣。

此人主之好學所以為先務也。天下之政。有利有害。百官之衆。有邪有正。非廣問而參稽之。則利害未易見。邪正未易明。利害未盡見。則事或過舉。邪正未盡明。則姦佞之徒或乘間而害正。此人主之好問所以為政之要也。臣竊觀陛下寬仁而有斷。中正而不偏。清淨而寡欲。溫恭而盡下。可謂有上聖之資矣。臣願陛下退朝燕閒。觀經閱史。以明理義之大致。達治亂之大體。因進對之臣。虛心下問。以考政事之得失。觀群臣之志趣。如此。則天下之義理。臣下之邪正。判如白黑之辨矣。皋陶之告舜曰。在知人。在安民。禹曰。知人則哲。能官人。安民則惠。黎民懷之。燭義理而辨邪正。則能官人。能安民矣。堯舜之治天下。不過如此矣。

徽宗時。左司諫江公望上言曰。義理者。有心之所同得。芻豢者。有口之所同嗜。口之悅芻豢。以得味也。心之悅義理。亦必得義味而已矣。學不得義味。淡薄而難向。勤苦而不入。高宗有聖人之資。傅說告以念終始典于學。成王有中才之質。群臣戒以學有緝熙于光明。有聖人之資而輔之以學。則愈明。有中才之質而不忘于學。不失其為太平守文之主。學之為益也如此。然日誦月閱。不過於章句誦數之言。陳腐入心。祗益昧爾。奚補於高明哉。以神考明智。聖學出於天性。兩漢而下。曠千百年。異代一君而已。王安石發明義訓。貫穿六經。軻雄而下。一人而已。君臣際會。日就月將。聖德日躋。群臣莫可企及。陛下有志於繼述。願以聖學為先。講讀之臣。陛下親遴以求多聞者也。詳延精義之學。切磋琢磨。疏瀹心源。斟酌義味。王功帝績。自此流出。法度政事。適宜爾。今淺夫俗士以雕組之末技。誦名數之曲學。更相唱引。使一日得志。必指聖學為迂闊而不切治務。此理一變。天下復愚矣。改為自此紛紛。法度掃地。陛下此時悔將何及。蓋義理之學。上

以窮性命之微。下以達先王制作之美意。故不可不學。學不可不知所先後。知所先後。則得主矣。攬持要妙。卓然獨立。曠然遐覽。仰因天時。俯察人事。斟酌損益。要之不悖義乖理。以成治世之通法。真得所謂繼述者也。夫瑟不鳴而二十五絃各以聲應。要在柱也。膠柱而求之。則不能善矣。惟陛下財擇。

欽宗靖康元年。起居郎胡安國上奏曰。臣聞明君以務學為急。聖學以正心為要。心者事物之宗。正心者揆事宰物之權也。自王迹既熄。微旨載于六經。時君雖或誦說。得其傳者寡矣。陛下心源澄靜。聖度虛明。蓋天祐大宋。篤生真主。使撥亂反正。建中興之業也。臣竊意陛下昔在東宮。潛德韜晦。其於六經所載帝王制世御俗之大畧。必有所避而不欲問。官屬之司勸講者。必有所隱而不及陳。今正位宸極。日月益已久矣。而成效未見。其於古訓不可以不考。若夫分章析句。

舉制文義無益於心術者非帝王之學也。伏願陛下慎擇名儒博通經術明於治國平天下之本者。虛懷訪問。以深發獨智。繼文王克厥宅心之道。以馭四海。實天下大幸。臣愚智識膚淺。等於芻蕘。惟陛下裁察。

晁説之上奏曰。臣聞春秋尊一王之法。以正天下之本。與禮之尊無二上。其旨實同。蓋國之於君。家之於父。學者之於孔子。皆當一而不可二者也。是以明王能黜百家。表章六經。大儒推明孔氏。抑黜百家。今國家五十年來。於孔子之道二而不一矣。其義說既歸之於老莊。而設科以孟子配六經。其視古之黜百家而專明孔氏六經者。不亦異乎。前者學官罷黜孔子春秋。而表章僞雜之周禮。以孟子配孔子。而學者發言折中於孟子。而略乎論語。固可歎矣。今皇太子初就外傳之時。命宮寮講孝經而讀孟子。蓋孟子不當先諸論語者也。如以孟子先諸論語。豈所以輔導皇太子天資邁世之令質。而視之以一德哉。臣愚竊以謂宜講孝經而讀論語。恭俟講說孝經畢日。復講其已讀之論語。則其入德亦以易矣。或間日讀爾雅。以視文字訓詁之本源。而明天地百物之名實。先儒謂爾雅本是周公訓成王之書。信不誣也。臣愚流落衰暮之餘。荷聖君一日非常之眷。自太子左諭德授以詹事。苟有所志。不敢無犯而有隱。臣愚自度此言一出。必遭世俗侮謗不淺矣。其所恃以安者。陛下聖度旁燭萬化之微。而不爲世俗所惑也。重惟太子天下之本。而一本於孔子之經。則宗廟社稷之流光。不亦偉乎。臣以往瞽獨見之言。干冒黼扆。不勝惶懼屏營待罪之至。

高宗建炎中。御史中丞許景衡進唐鑑十事。奏曰。臣歷觀前世。繼三代者莫若漢。繼兩漢者莫若唐。惟我宋之受命。革五季之衰陋。典章法度。多取諸唐。俗習人情。視唐爲近。故范祖禹摭其行事。著而爲書。推治亂興衰之本原。辯君子小人之疑似。其文約。其理明。誠治國之楷模。而百世之龜鑑也。臣向緣賜對。乞塵睿覽。伏奉聖訓。以爲方讀資治通鑑。姑俟他日。臣聞王人雖求多聞。而詳說將以反約。聖學稽古。宜領其要。臣謹採祖禹所著唐鑑内十事。繕寫進呈。伏望清閒之宴。特賜觀覽。其善者可以爲法。其不善者可以爲戒。於以輔成日躋之聖。而光大中興之業。天下幸甚。

景衡又上疏曰。臣竊觀三代之王。所以治天下國家者。必本於正心誠意。其次莫如多聞。故傳說之告高宗曰。王人求多聞。時惟建事。事不師古。以克永世。匪說攸聞。然則學問稽古者。實帝王之先務也。恭惟陛下紹隆祖宗之業。屬茲艱難。所以施於天下國家者。尤在聖學。蓋至誠以格物。據古以鑒今。使盛德日新。聰明日廣。則事至能應。物來敢名。以圖天下之治。而成中興之業。舉在於此矣。祖宗舊制。講筵多在便殿。故官稱有崇政殿說書。伏見已除講讀官。欲望明詔涓日開進。俾之勸講。

高宗時。中書舍人孫覿上奏曰。臣聞人主無職事。惟辨君子小人而進退之。則人主之職也。然君子小人不可以並進於朝。譬之冰炭同處一器。必至交爭。君子不勝。則奉身而退。樂道無悶。小人不勝。則含怒忍恥。千岐萬轍。窺伺便利。以求必勝。一日得志。遂肆毒於善良。三陰在内。其卦爲否。禍亂之原。不可不察也。邇英進讀資治通鑑。上起戰國。下終五代。千三百餘年。聖主賢臣。暴君汙吏。是非得失之迹。治亂興壞之端。蓋數十萬言。而文辭浩繁。進讀有時。一日萬幾。終不能偏。臣竊見故翰林學士范祖禹撰唐鑑一書。專論唐三百年君子小人善惡之辨。唐之所以興以君子。其所以廢以小人。著之簡編。炳然在目。其言曰。我不可不監于有夏。亦不可不監于有商。故周之王以夏商為監。今所宜監莫近於唐。凡三百六十篇。離為十二卷。元勳盛德。亂臣賊子。忠邪賢佞。如指東西。如分黑白。開卷了然。陛下即政之初。博延儒學之臣。日侍帷幄。朝夕納誨。以輔聖質之高明。與其論事於未然。孰若按已然之狀。與其考言於未試。孰若視已試之迹。臣愚欲望聖慈每遇邇英。詔左右之臣。進讀唐鑑一二篇。不出歲年。可見唐室廢興之由。盡出於君子小人用舍之際。善為可法。惡為可戒。必能補聖政之萬一。

起居郎周必大奏曰。右臣今月六日伏見中書門下省錄黃。奉聖旨開講用三月十一日者。恭惟陛下聖質天成。道學日就。固不待分章摘句。乃能多聞而有獲也。然學之為王者事其已久矣。國朝開講之制。春以二月上旬。今乃遠用三月十一日。非獨距住講之期至近。其

間復有休假及詣德壽宮日分。則是半歲之間講讀不過十餘日而已。以陛下勤於治道。咨詢無倦。而又收召豪傑。並寘經幄。彼皆日夜望賜清閒之燕。致緝熙之助。若緩其所當急。而使講藝論道之風稍缺於初政。甚不可也。臣更不敢繳奏已行之命。欲乞睿慈依去年秋講例。直降聖旨。特就近於二月中旬擇日。庶幾中外曉然知陛下汲汲皇皇。如古之聖人。且於祖宗開講之制不悖。臣不勝惓惓。惟聖明裁幸。

起居舍人廖剛奏曰。臣聞昔趙簡子之臣有周舍者。謂簡子曰。臣願墨筆操牘。隨君之後。司君之過而書之。日有記也。月有效也。歲有得也。簡子悅之。以語諸大夫曰。衆人之唯唯。不如周舍之諤諤。臣竊意自古仁聖之君。必有忠正直亮之臣。拾遺補闕於其左右。蓋不必名之以諫諍之官。然後乃敢進說。周舍是已。故劉向嘗序其事。以為鉗黙者之戒。夫太僕正非諫臣也。而穆王責之以繩愆糾繆。格其非心。散騎常侍非以諫名官。而實居諫垣之長。豈常侍之官便當以諫諍為職。有不待表之以名。而太僕亦以其常在左右。故其忠告當如此耶。臣上荷聖恩。備員殿陛間。于茲累月矣。日惟旅諸僕御。瞻仰清光而已。豈所見聞曾無一語可羞於陛下乎。臣雖不肖。極知愧恥。輒貢愚忠。仰干天聽。臣聞揚雄有言。學之為王者事其已久矣。雖堯舜禹湯文武。未有不以學為先者。伏見陛下詳延儒臣。講貫六藝。又使採摭故實。為說以進。而清閒之燕。游意翰墨。博覽群書。亦可謂好學也已。然臣聞之。道不欲多。多則擾。帝王之學。蓋非儒生文士所學之謂也。堯舜禹湯文武汲汲。仲尼皇皇。是其所用心亦必有在矣。孟軻曰。天下之本在國。國之本在家。家之本在身。戴記大學之道則曰。古之欲明明德於天下者。先治其國。欲治其國。先齊其家。欲齊其家。先修

其身。欲修其身。先正其心。欲正其心。先誠其意。夫正心誠意。其幾帝王之所謂學乎。正心者。閑邪之謂也。誠意者。存其誠之謂也。所以進德修業也。意誠而心正。心正而身修。則家齊國治而天下平矣。此所謂能盡己之性。以至盡人盡物之性。於是可以贊天地之化育。以與天地參矣。非本於大學。能若是乎。恭惟聖德之躋。如日方升。伏願去末學之無益。坐進此道。以福蒼生。天下幸甚。

右諫議大夫兼侍講謝諤講尚書言於上曰。書。治道之本。故觀經者當以書為本。上曰。朕最喜伊尹傅說所學。得事君之道。諤曰。伊傅固然。非成湯武丁信用之。亦安能致治。

右正言陳淵上奏曰。子入太廟。每事問。或曰。孰謂鄹人之子知禮乎。入太廟每事問。子聞之曰。是禮也。昔之稱聖人者。必曰生知。夫生而知之者。知其理而已。至於儀章器數。具在事物之間者。蓋有不能盡

知也。故孔子問禮於老聃。學琴於師襄。問官名於郯子。嘗曰。吾十有五而志於學。又曰。十室之邑。必有忠信如丘者焉。不如丘之好學也。又曰。以思無益。不如學也。又曰。我非生而知之者。好古敏以求之者也。又曰。聖則吾不能。我學不厭而教不倦也。故孟子曰。夫聖孔子不居。夫居其聖。則終至於不能聖。唯不居其聖。是以無所不學而聖益聖也。

提舉萬壽宮兼侍讀張守奏曰。臣聞自古帝王未嘗不學。傅說曰。學於古訓乃有獲。故堯舜皆若稽古。孔子以天縱大聖。猶學而不厭也。光武藉高祖之餘業。屬意經術。視朝猶至於日昃。講論復至於夜分。而不以為疲。蓋義理之悅心。猶芻豢之悅口。何厭之有。世祖掃除羣盜。中興漢室。其本諸此乎。大學之道。欲治其國。特在於致知誠意。始於致知誠意。其效可至於明明德於天下。蓋得其要。則餘不足學矣。仰惟陛下躬履艱虞之時。不倦緝熙之學。聖德日躋而猶博延儒生。紬繹古義。比聞躬御翰墨。書典謨訓誥誓命之文。以賜近弼。德意所向。每在二帝三王之上也。是知中興之主。異世同符。更願陛下掇取要義。講明施設之宜。以幸天下。而略其簡札之煩。則不至於勞聖躬而治道舉矣。中興之功。視光武未足道也。

陳長方上奏曰。生民之巨福。宗社之長計。莫若人主知帝王之學。三代而上。堯舜禹湯得之。故功高萬古。當世被其賜。三代而下。孔孟得之。故澤不旁流。徒私淑於後人。有志之士未嘗不欲以獻於其君。或在下而無由自通。或聞而不深信。或信而不克用。是以寥寥千百年間。黔首不被聖人之澤。雖人主有堯舜禹湯之姿。無學以充之。日奪於聲色。心蕩於嗜好。而又憸人讒夫以邪說逢迎。遜順薰漬陶染於其前後。日復一日。及其惑於先入。善言無聞而可乘。則下民唯君之怨。是豈知愛君之義哉。是豈欲澤及黎庶哉。臣幼讀故相司馬光遺藁。見其歷事三宗。自為諫官為中執法。進歷年圖。每以三語為獻。曰仁。曰明。曰武。又言平生艱勤。所得盡在於此。光之心。不愧於孟軻之愛君矣。臣私自意人主心術之要。無出光之三語。及長得師。乃知禮記大學一篇。為帝王問學之宗。雖秦火之餘。簡編斷錯。先後之次。多失其舊。然聖人之旨。昭昭可尋也。大抵人主之學。不在於博貫古今。知書之多。不在於錯綜辭藻。文字照人。不在於綴錬佳句。思侔鬼神。不在於筆札奇麗。虎卧龍跳。如晉簡文非不知書。武溫之逼。則書無補於大計。陳國寶非不能文。賀若弼之來。則文不足以卻敵。隋煬帝非不能詩。海内紛如。則詩何益於敗。宋明帝非不能書。王僧虔之事則貽譏於後世。是以人主知帝王之學。功德巍巍而兼有是數者。則為多材多藝。不知帝王之學。徒挾數事以為長。則既無益於國事。而

適足以累德。大學之言古之欲明明德於天下者。在於修身。修身之要。在於正心誠意。欲心正意誠。必先於格天下之物理。使渙然氷釋。以極致其所知。所知既明。則心自正意自誠。心正意誠。則非僻之心無自而生。非僻之言無自而入。方寸之地。昭昭然若鑑之明。若水之澄。由是而不已。内之於進修。則堯之所以聰明文思。舜之所以濬哲文明溫恭允塞。禹之所以祗承于帝。敷于四海。湯伊尹之咸有一德。特名數不同爾。皆此道也。外之於應萬事。則獨見機會。外之於攬人材。則洞見邪正。外之於辨疑似。則此為權量其要。特在致極其所知爾。然而所謂知者。非聰明才智之知。非多能多藝之知。在於熟察此心之正。故大學又曰。心有所憂懼則不得其正。有所好樂則不得其正。有所忿懥則不得其正。有所憂患則不得其正。去是四者而察此心之本体。果為如何。於此了然無疑。則大學所謂致知也。即莊生所

謂七聖皆迷之地也。自古聖人之德未有不由此而進修也。人主萬機之暇。能取大學之書參之以中庸。澄神靜慮不使非僻之念萌於胸中。日一覽之。以其疑義博訪真儒則堯舜禹湯孔子數聖人神交於千載之外。天下將沐唐虞夏商之澤豈細事哉。特患人主不為爾。

周麟之上奏曰。臣聞曾子曰。尊其所聞則高明矣行其所知則光大矣。高明光大。不在於它在乎加之意而已。斯言初止為學者設也。至董仲舒舉此以告漢武帝。然後知帝王之學亦當如是。仰惟皇帝陛下聖質天粹自誠而明。敏修之功純亦不已。至於博覽經史。固已識其大者。舉而錯之。天下國家日臻於嘉靖矣。而猶不忘講學之益。退朝清燕躬御邇英。博延儒流。數繹古藝。方且以西漢一代之史命官進讀。是將以因事立教鑒往知今。參求化源。恢張國紀。固不在於考文義辨音訓為書生章句之習也。然臣竊謂三代而下。惟西漢為近古。諸史之作。惟班固為名家。讀之者考文義而後見紀事之本原。辨音訓而後知立言之法則。然文義或有難見。非註解無以發明。音訓或有難知。非翻切無以辨證。多聞之助。或有取於此也。臣不佞叨以讀誦為職。苟不能盡心於此。或迷金根之義。或誤雌霓之呼。以上昧天聽。臣則有罪。敢陳一二。願從聖訓而訂正之。夫服應晏說。跡紊既多。蘇晉衆家。剖斷亦尠。蔡氏纂集。尤為牴牾。顔師古激揚鬱滯。釐正暌違。發擿精詳。有補學者。然則註解不同。臣欲以師古之說為正。漢書舊文多用古字。間從假借。其類實繁。古今異言。方俗殊語。本音它切。互見其中。顔師古備著科條。剖析無滯。字涉稍異。隨即翻音。字協音諧。舉當乎理。然則音訓不一。臣欲以師古所立為定。仍乞於進讀本內間注音切。臣非不知帝王之學志於治道。初不問此區區之言

可謂矜小節而闇大体矣。然而列職禁近。獻納論思。事無鉅細。皆欲詳審而不可苟。況執經史以備顧問乎。今茲所陳庶幾下以見愚臣盡心率職之誠。上以副陛下加意典學之美。

張浚上奏曰。臣聞帝王之學以治心修性為主。心本至靜因欲而動。欲不必邪欲。凡有外慕皆欲也。性本至善因習以成。欺偽既生遂拂天理。是知治亂在己。德成于上化行于下。凡所施設莫不感格天人。大治之效其應必矣。帝王以天為宗。以禮為門。以敬為輔。心敬則畏天如天之常在左右上下。誠自此立。治自此出。卓乎後世不可及也。

翰林學士知制誥劉珙言於上曰。世儒多病漢高帝不悅學輕儒生。臣以為高帝所不悅特腐儒俗學耳。使當時有以二帝三王之學告之。知其必敬信。功烈不止此。因陳聖上之學所以明理正心為萬事之綱。上亟稱善。拜中大夫同知樞密事。

孝宗隆興元年。朱熹監潭州南嶽廟上奏曰。臣聞大學之道。自天子以至於庶人。壹是皆以修身為本。而家之所以齊國之所以治天下之所以平莫不由是出焉。然身不可徒修也。深探其本則在乎格物以致其知而已。夫格物者窮理之謂也。蓋有是物必有是理。然理無形而難知。物有迹而易睹。故因是物以求之。使是理瞭然心目之間而無毫髮之差。則應乎事者自無毫髮之繆。是以意誠心正而身修。至於家之齊。國之治。天下之平。亦舉而措之耳。此所謂大學之道。雖古之大聖人生而知之。亦未有不學乎此者。堯舜相授所謂惟精惟一允執厥中者此也。自是以來累聖相傳以有天下。至於孔子不得其位而筆之於書以示後世之為天下國家者。其門人弟子又相與傳述而推明之。其亦可謂詳矣。而自秦漢以來此學絕講。儒者以詞章記誦為功。而事業日淪於卑近。亦有意其不止於此。而又不過轉

而求之老子釋氏之門。內外異觀。本不殊歸。道術隱晦。悠悠千載。雖明君良臣。間或一值。而卒無以復於三代之盛。由不知此故也。恭惟皇帝陛下。聖德純茂。發自於潛。以至為帝。仁孝恭儉之德。信於天下。紛華盛麗。一無所入於其心。此其身可謂修矣。而臨御天下。朞年於此。平治之效。未有所聞。臣竊疑之。意者前日勸講之臣。限於程式。所以聞於陛下者。不過詞章記誦之習。而陛下求所以進乎此者。又不過取之老子釋氏之書。是以雖有生知之性。高世之行。而未嘗隨事以觀理。故天下之理。多所未察。未嘗卽理以應事。故天下之事。多所未明。是以舉措之間。動涉疑貳。聽納之際。未免蔽欺。平治之效。所以未著。由不講乎大學之道。而溺心於淺近虛無之過也。臣愚戇抵冒罪當萬死。然願陛下清閒之燕。博訪真儒知此道者。講而明之。考之於經。驗之於史。而會之於心。以應當世無窮之變。則今日之務。所當

為者。不得不為。所不當為者。不得不止。以至於臣下之忠邪。計慮之得失。不待燭照數計。而可否黑白判然矣。若是。則意不得不誠。心不得不正。於以修身齊家平治天下。亦豈有二道哉。臣之所聞於師者如此。自常人觀之。疑若迂闊陳腐而不切於用。然臣竊以為正其本。萬事理。差之毫釐。繆以千里。天下之事。無急於此。伏惟陛下擴天日之照。濟賜開納。則非獨微臣之幸。實天下萬世之幸。

乾道五年十一月。汪應辰上言曰。臣伏見近日以來講讀之官進見稀闊。蓋自昔人君有所佚豫。或不留意經典。有所私暱。或不親近儒臣。今陛下省覽庶政。不捨晝夜。非有所佚豫也。延接臣下。不間疏賤。非有所私暱也。特以勤勞政事。故不遑暇於此耳。然臣竊謂六經之典籍。祖宗之謨訓。此乃政事之本也。因其有所勸戒。而省之於己。則可以致日新之益。因其有所損益。而驗之於今。則可以得時措之宜。漢光武唐太宗。皆自戰以取天下。而與其臣下講論經理。往往夜分乃寐。蓋必不虛費日力。而為無益之舉也。仁宗皇帝詔雙日御經筵。而隻日亦召侍臣講讀。是以為萬世法。伏望陛下特留聖念。天下幸甚。

淳熙三年。兵部侍郎周必大上奏曰。臣仰惟陛下以天縱之聖。輔日新之德。六籍與義。歷代史編。凡儒生學士窮年沒世所不能究者。一經睿覽。皆洞見底蘊。所謂講讀之臣。安能窺聖學之萬一。然且不矜不伐。勤於訪問。此甚盛德。臣何敢贊。惟是今歲適當郊祀。兼之冊后竊計秋講不過此月下旬三四次而已。其間又有開啓肄習儀日分。止是二十一日可御經筵。欲望聖慈預留宸念。或百司臨時別有相妨事節。即乞宣諭。令且候講畢施行。庶幾少副陛下孜孜古訓。不忘舊章之意。

淳熙間。袁說友上言曰。臣恭聞聖旨已於今月十三日開經筵。臣仰惟陛下聖學高遠。緝熙光明。稽古憲章。宏濟極治。臣愚戇亡識。敢陳管見。仰裨涵養之末議。惟陛下財擇。臣仰惟太上皇帝身濟大業。紹開中興。三十六年之間。仁文德功。聖神明武。發而見諸立政用人愛民馭軍之際。皆一代宏模。萬世丕式。陛下嗣位之初。卽命儒臣纂輯作宋一書。揭名聖政。親製序文。藏諸金匱。臣以不學謏蒙。聖恩俾承中秘。遂獲仰窺大政。拱誦奎文。臣不勝至榮極幸。陛下方循堯道本於授受。施之政事。動協訓謨。儼於聖政之書。日以繼日。研覃不懈。則於治體尤非小補。臣愚欲望陛下恭發詔旨。自今歲為始。以太上皇帝聖政。同三朝寶訓。命經筵官日以講讀。永為定制。俾之紬繹大典。啓沃聖衷。陛下進而定省。得之面命。退而講論。得之方冊。益以彰率由舊章之意。行堯之道。與天無極。帝王之學。莫大於此。臣何幸得

親見之。臣謹昧死以請。

孝宗時。員興宗乞精講議奏曰。臣嘗謂論道乃三公之職分也。不得其人。則虛其職。是以三公無官。後世循論思之學。稽論道之意。獨講筵之官似之。傅說戒高宗曰。王人求多聞。事不師古以克永世。匪說攸聞。說欲勉其君執古義以御今世。其人雖商之大臣。其詞則講筵之體也。恭惟我祖宗神聖。式嚴是選。自從臣而擇有望。自初見而至畢講。既命之坐。又賜之宴。其意以為尊經樂誼。不如是則善敗之鑒。細大之事。將有壅於上聞矣。則是可急也。以九重之深。上司萬事之柄。衆職之微。有不敢行。有不敢言。獨宰相可以輔行。臺諫可以輔言。不幸而言之未至。行之未及。其從容暇豫之際。意旨畢陳。幽隱畢達。天下不於講讀者望之。將誰望乎。昔李淑侍讀。仁宗嘗言曰。觀唐室召見近侍講經。本欲因事立訓。鑒往知今。人君多借是名與近臣談議政事耳。在我真宗時。則有若馮元賜坐已竟。亦多詢問。蓋宮居秘邃深防聞聽之壅也。淑之言非惟識祖宗意。亦得數開講筵之意。真知侍臣體哉。厥後歷聖相紹。風流相形。義政美事。多自講筵發之。而司馬光呂公著蘇軾之流。以此名一時而耀後世。則又講筵德誼之若也。可無念哉。陛下天資睿智。動法祖宗。前後建置勸讀之官。誼至篤也。然臣尚恐侍臣循循一本舊習。正先儒所謂案旁講經數行而退如此彌歲。所益幾何。是不可以不宿戒也。況今天下大務奇達甚衆。陛下所恃者民也。今談利之士妨飾百端。指無為有。是顧身而不顧民。陛下所扞國者軍也。今將領之人。大率肆欺。是顧家而不顧主。陛下所恃為俗者士也。今衣冠雜襲。避礙一律。是好諛而不好直。至使上薄陰陽乖戾之積。連兩併瞞。陛下振發威厲。既流賊墨之將。旋竄祕賂之子。海內且稱快矣。夫以聖主抉微察纖。其動類此。執經入侍者其忍嘿嘿負之。然臣聞近已得旨。自今月乙亥開局。除隻日休暇旦望之外。前界大禮講日無幾。臣願後殿說書之日。權在諸司引對小事。如景祐之詔可乎。仍諭講官須得一經之中擇帝王欲知之事。明今日鑒戒之體。如咸平景德之際可乎。凡求經意之先務在權政体之緩急。臣願如先儒康定之疏。既讀寶訓。先解邊防要務之類可乎。若其它又量令展日。畨令直宿。情愈通則義愈至。不拘忌諱用表憂勤。此又希世之奇事也。賤臣其敢必哉。或謂臣言國家張講讀之席。止應故事耳。彼儒者之言使人拘而多畏。礙而不通。漢高帝所謂為天下安用腐儒者也。臣謂不然。天下之所謂腐儒者非特聖主惡之。雖臣等亦惡之也。今郡文學。州博士。項背纍纍。沈議惑聽。秉筆相輝者是已。國家念與為治。陛下豈少此等哉。若夫更擇通儒一二。鋪張仁義之治統。臣謂雖百世不可易也。孰與左右便嬖之言出於愚誣者乎。昔魏徵勸太宗行仁義。封倫笑曰。證儒生也。言安足用。其後證言以次施行。唐是以有貞觀之治。太宗曰。此證勸朕行仁義也。惜乎不令封倫見之。然則通儒之識。謂仁義竟何尤乎。陛下百舉奮欲步武太宗。臣願稽參以此。則聖益聖明益明矣。況六經決非虛器。文武決非異道。廣開決非為陽帝學。決非小用。敷求聖治於此在矣。臣言狂僭。不勝懇懇納忠之至。

直煥章閣王師愈奏曰。臣聞商高宗起傅說於傅巖之野。命之訓于朕志。說未嘗為高論以駭高宗之聽。始則告之曰。惟學遜志務時敏。次則告之曰。念終始典于學。當是時也。六經未備。所謂學者果何事耶。蓋自天地奠位。道德已存乎其中。不以六經未備而晦。人君脩道德於一身。推以治人。見於政事。其極致在乎平天下。傅說所以告高宗者。學此而已。故又繼之曰。道積于厥躬。厥德脩罔覺。若傅說可謂善以謝者歟。恭惟陛下以天縱之能，生知之聖，學自潛邸，寓情學問，博極經籍。不唯灼見歷代治忽之迹，其於道德之奧，已深造而逢原。即位以來，厲精圖治，不自滿假，萬幾餘暇，延見諸儒，講論治道，孳孳不倦。商高宗所不逮者，皆優為之矣。猗歟休哉！踈遠小臣，誤被簡知，濫陪經幄。自惟淺陋，何以仰贊緝熙光明之盛？然而區區之忠，不敢自默。竊嘗讀易之乾言九二之君德，始於學以聚之，終於仁以行之。中庸記聖人誠之之道，亦始於博學之，終於篤行之。又曰：有弗學，學之弗能弗措也；有弗行，行之弗篤弗措也。以是知好學雖帝王之盛美，唯躬行之為貴。學而弗行，求治效之成，難矣哉！又況人君之學與夫人臣之學，皆本於正心修身，其效皆見於治國平天下。人臣抱其所學，必逢時得君，然後能有行焉。上以佐其君，斯足以致治國平天下之效。儻不遇合，不過獨善其身而已。又不過齊家而已。治國平天

下之事業，何自而可成哉？故人臣行其所學難，為力特在乎人君用之耳。若夫人君之所學，不欲有行則已，如欲行之，罔不由己，孰能禦焉？治國平天下之效，可拱而俟也。陛下聖學之妙，聞百聖而不惑。臣之謏聞，何敢妄陳臆說？伏願陛下鑒歷代之君所以為聖為賢，所以致治安者，力行而不怠，日引月長，悠久而不息，將見內而修明庶務，外而讋服四夷，巍巍乎治功之隆，與二帝三代同符矣。惟陛下留神，幸甚。

衛博上奏曰：臣聞聖人以天縱之能，輔以日就之學，固非羣臣所敢望清光而窺道奧。然講求多聞，咨訪治要，則必有論議之臣，儒學之士，通古今明治亂者，侍清燕之間，而承顧問之缺。以舜文王之盛，而有九官四友，朝夕都俞於一堂之上。下至於秦之穆公、魏之文侯，亦有樂正裘、牧仲與夫段干木、田子方之流，相與周旋，圖回以起治功。斯道尚矣。仰惟陛下睿智之高明，典學之緝熙，超出百王之上。然猶分命講讀之官，番宿殿廬，以待清問。其於屬意承學，尚論古人，講道細氈之上，甚盛舉矣。然臣竊嘗究觀漢之侍臣，於長楊五柞之游，未央宣室之燕，未嘗不在。而唐之十八學士，日昃夜艾，訪求政事，商確前載，乘常禮之間。此固不宜專責賢守之臣耆艾之士也。臣愚欲望聖慈命有司討論，倣唐開元六品以上待制於衛內，建中九品以上待詔於兩省，立為定格，日使館閣之臣，得侍左右，以補遺忘，庶幾泰山之一塵，滄海之衆流，或有補於萬分之一。

光宗紹熙三年，御史臺主簿彭龜年上疏曰：臣聞講讀之官，責任最重。故程頤謂天下重任，惟宰相與經筵，天下治亂繫宰相，君德成就在經筵。以臣觀之，君德不脩，雖治難保，要知經筵之重，尤在宰相之先。是以祖宗增重此官，具有成憲，未得之則求之惟恐其不廣，既得

之，則親之惟恐其或踈。揆之近時，頗非其舊，臣敢為陛下條列陳之。臣觀祖宗精擇經筵，不限資任，或以布衣而就職，或解政柄而復為，蓋以勸講之臣，當用明經之士。經須素業，人各有長，儻平時未嘗留意於斯，則雖賢何以克堪其任？今不問所學，類以序遷，此非其舊者一也。臣觀祖宗引對臣僚，莫如經筵親密。在太祖朝，非時召王昭素講說經書。在太宗朝，命呂文仲為侍讀，多以日晚召見。及真宗嗣位，首置侍讀侍講學士，命邢昺、楊徽之、夏侯嶠為之，常令寓宿祕閣，訪問或至中夕。自此遂為故事，夜直率置常員，不特與之究義理之微，亦欲藉之杜逸豫之隙。蓋聞古今之治亂，則警懼易動；聞閭閻之艱苦，則憂念自生。退即宴閒，必無過當。聖謨深遠，人未易知。竊見近日宣召經筵，多用晝接，臣不知遊息深宮之際，何以為保養夜氣之方。此非其舊者二也。臣仰惟陛下留心問學，不愧古先，嘗於郊禋之時

豫展講讀之日。厥修時敏。何待人言。而臣之區區猶及此者。臣嘗見范祖禹所編帝學。上下數千年。未有若祖宗好學之篤者。陛下欲法祖宗。捨此宜無大者也。臣愚欲望陛下柬拔名儒眞之講席。但問經學之深淺。不校官資之崇卑。官大則加之學士之名。官小則任以說書之職。日與之講論義理。夜與之商略古今。自此聖性日益高明。聖德日益盛大。既有義理之可樂。自然物欲之難移。深國寧家。莫先於是。惟陛下留神。

寧宗即位初。龜年為吏部侍郎。上奏曰。臣聞君道尚實。君道實。則天下安矣。君道不實。則天下危矣。恭惟陛下纂承大統以來。凡有訓辭人皆傳誦。而質直之性。又出天禀。向在潛邸。嘗親書司馬光務實之論。日夕披玩。聖心所存。蓋可見矣。唐虞三代之治。人以其言而遡其心。知其必可以至無疑也。然臣今日猶有務實之言者。亦有說爾。臣

觀近日求賢之詔既下。士大夫所上封章。並付後省看詳。令擇其可行者上之。三省不為虛文。則陛下求言固欲實也。然今已一月。所得於臣僚封章者果何事。臣近日嘗乞再令後省擇其有益於聖德者。逐旋繳類以備采覽。亦不蒙施行。則求言之實。似不足矣。講筵久開。當講之日早晚兩上。不講則日輪二員以備訪問。則陛下問學固欲實也。然自開講之後。直日之官未聞宣召。則問學之實。似不足矣。故臣區區欲望陛下自茲以往。出一言必求其信。行一事必責其效。毋使人謂徒事虛文以欺天下。不勝宗社之幸。

寧宗嘗謂退朝無事。恐自怠惰。非多讀書不可。龜年又奏曰。人君之學與書生異。惟能虛心受諫。遷善改過。乃聖學中第一事。豈在多哉。

慶元元年三月。大府寺丞呂祖儉奏曰。臣聞自王者迹熄。時君世主之為天下國家者。鮮有知講學之為急。間有崇尚經術者矣。非優游文義。則務為觀美。未必知帝王所謂學者果為何事也。恭惟陛下踐祚之始。懍乎有蹈淵冰之懼。亟下詔書舉邇英之典。延舊學之臣。首詔儒宗。增重經幄。多為書史之目。倍增講讀之員。而訓辭丁寧。復在於救正闕違。務圖實政。德意志慮。極其休美。此固有以見聖心務實學而守家法。知夫為天下國家之本務。誠有在此而不在彼者也。然臣竊有深疑而未解者。陛下初念初政。既已知講學之要。是宜聖學有加而已。今未數月。所謂儒宗者曾不淹時。中旨徑下。俾之亟去。惟恐或後。雖深閟者文之意。形於親翰。將以昭示厚恩。然天下之心不能無疑也。臣區區之言。夫豈以一二人之去留。一二事之當否過有所論。蓋以講學重事也。執經之臣精選也。昔也何為尊禮愛信之如彼。今也何為棄置忽忘之如此。深恐於初政詔旨歲推月移。名存實亡。徒為觀美。而果謂問學真無補於成敗之數矣。矧今國勢甫定。人

情猶睽。觀心未怡。天意弗順。歲事有饑饉之慮。夷狄有窺伺之形。陛下與學士大夫講論經理。政是救正闕違務圖實政之時。尤不可使初意寖違。徒為觀美。伏望陛下每御講筵。必求諸己。觀夫事親如事天之說。則夔夔齋慄。猶懼不至。而號泣旻天之心。誠難自已。觀夫得民在得其心之說。則懍懍危懼。猶恐難保。而朽索馭馬之喻。誠非我欺。六事自責。固陛下所已講也。若恐懼修省之念稍衰。豈以此意為實然。十漸示戒。固陛下所已講也。若燕遊逸豫之念稍縱。豈以斯言為可信。歲事有饑饉之慮。要當深思大方懋厥德之要。夷狄有窺伺之形。要當躬行無怠無荒之實。若夫親學士儒生以廣聞見。遠宦官女子以戒驕奢。雖明詔之所已言。然有言逆于吾心。而求諸道。則忠直始能親。有言遜于吾志。而求諸非道。則讒諂始能遠。誠能如是。則朝夕之所講習者。始為實學。朝夕之所履踐者。始為實用。聖德罔愆。

民心胥悅，而初政詔旨可以信諸萬世矣。

寧宗時，朱熹奏曰：臣竊惟皇帝陛下祗膺駿命，恭御寶圖，正位之初，未遑它事，而首以博延儒臣、討論經藝為急先之務，蓋將求多聞以建事，學古訓而有獲，非若記問愚儒、詞章小技，誇多以為博，鬪靡以為工而已也。如是則勸講之官，所宜遴選，顧乃不擇，謬及妄庸，則臣竊以為過矣。蓋臣天姿至愚極陋，雖嘗挾策讀書，妄以求聖賢之遺旨，而行之不力，老矣無聞。況於帝王之學，則固未之講也。其何以當擢任之寵，而辱顧問之勤乎？是以聞命驚惶，不敢奉詔。然嘗聞之，人之有是生也，天固與之以仁義禮智之性，而敘其君臣父子之倫，制其事物當然之則矣。以其氣質之有偏，物欲之有蔽也，是以或昧其性以亂其倫，敗其則而不知反。必其學以開之，然後有以正心脩身而為齊家治國之本。此人之所以不可不學，而其所以學者，初非記

問詞章之謂，而亦非有聖愚貴賤之殊也。以是而言，則臣之所嘗用力，固有可為陛下言者，請遂陳之。蓋為學之道，莫先於窮理；窮理之要，必在於讀書；讀書之法，莫貴於循序而致精；而致精之本，則又在於居敬而持志。此不易之理也。夫天下事莫不有理。為君臣者有君臣之理，為父子者有父子之理，為夫婦，為兄弟，為朋友，以至於出入起居、應事接物之際，亦莫不各有理焉。有以窮之，則自君臣之大，以至事物之微，莫不知其所以然與其所當然，而亡纖芥之疑。善則從之，惡則去之，而無毫髮之累。此為學所以莫先於窮理也。至論天下之理，則要妙精微，各有攸當，亘古亘今，不可移易。唯古之聖人為能盡之，而其所行所言，無不可為天下後世不易之大法。其餘則順之者為君子而吉，背之者為小人而凶。吉之大者，則能保四海而可以為法；凶之甚者，則不能保其身而可以為戒。是其粲然之跡、必然之效，蓋莫不具於經訓史冊之中。欲窮天下之理，而不即是而求之，則是正墻面而立爾。此窮理所以必在乎讀書也。若夫讀書，則其不好之者固怠忽間斷而無所成矣，其好之者又不免乎貪多而務廣，往往未啓其端而遽已欲探其終，未究乎此而忽已志在乎彼。是以雖復終日勤勞，不得休息，而意緒悤悤，常若有所奔趨迫逐，而無從容涵泳之樂。是又安能深信自得，常久不厭，以異於彼之怠忽間斷而無所成者哉？孔子所謂「欲速則不達」，孟子所謂「進銳者退速」，正謂此也。誠能鑒此而有以反之，則心潛於一，久而不移，而所讀之書，文意接連，血脉通貫，自然漸漬浹洽，心與理會，而善之為勸者深，惡之為戒者切矣。此循序致精所以為讀書之法也。若夫致精之本，則在於心，而心之為物，至虛至靈，神妙不測，常為一身之主，以提萬事之綱，而不可有頃刻之不存者也。一不自覺而馳騖飛揚，以徇物欲於軀

殼之外，則一身無主，萬事無綱，雖其俯仰顧眄之間，蓋已不自覺其身之所在，而況能反覆聖言，參考事物，以求義理至當之歸乎？孔子所謂「君子不重則不威，學則不固」，孟子所謂「學問之道無他，求其放心而已矣」者，正謂此也。誠能嚴恭寅畏，常存此心，使其終日儼然不為物欲之所侵亂，則以之讀書，以之觀理，將無所往而不通；以之應事，以之接物，將無所處而不當矣。此居敬持志所以為讀書之本也。此數語者，皆愚臣平生為學艱難辛苦已試之效，竊意聖賢復生，所以教人，不過如此。不獨布衣韋帶之士所當從事，蓋雖帝王之學，殆亦無以易之。特以近年以來，風俗薄陋，士大夫間聞此等語，例皆指為道學，必排去之而後已。是以食芹之美，無路自通，每抱遺經，徒竊慨歎。今者乃遇皇帝陛下始初清明，無他嗜好，獨於問學，孜孜不倦，而臣當此之時，特蒙引對，故敢忘其固陋，而輒以為獻。伏惟聖明，深

賜省覽。試以其說驗之於身。蚤寤晨興。無忘今日之志。而自彊不息。以緝熙于光明。使異時嘉靖邦國。如商高宗。興衰撥亂。如周宣王。以著明人主講學之效。卓然為萬世帝王之標準。則臣雖退伏田野。與世長辭。與有榮矣。何必使之勉彊盲聾。扶曳跛躄。以汙近侍之列。而為盛世之羞哉。干冒宸嚴。不勝戰慄。惟陛下留神財幸。

熹又奏曰。臣竊聞周武王之言曰。惟天地萬物父母。惟人萬物之靈。亶聰明。作元后。元后作民父母。而孟子又曰。堯舜性之。湯武反之。蓋嘗因此二說而深思之。天地之大。無不生育。固為萬物之父母矣。人於其間。又獨得其氣之正。而能保其性之全。故為萬物之靈。若元后者。則於人類之中。又獨得其正氣之盛。而能保其全性之尤者。是以能極天下之聰明。而出乎人類之上。以覆冒而子畜之。是則所謂作民父母者也。然以自古聖賢觀之。惟帝堯大舜生而知之。安而行之。

為能履此位。當此責而無媿。若成湯武王。則其聰明之質固已不能如堯舜之全矣。惟其能學而知。能利而行。能擇善而固執。能克己而復禮。是以有以復其德性聰明之全體。而卒亦造夫堯舜之域。以為億兆之父母。蓋其生質雖若不及。而其反之之至。則未嘗不同。孔子所謂及其成功一也。正此之謂也。恭惟皇帝陛下。聰明之質。性之於天。固非常情所能窺度。然而生長深宮。春秋方富。臣恐稼穡艱難容有未盡知。人之情偽容有未盡察。國家憲度容有未盡習。至於學道修身立志揆事之本。制世御俗發號施令之要。亦容有未能無待於講而後明者。故竊以為陛下誠能於此深留聖意。日用之間。語默動靜。必求放心以為之本。而於玩經觀史。親近儒學。已用力處。益用力焉。數召大臣。切劘治道。俾陳今日要急之務。畧如仁祖開天章閣故事。至於羣臣進對。亦賜溫顏。反復詢訪。以求政事之得失。民情之休

戚。而又因以察其人材之邪正短長。庶於天下之事各得其理。經歷詳盡。浹洽貫通。聰明日開。志氣日彊。德聲日聞。治效日著。四海之内。瞻仰畏愛。如親父母。則是反之之至。而堯舜湯武之盛。不過如此。不宜妄自菲薄。因循苟且。而不復以古之賢聖自期也。臣本迂儒。加以老病。自知無用。分甘窮寂。今者徒以趨名之峻。冒昧而來。耳目筋骸。皆難勉彊。然而未敢遽以告歸為請者。誠感眷遇之厚。猶欲少忍須臾。以俟陛下聖志之立。聖學之成。決知異日姦言邪說不能侵亂。果如前所期者。然後乞身以去。則為上不負天子。下不負所學。而臣主俱榮矣。顧以此事在臣但能言之。而其用力則在陛下。萬一莫景迫人。不容宿留。則抱此耿耿私恨無窮。伏望聖慈憐臣此志。察臣此言。策厲身心。勉進德業。使臣蚤得遂其所願。則雖夕死瞑目無憾矣。冒瀆宸聽。臣無任悃款激切之至。

貼黃。臣聞中庸有言。人一能之己百之。人十能之己千之。果能此道矣。雖愚必明。雖柔必彊。而元祐館職呂大臨為之說曰。君子所以學者。為能變化氣質而已。德勝氣質。則愚者可進於明。柔者可進於彊。不能勝之。則雖有志於學。亦愚不能明。柔不能彊而已矣。蓋均善而無惡者。性也。人所同也。昏明彊弱之禀不齊者。才也。人所異也。誠之者。所以反其同而變其異也。夫以不美之質。求變而美。非百倍其功。不足以致之。今以鹵莽滅裂之學。或作或輟。以求變其不美之質。及不能變。則曰天質不美。非學所能變。是果於自棄。其為不仁甚矣。臣少時讀書。偶於此語深有省焉。奮厲感慨。不能自已。自此為學。方有寸進。食芹而美。敢以為獻。伏乞聖察。

熹又奏曰。臣伏見近制。每遇隻日。蚤晚進講。及至當日。或值假故。即

行權罷。又按故事將來大寒大暑亦繫罷講月分。恭聞陛下天性好學。晨夕孜孜雖處深宫必不暇逸。但臣謏蒙選擇以經入侍。固當日有獻納。以輔聖志。今乃淹旬累月。不得修其職業。素餐之刺實不自安。故嘗面奏假日無事正宜進講。已蒙聖慈俯賜嘉納。今已兩月未見施行。因省昨來所陳。似亦未至詳悉。今別具奏。欲乞聖明特降睿旨。今後除朔望旬休及過宫日外不以寒暑雙隻月日諸色假故並令逐日登晚進講内有朝殿日分。伏恐聖躬久坐不無少勞。却乞權住當日登講一次。庶幾藏修遊息無非典學之時。聖德日躋天下幸甚。

歷代名臣奏議卷之八

歷代名臣奏議卷之九

聖學

宋寧宗時衛涇上奏曰。臣聞學之為王者事。自昔帝王莫不以學為本。然學有小大。分章析句牽制文義。此書生之學也。究聖賢之用心。明古今之大致。識安危治亂之體。察善惡消長之機。斯為帝王之大學。臣恭惟陛下聰明天縱不自矜伐。即位之初首下明詔博延儒英。增置講讀紬繹經史。從容賜坐。一日再御情亡厭倦。可謂知所本矣。邇者側聞玉音宣諭今後晚講各須講解義理。引古證今。庶不為文具。若只讀過恐無益於事。大哉王言。臣有以見陛下識度高遠精進不已。知求多聞之有益於聖德也。臣誠不佞。抑聞之先哲學則必問。問然後為學。學者聖之先務。問者學之大方。孔子稱舜大知必曰好問。仲虺戒成湯必曰好問則裕。易乾之六爻。龍德變化。皆聖人也。九二見龍在田。孔子曰。龍德而正中也。亦由學以聚之。問以辨之。逮至九五飛龍在天。則與天地合德日月並明。問學之功其大矣哉。儻若誦說雖勤而誠意不充。見聞雖廣而躬行不力。深恐猶為觀美。而於王功帝績未知所用力之地也。曾子曰。尊其所聞則高明矣。行其所知則光大矣。高明光大。不在乎它。在乎加之意而已。臣伏願陛下講學之際。更留聖心。咨詢考問。以盡臣下之情。反覆研究。以求理道之要。磨礲漸漬。日累月積。疏瀹其心源斟酌於義味。自然德性成就。知慮開明。物來而能名。事至而能應。以之用人。則邪佞者遠。忠直者伸。以之立政。則蠹弊日銷。績効日著。何為而不成。何求而不獲哉。昔唐太宗平定四方。有志治道。選文學之士。日侍閒燕。或論往古成敗。或問民閒事情。言及暗主亂朝。則省懼自戒。言及賢君理代。則企竦思齊。言及稼穡艱難。則務遵勤儉。言及閭閻疾苦。則議息征徭。惟其見善必從聞義必徙用能貞觀之治庶幾成康為功德兼隆之主此人尊所聞行所知之明驗也以陛下天資粹美進德無疆上爲唐虞三代要不難致下焉亦不失為唐太宗惟陛下留神幸甚

袁說友上奏曰臣恭聞太宗皇帝謂李至曰朕年來無它好但喜讀書用監古成敗仁宗皇帝謂輔臣曰近講詩見國風多譏刺得以為監戒高宗皇帝謂趙鼎曰朕居禁中自有日課早閱章奏午後讀春秋史記夜讀尚書又曰有帝王之學有士大夫之學朕在宮中無一日廢學但推前古治道有宜於今者要施行耳不必指摘章句以為文也大哉祖宗所以治天下國家者其必由於學乎誠本朝之家法啓佑乎後人者也臣仰惟皇帝陛下聰明睿智得於天資歷數在躬繼天作子踐祚之初恭嘿以執祖喪恪謹以隆父養倚信大臣收召人物崇廣言路數求直言此皆陛下疇昔講學之功其見於初政者

已足以慰人心而愜衆望然而自古聖主臨政願治身致太平未有一事不由於學況陛下御極之始尤當以講學為先自古聖主進德修業終身而行未嘗一日敢忘於學況陛下春秋方盛尤當以講學為急陛下之所謂講學者蓋將舉而措之以治天下國家者也本朝呂公著有言曰天子之學與凡庶不同夫分文析字覈律章句與世之儒者以希利祿取科級耳人主所不當學也人主所當學者觀古人之用心論歷代帝王所以興亡治亂之迹求立政立事之要講愛民利物之術公著之言實為人主講學之要今陛下方上承宗廟之付託下慰四海之觀瞻萬機得失之端一念趣向之本小有未至即基安危是故人主所謹繫在一心正心之原實本於學蓋道者適治之路惟學然後道明以德行仁者王惟學然後德進審為政之理非學何以達理以義制事非學何以由義古今有興亡有成敗學然後知所以興亡成敗之本天下有利害有治亂學然後知所以利害治亂之因人主有講學之功則明道進德達理由義可以成可以興享其利享其治人主失講學之益則昧道暗德悖理違義至於亡至於敗受其害受其亂事之必然無可疑者陛下前日朱邸固已親近諸儒從容講論凡其開沃聖心培埴學本者可謂弗遺餘力則陛下於道德理義必已能洞達而知所原本矣於興亡成敗利害治亂必已能深究而知所畏慕矣陛下天縱聰明非凡所及講學之益為日固久然既承大寶天子之學事與初潛故臣竊以為講學之事陛下今當舉行者其說蓋有五焉一曰凡經筵講讀陛下或意有所未諭則詳為叩問必至洞徹深曉然後已與之反覆問難使之開導聖心知所鑒戒且不以它事而輟講亦不以拂意而倦聞若止循故事略無上下議論之益則雖積歲累月於陛下必無益也二曰經筵之例率以朝退

入講陛下坐朝甫畢聖躬豈無少勞急幸經筵諸儒僅了講讀不暇紬繹辨論人主僅能記事未暇叩問咨益講讀虛文莫此為甚願頒睿旨凡遇講日並候退朝供膳已畢然後入講下則從容數繹以罄論議上則再三叩問以達未諭則講讀之官不徒設矣三曰竊聞經筵日即見講春秋通鑑三朝寶訓陛下方此臨祚委政大臣既無它事以櫽聖抱要宜增益一二經書輪以進講尚書一經句句皆明治亂安危之本仁宗皇帝訓典事事皆為後世子孫之法願增此二書以全講學之力四曰講官內宿祖宗欲以召儒臣廣為咨問光武講論經理夜分乃寐意蓋出此願陛下遇講官宿直即賜宣對或以日間已講讀而意所未諭者再使詳解細說或陛下自以古昔治亂興亡叩問原本使之開沃啓導或陛下萬幾之務有疑貳而未決者因以咨詢使之開陳獻納學念既專則學力日進矣五曰古先帝王自

唐虞三代以下至于唐末正統之傳其君或善或否其治或得或失無慮百數陛下凡遇進講或講官宿直以古帝王時取一君命講官著論一篇凡其君之善與否其治之得與失詳為議論相繼進入陛下觀其所論善者為法惡者為戒以集為一帙常置坐右或聖意有所未諭即於經筵或夕召之時再令之撰講官詳細開說不出數月古之帝王善否得失盡在陛下目中可以為法而為戒矣凡此五說皆所以為講學之地願陛下上法太宗仁宗高宗聖訓講學之勤下稽呂公著所論聖學之要出而於經筵講讀之間入而於書夜觀書之際不事虛文力求實學則聖心融徹聖學高明聖德日新聖治日盛施諸政事無非有得而無失錯之事業無非有利而無害一毫之差陛下自不肯為一言之失陛下自不肯發事事中程度物物合條理以至親君子遠小人數見儒臣尊禮正論則中興之功太平之治誠可拱而俟也臣起自寒儒叨綴從列論思獻納職守所繫瞻望清光之初不敢進無益之論專以講學一事以獻陛下伏惟聖明以為當今急先之務最切最要莫大於此務深思而力行之昔傳說之告高宗曰念終始典于學厥德修罔覺監于先王成憲其永無愆臣拳拳所奏惟陛下加念焉天下厚幸

說友又奏曰臣恭聞高宗皇帝諭宰臣趙鼎曰朕常居禁中有日課早閱章疏午後讀春秋史記夜讀尚書率以三鼓罷孝宗皇帝諭講官周操曰朕在宮中並無他用心只是看經史耳大哉皇祖之訓學有緝熙于光明所謂詒孫謀而燕翼子者蓋必由于學也仰惟陛下踐祚之初未遑它務首開經幄添置講員增益諸經早晚兩講不以崇高富貴為樂而以盛德日新為念臣去歲八月初二日面奏講學劄子陛下慨然垂聽出示講官越三日宣召儆臣玉音諭以悉行所奏中外交賀咸仰陛下學念之篤根於至誠蓋二帝三王之用心求以上繼高宗孝宗聖學之盛也臣竊惟陛下日御經筵固有定式惟是假日與退朝之際皆是清閒之燕宮中庶務必不上關聖懷當此暇隙之時精思日課之學如高宗孝宗之訓定課式於禁中庶幾既有外朝講讀之勤又有內庭課學之益臣恭觀高宗皇帝聖政孝宗皇帝聖政二書皆是兩朝七十年間大政事藏諸金櫃不惟盛德大業醲化懿綱一一所當訓式而紀載明白事理較然觀閱之間易於著心而入耳固不待講解而後明也臣愚欲望陛下以高宗孝宗宮中讀書定課為法而復以聖政之書專為宮中課程之學下祕書省繕寫兩朝聖政二書留寘日所御殿日閱數條以為定式詳施置之美意法政事之脩明熟味細觀再三紬繹積日累月不渝定課則兩朝聖政之書盡畀觀覽良法美意皆在陛下胸中而見諸政治者將自脗合而無間矣此其事不勞其道易行而其效必至者也臣拳拳愛君願裨聖學惟陛下財幸

中書舍人虞儔上奏曰臣聞帝王之學與經生學士不同夫分析章句窮究前聖之旨考論同異折衷諸儒之說此經生學士之學也若緝熙光明之用發之於一身仁義詩書之澤施之於四海此帝王之學也揚雄有言學之為王者事其已久矣堯舜禹湯文武汲汲其已久矣如曰學以聚之問以辨之寬以居之仁以行之則載之於大易之辭如曰王人求多聞時惟建事則見之於傳說之哉如曰尊其所聞則高明矣行其所知則光大矣曾子蓋嘗言之董仲舒又從而申之矣且學聚問辨可以已矣然書必繼之以寬居仁行王人求多聞可以已矣然易必繼之以時惟建事者何哉正以帝王之學與經生學士不同始焉欲其發之於一身者有緝熙光明之用終焉欲其施

之於四海者有仁義詩書之澤蓋不可得而已者也恭惟陛下有生知之性而不恃有天縱之能而不矜方且增置講官日侍經幄沍寒隆暑未嘗少倦雖堯舜禹湯文武汲汲不是過也凡帝王之宏規祖宗之成憲古今之安危治亂儒臣之獻納論思固已悉究淵源兼綜條貫至矣不可有以加矣臣惓惓之愚願陛下廣學問以寬仁即多聞而達事尊其所聞見之於躬行俾聖德日新愈極乎高明行其所知措之於事業俾治功日進愈至乎光大則宗社幸甚生靈幸甚

理宗紹定間徐元杰對策曰臣聞求道有本原行道有功用自本原而達之功用則天下之治可以不勞而舉矣蓋道無近功惟志趣之高遠者為足以極其功道非小用惟力量之凝定者為足以大其用自有天地以來所以脉絡世教綱維人極於不泯不絶之地者皆非偶然之故也太極之理流行散見於萬類之殊常人得之由之而不

知者也故必有待於超出乎億兆人之上者為之君師焉以一人之心融天地之心以天地之心覺天下之心帝之所以為帝王之所以為王同此心者亦同此道也同此學也亦同此功用也然則有帝王之心者斯能有志於帝王之道有帝王之學者亦豈不能進進於帝王之用哉共惟皇帝陛下英姿天挺聖學日新自臨御以來孜孜汲汲既知求此道之用以用其心則知推此心之用以用天下其間大震怒夫拂亂所以嬰宵旰之懷關玉食之抱者殆非可以一二計也陛下端居凝邃加意講求所以靡萬變之紛紜鎮羣疑之洶湧陛以為天下國家之計者蓋陛下求道得力處也夫求道既有所得則夫堅始者之念以就來者之圖勉今日之誠以為後日之慮不以僅定為無恐不以苟安為自足凡堯舜三代之所以根柢乎盛治者是政陛下行道用力處也因其力之有所得充其力之有所用天地之眷厚矣所以答天地之眷者當何如祖宗之託重矣所以奉祖宗之託者當奚若丕緒之承今九年矣所以充拓事業者當何修而至陛下誠能因其力之有所得充其力之有所用自身而家所以正人倫而係風化者不可不謹其表倡之機自家而國所以別賢否而定名義者不可不致其微漸之慮自國而天下所以謹備攘而全愛敬者不可不極其勉勵之誠其效證於堯舜三代之所已行其監具於秦漢以下之所並見其事信於經訓史冊之所可考陛下誠於本原之地而極其神不徒以口誦日講者為常準則學之為王者事豈在陛下方寸間耳臣又何敢容其喙請以所聞於師者拜手稽首以復陛下之問惟陛下少垂聽焉臣昧死上愚對臣伏讀聖策曰蓋聞學之為王者事繇堯舜三代至于今日未之有改也而或以為古今有殊時帝王有異治世道有升降各因其時以為治而無一定之論吁有是

哉臣有以見陛下有志於帝王道統之傳而為昧者發道與時異之嘆也臣聞道與心一帝王之心與萬世一堯之授舜舜之授禹三聖授受相傳一道載之於書人心道心之分惟危惟微之幾或生於形氣之私或原於性命之正惟其形氣之並生雖上智不能無人心惟其性命之各正雖下愚不能無道心故人心每患於難制而道心每患於難明難制故危而安之者常寡難明故微而知之者幾希惟精則決擇詳審而致知之功深惟一則主宰堅定而力行之用久是以一中之執萬世惟允成湯傳之為昭德建中文武傳之為順則立極帝王之治所以蒸為雍熙薰為泰和而無一民一物之不得其所者皆此道之功用也夫以功用之散於天下者若是其明著而根本之斂於一心者猶不敢廢夫講貫之功故堯舜禹湯文武之所以踊為汲汲於學者果為何事也豈非以惟微數語啓其端故心法之傳

異世同軌成湯之禮制文武之克宅莫不皆致力於本原之地雖其時之相去若有不同而道之相傳未嘗不一自世之昧者觀之泥於跡而不求於心索於治而不求於道舜文一也或疑其勞逸之殊而不揆其符節之合商周一也或疑其文質之異而不通夫損益之因善乎董仲舒之言曰繼治世者其道同繼亂世者其道異蓋其所以異者世之治亂而已所謂道則未嘗不同焉故韓愈亦曰堯以是傳之舜舜以是傳之禹禹以是傳之湯湯以是傳之文武即仲舒之所謂繼求韓愈之所謂傳則六七君子之心越宇宙而同神歷千載而一日又孰謂其世有升降而因時為治果無一定之論乎然則能知帝王之無異心則知帝王之無異道知帝王之無異道則知帝王之無異致矣臣伏讀聖策曰夫統理民物為天下君膺天地之眷顧蒙祖宗之付託若是其重而本原之地無所據依以善斯世不可也是以堯舜之帝禹湯

文武之王莫不從事於學如飢之必食渴之必飲未嘗外道以出治合經以求治也臣有以見陛下以天地祖宗之寄為不可忽以堯舜三王之道為必可行而欲講學以求道即道以求治而又知所用力之地也臣聞帝王之心與天地一祖宗之心與帝王一帝王代天地以栽成其化者也祖宗法帝王以會通其用者也故求帝王之治者當求帝王之道求帝王之道者當求帝王之心心法明則道法著矣道法立則治法舉矣世去古遠正學不傳生民不見帝王之澤至治之至蓋不世出而天地之生聖人乃間見於千載之後藝祖皇帝肇造區夏撥亂立極讀書而歎後世紀綱之紊蓋有以契夫天地生育之心矣仁宗皇帝紹休聖緒繼躰守成講易而得六情六氣之說蓋有以契夫天地動靜之心矣夫以祖宗講明學問稽式帝王既無一而不契於天地之心則夫兩間之所以眷祐於國家而遺陛下以無

疆之休者要非人力之所倖致也陛下講學所以朝夕不倦寒暑不輟而必欲與帝王之心同一運量者蓋欲以慰祖宗之託而答天地之眷焉爾故觀乎天地則見帝王矣觀乎帝王則見祖宗矣何則天地付陛下以此位者也帝王同陛下以此道者也祖宗傳陛下以此心者也心得其正則此道為有宗道得其正則此位為無忝位正而道益可行道正而心益可制動息造次常以天下為憂安舒暇豫畧不以有位為樂夫如是也真知夫天地之所付者至大而不敢以自小矣真知夫帝王之所同者至公而不敢以自私矣真知夫祖宗之所傳者至重而不敢以自輕矣自是而充之以學力所到日益月新心術所存天寬地大舉一世之人濟濟於雍熙泰和之域渾渾乎如四時之春而不見有炎風朔雪之慘者皆此心之推也惟陛下益反諸心而用力焉則功用豈有難致者哉臣伏讀聖策曰朕以眇躬嗣

承丕緒于今九年昧旦而朝咨諏輔弼延納英儁日御經筵日誦日講咸有常準臣有以見陛下統臨于上愈尊而愈謙問學之勤愈久而愈不替也臣聞帝王之學厥有本原惟謹養乎心術之微不徒為誦說之務惟深探夫造端之自不徒為外飾之求宮庭深邃燕佚易生聲色滿前志念易汩四海九州之大非空言所能維持一日萬幾之繁非小智所能經理然所以維持而經理之者其本會於聖心運量之中其用形於聖學貫通之後則是心不可以不盡學力不可以不充也久矣故有一念之縱肆則不足以充此學有一息之間斷則不足以充此學外庭固學矣內庭其可息乎經筵固學矣退處其可懈乎端人正士固與學矣便嬖使令其可與褻乎陛下有志於帝王之事固出於聖心之實然抑帝王所以兢兢業業儆戒無虞孳孳汲汲悠久不息者得非陛下之所當深勉而不徒為言語誦說之末而

已者乎。陛下即位固九年矣。然外而疆土之未清。內而姦宄之未靖。陛下而念及此。得不以周之克商九年大勳未集而勉其憂勤乎。陛下每朝固咨輔弼延英儁矣。然內而邪正之未明。外而貪廉之未判。陛下而念及此。得不以舜之三考黜陟庶績咸熙而為幾康之戒乎。不然。以可致之資而不能致。以可為之時而不能為。以可豫備之歲月而自惰於不備不廣之域。若是而曰講誦有常。臣甚不知陛下講誦之謂矣。陛下苟能以帝王之心為心。則必深求帝王用力之要。凡六經所載得之於經筵之所誦講者。誠非徒以講誦為也。口以誦之。必反心而戴。惟學以講之。必聞義而力從。故於至善之所當止。則必如好好色。使之眼明心悅可也。於不善之所當改。則必如惡惡臭。使之影滅跡絕可也。學有如是。則本原正矣。本原既正。則自身而家。自家而國。自國而天下。無一政之不立。無一事之不舉。功用之著。其可

以限量既耶。臣伏讀聖策曰。六經之道。所以該貫天人維持世變者。至纖至悉。不可勝窮。而治盟一書。又所以著曆代之懲惡以勸戒乎後者。莫先於脩身而齊之。進君子而退小人。嚴名分而遏亂萌。脩政事而攘夷狄。卹民隱而懼天變。臣有以見陛下會經訓之精粗。明史冊之勸戒。而欲用力於君德治道之大者也。夫經所以載道也。史所以緯經也。人主之學所以講經與史者。蓋欲為脩身齊家治國平天下之用者也。臣嘗以是觀之。六經皆所以言天人。而至於該貫其道。則莫詳於易與春秋之為書。六經皆所以維持世變。而所謂至纖至悉。則莫大於易與春秋之為用。易者六藝之原也。卦有陰陽。固所以明天道也。而吉凶悔吝未始不以人言之。則易之所以維持世變者。宜乎極其所謂變通鼓舞之道而不可以致詰也。春秋者史記之約也。義有褒貶。固所以明人道也。而災異所書未嘗不以天言之。則春秋之所以維持世變者。宜乎定天下之邪正。而亂臣賊子皆禀乎其知懼也。即易與春秋之旨而槩之六經之道。則維持世變至纖至悉而不可勝窮。自脩身齊家至於卹民隱而懼天變者。皆可以類推矣。雖然。此經之所以載道者然也。至於史之所以緯夫經者。則自周之衰以訖五代之季。其間安危理亂之分。成敗興亡之故。上下數千年間。皆若燭照龜卜而不可掩。然以善論世變者觀之。漢大綱僅正而萬目則未甚舉。唐萬目舉而大綱又不能正。則其所以正人倫而係風俗。别賢否而定名義。謹脩攘而全愛敬。大槩不可以帝王之功用亟言者。要亦有由矣。是烏可不為本原之論哉。空谷而足音。晦冥而日月。絕無僅有之中而求其粗合於古帝王之道。惟文帝一人而已。昔孝宗皇帝與大臣論古今治亂。因曰。自漢唐以來。人君惟漢文帝粗能知道。自文帝之外。人君非惟不知道。亦不知學。大哉王言。深於

致論夫後世人主之為學者乎。誠即文帝之粗知道者觀之。雖其禮文之事猶或多缺。然剌取六經。蓋亦髣髴於王者之意。故當時之治譪然猶有王者氣象。非粗知道者其孰能之。自其躬玄嘿履道準仁。而脩身之道粗明。所幸夫人衣不曳地。而齊家之道粗立。張武受賂益媿其心。吳王不朝賜以几杖。而治國之道又粗審。以至棄細過而絕戎隙。成軍禮以張國勢。務休息而專德化。警災異而求直言。凡可以為平天下之道者。亦粗於此而加之意。然則文帝之所以為漢德之盛者。豈非粗知道之效歟。夫惟文帝粗知六經之道。既是以致後元之治。後世考論文帝之史。則當勸其所以為文帝者。而戒其所以不如文帝者。當勸夫文帝之可以到帝王者。而戒夫文帝之終於未到帝王者。則治道功用又豈容外吾心而求之乎。臣願陛下反求此心。悉意力行。以可到帝王者自勉。以未到帝王者自勵。此則存於用

力不用力耳。烏患其有難行者哉。臣伏讀聖策曰。朕深惟經訓史策曰陳於前。文字繁多。途轍迂闊。求其所以實力者。乃即燕閒竊有慕古人緝熙光明之義。曰就月將。躬履神會。蓋以基治道之本。一人心之歸。使普天率土。若士與民。悉共由於理義。而無本末舛逆之患。上下異嚮之風。顧不韙歟。臣有以見陛下加意於緝熙之誠。用力於本原之地。而欲推而達之於治道。功用之大也。夫經之與史。雖文字之繁。而關於君德治道者。則未嘗無綱領之要。夫緝熙光明。日就月將。此詩人之所述。而成王用力為學之實也。至於曰躬履。曰神會。此則陛下心術純明。義理融貫。能以詩人之所述者究心。而又以成王之所學者用力也。蓋躬之所履。皆力行之事。神之所會。皆致知之功。行無不力。則緝熙矣。知無不致。則光明矣。以陛下之躬履神會。求成王之緝熙光明。而又形諸心畫。發諸聖製。布堯言於天下。斷斷然以為

自天子至於庶人。一是皆以脩身為本。而知夫學之有益於人國矣。舉天下之大。家傳人誦。皆灼灼然知陛下緝熙光明之懿。殆與成王不可以異觀矣。抑成王之所以謹養其心以為講學之本也。陛下亦嘗實用其力乎。臣考諸詩曰。敬之敬之。天維顯思。命不易哉。羣臣告成王以用力之大者也。而諄勤懇切之意。又必繼之以無曰高高在上。陟降厥士。日監在茲。蓋欲其知天之監無往而不在。無時而不然。而敬之為敬。無一動之或違。無一息之可弛也。成王於此灼知用力之要。謙虛挹損。形之於言曰。惟予小子。不聰敬止。必加之以日就月將之誠。懋之以緝熙光明之益。積而至於萬億年天休之敬。以是而論。則知緝熙光明乃為學之要。而敬之敬之。又緝熙光明之要也。今陛下既即燕閒慨慕於古。其事非不偉也。至於古之所以謹處燕閒無徵而不敬者。茲又陛下切身之事。而治道之所由以基。人心之所

由以一。義理之所由以充廣者也。蓋敬者主一無適之謂。徹上徹下之道。陛下與成王所謂緝熙光明之實。而二帝三王所以傳授心法之準的也。故必紬繹心思。續續不已。充廣心地。恢恢有餘。而後可以言緝熙。清明一有紛汩。志慮一有間斷。氣象一有褊狹。則不足謂之緝熙矣。而可以為敬乎。必明善誠身。動與理覺。盡心知性。靜與理融。而後可以言光明。物欲少有障蔽。血氣小有昏蒙。智識小有凝滯。則不足謂之光明矣。又可以為敬乎。陛下之所謂躬履。蓋履此敬也。陛下之所謂神會。蓋會此敬也。以是而基治道。使天下國家之治如堯舜三代之盛可也。否則規摹弗高。玩愒小康。本末之不能無舛逆者皆治世之累也。以是而一人心。必使遠近風俗之化如堯舜三代之美可也。否則儀刑弗謹。觀聽莫新。上下不能不異其向者。皆風俗之弊也。陛下能反求此心。常守此敬。內主乎一而不病乎雜。外無所適

而不徇乎私。本正而末自隨。上倡而下必應。陰消其舛逆之患。潛格其異向之風。則其感動意思。殆與七十子之服孔子者同一機栝也。臣願陛下以真敬存心。則躬履神會。自不能掩其功用之著。由是而充之。則以成王之學。還帝王之道。惟陛下加之意而已。聖策又曰。若夫商政治之得失。求民俗之利病。論士習之厚薄。則有所未暇。蓋以本原既正。則它可以序舉也。臣切謂陛下之言及此。豈非天下之幸而天地祖宗之望陛下者乎。蓋政治之得失。每係於君道轉移之間。民俗之利病。實關於君政脩廢之頃。士習之厚薄。亦視夫君心之好尚者如何。陛下不屑屑於三者之計。必諄諄於本原之正者。豈非以用力於本原者既善。則三者之效將舉而措之耳。故中庸論為天下國家有九經。而曰所以行之者一。大學言齊家治國平天下之道。亦以脩身正心者為之本。陛下講明於此。蓋亦熟矣。繼今而後極致

知之善盡力行之誠因全躰之明求大用之著必剛以制欲必勇以力行必恭儉以約己必淵靜以養心。如是則本原既正。三者之序斷斷乎其可舉。不然外有講學之文。內無講學之實。誘本原之論以蓋其事躰之失。假脩飾之具以掩其脩省之怠。茲雖有箴而無益於制心。緝熙有記而無益於進德。若是而曰政治之未暇問。民俗之未暇問。士習之未暇問。是自置天下國家於聖慮之外。又安足以為本原之論哉。昔孝宗皇帝聖訓有曰。朕心未嘗放下。一日間天下定行一遣。孝宗之所以經營於念慮者若是其詳且悉。嘗謂其以本原之是正而一切付天下之事於未暇問乎。聖謨洋洋載在國史。皆陛下之所當躰而行之者也。臣願陛下益反之心曲。加其真實無偽之力。廣推於外。旁達其運量不窮之妙。則本原在於聖心矣。凡陛下策臣以經史之所當講者皆可以序而舉。況於是三者之務哉。聖策之所以

幸教臣者。亦已至矣。而陛下謙沖溫粹猶終之曰。子大夫奉對于廷。其以有得於經史者紬繹而畢陳之。朕特親覽。臣仰見陛下咨訪不倦。嘉與草茅之賤求本原之纖悉。非徒為是諏採之文具也。臣切聞六經之書致治之成法也。史之為史亞乎六經者也。夫致治成法既皆具於經。而史又亞乎經之道。則凡天下國家之治。非徒本原之是正而已。至於纖悉節目。所以採習俗之失防人心之微者。經之與史蓋相貫通而互發明也。陛下既俾臣等紬繹而畢陳之。臣不能罄竭膚淺之萬一以為陛下告。不惟下負所學。抑亦上負陛下之諄誨矣。然臣之所尤拳拳於陛下而不能自已於納忠者。其說蓋有三焉。一曰固民心。二曰肅軍心。三曰正士大夫之心。蓋民者國之命脈也。兵者國之精神也。士大夫者又國之醫師砭劑也。為人上者當使命脈堅強精神運動常致謹夫醫師砭劑之用以為元氣調養之方。則立

國之勢自隱然有安靖和平之功用矣。臣請竭其愚而終言之。書曰。民惟邦本。本固邦寧。怨豈在明。不見是圖。此言民不可以不固。怨不可以不弭也。今之所以固民者何如耶。田閭困於科率。市井困於征求。商賈困於抽斂。富家大室困於籍沒之刑。疊是數困猶未已焉。遠近怨咨。不可聞也。乖戾之氣上熏於天。激而為江閩之盜。溢而為輔近之奸。漲而為都會之灾。溢而為邊陲之警。延而為數千里之旱。岌岌殆哉。國家命脈。一縷千鈞。深可慮也。昔光武中興。鄧禹勸之以立高祖之業。救萬民之命。先朝范鎮亦曰。欲備契丹。莫若寬天下之民。此皆所以為命脈計也。陛下亟圖之。則其證猶可起也。否則非臣之所敢知矣。書曰。其克詰爾戎兵以陟禹之跡至于海表。罔有不服。此言衛國以兵。詰之者有其道。則服之者有其機也。今之為兵者何如耶。自核實之不加。而兵益以冗。自訓練之不精。而兵益以惰。自豢養

之不戒。而兵益以脆。自等級之不嚴。而兵益以驕。自刻剝縱弛之相蒙。而兵又流於叛且潰矣。夫國家竭民之力以養兵。蓋資之以衛吾國也。今乃不冗則惰。不惰則脆。不脆則驕。不驕則叛。不叛則潰。習於縱敵而不習於死敵。利於為寇而不利於禦寇。敢於犯上而不敢於衛上。於是士卒得以陵偏裨。偏裨得以陵主帥。閩南之紛亂方爾。而繼之以江右之陸梁。西蜀之驚蕩方傳。而因之以淮東之奔迸。姑息養禍。浸以成風。蔓草難圖。憂未歇也。昔晉文公城濮之戰。見其師少長有禮。而知其可用。藝祖皇帝始用軍法。使以階級相承。小有違犯。咸伏鈇鑕。是以上下有序。無征不服。此皆所以為精神計也。陛下其亟圖之。則其患猶可弭也。否則非人臣之所敢言矣。夫固國以民。衛國以兵。二者命脈之所關。精神之所係。一日不可忽焉者也。然所以護養其民。調伏其兵者。惟有士大夫以為醫砭爾。夫聖人養賢以及

萬民。而命將遣帥以守衛中國者。亦以重戍役車徒之責。今之爲士大夫者臣又不知其果何如耶。陛下以培固邦本爲心。而監司守令則行之以朘削膏血之政。陛下以運動國勢爲心。而曰將曰帥則乘之以消沮士卒之私。陛下以興利除害信賞必罰爲心。而內外大小之臣則應之以虛誕苟且偷安旦暮之計。是無怪乎上之真德實意不能宣達於其下。下之吞聲隱氣不能通達於其上。上下隔絶於勢分之交違。則夫民怨而思亂。兵怨而思叛。亦其理之所必至也。昔漢宣帝欲安渤海之警。得一龔遂單車至府。宣布教令。慰安牧養。盜爲之悉平。而民不患其不安者。以得人而安之也。唐馬燧之在河東。驅馬厮僕教以騎射。比及二年。得精兵二萬。而兵不患其不強者。以得人而制之也。是以國朝開基之初。藩侯不撫百姓。則有斷不容之之戒。至於南征北伐戰勝攻取。兵不過二十萬者。亦惟以曹彬潘美爲將耳。此其於國家矜劑之用。明效大驗。彰彰然足以爲後人嘉賴維持之地。蓋漢唐之義。獨盛於一代者也。今陛下所慕者帝王之道。所監者漢唐之言。所取者祖宗貽謀之善。則其所謂一軍民之心者要莫先於正士大夫之心。而其所以正士大夫之心者。又不過先正陛下之心而已。董仲舒有言曰。人君正心以正朝廷。正朝廷以正百官。正百官以正萬民。極而至於四方遠近之一於正。此又自本原而達之功用。古今不易之至論也。惟陛下於此而實用力焉。則天下幸甚。宗社幸甚。

元杰又奏曰。臣聞論語書成於有子曾子之門人。故二子獨得以子稱。其所載先聖與羣弟子之言。至爲不苟。言者。心之聲也。學問之道無它。求其放心而已。求於心者。合下必自源頭理會。論言出心字字只有三處。然句句字字無往而非求心。臣嘗日夜反覆求孔門所以問答之根據。不但稍可以知聖人心法之傳。至於古帝王相傳爲學切要處。亦因是可以推尋。蓋求道莫切於求心。求心莫切於求仁。仁爲心之全德。故曰仁。人心也。合而言之道也。言道無越於魯論。故曰五經之錧鎋。六藝之喉衿。伊川程頤嘗曰。讀論語有讀了全然無事者。有讀了後其中得一兩句喜者。有讀了後知好之者。有讀了後直有不知手之舞之足之蹈之者。臣末學空疎。不足進此。敢謂百生慶幸。濫員經筵。蒙恩宣諭。俾專說是書。仰裨清燕。臣感泣遭遇。願瀝粗淺。請倣先儒之言。發明求心之旨。以助聖學端本行仁之萬一。庶幾正心以正朝廷。使百官萬民四方遠近莫不一於正。人皆有士君子之行。不徒以言語視論語。臣不勝惓惓。

淳祐十二年。著作郎牟子才兼崇政殿說書經筵供職入奏第一劄曰。臣孤遠之蹤。往以狂愚觸忤權貴。退伏山林凡五寒暑。屢稽嚴召。罪不容誅。陛下簡記不忘。洊頒除命。月正元日。擢長著庭。曾未兼旬又叨覲擢。以經入侍。此儒生之至榮也。顧臣謭薄。其何以當。惟懷惴惴。辭不獲命。則念曩者爭之於議論之末。而無所及。不若從容燕閒隨事啓沃。庶幾小補。是以冒昧效職。昔程頤爲說書。嘗以君臣道合。靡不由至誠感通爲言。今臣入覲之初。不敢它有援引。惟積其誠意專以正心一說爲陛下言之。惟陛下裁幸。臣觀自古聖帝明王。未嘗無待於學。然帝王之學。異於儒生。不在於專記誦。治章句。工詞章以爲義。而在乎講明義理。務治其心而已。蓋人主之一心。所以統紀三極而酬酢萬化也。人主之心正。則天下之事無一而不出於正。人主之心不正。則天下之事無一而不出於邪。形端而影直。源澄而流清。其理有必然者。故典學之君。未嘗不以正心爲急務。而勸學之臣。未嘗不以格心爲至論也。陛下即位以來。無一日不親近儒生。無一日不講明義理。自昔好學之君未之有加焉。其於治心之學。亦既用其力矣。然心之爲物。最難治也。有所貪欲而弗能窒。則不得其正。有所忿懥而弗能忍。則不得其正。有所汩撓而弗能定。則不得其正。有所矯飾而弗能純。則不得其正。而其所以然者。蓋有所謂理欲之限。有所謂義利之則。有所謂是非之歧。有所謂好惡之端。陛下亦嘗靜慮澄神而深考密察之乎。夫理與欲。敬肆而已。義與利。公私而已。是與非。邪正而已。好與惡。善惡而已。雖其本末先後。賓主內外。截然甚嚴。然所謂敬者常難持而肆者常易勝。公者常難充而私者常易勝。正者常難明而邪者常易惑。善者常難保而惡者常易溺。爲人主者偏焉而不自克。蔽焉而不加察。往往兆於方寸之間。而發於言動者爲甚戾。差之毫釐之頃。而捷出於事爲者莫遏。萌之於宮庭隱奧之內。而形於四方萬里之遠者爲不可掩。故始於敬肆之分。而終以理勝慾。始於公私之判。而終以利掩義。始於邪正善惡之不明。而終也是非好惡之失其實。極而至於意玩而流情。稔以肆。而營繕宴遊之事或有之矣。廉恥道喪。陰濁流行。而苞苴賄賂之事或有之矣。賢否貿亂。穷壞易位。而指鹿爲馬之事或有之矣。生於其心。害於其政。其端甚微。而其禍甚大。可不懼哉。亦在乎辨而察之耳。臣願陛下思堯舜惟危惟微之旨。以致其理欲之辨。果天理耶。則極而明之。使無一壅閉。果人欲耶。則克而去之。使無少凝滯。如此則義理足以變化其氣質之偏。而物欲不足以掩其德性之善。按之以爲脩身之本。夫孰有放肆之失。又願陛下思成湯不邇不殖之戒。以致其義利之辨。果爲義耶。則推之崇之。使益以嚴明。果爲利耶。則懲而絕之。使無復滋蔓。如是則舉動足以昭明乎事物之表。而情愛不足以牽紊乎躬純之正。此其所以爲制事之本。夫孰有勝負之私。至於是非好惡之當斷。

則臣亦願陛下以孟氏知言之要。辨詖淫邪遁之詞。逆之於未有言之先。而知其心之所欲萌。察之於既有言之後。而知其心之所由在。則邪正瞭然。如權衡尺度之不可移矣。以大學好惡察親愛敬畏之辟。去惡必實用其力。而禁止其自欺。好惡必公用其心。而不溺於私愛。則善惡昭然。如好色臭惡之不可亂。按之以爲聽言用人之本。又安有混殽變亂之患。此豈非一正心之功用哉。臣故曰。在乎辨察之耳。惟陛下繼自今益加聖心格物致知以求其故。審思明辨以察其似。去讒遠色。賤貨貴德。以審其輕重之分。敬以持之。使緝熙而無間。純以一之。使悠久而不變。則表裏昭融。原本端一。紀綱明治。界限嚴肅。天下無餘事矣。不然。一念慮之間。而理慾義利之角立。一意向之內。而是非好惡之雜出。乍前乍卻。乍晦乍明。如浮雲在空。悠悠揚揚。必爲滓穢。臣懼非所以光聖德而隆治化也。夫責難於君謂之恭。陳善閉邪謂之敬。臣實不敢以庸常之意望陛下。惟陛下念之。

子才又奏曰。臣猥以空疎。充員夕講。誠意未至。啓迪蔑如。此方徹講既。思茲又執經啓席。適當陽長之候。敢後忠告之言。臣嘗讀易至復卦。私切妄論。以爲有天心之復。有人心之復。一陽生於積陰之下。而芽蘖發動者。天心初復之端也。方陰陽動靜之未分也。無思無爲。寂然不動。天地生物之心。幾於熄滅。當是時也。誰得而形容之。及至震陽之來。動於坤下。因其一動。而天下皆知其將爲生物之端。倪向者天地寂然不可形容之心。方得窺見其萬一。故程頤曰。陽復於下。乃天地生物之心也。先儒皆以靜爲見天地之心。是不知動之端乃天地之心。非知道者孰能識之。楊時亦曰。復也者。陽始生動之端也。知復之道。則天地之心可以默識。非盡心知性者孰能見之。此所謂天地之復也。以其喜怒哀樂之未發也。渾然一中。無所偏倚。赤子純一之心幾若隱晦當是時也誰能推而明之及至感而遂通隨事著見因其已發而天下始知其爲體用之動靜而向者大本達道渾然不可推究之心至是方得闚其朕兆故張載以爲靜而動夫則無念無爲無所主宰常然如此人之德性亦與此合盍進德之基也朱熹亦曰天地生物之心幾於滅息而至此乃復可見在人則爲靜極而動惡極而善本心幾息而復見之端也此所謂人心之復也使天地之心當純坤十月之時消而不長往而不來出而不入衰而不盛亡而不存或有所隔塞或有所擾亂則芸不生荔不挺麋角不解水泉不動而天地之復幾於熄非陰疑於陽戰於陰變而爲閉藏者乎使吾之一心當情欲已動之時喜或過喜怒或過怒哀或過哀樂或過樂或有所偏倚或有所乖戾則三辰失行山川崩竭不止於天地不位兵亂凶荒胎殰卵殈不止於萬物不育而吾身之復幾於熄非不

中不和極其所致則變而爲災異者乎故陰陽之未定聖人則扶其陽於萌芽發達之初抑其陰於氣勢窮極之後使陰陽順動造化流行天地之復浸以剛太無一毫過而有以成其天地不及之功喜怒之未定聖人則致其戒於不睹不聞之地謹其幾於隱微幽獨之際使喜怒和平血氣循軌一身之復充滿周全無一差謬而有以全其天地至純之德夫如是則未定之陰陽天地既無極而不反之氣未定之喜怒人君亦豈有久而不平之心何以言之復之爲義在天地間則爲陰陽在人心則爲善惡有不善未嘗不知知之未嘗復行不善即陰也善即陽也上五陰下一陽即沉迷蔽錮之時也一日忽然省覺即陽機發達之始也齊宣王興甲兵危士臣構怨於諸侯可謂極矣及其不忍觳觫即見善端之萌漢武帝窮兵黷武好神仙崇土木可謂極矣及其輪臺一悔即見善端之復觀乎此則一陽之復非

陛下進德之大機括乎臣請極言復卦六爻之義以爲聖德之助且初九以陽爻處復卦之初失之未遠者也一陽居衆陰之始復而不遠者也在易爲最貴是復之主也人性至善人心至良本自無過欲起念動其過始萌瞬息之間忽千萬里豈止於悔先儒以爲失而後有復不失則何復之有惟失之不遠而復則不至於悔大善而吉至哉言乎此正不遠復之微旨也陛下對此陽剛深惟其義苟能曲致戒謹凡前日喜怒未定之時稍有過差即當隨事覺悟毋使其已形之惡積而不散散而爲災咎變亂則積復於善不祗於悔大善而吉之道也所謂不遠而復也顧不足爲聖德之助乎六二雖陰爻處中正而切比於初在上無應以分其從陽之意能下仁也復之休美者也復者復於禮也復禮則爲仁仁者天下之公善之本也初復於仁二能親而下之是以有克己復禮之仁而下之也以其有不遠復之

仁而下之也非植黨締交也非比周爲私也則是因人之善而復己之善也因人之仁而復己之仁也豈不爲復之休乎陛下對此陽剛深惟其義苟能事事致曲不以切比於初爲非求以志從於陽爲非不以中正親仁爲非則休復之吉不特歸美於六二之臣雖六五之君亦有謹恭下士柔順助陽之實矣顧不爲聖德之助乎六三以陰居陽不中不正而又處動之極其守則固故屢失屢復不安於復夫操存舍亡蓋俛仰之間耳喜怒哀樂之失既已流宕困而後學悔而後變者以此涉世其危滋甚故曰厲然復而變雖晚矣不猶愈於迷而不復者乎陛下對此陽剛深惟其義凡二十九年之中心之所存雖不能無過然亦未嘗不悔躬之所履雖不能無失然亦未嘗不復既復既失復悔不知幾失幾悔矣悔誤紛紛久而未定是以聖德未能光新以頻復之厲耳繼自今勿以危厲無咎而遂其過勿以躁動

之危而玩其過。勿以陷於衆陰之中而愈滋其過。則無咎之義。不獨九三之臣擅其善。陛下亦得善補過之義矣。顧不爲聖德之助乎。六四。近君之位也。九居外卦之下。而曰中行者。卦一陽五陰。自二至上。則四爲中。六四居上下四陰爻之中。履得中正。下從初九正應之陽。獨得所復也。人之本心未嘗不善。積習所移。遂陷於惡。有能超然自拔於羣邪之中以從陽剛之君子。而不爲所陷。是得中行。爲獨復其本心也。其眞知所擇而從道哉。不言吉凶者。以柔居羣陰之間。而初陽甚微。未足以有爲。故聖人但稱其獨復。陛下對此陽剛。深惟其義。當是非無定見。好惡無定守。從欲而流。從邪而陷。從習氣而不反之時。察羣陰之盛而勉其中行獨復之心。念一陽之微而扶其終不克濟之志。則剛復而長。動而順行。出入無疾。朋來無咎。而陽不孤矣。顧不爲聖德之助乎。六五以中順之德處君位。能篤厚夫復。是厚而篤

用力於仁者也。然極乎高明者。有高視四海之心。詳於致察者。有輕視羣臣之意。物欲深者天機必淺。心量狹者所守易搖。其於善道。雖得必失。雖明必昏。不若靜重而專懿者之可保。此六五厚復之所以無悔也。然陽復方微之時。以柔居尊。下復無助。未能至亨者也。能無悔而已。易中陽長之卦。凡在上遇陰柔之主。則未嘗不附而順之。故於臨泰之五皆吉。而復與大壯之五皆無悔。此聖人爲君子之心也。陛下對此陽剛。深惟其義。凡世之所謂秉陽德之剛者。勿逆其進。勿遏其長。過爲容而貰之。不及爲扶而發之。去其所謂意必固我之私。成其所謂中順篤厚之實。則君子有所恃。小人不敢肆矣。顧不爲聖德之助乎。上六以陰柔居復之終。倀然在上。最遠於陽。迷而不反者也。君道過亢。迷與妄行。故有眚災。天災自外而來。己過由己而作。用之行師。則終有敗。及其國君陷於凶禍。雖至十年之久。亦不克征。蓋

陽雖微而漸長。陰雖甚而向消。將消之陰不能敵方長之勢。故終無獲吉之理。陛下對此陽剛。深惟其義。乃舉事之必合乎理。不順乎天而爲陽德之害者。去其迷而使之不至於迷。反其極而使之不至於極。懲其妄而使之不至於妄。矯其偏而使之不至於偏。無輕喜焉以泄陽德之微。無輕怒焉以滋陰濁之欲。陛下之心。本無喜怒也。陛下以天下之喜爲喜。以天下之怒爲怒。如堯之明俊德。喜在俊德。堯何與焉。舜之誅四凶。怒在四凶。舜何與焉。夫如是則陽盛而長。陰衰而消。凶變而爲吉。災變而爲祥。敗必至於成。害必至於利。利害之機。無出於此。顧不爲聖德之助乎。夫陽在天地間。至實而不虛也。至義而不惡也。至大而不小也。然至實爲天理。至虛爲人欲。而天理人欲常相對也。至義爲君子。至惡爲小人。而君子小人常相勝也。至大爲王道。至小爲伯圖。而王道伯圖常相奪也。有天下安可不致其別而謹

其所擇耶。故知天理之爲貴。則處心積慮。必以純一。立政造事。必以陽明。而人欲之私。不以陷吾衷也。知君子之爲義。則尊崇有德。必開誠心。信用仁賢。必布公道。而小人之惡不可進也。知王道之爲大。則脩義明道。必不計功。理財正辭。必不謀利。而伯圖之狹非所用也。陛下在位久。閱天下之理多。而又將之以緝熙之學。其於復之一卦。固已曉然洞究其旨矣。而區區小臣猶敢矜螢爝於日月之下。故消埃於川嶽之前者。顧以陽剛方長。陽德浸尊。臣雖至愚極陋。其敢忘有論建以悖天德。是用當陽復之初。專以復一卦終始之義。自靖自獻。以效芹曝之私。惟陛下赦其狂愚。

理宗時。牟濚進故事曰。昔程顥上神宗劄子。以爲君道之大。在乎稽古正學。明善惡之歸。辨忠邪之分。曉然趨道之正。故在乎君志先定。君志定。而天下之治成矣。所謂定志者。一心誠意。擇善而固執之也。

夫義理不先盡。則多聽而易惑。志意不先定。則守善而或移。惟在以聖人之訓為必可法。不為後世駁雜之政所牽滯。不為流俗因循之論所遷惑。信道極於篤。自知極於明。任賢勿貳。去邪勿疑。必期致世如三代之隆而後已也。

臣聞學之為王者事其已久矣。堯舜禹湯文武汲汲矣。以堯舜禹湯文武之治天下。無它道焉。汲汲於學而已。有堯舜禹湯文武之資。學堯舜禹湯文武之學。而治不唐虞三代。臣未之信也。恭惟皇帝陛下。睿哲由於天稟。聖學得之心傳。嗣服之初。自以講學為急。真古帝王之用心也。然臣切以為君道莫先於講學。講學莫先於立志。蓋人主一心。攻之者衆。志不先定。則中無所主。而外物或得以轉移之。簸欺之言入。則是非有不得其正。私比之言入。則喜怒有不得其正。功利之言入。則取與有不得其正。便佞之言入。則好惡有不得其正。此學之大戒也。故程顥拜疏神宗皇帝首以定君志為講學之要。顥伊洛大儒也。世稱之曰明道先生。此真帝王之格言也。臣願陛下思先皇付託之重。覽程顥進諫之疏。若稽古訓。堅疑初志。使此心清明。終始如一。日延見羣臣。虛心下問。以考政事之得失。觀羣臣之志趣。謂天維顯思。命不易哉者。正論也。謂天命不足畏者。邪說也。謂憲章法度所當遵守者。正論也。謂祖宗不足法者。邪說也。謂君子小人不可竝立者。正論也。謂兼容而兩用之者。邪說也。謂每旦視朝。盡心訪問者。正論也。謂尊嚴淵嘿。使人不可窺測者。邪說也。謂民罔常懷。懷于有仁者。正論也。謂峻法立威。使民不敢慢易者。邪說也。謂敵國外患。當急於內備者。正論也。謂虜無能為者。邪說也。謂損上益下。節用愛人者。正論也。謂恭儉無足取者。邪說也。陛下試以是為察言觀人之鑒。而邪正之辨判如黑

白矣。今臣以非才。誤叨勸講。大懼無以仰裨聖聰。用敢推廣程顥之說。為陛下告。惟陛下垂聽。

户部尚書真德秀上奏曰。臣聞聖人之道。有躰有用。本之一身者。躰也。達之天下者。用也。堯舜三王之為治。六經語孟之為教。不出乎此。而大學一書。由躰而用。本末先後。尤明且備。故先儒謂於今得見古人為學次第者。獨賴此篇之存。而論孟次之。蓋其所謂格物致知誠意正心脩身者。躰也。其所謂齊家治國平天下者。用也。人主之學。必以此為據依。然後躰用之全。可以默識矣。恭惟陛下有高宗之遜志時敏。有成王之緝熙光明。即位以來。無一日不親近儒生。無一日不講劘道義。自昔好學之君。未有加焉者也。臣昨值龍飛之初。獲預講讀之末。嘗欲用大學之條目。附之以經史。纂集為書。以備清燕之覽。匆匆去國。志弗之遂。而臣區區愛君憂國之念。雖在畎畝。未嘗少忘。閒居無事。則取前所欲為而未遂者。朝夕編摩。名之曰大學衍義。首之以帝王為治之序者。見堯舜禹湯文武之為治。莫不自身心始也。次之以帝王為學之本者。見堯舜禹湯文武之為學。亦莫不自身心始也。此所謂綱也。首之以明道術辨人才審治躰察民情者。格物致知之要也。次之以崇敬畏戒逸欲者。誠意正心之要也。又次之以謹言動正威儀者。脩身之要也。又次之以重妃匹嚴內治定國本教戚屬者。齊家之要也。此所謂目也。而目之中又有細目焉。每條之中。首之以聖賢之典訓。次之以古今之事跡。諸儒之釋經論史有所發明者錄之。臣愚一得之見。亦竊附焉。雖其銓次無法。論議無長。然人君所當知之理。所當為之事。粗見於此矣。陛下親政之始。而臣書適成。為卷四十有三。為帙二十有二。輒因名對。冒昧以聞。伏望聖慈察臣一念愛君之篤。矜臣十年用功之勤。特降敕旨。許臣投進。而陛下於機

政之暇。講讀之餘。賜以覽觀。其於躬用之學。不無秋毫之補。
兵部侍郎曾彥約上奏曰。臣聞自古人主即位之初。善獻言者必以講學爲稱首。人主挺生聖哲。受天明命。一日萬幾。已是以靡服四海。而猶區區焉習諸生之業。其故何也。蓋惟有聖人之資者。而後宜於學。有聖人之位者。尤當急於學。宜於學者。事半而功倍。固不與常人等。急於學者。身備而天下治。固不以常情論。此堯以聖神文武之德。必學於君疇。舜以濬哲文明之德。必學於務成昭。在聖性有益而無損。在後世有歸美而無竊議。仰惟皇帝陛下以天縱之聖。嗣承大寶。皇太后陛下以母儀之重。保佑聖躬。皆務守家法以正本朝。履謙德以光史牒。則講學之素。固已切切乎皇帝陛下之心。而講學之勸。固已纏纏乎皇太后陛下之言矣。臣以山林疏迹之蹤。受先皇不遺微小之察。脫跡州縣。綴名近列。攀鳥鷸而莫及。際飛龍之首出。誤蒙迅

名。峻陟貳卿。宜必有千慮一得稍補於聖世者。切惟經世之學與書生科舉之習不得而同。經筵之學與家塾黨庠之教亦猶有異。蓋經綸陳言取務時好。此書生科舉之習也。人主正心以正朝廷。正朝廷以正百官。得其道。則賢智合謀。失其理。則邪佞伺隙。故經世之學宜不與書生科舉之習相似。端拜以求師。合志以取友。此家塾黨庠之教也。分番直以侍經幄。候玉色以進箴規。言於造膝者每患於匆遽。書之簡冊者猶難於探討。經筵之學。視家塾黨庠者相去遠矣。臣願陛下以講學爲素心。視講學爲日用。當經筵未御。則必清心滌慮以求有益。及經筵既御。則必切問近思以歸至當。即古人之行事驗今日之立政。議論不徒辯。必深切於世務。意嚮不徒羨。必有關於國脉。語躬必及於用。謹始必圖其終。出則與大臣評之。若盡若未盡。入則以[illegible]之[illegible]洽語不給。[illegible]所講指爲借用。以此致堯舜之治。雖

不中不遠矣。然而人主之好儒學。尤當以近似之害正爲慮。尊正大而黜纖巧。信忠賢而遠邪雜。則近習不得以乘間。假僞不得以亂真。其機甚微。其利害甚切也。中興自高宗皇帝以來。世傳聖學。孜孜亹亹。未嘗廢閒燕。煒煒煌煌。明並日月。而張說陳源曾覿之流。尚以粗習筆墨。欲爲王伾叔文輩。竊弄權柄。威福在己。乃自謂儒者事業不過如此。鄙薄賢儁。輕侮簡册。以至治道之所當論。聖經之所當講。遂忘詩詠。則以爲徒亂人意。爲鬼爲蜮。是以譏賢士大夫之害。甚至顯執國政。謀動干戈。涓涓不絕。終至橫流。非累聖知其姦僞而終遠之。其爲患可勝既哉。此又屋漏暗室之微。浸潤膚受之端。內廷之所飭持。燕閒之所踐履。關於講學者甚切。不可不察。惟陛下留神。
彥約還寶章閣學士知常德府。又奏曰。臣待罪從班。久侍經幄。切見陛下深居宮禁。以養志聞於天下。高拱廟堂。以愛民聞於天下。講讀

有常。以力學聞於天下。匪頒有數。以節用聞於天下。然而羣臣進戒。諄諄不已。或曰謹獨。或曰行健。或曰防未然之欲。或曰持不息之志。或曰無忘在潛之日。或曰察於不睹不聞之地。陛下皆俞其請矣。言之者不已。聽之者不倦。臣未測其說也。豈人臣之愛君不以其君之未嘗有此而遂已於言耶。將實有所疑於此而固言之耶。果其君之未嘗有此而不已於言。國家之福也。如其有所疑而固言之。則亦不可以爲無而忽之也。蓋酖毒常匿於宴安。而隱疾常出於盛壯。寡過者常得於敬畏。而逸樂者常本於憂勤。孔子謂一言而可以興邦喪邦。特在於爲君之難與夫言而莫予違而已。可不畏哉。臣切惟論利害者貴乎簡。入念慮者貴乎熟。以羣臣之言如此其衆。見於論疏如此其廣。要其所欲。不過於脩身好學而已。唐張蘊古獻箴太宗凡六百二十有二字。其間所言無非脩身之要。舉天下脩身之說。莫加此

矣。本朝趙師民獻箴仁宗。凡七百七十有八字。其間所言。無非好學之要。舉天下好學之說。莫加此矣。與其泛聽而廣求。孰若篤志而近思。臣以二箴之作。切於事情如此。輒錄本以進。望陛下列為二圖。置之座側。口誦心惟。朝斯夕斯。因一言以思一事。考一字以窮一理。優而柔之。厭而飫之。若江海之浸。膏澤之潤。渙然冰釋。怡然理順。則凡羣臣之所獻者。可以總括而盡行之矣。臣不勝惓惓。

彥納又奏曰。臣待罪經幄。一年有半。以進讀三朝寶訓。得侍清光。未及終帙。今以衰病之久。蒙恩放還鄉井。有所欲言。敢盡布之。切以寶訓為書。皆太祖太宗真宗三聖之格言也。坦然明白。不待有所發明而後見。既臣淺陋。尤為無所知識。蓋嘗妄論以為書之所載。為卷三十。為目八十有八。而其矜恤管轄。特在於政躰聽斷與夫孝德仁慈謙儉五者而已。譬之以鑒戒。輔之以諫諍。以是而睦族。以是而躰羣臣。則於人無不順。以是而受符瑞。以是而崇祀典。則於事無不該。總而括之。必至於庶績咸熙。而萬世永賴。皆自五者之所發見。推所從來。則五者之所本。又皆自好學始也。臣讀寶訓至太祖皇帝謂宰相曰。欲治之君。必能正身自致于無過之地。夙夜畏慄。防非窒欲。深慕古人以德化人之義。此太祖皇帝之聖學也。太宗皇帝謂宰相曰。朕每讀書。見古來帝王多自尊大。深拱嚴凝。誰敢犯顏言事。若不降情接納。乃是自蔽聰明。或喜賞怒刑。豈能帰天下之心哉。此太宗皇帝之聖學也。真宗皇帝謂近臣曰。朕樂聞朝政闕失。以警朕心。然臣僚奏章。多以苛細為利。不知國家政事自有大躰。使其不嚴而治。不肅而成。斯為善理。豈可除虐刻下。邀為己功。使之臨民。徒傷和氣。此真宗皇帝之聖學也。由聖學而廣之。則凡見於政躰。見於聽斷。孝德以事親。仁慈以恤下。謙儉以處己。而況節目之下於此者。可以類言矣。

今陛下躬儒素之行。考帝王之業。擴御講筵。古所未有。增置講官。諸所未見。聖學之高明。夫人能言之矣。臣切以為人主之學。將以見於治功也。有太祖之學。故建隆開寶創業之治。度越漢唐。有太宗真宗之學。故太平淳化與夫咸平景德守文之治。比倫成康。今臨政願治。雖未厭報政。然而求言雖切。而下情猶未通。愛民雖勤。而撫綏猶未至。革貪贓不除。則鼠竊者無所畏。真清不用。則小廉者無所勸。在陛下審問謹思。明辨而力行之。則聖學有所底止矣。不然。而切切於簡冊之間。諄諄於播告之際。尊儒重道。而士不得行其志。布德施惠。而民不得受其利。祖宗創業守文之懿。未不如此。此則進讀寶訓之大旨。非執經强聒之比也。惟陛下留神。

洪舜俞進故事曰。唐太宗謂蕭瑀曰。朕少好弓矢。得良弓十數。自謂無以加。近以示弓工。乃曰。皆非良材。朕問其故。工曰。木心不直。則脉理皆邪。弓雖勁而發矢不直。朕始寤向者辨之未精也。

虞人有原獸之箴。輪人有糟粕之議。工執藝事以諫。求聞於世久矣。而唐之弓工。獨得古意。其言蓋以規太宗功業雖盛。而治心之道實未嘗講也。夫心者萬理之會。萬事之主。此心明白洞達。無一毫迂曲之累。則見面盎背。皆天理之形著。發號出令。盡人心之契合。敬義直方。所以相為表裏也。太宗天姿高而學問不足。其得在於好名。其失亦在於好名。好名故能矯揉為善。惟名之好而觀省存養之不加。故矯揉之力怠而禀受之偏者不能揜。輕我宮人之怨不役一夫之怒。會須殺此田舍翁之怨。以至好大喜功而多慾無非本心之發露也。木心不直。脉理皆邪。雖勁而發矢不直。弓工可謂善窺其君心術之微矣。太宗亦可於此進格物正心之功矣。其謂勇辯諂諛。姦詐嗜慾。輻輳以攻一心。是特知制外而未知養內。

妄有內心不治而外邪可問者哉。

持作監楊文仲在講筵每以積誠感動啓迪讀春秋帝問五霸何以爲三王罪人。文仲奏曰。齊桓公當王霸升降之會而不能爲向上事業。獨能開世變厲階。臣考諸春秋桓公初年多書人。越二十年伐楚定世子之功既成。然後書侯之辭迭見。此所以爲尊王抑霸之大法然王豈徒尊哉。蓋欲周王子孫率脩文武成康之法度。以扶持文武成康之德澤。則王跡不熄。西周之美可尋。如此。方副春秋尊王之意帝曰。先帝聖訓有曰。絲竹之亂耳。紅紫之眩目。良心善性皆本有之。又曰。得聖賢心學之指要。本領端正。家傳世守。以是而君國子民。以是而祈天永命。以是而貽謀燕翼。大哉先訓。朕朝夕服膺。

戴栩上奏曰。臣仰惟陛下英明冠古聖德緝熙。凡在列之臣得以面清光者無不以講學爲言。所謂講學者中庸大學其首也。臣不佞以爲陛下之所講羣臣之所對。未免寖流於虛文。臣請掇其切於實用者言之。臣聞。中庸之學自謹獨入。大學之學自致知入。中庸曰。喜怒哀樂未發謂之中。發而皆中節謂之和。致中和。天地位焉萬物育焉。夫能謹於喜怒哀樂。即自其謹獨而得之。人雖中智其不知戒懼。徒以隱顯殊制。作輟靡常。惟於不睹不聞者謹之。則誠意所積流通無間。今陛下臨朝若神。非不嚴恪。恭已南面。非不粹淵。然退而寒之者多矣。褻御使令。慧黠順適者獲進。巧詐迎合者見容。燕飲之不節。舉動之少輕。宮庭隱微一有過差。皆足以干陰陽之大和。近者星象違度。陰雨彌旬。螟螽爲沴。穀價騰踊。疵癘游作。流離日繁。陛下反之於躬。真足以位天地育萬物乎。然後謹獨之學可驗也。大學曰。在明明德。在新民。在止於至善。夫能底於至善。即自其致知而得之。天下事物無窮。而莫不有定理。其本末有倫。先後有序。惟事事物物求其至爲一理。既通觸類自悟。今陛下精一之談不絕於危微之旨。日陳於前。然尊所聞行所知者鮮矣。處事用人。明辯是非者有幾。別白邪正者有幾。號令所出。朝更而夕變。除授所加。倏佞而忽賢。朝廷施設一或失宜。皆足以召天下之釁侮。近者訛言迭興。叛孽間起。其事未作而人疑其無成。其人未用而人疑其必敗。陛下反之於躬。真足以明明德而新民志乎。然後致知之學可驗也。臣願陛下取二書而觀之。不以廣誦泛說爲能。而以切問近思爲貴。執中必如虞舜。繼志必如文武。克明俊德必同於堯。日新其德必同於湯。守之以誠。養之以敬。日夜去其所未合而不忘其所已合。然後講學之功有補矣。且夫中庸大學一理也。中庸之九經。即大學所以治國平天下者也。大學之毋自欺。即中庸之莫見乎隱莫顯乎微者也。書二而理一。陛下能自得師。則優游饜飫皆是實證。左右逢原莫非妙用。惟當使此誠此

敬無一息不存耳。昔唐德宗出宮女屏遠玩好。淄青將士投兵相謂曰。聖主出矣。吾屬猶反乎。及其猜忌一生以推誠爲無益。則正元之敝。有甚於肅代。陛下於此察之。使言而民莫不信。行而民莫不說。聲名洋溢於中國。施及蠻貊。則主勢日隆。獨非今日之急務乎。唐憲宗平淮蔡。制馭強藩。當時論者謂非朝廷之力。直以措置能服其心。及其驕侈一萌。任用便嬖聚斂之臣。則元和之治終愧於二祖之風烈。陛下於此加省焉。知善則得之。不善則失之。于命不于常。則天命日固。獨非今日之永圖乎。夫以陛下耽玩此學之久。嗜慕此學之篤。而又體察此學之詳。臣申復其端。則不以爲贅。辯明其實。則不以爲忤。而臣進對之始。亦姑論其大畧而未敢徧舉也。狂瞽之言。罪當萬死。惟陛下裁幸。

許應龍進故事曰。高宗於萬幾之暇。留神六籍。徧閱諸子百家之書。

奏議卷之九　三十二

下至近世臣子之作亦無不覽遠御經筵則曰有帝王之學有士大夫之學朕在宮中雖無一日廢學然但推前古治道有宜於今者要施行之耳非指摘章句以為文也呂公著言講學亦曰天子之學與凡庶不同必欲求立政立事之要講愛人利物之術非徒事分章析句之繁臣聞學之為王者事其已久矣古先聖人所以皇皇汲汲者豈徒事於口耳之末哉必欲見之施行以為治國平天下之道苟講誦雖詳而大節之不究記問雖博而政理之未明是特分章析句之學耳於國家何補哉凡經所以載道而道者治之經理也觀典謨則當知帝王之軌範觀雅頌則當知王政之廢興觀禮及樂則當知安上而治民移風而易俗觀易春秋則當知進君子而退小人內諸夏而外夷狄以至諸史之觀又當知成敗得失之當鑒如此則處經事而必知其宜遭變事而必知其權天下雖大可運諸掌矣此乃帝王之學為人上者所當加意矧今外而疆埸之未寧內則民力之未蘇非參稽古訓酌而行之何以興事而造業乎臣願陛下於講讀之際舉綱撮要擇其切於今日者審思明辨則物來能名事至能應脩文德則可以來遠人進英俊則可以強本朝明思患豫防之戒則可以安邊境審理財正辭之義則可以足國用此乃高宗所謂推前古治道有宜於今者施行之而呂公著所謂天子之學與凡庶不同必欲求立事之要者亦此意也不然則博而寡要徒事虛言行之惟艱竟無成效昔太祖讀書謂四凶罪止流竄而歎後世刑網之密仁宗觀無逸謂享國之君宜戒逸豫徐宗論必用三德謂此乃為政之大本得之則治失之則亂而人主一不可須臾去茲皆祖宗典學之大要而治功赫奕實基於此監于成憲其永無愆惟陛下留意

度宗咸淳八年起居舍人高斯得上言曰臣恭承聖問臣聞聖人教

奏議卷之九　三十三

人不過日用常行之道所以使學者篤志近思不騖於高遠不忽於卑近而有陵節躐等之病也雅者雅素之雅謂平日之所常言也詩以吟咏情性使人有所感發而溫厚和平書以道達政事使人明於治亂而效法監戒禮者天理之節文使人制心檢身止邪防欲者也三者皆至近至切如日用飲食之不可闕故常常言之也於禮獨曰執者蓋詩書言其理而已禮則起居動靜而執守據依者非但空言而已也故曰禮不執則不行三者聖人所常言若夫性與天道則閟邃微妙孔子未嘗輕以語人且此章與五十學易之章相接亦所以見易道之妙非孔子之所雅言也陛下聖學高明日御經帷儒臣所誦者莫非聖經賢傳如布帛之文菽粟之味固不患其騖於高遠而溺於凡近矣臣區區愚忠猶願陛下即孔子之所雅言而加聖心焉二南詩之首也驗之於身吾能樂而不淫乎二典書之首也體之於心吾能欽天敬民乎禮羣言之首也曰毋不敬吾能敬以執之宮庭閒燕之時亦戰兢自持不至於失墜矣乎夫如是則孔子之雅言不為空言矣陛下聰明天縱兢持之久孔子之言固已默契允蹈臣不量荒陋冀以塵露增益萬分惟陛下擇焉

度宗時牟濚上奏曰臣聞帝王之好學有出於中心之自然者有出於一時之勉彊者出於自然則日汲汲焉惟恐弗及出於勉彊則作輟有時而工夫亦間斷矣漢唐諸君夫豈無知學者然始而勤終而怠始而清明終而昏蔽何哉聲色土木甲兵禱祠之事一有以汩之則志慮分志慮分而左右近習始得以乘間而入矣是蓋出於勉彊而非本乎自然也我朝列聖相承留意問學萬幾之暇時召儒生方洪邁之對孝宗皇帝于選德殿也帝諭之以此殿命名雖取選射觀德之義然務飭小令圖事搜榮無處而不在是且曰燕遊聲色之奉

宮室苑囿之娛。非惟不好，亦不敢。獨取尚書通鑑，汲汲而讀之。日誦心記。未嘗一日去手。大矣哉，帝之為言也。勤矣哉，帝之用心也。是豈有一毫勉强之心哉。帝之意，豈非以尚書為列聖傳心之奧旨，而通鑑明千古治亂之機括耶。一開卷間，而帝之所以為帝，王之所以為王，君子之所以為君子，小人之所以為小人，治之所由興，亂之所以作，瞭然如黑白判矣。以是存心，則中無所累，而世間外物舉不足以動吾心。雖有欲殖貨利，動土木，盛鷹，爲欲乘間以惑吾之清明者，果何從而入哉。嗚呼。此乾淳之治所以卓冠一時，而孝宗之聖所以高絕千古歟。陛下臨御之初，首以親儒臣、遠近習為第一義，且命講官以書進講，而諭臣以通鑑之妙，真有得於孝宗之用心者。臣愚欲望聖慈取通鑑一書，寘諸左右燕閒之際，時一覽焉，則孝宗之言信，而乾淳之治端可復見矣。臣無任惓惓。

滌進故事曰。臣聞傳記曰。王人求多聞，時惟建事。學于古訓，乃有獲。又曰。念終始典于學，厥德脩罔覺。然則學者帝王之首務，不可忽也。況今陛下初臨大寶，所宜朝夕延訪羣臣，講求先王之道，覽觀前世之成敗，以輔益聖德，緝熙大化。不可但循近例，以寒暑為辭。如此，使下情何以通，四方何以觀望。殆非所以廣聰明、宣令名也。伏乞依元降指揮，日開經筵。

臣聞經筵所以輔成君德，至不輕也。太祖皇帝甫定天下，首命王昭素講易。自是聖子神孫恪守家法，必重經筵之選，欲以發明道義，裨益聖德。至元祐初，程頤為說書，專以薰陶德性，涵養氣質為要。其言曰。人主跬步不可離正人。又曰。一日之間，親學士大夫之時多，則自然氣質變化，德性成就。至於涉書史，覽古今，特講學之一端耳。陛下初潛，光明卓絕，莫非自講學中來。臣以非才，首荷聖慈，擢之郎曹，寘之經幄。每三日一次執經入侍。天顏溫穆，從容顧問。臣亦自以遭逢聖明，不量迂踈，竭其愚慮，不敢不以正對。冀有補聖學之萬一。方欲發明程頤之說，以開廣聖意，而自五月以來，不得一望清光。雖聖明天縱，聖德日新，固不因人而作輟，而或者得以竊議聖意漸不如初。臣固知陛下講學工夫無有間斷，適事機紛至，聖心焦勞，故未暇耳。然陛下所以置臣等於經幄者，非但應故事，備外飾，而臣等亦非但欲竊職業，干榮進而已。四方觀聽，不可家至而戶曉。臣用敢援引司馬光上英宗皇帝乞不以寒暑為辭之說，欲望陛下今後除假故外，日御經筵，使羣臣各得輸其忠悃，於聖學不為無補。如程頤所謂惟願聖主德如堯舜，異日天下享堯舜之治，廟社固無窮之本，則臣子愛君之至情也。臣雖無程頤之學，而有程頤之志。冒昧奏聞，惟陛下裁察。

權直學士院文天祥上奏曰。臣早以書生遭遇先皇帝親擢，事先皇帝垂十年，恨無消埃補報天地。陛下龍飛，繼運移忠，以事聖明，未有乃心。臨鑒在上，比者臣來自外藩，待罪戎監，陛下親御宸翰，進之經筵。臣學殖凋蕪，循牆無路。自入侍邇屢，切見天顏睟穆，聖性謙虛，雖如草茅之愚，時賜訪問。臣感激殊遇，亦既得以悉數於前矣。猥當轉對，伏念臣職在講讀，今日聖學所關天下治忽不細，輒因封事，畢吐其衷。

臣聞聖人之作經也，本以該天下無窮之理，而常足以擬天下無窮之變。天地無倪，陰陽無始，人情無極，世故無涯，千萬世在後，聖人亦安能預窺逆觀，事事而計之，物物而察之。然後世興衰治亂之故，往往皆六經之所已有。凡六經垂監戒以為不可者，小犯之則關安危，大犯之則決存亡，如赴水火之必斃，如食堇葛之必毒。是何哉。聖人知有理而已。合於理者昌，違於理者亡。所貴乎帝王之學，惟能不悖乎大經。無謟乎其大戒而已。烏乎。聖人所以為萬世慮者。豈不甚智。所以為萬世戒者。豈不甚仁矣哉。書曰。民可近。不可下。予視天下愚夫愚婦。一能勝予。而後世猶有以民為黔首以覆其宗為天下笑者。書曰。內作色荒。外作禽荒。詩曰。亂匪降自天。生自婦人。而後世猶有昭陽華清霓裳羽衣以階漁陽之禍者。書曰。謹乃儉德。惟懷永圖。又曰。不作無益害有益。不貴異物賤用物。而後世猶有蒲萄天馬甲帳翠被以致四海蕭然者。臣嘗歎夫自聖經以來。時君不聞大道之要。生人不被至治之澤。秦至五季千數百年間。犯六經之顯戒者相望史冊。聖人立為大經大法以幸萬世。藐然未有聞焉。豈不惜哉。惟皇上帝畀矜斯文。孔孟微言。至我朝周程朱始大闡明。如矇斯發。先皇帝表章四書。尊禮儒先。為往聖繼絕學。為萬世開太平。稽考之廟稱為理宗。陛下親得精一之傳。而日就月將緝熙于光明。斯道斯民。

邂逅千載。先皇帝欲為唐虞三代之志。殆留與陛下使了此事。臣觀陛下紹熙以來。畏天尊祖。親親仁民。敬大臣。體羣臣。尊其所聞。行其所知。何往非學。今朝廷清明。宮府齊一。六法小廉。閩越底志。不可謂不治矣。然臣切惟去年寒燠失常。四方或以旱告。今年星文示變。雨雹見妖。近者積陰為寒。皆名咎證。漢人經聞之學。必謂一證主一事。臣不能曉此。但即其影而想其形。因其流而疑其源。豈今所不知己所獨知之地。陛下猶有當反之六經者乎。陛下日御經筵。正道正言。常接于耳。而又內庭不廢觀書。傳曰。多識前言往行。以蓄其德。陛下蓋有之矣。臣愚更願陛下虛心體認。切己省察。每誦一義。善可以為法。即驗之身曰。吾嘗有是乎。無則勉之。每說一事。惡可以為監。即揣之心曰。吾嘗有是乎。有則改之。言則慮其所終。行則稽其所敝。豈惟制治于未亂。保邦于未危。允道學之用。經綸天下之大經。範圍天

地之化而不過。行而帝。行而王。以卒先帝主張道統之事。恭臣何幸身親見之哉。書曰。兢兢業業。一日二日萬幾。夫一日二日之間。亦未至即有萬事。然一事不謹。則萬事之幾自此而兆。故撥亂本。塞禍源。無一息不當用功。兢兢業業。所謂必有事焉者也。惟陛下留神。

黃應龍上奏曰。臣以書生耕學畎畝。竊第以來。茲三十年。備歷險難。粗諳民事。際遇聖明。叨恩賜對。顧臣愚陋。何所建明。惟服習父師之訓。以為人臣事君。不告以帝王之道。斯謂不敬。臣聞帝王之治原於學。而學必著之行事。帝王之事行其道。而道必證之庶民。若學而不見諸事為。則何以立人極。道而不於民攸暨。則何以合天心。昔傅說告其君以王人求多聞。時惟建事。周公勉王以立政立事。相我受民。先臣呂公著亦言國家設勸講之制。求治天下之術。尚書備帝王之道。尤切於治。恭惟皇帝陛下。德性聰明。根聖稟之天縱。學力充廣

親儒臣之日深。此道此學。固已洞然。列自藝祖皇帝開闢宇宙以來。一以道理最大為立治之本。陛下熙明之學。親得理宗皇帝之的傳。道統大原。上繼堯舜。然而堯之授舜。其言簡而嚴。蓋謂曆數與執中。相為表裏。天祿與四海。相為終始。甚可懍也。逮舜之命禹。則其言詳而切。危微之辨。精一之功。所謂學也。稽言詢謀。則其事也。可愛可畏無非證於民者。臣敢不鋪張虞夏之隆上瀆天聽。敢借漢唐為諫。漢唐賢君非無上嘉唐虞遠慕堯舜之志。若太初中越人言起大屋以勝火災。此無稽之言也。武帝輕聽之。建神明通天之臺。千門萬戶之宮。以溢海內之虛耗。方士言神仙若可得。此無稽之言也。武帝又聽之。幸海上。求蓬萊。天下愁苦。後雖追悔。亦已晚矣。聽言若此。則平日欲聞大道之要。表章六經者。直表章而已。爾貞觀初年。命五品以上更宿內省。數延問民疾苦。嘗自謂不學則不明古道。亦卓然有見。而

乃復立浮圖。此勿詢之謀也。太宗廟之。不免華於多愛。洛陽宮既治
繼有飛仙宮之作。亦勿詢之謀也。太宗又廟之。竟詒弗克終之誚。行
事若此。則曩時就情經術。與學士討古今。是直討論之而已。爾若夫
永光建中之際。則尤有可戒者。方其寬弘恭儉。語舉有行。皆言惟有
道者能以往知來。不可謂不知道。迨之斯時。日月失明。民人飢瘦。盜
賊不禁。刑人滿市。是雖好儒。無以拯弊制文義之失。若乃職大官之
膳。戒服玩之奢。亦厲精治道。及徇近臣。歲雖旱而禾甚美之說。租稅
不免。民壞屋賣死。待開架決而變亂滋矣。本於一中。形乎四海。前聖
大訓。昭然可覽。若此。陛下以帝王之學。行帝王之道。固無漢唐數君
之失。然本諸身者。固已深探道之原。而證諸民者。猶未盡見行事之
效。小臣所以未能無疑於此。夫國事之治忽。帝學之占也。生民之休
戚。君道之表也。先臣陳瓘嘗言。曆數在躬。有天命也。允執厥中。盡人

事也。天人兩得。則四海不窮。天祿常固。無過不及之謂中。不左不右
之謂中。不中若車輪無轂。不能轉物。則為物所轉。此自然之理也。斯
敢為善言執中者。人君行道。才能轉物。而為物所轉。其端甚微。關繫
甚大。漢唐之事。槩可覩矣。然聖人之言不徒言。而有證。且示萬世人
主以保固民命。延洪國脈之方。曰敬脩其可願。蓋願治者。四海之同
情。敬脩者。一人之實德。今天下亦困矣。邊陲之民困於兵。郡縣之民
困於賦斂。山湖海之民困於盜。幸未至於窮者。祖宗三百餘年深仁
厚澤所固結。陛下愛民一念。是以上通天心。下慰民望也。且夫安恬
而佚樂。人所願也。不免有死離轉徙之憂。惟怜之所之。贅將何脩而
使之無阽危。豐衣而足食。人所願也。不無顛雪而垂鵠。腹雷而形鵠。
將何脩而使之無凍餒。康寧而壽考。人所願也。或者少壯戕鋒刃。老
羸轉溝瀆。將何脩而使全其生。此其大略也。非命須於門戮積骨仆

於征摇。曷可勝計。惟真有惻怛之忱。而後謂之敬。惟真有畋圖之實
而後謂之脩。迩者札荒旱潦之頻仍。奪攘矯虔之間作。朝廷航粟于
浙于海于江于閩。人免於飢。天報以稔。此天從人願所致。陛下視民
如傷所名。然脩其可願之實。胡寧止此。天心之眷佑靡常。歲事之豐
穰難屢。導迎和氣。培植生意。因民願欲。茂續天休。正在此時。聖學高
遠。當力行好事之秋。益敬其所當敬。愈脩其所當脩。虞夏盛隆有不
難及。抑臣聞之。帝王而下。聖賢所傳中庸大學之書。與危微精一之
旨互相發明。大學之誠意正心脩身。乃所以為齊家治國平天下之
地。所謂致知。致此知也。所言格物。格此物也。偏宮庭之未肅。邦國之
未乂。天下之反側未平。是家國天下之大物猶未寧。[illegible]談格物者曰。
今日格一物。明日格一物。所格何物也耶。中庸以中和位天地育萬
物。以至恍經天下之大經。立天下之大本。其事在有兀經其或身未

盡脩。賢未盡尊。庶民未盡子。遠人未盡柔。則大經大本何時而植立。
天地化育何時而參贊。論中和者曰未發不是先。已發不是後。窮極
幽妙。將安用哉。學必著諸行事。道必證諸庶民。非臣臆見。聖經賢傳
皆可質也。廣厦細旃之所講貫於此已熟。誠非微臣所能測窺。惟陛
下究竟及此。經筵之暇。朝政之餘。日乾夕惕。內省反觀。一興念小民
水耕火耨之勞。即文王康功田功。日昃尚不遑暇食。果何樂哉。常舞
酣歌。一軫懷遠民草行露宿之苦。則漢文奉先帝宮室常恐羞之。又
何意乎新宮舊葉。念終始典于學。厥德脩罔覺。六府脩而三事治。衆
賢和而萬邦寧。無怠無荒。而四夷來王。宜民宜人。而百祿是總。天下
事皆在聖心運量中矣。惟陛下留神。
元世祖在潛邸。召張德輝問曰。孔子殁已久。今其性安在。對曰。聖人
與天地終始。無往不在。殿下能行聖人之道。性即在是矣。又問。或云

達以釋廢金以儒亡有諸對曰達事臣未周知金季乃所親睹宰執中雖用一二儒臣餘皆武弁世爵及論軍國大事又不使預聞大抵以儒進者三十之一國之存亡自有任其責者儒何咎焉世祖然之至元間中書左丞許衡上疏曰古之聖人以天地人為三才天地之大其與人相懸不知其幾何也而聖人以人配之何耶蓋上帝降衷人得之以為心心形雖小中間包含天地萬物之理所謂性也所謂明德也虛靈明覺神妙不測與天地一般故聖人說天地人為三才明德之靈明天下古今無不一般上為受生之初所稟之氣有清者有濁者有美者有惡者得其清者則為智得其濁者則為愚得其美者則為賢得其惡者則為不肖若得全清全美則為大智大賢其明德全不昧也身雖與常人一般其心中明德與天地無異其所為便與天地相合此大聖人也若全濁全惡則為大愚大不肖其明德

全昧雖有人之形貌其心中暗塞與禽獸一般其所為顛倒錯亂無一是處此大惡人也若清而不美則為人有智而不肖若美而不清則為人好善而不明其清而美者類鏡之明而平其濁而惡者類鏡之不明而又不平也其清而不美者類鏡之明而不平其美而不清者類鏡之平而不明也清美之氣所得的分數便是明德存得的分數濁惡所得分數便是明德暗塞了的分數明德止存得二三分則為下等人存得七八分則為上等人存得一半則為中等人明德在五分以下則為惡常順為善常難明德在五分以上則為善常順為惡常難明德在五分則為善為惡常交戰於胸中戰而未定外有正人正言助之則明德長而為善外有惡人惡言助之則明德消而為惡清的分數濁的分數美的分數惡的分數參錯不齊所以便有千萬般等第氣陰陽也蓋能變之物其清者可變而為濁濁者可變而為清美者可變而為惡惡者可變而為美　情慾則清美變為濁惡存天理則濁惡變為清美天生聖人明德全明不用分毫功夫於天下萬事皆能曉解皆能了幹見天下之人皆有自己一般的明德只為生的氣稟拘之又為生已後耳目鼻口身體的愛欲蔽之故其明德暗塞與禽獸不遠聖人哀憐設為教學以變其氣養見在之明開未開之明使人人明德皆如自己一般此聖人立教之本意然為學之初先要持敬敬則身心收斂氣不粗暴清者愈清濁者不得長美者愈美而惡者不得行靜而敬長念天地鬼神臨之不敢少忽動而敬自視聽色貌言事疑忿得一一省察不要逐物去了雖在千萬人中常知有己此持敬大略也禮記一書近十萬言冣初一句曰毋不敬天下古今之善皆從敬字上起天下古今之惡皆從不敬字上生在小學便索要敬在大學也索要敬以至當小事當大事都索要

敬這一件先能着力然後可以論學

成宗嘗御宣文閣右丞相脫脫前奏曰陛下臨御以來天下無事宜留心聖學頗聞左右多沮撓者設使經史不是觀世祖豈以是教裕皇哉即秘書監取裕宗所授書以進帝大悅

英宗至治二年監察御史烏古孫良楨以帝方覽萬幾不可不求賢自輔於是連疏天曆數年間紀綱大壞元氣傷夷天祐聖明入纘大統而西宮秉政奸臣弄權畜憾十有餘年天威一怒陰晦開明以正大名以章大孝此誠兢兢業業祈天永命之秋其術在乎敬身脩德而已今經筵多領以職事臣數日一進講又逾數刻已罷而暬御小臣恒侍左右何益於盛德哉臣願招延儒臣若許衡者數人寘於禁密常以唐虞三代之道啟沃宸衷日新其德實萬世無疆之福也

文宗時虞集上奏曰臣某等言特奉聖恩肇開書閣將釋萬機而就

侍游六藝以無為此獨斷於睿思而昭代之盛典也乃俾臣等𠫊備闕職感茲榮幸赧布愚忱欽惟皇帝陛下以聰明不世出之資行古今所難能之事以言乎涉歷則衡慮困心艱勞之日久以言乎戡定則撥亂反正文治之業隆然而功成不居位定不有遜懸有光於堯舜優游方擬於羲黃集群玉於道山植衆芳於靈囿委懷澹泊造道精微若稽在昔之傳聞孰比於今之善美而臣等躬逢盛事學愧前儒雖已竭於論思慚無裨於裨補然敢不詠歌雅頌極褒贊之形容探賾圖書玩盈虛之采往冀心神之融會成德性之純熙揆徵志而匪能誠至願其如此仰祈天日俯察芻蕘臣等不勝惓惓之至

順帝時蘇天爵上奏曰帝王之治典學為先開設經筵實惟盛典欽惟皇帝陛下天縱聰明勵精圖治嗣服伊始詔開講筵特命宰輔臺臣及選奎章翰林儒官十日一進講讀所以輔益聖德緝熙大化實宗社無疆之福中外臣民孰不欣忭切聞講官所進說者皆祖宗之聖訓聖賢之格言然則不可不敬也自昔講官侍坐有儀蓋所以尊師重道從容降接非第循故事而備外飾也今陛下春秋鼎盛聖學方新其於祖宗之訓聖賢之言猶於聽聞獨於講官尚未賜坐夫以三代令王皆置師傅之官坐論道義世祖皇帝每名儒臣進對亦嘗賜坐俾盡所言伏願自今以始每遇進講賜坐設几從容顧問凡古今治亂之原及民間情僞得失俾講官詳究敷陳薰陶感發如此則聖學高明治化熙洽而經筵所設誠非虛文矣

歷代名臣奏議卷之九

歷代名臣奏議卷之十

孝親

後魏孝文帝時文明太后崩高祖五日不食中部曹楊椿進諫曰陛下至性孝過有虞居哀五朝水漿不御群下惶灼莫知所言陛下荷祖宗之業臨萬國之重豈可同匹夫之節以取僵仆且聖人之禮毀不滅性縱陛下欲自賢於萬代其若宗廟何高祖感其言乃一進粥

唐太宗時監察御史馬周上疏曰臣每讀前史見賢者忠孝事未嘗不廢卷長想思履其迹臣不幸早失父母犬馬之養已無所施顧來事可為者惟忠義而已是以徒步二千里歸于陛下陛下不以臣愚擢臣不次竊自惟念無以論報輒竭區區惟陛下所擇臣伏見大安宮在宮城右墻宇門闕方紫極為卑小東宮皇太子居之而在內大安至尊居之反在外太上皇雖志清儉愛惜人力陛下不敢違而蕃夷朝見四方觀聽有不足焉臣願營雉堞門觀務從高顯以稱萬方之望則大孝昭矣臣伏讀明詔以二月幸九成宮竊惟太上皇春秋高陛下宜朝夕視膳今所幸宮去京三百里而遠非能旦發暮至也萬一有太上皇思感欲即見陛下何以逮之今茲本為避暑行也太上皇留熱處而陛下走涼處溫凊之道臣所未安然詔書既下業不中止願示還期以開衆惑臣伏見詔宗室功臣悉就藩國遂貽子孫世守其政竊惟陛下之意誠愛之重之欲其裔緒承守與國無疆也臣謂必如詔書者陛下宜思所以安存之富貴之何必使世官也且堯舜之父有朱均之子若令有不肖子襲封嗣職兆庶被殃國家蒙患正欲絕之則子文之治猶在也正欲存之則欒黶之惡已暴也必曰與其毒害於見存之人寧割恩於已亡之臣則向所謂愛之重之者適所以傷之也臣謂宜賦以茅土疇以戶邑必有材行隨器而授

雖幹翮非彊，亦可以免累。漢光武不任功臣以吏事，所以終全其世者，良得其術也。願陛下深思其事，使得奉大恩，而子孫終其福祿也。臣聞聖人之化天下，莫不以孝為本。故曰：孝莫大於嚴父，嚴父莫大於配天。國之大事，在祀與戎。孔子亦言：吾不與祭，如不祭。是聖人之重祭祀也。自陛下踐祚，宗廟之享，未嘗親事，竊惟聖情以乘輿一出，所費無藝，故忍孝思以便百姓。而一代史官不書皇帝入廟，將何以貽厥孫謀，示來葉耶。臣知大孝誠不在俎豆之間，然聖人訓人，必以己先之，示不忘本也。臣聞致化之道，在求賢審官。孔子曰：惟名與器，不可以假人。是言慎舉之為重也。臣伏見王長通、白明達本樂工，與皁雜類，韋槃提、斛斯正無他材，獨解調馬，雖術踰等夷，可厚賜金帛以富其家。今超授高爵，與外朝廷會，騶豎倡子鳴玉曳履，臣竊恥之。若朝命不可追改，尚宜不使在列，與士大夫為伍。帝善其言。帝又謂侍臣曰：今日是朕生日，俗間以生日可為喜樂，在朕情翻成感思。君臨天下，富有四海，而追求侍養，永不可得。仲由懷負米之恨，良有以也。況詩曰：哀哀父母，生我劬勞。奈何以劬勞之辰，遂為宴樂之事，甚乖禮度。因而泣下，左右皆悲。

肅宗在東宮時，李林甫數構譖，勢危甚。及即位，怨之，欲掘冢焚骨。行軍司馬李泌以天子而念宿嫌，示天下不廣，使脅從之徒得釋言於賊。帝不悅，曰：往事卿忘之乎。對曰：臣念不在此。上皇有天下五十年，一旦失意，南方氣候惡，且春秋高，聞陛下錄故怨，將內慚不懌，萬有一感疾，是陛下以天下之廣不能安親也。帝感悟，抱泌頸以泣曰：朕不及此。

宋英宗即位初，同知諫院呂誨乞奉慈闈以全孝德，上奏曰：臣聞置天下方寸置器者，蓋在君人者審乎安危之勢，而所以有守成之難，有持盈之戒者，正謂是矣。我太祖太宗造宋之艱難，承五季之弊，平諸夏以為一，援生靈於塗炭，安寰海於覆盂。真宗以神武定二虜，以文德綏萬方，厲功高厚著于金石。仁宗在宥四十二年，循持憲度，何嘗殺一不辜，失一有罪，惠澤下流，有生畢遂，可謂仁信之至。集百年之昌期，纂四聖之丕緒矣。而襄豫鄂王相繼不育，天其意者以陛下當其應數，錫之休命，席乎成業，有以俟隆萬世之基。而又知先帝明哲，拔陛下於公族，授之以震器。皇太后鞠養聖躬，保護成德，一旦恭宣玉几之命，謀先輔弼之助，陛下安若，中外帖然，功德為重矣，恩德為厚矣。陛下報之之道，宜如何哉。然自踐祚三日之內，親決數事，至明燭理，人皆慰抃，有望於治平矣。屬以聖候爽和，嬰仍于今。竊聞所上湯劑，未嘗服餌，太醫診脈，而不敢言病，內臣依違，而不敢進藥。良以天威違拂，震慴靡違，日度一日，殊不知誤天下之大矣。且百金之子，尚有倚衡之誡，而萬乘之貴，殊無保邦之慮耶。臣又聞流議騰沸，謂陛下視朝之後，燕遣宮中，言動無節，嘻笑不常，執喪之禮未至，奉親之道或闕，以至晨昏省問，曠絕者踰月，虧損盛德，莫大於此。但外臣不知端倪，果如是，乃陛下重違天意，不以繼承為念，忽先帝顧託之命，輕萬乘崇高之體，忘聖母鞠育之恩，違孝子承顏之道，何以上奉宗廟，率教於天下也。臣重思違豫而來，已逾半歲，萬幾之事，都無可否，而賴皇太后處內，大臣盡心，中外循常理，軍民無怨言，直以累聖恩德決人之深爾。尚恐曠日持久，人心動搖，變生於內，持安寄處，臣竊為陛下寒心也。臣備員諫列，既有所聞，痛心疾首，敢復緘默。以謂聖帝明王，好聞己過，忠臣孝子，不隱其情，是以懇懇切言，不避諱忌。伏望宸聰循省既往，不遠而復，起居必謹，言動必思，上奉慈闈，克全孝德，念先帝付託之重，審置器安危之勢，知良藥可以利病，則勉勤服餌，謂忠言可以利行，則廣其聽納，流言自弭，休聲日至，天下幸甚。

天章閣待制知諫院司馬光上奏曰：臣愚竊惟先皇帝春秋未甚高，以宗廟社稷之重，昭然遠覽，確然獨斷，知陛下仁孝聰明，可守大業，擢於宗族之中，建為嗣子，授以天下。其恩德隆厚，踰於天地，固非微臣所能稱述今不幸奄棄萬國陛下哀慕泣血以夜繼晝過於禮制以至成疾中外聞者無不感泣知先皇帝能為天下得人治平之期企踵可待羣臣百姓不勝大幸今者聖體痊平初臨大政四海之人拭目而視傾耳而聽舉措云為不可不謹易曰君子以作事謀始召誥曰王乃初服嗚呼若生子罔不在厥初生自貽哲命夫為政之要在於用人賞善罰惡而已三者之得則遠近翕然嚮風從化可以不勞而成無為而治三者之失則流聞四方莫不解體綱紀不立萬事隳頹治亂之原安危之機盡在於是臣願陛下難之謹之精心審慮如射之有的必萬全取中然後可發也陛下思念先朝欲報之德奉事皇太后孝謹撫諸公主慈愛此誠仁孝之至過人遠甚臣願陛下雖天性得之復加聖心夙夜匪懈謹終如始以結億兆之心形四方之化則福祿流於子孫令聞垂於無窮矣古者人君嗣位必踰年然後改元臣願陛下一循典禮勿有變更於中年也三年之喪自天子達於庶人一也自漢氏以來始從權制以日易月臣願陛下雖仰遵遺詔俯徇羣情二十七日而釋服至於宮禁之中音樂游燕吉慶之事皆俟三年然後復常以盡謹終追遠之義焉禮為人後者為之子故為所後服斬衰三年而為其父母齊衰不杖期為所後者之親皆如子而為己之親皆降一等蓋以特重於大宗則宜降其小宗所以專志於所奉而不敢顧私親也漢宣帝自以為昭帝後終不敢加尊號於衛太子史皇孫光武起於布衣親冒矢石以得天下自以為元帝後亦不敢加尊號於鉅鹿都尉南頓君此皆徇大義明至公當時歸美後世頌聖至於哀安威靈或自旁親入繼大統皆追尊其祖父此不足為孝而適足犯義受禮取譏當時見非後世臣願陛下深以為鑒杜絕此議勿復聽也凡此數者伏計陛下聰明皆素知之然臣

復區區進言誠懼不幸有諂諛之臣不識大體妄有開說自求容媚陛下萬一誤加聽從聖言一出布聞於外則足以傷陛下之義虧海內之望臣雖欲捐軀爭之亦無及已是以不敢不先事而言庶幾聖德純粹全美不有秋毫之缺不使一夫竊議於草萊者臣之志也輕冒宸嚴不勝悃款惶悸之至

光又上兩宮疏曰臣聞天地交謂之泰天地不交謂之否天地者上下之象也施諸人事君仁而臣忠父慈而子孝兄愛而弟恭皆泰也君不仁臣不忠父不慈子不孝兄不愛弟不恭皆否也泰則上下之情通內外之志和國以之治家以之安否則上下之情塞內外之志乖國以之亂家以之危治亂安危之分不在於他在於審察否泰之端而已矣書曰立愛惟親立敬惟長始于家邦終于四海自古聖王治天下之道未有不自孝慈始者也恭惟先帝屬籍之親凡數百人獨以天下之業傳於聖明皇太后承顧命之際鎮撫中外決定大策其恩德隆厚踰於天地何可勝言皇帝至性烝烝哀以執喪恭以致養夙夜憂勞以成疾疹其於慈孝之美可謂至矣然臣猶竊有所懼不可不過慮於萬一先事而進言者臣聞金隄千里潰於蟻壤白璧之瑕易離難合況社稷之重非特金隄也骨肉之親非特白璧也在於守之至謹執之至固完美無間然後福祿無疆也夫姦邪之人專闚主意苟有釁隙則因而乘之於是離間人君臣交搆人父子使之上下相疾內外相疑然後得奮其詐謀以盜其大權私其重利自古以來喪國敗家未有不由此者也今雖睿聖在上朝廷清明中外之臣咸懷忠良然禍福之原其來甚微舉措聽納不可不慎臣愚竊惟今日之事皇帝非皇太后無以君天下皇太后非皇帝無以安天下兩宮相恃猶頭目之與心腹也皇帝而一體平寧之時奉事皇太后承

順顔色。宜無不如禮。若藥石未效。而定省溫凊有不能周備者。亦皇太后所宜容也。孔子曰。孝哉閔子騫。人不間於其父母昆弟之言。蓋言誠信純至。表裏著明。而他人不能間也。孟子曰。父子責善賊恩之大者也。蓋言骨肉至親。止當以恩意相厚。不當較錙銖之是非也。臣愚伏望皇帝常思孔子之言。皇太后無忘孟子之戒。萬一姦人欲有闗說涉於離間者。當立行誅戮。以明示天下。使咸知讒佞之徒不能欺惑聖明也。方今天地鬼神羣臣百姓。鳥獸草木。皆恃兩宮以爲安。若兩宮懽忻於上。則天地鬼神得以歆其禋祀。鳥獸草木得以遂其生息。況羣臣百姓。孰不保首領以樂太平之化哉。臣狂瞽妄言不識忌諱。惟知徇國。不爲身謀。不勝區區迫切之誠。

光又上奏曰。臣先於四月二十七日。及六月二十三日。皆當上疏以陛下受仁宗皇帝之天下。欲報之德。當奉事皇太后孝謹。撫諸公主慈愛。勿使姦邪之人。有所離間。致兩宮有隙。以上貽宗廟之憂。下爲群生之禍。叩心瀝膽。極其懇惻。未審臣言得達聖聽。或萬機之繁。未嘗奏御也。此乃成敗之端。安危之本。不可不察。臣聞漢章帝乃賈貴人之子。明帝使明德馬皇后母養之。后盡心撫育。勞瘁過於所生。章帝亦孝性淳篤。恩性天至。母子慈愛。始終無纖芥之間。馬氏三舅皆爲卿校列侯。賈貴人終不加尊號。賈氏親族無受寵榮者。此前世美事。今日所當法也。詩云。父兮生我。母兮鞠我。拊我畜我。長我育我。顧我復我。出入腹我。欲報之德。昊天罔極。然則父母之恩。不獨以其生已也。拊畜長育居其太半焉。陛下自齠齔之年。爲皇太后所鞠育。恩亦至矣。又況今日爲仁宗皇帝之嗣。承四海之大業乎。臣謂陛下宜夙興夜寐。昏定晨省。親奉甘旨。承順顔色。無異於事濮王與夫人之時也。近者道路之言。頗異於是。紛紛籍籍。深可駭愕。臣竊惟陛下孝恭之性。著於平昔。豈一旦遽肯變更。蓋曏者聖體未安之時。舉動語言。或有差失。不能自省。而外人訛傳。妄爲增飾。必無事實。雖然。此等議論。豈可使天下聞之也。周書曰。小人怨汝詈汝。則皇自敬德。古人有言曰。禦寒莫如重裘。弭謗莫如自修。陛下疾疹未平。固無如之何。若既愈之後。臣愚伏望陛下親詣皇太后閤。克己自責。以謝前失。溫恭朝夕。侍養左右。先意承志。動無違禮。使大孝之美。純粹光顯。過於未登大位之時。如此。則上下咸悅。宗社永安。今日道路妄傳之言。何能爲損也。古之至孝者。雖有不慈之母。猶能使之感悟懽悅。回心易慮。況皇太后聖善之德。著聞四方。自陛下有疾以來。日夜泣涕。禱於神祇。憂勞困悴。以冀陛下之安寧。如耕者之望收。涉者之求濟。陛下豈不思有以慰安之也。臣不勝區區干冒以聞。乞留神采擇。

光又上奏曰。臣竊聞近日陛下聖體甚安。奉事皇太后昏定晨省。未嘗廢闕。非獨羣臣百姓之福。乃宗廟社稷之福也。陛下既爲仁宗皇帝之後。皇太后即陛下之母。今濮王既沒。陛下平生孝養未盡之心。不施之於皇太后。將何所用哉。臣聞君子受人一飯之恩。猶不忍負之。必思報答。況皇太后有莫大之德三。陛下豈可斯須忘之。先帝立陛下爲嗣。皇太后有居中之助。一也。及先帝晏駕之夜。皇太后決定大策。迎立聖明。二也。陛下踐祚數日而得疾。不省人事。中外衆心惶惑失措。皇太后爲陛下攝理萬機。鎮安中外。以俟痊復。三也。有此一德者。則陛下子子孫孫。報之不盡。況兼三德而有之。陛下所以奉養之禮。若有絲毫不備。四海之人。其謂陛下爲如何。天地鬼神。其謂陛下爲如何。此不可以不留聖心也。今陛下已能奉養如禮。而臣復區區進言者。誠欲陛下戒之愼之。始終無倦。外盡其恭。內盡其愛。使孝德日新。令聞四達。以叶天下之望。保萬世之祿而已。若萬一有纖小人以細夫之事離間陛下母子。不顧國家傾覆之憂。而欲自營一身之利者。願陛下付之有司。明正其罪。使天下曉然皆知陛下聖明仁孝。不負大恩。而讒佞不能間也。

光又上奏曰。臣累嘗上言。乞陛下加意奉養。躬親萬幾。言辭拙訥。未蒙采納。臣竊惟當今切務。無大於此。是敢不避斧鉞。重有敷陳。至於奉親之禮。報德之義。為君之職。嚮善之道。臣皋来文字。敘述已詳。不敢復煩聖聽。獨以目前利害言之。陛下試詳擇焉。竊以皇太后母也。陛下子也。皇太后母儀天下。已三十年。陛下新自藩邸入承大統。若萬一兩宮有隙。陛下以為誰逆誰順。誰得誰失。又仁宗皇帝恩德在民。藏於骨髓。陛下受其大業而無以報之。則何以慰天下之望。若陛下上失皇太后之愛。下失百姓之望。則雖有大寶之位。將何以自安。凡人主所以保國家者。以有威福之柄也。故民畏之如神明。愛之如

父母。今陛下即位。將近朞年。而朝廷政事。除拜賞罰。一切委之大臣。未嘗詢訪事之本末。察其是非。有所與奪。臣恐上下之人。習以為常。威福之柄。寖有所移。則雖有四海之業。將何以自固。位則不安。業則不固。於陛下果何所利乎。陛下必以為事皇太后之禮止如是。亦不宂矣。親萬幾之務止如是。亦無闕矣。臣竊以為不可。臣聞陛下昔在藩邸。事濮王。承順顏色。備盡孝道。凡宮中之事。濮王皆委陛下幹之。無不平允。陛下事皇太后。當一如濮王然後可。視天下之政。當一如宮中之事然後可。況濮王之親以恩。皇太后之親以義。其奉養之謹。非特有所加。則無以取信也。宮中之事小。天下之事大。其聽斷之勤。非特有所加。則無以致治也。儻奉養極其謹。聽斷極其勤。則陛下仁孝之名。流於萬世。英叡之德。達於四表。宗廟亦安。子孫蒙福。於陛下有何所害。而久不肯為哉。凡此利害之明。有如白黑。取捨之易。有如

反掌。陛下今日回意易慮。猶未為晚。若固守所見。終無變更。臣恐日月寖久。釁隙愈深。不可復合。威權已去。不可復收。後雖悔之。亦無及已。臣受國家累世大恩。不敢愛死。為陛下極陳社稷之計。肝膽所蓄。盡此而已。伏望陛下少留意察之。

光又上奏曰。臣近以私懇求鄉便一州。伏蒙聖恩。令宰臣宣諭。以臣皋所言事。略皆施行。令臣且在諫院供職。未得求出。臣以駑下之質。生於盛明之世。得備諫官。為幸已大。況陛下謙恭接下。容受直言。此乃愚臣千載一遇。卑命報國之秋。豈願離去左右。自棄於疎遠之地。誠以父母墳墓。久不展省。人子之心。遑遑不安。所以有此陳乞。今忽奉聖旨宣諭如此。臣惶恐慙懼。無地自容。夙夜循省。進退維谷。臣竊惟皋時所言。欲陛下以事濮王之禮事皇太后。又欲陛下延訪羣臣。躬親政事。今陛下雖奉事皇太后加於往日。猶未及事濮王之時。承

顏順意。曲盡歡心也。雖省覽庶政。猶未嘗訪問羣臣。講治亂之切務也。陛下若以二者為止當如此。則兩宮之意無由和洽。萬幾之務無由治辦。禍亂之原尚在。太平之期尚遠。臣雖日侍丹扆。有何所益。陛下若奉養之禮日增月益。訪求治道。勤勞不倦。使慈母歡忻於上。百姓安樂於下。則臣雖在遠方。亦猶在陛下之側也。臣聞為人子者。事其親而親不悅。不敢怨也。退而自責曰。我之愛不至歟。愛至矣而尤不悅。則曰。我之禮不恭歟。禮恭矣而猶不悅。則曰。我之誠不盡歟。誠既盡矣。則大孝之名達於四海。通於神明。神明且猶助之。而況人乎。臣又聞為人君者。視天下有一事不治。以為己過。有一民失所。以為己憂。天下已安已治矣。猶復思將來之患而豫防之。天下未嘗無事也。在人君思與不思而已矣。思之則治安。不思則亂危。陛下儻能以此二者自勉。則臣安敢廢公家之急。而徇私家之務乎。

光又上奏曰。臣伏思陛下嚮者即位之初。奉事皇太后虔恭款至。皇太后撫愛陛下恩渥周備。數日之間。慈孝之譽達於中外。播於遠近。聞者無不相慶。自聖體不安。旬月之間。道路之人漸有異議。皆云因守忠等本不樂陛下為嗣。故於皇太后之處則言陛下與中宮之短。於陛下與中宮處則言皇太后之失。遂使兩宮之心互相猜貳。間隙一開。猝難復合。今陛下奮發英斷。屏黜讒邪。守忠等皆降遂出外。中外之人。不勝抃悅。然臣愚竊恐皇太后尚未能盡知姦人之情與陛下所以斥去之意。伏望陛下與中宮親詣皇太后閤。頓首陳謝。具述從來為守忠等所誤。致屢有違忤皇太后之意。今守忠等既去。願與皇太后母子之恩。一如舊日。然後朝夕與中宮侍養左右。膳羞藥餌。躬親進獻。承順顏色。皆如臣庶之家。母子婦姑之禮。若左右之人尚有敢相離間者。願陛下立行誅竄。勿復有疑。如此則讒慝黜遠。內外雍睦。善氣興行。災沴消亡。宗廟永安。令聞長世。若失此之際。兩宮之歡不能復舊。則恐長無可復之期。豈惟當今天下之人以陛下為非。將傳於史策。取譏萬世矣。此皆聖明所自知。而臣復區區進言者。欲陛下深更留意

光又上慈聖皇后疏曰。臣竊見去歲仁宗皇帝捐棄萬方。皇帝嗣統之初。憂哀成疾。殿下念社稷之重。同聽庶政。以安羣情。今聖體復初。四方無事。殿下推而不居。自取安逸。動靜之節。無不合宜。率土臣民。孰不稱頌。臣不自量度。欲成殿下之全美。猶以螢燭之微。明仰裨日月之盛光。伏惟殿下稍寬其罪而終聽其辭。臣竊以治家之道。貴賤雖殊。人情一也。嘗觀天下士民之家。其長幼群居。長者或恩意不備。衣食不豐。幼者或容貌不恭。語言不遜。若幼者孝恭而不怨。長者慈惠而不責。則上下雍睦。家道以興。若幼者以為怨。長者以為責。則上下乖離。家道以衰。其始相失也甚微。而終為禍也甚大。

又加以讒人間之。於是乎有父子相疑。兄弟相疾。亂虐並興。無所不至者矣。凡閨門之內。子婦有以孝恭之心至者。則尊親當歡然以慈愛之心接之。若其有過。則當以忠厚之心教之。教之備矣。而猶不聽。則雖責之可也。罪之可也。及其既改。則又當復以歡心接之。不可以一忤顏色而終身惡之。遂不可解謝也。故骨肉之間有威怒而無憎疾。有詰責而無猜忌。此自古聖人所以御其親之道也。臣竊惟皇帝皇后於殿下兼內外之親。幼蒙保育。今日為萬民父母。享天下富貴。孰云非殿下之力。臣謂殿下固宜撫存愛念。情同所生。周旋保護。以終大惠。不可偶以纖介之失。遂蓄久長之怒。棄生成之厚恩。取疏絕之深怨。愚智所同知也。皇帝去歲得疾之時。禮貌言辭誠有可疑得罪於殿下者。臣固已嘗言於殿下。云不可責有疾之人以無疾之禮也。凡醉而有過。醒猶可赦。況有疾之人。不自省知。本非意之所欲為。豈可追數以為罪咎邪。皇后自童孺之歲。朝暮遊戲於殿下之懷。分甘哺果。拊循愛育。有恩無威。今既正位中宮。得復奉膳羞盥帨以事殿下。其意恃昔日之愛。不自疏外。猶以童孺之心望於殿下。故或有所求須。不時滿意。則慍懟怨望。不能盡如家人婦姑之禮。殿下雖怒之責之。固其宜也。誰曰不可。但事過之後。殿下若遂棄之。不復收恤。憎疾如仇讎。則臣以為過矣。臣在閭門之外。無由知禁廷之事。竊聞道路之言。未詳虛實。皆言近日皇帝與皇后奉事殿下。恭勤之禮甚加於往時。而殿下遇之太嚴。接之太簡。或時進見。殿下雖賜之坐。如待疏客。語言相接。不過數句。須臾之間。已復遣去。如此。母子之恩。如何得達。婦姑之禮。如何得施。所以使之疑惑恐懼。不敢自親者。蓋以此也。臣竊惟殿下母儀天下。踰三十年。未明之譽洽于中外。皇帝龍潛藩邸。進德修業。仁聖之望。光于遠邇。先帝以至公大義。選賢建嗣。

海內之人。皆謂繼統之日。慈孝之風。必自家刑國。誠不意閭巷之民。忽有今茲異論。推其本原。蓋由皇帝遇疾之時。宮省之內。必有讒邪之人。造飾語言。互相間諜。一則欲詐效小忠。以結殿下之知。僥求祿位。二則自知過失素多。畏嗣君之嚴。有所不容。三則欲竊弄權柄。惡長君聰明。使己不得自恣。是以日夜闚覘。拾掇絲毫之失。無不納於殿下之耳。殿下雖至聰哲。不能無疑。雖至仁慈。不能無怨。皇帝以剛健之性。屈於衆口。無以自伸。能不憤悒。遂使兩宮之間。介然相失。久而不解。流聞于外。致朝野之士。有敢竊議其是非者。深可惜也。今天誘其衷。殿下潛發慈旨。卓然遠覽。舉天下之政。歸之皇帝。此乃宗廟之靈。生民之福。然臣竊料讒邪之人。心如沸湯。愈不自安。力謀離間。彼皆自營一身之私。非為國家與殿下之計也。臣願殿下深察其情。勿復聽納。斥遠其人。勿置左右。召諭皇帝。以嚮來紛紛。皆此屬所為。

自今以後。母子之間。當坦然無疑。皇帝必涕泣拜伏。感激摧謝。然後兩宮之歡。一皆如舊。凡皇帝皇后進見之際。殿下宜賜以溫顏。留之從容。來往無時。勿加限絕。或置酒語笑。與之欣欣相待。一如家人之禮。如此。則殿下坐享孝養。何樂如之。心平氣和。眉壽無疆。國家又安。內外無患。名譽光美。垂於無窮。與夫信任讒慝。猜防百端。終日戚戚。憂憤生疾。國家不寧。禍亂橫生。譏謗之言。流於後世。二者得失。相去遠矣。且殿下既能以祖宗之業付皇帝。又能以大政授之。而獨於恩禮之際。終不能豁然回心息怒。其故何哉。方今宮闈之中。殿下骨肉至親。止於皇帝皇后長公主及皇子公主數人而已。其餘皆行路之人。於殿下何有。若親者尚不可結以恩信。猜而遠之。則疏者獨肯受殿下顧遇。盡其死力。終始無二乎。夫貴莫貴於為天子之母。富莫富於受四海之養。今殿下有此富貴。而不能自樂。親其所可親。疏其所可親。使受恩之子婦。彷徨而不自安。蹴踖而不敢進。雖內懷反哺之心。而無以施展。臣竊為殿下惜之。臣父子皆蒙先帝大恩。擢於常調之中。置之侍從之列。心非木石。豈能暫忘。今先帝晏駕之後。臣惟不避死亡。以進忠直之言。庶幾殿下母子和悅。國家安寧。是臣所以為報効也。不勝區區激切之誠。展布以聞。惟留神幸察。

起居舍人傅堯俞上奏曰。臣伏覩四月九日牓朝堂詔書。以陛下踐阼之初。銜哀得疾。慮庶政或壅。請皇太后權同處分。俟平愈日依舊。陛下今已康復。聖體清明。固當上法乾健。專總萬樞。皇太后佐佑先帝。援陛下於藩邸。以繼大統。其恩德若天地然。陛下宜順適慈顏。務致優佚。詎可於既安之後。尚以機務煩之。恭惟皇太后慈仁明哲。以大公安天下為心。從容禁中。亦足輔導陛下。伏乞早降明詔。以四月九日依舊指揮施行。

堯俞又上奏曰。竊惟皇太后有旨。更不於內東門同聽朝政。臣伏以皇太后佐佑先帝。援陛下於藩邸。有不得已。遂權同機務。及清躬和豫。舉神寶以歸之。其始終恩力。可勝道哉。陛下天畀仁孝。思所以報塞。固無窮已。雖然。自去年已來。淺見者妄意宮禁中事。頗有浮議流於人間。此睿聽所具悉者也。今陛下於九重之內。雖日極曾閔之志行。以奉事皇太后。天下安得遍聞。臣謂宜順承顏色。既致其悃愊。又取奉養隆顯之禮。可以使士民共知者。速講而數為之。自然聖孝之聲。亟傳於四海。如是。則端拱無為。長享天人之助矣。至於給事皇太后之人。向者既未得專力於陛下。苟見皇太后復辟。慮其智識鄙短。未能測乾坤之量。不免有所疑畏。臣謂宜錄其勤勞。少推恩例。上足以慰母后慈惠之意。下足以安左右疑懼之心。愚慮所及。不敢不言。惟陛下矜其狂愚而特加收採。則不勝幸甚。

堯俞又上奏曰。臣伏見內侍任守忠以罪降黜。中外聞者罔不欣抃。罰一勸百。固可以破姦猾之膽。臣職司風憲。失於彈劾。聖度回怒蓋赦而不誅。猶敢有言者。冀陛下重加矜察。臣謂大姦之去。其遺過餘惡方日有上聞。小人無知。或伺隙將恐枝蔓說往往寢及善良。疑似之間。不可不察。陛下若更加諭究。則讒間且將復起。以守忠據權之久。附離者多。深慮左右之人有所疑畏。望陛下霈發德音。自此一切不問。則天德加厚。而人心易安。皇太后之慈仁布聞四海。舉神器大寶傳付陛下。而陛下挾堯舜之資。以天下養。將用誠孝以鼓舞萬物。奈何使交鬬之語得行其間。今罪人復竄。皇太后必渙然疑釋。陛下緣此當益加禮意。務盡其歡心。則天人交欣。其為陛下之福。臣言甚忠懇。惟陛下留神省覽。

英宗暴得疾。太后垂簾聽政。帝疾甚。舉措或改常度。遇宦官尤少恩。

左右多不悅者。乃共為讒間。兩宮遂成隙。韓琦與歐陽脩奏事簾前。太后嗚咽流涕。具道所以。琦曰。此病固爾。病已必不然。子疾。母可不容之乎。脩亦委曲進言。太后意稍和。久之而罷。後數日琦獨見上。上曰。太后待我無恩。琦對曰。自古聖帝明王不為少矣。然獨稱舜為大孝。豈其餘盡不孝耶。父母慈愛而子孝。此常事不足道。惟父母不慈而子不失孝。乃為可稱。但恐陛下事之未至爾。父母豈有不慈者哉。帝大感悟。

判三班院劉敞侍英宗講讀。每指事據經。因以諷諫。時兩宮方有小人間言。諫者或訐而過直。敞進讀史記至堯授舜以天下。拱而言曰。舜至側微也。堯禪之以位。天地享之。兆民戴之。非有他道。惟孝友之德光於上下耳。帝竦體改容。知其以義諷也。皇太后聞之亦大喜。

哲宗即位初。侍讀韓維上奏曰。臣聞。乃出皇帝所撰大行皇帝挽辭二首。付外歌習。臣愚竊有所疑。伏惟大行皇帝靈駕發引在近。陛下方當擗踴號慕以致孝思。秉筆綴文。恐非其時。若陛下自為之。則恐未合禮意。若使侍臣潤色。則是示天下以偽。惟誠與孝。人主要道。陛下嗣位之初。舉動語默。實繫四方觀聽。不可不慎。昔高宗諒陰三年不言。言乃雍。高宗商之盛王。默則盡孝。言則合禮。臣民化德。遂致天下雍和。可不務哉。伏望聖慈及挽辭未甚宣布。特賜收還。以合禮制。臣幸得以忝擢備進讀。偶於義理有所見。敢不告。

哲宗時。侍講學士范祖禹上奏曰。臣等伏以天下不幸。大行太皇太后登遐。陛下號慕哀毀。孝性天至。在廷聞者。無不摧隕。今將總攬庶政。延見群臣。四方之民。傾耳而聽。拭目而視。此乃宋室隆替之本。社稷安危之基。天下治亂之端。生民休戚之始。君子小人消長進退之際。天命人心去就離合之時也。嗚呼。可不慎哉。可不慎哉。臣等久備

講讀。職在論思。首當獻言。以助萬一。陛下宜先誠意正心。推廣聖孝。發為德音。行為仁政。以慰荅天下生民之望。此在陛下加意而已。非有所難也。願陛下循其本而行之。則其末可以無難。昔周公以成王幼弱。故位冢宰。治天下七年。制禮作樂以致太平。其功德至隆。周公既沒。成王追念周公之勳勞。賜魯以天子禮樂。使世世祀周公。以為非此不足以稱周公之德也。成王所以報周公如此。故天下莫不歸心。漢大將軍霍光尊立宣帝。霍光既沒。宣帝亦葬以天子之禮。帝始親政事。又思報大將軍功德。夫周公霍光皆人臣也。有非常之功。故成王宣帝皆報以非常之禮。初況太皇太后英宗之配。神宗之母。陛下之祖母。有大功於宗廟社稷。有大德於億兆人民。於陛下有[illegible]恩。與天地無極。豈人臣之比哉。然則今日陛下所宜先者。莫如報太皇太后之德也。自仁宗以來。三后臨朝。皆有大功。章獻明肅之於仁宗。慈聖

光獻之於英宗鞠育扶持勤勞艱難亦未得如太皇太后之於陛下也元豐之末神宗寢疾已不能出號令陛下年始十歲太皇太后內定大策擁立陛下儲位遂定陛下之有天下乃得之於太皇太后也聽政之初詔令所下百姓無不歡呼鼓舞自古母后多私外家惟太皇太后未嘗有毫髮假借族人不唯族人而已徐王魏王皆親子也以朝廷之故疏遠隔絕魏王病既沒然後一往太皇太后疾已革然後徐王得入進退群臣必從天下人望不以己意為喜怒賞罰故至公無私之德雖匹夫匹婦之口亦能道之臨朝九年未嘗少自娛樂焦勞刻苦以念生民所以如此豈有他求哉凡皆為趙氏社稷宋室宗廟專心一意以保佑陛下也故身當其勞苦而使陛下享其安逸昔章獻明肅時親黨多僥倖濫恩仁宗既親萬機不免釐革故小人不能無怨今太皇太后自臨朝以來左右請求一切拒絕內外肅然

蓋以朝廷不可無紀綱故身當其怨而使陛下坐收肅清之功陛下如欲報太皇太后之德莫若循其法度而謹守之祖宗以來唯以德澤結百姓之心欲四海安靜無事仁宗行之四十二年天下至今思之恭惟太皇太后之政事乃仁宗之政事也然而仁宗聖性寬裕不忍拒人內降濫恩其後亦比比而有惟太皇太后嚴正至靜不可干犯故能外斥逐奸邪以清朝廷內裁抑僥倖以肅宮禁九年之間終始如一故雖德澤深厚結於百姓而小人怨者亦不為少矣今必有小人進言曰太皇太后不當改先帝之政逐先帝之臣此乃離間之言陛下不可不察也當陛下嗣位之初太皇太后同聽政中外臣民上書者以萬數皆言政令有不便者太皇太后因天下人心欲恪故與陛下同改之非以己之私意而改也既改其法則作法之人及主其法者有罪當逐陛下與太皇太后亦以眾言而逐之其所逐者皆

上負先帝下負萬民天下之所讎疾眾庶所欲同去者也太皇太后豈有憎愛於其間哉顧不如此則天下不安耳惟陛下清心照理辨察是非斥遠佞人深拒邪說有敢以奸言惑聖聽者宜明正其罪付之典刑痛懲一人以儆群慝則帖然無事矣陛下若稍入其語不正其罪則恐奸言邪說繼進不已萬一追報之禮小有不至此於太皇太后聖德無損而於陛下孝道有虧必大失天下人心陛下豈不見司馬光以公忠正直為天下所信服陛下與太皇太后用以為相海內之人無不欣悅光沒之日無不悲哀乃至茶坊酒肆之中亦事其畫像光所以得人心如此者為其能輔佐陛下與太皇太后功及天下也以光之功比之太皇太后止是萬分之一百姓思之如此而況太皇太后有天地之恩於陛下有父母之德於生民四海愛戴思慕無窮陛下若聽小人讒說或追報有所未至或輕改其政事豈不大

失天下人心乎人心離於下則天變見於上陛下雖欲為善以救之改過以補之亦無及矣孝者萬行之本本既不立則其餘何足觀焉夫小人之情非為朝廷之計亦非為先帝之事皆為其身之利也日夜伺候欲逞其憾者久矣今太皇太后新棄天下陛下初攬政事乃小人乘間伺隙之時也故不可不預防之此等既上誤先帝今又欲復誤陛下天下之事豈堪小人再破壞耶臣等恭聞陛下自太皇太后寢疾朝夕不離左右躬親藥膳衣不解帶憂瘁泣涕形於顏色自遭變故以來哀慕毀瘠中外具聞喪服之禮務從至隆又下詔發揚太皇太后盛德推恩高氏此大孝之極也至親之際無所間然然而臣等猶言及此者竊以小人甚多恐置陛下於有過之地也如臣等所言雖萬萬無之然不敢不慮於未然或有纖芥流聞於外則臣等上負陛下不先言之罪大矣不勝憂國愛君之至惟陛下深留聖思

徽宗時。張庭堅為右正言。在職逾月。數上封事。其大要言世之論孝。必曰紹復神考。然後謂孝。夫前後異宜。法亦隨變。而欲纖悉必復。然則將敝於一偏。久必有不便於民而招怨者。如此而謂之孝可乎。司馬光因時變革。以便百姓。人心所歸。不為無補於國家。陳瓘執義論諍。將以去小人。其論所推。不為無益於宮禁。乞盡復光贈典。以悅人心。召還瓘言職。以慰士論。又士大夫多以繼志述事勸陛下者。臣恐必有營私之人。欲主其言以自售。謂復紹先烈。非其徒不可。將假名繼述。而實自肆焉。今遠略之耗於內者。棄不以為守。則兵可息。特旨之重於法者。刪不以為例。則刑可省。近以青唐反叛。棄鄯守湟。既以鄯為可棄。則區區之湟。亦安足守。臣謂并棄湟州便

秘書省校書郎陳瓘奏曰。臣聞善繼人之志。善述人之事者。天子之孝也。武王是矣。不改父之臣與父之政者。卿大夫之孝也。孟莊子是矣。神考之初。當百年宜改之運。改其祖者多矣。乃所以為善繼善述也。書曰。一人有慶。兆民賴之。此神考之大孝也

欽宗靖康元年。校書郎陳公輔上奏曰。臣恭聞道君太上皇帝聖駕將還。臣不勝鼓舞欣躍之至。此陛下孝誠所感。而宗廟社稷之福。天下之幸也。然議者皆謂上皇左右有懷姦之臣。離間陛下父子。致有疑心。臣切怪之。竊惟太上皇帝臨御日久。去冬緣夷狄作過。深厭萬機。欲行遜禪。陛下至誠篤孝。感泣退避。以至慈諭再三。方即大寶。此與唐睿宗因星變畏天戒。遂欲傳位太子。皇懼入請其事類矣。豈比明皇幸蜀。肅宗自即位靈武哉。是宜父子懽好之情。雖數千百年不復有疑矣。若乃陛下更改諸事。進退大臣。賞善罰惡。興利除害。皆以宗廟社稷為念。合天下公議。所以奉承上皇罪己之詔。豈有異志哉。縱使姦臣離間百端。而上皇慈仁。陛下孝愛。二十餘年人無間言。豈一旦能入之哉。且父子天性。上皇於陛下親邪。於群臣親邪。臣謂上皇之親無親於陛下也。臣恐臣僚未悉此意。或因道路相傳之言。致陛下於上皇自有所疑。此大不可也。况上皇聰明睿智。寬厚豁達。不防姦邪。浸以疑惑。今既自感悔。斷然不疑。以神器授之陛下。方未遜位前。已下哀痛之詔。追悟宿愆。盡革弊事。雖禹湯罪己。周公改過。無以復加。陛下今日所行。皆奉行上皇去年十二月詔書也。臣深恐前日所遣如趙野輩。不能為陛下感激敷陳。以解上皇之疑。臣愚欲望更擇一二重臣前路迎候。仍齎陛下親書。為開具上皇罪己手詔與今日奉行之意。使釋然無疑。然後迎奉上皇。備加禮數。內自后妃諸王帝姬。外至公卿百官士庶。皆出國門。使聖意知前日之去。忽遽如彼。今日之還。光艷如此。非陛下承付託之重。賊兵遠遁。京師復安。政事修舉。人心懽快。能若是乎。以此慰悅上皇之心。方知此時為天子之

尊之至也。若夫還宮之後。一切供奉之物。陛下過為儉約。上皇務加隆厚。著於令式。風示四方。以動天下之孝。仍乞於宰執侍從臺諫中選有學術行義明忠孝大節者。分日請見上皇。以備顧問。開諭聖意。庶幾究性命之至理。以適其優游無事之樂。顧不韙哉。夫堯舜之道。孝悌而已矣。孝悌之至。通于神明。光于四海。陛下貴為天子。有父可尊。此人間莫大之樂。伏惟篤其孝心。使誠意昭感。無纖介自疑。則天地神明。保佑聖躬。靡所不至。臣將見陛下全萬年人子之孝。而上皇享萬年天子之養。國祚延長。生靈蒙福。自今以始。豈有窮哉。臣一介微臣。不任言責。妄意論及陛下父子之間。死有餘責。惟聖慈裁之。不勝幸甚

公輔還左司諫。又上奏曰。臣今月十六日延和殿引對。不識忌諱。妄有論奏。已甘誅夷。而陛下不以臣狂妄。特賜聽覽。更蒙聖慈擢為諫

官。今臣不俟受告。先次共職。顧臣之愚。何敢輙當此選。臣已一面具狀辭免。然臣以昨來所言有未盡者。今輙敢冒死再爲陛下陳之。臣初謂上皇之怒。得於道路傳聞。未必的也。故不敢深以爲言。及聞聖語。乃知陛下實有此疑。夫爲人之子。若果貽父之怒。其可一日安乎。宜陛下之所以憂也。臣聞帝王之盛。莫加於舜。舜之言曰。惟不順於父母。如窮人無所歸。故人悅之。好色富貴。皆不足以解憂。唯順於父母。然後可以解憂。且以瞽瞍之頑。而母嚚象傲。爲舜者亦難堪矣。舜終能使瞽瞍厎豫。而天下化者。以盡事親之道而已。然則陛下以舜爲非可乎。況上皇以上聖之資。有天下之大。興事造業。二十六年。實聰明睿智之主。陛下苟能如舜之孝。寧不足以感動其心而釋其怒哉。臣願陛下用臣所言。急遣重臣前路奉迎。如李綱固可委矣。更得一二人。節次前去。陛下感泣面諭。使其上體聖心。至誠委曲爲陛下

言之。臣料上皇必無甚怒。乃若所改之事。如放宮人。拆苑囿。減玩好之具。省應奉之物。此自是陛下宮中所不用者。若龍德宮別有所須。且當許以一面提行措置。陛下若以奉親故薄有所費。百姓知之。亦豈敢以爲非乎。上皇久之視陛下自奉如此。養親如此。亦必自感悔不復過當矣。至於其他改更政事。但當遵依上皇去年十二月罪己詔書。盡與推行。亦可以慰四海之望。更在宣諭臣僚。行移文字。回避語言。免有指斥。以防姦人得以藉口而激怒也。臣恭聞聖語謂皇后亦怒。意欲先還禁中。里會數事此一時躁忿之言。陛下未有以解之耳。婦人從夫。豈有上皇既還龍德。而皇后得居禁中耶。若果先還。臣固嘗面奏陛下當出郊奉迎。和容遜辭。以理開曉。皇后若曾此理。尤欣慰不暇。豈復有怒心哉。若夫聖慮所優。恐上皇還宮。左右姦邪無之來。盡或尚有蠹國害民。侵撓朝政於人情有不可從之事。激之爲

難。臣謂此不足憂。大臣臺諫當任其責。若陛下任用大臣得人。臺諫稱職。皆以公心直道持紀綱。守法度。上下內外無所不理。雖陛下不可得而私。況上皇乎。若是則陛下不妨以孝而隆私恩德也。金人侵犯。而陛下盛德無隆。宗社復安。上皇既歸。而陛下至誠篤孝。父子無疑。自古帝王盛德。有加於此乎。此臣所以爲陛下喜也。伏惟聖意勤勤。始終如一。當使四海生靈受福無疆。豈不盛哉。

右諫議大夫楊時上奏曰。臣竊惟父子之恩。天性也。無容私焉。一於誠而已矣。夫舜之登庸。天下之士悅之。人之所欲也。而不足以解憂。富人之所欲也。富有天下而不足以解憂。貴人之所欲也。貴爲天子而不足以解憂。惟順父母爲足以解憂。夫豈外襲而取之哉。心誠有之也。其爲法於天下可傳於後世。本諸此而已。孔子曰。本立而道生。此之謂也。恭惟上皇付陛下以神器之重。天下戴之如天。就之如日。

可謂得所欲矣。上皇東幸未還。陛下寤寐念之。憂形于色。乾龍上壽亦罷而不講。是雖貴爲天子。富有天下。不足以解其憂也。非陛下誠於中。寧有是。夫誠至矣。雖天地鬼神猶將感格。況於至親乎。雖有姦凶造爲浮言。無自而入矣。夫以陛下之恭孝。上皇之慈仁。其心一也。父子之懿。人無間言。自斯以往。讒慝消矣。若夫內藏猜慮。外矜觀聽。則釁自我作。欲其無嫌。不可得也。疑隙一開。窒之難矣。不可不慮也。若事干朝廷。當付之公議而已。三省者天下公議所自出也。大臣宜任其責。陛下亦不得而私焉。一徇至。則天下幸甚。

時又上奏曰。臣聞天下之本在國。國之本在家。竊惟宣仁聖烈皇后。保佑哲宗皇帝殆十年。枉被誣謗久而未明。臣謹條其本末于左。昔元豐末。伏見神宗皇帝不豫。哲宗幼沖。宣仁聖烈皇后有旨命二王非宣召不得入內。其周防之慮深矣。是時王珪首建大議。請立延安

郡王爲皇太子。餘人無言者。退批聖語在中書。仍關實録院衆臣燕書。本末詳具。天地鬼神臨之在上。質之在旁。不可誣也。至元祐中。蔡確以罪去。其黨始造其奸謀。冀徼異日之福。紹聖初章惇蔡卞用事。欲中傷舊臣報復私怨。遂實其事。上誣聖母。而以大逆之名加王珪以定策之功歸蔡確而已。亦與焉。其爲此謀。非私於蔡確。其實自爲因以中傷元祐之人耳。天下銜冤積怨。幾四十年。伏遇陛下嗣守神器。如大明之升。無隱不燭。而臣幸得備員諫省。不得不爲陛下言之也。凡元祐政事著在甲令者。皆已焚毀。則當時所批聖語在中書者必無遺矣。所幸紹聖中脩時政記。具在祕書省國史案。猶可考也。此天存之。以遺陛下。伏乞下祕書省國史案索元祐時政記。一賜覽觀庶以究見事實。昭洗王珪爲臣不忠之名。追奪蔡確冒受褒贈之典。灑恩所被。悉行改正。以釋天下積年憤鬱之氣。臣不勝幸願之至。

御史中丞陳過庭上奏曰。臣聞周公遭管蔡流言。上天動威。雷電以風。禾偃木拔。以彰周公之德。蓋聖人用心與天地合。不幸而遭變故。必有感格而震動。恭惟陛下聖聖相繼。中外乂寧。將二百年。自紹聖崇寧大觀宣和以來。星文變見。日食地震。水旱連年。盜賊滿野。遂至金虜猖獗直犯京闕。非特姦邪用事。忠良擯斥。庶政不脩。百姓愁苦之所致也。宣仁聖烈皇后保佑哲宗。功在社稷。垂裕無窮。而乃負誣謗於天下者垂四十年。天地幽鬱。人神憤怨。前日之變。幾至大亂。未必不由此也。日近縉紳之士。咸謂臣曰。當宣仁聖烈垂簾聽政。登用耆舊。惠養黎元。如章子厚曾布蔡京及卞。姦險刻薄之徒。棄黜弗用。小人懷憾。務在報復。及其得志。託紹述爲名。凡元祐正士。禁錮弗用一時輔相侍從之賢。死於遐陬荒裔者。何可勝計。及章子厚晚年被黜。頗有悔過之意。其謝表則曰。極力以遏徐王覬覦之謗。一心以明宣仁保佑之功。觀此。則知當時固嘗起徐王之謗而掩宣仁保佑之功矣。范純仁嘗曰。矧宣仁誣謗之未明。致保佑憂勤之不顯。純仁懷忠蓄憤。遂有此言。然伸幽直枉。正在今日。伏望陛下詳酌。命三省樞密院及侍從臣僚共議其事。辨明休烈。振發潛光。然後敷明詔以諭中外。差大臣以告陵廟。上以慰在天之靈。次以攄幽明之憤。天意披豁。人心感悦。則中興之業。當自此有成矣。

高宗時。和議成。范如圭請遣使朝八陵。遂命判大宗正士㒟與吏部尚書張燾偕行。至永安諸陵。朝謁如禮。及還。上奏曰。金人之禍。上及山陵。雖殄滅之。未足以雪此恥。復此讎也。陛下聖孝天至。豈勝痛憤。顧以梓宮兩宮之故。方且與和。未可遽言兵也。祖宗在天之靈。震怒既久。豈容但已。異時恭行天罰。得無望於陛下乎。自古戡定禍亂。非武不可。狼子野心。不可保恃。久矣。伏望修武備。俟釁隙起而應之。電

掃風驅。盡俘醜類。以告諸陵。夫如是。然後盡天子之孝。而爲人子孫之責塞矣。上問諸陵寢如何。燾不對。唯言萬世不可忘此賊。上黯然。

孝宗時。袁說友上奏曰。臣聞人臣之職位雖有高下。而愛君之言則一。人主之待下固有輕重。而聽言之意則同。臣一介螻蟻。玆以新任闕。在半年之前。吏部行下。俾之趨闕。官卑不獲仰瞻皇帝陛下清光。恭從新制。赴議事堂敷奏。臣自惟一遠闕庭。今閲十載。玆者復幸詣行在所。中懷嘗見。願以裨贊聖德之萬一。臣伏自揣念官在卑下。職在外任。凡所進說。惟當視職以言。其於國家大事。體朝廷大議論。似非所當及者。臣竊觀本朝范仲淹方身在遠外。再上封章。歷言朝政得失。蘇軾爲開封幕官。進萬言書。極論一時新政。二人之言。豈限於其位。而祖宗聽言。亦豈有異意哉。臣愚戇不佞。固不敢比迹前賢。獨念頃蒙陛下擢寘周行。備吏館學。編摩樞屬。攝事郎省。歲在己亥。洊

守池陽陛辭之日。開納褒將。俾之宣諭統帥調護軍民。親承玉音畀
以見次。臣兩年之內竭力郡事。天地涵育。免以罪行。聖眷隆厚。萬未
報一。用是忘其下位。迫於愛君之切。昧死以獻愚忠。仰瀆淵聽。惟陛
下赦之。臣來自田間。侍班旅郎。竊觀通者先帝靈輿發引。仰惟先帝
仁德聖功。陛下孝思誠意。感格天地。貫通神明。禮典之興。上下叶應。
如江潮之沙。自以退落。請謚之日。已雨亟晴。陰霧於發引二日之前。
至日則晴日特盛。風息於靈輿渡江之頃。渡畢則微風始來。是皆昭
格感通。密相陰佑。神靈安妥。中外嘆嗟。誠方策之所少聞。古今之所
難能也。然臣聞之道路。皆謂發引之後。朝廷所當先者。莫急於皇太
后還內一事而已。而聖意未定。詔旨未頒。宮室未闢。事體未正。大臣
有請而未允。諫官有奏而未行。臣子憂懷。庶民疑惑。利害輕重。所繫
寔深。豈宜因循。浸以未決。臣竊謂皇太后不可不還大內者。其說有

八。臣請得而具言之。臣聞母之與子。其恩愛相關。情意相及。如心腹
耳目之相隨。不可須臾離也。昏定晨省。以慰母心。雖匹夫之微。猶所
不免。況人主之尊哉。前日先帝壽母同處北宮。陛下五日一朝。事勢
則順。今也慈極上賓。大事已畢。亟當迎請壽母入還廣內。今若太后
獨居北宮。朝夕少遠。至養。雖曰乘輿時一詣宮。亦是希闊。於禮為簡
於情為疏。於法度未宜。於觀瞻未允。稽之方冊。攷之前古。似若未順
顧使盛治極美之朝。而有一不如古哉。此不可不還大內。其說一也。
臣仰惟陛下自罹大故。哀慕憂感。靡一弗至。斷自聖孝。躬行三年之
喪。極為禮文。克襄大事。亙古所無。垂訓萬世。今若山陵訖事。即乞壽
母還內。則母子日親。允合大典。備適全美。焜燿今昔。儻若未講壽母
還內之儀。未全母子相安之禮。則為山而虧一簣。百里而止九十。在
陛下亦豈欲至此哉。此不可不還大內。其說二也。臣仰惟先帝弊屣

天下。燕怡北宮。日與皇太后同享天下之養。同介康寧之福。蓋二十
六年矣。方茲國卹非常。壽母獨處。諒於慈抱。未能全釋。當此之際。陛
下宜願日親母側。承顏奉志。寬悅憂念。調娛聖懷。豈欲使壽母於憂
傷之初。而遽有獨處之況哉。矧今先帝靈駕已東。音容日遠。壽母憂
思尤倍曩日。不於此時蚤議還內。日寬慈念。則高年悲忘益難處矣。
此不可不還大內。其說三也。臣竊惟先帝虞主還都。靈筵定置。當以
大內為主。揆之禮經。質之事理。了無可疑。今若以太后未還大內。先
帝靈筵亦復且留北宮。徒使近習以奉靈几。則是陛下雖欲朝晚親
奉靈帷。以展孝慕。何可得也。既不能日拜於先帝靈筵之前。又不能
日親於太母慈顏之側。情睽意隔。又豈陛下所欲哉。今若太后即日
還內。則先帝靈筵便可同歸。以慰在天之靈。以正壽母之養。以全陛
下之孝。得則兩得矣。失則兩失矣。此不可不還大內。其說四也。臣仰惟

皇太后春秋既高。方此獨居。其於朝夕之奉。固當悉出陛下聖意。下
俾侍從。以奉娛養。若南北兩內相望各處。陛下不得朝夕侍側。而委
之近習日侍親養。親疏倒置。輕重失宜。凡百執事。將必浸弛。日復一
日。必有非意違禮之事。不時請求之擾。蓋小人善於候伺。巧於較計。
異日恐有仰費陛下調護者。陛下聰明如天。於此可以意料。非若既
還大內。陛下近在咫尺。朝夕在側。威制所加。定省所接。小人忌憚。無
復有干宸慮者。此不可不還大內。其說五也。臣竊惟北宮今日九百
事體。恐非昔比。外而宿衛循徼之卒。內而嬪嬙宦官之衆。必亦少損
於舊日。側聞宮中閤分亦復鮮少。若復內之期尚復延遲。則號令弗
閑。關防弗備。若如前日不測之盜出於其中。或有尤甚於此者。驚動
慈闈。駭愕宮禁。此豈細事也。縱朝廷深加誅治。爲傷亦已多矣。當是
之時。豈不上動慈母之念哉。此不可不還大內。其說六也。臣仰惟陛

下睦御以來。虛懷納諫。言有當理。未嘗不行。下至疏賤小臣一有可採。悉加聽納。近者復置二諫。以廣言路。以通下情。聖德宏大。治功恢崇。蓋基於此。今者太后遷內一事。臣下奏請蓋已不一。雖閭閻賤隸亦謂事合如此。理尤曉然。今朝廷寂無所行。相顧莫得其說。凡百臣民。懷疑妄慮。至有猜說以惑人心。事勢所關。利害尤重。若陛下即頒太后還內之詔。早正日侍東朝之儀。豈惟上以遵奉祖宗之禮。而下亦以彈壓衆多之疑。此不可不還大內。其說七也。臣聞疾痛痾癢。雖少壯者有所不免。仰惟皇太后春秋既崇。又當憂悼之餘。豈無關聖抱而傷至和者。今者獨居北宮。天所護相。日固康寧。或萬有一小親藥餌。則陛下日夕寧侍。必有未便。非可以前日槩論也。況乎居無事太后飲食起居之間。言動意向之頃。尤賴陛下日居親側。加意調護今既未能日夕以侍。一有拂意。皆足以干和氣矣。此不可不還大內

其說八也。臣所陳八說。皆援之禮典。質諸孝道。酌之人情。考之衆論。無一而不合者。為今之說。不過曰皇太后安於北宮。未欲輕動。又曰。慈母之訓。難以固違。臣竊以為大不然。事有輕重利害。善處事者惟擇其重且利者而行之耳。南北二內。皆宮禁也。今日處此而寄與他日處彼而安。一也。陛下以天下之養。國家之力。而辦一東朝之奉。抑何難者。豈必獨以北宮為寄而它無可安之地耶。慈母之訓。固不敢違。然事貴當理耳。陛下一請未遂。至于再至于三。力以祖宗典故國家禮文。萬世法則。母子情義。宮闈利害。臣下累奏。外言紛惑。歷舉數者之說。委曲控懇。期於得請乃已。則慈母必將欣然而從。陛下之孝顯遂矣。則又曰。左右前後。必有以北宮為便而憚於南內之遷者。臣以謂此小人之私意。甚易折也。仰惟陛下剛明英斷。如天之威。平日一聞姦謀。誅戮靡後。使左右前後果有陰搖其議者。臣願陛下數其號令。嚴其誅罰。一有敢行沮議者。必戮無赦。則亦何患於沮閡者哉。臣愚欲望聖慈即賜睿斷。備以臣所陳八說。力請皇太后期於必還大內。繞獲俞音。速降明詔。擇日迎請。或恐東朝宮室未可遽辦。即乞且於大內見今殿宇那撥繕治。早迎慈駕。續行修建。以遵祖訓。以合禮典。以全孝養。以詔萬世。以慰輿願。是天下厚幸。臣疏遠小臣。輒議朝廷大政。罪當萬死。惟念久沐聖恩。無路報塞。切於愛君。小効愚慮。非敢矯激沽名以干出位之誅。如蒙聖慈以為可行。即乞聖旨施行。臣無任瞻望穆穆之光。不勝犬馬惓惓而已。

說友又上奏曰。臣仰惟主上以大有為之資。親承付託之重。重華協帝。以舜事親。定省慈闈。以天下養。歲踰二紀。亘古所無。大故非常。聖心痛切。至性盡於父子。孝誠通於神明。斷自宸躬。行三年之制。悲憂過禮。哀極有餘。蓋自三代以來明君聖主不能黽勉而力行者。主上

發於至誠。躬履喪紀。舉無違禮。跨越今古。煜燿簡策。貽訓萬世。甚盛甚休。臣仰惟高宗皇帝身濟大業。紹開中興。道備德全。功大仁顯。形之謨烈。施之政令。配天地。參化育。散在天下。而載諸史牒者。蓋非鋪張揚厲得以究其萬一也。惟兹羹墻之念。方切於宸慮。則夫聖有謨訓。豈一日而可忘。恭惟乾道之二禩。主上首命儒臣纂輯建炎紹興之大典。作宋一經。揭名聖訓。貽謀燕翼。悉聚此書。御製序文。藏諸金鐀。臣頃蒙聖恩。擢丞中秘。得以仰窺大政。拱誦奎文。不勝至榮極幸。主上方極孝慕思報大恩。惟有循舊章憲成式。以寓罔極之念。以慰在天之靈。庶幾孝治有隆無替。臣欲望敷奏恭發睿旨。於講筵所。俟將來開講日。以聖政一書命經筵官日以進讀。俾之紬繹寶訓。啓沃聖衷。以永孝思。以宏治道。以仰副主上倫制兩盡之意。是天下厚幸。

歷代名臣奏議卷之十

歷代名臣奏議卷之十一

孝親

宋光宗紹熙二年帝以疾不過重華宮祕書正字項安世上書言陛下仁足以覆天下而不能施愛於庭闈之間量足以容群臣而不能忍於父子之際以一身寄於六軍萬姓之上有父子然後有君臣願陛下自入思慮父子之情終無可斷之理愛敬之念必有油然之時願聖心一回何用擇日早往則謂之省暮往則謂之定即日就駕旋乾轉坤在反掌間爾

三年上以憂疑成疾不過重華宮中書舍人黃裳奏曰陛下之於壽皇未盡孝敬之道意者必有所疑也臣竊推致疑之因陛下毋乃以焚廩浚井之事為憂乎夫焚廩浚井在當時或有之壽皇之子惟陛下一人壽皇之心託陛下甚重愛陛下甚至故憂陛下甚切遹豫之際病香祝天為陛下祈禱愛子如此則焚廩浚井之心臣有以知其必無也陛下何疑焉又無乃以肅宗之事為憂乎肅宗即位靈武非明皇意故不能無疑壽皇當未倦勤親挈神器授之陛下揖遜之風同符堯舜與明皇之事不可同日而語明矣陛下何疑焉又無乃以衛輒之事為憂乎輒與蒯聵父子爭國壽皇老且病乃頤神北宮以保康寧而以天下事付之陛下非有爭心也陛下何疑焉又無乃以孟子責善為疑乎父子責善本生於愛為子能知此理則何至於相夷壽皇願陛下為聖帝責善之心出於忠愛非賊恩也陛下何疑焉此四者或者之所以為疑臣以理推之初無一之可疑者自父子之間小有猜疑此心一萌方寸遂亂故天變則疑而不知畏民困則疑而不知恤疑宰執專權則不禮大臣疑臺諫生事則不受忠諫疑耆慾無窮則近酒色疑君子有黨則庇小人事有不須疑者莫不以為疑乃若貴為天子不以孝聞敵國聞之將肆輕侮此可疑也而陛下則不疑小人將起為亂此可疑也而陛下則不疑事之可疑者反不以為疑顛倒錯亂莫甚於此禍亂之萌近在旦夕宜及今幡然改過整聖駕謁兩宮以交父子之歡則四夷向風天下慕義矣

校書郎蔡幼學上封事曰陛下自春以來北宮之朝弗講比者壽皇愆豫侍從臺諫叩陛請對陛下拂衣而起相臣引裾群臣隨以號泣陛下退朝宮門盡閉大臣屢日弗獲一對清光望日之朝都人延頸遲延至午禁衛飲恨市廛軍伍謗誹藉藉旁郡列屯傳聞疑惑變起倉卒陛下實受其禍誠思身體髮膚壽皇所與宗社人民壽皇所命則疇昔慈愛有感乎心可不獨出聖斷復父子之歡弭宗社之禍

光宗車駕將朝賀重華宮既而中輟翊善羅點言自天子達庶人節序拜親無有闕者三綱五常所係甚大不當以為常事而忽之上過宮意未決點奏陛下已涓日過宮壽皇必引領以俟陛下常人於朋友且不可以無信況人主之事親乎今陛下久闕溫凊壽皇欲見不可得萬一憂思感疾陛下將何以自解於天下

司農寺主簿呂祖儉奏曰臣聞臣之事君猶子之事父也子則受氣於父臣則制命於君是臣子之身非可私為己有也故君父安則家國安家國安則此身始得而安否則天地雖大四海雖廣將無所安其身矣自昔以來仁人孝子忠臣義士所以竭誠盡言視家國之事如己事而不避死亡之誅其心豈有他哉蓋以家國之安危實相關繫有不可得而解者固非沽名要譽詐以為直以自私其身也恕臣世受國恩粗明茲義先臣蒙正輔太宗真宗夷簡輔仁宗公弼輔英宗神宗公著輔神宗哲宗好問復輔高宗於即政之始事體之艱難時勢之

變故是皆身歷其間調娛維持均休共戚不敢有二臣之父兄又蒙
朝廷記錄亦皆有位於朝臣從州縣小官復蒙陛下拔擢使之備數
班列得非皇慈興念舊族俾其扶植嗣續或能不私其身耶自惟位
下言微止當退循分守豈應狂妄僭貢封章實以區區愚衷有所感
激雖欲緘默不能自制不得不昧死為陛下言之恭惟國家聖聖相
承受天明命紀綱法度賞罰政刑是豈盡過於漢唐獨仁孝之行既
本諸內心而大過人之德業夐超千古故能祈天永命雖經變故而
終不傾搖高宗皇帝匹馬渡江再造區夏不謀不盜挈提大寶付之
壽皇聖帝以對越藝祖在天之靈惟我壽皇冀翼孜孜躬致二十七
年之孝養鑾車往來萬姓瞻仰豈惟天下愛戴而夷狄異類亦能詠
歎欣慕莫知其然於斯之時雖有水旱之災盜賊之虞人心既固旋
即消弭盛德格天其應自爾此非以幸而得也仰惟皇帝陛下春宮
毓德任孝昇聞日就月將閱天下之義理已多獄訟謳歌罔不歸仰
壽皇顧天位之有託睠萬機之憂勤雖春秋未高而精一之傳復見
之於陛下三聖授受赫奕焜煌慈孝偕極是誠簡冊之所未嘗有也
夫貴為天子富有天下而得以天子之貴天下之富奉事其親此古
今之難值君父之至榮自三代以還歷千餘載惟唐之數君為然太
宗之於高祖明皇之於睿宗肅宗之於明皇遜禪之際皆匪由衷嫌
隙疑阻禍亂隨至而肅宗因臣庶之言抱玩弱女感懷顧復至於歔
欷載之史冊至今讀之可以使人流涕肆我本朝禪代之美固始見
於靖康然是時戎馬在郊事出倉猝相與之際有不忍言者夫以古
今人主難逢之盛事既有其時復乖所願而有害天養志之至樂此
仁人君子所以痛心疾首也今陛下躬承休運所以事壽皇者一遵
壽皇所以事高宗若記禮所載文王之事王季武王帥而從之真無

間然家法懿範休彝鉅美陛下既皆得之是誠足以教天下之孝而
垂法於萬世茲蓋我國家仁孝之所積故非常之慶錫之於天而尤
當極其培殖保養之功也去冬郊禋之夕風雨暴至聖心祇懼遂從
天和然陛下思念慈闈之心不為疾輟藥餌甫除不憚風雪遂御乘
輿都人夾道聳瞻莫不鼓舞聖孝其所以培殖保養乎天之錫我國
家者亦可謂至矣旋聞聖躬復少違豫壽皇愛念切至於是屢頒免
過宮之旨今閱日久矣清明在御臣下悅喜比者會慶節前期十日
奉香致敬群疑冰釋歡意周流遠至流虹之旦天氣和暢百官叙立
重華宮外皆自以為必得瞻覲親奉玉卮之祝大明浸升踵企自斷
拜表竣事眾心皇皇抑不知聖心以壽皇慈訓難於重違故不欲數
瀆煩民耶或聖體有甚不能勉強者而非外庭所能知耶孟子曰孰
不為事事親事之本也孰不為守守身守之本也陛下仁孝得於生
知豈容復有疑議然臣下猶有不能忘其憂者誠恐玉體猶有未康
而無以釋海內之至情也尋聆御朝臨講之制不喻常式雖有以知
陛下已集和平之福而道路籍籍愈以為疑蓋事親之禮眾所共知
儻有少愆自難户曉在庭之臣庶幾長至在即陛下既受群臣之朝
必將祗款北宮以展未申之誠及期天仗入陳百辟就列顧瞻鑾家
不啻渴飢傍徨徘徊嚴辦未奏離立庭中蹙頞闚涘人情憂迫若癡
若狂咫尺天閽無路可扣逡巡退却相顧黯然流言紛紛有不忍聽
方當有道之朝加之陽剛漸長政是陛下膺受多福燕邦丕享之時
胡為而使人心至於此極臣竊自妄測聖意必以為父子至情當盡
慈孝歲時之慶止屬禮文既慈孝之兩隆雖禮文而可畧臣則以為
不然士庶人之家父子同室動息與俱至於人主有庶政之繁問安
視膳不容朝夕之必躬則五日一朝節序稱慶蓋將達人子之情所

謂禮文乃是實事。況人主者華夏蠻貊之所觀瞻。凡見於節物儀衆皆所以感化天下。起其忠君親上之心。詎宜於疑似之間謂因循爲無傷。而使人心解弛。妄有測度乎。夫君心所感。隨動輒應。陛下試反而思之。陛下親舉重華之禮。則天心底豫。兩宮喜悅。群臣觀感。軍民歡呼。萬方儀刑。四夷敬服。洋洋然有太平之象。樂莫大焉。尊榮莫大焉。陛下輟重華之禮。則天心必不孚格。兩宮必形思念。群臣憂懼。罔知所依。軍民怨誹。無復忌諱。萬方有渙之勢。四夷有輕侮之謀。究然有衰殘危悴之態。辱莫大焉。不祥莫大焉。此二者。其利害榮辱至易知。至易見。陛下將何擇哉。竊聞壽皇鉅典已成。進書有日。恭想陛下躬率群臣。必欲行此縟禮。以慰神人之望。雖壽皇復有免到宮之命。不可遂已。蓋免到宮者。壽皇愛子之心。而必到宮者。陛下事親之實。據天性之固有。如水勢之必東。不必以屢出欲止爲嫌。不必以人言既多爲厭。或萬一有援引繳進之說者。茲乃爲導諛竊寵之計。非所以愛陛下也。天意之從違。人心之離合。政在今日。惟陛下念之。然臣之愚所以拳拳於此者。非爲陛下愛惜此名也。國家南渡以來。版籍半淪於沙漠。而讐恥未能遽雪。言乎民力。則困於養兵。而焦熬憔悴。類不聊生。言乎軍政。則墮於和議。而驕脆窮怨。緩急難倚。言乎人才。則務爲沈默。即有患難。孰同其憂。靖言思之。誠可寒心。所恃以維持億萬年之基者。蓋祖宗既有仁孝慈愛不可及之盛德。而比年三聖授受。孝愛交孚。又足以祈天永命。故他雖未至。猶可漸而爲也。儻聖孝於形迹之間稍有所虧。四方傳聞。愈遠愈異。人心搖動。根本必傷。竊慮菑害自此而生。禍變自此而萌。無以恃之爲固。事實存於目睫。不可謂爲迂談。而轉移之機。則在陛下一念之頃耳。臣於此而不言。是愛其身。而負國家累世養育之恩也。詩云。心之憂矣。不遑假寐。臣不勝拳拳冒犯天威。臣無任瞻天望聖懇祈激切惶懼俟命之至。

四年。祖儉又上奏曰。臣世受國恩。茲又備數朝列。近因輪對得望清光。天容穆穆。極其粹溫。不遺微賤之言。曲加獎納。至論天人感通之際。有及於事親之禮。聖謨洋洋。窮極根柢。謂事親如事天。當務誠實。有以仰見陛下聖念所存。真與天通。凡禮文所寓。或未甚周。初非有虧天性之至愛。誠有非外廷所能知者。然事因適爾。觀聽浸疑。誠實之德。曖昧而不彰。禮文之實。因循而失信。國勢人心。岌岌搖動。蓋凛然有不保朝夕之憂。以陛下之明聖照臨宇內。方將登延俊良。以興治功。今焉於此屢有虧闕。既非陛下之本心。而猶爾優游視爲常事。使道路流言。浸不忍聽。臣實痛心。若執政大臣。侍從臺諫。不以今日事理之實告之陛下。則是群臣有負陛下也。若有所論奏。不得即以上聞。則是左右閹官畏威遠罪。壅蔽陛下之聰明也。夫天下之心有萬不同。至於事親之實。則本於孩提之良知。不待家至而戶曉。自天子至于庶人。壹是皆以此爲本。而人主者華夏蠻貊之所觀瞻。茲事實爲三綱之首。苟舉措睽乖。則天意人心隨即渙散。臣不敢避萬死爲陛下極言之。非是敢爲危言苦論。蓋以聖性本不如此。而不忍陛下負此不美之名也。且過宮之禮曠。初何疑間。獨以自去冬以來乘輿屢駕。皆成中輟。皆是舉行盛禮之日。與若會慶之旦。臣所目覩。百官序立重華宮外。以望翠華之來。大明浸升。踵企目斷。拜表竣事。衆心皇皇。當是時。陛下雖自以爲誠實無他。而人情固已不能不惑疑矣。至於長至之辰。臣所目覩者。天仗入陳。百辟就列。徬徨徘徊。嚴蹕未奏。離立庭中。蹙頞閣淚。人心憂迫。若癡若狂。咫尺天闕。無路可知。逡巡退却。相顧黯然。當是時。陛下雖又自以爲誠實無他。然流言難藉。尤有非辭說所能解者矣。臣於十一月十二日。冒死披瀝以自通於陛下之前。蓋恐於中外之情。或有所未知也。所幸適來進書成禮。過宮如儀。天宇開霽。都人歡欣。中外疑惑方得消釋。陛下誠實之意始昭于四方。而此月兩旬之間。過宮之日。則復兩皆放仗。十七日之事。又復甚於往時。自旦至莫。竟無傳旨。侍臣在廷。衛士在列。經過官司。伺候起居。捉卷軍兵。次第排立。終日守候。莫不皇皇。逮夫殿門將閉。始各散歸。宰輔章奏。間阻隔絕。宮闈嚴陛。有同萬里。呼吸之際。關念實深。夫偶未過宮。亦非大失。第以屢不加察。因是而可生禍亂之階。蓋因循失信。閒燕自如。固已深失人心。而外庭內朝。關節脈理。不相貫通。譬若咽喉之間。須臾閉塞。便成危疾。此乃陛下切身之利害。而宗社安危之所分也。若乃四方之觀聽。夷狄之窺伺。姦雄之生心。轂聞流傳。愈遠愈異。則猶為後日事耳。臣在闕門之外。聖意所以適

爾未出之故。非所敢知。但此事至大至重。人所共曉。合四方之心。以此為莫大之憂。更不暇語及他事。陛下聖性高明。靜而思之。其可復以為常耶。今壽皇生朝。進香之禮。降旨過宮。陛下寓誠意於禮文。不敢有忽。凡曰臣民。孰不鼓舞聖德。而適以陰雨有所未果。但自茲以往。衆心愈覺顒顒。政在陛下益加聖心。謹此常禮。疑情滯念。不可復存。感動轉移。難以少緩。每遇過宮日分。前期敬戒。養此誠心。或恐左右便嬖之臣。妄測意旨。但務逢迎。否則覆藏姦慝。潛行離間。時當過宮。往往進酒排當。留連夜刻。無以全陛下平旦清明之氣。遂使鑾車夙駕。多失期度。此等情狀。未必有之。然臣私憂過計。則願陛下更致察焉。古人有言。所不可得而久者。事親之日也。壽皇躬致二十七年之養於高宗。雖戎狄異類。亦皆感化。今壽皇春秋浸高。陛下問安侍膳。不容朝夕之必親。則五日一朝。節序展慶。式循儀制。猶為闕踈。陛

下聖孝自天。可不深念。若或聖體適於斷時。少有未怡。謂宜預降旨揮。改作他日。清燕高拱。以養和平之福。雖一時小小排當。亦當望摽如此。則始能還天意於既睽之後。收人心於既失之餘。大本充立。有以發天下孝敬之心。則事或未理。皆可支吾。而陛下事親如事天之實德。殆若日月之食。更也人皆仰之。豈惟纖塵浮翳。有如冰釋。不足為累。而孝德感召。和氣致祥。又有以開萬世無疆之休矣。臣拳拳之志。正在愛君。發言狂愚。憂心如醉。惟陛下裁赦。臣冒犯天威。俯伏待罪之至。

紹熙三年十一月。陳傅良上封事曰。臣一介踈遠。才不逾衆人。而多病早衰。齒髮頹變。久無榮進清顯之望。間者將指湖湘。罷弗勝任。嘗上奉祠之請。乞便醫藥。不謂陛下過聽。不以臣為不肖。歸以識節。當之郎舍。賜對便殿。初無建明。而天顏開懌。玉音溫厚。曾不數日。擢貳

冊府。又未幾。用以為皇子嘉王府贊讀官。極一時儒者之遇。臣誠不自意陛下待之甚寵也。不勝大懼。無以塞遭值之責。日夜思念。獨有與二三僚友共秉一意。為大王道古今父子君臣之際。人之大倫。天地之正義。以成孝敬長思愛。無負任使之意。死且不朽。蓋嘗讀書至文王世子之記曰。文王朝於王季者日三。雞初鳴。衣服至于寢門外。問內侍之御者。今日安否何如。內侍曰。安。文王乃喜。其有不安。則文王色憂。行不能正履。則必反覆為王誦之曰。是可以為法。事親若文王。則受命作周。本支百世。功德見於雅頌。願王慕之效之。勿以為不可及也。至漢戾太子之傳曰。親戚之路。隔塞而不通。太子進不得見上。退則困於亂臣。獨冤結而亡告。則亦必反覆為王誦之曰。是可以為戒。事親如漢太子。則交兵闕下。父子不相保。而望思歸來之臺。天下悲之。願王警之懼之。勿使萬一有此也。賴天之靈。社稷宗廟之福

而大王資稟純明，嗜好鮮少。不自貴倨，喜親書生，要得僚佐危言極論，則深信而不諱忌，至若周之所以得，則斂衽加敬，漢之所以失，則嚬蹙不忍聞也。適者王譽日彰，人心日附，臣與二三人者竊相欣賀。以為陛下有子，國家無疆之休也。今竊有感焉。會慶誕節，陛下闕上觴之禮而弗講，長至大會，陛下復闕稱賀之禮而弗講。群臣迫怵妄窺聖意，臣固知陛下自違豫以來，雖及康復，尚弗便於乘輿，而怯風霜，雖然，非所以為訓也。何者？區區陳說，無過口耳之感，必不能勝躬行之化。況觀往古，無過紙上之習，必不能如家傳之法。今陛下上對三宮之懽而下責小臣陳誼於家嗣，以庶幾寡過，則雖抱血誠之忠，未見其補，將以逃斧鉞之誅而已。楚王有言：人之愛其子者，亦如余乎。陛下以國家無疆之休，託在一子，宜如何愛之，而偶不察夫所以儀刑之道如此。顧使講讀皆為空言，名曰輔導，安用臣等。此所以痛

惜此舉動非所以為訓也。臣以多病早衰，齒髮頹變，久無榮進清顯之望，方申祠請，以便醫藥，不忍默默昧死為陛下一言，以冀睿悟伏紙流涕，不知所云。

四年，傅良為起居舍人，兼中書舍人，又上奏曰：臣不勝螻蟻之忠，輒有愚言，仰干天聽。如蒙省覽，即臣雖就誅戮不悔。臣聞父子天性也，孝慈之道，不待教而能者也。自士庶人皆然，而況於人主乎？然考之載籍，則有尊為人主，而隙開於父子之間，至於禍敗，反不若士庶人之家者，何也？賤者群居，其勢易親；貴者異宮，其勢易疏故也。夫惟其勢易疏，則離間之言易入，離間一入，則父之情不欲自疏於其子，子之情不欲自明於其父，由是愈難於言，而父子之隙開矣。父子之隙開，而禍敗至。唐之西內，則李輔國之徒；前日之龍德宮，則梁師成之徒是也。論至於此，可為寒心。恭惟陛下父子之間，一同舜禹，而比年以來稍衛定省之節，臣誠卑賤，不能知宮禁間事，若以前鑒觀之，或者亦當有離間兩宮者乎。陛下孝謹，本自無他，偶以纖介動成疑阻，壽皇恐傷陛下之意，不欲自察察言之；陛下恐傷壽皇之意，又不敢自察察言之；而左右之臣，各憚天威，又亦以傳言為諱。由是禮文寖疏，情好日隔，積成因循，實駭聞聽。此臣所以不避萬死而輒言之也。言之也者，將以通之也。有如天意，信謂如此，即下臣此章，明詔大臣使兩宮左右曉然知此，務通二聖之情，則舜禹之德，千載同符矣。臣無任拳拳激切祈懇之至。

傅良又上奏曰：臣近者不識忌諱，幸因賜對，輒論及兩宮情意未通事。仰荷聖慈，闊略愚直，曲垂清問，備盡懇悃，仍令臣入文字，指摘離間之人，將有施行，以釋疑阻，則古所謂狂夫之言，聖人擇焉，何以過此。臣雖糜捐，無以報稱，比至奏入，竟留不下，臣切自咎責，非陛下之

不聽臣言，實臣負陛下耳。以此不避煩瀆，再有奏陳。臣聞天倫骨肉自然恩愛，偶有嫌隙，至相猜疑，考之載籍，間或如此，然而秉彝之性不可解剝，同氣相求，終易感動。是以方其懷疑，若將終身而不合，及至感悟，則又慨嘆而如初。往往喜極至於流涕，豈同他人各有異志。雖以盟誓相要，竟亦關防不已者乎？又況陛下父子聖明，同德舜禹。適至今日，尤非本心，苟反求於一念之初，則何待於多言之切。且陛下獨不記壽皇之疏魏邸乎？自古廢立出於愛憎，壽皇此時果何心耶？而陛下忍忘之也。若曰離間之人，則亦宜有緣故，究觀前代，多是姦臣，因懷反側之心，遂行鬪諜之計，為此向背，皆以自危。今之群臣豈有是事？蓋未嘗得罪於陛下，則必不赴愬於壽皇，人情曉然，可以洞察。假使近習妄自分朋，間或有少可語言，亦不過時暫欺蔽，初非要害可造事端，雖是合正典刑，何足尚煩聖慮。此臣所以日夜痛心

以為陛下謀有所疑。而積憂成疾至此也。抑臣不識聖意。今將聽二三大臣與百執事之言。而為父子如初歟。將一切勿聽。使父子終不得相見歟。昔者虞舜欲見其父於生前。日號泣于旻天。訖於克諧。萬世誦聖。漢武欲見其子於死後。作歸來望思之臺。天下聞而悲之。而事已無及。徒成永恨。二君之心。大抵略同。遲速之間。得失相反。臣恐陛下今日之不為虞舜。而他日之將為漢武也。臣言及此。亦既泣下。今請以此月扈從車駕過宮為期。若猶未也。則臣實負陛下。將退而就誅戮矣。臣不勝迫切之情。

傅良又上奏曰。臣竊觀兩年以來。以不過宮諫者衆矣。誦說義理。條陳利害。非不詳盡。非不激切。而陛下曾不加聽。間或聽之。亦不過勉強一出。近者且以面從為聽。嘻笑不加怪矣。獨臣私念以為陛下誤有所疑。積憂成疾。以至於此。故自去冬凡四請對。每於陛下心事之間。反覆開明。至於深入切中。往往陛下為臣傾倒。一無隱情。臣亦益得肆其狂愚。無所諱避。枚解而件析之。誠冀聖懷曠然大悟。起居飲食。務自安和。號令言語。務自平允。其在外朝。不必事事過為留難。其在內廷。不必人人過為猜慮。如此則淵衷寧謐。天性自見。何待臣下固要力請乎。而陛下以臣言之故。釋然無他。凡三感悟於此矣。去冬命臣宣諭兩府。翊日取旨。前月命臣更入文字付外施行。最後十八日。復諭臣以早來曾許丞相以十九日命駕。退朝之後。便降指揮。臣數四懇奏。而玉音亦數四嚮荅。此陛下三感悟之幾也。然今日確許明日中變。不唯中變。而又號召大衆赫然示天下以不肯出。假如陛下有一人可信。有一策可取。有一日清明在躬。豈至此乎。臣所以徨恐踧踖。前此對後。輒乞補外。於今極矣。宜即誅戮。納祿謝事。猶是自營而非臣之敢要君也。天度寬容。降旨不允。臣敢不更自殫竭以畢區區之義。臣聞抱虛恐者貽實禍。懷安憂者得真疾術也。此心最靈。切作造化。一有所蔽。皆成定力。自非聖賢。未易開悟。甚者無故及於亂亡。昔漢武帝征和間居建章宮。見一男子。收之弗獲。而巫蠱始起。又常晝寢夢木人數千持杖欲擊帝。帝驚寤。因是體不平。忽忽善忘。疑左右皆為蠱祝詛。莫敢訟其冤者。已而有戾園之禍。隋煬帝大業初。內殿火。帝以為盜起。驚走入西苑匿草間。火定乃還。自後每夜眠中常驚悸。云有賊至。以嬰貯毒藥。謂所幸姬曰。賊至。當飲之。已而有江都之禍。由今觀之。征和巫蠱本無是事。只緣武帝疑心不解。姦臣演緣。卒禍其子。大業盜賊亦無是事。只緣煬帝疑心不解。左右壅蔽。卒禍其身。臣故曰。此心之蔽。甚者無故及於亂亡。二君是也。陛下不過宮。豈非誤有所疑乎。臣不識陛下何所疑。重華耶。道路之言。不以為責善。則以為猶吝權。以臣計之。二者皆誤也。且壽皇責善為天下

計。為社稷宗廟計耳。假使陛下政事脩明。人心愛戴。則壽皇之願得矣。尚復何辭。陛下不是之察。豈非誤乎。若曰吝權。則進退百官。必與聞其人。罷行庶政。必與聞其事。而五六年來。天下不見其有此也。但見陛下懷不自安。動輒阻惑。以其人為欺。雖大臣死亡而不信。以其事為悖。雖細民疾突而不恤。又豈非誤乎。夫以誤為實而開無端之釁。以疑為信。而成不療之疾。臣切以為壽皇不能禍陛下。是陛下自貽禍也。臣言不足聽。分當永棄。念此遠離。不宜自他。復為陛下懇惻言之。伏惟鑒隋漢之所已往。而揉其將來。國家之福也。兩宮之所期待也。非獨臣之願也。臨紙滂淳。庶幾萬一。

傅良又上奏曰。臣聞人主之所以得天下者。以得人心也。所以失天下者。以失人心也。非獨以父子之私也。苟得人心。雖其父不得以天下私諸人。苟失人心。雖其父不能以天下私其子。昔者禹薦益於天。

將以天下遜也。而謳歌朝覲獄訟者皆不之益而之啓。故禹卒不與賢而與子。故曰。苟得人心。雖其父不能以天下私諸人。啓是也。秦人自以為萬世有天下。死而號曰始皇帝。其次曰二世。欲以一至萬也。然身死纔數月耳。天下四面而攻之。宗廟滅絕矣。故曰苟失人心。雖其父不能以天下私其子。胡亥是也。共惟陛下今所憂疑豈非以不得愛於壽皇乎。夫惟以不得愛於壽皇而鬱鬱終日以失天下為懼。於是舉朝諫之而不聽。舉國非之而不恤。舉世為之惶惑而不加怪。臣恐陛下之憂不在聖父而在人心也。何者。假如萬一壽皇誠責善識猶吝權而天下歸心。則陛下固亦辭於壽皇矣。壽皇雖不責善雖不吝權而天下離心。則雖壽皇亦無以為陛下計者。是故疑壽皇者虛憂也。失人心者實禍也。此理曉然。不待智者而諭。今也舉朝諫之而不聽。百官解體矣。四參常朝宰執而下。無一人立班者。是忘舉朝

之心也。舉國非之而不恤。軍民皆怨讟矣。或詐為詔書。敢於指斥。是失舉國之心也。且舉朝諫之而不聽。舉國非之而不恤。猶曰為憂疑壽皇故也。若乃吳挺之死半年而不置將。張孝芳之見數累月而不討賊。他如班直待試於殿庭。侍從待命於郊外。往往邈然。都不省記。是於壽皇何預焉。而陛下獨固守力行之。又所謂舉世為之惶惑而不加怪者。是豈不足以失舉世之心乎。不但此也。人情好逸而惡勞。今仗下之士皆苦晏朝。已輟班矣。有嘸不顧者。臣未知禁衛之心果如何。人情利親而患疎。今自閤長御藥。卒不得一至左右。間嘗一日遂數十人。臣未知近習之心果如何。甚者嘉邸有子而不奏告。掖庭有喪而不起發。臣又未知宮闈后妃之心果如何。陛下試一念此。不謂之孤立歟。不謂之人人自危歟。陛下博覽載籍。閱義理熟矣。亦嘗見自古人主孤立如此。人人自危如此。而可晏然無事乎。今天下本

無事。而陛下以憂疑失人心至此。方且曰。吾計當如此。吾不可放下矣。而專欲蹙怒益不容解。則古所謂肘腋之變蕭墻之禍。殆不可謂今真無也。豈不甚可畏哉。雖然。破疑為笑在蹙頻之頃。則轉禍為福亦在反掌之間。何者。今日之事。非若敵國對壘難平也。非若強臣跋扈難制也。又非若四分五裂難收拾也。徒以聖意憂疑壽皇。過宮而人心不服耳。聖意釋然。則人心帖然矣。故今日過宮。則人心以今日解。明日過宮。則人心以明日解。然則陛下何苦執滯而為此岌岌也。在易睽之上九曰。睽孤見豕負塗。載鬼一車。前張之弧。後脫之弧。匪寇婚媾。往遇雨則吉。說者曰。睽孤之極。見豕負塗。甚可穢也。載鬼盈車。吁可怪也。方張弧以攻矣。而其極必變。變必通。俄而脫弧。則無為寇之患。有遇雨之吉者。陰陽和也。孔子之象曰。遇雨之吉群疑亡也。人有此事則易有此象。陛下今日非偶然也。極則變。變則通。此其時

矣。獨奈何弗悟乎。臣前後論奏以千萬數。大抵務為開釋冀自感悟。而不忍以危言傷聖懷。念當謝事納祿。永辭闕庭。是以復誦人心可畏之說。以望裁擇。惟陛下速圖之。幸甚幸甚。

秘書郎彭龜年乞車駕過重華宮上疏曰。臣聞大學之九章曰。孝者所以事君也。弟者所以事長也。慈者所以使衆也。古之君子不出家而成教於國者如此而已矣。堯舜禹湯文武此六君子者。未有不謹於此者也。恭惟陛下嗣無疆大歷服。四年于茲。講求治道。非不勤至。然而風化未興。習俗日頹。閨門乏雍穆之風。郡國多陵犯之變。遠未暇言。姑言其近。御史臺朝廷紀綱之地。而群不逞敢奪人其中。毆擊於市。餘杭縣去行都財百餘里。而無賴之人。輒登縣治而逐其長。秀州私販鹽者。被擒捕之。反縛巡檢而殺士伍。其無忌憚至此。耳目習熟。以為故常。循循不已。禍將益大。不可待之為小變而不顧也。國家

法令明備。若使此等可以法治。則人固畏之矣。法密而人不畏。此非法之罪也。大學曰。君子有諸己而后求諸人。無諸己而后非諸人。所藏乎身不恕。而能喻諸人者。未之有也。陛下抑嘗自反矣乎。書曰。萬方有罪。在予一人。又曰。民不靖。亦惟在王宮邦君室。古之聖人非是彊認以為己責。理固如此。易曰。有父子然後有君臣。有君臣然後有上下。然則欲使君臣上下各盡其分。豈無自而然耶。恭聞壽皇聖帝之事高宗也。備極子道。其始受禪。欲日一朝。高宗不可。於是下做漢制。月六朝焉。已而高宗復難之。始展為四朝。然不朝之日。晨昏定省之禮。飲食上下之節。寒暑温凊之宜。無不闕之。雖有南北宮之不同而父子嬉嬉如處一堂。自舜文而後。事父母盡其道。唯壽皇而已耳。此皆陛下所親睹。想當時宮闈之間。委虵曲折。求以識夫親者。陛下又皆心得之。外庭不得知也。至今天下稱頌壽皇之德。必指事親為第一事。以壽皇之事高宗如此。則陛下之事壽皇。當有以過之而後可。若纖毫有所不及。則天下之責必至。蓋壽皇之於高宗。與陛下之於壽皇。又不同故也。陛下自即位以來。供養三宮。未嘗有缺。止因前歲聖躬不和。於是過宮稍稀。夫過宮固事親之末節也。今日三宮之情。如春風和氣。何嘗計此。然有不可已者。陛下事親自視孰與周文王。文王朝王季且日三焉。而陛下歷月不過宮可乎。是不可委之於偶然而已。以是為偶然而弗恤。則其他以偶然而罷者。亦必猶是也。夫稍不過宮。直以為有損於孝。固不可。然今世之所謂孝者。曾不過如此等事。於此有不謹。無怪乎人之輒以議己也。何也。吾之所謂實然者。誠未有以大信於人。則捨禮文之間。抑何以自見乎。且父母之愛其子。不論貴賤。其情則一。人至晚年。愛子尤切。倚門之望。豈獨閭巷之人哉。況壽皇今日止有陛下一人。聖心拳拳。不言可知。特遇過

宮日分。陛下或遲疑其行。則壽皇不容不降免到宮之旨。此亦壽皇恕人得以竊議陛下。故為陛下辭責於人。此蓋壽皇美意。必非不願陛下之來也。陛下儻疑壽皇不喜陛下之來。譬與何不一往以嘗之。上可以感動慈親之意。下可以解釋國人之疑。今日壽皇慈父子之心。人莫不知。而陛下事親之心。人猶未信。自去年陛下不過宮。得之道塗之議。籍籍可畏。不知曾有舉以告陛下者否。似聞宰執侍從臺諫亦嘗泛然有召亂致禍之言。已而竟不過宮。言遂不驗。然亦幸而不驗爾。今日不可不以其言之無驗而遂忽之也。臣所以欲有言於陛下。而必首及近日數事。政欲陛下知人情已動。不得不警懼。抑又有大可憂者焉。臣聞之道塗。皆謂兩宮之情。頗不如舊。疑間之隙。漸覺有形。此雖小人見陛下久不過宮。有此擬議。然臣以事揆之。亦有不容不疑者。陛下既舉慈福慶壽大典。自合奏稟。而陛下不行。此一事也。陳源乃壽皇所屏逐之人。而陛下録用之。此二事也。壽皇近失長婦。若庶人見父母晚年遭此憂戚。亦必親唁之。而陛下不往。此三事也。積之不已。其疑愈深。却恐因循遂成阻隔。此豈細事哉。竊聞嘉祐治平之間。英宗母子携貳。已聞內臣任守忠等間諜之於內。大臣則韓琦富弼。侍從臺諫則呂誨司馬光王疇等調停之於外。當是之時。小人唯欲其離。君子唯欲其合。天錫我家。社稷有福。二聖英明。既不惑於小人之言。而諸臣懇惻。又足以動天性之愛。所以天下禍亂無從而起。蓋自古人君處骨肉之間。指為家事。多不與外臣謀。而與小人謀之。所以交鬭日深。疑隙日大。今日兩宮萬萬無此。然臣所深憂者。陛下外無韓琦富弼呂誨司馬光之臣。而小臣之中。已有任守忠者在焉。兩宮豈堪有他疑哉。方今廷臣無不知此。每至聚首。動色憂之。然臣嘗竊聞其議論。皆未有忠實為陛下謀者。或曰。父子之間。人所難言。人誰

無親。親所當事。奚待人言。言之適足激陛下之怒。不如聽之天理自還。為此說者委陛下為不足與言。此最不忠之大者。或曰此亦非言語論說所能動。獨有壽皇降意以就陛下。或可回爾。為此說者是又欲僥倖陛下一出以厭人情。而不知其誤陛下尤甚。儻為此舉。在壽皇固慈矣。然倒置如此。於陛下得為安乎。使韓琦富弼呂誨司馬光之徒當今日。臣知其獨有事親不可不孝一說告陛下。必不委曲回互。反累聖德。如諸臣者。臣實慕焉。臣竊觀陛下近日所為。昧中庸九經。已犯其五。臣之所欲言者蓋不止此。此特大學九章中之一條最大者也。唯陛下幡然改圖。一新聖德。使綱常之間。了無所愧。不特可以息禍亂。又且可以致太平。初無拘礙牽制。在陛下反覆掌之易耳。何憚而不為也哉。冒宸嚴。臣下情不勝殞越俟命之至。

龜年又上疏曰。臣輒瀝血誠。仰干天聽。臣聞人主不可有所疑。疑則天下之情壅遏而不通。天下之事廢格而不舉。其為害至切也。故歐陽脩嘗奏疏仁宗皇帝曰。自古有天下者。莫不欲治。而常至於亂。莫不欲明。而常至於昏者。其故何哉。患於好疑而自用耳。夫好疑而自用。其弊乃至於昏亂。脩之言非過也。情既壅而不通。事既廢而不舉。則理固應爾也。恭惟陛下聰明睿智。度越常主。忠信誠慤。孚于天下。群臣獲事休明。自非病風喪心。安敢輒以昏亂二字重誣聖世。適自今歲以來。朝廷機務多疑不決。宰執侍從臺諫。皆陛下委以心腹耳目之寄者。言輒不行。金字牌事一報機速軍事。尋常郵傳文書。莫此為急。亦復委之不信。雖無昏亂之形。而有昏亂之理。有識者固已憂之。然其事皆有跡可考。一日清明。蓋不待頃刻而可以一言辨之。不難也。唯是重華之朝。累月不講。閭閻竊議。其言萬端。多出揣摩類。不可信。逮至九月二十二日。忽自南內徑辭過宮。指揮而後群臣始知

兩宮必有所疑。不然。陛下天性至孝。不應於至親父子。恝然相忘如此。臣聞之道塗。陛下宮闈之間。上自中宮。下逮嬪御。或遇生日。其大者則必有所宴集。其小者亦必有所錫予。蓋不如是則人情必有不美。寧有慈福誕彌之月。而不親舉萬年之觴。壽皇聖節近在朝夕。而進香故事又復不舉。以臣揆之。陛下非大有所疑於中。必不若是。然壽皇之於陛下。乃親父子。親父子復何所疑而至此乎。臣觀自古帝王親父子嘗有睽阻者。唯舜而已爾。其父至欲殺之。其母若弟又從而設為機穽以圖之。至難處也。然舜未嘗疑其父。亦未嘗怨其母與弟。唯夔夔齋慄。負罪引慝。自今觀之。舜之事親。古今莫加焉。豈有罪可負。有慝可引耶。而舜獨如此者。非偽為也。其心以謂吾事父而不得乎父。即為罪與慝矣。故書紀其祗載。見瞽而父旋有允若之應。夫舜之祗載以見其父。乃其父真情實意所從而感發之機也。使其不見。詎敢望其允若哉。今之時非舜之時也。舜處其變。陛下處其常。舜為其難。陛下為其易。計時揆事。舜豈敢望陛下。然舜能處其變。而陛下乃不能處其常。舜能為其難。而陛下乃不能為其易。獨何歟。顏淵曰。舜何人也。予何人也。有為者亦若是。孟子曰。謂其君不能者。賊其君者也。臣雖愚戇。固不敢謂陛下不能為舜之事也。適者群臣抗章無不切至。而天聽穹窿。未見昭格。此固群臣孚誠有所不足。詞語有所未明。然臣竊料必有植此疑根於陛下之胸中者。見外庭紛紛迭有奏疏。將千方百計。誤陛下之聽。使陛下不省群臣之言。未可知也。比亦聞宣諭宰執侍從以所疑之故。而一時無有忠實懇惻能啓迪聖心者。是以其疑至今未解。臣方聞有此宣諭。時雖竊喜陛下推赤心以待臣下。不示形迹。而又竊憂其遲回不決。必將益甚也。何也。陛下父子豈復有疑。為此疑者。必有人焉。其人間陛下。將與群臣剖析

此疑則其心必如沸湯。唯恐陛下父子一見天性復還則前日間言反將為莫大之禍。臣料此人自此將益為間諜。妄指形似重惑皇明。使陛下不復出激怒聖父或傷陰陽之和。乃適其意然陛下獨不思萬一如此彼之計誠遂矣陛下豈不負天下萬世之責乎。臣甚為陛下惜此也。昔潁考叔以遺母之意感鄭莊公。卒能復莊公母子之愛。李唐山人亦以愛女之心感唐肅宗。而不能通肅宗父子之情。其機一也。而應否異者莊公無人間之而為肅宗父子之間者李輔國輩尚在左右故也。然則群臣之言不能感陛下豈不類是哉雖然陛下既因是人而起是疑矣。一旦欲使遽釋其疑固甚難也何也。未知陛下所疑者何事而無以辨之。則固難望陛下之幡然也。臣嘗聞陸贄有云。明則罔惑辨則罔冤惑莫甚於逆詐而不與明。冤莫痛於見疑而不與辨。唯明與辨乃治疑之良藥。臣竊觀陛下多疑皆始於不喜

奏議卷之十一　十九

明辨之故。然外廷之事群臣尚能為陛下辨之。乃若父子之間非陛下自辨之不可也。臣愚欲望陛下亟命鑾輿亟朝重華。反躬自咎極其誠意。盡以所疑之事面質之於壽皇。壽皇見陛下如此。必將感發慈愛懽然相接。盡以所疑明辨之於陛下。臣殆見陛下父子自此天清地寧日光月潔。當無一毫之間可窺矣。方今兩宮睽異落落難合而臣知其必可合者以父子天性不可泯滅。但恐隔而不通則無如之何若陛下感於此壽皇必應於彼。視影響形聲猶為不逮也。反昏為明轉亂為治直在陛下。他人安能與哉。臣但能為陛下言之而已。唯陛下念之。干冒宸嚴。臣下情無任隕越俟命之至

龜年又上疏曰。臣輒瀝血誠仰干淵聽臣備數三館無補公上比隨同列疊抗封章。隕乞陛下過宮幾至煩瀆。臣於十月十七日。又嘗獨上一疏。謂陛下久不過宮必有所疑。而植此疑者。必有人焉深恐其益為間諜。欲乞車駕早過重華。親辨其事意雖誠懇詞實荒疏。不足以裨補聰明實深憂懼。至十月二十六日。忽聞陛下遣宰執詣重華奏事。雖未見鑾輿順動而已知父子情通。至次日降過宮指揮閭閻之人被滌為笑闡之道路。皆謂陛下嘗明諭大臣以小人間諜之語。將有行遣。皆謂陛下父子自此當歡愛如初矣。而臣實未敢以為喜也。何也。陛下既明諭間者姓名。而大臣不能正其罪。間者不喜則陛下過宮之期必不可必矣。蓋天下之人皆願陛下過宮。而所不願陛下過宮者。不過此三數小人。其平日造作疑阻。以間疎陛下之父子者。不知其幾何矣。一旦陛下父子相見。豈不憂其言語之敗乎。豈不憂其罪戾之及乎。臣嘗見陛下臨朝與群臣語及過宮未嘗不動色。及入中禁。即變其說。是以知左右之惑陛下者衆。而陛下之父子終未得相見也。既而果聞中輟。不勝憂戀。臣不敢保惜首領終為陛

奏議卷之十一　二十

下明言之。臣在闕門之外。固不能知為陛下父子間者果為何人耶。抑為何事耶。臣但見自昔間人父子者皆必有故。遠則興慶之事。猶有明皇結歡父老呂宴將臣之可指。近則靖康之事。猶有徽宗不發邊角截留兵卒之可疑。壽皇自揖遜以來。何嘗略有此等痕迹陛下試舉間者之言一二質之於外。臣知其必妄無疑矣。臣不知陛下所以久蓄此疑而不決者果何故耶。臣知非陛下不欲決。但數間者不欲決耳。陛下早決此疑一日。則小人必早獲罪一日。陛下遲決此疑一日。則小人必遲獲罪一日。陛下若但蓄此疑而不決。只是為此數間者匿此惡而不使之敗。陛下不忍於數間者以受天下之謗。而乃忍於壽皇以成數間者之姦乎。然臣亦恨陛下未有忠實肯公勇敢任事者為陛下辨此疑。任此事也。今日宰執侍從但能推父子之愛以調停重華。臺諫暨百執事但能仗父子之義以責望陛下。至於疑

間之根盤固左右者畧不敢一語及之曾不知此疑根未除雖至情有所不能通雖大義有所不能舉譬如陰沍之雲凝結未散非疾風動蕩盡力掃除安能使太清廓然皎日復麗哉臣區區愚忠誠不忍陛下爲此數小人者受天下不義之名如此也故終日忘食終夜忘寢思有以告之陛下十月十六日之疏猶未敢誦言之今事急矣不得不言矣竊見今日内侍間諜兩宫者固不止一人唯見陳源在壽皇朝得罪至重近日復還進用外人皆謂離間之禍必自源始方源未進之時雖陛下過宫已踈然源之進也攻以知陛下此疑已動而其黨之進源也亦欲陛下此疑愈固也源輩既在宫中臣知陛下之疑未易可解蓋其膽大敢爲欺罔機深能爲狡獪陛下飲食居處皆將投以所疑重華往來問訊皆將指以爲疑或陽請陛下之出而陰尼陛下之行或名爲畏懼壽皇而實以激怒陛下千方百計神出鬼沒雖不可得而窮詰而其情狀意態不過是數端而已大要只欲陛下父子終不相見而後其志始遂矣古人求忠臣必於孝子之門謂其有父子然後有君臣也今人有父子而欲間絶之則其於君臣何有哉陛下儻以斯人爲忠則臣有以驗之矣始李輔國之欲間肅宗父子也張后與焉既而父子睽異輔國得志卒之弑張后而致肅宗亦隨以亡者實輔國也陛下自今觀之間人父子者豈不可畏也哉今陛下久不過宫而道塗紛紛議及中殿陛下以爲誰實爲此宫禁之事祕不可聞所以騰播於外者皆此輩爲之也今已如此後可知矣司馬光嘗論高居簡以爲置居簡於肘腋恐令陛下父子兄弟夫婦皆不寧臣見源輩實亦如此故臣愚欲望陛下亟發威斷斥逐陳源以謝天下然後肅命鑾輿亟朝重華負罪引慝以謝壽皇使陛下父子歡然宗社有永豈不韙歟若陛下以臣言爲愚妄不足採取即

乞放歸田里以畢餘生陛下既已赦臣亦不可使臣爲小人所陷不勝忠憤懇切震慴悚恐以俟威命之下

五年龜年爲起居舍人又上疏曰臣恭聞三月二十三日有旨輪侍從官一員詣天竺寺禱雨臣雖庶官次亦當行臣於今月四日齋戒夙興奉將淵指跪辭致敬唯懼不虔然自朝廷祈禱以來臣竊觀天意未見感通纔雨即風纔風即晴常若有散之而不得合格之而不得下者訪之諸處皆未浹洽農事已過旱勢可憂臣自服職柱下凡四閱月已兩被旨禱雨天竺皆無昭格此蓋諸臣誠敬不足不能仰達宸衷合被譴訶理無疑者然臣竊伏自念水旱之災何世蔑有靡神不舉具有憲章若成湯之桑林周宣之雲漢無非反已自咎藉以徼福於神蓋未有只事祈禱以冀感通者也臣竊聞仁宗皇帝每遇水旱必露立仰天痛自刻責盡精竭慮無所不至而韓琦猶謂陛下欽順上天之誠可謂至矣其於消伏災眚之道則猶未焉琦所謂消伏災眚之道者即書所謂惟先格王正厥事者是也當時廷臣多持此論故景祐元年旱李淑歸咎於爵賞過優康定元年天久不雨龐籍以謂費用奢廣出納不嚴所致二臣之言災異亦異乎漢之諸儒矣然槩之格王正厥事之說則誠有此理也富弼謂天地人本是一氣氣既相貫氣動則應人君欲考天地災祥以是察之而已臣竊觀今日不雨所以召此者雖未易數然其大者未有若過宫者也臣非彊自牽合欲得陛下因此警懼幸聽臣言實緣天人相與理政如此夫匹夫之賤儻孝於父母猶能致天降甘露地涌美泉設或不然禍亦視此而況陛下擾億兆人之上則其勢力感通必視億兆人之衆蓋不止如匹夫而止也陛下豈不見去歲未過宫之前黑子見於日赤青作於夜既過宫之後瑞雪忽降災變盡消感應之理其速如

禋則臣以爲今日不雨在於不禱宮豈過也哉且向來無雪固嘗禱而不應矣去歲之雪乃因不禱而得之陛下非不禱也禱於壽皇即禱於天竺也今不一定省於此宮而但懇祈於釋氏使釋氏無靈則已釋氏有靈而真可禱也臣知必監陛下事親之念必不監陛下命臣之旨也何也兩宮不和則天下不和天下不和則天地不和天地不和則釋氏雖欲彊雨以應陛下之求將不可矣蓋天地和則雨未有不和而雨者陛下一念儻回則此和自陛下而生一念不回則此和自陛下而乖願釋氏何有哉陛下儻不聽臣之言非特不能得雨於釋氏陛下今歲郊祀合祭天地而不先求夫所以得天地者臣尤以爲憂也孝經曰事父孝故事天明事母孝故事地察謂之明察者蓋無毫釐不盡之謂也於父母有不盡之心則於天地亦有不盡之心矣此心儻有毫釐之不盡尚何以事天地乎此臣又非特爲不雨

而言也情出迫切言詞狂悖天威咫尺俯聽誅夷唯陛下裁幸

龜年又上疏曰臣竊見近日廷臣自宰執至于百執事陳乞陛下過宮不知幾疏皆不蒙聽納至一日之間舉朝求去自古及今蓋未聞有此等事也臣謂陛下見此必加省察乃聞宰執開陳聖怒叵測陳善閉邪人臣之職分也羣臣獲事休明偶見陛下過宮希闊愆衍孝道故畢力開陳一幾感悟雖詞語狂悖舉措輕脫然究其中心則皆有忠愛君父之意若以古人之法揆之不唯當容受聽納又當奬予激厲然後士氣可振國勢可安而陛下乃反有含怒之意將大有所懲戒此則臣之所甚憂者用是昧萬死一爲陛下陳之臣竊惟今日之事憂陛下者指小人以爲間順陛下者指君子以爲激夫以臣事君或出於激此固不可然有輕至焉君子雖激猶爲愛君小人之間直損君德耳陛下至親父子若非有間寧至於是群臣但見陛下久不過宮人情洶洶不勝憂懣只得以大義勉陛下小人必曰若如此而出是陛下本不孝因群臣而後孝也本其意止欲固其間言使不至於敗而已陛下乃從而信之可乎設若陛下不聽群臣之言終於不出亂或由是而生則昔之投間於陛下者又未必不推爲群臣之激有以使之也而陛下又加怒於群臣可乎小人始以間誤陛下而終以激殺羣臣豈不重失天下之心哉陛下試觀二十二日聖駕不出舉朝求去如出一口此豈有形役而氣使之者蓋出於其心之同然故不期而動如此陛下只以此推之則自此舉止動息若稍不順人心其應又豈止此而陛下不懼可乎臣觀陛下近日所爲多拂正理唯有容納讜直闊略狂狷所以人心未離若更於此路稍加剸裁則陛下大事去矣陛下豈不思此等本何所爲而不容之乎此等不過少忤陛下之意陛下若遂去之則順陛下者進矣陛下抑思今日

之事忤陛下而欲陛下全事親之孝者爲愛君乎順陛下而欲陛下失事親之孝者爲愛君乎陛下但與群臣較從違而不與天下較逆順臣雖至愚未敢以爲然也陛下疑之益甚則兩宮不合既爲君德之玷諸臣得罪卒兆國家之禍是未可知也陛下若聽群臣之言父子如初不唯聖孝光明上紹虞舜群臣得安意奉職共登太平豈不休哉國家安危群臣禍福繫此一舉此臣所大憂也唯陛下念之

龜年又上疏曰臣輒冒萬死仰控忠懇臣本無材術謬司記注近數奏論過宮希闊載筆難書書之則臣不知愛君不書則臣不知守職書與不書臣皆有罪是以抗章自劾陳乞竄逐聖恩寬大俾復故官威命一臨踽踽就職陛下既未許臣以去則臣安得不復修其官用敢冒昧條舉一二陛下事親禮有常數設若壽皇有旨免到宮臣猶可書也四月二十二日勑無免到宮之旨而陛下不出使臣如何書

耶。壽常問安偶免到宮猶何書也。五月七日。既以壽皇聖帝聖體不和遣官奏告矣。旋有旨免到宮。使臣又如何書耶。然初八日免到宮。既云有壽皇聖旨猶可書也。今月十五日初無免到宮之旨。在朝群臣累請問疾。乘輿已駕。道路已清。而陛下復不出。使臣又如何書耶。十九日為壽皇服藥肆眚天下。連日鄰人顒望翠華之出不啻望歲。而陛下晏然不動。使臣又如何書耶。凡此特見之關報之粗者耳。若夫道路流傳至有不堪聞者。臣雖不得而書。計必有野史書之。其言但有增加。必無隱諱。傳之後世重累聖德。臣實為陛下惜也。臣竊見近日群臣請陛下過宮者。不止一人。或將順。或正救。或解釋其疑。亦不止一說。言語忿激。引類褻慢。殆不可恕。而陛下受之曾無難色。一入內庭其意即異。果何為而然哉。是必有誤陛下者也。然誤陛下者不特間踈陛下父子而已。父子之間。人所難言。儻非群臣忠愛陛下。誰敢及此。今陛下外雖受其言。而內實背之。是必有謂群臣舉不足信者也。謂群臣舉不足信。則是又踈間陛下之君臣矣。群臣但見壽皇春秋已高。多近醫藥。恐陛下因循不見。或成不可追之悔。故勸陛下太急。小人知陛下父子天性終必復還。唯恐群臣之言入。而陛下之天復也。故誤陛下愈深。揣其為說不一而足。臣觀近日壽皇遊幸而陛下無所勸歡。壽皇服藥而陛下不及省問。陛下豈忘此者。是皆內侍輩自愛已甚。唯恐陛下疑其輙通重華消息。故不敢以告。致陛下事親之禮少虧。今小人又欲以此離外庭之臣。使外庭之臣鉗口而不敢言。則陛下父子終身不可復見矣。豈不痛哉。彼小人者。既離陛下父子。又離陛下君臣。使陛下孤立於上。內外不得通。禍亂不得聞。此其意欲何為。而陛下不悟乎。若此等事決皆不利於陛下之身。而陛下胃行之。臣實痛心疾首。未曉其故。以陛下聰明睿智纖悉必

奏議卷之十一　二十五

察。何獨於此略不省覺。蓋小人誤陛下已深矣。彼但使陛下父子恩意之間日損於一日。如履淤泥。一步深於一步。則不待更加譖毀之言。而陛下自不能已。可不謂慘耶。然以臣觀之。父子之性出於天命。安能終睽。唯恐聖心不回耳。聖心一回。臣以為處此甚易也。夫木本不衰。有蠹則衰。一去其蠹未如初矣。父子本無睽。有間則睽。一去其間。父子如初矣。陛下今若翻然悔悟。將平日為間之人揚于王庭。明正其罪。則向來陛下父子之間少有所不及之事。蓋有任其責者。又何足累陛下哉。臣愚欲望陛下平心下氣。少察所親。無使父子之恩絕而後悔。小人之間遂而後悟。天下之亂作而後圖。則無及矣。唯陛下速為宗社念之。臣為右史。輙及陛下父子之間。自知必干天誅。然陛下之意不回。則臣之職終不可舉。是以率意極言。無有所隱。唯陛下幸赦其愚。

光宗時。陸游上奏曰。臣恭惟陛下躬聖人之資。履天子之位。而致養三宮。承顏左右。盛事赫奕。冠映千古。尚何待塵露之增山海哉。顧臣竊抱惓惓之愚。不敢輙默。伏惟陛下聖孝純至。稟於天性。昔在潛邸。及登儲宮以來。夙夜孜孜。何嘗頃刻不以壽皇為心。壽皇罷朝而悅。進膳而美。則陛下欣然喜動於色。壽皇罷朝而不悅。進膳而少味。則陛下愀然憂見於色。方是時。徒能喜之憂之而已。今則致親之悅者責在陛下。其可以不深念乎。所謂悅親之道。非薦旨甘奉輕暖也。非晨昏定省冬夏溫凊也。非千門萬戶之宮。鈞天簫韶之樂也。惟在陛下得天下之愛戴。以寧壽皇之心而已。雞鳴而攬衣。辨色而視朝。必曰此昔者問安之時也。今以萬機之繁。不能一日朝重華。歉然于懷。豈有限極。然闕問安之常禮之小也。致天下之治孝之大也。吾其力為其大者乎。此固壽皇所望於陛下。亦天下所望於陛下也。治功已成。中外無

奏議卷之十一　二十六

事陛下時備法駕率群臣上萬年之觴豈非天下之大慶不然太史或以災異上聞四方或以冦盗來告書皇聞之萬分有一微輟玉食陛下雖居萬乘之貴孰與解憂哉臣昧死願陛下於進退人才罷行政事之際率以是為念自三思十思以至百思不為過也自一日五六日至于百時不為緩也謀及卜筮謀及卿士謀及庶人不為廣也一有小失豈獨上勞宵旰壽皇亦與焉故陛下今日憂勤恭儉百倍於古帝王乃僅可耳譬如臣民之家上有尊親則所以交四隣訓子弟備饑饉禦盗賊比之他人自當謹戒百倍何則彼亦懼憂之及其親也犬馬小臣貪於增廣聖孝不知言之涉於狂妄冒犯天威伏俟斧鉞

歷代名臣奏議卷之十一

歷代名臣奏議卷之十二

孝親

宋光宗紹熙間權户部侍郎袁説友乞過宫上奏曰臣等伏見會慶節在即十二日禮合進香都人願望翠華忽又得旨免過宫無不失望既而十三日内教十六日十七日孟饗皆聖躬親臨中外益望陛下必躬上玉卮之壽伏計聖心秉篤仁孝知此禮至大至重決意必出固無待臣等再三之請政緣進香之前已有定論旋復反汗是以不免過慮須至溷瀆臣等竊惟人子事親朝夕定省自天子達于庶人其禮一也五日一朝已為希簡今陛下自三月恭請之後至今八閲月矣皆以壽皇聖旨而免至於生辰上壽恭想壽皇聖意必欲陛下一來此人之至情也竊聞今日嘉王以生朝無以報劬勞之恩專就禁中置酒以壽二親陛下重明聖節既受群臣萬年之觴不曾過宫已是失禮今日嘉王壽親之際父子歡洽陛下寧不動心上念兩宫延望之意且臣等料度聖意所以久不過宫者或謂陛下有所疑有所畏父慈子孝本於天性壽皇既以神器親授聖子方且頤神冲澹凡軍國之事悉不與聞五年之間初無纖芥斷無可疑斷無可畏第恐猶有左右小人妄生離間撰造言語惑亂聖聴全在陛下深思洞察斷然勿疑臣等竊見今年夏秋之間太白晝見至於經天九月七日金星掩心大星而又黒祲亘天萬目駭觀熒惑見入太微垣逼近内屏房心為明堂正屬宋分太微内屏切近帝座此皆天變之大者也所在洪水為灾衡岳山頹正逼祠宇劍門峯墜塞斷谷口今月十六日夜當陛下齋宿之時行都地震有聲如雷夫衡岳南方之鎮行都駐蹕之所此皆地變之大者也至於人情下而閭閻衆而三軍近而禁衛以陛下久闕定省之禮口語籍籍謗讟紛紜所不忍聞自

廟堂大臣至于百辟。數進苦言。徒勞容受。竟不施行。莫不憂懼愁苦不能自存。此則人情之所甚不安者也。陛下乘輿一駕。如反掌之易。則天地之變異必銷。人心之憂疑立解。陛下何憚而不為。若聖意固執。又復遲疑。則天地之變。決非虛設。人心動搖。必至叵測。又非去歲之比矣。臣等蒙陛下擢置從列。感恩至深。目擊事勢可畏如此。不忍上負聖知。是敢罄竭血誠。控告君父。伏望聖慈斷然一出。不勝宗社之福。如臣等所言更不能感悟聖心。則臣等皆為失職。實難苟安。不免引去。以俟罪譴。激切之衷。傾盡于此。伏乞睿照。

說友又上奏曰。臣輒瀝危衷。干犯天聽。臣淺才末學。本無他長。自淳熙十五年。陛下一見臣於議事堂。遽蒙特達之知。賜以簡記。迄今六載。號呂晉擢。盡出親除。今叨誤恩。濫綴從列。天地父母之恩。至隆至厚。臣竊自惟念。臣子報君。無路可見。惟有盡忠竭誠。仰裨聖德。或可

少露萬一。然時平無事。臣下不過奉職惟謹而已。儻人情事變。一有叵測。不能剖瀝肝膽。罄竭忠誠。以効古人正救之義。是有負於天地父母之恩也。臣竊見近者中外人情惶惑憂懼。皆以陛下久闕慈闈定省之禮。自宰相而下。至于百執事。數數控奏。無慮數十。企望翠華一出。何止以日為歲。自今月十二日進香日分。已不過宮。百官軍民惕惕惶懼。且臣自積日以來。親聞都人私語籍籍。是以十九日臣同衆從官趙彥逾等亟具奏劄。控告陛下。乞於會慶聖節日。必駕乘輿。以安人情。以弭不測。臣亦竊意陛下必須上以聖父欲得相見之切。中以臣子控奏懇惻之誠。下以軍民惶惑偶語之疑。必翻然一出。不謂又降免過宮之旨。臣今日五更隨百官詣重華宮拜表稱賀。親見外而居民。內而禁衛。上而縉紳。下而走隸。相顧嘆息。形之言語。所不可道。又緣既廢玉巵奉觴之禮。重華殿下御幄在側。設而弗用。鑾山

前列不聞三呼。大樂弗陳。壽儀俱廢。人情憂懷。無不咨嗟。閭巷所傳尤為不一。陛下深居九重。必不聞此。臣既叨從列。略不以告。則臣之罪誅戮有餘。若於此時陛下不急為之改圖。實恐他有上關聖慮者。臣願陛下以聖父聖子。初無疑隙。斷以獨見。亟於二十四日至二十六日。三日之內。選定一日。就今日先降過宮之旨。所有百官錫宴儀過宮了日施行。陛下此令一下。便足以塡紛紛多端之橫議。弭皇皇不測之衆情。解外夷傳聞輕視之玩心。安危利害實關宗社。毋奪於閑言。毋變於臨時。惟陛下曲信臣所奏而亟行之。臣不勝扣頭瀝血之至。臣孤遠一身。蒙陛下親賜拔擢至此。豈不願仰承聖意。貪榮戀祿。實以過宮一事。至大至重。臣若苟容取悅。隱而不言。萬一事出非意。騷擾聖懷。臣之孤負聖恩。萬死不足。敢望陛下鑒臣之忠。非敢張皇事勢。非敢一語有欺。掠譽取名。非敢飾辭矯激。即賜降旨施行。臣

區區大願。臣雖已同趙彥逾等以論思無補。具劄子奏聞外。然父子之道天性也。理之順與逆。事之利與害。陛下天資仁孝。固自洞察。豈待臣言。臣自念既不忍上負陛下親擢之恩。又不忍目擊人情憂皇之變。復不忍躬蹈欺君容身之罪。是用忘其誅斥。再此懇控。幸陛下諒其愚忠而赦之。臣無任百拜昧死。

說友又上奏曰。臣一介孤遠。誤蒙聖恩。連歲拔擢。叨塵從列。竊惟臣子報君。惟有盡忠竭節。雖使鼎鑊在前。猶當挺身自奮。況陛下崇獎忠鯁。容受直言。臣於此時儻懷顧避之心。則有蔽欺之罪。臣早隨從臣。同班奏事。懇奏迫切。乞早過宮。天語再三。曲加領略。面諭臣等定以十七日必駕乘輿。臣喜躍鼓舞。不勝慶幸。惟是臣粗有悃愊。欲得面奏。屬纔班末。不敢躐次。茲幸玉音確許定日。用敢敷陳萬一。以冒聖聽。今至十七日止三日耳。既非過宮日分。須合預降指揮。又緣自

累月未得問定省常禮。中外臣庶引領俟命。今陛下既以定日面許從臣。俄頃之間。外已傳播。皆謂十七日聖駕必定過宮。遠近翕然相傳。無不以手加額。若不預行降旨臨期又至變易。豈特陛下失信臣下。愈使中外謗讟益深。而從列小臣。亦無顏面可見君父。兼壽皇聖帝愛子之念。日動聖懷。顒望陛下一來。何止以日爲歲。今日從臣同班合奏。陛下面許十七日一出。壽皇必已聞知。恭想喜溢慈抱。指日以俟翠華。若更中輟其行。外謗又不止此。竊恐軍民百姓紛紛藉藉。交口橫議。別生事端。以至伏闕上書。鼓衆倡亂。事起叵測。何所不有。臣願陛下堅守十七日過宮之旨。毋奪於臨時無故之疑。即於今日速降指揮。風雨不渝。決然一出。庶幾少掩外觀。稍息群謗。消弭不測之禍。慰安兩宮之心。一安一危。或禍或福。只在陛下以刻可否間耳。可不畏哉。可不謹哉。臣適又親聆玉音。以謂中有離間。欲得調護。臣

竊惟凡父子兄弟。親戚骨肉。雖富貴貧賤各有不同。必須先有可以離間之事。然後小人得以肆其離間之術。壽皇之於陛下。親父親子。慈孝兩盡。將五十年。聖意倦勤。親授神器。命禹之旨出於誠心。顧神重華。相忘天下。何所形迹而謂可疑。既無纖芥之嫌。必無離間之事。豈非陛下事父過謹。生於憂畏。畏心既重。疑則乘之。左右小人窺見聖心。浸生事端。撰於離間。因惑聖聽。以壞綱常。此理曉然。無可疑者。臣願陛下深念父子出於天性。壽皇與子根於至誠。盡釋往事之疑。速講問安之禮。調護之策。無出於此。臣適又親聆玉音。頗及唐玄宗肅宗之事。臣竊惟唐二宗舊事。與今日大不相同。肅宗即位靈武。懷自立之嫌。今陛下以禹繼舜。揖遜授受。其視肅宗倘止萬萬不侔。肅宗內則溺於張后之愛。外則惑於李輔國之謀。故父子之間。竟成終天之恨。今以聖父聖子。兩宮懽愉。壽皇果斷剛明。姦人誰敢肆其志。陛下聰明英睿。左右孰得逞其私。雖小人欲有離間之心。在今日自無可入之隙。陛下正當痛戒肅宗之失。深慮禍胎之萌。曲意懇闢。力盡子道。亟下詔旨。定用十七日過宮。鸞馭順動。人情帖然。了無浮言。久撓聖聽。儻或事有可疑。果如聖慮。臣甘受誅斥。所不敢辭。如蒙聖斷。勿忌勿疑。命駕如期。一洗群惑。豈特陛下身享無窮之慶。而宗廟社稷。永保無疆之休。臣不勝至懇大願。臣仰瀆宸嚴。罪當萬死。惟陛下矜其愚忠而赦之。

說友又上奏曰。臣今月二十二日迫於愛君憂國之切。輒具奏劄。干犯天威。罪在不赦。雖未蒙亟賜施行。而陛下優容其言。未加誅譴。臣不勝感極涕零之至。臣茲者復以事勢迫切。非前日比。備位從列。職在論思。豈可憚於再三。不以亟告君父。惟陛下賜之詳覽。蓋自會慶聖節之後。今四日矣。宰執控瀝懇告。百官奏疏痛切。恭聽過宮指揮。

以時刻爲歲。至今既未聞警蹕。又未先降指揮。人情愈更憂皇。口語沸騰雜出。如宰執百官皆是陛下親任委使之臣。當此急難之時。上則不過竭力苦口。百拜控告。下則不過上章奏疏。懇切俟命而已。最是百姓譁言。軍人偶語。扇搖敺衆。思倡亂端。人情至危。陛下豈不略動宸慮。茲又傳聞即有伏闕上書者。必須群聚而來。萬一先有此事。已是鼓動衆情。馴致姦人相繼扇亂。豈是細事。陛下聖明如天。豈忍使朝廷事勢。宮闕氣象。一至于此。此臣所以惶懼股慄。不避三瀆痛哭復爲陛下言之也。爲今之計。極易爲力。在於反掌間耳。何者。若陛下自有所疑。仍舊固執。不肯一出。則臣所奏紛紛之事。中外鼓倡。俄頃而生。使朝廷誅之。則其所言乃是順天之理。以告人主。坐之何罪。以行誅戮。苟以此而誅一人。則禍變愈不可救矣。陛下聰明神聖。豈不曉此。若陛下以臣之言爲信。以未過宮之事爲終非所安。以目即軍

民誹謗之言萬一生變即日決然過宮則臣前所奏紛紛俄頃而定了無一事可慮者此其安與危利與害只在陛下反掌間耳臣所謂極易為力者此也陛下何惜而不為哉變生不測豈可逆料臨時倉卒必難撫定陛下豈可不動心也臣竊料聖意非不知過宮為必當行之事非不知目前人言可畏人情已搖為可憂所以猶豫未出者必自有所危疑或以久不過宮自知非便外議紛熵猝難撫定因此宸衷未決愈難一出然臣今有一策以告陛下仰惟親父親子了無纖芥可疑壽皇聖節今將七十年來於朝廷萬事愈更毫髮不與父之愛子天下一同陛下因何所見而起危疑之隙若因浸潤之言左右之譖此則小人大誤陛下耳烏有親父親子可以浸潤左右而離間我者哉此決然斷無可疑也陛下觀前日壽皇批答侍從之言有云自秋涼以來每欲與皇帝相見此語切切愛子急急欲見之意陛

下可以灼然無疑矣今臣之策以謂陛下尚懷此疑未肯即過宮欲乞陛下先寄以宸翰一緘如家人之語其間及陛下以久不得一侍壽皇欲得即行朝禮今幸已經會慶聖節翌日願侍慈闈之意壽皇得此宸翰必喜悅欣愉當須賜答力求招請然後陛下降指揮云來日過宮其重華宮禁衛等人并隨駕禁衛等人並兩倍支給當日食錢陛下即時命駕如此而出不惟陛下安心肆意愈無他疑而又宛轉委曲蓋見聖父聖子相與周旋之盛願陛下信臣之言即賜灑翰亟遣中使奏達慈宸過宮纔畢萬事悉定懽聲四騰無一可為陛下憂者自此兩宮欣慶父子交歡中外翕然夷狄妥服陛下於此之時可以適聖意可以安聖躬必無橫議以擾聖聽如今日矣豈不樂哉豈不樂哉兼慈福冊寶之禮冬至一上表元日舉冊皆須陛下親詣重華然後禮成目今若更不出則是時陛下前日降詔播告天下謂朕當親率群臣恭上冊寶若此禮不成則詔書之言失信天下何以立國此尤大非便者陛下必不肯至此極也陛下今能一出自此以後時時可以過宮至上冊寶之日則翠華之出自如頓足易耳臣荷陛下親賜拔擢事陛下如事天地如事父母竭誠瀝血以冒天聽死有餘罪惟陛下鑒其忠誠亟賜矜從而速行之宗廟社稷無任幸甚

説友又上奏曰臣等比以車駕久不過宮乞宣引同班奏事伏蒙聖慈俾並進於玉階方寸之地臣等於初七日至東華門伺候宣引間續准傳旨改用今日臣等今區區之誠正以過宮一事欲得面控悃素臣等竊謂父子之道天性也以壽皇至慈陛下篤孝顧何待臣等譊譊冒瀆聖聽第以近日之事觀之陛下朔望不出許以進香進香不出許以上壽上壽又復不出明降指揮二十八日必出萬姓歡呼踊躍以望翠華又復中輟重失人心莫此為甚旋聞展用月旦今又

聞欲用十五日仰惟陛下臨御萬方以信為本成王翦桐為戲周公遂封康叔以為天子無戲言況過宮美事孝治所繫四方所仰而反汗至于再三實恐因此朝廷命令無以行於四方戴惟陛下容納直言雖小臣忤旨亦不加罪然言雖容而不行事欲濟而復輟日復一日寖為常事關係非輕今來欲望聖慈確然不易則社稷幸甚臣等幸甚萬一聖心未決姑示順從使臣等無辭可措至臨期不出則又失信於中外良可惜也臣等前此居家俟罪本不敢供職既蒙許以宣引故黽勉就列以冀望一瞻清光如又未決臣等何顏尚在班行非敢數忤雷霆自取誅斥誠以三軍萬姓不知宮禁中事不知聖父聖子慈孝本自無他怨讟横生至不忍聞恐自此不已馴致叵測非敢以引退為高以合班為美正欲感悟聖心以消弭未然之患也冒犯天威臣等無任惶懼俟命之至

論友又上奏曰臣近以事勢迫切嘗貢封章乞早過宮以弭外變雖小臣狂僭宜在譴訶然父子之道本由天性仰惟陛下天資誠孝聖度高明當此憂危之時豈無感動之念庶幾俯鑒愚慮或可少回萬分而側聽旬日謦咳未聞人言嗷嗷日以滋甚事勢岌岌不勝憂虞臣才非中人位叨從列悉由親擢大恩未報目擊人情之已迫誠恐禍變之鼎來豈當固位謀身不以盡告君父自古人主所恃以長久者惟在於結人心人主君臨天下雖貴為無敵富為無倫然得人心則安失人心則危安危之間不在富貴在於人心之得失然耳故人主自稱曰孤自稱曰寡人曰孤曰寡蓋言富貴之不足恃而此身之常可憂也是以得人心者則天助順人助信致宗社靈長富貴長久失人心者則土崩瓦解自銷月亡使社稷為墟身危國滅理之必然無可疑者今夫人心秉彝之同然無出父子之至愛雖在襁褓之內

皆知父子之親閭閻小人街談巷議或以不孝而指目皆欲忍死而力爭其間悖逆之萌則必衆人之共棄蓋其義最易見而其道最易知其事為大逆而其名甚不美何況君上師表萬民其他闕失尚可自文或蹈此名豈復可立儻不念人心之同欲或有乖父子之大倫雖使無知之童皆有不平之念其事至此於心何安今天下之人皆知事壽皇而陛下豈不能事也然自新歲僅一行禮自春徂夏四閱月矣未聞再講也日復一日氣候向炎而定省愈闕人謂陛下何心哉方春和時御苑競秀未聞恭請也玉津近地乘輿獨出而過宮不講人謂陛下何心哉人言必曰陛下怠於事壽皇則人心自是亦將怠於事陛下矣夫衆怒難犯衆言難一向也心自私怒今也勃勃然怒形於色矣向也口自私言今也囂囂然傳於道矣有父子然後有君臣此天地之大經古今之通誼也陛下能以子道事壽皇天下

必以臣道事陛下今衆而群臣次而多士次而六軍又次而百姓家有家喙市有市閧莫不怨嗟流涕疾視不平皆有為壽皇太息之意無復察陛下過愆之迹設或一夫鼓倡指目問罪大義所迫千百從之頃刻之間人心瓦解覆亡禍變倏在目前陛下雖欲安處九重之內必不可得也所謂夷狄之窺伺盜賊之嘯聚者不與焉陛下果何所利而聖意乃安然不移哉臣願陛下念人心背違之甚易維持之實難深鑒將來之憂以為亟圖之計翻然知悔即日過宮則人心怡然而定聖德愈久愈新既兩宮之交歡無一事之可慮矣豈不樂哉豈不樂哉今天下謂陛下非不知父子之至愛骨肉之至情朝夕親闈歡娛膝下而陛下每依違而不決畏縮而不敢者謂有所疑而不得行也執政大臣朝夕奏對冀陛下天理之復明良心之復返釋去往咎以新是圖陛下每齟齬而難言迫急而後應者皆有所疑而不

自決也不審陛下疑於壽皇者果何事歟而陛下知壽皇之有他意者果得於誰歟恭惟壽皇聖帝所以愛陛下者可謂至矣姑言其實有二說焉陛下亦嘗躍然默動於心乎亦嘗油然自覺于中乎臣請為陛下言之陛下之在王邸也魏王兄也猶無恙也壽皇聖帝斷以獨見不惑群議度越魏王而正陛下於儲宮非壽皇愛陛下而然歟陛下之在儲宮也春秋漸高多閱義理高宗皇帝仙馭上賓壽皇雖在衰絰之中而即授神器曾不肯少遼緩也非壽皇愛陛下而然歟夫以壽皇之愛陛下如此陛下獨何疑於壽皇哉借曰壽皇懷不足於陛下則已事之驗不待今日始見矣況壽皇之愛子惟陛下一人非若漢唐之他毋諸王也壽皇之倦勤棄國之事一不預知非若唐室之父子嫌隙也親父親子揖遜授受尚疑何忌乃有二心必因左右之小人務欲狂惑於天聽故立異論蕩搖上心使父子之睽離則

姦邪之得志小人情狀豈不易知料聖心無故而致疑必邪論浸淫之已甚設或壽皇聖帝義方加篤威顏過嚴陛下執禮恐違小心多畏尤宜勉竭以盡歡愉豈可因循以圖避免非惟貽譏於後世亦將少損於外觀今若徒懷自疑不信正論則父子之愛無乃截而為二乎宗繆公父子自言曰生毋相見鄭公毋子自誓曰不及黃泉毋相見也此皆亂世之變非常聖明之朝豈宜有此且夫怨忿曰仇角勝曰敵仇敵二字言於交游施於隣里客氣所使萬一有之兄兄弟弟猶以為諱孰謂父子可與仇敵相似哉舜之父瞽瞍至難言也而夔夔齋慄瞽瞍底豫陛下之蒙愛壽皇者非曰與舜並言也果何所事而為自疑疑心一生必至怨忿怨忿既深遂成立敵壽皇何負於陛下而言笑不接定省久違戲於怨忿角勝之為乎臣願陛下觀壽皇愛子之切至體壽皇遜位之誠心釋去外疑速講定省翠華再駕喜

溢慈懷既成父子相見之歡即驗彼此無可疑之實尚何疑哉尚何疑哉臣學問荒蕪語言失緒雖屢騰於奏牘嘗未契於聖聰然而藏在論思有犯無隱故為陛下首陳結人心之說以防禍變次述毋自疑之說以開聖懷欲乞陛下亟用初一日告朔之禮速賜過宮天下之人見者目悅聞者心喜以銷旱變以召和氣一反覆間轉禍為福聖德彰大流傳無窮若陛下視為常言安於無虞苟免因循恬不加悟則不美之名愈播不平之心愈激一名一朝之患遂成終身之憂社稷傾危生靈隕潰禍變之至不待瞬息雖欲悔之將何及矣臣忠於愛君迫於憂國不避誅斥盡瀝所陳惟陛下勿以常言而忽之

說友又上奏曰臣仰惟陛下聰明仁哲超邁古昔臨御以來勤卹民隱勵精庶務以開有宋無疆之業歷年將久聖德昭聞皆由天縱之聖非矯拂勉強所能為也夫以陛下天縱如此至於事親思孝人道大倫宜在陛下所躬行而允蹈者壽皇為天子父陛下必曰吾所當敬事也重華遠於南內陛下必曰吾所當問安也事親之道愛莫陛下天性之生知聖德之餘事耳而近者定省闕禮過宮愆期寧使百執抗疏昌言甚而排闥引裾扣頭瀝血愛君之誠出於切至臣雖愚陋亦嘗四貢封章以冒天聰然而淸蹕未聞日復一日人心搖動中外憂皇臣幸進玉階方寸之地不敢為危言以驚動聖聽屑寸管見惟陛下少留意焉臣位列從班出入禁闥比因群臣奏對嘗聞聖語二三曰孝為百行之先又曰朕欲得與壽皇相見又曰終須過宮天理昭晰良心渾全陛下知所以事父蓋甚不忘也而趑趄未行欲駕復輟者聖心殆有所疑也仰惟聖心所向非外庭小臣所可測識然事之曉然明白斷無足疑則如臣輩可以逆料臣蓋有四說以釋聖懷陛下往歲固嘗有疑矣遷延猶豫凡八閱月群臣封章抗疏不知

其幾聖度優容盡釋疑慮竟納群臣之論奏遂回父子之良心仲冬既望長至元日而過宮者三焉冊寶禮成兩宮胥慶雨雪應瑞群氛消除四方萬姓懽忻鼓舞當是時也壽皇天意忻愉款留竟日方陛下娛侍膝下凡壽皇懽然相接之意陛下所身親也壽皇拳拳愛子之實陛下所目擊也則凡前日所謂自疑者聖心尚何疑哉夫後之視今亦猶今之視昔以前日徒為無故之疑而終於無可疑之事則今日之有疑者亦猶前日無故之疑矣此臣所謂無可疑者一也自古父子之間固有嫌隙者矣諸子有嫡庶則毀譽不同諸母有先後則愛憎隨別或有讒言數間而易所愛者或有他母浸潤而易所愛者不幸當此之際則父子誠有難言若夫壽皇之於陛下則異是矣壽皇聖子有三惟陛下在非有諸母諸王之際也壽皇斷自聖意升正陛下於儲宮高宗上賓壽皇亟禪陛下於帝位揖遜授受誠與

堯舜禹垂行。則壽皇之愛陛下。可以於此而自信矣。今也聖意懷疑牢不可破。此必小人邪言。仰惑聖聽。夫以聖度高明。小人之言。必自洞見。然而姦人巧計。欲為亂階。往往游談之間。浸潤之力。陛下聞其言之時。雖不覺其有意。然日漸月漬。風消寖衰。先入固已多矣。陛下一入其言。聖意豈得無惑。惟願陛下體父子之至情。察小人之邪志。靜思默慮。判然無惑。此臣所謂無可疑者二也。壽皇聖體違豫。今已彌月。竊聞聖恙始苦泄瀉。遂成虛弱。灼艾累至數百。丹劑不絕供進。當此長夏。飲食減少。後生壯歲。猶貴調治。何況春秋既高。豈宜久抱疢疾。醫官日申。一一可考。陛下當此之時。非與平居之時同也。非惟人子之心所宜急於視疾。兼壽皇亦欲一見陛下。夫當疾病之未愈。思見骨肉之至親。纔侍慈顏。必寬慈抱。慈抱寬。則疾自愈於此時也。安有纖毫異意於陛下哉。此臣所謂無可疑者三也。臣竊聞二十四

日。陛下命嘉王詣重華宮問安。雖陛下過宮少愆。而皇子時命以往。中外軍民。以手加額。皆曰。陛下過宮有期矣。嘉王問安之後。當有復命之奏。必曰。壽皇之疾。猶未安也。臣竊意陛下於此。必動心矣。又曰。壽皇之意。欲見陛下也。臣竊意陛下於此必興念矣。嘉王陛下親子。非若群臣之疏遠也。陛下因嘉王傳道之語。即可信壽皇欲一見陛下之心矣。此臣所謂無可疑者四也。臣竊惟自古忠良之臣。所以舌弊唇腐。譊譊而不肯置者。豈欲吾君無過。共入於堯舜三代之域。今日過宮愆期。本於陛下自有所疑耳。如使臣子不識事幾。倡為駭論。當果有可疑之時。而妄為無可疑之說。以誤陛下一行。遂成後悔。則臣子之罪。誅戮有餘。惟今日之事。凡壽皇之愛陛下。陛下之事壽皇。父子至情。了無一事一物見於實迹之可疑者。臣子於此。儻不能百口祈懇。冒死不顧。以告君父。其誤陛下。雖萬死莫贖也。茲幸自兩三日來。壽皇聖體稍就向安。此蓋祖宗在天之靈。宗社無疆之福。願陛下亟於此時。不俟群臣奏請。不俟過宮日分。斷自聖意。即日過宮。當壽皇稍安之時。而見陛下脩問安之禮。慈抱必大懽愉。天顏必大喜悅。聖體餘恙自然頓減。則翠華一出。豈不勝於良藥美劑萬萬哉。孝道以明。聖德以著。以收人心。以息謗讟。以弭禍機。凡此數者。甚非末節細故也。臣愚瑣碌碌。以朴忠自信。蒙陛下連年親擢。叨塵法從。大恩如天。無路以報。用敢不避天誅。控布一得之慮。以感動聖念。迫於愛君。言不知諱。惟陛下諒其忠悃而赦之。臣不勝叩頭泣血戰灼待罪之至。

說友又上奏曰。臣等竊見今月十八日。權刑部尚書臣京鏜奏事乞早過宮。面奉玉旨。令與部中同官審實。二十六日。權戶部侍郎臣某某奏事乞早過宮。面奉玉旨。令與部中同官商量。臣鏜臣某即以聖

語宣諭臣黯等。竊惟過宮之禮。本是陛下常行之事。止緣愆期累月。事親之道。全然隳廢。是以臣等冒死祈哀。控告君父。雖極其懇切。而清蹕終未一行。今聖意所嚮。猶曰審實。又曰商量。則是尚懷疑豫。而未決也。壽皇聖帝聖體愆和。逮今浹月。醫官日申。歷歷可考。尚何審實。車駕過宮問安視疾。陛下行之。自是常禮。尚何商量。恭聞壽皇聖體數日來。疾勢進退。飲食全少。後生壯年。尚貴調治。何況春秋既高。豈宜久此抱疾。兼聞慈抱以未見陛下。朝夕不樂。不肯服藥。事體憂危。莫此為甚。陛下儻於此時。即駕乘輿。少修定省。非惟壽皇當疾疢之中。得見陛下。必大喜悅。不藥自愈。而陛下闕禮之久。纔得過宮。亦可少息軍民之憤。竊自旬日以來。居民搖亂。遷徙太半。居城內者。則移居村落。居近郊者。則移居旁郡。富家競藏金銀。市價為之倍長。甚而兩宮閣分。囊橐潛歸私室。自謂亂起只在目前。此皆亂世亡國氣

象聖明之時豈宜有此陛下雖深居九重豈不聞知竊料聖意必謂過宮少愆未足致亂然父子之道絕是謂逆天孩提之童無不知愛其親若不知愛親是謂悖人自古逆天悖人禍亂未有不作誠恐一夫問罪或有響應陛下豈得不寒心也臣等實以今來事體止在陛下一過宮之頃外此實無可以審實可以商量之事惟望翠華一出大勢自定以收人心以遏禍萌莫此為急儻陛下遷延猶豫尚求審實商量之說則臣等實未知死所也迫於愛君再三干犯天威罪當萬死惟陛下裁赦

誐友又上奏曰臣等連日號泣五上奏牘以大行至尊壽皇聖帝奄棄萬國陛下為人之子既不臨喪又不視歛既不舉哀又不成服中外憤怨萬口一辭乞速賜過宮少回子道少弭禍機蠹輿寂然天理盡絕不知臣等所奏陛下略賜睿覽否凡數日來三軍怨謗之語百姓駭愕之憤皇天后土譴怒必深臣等已具載于累奏矣雖陛下自知於理悖逆欲得少文其過遂降指揮託疾未往然民心至愚而神豈能罔以虛語累日外傳陛下宴飲如故宣喚俳優託疾之言人固不信又聞聖心懷歉親挾弧矢欲以自防不知陛下何所利益而自危其身一至於此臣等實為陛下痛惜之也夫避害就利遠禍向福誰無是心陛下天縱聰明而累月以來因不過宮自基禍本今又聞喪不赴子道盡廢天下訩訩神人交憤何苦自欲捨利就害背福取禍而繆戾若是哉臣等實所未曉也今壽皇之喪已八日矣藉使果有疾病尤當力疾奔赴今陛下安處深宮懽宴自如使閭巷之間有父之喪為其子者涉八日而不一奔慟陛下見此等人必當深嫉之而陛下貴為天子豈可躬蹈而身履之耶今事至此已極矣軍民之怨憤已深矣天地之怒氣已見矣十三日成服之夜白虹亘天古人

以為兵象陛下觀此天變觀此人心儻陛下不憂不懼不悔不悟臣等將肝腦塗地陛下雖欲君臨天下臣恐不止於寡助之至親戚畔之而已陛下豈可不略為之寒心哉臣願陛下痛念慈父罔極之恩少盡人子哀慟之感速嚴法駕慟哭梓宮之前以謝前愆以銷禍本如更不然臣等與百姓三軍皆未知死所矣危亂已迫不復忌諱惟陛下以宗廟社稷為重而亟圖之

誐友又上奏曰臣痛哭泣血以言今月初九日大行至尊壽皇聖帝奄棄萬國天崩地坼禍變非常內外百官三軍萬民誰不痛心瀝血號慟之聲遠近相接陛下聞喪之初謂當痛怛前日久不過宮遂成終天之訣不俟命駕便當如獨來壽皇聖帝初聞高宗大漸之時以小轎便路急趨宮闈雖不得父子一見猶當括髮哭于斂床留宿喪側親視百官有司辦集後事以俟舉哀成服尚未足以贖前日久不過宮之過不謂陛下皆大不然凶訃初傳從容御朝廷見臣下雖對宰執及羅點玉音有便當過去之語而陛下一自退朝至今八日安坐深宮起居服御並如常時視父之喪如他人事略不少介聖意喪禮並不舉行臣子軍民驚愕駭異怨憤謗讟不可聽聞從官羅點等詞臣皆是蒙陛下厚恩忽見陛下人倫天理棄滅皆盡人子之道毫髮不存外議沸騰惡名太過已不可掩不忍陛下一旦自陷不義至於此極自初九日連貢封章控告陛下乞早過宮使陛下俯聽臣等所奏即駕乘輿猶未足以塞中外之責而陛下一切不聽更為杜絕章奏之計明示不肯執喪之迹不知陛下何所利益而甘心受此大不美之名耶臣不勝日夜痛哭哀苦號天扣地深為陛下惜之也陛下貴為天子天縱聰明而子之事父與父之既死子之執喪皆是目易曉之事閭閻三尺之童誰不知之不知陛下何獨懵然於此而

略不知也。假如市井之間有父之喪。其子異居於百步之内。父疾不問。父死不往。號哭之聲不聞。衰絰之服不舉。行路交詈。隣里共攻。陛下若聞此等之人。竊意聖心必亦深不平之。今陛下乃安然蹈此。殊無顧避憚卹之意。陛下試思軍民萬姓。寧無痛心疾首於陛下此舉者乎。寧無懷憤積怒於陛下此舉者乎。寧無不爲壽皇伸氣復怨於陛下此舉者乎。陛下不此之思。但欲自信前日無故之疑。欲快今日恣爲之志。不卹慈父。不顧天理。不畏人言。惟意所欲。自爲得策。軍民萬姓無若我何。夫使人主而可以爲此。則是自古亂亡之君。傾危之世。皆可以獨恃此說無亂以至於今矣。天下安有是理哉。今陛下既不臨喪。又不舉哀。既不成服。又不過宮。軍民之憤。已不可遏。雖是前日太皇太后降旨謂皇帝以疾而陛下亦降指揮謂疾眩未能過宮。此固欲少寬三軍萬姓之責。然誰不知借疾病之説以文其過。若降指揮之後。或一日兩日間。隨即過宮。尚可略弭禍機。自十三日成服之後。傳陛下欲以十五日過宮。盡行喪禮。今又不然。愈覺人情交憤。禍萌益張。國勢之危。過於累卵。陛下何苦於無事無故之中。而輕爲危亂滅亡之事乎。臣不勝哀苦痛極。重爲陛下惜之也。未審聖意竟欲何日過宮。唯復候事稍定而後命駕。或候人情稍安而後一出。抑終於永不過宮耶。若候事定而後行。今成服既畢。喪葬種種。朝廷皆已節次施行。事初未嘗不定。人情洶洶。正緣陛下有父之喪。泰然安處。所以人懷憤怒。若清蹕一行。人情自然浸定。若謂永不過宮則是陛下不復以祖宗社稷爲重矣。夫自天地開闢以來。國家滅亡。社稷傾喪。亡慮數十。陛下觀史之際。豈不洞見所謂滅亡傾喪。皆因無道不義。不知悔過。以至於此。陛下毋謂宗廟社稷可以任意肆志。而能長守永有者也。十三日成服。至夜二更白虹貫天。自東而西。連亘不

散。都人皆見之。臣謹按漢鄒陽傳言白虹貫日。釋者謂白虹兵象也。陛下觀此天象。豈可略不知懼。今最可憂者。三軍之士感壽皇之厚恩。一旦聞喪。朝晚哭聲。震動營寨。見壽皇方疾。陛下久闕定省之禮。親侍湯藥。曾不一講。諸軍已懷憤怨。又見壽皇既崩。陛下聞喪不顧喪禮既廢。孝子常禮並不舉行。累日以來。偶語訛言。真有疾視其上之意。前日白虹亘天之象。陛下豈可不略動聖念。爲之寒心耶。陛下豈不見近日虜酋猶能爲其祖持三年之喪乎。彼虜者。蓋犬羊等耳。綱常之不講。禮義之不聞。尚能知慕我壽皇三年終喪之孝。慕德鄉義。以爲虜庭盛美。今陛下爲中國之主。統人道之教。何爲甘心不能爲虜酋之所能爲者乎。陛下儻念慮及此。臣竊料聖意必赧然顔汗而心媿也。況目即已差賀生辰使人。又差告哀使。二使既到虜境或虜中館送使者。或其酋主皆問及陛下不持父喪之事。不知二使何荅之。貽笑虜庭。輕侮中國。萬一遂爲問罪之目。有南下牧馬之意。不知陛下又何以應之。此臣子所以尤心悸而股慄者也。兼陛下安處宮中。更不成服。又不知命駕登輦之時。所服何服。宰執奏事之頃以何服見。若猶用吉服。則陛下是全不以天地祖宗父母爲念矣。竊恐重得罪於天下。陛下將何以君臨億兆。鎮撫夷狄哉。壽皇未上賓之前。陛下不肯過宮。猶曰自有所疑。恐壽皇有所加於陛下也。是以趑趄而不敢往。今日之事。與前日已大不同。哀哉痛哉。壽皇已棄陛下而仙矣。陛下前日之虛疑。今尚何有。不知何所疑畏。而復如前日猶豫而不行耶。中外之人。羣嘆駭愕。深不曉聖意之所在。臣願陛下鑒臣之言。略加聖慮。以亂亡爲可畏。以社稷爲可危。即降指揮過宮行禮。念慈父罔極之恩。盡人子哀號之苦。聖駕一行。易危爲安。變禍爲福。不勝宗廟社稷四海蒼生之幸。臣今來拳拳所奏。豈爲身謀。止

緣受國厚恩。蒙陛下親擢。愛陛下至切。憂陛下至深。欲陛下為至孝至賢之君。願陛下有順天得人之美。自四月以來。臣所以自嘗三上奏劄。乞早過宮。益復控瀝肝膽。直言禍亂。以犯天聽。惟陛下財幸而亟圖之。臣雖就鼎鑊。死亦榮幸。

光宗時。朝散郎祕閣脩撰權發遣潭州軍州事兼管内勸農營田事主管荆湖南路安撫司公事馬步軍都總管借紫臣朱熹謹昧死百拜上疏皇帝陛下。臣近者竊聞陛下過宮一事。多有論諫。未蒙採納。屢降指揮。尋復寢罷。觀聽惶惑。傳聞駭異。如臣孤賤疎遠。竊伏草茅。不聞外廷末議。初不敢妄有開說。塵瀆聖聽。特以今此蒙恩起當藩屏之任。靜思所職。上關國體。若朝廷正。綱紀立。主德脩。人心悅。則守土之臣雖極駑鈍。尚可憑藉威靈。勉自驅策。以稱任使。儻根本動搖腹心蠹壞。大勢傾壓。無復可為。則中外之臣。雖有奇材遠略。亦無所

施。況如迂愚。雖欲捐軀報國。亦何所用其力哉。是以不能自已。有不容不為陛下言者。然臣所讀者。不過孝經語孟六經之書。所學者不過堯舜周孔之道。所知者不過三代兩漢以來治亂得失之故。所講明者。不過仁義禮樂天理人欲之辨。所遵守者。又不過國家之條法。考其歸趣。無非欲為臣者忠。為子者孝而已。今者取此以為言則在廷之臣言之悉矣。陛下聽之亦熟矣。捨此以為言則自古天下國家未有可以外此而為治者。臣今亦不敢廣引前言備禮上疏。以釣敢言之名。而歸過於陛下。請獨以父子天性之說為陛下流涕而陳之。臣聞。人之所以有此身者。受形於母而資始於父。雖有彊暴之人。見子則憐。至於襁褓之兒。見父則笑。性何為而然哉。初無所為而然。此父子之道所以為天性而不可解也。然父子之間或有不盡其道者。是豈為父而天性有不足於慈。亦豈為子而天性有不足於孝者哉

人心本明。天理素具。但為物欲所昏。利害所蔽。故小則傷恩害義而不可開。大則滅天亂倫而不可救。假如或好飲酒。或好貨財。或好聲色。或好便安。如此之類。皆物欲也。清明之地。物欲昏之。則父或忘其為慈。子或忘其為孝。然後造為讒慝者。指疑似以為真實。毫髮以為丘山。譖之於其父。則使施之於其子者。不無少過。譖之於其子。則使施之於其父者。寖失其常。然後巧為利害之說以劫之。蓋謂如此。則必受其利。不如此。則必蹈其害。利害既有以蔽其心。此心日益猜疑。今日猜疑。明日猜疑。猜疑不已。子一舉足而得罪於其父。父一出言而取怨於其子。父子之情壞而禍亂作矣。試於暇時或於中夜。或於觀書之際。或於靜坐之頃。捐去物欲之私。盡祛利害之蔽。默觀此心之本。然則父子之間。固未嘗不慈且孝也。臣竊觀陛下天資仁孝。初政清明。進退人才。動合公論。一言之善。天下誦之。豈獨於天性至親

反用其薄。況備物之養。無大虧闕。政事之間。無大更革。過宮定省。本非難行。猶豫遲回。動踰時月。亦獨何也。無乃事起於纖微。情阻於疏闊。方間隙之將萌。群臣不能救之於早。及形迹既著。又不能察陛下事親之本心。且無以和陛下父子之情。往往語言拙直。援引過當。其心雖忠於陛下。而不足以感悟陛下之聽。徒以激怒陛下。故近日臨欲過宮而復輟者。陛下未必不曰。身為萬乘之主。乃不得一事自由乎。故不肯屈獨斷之權。為群論所迫耳。而陛下父子之情所以至此者。臣竊料陛下即位之初。便有姦人造為邪說。離間陛下之父子。如一飲宴之失。壽皇憂陛下或怠於為政。一言動之愆。壽皇憂陛下或至於成疾。此皆愛陛下之至切。故或形於言而不自以為嫌。其意惟欲陛下遷善改過。正心脩身。以奉天地。以承祖宗。為有宋萬年無疆之休而已。曷嘗有纖芥忿恨。如讒并塗糜之意哉。而姦人因之。造為危

語。往來間諜以誤聖聽。不唯使陛下之身常懷疑懼。而使陛下之宮
中。亦皆嚴憚重華而不敢親近。日遠月疎。間隙愈大。天下之人。但見
壽皇慈覆天下。而於陛下爲尤篤。陛下所以事壽皇者乃不以孝聞。
而以失禮聞。又不知其爲群小之姦。而直以爲陛下之失。街談巷議
偶語族談。至有臣子所不敢聽者。臣恐不惟如此。一旦上帝震怒。匹
夫流言。草野僭亂。將伏義而起。夷狄外侮。興問罪之師。當是時。六軍
之情。能使之親附乎。萬姓之心。能使之固結而不解乎。讒邪之人。雖
復齏而食之。其能有及於國家之敗乎。如臣之愚。雖百千輩咸欲殺
身赤族爲陛下死。其能有補於社稷之存亡乎。又聞壽皇聖躬比者
小愆和豫。雖未必因此。而天下後世寧不曰意念鬱鬱而至此乎。夫
事固有失於毫釐之間。而遂至於不勝悔者。臣子之所不忍言。而忠
於事君者。亦不敢隱也。昔漢文帝徙淮南王。少失思慮。而尺布斗粟
之謠。終身病之。夫以兄而不能容其弟。雖賢主不敢自恕其過也。況
以天下之大。而不能容其父乎。爲今之計。先遣大臣謝罪於重華。次發
明詔。告諭在廷。言前日之所以不能無疑者。以讒邪惑亂之故。誅此
姦人。以謝天下。屏斥餘黨。遂始初之清明。即日駕過重華。問安侍膳
以盡父子之驩。如此則天下歌舞。四夷尊仰。書之信史。以爲美談。反
危而安。特在陛下反覆手之間耳。今愛陛下之切者中宮也。嘉邸也
忠陛下之至者。二三大臣也。願出臣章。與之參訂。必有以知臣之惓
惓於君父。而其言雖陋。實宗社之至計也。限守遠郡。無由請對。而忠
憤所激。不能自已。是以冒死拜疏。號哭流涕而極言之。唯陛下赦其
狂瞽。臣冒犯天威。無任震懼殞越之至。
醴泉觀使周必大上奏曰。臣聞自天子至於庶人。無不以孝爲本。漢
以火德而興。本朝亦用火德王天下。按五行火主孝。故兩漢帝謚自

孝。惠而降。皆冠以此字。至本朝亦然。今陛下受天眷命。光宅中夏。太
上皇帝皇后春秋鼎盛。而得陛下之聖子。就天下之至養。無疆之慶
自今以始。又有慈福太皇爲曾祖母。重華皇后爲祖母。宮闈鼎來。自
古簡冊所載。人主奉三世之親。如今日之盛者鮮矣。凡定省之誠。奉
養之勤。況陛下天性之孝。光于祖宗。使火德蕃昌。照臨萬方。在聖德
固優爲之。何待贊也。臣偶有愚見。輙冒言之。漢百官公卿表。皇后有
詹事。而皇太后亦有長信詹事。景帝中六年。更名大長秋。或用中人
或用士人。夫以掖殿深嚴。猶參用士人典領宮掖。況太上皇帝居東
宮者。踰二十年。即帝位者已五六載。用人多矣。其間豈無久被簡知
可備顧問者。今娛侍左右。不過中貴數人。誠能稽古昔。乘間奏請
稍沿漢事。於太上舊臣中選擇一二人。入則侍清閒。出則從遊幸。談
論賡歌。以樂聖懷。斯亦養志之大端也。若謂古誼不可遽行。臣請引
近事爲證。靖康初。徽宗內禪之後。首命中書舍人譚世勣等。以顯謨
閣待制主管龍德宮。甚被顧遇。至今以爲美談。高宗內禪。壽皇亦嘗
命錢端禮使德壽宮。惟重華移御。日淺。未暇及此。況累朝止奉母后
比近世事體不同。惟陛下與大臣熟議。酌古今之制而行之。
吏部尚書趙汝愚上奏曰。臣竊惟人君以一身而居兆庶之上。其能
使四方萬里環拱內向。奔走服從。而不敢少慢者。夫豈一人之力能
勝四海之衆哉。必有至德要道。能以素服其心爾。夫父子之道。天性
也。非獨賢者有之。愚者亦有之。非獨貴者知之。賤者亦知之也。故一
人孝敬於上。則千萬人感悅於下。所敬者寡。而悅者衆。蓋以天性之
所同也。人君於此。一或有闕。則上自搢紳士夫。下及庸夫販婦。遠至
四夷蠻貊。皆得以議己。非若其他一言行之失。一政事之差。其利害
所能比擬也。故經曰。聖人之德。無以加於孝。至論天下之治。亦莫尚

於孝。人君能以孝治天下。則能得萬國之驩心以事其親。而其效至於天下和平。灾害不生。禍亂不作。苟異於此。則將失萬國之驩心矣。萬國之驩心既失。則將讒告出於下。而灾害生於上。怨讟興於人。而禍亂作於下。如是而能享國長久者。臣未之見也。臣愚伏望陛下熟復先聖之言。深惟治亂之本。日遣信臣謹問安視膳之禮。時乘法駕修五日一朝之儀。凡羣臣有贊陛下早過重華使兩宮慈孝者。是皆為陛下忠謀。而有補於聖德。臣願陛下信之聽之而勿疑。凡有為離間之詞。使兩宮疑阻者。是皆姦人私自為計。以誤陛下聖聽。臣願陛下察之遠之而勿惑。自今父子驩然。中外悅懌。四夷聞之。必自敬畏。姦宄聞之。必自退伏。宗社幸甚。生靈幸甚。

汝愚又上奏曰。臣等伏見陛下自三月過宮之後。至今半年有餘。不到重華慈福兩宮。此月十二日。故事進香。最為盛禮。前數日陛下既

許臣等過宮甚確。臣等亦謂陛下尊為萬乘。體貌大臣。遂發玉音。蓋無不信之理。搢紳傳聞。朝夕顒望。方以為慶。至期。又以免到宮為辭。車駕不出。群情愈大失望。今會慶聖節近在兩日。人心憂疑。羣情鼎沸。臣等雖聞已有指揮二十二日車駕詣重華宮上壽。然人情尚恐臨期或至反汗。未免疑懼。竊惟陛下父子天性。豈待臣等多言。第恐有離間之人。誤陛下過為疑畏。陛下胡不以已行之事驗之乎。去年會慶節及冬至日。皆是有司夙戒。法駕在庭。陛下雖一時中輟不行。然壽皇慈愛不介意。方是時。陛下固不無疑畏之心矣。逮十一月二十二日。車駕一到重華。則父子懽然。終日燕樂。直至迫暮秉燭而歸。陛下前疑無不頓釋。臣等竊觀此日事體。與去年初無小異。陛下果何憚而不行乎。今壽皇春秋益高。人子之心。所當喜懼。正是陛下愛日之時。定省之禮。豈宜久廢。萬一壽皇有微爽四時之和。陛下將何以避此名乎。會慶聖節湛恩錫宴。上自朝廷。下及郡縣官吏。自一命以上。無不鳴鐘擊鼓。飲食醉飽。盡終日之歡。設若陛下是日復以他事為辭。臣等竊料北內淒涼。殊無聊賴。惟壽皇一人而已。陛下誠思及此。亦豈能恝然不動於心乎。臣等竊觀季秋以來。近則太白犯心。熒惑入太微。黑祲並起。地如雷震。遠則水旱交作。延及數路。郡縣空乏。無以救恤。天意人情。咸大可畏。臣等遑懼。誠有旦夕之憂。陛下聖學高明。能晏然不以為慮乎。伏望睿慈深鑒古昔有治有亂。有安有危。斷自宸心。翻然悔悟。以天命為可畏。以人心為難保。以事親為至德。以讒言為商鑒。恪守昨日已降指揮。勿復更易。以成陛下之信。躬率群臣奉觴稱壽。退即宮中慈孝兩叢。用家人之禮。以成陛下之孝。兩宮吏卒。都城百姓。歡喜望幸。人得所欲。以成陛下之仁。陛下一舉而三善從之。自然輿情感悅。景貺繁臻。宗社延長。生靈慶幸。冒瀆威

尊。臣等不任惶懼隕越之至。

汝愚又上奏曰。臣伏見今月二十二日會慶聖節。百執班庭。有司夙戒。都人夾道。傒望清光。而俟立久之。忽傳重華恩旨。令免到宮。一時群臣相顧駭愕。初不知其所以。兩三日來。道路之間。妄興訛謗。傳播多端。然臣等備數邇聯。初亦疑是陛下是日晨興微有感冒。故未能出。蓋甚不得已也。今早臣據講筵所關報。來日開講。臣甚喜聞聖躬即日無他。以得瞻天顏為幸。然妄意竊謂會慶盛禮。千載一時。今法駕猶未至重華。而先視朝開講。非惟事體未順。亦恐無以解都人之疑。伏望聖慈特降睿旨。權住來日開講。幸今節日未遠。尚可先到重華。略舉玉卮為壽之禮。實為家國大慶。或聖體畏寒。猶未能出。雖少遲三數日視朝。蓋亦未晚。臣久荷恩私。誼圖補報。惟欲增益聖德。不敢苟為身謀。輒貢瞽言。死有餘罪。惟陛下幸赦其愚。

汝愚又上奏曰。臣等仰惟大行至尊壽皇聖帝奄棄天下。天崩地裂，海内摧痛。而陛下聞喪累日，猶未奔訃。六軍萬姓，尤切痛心。伏觀古者有喪，必有主。若無後者，猶以朋友州里舍人為之。今陛下親為壽皇之子，承付託之重，而有喪無主，何忍至斯。臣等屢乞宣封，面陳悃愊，又繼入文字陳説利害，而天聽高邈，殆如不聞。今有司卜用十三日大歛成服，陛下若失此時不出，則是永無可出之時矣。遺詔皇帝成服三日聽政，今陛下既未成服，不知何時遂可聽政耶。禮法蕩然，綱紀盡壞，開闢以來所未嘗有。臣等適備員輔近，痛心疾首，無地自容。兩日以來，市井之間，興訛造謗，無所不有，千怪萬狀，不可聽聞。臣等一身不敢愛死，所可恨者太祖太宗創業艱難，高宗中興三十年力戰，今勢如累卵，誠可痛爾。伏望聖明早賜開悟，速降指揮，來日過重華宫大歛成服，庶幾可以收拾人心，少延國祚。若更失此機會，則陛下之事去矣。臣等蒙國厚恩，不避誅戮，控瀝血誠，冒瀆威聽，不任哀號隕越之至。

汝愚又上奏曰。臣等累日不獲瞻望清光，兼有合奏禀事件。昨日乞詣後殿引對，承御藥院傳旨，別日引。緣其間有一事尤為急切，不敢不奏知。臣等昨日初議，緣十三日已奉太皇太后聖旨，皇帝以疾聽就宫中成服，依故事合請聽政。臣等已奏知，及具表文，將詣後殿門外拜發。而禮部太常及侍從臺諫下至學官皆有文字，以為陛下嘗有指揮，候疾稍愈日過宫燒香行禮。百官有司以此延頸顒望車駕先一過宫，於大行梓宫前衰服哭臨，行祭奠之禮，臣等亦得於素幄之前面致慰禮，退而三上表請聽政，及將來釋服御殿，皆可次第舉行。則於事體無有不順。伏望速降指揮，俯從典禮。臣等量度事勢，繫興蹕出，萬無他虞。其於聖德實非小補。臣等無任瀝血竭誠哀懼祈請之至。

汝愚又上奏曰。臣等伏見今月初三日大行壽皇聖帝大祥，初五日遂終易月之制。羣臣例當釋服，而百官有司紛起論議，咸謂陛下自宫中成服之後，至今未嘗一詣几筵哭臨成禮，群臣亦未嘗於素幄面慰，綱常盡廢，何以為國。衆議爭執，未肯釋服。臣等朝夕慚懼，無以鎮壓。伏乞陛下勉為宗廟社稷之計，俯徇群臣輸忠之請，特降指揮，於初三日早詣重華行大祥之禮，猶足以少慰人心，稍存典禮。古所謂失之東隅，而收之桑榆者也。臣等不任哀痛激切祈天俟命之至。

蔡戡上奏曰。臣聞人主之孝莫大於安社稷，非若衆人之孝區區致養而已。蓋人主貴為天子，富有天下，不患無以為養，使親安於至養，乃為孝之大者。唐之太宗明皇，掃除禍亂，身致太平，治定功成，尊歸於父，高祖睿宗猶及見之。二君之孝，亘古莫及，故為三宗之冠。近者

太上皇帝聖躬違豫，有虧典禮，人情洶洶，社稷幾殆。陛下上迫太皇之命，下徇臣民之請，光履帝位，君臨萬邦。詔令一頒，中外忻戴，軍民帖然，頓還舊觀，不動聲色，而宗社再安，慈闈萬年，永享天下之養。陛下之孝如何。當是時，太皇猶豫而不決，大臣逡巡而不發，陛下退托而不敢當，禍變不測，宗社得以安乎，三宫得以安乎，陛下得以高枕而臥乎。以是知陛下功在社稷，孝備三宫，過於唐二宗遠矣。陛下天性仁孝，兢兢業業，猶以不得朝夕奉親，深軫聖念。陛下既能盡其大者，其小者在陛下不足為也。臣竊謂外庭之禮，五日之朝，不可廢闕。萬一聖父尚未康復，雖不獲瞻望慈顔，然陛下子職盡矣。都人見之，遠方聞之，豈不仰戴陛下聖德。以至奉安供奉之物，不可不厚；奉承之禮，不可不至；給侍之人，不可不擇；護衛之人，不可不嚴。庶幾人子之間，不生疑間，曲盡孝道，終始如一。如此則可以格天地，通神明，加

於百姓。刑于四海。上天祐之。下民歸之。聖子神孫享億萬斯年之祚天下幸甚。

哉又上奏曰。臣聞孝者百行冠冕。孝行一虧。它美莫贖。夫孝出於人心之所同然。可以動天地感鬼神。閭里無知之人。莫不知有父母。孝誠所格。天爲之降甘露。地爲之産芝草。人君爲之旌表門閭。里巷相傳。咨嗟歎息。以爲美事。儻不順於父母。天地之所不佑。震之以雷霆。王法之所不赦。加之以誅殛。人倫之所不齒。與無所容於覆載之間。蓋父母。子之天地。父母生育之。天地覆載之。父母之恩。天地等耳。中人之家。父母遺之以百金之産。猶且飲食不忘。寡人之子。父母無一金之遺。亦思此身之所從來。身體髮膚。皆父母所授。其敢一日忘乎。矧貴爲天子。富有天下。所得何啻百倍人主一嚬一笑。九州四海之所觀瞻。一言一動。天地鬼神之所降鑒。治亂之分。禍福之應。有不期然而然者。又況德莫大於孝。罪莫大於不孝。其所感召。疾於影響。吁可畏哉。去歲災異屢見。人情汹汹。朝不謀夕。陛下一枉法駕。覲朝北宮。天意頓回。瑞雪隨降。人心遂定。舊觀復還。自春以來。不躬定省。又復四閱月矣。所在闕雨。種不入土。早禾無及。旱勢已成。若至芒種雨澤愆期。必有赤地千里之憂。萬姓惶惶。口語籍籍。咸謂陛下孝行有虧。所以致此。孝經曰。事父孝。故事天明。事母孝。故事地察。傳曰。仁人事親如事天。事天如事親。未有不能事親而能事天者也。今郊祀不遠。陛下事親如此。何以望上天之感格乎。陛下臨御初載。郊禋之夕。風雨暴至。不能成禮。聖心震驚。因而遘疾。累月方愈。是時陛下未有失德。竊料父子之間疑貳之心已萌。上天所以不享。今孝行既虧。大非昔比。人心已失。天意可知。萬一有風雨之變。千乘萬騎。百司六軍。倉皇倣擾。呼吸之間。何所不有。人無愚智。私竊寒心。臣區區之愚欲

望陛下回心易慮。思念壽皇鞠育聖躬。傳受之重。莫重於天位。付與之大。莫大於天下。此恩此德。比隆天地。雖盡萬物。亦不足以爲毫髮之報。陛下當推孝敬之誠心。釋疑似之小憾。幡然而改。趣駕過宮。二聖重懽。融融洩洩。少盡人子事親之道。積此誠意。以之事天。必獲自天之祐。以之示人。必得百姓之懽。上以弭災異。下以銷禍變。在陛下一顧旨一舉足之勞耳。陛下少屈於壽皇一人。而天下億兆之人盡屈於陛下。此非特爲陛下計。爲宗廟社稷無窮之計。臣位卑言高。觸犯忌諱。罪在不赦。惟陛下財幸。

光宗欲幸玉津園。祕書郎曾三聘上疏言。今人心既離。大亂將作。小大之臣震怖請命。而陛下安意肆志。如弗聞知。萬一敵人謀知。馳一介之使。問安北宮。不知何以荅之。姦宄窺間。傳一紙之檄。指斥乘輿。不知何以禦之。望亟備法駕朝謁。不然臣實未知死所也。孝宗病革。復上疏言。道路流言。洶洶日甚。臣恐不幸而有狂夫姦人。托忠憤以行詐。假曲直以動衆。至此而後悔之。則恐無及矣。帝意爲動。

寧宗即位初。彭龜年上奏曰。臣等竊思今日事體最重。最宜先致力者。莫如陛下往朝太上皇及太上皇后爲第一事。父母與子。既得相見。知前日太母冊立之因。軍民擁迫之意。出於倉忙。非陛下之本心。此心既明。父子無疑。則天下事次第可施行矣。今議者所以遲遲未敢從聖駕之行者。但恐有死生不測之憂耳。此一種議論害道理。賊天性。世豈有爲人之子而疑父母圖已致不敢見者。如此。即與前日太上與重華之事何異。此理甚近。不難見也。爲陛下計。但只一心一德。盡所以事父母之道。焉有不感動者哉。願明詔大臣。急決此事。勿以外物利害憂逮動其心。則議論自定矣。

龜年又上奏曰。臣至愚極陋。無益世用。幸獲攀附。誤辱眷知。一旦投

之庶僚之中寘之法從之列思深力小恨無補報唯有區區朴忠知無不言庶以仰裨聰明俯酬悃愊惟陛下實哀憐之仰惟陛下自即祚以來聽言納諫不啻如流雖臣狂愚亦荷採擬獨移御南内一事臣凡五次口奏始若開肯終於不從如臣過計似不足聽然採之公朝無不疑惑若徒徇聖意泯默不言則臣負陛下多矣臣竊謂陛下此舉於義不安者有二於國不安者有一謹條列如左陛下前日臨踐大統天下曉然知陛下之心政以重華無喪主也今發引有期而陛下遽有即安南内之意異時攢宮既畢虞主既還几筵之奉誰復主之陛下謂朔望之奠乘輿必出足以安此心乎陛下若以此爲孝未足以慰天下之望也壽皇聖帝忍棄天下而不忍委三年之喪而不服斯足以爲孝矣故臣謂陛下不終喪不可以移御不然於義不安者一也陛下移御之舉臣固知陛下爲父母故爾陛下今日移御

之事固便於事父母然爲其父母而捨其祖於義安乎古人但云父爲祖屈不聞祖爲父屈陛下既承大統則當以祖爲重比者陛下日侍重華之喪而月爲南内之朝於事祖事父疏數中節輕重得宜天下咸服陛下之孝今陛下既欲移御不知亦嘗思壽皇虞主所奉之地乎亦嘗思慈福太皇太后壽成皇太后所處之宮乎若壽皇虞主止居重華則二太后當不離此二太后既奉壽皇几筵於此則陛下不當捨而之它矣陛下若捨而之它則不特壽皇几筵無主而二太后亦孤然於外是爲父母而捨其祖此於義不安者二也臣仰惟太上皇帝臨御六年輕徭薄賦仁覆天下不得罪於百姓禁戢掊尅優卹將士不得罪於諸軍接納臣下無大斥謫不得罪於諸臣而天下之心一旦渙然離者陛下抑嘗思其所以然乎今日陛下移御南内以親父母固懲太上皇失事親之禮矣而天下之心猶以爲未知懲

太上皇失事親之實也陛下今日既爲天下之主則當察天下之心向日太上皇之於重華天下之心誰怨誰懟今日陛下之於父母天下之心誰疑誰惑陛下亦嘗知之否耶既知之豈得而違之陛下儻不近訪之諸臣遠察之衆論而獨斷之聖心臣固知其危也臣妄議陛下君臣之隙骨肉之禍將恐在此此於國不安者一也臣言至此痛裂心膂自知辭戇意切必犯威怒斧鑕之誅所不敢逃萬一陛下採納其言以奉宗社臣雖受死亦無憾焉臣此奏欲望陛下付與廟堂大臣反覆熟議若以臣言爲是乞賜聽納若以臣言爲非乞賜竄逐伏候進止

慶元元年三月太府寺丞呂祖儉奏曰臣聞天下之勢久於無事之爲可畏本朝立國規模最爲長久然治忽消息百六十載而猶有靖康莫大之禍國家中興駐蹕江左揖遜授受使斯民得以奠居者將

七十年亦可謂之久於無事矣然於可喜之中而遽有深憂無虞之中而遽生多故事體疑阻人心睽乖皆發於綱常根本之地有非意料所能及朔復乖氣致異可駭可畏是豈可不深察其故而思所以爲轉移之方也自紹熙二載初郊之夕風雨暴至禮不克成太上皇帝聖體違豫中外惴恐由是而後問安視膳浸闕常儀臣民之心固已不遑寧處天降大禍孝宗皇帝奄棄萬國侍疾臨喪之志竟莫能伸於斯之時軍民恐讟訛言浸興衆心皇皇人思逃難流傳駭異邊鄙生心國勢阽危至是亦云極矣太上皇后因上皇詔旨順人心定大策爰命陛下以元子而承大統主孝宗之喪蓋天祚我宋變不失正故天下無改容動色之虞然遭變居憂寧親爲急陛下嗣位已閱三時天性至情固莫能間而躬致色養猶未有期雖貴爲天子富有四海將何以解此憂乎此憂未解根本愈虧苟因循度日而秪付之

蕪可柰何則臣恐天人之心必愈咈戾而弗順矣何以言之陛下初政非有愆闕然自去秋以來大風震電殊爲駭常而天目諸山水涌石裂其變尤甚畿内千里非旱則澇春霖爲害二麥復傷上辛祈穀行禮之際狂飈忽起不克升壇重以雷雪相繼秪在一二日之内天之示戒必有所以孟軻氏有言不得乎親不可以爲人不順乎親不可以爲子必至于親心底豫而天下之爲父子者定上皇既以感疾不得見孝宗抱終天之痛陛下又以事勢齟齬未得見上皇以少慰聖心累年之間綱常根本隳壞如此則在今日戒懼齋栗感悟親心以和召和轉灾爲福實難少緩伏願陛下深惟天下之勢久於無事之爲可畏重念綱常根本未能植立之爲可憂親心未豫則天意未和天意未和則人心弗順一有灾變便難支持寢食起居誠不可以自安燕遊逸豫誠不可以自縱一念一慮一舉一措皆以未得乎親爲

深憂有如親心未怡未得承歡膝下則庶幾遙望顏色以適此情徘徊徬徨不忍遽去左右前後必皆感孚真積力久聖父慈懷又必自有不能已者或上皇氣體猶未和豫陛下未得遂嘗藥之念則起敬起孝尤難自同於常時儻上皇氣體日就康寧既得時展定省之禮以慰天人之心後得同過重華必弭萬世之議臣雖至愚必知天灾可息於上外患可銷於下自成祈天永命之功也苟或歲推月移竟成否隔使綱常根本終於淪斁則天下久安之勢難保而易危菑害之生未知所極臣世受國恩情迫意切發言狂瞽不識忌諱惟陛下財幸

寧宗時起居郎兼侍講劉光祖上疏曰臣仰惟陛下誕膺天命纂紹皇圖聽政行宮凡五閱朔迨于烈祖梓宮發引然後徐蹕移御大内都城萬姓爰瞻爰仰載感載欣而臣之拳拳竊料聖心有正位凝命之思有臨朝願治之意見於始至之日而未嘗以萬乘之貴宮室之崇爲安且樂也何以知其然也方陛下之踐祚於素幄也倉卒之際不得不達權以安宗社當時聖心蓋亦憂禍亂之生於俄頃故於此而執喪焉於此而聽政焉夫豈得已乎哉暨大行因山有期廣内清宮以俟陛下之臨御人情豈遠事理自然而廷臣或者猶有隱憂勸陛下且視朝於行宮則蓋有三說烈祖之靈雖畢虞祔而几筵一朝閟寢陛下孝心詎忍忘之乎一也太皇太后耄期之傷皇太后淒涼之感晨夕定省豈得不關聖懷二也况外人竊議太上神明未復禁中皆不敢深言已定嗣君而今也宮墻咫尺恐太上未能冲澹於物初往往虛疑過傳播在群聽太上皇后以母臨子或旨命有所難從則陛下何以處之三也凡廷臣之忠於陛下者人人懷此三說而陛下有所不能從者豈陛下之得已哉臣竊意聖心亦有三說即位相

將半載而五日一朝之禮未得一面親顏今而咫尺宮闈勢必得見一也行宮内外淺隘周廬徼道無所設供奉百司無所處九重如寄二也况廣内未還則名體不正名體不正則疑議妄生疑議妄生則敵人窺伺三也廷臣欲陛下且居行宮者則有如彼之三說而陛下聞之憮然有所不能從者又有如此之三說臣故曰非得已也非得已則必當使此六說者毫髮無可窺議在陛下於還宮之初凡事好爲之而已矣陛下還宮之後爲事事皆好然後廷臣之三憂俱釋而聖心之三說始明臣請詳陳其故且陛下初臨大内其憂畏之心當如初踐大位不可忘也久而憂畏之心又當令始終如一不可怠也陛下憂畏不忘不怠常如一日則宫中三年之禮有同朝夕臨對几筵人謂陛下居烈祖之喪無有不盡此事實好一憂釋矣陛下憂畏不忘不怠常如一日則慈福壽成必交相慶慰曰吾孫今日能不替

其烈祖。不謂老年憂患有賴聖孫。人謂陛下奉曾祖母祖母無有不盡。此事實好。二憂釋矣。陛下憂畏不忘。不忘常如一日。則純意所感。天猶臨之。而況於父子之至親。豈不相愛。母子之至愛。豈不相憂。而何至有它疑之可慮。皆命之難處乎。陛下於父母能盡其道。於政令能盡其公。人謂陛下事親無有不善。此事實好。三憂釋矣。如其不然。陛下憂畏苟忘苟息。不能常如一日。則子之於父。雖曰密通。而情未必通。母之於子。或至牽制而事有難處。方且涉外人之所疑。而不能如陛下之初意。則陛下之一說。始無以明於天下矣。陛下憂畏。苟忘苟息。不能常如一日。則宮室之盛。百司之富。嬪御之備。九重之安。皆足以移陛下之本心。則陛下之二說。又無以明於天下矣。陛下憂畏苟忘苟息。不能常如一日。則名體雖正。而疑議方生。疑議方生。近且不服。如遠人何。則陛下之三說。亦無以明於天下矣。臣故曰。使六說

者無一事之不善。無一毫之可疑。在陛下好為之而已矣。而好為之。則不過憂畏之念常存而已矣。憂畏之念常存。然後陛下不得已之意始暴白於天下。而天下不議。何況今日之社稷。乃高宗皇帝再造之社稷。孝宗以憂勤而社稷安。太上以少怠憂勤而社稷幾危。今日之宮室。乃高宗皇帝中興之宮室。孝宗以憂勤而宮室安。太上以少怠憂勤而宮室幾危。則陛下可不深念而切鑒之歟。陛下入宮室而思社稷。則雖欲不憂畏。不可得也。夫謹於始至。後猶易怠。若始至而遂安且樂之。後將如何哉。是則陛下新御大內。乃政令之美惡所從出。志意之動息所從生。心之畏肆所從分。身之奢儉所從定。嗜欲之厚薄所從見。愛惡之取舍所從知。生民之休戚所從關。家國之安危所從系也。陛下天資明哲。悉慮悉知。而況目睹艱危。克自抑畏。移御之始。寧不有感於聖懷。而臣官當記注。職預論思。心乎愛君。寧免過計。輒忘罪觸忤瀆溷聰。雖出至愚。亦人臣事主之分當然也。惟陛下留神省察。

歷代名臣奏議卷之十二

歷代名臣奏議卷之十三

敬天

宋哲宗元祐八年。翰林學士范祖禹上奏曰。臣前上仁皇訓典。願陛下法則仁宗。宜以至誠好學爲先。今因進講月令聖人奉天之事。臣竊以畏天者莫如仁宗。故願陛下先誠於事天。臣聞聖人之事天也。非在於七日戒三日齋。執圭幣以饗圜丘之時也。天之佑聖人也。亦非在於祭則降福之時也。聖人無一日而不事天。天無一日而不佑聖人。昔堯授舜舜授禹。皆曰天之曆數在爾躬。夫帝王之興。受天眷命。豈一朝一夕哉。由其積行累功。素合於天也。堯有聖神文武之德。故天命以爲天下君。孔子曰。惟天爲大。惟堯則之。所以事天也。元亨利貞。乾之四德。君子行仁義禮智以法之。天地之大德曰生。聖人之大德曰仁。天敘有典。故奉之以五典。天秩有禮。故奉之以五禮。天命有德。故奉之以五服。天討有罪。故奉之以五刑。賞有德。罰有罪。皆天之事。非人君所得私也。故官謂之天官。民謂之天民。官不可非其人。民不可失其心。易曰。大人者先天而天不違。後天而奉天時。夫能使天不違者。奉天之至也。仲虺之誥曰。天乃錫王勇智。聖人聰明淵懿。皆天所與。豈可不學以奉天乎。湯誥曰。爾有善。朕弗敢蔽。罪當朕躬。弗敢自赦。惟簡在上帝之心。言人有善己有過。皆天所知。不可誣也。聖人推此心於天下。故其德合於天。伊尹曰。惟尹躬暨湯。咸有一德。克享天心。夫一者何。惟誠而已。不誠則有僞。故不一。不一則無以享天心。又曰。非天私我有商。惟天佑于一德。非商求于下民。惟民歸于一德。天之所佑。民之所歸。惟誠而已。召誥曰。今天其命哲。命吉凶。命歷年。命哲則有智有不智。故不可不一于學。命吉凶則有禍有福。故不可不一于德。命歷年則有永有不永。故不可不一于仁。此皆所以事天也。詩曰。文王陟降。在帝左右。言文王升降動靜皆合天之意也。又曰。昊天曰明。及爾出王。昊天曰旦。及爾游衍。言天常與人君出入游處。不可不畏也。夫天之與人。同一氣耳。故民愁則天爲之感。民悅則天爲之和。書曰。天視自我民視。天聽自我民聽。此之也。恭惟仁宗深體此意。是以能誠於事天。誠於畏天。臣伏見自去冬郊祀以來。天人協應。風雨時若。有豐年之祥。此乃皇天響佑陛下至誠之所感也。而自中春以來。暴風雨雪。寒氣過甚。節令不時。豐年之祥復未可必。夫天之於人君。亦猶人君之於臣下也。小過則戒敕之。若其不悛。然後責罰加焉。人君覩小異而不儆戒。則大異將至矣。是以洊雷震。則君子恐懼修省。迅雷風烈。孔子必變。敬天威怒也。惟陛下戒之慎之。無忽天地之小異。側身修德。以銷大異於未然。則天心常悅。人心常和。四海幸甚。

徽宗時。右正言鄒浩上奏曰。臣聞天人之應。捷於影響。苟知其故而豫處之。則轉禍爲福。斯不難也。神宗皇帝嘗謂輔臣曰。事之將兆。天常見象。但人不能知。彗孛示人事甚直。猶如語言。顧今無深曉天道之人耳。古人能知之。則能消伏。又曰。事將萌而天象先見。蓋人事在下。氣積於上。積衆人之氣而先見。猶人之五臟有疾病而氣色見於面矣。非神宗皇帝至神至聖。豈能及此。此人主之所宜遵用也。臣愚欲望睿慈申敕太史。無有諱避。悉以所占具奏聞。從而察之。以正厥事。以爲曲突徙薪之計。天下幸甚。

高宗紹興二年。張浚上奏曰。自古聖賢之君。莫不以畏天爲心。其意若曰。天道雖高。其聽甚邇。語默動靜。天實臨之。故一話一言。一舉一措。靡不孜孜恭肅。務格天心。方今大寇憑陵。民墜塗炭。四方歸心。期致太平者。責在陛下。臣愚伏乞政事之餘。平澹自養。正心修身。自然言行之間。可以動天。禍難之作。指日消弭。凡此皆人君格天之實也。陛下聖學高妙。固已自得。臣愚區區愛君之心。願以所知為獻耳。

高宗時曹勛論畏天上書曰。臣愚既陳定國是之說於前。繼此願陛下勉勉愈勵畏天之實。以副天意而已。臣仰惟陛下誕受丕圖。遭家多難。臨御以來。膺天眷佑。大約有十。皆深切著明之效。至於今日已就安定。然後可言。臣請備言之。初為質於軍中。繼撫軍於河外。其歸也孰脫之。其出也孰命之。歷數在躬。遂即大位。其眷佑陛下一也。鉞旌所指。備嘗艱難。水陸之行。僅濟風雨。將究觀於歷試。必保安於萬全。其眷佑陛下二也。四川。天下之根本。荊州。襟帶之上流。兩淮。形勝之要地。頃者四川嚴守關之師。荊州附鄂渚之軍。兩淮成倚角之勢。截然四固。南紀以安。原始維持。似非人力。其眷佑陛下三也。巨盜

魁冦。嘯聚蠭起。曾未幾年。掃無遺跡。雖資廟筭。亦出天亡。其眷佑陛下四也。連年稔熟。濟接以時。大兵之後。實難於有年。有年固難。況屢豐乎。是以調發之煩。科歛之重。民力雖困。尚堪支持。其眷佑陛下五也。晉元帝渡江。雖遠羯冦。王敦蘇峻。迭出為亂。庾亮有污人之塵。陶侃有折翼之夢。姦宄內訌。可以制外。陛下巡幸歷時。豈復有此憂哉。國於天地。與有立焉。其眷佑陛下六也。假劉豫而助之兵。粘罕之謀深矣。然土龍芻狗。卒無所成。豫無所成。粘罕所以去。粘罕去。豫所以廢。向使粘罕不去。劉豫不廢。則成三矣。三不可和也。不和終不定也。天意委曲如此。皆為我宋。其眷佑陛下七也。撻辣復我中原。而與兀朮異謀。雖和必不久。撻辣死。兀朮用事。欲復取中原。而兀室蕭慶勸其用兵。和議去矣。臣奉使在虜廷。兀室蕭慶見臣。即欲竣請鼎鑊何止被留哉。方擾擾間。二人一旦連頸被誅。臣所親見也。向使兀室蕭

慶不死。今日之事。尚敢望乎。二人之死。非天殺之而何。其眷佑陛下八也。先帝梓宮之還。固山之功。告成久矣。皇太后久留於北。陛下念親之心。無一日忘。今歸就慈寧之養。亦四年矣。是豈人力所能致哉。非天克相陛下純孝。未易就此。其眷佑陛下九也。庚申之歲。虜人復取中原。兵再舉矣。南北轉戰。至辛酉之春。猶未定。天下之人。皆曰用兵未艾也。是年秋九月。兀朮又大舉兵而南。陛下先遣臣勛劉光遠繼又遣魏良臣王公亮至泗上。未幾。虜遣蕭毅邢具瞻來審議和議遂定。兵已熾而遽熄。事方洶洶而遂大定。亦豈人力所能致哉。靖康之初。國人方以和為請。而終不能和。辛酉之冬。國人皆以和為非。而卒從和。天之從違可見矣。其眷佑陛下十也。臣竊窺天意眷佑陛下。深切著明之効。不可誣如此。豈非以陛下明畏天之道。必能紹隆祖宗積累之基業乎。陛下勉勉愈勵畏天之實。以副天意。考其既往。驗

其將來。天之眷佑。所成就於他日者。當如何哉。自古創業繼世之主膺天眷佑。而能克脩畏天之事。未有不愈隆益大。而永命者。堯舜禹湯文武。德同乎天。亦必謹畏天之道。載之典謨。形乎雅頌。班班然也。夏少康一廛一旅。復禹之績。太甲從伊尹之訓。高宗用傅說之戒。皆能成中興之業。畏天也。成康守文武之謨烈。而大成。畏天也。宣王興衰撥亂。復文武境土。功績之美。方見於采芑六月之章。而庭燎之箴沔水之規。祈父之刺。繼作矣。始畏天而終忽於畏天也。漢高帝崛起豐沛。自謂能用三傑。得天下。天下未定。君臣相與追樂。遂入於無為既老。既愛戚。成廢適立庶之謀。再世而有呂氏之患。天方祚漢。特假是以戒其後。遂有文景之治。天命吉凶之報也。武帝始不知畏天。終能畏天。卒為七制明主。唐高祖不及漢高遠矣。以太宗之明而好大喜功。勤兵於遠。自遣天戒。末年用人納諫。又不及貞觀時。留李勣輔

高宗。終成武氏之禍。又甚於漢之諸呂。亦天所命吉凶之報也。明皇憲宗始知畏天。終不能畏天。始則天相之。終則天敗之。皆視其所爲不可欺也。聖朝太祖皇帝由揖遜得天下。固不可與漢唐同世而語。祖功宗德。繼序興隆。未易殫數。大抵人才以競業恪公爲用。風俗以厚實倫畜爲本。兵以不用爲武。刑以不刻爲平。財以不斂爲富。一言一爲。立政立事。如天在傍。不敢慢忽。是以天心克相。和平安定。三代以來。未有如此之盛且久者。熙寧大臣進天命不足畏、祖宗不足法、人言不足聽之說。文恬武嬉。牙孽恫怨。五十餘年。奇禍大作。而陛下適膺斯時。誕受天命。天意畀付。蓋可見矣。臣聞既亂必有定。定亂必以治。治亂之本。先繫於生民之休戚。又繫於人材之賢否。政事之得失。紀綱之廢舉。風俗之厚薄。陛下以天命之哲。天錫之智。豈不明此五者爲治亂相易之本乎。聖意非脫略而不爲也。前此所未暇也。今

天下定矣。前此所未暇者。今可以有爲矣。亦天之眷佑始終於陛下將以成今日之治。臣願陛下勉勉愈勵。畏天之實。以副天意者。區區之忠。在是而已。臣考秦滅六國。而繼周。有統而無德。不爲天所佑。二世而爲漢。漢亡。天下三分。統不在吳蜀而在魏者。將以興晉也。晉得吳蜀合而爲一。其後不能保其一。天使劉石亂華。元帝渡江。雖南北分。統在晉。宋繼晉。齊繼宋。梁繼齊。陳繼梁。皆得統也。五朝而合於隋。隋受周禪。本無統。得陳而有統。亦以無德不爲天所佑。二世而爲唐。唐亡。天下八分。雖朱梁石晉皆可以得統者。將以興我宋也。五代五十年而爲我宋。太祖皇帝取吳蜀閩越南唐以并天下。太宗皇帝取晉。遂混爲一。靖康之變。至是又分。南北乃定。自秦合天下至漢末而三分。至晉而二分。其數五百年。自隋合天下至唐末而八分。至我宋而又分。其數亦五百年。天命可不畏哉。晉之分。南一姓而北十數姓。

今日之分。南一姓而北亦不一姓。晉分而南北不定者又十數年。今一分遂定。而天命在陛下。天之責我者重。責彼者輕。望彼者略。望我者全。竊計見効。考其既往。驗其將來。天之眷佑。所成就在陛下。決非淺淺者。臣揆此理甚明。願陛下勉勉愈勵。畏天之實。以副天意而已。臣不勝拳拳之誠。惟陛下裁赦。幸甚。

光宗紹熙二年。司農寺主簿呂祖儉上奏曰。臣聞天人相與之際。未嘗相遠。而人君舉動。實與天通。詩曰。敬之敬之。天維顯思。命不易哉。無曰高高在上。陟降厥士。日監在茲。此言天道之流行。人君舉動莫不與之俱也。是故禮曰天秩。典曰天叙。賞曰天命。刑曰天討。動必以天爲言。而不敢有貳其心。即是心而嚴乎假廟。則禮文之見於假廟者。不敢廢也。即是心而盡乎事親。則禮文之見於事親者不敢廢也。至於有大典禮。大休慶之事。則舉之以告。亦不敢略其禮文。所以承

天意而答天休者。固如此。若夫一用一捨。必明乎好惡之公。一賞一罰。必察乎僭差之失。則又斷合乎天而靡有所易也。典禮賞罰。悉本諸天。動靜陟降。罔不在是。堯舜禹湯文武之爲君。皆同乎此心而已矣。恭惟陛下受天明命。性與天合。誠自有以深得乎天心。然臣之愚猶有不能自已者。竊嘗惟念辛亥之春。雷雪交作。郊禋之夕。風雨驟至。已而聖躬佚豫。中外寒心。今茲清明在御。如日方升。屢慶悉闌祗款原廟。天宇開霽。神人欣歡。而況比年以來。夏令雖寒。然夐聞霜雹之爲異。冬氣雖燠。然幸有時雪之應。期災害漸銷。和氣浹洽。對越之敬。政在斯時。欲望陛下觀天道之息通。而益思所以戒懼。因天心之昭假。而益思所以奉承。擴夫正大之情。以致謹乎德刑。極夫感通之理。以致嚴乎典禮。即諸念慮驗諸事爲。成加聖心。以承天意。則往歲之災害可以常弭。難諶之命可以常保。而聖德隆盛。將與天同休矣。

臣不勝惓惓。

光宗時醴泉觀使周必大上奏曰臣聞人君所踐者天位所保者天祿故愛民則欲如天之仁勤政則欲如天之健溥愛無私以法天存心養性以事天然後可以奉若其道顧諟其命億萬斯年受天之祜矣列聖相傳以為家法至于壽皇尤篤意焉嘗御製敬天圖跡經傳法語於其下朝夕省覽此圖必在禁中願陛下訪求而觀之則古今成說不待儒生學士鋪張議論固已畢陳於前矣抑臣尚有管見敢併言之揚雄曰史以天占人聖人以人占天如上所奏蓋欲陛下以人占天也苟德脩而化行自然三光宣精百川循理雖無太史之占可也然以堯之聖猶命羲和歷象日月星辰以舜之聖猶在璿璣玉衡以齊七政況後世乎今太史局雖有其官皆以技進名隸秘書省不過識時點檢鐘鼓而已政事或闕于下災祥或見於上彼何預焉堯

舜遠矣羲和固難復置以本朝論之凡提舉司天監皆委忠直近臣如神宗初年首用司馬光元豐間復用王安禮設或躔度稍異必能入告圖消弭之方自然災害不生禍亂不作所謂風雷弗迷熒惑退舍可拱而俟其助治也大矣臣願陛下酌本朝故事擇侍從臺諫之忠直者提舉太史局此亦復古格天之一端也

寧宗嘉定八年袁燮上奏曰臣一介疏庸遭逢盛際誤蒙拔擢寖歷清華每自念無以稱塞惟有罄竭愚忠庶幾仰酬天造臣聞人君之德莫大於敬天尤莫大於法天蓋法天者敬天之實也宅天位之尊精神運用形見於天下者無往而非天是之謂敬天之實徒曰敬之而不能法之亦猶心慕其人而不知效其所為豈真能有益於己哉陛下光紹丕圖垂及二紀嚴恭寅畏常如一日雖古帝王篤於敬天者殆無以過然古之敬天未嘗不以天為法陛下內揆於心其皆與天無間歟抑猶有未合者歟夫天猶父也君猶子也子克肖其父父必為之喜而譴怒不作矣君克配乎天天必降之福而災變不生矣陛下敬天之心不為不至而前年日有食之不盡如鉤去年大旱之後飛蝗蔽空星變異常一夕再見今年日月復相繼薄食則是天意猶未解也得非法天之誠猶有可議者歟臣愚不識忌諱謹條四事切於當世者上干天威惟陛下裁赦而垂聽焉其一曰臣聞天下大器也惟達天德者為能舉之在易之乾天行健君子以自強不息宜健而弱非天德也故君德弱則不進紀綱弱則不張法度弱則不修號令弱則不行治內而弱則中國不尊治外而弱則夷狄不懾君天下者當無時而不強豈可一日而弱哉且女真之將亡無智愚皆知之陛下愛惜生靈遵養時晦似未害也而揣摩迎合之流遂欲苟安於無事有言不可者則詆之曰是欲用兵爾加以是名時所至諱則不

敢復言蓋所以結其舌也而不知我能自奮則威聲震疊自足以不戰而屈人兵我不自強而示人以弱適足以召兵又豈能息兵哉韃靼夏人自昔雄盛新興諸豪兵力亦強皆知中國之弱日夜垂涎伺隙而作吾將若之何竊恐兵端寖啓而禍患未易平也陛下以是思之豈可不法天行健磨厲精神破庸人之論以彊中國之威哉其二曰臣聞人主之大柄有二曰慶賞曰刑威而已然本於公則天下服出於私則公道廢皐陶之陳謨曰天命有德五服五章哉天討有罪五刑五用哉奉天而行所謂公也陛下更化以來招延俊彥屏去回邪固已上合乎天心矣然用違其才則如勿用言而不行與不用同忠良不得以展布賢智未免於湮鬱天之命德豈其然乎或依勢作威敢於專殺而姑務含容或黨附權姦罪不容誅而陰求救拔或貪[illegible]聞士論不耻而復官與祠或總或締交賄賂公行而匿瑕含[illegible]

天之討罰豈其然乎。施此二柄而不原乎天。則朝綱廢弛而國勢陵夷矣。陛下思之至此。豈可不大明公道而力救斯弊哉。其三曰。臣聞惟天惠民。惟辟奉天。人君之仁民。必如天之無不愛可也。旱蝗相仍民大飢困。上軫淵衷。多方賑卹。可謂仁矣。然長民之吏。慮獨放太多未必能以實告。故飢民不可勝計。而濟糶不能徧及。或轉於溝壑。或輕去鄉井。或羣聚借糧。或肆行剽掠。無所得食。勢固宜然。今春既分矣。而艱食猶衆。不知其飢。餓而死。抑有以虐我而讎其上者乎。昔者東晉之末。李雄李特之流。初起不過流民浸盛。遂能據蜀。監觀往事可為寒心。我朝內帑之儲。本為凶荒之備。耗於移用。誠為可惜。所宜特發睿斷。申敕攸司。止絕他費。專以救荒為急。推廣天心。大施仁政則垂絕之命續而作亂之萌折矣。其四曰。臣聞廣謀從衆。則合於天心。聰明明畏。皆自乎民。所以為天。疇咨于衆。舍己從人。所以為聖。今

侍從之臣。所以資獻納之益也。曰近清光而不聞有所咨訪。通進一司。所以達庶僚之言也。虛名僅存而不聞有所規誡。則是朝廷之舉事實不與天下共之也。天下之大。當與天下共圖之。豈可不稽謀于衆哉。患人才之難得。稽謀于衆。必將有超卓逸群之彥。患國計之未豐。稽謀于衆。必將有取與不窮之術。患邊備之未修。稽謀于衆。必將有禦戎制勝萬全之良策。觸類而長之。凡事關利害。皆廣咨博訪。是為至公。是為天心。豈復有不當者哉。臣區區愚忠。陳此四事。一本於天者蓋如此。陛下天資粹美。聖心淵靜。行此四者易於轉圜。而臣猶慮陛下未能盡行者。諂諛之風未息。蒙蔽之患方深爾。惟私是徇。則不知有公。惟利是趨。則不知有義。詭隨以求合。脂韋以取容。隔絕上下。交相為欺。萬一陛下少惑其說。則凡忠鯁之言。何自而能行哉。故孔子曰。遠佞人。佞人殆。而孟軻亦云。與讒諂面諛之人居。國欲治。可得乎。崇觀政宣之際。此徒實繁。所以靖康之禍至大至酷。今日所當深戒也。去秋大饗明堂。至誠昭假。熙事告成。群臣爭為歸美之詞。極其稱贊。陛下深念旱蝗之餘。抑而不納。此亦足以窒導諛之源矣。臣願陛下益堅此志。無甘佞辭。惟正人是親。惟忠言是聽。此固天心所望於陛下也。奉而承之乎。以祈天永命。不其休哉。尊崇異教。齋素禱祠。事天之末節爾。君子無取焉。故臣終始以敬天之實上裨聖德。惟陛下勉思臣言。天下幸甚。

嘉定間。寧宗有事于明堂。權禮部侍郎游景仁上疏。言欲盡事天之禮。當盡敬天之心。心存則政事必適其宜。言動必當其理。雨暘必循其序。夷夏必安其生。

寧宗時。將作監主簿牛大年入對。言人主所當先者。要以天命人心之所繫致念焉。夫以人主居富貴崇高之位。重而承宗社之託。尊而

為臣辟之戴。一指意而衆莫敢違。一動作而人孰敢議。然而天心靡常。則可畏也。

理宗嘉熙六年。屯田郎中王萬因轉對言天命去留。原於君心。陛下一二而思之。凡惻然有觸於心而未能安者。皆心之所未能同乎天者也。天不在天而在陛下之心。苟能天人合一。永永勿替。天命在我矣。

淳祐十年。太師左丞相兼樞密使鄭清之上疏曰。敬天之怒易。敬天之休難。天怒可憂。而以為易。天休可喜。而以為難。何哉。蓋憂則懼心生。懼則怒可轉而為休。喜則玩心生。玩則休或轉而為怒。帝大喜。命史官書之。賜詔獎諭。

歷代名臣奏議卷之十三

歷代名臣奏議卷之十四

郊廟

漢惠帝為東朝長樂宮及間往來（蹕通也）數蹕煩人乃作複道方築武庫南叔孫生奏事因請間曰陛下何自築複道高寢衣冠月出游高廟高廟漢太祖奈何令後世子孫乘宗廟道上行哉（月出高帝衣冠備法駕名曰游衣冠三輔黃圖高寢在高廟西高祖衣冠藏在高寢月出游於高廟其道值所作複道故言乘宗廟道上行）孝惠帝大懼曰急壞之叔孫生曰人主無過舉今已作百姓皆知之今壞此則示有過舉願陛下為原廟渭北衣冠月出游之益廣多宗廟大孝之本也上迺詔有司立原廟原廟起以複道故孝惠帝會春出游離宮叔孫生曰古者有春嘗果方今櫻桃孰可獻願陛下出因取櫻桃獻宗廟上乃許之諸果獻由此興

景帝元年十月制詔御史蓋聞古者祖有功宗有德制禮樂各有由

聞歌者所以發德也舞者所以明功也高祖廟酎（正月旦作酒八月成名曰酎酎之言純也至武帝時因八月嘗酎會諸侯廟中出金助祭所謂酎金也）奏武德文始五行之舞孝惠廟酎奏文始五行之舞孝文皇帝臨天下通關梁不異遠方除誹謗去肉刑賞賜長老收恤孤獨以育羣生減嗜欲不受獻不私其利也罪人不孥不誅無罪除肉刑出美人重絕人之世朕既不敏不能識此皆上古之所不及而孝文皇帝親行之德厚侔天地利澤施四海靡不獲福焉明象乎日月而廟樂不稱朕甚懼焉其為孝文皇帝廟為昭德之舞以明休德然后祖宗之功德著於竹帛施于萬世永永無窮朕甚嘉之其與丞相列侯中二千石禮官具為禮儀奏丞相臣申屠嘉等言陛下永思孝道立昭德之舞以明孝文皇帝之盛德皆臣嘉等愚所不及臣謹議世功莫大於高皇帝德莫盛於孝文皇帝高皇帝廟宜為帝者太祖之廟孝文皇帝廟宜為帝者太宗之廟天下宜世

世獻祖宗之廟郡國諸侯宜各為孝文皇帝立太宗之廟諸侯王列侯使者侍祠天子歲獻祖宗之廟請著之竹帛宣布天下制曰可

孝武帝時天子郊雍議曰今上帝朕親郊而后土無祀則禮不答也有司與太史公祠官寬舒議天地牲角繭栗今陛下親祠后土后土宜於澤中圜丘為五壇壇一黃犢太牢具已祠盡瘞而從祠衣上黃於是天子遂東始立后土祠汾陰脽丘如寬舒等議

元帝永光四年詔議罷郡國廟丞相韋玄成等曰臣聞祭非自外至者也繇中出生於心也故唯聖人為能饗帝孝子為能饗親立廟京師之居躬親承事四海之內各以其職來助祭尊親之大義五帝三王所共不易之道也詩云有來雍雍至止肅肅相維辟公天子穆穆春秋之義父不祭於支庶之宅君不祭於臣僕之家王不祭於下土諸侯臣等愚以為宗廟在郡國宜無脩臣請勿復脩奏可後月餘復

詔議立親廟又曰禮王者始受命諸侯始封之君皆為太祖以下五廟而迭毀毀廟之主藏乎太祖五年而再殷祭言壹禘壹祫也祫祭者毀廟與未毀廟之主皆合食於太祖父為昭子為穆孫復為昭古之正禮也祭義曰王者禘其祖自出以其祖配之而立四廟言始受命而王祭天以其祖配而不為立廟親盡也立親廟四親親也親盡而迭毀親疏之殺示有終也周之所以七廟者以后稷始封文王武王受命而王是以三廟不毀與親廟四而七非有后稷始封文武受命之功者皆當親盡而毀成王成二聖之業制禮作樂功德茂盛廟猶不世以行為諡而已禮廟在大門之內不敢遠親也臣愚以為高帝受命定天下宜為帝者太祖之廟世世不毀承後屬盡者宜毀今宗廟異處昭穆不序宜入就太祖廟而序昭穆如禮太上皇孝惠孝文孝景廟皆親盡宜毀皇考廟親未盡如故大司馬車騎將軍許嘉

等一十九人以為孝文皇帝除誹謗去肉刑躬節儉不受獻罪人不孥不私其利出美人重絕人類賓賜長老收恤孤獨德厚侔天地利澤施四海宜為帝者太宗之廟廷尉尹忠以為孝武皇帝改正朔易服色攘四夷宜為世宗之廟諫大夫尹更始等以為皇考廟上序於昭穆非正禮宜毀於是上重其事依違者一年乃下詔曰高皇帝為漢太祖孝文皇帝為太宗世世承祀傳之無窮

元帝時丞相韋玄成奏罷太上皇寢廟園博士平當上書言臣聞孔子曰如有王者必世而後仁三十年之間道德和洽制禮興樂災害不生禍亂不作今聖漢受命而王繼體承業二百餘年孜孜不怠政令清矣然風俗未和陰陽未調災害數見意者大本有不立與何德化休徵不應之久也禍福不虛必有因而至者焉宜深迹其道而務修其本昔者帝堯南面而治先克明俊德以親九族而化及萬國孝

經曰天地之性人為貴人之行莫大於孝孝莫大於嚴父嚴父莫大於配天則周公其人也夫孝子善述人之志周公既成文武之業而制作禮樂修嚴父配天之事知文王不欲以子臨父故推而序之上極於后稷而以配天此聖人之德亡以加於孝也高皇帝聖德受命有天下尊太上皇猶周文武之追王大王王季也此漢之始祖後嗣所宜尊奉以廣盛德孝之至也書云正稽古建功立事可以永年傳於亡窮上納其言下詔復太上皇寢廟園

成帝初即位丞相匡衡言甘泉泰畤紫壇八觚宣通象八方五帝壇周環其下又有羣神之壇以尚書禋六宗望山川徧羣臣之義紫壇有文章采鏤黼黻之飾及玉女樂石壇仙人祠瘞鸞路騂駒寓龍馬不能得其象於古臣聞郊紫壇饗帝之義埽地而祭上質也歌大呂舞雲門以竢天神歌大簇舞咸池以竢地祇其牲用犢其席槀稭其器陶匏皆因天地之性貴誠上質不敢修其文也以為神祇功德至大雖修精微而備庶物猶不足以報功唯至誠為可故上質不飾以章天德紫壇偽飾女樂鸞路騂駒龍馬石壇之屬宜皆勿修衡又言王者各以其禮制事天地非因異世所立而繼之今雍鄜密上下畤本秦侯各以其意所立非禮之所載術也漢興之初儀制未及定即且因秦故祠復立北畤今既稽古建定天地之大禮郊見上帝青赤白黃黑五方之帝皆畢陳各有位饌祭祀備具諸侯所妄造王者不當長遵及北時未定時所立不宜復修天子皆從焉及陳寶祠由是皆罷

丞相匡衡御史大夫張譚奏言帝王之事莫大乎承天之序承天之序莫重於郊祀故聖王盡心極慮以建其制祭天於南郊就陽之義也瘞地於北郊即陰之象也天之於天子也因其所都而各享焉往

者孝武皇帝居甘泉宮即於雲陽立泰畤祭於宮南今行常幸長安郊見皇天反北之泰陰祠后土反東之少陽事與古制殊又至雲陽行谿谷中阨陜且百里汾陰則渡大川有風波舟楫之危皆非聖主所宜數乘郡縣治道共張吏民困苦百官煩費勞所保之民行危險之地難以奉神靈而祈福祐殆未合於承天子民之意昔者周文武郊於豐鄗成王郊於雒邑由此觀之天隨王者所居而饗之可見也甘泉泰畤河東后土之祠宜可徙置長安合於古帝王願與羣臣議定奏可大司馬車騎將軍許嘉等八人以為所從來久遠宜如故右將軍王商博士師丹議郎翟方進等五十人以為禮記曰燔柴於太壇祭天也瘞薶於太折祭地也兆於南郊所以定天位也祭地於太折在北郊就陰位也郊處各在聖王所都之南北書曰越三日丁巳用牲于郊牛二周公加牲告徙新邑定郊禮於雒明王聖主事天明

事地察天地明察神明章矣天地以王者為主故聖王制祭天地之禮必於國郊長安聖主之居皇天所觀視也甘泉河東之祠非神靈所饗宜徙就正陽太陰之處違俗復古循聖制定天位如禮便於是衡譚又奏議曰陛下聖德聰明上通承天之大典覽羣下使各悉心盡慮議郊祀之處天下幸甚臣聞廣謀從衆則合於天心故洪範曰三人占則從二人之言言少從多之義也論當往古宜於萬民則依而從之違道寡與則廢而不行今議者五十八人其五十人言當徙之義皆著於經傳同於上世便於吏民八人不按經藝考古制而以為不宜無法之議難以定吉凶太誓曰正稽古建功立事可以永年丕天之大御詩曰毋曰高高在上陟降厥士日監在茲言天之日監王者之處也又曰廼眷西顧此維予宅言天以文王之都為居也宜於長安定南北郊為萬世基天子從之

哀帝即位丞相孔光大司空何武奏言永光五年制書高皇帝為漢太祖孝文皇帝為太宗建昭五年制書孝武皇帝為世宗損益之禮不敢有與臣愚以為迭毀之次當以時定臣請與羣臣雜議奏可於是光祿勳彭宣詹事滿昌博士左咸等五十三人皆以為繼祖宗以下五廟而迭毀後雖有賢君猶不得與祖宗並列子孫雖欲褒大顯揚而立之鬼神不饗也孝武皇帝雖有功烈親盡宜毀太僕王舜中壘校尉劉歆議曰臣聞周室既衰四夷並侵獫狁最彊於今匈奴是也至宣王而伐之詩人美而頌之曰薄伐獫狁至于太原又曰嘽嘽推推如霆如雷顯允方叔征伐獫狁荊蠻來威故稱中興及至幽王犬戎來伐殺幽王取宗器（宗器宗廟之器也）自是之後南夷與北夷交侵中國不絕如綫春秋紀齊桓南伐楚北伐山戎孔子曰微管仲吾其被髮左衽矣是故棄桓之過而錄其功以為伯首及漢興冒頓始彊破東胡禽月氏（氏讀曰支）并其土地地廣兵彊為中國害南越尉佗總百粵自稱帝故中國雖平猶有四夷之患且無寧歲一方有急三面救之是天下皆動而被其害也孝文皇帝厚以貨賂與結和親猶侵暴無已甚者興師十餘萬衆近屯京師及四邊歲發屯備虜其為患久矣非一世之漸也諸侯郡守連匈奴及百粵以為逆者非一人也匈奴所殺郡守都尉畧取人民不可勝數孝武皇帝愍中國罷勞無安寧之時乃遣大將軍驃騎伏波樓船之屬南滅百粵起七郡北攘匈奴降昆邪十萬之衆置五屬國起朔方以奪其肥饒之地東伐朝鮮起玄菟樂浪以斷匈奴之左臂西伐大宛并三十六國結烏孫起敦煌酒泉張掖以鬲婼羌（婼而遮反）裂匈奴之右肩單于孤特遠遁于幕北四垂無事斥地遠境起十餘郡功業既定迺封丞相為富民侯以大安天下富實百姓其規模可見又招集天下賢俊與協心同謀興制度改

正朔易服色立天地之祠建封禪殊官號存周後定諸侯之制永無逆爭之心至今累世賴之單于守藩百蠻服從萬世之基也中興之功未有高焉者也高帝建大業為太祖孝文皇帝德至厚也為文太宗孝武皇帝功至著也為武世宗此孝宣帝所以發德音也禮記王制及春秋穀梁傳天子七廟諸侯五大夫三士二天子七日而殯七月而葬此喪事尊卑之序也與廟數相應其文曰天子三昭三穆與太祖之廟而七諸侯二昭二穆與太祖之廟而五故德厚者流光德薄者流卑（流謂流風餘福）春秋左氏傳曰名位不同禮亦異數自上以下降殺以兩禮也七者其正法數可常數者也宗不在此數中宗變也苟有功德則宗之不可預為設數故於殷太甲為太宗太戊曰中宗武丁曰高宗周公為無逸之戒舉殷三宗以勸成王繇是言之宗無數也然則所以勸帝者之功德博矣以七廟言之孝武皇帝未宜毀以

所宗言之則不可謂無功德禮記祀典曰夫聖王之制祀也功施於民則祀之以勞定國則祀之能救大災則祀之竊觀孝武皇帝功德皆兼而有焉凡在於異姓猶將特祀之况於先祖或說天子五廟無見文又說中宗高宗者宗其道而毀其廟名與實異非尊德貴功之意也詩云蔽芾甘棠勿翦勿伐邵伯所茇思其人猶愛其樹况宗其道而毀其廟乎迭毀之禮自有常法無殊功異德固以親疏相推及至祖宗之序多少之數經傳無明文至尊至重難以疑文虛說定也孝宣皇帝舉公卿之議用衆儒之謀既以為世宗之廟建之萬世宣布天下臣愚以為孝武皇帝功烈如彼孝宣皇帝崇立之如此不宜毀上覽其議而從之制曰太僕舜中壘校尉歆議可

平帝元始五年大司馬王莽奏言王者父事天故爵稱天子孔子曰人之行莫大於孝孝莫大於嚴父嚴父莫大於配天王者尊其考欲

以配天緣考之意欲尊祖推而上之遂及始祖是以周公郊祀后稷以配天宗祀文王於明堂以配上帝禮記天子祭天地及山川歲徧春秋穀梁傳以十二月下辛卜正月上辛郊高皇帝受命因雍四時起北時而備五帝未共天地之祀孝文十六年用新垣平初起渭陽五帝廟祭泰一地祇以太祖高皇帝配日冬至祠泰一夏至祠地祇皆并祠五帝而共一牲上親郊拜後平伏誅廼不復自親而使有司行事孝武皇帝祠雍曰今上帝朕親郊而后土無祠則禮不荅也於是元鼎四年十一月甲子始立后土祠於汾陰或曰五帝泰一之佐宜立泰一五年十一月癸未始立泰一祠於甘泉二歲一郊與雍更祠亦以高祖配不歲事天皆未應古制建始元年徙甘泉泰畤河東后土於長安南北郊永始元年三月以未有皇孫復甘泉河東祠綏和二年以卒不獲祐復長安南北郊建平三年懼孝哀皇帝之疾未瘳復甘泉汾陰祠竟復無福臣謹與太師孔光長樂少府平晏大司農左咸中壘校尉劉歆大中大夫朱陽博士薛順議郎國由等六十七人議皆曰宜如建始時丞相衡等議復長安南北郊如故

後漢光武建武初大議郊祀制多以為周郊后稷漢當祀堯詔復下公卿議議者僉同帝亦然之侍御史杜林獨以為周室之興祚由后稷漢業特起功不緣堯祖宗故事所宜因循定從林議

武始侯張純以宗廟未定昭穆失序十九年乃與太僕朱浮共奏言陛下興於匹庶蕩滌天下誅鉏暴亂興繼祖宗竊以經義所紀人事衆心雖實同創革而名為中興宜奉先帝恭承祭祀者也元年以來宗廟奉祠高皇帝為受命祖孝文皇帝為太宗孝武皇帝為世宗皆如舊制又立親廟四世推南頓君以上盡於舂陵節侯禮為人後者則為之子既事太宗則降其私親今禘祫高廟陳序昭穆而舂陵四

世君臣並列以卑廁尊不合禮意設不遭王莽而國嗣無寄推求宗室以陛下繼統者安得復顧私親違禮制乎昔高帝以自受命不由太上宣帝以孫後祖不敢私親故為父立廟獨羣臣侍祠臣愚謂宜除今親廟以則二帝舊典願下有司博採其議詔下公卿大司徒戴涉大司空竇融議宜以宣元成哀平五帝四世代今親廟宣元皇帝尊為祖父可親奉祠成帝以下有司行事別為南頓君立皇考廟其祭上至舂陵節侯羣臣奉祠以明尊尊之敬親親之恩帝從之

二十六年詔張純曰禘祫之祭不行已久矣三年不為禮禮必壞三年不為樂樂必崩宜據經典詳為其制純奏曰禮三年一祫五年一禘春秋傳曰大祫者何合祭也毀廟及未毀廟之主皆登合食乎太祖五年而再殷漢舊制三年一祫毀廟主合食高廟存廟主未嘗合祭元始五年諸王公列侯廟會始為禘祭又前十八年親幸長安亦

行此禮禮讖三年一閏天氣小備五年再閏天氣大備故三年一祫五年一禘禘之為言諦諦定昭穆尊卑之義也禘祭以夏四月夏者陽氣在上陰氣在下故正尊卑之義也祫祭以冬十月冬者五穀成熟物備禮成故合聚飲食也斯典之廢於茲八年謂可如禮施行以時定議帝從之自是禘祫遂定

明帝永平三年八月丁卯公卿奏議世祖廟登歌八佾舞功名東平王蒼議以為漢制舊典宗廟各奏其樂不皆相襲以明功德秦為無道殘賊百姓高皇帝受命誅暴元元各得其所萬國咸熙作武德之舞孝文皇帝躬行節儉除誹謗去肉刑澤施四海孝景皇帝制昭德之舞孝武皇帝功德茂盛威震海外開地置郡傳之無窮孝宣皇帝制盛德之舞光武皇帝受命中興撥亂反正武暢方外震服百蠻戎狄奉貢宇內治平登封告成修建三雍肅修典祀功德巍巍比隆前代以兵平亂武功盛大歌所以詠德舞所以象功世祖廟樂名宜曰大武之舞元命包曰緣天地之所雜樂為之文典文王之時民樂其興師征伐而詩人稱有武功璇璣鈐曰有帝漢出隱洽作樂各與虞韶禹夏湯濩周武無異不宜以名舞叶圖徵曰大樂必易詩傳曰頌言成也一章成篇宜列德故登歌清廟一章也漢書曰百官頌所登御者一章十四句依書文始五行武德昭真修之舞節損益前後之宜六十四節為舞曲副八佾之數十月烝祭始御用其文始五行之舞如故勿進武德舞歌詩曰於穆世廟肅雍顯清俊乂翼翼秉文之成越序上帝駿奔來寧建立三雍封禪泰山章明圖讖放唐之文休矣惟德罔射協同本支百世永保厥功詔書曰驃騎將軍議可進武德之舞如故

章帝初即位東平王蒼上言昔者孝文廟樂曰昭德之舞孝武廟樂曰盛德之舞今皆祫食於高廟昭德盛德之舞不進與高廟同樂今孝明皇帝主在世祖廟當同樂盛德之樂無所施如自立廟當作舞樂者不當與世祖廟盛德之舞同名即不改作舞樂當進武德之舞臣愚戇鄙陋廟堂之論誠非所當聞所宜言陛下體純德之妙奮至謙之意猥歸美於載列之臣故不敢隱蔽愚情披露腹心誠知愚鄙之言不可以御四門賓于之議伏惟陛下以至德當成康之隆天下乂安刑措之時也百姓盛歌元首之德股肱貞良庶事寧康臣欽仰聖化嘉羨盛德危顛之備非所宜稱

章帝時有司上奏曰孝明皇帝聖德淳茂劬勞日昃身御浣衣食無兼珍澤臻四表遠人慕化僬僥儋耳款塞自至克伐鬼方開道西域威靈廣被無思不服以烝庶為憂不以天下為樂備三雍之教躬養老之禮作登歌正雅樂博貫六藝不舍晝夜聰明淵塞著在圖讖至德所感通於神明功烈光於四海仁風行於千載而深執謙讓自稱不德無起寢廟埽地而祭除日祀之法省送終之禮遂藏主於光烈皇后更衣別室天下聞之莫不悽愴陛下至孝烝烝奉順聖德臣愚以為更衣在中門之外處所殊別宜尊廟曰顯宗其四時禘祫於光武之堂間祀悉還更衣共進武德之舞如孝文皇帝祫祭高廟故事制曰可

梁太后臨朝以殤帝幼崩廟次宜在順帝下太常大夫馬訪奏宜如詔書諫議大夫呂勃以為應依昭穆之序先殤帝後順帝詔下公卿大鴻臚周舉議曰春秋魯閔公無子庶兄僖公代立其子文公遂躋僖於閔上孔子譏之書曰有事于太廟躋僖公傳曰逆祀也及定公正其序經曰從祀先公為萬世法也今殤帝在先於秩為父順帝在後於親為子先後之義不可改昭穆之序不可亂呂勃議是也詔從

之安帝元初六年。司空李郃侍祠南郊。不見六宗祠。奏曰。案尚書肆類于上帝。禋于六宗。六宗者。上不及天。下不及地。傍不及四方。在六合之中。助陰陽化成萬物。漢初甘泉汾陰天地亦禋六宗。孝成之時。匡衡奏立南北郊祀。復祠六宗。及王莽謂六宗易六子也。建武都雒陽。制祀不道祭。六宗由是廢。不血食。今宜復舊制度。制曰下公卿議。五官將行弘等三十一人議可祭。大鴻臚龐雄等二十四人議不當祭。上從郃議。由是遂祭六宗。

獻帝時左中郎將蔡邕上議曰。漢承亡秦滅學之後。宗廟之制。不用周禮。每帝即位。世輒立一廟。不止於七。不列昭穆。不定迭毀。元皇帝時丞相匡衡御史大夫貢禹始建大議。請依典禮。孝文孝武孝宣皆以功德茂盛。爲宗不毀。孝宣尊崇孝武。廟稱世宗。中正大臣夏侯勝等猶執異議。不應爲宗。至孝成皇帝議猶不定。太僕王舜中壘校尉劉歆據不可毀。上從其議。古人據正重順。不敢私其君若此其至也。後遭王莽之亂。光武皇帝受命中興。廟稱世祖。孝明皇帝聖德聰明。政參文宣。廟稱顯宗。孝章皇帝至孝烝烝。仁恩博大。廟稱肅宗。皆方前世得禮之宜。自此以下。政事多釁。權移臣下。嗣帝殷勤。各欲褒崇至親而已。臣下懦弱。莫能執夏侯之直。今聖朝尊古復禮。以求厥中。誠合禮議。元帝世在第八。光武世在第九。故以元帝爲考廟。尊而奏之。孝明遵述。亦不敢毀。孝和以下。穆宗威宗之號。皆省去。五年而再殷。合食于太祖。以遵先典。議遂施行。

魏明帝景初元年夏。有司議定七廟。冬又奏曰。蓋帝王之興。既有受命之君。又有聖妃協于神靈。然後克昌厥世。以成王業焉。昔高辛氏卜其四妃之子皆有天下。而帝摯陶唐商周代興。周人上推后稷以

配皇天。追述王初。本之姜嫄。特立宮廟。世世享嘗。周禮所謂奏夷則。歌中呂。舞大濩。以享先妣者也。詩人頌之曰。厥初生民。時維姜嫄。言王化之本。生民所由。又曰。閟宮有侐。實實枚枚。赫赫姜嫄。其德不回。詩禮所稱姬宗之盛。其美如此。大魏期運。繼于有虞。然崇弘帝道。三世彌隆。廟祧之數。實與周同。今武宣皇后文德皇后各配無窮之祚。至於文昭皇后膺天靈符。誕育明聖。功濟生民。德盈宇宙。開諸後嗣。乃道化之所興也。寢廟特祀。亦姜嫄之閟宮也。而未著不毀之制。懼論功報德之義。萬世或闕焉。非所以昭孝示後世也。文昭廟宜世世享祀奏樂。與祖廟同。永著不毀之典。以播聖善之風。於是與七廟議並勒金策。藏之金匱。

晉懷帝永嘉元年。追復武悼楊皇后尊號。別立廟。神主不配武帝。至成帝咸康七年。下詔使內外詳議。衛將軍虞譚議曰。世祖武皇帝光有四海。元皇后應乾作配。元后既崩。悼后繼作。至楊駿肆逆。禍延大母。孝懷皇帝追復號謚。豈不以鯀殛禹興。義在不替者乎。又太寧二年。臣忝宗正。帝譜泯棄。罔所循按。時博諮舊齒。以定昭穆。與故驃騎將軍華恒尚書荀崧侍中荀邃因舊譜參論撰次尊號之重。一無改替。今聖上孝思。祗肅禋祀。詢及羣司。將以恢定大禮。臣輒思詳伏見惠皇帝起居注。羣臣議奏列駿作逆謀危社稷。引魯之文姜漢之呂后。臣竊以文姜雖莊公之母。實爲父讎。呂后寵樹私戚。幾危劉氏。按此二事。異於今日。昔漢章帝竇后殺和帝之母。和帝即位。盡誅諸竇。當時議者欲貶竇后。及后之亡。欲不禮葬。和帝以奉事十年。義不可違。臣子之義。務從豐厚。仁明之稱。表於往代。又見故尚書僕射裴頠議悼后故事。稱繼母雖出。追服無改。是以孝懷皇帝尊崇號謚。還葬峻陵。此則母子道全。而廢事蕩革也。于時祭於弘訓之宮。未入太廟

蓋是事之未盡。非義典也。若以悼后復位爲宜。則應配食世祖。若以復之爲非。則譜謚宜闕。未有位踰居正。而偏祠別室者也。若以孝懷皇帝私隆母子之道。特爲立廟。者亦苟崇私情。有虧國典。則國譜帝諱。皆宜除棄。匪徒不得同祀於世祖之廟也。會稽王昱。中書監庾冰。中書令何充。尚書令諸葛恢。尚書謝廣。光祿勳留耀。丹楊尹殷融。議軍將軍馮懷。散騎常侍鄧逸等。咸從譚議。由是太后配食武帝。

東晉元帝時。有事於太廟。尚書右丞鍾雅奏曰。陛下繼承世數。於京兆府君爲玄孫。而今祝文稱曾孫。恐此因循之失。宜見改正。又禮祖之昆弟。從祖父也。景皇帝自以功德爲世宗。不以伯祖而登廟。亦宜除伯祖之文。詔曰。禮事宗廟。自曾孫以下。皆稱曾孫。此非因循之失也。義取於重孫。可歷世共其名。無所改也。稱伯祖不安。如所奏。

明帝時。宗廟始建。舊儀多闕。或以惠懷二帝應各爲世。則穎川世數過七。宜在迭毀。事下太常。賀循議。以爲禮。兄弟不相爲後。不得以承代爲世。殷之盤庚不序陽甲。漢之光武不繼成帝。別立廟寢。使臣下祭之。此前代之明典。而承繼之著義也。惠帝無後。懷帝承統。弟不後兄。則懷帝自上繼世祖。不繼惠帝。當同殷之陽甲。漢之成帝。議者以聖德沖遠。未便改舊。諸如此禮。通所未論。是以惠帝尚在太廟。而懷帝復入。數則盈八。盈八之理。由惠帝不出。非上祖宜遷也。下世既升。上世乃遷。遷毀對代。不得相通。未有下升一世而上毀二世者也。惠懷二帝。俱繼世祖。兄弟旁親。同爲一世。而上毀二爲一世。今以惠帝之崩已毀豫章。懷帝之入復毀穎川。如此則一世再遷祖位。橫折。求之古義。未見此例。惠帝宜出。尚未輕論。況可輕毀一祖而無義例乎。穎川既無可毀之理。則見神之數居然自八。此蓋有由而然。非謂數之常也。既有八神。則不得不於七室之外權安一位也。至尊於惠懷

俱是兄弟。自上後世祖。不繼二帝。則二帝之神行應別出。不爲廟中恒有八室也。又武帝初成太廟時。正神止七。而楊元后之神亦權立一室。永熙元年。告世祖謚於太廟。八室。此是苟有八神。不拘於七之舊例也。又議者以景帝俱已在廟。則惠懷一例。景帝盛德元功。王基之本。義著祖宗。百世不毀。故以特在本廟。且亦世代尚近。數得相容。安神而已。無逼上祖。如王氏昭穆既滿。終應別廟也。以今方之。既輕重義異。又七廟七世之親。昭穆父子位也。若當兄弟旁滿。輒毀上祖。則祖位空懸。世數不足。何之於三昭三穆與太祖之廟。然後成七哉。今七廟之義。出於王氏。從禰以上。至於高祖。親廟四世。高祖以上。復有五世六世無服之祖。故爲三昭三穆并太祖而七也。故世祖郊定廟禮。京兆穎川曾高之親。豫章五世。征西六世。以應此義。今至尊繼統。亦宜有五六世之祖。豫章六世。穎川五世。俱不應毀。今既太豫章先毀。又當重毀穎川。此爲廟中之親。惟從高祖已下。無復高祖以上二世之祖。於王氏之義。三昭三穆廢闕其二。甚非宗廟之本。所據承。又違世祖祭征西豫章之意。於一王定禮。所闕不少。

武帝太元十二年。郎中徐邈議圜丘郊祀。經典無二。宣皇帝嘗辯斯義。而檢以聖典。爰及中興。備加研極。以定南北二郊。誠非異學所可輕改也。謂仍舊爲安。武皇帝建廟。六世祖三昭三穆。宣皇帝創基之主。實爲太祖。而親則王考。四廟在上。未及遷也。權虛東向之位也。兄弟相及。義非二世。故當今廟祀。世數未足。而欲太祖正位。則違事七之義矣。又禮曰。庶子王亦禘祖立廟。蓋謂支胤授立。則親迎必復。京兆府君於今六世。宜復立此室。則宣皇未在六世之上。須前世既遷。乃太祖位定耳。京兆遷毀。宜藏主於石室。雖禘祫猶弗及。何者。傳稱毀主升合乎太祖。升者自下之名。不謂可降尊就卑也。太子太孫陰

室四主。儲嗣之重。升祔皇祖所託之廟。世遠應遷。然後從食之孫與之俱毀。明堂方圓之制。綱領已舉。不關配帝之祀。且王者以天下爲家。未必一邦。故周平光武無廢於二京也。明堂所祀之神積疑莫辯。按易殷薦上帝。以配祖考。祖考同配。則上帝亦爲天。而嚴父之義顯。周禮旅上帝者有故告天。與郊祀常祀同。周四圭。故並言之。若上帝是五帝。經文何不言祀天旅五帝。祀地旅四望乎。侍中車胤議同。又曰。明堂之制既其難詳。且樂主於和。禮主於敬。故質文不同。音器亦殊。既茅茨廣廈不一其度。何必守其形範而不弘本從俗乎。九服咸寧。河朔無虞。然後明堂辟雍可崇而修之。時朝議多同。於是奏行所改

安帝時太廟鴟尾災。掌祠部臧燾謂著作郎徐廣曰。昔孔子在齊聞魯廟災。曰必桓僖也。今征西京兆四府君宜在毀落。而猶列廟饗。此

其徵乎。乃上議曰。臣聞國之大事在祀與戎。將營宮室。宗廟爲首。古先哲王莫不致肅恭之誠。心盡崇嚴乎祖考。然後能流淳化於四海。通幽感於神明。固宜詳廢興於古典。循情禮以求中者也。禮天子七廟。三昭三穆與太祖而七。自考廟以至祖考五廟。皆月祭之。遠廟爲祧。有二祧。享嘗乃止。去祧爲壇。去壇爲墠。有禱然後祭之。此宗廟之次。親疎之序也。鄭玄以爲祧者文王武王之廟。王肅以爲五世六世之祖。尋去祧之言。則祧非文武之廟矣。周之祖宗。何云去祧爲壇乎。明遠廟爲祧者。無服之祖也。又遠廟則有享嘗之禮。去祧則有壇墠之殊。明世遠者其義彌疎也。若祧是文武之廟。宜同月祭於太祖。雖推后稷以配天。由功德之所始。非尊崇之義每有差降也。又禮有以多貴者。故傳稱德厚者流光。德薄者流卑。又云自上以下。降殺以兩。禮也。此則尊卑等級之典。上下殊異之文。而云天子諸侯俱祭五廟何哉。又王祭嫡殤下及來孫。而上祀之禮不過高祖。推隆恩於下流。替誠敬於尊屬。亦非聖人制禮之意也。是以泰始建廟。從王氏議。以禮。父爲士。子爲天子諸侯。祭以天子諸侯。其尸服以士服。故上及征西。以備六世之數。宣皇雖爲太祖。尚在子孫之位。至於殷祭之日。未申東向之禮。所謂子雖齊聖。不先父食者矣。今京兆以上既遷。太祖始得居正。議者以昭穆未足。欲屈太祖於卑坐。臣以爲非禮典之旨。所與太祖而七。自是昭穆既足。太祖在六世之外。非爲須滿七廟乃得居太祖也。議者又以四府君神主宜永同於殷祫。臣又以爲不然。傳所謂毀廟之主陳乎太祖。謂太祖以下先君之主也。故白虎通云。禘祫祭遷廟者。以其繼君之體。持其統而不絕也。豈如四府君在太祖之前。非繼統之主。無靈命之瑞。非王業之基。昔以世近而及。今則情禮已遠。而當長饗殷祫。永虛太祖之位。求之禮籍。未見其可。昔永

和之初。大議斯禮。于時虞喜范宣並以淵儒碩學。咸謂四府君神主無緣永存於百世。或欲瘞之兩階。或欲藏之石室。或欲爲之改築。雖所秉小異。而大歸是同。若宣皇既居羣廟之上。而四主禘祫不已。則大晉殷祭長無太祖之位矣。夫理貴有中。不必過厚。禮與世遷。豈可順而不斷。故臣子之情雖篤。而靈厲之謚彌彰。追遠之懷雖切。而遷毀之禮爲用。豈不有心於加厚。顧禮制不可踰爾。石室則藏於廟北。改築則未知所處。虞主所以依神。神移則有瘞埋之禮。四主若饗祀宜廢。亦神之所不依也。准傍事例。宜同虞主之瘞埋。然經典難詳。羣言紛錯。非臣卑淺所能折中。時學者多從燾議。竟未施行

宋少帝即位初。司空徐羨之尚書令傅亮等上疏曰。臣聞崇德明祀。百王之令典。憲章天人。自昔之所同。雖因革殊時。質文異世。所以本情篤教。其揆一也。伏惟高祖武皇帝允協靈祇。有命自

天弘日靜之勤立烝民之極。帝遷明德。光宅八表。太和宣被。玄化遐
通。陛下以聖哲嗣徽。道孚萬國。祭禮久廢。思光鴻烈。饗帝嚴親。今實
宜之。高祖武皇帝宜配天郊。至於地祇之配。雖禮無明文。先代舊章。
每所因循。魏晉故典。足為前式。謂武敬皇后宜配北郊。盍述懷以追
孝。蹐聖敬於無窮。對越兩儀。允洽幽顯者也。明年孟春有事於二郊。
請宣攝內外詳依舊典。詔可。

文帝元嘉六年。太學博士徐道娛上議曰。伏見太廟烝嘗儀注。皇帝
行事畢出便坐。三公已上獻。太祝送神于門。然後至尊還拜。百官贊
拜。乃退。謹尋清廟之道。所以肅安神也。禮曰。廟者貌也。神靈所憑依
也。事亡如存。若常在也。既不應有送神之文。自陳豆薦俎。車駕至止。
竝弗奉迎。夫不迎而送。送而後辭。闇短之情。實用未達。按時人私祠。
誠皆迎送。由於無廟。庶感降來格。因心立意。非王者之禮也。儀禮雖
太祝迎尸于門。此乃延尸之儀。豈是敬神之典。恐於禮有疑。謹以議
上。有司奏下禮官詳判。博士江邃議。在始不迎。明在廟也。卒事而送。
節孝思也。若不送而辭。是舍親也。辭而後送。是遣神也。故孝子不忍
遣其親。又不忍遺神。是以祝史送神。以成烝嘗之義。博士賀道期議。
樂以迎來。哀以送往。祭統迎牲而不迎尸。詩云。鍾鼓送尸。鄭云。尸。神
象也。與今儀注不迎而後送。若合符契。博士荀萬秋議。古之事尸。與
今之事神。其義一也。周禮尸出送于廟門。拜尸不顧。詩云。鍾鼓送尸。
則送神之義。其來久矣。記曰。迎牲而不迎尸。別嫌也。尸在門外則疑
於臣。入廟中則全於君。君在門外則疑於君。入廟則全於臣。是故不
出者。明君臣之義。邃等三人謂舊儀為是。唯博士陳珉同道娛議。參
詳邃等議。雖未盡然。皆依擬經禮。道娛珉所據難從。今衆議不一。宜
遵舊體。詔可。

孝武帝孝建元年六月癸巳。八座奏。劉義宣臧質。干時犯順。滔天作戾。
連結淮岱。謀危宗社。質反之始。戒嚴之日。二郊廟社。皆已遍陳。其義
宣為逆。未經同告。輿駕將發。醜徒冰消。質既梟懸。義宣禽獲。二寇俱
殄。並宜昭告。檢元嘉三年討謝晦之始。普告二郊太廟。賊既平蕩。唯
告太廟太社。不告二郊。禮官博議。太學博士徐宏孫勃陸澄議。禮無
不報。始既遍告。今賊已禽。不應不同。國子助教蘇瑋生議。按王制天
子巡狩。歸假于祖禰。又曾子問諸侯適天子。告于祖。奠于禰。命祝史
告于社稷宗廟山川。皆用牲幣。反亦如之。諸侯相見。反必告于祖禰。
乃使祝史告至于前所告者。又云。天子諸侯將出。必以牲帛皮圭告
于祖禰。反必告。尋天子諸侯雖事有大小。其禮略均。告出告至。理不
得殊。鄭云。出入禮同。其義甚明。天子出征。類于上帝。推其所告者歸
必告至。則宜告郊。不復容疑。元嘉三年。唯告廟社。未詳其義。或當以
禮記唯云歸假祖禰。而無告郊之辭。果立此義。竊所未達。夫禮記殘
缺之書。本無備體。折簡敗字。多所缺略。正應推例求意。不可動必徵
文。天子反行。告社。亦無成記。何故告郊。獨當致嫌。但出入必告。蓋孝
敬之心。既以告歸為義。本非獻捷之禮。今輿駕竟未出宮。無容有告
至之文。若陳告不行之禮。則為未有前準。愚謂祝史致辭。以昭誠信。
苟其義舛於禮。自可從實而關。臣等參議。以應告為允。宜並用牲告
南北二郊。太廟太社。依舊公卿行事。詔可。

二年正月庚寅。有司奏。今月十五日南郊。尋舊儀。廟祠至尊親奉。以
太尉亞獻。又廟祠行事之始。以酒灌地。送神則不灌。而郊初灌。同之
於廟。送神又灌。議儀不同。於事有疑。輒下禮官詳正。太學博士王祀
之議。按周禮大宗伯佐王保國。以吉禮事鬼神祇。禋祀昊天。則今太
常是也。以郊天。太常亞獻。又周禮外宗。若王后不與。則贊宗伯。鄭玄

玄后不與祭。宗伯攝其事。又說玄君執圭瓚祼尸。大宗伯執璋瓚亞獻。中代以來。后不廟祭。則應依禮大宗伯攝亞獻也。而今以太尉亞獻。鄭注禮月令云。三王右司馬。無太尉。太尉秦官也。蓋世代彌久。宗廟崇敬。攝后事重。故以上公亞獻。又議褫時之思。情深於霜露。室戶之感。有懷於容聲。不知神之所在。求之不以一處。鄭注儀禮有司云。天子諸侯祭於祊而繹。繹又祭也。今廟祠闋送神之祼。將移祭於祊繹。明在於留神。未得而殺禮。郊廟祭殊。故灌送有異。太常丞朱膺之議。按周禮大宗伯使掌典禮以事神為上職。總祭祀而昊天為首。今太常即宗伯也。又尋袁山松漢百官志云。郊祀之事。太尉掌亞獻。光祿掌三獻。太常每祭祀。先奏其禮儀及行事。掌贊天子。無掌獻事。如儀志漢亞獻之事。專由上司。不由秩宗貴官也。今宗廟太尉亞獻。光祿三獻。則漢儀也。又賀循制。太尉由東南道升壇。明此官必預祭。古

禮雖由宗伯。然世有因革。上司亞獻。漢儀所行。愚謂郊祀禮重。宜同宗廟。且太常既掌贊天子。事不容兼。又尋灌事。禮記曰。祭求諸陰陽之義也。殷人先求諸陽。樂三闋。然後迎牲。則殷人後灌也。周人先求諸陰。灌用鬯。達於淵泉。既灌。然後迎牲。則周人先灌也。此謂廟祭。非謂郊祠。案周禮天官。凡祭祀贊王祼將之事。鄭注云。祼者灌也。唯人道宗廟有灌。天地大神。至尊不灌。而郊未始有灌。於禮未詳。淵儒注義炳然明審。謂今之有灌。相承為失。則宜無灌。通關八座丞郎博士。並同膺之議。尚書令建平王宏重參。謂膺之議為允。詔可。

大明二年二月庚寅。有司奏。皇代殷祭。無事於章后廟。高堂隆議魏文思后依周姜嫄廟禘祫。及徐邈答晉宣太后殷薦舊事。使禮官議正。博士孫武議。按禮記祭法。置都立邑。設廟祧壇墠而祭之。乃為親疏多少之數。是故王立七廟。遠廟為祧。鄭玄云。天子遷廟之主。昭穆合藏於祧中。祫乃祭之。王制曰。祫禘。鄭玄云。祫合也。合先君之主於祖廟而祭之。謂之祫。三年而夏禘。五年而秋祫。謂之五年再殷祭。又禘大祭也。春秋文公二年。大事于太廟。傳曰。毀廟之主。陳于太祖。未毀廟之主。皆升合食太廟。傳曰。合族以食。序以昭穆。祭統曰。有事于太廟則羣昭羣穆咸在。不失其倫。今殷祠是合食太祖而序昭穆。章太后既屈於上。不列正廟。若迎主入太廟。既不敢配列於正序。又未聞於昭穆之外別立為位。若徐邈議今殷祠就別廟奉薦。則乖禘祫大祭合食序昭穆之義。邈云。陰室四殤不同祫。就祭。此亦其義也。喪服小記。殤與無後。從祖祔食。祭法。王下祭殤。鄭玄云。祭適殤於廟之奧。謂之陰厭。既從祖食於廟奧。是殤有位於奧。非就祭別宮之謂。今章太后廟四時饗薦。雖不於孫。止若太廟禘祫。獨祭別宮。與四時烝嘗不異。則非禘大祭之義。又無取於祫合食之文。謂不宜與太廟同殷祭

之禮。高堂隆答魏文思后依姜嫄廟禘祫。又不辨祫之義。而改祫大饗。蓋有由而然耳。守文淺學。懼乖禮衷。博士王燮之議。按禘小祫大禮無正文。求之情例。如有推尋。祫之為名。雖在合食。而祭典之重。於此為大。夫以孝饗親。尊愛同極。因殷薦太祖。亦致盛祀於小廟。譬有事於尊者。可以及卑。故高堂隆所謂獨以祫故而祭之也。是以魏之文思。晉之宣后。雖並不序於太廟。而猶均禘於姜嫄。其意如此。又徐邈所引四殤不祫。就而祭之。以為別饗之例。斯其證矣。愚謂章皇太后廟亦宜殷薦。太常丞孫緬議。以為祫祭之名。義在合食。守經據古孫武為詳。竊尋小廟之禮。肇自近魏。晉之所行。足為前準。高堂隆以祫而祭。有附情敬。徐邈引就祭四殤。以證別饗。孫武據殤祔於祖。謂廟有殤。俗尋事雖同廟而祭。非合食。且七廟同宮。始自後漢。禮之祭殤。各祔厥祖。既豫祫。則必異廟而祭。愚謂章廟殷薦。推此可知。祠部

朱膺之議。閟宮之祀高堂隆趙怡並云周人祫歲俱祫祭之。魏晉二代取則奉薦。名儒達禮無相譏非。不僭不忘率由舊章。愚意同王燮之孫緬議。詔曰章皇太后追尊極號禮同七廟豈容獨闕殷薦隔茲盛祠。閟宮遂祫既行有周魏晉從饗。式範無替。宜述附前典以宣情敬。

五年四月庚子詔曰昔文德在周、明堂崇祀。高烈惟漢、汶邑斯尊。所以職祭罔僭。氣令斯正。鴻名稱首、濟世飛聲。朕皇考太祖文皇帝。功耀洞元。聖靈昭俗。內穆四門、仁濟羣品。外薄八荒、威憺殊俗。南腦勁越。西髓剛戎、裁禮興稼穡之根。張樂協四氣之紀。匡飾墳序、引無題之外。旌延賓臣、盡盛德之範、訓深劭農。政高刑厝、萬物棣通。百神薦社。動協天度。下沿地德。故精緯上靈、動殖下瑞。諸侯軌道、河清海晏。朕仰憑洪烈。入子萬姓。皇天降祐、迄將一紀。思奉揚休德。永播無窮。

便可詳考姬典。經始明堂、宗祀先靈。式配上帝。誠敬克展。幽顯咸秩。惟懷永遠。感慕崩心。有司奏伏尋明堂辟雍。制無定文。經記參差、傳說乖舛。名儒通哲、各事所見。或以為名異實同。或以為名實皆異。自漢暨晉、莫之能辨。周書云清廟明堂路寢同制。鄭玄注禮、義生於斯。諸儒又云。明堂在國之陽。丙巳之地。三里之內。至於室宇堂个、戶牖達向、世代湮緬。難得該詳。晉侍中裴頠、西都碩學。詳考前載、未能制之。以為尊祖配天。其義明著。廟宇之制、理據未分。直可為殿、以崇嚴祀。其餘雜碎、一皆除之。參詳鄭玄之注、差有準據。裴頠之奏、竊謂可安。國學之南。地實爽塏、平暢足以營建。其墻宇規範。宜擬則太廟。唯十有二間、以應朞數。依漢汶上圖儀、設五帝位。太祖文皇帝對饗。祭皇天上帝、雖為差降、至於三載恭祀、理不容異。自郊徂宮、亦宜共日。禮記郊以特牲、詩稱明堂羊牛。吉蠲雖同、質文殊典。且郊有燔柴、堂無禋燎。則鼎俎彝簋、一依廟禮。班行百司、搜材簡工。權置起部尚書將作大匠。量物商程。剋今秋繕立、乃依顧議、但作大殿屋雕畫而已。無古三十六戶七十二牖之制

九月甲子有司奏南郊祭用三牛、廟四時祠六室用二牛。明堂肇建祠五帝太祖文皇帝配。未詳祭用幾牛。太學博士司馬興之議案鄭玄注禮記大傳稱孝經郊祀后稷以配天。配靈威仰也。宗祀文王於明堂以配上帝、配五帝也。夫五帝司方、位殊功一、牲牢之用、理無差降。太祖文皇帝躬成天地、則道兼覆載。左右羣生、則化洽四氣。祖宗之稱、亦是彰無窮之美。金石之音、未能播勳烈之盛。故明堂聿修、聖心所以昭玄極。汎配宗廟、先儒所以得禮情。愚管所見、謂宜用六牛。博士虞龢議祀帝之名雖五、而所、生之實常一、五德之帝、迭有休王。各有所司、故有五室。宗祀所主、要隨其王而饗焉。主一配一、合用二牛。祠部郎顏奐議祀之為、敬並五帝以為言。帝雖云五、牲牢之用謂不應過郊祭。廟祀宜用二牛。

南齊高帝建元元年七月有司奏郊殷之禮未詳郊在何年。復以何祖配郊、殷復在何時、未郊得先殷與不。明堂亦應與郊同年而祭不。若應祭者、復有配與無配、不祀者堂殿職僚毀置云何。八座丞郎通關博士議。曹郎中裴昭明、儀曹郎中孔逷議今年七月宜殷祠。來年正月宜南郊。明堂並祭而無配。殿中郎司馬憲議南郊無配。饗祠如舊。明堂無配、宜廢祀。其殷祠同用今年十月。右僕射王儉議案禮記王制。天子先祫後時祭。諸侯先、時祭後祫。春秋魯僖二年祫。明年春禘。自此以後。五年再殷。禮緯稽命徵曰三年一祫。五年一禘。經記所論禘祫與時祭其言詳矣。初不以先殷後郊為嫌。至於郊配之重。事由王迹。是故杜林議云漢業特起。不因緣堯。宜以高帝配天。魏高

堂隆議以舜配天蔣濟云漢時奏議謂堯已禪舜不得為漢祖舜亦已禪禹不得為魏之祖今宜以武皇帝配天晉宋因循即為前式又按禮及孝經援神契並云明堂有五室天子每月於其室聽朔布教祭五帝之神配以有功德之君大戴禮記曰明堂者所以明諸侯尊卑也許慎五經異義曰布政之宮故稱明堂明堂盛貌也周官匠人職稱明堂有五室鄭玄云周人明堂五室帝一室也初不聞有文王之寢鄭志趙商問云說者謂天子廟制如明堂是為明堂即文廟邪鄭答曰明堂主祭上帝以文王配耳猶如郊天以后稷配也袁孝尼云明堂法天之宮本祭天帝而以文王配配其父於天位則可牽天帝而就人鬼則非義也泰元十三年孫耆之議稱郊以祀天故配之以后稷明堂以祀帝故配之以文王由斯言之郊為皇天之位明堂即上帝之廟徐邈謂配之為言必有神主郊為天壇則堂非文廟史

奏議卷之十四　二十三

記云趙綰王臧欲立明堂于時亦未有郊配漢又祀汾陰五時即是五帝之祭亦未有郊配議者或謂南郊之日已旅上帝若又以無配而特祀明堂則一日再祭於義為黷案古者郊本不共日蔡邕獨斷曰祠南郊祀畢次北郊又次明堂高廟世祖廟謂之五供馬融云郊天之祀咸以夏正五氣用事有休有王各以其時兆於方郊四時合歲功作相成亦以此月總旅明堂是則南郊明堂各日之證也近代從省故與郊同日猶無煩黷之疑何必須為祭雖同所以致祭則異孔晁云言五帝佐天化育故有從祀之禮旅上帝是也至於四郊明堂則是本祀之所譬猶功臣從饗豈得廢其私廟且明堂有配之時南郊亦旅上帝此則不疑於共日今何故致嫌於同辰又禮記天子祭天地四方山川五祀歲徧尚書堯典咸秩無文詩云昭事上帝聿懷多福據此諸義則四方山川猶必具祀五帝大神義不可略魏文

帝黃初二年正月郊天地明堂明帝太和元年正月以武皇帝配天文皇帝配上帝然則黃初中南郊明堂皆無配也又郊日及牲色異議紛然郊特牲云郊之用辛周之始郊也盧植云辛之為言自新絜也鄭玄云用辛日者為人當齋戒自新絜也漢魏以來或丁或巳而用辛常多考之典據辛日為允郊特牲又云郊牲幣宜以正色繆襲據祭法云天地騂犢周家所尚魏以建丑為正牲宜尚白白虎通云三王祭天一用夏正所以然者夏正得天之數也魏用異朔故牲色不同今大齋受命建寅創曆郊廟用牲一依晉宋謂宜以今年十月殷祀宗廟自此以後五年再殷來年正月上辛有事南郊宜以共日還祭明堂又用次辛饗祀北郊而並無配犢牲之色率由舊章詔可明堂可更詳有司又奏明堂尋禮無明文唯以孝經為正竊尋設祀之意蓋為文王有配則祭無配則止愚謂既配上帝則以帝為主今

奏議卷之十四　二十四

雖無配不應闕祀徐邈近代碩儒每所折衷其云郊為天壇則堂非文廟此實明據內外百司立議已定如更詢訪終無異說傍儒依史竭其管見既聖旨惟疑群下所未敢詳廢置之宜仰由天鑒詔依舊四年世祖即位其秋有司奏尋前代嗣位或於前郊年或別始晉宋以來未有畫一今年正月已郊未審明年應南北二郊祀明堂與不依舊通關八座丞郎博士議尚書令王儉議案奏為諸侯雜祀諸時始皇并天下未有定祠漢高受命因雍四時而起北時始祠五帝未定郊丘文帝六年新垣平議初起渭陽五帝廟武帝初至雍郊見五時後常三歲一郊祠雍元鼎四年始立后土祠於汾陰明年立太一祠於甘泉自是以後二歲一郊與雍更祠成帝初即位丞相匡衡於長安定南北郊哀平之際又復甘泉汾陰祠平帝元始五年王莽奏依匡衡議還復長安南北二郊光武建武二年定郊祀地於洛陽魏

晉因循率由漢典。雖時或參差。而類多間歲。至於嗣位之君。或參差不一。宜有定制。撿晉明帝太寧五年南郊。其年九月崩。成帝即位。明年改元。即郊。簡文咸安二年南郊。其年七月崩。孝武即位。明年改元亦郊。宋元嘉三十年正月南郊。其年二月崩。孝武嗣位。明年改元亦郊。此則二代明例。差可依放。謂明年正月宜饗祀二郊。虞祭明堂。自茲厥後。依舊間歲。尚書領國子祭酒張緒等十七人。並同儉議。詔可。

歷代名臣奏議卷之十四

歷代名臣奏議卷之十五

郊廟

南齊武帝永明元年當南郊。而立春在郊。後世祖欲遷郊。尚書令王儉啓。案禮記郊特牲云。郊之祭也。迎長日之至也。大報天而主日也。易說三王之郊。一用夏正。盧植云。夏正在冬至後。傳曰。啓蟄而郊。此之謂也。然則圜丘與郊各自行。不相害也。鄭玄云。建寅之月。晝夜分而日長矣。王肅曰。周以冬祭天於圜丘。以正月又祭天以祈穀。祭法稱燔柴太壇。則圜丘也。春秋傳云。啓蟄而郊。則祈穀也。謹尋禮傳二文。各有其義。盧王兩說。有若合符。中朝省二丘以并二郊。即今之郊禮。義在報天。事兼祈穀。既不全以祈農。何必俟夫啓蟄。史官唯見傳義。未達禮旨。又尋景平元年正月三日辛丑南郊。其月十一日立春。元嘉十六年正月六日辛未南郊。其月八日立春。此復是近世明例。不以先郊後春為嫌。若或以元日合朔為礙者。則晉成帝咸康元年正月一日加元服。二日親祠南郊。元服之重。百僚備列。雖在致齋。行之不疑。今齋內合朔。此即前准。若聖心過恭。寧在嚴絜。合朔之日。散官備防。非預齋之限者。於止車門外別立幔省。若日色有異。則列於省前。望實為允。謂無煩遷日。從之。

二年。祠部郎中蔡履議。郊與明堂。本宜異日。漢東京禮儀志。南郊禮畢。次北郊明堂高廟世祖廟。謂之五供。蔡邕所據亦然。近世存省。故郊堂共日。來年郊祭。宜有定准。太學博士王祐議。來年正月上辛宜祭南郊。次辛有事明堂。後辛饗祀北郊。兼博士劉蔓議。漢元鼎五年。以辛巳行事。自後郊日略無違異。元封元年四月癸卯。登封泰山。坐明堂。五年甲子。以高祖配。漢家郊祀。非盡天子之縣。故祠祭之月。事有不同。後漢永平以來。明堂兆於國南。而郊以上丁。故供修三祀。得并在初月雖郊有常日明堂猶無定辰何則郊丁社甲有説則從經禮無文難以意造是以必箅良辰而不祭寅丑且禮之奠祭無同共者唯漢以朝日合於報天爾若依漢書五供便應先祭北郊然後明堂則是地先天食所未可也兼太常丞蔡仲熊議鄭志云正月上辛祀后稷於南郊還於明堂以文王配故宋氏創立明堂郊還即祭是用鄭志之説也蓋爲志者失非玄意也玄之言曰未審周明堂以何月於月令則以季秋案玄注月令季秋大饗帝云大饗徧祭五帝又云大饗於明堂以文武配其時秋也去啓蟄遠矣又周禮大司樂凡大祭祀宿縣尋宿縣之旨以日出行事故也若日闇而後行事則無假預縣累日出行事何得方俟郊還東京禮儀志不記祭之時日而志云天郊夕牲之夜夜漏未盡八刻進熟明堂夕牲之夜夜漏未盡七刻進熟尋明堂之在郊前一刻而進獻奏樂方待郊還魏高堂隆表九日南郊十日北郊十一日明堂十二日宗廟案隆此言是審于時定制是則周禮二漢及魏皆不共日矣禮以辛郊書以丁巳辛丁皆合宜臨時詳擇太尉從事中郎顧憲之議春秋傳以正月上辛郊祀禮記亦云郊之用辛尚書獨云丁巳用牲于郊先儒以爲先甲三日辛後甲三日丁可以接事天神之日後漢永平二年正月辛未宗祀光武皇帝於明堂辛既是常郊之日郊又在明堂之前無容不郊而堂則理應郊堂司徒西閤祭酒梁王議孝經鄭玄注云上帝亦天別名如鄭旨帝與天亦言不殊近代同辰良亦有據魏泰和元年正月丁未郊祀武皇帝以配天宗祀文皇帝於明堂以配上帝此則已行之前准驍騎將軍江淹議郊旅上天堂祀五帝非爲一日再黷之謂無俟釐革尚書陸澄議遺文餘事存乎舊書郊宗地近勢可共日不共者義在必異也元始五年正月六日辛未郊高皇帝以配天二十二日丁亥宗祀孝文於明堂以配上帝永平二年正月辛未宗祀五帝於明堂光武皇帝配章帝元和二年巡狩岱宗柴祭望日祀五帝於明堂柴山祠地尚不共日郊堂宜異於例益明陳忠奏事云延光三年正月十三日南郊十四日北郊十五日明堂十六日宗廟十七日世祖廟仲遠五祀緒統五供與忠此奏皆爲相符高堂隆表二郊及明堂宗廟各一日摯虞新禮議明堂南郊間三兆禋天饗帝共日之證也又上帝非天昔人言之已詳今明堂用日宜依古在北郊後漢唯南郊備大駕自北郊以下車駕十省其二今祠明堂不應大駕尚書令王儉議前漢各日後漢亦不共辰魏晉故事不辨同異宋立明堂唯據自郊徂宫之議未達祠天旅帝之旨何者郊壇旅天甫自詰朝還祀明堂便在日昃雖致祭有由而煩黷斯甚異日之議於理爲弘春秋感精符云王者父天母地則北郊之祀應在明堂之先漢魏北郊亦皆親奉晉泰寧有詔未及遵遂咸和八年甫得營繕太常顧和秉議親奉康皇之世已經遵用宋氏因循未遑釐革今宜親祠北郊明年正月上辛祠昊天次辛瘞后土後辛祠明堂御並親奉車服之儀率遵漢制南郊大駕北郊明堂降爲法駕袞冕之服諸祠咸用詔可

永明十年詔故太宰褚淵故太尉王儉故司空柳世隆故驃騎大將軍王敬則故鎮東大將軍陳顯達故鎮東將軍李安民六人配饗太祖廟庭祠部郎何諲之議功臣配饗累行宋世檢其遺事題列坐位具書贈官爵謚及名文不稱主便是設板也白虎通云祭之有主孝子以繫心也揆斯而言升配廟庭不容有主宋時板度既不復存今之所制大小厚薄如尚書召板爲得其衷有司攝太廟舊人亦云見宋功臣配饗坐板與尚書召板相似事見儀注

鬱林王隆昌元年，有司奏參議明堂，咸以世祖配。國子助教謝曇濟議：案祭法禘郊祖宗，並列嚴祀。鄭玄注義，亦據兼饗。宜祖宗兩配，文武雙祀。助教徐景嵩、光祿大夫王逡之謂宜以世祖文皇帝配。祠部郎何佟之議：周之文武，尚推后稷以配天，謂文皇宜推世祖以配帝。雖事施於尊祖，亦義章於嚴父焉。左僕射王晏議：以為若用鄭玄祖宗通稱，則生有功德，沒垂尊稱，歷代配帝，何止於郊。今殷薦上帝，允屬世祖，百代不毀，其文廟乎。詔可。

明皇帝建武二年，通直散騎常侍庾曇隆啟：伏見南郊壇員兆外內，永明中起瓦屋，形製宏壯。檢案經史，無所准據。尋周禮祭天於圓丘，取其因高之義。兆於南郊，就陽位也。故以高敞，貴在上昭天明，旁流氣物。自秦漢以來，雖郊祀參差，而壇域中間，並無更立宮室。其意何也。政是質誠尊天，不自崇樹，兼事通曠，必務開遠。宋元嘉南郊，至時權作小陳帳以為退息，太始薄加脩廣，永明初彌漸高麗，往年工匠遂啟立瓦屋。前代帝皇，豈於上天之祀而昧營構，所不為者，深有情意。記稱掃地而祭，於其質也。器用陶匏，天地之性也。故至敬無文，以素為貴。竊謂郊事宜擬休偃，不俟高大，以明謙恭肅敬之旨。庶或仰允太靈，俯愜羣望。詔付外詳。

祠部郎何佟之奏曰：案周禮大宗伯以蒼璧禮天，黃琮禮地。鄭玄又云：皆有牲幣，各放其器之色。如禮天圓丘用玄犢，禮地方澤用黃牲矣。牧人云：凡陽祀用騂牲，陰祀用黝牲。鄭玄云：騂，赤；黝，黑也。陽祀祭天南郊及宗廟，陰祀祭地北郊及社稷。祭法云：燔柴於泰壇，祭天也；瘞埋於泰折，祭地也。用騂犢。鄭云：地陰祀，用黝牲，與天俱用犢，故連言之耳。知此祭天地即南北郊矣。今南北兩郊同用玄牲，又明堂、宗廟、社稷俱用赤，有違昔典。又鄭玄云：祭五帝於明堂，勾芒等配食。自晉以來，并圜丘於南郊，是以郊壇列五帝、勾芒等。今明堂祀五精，更闕五神之位，北郊祭地祇，而設重黎之坐，二三乖舛，懼虧盛則。前軍長史劉繪議：語云：犂牛之子騂且角，雖欲勿用，山川其舍諸。未詳山川合為陰祀不。若在陰祀，則與黝乖矣。佟之又議：周禮以天地為大祀，四望為次祀，山川為小祀。周人尚赤，自四望以上，牲色各依其方者，以其祀大，宜從本也。山川以下，牲色不見者，以其祀小，從所尚也。則論禮二說，豈不合符。參議為允，從之。

有司奏景懿后遷登新廟，車服之儀。祠部郎何佟之議曰：周禮王之六服，大裘為上，袞冕次之。五車，玉輅為上，金輅次之。皇后六服，褘衣為上，褕翟次之。首飾有三，副為上，編次之。五車，重翟為上，厭翟次之。上公無大裘玉輅，而上公夫人有副及褘衣，是以祭統云夫人副褘立于東房也。又鄭云皇后六服，唯上公夫人亦有褘衣。詩云翟茀以朝。鄭以翟茀為厭翟，侯伯夫人入廟所乘。今上公夫人副褘既同，則重翟或不殊矣。況景皇懿后禮崇九命，且晉朝太妃服章之禮，同於太后。宋代皇太妃唯無五牛旗為異，其外侍官則有侍中、散騎常侍、黃門侍郎、散騎侍郎各二人，分從前後部，同於王者。內職則有女尚書、女長御各二人，棨引同於太后。又魏朝之晉王，晉之宋王，並置百官，擬於天朝。至於晉文王終猶稱薨，而太上皇稱崩，則是禮加於王矣。故前議景皇后悉依近代皇太妃之儀，則侍衛陪乘，並不得異。后乘重翟，亦謂非疑也。尋齋初移廟，宣皇神主乘金輅，皇帝親奉，亦乘金輅先往，行禮畢，仍從神主至新廟。今所宜依准也。從之。

永泰元年，東昏侯嗣位，有司議應廟見不。尚書令徐孝嗣議：嗣君即位，並無廟見之文。蕃支纂業，乃有虔謁之禮。左丞蕭琛議：竊聞祗見厥祖，義著商書；朝于武宮，事光晉冊。豈有正位居尊，繼業承天，而不虔覲祖宗格于太室毛詩周頌篇曰烈文成王即政諸侯助祭也鄭注云新王即政必以朝享之禮祭於祖考告嗣位也又篇曰閔予小子嗣王朝廟也鄭注云嗣王者謂成王也除武王之喪將始即政朝於廟也則隆周令典煥炳經記體嫡居正莫若成王又二漢由太子而嗣位者西京七主東都四帝其昭成哀和沖五君並皆謁廟文存漢史其惠景武元明章六君石前史不載謁事或是偶有闕文理無異說議者乃云先在儲宮已經致敬卒哭之後即親奉時祭則是廟見故無別謁之禮竊以為不然儲后在宮亦從郊祀若謂前虔可兼後敬開元之始則無假復有配天之祭矣若以親奉時祭仍為廟見者自漢及晉支庶嗣位並皆謁廟既同有蒸嘗何為獨脩繁禮且晉成帝咸和元年故躬以謁廟咸康元年加元服又更謁夫時非異主猶不疑二禮相因況位隔君臣而追以一謁兼敬宜遠慕周漢之盛範近黜晉宋之乖義展誠一廟駿奔萬國奏可

東昏侯永元二年何佟之建議曰案祭法有虞氏禘黃帝而郊嚳祖顓頊而宗堯周人禘嚳而郊稷祖文王而宗武王鄭玄云禘郊祖宗謂祭祀以配食也禘謂祀昊天於圜丘也祭上帝於南郊曰郊祭五帝五神於明堂曰祖宗郊祭一帝而明堂祭五帝小德配寡大德配衆王肅云祖宗是廟不毀之名果如肅言殷有三祖三宗並應不毀何故止稱湯契且王者之後存焉舜寧立堯頊之廟傳世祀之乎漢文以高祖配泰時至武帝立明堂復以高祖配食一人兩配有乖聖典自漢明以來未能反昔故明堂無兼配之祀竊謂先皇宜列二帝於文祖尊新廟為高宗並世祖而泛配以申聖主嚴父之義先皇於武皇倫則弟為季義則經為臣設配饗之坐應在世祖之下並列俱西向國子博士王摛議孝經周公郊祀后稷以配天宗祀文王於明堂以配上帝不云武王又周頌思文后稷配天也我將祀文王於明堂脁武王之文唯執競云祀武王此自周廟祭武王詩彌知明堂無矣何佟之又議孝經是周公居攝時禮祭法是成王反位後所行故孝經以文王為父祭法以文王為祖又孝莫大於嚴父配天則周公其人也尋此旨寧施成王乎若孝經所說審是成王所行則為嚴祖何得云嚴父邪且思文是周公祀后稷配天之樂歌我將是祀文王配明堂之樂歌若如摛議則此二篇皆應在復子明辟之後請問周公祀后稷文王為何所歌又國語云周人禘嚳郊稷祖文王宗武王韋昭云周公時以文王為宗其後更以文王為祖武王為宗尋文王以文治而為祖武王以武定而為宗欲明文亦有大德武亦有大功故鄭注祭法云祖宗通言耳是以詩云昊天有成命二后受之注云二后文王武王也且明堂之祀有單有合故鄭云四時迎氣於郊祭一帝還於明堂因祭一帝則以文王配明一賓不容兩主也享五帝於明堂則泛配文武泛之為言無的之辭其禮既盛故祖宗並配參議以佟之為允詔可國子助教徐景嵩議伏尋三禮天地兩祀南北二郊但明祭取犧牲器用陶匏不載人君偃處之儀今棟宇之構雖殊俱非千載成例宜務因循太學博士賀瑒議周禮王旅上帝張氈案設皇邸國有故而祭亦曰旅氈案以氈為牀於幄中不聞郊所置宮宇兼左丞王摛議掃地而祭於郊謂無築室之議並同景嵩驍騎將軍虞炎議以為誠慤所施止在一壇漢之郊祀饗帝甘泉天子自竹宮望拜息殿去壇場既遠郊奉禮畢旋幸於此瓦殿之與帷宮謂無簡格祠部郎李撝議周禮凡祭祀張其旅幕張尸次尸則有幄仲師云尸次祭祀之尸所居更衣帳也凡祭之文既不止於郊祀立尸之言理應關於宗廟古則張幕今也房省宗廟旅幕可變為棟宇郊祀氈案

何為不轉製擔覺靈隆議不行
梁武帝天監元年北中郎司馬何佟之上言曰案周禮王出入則奏
王夏尸出入則奏肆夏牲出入則奏昭夏今樂府之夏唯變王夏為
皇夏蓋緣秦漢以來稱皇故也而齊氏仍宋儀注迎神奏昭夏皇帝
出入奏永至牲出入更奏引牲之樂其為舛謬莫斯之甚請下禮局
改正周捨議以為禮王入奏王夏大祭祀與朝會其用樂一也而漢
制皇帝在廟奏永至樂朝會之日別有皇夏二樂有異於禮為乖宜
除永至還用皇夏又禮尸出入奏肆夏賓入大門奏肆夏則所設唯
在人神其與迎牲之樂不可濫也宋季失禮頓虧舊則神入廟門遂
奏昭夏乃以牲牢之樂用接祖考之靈斯皆前代之深疵當今所宜
改也時議又以為周禮云若樂六變天神皆降神居上玄去還怳忽
降則自至迎則無所可改迎為降而送依前式又周禮云若樂八變

則地祇皆出可得而禮地宜依舊召迎神並從之又以明堂設樂大
略與南郊不殊壇堂異名而無就燎之位明堂則徧歌五帝其餘同
於郊式焉初宋齊代祀天地祭宗廟准漢祠太一后土盡用宮懸又
太常任昉亦據王肅議云周官以六律五聲八音六舞大合樂以致
鬼神以和邦國以諧兆庶以安賓客以悅遠人是謂六同一時皆作
今六代舞獨分用之不厭人心遂依肅議祀祭郊廟備六代樂
後魏孝文帝時詔百寮集議明堂制度國子博士封軌議曰明堂者
布政之宮在國之陽所以嚴父配天聽朔設教其經構之式蓋已尚
矣故周官匠人職云夏后氏世室殷人重屋周人明堂五室九階四
戶八窻鄭玄曰或舉宗廟或舉王寢或舉明堂互之以見同制然則
三代明堂其制一也案周與夏殷損益不同至於明堂因而弗革明
五室之義得天數矣是以鄭玄又曰五室者象五行也然則九階者

法九土四戶者達四時八窻者通八風誠不易之大範有國之恒式
若其上圓下方以則天地通水環宮以節觀者茅蓋白盛為之質飾
赤綴白綴為之戶牖皆典籍之所具載制度之明義也在秦之世焚
滅五典毀黜三代變更先聖不依舊憲故呂氏月令見九室之義大
戴之禮著十二堂之論漢承秦法亦未能改東西二京俱為九室是
以黃圖白虎通蔡邕應劭等咸稱九室以象九州十二堂以象十二
辰夫室以祭天堂以布政依天而祭故室不過五依時布政故堂不
踰四州之與辰非所可法九與十二其用安在今聖朝欲尊道訓民
備禮化物宜則五室以為永制至如廟學之嫌臺沼之雜袁準之徒
已論正矣遺論具在不復須載
宣武帝景明二年夏六月秘書丞孫惠蔚上言曰臣聞國之大禮莫
崇明祀祀之大者莫過禘祫所以嚴祖敬宗追養繼孝合享聖靈審

諦昭穆遷毀有恒制尊卑有定體誠愨著於中百順應於外是以惟
王剏制為建邦之典仲尼述定為不刊之式暨秦燔詩書鴻籍泯滅
漢氏興求拾綴遺篆淹中之經孔安所得唯有卿大夫士饋食之篇
而天子諸侯享廟之祭禘祫之禮盡亡曲臺之記戴氏所述然多載
尸灌之義牲獻之數而行事之法備物之體蔑有具焉今之取證唯
有王制一簡公羊一冊考此二書以求厥旨自餘經傳雖時有片記
至於取正無可依攬是以兩漢淵儒魏晉碩學咸據斯文以為朝典
然持論有深淺伏義有精浮故令傳記雖一而探意乖舛伏惟孝文
皇帝合德乾元應靈誕載玄思洞微神心暢古禮括商周樂宣韶濩
六籍幽而重昭五典淪而復顯舉二經於和中一姬公於洛邑陛下
叡哲淵凝欽明道極應必世之期屬功成之會繼文垂則寔惟下武
而祫禘二殷國之大事烝嘗合享朝之盛禮此先皇之所留心聖懷

以之永慕臣聞周宗初開致禮清廟敢竭愚管輒陳所懷謹案王制曰天子犆礿祫禘祫嘗祫烝鄭玄曰天子諸侯之喪畢合先君之主於祖廟而祭之謂之祫後因以為常魯禮三年喪畢而祫於太祖明年春禘於羣廟自爾之後五年而再殷祭一祫一禘春秋公羊魯文公二年八月丁卯大事于太廟傳曰大事者何大祫也大祫者何祫祭也毀廟之主陳於太祖未毀廟之主皆升合食于太祖五年而再殷祭何休曰陳者就陳列太祖前太祖東鄉昭南鄉穆北鄉其餘孫從王父父曰昭子曰穆又曰殷盛也謂三年祫五年禘禘所以異於祫者功臣皆祭也祫猶合也禘猶諦也審諦無所遺失察記傳之文何鄭祫禘之義略可得聞然則三年喪畢祫祭太祖明年春祀遍禘羣廟此禮之正也古之道也又案魏氏故事魏明帝以景初三年二月崩至五年正月積二十五晦為大祥太常孔美博士趙怡等以

為禫在二十七月到其年四月依禮應祫散騎常侍王肅博士樂詳等以為禫在祥月至其年二月宜應祫祭雖孔王異議六八殊制至於喪畢之祫明年之禘其議一焉陛下永惟孝思因心即禮取鄭捨王禫終此晦來月中旬禮應大祫六室神祏合食太祖明年春享咸禘羣廟自茲以後五年為常又古之祭法時祫並行天子先祫後時諸侯先時後祫此於古為當在今則煩且禮有升降事有文節通時之制聖人弗遺當祫之月宜減時祭以從要省然大禮久廢羣議或殊以臣觀之理在無怪何者心制既終二殷惟始祫禘之正寔在於斯若傳而闕之唯行時祭七聖不聞合享百辟不覩盛事何以宣昭令聞垂式後昆乎皇朝同等三代治邁終古而令徽典缺於昔人鴻美憗於往志此禮所不行請所未許臣學不鉤深思無經遠徒閱章句蔑爾無立但飲澤聖時銘恩天造是以妄盡區區冀有塵露所陳

蒙允請付禮官集定儀注

正始間修明堂辟雍豫州中正袁翻議曰謹案明堂之義今古諸儒論之備矣異端競構莫適所歸故不復遠引經傳近採紀籍以為之證且論意之所同以酬詔之問耳蓋唐虞已上事難該悉夏殷已降校可知之謂典章之極莫如三代郁郁之盛從周斯美制禮作樂典刑在焉遺風餘烈垂之不朽案周官考工所記皆記其時事具論夏殷名制豈其紕繆是知明堂五室三代同焉配帝象行義則明矣及淮南呂氏與月令同文雖布政班時有堂个之別然推其體例則無九室之證既而世衰禮壞法度淪弛正義殘隱妄說斐然明堂九室著自戴禮探緒求源罔知所出而漢氏因之自欲為一代之法故鄭玄云周人明堂五室是帝一室也合於五行之數周禮依數以為之室而施行於今雖有不同時說昞然本制著存而言無明文欲復何

責本制著存是周五室也於今不同是漢異周也漢為九室略可知矣但就其此制猶切有懵焉何者張衡東京賦云乃營三宮布教班常複廟重屋八達九房此乃明堂之文也而薛綜注云房室也謂堂後有九室堂後九室之制非巨異乎裴頠又云漢氏作四維之个不能令各處其辰就使其象可圖莫能通其居用之禮此為設虛器也甚知漢世徒欲削滅周典捐棄舊章改物創制故不復拘於載籍且鄭玄之古訓三禮及釋五經異義並盡思窮神故得之遠矣覽其明堂圖義皆有悟人意察察著明確乎難奪諒是以扶微闡幽不墜周公之舊法也伯喈損益漢制章句繁雜既違古背新又不能易玄之妙矣魏晉書紀亦有明堂祀五帝之文而不記其經始之制又無坦然可準觀夫今之基址猶或髣髴高卑廣狹頗與戴禮不同何得以意抑必便謂九室可明且三雍異所復乘盧蔡之義進退亡據何用

經通晉朝亦以穿鑿難明故有一屋之論並非經典正義皆以意妄作茲為曲學家常談不足以範時軌世皇代既乘乾統曆得一馭寰自宜稽古則天憲章文武追蹤周孔述而不作四彼三代使百世可知豈容虛追子氏放篇之浮說徒損經紀雅誥之遺訓而欲以支離橫議指畫妄圖儀形宇宙而貽來葉者也又北京制置未皆允帖繕修草創以意良多事移禮變所存者無幾理苟宜革何必仍舊且遷都之始日不遑給先朝規度每事循古是以數年之中悛換非一良以永法為難數改為易何為宮室府庫多因故迹而明堂辟雍獨遵此制建立之辰復未可知矣既猥班訪逮輒輕率瞽言明堂五室請同周制郊建三雍求依故所庶有會經誥無失典刑識偏學疏退慙謬浪

宣武帝時太常卿劉芳以所置五郊及日月之位去城里數於禮有違又靈星周公之祀不應隸太常乃上疏曰臣聞國之大事莫先郊祀郊祀之本寔在審位是以列聖格言彪炳綿籍先儒正論昭著經史臣學謝全經業乖通古豈可輕薦瞽言妄陳管說竊見所置壇祠遠近之宜考之典制或未允衷既曰職司請陳膚淺孟春令云其數八又云迎春於東郊盧植云東郊八里之郊也賈逵云東郊木帝太昊八里許慎云東郊八里郊也鄭玄孟春令注云王居明堂禮曰王出十五里迎歲蓋殷禮也周禮近郊五十里鄭玄別注云東郊去都城八里高誘云迎春氣於東方八里郊也王肅云東郊八里因木數也此皆同謂春郊八里之明據也孟夏令云其數七又云迎夏於南郊盧植云南郊七里郊也賈逵云南郊火帝炎帝七里許慎云南郊七里郊也鄭玄云南郊去都城七里高誘云南郊七里之郊也王肅云南郊七里因火數也此又南郊七里之審據也中央令云其數五盧植云中郊五里之郊也賈逵云中兆黃帝之位并南郊之季故云兆五帝於四郊也鄭玄云中郊西南未地去都城五里此又中郊五里之審據也孟秋令云其數九又曰迎秋於西郊盧植云西郊九里郊賈逵云西郊金帝少皞九里許慎云西郊九里郊也鄭玄云西郊去都城九里高誘云西郊九里之郊也王肅云西郊九里因金數也此又西郊九里之審據也孟冬令云其數六又云迎冬於北郊盧植云北郊六里郊也賈逵云北郊水帝顓頊六里許慎云北郊六里郊也鄭玄云北郊去都城六里高誘云北郊六里之郊也王肅云北郊六里因水數也此又北郊六里之審據也宋氏含文嘉注云周禮王畿千里二十分其一以為近郊近郊五十里倍之為遠郊迎王氣蓋於近郊漢不設王畿則以其方數為郊處故東郊八里南郊七里西郊九里北郊六里中郊在西南未地五里祭祀志云建武一年正月

初制郊兆於雒陽城南七里依採元始中故事北郊在雒陽城北四里此又漢世南北郊之明據也今地祇準此至如三十里之郊進乖鄭玄所引殷周二代之據退違漢魏所行故事凡邑外曰郊今計四郊各以郭門為限里數依上禮朝拜日月皆於東西門外今日月之位去城東西路各三十竊又未審禮又云祭日於壇祭月於坎今計造如上禮儀志云立高禖祠于城南不云里數故今仍舊靈星本非禮事兆自漢初專為祈田恒隸郡縣郊祀志云高祖五年制詔御史其令天下立靈星祠牲用太牢縣邑令長得祠晉祠令云郡縣國祠稷社先農縣又祠靈星此靈星在天下諸縣之明據也周公廟所以別在洛陽者蓋姬旦創成洛邑故傳世洛陽崇祠不絕以彰厥庸夷齊廟者亦世為洛陽界內神祠今並移太常恐乖其本天下此類甚衆皆當部郡縣脩理公私於之禱請竊惟太常所司郊廟神祇自有

常限無宜臨時斟酌以意若遂尒妄營則不免淫祀二祠在太常在洛陽於國一也然貴在審本臣以庸蔽謬忝今職考括墳籍博採羣議既無異端謂粗可依據今玄冬務隙野甿人閑遷易郊壇二三為便詔曰所上乃有明據但先朝置立已久且可從舊

孝明帝即位三月甲子尚書令任城王澄太常卿崔亮上言秋七月應祫祭于太祖今世宗宣武皇帝主雖入廟然烝嘗時祭猶別寢室於殷祫宜存古典案禮三年喪畢祫於太祖明年春禘於羣廟又案杜預亦云卒哭而除三年喪畢而禘魏武宣后以太和四年六月崩其月既葬除服即吉四時行事而猶未禘王肅韋誕並以為今除即吉故特時祭至於禘祫宜存古禮高堂隆亦如肅議於是停不殷祭仰尋太和二十三年四月一日高祖孝文皇帝崩其年十月祭廟景明二年秋七月祫於太祖三年春禘於羣廟亦三年乃祫謹準古禮及晉魏之議并景明故事愚謂來秋七月祫祭應停宜待年終乃後祫禘詔曰太常援引古今並有證據可依請

澄亮又奏曰謹案禮記曾子問曰諸侯旅見天子不得成禮者幾孔子曰四太廟火日蝕后之喪雨沾服失容則廢臣等謂元日萬國賀應是諸侯旅見之義若禘廢朝會孔子應云五而獨言四明不廢朝賀也鄭玄禮注云魯禮三年喪畢祫於太祖明年春禘羣廟又鄭志檢魯禮春秋昭公十一年夏五月夫人歸氏薨十三年五月大祥七月釋禫公會劉子及諸侯于平丘八月歸不及於祫冬公如晉明十四年春歸祫明十五年春乃禘經曰二月癸酉有事於武宮傳曰禘於武公謹案明堂位曰魯王禮也喪畢祫禘似有退理詳考古禮未有以祭事廢元會者禮云吉事先近日脫不吉容改筮三旬尋攝太史令趙翼等列稱正月二十六日祭亦吉請移禘祀在中旬十四日

時祭移二十六日猶曰春禘又非退義祭則無疏怠之譏三元有順軌之美既被成旨宜即宣行臣等伏度國之大事在祀與戎君舉必書恐貽後誚輒訪引古籍竊有未安臣等學缺通經識不稽古備位樞納可否必陳冒陳所見伏聽裁衷

熙平二年三月癸未太常少卿元端上言謹案禮記祭法有虞氏禘黃帝而郊嚳祖顓頊而宗堯夏后氏亦禘黃帝而郊鯀祖顓頊而宗禹殷人禘嚳而郊冥祖契而宗湯周人禘嚳而郊稷祖文王而宗武王鄭玄注大禘郊祖宗謂祭祀以配食也有虞氏以上尚德禘郊祖宗配用有德者自夏以下稍用其姓代之是故周人以后稷為始祖文武為二祧訖於周世配祭不毀案禮嚳雖無廟配食禘祭謹詳聖朝以太祖道武皇帝配圜丘道穆皇后劉氏配方澤太宗明元皇帝配上帝明密皇后杜氏配地祇又以顯祖獻文皇帝配雩祀太宗明元皇帝之廟既毀上帝地祇配祭有式國之大事唯祀與戎廟配事重不敢專決請召羣官集議以聞

神龜初靈太后父司徒胡國珍薨贈太上秦公時疑其廟制太學博士王延業議曰案王制云諸侯祭二昭二穆與太祖之廟而五又小記云王者立四廟鄭玄云高祖已下與始祖而五明立廟之正以親為限不過於四其外有大功者然後為祖宗然則無太祖者止於四世有太祖乃得為五禮之正文也文王世子云五廟之孫祖廟未毀雖為庶人冠娶妻必告鄭玄云實四廟而言五廟者容高祖為始封君之子明始封之君在四世之外正謂太祖乃得稱五廟之孫若未有太祖已祀五世則鄭無為釋高祖為始封君之子也此先儒精義當今顯證也又喪服傳曰君公子之子孫有封為國君者則世世祖是人也不祖公子鄭玄云謂後世為君者祖此受封之君不得祀別

子也。公子若在高祖已下。則如其親服。後世遷之。乃毀其廟。爾明始封猶在親限。故祀止高祖。又云。如親而遷。尤知高祖之父不立廟矣。此又立廟明法與今事相當者也。又禮緯云夏四廟至子孫五。殷五廟至子孫六。注云。言至子孫則初時未備也。又顯在緯籍區別若斯者也。又晉初以宣帝是始封之君。應爲太祖。而以猶在祖位。故唯祀征西已下六世。待世世相推。宣帝出居太祖之位。然後七廟乃備。此又依準前軌。若重規襲矩者也。竊謂太祖者功高業大。百世不遷。故親廟之外。特更崇立。苟無其功。不可獨居正位。而遽見遷毀。且三世已前廟及於五玄孫已後。祀止於四。二與一奪。名位莫定。求之典禮。所未前聞。今太上秦公。蹤爵列土。大啓河山。傳祚無窮。承同帶礪。實有始封之功。方成不遷之廟。但親在四世之內。名班昭穆之序。雖應爲太祖。而尚在禰位。不可遠探高祖之父。以合五者之數。太祖之室

當須世世相推。親盡之後。乃出居正位。以備五廟之典。夫循文責實。理貴允當。考覈宗祊。得禮爲義。不可苟薦虛名。取榮多數。求之經記。竊謂爲允。又武始侯本無采地。於皇朝制。令名準大夫。案如禮意。諸侯奪宗。武始四時蒸嘗。宜於秦公之廟。博士盧觀議。案王制。天子七廟。三昭三穆與太祖之廟而七。諸侯五廟。二昭二穆與太祖之廟而五。大夫三。士一。自上已下。降殺以兩。庶人無廟。死爲鬼焉。故曰尊者統遠。卑者統近。是以諸侯及太祖。天子及其祖之所自出。祭法。諸侯立五廟。一壇一墠。曰考廟。曰王考廟。曰皇考廟。皆月祭之。顯考廟。祖考廟。享嘗乃止。去祖爲壇。去壇爲墠。去墠爲鬼。至於禘祫。方合食太祖之宮。大傳曰。別子爲祖。喪服傳曰。公子不得禰先君。公孫不得祖諸侯。鄭說不得祖禰者。不得立其廟而祭之也。世世祖是人者。謂世世祖受封之君。不得祖公子者。後世爲君者祖此受封之君。不得祀別子

也。公子若在高祖已下。則如其親服。後世遷之。乃毀其廟耳。愚以爲遷者遷於太祖廟。毀者從太祖而毀之。若不遷太祖。不須廢祖。是人之文。明非始制。故復見乃毀之節。何以知之。案諸侯有祖考之廟祭五世之禮。五禮正祖爲輕。一朝頓去。而祖考之廟要待六世之君。六世已前。虛而義主。求之聖旨。未爲通論。曾子問曰。廟無虛主。虛主唯四。祖考不與焉。明太祖之廟。必不虛置。禮緯曰。夏四廟至子孫五。殷五廟至子孫七。見夏無始祖。待禹而五。殷人郊契。待湯而六。周有后稷。及文王至武王而七。言夏即大禹之身。言子謂啓誦之世。言孫是迭遷之時。禹受命不毀。觀湯爲始君。不遷五主。文武爲二祧。亦不去三昭三穆。三昭三穆謂通文武。若無文武。親不過四。觀遠祖漢侍中植所說云。然鄭玄馬昭亦皆同爾。且父子迭加二祧。得并爲七。諸侯預立太祖。何爲不得爲五乎。今始封君子之立禰廟。頗似成王之於

二祧。孫卿曰。有天下者事七世。有一國者事五世。假使八世天子。乃得事六。六世諸侯。方通祭五。推情準理。不其謬乎。雖王侯用禮。文節不同。三隅反之。自然昭灼。且文宣公方爲太祖。世居子孫。今立五廟。竊謂爲是。禮緯又云。諸侯五廟。親四。始封之君。或上或下。雖未居正室。無廢四祀之親。小記曰。王者禘其祖之所自出。以其祖配之。而立四廟。此實殷湯時制。不爲難也。聊復標牓。略引章條。愚戇不足以待大問。侍中太傅清河王懌議。太學博士王延業及盧觀等各率異見。案禮記王制。天子七廟。三昭三穆與太祖之廟而七。諸侯五廟。二昭二穆與太祖之廟而五。並是後世追論備廟之文。皆非當時據立神位之事也。良由去聖久遠。經禮殘缺。諸儒注記。典制無因。雖稽考異聞。引證古誼。然用捨從世。通塞有時。折衷取正。固難詳矣。今相國秦公。初構國廟。追立神位。唯當仰祀二昭二穆。上極高曾四世而已。何

者秦公身是始封之君將為不遷之祖若以功業隆重越居正室恐以卑臨尊亂昭穆也如其權立始祖以備五廟恐數滿便毀非禮意也昔司馬懿立功於魏為晉太祖及至子晉公昭乃立五廟亦祀四世止於高曾太祖之位虛俟宣文待其後裔數滿乃止此亦前代之成事方今所殷鑒也又禮緯云夏四廟至子孫五殷五廟至子孫六周六廟至子孫七明知當時太祖之神仍依昭穆之序要待子孫世世相推然後太祖出居正位耳遠稽禮緯諸儒所說近循晉公之廟故事宜依博士王延業議定立四主親止高曾且虛太祖之位以待子孫而備五廟焉又延業盧觀前經詳議並據許慎鄭玄之解謂天子諸侯作主大夫及士則無意謂此議雖出前儒之事實未允情禮何以言之原夫作主之禮本以依神孝子之心非主莫依今銘旌紀柩設重憑神祭必有尸神必有廟皆所以展事孝敬想象若存上自天子下逮於士如此四事並同其禮何至於主惟謂王侯禮云重主道也此為理重則立主矣故王肅曰重未立主之禮也士喪禮亦設重則士有主明矣孔悝反祏載之左史饋食設主著於逸禮大夫及士既得有廟題紀祖考何可無主公羊傳君有事于廟聞大夫之喪去樂卒事大夫聞君之喪攝主而往今以為攝神斂主而已不暇待徹祭也何休云宗人攝行主事而往也意謂不然君聞臣喪尚謂之不懌況臣聞君喪豈得安然代主終祭也又相國立廟設主依神主無貴賤絕座而已若位擬諸侯者則有主位為大夫者則無主便是三神有主一位獨闕求諸情禮實所未安宜通為主以銘神位懌又議曰古者七廟廟堂皆別光武以來異室同堂故先朝祀堂令云廟皆四栿五架北廂設坐東昭西穆是以相國構廟唯制一室同祭祖考比來諸王立廟者自任私造不依公令或五或一參差無準要須議行新令然後定其法制相國之廟已造一室實合朝令宜即依此展其享祀詔依懌議

孝明帝時議建明堂多有同異衛尉卿賈思伯上議曰按周禮考工記云夏后氏世室殷重屋周明堂皆五室鄭注云此三者或舉宗廟或舉王寢或舉明堂互言之以明其制同也若然則夏殷之世已有明堂矣唐虞以前其事未聞戴德禮記云明堂凡九室十二堂蔡邕云明堂者天子太廟饗功養老教學選士皆於其中九室十二堂按戴德撰記世所不行且九室十二堂其於規制恐難得厥衷周禮營國左祖右社明堂在國之陽則非天子太廟明矣然則禮記月令四堂及太室皆謂之廟者當以天子暫配享五帝故耳又王制云周人養國老於東膠鄭注云東膠即辟雍在王宮之東又詩大雅云邕邕在宮肅肅在廟鄭注云宮謂辟雍宮也所以助王養老則尚和助祭則尚敬又不在明堂之驗矣按孟子云齊宣王謂孟子曰吾欲毀明堂若明堂是廟則不應有毀之問且蔡邕論明堂之制云堂方一百四十尺象坤之策屋圓徑二百一十六尺象乾之策方六丈徑九丈象陽陰九六之數九室以象九州屋高八十一尺象黃鐘九九之數二十八柱以象宿外廣二十四丈以象氣按此皆以天地陰陽氣數為法而室獨象九州何也若立五室以象五行豈不快也如此蔡氏之論非為通典九室之言或未可從竊尋考工記雖是補闕之書相承已久諸儒注述無言非者方之後作不亦優乎且孝經援神契五經要義舊禮圖皆作五室及徐劉之論同考工者多矣朝廷若獨絕今古自為一代制作者則所願也若猶祖述舊章規摹前事不應捨殷周成法襲近代妄作且損益之極極於三王後來疑議難可準信鄭玄云周人明堂五室是帝各有一室也合於五行之數周禮依數

以為之室。施行于今。雖有不同。時說然耳。尋鄭此論。非為無當。按月令亦無九室之文。原其制置。不乖五室。其青陽右个。即明堂左个。明堂右个。即總章左个。總章右个。即玄堂左个。玄堂右个。即青陽左个。如此。則室猶是五。而布政十二。五室之理。謂為可安。其方圓高廣。自依時量。戴氏九室之言。蔡子廟學之議。子幹靈臺之說。裴逸一屋之論。及諸家紛紜。並無取焉。學者善其議。

侍中領軍將軍江陽王繼表言。臣功緦之內。太祖道武皇帝之後。於臣始是曾孫。然道武皇帝傳業無窮。四祖三宗。功德最重。配天郊祀。百世不遷。而曾玄之孫。烝嘗之薦。不預拜於廟庭。霜露之感。闕陪奠於階席。今七廟之後。非直隔歸胙之靈。五服之孫。亦不霑出身之敘。校之墳史。則不然。驗之人情。則未允。何者。禮。玄祖遷於上。宗易於下。臣曾祖是帝。世數未遷。便疏同庶族。而孫不預祭。斯之為屈。今古罕

有。昔堯敦九族。周隆本枝。故能磐石維城。禦侮於外。今臣之所親。生見隔棄。豈所以植幹根本。隆建公族者也。伏見高祖孝文皇帝著令銓衡。取曾祖之服。以為資蔭。至今行之。相傳不絕。而況曾祖為帝。而不見錄。伏願天鑒有以照臨。令皇恩洽穆。宗人咸敘。請付外博議。永為定準。靈太后令曰。付八座集禮官議定以聞。四門小學博士王僧奇等議。案孝經曰。郊祀后稷以配天。宗祀文王於明堂以配上帝。然則太祖不遷者。尊王業之初基。二祧不毀者。旌不朽之洪烈。其旁枝遠胄。豈得同四廟之親哉。故禮記婚義曰。古者婦人先嫁三月。祖廟未毀。教於公宮。祖廟既毀。教于宗室。又文王世子曰。五廟之孫。祖廟未毀。雖庶人。冠娶必告。死必赴。不忘親也。親未絕而列於庶人。賤無能也。鄭注云。赴告於君也。實四廟言五者。容顯考為始封君子故也。鄭君別其四廟。理協二祭。而四廟者。在當世服屬之內。可以與於子

孫之位。若廟毀服盡。豈得同於此例乎。敢竭愚昧。請以四廟為斷。國子博士李琰之議。按祭統曰。有事於太廟。羣昭羣穆咸在。鄭氏注。昭穆咸在。謂同宗父子皆來。古禮之制。如是其廣。而當今儀注。唯限親廟四。愚竊疑矣。何以明之。設使世祖之子男於今存者。既身是戚藩。號為重子。可得賓於門外。不預碑鼎之事哉。又因宜變法。禮有其說。記言五廟之孫。祖廟未毀。為庶人。冠娶必告。死必赴。注曰。實四廟而言五者。容顯考始封之君子。今因太祖之廟在。仍通其曾玄侍祠。與彼古記甚相符會。且國家議親之律。指取天子之玄孫。乃不旁準於時后。至於助祭。必謂與世主相倫。將難均一。壽有短長。世有延促。終當何時可得齊同。謂宜入廟之制。率從議親之條。祖祧之裔。各聽盡其玄孫。使得駿奔堂壇。肅承禘礿。則情理差通。不宜復各為例。令事舛駮。侍中司空公領尚書令任城王澄。侍中尚書左僕射元暉奏。

臣等參量琰之等議。雖為始封君子。又祭統曰。有事於太廟。羣昭羣穆咸在。而不失其倫。鄭注云。昭穆。謂同宗父子皆來也。言未毀及同宗。則共四廟之辭。云未絕。與父子明崇五屬之稱。天子諸侯繼立無殊。吉凶之赴。同止四廟。祖祧雖存。親級彌遠。告赴拜薦。典記無文。斯由祖遷於上。見仁親之義疏。宗易於下。著五服之恩斷。江陽之於今帝也。計親而枝宗三易。數世則廟應四遷。吉凶尚不告聞。拜薦寧容輒預。高祖孝文皇帝聖德玄覽。師古立政。陪拜止於四廟。哀恤斷自緦宗。即之人情。冥然符一。推之禮典。事在難違。此所謂明王相沿。今古不革者也。太常少卿元端議。禮記祭法云。王立七廟。曰考廟。曰王考廟。曰皇考廟。曰顯考廟。曰祖考廟。遠廟為祧。有二祧。而祖考以功重不遷。二祧以盛德不毀。失遷之義。其在四廟也。祭統云。祭有十倫之義。六曰見親疏之殺焉。夫祭有昭穆。昭穆者所以別父子遠近長

幼親踈之序而無亂也是故有倫注云昭穆咸在尙宗父子皆來指謂當廟父子爲羣不繫於昭穆也若一公十子便爲羣公子豈待數公而立禰乎文王世子云五廟之孫祖廟未毀雖爲有所援引然與朝議不同如依其議雁直太祖曾玄諸廟子孫悉應預例既無正據竊謂太廣臣等愚見請同僧奇等議靈太后令曰議親律注云非爲當世之屬籍歷謂先帝之五世此乃明親親之義篤骨肉之恩重尙書以遠及諸孫太廣致疑百僚助祭可得言狹也祖廟未毀曾玄不預壇堂之敬便是宗人之昵友外於附庸王族之近更踈於羣辟先朝舊儀草刱未定刊制律憲垂之不朽瑛之援據甚允情理可依所執

孝明帝不親視朝過崇佛法郊廟之事多委有司諫議大夫張普惠上䟽曰臣聞明德卹祀成湯光六伯之祚嚴父配天孔子稱周公其

人也故能馨香上聞福傳遐世伏惟陛下重暉纂統欽明文思天地屬心百神佇望故宜敦崇祀禮咸秩無文而告朔朝廟不親於明堂嘗禘郊社多委於有司觀射遊苑躍馬騁中危而非典豈清蹕之意殖不思之冥業損巨費於生民減祿削力近供無事之僧崇飾雲殿遠邀未然之報昧爽之臣稽首於外玄寂之衆遨遊於內愆禮忤時人靈未穆愚謂從朝夕之因求祇劫之果未若先萬國之忻心以事其親使天下和平災害不生者也伏願淑慎威儀萬邦作式躬致郊廟之虔親紆朔望之禮釋奠成均竭心千畝明發不寐潔誠禋禝孝悌可以通神明德教可以光四海則一人有喜兆民賴之然後精進三寶信心如來道由禮深故諸漏可盡法隨禮積故彼岸可登量撤僧寺不急之華還復百官久折之秩已興之構務從簡成將來之造權令停息仍舊亦可何必改作庶節用愛人法俗俱賴臣學不經遠言多孟浪忝職其憂不敢默爾

孝莊帝時追崇武宣王爲文穆皇帝廟號肅祖母李妃爲文穆皇后將遷神主於太廟以高祖爲伯考尚書令拓跋彧表諫曰漢祖創業香街有太上之廟光武中興南頓立舂陵之寢元帝之於光武踈爲絶服猶尚身奉子道入繼大宗高祖之於聖躬親實猶子陛下既纂洪緒豈宜加伯考之名且漢宣之繼孝昭斯乃上後叔祖豈忘宗承考妣蓋以大義斯奪及金德將興宣王受寄自兹而降世秉威權景王意存毀冕文王心規裂冠雖祭則魏主而權歸晉室昆之與季實傾曹氏且子元宣王冢胤文王成其大業故晉武繼文祖宣景王有伯考之稱以今類古恐或非儔又臣子一例義彰舊典禘祫失序著譏前經高祖德溢寰中道超無外肅祖雖勳格宇宙猶曾奉贄稱臣穆皇后稟德坤元復將配享乾位此乃君臣並筵嫂叔同室歷觀墳籍

未有其事

歷代名臣奏議卷之十五

歷代名臣奏議卷之十六

郊廟

陳文皇帝天嘉中大中大夫太常卿許亨奏曰昔梁武帝云天數五地數五五行之氣天地俱有故南北郊內並祭五祀臣按周禮以血祭社稷五祀鄭玄云陰祀自血起貴氣臭也五祀五官之神也五神主五行隸於地故與埋沈副辜同爲陰祀既非煙柴無關陽祭故何休云周爵五等者法地有五行也五神位在北郊圜丘不宜重設制曰可亨又奏曰梁武帝議箕畢自是二十八宿之名風師雨師自是箕畢下隸非即星也故郊雩之所皆兩祭之臣按周禮大宗伯之職云槱燎祀司中司命風師雨師鄭衆云風師箕也雨師畢也詩云月離于畢俾滂沱矣如此則風伯雨師即箕畢星矣而今南郊祀箕畢二星復祭風伯雨師恐乖祀典制曰若郊設星位任即除之亨又奏曰梁儀注曰一獻爲質三獻爲文事天之事故不三獻臣按周禮司尊所言三獻施於宗祧而鄭注一獻施於羣小祀今用小祀之禮施於天神大帝梁武此義爲不通矣且尊俎之物依於質文拜獻之禮主於虔敬今請凡郊丘祀事準於宗祧三獻爲允制曰依議

隋文帝時禮部尚書牛弘請依古制修立明堂上議曰竊謂明堂者所以通神靈感天地出教化崇有德孝經曰宗祀文王於明堂以配上帝祭義云祀于明堂教諸侯孝也黃帝曰合宮堯曰五府舜曰總章布政興治由來尚矣周官考工記曰夏后氏世室堂脩二七廣四脩一鄭玄注云脩十四步其廣益以四分脩之一則堂廣十七步半也殷人重屋堂脩七尋四阿重屋鄭云其脩七尋廣九尋也周人明堂度九尺之筵南北七筵五室凡室二筵鄭云此三者或舉宗廟或舉王寢或舉明堂互言之明其同制也馬融王肅干寶所注與鄭亦

異今不具出漢司徒馬宮議云夏后氏世室室顯於堂故命以室殷人重屋屋顯於堂故命以屋周人明堂堂大於夏室故命以堂夏后氏益其堂之廣百四十四尺周人明堂以爲兩序間大夏后氏七十二尺若據鄭玄之說則夏室大於周堂如依馬宮之言則周堂大於夏室後王轉文周大爲是但宮之所言未詳其義此皆去聖久遠禮文殘缺先儒解說家異人殊鄭注玉藻亦云宗廟路寢與明堂同制王制曰寢不踰廟明大小是同今依鄭玄注每室及堂止有一丈八尺四壁之外四尺有餘若以宗廟論之祫享之時周人旅酬六尸并后稷爲七先公昭穆二尸先王昭穆二尸合十一尸三十六主及君北面行事於二丈之堂愚不及此若以正寢論之便須朝宴據燕禮諸侯宴則賓及卿大夫脫屨升坐是知天子宴則三公九卿並須升堂燕義又云席小卿次上卿言皆侍席止於二筵之間豈得行禮若以明堂論之總享之時五帝各於其室設青帝之位須於太室之內少北西面太昊從食坐於其西近南北面祖宗配享者又於青帝之南稍退西面丈八之室神位有三加以簠簋籩豆牛羊之俎四海九州美物咸設復須席工升歌出罇反坫揖讓升降亦以隘矣據茲而說近是不然按劉向別錄及馬宮蔡邕等所見當時有古文明堂禮王居明堂禮明堂圖明堂大圖明堂陰陽太山通義魏文侯孝經傳等並說古明堂之事其書皆亡莫得而正今明堂月令者鄭玄云是呂不韋著春秋十二紀之首章禮家鈔合爲記蔡邕王肅云周公所作周書內有月令第五十三即此也各有證明文多不載束晳以爲夏時之書劉瓛云不韋鳩集儒者尋于聖王月令之事而記之不韋安然獨爲此記今案不得全稱周書亦未可即爲秦典其內雜有虞夏殷周之法皆聖王仁恕之政也蔡邕具爲章句又論之曰明堂者

所以宗祀其祖以配上帝也夏后氏曰世室殷人曰重屋周人曰明堂東曰青陽南曰明堂西曰總章北曰玄堂内曰太室聖人南面而聽向明而治人君之位莫不正焉故雖有五名而主以明堂也制度之數各有所依堂方一百四十四尺坤之策也屋圓楣徑二百一十六尺乾之策也太廟明堂方六丈通天屋徑九丈陰陽九六之變且圓蓋方覆九六之道也八闥以象卦九室以象州十二宮以應日辰三十六戶七十二牖以四戶八牖乘九宮之數也戶皆外設而不閉示天下以不藏也通天屋高八十一尺黃鍾九九之實也二十八柱布四方四方七宿之象也堂高三尺以應三統四向五色各象其行水闊二十四丈象二十四氣於外以象四海王者之大禮也觀其模範天地則象陰陽必據古文義不虛出今若直取考工不參月令青陽總章之號不得而稱九月享帝之禮不得而用漢代二京所建與此說悉同建安之後海內大亂京邑焚燒憲章泯絕魏氏三方未平無聞興造晉則侍中裴頠議曰尊祖配天其義明著而廟宇之制理據未分宜可直為一殿以崇嚴父之祀其餘雜碎一皆除之宋齊已還咸率茲禮此乃世乏通儒時無思術前王盛事於是不行後魏代都所造出自李沖三三相重合為九室簷不覆基房間通街穿鑿處多迄無可取及遷宅洛陽更加營構五九紛競遂至不成宗配之事於焉靡託今皇猷遐闡化覃海外方建大禮垂之無窮弘等不以庸虛謬當議限今檢明堂必須五室者何尚書帝命驗曰帝者承天立五府赤曰文祖黃曰神升白曰顯紀黑曰玄矩蒼曰靈府鄭玄注曰五府與周之明堂同矣且三代相沿多有損益至於五室確然不變夫室以祭天天實有五若立九室四無所用布政視朔自依其辰鄭司農云十二月分在青陽等左右之位不云居室鄭玄亦言每月於其時

之堂而聽政焉禮圖畫个皆在堂偏是以須為五室明堂必須上圓下方者何孝經援神契曰明堂者上圓下方八窗四達布政之宮禮記盛德篇曰明堂四戶八牖上圓下方五經異義稱講學大夫淳于登亦云上圓下方鄭玄同之是以須為圓方明堂必須重屋者何案考工記夏言九階四旁兩夾窻門堂三之二室三之一殷周不言者明一同夏制殷言四阿重屋周承其後不言屋制亦蓋同可知也其殷人重屋之下本無五室之文鄭注云五室者亦據夏以知之明周不云重屋因殷則有灼然可見禮記明堂位曰太廟天子明堂言魯為周公之故得用天子禮樂魯之太廟與周之明堂同又曰複廟重檐刮楹達鄉天子之廟飾鄭注複廟重屋也據廟既重屋明堂亦不疑矣春秋文公十二年太室屋壞五行志曰前堂曰太廟中央曰太室屋其上重者也服虔亦云太室太廟太室之上屋也周書作洛篇曰乃立太廟宗宮路寢明堂咸有四阿反坫重亢重廊孔晁注曰重亢累棟重廊累屋也依黃圖所載漢之宗廟皆為重屋此去猶近遺法尚在是以須為重屋明堂必須為辟雍者何禮記盛德篇云明堂者明諸侯尊卑也外水曰辟雍明堂陰陽錄曰明堂之制周圜行水左旋以象天內有分室以象紫宮此明堂有水之明文也然馬宮王肅以為明堂辟雍太學同處蔡邕盧植亦以為明堂靈臺辟雍太學同實異名邕云明堂者取其宗祀之清貌則謂之清廟取其正室則曰太室取其堂則曰明堂取其四門之學則曰太學取其周水圜如璧則曰辟雍其實一也其言別者五經通義曰靈臺以望氣明堂以布政辟雍以養老教學三者不同袁準鄭玄亦以為別歷代所疑豈能輒定今據郊祀志云欲治明堂未曉其制濟南人公玉帶上黃帝時明堂圖一殿無壁蓋之以茅水圜宮垣天子從之以此而言其來

則久漢中元二年起明堂辟雍靈臺於洛陽並別處然明堂亦有壁水李尤明堂銘云流水洋洋是也以此須有辟雍夫帝王作事必師古昔今造明堂須以禮經爲本形制依於周法度數取於月令遺闕之處參以餘書庶使該詳沿革之理其五室九階上圓下方四阿重屋四旁兩門依考工記孝經說堂方一百四十四尺屋圓楣徑二百一十六尺太室方六丈通天屋徑九丈八闥二十八柱堂高三尺四向五色依周書月令論殿垣方在內水周如外水內徑三百步依太山盛德記覲禮經仰觀俯察皆有則象足以盡誠上帝祗配祖宗弘風布教作範於後矣弘等學不稽古輒申所見可否之宜伏聽裁擇

煬帝大業元年帝欲遵周法營立七廟詔有司詳定其禮禮部侍郎攝太常少卿許善心與博士褚亮等議曰謹案禮記天子七廟三昭三穆與太祖之廟而七鄭玄注云此周制七者太祖及文王武王

之祧與親廟四也殷則六廟契及湯與二昭二穆夏則五廟無太祖禹與二昭二穆而已玄又據王者禘其祖之所自出而立四廟案鄭玄義天子唯立四親廟并始祖而爲五周以文武爲受命之祖特立二祧是爲七廟王肅注禮記尊者尊統上卑者尊統下故天子七廟諸侯五廟其有殊功異德非太祖而不毀不在七廟之數案王肅以爲天子七廟是通百代之言又據王制之文天子七廟諸侯五廟大夫三廟降二爲差是則天子立四親廟又立高祖之父高祖之祖并太祖而爲七周有文武姜嫄合爲十廟漢諸帝之廟各立爲迭毀之義至元帝時貢禹匡衡之徒始建其禮以高帝爲太祖而立四親廟是爲五廟唯劉歆以爲天子七廟諸侯五廟降殺以兩之義七者其正法可常數也宗不在數內有功德則宗之不可預毀爲數也是以班固稱考論諸儒之議劉歆博而篤焉光武即位建高廟於洛陽乃並南頓君以上四國就祖宗而爲七至魏初高堂隆爲鄭學議立親廟四大祖武帝猶在四親之內乃虛置太祖及二祧以待後代至景初乃依王肅更立五世六世祖就四親而爲六廟晉武帝禪博議宗祀自文帝已上六世祖西府君而宣帝亦序於昭穆未升太祖故祭止六也江左中興賀循知禮至於寢廟之儀皆依魏晉舊事宋武帝初受晉命爲王依諸侯立親廟四即位之後增祀五世祖相國掾府君六世祖右北平府君止於六廟逮身沒主升從昭穆猶太祖之位也降及齊梁守而弗革加崇迭毀禮無違舊臣等又案姬周自太祖以下皆別立廟至於禘祫俱合食於太祖是以炎漢之初諸廟各立歲時嘗享亦隨處而祭所用廟樂皆象功德而歌舞焉至光武乃總立一堂而羣主共室斯則新承寇亂欲從約省自此以來因循不變伏惟高祖文皇帝睿哲玄覽神武應期受命開基垂統聖嗣當文明

之運定祖宗之禮且損益不同沿襲異趣時王所制可以垂法自歷代以來雜用王鄭二義若尋其指歸校以優劣康成止論周代非謂通經子雍總貫皇王事兼長遠今請依據古典崇建七廟受命之祖宜別立廟祧百代之後爲不毀之法至於鑾駕親奉申孝享於高廟有司行事竭誠敬於羣主俾夫規模可則嚴祀易遵表有功而彰明德大復古而貴能變臣又案周全立廟亦無處置之文據冢人處隨而言之先王居中以昭穆爲左右阮忱撰禮圖亦從此議漢京諸廟既遠又不序禘祫今若依周制理有未安雜用漢儀事難合採謹詳立廟圖附之議末其圖太祖高祖各一殿準周文武二祧與始祖而三餘並分室而祭始祖及二祧之外從迭毀之法詔可

煬帝時工部尚書宇文愷上言曰自永嘉之亂明堂廢絕隋有天下將復古制議者紛然皆不能決博考羣籍奏明堂議表曰臣聞在天

成象房心為布政之宮在地成形丙午居正陽之位觀雲告月順生殺之序五室九宮統人神之際金口木舌發令兆民玉瓚黃琮式嚴宗祀何嘗不矜莊宸宁盡妙思於規摹凝睟冕旒致子來於矩矱伏惟皇帝陛下提衡握契御極承乾誠五登三復上皇之化流凶去暴丕下武之緒用百姓之異心驅一代以同域康哉康哉民無能而名矣故使天符地寶吐醴飛甘造物資生澄源反朴九圍清謐四表削平龔我衣冠齊具文軌茫茫上玄陳珪璧之敬肅肅清廟感霜露之誠正金奏九韶六莖之樂定石渠五官三雍之禮乃卜瀍西爰謀洛食辨方面勢仰稟神謀敷土濬川為民立極兼聿遵先言表置明堂爰詔下臣占星揆日於是採崧山之祕簡披汶水之靈圖訪通議於殘亡購冬官於散逸總集衆論勒成一家昔張衡渾象以三分為一度裴秀輿地以二寸為千里臣之此圖用一分為一尺雅而演之冀

輪奐有序而經構之旨議若殊途或以綺井為重屋或以圓楣為隆棟各以臆說事不經見今錄其疑難為之通釋皆出證據以相發明議曰臣愷謹案淮南子曰昔者神農之治天下也甘雨以時五穀蕃植春生夏長秋收冬藏月省時考終歲獻貢以時嘗穀祀于明堂明堂之制有蓋而無四方風雨不能襲燥濕不能傷遷延而入之臣豈以為上古朴略剏立興刑尚書帝命驗曰帝者承天立五府以尊天重象赤曰文祖黃曰神斗白曰顯紀黑曰玄矩蒼曰靈府注云唐虞之天府夏之世室殷之重屋周之明堂皆同矣尸子曰有虞氏曰總章周官考工記曰夏后氏世室堂脩二七博四脩一注云脩南北之深也夏度以步今堂脩十四步其博益以四分脩之一則明堂博十七步半也臣愷按三王之世夏最為古從質尚文理應漸就寬大何因夏室乃大殷堂相形為論理恐不爾記云堂脩七博四脩若夏度以步則應脩七步注云今堂脩十四步乃是增益記文殷周二堂獨無加字便是其義類例不同山東禮本輒加二七之字何得殷無加尋之文周闕增筵之義研覈其趣或是不然雖校古書並無二字此乃桑間俗儒信情加減黃圖議云夏后氏益其堂之大一百四十四尺周人明堂以為兩杼間馬宮之言止論堂之一面據此為準則三代堂基並方得為上圓之制諸書所說並云下方鄭注周官獨為此義非直與古違異亦乃乖背禮文尋文求理深恐未愜尸子曰殷人陽館考工記曰殷人重屋堂脩七尋堂崇三尺四阿重屋注云其脩七尋五丈六尺放夏周則其博九尋七丈二尺又曰周人明堂度九尺之筵東西九筵南北七筵堂崇一筵五室凡二筵禮記明堂位曰天子之廟複廟重檐鄭注云複廟重屋也注玉藻云天子廟及露寢皆如明堂制禮圖云於內室之上起通天之觀觀八十一尺得宮之

數其聲濁君之象也大戴禮曰明堂者古有之凡九室一室有四戶八牖以茅蓋上圓下方外水曰辟雍赤綴戶白綴牖堂高三尺東西九仞南北七筵其宮方三百步凡人民疾六畜疫五穀災生於天道不順天道不順生於明堂不飾故有天災則飾明堂周書明堂曰堂方百一十二尺高四尺階博六尺三寸室居內方百尺室內方六十尺戶高八尺博四尺作洛曰明堂太廟露寢咸有四阿重亢重廊孔氏注云重亢累棟重廊累屋也禮圖曰秦明堂九室十二階各有所居呂氏春秋曰有十二堂與月令同並不論尺丈臣愷案十二階雖不與禮合一月一階非無理思黃圖曰堂方百四十四尺法坤之策也方象地屋圓楣徑二百一十六尺法乾之策也圓象天室九宮法九州太室方六丈法陰之變數十二堂法十二月三十六戶法極陰之變數七十二牖法五行所行日數八達象八風法八卦通天臺徑九

尺。法乾以九覆六。高八十一尺。法黃鍾九九之數。二十八柱象二十八宿。堂高三尺。土階三等。法三統。堂四向五色。法四時五行。殿門去殿七十二步。法五行所行。門堂長四丈。取太室三之二。垣高無蔽目之照。牖六尺。其外倍之。殿垣方在水内。法地陰也。水四周於外。象四海。圓法陽也。水闊二十四丈。象二十四氣。水内徑三丈。應覲禮經。武帝元封二年。立明堂汶上。無室。其外略依此制。泰山通議。今亡。不可得而辨也。元始四年八月。起明堂辟雍。長安城南門。制度如儀。一殿。垣四面。門八觀。水外周堤壤。高四尺。和會築作三旬。五年正月六日辛未。始郊太祖高皇帝以配天。二十二日丁亥。宗祀孝文皇帝於明堂以配上帝。及先賢百辟卿士有益者。於是秩而祭之。親扶三老五更。袒而割牲。跣而進之。因班時令。宣恩澤。諸侯王宗室四夷君長匈奴西國侍子悉奉貢助祭。禮圖曰。建武三十年作明堂。明堂上圓下

方。上圓法天。下方法地。十二堂法日辰。九室法九州。室八牖。八九七十二。法一時之王。室有二戶。二九十八戶。法土王十八日。内堂正壇高三尺。土階三等。胡伯始注漢官云。古清廟蓋以茅。今蓋以瓦。瓦下藉茅。以存古制。東京賦曰。乃營三宮。布政頒常。複廟重屋。八達九房。造舟清池。惟水泱泱。薛綜注云。複重廇覆。謂屋平覆重棟也。續漢書祭祀志云。明帝永平二年。祀五帝於明堂。五帝坐各處其方。黃帝在未。皆如南郊之位。光武位在青帝之南。少退西面。各一犢。奏樂如南郊。臣愷按詩云。我將祀文王於明堂。我將我享。維牛維羊。據此則備太牢之祭。今云一犢。恐與古殊。自晉以前。未有鴟尾。其圖牆壁水。一依本圖。晉起居注裴頠議曰。尊祖配天。其義明著。廟宇之制。理據未分。直可為一殿。以崇嚴祀。其餘雜碎。一皆除之。臣愷按天垂象。聖人則之。辟雍之星。既有圖狀。晉堂方構。不合天文。既闕重樓。又無辟水。

空堂。乖五室之義。直殿違九階之文。非古欺天。一何過甚。後魏於北臺城南造圓牆。在辟水外。門在水内迥立。不與牆相連。其堂上九室。三三相重。不依古制。室間通巷。違舛處多。其室皆用墼累。極成褊陋。後魏樂志曰。孝昌二年立明堂。議者或言九室。或言五室。詔斷從五室。後元乂執政。復改為九室。遭亂不成。宋起居注曰。孝武帝大明五年立明堂。其牆宇規範。擬則太廟。唯十二間。以應朞數。依漢汶上圖儀。設五帝位。太祖文皇帝對饗。鼎俎簠簋。一依廟禮。梁武即位之後。移宋時太極殿以為明堂。無室。十二間。禮疑議云。祭用純漆俎瓦樽。文於郊。質於廟。止一獻。用清酒。平陳之後。臣得目覩。遂量步數。記其尺丈。猶見基内有焚燒殘柱。毀斫之餘。入地一丈。儼然如舊。柱下以樟木為跗。長丈餘。闊四尺許。兩兩相並。瓦安數重。宮城處所。乃在郭内。雖湫隘卑陋。未合規摹。祖宗之靈。得崇嚴祀。周齊二代。闕而不修。

大饗之典。於焉靡託。自古明堂圖惟有二本。一是宗周劉熙阮諶劉昌宗等作。三圖略同。一是後漢建武三十年作。禮圖有本。不詳撰人。臣遠尋經傳。傍求子史。研究衆說。總撰今圖。其樣以本為之。下為方堂。堂有五室。上為圓觀。觀有四門。帝可其奏。

唐太宗貞觀中。朱子奢上立廟議曰。臣謹按漢丞相韋玄成奏立五廟。諸侯同五。劉子駿議開七祖。邦君降二。鄭司農踵玄成之轍。王子雍揚國師之波。分塗並驅。各相師祖。咸貽其所習。好同惡異。遂令歷代廟祀。多少參差。優劣去取。曾無畫一。傳稱名位不同。禮亦異數。易云。卑高以陳。貴賤位矣。豈非別嫌疑。慎微遠。防陵僭。尊君卑佐。升降無舛。所貴禮者。義存於此。若使天子諸侯。俱立五廟。便是賤所以同貴。臣可以濫主名。器無准。冠屨同歸。禮亦異數。義將安設。戴記又稱禮有以多為貴者。天子七廟。諸侯五廟。繼與子男相呼。以多為貴。何

所表乎愚以爲諸侯立高祖以下幷太祖五廟。一國之貴也。天子立高祖以上幷太祖七廟。四海之尊也。降殺以兩。禮之正焉。前史所謂德厚者流光。德薄者流卑。此其義也。伏惟聖祖在天。山陵有日。祔祖嚴配。大事在斯。宜依七廟。用崇大禮。若親盡之外。有王業者。如殷之玄王。周之后稷。尊爲始祖。儻無其例。請三昭三穆。各置神主。太祖一室。考而虛位。將待七百之祚。遞遷方處。庶上依晉宋。傍愜人情。於是八座奏曰。臣聞揖讓受終之后。革命創制之君。何嘗不崇親親之義。篤尊尊之道。虔奉祖宗。致敬郊廟。自義乖闕里。學滅秦庭。儒雅既喪。經籍湮殄。雖兩漢纂修。絕業。魏晉敦尚斯文。而宗廟制度。典章散逸。習所傳而競偏說。是所見而起異端。自昔迄茲。多歷年代。語其大略。兩家而已。祖鄭玄者則陳四廟之制。述王肅者則引七廟之文。貴賤混而莫辯。是非紛而不定。陛下至德自然。孝思罔極。孺慕踰匹夫之

志。制作窮聖人之道。誠宜定一代之宏規。爲萬古之彝則。臣等奉述睿旨。討論往載。紀七廟者實多。稱四祖者蓋寡。校其得失。略然可見。春秋穀梁傳及禮記王制祭法禮器孔子家語。並云天子七廟。諸侯五廟。大夫三廟。士二廟。尚書曰。七代之廟。可以觀德。至於孫卿孔安國劉歆班彪父子孔晁虞喜干寶之徒。或學惟碩儒。或才稱博物。商較今古。咸以爲宜。其文曰。天子三昭三穆。與太祖之廟而七。晉宋齊梁。皆依斯義。立親廟六。豈非國之茂典。不刊之休烈乎。若使違羣經之明文。從累代之疑議。背子雍之篤論。尊康成之舊學。則天子之禮下偪於人臣。諸侯之制上僭於王者。非所謂尊卑有序。名位不同者焉。況復禮由人情。自非天墜。大孝莫重於尊親。厚本莫先於嚴配。數盡四廟。非貴多之道。祀及七代。得加崇之心。是知德厚者流光。乃可久之高義。德薄者流卑。實不易之令範。臣等參議。請依晉宋故事。立親廟六。其祖宗之制。式遵舊典。庶承宗之道。興於理定之辰。尊祖之義。成於孝理之日。

孔穎達上明堂議曰。臣伏尋前勅。依禮部尚書劉伯莊等議。以爲從崑崙道上層祭天。又尋後勅。云爲左右閣道。登樓設祭。臣檢六藝羣書百家諸史。皆未聞臺觀重樓之上。而有堂名。孝經云。宗祀文王於明堂。不云明樓明觀。其宜一也。又明堂法天。聖王示儉。或有翦蒿爲柱。葺茅作蓋。雖復古今興制。不可恒然。猶依大典。徽於朴素。是以席惟藁秸。器上陶匏。用繭栗以貴誠。服大裘以訓儉。今若飛樓架迥。綺閣凌雲。考古之文。實堪疑慮。按郊祀志。漢武明堂之制。四面無壁。上覆以茅。祀五帝於上座。祀后土於下防。臣以上座正謂臺上。下防惟是臺下。即云無四壁。未審伯莊如何上層祭神。下有五室。且漢武所爲。多用方士之說。違經背正。不可師祖。又盧寬等議云。上層祭天。下

堂布政。欲使人神位別。事不相干。臣以古者敬重大事。與接神相似。以朝觀祭祀。皆在廟堂。豈有樓上祭祖。樓下視朝。閣道昇樓。路便窄隘。乘輦相儀。接神不敬。步往則勞虔聖躬。侍衛在傍。百司供奉。求之典誥。全無此理。臣非敢固執愚見。以求己長。伏以國之大典。不可不愼。乞以臣言下羣臣詳議。

魏徵上明堂議曰。稽諸訓誥。參以舊圖。其上圓下方。複廟重屋。百慮一致。異軫同歸。洎當塗膺籙。未遑斯禮。典午聿興。無所取則。裴頠以諸儒持論。異端蠭起。是非舛互。靡所適從。遂乃以人廢言。止爲一殿。宋齊即仍其舊。梁陳遵而不改。雖嚴配有所。祭享不匱。求之典則。道實未弘。夫孝因心生。禮緣情立。心不可極。故備物以表其誠。情無以盡。故飾宮以廣其敬。宣尼美意。其在茲乎。臣等親奉德音。令參大議。思竭塵露。微增山海。凡聖人有作。義重隨時。萬物斯覩。事資通變。若

據蔡邕之說則至理失於文繁若依裴頠所為則又傷於質略求之情理未允厥中今之所議非無用捨請為五室重屋上圓下方既體有則象又事多故實下室備布政之居上堂為祭天之所人神不雜禮亦宜之其高下廣袤之規几筵丈尺之制則並隨時立法因事制宜自我而作何必師古廓千載之疑議為百王之懿範不使泰山之下惟聞黃帝之法汶水之上獨稱漢武之圖則通乎神明庶幾可俟子來經始成之不日

顏師古上明堂議曰明堂之制爰自古昔求之簡牘全文莫覩肇起黃帝降及有虞彌歷夏殷迄于周代各立名號別創規模衆說舛駁互執所見臣儒碩學莫有詳通斐然成章不知裁斷究其指要實布政之宮也徒以戰國縱橫典籍廢棄暴秦酷烈經禮湮亡今之所存傳記雜說用為準的實亦蕪昧然周書之敘明堂紀其四面則有應門雉門據此一塗固是王者之常居耳其青陽總章玄堂太廟及左个右个與四時之次相用則路寢之義足為明證又王居明堂篇帶以弓韣禮于高禖九門磔攘以禦疾疫置梁除道以利農夫令國有酒以合三族凡一事等皆合月令之文觀其所為皆在路寢者也戴禮昔周公朝諸侯于明堂之位天子負斧扆南嚮而立明堂者明諸侯之尊也周官又云周人明堂度九尺之筵東西九筵堂一筵據其制度即大寢也亦曰黃帝曰合宮有虞氏曰總章殷曰陽館周曰明堂斯皆路寢之徵知非別處大戴所說初有近郊之言復稱文王之廟進退無據自為矛盾原夫負扆受朝常居出入既在皋庫之內亦何云於郊野哉孝經傳云在國之陽又無里數漢武有懷創造詢於搢紳言論紛然終無定據乃立於汶水之上而宗祀焉明其不拘遠近亦無方面孝成之代表行城南雖有其文厥功靡立平帝元始四

年大議營創孔牢等乃以為明堂辟雍太學其實一也而有三名金褒等又稱經傳無文不能分別同異中興之後蔡邕作論復云明堂太廟一物二名鄭玄則在國之陽三里之外七里之內景巳之地潁容釋例亦云明堂太廟凡有八名其體一也苟立同異竟為巧說並出自胸懷曾無師祖審夫功成作樂治定制禮草創從宜質文遞變旌旗冠冕今古不同律度權衡前後不一隨時之義斷可知矣假如周公舊章猶當擇其可否宣尼彝則尚或補漏況鄭氏臆說淳于謏聞匪異守株何殊膠柱愚謂不出墉雉迹接宮闈實允事宜諒無所惑但當上遵天旨祇奉德音作皇代之明堂永貽範於來葉區區極議皆略而不論

高宗永徽二年太尉長孫無忌上太宗皇帝配天議曰臣謹尋方冊歷考前規宗祀明堂必配天帝而伏羲五代本配五郊所入明堂自緣從祀今以太宗作配理有未安伏見永徽二年七月詔建明堂伏惟陛下天縱孝德追奉太宗已遵嚴配當時高祖先在明堂禮司致惑竟未遷祀率意定儀遂便著令乃以太宗文皇帝降配五帝雖復亦在明堂不得對越天帝深乖明詔之意又與先典不同謹按孝經云孝莫大於嚴父嚴父莫大於配天昔者周公宗祀文王於明堂以配上帝伏尋詔意義在於斯今所司行令殊為失旨又尋漢魏晉宋歷代禮儀並無父子同配明堂之義唯祭法云周人禘嚳而郊稷祖文王而宗武王鄭玄注曰禘郊祖宗謂祭祀以配食也禘謂祭昊天於圓丘郊謂祭上帝於南郊祖宗謂祭五帝百神於明堂也尋鄭此注乃以祖宗合為一祭又以文武共在明堂連衽配祠良為謬矣故王肅駮曰古者祖有功而宗有德祖宗自是不毀之名非謂配食於明堂者也審如鄭義則孝經當言祖祀文王於明堂不得言宗祀也

凡宗者尊也周人既祖其廟又尊其祀孰謂祖於明堂者乎鄭引孝經以解祭法而不曉周公本意殊非仲尼之義旨也又解宗武王吉配勾芒之類是謂五神位在堂下武王降位失君敘矣又按六韜曰武王伐紂雪深丈餘有五車二馬行無轍迹詣營求謁武王怪而問焉太公對曰此必五方之神來受事耳遂以其名名入各以其職令焉既而克殷風調雨順豈有生來受職殁則配之降尊敵卑理不然矣故春秋外傳曰禘郊祖宗報五者國之典祀也傳言五者故知各是一事非謂祖宗合祀於明堂也臣謹上考殷周下洎貞觀並無一代兩帝同配於明堂惟南齊蕭氏以武明昆季並於明堂配食事乃不經未足援據又檢武德時令以元皇帝配於明堂兼配感帝至貞觀初緣情革禮奉祀高祖配於明堂奉遷代祖專配感帝此即聖朝故事已有遞遷之典取法宗廟古之制焉伏惟太祖景皇帝締構有

周建絕代之丕業啓祖汾晉創歷聖之洪緒德邁發生道符立極又代祖元皇帝潛鱗韞慶屈道事周導濬發之靈源闡光宅之垂裕稱祖清廟萬代不遷請停配祀以符古義伏惟高祖太武皇帝躬受天命奄有神州創改舊物體元居正為國始祖抑有舊章昔者炎漢高帝當塗太祖皆以受命例並配天請遵故實奉祀高祖於圓丘以配昊天上帝伏惟太宗文皇帝道格上玄功清下瀆拯率土之塗炭而大造於生靈請准詔書宗祀於明堂以配上帝又請依武德故事兼配感帝作主斯乃二祖德業永不遷廟兩聖功大各得配天遂協孝經近申詔意

上元三年將祫享議者以禮緯三年祫五年禘公羊家五年再殷祭二家舛互諸儒莫能決太學博士史玄璨曰春秋僖公三十三年十二月薨文公之二年八月丁卯大享公羊曰祫也則三年喪畢新君之二年當祫明年當禘羣廟又宣公八年禘僖公宣公八年皆有禘則後禘距前禘五年此則新君之二年祫三年禘爾後五年再殷祭則六年當祫八年禘昭公十年齊歸薨十三年喪畢當祫為平丘之會冬公如晉至十四年祫十五年禘傳曰有事於武宮是也至十八年祫二十年禘二十三年祫二十五年禘昭公二十五年有事於襄宮是也則禘後三年而祫又二年而禘合於禮議遂定

高宗時蕭子儒為奉常博士初太尉長孫無忌等議祠令及禮用鄭玄六天說圓丘祀昊天上帝南郊太微感帝明堂太微五帝直據緯為說不指蒼昊為天而以昊天帝當北辰耀魄寶郊明堂當太微五帝唐家祀圓丘太史所上圖昊天上帝位于壇北辰斗列第二垓與緯書駮異司馬遷天官書太微宮五精之神五星所奉有人主象故名曰帝猶房心有天王象安得

盡為天乎日月麗于天草木麗于地以日月為天草木為地昧者不信也周官兆五帝四郊又有祀五帝皆不言天知太微之神非天也經稱郊祀后稷王肅以郊圓丘為一玄析而二之曰圓丘曰郊非聖人意令祠令固守玄說與著式相違宜有刊正且經嚴父莫大於配天宗祀文王於明堂以配上帝明堂之祀天也豈不足配之矣月令孟春祈穀上帝春秋啓蟄而郊郊而後耕故郊后稷以祈農詩春夏祈穀于上帝皆祭天也著之感帝尤為不稽請四郊迎氣祀太微五帝郊明堂罷六天說止祀昊天方丘既祭地又祭神州北郊皆不載經請止一祠詔曰可乾封初帝已封禪復詔祀感帝神州以正月祭北郊司禮少常伯郝處俊等奏言顯慶定禮廢感帝祀而祈穀昊天以高祖配舊祀感帝神州以元皇帝配今改祈穀為祀感帝又祀神州還以高祖配何升降紛紛焉虞氏禘黃帝郊嚳夏禘黃帝郊鯀殷

禘嚳郊冥。周禘嚳郊稷。玄謂禘者祭天圜丘。郊者祭上帝南郊。崔靈恩說夏正郊天。王者各祭所出帝。所謂王者禘祖之所自出以其祖配之。則禘遠祖郊始祖也。今禘郊同祖。禮無所歸。神州本祭十月。以方陰用事也。玄說三王之郊一用夏正。靈恩謂祭神州北郊以正月。諸儒所言猥互不明。臣願會奉常司成博士普議。於是子儒與博士陸遵楷張統師權無二等共白北郊月不經見。漢光武正月建北郊。咸和中。議北郊以正月。武德以來用十月。請循武德詔書。明年詔圜方二丘明堂感帝神州宜奉高祖太宗配。仍祭昊天上帝及五天帝於明堂。

武后載初元年。邢文偉爲内史。后御明堂。詔文偉發孝經。后問天與帝異稱云何。文偉曰。天帝一也。制曰。郊后稷以配天。祀文王于明堂以配上帝。奈何而一。對曰。先儒執論不同。昊天及五方總六天帝。后

曰帝有六。則天不同稱固矣。文偉不得對。

聖曆初。張齊賢爲太常奉禮郎。武后詔百官議告朔于明堂。讀時令。布政事。京官九品以上四方朝集使皆列於廷。太常博士辟閭仁諝曰。經無天子月告朔。唯玉藻天子聽朔南門之外。周太宰正月之吉布政於邦國都鄙。于寶曰。建子月告朔日也。此玉藻聽朔同誼。今元日讀時令。合古聽朔事。獨鄭玄以秦制月令有五帝五官。因言聽朔必以特牲告時帝及神。以文王武王配。其言非是。月令曰。其帝太昊其神句芒。謂宣令告。令使奉時務業。月皆有令。故云非天子月朔以配帝祭也。告朔者諸侯禮也。春秋既視朔。遂登臺。玄又說人君月告朔於廟。其祭爲朝享。魯自文公始不視朔。明非天子所行。玄謂告帝即人帝。神即重黎五官。不言天子拜祭。臣請罷告朔月祭。以應古禮。齊賢不遵其說。質曰。穀梁氏稱閏月天子不告朔。它月故告朔矣。左氏言魯不告閏朔爲棄時政。則諸侯雖閏告朔矣。周太史頒朔于邦國。玉藻閏月王居門。是天子雖閏亦告朔。二家去聖不遠。載天子諸侯告朔事顯顯弗繆。今議者乃以太宰正月之吉布治邦國而言天子元日一告朔。殊失其旨。一歲之元。六官自布所職之典。于寶謂吉爲朔。故世人繆以吉爲告。據繆失經。不得爲法。議者又引左氏說專在諸侯。不知玉藻與左說正同。而獨於天子言歲首一告。何去取之悠也。又謂時帝五人帝也。玄於時帝包天人。故以文武作配。是並告兩五帝爲不疑。諸侯受朔天子藏於廟。天子受朔于天。宜在明堂。故告時帝。配祖考。議者曰。天子月告祭頒朔。則諸侯安得藏之。故太宰歲首布一歲事。太史頒之也。是不然。周太史頒朔邦國。是總頒十二朔於諸侯。天子猶月告者。頒官府都鄙也。内外異言之也。禮不可罷。鳳閣侍郎王方慶又推言明堂布政之宮。所以明天氣。統萬物也。漢儒以

明堂太廟爲一。宗祀其祖而配上帝。取宗祀曰清廟。正室爲太室。向陽爲明堂。建學爲太學。圜水爲辟雍。異名同事。古之制也。天子以正月上辛總受十二月政於南郊。還藏于祖廟。月取一政班之明堂。諸侯則受於天子。藏之祖廟。月取一政行之于國。王者以其禮告廟。謂之告朔。視月之政。謂之視朔。玉藻玄冕而朝日東門之外。聽朔南門之外。鄭玄說明堂在國陽。就其時之堂而聽朔。爲卒事宿路寢。今元日通天宮受朝。有司遂讀時令布政。古之禮也。舊說天子歲入明堂者十八。大享一。月告朔十二。四時迎氣四。巡狩之歲一。今議者唯許歲首一入。不以隘乎。陛下幸建明堂。遵用告朔事。若月一聽則近于煩。每孟月視朔。惟制定其禮。臣下不敢專。成均博士吳楊吾等共言。秦滅學。告朔廢。今用四孟月季夏至明堂告五時帝堂上。請兼如齊賢方慶議。不數歲禮亦廢。久之。齊賢遷博士。

武后時。沈伯儀為太子右諭德。初太常少卿韋萬石議明堂大享事。
上言鄭玄說祀五天帝。王肅謂祀五行帝。貞觀禮從玄。至顯慶禮祀
昊天上帝。乾封詔書祀五天帝兼祀昊天上帝。詔書從貞觀禮儀鳳
初。詔祀事一用周制。今應何樂。高宗乃詔尚書省集諸儒議。未能定。
於是大享參用貞觀顯慶二禮。垂拱元年。成均助教孔玄義奏嚴父
莫大配天。天於萬物為最大。推父偶天。孝之大。尊之極也。易稱先王
作樂崇德。殷薦之上帝。以配祖考。上帝。天也。昊天之祭。宜祖考並配。請
以太宗高宗配上帝於圓丘。神堯皇帝配感帝南郊。祭法祖文王。宗武
王。祖。始也。宗。尊也。一名而有二義。經稱宗祀文王。文王當祖而云宗。
包武王以言也。知明堂以祖考配。與二經合。伯儀曰。有虞氏禘黃帝
而郊嚳。祖顓頊而宗堯。夏后氏禘黃帝而郊鯀。祖顓頊而宗禹。殷人
禘嚳而郊冥。祖契而宗湯。周人禘嚳而郊稷。祖文王而宗武王。鄭玄

曰。禘郊祖宗。皆配食也。祭昊天圓丘曰禘。祭上帝南郊曰郊。祭五帝
五神明堂曰祖宗。此為最詳。虞夏退顓頊郊嚳。殷捨契郊冥。去取違
舛。惟周得禮之序。至明堂始兩配焉。文王上配五帝。武王下配五神。
別父子也。經曰。嚴父莫大於配天。又曰。宗祀文王於明堂以配上帝。
不言嚴武王以配天。則武王雖在明堂。未齊於配。雖同祭而終為一
主也。緯曰。后稷為天地主。文王為五帝宗。若一神而兩祭之。則薦獻
數瀆。此神無二主也。貞觀永徽禮實專配。由顯慶後始兼尊焉。今請
以高祖配圓丘方澤。太宗配南北郊。高宗配五天帝。鳳閣舍人元萬
頃范履冰等議。今禮昊天上帝等五祀。咸奉高祖太宗兼配。以申孝
也。詩昊天章二后受之。易薦上帝配祖考。有兼配義。高祖太宗既先
配五祀。當如舊。請奉高宗歷配焉。自是郊丘三帝並配云。
中宗神龍元年。已復京太廟。又立太廟于東都。議立始祖為七廟。而

議者欲以涼武昭王為始祖。太常博士張齊賢議。以為不可。因曰。古
者有天下者事七世。而始封之君謂之太祖。太祖之廟。百世不遷。至
祫祭。則毀廟皆以昭穆合食于太祖。商祖玄王。周祖后稷。其世數遠
而遷廟之主皆出太祖後。故合食之序。尊卑不差。漢以高皇帝為太
祖。而太上皇不在合食之列。為其尊於太祖故也。魏以武帝為太祖。
晉以宣帝為太祖。武宣而上。廟室皆不合食于祫。至隋亦然。唐受天
命。景皇帝始封之君。太祖也。以其世近而在三昭三穆之內。而光皇
帝以上皆以屬尊不列合食。今宜以景皇帝為太祖。復祔宣皇帝為
七室。而太祖以上四室皆不合食于祫。博士劉承慶尹知章議曰。三
昭三穆與太祖為七廟者。禮也。而王迹有淺深。太祖有遠近。太祖以
功建。昭穆以親崇。有功者不遷。親盡者則毀。今以太祖近而廟數不
備。乃欲於昭穆之外遠立當遷之主。以是七廟而乖迭毀之議。不可。

天子下其議大臣。禮部尚書祝欽明兩用其言。於是以景皇帝為始
祖而不祔宣皇帝。已而以孝敬皇帝為義宗。祔于廟。由是為七室。而
京太廟亦七室。
中宗時。為宗上大享議曰。臣等竊聞明堂之建。其所從來遠矣。天垂
象。聖人則之。葛柱茅檐之規。上圓下方之制。考之大數。不踰三七之
間。定之方中。必居景巳之地。豈非得房心布政之所。當太微上帝之
宮乎。故仰協俯從。正名定位。人神不雜。各司其敘。則嘉應響至。保合
太和焉。漢氏承秦。經籍道息。旁求湮墜。詳據難明。孝武初議立明堂
於長安城南。遭竇太后不好儒術。事乃中廢。孝成之代。又欲立於城
南。議其制度。莫之能決。至孝平元始四年。始創造於南郊。以申嚴配。
光武中興元年。立於國城之南。自魏晉迄於梁朝。雖規制或殊。而所
居之地。恒取景巳者。斯蓋百王不易之道也。高祖天皇大帝。纂承平

之運崇朴素之風四戎來賓允有咸乂永徽三年詔禮官學士議明堂制度羣儒紛競各執異端久之不決因而遂止何也非謂財不足力不堪也將以周孔既遠禮經且紊事不師古或爽天心難用作程神不享祐者也則天太后總禁闈之政藉軒臺之威屬皇室中圮之期躡和喜從權之制以為乾元大殿承慶小寢當正陽亭午之地實先聖聽斷之宮表順端闈儲精營室爰從朝享未始臨御乃起工徒挽令推覆既毀之後雷聲隱然衆庶聞之或以為神靈感動之象也於是增土木之麗因府庫之饒南街北闕建天樞大儀之制乾元遺趾興重閣層樓之業煙焰蔽日梁柱排雲人斯告勞天實貽誡煨燼甫迩遽加脩復況乎地殊景亳未答靈心跡匪膺期乃申嚴配事昧彝典神不昭格此其不可者一也又明堂之制木不鏤土不文今躰式乖宜違經紊禮雕鐫所及窮侈極麗此其不可者二也高明爽塏

事資虔敬密迩宮掖何以祈天人神雜擾不可放物此其不可者三也況兩京上都萬方取則而天子闢當陽之位聽政居便殿之中職司其憂豈容沉默當須審巧曆之計擇繁省之宜不便者量事改脩可因者隨宜適用削彼明堂之號克復乾元之名則當宁無偏人識其舊矣

太常博士唐紹請以正冬至日祀圓丘議曰臣聞禮以冬至祀圓丘於南郊夏至祀方澤於北郊者以其日行躔次極於南北之際也日北極當晷度循半日南極當晷度環周是日一陽爻生為天地交際之始故易曰復其見天地之心乎即冬至卦象也一歲之內吉莫大焉甲子但為六旬之首一年之內隔月常遇既非大會略運未周惟總六甲之辰助四時而成歲今欲避環周以取甲子是背大吉而就小吉也太史令傳孝忠進奏曰惟漏經南陸北陸並日校一分若用十二日甲子即分一分未南極即不得為至

太常博士彭景直上疏曰禮無日祭陵惟宗廟有月祭故王者設廟祧壇墠為親疏多少之數立七廟一壇一墠曰考廟曰王考廟曰皇考廟曰顯考廟皆月祭之遠廟為祧享嘗乃止去祧為壇去壇為墠有禱焉祭之無禱乃止又韓周祭志天子始祖高祖曾祖祖考之廟皆月朔加薦以象平生朔食謂之月祭二祧之廟無月祭則古皆無日祭者今諸陵朔望上食則近於古之殷事諸節日食近於古之薦新鄭注禮記殷事月朔半薦新之奠也又既大祥即四時焉此其祭皆在廟近代始以朔望諸節祭陵寢唯四時及臘五享廟考經據禮固無日祭於陵唯漢七廟議京師自高祖下至宣帝與太上皇悼皇考陵旁立廟園各有寢便殿故日祭於寢月祭於便殿元帝時貢禹以禮節煩數願罷郡國廟丞相韋玄成等又議七廟外寢園皆無復議

者亦以祭不欲數宜復古四時祭於廟後劉歆引春秋傳曰祭月祀時享歲貢祖禰則日祭曾高則月祀二祧則時享壇墠則歲貢後漢陵寢之祭無傳焉魏晉以降皆不祭墓國家諸陵日祭請停如禮疏奏天子以語侍臣曰禮官言諸陵不當日進食夫禮以人情沿革何專古為乾陵宜朝晡進奠如故

王方慶上明堂告朔議曰明堂天子布政之宮也謹按穀梁傳云閏者附月之餘日天子不以告朔非禮也閏以正時時以作事事以厚生生人之道於是乎在矣不告閏朔棄時政也臣據此文則天子閏月亦告朔矣以此寧有他月而廢其禮乎先儒舊說天子行事一年十八度入明堂矣大享不問卜一入也每月告朔十二入也四時迎氣四入也巡狩之年一入也今禮官議惟歲首一入耳與先儒既異在宮臣不敢同宋朝何承天纂集其文以為禮論雖加編次事則闕

如梁代崔靈恩撰三禮義宗。但据撫前儒。因循故事而已。隋煬帝命
學士撰江都集禮。秖抄撮舊禮。更無異文。貞觀顯慶禮及祠令不言
告朔者。蓋爲歷代不傳。所以其文乃闕。各有緣由。不足依據。今禮官
引爲明證。在臣誠實有疑。
睿宗時。賈曾爲諫議大夫知制誥。上表曰。臣詳據典禮。謂宜天地合
祭。謹按禮記祭法曰。有虞氏禘黃帝而郊嚳。夏后氏禘黃帝而郊鯀。
傳曰。大合禘。然則郊之與廟。俱有禘祭。禘廟則祖宗之主俱合於太
祖之廟。禘郊則地祇群望俱合於圓丘。以始祖配享。皆有事而大祭。
異於常祀之義。禮大傳曰。不王不禘。故知王者受命。必行禘禮。虞書
曰。正月元日舜格于文祖。肆類于上帝。禋于六宗。望秩于山川。徧于
群神。此則受命而行禘禮者也。言格于文祖。則餘廟之享可知矣。言
類于上帝。則地祇之合可知矣。且山川之祀。皆屬于地。群望尚徧。況地

祇乎。周官以六律六呂五聲大合樂以致神祇。以和邦國。以諧萬人。
又云。凡六樂者。六變而致象物及天神。此則禘郊合天神地祇人鬼
祭之樂也。三輔故事。漢祭圓丘儀。上帝位正南面。后土位亦南面而
少東。又東觀漢記云。光武即位。爲壇於鄗之陽。祭告天地。採用元始
故事。二年正月。於洛陽城南依鄗爲圓壇。天地位其上。南向西上。按
兩漢時自有后土及北郊祀而已。此於圓丘設地位。明是禘祭之儀。
又春秋說云。王者一歲七祭天地。合食於四孟。別於分至。此復天地
之常有同祭之義。王肅曰。孔子云兆圓丘於南郊。又云。祭天而地配。
此亦郊祀合祭之明說。惟鄭康成不論禘當合祭。而分昊天上帝爲
二神。專憑緯文。事匪經見。又其注大傳不王不禘義。則云正歲之正。
祭感帝之精。以其祖配。注周官大司樂圓丘義。則引大傳五禘以爲
冬至祭。遞相矛盾。未足可依。伏惟陛下膺籙居尊。繼文在曆。自臨宸

極。未親郊祭。今之南郊。正當禘禮。固宜合祀天地。咸秩百神。答受命
之符。彰致敬之道。豈可不崇盛禮。同彼常郊。使地祇無位。未從禘享。
合請備設皇地祇并從祀等座。則禮得稽古。義合緣情。然郊丘之祀。
國之大事。或失其宜。精禋將闕。臣術不通經。識慙博古。徒以昔謬禮
職。今忝諫曹。正議是司。敢不陳上。儻事有可採。惟斷之聖慮也。
玄宗即位。未郊見。左拾遺張九齡建言。天。百神之君。王者所由授命
者也。自古繼統之主。必有郊配。蓋敬天命。報所受也。不以德澤未洽。
年穀未登。而闕其禮。昔周公郊祀后稷。以配天。謂成王幼沖。周公居
攝。猶用其禮。明不可廢也。漢丞相匡衡曰。帝王之事。莫重乎郊祀。董
仲舒亦言。不郊而祭山川。失祭之序。逆於禮。故春秋非之。臣謂衡仲
舒古之知禮。皆以郊之祭所宜先也。陛下紹休聖緒。于今五載。而未
行大報。考之于經。義或未通。今百穀嘉生。鳥獸咸若。夷狄內附。兵革

用弭。乃怠於事天。恐不可以訓。願以迎日之至。升紫壇。陳采席。定天
位。則聖典無遺矣。
開元初。陳貞節爲右拾遺。初隱章懷懿德節愍四太子並建陵廟。分
八署。置官列吏卒。四時祠官進饗。貞節以爲非是。上言。王者制祀。以
功德者猶親盡而毀。四太子廟皆別祖。無功於人。而園祠時薦。有司
守衛。與列帝侔。金奏登歌。所以頌功德。詩曰。鐘鼓既設。一朝饗之。使
無功而頌。不曰舞詠非度邪。周制始祖乃稱小廟。未知四廟欲何名
乎。請罷卒吏。詔祠官無領屬。以應禮典。古者別子爲祖。故有大小宗。
若謂祀未可絶。宜許所後子孫奉之。詔有司博議。駕部員外郎裴子
餘曰。四太子皆先帝冢嗣。列聖念懿屬。而爲之享。春秋書晉世子曰
將以晉畀秦。秦將祀子。此不祀也。又言。神不歆非類。君祀無乃殄乎。
此有廟也。魯定公元年立煬宮。煬伯禽子。季氏遠祖尚不爲限。況天

子篤親親以及旁朞誰不曰然太常博士段同曰四陵廟皆天子睦
親繼絕也逝者錫嬪蘩猶生者之開茅土古封建子弟誰皆有功生
無所議死乃援禮停祠人其謂何隱於上伯祖也服緦章懷伯父也
服朞懿德節愍皆昆弟也服大功親未盡廟不可廢禮部尚書鄭惟
忠等二十七人亦附其言於是四陵廟惟減卒半它如舊

歷代名臣奏議卷之十七

郊廟

唐玄宗開元初奉昭成皇后祔睿宗室又欲肅明皇后并升焉陳貞節
奏言廟必有配一帝一后禮之正也昭成皇后有大姒之德宜升配
睿宗肅明皇后既非子貴宜在別廟周人奏夷則歌小呂以享先妣
先妣姜嫄也以生后稷故特立廟曰閟宫晉簡文帝鄭宣皇后不配
食築宫於外以歲時致享肅明請準周姜嫄晉宣后納主別廟時享
如儀於是留主儀坤廟詔隸太廟毋置官屬

陳貞節與博士蘇獻上言曰睿宗於孝和弟也按賀循說兄弟不相
為後故殷盤庚不序陽甲而上繼先君漢光武不嗣孝成而上承元
帝晉懷帝繼世祖不繼惠帝故陽甲孝成出為別廟又言兄弟共世
昭穆位同則毀二廟有天下者從禰而上事七廟學者所統廣故及
遠祖若傍容兄弟則上毀祖考天子不得全事七世矣請以中宗為
別廟大祫則合食太祖奉睿宗繼高宗則禘獻永序詔可乃奉中宗
別廟升睿宗為第七室五年太廟壞天子舍神主太極殿營新廟素
服避正寢三日不朝猶幸東都伊闕男子孫平子上書曰乃正月太
廟毀此躋二帝之驗也春秋君薨卒哭而祔祔而作主特祀於主烝
嘗禘於廟今皆違之魯文公之二年躋僖於閔上後太室壞春秋書
其災說曰僖雖閔兄嘗為之臣臣居君上是謂失禮故太室壞且兄
臣於弟猶不可躋弟嘗臣兄乃可躋乎莊公薨閔公二年而禘春秋
非之況大行夏崩而太廟冬禘不亦亟乎太室尊所若曰魯自是陵
夷墮周公之祀太廟今壞意者其將陵夷墮先帝之祀乎陛下未祭
孝和先祭太上皇先臣後君昔躋兄弟上今弟先兄祭昔太室壞今
太廟毀與春秋正同不可不察武后篡國孝和中興有功今內主別

祠不得列于世亦已薄矣夫功不可棄君不可下長不可輕且臣繼君猶子繼父故禹不先鯀周不先不窋宋鄭不以帝乙厲王不肖猶尊之也況中興邪晉太康時宣帝廟地陷梁折又三年太廟殿陷而及泉更營之梁又折天之所譴非必朽而壞也晉不承天故及于亂臣謂宜還孝和還廟何必違禮下同魯晉哉帝異其言詔有司復議貞節獻與博士馮宗質之曰天子七廟三昭三穆與太祖而七父昭子穆兄弟不與焉殷自成湯至帝乙十二君其父子世六易乾鑿度曰殷之帝乙六世王則兄弟不為世矣魯人六廟親廟四并湯而六殷兄弟四君若以為世方上毁四室乃無祖禰是必不然古者繇禰極祖雖迭毁迭遷而三昭穆未嘗闕也禮兵宗無子則立支子又曰為人後者為之子無兄弟相為後者故捨至親取遠屬父子曰繼兄弟曰及兄弟不相入廟尚矣借有兄弟代立承統告享不得稱嗣子

嗣孫乃言伯考伯祖倚統緒乎殷十二君惟三祖三宗明兄弟自為別廟漢世祖列七廟而惠帝不與文武子孫昌衍文為漢太宗晉景帝亦文帝兄景絶世不列于廟及告謚世祖稱景為從祖今為晉武帝越崇其父而廟毁及亡何漢出惠帝而享世長久乎七廟五廟明天子諸侯也父子相繼一統也昭穆列左重繼也禮兄弟相繼不得稱嗣子明睿宗不父孝和必上繼高宗為偶室於廟則為二穆於禮可乎禮所不可而使天子旁紹伯考棄已親正統哉孝和中興別建園寢百世不毁尚何議哉平子猥引僖公逆祀為比殊不知孝和升新寢聖真方祔廟則未嘗一日居上也帝詔宰相召平子與博士詳論博士護前言合軋平子平子援經辯數分明獻等不能屈蘇頲右博士故平子坐貶都城尉然諸儒以平子孤挺見迮於禮官不平帝亦知其直人不決然卒不復中宗於廟

玄宗將大享明堂貞節愿武后所營非古所謂木不鏤土不文之制乃與馮宗上言明堂必直丙巳以憲房心布政太微上帝之所武后始以乾元正寢占陽午地先帝所以聽政故毁殿作堂撤之日有音如雷庶民譁訕以為神靈不悦堂成災火從之后不修德俄復營構殫用極侈詭瓌厭變又欲嚴配上帝神安肯臨且密邇掖廷人神雜擾是謂不可方物者也二京上都四方是則天子聽政乃居便坐無以尊示羣臣願以明堂復為乾元殿使人識其舊不亦愈乎詔所司詳議刑部尚書王志愔等僉謂明堂瓌怪不法天燼之餘不容大享請因舊制還署乾元正寢正至天子御以朝會若大享復寓圜丘

制曰可

開元中典章差駁左補闕王仲丘欲合貞觀顯慶二禮據有其舉之莫可廢之誼即上言貞觀禮正月上辛祀感帝於南郊顯慶禮祀

昊天上帝於圜丘以祈穀臣謂詩春夏祈穀于上帝禮上辛祈穀于上帝則上帝當昊天矣鄭玄曰天之五帝遞王王者必感一以興故夏正月祭所生於郊以其祖配之因以祈穀感帝之祀貞觀用之矣請因祈穀之壇徧祭五方帝五帝者五行之精九穀之宗也請二禮皆用貞觀禮雩祀五方上帝五人帝五官于南郊顯慶禮祀昊天上帝于圜丘臣謂雩上帝為百穀祈甘雨故月令大雩帝用盛樂鄭玄謂帝上帝也乃天別號祀于圜丘尊天位也顯慶祀昊天與月令合而貞觀嘗祀五帝矣請二禮皆用貞觀禮季秋祀五方帝五官於明堂顯慶禮祀昊天上帝於明堂臣謂周郊祀后稷以配天宗祀文王於明堂以配上帝先儒以天為感帝引太微五帝著之上帝則屬之昊天鄭玄稱周官旅上帝祀五帝各文而異禮不容并而為一故於孝經天上帝申之曰上帝亦天也神無二主但異其處以避后稷今顯慶享

上帝合於經然貞觀嘗祀五方帝矣請二禮皆用詔可

太子賓客崔沔上宗廟加籩豆議曰臣竊聞識禮樂之情者能作知禮樂之文者能述述作之義聖賢所重禮樂之制古今所崇變而通之所以久也所謂變者變其文也所謂通者通其情也祭祀之興肇於太古人所飲食必先嚴獻未有火化茹毛飲血則有毛血之薦未有麴糵汙樽抔飲則有玄酒之奠施及後王禮物漸備作為酒醴伏其犧牲以致馨香以極豐潔故有三牲八簋之盛五齊九獻之殷然以神道至敬可備而不敢廢也是以血腥爓孰玄樽犧象靡不畢登於明薦矣然而薦貴於新味不尚褻雖則備物猶存節制故禮云天之所生地之所長苟可薦者莫不咸在備物之情也又曰三牲之俎八簋之實美物備矣昆蟲之異草木之實陰陽之物備矣此節制之文也鉶俎籩豆簠簋樽罍之實皆周人之時饌也其用通於宴饗賓客而周公制禮咸異與毛血玄酒同薦於先晉中郎盧諶近古之知禮者也著家祭禮觀其所薦皆晉時常食不復盡用禮之舊文然則當時飲食不可闕於時祭明矣是變禮文而通其情也我國家由禮立訓因時制範考圖史於前典稽周漢之舊儀清廟時享禮饌畢陳用周制也而古式存焉園寢上食時膳具設遵漢法也而珍味極焉職貢來祭致遠物也有新必薦順時令也苑囿之內躬稼所收蒐狩之時親發所中莫不割鮮美薦而後食盡誠敬也若此至矣復何加焉但當申敕有司祭如神在無或簡怠勗增虔誠其進貢珍羞或時物鮮美考諸同典有所漏略皆詳名目編諸甲令因宜而薦以類相從則新鮮服濃盡在是矣不必加於籩豆之數也至於祭器隨物所宜故夫羹古食也盛於登登古器也和羹時饌也盛於時器故毛血盛於盤玄酒盛於樽未有薦時饌而追用古器者由古質而今文便

於事也雖加籩豆十二味足以盡天下美物而措諸清廟有乖倍惡名近於侈矣魯人丹桓宮之楹又刻其桷春秋書以非禮御孫諫曰儉德之恭也侈惡之大也先君有恭德而君納諸惡無乃不可乎是不以越禮而崇侈於宗廟也又據漢書藝文志墨家之流出於清廟是以貴儉由此觀之清廟之不尚於奢舊矣太常所請恐未可行又按太常奏狀今酌獻酒爵制度全小僅未一合執持甚難不可全依古制猶望稍須廣大臣竊據禮文有以小為貴者獻以爵貴其小也小不及制敬而非禮是有司之失其傳也固可隨失釐正無待議而後革然禮失於敬猶奢而寧儉非大過也未知今制何所依准請兼詳今式據文而行

常述張均同上宗廟加籩豆議曰謹按祭統曰凡天之所生地之所長苟可薦者莫不咸在水草陸海三牲八簋昆蟲之異草木之實陰陽之物皆備薦矣聖人知孝子之情深物類之無限故為之節制使祭有常禮物有其品器有其數上自天子下至公卿貴賤差降無相踰越百代常行無易之道也又按周禮膳夫掌王之食飲膳羞食用六穀膳用六牲飲用六清羞用百有二十品珍用八物醬用百有二十甕則與祭祀之物豐省本殊左傳曰饗以訓恭儉以行禮慈惠以布政又曰饗有體薦宴有折俎杜元凱曰饗有體薦爵盈而不飲肴乾而不食宴則相與食之饗與宴猶且異文祭奠所陳固不同矣又按周禮籩豆人各掌四籩四豆之實共供祭祀與賓客所用各殊處此數文祭奠不同常時其來久矣且人之嗜好本無憑准宴私之饌與時遷移故聖人一切同歸於古雖平生所嗜非禮亦不薦也平生所惡是禮則不去矣楚語曰屈到嗜芰有疾召宗老而屬曰祭必以芰及祥宗老將薦芰屈建命去之曰祭典有之國君有牛享大夫有

羊饋士有豚犬之奠庶人有魚炙之薦籩豆脯醢則上下安之不羞珍異不陳庶侈不以私欲干國之典遂不用此則禮外之食前賢不敢薦也今欲取甘旨之物肥濃之味隨所有者皆充祭用苟踰舊制其何限焉雖豆有加豈能備也傳曰大羹不致粢食不鑿昭其儉也書曰黍稷非馨明德惟馨事神在於虔誠不求饜飫三年而禘不欲黷也三獻而終禮有成也風有采蘋采蘩雅有行葦泂酌守以忠信神其捨諸若以今之珍饌平生所習求神無方何必師古簠簋可去而盤盂杯按當在御矣韶濩可息而箜篌笙笛當在奏矣凡斯之流皆非正物或興於近代或出於蕃夷耳之娛本無則象用之宗廟後嗣何觀欲為永式恐未可也且自漢已降諸陵皆有寢宮歲時朔望薦以常饌此既常行亦足盡至孝之情矣宗廟正禮宜依典故率情變革人情所難又按舊制一升曰爵五升為散禮器稱宗廟之祭

貴者獻以爵此明貴小賤大示之節儉又按國語觀射父曰郊禘不過繭栗烝嘗不過把握天神以精明臨人者也求備於物不求豐大苟失於禮雖多何為豈可捨先王之遺法徇一時之所尚廢棄禮經以徇流俗裂冠毀冕將安用之且君子愛人以禮不求苟合況在宗廟敢忘舊制

楊仲昌上宗廟加籩豆議曰臣按禮經祭法曰夫祭不欲煩煩則黷祭亦不欲簡簡則怠又鄭玄云人生尚褻食鬼神則不然神農時雖有黍稷猶未有酒醴及後聖作為醴酪猶存玄酒示不忘古春秋曰蘋蘩薀藻之菜潢汙行潦之水可羞於王公可薦於鬼神又曰大羹不致粢食不鑿此明君人者有國奉先敬神嚴享豈肥濃以為上將儉約以表誠則陸海之物鮮肥之類既乖禮文之情而變作者之法皆充祭用非所詳也易曰樽酒簋貳納約自牖此明祭存簡易不在繁奢所以一樽之酒貳簋之奠為明祀也抑又聞之夫義以出禮禮以體政遠則有紊是稱不經薦肥濃則褻味有登加籩爵則事非師古與其別行新制寧如謹守舊章

將作大匠韋湊上義宗廟號書曰臣聞王者制禮是曰規模規模之興實資師古之適必也正名惟名與實故當相副其存宗廟禮之大者豈可失哉禮祖有功而宗有德祖宗之廟百代不毀故殷太甲為太宗太戊曰中宗武丁曰高宗周則文王為太宗武王為中宗漢則文帝為太宗武帝為世宗其後代有稱宗者以方制海內德澤可宗列於昭穆期於不毀稱宗之義不亦大乎伏惟孝敬皇帝位止東宮未嘗南面聖道誠冠於儲副德教不被於寰瀛立廟稱宗恐非合禮況別起祀典何義稱宗而廟號義宗稱之萬代以臣庸識竊謂不可陛下率循典禮以闡大猷儻致此失或虧盡善豈不惜哉望更詳議

務合於禮經

唐郊祭天地以高祖神堯皇帝配肅宗寶應元年杜鴻漸為太常卿禮儀使於是禮儀判官薛頎集賢校理歸崇敬等共建言曰神堯獨受命之主非始封君不得冒太祖配天地景皇帝受封于唐即商之契周之后稷請奉景皇帝配天地於禮宜甚諫議大夫黎幹非之乃上十詰十難傳經誼抵鄭玄以折頎崇敬等曰頎等引禘者至日祭天於圜丘周人以遠祖配今宜以景皇帝為始祖配昊天圜丘臣幹一詰國語稱有虞氏夏后氏並禘黃帝商禘舜周禘嚳二詰商頌長發大禘也三詰周頌雝禘太祖也四詰祭法虞夏並禘黃帝商周俱禘嚳五詰大傳不王不禘王者禘其祖之所自出以其祖配之六詰爾雅禘大祭也七詰家語凡四代帝王所郊皆以配天所謂禘五坐大祭也八詰盧植以禘祭名禘諦也事取明諦故云九詰王肅言禘

吾年大祭。十詰。郭璞亦云此經傳。先儒皆不言祭昊天於圜丘。根證章章。故臣謂禘止五年宗廟大祭。一無疑晦。其十難一曰。周頌雍之序曰。禘祭太祖也。鄭玄說禘。大祭也。太祖。謂文王也。商頌長發。大禘也。玄曰。大禘。祭天也。商周兩頌同文。異解。索玄之意。以禘加大。因曰祭天。臣謂春秋大事于太廟。雖曰大。得祭天乎。虞夏商周禘黃帝與嚳。禮不王不禘。皆不言大。玄安得稱祭天乎。長發所歎。未及嚳與感生帝。故知不爲祭天。倚嚳明矣。商周五帝大祭見于經者甚詳。而禘主廟。不主天。今背孔子之訓言。取玄之偏誼。誣繆祀典。不見其可。二曰。不王不禘。王者禘其祖之所自出。以其祖配之。此言惟天子當禘。如虞夏出黃帝。商周出嚳。以近祖配之。自出之祖無廟。乃自外至。自外至者。同之天地。得主而止。又自出者在母亦然。春秋傳陳則我周之自出。誼可謂出太微五帝乎。玄以一禘爲三誼。在祭法則曰祭昊

天於圜丘。在春秋傳則郊以后稷配靈威仰。在商頌曰祭天。在周頌則禘曰大於四時祭而小於祫。本末駁舛。臆判自私。不足以訓。三曰。商周之前禘所自出。自漢魏以來曠千餘歲。其禮不講。蓋玄所說不當於經。不質于聖。先儒置之不用。是爲棄言。四曰。今禮家行於世者皆本玄學。臣請取玄之隙。還破傾等所建。傾等曰景皇帝爲始祖以配天。按王制天子七廟。玄曰周禮也。太祖與文武之祧合親廟四而七。商氏六廟。契與湯合二昭二穆而六。據玄則夏不以鯀顓頊昌意爲始祖。是又與玄乖背。自古未有以人臣爲始祖者。唯商以契周以稷。夫稷契皆天子元妃子。簡狄吞玄鳥卵而生契。契佐禹有大功。舜封之商。其詩曰。天命玄鳥。降而生商。宅殷土芒芒。后稷母曰姜嫄。出野履巨跡而生稷。稷勤稼穡。堯舉爲農師。舜封之邰。稱曰后稷。其詩曰。履帝武敏歆。攸介攸止。即有邰家室。舜禹有天下。契稷在焉。傳曰。

功施於人則祀之。以死勤事則祀之。契爲司徒而人輯睦。稷勤百穀而死。所祀皆在祀典。及子孫而有天下。故尊而祖之。五曰。既用玄說。小德配寡。而后稷止配一帝。不得全配五帝。今以景帝配昊天。於玄爲可爲不可乎。六曰。衆詰臣曰。上帝一帝。周官祀天旅上帝。祀地旅四望。旅衆也。則上帝是五帝。臣曰否。旅有衆義。出於爾雅。又爲祭名。亦曰陳也。如前所詰。旅上帝爲五帝。則季氏旅於泰山。可得爲四鎮邪。七曰。援玄之言。則景帝親盡主應在祧。反配天地。禮不相值。夫所謂始祖者。經綸草昧。功普體大。以比元氣含覆廣大者也。故曰萬物之始。天也。人之始。祖也。日之始。至也。掃地而祭。則質。器用陶匏。則性。牲用犢則誠。兆於南郊。則就陽。至尊至質。不敢同於先祖也。白虎通義曰。祭天歲一者。何事之不敢黷也。故因歲之陽氣始達而祭之。今一歲四祭。黷莫大焉。上帝五帝。祀闕不舉。怠孰甚焉。黷與怠。皆失也。臣

聞親有限。祖有常。聖人制禮。不以情變。唐家累聖。歷祀百年。非不知景帝爲始封。當時通儒鉅工。尊高祖以配天。宗太宗以配上帝。人神克厭。爲日既久。乃今以神堯降侑。含樞紐。而太宗仍配上帝。則樞紐上帝佐也。以子先父。非天地祖宗之意。八曰。景皇帝非造我區夏。不得與夏之禹。商之契。周之稷。漢高帝。魏武帝。晉宣帝。唐神堯皇帝並功而陟配圜丘。上與天匹。曾謂圜丘不如林放乎。九曰。魏以武帝。晉以宣帝爲始祖者。吳操與懿。皆人傑也。擁天下彊兵。挾弱主。制海內之命。名雖爲臣。勢實爲君。後世因之。以成帝業。尊而祖之。不亦可乎。十曰。神堯拯隋室之亂。振臂大呼。濟人塗炭。汎掃蕩攘。羣凶無餘。出入不數年而成王業。漢祖之功。不能加焉。夏以禹。漢以高帝。我以神堯爲始祖。訂夏法漢。於義何嫌。今傾崇敬華天對易祖廟。事之大者。不稽于古。難以疑文僻說定之。臣官以諫爲名。不敢不盡愚議。關代

宗不聽其言。其後名儒大議，而景帝配天，卒著于禮。

代宗時，主客員外郎歸崇敬奏言：東都太廟不當置木主。按禮，虞主用桑，練主用栗，作栗主則瘞桑主，猶天無二日，土無二王也。東都太廟，本武后所建，以祀諸武，中宗去主存廟，以備行幸，還都之置，且商遷都，前八後五，不必每都別立神主也。若曰神主已經奉祀，不得一日而廢，則桑主以虞至練祭而埋之，明是不然。時有方士巨彭祖建言：唐家土德，請以四季月郊祀天地。詔禮官儒者雜議。崇敬議：禮以先立秋十八日迎黃靈，祀黃帝於五行，為土，而火為母，故火用事之末而祭之。三季月則否。彭祖牽緯候說，事詭不經，不可用。

博士獨孤及上景皇帝配昊天上帝議，曰：謹按禮經，王者禘其祖之所自出，以其祖配之。凡受命始封之君，皆為太祖。繼太祖以下六廟，則以親盡迭毀，而太祖之廟雖百世不遷。此五帝三王所以尊祖敬宗也。故受命于神宗，禹也，而夏后氏祖顓頊而郊鯀。纘禹黜夏，湯也，而殷人郊冥而祖契。革命作周，武王也，而周人郊稷而祖文王。則明自古必以首封之君配昊天上帝。惟漢崛起豐沛，豐公太公皆無位無功德，不可以為祖宗，故漢以高皇帝為太祖。其先細微故也，非足為後代法。伏惟太祖景皇帝以柱國之任，翼周弼魏，肇成王業，建封于唐。高祖因之，遂以為有天下之號，天所命也，亦由契之封商，后稷之封邰。禘郊祖宗之位，宜在百代不遷之典。郊禮高祖，猶周之祖文王而宗武王也。今若以高祖創業，當躋其祀，是棄三代之令典，遵漢代之末制，黜景皇帝之大業，同於豐公太公之不祀，返古違道矣，孰甚焉。夫追尊景皇帝廟號太宗，所以崇尊之禮也。若配天之位既易，則太祖之號宜廢，祀之不修，廟亦當毀。尊祖報本之道，其墜於地乎。漢制擅議宗廟以大不敬論。今武德貞觀之憲章未改，國家方將敬祀事以和神人。禘郊之間，恐非所宜。臣謹稽禮文，參諸夏殷周漢故事，配食天帝之制，請仍舊典。謹議。

玄宗肅宗既祔室，遷獻懿二祖于西夾室，引太祖位東嚮。禮儀使于休烈議：獻懿屬尊於太祖，若合食，則太祖位不得正。請藏二祖神主，以太宗中宗睿宗肅宗從世祖南向，高宗玄宗從高祖北向。禘祫不及二祖，凡十八年。建中初，代宗喪畢，當大祫。陳京以太常博士上言：春秋之義，毀廟之主陳於太祖，未毀廟之主合食于祖，無毀廟遷主不享之言。唐家祀制與周異。周以后稷為始封祖，而毀主皆在后稷下。故太祖東向，常統其尊。司馬晉以高皇、太皇、處士、征西四座為別廟，大禘祫則正太祖位，無所屈，別廟祭高太以降，所以敘親也。唐家宜別為獻懿二祖立廟，禘祫則祭，太祖遂正東向位，德明興聖二帝向已有廟，則藏祔二祖為宜。詔百官普議。禮儀使太子少師顏真卿曰：今議者有三：一謂獻懿親遠而遷，不當祫，宜藏主西室；二謂二祖宜祫食與太祖並昭穆，闕東向位；三謂引二祖祫禘，即太祖永不得今其始，宜以二主祔德明廟。雖然，於人神未猷也。景帝既受命始封矣，百代不遷矣，而又配天，尊無與上，至禘祫時，暫屈昭穆，以申孝尊先實明神之意，所以教天下之孝也。況晉蔡謨等有成議，不為無據。請大祫享，奉獻主東向，懿主居昭，景主居穆，重本尚順，為萬代法。夫祫，合也。有如別享德明，是乃分食，非合食也。時議者翕然，於是還獻懿主祫於廟，如真卿議。

德宗即位，禮儀使顏真卿論元皇[illegible]遷狀曰：王制天子七廟，三昭三穆與太祖之廟而七。又禮器云：有以多為貴者，天子七廟。又伊尹曰：七世之廟，可以觀德。此經典之明證也。七廟之外，則曰去祧為壇，去壇為墠。故歷代儒者制迭毀之禮，皆親盡宜毀。伏以太宗文皇帝七代之祖高祖神堯皇帝國朝首祚萬葉所承太祖景皇帝受命于天始封于唐元本皆在不毀之典代祖元皇帝地非開統親在七廟之外代宗皇帝升祔有日元皇帝神主禮合祧遷或議者以祖宗之名難於迭毀昔漢朝廷近古不敢以私滅公故前漢十二帝為祖宗者四而已至後漢漸違經意子孫以推美為先自光武以下皆有廟號則祖宗之名莫不建也安帝以讒害大臣廢太子及崩無上宗之奏後自建武以来無毀者因以陵號稱宗至桓帝失德尚有宗號故初平中左中郎蔡邕以和帝以下功德無殊而有過差不應為宗及餘非宗者追尊三代皆奏毀之是知祖有功宗有德存至公之義非其人不居盖三代立禮之本也自東漢已来則此道喪矣魏明帝自稱烈祖論者以為逆自稱祖宗故近代此名悉為廟號未有子孫戕祚而不祖宗先王者以此明之則不得獨據兩字而為不合祧遷之證假令傳祚百代豈可上存百代以為孝乎請依三昭三穆之義永為通典寶應二年升祔玄宗肅宗則獻祖懿祖已從迭毀伏以代宗睿文孝皇帝卒哭而祔則合上遷一室元皇帝代數已遠其神主準禮祧而禘祫之時然後饗祀

真卿又上廟享議曰議者或云獻祖懿祖親遠廟遷不當祫享宜永閟於西夾室又議者云二祖宜同祫享與太祖並列昭穆而空太祖東向之位又議者云二祖若同祫享即太祖之位永不得正宜奉遷二祖神主祔藏於德明皇帝廟臣伏以三議俱未為允且禮經殘闕既無明據儒者能比方義類斟酌其中則可舉而行之盖叶於正也伏以太祖景皇帝以受命始封之功處百代不遷之廟配天崇享是極尊嚴且至禘祫之時暫居昭穆之位屈已伸孝敬奉祖宗緣齒族之禮廣尊天之道此實太祖明神烝烝之本意亦所以化被天下率循孝弟也請依晉蔡謨等議至五年十月祫享之日奉獻祖神主居東面之位懿祖太祖洎諸祖宗遵左昭右穆之列此有以彰國家重本尚順之明義足為萬代不易之令典也又議者請奉遷二祖神主於德明皇帝廟行祫祭之禮夫祫合也故公羊傳曰大事者何祫也若祫祭不陳於太廟而享於德明廟斯乃分食也豈謂合食乎名實相乖尤失禮意固不可行

德宗時權德輿上遷廟議曰今年夏四月禘饗于太廟太祖皇帝東嚮之位并遷廟之位右伏准今月十六日勅禘祫之祭禮之大者先有衆議猶未精詳宜更令百僚議限至二十六日内聞奏者臣聞禮有五經莫重於祭祭稱百順實受其福故曰萬物本乎天人本乎祖以太祖始封之重當殷祭東嚮之尊百代不遷亦統昭穆此孝享嚴禋之極制也周自后稷十六代至武王毀廟遷主皆太祖之後故序列昭穆合食無嫌漢之太上皇主瘞于園寢尋置別廟是為属尊故周漢皆太祖之位正自魏至隋則虚其位魏明帝初以太皇別廟未成故權設對祫後有司定七廟之制大祖已下為昭穆二祧旋至三少帝運移于晉不以兄弟為代數故元帝上繼武帝簡文上繼元帝至安帝時然後征西至京兆四府君遷盡未及殷祭運移于宋初永和中殷四府君主所藏之禮詔公卿博議范宣請特築一室當弘請屋朽乃止蔡謨亦請改築別室若未展者當入就太廟以征西府君東向議竟不行宋齊梁北齊周隋悉虚其位以待太祖皆以短祚其禮不伸則自魏以降太祖列昭穆之位非通例也武德中立親廟四自宣簡公而下貞觀中七廟六室自弘農府君而下開元中始制九廟追尊獻祖懿祖故自武德至于開元太祖在四廟七廟九廟之數則東向之虚又非例也廣德二年將及殷祭有司以二祖親盡當遷

太祖九室既備。其年冬祫。於是正太祖於東向。藏二主於夾室。凡十八年矣。建中二年冬祫。有司誤引黎誤征西之議。以獻祖居東向。誤祖爲昭。太祖爲穆。此誠乖疑倒置之大者也。議者或引春秋禹不先鯀。湯不先契。文武不先不窋以爲證。且湯與文武。皆太祖之後。理無所疑。至於禹不先鯀。安知說者非啓與太康之代。而左丘明因而記之耶。向者有司以二主藏夾室非宜。則可闕殷祭非敬。則可廢東向之位則不可。是以貞元七年冬。太常上奏。請下百僚僉議。詔可其奏。八年春。有于頎等一十六狀。至十一年。又詔尚書省集議。有陸淳字文炫二狀。前後與同有七家之說。至於藏夾室。虛東向。遠遷園寢。分饗禘祫。加幣玉。虞主而校丨瘞埋。胥引滋多。皆失禮意。臣等審細討論。惟置別廟及祔于明德興聖二說。最爲可據。明德興聖之廟。猶別廟也。等於剏立。此又易行。伏以明德皇帝於舜禹之際。與稷契同功。契後爲殷。向五百年。稷後爲周。逾八百年。明德流光無窮。啓皇運於後。景福靈長。與天地準。又獻懿二祖。於興聖皇帝爲曾爲玄。猶周人祔于先公之祧也。此亦亡於禮者也。明尊祖之道。正大祭之義。禮文祀典。莫重於是。凡議同者七狀。百有餘人。其中名儒禮官講貫詳熟。臣於貞元八年。蒙聖恩以博士徵　至京師。屬當會議。時與崔儆劉執同狀。十一年臣官備近侍。不議其中。乃今累叨睿獎。獲貳宗伯。職業所守。典禮是司。研考古今。整竭愚管。豈敢以疑文虛說。黷陛下嚴敬重難之心。其夾室等五家不安之說。謹具條上。伏惟聖慮裁擇。

藏夾室

右太祖已下毀廟主之所藏也。今若以二祖之主同在夾室。當禘祫之際。代祖元皇帝以遷主合食。而二主留在夾室。神靈何所依耶。或主有禱則祭。無禱則止。如殷祭何。如或太廟禘祫時就饗於夾室。如合食何。此其不可也。

虛東向

右自魏晉方有太祖已上府君以備親廟。自太祖已下昭穆既列。太祖之上。親盡皆遷。然後正東向之位。明不遷之重。自魏至隋。皆以短歷。或遭離多故。其禮未行。故虛東向。自武德後貞觀開元加廟數。太祖尊位厭而未申。故虛東向。今九廟已備。代祖已遷。而議虛東向。則無其例。此其不可也。

園寢

右漢魏太上皇處士居園寢之制。近在京師。故於遷主無有異議。今二祖園寢皆在趙州。法駕撰儀。絓途遐遠。此其不可也。

分饗

右尊祖敬宗。至當無二。審禘合饗。主者所先。議者請常以獻祖受祫。太祖受禘。五年之間。迭居東向。就如其說。則當祫之時。太祖固屈昭穆矣。當禘之禮。獻祖何所依也。從古已來。無此義例。此其不可也。

埋瘞

右議者引古者貴祖命斂幣玉藏諸兩階之間。又埋虞主於廟門外之道左。以爲比類。彼主命幣玉者。既反告則無所用矣。彼虞主用桑者。既練祭則無所用矣。不忍褻瀆。故斂而藏之。徹而埋之。豈如栗主依神。雖廟毀而常存之制哉。此其不可也。況兩階之間。與門外道左。皆祖廟也。今則下瘞於子孫之廟。於理安乎。此其又不可也。以前謹具周漢太祖居東向。魏晉已下虛東向。并貞元八年十一月兩度會議一十八狀內夾室等五家不安之說。如前謹錄奏聞。

貞元七年。太常卿裴郁上言。商周以禹稷爲祖。上無餘尊。故合食有序。漢受命祖高皇帝。故太上皇不以昭穆合食。魏祖武帝。晉祖宣帝。

故高皇處士征西等君亦不以昭穆合食。景皇帝始封唐。唐推祖焉。而獻懿親盡廟遷。猶居東向。非禮之祀。神所不享。頃下羣臣議。於是太子左庶子李嶸等上言。謹按晉孫欽議。太祖以前。雖有主。禘祫所不及。其所及者。太祖後未毀已升藏於二祧者。故雖百代。及之。獻懿在始封前。親盡主遷。上擬三代。則禘祫所不及。太祖而下。若世祖。則春秋所謂陳於太祖者。漢議罷郡國廟。丞相韋玄成議。太上皇孝惠親盡宜毀。太上主宜瘞于園。惠主遷高廟。太上皇在太祖前。主瘞於園。不及禘祫。獻懿比也。惠遷高廟。在太祖後。而及禘祫。世祖比也。魏明帝遷處士主。置園邑。歲時以令丞奉薦。東晉以征西等祖遷入西除。同謂之祧。皆不及祀。故唐初下詔。開元禘祫。猶虛東向位。洎立九廟。追祖獻懿。然祝於三祖不稱臣。至德時。復作九廟。遂不為弘農府君主。以祀不及也。廣德中。始以景皇帝當東向位。以獻懿兩主親盡罷

祫而藏。顏真卿引蔡謨議。復奉獻主東向。懿昭景穆。不記謨議。晉未嘗用。而唐一王法。容可準乎。臣等謂嘗禘郊社無二尊。瘞毀遷藏。各以義斷。景皇帝已東向。一日改易。不可謂禮。宜復藏獻懿二主於西室。以本祭法遠廟為祧。去祧而壇。去壇而墠。壇墠有禱祭。無禱止之義。太祖得正。無所屈。吏部郎中柳冕等十二人議曰。天子以受命之君為太祖。諸侯以始封之主為祖。故自太祖祖以下。親盡迭毀。洎秦滅學。漢不暇禮。晉失宋因。故有違王廟之制。有虛太祖之位。且不列昭穆。非所謂有序。不建迭毀。非所謂有殺。違王廟。非所謂有別。虛太祖位。非所謂一尊。此禮所由廢也。傳曰。父為士。子為大子。祭以天子。葬以士。今獻懿二祖在唐未受命時猶士也。故高祖太宗以天子之禮祭之。而不敢奉以東向位。今而易之。無乃亂先帝序乎。周有天下。追王大王王季。以天子禮。及其祭。則親盡而毀。漢有天下。尊太上皇

以天子之禮。及祭也。親盡而毀。唐家追王獻懿二祖。以天子禮。及其祭也。親盡而毀。復何所疑。周官有先公之祧。先王之祧。先公遷主藏后稷之廟。其周未受命之祧乎。先王遷主藏文武之廟。其周已受命之祧乎。故有二祧。所以異廟也。今自獻而下。猶先公也。自景而下。猶先王也。請別廟以居二祖。則行周道。復古制。便。工部郎中張薦等請自獻而降。悉入昭穆。虛東向位。司勳員外郎裴樞曰。禮。親親故尊祖。尊祖故敬宗。敬宗故收族。收族故宗廟嚴。宗廟嚴故社稷重。太祖之上。復追尊爲則尊祖之義乖。太廟之外。別祭廟爲則社稷不重。漢韋玄成請瘞主於園。晉虞喜請瘞兩階間。喜據左氏自證曰。先王日祭祖考。月祀曾高。時享及二祧。歲祫及壇墠。終禘及郊宗石室。是謂郊宗之祖。喜請夾室中為石室以處之。是不然。何者。夾室所以居太祖下。非太祖上藏主所居。未有卑處正尊居傍也。若建石室于園寢安

遷主。采漢晉舊章。祫禘率一祭。庶乎春秋得變之正。是時陳京以考功員外郎又言。興聖皇帝。則獻之曾祖。懿之高祖。以曾孫祔曾高之廟。人情大順也。京兆少尹韋武曰。祫則大合。禘則序祧。當祫之歲。常以獻東向。率懿而後。以昭穆極親親。及禘。則太祖筵于西。列衆主左右。是於太祖不為降。獻無所厭。持諸儒以左氏子齊聖不先父食。請迎獻主權東向。太祖暫還穆位。同官尉仲子陵曰。所謂不先食者。丘明正文公逆祀。儒者安知夏后世數未之時言禹不先鯀乎。魏晉始祖率近。始祖上皆有遷主。引閟宮詩則永閟可也。因虞主則瘞園可也。緣遠祧則築宮可也。以太祖實卑。則虛位可也。然永祧與瘞園臣子所不安。若虛正位。則太祖之尊無時而申。請奉獻懿二祖遷于德明興聖廟為順。或曰。二祖別廟。非合食。且德明興聖二廟。禘祫之年皆有薦享。是已分食矣。獨疑二祖乎。畧又上禘祫議證十四篇。帝詔

尚書省會百官國子儒官明定可否。左司郎中陸淳奏。據禮及諸儒議。復太祖之位正也。太祖位正。則獻懿二主宜有所安。今議者有四。曰藏夾室。曰置別廟。曰各遷於園。曰祔興聖廟。臣謂藏夾室則享獻無期。非周人藏二祧之義。置別廟論始晉魏。禮無傳焉。司馬晉議而不用。遷諸園亂宗廟之制。唯祔興聖廟禘若祫一祭。庶乎得禮。帝依違未決也。

國子監四門博士韓愈上議曰。陛下追孝祖宗。肅敬祀事。凡在擬議。不敢自專。聿求厥中。延訪羣下。然而禮文繁浸。所執各殊。自建中之初。迄至今歲。屢經禘祫。未合適從。臣生遭聖明。涵泳恩澤。雖賤不及議。而志切效忠。今輒先舉衆議之非。然後申明其說。一曰獻懿廟主宜永藏之夾室。臣以為不可。夫祫者合也。毀廟之主皆當合食於太祖。獻懿二祖。即毀廟主也。今雖藏於夾室。至禘祫之時。豈得不食於太廟乎。名曰合祭。而二祖不得祭焉。不可謂之合矣。二曰獻懿廟主宜毀之瘞之。臣又以為不可。謹按禮記。天子立七廟。一壇一墠。其毀廟之主。皆藏於祧廟。雖百代不毀。祫則陳於太廟而饗焉。自魏晉已降。始有毀瘞之議。事非經據。竟不可施行。今國家德厚流光。創立九廟。以周制推之。獻懿二祖猶在壇墠之位。況於毀瘞而不禘祫乎。三曰獻懿廟主宜各遷於其陵所。臣又以為不可。二祖之祭於京師。列於太廟也。二百年矣。今一朝遷之。豈惟人聽疑惑。抑恐二祖之靈眷顧依遲。不即饗於下國也。四曰獻懿廟主宜附於興聖廟而不禘祫。臣又以為不可。傳曰。祭如在。景皇帝雖太祖。其於屬乃獻懿之子孫也。今欲正其子東向之位。廢其父之大祭。固不可為典矣。五曰獻懿二祖宜別立廟於京師。臣又以為不可。夫禮有所降。情有所殺。是故去廟為祧。去祧為壇。去壇為墠。去墠為鬼。漸而之遠。其祭益稀。昔者

魯立煬宮。春秋非之。以為不當取已毀之廟。既藏之主。而復築宮以祭。今之所議。與此正同。又雖違禮立廟。至於禘祫也。合食則禘無其所。廢祭則於義不通。此五說者。皆所不可。故臣博采前聞。求其折中。以為殷祖玄王。周祖后稷。太祖之上。皆自為帝。又其代數已遠。不復祭之。故太祖得正東向之位。子孫從昭穆之列。禮所稱者。豈以紀一時之宜。非傳於後代之法也。傳曰。子雖齊聖。不先父食。蓋言子為父屈也。景皇帝雖太祖也。其於獻懿則子孫也。當禘祫之時。獻祖宜居東向之位。景皇帝宜從昭穆之列。祖以孫尊。孫以祖屈。求之神道。豈遠人情。又常祭甚衆。合祭甚寡。則是太祖所屈之祭至少。所伸之祭至多。比於伸孫之尊。廢祖之祭。不亦順乎。事異殷周。禮從而變。非所失禮也。臣伏以制禮作樂者。天子之職也。陛下以臣議有可采。粗合天心。斷而行之。是則為禮。如以為猶或可疑。乞召臣對面陳得失。庶有發明。

天寶中詔尚食朔望進食太廟。天子使中人侍祠。有司不與也。貞元十二年。帝始詔朔望食畀宗正。太常合供。於是太常博士韋彤與博士裴堪議曰。禮。宗廟朔望不祭。園寢則有之。貞觀開元間在禮若令。不敢變古。天寶中始有進食事。殆王璵緣生事亡。用燕具褻饌。參瀆禮薦。不可示遠。傳曰。祭非外至。生于心者也。是故聖人等牲牢。布籩豆。昆蟲草木可薦者。莫不咸在。所以享宗廟交神明。全孝敬也。絜膳羞。八珍。百品。可嗜之饌。美醲甘旨謂之褻味。所以燕賓客。接人情。示慈惠也。是則薦與宴。聖人判為二物。不可亂也。今若熟褻而享。非以異為敬之意。且祭不欲數。亦不欲疏。感時致享。以制中也。今園寢月二祭。不為疏。廟歲五享。不為數。有司奉承。得盡其恭。若又加盛饌於朔望。是失禮之中。有司不得盡其恭也。故王者稽古。弗敢以孝思之

極而謚禮弗敢以有品之多而賸味頗羅天寶所增奉園寢以珍。奉宗廟以禮。兩得所宜。帝曰是禮先帝裁定。遽更之。其謂朕何。徐議其可。而朔望食卒不廢。

貞元中。將禘祭。陳京復奏禘祭大合祖宗。必尊太祖。位正昭穆。請詔百官議。尚書左僕射姚南仲等請奉獻懿主祔德明興聖廟。鴻臚卿王權申衍之。曰。周人祖文王。宗武王。故詩清廟章曰祀文王也。故不言太王王季。則太王王季而上皆祔后稷。故清廟得祀文王也。太王王季之尊。私禮也。祔后稷廟。不敢以私奪公也。古者先王遷廟主以昭穆合藏于祖廟。獻懿主宜祔興聖廟。則太祖東向得其尊。獻懿主歸得其所。是時言祔興聖廟什七八。天子尚猶豫未剛定。至是羣臣稍顯言二祖本追崇。非有受命開國之鴻構。又權根援詩禮明白。帝並然。於是定遷二祖于興聖廟。凡禘祫一享。詔增廣興聖二室。會祀日薄。廟未成。張薦為室內神主廟垣間奉興聖德明主居之。廟成而祔。

憲宗元和中。左拾遺元稹上奏曰。謹案禮官以順宗至德大聖大安孝皇帝神主升祔。則中宗大和大聖大昭孝皇帝主為代數當遷之廟。議者云。中宗復辟中興。當為百代不遷之廟。臺省官等又議云。則天為居攝。則中宗非中興。不得為不遷之廟。以愚所裁。皆非得禮之中。案禮官與臺省官等議。但以為中宗非中興。故不得為不遷之宗。曾不知雖實為中興。亦不得為不遷之廟。何則。祖有功而宗有德。蓋謂始有功者為祖。始有德者為宗。非謂後代有功有德者盡為祖宗也。禮緯云。唐虞立二昭二穆與太祖之廟為五。夏不立太祖之廟。四廟而已。至後代以禹為宗。亦立五廟。其餘仲康復庶。倍少康。代寒浞。豈非嗣夏中興哉。並無祖宗之號。至殷以契為始祖。初立五廟。後代以湯為宗。遂立六廟。太戊武丁之徒。雖有中宗高宗之名。蓋子孫加之懿號而已。亦無不祧之說。周人以后稷為始祖。後代又祖文王為宗武王。遂立七廟。唐虞夏殷周雖立廟之數不同。其實親親之廟皆以四為准。禮記王制云。天子七廟。三昭三穆與太祖之廟七。蓋后稷文武三廟為不遷。其餘成康已降。盡為祧廟。故周禮守祧注云。先公之祧。祔于后稷之廟。先王之祧。祔於文武之廟。若以為後代有功有德者盡為不遷之廟。則成康刑措。宣王中興。平王東周之始王。並無不祧之說。豈非有功有德哉。蓋以為七廟之數既定。若親盡之廟不毀。則親親之昭穆無所設矣。故不得不祧耳。至漢承秦滅學之後。諸儒不通大義。匡衡貢禹之徒遂建議云。高帝為太祖。孝文為太宗。孝武為世宗。孝宣為中宗。惠景已下為遷廟。適值漢祚不永。昭成已降德不逮於四君。向若漢有八百之祚。繼德之君有若孝文孝武者七人盡為不遷之廟。豈可後代遂不祀其祖禰哉。不經之言。孰甚於此。又不以七廟之外別立祖宗之廟為說者。以理推之。尤為不可。假如聖朝以景皇帝為太祖。神堯大聖大光孝皇帝為高祖。文武大聖大廣孝皇帝為太宗。別立昭穆之廟六。合不遷之廟為九。蓋以為積厚者流澤廣。故以增親親之廟六矣。夫傳無窮者為萬代計。國家以聖生聖。以明繼明。無非有德之宗。盡為有功之祖。則百祖千宗盡居別廟。於禮又可乎。必若俟其褒貶。然後定祧遷。則是臣子有輕議之非。萬代無可傳之法。考殷周則無據。言情禮則兩乖。考古宜今。孰云可者。曷若削漢朝不經之說。徵殷周可久之文。從親盡則遷之常規。為萬代不朽之定制。不易親親之祀。終無戚戚之疑。誠一王之盛典也。謹議。

憲宗時。徵事郎守國子博士史館修撰臣李翱等上陵廟日時朔祭議曰國語曰王者日祭禮記曰王立七廟皆月祭之周禮不載日祭月祭惟四時之祭禴祀烝嘗漢朝皆雜而用之蓋遭秦火詩書禮經燼滅編殘簡缺漢乃求之先儒穿鑿各伸己見皆託古聖賢之名以信其語故其所記各不同也古者廟有寢而不墓祭秦漢始建寢廟於園陵而上食爲國家因之而不改貞觀開元禮並無宗廟日祭月祭之禮蓋以日祭月祭既已行於陵寢矣故太廟之中每歲五饗六告而已不然者房玄齡魏徵之輩皆一代名臣窮極經史豈不見國語禮記有日祭月祭之祠乎斯足以明矣伏以太廟之饗籩豆牲牢三代之通禮是貴誠之義也園寢之奠改用常饌秦漢之制乃食味之道也今朔望上食於陵寢修秦漢故事斯爲可矣若朔望上食於太廟豈非用常褻味而貴多品乎且非禮所謂至敬不饗味而貴氣臭之義也傳稱屈到嗜芰有疾召其宗老而屬之曰祭我必以芰及祭薦芰屈建命去芰而用羊饋籩豆脯醢君子是之言事祖考之義當以禮爲重不以其生存所嗜爲獻蓋明非食味也然則薦常饌於太廟無乃與薦芰爲比乎且非三代聖王之所行也況祭器不設俎豆祭官不設三公執事者唯宮闈令宗正卿而已謂上食可也安得以爲祭乎且時享于太廟有司攝事祝文曰孝曾孫皇帝臣某謹遣太尉臣名敢昭告于高祖神堯皇帝祖妣太穆皇后竇氏時維孟春永懷罔極謹以一元大武柔毛剛鬣明粢薌萁嘉蔬嘉薦醴齊敬修時享以申追慕尚饗此祝詞也前享七日質明太尉誓百官於尚書省曰某日時享于太廟各揚其職不供其事國有常刑凡陪祀之官散齋四日致齋三日然後乃可以爲祭也宗廟之禮非敢擅議雖有知者其誰敢言故六十餘年行之不廢今聖朝以弓矢既櫜禮樂爲大故下百僚使得詳議臣等以爲貞觀開元禮並無太廟上食之文

以禮節情疏之可也至若陵寢上食采國語禮記日祭月祭之詞因秦漢之制脩而存之以廣孝道可也如此則經義可據故事不遺大禮既明永息異論可以繼二帝三王而爲萬代法與其黷禮越古貴因循而憚改作猶天地之相遠也謹議

武宗會昌元年李德裕等請尊憲宗章武孝皇帝爲不遷廟狀曰臣等伏聞開成中文宗嘗顧問宰臣欲褒崇憲宗功德其時宰臣莫能推順美之心明尊祖之義臣等至愚竊所歎息伏思國家受命二百二十五年矣列聖之功德區宇之廣大至化之盛明禮樂之備具過殷周遠矣而未有中興不遷之廟臣等所以夙夜而發憤也禮祖有功宗有德夏之祖宗經傳無聞殷則一祖三宗成湯爲始祖太甲爲太宗太戊爲中宗武丁爲高宗劉歆曰天子七廟苟有功德則宗之所以勸帝者功德博矣故周公作無逸舉殷之三宗以勸成王漢景帝詔曰孝文皇帝德厚侔天地利澤施四海廟樂不稱朕甚懼焉其爲孝文皇帝廟爲昭德之舞以明休德然後祖宗之功德施于萬代其與丞相列侯中二千石禮官具禮儀奏丞相申屠嘉等奏曰功莫大於高皇帝德莫盛於孝文皇帝高皇帝廟宜爲帝者太祖之廟孝文皇帝廟宜爲帝者太宗之廟天子宜代代獻祖宗之廟又漢宣帝詔夙夜惟念孝武皇帝躬履仁義選明將討不服功德茂盛不能盡宣而廟樂未稱其議奏有司奏請尊孝武爲世宗廟奏盛德文始五行之舞天子代代獻此則子孫褒崇祖宗之明據也自天寶以後兵宿中原強侯締交醜類甚衆貢賦不入刑政自出包荒含垢以至于貞元德宗懲奉天之難厭征伐之事戎臣優以不朝終老于外其卒則以幕吏將校代之故長武城在王畿之內斥逐主將矣河中居股肱之郡坐邀符節帛卑因備邊之勢自擅靈鹽李錡竊煮海之資專制淮

國。而兩河藩鎮。或倉卒易帥。甚於弈棊。或陸梁弄兵。同於拒轍。憲宗感祖宗之宿憤。舉升平之典法。始命將帥。順天行誅。元年僇惠琳。曾闢錡。季年梟元濟。及師道。其他或折簡而召。或執珪請覲。獻其名城。劃其愛子。不可遍舉。豈有去天下之害。不享其名。致生人之安。不受其報。臣伏見元和初議遷廟之禮。而史官稱中宗不得稱中興之君。凡非我失之。自我復之。謂之中興。漢光武。晉元帝是也。臣等竊恐此議實所未盡。中宗朝自以政事多斁。權移后妃。所以未得稱為中興。恐議者復以此為疑。夫興業之與隆道。事實不同。漢光武再造邦家。不失舊物。晉元帝雖在江左。亦能纂緒。此乃王業中興。可謂有功矣。殷高宗躬行大孝。求賢俾乂。周宣王微而復興。衰而復盛。此乃王道中興。可謂有德矣。故詩云車攻。宣王復古也。宣王能內修政事。外攘夷狄。復文武之境土。又蒸民美宣王任賢使能。周室中興焉。又江漢美宣王能興衰撥亂。命召公平淮夷。又漢書宣帝贊曰。功光祖宗。業垂後嗣。可謂中興。侔德殷宗周宣之義。蓋皆如漢光武晉元帝。則殷宗周宣豈不得稱中興矣。臣等伏思任賢使能。內修政事。平淮夷之叛。復祖宗之土。皆憲宗有之。所謂隆道中興。與殷高宗周宣王漢宣帝侔德矣。臣等敢遵古典。請尊憲宗章武孝皇帝為百代不遷之廟。上以昭陛下大孝之德。廣貽謀之訓。下以表臣等思古之情。申欲報之誠。如合聖心。伏望令諸司清望官四品以上尚書兩省御史臺與禮官參議聞奏。謹錄奏聞。

歷代名臣奏議卷之十七

歷代名臣奏議卷之十八

郊廟

後漢高祖入汴。初營宗廟。帝以姓自漢出。遂號國號。尊光武為始祖。并親廟為五。詔羣臣議。刑部尚書竇貞固上言曰。按王制。天子七廟。諸侯五。大夫三。士一。正義曰。周之制七廟者。太祖及文王武王之祧。與親廟四也。又曰七廟者據周也。有其人則七。無其人則五。至光武中興。及魏晉宋齊隋唐。或立六廟。或立四廟。蓋建國之始。未盈其數也。禮曰德厚者流光。此天子可以事六世之義也。今陛下大定寰區。重興漢祚。旁求典禮。用正宗祧。伏請立高曾祖禰四親廟。又自古聖王祖有功。宗有德。更立始祖在四廟之外。不拘定數。所以或五廟或七廟。今請尊高皇帝光武皇帝為始祖。法文王武王不遷之制。用歷代六廟之規。庶合典禮。漢祖從之。

後周世宗顯德五年。將禘於太廟。言事者以宗廟無祧室。不當行禘祫之禮。國子司業兼太常博士聶崇義上言。其略曰。魏明帝以景初三年正月上僊。至五年二月祫祭。明年又禘。自茲後以五年為禘。且魏以武帝為太祖。至明帝始三帝。未有毀主而行禘祫。其證一也。宋文帝元嘉六年。祠部定十月三日大祠。其太學博士議云。案禘祫之禮。三年一。五年再。宋高祖至文帝裁亦三帝。未有毀主而行禘祫。其證二也。梁武帝用謝廣議。三年一禘。五年一祫。謂之大祭。禘祭以夏。祫祭以冬。且梁武乃受命之君。裁追尊四朝而行禘祫。則知祭者是追養之道。以時移節變。孝子感而思親。故薦以首時。祭以仲月。間以禘祫。序以昭穆。乃禮之經也。非關宗廟備與未備。其證三也。終從崇義之議。

南唐嗣主保大中。太常博士陳致雍進祖宗配郊位議曰。臣伏聞禘郊祖宗配食之文其来有秩以遠祖而配者始封之君是也若皇家奉太祖景皇帝冬至配圜丘夏至配方丘法周人郊后稷之義也以近祖而配者受命之君是也若高祖神堯皇帝孟春配祈穀法周人祖文王之義也太宗文皇帝孟夏配雩祀法周人宗武王之義也國家憲章三代尊配郊丘得禮之正也自開元中不用太祖景皇帝配天地以高祖神堯皇帝配天地謂高祖受命之君有天下不因於景皇帝至永泰元年太常博士獨孤及議云太祖景皇帝於柱國之任翼周弼魏肇啓王業建封于唐高祖因之以有天下之號天之所命也亦猶周后稷始封之祖若廢配天地是太祖之廟毀也二年禮儀使杜鴻漸與獨孤及議同自是相承復依武德貞觀故事故不用開元禮文我烈祖再造區宇建七世之廟奉高祖居昭穆之上景皇帝不在太祖之位故以高祖配天地太宗配雩祀所以配雩祀者蓋興復

以來未暇祈穀之祭故也切以高皇帝廟號烈祖功格上玄居百世以不遷繼中興而垂統禮合躋升之義位崇昭配之文修撰高遠所奏未協舊章然則國朝大祀歲只有三若上遷太宗文皇帝配皇地祇是祖宗皇帝之功有差父子之倫不序子雖齊聖不先父食周人所以郊祀后稷宗祀文王以后稷為天地之主文王避祖之位今或依奏以太祖配皇地祇則於禮無謂未若建孟春祈穀一祭以太宗從下佐食然可奉烈祖高皇帝孟夏配雩祀使尊祖之禮得申免齊聖之食有黷考古沿酌庶協厥中伏請更下尚書省衆官定議

宋太祖建隆元年有司請立宗廟詔下其議兵部尚書張昭等奏謹案堯舜禹皆立五廟蓋二昭二穆與其始祖也有商建國改立六廟蓋昭穆之外祀契與湯也周立七廟蓋親廟之外祀太祖與文王武王也漢初立廟悉不如禮魏晉始復七廟之制江左相承不改然七廟之室隋文但立高曾祖禰四廟而已唐因立親廟梁氏而下不易其法稽古之道斯為折衷伏請追尊高曾四代崇建廟室

三年國子司業兼太常博士聶崇義表上參定郊廟祭玉詔令太子詹事尹拙集儒學三五人更同參議拙多所駁正崇義復引經以釋之悉以下工部尚書竇儀俾之裁定儀上奏曰伏以聖人制禮垂之無窮儒者據經所傳或異年祀寖遠圖繪缺然踳駁彌深丹青靡據聶崇義研求師說耽味禮經較於舊圖良有新意尹拙爰承制旨能罄所聞尹拙駁議及聶崇義答義各四卷臣再加詳閱隨而裁置率用增損列於注釋共分為十五卷以聞詔頒行之拙崇義復陳祭玉鼎釜異同之說詔下中書省集議吏部尚書張昭等奏議曰按聶崇義稱祭天蒼璧九寸圓好祭地黄琮八寸無好圭璋琥並長九寸自言周顯德三年與田敏等按周官玉人之職及阮諶鄭玄舊圖載其

制度臣等按周禮玉人之職只有璧琮九寸瑑琮八寸及璧羨度尺好三寸以為度之文即無蒼璧黄琮之制兼引注有爾雅肉倍好之說此即是注璧羨度之文又非蒼璧之制又詳鄭玄自注周禮不載尺寸豈復別作畫圖違經立異四部書目内有三禮圖十二卷是隋開皇中勑禮官修撰其圖第一第二題云梁氏第十後題云鄭氏又稱不知誰氏鄭氏名位所出今書府有三禮圖亦題梁氏鄭氏不言名位厥後有梁正者集前代圖記更加詳議題三禮圖曰陳留阮士信受禮學於頴川綦毋君取其說為圖三卷多不按禮文而引漢事與鄭君之文違錯正刪為二卷其阮士信即諶也如梁正之言可知諶之紕謬兼三卷禮圖刪為二卷應在今禮圖之内亦無改祭玉之說臣等參詳自周公制禮之後叔孫通重定以來禮有緯書漢代諸儒頗多著述討尋祭玉並無尺寸之說魏晉之後鄭玄王肅之學各有生

徒三禮六經無不論說檢其書亦不言祭玉尺寸臣等參驗畫圖本畫周公所說正經不言尺寸設使後人謬爲之說安得便入周圖知崇義等以諸侯入朝獻天子夫人之琮璧以爲祭玉又配合羨度肉好之言彊爲尺寸古今大禮順非改非於理未通又據尹拙所述禮神之六玉稱取梁桂州刺史崔靈恩所撰三禮義宗內昊天及五精帝圭璧琮璜皆長尺二寸以法十二時祭地之琮長十寸以倣地之數又引白虎通云方中圓外曰璧圓中方外曰琮崇義非之以爲靈恩非周公之才無周公之位一朝撰述便補六玉闕文尤不合理臣等竊以劉向之論鴻範王通之作元經非必挺聖人之姿而居上公之位有益於教不爲斐然臣等以靈恩所撰之書聿稽古訓祭玉以十二爲數者蓋天有十二次地有十二辰日有十二時封山之玉牒十二寸圓丘之籩豆十二列天子以鎮圭外守宗后以大琮內守皆

長尺有二寸又裸圭尺二寸王者以祀宗廟若人君親行之郊祭登壇酌獻服大裘搢大圭行稽奠而手秉尺二之圭神獻九寸之璧不及禮宗廟裸圭之數父天母地情亦奚安則靈恩議論理未爲失所以自義宗之出歷梁陳隋唐垂四百年言禮者引爲師法今五禮精義開元禮郊祀錄皆引義宗爲標準近代晉漢兩朝仍依舊制周顯德中田敏等妄作穿鑿輒有更改自唐貞觀之後凡三次大修五禮並因隋朝典故或節奏繁簡之間稍有釐革亦無改祭玉之說伏望依白虎通義宗唐禮之制以爲定式又尹拙依舊圖畫釜聶崇義去釜畫鑊臣等參詳舊圖皆有釜無鑊按易說卦云坤爲釜詩云惟錡及釜又云溉之釜鬵春秋傳云錡釜之器禮記云燔黍捭豚解云古未有甑釜所以燔捭而祭即釜之爲用其來尚矣故入於禮圖今崇義以周官祭祀有省鼎鑊供鼎鑊又以儀禮有羊鑊豕鑊之文乃云畫釜不如畫鑊今諸經皆載釜之用誠不可去又周儀禮皆有鑊之文請兩圖之又若觀諸家祭祀之畫今代見行之禮於大祀前一日光祿卿省視鼎鑊伏請圖鑊於鼎下詔從之

太宗淳化三年將以冬至郊前十日皇子許王薨有司言王薨在不受誓戒之前准禮天地社稷之祀不廢詔下尚書省議吏部尚書宋琪等奏以許王薨謝去郊禮裁十日又詔輟十一日以後五日朝參且尊成服百僚皆當入慰有司又以十二十三日受誓戒按令式受誓戒後不得弔喪問疾今若皇帝既輟朝而未成服則全爽禮文百僚既受誓而入奉慰又違令式況許王地居藩戚望著親賢於昆仲爲大宗於朝廷爲冢嗣遽茲薨逝朝野同哀伏想聖情豈勝追念當愁慘之際行對越之儀臣等實慮上帝之弗歆下民之斯惑況祭天之禮歲有四焉載於禮經非有差降請以來年正月上辛合祭天地

從之

真宗咸平元年判太常禮院李宗訥等言僖祖稱曾高祖太祖稱伯文懿惠明簡穆昭憲皇后並稱祖妣孝明孝惠孝章皇后並稱伯妣按爾雅有考妣王父母曾祖王父母高祖王父母及世父之別以此觀之唯父母得稱考妣今請僖祖止稱廟號順祖而下即依爾雅之文事下尚書省議戶部尚書張齊賢等言王制天子七廟謂三昭三穆與太祖之廟而七前代或有兄弟繼及亦移昭穆之列是以漢書爲人後者爲之子所以尊本祖而重正統也又云天子絕朞喪安得宗廟中有伯氏之稱乎其唐及五代有所稱者蓋禮官之失非正典也請自今有事於太廟則太祖并諸祖室稱孝孫孝曾孫嗣皇帝太宗室稱孝子嗣皇帝其爾雅考妣王父之文本不爲宗廟言也歷代既無所取於今亦不可行

景德中南郊鹵簿使王欽若上言曰五方帝位板如靈威仰赤熛怒含樞紐白招拒叶光紀恐是五帝之名理當恭避禮官言開寶通禮義纂五者皆是帝號漢書注自有名即蒼帝靈符赤帝文祖白帝顯紀黑帝玄矩黃帝神斗是也既為美稱不煩回避

二年欽若又言漢以五帝為天神之佐今在第一龕天皇大帝在第二龕與六甲岳瀆之類接席帝坐天市之尊今與二十八宿積薪騰蛇杵臼之類同在第三龕卑主尊臣甚未便也若以北極帝坐本非天帝蓋是天帝所居則北極在第二帝坐在第三亦高下未等又太微之次少左右執法子星之次少孫星望令司天監參驗乃詔禮儀使太常禮院司天監檢定之禮儀使趙安仁言按開寶通禮元氣廣大則稱昊天據遠視之蒼然則稱蒼天人之所尊莫過於帝託之於天故稱上帝天皇大帝即北辰耀魄寶也自是星中之尊易曰日月

麗乎天百穀草木麗乎土又曰在天成象在地成形蓋明辰象非天草木非地是則天以蒼昊為體不入星辰之列又郊祀錄壇第二等祀天皇大帝北斗天一太一紫微五帝坐差在行位前餘內官諸位及五星十二辰河漢都四十九坐齊列俱在十二陛之間唐建中間司天冬官正郭獻之奏天皇北極天一太一準天寶勅並合升第一等貞元二年親郊以太常議詔復從開元禮仍為定制郊祀錄又云壇第三等有中宮天市垣帝坐等十七坐並在前開元禮義羅云帝有五坐一在紫微宮一在大角一在太微宮一在心一在天市垣即帝坐者非直指天帝也又得判司天監史序狀天皇大帝一星在紫微勾陳中其神曰耀魄寶即天皇是星五帝乃天帝也北極五星在紫微垣內居中一星曰北辰第一主月為太子第二主日為帝王第三為庶子第四為嫡子第五為天子之樞蓋北辰所主非一又非帝坐之比太微垣十星有左右執法上將次將之名不可備陳故總名太微垣星經舊載孫星而壇圖止有子星辨其尊卑不可同位竊惟壇圖舊制悉有明據天神定位難以躋升望依星經悉以舊禮為定

欽若復言舊史天文志並云北極北辰最尊者又勾陳口中一星曰天皇大帝鄭玄注周禮謂禮天者冬至祭天皇於北極也後魏孝文禋六宗亦升天皇五帝上按晉天文志帝坐光而潤則天子吉威令行既名帝坐則為天子所占列于下位未見其可又安仁議以子孫一星不可同位陛下方洽高禖之慶以廣維城之基苟因前代闕文便為得禮實恐聖朝茂典尤未適中詔天皇北極特升第一龕又設孫星于子星位次帝坐如故欽若又言帝坐止三紫微太微者已列第二等唯天市一坐在第三等按晉志大角及心中星但云天王坐實與帝坐不類詔特升第二龕

三年龍圖閣待制陳彭年言伏覩晝日來年正月三日上辛祈穀至十日始立春按月令正月元日注為祈穀郊祀昊天上帝春秋傳曰啓蟄而郊郊而後耕蓋春氣初至農事方興郊祀昊天以祈嘉穀當在建寅之月迎春之後自晉泰始二年始用上辛不擇立春之先後齊永明元年立春前郊議欲遷日王儉曰宋景平元年元嘉六年並立春前郊遂不遷日吳操之云應在立春前然則左氏所記乃三代彝章王儉所言乃後世變禮來年正月十日立春三日祈穀斯則襲王儉之末議違左氏之明文望以立春後上辛行祈穀禮因詔有司詳定諸祠祭事有司言今年四月五日雩祀上帝十三日立夏祀赤帝按月令立夏之日天子迎夏于南郊注云為祀赤帝於南郊又云是月也大雩注云春秋傳曰龍見而雩謂龍星角亢也立夏後昏見於東方按五禮精義云自周以來歲星差度今之龍見或在五月以祈甘

雨。於時已晚。但四月上旬卜日。令則惟用改朔。不待得節。祭於立夏之前。殊違舊禮之意。苟或龍見於仲夏。雩祀於季春。相去遼闊。於禮未周。欲請並於立夏後卜日。如立夏在三月。則待改朔。

四年。判太常禮院孫奭言。準禮。冬至祀圜丘。有司攝事。以天神六百九十位從祀。今惟有五方上帝及五人神十七位。天皇大帝以下並不設位。且太昊、句芒惟孟夏雩祀、季秋大享及之。今乃祀於冬至。恐未協宜。翰林學士晁迥等言。按開寶通禮。圜丘有司攝事。祀昊天。配帝。五方帝、日月、五星、中官、外官、衆星總六百八十七位。雩祀、大享昊天。配帝。五天帝。五人帝。五官總十七位。方丘祭皇地祇。配帝。神州、岳鎮、海瀆七十一位。今司天監所設圜丘、雩祀、明堂、方丘並十七位。即是方丘有岳瀆從祀。圜丘無星辰。而反以人帝從祀。望如奭請。以通禮及神位爲定。其有增益者如後敕。從之。

真宗時。右正言夏竦進策曰。伏以祀者國之大事。民之攸仰。天子富有六幽。尊極萬國。不有祭享。何以教民。故宗廟有烝嘗禘祫之殊。郊祀有類望燔瘞之差。蓋禮天地事鬼神。莫大乎祀。莫大乎祭。絜粢盛。豐牲牷。籍苞茅。端黻冕者。儀也。謹齋戒。肅容貌。致誠信。嚴執獻者。恭也。儀以昭禮。恭以降神。與其恭不足而儀有餘。不若儀不足而恭有餘。易曰。東鄰殺牛。不如西鄰之禴祭。書曰。鬼神無常享。享于克誠。傳曰。蘋蘩薀藻之菜。潢汙行潦之水。苟有明信。可薦於鬼神。昔三代之興也。祭薄而誠厚。及其亡也。祀豐而誠怠。故先王之戒。莫先乎此。聖家丕命。有開天授。皇帝盛享帝之禮。正清廟之位。雖曰唐漢。無或比隆。祀事之間。竊有惑焉。夫九祭六號。禮則有差。百拜三獻。恭則無異。朝廷之制。三年而郊。陛下端圭冕。修齋戒。著誠致潔。昭事上帝。元元之民。咸知感嘆。頌聲洋洋。流美道路。至於朝日夕月。四郊迎氣。則又萬機之煩。特詔執事將命。文臣大儒。足以承式。或聞行事之官。祝史之員。不無齷齪之士。頗用貴游子弟。罕能虔恭夙夜。多乃懈怠祀事。若聖明之德享之則已。若以祭官。神其吐之。伏願陛下遵儆經義。躬親祭獻。必若聖政少暇。願擇良臣視事。應宗祝之官。選任儒雅。嚴其戒擔。劾其怠慢。昭夫肅恭之德。教以寅謹之禮。其德上達。其教下流。則神人和樂。災害不生。淳厚之風。猶茲漸矣。

仁宗初即位。同判禮院謝絳論宣祖配侑。奏曰。臣伏覩本院與崇文院檢討官詳定。以宣祖配感生帝。切尋宣祖非受命開統。因循配祀。義或未安。臣以謂三代兩漢之際。經禮雖著。而事遠難法。請以唐典明之。高祖武德初定令。每歲圜丘、雩祀並以景帝配。祈穀、大享並以元帝配。太宗初以高祖配圜丘、明堂、北郊之祀。元帝專配感生帝。高宗永徽二年。祀高祖於圜丘。太宗於明堂。兼配感生帝。又以景帝元

帝稱祖。萬代不遷。遂停配祀。以符古義。臣以謂景帝牀初受封爲唐始祖。推於事實。蓋與宣祖不侔。宣祖於唐。是爲元帝之比。唐有天下。裁越三世。而景元二祖已停配祀之典。且有宋受命。于茲四聖。而宣祖配侑。固而未停。與唐非合。請依永徽故事。停宣祖配享。仍用唐太宗故事。宗祀真宗於明堂。兼配感生帝。若據鄭康成說。則曰五帝迭王。王者之興。因其所感。別祭於南郊。以祖配之。今若不用永徽故事。則請以太祖兼配。正符鄭說。而論者以宣祖比周之后稷。切又惑焉。詳鄭之意。非受命始封之祖。則不配。故引后稷配靈威仰之義爲證。唯太祖始基帝業。配感生帝。據理甚明。若以配祈穀與感生帝。祠日相妨。則當以太宗配祈穀。太祖配雩祀。亦不失尊嚴之旨。臣以謂宣廟非爲不遷。而迭用配帝。於古爲疑。禮。祖有功。宗有德。但非受命之祖。親盡必毀。而況配享乎。

天聖二年二月翰林學士王珪等上議曰同知太常禮院呂夏卿狀。古者新君踐阼之三年先君之喪二十七月為禫祭然後新主祔廟特行禘祭之始禘。是冬十月行祫祭。明年又行禘祭自此五年再為禘祫。喪除必有禘祫者為再大祭之本也。今當祫祭緣陛下未終三年之制。納有司之議。十月依舊時享。然享廟祫祭其禮不同故事郊享之年遇祫未嘗權罷臘祭。是則孟享與享廟嘗併行於孟冬矣。其禘祫年數已一依太常禮院請今年十月行祫祭。明年四月行禘祭。仍如夏卿議。權罷今年臘享。

康定元年直秘閣趙希言奏太廟自來有寢無廟因堂為室東西十六間內十四間為七室。兩首各一夾室。按禮天子七廟親廟五祧廟二。據古則僖順二祖當遷。國家道觀佛寺並建別殿奉安神御。豈若每主為一廟一寢。或前立一廟。以今十六間為寢。更立一祧廟逐室

各題廟號。釦寶神御物宜銷毀之。同判太常寺宋祁言周制有廟有寢。以象人君前有朝後有寢也。廟藏木主寢藏衣冠。至秦乃出寢於墓側。故陵上更稱寢殿。後世因之。今宗廟無寢蓋本於茲。鄭康成謂周制立二昭二穆與太祖文武共為七廟。此一家之說。未足援正。自荀卿王肅等皆云天子七廟諸侯五。大夫三。士一。降殺以兩則國家七世之數不用康成之說也。僖祖至真宗方及六世。不應便立祧廟。自周漢每帝各立廟。晉宋以來多同殿異室國朝以七室代七廟。相承已久。不可輕改。周禮天府掌祖廟之守藏寶物世傳者皆在焉。其神御法物寶盝釦床請別為庫藏之自是室題廟號而建神御庫焉。

慶曆元年張方平論郊廟三事疏曰臣前所論請於郊廟致誠以謝天戒。此乃內出於精衷者。然祀享之禮。在於內盡志外盡物者。不貴乎物之多也。在乎稱禮而已。臣近奉勑執事于郊廟。故舉所見不稱禮之尤者三事以聞。蓋疑於典故。別無討論禮也者。上於恭而已矣。此聖心可裁正者也。

一圓丘黃道

伏見圓丘昊天上帝皇地祇用黃褥位。祖宗配侑用緋褥位。以示損於天地也。皇帝板位及飲福位皆用緋褥。示不敢踰祖宗也。而自小次前設黃道升壇。夫黃道之制。不著於典禮。臣竊詳之蓋以皇帝既解劍脫履用藉步為潔。既用藉步而色用黃。則是踰於祖宗褥位之制。而又從升壇諸執事者盤辟迴旋。禮容不肅。至于襟袂叜拂神位。以避黃道故也。且壇上既鋪織罽為藉。臣謂自小次登午陛。例可罷藉。其黃道特請徹之。於禮為稱。

一小次

皇帝既行禮當就壇下褥位。其小次之設皇帝奠幣登獻每降即就

次。至于近侍左右執幄後休坐。則陪位百官不能不跛倚懈惰。夫三年一郊禮稀曠矣。而又恭虔之不足。非所以副陛下事天尊祖之意。掌次周官所載禮有舊文。若徹其帷敬虔而不懈。即此變禮始自聖明。後世有述矣。

一祠官

凡祀事主於肅恭。況禮行於郊廟若肅恭不足是謂黷祀。臣於太廟見司徒升奉俎而俎已入室。命執事者復舉以出。乃始奉而薦之。其不虔乃爾。又監禮之官終事不至。有司莫詰。御史不糾。百執事之懈于位乃爾。應緣祀事官雖於尚書省受誓戒。徒習虛儀而已。請特降中旨申勑御史臺嚴加糾察。以懲不恪。右三事切於禮意。事非難行。上可以將陛下之精誠。下可以正朝廷之彝典。庶乎三靈來格。百福饗臻。倘蒙聖心特垂察納。即乞降出施行。

判太常寺呂公綽言。舊禮郊廟尊罍數皆準古。而不實三酒五齊明水明酒。有司相承名為看器。郊廟配位惟用祠祭酒。分大中祠位二升。小祠位一升。止一尊酌獻。一尊飲福。宜詔酒官依法制齊酒。分實之壇殿上下尊罍。有司毋設空器。並如唐制以井水代明水明酒。正配位酌獻飲福酒用酒二升。舊各增二升。從祀神位用舊升數。

公綽又言。歷代郊祀配位無側向。真宗示輔臣封禪圖。曰。嘗見郊祀昊天上帝不以正坐。蓋皇地祇次之。今修登封上帝宜當子位。太祖太宗配位宜比郊祀而斜置之。其後有司不諭先帝以告成報功酌宜從變之意。每郊儀範既引祥符側置之文。又載西向北上之禮。臨時擇一。未嘗考定。迺詔南郊祖宗之配並以東方西向為定。

三年。太常博士余靖言。周禮司服之職。掌王之吉服。大裘而冕無旒。以祀昊天上帝。祀五帝亦如之。袞冕十有二旒。其服十有二章。以享

先王。鷩冕八旒。其服七章。以享先公。亦以饗射。毳冕七旒。其服五章。以祀四望山川。絺冕六旒。其服三章。以祭社稷五祀。玄冕五旒。其服無章。以祭小祀。此皆天子親行祀事所服冕服。悉因所祀大小神鬼以為制度。今大祠中祠所遣獻官並用上公九旒九章冕服以為初獻。其餘公卿亦皆七旒冕服。全無等降。小祠則公服行事。乖戾舊典。宜詳周禮因所祭鬼神以為獻官冕服之制。詔下禮官議。奏曰。聖朝之制。惟皇帝親祠郊廟及會朝大禮服袞冕外。餘冕皆不設。其每歲常祀遣官行事。攝公則服一品九旒冕。攝卿則服三品七旒冕。自從品制為服。不以祠之大小為差。至於小祠獻官舊以公服行事。則有違典禮。按衣服令。五旒冕衣裳無章。阜綾綬銅裝劍佩。四品以下為獻官則服之。今小祠獻官既不攝公卿。則盡屬四品以下。當有祭服。請除公卿祭服仍舊從本品外。小祠所遣獻官並依令文祭服行事。

若非時告祭用香幣禮器行事之處亦皆準此。

皇祐初。同知太常禮院邵必上言曰。伏見監祭使監禮官各冠五旒冕衣裳無章。色以紫檀。按周禮六冕之制。凡有旒者衣裳皆有章。惟大裘冕無旒。衣裳無章。一命大夫之冕無旒。衣裳亦無章。今監祭監禮所服冕五旒。侯伯之冕也。而衣無章。深所不稱。色以紫檀。又無經據。竊詳監祭監禮既非祠官。則御史博士爾。而服用五等。蓋非所宜。而且有旒無章。況國家南郊大禮。太常卿止服朝服前導皇帝。明祠官也。今後監祭者請冠獬豸。監禮者冠進賢。為稱。詔不允。

二年。判太常寺宋祁上明堂路寢議曰。凡明堂路寢其名雖異。其制一也。昔神農氏祀於明堂。有其蓋而無四方。至黃帝謂明堂為合宮。唐虞謂明堂為五府。夏后氏謂明堂為世室。商人謂路寢為重屋。周人謂五府為明堂。黃帝合宮義也。唐虞五府。府聚也。言五帝之神聚

祭乎此。夏后氏名世室者。取世世不毁也。商人名重屋者。商於虞夏稍文。加以重檐四阿之制。故取名焉。周人謂明堂者。以其明政教之法。常於此堂也。天子布十二月政令。每月就其時之堂而聽朔焉。若閏月則闔門左扉而施其政。故於文王在門為閏。又曰。在國之陽。居離之地。有明義焉。故謂之明堂。夏之世室。深蓋八丈四尺。廣十丈五尺。匠人職所謂堂脩一者也。基高一尺。夏氏堂上五室以法五行。木室處東北。火室處東南。金室處西南。水室處西北。每室深丈八尺。廣二丈一尺。土室處中。深二丈四尺。廣二丈八尺。然五室居堂之上。深六丈。廣七丈。又匠人職所謂堂上五室。三四步。四三尺也。有九階。三面二階。南面三階。法陽數也。五室有四戶八窗。戶法四時。窗法八節。一堂者。法地載五行。古商人四重屋者。正寢也。正寢則路寢也。其制堂深五丈六尺。廣七丈二尺。堂上亦為五室。室方一丈六尺。基高三尺。

重屋四阿四阿者霤也周人明堂如寢廟法九尺為筵東西九筵南北七筵基高一筵上亦五室室深廣二筵或曰宮蓋方三百步在近郊三十里或曰七里之郊鄭康成曰此三者或舉宗廟或舉王寢或舉明堂互言之明其同制也漢馬宮曰夏后世室室顯於堂故命以室商人重屋屋顯於堂故命以屋周人明堂大於夏室故命以堂夏氏益其堂之廣四百四十四尺周人明堂以為兩序閒大夏氏七十二尺云漢武帝始以公玉帶所上黃帝時明堂圖作之汶上黃圖中一殿四面無壁以茅蓋通水水環室垣為複道上有樓從西南入名曰崑崙帝始祠太一五帝於上座至後漢光武帝又營明堂上圓下方八窻四闥九室十二坐室四戶凡三十六八牖凡七十二沿周制也晉議營明堂裴頠曰尊祖配天其義明著廟宇之制禮據未分宜可直為一殿以崇嚴父之祀其餘雜碎一皆除之由是宋齊以後咸

率茲禮故宋作明堂止為大殿十二楹無古戶牖但文飾雕畫而已梁仍宋制以中六楹安六天帝坐悉南向五人帝位阼階上堂後為小殿五楹為五佐室焉唐明皇帝始以東都乾元殿為明堂參用周法開元二十年以行享禮臣按明堂天子布政之所因得祀上帝者蓋以地非褻近可以交饗人神歟至三代彌文故制為戶牖有所法象所以尊大而神明之也要之在講禮事神布揚法度而已後之王者所以班大政朝羣臣何嘗無其所哉其謂之宣室謂之大極皆明堂比也沿革稱謂有不同耳而諸儒限局聞見抱殘冊爭空言據已是之槩見抗必信之實論以為一事一物不如古制則為非禮推尊上古殆不可及然殊不知聖人便世制宜興至治安天下通靈心雖無明堂猶無損於有道嫌於行禮者也今之大慶則古之路寢即明堂也以之奉天以之布政何不可邪國朝以來非朝會齋宿未嘗臨御故其棟宇閎邃廷堂華敞與燕寢自不相連固非常幸褻近者也今有請即為明堂於禮便甚

祁又議五室奏曰明堂所以有五室者何尚書帝命驗曰帝者承天立五府赤曰文祖黃曰神升白曰顯紀黑曰無矩蒼曰靈府鄭康成曰五府與周明堂同自夏以來五室之制不改周家以木室在東北象木生於寅火室在東南象火生於巳金室在西南象金起於申水室在西北象水起於亥土室居中者象土總御五行寄治四方不專一隅之義也其名木室曰青陽火室曰明堂土室曰太室金室曰總章水室曰玄堂青陽者言春之色與陽之氣明堂者夏為朱明是其時之明也太室者太大也土功最大餘行比之為小以其含廣大也總章者總法也章明也至秋萬物已成光明潔鮮玄堂者玄黑也冬殺為陰故取黑義秦衰制九室其法不傳後漢之營明堂遂改周

制張衡所謂複廟重屋八達九房者或曰九室十二坐以象九州十二月宋營明堂止為十二大屋無戶牖之制齊從王儉議更復五室梁武帝欲有述作乃下制與羣臣大議曰堂准大戴禮九室八牖三十六戶以茅蓋屋上圓下方鄭康成據援神契亦曰上圓下方曰八窻四達明堂之義本是祭五帝神而九室之數未見其理若以五堂而言雖當五帝之數面南則背叶光紀面北則背赤熛怒東面西面又亦如之於事殊未可安且明堂之祭議五帝則是總議在郊之祭五帝則別宗祀所配復應有室若專配一室則是義非配五若皆配五則便成五位以理而言明堂本無有室朱异以為月令天子居明堂左个右个聽朔之禮既在明堂今若無室則於義成闕制曰若於鄭義聽朔必在明堂於此則人神混瀆恭嚴之道有廢春秋云介居二大國之間此言明堂左右个者謂所祀五帝堂之南又有小室亦

踦明堂。分為三處。聽朔既三處。則有左右之義。在營域之內明堂之外。則有个名。故曰明堂左右个也。以此而言聽朔之處自在五帝堂之外。神有別。理無相干。議遂不能定。天監十二年虞皭建言周禮明堂九尺之筵。以為高下脩廣之數。堂一筵。故階高九尺。漢家制度猶遵此禮。故張衡引度堂以筵者也。鄭康成以廟寢三制既同。俱應以九尺為度。制曰可。於是毀宋太極殿以其材構明堂十二楹。基准太廟以中央六楹安六坐。悉南向。由東第一青帝。第二赤帝。第三黃帝。第四白帝。第五黑帝。配帝總配享五帝在阼階東上西向。大殿後又為小殿五楹以為五佐室焉。後周採三輔黃圖欲建九室。不能成。隋牛里仁建言。三代相沿咸有損益。至於五室。確然不變。夫室以祭天。天實有五。若立九室四無所用布政視朔自依其辰。鄭司農謂十二月分在十二月陽等左右之位。不云居室。康成亦言每月於其時之

堂而聽政焉。禮圖畫个皆在堂偏。是以須為五室。唐高宗與羣臣雜議。以五室為宜。故設昊天上帝於太室中央。南向。配帝於東南。西向。青帝於木室。西向。赤帝於火室。北向。黃帝於太室南戶之西。北向。白帝於金室。東向。黑帝於水室。南向。其太昊炎帝軒轅少昊高辛之坐。各於五方帝之左。內向。差退。句芒祝融后土蓐收玄冥坐於明堂廷中。各於其方。俱內向。故國朝從唐制。儀存通禮。臣按古謂明堂為五府。似五室之制。權輿於此。上世圖籍淪闇不得。搢紳先生所能道者又皆大較而言。不能纖細推處。故夏周止云大享帝明堂。不言帝則一室。後世諸儒推而合之。分主五行。遂設神位。其有與之。莫可廢也。然漢制本為九室。薛綜曰。堂後有九室。所以異周制云。若然。室在堂後。不為享帝之位明矣。故向背之閒梁武致疑。筵几之度遠而難質。今有司請以大慶殿即為明堂。倣古宜今。最為合禮。周禮書曰清廟

明堂與路寢同制。此其驗也。其五室權以帷幄為之。以明六天五帝絕位。於禮無嫌。

祁又議規蔡邕明堂奏曰。蔡邕曰。明堂者天子太廟。所以崇禮其祖以配上帝者也。夏曰世室。商曰重屋。周曰明堂。東為青陽。南為明堂。西為總章。北為玄堂。中曰太室。易曰。離也者明也。南方之卦也。聖人南面而聽天下。嚮明而治。人君之位莫正於此。故雖有五名。而主以明堂也。其中正焉。皆曰太廟。謹承天隨時之令。昭令德宗祀之禮。明前功百辟之勞。起尊老恭長之義。顯教幼誨稚之學。朝諸侯選造士於其中。以慶制生者。乘其能而至死者。論其功而祭。故為大教之宮而四學具焉。辟如北辰居其所而衆星拱之。萬象翼之。所由生。專受作之所自來。明一統也。故言明堂事之大。義之深也。取其宗祀之清貌。則曰清廟。取其政室之貌。則曰太廟。取其尊崇則曰太室。取其堂

則曰明堂。取其四門之學。則曰太學。取其四面周水圜如璧。則曰辟雍。異名而同事。其實一也。春秋因魯取宋之姦賂。則顯之太廟。以明聖王建清廟明堂之義。經曰。取郜大鼎于宋。納于太廟。非禮也。君人者將昭德塞違。故昭令德以示子孫。是以清廟茅屋。昭其儉也。夫德儉而有度。升降有數。文物以紀之。聲名以發之。以臨照百官。百官於是戒懼而不敢易紀律。所以大明教之也。周清廟魯太廟皆明堂也。魯禘祀周公於太廟明堂。猶周宗祀文王於清廟明堂也。禮記檀弓曰王齋禘於清廟明堂也。孝經曰。宗祀文王於明堂。禮記明堂位曰太廟天子明堂。又曰。成王幼弱。周公踐天子位以治天下。朝諸侯於明堂。制禮作樂。頒度量而天下大服。成王以周公為有勳勞於天下。命魯公世世禘祀周公太廟以天子禮樂。升歌清廟。下管象舞。所以異魯於天下。取用清廟之歌歌於魯太廟明堂之廟猶周清廟也皆

所以昭文王周公之德以示子孫者也。易傳太初篇曰天子旦入東學。晝入南學。暮入西學。夕入北學。在中央曰太學。天子之所自學也。禮記保傅篇曰帝入東學。上親而貴仁。入西學。上賢而貴德。入南學。上齒而貴信。入北學。上貴而尊爵。入太學。承師而問道。與易傳同。魏文侯孝經傳曰太學者中學明堂之位也。禮記古大明堂之禮曰膳夫是相禮。日中出南闈見九侯門子。日側出西闈視五國之事。日闇出北闈視帝節猶。爾雅曰宮中之門謂之闈。王居明堂之禮。又別陰陽門。南門稱門。西門稱闈。故周官有門闈之學。師氏教以三德守王門。保氏教以六藝守王闈。然則師氏居東門南門。保氏居西門北門也。知掌教國子與易傳保傅王居明堂之禮。參相發明。為四學焉。文王世子篇曰凡大合樂。則遂養老。天子至。乃命有司行事。興秩節。祭先師先聖焉。始之養也。適東序。釋奠於先老。遂設三老位焉。春夏學

干戈。秋冬學羽籥。皆於東序。凡祭與養老乞言合語之禮。皆小樂正詔之於東序。又曰大司成論說在東序。然則詔學皆在東序。東序東之堂也。學者詔焉。故稱太學。仲冬之月令。祀百辟卿士之有德於民者。禮記太學志曰禮士大夫學于聖人善人。祭于明堂。其無位者祭於太學。禮記昭穆篇曰祀先賢于四學。所以教諸侯之德也。即以顯行國禮之處也。太學明堂之東序也。皆在明堂辟雍之內。月令記曰明堂者所以明天氣統萬物。明堂上通於天。象日辰。故下十二宮象日辰也。水環四周。言王者動作法天地。德廣及四海。方此水也。名曰辟雍。王制曰天子出征。執有罪。反釋奠於學。以訊馘告。樂記曰武王伐商。為俘馘于京太室。詩魯頌云矯矯虎臣。在泮獻馘。京也。太室辟雍之中明堂太室也。與諸侯泮宮俱獻馘焉。即王制所謂以訊馘告者也。禮記曰祀乎明堂。所以教諸侯之孝也。孝經曰孝悌之至通於

神明。光于四海。無所不通。詩云自西自東。自南自北。無思不服。言行孝者則曰明堂。行悌者則曰太學。故孝經合以為一義。而稱鎬京之詩以明之。凡此皆明堂太室辟雍太學通合之義也。其制度數各有所法。堂方百四十四尺。坤之策也。屋圓徑二百一十六尺。乾之策也。太廟明堂方三十六丈。通天屋徑九丈。陰陽九六之變。且圓蓋方載。六九之道也。八闥以象八卦。九室以象九州。十二宮以應十二辰。三十六戶。七十二牖。以四戶八牖乘九室之數也。戶皆外設而不閉。示天下不藏也。通天屋高八十一尺。黃鍾九九之實也。二十八柱列於四方。亦七宿之象也。堂高三丈。亦應三統。四鄉五色者。象其行。外廣二十四丈。應一歲二十四氣。四周以水。象四海。王者之大禮也。晉袁準著論非之曰。明堂太廟太學三者事義不同。各有所施。而論者合為一體。取詩書放逸之文。經典相似之語。推而同之。其失遠矣。夫宗

廟之中。人所致禮。幽隱清靜。鬼神所居。而使眾學處焉。饗射其中。人鬼慢黷。死生交錯。囚俘截耳。創痍流血。以干鬼神。非其理也。又茅茨采椽。至質之物。建日月。乘玉輅。以處其中。非其類也。禮記先儒云。明堂四面。東西八丈。南北六丈。與七廟非一體也。夫宗廟鬼神所居。祭天而於人鬼之室。非其處也。王者五門。宗廟在一門之內。若在其廟而張三侯。又辟雍在內。非宗廟之中所能容也。周人立三代之學。非立三代宗廟者也。周養老於東膠。非三老也。文王世子養老乞言於東序。又皆於學也。靈臺以望氣。清廟以訓儉。既非一體。安有宗廟之中而以之燕射戲龍乎。明堂在國之陽。而宗廟在左。又宗廟不應在外也。齊宣王問孟子曰可毀明堂乎。若明堂是廟。豈容有此問哉。諸儒言明堂。各未有證。蔡邕等遂言異名同實。方之北辰居所。取其處中不移。旁運三光。非是一物而備其體。以悟人意耳。臣案蔡邕為漢

大儒當時去聖人未遠然而以明堂清廟辟雍靈臺合為一物阿推寧其博見異藝有所述乎特以獨識取高當世也自孔子殁諸儒鋒奮或言暑禮或論同制或道夏商家自為書決不相通又緯讖詭異附經造說謹無足據而邕信其所疑是邕謂不可行而言是誣合誣與邕邕必有一焉宜為後人之嗤詆也故魏晉而下邕說不復施行

祁又議上帝五帝奏曰鄭康成以上天之神凡六昊天者天皇大帝五帝者太微五帝王肅曰昊天惟一神以五帝為次神而諸儒附鄭者多故據而為說云凡合祭五帝一歲有二祀龍見之月祭於南郊謂之大雩一也九月大饗於明堂宗祀文王以配二也祭明堂者諸儒之言不同或說周家祭五天帝皆明堂中以五人帝及文王配五官神坐廷中以武王配號曰祖宗禮所謂祖文王而宗武王者也施設神位準五行祠向以為法威仰在卯西面熛怒在午北面樞紐在

未北面招矩在酉東面汁光紀在子南面太皡炎帝黃帝少皡高辛各在其位少退句芒祝融后土蓐收玄冥皆在人帝下少後文王坐太皡之南位如主人武王少退或曰合祭之日五精之帝皆西面其牲則天帝各一犢合同十牲文王之牲用太牢以詩我將篇曰我將我享維牛維羊文王武王而用太牢者以五人帝各配一天為之主乏為外神依此則文王汎配五帝矣以不專配則所用牲得從盡物之享云漢武帝祠太一五帝於明堂上坐牲以太牢禮畢燎堂下晉武帝初議明堂羣臣曰五帝即天也王氣時異故殊其號雖名有五其實一明堂南郊宜除五帝坐五郊改五精之號皆同稱昊天上帝各設一位而已詔可時韓陽建言古建明堂咸秩五帝無祭一天者帝下詔曰往者眾議除明堂五帝位考之禮文不正其復之摯虞議以為漢魏故事明堂祀五帝之神新禮五帝即上帝上帝即天也明

堂除五帝之位惟祭上帝按仲尼稱郊祀后稷以配天宗祀文王於明堂以配上帝周禮祀天旅上帝祀地旅四望四望非地則上帝非天斷可識矣郊丘之祀掃地而祭牲用繭栗器用陶匏事反其始故配以遠祖明堂之祭備物以薦三牲並陳籩豆成列禮同人理故配以近考郊堂兆位居然異體牲牢品物質文殊趣且祖考同配非謂尊嚴之美三日再祀非謂不黷之義其非一神亦足明矣昔在上古生為明王沒配五行故太昊配木神農配火少昊配金高辛配水黃帝配土此五帝者配天之神同兆之於四郊報之於明堂祀天大裘而冕祀五帝亦如之或以為五精之帝佐天育物者也前代相因莫之或廢晉韓陽上書宜如舊祀五帝詔已施用請改定新禮從之唐禮部尚書許恭宗議祠令新禮並用鄭氏六天之說圜丘祀昊天上帝南郊祀太微感帝明堂祀太微案鄭氏唯據讖緯以說六天皆謂

星象而昊天上帝不屬穹蒼其注月令周官以昊天上帝為北辰曜魄寶注孝經明堂為太微五帝案易日月麗於天百穀草木麗於地在天成象在地成形足明辰象非天草木非地毛萇傳曰元氣浩大則稱昊天遠視蒼蒼則稱蒼天此則蒼昊為體不入星例且天地各一是曰兩儀天尚無二帝焉有六是以王肅羣儒咸非其義起居舍人王仲丘又以貞觀禮季秋祀五帝明堂顯慶禮祀昊天上帝於明堂准孝經說先儒以為天是感精之帝上帝即太微五帝且上帝之號本屬昊天周禮王將旅上帝張氈案設皇邸祀五帝張大次小次由此言之上帝之與五帝自有差等不可混而為一鄭注孝經上帝者天之別名神無二主故異其處以避后稷孔安國曰帝亦天也然則禋享上帝有合經義而五方皆祀行之已久請二禮並行以成月令大享帝之義詔可自是不改國朝因之臣案諸儒之說上帝及五

帝紛然不一王肅以為上帝即昊天鄭康成謂昊天為皇天大帝五帝為太微五帝王鄭二說既顯學者爭為執辯雖天子亦不能果定其文然臣以為就經言之仲尼之意儻可見也孝經云孝莫大於嚴父嚴父莫大於配天又曰郊祀后稷以配天宗祀文王於明堂以配上帝周頌我將篇曰祀文王也我將我享維牛維羊惟天其右之伊嘏文王既右享之孝經言配天而後言上帝詩當言帝右而云天右是天為上帝上帝為天互文以見義也天之所以為五帝者先儒之議多矣近大儒孫奭建言天雖一神以其至尊故有多名亦猶人君稱皇王后辟天王天子皇帝縣官臣民曰陛下史臣曰上服用曰乘輿出入曰車駕各隨德義而稱亦以至尊故也以天帝之神迭王五時故聖人制禮謂之五帝非五帝各一神也以謂儒不怪詩傳天有五名而獨怪帝有五號奭又以歲九祭皆主於天至日圜丘正月祈穀

五時迎氣孟夏雩季秋饗凡九惟至日其禮最大故稱曰昊天上帝昊天者以體稱上帝者以德稱舉禮大故也其餘則否至於大雩祈百穀之雨大享報百穀之成以五帝者有生成之功祈報之禮闕一不可雖止一神並陳五位不知神之於彼乎於此乎奭言如是是其得也然而欲去昊天上帝一位止設五帝臣以為禮有未然號昊天者以其元氣昊然兼五行王氣普臨萬物因時顯功以强此名故春曰青帝夏曰赤帝猶春為蒼天冬為上天耳唐以來二家之說兼行故今享禮有六帝位雖然奭許於彼於此而求之矣何獨是五而非六乎故兼存之則示聖人尊天奉神不敢有所裁抑云

祁又上議配帝奏曰祭法有虞氏禘黃帝而郊嚳祖高辛而宗堯夏后氏亦禘黃帝而郊鯀祖高辛而宗禹商人禘嚳而郊冥祖契而宗湯周人禘嚳而郊稷祖文王而宗武王鄭氏曰禘郊祖宗謂祭昊天於圜丘曰禘祭上帝於南郊曰郊祭五帝五神於明堂曰祖宗祖宗通言爾虞氏以上尚德禘郊祖宗配用有德者自夏以下稍用其姓代先後之次郊祭一帝而明堂祭五帝小德配寡大德配衆禮之殺也諸儒據鄭此說由是推而廣之以明文武有俱配之義臣案孝經曰孝莫大於嚴父嚴父莫大於配天則周公其人也昔者周公郊祀后稷以配天宗祀文王於明堂以配上帝然則孔子著經以美周公者則自周以上未有能以父之尊而進配上帝者也惟周公能之則自商及虞安得祖而宗之之說耶禮記多出秦漢諸儒之家鄭即據而為解以遠孔經以求之思耳崔靈恩曰五帝皆坐明堂中以五人帝及文王配之五神坐廷中以武王配之或非之曰不然五官之神生為上公死為貴神其生也帝王之饗皆預升堂今為貴神獨坐於下屈武王之尊下坐同之義為不允當謂合祭五帝明堂唯有一祭五

帝及神俱坐堂上以文武二祖汎配五帝及神數以文王配祭五帝則謂之祖以武王配祭五神則謂之宗二王同時並配故祭法所謂祖文王宗武王也祖始也宗尊也名祭為尊且始者明一祭之中有二義焉以始而言謂合祭五帝於大雩之時為百穀祈歲功始求之義也以尊而言季秋之月得其成功尊而祀之以報其德明二主配祭既有此義故分為二名鄭康成所謂祖宗通言者謂稱祖不得無尊嚴之心言尊不得無始求之理而孝經及詩但云祀文王於明堂不云武王者祖宗之祭其體同故舉一足以明不待兩見云宗祀文王於明堂文王當言祖而云宗者亦通武王之義漢武帝初祠太一五帝於明堂上坐以高皇帝對之至明帝乃以光武配五帝在青帝之南少退西面自是歷章安而下不敢輒易齊明帝有事明堂有請以武帝配謝雲濟曰按法禘郊祖宗並列嚴祠鄭氏注義亦據兼饗

宜祖宗兩配文武僕祀左僕射王晏曰若用鄭說祖宗通言則生有
功德沒垂尊稱歷代配帝何止於二今盛薦上帝允偶武考白代不
改其文廟乎詔可唐太宗始以高祖配享明堂高宗又奉太宗配祀
有司遂以高祖配五天帝太宗配五人帝太尉長孫無忌建言永徽
二年七月詔書奉太宗以尊嚴配時高祖當遷禮司乃以太宗降配
五人帝雖同在明堂不得對越天帝非明詔奉親之意謹按孝莫大
於嚴父嚴父莫大於配天伏尋詔意義在於此又尋漢魏晉宋歷代
之禮無父子同配之義惟祭法稱周人帝嚳而郊稷祖文王而宗武
王鄭康成謂祖宗者通言祭五帝五神於明堂也尋鄭之意乃以祖
宗合爲一祭又以文武共在明堂連祉配祀良爲已謬故王肅曰古
者祖有功而宗有德祖宗自是不毁之名非謂配食者也審如鄭義
則經當言祖祀文王不得言宗祀也又曰武王配勾芒之類是謂五

神位在堂下天子降位失君敘矣故春秋傳禘郊祖宗報五者國之
典祀也知各一事非祖宗合祀於明堂矣南齊蕭氏以武明昆季並
於明堂配食事乃不經不足爲法武德令以元帝配於明堂兼配感
帝至貞觀初緣情革禮奉高祖配明堂遷世祖尊配感帝有遞遷之
典高祖請配昊天上帝太宗請配明堂五帝從之唐垂拱元年有司
議嚴配之禮孔元義曰孝莫大於嚴父嚴父莫大於配天明配尊大
之者昊天是也請奉太宗高宗配天上帝於圓丘高祖配感帝於南
郊若宗祀文王於明堂文王當祖而云宗者通武王之義請太宗高
宗配祭於明堂沈伯義曰有虞禘黃帝而郊嚳祖高辛而宗堯夏后
亦禘黃帝而郊鯀祖高辛而宗禹商人禘嚳而郊冥祖契而宗湯周
人禘嚳而郊稷祖文王而宗武王伏尋嚴配之文於此最備德禮之
序莫善於周禘嚳郊稷不聞於主明堂宗祀用兼於兩配以文王武

王父子殊別文王爲父上主五帝武王對父不配五神昔者周公宗
祀文王於明堂以配上帝不言嚴武王以配天則武王雖在明堂理
未齊於配祭既稱宗祀義獨主於尊嚴雖同兩祭終爲一主故孝經
緯曰后稷爲天地主文王爲五帝宗也必若一神兩祭爲是則五祭
十祠爲獻頻繁實虧於數此則神無二主之道禮崇一配之義竊尋
貞觀永徽共遵專配明慶之後始創兼尊必以順古宜從周法高祖
請配圓丘方澤太宗請配南北郊高宗配五天帝鳳閣舍人元萬頃
等議案見行禮昊天上帝等祠十一所咸奉高祖太宗兼配今議者引
祭法周易孝經之文雖近古之祠殊失聖旨伏據見行禮高祖太宗
今既配五祠當仍舊無改高宗功烈無著豈祠配有別請亦配五祠
於是郊丘諸禮以三帝同配明皇帝開元十一年罷之國朝太祖受
命以宣祖配享明堂太宗始奉太祖配侑又以宣祖配爲真宗復奉

太祖聖上嗣位奉真宗配天以正孝經嚴父之義臣案鄭氏以文武
二主皆配明堂其言非是據孝經止言嚴父配天周公其人也今以
周公言之則武王非父以成王言之則文王爲祖二理較然不待議
而判矣齊唐以數帝皆配於經義寧不戾耶

歷代名臣奏議卷之十八

歷代名臣奏議卷之十九

郊廟

宋仁宗皇祐二年。宋祁上奏曰。臣聞王者建廟祏之嚴。合昭穆之綴。祖一而已。始受命也。宗無豫數。待有德也。由宗而下。寺胄之疏。咸以爲迭毀之制。使後嗣雖有顯揚褒大。猶不得與祖宗並列。所以一統乎尊尊。古之道也。皇帝陛下躬孝治。發德音。永惟三后之盛烈。際天僂地。而推奉之禮有所未稱。明發悼懼。圖惟厥衷。使攸司得稽舊章。開羣議。𢡟懿鑠。闡孫謀。將以脗合靈心。垂榮無極。非臣等孤陋所能及已。竊以太祖皇帝誕受寶命。付畀四海。鋪敦伐。潛默不端。夷澤潞之畔。兼淮海之昧。東焚吳輿。右困蜀壘。湘楚閩禺。請吏入朝。當此之時。天下之人去大殘。蒙更生。卜年長世。丕闡洪業。太宗皇帝敦受具重。席運下武。龔天之討。底平太原。由是愼九刑之辟。藝四方之貢。信賞類能。重食勸分。官無煩苛。人無恫怨。又引搢川諸儒講道興學。炳然右文。與三代同風。真宗皇帝乾粹日昭。執競維烈。重威撫和。休寧北方。順斗布度。先天作聖。遂考夏諺。亂虞巡。祕牒岱宗。育穀冀壤。翕受瑞福。晉浸黎元。肖翹跂行。罔有不寧。百度已備。眷授明辟。洪惟一祖二宗之烈。歷選墳誥。未有高焉者也。昔成湯爲商之祖。太甲太戊武丁實號三宗。后稷爲周之祖。文王武王肅建二祧。高帝爲漢之祖。孝文孝武特崇兩廟。皆子孫世世奉承不輟。我皇伯祖經綸上下。遂有天下。功宜爲帝者之祖。皇祖勤勞制作。皇考財成治定。德宜爲帝者之宗。三廟並萬世不遷。宣布天下。以示後世。臣等請如聖詔。至於升侑上帝。襃對先謨。本之周道。古𢊍典禮。昔太宗親郊。奉宣祖太祖配焉。真宗肇祀。奉太祖太宗配焉。自爾有司不敢輕議。今二宗同躋不祧之位。則禮無異等。伏請自今以往。太祖爲定配。二宗爲迭配。

稱情遣事。理實無嫌。其將來皇帝親祠。伏請以三聖偕侑。上顯對越之盛。次申通追之感。聖人之能事。著臣之大願。此後迭配。還如前議。昔唐高宗之上封也。太武皇帝文皇帝配昊天。明皇之封也。以高祖配天。睿宗配地。開元之著禮也。高祖配方丘。太宗配神州。此二宗迭配之前比。垂拱開元之間。高祖太宗高宗同配昊天。真宗登介丘。降社首。並以太祖太宗崇配天地。此三聖皆侑之明準。其歲時常祀。到至日圓丘。仲夏皇地祇。配以太祖。孟春祈穀。夏雩祀。冬祭神州。配以太宗。孟春感帝。配以宣祖。季秋大饗。配以真宗。伏請皆如禮便。陛下重宗祧之事。鑒照前載。抑畏虔翼。讓而不專。故令臣等得申愚管。謹用敷罄。惟聖心財鑒。謹具議狀奏聞。

嘉祐元年。集賢校理丁諷言。按春文耀鉤爲五帝之名。始下太常去之。其祀儀。皇帝服袞冕。祀黑帝。則服裘被袞。配位登歌作承安之樂。餘並如祈穀禮。立春祀青帝。以帝太昊氏配。句芒氏歲星三辰七宿從祀。立夏祀赤帝。以帝神農氏配。祝融氏熒惑三辰七宿從祀。季夏祀黃帝。以黃帝氏配。后土鎮星從祀。立秋祀白帝。以帝少昊氏配。蓐收太白三辰七宿從祀。立冬祀黑帝。以帝高陽氏配。玄冥辰星三辰七宿從祀。

四年。平章事富弼乞親行祫饗大禮。奏曰。臣謹按天地宗廟社稷。皆爲大祀。自古天子親祠之。其間尊與親兼之者。惟廟焉。國朝崇奉祭祀。嚴而不瀆。每三歲天子必親行南郊之祀。其於事天之道。可謂得禮。獨於宗廟。祇遣大臣攝行時享而已。親祀未講。誠爲闕典。檢會今年冬至當有事于南郊。又孟冬亦當合饗於太廟。禮曰。三年一祫。祫爲大祭。所以合羣廟之主于祖宗而祭之。自來亦祇遣近臣攝行。今欲望詔有司講求祫祭大禮。將來聖駕有事于太廟。庶乎國家事天事親之道兩得其宜。所有降赦推恩並用南郊故事。

同判太常寺呂公著議四后廟饗奏曰。臣聞宗廟父昭子穆。皆有配坐。苟非正嫡。雖以子貴立廟。即無配祔之禮。案周大司樂之職。歌中呂舞大濩以享先妣者姜嫄也。姜嫄即帝嚳之妃。后稷之母。既無所配。故特立廟而祭。謂之閟宮。晉簡文宣太后既不配食。亦築宮於外。唐開元四年。以昭成皇后升祔睿宗廟。遂為失禮之首。先朝自元德皇太后追尊之後。累有臣寮請行升祔之禮。先皇敬重禮典。皆不允從。別廟薦享。凡十有七年。其後宰臣等不深詳典據。繼上封奏。請從升祔。中旨勉俞。至明道中。議章獻皇太后章懿皇太后廟享。有司參酌儀典。請立新廟。二后同殿異室。每歲五享及禘祫。並就本廟。及特撰樂章以崇世享。是為奉慈廟。載之甲令。蓋合經據。其後卒用錢惟演之議。祔于真宗廟室。臣等今參議。若以懿德皇后祔于后廟。元德

章獻章懿三后祔于奉慈廟。同殿異室。每歲五享。四時薦新。朔望上食。一同太廟。庶合典禮。

七年。公著論三聖並侑奏曰。臣謹按孝經郊祀后稷以配天。宗祀文王於明堂以配上帝。春秋傳曰。自外至者無主不止。然則天地之祭必有所配者。皆侑神作主之意也。且祖一而已。始受命也。宗無豫數。待有德也。由宗而下。功德顯著。自可崇廟祏之制。百世不遷。垂之無窮。至於對越天地。則神無二主。所以奉上帝之尊。亦不敢瀆。至唐垂拱中。始以三祖同配。開元十一年。明皇親享。遂罷同配之禮。伏見皇祐五年詔書。令來南郊三聖並侑。後次卻依舊禮。布告中外。未幾復有每遇南郊三聖並侑之詔。雖出孝思。頗違經禮。臣等謂自今宜以太祖定配。為得禮之正。

嘉祐四年。劉敞與胡宿同上奏曰。臣伏聞禮官倡議。欲祔郭后於廟。臣竊惑之。昔春秋之義。夫人不薨于寢。不赴于同。不反哭于廟。則不言夫人。不稱小君。徒以禮不足。故名號闕然。然則名號與禮。非同物也。名號存而禮不足。固不敢正其稱。況敢正其儀乎。郭后之廢。雖云無大罪。然亦既廢矣。及其追復也。許其號而不許其禮。且二十餘年。今一旦欲治以嫡后之儀。致之於廟。然則郭后之殂也。為薨於寢乎。赴於同乎。反哭於廟乎。群臣百姓亦嘗以服母之義為之齊衰乎。恐其未安於春秋也。春秋之夫人於彼三者一不備。則不正其稱。而郭后於三者無一焉。而欲正其禮。恐未安於義也。且傳曰。不有廢也。君何以興。廢興之間。固必有正與不正之理存焉。今欲扶所廢以為正。必將抑所興以為不正。古者不二嫡。則萬世之後。宗廟之禮。豈臣子所當擅輕重哉。謹按景祐詔書。本不許郭氏祔廟。議已決矣。無為復紛紛以亂大禮。議者或謂郭后之追命也。詔書薄其過。既復其號。

不得不異其禮。譬猶大臣坐非辜而貶者。苟明其非辜。則復用之。豈得不遂使為大臣乎。臣謂物有殊類。與勢未可以相準。臣之與妻。其義雖均。然逐臣可以復歸。放妻不可復合。臣衆而妻一也。故春秋公孫嬰齊卒于貍脤。君曰。吾固許之反為大夫。此逐臣可以復歸也。杞伯來逆叔姬之喪以歸。夫無逆出妻之喪而為之者。此放妻不可復合也。今追祔郭后。得無近於此乎。乞令諸儒博議。極其論難。以求折衷於禮。為允。

敞宿又奏曰。臣近上言郭后追祔非禮之正。乞更詳議。今月七日。學士院以張洞奏狀示臣。準中書批狀。令兩制同議。臣以所據與洞不合。更不連署。然臣觀洞之言。曼詞飾說。似苟蔽前之失。而非忠信之道也。前世人君廢斥妃后者。皆溺於私愛。或嬖妾上僭。或讒訴妄及。此則群臣當引大體。伏節死爭。如陛下之於郭后。固未嘗有此。蓋于

時聖憲在宗廟社稷之際，不得不然耳。昔漢光武起於布衣，紹復天位。郭氏其后也。正位十有六年。子彊為太子。輔為中山王。可謂盛矣。然自見年長寵衰，數懷怨懟。光武由此廢之，為中山王太后。其後太子彊亦自貶引為東海王。然當時文武之臣，元功俊德，布於朝廷。不以光武為情有厚薄，亦不以郭氏為過不當廢者。其意識深遠，知事有不得已者也。今陛下之處，豈不然乎。光武雖廢郭后，然顧待其家初不衰減，亦明退人以義。不緣於私故也。此又詔書所以追復郭后之意矣。用平生之愛，故尊以虛名。顧禮義之正，故絕其祔廟。是范曄所謂使後世不見隆薄進退之隙者也。至公至平，可謂折衷。今洞之意以追復郭后則出於天子，以停止廟謚則出於大臣，共一詔書也，而論之異同。未知洞何從見之。若不幸而此言傳於後，且歸過君父，虧損聖德。此其一也。且臣前奏最要者以謂廢興不兩立，而人君無

二嫡。備萬世之後，而禮分不明也。洞既不以此為辯，若不幸朝廷過聽之，是雖自以能許上起廢為功，而猶且陰偪母后，妄瀆禮正。此其二也。故臣以謂非臣子之義、忠信之道矣。伏乞并下臣章，令兩制詳議。臣誠愚竊恥聖朝無光武之臣，是以莫能推明上德，而反崇飾誹謗，營為非禮也。不勝區區。

宿又上奏曰：臣竊以國家乘火而王，火於五行，其神屬禮。漢書天文志曰：火，禮也。以此而言，國家常須恭依典禮，以順火性。伏覩京師自秋不雨，綿歷三時。聖心焦勞，臣下隕越。思所以消救之道，未知所出。伏惟陛下明德恤祀，虔共郊廟，宜蒙福應，乃遘災旱。古者祭天，神無二主，禮專一配，所以奉天帝之尊，明不敢瀆。三代兩漢之盛，莫之敢易。唐初始有兼配之事，垂拱中，禮官希旨，郊丘諸祠，遂有三祖同配之禮。開元十一年，明皇親饗圜丘，禮官建議，遂罷三祖同配之事，除

此之外，未有一代三帝同配昊天之禮。國家至道三年詔書，親郊圜丘，以太祖、太宗並配。陛下即位景祐二年，詔禮官詳案典禮，辨宗配之序。詔書節文：自今以往，以太祖定配，二宗迭侑。去年八月八日詔書：今次南郊，三聖並侑，後次却依舊禮，布告中外，咸體至懷。未踰旬日，復有今後每遇南郊，三聖並侑之詔。竊尋詔旨，先後不同。此誠陛下至孝烝烝，虞舜之用心也。然有違典禮，未合天衷，致旱之由，恐在於此。臣愚欲望聖慈，令後南郊，乞且依去年八月八日詔書及景祐二年禮官所定太祖定配之典，追寢去年八月二十四日令後每次南郊三聖並侑之詔，告謝天地，以順火性，必蒙福祉之降，足消災旱之異。臣若心知不可，口不敢言，即是長負陛下獎育之恩，深有餘責。

劉敞與孫抃、胡宿上奏曰：臣等謹案春秋傳曰：大事者何？祫也。未毀廟之主，皆升合食于太祖。是以國朝事宗廟且百有餘年，至祫之日，

別廟后主皆升合食，遵用以為典制，非無據也。此皆更聖祖神宗，盡心極慮，制節垂法，以貽子孫者也。未易輕改。且宋家宗廟之禮，參用歷代，因時施宜，不專取於商周。何以言之？如太宗、真宗二帝，並配三后。孝章嘗母儀天下，而享於別宮。淑德以元妃正嫡，亦享於別宮。原其憲章沿革之始，以出聖意，自有所在。若規以一家之學，則紛然皆亂於上矣。且行之已久，祝嘏宗史，既守以為常。若一旦輕議損益，恐神靈不安，亦未必當先帝意也。議者乃謂四后之主，於合食則貴有所屈，於別享則尊得以伸。然則且不疑於黜遠四后，而獨豐於昵乎。他年有司攝事，四后皆預合食也。今陛下昉欲躬齋戒，奉祖禰，而四后見黜，不亦疑於以此禮之煩，而不能事其先妣乎。受命之君，以創禮革典為急；繼體之君，以承志遵法為義。先帝創之革之，陛下承之遵之。臣曰可矣。宗廟之祭，至尊至重，苟未能盡祖宗之意，則莫若守其

舊禮。疑文偏說。未可盡據。傳曰。祭從先祖。又曰。有其舉之。莫敢廢也。此之謂也。臣愚以謂如其故便。

敞又上奏曰。臣迒與孫抃胡宿等議后廟四主皆升合食。宜依舊制。不可輕改。其說猶未詳盡。不敢不陳。臣伏以九經所載祫祭制度。最明最備者莫如春秋公羊傳。自漢以下。凡議此禮。皆引為證。其文曰。未毀廟之主皆升合食于太祖。所謂未毀廟者。豈有帝后之限哉。此乃國朝所以依緣循守行之。且百年者也。聖祖神宗。好禮稽古。洞屬。屬於宗廟之祭至重至慎。知必不苟於追孝之禮也。太祖臨御天下。孝惠后主雖在別廟。至禘祫之日。已自合食於太廟。而祔祖姑之下矣。祥符五年。因禮官之奏。又加考據。酌中著為常典。事更先帝。皎若日月。今羣臣不務推原春秋之法。而獨引後儒疑近之說。不務講求本朝之故。而專倡異代難通之制。不務將順聖上廣孝之心。而輕

議宗廟久行之儀。欲擯隔四后。使億萬斯年永不得合食于先帝。臣竊恨之。且四后。陛下之妣也。如孝惠在開寶之世。尚合食於祖姑之次。今陛下親享。反不得望清廟之室。於人情安乎。昔貢禹議罷園廟。羣臣和之者非一。聽其言殆以謂雖周公復生不可得變。元帝信之。然而通人未以為當。既而悔之。則無及矣。方衡議遷郊兆。羣臣和之者亦非一。聽其言殆以謂雖孔子復作不可得奪。成帝信之。然而通人未以為當。既而悔之。則亦無及矣。夫宗廟之祀。神靈之位。豈可使舉措不當。數有後悔哉。此自陛下所當留聖思也。西漢衰敝之悔。可以為戒。且三代異物。沿革異宜。固未嘗相同。今欲捨本朝而慕前代。變先帝而述後儒。隔絕祖妣。擯斥先后。輕動宗廟之體。易遷神靈之敘。臣不知此中何禮也。唯陛下裁擇。

知太常寺張洞等議。四后廟饗奏曰。臣等伏見國家每遇禘祫。奉別廟四后之主合食太廟。據唐郊祀志載禘祫祀文。自獻祖至肅宗。凡十一帝。所配皆一后。其間惟睿宗二后。蓋昭成明皇之母也。又續曲臺禮有別廟皇后合食之文。蓋未有本室遇祫享即祔于祖姑之下。所以大順中以三太后配列禘祭。博士商盈孫以謂誤認曲臺禮意。當時不能改正。議者譏其非禮。臣等伏思每室既有定配。則餘后於禮不當升祔。遂從別廟之祭。而禘祫之日。復未參列。與郊祀志曲臺禮相戾。今親行盛禮。義當革正。其皇后廟伏請依奉慈廟例遣官致祭。

仁宗親詣太廟行祫饗禮。同判宗正寺趙良規請正太祖東向位。禮官不敢決。觀文殿學士王舉正等議。曰。大祫之禮。所以合昭穆。辨尊卑。必以受命之祖居東向之位。本朝以太祖為受命之君。然僖祖以降。四廟在上。故每遇大祫。止列昭穆而虛東向。魏晉以來亦用此禮。

今親饗之盛。宜如舊便。學士歐陽脩等曰。古者宗廟之制。皆一帝一后。後世有以子貴者。始著並祔之文。其不當祔者。則有別廟之祭。本朝禘祫。乃以別廟之后列于配后之下。非惟於古無文。於今又四不可。淑德太宗之元配。列于元德之下。章懷真宗之元配。列于章懿之下。一也。升祔之后。統以帝樂。別廟之后。則以本室樂章自隨。二也。升祔之后。同牢而祭。牲器祝冊亦統于帝。別廟諸后。乃從專享。三也。升祔之后。聯席而坐。別廟之后。位乃相絕。四也。章獻章懿在奉慈廟。每遇禘祫。本廟致享。最為得禮。若四后各祭于廟。則其尊自申。而於禮無失。以為行之已久。重於改作。則是失禮之舉。無復是正也。請從禮官。

八年。脩為參知政事。又上奏曰。臣近準敕差祭神州地祇於北郊。竊見有司行事不合典禮。據開寶通禮。當先引行事官於東壝門外道

南北向立次引入壝門就壇東南位西向行事蓋郎事有司自外而
入於禮為宜今卻先引行事官於壇卯階之側北向立次引東行向
外就行事位由內而外乖背禮文臣遂於本院檢詳蓋是往年撰祀
儀之時誤此一節今據祀儀凶時及三王五帝上辛祈穀春分祀九
宮朝日高禖孟夏雩秋分夕月仲秋祀九宮貴神秋季大享明堂冬
至祀昊天臘蜡夏至祀皇地祇及孟冬祭神州地祇凡一十七祭並
係大祀一例錯誤並合改正依開寶通禮兼禮生贊唱生疏多不
依禮文臣伏見朝廷近年新製祭祀器服修飾壇壝務極精嚴而有
司失傳行事之際於禮繆誤伏乞下禮院詳定依開寶通禮改正祀
儀及教習禮生使依典禮以上副聖朝精嚴祀事之意
嘉祐六年諫官楊畋論水災錄郊廟未順禮院亦言對越天地神無
二主唐始用三祖同配後遂罷之皇祐初詔三聖並侑後復迭配未

幾復並侑以為定制雖出孝思然頗違經典當時有司失於講求下
兩制議翰林學士王珪等曰推尊以享帝義之至也然尊尊不可以
瀆故郊無二主今三后並侑欲以致孝也而違所以瀆乎享帝非所
以寧神也請如禮官議七年正月詔南郊以太祖定配
七年知諫院司馬光論壽星觀御容狀曰臣等前者伏覩陛下幸壽
星觀奉安真宗御容當是時臣等不知事之本末未敢進言自後方
知本觀舊日止有先帝時所畫壽星近因本觀管幹內臣吳知章妄
有奏陳稱是先帝御容意欲張大事體廣有興修自為勞效剏圖恩
賞陛下天性仁孝以為崇奉祖宗重違其請遂使畫先帝御容以易
壽星之像改為崇先觀知章既得御容倚以為名奸詐之心不知紀
極乃更求開展觀地別建更衣殿及諸屋宇將近百間制度宏侈計
其所費踰數千萬向去增益未有窮期臣等竊以祖宗神靈之所憑

依在於太廟木主而已自古帝王之孝莫若虞舜商之高宗周之文
武未聞宗廟之外更為象設然後得盡至誠也唯高宗祭祀豐廟微
為豐數設傳說曰黷于祭祀時謂弗欽禮煩則亂事神則難祖己曰
典祀無豐于昵蓋規之也後至漢氏始為原廟當時醇儒達禮靡不
譏之況畫御容於道宮佛寺而又為壽星之服其為黷也甚矣且又
太祖太宗御容在京師者止於興國寺啟聖院而已真宗御容已有
數處今又益以崇先觀是亦豐于昵也無乃失尊尊之義乎原其所
自本止因知章妄希恩澤乃敢恣為誑罔興造事端致陷朝廷於非
禮今既奉安御容難以變更若只就本觀舊來已修屋宇固足崇奉
所有創添屋宇伏乞一切停寢止令有司以時侍奉所有知章誑罔
聖聰依託御容妄有干請廣興力役乞下所司取勘窮治奸狀明正
其罪

仁宗時同知太常禮院韓維上言曰臣等竊以宗廟之尊太祖者所
以敘親明統褒顯功德也敘親明統則必正其本褒顯功德則不可
私其人此聖人以義斷恩立禮而為之極也由禰已上皆祖也皆則
執主而尊之曰始封曰受命曰有功非是三者雖屬之尊且親不得
當也是天下之公法也子不敢豐於其父臣不敢厚於其君故尊太
祖之適禮之大者有三於廟則百代不遷於天地之祭則為配主於
祫享則位東向商以契周以后稷其毀廟之主皆出太祖之後故其
禮順後世太祖之上復有追崇之廟故其禮疑所以諸儒論議不一
然大抵不過三義一則直推見廟最尊之祖即唐顏真卿韓愈欲以
獻祖居東向之位是也一則以追崇之祖別廟而祭全太祖之尊即
漢之太上皇魏之處士晉之府君唐之獻懿是也一則以太祖尚在
昭穆虛位以待自魏晉已下訖於隋唐及本朝故事是也推最尊之

祖者，既非始封有功之君，親盡則毀，於聖人制禮之意，殆恐不然。別廟而祭者，雖爲變禮，未可遽行於今。其間惟虛東向之位，於禮似近。何也？在禮，父爲士，子爲天子，葬以士，祭以天子。葬且不敢卑其父，況敢以天下之公法易其祖之位乎？周禮黨正飲酒，一命齒於鄉，再命齒於父，三命不齒。且人臣尊父族，尚不敢與之齒，況在天子乎？乃欲以追崇必毀之主，加於萬世不祧之祖乎？臣等再詳三者之論，考於聖人之禮，俱未合也。直以最尊之主居東向之位，是欲求禮之情。虛東向之位以待太祖，是欲守禮之文者也。然而禮之情難見，情一失，則禮從而喪矣。禮之文易守，文在而聖人之意或可存也。夫惟達禮之情文者，然後能作此。魏晉宋齊隋唐之君，及我藝祖神宗所以謙讓而不敢決也。臣等以謂宜如祖宗故事，虛東向之位便。

維又論溫成皇后不當立廟疏曰：臣聞忠臣不爲刪訕之遠，而輟其圖報之心。聖主不以芻蕘之賤，而易其納善之慮。故下靡不盡之情，上無或遺之策。臣位雖微賤，然以討論載籍，參議典禮爲職，不自薄有愛君之言，惟陛下少加聽覽。臣伏見國家爲溫成皇后立廟，備三獻官，設五時之祭，金石宰具，一倣宗廟。臣上求禮經，下尋本朝故事，皆所未有，不知當時誰爲陛下爲此謀者。臣聞孝惠皇后，太祖皇帝之正配也，其沒也，即陵構殿，歲時所祀，不過常饌而已。其後方得列於皇后別廟。元德皇后，真宗皇帝之母也，其沒也，別廟而祭，自爾羣臣請升祔相繼，先帝慎重其事，不敢即從，至於十年而後許之。今陛下一旦奉嬪御之主，廟而樂之，與祖宗等，稽於先王之禮則不合，求之本朝之事則非故。搢紳之士無所誦說，下民觀之不知所化，甚非太祖真宗慎重典禮之深旨也。伏惟陛下即位以來，凡所興造，必問於遺訓，而咨於故實，稀闊之事，靡不畢講。今又將以孟冬吉時，親

祼宗廟，修大祫之禮。蓋祫者，序昭穆，正尊卑之祭也，所宜罷黜不端，昭示大順，以成祀典之義。而陛下以奉祖宗者，已之嬪妾亦得享之，非所以致隆極廣孝恭也。臣愚以爲宜因此時發德音，詔有司，使議溫成皇后之廟有不如禮者，一皆裁去，以明陛下不私後宮，尊奉祖宗之意，使聖朝典制幽昧復光，宗廟神靈歆顧，享此盛德之舉也。陛下不可不加聖意焉。昔漢文帝幸上林，袁盎引却慎夫人之坐，以明妾主之義，前史書之，爛然不忘。今崇建廟祏，甚於上林之坐，僭擬祖宗，非特妾主之別。陛下聖德過於漢文，毋使愚臣不得申袁盎之志。

貼黄：陛下若以溫成皇后久在左右，不忘軫悼，則歲時遣宮𡟖內侍，厚加祭奠，亦足致其恩意，何必僭用禮典，取譏後代。此於溫成皇后，非有所益，而於聖德爲損不細。自陛下即位以來，動循禮典，未嘗有此過舉。臣願陛下特奮神斷，使有司得從改正，以全盛德之美。臣父子受國厚恩，實欲以此少申補報，幸不以臣位下而棄其言也。

英宗即位，初以仁宗神主祔廟，禮院請以太祖太宗爲一世，而增一室，以備天子事七世之禮。詔兩制與禮官考議。孫抃等欲如之。知審刑院通進銀臺司盧士宗以爲：在禮，太祖之廟萬世不毀，其餘昭穆親盡即毀，示有終也。自漢以來，天子受命之初，太祖尚在三昭三穆之數，次祀四世或六世，其以上之主屬雖尊於太祖，親盡則遷。故漢元帝之世，遷太上廟主於園。魏明帝遷處士主於園邑。晉武惠祔廟，遷征西豫州府君，大抵過六世則遷其主。蓋太祖已正東嚮之位，則并三昭三穆爲七世矣。唐高祖初祀四世，太宗增祀六世。太宗祔廟，則遷洪農府君，高宗祔廟又遷宣宗，皆前世成法。惟明皇九廟祀八

世於事為㕘經今大行祔廟僖祖親盡當遷於典禮為合不當添展一室詔抃等再議卒從八室之說議者各之

治平元年觀文殿學士孫抃等論明堂配侑奏曰臣等謹按孝經出於聖述其談聖治之極則謂人之行莫大於嚴父而配天仲尼美周公以居攝而能行天子之禮尊隆於父故曰周公其人不可謂之安在乎必嚴其父也又若止於太祖比后稷太宗比文王則宣祖真宗向者皆不當在配天之序推而上之則謂明堂之祭真宗不當以太宗配先帝不當以真宗配今日不當以仁宗配也臣等按易豫之說曰先王作樂崇德薦之上帝以配祖考蓋若祖若考並可配天者也雖又符於孝經之說亦不可謂安在乎必嚴其父也祖考皆可配帝郊與明堂不可同位亦不可謂嚴祖嚴父其義一也雖周家不聞廢文配而移於武廢武配而移於成然則易之配考經之嚴父歷代循

守固亦不為無說魏明帝宗祀文帝於明堂以配上帝史官謂是時二漢郊祀之制具存魏所損益可知則亦不可謂東漢章安之後配祭無傳遂以為未嘗嚴父也自唐至本朝其間賢哲講求誠不為少所不敢異者捨周孔之道無本統也今以為我將之詩祀文王於明堂而歌者也亦安知非仲尼刪詩存周人全盛之頌被於管絃者獨取之也仁宗繼體保成置天下於大安者四十三年功德於人可謂極矣今祔廟之始遂抑而不得配上帝之享甚非所以宣章陛下為後嚴父之大孝臣等參稽典禮傳考公論敢以前議為便

知制誥錢公輔等論明堂配侑奏曰臣謹按三代之法郊以祭天而明堂以祭五帝郊之祭以始之祖有聖人之功者配焉明堂之祭以創業繼體之君有聖人之德者配焉故孝經曰昔者周公郊祀后稷以配天宗祀文王於明堂以配上帝又曰孝莫大於嚴父嚴父莫大於配天則周公其人也以周公言之則嚴父也以成王言之則嚴祖也方是之時政則周公祭則成王亦安在乎必嚴父哉我將之詩是也後世失禮不足考據請一以周事言之臣竊謂聖宋崛起非有始封之祖也則創業之君是為太祖矣太祖則周之后稷配祭于郊者也太宗則周之文王配祭于明堂者也此二配至重萬世不遷之法也真宗則周之武王宗乎廟而不祧者也雖有配天之功而無配天之祭未聞成王以嚴父之故廢文王配天之祭而移於武王也仁宗則周之成王也雖有配天之功而無配天之祭亦未聞康王以嚴父之故廢武王配天之祭而移於成王也以孔子之心推周公之志則嚴父也以周公之心攝成王之祭則嚴祖也嚴祖嚴父其義一也下至于兩漢去聖甚遠而明堂配祭東漢為得在西漢時則孝武始營明堂而以高帝配之其後又以景帝配之孝武之後無聞焉在東漢

時則孝明始建明堂而以光武配其後孝章孝安又以光武配孝安之後無聞焉當始配之代適符嚴父之說及時異事遷而章安二帝亦弗之變此最為近古而合乎禮者也有唐始在孝和時則以高宗配之在明皇時則以睿宗配之在永泰時則以肅宗配之禮官杜鴻漸王涇輩皆不能推明經訓務合古初反雷同其論以惑時主延及于今牢不可破當仁宗嗣位之初儻有建是論者配天之祭當在乎太宗矣當時無一人言者故使宗周之典禮不明於聖代而有唐之曲學流散乎後人願陛下深詔有司博謀羣賢使配天之祭不膠於嚴父而嚴父之道不專乎配天循宗周之典禮替有唐之曲學

知諫院司馬光論明堂配侑疏曰臣等竊以孝子之心誰不欲尊其父也聖人制禮以為之極不敢踰也故祖己訓高宗曰祀無豐于昵孔子與孟懿子論孝亦曰祭之以禮然則事親者不以數祭為孝者

貢於得禮而已。先儒謂禘郊祖宗皆祭祀以配食也。禘謂祭昊天於圜丘也。祭上帝于南郊曰郊。祭五帝五神於明堂曰祖宗。故詩曰。思文后稷。克配彼天。又我將祀文王於明堂。此其證也。下此皆不見於經矣。前漢以高祖配天。後漢以光武配明堂。以是觀古之帝王。自非建邦啓土及造有區夏者。皆無配天之文。故雖周之成康漢之文景明章。其德業非不美也。然而子孫不敢推以配天者。避祖宗也。孝經曰。嚴父莫大於配天。則周公其人也。孔子以周公有上聖之德。成太平之業。制禮作樂。而文王適其父也。故引之以證聖人之德莫大於孝。答曾子之問而已。非謂凡有天下者皆當以父配天。然後為孝也。近世祀明堂者。皆以其父配五帝。此乃誤識孝經之意。而違先王之禮。不可以為法也。景祐二年。仁宗詔禮院官稽按禮典。辨崇配之序。定二祧之位。乃以太祖為帝者之祖。比周之后稷。太宗真宗為帝者之宗。比周之文武。然則祀真宗於明堂以配五帝。亦未失古禮。今仁宗雖豐功美德洽於四海。而不在二祧之位。議者乃欲捨真宗而以仁宗配享明堂。恐於祭法不合。又以人情言之。是絀祖而進父也。夏父弗忌躋僖公。先兄而後弟。孔子猶以為逆祀。書於春秋。況絀祖而進父乎。必若此行之。不獨乖違典禮。恐亦非仁宗意也。臣等竊謂宜遵舊禮。以真宗配五帝於明堂為便。

光又乞改郊禮劄子曰。臣聞古者天子親祀上帝。一歲有九。國朝之制。天子三歲一郊。仍於其間改用他禮者甚衆。豈奉天之意有所倦略哉。蓋事有不得已者也。臣竊見國家帑藏素空。重以暴雨為災。圜丘之側。流潦尚深。育城之材。頗多散失。儀仗法物。損敗非一。今若悉加完葺。恐難猝備。加以冬寒將近。諸營漂沒。失其生業。屋宇敗壞。衣褐俱盡。陛下懷欲別加振救。亦恐力所不支。昔太宗太平興國元年

下詔來封。尋以火災而止。更用郊禮。又淳化三年下詔祀圜丘。亦以事故。更用明年祈穀。今災變甚大。國用不足。臣謂不可不小有變更。若因茲天譴。隨時損益。以九月十月之間於大慶殿恭謝天地。亦足以展純潔之誠。昭寅畏之志。減省大費。安慰衆心。事無便於此者。陛下儻以為可。願決意早行之。

知太常禮院李育上奏曰。郊廟之祭。本尚純質。袞冕之飾。皆存法象。非事繁侈重奇玩也。冕則以周官為本。凡十二旒。間以采玉。加以紘綖笄瑱之飾。袞則以虞書為始。凡十二章。首以辰象。別以衣裳繪繡之采。東漢至唐。史官名儒紀述前制。皆無珠翠犀寶之飾。何則。鶤羽蜯胎非法服所用。琥珀犀瓶非至尊所冠。龍錦七星已列采章之內。紫雲白鶴近出道家之語。豈被袞戴璪象天則數之義哉。自大裘之廢。巔用袞冕。古朴稍去。而法唐尚存。夫明水大羹不可以衆味和。雲門咸池不可以新聲間。袞冕之服不宜以珍怪異也。若魏明之用珊瑚。江右之用翡翠。侈靡衰播之餘。豈足為聖朝道哉。且太祖建隆元年。少府監所造冕服。及二年博士聶崇義所進三禮圖。嘗詔尹拙竇儀參校之。皆倣虞周漢唐之舊。至四年冬。服之合祭天地於圜丘。用此制也。太宗亦嘗命少府製於禁中。未聞改作。及真宗封太山。禮官請服袞冕。帝曰。前王服羔裘為質也。今則無羔裘而有袞冕。可從近制。是豈有意於繁飾哉。蓋後之有司率意妄增。未嘗摧議。遂相循而用。故仁宗嘗詔禮官章得象等詳議之。其所減過半。然不經之飾。重者多去。輕者尚存。不能盡如詔書之意。故至和三年王洙復議去繁飾。禮官畫圖以獻。漸還古禮。而有司所造。復如景祐之前。又舉開寶通禮及衣服令。冕服皆有定法。悉無寶錦之飾。夫太祖太宗富有四海。豈乏寶玩。顧不可施之郊廟也。臣竊謂陛下肇祀天地。躬饗祖禰。

服周之冕。觀古之象。頗復先王之制。祖宗之法。其衮冕之服及韠綬佩舄之類。與通禮衣服令三禮圖制度不同者。宜悉改正。詔太常禮院少府參定。遂合奏曰。古者冕服之用。郊廟殊制。唐典天子之服有二等。而大裘尚存。顯慶初。長孫無忌等采郊特牲之說。獻議廢大裘。自是郊廟之祭。一用衮冕。然旒章之數。止以十二為節。亦未聞有餘飾也。國朝冕服雖倣古制。然增以珍異巧縟。前世所未嘗有。夫國之大事莫大於祀。而祭服遺經。非以爾祀容尊神明也。臣等以謂宜如育言參酌通禮衣服令三禮圖及景祐三年減定之制。一切改造之。孔子曰。麻冕禮也。今也純儉。吾從衆。純者絲也。變麻用絲。蓋已久矣。則冕服之制。宜依舊以羅為之。冕廣一尺二寸。長二尺二寸。約以景表尺。前圓後方。黝上朱下。以金飾版。則以白玉珠為旒。貫之以五綵絲繩。前後各十二旒。旒各十二珠。相去一寸。長二尺。朱絲組為纓。黈

纊充耳。金飾玉簪導。青衣纁裳十二章。八章繪之於衣。日月星辰山龍華蟲火宗彝也。四章繡之於裳。藻粉米黼黻也。錦龍襟領。織為升龍。山龍而下。一章為一行。重以為等。行十二。別製大帶。素表朱裏。綠終辟。韠綬為大小綬。亦去珠玉鈿窠琥珀玻璃之飾。其中單革帶玉具劍玉佩朱韈之制。已中禮。令無復改。為則法服有稽。祭禮增重。從之。

育又上言。南郊太廟二舞郎總六十八。文舞罷。舍羽籥執干戚就為武舞。臣謹按舊典。文武二舞各用八佾。凡祀圜丘。祀宗廟。太樂令率工人以入就位。文舞入陳於架北。武舞立於架南。又文舞出。武舞入。有送迎之曲。名曰舒和。亦曰同和。凡三十一章。止用一曲。是進退同時。行綴先定。步武容體各應樂節。夫至德升聞之舞。象揖讓天下大定之舞。象征伐。乖殺舒急不侔。而所法所習亦異。不當中易也。竊惟天神皆降。地祇皆出。八音克諧。祖考來格。天子親執珪幣。相維辟公嚴恭寅畏。可謂極矣。而舞者紛然。縱橫於下。進退取舍遽迫如是。豈明有德象有功之誼哉。國家三年而一郊。同殿而享八室。而舞者闕如。名曰二舞。實一舞也。且如大朝會所以宴臣下。而舞者備其數郊廟所以事天地祖考。而舞者減其半。殊未為稱。事有近而不可迹。禮有繁而不可省。所繫者大。而有司之職不敢廢也。伏請南郊太廟文武二舞各用六十四人。以備帝王之禮樂。以明祖宗之功德。奏可。

侍御史知雜事呂誨乞罷郊宮無益工作。奏曰。臣竊以國家之大事莫重於郊祭。罄明察之心。尚質崇簡。所以稱天子之德也。天神之祐答以靈貺。享是精誠而已。陛下纂紹之初。方脩大禮。自詔下中外。災祥屢至。霖雨之後。積陰不解。繼之以雪。民之困窮。飢凍迫切。咨怨之聲。喧于衢路。且人心悅。則天意順。今民憂結不解。和氣從何而生乎。

殆陛下奉天之意有所未至。佐佑之臣或慢其事。未盡虔恭之誠爾。況冬至俯邇。乘輿臨幸之處。經雨摧壞。未脩者尚多。期限既促。督役愈急。在有司不得不然也。豈唯冒寒工作。減裂枉費物料。罷癃之卒不僅什。則自經而死。可勝其數。傷和氣之尤甚。臣以為陛下一意崇祀。經歷之處。雖有頹垣壞屋。何害於行禮。宜尚質崇簡。以副天心。如臨祭之處。土木興作。丹艧黝飾。青城浮華之設。工作無益者。權令停罷。少寬人力。以塞怨望。至若災沴之際。禱祈之事。固亦有之。惟當遣輔臣詣宮觀齋潔求晴。然人臣未足以動天。釋老何德以庇民。所切者陛下之誠。宣布於外。聊以慰都人之望。此二事惟聖慈留念。卑降指揮。祀事更在虔脩。以召和氣。臣不勝惓惓之至。

治平中。西京會聖宮將創英宗神御殿。馬默上言曰。事不師古。前典所戒。漢以諸帝所幸郡國立廟。知禮者非之。況先帝未嘗幸洛。而創

建廟祖貫我典則願以禮爲之節義爲之制亟止此役以章清靜奉
先之意。
英宗時殿中侍御史趙鼎奏請遞遷真宗配孟夏雩祭以太宗專配
上辛祈穀孟冬祀神州地祇循用有唐故事翰林學士王珪等議曰
天地大祭有七皆用歷代故事以始封受命創業之君配神作主至
於明堂用古嚴父之道配以近考故朝廷在真宗時以太宗配在仁
宗時以真宗配今則以仁宗配方仁宗始罷太宗明堂之配太宗先
已配雩祈穀及神州之祭本非遞遷今明堂既用嚴父之道則真宗
配天之祭於禮當罷不當復分雩祭之配臣等謹議
珪等又奏准詔下兩制定議仁宗祔廟當以何人配享臣等伏以仁
宗享國長久勵精致治以知人之明得馭臣之術是以豪英材傑樂
爲之用外宣威靈內經廟略臣主感會馳致太平輔相則有故尚書

左僕射贈尚書令謚文正王曾忠先清亮履德經哲致位上宰燮和
大政乾興之初輔翊兩宮伏正持重中外以安所謂以道事君無媿
前哲故太尉贈尚書令謚文靖呂夷簡聰明亮達規模宏遠服在大
僚歷登三事左右皇極勤勞王家二十餘年厥功茂焉將帥則有故
彰武軍節度使檢校太傅侍中謚武穆曹瑋敦詩閱禮秉義經武參
謀帷幄折衝萬里鎮綏方面隱如長城加以恂恂循道有古名將之
風焉皆有功迹見稱於世伏請並配饗臣等謹議
珪又言唯中書批送下太常禮院狀太常博士祕閣校理裴煜奏大
祠天地日月社稷其行禮日與國忌同者自慶曆至嘉祐凡八祠皆
援太常新禮天禧二年六月十七日立秋祀白帝以文懿皇后忌同
樂備而不作伏緣忌日必哀志有所至其不有樂宜也然樂所以降
格神祇非以逞一己之私也在禮固不可闕謹案開元中禮部建言
忌日享廟應用樂裴寬自以情立議廟尊忌卑則作樂廟卑忌尊則
樂備而不奏中書令張說以寬議爲是宗廟如此其天地日月社稷
用樂明矣臣愚以爲凡大祠天地日月社稷與忌同者伏請用樂其
在廟如寬之議所冀略輕存重不失其稱又五方及感生帝皆大祠
其從祀牲用羊一豕一蜡祭正位從祀一百九十有三牲用羊二豕
二釋奠雖曰中祠至聖文宣王配位從祀九十有三昭烈武成王配
位從祀七十有五牲用羊一豕一封割殆不徧足臣謂宜度大祠中
祠從祀之位其以差加之又立夏祀赤帝竊見祝版御所自署其恭
且嚴如是諸祠而太府寺所供香蘇爲獸不稱崇祀之意本院據禮
云君子有終身之憂而無一日之患謂忌日也忌日不樂謂不舉吉
事也然而禮令即無忌日饗廟廢樂之文至唐始有祭與忌日同則
縣而不樂裴寬建議廟尊忌卑則作樂廟卑忌尊則樂備而不奏當

時雖從寬議亦無典據臣等按禮家之說祭天以煙爲歆神之始以
血爲陳饌之始祭地以埋爲歆神之始以血爲陳饌之始宗廟以灌
爲歆神之始以腥爲陳饌之始然則天地宗廟皆以樂爲致神之始
故曰大祭有三始謂此也天地之間虛豁而不見其形者陽也鬼
神居天地之間不可以人道接也聲屬於陽故樂之音聲號呼召於
天地之間庶幾神明聞之因而來格故祭必求諸陽商人之祭先奏
樂以求神先求於陽也次灌地求神於陰達于淵泉也周人尚臭四
時之祭灌地以求神先求諸陰也然則天神地祇人鬼之祀不可去
樂明矣今七廟連室每遇薦饗作樂雖分廟忌之尊卑欲依唐舊制
及國朝故事廟祭與忌同日並縣而不作其與別廟諸后忌同者作
之若祠天地日月九宮太一及蜡百神並請作樂社稷以下諸祠既
卑於廟則樂不可爲如此則雖不能純用三代之禮亦可廣孝思之

至。祀五方感生帝、揖百神、釋奠文宣武成。從祀者衆。其用牲既少。俎
實樂不能充。今宜加五感生帝羊二豕二。百神羊五豕五。文宣武成
羊三豕三。中祠小祠太府寺所供香。大祠宜視中祠之半。中祠宜視
小祠之半。諸大祠降御封香。並請如祀昊天上帝之禮。臣某等議。社
稷國之所尊。其祠日若與別廟諸后忌同。請不去樂。餘並如禮官所
議。臣某等謹議。

英宗詔近臣議仁宗配祭故事。冬夏至祀昊天上帝皇地祇。以太祖
配。正月上辛祈穀、孟夏雩祀、孟冬祀神州地祇。以太宗配。正月上辛
祀感生帝。以宣祖配。季秋大饗明堂祀昊天上帝。以真宗配。而學士
王珪等與禮官上議。以謂季秋大饗宜以仁宗配爲嚴父之道。知制
誥錢公輔獨謂仁宗不當配祭。給事中王疇以謂珪等議遺真宗不
得配。公輔議遺宣祖真宗仁宗俱不得配。於禮意未安。乃獻議曰。請
依王珪等議。奉仁宗配饗明堂。以符大易配考之說。孝經嚴父之禮。
奉遷真宗配孟夏雩祀。以倣唐貞觀顯慶故事。太宗依舊配正月上
辛祈穀孟冬祀神州地祇。餘依本朝故事。如此則列聖並侑。對越昊
穹。厚澤流光。垂裕萬祀。必如公輔之議。則陷四聖爲失禮。導陛下爲
不孝。違經戾古。莫此爲甚。而朝廷以疇論事有補。帝與執政大臣皆
器異之。

殿中侍御史范純仁奏乞壽聖節上壽不用樂狀曰。臣伏聞將來壽
聖節在上辛祀天致齋之內。於禮不合用樂。而太常禮院議稱用樂
無妨。伏緣祀天致齋。行自古昔。誕辰上壽。起於近朝。以禮較之。祀天
爲重。昨來郊祀小次黃褥。皆是有司於禮合陳。而陛下遽欲徹褥。以
示至恭。臣民懽然。歌頌聖德。若今來致齋之內。却許用樂。則恐前後
之禮不侔。伏望聖慈指揮將來上壽以致齋之內。權不用樂。則不惟

合於典禮。亦使中國四夷知陛下克己奉天尊禮化民之意。

知諫院傅堯俞乞減節南郊費用疏曰。臣伏見郊祀日迫。而大雨爲
災。壞儀仗法物及衝道壇壓甚多。恐百司供億不易辦集。然陛下始
見上帝。大禮或不可中止。即乞百事一從減節。既以省國費愛人力。
又可以致恐懼修省之誠。昔真廟咸平五年當天下完富之日。尚以
郊祀費重。詔應奉雜物十萬六千計。況今災沴如此者乎。夫器用陶
匏。掃地而祭。蓋天下之物無可以稱其德者。故達誠而已。今彌文萬
變。皆無益於事。以典禮裁之。可省者非一。惟陛下留意。早賜施行。

知制誥劉敞上奏曰。臣伏見中書劄子下太常雜議奉慈廟廢置事。
臣以有司之職。唯當據經。已與范鎮等參按經傳舊文奏陳。然臣之
愚意猶有未盡。何者。國家承歷代之後。去聖久遠。禮文殘缺。宗廟之
禮。常因時施宜。不盡滯古。務治人情也。伏惟章惠太后之於仁宗皇
帝。雖非真親。命以爲母。然仁宗皇帝一以如母之禮事之。生則安養
號比長樂。歿則大葬謚配真廟。祭稱皇妣。祝云嗣子。其誠禮如此之
重也。今議者疑於歿其廟。廢其主。如此豈唯震駭士大夫之情。亦甚
違先帝之意。春秋毀泉臺。猶曰先祖爲之。已毀之。不如勿居。周廟姜
嫄閟而無事。梁之小廟享祫有數。臣謂奉慈一室當於此二者之間
制定其儀。上稱先帝褒崇之意。下成泉臺折衷之義。又以明聖主無
改父道之義。伏乞參之聖心。令兩制臺諫重加詳定。

神宗即位。初英宗當祔廟。司馬光上議祧遷狀曰。臣以學士院告報。
以大行皇帝神主祔廟。僖祖神主當遷夾室。准朝旨令待制以上同
議者。臣先於嘉祐八年仁宗祔廟之時。已曾與龍圖閣直學士盧士
宗上言。僖祖當遷夾室。當時議臣皆不以爲然。朝廷遂從衆議。臣謹
按王制稱天子七廟。三昭三穆。與太祖之廟而七。明太祖之外止有

三昭三穆而已。是以前代帝王於太祖未正東嚮之時。大率所祀不過六世。若僖祖於今日方議祧遷。則是太祖之外更有四昭三穆與太祖之廟而八。不合先王典禮。難以施於後世。臣愚以爲仁宗祔廟之時。僖祖已當遷於夾室。今大行皇帝祔廟。順祖亦當遷於夾室。臣旣承詔旨令得與議。不敢不盡所見。以對伏乞朝廷更賜詳擇。

御史知雜事劉述乞罷英廟神御殿奏曰臣聞治天下者禮義而已耳。禮義之於人。猶繩墨之於曲直。塩梅之於和羹。適於正與和而已。舍正與和。君子弗由也。先王之道能垂法於後世而治天下不及於亂者。其禮義行於其間乎。禮義之大原莫先乎宗廟。宗廟之制。自天子至於士皆有隆殺之辨。故有天下者事七世。此萬世不易之道。而唐虞三代之所隆也。書曰。七世之廟可以觀德。易觀之辭曰。觀盥而不薦。有孚顒若。下觀而化也。說者曰。王道可觀莫盛於宗廟。其可觀

者。廟貌云乎哉。以其尊祖奉親之道備於此。則人將觀而化之矣。詩曰。於穆清廟。肅雝顯相。傳曰清廟茅屋昭其儉也。是皆不貴乎廟貌之隆。而在乎恭莊清潔之至也。故春秋書立武宮丹楹刻桷之類。孔子惡其僭奢瀆亂之甚。非所以交神明也。奈何兩漢而下。事不師古。孝惠惑叔孫通之言而遂立原廟。宣帝之廟各於郡國陵旁立之。是時天下之廟合一百七十餘所。迨及東漢。則每帝即位而各立一廟。繇漢而下。何其聽說之紛紛。而制度之不一也。原其所以亂禮之由蓋叔孫通率一時之意以售其謟。遂置孝惠於有過之地。而通亦不免爲萬世之罪人。噫。宗廟之設。將以致孝思而風天下。今乃以不經之制。紊亂先王之禮義。以瀆祖宗之神靈。襲而行之。何不思之甚耶。今國家有天下百餘年。太平之日可謂久矣。歷代沿襲之弊固宜革矣。宗廟之制固當求合於堯舜三代之禮。然其間尚有因循未革之弊。而使尊祖奉親之義未盡合於古者。臣伏見祖宗以來宗廟之外皆別立神御殿於國中。又於陵旁置會聖宮。稽諸堯舜三代之禮則無聞焉。迹其所起。蓋由當時佞諛之臣。及宦官女子之輩。援漢唐侈謬之說贊成其事耳。今國家崇奉宗廟非不嚴。而四時之薦享非不備。又何必區區徇漢之遺敝。務竭府庫有限之財。以成不經之事乎。以至窮奢極侈。錯以金璧。類如浮屠氏之所居。歲時車駕朝謁。用僧道威儀。教坊鼓吹雜陳於其間。朝廷之意蓋欲罄尊奉之禮而極追慕之心。然而觀其所以奉先追遠之道有戾於古。適足以瀆慢祖宗之神靈。紊亂先王之禮法。何所益哉。漢儒嘗奏罷郡國廟。引清廟之詩言交神明之禮無不清靜。今衣冠出遊有車騎之衆。風雨之氣非所以爲清淨也。祭不欲數。數則瀆。瀆則不恭。宜復古禮。四時祭於廟。可謂確論矣。祥符初國家夷夏謐寧。公私贍給。可謂全盛矣。不能於

此時講求闕典。追復堯舜三代之盛。以遺子孫萬世之謀。而乃右尚釋老。營造宮觀。窮天下之力而不能厭其夸大之心。曾未三二十年。化爲煨燼。而僅有存者。天意之所儆戒。顧弗明著耶。蓋當時姦邪得君。忠骾結舌。遂致人主有此過舉之事耳。可不惜哉。孔子在齊聞周先王廟災。曰。此必釐王之廟。齊侯曰。何以知之。曰夫釐王變文王之制而作煩黃華麗之飾。宮室崇峻。故天殃所宜加其廟焉。皆是古今已事之驗也。嘉祐癸卯。仁廟棄天下。今茲不幸先皇厭世。喪禮山陵之費爲不少矣。雖陛下哀閔元元。率遵遺制。而務從儉約。然五年之間。兩經大禍。國帑匱乏。民力凋困。祖宗以來未有甚於今日也。臣今竊慮朝廷將循祖宗故事復立先皇神御之殿。此議一舉。費以億計。今天下財賦耗削。公私疲病。加以水旱蟲蝗之災仍歲不絕。兩河流民襁屬於道。朝廷尚患無粟以振䘏之。不過賣祠部牒。誘民鬻爵以

覵之耳。戎狄滔彊。邊不弛備。盜賊嘯聚。所在為患。萬一饑饉之災。綠地數千里。不識將何以濟之乎。言之可為寒心。鄉者仁廟一殿之費無慮八十萬緡。今若為之。當不減是。奈何遠聖王之禮。循不經之說。以瀆先帝之神靈。以竭縣官之財用乎。有難臣者謂祖宗以來皆有此制。而於先帝獨不然。為人子為人臣者。忍遽廢之乎。此前所謂佞諛之臣。宦官女子輩之所見耳。盍以先聖王之道。天下至公之議為陛下開陳之。臣竊觀陛下天姿英睿。懋昭大德。始議修奉厚陵。則面戒執政以奉承先志。節省浮費。天下必不以我為不孝。大哉聖人之孝德。可謂善繼人之志。善述人之事者也。陛下能以大孝之心。欽若先帝之志。臣敢不以大忠之言為陛下開陳之乎。孟子謂景公曰。我非堯舜之道不敢以陳於王前。故齊人莫如我敬王也。非臣愚戇。不識忌諱。不敢為陛下建此議。非陛下聖德天縱。超邁今古。不能行此事。欲乞以臣此狀下兩制臺諫禮官同共詳定。如有可采。伏乞斷自聖心。以復堯舜三代之典。以為子孫萬世之法。則臣雖死之日。猶生之年。天下幸甚。

歷代名臣奏議卷之二十

郊廟

宋神宗熙寧元年。知諫院呂誨論青城勞費乞建齋宮奏曰。臣伏覩累降詔勑。裁減浮費。有以知講求治躰。崇儉為先。中外共聞。莫不慶抃。臣切謂裁約用度。事體至輕。有司奉行。當有條理。唯南郊青城所須數十萬緡。勞費至廣。無益本祠之大者。謹按周禮掌次之職。旅上帝。祀五帝。則張大次小次。居止于壇壝之外。蓋所以示虔恭之至矣。近世制作無度。禮意俱失。廬設梁棟。純被繒綵。規摹宸居。極其華麗。甚者山亭水池。蟲魚之戲。綵花交映。禽物萬狀。遊觀之勝。無不具焉。前期旬浹。縱士庶嬉遊其間。豈蠲潔事神之謂哉。徒成侈靡。夸大一時。臣雖至愚。甚為聖朝惜之。且大禮尚質。猶懼不稱乎天德。而華觀所居。恐非得以清手齋戒。儀衛之盛。今古不同。大次之位。豈須幄帝。不若營建齋宮以圖永久。臣嘗覩太廟齋宮。制度儉約。事神之體得為中禮。臣欲乞規此憲度。剏建郊宮。中潔齋居。外嚴宿衛。非特事祀克循簡易。庶幾國用大省勞費。我朝興隆二百餘年。未暇改為。陛下一旦經始。人心必悅。有益聖德。於事易行。伏望留神省察。天下幸甚。

翰林學士承旨王珪奏曰。正月二十三日勑奉聖旨。令兩制待制以上至臺諫官與太常禮院同詳定今年冬至當與未當親行郊禮。臣等謹上議曰。按王制。喪三年不祭。唯祭天地社稷。為越紼而行事。傳謂不敢以卑廢尊也。是則居喪而可得見天地也。春秋僖公三十三年傳。凡君薨。卒哭而祔。祔而作主。特祀於主。烝嘗禘於廟。杜預以謂新主既特祀於寢。則宗廟四時常祀自當如舊。是則居喪而可得見宗廟也。周公稱商高宗諒闇三年不言。子張疑之。以問仲尼。仲尼答

奈何必高宗。古人皆然。高宗不去服喪三年而去諒闇三年者。杜預
又謂古者天子諸侯三年之喪。既葬而服除。諒闇以居心喪。不與士
庶同禮也。然則服除之後。郊廟之祭可以舉乎。南齊以前。代人訪嗣
位歲。仍前郊之年。歲別自為郊。下有司議。而王儉乃援晉宋以來皆
改元即郊。而不用前郊之年。又自漢文以來皆即位而謁廟。至唐德
宗以後亦踰年而行郊。況本朝景德二年。真宗居明德皇太后之喪。
既易月而服除。明年遂享太廟而合祀天地於圜丘。臣等伏請皇帝
將來冬至躬行郊廟之禮。其服冕車輅儀物音樂緣飾事者皆不可
廢。臣等謹議。

天章閣待制孫固議僖祖祧遷奏曰。臣聞先王之禮。本之人情而為
之節文者也。故不慕古而違時措之宜。不因文而失沿情之實。親有
疏戚。世有同異。此禮之所以損益變正之不一也。伏惟太祖皇帝受

天命。一四海。創業垂統。為宋立萬世無窮之基。其為宋始祖而配天
受饗。理在不疑。今聞乃欲以僖祖為始封之祖。復其祧主。夫既以僖
祖為始。則遂當受東向配天之饗。此臣竊所以未安也。七世之廟。親
盡而祧。此萬世大公之通法。未聞有以易之者也。故僖祖之主於陛
下世以親盡而祧。在禮適為得正。而今議者以謂人必本乎祖。太祖
既已追尊僖祖。則今日當以僖祖為本始之祖。是未推夫王者興起
有殊。異而所當之世各不同也。夫開國者先嘗有功而受封。則後之
子孫有天下而推以為始祖可矣。若未有嘗受天命。特起而得天下
者。為太祖亦宜矣。此實先王之禮。人情之所順。而前世之所已行也。
今為議者乃鄙絕漢唐之所行。而純取三代之制以為法。故有僖祖
之廟與契稷無異之說。臣竊以為過矣。夫本朝之興與商周異。商周
之政本由契稷。故自湯武而上。其流有源。皆可推而考之。契布五教。

民以知禮。其統緒畧與周同。而猶不若周之懿也。周自后稷公劉以
來。教化流行。以至太王王季。世世脩德益茂。迨於文武受命。奄有天
下。則源流之來。豈無自哉。故仲尼曰。郊祀后稷以配天。宗祀文王於
明堂以配上帝。則周公其人也。夫周而上。堯舜禹湯之世非不義也。
其祭之禮。仲尼不談。而獨舉周者。豈非其德與世獨為備哉。故曰周
公其人也。言惟周公能備此禮爾。夫稷當堯民阻飢之時。始播百穀。
使萬世粒食。其為功大矣。詩曰。思文后稷。克配彼天。言以其德能配
天也。夫以文王之德。而不得預配天之祭者。特以后稷之功大矣。使
周無后稷之祖。則周公之祀。宜不得舍文武而他及。且後世之興。其
先既無周之后稷。而郊天之配。不先創業之君。乃遠取追尊之祖。此
豈先王之禮而近於人情者哉。今之議者又以祭法禘郊祖宗之禮
言商周非絕嚳。以其自有本統承之。本朝自僖祖以上。世次不可得

知。則必以僖祖為始祖。臣又以謂不然矣。自秦滅學。六經皆被焚棄。
不復為全書。而禮經尤為殘闕。其後漢之諸儒。暢鬻聖人之餘。委曲
加意而編綴之。故多駁雜不經之說。附以鄭康成牽合之言。而聖人
之意益不明。若祭法之禘郊宗祖者。是其一矣。其言曰。商人禘嚳而
郊冥。祖契而宗湯。信斯言也。則禘祭宜無易嚳者。今商頌之長發。大
禘之詩也。其曰。有娀方將。帝立子生商。又曰。玄王桓撥。受小國是達。
受大國是達者。迺專歌述契之功德。一篇之間。了無及嚳之語。則祭
法之言禘嚳者。臣亦未敢取以為信也。雖然就其說而考之。亦自非
大有功德者不可以郊天取配。何則。鯀障洪水。雖跡湮失宜。而禹因
之以成功。身被殛死。故夏人郊之。冥業其官而死於水。故商人郊之。
后稷粒食之功被於萬世。故周人郊之。今未見冥稷之功。而欲同冥
稷之祀。臣竊以為非宜也。漢高之得天下與商周異。故太上皇不得

爲始封。而光武之興。不敢尊舂陵而祖高帝。且景帝唐室始封之君。而元皇帝乃神堯之父。高祖之時。以景皇帝爲配。而太宗之初。已奉高祖於圜丘。景皇帝不得預郊天。其後杜鴻漸等復請以景皇帝郊配天地。黎榦力詰其非禮而正之。夫景皇帝親受唐國之封。且不得配天。則未嘗啓有土宇而欲以爲始祖。臣亦慮其難矣。恭惟太祖皇帝削平禍難。功格上天。百餘年間。天下之人涵泳生養而安樂於無事者。太祖之恩德也。今天下惟知尊奉太祖。而乃欲替其親郊配天之祀。豈厭於人情哉。今議者遂將斥絶唐漢。上法商周。此臣所謂慕古而遺當世之宜者也。太祖皇帝受周禪。僖祖始被追尊。而建隆之郊。配以宣祖。僖祖不得預焉。夫以太宗真宗仁宗英宗之世。未嘗郊配僖祖。而陛下一日隆而祀之。蓋有所隆者。未有所替。今使太祖之禮有替於四宗之時。此豈孝思之心哉。此臣所謂因文而失治情之

實者也。夫非所居而祀之。則神有所不受。非所宜而配之。則天有所不饗。所謂郊而配天者。以天於萬物。其德不可形容。故人君之大有功德被生靈而施後世者。謂是以配之而已。今僖祖之德不昭見於生民。不明被於後世。迺欲以齊后稷之廟。當始祖之禮。臣恐僖祖之神非所居而不受。上帝之靈非所配而不饗。非陛下所以尊祖事天之意也。陛下爲太祖子孫。繼太祖基業。據南面之尊而饗四海九州之奉。皆太祖皇帝之所授也。則今日之所尊事。宜莫加於太祖矣。或曰禮別子爲祖。契稷皆帝嚳之子而得姓者。故商周以爲祖而奉之。今宋自僖祖爲始祖。臣曰是又不然也。若以得姓者爲祖。則趙之得姓遠矣。自造父封於趙城。而趙衰始得姓。今若必欲推考其先世。則遂欲上祖趙衰。其可乎。其不可明矣。或又曰今朝廷欲存僖祖爲始祖爾。至於祀天爲配。亦不輕議也。臣曰是不可也。今既以僖祖爲始祖。是必配天。僖祖配天。則太祖之祀替矣。此臣以爲不可者也。或又曰今毁僖祖之廟。藏其主夾室。而下附子孫。可乎。臣曰是亦一室。夾室在西。祧主藏室中。而居順祖之右。固以順矣。蓋非所謂下附子孫之室。而替其尊也。必猶以爲不可者。臣今欲乞特爲僖祖立室。置祧主其中。由太祖而上。親盡迭毁之主。皆藏於僖祖之室。當禘祫之時以僖祖之主權居東向之位。太祖之主順昭穆之列而從之。取其毁廟之主而合食焉。則僖祖之尊自有所伸。此韓愈所謂祖以孫尊。孫以祖屈之義也。以僖祖立廟爲非。則周人別廟以祀姜嫄。不可謂非禮。今以陛下之時。因情立禮。取聖人之制。爲萬世法。不亦美歟。事與商周有殊。禮文從而亦異。此臣所謂先王之禮本人情而損益變正之不同者也。如曰不然。臣恐遺古今之義。逆天人之情。而天地祖宗之神靈有所不饗也。伏惟陛下聰明仁孝。以宗廟重事。恐其於禮有

所乖違。故令下兩制臣寮議。陛下苟以臣言爲可用。伏乞裁自聖斷。如或猶以爲疑。乞送禮院參詳。臣竊惟宗廟祧配。朝廷大禮。反覆思慮。於心有所未安。不敢苟立異說。伏望陛下力加採納。

判太常寺張師顔等議僖祖祧遷奏曰。臣等伏以天下大禮莫重於宗廟。崇孝事神以臨照四海。是以聖王重之。必務極其至當。伏惟僖祖神主祧藏夾室。於禮不順。有司失之矣。宜其輔臣建言明詔訪逮而垂爲萬世法。然議者因其藏主有失。遂欲推爲始祖。臣等敢以此爲議。昔者商周之興。本於契稷。考諸前載。其指有二。曰因其始封也。蒙其功德也。契有大功。始受封國。十有餘世。世世祀不失。至湯而有天下。修其世祀。因其封國舉天下之大而謂之商者。由契。以致之也。稷有大功。始受封國。十有餘世。世世祀不失。至武王而有天下。修其世祀。因其封國舉天下之大而謂之周者。由稷以致之也。然則契稷爲商

周之祖其傳已久其禮素定後世固無得而易之矣舉之為太祖以主廟祀有以盡一時之宜也詩之長發言商家興廢之久歷夏之世其來長遠矣天有成命言后稷已有王命生民思文皆歌后稷之功傳稱禹稷躬稼而有天下不可謂為祖不因功德也後世受命之君功業特起不同先代則親廟迭毀身自為祖鄭康成云夏五廟無太祖自禹與二昭二穆而已唐張薦云夏后以禹始封遂為不遷之祖是也若始封世近上有親廟則始祖上遷而太祖不毀魏祖文帝則處士迭毀晉祖宣帝則征西迭毀唐祖景帝則洪農迭毀此前世祖其始封之君以法契稷之明例也既以法契稷矣則上之親廟不得不毀勢當然也借使魏晉欲不祖武宣而越取處士征西不惟上推世數未知更當及於何人且其如始封何唐有天下因以為法韓愈有言事異商周禮從而變臣等取之矣要之始封世近則親廟不可不

奏議卷之二十　六

立若特以親廟及遠使為始封而抑之則前古未嘗聞也晉琅琊王德文曰七廟之義自由德厚流光饗祀及遠非是為太祖申尊祖之祀其說是也禮天子七廟太祖之遠近不可以必故但云三昭三穆與太祖之廟而七未嘗言親廟之首必為始祖也國家治平四年以僖祖親盡而祧之奉景祐詔書以太祖皇帝為帝者之祖自以別子之故非以有功與封國為輕重是不然也別子之法自謂公子不繼世故子孫為大夫士者祖之百世不遷非天子諸侯之禮也使湯武但為諸侯則尚不祖此別子況天下之君而可用大夫士之法乎若夫禹不先鯀則所謂子雖齊聖不先父食自以正文公之逆祀非尊祖之論也唐仲子陵所謂安知非夏后廟數未足之時而言禹不先鯀邪伏惟宋之為宋由太祖皇帝應天受命首創洪業建大號於天下異乎商周之為商周可知也僖祖雖為聖裔之先而有廟直由太

祖親盡則遷合之正義今欲以有廟之始為說援而進之以為始祖臣等固疑其與契稷異矣使契稷本無功德初不受封引以為據庶其或可若其不然臣等不得判然無疑也故欲必據此論則臣等又有可言者焉蓋三昭三穆是不刊之典一定之論也國初張昭任澈之徒不能遠推隆極之制因緣近比請建四廟遂使天子之禮同諸侯若使廟數備六則更當上推兩世而僖祖次在第三亦不可謂之始祖也若謂世次不可推則斯言也詔旨所不著史臣所不錄歷百餘年莫知當時之實不敢以私意逆推而言也謹按建隆四年親郊崇配不及僖祖開國已來大祭虛其東向斯乃祖宗已行之意也自祖宗已來不以太祖之位易之今而易之恐失祖宗之意矣巍巍太祖如神如天垂祚萬世無以云報奉之以為帝者始祖於禮無不宜者或謂儀禮諸侯及其太祖天子及其始祖之所自出今謂始祖為

奏議卷之二十　七

太祖乃諸侯制也臣等以為遠祖受封子孫世襲親雖盡而廟不毀是謂諸侯及其太祖也若始封之君既以為國之祖矣後世子孫自諸侯而為天子則始祖不易理勢自然是謂天子及其始祖也若必求太微之精神靈之感謂為始祖之所自出將見遷就生說奇譎無已猶失聖人之意矣唐神龍初議云既立七廟須崇始祖而張齊賢云始祖即太祖太祖之外更無始祖此前儒講之熟矣大抵契稷不以功德為祖無必然之論特起之君自為一代之祖無不可之理若乃藏主未順宜必改定蓋夾室者子孫廟之正也或者謂神道尚右失其旨矣然則僖祖之主必有所歸按周禮守祧掌守先公先王之廟祧其廟則有司修除之其祧則守祧黝堊之所謂廟者后稷文武諸廟也祧者所藏先公先王之遷主也先公遷主藏於后稷之廟僖祖猶周之先公也宜有藏主之祧雖無始封遠祖上為之主而先主

之祧不可以闕臣等參詳乞略倣此制築別廟以藏之大祭之歲祀於其室太廟則依舊制虛東向之位郊配之禮仍舊無改事之宜而情之順也魏晉及唐嘗議遠廟之主矣魏鍾繇高堂隆衛臻皆當世名儒並云處上當遷故景初之制三祖不毀其餘四廟親盡則遷一如后稷文武廟祧之禮晉永和中尚書議云周人之王大祖世遠故遷有所歸今晉廟宣帝為主而四祖居之是屈祖從孫也祫祭在上是代太祖也范宣謂可別築一室以居四主四主迭遷則宣帝位正矣自虞喜劉潤書泓王松子蔡謨之徒並同其議唐陳京議請據魏晉舊制改築別廟以藏憲懿鄉冕王諮等七十餘人亦同其說雖卒藏於興聖然本無異於別室也惟顏真卿引蔡謨權東向之一句而不本其改築之議獲議於時此前世之論皆有考據本於經意不敢謂後世之史而一切黜之也記曰禮雖先王未之有可以義起又曰亡於禮者之禮況有前人商榷盡理之論乎或曰夾室非便當為別廟則既正其大節矣合食要皆孝饗之道但以於屬既尊不可寘昭穆之列依准前代祭之別廟得禮之變復何嫌哉云不可分食當合於太廟不惟永虛東向且使下從子孫孰為得失是則僖祖別藏列聖不動神靈安妥情文皆得其於義也合矣恭惟陛下仁孝天成尊事宗廟古之盛王所不逮也臣等學術淺陋討論非長徒能述遵朝廷正失之意別白議者未通之論冀以稱上聖因情制禮之道焉惟陛下幸留神詳擇

熙寧中翰林承旨張方平等議同堂八室廟制已定僖祖當祧合於典禮乃於九月奉安八室神主祧僖祖及后祔英宗罷僖祖諱及文懿皇后忌日五年中書門下言僖祖以上世次不可得而知則僖祖有廟與商周契稷疑無以異今毀其廟而藏主夾室替祖考之尊而祔于子孫殆非所以順祖宗孝心事亡如存之義請以所奏付兩制議取其當者時王安石為相不主祧遷之說故復有是請翰林學士元絳等上議曰自古受命之王既以功德享有天下皆推其本統以尊事其祖故商周以契稷有功於唐虞之際故謂之祖有功若必以有功而為祖則夏后氏不郊鯀矣今太祖受命之初立親廟自僖祖以上世次既不可知則僖祖之為始祖無疑矣儻謂僖祖不當比契稷為始祖是使天下之人不復知尊祖而子孫得以有功加其祖考也傳曰毀廟之主陳于太祖未毀廟之主皆升合食于太祖今遷僖祖之主藏于太祖之室則是四祖祫祭之日皆降而合食也請以僖祖之廟為太祖則合於先王禮意

判太常寺韓維議僖祖廟狀曰准敕准中書門下奏准治平四年閏三月八日敕遷僖祖廟主藏之夾室臣等聞萬物本乎天人本乎祖故先王廟祀之制有疏而無絕有遠而無遺商周之王斷自契稷以下者非絕嚳以上而遺之以其自有本統承之故也若夫尊卑之位先後之序則子孫雖齊聖有功不得以先其祖考天下萬世之通道也竊以本朝自僖祖以上世次不可得而知則僖祖有廟與契稷無以異今毀其廟而藏其主夾室替祖考之尊而下附於子孫殆非所以順祖宗孝心事亡如存之義求之前載雖或有然考合於經乃無成憲因情制禮實在聖時伏惟皇帝陛下仁孝聰明紹天稽古動容周旋惟道之從宗祏重事亦宜博考乞以所奏付之兩制詳議而擇取其當敕旨准今月三日詔中書門下廟祧之制蓋有彝典所以上承先王下法後世朕嗣宅大統寅奉宗祀而世次遷毀禮或未安討論經常屬存弼輔於以佐朕不逮而仰稱祖宗追孝之心朕覽之嬰然敢不祗服宜依所請施行故茲詔示想宜知悉牒奉詔書如前牒

至准諸書者。伏惟覲親之序。以三爲五。以五爲九。上殺下殺旁殺而親畢。聖人制事存送終之禮。皆以此爲限。是衆人之所同也。若其不與衆人同者。則又因事之宜。斷之以義。而爲之節文也。昔先王既有天下。迹其基業之所由起。奉以爲太祖。所以推功美重本始也。蓋王者之祖。有繫天下者矣。諸侯之祖。有繫一國者矣。大夫士之祖。繫其宗而止矣。亦其理勢然也。荀卿曰。王者天太祖。諸侯不敢壞。大夫士有常宗。所以別貴始。貴始。德之本也。蓋有天下之始。若后稷。有一國之始。若周公。大夫士之始。若三桓。所以貴者。配天也。不祧也。有常宗也。此其所以別也。今直以契稷爲本統之祖。則是下同大夫士之禮。非荀卿之所謂別也。或曰。湯文武之去契稷。皆十有餘世。其間子孫衰微奔竄若非一。湯文武之有天下。契稷何與哉。曰。南宮括曰。禹稷躬稼而有天下。孔子曰。君子哉若人。禹之有天下則然矣。稷諸侯也。

而曰有天下何哉。豈非積累功德至文王而興乎。孟子曰。王不待大。湯以七十里。文王以百里。然則小國亦王之所待也。所謂七十里百里者。非契稷所受以遺其子孫之國乎。由是言之。商周所以興。契稷不爲無所與也。則正考父作頌。追道契湯。高宗商所以興。子夏序詩。稱文武之功起於后稷。豈虛語也哉。國語亦曰。契勤商十有四世而興。后稷勤周十有五世而興。穀梁曰。始封必爲祖。南宮适。孟軻。卜子夏。左丘明。穀梁赤。生於周代。其所言皆親聞而見之者。其學問又偶出於孔子。宜若可信。則尊始祖以其功之所起。秦漢諸儒亦有所受之也。後世有天下者。皆特起無所因。故遂爲太祖。所從來久矣。伏惟太祖皇帝孝友仁聖。睿智神武。兵不血刃。坐清大亂。子孫遵業。萬世蒙澤。功德卓然爲宋太祖。無少議者。僖祖雖於太祖高祖也。然仰迹功業。未見其有所因。上尋世系。又不知所以始。若以所事稷契奉之。

竊恐於古無考。而於今有所未安也。臣以爲均之論議。未有以相奪。仍舊便。若夫藏主合食。則歷代常議之矣。然今之廟室與古殊制。古者每廟異宮。今所以奉祖宗者。皆在一堂之上。西夾室猶處順祖之主。考之尊卑之次。似亦無嫌。至于禘祫。自是序昭穆之祭。僖祖東嚮。禮無不順。所謂子雖齊聖。不先父食者也。孔子曰。於其所不知。蓋闕如也。如臣絳等議。非臣所知。臣所以闕而不敢同也。

元豐元年。樞密直學士陳襄論天地合祭爲非禮上奏曰。臣伏承聖意。以天地合祭於圜丘爲非禮之正。詔令更定。臣謹按周禮大司樂。以圜鐘爲宮。冬日至於地上之圜丘。奏之六變。以祀天神。以函鐘爲宮。夏日至於澤中之方丘。奏之八變。以祭地示。夫祀必以冬日至者。以其陽氣來復于上。天之始也。故宮用夾鐘于震之宮。以其帝出乎震也。而謂之圜鐘者。取其形以象天也。三一之變。（圜鐘爲宮。三變。黃鐘爲角。大蔟爲徵。

姑洗爲羽。各一變。）合陽奇之數也。祭必以夏日至者。以其陰氣潛萌于下。地之始也。故宮用林鐘于坤之宮。以其萬物致養于坤也。而謂之函鐘者。取其容以象地也。四二之變。（函鐘爲宮。大蔟爲角。姑洗爲徵。南呂爲羽。各二變。）合陰偶之數也。又大宗伯以禋祀實柴槱燎祀其在天者。而以蒼璧禮之。以血祭貍沈疈辜祭其在地者。而以黃琮禮之。皆所以順其陰陽。辨其時位。倣其形色。而以氣類求之。此二禮之不得不異也。故求諸天而天神降。求諸地而地示出。得以通精誠。以逆福釐。以生烝民。以阜萬物。此百王不易之禮也。去周既遠。先王之法不行。漢元始中。姦臣妄議。不原經意。附會周官大合樂之說。謂當合祭。平帝從而用之。故天地共犢。禮之失自此始矣。由漢歷唐千有餘年之間。而以五月親祠北郊者。唯四帝而已。如魏文帝之太和。周武帝之建德。隋高祖之開皇。唐睿宗之先天。皆希闊一時之舉也。然而隨得隨失。卒無所定。甚之本朝未遑釐正。恭惟陛下恢五聖之述作。舉百王之廢墜。興章法度。囿已比隆先王之時矣。豈襲後世一切之禮乎。是以臣親奉德音。俾正訛舛之禮。首宜正其大者。大者不正而末節雖正無益也。況天地歲祀。今亦不廢。顧惟有司攝事而已。誠未足以上盡聖神恭事之意也。臣以謂既罷合祭。則南北自當別祀。伏請陛下每遇親祀之歲。先以夏至祭地示於方丘。然後以冬日至祀昊天於圜丘。此所謂大者正也。然議者或謂先王之禮。其廢也久。不可復行。古者齋居近。古者致齋路寢儀衛省。用度約。賜予寡。故雖一歲徧祀。而國不費。人不勞。今也齋居遠。儀衛繁。用度廣。賜予多。故雖三歲一郊。而猶或憚之。況一歲兩祀乎。必不獲已。則三年而迭祭。或如後漢以正月上丁祠南郊。禮畢。次北郊。或如南齊以正月上辛祀昊天。次辛瘞后土。不亦可乎。臣竊謂不然。記曰祭不欲疏。疏則怠。夫三年迭祭。則是昊天大神六年始

一親祀。得無已怠乎。記曰大事必順天時。二至之郊。周公之制也。捨是而從後王之失禮。可謂法歟。彼議者徒知苟簡之便。而不睹尊奉之嚴也。伏惟陛下鑒先王已行之明效。舉曠世不講之大儀。約諸司之儀衛。損大農無名之費。使臣得以講求故事。參究禮經。取太常儀注之文。以正其訛謬。稽大駕鹵簿之式。以裁其繁冗。唯以至恭之意對越。大抵以迎至和。以格純嘏。庶成一代之典。以示萬世。

襄知諫院。又上禘祫不廢時祭奏曰。臣等看詳大宗伯之職。曰以肆獻祼享先王。以饋食享先王。以祠春享先王。以禴夏享先王。以嘗秋享先王。以烝冬享先王。則六享並行。而天子禘祫與諸侯異。未嘗廢一時祭。故毛詩傳曰。諸侯夏禘則不礿。秋祫則不嘗。惟天子兼之。孔穎達正義以為天子夏為大祭之禘。不廢時祭之礿。秋為大祭之祫。不廢時祭之嘗。則王禮三年一祫。與其禘享更為時祭。所以別於諸侯。所謂其治辨者其禮具也。國朝沿襲故常。禘祫之月。不行時享。久未釐正。非古之制。伏請每遇禘祫之月。雖已大祭。仍行時享。以嚴天子備禮。所以丕崇祖宗之義。其祫禘雖與時享先後。經無明說。以臣等考之。司尊彝曰。凡四時之間祀追享朝享。祼用虎彝蜼彝。先鄭云。追享朝享。謂禘祫也。在四時之間。故曰間祀。明禘在礿祭。祫在烝祭之間。不在其後也。故後鄭謂天子先祫而後時祭。其郊禮親祠准此。如允臣等所議。乞賜指揮施行。

襄為侍御史。又上祭天用樂奏曰。臣謹按禮祀天以冬日至。取微陽洞開。天之始也。兆於南郊。就陽位也。即上之圜丘。因天事天也。燔燎而升煙。求陽以氣也。玉奠蒼璧。牲幣如其色。肖洪覆之自然也。樂用圜鍾為宮。以其上應房心。有天帝明堂之象也。宮聲三奏。角徵羽各一奏者。合陽奇之數。欲神之聽之也。祭地以夏日至。取陰德潛萌。地

之始也。坎于北郊。從陰義也。就澤中方丘。因地事地也。瘞埋順其性之含藏也。方琮而黃幣。倣形色也。樂用函鍾為宮。以其生於未之氣。未坤位也。宮聲與角徵羽各二奏者。合陰偶之數。所以八變則地示出焉。夫先王求神之意。可謂盡矣。以為天時者。乾坤因之而闔闢。陰陽繫之而消長。鬼神亦由是而判。用出入者也。故作大事必順天時。又擇其位也。為高必因丘陵。為下必因川澤。以至於器幣樂舞。至纖至悉。無不從其類。以此事神。則神無不饗也。漢元始間。亦原禮意附會周官大合樂之文。謂之合祭。後以正月三陽在下。息卦受泰。於是諏上辛之日。合祭天地于南郊。觀其時位與夫器幣樂舞之設。是徒寓地祇於腏食之列。而意不在焉。後漢以正月上丁祠南郊。禮畢。次北郊。下逮南齊。又以正月上辛祠昊天。次辛瘞后土。雖得其位。不得其時。誠不至而禮不專。是亦主為禮天而發耳。竊有一證焉。記曰。御

同於長者雖貳不辭。偶坐不辭。鄭氏曰。盛饌不爲己也。王者事父孝故事天明。事母孝故事地察。豈可以后土富媼之靈。載物無疆之德。而事之僅如偶坐之賓乎。深恐柔祇未之饗也。臣謹再詳儀注合祭天地於一壇之上。其爲非禮明甚。固當改正。然今古異宜。沿革殊致。三歲一郊。漢唐成憲。祖宗以來。莫能易也。今罷合祭。則北郊唯使有司攝事。於理未安。謂宜以親郊之歲。用夏日至。先有事於方澤。蓋祭者薦其時也。近人而親者無如地。取財於地。故先祭以明親親之仁。遠人而尊者無如天。取法於天。故後祠以正尊尊之義。若青城、若張法駕、儀物一從簡易。務稱尚質之意。其扈衛錫與。可於郊賚數中豫給五分之一。或量加特賜。繫自上恩。所貴奉事天地。不失禮意。惟朝廷財幸。

三年。翰林學士張璪論夏至祭地遣冢宰攝事奏曰。臣伏見天地合祭。

議者不一。而臣竊謂陽生於十一月。陰生於五月。則陰陽之生。天地致用之始。先王於是順陰陽之義。以冬日至祀天於地上之圜丘。夏日至祭地於澤中之方丘。以至牲幣器服詩歌樂舞形色度數。莫不倣其象類。故天神地示可得而禮。由此觀之。則夏日祭地於方丘而天子親涖之。此萬世不可易之理也。議者以謂當今萬乘儀衛加倍於古。方盛夏之時不可以躬行。乃欲改用他月。不唯無所據依。又失所以事地順陰之義。必不得已。臣以謂宜即郊祀之歲。於夏至之日盛禮容具樂舞遣冢宰攝事。雖未能皆當於禮。庶幾先王之遺意猶有存焉。

判太常寺陳薦上奏曰。臣竊推議者以天地合祭始於王莽。稽之典禮有所未合。故罷之。臣竊有疑。謹按周頌曰。昊天有成命。郊祀天地也。前漢志載郊祀歌十九章。其七章曰。惟泰元尊。媼神蕃釐。說者曰。泰元。天神也。媼神。地神也。第八章言涓選休成。天地並況。此天地同祀可以槩見。恐非自王莽始也。夫國之大事莫大於天地宗廟之祀。有其舉之莫能廢也。古者祀事皆天子親行。降及後世。事與古異。或因或革。各從其宜。故多遣官攝事。今聖朝郊廟之祭三歲一親行。必先朝饗景靈宮。薦太廟。然後合祭天地於圜丘。蓋參用舊章。得禮之中。而議者又謂親郊之歲。夏至之時不可躬行。宜遣冢宰攝事。而罷冬至天地合祭。臣亦謂夏至方丘之祀。決不可躬行。雖大備禮樂。上公攝祭。亦恐此議未能合古。終不若天地合祭之日。親執圭幣。誠志內盡。禮容外重也。況天子父事天。母事地。既親禮天神而不親禮地祇。質之情文。深恐未安。陛下聰明睿智。聖學深博。古今萬事無一不昭。其本原。其三歲親郊天地合祭之禮。伏乞且循舊制。以昭恭事三神之意。

知太常禮院趙君錫乞惟設昊天上帝一坐奏曰。臣謹按周禮掌次職曰。王大旅上帝。則張氈按。祀五帝。則設大次小次。又司服職曰。祀昊天上帝。則服大裘而冕。祀五帝亦如之。明上帝與五帝異矣。則孝經所謂宗祀文王於明堂以配上帝者。非可兼五帝也。考之易詩書所稱上帝非一。易曰。先王作樂崇德。薦之上帝。以配祖考。詩曰。昭事上帝。聿懷多福。又曰。上帝是祇。書曰。以昭受上帝。天其申命用休。又曰。惟皇上帝降衷于下民。如此類者。豈可皆以五帝而言之。自鄭氏之學興。乃有六天之說。而事非經見。至晉泰始初。論者始以爲非。遂於明堂設昊天上帝一坐而已。唐顯慶禮亦止祀昊天上帝於明堂。今大饗在近。議者猶以謂上帝可以及五帝。臣等請如聖詔。祀英宗皇帝於明堂。惟以配上帝。至誠精禋。以稱皇帝嚴父之意。

四年。詳定郊廟奉祀禮文陸佃上議曰。臣看詳冕服有六。而周官弁師古掌王之五冕。則大裘與衮同冕矣。故禮記曰。郊之日。王被衮以象天。戴冕璪十有二旒。則天數也。又曰。服之襲也。充美也。禮不盛。服不充。是故大裘不裼。此明王服大裘。以衮衣襲之也。先儒或謂周祀天地。皆服大裘。而大裘之冕無旒。非是矣。蓋古者裘不徒服。則其上必皆有衣。故曰。緇衣羔裘。黃衣狐裘。素衣麑裘。如郊祀徒服大裘。則是表裘以見天地。表裘不入公門。而乃欲以見天地。可乎。且先王之服。冬裘夏葛。以適寒暑。蓋未有能易之者也。郊祀天地。有裘無衮。則夏祀赤帝。與夏至日郊祭地示。亦將被裘乎。然則王者冬祀昊天上帝。中裘而表衮。明矣。至於夏祀天神地示。則去裘服衮。以順時序。周官曰。凡四時之祭祀。以宜服之。明夏必不衣裘也。或曰。王被衮以象天。此魯禮也。臣以為記曰。周之始郊。日以至。王被衮以象天。則豈得以為魯哉。或曰。祭天尚質。故徒服大裘。王被衮。則非所以尚質。臣以為謂之尚質。則明有所尚而已。不皆用質也。如蒼璧以禮天。黃琮以禮地。旂十有二旒。龍章設日月。此豈用質也哉。故曰。祭天掃地而祭焉。於其質而已矣。牲用騂。尚赤也。用犢。貴誠也。王被衮以象天。戴冕璪十有二旒。則天數也。旂十有二旒。龍章而設日月。以象天也。夫理豈一端而已。亦各有所當也。今欲冬至禋祀昊天上帝。服裘被衮。其餘祀天及祠地。亦並請服衮去裘。各以其宜服之。如允臣所議。乞賜施行。

佃又上昭穆議曰。臣伏覩中書省批送下張璪何洵直所論宗廟昭穆。欲以宣祖為昭。翼祖為穆。真宗為昭。太祖太宗為穆。英宗為昭。仁宗為穆。尊卑失序。非禮意也。竊謂昭穆者。父子之號。昭以明下為義。穆以恭上為義。方其為父則稱昭。取其昭以明下也。方其為子則稱穆。取其穆以恭上也。豈可膠哉。謹按祭法曰。去祧為壇。去壇為墠。議者以為壇立於右。墠立於左。臣以周制言之。太王親盡。去右壇為墠。王季親盡。去左祧為壇。左右遷徙無嫌。則洵直謂昭常為昭。穆常為穆。左者不可遷於右。右者不可遷於左之說。非矣。璪謂四時常祀。各於其廟。不偶坐而相臨。武王進居王季之位。而不嫌尊於文王。及乎合食於祖。則王季文王更為昭穆。不可謂無尊卑之序。臣竊以為古者合食。毀廟之主有不皆祫者。則璪之說非矣。大傳曰。大夫士有大事。省於其君。干祫及其高祖。干者。與也。言大夫士本無祫祭。唯其有功善於其君。進使干祫。則毀廟之主不皆合食。特自高祖而已。假令大夫昭穆以世次計。曾祖適為昭。高祖適為穆。父適為昭。祖適為穆。同時合食。則將偶坐而相臨。義不得以卑而踰尊。則璪等將令昭常為昭。穆常為穆乎。如此。則曾祖居尊。高祖居卑。父居尊。祖居卑矣。非所謂父昭子穆。昭以明下。穆以恭上之義。許慎曰。父為昭。南面。子為穆。北面。大夫干祫。若使曾祖復為昭。高祖更為穆。則是子為昭。南面。父為穆。北面。大傳曰。旁治兄弟。合族以食。序以昭穆。則是生而居處同室。合食亦序昭穆。假令甲於上世之次為昭。令同堂合食。實屬父行。乙於上世之次為穆。令同堂合食。實屬子行。而偶坐相臨。則甲宜為昭。乙宜為穆。豈可遠引千歲以來世次。復令甲居右穆。乙居左昭。柰同堂父子合食之序乎。璪又謂既為昭矣。又有時而為穆。是亂昭穆之名。臣竊以為昭穆。父子之號耳。苟為昭者不復為穆。為穆者不復為昭。則是昔嘗事父為之子者。今雖有子。不得為父。苟復為父。則以為是亂父子之名。可乎。祭法曰。天子立七廟。曰考廟。曰王考廟。曰皇考廟。曰顯考廟。有二祧焉。則天子立廟。自親始矣。初立考廟。於是立王考廟。其次立皇考廟。又其次立顯考廟。猶以為未也。於是立二祧焉。與太祖之廟而七。顯考廟。王考廟。與左祧為昭。皇考廟。考廟。與右祧為穆。所謂三昭三穆。如曰成王之世。武王為昭。文王為穆。則武為父。不入考廟。而入王考廟矣。故臣竊謂八廟之制。當以僖祖居中。翼祖為昭。宣祖為穆。太祖太宗為昭。真宗為穆。仁宗入王考廟為昭。英宗入考廟為穆。是為父昭子穆。稱情順理。尊卑協序。而議者蔽於所見。與臣未同。伏乞斷自聖學。一正羣議。不勝幸甚。

佃又上廟祭議曰。臣攷古度今。詳定八廟之祭。廟各三獻。同日而畢。蓋約其禮務為可行。欲以施於春祠而已。至於夏礿秋嘗冬烝。當如古制合食于祖。蓋古有宗廟之事。一日而畢。止於祫祭。餘祀廟各一日。少牢饋食禮曰。來日丁亥。用薦歲事于皇祖伯某。以某妃配。則是丁亥一日纔祭祖妣而已。賈公彥謂大夫三廟。少牢雖日止於丁亥。則明祭無尊卑。廟數多少。皆同日而畢設矣。蓋祭祀卜日。卜其首日而已。若大夫丁亥有事于祖廟。則其昭廟以戊子祭。穆廟以己丑祭。

理宜然也。且大夫室事不祼。又無朝踐之事。其禮固畧矣。然而為腥饋熟。品其籩豆。奉其尊彝。修其簠簋。遷其鼎俎。陳其巾冪。升降進退。侑尸獻酬。賓主百拜。餕徹之序。品節衆多。假令逮闇而祭。繼之以燭。奔走趨事。三廟一日而徧。則雖有强力之人。不能支矣。又況天子禮具樂備。品節之多乎。然則先王之時。各祠其廟。無有一日而畢者也。謹按王制曰。天子犆礿。祫禘。祫嘗。祫烝。諸侯礿犆。禘一犆一祫。嘗祫烝祫。鄭氏謂天子言犆礿。諸侯言礿犆。互明其文。則天子言祫嘗祫烝。諸侯言嘗祫烝祫。亦互明而已也。然則古者天子七廟。四時之祭。春祠各於其廟。而夏礿秋嘗冬烝。則三昭三穆皆升合食于祖。故用旅酬六尸。而仲尼燕居曰。嘗禘之禮。所以仁昭穆也。若夫諸侯春亦犆礿。烝嘗皆祫于祖。而禘則一年犆。一年祫。下天子也。明堂位曰。夏礿秋嘗冬烝。天子之祭也。夫礿祠烝嘗。諸侯類有之。今魯更以為王禮。又不言春祠者。春祠特祭。天子諸侯同故也。其夏礿秋嘗冬烝。則天子與諸侯異。故曰諸侯礿則不禘。禘則不嘗。嘗則不烝。烝則不礿。又曰禘一犆一祫。由是觀之。雖周春祠特祭。而三時亦祫。非特夏商之制。雖然。天子時祫。纔及未毀廟之主而已。至於三年一祫。於是毀廟之主皆合食于太祖。故謂之大祫。言大。以有小故也。按文公二年八月丁卯。大事于太廟。公羊曰。大事者何。大祫也。毀廟之主陳于太祖。未毀廟之主皆升合食於太祖。穀梁亦謂大事者何。大是事也。著祫嘗。蓋著猶別也。三年一祫。大於祫嘗。祫嘗。秋祭也。今魯合祠太廟。亦以秋祫。故言大以別之也。且天子七廟。日祭月祀各就其廟。三時皆合食于祖。其毀廟之主。則三年然後大祫。亦禮之殺也。由是觀之。先王之祭有祫。又有大祫明矣。此自漢以來。論者未之知也。陛下聖學高妙。德蹈堯禹。以操為驗。以稽為決。復千歲之墜典。實在聖時。今欲

八廟既享春祠各就其廟。而夏礿秋嘗冬烝皆升合食于祖。既應典禮。又與舊儀四時八室並饗少近。獨為合古之制。宜若可行。亦其七廟之主會於祖廟。委虵從祀。優而不迫。威禮大興。得以備舉。如允臣所議。乞下有司參定儀注施行。

佃又上先灌議曰。臣看詳陽祀自煙始。陰祀自血始。宗廟之饗自灌鬯始。灌鬯所以求之。然後作樂以致其神。今儀注先作樂。後灌鬯。非禮之正。說者或謂祭祀宜先作樂以降其神。然後灌鬯。蓋所以祭之也。臣竊以為不然。宗廟之祭。灌鬯以求諸陰。焫蕭以求諸陽。猶以為未也。故又詔祝於室。坐尸於堂。詔祝於室。求之內也。坐尸於堂。求之外也。猶以為未也。故又納牲於庭。升首於室。納牲於庭。求之下也。升首於室。求之上也。猶以為未也。故又直祭祝于主。索祭祝于祊。直祭祝于主。求之近也。索祭祝于祊。求之遠也。猶以為未也。明日於是又

有縡祭焉。蓋孝子不知神之所在於彼乎於此乎。是以求之如此其至也。禮器曰。納牲詔於庭。血毛詔於室。羹定詔於堂。三詔皆不同位。蓋道求之而未之得也。由是觀之。祭者孝子之所以自致其誠也。故齋必見其所祭者。而求神不於一處。或以祼。或以樂。或在廟。或在饋食。或在明日之繹。無所不至。豈所謂奏樂獨能致之。宜先於灌。而自灌而後皆祭之而已也。謹按大宗伯曰。以六玉禮天地四方。牲幣各放其器之色。鄭氏云。禮謂告神時薦於神坐。書曰。周公植璧秉圭是也。蓋凡樂圜鍾為宮。冬日至。於地上之圜丘奏之。若樂六變。則天神皆降。可得而禮矣。凡樂函鍾為宮。夏日至。於地中之方丘奏之。若樂八變。則地示皆出。可得而禮矣。凡樂黃鍾為宮。於宗廟之中奏之。若樂九變。則人鬼可得而禮矣。禮。謂告神時以六玉與牲幣禮之。則禮神固在灌鬯之後。奏樂不得在其先矣。經曰。殷人尚聲。臭味未成。

滌蕩其聲。樂三闋。然後出迎牲。聲音之號。所以詔告於天地之間也。周人尚臭。灌用鬯臭。既灌。然後迎牲。致陰氣也。殷人先求諸陰。今宗廟祀事文物大備。放周之盛。而說者或欲更用商人尚聲之說。先樂而後灌。臣亦以為不然。蓋商人先求諸陽。故焫蕭在前。灌鬯在後。周人先求諸陰。故灌鬯在前。焫蕭在後。經曰。二端既立。報以二禮。建設朝事。燔燎羶薌。見以蕭光。以報氣也。薦黍稷。羞肝肺首心。見以俠甒。加以鬱鬯。以報魄也。凡此灌鬯在焫蕭後。蓋商禮也。又曰。鬱合鬯臭。陰達於淵泉。蕭合黍稷。陽達於牆屋。凡此焫蕭在灌鬯後。蓋周禮也。說者如欲更用商人祭地尚聲之說。則焫蕭當在前。灌鬯當在後矣。宗廟儀注。緣習故常。所宜講正。當矣。何獨先樂後灌不可改也。且既灌。於是奏九變之樂。以致其神。非特應禮易行。又其舊無朝踐之獻。今既增置此禮。而未有樂焉。以灌獻舊樂移之朝事。蓋兩得之。如允

臣所議。乞更儀注。庶協典禮。

神宗時。彭汝礪上南北郊合祭議曰。臣准勅節文。與兩制尚書侍郎等集議南北郊合祭事。是非蓋有定。以入焉之誠。竊不自勝。嘗恐緣諸儒一偏之說。累國家莫大之禮。廢朝廷已行之命。輒殫悃悰。庶裨萬一。惟陛下裁幸。右臣聞禮者體也。體不備。君子謂之不成人。設之不當。猶不備也。故先王之交於神明也。既祭之以禮。又求之以類。其時日。牲幣。器服。聲音。顏色。無或非其類。有或非其類。謂之非禮。非禮之祭。鬼神不饗。此其言似迂緩而難知。然其理甚切至而必驗。臣謹以一事明之。春為陽。故以正月迎於東郊。秋為陰。故以七月迎於西郊。使迎春則在西郊而用秋之時。迎秋則在東郊而用春之時。雖樵夫野叟猶怪以駭。而況於鬼神乎。夫天之與人。非有異也。今應祭方澤也。而合於圜丘。應用夏至也。而用冬至。蓋何以異此。夫前日之議論

非是。行之而不至。安便昔人蓋有變之者矣。先皇帝欽若稽古。承順天心。罷黜邪說。是正太常。行之歷年。中外禔福。聖作明述。神明所憑。今何疑何恤而欲紛更之也。家人小祀尚慎廢舉。天地重大。豈容輕議。臣聞之。神無常饗。饗于至誠。天無私親。親于有德。朝廷誠能富民阜財。明道崇義。致帝者之用。成天地之化。使粒食之民。昊也。粲也。則上帝是祐。而諸福之物皆可畢致。務改祀命。實非所願。惟朝廷慎之重之。反復之。務求至當。以稱先帝所以尊奉聖靈之意焉。又曰。合祭之議。臣等謂不可者二十二人。謂可者八人。揚子曰。人各是其所是。非其所非。將誰使正之。曰。萬物紛錯。則占諸天。衆言淆亂。則折諸聖。在則人。亡則書。周禮聖人之言也。合祭肇於漢末時。其言甚不經。朝廷制度考文。方告之宗廟。行之天地。布之天下。以憲萬世。或委聖言而徒不經不可也。或曰。合祭歷世行之。莫之改也。夫莫之改者猶行

之不可也。先帝既改之善矣，欲變之，不可也。或曰：親祠未能，且從合祭可乎？曰：親祠非不可行，以有事而攝焉，亦禮也；合祭非禮也。舍禮不用而從非禮，不可也。夫規矩誠設，不可欺以方圓；繩墨誠陳，不可欺以曲直。今議祭祀而不從禮，議禮而不從經，則是非並起，終無所歸。是猶舍規矩而察方圓，舍繩墨而觀曲直，不可也。先帝留意經術，曲折皆有稽據，固非羣臣所能窺見高下小大。惟太皇太后陛下、皇帝陛下明詔執事，質於衆是，無從一偏之論，決於大公，無安頓從之說。如此，則是非可決而經正矣。

孫洙上奏曰：臣嘗考《洪範》五行傳曰：簡宗廟，廢祭祀，則水不潤下。國家比年以來，京師仍歲大水，百川暴溢，變異甚大。臣伏思之，竊恐陛下承事宗廟之禮，及四時之祭，有未合古制者也。臣聞古者宗廟四時之祭，礿祠烝嘗，禘祫皆天子所自親享，不使有司攝事也。蓋聖人

內自竭盡以承其親者，惟祭。祭非自外至，由中出，生於心也。古者宗廟之祭，君親牽牲，執鸞刀以割，冕而總干，以樂皇尸，其躬自力以致其誠心如此之盡一也。及周衰，禮壞樂崩，典籍皆滅棄。漢興，草創禮之存者才一二三事，而宗廟之禮蓋闕如也。然猶四時車駕間出享廟，及八月飲酎，以盡孝思。繼漢而下，荒乎無以禮樂爲也。唐之盛時可以制作矣，而宗廟之祀亦踵習舊常。開元之禮，雖有天子四時親享太廟之制，而行之蓋闕。帝王之親享廟者，一世不過再三焉，豈三代祭法終不可復也，而百世莫之相循而失也。今國家宗廟之事，每歲四孟及季冬凡五享，三年一祫，五年一禘，皆有司侍祀，而天子未嘗親事也。唯二歲親郊，一行告廟之禮而已。而五神御殿酌獻，一歲徧焉，是失禮經之意，而相循近世之失也。夫四時宗廟之祭，大事也；神御別殿酌獻，小禮也。大事不正其本而委之有司，小禮煩而車駕數出，不合禮意矣。夫王者卜宅都邑，營建神位，而左立七廟，誠宜世世子孫嚴祗而奉承之，瞻視梁棟而時思之，以永念王業之艱難也。今春秋薦饗之盛，禘祫昭穆之序，禮之最所重者，一諉於祠官矣，而神御酌獻，三歲告謁，禮之輕者，而天子躬焉，非嚴祖尊考之義也，非事神訓民之意也。嗚呼！宗廟之事，王者不自親，由漢氏以來失之矣，而百世之君曾不知復也。陛下起百王之廢典，紹三代之墜禮，使大孝塞乎天地而橫乎四海，又以答塞《洪範》傳大水之異，何則四時親享廟，前世未有行者，由陛下而立制，使萬世子孫承之，是天下之盛福也。

王安禮論明堂配帝第一劄子曰：臣伏觀詔書，將來祀英宗皇帝於明堂，惟以配昊天上帝，餘從祀羣神悉罷。以臣所聞，郊祀后稷以配天，宗祀文王於明堂以配上帝。蓋圜丘則偏及於天之羣神，明堂則

弗徧也，祭上帝而已。所謂上帝者，則昊天上帝與五帝是也。何以知之？肆師之職，既曰類造上帝，又曰封于大神，則是以上帝兼及五帝，故又以大神別之也。司服之職，祀昊天上帝則服大裘而冕，祀五帝亦如之。若上帝專謂昊天上帝，則何故不止曰祀上帝，又加以昊天者何也？由此觀之，則上帝之不專爲昊天上帝明矣。以《周官》一書考之，其別於五帝則稱昊天上帝，其別於昊天上帝則稱五帝，其合昊天上帝與五帝而並則稱上帝。前後參驗，無一不合於此者。蓋自昔言禮者皆以明堂專祭五帝，不及昊天上帝。康成之徒既已乖謬，歷代沿襲。朝廷方欲是正典禮，以革前世之弊，雖祀昊天上帝，而今又悉廢五帝之祀，則是其失與前世等也。記曰：凡祭有其舉之，莫敢廢也。接神之際，其謹如此，況於輕絕五帝之饗，違經變古，著一代非禮之舉，夫孰大焉？方陛下祗畏天戒，此事尤宜加審。伏望聖慈以臣所

言。廣延博聞強識之士，更賜論議。

第二劄子曰：

臣近曾論列明堂配帝事，竊聞禮官所定，有與臣言不同者。朝廷已從其議。緣臣所陳，並因周禮正經，前後參驗，皆有稽據。不知禮官復用何說，欲變易此論。伏以陛下講希闊之典，追合先王宗祀嚴配之意。此甚盛莫大之事也。今欲除前世久行之繆，必須當義中禮，然後上帝居歆。時罔時怨，理或未安，悔將何及。此臣所以夙夜惓惓，忘冒昧之誅，不能自已者。伏望聖慈以臣所論付兩制近臣與太常禮官，令以所見異同，各據經旨，具議狀聞奏，陛下擇其可否。

第三劄子曰：

臣近因請對，曾再論列配帝事。伏聞聖論，臣以迫於日旰，未盡所陳。今輒敢援引古義，荐瀆宸聽。周禮掌次：王大旅上帝，則張氈案，設皇邸。朝日祀五帝，則張大次小次，設重帟重案。肆師類造上帝，封于大神。蓋大旅上帝者，以上帝兼昊天，故下文以五帝別之，則掌次所謂張大次小次，設重帟重案者，專為五帝而言也。類造上帝者，以上帝兼五帝，故下文以大神別之，則肆師所謂封者，專為昊天而言也。掌次設文，正與肆師互相發明，則上帝兼昊天與五帝，尤為明白矣。其謂之昊天上帝者何也？夏曰昊天，氣之主也，而所御者萬物相見之時。易曰：帝出乎震，齊乎巽，相見乎離。又曰：離也者，明也，萬物皆相見，南方之卦也。蓋帝體物者也，萬物皆相見，而帝亦於是與萬物相見，故兆昊天於南郊，以禋祀祀之也。其謂之大神者何也？神之為神，無乎不在。在地則維嶽降神，由祖有神之類是也。在人則乃聖乃神，聖而不可知之謂神之類是也。在鬼則神保是饗，神具醉止之類是也。此以道言之也。地則謂之示，人則謂之鬼，唯天則謂之神者，此以禮

言之也。禮者，所以無加損焉，正其名而已矣。故周禮一書，在天者皆謂之神。唯昊天者則謂之大神，若地示人鬼，則無有謂之神者。蓋以正名為書，則不得不爾。雖與他經所稱不同，其理一也。故其稱昊天上帝也，五帝也，亦各正其名已。至於郊祀國祀之說，臣已粗陳大略矣。臣智識淺昧，學術無取，被蒙聖問，不敢不盡其說，干冒天威，死有餘恐。唯陛下斷其可否。不勝大幸。

宇文昌齡為太常少卿，詔議郊祀合祭，論者不一。昌齡曰：天地之數，以高卑則異位，以禮制則異宜，以樂舞則異數，至於衣服之章，器用之具，日至之時，皆有辨而不亂。夫祀者，自有以感於無，自實以通於虛。必以類應類，以氣合氣，合然後可以得而親，可以冀其格。今祭地於圜丘，以氣則非所合，以類則非所應，而求高厚之來享，不亦難乎。後竟用其議。

神宗嘗詢天地合祭是非。知諫院黃履對曰：國朝之制，冬至祭天圜丘，夏至祭地方澤，每歲行之，皆合於古。猶以有司攝事，未足以盡於是，三歲一郊而親行之。所謂因時制宜者也，雖施之方今，為不可易。惟合祭之非，在所當正。然今日禮文之失，非獨此也。願救有司正羣祀，為一代損益之制。詔置局詳定，命履董之，北郊之議遂定。

歷代名臣奏議卷之二十

歷代名臣奏議卷之二十一

郊廟

宋神宗時傅堯俞出知昇州陛辭上殿劄子曰臣忝經任使逮事昭陵恭惟仁宗皇帝享國肆拾餘年纔五十餘歲以神器大寶付昇先皇雖大統不屬必歸傍宗而雅意所存卓在英廟追念恩德豈有量哉陛下孝誠貫徹天地所以論報之心無不至者然臣猶有區區欲效塵露望陛下赦其迂愚而採其悃愊則不勝大願臣聞諸禮經有廟祏之制祖功宗德皆萬世不祧竊惟仁宗可謂至德陛下聖文天縱過絶古今顧因闡宴舊揚神筆沛為德音深詔執事俾仁廟一室與藝祖太宗並為百代不遷之主既以意示子孫又以感通上下天人交歡必有祥應前歲陛下手詔中書門下考太祖之籍取屬近而行尊者一人裂地而王之且許其世世勿復絶也當是時天下聞者

莫不感咽抃蹈以懷陛下之仁如親被大賜陛下誠能取臣之言一告中外如士民不鼓舞感抃者臣不敢辭罔上之誅經曰聖人感人心而天下和平乞略留聖意

太常禮院主簿楊傑上禘祫合正位序議曰中書劄子奉聖旨修定太廟祀儀續准近制奉僖祖為太廟始祖所有禘祫神主合正位序檢會禘祫舊儀於殿室外設昭穆之位僖祖翼祖太祖太宗仁宗及諸室后主共四十位俱南嚮順祖宣祖真宗英宗及諸室后主共十位俱北嚮所有禮樂之器多陳設於堂之上下而皆在北嚮神主之後質之典禮參以人情竊恐未順謹按禮記周禮經傳及爾雅通典禘祫志三禮義宗所載禘祫昭穆蓋有室中堂上之别古者宗廟異宫各有堂室戶近東祏主在西其在始祖后稷廟室則后稷東向其為昭者皆南向其為穆者皆北向在太祖文王廟室文王東向以率先王之穆穆皆北向在太宗武王廟室則武王東向以率先王之昭昭皆南向各就其室祼酌饋獻此所謂室中之位也及其迎之出戶射牲燔燎朝事朝踐則后稷文王武王皆南向先王先公其為昭者皆西向其為穆者皆東向此所謂堂上之位也遇祫祭則先王先公合食于后稷之廟

傑又奏請四皇后廟升祔狀曰臣先曾上言伏為皇后廟四室第一室孝惠皇后賀氏第二室孝章皇后宋氏第三室淑德皇后尹氏第四室章懷皇后潘氏孝惠皇后太祖首納之后也淑德皇后太宗首納之后也章懷皇后真宗首納之后也並遇初潛嬪于帝室正位乎内王化所基生享禮封後行追冊孝章皇后在太宗之朝已母儀天下及太宗即位號曰開寶皇后以上四后順德徽音見於形史奉安别廟薦享有常升祔之儀久而未講每遇禘祫則遷神主設席於太

廟本位帝王后主之次雖云合食其實異牢禮意人情有所未盡或者以謂孝惠淑德章懷三后生無尊稱殁加盛禮難以升祔太廟臣謹按國朝會要禮閣新編所載懿德皇后符氏開寶八年崩亦在太宗登極之前至太平興國三年方行追冊今已升祔太宗廟室況又孝章皇后在太祖之朝已正中壼而母儀天下乎伏請比用懿德皇后禮例升孝惠皇后孝章皇后祔于太祖皇帝廟室升章懷皇后祔于真宗皇帝廟室所貴嚴升配正始人倫推廣孝思風化天下奏入巳久未蒙付外施行今伏見慈聖光獻太皇太后上僊山陵有日陛下以嫡孫號慕過哀外示易月之文而實遵三年之制謂園陵有所譏抑故隆以因山謂謚法未足形容故增以四字權宜祥禫之服卻而不御公卿羣臣表章七上而始得瞻望吏朝又表章五上然後勉從正殿之請每降手詔發揚太皇太后仁聖功業莫不出於至誠感

動天地自載籍以來天子孝德未有過於今日也將來九虞禮畢則崇配于仁宗廟室臣愚不避誅殛再敢上瀆天聽伏乞陛下擴充不匱之心等而上之至于祖宗后廟因慈聖光獻崇配之日升孝惠孝章淑德章懷四后神主祔于太祖太宗真宗祏室斷天下之大疑正宗廟之大法以垂永久不勝至願其升祔昭穆准淳化元年勑宜依舊懿德皇后在淑德皇后之上又咸平三年勑孝章皇后宜在孝惠皇后之下又祥符五年勑禘祫之日孝惠孝章淑德三皇后神主祔饗於太祖太宗本室次於正主又祥符六年言者請以元德皇后神主升祔在懿德皇后之上真宗詔曰載念尊親蓋惟極致在乎陟降非敢措辭惟以祔廟之歲時用為合享之次序宜恭以元德皇后神主祔于明德皇后之次至慶曆五年言者請以章懿皇后序於章穆章獻皇后之上仁宗詔曰祗覽祥符之詔深原文考之旨極意尊親

之際重形陟降之辭故以祔廟之歲時用為合享之次序義無差別情無重輕恭依禮官所議奉章獻皇后章懿皇后序於章穆之次是致慶曆祀儀凡行禘祫皇后廟神主並設席於太廟本位帝王后主之次永萬世不易之典也如蒙允臣所請其升祔昭穆即乞依三朝詔旨及慶曆祀儀熙寧祀儀施行謹具奏聞

哲宗元祐元年右正言朱光庭論配帝及從祀之神奏曰臣謹按周頌我將祀文王於明堂也我將我享維羊維牛維天其右之孝經曰孝莫大於嚴父嚴父莫大於配天則周公其人也昔者周公郊祀后稷以配天宗祀文王於明堂以配上帝臣詳二經之文皆為明堂而言也在我將之頌言天而不言上帝孝經稱嚴父莫大於配天又曰配上帝又按郊特牲曰萬物本天人本乎祖禮所以配上帝也郊之祭也大報本反始也由是言之則天之與上帝一也推本始而祭之則冬至萬物之始也故於是日祀天尊祖以配之推成功而祭之則季秋萬物之成也故於是月祀上帝嚴父以配之祖配本始之祭而父配成功之祭其理然也自漢以來論明堂者衆矣臣竊究周頌孝經郊特牲之文天之與上帝既一則從祀之神不當有異緣郊與明堂皆三年一大祭也但內外配祖考為異爾又大司樂曰樂六變則天神皆降則從祀之神固無疑矣臣伏請將來九月宗祀神宗皇帝于明堂以配上帝天神宜悉從祀不惟正大享之禮蓋以隆配父之道也伏望朝廷因此大祀特下有司考正以為萬世法

六月朝奉郎試中書舍人蘇軾同孫永李常韓忠彥王存鄧溫伯劉摯陸佃傅堯俞趙瞻趙彥若崔台符王克臣謝景溫胡宗愈孫覺范百祿鮮于侁梁燾顏臨何洵直孔文仲范祖禹辛公祐呂希純周秩顏復江公著狀奏近准敕節文中書省尚書省送到禮部狀本部勘

會英宗配享功臣係神主祔廟後降敕以韓琦曾公亮配享所有神宗皇帝神主祔廟所議配享功臣今乞待制以上及秘書省長貳著作與禮部郎官并太常寺博士以上同議奉聖旨依右臣等謹按商書茲予大享于先王爾祖其從與享之周官凡有功者名書于王之太常祭于大烝司勳詔之國朝祖宗以來皆以名臣侑食清廟歷選勳德實難其人神宗皇帝以上聖之資恢累聖之業尊禮故老共圖大治輔相之臣有若司徒贈太尉謚文忠富弼秉心直諒操術閎遠歷事三世訏安宗社熙寧訪落眷遇特隆匪躬正色進退以道愛君之志雖沒不忘以配享神宗皇帝廟庭實為宜稱

七年十一月龍圖閣學士蘇軾上奏曰臣謹按漢成帝郊祠甘泉泰時汾陰后土而趙昭儀常從在屬車間時揚雄待詔承明奏賦以諷其畧曰想西王母欣然而上壽兮屏玉女而卻虛妃言婦女不當與

齋祠之間也。臣今備位夏官。職在鹵簿。准故事郊祀既成。乘輿還齋宮改服通天冠絳紗袍。教坊鈞容作樂還內。然後后妃之屬中道迎謁。已非典禮。而況方當祀事未畢。而中宮掖庭得在勾陳豹尾之間乎。竊見二聖崇奉大祀。嚴恭寅畏。度越古今。四方來觀。莫不悅服。今車駕方宿齋太廟。而內中車子不避仗衛。爭道亂行。臣愚竊恐於觀望有損。不敢不奏。乞賜約束。仍乞取問隨行合干勾當人施行。

八年。軾為端明殿學士又上奏曰。臣伏見九月二十二日詔書節文。侯郊禮畢。集官詳議祠皇地祇事。及郊祀之歲。廟饗典禮聞奏者。臣恭覩陛下近者至日親祀郊廟。神祇饗答。實蒙休應。然則圜丘合祭。允當天地之心。不宜復有改更。臣竊惟議者欲變祖宗之舊。圜丘祀天而不祀地。不過以謂冬至祀天於南郊。陽時陽位也。夏至祀地於北郊。陰時陰位也。以類求神。則陽時陽位不可以求陰也。是大不然。冬至南郊既祀上帝。則天地百神莫不從也。古者秋分夕月於西郊。亦可謂陰位矣。至於從祀上帝。則以冬至而祀月於南郊。議者不以為疑。今皇地祇亦從上帝而合祭於圜丘。獨以為不可。則過矣。書曰。肆類于上帝。禋于六宗。望於山川。徧于羣神。舜之受禪也。自上帝六宗山川羣神莫不畢告。而獨不告地祇。豈有此理哉。武王克商。庚戌柴望。柴。祭上帝也。望。祭山川也。一日之間。自上帝而及山川。必無南北郊之別也。而獨略地祇。豈有此理哉。臣以知古者祀上帝則并祀地祇矣。何以明之。詩之序曰。昊天有成命。郊祀天地也。此乃合祭天地經之明文。而說者乃以比之豐年秋冬報也。曰。秋冬各報。而皆歌豐年。則天地各祀而皆歌昊天有成命也。是大不然。豐年之詩曰。豐年多黍多稌。亦有高廩。萬億及秭。為酒為醴。烝畀祖妣。以洽百禮。降福孔皆。歌於秋可也。歌於冬亦可也。昊天有成命之詩曰。昊天有成命。

二后受之。成王不敢康。夙夜基命宥密。於緝熙。單厥心。肆其靖之。終篇言天而不及地。頌所以告神明也。未有歌其所不祭。祭其所不歌也。今祭地於北郊。歌天而不歌地。豈有此理也。臣以此知周之世祀上帝則地祇在焉。歌天而不歌地。所以尊上帝。故其序曰。郊祀天地也。春秋書不郊。猶三望。左氏傳曰。望。郊之細也。說者曰。三望。太山河海。或曰淮海也。又或曰分野之星及山川也。魯。諸侯也。故郊之細及其分野山川而已。周有天下。則郊之細獨不及五嶽四瀆乎。嶽瀆猶得從祀。而地祇獨不得合祭乎。秦燔詩書。經籍散亡。學者各以意推類而已。王鄭賈服之流。未必皆得其真。臣以詩書春秋考之。則天地合祭久矣。議者乃謂合祭天地始於王莽。以為不足法。臣竊謂禮當論其是非。不當以人廢。光武皇帝親誅莽者也。尚采用元始合祭故事。謹按後漢書郊祀志。建武二年。初制郊兆於洛陽。為圓壇八陛。中又為重壇。天地位其上。皆南鄉西上。此則漢世合祭天地之明驗也。又按水經注。伊水東北至洛陽縣圜丘東。大魏郊天之所。準漢故事。為圓壇八陛。中又為重壇。天地位其上。此則魏世合祭天地之明驗也。唐睿宗將有事於南郊。賈曾議曰。有虞氏禘黃帝而郊嚳。夏后氏禘黃帝而郊鯀。郊之與廟皆有禘。於廟則祖宗合食於太祖。禘於郊則地祇羣望皆合於圜丘。以始祖配享。蓋有事祭非常祀也。三輔故事。祭于圜丘。上帝后土位皆南面。則漢嘗合祭矣。時褚無量郭山惲等皆以曾言為然。明皇天寶元年二月敕曰。凡所祠享。必在躬親。朕不親祭。禮將有闕。其皇地祇宜如南郊合祭。是月二十日合祭天地于南郊。自後有事于圜丘皆合祭。此則唐世合祭天地之明驗也。今議者欲冬至祀天。夏至祀地。蓋以為用周禮也。臣請言周禮與今禮之別。古者一歲祀天者三。明堂饗帝者一。四時迎氣者五。祭地者二。

饗宗廟者四。凡此十五者。皆天子親祭也。而又朝日夕月。四望山川。社稷五祀及羣小祀之類。亦皆親祭。此周禮也。太祖皇帝受天眷命。肇造宋室。建隆初郊。先饗宗廟。并祀天地。自真宗以來。三歲一郊。必先有事景靈。徧饗太廟。乃祀天地。此國朝之禮也。夫周之禮。祭如彼其多。而歲行之不以為難。今之禮。親祭如此其少。而三歲一行。不以為易。其故何也。古者天子出入。儀物不繁。兵衛甚簡。用財有節。而宗廟在大門之內。朝諸侯。出爵賞。必於太廟。不止時祭而已。天子所治不過王畿千里。唯以齋祭禮樂為政事。能守此。則天下服矣。是故歲歲行之。率以為常。至於後世。海內為一。四方萬里皆聽命於上。機務之繁。億萬倍於古。日力有不能給。自秦漢以來。天子儀物。日以滋多。有加無損。以至于今。非復如古之簡易也。今所行皆非周禮。三年一郊。非周禮也。先郊二日而告原廟。一日而祭太廟。非周禮也。郊而肆

赦。非周禮也。優賞諸軍。非周禮也。自后妃以下至文武官。皆得蔭補親屬。非周禮也。自宰相宗室以下至於百官。皆有賜賚。非周禮也。此皆不改。而獨於地祇。則曰周禮不當祭於圜丘。此何義也。議者必曰。今之寒暑與古無異。而宣王薄伐玁狁。六月出師。則夏至之日。何為不可祭乎。臣將應之曰。舜一歲而巡四嶽。五月方暑而南至衡山。十一月方寒而北至常山。亦今之寒暑也。後世人主能行之乎。周所以十二歲一巡者。唯不能如舜也。夫周已不能行舜之禮。而謂今可以行周之禮乎。天之寒暑雖同。而禮之繁簡則異。是以有虞氏之禮。夏商有所不能行。夏商之禮。周有所不能用。時不同故也。宣王以六月出師驅逐玁狁。蓋非得已。且吉甫為將。王不親行也。今欲定一代之禮。為三歲常行之法。豈可以六月出師為比乎。議者必又曰。夏至不能行禮。則遣官攝祭。亦有故事。此非臣之所知也。周禮大宗伯若王不與。則攝位。鄭氏注曰。王有故。則代行其祭事。賈公彥疏曰。有故。謂王有疾及哀慘皆是也。然則攝事非安吉之禮也。後世人主不能歲歲親祭。故命有司行事。其所從來久矣。若親郊之歲。遣官攝事。是無故而用有故之禮也。議者必又曰。省去繁文末節。則一歲可以再郊。臣將應之曰。古者以親郊為常禮。故無繁文。今世以親郊為大禮。則繁文有不能省也。若帷城幔屋。盛夏則有風雨之虞。陛下自宮入廟出郊。冠通天。乘大輅。日中而舍。百官衛兵暴露於道。鎧甲具裝。人馬喘汗。皆非夏至所能堪也。王者父事天。母事地。不可偏也。事天則備。事地則簡。是於父母有隆殺也。豈得以為繁文末節而一切欲省去乎。國家養兵。異於前世。自唐之時。未有軍賞。猶不能歲歲親祠。天子出郊。兵衛不可簡省。大輅一動。必有賞給。今三年一郊。傾竭帑藏。猶恐不足。郊賚之外。豈可復加。若一年再賞。國力將何以給。分而

與之。人情豈不失望。議者必又曰。三年一祀天。又三年一祭地。此又非臣之所知也。三年一郊。已為疏闊。若獨祭地而不祭天。是因事地而愈疏於事天。自古未有六年一祀天者。如此則典禮愈壞。欲復古而背古益遠。神祇必不顧饗。非所以為禮也。議者必又曰。當郊之歲。以十月神州之祭易夏至方澤之祀。則可以免方暑舉事之患。此又非臣之所知也。夫所以議此者。為欲舉從周禮也。今以十月易夏至。以神州代方澤。不知此周禮之經耶。抑變禮之權耶。若變禮從權而可。則合祭圜丘何獨不可。十月親祭地。十一月親祭天。先地後天。古無是禮。而一歲再郊。軍國勞費之患。尚未免也。議者必又曰。當郊之歲。以夏至祀地祇於方澤。上不親郊。而通爟火。天子於禁中望祀。此又非臣之所知也。書之望秩。周禮之四望。春秋之三望。皆謂山川在境內而不在四郊者。故遠望而祭也。今所在之處。俛則見地。而云望

祭。是為京師不見地乎。此六議者合祭可否之決也。夫漢之郊禮。尤與古戾。唐亦不能如古。本朝祖宗。欽崇祭祀。儒臣禮官講求損益。非不知圜丘方澤。皆親祭之為是也。蓋以時不可行。是故參酌古今。上合典禮。下合時宜。較其所得。已多於漢唐矣。天地宗廟之祭。皆當歲徧。今不能歲徧。是故徧於三年。當郊之歲。又不能於一歲之中再舉大禮。是故徧於三日。此皆不能親往。二者孰為重乎。若一年再郊而遣官攝事。是長不親事地也。三年間郊。當行郊地之歲。而暑雨不可親行。遣官攝事。則是天地皆不親祭也。夫分祀天地。決非令世之所能行。議者不過欲於當郊之歲。祀天地宗廟分而為三耳。分而為三。有三不可。夏至之日不可以動大衆。舉大禮。一也。軍賞不可復加。二也。自有國以來。天地宗廟唯饗此祭。累聖相承。唯用此禮。乃神祇所歆。祖宗所安。不可輕動。動之則有吉凶禍福。不可不慮。三也。凡此三

者。臣熟計之。無一可行之理。伏請從舊為便。昔西漢之衰。元帝納貢禹之言。毀宗廟。成帝用丞相衡之議。改郊位。皆有殃咎。著於史策。往鑒甚明。可為寒心。伏望陛下詳覽臣此章。則知合祭天地。乃是古今正禮。本非權宜。不獨初郊之歲所當施行。實為無窮不刊之典。願陛下謹守太祖建隆、神宗熙寧之禮。無更改易。郊廟饗以德寧上下神祇。仍乞下臣此章付有司集議。如有異論。即須畫一解破。臣所陳六議。使皆屈伏。上合周禮。下不為當今軍國之患。不可但執。更不論當令可與不可施行。所貴嚴祀大典。以時定。

貼黃。唐制將有事于南郊。則先朝獻太清宮。朝享太廟。亦如今禮。先二日告原廟。先一日享太廟。然議者或亦以為非三代之禮。臣謹按武王克商。丁未祀周廟。庚戌柴望。相去三日。則先廟後郊亦三代之禮也。奉聖旨令集議官集議聞奏。

元祐元年。禮部言。元豐所服大裘。雖用黑羔皮。乃作短袍樣。襲於衮衣之下。仍與衮服同冕。未合典禮。下禮部、太常寺共議。禮部員外郎何洵直言。陸佃所議有司疑者八。按周禮節服氏掌祭祀朝覲衮冕六人。維王之太常。郊祀裘冕二人。既云衮冕。又云裘冕。是衮與裘各有冕。乃云裘與衮同冕。當以衮襲之。裘既無冕。又襲於衮中。裘而表衮。何以示裘衮之別哉。古人雖質。不應以裘為夏服。蓋冬用大裘。當暑則用同色繒為之。記曰。郊祭之日。王被衮以象天。若謂裘上被衮。以被為襲。則家語亦有被裘象天之文。諸儒或言臨燔柴脫衮冕著大裘。或云脫裘服衮。蓋裘、衮無同冕兼服之理。今乃以二服合為一。可乎。且大裘。天子吉服之最上。若大圭、大路之比。是裘之在表者。記曰。大裘不裼。說者曰。無別衣以裼之。蓋它服之裘褻。故表裘不入公門。事天以報本復始。故露質見素。不為表襮。而冕亦無旒。何必假他

衣以藩飾之乎。凡裘上有衣謂之裼。裼上有衣謂之襲。襲者裘上重二衣也。大裘本不裼。鄭志乃云裘上有玄衣與裘同色。蓋趙商之徒附會為說。不與經合。襲之為義。本出於重沓。非一衣也。古者齋祭異冠。齋服降祭服一等。祀昊天上帝、五帝以裘冕。祭則衮冕齋。故鄭氏云。王齋服衮冕。是衮冕者祀天之齋服也。唐開元及開寶禮。始以衮冕為齋服。裘冕為祭服。兼與張融臨燔柴脫衮服裘之義合。請從唐制。兼改製大裘。以黑繒為之。佃復破其說曰。夫大裘而冕謂之裘冕。非大裘而冕。謂之衮冕。則服裘冕必服衮。衮冕不必服裘。今特言裘冕者。主冬至言之。周禮司裘掌為大裘以共王祀天之服。則祀地不服大裘。以夏日至不可服裘故也。今謂大裘當暑以同色繒為之。尤不經見。兼裼、襲二衣而已。初無重沓之義。被裘而覆之。則曰襲。袒而露裘之美。則曰裼。所謂大裘不裼。則非衮而何。玉藻曰。禮不盛。服不充。

故不裘不裼則明不裼而襲也。玄冕也。鄭氏謂大裘之上有玄衣。雖不知覆裘以袞。然尚知大裘不可徒服。必有玄衣以覆之。玉藻有尸襲之義。周禮裘冕注云。裘冕者從尸服也。夫尸服大裘而襲。則王服大裘而襲可知。且裘不可以徒服。故被以袞。豈借袞以為飾哉。今謂祭天用袞冕為齋服。裘冕為祭服。此乃襲先儒之謬誤。後漢顯宗初服日月星辰十二章以祀天地。自魏以來皆用袞服。則漢魏祭天嘗服袞矣。雖無大裘。未能盡合於禮。固未嘗有表裘而祭者也。且裘內服也。與袍同。袍褻矣。而欲禪以祭天。以明示質。是欲衩衣以見上帝也。洵直復欲為大裘之裳。纁色而無章飾。夫裘安得有裳哉。請從先帝所志。其後詔如洵直議。去黑羔皮。而以黑繒製焉。

四年。右諫議大夫范祖禹上明堂劄子曰。臣伏見明堂大禮已在散齋。恭惟仁宗皇帝若稽古典。斷以聖意。自皇祐二年始制明堂之禮。

先詔有司乘輿服御務從簡儉。無枉勞費。御撰樂曲舞名。服靴袍御宗政殿閱試雅樂。如行禮之次。又於禁中靴袍親書明堂及明堂之門二牓。將近祀日。霖雨不止。仁宗禁中齋禱。徑於恭虔。應禱開霽。天日清潤。風和氣協。祀前之夕。即罷警嚴。仁宗每詣神座行禮畢。鞠躬卻行。須盡褥位。方改步移徙。以示肅恭之至。又命侍臣徧諭獻官及進徹俎豆悉安徐謹嚴。無怠遽失恭。質明禮畢。比之他時行禮加數刻之緩。御樓宣赦畢。降詔中書門下。止絕請託。應內降恩澤及原減罪犯者不得施行。仁宗欽崇禮祀。布昭明德。傳之萬世。大略如此。英宗神宗聖孝遵承。皆極嚴敬。今陛下嗣位五載。再舉宗祀。上帝顧饗神考配侑。國之大事莫重於此。惟陛下內盡誠敬。法則祖宗。則神天降祉。羣生蒙福。夫齋者所以致其精明之德。孔子之所慎者齋。齋必有專一精潔之誠。乃可以交於神明。禮之言齋曰。心不苟慮。必依於道。手足不苟動。必依於禮。古之君子其齋如此。齋三日。必見其所祭者。誠之至也。夫惟致齋肅恭。然後動容周旋無不中禮。書曰。皇天無親。克敬惟親。鬼神無常享。享于克誠。夫皇天惟親至敬。鬼神惟享至誠。天人之交。相去不遠。惟誠與敬可以感通。陛下躬行於上。則百官有司莫敢不祗肅於下。經曰。聖人之德無以加於孝。惟陛下虔恭祀事以教天下之孝。使羣臣萬國瞻望盛德休光。臣不勝拳拳之愚。

祖禹又議合祭狀曰。臣准尚書禮部牒。親祠皇地祇。三省同奉聖旨令侍從官尚書侍郎給舍臺諫禮官集議奏聞者。右臣等謹按經曰。昔者明王事父孝。故事天明。事母孝。故事地察。禮曰。天子祭天地。祭四方。祭山川。祭五祀。歲徧。三代之禮。天子無不親事天地。周禮冬日至祀天於地上之圜丘。夏日至祭地於澤中之方丘。自玉帛牲幣樂舞。皆不同。由漢以來乃有合祭之文。至於國朝踵為故事。元豐中。神

宗皇帝用禮官之議。詔定北郊親祀之儀。始罷合祭之禮。陛下嗣位於今八年。將肇祀圜丘而疑於未見地祇。欲循祖宗之舊。則禮不經見。欲如元豐之制。則慮北郊或未可行。故下有司博議。此誠欽崇明祀慎重之至也。臣等謹議。書曰。惟天地萬物父母。禮曰。地載萬物。天垂象。取財於地。取法於天。是以尊天而親地也。王者父事天。母事地。皆不可以不親。今三年一郊。已非古典。而北郊未有親祠之日。若不因見地祇。則是尊天而不親地。事父而未事母也。朝廷審能以夏日至盛禮備物。躬祠北郊。舉千餘年之墜典。此則三王之盛復見於今矣。其誰敢以為不然。臣等竊恐北郊之禮未必親行。徒崇空文。則天子長無親事地之禮。亦非聖情之所安也。伏請合祭天地如祖宗故事。矣將來親行北郊之禮。則合祭可罷。謹錄奏聞者。又曰。臣等近於尚書禮部集議親祠皇地祇。已具聞奏。伏請南郊合祭。未聞聖旨指

揮臣等竊以天地特祭經有明文然自漢以來未能行之千有餘年矣昔商因夏禮周因商禮皆有損益孔子曰其或繼周者雖百世可知也可知者亦猶商因於夏周因於商也時異事變未可盡同雖有聖人繼周亦必損益是必先代之禮後代有不相沿前王之禮後王有不相襲唐虞五載一巡守周則十二年豈可謂唐虞非乎蓋周不能行也先帝朝獻景靈宮十一殿一日而徧陛下一歲乃徧亦因時制宜欲可行也合祭之禮臣等不敢遠引前代自太祖建隆四年初郊至于元豐百二十年已成一代之禮後嗣可以遵承天地父母理無不可以並不得言瀆太祖平一海內太宗真宗皆致太平仁宗享國長久英宗神宗紹休聖緒率用此禮神祇饗答非不蒙福報也唯元豐六年用詳定郊廟奉祀禮文所議云殆非所謂以類求神之意遂還皇地祇之位蓋以地祇當祭於方丘樂以八變不可以升圜丘也夫周之后稷本朝之太祖皆當享於宗廟樂以九變而周公制禮以祖配天未有或非之者也祖可以配則地何為不可以並乎然先帝所以行之者決欲親祠北郊也若先帝能力行之而陛下未能猶當且復其舊況先帝尚未行乎設先帝已行而復知其難未必不改而從舊也宋興以來太祖郊四太宗郊五真宗郊五仁宗郊九英宗郊一神宗郊三皆合祭不合祭者唯元豐六年一郊耳陛下嗣位八年已再饗明堂當並見天地今初郊祀若循祖宗之舊他日果能行北郊之禮然後罷合祭未為失也今未能用周禮而先罷之他日欲親祠則不果欲合祭則已罷父天母地偏而不備伏恐聖慮未得安也若北郊既不可行而復議合祭則慢神已甚雖宴享賓客猶不可以如此況事大神祇乎臣等不知今欲親祠北郊如之何而可也一年再郊此必不能且夏日之至未易行也減損北郊之儀以就可行

是於父母有隆殺也南北郊與明堂間祀則南郊愈疏亦未為得禮也或六年或九年而一郊此豈周禮乎如此則北郊之禮必為空文未有可行之日也今近捨祖宗百餘年已行之禮而欲遠復三代千餘年不舉之祭去所易而就所難守周禮為空文虛地祇之大祀失今不定後必悔之大望聖慈早以時決無疑於祖宗之舊以昭大孝之隆圜丘合祭依熙寧十年典禮則四海群生並受其福臣等忝備近臣義不敢默謹錄奏聞

五年尚書右丞許將乞議皇地祇親祠之禮奏曰臣近准敕差夏至祭皇地祇攝事竊考祀儀見乃者詳定禮文所奏親祀南郊合祭天地非禮乃建議罷圜丘皇地祇并從祀位郊祀之歲不及親祠地祇即冢宰攝事已且為儀行之臣伏以王者父天母地並為大神自古祭祀雖有異同然未有偏正而不躬行者也且三歲冬至天子親祀徧享宗廟祀天圜丘而其歲夏至方澤之祭乃止遣上公則是皇地祇遂永不在親祠之典此大闕禮也不可不議伏望聖慈博詔儒臣講求典故斟酌其宜正祀典以為萬世法

七年禮部侍郎曾肇上奏乞分祭曰臣近奉詔集官議南郊合祭天地事已具議狀奏聞訖臣職在典禮再三思惟此天地大祭國家重事況當陛下郊祀之初尤宜敬重舉錯一有未安貽議萬世尚慮前狀開陳未盡敢再冒昧以聞伏以天地合祭非先王之禮學士大夫所共知之不待臣言而信也然使合祭於承事神祇無不順之理雖非先王之禮何為而不可行蓋以聖人之於祭求之於茫昧不可知之中故必因其方順其時而用其類以致之是以因高以事天因下以事地兆五帝於四郊朝日於東夕月於西兆司中司命於南兆風師雨師於北兆山川丘陵墳衍各因其方而春夏秋冬各順陰陽之

牲。其於祭事或燔或瘞或埋。或沈。以至圭璧幣牲。坎壇樂舞。各從其類。先王非苟爲之。以謂求之如此之盡。然後庶幾神之來享也。苟爲反是。則其於格神也難矣。今論者以罷合祭。則天子未有親見地祇之時。夏至親祠北郊則以五月行禮爲難。欲因南郊并舉地祭。此施於人事以求自便則可矣。以此爲親見地祇之實。則未也。何則。事之非其方。致之非其類。又違其時。施於羣小祀且猶不可。況地祇之尊乎。以此事地。地祇未必來享。而便謂此爲親見地祇之實。此臣之所未諭也。且屈已從神。與屈神以從己。二者孰安。今以五月行禮爲難。而引地祇以就冬祭。苟從人事之便。恐失陛下恭事地祇之意。此又臣之所未諭也。聖人之事神。洞洞乎其忠。屬屬乎其敬。舍忠舍敬。常情所不肯爲。而謂陛下肯安之乎。臣愚故謂合祭不可復。親祠不可廢。但當斟酌時宜。省去繁文末節。則親祠之禮無不可爲。已於前狀論

之矣。唯陛下留神省察。遠推先帝復古之心。持以至誠不倦之意。無從苟簡自便之說。以成躬事地祇之實。則上下神祇孰不顧享。天下後世孰不稱頌。臣以職事誼當罄竭。伏望聖慈詳加採擇。不勝幸甚。

肇又奏曰。臣伏覩詔書。冬日至南郊。宜設皇地祇位。以嚴並享之報。此蓋皇帝陛下急於親祭地祇。不待考正典禮。遽下此詔。然臣竊詳詔旨亦云合祭不應古義。今則設皇地祇位於南郊。乃是復行合祭之禮。既以爲非。又自行之。一詔之中。前後違戾。詔書又云。厥後躬行方澤之祀。則修元豐六年五月之制。是則異時北郊禮行。合祭復罷。天地大祀。國家重事。而輕易變更。頗類兒戲。廢置神位。幾於奕碁。此臣所以聞詔憫然不知所措也。臣伏思陛下之意無他。以謂王者父天母地。尊親並行。即位以來。親見上帝。而未及地祇。恐乖明察之義。又爲議者所惑。以謂五月祭地。必不可行。則是長闕事地之禮。故因南郊并舉地祭。欲以致誠敬於地祇爾。以臣所見。欲以致誠。反近於怠。欲以致敬。反近於瀆。何則。南郊非祭地之處。冬至非見地之時。樂以圜鍾爲宮。其變以六。非致地祇之音。燔柴升煙。非祭地祇之禮。不問神之享與不享。姑欲便於人事。不近於怠乎。今世之人家有尊長。所居異宮。子弟致敬。必即其處。尚不敢屈致一堂。況天子事地。可不如家人之禮哉。前日以合祭爲非而罷之。今日復行。異日復罷。謂神無常。廢置自由。不近於瀆乎。陛下志在誠敬。而所行反近於怠且瀆。此無他。爲陛下謀者以古爲迂。率意改作。務從苟且。趣便一時故也。臣愚不達時變。竊爲陛下痛惜之。陛下即位八年。兩行明堂大享之禮。今茲有事南郊。凡與天神舉皆從祀。次第行之。則將來郊祀之歲親祠北郊。并及諸神。固未爲晚。何苦遽爲此舉。以涉非禮之議哉。況五月祭地。前世之所嘗行。本朝開寶中亦嘗四月行雩祀之禮。古人

尚以六月出師。孰謂夏至有不可行禮者哉。臣愚伏望陛下速降德音。收還前詔。令冬南郊禮畢。即命有司詳定親祠北郊儀物。仍令斟酌時宜。省去繁文末節。以從簡便。俟至郊祀之歲。斷在必行。如此則於承事神祇。不失誠敬。先帝已正禮文。不至無名改作。使萬世之後以謂復行先王祭地之禮自陛下始。不亦善乎。臣蒙恩擢備從官。職在典禮。朝廷舉措得失。臣與其責。故自聞詔以來。彷徨累日。言之則爲逆旨。不言則爲失職。熟慮再三。寧以逆旨獲罪。不敢失職以負陛下任使也。是以罄竭狂愚。觸犯忌諱。庶幾萬一有補聖明。則臣雖受重誅。所不敢避。唯陛下留神省察。不勝幸甚。

肇又議明堂祀上帝奏曰。臣謹按周禮稱昊天上帝文各不同。昊天上帝則一帝而已。五帝則五方之帝。理自明白。不待辯而知。唯上帝之稱。世或專以爲昊天上帝。或專以爲五帝。然以周禮考之。肆師之

職。類造上帝封于大神。按周禮凡稱大神皆謂天也。以上天爲天則不應復云封於大神矣。又典瑞四圭有邸以祀天旅上帝。兩圭有邸以祀地旅四望。先儒以謂四望非地則上帝非天斷可識矣。而孝經亦曰。郊祀后稷以配天宗祀文王於明堂以配上帝。正與祀天旅上帝之文相合。蓋郊明堂異祭。后稷文王異配。則天與上帝亦宜有異。以此推之。謂上帝專爲昊天者非也。又掌次王大旅上帝則張氊案。祀五帝則張大次小次。上帝五帝所張不同。則謂上帝專爲五帝者亦非也。然則上帝果何謂歟。按書稱類于上帝。孔安國傳以謂昊天及五帝。孔穎達從而釋之曰。昊天五帝上帝可以兼之。由是推之。所謂上帝者蓋兼昊天與五帝言之。西漢已有是說矣。故安國用此以解經文。至鄭康成始引讖緯之書傳會以爲六天。乃謂昊天上帝爲北辰之星。五帝爲太微宮中五帝坐星。此則康成解經之謬。非先儒之說本然也。然則不曰昊天五帝而曰上帝何哉。蓋言昊天上帝則不及五帝。言五帝則昊天不與。舉上帝則昊天五帝皆在其中。以昊天及五帝皆有帝之稱故也。按周禮王祀昊天上帝則服大裘而冕。祀五帝亦如之。蓋先王奉事五帝與昊天同。服豢牢掌祀五帝與祀大神祇之禮同。則明堂并祀昊天五帝不爲過也。祭祀白青黃赤四帝。揚雄以爲僭祭之禮。漢武帝祀泰一五帝於明堂。合高皇祠坐對之。蓋天神貴者曰泰一。其佐曰五帝。雖出於方士之言。然所指泰一即昊天也。故武帝時祠於明堂以高帝配食。則明堂并祀昊天五帝於此可見。歷代明堂或并祀昊天五帝。或止祀五帝。其去五帝坐專祀昊天上帝者。惟晉太始唐顯慶中爾。本朝皇祐中大享明堂。參用南郊蜡祭之禮。嘉祐七年。禮官始議改正。設昊天上帝位以真宗配。次設五方帝位。次又設五人帝位。以五官從祀。自是遵行遂爲故事。至元

豐中始詔祀英宗於明堂。唯以配上帝。而五帝不與。論者以爲未安。詔臣等集議。臣等稽之經典既如彼。迹之故事又如此。伏請自今宗祀神考於明堂以配昊天上帝。并祀五方帝五人帝五官神以稱嚴父之孝。以成大享之義。

紹聖初。北郊之論雖定。猶不果行。龍圖閣直學士黃履建言曰。陽復陰消。各因其時。上圜下方。各順其體。是以聖人因天祀天。因地祭地。三代至漢。其儀不易。及王莽謟事元后。遂躋地位同席共牢。歷世蘇行。不能全革。逮神宗考古揆今。以正大典。嘗有意於茲矣。今承先志。當在陛下及二三執政。哲宗詢諸朝。章惇以爲北郊止可謂之社。履曰。天子祭天地。蓋郊者交於神明之義。所以天地皆稱郊。故詩序言郊祀天地。若夫社者。土之神而已。豈有祭大祇亦謂之社乎。哲宗可之。遂定郊議。

元符元年。左司員外郎曾旼上言曰。周人以氣臭事神。近世易之以香。按何佟之議。以爲南郊明堂用沉香。本天之質。陽所宜也。北郊用土和香。以地於人親。宜加雜馥。今令文北極天皇而下皆用溼香。至於衆星之位。香不復設。恐於義未盡。於是每陛各設香。又言先儒以爲實柴所祀者無玉。槱燎所祀者無幣。今太常令式衆星皆不用幣。蓋出於此。然考典瑞玉人之官。皆曰圭璧以祀日月星辰。則實柴所祀非無玉矣。槱燎無幣恐或未然。至是遂命衆星隨其方色用幣。

哲宗時。劉安世上議曰。近奉詔旨封送下蘇軾等三狀。與臣等所議北郊事不合。今再行看詳考求其當。別具聞奏者。右謹具如前。臣等竊以儒學得備官使。凡有議論必據經典。六經所載。方敢取以爲證。苟不經見。其說雖辯。實不敢從。孔子曰。周監於二代。郁郁乎文哉。吾從周。是典章制度。兼夏商之損益。至周而大備。無以復加。此孔子所

以有從之之論也。臣等昨奉詔旨講議大典，曾祖周制，而或者欲於當郊之歲，以十月神州地祇之祭易夏至方澤之祀，可以免盛暑舉事之勞。夫神州地祇乃天子建都之所一方之神，爾非皇地祇之比也。或者又欲於夏至之日上不親郊，止設權火，天子望祀於禁中，如西漢竹宮故事。此皆出於臆說，違經害義，不可施行，臣等更不復議。內有蘇軾一狀，最為強辯，須至椎其是非，以煩天聽。按軾以謂合祭圜丘於禮為得，不可復有改更。臣等謹按周禮天子親祀上帝，一歲凡九。國朝因前代之制，三歲方一郊天，仍於其間或用他禮，比之周室固以疎闊，苟更因循謬誤，不加考正，則何以副聖上嚴禮之意哉。夫祭祀之禮莫大於天地，孝經曰：昔者明王事父孝，故事天明；事母孝，故事地察。二儀敵體，禮宜均一，豈可親祠乃有隆殺。古者謂求神以類，繫辭曰：乾為天，陽物也。故祭之於冬至一陽生之日，就國之南、圜丘以行禮，牲牢器幣樂舞皆尚陽數，此所謂求神以類者也。坤為地，陰物也，故祭之於夏至一陰生之日，就國之北方澤以行禮，牲牢器幣樂舞皆尚陰數，此所謂求神以類者也。今議者於人主父事天母事地，求端推類之誠意，則違經變古，反逆陰陽，聖人之成法則棄而不行，猥用王莽不經之說，至引夫婦同牢私褻之語黷亂天地。臣等雖謏陋，決不可從非禮之禮。秦漢而下，去聖寖遠，禮崩樂壞，無能改革。神宗皇帝聖學高明，超然遠覽，灼見歷世之誤，延詔有司俾加稽考，未遑改制，奄及大故。陛下繼志述事，講究墜典，此正方今之先務也。議者乃引周頌昊天有成命以為合祭之證，臣等竊詳詩曰：昊天有成命，二后受之，成王不敢康，夙夜基命宥密，於緝熙，單厥心，肆其靖之。終篇未嘗有合祭之文，所謂郊祀天地，乃後儒敘詩者之辭爾，非經語也。蓋成周之世，圜丘祭天歌此詩以為樂章，方澤祀地亦

歌此詩以為樂章而已，非謂易北郊之祀使就饗於南郊也。借如其說，臣等不敢別引他經，止就周頌中舉詩以難之。潛詩之序曰：潛，季冬獻魚，春薦鮪也。不識謂一祭邪，抑二祭邪。又豐年詩之序曰：豐年，秋冬報也。噫嘻詩之序曰：春夏祈穀於上帝也。如此之類，未審止是一祭，復為二祭。三詩既互用於異時，則昊天有成命雖歌於圜丘，豈不可用於方澤乎。臣等竊謂去聖遼邈，經籍焚蕩，若典禮所載，後世當共守之，六經所無，方可以義起。今郊天祀地之禮，經旨詳具，昭如日星，不識何苦必欲變改。臣等反復推究，別無義理，止以諸軍賞給恐動羣小之情，故造此紛紜之言以惑聖聽，甚者至引禍福殃咎之說劫持朝廷，必欲從己，甚無謂也。夫郊禋錫予乃五代姑息之弊法，聖朝寬仁，不欲遽罷，若分而為二以給之，何不可之有。臣等所守乃先王之正禮，而蘇軾之議皆後代之權宜，權之與正決不可合。伏望聖慈詳擇其當，上以成神考之志，下以證千載之謬，豈勝幸甚。所有廟饗典禮，已具前奏，伏乞檢會施行。

太子中允陸佃上廟制議曰：臺門，周書曰太廟路寢明堂應門庫臺，注謂門者皆有臺，於庫門見之，從可知也。臣謹按爾雅曰：閍謂之門，正門謂之應門。犍為舍人曰：閍，廟門也；應門，南向大門。明堂位曰：九采之國應門之外，北面東上。然則太廟明堂同制，大門謂之應門，蓋築臺為屋於其上。禮記曰：天子諸侯臺門，有以高為貴也。又曰：臺門而旅屏坫，夫之僭禮也。正義曰：兩邊起土臺，臺上架屋謂之臺門。玄閫，周書曰應門庫臺玄閫，注謂以黑石為門階也。提唐，周書曰太廟提唐，注謂唐中庭道，提謂為高之也。臣謹案考工記曰：堂塗十有二分，注謂分其督旁之脩，以一分為峻也。爾雅曰：廟中路謂之唐，堂塗謂之陳。詩曰：中唐有甓，注謂中，中庭也；唐，堂塗也。據此中堂有甓，謂

中庭道則庭外廟中之路提使少高正焉已弗黄也疏屏明堂位曰太
廟疏屏注謂疏令浮思也刻之雲氣蟲獸若今闕上爲之矣疏曰天
子外屏人臣至屏俯伏思念其事臣竊稍謂疏屏蓋謂疏其上也尚書
大傳曰諸侯疏序注謂序牆也於上爲疏疏窻也謹按義訓曰交窻
謂之牖櫺窻謂之疏鄭氏謂刻爲雲氣蟲獸誤矣四門家語曰孔子
觀乎明堂覩四門墉有堯桀之象而各有善惡之狀興廢之誡焉臣
竊謂宗廟與明堂同制則廟亦四墉有門其南曰闕三面謂之闈故
蔡邕明堂月令論曰古大明堂之禮膳夫氏相禮日昃出西闈日闇
出北闈知宗廟之門四也九階考工記曰世室九階注謂南面三三
面各二疏曰明堂位曰三公中階之前北面東上諸侯之位阼階之
東西面北上諸伯之國西階之西東面北上以此知南面三階也文
射禮云工人士與梓人升自北階禮記曰夫人至入自闈門升自側

階又曰升自東階以此知三面各二也左墄璧磩者傳曰黄帝所作
王者宮中必左墄而右平薛綜曰墄限也謂階齒也天子殿高九尺
階九齒各爲九級其側階各中分左右有齒右則坡陁平之玄陛周
書曰太廟內階玄陛注謂以黑石爲階臣竊謂內猶中也南面三階
其中階之陛以黑石爲之重屋周書曰太廟重亢注謂重亢累棟也
復格周書曰太廟復格注謂復格累芝栭也臣謹案芝栭山梲也方
小木爲之爾雅曰闗謂之榩栭謂之楶注榩欂也疏曰欂一名枅字
林云枅柱上方木也欂謂斗栱又明堂位曰山楶藻梲天子之廟飾
也鄭氏謂山節刻欂爲山也藻梲畫侏儒柱爲藻文也禮器曰管
仲山楶藻梲君子以爲濫矣鄭氏謂大夫無畫山藻之飾然則山楶
刻而畫之天子廟飾重爲黑楹明堂位曰太廟刮楹注謂刮摩也疏
曰謂以密石摩柱傳而畫之天子廟飾重爲廣雅曰天子諸侯廟黝

堊大夫蒼士黈臣看詳說者據爾雅以謂牆謂之堊地謂之黝案莊
子郢人仰塗堊漫其鼻則不特牆謂之堊又穀梁曰天子諸侯黝堊
大夫蒼士黈丹楹非禮也案此刮楹亦以黑白飾之故春秋正義曰
禮楹天子諸侯黝堊徐邈云黝黑柱也然則黑柱以白畫之丹桷尚
書大傳曰天子之桷斲之礱之加密石焉注謂礱礪也密石砥之也
漢書解詁曰桷椽也諸侯丹桷以丹色也臣竊謂宗廟丹桷禮也刻
桷非禮也穀梁曰楹天子諸侯黝堊椽此諸侯丹桷則天子桷丹可
知也飾礩尚書大傳曰士大夫有石材庶人有石承注謂石材柱下
礩也石承當柱下而已不外出爲飾臣看詳士大夫石材外出爲飾
則天子諸侯柱礩飾之從可知矣達鄉明堂位曰太廟達鄉注謂鄉
牖屬謂夾戶窻也博雅曰窻牖闢也臣謹按考工記曰四旁兩夾窻
謂於重屋四旁面各兩窻以納日月之明所謂達鄉而鄭氏以謂每

室四戶八窻非是也說文曰在屋曰窻在牆曰牖則窻在屋明矣交
牖義訓曰櫺窻謂之疏交窻謂之牖臣謹案說文曰牖穿壁交木爲
窻也儀禮曰司宮闔戶牖則牖蓋交木爲之可以開闔已祭則閉焉
藻井周書曰太廟旅楹春常畫旅注謂常累素也春常謂藻井之飾
也言皆畫列柱爲文風俗通曰殿堂象東井形刻作荷菱荷菱水物
也所以厭火賁墉尚書大傳曰天子賁墉諸侯疏序注謂賁大也牆
謂之墉大牆正直之墉不衰殺其上臣竊謂廟垣謂之墉今其外繞
牆也承室之牆曰墉儀禮或曰北墉下或曰西牆下墉與牆異明矣
牆蓋衰殺其上考工記曰囷窌倉城逆牆六分注謂逆猶卻也六分
其高卻一分以爲網設移周書曰太廟設移注謂承室曰移臣謹案
爾雅曰連謂之簃注謂堂樓閣邊小屋博雅曰宮室相連謂之簃蓋
天子宗廟重廊故於堂邊設移屋連之詩曰繹繹寢廟繹繹連也重

廊。周書曰。太廟重廊。注謂重廊累屋也。臣謹案古曰廊廟之有廊明矣。山牆。周書曰。太廟山墉。注謂牆畫山雲。臣謹案子貢曰。辟之宮牆。夫子之墻數仞。不得其門而入。不見宗廟之美百官之富。蓋其脩之數也。右臣謹案周禮匠人。夏后氏世室。堂脩二七。廣四脩一。五室三四步。四三尺。殷人重屋。堂脩七尋。堂崇三尺。四阿重屋。周人明堂。東西九筵。南北七筵。堂崇一筵。五室。凡室二筵。鄭氏謂世室宗廟也。重屋王宮正堂。若大寢也。或舉宗廟。或舉王寢。或舉明堂。互言明其同制。周書亦曰太廟路寢明堂咸有四阿重亢重廊。復格藻井設移旅楹內階玄陛提唐山牆臺門玄閫。則三者同制明矣。故明堂位曰。太廟。天子明堂。而月令仲夏天子居明堂太廟。先儒謂明堂制與廟同。亦曰太廟也。然則天子太廟五室。土室在中。大於四室。故謂之太室。書曰。王入太室祼是也。其左為東房。其右為西房。皆南戶。而木室

在東北。火室在東南。金室在西南。水室在西北。木室東戶。火室南戶。金室西戶。水室北戶。詩曰。築室百堵。西南其戶。傳謂或西其戶。而家語又曰。賜觀太廟之堂。未既。還瞻北闔。皆斷西戶謂金室北戶謂水室也。四室中央室。劉熙釋名曰。房。旁也。在堂兩旁也。夾室在堂兩頭。故曰夾也。夾室皆有前堂。謂之廂。爾雅所謂室有東西廂曰廟。無東西廂有室曰寢。而覲禮云凡俟于東廂是也。說者謂天子宗廟無廂夾。亦已誤乎。其四中則南曰明堂。北曰玄堂。東曰青陽。西曰總章。月令所謂春居青陽太廟。夏居明堂太廟。秋居總章太廟。冬居玄堂太廟。孟月居左个。季月居右个是也。至於閏月則闔門左扉。立于其中。而還適路寢。居門終月。鄭氏謂於文王在門謂之閏。則太廟象先王平生所居。與明堂路寢同制。五室十有二堂。理宜然也。或曰。宗廟與路寢明堂制同。則上有五室。不得有房又惑矣。案書路寢實有東房

西房。東夾西夾。而明堂位曰。太廟天子明堂。則魯用天子禮樂。太廟如明堂制。而季夏六月以禘禮祀周公於太廟。君衮冕立於阼。夫人副褘立於房中。則太廟路寢明堂有房明矣。今先所圖上廟制。欲以八廟約少牢大夫宗廟為之。雖增四阿重檐。山節藻梲。堂九尺。階九等。略應王禮。然未有五室九階臺門玄閫內階玄陛山牆賁墉重廊累棟復格設移四門達鄉黑楹丹桷藻井之制。又以房為堂。且謂房無北壁。故得北堂之名。夫堂與房異著矣。安有為房而無北壁者哉。至於饎爨。又在廟中西堂下。凡皆所未盡也。說者謂饎爨在西堂下逼西壁為之。夫爨置於廟中理不安矣。況欲逼宗廟西壁為之乎。說者或謂西壁謂西墉也。案儀禮有曰西牆。有曰西壁。則壁與墉異。以臣考之。特牲饋食曰。主人服如初。立于門外東方南面視側殺。主婦視饎爨于西堂下。蓋堂謂門側之堂。爾雅曰。門堂之側謂之塾。匠人

曰。門堂三之一。古者爨在廟門外。或在東。或在西。故饎爨在廟門外之西堂下。少牢饋食云。饔爨在門東南北上。廩爨在饔爨之北。特牲饋食云。牲爨在廟門外東南。魚腊爨在南。皆西面。饎爨在西壁。士虞禮曰。側亨于廟門外之右。東面。魚腊爨亞之。北上。饎爨在東壁。西面。由是觀之。饎爨在廟門外之西堂下逼西壁為之明矣。故曰饎爨在西壁。夕曰。主婦視饎爨于西堂下。臣稽考載籍廟與路寢明堂同制雖具其凡如右。然其脩廣之度。匠人以為南北七筵。東西九筵。凡室二筵。謂之凡室二筵。則太室大矣。太廟五室。十有二堂。太室又大。則廣九筵脩七筵不能容之。案匠人市朝一夫。鄭氏謂方各百步。則東西九筵。南北七筵。亦謂南北各六十三尺。東西各八十一尺歟。且古者寢不踰廟。燕衣不踰祭服。而宣王考室之詩曰。如鳥斯革。如翬斯飛。則先王宮室其輪奐至矣。又曰。噲噲其正。噦噦其冥。噲噲。大聲也。

嘰嘰。小聲也。言其闇深可以吞響。豈與大夫之陋同日而語。又況後王彌文積隆以至於今也。然則天子廟飾雖古制殘闕不可盡見。而今亦有不可盡如古者。要之考先王。度當世與時宜之而已。其前代載籍所傳不具。與其後世未之有。法可以道揆。禮可以義起。使華副實稱昭明垂之百世。取度於身實在聖衷。如允臣所議。乞悉校舊圖擇其善者以聖訓裁之。

右司諫蘇轍論明堂神位狀曰。臣聞三代常祀。一歲九祭天。再祭地。皆天子親之。故於其祭也。或祭昊天。或祭五天。或獨祭一天。或祭皇地祇。或祭神州地祇。要於一歲而親祀必遍。降及近世。歲之常祀皆有司攝事。三歲而後一親祀。親祀之疎數。古今之變。相遠如此。然則其禮之不同。蓋亦其勢然也。謹按國朝舊典。冬至圜丘。必兼饗天地。從祀百神。若其有故不祀圜丘。別行他禮。或大雩於南郊。或大饗於

明堂。或恭謝於大慶。皆用圜丘禮樂神位。其意以為皇帝不可以三年而不親祀天地百神故也。臣竊見皇祐明堂遵用此法。最為得禮之變。自皇祐以後。凡祀明堂。或用鄭氏說。獨祀五天帝。或用王氏說。獨祀昊天上帝。雖於古學各有援據。而考之國朝之舊。則為失當。蓋儒者泥古而不知今。以天子每歲親祀之儀。而議皇帝三年親祀之禮。是以若此其踈也。今者皇帝陛下對越天命。適年即位。將以九月有事於明堂。義當並見天地。遍禮百神。躬薦誠心。以格靈貺。臣恐有司不達禮意。以古非今。執取王鄭偏說。以亂本朝大典。夫禮沿人情。人情所安。天意必順。今皇帝陛下始親祠事。而天地百神無不咸秩。豈不俯合人情。仰符天意。臣愚欲乞明詔禮官。令秋明堂用皇祐明堂典禮。庶幾精誠陟降。溥及上下。

畢仲游上明堂奏曰。議事之人。患不原本末之情。輕重之勢。與夫今古之所宜。而專以其誦習聞見固守之。雖明知其不可復。而不忍捨去者。惑之甚也。自漢已來。爭於親廟之數。郊丘之禮。與夫明堂之制度者。卒皆無定之論。而明堂為甚。蓋其制度既不經見。一皆出於異書雜說。而為相脈之論。則雖蔡鄭復生。猶將不決。故原聖人之心而以義起之。則今儒者所共知者。以為有餘。不原聖人之心。而斷於臆說。則雖合諸子百家而猶不足。經曰。郊祀后稷以配天。宗祀文王於明堂以配上帝。孟子曰。明堂者。王者之堂也。如欲行王政。則勿毀之矣。夫明堂之本意。夫要尊祀祖考而為神明之所。王者以時居之而行其政於天下。苟可以祀祖考。可以行其政。則天子之所出入。皆可以為明堂。苟不能配祖考。不能行其政。雖使九室四戶七十二牖。真聖人之法。猶將無益。傳曰。祭祀以敬。不問其禮矣。飲酒以樂。不選其具矣。今國家上稽聖賢之遺文。下循祖宗之故事。闢路寢殿配以事天

神者。非止今日。天神固已尊矣。嚴配之禮固已得矣。姑修其孟子所謂王政者。自此行之。則天地得其職。陰陽得其序。萬物得其宜。若夫考工筵室之廣狹。月令左个右个太廟之同異。蔡鄭世室重屋尊功養老教學選士之曲說。出於誦習見聞。而決不可以為定論者。在上之人義起而斷之。不足膠也。

侍御史劉摯論景靈宮帝后同殿乞下近臣議奏曰。臣伏見神宗皇帝神主既祔太廟。竊計於景靈宮當依祖宗神御別建廟殿。伏緣宮中地步今已隘逼。若或開展民區。則理有未安。臣惟原廟之說。始見於西漢。而其制度蓋不傳而無聞。今景靈宮之聚神御也。固有祖於原廟之意。然帝之與后各建殿室。蓋緣舊來神御散在諸寺。故亦各殿。乃出於一時規畫。別無議據。臣愚竊謂既曰廟貌。自當倣於宗廟之制。帝后宜同御一殿。如此則今日神宗所御。遂可無事於興作矣。

奉遷昭憲皇后於宣祖殿合配。而復以太始殿易名而為神宗之殿。非徒簡節勞費便於時而已也。攷之禮典則無違。質之人情則為順。此大事也。伏望聖慈詔三省兩制禮官雜議以處其當。聽陛下聖斷焉。臣淺陋妄議。合即罪誅。

徽宗即位初禮部太常寺言哲宗升祔宜如晉成帝故事於太廟殿增一室。候祔廟日神主祔第九室。詔下侍從官議。皆如所言。蔡京議以哲宗嗣神宗大統。父子相承自當為世。今若不祧遠祖不以哲宗為世。則三昭四穆與太祖之廟而八。宜深攷載籍遷祔如禮。陸佃曾肇等議國朝自僖祖而下始備七廟。故英宗祔廟則遷順祖。神宗祔廟則遷翼祖。今哲宗於神宗父子也。如禮官議。則廟中當有八世。況唐文宗即位。則遷肅宗。以敬宗為一世。故事不遠。哲宗祔廟當以神宗為昭。上遷宣祖。以合古三昭三穆之義。

大觀二年議禮局檢討俞㮚言玄以象道。纁以象事。故凡冕皆玄衣纁裳。今太常寺祭服則衣色青矣。前三幅以象陽。後四幅以象陰。故裳制不相連屬。今之裳則為六幅而不殊矣。冕玄表而朱裏。今乃青羅為覆。以金銀飾之。佩用綬以貫玉。今既有玉佩矣。又有錦綬以銀銅二環飾之以玉。宗彝宗廟之彝也。乃為虎蜼之狀而不作虎彝蜼彝。粉米散利以養人也。乃分為二章。而以五色圓花為藉。其餘不合古者甚多。乞下禮局博考古制。畫太常寺及古者祭服様二本以進。至於損益裁成斷自聖學。

四年議禮局官宇文粹中議改衣服制度曰。凡冕皆玄衣纁裳。衣則繪而章數皆奇。裳則繡而章數皆偶。陰陽之義也。今衣用深青非是。欲乞視冕之等衣色用玄。裳色用纁。以應典禮。古者蔽前而已[illegible]以存此象。以韋為之。今蔽膝自一品以下並以緋羅為裏緣緋綃為裏。[illegible]

復上下廣狹及會紕紕紃之制。又有山火龍章。案明堂位有虞氏服韍。夏后氏山。商火。周龍章。韍若乃黻冕之黻。非赤芾之芾也。且芾在下體。與裳同用。而山龍火者衣之章也。周既繢於上衣。不應又繢於芾。請改芾制。去山龍火章。以破諸儒之惑。又祭服有革帶。今不用皮革而通裹以緋羅。又以銅為飾。其綬或錦或阜環或銀或銅。尤無經據。宜依古制除去。至佩玉中單赤舄之制。則全取元豐中詳定官所議行之。又上所編祭服制度曰。古者冕以木版為中。廣八寸長尺六寸。後方前圓。後仰前俛。染三十升之布玄表朱裏。後方者示變之體。前圓者無方之用。仰而玄者升而辨於物。俛而朱者降而與萬物相見。後世以繒易布。故紕儉。今羣臣冕版長一尺二寸。闊六寸二分。非古廣尺之制。以青羅為覆。以金塗銀稜為飾。非古玄表朱裏之制。乞下有司改正。古者冕之名雖有五。而繅就旒玉則視其命數以為等

差。合繅索為繩。用以貫玉。謂之繅。以一玉為一成。結之使不相併。謂之就。就間相去一寸。則九玉者九寸。七玉者七寸。各以旒數長短為差。今羣臣之冕用藥玉青珠五色茸繩。非藻玉三采二采之義。每旒之長各八寸。非旒數長短為差之義。又獻官冕服雜以諸侯之制。而一品服袞冕臣竊以為非宜。

政和四年比部員外郎何天衢上言曰。祭不欲數。數則煩。祭不欲疏。疏則怠。先王建祭祀之禮必得疏數之中。未聞一日之間遂行兩祭者也。今太廟薦新有與朔祭同日者。夫朔祭行於一月之首。不可易也。若夫薦新則未嘗卜日。一月之內皆可薦也。新物未備猶許次月薦之。亦何必同朔日哉。自是薦新偶與朔祭同日。詔用次日焉。

徽宗時左正言任伯雨與右司諫陳瓘同論修建景靈西宮劄子曰。臣伏覩近降聖旨修建景靈西宮。坼移元豐庫大理寺軍器監儀鸞

司等處。以其地基奉安神考指宗神御。極於尊崇彰孝廣大。此可以見陛下奉先之孝。只移官舍。不動民居。又可以見陛下愛民之仁。得斯民之歡心以事宗廟。此堯舜文武之用心也。然而稽之禮意。有所不合。考之人情。有所未便。可得而議者有五事。為臣不可以無言也。夫國之神位。左宗廟。右社稷。左陽也。人道之所鄉。位宗廟於人道之所鄉。則不死其親之意也。神考建原廟于庫。蓋取諸此。今廟據社位。不合經旨。非神考之意。此其可議者一也。夫人之所居。必擇吉地。故詩美衛文公能營宮室。而曰卜云其吉。終然允臧。可不擇乎。唐大理卿徐嶠有言曰。大理獄院由來相傳殺氣太盛。鳥雀不敢棲。蓋刑獄之地。必有殺氣。人情所惡。古今皆然。今乃擇此以建宮廟。況非吉地。神必不安。此其可議者二也。西宮之地雖云只移官舍。不動民居。而一寺。二庫。一監。一司。移於他處。却要地基。還此就彼。彼亦有居民也。

奏議卷之二十一　二十九

不知起遣幾家而後可以建此。被遣之民有所不願。則失其歡心。失其歡心。則違陛下愛民奉先之本意矣。此其可議者三也。昔者奉安祖宗帝后神御散于寺觀之內。神考合集諸殿會于一宮。今乃離析一宮。分為兩處。歲時酌獻。鑾輿分詣。禮既繁矣。事神則難。此其可議者四也。傳曰。孝莫大於寧親。寧親莫大於寧神。顯承殿奉安以來。一祖五宗神靈協會。既安既久。何用遷徙。宗廟重事。豈宜輕動。動而寧之。不如勿動之寧也。雖曲示隆報之心。而未盡寧神之禮。此其可議者五也。凡朝廷舉動。苟合公論。則天下人情莫得而議。一有可疑。則衆說蠭起。凡此五者。臣皆得之於公論而不敢不言者也。宗廟之事至重至大。陛下於宰臣之請雖已恭依。然禮意人情有所未安。難以施行。何憚於改。伏望聖慈特降睿旨。令三省別行詳議。庶於宗廟大事無輕動之悔。

伯雨璀再言西宮劄子曰。臣昨具劄子言修建景靈西宮有可議者五。續具奏狀言祖宗神御與聖祖天興殿皆列於天廟之次。不當遷徙。續又具劄子言真祖用道家之制。而恭取陰陽之說。神考依禮經之旨。而不易左右之位。今一舉而兩失之。顧詔三省樞密院及侍從臺諫官重行審議。未蒙施行。臣竊惟宗廟之制不可輕易。祖宗之緒不宜苟改。而朝廷固執初議。臣不敢以為然也。周禮義曰。位宗廟於人道之所向者。不死其親之意也。不死其親雖公羊之舊說。而三經妙義。乃神考之所以訓天下者也。廟社之說安可破乎。今欲棄先儒之是說。遺神考之聖訓。專用私意率改成緒。臣是以知其不然也。或者以謂若東展舊基則高頭街之地必見侵掘。國之左臂不可侵也。夫天廟之說出於陰陽家。真宗用之。今尚不取。何獨左臂之說為可據乎。況舊基之北有椎貨務。移一務則不動民居而得殿基矣。不欲

奏議卷之二十一　三十

侵掘。則因地形之高下。何為不可。釋此可因之緒。而堅持難說之計。臣是以知其不然也。又或謂以祖宗神御昔者或東或西或南或北。隨寺觀之所在即置殿宇。豈有左右之拘乎。臣謂隨處奉安。斯無定位。會而為一。必辨東西。昔者散處之時。后或在南。帝或在北。今既會而為一。豈可以不分南北而皆以因舊為說乎。臣是以知其不然也。夫此三不然者皆不足以固守。然陛下所以不敢輕改前議者。謂神考素有修建西宮之意。蔡京親聞先訓。而實錄備載其語。故不可以不恭依也。陛下用史官親聞之語。遵神考素定之意。以奉先之孝。述宗廟之事。臣下之所宜將順。其有大於此乎。然而以臣觀之。此乃蔡京矯誣神考之訓。無足信者。臣請以一事驗之。元豐中。神考於英宗治隆殿後留一殿之基。宣仁詔曰。此以待未亡人也。因遂此基為神考廟宮之地。宣仁之意不欲多遷民居耳。而紹聖大臣因謂宣仁輕

茂神考裁損廟制於是重卜奉安之地以極崇報之禮今顯承殿是也方建修顯承殿之時蔡京正在朝廷若神考之言審如實錄所載京於此時何不具以先訓聞于哲宗況當哲宗之時京最用事尤可以毀宣仁者無遺力矣豈有宗廟重事親聞先訓可以證元祐之非無大於此而乃隱忍不言復何待乎臣是以驗其為矯誣也且紹聖之初哲宗聖意本無適莫章惇雖挾功自恣然其初猶有兼取元祐之意及京自成都而來與其弟卞共毀宣仁共欺哲宗京之得售其說自役法始從大改役法以後事事無不大改兄弟同朝塤篪相和無有一事不如其意當此之時未以所關神考聖訓告于哲宗至于今日然後引所自書實錄以為證驗唱為不經之論而欲遷神考于西宮其為矯誣可謂明矣京以矯誣之筆妄增實錄之事以矯誣之舌僞造神考之訓朝廷用矯誣之言而輕改宗廟信矯誣之說而力

沮言者臣恐自此以後矯誣之人無復忌憚矯誣之政不可復救姦雄生心四夷相賀必始於此矣伏望聖慈出自睿斷正京矯誣之罪明示貶竄然後三省樞密院及侍從臺諫官如臣所請重行審議

罷又言修建景靈西宮狀曰臣近論修建景靈西宮有可議者五已奉聖旨送三省樞密院今數日矣未有定議臣謹按大中祥符五年以聖祖臨降詔於大內之南巳丙之位得祖廟之地以建景靈宮亦如天廟星在太微之東南也神考合集祖宗神御會于天廟之次所以契符天象稽參經旨述真宗之事為後世之法今修建西宮非神考紹述之意宗廟至重不宜輕舉伏望聖慈詔諭大臣速行改議無貽輕動之悔天下幸甚

貼黃大中祥符五年十二月詔以聖祖臨降令修玉清昭應宮使丁謂擇地建宮及令禮官考制度以聞是月丁謂言得司天少

監王熙元等狀按晉天文志云張南有天廟十四星乃帝王祖廟也今大內法象太微天廟星在太微南若建新宮宜大內正南次東止丙方上合天廟星位又按二宅經大內陽宅新宮宜在正南次東巳丙上合陽宅福德方吉臣請以錫慶院開封府兩處地位建置上符天象旁合經術遂詔以錫慶院建宮

歷代名臣奏議卷之二十一

歷代名臣奏議卷之二十二

郊廟

宋欽宗時侍御史李光論明節皇后不當立忌狀曰臣準西上閤門關準太常寺關今年迎奉道君太上皇帝若在四月二日到京緣當日係明節皇后忌辰今分定奉迎及行香官者臣嘗考求典禮明節皇后不當立忌昨緣太常少卿林震希意迎合妄援溫成故事為明節皇后立忌因以為例不復討論遂使聖朝著非禮之舉貽譏後世不可不革臣竊詳忌日之制罷樂廢務修齋行香皆致其子孫追慕之誠五季之亂可謂無禮法矣周世宗宣懿皇后入廟議者猶以太后在上疑祔廟之後立忌非便嘉祐中言者以久雨陰沴宗廟之禮恐有未順且謂城南立溫成廟四時祭享並同太廟之禮蓋當時有司失於講求商宗遭變飭己思咎祖己訓以典祀無豐于昵昵以褻

罷列於秩祀非所以享天心奉宗廟之意也熙寧中有司議改溫成廟為祠殿歲時遣宮臣行事忌日齋祭並合廢罷識者是之今陛下初嗣歷服宜大正始之時宗廟國之大事伏望聖慈下有司討論典禮務合中制所有明節忌辰乞且依溫成故事罷百官奉慰行香止令內臣就祠殿行事薦以常饌庶合典禮

高宗紹興初權禮部尚書胡直孺等言國朝配祀自英宗始配以近考司馬光呂誨爭之以為誣祖進父然卒不能奪王珪孫抃之諂辭其後神宗謂周公宗祀在成王之世成王以文王為祖則明堂非以考配明矣王安石亦對以誤引孝經嚴父之說惜乎當時無有辨正之者今或者曰后稷為周之祖文王武王是為二祧高祖為漢之祖孝文孝武特崇兩廟皆子孫世世所奉承者太祖為帝者祖太宗真宗宜為帝者宗皇祐以一祖二宗並配議出於此直孺等聞前漢以高祖配天後漢以光武配明堂蓋古之帝王非建邦啓土者皆無配天之祭故雖周之成康漢之文景明章其德業非不美也然而子孫不敢推以配天者避祖宗也有宋肇基創業之君太祖是也太祖則周之后稷配祭於郊者也太宗則周之文王配祭於明堂者也此二祭者萬世不遷之法皇祐宗祀合祭天地固宜以太祖太宗配當時蓋拘於嚴父故配帝并及於真宗今主上紹膺大統自真宗至於神宗均為祖廟獨躋憲在於無名並配則幾同於祫饗今恭酌皇祐詔書請合祭昊天上帝皇地祇于明堂奉太祖太宗以配惟禮專而事簡庶幾可以致力於神萬世行之可也

四年國子監丞王普上言曰明堂有未合禮者十一事其一謂陶匏用於郊丘玉爵用於明堂今茲明堂實兼郊禮宜用陶匏他日正宗祀之禮當奉玉爵其二禮經太牢當以牛羊豕為序今用我將之詩遂以羊豕牛為序所謂以辭害意豈有用大牡作元祀而反在羊豕之後者其三陳設尊罍宜倣周官司尊彝秋嘗之制其四泛齊醴齊宜代以今酒而不易其名其五其六祭器冕服當從古制其七皇帝未後詣齋室則是致齋二日有奇乞用質明以成三日之禮其八齋不飲酒茹葷乞罷官給酒饌俾得專心致志交於神明其九設神位版及升煙奠冊不當委之散吏其十其十一皆論樂並從之

五年吏部員外郎董棻言臣聞戎祀國之大事而宗廟之祭又祀之大者也大祀禘祫為重祫大禘小則祫為莫大焉今戎事方殷祭祀之禮未暇徧舉然事有違經戾古上不當天地神祇之意下未合億兆黎庶之心特出於一時大臣好勝之臆說而行之六十年未有知其非者顧雖治兵禦戎之際正厥違誤宜不可緩仰惟太祖受天明命混一區宇即其功德所起宜祫饗以正東向之尊逮至仁宗親行

祫享。嘗議太祖東向閔昭正統之緒。當時在廷之臣僉謂向古必以受命之祖乃居東向之位。本朝太祖乃受命之君。若論七廟之次。有僖祖以降四廟在上。當時大祫止列昭穆而虛東向。蓋終不敢以非受命之祖而居之也。暨熙寧之初。僖祖以世次當祧。禮官韓維等據經有請。逮王安石用事。書其臆說。以太祖不得東向爲恨。安石肆言以折之。已而欲罷太祖郊配。神宗以太祖開基受命不許。安石雖不以爲然。元祐之初。翼祖既祧。正合典禮。至於崇寧宣祖當祧。適蔡京用事。一遵安石之術。乃建言請立九廟。自我作古。其已祧翼祖宣祖並即依舊。循沿至今。太祖尚居第四室。遇大祫處昭穆之列。今若正太祖東向之尊。委合禮經。太常寺丞王普又言蔡所奏深得禮意。而其言尚有未盡。臣竊以古者廟制異宮。則太祖居中。而羣廟列其左右。後世廟制同堂。則太祖居右。而諸室皆列其左右者。祫饗朝踐于堂則太祖南向而昭穆位于東西。饋食于室則太祖東向而昭穆位于南北。後世祫饗一于堂上而用室中之位。故唯以東向爲太祖之尊焉。若夫羣廟迭毀而太祖不遷。則其禮尚矣。臣故知太祖即廟之始祖。是爲廟號。非謚號也。惟我太宗嗣服之初。太祖廟號已定。雖更累朝。世次猶近。每於祫享必虛東向之位。以其非太祖不可居也。迨至熙寧。乃尊僖祖爲廟之始祖。百世不遷。祫享東向。而太祖常居穆位。則名實舛矣。儻以熙寧之禮爲是。僖祖當稱太祖。而太祖當改廟號。然則太祖之名不正。前日之失大矣。今宜奉太祖神主居第一室。永爲廟之始祖。每歲五享。告朔薦新。止於七廟。三年一祫。則太祖正東向之位。太宗仁宗神宗南向爲昭。真宗英宗哲宗北向爲穆。五年一禘。則迎宣祖神主享于太廟。而以太祖配焉。如是則宗廟之事盡合禮經。無復前日之失矣。

七年。徽宗哀聞。是歲九月。中書舍人傅崧卿援嚴父之說。不幸太上諱聞奄至。而大饗不及。理實未安。吏部尚書孫近專言元年以太祖宗並配。今論者乃欲祖宗並配之外。增道君皇帝一位。不合典禮。權禮部侍郎陳公輔言。今梓宮未還。廟社未定。疆土未復。臣竊意祖宗上皇神靈所望於陛下者。必欲興衰撥亂。恢復中原。迎還梓宮。歸葬陵寢。以隆我宋無疆之業。若如議者之言。以陛下貴爲天子。上皇北狩十有一年。未獲天下之養。今不幸而崩。且欲因明堂之禮。追配上帝。謂是以盡人子之孝。則於陛下之志。恐亦小矣。宜依故事。合祭天地。祖宗並侑。太上升配似未可行。

十三年。禮部侍郎王賞等言郊祀大禮。合依禮經。皇帝服大裘被袞行禮。據元豐詳定郊廟禮文。何洵直議以黑繒創作大裘。如袞。惟領袖用黑羔皮。如洵直議。詔有司如祖宗舊制。以羔製之。禮部又言闕西畢羔係天生黑色。今有司涅白羔爲之。不中禮制。不如權以繒代。又元祐中有司欲爲大裘。度用百羔。哲宗以爲害物。遂用黑繒。請依太常所言。從之。遂以裘韍袞冕亦十二旒焉。

高宗時。監察御史鄭剛中上奏曰。竊見明堂大禮前一日。皇帝躬詣太廟。名曰朝享。臣僚奏議以方行三年之喪。未嘗見宗廟行吉祭。五月二十四日詔令侍從臺諫官并禮官共詳定以聞。臣等謹按春秋僖公三十三年傳。凡君薨。卒哭而祔。祔而作主。特祀於主。烝嘗禘於廟。杜預謂新主既特祀於寢。則宗廟四時常祀自當如舊。是則考之往古。居喪得見宗廟。有如此者。又按景德三年明德皇太后之喪。既易月而服除。真宗遂享太廟。合祀天地於圜丘。熙寧元年神宗居諒闇。復用景德故事。躬行郊廟之禮。是則考之本朝。居喪得見宗廟有如此者。將來明堂大禮。已在易月服除之後。躬行朝享。自無足疑。議者止謂三年之喪前此未有故恐今日行之為非。大一年之喪。陛下行之内拜。所謂諒闇心喪者也。麄衣蔬食不以為朝拜之禮也。陛下以萬機之繁。恢復之重故奪罔極之悲。躬宵旰之勤。坐朝拜居如平時矣。裁决庶務如平時矣。親御戎輅亦復進幸矣。何獨至於見宗廟而曰未可。又按唐故事時將有事于上帝。則百神皆預遣使祭告。惟太清宮太廟。則皇帝親行。其冊祝皆曰某月日有事于某。所不敢不告。宮廟謂之奏告。餘皆謂之祭告。至天寶九載乃謂告者上告下之詞。遂下詔太清宮宜稱朝獻。太廟稱朝享。累世相因遂失奏告之名。明堂前期之禮蓋告也。非祭也。謂之祭則在典故亦為可行。謂之告則尤無可議者。先王制禮本諸人情。惟彼此參酌以無違。故情文協中而可舉。所有今年明堂大禮前一日皇帝合詣太廟朝享。臣等謹議。

章誼論明堂大禮配饗事狀曰右臣等三月二十九日承尚書吏部牒。三月二十八日都省劄子節文。權吏部尚書胡直孺。太常少卿蘇遲等討論明堂大禮配饗事。奉聖旨。令侍從臺諫集議。措定限一月聞奏。臣等四月七日於國通院同翰林學士汪藻等集議。緣所見互有異同。合具奏稟者。臣等竊見胡直孺等奏乞參酌皇祐詔書請合祭昊天上帝皇地示于明堂。奉太祖太宗以配。蘇遲等謂宜用皇祐詔書之意。采景祐禮官之請。祀昊天上帝皇地示以太祖太宗真宗配。仍設圜丘第一龕方澤第一成神位。臣等熟考二議雖各有據。然稽之經旨則未合。參之典故則未盡。施之事帝則未為簡嚴。有是三者誠未足以隆一代之彌文而垂萬世之軌則也。臣等竊詳明堂之議實本於我將之詩與孔子宗祀之說。蓋言周之配天於郊既以后稷而配上帝於明堂當以文王。二祀異宜。不容並配。今國家既以太祖配天於郊比周之后稷則太宗宜配帝於明堂以比周之文王。功德世序兩適相當。今禮官乃欲以祖宗並配。此臣等所謂稽之經旨則未合者也。臣等竊見仁宗皇祐二年始行明堂合祭天地並配祖宗。乃一時變禮。至嘉祐七年再行宗祀已悟皇祐之非。乃罷並配。仍徹地示之位。故有去並侑煩文之詔。至嘉祐末仁宗升祔之初英宗命官集議。錢公輔以謂聖宋崛起非有始封之祖。創業之君遂為太祖矣。太祖則周之后稷配祭于郊者也。太宗則周之文王配祭于明堂者也。二配者至重至大萬世不遷之法也。真宗則周之武王也。雖有配天之功而無配天之祭。未聞成王以嚴父之故廢文王配天之祭而移之於武王也。仁宗則周之成王也。雖有配天之業而無配天之祭。未聞康王以嚴父之故廢文王配天之祭而移之於成王也。臣等謂如嘉祐之詔則太祖地示已不與祭。如公輔之論則太宗獨配

為合於禮。今禮官等議乃欲合祭天地並配祖宗。此臣等所謂參之典故則未盡者也。臣等觀先王制禮各有所宜。郊祭天地百神徧舉固不敢簡。宗廟祫饗列聖並祀亦不厭畧。至於明堂獨祀上帝配以一宗以示簡嚴亦不可瀆。故元豐是正祀典詔曰歷代以來合宮所配既紊於經。至雜先儒六天之說朕甚不取。於是悉罷羣祀。今禮官議欲以圜丘方澤之神並行從祀。此臣等所謂施之事帝則未為簡嚴者也。臣等伏見陛下建炎之初郊祀昊天嘗奉太祖以配矣。將來明堂大饗宜專祀昊天上帝而以太宗配。則於經旨為不悖。於典故為可稽。於事帝為簡嚴而不瀆。庶幾仰稱陛下寅恭宗祀之意。臣等末學。輒以所聞上備採擇。伏望聖慈詳酌施行。

誼又論明堂饗禮疏曰臣竊謂議禮必本於經而以孔子孟子之言為證。若經典無傳孔孟無說乃將取於諸子百家之論。今明堂之祀。

其本起於周頌其次則孔孟明言之矣思文之詩序曰思文后稷配天也故孔子曰郊祀后稷以配天後世郊祀以始祖配天義起於此我將之詩序曰我將祀文王於明堂也孔子曰宗祀文王於明堂以配上帝孟子曰夫明堂者王者之堂也後世明堂之祀以帝者之宗配上帝義起於周郊謂之天其祀即昊天上帝也明堂謂之上帝其祀亦昊天上帝也二祀一神其在郊稱天配以后稷者稱天則百神皆祀不止於上帝故其祀爲遠而尊則配以祖也其在明堂稱上帝配以文王者稱上帝則特祀上帝而已百神無預焉故其祀爲近而親則配以宗也此配天配上帝或以祖或以宗者也至於明堂則王者之堂更無別義未聞有九筵五室重屋複道之制考之於經而證以孔孟之言則由漢以來諸儒所說皆無經據而時雜陰陽道家之言者不足取也國朝郊丘明堂大禮固已屢舉祀天於南郊以太祖

皇帝配祀上帝於明堂以太宗皇帝配皆合於周頌之文與夫孔孟之說矣若小異於經者蓋不免於諸儒之說令胡直孺等請將來合祭昊天上帝皇地示于明堂奉太祖太宗以配而於列聖與夫天神地示咸不預焉則似乎太簡蘇遲等請南面西上設昊天上帝皇地示神位西向北上設太祖太宗真宗神位於殿之東廡設圜丘第一龕九位於殿之西廡設方澤第一成一十三位又以列聖神主在溫州竊恐當命大臣於其處攝行祀事或遣官恭詣溫州列聖神主所祭告如以不偏百神爲未足則請即行在所天慶觀於大饗後擇日取祖宗大禮既畢恭謝之文亦命大臣簡其儀物而悉舉以告亦是以盡祈報之心其於列聖天神地示似有所擇則近乎瀆矣臣觀祭法先儒記禮禘郊祖宗皆以一祖一宗配而昊天上帝皇地示無列聖並配之文則胡直孺等請以太祖太宗配爲合於經矣郊祀明堂祫饗三者皆爲大禮今舉大禮而列聖不與聞天神地示之衆不在祀禮以周官及祭法考之率皆未合則蘇遲請遣官溫州告祭神主遣官於天慶觀告謝百神爲近於禮矣然欲配祀以真宗而不及列聖於天神祀第一龕於地示祀第一成則擇而取之以祭恐非徧于羣神之意欲望宗廟則自真宗皇帝以及列聖率遣宗室大臣告祭於溫州天神自第一龕而下地示自第一成而下分遣大臣各祭於行在宮觀兩處如此則精意並達禮亦從宜

刑部侍郎廖剛奏曰臣某聞天子之廟四親二祧與太祖而七古之制也然禮有以義起者故周以后稷爲始祖而文武雖親盡而不祧非禮之經也後世有始封如后稷則爲太祖可也得天下如文王武王則不祧可也如其不然則當遵古制而已是以漢高帝以崛起有天下爲漢之太祖而太公以上無與焉本朝藝祖有天下雖戰爭撥

遜與漢不同而崛起則類也然則東向而爲太祖夫復何疑然又有可以義起者如太宗皇帝既有一天下之大功又實我之祖則異時長居昭而不祧誰曰不然自此而降親盡則祧不必爲後世有功有德之說可也何以言之漢以孝文之德孝武之功爲不遷之宗後世有不以爲然者爲其出於一時之見而非古制也是以本朝議不祧之廟或欲以仁宗或欲以神宗紛紛之論已隨時而異同矣要之宗廟者子孫所以追奉其祖先者也何暇議其功德之厚薄而去取之哉故後世非如周文武之得天下天下之所共與而不可遷則自太祖而下循序而祧禮之常也况初不著於太祖之先者乎乃若諸儒執兄弟爲一世之說以謂太祖太宗止合作一室此又不通之論既謂之太祖居獨尊之位則繼及者豈得與並惟在昭穆之列則可以世論耳此正當以義斷也至於三年一祫禮謂合食於太祖之廟是

以太祖為主也則東向之尊烏可易哉然本朝自前祫祭僖順翼
四祖咸在未得如周以后稷為主與享者皆其子孫是以姑遵魏晉
以來故事虛東向之位蓋從權也自今七廟已備則雖千萬世太祖
常居東向之尊夫復何疑斷自太祖則四祖神主遷之別宮當祫則
即而享之前代每行之而議論之士皆以為當矣又復何疑前乎太
祖者遷之別宮即而享之則後乎太祖者宜藏之夾室合食於太祖
之廟從可知矣若五年一禘請以商人周人禘嚳明之則當禘僖祖
為宜蓋禘之祭最疏為其雖遠亦不可忘而已設為生太祖而禘宣
祖則失禘之義矣既曰禘其祖之所自出豈必近而親者耶
孝宗乾道改元始郊見天地太常洪适上奏曰聖上踐阼務崇儉德
郊丘講禮尊以誠意交於神明竊謂古今不相沿樂金石八音不入
俗耳通國鮮習其藝而聽之則倦且寢獨以古樂嘗用之郊廟晉昔

者竽工鼓員不應經法孔光何武嘗奏罷於漢代前史是之今樂工
為數甚夥其鹵簿六引前後鼓吹有司已奏明詔三分減一惟是肄
習尚踰三月之淹夫驅游手之人捉金擊石安能盡中音律使鳳儀
而獸舞而日給虛費總為緡錢近二鉅萬若從裁酌用一月教習自
可應聲合節不至闕事於是詔郊祀樂工令肄習一月太常寺復言
郊祀合用節奏樂工登歌宮架樂工引舞舞工其分詣社稷及別廟
亞獻輪應奉更不添置禮部郎官兼備國梁又言議禮者嘗援紹興指
擇時饗亞獻既入太室即引終獻行事雖便於有司侍祠免至跛倚
而其流將至於簡宗廟用之郊饗尤為非宜蓋有獻必有樂卒爵而
後樂闋今亞終獻樂舞雖同而其作有始其成有終不可亂也若使
之相繼行事雖然於酌獻之間則其為樂舞者不知亞獻之樂耶終
獻之樂耶詔從其請云

乾道間中書舍人胡銓論卜郊疏曰臣伏覩今月十八日指揮郊祀
大禮改用來年正陽之月雩祀之辰臣參考禮經及國朝故事有不
可者凡十臣請為陛下言之夫國之大事在祀與戎先祀後戎祀莫
大焉今以戎事而廢祀事其不可一也且三年之喪天下之大喪也
唯祭天地社稷為越紼而行事示不以大喪而廢天地之祭今犬羊
在境未至如大喪之感而輒廢大祀其不可二也春秋列國最爾之
魯無歲不有齊晉吳楚之師三年之郊未嘗廢也自僖公而下或以
鼷鼠食牛而不郊或以牛死而不郊春秋誅之謂其不改卜牛而廢
大祀也今犬羊一入寇而遽廢郊其不可三也陛下繼天為子父天
母地即位之初首當郊見天地遷延至今亦已晚矣而又展一年是
即位四年而後郊慢亦甚矣其不可四也昔者周公郊祀后稷以配
天聖人以為大孝太宗皇帝即位之初合祭天地於圜丘以僖祖太

祖皇帝配焉史臣亦稱為大孝今陛下即位三年而不郊非唯慢天
地且慢祖宗之配祭其不可五也陛下即位之初犬羊侵我淮甸符
離之師戰士暴骨死傷未收而陛下策后策妃相繼於時不曰外有
敵國之患今有一風塵之警而輒廢天地祖宗之大祀其不可六也
自逆亮敗盟邊鄙日聳使者奔命不暇棄四郡以啗犬羊海州斬指
者以萬數泗州老弱屠戮者數萬人唐鄧廢棄之日肝腦塗地者不
知其幾千人而會慶之節未嘗廢也今以魏勝一戰洛君臣相顧失
色遽廢大祀其不可七也真宗皇帝澶淵之役深入不測至與撻覽
對壘矣著黃屋而不懾非有他也為宗廟社稷計也今執政侍從臺
諫之臣乃謂陛下青城之宿懼有不測則澶淵之役真皇親冒矢石
為不可乎執政侍從臺諫之言是宦官宮妾之媚非大臣以道事君
之義也其不可八也夏四月降詔以冬至日詣款南郊皇天后土實

聞此言。四海顒顒。引領以望大霈。一旦改祀。不去前詔更不施行。而率意行之。人可欺也。天可欺乎。此其不可者九也。戎郊則肆赦。肆赦則赦過宥罪爲有名。不肆赦而赦過宥罪則何名哉。今郊既展。赦亦當展。如此則四海顒顒數日以待赦者。寧不厭望。豈不辜陛下好生之德乎。若曰冬至之日雖不肆赦。先釋繫囚。有何不可。則來年肆赦又釋繫囚可乎。其不可者十也。冒瀆天威。臣無任俯伏待罪之至。

淳熙初。秘書少監楊萬里駮配饗不當疏曰。臣聞之王通曰。議其盡天下之心乎。蓋堯之衢室。舜之總章。周有卿士庶民之謀。漢有博士廷臣之議。此皆王通之所謂議也。既曰議矣。則君之所可。臣必有所否。卿士之所從。庶人必有所違。君人者酌其議而擇之。擇其善而從之。然後下無不盡之心。上無不善之舉。今者議臣建配饗功臣之議則不然。曰獨曰專曰私而已。先之以本朝之故事。惟翰苑得以發其議。抑不思列聖之廟有九。而廟之有配饗者八。發配饗之議者非一。而出於翰苑者止於三。且如罷王安石之配饗神廟。則司勳員外郎趙鼎之言也。請以韓忠彥配饗徽廟。則刑部尚書胡交修及中書舍人樓炤等之議也。豈盡出於翰苑哉。今舉其三以自例。不顧其餘之不然。非欺乎。申之以聖諭之所及。惟一己得以定其議。非專乎。終之以止令侍從數人之附其議。使廷臣皆不得以預其議。非私乎。是說一行。自今以往。一議之出。必欲有可而無否。必欲以一人之口而杜千萬人之口也。何以盡天下之心乎。有可而無否。其弊必至於求濟水之喻。以一人之口而杜千萬人之口。其弊必至於指鹿爲馬之奸。臣之所憂。不特一配饗之議而已。恭惟陛下秉大公廓至明。如天之清。如水之止。無偏如周武。無我如仲尼。必不徇議臣一己之私說。而盡遺天下之公議也。臣惟恃此。敢陳其愚。惟陛下垂聽焉。臣伏見故

太師忠獻魏國公張浚。身兼文武之全才。心傳聖賢之絕學。道遇先皇聖神武文憲孝皇帝擢任不次。出將入相。而浚捐軀許國。忠孝之節。動天地而貫日月。武夫悍卒。孺子婦人。裔夷絕域。聞其名者。皆翕然歸仰。中興以來。一人而已。臣嘗論其槩。以爲耆德卓行忠諫嘉謀動爲人師。言爲世則者。固不可勝舉也。而其尤大焯著有社稷之功者五。建炎之間。逆臣苗傅劉正彥之變。先皇忍恥。偽赦之出。四方驚惑。然莫有敢誦言討之者。惟浚興平江之師。內則倡率韓世忠張俊以爲之用。外則結約呂頤浩劉光世以爲之助。不崇朝而克復辟之勳。首復辟者誰歟。浚也。此其有社稷之大功者一也。紹興之間。浚初拜右相。未皇他議。首上封章請建儲嗣。入謝之日。繼以面陳。而先皇嘉納。雖先皇選建之公。宗社靈長之福。上天眷顧之命。曆數有歸。在於陛下。然發此議者。紹興五年八月十五日也。發大議者誰歟。浚也。此其有社稷之大功者二也。先是大將范瓊來赴行在。挾其兵衆。居然悖慠。不復有人臣之禮。肆然邀求。且乞貸苗劉之黨。浚召瓊至都堂。數其罪狀。縛置廷尉。論抵之死。而優撫其軍。從容指麾。釋兵聽命。分隸他將。無敢譁者。然後國法以正。紀綱以張。強臣悍將始知有朝廷之尊。立國之基實肇於此。立國基者誰歟。浚也。此其有社稷之大功者三也。浚之守蜀。備禦既固。虜至輒敗。大酋粘罕病篤。召諸將謂曰。吾自入中國。未有敢攖吾鋒者。獨張樞密與我敵。我在猶不能取蜀。爾曹宜息此意。姑務自保而已。兀朮出而怒曰。是謂我不能耶。粘罕既死。兀朮來寇。浚令吳玠吳璘大破之。俘獲萬計。兀朮僅以身免。髡髮纈髯而遁。自虜入中原。其敗衄未嘗有此也。我是以有和尚原之捷。虜自是不敢窺蜀矣。浚之出蜀而歸也。復薦吳玠等九人將帥之才。後皆獲其用。至今朝廷無西顧之憂。全蜀安而後中國安。安[illegible]

者誰歟？浚也。此其有社稷之大功者四也。浚之貶福州也，劉麟乘此引兀朮之兵，數路入寇。先皇即日召浚，浚亦即日就道。既至江上，兀朮聞之曰：聞張樞密貶嶺外，何得已在此？朮繇宵遁。先皇之幸建康也，劉猊挾虜衆來寇。時相臣趙鼎、樞密折彥質皆欲退淮上之師，為保江之計。浚力爭，以為救兵渡江，則無淮南，而長江之險與虜共矣。先皇決策從浚，我是以有藕塘之捷。自此兩淮始可立矣。兩淮定而後中國定。定淮者誰歟？浚也。此其有社稷之大功者五也。蓋浚之用心，以堯舜致君之道為己任，以春秋復讎之義為己責，以文武境土未復之業為己憂。其論諫本仁義，似陸贄；其薦進人才，似鄧禹；其奮不顧身，敢任大事，似寇準；其志在滅賊，死而後已，似諸葛亮。孟子曰：有社稷臣者，以安社稷為悅者也。浚有焉。今先皇行且祔廟，方議配饗之臣。非有社稷之大功者，其誰實宜之？臣謂有社稷之大功，宜配饗於新廟者莫如浚也。且陛下賜浚謚忠獻，制辭有曰：慮國忘家曰忠，獻可替否曰獻。又曰：若趙普平定四方，若韓琦弼亮四世，雖成功之不一，要易地以皆然。訓辭具存，昭若日星。蓋普則配饗太祖之廟，琦亦配饗英宗之廷。陛下以此比浚，則今日配饗新廟者，舍浚而誰哉？而議臣懷私，故欲黜浚而不錄，以阻天下忠臣義士之氣。公議甚憤而不平也。且議臣以復辟之功為重乎，浚倡之，呂頤浩和之，張俊、韓世忠秉而行之。今錄其同功者三人，而黜其元功者一人，可乎？且議臣以建儲之功為重乎，趙鼎言之，浚亦言之。今錄其一，黜其一，可乎？至於固長淮以保江，守全蜀以保吳楚，則浚一人而已矣。此又非諸將所敢望者。臣故曰：配饗新廟者，舍浚而誰哉？或謂浚嘗為隆興之相矣，非浚於紹興之年也。臣以為不然。趙普嘗相太宗矣，而配饗太祖之廟；韓琦嘗相神宗矣，而配饗英宗之廷。然則浚之宜配新廟，又何疑焉？昔唐以苗晉卿配肅宗而遺裴冕，蘇氏駁之。當時竟行其說，裴冕得以復故。臣雖學術淺陋，竊有志焉。又況議元和配饗之臣，則令尚書省、御史臺四品以上，兩省五品以上同議焉。議會昌配食之禮，則出於宗正少卿李從易所奏焉。豈翰苑之臣一所得而專哉？蓋專則有弊，衆則無私故也。臣願陛下遵中興之典，酌李唐之制，斷自聖衷，照破私議，以臣所駁之章，詢之大臣，下之禮官、博士，令與臺諫、兩省、侍從及在廷之臣雜議其事。如蘇軾論配饗必都省集議者，而陛下擇其中，錄元勳於既黜，釋公議於既鬱，可以伸屈抑，可以決壅蔽，可以盡天下之心，可以為忠義之勸。一舉而衆美具，誠非小補。冒瀆天聽，無任惶懼屏營之至。

三年，兵部侍郎周必大上明堂議曰：孟子曰：明堂者，王者之堂也。王欲行王政，則勿毀之矣。禮記明堂位一篇，天子負斧依南鄉而立。內之公侯伯子男，外之夷蠻戎狄之國，以序而立。故曰：明堂也者，明諸侯之尊卑也。然則斯堂之設，本以朝諸侯，布王政，初非祭祀之所明矣。周禮大司樂有冬至圜丘所奏之樂，有夏至方丘所奏之樂，有宗廟所奏之樂，此三者皆大祭祀也。宗祀明堂乃無半言及之。大宗伯以春見曰朝，夏見曰宗，意者成王時嘗因夏見諸侯於明堂，而祀文王歟？孝經特舉一時之盛，而非後世常行之禮也。漢唐以來既於明堂祀帝，配以祖宗，所謂自有制度者。至於本朝，仁宗特創宏規，神宗嘗垂聖訓，司馬光、呂誨等力辨諸儒講說孝經之誤。紹興元年、四年、七年，太上皇帝又有已行故事。其於三代明堂之制本不相沿，則所謂宗祀者，安可獨泥一說而致疑哉？伏請如李燾所奏施行。

六年，必大為禮部尚書兼翰林學士，又論明堂劄子曰：臣伏覩明詔，令禮官詳議明堂典禮，見條具奏聞外，臣竊惟祀帝如祀天，皆以祖宗配食。此仁宗已行之制。深合於禮。況明堂不專嚴父。兼存神宗聖訓。司馬光等正論。但世俗不能徧知典故。只誦孝經之語。又未嘗深考其義。致以今日爲疑。故前郊李燾申請。雖經群臣集議。尋爲異說所奪。今既明降指揮。即與臣下起請不同。若復中輟。理或未安。臣意望聖慈旦夕作一宛轉。達知太上皇帝。仍俟將來降御札日。詳載古誼。庶幾杜絕不知者之說。實爲允當。臣先事妄言。伏俟罪譴。

必大又議明堂大禮狀曰。臣等竊覩傳載黃帝拜祀上帝于明堂。唐虞祀五帝於五府。歷時既久。其詳莫得而聞。至禮記始載明堂位一篇。言天子負斧依南鄉而立。內之公侯伯子男。外之蠻夷戎狄。以序而立。故曰明堂也者。明諸侯之尊卑也。孟子亦曰。明堂者。王者之堂也。周禮大司樂有冬至圜丘之樂。夏至方丘之樂。宗廟九變之樂。三者皆大祭祀。惟不及明堂。豈非明堂者布政會朝之地。周成王時嘗

於此歌我將之頌。宗祀其祖文王乎。後暨漢唐。雖有沿革。至於祀帝而配以祖宗。多由義起。未始執一。本朝仁宗皇祐中。破諸儒異同之論。即大慶殿行親享之禮。並侑祖宗。從以百神。前期朝獻景靈宮。享太廟。一如郊祀之制。太上皇帝中興。斟酌家法。舉行於紹興之初。亦在殿廷。蓋得聖經之遺意。且國家大祀有四。春祈穀。夏雩祀。秋明堂。冬郊祀是也。陛下即位以來。固嘗一講祈穀。四躬冬祀。惟合宮雩壇之禮猶未親行。今若特舉秋享。於義爲允。臣等謹據已行典禮及將仁宗時名儒李泰伯明堂嚴祖說。并治平中呂誨司馬光等集議。近歲李燾奏劄。具錄在前。謹錄奏聞。

必大又奏曰。臣近者纔覩宗祀辰日指揮。旋聞一切如舊。仰見陛下誠心感格。天步輕安。臣子之情。不勝忭蹈。惟是十五日太廟遂室行禮。奠幣酌獻。升降至再。拜跪頗多。按樂記云。大樂必易。大禮必簡。鄭氏注云。若於清廟大饗然。又禮器載季氏逮闇而祭。日不足。繼之以燭。他日子路預爲質明行事。晏朝而退。孔子許其知禮。夫君臣之制雖殊。祭祀之恭一也。臣願陛下密諭大臣。前期酌文斯禮。使有定論。協于簡易之言。免令有司臨祭疑懼。若陛下奉先思孝。寧過乎禮。自不以此爲勞。則固無可議者。臣不勝螻蟻拳拳之誠。

光宗紹熙五年閏十月。權禮部侍郎許及之言。僖順翼宣四祖爲太祖之祖考。所遷之主。恐不得藏于子孫之廟。今順翼二祖藏于西夾室。實居太廟太祖之右。遇祫享則於夾室之前設位以昭穆焉。於是詔有司集議。吏部尚書兼侍讀鄭僑等言。僖祖當用唐興聖之制。立爲別廟。順祖翼祖宣祖之主。皆祔藏焉。如此。則僖祖自居別廟之尊。三祖不祔子孫之廟。自漢魏以來。太祖而上毀廟之主。皆不合食。今遇祫則即廟而享。於禮尤稱。諸儒如樓鑰陳傅良皆以爲可。詔從之。

朱熹在講筵。獨入議狀。條其不可者四。大略云。准尚書吏部牒集議四祖祧主。宜有所歸。今詳羣議雖多。而皆有可疑。若曰藏之夾室。則是以祖宗之主下藏于子孫之夾室。至於祫祭設幄于夾室之前。則亦不得謂之祫。欲別立一廟。則喪事即遠。有毀無立。欲藏之天興殿。則宗廟原廟不可相雜。議者皆知其不安。特以其心欲尊奉太祖。三年一祫。時暫東向之故。其實無益於太祖之尊。而徒使僖祖太祖兩朝威靈相與校強弱于冥冥之中。今但以太祖當日追尊帝號之令而默推之。則知今日太祖在天之靈。必有所不忍而不敢當矣。又況僖祖祧主遷於治平。不過數年。神宗復奉以爲始祖。已爲得禮之正而合於人心。所謂有其舉之莫敢廢者。又言當以僖祖爲始祖。如周之后稷。太祖如周之文王。太宗如周之武王。與仁祖之廟。皆萬世不祧。昭穆而次。以至高宗之廟。亦萬世不祧。又言元祐大儒程頤以爲

王安石言僖祖不當祧。復立廟爲得禮。竊詳頤之議論與安石不同。至論此事。則深服之。足以見義理人心之所同。固有不約而合者。特以司馬光韓維之徒皆是大賢。人所敬信。其議偶不出此。而安石乃以變亂穿鑿得罪於公議。故欲堅守二賢之說。并安石所當取者而盡廢之。今以程頤之說考之。則是非可判矣。議既上。召對。令細陳其說。熹先以所論畫圖爲本貼說詳盡。至是出以奏陳。久之。上再三稱善。

光宗時。朱熹奏曰。臣竊見太祖皇帝受命之初。未遑他事。首尊四祖之廟。而又以僖祖爲四廟之首。累聖尊奉。罔敢失墜。中間雖以世數寖遠遷之夾室。而未及數年。議臣章衡復請尊奉以爲太廟之始祖。宰相王安石等遂奏。以爲本朝自僖祖以上世次不可得而知。則僖祖有廟。與稷契疑無以異。今欲毀其廟而藏其主。替祖宗之尊而下祔於子孫。非所以順祖宗之孝心也。於是神宗皇帝詔從其請。而司馬光韓維孫抃孫固等以爲非是。力奏爭之。其說甚詳。然其立意不過以爲太祖受命立極。當爲始祖。而祫享東向。僖祖初無功德。親盡當祧而已。臣嘗深考其說。而以人心之所安者揆之。則僖祖者。太祖之高祖考也。雖歷世久遠。功德無傳。然四世之後。篤生神孫。順天應人。以寧兆庶。其爲功德。蓋不必身親爲之。然後爲盛也。是以太祖皇帝首崇立之。以爲初廟。當此之時。蓋已歸德於彼。而不敢以功業自居矣。今乃以欲尊太祖之故。而必使之奪據僖祖初室東向之位。臣恐在天之靈於此有所不恐而不敢當也。安石之爲人雖不若光等之賢。而其論之正則有不可誣者。世之論者不察乎此。但見太祖功德之盛。而不知因太祖當日崇立僖祖之心以原其所自。但見光等之賢。非安石章衡之所及。而不知反之於已。以即夫心之所安。是以

紛紛多爲異說。臣嘗病其如此。每恨無以正之。不謂今者之來。並至此議。而又以疾病之故。不獲祗赴。謹已略具鄙見申尚書省。乞與繳奏。并畫成圖本。兼論古今宗廟制度得失。因又訪得元祐大儒程頤所論。深以安石之言爲當。貼說詳盡。而所論并祧二祖止成八世之說。尤爲明白。未知已未得達聖聽。欲乞宣問。詳賜覽觀。并下與奏。別令詳議。以承太祖皇帝尊祖敬宗報本反始之意。上延基祚。下一民聽。千萬幸甚。

貼黃。臣竊見今者羣臣所議奉安四祖之禮。多有未安。蓋不遷僖祖。則百事皆順。一遷僖祖。則百事皆舛。雖復巧作回互。終不得其所安。而又當此人心危疑之際。無故遷移國家始祖之祀。亦惑衆聽。實爲非便。而或者以謂前日之議。已奉聖旨恭依。難復更改。臣竊詳治平四年三月議者請遷僖祖。已詔恭依。至熙寧五年十一月因章衡王安石等申請復還僖祖。又詔恭依。蓋宗廟事重。雖已施行。理或未安。不容不改。伏乞聖照。

熹又議祧廟劄子曰。臣前日面奏祧廟事。伏蒙聖慈宣諭。若曰僖祖自不當祧。高宗即位時不曾祧。壽皇即位時亦不曾祧。太上即位時又不曾祧。今日豈可容易。臣恭承聖訓。仰見陛下聖學高明。燭見事理。尊事宗廟。決定疑惑。至孝至明。非羣臣所能及。不勝嘆仰。然今已多日。未聞降出臣元奏劄子付外施行。竊慮萬機之繁。未及指揮。欲望聖明。早賜處分。臣不勝幸甚。

監察御史林大中上疏曰。臣昨濫正奉常。實陪廟祀。見其祝于神者或舛於文。稱於神者或訛其字。所宜厚者或簡不度。所宜先者或廢不用。更制器服。或歲月太疎。夙興行事。或時刻太早。是皆禮意所未愜。人情所未安也。

寧宗時，吳詠繳進明堂御劄狀曰：臣被命畫鎖，伏准御寶封付下中書門下省敕狀，以今歲明堂大禮，前期令學士院降御劄，處分臣已遵奉聖旨擬撰修寫進入外，偶有愚見，輒附奏以聞。臣竊出入禮經，讀郊特牲謂祭有祈有報有由辟焉，讀周官太祝謂祝有祈福祥，有求永貞，有救烖兵焉。所謂肇禋於郊、宗祀於明堂者，不但曰報而已。蓋海內乂安，兵革不興，年至於屢豐，則鋪張揚厲，而主報禋場多事。水旱間作，民未有寧宇，則禬禳祠禱，而主祈。此皆成周令典，國家列聖以來成法，所不能廢也。粵自近歲，詞臣所撰詔赦，類多頌美形容之辭，而少愛人惻怛之意。矧今兵祲未解，民食孔艱，陛下畏威一念，如對上帝。毖祀一忱，若保赤子。所宜因此時力數祈天永命之請。臣用是輒援仁祖、高宗兩朝故實，載之御劄。所有將來合降赦書，更宜推廣此意，添自貶損，明示四方。如建炎間臣夢得所上奏疏、紹興間臣益、臣近、臣世將諸臣所撰赦文，則庶幾可以迓續天命，感動人心。仰昭陛下寅畏懷保之實。儻聖意以爲可采，乞降付本院遵守施行。

理宗初即位，大享當用九月八日，在寧宗梓宮未發之前。下禮官及臺諫兩省詳議。吏部尚書羅點等言：本朝每三歲一行郊祀，望祐以來始講明堂之禮，至今遵行。稽之禮經，有越紼行事之文，既殯而祭之說，則雖未葬以前，可以行事。且紹熙五年九月在孝宗以日易月釋服之後，未發引之前。慶元六年九月亦在光宗以日易月釋服之後，未發引之前。今來九月八日前祀十日，皇帝散齋別殿，百官各受誓戒，係在閏八月二十七日，即當在以日易月未釋服之內。乞下太史局於九月內擇次辛日行禮，則在釋服之後，正與前史相同。乃用九月二十八日辛卯。前二日朝獻景靈宮，前一日享太廟，遣官攝事。帝親行大享，禮成，不賀。

紹定四年九月丙戌，京師大火，延及太廟。太常少卿度正上言曰：伏見近世大儒侍講朱熹詳考古禮，尚論宗廟之制，畫而爲圖，其說甚備。然其爲制務徵於古，而頗更本朝之制，故學士大夫皆有異論，遂不能行。今天降災異，火發民家，延及宗廟，舉而行之，莫此時爲宜。臣於向來備聞其說，今備員禮寺，適當此變，若遂隱默，則爲有負。謹爲二說以獻。其一，純用朱熹之說，謂本朝廟制未合於古，因畫爲圖，謂僖祖如周后稷，當爲本朝始祖。夫尊僖祖以爲始祖，是乃順太祖皇帝之孝心也。始祖之廟居於中，左昭右穆，各爲一廟，門皆南向，位皆東向。祧廟之主藏於始祖之廟夾室，昭常爲昭，穆常爲穆，自不相亂。三年合食，則併出祧廟之主，合享於始祖之廟。始祖東向，群昭之主皆位北而南向，群穆之主皆位南而北向，昭穆既分，尊卑以定。其說合於古而宜於今。蓋義盡善，舉而行之，祖宗在天之靈必歆享

于此，而垂祐於無窮也。其一說，則因本朝之制，而參以朱熹之說。蓋本朝廟制，神宗嘗命禮官陸佃討論，欲復古制，未及施行。渡江以來，稽古禮文之事多所未暇，今欲驟行更革，恐未足以成其事，而徒爲紛紛。或且仍遵本朝之制，自西徂東，並爲一列，惟於每室之後量展一間，以藏祧廟之主。每室之前量展二間，通三年祫享，則以帷幄幕之，通爲一室。盡出諸廟主及祧廟主，並爲一列，合食其上。前乎此，廟爲一室，凡遇祫享合祭於其室，名爲祫享而實未嘗合。今量展此三間，後有藏祧主之所，前有祖宗合食之地，於本朝之制初無大段更革，而頗已得三年大祫之義。今來朝廷若能舉行朱熹前議，固無以加。如其不然，姑從後說，亦爲允當，不失禮意。然宗廟之禮，儻無其故，何敢妄議。今因大火之後，若加損益，亦惟其時，乞賜詳議。

淳祐三年，將作少監權樞密都承旨韓祥言：竊以明堂之禮，累聖不

嚴父配侑之典。南渡以來事頗不同。高廟中興。徽宗北狩。當時合
祭天地於明堂。以太祖太宗配。非嚴父之祀。以父在故也。及紹興
末。乃以徽廟配。孝宗在位二十八年。娛奉光堯。故無祀父之典。南郊
明堂。惟以太祖太宗配。紹熙至今。遂使陛下追孝寧考之心有所未
盡。時朝散大夫康熙亦援倪思所著合宫嚴父為言。上曰。三后並侑
之說最當。是後明堂以太祖太宗寧宗並侑。

度宗咸淳二年。將舉郊祀。時復議以高宗參配。吏部侍郎兼中書門
下省檢正洪燾等議。以為物無二本。事無二初。舜之郊嚳。商之郊冥。
周郊后稷。皆所以推原其始也。禮者所以別尊卑。辨儀則。遠而尊者
配於郊。近而親者配於明堂。明有等也。臣等謂宜如紹興故事。奉太
宗配。將來明堂遵用先皇帝彝典。以高宗參侑。庶於報本之禮。奉先
之孝。為兩盡其至。

八年。起居舍人高斯得進故事曰。漢成帝方郊祠甘泉泰畤。召揚雄
待詔承明之庭。正月從上甘泉。還奏甘泉賦以風。盛言車騎之衆。參
麗之駕。非所以感動天地。逆釐三神。又言屏玉女。卻虙妃。以微戒齋
肅之事。

臣聞人主事天之道。惟質與愧而已矣。蓋質者天地之性。而愧
則天之道也。大路越席。掃地不壇。器用陶匏。牲用繭栗。皆尚質
也。立澤聽誓。皮弁聽報。齋明盛服。三宿七戒。皆致愧也。外盡乎
質。內盡乎愧。則天之親德享道也宜矣。秦漢以後。文縟而掩其
質。敬弛而汩其愧。千乘萬騎以為華。寶鼎天馬以為飾。而事天
之本廢矣。牡荊靈旗以禱兵。方士秘術以求福。而事天之心蕩
矣。若成帝者。則以文滅質。以欲汩愧之尤者也。甘泉泰畤之祠。
正承武帝奢侈之後。丞相匡衡欲少去華就實。乃奏罷鑾輅龍

繡黻繡周張之飾。又定其儀與其樂章。帝雖勉從。而終不能改。
故雄賦甘泉極道八神警蹕。星陳天行。萬騎中營。玉車千乘之盛。
以致靡麗之譏。是時趙昭儀又大幸。每上甘泉。常法從。故雄賦
復言想西王母欣然而上壽兮。屏玉女而卻虙妃。玉女無所眺
其清廬兮。虙妃曾不得施其蛾眉。以戒齋肅之事。猶乎帝之馳
騖於紛華。湛溺於近欲而不能用也。欲以感動天地。逆釐三神。
不亦難乎。陛下移丁季秋中辛以行暘館之祀。今有日矣。咸秩
之禮。昭事之愧。所宜蚤戒而豫定者。聖心固已孜孜於此。蓋自
乾淳以來。每遇郊禋。必詔有司自事天儀物及諸軍賞給之外。
凡車服仗衛聲明文物之具。莫不裁約而歸於儉。錫賚推恩亦
減承平之半。或三之一。可謂尚質之至矣。至於前期齋殿。致其
精明以對越在天者。尤極其嚴。行事之際。避黃道而不履。虔小
次而不御。可謂至愧之極矣。是以神天顧歆。或積雨而頓霽。或
微恙而立瘳。以迄成熙事。此則陛下之家法也。顧今四郊多壘。
財力單匱。遠不逮乾淳之時。臣願陛下於阜陵節約之外。損之
又損。庶幾曰祀曰戎二者。乃君以愧事天。又其大本。記曰。齋者
防其邪物。訖其嗜慾。言不敢散其志也。今距齋宿之期雖曰尚
賖。然臣願陛下以聖人久禱為心。兢兢業業。已如上帝臨汝。神
在其上之時。則積此真誠。用於一日。天人相與。如響應聲。天神
之不降。地示之不格。風雨之不節。寒暑之不時。臣不信也。惟陛
下力行之。臣不勝惓惓。

金世宗將行郊祀。議配享。參知政事石琚曰。配者侑神作主也。自外
至者無主不止。故推祖考以配天。同尊之也。孝經曰。郊祀后稷以配
天。漢魏晉皆以一帝配之。唐高宗始以高祖太宗崇配。垂拱初以高

祖太宗高宗並配玄宗開元十一年罷同配之禮以高祖配宋太宗時以宣祖太祖配真宗時以太祖太宗配仁宗時有司請以三帝並侑遂以太祖太宗真宗並配其後禮院議對越天地神無二主當以太祖配此唐宋變古以三帝配天然竟依古以一祖配也將來依古以一祖配之上曰唐宋不足為法止當奉太祖皇帝配之

大定十一年太常上議曰按唐會要舊制南北郊宮縣用二十架周漢魏晉宋齊六朝及唐開元宋開寶禮其數皆同宋會要用三十六架五禮新儀用四十八架其數多似乎太侈今擬太常因革禮天子宮縣之樂三十六簴宗廟與殿庭同郊丘則二十簴宜用宮縣二十架登歌編鍾編磬各一簴又按周禮大司樂凡樂圜鍾為宮黃鍾為角太簇為徵姑洗為羽雷鼓雷鼗孤竹之管雲和之瑟雲門之舞冬至日至地上之圜丘奏之若樂六變則天神皆降可得而禮矣

六變謂六成也唐宋因之蓋圜鍾夾鍾也用為宮者以上應房心有天帝明堂之象也宮聲三奏角徵羽各一奏合陽之奇數欲神聽之也凡樂起於陽至少陰而止圜鍾自卯至申其數有六故六變而樂止則天神皆降可得而禮也樂曲之名唐以和宋以安本朝定樂曲以寧為名今止有太廟祫享樂曲而郊祀樂曲未備皇統九年拜天用乾寧之曲今圜丘降神固可就用今太廟祫享皇帝升降行止奏昌寧之曲迎俎奏豐寧之曲酌獻舞出入奏肅寧之曲飲福奏福寧之曲宋開寶禮亦可就用餘有郊祀曲一名皇帝入中壝奠玉幣迎俎酌獻舞出入樂曲宜皆以寧字製名遂命學士院撰為皇帝入中壝奏昌寧之曲降神送神奏乾寧之曲昊天上帝奏洪寧之曲皇地祇奏坤寧之曲配位奏永寧之曲飲福奏福寧之曲升降望燎出入大小次並與入中壝同餘載儀注及樂章又命太常議文武二舞所當先後

太常議按唐宋郊廟之禮並先文後武本朝自行禘祫之禮亦然惟唐常萬石建議謂先儒相傳以揖讓得天下則先奏文以征伐得天下則先奏武當時難從尋復改之其以開元禮先文後武為定方丘如圜丘之儀社稷則用登歌

尚書省奏禘祫之儀曰禮緯三年一祫五年一禘唐開元中太常議禘祫之禮皆為殷祭祫謂合食祖廟禘謂禘序尊卑申先君逮下之慈成羣嗣奉親之孝自異常享有時行之祭不欲數數則黷不欲踈踈則怠是以王者法諸天道以制祀典烝嘗象時禘祫象閏五歲再閏天道大成宗廟法之再為殷祭自周以後並用此禮自大定九年已行祫禮若議禘祭當於祫後十八月孟夏行禮詔以三年冬祫五年夏禘為常禮又言海陵時每歲止以二月十月遣使兩享三年祫享援唐禮四時各以孟月享于太廟季冬又臘享歲凡五享若依海

陵時歲止兩享非天子之禮宜從典禮歲五享從之

十二年議建閔宗別廟禮官援晉惠懷唐中宗後唐莊宗升祔故事若依此典武靈皇帝無嗣亦合升祔然中宗之祔始則為虛室終則增至九室惠懷之祔乃遷豫章潁川二廟莊宗之祔乃祧懿祖一室今太廟之制除祧廟外為七世十一室如當升祔武靈即須別祧一廟荀子曰有天下者事七世若旁容兄弟上毀祖考則天子有不得事七世者矣伏覩宗廟世次自睿宗上至始祖凡七世別無可祧之廟晉史云廟以容主為限無拘常數東晉與唐皆用此制遂增至十一室康帝承統以兄弟為一室故不遷遠廟而祔成帝唐以敬文武三宗同為一代於太廟東間增置兩室定為九代十一室今太廟已滿此數如用不拘常數之說增至十二室可也然廟制已定復議增展其事甚重又與睿宗皇帝祏室昭穆亦恐更改恭欽之義不以窺

親害尊尊。漢志云。父子不並坐而孫可從王父。若武靈升祔太廟增作十二室。依春秋尊尊之典。武靈當在十一室。禘祫合食。依孫從王父之典。當在太宗之下而居昭位。又當稱宗。然前升祔睿宗已在第十一室。累遇祫享。睿宗在穆位與太宗昭位相對。若更改祏室及昭穆序。非有司所敢輕議。宜取聖裁。

章宗即位。禮官言。自大定二十七年十月祫享。至今年正月。世宗升遐。故四月不行禘禮。按公羊傳。閔公二年吉禘於莊公。言吉者。未可以吉。謂未三年也。注謂禘祫從先君數。朝聘從今君數。三年喪畢。遇禘則禘。遇祫則祫。故事宜於辛亥歲爲大祥。三月禫祭。踰月則吉。則四月一日爲初吉。適當孟夏祫祭之時。可爲親祠。詔從之。及期。以孝懿皇后崩而止。五月。禮官言。世宗升祔已三年。尚未合食於祖宗。若來冬遂行祫禮。伏爲皇帝見居心喪。喪中之吉。春秋譏其速。恐冬祫

未可行。然周禮王有哀慘則春官攝事。竊以世宗及孝懿皇后升祔以來。未曾躬謁。宜可令有司先攝事。況前代合攝事者。止施于常祀。今乞依故事。三年喪畢。祫則祫。禘則禘。於明昌四年四月一日釋心喪。行禘禮。上從之。

承安元年。將郊。禮官言。禮神之玉當用眞玉。燔玉當用次玉。昔大定十一年。天地之玉皆以次玉代之。臣等疑其未盡。禮貴有恒。不能繼者不敢以獻。若燔眞玉。常祀用之。恐有時或闕。反失禮制。若從近代之典。及本朝儀禮。眞玉禮神。次玉燔瘞。於禮爲當。近代郊自第二等升天皇大帝。北極於第一等。前八位。舊各有禮玉燔玉。而此二位尚無之。按周禮典瑞云。以圭璧祀日月星辰。近代禮九宮貴神天火星位。猶用周禮之說。其天皇大帝北極二位。固宜用禮神之玉。及燔玉也。丁命假用眞玉。苟陞又奏前時郊天地配位各用一犢。五方帝日

月神州天皇大帝北極十位皆大祀。亦當用犢。當時止以羊代。第二等以下從祀神位。則分割羊豕以獻。竊意天地之祀。籩豆尚多者。以備陰陽之物。鼎俎尚少者。以人之烹薦無可以稱其德。所貴質而已。故天地日月星辰之位。皆用一俎。前時第一等神位偏用二俎。似爲不倫。今第一等神位亦當各用犢一。餘位以羊豕分獻。及朝享太廟則用犢十二。上從之。

元世祖時。東平趙天麟上策曰。臣聞聖人之德無加於孝。七世之廟可以觀德。堯有文祖。舜有神宗。超踰萬古之良圖。度越百家之高致。商周而下。秦漢以來。追態潛乖。希傳儀禮。儒士雖明其學。歷代遞變其違。今國家適光五葉。澤被六合。庶事康哉。群黎遂矣。皆祖宗之功德。及陛下之聖神。丕顯丕承而致然也。臣嘗朝經暮史。竊覩禮書。略知廟制。今請申之。禮。天子立七廟。在都內之東南。太祖中位乎北。三

昭在東。三穆在西。廟皆南向。主皆東向。都宮周於外以合之。牆宇建於內以別之。門堂室寢。一一分方。庭砌唐陳。區區異地。山節藻梲。以示崇高。重檐刮楹。以示嚴肅。斲礱其桷。以示麗而不奢。覆之用茅。以示儉而有節。此蓋廟之制度也。祖功宗德。百世不易。親盡之廟。因新而祧。祧舊主於太祖之夾室。祔新主於南廟之室中。昭以取其向明而自班乎昭焉。穆以取其深遠而常從其穆焉。穆祔而昭不動。昭祔而穆不遷。二世祧則四世遷於二世。而六世遷於四世。以八世祔昭之南廟矣。三世祧則五世遷於三世。而七世遷於五世。以九世祔穆之南廟矣。孫以之祔于祖父。孫可以爲王父尸。由其昭穆之同。非有尊卑之辨。故祧主既藏。祫則出。餘則否。祔廟貴新。易其檐。改其塗。此蓋廟之祧祔也。散齋七日。致齋三日。牲牷肥腯。旨酒嘉栗。粢盛豐潔。器皿具備。衣服既鮮。水火又明。祠宜羔豚。膳膏薌。禴宜腒鱐。膳膏臊。嘗宜犢

廟膳膏腥烝宜鱻羽膳膏䑋設守祧所掌之遺衣陳奕世遞傳之宗器王后及賓禮成九獻辟公卿士奔執豆籩此蓋廟之時祭也太祖廟主循常東面移昭南穆北而合食就已毀未毀而制禮四時但陳未毀而祭之五年兼其已毀而祭之此蓋廟之祫祭也三年大祭祭始祖之所出以始祖配之此蓋廟之禘祭也子思子曰明乎郊社之禮禘嘗之義治國其如示諸掌乎言天下雖大而其要在乎務本也伏望陛下擴恭肅雍和之心盡仁孝誠敬之念斷出天衷力行古道聲天下士民之企仰報本朝神聖於無窮一新太廟之儀章嚴接春秋之祭祀惟陛下先天下以孝坐私偃草之風而天下化陛下之神感識移忠之道如是則上下和悅朝野無虞尚豈有干名犯分故投寬綱之民哉有子曰其為人也孝弟而好犯上者鮮矣其此之謂與

成宗大德初建南郊翰林國史院檢閲官袁桷進十議曰天無二日

天既不得有二五帝不得謂之天作昊天五帝議祭天歲或為九或為二作祭天名數議圜丘不見於五經郊不見於周官作圜丘非郊議后土社也作后土即社議三歲一郊非古也作祭天無間歲議燔柴見於古經周官以禋祀為天其義各有旨作燔柴泰壇議祭天之牛角繭栗用牲于郊牛二合配而言之增羣祀而合祠非周公之制矣作郊不當立從祀議郊質而尊之義也明堂文而親之義也作郊明堂禮儀異制議郊用辛魯禮也卜不得常為辛作郊非辛日議北郊見於三禮尊地而遵北郊鄭玄之說也作北郊議禮官推其博多来用之

成宗時元永貞上言乞玉華宮罷遣太常禮樂議曰竊聞天子七廟萬世之通議三代以還莫違茲通原廟之制隆古未聞漢孝惠從叔孫通之請始詔有司立原廟遂有衣冠月出遊之名其後郡國所在因各立廟至元帝永光四年貢禹奏郡國祖宗廟不應古禮宜正定天子是其議罷之謹按尚書黷於祭祀時為弗欽春秋之義父不祭於支庶君不祭於臣僕之家伏覩聖朝建立七廟崇奉孝享可謂至矣而睿宗皇帝神御別在真定路玉華宮竊惟有功德於天下者莫如太祖皇帝世祖皇帝太祖皇帝不聞有原廟世祖皇帝神御奉安大聖壽萬安寺歲時差官以家人禮祭供不用太常禮樂今玉華宮原廟列在郡國又非龍興降誕之地主者以臣僕之賤供奉御容非禮之甚伏望朝廷稽前漢故事致隆太廟玉華宮照依京師諸寺影堂例止命有司以時祭供罷遣太常禮樂庶獨聖朝得典禮之正而在天之靈無褻瀆之煩而禮官免失禮之責矣

英宗時詔作太廟議者習見同堂異室之制乃作十三室未及遷奉而國有大故有司疑於昭穆之次命集議之集賢學士吳澄議曰世

祖混一天下悉攷古制而行之古者天子七廟廟各為宮太祖居中左三廟為昭右三廟為穆昭穆神主各以次遞遷其廟之宮頗如今之中書六部夫省部之設亦倣金宋豈以宗廟敘次而不考古乎

晉王泰定間博士劉致建議曰竊以禮莫大於宗廟宗廟者天下國家之本禮樂刑政之所自出也唐虞三代而下靡不由之聖元龍興朔陸積德累功百有餘年而宗廟未有一定之制方聖天子繼統之初定一代不刊之典為萬世法程正在今日周制天子七廟三昭三穆昭處於東穆處於西所以別父子親疏之序而使不亂也聖朝取唐宋之制定為九世遂以舊廟八室而為六世昭穆不分父子並坐不合禮經新廟之制一十五間東西二間為夾室太宗室既居中則睿宗之制不可依惟當以昭穆列之父為昭子為穆則睿宗當居太祖之東為昭之第一世世祖居西為穆之第一世裕宗居東為昭之

第二世。兄弟共為一世。則成宗順宗顯宗三室。皆當居西。為穆之第二世。武宗仁宗二室。皆當居東。為昭之第三世。昭之后居左。穆之后居右。西以左為上。東以右為上也。苟或如此。則昭穆分明。秩然有序。不違禮經。可為萬世法。若以累朝定制。依室次於新廟遷安。則顯宗躋順宗之上。順宗躋成宗之上。以禮言之。春秋閔公無子。庶兄僖公代立。其子文公遂躋僖公於閔公之上。史稱逆祀。及定公正其序。書曰從祀先公。然僖公猶是有位之君。尚不可居敵君之上。況未嘗正位者乎。國家雖曰以右為尊。然古人所尚或左或右。初無定制。古人右社稷而左宗廟。國家宗廟亦居東方。豈有建宗廟之方位既依禮經。而宗廟之昭穆反不應禮經乎。且如今朝賀或祭祀宰相獻官分班而立。居西則尚左。居東則尚右。及行禮就位。則西者復尚右。東者復尚左矣。致職居博士。宗廟之事所宜建明。然事大體重。宜從使院移書集議取旨。四月辛巳。中書省臣言。始祖皇帝始建太廟。太祖皇帝居中南向。睿宗世祖裕宗神主以次祔西室。順宗成宗武宗仁宗以次祔東室。邇者集賢翰林太常諸臣言。國朝建太廟遵古制。古尚左。今尊者居右為少屈。非所以示後世。太祖皇帝居中南向。宜奉睿宗皇帝神主祔左一室。世祖祔右一室。裕宗祔睿宗室之左。顯宗順宗成宗兄弟也。以次祔世祖室之右。武宗仁宗亦兄弟也。以次祔裕宗室之左。英宗祔成宗室之右。臣等以其議近是。謹繪室次為圖以獻。惟陛下裁擇從之。

歷代名臣奏議卷之二十二

歷代名臣奏議卷之二十三

治道

周武王問於太公曰。賢君治國何如。對曰。賢君之治國。其政平。其吏不苛。其賦斂節。其自奉薄。不以私善害公法。賞賜不加於無功。刑罰不施於無罪。不因喜以賞。不因怒以誅。害民者有罪。進賢舉過者有賞。後宮不荒。女謁不聽。上無婬慝。下不陰害。不幸宮室以費財。不多觀游臺池以罷民。不雕文刻鏤以逞耳目。官無腐蠹之藏。國無流餓之民。此賢君之治國也。武王曰善哉。

成王問政於尹逸曰。吾何德之行而民親其上。對曰。使之以時而敬順之。忠而愛之。布令信而不食言。王曰。其度安至。對曰。如臨深淵。如履薄冰。王曰。懼哉。對曰。天地之間。四海之內。善之則畜也。不善則讎也。夏殷之臣。反讎桀紂而臣湯武。夙沙之民。自攻其主而歸神農氏。此君之所明知也。若何其無懼也。

齊桓公田至麥丘。見麥丘邑人問之。子何為者也。對曰。麥丘邑人也。公曰。年幾何。對曰。八十有三矣。公曰。美哉壽乎。子其以子壽祝寡人。麥丘邑人曰。祝主君使主君甚壽。金玉是賤。人為寶。桓公曰。善哉。至德不孤。善言必再。吾子其復之。麥丘邑人曰。祝主君使主君無羞學。無惡下問。賢者在傍。諫者得入。桓公曰。善哉。至德不孤。善言必三。吾子一復之。麥丘邑人曰。祝主君使主君無得罪於群臣百姓。桓公怫然作色曰。吾聞之。子得罪於父。臣得罪於君。未嘗聞君得罪於臣者也。此一言者。非夫二言者之匹也。子更之。麥丘邑人坐拜而起曰。此一言者。夫二言之長也。子得罪於父。可以因姑姊妹叔父而解之。父能赦之。臣得罪於君。可以因便辟左右而謝之。君能赦之。昔桀得罪於湯。紂得罪於武王。此則君之得罪於其臣者也。莫為謝。至今不赦。公曰

晉。賴國家之福社稷之靈使寡人得吾子於此。扶而載之自御以歸禮之於朝封之以麥丘而斷政焉

桓公謂管仲曰。吾欲舉事於國。昭然如日月無愚夫愚婦皆曰善可乎。仲曰可。然非聖人之道。桓公曰。何也。對曰。夫短綆不可以汲深井。知鮮不可以與聖人之言。惠士可與辨物。智士可與辨無方。聖人可與辨神明。夫聖人之所為。非衆人之所及也。民知十己。則尚與之爭曰。不如吾也。百己。則疵其過。千己。則誰而不信。是故民不可稍而掌也。可并而牧也。不可暴而殺也。可麾而致也。衆不可戶說也。可舉而示也。

景公問於孔子曰。秦穆公其國小處僻而霸何也。對曰。其國小而志大。雖處僻而其政中。其舉果。其謀和。其令不偷。親舉五羖大夫於係縲之中。與之語三日而授之政。以此取之。雖王可也。霸則小矣。

晏子治東阿三年。景公召而數之曰。吾以子為可而使子治東阿。今子治而亂。子退而自察也。寡人將加大誅于子。晏子對曰。臣請改道易行而治東阿。三年不治。臣請死之。景公許之。於是明年上計。景公迎而賀之曰。甚善矣子之治東阿也。晏子對曰。前臣之治東阿也。屬託不行。貨賂不至。陂池之魚以利貧民。當此之時。民無飢者。而君反以罪臣。今臣之後治東阿也。屬託行。貨賂至。并會賦斂。倉庫少內。便事左右。陂池之魚入於權家。當此之時。飢者過半矣。君乃反迎而賀。臣愚不能復治東阿。願乞骸骨避賢者之路。再拜便辟。景公乃下席而謝之曰。子強復治東阿。東阿者子之東阿也。寡人無復與焉。

齊侯與晏子坐于路寢。公歎曰。美哉室。其誰有之乎。晏子曰。敢問何謂也。公曰。吾以為在德。對曰。如君之言。其陳氏乎。陳氏雖無大德。而有施於民。豆區釜鍾之數。其取之公也薄。其施之民也厚。公厚斂焉。陳氏厚施焉。民歸之矣。詩曰。雖無德與女。式歌且舞。陳氏之施。民歌舞之矣。後世君少惰。陳氏而不亡。則國其國也已。公曰。善哉。是可若何。對曰。唯禮可以已之。在禮家施不及國。民不遷。農不移。工賈不變。士不濫。官不滔。大夫不收公利。公曰。善哉。我不能矣。吾今而後知禮之可以為國也。對曰。禮之可以為國也久矣。與天地並。君令臣共。父慈子孝。兄愛弟敬。夫和妻柔。姑慈婦聽。禮也。君令而不違。臣共而不貳。父慈而教。子孝而箴。兄愛而友。弟敬而順。夫和而義。妻柔而正。姑慈而從。婦聽而婉。禮之善物也。公曰。善哉。寡人今而後聞此禮之上也。對曰。先王所稟於天地。以為其民也。是以先王上之。

騶忌子以鼓琴見威王。威王說而舍之右室。須臾王鼓琴。騶忌子推戶入曰。善哉鼓琴。王勃然不說。去琴按劍曰。夫子見容未察。何以知其善也。騶忌子曰。夫大絃濁以春溫者君也。小絃廉折以清者相也。琴操曰。大絃者君也。寬和而溫。小絃者臣也。清廉而不亂。攫之深徐廣曰以手持也醳音巳足反醳之愉者政令也。鈞諧以鳴。大小相益。回邪而不相害者。四時也。吾是以知其善也。王曰。善語音。騶忌子曰。何獨語音。夫治國家而弭人民。皆在其中。王又勃然不悅曰。若夫語五音之紀。信未有如夫子者也。若夫治國家而弭人民。又何為乎絲桐之間。騶忌子曰。夫大絃濁以春溫者君也。小絃廉折以清者相也。攫之深而醳之愉者政令也。鈞諧以鳴。大小相益。回邪而不相害者。四時也。夫復而不亂者。所以治昌也。連而徑者。所以存亡也。故曰琴音調而天下治。夫治國家而弭人民者。無若乎五音者。王曰。善。騶忌子見三月而受相印。

宣王謂尹文曰。人君之事何如。尹文對曰。人君之事。無為而能容下。夫事寡易從。法省易因。故民不以政獲罪也。大道容衆。大德容下。聖人寡為而天下理矣。書曰。睿作聖。詩人曰。岐有夷之行。子孫其

保之。宣王曰善。

晉獻公之時。東郭民有祖朝者。上書獻公曰。草茅臣東郭民祖朝。願請聞國家之計。獻公使使出告之曰。肉食者已慮之矣。藿食者尚何與焉。祖朝對曰。大王獨不聞古之將曰桓司馬者。朝朝其君。舉而晏。御呼車。驂亦呼車。御肘其驂曰。子何越云為乎。何為藉呼車。驂謂其御曰。當呼者呼。乃吾事也。子當御。正子之轡銜耳。子今不正轡銜。使馬卒然驚。妄轢道中行人。必逢大敵。下車免劍。涉血履肝者。固吾事也。子寧能辟子之轡。下佐我乎。其罪亦反及吾身。與有深憂。吾安得無呼車哉。今大王曰。食肉者已慮之矣。藿食者尚何與焉。設使食肉者一旦失計於朝堂之上。若臣等之藿食者。寧得無肝膽塗地於中原之野與。其亦及臣之身。與有其憂。深臣安得無與國家之計乎。獻公召而見之。三日與語。無復憂者。乃立以為師也。

文公時。翟人有封狐文豹之皮者。文公喟然歎曰。封狐文豹何罪哉。以其皮為罪也。大夫欒枝曰。地廣而不平。財聚而不散。獨非狐豹之罪乎。文公曰。善哉。說之。欒枝曰。地廣而不平。人將平之。財聚而不散。人將爭之。於是列地以分民。散財以賑貧。

平公問於師曠曰。人君之道如何。對曰。人君之道清淨無為。務在博愛。趨在任賢。廣開耳目。以察萬方。不固溺於流俗。不拘於左右。廓然遠見。踔然獨立。屢省考績。以臨臣下。此人君之操也。平公曰善。

平公閒居。師曠侍坐。平公曰。子生無目眹。甚矣子之墨墨也。師曠對曰。天下有五墨墨。而臣不得與一焉。平公曰。何謂也。師曠曰。群臣行賂以釆名譽。百姓侵寃無所告訴。而君不悟。此一墨墨也。忠臣不用。用臣不忠。下才處高。不肖臨賢。而君不悟。此二墨墨也。姦臣欺詐。空虛府庫。以其少才覆塞其惡。賢人逐。姦邪貴。而君不悟。此三墨墨也。國貧民罷。上下不和。而好財用兵。嗜欲無厭。諂諛之人。庸庸在傍。而君不悟。此四墨墨也。至道不明。法令不行。吏民不正。百姓不安。而君不悟。此五墨墨也。國有五墨墨而不危者。未之有也。臣之墨墨。小墨墨耳。何害乎國家哉。

秦昭王時。客卿范雎請問說曰。臣居山東時。聞齊之有田文。不聞其有王也。聞秦之有太后穰侯華陽高陵涇陽。不聞其有王也。夫擅國之謂王。能利害之謂王。制殺生之威之謂王。今太后擅行不顧。穰侯出使不報。華陽涇陽等擊斷無諱。高陵進退不請。四貴備而國不危者。未之有也。為此四貴者下。乃所謂無王也。然則權安不傾。令安得從王出乎。臣聞善治國者。乃內固其威。而外重其權。穰侯使者操王之重。決制於諸侯。剖符於天下。攻敵伐國。莫敢不聽。戰勝攻取。則利歸於陶。國斃。御於諸侯。戰敗。則結怨於百姓。而禍歸於社稷。詩曰。木

實繁者披其枝。披其枝者傷其心。大其都者危其國。尊其臣者卑其主。崔杼淖齒管齊。射王股。擢王筋。縣之於廟梁。宿昔而死。李兌管趙。囚主父於沙丘。百日而餓死。今臣聞秦太后穰侯用事。高陵華陽涇陽佐之。卒無秦王。此亦淖齒李兌之類也。且夫三代之所以亡國者。君專授政。縱酒弋獵。不聽政事。其所授者。妬賢嫉能。御下蔽上。以成其私。不為主計。而主不覺悟。故失其國。今自有秩以上至諸大吏。下及王左右。無非相國之人者。見王獨立於朝。臣竊為王恐萬世之後。有秦國者。非王子孫也。昭王聞之大懼。曰善。於是廢太后。逐穰侯高陵華陽涇陽君於關外。秦王乃拜范雎為相。

魯哀公問孔子曰。寡人生乎深宮之中。長於婦人之手。寡人未嘗知哀也。未嘗知憂也。未嘗知勞也。未嘗知懼也。未嘗知危也。孔子避席曰。吾君之問。乃聖君之問也。丘小人也。何足以言之。哀公曰。否。吾子

就席微吾子無所聞之矣孔子就席曰然君入廟門升自阼階仰見
榱棟俯見几筵其器存其人亡君以此思哀則哀將安不至矣君昧
爽而櫛冠平旦而聽朝一物不應亂之端也君以此思憂則憂將安
不至矣君平旦而聽朝日昃而退諸侯之子孫必有在君之門庭者
君以此思勞則勞將安不至矣君出魯之四門以望魯之四郊亡國
之墟列必有數矣君以此思懼則懼將安不至矣丘聞之君者舟也
庶人者水也水則載舟水則覆舟君以此思危則危將安不至矣夫
執國之柄履民之上懍乎如以腐索御奔馬易曰履虎尾詩曰如履
薄冰不亦危乎哀公再拜曰寡人雖不敏請事此語矣
衛靈公謂孔子曰有語寡人為國家者謹之於廟堂之上而國家治
矣其可乎孔子曰可愛人者則人愛之惡人者則人惡之知得之己
者亦知得之人所謂不出於環堵之室而知天下者知反之己者也

靈公問於史鰌曰政孰為務對曰大理為務聽獄不中死者不可生
也斷者不可屬也故曰大理為務少焉子路見公公以史鰌言告之
子路曰司馬為務兩國有難兩軍相當司馬執枹以行之一鬭不當
死者數萬以殺人為非也此其為殺人亦眾矣故曰司馬為務少焉
子貢入見公公以二子言告之子貢曰不識哉昔禹與有扈氏戰三陳
而不服禹於是脩教一年而有扈氏請服故曰去民之所事奚獄之
所聽兵革之不陳奚鼓之所鳴故曰教為務也
魏武侯問元年於吳子吳子對曰言國君必慎始也慎始奈何曰正
之正之奈何曰明智智不明何以見正多聞而擇焉所以明智也是
故古者君始聽治大夫而言士而一見庶人有謁必達公族請問必
語四方至者勿距可謂不壅蔽矣分祿必及用刑必中君心必仁思
君之利除民之害可謂不失民眾矣君身必正近臣必選大夫不兼
官執民柄者不在一族可謂不權勢矣此皆春秋之意而元年之本
也
漢高帝時太中大夫陸賈時時前說稱詩書高帝罵之曰迺公居馬
上而得之安事詩書陸賈曰居馬上得之寧可以馬上治之乎且湯
武逆取而順守之文武並用長久之術也昔者吳王夫差智伯極武
而亡秦任刑法不變卒滅趙氏(趙氏秦姓也)鄉使秦已并天下行仁義法
先聖陛下安得而有之
文帝時賈山言治亂之道借秦為諭名曰至言其辭曰臣聞為人臣
者盡忠竭愚以直諫主不避死亡之誅者臣山是也臣不敢以久遠
諭願借秦以為諭唯陛下少加意焉夫布衣韋帶之士修身於內成
名於外而使後世不絕息至秦則不然貴為天子富有天下賦斂重
數百姓任罷(任謂役事也罷讀曰疲任疲言疲於役使也)赭衣半道群盜滿山(犯罪者著赭衣)

使天下之人戴目而視傾耳而聽一夫大謼天下嚮應者陳勝是也
(嚮讀曰響)秦非徒如此也起咸陽而西至雍離宮三百(離宮者皆謂於別處置之非常所居者也)
鍾鼓帷帳不移而具又為阿房之殿殿高數十仞東西五里南北
千步從車羅綺四馬騖馳旌旗不橈(橈屈也)為宮室之麗至於此使其
後世曾不得聚廬而託處焉為馳道於天下東窮燕齊南極吳楚江
湖之上瀕海之觀畢至道廣五十步三丈而樹厚築其外隱以金椎
(作壁如甬道隱築也以鐵椎築之築令堅實而使隆高耳不為甬壁也隱於斷反)樹以青松為馳道之麗至
於此使其後世曾不得邪徑而託足焉死葬乎驪山吏徒數十萬人
曠日十年下徹三泉(言其深也)合采金石冶銅錮其內桼塗其外被
以珠玉飾以翡翠中成觀游上成山林為葬薶之侈至於此使其後
世曾不得蓬顆蔽冢而託葬焉秦以熊羆之力虎狼之心蠶食諸侯
并吞海內而不篤禮義故天殃已加矣臣昧死以聞願陛下少留意

而詳擇其中。臣聞忠臣之事君也，言切直則不用而身危，不切直則不可以明道。故切直之言，明主所欲急聞，忠臣之所以蒙死而竭知也。地之磽者，雖有善種，不能生焉；江皐河瀕，雖有惡種，無不猥大。昔者夏商之季世，雖關龍逢、箕子、比干之賢，身死亡而道不用。文王之時，豪俊之士皆得竭其智，芻蕘採薪之人皆得盡其力，此周之所以興也。故地之美者善養禾，君之仁者善養士。雷霆之所擊，無不摧折者；萬鈞之所壓，無不糜滅者。今人主之威，非特雷霆也；勢重，非特萬鈞也。開道而求諫，和顏色而受之，用其言而顯其身，士猶恐懼而不敢自盡，又況於縱欲恣行暴虐，惡聞其過乎！震之以威，壓之以重，則雖有堯舜之智，孟賁之勇，豈有不摧折者哉？如此，則人主不得聞其過失矣；弗聞，則社稷危矣。古者聖王之制，史在前書過失，工誦箴諫，瞽誦詩諫，公卿比諫（比方事類以諫也），士傳言諫過，庶人謗於道，商旅議於市，然後君得聞其過失也。聞其過失而改之，見義而從之，所以永有天下也。天子之尊，四海之內，其義莫不為臣，然而養三老於太學，親執醬而餽，執爵而酳（進食曰餽。酳者，少少飲酒，謂食已而蕩口也），祝饐在前，祝鯁在後（饐，謂食不下也。以老人好饐鯁，故為備以祝之），公卿奉杖，大夫進履，舉賢以自輔弼，求脩正之士使直諫。故以天子之尊，尊養三老，視孝也；立輔弼之臣者，恐驕也；置直諫之士者，恐不得聞其過也；學問至於芻蕘者，求善無饜也；商人庶人誹謗己而改之，從善無不聽也。昔者秦政力并萬國，富有天下，破六國以為郡縣，築長城以為關塞。秦地之固，大小之勢，輕重之權，其與一家之富，一夫之彊，胡可勝計也！然而兵破於陳涉，地奪於劉氏者，何也？秦王貪狼暴虐，殘賊天下，窮困萬民，以適其欲也。昔者周蓋千八百國，以九州之民養千八百國之君，用民之力不過歲三日，什一而藉，君有餘財，民有餘力，而頌聲作。秦皇帝以千八百國

之民自養，力罷不能勝其役，財盡不能勝其求。一君之身耳，所以自養者，馳騁弋獵之娛，天下弗能供也。勞罷者不得休息，飢寒者不得衣食，亡罪而死刑者無所告訴，人與之為怨，家與之為讎，故天下壞也。秦皇帝身在之時，天下已壞矣，而弗自知也。秦皇帝東巡狩，至會稽、琅邪，刻石著其功，自以為過堯舜統；縣石鑄鍾虡（縣石鑄也。石，百二十斤），篩土築阿房之宮（稱銅鐵之斤石以鑄鍾虡，其音泰也。猛獸之名，謂鍾鼓之柎飾為猛獸。虡音巨），自以為萬世有天下也。古者聖王作謚，三四十世耳，雖堯舜禹湯文武，絫世廣德（絫，古累字），以為子孫基業，無過二三十世也。秦皇帝曰：死而以謚法，是父子名號有時相襲也，以一至萬，則世世不相復也（復，重也），故死而號曰始皇帝，其次曰二世皇帝者，欲以一至萬也。秦皇帝計其功德，度其後嗣世世無窮，然身死纔數月耳，天下四面而攻之，宗廟滅絕矣。秦皇帝居滅絕之中而不自知者，何也？天下莫敢告也。其所以莫敢告者，何也？亡養老之義，亡輔弼之臣，亡進諫之士，縱恣行誅，退誹謗之人，殺直諫之士，是以道諛媮合苟容，比其德則賢於堯舜，課其功則賢於湯武，天下已潰而莫之告也。詩曰：匪言不能，胡此畏忌，聽言則對，譖言則退。此之謂也。又曰：濟濟多士，文王以寧。天下未嘗無士也，然而文王獨言以寧者，何也？文王好仁則仁興，得士而敬之則士用，用之有禮義。故不致其愛敬，則不能盡其心；不能盡其心，則不能盡其力；不能盡其力，則不能成其功。故古之賢君於其臣也，尊其爵祿而親之；疾則臨視之亡數，死則往弔哭之，臨其小斂大斂，已棺塗而後為之服錫衰麻絰（塗，謂塗殯也。錫衰，十五升布，無事其縷者也），而三臨其喪；未斂不飲酒食肉，未葬不舉樂，當宗廟之祭而死，為之廢樂。故古之君人者於其臣也，可謂盡禮矣；服法服，端容貌，正顏色，然後見之。故臣下莫敢不竭力盡死以報其上，功德立於後世，而令聞不忘也。今陛下念

忠祖考術追厥功。（術，述也。亦作述。）圖所以昭光洪業休德，使天下舉賢良方正之士。天下皆訢訢焉（訢讀與欣同）曰：將與堯舜之道，三王之功矣。天下之士莫不精白以承休德。今方正之士皆在朝廷矣，又選其賢者使為常侍諸吏，與之馳敺射獵，一日再三出。臣恐朝廷之解弛，百官之墮於事也。諸侯聞之，又必怠於政矣。陛下即位，親自勉以厚天下，損食膳，不聽樂，減外徭衛卒，止歲貢，省廄馬以賦縣傳，去諸苑以賦農民，出帛十萬餘匹以振貧民，禮高年九十者一子不事，八十者二算不事。（一子不事，蠲其賦役。二算不事，免二口之算賦也。）賜天下男子爵，大臣皆至公卿。發御府金賜大臣宗族，無不被澤者。赦罪人，憐其無髮，賜之巾；憐其衣赭書其背，父子兄弟相見也，而賜之衣。平獄緩刑，天下莫不說喜。是以元年膏雨降，五穀登，此天之所以相陛下也。刑輕於他時而犯法者寡，衣食多於前年而盜賊少，此天下之所以順陛下也。臣聞山東吏布詔令，民雖老羸癃疾，扶杖而往聽之，願少須臾毋死，思見德化之成也。今功業方就，名聞方昭，四方鄉風（鄉讀曰嚮），今從豪俊之臣、方正之士直與之日日獵射，擊兔伐狐，以傷大業，絕天下之望，臣竊悼之。詩曰：靡不有初，鮮克有終。臣不勝大願，願少衰射獵，以夏歲二月定明堂，造太學，修先王之道，風行俗成，萬世之基定，然後唯陛下所幸耳。古者大臣不媟，故君子不常見其齊嚴之色、肅敬之容。大臣不得與宴游，方正修絜之士不得從射獵，使皆務其方以高其節，則群臣莫敢不正身修行，盡心以稱大禮。如此，則陛下之道尊敬，功業施於四海，垂於萬世子孫矣。誠不如此，則行日壞而榮日滅矣。夫士修之於家，而壞之於天子之廷，臣竊愍之。陛下與眾臣宴遊，與大臣方正朝廷論議，夫游不失樂，朝不失禮，議不失計，軌事之大者也。上嘉納其言。

文帝時，天下初定，制度疏闊，諸侯王太傅雒陽賈誼數上疏陳政事，多所欲匡建，其大略曰：臣竊惟事勢，可為痛哭者一，可為流涕者二，可為長太息者六，若其他背理而傷道者，難徧以疏舉。進言者皆曰天下已安已治矣，臣獨以為未也。曰安且治者，非愚則諛，皆非事實知治亂之體者也。夫抱火厝之積薪之下而寢其上，火未及然，因謂之安，方今之勢，何以異此！本末舛逆，首尾衡決，國制搶攘，非甚有紀，胡可謂治！陛下何不壹令臣得孰數之於前，因陳治安之策，試詳擇焉！夫射獵之娛，與安危之機孰急？使為治勞智慮，苦身體，乏鐘鼓之樂，勿為可也。樂與今同，而加之諸侯軌道，兵革不動，民保首領，匈奴賓服，四荒鄉風，百姓素樸，獄訟衰息，大數既得，則天下順治，海內之氣清和咸理，生為明帝，沒為明神，名譽之美垂於無窮。禮祖有功而宗有德，使顧成之廟稱為太宗，上配太祖，與漢亡極。建久安之勢，成長治之業，以承祖廟，以奉六親，至孝也；以幸天下，以育群生，至仁也；立經陳紀，輕重同得，後可以為萬世法程，雖有愚幼不肖之嗣，猶得蒙業而安，至明也。以陛下之明達，因使少知治體者得佐下風，致此非難也。其具可素陳於前，願幸無忽。臣謹稽之天地，驗之往古，按之當今之務，日夜念此至孰也，雖使禹舜復生，為陛下計，亡以易此。夫樹國固必相疑之勢，下數被其殃，上數爽其憂，甚非所以安上而全下也。今或親弟謀為東帝，親兄之子西鄉而擊，今吳又見告矣。天子春秋鼎盛，行義未過，德澤有加焉，猶尚如是，況莫大諸侯權力且十此者乎！然而天下少安，何也？大國之王幼弱未壯，漢之所置傅相方握其事。數年之後，諸侯之王大抵皆冠，血氣方剛，漢之傅相稱病而賜罷，彼自丞尉以上偏置私人，如此，有異淮南、濟北之為邪！此時而欲為治安，雖堯舜不治。黃帝曰：日中必熭，操刀必割。（熭音衛。日中盛者必暴熭也，謂暴曬之也。）今令此道順而全安甚易，不肯早為，已迺墮骨肉之屬而抗剄之。豈有異秦之季世虖。夫以天子之位，乘今之時，因天之助，尚憚以危為安，以亂為治。假設陛下居齊桓之處，將不合諸侯而匡天下乎。臣又知陛下有所必不能矣。假設天下如曩時，淮陰侯尚王楚，黥布王淮南，彭越王梁，韓信王韓，張敖王趙，貫高為相，盧綰王燕，陳豨在代，令此六七公者皆無恙，當是時而陛下即天子位，能自安乎。臣有以知陛下之不能也。天下殽亂，高皇帝與諸公併起，非有仄室之埶以豫席之也。諸公幸者乃為中涓，其次廑得舍人，廑少也 材之不逮至遠也。高皇帝以明聖威武即天子位，割膏腴之地以王諸公，多者百餘城，少者乃三四十縣，惪至渥也。然其後十年之間，反者九起。陛下之與諸公，非親角材而臣之也，又非身封王之也，自高皇帝不能以是一歲為安，故臣知陛下之不能也。然尚有可諉者，曰疏。臣請試言其親者。假令悼惠王王齊，元王王楚，中子王趙，幽王王淮陽，共王王

梁，靈王王燕，厲王王淮南，六七貴人皆無恙，當是時陛下即位，能為治虖。臣又知陛下之不能也。若此諸王，雖名為臣，實皆有布衣昆弟之心，慮亡不帝制而天子自為者。擅爵人，赦死辠，甚者或戴黃屋，漢法令非行也。雖行不軌如厲王者，令之不肯聽，召之安可致乎。幸而來至，法安可得加。動一親戚，天下圜視而起，陛下之臣雖有悍如馮敬者，適啓其口，匕首已陷其匈矣。陛下雖賢，誰與領此。故疏者必危，親者必亂，已然之效也。其異姓負彊而動者，漢已幸勝之矣，又不易其所以然。同姓襲是跡而動，既有徵矣，其埶盡又復然。殃旤之變未知所移，明帝處之尚不能以安，後世將如之何。屠牛坦一朝解十二牛，坦屠牛者之名也 而芒刃不頓者，頓謂曰鈍 所排擊剝割，皆眾理解也。至於髖髀之所，非斤則斧。夫仁義恩厚，人主之芒刃也；權埶法制，人主之斤斧也。今諸侯王皆眾髖髀也，釋斤斧之用，而欲嬰以芒刃，臣以為不缺

則折。胡不用之淮南濟北，埶不可也。臣竊跡前事，大抵彊者先反。淮陰王楚最彊，則最先反；韓信倚胡，則又反；貫高因趙資，則又反；陳豨兵精，則又反；彭越用梁，則又反；黥布用淮南，則又反；盧綰最弱，最後反。長沙迺在二萬五千戶耳，功少而最完，埶疏而最忠，非獨性異人也，亦形埶然也。曩令樊酈絳灌據數十城而王，今雖以殘亡可也；令信越之倫列為徹侯而居，雖至今存可也。然則天下之大計可知已。欲諸王之皆忠附，則莫若令如長沙王；欲臣子之勿菹醢，則莫若令如樊酈等；欲天下之治安，莫若眾建諸侯而少其力。力少則易使以義，國小則亡邪心。令海內之埶如身之使臂，臂之使指，莫不制從。諸侯之君不敢有異心，輻湊並進而歸命天子，雖在細民，且知其安，故天下咸知陛下之明。割地定制，令齊趙楚各為若干國，使悼惠王、幽王、元王之子孫畢以次各受祖之分地，地盡而止，及燕梁它國皆然。

其分地眾而子孫少者，建以為國，空而置之，須其子孫生者，舉使君之。諸侯之地其削頗入漢者，為徙其侯國及封其子孫也，所以數償之。一寸之地，一人之眾，天子亡所利焉，誠以定治而已，故天下咸知陛下之廉。地制壹定，宗室子孫莫慮不王，下無倍畔之心，上無誅伐之志，故天下咸知陛下之仁。法立而不犯，令行而不逆，貫高利幾之謀不生，柴奇開章之計不萌，細民鄉善，大臣致順，故天下咸知陛下之義。臥赤子天下之上而安，植遺腹，朝委裘，而天下不亂，置遺腹朝委裘皆未有所知也 當時大治，後世誦聖。壹動而五業附，陛下誰憚而久不為此。天下之埶方病大瘇，一脛之大幾如要，一指之大幾如股，平居不可屈信，一二指搐，身慮亡聊。搐謂動而痛也 失今不治，必為錮疾，後雖有扁鵲，不能為已。病非徒瘇也，又苦䠊盭。䠊古蹠字足下曰蹠今所呼腳掌是也盭古戾字言足蹠反戾不可行也 元王之子，帝之從弟也；今之王者，從弟之子也。惠王，親兄子也；今之

王者兄子之子也。親者或亡分地以安天下。疏者或制大權以偪天子。臣故曰。非徒病瘇也。又苦𨂂盭。可痛哭者此病是也。天下之勢方倒縣。凡天子者天下之首。何也。上也。蠻夷者天下之足。何也。下也。今匈奴嫚侮侵掠至不敬也。為天下患至亡已也。而漢歲致金絮采繒以奉之。夷狄徵令是主上之操也。天子共貢是臣下之禮也。足反居上。首顧居下。倒縣如此莫之能解。猶為國有人乎。非亶倒縣而已。亶讀曰但又類辟且病痱。辟足病。痱風病。辟音壁。痱音肥夫辟者一面病。痱者一方痛。今西邊北邊之郡雖有長爵不輕得復。五尺以上不輕得息。斥候望烽燧不得臥。將吏被介胄而睡。臣故曰一方病矣。醫能治之而上不使。醫者誼自謂可為流涕者此也。陛下何忍以帝皇之號為戎人諸侯。勢既卑辱而既不息。長此安窮。進謀者率以為是。固不可解也。亡具甚矣。臣竊料匈奴之衆不過漢一大縣。以天下之大困於一縣之衆。甚為執

事者羞之。陛下何不試以臣為屬國之官以主匈奴。行臣之計。請必係單于之頸而制其命。伏中行說而笞其背。舉匈奴之衆唯上之令。今不獵猛敵而獵田彘。不搏反寇而搏畜菟。玩細娛而不圖大患。非所以為安也。德可遠施。威可遠加。而直數百里外威令不信。可為流涕者此也。今民賣僮者為之繡衣絲履偏諸緣。偏諸。如牙條以作履緣。偏音篇內之閑中。閑。賣奴婢闌是古天子后服。所以廟而不宴者也。古謂之車馬及祿領者也。謂之衆象上為緣也入廟則服之。宴則不著。蓋貴之也而庶人得以衣婢妾。白縠之表。薄紈之裏。緁以偏諸。緁謂以偏諸緶著衣也。緁音妾美者黼繡。[illegible]是古天子之服。今庶人大賈嘉會召客者以被牆。古者以奉一帝一后而節適。今富人屋壁得為帝服。倡優下賤得為后飾。然而天下不屈者。殆未有也。且帝之身自衣皁綈。綈。厚繒而富民牆屋被文繡。天子之后以緣其領。庶人孽妾緣其履。此臣所謂舛也。夫百人作之不

能衣一人。欲天下亡寒。胡可得也。一人耕之十人聚而食之。欲天下亡飢。不可得也。飢寒切於民之肌膚。欲其亡為姦邪。不可得也。國已屈矣。盜賊直須時耳。然而獻計者曰毋動為大耳。夫俗至大不敬也。至亡等也。至冒上也。進計者猶曰毋為。可為長太息者此也。商君遺禮義。棄仁恩。并心於進取。行之二歲。秦俗日敗。故秦人家富子壯則出分。家貧子壯則出贅。借父耰鉏。慮有德色。耰。摩田器也。言以耰及鉏借與其父而容色自矜為恩德也母取箕箒。立而誶語。誶。讓也。誶音碎抱哺其子。與公併倨。言婦抱子而哺之。乃與其舅併倨。無禮之甚也婦姑不相說。則反脣而相稽。稽。計也。相與計校也其慈子耆利。不同禽獸者亡幾耳。然并心而赴時。猶曰蹶六國兼天下。功成求得矣。終不知反廉愧之節。仁義之厚。信并兼之法。遂進取之業。[illegible]天下大敗。衆掩寡。智欺愚。勇威怯。壯陵衰。其亂至矣。是以大賢起之。威震海內。德從天下。曩之為秦者。今轉而為漢矣。然其遺風餘俗

猶尚未改。今世以侈靡相競。而上亡制度。棄禮義。捐廉恥。日甚。可謂月異而歲不同矣。逐利不耳。慮非顧行也。今其甚者殺父兄矣。盜者剟寢戶之簾。剟。謂割取之也。剟音輟搴兩廟之器。搴。取也。兩廟。高祖惠帝廟也。搴音騫白晝大都之中剽吏而奪之金。矯偽者出幾十萬石粟。賦六百餘萬錢。乘傳而行郡國。此其亡行義之尤至者也。而大臣特以簿書不報。期會之間以為大故。至於俗流失。世壞敗。因恬而不知怪。慮不動於耳目。以為是適然耳。夫移風易俗。使天下回心而鄉道。類非俗吏之所能為也。俗吏之所務在於刀筆筐篋。而不知大體。陛下又不自憂。竊為陛下惜之。夫立君臣。等上下。使父子有禮。六親有紀。此非天之所為。人之所設也。夫人之所設。不為不立。不植則僵。不修則壞。筦子曰。禮義廉恥。是謂四維。四維不張。國乃滅亡。使筦子愚人也則可。筦子而少知治體。則是豈可不為寒心哉。秦滅四維而不張。故君臣乖亂。六親殃

戮姦人並起，民離叛，九十三歲而社稷為虛（虛讀曰墟）。今四維猶未備也，故姦人幾幸，而衆心疑惑。豈如今定經制，令君君臣臣，上下有差，父子六親各得其宜，姦人無所幾幸，而羣臣衆信，上不疑惑。此業壹定，世世常安，而後有所持循矣。若夫經制不定，是猶度江河亡維楫，中流而遇風波，船必覆矣。可為長太息者此也。夏為天子十有餘世，而殷受之；殷為天子二十餘世，而周受之；周為天子三十餘世，而秦受之。秦為天子二世而亡。人性不甚相遠也，何三代之君有道之長，而秦無道之暴也？其故可知也。古之王者，太子迺生，固舉以禮，使士負之，有司齊肅端冕，見之南郊，見于天也。過闕則下，過廟則趨，孝子之道也。故自為赤子而教固已行矣。昔者成王幼在襁抱之中，召公為太保，周公為太傅，太公為太師。保，保其身體；傅，傅之德義；師，道之教訓：此三公之職也。於是為置三少，皆上大夫也，曰少保、少傅、少師，

是與太子宴者也（孩讀曰諧）。故迺孩提有識，三公、三少固明孝仁禮義以道習之，逐去邪人，不使見惡行。於是皆選天下之端士孝悌博聞有道術者以衛翼之，使與太子居處出入。故太子迺生而見正事，聞正言，行正道，左右前後皆正人也。夫習與正人居之，不能毋正，猶生長於齊不能不齊言也；習與不正人居之，不能毋不正，猶生長於楚之地不能不楚言也。故擇其所耆，必先受業，迺得嘗之；擇其所樂，必先有習，迺得為之。孔子曰：少成若天性，習貫如自然。及太子少長，知妃色，則入于學。學者，所學之官也。學禮曰：帝入東學，上親而貴仁，則親疏有序而恩相及矣；帝入南學，上齒而貴信，則長幼有差而民不誣矣；帝入西學，上賢而貴德，則聖智在位而功不遺矣；帝入北學，上貴而尊爵，則貴賤有等而下不踰矣；帝入太學，承師問道，退習而考於太傅，太傅罰其不則而匡其不及，則德智長而治道得矣。此五學者

既成於上，則百姓黎民化輯於下矣。及太子既冠成人，免於保傅之嚴，則有記過之史，徹膳之宰，進善之旌（進善言者立於旌下），誹謗之木（欲書其事者書之於木），敢諫之鼓（欲諫者則擊鼓）。瞽史誦詩，工誦箴諫，大夫進謀，士傳民語。習與智長，故切而不媿；化與心成，故中道若性。三代之禮：春朝朝日，秋暮夕月，所以明有敬也；春秋入學，坐國老，執醬而親餽之，所以明有孝也；行以鸞和，步中采齊，趣中肆夏（[illegible]），所以明有度也；其於禽獸，見其生不食其死，聞其聲不食其肉，故遠庖廚，所以長恩，且明有仁也。夫三代之所以長久者，以其輔翼太子有此具也。及秦而不然，其俗固非貴辭讓也，所上者告訐也；固非貴禮義也，所上者刑罰也。使趙高傅胡亥而教之獄，所習者非斬劓人，則夷人之三族也。故胡亥今日即位而明日射人，忠諫者謂之誹謗，深計者謂之妖言，其視殺人若艾草菅然。豈惟胡亥之性惡哉？彼其所以道之者非其理故也。

鄙諺曰：不習為吏，視已成事。又曰：前車覆，後車誡。夫三代之所以長久者，其已事可知也；然而不能從者，是不法聖智也。秦世之所以亟絕者，其轍跡可見也；然而不避，是後車又將覆也。夫存亡之變，治亂之機，其要在是矣。天下之命，縣於太子；太子之善，在於早諭教與選左右。夫心未濫而先諭教，則化易成也；開於道術智誼之指，則教之力也。若其服習積貫，則左右而已。夫胡粵之人，生而同聲，耆欲不異，及其長而成俗，累數譯而不能相通，行者雖死而不相為者，則教習然也。臣故曰選左右早諭教最急。夫教得而左右正，則太子正矣；太子正而天下定矣。書曰：一人有慶，兆民賴之。此時務也。凡人之智，能見已然，不能見將然。夫禮者禁於將然之前，而法者禁於已然之後，是故法之所用易見，而禮之所為生難知也。若夫慶賞以勸善，刑罰以懲惡，先王執此之政，堅如金石；行此之令，信如四時；據此之公，無

私如天地耳豈顧不用哉然而曰禮云禮云者貴絕惡於未萌而起教於微眇使民日遷善遠辠而不自知也孔子曰聽訟吾猶人也必也使毋訟乎為人主計者莫如先審取舍取舍之極定於內而安危之萌應於外矣安者非一日而安也危者非一日而危也皆以積漸然不可不察也人主之所積在其取舍以禮義治之者積禮義以刑罰治之者積刑罰刑罰積而民怨背禮義積而民和親故世主欲民之善同而所以使民善者或異或道之以德教或敺之以法令道之以德教者德教洽而民氣樂敺之以法令者法令極而民風哀哀樂之感禍福之應也秦王之欲尊宗廟而安子孫與湯武同然而湯武廣大其德行六七百歲而弗失秦王治天下十餘歲則大敗此亡它故也湯武之定取舍審而秦王之定取舍不審矣夫天下大器也今人之置器置諸安處則安置諸危處則危天下之情與器亡以異在

天子之所置之湯武置天下於仁義禮樂而德澤洽禽獸草木廣裕德被蠻貊四夷累子孫數十世此天下所共聞也秦王置天下於法令刑罰德澤亡一有而怨毒盈於世下憎惡之如仇讎禍幾及身子孫誅絕此天下之所共見也是非其明效大驗邪人之言曰聽言之道必以其事觀之則言者莫敢妄言今或言禮誼之不如法令教化之不如刑罰人主胡不引殷周秦事以觀之也人主之尊譬如堂群臣如陛衆庶如地故陛九級上廉遠地則堂高（級等也廉側隅也）陛無級廉近地則堂卑高者難攀卑者易陵理勢然也故古者聖王制為等列內有公卿大夫士外有公侯伯子男然後有官師小吏（官師一官之長）延及庶人等級分明而天子加焉故其尊不可及也里諺曰欲投鼠而忌器此善諭也鼠近於器尚憚不投恐傷其器況於貴臣之近主乎廉恥節禮以治君子故有賜死而亡戮辱是以黥劓之罪不及大夫以其離主上不遠也禮不敢齒君之路馬蹴其芻者有罰見君之几杖則起遭君之乘車則下入正門則趨君之寵臣雖或有過刑戮之辠不加其身者尊君之故也此所以為主上豫遠不敬也所以體貌大臣而厲其節也今自王侯三公之貴皆天子之所改容而禮之也古天子之所謂伯父伯舅也而令與衆庶同黥劓髡刖笞傌棄市之法然則堂不亡陛虖被戮辱者不泰迫乎廉恥不行大臣無迺握重權大官而有徒隸亡恥之心虖夫望夷之事二世見當以重法者（决罪曰當閻樂殺二世於望夷宮本由秦制無忌上之風也）投鼠而不忌器之習也臣聞之履雖鮮不加於枕冠雖敝不以苴履夫嘗已在貴寵之位天子改容而體貌之矣吏民嘗俯伏以敬畏之矣今而有過帝令廢之可也退之可也賜之死可也滅之可也若夫束縛之係緤之輸之司寇編之徒官司寇小吏詈罵而榜笞之殆非所以令衆庶見也夫卑賤者習知尊貴者之

一旦吾亦迺可以加此也非所以習天下也非尊尊貴貴之化也夫天子之所嘗敬衆庶之所嘗寵死而死耳賤人安宜得如此而頓辱之哉豫讓事中行之君智伯伐而滅之移事智伯及趙滅智伯豫讓釁面吞炭必報襄子五起而不中人問豫子豫子曰中行衆人畜我我故衆人事之智伯國士遇我我故國士報之故此一豫讓也反君事讎行若狗彘已而抗節致忠行出乎列士人主使然也故主上遇其大臣如遇犬馬彼將犬馬自為也如遇官徒彼將官徒自為也頑頓亡恥奊詬亡節（奊詬謂無志分也奊音頡結反詬音姤）廉恥不立且不自好苟若而可故見利則逝見便則奪主上有敗則因而挺之矣主上有患則吾苟免而已立而觀之耳有便吾身者則欺賣而利之耳人主將何便於此群下至衆而主上至少也所託財器職業者粹於群下也俱亡恥俱苟妄則主上最病故古者禮不及庶人刑不至大夫所以厲寵

臣之節也。古者大臣有坐不廉而廢者。不謂不廉。曰簠簋不飾。坐汙穢淫亂男女亡別者。不曰汙穢。曰帷薄不修。坐罷軟不勝任者。不謂罷軟。曰下官不職。故貴大臣定有其辠矣。猶未斥然正以諱之也。尚遷就而爲之諱也。故其在大譴大何之域者。聞譴何則白冠氂纓盤水加劍。造請室而請辠耳。上不執縛係引而行也。其有中罪者。聞命而自弛。上不使人頸盭而加也。其有大辠者。聞命則北面再拜跪而自裁。上不使捽抑而刑之也。曰。子大夫自有過耳。吾遇子有禮矣。遇之有禮。故群臣自憙。嬰以廉恥。故人矜節行。上設廉恥禮義以遇其臣。而臣不以節行報其上者。則非人類也。故化成俗定。則爲人臣者。主耳忘身。國耳忘家。公耳忘私。利不苟就。害不苟去。唯義所在。上之化也。故父兄之臣誠死宗廟。法度之臣誠死社稷。輔翼之臣誠死君上。守圄扞敵之臣誠死城郭封疆。故曰聖人有金城者。比物此志

奏議卷之二十二　二十

也。彼且爲我死。故吾得與之俱生。彼且爲我亡。故吾得與之俱存。夫將爲我危。故吾得與之皆安。顧行而忘利。守節而伏義。故可以託不御之權。可以寄六尺之孤。此厲廉恥、行禮義之所致也。主上何喪焉。此之不爲。顧彼之久行。故曰可爲長太息者此也。上深納其言。

時文帝詔有司舉賢良文學士。太子家令晁錯在選中。上親策詔之曰。惟十有五年九月壬子。皇帝曰。昔者大禹勤求賢士。施及方外。四極之內。舟車所至。人迹所及。靡不聞命。以輔其不逮。近者獻其明。遠者通厥聰。比善戮力。以翼天子。是以大禹能無失德。夏以長楙。高皇帝親除大害。去亂從。並建豪英。以爲官師。爲諫爭。輔天子之闕。而翼戴漢宗也。賴天之靈。宗廟之福。方內以安。澤及四夷。今朕獲執天子之王。以承宗廟之祀。朕既不德。又不敏。明弗能燭。而智不能治。此大夫之所著聞也。故詔有司諸侯王三公七卿及主郡吏。各帥其志。以選賢良。明於國家之大體。通於人事之終始。及能直言極諫者。各有人數。將以匡朕之不逮。二三大夫之行當此三道。朕甚嘉之。故登大夫于朝。親諭朕志。大夫其上三道之要。及永惟朕之不德。吏之不平。政之不宣。民之不寧。四者之闕。悉陳其志。毋有所隱。上以薦先帝之宗廟。下以興愚民之休利。著之于篇。朕親覽焉。觀大夫所以佐朕。至與不至。書之周之密之。重之閉之。興自朕躬。大夫其正論。毋枉執事。烏虖戒之。二三大夫其帥志毋怠。錯對曰。臣竊聞古之賢主。莫不求賢以爲輔翼。故黃帝得力牧而爲五帝先。大禹得咎繇而爲三王祖。齊桓得筦子而爲五伯長。今陛下講于大禹及高皇帝之建豪英也。退託於不明。以求賢良。讓之至也。臣竊觀上世之傳。若高皇帝之建功業。陛下之德厚而得賢佐。皆有司之所覽。刻于玉版。藏於金匱。歷之春秋。紀之後世。爲帝者祖宗。與天地相終。今臣窋等以臣錯充賦

奏議卷之二十三　二十一

甚不稱明詔求賢之意。臣錯艸茅臣亡識知。昧死上愚對曰。詔策曰明於國家大體。愚臣竊以古之五帝明之。臣聞五帝神聖。其臣莫能及。故自親事。處于法宮之中。明堂之上。動靜上配天。下順地。中得人。故衆生之類。亡不覆也。根著之徒。亡不載也。燭以光明。亡偏異也。德上及飛鳥。下至水蟲草木諸產。皆被其澤。然後陰陽調。四時節。日月光。風雨時。膏露降。五穀熟。妖孽滅。賊氣息。民不疾疫。河出圖。洛出書。神龍至。鳳鳥翔。德澤滿天下。靈光施四海。此謂配天地。治國大體之功也。詔策曰。通於人事終始。愚臣竊以古之三王明之。臣聞三王臣主俱賢。故合謀相輔。計安天下。莫不本於人情。人情莫不欲壽。三王生之而不傷。人情莫不欲富。三王厚之而不困。人情莫不欲安。三王扶而不危。人情莫不欲逸。三王節其力而不盡也。其爲法令也。合於人情而後行之。其動衆使民也。本於人事。然後爲之。取人以己。

內恕及人情之所惡不以強人情之所欲不以禁民是以天下樂其
政歸其德望之若父母從之若流水百姓和親國家安寧名位不失
施及後世此明於人情終始之功也詔策曰直言極諫愚臣竊以五
伯之臣明之臣聞五伯不及其臣故屬之以國任之以事五伯之佐
之為人臣也絜身而不敢誣奉法令不容私盡心力而不敢矜遭患
難不避死見賢不居其上受祿不過其量不以無能居尊顯之位自
行若此可謂方正之士矣其立法也非以苦民傷眾而為之機陷也
以之興利除害尊主安民而救暴亂也其行賞也非虛取民財妄予
人也以勸天下之忠孝而明其功也故功多者賞厚功少者賞薄如此
斂民財以顧其功而民不恨者知與而安己也其行罰也非以忿怒
妄誅而從暴心也以禁天下不忠不孝而害國者也故罪大者罰重
罪小者罰輕如此民雖伏罪至死而不怨者知罪罰之至自取之也

立法若此可謂平正之吏矣法之逆者請而更之不以傷民主行之
暴者逆而復之不以傷國救主之失補主之過揚主之美明主之功
使主內無邪辟之行外無騫汙之名事君若此可謂直言極諫之士
矣此五伯之所以德匡天下威正諸侯功業甚美名聲章明舉天下
之賢主五伯與焉此身不及其臣而使得直言極諫補其不逮之功
也今陛下人民之眾威武之重德惠之厚令行禁止之勢萬萬於五
伯而賜愚臣策曰匡朕之不逮愚臣何足以識陛下之高明而奉承
之詔策曰吏之不平政之不宣民之不寧愚臣竊以秦事明之臣聞
秦始并天下之時其主不及三王而臣不及其佐然功力不遲者何
也地形便山川利財用足民利戰其所與並者六國六國者臣主皆
不肖謀不輯民不用故當此之時秦最富強夫國富強而鄰國亂者帝王
之資也故秦能兼六國立為天子當此之時三王之功不能進焉及其末

塗之衰也任不肖而信讒賊宮室過度耆欲亡極民力罷盡賦斂不
節矜奮自賢群臣恐諛驕溢縱恣不顧患禍妄賞以隨喜意妄誅以
快怒心法令煩憯刑罰暴酷輕絕人命身自射殺天下寒心莫安其
處姦邪之吏乘其亂法以成其威獄官主斷生殺自恣上下瓦解各
自為制秦始亂之時吏之所先侵者貧人賤民也至其中節所侵者
富人吏家也及其末塗所侵者宗室大臣也是故親疏皆危外內咸
怨離散逋逃人有走心陳勝先倡天下大潰絕祀亡世為異姓福此
吏不平政不宣民不寧之禍也今陛下配天象地覆露萬民絕秦之
迹除其亂法躬親本事廢去淫末除苛解嬈寬大愛人肉刑不用罪
人亡帑非誹不治鑄錢者除通關去塞不孽諸侯（接之以禮不以庶孽待之）賓禮
長老愛卹少孤罪人有期後宮出嫁尊賜孝悌農民不租明詔軍師
愛士大夫求進方正廢退姦邪除去陰刑害民者誅憂勞百姓列侯

就都親耕節用視民不奢所為天下興利除害變法易故以安海內
者大功數十皆上世之所難及陛下行之道純德厚元元之民幸矣
詔策曰永惟朕之不德愚臣不足以當之詔策曰悉陳其志毋有所
隱愚臣竊以五帝之賢臣明之臣聞五帝其臣莫能及則自親之三
王臣主俱賢則共憂之五伯不及其臣則任使之此所以神明不遺
而賢聖不廢也故各當其世而立功德焉傳曰往者不可及來者猶
可待能明其世者謂之天子此之謂也竊聞戰不勝者易其地民貧
窮者變其業今以陛下神明德厚資財不下五帝臨制天下至今十
有六年民不益富盜賊不衰邊竟未安其所以然意者陛下未之躬
親而待群臣也今執事之臣皆天下之選已然莫能望陛下清光譬
之猶五帝之佐也陛下不自躬親而待不望清光之臣臣竊恐神明
之遺也日損一日歲亡一歲日月益暮盛德不及究於天下以傳萬

世愚臣不自度量竊爲陛下惜之

歷代名臣奏議卷之二十三

歷代名臣奏議卷之二十四

治道

漢武帝即位舉賢良文學之士前後百數而廣川董仲舒以賢良對策焉制曰朕獲承至尊休德傳之無窮而施之罔極任大而守重是以夙夜不皇康寧永惟萬事之統猶懼有闕故廣延四方之豪儁郡國諸侯公選賢良脩絜博習之士欲聞大道之要至論之極今子大夫褎然爲舉首朕甚嘉之子大夫其精心致思朕垂聽而問焉蓋聞五帝三王之道改制作樂而天下洽和百王同之當虞氏之樂莫盛於韶於周莫盛於勺聖王已沒鐘鼓筦絃之聲未衰而大道微缺陵夷至乎桀紂之行王道大壞矣夫五百年之間守文之君當塗之士欲則先王之法以戴翼其世者甚衆然猶不能反日以仆滅至後王而後止豈其所操持或悖謬而失其統與固天降命不可復反必推之於大衰而後息與烏乎凡所爲屑屑夙興夜寐務法上古者又將無補與三代受命其符安在災異之變何緣而起性命之情或夭或壽或仁或鄙習聞其號未燭厥理伊欲風流而令行刑輕而姦改百姓和樂政事宣昭何脩何飭而膏露降百穀登德潤四海澤臻草木三光全寒暑平受天之祜享鬼神之靈德澤洋溢施乎方外延及羣生子大夫明先聖之業習俗化之變終始之序講聞高誼之日久矣其明以諭朕科別其條勿猥勿并取之於術慎其所出迺不正不直不忠不極枉于執事書之不泄興于朕躬毋悼後害子大夫其盡心靡有所隱朕將親覽焉仲舒對曰陛下發德音下明詔求天命與性情皆非愚臣之能及也臣謹案春秋之中視前世已行之事以觀天人相與之際甚可畏也國家將有失道之敗而天迺先出災害以譴告之不知自省又出怪異以警懼之尚不知變而傷敗迺至以此見

天心之仁愛人君而欲止其亂也。自非大無道之世者。天盡欲扶持
而全安之。事在彊勉而已矣。彊勉學問則聞見博而知益明。彊勉行
道則德日起而大有功。此皆可使還至而立有其效者也。（還讀曰旋）詩曰。
夙夜匪懈。書云。茂哉茂哉。皆彊勉之謂也。道者所繇適於治之路也。
仁義禮樂皆其具也。故聖王已没。而子孫長久安寧數百歲。此皆禮
樂教化之功也。王者未作樂之時。迺用先王之樂宜於世者而以深
入教化於民。教化之情不得。雅頌之樂不成。故王者功成作樂。樂其
德也。樂者所以變民風化民俗也。其變民也易。其化人也著。故聲發
於和而本於情。接於肌膚。臧於骨髓。故王道雖微缺而筦絃之聲未
衰也。夫虞氏之不為政久矣。然而樂頌遺風猶有存者。是以孔子在
齊而聞韶也。夫人君莫不欲安存而惡危亡。然而政亂國危者甚衆。所
任者非其人。而所繇者非其道。是以政日以仆滅也。夫周道衰於幽

厲。非道亡也。幽厲不繇也。至於宣王。思昔先王之德。興滯補弊。明文
武之功業。周道粲然復興。詩人美之而作。上天祐之。為生賢佐。後世
稱頌。至今不絕。此夙夜不懈行善之所致也。孔子曰。人能弘道。非道
弘人也。故治亂廢興在於己。非天降命不可得反。其所操持誖謬失
其統也。臣聞天之所大奉使之王者。必有非人力所能致而自至者。
此受命之符也。天下之人同心歸之。若歸父母。故天瑞應誠而至。書
曰。白魚入于王舟。有火復于王屋。流為烏。此蓋受命之符也。周公曰。
復哉復哉。（[illegible]非）孔子曰。德不孤。必有鄰。皆積善絫德之效也。及至後
世淫佚衰微。不能統理羣生。諸侯背畔。殘賊良民以爭壤土。廢德教而
任刑罰。刑罰不中。則生邪氣。邪氣積於下。怨惡畜於上。上下不和。則
陰陽繆盭而妖孽生矣。此災異所緣而起也。臣聞命者天之令也。性
者生之質也。情者人之欲也。或夭或壽。或仁或鄙。陶冶而成之。不能

粹美。有治亂之所生。故不齊也。孔子曰。君子之德風也。小人之德草
也。草上之風必偃。故堯舜行德則民仁壽。桀紂行暴則民鄙夭。夫上
之化下。下之從上。猶泥之在鈞。唯甄者之所為。猶金之在鎔。唯冶者
之所鑄。綏之斯俫。動之斯和。此之謂也。臣謹案春秋之文。求王道之
端。得之於正。正次王。王次春。春者天之所為也。正者王之所為也。其
意曰。上承天之所為。而下以正其所為。正王道之端云爾。然則王者
欲有所為。宜求其端於天。天道之大者在陰陽。陽為德。陰為刑。刑主
殺。德主生。是故陽常居大夏。而以生育養長為事。陰常居大冬。而積
於空虛不用之處。以此見天之任德不任刑也。天使陽出布施於上
而主歲功。使陰入伏於下而時出佐陽。陽不得陰之助亦不能獨成歲。
終陽以成歲為名。此天意也。王者承天意以從事。故任德教而不任
刑。刑者不可任以治世。猶陰之不可任以成歲也。為政而任刑。不

順於天。故先王莫之肯為也。今廢先王德教之官。而獨任執法之吏
治民。毋乃任刑之意與。孔子曰。不教而誅謂之虐。虐政用於下。而欲
德教之被四海。故難成也。臣謹案春秋謂一元之意。一者萬物之所
從始也。元者辭之所謂大也。謂一為元者。視大始而欲正本也。春秋
深探其本。而反自貴者始。故為人君者。正心以正朝廷。正朝廷以正
百官。正百官以正萬民。正萬民以正四方。四方正。遠近莫不壹於正
而亡有邪氣奸其間者。（奸音干）是以陰陽調而風雨時。羣生和而萬民
殖。五穀孰而屮木茂。天地之間被潤澤而大豐美。四海之內聞盛德
而皆倈臣。諸福之物。可致之祥。莫不畢至。而王道終矣。孔子曰。鳳鳥
不至。河不出圖。吾已矣夫。自悲可致此物。而身卑賤不得致也。今陛
下貴為天子。富有四海。居得致之位。操可致之勢。又有能致之資。行
高而恩厚。知明而意美。愛民而好士。可謂誼主矣。然而天地未應而

美祥莫至者何也凡以教化不立而萬民不正也夫萬民之從利也如水之走下（走音奏）不以教化隄防之不能止也是故教化立而姦邪皆止者其隄防完也教化廢而姦邪並出刑罰不能勝者其隄防壞也古之王者明於此是故南面而治天下莫不以教化為大務立太學以教於國設庠序以化於邑漸民以仁摩民以誼節民以禮故其刑罰甚輕而禁不犯者教化行而習俗美也聖王之繼亂世也埽除其迹而悉去之復脩教化而崇起之教化已明習俗已成子孫循之行五六百歲尚未敗也至周之末世大為亡道以失天下秦繼其後獨不能改又益甚之重禁文學不得挾書棄捐禮誼而惡聞之其心欲盡滅先聖之道而顓為自恣苟簡之治（顓與專同）故立為天子十四歲而國破亡矣自古以來未嘗有以亂淦亂大敗天下之民如秦者也（淦益也）其遺毒餘烈至今未滅使習俗薄惡人民嚚頑抵冒殊扞孰爛

如此之甚者也孔子曰腐朽之木不可彫也糞土之墻不可圬也今漢繼秦之後如朽木糞墻矣雖欲善治之亡可柰何法出而姦生令下而詐起如以湯止沸抱薪救火愈甚亡益也竊譬之琴瑟不調甚者必解而更張之乃可鼓也為政而不行甚者必變而更化之乃可理也當更張而不更張雖有良工不能善調也當更化而不更化雖有大賢不能善治也故漢得天下以來常欲善治而至今不可善治者失之於當更化而不更化也古人有言曰臨淵羡魚不如退而結網今臨政而願治七十餘歲矣不如退而更化更化則可善治善治則災害日去福祿日來詩云宜民宜人受祿于天為政而宜於民者固當受祿于天夫仁義禮知信五常之道王者所當脩飭也五者脩飭故受天之祐而享鬼神之靈德施于方外延及群生也天子覽其對而異焉乃復策之制曰蓋聞虞舜之時游於巖廊之上垂拱無為

而天下太平周文王至於日昃不暇食而宇內亦治夫帝王之道豈不同條而共貫與何勞逸之殊也蓋儉者不造玄黃旌旗之飾及至周室設兩觀乘大路朱干玉戚八佾陳於庭而頌聲興夫帝王之道豈異指哉或曰良玉不瑑又曰非文無以輔德二端異焉殷人執五刑以督姦傷肌膚以懲惡成康不式四十餘年天下不犯囹圄空虛秦國用之死者甚眾刑者相望耗矣哀哉烏虖朕夙寤晨興惟前帝王之憲永思所以奉至尊章洪業皆在力本任賢今朕親耕籍田以為農先勸孝弟崇有德使者冠蓋相望問勤勞恤孤獨盡思極神功烈休德未始云獲也今陰陽錯繆氛氣充塞群生寡遂黎民未濟廉恥貿亂賢不肖渾殽未得其真故詳延特起之士意庶幾乎今子大夫待詔百有餘人或道世務而未濟稽諸上古之不同考之于今而難行毋乃牽於文繫而不得騁與將所繇異術所聞殊方與各悉對

著于篇毋諱有司明其指略切磋究之以稱朕意仲舒對曰臣聞堯受命以天下為憂而未以位為樂也故誅逐亂臣務求賢聖是以得舜禹稷卨咎繇眾聖輔德賢能佐職教化大行天下和洽萬民皆安仁樂誼各得其宜動作應禮從容中道故孔子曰如有王者必世而後仁此之謂也堯在位七十載迺遜于位以禪虞舜堯崩天下不歸堯子丹朱而歸舜舜知不可辟（辟讀曰避）乃即天子之位以禹為相因堯之輔佐繼其統業是以垂拱無為而天下治孔子曰韶盡美矣又盡善也此之謂也至于殷紂逆天暴物殺戮賢知（知讀曰智）殘賊百姓伯夷太公皆當世賢者隱處而不為臣守職之人皆奔走逃亡入于河海天下耗亂萬民不安故天下去殷而從周文王順天理物師用賢聖是以閎夭大顛散宜生等亦聚於朝廷愛施兆民天下歸之故太公起海濱而即三公也當此之時紂尚在上尊卑昏亂百姓散亡故文王悼

痛而欲安之。是以日昃而不暇食也。孔子作春秋。先正王而繫萬事。見素王之文焉。繇此觀之。帝王之條貫同。然而勞逸異者。所遇之時異也。孔子曰。武盡美矣。未盡善也。此之謂也。臣聞制度文采玄黃之飾。所以明尊卑。異貴賤。而勸有德也。故春秋受命所先制者。改正朔。易服色。所以應天也。然則宮室旌旗之制。有法而然者也。故孔子曰。奢則不遜。儉則固。儉非聖人之中制也。臣聞良玉不瑑。資質潤美。不待刻瑑。此亡異於達巷黨人不學而自知也。然則常玉不瑑。不成文章。君子不學。不成其德。臣聞聖王之治天下也。少則習之學。長則材諸位。爵祿以養其德。刑罰以威其惡。故民曉於禮義而恥犯其上。武王行大義。平殘賊。周公作禮樂以文之。至於成康之隆。囹圄空虛四十餘年。此亦教化之漸而仁誼之流。非獨傷肌膚之效也。至秦則不然。師申商之法。行韓非之說。憎帝王之道。以貪狼爲俗。非有文德以教

訓於天下也。誅名而不察實。爲善者不必免。而犯惡者未必刑也。是以百官皆飾空言虛辭而不顧實。外有事君之禮。內有背上之心。造僞飾詐。趣利無恥。又好用憯酷之吏。賦斂亡度。竭民財力。百姓散亡。不得從耕織之業。群盜並起。是以刑者甚衆。死者相望。而姦不息。俗化使然也。故孔子曰。導之以政。齊之以刑。民免而無恥。此之謂也。今陛下幷有天下。海內莫不率服。廣覽兼聽。極群下之知。盡天下之美。至德昭然。施于方外。夜郎康居。殊方萬里。說德歸誼。此太平之致也。然而功不加於百姓者。殆王心未加焉。曾子曰。尊其所聞。則高明矣。行其所知。則光大矣。高明光大。不在於它。在乎加之意而已。願陛下因用所聞。設誠於內而致行之。則三王何異哉。陛下親耕藉田以爲農先。夙寤晨興。憂勞萬民。思惟往古。而務以求賢。此亦堯舜之用心也。然而未云獲者。士素不厲也。夫不素養士而欲求賢。譬猶不瑑玉

而求文采也。故養士之大者。莫大乎太學。太學者。賢士之所關也。教化之本原也。今以一郡一國之衆。對亡應書者（謂舉賢良文學之詔書也）。是以王道往往而絕也。臣願陛下興太學。置明師。以養天下之士。數考問以盡其材。則英俊宜可得矣。今之郡守縣令。民之師帥。所使承流而宣化也。故師帥不賢。則主德不宣。恩澤不流。今吏既亡教訓於下。或不承用主上之法。暴虐百姓。與姦爲市。貧窮孤弱。冤苦失職。甚不稱陛下之意。是以陰陽錯繆。氛氣充塞。群生寡遂。黎民未濟。皆長吏不明。使至於此也。夫長吏多出於郎中中郎。吏二千石子弟選郎吏。又以富訾。未必賢也。且古所謂功者。以任官稱職爲差。非所謂積日累久也。故小材雖累日。不離於小官。賢材雖未久。不害爲輔佐。是以有司竭力盡知。務治其業而以赴功。今則不然。累日以取貴。積久以致官。是以廉恥貿亂。賢不肖渾殽。未得其真。臣愚以爲使諸列侯郡守

二千石各擇其吏民之賢者。歲貢各二人。以給宿衛。且以觀大臣之能。所貢賢者有賞。所貢不肖者有罰。夫如是。諸侯吏二千石皆盡心於求賢。天下之士可得而官使也。徧得天下之賢人。則三王之盛易爲。而堯舜之名可及也。毋以日月爲功。實試賢能爲上。量材而任官。錄德而定位。則廉恥殊路。賢不肖異處矣。陛下加惠。寬臣之罪。令勿牽制於文。使得切磋究之。臣敢不盡愚。於是天子復冊之。制曰。蓋聞善言天者必有徵於人。善言古者必有驗於今。故朕垂問乎天人之應。上嘉唐虞。下悼桀紂。寖微寖滅寖明寖昌之道。虛心以改。今子大夫明於陰陽所以造化。習於先聖之道業。然而文采未極。豈惑乎當世之務哉。條貫靡竟。統紀未終。意朕之不明與。聽若眩與。夫三王之教所祖不同。而皆有失。或謂久而不易者道也。意豈異哉。今子大夫既以著大道之極。陳治亂之端矣。其悉之究之。孰之復之。詩不云乎。

嗟爾君子，毋常安息，神之聽之，介爾景福。朕將親覽焉。子大夫其茂明之。仲舒對曰：臣聞論語曰：有始有卒者，其惟聖人乎。今陛下幸加惠留聽於承學之臣，復下明冊，以切其意，而究盡聖德，非愚臣之所能具也。前所上對，條貫靡竟，統紀不終，辭不別白，指不分明，此臣淺陋之罪也。冊曰：善言天者必有徵於人，善言古者必有驗於今。臣聞天者羣物之祖也，故徧覆包函而無所殊，建日月風雨以和之，經陰陽寒暑以成之。故聖人法天而立道，亦溥愛而亡私，布德施仁以厚之，設誼立禮以導之。春者天之所以生也，仁者君之所以愛也；夏者天之所以長也，德者君之所以養也；霜者天之所以殺也，刑者君之所以罰也。繇此言之，天人之徵，古今之道也。孔子作春秋，上揆之天道，下質諸人情，參之於古，考之於今。故春秋之所譏，災害之所加也；春秋之所惡，怪異之所施也。書邦家之過，兼災異之變，以此見人之所為，其美惡之極，乃與天地流通而往來相應，此亦言天之一端也。古者脩教訓之官，務以德善化民，民已大化之後，天下常亡一人之獄矣。今世廢而不脩，亡以化民，民以故棄行誼而死財利，是以犯法而罪多，一歲之獄以萬千數。以此見古之不可不用也，故春秋變古則譏之。天令之謂命，命非聖人不行；質樸之謂性，性非教化不成；人欲之謂情，情非度制不節。是故王者上謹於承天意，以順命也；下務明教化民，以成性也；正法度之宜，別上下之序，以防欲也。脩此三者而大本舉矣。人受命於天，固超然異於羣生，入有父子兄弟之親，出有君臣上下之誼，會聚相遇，則有耆老長幼之施，粲然有文以相接，驩然有恩以相愛，此人之所以貴也。生五穀以食之，桑麻以衣之，六畜以養之，服牛乘馬，圈豹檻虎，是以得天之靈，貴於物也。故孔子曰：天地之性人為貴。明於天性，知自貴於物；知自貴於物，然後知仁誼；

奏議卷之二十四　八

知仁誼，然後重禮節；重禮節，然後安處善；安處善，然後樂循理；樂循理，然後謂之君子。故孔子曰：不知命，亡以為君子。此之謂也。冊曰：上嘉唐虞，下悼桀紂，寖微寖滅寖明寖昌之道，虛心以改。臣聞衆少成多，積小致鉅，故聖人莫不以晻致明，以微致顯。是以堯發於諸侯，舜興乎深山，非一日而顯也，蓋有漸以致之矣。言出於己，不可塞也；行發於身，不可掩也。言行，治之大者，君子之所以動天地也。故盡小者大，慎微者著。詩云：惟此文王，小心翼翼。故堯兢兢日行其道，而舜業業日致其孝，善積而名顯，德章而身尊，此其寖明寖昌之道也。積善在身，猶長日加益，而人不知也；積惡在身，猶火之銷膏，而人不見也。非明乎情性、察乎流俗者，孰能知之？此唐虞之所以得令名，而桀紂之可為悼懼者也。夫善惡之相從，如景鄉之應形聲也。（鄉讀曰響）故桀紂暴謾，讒賊並進，賢知隱伏，惡日顯，國日亂，晏然自以如日在天，終陵夷而大壞。夫暴逆不仁者，非一日而亡也，亦以漸至，故桀紂雖亡道，然猶享國十餘年，此其寖微寖滅之道也。冊曰：三王之教所祖不同，而皆有失，或謂久而不易者道也，意豈異哉？臣聞夫樂而不亂復而不厭者謂之道。道者萬世無弊，弊者道之失也。先王之道必有偏而不起之處，故政有眊而不行，舉其偏者以補其弊而已矣。三王之道所祖不同，非其相反，將以捄溢扶衰，所遭之變然也。故孔子曰：無為而治者其舜乎！改正朔，易服色，以順天命而已；其餘盡循堯道，何更為哉！故王者有改制之名，亡變道之實。然夏上忠，殷上敬，周上文者，所繼之捄當用此也。孔子曰：殷因於夏禮，所損益可知也；周因於殷禮，所損益可知也；其或繼周者，雖百世可知也。此言百王之用，以此三者矣。夏因於虞，而獨不言所損益者，其道如一而所上同也。道之大原出於天，天不變，道亦不變，是以禹繼舜，舜繼堯，三聖相受而守一

奏議卷之二十四　九

道已敝弊之政也故不言其所損益也繇是觀之繼治世者其道同
繼亂世者其道變今漢繼大亂之後若宜少損周之文致用夏之忠者
陛下有明德嘉道愍世俗之靡薄悼王道之不昭故舉賢良方正之
士論誼考問將欲興仁誼之休德明帝王之法制建太平之道也臣
愚不肖述所聞誦所學道師之言廑能勿失耳若乃論政事之得失
察天下之息耗此大臣輔佐之職三公九卿之任非臣仲舒所能及
也然而臣竊有怪者夫古之天下亦今之天下今之天下亦古之天
下共是天下古亦大治上下和睦習俗美盛不令而行不禁而止吏
亡奸邪民亡盜賊囹圄空虛德潤草木澤被四海鳳凰來集麒麟來
游以古準今壹何不相逮之遠也安所繆盭而陵夷若是意者有所
失於古之道與有所詭於天之理與試迹之古返之於天黨可得
見乎（黨音儻）夫天亦有所分予予之齒者去其角傅其翼者兩其足是所

受大者不得取小也古之所予祿者不食於力不動於末是亦受大
者不得取小與天同意者也夫已受大又取小天不能足而況人乎
此民之所以囂囂苦不足也身寵而載高位家溫而食厚祿因乘富
貴之資力以與民爭利於下民安能如之哉是故衆其奴婢多其牛
羊廣其田宅博其產業畜其積委務此而亡已以迫蹵民民日削月
朘寖以大窮富者奢侈羡溢貧者窮急愁苦窮急愁苦而上不救則
民不樂生民不樂生尚不避死安能避罪此刑罰之所以蕃而姦邪
不可勝者也受祿之家食祿而已不與民爭業然後利可均布而
民可家足此上天之理而亦太古之道天子之所宜法以為制大夫
之所當循以為行也故公儀子相魯之其家見織帛怒而出其妻食
於舍而茹葵慍而拔其葵曰吾已食祿又奪園夫紅女利虖（紅讀曰工）古
之賢人君子在列位者皆如是是故下高其行而從其教民化其廉

而不貪鄙及至周室之衰其卿大夫緩於誼而急於利亡推讓之風
而有爭田之訟故詩人疾而刺之曰節彼南山惟石巖巖赫赫師尹
民具爾瞻爾好誼則民鄉仁而俗善爾好利則民好邪而俗敗由是
觀之天子大夫者下民之所視效遠方之所四面而內望也近者視
而放之遠者望而效之豈可以居賢人之位而為庶人行哉夫皇皇
求財利常恐匱乏者庶人之意也皇皇求仁義常恐不能化民者大
夫之意也易曰負且乘致寇至乘車者君子之位也負擔者小人之
事也此言居君子之位而為庶人之行者其患禍必至也若居君子
之位當君子之行則舍公儀休之相魯亡可為者矣春秋大一統者
天地之常經古今之通誼也今師異道人異論百家殊方指意不同
是以上亡以持一統法制數變下不知所守臣愚以為諸不在六藝
之科孔子之術者皆絕其道勿使並進邪辟之說滅息然後統紀可

一而法度可明民知所從矣對既畢天子以仲舒為江都相
趙綰王臧請立明堂以朝諸侯不能就其事乃言其師申公於是上
使使束帛加璧安車以蒲裹輪駕駟迎申公弟子二人乘軺傳從至
見上上問治亂之事申公時已八十餘矣對曰為治者不在多言顧
力行何如耳是時上方好文辭見申公對默然然已招致即以為大
中大夫舍魯邸議明堂事
元光五年徵賢良文學之士上策詔諸儒制曰蓋聞上古至治畫衣
冠異章服而民不犯陰陽和五穀登六畜蕃甘露降風雨時嘉禾興
朱草生山不童澤不涸麟鳳在郊藪龜龍遊於沼河洛出圖書父不
喪子兄不哭弟北發渠搜南撫交阯舟車所至人迹所及跂行喙息
咸得其宜朕甚嘉之今何道而臻乎此子大夫脩先聖之術明君臣
之義譸論洽聞有聲乎當世問子大夫天人之道何所本始吉凶之

敎安所期焉禹湯水旱厥咎何由仁義禮智四者之宜當安設施屬統垂業物鬼變化天命之符廢興何如天文地理人事之紀子大夫習焉其悉意正議詳具其對著之于篇朕將親覽焉靡有所隱留川公孫弘對策曰臣聞上古堯舜之時不貴爵賞而民勸善不重刑罰而民不犯躬率以正而遇民信也末世貴爵厚賞而民不勸深刑重罰而姦不止其上不正遇民不信也夫厚賞重刑未足以勸善而禁非必信而已矣是故因能任官則分職治去無用之言則事情得不作無用之器則賦斂省不奪民時不妨民力則百姓富有德者進無德者退則朝廷尊有功者上無功者下則群臣逡罰當罪則姦邪止賞當賢則臣下勸凡此八者治之本也故民者業之即不爭理得則不怨有禮則不暴愛之則親上此有天下之急者也故法不遠義則民服而不離和不遠禮則民親而不暴故法之所罰義之所去也和之

奏議卷之二十四　十二

所賞禮之所取也禮義者民之所服也而賞罰順之則民不犯禁矣故畫衣冠異章服而民不犯者此道素行也臣聞之氣同則從聲比則應今人主和德於上百姓和合於下故心和則氣和氣和則形和形和則聲和聲和則天地之和應矣故陰陽和風雨時甘露降五穀登六畜蕃嘉禾興朱草生山不童澤不涸此和之至也故形和則無疾無疾則不夭故父不喪子兄不哭弟德配天地明並日月則麟鳳至龜龍在郊河出圖洛出書遠方之君莫不說義奉幣而來朝此和之極也臣聞之仁者愛也義者宜也禮者所履也智者術之原也致利除害兼愛無私謂之仁明是非立可否謂之義進退有度尊卑有分謂之禮擅殺生之柄通壅塞之塗權輕重之數論得失之道使遠近情僞必見於上謂之術凡此四者治之本道之用也皆當設施不可廢也得其要則天下安樂法設而不用不得其術則主蔽於上官

亂於下此事之情屬統垂業之本也臣聞堯遭鴻水使禹治之未聞禹之有水也若湯之旱則桀之餘烈也桀紂行惡受天之罰禹湯積德以王天下因此觀之天德無私親順之和起逆之害生此天文地理人事之紀臣弘愚戇不足以奉大對時對者百餘人太常奏弘第居下策奏天子擢弘對爲第一召入見容貌甚麗拜爲博士待詔金馬門弘復上疏曰陛下有先聖之位而無先聖之名有先聖之民而無先聖之吏是以勢同而治異先世之吏正故其民篤今世之吏邪故其民薄政弊而不行令倦而不聽夫使邪吏行弊政用倦令治薄民民不可得而化此治之所以異也臣聞周公旦治天下期年而變三年而化五年而定唯陛下之所志書奏天子以冊書答曰問弘稱周公之治弘之材能自視孰與周公賢弘對曰愚臣淺薄安敢比材於周公雖然愚心曉然見治道之所以然也夫虎豹馬牛禽獸之不可制者

奏議卷之二十四　十三

也及其教馴服習之至可牽持駕服唯人之從臣聞揉曲木者不累日銷金石者不累月夫人之於利害好惡豈比禽獸木石之類哉期年而變臣弘尚竊遲之上異其言弘又上書曰臣聞天下通道五所以行之者三君臣父子夫婦長幼朋友之交五者天下之通道也知仁勇三者所以行之也故曰好問近乎知力行近乎仁知耻近乎勇知此三者知所以自治知所以自治然後知所以治人未有不能自治而能治人者也陛下躬孝弟監三王建周道兼文武招徠四方之士任賢序位量能授官將以厲百姓勸賢材也今臣愚駑無汗馬之勞陛下過意擢臣弘卒伍之中封爲列侯致位三公臣弘行能不足以稱加有負薪之疾恐先狗馬填溝壑終無以報德塞責願歸侯乞骸骨避賢者路

汲黯爲主爵都尉時天子方招文學儒者上曰吾欲云云（張晏曰所言欲施仁）

黯對曰陛下内多欲而外施仁義柰何欲效唐虞之治乎上默然怒變色而罷朝公卿皆為黯懼上退謂左右曰甚矣汲黯之戇也群臣或數黯黯曰天子置公卿輔弼之臣寧令從諛承意陷主於不義乎且已在其位縱愛身柰辱朝廷何

臨菑嚴安以故丞相史上書曰臣聞鄒子曰政教文質者所以云救也當時則用過則舍之有易則易之故守一而不變者未睹治之至者也今天下人民用財侈靡車馬衣裘宮室皆競修飾調五聲使有節族雜五色使有文章重五味方丈於前以觀欲天下彼民之情見美則願之是教民以侈也侈而無節則不可贍民離本而徼末矣末不可徒得故搢紳者不憚為詐帶劍者誇殺人以矯奪而世不知媿故姦軌浸長夫佳麗珍怪固順於耳目故養失而泰樂失而淫禮失而采教失而偽偽采淫泰非所以範民之道也是以天下人民逐利無

已犯法者眾臣願為民制度以防其淫使貧富不相燿以和其心心既和平其性恬安恬安不營則盜賊銷盜賊銷則刑罰少刑罰少則陰陽和四時正風雨時草木暢茂五穀蕃孰六畜遂字民不夭厲和之至也臣聞周有天下其治三百餘歲成康其隆也刑錯四十餘年而不用及其衰亦三百餘年故五伯更起伯者常佐天子興利除害誅暴禁邪匡正海内以尊天子五伯既沒賢聖莫續天子孤弱號令不行諸侯恣行強陵弱眾暴寡田常篡齊六卿分晉並為戰國此民之始苦也於是強國務攻弱國修守合從連衡馳車轂擊介冑生蟣蝨民無所告訴及至秦王蠶食天下并吞戰國稱號皇帝一海内之政壞諸侯之城銷其兵鑄以為鐘虡示不復用元元黎民得免於戰國逢明天子人人自以為更生鄉使秦緩刑罰薄賦斂省繇役貴仁義賤權利上篤厚下佞巧變風易俗化於海内則世世必安矣秦不行是風循其故俗為智巧權利者進篤厚忠正者退法嚴令苛諂諛者眾日聞其美意廣心逸欲威海内使蒙恬將兵以北攻強胡辟地進境戍於北河飛芻輓粟以隨其後又使尉屠睢將樓船之士攻越使監祿鑿渠運糧深入越地越人遁逃曠日持久糧食乏絕越人擊之秦兵大敗秦乃使尉佗將卒以戍越當是時秦禍北構於胡南挂於越宿兵於無用之地進而不得退行十餘年丁男被甲丁女轉輸苦不聊生自經於道樹死者相望及秦皇帝崩天下大畔陳勝吳廣舉陳武臣張耳舉趙項梁舉吳田儋舉齊景駒舉郢周市舉魏韓廣舉燕窮山通谷豪士並起不可勝載也然本皆非公侯之後非長官之吏無尺寸之勢起閭巷杖棘矜應時而動不謀而俱起不約而同會壤長地進至于伯王時教使然也秦貴為天子富有天下滅世絕祀窮兵之禍也故周失之弱秦失之強不變之患也今徇南夷朝夜

郎降羌僰略薉州建城邑深入匈奴燔其龍城議者美之此人臣之利非天下之長策也今中國無狗吠之驚而外累於遠方之備靡敝國家非所以子民也行無窮之欲甘心快意結怨於匈奴非所以安邊也禍挐而不解兵休而復起近者愁苦遠者驚駭非所以持久也今天下鍛甲摩劍矯箭控弦轉輸軍糧未見休時此天下所共憂也夫兵久而變起事煩而慮生今外郡之地或幾千里列城數十形束壤制帶脅諸侯非宗室之利也上觀齊晉所以亡公室卑削六卿大盛也下覽秦之所以滅刑嚴文刻欲大無窮也今郡守之權非特六卿之重也地幾千里非特閭巷之資也甲兵器械非特棘矜之用也以逢萬世之變則不可勝諱也後以安為騎馬令

帝以卜式為郎式不願上曰吾有羊上林中欲令子牧之式乃拜為郎布衣屩而牧羊（韋昭曰屩草履）歲餘羊肥息上過見其羊善之式曰非獨

華也。治民亦猶是也。以時起居。逆者輒斥去。毋令敗群。上以式爲奇。拜爲緱氏令試之。緱氏便之。

宣帝時。丞相魏相又數表采易陰陽及明堂月令奏之。曰。臣相幸得備員。奉職不修。不能宣廣教化。陰陽未和。災害未息。咎在臣等。臣聞易曰。天地以順動。故日月不過。四時不忒。聖王以順動。故刑罰清而民服。天地變化。必繇陰陽。陰陽之分。以日爲紀。日冬夏至。則八風之序立。萬物之性成。各有常職。不得相干。東方之神太昊。乘震執規司春。南方之神炎帝。乘離執衡司夏。西方之神少昊。乘兌執矩司秋。北方之神顓頊。乘坎執權司冬。中央之神黃帝。乘坤艮執繩司下土。茲五帝所司各有時也。東方之卦不可以治西方。南方之卦不可以治北方。春興兌治則饑。秋興震治則華。冬興離治則泄。夏興坎治則雹。明王謹于尊天。愼于養人。故立羲和之官。以乘四時。節授民事。君動靜以道。奉順陰陽。則日月光明。風雨時節。寒暑調和。三者得敘。則災害不生。五穀熟。絲麻遂。草木茂。鳥獸蕃。民不夭疾。衣食有餘。若是。則君尊民說。上下亡怨。政教不違。禮讓可興。夫風雨不時。則傷農桑。農桑傷。則民飢寒。飢寒在身。則亡廉恥。寇賊姦宄所繇生也。臣愚以爲陰陽者。王事之本。羣生之命。自古賢聖未有不繇者也。天子之義。必純取法天地。而觀於先聖。高皇帝所述書。天子所服第八曰。大謁者臣章受詔長樂宮。曰。令群臣議天子所服。以安治天下。相國臣何。御史大夫臣昌。謹與將軍臣陵。太子太傅臣通等議。春夏秋冬天子所服。當法天地之數。中得人和。故自天子王侯有土之君。下及兆民。能法天地。順四時。以治國家。身亡禍殃。年壽永究。是奉宗廟安天下之大禮也。臣請法之。中謁者趙堯舉春。李舜舉夏。兒湯舉秋。貢禹舉冬。四人各職一時。大謁者襄章奏。制曰可。孝文皇帝時。以二月施恩惠

於天下。賜孝弟力田及罷軍卒。祠死事者。頗非時節。御史大夫鼂錯時爲太子家令。奏言其狀。臣相伏念陛下恩澤甚厚。然而災氣未息。竊恐詔令有未合當時者也。願陛下選明經通知陰陽者四人。各主一時。時至明言所職。以和陰陽。天下幸甚。

王吉上疏言得失。曰。陛下躬聖質。總萬方。帝王圖籍日陳于前。惟思世務。將興太平。詔書每下。民欣然若更生。臣伏而思之。可謂至恩。未可謂本務也。欲治之主不世出。公卿幸得遭遇其時。言聽諫從。然未有建萬世之長策。舉明主於三代之隆者也。其務在於期會簿書。斷獄聽訟而已。此非太平之基也。臣聞聖王宣德流化。必自近始。朝廷不備。難以言治。左右不正。難以化遠。民者。弱而不可勝。愚而不可欺也。聖主獨行於深宮。得則天下稱誦之。失則天下咸言之。行發於近。必見於遠。故謹選左右。審擇所使。左右所以正身也。所使所以宣德也。詩云。濟濟多士。文王以寧。此其本也。春秋所以大一統者。六合同風。九州共貫也。今俗吏所以牧民者。非有禮義科指可世世通行者也。獨設刑法以守之。其欲治者。不知所繇。以意穿鑿。各取一切。權譎自在。故一變之後不可復修也。是以百里不同風。千里不同俗。戶異政。人殊服。詐僞萌生。刑罰亡極。質樸日銷。恩愛寖薄。孔子曰。安上治民。莫善於禮。非空言也。王者未制禮之時。引先王之禮宜於今者而用之。臣願陛下承天心。發大業。與公卿大臣延及儒生。述舊禮。明王制。敺一世之民。躋之仁壽之域。則俗何以不若成康。壽何以不若高宗。竊見今世趨務不合於道者。謹條奏。唯陛下裁擇焉。吉意以爲夫婦人倫大綱。夭壽之萌也。世俗嫁娶太早。未知爲人父母之道而有子。是以教化不明而民多夭。聘妻送女無節。則貧人不及。故不舉子。又漢家列侯尚公主。諸侯則國人承翁主。使男事女。夫詘於婦。逆陰陽

之位敵多女亂。古者衣服車馬貴賤有章以褒有德而別尊卑。今上下僭差。人人自制。是以貪財趨利不畏死亡。周之所以能致治刑措而不用者。以其禁邪於冥冥絕惡於未萌也。又言舜湯不用三公九卿之世。而舉皐陶伊尹。不仁者遠。今使俗吏得任子弟。率多驕驁不通古今。至於積功治人。亡益於民。此伐檀所為作也。宜明選求賢除任子之令。外家及故人可厚以財。不宜居位。去角抵減樂府省尚方。明視天下以儉。古者工不造琱瑑。商不通侈靡。非工商之獨賢。政教使之然也。民見儉則歸本。本立而末成。其指如此。上以其言迂闊。不甚寵異也。

元帝時。御史大夫貢禹上書曰。孝文皇帝時貴廉絜賤貪汙。賈人贅壻及吏坐贓者皆禁錮不得為吏。賞善罰惡不阿親戚。罪白者伏其誅。疑者以與民。亡贖罪之法。故令行禁止。海內大化。天下斷獄四百。

與刑錯亡異。武帝始臨天下。尊賢用士。闢地廣境數千里。自見功大威行。遂從耆欲。用度不足。乃行一切之變。使犯法者贖罪。入穀者補吏。是以天下奢侈官亂民貧。盜賊並起。亡命者衆。郡國恐伏其誅。則擇便巧史書習於計簿能欺上府者。以為右職。姦軌不勝。則取勇猛能操切百姓者。以苛暴威服下者。使居大位。故亡義而有財者顯於世。欺謾而善書者尊於朝。誖逆而勇猛者貴於官。故俗皆曰。何以孝弟為。財多而光榮。何以禮義為。史書而仕官。何以謹慎為。勇猛而臨官。故黥劓而髡鉗者猶復攘臂為政於世。行雖犬彘。家富勢足。目指氣使。是為賢耳。故謂居官而置富者為雄桀。處姦而得利者為壯士。兄勸其弟。父勉其子。俗之壞敗。乃至於是。察其所以然者。皆以犯法得贖罪。求士不得真賢。相守崇財利。誅不行之所致也。今欲興至治。致太平。宜除贖罪之法。相守選舉不以實及有贓者。輒行其誅。亡但免官。則爭盡力為善。貴孝弟賤賈人。進真賢舉實廉。而天下治矣。孔子匹夫之人耳。以樂道正身不解之故。解讀曰懈四海之內。天下之君。微孔子之言亡所折中。中音竹仲反況乎以漢地之廣。陛下之德。處南面之尊。秉萬乘之權。因天地之助。其於變世易俗。調和陰陽。陶冶萬物。化正天下。易於決流抑隊。自成康以來幾且千歲。欲為治者甚衆。然而太平不復興者何也。以其舍法度而任私意。奢侈行而仁義廢也。陛下誠深念高祖之苦。醇法太宗之治。正己以先下。選賢以自輔。開進忠正。致誅姦臣。遠放諂佞。放出園陵之女。罷倡樂絕鄭聲。去甲乙之帳。退偽薄之物。修節儉之化。驅天下之民皆歸於農。如此不解則三王可侔。五帝可及。唯陛下留意省察。天下幸甚。天子下其議。令民產子七歲出口錢自此始。又省建章甘泉宮衛卒。減諸侯王廟衛卒省其半。餘雖未盡從。然嘉其質直之意。

元帝好儒術文辭。頗改宣帝之政。言事者多進見。人人自以為得上意。又傅昭儀及子定陶王愛幸。寵於皇后太子。匡衡復上疏曰。臣聞治亂安危之機。在乎審所用心。蓋受命之主務在創業垂統傳之無窮。繼體之君心存於承宣先王之德而褒大其功。昔者成王之嗣位。思述文武之道以養其心。休烈盛美皆歸之二后而不敢專其名。是以上天歆享。而鬼神祐焉。其詩曰。念我皇祖。陟降廷止。言成王常思祖考之業。而鬼神祐助其治也。陛下聖德天覆。子愛海內。然陰陽未和。姦邪未禁者。殆論議者未丕揚先帝之盛功。爭言制度不可用也。務變更之。所更或不可行。而復復之。是以羣下更相是非。吏民無所信。竊恨國家釋樂成之業。而虛為此紛紛也。願陛下詳覽統業之事。留神於遵制揚功。以定群下之心。大雅曰。無念爾祖。聿脩厥德。孔子著之孝經首章。蓋至德之本也。傳曰。審好惡理情性。而王道畢矣。能盡其性。然後能盡人物之性。能盡人物之性。可以贊天地之化。治性之道。必審己之所有餘而強其所不足。蓋聰明疏通者戒於大察。寡聞少見者戒於雍蔽。勇猛剛強者戒於太暴。仁愛溫良者戒於無斷。湛靜安舒者戒於後時。廣心浩大者戒於遺忘。必審己之所當戒而齊之以義。然後中和之化應。而巧偽之徒不敢比周而望進。唯陛下戒所以崇聖德。臣又聞室家之道脩則天下之理得。故詩始國風。禮本冠婚。始乎國風。原性情而明人倫也。本乎冠婚。正基兆而防未然也。福之興莫不本乎室家。道之衰莫不始乎梱內。故聖王必慎妃后之際。別適長之位。禮之於內也。卑不踰尊。新不先故。所以統人情而理陰氣也。其尊適而卑庶也。適子冠乎阼。禮之用醴。衆子不得與列。所以貴正體而明嫌疑也。非虛加其禮文而已。乃中心與之殊異。故禮探其情而見之外也。聖人動靜游燕所親物得其序。得其序。則海內自脩。百姓從化。如當親者疏。當尊者卑。則佞巧之姦因時而動。以亂國家。故人慎防其端。禁於未然。不以私恩害公義。陛下聖德純備莫不脩正。則天下無為而治。詩云。于以四方。克定厥家。傳曰。正家而天下定矣。

成帝初即位。薛宣為御史中丞。執法殿中。外總部刺史。上疏曰。陛下至德仁厚。哀閔元元。躬有日昃之勞。而亡佚豫之樂。允執聖道。刑罰惟中。然而嘉氣尚凝。陰陽不和。是臣下未稱而聖化獨有不洽者也。臣竊伏思其一端。殆吏多苛政。政教煩碎。大率咎在部刺史。或不循守條職。舉錯各以其意。多與郡縣事。至開私門。聽讒佞。以求吏民過失。譴呵及細微。責義不量力。郡縣相迫促。亦內相刻。流至衆庶。是故鄉黨闕於嘉賓之懽。九族忘其親親之恩。飲食周急之厚彌衰。送往勞來之禮不行。夫人道不通。則陰陽否鬲。和氣不興。未必不由此也。詩云。民之失德。乾餱以愆。鄙語曰。苛政不親。煩苦傷恩。方刺史奏事時。宜明申敕。使昭然知本朝之要務。臣愚不知治道。惟明主察焉。上嘉納之。

成帝召直言之士。詣白虎殿對策。策曰。天地之道何貴。王者之法何如。六經之義何上。人之行何先。取人之術何以。當世之治何務。各以經對。杜欽對曰。臣聞天道貴信。地道貴貞。不信不貞。萬物不生。生。天地之所貴也。王者承天地之所生。理而成之。昆蟲草木靡不得其所。王者法天地。非仁無以廣施。非義無以正身。克己就義。恕以及人。六經之所上也。不孝則事君不忠。涖官不敬。戰陳無勇。朋友不信。孔子曰。孝無終始而患不及者。未之有也。孝。人行之所先也。觀本行於鄉黨。考功能於官職。達觀其所舉。富觀其所予。窮觀其所不為。乏觀其所不取。近觀其所為。遠觀其所主。孔子曰。視其所以。觀其所由。察其所安。人焉廋哉。取人之術也。殷因夏尚質。周因殷尚文。今漢家承周秦之敝。宜抑文尚質。廢奢長儉。表實去偽。孔子曰。惡紫之奪朱。當世治之所務也。臣竊有所憂。言之則拂心逆指。不言則漸日長。為禍不細。然小臣不敢廢道而求從。違忠而耦意。臣聞玩色無厭。必生好憎之心。好憎之心生。則愛寵偏於一人。愛寵偏於一人。則繼嗣之路不廣。而嫉妒之心興矣。如此。則匹婦之說不可勝也。唯陛下純德普施。無欲是從。此則衆庶咸說。繼嗣日廣。而海內長安。萬事之是非何足備言。

東漢光武時。桓譚拜議郎給事中。因上疏陳時政所宜曰。臣聞國之廢興。在於政事。政事得失。由乎輔佐。輔佐賢明。則俊士充朝。而理合世務。輔佐不明。則論失時宜。而舉多過事。夫有國之君。俱欲興化建善。然而政道未理者。其所謂賢者異也。昔楚莊王問孫叔敖曰。寡人未得所以為國是也（莊王名孫叔敖楚相也言欲為國計未知何以得之）。孫叔敖曰。國之有是。衆所惡也。恐王不能定也。王曰。不定獨在君。亦在臣乎。對曰。君驕士。曰士非我無從富貴。士驕君。曰君非士無從安存。人君或至失國而不悟。士或至飢寒而不進。君臣不合。則國是無從定矣。莊王曰。善。願相國與諸大夫共定國是也。蓋善政者。視俗而施教。察失而立防。威德更興。文武迭用。然後政調於時。而躁人可定。昔董仲舒言。理國譬若琴瑟。其不調者。則解而更張。夫更張難行。而拂衆者亡。是故賈誼以才逐。而晁錯以智死。世雖有殊能。而終莫敢談者。懼於前事也。且設法禁者。非能盡塞天下之姦。皆合衆人之所欲也。大抵取便國利事多者。則可矣。夫張官置吏。以理萬人。縣賞設罰。以別善惡。惡人誅傷。則善人蒙福矣。今人相殺傷。雖已伏法。而私結怨讎。子孫相報。後忿深前。至於滅戶殄業。而俗稱豪健。故雖有怯弱。猶勉而行之。此為聽人自理。而無復法禁者也。今宜申明舊令。若已伏官誅而私相傷殺者。雖一身逃亡。皆徙家屬於邊。其相傷者。加常二等。不得顧山贖罪。如此則仇怨自解。盜賊息矣。夫理國之道。舉本業而抑末利。是以先帝禁人二業。錮商賈不得宦為吏。此所以抑并兼長廉恥也。今富商大賈。多放田貨。中家子弟。為之保役（[illegible]）。趨走與臣僕等勤。收稅與封君比入。是以衆人慕效。不耕而食。至乃多通侈靡。以淫耳目。今可令諸商賈自相糾告。若非身力所得。皆以臧畀告者。如此。則專役一己。不敢以貨與人。事寡力弱。必歸功田畝。田畝脩則穀入多而地力盡矣。又見法令決事。輕重不齊。或一事殊法。同罪異論。姦吏得因緣為市。所欲活則出生議。所欲陷則與死比。是為刑開二門也。今可令通義理明習法律者。校定科比。一其法度。班下郡國。蠲除故條。如此。天下知方。而獄無怨濫矣。

章帝時。第五倫性峭直。常疾俗吏苛刻。及為三公。值帝長者。屢有善政。乃上疏褒稱盛美。因以勸成風德。曰。陛下即位。躬天然之德。體晏晏之姿。以寬弘臨下。（尚書考靈耀曰。堯文塞晏晏。鄭玄注曰。晏晏溫和也）出入四年。前歲誅刺史二千石貪殘者六人。斯皆明聖所鑒。非群下所及。然詔書每下寬和。而政急不解。務存節儉。而奢侈不止者。咎在俗敝。羣下不稱故也。光武承王莽之餘。頗以嚴猛為政。後代因之。遂成風化。郡國所舉。類多辦職俗吏。殊未有寬博之選以應上之求者也。陳留令劉豫。冠軍令駟協。並以刻薄之姿。臨人宰邑。專念掠殺。務為嚴苦。吏民愁怨。莫不疾之。而今之議者反以為能。違天心。失經義。誠不可不慎也。非徒應坐豫協。亦當宜譴舉者。務進仁賢。以任時政。不過數人。則風俗自化矣。臣嘗讀書記。知秦以酷急亡國。又目見王莽亦以苛法自滅。故勤勤懇懇。實在於此。又聞諸王主貴戚。驕奢踰制。京師尚然。何以示遠。故曰。其身不正。雖令不從。以身教者從。以言教者訟。夫陰陽和。歲乃豐。君臣同心。化乃成也。其刺史太守以下。除拜京師及道出洛陽者。宜皆召見。可因博問四方。兼以觀察其人。諸上書言事有不合者。可但報歸田里。不宜過加喜怒。以明在寬。臣愚不足採。

桓帝初。詔公卿郡國舉至孝獨行之士。崔寔以郡舉。除為郎。論當世便事數十條。名曰政論。指切時要。言辯而确（确堅正也）。當世稱之。仲長統曰。凡為人主。宜寫一通。置之坐側。其辭曰。自堯舜之帝。湯武之王。皆賴明哲之佐。博物之臣。故皐陶陳謨而唐虞以興。伊箕作訓而殷周用隆。及繼體之君。欲立中興之功者。曷嘗不賴賢哲之謀乎。凡天下所以不理者。常由人主承平日久。俗漸敝而不悟。政寖衰而不改。習亂安危。怢不自覩。或荒耽嗜欲。不恤萬機。或耳蔽箴誨。厭偽忽真。或猶豫歧路。莫適所從。或見信之佐。括囊守祿。或疏遠之臣。言以賤廢。是以王綱縱弛於上，智士鬱伊於下。悲夫！自漢興以來三百五十餘歲矣。政令垢翫，上下怠懈，（垢，惡也。）風俗彫敝，人庶巧偽，百姓囂然，咸復思中興之救矣。且濟時拯世之術，豈必體堯蹈舜，然後乃理哉？期於補綻決壞，枝柱邪傾，隨形裁割，要措斯世於安寧之域而已。故聖人執權，遭時定制，步驟之差，各有云設，不強人以不能，背急切而慕所聞也。蓋孔子對葉公以來遠，哀公以臨人，景公以節禮，非其不同，所急異務也。是以受命之君，每輒創制；中興之主，亦匡時失。昔盤庚愍殷，遷都易民；周穆有闕，甫侯正刑。俗人拘文牽古，不達權制，奇偉所聞，簡忽所見，烏可與論國家之大事哉！故言事者，雖合聖德，輒見掎奪。何者？其頑士闇於時權，安習所見，不知樂成，況可慮始，苟云率由舊章而已。其達者或矜名妒能，恥策非己，舞筆奮辭，以破其義，寡不勝眾，遂見擯棄。雖稷、契復存，猶將困焉。斯賈生之所以排於絳、灌，屈子之所以攄其幽憤者也。夫以文帝之明，賈生之賢，絳、灌之忠而有此患，況其餘哉！故宜量力度德，春秋之義。今既不能純法八世，故宜參以霸政，則宜重賞深罰以御之，明著法術以檢之。自非上德，嚴之則理，寬之則亂。何以明其然也？近孝宣皇帝明於君人之道，審於為政之理，故嚴刑峻法，破姦軌之膽，海內清肅，天下密如。（密，靜也。）薦勳祖廟，享號中宗。算計見效，優於孝文。及元帝即位，多行寬政，卒以墮損，威權始奪，遂為漢室基禍之主。政道得失，於斯可監。昔孔子作春秋，褒齊桓，懿晉文，歎管仲之功。夫豈不美文武之道哉？誠達權救弊之理也。故聖人能與世推移，而俗士苦不知變，以為結繩之約，可復理亂秦之緒；干戚之舞，足以解平城之圍。夫熊經鳥申，雖延歷之術，非傷寒之理；呼吸吐納，雖度紀之道，非續骨之膏。（熊經鳥伸，此道引之士養形之人也。）蓋為國之法，有似理身，平則致養，疾則攻焉。夫刑罰者，治亂之藥石也；德教者，

興平之粱肉也。夫以德教除殘，是以粱肉理疾也；以刑罰理平，是以藥石供養也。方今承百王之敝，值厄運之會，自數世以來，政多恩貸，馭委其轡，馬駘其銜，四牡橫奔，皇路險傾，方將拑勒鞬輈以救之，豈暇鳴和鑾、清節奏哉？昔高祖令蕭何作九章之律，有夷三族之令，黥、劓、斬趾、斷舌、梟首，故謂之具五刑。文帝雖除肉刑，當劓者笞三百，當斬左趾者笞五百，當斬右趾者棄市。右趾者既殞其命，笞撻者往往至死，雖有輕刑之名，其實殺也。當此之時，民皆思復肉刑。至景帝元年，乃下詔曰：笞與重罪無異，幸而不死，不可為民。乃定律，減笞輕捶。自是之後，笞者得全。以此言之，文帝乃重刑，非輕之也。以嚴致平，非以寬致平也。必欲行若言，當大定其本，使人主師五帝而式三王，盪亡秦之俗，遵先聖之風，棄苟全之政，蹈稽古之蹤，復五等之爵，立井田之制，然後選稷、契為佐，伊、呂為輔，樂作而鳳凰儀，擊石而百獸舞。若不然，則多為累而已。

獻帝時，政移曹氏，祕書監侍中荀悅志在獻替，而謀無所用，乃作申鑒五篇而奏之。其大略曰：夫道之本，仁義而已矣。五典以經之，群籍以緯之，詠之歌之，弦之舞之，前鑒既明，後復申之。故古之聖王，其於仁義也，申重而已。致政之術，先屏四患，乃崇五政。一曰偽，二曰私，三曰放，四曰奢。偽亂俗，私壞法，放越軌，奢敗制。四者不除，則政末由行矣。夫俗亂則道荒，雖天地不得保其性矣；法壞則勢傾，雖人主不得守其度矣；軌越則禮亡，雖聖人不得全其道矣；制敗則欲肆，雖四表不得充其求矣。是謂四患。興農桑以養其性，審好惡以正其俗，宣文教以章其化，立武備以秉其威，明賞罰以統其法，是謂五政。人不畏死，不可懼以罪；人不樂生，不可勸以善。雖使契布五教，皋陶作士，政不行焉。故在上者先豐人財，以定其志。帝耕籍田，后桑蠶宮，國無遊人，野

無荒業財不賣用力不妄加以周人事是謂養生君子之所以動天
地應神明正萬物而成王化者必乎真定而已故在上者審定好醜
焉善惡要乎功罪毀譽効於準驗聽言責事舉名察實無惑詐偽以
蕩衆心故事無不覈物無不功善無不顯惡無不章俗無姦怪民無
淫風百姓上下覩利害之存乎已也故肅恭其心慎脩其行内不回
惑外無異望則民志平矣是謂正俗君子以情用小人以刑用榮辱
者賞罰之精華也故禮教榮辱以加君子化其情也桎梏鞭撲以加
小人化其刑也君子不犯辱況於刑乎小人不忌刑況於辱乎若教
化之廢推中人而墜於小人之域教化之行引中人而納於君子之
塗是謂章化小人之情緩則驕驕則恣恣則怨怨則叛危則謀
亂安則思欲非威強無以懲之故在上者必有武備以戒不虞以遏
寇虐安居則寄之内政有事則用之軍旅是謂秉威賞罰政之柄也

明賞必罰審信慎令賞以勸善罰以懲惡人主不妄賞非徒愛其財
也賞妄行則善不勸矣不妄罰非矜其人也罰妄行則惡不懲矣賞
不勸謂之止善罰不懲謂之縱惡在上者能不止下為善不縱下為
惡則國法立矣是謂統法四患既蠲五政又立行之以誠守之以固
簡而不怠疏而不失無為為之使自施之無事事之使自交之不肅
而成不嚴而化垂拱揖讓而海内平矣是謂為政之方又言尚主之
制非古也釐降二女陶唐之典歸妹元吉帝乙之訓王姬歸齊宗周
之禮以陽從陰違天以婦陵夫違人違天不祥違人不義又古者天
子諸侯有事必告于廟朝有二史左史記言右史書事事為春秋言
為尚書君舉必記善惡成敗無不存焉下及士庶苟有茂異咸在載
籍或欲顯而不得或欲隱而名彰得失一朝而榮辱千載善人勸焉
淫人懼焉宜於今者備置史官掌其典文紀其行事每於歲盡舉之

尚書以助賞罰以弘法教帝覽而善之

歷代名臣奏議卷之二十四

歷代名臣奏議卷之二十五

治道

魏文帝即位。御史大夫王朗上疏勸育民省刑。曰。兵起已來三十餘年。四海盪覆。萬國殄瘁。賴先王芟除寇賊。扶育孤弱。遂令華夏復有綱紀。鳩集兆民。于茲魏土。使封鄙之內。雞鳴狗吠。達於四境。蒸庶欣欣。喜遇升平。今遠方之寇未賓。兵戎之役未息。誠令復除足以懷遠人。良宰足以宣德澤。阡陌咸脩。四民殷熾。必復過於曩時而富於平日矣。易稱敕法。書著祥刑。一人有慶。兆民賴之。慎法獄之謂也。昔曹相國以獄市爲寄。路溫舒疾治獄之吏。夫治獄者得其情。則無冤死之囚。丁壯者得盡地力。則無饑饉之民。窮老者得仰食倉廩。則無餧餓之殍。嫁娶以時。則男女無怨曠之恨。胎養必全。則孕者無自傷之哀。新生必復。則孩者無不育之累。壯而後役。則幼者無離家之思。二毛不戎。則老者無頓伏之患。醫藥以療其疾。寬繇以樂其業。威罰以抑其強。恩仁以濟其弱。振貸以贍其乏。十年之後。既笄者必盈巷。二十年之後。勝兵者必滿野矣。

明帝初莅政。司空陳羣上疏曰。詩稱儀刑文王。萬邦作孚。又曰。刑于寡妻。至于兄弟。以御于家邦。道自近始。而化洽于天下。自喪亂以來。干戈未戢。百姓不識王教之本。懼其陵遲已甚。陛下當盛魏之隆。荷二祖之業。天下想望至治。唯有以崇德布化。惠恤黎庶。則兆民幸甚。夫臣下雷同。是非相蔽。國之大患。若不和睦。則有讎黨。有讎黨。則毀譽無端。毀譽無端。則真僞失實。不可不深防備。有以絕其源流。

時詔大議政治之不便於民者。少府楊阜議以爲致治在於任賢。興國在於務農。若舍賢而任所私。此忘治之甚者也。廣開宮館。高爲臺榭。以妨民務。此害農之甚者也。百工不敦其器。而競作奇巧。以合上欲。此傷本之甚者也。孔子曰。苛政甚於猛虎。今守功文俗之吏。爲政不通治體。苟好煩苛。此亂民之甚者也。當今之急。宜去四甚。並詔公卿郡國舉賢良方正敦樸之士。而選用之。此亦求賢之一端也。

青龍中。軍國多事。用法深重。侍中高堂隆上疏曰。夫拓跡垂統。必俟聖明。輔世匡治。亦須良佐。用能庶績其凝。而品物康乂也。夫移風易俗。宣明道化。使四表同風。回首面內。德教光熙。九服慕義。固非俗吏之所能也。今有司務糾刑書。不本大道。是以刑用而不措。俗弊而不敦。宜崇禮樂。班序明堂。脩三雍大射養老。營建郊廟。尊儒士。舉逸民。表章制度。改正朔。易服色。布豈弟。尚儉素。然後備禮封禪。歸功天地。使雅頌之聲。盈于六合。緝熙之化。混于後嗣。斯蓋至治之美事。不朽之貴業也。然九域之內。可揖讓而治。尚何憂哉。不正其本而救其末。譬猶棼絲。非政理也。可命羣公卿士通儒。造具其事。以爲典式。

吳烏程侯寶鼎元年。徙都武昌。揚土百姓泝流供給。以爲患苦。又政事多謬。黎元窮匱。左丞相陸凱上疏曰。臣聞有道之君。以樂樂民。無道之君。以樂樂身。樂民者其樂彌長。樂身者不久而亡。夫民者國之根也。誠宜重其食。愛其命。民安則君安。民樂則君樂。自頃年以來。君威傷於桀紂。君明闇於姦雄。君惠閉於羣孽。無災而民命盡。無爲而國財空。辜無罪。賞無功。使君有謬誤之愆。天爲作妖。而諸公卿媚上以求愛。困民以求饒。導君於不義。敗政於淫俗。臣竊爲痛心。今鄰國交好。四邊無事。當務息役養士。實其廩庫。以待天時。而更傾動天心。搔擾百姓。使民不安。大小呼嗟。此非保國養民之術也。臣聞吉凶在天。猶影之在形。響之在聲也。形動則影動。形止則影止。此分數乃有所繫。非在口之所進退也。昔秦所以亡天下者。但坐賞輕而罰重。政刑錯亂。民力盡於奢侈。目眩於美色。志濁於財寶。邪臣在位。賢哲隱藏。百姓業業。天下苦之。是以遂有覆巢破卵之憂。漢所以彊者。躬行誠信聽諫納賢。惠及負薪。躬請巖穴。廣采博察。以成其謀。此往事之明證也。近者漢之衰末。三家鼎立。曹失綱紀。晉有其政。又益州危險。兵多精彊。閉門固守。可保萬世。而劉氏與奪乖錯。賞罰失所。君恣意於奢侈。民力竭於不急。是以為晉所伐。君臣見虜。此目前之明驗也。臣闇於大理。文不及義。智慧淺劣。無復冀望。竊為陛下惜天下耳。臣謹奏耳目所聞見。百姓所為煩苛。刑政所為錯亂。願陛下息大功。損百役。務寬盪。忽苛政。又武昌土地。實危險而塉确。非王都安國養民之處。船泊則沈漂。陵居則危嶮。且童謠言。寧飲建業水。不食武昌魚。寧還建業死。不止武昌居。臣聞翼星為變。熒惑作妖。童謠之言。生於天心。乃以安居而比死。足明天意知民所苦也。臣聞國無三年之儲。謂之非國。而今無一年之畜。此臣下之責也。而諸公卿位處人上。祿延子

孫。曾無致命之節。匡救之術。苟進小利於君。以求容媚。荼毒百姓。不為君計也。自從孫弘造義兵以來。耕種既廢。所在無復輸入。而分一家父子異役。廩食日張。畜積日耗。民有離散之怨。國有露根之漸。而莫之恤也。民力困窮。鬻賣兒子。調賦相仍。日以疲極。所在長吏不加隱括。加有監官。既不愛民。務行威勢。所在搔擾。更為煩苛。民苦二端。財力再耗。此為無益而有損也。願陛下一息此輩。矜哀孤弱。以鎮撫百姓之心。此猶魚鼈得免毒螫之淵。鳥獸得離羅網之綱。四方之民繈負而至矣。如此。民可得保。先王之國存焉。臣聞五音令人耳不聽。五色令人目不明。此無益於政。有損於事者也。自昔先帝時。後宮列女及諸織絡。數不滿百。米有畜積。貨財有餘。先帝崩後。幼景在位。更奢侈不踐先迹。伏聞織絡及諸徒坐乃有千數。計其所長。不足為國財。然坐食官廩。歲歲相承。此為無益。願陛下料出賦嫁。給與無妻者。

如此。上應天心。下合地意。天下幸甚。臣聞殷湯取士於商賈。齊桓取士於車轅。周武取士於負薪。大漢取士於奴僕。明王聖主取士以賢。不拘卑賤。故其功德洋溢。名流竹素。非求顏色而取好服捷口容悅者也。臣伏見當今內寵之臣。位非其人。任非其量。不能輔國匡時。群黨相扶。害忠隱賢。願陛下簡文武之臣。各勤其官。州牧督將。藩鎮方外。公卿尚書。務脩仁化。上助陛下。下拯黎民。各盡其忠。拾遺萬一。則康哉之歌作。刑錯之理清。願陛下留神思臣愚言。

烏程侯皓暴驕矜政事日弊太子太傅賀邵上疏諫曰。古之聖王所以潛處重闈之內而知萬里之情。垂拱衽席之上。明照八極之際者。任賢之功也。陛下以至德淑姿。紹承皇業。宜率身履道。恭奉神器。旌賢表善。以康庶政。自頃年以來。朝列紛錯。真偽相貿。上下空任。文武曠位。外無山嶽之鎮。內無拾遺之臣。佞諛之徒。拊翼天飛。干弄朝威。

盜竊榮利。而忠良排墜。信臣被害。是以正士摧方。而庸臣苟媚。先意承指。各希時趣。人執反理之評。士吐詭道之論。遂使清流變濁。忠臣結舌。陛下處九天之上。隱百重之室。言出風靡。令行景從。親洽寵媚之臣。日聞順意之辭。將謂此輩實賢。而天下已平也。臣心所不安。敢不以聞。臣聞興國之君樂聞其過。荒亂之主樂聞其譽。聞其過者過日消而福臻。聞其譽者譽日損而禍至。是以古之人君。揖讓以進賢。虛己以求過。譬天位於乘奔。以虎尾為警戒。至於陛下嚴刑法以禁直辭。黜善士以逆諫臣。眩耀毀譽之實。沈淪近習之言。昔高宗思佐。夢寐得賢。而陛下求之如忘。忽之如遺。故常侍王蕃忠恪在公。才任輔弼。以醉酒之間。加之大戮。近鴻臚葛奚。先帝舊臣。偶有逆迕。昏醉之言耳。三爵之後。禮所不諱。陛下猥發雷霆。謂之輕慢。飲之醇酒。中毒隕命。自是之後。海內悼心。朝臣失圖。仕者以退為幸。居者以出為

禍。誠非所以保先洪緒熙隆道化也。又何寃本趨走小人。僕隸之下。身無錙銖之行。能無鷹犬之用。而陛下愛其佞媚。假其威柄。使定恃寵放恣。自擅威福。口正國議。手弄天機。上虧日月之明。下塞君子之路。夫小人求入。必進姦利。定間妄興事役。發江邊戍兵以驅麋鹿。結置山陵。芟夷林莽。殫其九野之獸。聚於重圍之內。上無益時之分。下有損耗之費。而兵士罷於運送。人力竭於驅逐。老弱饑凍。大小怨歎。臣竊觀天變。自比年以來。陰陽錯謬。四時逆節。日食地震。中夏隕霜。參之典籍。皆陰氣陵陽。小人弄勢之所致也。臣嘗覽書傳。驗諸行事。災祥之應。所爲寒慄。昔高宗脩己以消鼎雉之異。宋景崇德以退熒惑之變。願陛下上懼皇天譴告之誚。下追二君攘災之道。遠覽前代任賢之功。近寤今日謬授之失。清澄朝位。旌敘俊乂。放退佞邪。抑奪姦勢。如是之輩。一勿復用。廣延淹滯。容受直辭。祇承乾指。敬奉先業。

則大化光敷。天人望塞也。傳曰。國之興也。視民如赤子。其亡也。以民爲草芥。陛下昔韜神光。潛德東夏。以聖哲茂姿。龍飛應天。四海延頸。八方拭目。以成康之化。必隆於旦夕也。自登位以來。法禁轉苛。賦調益繁。中宮內豎。分布州郡。橫興事役。競造姦利。百姓罹杼軸之困。黎民罷無已之求。老稚饑寒。家戶菜色。而所在長吏。迫畏罪負。嚴法峻刑。苦民求辦。是以人力不堪。家戶離散。呼嗟之聲。感傷和氣。又江邊戍兵。遠當以拓土廣境。近當以守界備難。宜特優育。以待有事。而徵發賦調。煙至雲集。衣不全短褐。食不贍朝夕。出當鋒鏑之難。入抱無聊之慼。是以父子相棄。叛者成行。願陛下寬賦除煩。振恤窮乏。省諸不急。盪禁約法。則海內樂業。大化普洽。夫民者國之本。食者民之命也。今國無一年之儲。家無經月之畜。而後宮之中坐食者萬有餘人。內有離曠之怨。外有損耗之費。使庫廩空於無用。士民饑於糟糠。又北

敵注目。伺國盛衰。陛下不恃己之威德。而怙敵之不來。忽四海之困窮。而輕虜之不爲難。誠非長策廟勝之要也。昔大皇帝勤身苦體。創基南夏。割據江山。拓土萬里。雖承天贊。實由人力也。餘慶遺祚。至於陛下。陛下宜勉崇德器。以光前烈。愛民養士。保全先軌。何可忽顯祖之功勤。輕難得之大業。忘天下之不振。替興衰之巨變哉。臣聞否泰無常。吉凶由人。長江之限。不可久恃。苟我不守。一葦可航也。昔秦建皇帝之號。據殽函之阻。德化不脩。法政苛酷。毒流生民。忠臣杜口。是以一夫大呼。社稷傾覆。近劉氏據三關之險。守重山之固。可謂金城石室。萬世之業。任授失賢。一朝喪沒。君臣係頸。共爲羈僕。此當世之明鑒。目前之炯戒也。願陛下遠考前事。近覽世變。豐基強本。割情從道。則成康之治興。而聖祖之祚隆矣。

西晉武帝初即位。廣納直言。開不諱之路。駙馬都尉傅玄及散騎常

侍皇甫陶共掌諫職。玄上疏曰。臣聞先王之臨天下也。明其大教。長其義節。道化隆於上。清議行於下。上下相奉。人懷義心。亡秦蕩滅先王之制。以法術相御。而義心亡矣。近者魏武好法術。而天下貴刑名。魏文慕通達。而天下賤守節。其後綱維不攝。而虛無放誕之論盈於朝野。使天下無復清議。而亡秦之病復發於今。陛下聖德。龍興受禪。弘堯舜之化。開正直之路。體夏禹之至儉。綜殷周之典。文臣詠歎。而已。將又奚言。惟未舉清遠有禮之臣。以敦風節。未退虛鄙。以懲不恪。臣是以猶敢有言。詔報曰。舉清遠有禮之臣者。此猶今之要也。乃使玄草詔進之。玄復上疏曰。臣聞舜舉五臣。無爲而化。用人得其要也。天下群司猥多。不可不審得其人也。不得其人。一日則損不貲。況積日乎。典謨曰。無曠庶官。言職之不可久廢也。諸有疾滿百日不差。宜令去職。優其禮秩而寵存之。既差而後更用。臣不廢職於朝。國無曠

官之累。此王政之急也。又曰。臣聞先王分士農工商以經國制事。各一其業而殊其務。自士已上子弟為之立太學以教之。選明師以訓之。各隨其才優劣而授用之。農以豐其食。工以足其器。商賈以通其貨。故雖天下之大。兆民之衆。無有一人游手。分數之法周備如此。漢魏不定其分。百官子弟不脩經藝而務交遊。未知蒞事而坐享天祿。農工之業多廢。或逐淫利而離其事。徒繫名於太學。然不聞先王之風。今聖明之政資始。而漢魏之失未改。散官衆而學校未設。游手多而親農者少。工器不盡其宜。臣以為亟定其制。通計天下若干人為士。足以副在官之吏。若干人為農。三年足有一年之儲。若干人為工。足其器用。若干人為商賈。足以通貨而已。尊儒向學。貴農賤商。此皆事業之要務也。前皇甫陶上事。欲令賜拜散官皆課使親耕。天下享足食之利。禹稷躬耕稼。祚流後世。是以明堂月令著帝籍之制。伊尹古之

名臣。耕于有莘。晏嬰齊之大夫。避莊公之難。亦耕于海濱。昔者聖帝明王。賢佐俊士。皆嘗從事於農矣。王人賜官。冗散無事者。不督使學則當使耕。無緣放之使坐食百姓也。今文武之官既衆。而拜賜不在職者又多。加以服役為兵。不得耕稼。當農者之半。南面食祿者參倍於前。使冗散之官農。而收其租稅。家得其實。而天下之穀可以無乏矣。夫家足食。為子則孝。為父則慈。為兄則友。為弟則悌。天下足食。則仁義之教可不令而行也。為政之要。計人而置官。分人而授事。士農工商之分。不可斯須廢也。若未能精其防制。計天下文武之官足為副貳者使學。其餘皆歸之於農。若百工商賈有長者。亦皆歸之於農。務農若此。何有不贍乎。虞書曰。三載考績。三考黜陟幽明。是為九年之後乃有遷敘也。故居官久。則念立慎終之化。居不見久。則競為一切之政。六年之限。日月淺近。不周黜陟。陶之所上。義合古制。夫儒學者王教之首也。尊其道。貴其業。重其選。猶恐化之不崇。忽而不以為急。臣懼日有陵遲而不覺也。仲尼有言。人能弘道。非道弘人。然則尊其道者。非惟尊其書而已。尊其人之謂也。貴其業者。不妄教非其人也。重其選者。不妄用非其人也。若此。而學校之綱舉矣。

太中大夫恬和上表陳便宜。稱漢孔光魏徐幹等議。使王公已下制奴婢限數。及禁百姓賣田宅。中書啟可屬主者為條制。李重奏曰。先王之制。士農工商有分。不遷其業。所以利用厚生各肆其力也。周官以土均之法經其土地井田之制。而辨其五物九等貢賦之序。然後公私制定。率土均齊。自秦立阡陌建郡縣而斯制已沒。降及漢魏。因循舊跡。王法所峻者。唯服物車器有貴賤之差。令不僭擬以亂尊卑耳。至於奴婢私產則實皆未嘗曲為之立限也。八年已巳。詔書申明律令。諸士卒百工以上所服乘皆不得違制。若一縣一歲之中有違

犯者三家。洛陽縣十家以上。官長免。如詔書之旨。法制已嚴。今如和所陳而稱光幹之議。此皆衰世踰侈。當時之患。然盛漢之初不議其制。光等作而不行。非漏而不及。能而不用也。蓋以諸侯之軌既滅。而井田之制未復。則王者之法不得制人之私也。人之田宅既無定限。則奴婢不宜偏制其數。懼徒為之法。實碎而難檢。方今盛明垂制。每尚簡易。法禁已具。和表無施。

泰始中。詔天下舉賢良直言之士。太守文立舉郤詵應選。詔曰。蓋太上以德撫時。易簡無文。至于三代。禮樂大備。制度彌繁。文質之變。其理何由。虞夏之際。聖明係踵。而損益不同。周道既衰。仲尼猶曰從周。因革之宜。又何殊也。聖王既沒。遺制猶存。霸者迭興。而翼輔之。王道之缺。其無補乎。何陵遲之不反也。豈霸德之淺歟。期運不可致歟。且夷吾之智。而功止於霸。何哉。夫昔人之為政。革亂亡之弊。建不刊之

統移風易俗刑措不用豈非化之盛歟何脩而嚮茲朕獲承祖宗之休烈于茲七載而人未服訓政道罔述以古況今何不相逮之遠也雖明之弗及猶思與群賢慮之將何以辨所聞之疑昧獲至論於讜言乎加自頃戎狄內侵災害屢作邊甿流離征夫苦役豈政刑之謬將有司非其任歟各悉乃心究而論之上明古制下切當今朕之失德所宜振補其正議無隱將敬聽之軾對曰伏惟陛下以聖德君臨猶垂意於博採故招賢正之士而臣等薄陋未足以降大問也是以竊有自疑之心雖致身於闕庭亦僶俛矣伏讀聖策乃知下問之旨篤焉臣聞上古推賢讓位教同德一故易簡而人化三代世及季末相承故文繁而後整虞夏之相因而損益不同非帝王之道異殺禁之路殊也周當二代之流承彫僞之極盡禮樂之致窮制度之理其文備詳仲尼因時宜而曰從周非殊論也臣聞聖王之化先禮樂五

霸之興勤政刑禮樂之化深政刑之用淺勤之則可以小安墮之則遂陵遲所由之路本近故所補之功不侔也而齊桓失之葵丘夷吾淪于小器功止於霸不亦宜乎策曰建不刊之統移風易俗使天下洽和何修而嚮茲臣以為莫大於擇人而官之也今之典刑雖無一統宰牧之才優劣異績或以之興或以之替此蓋人能弘政非政弘人也舍人務政雖勤何益臣竊觀夫古今而考其美惡古人相與求賢今人相與求爵古之官人君責之於上臣舉之於下得其人有賞失其人有罰安得不求賢乎今之官者父兄營之親戚助之有人事則通無人事則塞安得不求爵乎賢苟求達達在脩道窮在守義故靜以待之也爵苟可求得在進取失在後時故動以要之也動則爭競爭競則朋黨朋黨則誣調誣調則臧否失實真僞相冒主聽用惑姦之所會也靜則貞固貞固則正直正直則信讓信讓則推賢推賢

不伐相下無覆主聽用察德之所趣也故能使之靜雖曰高枕而人自正不能禁動雖復夙夜俗不一也且人無愚智咸慕名官莫不飾正於外藏邪於內故邪正之人難得而知也任得其正則眾正益至若得其邪則眾邪亦集物繁其類誰能止之故亡國失世者未嘗不為眾邪所積也方其初作必始於微微而不絕其終乃著天地不能頓為寒暑人主不能頓為隆替故寒暑漸於春秋隆替起於得失當今之世官者無關梁而邪門啟矣朝廷不責賢正路塞矣得失之源何以甚此所謂責賢使之相舉也所謂關梁使之相保也賢不舉則有咎保不信亦有罰故古者諸侯必貢士不貢者削貢而不適亦削夫士者難知也不適者薄過也不得不責薄其所不知也罰其所不適深其薄過非恕也且天子於諸侯有不純臣之義斯責之矣施刑之道寧縱不濫之矣今皆反是何也夫賢者天地之紀品物之宗其急

之也故寧濫以得之無縱以失之也今則不然世之悠悠者各自取辨耳故其材行丞不可必於公則政事紛亂於私則汙穢狼籍自頃長吏特多此累有亡命而被購懸者矣有縛束而絞戮者矣貪鄙竊位不知誰升之者獸兕出檻不知誰可咎者網漏吞舟何以過此人之於利如蹈水火焉前人雖敗後人復起如彼此無已誰止之者風流曰競誰憂之者雖今聖思勞於夙夜所使為政恒得此屬欲聖世代美俗乎亦俟河之清耳若欲善之宜創舉賢之典峻關梁之防其制既立則人慎其舉而不苟則賢者可知知賢而試則官得其人矣官得其人則事得其叙事得其叙則物得其宜物得其宜則生生遂植人用資給和樂興焉是故寡過而遠刑知恥以近禮此所謂建不刊之統移風易俗刑措而不用也策曰自頃夷狄內侵災害屢降將所任非其人乎何由而至此臣聞蠻夷猾夏則皋陶作士此欲善其

末則宜先其本也夫任賢則政惠使能則刑恕政惠則下仰其施刑
恕則人懷其勇施以殖其財勇以結其心故人居則資贍而知方動
則親上而志勇苟思其利而除其害以生道利之者雖死不貳以逸
道勞之者雖勤不怨故其命可授其力可竭以戰則尅以攻則拔是
以善者慕德而安服惡者畏懼而削迹止戈而武義實在夫唯任賢
然後無患耳若夫水旱之災自然理也故古者二十年耕必有十年
之儲堯湯遭之而人不困有備故也自頃風雨雖頻不時考之萬國
或境土相接而豐約不同或頃畝相連而成敗異流固非天之必害
於人人實不能均其勞苦失之於人而求之於天則有司備職而不
勸百姓怠業而咎時非所以定人志致豐年也宜勤人事而已臣誠
愚鄙不足以奉對聖朝猶進之于廷者將使取諸其懷而獻之乎臣
懼不足也若收不知言以致知言臣則可矣是以辭鄙不隱也以對

策上第拜議郎
時西虜內侵災眚屢見百姓饑饉詔王公卿尹常伯牧守各舉賢良
方正直言之士於是太保何曾舉阮种賢良策曰在昔哲王承天之
序光宅宇宙咸用規矩乾坤憲康品類休風流衍彌于千載朕應踐
洪運纘位七載於今矣惟德弗嗣不明于政宵興惕厲未燭厥猷子
大夫韞韇道術儼然而進朕甚嘉焉其各悉乃心以闡喻朕志深陳
王道之本務有所隱朕虛心以覽焉种對曰夫天地設位聖人成能王
道至深所以行化至遠故能開物成務而功業不匱近無不聽遠無
不服德逮群生澤被區宇聲施無窮而與喬百代故經曰聖人久於
其道而天下化成宜師蹤往代襲迹三五矯世更俗以從人望令率
土遷義下知所適播醇義之化杜邪枉之路斯誠群黎之所欣想盛
德而幸望休風也又問政刑不宣禮樂不立對曰政刑之宣故由乎

禮樂之用昔之明王唯此之務所以防遏暴慢感動心術制節上壹
而陶化萬姓也禮以體德樂以詠功樂本於和而禮師於敬矣又問
戎蠻猾夏侵敗王略雖古盛世猶有此虞故詩稱玁狁孔熾書歎蠻
夷帥服自魏氏以來夷虜內附鮮有桀悍侵漁之患由是邊守遂怠
鄣塞不設而令醜虜內居與百姓雜處邊吏擾習人又忘戰受方任
者又非其材或以狙詐侵侮邊夷或干賞蹈利妄加討戮夫以微羈
而御悍馬又乃操以煩策其不制者固其理也是以群醜蕩駭緣間
而動雖三州覆敗牧守不反此非胡虜之甚勁蓋用之者過也臣聞
王者之伐有征無戰懷遠以德不聞以兵夫兵凶器而戰危事也兵
興則傷農眾集則費積農傷則人匱積費則國虛昔漢武之世承文
帝之業資海內之富役其材臣以甘心匈奴競戰勝之功貪攻取之
利良將勁卒屈於沙漠勝敗相若克不過當夭百姓之命填餓狼之

口及其以眾制寡令匈奴遠迹收功祁連飲馬瀚海天下之耗已過
太半矣夫虛中國以事夷狄誠非計之得者也是以盜賊蜂起山東
不振暨宣元之時趙充國征西零馮奉世征南羌皆兵不血刃摧抑
彊暴擒其首惡此則折衝厭難勝敗相辨中世之明効也又問咎徵
作見對曰陰陽否泰六沴之災則人主修政以禦之思患而防之建
皇極之首詳庶徵之用詩曰敬之敬之天惟顯思天聰明自我民聰
明是以人主祖承天命日慎一日也故能應受多福而永世克祚此
先王之所以退災消眚也又問經化之務對曰夫王道之本經國之
務必先之以禮義而致人於廉恥禮義立則君子軌道而讓於善廉
恥立則小人謹行而不淫於制度賞以勸其能威以懲其廢此先王
所以保乂定功化洽黎元而勳業長世也故上有克讓之風則下有
不爭之俗朝有矜節之士則國無貪冒之人夫廉恥之於政猶樹藝

之有豐壤良歲之有膏澤其生物必悠然茂矣若廉恥不存而惟刑是御則風俗彫弊人失其性雖刀之末皆有爭心雖峻刑嚴辟猶不勝矣其於政也如農者之殖磽野旱年之望豐穡必不幾矣此三代所以享德長久風醇俗美皆數百年保天之祿而秦二世而弊者蓋其所由之塗殊也又問將使武成七德文濟九功何路而臻于茲凡厥庶事曷後曷先對曰夫文武經德所以成功丕業咸熙庶績者莫先於選建明哲授方任能令才當其官而功稱其職則萬機咸理庶寮不曠書曰天工人其代之然則繼天理物寧國安家非賢無以成也夫賢才之畜於國由良工之須利器巧匠之待繩墨也器用利則斷削易而材不病繩墨設則曲直正而衆形得矣是以人主必勤求賢而佚以任之也賢臣之於主進則忠國愛人退則砥節潔志營職不干私義出心必由公塗明度量以呈其能審經制以効其功此昔

之聖王所以恭己南面而化於陶鈞之上者以其所任之賢與所賢之信也方今海內之士皆傾望休光希心紫極唯明主之所趣舍若開四聰之聽廣疇咨之求抽群英延俊乂考功授職呈能制官朝無素飡之士如此化流罔極樹功不朽矣

太康中華譚至洛陽武帝親策之曰今四海一統萬里同風天下有道莫斯之盛然北有未羈之虜西有醜施之氐故謀夫未得高枕邊人未獲晏然將何以長弭斯患混清六合對曰臣聞聖人之臨天下也祖乾綱以流化順谷風以興仁兼三才以御物開四聰以招賢故勞謙日昃務在擇材宣明巖穴褒光隱滯俊乂龍躍帝道以光清德風翔王化克舉是以皋陶見舉不仁者遠陸賈重漢遠夷折節今聖朝德音發於帷幄清風翔乎無外戎旗南指江漢席卷干戈西征羌蠻慕化誠闢四門之秋興禮教之日也故髦俊聞風而響赴殊才望險而雲集虛高館以俟賢設重爵以待士急善過於饑渴用人疾於應響杜佞諂之門廢鄭聲之樂混清六合是由乎此雖西北有未羈之寇殊漢有不朝之虜征之則勞師得之則無益故班固云有其地不可耕而食得其人不可臣而畜來則懲而禦之去則備而守之蓋安邊之術也又策曰吳蜀恃險今既蕩平蜀人服化無攜貳之心而吳人趑雎屢作妖寇豈蜀人敦朴易可化誘吳人輕銳難安易動乎今將欲綏靜新附何以為先對曰臣聞漢末分崩英雄鼎峙蜀棲岷隴吳據江表至大晉龍興應期受命文皇運籌安樂順軌聖上潛謀歸命向化蜀染化日久風教遂成吳始初附未改其化非為蜀人敦慤而吳人易動也然殊俗遠境風土不同吳阻長江舊俗輕悍所安之計當先籌其人士使雲翔閶闔進其賢才待其異禮明選牧伯致以威風輕其賦斂將順咸悅可以永保無窮長為人臣者也又策曰聖

人稱如有王者必世而後仁今天成地平大化無外雖匈奴未羈羌氐驕黠將脩文德以綏之舞干戚以來之故兵戈載戢武夫寢息如此已可消鋒刃為佃器罷尚方武庫之用未邪對曰夫唐堯歷載頌聲乃作文武相承禮樂大同清一八紘綏蕩無外萬國順軌海內斐然雖復被髮之鄉徒跣之國皆習章甫而入朝要衣裳以磬折矣大舜之德猶有三苗之征以周之盛玁狁為寇雖有文德又須武備備預不虞古之善教安不忘危聖人常戒無為罷武庫之常職鑠鋒刃為佃器自可倒戢干戈苞以獸皮將帥之士使為諸侯於散樂休風未為不泰也又策曰夫法令之設所以隨時制也時險則峻法以取平時泰則寬網以將化今天下太平西方無虞百姓承德將就無為而又至于律令應有所損益不對曰臣聞五帝殊禮三王異教故或禪讓以光政或干戈以攻取至於興禮樂以和人流清風以寧俗其

歸一也。今誠風教大同，四海無虞，人皆感化，去邪從政。夫以堯舜之盛，而猶設象刑；殷周之隆，而甫侯制律。律令之存，何妨於政。若乃大道四達，禮樂交通，凡人脩行，物庶勵節，刑罰懸而不用，律令存而無施，適足以隆太平之雅化，飛仁風于無外矣。又策曰：昔帝舜以二八成功，文王以多士興周。夫制化在於得人，而賢才難得。今大統始同，宜搜才實。州郡有貢薦之舉，猶未獲出群卓越之倫，將時無其人，今有而致之未得其理也。對曰：臣聞興化立法，非賢無以光其道；平世理亂，非才無以宣其業。上自皇羲，下及帝王，莫不張皇綱以羅遠，飛仁風以被物。故得賢則教興，失人則政廢。今四海一統，萬里同風，州郡貢秀孝，臺府簡良才，以八紘之廣，兆庶之衆，豈當無卓越儁逸之才乎。譬猶南海不少明月之寶，大宛不乏千里之駒也。異哲難見，遠數難覯。故堯舜太平之化，二八由舜而甫顯；殷湯革王之命，伊尹負鼎而方用。當今聖朝，禮亡國之士，接遐裔之人，或貂蟬於帷幄，或剖符於千里，巡狩必有呂公之遇，宵夢必有岩穴之感，賢儁之出，可企踵而待也。

時帝出祠南郊，詔使散騎常侍鄭默驂乘，因謂默曰：卿知何以得驂乘乎？昔州里舉卿相輩，常愧有累清談。遂問政事。對曰：勸穡務農，為國之基；選人得才，濟世之道；居官久職，政事之宜；明慎黜陟，勸戒之由；崇尚儒素，化導之本。如此而已矣。帝善之。

愍帝即位，尚書郎諸葛恢調為會稽太守，臨行，帝為置酒，謂曰：今之會稽，昔之關中，足食足兵，在於良守。以君有莅任之方，是以相屈。四方分崩，當匡振圯運，政之所先，君以為言之。恢陳謝，因對曰：今天下喪亂，風俗陵遲，宜尊五美，屏四惡，進忠實，退浮華。帝深納焉。

東晉元帝時，冬雷電且大雨，帝下書責躬引過。御史中丞熊遠上疏曰：

被庚午詔曰：以雷電震暴雨，將深自克責。為湯罪己，未足以喻。臣闇於天道，竊以人事論之。陛下節儉敦朴，愷悌流惠，而王化未興者，皆群公卿士不能夙夜在公，以益大化。素餐負乘，秕穢明時之責也。今逆賊猾夏，暴虐滋甚，二帝幽殯，梓宮未反，四海延頸，莫不東望。而未能遣軍北討，讎賊未報，此一失也。昔齊侯既敗，七年不飲酒食肉，況此恥尤大。臣子之責，宜在枕戈，為王前驅。若此志未果者，當上下克儉，卹人養士，徹樂減膳，惟脩戎事。陛下憂勞於上，而群官未同戚容於下，每有會同，務在調戲酒食而已，此二失也。選官用人，不料實德，惟在白望，不求才幹。鄉舉道廢，請託交行，有德而無力者退，修望而有助者進。稱職以違俗見譏，虛資以從容見貴。是故公正道虧，私塗日開，強弱相陵，冤在不理。今當官者以理事為俗吏，奉法為苛刻，盡禮為諂諛，從容為高妙，放蕩為達士，驕蹇為簡雅，此三失也。世所謂三失者，公法加其身，私議貶其非，轉見排退，陸沉泥滓；時所謂三善者，王法所不加，清論美其賢，漸相登進，仕不輟官，攀龍附鳳，翱翔雲霄。遂使世人削方為圓，撓直為曲，豈待顧道德之清塗，踐仁義之區域乎。是以萬機未整，風俗偽薄，皆此之由。不明其黜陟以審能否，此則俗未可得而變也。今朝廷群司以從順為善，相違見貶，不復論才之曲直，言之得失也。時有言者，或不見用，是以朝少辯爭之臣，士無祿仕之志焉。郭翼上書，武帝擢為屯留令；又置諫官，所以容受直言，誘進將來。故人得自盡，言無隱諱。任官然後爵之，位定然後祿之。數奏以言，明試以功，車服以庸，舜猶歷試諸難。而今先祿不試，甚違古義，亂之所由也。求才急於疎賤，用刑先於親貴，然後令行禁止，野無遺滯。堯取舜於仄陋，舜拔賢於岩穴，雖公不曲繩於天倫，叔向不虧法於孔懷。今朝廷法吏多出於寒賤，是以章書日奏，而不足以懲物官人選才而不足以濟事宜招賢良於屠釣聘耿介於丘園若此道不改雖幷官省職無救弊亂也能拾而惡何憂乎驩兜何遷乎有苗何畏乎巧言令色孔壬此官得其人之益也

明帝時前將軍温嶠奏軍國要務其一曰祖約退舍壽陽有將來之難今二方守禦爲功尚易淮泗都督宜竭力以資之選名重之士配征兵五千又擇一偏將將二千兵以益壽陽可以保固徐豫援助司州其二曰一夫不耕必有受其饑者今不耕之夫動有萬計春廢勸課之制冬峻出租之令下未見施惟賦是聞賦不可以已當思令百姓有以殷實司徒置田曹掾州一人勸課農桑察吏能否今宜依舊置之必得清恪奉公足以宣示惠化者則所益實弘矣其三曰諸外州郡將兵者及都督府非臨敵之軍且田且守又先朝使五校出田今西軍五校有兵者及護軍所統外軍可分遣二軍出幷屯要處緣

奏議卷之二十五　十七

江上下皆有良田開荒雖一年之後即易且軍人累重者在外有樵採蔬食之人於事爲便其四曰建官以理世不以私人也如此則官寡而材精周制六卿莅事春秋之時入作卿輔出將三軍後代建官漸多誠由事有煩簡耳然今江南六州之土尚又荒殘方之平日數十分之一耳三省軍校無兵者九府寺署可有幷相領者可有省半者計其閑劇隨事減之荒殘之縣或同在一城可幷合之如此選既可精祿俸可優令足代耕然後可責以清公耳其五曰古者親耕籍田以供粢盛舊制籍田廩犧之官今臨時市求上黷至敬下費生靈非所以虔奉宗廟蒸蒸之旨宜如舊制立此二官其六曰使命愈遠益宜得材宜揚王化延譽四方人情不樂遂取卑品之人虧辱國命生長患害故宜重其選不可減二千石見居二品者其七曰罪不相及古之制也近者大逆誠由凶戾凶戾之甚一時權用今遂施行非聖朝之令典宜如先朝除三族之議奏多納之

康帝即位庾冰進車騎將軍冰懼權盛乃求外出會弟翼當伐石季龍於是以本號除都督江荆寧益梁交廣七州豫州之四郡軍事領江州刺史假節鎮武昌以爲翼援冰臨發上疏曰臣因循家寵冠冕當世而志無殊操量不及遠頃皇家多難變故頻仍朝望國器與時殲落遂令天眷下隆降及臣身俯仰伏事於今五年上不能光贊聖猷下不能緝熙政道而陛下遇之過分求之不已復策敗駑之駟以冀萬里之功非天眷之隆將何以至此是以敢竭狂瞽以獻血誠願陛下暫屏旒纊以弘聽納今彊寇未殄戎車未戢兵弱於郊人疲於內寇之侵逸未可量也黎庶之困未之安也群才之用未之盡也而陛下崇高事與下隔視聽察覽必寄之群下群下宜忠不引不進百司宜勤來督不勤是以古之帝王勤於降納雖曰總萬機猶兼聽將

奏議卷之二十五　十八

相或借訟與人或求譽務美良有以也況今之契闊之極而陛下歷數屬當其運否剝之難嬰之聖躬普天所以痛心於既往而傾首於將來者也實冀否終而泰屬運在今誠願陛下弘天覆之量深地載之厚宅沖虛以爲本勤訓督以爲務廣引時彥詢于政道朝之得失必關聖聽人之情僞必達天聰然後覽其大當以總國綱躬儉節用堯舜豈遠大布之衣衛文何人是以古人有云非知之難行之難非行之難安之難也願陛下既思日側於勞謙納其起予之情則天下幸甚矣臣朝夕伏膺猶不能暢臨疏徘徊不覺辭盡

穆帝時苻堅敗朝廷欲鎮靖北方出劉波督淮北諸軍冀州刺史以疾未行上疏曰臣聞天地以弘濟爲仁君道以惠下爲德是以禹湯有身勤之績唐虞有在予之誥用能惠被蒼生勳流後葉宣帝開拓洪圖始基成命爰及文武膺徽在躬而猶虛心側席卑己崇物然後

知積累之功重。勤王之業艱。先君之德弘。貽厥之賜厚。惠皇不懷。委政內任。遂使神器幽淪。三光翳曜。園陵懷九泉之感。宮廟集胡馬之迹。所謂肉食失之於朝。黎庶暴骸於外也。賴元皇帝神武應期。祚隆淮海。振乾綱於已墜。紐絕維而更張。陛下承宣帝開始之宏基。受元帝克終之成烈。保大定功。戢兵靜亂。故使負鱗稽海之鯨。僭位滔天之寇。望雲旗而宵潰。覩太陽而霧散。巍巍蕩蕩。無名焉。而頃年已來。天文違錯。妖怪屢生。會稽先帝本封。而地動經年。昔周之文武有魚烏之瑞。君臣猶懷震悚。況今災變眾集。曾莫之疑。公旦有勿休之誡。賈誼有積薪之喻。臣鑒先徵。竊惟今事。是以敢肆狂瞽。直言無諱。往者先帝以玄風御世。責成群后。坐運天綱。隨化委順。故忘日計之功。收歲成之用。今禮樂征伐自天子出。相王賢儁。協和百揆。六合承風。天下響振。而鈞臺之詠弗聞。景亳之命未布。將群臣之不稱。陛下用

之不盡乎。凡聖王之化。莫不敦崇忠信。存正棄邪。傷化毀俗者。雖親雖貴。必疏而遠之。清公貞脩者。雖微雖賤。必親而近之。今則不然。此風既替。利競滋甚。朋黨比周。毀譽交興。鑽求苟進。人希分外。見賢而居其上。受祿每過其量。希旨承意者。以爲奉公。共相讚白者。以爲忠節。舉世見之。誰敢正言。陛下不明必行之法。以絕穿鑿之源者。恐脫因疲倦。以誤視聽。且符堅滅亡。於今五年。舊京殘毀。山陵無衛。百姓塗炭。未蒙拯接。伏願遠觀漢魏衰滅之由。近覽西朝傾覆之際。超然易慮。爲於未有。則靈根永固。社稷無虞。臣豈誣一朝之人。皆無忠節。但任非其才。求之不至耳。今政煩役殷。所在彫弊。倉廩空虛。國用傾竭。下民侵削。流亡相屬。略計戶口。但咸安已來。十分去三。百姓懷浮游之歎。下泉興周京之思。昔漢宣有云。與我共治天下者。其惟良二千石乎。是以臨下有方者。就加璽贈。法苛政亂者。恤刑不赦。事簡於上

人悅於下。今則不然。告時乞職者。以家弊爲辭。振窮恤滯者。以公爵爲施。古者爲百姓立君。使之司牧。今者以百姓恤君。使之蠶食。至乃貪污者謂之清勤。慎法者謂之怯劣。何反古道。一至於此。陛下雖躬自節儉。哀矜於上。而群寮肆欲縱心於下。六司垂翼。三事拱默。故有識者觀人事以歎息。覩天青而大懼。昔宋景退熒惑之災。殷宗消鼎雉之異。伏願陛下仰觀大禹過門之志。俯察商辛沉湎之失。遠思國風恭公之刺。深惟定姜小臣之喻。覽廻聖恩。大詢群后。延納眾賢。訪以得失。令百寮率職。人言損益。察其所由。觀其所以。審識群才。助鼎和味。克念作聖。以答天休。則四海宅心。天下幸甚。

庾羲少有時譽。初爲吳國內史。穆帝頗愛文義。羲至郡。獻詩頗存諷諫。因上表曰。陛下以聖明之德。方隆唐虞之化。而事役殷曠。百姓彫殘。以數州之資。經贍四海之務。其爲勞弊。豈可具言。昔漢文居隆盛

之世。躬自儉約。斷獄數百。殆致刑措。賈誼歎息。猶有積薪之言。以古況今。所以益其憂懼。陛下明鑒天挺。無幽不燭。弘濟之道。豈待瞽言。臣受恩奕世。思盡絲髮。受任到來。親臨所見。敢緣弘政。獻其丹愚。伏願聽斷之暇。少垂察覽。

孝武帝時。范甯求補豫章太守。上書陳時政曰。古者分土割境。以益百姓之心。聖王作制。籍無黃白之別。昔中原喪亂。流寓江左。庶有旋反之期。故許其挾注本郡。自爾漸久。人安其業。丘壟墳柏。皆已成行。雖無本邦之名。而有安土之實。今宜正其封疆。以土斷人。戶明考課之科。脩閭伍之法。難者必曰人各有桑梓。俗自有南北。一朝屬戶長爲人隸。君子則有土風之慨。小人則懷下役之慮。斯誠幷兼者之所執而非通理者之篤論也。古者失地之君。猶臣所寓之主。列國之臣。亦有違適之禮。隨會仕秦。致稱春秋。樂毅宦燕。見褒良史。且今普天之

人原其民出皆隨遷移何至於今而獨不可凡荒郡之人星居東西
遠者千餘近者數百而舉召役調皆相資須期會差違輙致嚴坐人
不堪命叛為盜賊是以山湖日積刑獄愈滋今荒小郡縣皆宜并合
不滿五千戸不得為郡不滿千戸不得為縣守宰之任宜得清平之
人頃者選舉惟以卹貧為先雖制有六年而富足便退又郡守長吏
牽制無常或兼臺職或帶府官夫府以統州州以監郡郡以莅縣如
令互相領帖則是下官反為上司賦調役使無復節限且牽曳百姓
營起廨舍東西流遷人人易處文書簿籍少有存者先之屋宇皆為
私家後來新官復應脩立其為弊也胡可勝言又方鎮去官皆割精
兵器仗以為送故米布之屬不可稱計監司相容初無彈糾其中或
有清白亦復不見甄異送兵多者至有千餘家少者數十戸既力入
私門復資官廩布兵役既竭枉服良人牽引無端以相充補若是功

勲之臣則已享裂土之祚豈應封外復置吏兵乎謂送故之格宜為
節制以三年為斷夫人性無涯奢儉由勢今并兼之士亦多不贍非
力不足以厚身非禄不足以富家是得之有由而用之無節蒱酒永
日馳騖卒年一宴之饌費過十金麗服之美不可貲筭盛狗馬之飾
營鄭衛之音南畝廢而不墾講誦闕而無聞凡庸競馳傲誕成俗謂
宜驗其鄉黨考其業尚試其能否然後升進如此匪惟家給人足賢
人豈不繼踵而至哉官制謫兵不相襲代頃者小事便以補役一愆
之違辱及累世親戚旁支罹其禍毒戸口減耗亦由於此皆宜料遣
以全國信禮十九為長殤以其未成人也十五為中殤以其尚童幼
也今以十六為全丁則備成人之役矣以十三為半丁所任非復童
幼事矣豈可傷天理違經典困苦萬姓乃至此乎今宜脩禮文以二
十為全丁十六至十九為半丁則人無夭折生長滋繁矣帝善之

安帝時山湖川澤皆為豪強所專小民薪採漁釣皆責稅直至是禁
斷之時民居未一劉裕表曰臣聞先王制治九土攸序分疆畫境各
安其居在昔盛世人無遷業故井田之制三代以隆秦革斯政漢遂
不改富強兼并於是為弊然九服弗擾所託成舊在漢西京大遷田
景之族以實關中即以三輔為鄉閭不復係之於齊楚自永嘉播越
爰託淮海朝有匡復之算民懷思本之心經略之圖日不暇給是以
寧民綏治猶有未遑及至大司馬桓溫以民無定本傷治為深庚戌
土斷以一其業于時財阜國豐實由於此自茲及今彌歷年載畫一
之制漸用頹弛離居流寓閭伍弗脩王化所以未純民瘼所以猶在
臣荷重任耻責實深自非改調解張無以濟治夫人情滯常難與慮
始所謂父母之邦以為桑梓者誠以生焉終焉敬愛所託耳今所居
累世墳壟成行敬恭之誠豈不與事而至請準庚戌土斷之科庶子

本所弘稍與事著然後率之以仁義鼓之以威武超大江而跨黃河
撫九州而復舊土則戀本之志乃速由於當年在始暫勤要終所以
能易伏惟陛下垂矜萬民憐其所失永懷鴻鴈之詩思隆中興之業
既委臣以國事期臣以寧濟若所啓合允請付外施行於是依界土
斷唯徐兗青三州居晉陵者不在斷例諸流寓郡縣多被併省
宋孝武帝即位普責百官讜言建平王宏中軍録事參軍周朗上書
曰昔仲尼有言治天下若寘諸掌豈徒言哉方策之政舉息在人蓋
當世之君不為之耳況乃運鍾澆暮世膺亂餘重以宮廟遭不更之
酷江服被未有之痛千里連死萬井共泣而秦漢餘敝尚行於今魏
晉遺謬猶布於民而望國安於今化崇於古卻行及前之言積薪待
然之譬臣不知所以方然陛下既基之以孝又申之以仁民所疾若
敢不略薦凡治者何哉為教而已今教衰已久民不知則又隨以刑

逐之。豈為政之道哉。欲為教者。宜二十五家選一長。百家置一師。男子十三至十七。皆令學經。十八至二十。盡使脩武。訓以書記圖律忠孝仁義之禮。廉讓勤恭之則。授以兵經戰略軍部舟騎之容。挽彊擊刺之法。官長皆月至學所。以課其能。習經者。五年有立。則言之司徒。用武者三年善藝。亦升之司馬。若七年而經不明。五年而勇不達。則更求其言政置謀。迹其心術行履。復不足取者。雖公卿子孫。長歸農畝。終身不得為吏。其國學則宜詳考占數。部定子史。令書不煩。行習無縻力。凡學雖凶荒不宜廢也。農桑者。實民之命。為國之本。有一不足。則禮節不興。若重之。宜罷金錢以穀帛為賞罰。然愚民不達其權。議者好增其異。凡自淮以北。萬匹為市。從江以南。千斛為貨。亦不患其難也。今且聽市至千錢以還者用錢。餘皆用絹布及米。其不中度者坐之。如此。則墾田自廣。民資必繁。盜鑄者罷人。死必息。又田非膠

水。皆播麥菽。地堪滋養。悉藝紵麻。蔭巷緣藩。必樹桑柘。列庭接宇。唯植竹栗。若此令既行。而善其事者。庶民則序之以爵。有司亦從而加賞。若田在草間。木物不植。則撻之而伐其餘樹。在所以次坐之。又取稅之法。宜計人為輸。不應以貲。云何使富者不盡。貧者不蠲。乃令桑長一尺。圍以為價。田進一畝。度以為錢。屋不得瓦。皆責貲實。民以此。樹不敢種。土畏妄墾。棟焚榱露。不敢加泥。自有剝善害民。禁衣惡食。若此苦者。方今若重斯農。則宜務削茲法。凡為國不患威之不立。患恩之不下。不患土之不廣。患民之不育。自華夷爭殺。戎夏競威。破國則積屍竟邑。屠將則覆軍滿野。海內遺生。蓋不餘半。重以急政嚴刑。天災歲疫。貧者但供吏。死者弗望薶。鰥居有不願娶。生子每不敢舉。又戍淹徭久。妻老嗣絕。及淫奔所孕。皆復不收。是殺人之日有數途。生人之歲無一理。不知復百年間。將盡以草木。為世邪。此最是驚心悲魂

慟哭太息者。法雖有禁殺子之科。設蚤娶之令。然觸刑罪。忍悼痛而為之。豈不有酷甚處邪。今宜家寬其役。戶減其稅。女子十五不嫁。家人坐之。特雉可以娉妻妾。大布可以事舅姑。若待足而行。則有司加糾。凡宮中女隸。必擇不復字者。庶家內役。皆令各有所配。要使天下不得有終獨之生。無子之老。所謂十年存育。十年教訓。如此。則二十年間。長戶勝兵。必數倍矣。又亡者亂郊。饉人盈甸。皆是不為其存計。而任之遷流。故饑寒一至。慈母不能保其子。欲其不為寇盜。豈可得邪。既御之使然。復止之以殺。彼於有司何艱至是。且草樹既死。皮葉皆枯。是其粱肉盡矣。冰霜已厚。苫蓋難資。是其衣裘敗矣。比至陽春。生其餘幾。今自江以南。在所皆穰。有食之處。須官興役。宜募遠近能食五十口一年者。賞爵一級。不過千家。故近食十萬口矣。使其受食者悉令就佃淮南。多其長帥。給其糧種。凡公私游手。歲發佐農。令堤湖

盡脩。原陸並起。仍量家立社。計地設閭。檢其出入。督其游惰。須待大熟。可移之復舊。淮以北悉使南還。江東旅客盡令西歸。故毒之在體。必割其緩處。函渭靈區。闃為荒窟。伊洛神基。蔚成茂草。豈可不懷鄉歷下。泗間。何足獨戀。議者必以為胡衰不足避。而不知我之病甚於胡矣。若謂民之既徙。狄必就之。若其來從。我之願也。胡若能來。必非其種。不過山東雜漢。則是國家由來所欲覆育。既華得坐實。戎空自遠。其為來利。固善也。今空守孤城。徒費財役。亦行見淮北必非境服有矣。不亦重辱喪哉。使虜但發輕騎三千。更互出入。春來犯麥。秋至侵禾。水陸漕輸。居然復絕。於賊不勞而邊已困。不至二年。卒散民盡。可蹻足而待也。設使胡滅。則中州必有興者。決不能有奉土地率民人。以歸國家矣。誠如此。則徐齊終逼。亦不可守。且夫戰守之法。當恃人之不敢攻。頃年兵之所以敗。皆反此也。今人知不以羊追狼。蟹捕

鼠而令重車弱卒與肥馬悍胡相逐其不能濟固宜矣漢之中年能事胡者以馬多也胡之後服漢者亦以馬少也既兵不可去車騎應蓄今且募天下使養馬一疋者蠲一人役三疋者除一人為吏自此以進階賞有差邊郡徼驛一無發動又將者將求其死也自能執干戈事而不亡筋力盡於戎役其於望上者固已深矣重有澄風拂霧之悤驅波濤塵之力此所自矜尤復甚焉近所功賞人知其濃然似頗謬處實怨怒寒衆垂臂而反脣者往往為部耦語而呼望者處處成羣凡武人意氣特易崩沮設一旦有變則向之怨者為敵也今宜國財與之共竭府粟與之同罄去者既遣濃加寵齎發所在祿之將秩未充餘費宜闕他事負藝長不應舉者可教以蒐狩之禮習以鉦鼓之節若假勇以進務黜其身老至而罷賞延於嗣又緣淮城壘皆宜興復使烽鼓相達兵食相連若邊民請師皆宜莫許遠夷貢奉止

奏議卷之二十五　二十五

於報答語以國家之未暇示以何事為非君須內教既立徐料寇形辦騎卒四十萬而國中不擾取毅支二十歲而遠邑不驚然後越淮窮河踰隴出漢亦何適而不可又教之不敎至於是今士大夫以下父母在而兄弟異計千家而七矣庶人父子殊產亦八家而五矣凡甚者乃危亡不相知飢寒不相卹又嫉謗讒害其間不可稱數宜明其禁以革其風先有善於家者即發其賞自今不改則沒其財又三年之喪天下之達喪以其哀益衰故制同外興日久均痛故愈遲齊典漢氏節其臣則可矣薄其子則亂也云何使衰苴之容盡鳴號之音息夫佩玉啓旒深情弗忍冕旒視朝不亦甚乎凡法有變於古而刻於情則莫能順焉至乎敗於禮而安於身必遂而奉之何乃厚於惡薄於善歟今陛下以大孝始基宜反斯謬且朝享臨御當近自身始妃主典制宜漸加矯正凡舉天下以奉一君何患不給或帝

有集皂之陋后有帛布之鄙亦無取焉且一體炫金不及百兩一歲美衣不過數襲而必收寶連櫝集服累笥目豈常視身未時親是為櫝帶寶笥著衣空散國家之財徒奔天下之貨而主以此情禮妃以此傲家是何糜蠹之劇惑鄙之甚逮至婢豎皆無定科一婢之身重婢以使一豎之家列豎以役死金皮繡衣酒饜肉者故不可稱紀至有列軒以遊遨飾兵以驅叱不亦重甚哉若禁行賜薄未容致此且細作始并以為儉節而市造華怪即傳於民如此則遷也非羅也凡天下得治者以實而治天下者常虛民之耳目既不可詐治之盈耗立亦隨之故凡厥庶民制度日侈商販之室飾等王侯傭賣之身製均妃后凡一袖之大足斷為兩一裾之長可分為二見車馬不辨貴賤視冠服不知尊卑尚方今造一物小民明已睥睨宮中朝製一衣庶家晚已裁學侈麗之原實先宮閫又妃主所賜不限高卑自今以去

奏議卷之二十五　二十六

宜為節目金鑣翠玉錦繡縠羅奇色異章小民既不得服在上亦不得賜若工復造奇伎淫巧則皆焚之而重其罪又置官者將以變天平氣贊地成功防姦御難治煩理劇使官稱事立人稱官置無空樹散位繁進冗人今高卑貴賤大小反移名之不定是謂官邪而世廢姬公之制俗傳秦人之法惡明君之典好闇主之事其憎聖愛愚何其甚矣今則宜先省事後而并官置位以周典為式變名以適時為用秦漢末制何足取也當使德厚者位尊位尊者祿重能薄者官賤官賤者秩輕纓冕綬佩稱官以服車騎衛當職以施又寄土州郡宜通廢罷舊地民戶應更置立豈吳邦而有徐邑揚竟而宅兖民上淆辰紀下亂畿甸其地如未方者未宜置州土如江都者應更建邑又民少者易理君近者易歸凡吏皆宜每詳其能每厚其秩為縣不得復用恩家之貧為郡不得復選勢族之老又王侯識未堪務不應強

仕。須冠而啓封。能政而議爵。宜帝子未官人誰謂賤。但宜詳置賓友選擇正人。亦何必列長史參軍别駕從事然後爲貴哉。又世有先後業有難易。明帝能令其兒不匹光武之子。馬貴人能使其家不比陰后之族。盛矣哉。此於後世不可忘也。至當與抑碎首之忿。陛殿廷辟戟之威。此亦復不可忘也。内外之政實不可雜。若妃主爲人請官者其人宜終身不得爲官。若請一罪者亦終身不得赦罪。凡天下所須者才。而才誠難知也。有深居而言寡。則蓄學而無由知。有卑處而事隔。則懷奇而無由進。或復見忌於親故。或亦遭謗於貴黨。其欲致車右而動御席。語天下而辨治亂。焉可得哉。漫言舉賢。則斯人固未得矣。宜使世之稱通經達史。辯詞精數。吏能將謀。偏術小道者。使獲纓危都。博求其用。制内外與官之官。遠近及仕之類。令各以所能而造其室。降情以誘之。卑身以安之。然後察其擢唇吻。樹頰胲。動精神。發意氣。

語之所至。意之所執。不過數四間。不亦盡可知矣。若忠孝廉清之比。強正惇柔之倫。難以檢格立。不可須臾定。宜使鄉部求其行守。宰察其能。竟皆見之於選貴。望之於相主。然後處其職。宜定其位用。如此。故應愚鄙盡捐。賢明悉舉矣。又俗好以毀沈人。不知察其所以致毀。以譽進人。不知測其所以致譽。毀徒皆鄙。則宜擢其毀者。譽黨悉庸。則宜退其舉者。如此。則毀譽一不妄。善惡分矣。又既謂之才。則不宜以階級限。不應以年齒齊。凡貴少有好疑人少。不知其少於人矣。老者亦輕人少。不知其不及少矣。自釋氏流教。其來有源。淵檢精測。固非深矣。舒引容潤。既不廣矣。然習慧者日替其脩。束誠者月繁其過。遂至糜散錦帛。侈飾車從。復假粗醫術。託雜卜數。延妹滿室。置酒浹堂。寄夫託妻者不無。殺子乞兒者繼有。而猶倚靈假像。背親傲君。欺費疾老。震損宮邑。是乃外刑之所不容。戮内教之所不悔罪。而橫天地之間。莫不紆察。人不得然。豈其冤歟。今宜申嚴佛律。裨重國令。其疵惡顯著者。悉皆能遣。除則隨其藝行各爲之條。使禪義經誦。人能其一。食不過蔬。衣不出布。若應更度者。則令先習義行。本其神心。必能草腐人天。竦精以往者。雖侯王家子。亦不宜拘。凡鬼道惑衆。妖巫破俗。觸木而言怪者不可數。寓采而稱神者非可算。其原本是亂男女合飲食。因之而以祈祝。從之而以報請。是亂不誅。爲害未息。凡一苑始立。一神初興。淫風輒以之而甚。今脩隄以北。置園百里。峻山以右。居靈十房。糜財敗俗。其可稱限。又針藥之術。世寡復脩。診脉之伎。人鮮能達。民因是益徼於鬼。遂棄於醫。重令耗惑不反。死夭復半。今太醫宜男女習教。在所應遣吏受業。如此。故當愈於媚神之愚。徼正腠理之弊矣。凡無世不有言事。而無時不有令下。然而升平不至。昏危是繼。何哉。蓋設令之本非實也。又病言不出於謀臣。事不便於貴黨。輕

者抵訾呵駭。重者死壓窮擯。故西京有方調之誅。東郡有黨錮之戮。陛下若欲申常令。循末典。則群臣在焉。若欲改舊章。興王道。則微臣存矣。敢昧死以陳。唯陛下察之。書奏。忤旨。

歷代名臣奏議卷之二十五

歷代名臣奏議卷之二十六

治道

南齊高帝建元元年。崔祖思轉長兼給事黄門侍郎。上初即位。祖思啓陳政事。曰。禮誥者人倫之襟冕。帝王之樞柄。自古開物成務。必以教學為先。世不習學。民忘志義。悖競因斯而起。禍亂是焉而作。故篤俗昌治。莫先道教。不得以夷險革慮。儉泰移業。今無員之官。空受祿力。三載無考績之效。九年闕登黜之序。國儲以之虚匱。民力為之彫散。能否無章。涇渭渝流。宜太廟之南。弘脩文序。司農以北。廣開武校。臺州國限外之職。問其所樂。依方課習。各盡其能。月供僮幹。如先充給。若有廢惰。遣還故郡。殊經奇藝。待以不次。士脩其業。必有異等。民識其利。能無勉勵。又曰。漢文集上書囊以為殿帷。身衣弋綈。以韋帶劒。慎夫人衣不曳地。惜中民十家之産。不為露臺。劉備取帳鉤銅

鑄錢以充國用。魏武遣女皁帳婢十人。東阿婦以繡衣賜死。王景興以淅米見誚。宋武節儉過人。張妃房唯碧綃蚊幬。三齊苮席。五盞盤桃花米飯。殷仲文勸令畜伎。荅云。我不解聲。仲文曰。但畜自解。又荅畏解故不畜。歷觀帝王。未嘗不以約習律令。試簡有徵。擢為廷尉僚屬。茍官世其家。而不美其績。鮮矣。廢其職而欲善其事。未之有也。若劉累傳守其業。庖人不乏龍肝之饌。斷可知矣。又曰。樂者動天地。感鬼神。正情性。立人倫。其義大矣。按前漢編戶千萬。太樂伶官方八百二十九人。孔光等奏罷不合經法者四百四十一人。正樂定員。唯置三百八十八人。今戶口不能百萬。而太樂雅鄭。元徽時校試千有餘人。後堂雜伎不在其數。糜廢力役。傷敗風俗。今欲撥邪歸道。莫若罷雜伎。王庭唯置鍾簴羽戚登歌而已。如此。則官充給養。國反淳風矣。又曰。論儒者以德化為本。談法者以刻削為體。道教治世之梁肉。刑憲亂世之藥石。故以教化比雨露。名法方風霜。是以有恥且格。敬讓之樞紐。令行禁止。為國之關楗。然則天下治者。賞罰而已矣。賞不事豐。所病於不均。罰不在重。所困於不當。如令甲勳少。乙功多。賞甲而捨乙。天下必有不勸矣。丙罪重。丁釁輕。罰丁而赦丙。天下必不悛矣。是賞罰空行。無當乎勸沮。將令見罰者寵習之臣。受賞者仇讎之士。戮一人而萬國懼。賞匹夫而四海悅。又曰。籍稅以厚國。國虚民貧。廣田以實廩。國富民贍。堯資用天之儲。實拯懷山之數。湯憑分地之積。以勝流金之運。近代魏置典農。而中都足食。晉開汝潁。而汴河委儲。今將掃闢咸華。題鏤龍漢。宜簡役敦農。開田廣稼。時罷山池之威禁。深抑豪右之兼擅。則兵民優贍。可以出師。又曰。古者左史記言。右史記事。故君舉必書。盡直筆而不汙。上無妄動。知如絲之成綸。今者著作之官。起居而已。述事之徒。褒諛為體。世無董狐。書法必隱。時闕南

史。直筆未聞。又嚴諫官。聽納靡依。雖課勵朝僚。徵訪芻輿。莫若推舉質直。職思其憂。夫越任于事。在言為難。當官而行。處辭或易。物議既以無言望己。己亦當以吞默懟人。中丞雖謝咸玄。未有全廢劾簡。廷尉誠非釋之。寧容都無訊謀。故知與其謀人。寧不廢職。目前之期效也。漢徵貢禹為諫大夫。矢言先策。夏侯勝狂直拘繫。出補諷職。伐柯非遠。行之即善。又曰。天地無心。賦氣自均。寧得誕秀往古。而獨寂寞一代。將在知與不知。用與不用耳。夫有賢而不知。知賢而不用。用賢而不委。委賢而不信。此四者古今之通患也。今誠重郭隗而招劇辛。任鮑叔以求夷吾。則天下之士。不待召而自至矣。

高帝踐祚。以劉善明勳誠。欲與善明祿。召謂之曰。淮南近畿國之形勝。自非親賢。不使居之。卿為我卧治也。代高宗為征虜將軍淮南宣城二郡太守。遣使拜授。封新塗伯。邑五百戶。善明至郡。上表陳事曰。

周以三聖相資。再駕乃就。漢值海內無主。眾敗方登。魏挾主行令。實踰二紀。晉廢主持權。遂歷四世。曩祚攸集。如此之難者也。陛下凝輝自天。照湛神極。審周萬品。道洽無垠。故能高嘯閑軒。鯨鯢自翦。垂拱雲帝。九服載晏。靡一戰之勞。無半辰之棘。苞池江海。籠苑嵩岱。神祇樂推。普天歸奉。二三年間。允膺寶命。胄臨皇曆。正位宸居。開闢以來未有若斯之盛者也。夫常勝者無憂。恒成者好怠。故雖休勿休。姬旦作誥。安不忘危。尼父垂範。今皇運草創。萬化始基。乘宋季葉。政多澆苛。億兆倒懸。仰齊蘇振。臣早蒙殊養。志輸肝血。徒有其誠。曾闕埃露。夙宵慙戰。如墜淵谷。不識忌諱。謹陳愚管。瞽言芻議。伏待斧鉞。所陳事凡十一條。其一。以為天地開創。人神慶仰。宜存問遠方。宣廣慈澤。其二。以為京師浩大。遠近所歸。宜遣醫藥。問其疾苦。年九十以上及六疾不能自存。隨宜量賜。其三。以宋氏赦令。蒙原者寡。愚謂下赦書

宜令事實相副。其四。以為匈奴未滅。劉昶猶存。秋風揚塵。容能送死。境上諸城。宜應嚴備。特簡雄略。以待事機。資實所須。皆宜豫辦。其五。以為宜除宋氏大明太始以來諸苛政細制。以崇簡易。其六。以為凡諸土木之費。宜可權停。其七。以為帝子王姬。宜崇儉約。其八。以為宜詔百官及府州郡縣。各貢讜言。以弘唐虞之美。其九。以為忠貞孝悌。宜擢以殊階。清儉苦節。應授以民政。其十。以為革命惟始。天地大慶。宜時擢才辯。北使匈奴。其十一。以為交州險夐。要荒之表。宋末政苛。遂致怨叛。今大化創始。宜懷以恩德。未應遠勞將士。搖動邊氓。且彼土所出。唯有珠寶。實非聖朝所須之急。討伐之事。謂宜且停。

後魏孝文帝時。征東大將軍任城王拓跋澄。朝京師。引見於皇信堂。詔澄曰。昔鄭子產鑄刑書。而晉叔向非之。此二人皆是賢士。得失竟誰。對曰。鄭國寡弱。攝於強鄰。民情去就。非刑莫制。故鑄刑書以示威。雖乖古式。合今權道。隨時濟世。子產為得。而叔向譏議。示不忘古。可與論道。未可與權。高祖曰。任城當欲為魏之子產也。澄曰。子產道合當時。聲流竹素。臣既庸近。何敢庶幾。今陛下以四海為家。宜文德以懷天下。但江外尚阻。車書未一。季世之民。易以威服。難以禮治。愚謂子產之法。猶應暫用。大同之後。便以道化之。高祖心方革變。深善其對。笑曰。非任城無以識變化之體。朕方創改朝制。當與任城共萬世之功耳。

太和初。韓顯宗除著作佐郎。車駕南討。兼中書侍郎。既定遷都。顯宗上書。其一曰。竊聞輿駕今夏若不巡三齊。當幸中山。竊以為非計也。何者。當今徭役宜早息。洛京宜速成。省費則徭役可簡。并功則洛京易就。往冬輿駕停鄴。正是閑隙之時。猶編戶供奉。勞費為劇。聖鑒矜愍。優旨殷勤。爵浹高年。賚周鰥寡。雖賑普霑。今猶恐來夏菜色。況三農

要時。六軍雲會。其所損業。實為不少。雖調斂輕省。未足稱勞。然大駕親臨。誰敢寧息。往來承奉。紛紛道路。田蠶廢則將來無資。此國之深憂也。且向炎暑而六軍暴露。恐生癘疫。此可憂之次也。臣願輿駕早還北京。以省諸州供帳之費。并功專力以營洛邑。則南州免雜徭之煩。北都息分析之歎。洛京可以時就。遷者僉介如歸。其二曰。自古聖帝。必以儉約為美。亂主必以奢侈貽患。仰惟先朝。皆卑宮室而致力於經略。故能基宇開廣。業祚隆泰。今洛陽基址。魏明帝所營。取譏前代。伏願陛下損之又損。頃來北都富室。競以第宅相尚。今因遷徙。宜申禁約。令貴賤有檢。無得踰制。端廣衢路。通利溝渠。使寺署有別。四民異居。永垂百世不刊之範。則天下幸甚矣。其三曰。竊聞輿駕還洛陽。輕將數千騎。臣甚為陛下不取也。夫千金之子。猶坐不垂堂。況萬乘之尊。富有四海乎。警蹕於闈闥之內者。豈以為儀容而已。蓋以戒

不厚也。清道而後行。尚恐銜蹶之或失。況履涉山河而不加三思哉。此愚臣之所以悚息。伏願少垂省察。其四曰。伏惟陛下耳聽法音。目覽墳典。口對百辟。心虞萬機。晷昃而食。夜分而寢。加以孝思之至。隨時而深。文章之業。日成篇卷。雖叡明所用。未足為煩。然非所以嗇神養性。頤無疆之祚。莊周言。形有待而智無涯。以有待之形。役無涯之智。殆矣。此愚臣所不安。伏願陛下垂拱司契。委下責成。唯冕旒垂纊而天下治矣。高祖頗納之。顯宗又上言曰。進賢求才。百王之所先也。前代取士。必先正名。故有賢良方正之稱。今之州郡貢察。徒有秀孝之名。而無秀孝之實。而朝廷但檢其門望。不復彈坐。如此。可令別貢門望以敘士人。何假冒秀孝之名也。夫門望者。是其父祖之遺烈。亦何益於皇家。益於時者。賢才而已。苟有其才。雖屠釣奴虜之賤。聖皇不恥以為臣。苟非其才。雖三后之胤。自墜於皁隸矣。是以大才受大官。小才受小官。各得其所。以致雍熙。議者或云。今世等無奇才。不若取士於門望。此亦失矣。豈可以世無周邵。便廢宰相而不置哉。但當校其有寸長銖重者。即先器之。則賢才無遺矣。又曰。夫帝皇所以居尊以御下者。威也。兆庶所以從惡以從善者。法也。是以有國有家。必以刑法為治。生民之命。於是而在。有罪必罰。罰必當辜。則雖箠撻之刑而人莫敢犯也。有制不行。人得僥倖。則雖參夷之誅。不足以肅。自太和以來。多坐盜棄市。而遠近肅清。由此言之。止姦在於防檢。不在嚴刑也。今州郡牧守。邀當時之名。行一切之法。臺閣百官。亦咸以深酷為無私。以仁恕為容盜。迭相敦厲。遂成風俗。陛下居九重之內。視人如赤子。百司分萬務之要。遇下如仇讎。是則堯舜止一人。而桀紂以千百。和氣不至。蓋由於此。書曰。與其殺不辜。寧失不經。實宜敕示百寮。以惠元元之命。又曰。昔周王為犬戎所逐。東遷河洛。鎬京猶稱宗

周。以存本也。光武雖曰中興。實自創革。西京尚置京尹。亦不廢舊。今陛下光隆先業。遷宅中土。稽古復禮。於斯為盛。豈若周漢出於不得已哉。按春秋之義。有宗廟曰都。無則謂之邑。此不刊之典也。況北代宗廟在焉。山陵託焉。王業所基。聖躬所載。其為神鄉福地。實亦遠矣。今便同之郡國。臣竊不安。愚謂代京宜建畿置尹。一如故事。崇本重舊以光萬葉。又曰。伏見洛京之制。居民以官位相從。不依族類。然官位非常有。朝榮而夕悴。則衣冠淪於廝豎之邑。臧獲騰於膏腴之里。物之顛倒。或至於斯。古之聖王。必令四民異居者。欲其業定而志專。業定則不偽。志專則不淫。故耳目所習。不督而就。父兄之教。不肅而成。仰惟太祖道武皇帝。創基撥亂。日不暇給。然猶分別士庶。不令雜居。伎作屠沽。各有攸處。但不設科禁。賣買任情。販貴易賤。錯居混雜。假令一處彈箏吹笛。緩舞長歌。一處嚴師苦訓。誦詩講禮。宣令童齔。任意所從。其走赴舞堂者萬數。往就學館者無一。此則伎作不可雜居。士人不宜異處之明驗也。故孔父云里仁之美。孟母弘三徙之訓。賢聖明誨。若此之重。今令伎作家習士人風禮。百年難成。令士人兒童效伎作容態。則一朝可得。是以士人同處。則禮教易興。伎作雜居。則風俗難改。朝廷每選舉人士。則校其一婚一宦以為升降。何其密也。至於開伎作宦途。得與膏粱華望接閣連甍。何其略也。此愚臣之所惑。今稽古建極。光宅中區。凡所徙居。皆是公地。分別伎作。在於一言。有何為疑而闕盛美。又曰。自南偽相承。竊有淮北。欲擅中華之稱。且以招誘邊民。故僑置中州郡縣。自皇風南被。仍而不改。凡有重名。其數甚眾。疑惑書記。錯亂區宇。非所以疆域物土。必也正名之謂也。愚以為可依地里舊名。一皆釐革。小者並合。大者分置。及中州郡縣。昔以戶少併省。今人口既多。亦可復舊。君人者以天下為家。不得有所私也。故

倉庫儲貯。以俟水旱之災。供軍國之用。至於有功德者。然後加賜爰及末代。乃寵之所隆。賜賚無限。自比以來。亦為太過。在朝諸貴。受祿不輕。土木被錦綺。重妾厭粱肉。而復厚賚屢加。動以千計。若不賜鰥寡贍濟貧多。如不惜草。豈周急不繼富之謂也。愚謂士有可賞。則明旨褒揚。稱事加賞。以勸為善。不可以親近之昵。猥損天府之儲。又曰。諸宿衛內直者。宜令武官習弓矢。文官諷書傳。而今給其蒱博之具。以成褻狎之容。長矜爭之心。恣喧囂之慢。徒損朝儀。無益事實。如此之類。一宜禁止。

秘書丞李彪表曰。臣聞昔之哲王。莫不亹亹孜孜。思讜言以康黎庶。是以訪童問師。不避淵澤。詢謀諮善。不棄芻蕘。用能光茂實於竹素。播徽聲於金石。臣屬生有道。遇無諱之朝。敢脩往式。竊探時宜。謹冒死上封事七條。狂瞽之言。伏待刑戮。其一曰。自太和建號。踰於一紀。典

刑德政。可得而言也。立圓丘以昭孝。則百神不乏享矣。舉賢才以酬諸。則多士盈朝矣。闢至誠以軌物。則朝無佞人矣。敷六順以教人。則四門無凶人矣。制冠服以明秩。則典式復彰矣。作雅樂以協人倫。則人神交慶矣。深慎罰以明刑。則庶獄得衷矣。薄服味以示約。則儉德光昭矣。罷宮女以配鰥。則人無怨曠矣。傾府藏以賑錫。則大賚周渥矣。省賦役以育人。則編戶巷歌矣。宣德澤以懷遠。則華荒抃舞矣。垂至德以暢幽顯。則禎瑞效質矣。生生得所。事事惟新。巍巍乎猶造物之曲成也。然臣愚以為行儉之道。猶自闕。何者。今四人豪富之家習華既深。敦樸情淺。夫識儉素之易長。而行奢靡之難久。壯制第宅。美飾車馬。僕妾衣綾綺。土木被文繡。僭度違衷者眾矣。古先哲王之為制也。自天子以至公卿下及抱關擊柝。其宮室車服各有差品。小不得踰大。賤不得踰貴。夫然。故上下序而人志定。今時浮華相競。情無常守。大為消功之物。巨制費力之事。豈不謬哉。消功者。錦繡周文是也。費力者。廣宅高宇壯制麗飾是也。其妨農業害女工者為可勝言哉。漢文時賈誼上疏云。今之王政可為長太息者六。此即是其一也。夫上之所好。下必從之。故越王好勇而士多輕死。楚靈好瘦而國有飢人。今二聖躬行儉素。詔令殷勤。而百姓之奢猶未革者。豈楚越之人易變如彼。大魏之士難化如此。蓋朝制弗宣。人未見德。使之然耳。臣愚以為第宅車服自百官以至於庶人。宜為等制。使貴不逼賤。卑不僭高。不可以稱其侈意。用違經典。今或者以為習俗日久。不可卒革。臣謹言古人革之之漸。昔子產為政一年。百姓歌之曰。我有田疇。子產伍之。我有衣冠。子產貯之。孰殺子產。吾其與之。及三年乃改歌曰。我有田疇。子產殖之。我有子弟。子產誨之。子產若死。誰其繼之。然則鄭人之智。豈前昏而後明哉。且從政者須漸。受化者難頓。故也。

今若為制。以差品之。始末之情。魏士與鄭人同矣。既同鄭人。是為卒有善歌。豈可憚其初怨。而不為終善哉。夫尚儉者開福之源。好奢者起貧之兆。然則儉約易以教行。華靡難以財滿。是以聖人留意焉。賢人希準焉。故夏禹卑宮室而惡衣服。殷湯寢黃屋而乘輅輿。此示儉於後王。所宜觀其意而取折衷也。孔子為魯司寇。乘柴車而駕駑馬。晏嬰為齊正卿。冠濯冠而衣故裘。此示儉於後臣。後臣所宜識其情而消息之也。前志云。作法於涼。其弊猶貪。此言雖略。有達治道。臣之瞽言。儻或可採。比及三年。可以有成。有成則人務本。人務本則奢費除。奢費除則穀帛豐。穀帛豐則人逸樂。人逸樂則皇基固矣。其二曰。易稱主器者莫若長子。傳曰。太子奉冢嬪之粢盛。然則祭無主。則宗廟無所饗。冢嬪廢則神器無所傳。聖賢知其如此。故垂誥以為長世之法。昔姬王得斯道也。故恢崇儒術以訓世嫡。世嫡於是習成懿德。用

大憾於黎蒸是以世統生人載祀八百遠嬴氏之君於秦也殆棄德
政坑焚儒典弗以義方教厥冢子於是習成凶德肆虐以臨黔黎是
以饗年不永二世而亡亡之與興實在於師傅師傅之損益可得
而言昔者周公傅成王教以孝仁禮義逐去邪人不使見惡行又選
天下之端士孝悌博聞有道術者以爲衛翼衛翼良成王正周道之
所以長久也宦者趙高傅胡亥教以刑戮斬劓及夷人族逐去正人
不得見善士謟佞讒賊者爲其左右左右邪胡亥僻秦祚之所以短
促也夫皇天輔德者也豈私周而疏秦哉由所行之道殊致禍福之
途異耳昔光武議爲太子置傅以問其群臣群臣望意皆言太子舅
執金吾新陽侯陰就可博士張佚正色曰今立太子爲陰氏乎爲天
下乎即爲陰氏則陰侯可爲天下則固宜用天下之賢才光武稱善
曰置傅以輔太子也今博士不難正朕況太子乎即拜佚爲太子太

奏議卷之二十六　九

傅漢明卒爲賢主然則佚之傅漢明非迺生之漸也尚或有稱而況
迺生訓之以正道其爲益也固以大矣故禮曰太子生因舉以禮使
士負之有司齋肅端冕見于南郊明冢嫡之重見乎天也過闕則下
過廟則趨明孝敬之道也然古之太子自爲赤子而教固已行矣此
則遠世之鏡也高宗文成皇帝慨少時師不勤教嘗謂群臣曰朕始
學之日年尚幼冲情未能專既臨萬機不遑溫習今而思之豈唯予
咎抑亦師傅之不勤尚書李訢免冠而謝此則近日之可鑒也伏惟
太皇太后翼贊高宗訓成顯祖使巍巍之功邈乎前王陛下幼蒙鞠
誨聖敬之蹟及儲宮誕育復親撫誥日省月課實勞神慮今誠宜準
古立師傅以訓導太子訓導正則太子正太子正則皇家慶皇家慶
則人幸甚矣其三曰臣聞國本黎元人資粒食是以昔之哲王莫不
勤勸稼穡盈畜倉廩故堯湯水旱人無菜色者蓋由備之有漸積之

有素覽于漢家以人食少乃設常平以給之魏氏以兵粮乏制屯田
以供之用能不匱當時軍國取濟又記云國無三年之儲謂國非其
國光武以一畝不實罪及牧守聖人之憂世重穀殷勤如彼明君之
恤人勸農相切若此頃年山東饑去歲京師儉内外人庶出入就豐
既廢營產疲而乃達又於國體實有虛損若先多積穀安而給之豈
有驅督老弱餬口千里之外以今況古誠可懼也臣以爲宜析州郡
常調九分之二京師度支歲用之餘各立官司年豐糴積于倉時儉
則加私之二糶之於人如此民必力田以買官絹又務貯財以取官
粟年登則常積歲凶則直給又別立農官取州郡戶十分之一以爲
屯人相水陸之宜料頃畝之數以贓贖雜物餘財市牛科給令其肆
力一夫之田歲責六十斛蠲其正課并征戍雜役行此二事數年之
中則穀積而人足雖災不爲害臣又聞前代明主皆務懷遠人禮賢

奏議卷之二十六　十

引滯故漢高過趙求樂毅之胄晉武廓定旌吳蜀之彦臣謂宜於河
表七州人中擢其門才引令赴闕依中州官比隨能序之一可以廣
聖朝均新舊之義二可以懷江漢歸有道之情其四曰昔帝舜命咎繇
惟刑之恤周公誥成王勿誤于庶獄斯皆君臣相誡重刑之至也今
二聖哀矜罪辜小大二情讞決之日多從降恕時不得已必垂惻愍
雖前王之勤聽肆赦亦如斯而已至若行刑犯時愚臣竊所未安漢
制舊斷獄報重常盡季冬至孝章帝時改盡十月以育三微後歲旱
論者以十一月斷獄陰氣微陽氣泄以故致旱事下公卿尚書陳寵議
冬至陽氣始萌故十一月有射干芸荔之應周以爲春十二月陽氣
上通雉雊雞乳殷以爲春十三月陽氣已至蟄蟲皆震夏以爲春三
微成著以通三統三統之月身欲寧事欲靜以起隆怒不可謂寧以
行大刑不可謂靜章帝善其言卒以十月斷獄令京都及四方斷獄報

重常竟季冬。不推三正以育三微。寬宥之情每過於昔。遵時之憲猶或闕然。豈所謂助陽發生垂奉微之仁也。誠宜遠稽周典。近採漢制。天下斷獄起自初秋。盡於孟冬。不於三統之春行斬絞之刑。如此。則道協幽顯。仁垂後昆矣。其五曰。古者大臣有坐不廉而廢者。不謂之不廉。乃曰簠簋不飾。此君之所以禮貴臣。不明言其過也。臣有大譴則白冠氂纓。盤水加劒。造請室而就死。此臣之所以知罪而不敢逃刑也。聖朝賓遇大臣。禮同古典。自太和以降。有罪當陷大辟者。多得歸第自盡。遣之日。深垂隱愍。言發悽淚。百官莫不見。四海莫不聞。誠足以感將死之心。慰戚屬之情。然恩發至衷。未著永制。此愚臣所以敢陳末見。昔漢文時有告丞相周勃謀反。逮繫長安獄。頓辱之與皁隸同。賈誼乃上書極陳。君臣之義。不宜如是。夫貴臣者。天子為其改容而體貌之。吏人為其俯伏而敬貴之。其有罪過。廢之可也。賜之死可

也。若束縛之。輸之司寇。榜笞之。小吏詈罵之。殆非所以令衆庶見也。及將刑也。臣則北面再拜。跪而自裁。天子曰。子大夫自有過耳。吾遇子有禮矣。上不使人抑而刑之也。孝文深納其言。是後大臣有罪。皆自殺不受刑。至孝武時稍復入獄。良由孝文行之當時。不為永制。故耳。伏惟聖德慈惠。豈與漢文比隆哉。今天下有道。庶人不議之時。臣安可陳瞽言於朝。但恐萬世之後。繼體之主。有若漢武之事焉。苟道貴長久。所以樹之風聲也。法尚不虧。所以貽厥孫謀也。焉得行恩當時而不著長世之制乎。其六曰。孝經稱父子之道天性。書云孝乎惟孝友于兄弟。二經之旨。蓋明一體而同氣。可共而不可離者也。及其有罪不相及者。乃君上之厚恩也。至若有懏懼應相連者。固自然之恒理也。無情之人。父兄繫獄。子弟無慘惕之容。子弟逃刑。父兄無愧恧之色。寘安榮位。遊從自若。車馬仍華。衣冠猶飾。寧是同體共氣分憂均

戚之理也。昔秦伯以楚人圍江。素服而示懼。宋仲子夫舉指譚免冠而謝罪。然則子弟之於父兄。父兄之於子弟。惟其[illegible]至。豈與結盟相知者同年語其淺深哉。二聖清簡風俗。孝慈是先。臣愚以為父兄有犯。宜令子弟素服肉袒。詣闕請罪。子弟有坐。宜令父兄露板引咎乞解所司。若職任必要不宜許者。慰勉留之。如此。足以敦厲凡薄。使人知有所恥矣。其七曰。禮云臣有大喪。君三年不呼其門。此聖人緣情制禮。以終孝子之情者也。周季陵夷。喪禮稍亡。是以要經即戎。素冠作刺。逮于虐秦。殆皆泯矣。漢初軍旅屢興。未能遵古。至宣帝時。民當從軍屯者。遭大父母。父母死。未滿三月。皆弗徭役。其朝臣喪制。未定有聞。至後漢元初中。大臣有重憂。始得去官終服。暨魏武孫劉之世日尋干戈。前世禮制。復廢而不行。晉時鴻臚鄭默喪親。固請終服。武帝感其孝誠。遂著令以為常。聖魏之初。撥亂反正。未遑建終喪之制。

今四方無虞。百姓安逸。誠是孝慈道洽。禮教興行之日也。然愚臣所懷。切有未盡。伏見朝臣丁父憂者。假滿赴職。衣錦乘軒。從郊廟之祀。鳴玉垂緌。同節慶之醼。傷人子之道。虧天地之經。愚謂如有遭大父母父母喪者。皆聽終服。若無其人。有曠庶官者。則優旨慰喻。起令視事。但綜司出納。敷奏而已。國之吉慶。一令無預。其軍戎之警。墨縗從役。雖愆於禮。事所宜行也。如臣之言少有可採。願付有司。別為條制。

高祖覽而善之。

四年。尚書令王叡疾篤。上疏曰。臣聞忠於事君者。節義著於臨終。孝於奉親者。淳誠表於垂沒。故孔明卒軍。不忘全蜀之計。曾參疾甚。情存善言之益。雖則庸昧。敢忘景行。臣荷天地覆載之恩。蒙大造生成之德。漸風訓於華年。服道教於弱冠。濯纓清朝。垂周三紀。受先帝非分之眷。叨陛下殊常之寵。遂乃齊蹤功舊。內侍幃幄。爵列諸王。位班

上等從容聞道與知國政誠思竭盡力命以報所受不謂事與心違忽嬰重疾每屈輿駕親臨問之榮洽生平惠流身後犬馬之誠銜佩罔極今所病遂篤慮必不起延首闕庭戀戀終日仰恃皇造宿眷之隆敢陳愚昧管窺之見臣聞為治之要其略有五一者慎刑罰二者任賢能三者親忠信四者遠讒佞五者行黜陟夫刑罰明則姦宄息賢能用則功績著親忠信則視聽審遠讒佞則疑間絕黜陟行則貪饕改是以欽恤惟刑載在唐典知人則哲惟帝所難周書垂好德之文漢史列防姦之論考省幽明先王大典又八表既廣遠近事殊撫荒裔宜待之寬信綏華甸宜惠之以明簡哀恤孤獨賑施困窮錄功舊赦小罪輕徭役薄賦斂脩福業禁淫祀頻聽政餘暇賜垂覽察

宣武帝初年廣訪得失治書陽固上讜言表曰臣聞為治不在多方在於力行而已當今之務宜早正東儲立師傅以保護立官司以防衛以係蒼生之心攬權衡親宗室強幹弱枝以立萬世之計舉賢良黜不肖使野無遺才朝無素餐孜孜萬幾躬勤庶務使民無謗讟之響省徭役薄賦斂脩學官遵舊章貴農桑賤工賈絕談虛窮微之論簡桑門無用之費以存元元之民救飢寒之苦上合昊天之心下悅億兆之望然後備器械修甲兵習水戰滅吳會撰封禪之禮襲軒唐之軌同彼七十二君之徽號協定鼎嵩河之心副高祖殷勤之寄上與三皇比隆下與五帝齊美豈不茂哉臣位卑識昧言不及義屬聖明廣訪敢獻瞽言伏願陛下留神少垂究察

延昌中門下錄事孫紹表曰臣聞建國有計雖危必安施化能和雖寡必盛治乖人理雖合必離作用失機雖成必敗此乃古今同然百王之定法也伏惟大魏應天明命兆啟無窮累世後仁祚隆七百今二號京門下無嚴防南北二中復闕固守長安鄴城股肱之寄穰城上黨腹背所憑四軍五校之軌領護分事之式徵兵儲粟之要舟居水陸之資山河要害之權緩急去來之用持平越敵之方節用應時之法特宜脩置以固堂堂之基持盈之體何得而忽居安之辰故應危懼矣且法開清濁而清濁不平申滯理望而卑寒亦免士庶同悲兵徒懷怨中正賣望於下里主按舞筆於上臺真偽混淆知而不糾得者不欣失者倍怨使門齊身等而涇渭奄殊類應同役而苦樂懸異士人居職不以為榮兵士役苦心不忘亂故有競棄本業飄藏他土或詭名託養散在人間或亡命山藪漁獵為命或投仗強豪寄命衣食又應遷之戶逐樂諸州應留之徒避寒歸暖兼職人子弟隨遷浮遊南北東西卜居莫定關禁不脩任意取適如此之徒不可勝數爪牙不復為用百工爭棄其業混一之計事實闕如考課之方責辦無日流浪之徒決須精校今強敵窺時邊黎伺隙內民不平久戍懷怨戰國之勢竊謂危矣必造禍源者北邊鎮戍之人也若夫一統之年持平用之者大道之計也亂離之期縱橫作之者行權之勢也故道不可久須文質以換情權不可恒隨汙隆以收物文質應宜道形自安汙隆獲衷權勢亦濟然則王者計法之趣化物之規圓方務得其境人物不失其地又先帝時律令並議律尋施行令獨不出十餘年臣以為令之為體即帝王之身也分處百揆之儀安置九服之基經緯三才之倫包羅六卿之職措置風化之門作用賞罰之要乃是有為之樞機世法之大本也然脩令之人亦皆博古依古撰置大體覲比之前令精粗有在但主議之家太用古制若全依古高祖之法復須升降誰敢措意有是非哉以是爭故久廢不理然律令相須不可偏用今律班令止於事甚滯若令不班是無典法臣下執事何依而行臣等脩律非無勤止署下之日臣乃無名是謂農夫盡力他

食其秩。功名之所實懷於悒。
孝明帝時。徐紇和羅使孫紹表曰。臣聞文質互用。治道以之緝熙。洿
隆得時。人物以之通濟。故能事恢三五。聲仁洽九服。伏惟陛下應靈踐
阼。仰明照物。宰輔忠純。伊霍均美。既以升平之基。應成無爲之業。而
漠北叛命。隴右構逆。中州驚擾。民庶心議。此故何哉。皆由上法不適
下情怨塞故也。臣雖愚短。具鑒始末。以往在代都。武質而治安。中京以
來。文華而政亂。臣昔於太和極陳得失。具論四方華夷心態。高祖垂
納。文應可尋。延昌正光。奏疏頻上。主者收錄。不蒙報問。即日事勢。乃
至於此。蓋微臣豫陳之驗。今東南有竊號之竪。西北有逆命之戎。豈
得怨天實尤人矣。臣今不憂荒外。正慮心中。譬急須改張。以寧其意。若
仍持疑。變亂尋作。肘腋一乖。大事去矣。然臣奉國四世。欣戚是同。但
職在冗散。不關樞密。寧濟之計。欲陳無所。可經緯甚多。幾機可織。夫

奏議卷之二十六　十五

天下者大器也。一正難傾。一傾難正。當今之危。猶足之急。臣備肉食
痛心無已。泣血上陳。願垂採察。若得言必執事。獻可替否。冀延獲隆社
稷。搖慶雖死如生。犬馬情畢。
靈太后臨朝。任城王拓跋澄表曰。臣聞三季之弊。由於煩刑。火德之
興。在於三約。是以老聃云。法令滋彰。盜賊多有。又曰。其政察察。其民
缺缺。又曰。天網恢恢。疏而不漏。是故欲求治本。莫若省事清心。昔漢
文斷獄四百。幾致刑措。省事所致也。蕭曹爲相。載其清靜畫一之歌。
清心之本也。今欲求之於本。宜以省事爲先。使在位羣官。纂蕭曹之
心。以毗聖化。如此則上下相安。遠近相信。百司不怠事。無愆失。豈宜
擾世教以深文。烹小鮮以煩手哉。臣竊惟景明之初。暨永平之末。內
外羣官三經考課。逮延昌之始。方加黜陟。五品以上引之朝堂。親決
聖目。六品以下。例由勅判。自世宗晏駕。大有三行。所以蕩除故意。與

物更始華世之事。猶相窮覈。以臣愚量。謂爲不可。又尚書職分。樞機
出納。昔魏明帝至尚書門。陳矯亢辭。帝慚而返。此以萬乘之重。非
所宜行。猶屈一言。慙而回駕。群官百司。而可相亂乎。故陳平不知錢
穀之數。邴吉不問僵道之死。當時以爲達治。歷代用爲美談。但宜各
守其職。思不出位。潔己以勵時。靖恭以致節。又尋御史之體。風聞是
司。至於冒勳妄考。皆有處別。若一處有風謠。即應攝其一簿。研檢虛
實。若差殊不同。僞情自露。然後繩以典刑。人孰不服。豈有移一省之
案。取天下之簿。尋兩紀之事。窮革世之尤。如此求過。誰堪其罪。斯實
聖朝所宜重慎也。
諫議大夫張普惠上疏論時政得失。一曰審法度。平斗尺。簡諸務。輕
賦役。務省。二曰聽輿言。察怨訟。先王諸事有不便於政者。請悉追改。
三曰進忠謇。退不肖。任賢勿貳。去邪勿疑。四曰興滅國。繼絕世。敦親之

奏議卷之二十六　十六

誼。所宜收敍。書奏。肅宗靈太后引普惠於宣光殿。隨事難詰。延對移
時。令曰。寧有先王之詔翻改。普惠僶俛不言。令曰。卿似欲致諫。故以
左右有人。不肯苦言。朕爲卿屏左右。卿其盡陳之。對曰。聖人之養庶
物。愛之如傷。況今二聖纂承洪緒。妻承夫。子承父。夫父之不可。安然
仍行。豈先帝付委之本意。仰惟先帝行事。或有司之誤。或權時所行。
在後以爲不可者。皆追而正之。聖上忘先帝之自新。不問理之屈伸
一皆抑之。豈蒼生黎庶所仰望於聖德。太后曰。小小細務。翻動更成
煩擾。普惠曰。聖上之養庶物。若慈母之養赤子。今赤子幾臨危墜。將
赴水火。以煩勞而不救。豈赤子所望於慈母。太后曰。天下蒼生寧有
如此苦事。普惠曰。天下之親。懿莫重於太師彭城王。然竟不免枉死。
微細之苦。何可得無。太后曰。彭城之苦。吾已封其三子。何足復言。普
惠曰。聖后封彭城之三子。天下莫不忻至德。知慈母之在上。臣所以

重陳者。凡如此之枉，乞垂聖察。太后曰：卿云興滅國繼絕世，竟權誰是？晉惠曰：昔淮南逆終，漢文封其四子；蓋骨肉之不可棄，親親故也。竊見故太尉咸陽王禧、冀州刺史京兆王愉，乃皇子皇孫，一德之虧，自貽悔戾，沉淪幽壤，緬焉弗收，豈是興滅繼絕之意？乞收葬二王，封其子孫，愚臣之願。太后曰：卿言有理，朕深識之。

莊帝時，關西慰勞大使李雄請事五條：一言逋懸租調，宜悉不徵；二言簡罷非時徭役，以紓民命；三言課調之際，使豐儉有殊，令州郡量檢，不得均一；四言兵起歷年，死亡者衆，或父或子，辛酸未歇，見存者老，請假板職，悅生者之意，慰死者之魂；五言喪亂既久，禮儀罕習，如有閨門和睦、孝弟卓然者，宜表其門閭。仍啓曰：臣聞愛民之道有六：一曰利之，二曰成之，三曰生之，四曰與之，五曰樂之，六曰喜之。使民不失其時，則利之也；教民不失其性，則成之也；省刑罰，則生之也；薄

賦斂，則與之也；無多徭役，則樂之也；吏靜不苛，則喜之也。伏惟陛下道邁前主，功超往代，敷春風而鼓俗，旌至德以調民，生之養之，正當茲日；悅近來遠，亦是今時。臣既忝將命，宣揚聖澤，前件六事，謂所宜行。若不除煩苛，惠孤恤寡，便是徒乘官駟，虛號王臣，往還有費於郵亭，皇恩無逮於民俗。謹率愚管，輒以陳聞，乞垂覽許。莊帝從之。

西魏文帝大統十一年，大行臺度支尚書蘇綽上疏六條，其一先治心。曰：凡今之方伯守令，皆受命天朝，出臨下國，論其尊貴，並古之諸侯也。是以前世帝王每稱共治天下者，唯良宰守耳。明知百僚卿尹雖各有所司，然其治民之本，莫若宰守之最重也。凡治民之體，先當治心。心者，一身之主，百行之本。心不清淨，則思慮妄生；思慮妄生，則見理不明；見理不明，則是非謬亂；是非謬亂，則一身不能自治，安能治民也？是以治民之要，在清心而已。夫所謂清心者，非不貪貨財之謂也，乃欲使心氣清和，志意端靜。心和志靜，則邪僻之慮無因而作。邪僻不作，則凡所思念無不皆得至公之理。率至公之理以臨其民，則彼下民孰不從化？是以稱治民之本，先在治心。其次又在治身。凡人君之身者，乃百姓之表，一國之的也。表不正，不可求直影；的不明，不可責射中。今君身不能自治，而望治百姓，是猶曲表而求直影也；君行不能自脩，而欲百姓脩行者，是猶無的而責射中也。故為人君者，必心如清水，形如白玉，躬行仁義，躬行孝悌，躬行忠信，躬行禮讓，躬行廉平，躬行儉約，然後繼之以無倦，加之以明察。行此八者以訓其民，是以其人畏而愛之，則而象之，不待家教日見而自興行矣。其二，敦教化。曰：天地之性，唯人為貴。明其有中和之心，仁恕之行，異於木石，不同禽獸，故貴之耳。然性無常守，隨化而遷。化於敦朴者則質直，化於澆偽者則浮薄。浮薄者則衰弊之風，質直者則淳和之俗。衰

弊則禍亂交興，淳和則天下自治。治亂興亡，無不皆由所化也。然世道彫喪，已數百年。大亂滋甚，且二十歲。民不見德，唯兵革是聞；上無教化，唯刑罰是用。而中興始爾，大難未平，加之以師旅，因之以饑饉，凡百草創，率多權宜。致使禮讓弗興，風俗未改。比年稍登稔，徭賦差輕，衣食不切，則教化可脩矣。凡諸牧守令長，宜洗心革意，上承朝旨，下宣教化矣。夫化者，貴能扇之以淳風，浸之以太和，被之以道德，示之以朴素。使百姓亹亹，中遷於善，邪偽之心，嗜欲之性，潛以消化，而不知其所以然，此之謂化也。然後教之以孝悌，使民慈愛；教之以仁順，使民和睦；教之以禮義，使民敬讓。慈愛則不遺其親，和睦則無怨於人，敬讓則不競於物。三者既備，則王道成矣。此之謂教也。先王之所以移風易俗，還淳返素，垂拱而治天下以至太平者，莫不由此。此之謂要道也。其三，盡地利。曰：人生天地之間，以衣食為命。食不足則

飢。衣不足則寒。飢寒切身而欲使民興行禮讓者。此猶逆坂走丸。勢不可得也。是以古之聖王知其若此。故先足其衣食。然後教化隨之。夫衣食所以足者在於地利盡。地利所以盡者由於勸課有方。主此教者在乎牧守令長而已。民者冥也。智不自周。必待勸教。然後盡其力。諸州郡縣每至歲首。必戒敕部民。無問少長。但能操持　器者皆令就田墾發。以時勿失其所。及布種既訖。嘉苗須理。麥秋在野。蠶停於室。若此之時。皆宜少長悉力。男女併功。若援溺救火。寇盜之將至。然後可使農夫不廢其業。蠶婦得就其功。若有游手怠惰。早歸晚出。好逸惡勞。不勤事業者。則正長牒名郡縣。守令隨事加罰。罪一勸百。此則明宰之教也。夫百畝之田。必春耕之。夏種之。秋收之。然後冬食之。此三時者。農之要也。若失其一時。則穀不可得而食。故先王之禁。曰。一夫不耕。天下必有受其飢者。一婦不織。天下必有受其寒者。若

此三時不務省事。而令民廢農者。是則絕民之命。驅以受死。然單劣之戶。及無牛之家。勸令有無相通。使得兼濟。三農之隙。及陰雨之暇。又當教民種桑植果。藝其菜蔬。脩其園圃。畜育雞豚。以備生生之資。以供養老之具。夫為政不欲過碎。碎則民煩。勸課亦不容太簡。簡則民怠。善為政者。必消息時宜。而適煩簡之中。故詩曰。不剛不柔。布政優優。百祿是求。如不能爾。則必陷於刑辟矣。其四擢賢良。曰。天生烝民。不能自治。故必立君以治之。人君不能獨治。故必置臣以佐之。上至帝王。下及郡國。置臣得賢則治。失賢則亂。此乃自然之理。百王不能易也。今刺史守令悉有僚吏。皆佐治之人也。刺史府官則命於天朝。其州吏以下並牧守自置。自昔以來。州郡大吏。但取門資。多不擇賢良。末曹小吏。唯試刀筆。並不問志行。夫門資者乃先世之爵祿。無妨子孫之愚瞽。刀筆者乃身外之材藝。不廢性行之澆偽。若門資之中而得賢良。是則策駑駘而取千里也。若門資之中而得愚瞽。是則土牛木馬。形似而用非。不可以涉道也。若刀筆之中而得志行。是則金相玉質。內外俱美。實為人寶也。若刀筆之中而得澆偽。是則飾畫朽木。悅目一時。不可以充榱椽之用也。今之選舉者。當不限資蔭。唯在得人。苟得其人。自可起厮養而為卿相。伊尹傅說是也。而況州郡之職乎。苟非其人。則丹朱商均。雖帝王之胤。不能守百里之封。而況於公卿之冑乎。由此而言。觀人之道可見矣。凡所求材藝者。為其可以治民。若有材藝而以正直為本者。必以其材而為治也。若有材藝而以姦偽為本者。將由其官而為亂也。何治之可得乎。是故將求材藝。必先擇志行。其志行善者則舉之。其志行不善者則去之。而今擇人者多云邦國無賢。莫知所舉。此乃未之思也。非適理之論。所以然者。古人有言。明主聿興。不降佐於昊天。大人基命。不擢才於后土。常引

一世之人。治一世之務。故殷周不待稷契之臣。魏晉無假蕭曹之佐。仲尼曰。十室之邑。必有忠信如丘者焉。豈有萬家之都而云無士。但求之不勤。擇之不審。或用之不得其所。任之不盡其才。故云無耳。古人云。千人之秀曰英。萬人之英曰儁。今之智效一官。行聞一邦者。豈非近英儁之士也。但能勤而審察。去虛取實。各得州郡之最而用之。則民無多少皆足治矣。孰云無賢。夫良玉未剖。與瓦石相類。名驥未馳。與駑馬相雜。及其剖而瑩之。馳而試之。玉石駑驥。然後始分。彼賢士之未用也。混於凡品。竟何以異。要任之以事業。責之以成務。方與彼庸流較然不同。昔呂望之屠釣。百里奚之飯牛。甯生之扣角。管夷吾之三敗。當此之時。悠悠之徒。豈謂其賢。及升王朝。登霸國。積數十年。功成事立。始識其奇士也。於是後世稱之。不容於口。彼瓌偉之材。不世之傑。尚不能以未遇之時自異於凡品。況降此者哉。若必待太

公而後用是千載無太公。必待夷吾而後用是百世無夷吾。所以求者。士必從微而至著。功必積小以至大。豈有求用而已哉。不用而先達也。若識此理。則賢可求。士可擇。得賢而任之。得士而使之。則天下之治。何向而不可成也。然善官人者必先省其官。官省。則善人易充。善人易充則事無不理。官煩則必雜不善之人。雜不善之人。則政必有得失。故語曰。官省則事省。事省則民清。官煩則事煩。事煩則民濁。清濁之由在。官之煩省。案今之員其數不少。昔民殷事廣。尚能克濟。況今戶口減耗。依員而置。猶以為少。如聞在下州郡尚有兼假擾亂細民。甚為無理。諸如此輩。悉宜罷黜。無得習常。非直州郡之官宜須善人。爰至黨族閭里正長之職。皆當審擇。各得一鄉之選。以相監統。夫正長者治民之基。基不傾者上必安。凡求賢之路自非一途。然所以得之審者必由任而試之。考而察之。起於居家至於鄉黨。訪其所以。觀其所由。則人道明矣。賢與不肖別矣。率此以求。則庶無愆悔矣。

其五。卹獄訟。曰。人受陰陽之氣。以生有情有性。性則為善。情則為惡。善惡既分。而賞罰隨焉。賞罰得中。則惡止而善勸。賞罰不中。則民無所措手足。民無所措手足則怨叛之心生。是以先王重之。特加戒慎。夫戒慎者。欲使治獄之官。精心悉意。推究事源。先之以五聽。參之以證驗。妙覩情狀。窮鑒隱伏。使姦無所容。罪人必得。然後隨事加刑。輕重皆當。赦過矜愚。得情勿喜。又能消息情理。斟酌禮律。無不曲盡人心。遠明大教。使獲罪者如歸。此則善之上也。然宰守非一。不可人人皆有通識。推理求情。時或難盡。唯當率至公之心。去阿枉之志。務求曲直。念盡平當。聽察之理。必窮所見。然後拷訊以法。不苛不暴。有疑則從輕。未審不妄罰。隨事斷理。獄無停滯。此亦其次。若乃不仁恕而肆其殘暴。同民木石。專任捶楚。巧詐者雖事彰而獲免。辭弱者乃無罪而被罰。有如此者。斯則下矣。非共治所寄。今之宰守。當勤於中科而慕其上善。如在下條。則刑所不赦。當深思遠大。念存德教。先王之制曰。與殺無辜。寧赦有罪。與其害善。寧其利淫。明必不得中。寧濫捨有罪。不謬害善人也。今之從政者則不然。深文巧劾。寧致善人於法。不免有罪於刑。所以然者。非皆好殺人也。但云為吏寧酷。可免後患。此則情存自便。不念奉公。守法如此。皆姦人也。夫人者天地之貴物。一死不可復生。然楚毒之下。以痛自誣。不被申理。遂陷刑戮者。將恐往往而有。是以自古以來。設五聽三宥之法。著明慎庶獄之典。此皆愛民甚也。凡伐木殺草。田獵不順。尚違時令。而虧帝道。況刑罰不中濫害善人。寧不傷天心。犯和氣也。天心傷和氣損。而欲陰陽調適。四時順序。萬物阜安。蒼生悅樂者。不可得也。故語曰。一夫吁嗟。王道為之傾覆。正謂此也。凡百宰守可無慎乎。若有深姦巨猾。傷化敗俗。悖亂人倫。不忠不孝。故為背道者。殺一勵百。以清王化。重刑可也。識此二途。則刑政盡矣。

其六。均賦役。曰。聖人之大寶曰位。何以守位曰仁。何以聚人曰財。明先王必以財聚人。以仁守位。國而無財。位不可守。是故五三以來。皆有征稅之法。雖輕重不同。而濟用一也。今逆寇未平。軍用資廣。雖未遑減省以卹民瘼。然令平均使下無匱。夫平均者不舍豪強而徵貧弱。不縱姦巧而困愚拙。此之謂均也。故聖人曰。蓋均無貧。然財貨之生。其功不易。織紝紡績。起於有漸。非旬日之間所可造次。必須勸課。使預營理。絹鄉先事織紝。麻土早修紡績。先時而備。至時而輸。故王賦獲供。下民無困。如其不預勸戒。臨時迫切。復恐稽緩。以為己過。捶扑交至。取辦目前。富商大賈。緣茲射利。有者從之貴買。無者舉之與息。輸稅之民。於是弊矣。租稅之時。雖有大式。至於斟酌貧富。差次先後。皆事起於正長。而繫之於守令。若斟酌得所。則政和而民悅。若撿理無方。則吏姦而民怨。又差發徭役多不存意。致令貧弱者或重徭而遠戍。富強者或輕使而近防。守令用懷如此。不存䘏民之心。皆王政之罪人也。令百司習誦之。其牧守令長非通六條及計帳者。不得居官。

後周明帝武成元年六月。以霖雨詔百官上封事。車騎將軍左光祿大夫樂遜陳時宜一十四條。其五切於政要。其一崇治方曰。竊惟今之在官者。多求清身克濟。不至惠民愛物。何者。比來守令年期既促。歲責有成。蓋謂猛濟爲賢。未甚優養。此政既代。後者復然。夫政之於民。過急則刻薄。傷緩則弛慢。是以周失舒緩。秦敗急酷。民非赤子。當以赤子遇之。宜在舒疾得中。不使勞擾。頃承魏之衰。政人習逋違。先王朝憲備行。民咸識法。但可宣風正俗。納民軌訓而已。自非軍旅之中。何用過爲迫切。至於興邦致治。事由德教。漸以成之。非在倉卒。竊

謂姬周盛德。治興文武。政穆成康。自斯厥後。不能無事。昔申侯將奔。楚子誨之曰。無適小國。言以政狹法峻。將不汝容。敬仲入齊。稱曰羈若獲宥。及於寬政。然關東諸州淪陷日久。人在塗炭。當慕息肩。若不布政優優。聞諸境外。將何以使彼勞民。歸就樂土。其二省造作曰。頃者魏都洛陽。一時殷盛。貴勢之家。各營第宅。車服器玩。皆尚奢靡。世逐浮競。人習澆薄。終使禍亂交興。天下喪敗。比來朝貴。器服稍華。百工造作。務盡奇巧。臣誠恐物逐好移。有損政俗。如此等事。頗宜禁省。記言。無作淫巧。以蕩上心。傳稱宮室崇侈。民力彫弊。漢景有云。黃金珠玉。饑不可食。寒不可衣。彫文刻鏤。傷農事者也。錦繡纂組。害女工者也。以二者爲饑寒之本源矣。然國家非爲軍戎器用。時事要須。而造者。皆徒費功力。損國害民。未如廣勸農桑。以衣食爲務。使國儲豐積。大功易舉。其三明選舉曰。選曹賞録勳賢。補擬官爵。必宜與衆共之有明揚之授。使人得盡心如睹白日。其材有升降。其功有厚薄。祿秩所加。無容不審。即如州郡選置。猶集鄉閭。況天下選曹。不取物望。若選置州郡。自可內除。此外付曹銓者。既非機事。何足可密。人生處世。以榮祿爲重。脩身履行。以纂身爲名。然逢時既難。失時爲易。其選置之日。宜令衆心明白。然後呈奏。使功勤見知。品物稱悅。其四重戰伐曰。魏祚告終。天睠有德。而高洋稱僭。先迷未敗。擁逼山東。事切肘腋。譬猶棊劫相持。爭行先後。若一行非當。或成彼利。誠應捨小營大。先保封域。不宜貪利在邊。輕爲興動。捷則勞兵分守。敗則所損已多。國家雖強。洋不受弱。詩云。德則不競。何憚於病。唯德可以庇民。非恃強也。夫力均勢敵。則進德者勝。君子道長。則小人道消。故昔之善戰者。先爲不可勝。以待敵之可勝。彼行暴戾。我則寬仁。彼爲刻薄。我必惠化。德澤旁流。人思有道。然後觀釁而作。可以集事。其五禁奢侈曰。

按禮。人有貴賤。物有等差。使用之有節。品類之有度。馬后爲天下母。而身服大練。所以率下也。季孫相三君矣。家無衣帛之妾。所以勵俗也。比來富室之家。爲意稍廣。無不資裝婢隸。作車後容儀。服飾華美。眩曜街衢。仍使行者輟足。路人傾蓋。論其輸力公家。未若介冑之士。然其坐受爵賞。皆有踰攻戰之人。縱令不惜功賞。豈不有虧清德。必有儲蓄之餘。孰與務恤軍士。魯莊公有云。衣食所安。不敢愛也。必以分人。詩言。豈曰無衣。與子同袍。皆所以取人力也。又陳事上議之徒。亦應不少。當有上徹天聽者。未聞是非。陛下雖念存物議。欲盡天下之情。而天下之情猶爲未盡。何者。取人受言。貴在顯用。若納而不顯。是而不用。則言之者或亦誹矣。

宣帝昏暴滋甚。京兆郡丞顏運乃輿櫬詣朝堂。陳帝八失。一曰。內史御正職在弼諧。皆須參議。共治天下。大尊比來小大之事。多獨斷之。

堯舜至聖。尚資輔弼。比大尊未為聖主。而可專恣己心。凡諸刑罰爵
賞。爰及軍國大事。請參諸宰輔。與衆共之。二曰。内作色荒。古人重誡。
大尊初臨四海。德惠未洽。先搜天下美女。用實後宮。又詔儀同以上
女不許輒嫁。貴賤同怨。聲溢朝野。請姬媵非幸御者放還本族。欲嫁
之女勿更禁之。三曰。天子未明求衣。日旰忘食。猶恐萬機不理。天下
擁滯。大尊比來一入後宮。數日不出。所須聞奏。多附内豎。傳言失實。
是非可懼。事由宦者。亡國之徵。請准高祖居外聽政。四曰。變故易常。
乃為政之大忌。嚴刑酷罰。非致治之弘規。若罰無定刑。則天下皆懼。
政無常法。則民無適從。豈有削嚴刑之詔。未及半祀。便即追改。更嚴
前制。政令不定。乃至於是。今宿衛之官。有一人夜不直者。罪至削除。
因而逃亡者。遂便籍沒。此則大逆之罪。與十杖同科。雖為法愈嚴。恐
人情愈散。一人心散。尚或可止。若天下皆散。將如之何。秦網密而國

亡。漢章疏而祚永。請遵輕典。並依大律。則億兆之民。手足有所措矣。
五曰。高祖斲雕為朴。本欲傳之萬世。大尊朝夕趨庭。親承聖旨。豈有
崩未逾年。而遽窮奢麗。成父之志。義豈然乎。請興造之際。務從卑儉。
雕文刻鏤。一切勿營。六曰。都下之民。徭賦稍重。必是軍國之要。不敢
憚勞。豈容朝夕徵求。唯供魚龍爛漫。士民從役。祇為俳優角抵。紛紛
不已。財力俱竭。業業相顧。無復聊生。凡此無益之事。請並停罷。七曰。
近見有詔。上書字誤者。即治其罪。假有忠讜之人。欲陳時事。尺有所
短。文字非工。不密失身。義無假手。脫有舛謬。便陷嚴科。嬰徑尺之鱗。
其事非易。下不諱之詔。猶懼未來。更加刑戮。能無鉗口。大尊縱不能
採誹謗之言。無宜杜獻書之路。請停此詔。則天下幸甚。八曰。昔桑穀
生朝。殷王因之獲福。今玄象垂誡。此亦興周之祥。大尊雖減膳撤懸。
未盡銷譴之理。誠願諮諏善道。修布德政。解兆民之慍。引萬方之罪。
則天變可除。鼎業方固。大尊若不革茲八事。臣見周廟不血食矣。帝
大怒。將戮之。内史元巖紿帝曰。運知書奏必死。所以不顧身命者。欲
取後世之名。陛下若殺之。乃成其名也。帝然之。因而獲免。翌日帝頗
感悟。召運謂之曰。朕昨夜思卿所奏。寔忠臣。先皇明聖。卿數有規諫。
朕既昏暗。卿復能如此。乃賜御食以罷之

隋高祖時。柳彧為治書侍御史。見上勤於聽受。百寮奏請多有煩碎。
彧上疏諫曰。臣聞自古聖帝莫過唐虞。象地則天。布政施化。不為叢
脞。是謂欲明。語曰。天何言哉。四時行焉。故知人君出令。誠在繁數。是
以舜任五臣。堯咨四岳。設官分職。各有司存。垂拱無為。天下以治。所
謂勞於求賢。逸於任使。又云。天子穆穆。諸侯皇皇。此言君臣上下體
裁有別。比見四海一家。萬機務廣。事無大小。咸關聖聽。陛下留心治
道。無憚疲勞。亦由群官懼罪。不能自決。取判天旨。聞奏過多。乃至營

造細小之事。出給輕微之物。一日之内。酬荅百司。至乃日旰忘食。夜
分未寢。動以文簿。憂勞聖躬。伏願思臣至言。少減煩務。以怡神為意。
以養性為懷。思武王安樂之義。念文王勤憂之理。若其經國大事。非
臣下裁斷者。伏願詳決。自餘細務。責成所司。則聖體盡無疆之壽。臣
下蒙覆育之賜也。上覽而嘉之。

歷代名臣奏議卷之二十六

歷代名臣奏議卷之二十七

治道

唐高祖時。國制草具。多仍隋舊。太史令傅奕謂承亂世之後。當有變更。乃上言龍紀火官。黄帝廢之。咸池六英。堯不相沿。禹弗行舜政。周弗襲湯禮。易稱已日乃孚。革而信也。故曰革之時大矣哉。自隋之季。違天害民。博峻刑法。殺戮賢俊。天下兆庶同心叛之。陛下撥亂反正。而官名律令一用隋舊。且懲沸羹者吹冷齏。傷弓之鳥驚曲木。况天下久苦隋暴。安得不新其耳目哉。改正朔。易服色。變律令。革官名。功極作樂。治終制禮。使民知盛德之隆。此其時也。然官貴簡約。夏后官百。不如虞氏五十。周三百。不如商之百。又曰。夏有亂政而作禹刑。商有亂政而作湯刑。周有亂政而作九刑。衛鞅為秦制法。增鑿顛抽脅鑊烹等六篇。始皇為挾書律。此失於煩。不可不監。

太宗即位。張玄素為録事參軍。問以政。對曰。自古未有如隋亂者。得非君自專。法日亂乎。且萬乘之尊。身決庶務。日斷十事。五不中。中者信善。有如不中者何。一日萬機。積其失。不亡何待。若上賢右能。使百司善職。則高居深拱。孰敢犯之。隋末盜起。爭天下者不十數。餘皆保城邑以須有道。聽命是欲。背上怙亂者寡鮮。特人君不能安之。而挺之亂也。以陛下聖神。跡所以危。鑒所以亡。日慎一日。雖堯舜何以加。帝曰。善。

貞觀初。太宗從容謂侍臣曰。周武平紂之亂。以有天下。秦皇因周之衰。遂吞六國。其得天下不殊。祚之長短若此之相懸也。尚書右僕射蕭瑀進曰。紂為無道。天下苦之。故八百諸侯不期而會。周室雖微。六國無罪。秦氏專任智力。蚕食諸侯。平定雖同。人情則異。太宗曰。不然。周既克殷。務弘仁義。秦既得志。專行詐力。非但取之有異。抑亦守之不同。祚之脩短。意在茲乎。

上又謂蕭瑀曰。朕少好弓矢。自謂能盡其妙。近得良弓十數。以示弓工。乃曰非良材也。朕問其故。工曰。木心不正。則脈理多斜。弓雖剛勁。而遣箭不直。非良弓也。朕始悟焉。朕以弧矢定四方。用弓矢多矣。而猶不得其理。况朕有天下之日淺。得為理之意。固未及弓。弓猶失之。而况於理乎。自是詔京官五品以上更宿中書內省。每召見。皆賜坐與語。詢訪外事。務知百姓利害。政教得失焉。

二年。太宗問王珪曰。近代君臣理國多劣於前古何也。對曰。古之帝王為政。皆志尚清淨。以百姓心為心。近代則惟損百姓以適其欲。所以任用大臣。復非經術之士。漢家宰相無不精通一經。朝廷若有疑事。皆引經史決定。由是人識禮教。理致太平。近代重武輕儒。或參以法律。儒行既虧。淳風大壞。太宗深然其言。自此百官中有學業優長。兼識政體者。多進其階品。累加遷擢焉。上又謂侍臣曰。朕謂亂離之後。風俗難移。比觀百姓漸知廉恥。官人奉法。盜賊日稀。故知人無常俗。但政有治亂耳。是以為國之道。必

須撫之以仁義。示之以威信。因人之心。去其苛刻。不作異端。自然安靜。公等宜共行斯事也。

太宗謂房玄齡曰。朕所居殿。隋文帝造。已經四十餘年。損壞處少。唯承乾殿是煬帝造。工多覓新奇。斗拱至小。年月雖近。破壞已多。今為政。更欲別作意見。亦恐似此屋耳。徵對曰。昔魏文侯時租賦歲倍。有人致賀。文侯曰。今戶口不加。租賦歲倍。此由課斂多。譬如皮熱之。令大則薄。令小則厚。理人當亦如此。由是魏國大化。臣今量之。陛下為政。百姓實服。天下已安。但須守今日化道。亦歸之於后。此即是已足也。

太宗謂侍臣曰。傳稱去食存信。孔子曰。人無信不立。昔項羽既入咸陽。已制天下。向使能行漢高之仁信。誰奪耶。房玄齡對曰。仁義禮智信謂之五常。廢一不可。能勤行之。甚有裨益。殷紂狎侮五常。而武王伐之。項氏以無仁信為漢祖所奪。皆誠如聖旨。

上謂房玄齡等曰。朕比見隋代遺老。咸稱高熲善為相者。遂觀其本傳。可謂公平正直。尤識治體。隋室安危。繫其存沒。煬帝無道。枉見誅夷。何嘗不想見其人。廢書歎嘆。又漢魏已來。諸葛亮為丞相。亦甚平直。亮嘗表廢廖立李嚴於南中。立聞亮卒。泣曰。吾其左衽矣。嚴聞亮卒。發病而死。故陳壽稱亮之為政。開誠心。布公道。盡忠益時者。雖讎必賞。犯法怠慢者。雖親必罰。卿等豈可不企慕及之。朕今每慕前代帝王之善者。卿等亦可慕宰相之賢者。若如是。則榮名高位。可以長守。玄齡對曰。臣聞理國要道。實在公平正直。故尚書云。無偏無黨。王道蕩蕩。無黨無偏。王道平平。又孔子稱舉直錯諸枉。則民服。今聖慮所尚。誠足以極政教之源。盡至公之要。囊括區宇。化成天下。太宗曰。此直朕之所懷。豈有與卿等言之而不行也。

四年。房玄齡奏言。今閱武庫甲仗。勝隋日遠矣。太宗曰。飭兵備寇。雖是要事。然朕惟欲得卿等存心治道。務盡忠貞。使百姓安樂。便是朕之甲仗。隋

煬帝豈無甲仗。遂足以致滅亡。正由仁義不修。而群下怨叛故也。宜識此心。常以德義相輔。

時上謂公卿曰。朕端拱無為。四夷咸服。豈朕一人之所致。實賴諸公之力耳。當思善始令終。永固鴻業。子子孫孫。遞相輔翼。使豐功厚利。令數百年後。讀我國史。鴻勳茂業。粲然可觀。豈唯稱隆周炎漢及建武永平故事而已哉。房玄齡進曰。陛下撝挹之志。推功群下。致理昇平。本關聖德。臣下何力之有。唯願陛下有始有卒。則天下永賴。太宗又曰。朕觀古先撥亂之主。皆年餘四十。唯光武年三十三。但朕年十八便舉兵。年二十四遂平天下。年二十九昇為天子。此則武勝於古也。少從戎旅。不暇讀書。貞觀以來。手不釋卷。知風化之本。見政理之源。行之數年。天下大理。風移俗變。子孝臣忠。此又文過於古也。昔周秦已降。戎狄內侵。今戎狄稽顙。皆為臣妾。此又懷遠勝古也。此三者。朕何德以堪之。既有此功業。何得不善始慎終邪。

五年。上謂侍臣曰。自古帝王亦不能常化。假令內安。必有外擾。當今遠夷率服。百穀豐稔。賊盜不作。內外寧靜。此非朕一人之力。實由公等共相匡輔。然安不忘危。理不忘亂。雖知今日無事。亦須思其終始。常得如此。始是可貴。魏徵對曰。自古已來元首股肱不能備具。或時君稱聖。臣即不賢。或遇賢臣。即無聖主。今陛下聖明。所以致理。向若直有賢臣。而君不思化。亦無所益。天下今雖太平。臣等猶恐未以為喜。惟願陛下居安思危。孜孜不怠耳。

六年。上謂侍臣曰。看古之帝王。有興有衰。猶朝之有暮。皆為蔽其耳目。不知時政得失。忠正者不言。邪諂者日進。既不見過。所以至於滅亡。朕既在九重。不能盡見天下事。故布之卿等。以為朕之耳目。莫以天下無事。四海安寧。便不存意。書云。可愛非君。可畏非民。天子有道

則人推而為主。無道則人棄而不用。誠可畏也。魏徵對曰。自古失國之主。皆為居安而忘危。處理而忘亂。所以不能長久。今陛下富有天下。內外清晏。能留心治道。常臨深履薄。國家歷數。自然靈長。臣又聞古語云。君舟也。人水也。水能載舟。亦能覆舟。陛下以為可畏。誠如聖旨。

時上謂長孫無忌等曰。朕躬即位之初。有上書者非一。或言人主必須威權獨運。不得委任群下。或欲耀兵振武。威攝四夷。唯有魏徵勸朕偃革興文。布德施惠。中國既安。遠人自服。朕從其語。天下安寧。絕域君長。皆來朝貢。九夷重譯。相望於道。凡此等事。皆魏徵之力也。朕之任用。豈不得人。徵拜謝曰。陛下聖德自天。留心政術。臣以庸短。承受不暇。豈有所益。

七年。上與秘書監魏徵從容論自古治政得失。因曰。當今大亂之後。造次不可致治。徵曰。不然。凡人在危困則憂死亡。憂死亡則思治。思

治則易教。然則亂後易教。猶飢人易食也。太宗曰。善人為邦百年。然後勝殘去殺。大亂之後。將求致治。寧可造次而望乎。徵曰。此據常人不在聖哲。若聖哲施化。上下同心。人應如響。不疾而速。期月而可。理信不為難。三年成功。猶謂其晚。太宗以為然。左僕射封德彝等對曰。三代之後。人漸澆訛。故秦任法律。漢雜霸道。皆欲理而不能。豈能理而不欲。若信魏徵所說。恐敗亂國家。徵曰。五帝三王不易人而治。行帝道則帝。行王道則王。在於當時所理化之而已。考之載籍可得而知。昔黃帝與蚩尤七十餘戰。其亂甚矣。既勝之後。便致太平。九黎亂德。顓頊征之。既克之後。不失其理。桀為亂虐。而湯放之。在湯之代即致太平。紂為無道。武王伐之。成王之代。亦致太平。若言人漸澆訛不及純朴。至今應悉為鬼魅。寧可復得而教化耶。德彝等無以難之。然咸以為不可矣。太宗每力行不倦。數年間。海內康寧。突厥破滅。謂

群臣曰。貞觀初。人皆異論。云當今必不可行帝道王道。惟魏徵勸我既從其言。不過數載。遂得華夏安寧。遠戎賓服。突厥自古已來常為中國勍敵。今酋長並帶刀宿衛。部落皆襲衣冠。使我遂至於此。皆魏徵之力。顧謂徵曰。玉雖有美質。在於石間。不值良工琢磨。與瓦礫不別。若遇良工。即為萬代之寶。朕雖無美質。為公所切磋。勞公約朕以仁義。弘朕以道德。使朕功業至此。公亦足為良工爾。

九年。北蕃歸朝人奏稱。突厥內大雪。人饑。羊馬並死。中國人在彼者皆入山作賊。人情大惡。太宗謂侍臣曰。觀古人君行仁義。任賢良則理。行暴虐。任小人。則亂。突厥所信任者。並共公等見之。略無忠正可取者。頡利復不憂百姓。恣情所為。朕以人事觀之。亦何可久矣。魏徵進曰。昔魏文侯問李克。諸侯誰先亡。克曰吳先亡。文侯曰何故。克曰數戰數勝。數勝則主驕。數戰則民疲。主驕民疲。不亡何待。頡利逢隋末中國喪亂。遂恃眾內侵。今尚不息。此其必亡之道。太宗深然之

十一年。特進魏徵上疏曰。臣聞書曰。明德慎罰。惟刑恤哉。禮云。為上易事。為下易知。則刑不煩矣。上多疑。則百姓惑。下難知。則君長勞矣。夫上易事。則下易知。君長不勞。百姓不惑。故君有一德。臣無二心。上播忠厚之誠。下竭股肱之力。然後太平之基不墜。康哉之詠斯起。當今道被華戎。功高宇宙。無思不服。無遠不臻。然言尚於簡文。志在於明察。刑賞之用。有所未盡。夫刑賞之本。在於勸善而懲惡。帝王之所以與天下為畫一。不以親疏貴賤而輕重者也。今之刑賞。未必盡然。或屈伸在乎好惡。或輕重由乎喜怒。遇喜則矜其情於法中。逢怒則求其罪於事外。所好則鑽皮出其毛羽。所惡則洗垢求其瘢痕。瘢痕可求。則刑斯濫矣。毛羽可出。則賞因謬矣。刑濫則小人之道長。賞謬則君子之道消。小人之惡不懲。君子之善不勸。而望治安刑措。非

所聞也。且夫暇豫清談。皆敦尚於孔老。威怒所至。則取法於申韓。直道而行。非無三黜。危人自安。蓋亦多矣。故道德之旨未弘。刻薄之風已扇。夫刻薄既扇。則下生百端。人競趨時。則憲章不一。稽之王度。實虧君道。昔州犁上下其手。楚國之法遂差。張湯輕重其心。漢朝之刑已弊。以人臣之頗僻。猶莫能申其欺罔。況人君之高下。將何以措其手足乎。以睿聖之聰明。無幽微之不燭。豈神有所不達。智有所不通哉。安其所安。不以恤刑為念。樂其所樂。遂忘先笑之變。禍福相倚。吉凶同域。唯人所召。安可不思。頃者責罰稍多。威怒微厲。或以供張不贍。或以營作差違。或以物不稱心。或以人不從命。皆非致治之所急實恐驕奢之攸漸。是知貴不與驕期而驕自至。富不與侈期而侈自來。非徒語也。且我之所代。實在有隋。隋氏亂亡之源。聖明之所臨照。以隋氏之府藏。譬今日之資儲。以隋氏之甲兵。況當今之士馬。以隋

民之戶口，校今日之百姓，度長比大，曾何等級？然隋氏以富強而喪敗，動之也；我以貧寡而安寧，靜之也。靜之則安，動之則亂，人皆知之。非隱而難見也，非微而難察也。然鮮蹈平易之塗，多遵覆車之轍，何哉？在於安不思危，治不念亂，存不慮亡之所致也。昔隋氏之未亂，自謂必無亂；隋氏之未亡，自謂必不亡。所以甲兵屢動，徭役不息，至於將受戮辱，竟未悟其滅亡之所由也，可不哀哉！鑒形之美惡，必就於止水；鑒國之安危，必取於亡國。故詩曰：殷鑒不遠，在夏后之世。又曰：伐柯伐柯，其則不遠。臣願當今之動靜，必思隋氏以為殷鑒，則存亡治亂可得而知。若能思其所以危，則安矣；思其所以亂，則治矣；思其所以亡，則存矣。知存亡之所在，節嗜欲以從人，省遊畋之娛，息靡麗之作，罷不急之務，慎偏聽之怒，近忠厚，遠便佞，杜悅耳之邪說，甘苦口之忠言，去易進之人，賤難得之貨，採堯舜之誹謗，追禹湯之罪己，

惜十家之產，順百姓之心，近取諸身，恕以待物，思勞謙以受益，不自滿以招損，有動則庶類以和，出言而千里斯應，超上德於前載，樹風聲於後昆，此聖哲之宏規，帝王之大業，能事斯畢，在乎慎守而已。夫守之則易，取之實難，既能得其所以難，豈不能保其所以易？其或保之不固，則驕奢淫溢動之也。慎終如始，可不勉歟！易曰：君子安不忘危，治不忘亂，存不忘亡。是以身安而國家可保。誠哉斯言，不可以不深察也。伏惟陛下欲善之志，不減於昔時；聞過必改，少虧於曩日。若能以當今之無事，行疇昔之恭儉，則盡善盡美，固以無得而稱焉。太宗深嘉而納用之。

十三年，上謂侍臣曰：林深則鳥棲，水廣則魚遊，仁義積則物自歸之。人皆知畏避災害，不知行仁義則災害不生。夫仁義之道，當思之在心，常令相繼，若斯須懈怠，去之已遠。猶如飲食資身，恒令腹飽，乃可存其性命。王珪頓首曰：陛下能知此言，天下幸甚。

十四年，以高昌平，召侍臣賜宴於兩儀殿，上謂房玄齡等曰：高昌若不失臣禮，豈至滅亡？朕平此一國，甚懷危懼，惟當戒驕逸以自防，納忠謇以自正，黜邪佞，用賢良，不以小人之言而議君子，以此慎守，庶幾於獲安也。魏徵進曰：臣觀古來帝王撥亂創業，必自戒慎，採芻蕘之議，從忠讜之言。天下既安，則恣情肆欲，甘樂諂諛，惡聞正議。張子房，漢王畫計之臣，及高祖為天子，將廢嫡立庶，子房曰：今日之事，非口舌所能爭也。終不敢復有開說。況陛下功德之盛，以漢祖方之，彼不足準。即位十有五年，聖德光被，今又平殄高昌，屢以安危繫意，方欲納用忠良，開直言之路，天下幸甚。昔齊桓公與管仲、鮑叔牙、甯戚四人飲，桓公謂叔牙曰：盍起為寡人壽乎？叔牙奉觴而起曰：願公無忘出在莒時，使管仲無忘束縛於魯時，使甯戚無忘飯牛車下時。桓

公避席而謝曰：寡人與二大夫能無忘夫子之言，則社稷不危矣。太宗謂徵曰：朕必不敢忘布衣時，公不得忘叔牙之為人也。

十六年，上謂侍臣曰：或君亂於上，臣理於下；或臣亂於下，君理於上。二者苟逢，何者為甚？特進魏徵對曰：君心向理，則照見下非，誅一勸百，誰敢不畏威盡力？若昏暴於上，忠諫不從，雖百里奚、伍子胥之在虞、吳，不救其禍，敗亡亦繼。太宗曰：必如此，齊文昏暴，楊遵彥以正道扶之，得理何也？徵曰：遵彥彌縫暴主，救理蒼生，纔得免亂，亦甚危苦。與人主嚴明，臣下畏法，直言正諫，皆見信用，不可同年而語也。

時魏徵陳得失疏曰：臣聞求木之長者，必固其根本；欲流之遠者，必浚其泉源；思國之安者，必積其德義。源不深而望流之遠，根不固而求木之長，德不厚而思國之理，臣雖下愚，知其不可，而況於明哲乎？人君當神器之重，居域中之大，將崇極天之峻，永保無疆之休，不念

居安思危戒奢以儉德不處其厚情不勝其慾斯亦伐根以求木茂塞源而欲流長也凡百元首承天景命莫不殷憂而道著功成而德衰有善始者實繁能克終者蓋寡豈取之易守之難乎昔取之而有餘今守之而不足何也夫在殷憂必竭誠以待下既得志則縱情以傲物竭誠則胡越為一體傲物則骨肉為行路雖董之以嚴刑振之以威怒終苟免而不懷仁貌恭而心不服怨不在大可畏惟人載舟覆舟所宜深慎奔車朽索其可忽乎君人者誠能見可欲則思知足以自戒將有作則思止以安人念高危則思謙沖以自牧懼滿盈則思江海而下百川樂盤遊則思三驅以為度憂懈怠則思慎始而敬終慮壅蔽則思虛心以納下想讒邪則思正身以黜惡恩所加則思無因喜以謬賞罰所及則思無以怒而濫刑總此十思弘茲九德簡能而任之擇善而從之則智者盡其謀勇者竭其力仁者播其惠信

者效其忠文武爭馳在君無事可以盡豫遊之樂可以養松喬之壽鳴琴垂拱不言而化何必勞神苦思代下司職役聰明之耳目虧無為之大道哉太宗手詔答曰省頻抗表誠極忠款言窮切至披覽忘倦每達宵分非公體國情深啓沃義重豈能示以良圖匡其不及朕聞晉武帝平吳已後務在驕奢不復留心治政何曾退朝謂其子劭曰吾每見主上不論經國遠圖但說平生常語此非貽厥子孫者也爾身猶可以免指諸孫曰此等必遇亂死及孫綏果為淫刑所戮前史美之以為明於先見朕意不然謂曾之不忠其罪大矣夫為人臣當進思竭誠退思補過將順其美匡救其惡所以共為治也曾位極台司名器崇重當直詞正諫論道佐時今乃退有後言進無廷諍以為明智不亦謬乎顛而不扶安用彼相公之所陳也朕聞過矣當置之几案事等韋弦必望收彼桑榆期之歲暮不使康哉良哉獨盛於往日若魚若水遂爽於當今遲復嘉謀犯而無隱朕將虛襟靜志敬佇德音

時上封人多請太宗親納表奏以防壅塞太宗以問魏徵徵對曰觀此人意見殊乖大體若請陛下下任百司親庶事豈唯朝堂一所則州縣之務亦須陛下親斷

上曰周孔儒教非亂代之所行商韓刑法實清平之粃政道既不同固不可一槩也魏徵對曰商鞅韓非申不害等以戰國縱橫間諜交錯禍亂易起譎詐難防務深法峻刑以過其患所以權救於當時固非致化之通軌

上與貴臣宴於丹霄殿謂群官曰為政之要務全其本若中國不靜遠夷雖至亦何所益朕與公輩共理天下令中夏乂安四方靜肅並由公等咸盡忠誠共康庶績之所致耳朕實喜之然安不忘危亦兼

以懼朕見隋煬帝纂祚之初天下強盛棄德窮兵以取顛覆頡利近者足為強大意既盈滿禍亂斯及喪其大業為臣於朕葉護可汗亦大強盛自恃富貴通使求婚失道怙亂奄至破滅其子既立便肆猜忌衆叛親離覆基絕嗣朕雖不能遠慕堯舜禹湯之德目覩此輩何得不誡懼乎公等輔朕功績已成唯當慎以守之自致長保並宜勉力事有不可則須明言君臣同心何得不理魏徵對曰陛下弘至化安天下可謂功已成矣然每覩非常之慶彌切慮危之心自古至慎無以加此臣聞鮑叔牙飲桓公祝曰願君無忘在莒管仲無忘在魯甯戚無忘飯牛陛下居安思危在治思亂無忘之念過叔牙之願矣臣聞上之所好下必從之明詔獎勵足使懦夫立節

上謂侍臣曰計朕平定四方憂矜百姓雖不及前代哲王比煬帝故應萬倍但君臣相須事同魚水然魚不得水則不立水無魚則廢世

有理亂。移風易俗。終自如舊。固知國家唯藉臣佐及百姓共相翊戴。方得保其尊榮。魏徵對曰。昔楚王召詹何爲相。何曰唯解脩身不解理國。王又遣使重請。何曰未有身正而國不理者。今遠方慕化。並由陛下克己自脩。所以夷狄咸知效命。

時魏徵疾。太宗手詔曰。不見數日。憂憤甚深。自顧過已多矣。言已失矣。行已虧矣。古人云。無鏡無以鑑鬚眉。可謂實也。比欲自往。恐勞卿所以使人來去。若有聞知。此後可以信來具報。徵奏曰。堯舜率天下以仁而人從之。桀紂率天下以暴而人從之。下之所行。皆從上之所好。今大臣進一人。則疑其意故。拜一人。則疑其奪權。欲遣其人若爲懸力。所以契闊艱辛同其生死。聞一人之言。即謂可信。新來言者何以明其無私。又奏曰。古者雖犯重罪。君上每言寬宥。必不獲已。方始加刑。且人君之威甚於雷霆。今欲加其罪。則理外誣造。將宥其過。則

法內曲辭。欲求刑必寬。平吏不嚴酷。不可得也。又奏曰。帝王所重。在乎定君臣。明父子。正夫婦。三者不亂。然後內外安寧。比見弟子陵師奴婢忽主。下多輕上。皆有爲而來。漸不可長。又奏曰。君子有諸己然後求諸人。無諸己然後非諸人。所厭於身不怨。而能喻諸人者。未之有也。今臨朝堂。以至公爲言。退而行之。乃未免私僻之事。或恐有所不便聞於在下。即横加威怒以掩塞之。欲人不知。莫若勿爲。欲蓋彌彰。掩之何益。帝王大如天地。信如四時。諸葛亮小國之臣。猶能開誠心布公道。今之爲政。未能平心。亦虧公道。心所憙則雖僻不以爲非心所嫌則雖正不見其是。居人上者。其身正。不令而行。其身不正。雖令不從。今每發言。常挾私相請託。或至小事自所未免。上爲下效。理必然也。雖加之以罪。必不心服。太宗稱善。

太宗時。大理丞謝偃獻惟皇誡德賦。其序大略言。治忘亂。安忘危。逸忘勞。得忘失。四者人主莫不然。夏桀以璿臺爲奢。而不悟南巢之禍。殷辛以象箸爲華。而不知牧野之敗。是以聖人處宮室則思前王所以亡。朝萬國則思己所以尊。巡府庫則思今所以得。視功臣則思其輔佐之始。見名將則思用力之初。如此則人無易心。天下何患乎不化哉。且行之堯舜。暮失之桀紂。豈異人哉。其賦盖規帝成功而自處至難云。

時馬周爲侍御史。上奏曰。臣歷觀夏商周漢之有天下。傳祚相繼。多者八百餘年。少者猶四五百年。皆積德累業。恩結於人。豈無僻王。賴先哲以免。自魏晉逮周隋。多者五六十年。少者三二十年而亡。良由創業之君不務仁化。當時僅能自守。後無遺德可思。故傳嗣之主。其政少衰。一夫大呼。天下土崩矣。今陛下雖以大功定天下。而積德日淺。固當隆禹湯文武之道。使恩有餘地。爲子孫立萬世之基。豈特恃當

年而已。然自古明王聖主雖因人設教。而大要節儉於身。恩加於人。故其下愛之如父母。仰之如日月。畏之如雷霆。卜祚遐長。而禍亂不作也。今百姓承喪亂之後。比於隋時纔十分而一。徭役相望。兄去弟還。往來遠者五六千里。春秋冬夏略無休時。陛下雖詔減省。而有司不得廢作。徒行文書。役之如故。四五年來百姓頗嗟怨。以爲陛下不存養之。堯之茅茨土階。禹之惡衣菲食。臣知不可復行於今。漢文帝惜百金之費而罷露臺。集上書囊以爲殿帷。所幸慎夫人衣不曳地。景帝亦以錦繡纂組妨害女工。特詔除之。所以百姓安樂。至孝武帝雖窮奢極侈。承文景遺德。故人心不搖。向使高祖之後。即值武帝。天下必不能全。此時代差近。事迹可見。今京師及益州諸處營造供奉器物并諸王妃主服飾。皆過靡麗。臣聞昧旦丕顯。後世猶怠。作法於治。其弊猶亂。陛下少處人間。知百姓辛苦。前代成敗。目所親見。尚猶如

此。而皇太子生長深宮不更外事。即萬歲後聖慮之所當憂也。臣竊
尋自古黎庶怨叛聚為盜賊。其國無不即滅。人主雖悔未有重能安
全者。凡脩政教當脩之於可脩之時。若事變一起而後悔之無益也。
故人主每見前代之亡。則知其政教之所由喪。而不知其身之失。故
紂笑桀之亡。而幽厲笑紂之亡。隋煬帝又笑齊魏之失國也。今之視
煬帝猶煬帝之視齊魏也。往貞觀初率土霜儉。一匹絹纔易斗米。而
天下怗然者。百姓知陛下憂憐之。故人人自安無謗讟也。五六年來
頻歲豐稔。一匹絹易粟十餘斛。而百姓咸怨以為陛下不憂憐之。何
則。今營為者多不急之務故也。自古以來國之興亡。不由積畜多少。
在百姓苦樂也。且以近事驗之。隋貯洛口倉而李密因之。積布帛東
都而王世充據之。西京府庫亦為國家之用。向使洛口東都無粟帛。
王世充李密未能必聚大衆。但貯積者固有國之常。要當人有餘力

而後收之。豈人勞而強斂之以資寇敵。若儉以息人。貞觀初陛下已
躬為之。今行之不難也。為之一日。則天下知之。式歌且舞矣。若人既
勞而用之不息。萬一中國水旱而邊方有風塵之警。狂狡竊發。非徒
旰食晏寢而已。古語云動人以行不以言。應天以實不以文。以陛下
之明。誠欲厲精為政。不煩遠采上古。但及貞觀初。則天下幸甚。昔賈
誼謂漢文帝云。可痛哭及長歎息者。言當韓信王楚。彭越王梁。英布
王淮南之時。使文帝即天子位必不能安。又言賴諸王年少。傅相制
之。長大之後必生禍亂。後世皆以誼言為是。臣竊觀今諸將功臣陛
下所與定天下。無威略振主如韓彭者之徒難駕御者。而諸王年並
幼少。縱其長大當陛下之日。必無他心。然則萬代之後不可不慮。自
漢晉以來亂天下者。何嘗不在諸王。皆由樹置失宜。不豫為節制。以
至滅亡。人主豈不知其然。溺於私愛爾。故前車既覆而後車不改轍

也。今天下百姓尚少。而諸王已多。其寵遇過厚者。臣愚慮之。非特恃
恩驕矜也。昔魏武帝寵陳思王。文帝即位。防守禁閉同獄囚焉。何則
先帝加恩太多。故嗣主疑而畏之也。此武帝寵陳思王適所以苦之
也。且帝子身食大國。何患不富。而歲別優賜曾無限極。里語曰貧不
學儉。富不學奢。言自然也。今大聖創業。豈唯處置見子弟而已。當制
長久之法。使萬代奉行。臣聞天下者以人為本。必也使百姓安樂。在
刺史縣令爾。縣令既衆。不可皆賢。但州得良刺史可矣。天下刺史得
人。陛下端拱巖廊之上。夫復何為。古者郡守縣令皆選賢德。欲有所
用。必先試以臨人。或由二千石高第入為宰相。今獨重內官。縣令刺
史頗輕其選。又刺史多武夫勳人。或京官不稱職始出補外。折衝果
毅身力強者入為中郎將。其次乃補邊州。而以德行才術擢者十不
能一。所以百姓未安殆在于此。疏奏帝稱善。

中書舍人高馮列上五事。以為今天下大定而刑未措何哉。蓋謀猷
之臣臺閣之吏未崇簡易而昧經遠。故執憲者以深刻為奉公。當官
者以侵下為益國。如尚書八坐人主所責成者也。宜擇溫厚脩絜者
任之。敦樸素。革浮偽。使家識懿孝。人知廉恥。過行者被嗤於鄉。不齒
者蒙擯於親。自然禮節興矣。陛下身帥節儉。而營繕未息。丁匠不能
給驅使。又和顧以重勞費。人主所欲何求而不得。願愛其財毋使殫。
惜其力毋使弊。畿內數州京師之本。土狹人庶。儲畜少而科役多。宜
蒙優貸令得休息。彊本弱枝之義也。至江南河北人頗舒閑。宜為差
等。均量勞逸。公侯勳戚之家邑入俸稍足以奉養。而貸息出舉爭求
什一。下民化之。競為錐刀。宜加懲革。今外官卑品皆未得祿。故饑寒
之切。夷惠不能全其行。為政之道期於易從。不恤其匱而須其廉。正
恐巡察歲出。輶軒繼軌。而侵漁不息也。宜及戶口之繁。倉庾且實。稍

加稟賜。使得養父母妻子。然後督責其效。則官人畢力矣。啓王元曉等俱陛下懿親。當正其禮。比見帝子拜諸叔。諸叔答拜。爵封既同當明昭穆。頒垂訓正。以爲彝法。書奏。太宗稱善。

高宗永徽初。令狐德棻爲太常卿。高宗嘗召宰相及弘文學士坐中華殿。問何脩而王。若而霸。又當孰先。德棻曰。王任德。霸任刑。夏殷周純用德而王。秦專刑而霸。至漢雜用之。魏晉以降。王霸兩失。若用之王爲先而莫難焉。帝曰。今孰何爲而要。對曰。古者爲政清心簡事爲本。今天下無虞。年穀豐衍。惟薄賦斂。省征役爲要。又問禹湯桀紂所以興亡。對曰。傳稱禹湯罪己。其興也勃焉。桀紂罪人。其亡也忽焉。然二主惑變色。戮諫者。造炮烙之刑。此所以亡也。帝悅。厚賜以答其言。

時高宗嘗從容問馭下所宜。中書令來濟曰。昔齊桓公出遊。見老人命之食。曰請遺天下食。遺之衣。曰請遺天下衣。公曰吾府庫有限。安

奏議卷之二十七　十五

得而給。老人曰。春不奪農時即有食。夏不奪蠶工即有衣。由是言之。省徭役。馭下之宜也

武后時。梓州射洪縣草莽愚臣陳子昂謹冒死稽首再拜諫政理書曰。臣子昂西蜀草茅賤臣也。以事親餘暇得讀書。竊少好三皇五帝王霸之經。歷觀丘墳。旁覽代史。原其政理。察其興亡。自伏羲神農之初。至於周隋之際。馳騁數百年。雖未得其詳。而可略知也。莫不先本人情而後化之。過此以往。亦無神異。獨軒轅氏之代。欲問廣成子至道之精。理于天下。臣雖奇之。然其說不經。未得信也。至殷高宗亦延問傅說。然纔叙彝。未能宏遠。自此之後。殆不足稱。臣每在山谷。有願朝廷。常恐沒代而不得見也。豈知霑沐聖化。未夭天年。幸得遊京師觀皇化。觀逢大聖之詔。布于天下。問于賢士大夫。曰何道可以調元氣。賤臣孤陋。誠未足知。然臣竊觀自古帝王問政之原。備矣。未有能深思遠慮。獨絶今古。如陛下者也。故賤臣不勝區區。願竭周隨以聞見言之。雖未足對揚天休。然或萬有可觀者。敢冒昧闕庭。奏書以聞。伏惟皇太后陛下少加察焉。臣聞之於師曰。元氣者天地之始。萬物之祖。王政之大端也。天地之道莫大乎陰陽。萬物之尊莫大乎黔首。王政之貴莫大乎安人。故人安則陰陽和。陰陽和則天地平。天地平則元氣正矣。是以古先帝王見人之通於天也。天之應乎人也。天人相感。陰陽相和。災害之所以不生。嘉祥之所以遂作。則觀象於天。察法於地。財成天地之道。輔相天地之宜。以左右人。於是養成群生。奉順天德。故人得安其俗。樂其業。甘其食。美其服。陰陽大和。元氣以正。天瑞降。地符昇。風雨以時。草木不落。龜龍麟鳳在郊藪矣。洎顓頊唐虞之間。不敢荒寧。亦克用理。故書曰百姓昭明。叶和萬邦。黎民於變時雍。乃命羲和。欽若昊天。曆象日月星辰。敬授人時。亦能和也。至夏

奏議卷之二十七　十六

德衰亡。殷政微喪。桀紂昏暴。亂于天道。殺戮無罪。放棄忠良。遂竭天下之力。殫天下之貨。作爲瑤臺瓊室。極荒淫之樂。窮耳目之玩。傾宮之女至數千人。奇伎淫巧以億萬計。信巫覡。聽讒邪。遂爲糟丘酒池炮烙之刑。一朝牛飲者三千人。龍逢不勝其憂。諫而死。箕子不堪其憤。囚爲奴。於是陰陽大乖。天地震怒。山川鬼神發見災異。疾疫大興。妖孽並作。而桀紂不悔。卒以滅亡。和之失也。逮周文武創業。順天應人。誠信忠厚加于百姓。德澤休泰。興乎頌聲。成康之時。刑措三十餘年。天人之道始和矣。幽厲之末。復亂厥常。苛慝暴虐。詬黷天地。百川沸騰。山冢崒崩。人以愁怨。疾癘爲作。故其詩曰。昊天不傭。降此鞠凶。昊天不惠。降此大厲。不先不後。爲瘥爲瘵。天地生人之理。復悖於茲矣。嗚呼。豈不哀哉。豈不哀哉。近有隋氏。亦不克厥終。初隋高帝之有天下也。以大合爲家。方將對越天人。傳之萬代。至煬帝承平。自

以貴爲天子富有四海欲窮宇宙之觀極遊宴之樂以爲人主之急務也於是乃鑿御溝決黃河自伊洛之間而屬之揚州生人之力既弊天地之藏又竭煬帝方欣然以爲得計將後宮綵女數百千人遂泛龍舟遊三江五湖之間當其得意也視天下猶脫屣耳其後百姓騷熒災變數興吏人貪暴其政日亂陰陽感怨慧孛以出煬帝不悟自以爲天下安於泰山方率百萬之師而以事遼東當時山東父子不得相保也天厭暴政人懷亂亡故遼東之役未歸而中國之難已起身死逆手宗廟已隳其故何哉逆天人之理也是以臣每察天人之際觀禍亂之由跡帝王之事念先師之說昭然著明信不欺耳不意陛下以大聖之應見天人之心將欲調元氣之綱返淳和之始自非陛下含天地之德有日月之明誰能眇然遠思欲求泰和於元氣哉昔者伏羲氏之所以本天人而爲三皇首也愚臣暗昧不識大願願

陛下爲大唐建萬世之業恢王聖之功傳乎子孫永作鴻業千百年間使繼文之主有所守也非甚無道不失厥嗣陛下可不務之哉臣伏見天皇大帝待天地之統封于泰山功德大業與天比崇矣然尚未見建明堂之宮遂朝上帝使萬代鴻業今猶闕然臣愚意者豈非天皇大帝知陛下聖明必能起中興之化留此盛德以發揮陛下哉不然何所與讓而未作也今陛下欲調元氣睦人倫躋俗仁壽興風禮讓捨此道也于何理哉固臣不揆區區螻蟻之誠思願陛下念先帝之休意恢大唐之鴻業於國南郊建立明堂使宇宙黎元還荒庚貊昆蟲草木天地鬼神莫然知陛下方與三皇五帝之事與天下更始不其盛哉昔者黃帝合宮有虞總期唐堯衢室夏后代室羣聖之所以調元氣理陰陽於此教也臣雖末學竊嘗聞明堂之制也有天地之則焉有陰陽之統焉二十四氣八風十二月四時五行二十八宿莫不備率故順其時月而爲政也則風雨時寒暑平萬物茂暢五穀登稔元氣不錯陰陽以和逆其時之爲政也則水旱興疾疫起蟲螟爲害霜雹成災陰陽不和元氣以錯故昔者聖人所以爲政教之大業也是以臣願陛下爲大唐建萬代之業者正在茲乎陛下若不以臣微而廢其言乞以臣此章與三公九卿賢士大夫議之於庭儻事便於今道不遠古即請陛下徵天下鴻生鉅儒賢良豪傑之士博通古今皇王政理之術者與之案周禮月令而建之臣必知天下庶人子來不日而成也乃正月孟春陛下乘鑾輅駕蒼龍載青旂佩蒼玉從三公九卿賢士大夫鴻儒碩老衣冠之倫朝于青陽左个負斧扆憑玉几南面以聽天下之政於是遂發大號宣布四方各順十二月之令無敢有違乃命太史守典奉法司天日月星辰之行無失經紀以初爲常陛下遂躬籍田親蠶以勸天下之農桑養三老五更以

教天下之孝悌明訟恤獄以息天下之淫刑除殘去暴以正天下之仁壽修文尚德以止天下之干戈察孝興廉以除天下之貪吏矜寡孤獨疲癃羸老不能自存者賑恤之後宮美女非三妃九嬪八十一御女之數者出嫁之珠玉錦繡雕琢技巧之飾非益於理者悉去之巫鬼淫祀誑惑良人者禁殺之陛下務以至誠躬服質素以爲天下先愚臣以爲不出數年之間將見太平之化也天人之際既洽鬼神之望允塞然後作雅樂薦粢盛宗祀天皇於明堂以配上帝使萬國各以其職來祭豈不休哉臣伏惟非陛下至德明聖未有能越行此道者也固臣竊以爲此化一成則人倫之道自睦刑罰之原自塞兵革之事不興還淳之徒可見仁壽禮讓稼穡農桑不言而自致也是以賤臣未得悉此一一論之何者聖人之教在於可大可久者固臣欲陛下振領提綱使天下自理也然臣竊獨有私恨者陛下方欲

興崇大化。而不知國家太學之廢積歲月矣。堂宇蕪穢殆無人蹤。詩書禮樂罕聞習者。陛下明詔尚未及之。愚臣所以有私恨也。臣聞天子立太學以聚天下英賢爲政教之首。故君臣上下之禮於是興焉。揖讓尊俎之師於此生焉。是以天子得賢臣。由此道也。今則荒廢委而不論。而欲睦人倫興禮讓。失之於本而求之於末。豈可得哉。況君子三年不爲禮禮必壞。三年不爲樂樂必崩。柰何天子之政。而輕禮樂哉。臣所以獨竊有私恨者也。陛下何不詔天下胄子使歸太學而習業乎。斯亦國家之大務也。臣愚蒙所言事猶未盡者。恐煩聖覽。必陛下恕臣昏昧。請賜他日別具奏聞。

時召麟臺正字陳子昂條上利害。子昂對三事。其一。言九道出大使巡按天下。申黜陟。求人瘼。臣謂計有未盡也。且陛下發使。必欲使百姓知天子夙夜憂勤之意也。群臣知考績而任之也。姦暴不逞知將除之也。則莫如擇仁可以恤孤。明可以振滯。剛不避彊禦。智足以照姦者。然後以爲使。故輶軒未動。而天下翹然待之矣。今使且未出。道路之人皆已指笑。欲望進賢下不肖。豈可得耶。宰相奉詔書。有遣使之名。無任使之實。使命忽出。天下愈弊。徒令百姓治道路。送往迎來。不見其意也。臣願陛下更選有威重風槩爲衆推者。因御前殿以使者之禮禮之。諄諄戒敕所以出使之意。乃授以節。自京師及州縣登揀才良。求人瘼。宣布上意。令若家見而戶曉。昔堯舜不下席而化天下。蓋黜陟幽明能折衷者。陛下知難得人。則不如少出使。彼煩數而無益於化。是烹小鮮而數撓之矣。其二。言刺史縣令政教之首。陛下布德澤下詔書。必待刺史縣令謹宣而奉行之。不得其人。則委棄有司。掛墻屋耳。百姓安得知之。一州得才刺史。十萬戶賴其福。得不才刺史。十萬戶受其困。國家興衰在此職也。今吏部調縣令如補一尉。但計資考。不求賢良。有如不次用人。則天下囂然相謗矣。狃于常而不變也。故庸人皆任縣令。教化之陵遲。顧不甚哉。其三。言天下有危機。禍福因之而生。機靜則有福。動則有禍。百姓安則樂生。不安則輕生是也。今軍旅之弊。夫妻不得安。父子不相養五六年矣。自劍南盡河隴。山東由青徐曹汴。河北舉滄瀛趙鄭。或困水旱。或頓兵疫。死亡流離略盡。尚賴陛下憫其失職。凡兵戍調發一切罷之。使人得妻子相見。父兄相保。可謂能靜其機也。然臣恐將相有貪夷狄利。以廣地彊武說陛下者。欲動其機。機動則禍構。宜脩文德。去刑罰。勸農桑。以息疲民。蠻夷知中國有聖王。必累譯至矣。

陳子昂又荅制問事八條。疏曰。臣今月十九日蒙勅恩召見。令臣論當今政要。行何道可以適時。不須遠引上古。具狀進者。微臣智識淺短。實昧政原。然嘗洗心精意。靜觀人理。竊見國之政要。興廢在人。能知人機。順而知化。趨時適變。靜而勿動。政要之績可得而行。今陛下以應天命而受寶圖。建立明堂。施布大化。勤恤人隱。存問高年。報功樹德。順時興務。至公至仁。垂訓天下。可謂典章大備。制度宏遠。五帝三王所不及也。愚臣何敢有知政要。然天恩降問。貴採芻蕘。謹竭愚直盡心以奏。允用賢之道未廣。仰成之化尚勞。然則取士之方。任賢之事。故陛下素所深知。應亦倦談。亦倦聽。不待臣更一二煩說也。

請措刑科

臣聞言有順君意而害天下者。有逆君意而利天下者。唯忠臣能逆意。惟聖君能從利。恩勅不以臣愚微。降問當今政要。臣伏惟當今之政。大體已備矣。但刑獄尚急。法網未寬。恐非當今聖政之要者。臣觀聖人用刑。貴適時變。有用有捨。不專任之。且聖人初制天下。必有凶亂之賊。叛逆之臣。而爲驅除。以顯聖德。聖人誅凶殄逆。濟人寧亂。必資刑殺以清天下。故所以務用刑也。凶亂既滅。聖道既昌。則必順人施化。赦過宥罪。所以致刑措也。然則聖人用刑。本以禁亂。亂靜刑息。不爲昇平所設。何者。太平之人。悅樂於德。不悅樂於刑。以刑窮於人。人必慘怛。故聖人貴措刑。不貴煩刑。今神皇應運受圖。臨御天下。逆臣賊子。頻伏嚴誅。所以懲貞群黨。同惡就戮。此蓋天意將顯神皇威靈。豈此凶徒所能自亂。今魁首已滅。朋黨已屠。聖政惟昌。天下威服。神皇又降文昌鴻恩。滌蕩群罪。天下昭慶。企望日新。措刑崇德。正在今日。實聖政之至要者也。伏見近來詔獄推窮。稍復滋長。追捕支黨。頗及遠方。天下士庶。未敢安止。臣伏惟神皇聖意。務在措刑。安恤天下。不務察法。以損昇平。然今刑獄未息者。應是獄吏未識天意。所以至於此也。伏願神皇垂豈弟之德。務仁壽之恩。勅法慎罰。以省刑典。臣伏見當今天下士庶。思願安寧。途謠巷歌。皆稱萬歲。此其懷樂聖

化。願保永年。欲與子孫同此仁壽。今神皇不以此時崇德務仁。使刑措不用。乃任有司明察。專務威刑。臣竊恐非神皇措刑之道。且臣聞殺一人則千人恐。濫一罪則百夫愁。人情大端。以畏懼如此。今天下至廣。萬國至繁。神皇雖妙察獄囚。不可門告戶說。令一一知者。若使有一不知。以神皇好任刑罰。則非太平安人之務。當今聖政之要者也。此是臣赤心至誠。敢言其實。冒死犯奏。所冀天鑒。務求刑措。察臣所言。非敢茍順。

重任刑科

臣伏惟刑措之政。在能官人。官之惟賢。政所以理。此故神皇深知倦問。不假臣一二煩說。今臣所更重說者。實以天下之政。非賢不理。天下之業。非賢不成。固願神皇務在任賢。誠得衆賢而任之。則天下之務自化理也。然則賢人既任。須信。既信須終。既終須賞。夫任而不信。其才無由展。信而不終。其業無由成。終而不賞。其功無由勸。必神皇如此任賢。則天下之賢。雲集矣。何以知其然。君子小人。各尚其類。若也。若神皇徒務好賢而不能任。能任而不能信。能信而不能終。能終而不能賞。雖有賢人。終不能用矣。神皇降問小臣當今政理之要者。臣竊以此爲政之至極。何以言之。神皇大業已成。天下已平。尊名已顯。大禮已備。所未足者。在於忠賢。若得忠賢。相與而守之。太平之功。可於此而就。斯實天地神靈贊助神皇而致此時也。當此時不成千載之業。立萬代之規。小臣誠愚。切爲神皇所惜。

明必得賢科

臣伏惟刑措之道。政在任賢。議者皆云賢不可知。人不可識。臣獨以爲賢固可知。人固可識。得是職者不精思之耳。夫尚德行者必無凶險之類。務公正者必無邪佞之朋。保廉節者必憎貪冒之黨。有信義

者必疵茍且之徒。智者不爲愚者謀。勇者不爲怯者死。猶梟鸞不接翼。薰蕕不同器。此天地之性。物類之情。其理自然。不可改易。何者。以德事凶。兩不相入。以政攻佞。兩不相利。以信質僞。兩不相從。以廉說貪。兩不相和。智者尚謀。愚者不聽。勇者徇死。怯者貪生。此皆事業不同。趣向各反。賢人之道。固可預知。誠能尚賢。賢可至矣。然則賢人之業。須賢人達之。賢人之才。須賢人用之。公正廉節。信義勇謀。皆待其人。然後獲展。茍非其類。道不虛行。凡賢人君子。未嘗不思效用。但無其類獲進。所以湮沒於時。今神皇誠能信任賢良。旌納忠正。知左右之人灼然有賢行者。賜之尊爵厚祿。以榮寵之。使其以類相舉。責成其政。合度者進。失度者貶。神皇但垂拱明堂。保神和志。天下之事。臣必見日就無爲。不言而理也。今神皇憂恤萬機。日不暇給。昧旦丕顯。中夜以思。誠是群臣未稱聖任。伏願神皇審察賢能。垂恩信任。夫忠

賢事君必諫君失。姦佞事主必順主情。直道曲事。聖鑒所察。

賢不可疑科

臣伏惟神皇聖明具知得賢須任。既任須信。既信須終。既終須賞。悉備知也。然今未多信任者。應以經信任無效。所以致疑。如裴炎劉禕之蘇味道周思茂。固蒙神皇信任之矣。然竟背德孤恩。神皇以此有疑於信任賢也。以臣愚識。則謂不然。何者。聖必藉賢以明。國必待賢以昌。人必待賢以理。物必待賢以寧。若神皇疑於信賢。欲以聖謨自斷。臣恐勤勞聖躬。而天下不可獨理。況聖躬不可勞弊。神心不可細用。此最須任賢者也。臣聞鄙人云。有人以食噎而得病者。欲絕食以去病。乃不知食絕而身斃。此言近小。可以諭遠。臣竊謂賢人於國。亦猶食之在人。固不可以一噎而絕喉粮。亦不可以謬賢而遠正士。此實神皇聖鑒可明知也。不待愚臣一二言之。伏願任賢無疑。求士不倦。以此為務。天下誠不足理也。若外有信賢之名。而內實有疑賢之心。臣竊謂神皇雖日得百賢。終是無益。適足以損賢傷政也。伏惟熟察可信者信之。

招諫科

臣伏惟聖人制天下。貴能至公。能至公者。當務直道。臣伏見神皇至公應物。直道容賢。而朝廷尚未見敢諫之臣。骨鯁之士。天下直道未得公行。臣聞聖人大德。在能聽諫。古典所說。蓋不足陳。臣伏見太宗文武聖皇帝。德冠三王。名超五帝。實由能容魏徵愚直。獲盡忠誠。國史書之。明若日月。直言之路。啓從諫之道。開貞觀以來。此實為美。今神皇坐明堂。布大政。神功聖業。能事備矣。飛骨鯁之士。能美聖功。伏惟神皇廣延直臣。旌賞諫士。使大聖之德。弘納日新。書之金版。萬代有述作。非神皇卓犖仁聖。臣不敢獻此言也。

勸賞科

臣聞勞臣不賞。不可勸功。死士不賞。不可勸勇。當今或有勤勞之臣。死難之卒。策功命賞。未霑優異。臣伏惟人臣徇節。在爵與名。死節勤功。名爵不及。偷榮尸祿。寵秩有加。故不可以進賢顯能。旌功勵行。伏願神皇廣求此色。勸勵百寮。以及將士。此最當今聖政之所宜先也。古人云。賞一人而千萬人悅者。蓋言其功當也。夫賞而不知賢者。不務也。伏願神皇陛下特垂省察。

請息兵科

臣伏以當今國家事最大者。在兵甲歲興。賦役不省。神皇欲安人思化。理不可得。何者。兵之所聚。必有所資。千里運粮。萬里應敵。十萬兵在境。則百萬家不得安業。以此徭役。人何取安。臣伏見國家自事北狄。於今十有餘年。兵甲歲興。竟不聞其利。豈中國無制勝之策。朝廷無奇畫之臣哉。臣切謂不然。是未計之廟筭耳。臣伏惟神皇聖武。天威若神。突厥小醜。何足誅滅。然今未滅者。臣恐庸將無智。未審廟筭之機。故使兵甲日多。徭役日廣。今國家又命將出師。臣願神皇審圖廟筭。量其損益。計其利害。若事必不可。請兵不虛行。若兵不虛行。賦役自省。以此安人。得賢可理。若失之於此。而救之於彼。臣恐人日以疲勞。未得安息。伏願神皇熟察臣言。審圖廟筭。則夷狄不足滅。中國可永寧。

安宗子科

臣伏惟陛下以至仁為政。以至公應物。天下士庶。莫不咸知。虺貞等干紀亂常。自取屠滅。陛下唯罪其構逆者。更無他坐。宗室子弟。獲以安寧。自非陛下恩念慈仁。敦睦九族。豈得宗室蒙此寧慶。實大聖之惠。崇重宗枝。然臣更願陛下務安慰之惠。以恩信使顯然明知陛下

慈念之至上感聖真下得自安臣聞人情不能自明則必疑慮疑慮
則必不安不安則必危懼危懼則僥過生伏惟陛下明恩賜垂豈惠
之德使天下居無過之地萬姓知陛下必信任賢實是天下有慶然
賢人之業皆務直道則奸邪不利必有讒譖此賢人之災厄於是也
一人之行千人謗之未有不遭禍患者自古忠良賢達罹此患者不
可勝言臣子昴言臣本草茅微陋才無可取陛下乃越次假以恩光
將同近臣延問政要臣之愚昧何堪此寵頓首死罪頓首死罪然臣
之誠真實自愚衷與君子言猶且不妄況蒙天子之問敢不悉螻蟻
之誠實罄實盡然臣所奏前件狀者固是陛下所悉其所悉知然臣
復重言者貴以微誠披露肝膽不知忌諱實戰實慄
時天下頗流言遂開告密羅織之路興大獄誅將相大臣至是已革
命事孟寧右補闕朱敬則諫曰臣聞李斯之相秦也行申商之法重

刑名之家杜私門張公室棄無用之費損不急之官惜日愛功亟并
疾耕既庶而富遂屠諸侯此救弊之術也故曰刻薄可施於進趨變
詐可陳於攻戰天下已平故可易之以寬簡潤之以淳和秦乃不然
淫虐滋甚往而不反卒至土崩此不知變之禍也陸賈叔孫通事漢
祖當滎陽成皋間糧餉窮匱勇困未嘗敢開一說效一奇惟進豪猾
貪暴之人及區宇適定乃陳詩書說禮樂開王道高帝忽然曰吾以
馬上得之安事詩書對曰馬上得之可馬上治之乎帝默然於是賈
著新語通定禮儀此知變之善也向若高帝斥二子置詩書重攻戰
尊首級則複道爭功援劍擊柱罅漏不保何十二帝二百年乎故曰
仁義者聖人之蘧廬禮者先王之陳迹祠祝畢芻狗捐淳精流糟粕
棄仁義尚爾況其輕乎國家自文明以來天地革昧內則流言外則
構難故不設鉤距無以順人不切刑罰無以息暴於是置神器開告

端故能不出房闥而天下晏然易主矣臣聞急趨者無善迹促柱者
無和聲拯溺不規行療饑不鼎食即向時祕策今之芻狗也願鑒秦
漢之失考時事之宜毀籧廬遺糟粕下寬大之令流曠蕩之澤去萋
斐之角牙頓姦險之芒刃塞羅織之妄源掃朋黨之險迹曠然使天
下更始豈不樂哉后善其言
中宗神龍初清源尉呂元泰上書言時政曰國家者至公之神器一
正則難傾一傾則難正今中興政化之始幾微之際可不慎哉自頃
營寺塔度僧尼施與不絕非所謂急務也林胡數叛獯虜內侵帑藏
虛竭戶口亡散天下之失業不謂太平邊兵未解不謂無事水旱為
災不謂年登倉廩未實不謂國富而乃驅役飢凍彫鏤木石營構不
急勞費日深恐非陛下中興之要也比見坊邑相率為渾脫隊駿馬
胡服名曰蘇莫遮旗鼓相當軍陣勢也騰逐喧譟戰爭象也錦繡夸

競害女工也督斂貧弱傷政體也胡服相歡非雅樂也渾脫為號非
美名也安可以禮義之朝法胡虜之俗詩云京邑翼翼四方是則非
先王之禮樂而示則於四方臣所未諭
二年中書令李嶠上書曰元首之尊居有重門擊柝之衛出有清警
戒道之禁所以備非常息異望誠不可易舉動慢防閑也陛下厭崇
邃輕尊嚴微服潛遊閱廛過市行路私議朝廷驚懼如禍產意外縱
不自惜柰宗廟蒼生何又分職建官不可以濫傳曰官不必備惟其
人自帝室中興以不慎爵賞為患冒級躐階朝陞夕改正闕不給加
以員外內則府庫為殫外則黎庶蒙害非求賢助治之道也願愛惜
班榮息匪服之議今文武六十以上而天造含容皆矜恤之老病者
已解還授員外者既遣復留恐非所以消敝救時也請敕有司料其
可用進不可用退又遠方夷人不堪治事國家向務撫納而官之非

立功酋長類縻俸祿頗商處非要者一切放還又易稱何以守位曰
仁何以聚人曰財今百姓乏窶不安居處不可以守位倉儲蕩耗財
力傾殫不足以聚人山東病水潦江左困輸轉國匱於上人窮於下
如今邊場少竦逋亡遂多盜賊群行何財召募何衆閑遏手又崇
作寺觀功費浩廣今山東歲飢糟糠不厭而投艱險之會收庸調之
半用吁嗟之物以營土木怨恚結三靈謗蒙四海又比緣征戍巧詐
百情破役隱身規脫租賦今道人私度者幾數十萬其中高戶多丁
黠商大賈詭作臺符羅名偽度且國計軍防並仰丁口今丁皆出家
兵悉入道征行租賦何以備之又重賂貴近補府若史移沒籍產以
州縣甲等更為下戶當道城鎮至無捉驛者役逮小弱即破其家願
許十道使訪察括取使姦猾不得而隱又太常樂戶已多復求訪散
樂獨持大鼓者已二萬員願量留之餘勒還籍以杜妄費

奏議卷之二十七　二七

睿宗景雲初監察御史韓琬上言國安危在於政政以法暫安焉必
危以德始不便焉終治夫法者智也德者道也智權宜也道可以久
大也故以智治國國之賊不以智治國國之福貞觀永徽之間農不
勸而耕者衆法施而犯者寡俗不偷薄器不行窳吏貪者士恥同列
忠正清白者比肩而立罰雖輕而不犯賞雖薄而勸位尊不倨家富
不奢學校不厲而勤道佛不懲而戒土木質厚裨販弗蚩其故奈何
雜以皇道也自茲以來任巧智斥謇諤趨勢者進守道者退諂附者
無黜剝之憂正直者有後時之歎人趨家競風俗淪替其故奈何行
以霸道也貞觀永徽之天下亦今日天下淳薄相反由治則然夫巧
者知忠孝為立身之階仁義為百行之本託以求進口是而心非言
同而意乖陛下安能盡察哉貪冒者謂能清貞者謂孫浮沉者謂黠剛
正者為愚位下而驕家貧而奢歲月漸漬不救其獘何由變浮之淳

哉不務省事而務捉搦夫捉搦者法也法設而滋章滋章則盜賊多
矣法而益國設之可也比法令數改或行未見益止未知損譬弈者
一棋為善而復之者愈善故曰設法不如息事事息則巧不生聖人
防亂未然天下何由不治哉永淳時雍丘令尹元貞坐婦女治道免
官今婦夫女役常不知怪調露時河內尉劉憲父喪人有請其負者
有司以為名教不取今謂為見機太宗朝司農以市木橦倍價抵罪
大理孫伏伽言官木橦貴故百姓者賒臣見司農識大體未聞其過
太宗曰善今和市顜刻剝名為和而實奪之往者學生佐史里正每
一員闕擬者十人今當選者亡匿以免往選司從容有禮今如仇敵
賈販往官將代儲什物俟其至今交羅織符紛競校存亡往商賈出
入萬里今市井至失業往家藏鏹積粟相夸今匿貲示羸以相尚往
夷狄款關今軍屯積年往召募人賈其勇今差勒閭宗逃亡往倉儲

奏議卷之二十七　二八

盈衍今所在空虛夫流亡之人非愛羈旅忘桑梓也斂重役亟家產
已空鄰伍牽連遂為遊人窮詐而犯禁赦死而抵刑夫亂繩已結急
引之則不可解今刻薄吏能結者也舉勎吏能引者也則解者不見
其人願取奇材卓行者量能授官又言仕路太廣故棄農商而趨之一
夫耕一婦蠶衣食百人欲儲蓄有餘安可得乎書入不報
時有詔言事右率府鎧曹參軍柳澤上書曰頃者因韋氏險詖姦臣
同惡賞罰紊弛綱紀紛綸政以賄成官以寵進言正者獲戾行殊者
見疑海內寒心實將莫救賴神祇祐徒宗廟降靈天討有罪人用不
保陛下斂謀神聖勇智聰明安宗社於已危振黎庶於將溺今龎眉
鮐背歡忻踊躍望聖朝之撫輯聽聖朝之德音今陛下蠲煩省徭法
明德舉萬邦愷樂室家胥歡臣又聞危者安其位者也亂者有其理
者也伏惟陛下安不忘危理不忘亂存不忘亡則克享天心國家長

保也詩有云靡不有初鮮克有終惟陛下慎厥終惟其初非禮勿視非禮勿聽非禮勿言非禮勿動書曰惟德罔小萬邦惟慶惟不德罔大墜厥宗甚可畏也甚可懼也伏惟陛下慎之哉夫驕奢起於親貴綱紀亂於寵倖顧陛下禁之於親貴則天下風隨矣制之於寵倖則天下法明矣詩曰刑于寡妻至于兄弟以御于家邦若親貴爲之而不禁寵倖撓之而見從是政之不恒令之不一則奸詐斯起暴亂生焉雖嚴刑制戮而法不行矣縱陛下親之愛之莫若安之福之夫寵祿之過罪之階也非安之也驕奢之淫危之梯也非福之也前事不忘後之師也陛下數求後哲使朝夕納誨縱有逆于耳謀于心者無遠之以罰姑籌之以道省于厥躬雖不獲忌諱恕之以直用開諫諍之路也或有順於耳便於身者無急之以賞當求諸非道稽之典訓其不叶於德必寘之以法用杜側媚之行也有蓄淫巧於陛下者遠

黜之則淫巧息矣有進忠讜於陛下者褒賞之則忠讜進矣臣又聞生於富者驕生於貴者傲書曰罔淫于逸罔遊于樂穆王有命曰實賴前後左右有位之士繩愆糾繆格其非心今諸宮肇建王府初啓至於寮友必惟妙擇令驕奢之後流遁未變慢遊之樂餘風或存夫小人弄臣易合於意奇伎淫巧多適於心狎於非德茲爲奢怠書曰慎簡乃僚無以巧言令色其惟吉士僕臣正厥后克正僕臣諛厥后自聖伏願採溫良博聞之士恭儉忠鯁之人任以東宮及諸王府仍請東宮置署拾遺補闕之職朝夕講論出入侍從授以訓誥交脩不逮臣又聞馳騁田獵令人發狂名教之中自有樂地承前貴戚鮮克由禮或打毬擊鼓比周伎術或飛鷹奔犬盤遊藪澤此其爲不道非進德脩業之本也書曰內作色荒外作禽荒又曰無若丹朱傲慢遊是好朋淫于家用殄厥世伏惟陛下誕降謀訓勸以學業示之以好

惡陳之以成敗以義制事以禮制心圖之於未萌慮之於未有則福祿長享與國並休矣臣又聞富不與驕期而驕自至驕不與罪期而罪自至罪不與死期而死自至信矣斯語明哉至誠頃者常庶人樂安公主武延秀等可謂貴矣可謂寵矣權侔人主威震天下然怙侈滅德神怒人棄豈不謂愛之太極富之太多不節之以禮不防之以法終轉吉爲凶變福爲禍千人所指無病自死不期然歟書曰殷監不遠在彼夏王今陛下何勸其皇祖講訓之則乎陛下何懲其孝和寵任之失乎禮曰愛而知其惡憎而知其善可不慎哉夫寵愛之心則不能免其太甚閑之以禮節適則可矣今諸王公主駙馬亦陛下之所親愛也驕狂之道在於厥初監戒之義其則不遠使觀過務善居寵思危夙夜惟寅聿脩厥德經曰在上不驕高而不危所以長守貴也制節謹度滿而不溢所以長守富也富貴不離其身然後能保其

社稷書曰制官刑儆于有位敢有恒舞于宮酣歌于室時謂巫風敢有徇于好色恒于遊畋時謂淫風敢有侮聖言逆忠直遠耆德比頑童時謂亂風惟茲三風十愆卿士有一于身家必喪邦君有一于身國必亡甚可畏也甚可懼也伏惟陛下必察而明之必信而勸之有奢僭驕怠者削其祿封樸素脩業者錫以車服以勗其心使奉其命無使久而忽之無使遠而墜之臣聞知之非艱行之惟艱又曰常厥德保厥位厥德靡常九有以亡伏惟陛下慎之哉前車之覆實惟明證先王之誡可以終吉若陛下奉伊尹之訓崇傅說之命不作無益不啓私門刑不差賞不濫其惟德是輔惟人之懷天祿有終景福是集矣儻陛下忽精一之德開忌倖之門爵賞有差刑罰無當則忠臣正士亦當復談矣睿宗善之

玄宗先天二年姚崇知帝大度銳于治乃先設事以堅帝意即陽不

謝。帝怪之。崇因跪奏。臣願以十事聞。陛下度不可行。臣敢辭。帝曰。試為朕言之。崇曰。垂拱以來。以峻法繩下。臣願政先仁恕。可乎。朝廷覆師青海。未有牽復之悔。臣願不倖邊功。可乎。比來壬佞冒觸憲網。皆得以寵自解。臣願法行自近。可乎。后氏臨朝。喉舌之任。出閹人之口。臣願宦豎不與政。可乎。戚里貢獻以自媚于上。公卿方鎮寖亦為之。臣願租賦外。一絕之。可乎。外戚貴主更相用事。班序荒雜。臣請戚屬不任臺省。可乎。先朝褻狎大臣。虧君臣之嚴。臣願陛下接之以禮。可乎。燕欽融韋月將以忠被罪。自是諍臣沮折。臣願群臣皆得批逆鱗犯忌諱。可乎。武后造福先寺。上皇造金仙玉真二觀。費鉅百萬。臣請絕道佛營造。可乎。漢以祿莽閻梁亂于下。國家為甚。臣願推此鑒戒為萬代法。可乎。帝曰。朕能行之。崇乃頓首謝。

歷代名臣奏議卷之二十七

歷代名臣奏議卷之二十八

治道

唐肅宗時。元結被召詣京師。自以始見軒陛。拘忌諱。逑言不悉情。乃上時議三篇。其一曰。議者問往年逆賊東窮海。南淮漢。西抵函秦。北徹幽都。醜徒狼扈。在四方者幾百萬。當時之禍可謂劇。而人心危矣。天子獨以匹馬至靈武。合弱旅。鉏強寇。師及渭西。曾不踰時。摧銳攘凶。復兩京。收河南州縣。何其易邪。乃今河北姦逆不盡。山林江湖亡命尚多。盜賊數犯州縣。百姓轉徙。蹂繫不絕。將士臨敵而奔。賢人君子遁逃不出。陛下往在靈武鳳翔。無今日勝兵。而能殺敵。無今日財用。而百姓不流。無今日爵賞。而士不散。無今日朝廷。而賢者思仕。何哉。將天子能以危為安。而忍以未安忘危邪。對曰。此非難言之。前日天子恨愧陵廟為羯逆傷汙。憤悵上皇南幸巴蜀。隱悼宗戚見誅。側身勤勞。不憚親撫士卒。與人權位。信而不疑。渴聞忠直。過弗諱改。此以弱制強。以危取安之繇也。今天子重城深宮。燕和而居。凝冕大昕。纓佩而朝。太官具味。視時而獻。太常備樂。和聲以薦。國機軍務。參籌乃敢進。百姓疾苦。時有不聞。厩芻良馬。宮籍美女。輿服禮物。休符瑞諜。日月充備。朝廷歌頌盛德大業。聽而不厭。四方貢賦。爭上尤異。諂臣顚官。怡愉天顏。文武大臣至於庶官。皆權賞踰望。此所以不能以強制弱。以未安忘危。若陛下視今日之安。能如靈武時。何寇盜強弱可言哉。其二曰。議者曰。吾聞士人共自謀。昔我奉天子拒凶逆。勝則國家兩全。不勝則兩亡。故生死決于戰。是非極于諫。今吾名位重。財貨足。爵賞厚。勤勞已極。外無仇讎害我。內無窮賤迫我。何苦當鋒刃以近死。忤人主以近禍乎。又聞曰。吾州里有病父老母。孤兒寡婦。皆力役乞丐。凍餒不足。況於死者。人誰哀之。又聞曰。天下殘破。蒼生危寡受賦與役者皆寡弱貧獨流亡死徙悲憂道路蓋亦極矣天下安我等豈無畎畝自處若不安我不復以忠義仁信方直死矣人且如此柰何對曰國家非欲其然蓋失於太明太信耳夫太明則見其內情將藏內情則罔惑生下能令必信信可必矣而太信之中至姦尤惡之如此遂使朝廷亡公直天下失忠信蒼生益冤結將欲治之能無端由吾等議於野又何所及其三曰議者曰陛下思安蒼生滅姦逆圖太平勞心焦精於今四年說者異之何哉對曰如天子所思說者所異非不知之凡有詔令丁寧事皆不行空言一再頗類諧戲今有仁卹之令憂勤之誥人皆族立黨語指而議之天子不知其然以為言雖不行猶足以勸彼但勸在乎明審均當而必行也天子能言已行之令必將來之法雜裨禁制拘忌煩令一切蠲蕩任天下賢士屏斥小人然後推仁信威令謹行不惑此帝王常道何為不及帝悅曰

卿能破朕憂擢右金吾兵曹參軍

代宗時左拾遺獨孤及上疏陳政曰陛下屢發德音使左右侍臣得直言極諫壬辰詔書召裴冕等十有三人集賢殿待制以備詢問此五帝盛德也然頃者陛下雖容其直而不錄其言所上封皆寢不報有容下之名而無聽諫之實遂使諫者稍稍自鉗口飽食相招為祿仕此忠鯁之人所以竊歎而臣亦恥之十室之邑必有忠信況朝廷之大卿大夫之衆陛下選授之精歟假令不能如文王之多士其中豈不有溫故知新可措陳政要而億則屢中者陛下議政之際曾不採其一說堯之疇咨舜之昌言豈若是耶昔堯設謗木於五達之衢孔子曰以能問於不能以多問於寡然則多聞闕疑不恥下問聖人之心也願陛下以堯孔心為心日降清問其不可者罷之可者議於朝與執事者共之使知之必言言之必行行之必公則君臣無私論朝廷無私政陛下以此辨可否於獻替而建太平之階可也師興不息十年矣人之生產空於杼軸擁兵者第館亘街陌奴婢厭酒肉而貧人羸餓就役剝膚及髓長安城中白晝椎剽吏不敢詰官亂職廢將墮卒暴百揆隳刺如沸粥紛麻民不敢訴於有司有司不敢聞陛下茹毒飲痛窮而無告今其心顒顒獨恃於麥麥不登則易子齩骨矣陛下不以此時厲精更始思所以救之之術忍令宗廟有累卵之危萬姓悼心失圖臣實懼焉去年十一月丁巳夜星隕如雨昨清明降霜三月苦熱錯繆顛倒沴莫大焉此下陵上替怨讟之氣取之也天意丁寧譴戒以警陛下宜反躬罪己旁求賢良者而師友之黜貪佞不肖者下哀痛之詔去天下疾苦罷無用之官罷不急之費禁止暴兵節用愛人兢兢乾乾以徼福于上下必能使天感神應反妖災為和氣矣

德宗時中書侍郎同中書門下平章事陸贄奏曰前日顧少連奉諭密旨每於延英對卿緣有諸人言不得盡中間卿所奏去冬薦人實緣對趙憬執論所以有言相拒亦不是阻卿之意若有要便事但依前者意旨附手疏密封進來卿又頻與苗粲進官朕未欲過恐卿未知朕意此人即苗晉卿之子晉卿往年攝政曾有不臣之言又諸子皆與古帝王同名意甚不善緣非諸子之過所以欲明行斥逐終是不合令在朝廷卿宜密知此意苗粲兄弟並改與在外閑僻處官仍不得令近兵馬者猥蒙天慈屢降深旨慰眷稠疊誨諭周詳骨肉之恩無以加此士感知己尚合捐軀臣雖孱微能不激勵至於彌綸庶績贊課群官始終不渝夙夜匪懈是皆常分曷足酬恩自揣凡庸之才又無奇崛之効唯當輸罄忠款匡輔聖猷衆人之所難盡臣必無隱常情之所易溺臣必不回固然貞心持以上報此愚夫一至而不易

者也。惟明主矜亮而保容之。頃以去冬薦人。頻於街衢披訴。既是准制許集。理合量才授官。進擬再三。未蒙允許。伏慮事轉淹滯。所以因對奏陳。情於忖量推理輒發。以遜懷與臣並命俱掌樞衡。參奉謀猷事當無間。不知避忌輕黷宸嚴。陛下特宥戇愚。曲加獎導。寵遇踰等。恩私倍常。顧惟何人。叨幸若此。儻有所見。敢不盡言。是彰無隱之誠以申上報之分。臣聞王者之道。坦然著明。奉三無私。以勞天下。平平蕩蕩。無側無偏。所謂三無私者。如天之無私覆也。如地之無私載也。如日月之無私照也。其或有過。如日月之有蝕焉。過也人皆見之。更也人皆仰之。日月不疾於蔽虧。人君不吝於過失。虧而能復。無損於明。過而能改。不累於德。昨者臣所奏。惟有遜懷得聞陛下。以至勞神委曲防護。是於心膂之內。尚有形迹之拘。職同事殊。鮮克以濟。恐爽無私之德。且傷不吝之明。夫元首股肱。義實同體。諮詢獻納。一日萬

機。宜之使言。猶未盡意。言若有限。意何由通。啓沃既難。機務斯壅。雖荷綢繆之顧。實增曠廢之憂。仰希聖聰。更賜裁處。苗粲少以門子早登朝班。歷拾遺補闕起居員外郎中。前後二十餘年。溫恭有加。恪慎無怠。端敏足以守職。文學足以飾身。詳其器能。堪處近侍。陛下以粲先父常有過言。名子之方。又乖義類。不忍明加斥黜。但令改授外官。伏以理國化人。在於獎一善。使天下之為善者勸。罰一惡。使天下之為惡者懲。是以爵人必於朝。刑人必於市。惟恐衆之不覩。事之不彰。君上行之無愧心。兆庶聽之無疑議。受賞安之無怍色。當刑居之無怨言。此聖王所以宣明典章。與天下公共者也。獎而不言其善。斯謂曲貸。罰而不書其惡。斯謂中傷。曲貸則授受不明。而恩倖之門啓。中傷則枉直莫辯。而讒間之道行。此柄一虧。為害滋大。凡是譖愬之輩。多非信實之言。利於中傷。懼於公辯。或云歲月已久。不可究尋。或云事

體有妨。須為隱忍。或云惡跡未露。宜假他事為名。或云但棄其人。何必明言責辱。詞皆近於情理。意實苞於矯誣。傷善售姦。莫斯為甚。伏惟聖鑒之下。必無浸潤之流。然於穢毀之言。不可不辨。賞罰之典。不可不明。陛下若以晉卿跡實姦邪。粲等法應坐累。則當公議典憲。豈令陰受播遷。陛下若察晉卿見誣。又知粲等非罪。則合隨才獎用。不宜降意猜防。今忽不示端由。但加斥逐。謂之掄材則失序。謂之行罰則無名。徒使粲等受錮於聖朝。晉卿銜憤於幽壤。以臣蔽滯。未見其宜。夫聽訟辯讒。貴於明恕。明者在驗之以跡。恕者在求之以情。跡可責而情可矜。聖王懼疑似之陷非辜。不之責也。情可責而跡可宥。聖王懼逆詐之濫無罪。不之責也。惟情見跡具。詞服理窮者。然後加刑罰焉。是以下無冤人。上無謬聽。苛慝不作。教化以興。晉卿起自文儒致位台輔。能以謙柔自處。故為三朝所推。當諒闇之辰。攝冢宰之任。

是將備禮。豈是擅權。安肯露不臣之言。招覆族之釁。雖甚狂險。猶應不為。矧伊老臣。寧忍及此。假有忍人之意。其如言發禍隨。求之以情既無端。驗之以跡又無兆。宜蒙昭恕。理在不疑。又自陛下御極已來。粲及兄丕。皆歷清近。若以舊事為累。豈復含容至今。恐有無良之徒增嫉丕粲兄弟。構成飛語。務欲挫傷。大抵任重勢疑。易生嫌謗。以周公之聖。不免流言。霍光之忠。亦遭告訐。向非成王覺寤。昭帝保明。則二主之德義不傳。二臣之冤誣莫辯。陛下追懷往事。得失豈不相遠哉。後之視今。亦如此。凡所舉措。安可不詳。伏願少留睿思。特加省察。斯實君臣無免於戾。豈唯苗氏一族。存歿幸賴而已乎。少連又向臣說云。聖旨察臣孤直。猶謂清慎太過。都絕諸道饋遺。卻恐事情不通。如不能納諸財物。至如鞭靴之類。受亦無妨者。伏以貨賄之利。耳目之娛。人間常情。孰不貪悅。況臣性實凡鄙。寧忘顧私。家本窶貧。安

能無欲，所以深自刻慎，勉脩廉隅者，蓋由負戴厚恩，尸竊大任，既不克導揚風教，致俗清淳，又未能減息征徭，濟人窮困，若無恥懼，更啓賄門，是忘憂國之誠，仍速焚身之禍。由是苟行特操，杜絶交私，誠知無補大猷，所冀免貽深累。陛下責臣以清謹大過，斯謂皇明。陛下慮事之不通，有乖理道，或恐貪惏之輩，務逞無厭之求，巧陳異端，惑亂聖聽，稽諸事實，則甚不然。夫以胥吏末流，苞苴微覬，苟或違道，臣猶知懲，況乎公卿大臣之間，方岳連帥之任，豈資納賄，然後致誠？若因財利交歡，是以姑息爲事，既乖直道，必有過求，遂之則法度浸隳，阻之則觖望彌甚，爲害如此，國何賴焉？高祖太宗著法垂制，監臨受賄，盈尺有刑。陛下每發德音，數宥下土，大辟之屬，皆蒙滌除，唯於犯贓，往往不赦，豈不以貪饕爲弊，殘蠹最深？至於士吏之微，尚當嚴禁，矧居風化之首，反可通行？凡上之所爲，以導下也；上所不爲，以檢下也。

上所不爲，而下或爲之，然後可以設峻防，寘明辟；若上爲之，而下亦爲之，固其理也，又可禁乎？今吏有受監臨之賄者，則以爲罪不可容；朝廷之制，四方所監臨也，而宰司公受其賄，是亦無恥而不恕者歟？孔子曰：大臣不可不敬也，是人之表也；邇臣不可不慎也，是人之道也。表傾則影曲，道僻則行邪。若大臣近臣可以受財，則庶長寀寮孰爲不可？朝廷取之於方鎮，方鎮復取之於州，州取之於縣，縣取之於鄉，鄉將安取哉？是皆出於疲人之肝腦筋髓耳。自大盜猾夏，耗斁生人，天下常屯百萬之師，坐受衣食，農夫蠶婦，凍而織，餒而耕，殫力忍死，以供十倍之賦，日日引頸，望覩昇平之化、惠恤之恩，凡四十九年矣。荐屬多故，有加無瘳，持利權食厚祿者，當憂隱忸怩，憫愧黎庶，而又交通私賄，扇起貪風，是令已困之甿，重遭過分之擾。陛下尚以爲鞭靴之類，受亦無妨，若使天下納賂，唯有二三宰臣，四方誅求，止於

鞭靴細物，行之不足以傷化，絶之不足以利人，則臣固已微抑私心，將順睿旨矣。若使國家致理，必資饋遺通情，辭之足以失天下之心，受之足以濟天下之務，則臣固亦不避汙行，助我聖功矣。臣所以未敢奉詔，冒昧塵煩者，審知此道未唯於無益，必有甚損故也。亦冀陛下詳察其理，善澄其源，弘清淨無欲之風，守慈儉不貪之寶，是將感人心而天下服，何有事情不通之患乎？夫貨賄上行，則賞罰之柄失；貪求下布，則廉恥之道衰。何者？善惡不分，功過無辯，以貨賄之多少爲課績之重輕，守道闕供，或時致怨，招累求得，當欲苟以釋罪貫榮，忍行刻剝者，見謂公忠，巧飾玩好者，獲稱才智，此謂賞罰之柄失也。上好利，則下思聚斂；上求賄，則下肆侵蠹。不懷愧心，但逞私欲，遞相企効，習以成風，閭閻日殘，紀綱日壞，不可以禮義勸，不可以刑法懲，此由廉恥之道衰也。作法於涼，其弊猶貪；作法於貪，其弊斯亂。利於

小者必害於大，易於始者必悔於終。賄道一開，展轉滋甚，鞭靴不已，必及衣裘；衣裘不已，必及幣帛；幣帛不已，必及車輿；車輿不已，必及金璧。日見可欲，何能自窒于心？已與交私，固難中絶其意。是以涓流不止，谿壑成災；毫末既差，丘山聚釁。自昔國家敗亡多矣，何曾有以約失之者乎？臣竊料郡府之不願行賄於朝廷，猶鄉閭之不願輸貨於郡府也。但以行之者有利，不行者有虞，故爲安身保位之謀，不得不行耳。夫豈樂而行之哉？假如四方俱賂於朝廷，朝廷受其三而卻其一，有所受，有所卻，二端相反，則遇卻者或有意疑乎見拒，而不通焉。四方俱賂於朝廷，朝廷俱辭而不受，則咸知不受者乃朝廷之常理耳，適所以服其心而誘其善，復何嫌阻之有乎？陛下若謂問遺可以通物情，絜矩不足敦理化，則自建中以來，股肱耳目之間，蓋常有交利行私者矣，乃其所也。陛下何尤焉？陛下嗣位之初，躬行節儉，郡

國無來獻朝廷無私求行李無黷貨之人通臣無受賂之事四方風動幾致清平旋以刑峻賦繁兵連禍結理功中否至化未孚洎大憝殲夷皇運興復征伐之役頗息於前時情約之風亦虧於往日此則雖革一弊亦喪一美焉曩興師徒人困暴賦今罷征伐人困私求是乃殘瘁之餘永無蘇息之望使萬方黎獻當陛下休明之代不登富壽不洽雍熙追懷前脩寔用心懃而議者反以納賂通情之理以惑陛下斯不亦誣上行私之甚者乎夫天下公器也王綱大權也執大權者不任以小數守公器者不徇於私情任小數而御大權則忿戾之禍起徇私情以持公器則姦亂之釁生故春秋傳曰在上位者洒濯其心以待之而後可以理人言私曲之不可以莅衆庶也又曰國家之敗由官邪也官之失德寵賂彰也君人者將昭德塞違以臨照百官百官於是乎戒懼而不敢易紀律言賄利之不可以化百官也

又曰長國家者非無賄之難無令名之難諸侯之賄聚於公室則諸侯貳言貪欲之不可以懷諸侯也古之懷諸侯者蓋有其道矣唯不務賄然後得之禮記云凡爲天下有九經其一曰理亂持危朝聘以時厚往而薄來所以懷諸侯也是知懷撫之道貴德賤財於往也則厚其贈送之資於來也則薄其贄幣之禮訓人以尊讓示人以不貪始於朝廷行於郡國廉節之風漸廣侵漁之害不萌里閭獲安郡國斯乂朝廷益尊所謂化自上流理由下濟近者悅服而遠者歸懷是皆無賄之致也及夫王綱浸壞德化陵夷然後滅公議而徇私情盛誅求而崇讀獻故禮記曰天子微諸侯僭於是相覦以貨相賂以利而天下之禮亂矣是知傷風害禮莫甚於私暴物殘人莫大於賂利於絶私去賄者莫先於君主務於愛人助理者莫切於輔臣然則君主輔臣之間固不可語及於私賄矣况又躬行乎臣以受恩特深志欲臣細裨補苟懷疑慮不敢因循亦賴遭逢聖明庶得竭盡愚直所以無事獻替不以犯忤爲虞意懇詞繁伏用慚悚謹奏

憲宗元和元年校書郎元稹舉才識兼茂明於體用對策曰臣方病近古之策不行而陛下幸及之是天下人人之福也微臣其敢忍意而不言乎且臣聞之古者以言賦納豈虛義哉蓋用之也是以益贊禹而班師說復王而作命斯皆用言之大略也洎漢文帝蓋不若堯舜始以策求士乃天下郡國有賢良之貢入焉塞詔者鼂錯而已至武帝然後董仲舒出然而卒不能選用條對施之天下夫用其策不棄其人以其利於時也得其人而棄其策又何爲乎若此則徒設試言之科而不得用言之實矣降及魏晉朝成而暮敗之不暇又惡足言其策哉我唐列聖君臨策天下之士者多矣異時莫不宪揚其名聲寵綏其爵祿然而曾不聞天下之人曰某日天子降某問得某士

行某策濟某功抑不知直言之詔屢下而直言之士不出耶亦不知直言之士屢出而直言之策不用耶今陛下肇臨海内務切黎元求斥己之至言責著明之確論實命說代言之盛意也微臣何足以奉承之然臣所以上愚對皆以指病陳術爲典要不以擧凡體諭而飾詞事苟便人雖繁必獻言苟詣理雖鄙必書固不足以副陛下懇惻之誠庶可盡微臣體用之目伏願陛下以臣此策委之有司苟或可觀施之天下使天下之人曰惜哉漢文雖以策求士迨我明天子然後能以策濟人則臣始終之願畢矣如或言不適用策不便時則臣有欺聖欺天之罪將寘於典刑陛下固不得而宥之矣亦臣之所甘心焉臣伏讀聖策乃見陛下念禮樂之寖微恤黎人之重困責復盛濟艱之術酌推恩寓令之宜斯皆當今之急病也微臣敢不别白而書之昔我高祖武皇帝撥去亂政我太宗文皇帝鞭棄干戈被之以

仁風潤之以膏露戢天下之役而天下之人安省天下之刑而天下之人壽通天下之志而天下之氣和總天下之賢而天下之衆理理故敬讓之節著和故懽愛之教行是以革三王之所因兼六代之盡美稱至德者舉文皇以代堯舜豈異事哉有誠信以將之也明皇即位實號中興方其任姚宋而右賢能也雖禹湯文武之俗不能過焉四十年間刑罰不試人用滋殖四海大和於是舉升中告禪之儀則封泰山而秩嵩華念歲巡時邁之典則去咸鎬而朝洛陽禮既畢行物亦隨耗天寶之後繇成漸興氣盛而微理固然也曩時之亂萌而有之者一朝為兵殲之兵興已來至今為梗兵興則戶減戶減則地荒地荒則賦重賦重則人貧人貧則逋役逃征之罪多而榷管權宜之法用矣今陛下躬親本務首問群儒念禮樂之不興慮升平之未復斯誠天下之人將絕復完之日也微臣何幸而對揚之微臣以為將欲興禮樂必在富黎人將欲富黎人必在息兵革息兵之術臣請兩言之夫古之所謂銷兵革者非謂幅裂其旗章鑠鐻其鋒刃而已也蓋誠信著於上則忠孝行於下富壽立於內則夷狄和於外夷狄和則邊鄙之兵息富壽立則爭奪之患銷爭奪之患銷則和順之心作和順之心作則禮樂之道興矣此先王脩政戢兵興禮樂富黎人之大略也陛下必欲責臣以詳究之術臣又請指事以明之夫食力之不充雖神農教天下不能無餒殍之人矣是以古之不農而食之者四而已吏有斷察之明則食之軍有臨敵之勇則食之工有便人之巧則食之商有通物之志則食之是四者率皆明者勇者巧者智者之事也百天下之人無一二焉苟不能於此者不農則不得食不績則不得衣人之情迫食於中則作業興於外是以游食者恒寡而務本者恒多豈強之哉彼易安而此難及也今之是事則不然吏理無考

課之明卒伍廢簡稽之實百貨極淫巧之工列肆盡并兼之賈加以依浮圖者無出華絕俗之真而有抗役逃刑之寵假戎服者無超乘挽強之勇而有橫擊詬吏之驕是以十天下之人九為游食惷朴愚讜不能自還者而後依於農此又非他彼逸而易安此勞而難處也是以游惰之戶歲增而耕桑之賦愈重曩時之十室共輸而猶不給者今且聚之於一夫矣雖有慈惠之長仁隱之吏尚不能存若惜斷擊搏之則將轉移於溝壑矣今之課吏者以賦斂無逋負為上第以臣觀之是陛下之賊者誠所以害陛下之人耳若此則農桑之用既如是游惰之衆又如此耕桑之賦重則戀本之心薄游惰之戶衆則富庶之道乖此必然之理也今陛下誠能明考課之法減冗食之徒絕雕蟲不急之工罷商賈并兼之業潔浮圖之行峻簡稽之書薄農桑之征興耕戰之術則游惰之戶盡歸而戀本之心固矣戀本之心固則富庶之教興而貞觀開元之盛復矣若此則既往之失由前將來之虞由後在陛下懲之戒之慎之久之而已至於主父偃秉六國併吞之後將分裂而矯推恩管夷吾當諸侯爭奪之時先詐力而行寓令皆一時之權術也豈可謂明白四達若日月而懸於聖朝哉臣雖賤庸尚不敢陳王道於帝皇之日況權術乎此臣之所以甚羞也故不及而詳究言之臣伏覩聖策又見陛下以為執契則群下用倦躬親則庶官無黨以漢元尚儒學而衰盛業謂光武課吏職而昧通方以臣思之皆不然也夫委之於下而用其情蓋考績之科廢而清濁之流濫矣尚儒術而衰盛業章句之學興經緯之文喪也課吏職而昧通方蓋苛察之法行而會計之期速也臣請條列而言之炎神農之斲耒耜教闢耨所以墾良田而殖嘉穀也然而不能遏稂莠之滋焉其所以待之者芟夷之而已堯之闢朝廷擇百揆而所以殖舜

禹。而種皐陶也。然而不能遏共工驩兜之逆。爲其所以辨之者放棄殛誅之而已。神農不以稂莠穢而廢耒耜之用。故能存用器之方。唐堯不以四罪進而奪舜禹之任。故能終任賢之道。若此。則陛下之所顧如何耳。豈可謂任之必不可哉。至於考績之科廢。章句之學興。經緯之道衰。會計之期速。皆當今之極弊也。幸陛下及漢元之事。臣請據數以終之。今國家之所謂興儒術者。豈不以有通經文字之科乎。其所謂通經者。不過於覆射數字。明義者纔至於辨析章條。是以中第者歲盈百數。而通經之士蔑然。以是爲通經。通經固若是乎哉。至於工文自試者。又不過於雕詞鏤句之才。搜摘絕離之學。苟或出於此者。則公卿可坐至。郎署可俯求。崇樹風聲。不由殿最。連科者進速。累捷者位高。積嘿因循者爲清流。行法莅官者爲俗吏。以是爲儒術。儒術又若是乎哉。其所謂課吏職者。豈不以銓廷有遷次進拔之用乎。

臣切觀今之備朝選而不由文字者。百無一二焉。夫施衆網以加一禽。尚不能得。況張一目以羅萬品。而望其飛者走者大者小者盡出乎其間。其可得乎哉。以此察群吏。群吏又可察乎哉。苟或不可察。又可任之而絕其私乎哉。此所以陛下將執契而歎用情。念垂衣而懼不理。蓋臣所謂課察之道不明也。陛下誠能使禮部以兩科求士。凡自唐禮六典律令。凡國家之制度之書者。周至於九經歷代史。能專其一者。悉得謂之學士。以鑠貫大義與道合符者爲上第。口習文理者次之。其詩賦判論以文自試者。皆得謂之文士。以經緯今古理中是非者爲上第。藻績雅麗者次之。凡自布衣達於末隸在朝者。悉得以兩科求仕。禮部第其高下。歸之吏部。而寵秩之。若此。則儒術之道興而經緯之文盛矣。吏部罷書判身言之選。設三式以任人。一曰校能之式。每歲以朝右崇重者一人。與吏部郎校天下群吏之理最在第一至第三者校定。日據其功狀而發進之。牧宰字人之官。籍之爲理者。則上賞行焉。若此。則遷次之道明。而遲速之分定矣。二曰紀功之式。每歲群吏之課最在第四者。籍而書之。滿歲吏部會集而授署之。若此。則殿最之道存。而清濁之流異矣。三曰任賢之式。每歲内自僕射至于群有司之正長。外至于廉問節制者。各舉備朝選者一人。外自牧守内至于百執事之立於朝者。各舉吏郡縣者一人。因其所舉而授任之。辨其考績而賞罰之。不舉賢爲不精。不精與不察之罪同。若此。則保任之法行。而賢不肖之位殊矣。四曰叙常之式。其有業不通於學。才不應於文。級不登於最。行不加於人。則限以停年課資之格而役任之。若此。則叙用之式恒。而尺寸之才無所棄矣。兩科吉則群才遂。四式行則庶官當。陛下又執左契以御之。握樞以正之。委庶官如心目之運支體。豈支體運而無効於心目乎。察群才如明鏡

之形美惡。豈美惡形而逃隱於明鑑乎。然後陛下闢四門。使可言之路通。明四目。以天下之目視。達四聰。以天下之耳聽。不私其心。以百姓心爲心。端拱巖廊。高居深視。以冕旒自蔽。而秋毫必察。以黈纊塞耳。而芥動必聞。則彼漢元章句之儒。光武督責之術。又惡足繫爲陛下言之哉。且臣聞之。聖人在上。人不夭札。若臣者生未及壯。戴陛下爲君。仁壽歡康。未始有極。何忽自苦瀝肝膽而言天下之事乎。誠以國家兵興以來。天下之人憯怛悲愁五十年矣。自陛下涉位之後。戴白之老莫不泣血而話開元之政。臣恐此輩不及見陛下功成理定之化而先沒恨於窮泉。此臣之所以汲汲於私心也。陛下能不憐察其意乎。謹對。

七年春。延英奏對畢。因問及國朝故事。上甚悅。宰臣李吉甫希意奏言。陛下威德布洽。華夷聽戴。時已太平。可事歡樂。上大笑。李絳奏曰。

昔太宗之理天下也房玄齡杜如晦輔相聖德魏徵王珪規諫闕失有溫彥博戴冑以彌縫政事有李靖李勣訓整戎旅故夷狄畏服寰宇大安天下之人仰戴聖德猶孜孜而求理開導直言旰食宵衣不敢滿盈豈復當時務於自逸乎陛下視今日事何如漢文時上曰安敢望漢文哉且文帝是漢之明主恭儉節用身衣皁綈清淨為理刑措不用戎狄面內致干戈偃戢賈誼上言猶以當時如措火積薪之下火未燃而以為安其憂危如此今中夏河南北申蔡青五十餘州法令所不及德澤所未加兼西戎侵盜近以涇隴靈寧等州為界去京城遠者不過千里近者數百里烽燧相接邊界屢警此方是陛下焦心洒慮廢寢忘飡之際豈可高枕而卧也加以頃年水旱帑藏尚虛陛下憂勞頻軫聖念誠是延訪智略之士揀援賢良之臣精求濟時之規光大中興之業又安可事於歡樂而自縱哉伏惟陛下誠之上

欣然曰誠如卿言朕所以一錢不敢妄費一日不敢懈怠者祗為此也卿言正當朕意當與卿等圖之上退朝顧謂左右中官曰適來吉甫奏言時已太平勸我為樂李絳屢陳今古并言事宜是憂危之事吉甫諂佞悅我顏色李絳忠正骨鯁言必遠大真宰相也中人皆賀十三年册王府諮議參軍分司東都李渤上言至德以來天下思致治平訖今不稱者人僣而不知變天以變通之運還陛下陛下順而革之則悠久宜乘平蔡之勢以德羈服恒兗無不濟則恩威暢矣昔舜禹以匹夫宅四海其烈如彼今以五聖營太平其難如此臣恐宰相群臣蘊晦術略啓沃有所未盡使陛下翹然思文武禹湯而不獲也宜正六官叙九疇脩王制月令崇孝弟敦九族廣諫路黜選舉復俊造定四民省抑佛老明刑行令治兵禦戎頤下宰相公卿大夫議博引海內名儒大闢學館與群臣參講據經稽古應時從俗者使切磋

周曉作制度合宣父繼周之言

史館脩撰臣李翺言臣素陋幸得守職史官以紀錄是非為事竊通前古治亂安危之大本者實史臣之大本也臣雖愚敢懷畏罪之心而不脩其職竊見陛下即位以來招懷不廷之臣誅鋤賊十餘事刷五聖之憤恥為後代之根本自古中興之盛孰有及者臣得奉詔朝謁以來親見聖德之所不可及亦已多矣至如淄青生口夏侯澄等四十七人皆所宜誅斬者也陛下知逆賊所逼脅貸其父母妻子而驅之使戰其陷惡逆非其本心赦而不誅因詔田弘正隨材任使其欲歸妻子父母者縱而不禁臣竊聞夏侯澄等既得生歸淄青賊兵聞之莫不懷陛下好生寬惠之德而遂無拒戰官軍之心矣劉悟所以能一夕而擒斬師道者以三軍之心皆以苦師道而思陛下之德故能不費日而成大功也此聖德之所不可及者一也今歲關中

夏麥甚盛陛下哀民之窮困特下明詔放夏稅約十萬石朝臣相顧皆有喜色百姓歌樂遍於草野此謂聖德之不可及者二也韓弘獻女樂陛下不受却又賜之昔者魯用孔子齊人恐懼遺之女樂季桓子受之君臣共觀而三日不朝故孔子去魯陛下超然獨見遂以歸之此聖德之所不可及者三也出李宗奭妻女於掖廷以莊宅却賜沈遵師聖明寬恕億兆欣感者不可備紀若下詔出令一一皆類於此武德貞觀不難及太平可反掌而致矣臣以為定禍亂者武功也能復制度興太平者文德也非武功不能以定禍亂非文德不能以致太平今陛下既以武功平禍亂定海內能為其難者矣若革去弊事復高祖太宗之舊制用忠正而不疑屏邪佞而不近改稅法不督錢而納布帛絕進獻以寬百姓稅租之重則下不困厚邊兵以息蕃戎侵掠之患則天下安數引見待制官問以時事以通壅蔽之路則

下情達此六者政之根本太平之所興陛下既以能行其難者矣又何惜不速其易為者乎以臣伏覩陛下上聖之姿也如不惑近習容悅之詞選用骨鯁正直之臣與之脩復故事而行之以興太平可不勞而功成也若一日不以為事臣恐大功之後易生逸樂而群臣進言者必曰天下既以太平矣陛下可以高枕而為宴樂矣若如此則高祖太宗之制度不可以復矣制度不復則太平未可以遂至矣臣竊惜陛下聖質當可興之時而尚謙讓未為也臣謹條疏興復太平大略六事別白於後若行此六者五年不變臣必知百姓樂康蕃虜入侍天垂景星地湧醴泉鳳凰鳴于山林麒麟遊於苑囿此無他和氣之所感也詩曰先人有言詢于芻蕘伏惟陛下明聖思博聞天下之事以助政理故臣敢忘其狂愚而盡忠焉無任感恩激切之至謹奉表以聞

其一曰用忠正臣聞國之所以興者主能信任大臣臣能以忠正輔主故忠正者百行之宗也大臣忠正則小臣莫敢不為正矣小臣莫敢不為正則天下後進之士皆樂行忠正之道矣後進之士皆樂行忠正之道是王化之本太平之事也今之語者必曰知人邪正是堯舜之所難也焉得知忠正之人而用之邪臣以為察忠正之人蓋有術焉能盡言憂國而不希恩容者此忠正之徒也夫忠正之人亦各自有黨類邪臣嫉而譏之而且以為相朋黨矣夫舜禹稷契之相稱贊也不為朋顏閔之相往也不為黨皆在於講道德仁義而已邪人嫉而譏之且以為朋黨用以惑時主聽從古以來皆有之矣故蕭望之周堪劉向謀退許史竟為邪臣所勝漢元帝不能辨而終任用邪臣漢室之衰始於元帝此不可不察也故聽其言能數逆於耳者忠正之臣也雖任之雜以邪佞之臣則太平必不能成矣文宣王曰十室之邑必有忠信如丘者焉故忠信之人不難有也在陛下辨而用之各以其類進之而已臣故曰用忠正而不疑則功德成

其二曰屏姦佞臣聞孔子遠佞人言不可以共為國也凡自古姦佞之人可辨也皆不知大體不懷遠慮務於利己貪富貴固榮寵而已矣必好甘言諂辭以希人主之欲主之所貴因而賢之主之所怒因而罪之主好利則獻畜聚斂剝之計主好聲色則開妖艷鄭衛之路主好神仙則通燒煉變化之術望主之色希主之意順主之言而奉承之人主悅其不違己因而親之以至於事失怨生而不聞也若事失怨生而不聞其危[illegible]矣自古奸邪之人未有不如此者也然則雖堯舜為君稷契為臣而雜之以奸邪之人則太平必不可興而危事潛生矣所謂奸邪之

臣者榮夷公費無極太宰嚭王子蘭王鳳張禹許敬宗楊再思李義甫李林甫盧杞裴延齡之比是也姦邪之臣信用大則亡國小則壞法度而亂生矣今之語者必曰知人邪正是堯舜之所難也焉得知其邪佞而去之耶臣以為察姦佞之人亦有術焉主之所欲皆順不違又從而承奉先後之者此姦佞之人也不去之雖用稷契為相不能以致太平矣故人主之任姦佞則耳目塞蔽耳目塞蔽則過不聞而忠正不進矣臣故曰屏姦佞而不近則視聽聰明

其三曰改稅法臣以為自建中元年初定兩稅至今四十年矣當時絹一匹為錢四千米一斗為錢二百稅戶之輸十千者為絹二匹半而足今稅額如故而粟帛日賤錢益加重絹一匹價不過八百米一斗不過五十稅戶之輸十千者為絹十有二匹

然後可況又督其錢使之賤賣者耶假令官雜虛估以受之尚猶為絹八匹乃僅可滿十千之數是為比建中之初為稅加三倍矣雖明詔屢下哀恤元元不改其法終無所救然物極宜變正當斯時推本弊同錢重而督之於百姓之所生也錢者官司所鑄粟帛者農之所出今乃使農人賤賣粟帛易錢入官是豈非顛倒而取其無者耶由是豪家大商皆多積錢以逐輕重故農人日困末業日增一年水旱百姓菜色家無滿歲之食況有三年之畜乎百姓無三年之積而望太平之興亦未可也今若詔天下不問遠近一切令不督見錢皆納布帛凡官司出納以布帛為準幅廣不得一尺九寸長不過四十尺比兩稅之初猶為重加一尺然百姓自重得輕必樂而易輸不敢復望如建中之初矣行之三五年臣必知農人漸有畜積雖遇一年水旱未有菜色父母夫婦能相保矣若稅法如舊不速改更雖神農后稷復生教人耕織勤不失時亦不能躋於充足矣故臣曰改稅法不督錢而納布帛則百姓足

其四曰絕進獻臣以為自建中以來稅法不更百姓之困已備於前篇矣今節度觀察使之進獻必曰軍府羨餘不取於百姓且供軍及留州錢各有定額若非兵士闕數不填及減刻所給則錢帛非天之所雨也非如泉之可涌而生也不取於百姓將安取之哉故有作官店以居商賈者有釀酒而官沽者其它雜率巧設名號是皆奪百姓之利虧三代之法公託進獻因得自成其私甚非太平之事也比年天下皆厚留度支錢畜兵士者以中原之有寇賊也今吳元濟李師道皆梟斬矣中原無虞而畜兵如故以耗百姓臣以為非是也若選達吏事之臣三五人往

諸道與其節度使團練使言每道要留兵數以備鎮守責其兵士見在實數因使其逃亡不補自可以每年十銷一矣告之以中原無事蕃戎可虞每道宜配兵若干人取其衣糧以賜邊兵而召戰士使邊兵實則蕃戎不足慮也衣錢帛皆國家之錢帛也宜作明法以取之延也若使通達吏事之臣往使焉雖其將帥之不誠盡者亦不敢有所隱矣今受進獻則節度使團練使皆多方刻下以為蓄聚其自為私者三分其所進獻者一分也是豈非兩稅之外又加稅焉百姓之所不樂其業而父子夫婦或有不能相養矣父子夫婦不能相養而望太平之興雖婦人女子皆知其未可也臣故曰絕進獻以寬百姓稅租之重則下不困

其五曰厚邊兵臣以為方今中原無事其慮者蕃戎與北虜而已議者以為邊備尚虛皆可憂矣兵法有之曰不恃敵之不來恃此之不可勝今國家威武達于四夷其不敢犯邊為寇雖已明矣然蕃戎如犬羊也安識禮義而必其不為寇哉且去歲犯邊是以明矣臣以為使緣邊諸節度使特共召戰士十萬人每歲不過費錢一百萬貫則邊備實矣邊上有召戰士之聲達於四夷四夷心服不敢為盜矣四夷不敢為盜邊鄙之人得無兵戰之苦則京師可高枕而視矣

其六曰數引見待制官問以時事原本闕

穆宗時嘗問貞觀開元治道最盛何致而然中書侍郎同中書門下平章事崔植曰太宗資上聖興民間知百姓疾苦故厲精思治又以房玄齡杜如晦魏徵王珪為之佐君明臣忠聖賢相維治致升平固其宜也玄宗在天后時身踐憂患既即位得姚崇宋璟此二人夙夜孜孜納君於道璟嘗手寫尚書無逸為圖以獻勸帝出入觀省以自

戒。其後扔𥇍。乃代以山水圖稍怠于勤。左右不復箴規。姦臣日用事。以致于敗。昔德宗嘗問先臣祐甫開元天寶事。先臣具道治亂所以然。在童丱記其說。今願陛下以無逸為元龜。則天下幸甚。

中書舍人柳公權與六學士對便殿。帝稱漢文帝恭儉。因舉袂曰此三澣矣。學士皆賀。獨公權無言。帝問之。對曰人主當進賢退不肖納諫諍明賞罰。服澣濯之衣。此小節耳。非有益治道者。異日與周墀同對論事不阿。墀為惴恐。公權益不奪。帝徐曰。卿有諍臣風。可屈居諫議大夫。乃尙舍人下遷。仍為學士知制誥。

文宗太和二年。劉蕡舉賢良方正能直言極諫策曰。朕聞古先哲王之治也。玄默無為。端拱司契。陶甿心以居簡。凝日用於不宰。厚下以立本。推誠而建中。繇是天人通。陰陽和。俗躋仁壽。物無疵癘。噫盛德之所臻。夐乎不可及已。三代令王。質文迭救。百氏滋熾。風流寖微。自

漢以降。足言蓋寡。朕顧唯昧道。祗荷丕構。奉若謨訓。不敢怠荒。任賢惕厲。宵衣旰食。詎追三五之遐軌。庶紹祖宗之洪緒。而心有未達。行有未孚。由中及外。闕政斯廣。是以人不率化。氣或堙厄。災旱竟歲。播植愆時。國廩罕蓄。乏九年之儲。吏道多端。微三載之績。京師。諸夏之本也。將以觀治。而豪猾踰檢。太學。明教之源也。期於變風。而生徒惰業。列郡在乎頒條。而干禁或未絕。百工在乎按度。而淫巧或未息。俗恬風靡。積訛成蠹。其擇官濟治也。聽人以言。則枝葉難辨。御下以法則恥格不形。其阜財發號也。生之寡而食之衆。煩於令而鮮於治。思所以究此繇致之治乎。茲心浩然。若涉淵冰。故前詔有司。博延群彥。佇啓宿懵。冀臻時雍。子大夫皆識達古今。志在康濟。造廷待問。副朕虛懷。必當箴治之闕。辨政之疵。明綱條之致紊。稽庶富之所急。何施革於前弊。何澤惠於下土。何脩而治古可近。何道而和氣克充。推之本源。著於條對。至若夷吾輕重之權。孰輔於治。歲尤底定之策。孰叶於時。元凱之考課。何先。太子之克平。何務。惟此龜鑑。擇乎中庸。斯在洽聞。朕將親覽。進士劉蕡對曰。臣誠不佞。有正國致君之術。無位而不得行。有犯顏敢諫之心。無路而不得達。懷憤鬱抑。思有時而發。常欲與庶人議于道。商賈謗于市。得通上聽。一悟主心。雖被祆言之罪。無所悔。況逢陛下詢求過闕。咨訪嘉謀。制詔中外。舉直言極諫。臣得與舉。專承大問。敢不悉意以言。至於上所忌。時所禁。權幸所諱惡有司所與奪。臣愚不識。伏惟陛下少加優容。不使聖時有讜言受戮者。天下之幸也。謹昧死以對。伏以聖策有思古先之治。念玄默之化。將欲通天地以濟俗。和陰陽以煦物。見陛下慮道之深也。臣以為哲王之治。其則不遠。惟致之之道何如耳。伏以聖策有祗荷丕構而不敢荒寧。奉若謨訓而罔有怠忽。見陛下憂勞之至也。若夫任賢惕厲。

宵衣旰食。宜黜左右之纖佞。進股肱之大臣。若夫追蹤三五。紹復祖宗。宜鑒前古之興亡。明當代之成敗。心有未達。以下情蔽而不得上通。行有未孚。以上澤壅而不得下浹。欲人之化。在脩己以先之。欲氣之和。在遂性以導之。救災旱在致精神。廣播殖在視食力。國廩罕蓄本乎冗食尚繁。吏道多端。本乎選用失當。豪猾踰檢。繇中外之法殊。生徒惰業。繇學校之官廢。列郡干禁。繇授任非人。百工淫巧。繇制度不立。伏以聖策有擇官濟治之心。阜財發號之歎。見陛下教化之本也。且進人以行。則枝葉安有難辨乎。防下以禮。則恥格安有不形乎。念生寡而食衆。可罷斥惰游。念令煩而治鮮。要察其行否。博延群彥願陛下必納其言。造廷待問。則小臣安敢愛死。伏以聖策有求賢箴闕之言。審政辨疵之令。見陛下咨訪之勤也。遂小臣斥姦豪之志。則弊革于前。守陛下念康濟之心。則惠敷于下。邪正之道分。而治古可

近禮樂之方著而和氣克充至若夷吾之法非皇王之權嚴尤所陳
無最上之策元凱之所先不若唐堯考績桀子之所務不若虞舜舞
干且非大德之中庸上聖之龜鑑又何足為陛下道之哉或有以繫
安危之機兆存亡之變者臣請披肝膽為陛下別白而重言之臣前
所謂哲王之治其則不遠者在陛下慎思之力行之始終不懈而已
謹按春秋元者氣之始也春者歲之元也春秋以元加於歲以春加
於王明王者當奉若天道以謹其始也又舉時以終歲舉月以終時
春秋雖無事必書首月以存時明王者當奉承天之道以謹其終也
王者動作始終必法於天者以其運行不息也陛下能謹其始又能
謹其終懋而脩之勤而行之則執契以居簡無為而不窒廣立本之
大業崇建中之盛德安有三代循環之弊百僞滋熾之漸乎臣故曰
唯致之之道何如耳臣前所謂若夫任賢惕厲宵衣旰食宜黜左右

之纖佞進股肱之大臣實以陛下憂勞之至也臣聞不宜憂而憂者
國必衰宜憂而不憂者國必危陛下不以國家存亡社稷安危之策
而降於清問臣未知陛下以布衣之臣不足與定大計耶或萬機之
勤有所未至也不然何宜憂而不憂乎臣以為陛下所先憂者宮闈
將變社稷將危天下將傾四海將亂此四者國家已然之兆故臣謂
聖慮宜先及之夫帝業艱難而成之固不可容易而守之太祖肇其
基高祖勤其績太宗定其業玄宗繼其明至于陛下二百餘載其間
聖明相因擾亂繼作未有不用賢士近正人而能興者或一日不念
則顛覆大器宗廟之恥萬古為恨臣謹按春秋人君之道在體元以
居正昔董仲舒為漢武帝言之略矣有未盡者臣得為陛下備論之
夫繼故不書即位所以正其始也終必書所終之地所以正其終也
故為君者所發必正言所履必正道所居必正位所近必正人春秋

闇弒吳子餘祭書其名譏疏遠賢士昵刑人有不君之道伏惟陛下
思祖宗開國之勤念春秋繼故之誡明法度之端則發正言履正道
杜篡弒之漸則居正位近正人遠刀鋸之殘親骨鯁之直輔相得以
顓其任庶寮得以守其官奈何以褻近五六人總天下大政外專陛
下之命內竊陛下之權威攝朝廷勢傾海內群臣莫敢指其狀天子
不得制其心禍稔蕭墻姦生帷幄臣恐曹節侯覽復生於今日此宮
闈將變也臣按春秋定公元年春王不言正月者春秋以為先君不
得正其終則後君不得正其始故曰定無正也今忠賢無腹心之寄
閽寺專廢立之權陷先帝不得正其終致陛下不得正其始況太子
未立郊祀未脩將相之職不歸名器之宜不定此社稷將危也臣謹
按春秋王札子殺召伯毛伯春秋之義兩下相殺不書此書者重其
專王命也夫天之所授者在命君之所存者在令操其命而失之者

是不君也侵其命而專之者是不臣也君不君臣不臣此天下所以
將傾也臣按春秋晉趙鞅以晉陽之兵叛入于晉書其歸者能逐君
側之惡以安其君故春秋善之今威柄陵夷藩臣跋扈有不達人臣
大節而首亂者將以安君為名不究春秋之微稱兵者以逐惡為義
則典刑不繫天子征伐必自諸侯此海內之將亂也故樊噲排闥而
雪涕袁盎當車而抗辭京房發憤以殞身竇武不顧而畢命此皆陛
下明知之矣臣謹按春秋晉狐射姑殺陽處父書襄公殺之者以其
君漏言也襄公不能固陰重之機處父所以及殘賊之禍故春秋非
之夫上漏其情則下不敢盡意上泄其事則下不敢盡言故傳有造
膝詭辭之文易有失身害成之戒今公卿大臣非不欲為陛下言之
慮陛下不能用也怨而不用必泄其言臣下既言而不行必嬰其禍
適足鉗直臣之口而重姦臣之威是以欲盡其言則有失身之懼欲

盡其意。則有害成之憂。望八面贊襄。以須陛下感悟。然後盡其啓沃。陛下何不聽朝之餘。時御便殿。召當世賢相老臣。訪持變扶危之謀。求定傾救亂之術。塞陰邪之路。屏褻狎之臣。制侵陵迫脅之心。復門戶掃除之役。戒其所宜戒。憂其所宜憂。既不得治其前。當治其後。不得正其始。當正其終。則可以慶泰興謨。克承丕構。終任賢之效。無宵旰之憂矣。臣前所謂追蹤三五。紹復祖宗。宜鑒前古之興亡。明當時之成敗者。臣聞堯禹之爲君。而天下大治者。以能任九官四岳十二牧。不失其舉。不貳其業。不侵其職。居官唯其能。左右唯其賢。元凱在下。雖微而必舉。四凶在朝。雖強而必誅。考其安危。明其取舍。至秦之二世。漢元成。咸願措國如唐虞。致身如堯舜。而終敗亡者。以其不見安危之機。不知取捨之道。不任大臣。不辨姦人。不親忠良。不遠讒佞也。伏惟陛下察唐虞所以興。而景行於前。鑒秦漢之所以亡。而戒懼於後。陛下無謂廟堂無賢相。庶官無賢士。今綱紀未絕。典刑猶在。人誰不欲致身爲王臣。致時爲升平。陛下何忽而不用耶。又有居官非其能。左右非其賢。惡如四凶。詐如趙高。姦如恭顯。陛下何憚而不去耶。神器固有歸。天命固有分。祖宗固有靈。忠臣固有心。陛下其念之哉。昔秦之亡也。失於強暴。漢之亡也。失於微弱。強暴則姦臣畏死而害上。微弱則彊臣竊權而震主。臣伏見敬宗不虞亡秦之禍。不翦其萌。伏惟陛下深軫亡漢之憂。以杜其漸。則祖宗之洪業可紹。三五之遐軌可追矣。臣前所謂陛下心有所未達。以下情塞而不能上通。行有所未孚。以上澤壅而不得下浹。且百姓有塗炭之苦。陛下無由而知。陛下有子惠之心。百姓無由而信。臣謹按春秋書梁亡。不書取者。梁自亡也。以其思慮昏而耳目塞。上出惡政。人爲寇盜。皆不知其所以。終自取其滅亡也。臣聞國君之所以尊者。重其社稷也。社稷之所以重者。存其

百姓也。苟百姓不存。則雖社稷不得固其重。社稷不重。則人君不得保其尊。故治天下者。不可不知百姓之情。夫百姓者。陛下之赤子。陛下宜令慈仁者視育之。如保傅焉。如乳哺焉。如師之教導焉。故人之於上也。恭之如神明。愛之如父母。今或不然。陛下親近貴倖。分曹建署。補除卒吏。召致賓客。因其貨賄。假以聲勢。大者統藩方。小者爲守牧。居上無清惠之政。而有饕餮之害。居下無忠誠之節。而有姦欺之罪。故人之於上也。畏之如豺狼。惡之如讎敵。今海內困窮。處處流散。飢者不得食。寒者不得衣。鰥寡孤獨不得存。老幼疾病不得養。加以國權兵柄。顓於左右。貪臣聚斂以固寵。姦吏因緣而弄法。冤痛之聲上達於九天。下入於九泉。鬼神爲之怨怒。陰陽爲之愆錯。君門萬重。不得告訴。士人無所歸化。百姓無所歸命。官亂人貧。盜賊並起。土崩之勢。憂在旦夕。即不幸因之以疾癘。繼之以凶荒。陳勝吳廣。不獨起於秦。赤眉黃巾。不獨生於漢。臣所以爲陛下發憤扼腕。痛心泣血也。如此。則百姓有塗炭之苦。陛下何繇而知之乎。陛下有子惠之心。百姓安得而信之乎。使陛下行有所未孚。心有所未達。固其然也。臣聞漢元帝即位之初。更制七十餘事。其心甚誠。其稱甚美。然紀綱日紊。國祚日衰。姦宄日彊。黎元日困。繇不能擇賢明而任之。失其操柄也。自陛下即位。憂勤兆庶。屢降德音。四海之內。莫不抗首而長息。自喜復生於死亡之中也。伏惟陛下慎終如始。以塞四方之望。誠能揭國柄以歸于相。持兵柄以歸于將。去貪臣聚斂之政。除姦吏因緣之害。惟忠賢是近。惟正直是用。內寵便僻。無所聽焉。選清慎之官。擇仁惠之長。敏之以利。煦之以和。教之以孝慈。道之以德義。去耳目之塞。通上下之情。俾萬國懽康。兆庶蘇息。即心無不達。而行無不孚矣。臣前所謂欲人之化也。在脩己以先之。臣聞德以脩己。教以導人。脩之也。則人不勸而

自立導之也。則人不教而率從。君子欲政之必行也。故以身先之。欲人之從化也。故以道御之。今陛下先之以身。而政未必行。御之以道而人未從化。豈立教之旨未盡其方邪。夫立教之方。在乎君以明制之。臣以忠行之。君以知人為明。臣以正時為忠。知人則任賢而去邪。正時則固本而守法。賢不任。則重賞不足以勸善。邪不去。則嚴刑不足以禁非。本不固則人流。法不守則政散。而欲教之必至。化之必行。不可得也。陛下能斥姦邪而不私其左右。舉賢正而不遺其踈遠。則化浹朝廷矣。愛人而敦本。分職而奉法。脩其身以及其人。始於中而成於外。則化行天下矣。臣前所謂欲氣之和也。在遂其性以導之者。當納人於仁壽也。夫欲人之仁壽也。在立制度脩教化。夫制度立。則財用省。財用省則賦歛輕。賦歛輕則人富矣。教化脩則爭競息。爭競息則刑罰清。刑罰清則人安矣。既富矣。則仁義興焉。既安矣。則壽考

至焉。仁義之心感於下。和平之氣應於上。故災害不作。休祥荐臻。四方底寧。萬物咸遂矣。臣前所謂捄災旱在乎致精誠者。臣謹按春秋魯僖公一年之中。三書不雨者。以其人君有恤人之志也。文公三年之中。一書不雨者。以其人君無閔人之心也。故僖致誠而旱不害物。文無卹閔而變則成災。陛下有閔人之志。則無成災之變矣。臣前所謂廣播殖在乎視食力者。臣謹按春秋君人者。必時視人之所勤。人勤於力。則功築罕。人勤於財。則貢賦少。人勤於食。則百事廢。今財食與力皆勤矣。願陛下廢百事之用。以廣三時之務。則播殖不愁矣。臣前所謂國廩罕蓄本乎冗食尚繁者。臣謹按春秋譏臧孫辰告糴于齊。春秋譏其無九年之蓄。一年不登而百姓飢。臣願斥游惰之人。以萬耕殖。省不急之費。以贍黎元。則廩蓄不乏矣。臣前所謂吏道多端本乎選用失當者。繇國家取人不盡其材。任人不明其要故也。今陛下

之用人也。求其聲而不求其實。故人之趨進也。務其末而不務其本。臣願覈考課之實。定遷敘之制。則多端之吏息矣。臣前所謂豪猾踰檢繇中外之法殊者。以其官禁不一也。臣謹按春秋齊桓公盟諸侯而不日。而葵丘之盟特以日者。美其能宣明天子之禁。率奉王官之法。故春秋備而書之。然則官者。五帝三王之所建也。法者。高祖太宗之所制也。法宜畫一。官宜正名。今又分外官中官之員。立南司北司之局。或犯禁於南。則亡命於北。或正刑於外。則破律於中。法出多門。人無所措。由兵農勢異。而中外法殊也。臣聞古者因井田以制軍賦。閒農事以脩武備。提封約卒乘之數。命將在公卿之列。故兵農一致而文武同方。以保乂邦家。式遏亂略。太宗置府兵。臺省軍衛。文武參掌。閑歲則橐弓力穡。有事則釋耒荷戈。所以脩復古制。不廢舊物。今則不然。夏官不知兵籍。止於奉朝請。六軍不主武事。止於養階勳。軍

容合中官之政。戎律附內臣之職。首一戴武弁。疾文吏如仇讎。足一蹈軍門。視農夫如草芥。謀不足以翦除姦兇。而詐足以抑揚威福。勇不足以鎮衛社稷。而暴足以侵害閭里。羈紲藩臣。干陵宰輔。隳裂王度。汨亂朝經。張武夫之威。上以制君父。假天子之命。下以御英豪。有藏姦觀釁之心。無伏節死難之誼。豈先王經文緯武之旨邪。臣願陛下貫文武之道。均兵農之功。正貴賤之名。一中外之法。還軍衛之職。脩省署之官。近崇貞觀之風。遠復成周之制。自邦畿以形下國。始天子而達諸侯。可以制猾姦之彊。無踰檢之患矣。臣前所謂生徒惰業繇學校之官廢者。蓋國家貴其祿賤其能。先其事後其行。故庶官乏通經之學。諸生無脩業之心矣。臣前所謂列郡干禁繇授任非人者。臣以為刺史之任。治亂之根本繫焉。朝廷之法制在焉。權可以御豪彊。恩可以惠孤寡。彊可以禦姦寇。政可以移風俗。其將校曾更戰陣

及功臣子弟請隨宜酬賞。若無治人之術者。不當任此官。即絶干禁之患矣。臣前所謂百工淫巧踰制度不立者。臣請以官位禄秩制其器用車服。禁以金銀珠玉錦繡雕鏤。不蓄於私室。則無蕩心之巧矣。臣前所謂辨枝葉者。緣巧言以詢行也。臣前所謂形于恥格者。錄道德而齊禮也。臣前所謂念生寘而食衆。可羅斥游惰者。已備於前矣。臣前所謂令煩而治鮮。要察其行否者。臣聞號令者治國之具也。君審而出之。臣奉而行之。或虧益止留。罪在不赦。今陛下令煩而治鮮。得非揚之者有蔽欺乎。臣前所謂博延群彥。願陛下必納其言。造廷待問。則小臣其敢愛死者。昔晁錯為漢削諸侯。非不知禍之將至。忠臣之心。壯夫之節。苟利社稷。死無悔焉。臣非不知言發而禍應。計行而身僇。蓋痛社稷之危。哀生人之悔。豈忍姑息時忌。竊陛下一命之寵哉。昔龍逢死而啓商。比干死而啓周。韓非死而啓漢。陳蕃死而啓魏。

今臣之來也。有司或不敢薦臣之言。陛下又無以察臣之心。退必戮於權臣之手。臣幸得從四子游於地下。固臣之願也。所不知殺臣者。臣死之後。將孰爲啓之哉。至如人主之闕。政教之疵。前日之弊。臣既言之矣。若乃流下土之惠。脩近古之治。而致和平者。在陛下行之而已。然上之所陳者。實以臣親承聖問。敢不條對。雖臣之愚。以為未極教化之大端。皇王之要道。伏惟陛下事天地以教人恭。奉宗廟以教人孝。養高年以教人悌。長字百姓以教人慈幼。調元氣以煦育。扇大和以仁壽。可以逍遥無爲。垂拱成化。至若念陶鈞之道。在擇宰相以任之。使權造化之柄。念保定之功。在擇將帥以任之。使脩閫外之寄。念百度之未正。在擇庶官而任之。使顓職業之守。念百姓之怨痛。在擇良吏以任之。使明惠養之術。自然言足以爲天下教。動足以爲天下法。仁足以勸善。義足以禁非。又何必宵衣旰食。勞神惕慮。然後致治哉。

李石爲給事中。累進戶部侍郎。以本官同中書門下平章事。仍領度支。它日紫宸殿宰相進。及陛。帝喟然而歎。石進曰。陛下之歎。臣罔未諭。敢問所從。帝曰。朕歎治之難也。且朕即位十年。未能得治本。故前歲有疾。今兹震擾。皆自取之。夫託億兆之上。不能以美利及百姓。爲得久無事乎。石曰。陛下罪己當然。然責治太早。雖十年孜孜養德。適成爾。天下治不治。要自今觀之。且人之氣志。雖賢聖猶有優劣。故仲尼稱三十而立。四十而不惑。陛下春秋少。非起人間也。而知人情僞。今自視何如即位時。帝曰。有間矣。石曰。古之聖賢必觀書以考察往行。然後成治功。陛下積十年盛德日新。然尚所以疾戾震驚者。天其固陛下之志乎。誠務脩將來之政。視太宗致昇平之期。猶不爲晚。帝曰。行之得至乎。石曰。今四海一。唯登拔才良。使小大各任其職。愛

人節用。國有餘力。下不加賦。太平之術也。于時大臣新族死。歲苦寒。外情不安。帝曰。人心未舒。何也。石曰。刑殺太甚。則致陰沴。比鄭注多募鳳翔兵。至今誅索不已。臣恐緣以生變。請下詔慰安之。帝曰。善。又問。柰何致太平之難。鄭覃曰。欲天下治。莫若恤人。石即贊曰。恤之得術。尚何太平之難。陛下節用度。去冗食。薄斂不得措其姦。則百司治。百司治。天下安矣。帝慼然曰。我思貞觀開元時。以視今日。即氣拂吾膺。石曰。治道本於上。而下罔敢不率。帝曰。不然。張元昌爲左街副使而用金唾壺。比坐事誅之。吾聞禁中有金鳥錦袍二。昔玄宗幸溫泉與楊貴妃衣之。今富人時時有之。石曰。毛玠以清德爲魏尚書。而人不敢鮮衣美食。況天子獨不可爲法乎。是時宰相吏卒因內變多死。詔江西湖南索募直助召士力。石建言宰相佐天子教化。若徇正忘私。崇飭神靈猶當祐之。雖有盜無害也。有如挾姦自欺。植權黨。害

正直。辟加之防。見得以銖。無所事於召募。請直以全吾爲衛。

歷代名臣奏議卷之二十八

歷代名臣奏議卷之二十九

治道

唐文宗嘗曰。朕觀晉君臣以夷曠致傾覆。當時卿大夫過耶。中書侍郎李石對曰。然古詩有之。人生不滿百。常懷千歲憂。畏不逮也。晝短苦夜長。闇時多也。何不秉燭遊。勸之照也。臣願指軀命濟國家。惟陛下鑒照不惑。則安人彊國其庶幾乎。

上嘗自謂臨天下十四年。雖未致治。然視今日承平亦希矣。同中書門下平章事李珏曰。爲國者如治身。及身康寧。調適以自助。如恃安而忽。則疾生。天下當無事。思所闗禍亂何至哉。

後唐明宗時。大理少卿康澄上疏言時事曰。爲國家者有不足懼者五。深可畏者六。三辰失行不足懼。天象變見不足懼。小人訛言不足懼。山崩川竭不足懼。水旱蟲蝗不足懼也。賢士藏匿深可畏。四人遷業深可畏。上下相徇深可畏。廉恥道消深可畏。毀譽亂真深可畏。直言不聞深可畏也。不足懼者願陛下存而勿論。深可畏者願陛下修而靡忒。上優詔獎之。

上方務聽納。史館脩撰張昭上疏曰。臣聞安不忘危。治不忘亂者。先儒之丕訓。靡不有初。鮮克有終者。前經之至戒。究觀列辟莫不以驕矜怠惰有虧盛德。恭惟太宗貞觀之初。玄宗開元之際。焦勞庶政。以致太平。及國富兵消。年高志逸。乃忽守約之道。或貽執簡之譏。陛下以慈儉化天下。以禮法檢臣鄰。絀姦邪之黨。延正直之論。務遵純儉以節浮費。信賞必罰。至公無私。其創業垂統之規。如貞觀開元之始。願陛下有始有終。無荒無怠。臣又伏念保邦之道有八審焉。願爲陛下陳之。夫委任審於材器。聽受審於忠邪。出令審於煩苛。興師審於德力。賞罰審於喜怒。毀譽審於愛憎。議論審於賢愚。嬖寵審於姦佞。推是八審以決萬機。庶可以臻至治。明宗覽之稱善。

後周世宗方切於治道。集賢殿學士竇儼上疏曰：歷代致理，六綱為首。一曰明禮，禮不明則彝倫不序；二曰崇樂，樂不崇則二儀不和；三曰熙政，政不熙則群務不整；四曰正刑，刑不正則巨姦不懾；五曰勸農，農不勸則資澤不流；六曰経武，武不経則軍功不盛。故禮有紀，若人之衣冠；樂有章，若人之喉舌；政有統，若人之性情；刑有制，若人之呼吸；農為本，若人之飲食；武為用，若人之手足。斯六者不可斯須而去身也。陛下思服帝猷，寤寐獻納，亟下方正之詔，廓開藝能之路，士有一技，必得自效。故小臣不揆，輙陳禮樂刑政勸農経武之言。世宗多見聽納。

宋太宗太平興國七年，知栢州田錫上疏曰：臣備位諫垣，出官河朔，雖勵忠勤之節，未伸謇諤之誠，尸位自知，惕惶益切，何以分陛下憂勤之寄，何以副朝廷委用之恩。敢不夙夜有思，消埃欲效，願以芻蕘之見，上希英聖之知。今陛下命以頹條，委之理郡，親民之心，無先於此。苟若所理之郡事簡獄空，所親之民風淳俗厚，所謂涖民有術，御下有能，足以副朝廷任用之恩，有以彰陛下憂勤之旨。然事有無從而得簡，獄有無因而久空，民風未至於淳和，物俗未臻於富厚，雖有涖民之術，無得而施，雖有御下之方，無從而設。況臣闇懦，御下非才，以臣愚蒙，涖民無術，但可言其久弊，恤其未安。久弊者，昔近并門，鄰於敵境，備邊之費，禦寇之兵，二十餘年，民不遑息；未安者，今以北狄通於塞垣，屯兵禦戎，飛芻輓粟，三十餘郡，民不甚豐，筦榷貨財，網利太密，躬親機務，綸旨稠頻。臣所謂網利太密者，酒麴之利但要增盈，商稅之利但求出剩，或偶有出剩，不詢出剩之由，或偶有虧欠，必責虧欠之過。遞年比撲，只管增加，遞月較量，不管欠折。然國家軍兵數廣，支用處多，課利不得不如此征收，筦榷不得不如此比較，窮盡取財之路，莫甚於茲，疏通殖貨之源，未聞

適變，似不知止，殊無定期。今乞國家以關市之征定其常數，酒麴之利援以常規，或偶有增加，不更求出剩，或偶有虧折，即可令於出剩時補填。且如州縣征科農桑税賦，年豐則未聞加納，歲歉則許之倚征，自然理得其中，民知所措。何以言之？民生於利，亦猶魚生於水也；民困於利，又如水涸於魚也。願更生于讜議，別布新條，當生民既庶之時，是求理酌中之際，天下幸甚，海内幸甚。臣所謂綸旨稍頻者，臣嘗讀揚子法言曰：聖人之道猶日中。又嘗覽太公六韜曰：聖人之道猶龍首。龍首能高視而遠聽，日中謂融明而燭幽。是知君有居上之威儀，臣有奉上之職業。君道務簡，簡則號令審而人易從；臣道務勤，勤則職業脩而事無壅。臣伏見陛下憂民太過，視事太勤，每日早於崇德殿受百僚之朝，至日午於講武殿視萬機之事，或進呈甲仗，或揀閱軍人，或躬問繫囚，或親觀戰馬，自晝而進者，或詳其詞理，擿皼以聞者，或徇彼冤誣，皆金口言詞，人人省問，天心揆度，一一區分，有以見陛下勞萬機之神，自此見臣下虧事君之職。況今四方無事，多壘盡平，何以勞陛下如此太勤，何以使三公因此無愧。蓋陛下慮四聰或有所未達，萬機或有所未知，文王之心遂乾乾而夕惕，成湯之意貴孜孜於日新。然陛下何不移此勤勞於求賢，何不改此精專於選士。諫官則置之左右，御史即委以糾彈，給事中當材者許之封駮詔令，起居郎有文者命之紀録言動。百職如是，各舉其業，千官如是，各得其人，則何憂事不允釐，何慮民不受賜。今有司指揮多以剳子取聖旨，官員注擬必須引見聽敕裁。事若允當，則既由宸衷，事若未當，則亦歸睿斷。如此皆勞天聽，安用有司，致陛下視事大勤，憂民太過。況宮闕乃尊嚴之地，軒墀列清切之班，可以延佇賢良，詢求理道，豈宜使押來囚繫，或病患軍人，或虗詞越訴之徒，或僥倖希恩之輩。

引之便殿。得面天顔。陛下則隨事指揮。臨時予奪。其間有驟承顧問。上懼天威。或偶有數陳。稍愜聖旨。怯懦謇訥者。口雖奏而未盡其心。姦詐辯詞者。言雖當而未必有理。陛下或賜之恩澤。或寘以刑名。然睿鑑周通。出令固無於枉濫。而帝庭清肅。終朝豈肆於喧嚚。加以條理事宜。或傷頻併。施行詔敕。遂至稠重。禮曰。王言如絲。其出如綸。王言如綸。其出如綍。喻其以近及遠。漸光大於萬方。以言訓人。可常行於百代。簡而且要。人則易從。繁而又難。人則易犯。書曰。臨下以簡。又曰御衆以寬。御衆不以寬。則獲罪者多。臨下不以簡。則從令者少。況帝王有常道。禁令有常程。施令貴乎必行。設禁貴乎必止。若令之無節。奉而行之者必難。禁之無時。違而止之者亦寡。臣所謂網利大密。既如彼。綸音稍頻又如此。願陛下寬臣敢言之罪。察而審之。望陛下聽臣敢諫之言。擇而行之。臣復有未諭聖意之事三。又有奏請可行之事二。未諭者。今內職諸司。各有公廨。禁林近侍。各有本廳。中書是宰相職事之堂。相府是陛下優賢之地。今則於中書外廡置磨勘一司。較朝臣功過之有無。審州郡勞能之虛實。睹言是職。本屬考功。豈考功之職不脩。而磨勘之名互出。殊非雅稱。深損大綱。此臣所謂未諭聖意之事者一也。其次御史臺本不禁人。今為繫囚之所。大理寺舊來置獄。今為撿格之司。授人之職。本貴當材。鞫獄以情。者自然無濫。或諸侯有大過。或百姓有深冤。乃命臺官委為制使。憲府之風規自別。刑曹之按鞫無疑。今則或撾鼓聞天。虛詞詣闕。多差殿直承旨使為制勘使臣。殊非理獄之才。驟委鞫人之罪。其間有未明推勘。因致淹延。或未曉刑章。妄加深刻。既臨以制書之命。寘乎縲紲之中。上畏嚴威。誰敢拒捍。及當録問。皆伏款詞。雖罪致徒流。必該申奏。案既圓備。即據施行。豈無陷於非辜。豈無失於有罪。虧陛下遂仁之旨。損朝廷

欽恤之恩。此臣所謂未諭聖意之事者二也。臣每讀史書至於文集。或匹婦有廉正之節。野人有孝弟之風。尚旌彼門閭。或賜之粟帛。將以勵澆漓之俗。亦以行風教之規。脩身者由此彰名。尚義者因茲立節。今國家官僚遠宦。不得般家。父母云亡。不得離任。墨縗視事。寧安孝子之心。明詔未行。深損聖人之教。此臣所謂未諭聖意者三也。昔漢文在位。稱為刑措。歲終斷獄者三十。此蓋民安其業。乃無咎於刑章。物失其宜。必自罹於天枉。是以聖人見一物失宜。則必加惻隱。知一夫失所。則必動哀矜。御一衣。思天下女工之勤。嘗一膳。思天下農夫之苦。故尚書曰。不敢侮鰥寡。周易曰。信及豚魚。豚魚至微。信猶能及。鰥寡至賤。侮不敢加。有以見聖人用心。無微不至。聖人施惠。無所不均。今河朔數州衙前軍將。應宣命配來之者。多江南兩浙之人。雖曾有敕文許令自便。然各無去着。猶係職名。其間有不請衣粮。只望差使。設有得該請受。多是折支。時寒無衣。日餒無食。老小相聚。凍餓貧窮。羈旅無圖。咨嗟愁苦。與其配之而無用。孰若捨之而放歸。此乃可言者一也。今國家封疆甚廣。州縣至多。今録闕員。據資勞而遷授。簿尉滿任。按歲月以除移。其間廉吏雖多。抑亦貪夫不少。貪者偶無彰露。刑罰寧加。廉者未有升聞。旌酬弗及。言乎賞勸。似未精詳。宜委諸州遍令申奏。州有幾縣。縣有幾員。奏其善者。則不善者自彰。奏其廉者。則不廉者自顯。或就加獎飭。或聊與轉遷。則廉能者既有所歸。猥濫者寧無自愧。揚清激濁。實為致理之先。易俗移風。宜自親民之始。此臣所謂可言者二也。臣縷陳鄙見。煩黷聖聽。臣不任惶恐戰慄之至。

淳化二年。監察御史張觀乞體貌大臣。簡略細務。奏曰。臣憑藉光寵。備位風憲。每遇百官起居日。分立于庭。司察不如儀者。舉奏之。曰見

陛下天慈優容，多與近臣論政，德音往復，頗亦煩勞。至于有司職官承意將順，簿書叢脞，咸以上聞，豈徒褻瀆至尊，實以輕紊國體。況帝王之道，動則左史書之，言則右史書之，列於緗素，垂為軌範，不可不謹也。若夫方今之急者，匈奴未滅，邊鄙猶聳，陰陽未序，倉廩猶虛，淳朴未還，奢風尚熾，縣道未治，逋逃尚多，刑法未措，禁令猶密，墜典未復，封祀猶闕，凡此數者，朝廷之急務也。誠願陛下聽斷之暇，宴息之餘，體貌大臣，與之商榷，使沃心造膝，極意論思，則治體化源，何所不至。臣又嘗讀唐史，見正觀初始置崇文館，命學士耆儒更直互進，聽朝之隙，則引入內殿，講論文義，商確時政，或日旰忘倦，或宵分始罷，書諸信史，垂為不朽。況陛下左右前後皆端士偉人，幸望端拱凝旒，回視反聽，繹循常之務，養浩然之氣，深詔近位，闡揚真風，上為祖宗播無疆之休，下為子孫建不拔之業，自然成康文景不獨專美於昔時，堯舜禹湯自可追蹤於今日，與夫較量金穀，剖析毫釐，以有限之光陰，役無涯之細務者，安可同年而語哉。

真宗即位，知代州柳開上言曰：國家剏業，將四十年，陛下紹二聖之祚，精求至治。若守舊規，斯未盡善，能立新法，乃顯神機。臣以益州稍靜，望陛下選賢能以鎮之，必須望重有威，即群小畏服。又西鄙今雖歸明，他日未可必保，苟有翻覆，須得人制禦。若以契丹比議，為患更深。何者？契丹則君臣久定，蕃漢久分，縱萌南顧之心，亦須自有思慮。西鄙積恨未泯，貪心不悛，其下猖狂，競謀兇惡，侵漁未必知足，姑息未能感恩，望常預備之。以良將守其要害，以厚賜足其貪婪，以撫慰來其情，以寬假息其念，多命人使西入甘涼，厚結其心，為我聲援，如有動靜，使其掩襲，令彼有後顧之憂，乃可制其輕動。今甲兵雖衆，不及太祖之時人人練習，謀臣猛將則又懸殊，是以比年西北屢遭侵

擾，養育則月費甚廣，征戰則軍捷未聞。誠願訓練禁戢，使如往日，行伍必求於勇敢，指顧無縱於後先，失律者悉誅，獲功者必賞，偏裨主將不威嚴者去之。聽斷之暇，親臨殿庭，更召貔虎，使其擊刺馳驟，以彰神武之盛。臣又以宰相樞密，朝廷大臣，委之必無疑，用之必至當，銓總僚屬，評品職官，內則主管百司，外則分治四海。今京朝官則別置審官，供奉殿直則別立三班，刑部不令詳斷，別立審刑，宣徽一司舊屬樞密，近年改制，職掌甚多，加倍置人，事則依舊，別無利害，虛有變更。臣欲望停審官、三班，復委中書、樞密、宣徽院、銀臺司，復歸樞密，審刑院復歸刑部，去其繁細，省其頭目。又京府大都，萬方軌則，望仍舊貫，選委親賢。今皇族宗子悉多成長，但令優逸，無以試材，宜委之外藩，擇文武忠直之士，為左右贊翊之任。又天下州縣官吏不均，或冗長至多，或歲年久闕，欲望縣四千戶已上選朝官知，三千戶已上選京官知，省去主簿，令縣尉兼領其事，自餘通判、監軍、巡檢、監臨使臣，並酌量省減，免虛費於利祿，仍均濟於職官。又人情貪競，時態輕浮，雖骨肉之至親，臨勢利而多變，同僚之內，多或不和，伺隙則致于傾危，患難則全無相救，仁義之風，蕩然不復。欲望明頒告諭，各使改更，庶厚化原，永敦政本。恭惟太祖神武，太宗聖文，光掩百王，威加萬國，無賢不用，無事不知，望陛下闡豁聖懷，如天如海，可斷即斷，合行即行，愛惜忠直之臣，體察姦諛之黨。臣久塵著位，寢荷恩寵，辭狂理拙，唯聖明恕之。

比部員外郎刁衎上疏曰：臣聞天下大器也，群生衆畜也。治大器者執一以正其度，保衆畜者務化以臻其原。故聖人謂莫神於天，莫富於地，莫大於帝王。又曰帝王乘地而總萬物，以用人也。則知萬衆之尊，一人之位，等天地之覆燾，若日月之照臨，可不慎思慮以安民繫

慘舒不被物。所以堯舜篤善道以垂化。而民謂之所天。桀紂懷凶德以害世。而民謂之獨夫。則君之於民。善惡有如是之驗。民之於君。毀譽有如是之異。陛下纂圖茲始。布政惟新。所宜上順天心。下從人欲。進善以去惡。避毀而來譽。遵唐虞之治。摒辛癸之亂。私賞無及於小人。私罰無及於君子。任賢勿貳。去邪勿疑。闢諫諍之門。塞讒佞之口。愛而知其惡。憎而知其善。無以春秋鼎盛。而耽於逸游。無以血氣方剛。而惑於聲色。若太祖之勤儉。若太宗之惠慈。答天地敷錫之意。保祖宗艱難之業。則周成漢文三宗之義。不可同年而議擬也。

咸平四年。知全州陳彭年答詔五事。曰。臣准詔在朝文武百官舉行轉對。在外群臣。各許上章奏事者。此陛下思納昌言以安庶彙之意也。臣雖至愚。切期塞詔。伏惟明睿少賜裁察。今之踐明庭獻封事者。多述民間之常務。殊非邦國之遠圖。臣之所言。則異於是。臣聞重華之世。伯禹叙其九州。太甲之朝。伊尹陳其一德。武王受命。訪洪範之九疇。成王嗣興。制周官之六典。咸同古道。以資化源。伏惟陛下嗣二聖之丕基。御千齡之大統。群臣進用。百姓乂安。誠當焕發洪猷。彰明盛德。增脩制度。刱立憲章。變霸俗於累朝。復王風於往古。使九夷稽其惠澤。萬世仰其聲名之日也。夫事有雖小而可以建大功。理有至近而可以爲遠計者。臣請言之。其事有五。一曰置諫官。二曰擇法吏。三曰簡格令。四曰省吏員。五曰行公舉。此五者實經世之要道。致理之坦途也。臣請縷言之。夫置諫諍之官。開獻替之路。堯舜湯武所共然也。何者。以正直之臣。忠信之士。參立左右。專奉箴規。有事必言。有闕必諫。是以達四方之壅蔽。資聖主之聰明。今雖有諫官。且無言責。或出居外任。或兼領餘司。常箝口以自安。少危言而替否。是同虚器。何補聖猷。臣請依六典員數。置諫議大夫。司諫正言。並選孤立無黨。

忠直不欺。言行相符。名實相稱者爲之。俱以才授。不以叙遷。使其常立明廷。專居諫省。入覲朝政。出聽輿辭。或作事失中。或出令未當。或選舉無狀。或獄訟有冤。小則上章。大則廷諍。然後聖主察其所言。可者從之。否者罷之。歲終以言事之多少。爲課最之高卑。忠讜盡規者甄升。依阿固位者懲責。自然人皆竭節。政必無邪。臣下不敢偷安。朝廷得以震肅矣。又人命所繫。在於法官。官或非才。人必無告。古者決大獄。議大刑。雖本於法律。亦輔以經義。故釋之定國之爲廷尉。則無冤人。張湯趙禹之列九卿。乃名酷吏。國家重文學之選。輕刑法之司。故其屬僚未得盡善。用忠恕之道。則爲曠官。徇刻深之文。乃名奉法。唯格律而是守。豈經義之能詳。若是則囹圄何由空虚。鈇鉞何由偃息。臣請今後廷尉官屬。或委所司謹加銓擇。不拘資叙。唯擢才能。使其理一成之刑。務於平允。用三尺之法。志在哀矜。無以愛憎舞文。無以高下希旨。自然民知恥格。時洽和平。又法令者。國家之權衡。生民之銜轡。貴於簡易。惡乎滋章。久用則民知適從。數變則人無所措。近者陛下知制敕之頻降。懼條科之太繁。旋軫聖謨。特命删定。既經歷之者皆是名臣。則措置之間。固皆合理。而詔書頒下。方及於踰年。後敕施行。又將爲累百。或删去者重爲條貫。或已有者更亦申明。無益憲章。徒繁簡牘。且理道盡一。則吏無以欺民。令或頻更。則人得以弄法。損益之際。豈不明哉。古人有言。利不十不變法。誠謂此也。況先朝求理之心。陛下繼明之志。詔令一出。夷夏同欽。縱少有闕文。亦無妨大體。豈煩改作。一致多門。臣請今後有上封言事。請變格法者。非有大益。毋改舊章。庶使號令愈明。刑辟漸措。又理世之端。審官爲本。審官之道。用賢爲先。不在具員。但期得俊。故曰官不必備。惟其人。又曰省事不如省官。今國家州郡至廣。官員太多。無益公方。空蠹國用。使有才者莫盡其力。不肖者得容其姦。請以臣所親經證其利害。臣前任蘇州通判日。知州喬維岳疾病。獨臣與判官崔端任其事。次壽州通判日。知州喬維岳喪亡。支使甘鴻漸差出。獨臣與推官陸文偉同官。此時區分獄訟決遣文書。皆得及期。亦無闕事。即今蘇州知州通判外有職事官三員。壽州知州通判外有職事官四員。官員既衆。事分益煩。增將吏之衙參。添簿書之壅滯。又臣本州洵陽縣計戶一千一百有官三員。漢陰縣計主戶六百有官二員。率皆人戶彫殘。路岐荒僻。詞訟絕少。租稅甚微。徒使安閑。固無勤績。臣每見知郡推官軍監判官並名初等職事。然有名雖知郡。而事並藩方。頗是軍監而務多州府。或當要道。或在邊庭。其間知郡則有推官而闕判官。軍監則有判官而無通判。監當錢穀。詳斷刑名。凡所責成。莫非繁劇。然其請受少於判司。勞役不均。賢愚共見。臣請特選明幹朝臣與諸路轉運

使相度。管內州縣有公事簡少官屬過多處。並量減省。所減之俸。依司理司法參軍例添給初等職官。是則冗長之處既以減員。要用之官又各加俸。自然官無虛設。人皆竭誠。創此新規。並先至理。又為邦之道。莫切於求賢。求賢之方。莫先於公舉。然隄防不峻。則濫進之路興。憲綱稍嚴。則明敭之典廢。期臻多士。共振宏綱。臣請依唐朝故事。新授常參官。朝謝日並進狀舉官自代。各隨所長。具言其狀。或以文學。或以吏能。或以強明。或以清白。務在據實。不許飾詞。儻所諳知。無避親黨。既經御覽。即付宰司。俟其年終。具名條奏。在外者委諸路轉運使。在京者委本司長官。更詳其能。以驗所舉。如薦揚既數。採聽非虛。即為量才各加進用。其後或不脩操行。故瀆彝章。則舉主依法科刑。以懲謬舉。或政績殊異。課最有加。則舉主隨事旌酬。以褒進善。賞罰既信。清濁自明。蓋採群議則人無以私。有常規則衆皆知勸。清源

正本。其在於茲。臣又伏見唐太宗常召公卿。諮詢理體。群臣多拘近俗。莫有遠謀。唯獨魏徵請行王道。太宗既從其議。果致太平。中華則外戶不扃。四夷則重譯來貢。艱難屢作。而締創益新。豈非盛德在人。餘慶及後。所致歟。國家功成理定。遠肅邇安。萬彙宅心。九夷拭目。以陛下之聖德。跨越古先。誠宜鄙晉魏而不談。小高光而獨出。行清淨神明之化。恢仁義慈儉之風。然後舞干羽以為甲兵。畫衣冠而為刑辟。坐明堂而朝萬國。登岱岳而禮百神。則天下之民。無聲而應。海外之俗。不召自來矣。

咸平五年。河陽節度判官張知白疏曰。臣聞創王業期於無窮者。必政事為基。是以王業盛者。其政事必經久可取。遠大可法。然後速見治平之運。竊以古今之言事者。鮮不以防邊為急務。多舉西北二陽攻守之事以獻方略。由是奇兵之謀紛然競起。夫五行之中金為兵。

以五事配之則金為義。兵之為用實不可去也。乃知言弭兵者罪莫大焉。夫戎狄者亦天地之一氣耳。其性貪暴。惡生好殺。與中國絕異。是以史籍所載京師為陽。而諸夏為陰。蓋取諸內外之義也。夫陽主生物。陰主殺物。故知四夷擾邊不足異也。在制之有道爾。又和樂為陽。愁苦為陰。王者必先內和人心。而後制四夷。此崇陽抑陰之義也。臣伏見去春大雪。今夏暴雨。稽洪範之書。則繫乎咎惡之文。伏惟陛下自即大位。日謹一日。而復溫厚恭肅。祗畏勤儉。討論方冊。惠廣治道。聖德無缺。則咎惡何從而起。豈非政令之間有不便於天時者乎。今夫春者發生之月也。可生而不可殺也。國家每歲春夏將交之時。禁止採捕。是仁及鳥獸。今建寅之月。三元之始。孟夏乃是正陽之月。況正律所載有秋分已前不決死罪之制。月令當春則曰無肆掠。不可以陰政犯陽。又曰。宜行仁而不可以舉義事。及夏則曰挺重囚出

輕繫。並無決死之文。唐朝悉依此制。若罪在十惡。尤為巨蠹者。則決不待時。自唐氏失馭。政事多隳。今刑統內唯存晉天福七年敕。立春兩日不決死罪。蓋以天福之間方為戰國。天下生靈犯罪戾抵滛刑者。不可勝紀。殺戮之刑僅無虛日。故不可全避春夏盛德之月。止取其兩日以代兩季。今天下每歲所決大辟至鮮。一歲之中凡有二十四氣。每歲各主十五日。臣以為天下列郡每歲所決死罪雖不可禁。春夏兩季。亦可於立春立夏氣至之時。各禁十五日。以應一孟之節。全敎生之陽氣。若罪在十惡決不待時者。亦可改斬為絞。以免流血之刑。自餘雜犯死罪者。若有已斷具獄。可取半月外行決。其邊防屯兵之地。以軍法從事者。不在此限。又按禮經。季夏中氣之後十五日不可以興土功。為土將用事。氣欲靜也。請詔天下每歲起季夏中氣至立秋節半月內。非邊隘防警捍敵浚城。及脩治隄防以禦水害。餘

並不得起創土功。其整葺隳頹者。不在此限。臣又聞周禮六官。其一曰秋官主刑。又月令孟秋中氣之後。則命有司繕囹圄。具桎梏。斷薄刑。決小罪。秋分則申嚴百刑。斬殺必當。無留有罪。無或枉撓。此並順上天行肅殺之令也。今使決獄多不拘於此時。或在三春。或當九夏。雖勤恤庶獄。慮有滯留。其如未順四時之令也。欲望自今除盛夏仍舊降詔恤刑外。每歲自孟秋中氣之後。秋分前遴選周行分道決獄。如此則順天行刑。而又四方之風謠。因之得以知。列郡之條綱。因之得以振。且一歲之中。必順令決獄。與其行之於別季。不若行之於此時。又聞先王垂訓。重德教而輕刑罰。所以見王道盛也。今法令之文。大為時所推尚。自中外由刑法而進者甚衆。雖有循良之吏。亦改節而務刑名也。然則刑法者。治世之具。而不可以獨任。必參之以德教。然後可以言善治矣。夫德教之大。莫若孝悌。若捨此而欲使民從化。

是猶釋舟檝而求濟於無疆涯之津也。故宜旌勸孝悌。以厚風俗。臣伏見朝廷明有詔命。優恤孤窮無告之民。令異其姓名。別為一簿。每遇有科徭賦斂。則令去重就輕。蠲勞為逸。斯則蘇疲羸之一術也。其如官吏鮮能奉行成制。鄉縣之內。自而別致慘舒。若令佐盡得其人。則孤窮無告之民皆得上簿。不得其人。則委之人吏。責自鄉胥。徇私任情。移易貧富。嗷嗷之民。誰敢吐一言以伸訴。必至於委棄溝壑。是故將欲興禮義。先在舒民心。將欲舒民心。先在均貧富。將欲均貧富。先在正簿書。養民之道。郡疎而縣親。故知百姓之長。不可不精採擇。蓋列郡之牧數至少。而審鑒可以周知。宰序之任官至卑。而朝廷難以偏察。夫親民之官。廉而不明者。則失於馭下。明而不廉者。則傷於徇私。必待廉明兼備。中和在躬者。然後可用。是故備其位者則多。中乎選者彌少。邦國至大也。庶官至衆也。有人而置諸散地。未可知也。

當其位而不使盡其心。亦未可知也。臣是以夙夜為國家思求人之術。宜歷選周行經公舉者而用之。使先涖大邑。試其政事。期年之間較其成績。苟能正其簿書。均其戶籍。而孤窮之民得庇於上。然後酬之以不次之恩。臣又聞聖人居守文之運者。將清化源。在乎正儒術。古之學者。其事簡而有限。其道精而有益。今之學者。其書無涯。其道非一。是故學彌多性彌亂。至於經史子集。其帙殆萬。在於前者悉謂之古法。在於編者悉謂之古書。殊不知法有可法不可法也。書有可傳不可傳也。若盡使知之。則可謂勞而少功。博而寡要。當年不能究其學。累世不能窮其業。今進士之科。大為時所進用。其選也殊。其待也厚。進士之學者。經史子集也。有司之取者。詩賦策論也。故就試者。懼其題之不曉。詞之不明。唯恐其學之不博。記之不廣。是故五常六藝之意。不遑探討。其所習泛濫而無著。非徒不得專一。又使害生其

中。何謂其然。且群書之中。真偽相半。亂聖人之微言者既多。背大道之宗旨者非一。若使習而成功。得不揉淳粹之性。蕩中正之氣。其為吏也。安能分挈治柄。使教令必行哉。中庸曰。率性之謂道。脩道之謂教。孔子曰。性相近也。習相遠也。是知為儒。不可不重其所習。董仲舒曰。春秋大一統者。天地之常經。古今之通誼。今師異道。人異論。百家殊方。指意不同。是以上無以持一統。法制數變。下不知所守。此仲舒議漢之失。引春秋大一統之說。言諸侯統於天子。不得自專。亦猶百家之說。不得與聖教並進。懼乎亂皇王之大道也。今之世望漢之世。其章句之學彌盛。而異端之書又滋多乎數倍矣。安可不定其成制哉。況夫儒者之術。不以廣記隱奧為博學。不以善攻奇巧為能文。若使明行政令。大立程式。每至命題考試。不必使出於典籍外。悉以正史。至于諸子之書。必須輔於經。合於道者取之。過此並斥而不用。然後先策論。後詩賦。責治道之大體。捨聲病之小疵。如是則使夫進士之流。知其所習之書簡而有限。知其所學之文正而有要。不施禁防。而非聖人之書自委棄於世矣。不加賞典。而化成之文自與行於世矣。

真宗時。右正言夏竦上奏曰。臣聞易曰。堯舜垂衣裳而天下治。語曰。無為而治者其舜乎。詩曰。不識不知。順帝之則。皆非謂陰拱黃屋。不親庶政。納進熟之計。受蒙成之福。蓋言聖人勞於求賢。逸於得士。左右前後。股肱耳目。皆任循良。一人虛心以感天下。則可以無為矣。夫天者君道也。四時者臣道也。君道清明以象天。臣當生殺以象四時。仲尼曰。天何言哉。四時行焉。百物生焉。古先聖王靡不由此。國家中外清謐。朝廷肅雍。陛下親視萬機。勞神日昃。至有論報刑徒。簡稽卒伍。皆抵軒陛。寔煩清問。臣聞百官承式。各有司存。正則有賞。濫則有

罰。但令各守條章。豈皆取必於上。若陛下英睿神聖。無得而量。至於耳目視聽。固亦有限。日出臨朝。表奏雲集。決其大綱。奮其宸斷。猶不暇給。況親其委細。勞其聖躬。臣切恐違上事宗廟。下撫億兆之意。願陛下選任賢達。責成冗事。應論罪閱卒之比。自非國家大計。理于政教者。稍委之。所貴庶政簡能。符合太一。宸體逸預。永享萬壽。是則塵露之微。少裨萬一。

仁宗天聖三年。太理寺丞范仲淹上疏曰。臣聞巧言者無犯而易進。直言者有犯而難立。然則直言之士。千古謂之忠。巧言之人。千古謂之佞。今臣勉思藥石。切犯雷霆。不遵易進之塗。而居難立之地者。欲傾臣節以報國恩。恥佞人之名。慕忠臣之節。感激而發。萬死無恨。況臣之所言。皆聖朝當行之事。而未知行之者。諒有以也。聖人之心豈不至此。蓋當乎一日萬機。未暇餘論。大臣之心豈不至此。蓋懼乎上疑下謗。未克果行。臣請言之。以裨聖慮。臣聞國之文章。應於風俗。風俗厚薄。見乎文章。是故觀虞夏之書。足以明帝王之道。覽南朝之文。足以知衰靡之化。故聖人之理天下也。文弊則救之以質。質弊則救之以文。質弊而不救。則晦而不彰。文弊而不救。則華而將落。前代之季不能自救。以至于大亂。乃有來者起而救之。故文章之薄。則為君子之憂。風化之壞。則為來者之資。唯聖帝明王之相救。在乎己。不在乎人。易曰。窮則變。變則通。通則久。亦此之謂也。伏望聖慈與大臣議文章之道。師虞夏之風。況我聖朝千載之會。惜乎不追三代之高。而尚六朝之細。然文章之列。何代無人。蓋時之所尚。何能獨變。大君有命。孰不風從。可敕詞臣。興復古道。更延博雅之士。布於臺閣。以救斯文之薄。而厚其風化也。天下幸甚。臣又聞聖人之有天下也。文經之。武緯之。此二道者天下之大柄也。昔諸侯暴武之時。孔子曰。俎豆

之事則嘗聞之聖人敎之以文也。及夾谷之會。孔子則曰有文事者必有武備。請設左右司馬。此聖人濟之以武也。文武之道。相濟而行。不可斯須而去焉。唐明皇之時。太平日久。人不知戰。國不慮危。大寇犯關。勢如瓦解。此失武之備也。經曰。禍兮福所倚。福兮禍所伏。又曰防之於未亂。聖人當福而知禍。在治而防亂。故善安身者在康寧之時。不謂終無疾病。於是有節宣方藥之備焉。安國者當太平之時。不謂終無危亂。於是有教化經略之備焉。我國家文經武緯。天下大定。自真宗皇帝之初。猶有舊將舊兵。多經戰陣。四夷之患。足以禦防。今天下休兵餘二十載。昔之戰者今已老矣。少者未知戰爭之事。人不知戰。國不慮危。豈聖人之意哉。而況守在四夷。不可不慮。古來和好。鮮克始終。唐陸贄議云。犬羊同類。狐鼠為心。貪而多防。狡而無耻。威之不悟。撫之不懷。雖或時有盛衰。大抵常為邊患。屬方靖中夏。未遑

外虞。因其乞盟。遂許結好。加恩降禮。有欲無違。而乃邀求浸多。翻覆不定。託曰細事。嘖有煩言。猜矯多端。其斯可驗。此唐人之至論也。今自京至邊。並無關險。其或恩信不守。釁端忽作。戎馬一縱。信宿千里。若邊少名將。懼而不守。或守而不戰。或戰而無功。再叩澶淵。豈必尋好。未知果有幾將可代長城。伏望聖慈鑒明皇之前轍。察陸贄之讜議。與大臣論武於朝。以保天下。先命大臣密舉忠義有謀之人。授以方略。委之邊任。次命武臣密舉壯勇出群之士。試以武事。遷其等差。壯士蒙知。必懷報効。列於邊塞。足備非常。其或自謂無虞。不欲生事。輕長世之策。苟一時之安。邊患忽來。人情大駭。自古兵不得帥。魚肉無殊。乃於倉卒戰鬭之間。拔卒為將。豺狼競進。真偽交馳。此五代之前鑒也。至於塵埃之間。豈無壯士。宜復唐之武舉。則英雄之輩。願在其中。此聖人居安慮危之備。備而無用。國家之福也。惟聖意詳之。臣

又聞先王建官共理天下。必以賢俊授任。不以爵祿為恩。故百僚師師。各揚其職。上不輕授。下不冒進。此設官之大端也。我國家累聖求理而致太平。大約紀綱法象唐室。以臣觀之。宜法唐興之時。不宜法唐衰之後。唐興之時。特開館閣以待賢俊。得學士十八人。聲滿天下。此文皇養將相之材。以論道經邦而成大化也。暨至中興。往往得人。唐衰之後。此選不盛。我朝崇尚館閣。自為清華。相輔之材。多由此選。三館清密。古謂登瀛。近歲遷出內庭。逼居坊陌。非唐所謂集仙之館也。又其間校讎之職。或不由科第。以恩而除。限以歲年。漸至清顯。輕十八學士之選。恐非文皇養將相之材之意也。伏望聖慈與大臣議其可否。重為制度。以法唐興之時。而延廊廟之器。此國家之大美也。又諫官御史。耳目之司。不諱之朝。宜有賞勸。自陛下臨政以來。未聞旌一諫官。賞一御史。若言而無補。是選之不精。言而有補。豈賞之不

行。徒使犯顏者危。緘口者安。以集藥石為虛言。以陳絲髮為供職。三載之後。進退雷同。臣恐天下竊議朝廷言路未廣。忠臣未勸。將命諫官御史之徒。尸素於朝。非國家之福也。惟聖意詳之。又聞先王義重君臣。賞延于世。大勳之後。立賢為嗣。餘子則以才自調。不使混淆。而後大防一墮。頹波千載。凡居近位。歲進子孫。簪綬盈門。冠蓋塞路。賢與不肖。例升京朝。謂之賞延。無乃太甚。此必前代君危臣僭之際。務相姑息。因為典故。以至於斯。又百司之人。本避鄉役。不踰數歲。例與出官。莫非貪忍之徒。絕異孝廉之舉。使親民政。其弊如何。闢此二途。歲取百數。無所不有。實累王風。恐非任官惟賢之體也。人避衆怨。不敢上言。遂令仕路紛紜。祿位填委。文武官吏。待闕踰年。貪者益礪其爪牙。廉者悉困於寒餓。徒於權闕之內。增其艱難。壯士惜年。數歲一舉。遞相奔競。至有訟爭。而況脩辭者不求大材。明經者不問大旨。師道

既殿。文風益澆。詔令雖繁。何以戒勸。士無廉讓。職此之由。其源未澄。欲波之清。臣未之信也。儻國家不思改作。因循其弊。官亂於上。風壞於下。非國家之福也。儻爲長久之策。則願與大臣特新其議。澄清此源。不以謗議爲嫌。當以治亂爲意。此國家之福也。惟聖意詳之。臣聞以德服人。天下欣戴。以力服人。天下怨望。堯舜以德。則人愛君如父母。秦以力。則人視君如仇讎。是故御天下者。德可憑而力不可恃也。伏惟皇太后陛下。皇帝陛下。日崇聖德。以永服天下之心。若夫敦好生之志。推不忍之心。薄於典刑。厚於惻隱。在物祝網。於民泣辜。常戒百官勿爲苛酷。示天下之慈也。唯聖人能之。恥珠玉之玩。罷組繡之貢。焚晉武之雉裘。出文皇之宮人。少度僧尼。不興土木。示天下之儉也。唯聖人能之。雞鳴而起。孜孜聽政。每有餘暇。則召大臣講議文武。訪問艱難。此皇王之勤也。唯聖人勉之。貴賤親疏。賞罰唯一。有功者雖憎必賞。有

罪者雖愛必罰。捨一心之私。從萬人之望。示天下之公也。惟聖人行之。自古帝王。與佞臣治天下。天下必亂。與忠臣治天下。天下必安。然則忠臣骨鯁而易疏。佞臣柔順而易親。柔順似忠。多爲美言。骨鯁似強。多爲直諫。美言者得進。則佞人滿朝。直諫者見疏。則忠臣避世。二者進退。何以辨之。但日聞美言則知佞臣未去。此國家之可憂也。日聞直諫則知忠臣在左右。此國家之可喜也。伏惟聖明。不可不察。自古王者。外防夷狄。內防姦邪。夷狄侵國。姦邪敗德。國侵則害及黎庶。德敗則禍起蕭墻。乃知姦邪之害。甚於夷狄之患。伏惟聖明。常好正直。以杜姦邪。此致理之本也。臣又聞聖人宅九重之深。鎮萬國之望。以靜制動。以重爲威。如天之高。如地之深。使人不得容易而議也。昨覩鑾駕順動稍頻。恐非深居九重。靜鎮萬方之意。况進奏院報於天下。天下聞之。恐損威重。先朝以御宇日深。功成天下。巡幸之費。尚或諫止。今繼明之始。聖政方新。宜加憂勤。深防逸豫。則人心大悅。天道降康。又比先帝功成之年。未可輕爲巡幸。伏望聖慈再三詳覽。每有順動。必循典禮。以服天下之望。臣又聞人主納遠大之謀。久而成王道。納淺末之議。久而成亂政。方今聖人在上。賢人在側。取捨之際。豈有未至。然而刑法之吏。言絲髮之重輕。錢穀之司。舉錙銖之利病。則往往謂之急務。響應而行。或有言政教之源流。議風俗之厚薄。陳聖賢之事業。論文武之得失。則往往謂之迂說。廢而不行。豈朝廷薄遠大之謀。好淺末之議哉。伏望聖慈納人之謀。用人之議。不以遠大爲迂說。不以淺末爲急務。則王道大成。天下幸甚。臣又聞聖人之至明也。臨萬機之事而不敢獨斷。聖人之至聰也。納群臣之言而不敢偏聽。獨斷則千慮或失。偏聽則衆心必離。人心離則社稷危而不扶。聖慮失則政教差而彌遠。故設百官而不敢獨斷者。懼一慮之失也。開言路而不敢偏聽者。懼衆心之離也。今聖政方新。動思公共。委任

兩地。出入萬機。萬機之繁。能無得失。乃許群臣上言。以補其闕。使上無蒙蔽。下無壅塞。有以見聖人之不獨斷也。天下幸甚。然而臣下上言。裒陳得失。未可盡以爲實。而亦當深究其冝。或務窺人短長。或欲希旨上下。動搖賞罰之柄。離隔君臣之情。以是而非。言僞而辯。雖聖鑒之下。能無惑焉。儻動寖衆。無益王道。以此密奏之類。更望聖慈深加詳鑒。與大臣議論可否。然後施行。儻密奏之言。便以爲實。內降處分。一面施行。則讒譖之人。緣隙而進。以訐爲直。以詐爲忠。使內外相疑。政教不一。非致理之本也。古人有言曰。爲君難。爲臣不易者。其在此乎。伏惟聖明。不可不察。又自古親近小臣。率多纖佞。恃國恩寵。爲人階緣。公議未行。私請先至。如此。則人皆由徑。政有多門。伏望聖慈深爲防慮。以存至公之道也。臣曲陋之人。本無精識。覽前王之得失。究聖朝之取捨。因敢盡而陳之。伏望聖慈詳擇一二。

慶曆中。參知政事范仲淹又答詔條陳十事疏曰。伏奉手詔。今來用

韓琦范仲淹富弼皆是中外人望不次拔擢韓琦暫往陝西范仲淹富弼皆在兩地所宜盡心爲國家諸事建明不得顧避兼章得象等同心憂國足得商量如有當世急務可以施行者並須條列聞奏副朕拔擢之意者臣智不逮人術不通古豈足以奉大對然臣蒙陛下不次之擢預聞政事又詔意丁寧臣戰汗惶怖曾不獲讓臣聞歷代之政久皆有弊弊而不救禍亂必生何哉綱紀浸隳制度日削恩賞不節賦斂無度人情慘怨天禍暴起惟堯舜能通其變使民不倦易曰窮則變變則通通則久此言天下之理有所窮塞則思變通之道既能變通則成長久之業我國家革五代之亂富有四海垂八十年綱紀制度日削月侵官壅于下民困於外夷狄驕盛寇盗横熾不可不更張以救之然則欲正其末必端其本欲清其流必清其源臣敢約前代帝王之道求今朝祖宗之烈采其可行者條奏願陛下順天

下之心力行此事庶幾法制有立綱紀再振則宗社靈長天下蒙福

一曰明黜陟臣觀書曰三載考績三考黜陟幽明然則堯舜之朝建官至少尚乃九載一遷必求成績而天下大化百世之後仰爲帝範我祖宗朝文武百官皆無磨勘之例惟政能可旌者擢以不次無所稱者至老不遷故人人自勵以求績效今文資三年一遷武職五年一遷謂之磨勘不限内外不問勞逸賢不肖並進此豈堯舜黜陟幽明之意耶假如庶僚中有一賢於衆者理一郡縣領一務局思興利去害而有爲也衆皆指爲生事必嫉之沮之非之笑之稍有差失隨而擠陷故不肖者素飡尸禄安然而莫有爲也雖愚暗鄙猥人莫齒之而三年一遷坐至卿監丞郎者歷歷皆是誰肯爲陛下與公家之利救生民之病去政事之弊葺綱紀之壞哉利而不興則國虚病而不救則民怨弊而不去則小人得志壞而不葺則王者失賢不肖渾

淆請託僥倖遷易不已中外苟且百事廢墮生民久苦群盗漸起勞陛下旰昃之憂者豈非官失其政而致其危耶至若在京百司金穀浩瀚權勢子弟長爲占據有虚食廩禄待闕一二年者暨臨事局挾以勢力豈肯恪恭其職使祖宗根本之地綱紀日隳故在京官司有一員闕則争奪者數人其外任京朝官則有私居待闕動踰歲時往往到職之初便該磨勘一無勤效例蒙遷改此則人人因循不復奮勵之由也臣請特降詔書今後兩地臣僚有大功大善則特加爵命無大功大善更不非時進秩其理狀循常而出者秖守本官不得更帶美職應京朝官在臺省館閣職任及在審刑大理寺開封府兩赤縣國子監諸王府并因保舉及選差監在京重難庫務者並須在任三周年即與磨勘若因陳乞并於中書審官院願在京差遣者與保舉選差不同並須勾當通計及五周年方得磨勘如此則權勢子弟

肯就外任各知艱難亦有俊明之人因此樹立可以進用如今日已前受在京差遣已勾當者且依舊日年限磨勘其未曾交割勾當却求外任者並聽其外任在京朝官到職勾當及三年者與磨勘内前任勾當年月日及公程日期并非因陳乞而移任在道月日及陛朝官在京朝請月日並令通計其遠官近地勞逸不同并在假待闕及公程外住滯或因公事非時移替在道月日委有司别行定奪聞奏如任内有私罪并公罪徒已上者至該磨勘日具情理輕重别取進上其庶僚中有高才異行多所薦論或異略嘉謀爲上信納者自有特恩進改非磨勘之可滯也又外任善政著聞有補風化或累訟之獄能辨冤沉或五次推勘人無翻訟或勸課農桑大獲美利或京城庫務能革大弊惜費鉅萬者仰本轄保明聞奏下尚書省集議爲衆所許則列狀上聞並與改官不隔磨勘或有異同各以所執取旨出

於聖斷。仍請詔下審官院流內銓尚書考功應京朝官選人逐任得替。明具較定考績。結罪聞奏。內有事狀猥濫并老疾愚昧之人。不堪理民者。別取進止。已上磨勘考績條件。該說不盡者有司比類上聞。如此。則自循者拘考績之限。特達者加不次之賞。然後天下公家之利必興。生民之病必救。政事之弊必去。綱紀之壞必葺。人人自勸。天下興治。則前王之業。祖宗之權。復振於陛下之手矣。其武臣磨勘年限。委樞密院比附文資定奪聞奏。二曰抑僥倖。臣聞先王賞延于世。諸侯有世子襲國。公卿以德而任。有襲爵者春秋譏之。及漢之公卿有封爵而殁。立一子為後者。未聞餘子皆有爵命。其次寵待大臣賜一子官者有之。未聞每歲有自薦其子弟者。祖宗之朝亦不過此。自真宗皇帝以太平之樂與臣下共慶。恩意漸廣。大兩省至知雜御史以上。每遇南郊并聖節。各奏子充京官。少卿監奏一子充試銜。其正

郎帶職員外郎。并諸路提點刑獄以上差遣者。每遇南郊。奏一子充齋郎。其大兩省等官。既奏得子充京官。明異於庶僚。大示區別。復又每歲奏薦。積成冗官。假有任學士以上官。經二十年者。則一家兄弟子孫出京官二十人。仍接次陞朝。此濫進之極也。今百姓貧困。冗官至多。授任既輕。政事不舉。俸祿既廣。刻剝不暇。審官院常患充塞。無闕可補。臣請特降詔書。今後兩府并兩省官等遇大禮奏許一子充京官。如奏弟姪骨肉與試銜。外每年聖節更不得陳乞。如別有勳勞著聞中外。非時賜一子官者。繫自聖恩。其轉運使及邊任文臣初除授後。合奏得子弟身事者。並候到任二年無遺闕。方許陳乞。如二年內非次移改者。即許通計三年陳乞。三司副使。知雜御史。少卿監以上。並同兩省遇大禮各奏薦子孫。其正郎帶館職員外郎。并省府推判官。外任提調刑獄以上。遇大禮。合該奏薦子孫者。須是在任及二

周年方得陳乞。已上有該說不盡者。委有司比類聞奏。如此則內外朝臣各務久於其職。不為苟且之政。兼抑躁動之心。亦免子弟充塞銓曹。與孤寒爭路。輕忽郡縣。使生民受弊。其武臣入邊上差遣并大禮合奏薦子弟者。乞下樞密院詳定比類聞奏。又國家開文館。延天下英才。使之直祕庭。覽群書。以待顧問。以養器業。為大用之備。今乃登進士高等者。一任纔罷。不以能否。例得召試。而補之。兩府兩省子弟親戚。不以賢不肖。輒自陳乞館閣職事者。亦得進補。太宗皇帝建崇文院祕閣。自書碑文。重天下賢才也。陛下當思祖宗之意。不宜甚輕之。臣請特降詔書。今後進士三人內及等者。一任迴日。許進干教化經術文字十軸。下兩制看詳。作五等品第。中第一第三等者。即賜召試。試又優等。即補館閣職事。兩府兩省子弟。並不得陳乞館閣職事及讀書之類。御史臺晝時彈劾。并諫院論奏。如館閣闕人。即委兩

地舉文有古道。才堪大用之士。進名同舉。并兩制列署表章。仍上殿稱薦。以充其職。如此。則館閣職事更不輕授。足以起朝廷之風采。紹祖宗之本意。副陛下慎選矣。三曰精貢舉。臣謹按周禮卿大夫之職。各教其所治。三年一大比。考其德行道藝。乃獻賢能之書于王。賢。為有德行。能。為有道藝。王再拜受之。登于天府。天府。太廟之寶藏也。蓋言王者舉賢能。所以上安宗社。故拜受其名。藏于廟中。以重其事也。卿大夫之職廢既久矣。今諸道學校。如得明師。尚可教人。六經傳治國治人之道。而國家乃專以辭賦取進士。以墨義取諸科。士皆捨大方而趨小道。雖濟濟盈庭。求有才有識者。十無一二。況天下危困之人如此。將何以救。在乎教以經濟之業。取以經濟之才。庶可以救其不逮。或謂救弊之術無乃後時。臣謂四海尚完。朝謀而夕行。庶乎可濟。安得晏然不救。坐俟其亂哉。臣請諸路州郡有學校處。奏舉通經有道之士。專於教授。務

在興行其取士之科即依賈昌朝等起請進士先策論而後詩賦諸科墨義之外更通經旨使人不專辭藻必明理道則天下講學必興浮薄知勸最為至要內歐陽脩蔡襄更乞逐場去留貴文卷少而考較精臣謂盡令逐場去留則恐舊人捍格不能創習策論亦不能旋通經旨皆憂棄遺別無進路臣請進士舊人三舉已上者先策論而後詩賦許將三場文卷通者互取其長兩舉初舉者皆是少年足以進學請逐場去留諸科中有通經旨者至終場別問經旨十道如不能命辭而對則於知舉官員前講說七通者為合格不會經旨者三舉已上即逐場所對墨義依自來通粗施行兩舉初舉者至於終場日須八通者為合格又外郡解發進士諸科人本鄉舉里選之式必先考其履行然後取以藝業今乃不求履行惟以詞藻墨義取之加用封彌不見姓字實非鄉里舉選之本意也又南省考試舉人一場試

詩賦一場試策人皆精意盡其所能復考較日久實少外謬及御試之日詩賦文論共為一場既聲病所拘意思不遠或音韻中一字有差雖生平苦辛即時擯逐如音韻不失雖末學淺近俯拾科級既鄉舉之處不考履行又御試之日更拘聲病以此士之進退多言命運而不言行業明君在上固當使人以行業而進而乃言命運者是善惡不辨而歸諸天也豈國家之美事哉臣請重定外郡發解條約須是履行無惡藝業及等者方得解薦更不封彌試卷其南省考試之人已經本鄉詢考履行却須封彌試卷精考藝業定奪等第進入御前選官覆考重定等第訖然後開看南省所定等第內合同姓名偶有高下者更不移改若等第不同者人數必少却加封彌更宣兩地參較然後御前放榜此為至當內三人已上即於高等人中選擇聖意宣放其考較進士 以策論高詞賦次者為優等策論平詞賦優者

為次等諸科經旨通者為優等墨義通者為次等已上進士 諸科並以優等及第者放選注官次等及第者守本科選限自唐以來及第人皆守選限國家以收復諸國郡邑之官其新及第人權與放選注官今來選人壅塞宜有改革又足以勸學使其知聖人治身之道則國家得人百姓受賜四曰擇官長臣聞先王建侯以共理天下今之刺史縣令即古之諸侯一方舒慘百姓休戚實繫其人故歷代盛明之時必重此任今乃不問賢愚不較能否累以資考陞為方面懦弱者不能檢吏得以蠹民強幹者惟是近名率多害物邦國之本由此凋殘朝廷雖至憂勤天下何以蘇息其轉運使并提點刑獄按察列城當得賢於衆者臣請特降詔書委中書樞密院且各選轉運使提點刑獄共十人大藩知州十人委兩制共舉知州十人三司副使判官同舉知州五人御史臺中丞知雜三院共舉知州五人開封知府

推官共舉知州五人逐路轉運使提點刑獄各同舉知州五人知縣縣令並十人逐州知州通判同舉知縣縣令共二人得前件所舉之人舉主多者先次差補仍指揮審官院流內銓今日以後所差知州知縣縣令共具合入人歷任功過舉主人數聞奏委中書看詳委得允當然後引對如此舉擇則諸道官吏庶幾得人為陛下愛惜百姓均其徭役寬於賦斂各獲安寧不召禍亂天下幸甚五曰均公田臣聞易曰天地養萬物聖人養賢以及萬民此言聖人養民之時必先養賢養賢之方必先厚祿厚祿然後可以責廉隅安職業也皇朝之初承五代亂離之後民庶凋弊時物至賤暨諸國收復天下郡縣之官少人除補至有經五七年不替罷者或纔罷去便入見闕當物價至賤之時俸祿不輟士人之家無不自足咸平已後民庶漸繁時物遂貴入仕門多得官者衆至有得替守選一二年又授官待闕一二年者在天下物貴之後而俸

禄不繼。士人家鮮不窮窘。男不得婚。女不得嫁。喪不得葬者。比比有之。復於守選待闕之日。衣食不足。貸債以苟朝夕。到官之後。必來見逼。至有冒法受贓。賒舉度日。或不恥賈販。與民爭利。既非負罪之令不守名節。吏有姦贓而不敢發。民有豪猾而不敢制。姦吏豪民得以侵暴。於是貧弱百姓。理不得直。寃不得訴。徭役不均。刑罰不正。比屋受弊。無可奈何。由乎制祿之方有所未至。真宗皇帝患深慮遠。復前代職田之制。使中常之士自可守節。婚嫁以時。喪葬以禮。皆國恩也。能守節者。始可制姦贓之吏。鎮豪猾之人。法乃不私。民則無枉。近日屢有臣僚乞罷職田。以其有不均之謗。有侵民之害。臣謂職田本欲養賢。緣而侵民者有矣。比之衣食不足。壞其名節。不能奉法。以直爲枉。以枉爲直。衆怨思亂。而天下受弊。豈止職田之害耶。又自古常患百官重内而輕外。唐外官月俸尤更豐足。簿尉俸錢尚二十貫。今窘

於財用未暇增復。臣請兩地同議外官職田。有不均者均之。有未給者給之。使其衣食得足。婚嫁喪葬之禮不廢。然後可以責其廉節。督其善政。有不法者可廢可誅。且使英俊之流樂於爲郡爲邑之任。則百姓受賜。又將來升擢多得曾經郡縣之人。深悉民隱。亦致化之本也。惟聖慈深察。天下幸甚。六曰厚農桑。臣觀書曰。德惟善政。政在養民。此言聖人之德惟在善政。善政之要惟在養民。養民之政必先務農。農政既脩則衣食足。衣食足則愛膚體。愛膚體則畏刑罰。畏刑罰則寇盗自息。禍亂不興。是聖人之德發於善政。天下之化起於農畝。故詩有七月之篇。陳王業也。今國家不務農桑。粟帛常貴。江浙諸路歲糴米二百萬石。其所糴之價與輦運之費。每歲共用錢三百餘萬貫文。又貧弱之民困於賦斂。歲伐桑棗而爲薪。勸課之方有名無實。故粟帛常貴。府庫日虚。此而不謀。將何以濟。臣於天下農利之中

粗舉二三以言之。且如五代羣雄爭霸之時。本國歲飢則乞糴於鄰國。故各興農利。自至豐足。江南應有圩田。每一圩方數十里。如大城。中有河渠。外有門閘。旱則開閘引江水之利。潦則閉閘拒江水之害。旱潦不及。爲農美利。又浙西地卑常苦水沴。雖有溝河可以通海。惟時開導。則潮泥不得而堙之。雖有堤塘可以禦患。惟時脩固。則無摧壞。臣知蘇州日。點檢簿書。一州之田係出税者三萬四千頃。中稔之利。每畝得米二石至三石。計出米七百餘萬石。東南每歲上供之數六百萬石。乃一州所出。臣詢訪高年。則云曩時兩浙未歸朝廷。蘇州有營田軍四都。共七八千人。專爲田事。導河築堤。以減水患。于時民間錢五十文糴白米一石。自皇朝一統。江南不稔則取之浙右。浙右不稔則取之淮南。故慢於農政。不復修舉。江南圩田。浙西河塘。太半隳廢。失東南之大利。今江浙之米石不下六七百文足至一貫文省。

比於當時其貴十倍。而民不得不困。國不得不虚矣。又京東西路有卑濕積潦之處。早年國家特令開決之後。水患大減。今罷役數年。漸已堙塞。復將爲患。臣請每歲之秋。降勑下諸路轉運司。令轄下州軍吏民各言農桑之間可興之利。可去之害。或合開河渠。或築堤堰陂塘之類。並委本州軍選官計定工料。每歲於二月間興役。半月而罷。仍具功績聞奏。如此不絶。數年之間。農利大興。下少飢歲。上無貴糴。則東南歲糴輦運之費。大可減省。其勸課之法。宜選官討論古制。取其簡約易從之術。頒賜諸路轉運使及面賜一本付新授知州知縣縣令等。此養民之政。富國之本也。七曰脩武備。臣聞古者天子六軍以寧邦國。唐初京師置十六將軍官屬。亦六軍之義也。諸道則關折衝果毅府五百七十四。以儲兵伍。每歲三時耕稼。一時習武。自正觀至于開元。百三十年。戎臣兵伍無一逆亂。至開元末。聽匪人之言。遂

羅府兵。唐衰兵伍皆市井之徒。無禮義之教。無忠信之心。驕蹇凶逆至于喪亡。我祖宗以來。罷諸侯權。聚兵京師。衣粮賞賜豐足。經八十年矣。雖已困生靈。虛府庫。而難於改作者。所以重京師也。今西北強梗。邊備未徹。京師衛兵多遠戍。或有倉卒。輦轂無備。此大可憂也。遠戍者防邊陲之患。或緩急抽還。則外禦不嚴。戎狄進奔。便可直趨關輔。新招者聚市井之輩。而輕囂易動。或財力一屈。請給不充。則必散為群盜。今生民已困。無可誅求。或連年凶飢。將何以濟。贍軍之策。可不預圖。若因循過時。臣恐急難之際。宗社可憂。臣請密委兩地。以京畿見在軍馬。同議有無闕數。如六軍未整。須議置兵。則請約唐之法。先於畿內并近輔州府。召募強壯之人。充京畿衛士。得五萬人。以助正兵。足之為強盛。使三時務農。大省給贍之費。一時教戰。自可防虞外患。其召募之法。并將校次第。並先密切定奪。聞奏。此實強兵節財之要也。候京畿近輔召募衛兵已成次第。然後諸道倣此。漸可施行。聖慈留意。八曰減徭役。臣聞漢光武建武六年六月詔曰。夫張官置吏。所以為人也。今戶口耗少。而縣官吏職。所置尚繁。令司隸州牧各實所部二府。於是條奏并省四百餘縣。天下至治。臣又觀西京圖經。唐會昌中河南府有戶一十九萬四千七百餘戶。置二十縣。今河南府主客戶七萬五千九百餘戶。仍置一十九縣。主戶五萬七百。客戶二萬五千二百。鞏縣七百戶。偃師一千一百戶。逐縣三等。而堪役者不過百家。而所供役人不下二百數。新舊循環。非鰥寡孤獨。不能無役。西洛之民最為窮困。臣請依後漢故事。遣使先往西京并省諸邑為十縣。其所廢之邑並改為鎮。令本路舉文資一員。董榷酤關征之利。兼人煙公事。所廢公人。令除歸農外。有願居公門者。送所存之邑。其所在邑中役人。卻可減省歸農。則兩不失所。候西京併省稍成倫序。則行於大名府。然後

遣使諸道。依此施行。仍先指揮諸道防團州已下有使州。兩院者皆為一院。公人願去者。各放歸農。職官廳可給本城兵士七人至十人者。人力歸農。其鄉村耆保地里近者。亦令併合。能併一保。耆管亦減役十餘戶。但少徭役。人自耕作。可期富庶。九曰覃恩信。臣竊覩國家三年一郊。天子齋戒袞冕。謁見宗廟。乃祀上帝。大禮既成。還御端門。肆赦天下。曰赦書日行五百里。敢以赦前事言者。以其罪罪之。欲其王澤及物之速也。如此。今大赦每降。天下歡呼。一兩月間。錢穀司存。督責如舊。桎梏老幼。籍沒家產。至于寬賦斂。減徭役。存恤孤貧。振舉滯淹之事。未嘗施行。使天子及民之意。盡成空言。有負聖心。損傷和氣。臣請特降詔書。今後赦書內宣布恩澤。有所施行。而三司轉運司州縣不切遵稟者。並從違制。徒二年。斷情重者。當行刺配。應天禧年以前。天下欠負。不問有無侵欺盜用。並與除放。遠者仰御史臺提點刑獄司。常切覺察糾劾。無令壅遏。臣又聞易曰。先王以省方觀民設教。故有巡狩之禮。察諸侯善惡。觀風俗厚薄。此聖人順動之意。今巡狩之禮不可復行。民隱無窮。天聽甚遠。臣請降詔中書。今後每遇南郊赦後。精選臣僚往諸路安撫。察官吏能否。求百姓疾苦。使赦書中及民之事。一一施行。天下百姓。莫不幸甚。十曰重命令。臣聞書曰。慎乃出令。令出惟行。唯律文。諸被制書有所施行而違者。徒二年。失錯者。杖一百。又監臨主司受財而枉法者。十五疋絞。蓋先王重其法令。使無敢動搖。將以行天下之政也。今觀國家每降宣敕條貫。煩而無信。輕而弗稟。上失其威。下受其弊。蓋由朝廷采百官起請。率爾頒行。既昧經常。即時更改。此煩而無信之驗矣。又海行條貫。雖是故違。皆從失坐。全乖律意。致壞大法。此輕而弗稟之甚也。臣請特降詔書。今後百官起請條貫。令中書樞密院看詳會議。必可經久。方得施行。如

事干刑名者更於審刑大理寺句明會法律官吏參詳起請之詞刪去繁冗裁為制敕然後頒行天下必期遵守其衝改條貫並令繳納免致錯亂誤有施行仍望別降敕命令後逐處當職官吏親被制書及到職後所受條貫敢故違者不以海行並從違制徒二年未到職已前所降條貫失於檢用情非故違者並從本條失錯斷科杖一百餘人犯海行條貫不指定違制刑名者並從失坐若條貫差失於事有害逐處長吏別見機會須至便宜而行者並須具緣由聞奏委中書樞密院詳察如合理道即與放罪仍更相度別從更改

歷代名臣奏議卷之二十九

歷代名臣奏議卷之三十

治道

宋仁宗天聖七年群牧判官龐籍荅詔論時政奏曰臣忝序班聯獲當次對輒陳管見仰瀆纊旒內揣狂愚當從竄殛臣聞服忠義者皆懷愛君之意被惠養者咸蓄報恩之心故有委輅納忠嬰鱗陳諫義烈所激無故殞身而況生逢盛隆身事明聖丁寧詔旨責其盡言非臣韜默之秋實臣罄勵之日也恭惟皇帝陛下荷祖宗之淳熈承慈聖之保祐積德彌盛沭道日深罄天咸寧而自謂未乂在理必照而退託不明招尊鯁臣虛受讜議不吝過舉思廣日新此前王之所難而陛下之所易實九廟無疆之福四海永安之基也臣是敢竭至陋之識揣當今之宜可補助聖治之萬一者條之如左伏以推誠任人則布腹心而事上懷疑待下則顯形迹以避嫌腹心布則下無隱情形迹顯則義乖至理求古今之事固有形近私而實公者祁奚內舉其子而見褒前典亦有形近公而實私者王莽親戮其息而終成大盜是故王者察臣之心而任之推己之誠而信之則內竭其公外宣其力矣是以唐虞之朝興群臣之遜而不爲比周東漢之世立三互之法而無救衰弱故推誠之益如彼而懷疑之損若此謹按唐文皇之世或言魏元成阿黨者按驗無狀溫彥博奏其不存形迹遠避嫌疑元成奏曰君臣上下同遵此路則邦之興亡或未可知文皇瞿然改容曰吾已悔之故正觀之治與三代同風又憲宗之時皇甫湜應制舉策語切直王涯是其舅時為翰林學士任當覆策不以舅甥之嫌而收之為貴倖者所怒及貶涯虢州司馬以湜之盛才而尚不免親累故元和之政不至於太平此乃推誠懷疑之効也臣愚切窺今日似懷疑而待下矣群臣似皆存形迹以避嫌矣陛下疑群臣之私也臣下必有挾私徇情以致陛下之疑者也臣又謂當考其狀實退之罪之可也未聞任之而疑疑之而任也書曰

任賢勿貳。又曰疑謀勿成。此之謂也。而言事之臣知陛下之有疑也。當以理道分判公私。昭然不惑。使朝廷推至誠。廣至公。蕩然無猜。以至於大同也。夫宓子賤古之一縣令耳。推誠於下而吏不忍欺。况國家精擇信臣置之左右苟推心任之。自非回邪姦佞。孰不竭心仰酬倚屬也。安可謂推誠不可行於今乎。臣切度今之言事者類皆迎揣上意。指似是之事以成其疑。是致上之益疑也。則其意似欲陛下悉疑於下。自取信於聖心以利其身也。不然。夫豈不知疑之害治也。臣恐防疑不已。則上不知所信。畏避不已。則下無所推公。公信兩虧。事將安決。伏惟陛下至聖至明。臣願陛下推至誠。廣至公。察情偽以臻太平之治。臣又聞萬機之務。所應至衆。四海之大。所總至廣。必在乎立畫一之法。守不紊之條。持其權綱。挈其要命。此帝王所以不勞而制天下也。是故以一制衆。則多至而益整。以繁應廣。則雖久而必亂。故曰法不一則朋黨生。若然。則發號施令可得二三哉。臣伏見去年十月十七日及二十七日。

宣傳聖旨。令群牧司借支帶甲馬二疋。并隨行草料。與新差保州巡檢都監楊懷愍。本司爲准大中祥符五年宣頭節文。今後應有臣僚及使臣脚下已有官馬因差遣並不得乞借官馬。礙此條貫。遂具劄子於十二月二日進呈得旨。只令賜馬一疋。自備草料。樞密院出降宣頭之次。至三日又傳聖旨。却令借帶甲馬二疋隨行。十七日內爲一小事。四降聖旨。三令借馬二疋。一令賜馬一疋。本司不知所從。遂再具進呈。當月十六日批降聖旨云。已賜與馬其劄子更不行。方敢依准宣頭指揮。且樞密院是陛下樞密發命之司也。得旨盡依方降宣命於外。須行之次。陛下又以傳宣衝之。以在京之司職連大臣。則可以進呈更改。若疎遠之地。使何所依從。夫一州之守。一邑之宰。若政令不一。尚有受其弊者。况一人之威。天下之大。苟命令二三。安得不慮乎。且號令如汗。汗出而不返者也。故曰安危在出令。安危所繫。得不謹乎。蜀相諸葛亮有云。宮中府中皆爲一體。陟罰臧否。不宜異同。此實先代名臣之言也。

矧今寰宇之大。咸遵一軌。豈宜號令之發。自啓多門。萬一處置大事亦如此比。恐致不虞。以成後悔。此遂事既往。誠不當言。臣願陛下謹號令於此後耳。臣又聞守文之體。必遵於制度。御下之方。在謹於憲法。制度定則貴不敢驕盈。賤不敢踰越。憲法正則寬不赦有罪。猛不及無辜。釋此二者。雖堯舜不能治天下也。唐文宗嘗言爲國之道。致治甚難。宰相李石對曰。朝廷法令行則易。此要言妙道也。故法行則君主重。法廢則朝廷輕。輕重之理。安危之機乎。夫祖宗垂憲。軌迹具在。固不可改也。所可改者。請以醫者諭之。夫藥所以攻疾也。若疾證已移。不應但守故藥。必更方易劑。隨其所移而攻之。則疾應而痊矣。法所以塞姦也。若姦源已遷。不應但守故法。必更條易科。隨其所遷而塞之。則姦息而政明矣。其不可改者。亦請以醫者諭之。夫三部之脉。四時之氣。五藥之性。針灸之法。更歷古今。孰可變改也。若制度之設。尊君卑臣。同文一軌。防踰僭。塞僥倖。雖前王後帝。亦不可改易也。凡人見法令

之有改者。遂謂制度之皆可易也。此世之所以多違越之人也。恭惟國家以聖繼聖。典章闕具。垂之無窮。自中書樞密院下至百司。政教所行。皆有成憲。守而勿失。可致治平。况祥符中敕文。應臣僚上殿奏事。不得批依奏。并批送合屬中書樞密等處。以先帝睿明昇平在運。小大之政。無不洞曉。尚不欲便行依可。而必令有司奏覆者。蓋恐破改舊制。開啓倖門故也。抑又先帝之深意。不獨自守法度而已。誠欲垂之訓典。冀陛下遵之也。臣伏見頃來傳宣內降。歲有增多。夫求丐之人。若事合舊典。理非所創。則雖下有司。未憂不行。其背違定制。創起新例者。下於有司。必法而不可行。故須求傳宣內降。期於必遂。是則因一傳降。廢一制度。傳降不已。歲月寖深。臣恐制度存者無幾。制度削則紀綱壞。紀綱壞則上下之分。何所檢局。此臣所以日夜爲朝廷惜之也。臣願陛下事無大小。皆送有司覆奏。則事機必當而典制常存矣。然帝王行法必從近始。使左右貴戚畏而不犯。犯而不捨。則天下孰敢輕重哉。夫左右之臣

貴客之戚。出入禁闥。綢繆寵遇。凡常之見。所望惟恩。望恩不已。驕然
漸積。諸葛亮所謂寵之以位。位極則賤。順之以恩。恩竭則慢。夫有賤
位之心。繼有慢恩之意。未有不猖獗踰檢。縱肆無憚者矣。過惡既盈
然後寘之文法。此前代之亡身覆族者。皆由驕之太過。制之不早故
也。所謂將欲福之。適足禍之。不若以義而斷其恩。以法而制其漸。知
有過不捨。則大過不生矣。知無故不賞。則僥望自息矣。諸葛亮所謂
威之以法。法行則知恩。限之以爵。爵加則知榮。是也。使其操履自守
常有懼禍之心。寵渥所被。必懷感恩之意。永保元吉。與國同休。豈非
王者待左右親戚之至仁乎。孰若養癰疽。使至決潰也。臣頃為開封
府兵曹參軍。伏見王世融因毆本府客司軍將仇保。法當贖銅物。勅
勒任。且仇保京府一走吏耳。世融貴戚之子也。陛下責其橫恣越法
停官。此實國家用法之至當。而保全戚里之深心也。若陛下制馭左

奏議卷之三十　四

右貴戚。皆如世融。則何患法不行。而人不畏乎。況此數年事耳。固未
忘於聖心。近聞作坊料物庫監官連官掖之戚。侵盜官物。事發而逃。
三司按捕之次。降旨不令窮究。此非臣本職。得自風傳。萬一有之。未
為美事。陛下何不使推窮其事。付之於法。俟其知過。後或因赦文。稍
加收叙。或以衣食豢養。不使任職。若因而悛改。是陛下再造其身也。
此乃公法不屈。私恩亦隆。臣切惑聖斷異於曩時也。計過則此重而
彼輕也。論屬則彼親而此疎也。議罪則彼加法而此貸刑也。臣恐中
外有或效之者。繩之以法。是同罪異罰矣。因而寬之。是法憲廢矣。昔
漢武帝時。隆慮公主病。因以金千斤。錢千萬。為子昭平君豫贖死罪。
上許之。隆慮公主卒。昭平君驕醉殺人。廷尉請論。武帝曰。法令者先
帝所造也。用弟故而誣先帝之法。吾何面目入高帝廟乎。又下負萬
民。乃可其奏。哀不能止。且隆慮帝妹也。昭平帝婿也。復已許其贖死。

而終不貸貴者盖食言之媿小。而廢法之失大也。故臣願陛下謹法
制。以齊中外也。謹覧詔文云。規朕躬之過失。臣伏惟陛下體仁聖之
姿。躬孝睦之德。鑒照古昔。包舉藝文。屏絕游畋。不邇聲樂。獎用忠直。
斥遠佞邪。此天下家曉而戶知也。然日月不能無薄蝕之過。唐堯不
能無哲惠之難。故懷多福者小心。累大德者細行。臣是敢竭愚慮塞
明詔。又云陳宰政之闕遺。伏以執政之本。在內銓擇庶官。在外安集
百姓。今官吏非其人。而曠弛之政漸盛。考課不得其實。而升黜之典
或濫。夫官吏之體。奉公束手以為要。胥吏之性。舞文規利以為資。官
吏不嚴。則胥史縱。胥史縱。則法令壞。法令壞。則民受弊。此必然之理
也。夫欲外律郡國。當先自京師。故曰京邑翼翼。四方是則。今京任之
官。以寬縱法制為大體。以姑息胥史為美名。此已相沿積習矣。或有
以公繩下者。則群胥百計而動搖之。誠能動搖。則來者為戒。雖有公

奏議卷之三十　五

心幹略。安敢施為乎。伏見祥符縣令檢下稍峻。群胥相率逃去。尋而
罷其縣事。是動搖之計行矣。況近年來任京職者。多徇其私便。罕責
於才實。按局廢弛。蠹弊增深。而今之奉公。稍矯前失。朝廷不責狡胥
之陰計。而戒官吏之峻整。臣恐自此孰敢盡公操法。束縛群下乎。百
司觀之。孰不效之乎。百司之胥既效之。而危其上。百司之官亦戒之
而縱其下。上危下縱。久而成風。此為胥史謀則得矣。為公家謀何有
哉。使四方聞之。莫可則矣。臣願朝廷速變此風。無使成俗。要在擇人
而任責之行法。無聽群黨動搖之也。又考課之制。備存令典。景行功
罪。不容隱私。今內外之官。雖有課曆。率無實狀。蓋由刺舉之官。或昧
於察廉。或徇於私曲。推勞舉過。多失公實。意有發摘。則果能成贓情
在容掩。則吞舟漏網。考課之司。但據課曆。以入升殿之科。無緣察其
真偽。夫剛正之吏。彊猾所以為仇。則孤立而多患。貪黷之夫。姦智足

以自衛。則有黨而寘禍。故有幹顧在公而偶罹文法者。考司即為有過。而降黜之典行矣。誅剝害民。而贓狀不露者。考司即為無瑕。而升賞之恩及矣。如此。則降之或在非辜。既無以戒惡。賞之或在有罪。又無以觀能。實由任選之道不精。阿縱之法不嚴。察舉之官不懼故也。臣願朝廷立嚴制。去此弊風。此乃銓擇之關也。又國之用度。節儉為先。節儉行於上。則府庫實於內。雖逢災沴之數。水旱之因。上有賑救之備。則民無流亡之悲。今財賦益屈。而土木之功不息。浮冗之費日增。儲蓄寡備。而荒殍之民屢困。賙恤之恩不時。此輔臣固當苦言陳罷土木。削浮冗以存濟之。此乃安集之關也。儻陛下不輕小臣之言。曲加裁擇。誠能察情偽。審號令。謹法制。然後責輔臣之公正者。推擇天下才行而任之。嫌疑之私汎去。至公之風自行。名實不亂。賞罰必當。官曹嚴整。紀綱振張。則詔旨所謂回邪朋比。阿私恣横。請託貪殘。宜

自息矣。止土木之功。去浮冗之費。則失業之民有以濟矣。臣聞明王聖主好聞其過。忠臣孝子言無隱情。至於諱有司。惇後害。皆非人臣之節也。敢效百慮冀補萬分。幸當責言之辰。罔避論輸之律。實祈英睿。照其悃誠。

八年。侍御史知雜事劉隨上章獻皇后乞還政疏曰。臣恭惟皇太后天資聖明。手扶宗社。爰自先朝不豫。萬機倦勤。皇帝養德東朝。選賢咨善。太后預聞政事。參决居多。洎皇帝膺龍躍之期。年尚冲幼。太后承顧託之命。心如金石。垂簾以對群臣。盡力以報先帝。戎夷率服。華夏乂安。終始不渝。中外咸仰。於國家顯隆平之舉。於皇帝極慈愛之情。天地之功全。母子之道備。光輝於簡册。垂億萬年。然天下治矣。王業崇矣。皇帝長矣。太后勤矣。而猶祁寒盛暑。勞苦聖躬。一日萬機。煩於聽斷。臣聞虛心以致遐壽。澄神以保太和。是以神仙壽同天地者不勞心而役神也。臣愚。欲乞今後軍國常務並逐日專取皇帝處分。所貴清神養素。延聖母萬壽之期。內侍問安。成皇帝孝治之德。天下幸甚。

景祐五年。制策曰。朕蒙積累之休。荷幅員之廣。寅畏天命。以康元元。思欲恢祖宗之遠圖。追皇王之極摯。躋俗於仁壽之域。陶民於禮義之化。兢兢業業。不敢怠遑。焦心勞志。十有七年于茲矣。而明不燭遠。智不通幽。夙承明訓。惟恐失墜。故深詔有司。詳延天下特起之士。冀聞忠讜實至之言。以補朕之不逮。子大夫卓出群萃。褎然造庭。必有宏謀以塞虛佇。國家誕膺寶命。奄宅中區。三聖繼明。萬邦作乂。除殘而革暴。蠲苛而薄賦斂。政脩禮文。緝愛人甚於赤子。縻賢同夫白駒。奇傑魁壘之士列位于朝。備良慈惠之長分政于外。求治若此。可謂勤且至矣。然而革之前載。猶或異論。法制寖講。未協厥中。經費實繁

而未得其節。樂未諧於韶濩。刑未措於成康。官司或昧於廉平。風俗頗虧於素朴。夷貊雖率化。而時或有陵犯邊鄙者。歲時雖嘉靖。而時有警戒變異者。將朕之不德使之然耶。抑物之有數適當爾耶。子大夫其精心極慮。無有所隱。古之制度。可用於今。今之章程。有鑑於古。並宜條列。勿事猥并。立樂之方。何以格神祇而來瑞物。祥刑之要。何以空囹圄而致和氣。至於遴柬多士。懋建庶官。咸有前規。可為來範。唐氏考功之格。善最悉陳。漢家刺部之儀。科條具舉。士民之類。愚衆賢寡。奢僭相尚。習以成風。不嚴而化。其術安在。蠢爾微寇。何以革其非心。漠然大鈞。何以致其順序。且道者萬世無弊。而前經有忠文相救之說。法者百王不易。而舊典著輕重異用之宜。戴記為國有九經。所宜銓次。周官辨地以五物。咸為敷陳。式副諮詢。且觀殫洽。固將施之於行事。匪獨取之於虛文。悉意以陳。無擾執事。張方平對策曰。臣

聞昔漢氏始舉賢良文學士。而策以當時之大政。凡治亂之故。施於之宜。使以經對。所得善者。輒施之於政。故文景之朝。制度興作比隆三代。得人之盛。由此其選也。今陛下上承先志。遐稽治古。祗惕乎安安之難。戒慎乎事事之備。數詔多聞之士。延致大廷。臨問以保邦制理之道。以通天下之志。以成天下之務。茲誠抱器而有心於生民者裁舒其憤懣之會。臣不佞學不足以通天人之變。識不足以達古今之務。而竊有志焉。乃今承之。靦然塞舉。大問所及。豈臣愚所能通者。雖然。敢不以承學所聞。謹昧死上愚對。臣伏讀聖策。見陛下寅畏天命。以康兆民為心。奉承謨訓。以恢遠圖為志。期躋俗於仁壽。思陶民於誼禮而退託於不逮。以求忠讜之言。斯以見陛下虛懷於聽受之勤也。伏以聖策有除殘去暴之言。及蠲苛薄賦之念。列愛人糜賢之道。敘列位分政之良。斯又見陛下勤恤小民之依。以深察其微隱。勵

精庶政之紀。以博用乎賢才。此帝堯之協和萬邦。周文之思皇多士。而猶慊然興歎。遐懷治古。請為陛下廣其義焉。昔聖王之所以能見天下於戶牖之間。運萬化於股掌之上者。非為一人之明且智可徧見而盡察也。使聰明者竭其視聽。知力者盡其謀能。則事無所遺。政無不舉矣。欲事無所遺。在乎廣言路。欲政無不舉。在乎正有司。臣聞書稱舜之德曰。詢于衆。伊尹曰。匹夫匹婦弗獲自盡。人主罔與成厥功。古之興王。咨嗟戒慎。莫不箴勑其群下。俾補察其政。故在輿有旅賁之規。位宁有官師之典。倚几有誦訓之諫。臨事有瞽史之導。猶衆楚人之求其齊言。不可得也。古之明君。思興治道。曷有不先廣視聽以平王度者乎。昔漢魏相。白去尚書副封。以防壅蔽。而宣帝得以知萬機之微。為漢明主。唐太宗著司門式云。其無門籍人有論奏者。皆令監門司馬引對。不許關礙。又制大臣入論事。輒令諫官同入。或對問之言有虧理道。隨即爭之。此唐文帝致太平之迹也。今朝廷司過拾遺之職。惟御史諫臣。凡厥庶官。無得出位而言者。臣願陛下深留聖慮。遠惟治方。益進端亮骨鯁之士。以旦夕承弼清閑之餘。對臨之際。訪之古訓。爰及政事。則嘉謀日聞于黈纊。誠士各薦其見聞。夫如是。則何遠而不燭乎。臣聞夫子曰。必也正名乎。春秋之義。君不尸小事。臣不專大名。故尊主其要。卑任其勞。人君佚於任使。仰成而治。三公論道。九卿分職。群有司各事其事。以故庶務百職。本末條理。今夫津官亭吏一命之微。米鹽貨利毫杪之細。莫不關決衡石。經煩清衷。三公下任卿大夫之勞。卿大夫勞領群有司之事。職分名局不歸臺省。政失其本。事忘其舊。惟陛下考理之要。清化之源。莫若謹諸關棙。執其機轄。委任三吏。切摩治本。使夫總百揆者。則謀建庶官之長。列庶官之長者。則各選衆職之任。付之柄而要其效。盡其材而責其成。

官守典司。無相侵紊。有廢厥職。必正于罰。如此。則陛下以無為用天下。群吏莫不各有為而為天下用。要在于上。詳在于下。上下正。則天下治矣。夫如是。又何幽而不通乎。方且優游嵒廊之上。拱揖羲軒之庭。不為而功成。不勞而治定。易曰。知臨大君之宜。此之謂也。伏以聖策曰。今奇傑魁壘之士。列位于朝。循良慈惠之長。分政于外。求治若此之勤。猶未格于前載者。臣伏讀至于再。而竊有惑矣。臣誠深歎陛下有英睿之度。而臣鄰乏將明之材。因循蔽欺。偷取一切。不能作法於治。不能革弊於細。獨貽陛下兢兢之憂也。誠使朝皆奇傑。則朝廷重而百度正。外皆循良。則上下交而其志通。雖甚盛德。何以加此。又何前載之愧乎。以臣之愚。正謂朝位鮮魁壘之器。外官寡慈惠之師。未足以副聖心愛人糜賢之念爾。雖然。奇傑乃間世而出。循良非比肩而有。亦在人主推擇而督勸之爾。何以言之。列位于朝者。患邪不

可不辨也分政于外者牧宰不可不重也臣聞伊尹戒太甲曰左右惟其人周穆王命伯冏爲太僕正曰僕臣正厥后克正僕臣諛厥后自聖旨哉聖賢之究治本也堯舜爲大聖智者然猶相與歎以不知人爲憂此九德所以爲帝謨也至于夫子亦以爲知人之難堯舜其猶病諸夫知人之所以難者以其巧言令色之賊實也夫世之治亂君之昏明臣之忠邪亦更而有雖治世明君不能使其立朝居位舉忠賢而無邪佞者也由能親忠賢而踈邪佞者爾雖亂世昏君亦未必立朝居位舉邪佞而無忠賢者也由其近邪佞而遠忠賢者爾故堯舜之庭稷契班乎共鯀幽厲之朝蘇衛儕乎榮暴顧上所親而近者孰悅焉夫欲辨朝位之忠諛者考其所朋之迹而志行見矣察其施作之謀而材智詳矣忠莊而端直者斯則雪霜之松栢矣諂從而容悅者斯亦疾風之蓬累矣進斯人也原其譽之所自退斯人也察

其毁之所出拔茅以彙必有類也如此則列位之廉賢頗得奇傑魁壘之士矣臣聞民政之本在乎牧宰而朝廷之選任其制甚輕銓書補除初無差擇計階而授循資而遣或羸弱昏亂狠頑貪忍流毒于下窮枉無告刺守奪于權勢坐視其弊而莫之聞者地相接已夫本既失之始正其末猶愈於不正也昔在兩漢雖有刺史督州而又時遣使四出察群吏之治故前漢則有繡衣直指傳行四方得專免二千石後漢則有美俗清詔之名以按郡國唐雖有採訪按察之職而亦時遣郎官御史出廉外事誠國家舉用漢唐之典精選臺閣之臣才識深明風度方重者時遣分道以察郡縣守令能否之迹具善惡而入報示賞罰於必行如此則牧宰之官心知勸懼郡縣之政稍以澄清是則治民分政者頗得循良慈惠之長矣聖策曰法制寖講而未協厥中經費實繁而未得其節樂未諧於韶濩刑未措於成康官師或昧於廉平風俗頗虧於素樸此以見陛下無微不講無小不慮者也夫法制所以未中以其命令之數易經費所以未節以其用度之無藝樂未諧於韶濩以其工師之失職刑未措於成康以其貨利之亂制官師或昧於廉平以其澄勸之義廢風俗頗虧於素樸以其侈度之禮踰臣請爲陛下悉數以終之臣所謂法制所以未中以其命令之數易者聞之書曰慎乃出令令出惟行夫命令者國之綱紀政之隄防綱紀一弛則萬目隨解隄防一傾則橫流莫制故爲國之本爲政之原信爲大也比者命令布下尋復衝改是以郡縣承用者駭姦吏巧誣因緣爲市民無所措手足而多犯于有司按大體而論之此損政之深者倘朝廷出令事干大政必集議而後行下于多方必一定而無變略其苛細删謀重累俾萬姓咸曰大哉王言又曰一哉王心如此則法制允當協于中理矣臣所謂經費之未節以其

用度之無藝者伏以承平之日久是故因循之弊生日知其所增歲不知其所減此費之所以煩也陛下幸加惠思所以撙節之理臣謂宜以約處之而已宮室臺榭是以順陰陽之候旌旄羽衛是以昭文物之容苑囿池籞是以備游豫之行音官樂部是以具燕享之禮自餘土木之不急者舉罷容衛之罕用者勿飾寬池囿之利下賦於貧民省音樂之伎稍斥其冗食減後苑之工巧息匠司之營繕慎無名之好賜約無功之匪頒罷緇黃之厚施節一切之橫費以緩天下水旱之賦以爲國家帑廩之實以濟疲農工女稼穡之勤以整老弱孤寡飢勞之殃如此則德澤被于天下而經費有節矣臣所謂樂未諧於韶濩以其工師之失職者昔舜命九官夔實典樂漢史敘得人之盛而儒雅質直無協律並列又漢制卑者之子不得舞宗廟之酎歷代而下樂府令丞多用士人夫均聲考律其義微矣故師瞽矇古

所甚重也今夫執伎以事上者歷象則有司天之監醫藥則有翰林之署至于琴弈書畫一藝之微者莫不厚賦廩稍閤豢寵賜太樂諸工真古者大夫士之職也謂宜略依司天為之官次補用知鍾律之士以充其選擇取儒師為之令丞使習其精義通其鍾呂雖名異於韶濩而可以薦天地享祖宗其用一也臣所謂刑未措於成康以其貨利之亂制者伏以國家之在宥天下一統治平德教加於蒸人其陶化益深矣陛下臨御區極欽恤庶慎急深故之罪寬縱出之罰有懆怛之憂有忠利之教而刑未之措獄繫猶繁其故何由蓋上籠貨物漁財利之路多莞榷封占之法密閭之以權豪富室侵奪貧細吏務因循或引賕賄不能抑強扶弱是以小人業盛窮而思濫者衆矣誠朝廷慎擇守宰摧抑豪猾稍寬利路以優齊人刊定律令除文致毛細之法務從簡易便於遵守使民不敢欺冒而試法吏無以輕重

而侮文則刑雖未盡措而羅穽寬矣臣所謂官司或昧於廉平以其澄勸之義廢者按周典小宰以六計弊群吏之治雖治行不同而同主於廉故馭吏之法嚴重惟貨而受賕枉禁相繼有焉意者官刑稍以寬弛部長多故縱欺夫貪吏侵刻下民善事上官腹心爪牙各有施設及貫盈滅趾官以墨敗而又赦令屢下亟蒙釋解丹書未乾已冀收敘此所謂官刑稍以寬弛者也今夫令宰有濫黷之迹而守倅縱不考驗守倅有貪暴之政而司官隱不上聞及乎惡積而不可掩事播而不可追罪正不察厥罰至輕倘使諸統設之司及于聯事之職贓罪相坐以重其罰則人自為計下無容姦矣夫峻刑苛禁誠非治世善化之意然今風俗流溢踰軌者衆不嚴官制倘以立法猶乎馭駻突而不利乎銜策且奔踶而銜橛矣古所謂惟齊非齊者謂此道也臣所謂風俗頗虧於素樸以其分度之禮踰者書曰惟民生厚

因物有遷違上所令從厥攸好故君人者謹好以示民俗慎惡以御民淫夫風化之所起必由上以達下內而及外且萬邦表則在乎王國今夫彫飾巧偽之器奇邪纖靡之服陳鬻于市流于四方詐偽姦欺聚為淵藪按周官以儀辨等則民不越以度教節則民知足古之制民者使之雖富不異服無故不食珍納幣無過五兩合親不踰一肉故王道之端必自制節始也謂宜益絛其僭侈之弊惟事事為之分度所示制令期于必信如此則爭奪踰靡之俗革禮義敦厚之教行矣聖策曰夷貊雖率化而時有陵犯邊鄙者歲時雖嘉靖而時有儆戒變異者茲又以見陛下過虞寇聚之漸祗畏天戒之重也然陵犯之擾雖特徼裔之小醜變異之來茲乃陰陽之大事何陛下問之後乎彼群蠻依嶔峒之險恃林嶺之阻窺伺無備潛出攘掠結集如蟻蜂飛迸如鳥獸守臣無狀自授占地然此之區區者亦何足以累

國威煩聖慮哉臣謂邊事之重其在西北乎北戎通好於我餘三十年自漢氏已來夷夏之和而能堅守信誓如今之久者未之有也非惟懷我恩信利我聘幣抑當我盛德之世無釁可乘夫以利相結者利盡則交踈以勢相合者勢解則難作故有備無患謂之善無恃不來在乎多算又西陲雖受羈縻姑息蓋久自國家失朔方棄靈武置戍內地控扼益蹙雖貢職外謹而巢穴內堅鄙上之防亦不可不戒且自唐氏中世以降兵農之業離文武之權分而政事不齊國謀相乖矣今之邊事根本在於廟堂措置施設固非下臣所得而詳然三軍之命繫於主帥是以擇將之重兵事之本臣請因平寇之間著于後篇以言之深惟陛下以天日高明之德承祖宗淳耀之靈夙興視朝中昃勤聽勑天之命臨此下人無疆惟休亦無疆惟恤宜乎自天降休百嘉來應而災異數作譎變仍見上天勤勤之意諒不徒發而必

有所屬也閏者殞星如雨流攙失次地震室囊裂而湧泉雷不收聲
泄于窮冬又正月以來日蒙少光輒或數日不解臣鄙儒昧於天官
之學竊考春秋之義及前志天文五行之占其咎皆由乎陽德微弱
陰道專縱下為阿比盜用威柄者也夫陰之為象臣道也妻道也夷
狄之道也天意若曰將俾陛下察左右之姦正宮闈以禮謹邊防之
備者乎夫人君之道所以配乾而法天者蓋取乎乾體之剛天行以
健也剛故中正無邪健故運用不息洪範曰惟辟作福惟辟作威春
秋之義譏大夫之專者夫臣下能竊威福之柄亦不專在乎執政當
國者苟信聽之或過則欺誣之隨生蟻漏壞堤炬遺燎原杜漸防微
在慎厥始此所謂察左右之姦者也若夫防戚黨之侵預絕女謁之
請求御進取周典之文均選循漢氏之制戒留連之害政事省幽怨
以迎和氣此所謂正宮闈以禮者也若夫將校之列思其智勇可任

者為誰卒伍之衆察其銳驍無前者有幾邊壘守將孰有扞城之材
帷幄謀臣孰有折衝之筭至于儲峙輸發之術兵械精完之數有一
未備非先勝之道也此所謂謹邊防之備者也夫是三者惟在陛下
存神而遠慮凝慮而深思利柄勿以假人主威貴乎獨運雖儀擯已
固扃鐍不可不嚴雖垣墉既備關楗不可不設用乾剛以弭陰異謹
人事以應天心如此則災異不足消休祥不足致也且聖策俾臣精
心極慮無有所隱臣既冒陛下斯舉矣敢悼後害而為身謀者歟亦
在陛下寬狂妄之誅以來天下至當之言焉聖策曰古之制度可用
於今今之章程有鑒於古並宜條列勿事猥并臣謹按春秋之義譏
變古易常者而又善變之正者蓋國之善制不可輕變其未至者變
之可也伏以先制舊法彼此一時事體權宜各有云設誠大制度或
大典章為世規摹著在甲令故當守而弗失謹以奉行至于凡小事

為因時消息或迹存而理異或法久而姦生必踐而行以為無改於
祖宗之道此所謂膠柱而鼓瑟刻舟而求劍者易曰窮則變變則通
通則久故復而不厭久而不弊之謂道昔先王之作為爵祿賞罰以
親攬其柄是以為天下之主見勞授賞則衆譽不能進無功見惡行
誅則衆讒不能退無罪若政無大小人無善惡進退用捨一取諸聽
是爵祿賞罰不在人主而在例也與奪之柄於陛下何有臣願陛下
革弊去蠹無不忍之愛援才賞忠無疎賤之隔大稽諸古小慶于今
使天下之耳目常新萬務之本原必正無曰引例合義而已如此則
古之制度斯用於今今之章程自合於古矣帝王之制不亦光大乎
聖策曰立樂之方何以荅神祇而來瑞物祥刑之要何以空囹圄而
致和氣臣前所謂謹工師之職齊貨利之制者備矣夫樂作而順氣
成象則和和則瑞物至矣故夔曰於予擊石拊石鳥獸蹌蹌簫韶九

成鳳凰來儀刑得中則清清則和氣應矣故周官曰以刑教中則民不
越夫是則和氣其有不通乎聖策曰遴柬多士懋建庶官咸有常規可
為來範唐氏考功之格善最悉陳漢家刺部之儀科條具舉臣按唐六
典考功考課之法有四善一曰德義有聞二曰清慎明著三曰公平可
稱四曰恪勤匪懈善狀之外有二十七最獻可替否拾遺補闕為近侍
之最銓衡人物擢才良為選司之最揚清激濁褒貶必當為考校之
最禮制儀式動合經典為禮官之最音律克諧不失節奏為樂官之最
決斷不滯與奪合理為判事之最部統有方警守無失為宿衛之最兵
士調習戎裝充備為督領之最推鞫得情處斷平允為法官之最讎校
精審明於刊定為校正之最承旨敷奏吐納明敏為宣納之最訓導有
方生徒充業為學官之最賞罰嚴明攻戰必勝為將帥之最禮義興行
肅清所部為政教之最詳錄典正詞理兼舉為文史之最訪察精審彈舉

必當。為糾正之最。明於勘覆。稽失無隱。為勾撿之最。職事脩理。供承強濟。為監掌之最。功課皆充。丁匠無怨。為役使之最。耕耨以時。收穫成課。為屯官之最。謹於蓋藏。明於出納。為倉庫之最。推步盈虛。究理精密。為歷官之最。占候醫卜。効驗居多。為方術之最。譏察有方。行旅無壅。為關津之最。市鄽不擾。姦濫不行。為市司之最。收養肥碩。蕃息孳多。為牧官之最。邊境肅清。城隍脩理。為鎮防之最。類其善最。校定內外文武官吏之課為九等焉。漢刺史以六條察所部二千石。其略曰。豪右兼并。占田過制。曰二千石納引賕賄。曰喜怒任情。曰選署不平。曰子弟請託。曰違公不比。此科條之目也。聖策曰。士民之類。愚衆賢寡。奢僭相尚。習以成風。不嚴而化。其術安在。夫戒奢防僭之術。臣既略陳于前矣。蓋民之為名。謂其泯然無知辨者。愚之衆也。所稟蓋然。其動靜趣習。惟上是視。故曰君子之德風。小人之德草。草上之風

必偃。言下化上之速也。在易履卦象曰。君子以辨上下定民志。故上下誠辨。則民志斯定矣。其在節卦象曰。節以制度數。議德行。夫數度有等。則貴賤章別。德行見獎。則賢愚自分。此則節之本也。陛下念民習侈屢以為問。有以見聖意之深憫乎末俗之不厚也。聞者須下詔旨。戒服用之尤溢者。媮靡少損矣。然未足以釋陛下淳儉之教。意者民之所効者其本未正歟。春秋之義。法之所建。必自貴者始。陛下誠欲清天下之弊。其自諸戚里豪貴大臣之家以先之。上徐趨而下奔走。不嚴而化。此其術也。聖策曰。蠢爾微寇。何以革其非心。漠然大鈞。何以致其順序者。夫裔夷微孽。臣既列于前篇矣。其擇將之事。請得復盡焉。今禁衛千暮。環絡京甸。什伍相長。偏裨相承。六軍之重。統乎元帥。而皆起奔走之勤。藉積恩澤以稍遷。以驅力為武。以引強為材。智不足以達機變。惠不足以撫部伍。冒沒寵利。優游太平。輕肥相夸。坐受姑息。設不幸邊陲有竊聚之寇。邊隅有侵牧之擾。雖受成于上。指蹤在人。非惟師律之不臧。智勇之無恃。是其肯委易得之富庶。冒難死之鋒刃乎。故將不知兵。主不擇將。無功厚賜。無勞厚祿。皆法所忌者也。向者朝廷念將帥之材難。是以擇搢紳之能者。然其所得率多善奔走人事以為寵利之路而已。其鈐略才藝。未謂無之。然固鮮焉。誠國家因為科條。損益其制。使夫衣冠之應詔者。為設機宜十門以策之。必有稽於軍志。精合於時體者為通。權之理戎。參于列校。其方略智勇。固未之盡。抑猶愈於徒進者也。至于和大鈞。致大順。茲由民心下和。則和氣上應爾。時使薄斂以富之。緩刑弛力以佚之。制節謹度以平之。擇吏審令以安之。是以政和則民和。民和而後陰陽和。陰陽和則大鈞調而順氣序矣。聖策曰。且道者萬世無弊。而前代有忠文相救之說。法者百王不易。而舊典著輕重異用之宜者。夫董生推道

蓋探其本而言。荀卿論刑。蓋有所激而發。彼三代之弊。雖有忠文相救之說。至于法天順人之意。其可改乎。此則萬世無弊之本也。彼治亂之世。雖有輕重異用之宜。至于遏惡扶善之用。其可殊乎。此則百王不易之制也。聖策曰。戴記為國有九經。所宜銓次。周官辨地以五物咸為敷陳。夫為國有九經者。脩身則不惑。尊賢則道立。親親則諸父昆弟無怨。禮大臣則不悖。體群臣則士之報禮重。子庶民則百姓勸。來百工則財用足。柔遠人則四方歸之。懷諸侯則天下畏之。此為國之九經也。周官大司徒之職。以土會之法辨五地之物生。一曰山林。其動物宜毛物。其植物宜皁物。其民毛而方。二曰川澤。其動物宜鱗物。其植物宜膏物。其民黑而津。三曰丘陵。其動物宜羽物。其植物宜覈物。其民專而長。四曰墳衍。其動物宜介物。其植物宜莢物。其民皙而瘠。五曰原隰。其動物宜贏物。其植物宜叢物。其民豐肉而痺。此五

地之物也。聖策曰。固將施之於行事。匪獨取之於虛文。竊以見陛下盡已以諮詢。留聽於芻蕘者也。臣材識迂鄙。不通于政。至于所說。亦庶幾有以上當聖心者。陛下不廢其言。擇其近是者。稍澤而用之。使天下知國家設科取士之道。不為虛名。則豈惟臣之獨被寵靈也哉。固國家之盛美者已。臣昧死上對。

慶曆五年張方平為御史中丞。上言曰。臣觀古今治亂之變。在上下之勢。離合而已。上下之勢合。事無大不成。上下之勢離。事無小不敗。況近司輔臣。股肱同體。協恭和衷。豈容乖異。竊聞中書叅事。爭辨御前。連日紛譁。中外喧駭。其於事理。必有曲直。伏以中書政本。其所擬議。即為命令。無作好惡。是謂皇極。各徇所執。何以適治。歷代敗亂之兆。皆由朝廷立彼此之論而已。彼此立則朋黨分。朋黨分則勝負生。勝負生則攻奪作。攻奪作則敗亂之所以起。臣願聖心深鑒於此。緣中書議論之事頗密。外傳不審。不敢以為言。故陳理亂大體而已。

時方平又上言曰。臣嘗讀漢書至鼂錯之事。惟錯謀策宏遠。達於權義。有致主經世之志。𢧵於姦讒之口。而史氏不能褒發其忠。更議以變古易常之說。臣竊憤厲。反覆較錯。凡所辯議。悉國家危事亂經。將以圖安建治。皆合霸王之軌。不可不正遷之謬議。嘗試論之。古不可變耶。則是三代無革弊救失之理。而漢所用法當循亡秦也。忠恭之異尚。質文之殊用。禮不相襲。樂不相沿。固三王之罪矣。用寬大革苛慘。固高祖之過矣。夫以文景之世。追視漢初之政。沿革既多。豈錯先嘗變易哉。稽遷旨意。則是顛而弗扶。危而弗持。興亡倚天。成敗推數。括囊結舌。浮沉容身者為智矣。此乃夫子深鄙以為焉用彼相。可為具臣者也。故論者稱遷是非謬於聖人。其斯誠矣。蓋使後人務苟且而惡立事。貴因循而重改作。沮有心之銳。為無功之辭。其於教義。不重斆。臣嘗論之。夫為邦之道。有制有權。制為之本。權為之勢。節之以禮。行之以信。齊之以刑。斷之以義。此不可易之法。故為之制。長則縶之。短則引之。重則損之。輕則益之。此不可常之理。故為之權。其不可易者。不為艱危急奪而變之。其不可常者。不為安寧平泰而慢之。其本正。雖危必安。其勢傾。雖治必亂。然人之大情。危必思安。治必忘亂。均乎二者。處權為難。非通才達義。適時知變者。孰能與於此乎。易曰。變則通。通則久。故樂而不亂。復而不厭之謂道。夫事遠必弊。法久必衰。原其始初。各有云設。時遷俗易。迹在理非。聖人執權。蓋即由革。使天下之耳目常新。萬務之本源必正。彼立法垂制。不在人君乎。言為典刑。動為律度。苟無愆於大義。寧一取乎舊章。在商中宗。嚴恭寅畏。天命自度。治民祗懼。不敢荒寧。在周宣王。聿求賢臣。憂勤戒慎。以振絕緒。嘉靖庶邦。並建中興之業。夫豈恚履湯武之迹哉。在漢孝武。

引拔俊乂。文藝隆起。武功震耀。雄材大略。為漢盛主。又豈成踐文景之教哉。且事苟便俗。豈憚乎解絃而更張。政苟戾時。何固乎守株而求雉。故夫不知達權推變之理。而牽易常循舊之說者。是拘生腐儒按文泥俗。凝塞治道。此聖智之所常患者也。臣敢旁採世務。僅若小敘者列之。以裨萬分焉。

立政之本在信命令。

臣聞制天下之動者。主乎一。齊天下之衆者。存乎信。王言惟作命。百官承式。兆民從乂。其難其慎。惟新厥德。天下至大也。兆庶至衆也。民心至動也。萬務至煩也。統之有宗。會之有元。使衆而不惑。繁而不亂。非信何以一之。故曰。德惟一。動罔不吉。德二三。動罔不凶。天何言哉。四時行焉。萬物育焉。惟其信之謂也。故王者居上以制下。宅中而圖大。慮善而動。非禮勿言。動則可法。法必可以繼。言則可行。行必可以復賞罰政命紀律條貫惟事事乃其有訓非信何以成之傳説曰惟口起羞言教令輕發所以召亂帝舜曰惟口出好興戎謂王者之言天下善惡所繫也故凡為人上自一話一言罔不戒慎一動一靜罔不寅畏又況設為法制布于四方之大者歟書曰慎乃出令令出惟行弗惟反故命令者國之綱紀政之隄防綱紀一弛則萬目隨解隄防一傾則橫流莫制故令必信則上得其正下安其事令不信則吏侮乎法民慢其禁弊雖微於安靜之初害必大於急虞之際且匹庶而無信衆必棄之士而無信友必踈之卿大夫而無信家必敗王者而失信天下必危故人可以去食而無信不立三軍可以奪帥而非信不行為國之本為政之經信為大也比見朝廷詔令或尋即還改或久而自廢吏易之而奉行不固民忽之而苟慢多違揆大體而論之此損政之深者蓋國家切於求理急於聽受一人唱之即行一人

沮之即止本末故為枘鑿前後自相矛楯是使民無所措手足而多犯於有司者也臣伏願自今凡諸臣有請創端釐革事干大政必集議而後行下于多方必一定而無變略其毛細簡其苛蕪勿以辯言亂舊經勿以小忠害大德無稽之言勿聽弗詢之謀勿庸俾萬姓咸曰大哉王言又曰一哉王心自然民協于中四方風動疇敢復慢孰不悅從嗚呼弗慮胡獲弗為胡成慎厥初圖有終惟明明后邦其永孚于休

致理之要在廣言路

臣聞趨利違害去危圖安者世之大情遺身徇時忘家存國者人之難事故夫從容於舒逸眷戀乎富貴泥乎情之樂者舉世而是感激乎忠義碩重乎名節蹇乎事之難者絕世而希哲后與王深推此理故開懷接納勤心率勵無言不受擇善而從奇策遠猷必加酬賞犯顏忤意曲為矜容愚淺者固在恕中踈誕者姑置度外如鑑之照各盡其衆形如衡之平無褻乎一物總群智以為智因衆心而為心通其情偽分其邪正而君人之道舉矣伊尹曰匹夫匹婦弗獲自盡人主罔與成厥功盤庚曰無敢伏小人之攸箴此則詢于芻蕘下及庶賤者也況於士民乎況於卿大夫乎臣聞之屋漏在上知之在下政事有闕必訪旁議詩曰惟彼二國其政不獲惟此四國爰究爰度晉文聽輿人之誦克興霸功子產採鄉校之謗卒成善政衆所善者我則行之衆所惡者我則改之政以無瑕事以合義是為國者之藥石為政之量準也譬之庶人治一家之政其里人邑子有見其田萊不闢家事不脩則勉之以敦業厚生勸功利用之説見其羞服玩用不中禮起居出入不以時則誡之以制節謹度周身嗇用之善居常則勵之以孝悌和睦之義緩急則展之以救賙分勞之助者是必其族

姻親愛意在相厚者也其有語焉不以義游焉不以時間誘其子弟使不循於法離諜其僕妾使不親其上是必素嘗仇恨或挾姦伺便有所利之者也彼為一家之長者將孰悅焉是必悅其相厚者謂有益其家也是必怨其仇而利之者也謂有損其家也今為天下乃不然忠良而相厚者讎以為怨讒邪而利之者讎以為悅是固不若庶人之治一家能審損益之正矣嗚呼歷代之昏君暴主不能自入於道德之門者可知之矣由其臣有利之者歟歷代之亂臣賊子不能自立於忠孝之路者可知之矣由其主有以召之者歟故君臣之誠不盡則天下之患必生理之然矣臣竊惟陛下體乾剛之德奮震耀之斷奬拔孤介聽納下議帝堯之詢于衆大禹之不自矜成湯之從諫弗咈文王之徽柔懿恭道兼前王光被四表小臣愚鄙妄足以識聖德之大者然嘗覽載籍頗識理亂之道見乎英斷之君忠正之臣

恭畏戒慎。咨嗟相戒。莫不以傳采下言。周知衆情。而興治德。驕佚之主。姦利之下。阿諛順欲。牽合迎意。莫不以壅遏忠直。漸取衰敝。而至危亂。故深願陛下揭日月之明。無幽鄙而不照。廣江海之度。無涓流而不納。粃稗不以近俗而見棄。芻菲不以下體而不採。招來讜論。以廣聽德音。漢魏相白去尚書副封。以防壅蔽。而宣帝得以知萬機之微。為漢明主。唐太宗躬勤政理。明於聽受。著司門式云。其無門籍人有論奏者。皆令監門司馬引對。不許關礙。又制大臣入論事。輙令諫官同入。或對問之言有虧理道。隨即諍之。此唐文帝致太平之本也。臣聞人之才有通塞。識有淺深。諍而合義。自為深益。諍或非當。第可置之。故春秋傳曰。文公逆祀。去者三人。定公順祀。叛者五人。去者謂三諫不從。去之以禮。此諫而是者也。叛者謂諫不合道。去不以義。此諫而非者也。是故臣之論事。容有當否。在人主明擇其善。可從而從。若乃關忌諱之門。斷謇諤之路。公為蔽拒之意。以沮忠義之心。臣雖甚愚。竊所不取。伏願陛下覽成湯盤庚之令典。考漢宣唐文之善制。務進有心之士。時聞遣諫之對。益為寬大。配洪覆於上穹。不自聰明。託視聽於四遠。以通天下之志。以成天下之務。則七世之廟。傳裕於無疆。蒸民之生。率同於慶賴矣。

姑息之賞

臣聞惟名與器。君之重柄。信賞必罰。國之大經。故以德詔爵。度材居位。計勞賦祿。量罪議刑。百王之通制也。二典三謨。五誥衆誓。春秋一王之法。周官六典之訓。功懋懋賞。其義同歸。故虞服以庸。二帝所以褒德。衣裳在笥。有商所以禮賢。爰及成周。具存彝制。寰內卿士。甸外侯伯。則有九儀之命。以異尊卑之數。八柄之法。以馭予奪之權。其好賜匪班之式。蓋所以將宴喜之厚意。非尊寵大臣者也。昔者周公輔成王致太平。既

營洛宅。社于新邑。庶邦冢君駿奔咸覲。召公欲因大會。顯周公之功。乃出取幣。入以王命錫之。纔束帛爾。則知聖人尚德貴禮。不黷貨利。訓天下以恭儉而已。及王室衰亂。戰國紛擾。兵拏禍結。務相吞勝。競為賞法。以激用命。故秦設武功爵二十級。以授戰士。齊立賜金之令。魏行給復之制。以首爭首而享茅土。連從約衡。至取封君。干賞蹈利。遂以成俗。乃至楚漢歷世之王。各乘間釁。立行竊圖。得之為英傑。失之為姦叛。莫不威之以斧鉞。寵之以軒冕。走獨鬻販賈賣之道。劫質誘略之術。豈先王尊教化褒功德法天秩而制禮之意歟。至於唐氏天寶幽陵之亂。建中奉天之逼。而爵賞刑罰窮矣。財賦不足以頒賚。而職官之賞行焉。職官不足以補授。而檢試之號立焉。吏胥輿皂。假春坊憲署之秩。卒旅冗校。借三公八座之稱。纍童蕩然。官紀大紊。五代相踵。亂靡有定。呴濡姑息。務相加厚。姦臣驕將。磨牙擇肉。指帑藏為外府。視藩嶽為別第。人君之御國。如燕巢幕上。固無暇剗深固之槃迹。立宏遠之規摹也。伏惟我有宋之集靈命而宅天極也。經綸屯昧。削平亂略。丕冒無外。緝熙光明。故歷世之相轔轢。所以為我而驅除。尚衆政之有因循。固宜鑑彼而創艾。臣竊見賞典之謬。姑息之軌。猶有存焉。疑朝廷俟議者之所叢也。善乎前賢之論爵賞也。以為立國之道。惟義與權。誘人之方。惟名與利。名近虛而於教為重。利近實而於德為輕。凡所以裁是非立法制者。則存乎其義。至於衆虛實揣重輕。消息盈虛。使人不倦者。則存乎其權。尊實利不濟之以虛。則耗匱而物力不給。尊虛名不副之以實。則誕漫而人情不趨。故國家之制賞典。錫賚財賦秩廩。所以裁實也。差號品異章服。所以飾虛也。秩之載于甲令者。有職事官焉。有散官焉。有勳官焉。有爵號焉。其掌務而受俸者。以序才能。以位賢德。此所謂施實利。而寓之虛名者也。其勳

散爵號大抵止於服色資廕而已以馭崇貴以甄功勞此所謂假虛名而佐其實利者也虛實交相養故人不黷賞輕重互相制故國不廢權彼夫胥史臺輿部曲卒校雖執簡成綬而無貴異之實假名虛號而無總攝之柄罪不足以論贖徭不足以庇復於下則在無畏無得之際於國則有虧名害義之深是故損下之虛益上之實固權收利政之大方子曰必也正名乎夫豈惟名之不正而已哉固有理之重者臣請備言焉自天下乂寧四鄙不聳人安其業逾三十年是國家全盛之時公私豐餘之日而帑廩乏兼年之積閭巷有半菽之民得非由於費也廣故為斂也重乎以是觀之設不幸遐陬有蜂蟻之擾連境有水旱之沴邊徼有立功之衆郡縣有施勞之人虛名先盡於無事之初實利不足於有為之際臨危而畫策機已晚矣且兵驕將惰無甚于今未嘗羸股肱扞患難而號列功臣未嘗識亭障出營壘而賞盈私槖作法於治敝猶不救治而無法何救艱難方今可謂乘治作法之期是宜悉去五代姑息之失而乃虛實之用已竭權義之制未立此臣輒用感憤者也臣聞衆之去就視乎君心事之重輕繫於國制重之則衆斯慕輕之則人必略故明主之為國譬猶執權衡謂其可以輕重乎天下之事制衆之去就也慎惜之斯重矣泛用之斯輕矣今虛名之在人可謂泛而輕者授之既不以為寵罷之固不足為懲而乃不加意慎惜作法貴重謀所以為佐實利而用者子曰民可使由之不可使知之管子曰審事端則上神自古明君良臣講議理道未有不以輕重消息之術為政者也若其守一定之制昧通久之變過時失會後徒噬臍乃以動衆為虞易常為戒若是而能通天下之志成天下之務者臣不敢知也

恩貸之罰

臣聞洪範三德平康正直言用正直之德以治平寧之世也蓋剛柔並用威惠相濟之謂正直剛而不柔則非綏懷之道惠而罔威則成姑息之弊且子產有寬猛之說而謂寬則使民易犯不若猛以為政荀卿有輕重之論而謂輕則令人無畏不若重之近理夫子產仁人荀卿正士其言刑法乃後寬而尚猛是重而非輕彼豈樂苛慘而貴殺伐哉誠審乎治法之宜爾也書曰威克厥愛允濟愛克厥威允罔功何謂平世主尊臣卑本重末輕朝無權強士無偽行民篤其業食節用時樂事勸功尊君親上風俗敦厲禮義興行綱紀文章脩整淳重此之謂平世若其有不及於此者未得謂之平也且夫以一國之法譬一身之治平則致養疾必攻焉安佚舒泰而不以時發伸宣導則必有壅滯虛實之疾生焉發伸宣導既失其節疾焉而不時攻延屬于腠理浸淫乎血脉而又怠于針熨煎劑之救滋入乎膏肓則雖扁鵲之伎雅無施矣然初由恃乎安佚舒泰故也故刑罰者因循之藥石保息者承平之粱肉已平而用刑罰是以藥石致養因循而復保息是以粱肉攻疾也臣實愚惷不達理要竊揆時政屬累盛之世治用中典德化醇釀仁澤深厚民頗流靡事或恩貸其尤著者罰用於下而不用於上賞行於上而不行於下若不整厲銜策籍勒鞭轡則且和鑾失節僨突敗御矣昔舜因天討有四罪之誅湯制官刑著十愆之誡周官八議其議貴之辟蓋謂請讞于王禮曰刑不上大夫蓋謂不虧傷其體皆非謂不入罰科也故內則有放奪殺刺之典外則有絀爵削地告伐之制漢氏之法則有免罷謫徙完舂輸作之令是故爵位者天下之砥石先王所以勵世磨鈍賢則處之不賢則避之才則用之罪則罰之自古馭臣之適制也古者位重則憂大祿厚則責深今也位重則無憂祿厚則免責故臣曰罰用於下而不用於上

賞行於上而不行於下也臣伏願陛下英威發斷高明深燭鑒前王之治軌訪良臣之忠議更立大訓載其過律賞務在功不以踈近而殊賞罰誠有罪不以尊卑而異罰如此則國典正於上官制立於下貽範永世見英主革弊立制之明焉謹論

歷代名臣奏議卷之三十

歷代名臣奏議卷之三十

治道

宋仁宗慶曆五年張方平上論曰臣聞天下之事戎無小大繫在廟堂有圖議而後有得失有得失而後有治亂有治亂而後有安危有安危而後有存亡善議政者不使有失善正失者不成於亂善救亂者不及於危善留危者不至於亡誠使廟堂之上協忠持毅求俊掐列于庭位惟事事乃有其備戒慎出令無從臨事善始慮終惟正之命又惡乎危之至哉是故人謀誠得未牽乎天時國法既脩未推乎曆數當其治法有猷庶邦嘉靖王道正直民用乎康則救功在人惟夷乎攻及乎危而弗扶顛而弗持與廢於上民亂於下則歸罪於數賂咎於天是不亦近乎善則稱人過則稱天者乎古之君子善則稱天過則稱人禹稷之賛堯舜則引天之命湯武之誅桀紂則斥人之罪蓋天降災祥在德而吉凶不僭在人已則作尊倚天之怒前世遠矣略弗復論近取諸唐則天寶幽陵之叛興元奉天之追廣明卭蜀之幸乾符幽岐之遷是皆釁起廟堂禍歸邦國者矣夫廟堂之上有得失有治亂有安危存亡有壽有貴有顯榮寵利有其有利者要家覆族且主德成於獨直國體正於臣鄰不有英叡之君聰明之德安能照姦而顯忠不有仁義之臣忠亮之志安能協恭而底又是故帝王之道莫大乎平心而御物輔相之德莫先乎圖大而致吉有平心之慶故能通天下之志而不專偏聽之惑有圖大之慮故能以天下為心而不急樹私之計蓋人君偏聽則啓饞慝之門人臣樹私則開朋比之路俾夫姦缺進身之賊構於人主之側游說趨利之士謀于大臣之門乃有接忌之心臣行傾奪之計如是國安得而治政安得而和是天下之大禍也故君以臣為體臣以君為心遂充乎神宇則義暢

乎四支慾結乎膚革則憂及乎諸慮是以臣各獻其忠則君受其效國先泰於上則家蒙其福由是言之故知偏聽者召亂之本樹私者理末之術使君行此道臣知此説天下其有不治者乎謹論

方平又上疏曰臣聞今中外之議者莫不以羌戎之警兵賦之急爲當世要務臣竊以爲凡歷代治亂安危之所起不在邊徼之外蓋嘗在戶牖之間爾故臣所獻愚言先陳近事伏惟陛下少留神慮臣聞禮曰古之聖人欲明明德於天下者先治其國欲治其國者先齊其家欲齊其家者先脩其身何謂先脩其身昔商中宗嚴恭寅畏治民祗懼不敢荒寧文王卑服以念稼穡之艱難文王不敢酗于酒德樂于逸豫自朝至于日中昃不遑暇食用咸和萬民彼聖人者不惟躬自菲薄兢兢治道亦惟聲味逸欲非養真之益故務爲勤儉追從淡素且示憂民之意其實有自愛之道焉恭惟陛下春秋鼎盛臨御日

奏議卷之三十一　二

長雖三靈保祐而國嗣未立臣願陛下上思宗廟社稷付授之重下念中外士民繫屬之心保愛聖躬配天悠久省諸無益之樂移爲居安之慮神怡於穆清之外福及於照臨之表此謂正身之道何謂先齊其家使夫宮闈有禮之謂也自景祐以來嬪御之列行非婉順輙斥遠之天下之人皆知陛下廟社之爲重而不憂其所私蓋患防未然悔生所忽斥遠之事非宜數也不若節之以禮制之以義叙進良淑無昵微賤詩曰文王刑于寡妻以御于家邦易曰正家而天下定此所謂齊家之道何謂先治其國大臣百職之謂也伏以近歲邊陲用師指蹤受成實在二府凡所除拜宜使將帥心服物議稱愜然後朝廷尊重成功可期如其不然則堂陛不崇中外失所瞻望矣成命遂事臣不復論至于才與不才固亦何逃聖鑒又自景祐之末綱維潛弛上下苟且人素姑息怙權相比愛憎相奪至朋黨者有之漏泄機事熙撓朝政專己見者有之陛下知臣之明既照見其情狀稍去其弊矣儻更振厲紀律審詳邪正則憲章脩舉百度用正此所謂治國之道臣以庸昧擢從疏遠今日乃始陟文陛望清光指事剖誠不識忌諱萬分有補百死無悔

方平又上疏曰臣嘗讀前史率以臣下敢諫爲義蓋斥時之忌犯主之顏色人臣最難事臣不俟待罪諫曹涉赤墀歷文陛以望清光者無慮月矣論事無指切無疏探無不蒙收威容受竊自惟遭時之幸而鯁鯁淺致聞于大道不能激昂風義有所感發愧不任職爲公朝羞夙宵以慮紓過責者略條三事以聞惟陛下留神省察伏以今日之事最切者在乎明賞罰辨欺誣通謀議審茲三者則內可以正軌度外可以遏寇虐致治之本致效爲速何謂明賞罰臣聞善爲國者必先正賞罰之分當罰必行則人以生爲辱以死爲榮人不畏死舉

奏議卷之三十一　三

天下易於反掌況以討賊乎及駕馭失所紀律不正則以僥倖爲賞姑息爲罰雖賞而士不知恩雖罰而下不畏威上習因循下懷頑慝則人將援其手而不前況使之赴患難乎自西邊擾動事之三年矣賊昊雖驍猾一鬭將之材爾非有遠圖大志英雄之略其肆著貪邊逢時而已時久又寧武備不戒廟堂無委成之筭疆圉乏制勝之策自延州之圍好水定川之敗覆軍殺將沮喪威靈皆由自驅師徒投之死地當總帥之重無待罪者朝廷專用姑息莫正其罰且自賊始叛擾夏竦旄鉞韓琦等副之統制四路并護諸將凡大舉隻輪不返使封豕長蛇肆殘食之暴邊亭千里蕭然一空賦輸興發天下被其勞交叢株連公議不交至于不得已但解其總帥以所居官内徙便郡而已又知并州比緣賊入麟府朝廷以方面之重難於謀帥遂以名使楊偕寄任方面而處事疏略曉請謀慮駿於人驕矣麟府輔車

相依而為河東之蔽。無麟州則府州孤危。國家備河東重戍正當在麟府。使麟府不能制賊。後則大河以東孰可守者。故麟府之於并代。猶手臂之捍頭目也。而其上議欲棄其地。既知才之不足用也。顧猶以近職領河北重藩。如是而欲收功。是北轅而適楚也。及乎鋒鏑之下。矢石之前。奮命小臣。論功行賞。一資一級。分毫析銖。惟恐比例之過。臣觀歷代英主良臣用賞罰之理。蓋威罰之行當自貴者始。恩賞所被當由賤者先。故罰一貴臣當其罪。則天下懼。賞一賤士當其勤則天下勸。臣不敢煩引往事。我朝祖宗之所以駕馭臣下。操威恩之用。其事耳目所接也。往往能言之。陛下萬機暇時。試廣訪逮。必有得也。凡大賞罰。人主之事。非聖心自出。臣下不敢任之。以故僥倖姑息生於依違。即欲杜僥倖之門。革姑息之弊。惟在陛下於議賞罰之際少垂主斷爾。罪罰所當加。勿以貴要而隱忍。恩賞所宜及。勿以微賤

而輕廢擬議一出。勿容奸讒巧言熒惑變亂。即恩威明矣。何謂辨欺誣。方今之弊。人以僥倖為心。政以姑息為用。正謂欺誣得行也。大欺誣得行。則大臣懼。方且營救於讒毀之間而不保。又何暇推剔姦慝脩明憲度者哉。今俗大率宿貴之臣。輒以身下後輩。矯情飾貌會譽成風。損義化。敗善俗。朋比以彙。下陵上替。比者亦有以善誣詰天心冀用事矣。陛下竟不登于大用。士大夫之有識者。是以知陛下之淵衷大智無不通照其情狀。信姦慝之不可為也。然其風猶未之盡革者。蓋左右舊臣。猶有以疑毀廢者。舜曰。朕堲讒說殄行。蓋讒人在朝舜所不免。孔子曰遠佞人。陛下既推讒佞而遠之。惟便起用以讒廢者。則天下無賢不肖舉知浸潤邪說之果不行。且以安臣下之心。使厲志竭精有心劾節者無悼後害。蓋有不令而從焉之謂已。何謂通謀議。國家承五代之弊有不能革者。兼國文武之事分領於中書樞密院。唐代宗時兵興軍事繁多。故於禁中專遣內臣典中外文奏。謂之掌機密事。梁氏始置使名。五代時樞密院與中書或合或離。入國朝遂分總天下之務。對為二府。由是軍民異政。文武殊用。命令乖戾。更為彼我。夫天下之事。何嘗不以同而成。異而敗乎。平日無事。尚可因循。有為之時。斯害也已。昔之祖宗三聖。威靈獨運。各延圖議。斷主乎一。陛下沖執謙德。推委仰成。柄用既分。事必睽隔。陛下誠能矯往弊稽舊典。合二府一政事。真大公之盛舉也。即若重前規難改作。臣謂應樞密院事宜與中書合議。使理道相通。惟事事乃其有備。有備無患。故臣曰通謀議。意在此也。凡此三事。今日切務。恩威明。則邊臣奮欺誣辨。則朝廷清。謀議通。則政事平而命令一。皆治道之急者。臣猥以孤蹤。當得言之地。所恨智不足以遠徹。材不足以成務。敢進一得冀稗萬分。

慶曆八年。制策曰。朕承祖宗大業。賴文武藎臣夙夜兢兢。期底於治。聞者西陲禦備。天下繹騷。趣募冗兵。急調軍食。雖常賦有增而經用不給。累歲于茲。公私匱乏。加以承平浸久。仕進多門。人浮政濫。員多闕少。滋長奔競。靡費廩祿。又牧守之職。以惠綏吾民。而罕聞奏最。將帥之任。以威服四夷。而艱於稱職。豈制度未立。不能變通於時耶。豈簡擇靡臻。不能勸勵於下耶。西北多故。屬態難常。獻奇謀空言者多。陳悠久實效者少。預備不虞。理當先物。朕思濟此急務。罔知所從。以卿碩望。故茲訪逮。側身旰食。躬佇條畫。張方平為翰林學士。對曰。臣今日蒙召對資政殿。賜手詔一道。述朝廷急務。俾之條畫以聞。臣以庸昧。謬居近列。論思獻納。乃侍從之職。不能效孜孜夙夜。拾遺補闕。聖心焦勞。躬垂清問。闊宥循默之罪。開導淺陋之見。敢不悉情極慮。粗陳大體。上冒衡石。少補塵露。臣子之分。不勝至幸。伏覩手詔云。西陲

竊以天下禪騎趨募冗兵爲調軍食雖常賦有增而經用不給累歲
乎暴公私匱乏此是以見陛下社稷之長慮憂民之深意也當康定
之末慶曆之初朝廷議刺民兵增添軍籍之時臣忝諫官屢上章疏
極言其害至于今日事勢果然臣昨在三司計會天下財用出入之
籍及建隆已來國家畜養兵數乞朝廷速加圖議蓋太祖朝取荆潭
收蜀平廣南備河東禦西戎北虜畜兵不及十五萬人太宗朝平河
東備邊賊禦北虜料兵閱馬志在收取燕薊然畜兵不過四十萬人
章聖朝備邊賊禦契丹蒐募戰士及契丹請和祥符已後稍稍消汰
常語宰臣曰今之兵與古不同古者三時務農一時教戰民即兵矣
今皆坐待衣食國家經費至廣不可不愼於選練故往招募斥疲老
以減冗食至于寶元幾四十年天下可謂乂安矣向因夏戎阻命聳
帥非其人慮害不深事失幾先遂致大擾始籍民兵俄然點以補軍

籍陞諸州廂軍以充其旅增廩名以受實祿至于陝西河北京東京
西增置保捷一百八十五指揮武衛七十四指揮宣毅一百六十四
指揮慶曆三年因王倫張海等狂賊數十人更於江湖淮浙福建諸
路又添宣毅一百二十四指揮凡內外增置禁軍約四十二萬餘人
通三朝舊兵且八九十萬人其鄉軍義勇州郡廂軍諸軍小分半分
剩員等不在此數罷人日多農民日少頃來七年之間天下大困生
民之膏澤竭盡國家之倉廩空虛三邊稅賦支贍不足募客人入中
糧草三司於在京給還錢帛加擡則例價率三倍以此虛支大計日
窘外則刻剝諸道之物中則侵用內帑之財厚賞聚斂之人賤立當
官之令苟徇目前之急莫爲經久之慮天下之事可憂者無大於此
也凡此冗兵非惟困天下之財用方且成天下之禍階若不早圖後
無及矣且景祐已前兵不及四十萬人三司歲計不聞有餘今而八

九十萬人則何以得足此雖愚者亦可見矣若更加之以橫費臣之
以飢饉國家安危之計臣愚竊甚寒心臣兩曾具此事體數奏而中
書樞密院未聞有所改爲即令便有改爲猶須效在累年之後如救
焚溺緩則益不及矣然茲事體實大非君臣同心而上下協濟則事
必難成伏望陛下先與將臣此言詳問兩府若別有長策豐財足食
則非臣淺智之所及若量入以爲出必無術以善於後則乞嚴令天
下禁止招募軍人令逐路轉運使提點刑獄吏出分按所部州郡揀
選疲老便與放停歲須三兩次更立簿歷只依常程旋旋揀放無得
寖露朝廷密旨若雖係禁軍其間羸弱憚於教閱願退就廂軍者亦
聽從便委樞密院點勘軍籍其人數少者即令團併以省軍員其馬
軍無馬者即與召募如頗補填步人者稍與補充近上衣糧優處軍
分其有馬者即與團併足成指揮令堪教習準備使用仍詔諸路經

略部署司使體知朝廷深意有專復自任無體國之心者亦在陛下
斷自聖心懲一足以警衆矣此其省兵之大略至于嘉謀密議韜術
幾微則有樞密之司又非臣所得詳知者也手詔云承平寖久仕進
多門人浮政濫員多闕少濫長奔競靡費廩祿此又以見陛下深恩
官濫欲請化源之大旨也臣不敢遠言前代及祖宗朝事請即以景
祐年來有邊事之時較之即可知其浮且濫矣臣曾勾當三班院約
計在院使臣景祐中四千餘員今六千五百餘員臣勘會學士院兩省
已上官具員景祐中四十餘員今六十餘員臣任御史中丞時本臺班簿
點勘景祐中京朝不及二千員今二千八百員臣判流內銓取責在銓
選人畢竟不知數目大約三員守一闕略計萬餘人十年之間所增官
員之數如此若更五七年後其將奈何員數既多賢愚同滯才不才又
難分別勸罰不立士鮮全行此則天下之所以日不理也今略數入仕

之門。禮部貢院所放進士明經外。近例率以舉數編排別試名恩澤人。每榜不下三數百人。文臣兩制兩省少卿監以上每歲奏廕子弟諸路轉運使。提點刑獄正郎及帶職員外郎遇郊恩例得奏廕子弟武臣。自諸司副使軍職大校以上。至于宮掖嬪御內臣近職。每歲或遇郊恩奏廕皆有常例。又文武官因職任或致仕遺奏及諸色特恩錄用者。又諸班殿侍三司軍大將內外胥史牙校出職。如此計會每歲入官之路。徼倖攀援。日生新例。不可勝數。糜費廩祿煩擾吏民。經營閱次。因緣請託。各為身計。衣食之所迫。遂奔競鑽營勢使之然。澄源培本在陛下命令而已。乞令中書樞密院各具逐年入仕名目及人數。取其徼倖獎濫尤甚者。逐色別立條約。稍加裁損。其屬三司殿前司群牧司等處酬獎條貫。亦乞各委明敏練事近上官員重行詳定。臣聞先朝以前雖將相大臣之家子孫猶多白衣未仕者。令自少卿監以上。輒每歲任一人。不亦過乎。如此之類。可謂徼倖獎濫尤甚者。稍加裁損。未為傷事也。若只因循今日之例。人將致濫難恐甚矣。手詔云。牧守之職。以惠綏吾民而罕聞奏最。將帥之任。以威服四夷而難於稱職。豈制度未立。未能變通於時耶。豈簡擢靡務未能勸勵於下耶。此又以見陛下愛恤黎民。不忘邊患之意也。臣請只以祖宗時事言之。祖宗之時。文武官不立磨勘年歲。不為升遷資序。有才用名實之人。或從下位便見超擢。無才用名實之人。有守一官至十餘年不改轉者。其任監當或知縣。通判。知州者至數任不得遷者。故當時人皆自勉。非有勞效。知不得進。故在所職咸率務修舉。以其用人無定格。惟才是用。自釋符之後。天下治平。朝廷之議。益循廣大。故令自監當入知縣。知縣入通判。通判入知州。皆以兩任為限。又令守官及三年者與考課改轉。後又不限在外在京在任不在任。但累及三

年即例得磨勘。先朝行之。人始知恩。未見有弊。及今歲年深久。習以為常。皆謂如此遷陞本分合得。無賢不肖莫知所勸。故牧守之職罕聞奏最。此實制度不能變通於時者也。陛下如欲變而通之。今稍釐革此制。其應磨勘叙遷者必有勞績可褒。或朝廷特勅擇官保任者。即與轉遷。如無勞績。又不因保任。例更增展年考。庶幾人稍知勸勉於自致。其保任之法。不當一例。應須選擇清望有才識之人。即命舉之。如此。則是委執政之臣舉清望官。委清望官舉親民官也。有闕員隨員數令舉。又足以見聖恩急才愛民之意。此亦小變今弊矣。至于將帥之任。尤在駕馭得術。仍宜久於其職。李漢超自太祖時任濟州防禦使。兼關南兵馬都監。至太宗朝。權授應州觀察使。仍守關南。通十七年。胡虜畏服。不敢窺邊。止得一改官而已。太宗任郭進西山巡檢二十年。賀惟忠守易州十餘年。李謙溥守隰州十年。姚內斌守慶州十餘年。董遵誨守通遠軍十四年。侯贇守靈州十餘年。真宗任楊延昭守高陽關亦九年。假之事任。闊略其細故。不為間言輕有移易。責其成效而已。又不與高官。常令其志有所未滿。不怠於為用也。今則不然。武臣指邊郡謂之邊任。假之為叢身之地。歷邊任者曾無寸勞薄效。不數年徑至橫行。刺史。防團。廉察。能飾廚傳。熟於人事者。即以為才。而又移換改易。地形山川未及知。軍員士伍未及識。吏民土俗未及諳。已復去矣。將何以服四夷而得稱職。是由揀擇未得於理。故下不知所以勸勵者矣。願陛下鑒祖宗之故事。重爵賞以待功勞。責久任以勸能效。亦馭將帥之一節也。手詔云。西北多故。虜態難常。歷奇議空言者多。陳悠久實效者少。預備不虞。理當先物。此可以見陛下安不忘危。思患預防之遠慮也。國家自祖宗以來。不急於四夷之功。以愛民安人為上務而已。昔太祖但以豐財練兵保邊為事。寧稽

帛內府。謂左右曰。北虜若敢似昔時犯邊。我以二十疋絹購一胡人首。料其精兵不過十萬。我用絹二百萬疋。此虜盡矣。此我聖人之謀兵法所謂先爲不可勝。以待敵之可勝者也。臣前所陳國家畜養冗兵。竭天下之力。而且成禍胎矣。今每歲天下賦稅之外。只東南和買紬絹。自是三百萬疋。而衣賜諸用度猶不能給。則公私安得不匱之哉。此乃不待戎狄之患而我固已先困矣。備預不虞。理豈如此。臣願陛下試詳臣前言減兵節用。擇吏選將。重慎賞罰。以明勸寵。以春夏之月。稍移邊兵就食內州。稍減邊騎就牧內地。邊費省則國計足。民力寬。然後外謹信誓。內完守備。持久寶效。無先於此。奇議空言。又何足聽。此亦先物之理也。伏惟陛下垂仁盛德。高明博大。勞謙寅畏。以求理要。斯帝堯之詢于衆。大禹之不自矜。先格王之懿蹟。陛下裕然而有之。臣愧於積蹊未達治道。據詔問所及。謹以近事上對。其詔旨所不及者。亦不敢僭易有陳也。干冒天聰。臣不任隕越待罪之至。方平又對曰。臣奉十七日御劄。所有手詔該說不盡。如卿更有所見。令子細陳述。具實封聞奏者。天旨訪遠。承命惶懼。學識淺陋。愧不能副聖明求理勤切之心。臣竊惟士大夫之遭時事主。雖有長才遠慮。欲一自致而莫之得也。今臣何者。而遇陛下深懷抑畏。虛心聽採。不有天下之樂。而以天下爲憂。臣敢隱情悼宜有所不盡者。輒伏詳前詔所問冗兵措置之宜。國計盈虛之本。仕進多門之濫。牧守乏人之由。將帥簡擢之體。西北預備之術。此皆當今切時要務。聖意慮之固已深矣。今被旨俾得更陳所見。敢推愚心辨所念慮之事。擇取其尤急者以獻焉。今舜聖心因昨保州恩州之變。得非常以河北爲意者乎。臣嘗歎國家竭天下之力以養冗兵。而且成禍階。然河北比天下又爲甚。何也。河北自唐天寶安史叛亂之後。繼以五代。後唐後周皆因

戰以爲業。故河北兵素以驕悍自處。又北接戎虜。朝廷亦嘗姑息之承平雖久。而驕氣不除。在於事體亦難處置。欲選擇軍校以嚴整之耶。則河北軍皆盡是本營選補。不比在京及諸道可以轉員移易也。欲揀選上京別補軍分耶。則河北軍盡是本營子弟姻婭。蔓連根固。樂土重遷。不比在京及諸道奇以選募轉徙也。欲陞遷軍分以利動之耶。則河北軍衣糧素厚。難以更行增給。以此處置爲難。臣曾勘會河北廂禁軍僅二十萬人。禁軍五之四。然嘗體問其中疲老不任征役者甚多。若朝廷密諭安撫部署司及轉運提刑官員。此後一切且住招填。令依常例旋行揀放。頻作番次揀選。少作人數放停。使由之而不知。無得漏露朝旨。歲年之後。稍稍團併。據所關指揮發自京禁兵就逐州駐劄。夫自古已來畜兵之法。漢則有南北軍屯校。唐則兩軍十二衛。必須離析其勢。使相持制。然後平也。河北兵自唐已來驕悍陵扈。但以土兵相黨爾。今若漸消土兵。稍實禁旅。則主客之形可以相制。若統之以能將。撫之以能吏。折其萌芽。去其害群者。庶乎置器於安也。今舜聖心因昨衛士震驚宮省。得無以親衛爲意者乎。臣按周官虎賁氏掌守王宮皆士也。趙老師觸龍託其子於太后。願補黑衣之闕以衛王宮。蓋王官之衛兼用卿大夫之子弟也。秦漢官儀郎中令掌宮殿掖門戶。三署郎皆執戟侍衛期門。比郎無員多至千人。後更名虎賁郎羽林。次期門。取六郡良家子弟充之。又取從軍死事者之子孫養羽林。教五兵。號曰羽林孤兒。歷代以來宿衛之士。不惟選材武。必取馴謹莊愿之人。以其近尊者不可不慎也。國初循周朝軍制。置諸班直。備爪牙士。屬殿前司。又置親從官屬皇城司。掌啓閉掃除之役。守衛邑從之嚴。其宿衛之法。殿外則相間設唐吏爲防制。殿內則專用親從。最爲親兵也。然募置之法則異於古。皆塡游無

根蒂莫容其身爲後應募者矣。前此變故猝生意外。臣恐當有以變創之。臣職在詞禁，軍旅之事未之預聞。輒約古制，粗陳其要。惟陛下擇焉。若於諸班直中選其年勞久次者，至於東西下班殿侍有門閥家業者，及諸軍中死事者之孫，稍有材力勝兵者，嚴立保委之法，選取千人以充殿內之衛，仍領屬皇城司。令樞密院殿前司立定選補格式，歲月更代之法。歲滿則優遣之。願留者令皇城司保任，委是莊愿謹良，則聽留。蓋取之以年勞久次，則人以爲出身之地；取之以門閥家業，則有家族之顧；取之以死者之孫，則忠義之人知勸。立年更代，則人知勞逸得均。遷補有式，則人知自重。若其功過之準，教習之法，居處之制，頒給之例，即請自朝廷裁議。今茲聖心，思冗兵之爲患，憫國用之不給，得無念其所以致此者乎。臣聞太祖皇帝訓齊諸軍，法制甚嚴，軍人不得衣皂，但許衣褐，其制不得過膝，豈有紅紫之服。葱韭不得入營門，豈知魚肉

之味。每請月糧，時營在城西者，即於城東支；營在城東者，即於城西給。不許雇車乘，須令自負，以勞役之。嘗問左右：後唐莊宗何以致亂？或對曰：莊宗不能御下，嘗出獵，軍士至攏馬首自言兒郎寒冷，望接借。太祖拊髀數曰：莊宗得天下大艱難，所爲乃如此，我於三軍亦不惜財，敢犯我，惟有劍耳。故是時令行禁止，軍士亦以足用。今則異矣。臣嘗入朝，見諸軍帥從卒，一例新紫羅衫，紅羅抱肚，白綾袴，絲鞋，戴青紗帽，長帶紳，鮮華爛然。其服裝少敝，固已恥于衆也。一青紗帽，市估千錢，至于衫袴，蓋一卒之服，不啻萬錢。今之上四軍請給，比諸軍爲至厚，然月受千錢，止可買得一帽爾。度所戴帽，歲須二枚，補染服裝，須要鮮潔，則於諸事略無以也。計其所受廩給，未足一身之費，若有妻子，曾得一不飢凍，焉了所不免飢凍。小人之情，豈能不歸怨于上。此軍情所以易動也。至于常程特支例只料錢，勘請朝廷一次特

支，在京約用錢三十萬貫。及入軍人之手，尚是爲用。是朝廷不勝其困，軍中殊未有濟。所以致此者，由乎習爲侈汰之弊也。願陛下回清問之餘，試召軍帥如此問之。復可審令條陳，以何術可以革今日之奢靡，以何道可以復昔時之朴素。如帥臣能自節約，以身率下，則軍人庶乎可以存濟矣。今茲聖心，以近日諸道州郡軍民慎造妖事，往往起大獄，得無欲以深刑峻法懲止之者乎。臣竊惟陛下御極于今且三十年，其甚盛德之事，所以感格天地，結洽人心之深者，以其至仁慈厚，好生惡殺，急深故之罪，寬縱出之罰，哀矜庶獄，惟刑之恤也。近因貝賊挾妖爲亂，朝廷又追劾李譚之獄，張存等例蒙重罰，州郡承風，覺發妖事，所在成大獄。至於誦經供佛，符咒禁術，盡遭捕繫，蔓延平民，豈無姦人乘便慎造疑似，以于賞利，或挾讎怨，更相攀引，搒掠之下，何求不獲。今臣見判審刑院，本院奏案七十餘道，內二十餘

道係是妖事。雖近降朝旨嚴加止絕，但恐今後官吏斷獄，指李譚爲鑒戒，無復更用平恕之心。文致鍛鍊，慮成後悔。臣聞賞罰猶風也，人情猶草也。草上之風必偃，人情隨賞罰而遷矣。臣惜陛下三十年之甚盛德功虧於一簣。寶元之後，國家多故，邊鄙繹騷，人事紛紜，災異屢見。中外屬任之官，鮮著事効。推諸人事，勢可憂已。聖心焦勞，寅畏祗厲，日慎一日。迄此又寧，獨賴陛下至仁慈厚之德，所以感格天地，結洽人心之深者也。奈何輕用刑獄，以危天下，招致沴氣，以速民怨者乎。此月十六日立夏，可以擬重囚，出輕繫。願陛下先期臨軒，疏決在京罪人。因遣使四出，應州郡見禁妖事，今後近降聖旨，除情涉不順者具獄聽裁外，餘並釋免。仍切勅逐路提點刑獄司覺察部下，刑禁狂濫。及有枝蔓良民，務在清平，不失有罪而已。仍告諭官吏，無得以張存之故，因用深文從事。上全聖德，下安人情，斯社稷之長慮也。

凡臣所陳實時要務，然皆事之一節爾。至於天下大勢，臣請為陛下言之。臣觀古今治亂之變，不在其他，只在上下之勢離合而已。上下之勢合，事無大不成；上下之勢離，事無小不敗。比年以來，朝廷頗引輕險之人，布之言路，違道干譽，利口為賢，天下承風，靡然一變。又外人議論，展轉緣飾，沽激倣傚，惟恐不及，敗壞雅俗，遂成險薄。內則言事官，外則按察官，多發人閨門曖昧、年歲深遠、累經赦宥之事。而又諸色小人，下至吏胥僮奴，覬時得逞，訐訴於上，憑造辭說，朝廷便行。濟以愛憎，何所不至。故自將相而下，至于卿大夫士，惴惴危恐，莫有泰然而自安者。一動一為，輒曰恐致人言也。推此以至陛下宮省左右前後，下逮閭巷庶人，亦莫不然。更相姑息，專避嫌疑，苟且因循，求免謗咎，何暇展布心體，為國立事者哉。臣竊疑聖意豈欲人情風俗之如此歟？但以其所由來者漸矣。自上及下，無不知此者，但莫肯為

陛下深切開陳之也。理道之壅，無大於此。上下之勢離，臣若是，則誰與陛下同心一德，而深謀遠慮者哉？既無同心一德之人，深謀遠慮之士，則天下之務何以致治？願陛下深為留神，務在通上下之情。欲上下之情合，在審於聽受而已。臣自參侍從，陟降十年，對法座、瞻德音多矣。觀陛下之寬仁矜惻，如天之無不容也；英叡明智，如日之無不照也。彼浮淺狙詐之人，亦何有遁形於天日之下者？然臣聞聖人作罰，宥過無大，刑故無小。欺罔險詖，是為真姦；偶觸檢防，是為小疵。若陛下察其真姦，必正國典；寬其小疵，以全人用，則有臣億萬，自當一心。隨才大小，孰不傾盡？此所謂合上下之勢，盛君人之大體，為國之大方也。願陛下於此特加省納。爲臣識慮迂疏，不達理要，本末東擢，盡出聖恩，浮沉著位，愧無補報。矧被咨訪，敢不盡愚？上瀆宸聰，不任戰汗惶慄之至。謹對

[illegible]年知諫院歐陽脩論乞命百官議事劄子曰：臣伏見祖宗時猶用漢唐之法，凡有軍國大事及大刑獄，皆集百官參議，蓋聖人慎於臨事，不敢專任獨見，欲採天下公論，擇其所長，以助不逮之意也。方今朝廷議事之體，與祖宗之意相背。每有大事，秘不使人知之；惟小事可以自決者，却送兩制定議。兩制知非急務，故忽略拖延，動經年歲。其中時有一兩事體大者，亦與小事一例忽之。至於大者秘而不宣，此尤不便。當處事之始，雖侍從之列皆不與聞，已行之後，事須彰布，縱有乖誤，却欲論列，則追之不及。況外廷百官疏遠者，雖欲有言，陛下豈得而用哉？所以兵興數年，西北二方累有事宜處置多錯者，皆由大臣自無謀慮，而杜塞衆見也。臣今欲乞凡有軍國大事，處外廷須知而不可秘密者，如北虜去年有請合從與不合從，西戎今歲求和當許與不當許，凡如此事之類，皆下百官廷議，隨其所見同異

各令署狀，而陛下擇其長者而行之。不惟慎重大事，廣採衆見，兼又於庶官賤疏遠人中時因議論，可見其高材敏識者，國家得以用之。若百官都無所長，則自用廟堂之議。至於小事，並乞只令兩府自定。其錢穀合要見本末，則召三司官吏至兩府討尋供析，而使大臣自擇。至於禮法，亦可召禮官法官詢問。如此，則事之大小各得其體。如允臣所請，且乞將西戎請和一事先集百官廷議。

脩又上疏曰：臣伏覩方今夷狄外强，公私內困，盜賊並起，蝗旱相仍。陛下軫念生民，深思禍患，憂勤之意，夙夜焦勞，而中外臣寮未能為國家遠慮謀建長策，少濟時事，以寬聖懷。近日以來，風俗尤薄，搢紳之列，不務和同，或徇私意以相傾，或因小事而肆忿，紛然爭鬥，傳布道塗，飾己短以遂非，各期必勝，進偽辭而互說，上惑聖聰。當陛下思念遠圖之時，致陛下自厭紛紜之議，至於朝廷得失，邦國安危，孰視

悵然。各思緘默。陛下仁慈睿聖。務存大體。未欲明行賞罰。以戒澆浮。伏望聖慈特降詔書。戒勵中外。革茲時弊。各使人同心憂國。捨小謀大。然後陛下不以小事紛紜煩於聽覽。則可以坐運宸算。以康時艱。

四年。脩又上疏曰。臣伏聞近出手詔條六事以賜兩府大臣。有以見陛下憂勤責任之意。然而天下紀綱隳壞。皆由上下因循。一旦陛下奮然雖有責成之心。而大臣尚習因循之弊。未能力行改作以副聖懷。自去年范仲淹韓琦等特被選擢。陛下尋開天章閣召見。而大臣遜避相推。並不建明一事以救天下之弊。洎至內出手詔。范仲淹富弼等方始各條數事。至今半年有餘。或寢而不行。或行而不盡。或雖行而未有明效。今陛下又以六事責之。臣恐兩府大臣依前無以上副憂勤之意。下救當今之急。臣願陛下不同常例。奏事之時。特御便殿。召兩府大臣賜坐。先戒以不得推避緘默。後以當今大務問之。須

令有所陳述。所問之急。不過三四大事而已。二虜交侵。一也。三路禦備之術。何者可以易行而速效。二也。百姓困匱。國用不足。何以使公私俱濟。三也。若兩府大臣於此三事能其一者。便委其專管。示以責成可也。若其不然。臣恐手詔屢出。聖意雖勞。而大臣相推。終未濟事。陛下必欲速救時弊。非專任而切責之。未可也。

八年。御史中丞魚周詢答詔條畫時務上疏曰。臣伏以陛下患西陲禦備。天下繹騷。趣募兵急。調軍食。雖常賦有增。而經用不給。臣以謂唐季及五代。疆臣專地。中國所制疆域非廣。及祖宗有天下。俘吳蜀楚晉。北捍獯鬻。西服羌戎。所用甲兵。所入租稅。比之于今。其數尚寡。然而摧堅震敵。府庫無空乏之弊。縣官無煩費之勞。蓋賞信罰必將選兵精之效也。迨元昊背恩。西邊宿師。朝廷用空疎闒茸者為偏裨。募游惰怯懦者備行伍。故大舉則大敗。小戰輒小奔。徒日費千金。

支不給。賣官鬻爵。溷雜仕流。以鐵為錢。隳壞國法。而又官立鹽禁。驅民貲蕩析恆產。怨咨盈路。去秋亢旱繼作。今春飢饉相屬。生靈重困。於茲為劇。今元昊幼子新立。廼朝廷寬財用惜民力之時也。速宜經制。以紓匱乏。願委安撫使與本路守邊掌計臣察同議裁減冗兵。節抑浮費。禁止橫斂。寬假貧民。黜武臣之庸懦及守宰之貪殘。仍冀特裁宸斷。出內帑錢。助關陝經費。使人通鹽商之利。改錢幣之法。宣布德澤。與民休息。然後勸勉農桑。隱括稅籍。收遺利。抑兼并。則公有羨財。私有餘力矣。陛下患承平寖久。仕進多門。人滋政濫。員多闕少。滋長奔競。靡費廩祿。臣以謂國家於制舉進士明經之外。歲有任子流外之補。貲瑕叢廝與臺省者又置於班列。歷年既久。紛然塞路。周行之內。太半非才。求人之際。鮮堪適用。而丞吏數易。交錯道塗。員數有定。詔除無限。凡守一闕。動踰再歲。預闕籍服武弁者。望賁水衡之給

廩。計歲考之期。赴銓調守選格者。居有困窮之歎。多隳廉恥之行。官冗之弊。一至於此。願陛下特詔進士。先取策論。諸科兼通經義。中第釋褐。無令過多。其文武班奏薦并流外出官者。權停五七年。自然名器無濫。奔競衰息矣。陛下患牧守之職。罕聞奏最。臣聞漢宣帝勉勵二千石有治效者。增秩賜金。或爵至關內侯。公卿缺則以次用之。故良吏為盛。國家鑒諸侯專地之患。一切用郡守治之。而朝班寖冗。序遷者衆。廼有地處藩宣。秩為卿監。而未歷省府提轉。內重外輕。何以求治。改絃易轍。正在此時。願詔兩府大臣。遴委兩制臺諫官各舉。如兩任通判。可充知州軍。依次除補。若治狀尤異。即升省府提舉轉其常例。入知州及歛舉提刑者。一切停罷。則進擢得人。牧守重矣。陛下患將帥之任。難於擇職。臣聞晏子薦司馬穰苴曰。文能附衆。武能威敵。是知將帥之材。非備文武。則不可為也。我朝自二虜款附。久不用兵。

近歲有西北之警。補授帥臣。出於遷猝。非自卒伍。即恩澤僥倖。無信義以結士心。無莊嚴以正師律。退則奔北。進則被擒。虧損威靈。取侮夷狄。命將之失。未有若今之甚也。謂宜擇名臣選舉深博有謀知兵練武之士。不限資級。試以邊任。臨軒敦遣。假以威權。如祖宗起復邊臣李漢超輩。閫外之事。俾得專之。無以謗讒輕有遷徙。使其足以取重。則安有不稱職之憂乎。陛下患西北多故。虜態難當。獻奇論空言者多。陳悠久實效者少。備預不虞。理當先物。臣聞國家和約北戎。覊命西夏。偃甲止戈。踰四十年。而守邊多任庸人。不講武備。因循姑息。唯冀升平。羌戎野心。窺見表裏。故景祐之末。元昊猖狂。慶曆之初。耶律悖慢。覆軍殺將。以疲關陝之民。厚幣卑辭。暫解幽薊之敵。皆用苟安之謀。殊無經遠之策。此班固所謂不選武略之臣。恃吾所以待寇而行貨賂。割剝百姓。以奉寇讎者也。願陛下特議於三路。減兵馬之冗冗者。以紓經費。以息科斂。然後選將帥。擇偏裨。使戒肅驕兵。飭利戎器。識山川形勝。用兵法奇正。河朔曠平可施軍陣。亦宜講求其法。雖二虜有變。異時倏戟。將有所恃。庶幾無患。

周詢又答詔條畫時務疏曰。臣已奉詔條畫時務。而陛下復躬親詢逮。蓋以諸臣所對未究根本。故求可行之策。臣不敢為文辭。輒布愚直。切冀有所補焉。所謂今之闕失者。陛下聰睿高出前古。然聖慮所未至。臣下所難言者。唯責任不專。用人猜忌為大也。自昔年二府大臣。及臺諫官有互為表裏者。聖聰覺悟。已行黜典。遂以謂人皆朋比。無復忠信。今中外之臣。每進對于前。但敢攻過失。即為公論。若及忠良材能。云可任用。則慮聖意疑為朋黨。故忠邪未盡分。善惡未盡開也。所謂責任不專者。今執政大臣。心知其事可行。某法可罷。但挾默自安。不肯為朝廷當之。致文武大政。因循弛廢。此又闕失之大者。臣願陛下聽政之外。選材識之臣。備對便殿。詢諸臣某人某事可。某用某人不可用。然後廣訪博採。參驗異同。俟其得實。則行進退。或上承訪問。而情涉詐欺。憎惡則屏之遠方。終身不齒。何人更敢朋黨。文任用之際。責其成效。果能當事者。則優與進擢。因循形迹者。則黜居散地。何人敢不盡其心乎。詔又患文武每因中外陰詐者。臣聞易曰拔茅連茹。以其彙征吉。言君子小人道同性合。相朋翼而進也。今朝廷根本。陛下股肱者。二府大臣也。安危治亂。繫此數人。在祖宗時。用呂端。李沆。王旦。馬知節。及陛下即位之初。用張知白。王曾。魯宗道輩。持重處正。深博有謀。當時引薦援任。不聞有朋邪陰詐者。今陛下知二府或非其人。不能奮然黜之。使彙征之勢來者未已。自古天子擇宰相。宰相擇百官。欲矯革此風。不先正大臣。則所謂形未端而求影之直。原未澄而欲流之清也。詔患州縣暴虐法令更張者。祖宗積德。陛下好生。失出者不為深罪。失入者終身負責。宜長人之吏。上體寬仁愛育黎庶。而或有暴虐者。蓋公家急於賦斂。以嚴集事。貪吏因緣生姦。以威動衆。使之然也。夫法令者。治世之銜勒。宜守而勿失。若祖宗法令可以經久者。不宜更易。近樞密院改內省條令。似與彙者負罪之人。須為復進之地。中外喧然。以為不可。況內省者左右之近寮。朝廷者四方之根本。儻不能堅守法令。則天下何以取信乎。願遴選刺史縣令。諭以愛民之意。則州縣無暴虐之患矣。裁抑權貴。無使輕易條憲。則法令無更張之失矣。

知制誥曾公亮答詔條畫時務。面奉御劄曰。朕承祖宗大業。賴文武良臣。夙夜兢兢。期底於治。間者西陲禦備。天下繹騷。趣募冗兵。急調軍食。雖常賦有增。而經用不給。累歲于茲。公私匱乏。加以承平寖久。仕進多門。人浮政濫。員多闕少。滋長奔競。糜費廩祿。又牧守之職。以

恵綏吾民而罕聞奏最將帥之任以威服四夷而鮮於稱職豈制度
未立邪不能變通於時邪豈簡擢非才不能勸勵於下邪西北多故虞
態難常獻奇論空言者多陳悠久實效者少備豫不虞理當先物朕
思濟此急務罔知所從以卿碩望故亟訪遠躬佇條畫臣才識淺陋
仰膺聖問謹昧死條對上進

一伏覩詔書詢問者西陲禦備天下繹騷調募冗兵急調軍食雖
常賦有增而經用不給累歲于茲公私匱乏此實方今之先務
也臣切謂國家經用不給者非有他焉由冗兵之所耗食也朝
廷所以未能斥減者豈不為沿邊三路尚須屯戍疆塞廣袤用
之尤且不足乎臣計今疆塞未多於建隆開寶之年是時外捍
夷狄內有河東西蜀江南嶺南之戍而所蓄禁兵止十二萬而
已至乾德中兩川江嶺已平則又減二萬太宗盡有天下所添

之兵纔三十餘萬真宗初年亦止三十八萬至乾興中始及八
十餘萬以此知兵少則訓習齊一所向無敵兵多則冗雜難齊
所施寡效其理甚明也今乃自慶曆已來既廣招募又升廂軍
為禁軍凡總一百餘萬然而用之罕聞成功者非獨將佐之不
武由所用之卒不精爾不精之由無他在乎多而不得齊一也
而況衣資廩給竭天下之財力可不深慮乎臣以謂事已久者
非可旦暮措置須用數年圖之可籍見兵之數專委信臣精加
選擇取力伉健軼群超等一夫可以敵二三者別為部伍俾如
太宗及真宗初年三十八萬之數改立名額練為精卒付於善
將後有亡逸亦用此格招填使之捍邊是用精良之少而代疲
冗之多安得不足也而況二宗之制未遠哉其餘疲軟老耄則
散也東南闕兵之郡就食賦數有亡逮者更不招補數年之內

十必減四十年之內必可消殫不唯減天下之蠹耗實亦得精
兵以為用也方今二虜衰弱兵械休息朝廷不速圖之則臣恐
小有水旱糧餉微梗則陛下焦心旰食於上矣圖之實宜早焉
若舍此為計是皆迂論臣又切聞宣毅兵久為東南之弊料上
封者言之多矣況南方小郡有舉城無二三千戶者乃置禁兵
數百坐食膏血官不得人往往為患自昔祖宗之制東南諸州
唯遣廂軍屯駐至于藩鎮則量加禁兵駐泊以為旁郡式遏
行之甚久頗適事要止從慶曆之初創置此兵今諸路轉運供
億艱苦遠郡官吏憚於統制臣以謂除京東西路外其餘諸路
悉可罷廢揀入別軍其老弱者令入本城役作唯一路藩鎮許
揀留千人依舊教閱以鎮遏旁郡此又減費殫患之一端也臣
仍願自今置廢興作須樞臣熟議逮得不問財賦而專有添創

如慶曆之失臣伏聞祖宗舊制三司每季供糧草文帳一本赴
樞密院夫樞密不主財賦而使供帳者是欲量度兵馬常使與
芻糧照對也往歲樞臣不練事體稱糧草本屬中書密院供帳
久為閑冗乞自今罷之則知樞密總兵自來罕聞糧草之有無
如此謀國豈天下取安之計也今聖慮軫及中外大幸願陛下
畢舉而行之使太平可致也

一伏覩詔書詢承平寖久仕進多門人浮政濫員多闕少滋長奔
競縻費廩祿此誠方今之大患也臣不敢遠引前代請以唐制
明之正觀中太宗平定天下創立法度是時文武官員唯六百
四十三員天下不為不治法度不聞不立也至永徽神龍中方
內已寧朝綱已備高宗不能遵太宗之業遂容濫官於員之外
既置員外員外之上又置同正及武后亂政又增置員外官二

千餘員其時朝廷益多事綱紀益隳壞官之繁簡盖利害明矣臣且聞景祐中審官三班流內銓吏員之數已多於祥符景德之日今則比方景祐中又多一倍臣嘗原之盖由寶元以來陝西用兵或獻方略或陳武伎或因邊臣薦引（自經略部署已下每出並奏命有司胥吏諸班擢授管部人）或以微勞錄用擢軍班之材勇開進納之恩限所以三班餘曹官倍景祐之數也又如崇班已上謂之內朝臣祖宗所置本無數年磨勘之制多因功績乃與遷轉止因朝廷宰相寡謀啓此僥倖諸司使額遂為殽雜也故審官之冗基自京官按真宗朝銓司磨勘選人每甲止見一員一月不過三四甲亦無遂甲皆轉是一月之內轉是官者一二而已率皆考任已多績狀可取始被此選近歲每間日見磨勘選人一員二年已來改為數日一見每見五員盡得改轉甫及三歲又升朝序故審

官員闕漸見不足差擬此審官三班銓曹之壅根也夫古之職官則今之差遣職任是也皆居有曹局局有員數固不可得而多也陛下若欲鑒累世之失大有改為臣請自二省官及横行諸使已下並按舊典議定員數如御史臺官是也於舊員之外量數加置以備出使員額之外一不許置有營當擬者但容遇闕先補（惟軍功暨任）始得越此遷轉立制既定雖有僥倖踰亦無由進也陛下若盡於既作但薄欲懲創則臣請自今應進納人宜除七品上佐官不令莅事廢方略之舉臣寮保薦弟姪者他日犯罪始同罪舉官之例諸司禁補額外正名大臣不得奏任門客常從限邊臣之薦引汰賞功之泛濫每歲經學之選素未精核不通義理止誦空文施於政事實非有益請用慶曆四年張方平等重定貢舉條約則濫進者少矣諸司人吏在他司（司農隸兵部之類）本無異勞而但得遷資減選請一切罷之則選限有常矣如此則入流之路稍隘也至若銓司引見之式樞密三班磨勘之例祖宗舊制可以復行如此則朝行之內亦不數年員闕可以相當矣其武晉加澄汰儻欲去留奪其見官恐未可亟行於茲日也唯此末議庶幾無損

一伏覩詔旨謂牧守之職以惠綏吾民而罕聞奏最臣伏思之由選之不精遇之不重勸之才至而使然也何以言之今審官差擇知州無問賢拙但考深資至則授焉故弛慢者有之耄老者有之病廢者有之姦贓者有之此選之不精者也又如翻建重內輕外寖成風俗遂使縉紳之流鮮肯以州任為貴夫州郡古二千石之職也今雖自京府推官而往亦視為左遷凡臺閣不勝其任則授郡以遣去故能臣幹吏多在錢穀刑獄之任以仕

不既知州為恥此遇之不重者也及其居官為政苟有善狀上不過提刑轉運一狀薦舉幸朝廷用之則止於付審官記姓名而已卒未聞政有善譽而朝廷一加遷拜此勸之不至者也古者天子擇宰相宰相擇群吏臣請自今審官擇知州皆引詣中書詢察然後擬奏昔兩漢時郡守乃與九卿令僕迭相出入其政理尤異至有直拜三公者今頗峻其等威如漢故事使雖涵不得妄入則賢者樂居其職矣商書曰德懋懋官功懋懋賞雖

一堯舜三代群臣猶須官賞以勸立功德而況今人哉臣請別立典州考課之等委監司采察三考有善政者則陞其官資兩任有善政者則陞其任使顯無狀者則罷黜之庶幾可以副陛下憂民之意也

一伏覩詔旨將帥之任所以威服四夷而罕聞稱職臣竊觀太祖

太宗之時。從代海內建威定亂成太平於十九年之中。將帥稱
人固可知矣。唯自咸平已來。真宗嘗與陳堯叟馬知節共論將
帥之難得。至于今日。陛下復以將不稱職爲憂。豈天下之人獨
生才於建隆興國之間。而咸平以來迨今五十餘年絕然無
一臣之能繼乎。是必不然也。臣願選之未得其要。或用之不盡
其才爾。軍志曰。三試然後授之事。是欲先視其才實然後任之以
事。昔趙奢與子括論兵。奢不能屈。退而歎曰。兵危事也。括易言
之。用之必敗。李靖爲將。似不能言。則知將之才能甚難知也。如
此。臣昨見陝西用人。國未聞朝廷有試以實效。蓋知趙括。因上
圖識。更委爲兵之任。卒至於敗。臣所以願選之未得其要者。皆
此類也。其次雖得善將而任之。不盡其才。何哉。蓋以太祖太宗
之朝。軍政已講。廟堂之謀練知兵體。試帥臣之進一言畫一計。

利病用捨。雖從中覆。及其盡委寄下。無不適其事機。將之有材
可以竭盡矣。咸平而後。守文假革。大臣嘗相罕歷邊。發故帥臣
進一言畫一計。尚如祖宗之時。利病用捨悉從中覆。及其盡委
寄下。尚一事不適機要。則將有不得盡其才慮者矣。望其立功
何可得哉。故咸平迨今之善將者。其勢未必不由此也。孫子曰
不知三軍之事而同三軍之政者。謂之軍惑。不其信哉。方今二
邊不警。朝廷得以講備。臣請自今擇將未加遷擢。悉先試以行
陣疆埸之事。所試有效。至于三四。始與顯官厚祿以盡其任。然
後委其命而勿制。用其言而勿疑。此孫子所謂將能而君不御
者勝是也。

一。伏覩詔旨。謂西北多故。虜態難常。獻奇論空言者多。陳久實
效者少。備豫不虞。理當先物。此蓋陛下得安不忘危有備無患

之深旨也。臣伏思朝廷。北有契丹。西有拓跋。二邊講備爲日久
矣。今北虜之勢。累年屏弱。尚欲郡仇。夏臺猶不能舉。安肯捨歲
入之厚利而輕犯中國也。雖豺豕之性難以保信。料勢利未之
當可能動也。況今大河之北。重兵列戍。足有藩籬之固矣。西夏
新有臣僕。素少國疑。料其衆心。猶懼大國之見絕。豈遑自立爲
盜也。四路見兵備之有餘矣。臣以謂朝廷方今之慮。不在二虜
而在山東河北之地。刀鋸之慘。人心尚危。小有水旱。姦凶必乘
爲寇。宜常得要官才吏以分鎮要州。庶幾可以消患於未萌者
之。

右臣祇奉宣問。謹對如右。議應晴淺。塵冒天聰。

歷代名臣奏議卷之三十一

歷代名臣奏議卷之三十二

治道

宋仁宗皇帝自至和後臨朝淵默。知諫院唐介言君臣如天地。以交泰為理。願時延群下。發德音可否萬幾以幸天下。又論宮禁干丐恩澤出命不由中書。宜有以抑絕。賜予嬪御之費多先朝時十數倍。日加無窮。宜有所駿損。監司薦舉多得文法小吏。請今精擇端良敦朴之士。毋使與儉薄者同進。諸路走馬承受凌擾郡縣。可罷勿遣。以權歸監司。兗國公主夜開禁門。宜劾宿衛主吏以嚴宮省。帝悉開納之。

嘉祐元年。知諫院范鎮上奏曰。臣伏見三司開封府居常以明有條貫事作情理輕重止取進呈及進入取旨。又諸司事有累牒徼納者並皆奏聞。乃是陛下以天子之尊下行三司使及開封知府與諸司事。皆有司不能任責。以至上煩聖慮。非惟上煩聖慮。又失為政之要而虧損國體。伏乞指揮。今後三司開封府公事。內有情理輕重難便宜行遣。諸司事內有無條貫須至申明者。許申都堂委大臣參詳處分。所貴責歸有司。不至煩瀆聖慮。而盡為政之體要。

三年。眉州布衣臣蘇洵謹頓首再拜冒萬死上書皇帝闕下。臣前月五日蒙本州錄到中書劄子連牒。臣以兩制議上翰林學士歐陽脩奏臣所著權書衡論幾策二十二篇。乞賜甄錄。陛下過聽。召臣試策論舍人院。仍令本州發遣臣赴闕。臣本田野匹夫。名姓不登於州閭。今一旦卒然被召。實不知其所以自通於朝廷。承命悸恐。不知所為。以陛下躬至聖之資。又有群公卿之賢。與天下士大夫之衆。如臣等輩固宜不少。有臣無臣不加損益。臣不幸有負薪之疾。不能奔走道路。以副陛下搜揚之心。憂惶負罪。無所容處。臣本凡才。無路自進。當少年時。亦嘗欲僥倖於陛下之科舉。有司以為不肖。輒以擯落。蓋退而處者十有餘年。今雖欲勉強扶病戮力。亦自知其疏拙。終不能合有司之意。恐重得罪以辱明詔。且陛下所為千里而來召臣者。其意以臣為能有所發明。以庶幾有補於聖政之萬一。而臣之所以自結髮讀書至於今茲。犬馬之齒幾已五十。而猶未敢廢者。其意亦欲效尺寸於當時。以快平生之志耳。今雖未能奔伏闕下。以累有司。而猶不忍默默卒無一言而已也。天下之事。其深遠切至者。臣自惟疏賤。未敢遽言。而其近而易行。淺而易見者。謹條為十通。以塞明詔。其一曰。臣聞利之所在。天下趨之。是故千金之子。欲有所為。則百家之市無寧居者。古之聖人執其大利之權以奔走天下。意有所向。則天下爭先為之。今陛下有奔走天下之權。而不能用。何則。古者賞一人而天下勸。今陛下增秩拜官。動以千計。其人皆以為己所自致。而不知戮力以報上之恩。至於臨事。誰當效用。此由陛下輕用其爵祿。使天

下吏積日持久而得之。譬如傭力之人。計功而受直。雖與之千萬。豈知德其主哉。是以雖有能者。亦無所施。以為謹守繩墨。足以自致高位。官吏繁多。溢於局外。使陛下皇皇汲汲。求以處之。而不暇擇其賢不肖。以病陛下之民。而耗竭大司農之錢穀。此議者所欲去而未得其術。是以若此紛紛也。今雖多其舉官。而遠其考。重其舉官之罪。此適足以隔賢者而容不肖。且天下無事。雖庸人皆足以無過。一旦改官。無所不為。彼其舉者曰。此廉吏。此能吏。朝廷不知其所以為廉與能也。幸而未有敗事。則長為廉與能矣。雖重其罪。未見有益。上下相蒙。請託公行。雖官六七考。求舉主五六人。此誰不能者。臣愚以為舉人者當使明著其迹。曰某人廉吏也。嘗有某事以知其廉。某人能吏也。嘗有某事以知其能。雖不必有非常之功。而皆有可紀之狀。其

特曰廉能而已者，不聽。如此，則夫庸人雖無罪而不足稱者，不得入其間，老於州縣，不足甚惜。而天下之吏，必皆務爲可稱之功，與民興利除害，惟恐不出諸己。此古之聖人所以驅天下之人，而使爭爲善者也。有功而賞，有罪而罰，其實一也。今降官罷任者，必奏曰某人有某罪，其罪當然，然後朝廷舉而行之。今若不著其所犯之由，而特曰此不才貪吏也，則朝廷安肯以空言而加之罪。今又何獨至於改官而聽其空言哉？是不思之甚也。或者以爲如此，則天下之吏務爲可稱，用意過當，生事以爲己功，漸不可長。臣以爲不然。蓋聖人必觀天下之勢而爲之法。方天下初定，民厭勞役，則聖人務爲因循之政，與之休息。及其久安而無變，則必有不振之禍。是以聖人破其苟且之心，而作其怠惰之氣。漢之元、成，惟不知此，以至於亂。今天下少惰矣，宜有以激發其心，使踴躍於功名，以變其俗。況乎冗官紛紜如此，不

知所以節之，而又何疑於此乎？且陛下與天下之士相期於功名，而毋苟得，此待之至深也。若其宏才大略，不樂於小官而無聞焉者，使兩制得以非常舉之。此天下亦不過數人而已。吏之有過而不得遷者，亦使得以功贖。如此，亦以示陛下之有所推恩而不惟艱之也。其二曰：臣聞古之制爵祿，必皆孝悌忠信，修潔博習，聞於鄉黨而達於朝廷，以得之。及其後世不然，曲藝小數，皆可以進。然其得之也，猶有以取之。其弊不若今之甚也。今之用人，最無謂者，其所謂任子乎？因其父兄之資以得大官，而又任其子弟，子將復任其孫，孫又任其子，是不學而得者常無窮也。夫得之也易，則其失之也不甚惜。以不學之人，而居不甚惜之官，其視民如草芥也固宜。朝廷自近年始有意於裁節，然皆知損之，而未得其所損。此所謂制其末而不窮其源，見其粗而未識其精，僥倖之風少衰而猶在也。夫聖人之舉事，不唯曰利而已，必將有以大服天下之心。今欲有所去也，必使天下知其所以去之之說，故雖盡去而無疑。何者？恃其說明也。夫所謂任子者，亦猶曰信其父兄而用其子弟云爾。彼其父兄固學而得之也。學者任人，不學者任於人，此易曉也。今之制，苟[illegible]而其官至於可任者，舉使任之，不問其始之何從而得之也。且彼[illegible][illegible]人不暇，又安能任人？此猶借貸之人而欲從之匄貸，不亦難乎？臣愚以爲父兄之所任而得官者，雖至正郎，宜皆不聽任子弟。唯其能自修飾而越錄躐次以至於清顯者，乃聽。如此，則天下冗官必大衰少，而公卿之後皆奮志於學，不待父兄之資。其任而得官者，知後不得復任其子弟，亦當勉強，不肯終老自棄於庸人。此其爲益，豈特一二而已。其三曰：臣聞自設官以來，皆有考績之法。周室既亡，其法廢絕。自京房建考課之議，其後終不能行。夫有官必有課，有課必有賞罰。有官而無課，是無官也。有

課而無賞罰，是無課也。無官無課，而欲求天下之大治，臣不識也。然更歷千載而終莫之行，行之則益以紛亂而終不可考，其故何也？天下之吏不可以勝考。今欲人人而課之，必使入於九等之中，此宜其顛倒錯繆，而不若無之爲便也。臣觀自昔行考課者，皆不得其術。蓋天下之官，皆有所屬之長，有功有罪，其長皆得以舉刺。如必人人而課之朝廷，則其長爲將安用？惟其大吏無所屬而莫爲之長也，則課之所宜加。何者？其位尊，故課一人而其下皆可以整齊；其數少，故可以盡其能否而不謬。今天下所以不大治者，守令丞尉賢不肖混淆，而莫之辨也。夫守令丞尉賢不肖之不辨，其咎在職司之不明；職司之不明，其咎在無所屬而莫爲之長。陛下以無所屬之官，而寄之以一路，其賢不肖，當使誰察之？古之考績者，皆從司會而至於天子。古之司會，即今之尚書。尚書既廢，惟御史可以總察中外之官。臣愚以

為可使朝臣議定職司考課之法。而於御史臺別立考課之司。中丞舉其大綱。而屬官之中。選強明者一人以專治其事。以舉刺多者為上。以舉刺少者為中。以無舉刺者為下。因其罷歸而奏其治要。使朝廷有以為之賞罰。其非常之功。不可掩之罪。又當特有以償之。使職司知有所懲勸。則其下守令丞尉不容復有所依違。而其所課者又有不過數十人。是以求得其實。此所謂用力少而成功多。法無便於此者矣。今天下號為太平。其實遠方之民窮困已甚。其咎皆在職司。臣不敢盡言。陛下試加採訪。乃知臣言之不妄。其四曰。臣聞古者諸侯臣妾其境內。而卿大夫之家亦各有臣。陪臣之事其君如其君之事天子。此無他。其一境之內所以生殺與奪富貴貧賤者皆自我制之。此固有以臣妾之也。其後諸侯雖罷。而自漢至唐猶有相君之勢。何者。其署置辟舉之權猶足以臣之也。是故太守刺史坐於堂上。州

縣之吏拜於堂下。雖奔走頓伏。其誰曰不然。自太祖受命。收天下之尊歸之京師。一命以上。皆上所自署。而大司農衣食之。自宰相至于州縣吏。雖貴賤相去甚遠。而其實皆所與比肩而事主耳。是以百餘年間天下不知有權臣之威。而太守刺史猶用漢唐之制。使州縣之吏事之如事君之禮。皆受天子之爵。皆食天子之祿。不知其何以臣之也。小吏之於大官。不憂其有所不從。唯恐其從之過耳。今天下以貴相高。以賤相諂。奈何使州縣之吏趨走於太守之庭。不啻若僕妾唯唯不給。故大吏常恣行不忌其下。而小吏不能正。以至於曲隨諂事。助以為虐。其能中立而不撓者固已難矣。此不足怪。其勢固使然也。夫州縣之吏位卑而祿薄。去於民最近而易以為姦。朝廷所恃以制之者。特以厲其廉隅。全其節槩。而養其氣。使知有所恥也。且必有異材焉。後將以為公卿。而安可薄哉。其尤不可者。今以縣令從州縣之禮。夫縣令官雖卑。其所負一縣之責。與京朝知縣等耳。其簿吏人民。習知其官長之拜伏於太守之庭。如是之不威也。故輕之。輕之故易為姦。此縣令之所以為難也。臣愚以為州縣之吏事太守可恭遜卑抑。不敢抗而已。不至於通名贊拜趨走其下風。所以全士大夫之節。且以儆大吏之不法者。其五曰。臣聞為天下者必有所不可窺。是以天下有急。不求其素所不用之人。使天下窺其倉卒而取其祿位。唯聖人為能然。何則。其素所用者緩急足以使也。臨事而取者亦不足用矣。得已則寵名譽之人。急則用介胄之士。今者所用非所養。所養非所用。國家用兵之時。購方略。設武舉。使天下屠沽健兒皆能徒手攫取陛下之官。而兵休之日。雖有超世之才。而惜斗升之祿。臣恐天下有以窺朝廷也。今之任為將帥。卒有急難而可使者誰也。陛下之老將。其所謂戰勝而善守者。今亦亡矣。臣愚以為可復武舉而為

之新制。以革其舊弊。且昔之所謂武舉者。蓋疎矣。其以弓馬得者。不過挽強引重。市井之粗材。而以策試中者。以皆記錄章句區區無用之學。又其取人太多。天下之知兵者不宜如此之衆。而待之又甚輕。其第下者不免於隸役。故其所得皆貪汙無行之徒。豪傑之士恥不忍就。宜因貢士之歲。使兩制各舉其所聞。有司試其可者。而陛下親策之。權略之外。使於弓馬可以出入險阻。勇而有謀者。不過取一二人。待以不次之位。試以守邊之任。文有制科。武有武舉。陛下欲得將相於此乎取之。十人之中。豈無一二。斯亦足以濟矣。其六曰。臣聞法不足以制天下。以法制天下。法之所不及。天下斯欺之矣。且法必有所不及也。先王知其有所不及。是故存其大略而濟之以至誠。使天下之所以不吾欺者。未必皆吾法之所能禁。亦其中有所不忍而已。人君御其大臣。不可以用法。如其左右大臣。而必待法而後能御也。

則其疎遠小吏當復何以哉以天下之大而無可信之人則國不足以為國矣臣觀今兩制以上非無賢俊之士然皆奉法供職無過而已莫肯於繩墨之外為陛下深思遠慮有所建明何者陛下待之於繩墨之内也臣請得舉其一二以言之夫兩府與兩制宜使日夜交於門以講論當世之務且以習知其為人臨事授任以不失其才今法不可以相往來意將以杜其告謁之私也然君臣之道不同人臣惟自防人君惟無防之是以歡欣相接而無間以兩府兩制為可信耶當無所請屬以不可信耶彼何患無所致其私意安在其相往來耶今兩制知舉未免用封彌謄録既奏而下御史親往涖之凜凜如鞫大獄使不知誰人之辭又何其甚也臣愚以為如此之類一切撤去彼稍有知宜不忍負若其猶有所欺也則亦天下之不才無恥者矣陛下赫然震威誅一二人可以使天下姦吏重足而立想聞朝廷之

風亦必有倜儻非常之才為陛下用也其七曰臣聞為天下者可以名器授人而不可以名器許人人之不可以一日而知之也久矣國家以科舉取人四方之來者如市一旦使有司第之此固非真知其才之高下大小也特以為姑收之而已將試之為政而觀其悠久則必有大異不然者今進士三人之中擢第之日天下望為卿相不及十年未有不為兩制者且彼以其一日之長而償終身之富貴舉而歸之如有所負如此則雖天下之美才亦或怠而不修其率意妄行者人亦望風畏之不敢按此何為者也且又有甚不便者先王制其天下尊尊相高貴貴相承使天下仰視朝廷之尊如泰山喬嶽非扳援所能及苟非有大功與出群之才則不可以輕得其高位是故天下知有所忌而不敢覬覦今五尺童子斐然皆有意於公卿得之則不知愧不得則怨何則彼習知其一旦之可以僥倖而無難也如此

則匹夫輕朝廷臣愚以為三人之中苟優與一官足以報其一日之長館閣臺省非舉不入彼果非不才者也其何患無所舉此非獨以愛惜名器將以重朝廷耳其八曰臣聞古者敵國相觀不觀其山川之險士馬之衆相觀於人而已高山大江必有猛獸怪物時見其威故人不敢褻夫不必戰勝而後服也使之常有所忌而不敢發使吾常有所恃而無所怯耳今以中國之大使夷狄視之不畏甚者敢有煩言以瀆亂吾聽此其心不有所窺其安能如此之無畏也敵國有事相待以將無事相觀以使今之所謂使者亦輕矣曰此人也為此官也則以為此使也今歲以某來歲當以某又來歲當以某如縣令署役必均而已矣人之才固有所短而不可強其專對捷給勇敢又非可以學致也今必強使之彼有倉惶失次為夷狄笑而已古者大夫出疆有可以安國家利社稷則專之今法令太密使小吏執簡記其

旁一搖足輒隨而書之雖有奇才辯士亦安所用彼夷狄觀之以為樽俎談燕之間尚不能辨軍旅之際固宜無人也如此將何以破其姦謀而折其驕氣哉臣愚以為奉使宜有常人惟其可者而不必均彼其不能者陛下責之以文學政事不必強之於言語之間以敗吾事而亦稍寬其法使得有所施且今世之患以奉使為艱危故必均而後可陛下平時使人而皆得以辭免後有緩急使之出入死地將皆逃耶此臣又非獨為出使而言也其九曰臣聞刑之有赦其來遠矣周制八議有可赦之人而無可赦之時自三代之衰始聞有肆赦之令然皆因天下有非常之事凶荒流離之後盜賊垢汙之餘於是有以沛然洗濯於天下而猶不若今之因郊而赦使天下之凶民可以逆知而僥倖也平時小民畏法不敢趨越當郊之歲盜賊公行罪人滿獄為天下者將何利於此而又棄散帑廩以賞無用冗雜之兵

一經大禮費以萬億賦歛之不輕民之不聊生皆此之故也。以陛下節用愛民，非不欲去此矣。顧以為所從來久遠，恐一旦去之，天下必以為少恩，而凶豪無賴之輩或因以為詞而生亂，此其所以重改也。蓋事有不可改而遂不改者，其憂必深；改之，則其禍必速。惟其不失推恩，而有以救天下之弊者，臣愚以為先郊之歲，竒因事為詞，特發大號，如郊之赦與軍士之賜，且告以吾於天下非有惜乎推恩也，惟是凶殘之民知吾當赦，輒以犯法以賊害乎良民，今而後赦不於郊之歲，以為常制。天下之人喜乎非郊之歲而得郊之賞也，何暇慮乎其後？四五年而行之，七八年而行之，又從而盡去之，天下晏然不知而日以遠矣。且此出於五代之後，兵荒之間，所以姑息天下而安反側耳。後之人相承而不能去，以至于今，法令明具，四方無虞，何畏而不改？今不為之計，使貪人猾吏養為盜賊，而厚取租賦以啖驕兵，乘

之以飢饉，鮮不及亂。當此之時，欲為之計，其猶有及乎？其十曰：臣聞古者所以採庶人之議，為其疏賤而無嫌也，不知爵祿之可愛，故其言公；不知君威之可畏，故其言直。今臣幸而未立于陛下之朝，無所愛惜顧念於其心者，是以天下之事，陛下之諸臣所不敢盡言者，臣請得以僭言之。陛下擢用賢俊，思致太平，今幾年矣，常垂立而輙廢，功未成而旋去。陛下知其所由乎？陛下知其所由，則今之在位者皆足以有立；若猶未也，雖得賢臣千萬，天下終不可為。何者？小人之根未去也。陛下遇士大夫有禮，凡在位者不然用褻狎戲嫚以求親媚於陛下，而讒言邪謀之所由至於朝廷者，天下之人皆以為陛下不疎遠宦官之過。陛下特以為耳目玩弄之臣，而不知其陰賊險詐為害最大。天下之小人無由至於陛下之前，故皆道於宦官，珠玉錦繡所以為賂者絡繹於道，以間關齟齬賢人之謀。陛下縱不聽用，而大臣常有所顧忌，以不得盡其心。臣故曰小人之根未去也。竊聞之道路，陛下將有意乎去而疎之也，若如所言，則天下之福。然臣方以為憂而未敢賀也。古之小人有為君子之所抑，而反激為天下之禍者，臣每痛傷之。蓋東漢之衰，宦官用事，陽球為司隸校尉，發憤誅王甫等數人，磔其尸于道。中常侍曹節過而見之，遂奏誅陽球，而宦官之用事過於王甫之未誅。其後竇武、何進又欲去之，而反以遇害，故漢之衰至於掃地而不可救。夫君子之去小人，惟能盡去，乃無後患。惟陛下思宗廟社稷之重，與天下之可畏，既去之又去之，既疎之又疎之。刀鋸之餘，必無忠良，縱有區區之小節，不過帷闥洒掃之勤，無益於事。惟能務絶其根，使朝廷清明，而忠言嘉謀易以入，則天下無事矣。願陛下無使為臣之所料，而後世以臣為知言，不勝大願。曩臣所著二十二篇，略言當世之要，陛下雖以此召臣，然臣觀朝廷之意，特

以其文采詞致稍有可嘉，而未必其言之可用也。天下無事，臣每每狂言，以迂闊為世笑，然臣以為必将有時而不迂闊也。賈誼之策不用於孝文之時，而使主父偃之徒得其餘論，而施之於孝武之世。夫施之於孝武之世，固不如用之於孝文之時之易也。臣雖不及古人，惟陛下不以布衣之言而忽之。不勝越次憂國之心，效其所見。且非陛下召臣，臣言無以至於朝廷，今老矣，恐後無由復言，故云云之多至於此也。惟陛下寬之。臣某誠惶誠恐，頓首頓首，謹書。

六年，起居舍人、同知諫院司馬光進五規狀曰：右臣幸得備位諫官，竊以國家之事，言其大者遠者，則汪洋濩落，而無目前朝夕之益，陷於迂闊；言其小者近者，則叢脞委瑣，徒足以煩浼聖聽，失於苛細。夙夜惶惑，日與心謀，涉歷累旬，廼敢自决。與其受苛細之責，不若取迂闊之譏。伏以祖宗開業之艱難，國家致治之光美，難得而易失，不可

以不眷。故作保業。隆平之基。因而安之者易為功。頹壞之勢。從而救之者難為力。故作惜時。道前定則不窮。事前定則不困。人無遠慮。必有近憂。故作遠謀。燎原之火。生於熒熒。懷山之水。漏於涓涓。故作重微。象龍不足以致雨。畫餅不足以療饑。華而不實。無益於治。故作務實。合而言之。謂之五規。此皆守邦之要道。當世之切務。雖陋狂瞽。觸冒忌諱。惟知納忠。不敢愛死。伏望陛下以萬幾之餘。游豫之間。垂精留神。特賜省覽。萬一有取。裁而行之。則臣生於天地之間。不與草木同朽矣。

保業

天下重器也。得之至艱。守之至艱。王者始受天命之時。天下之人皆我比肩也。相與角智力而爭之。智竭不能抗。力屈不能支。然後肯稽顙而為臣。當是之時。有智相偶者則為二。力相參者則為三。愈多則愈分。自非智力首出於世。則天下莫得而一也。斯不亦得之至艱乎。及夫繼體之君。群雄已服。衆心已定。上下之分明。強弱之勢殊。則中人之性。皆以為子孫萬世如泰山之不可搖也。於是有驕惰之心生。驕者玩兵黷武。窮泰極侈。神怒不恤。民怨不知。一旦渙然。四方糜潰。惰者沉酣宴安。慮不及遠。善惡雜糅。是非顛倒。日復一日。至於不振。漢唐之季是也。二者或失之強。或失之弱。其致敗一也。斯不亦守之至艱乎。臣竊觀自周室東遷以來。王政不行。諸侯並僭。分崩離析。不可勝紀。凡五百有五十年而合於秦。秦虐用其民。十有一年而天下亂。又八年而合於漢。漢為天子二百有六年而失其柄。王莽盜之。十有七年而復為漢。更始不能自保。光武誅除僭偽。凡十有四年然後能一之。又一百五十有三年。董卓擅朝。州郡瓦解。更相吞噬。至于魏氏。海內三分。凡九十有一年而合於晉。晉得天下纔

二十年。惠帝昏愚。宗室構難。群胡乘釁。濁亂中原。散為六七。聚為二三。凡二百八十有八年而合於隋。隋得天下纔二十有八年。煬帝無道。九州幅裂。八年而天下合於唐。唐得天下一百有三十年。明皇恃其承平。荒于酒色。養其疽囊。以為子孫不治之疾。於是漁陽竊發。而四海橫流矣。肅代以降。方鎮跋扈。號令不從。朝貢不至。名為君臣。實為讎敵。陵夷衰微。至于五代。三綱頹絕。五常殄滅。懷璽未煖。處宮未安。朝成夕敗。有如逆旅。禍亂相尋。戰爭不息。流血成川澤。聚骸成丘陵。生民之類。其不盡者無幾矣。於是太祖皇帝受命于上帝。起而拯之。躬擐甲冑。櫛風沐雨。東征西伐。掃除海內。當是之時。食不暇飽。寢不遑安。以為子孫建太平之基。大勳未集。太宗皇帝嗣而成之。凡二百二十有五年。然後大禹之迹復混而為一。黎民遺種始有所息肩矣。由是觀之。上下一千七百餘年。天下一統者五百餘年而已。其間時小有禍亂。不可悉數。國家自平河東以來。八十餘年。內外無事。然則三代以來。治平之世。未有若今之盛者也。今民有十金之產。猶以為先人所營。苦身勞志。謹而守之。不敢失墜。況於承祖宗光美之業。奄有四海。傳祚萬世。可不重哉。可不謹哉。夏書曰。予臨兆民。懍乎若朽索之馭六馬。周書曰。心之憂危。若蹈虎尾。涉于春冰。臣願陛下夙興夜寐。兢兢業業。思祖宗之勤勞。致王業之不易。援古以鑒今。知太平之世難得而易失。則天下生民至於鳥獸草木無不幸甚矣。

惜時

夏至陽之極也。而一陰生。冬至陰之極也。而一陽生。故盛衰之相承。治亂之相生。天地之常經。自然之至數也。其在周易。泰極則否。否極則泰。豐亨宜日中。孔子傳之曰。日中則昃。月盈則食。天地盈虛。與時消息。而況於人乎。況於鬼神乎。是以聖人當國家隆盛之時。則戒懼彌

甚哉能保其令聞永久無疆也。凡守太平之業者其術無他。如守巨室而已。今人有巨室於此。將以傳之子孫為無窮之規。則必實其堂基。壯其柱石。強其棟梁。厚其茨蓋。高其垣墉。嚴其關鍵。既成。又擇子孫之良者使謹守之。日省而月視。欹者扶之。弊者補之。如是。則雖亘千萬年無頹壞也。夫民者國之堂基也。禮法者柱石也。公卿者棟梁也。百吏者茨蓋也。將帥者垣墉也。甲兵者關鍵也。是六者亦可不朝念而夕思也。夫繼體之君謹守祖宗之成法。苟不隳之以逸欲敗之以讒諂。則世世相承無有窮期。及夫逸欲以隳之。讒諂以敗之。神怒於上。民怨於下。一旦渙然而去之。則雖有仁智恭儉之君焦心勞力。猶不能救陵夷之運。遂至於顛沛而不振。嗚呼可不鑒哉。今國家以承平之時。立綱布紀。定萬世之基。使如南山之不朽。江河之不竭。可以指顧而成耳。失今不為。乃蹟足扼腕而恨之。將何益矣。詩曰。我

日斯邁。而月斯征。夙興夜寐。無忝爾所生。時乎時乎。誠難得而易失也。

遠謀

易曰。君子以思患而豫防之。書曰。遠乃猷。詩云。猷之未遠。是用大諫。昔聖人之教民也。使之方暑則備寒。方寒則備暑。七月之詩是也。今夫市井稗販之人。猶知旱則資舟。水則資車。夏則儲裘褐。冬則儲絺綌。彼偷安苟生之徒。朝醉飽而暮飢寒者。雖與之俱為編戶。貧富必不侔矣。況為天下國家者。豈可不制治於未亂。保邦於未危乎。詩云。迨天之未陰雨。徹彼桑土。綢繆牖戶。今此下民。或敢侮予。孔子曰。為此詩者。其知道乎。能治其國家。誰敢侮之。迨天之未陰雨者。國家閑暇無事之時也。徹彼桑土者。求賢於隱微也。綢繆牖戶者。修敕其政治也。夫桑土者。鴟鴞所以固其室也。賢俊者。明主所以固其國也。國既固矣。雖有侮之者。庸何傷哉。臣竊見國家每邊境有急。羽書相銜。或一方饑饉。餓殍盈野。則廟堂之上焦心勞思。忘寢食以憂之。當是之時。未嘗不以將帥之不選。士卒之不練。牧守之不良。倉廩之不實。追責前人。以其備禦之無素也。幸而烽燧息。五穀登。則明主舉萬壽之觴於上。群公百官歌太平。縱娛樂於下。晏然自以為長無可憂之事矣。嗚呼。使自今日已往。四夷不復犯邊。水旱不復為災。則可矣。若猶未也。則天幸又安可數恃哉。陛下何不試以閑暇之時。思不幸邊鄙有警。饑饉薦臻。則將帥可任者為誰。牧守可倚者為誰。雖在千里之外。使之常如目前。至於甲兵之利鈍。金穀之盈虛。皆不可不前知而豫謀也。若待事至而後求之。則已晚矣。夫四夷水旱。事之細者也。抑又有大於是者。陛下亦嘗留少頃之慮乎。詩云。維彼聖人。瞻言百里。維此愚人。覆狂以喜。此言遠謀之難知。近言之易行也。夫謀遠

則似迂。似迂則人皆忽之。其為害至慘也。而無切身之急。為利至大也。而無旦夕之驗。則愚者抵掌謂之迂也宜矣。國家之制。百官也莫得久於其位。求其功也速。責其過也備。是故。或養交飾譽以待遷。或容身免過以待去。上自公卿。下及斗食。自非憂公忘私之人。大抵多懷苟且之計。莫肯為十年之規。況萬世之慮乎。自非陛下惕然遠覽。勤而思之。日復一日。長此不已。豈國家之利哉。此臣日夜所以痛心泣血而憂也。昔賈誼當漢文帝之時。以為天下之勢。方病大瘇。又苦蹠盭。又類辟且病痱。陛下視方今國家安固。公私富貴。百姓樂業。孰與漢文。然則天下之病無乃更甚乎。失今不治。必為痼疾。陛下雖欲治之。將無及已。治之之術。非有他奇巧也。在察其病之緩急。擇其藥之良苦。隨而攻之。勿責目前之近功。期於萬世治安而已矣。

重微

虞書曰。兢兢業業。一日二日萬幾。何謂萬幾。幾之爲言微也。言當戒慎萬事之微也。夫水之微也。捧土可塞。及其盛也。漂木石没丘陵。夫火之微也。勺水可滅。及其盛也。焦都邑燔山林。故治之於微則用力寡而功多。治之於盛則用力多而功寡。是故聖帝明王。皆銷惡於未萌。弭禍於未形。天下陰被其澤而莫知所以然也。周易坤之初六曰履霜堅冰至。霜者寒之始也。冰者寒之極也。坤之初六。於律爲林鐘。於曆爲建未之月。陽氣方盛而陰氣已萌。物未之知也。是故聖人謹之曰履霜堅冰至。言爲人君者當絶惡於未形。杜禍於未成也。繫辭曰知幾其神乎。君子知微知彰。知柔知剛。萬夫之望。謂此道也。孔子謂魯哀公曰。昧爽夙興。正其衣冠。平旦視朝。慮其危難。一物失理。亂亡之端。君以此思憂。則憂可知矣。太宗皇帝命昭宣使河州團練使王繼恩討蜀寇。宰相請除繼恩宣徽使。太宗不許。曰宣徽使位亞兩

府。若使繼恩爲之。是宦官執政之漸也。宰相固請以繼恩功大。他官不足以賞之。太宗怒切責宰相。特置宣政使以授之。真宗皇帝欲與章獻皇后及后宮遊内庫。后辭曰。婦人之性。見珍寶財貨不能無求。夫府庫者國家所以養六軍備非常也。今耗散之於婦人。非所以重社稷也。真宗深以爲然。遂止。由是觀之。先帝以睿明卓越。防微杜漸如此之深。可不念哉。昔扁鵲見齊桓侯曰。君有疾在腠理。不治將深。桓侯不悦。曰醫之好利也。欲以不疾爲功。及在血脉。在腸胃。桓侯皆不信。及在骨髓。扁鵲望之遂逃去。徐福言霍氏太盛。宜以時抑制。漢宣帝不從。及霍氏誅。人爲之訟其功。以爲曲突徙薪無恩澤。焦頭爛額爲上客。故未然之言。常見棄忽。及其已然。又無所及。夫宴安鴆毒。肇荒淫之基。奇巧珍玩。鼓奢泰之端。甘言悲辭。啓僥倖之塗。附耳屏語。開讒賊之門。不惜名器。導僭逼之源。假借威福。授陵奪之柄。凡此六者。其初甚微。朝夕狎玩。未覩其害。日滋月益。遂至深固。比知而革之。則用力百倍矣。伏惟陛下思萬幾之至重。覽大易之明戒。誦孔子之格言。繼先帝之聖志。使扁鵲得早從事。毋使徐福有曲突之嘆。則可以脩之於廟堂。而德冒四海。治之於今日。而福流萬世。優游逍遥。而光烈顯大。豈不美哉。豈不美哉。

務實

周書曰。若作梓材。既勤樸斲。惟其塗丹雘。此言爲國家者必先實而後文也。夫安國家。利百姓。仁之實也。保基緒。傳子孫。孝之實也。辨貴賤。正綱紀。禮之實也。和上下。親遠近。樂之實也。决是非。明好惡。政之實也。詰姦邪。禁暴亂。刑之實也。察言行。試政事。求賢之實也。量材能。課功狀。審官之實也。詢安危。訪治亂。納諫之實也。選勇果。習戰鬬。治兵之實也。實之不存。雖文之盛美無益也。臣竊見方今遠方窮民。轉死溝壑。而屢赦有罪。逐門散錢

其於仁也不亦遠乎。本根不固。有識寒心。而道宫佛廟。修廣御容。其於孝也不亦遠乎。統紀不明。名器紊亂。而雕繢文物。修飾容衛。其於禮也不亦遠乎。群心乖戾。元元愁苦。而斷竹數黍。敲叩沾點。其於樂也不亦遠乎。是非錯繆。賢不肖混殽。而鈎校簿書。訪尋比例。其於政也不亦遠乎。姦暴不誅。冤結不理。而拘泥微文。糾擿細過。其於刑也不亦遠乎。行能之士。況淪草野。而考校文辭。指抉瘢病。其於求賢不亦遠乎。材任相違。職業廢弛。而捡勘出身。比類資序。其於審官不亦遠乎。久大之謀弃而不省。淺近之言應時施行。其於納諫不亦遠乎。將帥不良。士卒不精。廣聚虛數。徒取外觀。其於治兵不亦遠乎。凡此十者。皆文具而實亡。本失而末在。譬猶膠板爲舟。摶土爲檝。貝布爲帆。朽索爲維。畫以丹青。衣以文繡。使偶人駕之。而履其上。以之居平陸。則煥然信可觀矣。若以之涉江河犯風濤。豈不危哉。伏望陛下撥去浮文。悉敦本實。選任良吏。以

乎惠庶民。深謀遠慮。以保安宗廟。張布綱紀。使下無覦心。和厚風俗。使人無離怨。別白是非。使萬事得正。誅鋤姦惡。使威令必行。取有益。罷無用。使野無遺賢。進有功。退不職。使朝無曠官。察讒言。考得失。使謀無不盡。擇智將。練勇士。使征無不服。如是則國家安若泰山而四維之也。又何必以文采之飾。歌頌之聲。眩耀愚俗之耳目哉。

光又上奏曰。臣聞致治之道無他。有三而已。一曰任官。二曰信賞。三曰必罰。康誥稱文王之德曰。庸庸。祗祗。威威。顯民。言用其可用。祗其可祗。刑其可刑也。臣竊見國家所以御群臣之道。累日月以進秩。循資塗而授任。苟日月積久。則不擇其人之賢愚而寘高位。資塗相值則不問其人之能否而居重職。夫人之材性各有所宜。而官之職業各有所守。自古得賢之盛。莫若唐虞之際。然稷降播種。益主山林。垂為共工。龍作納言。契敷五教。皋陶明刑。伯夷典禮。后夔典樂。皆各守

一官。終身不易。苟使之更來迭去。易地而居。未必能盡善也。今以群臣之材。固非八人之比。廼使之遍居八人之官。遠者三年。近者數月。輒已易去。如此而望職事之脩。功業之成。必不可得也。非特如是而已。設有勤恪之臣。悉心致力以治其職。群情未洽。績效未著。在上者疑之。同列者嫉之。在下者怨之。當是時。朝廷或以衆言而罰之。則勤恪者無不解體矣。姦邪之臣。衒奇以譁衆。養交以市譽。居官未久。聲聞四達。蓄患積弊。以遺後人。當是之時。朝廷或以衆言而賞之。則姦邪者無不爭進矣。所以然者。其失在於國家采名不采實。誅文不誅意。夫以名行賞。則天下飾名以求功。以文行罰。則天下巧文以逃罪。如是。則為善者未必賞。為惡者未必誅。此陛下所以南面孜孜。夙夜求治。歷載甚久。而太平未致者也。陛下誠能博選在位之士。不問其始所進。及資序所當。為使有德行者掌教化。有文學者待顧問。有政術者為守長。有勇略者為將帥。明於禮者典禮。明於法者主法。下至醫卜百工。皆度材而授任。量能而施職。有功則增秩加賞。而勿徙其官。無功則降黜廢棄。而更求能者。有罪則流竄刑誅。而勿加寬貸。如是而朝廷不尊。萬事不治。百姓不安。四夷不服。臣請伏面欺之誅。凡臣所言。皆陛下耳所厭聞。必所素知。然致治之要無以易此。知之非艱。行之惟艱。願陛下力行何如耳。敢昧死陳瞽言。惟陛下裁擇。

仁宗時。秘書省著作佐郎充館閣校勘蔡襄上書曰。臣伏覩臨遣使臣循行郡國。臣竊謂人主宅中國。居法宮。而使幽遐異域風謡習尚冤隱沉抑無一不陳於前者。其道何哉。託聰明於臣下故也。人主知其所託之為難。明賞罰以馭之。賞罰既明。則臣下不敢蔽聚而聰明無所壅也。今天下之俗。至有鉅室富家兼并貨財。作為奢靡。踰越法制。交通天吏。欺轢愚弱。而貧者父子轉流。無養生送死之具。不幸於

獨廢疾。不得終其天年。州縣吏既不能掩遏豪強。拯哀窮厄。而又侵牟漁奪。不識休已。或愚謬昏耄。無所是非。或依倚權勢。壞裂公法。其卓然有善狀可指數也。監刺之官。大率以寬紓含隱為良。即發一姦贓。衆輒指目。以是須其自敗。乃始糾摘。或有所私。慮垂敗之人。亦加意覆蔽。使得脫去。甚哉蔽蒙如此。監司之設。僅與無同。欲百姓之無害。其可得乎。吏之偷苟姑息。寖以成俗。頃年遣使安撫諸郡。比其還奏。薦舉雖多。而蠹暴不察。是徒采善譽而塞厥職也。夫收材選能。誠為治之首務。然惡吏不除。窮民不恤。有使之出。不若無出之愈。徒使郡國之民交口而議曰。是舉也。特與被遣之人為榮進梯綆耳。豈有意於吾民哉。臣竊見漢武帝遣謁者博士分巡天下。存問孝悌力田。鰥寡孤獨。賜帛有差。獨行君子。遣詣行在。而治苛者奏舉。又唐太宗遣杜淹巡關內諸州。出御府金帛贍貧民。男女自賣者。還其父母。其後

又遣褚遂良等二十二人。以六條巡察四方。黜陟官吏。臣詳觀古之遺使。皆務恤窮民。除惡吏。舉材能。拔滯逸而已。請使者所至之郡。存問鄉里。其孝行著聞。及年八十九十以上。鰥寡篤疾。依漢故事。量與布帛。即貧無所養而有男女傭僱於人。償其餘直而追還之。若為僧尼。僧年四十。尼年三十以下。並除其籍而歸養。更無此等子孫。官給雜糧。責任親黨鄰里養之。以沒其齒。孤獨者。戒勅所養之家務全其生。冤結無告。使者擇吏而治其曲直。力行篤學。衰老淪滯。表之以勸風俗。郡縣吏治績可稱。條列其狀。顯褒其尤者。貪墨贓。即令責訊。材不任職。於其職之相倫者易之。或雖潔廉而違法慘刻。及年七十以上。昏老而不知退者。咸以名聞。願一切罷之。其官吏貪墨。自使遣發。監司之官素所不糾。隨而坐之。即使者不糾。異日傾敗。事在使者。循行已前。并使者坐之。伏惟陛下垂意生民。而恩澤未大洽於天下者。蓋替責官吏未盡其道也。方使者之行。因章嚴賜告諭。令其畢力推揚德音以致於下。究悉利害。庶有補於政治。毋徒使郡縣供具。吏民邀列道途。迎候往來。重為此紛擾也。狂愚之言。願陛下省覽詳擇。天下幸甚幸甚。

褎又上奏曰。臣近者蒙恩賜告歸覲父母。臣出宋都。歷淮上。絕江而南。出東吳之域。綿亙千里。臣潛度事勢。周問民隱。可為寒心者。請試陳之。願陛下少賜清閒之宴而垂聽焉。臣竊以天下治平之日已久。東南列郡。城池隳塞。士卒單少。府無完兵。廩無儲粟。內無戒守之備。外無維制之具。道路之人所共知。此其尤可憂者。蘇秀杭越等數州頻年以來。旱澇更作。稼穡不登。癘疫仍起。貧者流轉溝壑。居者連歲喪亡相屬。哀苦之聲。痛貫人骨。雖朝廷屢行賑恤。然渥澤之施。未能周及。今歲春夏不雨。野田半蕪。前秋之期。居可知矣。兵民媮[illegible]

之變亦一極也。臣竊觀前古兵革之興。多緣飢旱。始此苟生。相與為盜。及其勢盛。制脅郡縣。漢唐之世。終為邦梗。而況姦雄豪傑。覘伺釁隙。須時而發。此不可不虞也。易萃卦之大象曰。澤上於地。萃。君子以除戎器。戒不虞。說者曰。聚而無防。則生衆心。今有珠玉之貨。納于府藏。勅主守吏。嚴其扃鐍。常若寇至。而方地數千里。生民數萬族。乃忘保固之術。謹其細而遺其大。臣未見夫長畫也。借使浙東飢病之餘。兇突之人。嘯聚百數。草竊閭巷。臣未知以何郡兵卒而能制其死命乎。誠以東南之勢為不足患。臣恐天下之患正生於不足患矣。當今之策。莫若擇郡守。寬民力。募兵卒。嚴盜法。四者最為急務。一曰擇郡守。臣謹具錄諸州軍長吏姓名年齒所為績狀。伏望陛下詰問宰臣。令議其材否而更易之。使材足以應變。而惠足以利民。然後可倚以為重也。二曰寬民力。莫若蠲賦稅。均借貸。省配斂。賑流移。所謂蓄於國而藏於民也。三曰募兵卒。臣謂因此飢歉。頗易招置。大凡吳民軟弱。不便高寒。未知騎射。驅以備邊。不可速用。臣請權罷寄招禁軍。於兩浙重鎮。量多少之數。各令召募。教習以備寇盜。亦東南一勝勢也。四曰嚴盜法。臣竊見頃年亦緣飢旱。強劫盜賊。多蒙寬貸。貴小惠而大害也。臣願申勅兩浙災傷州軍。應有賊盜。一準法令。無所矜宥。審戒提點刑獄臣僚。如有因飢劫盜應死而情有可矜者。即詳度以聞。刑罰不失厥中。亦以遏兇人之萌也。夫未形之言。難於信用。既形之言。無速於事。臣之狂愚。非能遠識。而辨從以見聞過為慮度。願陛下采而行之。臣不勝惓惓懇懇之至。

褎又上狀曰。臣伏覩詔書。宣諭三館臣僚。或朝廷大事。邊防機宜。許令密陳章疏。或乞上殿敷奏者。臣竊聞太宗皇帝兵戎初定。乃作三館。肆藏天下之書。精選四方之士。仍於館下旁設便門。或時臨幸。或即召對，故當時之得失，下民之利病，多所推究而施行之。真宗皇帝屬世治平，游意文藻，詞臣之列，皆預詢訪。於是天下之人知備官禁闥者，不獨繕討書囊，亦有以通上聽而裨國治矣。伏自陛下臨御以來，踰二十餘年，未嘗一至。所增官屬，唯前數倍，未嘗一召。今者特布德音，開誘言議，蓋所以見陛下憂勤之至，人人自力，思竭志慮以裨萬分之一。臣愚不知陛下將以成好問之名，將直欲擇至當之言而用之也。臣智識蒙陋，不敢廣引古記，多屬空文，輒求于今要急之務，而陛下之所欲知者，謹撰成黼扆箴一首，書為兩軸，每句之下條陳事實，別疏一通，各隨狀上進。臣聞唐太宗凡言事有益於政者，書之屋壁，以為警戒。伏惟陛下不以臣之狂直而棄之，幸置臣箴銅於戶牖間，時賜省覽，原其所條事實，終始則今安危之勢可見矣。昔漢賈誼論及時事，以謂可為慟哭者，以臣今日之心，知古人之言不虛謬

矣。千冒宸嚴，無任戰汗之至。謹具狀奏聞。

箴曰：丕顯元聖，上奉天時，蹐俗於禮，任材以宜，肅治家政，大隆本支，好問益廣，去邪勿遲，利急恩困，兵逮慮危，法令必信，恩賞無私，威福是守，聽斷不疑。太平可致，唯所施為。臣所進黼扆箴，每句之下條陳事實，列於左。

丕顯元聖，上奉天時。

臣愚淺，不知陛下天地之造，竊謂丕顯元聖，上奉天時者，以天人交感之應，合若符券。比年以來，地震、日蝕、黑風、災火，變見之祥，可謂多矣。臣謹按先賢所論，地震者，陰迫於陽也；日蝕者，陰薄於陽也；黑風晝冥者，陰盛於陽也；災火者，陰極於陽也。如此之類，皆陽不勝陰之所致矣。陽者，君象也；陰者，臣下也，夷狄也，婦女也。今夷狄內侵，則見之矣。必有臣下潛弄威權，宮中多收冗列，故上天再三警戒，欲陛下

思而革之，轉災為福矣。臣聞太祖撥五代之亂，太宗平定天下，真宗思與百姓休息，至於建立經久之業，變更非便之制，將有待於陛下也。陛下專政以來，執議之臣謂天下已安，循襲舊常，苟以宴安而無虞矣，不採根本，不責事實。今日夷狄侵侮，生民重困，豈非因循苟且之患乎。陛下以是觀之，前日之失可知矣；知前日之失，而又重於改作，則後日之患將如何哉。今政之弊，僥倖姑息，寖以成俗。矯此弊者，非任誅賞，考功核實，莫能治之。上無姑息，下無僥倖，則姦人無所容矣。上天之戒，陛下非不切也；陛下荅天之意，非不勤也。每聽事至日昃而不食，然皆有司奏覆細碎之務，非天下之治本。伏惟陛下精求久弊，不憚改作，自總威令，強陽而抑陰，則自然天心悅豫，而萬事舉矣。

蹐俗於禮

臣聞唐末強臣擅兵，分裂疆土。五代更易，干戈日尋，上令急逼，誅求無已。百姓無聊，不勝其弊，奪攘苟活，父子之恩不能相保，天下之俗不遑廉恥之節，壞敗爛熟，莫知其非。我宋之興，一革海內，休養生息四五十年，無甲兵之患，民財贍足，侈靡偷薄，漸染成俗。大臣者，天下之表也，相競廣市田宅，爭求重利，況百官哉！況下民哉！於是官吏曲獄受賄，而抵死者案牘相繼；豪富之家狗馬穽妾無有制度，欲相矜財，所不及者則極力為之，恩義之薄而財利之厚。上自大臣，下及黎庶，莫不然也。今兩制已上之官居父母喪，許不解職，欲民興孝，其可得乎？近臣苟進，黨附相傾，審官臣僚自相詆訐，朝廷且爾，欲民興讓，其可得乎？衣冠之家，至有父子相殘，夫婦相到。且下民之暴，尤可怪駭，況列在仕宦，居民之上，而悖戾至此，禮義之方亦幾盡矣。臣竊思其源，蓋天下之治，一斷於法，法之所禁或避之，治民之吏知法而

已義禮之方鉗口不言誠有立經制興禮讓之士俗必指為闊誕然治天下不由於禮者莫能至也伏惟陛下察俗薄惡擇任賢材興立典制上下有節車服有序禮讓興行僭侈衰息豈不盛哉臣之所言乍若高論復而思之甚易行也

任材以宜

臣聞馭邦之大莫大於建官材有短長官有小大故隨其所宜而任之則事無不舉矣臣以謂今日建官之法為弊至深取之不程其材任之不稱其力因循滋久莫之變更臣請略條建官之弊大者有四一曰材不稱官臣不敢備舉百官之不稱者借如兩府大臣為陛下之股肱繫天下之輕重得人則治其失則危今日之居是任者或以久次或以例遷（敘次謂家年而至者故張若谷以年老乞備府例遷者謂狀元及第數年便至卿相）不計材能不考功績攀緣而進即授以天下之柄率而材賢則福及於下苟非其材而使之裁制群生扶持重器豈不痛哉董仲舒曰小材雖累日不失於小官大材雖未久不害於輔佐蓋論材與否也今用一不材則天下之人皆知輕視公相而有苟進之心願陛下熟思其奸邪與不才之人必速退之而忠直材賢之人必速進之敘遷之勢不可緩也二曰官守不久借如三司使副判官皆專筦財利臺官諫臣糾正朝綱歲補時闕發運轉運使均輸征賦廉察風俗列郡太守問民疾苦此皆至重之寄祖宗舊規率有年課今之除授但作蹊歷資序內則踵迹相躡立登貴仕外則州郡迎送略無暇日其餘兩制兩省以上近侍之職循環迭取若探諸懷臣欲備舉則文繁乞陛下列向來所陳職局及陝西被兵州郡取二十年以來郡守每歲凡更幾人及侍從之臣凡歷數年因何功效致官至此則弊可知也三曰官少員多臣不知天下建官之數但覺員數多爾先朝樞密龍圖等學士

奏議卷之三十二　二十三

及待制侍從之官蓋僅有焉今多者至十數而少者五七人三館職名以僥倖恩澤比前增倍又樞密院武臣審官院京朝官三班院使臣流內選人授官之後偹候闕次近者一年而遠者二年此皆入官之路不定員數紛紛冗食可勝道哉四曰無功而賞今大臣兩省以上官南郊及每年聖節各與一子官非時請乞不與數中轉運使提點刑獄等率有郊恩例既以無功迭受恩賞故邊上臣僚小有勞績便加官爵只務姑息蓋勢不得不然自建官以來未有如斯之濫也京朝官三年使臣五年並與磨勘遷官先朝名曰磨勘者蓋考功過今但默默署名無他罪咎或貪墨未敗或都無課最計年取進而至顯官因循之弊乃至於此大可嗟也臣聞易之道窮則變變則通通則久若朝廷立官之弊宜更變之則其道可久矣若夫施設之方陛下儻賜允行臣當條列以聞

肅治家政

臣聞記曰正家而天下定聖人序詩以關雎為三百篇之首在易家人曰婦子嘻嘻失家節也故正家之道貴乎謹嚴以表天下太宗朝陳留尉上書乞減放宮人太宗皇帝宣諭宰臣曰宮中不過三百人皆有職事不可減也臣乞陛下以今日宮闈之數比先朝凡多幾倍況又多取閭巷之人展轉給使遂至數多此微賤之流素習鄙俚之事非能知禮度之節苟不嚴肅治之令其畏憚則易所謂失家節也自古嬪御之多率皆無益而有損陳隋之失唐之中地皆以婦人也臣乞陛下特令揀放疏冗之列任其自安以全天地生生之德庶天下之人知陛下薄於自奉縱有率斂皆緣軍國所須不為無用之費也

大隆本支

奏議卷之三十二　二十四

臣聞三代以前分建親族以為諸侯及天子威令不行諸侯強盛戰攻據奪兼并微弱秦始皇卒乘此勢以取天下懲前之弊能侯置守子弟無尺土之封及一夫大呼破碎潰壞漢興鑒秦之孤分立宗族列裂地廣大卒有七國之變其後用主父偃推恩之策藩國微弱王莽依外戚之權知劉氏力孫遂篡神器曹魏翦弱親戚未幾而亡晉室分兵八王迭相攻奪以亡天下唐興諸王出與民事分領兵柄明皇以臨淄王勤兵入除內難及即位之後反疑骨肉諸王不令出閣恩愛雖厚而實奪其勢安祿山之亂明皇幸蜀諸王被害者甚衆德宗朱泚之亂宗支略盡故有百王子塚以其不可勝數也文宗嘗欲分遣宗室補除郡吏向外婚嫁終以不斷事不果行及昭宗時韓建苞藏禍心先奏諸王不合典兵請歸十六宅及與劉季述同謀數兵圍十一王至石堤谷無問長幼盡殺之寒全忠宴九王於九曲池殺而

埋之於是唐之苗裔盡矣而社稷隨之臣詳觀前古區處乖宜乃令至親不相保養可為傷嘆臣請論之三代分封五等相承地小力薄雖強弱相并而周之年祚延及八百秦不與子弟分封及其亂也無以繫天下之心纔傳三世遂致移祀漢七國之亂由裂地過大晉八王之亂由領兵太盛其亡也皆以宗族微弱唐室之制尤為失策幽閉宗族聚為一處百夫環之刎首受戮豈不痛哉使文宗之計果行選擇賢才列補外郡當其亂時縱不能作勤王之師亦足以自為安全之計豈肯父子兄弟盡為魚肉乎況大盜之興始王室有維城盤石之固豈敢輕視而竊取哉伏惟陛下鑒前古成敗擇而行之

好問益廣

臣聞人主聰明莫不欲周於天下然有蔽於近者蓋詢訪之弗廣耳竊聞民間之言以謂西北二邊事宜奏至左右近臣當對覆之時多小其事以為不足懼其說則曰不欲陛下盡知慮貽主憂其實不欲陛下盡知則焦勞益深咎責愈切當有成效故持小其事以寬其責也臣輒陳人君之聰明而興壅蔽而亡者願陛下省擇鑒戒焉唐太宗著司門式云其有無門籍人有急奏皆令監門司與仗家引奏我太祖手詔百僚許令轉對陳論得失故當時號為英主而聲名垂於不朽皆廣聽而興也秦二世山東有反者而使者輒曰群盜不足憂二世悅之常居宮中與趙高決事群臣罕得進見及沛公兵數十萬至而二世乃驚秦之亡無救矣陳後主用沈客卿掌機密隋軍至境上丞抑而不言孔範亦言無渡江理但奏妓縱酒不輟隋軍下陳得其境上密啓猶有未開封者是二主豈欲自取危亡哉然託任非人而蔽蒙至此蓋聽之不廣而亡也伏惟陛下監前代之興亡究當今之事實或邊上大事未時盡聞則民間細碎利害何由上達伏惟陛

下視朝之暇許百僚轉對或召侍從之臣周詳辨論則古今成敗善姓究隱要邊之策富國之術不日悉陳於前矣

去邪勿遲

臣竊見陛下頻降詔書戒敕朋黨然未聞陛下決然區別而去之臣聞君子以道相濟忠進其類古人謂禹稷皋陶轉相汲引不為比周至於小人以利相合欺蒙險詖殘害忠良以危邦家故人主惡而去之也去之之術在辨邪正二端耳唐李德裕對武宗曰正人呼邪人固為邪矣邪人呼正人亦為邪矣何以辨之譬諸草木為松柏孤生枝幹直上此正人也藤蘿之性必須依倚乃能自存此邪人也其論甚明而人主難辨者不察小人結附之因也臣竊謂結附之因蓋人主不自選任群臣其進用之速者皆緣薦引未考功察實權之所歸小人所聚一士獲進衆人趨之互相譽稱成黨與人主雖惡之已

堅牢而難動矣。臣請陛下思之，凡今左右近臣，出聖慮自擢用者幾人。且擇兩府大臣，必於兩府兩制之官，陛下豈不思其何所因緣而至於此。苟不出於聖慮，則其微賤時已有結附之志。及其近貴，安能自去朋黨。唐文宗謂河北盜賊去之至易，而此朋黨去之至難。臣竊不取。夫貴為天子，而專生殺之柄，而以去朋黨為至難乎。唐祚之衰矣。夫去邪用正則安，用邪去正則殆。邪正參用則危。伏願陛下明辨邪正之端。正則用之勿疑，邪則去之勿遲。苟以邪正參用而治天下者，譬猶耕石田而待稔也。

利急思困 內缺字係原本

臣聞為天下者，斂天下之財，非以自奉，將以致天下之安也。故財有常入，亦有常出。不堪其力，雖輸而不怨。上無所私，雖用而不困。當其無事之時　　雖有兵戎水旱之患，無名之徵不有焉。我太

祖當五代弊病之餘，攻戰未已，外多兵食，猶且思蓄羨餘以贖中國男女沒虜者以歸。雖　　而仁民之洽著，民胥觀我太宗一統方內　　之賦。於是天下之民賴焉。有司嘗毀數素幣帛，太宗屬以成段。命灘滌合作諸軍旗旛數千種，蓋我祖宗雖歷艱難，周悉民人之苦，故尺帛斗粟不虛費也。陛下繼統垂二十年，適者邊陲無患，用度差廣，民言籍籍，皆謂祖宗積聚之餘多入幸臣之家。及西寇干紀，隨急配斂，天下騷然。一隅之動，其勞且爾，況有大於此乎。三司莞天下之利，而使副判官纔至又遷，簿書首尾尚未能通曉，所言目前細碎誅剝之事，以自塞責，鮮肯為久計而興大利。臣竊見唐陸贄論德宗違章之由，其略曰：常賦不足，即命促限，又使別配，設莞庫之科，行貸商之法，閱私牧取馬，責將家出兵，主第千，僦感輸屋稅，稗販夫婦，車箕緡錢。一旦盜興，用以藉口。臣竊思兵興以來，贊所陳之事，稍稍施行矣。今戎兵益衆，供饋益多，後日誅求，勢必愈甚。時不幸有旱澇之災，百姓貧困，柰何救之。古者大盜之興，皆緣饑旱不足，因民之怨，求國之隙，以為亂。米泚入長安，令曰：吾不稅汝間架矣。皆取利太深而招怨亂也。近者陛下專敕近臣節減浮費，人人莫不歡悅。臣願陛下鑒祖宗儉約之德，懲既往虛費之失，持今日節減之制。不為左右干請而移之宮中，非時賜與，非今日之制者，一切不行。念生民之勞，戒誅剝之令，則天下幸甚幸甚。

兵連廣危

臣竊以國家自北戎繼好以來，天弛武備，號曰禁軍者，日享厚給，驕蹇難用。前日魏府之兵是也。曰廂軍者，例充給役，刀矛戟矢，略未知名。自西羌悖戾，征戎屢興，再戰再衂，覆軍殺將，其故何哉。臣謂廢將乖宜，練軍不實，官名不正之所致也。廢將乖宜者，其弊有二。一曰將

權不專。借如諸路帥臣，悉委都統之權，朝廷每有宣命，令與鈐轄都監、巡檢、從長商量，或有便宜，主帥發謀，則人人各出意見，議論不一。退則交相笑病，以此為謀，安能決勝。此皆將權不專之患也。二曰將官不久。臣竊見陝西永興鄜延環慶涇原，被邊之郡，主帥更易不常。一歲之間換三五人者，為上者不久處，不肯奮然專行法令，居其下者，皆知莫能久為我帥，不肯稟畏，故上下之情不通，而誅賞之法不行。此將官不久之患也。練軍不實者，養無用之兵，致難供饋。今邊郡禦戍之兵，非人人可戰，朝夕逐急招募，据名抽點，務為多數。邊臣但苦兵寡，不計強懦，至則收之，以是廢之冗食者，不可勝數也。唐方鎮之兵，不出征討，出征討，則以本道租賦自贍，故選練至精，可戰則食，食則無不可戰之人也。我太祖、太宗朝，四方未一，用李漢超、何繼筠洽滄北備匈奴，用郭進守邢州，以扞河東，於是下蜀，取交廣。當時

西北則守，東南則攻。用兵之處，比今倍多。其時所領未廣，租賦未豐。其饋兵軍常足也。今天下一統，兵戍止於西北二隅，而賦税百事十倍於當時，而常若兵少，及饋運之不繼，何也。蓋當時用兵之處雖多，而所用之兵養薄而藝精。藝精則用不必多，養薄則易於供饋。今之兵卒多求上軍，投者即收之，不暇惜費。今之一卒，可贍昔之三人。又藝能不精，愈多愈敗。此所以兵多而難贍。臣故曰養無用之卒也。三曰官名不正。借如諸路帥臣，其官以都部署、安撫、經略、招討為名。是委以都統之權。其將佐曰副都部署、鈐轄、都監、監押等，均以賓禮見主帥。至於分管兵馬，自為部分，非如軍職節級相轄，唯主帥則都管之。蓋以都監之名，本是監軍。自餘殿直、諸司使副，皆是内庭之官。若令軍禮見主帥，則於禮不安；若令不相統帥，又不可成軍。臣故謂官名不正也。為今之策，臣請改正官名，每路立成一軍，如都監之類，盡

改軍職（如遊奕、排陣之名也），節級相轄，一以軍法從事。如違犯，並依階級條貫施行。官名既正，則將權可專。將權可專，則練軍必實。練軍必實，則所用之兵必寡。所用之兵必寡，則易於供饋。以守則固，以戰則勝。或朝廷疑其成軍之後，其力難制，則事平之日，分散其權可也。于今之計，非成軍則無有成功，其勢不得不然。西寇干紀，已歷四年，未即誅剪。今不早圖改變，設使幽薊少警，將何以待之乎。臣故曰兵連禍危者以此。

法令必信

臣聞管子曰：國之重器，莫重於令。令重則君尊，君尊則國安。故虧令、益令、留令、非令，四者皆死無赦。是知令之不便，不可遽行；令之既便，不可遽更。人君持此柄以運天下者也。今朝廷每下詔令，尋即變更。士民相語，期以非久。州縣之吏，不敢遵行。臣請以一事質之：自西兵已來，陝西科民為兵，京東、京西百姓驚擾，至於斷指、黥目以期苟免。其時詔書布喻，安慰京東、京西之民，示不復點為鄉兵。今又籍之矣。又陝西、河北初點為鄉兵，詔書諭以防守城池，未復黥墨。今又黥手黥面矣。此皆朝廷發大號令告于四方，丁寧切至，乃首尾相戾如此，使民何所取信哉。又如樞密張觀、邊臣趙振等數人，皆以單事不罰，責降曾未踰年，加恩牽復。始者無過，則不應譴責；若其有過，不應寬假。為令若此，欲百官畏服，萬民信順，難矣。願陛下少紓聖慮，思其紛紛更變之端。前令之是，則後令之非；後令之是，則前令之非。察其是非，謹於出令，則朝廷尊而天下安矣。唐文宗曰：為政之道，自古所難。宰臣李石曰：朝廷法令必信，則不難矣。則知古之君臣，皆以法令為重。非臣徒為空論耳。幸陛下留意焉。

恩賞無私

臣聞天之道不私於物。其所以生而所以殺者，萬物無從而歸其所宰。故天之道至大矣。聖人法天，以至公令天下。功則賞，過則罰，無私焉，萬民服矣。朝廷於賞罰之柄，有無功而賞者，有過而失罰者。臣於前篇論之詳矣。然罰不行，而賞太過。此乃立法之弊，非陛下之私也。臣所謂私者，竊聞頃年有敕旨傳宣內降。今又行之。大凡恩賞固當出於陛下之所決，若罷之，則是人主都無威權，盡出臣下。此則不可也。然今之內降，或緣婦謁內戚，宮中回依，僥倖苟求恩寵，非陛下擢用英豪，旌錄功績。故每有內降恩澤，人或疑之。執政之臣，又不能堅持正論，以輔盛德，徒欲阿順主意，不謂於陛下無益也。古者求旱不時，人君親於南郊，以六事自責，曰：婦謁盛歟，苞苴行歟。故婦謁之盛，苞苴之行，古之深戒。今僥倖內降者，苟非親戚，必因貨賂，然後乃請。若陛下從而行之，是示天下以私也。唐中宗朝宮掖不肅，嬪嬙左右

出入無節。遂至廣納貨賂。別降墨勅斜封授官。贓獲屠販之類。累居榮秩。卒為禍亂。此前世之鑒。伏惟陛下總覽威權。抑去私請。苟用一賢人。出陛下之意。雖曰有內降。百官萬民相與稱道之不暇。孰敢非議也。

威福是守

臣聞老聃曰。魚不可脫於淵。國之利器。不可以示人。為人君者深知此務。則威福之柄。臣下不可得而竊之也。威者兵刑。而福者恩賞之謂。是二者有一失而得於下者。其國必危。有公然而假於下者。國必亡。三代之末。齊假於田常。晉假於六卿。以取其國。秦假於趙高而天下潰。漢假於外戚而王莽作。東京假於強臣而曹丕立。魏假於司馬而移祀。晉假八王而兵亂。宋齊梁皆假於大臣而相繼攘奪。唐之中世。假於宦官而宮闈禍起。此皆人主不自總攬威福而假於下。卒至

危亡。故兵刑官賞之柄。雖大臣外戚宗族宦官。皆不可假。假之則人主失其操持。而自取危殆也。臣竊見數年以來。兩府兩省之官。遷轉甚速。雖曰循例。不限年數。趨利之輩日遊權勢。獲進者自為私恩。而罷者歸怨於上。臣恐恩賞之柄。暗行於下也。臣請以一事言之。今陛下少有差失之舉。則群臣莫不交口議論。期於諫止。而大臣權貴之過。少有肯言者。何哉。陛下天慈仁恕。每有言事者。雖上論聖德。然未嘗怒之。或論及權臣。苟不顯行譴謫。則亦陰被退抑。而嚮之者皆與進用。臣恐大臣權貴之過。陛下罕見而知也。以此觀之。臣下之威。過於主上。主上之恩。行於臣下。其勢顛倒。未為得也。伏惟陛下躬持兵刑官賞之柄。以治天下。則百官歸附。而恩信行矣。

聽斷不疑

臣聞聽與斷二者。相資而終始之者也。聽者取於眾。言者所見不同。或懷私背公。或阿順主意。故是非紛糾。所以人主但務博采兼容。而要之斷也。斷之為義。時有緩速。而理有得失。違於理而失於時。無術之甚也。有中於理而失於時。或適於時而違於理。其為患也亦均矣。唯適於時而中於理。乃曰善斷。故聽之道務廣。不廣則壅。斷之道務審。不審則移。唯天心仁恕者善聽。唯剛果明辨者善斷。故曰聽與斷相資而終始者也。伏惟陛下天仁洪覆。包容萬類。每日臣僚論事。陛下未嘗不欣納。假以溫言。使之得盡其說。可謂善聽矣。然採於眾言。時有更易。不決然主於斷也。臣愚上度天心。非不務斷。所以未至於斷者。蓋慮或有所未審。故優游不盡斷之之道。臣竊謂欲斷之審。莫若頻延近侍講議。禮要廣接群臣。詢訪時事。聰明益參。處置自精。何患斷之不審也。易曰。天行健。君子自強不息。聖人法天。以剛健決物。伏惟陛下法乾剛之道。專決斷之明。臨事不疑。大隆治道。蠢爾小丞

復何患乎。在陛下力行而已。

太平可致決所施為

臣聞易曰。危者安其位也。蓋安危之理。無有定分。在人君之所為。國危而為安者。自古多矣。朝廷自用兵以來。屢下詔書。詢訪材謀魁傑之士。或令近侍各舉所知。收用雖多。未聞功績灼然者。蓋任之不盡其材歟。抑天下無可任者歟。謂無賢材。則厚誣於世矣。漢之興。驅馭英雄以成大業。皆秦之遺士也。唐之興。取隋之棄人以安天下。故賢者無世無之。顧取之用之之道如何爾。陛下當三聖之統。紹祖宗之業。宇內之廣。生民之眾。莫不傾心以期太平。願陛下勞於求賢而佚於任使。脩明紀綱。興行禮教。則太平之治。其猶指諸掌乎。右臣謹具如前。臣恭詔旨。許令言朝廷大事。邊防機宜。臣所以竭思畢慮。論當今之要務。伏惟陛下寬恕狂愚。特貸誅夷之罪。或賜施行。又慮臣文

字昧暗事理未明臣上殿之時乞賜清問庶盡臣懇懇之至干冒天慈臣無任戰懼之至

歷代名臣奏議卷之三十二

歷代名臣奏議卷之三十三

治道

宋仁宗時度支判官王安石上疏曰臣愚不肖蒙恩備使一路今又蒙恩召還闕廷有所任屬而當以使事歸報陛下不自知其無以稱職而敢緣使事之所及冒言天下之事伏惟陛下詳思而擇其中幸甚臣切觀陛下有恭儉之德有聰明睿智之才夙興夜寐無一日之懈聲色狗馬觀游玩好之事無纖介之蔽而仁民愛物之意孚於天下而又公選天下之所願以為輔相者屬之以事而不貳於讒邪傾巧之臣此雖二帝三王之用心不過如此而已宜其家給人足天下大治而效不至於此顧內則不能無以社稷為憂外則不能無懼於夷狄天下之財力日以困窮而風俗日以衰壞四方有志之士諰諰然常恐天下之久不安此其故何也患在不知法度故也今朝廷法嚴令具無所不有而臣以謂無法度者何哉方今之法度多不合乎先王之政故也孟子曰有仁心仁聞而澤不加於百姓者為政不法於先王之道故也以孟子之說觀方今之失正在於此而已夫以今之世去先王之世遠所遭之變所遇之勢不一而欲一二脩先王之政雖甚愚者猶知其難也然臣以謂今之失患在不法先王之政者以謂當法其意而已夫二帝三王相去蓋千有餘載一治一亂其盛衰之時具矣其所遭之變所遇之勢亦各不同其施設之方亦皆殊而其為天下國家之意本末先後未嘗不同也臣故曰當法其意而已法其意則吾所改易更革不至乎傾駭天下之耳目囂天下之口而固已合乎先王之政矣雖然以方今之勢揆之陛下雖欲改易更革天下之事合於先王之意其勢必不能也陛下有恭儉之德有聰明睿知之才有仁民愛物之意誠加之意則何為而不成何欲而不得然而

臣顧以謂陛下雖欲改易更革天下之事合於先王之意其勢必不能者何也以方今天下之才不足故也臣嘗試竊觀天下在位之人未有乏於此時者也夫人才乏於上則有沉廢伏匿在下而不爲當時所知者矣臣又求之於閭巷草野之間而亦未見其多焉豈非陶冶而成之者非其道而然乎臣以謂方今在位之人才不足者以臣使事之所及則可知矣今以一路數千里之間能推行朝廷之法令知其所緩急而一切能使民以脩其職事者甚少而不才苟簡貪鄙之人至不可勝數其能講先王之意以合當時之變者蓋闔郡之間往往而絕也朝廷每一令下其意雖善在位者猶不能推行使膏澤加於民而吏輒緣之爲姦以擾百姓臣故曰在位之人才不足而草野閭巷之間亦未見其多也夫人才不足則陛下雖欲改易更革天下之事以合先王之意大臣雖有能當陛下之意而欲領此者九州之大

四海之遠孰能稱陛下之指以一二推行此而人人蒙其施者乎臣故曰其勢必未能也孟子曰徒法不能以自行非此之謂乎然則方今之急在於人才而已誠能使天下人才衆多然後在位之才可以擇其人而取足焉在位者得其才矣然後稍視時勢之可否而因人情之患苦變更天下之弊法以趨先王之意甚易也今之天下亦先王之天下先王之時人才嘗衆矣何至於今而獨不足乎故曰陶冶而成之者非其道故也商之時天下嘗大亂矣在位貪毒禍敗皆非其人及文王之起而天下之才嘗少矣當是時文王能陶冶天下之士而使之皆有士君子之才然後隨其才之所有而官使之詩曰豈弟君子遐不作人此之謂也及其成也微賤兔罝之人猶莫不好德兔罝之詩是也又況於在位之人乎夫文王惟能如此故以征則服以守則治詩曰奉璋峨峨髦士攸宜又曰周王于邁六師及之言文

王所用文武各得其才而無廢事也及至夷厲之亂天下之才又嘗少矣至宣王之起所與圖天下之事者仲山甫而已故詩人嘆之曰德輶如毛維仲山甫舉之愛莫助之蓋閔人才之少而山甫之無助也宣王能用仲山甫推其類以新美天下之士而後人才復衆於是內脩政事外討不庭而復有文武之境土故詩人美之曰薄言采芑于彼新田于此菑畝言宣王能新美天下之士使之有可用之才如農夫新美其田而使之有可采之芑也由此觀之人之才未嘗不自人主陶冶而成之者也所謂陶冶而成之者何也亦教之養之取之任之有其道而已所謂教之之道何也古者天子諸侯自國至于鄉黨皆有學博置教道之官而嚴其選朝廷禮樂刑政之事皆在於學學士所觀而習者皆先王之法言德行治天下之意其材亦可以爲天下國家之用苟不可以爲天下國家之用則不教也苟可以爲天下國

家之用者則無不在於學此教之之道也所謂養之之道何也饒之以財約之以禮裁之以法也何謂饒之以財人之情不足於財則貪鄙苟得無所不至先王知其如此故其制祿自庶人之在官者其祿已足以代其耕矣由此等而上之每有加焉使其足以養廉恥而離於貪鄙之行猶以爲未也又推其祿以及其子孫謂之世祿使其生也既於父子兄弟妻子之養婚姻朋友之接皆無憾矣其死也又於子孫無不足之憂焉何謂約之以禮人情足於財而無禮以節之則又放僻邪侈無所不至先王知其如此故爲之制度婚喪祭養燕享之事服食器用之物皆以命數爲之節而齊之以律度量衡之法其命可以爲之而財不足以具則弗具也其財可以具而命不得爲之者不使有銖兩分寸之加焉何謂裁之以法先王於天下之士教之以道藝矣不帥教而待之以屏棄遠方終身不齒之法約之以禮也

不循禮。則待之以流殺之法。王制曰。變衣服者其君流。酒誥曰。厥或誥曰群飲。汝勿佚。盡執拘以歸于周。予其殺。夫群飲變衣服。小罪也。流殺大刑也。加小罪以大刑。先王所以忍而不疑者。以爲不如是不足以一天下之俗而成吾治。夫約之以禮。裁之以法。天下所以服從無抵冒者。又非獨其禁嚴而治察之所能致也。蓋亦以吾至誠懇惻之心。力行而爲之倡。凡在左右通貴之人。皆順上之欲而服行之。有一不帥者。法之加必自此始。夫上以至誠行之。而貴者知避上之所惡矣。則天下之不罰而止者衆矣。故曰此養之之道也。所謂取之之道者何也。先王之取人也。必於鄉黨。必於庠序。使衆人推其所謂賢能。書之以告於上。而察之。誠賢能也。然後隨其德之大小。才之高下而官使之。所謂察之者。非專用耳目之聰明。而私聽於一人之口也。欲審知其德。問以行。欲審知其才。問以言。得其言行。則試之以事。所謂

察之者。試之以事是也。雖堯之用舜。亦不過如此而已。況其下乎。若夫九州之大。四海之遠。百億醜之賤。所須士大夫之才則衆矣。有天下者又不可以一二自察之也。又不可偏屬於一人。而使之於一日二日之間。考試其行能而進退之也。蓋吾已能察其才行之大者。以爲大官矣。因使之取其類以持久試之。而考其能者以告於上。而後以爵命祿秩予之而已。此取之之道也。所謂任之之道者何也。人之才德高下厚薄不同。其所任有宜有不宜。先王知其如此。故知農者以爲后稷。知工者以爲共工。其德厚而才高者以爲之長。德薄而才下者以爲之佐屬。又以久於其職。則上狃習而知其事。下服馴而安其教。賢者則其功可以至於成。不肖者則其罪可以至於著。故久其任而待之以考績之法。夫如此。故智能才力之士。則得盡其智以赴功。而不患其事之不終。其功之不就也。偷惰苟且之人。雖欲取容於一

時。而顧僇辱在其後。安敢不勉乎。若夫無能之人。固知辭避而去矣。居職任事之日久。不勝任之罪。不可以幸而免故也。彼且不敢冒而知辭避矣。尚何有比周讒諂爭進之人乎。取之既已詳。使之既已當。處之既已久。至其任之也又專焉。而不一二以法束縛之。而使之得行其意。堯舜之所以理百官而熙衆工者。以此而已。書曰。三載考績。三考黜陟幽明。此之謂也。然堯舜之時。其所黜者則聞之矣。蓋四凶是也。其所陟者則皋陶稷契。皆終身一官而不徙。蓋其所謂陟者。特加之爵命祿賜而已耳。此任之之道也。夫教之養之取之任之之道如此。而當時人君又能與其大臣悉其耳目心力。至誠惻怛。思念而行之。此其人臣之所以無疑。而於天下國家之事無所欲爲而不得也。方今州縣雖有學。取牆壁具而已。非有教導之官長育人才之事也。唯太學有教導之官。而亦未嘗嚴其選。朝廷禮樂刑政之事未嘗

在於學。學者亦漠然自以禮樂刑政爲有司之事。而非已所當知也。學者之所教。講說章句而已。講說章句固在古者教人之道也。而近歲乃始教之以課試之文章。夫課試之文章。非博誦強學窮日之力則不能。及其能工也。大則不足以用天下國家。小則不足以爲天下國家之用。故雖白首於庠序。窮日之力以師上之教。及使之從政。則茫然不知其方者。皆是也。蓋今之教者。非特不能成人之材而已。又從而困苦毀壞之。使不得成才者何也。夫人之才。成於專而毀於雜。故先王之處民才。處工於官府。處農於畎畝。處商賈於肆。而處士於庠序。使各專其業而不見異物。懼異物之足以害其業也。所謂士者。又非特使之不得見異物而已。一示之以先王之道。而百家諸子之異說。皆屏之而莫敢習者焉。今士之所宜學者。天下國家之用也。今悉使置之不教。而教之以課試之文章。使其耗精疲神。窮日之力以

從事於此及其任之以官也則又悉使置之而責之以天下國家之事夫古之人以朝夕專其業於天下國家之事而猶才有能有不能今乃移其精神奪其日力以朝夕從事於無補之學及其任之以事然後卒然責之以為天下國家之用宜其才之足以有為者少矣臣故曰非特不能成人之才又從而困苦毀壞之使不得成材也又有甚害者先王之時士之所學者文武之道也士之才有可以為公卿大夫有可以為士其才之大小宜不宜則有矣至於武事則隨其才之大小未有不學者也故其大者居則為六官之卿出則為六軍之將也其次則比閭鄉黨之師亦皆卒兩師旅之帥故邊疆宿衛皆得士大夫為之而小人不得干其任今之學者以為文武異事吾知治文事而已至於邊疆宿衛之任則推而屬之於卒伍往往天下姦悍無賴之人茍其才行足以自託於鄉里者未有肯去親戚而從召募者也邊疆宿衛

此乃天下之重任而人主之所當慎重者也故古教士以射御為急其他技能則視其人才之所宜而後教之其才之所不能則不彊也至於射則男子之事人之生有疾則已茍無疾未有去射而不學者也在庠序之間固當從事於射也有賓客之事則以射有祭祀之事則以射別士之行能偶則以射於禮樂之事未嘗不寓以射而射亦未嘗不在於禮樂祭祀之間也易曰弧矢之利以威天下先王豈以射為可以習揖讓之儀而已乎固以為射者武事之尤大而威天下守國家之具也居則以是習禮樂出則以是從戰伐士既朝夕從事於此而能者衆則邊疆宿衛之任皆可以擇而取也夫士嘗學先王之道其行義嘗見推於鄉黨矣然後因其才而託之以邊疆宿衛之任此古之人君所以推干戈以屬之人而無內外之虞也今乃以夫天下之重任人主所當至慎之選推而屬之姦悍無賴才行不足自託於鄉里之人此方

今所以愢愢然常抱邊疆之憂而虞宿衛之不足恃以為安也今孰不知邊疆宿衛之士不足恃以為安哉顧以為天下學士以執兵為恥而亦未有能騎射行陣之事者則非召募之卒伍孰能任其事者乎夫不嚴其教高其選則士之以執兵為恥而未嘗有能騎射行陣之事固其理也凡此皆教之非其道也方今制祿大抵皆薄自非朝廷侍從之列食口稍衆未有不兼農商之利而能充其養者也其下州縣之吏一月所得多者錢八九千少者四五千以守選待除守闕通之蓋六七年而後得三年之祿計一月所得乃實不能四五千少者乃實不能及三四千而已雖廝養之給不窘於此矣而其養生喪死昏姻葬送之事皆當出於此夫出中人之上者雖窮而不失為君子出中人之下者雖泰而不失為小人唯中人不然窮則為小人泰則為君子計天下之士出中人之上下者千百而無十一窮而為小人

泰而為君子者則天下皆是也先王以為衆不可以力勝也故制行不以己而以中人為制所以因其欲而利道之以為中人之所能守則其志可以行乎天下而推之後世以今之制祿而欲士之無毀廉恥蓋中人所不能也故今官大者往往交賂遺營貲產以負貪汙之毀官小者販鬻乞丐無所不為夫士已嘗毀廉恥以負累於世矣則其偷惰取容之意起而矜奮自強之心息則職業安得而不弛治道何從而興乎又況委法受賂侵牟百姓者往往而是也此所謂不能饒之以財也昏喪奉養服食器用之物皆無制度以為之節而天下以奢為榮以儉為恥茍其財之可以具則無所為而不得有司既不禁而人又以此為榮茍其財不足而不能自稱於流俗則其昏喪之際往往得罪於族人昏姻而人以為恥矣故富者貪而不知止貧者則強勉其不足以追之此士之所以重困而廉恥之心毀也凡此所

謂不能約之以禮也。方今陛下躬行儉約以率天下。此左右通貴之臣所親見。然而其閨門之內。奢靡無節。犯上之所惡。以傷天下之教者有已甚者矣。未聞朝廷有所放絀以示天下。昔周之人。拘群飲而被之以殺刑者。以為酒之末流生害有至於死者衆矣。故重禁其禍之所自生。重禁禍之所自生。故其施刑極省。而人之抵於禍敗者少矣。今朝廷之法所尤重者獨貪吏耳。重禁貪吏而輕奢靡之法。此所謂禁其末而弛其本。然而世之識者。以為方今官冗。而縣官財用已不足以供之。其亦蔽於理矣。今之入官誠冗矣。然而前世置員蓋甚少。而賦祿又如此之薄。則財用之所不足蓋亦有說矣。吏祿豈足計哉。臣於財利固未嘗學。然切觀前世治財之大略矣。蓋因天下之力以生天下之財。取天下之財以供天下之費。自古治世未嘗以不足為天下之公患也。患在治財無其道耳。今天下不見兵革之具。而元元安土樂業。人致其力以生天下之財。然而公私常以困窮為患者。殆亦理財未得其道。而有司不能度世之宜而通其變耳。誠能理財以其道。而通其變。臣雖愚。固知增吏祿不足以傷經費也。方今法嚴令具。所以羅天下之士可謂密矣。然而亦嘗教之以道藝。而有不帥教之刑以待之乎。亦嘗約之以制度。而有不循理之刑以待之乎。亦嘗任之以職事。而有不任事之刑以待之乎。夫不先教之以道藝。誠不可以誅其不帥教。不先約之以制度。誠不可以誅其不循理。不先任之以職事。誠不可以誅其不任事。此三者先王之法所先急也。今皆不可得誅。而薄物細故非害治之急者為之法禁。月異而歲不同。為吏者至於不可勝記。又況能一二避之而無犯者乎。此法令所以滋而不行。小人有幸而免者。君子有不幸而及者焉。此所謂不能裁之以刑也。凡此皆治之非其道也。方今取士強記博誦而略通於文

辭謂之茂才異等賢良方正。茂才異等賢良方正者。公卿之選也。記不必強。誦不必博。略通於文辭。而又嘗學詩賦。則謂之進士。進士之高者。亦公卿之選也。夫此二科所得之技能。不足以為公卿。不待論而後可知。而世之議者。乃以為吾嘗以此取天下之士。而才之可以為公卿者常出於此。不必法古之取人然後得士也。其亦蔽於理矣。先王之時盡所以取人之道。猶懼賢者之難進。而不肖者之雜於其間也。今悉廢先王所以取士之道。而毆天下之才士。悉使為賢良進士。則士之才可以為公卿者固宜為賢良進士。而賢良進士亦固宜有時而得才之可以為公卿者也。然而不肖者苟能雕蟲篆刻之學。以此進至乎公卿。才之可以為公卿者。困於無補之學。而以此絀死於巖野。蓋十八九矣。夫古之人有天下者。其所慎擇者公卿而已。公卿既得其人。因使推其類以聚於朝廷。則百司庶府無不得其人也。今使不肖之人幸而至乎公卿。因得推其類聚之朝廷。此朝廷所以多不肖之人。而雖有賢智。往往困於無助。不得行其意也。且公卿之不肖。既推其類以聚於朝廷。朝廷之不肖。又推其類以備四方之任。使四方之任使者。又各推其不肖以布於州郡。則雖有同罪舉官之科。豈足恃哉。適足以為不肖者之資而已。其次九經。五經。學究。明法之科。朝廷固已嘗患其無用於世。而稍責之以大義矣。然大義之所得。未有以賢於故也。今朝廷又開明經之選。以進經術之士。然明經之所取。亦記誦而略通於文辭者。則得之矣。彼通先王之意而可以施天下國家之用者。顧未必得與於此選也。其次則恩澤子弟。庠序不教之以道藝。官司不考問其才能。父兄不保任其行義。而朝廷輒以官予之。而任之以事。武王數紂之罪。則曰官人以世。夫官人以世而不計其才行。此乃紂之所以亂亡之道。而治古之所無也。又其次曰。

流外朝廷固已擯之於廉恥之外而限其進取路矣顧屬之以州縣之事使之臨士民之上豈所謂以賢治不肖者乎以臣使事之所及一路數千里之間州縣之吏出於流外者往往而有可屬任以事者殆無二三而當防閑其奸者皆是也蓋古者有賢不肖之分而無流品之别故孔子之聖而嘗為季氏吏蓋雖為吏而亦不害其為公卿及後世有流品之别則凡在流外者其所成立固嘗自置於廉恥之外而無高人之意矣夫以近世風俗之流靡雖自士大夫之才勢足以進取而朝廷嘗獎之以禮義者晚節末路往往怵而為奸況又其素所成立無高人之意而朝廷固已擯之於廉恥之外限其進取者乎其臨人親職放僻邪侈固其理也至於邊鄙宿衛之選則臣固已言其失矣凡此皆取之非其道也方今取之既不以其道至於任人又不問其德之所宜而問其出身之後先不論其才之稱否而論其

歷任之多少以文學進者且使之治財已使之治財矣又轉而使之典獄已使之典獄矣又轉而使之治禮是則一人之身而責之以百官之所能備宜其人才之難為也夫責人以其所難為則人之能為者少矣人之能為者少則相率而不為故使之典禮未嘗以不知禮為憂以今之典禮皆未嘗學禮故也使之典獄未嘗以不知獄為恥以今典獄者未嘗學獄故也天下之人亦已漸漬於失教被服於成俗見朝廷有所任使非其資序則相議而訕之至於任使之不當其才未嘗有非之者也且在位者數徙則不得久於其官故上不能狃習而知其事下不肯服馴而安其教賢者則其功不可以及於成不肖者則其罪不可以至於著若夫迎新將故之勞緣絕簿書之弊固其害之小者不足悉數也設官大抵皆當久於其任而至於所部者遠所任者重則尤宜久於其官而后可以責其有為而方今尤不得

久於其官往往數日輒遷之矣取之既已不詳使之既已不當處之既已不久至於任之則又不專而又一二以法約束之使不得行其意臣固知當今在位多非其人稍假借之權而不一二以法束縛之則放恣而無不為雖然在位非其人而恃法以為治自古及今未有能治者也即使在位皆得其人矣而一二以法束縛之不使之得行其意亦自古及今未有能治者也夫取之既已不詳使之既已不當處之既已不久任之又不專而一二以法束縛之故雖賢者在位能者在職與不肖而無能者殆無以異夫如此故朝廷明知其賢能足以任事苟非其資序則不以任事而輒進之雖進之士猶不服也明知其無能而不肖苟非有罪為在上者所劾不敢以其不勝任而輒退之雖退之士猶不服也彼誠不肖而無能然而士不服者何也以所謂賢能者任其事與不肖而無能者亦無以異故也臣前以謂不

能任人以職事而無不任事之刑以待之者蓋謂此也夫教之養之取之任之有一非其道則足以敗亂天下之人才又況兼此四者而有之則在位不才苟簡貪鄙之人至於不可勝數而草野閭巷之間亦少可任之才固不足怪詩曰國雖靡止或聖或否民雖靡膴或哲或謀或肅或艾如彼泉流無淪胥以敗此之謂也夫在位之人才不足矣而閭巷草野之間亦少可用之才則豈特行先王之政而不得也社稷之託封疆之守陛下其能久以天幸為常而無一旦之憂乎蓋漢之張角三十六萬同日而起而所在郡國莫能發其謀唐之黃巢橫行天下而所至將吏無敢興之抗者漢唐之所以亡禍自此始唐既亡矣陵夷以至五代而武夫用事賢者伏匿消沮而不見在位無復有知君臣之義上下之禮者也當是之時變置社稷蓋甚於弈棊之易而元元肝腦塗地幸而不轉死於溝壑者無幾耳夫人才不

足患蓋如此而方今公卿大夫莫肯爲陛下長慮後顧爲宗廟萬世計臣切惑之昔晉武帝趣過目前而不爲子孫長遠之謀當時在位亦皆偷合苟容而風俗蕩然弃禮義捐法制上下同失莫以爲非有識固知其將必亂矣而其後果至於海內大擾中國列於夷狄者二百餘年伏惟三廟祖宗神靈所以付屬陛下固將爲萬世血食而大庇元元於無窮也臣願陛下鑒漢唐五代之所以亂亡懲晉武苟且因循之禍明詔大臣思所以陶成天下之才慮之以謀計之以數爲之以漸期爲合於當世之變而無負於先王之意則天下之人才不勝用矣人才不勝用則陛下何求而不得何欲而不成哉夫慮之以謀計之以數爲之以漸則成天下之才甚易也臣始讀孟子見孟子言王政之易行心則以爲誠然及見與慎子論齊魯之地以爲先王之制國大抵不過百里者以爲今有王者起則凡諸侯之地或千里或五伯里皆將損之至於數十百里而後止於是疑孟子雖賢其仁智足以一天下亦安能毋劫之以兵革而使數百千里之強國一旦肯損其地之十八九而比先王之諸侯至其後觀漢武帝用主父偃之策令諸侯王地悉得推恩分其子弟而漢親臨定其號名輒別屬漢於是諸侯王之子弟各有分土而勢強地大者卒以分析弱小然後知慮之以謀計之以數爲之以漸則大者固可使小強者固可使弱而不至乎傾駭變亂敗傷之釁孟子之言不爲過又况今欲改易更革其勢非若孟子所爲之難也臣故曰慮之以謀計之以數爲之以漸則其爲甚易也然先王之爲天下不患人之不爲而患人之不能不患人之不能而患己之不勉何謂不患人之不爲而患人之不能人之情所願得者善行美名尊爵厚利也而先王能操之以臨天下之士天下之士有能遵之以治者則悉以其所願得者以與之士

不能則已矣苟能則孰肯舍其所願得而不自勉以爲才故曰不患人之不爲患人之不能何謂不患人之不能而患己之不勉先王之法所以待人者盡矣自非下愚不可移之才未有不能赴者也然而不謀之以至誠惻怛之心亦未有能力行而應之者故曰不患人之不能而患己之不勉陛下誠有意乎成天下之才則臣願陛下勉之而已臣又觀朝廷異時欲有所施爲變革其始計利害未嘗熟也顧一有流俗僥倖之人不悅而非之則遂止而不敢爲夫法度立則人無獨蒙其幸者故先王之政雖足以利天下而當其承弊壞之後僥倖之時其創法立制未嘗不艱難也以其創法立制而天下僥倖之人亦順悅以趨之無有齟齬則先王之法至今存而不廢矣惟其創法立制之艱難而僥倖之人不肯順悅而趨之故古之人欲有所爲未嘗不先之以征誅而後得其意詩曰是伐是肆是絕是忽四方以無拂此言文王先征誅而後得意於天下也先王欲立法度以變衰壞之俗而成人之才雖有征誅之難猶忍而爲之以爲不若是不可以有爲也及至孔子以匹夫遊諸侯所至則使其君臣捐所習逆所順強所劣憧憧如也卒困於排逐然孔子亦終不爲之變以爲不如是不可以有爲此其所守蓋與文王同意夫在上之聖人莫如文王在下之聖人莫如孔子而欲有所施爲變革則其事蓋如此矣今有天下勢居先王之位創立法制非其征誅之難也雖有僥倖之人不悅而非之固不勝天下順悅之人衆也然而一有流俗僥倖不悅之言則遂止而不敢爲者惑也陛下誠有意乎成天下之才則臣又願斷之而已夫慮之以謀計之以數爲之以漸而又勉之以成斷之以果然而猶不能成天下之才則以臣所聞蓋未有也然臣之所稱流俗之所不講而今之議者以謂迂闊而熟爛者也切觀近世士大夫所

欲悉心力耳目以補助朝廷者有矣彼其意非一切利害則以為當世所不能行士大夫既以此希世而朝廷所取於天下之士亦不過如此至於大倫大法禮義之際先王之所力學而守者蓋不及也一有及此則群聚而笑之以為迂闊今朝廷悉心於一切利害有司法令刀筆之間非一日也然其效可觀矣則夫所謂迂闊而熟爛者惟陛下亦可少留神而察之矣昔唐太宗貞觀之初人人異論如封德彝之徒皆以為非雜用秦漢之政不足以為天下能思先王之事開太宗者魏鄭公一人爾其所設雖未能盡當先王之意抑其大略可謂合矣故能以數年之間而天下幾致刑措中國安寧夷狄順服自三王以來未有盛於此時也唐太宗之初天下之俗猶今之世也魏鄭公之言固當時所謂迂闊而熟爛者也然其效如此賈誼曰今或言德教之不如法令胡不引商周秦漢以觀之然則唐太宗事亦足

以觀矣臣幸以職事歸報陛下不自知其駑下無以稱職而敢及國家之大體者誠以臣蒙陛下任使而當歸報竊謂在位之人才不足而無以稱朝廷任使之意而朝廷所以任使天下之士者或非其理而士不得盡其才此亦臣使事之所及而陛下之所宜先聞者也釋此一言而毛舉利害之一二以汙陛下之聰明而終無補於世則非臣所以事陛下惓惓之義也伏惟陛下詳思而擇其中天下幸甚

時王安石知制誥又上時政疏曰臣竊觀自古人主享國日久無至誠惻怛憂天下之心雖無暴政虐刑加於百姓而天下未嘗不亂自秦已下享國日久有晉之武帝梁之武帝唐之明皇此三帝者皆聰明智略有功之主也享國日久內外無患因循苟且無至誠惻怛憂天下之心趨過目前而不為久遠之計自以禍災可以無及其身往往身遇禍災而悔無所及雖或僅得身免而宗廟固已毀辱而妻子固以困窮天下之民固以膏血塗草野而生者不能自脫於困餓劫束之患矣夫為人子孫使其宗廟毀辱為人父母使其比屋死亡此豈仁孝之主所宜忍者乎然而晉梁唐之三帝以晏然致此者自以為其禍災可以不至於此而自不知忽然已至也蓋夫天下至大器也非大明法度不足以維持非衆建賢才不足以保守苟無至誠惻怛憂天下之心則不能詢考賢才講求法度賢才不用法度不修偷假歲月則幸或可以無他曠日持久則未嘗不終於大亂伏惟皇帝陛下有恭儉之德有聰明睿知之才有仁民愛物之意然享國日久矣此誠當惻怛憂天下而以晉梁唐三帝為戒之時以臣所見方今朝廷之位未可謂能得賢才政事所施未可謂能合法度官亂於上民貧於下風俗日以薄才力日以困窮而陛下高居深拱未嘗有詢考講求之意此臣所以竊為陛下計而不能無慨然者也夫因循苟且

逸豫而無為可以徼倖一時而不可以曠日持久晉梁唐三帝者不知慮此故災稔禍變生於一時則雖欲復詢考講求以自救而已無所及矣以古準今則天下安危治亂尚可以有為有為之時莫急於今日過今日則臣恐亦有無所及之悔矣然則至誠詢考而衆建賢才以至誠講求而大明法度陛下今日其可以不汲汲乎書曰若藥不瞑眩厥疾弗瘳臣願陛下以終身之狼疾為憂而不以一日之瞑眩為苦臣既蒙陛下採擢使備從官朝廷治亂安危臣實預其榮辱此臣所以不敢避進越之罪而忘盡規之義伏惟陛下深思臣言以自警戒則天下幸甚

安石又上奏曰臣等准今月八日中書劄子奉聖旨今後舍人院不得申請除改文字切以為舍人者陛下近臣以典掌誥命為職除改乃其職事所當參審若詞頭所批事情不盡而不得申請則是舍人

不得復行其職事。而事無可否。一聽執政所為。自非執政大臣欲傾側而為私。則立法不當如此。前日具論其故。冀蒙陛下省察。而至今未奉指揮。臣等不知陛下以為是而不改乎。將不必以為是而特以出於執政大臣所建而不改乎。將陛下視臣等所奏未嘗有所可否而執政大臣自持其議而不肯改乎。為是而不改。則臣等考尋載籍以來未有欲治之世。而設法蔽塞近臣議論之端如此者也。不必以為是。而特以出於執政大臣所建而不改。則是陛下不復考問義理之是非。一切苟順執政大臣所為而已也。若陛下視臣等所奏。未嘗有所可否。而執政大臣自持其議而不肯改。則是政已不自人主出。而天下之公議廢矣。此所以臣等惓惓之義不能自已者也。臣等切觀陛下自近歲以來。舉天下之事屬之七八大臣。天下之人。初亦翕然幸其有為能救一切之弊。然而方今大臣之弱者。則不敢為陛下守法以忤諫官御史。而專為持祿保位之謀。大臣之強者。則挾聖旨造法令。恣己所欲。不擇義理之是非。而諫官御史亦不敢忤其意者。陛下方且深拱淵默。兩聽其所為。而無所問。安有朝廷如此。而能曠日持久而無亂者乎。自古亂之所生。不必君臣皆為大惡。但無至誠惻怛求治之心。擇利害不審。辨是非不早。以小失為無傷而不改。以小善為無補而不為。以阿諛順己為悅。而其說用。以諒直逆己為諱。而其言廢。積事之不當。而失人心者衆矣。乃所以為亂也。陛下以臣等所言為是。則宜以至誠惻怛欲治念亂之心。考核大臣改脩政事。誠欲改脩政事。則今月八日旨揮為當先改矣。若以臣等所言為非。則臣等狂瞽不知治體。而誣謗朝廷政事。當明加貶斥。以懲妄言之罪。而剔選才能通達之士以補從官。臣等受陛下之寵祿。典領朝廷職事。不得其守。則義不得不言。而朝廷以為非也。則義不敢辭貶斥。伏乞

詳酌早賜旨揮。

時通判秦州事加直集賢院尹洙上奏曰。漢文帝盛德之主。賈誼論當時事勢。猶云可為慟哭。孝武帝外制四夷。以彊主威。徐樂嚴安尚以陳勝亡秦。六卿篡晉為戒。二帝不以危亂滅亡為諱。故子孫保有天下者十餘世。秦二世時。關東盜起。或以反者聞。二世怒下吏。或曰逐捕今盡。不足憂。乃悅。隋煬帝時。西方兵起。左右近臣皆隱賊數。不以實聞。或言賊多者。輒被詰。二帝以危亂滅亡為諱。故秦隋宗社數年為丘墟。陛下視今日天下之治。孰與漢文。威制四夷。孰與漢武。國家基本仁德。陛下慈孝憂民。誠萬萬於秦隋矣。至於西有不臣之虜。北有彊大之鄰。非特閭巷盜賊之勢也。自西夏叛命四年。邊塞苦數擾。內地疲遠輸。兵久於外。而休息無期。卒有乘弊而起。兵法所謂雖有智者不能善其後。當此之時。陛下宜夙夜憂懼。所以慮事變而塞禍源也。陛下延訪遺事。容納直言。前世人主勤勞寬大。未有能逮過者。然未聞以宗廟為憂。危亡為懼。此賤臣所以感憤鬱悒而不已也。何者。今命令數更。恩寵過濫。賜與不節。此三者戒之慎之。在陛下所行爾。非有難動之勢也。而因循不革。弊壞日甚。臣謂陛下不以宗廟為憂。危亡為懼者。以此。夫命令者。人主所以取信於下也。異時民間。朝廷降一命令。皆竦視之。今則不然。相與竊語。以為不久當更。既而信然。此命令日輕於下也。命令輕。則朝廷不尊矣。又聞群臣有獻忠謀者。陛下始甚聽之。後復一人沮之。則意移矣。忠言者以信之不能終。頗自詘其謀。以為無益。此命令數更之弊也。夫爵賞。陛下所持之柄也。近時外戚內臣。以及士人。或因緣以求恩澤。從中而下。謂之內降。臣聞唐氏政衰。或母后專制。或妃主擅朝。樹恩私黨。名為斜封。今陛下威柄自出。外戚內臣賢而才者。當與大臣公議而進之。何必襲斜封

之弊哉。且使大臣從之。則壞陛下綱紀。不從。則沮陛下德音。壞紀綱忠臣所不忍爲。沮德音則威柄輕於上。且盡公不阿。朝廷所以責大臣。今乃自以私暱撓之。而欲責大臣之不私。難矣。此恩寵過濫之弊也。夫賜予者國家所以勸功也。比年以來嬪御及伶官太醫之屬賜予過厚。民間傳言內帑金帛皆祖宗累朝積聚。陛下用之不甚愛惜。今之所存無幾。疏遠之人誠不能知內府豐匱之數。但見取於民者日煩。即知畜於公帑者不厚。臣亦知國家自西方宿兵用度寖廣。帑藏之積未必悉爲賜予所費。然下民之衆固不可家至而戶曉。獨見陛下行事感動爾。往歲閒邊將王珪。以力戰賜金。則無不悅服。或見優人所得過厚。則什性憤歎。人情不可不察。此賜予不節之弊也。臣所論三事。皆人人所共知。近臣從諛而不言。以至今日。方今非獨四裔之爲患。朝政日弊。而陛下不寤。人心日危。而陛下不知。故臣願先正於內。以正於外。然後忠謀漸進。紀綱漸舉。國用漸足。士心漸奮。邊境之患庶乎息矣。惟深察秦隋惡聞忠言所以亡。遠法漢主不諱危亂所以存。日新盛德。與民更始。則天下幸甚。仁宗嘉納之。

翰林侍讀學士宋綬上言。帝王御天下。在總攬威柄。而一紀以來。令出簾帷。自陛下躬親萬務。內外延首。思見聖政。宜懲違革弊。以新百姓之耳目。而賞罰號令未能有過於前日。豈非三事大臣不能推心悉力以輔陛下之治耶。頃太后朝多吝除拜。而邪幸或徑取升擢。議者謂恩出太后。今恩賞雖行。又謂自大臣出。非大臣朋黨罔上。何以得此。朋黨之爲朝廷患。古今同之。或窺測帝旨。密令陳奏。或附會己意以進退人。大官示恩以招權。小人趨利以售進。此風寖長。有蠹邦政。太宗嘗曰。國家無外憂。必有內患。外憂不過邊事。皆可預防。姦邪共濟爲內患。深可懼也。真宗亦曰。唐朋黨尤盛。王室遂卑。願陛下思

祖宗之訓。念王業艱難。整齊綱紀。正在今日。

同知禮院宋祁上疏曰。臣伏讀戊寅詔書。陛下祗悼變異。不忘元元。受懲引咎。端自克責。延問有位。廣謀于衆。推變所自。前事立防。將欲還威譴於天極。答震告於坤順。雖如王罪己。商宗念德。蔑以加之。群臣莫不延頸企踵。恭聽允命。誠使有鹵莽之慮。款啓之詞。咸樂自效納于聰聽。益潤渾渾。附輝煌煌。以成日新之美。臣愚不肖。職在史氏。位爲臺郎。類非與知。不容自弃。輒敢條刺近事。上對冲旨。詔曰。朕躬之闕遺。臣伏惟陛下即位以來十有六年。孜孜翼翼。動守先訓。不侈宮室。不飾游畋。偃兵緩罰。愛重人命。無它過失聞于天下。雖自謂闕遺。愚臣昧死不敢奉詔。然有將來可慮者。臣願一二陳其崖略。陛下試采之聖慮。揆之人事。測之天災。質之古義。有可行者。不以人賤而廢其言。則臣生死幸甚。臣聞賞罰操決。天子之權也。奏請可否。大臣之事也。下陳可否以佐之操決。則百度乂寧。一人尊強。竊見陛下臨視庶政。深執謙德。不自先斷。尊委大臣。使大臣人人如皐陶。家家爲后稷。尚且不可。況有託國威而肆忿寄公爵以樹恩者哉。臣請粗陳其要。且如陛下自欲有所援擢。大臣以爲不可。陛下從而罷之。又如自欲有所黜去。大臣以爲不可。陛下從而任之。如此則權常在臣。政不在君。昭然可見矣。陛下何所忌憚而不略加裁詰。遂使中材之人料時之如此。欲自結於朝者遂附於權黨。欲自徇於公者反入於私門。威柄寖移。人心可繫。此將來可慮一也。伏望陛下自今以往。審察臣下。果有盡忠守正可器用者。進擢於朝。但論其材。勿限資敘。陛下以萬機餘暇。引入便殿。賜以清宴。審詢闕漏。又以所得參校時政得其是非。俾之中外相應。更相維糾。則彼之投身納款。惟陛下之歸。不在他矣。臣聞邪之與正。譬猶白黑。可以立辨。今陛下既以此事爲正。

俄而有以為邪者，因復中止，更為猶豫。此最不可之大者。夫謀之雖衆，決之欲獨。劉向曰：持不斷之慮者，開群枉之門。蓋指此也。臣願陛下臨事即斷，勿復持疑，無令浮議營惑，敗亂美政。臣聞忠臣之事君，造膝而言，詭辭而出，所以啓心防患也。陛下亦宜隱秘其語，保全其人。儻漏露主名，則為所譏刺者皆切齒而思報矣。興誹造謗，不退不止。一旦罹患，而後來者傳以為戒，皆苟容偷合，背公入黨。則陛下雖有盈庭之士，朱紫雜襲，誰肯與權貴立敵，進言而取禍哉。此無異挈仇以授奸人，自閉其耳目。萬事之安危，天下不得復聞之矣。臣比見茲事已驗於前。伏望陛下考大易失臣之義，無襲春秋陽處父之枉。此將來可慮二也。臣伏惟陛下春秋鼎盛，皇嗣未立，後宮所御，當貫魚序進，廣求螽斯子孫之福。伏望豫示教誡，昭判貴賤，使上下有制，不相踰越，讒謁毀間，明垂防禁。數詔后妃，習知謙退和柔之懿，無令

僭妬得萌其中。此將來可慮三也。詔曰：執事之阿枉。臣不足以慮之。然所經怪諫官御史本以選進鯁亮，震肅權綱，為天子之耳目也。今則不然。有勢者其奸如山，結舌而不問；無援者索疵吹毛，飛文而歷詆。未及滿歲，已干宰司，希兼職而求進秩矣。如此，則宰司有先諫官御史肯為陛下盡言乎。使言者捨當用而取不急，陛下果可聽之乎。臣故曰：諫官御史出宰司之進拔者，非陛下之利也。夫輕授重責，難以得人。但賞不罰，難以厲下。今若令居是官者，終歲不言，及言而不當，坐不任職，退；挾持私意，有所回隱，坐縱誅；不畏強禦，議劾嚴正者，陛下自意擢之，無令有司得與。此亦救阿枉之一也。詔曰：政教未臻于理，刑罰靡協于中，在位有壅蔽之人，效官有貪墨之吏。臣聞傳曰：正其本，萬事理。又曰：人存則政舉，人亡則政息。苟使天子持柄于上，群臣率職於下，如臣前所陳者，大猷幾務將交脩畢舉矣。安有政未

臻理，刑靡協中乎。至於海縣浩繁，官不悉善，或察廉無狀，或貪冒公行，或民窮無訴，或事紛未治。大且抵死，小則免官。案章一下，交手受械。事輕人求，曷足應天變而關國體乎。要之，災異之發，政教之本，在朝廷君臣之間耳。詔曰：擇善而行，固非虛飾。此誠陛下勤惓悃愊，納縷下情，申啓言路，必收治效也。臣聞徒善不足為政，徒法不足自行。天之感物，不為偽動。今陛下儻然日昃，已降德音，群臣將畢精極慮，隨事納說，必有可采。伏望朝廷開許施行，此則順民心，承天意，轉禍為福，聖人銷伏之實也。然臣尚有所慮者。今臣下準詔例得獻言，言不深切，則事不明白。或恐有昧儀矩，罔識禁忌，論安危則便云泰山累卵，指宴飲則直曰酒池肉林。伏望陛下納汙含垢，一切裁赦，兼容博聽，以取其長。勿令有坐狂言而得罪者，則聖德光大，感無還日矣。言高位下，自知不韙。臣無任省循狂瞽惶恐待罪之至。

程頤上疏曰：臣伏觀前古聖明之主，無不好聞直諫，博采芻蕘，故視益明而聽益聰，紀綱正而天下治。昏亂之主，無不惡聞過失，忽棄正言，故視益蔽而聽益塞，紀綱廢而天下亂。治亂之因，未有不由是也。伏惟陛下德侔天地，明並日月，寬慈仁聖，自古無比，曷嘗害一忠臣，戮一正士。群臣雖有以言事得罪者，旋復拔擢，過其分際。此千載一遇言事之秋也。桀紂暴亂，殘賊忠良，然而義士不顧死以盡其節。明聖在上，其仁如天，布衣之士，雖非當言責也，苟有可以裨聖治，何忍默默而不言哉。今臣竭其愚忠，非有斧鉞之虞也。所慮進言者至衆，豈盡可取，狂愚必多。而陛下因謂賤士之言無適用者，臣雖披心腹，瀝肝膽，不見省覽，祗成徒為。此臣之所懼也。儻或陛下少留聖慮，則非臣之幸，實天下之幸。臣請自陳所學，然後以臣之學議天下之事。臣所學者，天下大中之道也。聖人性之為聖人，賢者由之為賢者。堯

舜用之為堯舜仲尼述之為仲尼其為道也至大其行之也至易三代以上莫不由之自秦而下衰而不振魏晉之屬去之遠甚漢唐小康行之不醇自古學之者衆矣而考其得者益寡焉道必充於已而後施以及人是故道非大成不苟於用然亦有不私其身應時而作者也出處無常惟義所在所謂道非大成不苟於用顔回曾參之徒是也天之大命在夫子矣故彼得自善其身非聖人則不出也在於平世無所用者亦然所謂不私其身應時而作者諸葛亮及臣是也亮感先主三顧之義閔生民塗炭之苦思致天下於三代義不得自安而作也如臣者生逢聖明之主而天下有危亂之虞義豈可苟善其身而不以一言悟陛下哉故曰出處無常惟義所在臣請議天下之事不識陛下以今天下為安乎危乎治乎亂乎烏可知危亂而不思救之之道如曰安且治矣則臣請明其未然方今之勢誠何異於抱火厝之積薪之下而寢其上火未及然因謂之安者乎書曰民惟邦本本固邦寧竊惟固本之道在於安民安民之道在於足衣食今天下民力匱竭衣食不足春耕而播延息以待一歲失望便須流亡以此而言本未得為固也臣料陛下仁慈憂民如子必不忍使之困苦一至於是臣竊疑左右前後壅蔽陛下聰明使陛下不得而知今國家財用常多不足不足則責於三司三司責諸路轉運轉運何所出誅剝於民爾或四方有事則多非時配率毒害尤深急令誅求竭民膏血往往破產亡業骨肉離散衆人覩之猶可傷痛陛下為民父母豈不閔哉民無儲備官廩復空臣觀京師緣邊以至天下率無二年之備脫有連歲凶災如明道中不知國家何以待之坐食之卒計踰百萬既無以供費將重斂於民而民已散矣強敵乘隙於外奸雄生心於內則土崩瓦解之勢深可憂也太寧之世聖人猶不忘為

備必有九年之蓄以待凶歲況今百姓困苦愁怨之氣上衝于天災沴凶荒是所召也陛下能保其必無乎中民之家有十金之產子孫不能守則人皆謂之不孝陛下承祖宗基業而前有土崩瓦解之勢可不懼哉戎狄強盛自古無比幸而目前尚守盟誓果能以金帛厭其欲乎能必料其常為今日之計乎則夫沿邊豈宜無備蓋以兵則用不足省其戍則力弗支皆非長久之策也前者昊賊叛逆西垂用兵數年之間天下大困蓋內外經制多失其宜陝右之民苦毒尤甚及多逃散重以軍法禁之以至人心大怨皆有思寇之言悖逆之心不敢以聞聖聽頗恐陛下亦頗知之故曰無常產而有常心者惟士為能彼庶民者飢寒既切於內父子不相保尚能顧忠義哉非民無良政使然也當時奏中寇盜屢起儻稽撲滅必多響應幸而尋時盡能誅翦尚賴社稷之福西虜亦疲彼如未可遽圖遂且詭辭稱順向若更相牽制未得休兵內帑勞弊未比景祐以前復有如曩時之役臣愚切恐不能堪矣況為患者豈止西戎臣每思之神魂飛越不知朝廷議者以為如何亦嘗置之慮乎其謂制之無術乎臣竊謂今天下猶無事人命未甚危陛下宜早警惕于衷思行王道不然臣恐歲月易失因循不思事勢艱之理無常爾雖我太祖之有天下救五代之亂不戮一人自古無之非漢唐可比固知趙氏之祀安於泰山然而損陛下之聖明陷斯民於荼毒深可痛也臣料群臣必未嘗有為陛下陳王道者以陛下聖明豈有言而不行者乎竊惟王道之本仁也臣觀陛下之仁堯舜之仁也然而天下未治者誠由有仁心而無仁政爾故孟子曰今有仁心仁聞而民不被其澤不可法於後世者不行先王之道也陛下精心庶政常懼一夫不獲其所未嘗以一喜怒殺一無辜官吏有犯入人罪者則終身棄

之。是陛下愛人之深也。然而凶年飢歲，老弱轉死於溝壑，壯者散而之四方。爲盜賊犯刑戮者幾千萬人矣。豈陛下愛人之心哉。必謂歲使之然。非政之罪歟。則何異於刺人而殺之。曰非我也。兵也。三代之民無是病也。豈三代之政不可行於今邪。州縣之吏有陷人於礫者。陛下必深惡之。然而民不知義。復迫困窮。放僻邪侈而入於罪者。非陛下陷之乎。必謂其自然。則教化聖人之妄言耶。天下之治由得賢也。天下不治由失賢也。世不乏賢。顧求之之道如何爾。今夫求賢本爲治也。治天下之道莫非五帝三王周公孔子治天下之道也。求乎明於五帝三王周公孔子治天下之道者。各以其所得大小而用之。有宰相事業者使爲宰相。有卿大夫事業者使爲卿大夫。有爲郡之術者使爲刺史。有治縣之政者使爲縣令。各得其任則無職不舉。然而天下弗治者未之有也。國家取士雖以數科。然而賢良方正歲止一

二人而已。又所得不過博文強記之士爾。明經之屬唯專念誦。不曉義理尤無用者也。最貴盛者唯進士科。以詞賦聲律爲工。詞賦之中非有治天下之道也。人學之以取科第。積日累久至於卿相。帝王之道。教化之本。豈嘗知之。居其位責其事業。則未嘗學之。譬如胡人操舟。越客爲御。求其善也。不亦難乎。往者丁度建言祖宗以來得人不少。愚謂之甚。議者至今切齒。使墨論墨。固以墨爲善矣。今天下未治。誠由有君而無臣也。豈世無人。求之失其道爾。苟欲取士必得。豈無術哉。王道不醇行二千年矣。後之愚者皆云時異事變。不可復反。此則無知之深也。然而人主往往惑於其言。今有人得物於道。示玉工曰玉也。示衆人曰石也。則將以玉工爲是乎。以衆人爲然乎。必以玉工爲是矣。何則。識與不識也。聖人垂教。思以治後世。而愚者謂不可行於今。則將守聖人之道乎。從衆人之言乎。謂衆人以王道可行。其猶詰瞽者以五色之鮮。詢聾者以八音之美。其曰不然宜也。彼

非憎五色而惡八音。關見限也。臣觀陛下之心。非不憂慮天下也。以陛下憂慮天下之心行王道。豈難乎哉。孟子曰。以齊王猶反手也。又曰。師文王大國五年。小國七年。必爲政於天下矣。以諸侯之位。一國之地。五年可以王天下。況陛下居天子之尊。令行四海。如風之動。苟行王政。奚啻反手之易哉。昔者大禹治水。八年於外。三過其門而不入。思以利天下。雖勞苦不避也。今陛下行王政。非有苦身體勞思慮之難也。何憚而不爲哉。孝經曰。立身行道。揚名於後世。以顯父母。孝之終也。匹夫猶當行道以顯父母。況陛下貴爲天子。豈不能發憤求治。思齊堯舜。納民仁壽。上光祖考。垂休無窮。凡所謂孝無大於此者也。臣以謂治今天下猶理亂絲。非持其端緒而舉之。不可得而治也。故臣前所陳。不及歷指政治之闕。但明有危亂之虞。救之當以王道也。然而行王之道。非可一二而言。願得一面天顏。罄陳所學。如或有

取。陛下其置之左右。使盡其誠。苟實可用。陛下其大用之。若行而不効。當服罔上之誅。亦不虛受陛下爵祿也。陛下問群臣。群臣必謂寒賤之士未可使近上側。自臣思之。以爲不然。臣高祖羽。太祖朝年六十餘爲縣令。一言遭遇。聖祖特加拔擢。攀附太宗。終於兵部侍郎。顧遇之厚。群臣無比。備存家牒。不敢繁述。臣曾祖希振。既以父任。後祖適復被推恩。國家錄先世之勳。臣父珣又蒙延賞。今爲國子博士。非有橫草之功。食君祿四世一百年矣。臣料天下受國恩之厚。無如臣家者。臣自識事以來。思爲國家盡死。恨未得其路爾。則臣進見宜無疑也。或者更爲遜詞言其不可。此乃自負陰私。懼防詆訐者也。伏望陛下出於聖斷。勿徇衆言。以王道爲心。以生民爲念。黜世俗之論。期非常之功。昔漢武笑齊宣王。不行孟子之說。自致不王。而不用仲舒之策。隋文笑漢武不用仲舒之策。不至於道。而不聽王通之言。二主

之賢。料陛下亦嘗笑之矣。臣雖不敢望三子之賢，然臣之所學，三子之道也。陛下勿使後之視今，猶今之視昔，則天下不勝幸甚。望陛下特留意焉。臣愚無任踰越狂狷恐懼之極。臣順。昧死頓首謹言。

歷代名臣奏議卷之三十三

歷代名臣奏議卷之三十四

治道

宋仁宗時，通判涇州尹源作唐說及叙兵十篇上之。其唐說曰：世言唐所以亡，由諸侯之彊，此未極于理。夫弱唐者，諸侯也。唐既弱矣，而久不亡者，諸侯維之也。燕趙魏首亂唐制，專地而治，若古之建國，此諸侯之雄者。然皆恃唐為輕重，何則？假王命以相制，則易而順。唐雖病之，亦不得而外焉。故河北順而聽命，則天下為亂者不能遂其亂；河北不順而變，則姦雄或附而起。德宗世，朱泚、李希烈始遂其僭，而終敗亡者，田悅叛于前，武俊順于後也。憲宗討蜀平夏，誅蔡夷鄆，兵連四方，而亂不生，卒成中興之功者，田氏稟命，王承宗歸國也。武宗將討劉稹之叛，先正三鎮，絕其連衡之計，而王誅以成。如是二百年，姦臣逆子專國命者有之，夷將相者有之，而不敢窺神器，非力不足，畏諸侯之勢也。及廣明之後，關東無復唐有，方鎮相侵伐者，猶以王室為名。及梁祖舉河南，劉仁恭輕戰而敗，羅氏內附，王鎔請盟，于時河北之事去矣。梁人一舉而代唐有國，諸侯莫能與之爭，其勢然也。向使以僖昭之弱，乘巢蔡之亂，而田承嗣守魏，王武俊、朱滔據燕趙，彊相均，地相屬，其勢宜莫敢先動，況非義舉乎？如此，雖梁祖之暴，不過取霸于一方耳，安能彊禪天下？故唐之弱者，以河北之彊也；唐之亡者，以河北之弱也。或曰：諸侯彊則分天子之勢，子何議之過乎？曰：秦隋之勢，無分于諸侯，而亡速于唐，何如哉？或曰：唐之亡，其由君失道乎？曰：君非失道，而才不至焉爾。其亡也，臣實主之，請極其說。唐太宗起艱難，有天下，其用臣也，聽其言而盡其才，故君臣相親而至治安。以及後世，視太宗由盛而興，雖其聖不及，而任臣納諫之心一也。君有太宗之心，臣非太宗之臣，上聽其下，或不能辨其奸，下惑其上無所不至所以敗也。何哉。夫君一而臣衆。大聖之君不相繼而出。大姦之臣。則世有之。大聖在上。則姦無所容。其臣莫不賢。苟君之才不能勝臣之姦。則雖有賢者。不能進矣。如是。然未至於失道。猶失道也。明皇非不欲天下如貞觀之治。而馭臣之才。不能勝林甫之奸。於是有禄山之禍。德宗非不欲平暴亂安四方。而君人之術。不能勝盧杞之邪。於是有朱泚之變。以至于僖昭。其心皆欲去亂而即治也。而才不逮於明皇德宗。輔臣之姦邪。或過於林甫盧杞。求國不亡。安可得已。然迹其事。君豈不有失道乎。于時天下非無賢。由君不能主聽也。故至賢之主與失道之主。其興其亡。皆自取之。此係乎君者也。中才之主。其臣正勝邪則治而安。邪勝正則亂而亡。此係乎臣者也。然則唐之亡。非君之為。臣之為也。其叙兵曰。唐杜牧當會昌中。河朔用兵。嘗為文數篇。上論歷代軍事利害。繼以本朝制兵用將之得失。下參以

當時事機。牧。儒者。位不顯。其術未嘗試。然識者謂牧知兵。雖古名將不能過。今觀牧所著。大要究極當世之務。不專狃古法。使時君可行而易為功。此其善也。今兵之利鈍。所以與唐世異者。唐自中世以來諸侯皆自募兵訓練。出攻入守。上下一志。故討淮西。青冀。滄德。澤潞之叛。以至四征夷狄。大率假外兵以集事。朝廷所出神策禁軍。不過為聲援而已。故所至多有功。今則不然。國家患前世藩鎮之強。凡天下所募驍勇。一萃於京師。雖濱塞諸郡。大者籍兵不踰數千。每歲防秋。則戍以禁兵。將帥任輕而勢分。軍事往往中御。愚謂此可以施於無事時。鎮中國。服豪傑心。苟戎夷侵軼。未必能取勝也。何則。兵主於外則勇。主於內則驕。勇生於勞。驕生於逸。夫外兵所習。尚皆疆場戰鬪勞苦之事。死生之命制之於將。故勇。勇而使之戰則多利。內兵居京都。日享安逸。加之以賞賚。未嘗服甲冑荷戈戟。不知將帥號令之

嚴。故驕。驕而勞之則怨。以之戰則多鈍。若唐之失。失於諸侯之不制。非失於外兵之疆。故有驕將。罕聞有驕兵。今之失。失於將太輕。而外兵至於不足以應敵。內兵鮮得其用。故有驕兵。不聞有驕將。且唐之所失者勢也。今之所失者制也。勢也者。不得已也。制也者。可為而不為者也。然則為今之計當如何。曰。稍革舊制。大募豪勇。益外兵之籍。俾足以戰敵。以內兵為聲勢。重邊將之任。使專一軍之事。而不得連州郡之勢。斯可以獲近利而亡後害也。

文彥博進無為而治論曰。臣頃因奏事。親聞德音。謂古稱無為而治者。必當先有為而致無為。臣雖即時仰對曰。虞舜垂衣而治者。亦皆先有為而後無為。誠如聖意。臣退而伏思曰。陛下有堯舜求治之心。而臣愚無皐夔致君之術。夙夜慚懼。啓處不遑。又以奏對之際。蹇訥未周。謹尋前典所述虞舜之德。著於簡牘。仰塵鑒觀。庶幾愚忠上裨

聖政。仲尼曰。無為而治者其舜也歟。夫何為哉。恭己正南面而已。先儒之解。以謂任官得其人。故無為而治。考於虞書。則舜之始也。流共工於幽州。以其心狠貌恭。足以惑世也。放驩兜於崇山。以其掩義隱賊。黨於共工也。竄三苗於三危。以其貪冒食貨。崇侈不才也。殛鯀於羽山。以其頑嚚傲狠。治水無功也。四罪而天下咸服。蓋所謂去邪不疑。而罰當其罪也。於是詢四岳以謀政治。闢四門以求衆賢。明四目達四聰。以廣視聽於天下。命禹作司空。以平水土。棄為后稷。以播百穀。契作司徒。以敷五教。臯陶作士。以典五刑。垂作共工。益作朕虞。伯夷作秩宗。以典三禮。夔典樂。以教胄子。龍作納言。出納朕命。惟允。既命以官。因戒勑之曰。各恭其職。乃能立天下之功。然後三載考績。三考黜陟幽明。庶績咸熙。此所謂任賢勿貳。而官得其人也。夫明四目達四聰。去四凶。命庶官。其勤至矣。得不謂之先有為乎。及夫庶績熙

天下服。垂衣裳正南面而已。得不謂之後無為乎。臣究觀經史之載舜之至德也。有大功二十。舉十六相。去四凶也。十六相謂八元、八凱稷契臯夔之倫。去四凶則朝廷無姦邪之黨。舉十六相則左右皆賢哲之輔。如是而天下不治者未之有也。故后世聖帝明王莫不勞於求賢而逸於致治。勞於求賢則先有為也。逸於致治則後無為也。恭以陛下紹祖宗之丕基。行堯舜之至化。黜邪逮佞去四凶之志也。求賢審官舉十六相之意也。然而一日萬務尚勞宵旰。蓋乃臣愚不稱職之効也。臣以為方今之務。正在謹守祖宗之成法。使爵賞刑罰不失其當耳。爵賞當則姦邪無功者不敢僥倖而希進。刑罰當則貴近有罪者不敢請求而苟免。紀綱正而朝廷尊。號令行而天下服。如此則陛下高拱穆清之中。無為而與虞舜比隆。而下視三代之盛矣

天章閣待制知諫院包拯上疏曰。臣非材備位諫職。思所以為補報者。惟言責而已。然言不激切則不足開宸慮而補聖政。謹條上七事。皆當今之要務。詞理鄙直。惟陛下留神省察。

一事。臣伏以陛下天縱寬仁。海納諫議。是者取而施用。非者存而掩覆。群下見聖度閎博。不以是非皆能容受。故姦邪敢肆矯妄持難明不然之事。巧飾厚誣。使人無由自辨。而默受排斥之禍。致陛下明有所蔽。疑貳忠良。率以此也。夫忠良見疑。則忠義之臣。欲竭節盡忠補報陛下者。皆懼讒畏禍。不敢挺然當國家之事矣。由是陰姦得計。滋長敝病。不惟有虧聖德。致害時政。一旦緩急乏才賢以使。陛下持大任將誰付之。臣願陛下聽納群下謀議之際。留神深察。如有持難明不然之事。巧飾厚誣於人者。請付有司。責其明辨。使真偽不雜。是非較然。則忠邪自分。天下庶幾於理矣。

二事。臣伏聞近歲以來。多有指名臣下為朋黨者。其間奮不顧身孜孜於國。奬善嫉惡。激濁揚清之人。尤被奸巧誣罔。例見排斥。故進一賢士。必曰朋黨相助。退一庸才。亦曰朋黨相嫉。遂使正人結舌。忠直息心。不敢公言是非。明示勸戒。此最為國之大患也。夫聖明在上。未嘗聞有朋黨。朋黨之來。大抵起於衰亂。故漢之黨錮。始安帝而極於桓靈。唐之朋黨。由穆宗而甚於文武。是皆衰亂之際。以陛下用心圖治。功同堯舜。詎可如漢唐衰亂之際而致有朋黨乎。斯乃臣下務相傾軋。自快其志加諸人。不顧破壞陛下事業者也。在昔劉向進諫於漢元帝曰。孔子與顏淵子貢更相稱譽。不為朋黨。禹稷與臯陶傳相汲引。不為比周。何則。忠於為國無邪心也。又曰。賢人在上位。則引其類而聚之於朝。在下位則思與其類俱進。臣謂劉向之言垂千餘年。談者以為至當。臣識學向者也。不忍以熙洽之朝有朋黨之說。蔚積至德。蔽塞大明。臣實痛傷不能已也。臣願陛下端慮以臨下。推誠以格物。循名以核其實。回迹以照其心。使忠者邪者情偽畢見。勿以朋黨為意。則君子小人區以別矣。

三事。臣伏聞頃歲大臣顓政。頗惡才能之士。有所開建。則譏其近名。或云沽激。欲求進達。遂使才能之士莫敢自効。縱能不顧忌諱指陳事理。固亦困於沮撓。無得而施用矣。且名者。聖賢之所貴也。孔子曰。君子疾沒世而名不稱焉。賈子曰。烈士徇名。人不顧名。何以趨善。聖人所以貴也。夫群下雖衆。然士有志於國家之急者甚少。其能憂心積慮。圖報於上。又困於近名之說。是則志士仁人終無以奬進矣。豈陛下之心哉。此誠頃歲大臣之罪也。臣願陛下但顧其所否臧而亟行之。勿以近名沽激求進為念。

則人得以盡其心矣。

四事。臣聞議者云。陛下頗上先入之説。臣以陛下通照於事務得情僞。理必無之。萬一或有臣止可過慮而議。未可聞之而不言也。臣謂帝王行事但顧理道之如何。爾固不計於先入後陳也。必若主先入者以爲是耶。則姦罔之人逞其敏捷。或巧中人。或陰圖事。惟恐居其後矣。得不惑亂於耳目哉。臣願陛下采納群議之際。但顧其事之是非。裁之以當。則先入之患息矣。

五事。臣伏見近日已來科禁多有疑下之意。如舉御史須薦二員。上自點定。仍有在京與外任之拘。及見任二府曾舉奏之人。亦不詳論。至於中書樞密院止許旬假見客。及不許百官延廳臺諫官不得私謁。并與刑法官接見雪罪叙勞之人等事。皆非帝王推誠盡下之義致也。以陛下至德難名。待物無間。方將撥迹堯舜。固非漢武雄猜多忌之比也。斯蓋不識大體之臣。過防謀論上誤陛下。臣恐書之史冊。取譏萬古。願陛下速革近制。推大信於群下。以景祐初年之政爲法。則盡美矣。

六事。臣伏見近歲以來災異備至。天象謫見。地理傾震。螽蝗爲孽。水旱作沴。連綿三數年未已。而河北最甚。其次利州、京東西、兩浙、河東路循環皆備大患矣。以陛下焦勞求理。恐一物失其所。持此寅畏。寧不感召和氣格上天之福禄乎。然而致如此者。蓋大臣不能同寅協恭。知無不爲。扐救時弊。而陛下志慮亦或有疑沮。未能委任忠賢以成垂拱之義也。方今諸路飢饉。萬姓流離。府庫空虛。財力匱乏。官有數倍之濫。廩無二年之蓄。兵率驕惰。夷狄盛強。即不幸繼以凶年。加之小寇。則何人可以倚仗而枝梧哉。臣所以夙夜怵惕。思進苦言。冀開悟陛下而不能已已

也。臣願陛下切留宸慮。密以事詔令之執政。誰能盡心敢救天下之弊。敢當天下之責者。果得其人。願陛下主張而委任之。其陰拱循默。持禄取容。妬嫉賢能。以一己爲計者。宜速罷免。毋俾久塞要路。則化危爲安。變艱爲易。如反掌矣。陛下固不可失此時而不爲。倘失此時而不爲。禍變一發。則雖欲爲而不可爲矣。惟陛下深存念之。

七事。臣伏見近歲以來。多有竄逐之臣。或以無辜。或因小禍。或爲陰邪排陷。或由權要憎嫉。吹毛求其疵纇。洗垢出其瘢痕。罪罟是繁。刑網太密。甚傷清議。大鬱輿情。昔匹夫含怨。三年亢陽。匹婦懷憤。六月飛霜。近歲竄逐之人。詎止匹夫匹婦之倫也。得不逆和氣召災沴乎。陛下固宜矜體而深惟之。傳曰。使功不如使過。蓋負責之人。自分廢絶。不能振起。一旦爲明主棄瑕録用。則其自奮圖報。倍萬常人。願陛下詔近歲竄逐之臣。有才行効實而本無過累。洎坐累獲罪之輕者。或加牽復。或加寵擢。如此。則聖造洪覆。同天之仁。使排陷憎嫉之風不復爲矣。

開封府推官三司塩鐵判官蘇紳陳便宜八事。一曰重爵賞。先王爵以褒德。禄以賞功。名以定流品。位以居才實。未有無德而據高爵。無功而食厚禄。非其人而受美名。非其才而在顯位者。不妄與人官。非惜寵也。蓋官非其人。則不肖者逞。不妄賞人。非愛財也。蓋賞非其人。則徼幸者衆。非特如此而已。則又敗國傷政。納侮詒患。上干天氣。下戾人心。災異既興。妖孽乃見。故漢世五侯同日封。天氣赤黄。及丁傅封。而其變亦然。楊宣以爲爵土過制。傷亂土氣之祥也。二曰慎選擇。今内外之臣。序年遷改。以爲官濫。而復有論述微効。援此希進者。朝臣則有升館閣。使臣則有授横行。不問人材物望可與不可。並甄録之。

不三數年坐致清顯。如此不止。則異曰必以將相爲賞矣。三曰明薦舉。今有位多援親舊。或迫於權貴。甚非薦賢助國爲官擇人之道。若要官闕人。宜如祖宗故事。取班簿親擇。五品以上清望官。各令舉一二人。述其才能德業。陛下與執政大臣參驗而擢之。試而有効。則先賞舉者。否則黜責之。如此則人人得以自勸。又選人條約太嚴。舊制三人保者得遷京官。今則五人。舊轉運使。提點刑獄。率當三人。今止當一人。舊大兩省官歲舉五人。今才舉三人。升朝官舉三人。今則舉一人。舊不以在任及所統屬。皆得奏舉。今則須在任及統屬。方許論薦。驅馳下僚。未免有賢愚同滯之歎也。四曰異章服。朝班中執技之人。與丞郎清望同佩金魚。內侍班行與學士同服金帶。豈朝廷待賢才加禮遇之意。宜加裁定。使釆章有別。則人品定而朝儀正矣。五曰適才宜。古者自黃散而下及隋之六品。唐之五品。皆吏部得專去留。

今審官院流內銓。則古之吏部。三班院。古之兵部。不問官職之閑劇才能之長短。惟以資歷深淺爲先後。有司但主簿籍而已。欲賢不肖有別。不可得也。太宗皇帝始用趙普議。置考課院。以分中書之權。今審官是也。其職任豈輕也哉。宜擇主判官。付之以事權。責成其選事。若以爲格例之設。久不可遽更。或有異才高行。許別論奏。如寇準判銓。薦選人錢若水等三人。並遷朝官爲直館。其非才亦許奏駁。如唐盧從愿爲吏部。非才實者並令罷選。十不取一是也。六曰擇將帥。漢制。邊防有警。左右之臣皆將帥也。唐室文臣。自員外郎中以上。爲刺史。團練防禦。觀察節度等使。皆是養將帥之道。豈嘗限以文武。比年設武舉。所得人。不過授以三班官。使之監臨。欲圖其建功立事。何可得也。臣僚舉換右職者。必人才弓馬兼書算策略。亦責之太備。宜使有材武者。居統領之任。有謀畫者。任邊防之寄。士若素養之不豫。不

爲用也。七曰辨忠邪。夫忠賢之嫉奸邪。譬之去惡。惡不去。則害政而傷國。姦邪陷忠良。譬之蔽明。明不蔽。則無以稔其慝而肆其毒矣。忠邪之端。惟人主深辨之。自古稱帝之聖者。莫若唐堯。然而四凶在朝。圮毀善類。好賢之甚者。莫若漢文。然而絳灌在列。不容賢臣。顧鑒此而不使毀譽之說得行。愛憎之徒逞志。則忠賢進而邪慝消矣。八曰脩預備。國家承平。天下無事將八十載。民食宜足而不足。國用宜豐而未豐。甚可怪也。往者明道初。蝗蝝水旱。幾徧天下。始之以飢饉。繼之以疾疫。民之轉流死亡。不可勝數。幸而比年稍稔。流亡稍復。而在位未嘗留意於備預之道。莫若安民而厚利。富國而足食。欲民之壽。則爲擇守宰。明教化。欲民之利。則爲之去兼并。禁游末。恤其疾苦。寬其徭役。則民安而利矣。欲國之富。則必崇節儉。敦質素。斷浮費。欲食之足。則省官吏之冗。去兵釋之蠹。絕奢靡之弊。塞刁僞之原。則國食

足矣。民足於下。國富於上。雖有災沴。不足憂也。書奏。帝嘉納之。

英宗即位初。殿中侍御史司馬光上奏曰。臣聞王言惟作命。不言臣下罔攸稟令。陛下以明德令望。龍飛受命。四海之內。延頸傾耳。渴聞聖政。自踐祚以來。於今五月。而陛下深執謙遜。端拱淵默。百司奏事。一無可否。中外之情。深爲鬱邑。鄉者猶謂聖躬未安。今御殿聽政。已遵舊式。出入起居。皆復常度。而獨於萬幾未加裁決。臣竊惑之。詩曰。弗躬弗親。庶民弗信。弗問弗仕。勿罔君子。臣愚伏望陛下凡兩府及群臣奏事。稍留神省察。詢訪利害。議論是非。可則行之。否則卻之。使四方翕然瞻仰聖德。億兆羣生。不勝幸甚。

光又上皇太后疏曰。群生無福。大行皇帝奄棄天下。皇帝繼統。哀毀成疾。未能親政。恭請殿下同決庶務。臣愚伏計殿下念宗廟社稷之重。爲四海黎元之計。不得已而臨之。非中心所欲也。若皇帝聖體不

日康寧殿下必推而不居若樂石未效則殿下方且總覽萬幾未暇自安故凡舉措動靜不可不戒慎留心焉方今天下之勢危於累卵小大戰戰憂慮百端若非君臣同心內外協力夙夜勤勞以徇國家之急則禍難之生豈可勝諱哉夫安危之本在於任人治亂之機在於賞罰二者不可不察也若中外百官各得其人賢能者進不肖者退忠直者親讒佞者疏則天下何得不安任職之臣多非其人賢能者退不肖者進忠直者疏讒佞者親則天下何得不危賞不因喜罰不因怒賞必有所勸罰必有所懲則天下何得不治喜則濫賞怒則妄罰賞加於無功罰加於無罪則天下何得不亂然則天下安危治亂不在於它在於人主方寸之地而已矣凡御下之道恩過則驕驕則不可不戢之以威威過則怨怨則不可不施之以恩恩威之道聖人所以制世御俗猶天地之有陰陽損之益之不失中和以生成萬

物者也夫恩者欲物之親己也有時而生怨威者欲物之畏己也有時而生慢小人之性恩過則驕驕而裁之則怨矣爵祿賞賜妄加於人則其同類皆曰我與彼才相若也功相敵也彼得之我獨不得何哉是出一恩而召群怨也故曰恩有時而生怨也威嚴太盛則人無所容刑罰煩苛則濫及無辜則其同類皆曰是過也人誰無之彼既不免行將及我於是乎窮迫思亂為其上者乃更畏恐而求姑息是始於嚴而終於慢也如是則為人上者豈不至難哉蓋善為人上者不然恩必施於有功而罰必加於有罪恩雖至厚而人不敢妬者何也眾人之所與也罰雖至重而人無所怨者何也眾人之所惡也大行皇帝天性至仁群臣之功或未足言而賞之以厚罪或不可容而罰之至輕善則善矣而小人不識大恩者或幾乎驕慢矣臣竊意殿下今茲繼而為政必將糾之以嚴糾之以嚴誠是也然天下之久涵

濡大行皇帝聖澤日久一旦暴加繩檢恐駭而離心伏願殿下徐以義理教之戒之有不聽從而尤無良者然後加刑罰焉則誰敢不肅此善之善者也往者大行皇帝嗣位之初章獻明肅皇太后保護聖躬綱紀四方進賢退奸鎮撫中外於趙氏實為有功但以自奉之禮或崇重太過外親鄙猥之人或忝污官職左右讒諂之人或竊弄權柄此所以負謗於天下也今殿下初攝大政四方之人莫不觀聽以占盛德臣以為凡名體禮數所以自奉者皆當深自抑損不可盡依章獻明肅皇太后故事以成謙順之美副四海之望大臣忠厚如王曾清純如張知白剛正如魯宗道質直如薛奎者殿下當信之用之與共謀天下之事鄙猥如馬季良讒諂如羅崇勳者殿下當疏之遠之不可寵以祿位無采其言也臣聞婦人內夫家而外父母家況后妃與國同體休戚如一若趙氏安則百姓皆安況於曹氏必世世長

享富貴明矣趙氏不安則百姓塗地曹氏雖欲獨安其可得乎是故政者正也為政之道莫若至公臣願殿下熟察群臣之中有賢才則舉之有功則賞之雖賤如廝役憎如仇讎遠在千里之外皆不可棄遺如此則人誰不勸矣群臣之中職事不脩則廢之有罪則刑之雖貴為公卿親為兄弟近在耳目之前皆不可寬假如此則人誰不懼矣夫為善者勸為惡者懼百官稱職萬民樂業天下之安猶倚泰山而坐平原也尚何憂哉然後俟皇帝聖體平寧援以治安之業自居長樂之宮坐享天下之養則殿下聖善之德冠絕前古光暎後來雖周之文母漢之明德不足比也臣備員侍從之臣以諫諍為職不勝區區之誠妄冒以聞伏惟殿下置之几席少加聽察

治平元年光知諫院又上奏曰臣聞舜與皋陶賡歌相戒以明良為美以叢脞為非蓋以王者奄有四海君臨億兆若事無巨細皆以身

親之則所得至寡所失至多矣古語有之曰察目睫者不能見百步察百步者亦不能見目睫非不欲兼之勢不可也是以明主總其大體執其樞要精選賢能任以百職有功者賞有罪者誅故優躬不勞而收功甚大用此道也臣伏見陛下自親政以來勵精求治孳孳不倦未明求衣日昃不食雖大禹之勤勞文王之懿恭無以過此然而政有本末事有細大舉其綱則百目張挈其領則衆毛理臣願陛下先其本後其末急其大緩其細擇人而任之此政之本也賞善而罰惡此事之大也陛下當先察羣臣之邪正與其材能之所堪然後思天下有某事不治者當使某人治之其公忠勤恪功效顯著者勸之以厚賞姦回惰慢無功敗事者威之以嚴刑如是則萬事無不舉兆民無不安陛下可以高拱無為而名配堯舜矣至於簿書之煩碎文法之微密錢穀之出納體例之有無此乃羣臣百吏之所守非陛下

所當留意也陛下知捨彼而取此則臣恐徒有大禹之勤勞而不獲其功文王之懿恭而不見其治也臣以獻替為職遇陛下勤政之初虛心求諫此乃千載一時誠不敢以細末之事煩汙聰明伏望陛下深思此道乃自古及今致治之大本勿以為迂闊陳熟之言而忽之則天下幸甚

先又上疏曰臣伏覩皇太后手書已罷聽政陛下欽承慈旨獨斷萬幾臣聞易曰君子以作事謀始又曰正其始萬事理差之毫釐謬以千里陛下雖踐祚期年於國家大政猶多所謙抑雖時有處分皆常式小事非天下所以望於陛下者也鄉時外間議者皆曰陛下聖體未安倦於聽覽及知聖體已安又曰陛下上畏皇太后之嚴欲盡人子之禮避專命之嫌韜蘊聰明未敢施設今皇太后舉國家大柄盡付之陛下則議者無復可言唯拭目傾耳以瞻望聖政而已矣陛下

當此之際治身治國舉措云為不可不謹昔楊朱見岐塗而泣謂其可以左可以右所差甚微所失甚大也人主即政之初亦榮辱安危之岐塗也臣故願陛下留聖心焉臣聞治身莫先於孝治國莫先於公孔子曰孝德之本也又曰不愛其親而愛他人者謂之悖德不敬其親而敬他人者謂之悖禮未有根絕而葉茂源涸而流長者也仁宗皇帝以四海大業授之陛下其恩德之大天地不足以為比今登遐之後骨肉至親獨有皇太后與公主數人陛下所當日夜盡心竭力供承撫養以副仁宗皇帝之意鄉者皇太后聽政之時左右侍衛之人不敢不恪求須之物無敢不備既委去政柄臣竊慮有無識小人隨勢傾移侍奉懈慢供給有闕則天下之責皆歸陛下此不可不留意朝夕省察者也又若有不逞之人於兩宮之間刺探動靜拾掇語言外如效忠內實求媚以相間鬬者臣願陛下逆拒其辭執付有司

加之顯戮誅一人則群邪自退納一言則百讒俱進此乃禍亂之機不可不深察也臣聞國事聽於君家事聽於親臣愚以為陛下在外朝之時刑賞黜陟之政當內以聖心決之至於禁庭之內取捨賜予事無大小不若皆稟於皇太后而後行陛下與中宮勿有所專如此則內外之體正尊卑之序明慈母歡忻於上臣民頌詠於下矣不然皇太后歸政之後若侍衛之人稍有怠惰求須之物小失供擬加以讒邪妄興離間萬一有私毫闕失流聞於外或皇太后憂思不樂內生疾疢則陛下何以勝此名於天下哉雖百善不能掩矣臣故曰治身莫先於孝也洪範於好惡偏黨之際六反言之重之至也周任曰為政者不賞私勞不罰私怨大學曰欲明明德於天下者必先正其心有所忿懥則不得其正有所好樂則不得其正陛下奮發宮邸入纂皇極爰自潛躍至於天飛舊恩宿怨豈能盡無然今日即政之初

皆不可置於聖慮。以害至正也。凡人君之要道在於進賢退不肖賞善罰惡而已。爵禄者天下之爵禄。非以厚人君之所喜也。刑罰者天下之刑罰。非以快人君之所怒也。是故古者爵人於朝。與士共之。刑人於市。與衆棄之。明不敢以己之私。蓋天下之公議也。今以四海之廣。百官之衆。有賢有愚。有善有惡。比肩接迹。雜還並進。臣願陛下少留聰明。詳擇其間。苟有才德高茂。合於人望者。進之。雖宿昔怨讎。勿棄也。有器識庸下。無補於時者。退之。雖親暱姻婭。勿取也。有勵行立功。爲世所推者。賞之。雖意之所憎。勿廢也。有懷姦犯禁。爲衆所疾者。罰之。雖意之所愛。勿赦也。如此。則野無遺賢。朝無曠官。爲善者勸。爲惡者懼。上下悦服。朝廷大治。百姓家福。社稷永安。不然。陛下若專居深宫。自暇自逸。威福之柄。盡委大臣。取適目前。不爲遠慮。賢愚不分。善惡失實。則所進者皆平生所親愛。所退者皆平生所不快。所賞

奏議卷之三十四　十四

者皆諂諛而無功。所罰者皆忠諒而無罪。如此。則中外解體。紀綱隳紊。群生失所。天下可憂矣。臣故曰治國莫先於公也。此二者榮辱之大本。安危之至要。臣願陛下審思而力行之。詩云。亹亹文王。令聞不已。陛下誠能行此二者。則盛德美譽。滂沛洋溢。近者傳誦。遠者褒歎。不過旬月之間。徧於天下。達於四夷。後日之政。如順風吹毛。乘高決水。可以不勞而成功矣。

御史知雜事龔鼎臣上慈聖皇后奏曰。臣伏以先帝以萬世根本之計。擇主上立爲子。實殿下柳之。曰宫車晏駕。殿下銜哀隱苦。定策於須臾。立主上爲天子。主上纏憂遇疾。大臣無所取決。請殿下共聽庶政。從容輔養數月。自中都至於夷夏。莫不如昔者。皆所賜也。今主上聖躬既豫。車駕兩出。宜於此時詔罷兩府簾前奏事。以終始天地之功。則太姒太任之事。何足道哉。

鼎臣又上奏曰。臣聞之於傳曰。未信而諫。則以爲謗己。臣今進説于殿下者其幾。是與。然臣備位外庭。才微身賤。俟見信而後言。蓋無期矣。此臣所以犯賢哲之誡。冒誣讟之嫌。惓惓而不能自已者也。惟殿下留神裁察。臣於正月十九日嘗奏疏乞還政事。訖未蒙施行。臣之所言。固朝廷之大議。殿下之深益。夫何未之思也。今物議喧然。疑有讒間交進。故兩宫之情。似有未甚通者。夫以天下與人。猶或疑之。則何以信於人哉。審如是。臣竊以爲過矣。且一飯之恩。匹夫未之敢忘。況皇帝以明睿之資。貫通古今。而受人天下者乎。臣謂陛下今日默遠讒間。使不得前。則慈孝之聲。明日並隆於天下矣。至於忠讒之辨。古今以爲難。臣獨謂之不然。何則。從容和鮮。捨所不及。欲殿下毋予安康者。忠言也。揭一爲十。似是而非。使殿下心志熒惑者。讒也。此豈可謂之難辨哉。臣前疏謂殿下積行累功於數十年間。一旦定策援

奏議卷之三十四　十五

長君。以安宗廟。乃復猶豫不斷。將損盛德者。非苟云也。願察之未熟爾。今天象差忒。旱虐爲變。臣恐元元艱食。盜賊浸起。四方寧謐或不可常。朝廷能中外一心。思消弭之術。爲制御之策。則庶幾其憂不大。惟人事動于下。則天譴形于上。殿下當斷之於心。復辟于皇帝。則朝廷之事體正。事體正。則天下之疑憂解。疑憂解。則和氣應。和氣應。則緒象之忒。旱虐之變可消。而制馭之策可爲。殿下退就安榮。保萬世無窮之福。不知念此。而玩信諛詞。忽忽至計。懷萬萬必無可慮之疑。豈不累睿哲先見之明乎。今皇帝康復已久。仁宗祥練踰四十日。億兆延頸以聽明詔。事若早定。奇視於今古。議不時決。且貽誚於當世。殿下顧利害如何哉。況事不出於遺制。非殿下之本意。竊爲陛下惜之。臣恐縉紳之士章疏交上。言涉譏訕。而後圖之。美名大業虧缺已多。實不如先事之善也。殿下勿以臣言輕。所陳者肺腑之素藴。勿謂臣職卑。

所持者人臣之公論。惟殿下取臣兩章。極精而處之。則臣之言不爲謗讟。而可以取信矣。此疏不敢露于人。謹於外題狀奏以聞。

趙瞻自都官員外郎除侍御史。上疏曰。兵斷獨出人主。主權也。審至權者當主以天下之公心。揆之以天下之正論。如是而後權可一也。若夫積久之敝。陛下其思焉。刑賞施設之失。可革則革。號令言動之過。可止則止。輔相賴其用。宜責其效。臺諫知其才。宜信其說。兵柄宜削諸宦官。邊議宜付諸宿將。蓋權不可矯而爲也。以從天下之望耳。英宗稱善。

知制誥鄭獬上奏曰。伏見陛下初即位。四方傳聞。以謂陛下聰明英斷。間符太祖也。有志之士莫不投袂歎息。傾望陛下之風采。然自投政以來。號令所發。蹈常習故。不聞赫然有以鼓動天下者。始以聖躬微疾。猶足以爲辭。玉膳既復。尚恭默而不言者。實未知所諭。將以陰

拱白晦。徐觀天下之動而后出而制之耶。則於此殆將周歲。萬機之變。槩可見矣。將以慕高宗之節。思得聖人而后用以爲政耶。傳說何可數有哉。果無之。則遂一世而不言耶。將以左右牽制。動有畏憚而不敢明爲之耶。則二府大臣。與禁庭侍從。皆足以寄腹心。又何疑而不與之謀耶。是三者皆非所以爲術也。非帝主南面聽斷之大權也。夫先皇帝時。純用仁德以涵育萬物。及其久也。蓋有偏而不舉者矣。夫仁主愛。義主斷。猶春之爲生而秋之爲殺也。生而不殺。則萬物潰爛而不成。其如歲功何。陛下承先皇之仁愛。宜用義斷以整齊天下。所謂義斷者。主柄也。今夫唯唯而不斷。可否決於輔臣。則主柄屈而不尊。如輔臣朴忠。不敢亂大法。亦爲陛下奉行條例。止可閱日月而已。且有覬覦。誰可橫身爲陛下當大事者乎。萬一奸人朋比。參廁於其間。則天下之大勢去矣。陛下眡今日爲治耶。亂耶。必以爲亂。則邊

兵不試。境內無跋扈強臣。孰謂之亂。必以爲治。則威令寖削。大綱解而不緝。孰謂之治。是治與亂。正在陛下留意之秋也。右顧則爲治。左視則爲亂。蓋陛下一舉首。而天下治亂之勢分矣。陛下何不日求賢者與之圖議。今所與共大政者。不過七八輔臣。則所聞所見盡於此而已矣。烏能窮天下之聰明哉。古者謀及卿士。清問下民。詢于芻蕘。於是群言集而治道成。乃欲以七八輔臣之言而望大治。豈不爲闊略哉。臣願陛下特詔天下。許盡所言。有可采者。與之召對。至於臣下進見。少賜數刻之暇。訪以得失。虛意以來之。精察以審之。明斷以行之。庶幾天下之勢將亂而復治矣。如其優游泯默。日復一日。有志之士解體而去。士望去則民從而去。陛下尚欲恃四海之衆而保萬世之安乎。臣實不勝愚者之慮。

呂大防爲監察御史裏行。首言紀綱賞罰未厭四方之望者有五。進

用大臣而權不歸上。大臣廢者而不得時退。外國驕蹇而不擇將帥。議論之臣裨益闕失。而大臣沮之。疆埸左右之臣有敗事而被賞。舉職而獲罪者。

同知諫院呂誨上慈聖皇后奏曰。臣恭以殿下保佑聖子積三十年。輔翊邦政。又逾期月。寰區泰安。廟社安固。慈恩至矣。功德大矣。然而成全聖德。是世鄭哉。以萬機浩繁。殿下勞心焦思。曾未少休。非所以燕怡福壽之本也。況皇帝躬親治事勤勵如此。在於聖慮可以慰安。臣愚以謂東殿簾帷宜五七日一御。諮詢大臣。無俾曠事。庶少均暇逸於翊政之道。亦無所損。當在沉機奮於獨斷。隊宣教命。誕告明庭。外形謙遜之宜。中遂優游之樂。上順天道。下厭群情。是全義。豈不休哉。仰祈聰悟。天下幸甚。

誨又上奏慈聖皇后曰。臣伏覩殿下近降手書。以皇帝既安。堅罷同

政。聖子恭孝遂成母志。雖前世有還明辟之事。亦未聞期月而成輔翊之功。迺形謙遜之旨。休聲茂實當垂光於萬世矣。然聞外議以符寶未歸於上。前臣有以知非殿下之意。焉何則國政猶不欲其久。而復眷留符寶哉。萬一所司行遣之間稍有稽緩。涉此議論。甚非有益於聖躬。亦恐前降書旨或未孚於中外。則有累全德。始終之際。不可不謹。爾臣所以瀝懇而言。萬死無避。唯祈鑒照。天下幸甚。

三司使蔡襄上國論要目十二事。曰明禮。二帝三王相因作禮樂。以正民性。革其非心。使之寡罪而遠刑。通萬世之法也。秦任兵刑而棄禮樂。漢魏至晉。日用干戈。禮典殘缺。至于亡隋盡矣。唐興。四方治定。欲有所爲制作。雖其朝廷之禮。時亦修舉。而風教習尚。各隨其俗。五代禍亂。日不遑暇。專以刑治之。宋興百五十餘年。太祖太宗平天下。皆以兵威勘治。真宗皇帝與契丹結好之後。遂至無事。朝廷禮文罔

不脩舉。仁宗皇帝好生恤刑。澤及禽獸。然四方之俗。未聞由禮。尚專用法。法者。網羅過咎而施刑耳。臣請以一二事言之。冠昏喪葬。禮之大者。冠禮今不復議。婚禮無復有古之遺文。而喪葬之禮。盡用釋氏。獨三年月日則類古矣。臣請集大儒鴻博之士。約古制而立今禮。使百官萬民皆有等夷。便而易行。遠罪省刑之一途也。曰擇官。聖人能無爲而治天下。天下之事至衆也。何以無爲而能治之。百官無不爲也。百官脩職。則萬務舉矣。何以致百官之職畢舉。在擇官也。擇官在於取士。今之取士。所謂制科者。博學強記者也。進士者。能詩賦有文詞者也。明經者。誦經文而對題義者也。是三者得善官至宰輔。皆由此也。資廕以恩。不問能否。下至軍職以戰功。流外吏胥以歲月。三班所大鞭朴刑戮之人。無所不至。取士之法。淆雜至此。一旦使之入官。小者治一務。大者治兵民。欲其各得其理。猶驅車而水行也。然行之

已久。不可畢革。當漸節所取之路。又於歷任察其材能。稍旌獎之。蕪樊可勸。其爲人害者去之而已。曰安民。古之治世。百姓各安其所。士農工商各得其分。量取其力以供公上。上使之以時而民不倦。是故百姓上以奉天子。下以養父母畜妻子。其力有餘。故安其所也。不妄作爲。故得其分也。然而學者不原其本。不考其實。以謂民飢則哺之。寒則衣之。天下之衆雖堯舜不得濟也。是有憂世之意而民愈不安也。臣謂今之民至無禁也。太平日久。民有智能者乘時趨利。爲農則兼并。爲商則高下取天時人力之大者。遂以富彊奢靡。冒法出於王公之上。此古所謂亂俗之民可誅者也。而法莫之禁。雖有禁者亦莫之信。民相趨效。不知紀極。不貪不已。此民妄爲而不安其分者也。天時水旱。堯湯不能免之。然而民有備。故不害也。今天下郡縣水旱。争發倉廩以濟之。又曰振貸以假於民。隨而倚閣經赦除放。謂之恤民。

其意善矣。其蒙蹂矣。古之治世。役民不過三日。其不役者出三日之庸。此百姓所以奉公上也。今百姓有幸有不幸。其居瀕河。歲以丁役過重。此不幸也。天下生齒脫漏。亦有不輸一錢以助官者。至於水旱流移。又出倉廩以濟之。賦入有程。散施無極。國何得而不貧。國既貧矣。民又不安其所。豈所謂安民哉。臣故謂學者不原其本。不考其實者以此。必曰安民。禁奸豪。均民力。使民各得其分而安其所。是謂安民。曰正陵慢。賈誼之說曰。人主之尊如堂。人臣如陛。陛高則堂高矣。蓋人主之於天下。其勢漸高。至於極尊。民不可得而慢者。由其群臣等級之差。漸而至也。先皇帝仁愛如天。包容萬物。雖有觸冒譏斥者多亦矜恕。至有侮慢朝廷自以爲直。臣以謂人主開受直言。盡盛德之事。若肆譏斥而無人臣之禮。此不可恕也。天子可得而慢。其下宰臣百官復可等級之差。借如兩府大臣。陛下所尊禮而優待之也。曰

於漏舍或雪罪之。人或求恩賞。所求不得如意。詆訐譏刺。務以為能。太臣難與較是非也。但隱忍容之。以為常事。京師寮屬能侵長官。天下州軍佐官能拒長吏。皆以材名之。風俗如此。所謂下陵上替也。又有甚於此者。士大夫之有怨憎。黨以相朋。造作謗毀。或為歌詩傳於都下。或移書啓於言事之門。陰幽暗昧。被毀之人無由辨明。甚者搖動公卿以希貨賂。古之所謂清議公論。豈如此耶。此在可嫉者也。陛下省留聖聽。因事正之。易如反掌。曰辨邪佞。知人則哲。帝堯猶以為難。堯聖人也。君難於知人。曰人之難知。雖聖人必審謹也。進說之臣萬端。人主以要道得之。附隨人主之意。而不論理道之是非。此佞臣也。附託權要之勢。因事自媒其身。此邪臣也。多引前事之美。專為高論。不顧今世難行。此迂闊之臣也。多取衆人之譽。搖違公道。不為國家久計。此奸詐之臣也。其言忠。其事實。此鯁直之臣也。無所附係。進

退自守。此公直之臣也。陛下進一忠直。退一邪佞。則天下莫不慕忠正而醜邪佞矣。惟陛下博訪問。則天下幸甚。曰廢貪贓。傳曰。廉吏。民之表。今夫食祿而治官。材與不材出於天性。不材者亦可強之使材。雖廢職可恕也。至於憑恃官威。因緣為姦。求取賄賂。以曲為直。上負朝廷之用。下為百姓之害。是其心豈復所畏哉。古之聖明之主所深惡之也。近年之俗。以容貪贓為長者。視其虐民害物若無有也。何則。凡贓吏皆狡惡之人。雖欲發摘其過惡。必須下獄。然後置之於法。既斷之後。彼贓吏必須稱寃理雪。朝廷必於近郡別命鞫勘。當時一獄之人盡須追呼。或經月時禁繫對詞。百姓已不勝其苦矣。若只依前案。彼贓吏者必又再寃。朝廷又須別推劾。一獄之人又須追擾。如此。百姓何以當贓吏之辨。而受此苦毒。例皆引虛自認。或經赦宥。纔得免脫。是以百姓被害不死不休。贓吏雪贓。不盡不已。監司之官以是

莫敢輕發。貪贓之吏自以為得意。嗟乎百姓何罪。惟陛下憐之。貪吏何人。惟陛下察之。又有不敢贓求自為營利者。臣自少入仕于今二十年矣。當時仕官之人粗有節行者皆以營利為恥。雖有逐錐刀之資者莫不避人而為之。猶知恥也。今乃不然。紓朱懷金專為商旅之業者有之。興販禁物茶鹽香草之類。動以舟車懋遷往來。日取富足。夫貪人日富而居有田宅。歲時有豐厚之享。而清廉刻苦之妻孥飢寒。自非堅節之士莫不慕之。貪人非獨不知羞恥。而又自號才能。世人耳目既熟。不以為怪。管子曰。禮義廉恥。國之四維。今風俗之壞。是四維不張。伏惟陛下察貪贓者廢之。清廉者獎之。則廉恥興矣。曰強兵。今天下大患者在兵。禁軍七十萬。廂軍約五十萬。積兵之多。仰天子衣食。五代而上至秦漢無有也。祖宗以來無有也。真宗與北虜通和以後近六十年。河北禁軍至今十五萬。陝西自元昊叛增兵最多。至

今十九萬。天下諸路置兵不少。臣約一歲總計天下之入。不過緡錢六千餘萬。而養兵之費總五千萬。是天下六分之物。五分養兵。一分給郊廟之奉國家之費。國何得不窮。民何得不困。然今之兵不可暴減。固當有術以消之。又當有術以精練之。其說至多。難以遽言。陛下敕兩府大臣博求其弊。漸講其術。以為長久之策。今之為政此第一事。曰富國。或曰何以富國。今天下之廣四維萬里。可謂大矣。農田商賈茶鹽酒稅銀銅金鐵之類莫不推之。可謂察矣。籠天下之利至纖至悉。宜乎府庫充牣不可勝計。然後為得。今則每有支費。常遣使諸路。僅能自給者。此何故耶。曰養兵一百二十萬。自古無有也。歲入日少。而歲出益多。或曰何謂也。曰兵日益多。官日益冗。財物有限。而支費無涯。此所以貧也。然則富國有術乎。必先用意於兵。然後可言富國之術。臣故曰。今之為政。強兵為第一事。富國為第二事。或曰為政

止於此乎。曰非也。自此而始。曰去冗。治天下者如治家。凡民之家。隨其富貧。視其族屬幾何。一歲之費幾何。賓客之資。公上之須。僕用幾何。度其家之所入。然後量力而出之。如是乃可以為家計也。不如是。其家無以自給。則族屬不得其安矣。今治天下乃不如是。宰相不知兵。樞府不知財用。三司使守藏也。歲了一歲使為辦事。不幸有邊境之急。必取於民。譬之家計。是不度所入不量所出。國不富實。陛下未得高枕而優游。臣故謂兵冗為大。其次又有官冗。今且以轉官一事言之。太祖太宗朝任官者或有功勞或有譽望。則援任其人。人莫不歡然。以孫逵守常之人。湮沉不遷者有之。真宗設三年磨勘之法。然後孫逵守常之人與夫謹要圖進之士無異也。日月既久。漸以成俗。雖有長材與能出衆人者有小過亦不得遷。但能飲食言語於人無忤者數日必遷此三年一遷之法。今為大弊也。祖宗時。鄉監郎中無數十人。觀今班簿姓名可見也。天下州軍三百餘處。合入知州軍凡幾何人。局少員多。每至差除待闕須一二年。通判知縣之類率如此。真宗時。選人磨勘有遷京官者有不遷者。仁宗時。但無過咎。無不轉官。官冗如此。豈有不思變更之術也哉。去冗百端。此二者最大。願陛下熟思之。漸求消冗之說。曰原賞。古之所謂賞者。有大功則賞之。臨兵戎者。前死有榮。退生有辱。雖小功必賞。以其覆死地也。今之臣一切務賞。何謂賞。所謂酬獎者是也。守土之臣刺史縣令。招徠逃戶。磨勘稅賦。皆其職所當為也。不脩其職。罪當罰也。今有為之者。必自陳而求賞。不立賞格。則不為也。天子斂生民之財以祿之。分職位以寵之。借威權以使之。可謂至矣。而於常事動則求賞。天子豈與群臣為市道哉。至於茶鹽酒稅之局。物物皆有賞格。下至吏人百姓。莫不皆然。此為政之弊也。戰功必賞也。捕賊之法必賞也。功異於常者可賞也。其餘無名

酬獎。可漸罷之。以正官守之法也。曰任材。凡人之材各有所能。不一等也。一人之智兼治數局。時有不能也。有文詞之職。有吏治之職。有兵戎之職。有財利之職。夫有吏治之材使之臨兵戎之事。則時有不能也。有財利之術使之論朝廷之事。則時有不能也。今世用人。大率以文詞進。大臣文士也。近侍之臣文士也。錢穀之司文士也。邊防大帥。文士也。天下轉運使文士也。知州郡。文士也。雖有武臣。蓋僅有也。故於文士觀其所長。隨而用之。使其所能。則不能者止。其術莫善於還。詞令之職還於文士。講說之職還於文學。典禮之職還於博士。兵戎之職還於武士。吏文之職還於法吏。金穀之職還於財利。臣所謂還者。與其能者。不以一人之智兼責之也。若夫宰輔大臣。必兼衆能。文學之士。皆其出身。忠義之節。皆其素立。故不論也。不明法律不可也。不知軍旅之情亦不可也。不知邊疆夷狄之數亦不可也。不知金穀利病亦可也。不知禮典之舊亦可也。是故其人。陛下知其難也。得人則憂重之。又於群臣詢諮而擇之。臣故謂任材者明天子之事也。曰正刑。聖人可謂愛民矣。可謂謹刑矣。殺人者可殺矣。疑或貸其生者。州郡有一誤殺人者。一獄所干官吏。停廢竄逐無有貸者。古先帝王謹刑不過是矣。原其所因。好生之德及於下也。重刑誠審矣。而刑之輕者罰及無罪。天下之官皆得施杖笞於其部。通判職官於州之吏民皆可笞朴。由是觀之。民無全膚。可謂濫刑矣。天下州縣有長吏。京師百司有長官。有罪之人可歸於長吏長官。則不敢妄刑也。律有監臨主司不合行罰。敕許執衣白直得施小杖。臣竊謂天下州縣官司。京師百司。唯執衣白直。合依敕科罰。其餘公事各隨所屬長吏長官行之。一歲計之。可減妄行千萬人矣。臣願陛下明敕法官議之。理當如何。若律敕可行則行之。必重其罰。則不敢違也。

英宗時。王安石爲著作郎兼國史實録院檢討編脩官。嘗上疏言古今之治本亂階吏爲倚伏。以治易亂。則反掌而可治。以亂易亂。則亂去而復生。人主公聽則治。偏信則亂。故事歸於朝則治。歸内廷則亂。問百辟士大夫則治。問左右近習則亂。大臣公心無黨則治。植黨行私則亂。大臣正小臣廉則治。大臣污小臣貪則亂。

歷代名臣奏議卷之三十四

歷代名臣奏議卷之三十五

治道

宋英宗時。知諫院傅堯俞陳十事奏曰。臣伏自念愚拙亡狀。久無云補。不敢頻乞入對。以煩天聽。今有十事。條列于後。

一。竊見軍營摧倒極多。材用人力猝未能辦集。恐朝廷以軍人暴露。營役苛急。令積潦方甚。天氣漸寒。伏乞據材用人力以責功限。但使無惰慢者足矣。如此免使就役之人更生咨怨。且令營造頗得堅完。

一。竊聞傅慶輔内降指揮與鑒義。雖未即施行。候有闕與試。緣科封内降。今古以爲惡政。不意陛下復啓其端。在先帝詔條。慶輔合行勘責。臣以其事小。不欲露章奏劾。伏望今後如此等事。一切寢罷。

一。竊見近日擢用多新進之士。久在仕塗者。豈皆是非材。令充滿外廷。率未聞選擇。此曹既無崇顯之望。益自懈退。伏望參用舊人。以勵其力。

一。設官分職。各有司存。今百司備具。而每有興作營造。必差他官領之。故耗蠹益多。而不中程度。伏望一切委之有司。苟不脩舉。則重行黜降。

一。伏見三代治道。猶不免弊。必隨宜而救之。昔周人尚文。文之弊小人以僿。故救僿莫若忠。今風俗多浮文而少實事。可謂弊極矣。伏望進惇樸悃愊之士。抑浮華而救之。

一。竊見近日王宫官進用頗速。臣以爲選材以輔導皇子。苟得其人。宜頗持久。庶相諳委。有所裨益。今聞王邸遷仕官之捷徑耳。惟陛下留意。

一、伏以以踈間親，是謂不韙。臣雖至愚，荷陛下拔擢過寵，不敢以踈遠自外，輒及陛下之親者。然非敢有所間也。今遭遇陛下者，人多附而趨之。其識分守道者，必不肯輒為此態。有附有不附，則愛憎隨而生矣。其毀譽之言，望陛下審察。

一、伏見先帝事無巨細，必徇至公。雖輔弼恩倖，一有公議，無偏主者。故大臣與內臣無極盛之權。所以多歷年所，力省而無事。不知體要者，謂先帝崇奬言事者過當，宜一切矯之。臣以為果如是，於陛下無益，適足長輔弼恩倖之權耳。恐陛下久遠費力而事多，雖欲悔之，無由也。

一、竊見士大夫以至吏民，皆以陛下為不納忠諫。陛下以睿聖之資，而得此聲於天下，豈不惜哉。臣觀聖度閎深，雖苦言訐直亦不加怒。所少者，未能擇善而從之耳。不能擇善而從，雖日對十

奏議卷之三十五　二

人，且無益於事。臣恐朝廷之公議日歇，陛下之聰明日塞。此事非細，願深思之。

一、伏見近日陛下於皇太后禮意有加，兩宮頗甚歡睦。雖禁庭遼密，莫審端倪，然其知者莫不慶於臣庶。陛下祗畏天誡，進脩子道，此事宜不虛矣。願陛下日慎一日，益盡孝誠，天將報陛下以大福，固不獨人情之悅喜也。

右皆當今切務，有益光明，輒效知無不言，不復更擇細大。臣既不敢徒為高論，又不敢飾為繁文。言淺意深，願陛下必賜收採。

張方平上言曰：陛下受天明命，纂隆大統，勵精圖治，志在緝熙，祖宗休烈，廣懷訪遠，思聞嘉言。自輔臣近職，沃心納誨，蓋日有以啓迪天聰者矣。臣以薄陋久參侍從，昨因外徙，暫留朝著，居無職事，不敢請對。齒衰。今被命守藩，奉辭就路，敢不少効狂斐，微補大猷。臣聞治國者，知為政之所先，則能成天下之務；知當世之所急，則能通天下之變。方今政之所先，莫先於簡人材；時之所急，莫急於足貨食。簡人材當察其誠偽，足貨食在屏弃其浮冗。推是而言，觸類而長之，提綱而衆目張矣。臣請略舉其槩。堯舜禹臯陶益稷，古今所謂聖君賢臣也。書稱堯曰：克明俊德，平章百姓，以協和萬邦。言帝堯能明俊德之士任用之，以平和章明百官之政，故得天下乂安。至于舜禹臯陶益稷相與談治道之要，吁嗟相戒，率以知人為本。且曰：知人則哲，惟帝其難之。夫帝堯猶以知人為難，可諒人之難知也。若夫天下之廣，萬機之煩，故非一人之聰明智慮所能周舉，亦在操其要而已矣。今自二府輔弼侍從近列，至于左右前後之人，其材用淑慝，不可不知也。知其材用淑慝，則陛下之腹心有所付，然後庶務可以舉矣。以陛下之明，而察其言行，考其能効，參之群論，亦可以得其粗矣。若複要其操

奏議卷之三十五　三

守，觀其履久而益審，則盡其精者矣。此所謂簡人材之大略也。方今中外庶務，積習頹弛，兵籍猥多而不精練，吏員猥多而智効一官者少。至于官省之事，體宗室之禮分，制度不立，苟為因循，國計不贍，民生日匱。此所謂弃游冗之大略也。或曰：持盈守成之道，當循舊章。茲所謂淺近之常談，不知時務者也。今日之政，其敝豈可不救。譬之琴瑟不調，甚者必改而更張之。況當陛下始初健粹，天下想望朝廷風采，傾耳以聽惟新之令。蓋人心惟危，道心惟微，惟精惟一，允執厥中。發而中節，斯謂之中。事舉其中，無過可矣。若曰恬而無以為也，何異大廈有風雨之患而不知葺，病者有膚腠之疾而不知療。良匠善醫，豈應若是。臣今所言，所謂舉其槩者，譬之文章為發題爾。陛下以臣言稍合於理，試舉此題以詢諸可顧問者，必有能推廣利害，詳為條對。又以見臣下之器識，庶於海嶽薄增塵露。

神宗初即位知雜御史劉述上奏曰臣以不才蒙陛下擢居言責之地惟是朝廷之急務時政之得失天下之利病未能有所建明夙夜循省懼無以裨聖慮贊盛德有孤陛下任使之意輒嘗思之得當今之所宜先者三數事謹具條列以聞惟陛下哀其愚衷恕其狂斐留神而財擇之天下幸甚臣聞帝王接物也以至誠為先權數不足任也歷觀六籍之指歸未有不本於至誠者至於天下國家之治亦在誠其意而已矣夫惟至誠為能終始萬物為能事神接人行之至者雖金石無情猶可以動之況其有知者乎是故人君以至誠接於下則臣下以至誠事其上易曰厥孚交如信以發志是也迹之古人何嘗不然詩曰呦呦鹿鳴食野之苹說者曰鹿得苹呦呦然鳴而相呼懇誠發於中此言文王以至誠接於下猶鳴鹿之相呼無非出於懇誠者也夫人君能以至誠接於下而臣下不務傾心畢力以報其上

者未有也詩曰憂心悄悄僕夫況瘁此言臣下憂君之極至於僕夫亦皆瘁病其於報上也何如哉若夫任權數以臨人而不繇至誠則人亦將以不誠事之此非所以感人心之道也非徒不足以感人心而已則又將有輕朝廷之心何也夫任權數者舉事於此而用意在彼人將曰今之所以然者意不在是也蓋將有為焉耳殆非人主所以取重於天下之道也故夫權數者醇德之病中人用之已為非宜況人主之尊乎臣恐輔導之臣有以此術開陛下者陛下信而行之適足為累耳其於盛德未見其補也臣又聞聖人不以獨見為明而以群言為用以堯之聖也知臣下之賢而不自用必俟群臣僉舉然後裁有所試耳其於退不肖也亦然方鯀之圮族也堯知其不可用而四岳以為能堯於鯀不敢自斷於己而不用卒徇四岳之言以試之者何也堯之心以謂知其圮族者獨予一人而已而群臣以為能

者且衆而弗成之績又未暴於當世是以不敢斷於己而從衆也且人君自用未足以為世法堯舜之所用心後世之所宜行者也而陋儒之論以為人君必操獨斷之權使威福一出於己臣下不得而與之然後人君之道尊嗚呼其亦不思甚矣夫萬幾之叢脞臣庶之夥繁而欲以一人聰明斷之非前聞也夫所謂獨斷者謀之於衆而斷之以己耳非謂弗詢於下而獨出於上之謂也弗詢於下而獨出於止是為自用耳人君自用使專事能中其理猶得於古人又況未能盡然乎輔導之臣有持此說以誤陛下者陛下信而行之適足為累耳於盛德未見其補也臣又聞人稟一元之氣而生所稟有厚薄故其質有美惡之別焉若辯與訥出於自然非美惡之所繫也是故其質美矣而其辭訥焉不害為君子其質惡矣而其辭辯焉不害為小人知人之術當觀其質性何如不當較其辯與訥也昔漢文帝登虎

圈愛嗇夫代上林尉對禽獸簿甚悉詔拜嗇夫為上林令張釋之曰絳侯東陽侯稱為長者此兩人言事曾不能出口豈效此嗇夫喋喋利口捷給哉今以嗇夫口辯而超遷之臣恐天下隨風而靡爭口辯而亡其實且下之化上疾於影響舉措不可不審也於是文帝乃止不拜嗇夫當時文帝能忍己所愛以從直言天下莫不以為賢及武帝之季田千秋以一言取宰相封侯單于聞之曰漢置丞相非用賢也妄一男子上書即得之矣以中國天子之所為而動為夷狄輕笑可不重謹哉孔子曰禦人以口給屢憎於人焉用佞夫言足以為世法者宜莫如孔子臣願陛下深信之而以漢之文武為鑒不貴嘵嘵切辯之人使中外聞之不敢飾虛言以求應天下幸甚臣又聞王言惟作命命一出則天下風行而影從之不可不謹也書曰謹乃出令蓋出令不謹則其施之也不能無不安之理施之而不安則必更張

之。又不審則必至于再至于三。爲令而至于再三。則天下安所從乎。是故古之人君。將有言也。必先慮之於心。咨之於衆。决之於故老大臣。然後行之。是故渙然如汗而不可反也。確然如金石而不可變也。今夫令之出也。下未及行而已退改之矣。一有使令也。其人未及往而已易之矣。不知左右之臣。所與陛下計事者誰歟。是何不審之甚也。昔漢文時。人有言季布賢。召欲以爲御史大夫。又言其勇使酒難近。至留邸一月。罷。布進曰。臣待罪河東。陛下無故召臣。此人必有以臣欺陛下者。今臣至。無所受事罷去。此人必有以臣爲不可者。陛下以一人譽召臣。一人毀去臣。臣恐天下有識者聞之。有以窺陛下。今令行而數易。臣恐天下之窺陛下有不止如漢文之時也。臣願陛下務持重。毋易由言。研慮於內。咨謀於外。計其可久而必行之。天下幸甚。臣又聞君摠其治。臣分其職。君主逸。臣主勞。勞逸之分。要之臣主

賢不賢耳。是故臣主俱賢。則君逸而臣勞。主賢而臣不賢。則主勞而臣逸。臣伏見陛下躬攬萬微。勤踰宵旰而未嘗休息。彼之所謂輔弼之臣。其間才力必有不堪其任者。不然。何致陛下勤勞之至此也。今夫一邑之小。丞尉之卑。朝廷尚思擇其人而任之。況天下之大。兩府之重乎。荀卿子曰。請問爲政。曰。賢能不待次而舉。不能不待頃而廢。元惡不待教而誅。此可謂得爲政術也。臣願陛下察其不堪任者而絀之。舉賢才而屬之。亦不可少緩矣。何也。方今法度日隳。紀綱日益不振。天下委靡日入於不治。此正勤求有爲之人使之有爲當此時也。不求有爲之人使之有爲。而舉與夫不足與爲之人共爲之。一旦至於亡可奈何。然後按刑章以誅之。亦無補於事矣。竊譬之人有疾病也。初在腠理不治。已而傳至血脉。藥石之功猶可以及之。於斯時也。又忽而不治。浸淫至于膏肓。雖有倉扁亦無如之何。古人有言曰。爲可爲於可爲之時。今日之謂也。臣竊觀陛下以英睿之資。躬親庶政。焦勞圖治。日甚一日。虛己以求讜言如恐不及。間者嘗詔中外陳時政得失。今者又詔廷臣以次轉對。欲以聞朝廷之缺闕。措天下於安平。其用心可謂至矣。臣敢不悉心竭慮。爲陛下具陳爲治本末之狀。庶幾有補於萬分。雖不能正之於將然之前。尚冀有以救之於已然之後。恭惟陛下首推至誠以御下。而不繫權數。博詢衆智而不任獨斷。不塞口給之人。不出不審再三之令。精求蹈道冨才忠力有爲之人。而委任之。然後血脉之疾可除。而藥石之功加於天下矣。臣不勝惓惓之愚。

監察御史裏行馬默。以論歐陽脩事。通判懷州。上疏陳十事。一曰攬威權。二曰察奸佞。三曰近正人。四曰明功罪。五曰息大費。六曰備凶年。七曰崇儉素。八曰久任使。九曰擇守宰。十曰禦邊患。攬威權。則天

子勢重而大臣安矣。察奸佞。則忠臣用而小人不能幸進矣。近正人。則諫諍日聞而聖性開明矣。明功罪。則朝廷無私而天下服矣。息大費。則公私冨而軍旅有積矣。備凶年。則大恩常施而禍亂不起矣。崇儉素。則自上化下而民樸素矣。久任使。則官不虛授而職事舉矣。擇守宰。則庶績有成而民受賜矣。禦邊患。則四遠畏服而中國彊矣。

時詔求言。文州曲水令宇文之邵上書曰。陛下初即大位。念萬世無疆之業。詔求闕失。開闢言路。可謂誼主矣。易家人之初九曰。閑有家悔亡。凡處家人之初。當端其本以保終吉。民之所以望而則效者。常在於人君繼統之始。此安危之機不可不慎也。昔成湯既沒。伊尹奉太甲以見厥祖。戒之曰。今王嗣厥德。罔不在初。陛下新服厥命。惟以祖宗爲念。以天人爲畏。則小大之事不懈矣。宋之有宋百有餘年。陛下一日南面而享之。圖宜跡其所得之艱難。夙夜栗栗以勤負荷。永

思太祖之武。太宗之文。真宗之畏天克己。仁宗之寛大慈仁。英宗之厲精庶政。立則見五聖於前。行則見於側。坐則見於堂。食則見於杯杅之間。詩曰。天難諶斯。言天不可不畏也。書曰。民可近。不可下。言民不可不畏也。去歲以來。千里不雨。近者畿甸逺者河北京東。蝗螟薉野。穀價踊貴。重以山陵之役。京西民力尤為彫敝。臣竊恐萑蒲之盜或貽宵旰之憂。為今之計。不過多鬻爵以濁入仕之流。廣度僧以奪可耕之民。終非計也。願令被災之郡許富者舉息於下戶。官給以質驗。待豐歲償其所貸。逋者官為治之。其息不過一倍。此有餘貲者樂為。而瀕死之衆可救溝壑之命。陛下又責躬引咎。寛獄訟。出宮女。斥聚斂之吏。蠲苛虐之政。罷無名之費。省勦民之役。凡所蠹政而召乖怨之氣者。舉更革之。如此。則大異可塞。王化可興也。京師者諸夏之本也。今薦紳之士不勵名節。而以勢利離合。器皿衣服窮於侈麗。車

馬宮室過於軌制。姦聲亂色盈溢耳目。衢巷之中父子兄弟不敢肩隨。孰謂王者之都。而風俗一至於此哉。願陛下思所以澄源之法。以禮節廉耻。摩切臣下。崇奬敦厚。而都下亦少為之厲禁。滌去佻薄之獘。淫瀆敗教之具。一加遏絕。凡侍從輔弼。宜慎簡脩潔方嚴之臣。俾究其任以允清議。古之求賢者數路以取之。寵以好爵。厚其禮命。惟恐其去也。而猶有三聘而不顧者。有閉門而不納者。有踰墻而避之者。臣諫其君而三不聽則去之。其至效也。君必使人要之。年七十而致其事。君不聽。則必以几杖錫之。猶有不稅冕而行者。有辭三公而為人灌園者。今日仕進之門。國家直患不能塞之爾。科防日增。格令日繁。求者日甚。拒之日峻。猶有假名氏以竊官號。匿苦塊之哀以干祿。祿少者增齒以希蚤仕。老者匿年以幸晚祿。譬之隄防之壞。塞其一穴。二穴又決。蕩然莫之能止也。今限年致仕著於令矣。又患其去之不速。令於門闕以示百僚。而猶不知止者。其可痛也。陛下合稍循其獘。隆於待士之意。示之以至廉之實。使衣冠者人人自重。庶幾風教之美少近於古。去歲諒祚猖獗。七八萬衆突至大順。廟堂無奇策。守邊無良將。臣竊為朝廷憂之。慶曆間緣邊之民不解帶者七年。國用大窘。三將淪沒而功不成者。陛下知其然乎。其患在於虜兵常合而我兵常分也。六路兵無慮二十萬。而二十三州。二百餘寨。分屯保戍。則是我兵雖多。而散在處處也。賊之來也。大則六監軍衙頭。一時俱發。小則隨處寇掠邊城。一面受敵。則所與角戰者無幾。而城寨之兵又各有所守。不可會集。衆寡不敵。則乞師告急。救兵纔至。賊又已去。今賊常以合兵擊我散兵。而我常以不敵之衆當其鋒。此慶曆之失也。今不改前轍。則後車又將覆也。觀今之勢。其能深入賀蘭收復十四州以為我有也乎。臣知其不能也。其能如先朝之舉五路進軍

直擣其巢穴乎。臣又知其不能也。計今之利。莫若詔諸道分勒所部將五符尺籍而規畫之。若干以為守。若干以為戰。若干以為救兵。必使與戰兵相近。而駐於唯亢之地。則可以應猝而不失機會也。唃氏嘗為元昊所殘。南徙歷精。亦宜厚其種族。共為聲援。以蠻夷攻蠻夷。計之上也。吐谷渾者。今之文扶羌是也。其俗隨水草遷徙。食肉衣毛無堅甲利刃。臨陣擊刺之技。不及於他夷。仰給我之泉茗繒帛。與之通者亦特以其馬也。今陰平之民歲苦重役者為馬戶也。凡羌馬之來。則使之資給費公私之財甚多。而所入之馬不足以備國乘。亦足以戰也。邊吏養羌非不厚也。而去歲反有安昌之變。塞上之民切齒。且安昌之羌與南路磨達羅多留疊林諸寨之羌一也。今閉安昌之路。禁其出入。而諸寨之羌貿易如故。是何異一室而多門者。杜其前而闢其後乎。臣之縣所部萬戶。而居民蕭然者。其獘實在於羌也。至

和講解之後。約不敢犯邊。而去歲火我三寨。臨殺士卒。國家以奉西北虜者。勢不得已也。今又驕寵小羌。而足其無厭之求乎。臣愚以為不若杜塞衆路。使不得入。而絕市無用之馬。益以一旅之兵。列置諸堡。則邊民小安矣。為政所重。莫急於農。且耕則得食。不耕則不得食。繫其身之損益也。長民者何與焉。民各治其田以厚其生者。百姓之私。勸授民事。往而立官以勸課之者。人君之公也。詩曰。曾孫來止。以其婦子。饁彼南畝。田畯至喜。此天子之勸農也。又曰。嗟嗟保介。維莫之春。亦又何求。如何新畬。此諸侯之勸農也。今監司郡守皆以勸農為目。然而未嘗省民。臣願立考課之法。以農政為殿最。言之似迂。而富國之良術也。郡縣之政。類多因循而不甚治者。臣知其由也。上下牽制。不得盡其才故也。千里之郡不能興利除害。受制於郡守也。百里之邑不能興利除害。受制於縣令也。郡縣之吏。寧違天子之詔條

奏議卷之三十五　十

而不敢違按察之命。蓋違天子之詔條。未必獲咎。而違按察之命。其禍可立而待也。今一伍之長。一卒之正。以法治其所部。上不問其所為也。今為民守令。而其勢固不若卒伍之長。郡縣之民。習知其勢之弱。而不畏服其教令。此獄訟所以益多也。臣願精選監司。必以清望。假守令之權。責其實效。庶循良之吏有聞焉。凡臣所陳。明詔之所求也。然臣尚有至忠。不敢嘿嘿。又為陛下極言之。臣聞疾未兆而先治者。善醫也。夫居憂而約。居樂而泰。人情之常也。今陛下處則諒闇。服則端衰。行則苴杖。無紛華之事交戟於前。誠能以此時遠念將來之失。慎微杜漸。克己復禮。使其志一定。則他日雖有可欲之物。亦無以滕其習成之性也。伯益之戒舜曰。罔遊于逸。罔淫于樂。傅說之戒高宗曰。無以逸豫。惟以治民。夫舜起於耕稼陶漁。高宗遯于荒野。極知小人之勞。二臣猶以此戒之。況陛下生長富貴。燕御方始。則安可

不豫為之防哉。願陛下聽政之間。則命通經之士講明古訓。究觀敗亡之主。以自創艾。盡孝兩宮。咨謀故老。則恐懼脩省。習而成性矣。臣誠私憂過計。三載變除之後。永厚陵土漸乾。而陛下憂悼之心又已衰殺。龍袞冕憑玉几。目有靡曼之色。耳有娛妙之聲。凡所以娛意者畢奏於前。非信道之深。孰得而禦哉。老子曰。塞其兌。閉其門。終身不勤。正在於今日也。

起居舍人韓維上言曰。臣竊聞陛下以來日御便坐聽政。臣愚慮所及。輒有三事。以為慎始正本之助。幸陛下省察。一者。陛下新罹大憂。方當以思親摧慕為意。從權聽政。蓋是不得已者。惟大事急務。特賜裁決。其餘且可闊略。故事。始見群臣及降坐入宮。皆舉音號慟。此高宗諒陰不言之意也。二者。執政皆兩朝顧命大臣。人君所當與共圖天下之務者也。陛下即位之初。尤宜推誠加禮。每事咨訪。以盡其心。

奏議卷之三十五　十一

至于博謀群臣。究極理道。雖是美德。止可資裨聖慮。及至決議論。裁號令。必須經由二府施行。乃合政體。周公戒伯禽曰。不使大臣怨乎不以。蓋謂此也。三者。百職事各有職分。惟當責任使人盡其能。若王者代有司行事。最為失體。孔子曰。先有司。是也。三體既正矣。若夫恭己倡率。隨事裁決。則一繫聖斷也。天下大事。未可猝為。人君施設自有先後。惟陛下加意慎重。以副四海觀望。臣不勝苦切涕泗之至。

元豐八年。維知陳州。又上言曰。臣伏被聖旨。曲諭誨言。退託不違。下詢愚賤。以求輔助。必誠古聖君哲后保邦安民之先務也。臣聞命之始。且悲且喜。輒不自揆。每進瞽言。少佐初政之萬一。竊以為治天下之道。不必過求高遠。止在審人情而已。識人情不難。以己之心推人之情。則可見矣。大凡人情貧則思富。苦則思樂。勞則思息。鬱塞則思通。陛下誠能以利民為本。則人富矣。以愛民為心。則人樂矣。役事之

有妨農務者去之則勞困息矣法禁之無益治道者蠲之則壅塞通矣推此而廣之盡誠心而行之則聖子神孫觀陛下之法不待教而自成聖德賢士聞陛下之風不煩開諭而爭宣忠力矣何憂軍民不忻戴社稷不安固乎臣世受國恩兄弟並列顯近陛下雖不宣諭猶思裨補況親奉聖訓哉臣無任感恩思報激切之至

熙寧元年翰林學士王安石上奏曰臣前蒙陛下問及本朝所以享國百年天下無事之故臣以淺陋誤承聖問迫於日晷不敢久留語不及悉遂辭而退竊念聖問及此天下之福而臣遂無一言之獻非近臣所以事君之義故敢冒昧而粗有所陳伏惟太祖躬上智獨見之明而周知人物之情僞指揮付託必盡其材變置施設必當其務故能駕馭將帥訓齊士卒外以扞夷狄內以平中國於是除苛賦止虐刑廢強橫之藩鎮誅貪殘之官吏躬以簡儉爲天下先其於出政

發令之間一以安利元元爲事太宗承之以聰武真宗守之以謙仁以至仁宗英宗無有逸德此所以享國百年而天下無事也仁宗在位歷年最久臣於時實備從官施爲本末臣所親見嘗試爲陛下陳其一二而陛下詳擇其可亦足以申鑒於方今伏惟仁宗之爲君也仰畏天俯畏人寬仁恭儉出於自然而忠恕誠慤終始如一未嘗妄興一役未嘗妄殺一人斷獄務在生之而特惡吏之殘擾寧屈己棄財於夷狄而不忍加兵刑平而公賞重而信納用諫官御史公聽並觀而不蔽於偏至之讒因任衆人耳目拔舉疏遠而隨之以相坐之法蓋監司之吏以至州縣無敢暴虐殘酷擅有調發以傷百姓自夏人順服蠻夷遂無大變邊人父子夫婦得免於兵死而中國之人安逸蕃息以至今日者未嘗妄興一役未嘗妄殺一人斷獄務在生之而特惡吏之殘擾寧屈己棄財於夷狄而不忍加兵之效也大臣貴戚左右近習莫敢強橫犯法其自重謹或甚於閭巷之人此刑平而公之效也募天下驍雄橫猾以爲兵幾至百萬非有良將以御之而謀變者輒敗聚天下財物雖有文籍委之府史非有能吏以鉤考而竊盜者輒發凶年饑歲流者填道死者相枕而寇攘者輒得此賞重而信之效也大臣貴戚左右近習莫能大擅威福廣私貨賂一有奸慝隨輒上聞貪邪橫猾雖間或見用未嘗得久此納用諫官御史公聽並觀而不蔽於偏至之讒之效也自縣令京官以至監司臺閣陞擢之任雖不皆得人然一時之所謂才士亦罕蔽塞而不見收舉者此因任衆人之耳目拔舉疏遠而隨之以相坐之法之效也升遐之日天下號慟如喪考妣此寬仁恭儉出於自然忠恕誠慤終始如一之效也然本朝累世因循末俗之弊而無親友群臣之議人君朝夕與處不過宦官女子出而視事又不過有司之細故未嘗如古大有

爲之君與學士大夫討論先王之法以措之天下也一切因任自然之理勢而精神之運有所不知名實之間有所不察君子非不見貴然小人亦得厠其間正論非不見容然邪說亦有時而用以詩賦記誦求天下之士而無學校養成之法以科名資歷敘朝廷之位而無官司課試之方監司無檢察之人守將非選擇之吏轉徙之亟既難於考績而游談之衆因得以亂真交私養望者多得顯官獨立營職者或見排沮故上下偷惰取容而已雖有能者在職亦無以異於庸人農民壞於繇役而未嘗特見救恤又不爲之擇官以脩其水土之利兵士雜於疲老而未嘗申敕訓練又不爲之擇將而久其疆埸之權宿衛則聚卒伍無賴之人而未有以變五代姑息羈縻之俗宗室則無教訓選舉之實而未有合先王親疏隆殺之宜其於理財大抵無法故雖儉約而民不富雖憂勤而國不強賴非夷狄昌熾之時又

無堯湯水旱之變誤天下無事過於百年雖曰人事亦天助也蓋累
聖相繼仰畏天俯畏人寬仁恭儉忠恕誠慤此其所以獲天助也伏
惟陛下躬上聖之質承無窮之緒知天助之不可常恃知人事之不
可怠終則大有為之時正在今日臣不敢廢將明之義而苟逃忘諱
之誅伏惟陛下幸赦而留神則天下之福也上謂安石曰朕久聞卿
道術德義有忠言嘉謀悉告朕方今治當何先對曰以擇術為始上
又問祖宗守天下能百年無大變粗致太平以何道也安石退而上
此奏明日上謂安石曰昨看卿所奏書至數遍言本朝事可謂粗盡
計治道無以出此所條衆失卿必以一二經畫試為朕詳言施設之
方對曰數之不可盡願陛下以講學為事講學既明則施設之方不
言而自喻上曰雖然試為朕言之於是為上略陳施設之方上大喜
曰此皆朕所未嘗聞他人所學固不及此可與朕一一為書條奏否

對曰臣已嘗論奏陛下以講學為事則諸如此類皆不言而自喻若
陛下擇術未明實未敢條奏上曰卿今所言已多朕恐有遺忘試錄
今日所對以進安石唯而退訖不復奏後紛爭政事皆本此書故具
錄焉

帝問安石為治所先對曰擇術為先帝曰唐太宗何如曰陛下當法
堯舜何以太宗為哉堯舜之道至簡而不煩至要而不迂至易而不
難但末世學者不能通知以為高不可及爾帝曰卿可謂責難於君
朕自視眇躬恐無以副卿此意可悉意輔朕庶同濟此道

右正言供諫職孫覺論所急者近効所勤者小數奏曰臣近陳愚款
願陛下時御便殿召大臣或從官各以類數人皆進侍坐以講求治
道因以國是與太平之功臣竊計陛下日力且不足矣何則陛下御
前殿後御後殿退則覽中外章奏而可否之往往至於暮夜大禹勤
儉文王日昃不遑暇食亦何以過此臣愚竊以謂此所急者近効所
勤者小數而於遠圖或有所遺夫道或有所廢也上下因循其弊之
積乃至於此臣聞祖宗之時躬於便殿臨試士伍短長之技角馬足
之疾徐觀器械之精苦事出於權宜且一時之制也今天下承平百
年紀綱法度有所未備顧但守祖宗一切之法而不知變則何以異
於膠柱鼓瑟刻舟求劍哉臣以為若軍頭引見殿前司公事日至於
便殿者可悉付之殿前司而責其課中外章奏有不足以煩聖覽者
可令執政一人從官二人取奏目閱視凡可以付有司使之任責者
不必悉奏也蓋古者致治必皆品式章程全具周密事出於有司非
人主所宜親者一切付之而已以歲月考其成而加誅賞焉今有司
無式可守故雖至易有司所宜任者亦須聖旨而後行尊者反任其
煩卑者反任其簡紀綱錯倒未有甚於此者也臣願陛下詔有司約

取唐式著本朝式一編付之有司永永遵守有不如式者以法從事
如此陛下日力有餘矣及其間暇以與大臣從官講求治道按夫後
先本末而行之則至治不難成衆務不難舉矣

時韓絳薦王安國才行召試賜及第除西京國子教授官滿至京師
上以安石故賜對帝曰卿學問通古今以漢文帝為何如主對曰三
代以後未有也帝曰但恨其才不能立法更制爾對曰文帝自代來
入未央宮定變故俄頃呼吸間恐無才者不能至用賈誼言待群臣
有節專務以德化民海内興於禮義幾至刑措則文帝加有才一等
矣帝曰王猛佐苻堅以蕞爾國而令必行今朕以天下之大不能使
人何也曰猛教堅以峻刑法殺人致秦祚不傳世今刻薄小人必有
以是誤陛下者願專以堯舜三代為法則下豈有不從者乎又問卿
兄秉國外論謂何曰但恨知人不明聚斂太急爾帝默然不悅

御史裏行錢顗上要務十事曰。臣每讀書傳。見忠義之臣事聖明之君。誠無所不通。言無所不從。臣雖至愚。未嘗不掩卷感激。思得其倖以竭臣子之節。庶幾有所補報也。而蒙陛下不以臣之疎賤。使待罪言職。臣夙夜念慮。無以答陛下恩遇之萬分。唯有狂瞽敢言而已。又況陛下天臨萬幾。焦勞庶政。孜孜求治之心。雖堯舜之稽古。禹湯之責己。無以加也。臣豈可以持祿苟安。而不務獻納哉。臣謹采當今之要務。參以祖宗之成訓。條為十事。以冒宸聽。幸陛下赦狂妄之愚。而賜財擇焉。一曰為君大體。臣聞體者履也。自古王者有治世之常法綏民之要術。可履而行之。履得其道。則天下蒙其澤。一履失其道。則天下受其弊。亦勢之然也。故太宗謂長孫無忌曰。朕即位之初。上書者或言人主必須獨運威權。不得專委臣下。或欲耀兵振武。懾服四夷。唯有魏徵勸朕偃革興文。布德施惠。中國既安。遠人自服。朕從其言

天下大寧。我太宗亦嘗與呂蒙正言致治之要。曰莫若撫夷夏。和陰陽使百度修理。一人端拱無為。此皆前聖後聖得為君之體也。臣願陛下法而行之。則祖宗之事。復見於今日矣。二曰正心御下。臣聞治國者如治家。治家者先脩其己。脩己者先正其心。傳曰。正心以正朝廷。脩己以安百姓。豈虛言哉。唐李玨嘗對太宗云。正觀中。房杜王魏每進忠言。只乞太宗不易初心。自古以來。靡不有初。鮮克終厥德者。實萬世無疆之休。臣竊見國史言藝祖大內既成。坐寢殿中。令洞闢諸門。皆端直開豁無有壅蔽。因謂左右曰。此如我心。小有邪曲。人皆見之矣。臣願陛下鑒此而審思之。則言動好惡無不合於道也。三曰審察邪正。臣聞治道之要。在知臣下之邪正。而審察君子小人之分而已也。巧詐便給者。謂之奇才可乎。聚斂彊濟者。謂之稱職可乎。沉靜敦厚者。不可謂之無能。砥礪名節者。不可謂之迂闊。有一惑於此

足以累於朝政也。為國家者。其審察君子小人。不可不早也。孔子曰遠佞人。王獮云。放善柔。乃萬世之訓也。我太宗嘗謂近臣曰。唯姦邪無狀若為內患深可懼也。帝王用心。常須謹此。茲見聖人深思遠慮以杜未萌之意也。臣願陛下視此以為戒。則天下何憂不治也。四曰選任大臣。臣聞之書曰。任官惟賢才。左右惟其人。則知君人者。雖有上聖之姿。自誠之性。必由忠賢輔佐。然後優游几席之上。坐視天民之阜也。古之言致治者莫尚乎禹湯。禹得皋陶。湯用伊尹。而王業大也。故曰昔在文武。聰明齊聖。小大之臣。咸懷忠良。其是之謂乎。太宗嘗謂宰臣呂端曰。廟堂之上。固無虛授。但能進賢退不肖。便為稱職。至哉斯言。延輔弼之任。繫天下之安危。不可不選也。故曰。天子擇宰相。宰相擇百官。然後各舉其職。而庶政修舉。臣願陛下力行而不倦則天下之幸也。五曰聽斷不惑。臣聞聖王端扆於法宮之中。而小大

之臣邪正紛紛。群言競進。雖然。聽之於耳。則必斷之於心。苟不悅於導諛。則無憂於悔吝。是知聽斷之際。其可忽乎。儻容片言之惑。小則繫人心之休戚。大則極天下之安危。不可不謹也。我太宗嘗謂近臣曰。人君聽斷。苟能盡誠人之情偽。四方遠近。無不通達。臣願陛下體蹈而精思之。不行小人浸潤之譖。不聽近習容悅之言。進忠賢而不疑。斥邪佞而不用。雖堯舜之聰明。亦無以過於此也。六曰謹出號令。古者命令之出。議其經久可用。然後宣布於天下。吏奉行而不敢慢。民聽受而不敢忽。管子曰。凡國之重器。莫重乎令。令重則君尊。君尊則國安。故書曰。令出惟行。弗惟反。賈誼亦云。先王執此之政。堅如金石。行此之令。信如四時。此皆古之激切之言也。國家命令之下。隨事變更。其能取信於天下乎。臣聞太祖一日朝罷。御便殿俛首不言。內侍王繼恩進曰。陛下退朝不同常日。不知其故。帝曰。爾謂帝王可容

易行事。耶罕来誤指揮一事。吏官必書之。此所以不樂也。太祖初臨萬幾。偶然一事之差。憂形於色。况發號出令。其肯忽之哉。臣願陛下思祖宗之所以謹於出令。則天下未有不臻於極治也。七曰公行賞罰。臣聞賞罰者人主之操柄。非至公之道不可以行之也。蓋賞者所以旌天下之有功。罰者所以懲天下之有罪。賞當功則為善者無不勸。罰當罪則為惡者無不沮。夫善者有所勸。而惡者有所沮。故朝無幸位。民無幸生。由是觀之。則賞不可以喜而及。罰不可以怒而用。要在公行於上。而必信於下。故曰賞以仲春夏。刑以象秋冬。此之謂也。如藝祖之黜王全斌。罰之公也。太宗之陞楊延照。賞之公也。臣願陛下廓日月之明。奮乾剛之斷。謹厥終惟其初。不賞無功。不罰非罪。克紹祖宗之大業。斯亦五帝三王之舉也。八曰恭儉惜費。竊以國家用度之廣。其出百端。內外供須。日增一日。甚可慮也。臣聞仁廟慶曆中。嘗令近臣裁減冗費。時議為允。以今較之。國用空乏。民力凋困。又愈於慶曆未減時也。臣願陛下酌古今之宜。思萬事之弊。先自一人減損。至於後宮服玩工巧奇技。一切屏絕。示天下以儉約。故曰節以制度。不傷財。不害民。又曰損上益下。其道行也。宜乎罷不急土木之役。去無益內外之費。大臣遷職。無名厚賜。皆可寢削。以寬民力。庶幾可為水旱兵革之備。臣聞故老說太祖創業垂統。躬履儉德。常服澣濯之衣。乘輿服御之物。皆尚質素。此得前史所謂敦朴為天下先之義也。臣願陛下遵先訓而行之。則恭儉之德。不獨專美於漢之文景也。九曰仁恕恤民。臣聞仁者三王之治具也。孔子曰。君子之道。忠恕而已。仁則濟衆有方。恕則用刑不暴。惟仁與恕。有國家者所宜先之也。書稱民非后罔戴。后非民無以守邦。孟子曰。民為貴。社稷次之。又曰。仁民而愛物。觀斯言。則民其可不恤乎。臣謂恤民之道無他。在乎薄

賦斂。謹好惡而已。故太祖嘗謂侍臣曰。苦民奉己之事。朕必不為之。真宗亦曰。非理害民。朝廷所不可行。茲見二帝仁恕勤恤之心至矣。臣願陛下法此以御四海。則治古之道何患不及哉。十曰鑒戒安危。臣聞觀鑑可以見形。觀古可以鑒今。覆車在前。後車必戒。故曰不善者善人之師。斯言得之矣。臣竊觀自古有天下者。必鑒於治亂安危之迹。故創業之君勞而易治也。守成之君逸而易亂也。治則安。亂則危。此亦必然之理也。何謂守成多逸而召於亂也。臣請言其略。方天下無事之時。左右進言者必曰。國既治矣。民既富矣。有前世常行之法令。足以施設。可高拱而無為矣。有四海所入之財賦。足以宴樂。可優游而自肆矣。於是君志日盈。君心日驕。紀綱敗壞而不知興復。嗚呼可惜哉。後之人君得不以是而為戒者也。故真宗謂王旦曰。前代帝王好窮兵黷武。懈於幾務。惑聲色事奢侈。此大過也。朕固不為之。先王所以恢治安之業。致太平之道。蓋由此也。臣願陛下鑒於古。視於今。循其言。覈其迹。夜以思之。旦以行之。則祖宗之休德。盡發揚於陛下之聖明也。非臣之幸。乃天下之幸。

熙寧二年。知明州陳襄被召除脩起居注。上殿劄子曰。臣聞為人君者在知至道。其次務得賢。其次務修法度。知斯三者。則知所以治天下矣。至道之要。求之不遠。在乎養心治性。擇乎中庸而已。天之所命之謂性。性之未變之謂中。中者天下之大本也。而有五善。其端也。若甚微而不可明。及其至也。塞乎天地矣。感物而動之謂情。情者天下之大欲也。而有邪有正。率善而行之謂正。率不善而行之謂邪。故正者天之道也。邪者人之偽也。苟得其正。則彼之所謂情者。喜也。怒也。哀也。樂也。無所處而不為中矣。即易之乾曰利正者。性情是也。苟失之邪。則吾之所謂善者。仁也。義也。禮也。智也。信也。無所往而不為偽矣。

即孟軻所謂物交物則引之而已是也堯舜得之天故曰性之也禹湯治之人故曰身之也正矣五霸失之僞故曰假之也邪矣是王霸之辨而君子之所以慎擇者也其始也在於博學以盡其心盡心以明其善明善以持其志持志以養其氣養氣以充其體誠至於高明博厚而不息也然後能定明至於廣大精微而不惑也然後能應則七情者不能僞而五事者無所不至矣喜非吾喜也而未嘗不喜怒非吾怒也而未嘗不怒哀樂非吾哀樂也而未嘗無哀樂莫不與天下公共之也其爲貌也必正禮而無所不莊其爲言也必正辭而無所不治其爲視也必正色而無所不辨其爲聽也必正音而無所不謀其爲思也必正道而無所不達故其應務也舉天下之變不得以困其心其任人也舉天下之才不得以罔吾道其治民也舉天下之政不得以盭吾仁其行法也舉天下之情不得以易吾義通之則塵

一而靜遠之則通乎倫類而知建諸天地而不悖質諸鬼神而無疑百世以俟聖人而不惑斯道也百王之所相傳而不易者也君得之傳之臣臣得之致之君大者以爲聖小者以爲賢或並世而其身傳或異世而其言示堯之於舜禹皋陶則以身傳之也彼則見而知之於湯文王則以言示之也彼則聞而知之文王之於武王周公太公則以身傳之也彼則見而知之於孔子孟軻則以言示之也彼則聞而知之伊尹之於太甲也甘盤之於高宗也周公之於成王也嘗致之矣而天下平孔子孟軻不得其君而致之也而天下亂行乎百世之上言乎百世之下而若合符節其用捨則殊其所以傳之者一也爲人君者有其道則聰明不足以自任也可以取而取之有其位則權勢不足以自私也可以與而與之故其心公焉居天下之廣居攬天下之多務而不敢獨爲之也必求天下之賢者而任之相與共濟

焉堯非不聖也方其洪水之時中國猶未乂堯思天下之賢者宜莫如舜舉而敷治焉舜思天下之賢者宜莫如禹又以命禹洎諸臣水土既平益火山澤禽獸之害人者去之稷教耕稼民得安居而食又懼夫無教而亂也使契爲司徒教以人倫而皋陶以刑輔之而天下以寧故孔子曰舜有臣五人而天下治孟軻曰堯以不得舜爲己憂舜以不得禹皋陶爲己憂知其所以爲大也得其小以失其大烏足以爲堯舜哉隋文帝每一臨朝或至日昃宿衛之士傳飡而食唐文宗議政延英每對宰臣率漏下十數刻此二主者非不用心勤勞然終無益於治者由親細務而闇大體不知其術然也皋陶曰元首叢脞哉股肱惰哉萬事墮哉此可知矣夫法度者人情之防範也爲國而不修先王之法度是猶輪之不以規矩正方圓而曠之不以六律治五音也古者先王建國一事一政無非法者將以定民之志而立

民之極雖其迹之不必同然其制作之意未可一日而忘也故其車服宮室皆有數度人徒械用皆有等宜貢賦必有節鄉田學射皆有去冠昏喪祭皆有禮姦聲姦色者舉廢亂名亂政者舉殺器服不中度者舉毀禽獸不中殺者舉禁是以國家優裕風俗淳一而物無疵癘矣周衰禮樂壞王道陵夷上無聖賢之君下無法度之臣天下蕩然無綱紀制度漢興有楊雄者可謂法度之臣矣而無可致之君唐太宗有爲之主也而房杜之徒未足以言禮樂此其所以不王也伏惟陛下享國以來孜孜庶政二帝三王之事必欲舉而行之臣居斯時不以堯舜之道陳於陛下之前則不恭之罪莫大焉昔者孟軻見滕文公言必稱堯舜文公中才之主也軻猶以此待之況陛下天資聖德聰明智勇之若此臣敢隱默而不言哉方今天下之患者皆謂黎民未乂戎虜未賓政令未明財用不足以臣思之不足爲患所以

過慮者在陛下中庸之未擇性理之未充賢才之未多法度之未立也。伏望陛下略機務之繁進誠明之學稽經信道順養神明慎選縉紳有道之臣。旁求巖穴篤行之士。日與講求性命之理道德之源。養而充之以至神固。斯可以不言而化矣。然後建學校隆師儒。首自京師達于州邑。群百辟之才以長育之。隆三物之教以統一之。則賢人衆多。是以任使矣。求一德以居論道之司。擇庶尹以付任官之責。簡用儒臣以分按察之權。均布循吏以膺守宰之寄。自然百司群吏莫不任職。政令自白。而黎元安矣。詔奉常以禮學之士脩五禮於朝。委大農以制置之司。節百用於國。則浮費自省。而財用有餘矣。陛下身先恭儉以訓於上。小大之臣畏法遵繩以守於下。民以是化。政以是淳。國富兵強。可以制挺以撻戎狄之兵矣。凡有司之事。一切付之。陛下但優游巖廊以神道設教。此堯舜之舉也。易曰。火在天上大有。君子以遏惡揚善順天休命。惟陛下不以臣言爲迂闊。少賜留意。則天下幸甚。

監察御史裏行程灝上疏曰。臣竊謂聖人創法皆本諸人情極乎物理。雖二帝三王不無隨時因革踵事增損之制。然至乎爲治之大原。牧民之要道。則前聖後聖豈不同條而共貫哉。蓋無古今。無治亂。如生民之理有窮。則聖王之法可改。後世能盡其道則大治。或用其偏則小康。此歷代彰灼著明之効也。苟或徒知泥古而不能施之於今。姑欲徇名而遂廢其實。此則陋儒之見。何足以論治道哉。然儻謂今人之情皆已異於古。先王之迹不可復於今。趣便目前。不務高遠。則亦恐非大有爲之論。而未足以濟當今之極弊也。謂如衣服飲食宮室器用之類。苟便於今而有法度者。豈亦遽當改革哉。惟其天理之不可易。人所賴以生。非有古今之異。聖人之所必爲者。固可槩舉。然行之有先後。用之有緩速。若夫裁成運動。周旋曲當。則在朝廷講求設施如何耳。古者自天子達於庶人。必須師友以成其德業。故舜禹文武之聖。亦皆有所從學。今師傅之職不脩。友臣之義未著。所以尊德樂善之風未成於天下。此非有古今之異者也。王者必奉天建官。故天地四時之職。歷二帝三王未之或改。所以百度脩而萬化理也。至唐猶僅存其略。當其治時。尚得綱紀小正。今官秩淆亂。職業廢弛。太平之治所以未至。此亦非有古今之異也。天生蒸民。立之君使司牧之。必制其常產。使之厚生。則經界不可不正。井地不可不均。此爲治之大本也。唐尚能有口分授田之制。今則蕩然無法。富者跨州縣而莫之止。貧者流離餓殍而莫之恤。幸民雖多而衣食不足者蓋無紀極。生齒日益繁。而不爲之制。則衣食日蹙。轉死日多。此乃治亂之機也。豈可不漸圖其制之之道哉。此亦非有古今之異者也。古者政教始乎鄉里。其法起於比閭族黨州鄉酇遂。以相聯屬統治。故民相安而親睦。刑法鮮犯。廉恥易格。此亦人情之所自然。行之則効。亦非有古今之異者也。庠序之教。先王所以明人倫化成天下。今師學廢而道德不一。鄉射亡而禮義不興。貢士不本於鄉里而行實不脩。秀民不養於學校而人材多廢。此較然之事。亦非有古今之異者也。古者府史胥徒受祿公上。而兵農未始判也。今驕兵耗匱國力亦已極矣。臣謂禁衛之外。不漸歸之於農。則將貽深慮。府史胥徒之役毒遍天下。不更其制。未免大患。此亦至明之理。非有古今之異者也。古者民必有九年之食。無三年之食者以爲國非其國。臣觀天下耕之者少。食之者衆。地力不盡。人功不勤。雖富室強宗鮮有餘積。況其貧弱者乎。或一州一縣有年歲之凶。即盜賊縱橫。飢羸滿路。如不幸有方二三千里之災。或連年之歉。則未知朝廷以何道處之。則其患不可勝言矣。豈可曰昔何久不至是。曰以華為可恃也哉。曰宜漸從古制。均田務農。公私交為儲粟之法以為之備。此亦無今古之異者也。古者四民各有常職。而農者十居八九。故衣食易足而民無所困苦。今京師浮民數逾百萬。游手不可貲度。觀其窮蹙辛苦孤貧疾病變詐巧偽以自求生。而常不足以生。日益歲滋。久將若何。事已窮極。非聖人能變而通之。則無以免患。豈可謂無可柰何而已哉。此在酌古變今。均多恤寡。漸為之業以救之耳。此亦非有古今之異者也。聖人奉天理物之道在乎六府。六府之任治之於五官。山虞澤衡各有常禁。故萬物阜豐而財用不乏。今五官不脩。六府不治。用之無節。取之不時。豈惟物失其性。材木所資。天下皆已童赭。斧斤焚蕩。尚且侵尋不禁。而川浮漁獵之繁。暴殄天物。亦已耗極。則將如之何。此乃窮弊之極矣。惟修虞衡之職。使將養之。則有變通長久之勢。此亦非有古今之異者也。古者冠昏喪祭車服器用。等差分別。莫敢踰僭。故財用易給而民有常心。今禮制未修。奢靡相尚。卿大夫之家莫能中禮。而商販之類或踰王公。禮制不足以檢飭人情。名數不足以旌別貴賤。既無定分。則姦詐攘奪人人求厭其欲而後已。豈有止息者哉。此爭亂之道也。則先王之法豈得不講而損益之哉。此亦非有古今之異者也。此十者特其端緒耳。臣特論其大端。以為三代之法有必可施行之驗。如其綱條度數施為注措之道則審行之。必也稽之經訓而合。施之人情而宜。此曉然之定理。豈徒若迂疏無用之說哉。惟聖明裁擇。

灝又上疏曰。臣伏謂得天理之正。極人倫之至者。堯舜之道也。用其私心。依仁義之偏者。霸者之事也。王道如砥。本乎人情。出乎禮義。若履大路而行。無復回曲。霸者崎嶇反側於曲逕之中。而卒不可與入堯舜之道。故誠心而王則王矣。假之而霸則霸矣。二者其道不同。在審其初而已。易所謂差若毫釐。繆以千里者。其初不可不審也。故治天下者必先立其志。正志先立。則邪說不能移。異端不能惑。故力進於道而莫之禦也。苟以霸者之心而求王道之成。是衒石以為玉也。故仲尼之徒無道桓文之事。而曾西恥比管仲者義所不由也。況下於霸者哉。陛下躬堯舜之資。處堯舜之位。必以堯舜之心自任。然後為能充其道。漢唐之君有可稱者。論其人則非先王之學。考其時則皆駁雜之政。乃以一曲之見幸致小康。其創法垂統非可繼於後世者。皆不足為也。然欲行仁政而不素講其具。使其道大明而後行。則或出或入。終莫有所至。夫事有大小。有先後。察其小忽其大。先其所後。後其所先。皆不可以適治。且志不可慢。時不可失。惟陛下稽先聖之言。察人事之理。知堯舜之道備於己。反身而誠之。推之以及四海。

擇同心一德之臣。與之共成天下之務。書所謂尹躬暨湯咸有一德。又曰一哉王心。言致一而後可以為也。古者三公不必備。惟其人。誠以謂不得其人而居之。則不若闕之之愈也。蓋小人之事。君子所不能同。豈聖賢之事。而庸人可參之哉。欲為聖賢之事而使庸人參之。則其命亂矣。既任君子之謀。而又入小人之議。則聰明不專。而志意惑矣。今將救千古深錮之弊。為生民長久之計。非夫極聽覽之明。盡正邪之辨。致一而不二。其能勝之乎。或謂人君舉動不可不慎。易於更張則為害大矣。臣獨以為不然。所謂更張者。顧理所當耳。其動皆稽古質義而行。則為慎莫大焉。豈若因循苟簡卒致敗亂者哉。自古以來。何嘗有師聖人之言法先王之治。將大有為而反成禍患者乎。願陛下奮天錫之勇智。體乾剛而獨斷。霈然不疑。則萬世幸甚。

歷代名臣奏議卷之三十五

治道

宋神宗熙寧二年。司馬光上體要疏曰。臣准御史臺牒。伏奉四月二十日詔敕。傳曰近臣盡規。以其榮辱休戚與上同也。今在此位者。視朕過失與朝廷政事之闕。默而不言。乃或私議竊歎。若以爲其責不在己。夫豈皆習見成俗以爲當然耶。亦有含章懷寶待唱而後發者也。今百度隳弛。風俗偷惰。薄惡哉。異議告不一。此誠忠賢助朕憂惕以刱制改法。救弊除患之時。宜令侍從官自今視朕過失與朝廷政事之闕。無有巨細。各具章奏。極言無隱。噫。言善而不用。朕有厥咎。事之而弗言。爾爲不恭。朕將用此考察在位所以事君之實。明黜陟焉。臣以駑下之材。自仁宗皇帝時蒙擢在侍從。服事三朝。思隆德厚。殞身喪元。未足爲報。雖訪問所不及。猶將披肝瀝膽。以效其區區之忠。

況聖意采納之勤。督責之嚴。諄諄如此。臣敢營私避怨。虛情愛己。不爲陛下別白當今之切務。庶幾少補萬分之一耶。臣聞爲政有體。治事有要。自古聖帝明王。垂拱無爲而天下大治者。凡用此道也。何謂爲政有體。君爲元首。臣爲股肱。上下相維。內外相制。若網之有綱。絲之有紀。故詩云。勉勉我王。綱紀四方。又云。愷悌君子。四方之綱。古之王者。設三公九卿。二十七大夫。八十一元士。以綱紀其內。設方伯州長卒正連帥屬長。以綱紀其外。尊卑有序。若身之使臂。臂之使指。莫不率從。此爲政之體也。何爲治事有要。夫人智有分而力有涯。以一人之智力。兼天下之要務。欲物物而知之。日亦不給矣。是故尊者治衆。卑者治寡。治衆者事不得不約。治寡者事不得不詳。約則舉其大。詳則盡其細。此自然之勢也。益稷曰。元首明哉。股肱良哉。庶事康哉。言君明則能擇臣。臣良則能治事也。又曰。元首叢脞哉。股肱惰哉。萬事墮哉。言君親細務。則臣不盡力。而事廢壞也。書立政曰。文王罔攸兼于庶言庶獄庶慎。惟有司之牧夫。是訓用違。庶獄庶慎。文王罔敢知于茲。言文王擇有司而任之。其餘皆不足知也。康誥曰。庸庸祗祗威威顯民。言文王用其可用。祗其可祗。刑其可刑。專明此道以示民也。是故王者之職。在於量材任人。賞功罰罪而已。苟能慎擇公卿牧伯而屬任之。則其餘不待擇而精矣。謹察公卿牧伯之賢愚善惡而進退誅賞之。則其餘不待進退誅賞而治矣。然則王者所擇之人不爲多。所察之事不爲煩。此治事之要也。臣竊見陛下日出視朝。繼以經席。將及日中。乃還宮禁。入宮之後。竊聞亦不自閑。省閱天下奏事。群臣章疏。遠至昏夜。又御燈火。研味經史。博觀群書。雖中宗高宗之不敢荒寧。文王之日昃不食。臣以爲不能及也。然自踐祚以來。孜孜求治。於今三年。而功業未著者。殆未得其體要故也。祖宗創業垂統。爲後

世法。內則設中書樞密院御史臺三司審官審刑等在京諸司。外則設轉運使知州知縣等衆官。以相統御。上下有敘。此所謂紀綱者也。今陛下好使大臣奪小臣之事。小臣侵大臣之職。是以大臣解體不肯竭忠。小臣諉上不肯盡力。此百官所以弛廢。而萬事所以隳頹者也。而陛下方用爲致治之本。此臣之所大惑也。臣微賤不得盡知朝廷之事。且以耳目所接近日數事臣所知者言之。其餘陛下可以類求也。昔漢文帝問陳平天下一歲決獄及錢穀出入幾何。平曰。陛下即問決獄責廷尉。問錢穀責治粟內史。必使卿大夫各任其職。此乃宰相事也。若平者可謂能知治體矣。今之兩府。皆古宰相之任也。中書主文。樞密主武。若乃百官之長非其人。刑賞大政失其宜。此兩府之責也。至於錢穀之不充。條例之不當。此三司之事也。陛下苟能精選曉知錢穀奉公忘私之人。以爲三司使副判官。諸路轉運使各使

久於其任，以盡其能。有功則進，無功則退。老不能掩實，偽不能亂真。安民勿擾，使之自富，處之有道，用之有節，何患財利之不豐哉？今乃使兩府大臣悉取三司條例，別置一局，聚文士數人與之謀議，改更制置，三司皆不與聞，臣恐所改更者未必勝於其舊，而徒紛亂祖宗成法。考古則不合，適今則非宜。吏緣爲姦，農商失業。數年之後，府庫耗竭於上，百姓愁困於下，衆心離駭，將不復振矣。且兩府於天下之事無所不總，若百官之職皆侵而兩府治之，則在上者不勝其勞，而在下者爲無所用矣。又監牧使主養馬，四園苑主課利，今乃使監牧使不屬群牧司，四園苑不屬三司提舉司，則在下者各得專權自恣，而在上者爲無所用矣。陛下方欲納天下於大治，而使百官在上者不委其下，在下者不稟其上，能爲治乎？若此之類，臣竊恐似未得其體也。凡天下之事，在一縣者當委之知縣，在一州者當委之知州，在一

路者當委之轉運使，在邊鄙者當委之將帥，然後事乃可集。何則？久在其位，識其人情，知其物宜，賞罰之權足以休戚兩部之人，使之信服故也。今朝廷每有一事，不委之將帥監司守宰，使之自爲方略，責以成效，而施其刑賞，常好別遣使者，銜命奔走，旁午於道，所至徒有煩擾之弊，而於事未必有益。不若勿遣之爲愈也。夫事之利害，吏之能否，皆非使者所能素知，不免臨時詢采於人。所詢者或遇公明忠信之人，猶僅能得其一二；或遇私闇奸險之人，則是非爲之倒置，委此二者交集於前，而使者不能猝辨也。是以往往害事而少能爲益。非將帥監司守宰皆賢而使者皆愚也，累歲之講求與一朝之議論，積久之采察與目前之毀譽，精粗詳略，其勢不同故也。其有居官累歲而不知利害，臨人積久而不知能否，或雖知利害而不能變更，雖知能否而不能黜陟，此乃愚昧私曲之人，朝廷當察而去之，更擇賢

者以代其位，不當數遣使者擾亂其間，使不得行其職業也。又庸人之情，苟策非己出，則媢嫉沮壞，惟恐其成。官吏若是者十常五六。借使使者所規畫曲盡其宜，在彼之日，其當職之人已怏怏不悅，不肯同心以助其謀，協力以成其事。曰朝廷自遣尊使治之，我何敢與知。及返命之日，彼必毀之於後，曰：使者既謀而授我，我今竭力而成之，功悉歸於畫謀之人，我何有哉？此所以謂不若毋遣使者，而屬任當職之人爲愈也。夫使者所以通達遠方之情，固不可無。然今之轉運使即古使者之任，苟得人而委之，賢於數遣使者遠矣。若監司自爲姦慝貪縱，或有所隱蔽欺罔，或爲一部內之人所訴，或所謀畫之事未得其宜，朝廷欲察其罪惡，審其虛實，判其曲直，定其是非，然後別遣使者按之。若按得其實，監司有罪則當刑，不才則當廢，置有但已者也。今每有一事，朝廷輒自京師遣使者往治之，是在外之官皆無所用

也。使者既代之治事，而當職之人亦無所刑，無所廢，是只使之袖手旁觀，偷安竊祿者矣。若此之類，臣竊恐似未得其體也。今朝廷之士，左右之臣，皆曰陛下聰明剛斷威福在己，太平之功可指日而致。臣愚竊獨以爲未也。臣聞古之聖帝明王，聞人之言，則能識其是非，故謂之聰；觀人之行，則能察其邪正，故謂之明。是非既辨，邪正既分，奸不能惑，佞不能移，故謂之剛。取是而捨非，誅邪而用正，確然無所疑，故謂之斷。誅一不善，而天下不善者皆懼，故謂之威。賞一有功，而天下有一者皆喜，故謂之福。今陛下聰明剛斷則誠體之矣，欲取威福之柄，則誠有其志矣。然於所以爲之之道尚或有所未盡，故臣以爲太平之功未可期也。夫帝王之道，當務其遠者大者，而略其近者小者。國之大事當與公卿議之，而不當使小臣參之；四方之事當委牧伯察之，而不當使左右覘之。儻公卿牧伯尚不能擇賢者而任之，小臣左右

獨能得賢者而使之乎。若苟爲不賢。則陰詖私謁無不爲已。今陛下好於禁中出手詔指揮外事。非公卿所薦舉。牧伯所糾劾。或非次遷官。或無故廢罷。外人疑駭不知所從。此豈非朝廷之上。左右之臣。所謂聰明剛斷威福在己者耶。陛下聞其言而信之。臣竊以爲過矣。夫公卿所薦舉。牧伯所糾劾。或謂之賢者而不賢。謂之有罪而無罪。皆有迹可見。責有所歸。故不敢大爲欺罔。若姦臣密白陛下。令陛下自爲聖意以行之。則威福集於私門。怨謗歸於陛下矣。安得謂之威福在陛下耶。且陛下鄉時中詔所指揮者。率非大事。至於兩禁美官。邊藩將帥。省府職任。諸路監司。此皆衆人之所希求。治亂之所繫屬。當除授之際。竊恐未必一一出聖志也。若乃姦邪佞猥之人。陛下所明知而黜去者。或更改官而升資。或不久復進用。然則威福之柄。果不在陛下。而陛下偶未之思也。以此觀之。面譽陛下聰明剛斷威福在己。太平可立致者。非愚則誣。不可不察也。陛下必欲威福在

己。曷若謹擇公卿大臣明正忠信者留之。愚昧阿私者去之。在位者既皆得其人矣。然後凡舉一事。則與之公議於朝。使各言其志。陛下清心平慮。擇其是者而行之。非者不得復奪也。凡除一官。亦與之公議於朝。使各舉所知。陛下清心平慮。擇其賢者而用之。不肖者不能積事也。如此。則諫者舉者雖在公卿大臣。而行之用之。皆在陛下。安得謂之威福不在己邪。陛下此之不爲。而頗彼之久行。臣竊恐未得其要也。夫三人群居無所統一。不散則亂。是故立君以司牧之。群臣百姓勢均力敵。不能相治。故從人君決之。人君者。固所以決是非行賞罰也。若人君復不肯決。當使從誰決之乎。夫人心不同。有如面焉。國家凡舉一事。朝野之人。必或以爲是。或以爲非。凡用一人。必或以爲賢。或以爲不肖。此固人情之常。自古而然。不足怪也。要在人主審其是非而取捨之。取是而捨非則安榮。取非而捨是則危辱。此乃安危榮辱之所以分也。是以聖王重之

故博謀群臣。下及庶人。然而終決之者。要在人君也。古人有言曰。謀之多。故可以觀利害之極致。斷之獨。故可以定天下之是非。若知謀而不知斷。則群下人人各欲逞其私志。斯衰亂之政也。詩云。謀夫孔多。是用不集。發言盈庭。誰敢執其咎。如匪行邁謀。是用不得于道。哀哉爲猶。匪先民是程。匪大猷是經。維邇言是聽。維邇言是爭。如彼築室于道謀。是用不潰于成。此言周室之衰。人臣不知先王之大道。務爭近小之事。人君不能定其可否。而事終無成也。漢世國家有大典禮。大政令。大刑獄。大征伐。必下公卿大夫博士議郎議。其議者固不能一。必有參差不齊者矣。於是天子稱制決之曰。丞相議是。或曰廷尉當是。而群下厭然無有不服者矣。今陛下聽群臣各盡其情以議事。此誠善矣。然終不肯以聖志裁決。遂使群臣有高勝者。以巧文相攻。辨口相持。至于再至于三。互相反覆。無有限極。臣愚深恐虧朝廷

之政體。損陛下之明德。流聞四方。取輕夷狄。非嘉事也。夫天下之事有難決者。以先王之道揆之。若權衡之於輕重。規矩之於方圓。錙銖毫忽。不可欺矣。是以人君務明先王之道。而不習律令。知本根既殖則枝葉必茂故也。近者登州婦人阿云。謀殺其夫。重傷垂死。情無可愍。在理甚明。已傷不首。於法無疑。中材之吏皆能立斷。事已經審刑院大理寺刑部斷爲死罪。而前知登州許遵文過飾非。妄爲巧說。朝廷命兩制定奪者再。命兩府定奪者再。勑出而復收者一。收而復出者一。爭論縱橫。至今未定。夫以田舍一婦人有罪。在於四海之廣。萬幾之衆。其事之細。何啻秋毫之末。朝廷欲斷其獄。委一吏足矣。今乃紛紜至此。設更有一可疑之事大於此者。將何以決之。夫執條據例者。有司之職也。原情制義者。君相之事也。分爭辨訟。非禮不決。禮之所去。刑之所取也。阿云之事。陛下試以禮觀之。豈難決之獄哉。彼謀

毅為一事為二事。謀為所因。不為所因。此昔衆嶽燒之論。乃文法俗
吏之所争。豈明君賢相所當留意邪。今議論歲餘而後成法。終於棄
百代之常典。悖三綱之大義。使良善無告。奸凶得志。豈非徇其枝葉
而忘其本根之所致邪。若此之類。臣竊恐似未得其要也。此皆衆人
之所私議竊歎而莫敢明言者。臣獨以受恩深重。不願斧鉞。為陛下
言之。惟聖明裁察。

三年。翰林學士范鎮上奏曰。臣請致仕。已四上章。歷日彌旬。未聞報
可。緣臣所懷有可去者二。不敢不陳。臣言青苗不見聽。一可去。薦蘇
軾、孔文仲不見用。二可去。負二可去。重之以多病早衰。其可以已乎。
今人有言獻忠與獻佞。孰是。必曰獻忠。是納諫與拒諫孰是。必曰納
諫。是蘇軾、孔文仲奇謂獻忠矣。陛下拒而不納。必有獻佞以誤陛下
者。不可不察也。若李定避持服。遂不認母。是壞人倫逆天理者。而欲

以為御史。御史臺為之罷陳薦。舍人院為之罷宋敏求蘇李大臨龍
蘇頌。諫院罷胡宗愈。王韶上書肆意欺罔。以興造邊事。敗則置而不
問。反為之罪帥臣李師中。及御史一言蘇軾。則下七路持摭其過。孔
文仲則遣之歸任。以此二人。況彼二人。以彼事理。觀此事理。孰是孰
非。孰得孰失。陛下聰明之主。其可以逃聖鑒乎。惟審思而熟計之。朝
廷所恃者賞罰。而賞罰如此。如天下何。如宗廟社稷何。至於言青苗
則曰有效矣。夫所謂見效者。豈非歲得緡錢數十百萬乎。數十百萬
者。非出於天。非出於地。非出於建議者之家。一出於民。民出之而不
已。則數歲之後。將如之何。民猶魚也。財猶水也。水深則魚活。財裕則
民有生意。養民而盡其財。譬猶養魚而欲竭其水也。今之官。但能多
歛青苗。急其期會者。則有自知縣擢為轉運判官。擢為提點刑獄。急
進僥倖之人。豈復顧陛下百姓乎。但知趨賞爾。臣恐陛下百姓相濡

于涸轍中矣。陛下有納諫之資。大臣進拒諫之計。陛下有愛民之性。
大臣用殘民之術。臣職獻替。此時而無一言。則負陛下多矣。臣知言
入必觸大臣怒。則罪在不測。雖然。臣嘗以忠事仁皇帝。仁皇帝不賜
之死。才聽解言職而已。以禮事英皇帝。英皇帝不加之罪。才令補畿
郡而已。不以所事二帝之心而事陛下。是臣自棄於世也。臣為此章
欲上而中止者數矣。既而自謂曰。今而後歸伏田間。雖有忠言嘉謀
不復得聞朝廷矣。所以上之。決然不疑。惟陛下裁赦。

直史館判官誥院蘇軾。擬進士對御試策曰。臣切見陛下始革舊制
以策試多士。厭聞詩賦無益之語。將求山林朴直之論。聖德廣大。中
外歡悅。而所試舉人。不能推原上意。皆以得失為慮。不敢指陳闕政。
而阿諛順旨者。又率據上第。陛下之所以求於人至深切矣。而下之
報上者如此。臣切悲之。夫科場之文。風俗所係。所收者天下莫不以

為法。所棄者天下莫不以為戒。昔祖宗之朝。崇尚辭律。則詞賦之工
曲盡其巧。自嘉祐以來。以古文為貴。則策論盛行於世。而詩賦幾至
於熄。何者。利之所在。人無不化。今始以策取士。而士之在甲科者多
以諂諛得之。天下觀望。誰敢不然。臣恐自今以往。相師成風。雖直言
之科。亦無敢以直言進者。風俗一變。不可復返。正人衰微。則國隨之。
非復詞賦策論迭興迭廢之比。是以不勝憤懣。退而擬進士對御試
策一道。學術淺陋。不能盡知當世之切務。載所聞見。將以推廣於聖
言。庶有補於一二。將以開示四方。使知陛下本不諱惡切直之言。風
俗雖壞。猶可以少救。其所撰策。謹繕寫投進。策曰。臣伏見陛下發德
音。下明詔。以天下安危之至計。謀及於布衣之士。其求之不可謂不
勤。其好之不可謂不篤矣。然臣私有所憂者。不知陛下有以受之歟。
禮曰。甘受和。白受采。故臣願陛下先治其心。使虛一而靜。然後忠言

至計可得而入也。今臣竊觀陛下。先入之言已實其衷。邪正之黨已二其聽。功利之說以動其欲。則雖有皋陶益稷爲之謀亦無自入矣。而況於疎遠愚陋者乎。此臣之所以大懼也。若乃盡言以招過觸諱以亡軀。則非臣之所恤也。聖策曰。聖王之御天下也。百官得其職。萬事得其序。臣以爲陛下未知此也。是以所爲顛倒失序如此。苟誠知之。曷不尊其所聞而行其所知歟。百官之所以得其職者豈聖王人人而督責之歟。萬事之所以得其序者豈聖王事事而整齊之歟。亦因能以任職。因職以任事而已。官有常守謂之職。施有先後謂之序。今陛下使兩府大臣侵三司財利之權。常平使者亂職司守令之治。刑獄舊法不以付有司。而取決於執政之意。邊鄙大慮不責帥臣。而聽計於小吏之口。百官可謂失其職矣。王者之所宜先者德也。所宜後者刑也。所宜先者義也。所宜後者利也。而陛下易之。可謂萬事失

其序矣。然此猶其小者。若其大者則中書失其政也。宰相之職。古者所以論道經邦。今陛下但使奉行條例司文書而已。昔邴吉爲丞相。蕭望之爲御史大夫。望之言陰陽不和。咎在臣等。宣帝以爲意輕丞相。終身薄之。今政事堂忿爭相詆。流傳都邑以爲口實。使天下何觀焉。故臣願陛下首還中書之政。則百官之職萬事之叙。以次得矣。聖策曰。有所不爲。爲之而無不成。有所不革。革之而無不服。陛下及此言。是天下之福也。今日之患。正在於未成而爲之。未服而革之耳。夫成事在理不在勢。服人以誠不以言。理之所在。以爲則成。以禁則止。以賞則勸。以言則信。古之人所以鼓舞天下。綏之斯來。動之斯和者。蓋循理而已。今爲政不務循理。而欲以人主之勢賞罰之威而成之。夫以斧析薪。可謂必克矣。然不循其理。則斧可缺。薪不可破。是以不論尊卑。不計強弱。理之所在則成。所不在則不成。可必也。今陛下使

農民舉息。與商賈爭利。豈理也哉。而怪其不成乎。禮曰。微之顯。誠之不可揜也。如此。夫陛下苟誠心乎爲民。則雖或謗之而人不信。苟誠心乎爲利。則雖自解釋而人不服。且事有決不可欺者。吏受賕枉法。人必謂之贓。非其有而取之。人必謂之盜。苟有其實。不敢辭其名。今青苗有二分之息。而不謂之放債取利可乎。凡人爲善不自譽而人譽之。爲惡不自毀而人毀之。如使爲善者必須自言而後信。則堯舜周孔亦勞矣。今天下以爲利。陛下以爲義。天下以爲貪。陛下以爲廉。不勝其紛紜也。則使二三臣者。極其巧辯以解答千萬人之口。附會經典。造爲文書以曉告四方之人。豈如嬰兒鳥獸。可以美言小數眩惑之哉。且夫未成而爲之。則其弊必至於不敢爲。未服而革之。則其弊必至於不敢革。蓋世有好走馬者。一爲墜傷。則終身徒行。何者。謹重則必成。輕發則多敗。此理之必然也。陛下若出於謹重。則屢作屢成。

不唯人信之。陛下亦自信而日以勇矣。若出於輕發。則每舉每敗。不唯人不信。陛下亦不自信。而日以怯矣。文宗始用訓注。其志豈淺也哉。一經大變。則憂沮喪氣。不能復振。文宗亦非有失德。徒以好作而寡謀也。謹重者。始若怯。終必勇。輕發者。始若勇。終必怯。乃者橫山之人。未嘗一日而忘漢。雖五尺童子知其可取。然自慶曆以來。莫之敢發。誠未有以善其後也。近者邊臣不計其後而遽發之。一發不中。則內帑之費以數百萬計。而關輔之民困於飛輓者一年而未已。雖天下之勇者。未敢復言之也。由此觀之。則橫山之功。是邊臣欲速而壞之也。近者青苗之政。助役之法。均輸之策。併軍蒐卒之令。卒然輕發。又甚於前日矣。雖陛下不恤人言。持之益堅。而勢窮事礙。終亦必變。他日雖有良法美政。陛下能復自信乎。人君之患在於樂因循。而重改作。今陛下春秋鼎盛。天錫智勇。此萬世一時也。羣臣不能濟之以謹

重養之以淳妙。譬如乘輕車馭駿馬。冒險夜行。而僕夫又從後鞭之。豈不殆哉。臣願陛下。解轡秣馬。以須東方之明。而徐行於九軌之道。甚未晚也。聖策曰。田疇闢。溝洫治。草木暢茂。鳥獸魚鼈莫不各得其性者。此百工有司之事。曾何足以累陛下。陛下操其要。治其本。恭己無為。而物莫不盡其理以生以死。若夫百工有司之事。自宰相不屑為之。而况於陛下乎。聖策曰。其富足以備禮。其和足以廣樂。其治足以致刑。何施而可臻此。孔子曰。百姓足。君孰與不足。啜菽飲水。可以行禮。掃地而祭。可以事天。禮之不備。非貧之罪也。管子曰。倉廩實而知禮節。臣不知陛下所謂富者。富民歟。抑富國歟。陸賈曰。將相和則士豫附。劉向曰。衆賢和於朝。則萬物和於野。今朝廷可謂不和矣。其咎安在。陛下不反求其本。而欲以力勝之。力之不能勝衆也久矣。古者刀鋸在前。鼎鑊在後。而士猶犯之。今陛下躬蹈堯舜。未嘗誅一無罪。欲息

衆言。不過盡逐異議之臣而更用人耳。必未忍行亡秦偶語之禁。東漢黨錮之法。則士何畏而不言哉。臣恐逐者不已。而爭者益多。煩言交攻。必甚於今日矣。欲致和而廣樂。豈不踈哉。古之求治者。將以措刑也。今陛下求治而欲致刑。此又群臣誤陛下也。臣知其說是出於荀卿。荀卿好為異論。至以人性為惡。則其言治世刑重。亦宜矣。說者又以為書稱唐虞之隆。刑故無小。而周之盛時。群飲者殺。臣請有以辨之。夏禹之時。大辟二百。周公之時。大辟三百。豈可謂周治而禹亂耶。秦及三族。漢除肉刑。豈可謂秦治而漢亂耶。致之言極也。天下幸而大治。使一日未安。陛下將變今之刑而用其極歟。天下幾何不叛耶。徒聞其語而懼者已衆矣。臣不意異端邪說惑誤陛下至如此者。過無大。刑故無小。此用刑之常理也。至于今守之。豈獨唐虞之隆。而周之盛矣。所以誅群飲者。以為其意非獨群飲而已。如今之法所謂

夜聚曉散者。使後世不知其詳。而徒聞其語。則凡夜相過者。皆執而殺之。可乎。夫人相與飲酒而輒殺之。雖桀紂之暴。不至於此。而謂周公行之歟。聖策曰。方今之弊。可謂衆矣。救之之道。必有本末。所施之宜。必有先後。臣請論其本與其所宜先者。而陛下擇焉。方今救弊之道。必先立事。立事之本在於知人。則所施之宜。當先觀大臣之知人與否耳。古之欲立非常之功者。必有知人之明。苟無知人之明。則循規矩。蹈繩墨。以求寡過。二者皆審於自知。而安於才分者也。道可以講習而知。德可以勉強而能。唯知人之明不可學。必出於天資。如蕭何之識韓信。此豈有法而可傳者哉。以諸葛孔明之賢。而知人之明則其所短。是以失之於馬謖。而孔明亦審於自知。是以終身不敢用魏延。我仁祖之在位也。事無大小。一付之於法。人無賢不肖。一付之於公議。事已効而後行。人已試而後用。終不求非常之功也。誠以審

時大臣不足以與知人之明也。古之為醫者。聆音察色。洞視五臟。則其治疾也。有剖胷决脾。洗濯肺腸之變。苟無其術。不敢行其事。今無知人之明。而欲非常之功。解縱繩墨以慕古人。則是未能察脉而欲試華佗之方。其異於操刀殺人者幾希矣。房琯之稱劉秩。關播之用李元平。是也。至今以為笑。陛下觀今之大臣。為知人歟。為不知人歟。乃者擢用衆才。皆其造室握手之人。要結審固而後敢用。蓋以為其人可與戮力同心。共致太平。曾未安席。而交口攻之者如蝟毛而起。陛下以此驗之。其不知人也亦審矣。舉今天下無事。異同之論。不過瀆亂聖聽而已。若邊隅有警。盜賊竊發。俯仰成敗。呼吸變故。而所用之人皆如今日。作合作散。臨事解體。不可復知。則無乃悞社稷歟。華佗不世出。天下未嘗廢醫。蕭何不世出。天下未嘗廢治。陛下必欲立非常之功。請待知人之佐。若猶未也。則亦詔左右之臣。安分守法。而

已。聖策曰。生民以來稱至治者。必曰唐虞成周之世。詩書所稱其迹可見。以至後世賢明之君忠智之臣。相與憂勤。以榮一代之業。雖未盡善。然要其所以成就。亦必有可言者。其詳言之。臣以爲此不可勝言也。其施設之方。各因其時而不可知。其所可知者。必畏天。必從衆。必法祖宗。故其言曰。戒之戒之。天維顯思。命不易哉。又曰。稽於衆。舍己從人。又曰。丕顯哉。文王謨。丕承哉。武王烈。詩書所稱。大略如此。未嘗言天命不足畏。衆言不足從。祖宗之法不足用也。苻堅用王猛。而樊世仇騰席寶不悅。魏鄭公勸太宗以仁義。而封倫不信。凡今之人欲陛下違衆而自用者。必以此藉口。陛下所謂賢明忠智者。豈非意在此等歟。臣願考二人之所行。而求之於今。王猛豈嘗殺官而牟利。魏鄭公豈嘗貸錢而取息歟。且其不悅者不過數人。固不害天下之信且服也。今天下有心者怨。有口者謗。古之君臣相與憂勤以榮一

代之業者。似不如此。詩云。百人之聚。未有不攻而破。況天下乎。今天下非之。而陛下不回。臣不知所稅駕矣。詩云。譬彼舟流。不知所屆。心之憂矣。不遑假寐。區區忠蓋。惟陛下察之。臣謹昧死上對。

四年。軾又上書曰。臣近者不度愚賤。輒上封章言買燈事。自知瀆犯天威。罪在不赦。席稾私室。以待斧鉞之誅。而側聽逾旬。威命不至。問之府司。則買燈之事尋已停罷。乃知陛下不惟赦之。又能聽之。驚喜過望。以至感泣。何者。改過不吝。從善如流。此堯舜禹湯之所勉強而力行。秦漢以來之所絕無而僅有。顧此買燈毫髮之失。豈能上累日月之明。而陛下翻然改命。曾不移刻。則所謂智出天下。而聽於愚者。威加四海。而屈於匹夫。臣今知陛下可與爲堯舜。可與爲湯武。可與富民而措刑。可與強兵而伏戎矣。有君如此。其忍負之。惟當披露腹心。捐棄肝腦。盡力所致。不知其他。乃者臣知天下之事有大於買燈者矣。而獨區區以此爲先者。蓋未信而諫。聖人不與。交淺言深。君子所戒。是以試論其小者。而其大者固將有待而後言。今陛下果赦而不誅。則是既已許之矣。許而不言。臣則有罪。是以願終言之。臣之所欲言者。三言而已。願陛下結人心。厚風俗。存紀綱。夫人莫不有所恃。人臣恃陛下之命。故能役使小民。恃陛下之法。故能勝服強暴。至於人主所恃者誰歟。書曰。予臨兆民。懍乎若朽索之馭六馬。言天下莫危於人主也。聚則爲君民。散則爲仇讎。聚散之間。不容毫釐。故天下歸往謂之王。人各有心謂之獨夫。由此觀之。所恃者人心而已。人心之於人主也。如木之有根。如燈之有膏。如魚之有水。如農夫之有田。如商賈之有財。木無根則槁。燈無膏則熄。魚無水則死。農無田則飢。商賈無財則貧。人主失人心則亡。此理之必然。不可逭之災也。其爲可畏。從古以然。苟非樂禍好亡。狂易喪志。則孰敢肆其胸臆。輕犯人心。

昔子產焚載書以弭衆言。賂伯石以安巨室。以爲衆怒難犯。專欲難成。而孔子亦曰。信而後勞其民。未信則以爲厲己也。惟商鞅變法。不顧人言。雖能驟致富強。亦已召怨天下。使其民知利而不知義。見刑而不見德。雖得天下。旋踵而失也。至於其身。亦卒不免負罪出走。而諸侯不納。車裂以徇。而秦人莫哀。君臣之間。豈願如此。宋襄公雖行仁義。失衆而亡。田常雖不義。得衆而強。是以君子未論行事之是非。先觀衆心之向背。謝安之用諸桓。未必是。而衆之所樂。則國以乂安。庾亮之召蘇峻。未必非。而勢有不可。則反爲危辱。自古及今。未有和易同衆而不安。剛果自用而不危者也。今陛下亦知人心之不悅矣。中外之人。無賢不肖。皆言祖宗以來。治財用者不過三司使副判官。經今百年。未嘗闕事。今者無故又創一司。號曰制置三司條例。使六七少年。日夜講求於內。使者四十餘輩。分行營幹於外。造端宏大。民

實驚駭創法新奇吏皆惶惑賢者則求其說而不可得未免於憂小人則以其意度於朝廷遂以爲謗謂陛下以萬乘之主而言利謂執政以天子之宰而治財商賈不行物價騰踴近自淮甸遠及川蜀喧傳萬口論說百端或言京師正店議置監官夔路深山當行酒禁拘收僧尼常住減刻兵吏廩祿如此等類不可勝言而甚者至於欲復肉刑斯言一出民且狼顧陛下與二三大臣亦聞其語矣然而莫之顧者徒曰我無其事又無其意何恤於人言雖未必皆然而疑似則有以致謗人必貪財也而後人疑其盜人必好色也而後人疑其淫何者未置此司則無其謗豈去歲之人皆忠厚而今歲之人皆虛浮孔子曰工欲善其事必先利其器又曰必也正名乎今陛下操其器而諱其事有其名而辭其意雖家置一喙以自解市列千金以購人人必不信謗亦不止夫制置三司條例司求利之名也六七少年與使

奏議卷之三十六　十五

者四十餘輩求利之器也驅鷹犬而赴林藪語人曰我非獵也不如放鷹犬而獸自馴操罔罟而入江湖語人曰我非漁也不如捐罔罟而人自信故臣以爲消讒慝而召和氣復人心而安國本則莫若罷制置三司條例司夫陛下之所以創此司者不過以興利而除害也使罷之而利不興害不除則勿罷罷之而天下悅人心安興利除害無所不可則何苦而不罷陛下欲去積弊而立法必使宰相熟議而後行事若不由中書則是亂世之法聖君賢相夫豈其然必若立法不免由中書熟議不免使宰相此司之設無乃冗長而無名智者所圖貴於無迹漢之文景紀無可書之事唐之房杜傳無可載之功而天下之言治者與文景言賢者與房杜蓋事已立而迹不見功已成而人不知故曰善用兵者無赫赫之功豈惟用兵事莫不然今所圖者萬分未獲其一也而迹之布於天下已若泥中之鬭獸亦可謂拙

謀矣陛下誠欲富國擇三司官屬與漕運使副而陛下與二三大臣孜孜講求磨以歲月則積弊自去而人不知但恐立志不堅中道而廢孟軻有言其進銳者其退速若有始有卒自可十年之後何事不立孔子曰欲速則不達見小利則大事不成使孔子而非聖人則此言亦不可用書曰謀及卿士至于庶人翕然大同乃底元吉若違多而從少則靜吉而作凶今上自宰相大臣既已辭免不爲則外之議論斷亦可知宰相人臣也且不欲以此自汙而陛下獨安受其名而不辭非臣愚之所識也君臣宵旰幾一年矣而富國之效茫如捕風徒聞内帑出數百萬緡祠部度五千餘人耳以此爲術其誰不能且遣使縱橫本非令典漢武遣繡衣直指桓帝遣八使皆以守宰狼籍盜賊公行出於無術行此下策宋文帝元嘉之政比於文景當責成郡縣未嘗遣使至孝武以爲郡縣遲緩始命臺使督之以至蕭齊此

奏議卷之三十六　十六

弊不革故景陵王子良上疏極言其事以爲此等朝辭禁門情態即異暮宿州縣威福便行驅迫郡傳折辱守宰公私勞擾民不聊生唐開元中宇文融奏勸農判官使裴寬等二十九人並攝御史分行天下招攜戶口檢責漏田時張說楊瑒皇甫璟楊相如皆以爲不便而相繼罷黜雖得戶八十餘萬皆州縣希旨以主爲客以少爲多及使百官集議都省而公卿以下懼融威勢不敢異辭陛下讀之觀其所行爲是爲否近者均稅寬恤冠蓋相望朝廷亦旋覺其非而天下至今以爲謗曾未數歲是非較然臣恐後之視今亦猶今之視昔且其所遣尤不適宜事少而員多人輕而權重夫人輕而權重則人多不服或致侮慢以興爭事少而員多則無以爲功必須生事以塞責陛下雖嚴賜約束不許邀功然人臣事君之常情不從其令而從其意今朝廷之意好動而惡靜好同而惡異指趣所在誰敢不從臣恐陛

下赤子自此無寧歲矣。至於所行之事。行路皆知其難。何者。汴水濁流自生民以來不以種稻。秦人之歌曰。涇水一石。其泥數斗。且溉且糞。長我禾黍。何嘗言長我粳稻耶。今欲陂而清之。萬頃之稻。必用千畝之陂。一歲一淤。三歲而滿矣。陛下遂信其說。即使相視地形。萬一官吏苟且順從。真謂陛下有意興作。上糜帑廩。下奪農時。隄防一開。水失故道。雖食議者之肉。何補於民。天下久平。民物滋息。四方遺利蓋略盡矣。今欲鑿空訪尋水利。所謂即鹿無虞。豈惟徒勞。必大煩擾。凡所擘畫利害。不問何人。小則隨事酬勞。大則量才錄用。若官私格沮。並行黜降。不以赦原。若才力不辦興修。便許申奏替換。賞可謂重。罰可謂輕。然並終不言諸色人妄有申陳。或官私誤興功役。當得何罪。如此則妄庸輕剽。浮浪姦人。自此爭言水利矣。成功則有賞。敗事則無誅。官司雖知其疎。豈可便行抑退。所在追集老少。相視可否。吏卒所

過。雞犬一空。若非灼然難行。必須且為興役。何則。格沮之罪重。而誤興之過輕。人多愛身。勢必如此。且古陂廢堰。多為側近冒耕。歲月既深。已同永業。苟欲興復。必盡追收。人心或搖。甚非善政。又有好訟之黨。多怨之人。妄言某處可作陂渠。規壞所怨田產。或指人舊業。以為官陂。冒佃之訟。必倍今日。臣不知朝廷本無一事。何苦而行此哉。自古役人。必用鄉戶。猶食之必用五穀。衣之必用絲麻。濟川之必用舟楫。行地之必用牛馬。雖其間或有以他物充代。然終非天下所可常行。今者徒聞江浙之間數郡顧役。而欲措之天下。是猶見燕晉之棗栗。岷蜀之蹲鴟。而欲以廢五穀。豈不難哉。又欲官賣所在坊場。以充衙前顧直。更無酬勞長役。雖有長役。所得既微。自此必漸衰散。則州郡事體憔悴可知。士大夫捐親戚。棄墳墓。以從宦於四方者。宣力之餘。亦欲取樂。此人之至情也。若彫弊太甚。廚傳蕭然。則似危邦之陋風。恐非太平之

盛觀。陛下試慮及此。必不肯為。且今法令莫嚴於御軍。軍法莫嚴於逃竄。禁軍三犯。廂軍五犯。大率處死。然逃軍常半天下。不知顧人為役。與廂軍何異。若有逃者。何以罪之。其勢必輕於逃軍。則其逃必甚於今日。為其官長。不亦難乎。近者雖使鄉戶頗得顧人。然至於所顧逃亡。鄉戶猶任其責。今遂欲於兩稅之外。別立一科。謂之庸錢。以備官顧。則顧人之責。官所自任矣。自唐楊炎廢租庸調以為兩稅。取大曆十四年應干賦斂之數。以定兩稅之額。則是租調與庸。兩稅既兼之矣。如顧柰何復欲取庸。聖人之立法。必慮後世。豈可於兩稅之外生出科名。萬一後世不幸有多欲之君。輔之以聚斂之臣。庸錢不除。差役仍舊。使天下怨毒。推所從來。則必有任其咎者矣。又欲使坊郭等第之民與鄉戶均役。品官形勢之家與齊民並事。其說曰。周禮田不耕者出屋粟。宅不毛者有里布。而漢世宰相之子。不免戍邊。此其所

以藉口也。古者官養民。今者民養官。給之以田而不耕。勸之以農而不力。於是有里布屋粟夫家之征。而民無所為生。去而為商賈。事勢當爾。何名役之。且一歲之戍。不過三日。三日之顧。其直三百。今世三大戶之役。自公卿以降。毋得免者。其費豈特三百而已。大抵事若可行。不必皆有故事。若民所不悅。俗所不安。縱有經典明文。無補於怨。若行此三者。必怨無疑。女戶單丁。蓋天民之窮者也。古之王者首務恤此。而今陛下首欲役之。此等苟非戶將絕而未亡。則是家有丁而尚幼。若假之歲月。則必成丁而就役。老死而沒官。富有四海。忍不加卹。孟子曰。始作俑者。其無後乎。春秋書作丘甲。用田賦。皆重其始為民患也。青苗放錢。自昔有禁。今陛下始立成法。每歲常行。雖云不許抑配。而數世之後。暴君汙吏。陛下能保之歟。異日天下恨之。國史記之。曰青苗錢自陛下始。豈不惜哉。且東南買絹。本用見錢。陝西糧草。不許折兌。

朝廷既有著令。職司又每舉行。然而買絹未嘗不折錢。糧草未嘗不折錢。乃知青苗不許抑配之說。亦是空文。只如治平之初。揀刺義勇。當時詔旨慰諭。明言永不戍邊。著在簡書。有如盟約。于今幾日。議論已搖。或以代還東軍。或欲抵換弓手。約束難恃。豈不明哉。縱使此令決行。果不抑配。計其間願請之户。必皆孤貧不濟之人。家若自有贏餘。何至與官交易。此等鞭撻已急。則繼之逃亡。逃亡之餘。則均之隣保。勢有必至。理有固然。且夫常平之為法也。可謂至矣。所守者約。而所及者廣。借使萬家之邑。止有千斛。而穀貴之際。千斛在市。物價自平。一市之價既平。一邦之民自足。無專斗乞匄之弊。無里正催驅之勞。今若變為青苗。家貸一斛。則千户之外。孰救其飢。且常平官錢常患其少。若盡數收糴。則無借貸。若留充借貸。則所糴幾何。乃知常平青苗。其勢不能兩立。壞彼成此。所喪愈多。虧官害民。雖悔何逮。臣竊

計陛下欲考其實。必然問人。人知陛下方欲力行。必謂此法有利無害。以臣愚見。恐未可憑。何以明之。臣在陝西。見刺義勇。提舉諸縣。臣嘗親行。愁怨之民。哭聲振野。當時奉使還者。皆言民盡樂為。希合取容。自古如此。不然。則山東之盜。二世何緣不覺。南詔之敗。明皇何緣不知。今雖未至於斯。亦望陛下審聽而已。昔漢武之世。財力匱竭。用賈人桑羊之說。買賤賣貴。謂之均輸。于時商賈不行。盜賊滋熾。幾致於亂。孝昭既立。學者爭排其說。霍光順民所欲。從而予之。天下歸心。遂以無事。不意今者此論復興。立法之初。其說尚淺。徒言徙貴就賤。用近易遠。然而廣置官屬。多出緡錢。豪商大賈。皆疑而不敢動。以為雖不明言販賣。然既已許之變易。變易既行。而不與商賈爭利。未之聞也。夫商賈之事。曲折難行。其買也先期而與錢。其賣也後期而取直。多方相濟。委曲相通。倍稱之息。由此而得。今官買是物。必先設官

置吏。簿書廩祿。為費已厚。非良不售。非賄不行。是以官買之價。比民必貴。及其賣也。弊復如前。商賈之利。何緣而得。朝廷不知慮此。乃捐五百萬緡以予之。此錢一出。恐不可復。縱使其間薄有所獲。而征商之額。所損必多。今有人為其主。牧牛羊。不告其主。而以一牛易五羊。一牛之失則隱而不言。五羊之獲則指為勞績。陛下以為壞常平而言青苗之功。虧商税而取均輸之利。何以異此。陛下天機洞照。聖略如神。此事至明。豈有不曉。必謂已行之事。不欲中變。恐天下以為執德不一。用人不終。是以遲留歲月。庶幾萬一。臣竊以為過矣。古之英主。無出漢高。酈生謀撓楚權。欲復六國。高祖曰善。趣刻印。及聞留侯之言。吐哺而罵曰。趣銷印。釋善未幾。繼之以罵。刻印銷印。有同兒戲。何嘗累高祖之知人。適足明聖人之無我。陛下以為可而行之。知其不可而罷之。至聖至明。無以加此。議者必謂民可與樂成。難與慮始。

故陛下堅執不顧。期於必行。此乃戰國貪功之人。行險僥倖之說。陛下若信而用之。則是徇高論而逆至情。持空名而邀實禍。未及樂成。而怨已起矣。臣之所願結人心者。此之謂也。士之進言者為不少矣。亦嘗有以國家之所以存亡。曆數之所以長短。告陛下者乎。國家之所以存亡者。在道德之淺深。不在乎強與弱。曆數之所以長短者。在風俗之薄厚。不在乎富與貧。道德誠深。風俗誠厚。雖貧且弱。不害於存而長。道德誠淺。風俗誠薄。雖強且富。不救於短而亡。人主知此。則知所以輕重矣。是以古之賢君。不以弱而忘道德。不以貧而傷風俗。而智者觀人之國。亦以此而察之。齊至強也。周公知其後有篡弒之臣。衛至弱也。季子知其後亡。吴破楚入郢。而陳大夫逢滑知楚之必復。晉武既平吴。何曾知其將亂。隋文既平陳。房喬知其不久。元帝斬郅支。朝呼韓。功多於武宣矣。偷安而王氏之釁生。宣宗收燕趙。復

河湟。力強於憲武矣。消兵而罷斂之亂起。故臣願陛下務崇道德。而厚風俗。不願陛下急於有功。而貪富強。使陛下富如隋。強如秦。西取靈武。北取燕薊。謂之有功可也。而國之長短則不在此。夫國之長短如人之壽夭。人之壽夭在元氣。國之長短在風俗。世有尪羸而壽考。亦有盛壯而暴亡。若元氣猶存。則尪羸而無害。及其已耗。則盛壯而愈危。是以善養生者。慎起居節飲食。道引關節。吐故納新。不得已而用藥。則擇其品之上。性之良。可以久服而無害。則五臟和平。而壽命長。不善養生者。薄節慎之功。遲吐納之效。厭上藥而用下品。伐真氣而助強陽。根本已空。僵仆無日。天下之勢與此無殊。故臣願陛下愛惜風俗。如護元氣。古之聖人。非不知深刻之法可以齊衆。勇悍之夫可以集事。忠厚近於迂闊。老成初若遲鈍。然終不肯以彼易此者。知其所得小。而所喪大也。曹參賢相也。曰慎無擾獄市。黄霸循吏也。曰

治道去泰甚。或譏謝安以清談廢事。安笑曰。秦用法吏。二世而亡。劉晏爲度支。專用果銳少年。務在急速集事。好利之黨。相師成風。唐德宗初即位。擢崔祐甫相。以道德寬大推廣上意。故建中之政。其聲翕然。天下相望庶幾貞觀。及盧杞爲相。諷上以刑名整齊天下。馴致澆薄。以及播遷。我仁祖之馭天下也。持法且寬。用人有敘。專務掩覆過失。未嘗輕改舊章。然考其成功。則曰未至。以言乎用兵。則十出而九敗。以言乎府庫。則僅足而無餘。徒以德澤在人。風俗知義。是以升遐之日。天下如喪考妣。社稷長遠。終必賴之。則仁祖可謂知本矣。今議者不察。徒見其末年吏多因循。事不振舉。乃欲矯之以苛察。齊之以智能。招來新進勇銳之人。以圖一切速成之效。未享其利。澆風已成。且天時不齊。人誰無過。國君含垢。至察無徒。若陛下多方。則人材取次可用。必欲廣置耳目。務求瑕疵。則人不自安。各圖苟免。非朝廷之

福。亦豈陛下所願哉。漢文欲拜虎圈嗇夫。釋之以爲利口傷俗。今若以口舌捷給而取士。以應對遲鈍而退人。以虛誕無實爲能文。以矯激不仕爲有德。則先王之澤遂將散微。自古用人。必須歷試。雖有卓異之器。必有已試之功。一則使其更變而知難事不輕作。一則待其功高望重。人自無辭。昔先主以黄忠爲後將軍。而諸葛亮憂其不可。以爲忠之名望。素非關張之倫。若班爵遽同。則必不悅。其後關羽果以爲言。黄忠豪勇之資。以先主君臣之契。尚須慮此。況其他乎。世嘗謂漢文不用賈生。以爲深恨。臣嘗推究其言。竊謂不然。賈生固天下之奇才。所言亦一時之良策。然請爲屬國。欲以係單于。則是處士之大言。少年之銳氣。昔高祖以三十萬衆困於平城。當時將相群臣豈無賈生之比。三表五餌。人知其疏。而欲以困中行說。尤不可信矣。兵凶器也。而易言之。正如趙括之輕秦。李信之易楚。若文帝亟用其說

則天下殆將不安。使賈生常歷艱難。亦必自悔其說。用之晚成。其術必精。不幸早亡。非意所及。不然。文帝豈棄材之主。絳灌豈蔽賢之士。至於晁錯。尤號刻薄。文帝之世。止於太子家令。而景帝既立。以爲御史大夫。申屠賢相。發憤而死。紛更政令。天下騷然。及至七國發難。而錯之術亦窮矣。文景優劣。於斯可見。大抵名器爵祿。人所奔趨。必使積勞而後遷。以明持久而難得。則人各安其分。不敢躁求。今若多開驟進之門。使有意外之得。公卿侍從。跬步可圖。其得者既不肯以僥倖自名。則其不得者皆必以沉淪爲歎。使天下常調。舉生妄心。恥不若人。何所不至。欲望風俗之厚。豈可得哉。選人之改京官。常須十年以上。薦更險阻。計析毫釐。其間一事聱牙。常至終身淪棄。今乃以一人之薦舉。而與之。猶恐未稱。章服隨至。使積勞久次而得之者。何以厭服哉。夫常調之人。非守則令。員多闕少。久已患之。不可復開多門

以待巧者。若巧者侵奪已甚。則拙者迫隘無聊。利害相形。不得不察。故近歲樸拙之人愈少。巧進之士益多。惟陛下重之惜之哀救之。如近日三司獻言使天下郡選一人。催驅三司文字。許之先次指射以酬其勞。則數年之後。審官吏部又有三百餘人得先占闕。常調待次不其愈難。此外句當發運均輸。按行農田水利。已振監司之體。各懷進用之心。轉對者望以稱旨而驟遷。奏課者求爲優等而速化。相勝以力。相高以言。而名實亂矣。惟陛下以簡易爲法。以清淨爲心。使姦無所緣。而民德歸厚。臣之所願厚風俗者。此之謂也。古者建國。使內外相制。輕重相權。如周如唐。則外重而內輕。如秦如魏。則外輕而內重。內重之末。必有姦臣指鹿之患。外重之弊。必有大國問鼎之憂。聖人方盛而慮衰。常先立法以救弊。我國家租賦籍於計省。重兵聚於京師。以古揆今。則似內重。恭惟祖宗所以深計而預圖。固非小臣所能

臆度而周知。然觀其委任臺諫之一端。則是聖人過防至計。歷觀秦漢以及五代。諫諍而死蓋數百人。自建隆以來。未嘗罪一言者。縱有薄責。旋即超升。許以風聞。而無官長。風采所繫。不問尊卑。言及乘輿。則天子改容。事關廊廟。則宰相待罪。故仁宗之世。議者譏宰相但奉行臺諫旨而已。聖人深意。流俗豈知。臺諫固未必皆賢。所言亦未必皆是。然須養其銳氣而借之重權者。豈徒然哉。將以折姦臣之萌。而救內重之弊也。夫姦臣之始。以臺諫折之而有餘。及其既成。以干戈取之而不足。今法令嚴密。朝廷清明。所謂姦臣。萬無此理。而養猫以去鼠。不可以無鼠而養不捕之猫。畜狗以防姦。不可以無姦而畜不吠之狗。陛下得不上念祖宗設此官之意。下爲子孫正萬一之防。朝廷紀綱。孰大於此。臣自幼小所記。及聞長老之談。皆謂臺諫所言常隨天下公議。公議所與。臺諫亦與之。公議所擊。臺諫亦擊之。及至英

廟之初。始建稱親之議。本非人主大過。亦無禮典明文。徒以眾心未安。公議不允。當時臺諫以死爭之。今者物論沸騰。怨讟交至。公議所在。亦可知矣。而相顧不發。中外失望。夫彈劾積威之後。雖庸人亦可奮揚。風采消委之餘。雖豪傑有所不能振起。臣恐自茲以往。習慣成風。盡爲執政私人。以致人主孤立。紀綱一廢。何事不生。孔子曰。鄙夫可與事君也歟。其未得之也。患不得之。既得之。患失之。苟患失之。無所不至矣。臣始讀此書。疑其太過。以爲鄙夫之患失。不過備位而苟容。及觀李斯憂蒙恬之奪其權。則立二世以亡秦。盧杞憂懷光之數其惡。則誤德宗以再亂。其心本生於患失。而其禍乃至於喪邦。孔子之言。良不爲過。是以知爲國者。平居必有亡軀犯顏之士。則臨難庶幾有徇義守死之臣。若平居尚不能一言。則臨難何以責其死節。人臣苟皆如此。天下亦曰殆哉。君子和而不同。小人同而不和。和如和

羹。同如濟水。孫寶有言。周公大聖。召公大賢。猶不相悅。著於經典。晉之王導。可謂元臣。每與客言。舉坐稱善。而王述不悅。以爲人非堯舜。安得每事盡善。導亦斂衽謝之。若使言無不同。意無不合。更唱迭和。何者非賢。萬一有小人居其間。則人主何緣得知覺。臣之所願存紀綱者。此之謂也。臣非敢歷詆新政。苟爲異論。如近日裁減皇族恩例。刊定任子條式。修完器械。閱習鼓旗。皆陛下神筭之至明。乾剛之必斷。物議既允。臣敢有詞。至於所獻之三言。則臣之私見。中外所病。其誰不知。昔禹戒舜曰。無若丹朱傲。惟慢遊是好。舜豈有是哉。周公戒成王曰。毋若商王受之迷亂。酗於酒德。成王豈有是哉。周昌以漢高爲桀紂。劉毅以晉武爲桓靈。當時人君曾莫之罪。書之史冊。以爲美談。使臣所獻三言。皆朝廷未嘗有此。則天下之幸。臣與有焉。若有萬一似之。則陛下安可不察。然而臣之爲計。可謂愚矣。以螻蟻之命。試

雷霆之威。積其狂愚。豈可數赦。大則身首異處。破壞家門。小則削籍投荒。流離道路。雖然。陛下必不爲此。何哉。臣天賦至愚。篤於自信。向者與議學校貢舉。首違大臣本意。已期竄逐。敢意自今。而陛下獨然其言。曲賜召對。從容久之。至謂臣曰。方今政令得失安在。雖朕過失。指陳可也。臣即對曰。陛下生知之性。天縱文武。不患不明。不患不勤。不患不斷。但患求治太速。進人太鋭。聽言太廣。又俾具述所以然之狀。陛下頷之曰。卿所獻三言。朕當熟思之。臣之狂愚。非獨今日。陛下容之久矣。豈其容之於始。而不赦之於終。恃此而言。所以不懼。臣之所懼者。譏刺既衆。怨仇實多。豈不殆哉。死亡不辭。但恐天下以臣爲戒。無復言者。是以思之經月。夜以繼晝。表成復毁。至于再三。感陛下聽其一言。懷不能已。卒進其説。惟陛下憐其愚忠。而卒赦之。不勝俯伏待罪憂恐之至。

歷代名臣奏議卷之三十六

歷代名臣奏議卷之三十七

治道

宋神宗熙寧四年殿中丞直史館判官告院權開封府推官蘇軾上書曰。臣聞之。益戒于禹曰。任賢勿貳。去邪勿疑。仲虺言成湯之德曰。用人惟己。改過不吝。秦穆喪師于崤。悔痛自誓。孔子録之。自古聰明豪傑之主。如漢高帝唐太宗。皆以受諫如流。改過不憚。號爲秦漢以來百王之冠也。孔子曰。君子之過。如日月食焉。過也人皆見之。更也人皆仰之。聖賢舉動。明白正直。不當如是邪。所用之人。有邪有正。所作之事。有是有非。是非邪正。兩言而足。正則用之。邪則去之。是則行之。非則破之。此理甚明。猶飢之必食。渴之必飲。豈有別生義理。曲加粉飾。而能欺天下哉。書曰。與治同道。罔不興。與亂同事。罔不亡。陛下自去歲以來。所行新政。皆不與治世同道。立條例司。遣青苗使。歛助役錢。行均輸法。四海騷動。行路怨咨。自宰相以下。皆知其非而不敢爭。臣愚蠢不識忌諱。乃者上疏論之詳矣。而學術淺陋。不足以感動聖明。近者故相舊藩鎮侍從。雜然爭言不便。以至臺諫二三人。本其所與締交唱和表裏之人也。然猶不免一言其非者。豈非物議沸騰。事勢迫切而不可止歟。自非見利忘義居之不疑者。孰肯終始膠固不自湔洗。如吳師孟乞免提舉。胡宗愈不願檢詳。如逃垢穢。惟恐不脱之。人情畏惡一至於此。近者中外謹言陛下已有悔悟意。道路相慶。如蒙大賚。實望陛下於旬日之間。涣發德音。洗蕩乖僻。追還使者而罷條例司。今者側聽所爲。蓋不過使監司體量抑配而已。比之未悟。所較幾何。此孟子所謂知兄臂之不可紾而姑勸以徐。知隣雞之不可攘而月取其一。帝王改過。豈如是哉。臣又聞陛下以爲此法且可試之三路。臣以爲此法譬之醫者之用毒藥。以人之死。試其未効之方。三路之民豈非陛下赤子。而可試以嘗乎。今日之政。小用則小敗。大用則大敗。若力行而不已。則亂亡隨之。臣非敢過爲危論以聳動陛下也。自古存亡之所寄者四人而已。一曰民。二曰軍。三曰吏。四曰士。此四人者。一失其心。足以生變。今陛下一舉而兼犯之。青苗助役之法成。則農不安。均輸之令出。則商賈不行。而民始憂矣。併省諸軍。迫逐老病。至使戍兵之妻與士卒雜處。其間貶殺軍分。有同降配。遷徙淮甸。僅若流放。年近五十人人懷憂。而軍始怨矣。內則不敢取謀於元臣侍從。而專用新進小生。外則不責成於守令監司。而專用新青苗使者。多置閑局以擯老成。而吏始解體矣。陛下臨軒選士。天下謂之龍飛榜。而進士一人首削舊恩。示不復用。所削者一人而已。然士莫不悵恨者。以陛下有厭薄其徒之意也。今用事者。又欲漸消進士。純取明經。雖未有成法。而小人招權自以爲功。更相扇搖。以謂必行。而士始失望矣。今進士半天下。自二十以上便不能誦記注義。爲明經之學。若法令一行。則士各懷廢棄之憂。而人材短長終不在此。昔秦禁挾書。諸生皆抱業以歸。勝廣相與出力而奏者。豈有他哉。亦以失業而亡所歸也。故臣願陛下勿復言此。民憂而軍怨。吏解體而士失望。禍亂之源有大於此者乎。今未見也。一旦有急。則致命之士必寡矣。方是之時。不知希合苟容之徒。能爲陛下收板蕩止土崩乎。去歲諸軍之始併也。左右之人皆以爲樂併告陛下。近者放停軍人李興告虎翼吏率斂行賂以求不併。則士卒不樂可知矣。夫諂諛之人。苟務合意不憚欺罔者類皆如此。故凡言百姓樂請青苗錢樂出助役錢者。皆不可信。陛下以爲青苗抑配。果可禁乎。不惟不可禁。適不當禁也。何以言之。若此錢放而不收。則州縣官吏不免責罰。若此錢果不抑配。則願請之戶後必難收索。前有抑配之禁。後有失陷之

罰。爲陛下官吏不亦難乎。故臣以爲既行青苗使。則不當禁抑配。其勢然也。人皆謂陛下聖明神武。必能徙義脩慝以致太平。而近日之事。乃有文過遂非之風。此臣所以憤懣太息而不能已也。昔賈充用事。天下憂恐。而庾純任愷戮力排之。及充出鎮秦涼。忠臣義士莫不相慶。屈指數日以望惟新之化。而馮紞之徒更相告語曰。賈公遠放。吾等失勢矣。於是相與獻謀。而充復留。則晉氏之亂成於此矣。自古惟小人爲難去。何則。去一而其黨破壞。是以爲之計謀遊說者衆也。今天下賢者亦將以此觀陛下爲進退之決。或再失望。則知幾之士相率而逝矣。豈皆如臣等輩偷安懷祿而不忍去哉。猖狂不遜。忤陛下多矣。不敢復望寬恩。俯伏引領以待誅殛。

軾又上策略五。其一曰。臣聞有意而言。意盡而言止者。天下之至言也。蓋有以一言而興邦者。有三日言而不輟者。一言而興邦。不以爲少而加之毫毛。三日言而不輟。不以爲多而損之一辭。古之言者。盡意而不求於言。信己而不役於人。三代之衰。學校廢缺。聖人之道不明。而其所以猶賢於後世者。士未知有科舉之利。故戰國之際。其言語文章雖不能盡通於聖人。而皆卓然近於用。出於其意之所謂誠然者。自漢以來。世之儒者忘己以徇人。務爲射策決科之學。其言雖不叛於聖人。而皆泛濫於辭章。不適於用。臣嘗以爲晁董公孫之流。皆有科舉之累。故言有浮於其意。而意有不盡於其言。今陛下承百王之弊。立於極文之世。而以空言取天下之士。繩之以法度。考之於有司。臣愚不肖誠恐天下之士不獲自盡。故嘗深思極慮。率其意之所欲言者。爲二十五篇。曰略。曰別。曰斷。雖無足取者。而臣之區區。以爲自始而行之。以至於篇終。既明其略。而治其別。然後斷之於終。庶幾有益於當世。臣聞天下治亂。皆有常勢。是以天下雖亂。而聖人以

為無難者其應之有術也水旱盜賊人民流離是安之而已也亂臣割據四分五裂是伐之而已也權臣專制擅作威福是誅之而已也四夷交侵邊鄙不寧是攘之而已也凡此數者其於害民蠹國為不淺矣然其所以為害者有狀是故其所以救之者有方也天下之患莫大於不知其然而然不知其然而然者是拱手而待亂也國家無大兵革幾百年矣天下有治平之名而無治平之實有可憂之勢而無可憂之形此其有未測者也方今天下非有水旱盜賊人民流離之禍而咨嗟怨讟常若不安其生非有亂臣割據四分五裂之憂而休養生息常若不足於用非有權臣專制擅作威福之弊而上下不交君臣不親非有四夷交侵邊鄙不寧之灾而中國皇皇常有外憂此臣之所以大惑也今夫醫之治病切脈觀色聽其聲音而知病之所由起曰此寒也此熱也或曰此寒熱之相搏也及其他無不可為

者今且有人恍然而不樂問其所苦且不能自言則其受病有深而不可測者矣其語言飲食起居動作固無以異於常人此庸醫之所以為無足憂而扁鵲倉公之所以望而驚也其病之所由起者深則其所以治之者固非鹵莽因循苟且之所能去也而天下之士方且掇拾三代之遺文補葺漢唐之故事以為區區之論可以濟世不已疎乎方今之勢苟不能滌蕩振刷而卓然有所立未見其可也臣嘗觀西漢之衰其君皆非有暴鷙淫虐之行特以怠惰弛廢溺於宴安畏期月之勞而忘千載之患是以日趨於亡而不自知也夫君者天也仲尼贊易稱天之德曰天行健君子以自強不息由此觀之天之所以剛健而不屈者以其動而不息是以萬物雜然各得其職而不亂其光為日月其文為星辰其威為雷霆其澤為雨露皆生於動者也使天而不知動則其塊然者將腐壞而不能自持況能以御萬物

哉苟天子一日赫然奮其剛明之威使天下明知人主欲有所立則智者願效其謀勇者樂致其死縱橫顛倒無施而不可苟人主不先自斷於中群臣雖有伊呂稷契無如之何故臣獨以人主自斷而欲有所立為先而後論所以為立之要云其二曰天下無事久矣以天子之仁聖其欲有所立以為子孫萬世之計至切也特以為費而不中斷則天下或受其病當寧而太息者幾年於此矣蓋自近歲始柄用二三大臣而天下洗心滌慮以聽朝廷之所為然而數年之間卒未有以大慰天下之望此其故何也二虜之大憂未去而天下之治終不可為也聞之師曰應敵不暇亦不可以自完自完不暇亦不可以有所立自古創業之君皆有敵國相持之憂命將出師兵交於外而中不失其所以為國是故其兵可敗而其國不可動其力可屈而其氣不可奪今天下一家二虜且未動也而吾君吾相終日皇皇焉應接之

不暇竊為執事者不取也昔者大臣之議不為長久之計而用最下之策是以歲出金繒數十百萬以啖二虜此其既往之咎不可追之悔也而議者方將課罪當時之失而不求後日之計亦無益矣臣雖不肖竊論當今之弊蓋古之為國者不患有所費而患費之無名不患費之無名而患事之不立今一歲而費千萬是千萬而已事之不立四海且不可保而曾千萬之足云哉今者二虜不折一矢不遺一鏃走一介之使馳數乘之傳所過騷然居人為之不寧大抵皆有非常之辭無厭之求難塞之請以觀吾之所答於是朝廷恟然大臣會議既而去未數月邊遽且復告至矣由此觀之二虜之使未絕則中國未知息肩之所而況能有所立哉臣故曰二虜之大憂未去則天下之治終不可為也中書者王政之所由出天子之所與宰相論道經邦而不知其他者也非至逸無以待天下之勞非至靜無以制天

下之勤。是故古之聖人。雖有大兵役大興作。百官奔走各執其職。而中書之務不致於紛紜。今者曾不得歲月之暇。則夫禮樂刑政教化之源。所以使天下回心而嚮道者。倚時而議也。千金之家。久而不治。使敗夫豎子皆得執券以誅其所負。苟一朝發憤傾囷倒廩以償之。然後更爲之計。則一朞之資亦足以富。何遽至於皇皇哉。臣嘗讀吳越世家。觀勾踐困於會稽之上而行成於吳。凡金玉子女所以爲賂者不可勝計。既反國。而吳之百役無不從者。使大夫女女於大夫。士女女於士。春秋貢獻不絕於吳府。常竊怪其以蠻夷之國承敗亡之後。救死扶傷之餘。而賂遺費耗又不可勝計如此。然卒以滅吳。則爲國之患果不在費也。彼其內外不相擾。是以能有所立。使范蠡大夫種二人分國而制之。范蠡曰。四封之外。種不如蠡。使蠡主之。凡四封之外所以待吳者。種不知也。四封之內。蠡不如種。使種主之。凡四封

之內所以強國富民者。蠡不知也。二人者各專其能。各致其力。是以不勞而滅吳。其所以賂遺於吳者甚厚而有節也。是以財不匱。其所以聽役於吳者甚勞而有時也。是以本不搖。然後勾踐得以安意肆志焉。而吳國固在其掌中矣。今以天下之大。而中書常有蠻夷之憂。宜其內治有不辦者。故臣以爲治天下必若清中書之務。中書之務清。則天下之事不足辦也。今夫天下之財。舉歸之司農。天下之獄。舉歸之廷尉。天下之兵。舉歸之樞密。而宰相特持其大綱。聽其治要而責成焉耳。夫此三者豈少於蠻夷哉。誠以爲不足以累中書也。今之所以待二虜者失在於過重。古者有行人之官。掌四方賓客之政。當周之盛時。諸侯四朝。蠻夷戎狄莫不來享。故行人之官。治其登降揖讓之節。牲芻委積之數而已。至於周衰。諸侯爭強。而行人之職爲難且重。春秋時。秦聘於晉。叔向命召行人子員。子朱曰。朱也當御。叔

向曰。秦晉不和久矣。今日之事幸而集。秦晉賴之。不集。三軍暴骨。其後楚伍員奔吳。爲吳行人以謀楚。而卒以入郢。西劉之興。有典屬國。故賈誼曰。陛下試以臣爲屬國。請必係單于之頸而制其命。伏中行說而笞其背。舉匈奴之衆惟上所令。今若依倣行人屬國特建一官。重任而厚責之。使宰相於兩制之中舉其可用者而勿奪其權。使大司農以每歲所以餽於二虜者。限其常數而豫爲之備。其餘者朝廷不與知也。凡吾所以遣使於虜與吾所以館其使者。皆得以自擇。而其非常之辭。無厭之求。難塞之請。亦得以自答。使其議不及於朝廷。而其閒暇則收羅天下之俊才。治其戰攻守禦之策。兼聽博採以周知敵國之虛實。凡事關於境外者。皆以付之。如此。則天子與宰相特因其能否而定其黜陟。其實不亦甚簡歟。今自宰相以下。百官汎汎焉莫任其責。今舉一人而授之。使日夜思所以待二虜。宜無不濟者。然後

得以安居靜慮。求天下之大計。唯所欲爲。將無不可者。其三曰。臣聞聖王之治天下。使天下之事各當其處而不相亂。天下之人各安其分而不相躐也。然後天子得優游無爲而制其上。今也不然。夷狄抗衡。本非中國之大患。而每以累朝廷。是以徘徊擾攘。卒不能有所立。今委任而責成。使西北不過爲未誅之寇。則中國固吾之中國。而有所不可爲哉。於此之時。臣知天下之不足治也。請言當今之勢。夫天下有二患。有立法之弊。有任人之失。二者疑似而難明。此天下之所以亂也。當立法之弊也。其君必曰。吾用某也。而天下不治。是某不可用也。又從而易之。不知法之弊而移咎於人。及其用人之失也。又從而尤其法。法之變未有已也。如此。則雖至於覆敗死亡相繼而不悟。豈足怪哉。昔者漢興。因秦以爲治。刑法峻急。禮義消亡。天下蕩然。恐後世無所執守。故賈誼董仲舒皆嗟歎息以立法更制爲事。後世見

二子之論以為聖人治天下凡皆如此是以腐儒小生皆欲妄有所變改以惑亂世主臣竊以為當今之患法令雖有所未安而天下之所以不大治者失在於任人而非法制之罪也國家法令幾變矣天下之不大治其咎果安在哉曩者大臣之議患天下之士其進不以道而取之不精也故為之法曰中年而舉取舊數之半而復明經之科患天下之吏無功而遷取高位而不讓也故為之法曰當遷者有司以聞而自陳者為有罪此二者其名甚美而其實非大有益也而議者欲以此等致天下於大治臣竊以為過矣夫法之於人猶五聲六律之於樂也法之不能無姦猶五聲六律之不能無淫樂也先王知其然故存其大略而付之於人苟不至於害民而不可不去者皆不變也故曰失在任人而已夫有人而不用與用而不行其言行其言而不盡其心其失一也古之興王二人而已湯以伊尹武以太公

皆捐天下以與之而後伊呂得捐其一身以經營天下君不疑其臣功成而無後患是以知無不言言無不行其所欲誅雖其親愛可也其所欲用雖其讎隙可也使其心無所顧忌故能盡其才而責其成功及至後世之君始用區區之小數以繩天下之豪俊故雖有國士而莫為之用夫賢人君子之欲有所樹立以著不朽於後世者甚於人君顧恐功未及成而有所奪秘以遠天下之亂耳鼂錯之事斷可見矣夫奮不顧一時之禍決然徒欲以身試人主之威者是亦其所挾者不甚大也斯固未足與有為而沉毅果敢之士又必有待而後發苟人主不先自去其不可測而示其可信則彼孰從而發哉慶曆中天子急於求治擢用賢者天下日夜望其成功方其深思遠慮而未有所發也雖天子亦遲之至其一旦發憤條天下之利害百未及一二而舉朝讙譁以至於逐去曾不旋踵此天下之士所以相戒而

不敢深言也居今之世而欲納天下於至治非大有所矯拂於世俗不可以有成也何者天下獨患柔弱而不振怠惰而不肅苟且偷安而不知長久之計臣以為宜如諸葛亮之治蜀王猛之治秦使天下悚然人人不敢飾非務盡其誠凡此者皆庸人之所大惡而讒言之所由興也是故先主拒關張之間而後孔明得以盡其才苻堅斬樊世逐仇騰黜席寶而後王猛得以畢其功夫天下未嘗無二子之才也而人主思治又如此之勤相須甚急而相合甚難者獨患君不信其臣臣不測其君而已矣惟天子一日慨然明告政事之臣所以欲為者使知人主之深知之也而內為之地然後敢有所發於外而不顧不然雖得賢臣千萬一日百變法天下益不可治歲復一歲而終無以大慰天下之望豈不亦甚可惜哉其四曰天子與執政之大臣既已相得而無疑可以盡其所懷直己而行道則夫當今之所宜先者

莫如破庸人之論以開功名之門而後天下可為也治天下譬如治水方其奔衝潰決騰湧漂蕩而不可禁止也雖欲盡人力之所至以求殺其尺寸之勢而不可得及其既衰且退也駸駸乎若不足以終日故夫善治水者不惟有難殺之憂而又有易衰之患導之有方決之有漸疏其故而納其新使不至於壅閼腐敗而無用嗟夫人知江河之有水患也而以為沼沚之可以無憂是烏知舟楫灌溉之利哉夫天下之未平英雄豪傑之士務以其所長用奔而爭利惟恐天下一日無事也是以人人各盡其材雖不肖者亦自淬厲而不至於怠廢故其勇者相吞智者相賊使天下不安其生為天下者知夫大亂之本起於智勇之士爭利而無厭是故天下既平則削去其具抑遠天下剛健好名之士而獎用柔懦謹畏之人不過數十年天下靡然無復往時之喜事也於是能者不自激發而無以見其能不能者益

以弛廢而無用。當是之時。人君欲有所為。而左右前後皆無足使者。是以紀綱日壞而不自知。此其為患。豈特英雄豪傑之士趑趄而已哉。聖人則不然。當其久安於逸樂也。則以術起之。使天下之心翹翹然常自喜於為善。是故能安而不衰。且夫人君之所恃以為天下者。天下皆為而已不為。夫使天下皆為而已不為者。開其利害之端。而辨其榮辱之等。使之踴躍奔走。皆為我役而不自知。夫是以坐而收其功也。如使天下皆欲不為而得。則天子誰與共天下哉。今者治平之日久矣。天下之患正在於此。臣故曰。破庸人之論。開功名之門。而後天下可為也。今夫庸人之論有二。其上之人。務為寬深不測之量。而下之士。好言中庸之道。此二者皆庸人相與議論。舉先賢之言。而獵取其近似者。以自解說其無能而已矣。夫寬深不測之量。古人所以臨大事而不亂。有以鎮世之躁。蓋非以隔絕上下之情。養尊而自安也。譽之則勸。非之則沮。聞善則喜。見惡則怒。此三代聖人之所共也。而後之君子。必曰譽之不勸。非之不沮。聞善不喜。見惡不怒。斯以為不測之量。不已過乎。夫有勸有沮。有喜有怒。然後有間而可入。有間而可入。然後智者得為之謀。才者得為之用。後之君子。務為無間。夫天下孰能入之。古之所謂中庸者。盡萬物之理而不過。故亦曰皇極。夫極。盡也。後之所謂中庸者。循循然為衆人之所能為。斯以為中庸矣。此孔子孟子之所謂鄉原也。一鄉皆稱原人焉。無所往而不為原人。同乎流俗。合乎汙世。曰古之人何為踽踽涼涼。生斯世也。為斯世也。善斯可也。謂其近於中庸而非。故曰德之賊也。孔子孟子惡鄉原之賊夫德也。欲得狂者而見之。狂者又不可見。欲得狷者而見之。曰狂者進取。狷者有所不為也。今日之患。惟不取於狂者狷者。而皆取於鄉原。是以若此靡靡不立也。孔子孟子

子思所授以中庸者。然皆欲得狂者狷者而與之。然則率勵天下而作其怠惰。莫如狂者狷者之賢也。臣故曰破庸人之論。開功名之門。而後天下可為也。其五曰。其次莫若深結天下之心。臣聞天子者。以其一身寄之乎巍巍之上。以其一心運之乎茫茫之中。安而為太山。危而為累卵。其間不容毫釐。是故古之聖王。不恃其有可畏之資。而恃其有可愛之實。不恃其有不可拔之勢。而恃其有不忍叛之心。何則。其所居者。天下之至危也。天子恃公卿以有其天下。公卿大夫士以至於民。轉相屬也。以有其富貴。苟不得其心。而欲羈之以區區之名。控之以不足恃之勢者。其平居無事。猶有以相制。一旦有急。是皆行道之人。掉臂而去。尚安得而用之哉。古之失天下者。皆非一日之故。其君臣之歡去已久矣。適會其變。是以一散而不可復收。方其未也。天子甚尊。大夫士甚賤。奔走萬里。無敢後先。儼然南面以臨其臣曰。天何言哉。百官俯首就位。斂足而退。兢兢惟恐有罪。群臣相率為久安之計。賢者既無所施其才。而愚者亦有所容其不肖。舉天下之事。聽其自為而已。及乎事出於非常。變起於不測。視天下莫與同其患。雖欲分國以與人。而且不及矣。秦二世。唐德宗。蓋用此術以至於顛沛而不悟。豈不悲哉。天下者器也。天子者有此器者也。器久不用而置諸篋笥。則器與人不相習。是以扞格而難操。良工者使手習知其器。而器亦習知其手。手與器相信而不相疑。夫是故所為成也。天下之患。非經營禍亂之足憂。而養安無事之可畏。何者。懼其一旦至於扞格而難操也。昔之有天下者。日夜淬厲其百官。撫摩其人民。為之朝聘會同燕享。以交諸侯之歡。歲時月朔。致民讀法。飲酒蜡臘。以遂萬民之情。有大事。自庶人以上皆得至於外朝。以盡其詞。然猶以為未也。而五載一巡狩。朝諸侯於方岳之下。親見其老者賢士大夫。以

周知其天下風俗。凡此者。非為苟勞而已。將以馴致服習天下之心。使不至於扞格而難操也。及至後世。壞先王之法。安於逸樂而惡聞其過。是以養尊而自高。務為深嚴。使天下拱手以貌相承而心不服。其老生腐儒。又出而為之說曰。天子不可以妄有言也。史且書之。後世且以為譏。使其君臣相顧而不相知。如此。則偶人矣。天下之心既去。而悵悵然抱其空器。不知英雄豪傑已議其後。臣嘗觀西漢之初高祖創業之際。事變之興亦已繁矣。而高祖以項氏創殘之餘。而又與布信之徒角馳於中原。此六七公者。皆以絕人之姿。據有土地甲兵之衆。其勢足以亂。然天下終以不搖。卒授於漢。傳十數世矣。而至于元、成、哀、平。四夷鄉風。兵革不試。而王莽一豎子。乃舉而移之。不用寸兵尺鐵。而天下屏息莫敢或爭。此其故何也。創業之君出於布衣。其大臣將相皆有握手之歡。凡在朝廷者。皆嘗試擠嘪以知其才之

奏議卷之三十七　十二

短長。彼其視天下如一身。苟有疾痛。其手足不期而自救。當此之時。雖有近憂而無後患。及其子孫生於深宮之中。而狃於富貴之勢。尊卑闊絕。而上下之情疏。禮節繁多。而君臣之義薄。是故不為近憂。而常為遠患。及其一旦固已不可救矣。聖人知其然。是以去苛禮而務至誠。黜虛名而求實效。不愛高位重祿以致山林之士。而欲聞切直不隱之言者。凡皆以通上下之情也。昔我太祖太宗既有天下。法令簡約。不為崖岸。當時將相皆得從容終日。歡如平生。下至士庶人。亦得以自效。故天下誦其言至今。非有文采緣飾。而開心見誠。有以入人之深者。此英主之奇術。御天下之大權也。方今治平之日久矣。愚以為宜日新盛德。以鼓動天下久安怠惰之氣。故陳其五事以備採擇。其一曰。將相之臣。天子所恃以為治者。宜日夜召論天下之大計。且以熟觀其為人。其二曰。太守刺史。天子所寄以遠方之民者。其罷歸皆當問其所以為政。民情風俗之所安。亦以揣知其才之所堪。其三曰。左右扈從侍讀侍講之臣。本以論說古今興衰之大要。非以應故事備數而已。經籍之外。苟有以訪之。無傷也。其四曰。吏民上書。苟少有可觀者。宜皆召問優慰。以養其敢言之氣。其五曰。天下之吏。自一命已上。雖其至賤。無以自通於朝廷。然人主之為。豈有所不可哉。察其善者。卒然召見之。使不知其所從來。如此。則遠方之賤吏。亦務自激發為善。不以位卑祿薄無由自通於上而不修飾。使天下習知天子樂善親賢恤民之心。孜孜不倦如此。翕然皆有所感發。知愛於君。而不可與為不善。亦將賢人衆多。而姦吏衰少。刑法之外。有以大愧天下之心焉耳。　策別曰。臣聞為治有先後。有本末。嚮之所論者。當今之所宜先。而為治之大凡也。若夫事之利害。計之得失。臣請得列而言之。蓋其總四。其別十七。一曰課百官。二曰安萬民。三曰厚貨財。四

奏議卷之三十七　十三

曰訓兵旅。課百官者。其別有六。一曰厲法禁。昔者聖人制為刑賞。知天下之樂乎賞。而畏乎刑也。是故施其所樂者。自下而上。民有一介之善。不終朝而賞隨之。是以下之為善者。足以知其無有不賞也。施其所畏者。自上而下。公卿大臣有毫髮之罪。不終朝而罰隨之。是以上之為不善者。亦足以知其無有不罰也。詩曰。剛亦不吐。柔亦不茹。夫天下之所謂權豪貴顯而難令者。此乃聖人之所借以徇天下也。舜誅四凶而天下服。何也。此四族者。天下之大族也。夫惟聖人為能擊天下之大族。以服小民之心。故其刑罰至於措而不用。周之衰也。商鞅韓非峻刑酷法。以督責天下。然其所以為得者。用法始於貴戚大臣。而後及於疏賤。故能以其國霸。由此觀之。商鞅韓非之刑法。非舜之刑。而所以用刑者。舜之術也。後之庸人。不深原其本末。而猥以舜之用刑之術。與商鞅韓非同類而棄之。法禁之不行。姦宄之不止。

由此其故也。今州縣之吏受賕而鬻獄。其罪至於除名。而其官不足以贖。則至於嬰木索受笞箠。此亦天下之至辱也。而士大夫或冒行之。何者。其心有所不服也。今夫大吏之為不善。非特簿書米鹽出入之間也。其位愈尊。則其所害愈大。其權愈重。則其下愈不敢言。幸而有不畏強禦之士。力而排之。又幸而不為上下之所抑。以遂成其罪。則其官之所減者。至於罰金。蓋無幾矣。夫過惡暴著于天下。而罰不傷其毫毛。鹵莽於公卿之間。而纖悉於州縣之小吏。用法如此。宜其天下之不心服也。用法而不服其心。雖刀鋸斧鉞。猶將有所不避。而況於木索笞箠哉。方今法令至繁。觀其所以防姦之具。一舉足且入其中。而大吏犯之。不至於可畏。其故何也。天下之議者曰。古者之制。刑不上大夫。大臣不可以法加也。嗟夫。刑不上大夫者。豈曰大夫以上有罪而不刑歟。古之人君。責其公卿大臣至重。而待其士庶人至輕也。責之至重。故其所以約束之者愈寬。待之至輕。故其所以隄防之者甚密。夫所貴乎大臣者。惟不待約束而後免於罪戾也。是故約束愈寬。而大臣益以畏法。何者。其心以為人君之不我疑。而不忍欺也。苟幸其不疑而輕犯法。則固已不容於誅矣。故夫大夫以上有罪。不從於訊鞫論報。如士庶人之法。斯以為刑不上大夫而已矣。天下之吏。自一命以上。其蒞官臨民。苟有罪。皆書於其所謂歷者。而至於館閣之臣出為郡縣者。則遂罷去。此真聖人之意。欲有以重責之也。柰何其與士庶人較罪之輕重。而又以其爵減耶。夫律。有罪而得以首免者。所以開盜賊小人自新之塗。而今之卿大夫有罪。亦得以首免。是以盜賊小人待之歟。天下惟其無罪也。是以罰不可得而加。如知其有罪。而特免其罰。則何以令天下。今夫大臣有不法。或者既以舉之。而詔曰勿推。此何為者也。聖人為天下。豈容有此曖昧而不決。

故曰。厲法禁自大臣始。則小臣不犯矣。其二曰。抑僥倖。夫所貴乎人君者。予奪自我。而不牽於眾人之論也。天下之學者莫不欲仕。仕者莫不欲貴。如從其欲。則舉天下皆貴而後可。惟其不可從也。是故仕不可以輕得。而貴不可以易致。此非有所吝也。爵祿出乎我者也。我以為可予而予之。我以為可奪而奪之。彼雖有言者。不足畏也。天下有可畏者。賦斂不可以不均。刑罰不可以不平。守令不可以不擇。此誠足以致天下之安危而可畏者也。我欲慎爵賞。愛名器。而囂囂者以為不可。是烏足卹哉。國家自近歲以來。吏多而闕少。率一官而三人共之。居者一人。去者一人。而伺之者又一人。是一官而有二人者無事而食也。且其蒞官之日淺。而閑居之日長。以其蒞官之所得。而為閑居仰給之資。是以貪吏常多而不可禁。此用人之大弊也。古之用人者。取之至寬。而用之至狹。取之至寬。故賢者不隔。用之至狹。故不肖者無所容。記曰。司馬辨論官材。論進士之賢者。以告于王。而定其論。論定然後官之。任官然後爵之。位定然後祿之。然則是取之者未必用也。今之進士。自二人以下者皆試官。夫試之者豈一官之謂哉。固將有所廢置焉。且國家取人。有制策。有進士。有明經。有諸科。有任子。有府史雜流。凡此者雖眾無害也。其終身進退之決。在乎召見改官之日。此尤不可以不愛惜慎重者也。今之議者。不過曰多其資考。而責之以舉官之數。且彼有勉強而已。資考既足。而舉官之數亦以及格。則將執文墨以取必於我。雖千百為輩。莫敢不盡與。臣竊以為今之患正在於任文太過。是以為一定之制。使天下可以歲月必得。甚可惜也。方今之便。莫若使吏六考以上。皆得以名聞于吏部。吏部以其資考之遠近。舉官之眾寡。以次第其名。然後使一二大臣雜治之。參之以其才器之優劣而定其等。歲終而奏之。以詔天子廢置。廢天下之吏。每歲以物故罪免者幾人。而增損其數。以所奏之等補之。及數而止。使其予奪亦雜出于賢不肖之間。而無有一定之制。則天下之吏不敢有必得之心。將自奮厲磨淬以求聞于時。而向之所謂用人之大弊者。將不勞而自去。然而議者必曰。法不一定。而以才之優劣為差。則是好惡之私有以啓之也。臣以為不然。夫法者。本以存其大綱。而其出入變化。固將付之於人。昔者唐有天下。舉進士者群至於有司之門。唐之制。惟有司之信也。是故有司得以搜羅天下之賢俊。而習知其為人。至於一日之試。則固已不取也。唐之得人。於斯為盛。今以名聞於吏部者。每歲不過數十百人。使一二大臣得以訪問參考其才。雖有失者。蓋已寡矣。如必曰任法而不任人。天下之人必不可信。則夫一定之制。臣亦未知其果不可以為姦也。其三曰決壅蔽。所貴乎朝廷清明而天下治平者。何也。天下不訴而無冤。不謁

奏議卷之三十七　十六

而得其所欲。此堯舜之盛也。其次不能無訴。訴而必見察。不能無謁。謁而必見省。使遠方之賤吏。不知朝廷之高。而一介之小民。不識官府之難。而後天下治。今夫一人之身。有一心兩手而已。疾痛苛癢。動於百體之中。雖其甚微不足以為患。而手隨至。夫手之至。豈其一一而聽之心哉。心之所以素愛其身者至深。而手之所素聽於心者至熟。是故不待使令而卒然以自至。聖人之治天下。亦如此而已。百官之衆。四海之廣。使其關節脈理相通為一。叩之而必聞。觸之而必應。夫是以天下可使為一身。天子之貴。士民之賤。可使相愛。憂患可使同。緩急可使救。今也不然。天下有不幸而訴之於天。有不得已而謁其所欲。如謁之於鬼神。公卿大臣不能究其詳悉。而付之於胥吏。故凡賄賂先至者。朝請而夕得。徒手而來者。終年而不獲。至於故常之事。人之所當得而無疑者。莫不務為留滯。以待請屬。舉天下一毫之

事。非金錢無以行之。昔者漢唐之弊。患法不明。而用之不密。使吏得以空虛無據之法。而繩天下。故小人得以法為姦。今也法令明具。而用之至密。舉天下惟法之從。所欲排者。有小不如法。而可指以為瑕。所欲與者。雖有所乖戾。而可借法以為解。故小人以法為姦。今天下所為多事者。豈事之誠多耶。吏欲有所鬻而未得。則新故相仍。紛然而不決。此王化之所以壅遏而不行也。昔桓文之霸。百官承職。不待教令而辦。四方之賓至。不求有司。王猛之治秦。事至纖悉。莫不盡舉。而人不以為煩。蓋史之所記。麻思還冀州。請於猛。猛曰。速裝行矣。至暮而符下。及出關。郡縣皆已被符。其令行禁止而無留事者。至于纖悉。莫不皆然。符堅以戎狄之種。至為霸王。兵強國富。垂及升平者。猛之所為。固宜其然也。今天下治安。大吏奉法。而不敢顧私。而府史之屬。招權鬻法。長吏心知而不問。以為當然。此其弊有二而已。事繁而

奏議卷之三十七　十七

官不勤。故權在胥吏。欲去其弊也。莫如省事而厲精。省事莫如任人。厲精莫如自上率之。今之所謂至繁。天下之事關於其中。訴者之多。而謁者之衆。莫如中書與三司。天下之事分于百官。而中書聽其治要。郡縣之錢幣制于轉運使。而三司受其會計。此宜若不至于繁多。然中書不待奏課以定其黜陟。而關預其事。則是不任有司也。三司之吏推析贏虛至于毫毛。以繩郡縣。則是不任轉運使也。故曰省事莫如任人。古之聖王愛日以求治。辨色而視朝。苟少安焉而至于日出。則終日為之不給。以少而言之。一日而廢一事。一月則可知也。一歲則事之積者不可勝數矣。欲事之無繁。則必勞於始而逸於終。晨興而晏罷。天子未退。則宰相不敢歸安於私第。宰相日昃而不退。則百官莫不震悚盡力於王事。而不敢宴遊。如此。則纖悉隱微莫不舉矣。天子求治之勤。過于先王。而議者不稱王季之晏朝。而稱舜之無

爲。不論文王之日昃。而論始皇之量書。此何以率天下之怠耶。臣故曰。厲精莫如自上率之。則壅蔽決矣。其四曰專任使。夫吏之與民。猶工人之操器。易器而操之。其始莫不齟齬而不相得。是故雖有長材異能之士。朝夕而去。則不如庸人之久且便也。自漢至今言吏治者皆推孝文之時。以爲任人不可以倉卒而責其成効。又其三歲一迁吏不爲長遠之計。則其所施設一切出於苟簡。此天下之士爭以爲言而臣知其未可以卒行也。夫天下之吏。惟其病多而未有以處也。是以擾擾在此。如使五六年或七八年而後遷。則將有十年不得調者矣。朝廷方將減任子清冗官。則其行之當有所待。而臣以爲當今之弊。有甚不可者。夫京兆府天下之所觀望而化。王政之所由始也。四方之衝。兩河之交。舟車商賈之所聚。金玉錦繡之所積。故其民不知有耕稼織紝之勞。富貴之所移。貨利之所眩。故其民不知有恭儉廉退之風。以書數爲終身之能。以府史賤吏爲鄉黨之榮。故其民不知有儒學講習之賢。夫是以獄訟繁滋。而姦不可止。爲治者益以苟且而不暇及於教化。四方觀之。使風俗日以薄惡。未始不由此也。今夫爲京兆者。戴星而出。見燭而入。案牘笞箠。交乎其前。拱手而待命者足相躡乎其庭。持詞而求訴者。肩相摩乎其門。憧憧焉不知其爲誰一訊而去。得罪者不知其得罪之由。而無罪者亦不知其無罪之實。如此。則刑之不服。赦之不悛。獄訟之繁。未有已也。夫大司農者。天下之所以贏虛。外計之所從受命也。其財賦之出入。簿書之交錯。縱橫變化。足以爲姦而不可推究。上之人不能盡知。而付之吏。吏分職乎其中者以數十百人。其耳目足以及吾之所不及。是以能者不過粗知其大綱。而不能者惟吏之聽。賄賂交乎其門。四方之有求者聚乎其家。天下之大弊。無過此二者。臣竊以爲省府之重。其擇人宜精。其任人宜久。凡今之弊。皆不精不久之故。何則。天下之賢者不可以多得。而賢者之中求其治繁者。又不可以人人而能也。幸而有一人焉。又不久而去。夫世之君子。苟有志於天下。而欲爲長遠之計者。則其效不可以朝夕見。其始若迂闊。于其終必將有所可觀。今期月不報政。則朝廷以爲是無能爲者。不待其成而去之。而其翕然見稱于人者。又以爲有功。而擢爲兩府。然則是爲省府者能與不能。皆不得久也。夫以省府之繁。終歲不得休息。朝廷既以汲汲而去之。而其人亦莫不汲汲而求去。夫吏胥者皆老於其局。長子孫於其中。以汲汲求去之人。而御長子孫之吏。此其相視如客主之勢。宜其姦弊不可得而去也。省府之位。不爲卑矣。苟有能者而老于此。不爲不用矣。古之用人者。知其久勞於位。則時有賜予勸奬之以厲其心。不聞其驟遷以奪其成効。今天下之吏。縱未能一槩久而不遷。至于省府。亦不可以倉卒而去。使知其久居而不去也。則其欺詐固已少衰矣。而其人亦得深思熟慮周旋於其間。不過十年將必有卓然可觀者也。其五曰無責難。無責難者將有所深責也。昔者聖人之立法。使人可以過而不可以不及。何則。其所求於人者。衆人之所能也。天下有能爲衆人之所不能者。固無以加矣。而不能者不至於犯法。夫如此而猶有犯者。然後可以深懲而決去之。由此而言。則聖人之所以不責人之所不能者。將以深責乎人之所能也。後之立法者異於是。責人以其所不能。而其所能者不深責也。是以其法不可行。而其事不立。夫事不可以兩立也。聖人知其然。是故有所取必有所捨。有所禁必有所寬。寬之則其禁必止。捨之則其取必得。今夫天下之吏。不可以人人而知也。故使長吏舉之。又恐其舉之以私。而不得其人也。故使長吏任之。他日有敗事。則以連坐。其過惡重者其罰均。且夫人之難知。自堯舜病之矣今日爲善而明日爲惡猶不可保況於十數年之後其幼者已壯其壯者已老而猶執其一時之言使同被其罪不已過乎天下之人仕而未得志也莫不勉强爲善以求舉惟其既已改官而無憂是故蕩然無所不至方其在州縣之中長吏親見其廉謹勤幹之節則其勢不可以不舉彼又安知其終身之所爲哉故曰今之法責人以其所不能者謂此也一縣之長察一縣之屬一郡之長察一郡之屬職司者察其屬郡者也此三者其屬無幾耳其貪其廉其寬猛其能與不能不可謂不知也今且有人牧牛羊者而不知其肥瘠是可復以爲牧人歟夫爲長而屬之不知則此固可以罷免而無足惜者今其屬官有罪而其長不即以聞他日有以告者則其長不過爲失察而去官者又以不坐夫失察天下之微罪也職司察其屬郡郡縣各察其屬此非人之所不能而罰之甚輕亦可怪也今之世所以重發贓吏

者何也夫吏之貪者其始必詐廉以求舉舉者皆王公貴人其下者亦卿大夫之列以身任之居官者莫不愛其同類等夷之人故其樹根牢固而不可動連坐者常六七人甚者十餘人此如盜賊質劫良民以求苟免耳爲法之弊至於如此亦可變矣如臣之策以職司守令之罪罪舉官以舉官之罪罪職司守令今使舉官與所舉之罪均縱又加之舉官亦無如之何終不能逆知終身之廉者而後舉特推之於幸不幸而已苟以其罪罪職司守令彼其勢誠有以督察之臣知貪吏小人無容足之地又何必於舉官焉難之其六曰無沮善昔者先王之爲天下必使天下欣欣然常有無窮之心力行不倦而無自棄之意夫惟自棄之人則其爲惡也甚毒而不可解是以聖人畏之設爲高位重祿以待能者使天下皆得踴躍自奮扳援而來惟其才之不逮力之不足是以終不能至於其間而非聖人塞其門絕其

塗也夫然故一介之賤吏閭閻之匹夫莫不奔走於善至於老死而不知休息此聖人以術驅之也天下苟有甚惡而不可忍也聖人既已絕之則屏之遠方終身不齒此非獨不仁也以爲既已絕之彼將一旦肆其毒以殘害吾民是故絕之則不用用之則不絕既已絕之又復用之則是驅之於不善而又假之以其具也無所望而爲善無所愛惜而不爲惡者天下一人而已矣以無所望之人而責其爲善以無所愛惜之人而求其不爲惡又付之以人民則天下知其不可也世之賢者何常之有或出於賈豎賤人甚者至於盜賊往往而是而儒生貴族世之所望爲君子者或至於放肆不軌小民之所不若聖人知其然是故不逆定於其始進之時而徐觀其所試之效使天下無必得之心亦無必不可得之道天下知其不可以必得也然後勉强於功名而不敢僥倖知其不至於必不可得也然後有以自慰

其心久而不懈嗟夫聖人之所以鼓舞天下之人日化而不自知者此其爲術歟後之爲政者則不然用人以必得而絕人以必不可得此其意以爲進賢而退不肖然天下之弊莫甚於此今夫制策之及等進士之高第皆以一日之間而決取終身之富貴此雖一時之文而未知其臨事之能否則其用之不已太遽乎天下有用人而絕之者三州縣之吏苟非有大過而不可復用則其他犯法皆可使竭力爲善以自贖而今世之法一陷於罪戾則終身不遷使之不自聊賴而疾視其民肆意妄行而無所顧惜此其初未必小人也不幸而陷於其中途窮而無所入則遂以自棄府史賤吏爲國者知其不可闕也是故歲久則補以外官以其所從來之卑也而限其所至則其中雖有出群之才終不得齒於士大夫之列夫人出身而仕者將以求貴也貴不可得而至矣則將惟富之求此其勢然也如是則雖至於鞭笞戮

辱而不足以禁其貪故夫此二者苟不可以遂棄則宜有以少假之也入貲而仕者皆得補郡縣之吏彼知其終不得遷亦將逞其一時之欲無所不至夫此誠不可以遷也則是用之之過而已臣故曰絶之則不用用之則不絶此三者之謂也 安萬民者其别有六一曰敦教化夫聖人之於天下所恃以為牢固不拔者在乎天下之民可與為善而不可與為惡也昔者三代之民見危而授命見利而不忘義此非必有爵賞勸乎其前而刑罰驅乎其後也其心安於為善而忸怩於不義是故有所不為夫民之有所不為則天下不可以敵甲兵不可以威利禄不可以誘可殺可辱可飢可寒而不可與叛此三代之所以享國長久而不拔也及至秦漢之世其民見利而忘義見危而不能授命法禁之所不及則巧偽變詐無所不為疾視其長上而幸其災因之以水旱加之以盗賊則天下枵然無復天子之民矣世

之儒者常有言曰三代之時其所以教民之具甚詳且密也學校之制射鄉之節冠昏喪祭之禮粲然莫不有法及至後世教化之道衰而盡廢其具是以若此無耻也然世之儒者蓋亦嘗以此等教天下之民矣而卒以無效使民好文而益媮飾詐而相高則有之矣此亦儒者之過也臣愚以為若此者皆好古而無術知有教化而不知名實之所存者也實者所以信其名而名者所以求其實也有名而無實則其名不行有實而無名則其實不長凡今儒者之所論皆其名也昔武王既克商散財發粟使天下知其不貪禮下賢俊使天下知其不驕封先聖之後使天下知其仁誅飛廉惡來使天下知其義如此則其教化天下之實固已立矣天下聳然皆有忠信廉耻之心然後文之以禮樂教之以學校觀之以射鄉而謹之以冠昏喪祭民是以目擊而心諭安行而自得也及至秦漢之世專用法吏以督責其民

至于今千有餘年而民日以貪冒嗜利而無耻儒者乃始以三代之禮所謂名者而繩之彼見其登降揖讓盤辟俯僂之容則掩口而竊笑聞鐘鼓管磬希夷嘽緩之音則驚顧而不樂如此而欲望其遷善遠罪不已難乎臣愚以為宜先其實而後其名擇其近於人情者而先之今夫民不知信則不可與久居於安民不知義則不可與同處於危平居則欺其吏而有急則叛其君此教化之實不至天下之所以樂變者幸也欲民之知信則莫若務實其言欲民之知義則莫若務去其貪往者河西用兵而家人子弟皆籍以為軍其始也官告以權時之宜非久役者如是當復爾業少焉皆刺其額無一人得免自寶元以來諸道以兵興為辭而增賦者至今皆不為除去夫如是將何以禁小民之詐欺哉夫所貴乎縣官之尊者為其恃於四海之富而不争於錐刀之末也其與民也優其取利也緩古之聖人不得已

而取則時有所置以明其不貪何者小民不知其說而惟貪之知今雞鳴而起百工雜作匹夫入市操挾尺寸吏且隨而稅之扼吭拊背以收絲毫之利古之設官者求以裕民今之設官者求以朘民賦斂有常限而以先期為賢出納有常數而以羨息為能天地之間苟可以取者莫不有禁求利太廣而用法太密故民日趨於貪臣愚以為難行之言當有所必行而可取之利當有所不取以教民信而示之義若曰國用不足而未可以行則臣恐其失之多於得也其二曰勸親睦夫民相與親睦者王道之始也昔三代之制畫為井田使其比閭族黨各相親愛有急相賙有喜相慶死喪相恤疾病相養是故其民安居無事則往來歡欣而獄訟不生有寇而戰則同心并力而緩急不離自秦漢以來法令峻急使民離其親愛歡欣之心而為隣里告訐之俗富人子壯則出居貧人子壯則出贅一國之俗而家各有

法。一家之法。而人各有心。紛紛乎散亂而不相屬。是以禮讓之風息。而爭鬬之獄繁。天下無事。則務爲欺詐相傾以自成。天下有變。則流徙涣散相棄以自存。嗟夫。秦漢以下。天下何其多故而難治也。此無他。民不愛其身。則輕犯法。輕犯法。則王政不行。欲民之愛其身。則莫若使其父子親。兄弟和。妻子相好。夫民仰以事父母。旁以睦兄弟。俯以卹妻子。則其所賴於生者重。而不忍以其身輕犯法。三代之政。莫尚於此矣。今欲教民和親。則其道必始於宗族。臣欲復古之小宗。以收天下不相親屬之心。古者有大宗。有小宗。故禮曰。別子爲祖。繼別爲宗。繼禰者爲小宗。有百世不遷之宗。有五世則遷之宗。百世不遷者。別子之後也。宗其繼別子之所自出者。百世不遷者也。宗其繼高祖者。五世則遷者也。古者諸侯之子弟異姓之卿大夫始有家者。不敢禰其父。而自使其嫡子後之。則爲大宗。族人宗之。雖百世而宗子死。則爲之服齊衰九月。故曰。

宗其繼別子之所自出者。百世不遷者也。別子之庶子。又不得禰別子。而自使其嫡子爲後。則爲小宗。小宗五世之外則無服。其繼禰者。親兄弟爲之服。其繼祖者。從兄弟爲之服。其繼曾祖者。再從兄弟爲之服。其繼高祖者。三從兄弟爲之服。其服大功九月。而高祖以外。親盡則易宗。故曰。宗其繼高祖者。五世則遷者也。小宗四。有繼高祖者。有繼曾祖者。有繼祖者。有繼禰者。與大宗爲五。此所謂五宗也。古者立宗之道。嫡子繼爲宗。則其庶子之嫡子。又各爲其庶子之宗。其法止於四。而其實無窮。自秦漢以來。天下無世卿。大宗之法不可以復立。而其可以收合天下之親者。有小宗之法。猶存而莫之行。此甚可惜也。今夫天下所以不重族者。有族而無宗也。有族而無宗。則族不可合。族不可合。則雖欲親之而無由也。族人而不相親。則忘其祖矣。今世之公卿大臣賢人君子之後。所以不能世其家如古之久遠者。其族散而忘其

祖也。故莫若復小宗。使族人相率而尊其宗子。宗子死。則爲之加服。犯之。則以其服坐。貧賤不敢輕。而富貴不敢以加之。冠昏必告。喪葬必赴。此非有所難行也。今夫良民之家。士大夫之族。亦未必無孝悌相親之心。而族無宗子。莫爲之糾率。其勢不得相親。是以世之人。有親未盡而不相往來。冠昏不相告。死不相赴。而無知之民。遂至於父子異居。而兄弟相訟。然則王道何從而興乎。嗚呼。世人之患。在於不務遠見。古之聖人合族之法。近於迂闊。而行之期月。則望其有益。故夫小宗之法。非行之難。而在乎久而不怠也。天下之民。欲其忠厚和柔而易治。其必自小宗始矣。其三曰均戶口。夫中國之地。足以食中國之民有餘也。而民常病於不足。何哉。地無變遷。而民有聚散。聚則爭於不足之中。而散則棄於有餘之外。是故天下常有遺利。而民用不足。昔者三代之制。度地以居民。民各以其夫家之衆寡而受田于

官。一夫而百畝。民不可以多得尺寸之地。而地亦不可以多得一介之民。故其民均而地有餘。當周之時。四海之內。地方千里者九。而京師居其一。有田百同。而爲九百萬夫之地。山陵林麓川澤溝瀆城郭宮室塗巷三分去一。爲六百萬夫之地。又以上中下田三等而通之。以再易爲率。則王畿之內足以食三百萬夫之衆。以九州言之。則是二千七百萬夫之地也。而計之以下農夫。一夫之地而食五人。則是爲有三千五百萬人。可以仰給於其中。當成康刑措之後。其民極盛之時。九州之籍不過千三萬四千有餘夫。地以十倍。而民居其一。故穀常有餘。而地力不耗。何者。均之有術也。自井田廢。而天下之民轉徙無常。惟其所樂。則聚以成市。側肩躡踵以爭尋常。挈妻負子以分升合。雖有豐年。而民無餘蓄。一遇水旱。則弱者轉於溝壑。而強者聚爲盜賊。地非不足。而民非加多也。蓋亦不得均民之術而已。夫民之

不均。其弊有二。上之人賤農而貴末。忽故而重新。則民不均。夫民之為農者。莫不重遷。其墳墓廬舍桑麻果蔬牛羊耒耜。皆為子孫百年之計。惟其百工技藝游手浮食之民。然後可以懷輕資而極其所往。是故上之人賤農而貴末。則農人釋其耒耜而游於四方。擇其所樂而居之。其弊一也。凡人之情。怠於久安。而謹於新集。水旱之後。盜賊之餘。則莫不輕刑罰。薄稅斂。省力役。以懷逋逃之民。而其久安而無變者。則不肯無故而加䘏。是故上之人忽故而重新。則其民稍稍引去。聚於其所重之地。以至於衆多而不能容。其弊二也。臣欲去其二弊而開其二利。以均斯民。昔者聖人之興作也。必因人之情。故易為功。必因時之勢。故易為力。今欲無故而遷徙安居之民。分多而益寡。則怨謗之門。盜賊之端。必起於此。未享其利。而先被其害。臣愚以為民之情。莫不懷土而重去。惟士大夫出身而仕者。狃於遷徙之樂而忘其鄉。昔漢之制。吏二千石皆徙諸陵。今之計。可使天下之吏仕至某者。皆徙荊襄唐鄧許汝陳蔡之間。今士大夫無不樂居於此者。顧恐獨往而不能濟。彼見其儕類等夷之人。莫不在焉。則其去惟恐後耳。此所謂因人之情。夫天下不能歲歲而豐也。則必有飢饉流亡之所。民方其困急時。父子且不能相顧。又安知去鄉之為戚哉。當此之時。募其樂徙者。而使所過廩之。費不甚厚。而民樂行。此所謂因時之勢。然此二者。皆授其田。貸其耕耘之具。而緩其租。然後可以固其意。夫如是。天下之民。其庶乎有息肩之漸也。其四曰較賦役。自兩稅之興。因地之廣狹瘠腴而制賦。因賦之多少而制役。其初蓋甚均也。責之厚賦。則其財足以供。責之重役。則其力足以堪。何者。其輕重厚薄一出於地。而不可易也。戶無常賦。視地以為賦。人無常役。視賦以為役。是故貧者鬻田則賦輕。而富者加地則役重。此所以度民力之所

勝。亦所以破兼并之門。而塞僥倖之源也。及其後世。歲月既久。則小民稍稍為姦。度官吏耳目之所不及。則雖有法禁。公行而不忌。今夫一戶之賦。官知其為賦之多少。而不知其為地之幾何也。如此。則增損出入。惟其意之所為。官吏雖明。法禁雖嚴。而其勢無由以止絕。且其為奸。常起於貿易之際。夫鬻田者。必窮迫之人。而所從鬻者。必富厚有餘之家。富者恃其有餘而邀之。貧者迫於飢寒而欲其速售。是故多取其地而少入其賦。有田者方其貧困之中。苟可以緩一時之急。則不暇計其他日之利害。故富者地日以益。而賦不加多。貧者地日以削。而賦不加少。又其奸民欲以計免於賦役者。割數畝之地。加之以數倍之賦。而收其少半之直。或者亦貪其直之微而取焉。是以數十年來。天下之賦。大抵淆亂。有兼并之族。而賦甚輕。有貧弱之家。而不免於重役。以至於破敗流移。而不知其所徙。其賦存而其人亡者。天下皆是也。夫天下不可以有僥倖也。天下有一人為僥倖而免。則亦必有一人焉不幸而受其弊。今天下僥倖者如此之衆。則其不幸而受其弊者。亦從可知矣。三代之賦。以什一為輕。今之法。本不至於什一而取。然天下嗷嗷然以賦斂為病者。豈其歲久而姦生。偏重而不均。以至於此歟。雖然。天下皆知其為患而不能去。何者。勢不可也。今欲按行其地之廣狹瘠腴。而更制其賦之多寡。則姦吏因緣為賄賂之門。其廣狹瘠腴。亦將一切出於其意之喜怒。則患益深。是故士大夫畏之而不敢議。而臣以為此最易見者。顧弗之察耳。夫易田者必有契。契必有所直之數。其所直之數。必得其廣狹瘠腴之實。而官必據其所直之數。而取其易田之稅。是故欲知其地之廣狹瘠腴。可以其稅推也。久遠者不可復知矣。其數十年之間。皆足以推較求之。故府猶可得而見。茍其稅多者則知其直多。其直多者則知其田多

且義也。如此而其賦少其役輕。則夫人已而賦存者可以有均矣。鬻田者。皆以其直之多少而詰其賦。重為之禁而使不敢以不實之直而書之契。則夫自今以往者。貿易之際為姦者其少息矣。要以知凡地之所直與凡賦之所宜多少。而以稅參之。如此。則一持籌之吏坐於帳中。是以周知四境之虛實。不過數月而民得以少蘇。不然。十數年之後將不勝其弊。重者日以輕。而輕者日以重。而未知其所終也。其五曰教戰守。夫當今生民之患果安在哉。在於知安而不知危。能逸而不能勞。此其患不見於今。將見於他日。今不為之計。其後將有所不可救者。昔者先王知兵之不可去也。是故天下雖平。不敢忘戰。秋冬之隙致民田獵以講武。教之以進退坐作之方。使其耳目習於鍾鼓旌旗之間而不亂。使其心志安於斬刈殺伐之際而不懾。是以雖有盜賊之變。而民不至於驚潰。及至後世。用迂儒之議。以去兵為王者之盛節。天下既定。則卷甲而藏之。數十年之後。甲兵頓弊。而人民日以安於逸樂。卒有盜賊之警。則相與恐懼訛言。不戰而走。開元天寶之際。天下豈不大治。惟其民安於太平之樂。酣豢於遊戲酒食之間。其剛心勇氣消耗鈍眊。痿蹶而不復振。是以區區之祿山一出而乘之。四方之民獸奔鳥竄。乞為囚虜之不暇。天下分裂。唐室固以微矣。蓋嘗試論之。天下之勢。譬如一身。王公貴人所以養其身者。豈不至哉。而其平居常苦於多疾。至於農夫小民。終歲勤苦而未嘗告疾。此其故何也。夫風雨霜露寒暑之變。此疾之所由生也。農夫小民。盛夏而力作。窮冬而暴露。其筋骸之所衝犯。肌膚之所浸漬。輕霜露而狎風雨。是故寒暑不能為之毒。今王公貴人處於重屋之下。出則乘輿。風則襲裘。雨則御蓋。凡所以慮患之具莫不備至。畏之太甚。而養之太過。小不如意。則寒暑入之矣。是故善養身者。使之能逸而能勞。

步趨動作。使其四體狃於寒暑之變。然後可以剛健強力。涉險而不傷。夫民亦然。今者治平之日久。天下之人驕惰脆弱。如婦人孺子不出於閨門。論戰鬬之事。則縮頸而股慄。聞盜賊之名。則掩耳而不願聽。而士大夫亦未嘗言兵。以為生事擾民。漸不可長。此不亦畏之太甚而養之太過歟。且夫天下固有意外之患也。愚者見四方之無事。則以為變故無自而有。此亦不然矣。今國家所以奉西北之虜者。歲以百萬計。奉之者有限。而求之者無厭。此其勢必至於戰。戰者必然之勢也。不先於我。則先於彼。不出於西。則出於北。所不可知者。有遲速遠近。而要以不能免也。天下苟不免於用兵。而用之不以漸。使民於安樂無事之中。一旦出身而蹈死地。則其為患必有所不測。故曰。天下之民知安而不知危。能逸而不能勞。此臣所謂大患也。臣欲使士大夫尊尚武勇。講習兵法。庶人之在官者。教以行陣之節。役民之司盜者。授以擊刺之術。每歲終則聚之郡府。如古都試之法。有勝負。有賞罰。而行之既久。則又以軍法從事。然議者必以為無故而動民。又挾以軍法。則民將不安。而臣以為此所以安民也。天下果未能去兵。則其一旦將以不教之民而驅之戰。夫無故而動民。雖有小恐。然孰與夫一旦之危哉。今天下屯聚之兵。驕豪而多怨。陵壓百姓而邀其上者。何故。此其心謂天下之知戰者惟我而已。如使平民皆習於兵。彼知有所敵。則固已破其姦謀。而折其驕氣。利害之際。豈不亦甚明歟。其六曰去姦民。自昔天下之亂。必生於治平之日。休養生息。而姦民得容於其間。蓄而不發。以待天下之釁。至於時有所激。勢有所乘。則潰裂四出。不終朝而毒流於天下。聖人知其然。是故嚴法禁。督官吏。以司察天下之姦民而去之。夫大亂之本。必起於小姦。惟其小而不足畏。是故其發也常至於亂天下。今夫世之所憂以為可畏者。必曰豪俠大盜。此不知變者之說也。天下無小姦則豪俠大盜無以為資。且其治平無事之時。雖欲為大盜將安所容其身。而其殘忍貪暴之心無所發洩。則亦時出為盜賊。聚為博奕群飲於市肆。而叫號於郊野。小者呼雞逐狗。大者椎牛發塚無所不至。捐父母棄妻孥。而相與嬉遊。凡此者舉非小盜也。天下有[illegible]鉏耰棘矜相率而剽奪者皆鬻之小盜也。昔三代之聖王果斷而不疑。誅除擊去。無有遺類。所以擁護良民。而使安其居。及至後世。刑法日以深嚴。而去姦之法乃不及於三代。何者。待其敗露自入於刑而後去也。夫為惡而不入於刑者固已眾矣。有終身為不義。而其罪不可指名以附於法者。有巧為規避。持吏短長而不可詰者。又有因緣幸會而免者。如必待其自入於刑。則其所去者蓋無幾耳。昔周之制。民有罪惡未麗於法。而害於州里者。桎梏而坐諸嘉石。重罪役之期。以次輕之。其下罪三月役。使州

里任之。然後宥而舍之。其化之不從。威之不格。患苦其鄉之民。而未入於五刑者。謂之罷民。凡罷民不使冠帶而加明刑。任之以事而不齒於鄉黨。由是觀之。則周之盛時。日夜整齊其人民。而鋤去其不善。譬如獵人。終日馳驅踐蹂於草茅之中。搜求伏兔而搏之。不待其自投於網羅而後取也。夫然。故小惡不容於鄉。大惡不容於國。禮樂之所以易化。而法禁之所以易行者。為此之故也。今天下久安。天子以仁恕為心。而士大夫一切以寬厚為稱上意。而懦夫庸人。又有所僥倖務出罪人。外以邀雪冤之賞。而內以待陰德之報。臣是以知天下頗有不誅之姦。將為子孫憂。宜明敕天下之吏。使以歲時糾察凶民。而徙其尤無良者。不必待其自入於刑。而間則命使出按郡縣。有子不孝。有弟不悌。好訟而數犯法者。皆誅無赦。誅一鄉之姦。則一鄉之人悅。誅一國之姦。則一國之人悅。要以誅寡而悅眾。則雖舜亦如此而已矣。天下有三患。而蠻夷之憂不與焉。有內大臣之變。有外諸侯之叛。有匹夫群起之禍。此三者其勢常相持。內大臣有權。則外諸侯不叛。外諸侯強。則匹夫群起之禍不作。今者內無權臣。外無強諸侯。而萬世之後。其或可憂者。姦民也。臣故曰去姦民以為安民之終云。

厚貨財者。其別有二。一曰省費用。夫天下未嘗無財也。昔周之興。文王武王之國不過百里。當其受命。四方之君長交至於其廷。軍旅四出。以征伐不義之諸侯。而未嘗患無財。方此之時。關市無征。山澤不禁。取於民者不過什一。而財有餘。及其衰也。內食千里之租。外收千八百國之貢。而不足於用。由此觀之。夫財豈有多少哉。人君之於天下。俯己以就人。則易為功。仰人以援己。則難為力。是故廣取以給用。不如節用以廉取之為易也。臣請得以小民之家而推之。夫民方其窮困時。所望不過十金之資。計其衣食之費。妻子之奉。出入於十

金之中。寬然而有餘。及其一旦稍稍蓄聚。衣食既足。則心意之欲日以漸廣。所入益眾。而所欲益以不給。不知罪其用之不節。而以為求之未至也。是以富而愈貪。求愈多而財愈不供。此其為惑未可以知其所終也。蓋亦反其始而思之。夫嚮者豈能寒而不衣。飢而不食乎。今天下汲汲乎以財之不足為病。何以過此。國家創業之初。四方割據。中國之地至狹也。然歲歲出師以誅討僭亂之國。南取荊楚。西平巴蜀。而東下并潞。其費用之眾。又百倍於今可知也。然天下之士未嘗思其始。而惴惴焉患今世之不足。則亦甚惑矣。夫為國有三計。有萬世之計。有一時之計。有不終月之計。古者三年耕必有一年之蓄。以三十年之通。則可以九年無飢也。歲之所入。足用而有餘。是以九年之蓄常閒而無用。卒有水旱之變。盜賊之憂。則官可以自辦而民不知。若此者。天不能使之災。地不能使之貧。四夷盜賊不能使之困。

此萬世之計也。而其不能者。一歲之入。纔足以為一歲之出。天下之產僅足以供天下之用。其平居雖不至於虐取其民。而有急則不免於厚賦。故其國可靜而不可動。可逸而不可勞。此亦一時之計也。至於最下而無謀者。量出以為入。用之不給。則取之益多。天下晏然無大患。難而盡用衰世苟且之法。不知有急。則將何以加之。此所謂不終月之計也。今天下之利。莫不盡取。山陵林麓。莫不有禁。關有征。市有租。鹽鐵有榷。酒有課。茶有算。則凡衰世苟且之法。莫不盡用矣。譬之於人。其少壯之時。豐健勇力。然後可以望其無疾以至於壽考。今未五六十。而衰老之候具見而無遺。若八九十者。將何以待其後耶。然天下之人。方且窮思竭慮。以廣求利之門。且人而不急。則以為費用不可復省。使天下而無鹽鐵酒茗之稅。將不為國乎。臣有以知其不然也。天下之費。固有去之甚易而無損。存之甚難而無益者矣。臣不能盡知。請舉其所聞。而其餘可以類求焉。夫無益之費。名重而實輕。以不急之實。而被之以莫大之名。是以疑而不敢去。三歲而郊。郊而赦。赦而賞。此縣官有不得已者。天下吏士數日而待賜。此誠不可以卒去。至於大吏。所謂股肱耳目。與縣官同其憂樂者。此豈亦不得已而有所畏耶。天子有七廟。今又飾老佛之宮而為之祠。固已過矣。又使大臣以使領之。歲給以巨萬計。此何為者也。天下之吏為不少矣。將患未得其人。苟得其人。則凡民之利。莫不備舉。而其患莫不盡去。今河水為患。不使濱河州郡之吏親行其災。而責之以救災之術。顧為都水監。夫四方之水患。豈其一人坐籌於京師而盡其利害。天下有轉運使足矣。今江淮之間。又有發運。祿賜之厚。徒兵之衆。其為費豈可勝計哉。蓋嘗聞之。里有畜馬者。患牧人欺之而盜其芻菽也。又使一人為之廄長。廄長立而馬益癯。今為政不求其本。而唯治

其末。自是而推之。天下無益之費。不為不多矣。臣以為凡若此者。可求而去之。自毫釐以往。莫不有益。惟無輕其毫釐而積之。則天下庶乎少息也。其二曰定軍制。自三代之衰。井田廢。兵農異處。兵不得休而為民。民不得息肩而無事於兵者千有餘年。而未有如今日之極者也。三代之制。不可復追矣。至於漢唐。猶有可得而言者。夫兵無事而食。則不可使聚。聚則不可使無事而食。此二者相勝而不可並行。其勢然也。今夫有百頃之閑田。則足以牧馬千駟。而不知其費。聚千駟之馬。而輸百頃之芻。則其費百倍。此易曉也。昔漢之制。有踐更之卒。而無營田之兵。雖皆出於農夫。而方其為兵也。不知農夫之事。是故郡縣無常屯之兵。而京師亦不過有南北軍、期門、羽林而已。邊境有事。諸侯有變。皆以虎符調發郡國之兵。至於事已而兵休。則渙然各復其故。是以其兵雖不知農。而天下不至於弊者。未嘗聚也。唐有天下。置十六衛府兵。天下之府八百餘所。而屯於關中者。至有五百。然皆無事。則力耕而積穀。不惟以自贍養。而又有以廣縣官之儲。是以兵雖聚於京師。而天下亦不至於弊者。未嘗無事而食也。今天下之兵。不耕而聚於京畿三輔者。以數十萬計。皆仰給於縣官。有漢唐之患。而無漢唐之利。擇其偏而兼用之。是以兼受其弊而莫之分也。天下之財。近自淮甸。而遠至於吳蜀。凡舟車所至。人力所及。莫不盡取以歸於京師。晏然無事。而賦斂之厚。至於不可復加。而三司之用。猶苦其不給。其弊皆起於不耕之兵聚於內。而食四方之貢賦。非特如此而已。又有循環往來。屯戍於郡縣者。昔建國之初。所在分裂。擁兵而不服。太祖太宗。躬擐甲冑。力戰而取之。既降其君。而籍其疆土矣。然其故基餘孽。猶有存者。上之人見天下之難合。而恐其復發也。於是出禁兵以戍之。大自藩府。而小至於縣鎮。往往皆有京師之兵。

由此觀之。則是天下之地一尺一寸皆天子自爲守也。而可以長久而不變乎。費莫大於養兵。養兵之費莫大於征行。今出禁兵而戍郡縣。遠者或數千里。其月稟歲給之外。又日供其芻糧。三歲而一遷。往者紛紛。來者纍纍。雖不過數百爲輩。而要其歸無以異於數十萬之兵。三歲而一出征也。農夫之力安得不竭。餽運之卒安得不疲。且今天下未嘗有戰鬬之事。武夫悍卒。非有勞伐可以邀其上之人。然皆不得爲休息閑居無用之兵者。其意以爲爲天子出戍也。是故美衣豐食。開府庫。輦金帛。若有所負。一逆其意。則欲群起而譟呼。此何爲者也。天下一家。且數十百年矣。民之戴君。至于海隅無以異於畿甸。亦不必舉疑西方之兵。而專信禁兵也。曩者蜀之有均賊。與近歲貝州之亂。未必非禁兵致之。臣愚以爲郡縣之土兵可以漸訓。而陰奪其權。則禁兵可以漸省。而無用天下武健。豈有常所哉。山川之所習

風氣之所咻。四方之民一也。昔者戰國嘗用之矣。蜀人之怯懦。吳人之短小。皆嘗以抗衡於上國。夫安得禁兵而用之。今之土兵。所以鈍弊劣弱而不振者。彼見郡縣皆有禁兵。而待之異等。是以自棄於賤隸役夫之間。而將吏亦莫之訓也。苟禁兵漸省。而以其資糧益優郡縣之土兵。則彼固以歡欣踴躍。出于意外。戴上之恩而願效其力。又何遽不如禁兵耶。夫土兵日以多。禁兵日以少。天子扈從捍城之外。無所復用。如此則內無屯聚仰給之費。而外無遷徙供億之勞。費之省者。又已過半矣。　訓兵旅者。其別有三。一曰蓄材用。夫今之所患兵弱而不振者。豈士卒寡少而不足使歟。器械鈍弊而不足用歟。抑爲城郭不足守歟。廩食不足給歟。此數者皆非也。然所以弱而不振。則是無材用也。夫國之有材。譬如山澤之有猛獸。江河之有蛟龍。伏乎其中。而威見乎其外。悚然有所不可狎者。至于鰍蚖之所蟠。豚

之所牧。雖千仞之山。百尋之溪。而人易之。何則。其見于外者不可欺也。天下之大。不可謂無人。朝廷之尊。百官之富。不可謂無材。然以區區之二虜。舉數州之衆以臨中國。抗天子之威。犯天下之怒。而其氣未嘗少衰。其詞未嘗少挫。則是其心無所畏也。主憂則臣辱。主辱則臣死。今朝廷之上不能無憂。而大臣恬然未有拒絕之議。非不欲絕也。而未有以待之。則是朝廷無所恃也。緣邊之民。西顧而戰栗。牧馬之士。不敢彎弓而北嚮。吏士未戰而先期於敗。則是民輕其上也。外之蠻夷無所畏。內之朝廷無所恃。而民又自輕其上。此猶之以爲有人乎。天下未嘗無才。患所以求才之道不至。古之聖人。以無益之名而致天下之實。以可見之實而較天下之虛名。二者相爲用而不可廢。是故其始也。天下莫不紛然奔走。從事於其間。而要之以其終。不肖者無以欺其上。此無他。先名而後實也。不先其名。而唯實之求。則

來者寡。來者寡。則不可以有所擇。以一旦之急。而用不擇之人。則是不先名之過也。天子之所向。天下之所奔也。今夫孫吳之書。其讀之者未必能戰也。多言之士。喜論兵者未必能用也。進之以武舉。而試之以騎射。天下之奇才未必至也。然將以求天下之實。則非此三者不可以致。以爲未必至而棄之。則是其必然者終不可得而見也。往者西京之興。其先也惟不以虛名多致天下之才。而擇之以待一旦之用。故其兵興之際。四顧惶惑。而不知所措。於是設武舉。購方略。收勇悍之士。而開猖狂之言。不愛高爵重賞以求強兵之術。當此之時。天下囂然莫不自以爲知兵也。來者日多。而其言益以無據。至于臨事終不可用。執事之臣亦遂厭之。而知其無益。故兵休之日。舉從而廢之。今之論者。以爲武舉方略之類。適足以開僥倖之門。而天下之實才終不可以求得。此二者皆過也。既已用天下之虛名。而不較

之以實。至其弊也。又舉而廢其名。使天下之士不復以兵術進。亦已過矣。天下之實才不可以求之於言語。又不可以較之於武力。獨見之於戰耳。戰不可得而試也。是故見之於治兵。子玉治兵於蔿。終日而畢。鞭七人。貫三人耳。蔿賈觀之。以為剛而無禮。知其必敗。孫武始見試以婦人。而猶足以取信於闔閭。使知其可用。故凡欲觀將帥之才否。莫如治兵之不可欺也。今夫新募之兵。驕而難令。勇悍而不知戰。此真足以觀天下之才也。武舉方略之類以來之。新兵以試之。觀其顏色和易。則足以見其氣。約束堅明。則足以見其威。坐作進退。各得其所。則足以見其能。凡此者皆不可強也。故曰先之以無益之虛名而較之以可見之實。庶乎可得而用也。其二曰練軍實。三代之兵。不待擇而精。其故何也。兵出於農。有常數而無常人。國有事。要以一家而備一正卒。如斯而已矣。是故老者得以養。疾病者得以為閒民。而

役於官者。莫不皆其壯子弟。故其無事而田獵。則未嘗發老弱之民。師行而餽糧。則未嘗食無用之卒。使之足輕險阻。而手易器械。聰明足以察旗鼓之節。強銳足以犯死傷之地。千乘之衆。而人人足以自捍。故殺人少而成功多。費用省而兵卒強。蓋春秋之時。諸侯相并。天下百戰。其經傳所見謂之敗績者。如城濮鄢陵之役。皆不過犯其偏師而獵其游卒。斂兵而退。未有僵尸百萬流血於江河。如後世之戰者。何也。民各推其家之壯者以為兵。則其勢不可得而多殺也。及至後世兵民既分。兵不得復而為民。於是始有老弱之卒。夫既已募民而為兵。其妻子屋廬既已託於營伍之中。其姓名既已書於官府之籍。行不得為商。居不得為農。而仰食於官。至于衰老而無歸。則其道誠不可以棄去。是故無用之卒。雖薄其資糧。而皆廩之終身。凡民之生。自二十以上至于衰老。不過四十餘年之間。勇銳強力之氣足以

犯堅冒刃者。不過二十餘年。今廩之終身。則是一卒凡二十年無用而食於官也。自此而推之。養卒十萬。則是五萬人可去也。屯兵十年。則是五年為無益之費也。民者天下之本。而財者民之所恃以生也。有兵而不可使戰。是謂棄財。不可使戰而驅之戰。是謂棄民。臣觀秦漢之後。天下何其殘敗之多耶。其弊皆起於分民而為兵。兵不得休。使老弱不堪之卒。拱手而就戮。故有以百萬之衆而見屠於數千之兵者。其良將善用。不過以為餌委之噉賊。嗟夫。三代之衰。民之無罪而死者。其不可勝數矣。今天下募兵至多。往者陝西之役。舉籍平民以為兵。加以明道寶元之間。天下旱蝗。以及近歲青齊之饑。與河朔之水災。民急而為兵者。日以益衆。舉籍而按之。近世以來募兵之多。無如今日者。然皆老弱不教。不能當古之十五。而衣食之費。百倍於古。此甚非所以長久而不變者也。凡民之為兵者。其類多非良民。方其

少壯之時。博弈飲酒。不安於家。而後能捐其身。至其少衰而氣沮。蓋亦有悔而不可復者矣。臣以謂五十已上。願復而為民者。宜聽。自今以往。民之欲為兵者。皆三十以下則收。限以十年而除其籍。民三十而為兵。十年而復歸。其精力思慮。猶可以養生送死。為終身之計。使其應募之日。心知其不出十年。而為十年之計。則除其籍而不憾。以無用之兵終身坐食之費。而為重募。則應者必衆。如此。縣官長無老弱之兵。而民之不任戰者。不至於無罪而死。彼皆知其不過十年而復為平民。則自愛其身而重犯法。不至於叫呼無賴以自棄於凶人。今夫天下之患。在於民不知兵。故兵常驕悍。而民常怯。盜賊攻之而不能禦。戎狄掠之而不能抗。今使民得更代而為兵。兵得復還而為民。則天下之知兵者衆。而盜賊戎狄將有所忌。然獨有言者。將以為十年而代。故者已去。而新者未教。則緩急有所不濟。夫所謂十年而代

者豈舉軍而並去之。有始至者。有既久者。有將去者。有當代者。新故雜居而教。則緩急可以無憂矣。其三曰倡勇敢。臣聞戰以勇為主。以氣為決。天子無皆勇之將。而將軍無皆勇之士。是故致勇有術。致勇莫先乎倡。倡莫善乎私。此二者。兵之微權。英雄豪傑之士所以陰用而不言於人。而人亦莫之識也。臣請得以備言之。夫倡者何也。氣之先也。有人人之勇怯。有三軍之勇怯。人人而較之。則勇怯之相去若挺與楹。至于三軍之勇怯則一也。出於反覆之間。而差於毫釐之際。故其權在將與君。人固有暴猛獸而不操兵。出入於白刃之中而色不變者。有見虺蜴而卻走。聞鐘鼓之聲而戰慄者。是勇怯之不齊。至於如此。然閭閻之小民。爭鬭戲笑。卒然之間。而或至於殺人。當其發也。其心翻然。其色勃然。若不可以已者。雖天下之大勇無以過之。及其退而思其身。顧其妻子。未始不惻然悔也。此非必勇者也。氣之所

乘則奪其性而忘其故。故古之善用兵者。用其翻然勃然於未悔之間。而其不善者沮其翻然勃然之心。而開其自悔之意。則是不戰而先自敗也。故曰。致勇有術。致勇莫先乎倡。均是人也。皆食其食。皆任其事。天下有急。而有一人焉奮而爭先而致其死。則翻然者衆矣。弓矢相及。劍楯相交。勝負之勢未有所決。而三軍之士屬目於一夫之先登。則勃然者相繼矣。天下之大可以名劫也。三軍之衆可以氣使也。諺曰。一人善射。百夫決拾。苟有以發之。及其翻然勃然之間而用其鋒。是之謂倡。倡莫善乎私。天下之人。怯者居其百。勇者居其一。是勇者難得也。捐其妻子。棄其身以蹈白刃。是勇者難能也。以難得之人。行難能之事。此必有難報之恩者矣。天子必有所私之將。將軍必有所私之士。視其勇者而陰厚之。人之有異材者雖未有功。而其心莫不自異。自異而上不異之。則緩急不可以望其為倡。故凡緩急而

肯為倡者。必其上之所異也。昔漢武帝欲觀兵于四夷。以逞其無厭之求。不愛通侯之賞以招勇士。風告天下以求奮擊之人。然卒無有應者。於是嚴刑峻法致之死地。而聽其以深入贖罪。使勉強不得已之人。馳驟於死生之地。是故其將降。其兵破敗。而天下幾至於不測。何者。先無所異之人而望其為倡。不已難乎。私者天下之所惡也。然而為己而私之。則私不可用。為其賢於人而私之。則非私無以濟。蓋有無功而可賞。有罪而可赦者。凡所以媿其心。而責其為倡也。天下之禍莫大於上作而下不應。上作而下不應。則上亦將窮而自止。方西戎之叛也。天子非不欲赫然誅之。而將帥之臣謹守封略。收視內顧莫有一人先奮而致命。而士卒亦循循焉莫肯盡力。不得已而出爭先而歸。故西戎得以肆其倡狂。而吾無以應。則其勢不得不重賂而求和。其患起於天子無同憂患之臣。而將軍無心腹之士。西師之

休十有餘年矣。用法益密。而進人益艱。賢者不見異。勇者不見私。天下務為奉法循令。要以如式而止。臣不知其緩急。將誰為之倡哉。

策斷曰。二虜為中國患至深遠也。天下謀臣猛將豪傑之士。欲有所逞於西北者久矣。聞之兵法曰。先為不可勝。以待敵之可勝。嚮者臣愚以為西北雖有可勝之形。而中國未有不可勝之具。故竊嘗以為可特設一官。使獨任其責。而執政之臣得以專治內事。苟天下之弊莫不盡去。紀綱修明。食足而兵強。百姓樂業。知愛其君。卓然有不可勝之備。如此。臣固將備論而極言之。夫天下將興。其積必有源。天下將亡。其發必有門。聖人者。唯知其門而塞之。古之亡天下者四。而天子無道不與焉。蓋有以諸侯強逼而至於亡者。周唐是也。有以匹夫橫行而至於亡者。秦是也。有以大臣執權而至於亡者。漢魏是也。有以蠻夷內侵而至於亡者。二晉是也。使此七代之君。皆能逆知其所

由亡之門而塞之。則至于今可以一不廢。惟其諱亡而不爲之備。或備之而不得其門。故禍發而不救。夫天子之勢。蟠於天下而結於民心者甚厚。故其亡也。必有大隙焉。而一日潰之。其窺之甚難。其取之甚察。曠日持久。然後可得而間。蓋非有一日卒然不救之患也。是故聖人必於其全盛之時而塞其所由亡之門。蓋臣以爲當今之患。外之可畏者。西戎北狄。而内之可畏者。天子之民也。西戎北狄不足以爲中國之大憂。而其動也。有以召内之禍。内之民實執存亡之權而不能獨起。其發也必將待外之變。先之以戎狄而繼之以吾民。臣之所謂可畏者。有此而已。昔者敵國之患。起於多求而不供。供者有倦而求者無厭。以有倦待無厭。而能久安於無事。天下未嘗有也。故夫二虜之患。特有遠近耳。而要以必至於戰。敢問今之所以戰者何也。其無乃出於倉卒而備於一時乎。且夫兵不素定而出於一時。當其危

疑擾攘之間。而吾不能自必。則權在敵國。權在敵國則吾欲戰不能欲休不可。進不能戰而退不能休。則其計將出於求和。求和而自我則其所以爲媾者必重。軍旅之後。而繼之以重媾。則國用不足。國用不足。則加賦於民。加賦而不已。則凡暴取豪奪之法。不得不施於今之世矣。天下一動。變生無方。國之大憂。將必在此。蓋嘗聞之。用兵有權。權之所在。其國乃勝。是故國無大小。兵無強弱。有小國弱兵而見畏於天下者。權在焉耳。千鈞之牛。制於三尺之童。弭耳而下之曾不如狙猿之奮擲於山林。此其故何也。權在人也。我欲則戰。不欲則守。戰則天下莫能支。守則天下莫能窺。昔者秦嘗用此矣。開關出兵以攻諸侯。則諸侯莫不願割地而求和。諸侯割地而求和於秦。秦人未嘗急於割地之利。若不得已而後應。故諸侯常欲和而秦常欲戰。如此。則權固在秦矣。且秦非能強於天下之諸侯。秦惟能自各而諸侯

不能。是以天下百變。而卒歸於秦。諸侯之利。固在從也。朝聞陳軫之說而合爲從。暮聞張儀之計而散爲橫。秦則不然。橫人之欲爲橫。從人之欲爲從。皆使其自擇而審處之。諸侯相顧而終莫能自必。則權之在秦。不亦宜乎。嚮者寶元慶曆之間。河西之役可以見矣。其始也。不得已而後戰。其終也。逆探其意而與之和。又從而厚餽之。惟恐其一日復戰也。如此。則賊常欲戰而我常欲和。賊非能常戰也。特持其欲戰之形。以乘吾欲和之勢。屢用而屢得志。是以中國之大。而權不在焉。欲天下之安。則莫若使權在中國。欲權之在中國。則莫若先發而後罷。示之以不憚。形之以好戰。而後天下之權有所歸矣。今夫庸人之論則曰勿爲禍始。古之英雄之君。豈其樂禍而好殺。唐太宗既平天下。而又歲歲出師以從事於夷狄。蓋晚而不倦。暴露於千里之外。親擊高麗者再焉。凡此者。所以爭先而處強也。當時群臣不能深

明其意。以爲敵國無釁而我則發之。夫爲國者。使人備己。則權在我。而使己備人。則權在人。當太宗之時。四夷狼顧以備中國。故中國之權重。苟不先之。則彼或以執其權矣。而我又鰓鰓焉惡戰而樂罷。使敵國知吾之所忌。而以是取必於吾。如此。則雖有天下。吾安得而爲之。唐之衰也。惟其厭兵而畏戰。一有敗衄。則兢兢焉縮首而去之。是故姦臣執其權以要天子。及至憲宗奮而不顧。雖小挫而不爲之沮。當此之時。天下之權在於朝廷。伐之則是以爲威。舍之則是以爲恩。臣故曰。先發而後罷。則權在我矣。臣聞用兵有可以逆爲數十年之計者。有朝不可以謀夕者。攻守之方。戰鬭之術。一日百變。猶以爲拙。若此者。朝不可以謀夕者也。古之欲謀人之國者。必有一定之計。勾踐之取吳。秦之取諸侯。高祖之取項籍。皆得其至計而固執之。是故有利有不利。有進有退。百變而不同。而其一定之計未始易也。勾

踐之取吳。是驕之而已。秦之取諸侯。是散其從而已。高祖之取項籍。是閒諜其君臣而已。此其至計不可易者。雖百年可知也。今天下晏然。未有用兵之形。而臣以為必至於戰。則其攻守之方。戰鬭之術。固未可以豫論而臆斷也。然至於用兵之大計。所以固執而不變者。臣請得以豫言之。夫西戎北胡。皆為中國之患。而西戎之患小。北胡之患大。此天下之所明知也。管仲曰。攻堅則瑕者堅。攻瑕則堅者瑕。故二者皆所以為憂。而臣以為兵之所加。宜先於西。故先論所以制御西戎之大略。今夫鄒與魯戰。則天下莫不以為魯勝。大小之勢異也。然而勢有所激。則大者失其所以為大。而小者忘其所以為小。故有以鄒勝魯者矣。夫大有所短。小有所長。地廣而備多。備多而力分。小國聚而大國分。則強弱之勢。將有所反。大國之人。譬如千金之子。自重而多疑。小國之人。計窮而無所恃。則致死而不顧。是以小國常勇。

而大國常怯。恃大而不戒。則輕戰而屢敗。知小而自畏。則深謀而必克。此又其理然也。夫民之所以守戰至死而不去者。以其君臣上下歡欣相得之際也。國大則君尊而上下不交。將軍貴而吏士不親。法令繁而民無所措其手足。若夫小國之民。然其若一家也。有憂則相䘏。有急則相赴。凡此數者。是小國之所長。而大國之所短也。大國而不用其所長。使小國常出於其所短。雖百戰而百屈。豈足怪哉。且夫大國則固有所長矣。長於戰而不長於守。夫守者出於不足而已。譬之於物。大而不用。則易以腐敗。故凡擊搏進取。所以用大也。孫武之法。十則圍之。五則攻之。倍則分之。敵則能戰之。少則能逃之。不若則能避之。自敵以上者。未嘗有不戰也。自敵以上而不戰。則是以有餘而用不足之計。固已失其所長矣。凡大國之所恃。吾能分兵而彼不能分。吾能數出而彼不能應。譬如千金之家。日出其財以罔市利。

而販夫小民。終莫能與之競者。非智不若其財少也。是故販夫小民。雖有桀黠之才。過人之智。而其勢不得不折而入於千金之家。何則。其所長者不可以與較也。西戎之於中國。可謂小國矣。嚮者惟不用其所長。是以聚於連年終莫能服。今欲用吾之所長。則莫若數出。數出莫若分兵。臣之所謂分兵者。非分此之謂也。分其居者與行者而已。今河西之戍卒。惟患其多而莫之適用。故其便莫若分兵。使其十一而行。則一歲可以十出。十二而行。則一歲可以五出。十一而十出。十二而五出。則是一人而歲一出也。吾一歲而一出。彼一歲而十被兵焉。則衆寡之不侔。勞逸不敵。亦已明矣。夫用兵必出於敵人之所不能。我大而敵小。是故我能分而彼不能。此吳之所以肄楚。而隋之所以狃陳歟。夫御戎之術。不可以逆知其詳。而其大略。臣未見有過此者也。

其次請論北狄之勢。古者匈奴之衆。不過漢一大縣。然所

以能敵之者。其國無君臣上下朝覲會同之節。其民無穀米絲麻耕作織紝之勞。其法令以言語為約。故無文書符傳之繁。其居處以逐水草為常。故無城郭邑居聚落守望之助。其旃裘肉酪。足以為養生送死之具。故戰則人人自鬬。敗則驅牛羊遠徙。不可得而破。蓋非獨古聖人法度之所不加。亦其天性之所安者。猶狙猿之不可使冠帶。虎豹之不可被以羈紲也。故中行說教單于無愛漢物。所得繒絮。皆以馳草棘中。使衣袴弊裂。以示不如旃裘之堅善也。得漢食物皆去之。以示不如湩酪之便美也。由此觀之。中國以法勝。而匈奴以無法勝。聖人知其然。是故精修其法而謹守之。築為城郭。塹為溝池。大倉廩。實府庫。明烽燧。遠斥候。使民知金鼓進退坐作之節。勝不相先。敗不相棄。此其所以謹守其法而不敢失也。一失其法。則不如無法之為便也。故夫各輔其性而安其生。則中國與胡本不能相犯。惟其不

然是故皆有以相制胡人之不可從中國之法猶中國之不可從胡人之無法也今夫佩玉服黻冕而垂旒者此宗廟之服所以登降揖讓折旋俯仰爲容者也而不可以騎射今夫蠻夷而用中國之法豈能盡如中國哉苟不能盡如中國而雜用其法則是佩玉服黻冕垂旒而欲以騎射也昔吳之先斷髮文身與魚鼈龍蛇居者數十世而諸侯不敢窺也其後楚申公巫臣始教以乘車射御使出兵侵楚而闔廬夫差又逞其無厭之求開溝通水與齊晉爭強黃池之會強自冠帶吳人不勝其弊卒入於越夫吳之所以強者乃其所以亡也何者以蠻夷之資而貪中國之美宜其可得而圖之哉西晉之亡也匈奴鮮卑氐羌之類紛紜於中國而其豪傑間起爲之君長如劉元海苻堅石勒慕容儁之儔皆以絕異之姿驅駕一時之賢俊其強者至有天下太半然終於覆亡相繼遠者不過一傳再傳而滅何也其心固安於無法也而束縛於中國之法中國之人固安於法也而苦其無法君臣相戾上下相厭是以雖建都邑立宗廟而其心岌岌然常若寄居於其間而安能久乎且人而棄其所得於天之分未有不亡者也契丹自五代南侵乘石晉之亂奄至京邑覩中原之富麗廟社宮闕之壯而悅之知不可以留也故歸而竊習焉山前諸郡既爲所并則中國士大夫有立其朝者矣故其朝廷之儀百官之號文武選舉之法都邑郡縣之制以至於衣服飲食皆雜取中國之象然其父子聚居貴壯而賤老貪得而忘失勝不相讓敗不相救者猶在也其中未能革其犬羊豺狼之性而外牽於華人之法此其所以自投於陷穽網羅之中而中國之人猶曰今之匈奴非古也其措置規畫皆不復蠻夷之心以爲不可得而圖之亦過計矣且夫天下固有沉謀陰計之士也昔先王欲圖大事立奇功則非斯人莫之與共秦之尉

繚漢之陳平皆以揣狙之間而制敵國之命此亦王者之心期以弭天下之禍而已彼契丹者有可乘之勢三而中國未之思焉則亦足惜乎臣觀其朝廷百官之衆而中國士大夫交錯於其間固亦有賢俊慷慨不屈之士而詬辱及於公卿鞭扑行於殿陛貴爲將相而不免囚徒之恥宜其有悒憤鬱結而思變者特未有路耳凡此皆可以致其心雖不爲吾用亦以間疎其君臣此由余之所以入秦也幽燕之地自古號多雄傑名於圖史者往往而是自宋之興所在賢俊雲合響應無有遠邇皆欲洗濯磨淬以觀上國之光而此一方獨陷於非類昔太宗皇帝親征幽州未克而班師聞之諜者曰幽州士民謀欲執其帥以城降者聞乘輿之還無不泣下且胡人以爲諸郡之民非其族類故厚斂而虐使之則其思內附之心豈待深計哉此又足爲之謀也使其上下相猜君民相疑然後可攻也語有之曰鼠不容穴銜窶藪也彼僭立四都分置守宰倉廩府庫莫不備具有一旦之急適足以自累守之不能棄之不忍華夷雜居易以生變如此則中國之長足以有所施矣然非特如此而已也中國不能謹守其法彼慕中國之法而不能純用是以勝負相持而未有決也夫蠻夷者以力攻以力守以力戰顧力不能則逃中國則不然其守以形其攻以勢其戰以氣故百戰而力有餘形者有所不守而敵人莫不忌也勢者有所不攻而敵人莫不備也氣者有所不戰而敵人莫不懾也苟去此三者而角之於力則中國固不敵矣尚何云乎惟國家留意其大者而爲之計其小者臣未敢言焉

軾又上奏曰書曰臨下以簡御衆以寬此百世不易之道也昔漢高祖約法三章蕭何定律九篇而已至于文景刑措不用歷魏而晉條目滋章斷罪所用至二萬六千三百七十一條而姦益不勝民無所

措手足。唐及五代。止用律令。國初加以注疏。情文備矣。今編敕續降動若牛毛。人之耳目所不能周。思慮所不能照。而法病矣。臣愚謂當熟議而少寬之。人主前旒蔽明。黈纊塞聰。耳目所及尚不能盡。而況察人於耳目之外乎。今御史六察專務鈎考簿書責發細微。自三公九卿救過不暇。夫詳於小必略於大。其文密者其實必疏。故近歲以來水旱盜賊四方流亡。邊鄙不寧。皆不以責宰相。而尚書諸曹文牘繁重。窮日之力書紙尾不暇。此皆苛察之過也。不可以不變。易曰。理財正辭禁民爲非曰義。先王之理財也。必斷之以正辭。其辭正。則其取之也義。三代之君食租衣稅而已。是以辭正而民服。自漢以來鹽鐵酒茗之禁。稱貸權易之利。皆心知其非而冒行之。故辭曲而民爲盜。今欲嚴刑妄賞以去盜。不若損利以予民。衣食足而盜賊自止。夫興利以聚財者。人臣之利也。非社稷之福。省費以養財者。社稷之福

也。非人臣之利。何以言之。民者國之本。而刑者民之賊。興利以聚財必先煩刑以賊民。國本搖矣。而言利之臣先受其賞。近歲宮室城池之役。南蠻西夏之師。車服器械之資。略計其費不下五千萬緡。求其所補卒亦安在。若以此積粮則沿邊皆有九年之蓄。西羌北邊望而不敢近矣。趙充國有言。湟中穀斛八錢。吾謂糴三百萬斛。羌人不敢動矣。不待煩刑賊民。邊鄙以安。然爲人臣之計則無功可賞。故凡人臣欲興利而不欲省費者。皆爲身謀。非爲社稷計也。人主不察。乃以社稷之深憂。而循人臣之私計。豈不過甚矣哉。

歷代名臣奏議卷之三十七

歷代名臣奏議卷之三十八

治道

宋神宗熙寧六年。秘書省著作佐郎充利州路轉運司管勾文字臣馮山上封事曰。臣伏覩今年四月四日詔書。自冬迄春旱暵爲虐。四海之內被災者廣。應中外文武臣僚並許實封直言朝廷闕失。臣伏念聖明憂勤消復之詔未形於天下殆將十年矣。一日天下驟聞詔旨。盡堯舜禹湯所以求治之意。非若漢唐舉故事求空言而已。天衷一發。物情易感。四海內外莫不稱慶。恭惟皇帝陛下。以盛年聰明之資承累世太平之會。固宜優游安逸。縱心所爲。以享帝王奉養之樂。乃躬自菲薄而勤於聽斷。考名實。振統紀。群臣之邪正勤怠。萬機之得失本末。一出照臨。靡有欺隱。且累歲豐稔。生民休息。求比聖德。希闊無有。然去秋以來。四方亢旱。遍走群望。靡有休應。雖天人之際隱於

茫昧。而報應之速有若影響。自陛下避正殿。減常膳。而諸道雨澤間有得者。詔書之下未數日間。京師輔郡稍稍沾足。臣乃知三才之位雖不同。然其本皆一氣也。故其神明精誠舉動感應莫不參會。聖人推端於天。而求盡於人。要之通三極之道而已矣。易有象。書有驗。詩有戒。禮有制。春秋有法。大抵以脩政教。順陰陽爲本。今陛下以一旱之故。即推之於天而求盡者。豈聞於疏遠卑賤之言哉。臣所以不避誅戮。輒進狂瞽。思有補於聖朝萬分之一也。臣竊以變異之起。天之所以警戒人君也。與夫人臣諄諄而規諫者無異。故每至而屢甚焉。近年四方郡國地動水溢。非大變故。固可未殺。繼而太華之崩。隤裂顛倒。殊可驚駭。而陛下恬然不以爲慮。大臣傲然不以爲憂。但即山致祭而已。臣竊觀自古荒旱之及。止有方所。未若今遍諸路歷歷時爲害之遠也。意者國家方講富強之術。而財用之本莫不出於民。非

極畀大歛。不足以動陛下之心耶。陛下釋然開悟。惕然脩省。斥常歎之諛論。謹靈承之淵懿。足以慰民望。當天心。臣夙夜嘗爲朝廷憂。而所望於陛下者。不過如此而已。復何言哉。然臣竊恐事有習熟而以爲當然。政有更矯而失於過正者。臣下方責揚推稱。不肯與陛下慮其遠。極其微而道之也。臣謹略細故。爲陛下班班取大體可言者數事以獻。願陛下留神而省察焉。一曰。平罪戾以安人情。臣伏見新法之始。故老大臣猶以爲言。况州縣之吏。與凡在官者。或期會差於頃刻。或意旨異於見聞。蓋不切推究。而本非沮難。皆罷黜以警其餘。或中以他事。遂成痼廢。或累經霈澤而未復職任。一夫吁嗟。王道爲虧。况犯時之忌。遂累重法。銜寃靡訴。若將終身者。非特一人而已。又况其下因循差誤。雖重得罪。不知其由。流離道途。將轉溝壑者不可遽數。度之人情。有足悲者。始設權以濟事。今已事而猶權。無乃爲陛下至仁之累乎。二曰。重名器以成治道。臣伏見陛下即位以來。新法制以舉庶事。耀神武以威四夷。思皇豪俊。共就勳業。拘於職任。則越次以超擢。阻於過累。則棄瑕而録用。或止於少年而未可遠略。或徒有虛譽而本無長才。或藝窮於弧矢而付以將領之權。或智辨於斗筲而寄以錢穀之任。是由圖欲速之効。開易進之門。側肩爭趨。奮臂無耻。諂諛阿附以訓子弟。欺隱謾詐遂成風俗。雖照臨之下。間或不容。而進任之間猶有存者。書曰。治亂在庶官。未有邪正雜處。選任失當。而能致治者也。今僥倖紛起。品序淆亂。豈不爲陛下天官之累乎。三曰。正學校以厚風化。臣伏見京師廣學舍。增生員。置經義所脩譔官屬。以養天下之士。訓導資育無所不至。世謂三代文物之盛。不過於此。獨臣以爲沿虛而失實。竊以周制教賢能而賓興之。皆屬地官鄉大夫之職。雖國有學。止以教遊倅胄子而已。至漢以六經殘缺。始

置博士弟子員於京師。然士亦多起畎畝。及其末也。太學生員至有三千餘人。於治亂何有。古之養士也。未正養其心。既正養其材。既成養其用。未聞於數千里之遠。招致而餼食之。使之日夜相與綴煩鑿虛。汗漫迂闊。雜然如釋老之聚其徒而爲養也。昔陽城爲司業。而太學諸生辭歸養親者過半。今四方之士。捨父母。去鄉里。裹糧糊口。坐集於都下者。不啻五六千人矣。日馳騖求匄於公卿之門。紛紜周章。不本一鄉之法。不知三物之教。不窮六藝之原本。不見歷代之興廢。惟誦新義。習莊老。雖增至萬員。廣成十舍。道不足以通達治體。教不足以化成人文。徒賊糧食。害風教。損人才而已。臣又以爲仲尼不告。六經之義未定也。第使學者求之而無倦。發之而日新。苟不出於仁義之大方。則其庶乎道也。何必譊譊推尊。立爲定說。以分限人之情性。使之必歸於我哉。臣恐沿虛而失實。它日必爲陛下養賢之累也。四曰。復臺諫以廣言路。臣伏見數年以來。臺官以言新法等事。而責降者近數十人。若將遂廢而不用。朝廷設此職。以待言者。欲其敢言爾。今反讎其言。故天下不能無疑也。且士大夫至精之選。莫若臺諫。博贍通敏。厚重方正。始可居此職。是數十人者。雖未必盡然。然其來也以公議。其去也無大過。當其遇事輒言。豈憚嫌怨。一日失勢。使奔走俯伏於衆人之下。若故摧耻以快讎敵。聖朝人物之盛。如數子者。九牛一毛。無所多損。然所惜者朝廷之舉動爾。昔唐高宗時。長孫無忌褚遂良等。以劾切得罪。天下不聞直言者二十餘年。今當言責者。顧望畏縮而不敢言者數年矣。前日或聞御史裏行黃履言市易事。搢紳之士以爲鳳鳴朝陽。尋即報罷。且市易果便即果不便耶。履之言果是耶非耶。市易果便。履之言果非。尚當嘉其守正。敦獎優借以廣言路。况其便與不便。是與非特未定也。然則脩默苟容。畏於進取而

樂觀時變者乃為釋職。豈不為陛下聽納之累乎。五曰。復常平以簡法令。臣竊以青苗之法。本以抑兼并賙窮困。朝廷惠民之意。何所不可。而喧譁齟齬者數年。今法制已定。論議已息。臣猶冒萬死以言者。雖不知變。第恐無益於振貸。徒煩於督責。所重者國家之大體爾。或謂請者既衆。則無不便之理。然未嘗知浮浪之人。與夫不能自業者。持片紙獲見緡。苟且於目前。姦欺於限外。今皆指新以填舊額。取私債以償公息。自此之後。官有常得。民有常負。不率而少斂。則負者至於流亡。而得者并失之矣。此非所謂賙窮困者也。今貧貸之家。不減前日。何則。盖青苗之法。與期雖遠。然過限有罰。負之之民。無所貸仰。不免寄性命於富商大賈之門。其取之尤急。則償利愈多。此非所謂抑兼并者也。又郡縣之治。主風教。平獄訟。禁盜賊。均賦徭。今皆置而不問。日夜惶駭。從事於青苗出納簿書細故之間。然猶少差毫釐。而

立見停罷者相繼。雖朝廷遣使風厲州縣。亦不過議斂散授圭撮促期會而已。非國家大政。非天下急務。強起而力行之。此古人所謂直服人之口者爾。豈不為陛下宜民之累乎。六曰。罷兵戍以厚邦本。臣伏見湖南隴右用兵以來。建議開邊之士。亹亹相繼而起。其講究利害有以當聖心者。不過以夷狄喣撫之過。侵噬猖獗。邊民無聊。且當為中國之所有者。故雖糞土邦計。草芥人命。爵賞貿亂。君臣宵旰。而不知悔也。且天下之至難處者兵也。今以易言之。臣恐兵之禍自此始矣。王者之師。以仁義動。末世以功名舉。昆吾之禦。獯狁之逐。蓋起而應之。其義在於禁暴安民而已。建武閉玉門之君。鋭於功名。奮兵以逐夷狄。邊釁一發。而入物補官。出貸除罪。轉漕假貸。塩鐵榷酤。請算占緡。均輸平準。和糴率貸。度僧進奉。宣索增稅。青苗閒架。竹木茶塩。銅錫之名百出。卒不能佐用度。雖悔痛於末年。終不免流為後世子孫患也。然度當時所得。不過數幅空地圖而已。臣嘗計熙河溪洞之獲。在漢唐百分之一。而費已不貲。況將盡而有之哉。當陝西無事。川峽上供物帛。無慮數百萬。悉歸於中帑。以供天子用度。慶曆寶元用兵之後。皆為河東關右截留。猶靳靳未足。常仰給於度支矣。況今重有熙河一路軍興之費哉。近日洮西之警。互有得失。正如鬬博之酣。方瞋目盛氣以決勝負。雖親信在傍。勢不可解。臣竊恐囊虛足跌。為陛下太平之累也。臣愚不曉世務。復以官遠方。不習國家之典。故不知廟堂之謀議。但私於士論而求之物情。是非不疑。利害可見。如此。為陛下所累者六。雖年穀豐稔。嘉瑞荐臻。猶可以止其流。絕其源。以銷未然之患。況天變昭昭於上。人言籍籍於下。寧能捨此而不為之慮哉。今若以罪戾為慮。則臣伏願陛下詔今日以前以新法事得罪者。許自陳述。為興置一司看詳。不問重輕。一切除放。如此。則人情可

安也。以名器為慮。則臣伏願陛下慎重爵賞。澄汰偷惰。奔趨之勤不足以臨事。捷給之對不足以議政。曲存老成以共大事。稍抑文華以求實効。按察之任。必考其素。侍從之列。必觀其守。以至領一將。事加一職。名非其人。無以服衆。失其實。無以勸善。更相薦引。先察於時論。精別除授。必歸於宸斷。如此。則治道可成也。以學校為慮。則臣伏願陛下詔限太學生員以五百人為額。本貫非開封府輔郡與命官子弟。不得入學。數外舉人。遣還鄉里。罷脩經義官屬。減省直講員數。又詔天下解發。各以進士之所自得。大義優長。文辭厚重者為合格。不得以向背新義而去取之也。至於武之極。則懸法之弊則姦。所益者小。所損者大。宜廢二學以塞原本。如此。則風俗可厚也。以臺諫為慮。則臣伏願陛下斷浮議。發明詔。録侍從臺諫以言而得罪與無名而陰廢者。度其才而用之。以勵公卿之節。以厭朝野之望。觀其既去而

無憾。愈窮而有守。若起而助陛下為治當有過人者何必紛紛求舉緣附託易進之人於外哉。如此則言路可廣也。以青苗為慮則臣伏願陛下詔有司取常平舊制而稍增損之。其餘煩碎條約一一皆罷去。如此則法令可省也。以兵戍為慮則臣伏願陛下趣罷出塞之師常為備邊之策少休士馬陸計財用。以十年為期俟勇者奮而謀者決。然後一舉而復幽燕之地。彼戶口之衆租賦之厚。厭虜已久。日夜思漢。我朝得而暮資之。視西南區區汗僳馬蹵鷹犬。與豺狼校性命於荊棘間。以求一肉之快者遠甚。如此則邦本可厚也。至於既有其名未知其實。可行於今而不計其後。與夫緣陛下所問者五緣臣所言者六。而記念無以宜於世者。臣愚未能盡其說。必有慷慨之士為陛下言之矣。臣愚不知五行之說。嘗謂劉向以降諸儒妄指意人事。以傅會天變。而失於洪範皇極之義。故臣不敢即早所記臆而不經。以欺罔陛下。然臣嘗讀易。至否泰之際。治亂安危其極必返。聖朝升平百餘年蓋古未有。至陛下處泰而益亨履豐而愈光。更革變創將期於盡。雖然。裁成輔相之道貴於適中。其過也等歸於否而已矣。臣願陛下慎始而慮終。使平而不陂往而不復。則天下之幸亦萬世之福也。昔漢文帝唐太宗忠恕仁明主也。賈誼劉洎辯論切直往往責君之難。二主者雖明譽其直道。而陰銜其訐逆其卒也。賈誼以他事廢。劉洎以無罪誅。嗚呼。言之難也如此。臣才微而言拙。位下而迹孤。徒有劉賈愛君憂國之心。獨意妄議以干天聽。不顧犯陛下之威觸大臣之權。伏惟陛下裁察。若棄其身而用其言。則雖死無恨。臣不任拳拳激切之至。

九年。司徒冨弼上疏曰。臣近者回拜謝章輒敢略具南事附奏。伏計愚懇尋達天聽。蠻寇大擾。即已竄歸。然王師遂行。必謀弔伐。水陸並進。威德兼施。若夫討禦之方。得失之際。則非臣庸之所預知也。伏望陛下密詔郭逵等。俟至二廣。熟計攻守利害。速具奏聞。可往則往。如不可往。則命別圖去就。以全王師之重。海嶠阻遠。恐難責其固必也。臣又竊聞秦隴之外。數年用兵。覘取熙河等五州。別立一路。闢地進境。開拓故疆。誠為國朝美事。足光史冊也。然而遠近共傳當時殺戮人命不可勝計。費耗財用莫知紀極。是皆主事者公為欺罔。不以實數上奏。致陛下無由得聞而進止也。今既成立部分。建置官屬。屯兵守禦。各有定制。即須所得之地。所出之物以供贍一路。自能取足。不假外求。然後可為長遠之利。遂成開拓之益。則向者人命不為枉殺。財用不為虛費也。奈何罷兵後。唯聞朝廷自京師輦運金帛。監司從內支撥糧草。增添轉運。遞鋪奔走。不絕於道。滔滔而去。尚云不足。一二年來。又云彼中米麥每斗計錢四五百文。賤亦不減三百以上。公私皇皇汲汲。日憂不逮。若常如此。則不唯枉殺虛費。而又自此國家府庫如何供億。民間物力如何出辦。遂使官司俱困。得之何用。況陝西之用。即今上下窮窘已甚。事苟得實。臣竊憂之。伏望陛下親選無所畏憚公忠臣寮。不與其時用事人為黨者。往彼案視土地可耕否。所收物財足用否。人情可安否。久遠可守否。俟得其實。然後委二府會議。方見經久利害如何。若不審行考校。但務竭力勞費。臣謂末等之家有十金之產者。且猶未肯如是。況乎為天下之計哉。惟陛下深切留意也。唐宣宗時。北方亦曾自舉十數州內附。未嘗少加攻取。既而供饋闕乏。終却叛去。唐亦不復顧藉。更乞略賜檢詳。亦可以為證矣。臣又竊聞代北之地。虜人妄有爭占。意在先蔑。殊無義理。朝廷以其倔彊難制。遂欲盡與。此說傳播甚盛。然終未知虛的。萬一是的。則聞者莫不憂駭。何哉。蓋夷狄貪婪。後患彌大。彼以我直事甚明白。且宜以理辨析未易可許昔趙王欲賂強秦六城而虞卿不從東胡欲求匈奴甌脫而冒頓弗與觀其簡冊足為龜鑑願陛下取此二說以今疆事反覆參校始末輕重與二府議定決然利害奏稟而後行此須特出宸斷也臣又竊聞累年新法所行之事條目甚多陛下近已深見為害但盧懷隱忍未即更張此誠大得為君之道從容優裕而不欲迫急也然所謂為害者皆害及天下之人被害既久則豈尚容舒緩哉度今事勢正如解倒垂之急唯恐解之不速也亦如人之感疾疾深則難愈木之受蠹蠹深則難補惟陛下所見害事既明芽蘖已著宜早圖之必無太早之失更或稍緩則遂成疾蠹深患朝廷益難奠枕矣況天下不以賢愚共知陛下始欲講求大治比迹唐虞前代帝王用心非所能及而不意為人所誤至此事皆成弊究其端由實非陛下之失唯是衆口共責為謀者恨不食其肉焉今聖情既已

開悟稔知其非而猶隱忍護惜不速更張卻恐遂玷聖德也臣更願陛下於左右臣寮中不以職位高下常視其反覆狡獪者疎之純良方正者與之反覆狡獪者雖有姦才強辨可惑人其如自取名位及援引親舊結成朋黨互相保庇表裏膠固牢不可破如此之類者豈可置之左右而任之以事乎蓋本無一定之志不恥不仁不畏不義不見利不勸必無忠蓋懃實安肯乃心於國家也純良方正者才辨誠有不及狡獪之人然其心不二持守堅篤中立不倚傍無朋比用之則直道而進捨之則奉身而退不為利回不為義疚忠亮之節至死不移不肯欺昧朝廷自求多福如此等人終無妄誤必能為國家立事假有未能立事者亦不為害也陛下臨御既久當盡照見固難上逃聖鑑此尤宜常掛宸念恐非須臾可忽也緣誤用一二姦人則展轉援致連茹而進分布中外大為朝廷之患卒難救整唐文宗所

謂破河北賊易破朝廷黨難者正謂此也天子無職事唯辨別大臣邪正而進退之此其職也切乞詳之臣狂瞽之說有愛君憂國之心固無他志伏乞俯賜聽納早賜裁處不勝宗社生靈之幸

元豐六年富弼薨手封遺奏使其子紹庭上之其大略云陛下即位之初邪臣納說圖任之際聽受失宜上誤聰明浸成禍患今上自輔臣下及多士畏禍圖利習成敝風忠詞讜論無復上達臣老病將死尚何顧求特以不忍上負聖明輒傾肝膽冀哀憐愚忠曲垂採納去年徐禧之敗兵民死亡者數十萬今久戍未解百姓困窮豈諱過恥敗不思救禍之時乎天地至仁豈與羌夷校曲直勝負願歸其侵地休兵息民使關陝之間稍遂生理兼陝西再團保甲又葺教場州縣奉行勢侔星火人情惶駭難以復用不若寢罷以綏懷之臣之所陳急於濟事若夫要道則在聖人所存與所用之人君子小人之辨耳

陛下觀天下之勢豈以為無是憂耶

神宗時知諫院范純仁奏乞任群臣疏曰臣伏見陛下即位以來孜孜求治親決庶政日煩聖謨萬衆增宵旰之勤群下負尸素之責君勞臣逸顛倒衣裳異天德不言而成虧聖人無為之治又況人主詔令當務簡而必行萬機之多寧免一失先有司則不容差謬當職者得以糾繩出上意則事關綸言為臣者難於輕議行之浸久益少損多蓋夫尊者當領其要卑者當任其詳尊卑之殊其職亦異盡心謹職督察細事者有司之職也經國安民選賢任官者宰相之職也容載如天地廣大如江河巍巍蕩蕩無得而名者王者之德也以卑僭尊則不恭而失職以上逼下則太察而勞神故易稱黃帝堯舜曰垂衣裳而天下治又孔子稱堯曰惟天為大惟堯則之詩稱文王曰不識不知順帝之則是皆簡易博大無為之明效也惟聖心稽而行之

易若反掌。伏惟陛下察虞舜叢脞之戒。取老氏清淨之言。潛晦聰明。頤養聖意。擇宰司而委以萬務。慎庶長而責其成功。廣聽納以導群情。察邇言而安庶政。大臣無不以之怨。多士懷得職之喜。愚智效力。上下盡心。自然端拱垂衣。太平可致。

純仁又奏乞清心簡事尊德委賢。狀曰。臣伏見陛下即位已來。切於求治。思欲革去舊弊。速致太平。此固聖明之君盛德之舉也。然而道遠者理當馴致。事大者不可速成。人才不可以急求。積弊不可以頓革。道不馴致。則有揠苗之患。事欲速成。則有不達之憂。人急求。則才佞進而巧偽生。弊頓革。則人情擾而怨憤作。所以景帝削七國而鼂錯受戮。東漢疾橫議而黨錮大興。宋襄公急於求霸以致喪師。唐文宗切於除姦而訓注禍作。此皆前世之明效。而後王之龜鑑也。故帝王之圖治。必在顯仁藏用。自下升高。人材以長育而成。功德以積累而大。通其變而使民不倦。神其化而使民不知。無象無爲。而天下自安矣。故傳稱堯之德曰。蕩蕩乎民無能名焉。稱舜曰。夫何爲哉。恭己正南面而已矣。稱文王則曰。不識不知。順帝之則。是皆聖人之治以無爲而成也。又稱孔子曰。毋固。毋必。毋意。毋我。又曰。無適也。無莫也。義之與比。洪範曰。無有作好。遵王之道。無有作惡。遵王之路。無偏無黨。王道蕩蕩。無黨無偏。王道平平。此則聖人之心。毋固毋必。無適無莫。不作偏黨好惡。而邪正自辨。萬事無惑也。故水止則方能鑑物。心清則可以理事。自古人君有以才略自任。果於興作。欲其事功速就。必爲憸佞所乘。迎合之人。則以才能被寵。忠直之論。皆以沮誹見疑。以沮誹被疑。則不暇察其忠。以合意爲才。則無以覺其佞。自然善惡無辨。賞罰不明。人情怨怒而不知。禍亂已成而莫見。以至國家顛危者多矣。此果於興作之害也。孔子曰。予無樂乎爲君。惟其言而莫予違也。不幾乎一言而喪邦乎。此有以見小人承順之言可懼也。陛下聰明仁孝。脩己篤恭。有堯舜之資。可以垂衣而治。不須急務於近效。乃雜五霸之爲。豈唯徒勞睿思。寔恐以小妨大。伏望陛下清心簡事。尊德委賢。以知人安民爲大方。以富國強兵爲末務。覆之如天。容之如地。四海被不言之化。生民躋仁壽之域。與三王並美。唐虞比隆。使後世歌頌無窮。在陛下留神而已。

時王安石用事。參知政事趙抃屢斥其不便。韓琦上疏極論青苗法。帝語執政令罷之。時安石家居求去。抃曰。新法皆安石所建。不若俟其出。既出。安石持之愈堅。抃大悔恨。即上言。制置條例司建使者四十輩。騷動天下。安石強辯自用。詆天下公論以爲流俗。違衆罔民。順非文過。近者臺諫侍從多以言不聽而去。司馬光除樞密不肯拜。且事有輕重。體有大小。財利於事爲輕。而民心得失爲重。青苗使者於體爲小。而禁近耳目之臣用捨爲大。今去重而取輕。失大而得小。懼非宗廟社稷之福也。

翰林學士張方平上言曰。陛下即阼以來。顧諟天之明命。慮而後言。議而後動。欲以身先而率天下以正。可謂盛德矣。然始初清明。中外觀聽。朝廷風體。願當先其大者遠者。若夫厚風俗。美教化。脩典刑。正紀律。以通天下之志。以成天下之務。此今之所當先者也。而近日政令。未見有可以慰天下之心者。而但聞利害相傾。憂恐相攻。議論紛紜。斥免繼踵。臣恐四方有以窺時政者矣。國家設官分職。置臺諫官。臺官以糾邪慝。繩愆違。肅刻倫。諫官以拾遺補闕。規君過。歷代具員。各揚其職。仁宗虛懷盡下。容納無擇。先帝英明徤特。令出惟行。陛下祗遹成憲。以端治本。王道正直。在執厥中。所言是耶。事固當無大而必從。所言非也。事亦當無小而必察。取其至當。何所依違。天無私覆。

日月無私照。帝王之心如是而已矣。又方今朝廷之大弊。政事所以因循。人情所以不盡。上為避煩言。恤形迹。事小嫌。廢大體。名曰公道。其實徇私。名曰慎重。其實茍且。以此為適治之路。是猶北轅而之楚也。伏願陛下廓大明。恢遠度。有以率勵群下。革此敝風。俾協恭和衷。共成雅俗。如此。則君體以尊。人倫以秩。紀律可得而正。風俗庶幾乎厚。陛下以此圖於執政。推是而廣之。觸類而長之。治路由此而適。顧為近爾。

蔣之奇轉殿中侍御史。上謹始五事。一曰進忠賢。二曰退姦邪。三曰納諫諍。四曰遠近習。五曰閑女謁。神宗顧之曰。斜封墨敕必無有。至於近習之戒。孟子所謂觀遠臣以其所主者也。之奇對曰。陛下之言及此。天下何憂不治。

監察御史裏行彭汝礪奏曰。陛下懲茍簡之敝。悼事功之廢。教農夫

興水利。開邊境。造出法度。付之有司。使車絡繹。出求遺策。其始求絲而其欲速。纖人附託。急功趨利。貪功盜賞。誤陛下事多矣。水監言為陛下興水利者也。如異時開南京白溝河。所役工數百萬。而為之死者數千百人。一州府庫皆至空竭。終以無可成罷之。如京師開丁字河其言利者。必以為無窮者也。以其利無窮。故國家亦輕厚費而成之。堰成今二年矣。陛下試使人察之。其利何在也。如濬川司所役日三千人。日給錢三十。以歲計之。工積至百十萬。以月計之。金積至三千緡。其他物至廩祿衣賜。一未論也。其利害則陛下固自試之久矣。司農言為陛下養民者也。如為方田手實。海內為之騷然。稅終不能均。如異時以布衣為使。教種稻田。置農器。立農舍。紛紛幾年。旋以罷廢矣。如兩安撫司募人歸京東教蠶者數十戶。而道路流離凍餒以死者幾盡焉。而學士大夫倡狂妄言。爭提空名以盜實利。故上有不貲

之費。而下無經久之計。民有無窮之害。而官取甚優之賞。古今豈有此理。凡臣所陳。皆陛下耳目所及也。而為誕謾如此。推至於所不及蓋有不勝言者矣。以此知事之不可易也。方舜禹之盛。相與有為於上。固無遺策矣。而所以相戒。亦曰率作興事。慎乃憲。欽哉。則興事之難。非獨今也。蓋聖人吉凶與民同患。則不能無事。而其動隨而不先。故與四時相先後而不遺。其法應而不倡。故與萬物相終始而無盡。其功緩而不迫。故與萬物相酬酢而不匱。夫豈嘗有意哉。子曰。因所利而利之。不亦惠而不費乎。擇可勞而勞之。不亦勞而不怨乎。今之事雖勞之不能無怨。而所費不足為惠矣。惟陛下加察焉。

汝礪又奏曰。臣聞天下之法。非制之難。而變之亦難。非變之難。而當於理之為難。蓋有為者嘗始於勤而卒於怠。方其乘可為之勢。而內有至誠惻怛之心。在彼惟無所言。有所言皆行之。在我惟無所行。有

所行皆至焉。及其久也。或已為而無狀。或已行而有弊。而浸潤之言入。茫疑之說進。而心怵然為戒。為之回顧。為之躊躇不進。而昔之至誠之心解矣。惟其所養育之人材。與所感動之風俗已如是。念所以焦勞而成之者又如是。欲棄之則嘆息已著之前功。欲革之則遲疑未然之來效。此改變之所難也。夫理有是非。故容有取捨。事有利害。故容有損益。然知其為是非利害而不知其所以為是非利害。則雖以為是而非固已睽之。雖以為利而害固已隨之。陛下造事議法多古人之深意。而小人不能奉承明詔。急於功利。故改為幾十年。而事功未至成就。而使陛下有疑焉。如罷河防司。歸都水監。罷帳司。委提舉司。未幾皆復焉。人於此有以窺陛下矣。臣願陛下加詳焉。無忽慮不可以不前定。不前定則搖。令不可以數易。數易之則輕。蓋今天下之勢。如大廈之已構矣。其為門闔堂室之體。其為高下廣狹之制。其

方員象天地。其內外法陰陽。其晦明象日月。蓋已成矣。而材未備。勢未完。疾風淩雨並至而乘之。而居者不安焉。爲匠氏。討易棟楹榱桷之傾邪撓折者。補堂塗壁元之破闕者。飾丹艧之未至者。於已壞者脩。於已完者加固。如此。則益善矣。使不顧其已善而欲以一日之力盡革出而鼎新之。臣恐且成者復壞。欲爲者未集。邦家之基危矣。臣願陛下加慎焉。然臣所論興事。非爲事卒於不可興也。欲加詳而已。臣所論變法。非爲法卒於不可變也。欲加慎而已。始以一人之言而興之。而不計其爲害。終以一人之言而廢之。而不存其爲利。物必有受其弊者矣。左右皆曰可爲。未可也。諸大夫皆曰可爲。未可也。國人皆曰可爲。然後察之。見可爲焉。然後爲之。左右皆曰可廢。未可也。諸大夫皆曰可廢。未可也。國人皆曰可廢。然後察之。見可廢焉。然後廢之。夫所廢興者與衆共之。雖更萬世之久。盡天下議論不可奪矣。何則

奏議卷之三十八　十四

其理同固也。蓋天下之事。非爲其理而已。苟循其理。何所爲而不得邪。惟陛下裁幸。

汝礪又奏曰。昔先王之爲國也。其所以總領而維持之者。可謂備矣。九州四海之遠。所君者一人而已。以爲不足也。則分天下之土。爲公侯伯子男。凡五等。猶以爲不足也。則列天下之國。爲屬長連帥卒正者凡七等。猶以爲不足也。則并諸侯之國而爲之伯者二人。上下相維。若綱之在網。而天下總萬國之遠。制於一堂之上。諸侯蹶角稽首又聽號令。循法度。若指之應臂。其有不率。則其長得而治之。然又以爲未足也。於是有巡守焉。至於其邦。問百年者就見之。命太師陳詩以觀民風。命市納賈以觀民之好惡。命典禮考時月定日。同律度量衡。禮樂制度衣服正之。而有刑有流有討有賞。此諸侯所以謹度而民莫不安也。自侯國之變。學士之言不及此矣。今天下縣有令。郡有守。列郡有提刑。有轉運。有發運。所治者財穀而已。於民事有不與也。有安撫鈐轄。有總管經略。所制者兵而已。而民事或不與也。夫古之侯國。其德之所以相長者如此之衆。而今之郡縣。所以總領者如此之約。而任之未必當。責之未必久。此無怪乎天下之未治也。臣欲乞曰令之所謂安撫鈐轄。而以重臣任之。稍并衆任。使職司皆得以統攝。而一道之利害。黜責皆得以安撫領。使如古之州伯也。三歲遣近臣出使。以盡民間之禍福利害。而察百官之賢智愚不肖。使如古之巡守也。如此。則遠近內外無有不安者矣。

金君卿奏曰。臣竊嘗考古之道。觀今之宜。切於治要者。莫若節冗費。使國用充足。而民力有餘。謹法令。使下必奉行。而無姑息苟且之弊。敦風教。勵名節。使人知廉恥。而無澆競之俗。朝廷固當留意於斯。而言事之人。未能別白指陳。使可施行。殆亦垂之空言而已。伏惟皇帝

奏議卷之三十八　十五

陛下。天資仁智。宵旰勵精。詢謀臣工。以圖極治。故有大廷轉對之詔。雖甚狂狷。皆優容之。微臣故敢吐忠獻愚。條上三策。願陛下賜臣須臾之暇。使得口陳。以展盡其意。然後乞賜財擇。觀其必行。臣不勝幸甚。仰黷宸旒。臣無任激切屏營之至。

一事。臣前所謂節冗費。使國用充足。而民有餘力者。臣且粗陳其一。每歲可減冗費數百萬貫。竊聞天下州軍招置廂軍人數。多少不等。每歲增耗。無有定額。治平間總五十一萬人。臣嘗籌之。以廂軍諸處則例。參以軍分上下。約度除招軍例物賞給外。所支錢糧衣賜等物。每一名。約歲費緡錢三十千貫已來。且以五十一萬人約之。歲費錢一千八百八十七萬貫。自明道已來。數十年間。每歲之數。亦有止於四十三萬人已來。嘉祐中。只有四十五萬人。向時天下漕運占役之處。亦無閑事。今其數既多。歲

月糜耗庫廩不得不空以至諸州支頋綱運火兒工錢之費亦無所減制詔謂賦入日增而國用日虧者豈不由此也臣又聞皇祐中置司減省冗費治平間宣勅亦以兵冗之故戒敕官司不得妄有占役朝廷節費省民之意未為不至矣臣今愚見欲乞在京特置官司及遣使與諸州軍例合占役要用廂軍人數立定常額且以州府軍監大小或通江河或居僻左以綱運多少縣鎮倉場及官司占役等處裁定人數然後以多補少移於闕人州軍選不任役使虛食廩稍者減放旋闕申在京减省官司更將諸州人數參詳損益大率以仁宗朝已來四十餘年廂軍人數約度取其中數裁定逐州常額今後須是額數闕人方得招填臣愚試約度且以四十四萬人為額可減放七萬人每歲且減費緡錢二百五十九萬貫其所減招軍例物又不下六

十餘萬貫臣試以向來西北餌胡之費較之可減其數三倍朝廷方欲富國息民宜無遺此策臣昨守任澶州雄州日竊見逐州半糧兵士不下五七百人諸州類多如此皆占閑慢去處甚可裁減臣守任池州日本州所管過犯軍七百餘人况僻遠山郡此類衆多或因飢饉亦不可不虞臣欲乞今後諸州有過犯配軍滿百人即仰聞奏乞權住配朝廷亦嘗有指揮委監司體量配軍罪犯輕者聞奏經年歲間得減放還鄉者百無一二臣欲乞指揮雖因罪犯本非巨蠹自配充軍二十年而年六十五已上者可盡行減放其逃亡及因差役久不歸營不曾開閣請受冒請錢糧其弊極多乞因此根磨仍令都監司及糧料官司常切關防免虛破廩食更乞嚴行條禁諸州有招小弱疲羸之人充數今後亦乞重行約束令諸路監司常切點檢比來西南州軍抽差軍人往諸處工役未幾放還其死亡已過半臣竊計疲弱軍人歲月間糜耗廩食以丁壯一時之役較之所費既少而用力倍多欲乞今後有得朝旨興脩河防之類令優與工直雇召丁夫充役如必要抽差廂軍亦須揀選堪役之人相兼丁夫役使又西北沿邊州軍設有不堪征役之人尤難餽給候諸處減定然後相度量與裁損其禁軍亦乞特賜裁酌臣未敢悉條其事恐煩聖覽如朝廷以臣言為然乞命大臣置司行遣令臣得參預其議然後別開陳條件奏請施行必收此策冗費自銷庫廩封實民有餘財可翹足而待也

二事臣前所謂謹法令使下必奉行而無苟且姑息之弊者臣竊聞朝廷命令之出非不丁寧戒敕然州縣之吏或多因循其名雖曰行下鮮能收其實者向來朝廷頒降條貫州縣亦甚有因

循去處臣不敢悉數又如赦勅內合須行條件往往經歷官司逾年不能結絶使上之德澤壅而不流此蓋官吏奉法不謹之故也制詔謂州縣之官課空文而尸素者良謂此也臣欲乞申敕有司今後宣勅指揮州縣施行除程限外經半年不奏報及赦勅內合行條件一年內不盡遵行結絶者委監司按舉或言事之官彈劾以聞當職官吏重行黜責不在去官原赦之限又軍中教閱之法朝廷之所留意臣昨守任邊州見諸處武臣全不以此為意皆云督促教閱便致生事姑息之弊以至於此而欲精兵銳卒緩急應用未可得也臣愚欲乞更賜約束令監司點檢武臣課績別以一項明述教閱精否為殿最而黜陟之如此則州縣之吏軍旅之政皆知奉法舉職而無姑息苟且之弊也

三事臣前所謂敦風教礪名節使人知廉耻而無澆競之俗者臣竊見比來士人往往有不顧名節澆薄日甚試以如此等人爲州縣長吏而欲民知廉耻息爭心不可得也此蓋士人學無本原又取士之法難求行實之故古者取士先以鄉里孝悌之行今貢士既多其間得無浮濫雖有縣令保明之法然不過取質於村耆坊正之言又不逞之徒自相爲保而縣令且非久任難以盡責其保臣今欲乞每遇科場發解後令知州通判吏察其行迹其得解舉人中不以解名高下有經術履行爲鄉里所共推高者特與旌別保明聞奏如擢科第乞與升甲名或守選者與免選除注其間却有不行止及有虧孝悌不爲鄉里所齒者許明其事迹彈舉其人雖已及第亦未得理選限後來却能改過自勵候有本貫知州通判縣令職事官一員同罪保奏方與理

選限差注如此行之每次科場稍擧策其一二自然相率皆脩行檢也又國庠賢士之關風教所自出欲乞置五經博士傳以小經令學者各授一經諸州學者亦皆倣此各專經術每遇科試三策中將一策問其所學經義所貴學有本原而經明行脩之士出矣臣又聞朝廷開薦擧之路惟務得人不專閥閱今後臣僚每歲保薦人數有全不及孤寒者許言事之官彈劾以聞臣又聞詔百官轉對本求民間利病其間有専以愛憎攻訐者頗傷刻薄朝廷近行黜責仰伏群聽欲乞更明降詔書戒敕百僚使知寬大之意制詔謂變風俗之澆訛臣敢以此爲獻臣之淺聞姑陳其一二庶幾士重名節民知廉耻而成美之俗也

右謹具如前臣人賤言鄙求足以上副詔書丁寧詢訪之意惟陛下赦臣淺陋瀆天聽之罪臣不勝幸甚

右司諫蘇轍上奏曰臣謹按青苗免役保甲市易四事得失最爲易見上自中外臣僚下至田夫野老無有一不知者但以朝廷所行言其是則有功言其非則有罪是以畏避鉗默不敢正言今謹採衆議人所共知灼然可見者畫一開坐如後

一議者皆謂富民假貸貧民坐收倍稱之息是以富者日富貧者日貧今官散青苗取息二分收富人兼并之權而濟貧人緩急之求貸不異於民間而息不至於倍稱公私皆利莫便於此然公家之貸其實與私家之貸不同私家雖取利或多然人情相通別無候法今歲不取而取償於來歲米粟不給而繼之以芻稾雞豚狗彘皆可以還債也無歲月之期無給納之費出入閭里不廢農作欲取即取願還即還非如公家動有違礙故雖或取息過倍而民恬不知今官貸青苗責以見錢催隨二稅隣里

相保結狀請錢一家不至凡家坐待奔赴城市糜費百端一有逋竄均及同保貧富相追要以皆斃而後已朝廷雖設法度以救其失而其實無益也

一議者又謂平時差役破壞民家一夫爲役擧家失業故使逐戶出錢官爲雇人謂之免役出錢雖多而民免於破家之患以此爲說行之不疑然不知三代之民以力事上不專以錢近世因其有無各聽其便有力而無財者使效其力有財而無力者皆得雇人人各致其所有是以不勞而具今也棄其自有之力而一取於錢民雖有餘力不得效也於是賣田宅伐桑柘鬻牛馬以供免役而天下始大病矣且夫錢者官之所爲米粟布帛者民之所生也古者上出錢以權天下之貨下出米粟布帛以補上之闕上下交易故無不利今青苗免役皆責民出錢是以百

物皆賤而惟錢最貴。欲民之無貪。不可得也。至如京師百司。郡縣刑法之吏。無祿而役。爲日久矣。周制庶人在官。雖曰有祿。而事簡吏少。勢或易供。非如今日員數猥多。不可供億。況三代兵出於民。而今世之兵坐而仰給。若又無舉大費。爲力實難。然議者以爲給之以祿。然後可責之以廉。蓋朝廷選吏之精。必不如擇官之慎。祿吏之厚。必不如祿官之多。今慎擇多祿之官。猶不免於貪。而況於吏人乎。且昔之爲法也。計贓得罪。無祿者減等。今用倉法。則吏之得罪反重於官。顛倒失宜。亦爲未可。若朝廷誠患吏貪。但使官得其人。則吏之受賕自有分限。若猶未也。則雖重祿深法。不能禁矣。

一。議者又謂三代之盛。兵出於農。故團結伍保以寓軍。今朝廷喜其近古。亦謂可行。然而三代之民。受田於官。官之所以養之者厚。故出身爲兵而無怨。今民買田以耕而後得食。官之所以養之者薄。而欲責其爲兵。其勢不可得矣。蓋自唐以來。民以租庸調與官而免於爲兵。今租庸調變而爲兩稅。則兩稅之中。兵費具矣。且又有甚者。民之納錢免役也。以爲終身不復爲役矣。今也既已免役。而於捕盜則用爲耆長壯丁。於催稅則用爲戶長里正。於巡防則用爲巡兵弓手。一人二役具焉。民將何以堪之。且其爲巡兵弓手也。一保甲之中。丁壯既出。老弱守舍。盜賊乘間如入無人之境。而其上番之期。又不過旬日。坐作進退未能知也。代者既至。相率而反。往來道路。勞弊何益。至使盜賊縱橫。官吏蒙責。嘯聚群黨。攻剽州縣。未必不由此也。古之循吏。使民賣劍買牛。今也使之棄其農具而置兵器。小民無知。緣以爲惡。良民之畏事者。一入而終身不得脫。姦民之好權者。一補而終身不得免。其爲患害有不可勝言者矣。

一。議者常患百貨輕重制在富民。少則貴賣以取贏。多則賤買以要利。利有所壅。商賈難通。於是置市易之官。以平貴賤。有司誠守此議。不更別有所營。則雖繁碎難行。然亦未有深害。今自置市易。無物不買。無利不籠。命官遣人。販賣南北。放債取利。公行不疑。杜絕利源。不與民共。觀其指趣。非復制其有無。權其輕重而已也。徒取小民失業。商旅不行。空取專利之名。實失商稅之利。國體卑辱。海內離心。巍巍盛朝。何苦於此。況復小民好利。類無遠見。爭取官債。以救目前。欺謾父兄。妄引抵當。期限既迫。逃竄無所。婦子離散。行路咨嗟。柰何爲此陷穽。誘而納之也。至於姦民巨賈。窺伺間隙。取利或多。或輸滯積不售之貨。以易見錢。或指殘破無用之屋。以賒官貨。巧智百出。難以盡言。有司蒙蔽。指以爲利。泉幣一散。汗漫難收。官之所蓄。徒文具而已。竊聞朝廷近日將議窮究。然而既弊之法施行未已。買賣百物猶且如故。譬如含茹毒藥。唯舌破毀。胃腹脹滿。知其非矣。然且閉口不吐。安坐切戚。廣求方書。其於速愈之術疏矣。

右臣所陳畫一事件。皆是耳目所接。衆庶共知。朝廷清明。豈有不察。若誠有意改易。非復難行。但朝出一紙詔書。而弊夕去。非如前代積弊。或在列國。或在四夷。欲議改更。恐其動搖海內。故且維持含養。苟自便安。今事在朝廷。出命則已。衆所係望。勢難久留。而私自顧戀。遲遲不決。以失天下之心。臣竊不取也。愚戇之人。志在憂國。言詞激切。干犯典刑。區區寸誠。甘俟誅戮。

呂元鈞對策曰。臣聞大智者聖人之德。而虞舜察邇言。蓋萬事之統。顧省不遺。而慮之深也。中行者君子之能。而仲尼與狂狷。蓋匹夫之恙固守難奪而不可棄也。此二者施諸君臣之際而要其歸則上有求善之義而下不失為盡節不欺之士。各崇所尚義何蹈焉。今陛下席太平之基運獨化之術元臣良輔講磨原本於内庶官群吏奔走職業於外經制立而可以成萬嗣號令出而可以肅四方治定功成信有日矣。然猶詔舉賢良方正之士親策于庭退託不明延訪得失者豈非虛己好問求盡天下之情歟臣愚不肖未足以備當今之下執事雖竭盡傾寫安能補陛下萬分之一乎。然不敢以荒略無取為解而遂孤朝廷之意願獻于前者蓋以為賢良之義貴犯而不貴隱。惡斯義之廢自臣始也且人各有異能而所以取之者必主於一。求將帥主於勇。求守令主於廉求法吏主於文。而求賢良主於直。捨是則雖有異能而亦不取矣。今將帥不言其勇而言其仁守令不言其廉而言其通。法吏不言其文而言其樸。則陛下取之歟臣雖不肖。而

所以進者賢良也。敢不一於所主而求伸其志耶。恭惟聖策有曰。昔明王之治仁風翔洽。德澤汪濊四時調。萬物和。兵革不試。刑辟不用。雋賢居位。戎夷嚮風建皇極以承天。斂時福以錫民。日星雨露鳥獸草木效祥薦祉陛下甚慕之。而訪臣以致之之術者。此陛下深思治體而究其所由欲均大利於四海也。臣愚何足以知之。然臣聞人事有本末物理有始終。王道之施設固有先後端本所以治末。愼始所以圖終。施之宜先則不可後於一日乃治體之所起也。昔春秋以五始明王法。謂一為元者。視大始而欲正本。深探其本而所貴者始也。然則人君之即位者天下之大本。而王道之始乎。兆民億姓延頸企踵而覬其撫養也。則必有以慰其望。公卿輔佐致忠竭節而副其任使也。則必有以結其心。羌戎夷狄懷意懾應而仰其懷徠也。則必有以悅其情。古之賢王深知端本愼始之義而施設之具無先於此。蘊

之而為盛德發之而為大政。如日月之照臨。雨露之潤澤。使人人聞之舉皆欣動鼓舞以為吾君之有其善則吾之幸也。吾君之舉其事則吾將享其利焉。是故散而為仁風。需而為德澤。幽可以調四序。明可以和萬物。兵不試而威立。刑不用而政成。俊傑在位而百職舉。羌夷款塞而九貢集。大中之道建。而上順乎天。五韙之福應而下休乎民。日星雨露鳥獸草木諸福之物。可致之祥莫不畢至。而王道終矣。書稱高宗之德曰。作其即位。嘉靖商邦。至於小大。無時或怨。詩稱成王之嗣政。則以小毖愼微恭之進戒為先務。豈非端本愼始之意乎。及其明驗大效之見於後。則德業昭著教化深厚措世乂安傳祚永久得不盛哉。今陛下承五聖之統。講求治具而以任大守重為之憂。故臣敢以端本愼始為獻。願陛下不惑理財之說以慰生民。不聞老成之謀以結公卿。不興疆場之事以懷夷狄。惟陛下深思而切究之。

則堯舜之治可以積久而致。何在昔明王之足慕哉。聖策曰。人君即位。必求端於天而正諸己。惟五事得其常則庶徵協其應享國以來。靡敢自肆。而和氣猶鬱災異數見。迺元年日食三朝洎仲秋地震數路。而冀方之廣為災最甚者。此陛下畏天命而求所以順也。臣聞天人之際。精祲有以相感。洪範之陳五事。春秋之書災異。著其徵也。然世之說者有兩端焉。一曰彼穹然居上者。何預於人事乎。日月星辰之淩錯陰陽水旱之愆亢。皆大數使之然。未必發於政事。是天之與人離為二而言非嚴恭寅畏之道也。一曰災變之來率以類應。某政之失則召某祥。某事之非則召某異。蓋自兩漢諸儒。若劉向董仲舒郎顗襄楷之徒皆指時事一二以明之。牽連遷合。務必其驗。是不能推明天人之端。以啓導世主。而徒溺於禨祥也。臣則謂之不然。夫天之降命於君而付以大器者。必有扶持全安之心。警懼告戒之意矣。

示以災沴。諭以變恠者。欲其飭躬而務德。慎事而圖穿也。非無預於人事也。非指其一二之失而致也。天人之際如是而已。陛下即位以來。勵精庶政。蟲魚草木。率被煦養。而改元之歲日食三朝者。天心之愛陛下而告以始終之義也。改元者。陛下踰年須政之始。更新萬事之時。日者至明之物。不可輒晦。天意若曰陛下宜慎之於始。輝光盛德而不可少虧也。仲秋之後。九州之地太半震動。大至裂陷。小亦覆壓。京師亦震。冀方最甚者。天心之佑陛下。而示以安危之端也。地者至靜之物。常處其安者也。一失其常。動而不已。天意若曰靜而有常則安。動而失道則危。願陛下居安慮危也。祖宗由河朔起。則冀方如本封。陛下以四海為家。則京師如堂室。震動之變。形於斯者。非獨外憂可虞。抑亦內患可慮也。夷狄之憂。生於綏御之失術。軍旅之憂。生於威愛之偏任。環衛之患。生於防遏疏略。近習之患。生於任使之過

重。此四者世嘗有之。非臣之私憂過計也。至於虹貫日。地生毛。太白經天。熒惑失度。此又警戒之深也。教化有未備乎。德澤有未至乎。賦稅過重乎。刑罰失濫乎。干戈可虞乎。盜賊不戢乎。大槩有以感之。故天意諄諄而不已也。易曰。其亡其亡。繫于包桑。言泰通之世。深念其危。則悔吝不生矣。詩曰。肇允彼桃蟲。拚飛惟鳥。言涖政之初。慎其小。則禍敗不至矣。願陛下思天人之交。窮詩易之戒。則大異弭去。而和氣感召。如影響焉。聖策曰。圖講政務。則日至中昃。而猶多尚簡之習。烝進人材。則官無虛假。而願乏績用之美者。臣聞古之聖人。未嘗不勤。文王之治。日至中昃而不遑暇食。然至於庶言庶獄庶慎。則罔攸兼之。惟有司牧夫之是任。蓋勞於求才。逸於用賢故也。且帝王之道與天地參。天地之化。分任四時以生成萬物。而不專於一草一木之長育。蓋元氣統於上。而萬物無不遂者矣。帝王之道。慎擇群賢以翊

輔萬政。而不偏於一物一事之修飾。蓋至權歸於中。而萬政無不舉矣。恭惟陛下。體乾之剛以運動。法離之明以照遠。既得群賢以任之。又舉綱要以濟之。則文王勤治之德。偕美於古。而虞舜無為之功。復見於今也。尚簡之習。何慮不革哉。若夫烝進人材而乏績用。則臣略究其端矣。夫唐虞之盛。九年而黜陟。姬周之隆。三歲而大計。蓋磨以歲月而觀其能否。然後進退之。深慎名器而不敢妄與也。今之自選部而升京秩者。爲考六七。爲舉主五六人。而後得自京秩而至郎官者。凡四歲一遷焉。其於名器不輕而重也信矣。陛下至誠待物。急於得人。拔擢俊良於微賤之中。而置在高位者數矣。此皆賢能不次而用。非若向之碌碌者限以歲月也。然賢能不次而用。王政之一端耳。人之能否。可不察哉。孟子曰。左右皆曰賢。未可也。諸大夫皆曰賢。未可也。國人皆曰賢。然後察之。見賢焉。然後用之。蓋小人之性。役於利祿

而好為趨時希世之事。揣知人主之意而務求其合。苟可以取寵於上。則不暇量已之材能與否也。陛下急賢而用。不次進之。則其心何負於天下之士哉。然天下之士則有負陛下者。此衆心之所惑也。蓋嘗以邊幾進者。而將帥辨其搆怨於外志也。又嘗有可任御史者。而言者謂其薄於孝也。始而聽其言。中而試以事。終而驗其能否。則天下之士不能負陛下。而績用不乏矣。聖策曰。種羌非不懷徠也。而邊候或時繹騷。以至臨遣輔臣。儋明威武者。臣聞中國之於四夷。若天地之於萬物。徧覆包函。而使之自遂耳。安用敺其力之勇怯。責其心之去留哉。歎或侮慢不庭。則征伐亦不得已而自用也。朝廷之於西羌。可謂厚矣。加之王爵而襲其土。賜之金繒而未嘗缺。然自近歲以來逆心日甚。多遣介使以伸難塞之請。越犯邊吏以求克捷之效。此固宜俘擒而殄殲之矣。是以陛下臨遣輔臣。而將伸九伐之令也。然臣

愚以爲中國之力有盈虛。羌虜之勢有强弱。則必量而後動。度而後行焉。至道中。天下之全盛也。兵之强。民之富。將之豪傑。是以威制四夷而無憚矣。然猶五路之入。卒無成功。以長驅深入得失之驗也。康定間。比於至道。則三者皆不及矣。是以兵聲一動。而遠近騷然。以四海之力事一方。而猶爲汲汲饋運之費。累歲不息。而朝廷深有厭兵之心。卒用間諜與之和解。而生民始知休息之漸。則兵不易動亦明矣。以今之兵。今之將。擬於康定。則未必過之。而民又不及矣。向者陛下即政之歲。乘諒祚殘忍之極。旱飢相仍。部族怨貳。是以王師一舉而輒復綏城之地。然人之戰没者蓋已萬計。財之耗壞者凡幾百萬耶。近者秦慶二路。寇入輒勝。臣竊疑其勢力非復向時旱飢之餘矣。金湯之固。非粟不守。而塞下之積。多者止再歲。少者不數月也。藩籬之戶。倚以爲援。而强者逋逃。而無幾。弱者不足恃也。寬文法。而豪縱

之將可以致死。而細過多從於吏議也。飽金帛則覘候之士可以知微。而薄惠不足以使人也。廣屯田。則可以豐軍食。而有司曠廢其事也。恤土兵。則可以助戍。而平居未嘗少寬也。此皆我之未備矣。以我之未備。乘彼未易量。則莫若講求守禦之具。而徐爲之謀也。朝廷必有以制之。臣愚不能度也。陛下謂威而必服邪。則威亦有未服。謂戰而必勝邪。則戰亦有未勝。就使必服必勝。則生民供餽亦已勞矣。若猶未也。則兵連禍結。何時而息乎。關陝一搖。則寇盜必乘而起。種羌之患未解。則西宜備蜀。北亦慮胡矣。夫遠夷之不討。與元元之重困。孰爲輕重。起一方之事。而召三隅之憂。孰爲得失。願陛下權量其宜而行之。昔漢宣帝欲擊匈奴。而魏相以爲不可報怨遠夷。是以享三世撫藩之效。唐太宗欲征突厥。而長孫無忌願且戢兵。是以終正觀太平之績。臣故曰。願陛下權量其宜而行之也。聖策曰。蒸民非不愛養

也。而生業或未寬富。以至外馳使者宣布惠教。臣聞陛下愛民之心均於赤子矣。而生業或未完者。其大弊有三焉。一曰。郡吏之不足役及上農。而使之破產竭財。而斃於凍餒。此天下之深不平也。今夫細民之家。牛羊耒耜。粃糠種蓄。苟有數十金之直。則舉而籍之於公。以備役之之費矣。方其役之將至。而知其必及於死也。則其心如避重誅。其力如捍巨寇。焚滅屋廬。戕伐桑柘。以求其不及。甚者乃服浮圖隸兵籍。以一身自陷於非類。而覬幸於斯世。又其甚者。子嫁其母。而昆弟得以離居。父子謀爲自經。而求省其丁口。此暴役之弊也。二曰。天災間作。稼事不登。則有除賦之令。以恤其流亡。而有司以苛刻爲勞。而務足功利。霜雹旱蝗。五種之入無分毫矣。而輸入之數。十猶五六。此重賦之弊也。三曰。負於公而情不欺者。赦宥爲之蠲釋以寬其貧窮。而主者網羅疑似。索求鐍鈌。幸其少戾於法。而督之益嚴。及其

委棄溝壑。而勢不可得。則猶能鞭笞其子孫。繫械其鄰里。而有望於下。此積逋之弊也。臣願陛下慎擇忠厚之吏。以爲守宰。而使之不妄舉。並爲寬通之制。以便衆庶。而使之不重困。則休養生息。皆陛下之實惠矣。雖使者冠蓋不交於道。而惠教安有不宣者乎。捨是則雖朝遣一使。暮置一官。又何益於治乎。陛下不先負此。徒刻薄吏張之爲。臣愚之所未諭也。聖策曰。國用雖節。而尚煩於調度。兵籍雖衆。而未精於簡稽者。臣亦粗聞其說矣。天下之財有常。而國家有餘不足之無常者。蓋取財與用財之道異也。善取則財雖多而常不足。善用則財雖寡而常有餘。今天下之所謂利。凡四總二十八品之餘。百物有禁。蓋盡之矣。而出無餘者。未明節之之要也。未慎用之之道也。節其可已。而備其不可已。用其不可費。而可以足費。則善矣。國之大費六。宗枝之祿也。萬官之養也。冗兵之食也。二虜之賜也。郊祀之錫也。河

防之備也。皆不可一日而節。若乃賜與有撗濫。服用有侈靡。掖庭燕私廪給之盛。百工技巧宂食之多。此皆可節之矣。臣願量時制宜。一切減損。以蓄貨財。以備大費之大。此之謂節其可已。備其不可已。若夫興利者功易見。省事者功難知。易見則取信於人。難知則置疑於衆。惟其易見難知。而疑信之兩出。此財之所以日匱也。今天下之利。有博於觧池者乎。歲入百餘萬耳。有百萬之利獻陛下。儻從而推之。則其人之功豈不易見哉。然綏城之兵。一用而費六百萬。是四歲觧池之利去矣。有以綏州之不足城告陛下者。儻從而棄之。則是能置四歲之觧池矣。然其言主於省事而不主於興利。則其功豈不難知哉。究其歸。則興利之利。不如省事之為利。願陛下反求其端而慮焉。是之謂用其不費。而可以足費。知此二者。而不競於錐刀之末。則調度將不煩。而民力寬矣。臣又聞國家患兵之宂。而講求其術巳久矣。向

者容其癃老。今則黜其壯子弟。向者簡閱之不密。今則毫毛不敢欺。向者慢於訓習。今則朝夕從事以金鼓。此三術者。方今以為練兵之要。臣復何言哉。然臣之言繼於三術之後。而究其情狀耳。夫四方宂悍之徒。群聚而安閑。驕惰而不足用。蓋有年矣。今一旦遽責之以去留。立辨之以強弱。則其心豈免於怨乎。孰謂怨不損於王治而不恤也。詩曰。悅以使民。民忘其死。豈有驅人於死而先啗之以怨乎。施諸用兵。尤非全勝之道也。三路者。用兵之地也。今未老者多黜而失其歸。壯者則憂其將老而見黜。臣恐有以動其徒類之心。乘而生變。不足禦寇。而足以為寇。甚非朝廷之利也。聖策曰。償器玩之巧。而工弗戒者。臣謂非獨法禁之不密。亦教化未之至也。夫民之於上。從其好不從其令。高髻大袖。其說舊矣。今陛下雖行純儉以風天下。而百工之肆。日夜謀工巧求利於時。是必有以導之也。且法之行自近始。教之至自上率。願澄其源以潔其流。則天下之工無不戒者也。聖策曰。風俗浮薄。根於取士之無本。教道之不明。臺閣之論所執不一。豈無救弊之道者。臣謂非士着而不任鄉議。取浮文而不根經術。較工拙而不考素行。今日取士之大弊矣。比者朝廷講求群議。而思有以救之。雖論有異同。而所以為弊者不過此也。夫待人以薄者不可責其厚。今養之取之之制。大異於古。則安恠其廉恥衰息哉。臣願量時而立法。貴其可以適用。則莫若大均薦選之目。而使衆寡適其平。無幸與不幸。則土著莫能遷矣。限以一藝之習。而試之家法。高說上第。義參於文而取之。則經術孰敢廢矣。孝弟之科。詔監司郡守時加詢察。秩滿而薦之一二。則素行可得而知矣。本庠序之教。而繼以三者。則取士之道庶幾無失。又何必變常動衆而求紛紛歟。聖策曰。刑罰煩重。出於設法之多門。沿襲之不革。將加仁恩之政。使死少緩。必有可

行之術者。臣謂治而有刑。非養威務刻。而求勝斯民。蓋欲使之畏罪而遷善也。後世忘其本源。而峻文密法以籠四海。民之手足殆無所措。此世主所以裁量揆敘而損益其間也。陛下患刑之密而重報者衆。將少緩焉。此堯舜好生之德也。然臣愚猶有獻焉。夫所謂緩之之術者。得非以他罪抵死。則斬其左趾歟。得非欲復古之肉刑歟。夫他罪抵而斬其左趾。則仁矣。孰若出於權斷而貸其一死之快。彼幸而不死而又為完人。則豈不天地陛下之賜哉。安俟施諸刀鋸以為罪次。此景興之論愈於鍾繇也。夫三代既衰。而養民教民之具不可復見。民之觸罪者蓋亦有不幸矣。此肉刑難施於後世也。養之薄而責之厚也。教之疎而禁之密也。昔漢之去周未遠。一罷肉刑。而笞有至死者。民猶不以為怨。是知肉刑之重。而笞刑之輕也。今笞不至死。而去漢又千餘年。一日復之。民豈以為宜乎。此衛度之論。不及孔融也。願

陛下詳其折衷而已。聖策曰。欲興七教兼乎三至。以底聖人之道者。臣謂七教者生民之先務。陛下擧爲治本。而濟以三至之用。力行於上。則聖人之道盡矣。何愧於曾參之言乎。若乃欲民明六親盡乎五法。以極天下之治者。臣謂六親者人倫之大原。陛下奉爲政體。而奉以五法之具。周施於下。則天下之治畢矣。何違於管氏之說乎。聖策曰。仲舒之言。班固謂切於當世。苛施於今日者何。策臣謂仲舒之對。本於春秋。以陳王道。故班氏美之。就求其說。而有曰任德而不任刑。損文而用忠。則亦可施於今也。聖策曰。崔寔之論。范曄謂明於政體。有益於時者何事。臣謂崔寔之論。極於理要。未泥一隅。故范曄稱之。就求其說。而有曰補綻決壞。枝柱傾邪。則亦有益於時也。聖策曰。無以古人之陳迹既久而不可擧。無以本朝之成法已定而不可改者。臣謂先王之政。久必有弊。不革而救之。非所謂知變也。然革之當否。安

可不慎乎。易曰。窮則變。變則通。此救弊之說也。書曰。各守爾典。以承天休。言法之不可易也。使革而當耶。則雖古人之迹有可擧而用矣。使革不當耶。則本朝之成法有不可改者矣。謂古人之迹皆可擧。則周之井地可行於漢。夏之九州可復於魏矣。謂本朝之法皆可改。則成王不必憲文武之舊章。孝景不必遵文帝之業矣。聖策曰。言之非艱。臣是以不敢侈言而誇說。凡天下之利病。所謂可行與否者。臣既略陳於前。皆其迹之粗者。易曰。神而明之。存乎人。故臣於終也。願陛下思所以神明之。孔子曰。足食足兵。民信之矣。既而曰去兵。又曰去食。而民之信之也。卒不可失。是以古之聖人。縱橫反覆。無所往而不遂者。豈有他哉。惟民之信而已。故湯爲匹夫報仇。而民不以爲暴。文王以民力爲臺沼。而民不以爲爲已。及其不信。則行仁義。作禮樂。而民始疑矣。今陛下行假貸之政。孟子所謂耕斂也。豈有擧息之心

哉。復租庸之制。周禮所謂大均也。豈有困鰥寡之心哉。援士於負贓之中。漢帝唐太宗之用人也。豈有尚功利之心哉。增宮廟之官。優致仕之祿。此三代之養老也。豈有退耆耉之心哉。損律定令。皋陶之明刑也。豈有廢法行意之心哉。併軍蒐卒。五霸之制兵也。豈有輕士重祿之心哉。其措意立法。則皆幾於堯舜。可謂盛矣。陛下之心如此。而天下之論乃如彼。陛下見其紛紛。而以咎天下之議者。臣愚以爲未安也。蓋亦反而思之。豈未有以深信之歟。先之以至廉。則雖取之而不疑其貪。況與之乎。首之以至仁。則雖殺之而不疑其暴。況生之乎。二者皆陛下之先務。而未之深信。則常平之議。肉刑之法。宜乎元元無知而懼之也。詩曰。左之左之。君子宜之。右之右之。君子有之。記曰。至誠如神。夫君子之於物。左右而無不宜者。惟誠而已矣。臣敢以此獻。

監察御史裏行劉摯上疏曰。陛下起居言動。躬蹈德禮。夙夜厲精。以親庶政。天下未至於安且治者。誰致之耶。陛下注意以望太平。而自以太平爲已任。得君專政者是也。二三年間。開闔動搖。擧天下無一物得安其所者。蓋自青苗之議起。而天下始有聚斂之疑。青苗之議未允。而均輸之法行。均輸之法方擾。而邊鄙之謀動。邊鄙之禍未落。而助役之事興。至於求水利。行淤田。併州縣。興事起新。難以徧擧。其議財。則市井屠販之人。皆召至政事堂。其征利。則下至曆日而官自鬻之。推此而往。不可究言。輕用名器。淆混賢否。忠厚老成者擯之爲無能。俠少儇辯者取之爲可用。守道憂國者謂之流俗。敗常害民者謂之通變。凡政府謀議。經畫除用。進退獨與一掾屬決之。然後落筆。同列預聞。反在其後。故奔走乞丐之人。其門如市。今西夏之款未入。交側之兵未安。三邊瘡痍。流潰未定。河北大旱。諸路大水。民勞財乏。

縣官減耗。聖上憂勤念治之時。而政事如此。皆大臣誤陛下。而大臣所用者。誤大臣也。

歷代名臣奏議卷之三十八

歷代名臣奏議卷之三十九

治道

宋神宗時。樞密使文彥博赴河陽。陛辭。面奏曰。陛下憂勤庶政。切於致治。乃堯舜用心。更願陛下廣開言路。兼採博納。使下情上達。收攬權綱。無使權臣貴弄爵人於朝。須協公議。與衆共之。任官合久於其任。使所職成敗明着。而後賞罰。用人當兼取群材。同濟時務。若專任一才。即朋黨膠固者希時而並進。孤忠自立者望風而斂退。更望法天地簡易之道。守祖宗盈成之業。使上下安靜。則不治而自治。近侍新進纖佞之人。多是妄有更張興作。以爲進身之術。陛下今不采納臣愚忠。異時必當自驗。臣猶望聖明早悟。即天下之福。

神宗與端明殿學士呂公著從容與論治道。遂及釋老。公著問曰。堯舜知此道乎。帝曰。堯舜豈不知。公著曰。堯舜雖知此。而惟以知人安民爲難。所以爲堯舜也。帝又言唐太宗能以權智御臣下。對曰。太宗之德。以能屈已從諫爾。帝善其言。

鄭俠上奏曰。十一月初一日狀。蓋爲大臣誣罔至尊。絕不近理。彼皆有所憑恃而後敢爲。使人憤悒不能已。是以入文字。凡事皆畫一。如一大臣對陛下。皆云河東北陝輔之流移者。南方有鬻子田之說。臣今勘會河東北陝輔之民。自去冬今春流移至今不已。何人是在南方有田者。其一項言大臣對御。多以天旱民流。百物失所。邊鄙背叛。用兵不已。爲天數者。臣乞問其人。爲學周公耶。學孔子耶。學孟子耶。周公作無逸。歷陳人君之享國三四十年。或五六年。皆由人君嚴恭寅畏。天命自度。治民祗懼。不敢康寧。則有永。不知稼穡之艱難。不聞小人之勞。甚則逸。則有短。又曰。惟不敬厥德。乃早墜厥命。使周公相陛下。而天旱民流。百物失所。四方兵革不息如此。周公曰天數乎。孔子告哀公曰。存亡禍福皆己而已。天災地妖不能加也。使孔子相陛下。而天旱民流。百物失所。兵革不息如此。孔子曰天數乎。孟子曰殺人以刃與政。有以異乎。又曰始作俑者其無後乎。如之何其使斯民飢而死也。又曰王無罪歲。使孟子而相陛下。而天旱民流。百物失所。兵革不息如此。孟子曰天數乎。然則群臣所爲學者皆非周公孔子孟軻之爲人。而所以相陛下者。皆非周公孔子孟軻之存心。則陛下獨力倚以爲天下。臣所謂陛下獨力者。謂無臣也。所謂陛下無臣者。非無群臣也。無大臣也。所謂大臣者。非謂大佩高蓋。秉執大政日食萬錢以自肥腯者。以道事君。不可則止而已。其高爵重祿則日歸於己。清資美職則分授子弟。中使相望於道路。黃金並聚於私室。而天旱民流。百物失所。四方背傍。兵革不息。則曰天數。此爲大臣。則屠沽僕隸。誰不克爲。如被甲登殿等事。臺諫如芻靈木偶之類。皆所畫一。右願陛下登宣德門。召文武百官京城之民。以臣狀宣示。如衆說以臣之言是。則望陛下稍稍懲戢左右近臣。使無得公然肆誕以戕害百姓。危怗社稷。如衆以臣言爲非。即乞斬臣於衆人之前。以塞京師流言洶洶之路。

強幾聖代轉對劄子曰。伏覩朝堂曉示。近降中書劄子節文。奉聖旨臣僚已授差遣。並令依例朝辭。許當日實封轉對文字於閤門投進者。臣身在冗列。特心思有云補。欲一進狂瞽之説。而厭路無繇。今乃承詔得自獻其愚。茲寔不可常之遇。然不以二帝三王之道陳于前。是不以堯舜文武望吾君也。臣竊謂致治之本在用人。用而不得其當如勿用。徒明有所累而無益於治也。故其先論用人。且廣睿德達衆志。莫如聽言。聽不得其審。而是非參用。則累於聰。故其次論察言。夫巧僞興。則誠實廢。天下之俗將相率而趨於詐。故其次論所以矯士風之僞。又賛士大夫之節者。在遇之以厚。儻進責其節備。而退待其身薄。則賤恩而無勸。故其次論所以措老臣之宜。今臣之所陳。敢不以堯舜文武之道。有望於陛下。是故竊不自知。輒冒不赦之誅。著篇于左。惟陛下垂聽而加擇焉。

一論用人。臣伏覩陛下以聰明睿智之德。臨有重器。方銳然垂意於大有爲之際。躬攬萬化。乾剛震烈。以權以斷。凡事有以宜於人者。朝思而夕行之。即不可持循而固守。雖前世已行之熟。未嘗或憚改。天下懽呼鼓舞。拭目以觀聖人之作。而跂踵以待極治之成。謂按資計日。不足延卓異之士。而責非常之效。或左右一言以爲材。或偉辭高論自合於上意。則超然置於平進之上而不復限常敘。在聖君求才之心爲得矣。柰何未聞有奇功顯業所稱。朝廷之所以寵異而聳動衆人之心。使之歆羡者。不唯

不如是。又人人有不自滿之色。而惜憤其躐己。且興勸之道未一得。而犇競之風已四起矣。借如某士以心計進。既越千百人而處之金穀要劇之地矣。經費一有不給於內。民力一有屈竭於外。方是時也。宜倚辦斯人。果籌畫有以應猝。而財用繇其所自出。雖日遷之職。人不以爲過。其以文學政事進者類試之。若是。惡有不服者歟。今則不然。取其名不責其實。始以此進。而終不以此試。又冒虛名而受實用者。或其中無以異衆人。欲人人自安其分難矣。且不得知於左右。則不能自達於朝廷。計資級累日月。則不能底富貴之速。以是走公卿之門。唯恐足跡之或後。望廉恥之長。而奔競之熄。抑難矣。持甚高之論者。未必無甚卑之行。騁喋喋之辯者。未必有犖犖之見。言之不可必信也。如此。噫。虞舜之智。非不及其臣。又命之以九職者。皆當時易見之

人猶含俞曲折以盡群臣之可否者知獨見不足以取人也知一言以爲材耶既奏以言矣而復試以功者知徒說未足以明其效也矧一論之偶合耶臣愚以謂取人以言則詭辭巧辯者出以希一時之合曾無益於實也進人與其失於速也寧緩進眞才失之緩其德章而不可揜終爲國家用若庸人誤速進也徒激不如已之憤而於誼無所勸然則若之何其可用以法虞舜斯可已

一論察言臣竊以聖人體不降几席之上而聰明隱於旒纊之內凡天下臣民事物之情洞然若家至而日見者繇廣問以得之也問之者廣則言之來無窮君子小人有時而雜吾聽也用其言善則失之於跬步況其遠者乎得失之幾在用君子小人之言耳惟君子者其言初若厲已而終有以利於行故聽之者難

也不必效於近或有驗於遠以爲關於用也小人則不然其言逢意而易入行於遠則泥措於近或通以爲切於理也其有所愛必有所是其有所惡必有所非而是非未嘗牽於愛惡之私者君子之言也以愛惡而移是非其情僞卒莫可見者小人之言也於戲問之非艱受言之爲艱受而察之又其艱也昔虞舜所以獨稱大智而後世弗可及者由好問而察邇言也既好問矣下情其有不通乎又察言矣是非其有不白乎故其智塞乎天地之間而莫與較其大也恭惟陛下達萬化之變而不自以爲神燭萬事之隱而不自以爲聖舍己稽衆畢采群說由公卿以徹于百執事莫不人人爭竭其慮言路闢而治道行矣然而惟君子與小人其言關乎得失方聽納之際臣願陛下用虞舜之察而辨之在早使大公至正之論行而不爲巧辭邪說之所勝則其爲智愈大矣

一論矯士風之僞臣伏聞聖王在上莫不欲明化厚俗所以教化醇而習俗皦者由先正天下之風其風正顧有蹈非其道乎臣竊觀急賢願治未有如今日之切而作僞成俗亦未有如近世之盛方陛下寤寐咨訪急得惇實朴茂之士進以爲風俗之倡有人焉曰仕者有某士處者有某士其爲人也性恬而操約行淳而質茂固外物無所累其內公卿以言諸朝而朝廷用之不待頃天下之士知上之所取者以是則有陰爲沽激求聞之計而陽爲靜退不競之行其心唯恐爵位之不高而其言唯恐山林之不深至於矯情飾貌以譁衆動俗及名成而計得矣而意有所未滿且懼進之不加速也則又有嶄闢頗退之請以邀乎止其請數者其寵益固小詐則小得志大詐則大得志後來者

務勝於前人愈假不可及之言行以濟諸詐朝幸進而暮脫其所守浸淫誕漫天下日入於僞而不知止此風遂肆望俗化之厚其可得耶噫巧言令色不容於堯之朝今士僞其行豈聖世之所宜有夫欲矯之使正豈曰無術且衆人曰某賢矣其行淳又不苟乎進必考其實果非矯妄以疑世又有可進之勢而不進是賢也然後進則進不緣其僞又其欲退也聽其所自退則眞退者出而士之言行進退皆誠道天下之俗其有不歸於正乎

一論措老臣之宜臣伏聞惟聖王能養臣下之節其進而使之也既以禮及其退也又示之以不忍輕去之心然後人知自重而不失去就之正惟其去就之不失所以廉恥興而風節完矣古者大夫七十而致仕是老者必自告於其君也若不得謝則必

賜之以几杖、是臣雖告老、而君或不聽其去也。老而必以告者、知耄將及矣、就有萬鍾之享、不可得而戀、以安吾義也、告之而不聽其去者。彼誠老矣。而力若可勉。猶當強而祿之以終吾仁也。近世俗薄廉恥不行於衣冠之間或靦然忘其齒髮之衰筋骸之憊。貪進而不知止。至有其身嘗用於國家矣。一日老與疾相會。怙怙然求從閑局。以不得請為憂者、有自蔽其狀告上以不疾。至放之田里猶惓惓然有乞哀不欲去之色者。噫、任而至於老且疾可去矣。然猶不去以自辱、彼固不足惜也。且少盡其力而老無以容其身。其在仁政抑恐有所累爾。今夫四海之廣。百官之富。若此等輩豈不容有耶。苟疾賜之告。以冀其萬一之安。老置之散。以養其不復久之歲月。免斥歸之名。則疾者無所愧。獲苟得之祿。則老者無所恨。然後全進退之體。以示夫不可輕之去就。顧老而疾者既愛之若是。則少者勉力而無卹於其後矣。風節其有不完者哉。昔在三代之治。唯周家所以號忠厚者。獨養老之為備。成周之養庶復行於今日。臣不勝大願。

右謹具如前。是四篇者猶竭臣愚區區之忠。曾不足以仰輔盛德之萬一。干冒宸嚴。臣無任激切屏營之至。

哲宗即位初。起居舍人邢恕上疏曰。臣竊惟皇帝陛下纂紹大統。太皇太后陛下躬親庶政。于茲累月。政事之大者略已損益施設矣。然自古以來。政事出房闥。其患常在大臣擅權。同列睽乖。互相傾軋。群下各有附麗。造為朋黨。則不能同心協力。王室卑弱。而太皇太后聖情簡嚴。其於政事無有適莫。唯是之從。務合僉諧。未信偏入之言。不惑背憎之說。聽言必驗之以事。疑似必究其情實。故左右不得以誣欺相傾軋。如是。則群下固無所附麗。不得造為朋黨矣。前代母后臨制。常患外戚僭驕盈溢。交通請謁。以紊刑賞。而太皇太后發自內輔英宗。檢制外家。內有禮法。以致總覽政事。族人謹畏加慎前日。則外戚固無驕盈之漸矣。漢唐諸后苟專聽斷者。北司要人未嘗不鼎貴[illegible]盛。而太皇太后端居凝然。罕所降接。雖至親近侍。法謹嚴。不私假借。泊然無欲。自宮省老於事者皆以為莫能窺測。無不惴惴小心。則北司固無貴盛之嫌矣。自先皇帝寢疾。外廷大臣曾未及建一言。而太皇太后獨斷出於聖心。儲貳之建。旬浹已前固已先定。及先皇帝奄棄群臣。而皇帝即大位。太后以嫡祖母保抱攜持天性之親根於自然。間諜之語不起纖介之釁。日聞至於拔用人材。脩舉政事。自前世以來號為明王聖主殆無以過。制政下令。不出房戶簾帷之間。而惠澤流於八區。仁聲動乎萬里。誠能益虛聖心。務受盡言。克勤以繼之。則巍巍乎赫赫乎書契以來未之有也。然而太皇太后止於今日便謂天下無事。可以高枕而卧。則固未也。何則。今邊兵未解。羌狄方梗窺伺中國。動搖疆場。以脩怨刷恥。坐費厚賂。而民力積困。今幸年穀豐稔。政事設張。雖以先其急者。而恩澤未浹。惡吏尚繁。命令之出。或未能奉承。而朝廷美意不得下究。儻遇飢饉師旅。天下未免猶有盜賊之憂。此正聖心夙夜焦勞。講求治本之時。大臣忘身徇國。背私向公。同心合力之日。臣請姑條五事以獻。臣竊惟皇帝方育德思道。未即親事。太皇太后雖總覽大綱。而不悉留神於細故。則不得不倚辦責成於大臣。所以布為朝廷耳目。賴以互相檢察者。不得不備設臺諫。大臣誠能存心盡公。處事必當。則臺諫雖設而可以無言。陽城為諫議大夫六年未嘗論事。及德宗罷陸贄。欲相裴延齡。然後以死固爭。若陽城。則所謂達大體也。至於臺諫時論細故末節。以摧折大臣。為大臣者誠能體國。則亦不宜以此嫌怨臺諫。朝廷亦不當以細故末節而於大臣輕爲厚薄進退如此則國威伸於上主恩行於下大臣得體而臺諫舉職矣唐德宗初即位代宗將葬山陵禁屠殺而郭子儀家奴殺羊裴諝以職事劾奏或曰小事不足以傷大臣諝曰尚父方貴盛天子新即位必謂黨附者衆故劾其細過以明不持權也吾上以尊王室下以安大臣不亦可乎若裴諝者可謂有遠慮矣今誠備設臺諫而大臣存心至公所失不過細故末節則不言者固爲達大體而言者未害其有遠慮也然則增廣臺諫之爲有益明矣如是則朝廷耳目布於下而太皇太后可以雍容順養保心固體萬壽於上仁宗末年大抵淵默罕復親事委政大臣大臣不敢懷姦挾私者用此道也而況太皇太后振提其綱領乎雖然設之不得其人猶不設也臣愚以謂莫若深詔大臣人各舉其所知而後合議於上前太皇太后考其素履有其事可稱有其節可尚然後舉而用之則所

失者亦鮮矣一也古者天子一歲或五歲一出巡狩察吏善惡究知民間疾苦後世人主深居九重之中不能冒風雨犯霜露爲寒暑之所侵薄疲筋力於道路自秦以來始置御史監察郡縣而漢改爲刺史乘傳行部歲終得奏事京師唐之所謂採訪使今之所謂轉運使副判官提點刑獄常平倉官之類皆是也此即代天子巡狩者其任不輕也明矣國朝故事率先歷知州差遣然後擢爲監司或自通判先擢權知州然後擢爲監司自通判擢用者間亦有之而幾希矣唯自臺諫官出爲監司乃有資序未深者然昔者官未陞朝則不得舉臺官朝官往往曾歷知縣比爲臺官又爲監司而資序則率通判以上當是時監司高者歷知州下者率歷知縣其吏事老成可倚辦者多矣詩曰雖無老成人尚有典刑魏太祖曰吾非聖人也吏事多矣然則老成人固重於典刑而吏事多者竊比於聖人則老成人吏

事之爲益明也古之仕人所以四十強而仕五十命爲大夫者蓋此意也頃者方急人才以便事功初置提舉官率用京官爲之有朝脫銓選暮爲監司者此乃一時用人之意非持久經遠之法也故先帝末年選用尚書省官非知府不得爲郎官非通判不得爲員外郎則先帝固知資序之不可廢而老成更事之人有益也特以施設先後有不暇給故於監司未遑釐正耳今誠深計天下之利害郎中員外郎典領職事止於一曹而監司按察乃一道遠者綿地千里州縣百數官吏數百千而戶口生齒以萬億計則其利害輕重不相準明矣然而資序之限特設於郎中而未及於監司者豈先帝開其端而資其終者有待於今日乎臣愚以爲提舉以上非通判資序自今不宜除授即自臺諫除者不在此限庶得更事老成之人布爲監司而天下之民浸被聖澤此今日之急務也且又可以息馳騁之弊而使官

吏稍安職業于以收成材矯薄俗所謂一舉而包兩利二也周書曰惟天立后王君公承以大夫師長不惟逸豫惟以亂民古語曰天之生民非爲君也天之立君以爲民也周之太王爲狄所侵以愛惜民命去邠遷岐寧棄其國不忍鬪其民詩人以爲太王肇基王迹以得其民也此孟子所謂得乎丘民爲天子者也夏書曰民爲邦本本固邦寧然則民之急也如是三代而下西漢之文帝東漢之章帝號爲仁德之主竊讀二帝本紀恤民惻怛見於詔令歲歲有之漢宣起於閭閻知民疾苦時之要務每歎息曰與我共治天下者其惟良二千石乎漢郡太守得自辟除進退縣令長太守得人則縣令長無不良故漢所選用者惟二千石耳隋唐以來州縣守宰率皆命於朝廷則郡縣最爲親民之任治天下者以民爲急而守令最爲親民不可不選不可不激厲唐之開元號爲盛際所以致之者有姚崇宋璟以爲

相也。臣嘗讀元稹連昌宮辭稱姚宋之所致治之大略不過於燮理陰陽偃戢兵革遴揀守令皆出宰相而已。比歲守令善狀罕有聞焉。詢諸往來。或舉一路郡縣百數。而良守令難以屈指一二計。則生民受弊者為不少矣。方朝廷用人如不及之時。掄選才能比比出於踈賤。而獨於守令以治績超擢者無幾也。得無偶未之及耶。今誠欲簡揀守令以勸循良。使恵及吾民。則先謹擇監司。監司非其人。則朝廷雖有甄別守令之意。而監司蒙蔽。朝廷不得其事實。則所謂良者不良所謂能者不能矣。臣愚以謂今日天下監司未足倚信。則莫若先敕執政大臣衆議博采揀求守令治狀尤異者數人。舉天下之廣宜不難得。大抵宜以憂民惻怛為先。奉公營職為後。蓋後世之法。茶鹽酒榷征筭之利多岐雜出。不若堯舜三代之法。一出於憂民。故唐陽城有撫字心勞催科政拙之語。而德宗嘗令對策宰相欲第其高下。

未知所出。薛廷曰。令取縣令不專文辭。宜以意在憂民者為先也。宰相從之。既而所取莫不得人。則守令宜以憂民惻怛為本。亦可見矣。以此求之。誠得其人。則其資任高下。優加進擢。見於訓辭。務從褒異。且以厲天下。所取不過數人。而為守令者莫不慕效。則四海之內億兆之衆。人人被潤澤蒙厚德矣。然後深詔御史臺舉劾監司尤無狀者稍加澄汰。監司之選既清。而付之以考察。則守令之良能者必出矣。三也。孔子曰。百姓足。君孰與不足。或問揚子曰。桑洪羊搉利而國用足。如何。曰。譬之為人父而搉其子。縱利。如子何。未有子富而父貧者也。禮記大學亦曰。未有府庫財非其財者也。故曰富有天下。則天生地長。舉天下之物莫非人君所有。在民在君。誠無以異。前日陝西五路進兵。百姓負粮入界。和雇一夫率費百千。初時民力尚全。莫不相率竭其力以應命。及復再三調發。民力弗堪。王師迄不能再舉。然

則民力弗堪。國家固不能以舉事。則富民者乃所以富國也。漢武帝末年。深悔既往之征伐。下哀痛之詔。罷輪臺之戍。乃封丞相為富民侯。此武帝所以為雄材大略者。蓋能知悔。又知所救弊也。唐自中葉已後。既經安史之亂。王室微弱。藩鎮盛強。皆自擅其財賦。故有常貢之外。別進羨餘以希恩寵。人主急於用度。因而假借。蓋以方鎮既擅財賦。朝廷難於調發故耳。今四方萬里。內外一體。詔令一出。迅如雷霆。屈伸自如。勢若身之使臂。臂之使指。縣官之於百姓。即有所取。何求不獲。不必令轉運使於平居無事日。為倉猝征斂之計。時以民財邀圖恩賞也。昔仁祖時。蘇順元為淮南轉運使。嘗進羨餘。有詔免劾所進錢。止令留住本路。以備災傷。臣愚以謂今日誠欲生民蘇息。遠近蒙福。宜下詔書。明敕諸路轉運司。不得獻進羨餘。即歲計有餘。可但令留充本路次年支費。抑非徒此而已也。發斂之際。又有抑配之

弊。支移折變之苛。官出則以陳粟腐麥代見錢支俵。如充青苗和買之類。以率計之。號為千錢者。民間所得不過數百。此所謂抑配之弊也。賦入則法當近送者。反令遠輸。如南州所納。則支移北州。道理皆遠。負輦滋費。則并以脚乘課令出錢。法當出粟。乃折令出麥。麥固加貴於粟。既已出麥。則又折令納錢。錢因難得。於麥尖於是有斗當三四十金。而所納至於百錢者。轉運使止以嗌劾指揮。坐獲倍利。此所謂支移折變之苛也。凡此皆法所當禁。而轉運使比多公違詔條。無所忌憚。頗敕所在安撫使。都鈐轄。提刑司覺察聞奏。及許州縣守令吏民自陳。如此。則掊克之吏庶知畏職矣。且青苗錢取息。終歲不過二分。而向者議論紛紜。累年不定。今轉運使公違詔條。肆行抑配。支移折變。旬朔之間取民倍利。豈不甚哉。或曰。轉運司財賦所仰給。今束之太急。將無以舉職。是大不然。使轉運使果才。歲計所源止於詔

條之中自可應辦有餘則復歲計之外朝廷不求羨溢加以善政所感年穀必應租賦所入示緣水旱蠲減何患不足豈有公違詔條力脅州縣出則以片言估物而就高價入則以尺紙覈色而取貴直以此論功無異戲弄此正不才者之所為又法所當禁何謂吏之太急哉四也賈誼有言人主之尊如堂群臣如陛衆庶如地陛九級上廉遠地則堂高高者難攀卑者易陵故人主之勢非能獨尊也自一命之吏累而至公卿次第益尊而人主加焉然後為至尊耳國朝故事拜宰相樞密使官必除侍郎同知樞密院已上必除諫議大夫三司使必除給事中若侍郎權御史中丞必除諫議大夫以直龍圖閣權領邊師官小猶除正言自天章閣待制已上則固準此四方大郡帶都鈐轄或大都督府為守者非帶館職則諸曹郎官吏民聳然知所尊奉以其異於他官也權同知樞密院已上皆政事之臣權御史中丞

乃紀綱之任而三司使實主邦計故高者則必處以侍郎其次則兩省官為之諫議大夫是也直龍圖閣為邊帥事任要重天章閣待制已上乃侍從官故必以小兩省官為之正言是也假使不論職名而官直為正言則固已可貴矣當是之時官職清濁高下錙銖方寸皆有分別不得淆亂踰越故朝廷尊榮人知嚮慕先皇帝獨患名實不正故改為官制以寄祿官寓品秩名實既正而推行之日淺其於甄別流品遷敘次第固未有暇向者官制雖行而有旨命兩省官修補其法則此固在所講也今以堂堂有宋盛明之朝自尚書已上率多試官豈不陋哉然為尚書者原其所自來則皆嘗歷學士職其品秩與尚書不甚相遠為侍郎者率多由天章閣待制除用與侍郎名品亦略相當然一為職事官則必除去職名故有承議郎試尚書者見者不知其職嘗為學士也第見承議郎與昔國子博士等耳乃為尚

書豈不可輕哉名藩大郡或臨制一道或鎮一都會而既無三館貼職又無諸曹郎中員外捨直龍圖閣待制已上則皆朝奉朝散郎若大夫為之其下與通判簽判知縣監當官名無異也內外體勢浸以卑損上下陵遲吏士軍民率有慢輕之意陛廉太削非所以尊朝廷也加以官制之行于茲已逾三年率以滿任令諫議大夫中書舍人給事中侍郎遷比待制爾若遷尚書則為大峻即自諫議舍人給事遷待郎則與自大卿太常少卿除侍郎者為一等反不為之遷矣是遷敘未得也今欲除用人物或資與官相對而其才不必稱或才與事適當而椽資不相準譬猶戶部侍郎闕為天章閣待制固可入其才不必稱為龍圖閣直學士才或稱任則資不可屈是除受未便也矧自直龍圖閣而上所存職名皆禁與殿閣圖書之任今以寄祿官在外則有加焉而在京師則不可本末倒置體勢未順且朝廷職名本待

賢俊今雖其人宜在朝廷而一除職名則必出補外如趙彥若可以留備臺諫而緣除龍圖閣待制故出知亳州孫甫年少任職可當省部繁劇而緣直龍圖閣故出知陝府授受之際已見其拘牽矣臣愚以謂今日官制之論不過秦漢漢之加官若諸吏左右曹散騎給事中之類即今之職名也官制祖述上於唐六典而三館貼職集賢院學士六典具載本職施於朝廷今自龍圖閣已上職名誠許令職事官兼帶則不害其為正名也而又有三利焉以待制學士職為尚書待制則試官可去中外有所瞻仰吏民知所尊奉陛廉之勢益峻而可以尊王室隆主威遷授之際職雖學士可以下為侍郎待制可以兼領卿監直龍圖閣可以冠省寺之職為官擇人無所留礙殿閣圖書之任得無內外本末不至顛倒體勢順序所謂三利也故事職名自校勘至龍圖麤而論之猶有四等其上又有集賢殿史館脩撰集

賢院視職事之高下官品之大小而加焉亦有始加即為脩撰直龍圖閣者。必有差遣。內則三司副使同提舉在京百司之類乃得為之。外則帥臣。三路轉運使江淮發運使。久次為監司典大州。若都鈐轄大都府之類。乃得為之。其他皆以歲久次第累遷而後至。職雖為直龍圖閣修撰。又必差遣事任要重。然後得遷待制諫議大夫。其法至詳密。故朝廷用之有所勸激。而士大夫由之以進。不得僥倖。今既盡削去三館貼職。而獨存直龍圖閣。凡須寵以職名者。無有高下一切為之。故有府界提點而帶直龍圖閣者。今日與之。既失其太優。而後日一遷。則其上為天章閣待制。將又失於太峻。於此時不復早計前慮。則他日用之必困者也。今畧職名為可去。則當一切除之。然而直龍圖閣之類尚存者。果不可去也。職名果不可去。而待制以下獨存直龍圖閣何哉。今既獨存直龍圖閣。又必以寵帥臣資望之淺者。欲以聳

人觀聽也。然而聳人觀聽者。不獨至於帥臣而後然。其餘典大州當方面據都會。若江淮發運使。三路轉運使之類。皆當係人觀聽者也。今寄祿官。既以通為一等。又無清曹郎官臺諫之屬。則所以稍辯異者。唯有職名耳。而一以直龍圖閣待之。其可乎。臣愚以謂昔日館職為優幸者。唯為校理一年。即為通判資序三年。理知州為太過爾。今誠於此裁損。率以二年成資為一任。而盡復校勘已上至修撰等貼職。此固於正名。於官制可以並行。救其所不及。使高下等級粲然有序。朝廷用之而有所激勸。士大夫由之而不得僥倖。流品分別。吏民尊信。五也。今誠行此五者。皆國家之大體。時之要務。以太皇太后之聖智。宜無所封即。參之大臣。訪之群議。恐無以易。五者畢行。私徇滅而德意彰。民心固而主勢隆。然後揆之以道。將之以德。以虛心為本以無我為用。唯大公是存。唯至正是守。無有偏黨。唯是之從。所謂道也。體道而不失。不為好惡所集。不為喜怒所遷。有得於身。所謂德也。道德立於上。而公卿觀法於下。上下相濟。然後長忠義以尊吾君。長廉恥以消群枉。用人必以信。行為主。而後論才能。考績必以功實為先。而後責文具。謹擇能吏。練習公家臺諫故事者。裁省簿書行移務在先急闊略苛辟。使人力足以勝事。倣唐律令格式事有經常者著為定式。不須上問官曹小事。有所達請次第得專裁決。不必一一奏覆。小懲大戒付之省寺。俾得警胥吏之違慢。以防滯留。如此則小大畢舉。太皇太后可以優游沖與責成於上。保護將就皇帝聖質。至於成德。則所為宗社之慶。蒼生之福。豈有極哉。臣自惟太皇太后親政以來。首蒙拔擢。度越比倫。則臣之所以圖報效。亦不宜自同於衆人。冒瀆宸嚴。臣無任祈天俟命。惶懼屏營之至。

監察御史王巖叟論治道貴清靜儉約奏曰。臣觀歷代君臣講治道

者多矣。然莫如貴清靜而敦儉約。蓋天下本無事。因擾之而事多。事多則民勞。民勞則怨。民怨則國家有緩急。雖賞之而不為用。此所以莫如貴清靜也。天下之人。所以養生送死者本自足。由奪之而後困困而後為盜賊。若不厚其本而徒嚴其末。雖殺之而不禁。此所以莫如儉約也。臣竊傷比歲以來。好進之人。紛紛建議。天下勞於多事。百姓困於不足。故臣願陛下以清靜儉約養天下。使百姓安且樂。百姓安樂則自然陰陽和。而風雨時。海內將不勝其富矣。人以為難。臣以為易。何則。陛下自己有此心。惟在守之而勿失爾。不勞陛下費精神用智力。臣故曰易。如蒙採納。乞以臣言詔輔臣使體聖意。幸甚。

侍讀提舉中太一宮呂公著。到闕。上奏修德為治之要十事曰。臣近准詔書。令臣發來赴闕。已於今月二十日朝見訖。竊聞近日臣寮未有上殿班次。臣雖忝先朝執政之臣。亦未獲一親法座。少奉德音。然

自忖累世蒙被厚恩。惓惓報國之誠不能自已。輒具奏對陳其一二。冐瀆聖聰。臣無任惶懼之至。臣伏覩皇帝陛下紹履尊極。方逾數月。臨朝穆穆有君人之度。太皇太后陛下。勤勞庶政。保佑聖躬。德澤流行。已及天下。臣遠從外服。召至左右。竊思人君即位之初。宜講求脩德為治之要。以正其始。然後日就月將。學以緝熙于光明。新而又新以至大治。是用罄竭愚誠。考論聖道。緊舉十事。仰贊聰明。一曰畏天。二曰愛民。三曰脩身。四曰講學。五曰任賢。六曰納諫。七曰薄斂。八曰省刑。九曰去奢。十曰無逸。皆隨事解釋。粗成條貫。不為繁辭。以便觀覽。伏望陛下留神垂察。如言有可採。即乞置之御座。朝夕顧省。庶於盛德少助萬一。謹具如右。

一畏天。書曰。皇天無親。惟德是輔。又曰。惟上帝不常。作善降之百祥。作不善降之百殃。蓋天雖高遠。日監在下。人君動息。天必應之。若脩己以德。待人以誠。謙遜靜愨。慈孝忠厚。則天必降福。享國永年。災害不生。禍亂不作。若慢神虐民。不畏天命。則或遲或速。殃咎必至。自古禹湯文武。以畏天而興。桀紂幽厲。以慢神而亡。如影隨形。罔有差忒。然自兩漢以來言天道者。多為曲說。以附會世事。間有天地變異。日月災眚。時君方恐懼脩省。欲側身脩道。而左右之臣。乃援經傳。或指外事為致災之由。或陳虛文為消變之術。使主意怠於應天。此不忠之甚者也。詩曰。我其夙夜畏天之威。于時保之。然則有天下者固當飭己正事。不敢戲豫。使一言一行皆合天心。然後社稷人民可得而保也。天人之際焉可忽哉。

一愛民。書曰。撫我則后。虐我則讎。人君既即尊位。則為民之父母。萬方百姓皆為己子。父固不可以不愛子。若布德施恩。從民所欲。則民忻戴。忻戴不已。則天降之福。若取民之財。不愛其用民之力。不恤其勞。好戰不休。煩刑以逞。則民必怨叛。怨叛不已。則國從而危。故曰。民為邦本。本固邦寧。然自古人君臨朝聽政。皆以赤子為憂。一旦用兵。則不復以生靈為念。此蓋獻策之臣設姦言以導上意。以開邊拓境為大功。以暫勞永逸為至計。此世主所甘心而不悟也。夫用兵不息。少壯從軍旅。老弱疲轉餉。伏尸流血。而勝負得失。猶未可知也。民勞則中國先敝。夫何足以為功。兵興則朝廷多事。亦不得而安逸也。故凡獻用兵之策者。欲生事以希寵媚上而營私耳。豈國家之利哉。

一脩身。天下之本在國。國之本在家。家之本在身。夫欲家齊國治而天下化。莫若脩身。脩身之道。以正心誠意為本。其心正。則小大臣庶罔敢不正。其意誠。則天地神明皆可感動。不誠則民不信。不正則令不行。況人君一言一動。史臣皆書。若身有失德。不惟民受其害。載之史策。將為萬代譏笑。故當夙興夜寐。以自脩為念。以義制事。以禮制心。雖小善不可不行。雖小惡不可不去。然人君進德脩業。實繫乎左右前後。夫習與正人居。不能無正。猶生長於齊。不能不齊言也。習與不正人居。不能無不正。猶生長於楚。不能不楚言也。故曰。僕臣正。厥后克正。僕臣諛。厥后自聖。

一講學。王者繼祖宗之業。君億兆之上。禮樂征伐之所自出。四方萬里之所視效。智足以窮天下之理。則讒邪不能惑。德足以服天下之心。則政令無不行。自非隆儒親學。何以臻茲。然天子之學與凡庶不同。夫分文析字。考治章句。此世之儒者以希利取科級耳。非人主所當學也。人主之所當學者。觀古聖人之所用心。論歷代帝王所以興亡治亂之迹，求立政立事之要，講愛民利物之術，自然日就月將，德及天下。書曰：王，人求多聞，時惟建事。又曰：念終始典于學，厥德脩罔覺。故傅說之告高宗者，惟德立事而已。至漢之晁錯，以爲人主不可不學術數。錯之意，欲人主用機權巧譎以參制群下，而景帝用之，數年之間，漢罹七國之禍，而錯受東市之誅。蓋其所主者，未出於誠信而已。由是觀之，擇術不可不謹也。

一、任賢。昔成王初莅政，召康公作卷阿之詩以戒之，言求賢用吉士。蓋爲治之要，在乎任賢使能。能者不必賢，故可使；賢者必有德，故可尊。小賢可任以長民，大賢可與之謀國。若夫言必顧國家之利，而行足以服衆人之心，事險一節，而終始可任者，非大賢則不能也。人君雖有好賢之心，而賢猶或難進者，蓋君子志在於道，小人志在於利。志在於道，則不爲苟合；志在於利，則唯求苟得。夫忠言正論多咈於上意，而佞辭邪諂專媚於君心，故君子常難進，而小人常易入，不可不察也。自古雖無道之君，莫不欲治而惡亂，然而治君少而亂國多者，其所謂忠者不忠，而所謂賢者不賢也。書曰：有言逆于汝心，必求諸道；有言遜于汝志，必求諸非道。人主誠存此心，以觀臣下之情，則賢不肖可得而知矣。

一、納諫。昔書稱成湯之德曰：從諫弗咈，改過不吝。湯，聖君也，不曰無過，而曰改過者，言能捨己而從諫，則不害其爲聖也。及紂爲天子，彊足以拒諫，智足以飾非，非無才智也，然身戕國亡，而天下之惡皆歸之者，言愎諫自用，則才智適足爲害也。前代帝王，無不以納諫而興，拒諫而亡者，在史册一一可考。蓋貴爲天

子，富有四海，貴則驕心易生，富則侈心易動，一日萬機，則不能無失，固當開道而求諫，和顏色而受之。其言可用，則用其言而顯其身；言不可用，則恕其罪以來諫者。夫忠直好諫之臣，初若逆耳可惡，然其意在於愛君憂國；諂佞阿諛之士，始若順意可喜，然其情在於媚上而徼寵。人君誠察此，則事無過舉，身享美名。故曰：木從繩則正，后從諫則聖。

一、薄斂。古人有言曰：百姓足，君孰與不足；百姓不足，君孰與足。人君恭儉節用，取於民有制，則民力寬裕，衣食滋殖，自然樂輸租賦以給公上。若暴征峻斂，侵奪民利，物力已屈，而驅以刑辟，勢必流轉溝壑，散爲盜賊。爲人之上者，將何利於此？故善言治道者，尤惡聚斂之臣，曰：與其有聚斂之臣，寧有盜臣。前代帝王，或耽於聲色，或盤于遊畋，或好治宮室，或快心攻戰，於是小人乘間而肆其邪謀，爲之斂財以佐其橫費。世主不悟，以爲有利於國，而不知其終爲害也；賞其納忠於君，而不知其大不忠也；嘉其以身當怨，而不知其怨歸於上也。昔鹿臺之財，鉅橋之粟，商紂聚之以喪國，周武散之以得民。由是觀之，人主所當務者，仁義而已，何必曰利。

一、省刑。夫臨下以簡，御衆以寬，百王不易之道也。昔漢高祖去秦苛暴，約法三章，以順民心，遂定王業；孝文循之，以清靜而幾致刑措。然則爲治之要，果在於省刑，而不在於繁刑也。况人主之刑獄，其勢不能親臨，則必委之於臣下。故峻推鞫，則權在於獄吏；廣覘伺，則權在於小人；肆刑戮，則權在於彊臣；通請謁，則權在於近習。自古姦臣將欲誅鋤善人，自專威柄，必數起大獄，以摇人心。何則？其情難知，鍛鍊出入，一繫於獄吏，及夫奏成獄具

則雖有寬抑。人主亦何從而察哉。然則欲姦雄不得肆其威。善良有以安其性。莫若省刑而已。自三代以還有天下者數十姓。惟宋受命遠今一百二十有六年。中原無事。不見兵革。稽其德政所以特異前世者。直以誅戮之刑。內不施於骨肉。外不及於士大夫。至於下民之罪。一決於廷尉之平。而上自天子下至於有司。不復措慮輕重於其間。故能以好生之德感召和氣。而致無窮之福。祖宗所以消惡運遏亂原者。嗚呼遠哉。雖甚盛德蔑以加矣。

一去奢。昔夏禹克勤于邦。克儉于家。而為三王祖。漢文帝即位。宮室苑囿車騎服御無所增益。而天下斷獄四百。幾致刑措。然則節儉者。固帝王之高致也。況以天子之尊。富有天下。凡有四方萬物所以奉養於上者。蓋亦備矣。然而饗國之日寖久。耳目所御習以為常。入無法家拂士。出無敵國外患。則不期於侈而侈心自生。佞諛之臣又從而導之。於是窮奢極侈。無不為已。是以先王制法。作奇技淫巧以蕩上心者殺無赦。夫竭天下百姓所以相生相養之具。而以供人主無窮之欲。致人主於喪德損壽之地。而以邀己一時之榮。雖誅戮而不赦。固未足以當其罪也。昔紂為象箸而箕子諫。夫以天子而用象箸。未為過侈也。然箕子以為象箸不已。必金為之。金又不已。必玉為之。故箕子之言所以防微而杜漸也。至漢公孫弘相武帝。以為人主病不廣大。人臣病不節儉。當是時帝方外伐四夷。內治宮室。為千門萬戶。由是天下之戶口減半。盜賊蠭起。而弘猶病其不廣大。何其不忠之甚哉。故人主誠能不以箕子之言為太過。而察見公孫弘之太佞。則夏禹漢文之德不難及已。

一無逸。昔周公作無逸之篇以戒成王。其略曰。昔商王中宗治民祗懼。饗國七十有五年。其在高宗不敢荒寧。饗國五十有九年。厥後立王。生則逸。不聞小人之勞。惟耽樂之從。自時厥後亦罔克壽。或十年。或七八年。或五六年。或四三年。嗚呼。非愛君憂國之深。其言何以至此。又曰繼自今嗣王。無淫于觀于逸于遊于田。無若商王受之迷亂。酗于酒德哉。小人怨汝詈汝。則皇自敬德。亂罰無罪。殺無辜。怨有同。是叢于厥身。蓋人君初務縱欲。小人必怨。而大臣必諫。至于淫刑亂罰以杜言者之口。然後流連忘反。不聞其過。而終至于滅亡。故曰無逸之書。後王之元龜也。唐明皇初即位。宋璟為相。手寫無逸圖設于帝座。明皇勤於政事。遂致開元之治。其後宋璟死。所獻圖亦弊而徹去。明皇遂怠於政。親見天寶之亂。由是觀之。靡不有初。鮮克有終。人君誠能謹終如始。不敢逸豫。則德有堯舜之名。體有喬松之壽。豈不美哉。

右臣聞孟子曰。我非堯舜之道。不敢以陳於王前。今朝廷始初清明。臣雖術學淺陋。惟是前代聖帝明王所以致治之迹可以為法。與夫暴君暗主所以兆亂之道可以為戒者。乃敢告于左右。古人有言曰。舜何人也。予何人也。夙夜以思。去其不如舜者。就其如舜者。是亦舜而已矣。陛下加意無忽。則社稷幸甚。天下幸甚。

知陳州司馬光進修心治國之要劄子曰。臣伏聞本固則末茂。源濁則流渾。昔仁宗皇帝擢臣知諫院。臣初上殿。即言人君之德三。曰仁。曰明。曰武。致治之道三。曰任官。曰信賞。曰必罰。英宗皇帝時。臣曾進歷年圖。其後序言人君之道一。其德有三。其志亦猶所以事仁宗也。大行皇帝新即位。擢臣為御史中丞。臣初上殿。言人君修心治國之

要其志亦猶所以事英宗也今上　天降寃大行皇帝奄棄天下皇帝
陛下新承大統太皇太后同聽萬幾不知臣愚猥蒙訪落臣且愧且
懼無以塞責謹復以人君修心治國之要爲獻其志亦猶所以事大
行皇帝也所以然者臣歷覽古今之行事竭盡平生之思慮質諸聖
賢之格言治亂安危存亡之道舉在於是不可移易是以區區首爲
累朝言之不知臣者以臣爲進迂闊陳熟之語知臣者以臣爲識天
下之本源也夫治亂安危存亡之本源皆在人君之心仁明武所出
於內者也用人賞功罰罪所施於外者也出於內者雖有厚有薄有
多有寡稟之自天然好學則知所宜從力行則光美日新矣施於外
者施之當則保其治保其安保其存不當則至於亂至於危至於亡
行之由己者也所以能當在於至明所以能明在於至公是以明君
善用人者博訪遠舉拔其殊尤德行高人謂之賢智勇出衆謂之能

賢不必能能不必賢各隨所長授以位任有功則賞有罪則罰其人
苟賢能雖讎必用其人苟庸愚雖親必棄賞必有所勸罰必有所懲
賞不以喜罰不以怒賞不厚於所愛罰不重於所憎必與一國之人
同其好惡是以古者爵人於朝與士共之刑人於市與衆棄之如此
安有不當者乎臣故曰所以能當在於至明所以能明在於至公也
昔齊桓公置射鉤而使管仲相漢高祖知人善任使苟爲不才雖見
喜亦棄之苟才矣雖負販酒徒亡將戍卒亦用之此所以能奮布衣
取天下也館陶公主爲子求郎明帝不許而賜錢千萬郎賤官也猶
惜之況其貴者乎故永平之治至今稱之宋高祖事蕭太后甚孝太
后欲以子道憐爲揚州刺史高祖以其貪愚不許故功業之高冠於
南朝唐太宗殺建成元吉而用其官屬魏鄭公王珪等與房杜無異
卒得其效宣宗事鄭太后甚謹問舅鄭光以政事不能對罷其方鎮

故時人稱美謂之小太宗此用人之公明者也韓昭侯惜獘袴不以
賜左右之無功者漢高祖深怨雍齒而不忘其功魏太祖勲勞宜賞
不吝千金無功望施分毫不與唐宣宗重惜緋章故當時得緋紫者
以爲榮此賞功之公明者也僮牛殺孟丙仲壬立庶孫昭子昭子數
其罪而殺之孔子善其不　丁公脫漢高祖於阨高祖以爲不忠而
斬之武帝妹隆慮公主且死屬其子昭平君昭平君殺人武帝流涕
而誅之唐明皇弄臣黃旛綽捕盜官隧馬明皇杖殺之宣宗謂樂工
汝惜羅程藝我惜高祖太宗法此罰罪之公明者也臣略舉此數者
以爲明驗其餘在陛下博覽載籍以考之知臣所言不爲謬妄臣以
一夫之愚不能周知天下之務近冒上奏乞下詔書開言路伏望聖
慈早賜施行今弁治平四年五月三日上殿劄子具録進呈乞陛下
留神幸察

元祐元年光又上奏曰臣等聞王者設官分職居上者所總多故治
其大要居下者所分少故治其詳細此理勢之自然紀綱所由立也
是以周官小宰以官府之六屬舉邦治大事則從其長小事則專達
凡宰相上則啓沃人主論道經邦中則選用百官賞功罰罪下則昇
安百姓興利除害乃其職也至於簿領之差失期會之稽違獄訟之
曲直胥吏之遷補皆郎吏之任非宰相所宜親也故人有言察目睫
者不能見百步見百步者亦不能見目睫言詳於近者必略於遠謹
於細者必遺於大也今尚書省事無大小皆決於僕射自朝至暮省
覽文書受接辭狀未嘗暫息精力疲獘於魚塩細故其於經國之大
體安民之遠猷不暇復精思而熟慮恐非朝廷所以責宰相之事業
也竊以六曹長官古之六卿事之小者豈可不令專達臣等商量欲
乞今後凡有詔令降付尚書省者僕射左右丞簽訖分付六曹騰印

符下諸司及諸路諸州施行。其臣民所上文字降付尚書省僕射左右丞簽訖。亦分付六曹。本曹尚書侍郎及本廳郎官次第簽訖。委本廳郎官討尋公案。會問事節。相度理道。檢詳條貫。下筆判云今欲如何施行。次第通呈侍郎尚書。若郎官所判已得允當。則侍郎簽過尚書判決。應奏上者具奏上。應行下者直行下。即未見允當者委侍郎尚書改判。事之可否皆決於本曹長官。更不經由僕射左右丞。即改更條法。或奏乞特旨。或事體稍大。或理有可疑。非六曹所能專決者。聽諮僕射左右丞咨白。或具狀申都省。委僕射左右丞商議。或上殿取旨。或頭簽劄子奏聞。或乞入熟狀。或批判指揮。其諸色人辭狀。並只經本曹長官陳過。尚書侍郎郎官次第簽押判決。一如朝廷降下臣民所上文字次第施行。若六曹不為收接及久不結絕。或判斷不當。即令經登聞鼓院進狀。降下尚書省。委僕射左右丞判付本省不干礙官負看詳定奪。若本曹顯有不當。即行糾劾。所貴上下相參。各有職分。行遣簡徑。事務易集。

御史中丞劉摯上疏曰。上之所好。下必有甚。朝廷意在總覈。下必有刻薄之行。朝廷務行寬大。下必有苟簡之事。習俗懷利。迎意趨和。所為近似。而非上之意本然也。今回革之政本殊。而觀望之俗故在。昨差役初行。監司已有迎合爭先。不校利害。一槩定差。一路為之騷動者。朝廷察其如此。固已黜之矣。以是觀之。大約類此。向來黜責數人者。皆以非法掊克。希進害民。然非欲使之漫不省事。昧者不達。矯枉過正。顧可不為之禁哉。請立監司考績之制。拜尚書右丞。

摯又上言曰。臣蓋聞傳曰。朝廷正則百官理。又曰。衆賢和於朝。則萬物和於野。今夫上之人。誠能同德一心。徇公憂國。則必有和善之路。而下無朋比之士。苟人有異意。轉相非疑。則必有僻違之路。而下有向

背之俗。於是民被其害矣。臣伏見昨者皇帝陛下太皇太后陛下聽治之初。惠綏天下。去民之所同患。更法之所不安。至於振淹滯。絀貪刻。發政施命。無有虛日。故近自畿甸。至於海隅。莫不鼓舞承風。傾耳以聽太平。而近者一兩月以來。政事號令之見於施行者。曠然希闊。中外顒顒。無所聞見。深求其故。皆以謂執政大臣情志不同。議論不一之所致也。有陰拱以坐觀者。有陽合而內睽者。有強橫以肆擊者。有忍恥以懷容者。滯事積前。相顧而不發。故仁澤屯于上而不下。庶事壅于朝而不行。以至文書稽留。人情隔塞。聖人之化。雖曰久於其道而後成。然固有緩急之勢。今事至輕小。明有比例。或止於一法令之增損。一官吏之廢置。猶不肯倡端而主論。則方今邊鄙之大利害。賦役之大是非。天下百姓之困苦。如在倒垂而望解者。當誰任其責。何時而議也。幸遭聖明。哀愍元元。為廟朝大計。而謀國之人。方身是卹。方私是圖。坐翫歲月。亦可謂不仁矣。況今皇帝陛下以盛年居諒闇。太皇太后陛下以垂簾而稱制。於此時也。而輔弼不咸。相拒相激。非獨政事壅積而已。誠恐疑貳漸深。分曹固黨。使傾險之士。媚於其間。上下乖戾。倚事不生。此又臣之所為深憂也。伏望聖慈深察事變。防微杜漸。特詔輔臣當務同寅協恭。相示以信。去其貳志。以濟國家之事。應今來政事之稽滯未決者。趣令條上取旨。則望聖明發自睿斷。別白施行。以幸天下。

監察御史上官均論寬猛二道上奏曰。臣聞治天下有二道。寬與猛而已。寬過則緩而傷義。事有廢弛之弊。猛過則急而傷恩。官吏有避法苟免之患。術雖不同。其蠹政害民一也。自熙寧以來。朝廷以法度整齊四方。諸路監司不能深明朝廷之意。往往務為慘核刻深之政。郡縣望風畏慄。大抵以趣辦為事。類文具而無實。不暇長計遠慮。以

使民為意。而四方之民。有憔悴愁歎之音。此傷猛過急之弊也。自陛下臨御。數下德音。務從寬大。四方欣然。仰戴德澤。然比聞諸道監司。又不能明陛下之美意。妄意朝廷風旨。一切以苟簡縱弛為事。疲懦汙庸之吏。視而不劾。紛糾紊繆之政。知而不察。外求寬厚之名。以要譽於一時。此矯枉過寬。士大夫守義不篤之患也。方陛下講修百度。以差役之法行於四方。尤在郡縣夙夜悉心以推行朝廷愛民之政。若怠墮不舉。委成於胥吏。太守玩而不察。監司視而不糾。養成偷墮苟簡之風。天下之民。必有受其弊者矣。臣願詔四方。以不加糾劾。如朝廷遣使廉訪。頗有其實。或風聞於上。當顯責以厲遠近。庶幾按察之吏不敢寬縱。郡縣之官不敢偷墮。人人警懼修職。宣布陛下之德澤以惠黎庶。

戶部尚書李常上奏七事。一崇廉恥曰。臣聞子貢問何如斯可謂之

士矣。孔子曰。行己有恥。孟子曰。人不可以無恥。無恥之恥。無恥矣。而管子亦曰。禮義廉恥。是謂四維。古之聖賢所以崇尚廉恥如此其切。而後世或置而不察。良可駭也。昔董仲舒當漢武之時。數廉恥貿亂。賢不肖混淆。蓋廉恥不崇於世。則名分不足以塞覬覦。賞罰不足以正公罪。公議不行。人才日壞。欲相與隆政治。尚可得也。臣伏見熙寧已還。急於事功。易於揀拔。超越倫等。罕循資格。謀利者計息以均賞。讞獄者巧詆以拜官。矯誣傾奪。肆不顧忌。今雖窒其所以致之之源。而流風餘燄。尚有存者。既不修己。而以干進為事。不務率職。而以請託為先。每詔下薦士。則自媒者盈鄉士之門。屬託者交車馬於道。違公議者莫愧。乖物理者不懲。以得為心。寧復愧畏。此風寖長。為弊甚大。臣愚欲望聖慈深詔有司。訓以治體。簡求忠實廉退之士。進之官師。以厚薄俗。其不懲艾。仍委御史臺彈劾。則人知修方。而賢不肖別

矣。賢不肖別於朝。則愚夫陋俗亦知秩矣。二存鄉舉曰。臣聞周之取士也。其書曰。使民興賢。出使長之。使民興能。入使治之。未聞以文章選賢也。後世法敝。衆弊紛起。下之人不復以誠事其上。而上之人何復誠信而聽之哉。此鄉舉所以終廢而試藝之法不可革也。今天下三歲一考。士初試於鄉州。再試於京師而官之。曾莫原其修之於家。行之於鄉黨朋友為何如也。士知不考其素。而唯文章之工。寧復有自重自修之志哉。設有自重自修之士。資質粹美。問學深博。其忠足以事君。其才足以治民。而不幸不工於文章。則終身不得齒士版。立朝廷矣。豈不可為之長太息也。今有徑寸之璧。弃置而不貢之朝。莫不為之恨。自重自修之士。不貴於珠玉哉。此臣所以為朝廷惜也。臣愚欲乞詔天下州郡。當貢士之歲。許於解額內弗試而貢一人。擇鄉黨孝悌忠信通博之士。俾其間閭里之善士以告守令。守令伺察而

告之監司。監司覈實果否而上之禮部。萃而察之。考其所學等差。而上之朝廷。朝廷隨其等差。第諸貢士而官之。仍命有司立為條約。無則闕之。有其人而不貢則治之。舉非其人則坐之。如此。在天下之士各知脩方以行己。則以文章選士之弊。有時而衰矣。三別守宰曰。臣伏以四海九州之大。生齒之夥。朝廷不得家治而人教之也。為之衆建州縣。張設官吏。約以詔條。使人循理而趨善。安土而樂生。雖然。朝夕與民相親而致感者。莫如縣令。郡守次之。監司又次之。今吏部之格。雖曰以舉官為縣令。然則未必其真可以為縣令者也。縣令雖以舉官而為知縣。所舉者亦未必真善治民者也。以未必真善治民者。積三四任而為知州。其才亦未必真能為州者也。如此。而欲望州縣皆治。尚可得也。蓋其才不可以為縣令者。常為掾丞可也。不可以為知州者。常為佐貳可也。臣愚欲乞別其守宰。與掾丞佐貳為二途。使

才不為守宰者終身為掾丞佐貳才可以長民化下者雖久為守宰可也雖然於守宰以擇監司或進為朝廷之官如此則才否分而人品別矣今誠能於州掾縣佐選其人可為縣令者授之中下之縣縣治矣授之上縣上縣又治矣授之以難治之縣難治之縣至一再皆治也擢之為知州初則授之以中下之州中下之州既治矣使劇州劇州又治矣而其人不可為監司為省府卿士以備選擢者未知有也若才不可以為縣也雖積歲益久而寘過也不害其進官而為幕職州佐也夫才不可長民而為幕職州佐以終其身蓋亦幸矣夫何恨哉四廢贓貪曰臣聞為國家者擇士而官之非以幸其身為民而圖治也制祿而頒之非以厚其家代耕而養廉也今稅民之粟帛損邦之貨泉隨其爵位而祿之矣貪汙之士以贓抵罪者歲不可勝數非獨為士者上負邦家亦朝廷法制有以召致之然也今吏部四選

附籍者幾三萬員而在選者常以數千員賢愚弗別廉汙雜處客食旅館或逾年而得一闕吏兩歲而及其期官冗員多莫如今日臣愚竊以謂仕於朝而食人祿矣公私過咎或不得免而肆然犯法以贓獲罪其跡顯著尚足矜耶而使之回緣赦宥積累期限而叙復之何也欲望詔有司凡以正贓抵罪者一切廢置示弗復用其或才能卓異不幸絓誤也命卿士以名上之付有司以議之或有可取也降等而官之終弗變也卿士同其罪則官澄而冗革矣五謹疑獄曰臣聞易曰君子以明慎用刑而不留獄書曰與其殺不辜寧失不經夫天下之大四海之廣獄訟至繁官吏至衆蓋獄訟繁則不得無可疑可愍之情官吏衆則不必皆明習法律之士前日愆雨之初臣不避誅戮嘗陳所以致旱之因矣我朝累聖臨御欽慎庶獄上遵先王之戒方州之請多原情而蒙貸矣夫以先王之聖智猶曰寧失不經今方

州所請將事深文而務殺之耶又因以罪其官吏官吏畏罪則取可疑可愍者違情就法而殺之矣安事上請而取咎悔也哉况夫官吏之愚難以遍曉而務在免過希合臣愚伏望朝廷以前日所降詔旨特加脩明廣示海宇俾可疑可愍之獄皆如平日以其實情上請付有司議之或失於妄情也亦如昔日特放其罪如此則疑情愍獄皆得以上聞而好生之德周四海矣六擇儒帥曰臣聞用師之所先則用積器械利城壘堅士卒練將帥擇五者具勝敵之能事畢矣先帝憂勤積歲以儲兵備今祖會常平等積錢餘五萬貫穀帛匹斛亦復稱是財用不謂不積矣熙寧以來萃羽毛齒革之材講犀利之要巧者奏工殆餘十年械器不謂不利矣增城築堡擇當要處守禦之方無不詳盡城壁不謂不堅矣行陣坐作弓弩蹶擘擊刺之法靡不講究士卒不謂不練矣虎貔之勇有功必賞賜官授節超逾倫等將帥

不謂不擇矣雖然吳子曰凡人論將常觀於勇勇之為將萬分之一蓋言以勇擇將未盡其要勇敢之將逆敵以取勝可也若其制列城專一道撫百萬之衆馭戎武之佐失所能任孫子曰將者智信仁勇嚴也以是言之非通儒學士知國體者不足與知此臣不敢遠陳古事在仁祖時蓋非范仲淹韓琦龐籍之徒不用也然今者所當擇者臣竊冀朝廷加慮而深思也七修役法曰臣聞古者用民之力歲不過三日而使之以時人不告病後世則不然竭人力而疲之莫之恤也昔者疲民之力莫甚於差役差役之甚至有破民家產賣及妻孥以瀆死者熙寧元豐之間以差役為病民也使一切輸錢於縣官官為賦閒民而役之方是時朝廷改法則意在息民議法之臣以寬剩為事平民輸之歲覺不逮復思差科之為幸也今者既詔有司講明差法前日所謂破家產之弊悉已蠲除而是非猶與議論未一皆以

謂上戶特葦。中戶役併。上戶特葦。則此所以抑兼并而均民力。中戶役併。則其為病有過於輸錢。臣愚以謂法無新陳。便民者良法也。論無彼已。可久者確論也。欲望朝廷命有司考二法之至要而裁取之。參公論之可行而修定之。使人便而久行。肖世無斁。豈不善哉。此不役法於四方。而付其書於戶部。以臣之愚。見其必可久也。欲乞再象詔旨。許自邦畿以及諸路。先召畿令。因版籍即漸書而裁損之。次召近畿數路監司。如畿縣之法。自近以遠。因可以革非不踰歲而天下之役書全矣。夫為法之大。及物之眾。休戚所係。治忽隨之。為國家者。可不慎哉。臣所以不敢冒鈇鉞之誅而不能終嘿也。

歷代名臣奏議卷之三十九

歷代名臣奏議卷之四十

治道

宋哲宗元祐初。蔡州教授秦觀舉賢良方正進策曰。臣聞春則倉鶊鳴。夏則螻蟈鳴。秋則寒蟬鳴。冬則雉鳴。此數物者微眇矣。然其候未至則寂寞而無聞。既至則日夜鳴而不已。何則。陰陽之所鼓動。四時之所感發。氣變於外。而情迫於中。雖欲不鳴。不可得也。淮海小臣。不聞廟堂之議。帷幄之謀。獨耳剽目采。頗知當世利病之所以然者。嘗欲輸肝膽。效情素。上書於北闕之下。則又念身非諫官。職非御史。出位犯分。重煩有司之誅。隱忍逡巡而不敢發。幸陛下發德音。下明詔使大臣任舉賢良方正能直言極諫之士。將脩祖宗故事。而親策於庭。嗚呼。此亦愚臣效鳴之秋也。輒忘疏賤。條其意之所欲言者。為三十篇以獻。惟陛下裁擇焉。其目曰。以意寓言。以言寓文。示變化之所始終。使天下曉然知之。作國論。瑟不鳴。二十五絃各以其聲應。鼓不運。三十輻各以其力旋。默則治語。靜則制動。作主術。急不極。則緩不生。緩不極則急不成。一僨一起。如環無端。作治勢二篇。以地為險。山川是資。以兵為險。不厭通達。作安都。自信者避嫌。自許者不求合。倚而容之。績乃可底。作任臣二篇。衆賢聚於本朝。姦人之所不利。巧為詆誣。以幻群聽。作朋黨二篇。鳥有鳳。魚有鯤。超絕之材。宜見闊略。作人材。楊墨塞路。孟氏所攘。申商崛興。莫或汝遏。作律法二篇。得與失為鄰。利與害同門。非至精莫之能分。作論議二篇。爵祿者所以礪世磨鈍。科條品目。其可不悉。作官制二篇。善治水者以四海為壑。善治財者以天地為資。國之大計。於是乎在。作財用二篇。料敵之虛實。若別牛馬。應變之倉卒。如數一二。非有道之士不能。作將帥。以寡覆衆。來如風雨。去如絕絃。作奇兵。美言可以市。三寸之舌。勝百萬之師。作辨士。機會之來間不容髮匪鑑匪鏡其能勿失作謀主心不治則神擾氣不養則精喪治心養氣四術自得作兵法愚民弄兵依阻山谷銷亡不時或為大羣作盜賊三篇党項微種盜我靈武逾八十年天誅不迨作邊防三篇東西為緯南北為經織者執綜而文成其詳在彼其略在此作序篇

國論

臣聞古之人君以其祖考之志而升黜人材弛張法度者多矣太上忘言其次有言其下不及言何則昔舜舉十六相去四凶肇十有二州皆堯志也而精誠所動神化所移不待告之以言而天下曉然固已心知其本末此所謂太上忘言者也盤庚之遷亳武王之伐商所以從先王之業承文考之志也而浮言橫議二三不一至以其遷伐之意託於詞令丁寧而告于庭委曲而誓諸野然後民始悅然而服從此所謂其次有言也秦孝公用商君之說變法令易風俗所以備繆公之業成獻公之志也然未嘗以其變法之意告民疑而不服則痛法以繩之此所謂其下不及言者也夫秦之不及言固無足道而舜之忘言又未可以遽及然則後世人君有以祖考之命而升黜人材弛張法度者安得不如盤庚武王之有言哉陛下即位以來圖任元老耆禮名儒屏弃姦臣投竄刻吏所以照臨海內甚盛雖青苗之使廢市易之司削保甲之條刊免役之令至於摘山煑海冶鑄之事他日吏緣以為姦者臨遣信臣更定其法所以加惠元元甚厚臣竊聞之凡此大功數十淹速輕重雖出於聖母之裁成其大槩則皆先帝之末命也然大道之行小人所不利或作為詆欺之言悖亂群聽以為先帝之道陛下當終身奉以周旋而數年之間遽聽一二大臣更張幾盡異乎所謂父作之子述之者矣自非明智不惑之士往往聞其說而疑之嗚呼此亦陛下不法盤庚武王有言之過也夫子之事父其生也養志為大養口體次之其歿也繼志為大述事次之知述事而不知繼志猶養口體而不養志也非所以為達孝秦皇漢武皆以蓋世之氣闢闔宇宙之材并吞諸侯攘卻胡粵若以功業言之則始皇之英偉傑特又非武帝之可比也然而萬世之下號始皇為暴王稱武帝為賢君秦所以遽傾漢基益大者何哉二世不變始皇之事孝昭能改武帝之法故也向使先帝晚年於人材法度初無升黜之心弛張之意陛下猶當繼其志而述其事又況親承於末命乎臣願陛下具以意作為明詔丁寧反覆如古訓誥誓命之文布告天下咸使聞之則小人雖有詆欺之言不能以疑衆矣然後被之於詩章傳示無窮以明德意使後世皆知成先帝之功者陛下也豈不休哉

主術

臣聞人主之術無他其要在乎能任政事之臣與議論之臣而已政事之臣者宰相執政和陰陽萬物宰制百辟鎮撫四夷與天子經綸於帷幄之中者也議論之臣者諫官御史學術知古始器識通世務奮不顧身與天子辨曲直爭是非者也今天下之事有執政之臣以行之有議論之臣以言之則人主可以弁冕端委而無所事不然則雖斃精神竭筋力以夜繼日猶無益也臣請以用人一事明之士大夫以名列於仕版者蓋以萬計有智者有愚者有賢者有不肖者若智與賢則功利之所從興也愚與不肖則罪害之所從起也夫人主以一身之思慮一耳目之聰明而當天下功罪利害之機非有政事之臣則百官之進退奈何而不亂也然人之難知久矣實愚而似智實智而似愚者有之實賢而似不肖實不肖而似賢者有之申以親疏之異重以好惡之偏夫以天下之智愚賢不肖而付之於二三大臣

之手。非有議論之臣。則進退當否。柰何而知之也。雖然。政事之臣者。人主之股肱。議論之臣者。人主之耳目。任政事之臣。而忽諫官略御史。猶股肱便利。而耳目盲聵也。任議論之臣。而輕宰相薄執政。猶耳目聰明。而股肱折也。要之二者。不可偏勝。使之適平而已。漢成帝用王鳳爲大將軍。政事大小皆自鳳出。天子曾不一舉手。京兆尹王章言之。爲鳳所陷。罪至大逆。故陽朔之後。天下以言爲諱。唐明皇用李林甫爲相。十有九年專政用事。補闕杜璡上書。斥爲下邽令。由是諫諍路絶。此則任政事之臣太勝也。漢武帝擢嚴助朱買臣吾丘壽王司馬相如東方朔之徒於左右。朝廷有政事。輒令助等與大臣辯論。大臣數詘。唐德宗晚年。宰相唯奉行詔書。所與圖事者李齊運裴延齡韋渠牟而已。此則任議論之臣太勝也。臣聞仁祖時。天下之事一切委之執政。群臣無得預者。除授或不當。雖貴戚近屬旨從中出。輒爲固執不行。且諫官列其罪。御史數其失。雖元老名儒。上所眷禮者。亦稱病而賜罷。政事之臣得以舉其職。議論之臣得以行其言。兩者之勢適平。是以治功之隆。過越漢唐。與成康相先後。蓋繇此也。陛下即位以來。國任老成。屬以事。屢下明詔。使中外大臣舉諫官薦御史。保任骨鯁。以備獻納之科。可謂得人主之要術矣。願鑒漢唐之弊。專取法於仁祖。常使兩者之勢適平。足以相制。而不足以相勝。則陛下可以弁冕端委而無事矣。

治勢上

臣聞御天下之術。必審天下之勢。不審其勢而已信臆決。行其所謂道。守其所謂法。則雖有剛嚴果斷之材。或失而爲刻深。慈惠惻隱之意。或壞而爲姑息。何則。設之不當也。夫聖主之於天下。豈嘗有意用術哉。天下有強勢焉。則有寬術。天下有弱勢焉。則有猛術。非強非弱天下無勢。非寬非猛。吾亦無術。蓋無勢者。天下之常。而無術者。聖人之至術也。雖然。御強勢者必以寬。而強之弊實生於寬。御弱勢者必以猛。而弱之弊實生於猛。何則。昔漢之文景。承高祖開創之後。接呂氏喋血之餘。除誹謗。去肉刑。減笞法。定箠令。可謂寬矣。而諸侯逆命夷狄侵邊。孝武不勝其憤。力攘匈奴。誅兩粵。大臣相繼而入獄。二千石連頸而伏誅。巫蠱之禍。至於夫婦父子之間而不相保。由是言之。豈非強之弊實生於寬耶。昔唐肅宗器本刻深。以刑名自喜。安史之亂。來歸者戮於獨柳之下。待罪者斃於縲紲之中。可謂猛矣。而慶緒荐興。思明復起。代宗深鑒其事。捨脅從之罪。緩汙染之誅。至於封豕長蛇無所懲艾。忠臣義士切齒不平。王室陵夷之漸。蓋基於此。由是言之。豈非弱之弊實生於猛耶。是故救強之弊。必於崇寬之時。救弱之弊。必於尚猛之日。夫強弱之相乘。寬猛之相代。猶東之有西。晝之有夜。理之所必至。事之所固然也。顧昧者不知耳。昔陵陽嚴詡將去潁川。謂掾史曰。我以柔弱召。必選剛猛代。到將有僵仆者矣。及何並至郡。首治鍾威趙季李款之獄。果如詡言。以詡並觀之。則天下之勢可以前百年而預定。古者刑罰世輕世重。不爲定論。文王之時。關市譏而不征。周公成王之時。則關市有征矣。至凶年然後弛之。推此類而言。則先王之法度。大抵皆審天下之勢。而爲之者也。傳曰。政寬則民慢。慢則糾之以猛。猛則民殘。殘則施之以寬。寬以濟猛。猛以濟寬。政是以和。夫傳所謂和者。則臣之所謂聖人之至術者歟。

治勢下

臣聞祖宗之時。天下新脫割據戰伐之禍。天厭久亂。俱欲無爲。而又掃除煩苛之患。足以深結海縣之心。削平僭僞之威。足以逆折姦俠之氣。當是時。天下之勢。如元氣在乎混淪之中。固莫得而名已。逮嘉祐之後，習安玩治，爲日既久。大臣以厚重相高，小臣以苟簡自便，肉食者鄙，未能遠謀，誰能無偷，朝不及夕。故先皇即位之始，大講法度，作而新之，覈名實以興百辟，攘夷狄以布威靈，有司奉行於中，使者刺舉於外，此真得所謂以猛政救緩勢之術也。元豐之後，執事者矯枉過直，矜鈎距以爲法術，任惠文以取媮快，上下迫脅，民不堪命。故陛下即位之始，黜鍛鍊之吏，逐聚斂之臣，登老成於散地，擢忠鯁於譎籍，平冤獄，振乏餒，與天下休息。此真得所謂以寬政解急勢之術也。而比日已來，執事者又將矯枉而過直矣。何告訐欺詆之言，率然敢陳，而王體未嚴也。嚮背異同之見，各自爲守，而國論未決也。蠻夷猾夏，寇賊姦宄，隱忍羈縻，冀其自戢，而天誅未迄也。推此言之，天下之緩急，雖曰未見，而固已胚渾於冥冥之中矣。夫致先帝之用猛術者，嘉祐之緩勢也。致陛下之用寬術者，元豐之急勢也。今又矯枉過直，則勢必復緩。緩甚則術又將出於猛矣。猛術一用，天下固已震動，若再用焉，則安危之計未可知也。何則？天下之勢猶一人之身，緩而救之以猛，猶關鬲不通而涌泄之也。其急而解之以寬，猶虛中暴下而補養之也。補養至平則可以已矣，平而不已，則又將至於關鬲不通。再涌泄，正氣必傷；重被猛術，國本必伐。故曰安危之計未可知也。臣願陛下遏逋慢之原，杜解弛之漸，明詔內外，一乎中和，使天下之緩勢不得而成，緩勢不成，則後世雖有猛術，未可得而用之。

安都

臣聞世之議者，皆以謂天下之形勢莫如雍，其次莫如周，至於梁，則天下之衝而已，非形勢之地也。故漢唐定都，皆在周雍，至五季以來，實始都梁。本朝縱未能遠規長安，盍亦近卜於洛陽乎？而安土重遷，眷眷於開封之境，非所以爲萬世計也。臣竊以爲不然。何則？漢唐之

都必於周雍，本朝之都必於梁，而後可也。夫長安之地，左殽函，右隴蜀，襟憑終南太華之山，縈帶涇渭洪河之水，地方數千里，皆膏腴沃野，卒有急，百萬之衆可具。形勢便利，下兵於諸侯，如建瓴水。四塞之國也。故其地利守。自古號爲天府。開封地平四出，諸道輻輳，南與楚境，西與韓境，北與趙境，東與齊境，無名山大川之限，而汴蔡諸水參貫，巾車錯轂，蹄踵交道，舳艫銜尾，千里不絕，四通五達之郊也。故其地利戰，自古號爲戰場。洛陽左瀍右澗，表裏山河，扼殽澠之隘，阻成皋之險，直伊闕之固，廣袤六百里，四面受敵，以守則不如雍，以戰則不如梁，然雍得之可以爲重，自古號爲天下之咽喉，凡天下之形勢無過此三者也。彼蜀之成都，吳之建業，皆霸據一方之具，而楚之彭城，特盜賊之窟耳。易曰：天險不可升也，地險山川丘陵也，王公設險以守其國。所謂險者，豈必山川丘陵之謂哉？在天而不可升，在人而不可奪，則皆爲險矣。夫雍爲天府，梁爲戰場，周爲天下之咽喉，而臣以謂漢唐之都必於周雍，本朝之都必於梁而後可者，漢唐以地爲險，本朝以兵爲險故也。漢高祖曰：吾以羽檄召天下兵，莫有至者。武帝曰：吾初即位，不欲出虎符發兵郡國。蓋漢踵秦事，郡國皆遣材官，有變則以符檄發之，京師惟有南北兩軍，有期門羽林孤兒以備宿從。唐分天下爲十道，置兵六百三十四府，其在關中者惟二百六十有一府。府兵廢，始置神策爲禁軍，亦不過數萬人。以此見漢唐之兵皆在外也。故非都四塞之國，則不足以制海內之命。此所謂以地爲險者也。本朝懲五季之弊，舉天下之兵宿於京師，名挂於籍者號百餘萬，而衣食之給，一毫已上皆仰縣官。又非若府兵之制，一寓之於農也。非都四通五達之郊，則不足以養天下之兵。此所謂以兵爲險者也。夫以兵爲險者，不可以都周雍，猶以地爲險者不可以都梁也。

而昧者乃以梁不如周，周不如雍。嗚呼。亦不達於時變矣。夫大衆之家。連田阡陌，積粟萬斛。兼陂池之利。并林麓之饒。則其居必卜於郊野。大賈之室，斂散金錢。以逐什一之利。出納百貨，以收倍稱之息。則其居必卜於市區。何則。所操之術殊，則所託之地異也。今梁據天下之衝。歲漕東南六百萬斛。以給軍食，猶恐不贍。矧欲襲漢唐之迹。而都周雍之墟。何異操大賈之術。而欲託大衆之地也。由是言之。彼周雍之地者，漢唐之險耳。本朝何賴焉。

任臣上

臣聞明君之御臣也不致疑。忠臣之事君也不避嫌。嫌疑之事，皆出於姦臣庸君。度量狹隘。心意頗僻。不能以至誠相期而已。古之人有自舉其身者。有舉其子者。有舉其弟者。有舉其姪者。有舉其內外之親舊者。而其君不以為疑。其臣不以為嫌者。何哉。以其所舉者當而已矣。漢宣帝欲擊先零。問誰可將者。趙充國曰。無如老臣者矣。宣帝用之。遂破先零。此所謂自舉其身者也。晉君問孰可為國尉。祁奚曰。午也可。君曰。非子之子耶。對曰。君問可否。不問子也。君子謂祁奚能舉善矣。此所謂有舉其子者也。李石當國。薦弟福可任治人。除監察御史。為戶部侍郎。此所謂有舉其弟者也。晉求文武良將。謝安以其姪幼度應舉。郗超聞而歎曰。安違衆舉親。明也。幼度不負舉。才也。果破苻堅於淝水之上。此所謂有舉其姪者也。崔貽孫為相。未踰年除吏八百。莫不諧允。德宗曰。人言卿擬官多親舊。何耶。對曰。陛下令臣進擬庶官。夫進擬者必悉其材行。如不與聞。何由得其實。此所謂有舉其內外之親舊者也。此數子者。皆內有以自信。外有以信於人。仰無所愧。俯無所怍。其視身也。與人等。其視子弟親舊也。與不相誰何者等。故能立功於當年。垂名於後世。千載之下。想見其風。向使念瓜

李之小嫌。忘事君之大節。匿名迹。遠權勢。心知其然而不敢發。則與囊壞同朽耳。尚何功名之立哉。陛下即位以來。委政於六七大臣。其人自以曠世遭遇。莫不悉心竭力。知無不為。言無不盡。可謂千載一時之嘉會也。而臣竊有所不然者。未能去用親之嫌而已。奇材異行。實為時輩所見推者。一涉大臣之親。則相顧縮慄。莫敢援之以進。幸而不顧進之。則諫官御史之章相隨而至矣。臣以為此風一成。非聖朝之事也。何則。大臣之親。嫌而不用。則侍臣之親。亦當嫌而不用。引而下之。至於臺省寺監之官。推而廣之。至於漕刑郡縣之吏。其親者皆嫌而不用矣。夫奇材異行不常有於天下。幸而有焉。又以親嫌而棄之。則是非得草萊巖穴之士。終不用也。昔西漢之韋氏平氏。東漢之袁氏。楊氏。唐之韋杜蘇李陸蕭諸氏。皆兄弟為三公。父子為宰相。盛者至與國相始終。其間建功立業。號為名臣者。蓋不可勝數。奈何專用草萊岩穴之士哉。願詔中外之臣。惟賢是進。惟不肖是退。而勿以用親為嫌。諫官御史惟進退之當否是察。而勿以親嫌為劾。則天下之奇才異行。庶乎皆得而用也。

任臣下

臣聞人主之於諫諍之臣。非獨聽其言之難也。取其大節而略其小過。是為難矣。夫骨鯁自信。以身許國。不為利害之所撓屈者。謂大節也。材智之不周。思慮之不密。學術之不至。聞聽之不審。所謂小過也。必有大節而無小過者。然後得為諫諍之臣。則窮年沒世不可得其人矣。如或不然。則與其無一時之小過。孰若有終身之大節哉。昔汲黯通經術。則不如平津侯。恢武功。則不如大將軍。明習法令。則不如張湯。文章儒雅。則不如司馬相如。謹厚自全。則不如石慶。術略橫出。則不如主父偃。然淮南王謀反。惟憚曰。黯好直諫。守節死義。說平津侯

等如蕞蒙耳由是言之諫諍之臣其功在於正綱紀並風憲通上下之情使亂臣賊子顧憚而不敢蕞如此而已一舉之不當理一蕞之不中節曾何足以深咎耶陛下即位以來首下明詔使中外大臣保任諫官御史蓋充賦者百有餘人其見用者十數人耳選擇既精人頗自重皆毅然有伏節死誼之心興利除害甚於嗜欲擯擊姦惡如報私讎首尾數年之間遂成冠古之治雖神功聖化敏妙自然亦此曹獻替可否之力也然比者嘗以所言不效諫官御史接迹引去或遷他官或補外郡臺省為之一空臣愚蹤遠不知朝廷之事切怪陛下何取之之難而去之之易也且人非蓍龜不無過誤顧其設心措意何如耳昔漢酈食其有撓楚之非唐魏鄭公有綏薛延陀之過本朝趙中令有遣趙保忠之失此三人者皆天下之豪傑一時之名臣者也猶有非謬過失如此又況不及於三人者乎臣願陛下鑒師古

始追御來今重諫官之進退慎御史之升黜取其大節而略其小過使天下之士得以盡忠畢力於前則神功聖化又將有新於此矣或謂臣曰古者諫諍之臣職於廣聰明除壅蔽成德業而已後世狂夫小子狡猾不逞之人或假其名以資盜竊其器以售姦如谷永者王鳳之客也而譏斥帷幄劉棲楚者李逢吉之黨也而額叩龍墀陽為剴拂之迹陰成附麗之謀以此言之小過其可略乎略其小過則成其大惡矣臣應之曰不然夫藥石所以瘉病因而致病者有矣然自古及今未有廢藥石者何哉以其所愈者衆所害者寡也諫諍之臣雖器有遠近才有脩短大抵搢紳之選也安可盡誣以谷永劉棲楚之徒歟就使有一二人焉則去其一二人者可也何至空臺省而逐之耶陸贄曰天不以地有惡木而廢蒸生天子不以時有小人而廢聽納又曰諫者多表我之能好諫者直示我之能賢諫者之狂誣明我之能恕諫者之漏泄彰我之能從有一于斯皆為盛德嗚呼人主用諫諍之臣贄之論盡矣

朋黨上

臣聞朋黨者君子小人所不免也人主御群臣之術不務嫉朋黨務辨邪正而已邪正不辨而朋黨是嫉則君子小人必至於兩廢或至於兩存君子小人兩廢兩存則小人卒得志而君子終受禍矣何則君子信道篤自知明不肯偷為一切之計小人投隙抵巇無所不至也臣請以易道與夫堯舜漢唐之事明之易以陽為君子陰為小人一陽之生則為復復者反本也三陽用事則為泰泰者亨通之時也而五陽之極則為夬夬者剛決柔也以此見君子之道必得其類然後能勝小人也一陰之生則為姤姤者柔遇剛也三陰用事則為否否者閉塞之時也而五陰之極則為剝剝者窮上反下也以此見小人

之道亦必得其類然後能勝君子也陰陽相與消長而為慘舒為生殺君子小人相與勝負而為盛衰為治亂然皆以其類也臣故曰朋黨者君子小人所不免也堯之時有八元八凱十六族者君子之黨也又有渾沌窮奇檮杌饕餮四凶族者小人之黨也舜之佐堯有大功二十者舉十六相去四凶而已不聞以其朋黨而兩廢之亦不聞以其朋黨而兩存之矣臣故曰人主御群臣之術不務嫉朋黨務辨邪正而已東漢鉤黨之獄海內塗炭二十餘年蓋始於周福房植謂之甘陵南北部至於李膺陳蕃王暢張儉之徒遂有三君八顧八俊八及八廚之號人主不復察其邪正惟知震怒而已故曹節侯覽牢脩朱並得以始終表裏成其姦謀至於刑章討捕錮及五族死徙廢禁者六七百人卒不知脩並者乃節覽之黨也唐室之季朋黨相軋四十餘年搢紳之禍不解蓋始於李宗閔李德裕二人而已嫌怨既

結各有植立根本牢甚互相傾擠此僧孺李逢吉之屬則宗閔之黨也李紳韋處厚之屬則德裕之黨也而逢吉之黨又有八關十六子之名人主不復察其邪正惟曰去河北賊易去此朋黨難而其徒亦曰左右佩劍彼此相笑蓋言未知孰是也其後李訓鄭注用事欲以權市天下凡不附己者皆指以為二人之黨而逐去之至於人人駭慄連月雺晦卒不知訓注者實逢吉之黨也臣故曰邪正不辨而朋黨是嫉則君子小人必至於兩廢或至於兩存君子與小人兩廢兩存則小人卒得志君子終受禍矣

朋黨下

臣聞陛下即位以來虛懷仄席博採公論悉引天下名士與之經綸至有去散地而執鈞衡起謫籍而參侍從者雖古版築飯牛之遇不過如此而已君子得時則其類自至數年之間衆賢彈冠相繼而起

聚於本朝夫衆賢聚於本朝小人之所深不利也是以日夜恟恟作為無當不根駭惑誑罔之計而朋黨之議起焉臣聞比日以來此風尤甚漸不可長自執政從官臺閣省寺之臣凡被進用者輒為小人一切指以為黨又至於三君八顧八俊八及八廚之名八關十六子之號巧為標榜公肆詆欺一人名之於前萬人實之於後傳曰下輕其上爵賤人圖柄臣則國家搖動而人不靜也然則其可以不察歟臣聞慶曆中仁祖銳於求治始用韓琦富弼范仲淹以為執政從官又擢尹洙歐陽脩余靖蔡襄之徒列於臺閣小人不勝其憤遂以朋黨之議陷之琦弼仲淹等果皆罷去是時天下義士扼腕切齒髮上衝冠而小人至於舉酒相屬以為一網盡矣賴天子明聖察見其事琦弼仲淹等旋被召擢復蒙器使遂得成其功名今所謂元老大儒社稷之臣想望風采而不可見者皆當時所謂黨人者也向使仁祖

但惡朋黨之名不求邪正之實赫然震怒斥而不反則彼數人者皆為黨人而死耳尚使後世想望風采而不可見耶今日之勢蓋亦無異於此臣願陛下觀易道消長之理稽虞舜廢舉之事鑒漢唐審聽之失法仁祖察見之明杜媒孽之端窒中傷之隙求賢益急用賢益堅而信賢益篤使姦邪情得而無所售其謀讒佞氣索而無所啓其口則今之所謂黨人者後世必為元老大儒社稷之臣矣

人材

臣聞天下之材有成材者有奇材者有散材者有不材者器識閎而風節勵問學博而行治純通當世之務明道德之歸此成材者也經術藝文吏方將略有一卓然過人數等而不能飾小行矜小廉以自託於閭里此奇材者也隨群而入逐隊而趨既無善最之可紀又無顯過之可繩攝空承乏取充位而已此散材者也寡聞見暗機會乖

物理昧人情執百有司之事無一施而可此不材者也古之人主於成材則付以大任而備責之於奇材則隨所長而器使之於散材則明賞罰而磨勵之於不材則棄之而已四者各有所處然而奇材者尤人主所宜深惜者也蓋天下之成材不世出而散材者又不足以任能事不材者適足以敗事而已是則任天下之能事者常在乎奇材有奇材而不深惜焉則將與不材同棄而曾散材之不如矣夫匠氏之於木也梗楠豫章易直而十圍者必以為明堂之棟路寢之楹七圍八圍者雖多節必以為高明之麗拱把而上者雖小撓必以為狙猿之杙稍脩則以為椽桷甚短則以為侏儒至於椳槅軸解無沉而易蠹者然後以之爨也今有梗楠豫章於此七圍八圍拱把而上特以多節小撓之故遂并棄之豈不惜哉人主用天下之材亦何以異於此今國家之人材可謂富矣養之以學校而取之以貢舉名在

仕版者。無慮數萬。然一旦有事。則常若之人。何哉。以臣觀之。未能深惜天下之奇材故也。蓋不深惜天下之奇材。則用之或違其長。取之將責其備。雖有嶔嶔歷落穎脫絕倫之士。執事者始以名聞。未及試之。而媒孽其短者。固已圜視而起矣。夫奇材多自重。又不材者之所甚嫉也。以自重之勢。而被甚嫉之毀。其求免也豈不難哉。一旦有事而常若之人。其勢之使然。無足怪也。昔孟公綽為趙魏老則優。不可以為滕薛大夫。裨諶能謀。於野則獲。於邑則否。黃霸為丞相。功名損於治郡時。人固有所長。亦有所短也。皋陶喑而為大理。天下無虐刑。師曠瞽而為太宰。晉國無亂政。賢如蕭何。而有市田請地之汙。直如汲黯。而有褊心忿罵之鄙。文如長卿。而有臨卭滌器之陋。將如韓信。而有跨下蒲伏之辱。吏如張敞。而有便面拊馬之事。此數子者責其備。則彼將老於耒耜之旁。死於泰山龜蒙之下耳。人主豈得而用之。

陛下即位以來。屢下明詔。舉諫官御史臺閣學校之臣。刺史牧民之吏。與夫可備十科之選者。所得人材。蓋不可勝數。臣願陛下取其名實尤異者。用之而勿疑。人情不能無小過。非有顯惡大義所當免者。宜一切置而不問。以責異時之功。則彼將輸寫肝膽。捐委軀命。求報朝廷而不可得。一旦有天下四夷之事。何足患哉。

律法上

臣竊觀唐虞以後有天下者。安榮危辱之所從。長久亟絕之所自。無不出於其所任之術。而所任之術。大抵不過詩書法律二端而已。蓋純用詩書者。三代也。純用法律者。秦也。詩書法律雜舉而並用。迭相本末。遞為名實者。漢唐也。何以知其然耶。夏商周之興也。治教政令。既本於道德之意。而舟車器械。亦出於義理之文。其迹載於典謨訓誥誓命之篇。而其旨寓於國風雅頌之什。當是時也。聖賢之學著。而百家之說熄。帝王之制舉。而霸者之事廢。議事以制。不為刑辟。故曰純用詩書者。三代也。魏文侯之師李悝。論次諸國之法。著為法經。其徒商鞅用以相秦。始作牧司連坐告匿之法。而輔以詆欺文致細微之事。晚節末路。至於焚書坑儒。偶語者棄市。以是古非今者族。吏見知不舉與同罪。故曰純用法律者。秦也。漢自高祖納陸賈之言。命為新語。用叔孫通之說。而使定禮儀。可謂知所取矣。而以三章之約。不足禦姦。於是蕭何攟摭秦法。作律九章。而張湯趙禹之徒。又為見知故縱。監臨部主之法。唐自太宗。詘封倫秦漢之論。用魏公帝王之謀。可謂知所取舍矣。而朝廷郡縣。百官有司。所以朝夕從事者。一出於律令格式之文。故曰詩書法律雜舉而並用。迭相本末。遞為名實者。漢唐也。惟其純用詩書。故三代享國安榮。而歷年長久。惟其純用法律。故秦危辱而亟絕。惟其詩書法律雜舉而並用。迭相本末。遞為名

實。故漢唐之有天下。雖號長久。而安榮之日少。危辱之日多。僅免亟絕而已。蓋詩書者。所以崇德。其事皆孝悌忠信。人之所欲者也。而安榮長久。人之所欲者也。而法律所以制姦。其事皆鞭笞斬艾。人之所惡。欲以報所惡之讎者也。以所惡之術。報所惡之讎。亦其理之然哉。賈生曰。今或言禮誼之不如法令。教化之不如刑罰。人主胡不引商周秦事以觀之也。嗚呼。若賈生者。可謂知治體矣。

律法下

臣聞古今異勢。不可同日而語。以今天下而欲純用詩書。盡去法律。則是腐儒不通之論也。要使詩書不為法律所勝而已。祖宗之時。二端雖號並行。而士大夫頗自愛重。以經術為職。文藝相推。間有喜刑名精案牘者。則衆指以為俗吏。而恥與之言。近世則不然。士大夫急於功利。不師古始。相與習者。莫非桂後惠文之事。父教其子。兄詔其

第。以爲速化之術。無以過此。間有引古義。决嫌疑。則掩口而笑曰。此老生之常談耳。何所用於今哉。嗚呼。此風一成。非天下之福也。蓋昔者以詩書爲本。法律爲末。而近世以法律爲實。詩書爲名。臣以天下之大弊。君子所宜奮不顧身而救之者無甚於此。何則。廢詩書而從法律。則是舉天下而入於申韓之術也。揚子曰。申韓之術。不仁之至矣。夫不仁者。三代之所以失天下也。君子救之。其可以緩耶。臣嘗思之。其所以然者無他。始於試法而已。朝廷試士以法者。欲其習爲吏也。而假之太優。擢之太峻。至有黃綬中選。數歲之間持斧仗節領一道之權。任二千石之重。而制策進士。留滯於州縣之官。有十年而不得調者。嗚呼。欲士大夫之不廢詩書而從法律也。豈可得乎。且法吏之與儒臣。所聞異趣。所見異塗。猶方圓曲直之不相入也。昔匈奴渾邪王降漢。長安賈人與市者當坐死五百餘人。而汲黯固爭以爲不

可。若使法吏言之。則必以爲闌出財物矣。寄人有告部亭長受其米肉遺者。而卓茂折之以禮。以爲汝能高飛遠走不在人間乎。若使法吏言之。則以爲受所監臨矣。朱博曰。如太守漢吏。奉三尺律令以從事耳。亡奈生所言聖人道何也。且持此道歸堯舜君出爲陳說之。今天下所以未受其禍者。以異時制策進士所得之臣有如汲黯卓茂者在也。千數年之後。耆老大臣相繼得謝。而試法所得之吏有如朱博者當軸而處中焉。則君子雖欲奮不顧身以救之。亦無及已。臣以爲縱未能盡罷其事。宜稍變革。以抑其風。使吏非有出身毋得試法。其餘出仕換官之類。可一切試以經術藝文。要令天下皆知法律之不如詩書也。則申韓之禍熄矣。

論議上

臣竊聞役法之議。不決久矣。有司聞四方之牘。睽叢起之說。牽制優游相視而不斷者。二年于茲。雖稍復筆削著爲一切之令。取濟朞月卒未有確然定論可以厭服人情。傳萬世不弊者也。其所以然者。無他。爲士大夫據偏守獨。各有系吝。不能以至公爲心故耳。何則。夫所謂役法者。其科條品目。雖曲折不同。大抵不過差免二法而已。差役之法。雖曰迭任府史胥徒之士。率數年而一更。然而捕盜者奔命不遑。主藏者備償無算。囷倉竭於飛輓。資產破於廚傳。執事者患其弊也。於是變而爲免役之法。雖曰歲使中外之民悉輸緡直。以免其身。然而平估至於室廬。檢括及於車馬。裒多以爲寬剩。厚積以爲封樁。則其弊又有甚於差役者矣。蓋差役之法不弊。則免役之法不作。免役之法不弊。則今日之議不興。然而士大夫進用於嘉祐之前者。則以差爲是。而免爲非。進用於熙寧之後者。則以免爲得而差爲失。私意既據於中。公議遂移於外。嗚呼。豈特二年而無定論哉。雖十年而

無定論不足怪也。昔唐室賦役之法。有租庸調者。最爲近古。自開元之後。版圖既隳。丁口田畝皆失其寔。法以大弊。故楊炎變之以爲兩稅之法。已而盜起兵興。征求無節。法又大弊。故陸贄以七事者力詆其非。然而終唐之世不復改也。夫唐之諸臣。豈不知兩稅爲非古。租庸調爲近古哉。蓋以晚節末路俱爲弊法。以此易彼。寔無益也。今差役免役之法。蓋類於此。然則何爲而可耶。臣聞楚人有第二區者。其甲則長子之所築也。其乙則少子之所築也。規摹不同。而歲久皆弊。其父謀所止。二子各請止其所築之廬。垂數日不決。有隣人告之曰。昔少君以甲第壞甚。於是營乙以舍族人。今乙第又壞。而長君復欲徙之於甲。是以壞易壞。非計之得也。何不合二第可用之材。別營一區。而棄其罷撓者乎。父以爲然。其論遂定。今陛下以役法之議。付於嘉祐熙寧之臣。何異楚人之謀於二子也。蓋亦質諸鄰人之論哉。陛

下若以臣言為然。願詔有司。無牽於故新之論。毋必於差免之名。悉取二法之可用於今者。別為一書。謂之元祐役法。則嘉祐熙寧之臣皆默然而心服矣。若夫酌民情之利病。因五方之所宜。條去取之科。列輕重之目。此則有司之事。臣所不能知之。亦猶楚人之第。其材可棄。其材可留。皆當付之匠氏。不可問諸隣人也。傳曰。雖有絲麻。無棄菅蒯。雖有姜姬。無棄蕉萃。唯陛下擇焉。

論議下

臣聞世之議貢舉者。大率有三焉。務華藻者以窮經為迂闊。尚義理者以綴文為輕浮。好為高世之論者則又以經術文辭皆言而已矣。未嘗以為德行。德行者道也。是三者各有所見。而不能相通。臣請原其本末而備論之。則貢舉之議決矣。古者諸侯卿大夫交接隣國。以微言相感動。當周旋進退之時。必稱詩以喻其志。蓋以別賢不肖而

觀盛衰焉。其後聘問不行於列國。學詩之士逸於布衣。於是賢人失志之賦興。屈原離騷之詞作矣。此文詞之習所由起也。及其衰也。彫篆相夸。組繪相侈。苟以譁世取寵而不適於用。故孝武好神仙。相如作大人賦。以風其上。乃飄飄然有凌雲之志。此文辭之弊也。昔孔子患易道之不明。乃作彖象繫辭文言說序雜卦十篇。以發天人之奥。而左氏亦以春秋之法弟子傳失其真。於是論本事作傳。以記善惡之實。此經術之學所由起也。及其衰也。幼童而守一藝。白首而後能言。故漢儒之陋。有曰秦近君能記說堯典二字至十餘萬言。但說若稽古猶三萬言也。此經術之弊也。古者民有恭敏任恤者。則閭胥書之。有孝悌睦婣有學者。則族師書之。有德行道藝者。則黨正書之。而又考之於州長。興之於鄉老大夫。而論之於司徒樂正司馬。所謂秀選進造之士者是也。然後官而爵祿之。此德行之選所由起也。及其衰也。

鄉舉里選之法亡。郡國孝廉之科設。而山林遺逸之勝興。於是矯言偽行之人。樊庠嬴馬寵伏巖穴。以幸上之爵祿。故東漢之亡。有廬墓而生子。窟室之季。或號高少為仕途捷徑。此德行之弊也。是三者莫不有弊。而晚節末路。文辭特甚焉。蓋學屈宋而不至者為賈馬班揚。學賈馬班揚而不至者為鄴中七子。學鄴中七子而不至者為謝靈運沈休文。休文之撰四聲譜也。自謂靈均以來此秘未覩。武帝雅不好焉。而隋唐因之。遂以設科取士。謂之聲律。於是敦朴根柢之學。或以不合而罷去。靡曼剽奪之伎。或以中程而見收。自非豪傑不待文王而興者。往往溺於其間。此楊綰李德裕之徒所為切齒者也。熙寧中。朝廷深鑒其失。始詔有司削去詩賦。而易以經義。使學者得以盡心於六藝之文。其意信美矣。然士或苟於所習。不能博物洽聞。以稱朝廷之意。至於歷世治亂興衰之迹。例以為祭終之芻狗。雨後之土龍。而莫之省

焉。此何異乎桑間濮上之曲。而奏以舉動勸力之歌。雖華質不同。其非正音一也。傳曰。梁麗可以衝城。而不可以窒穴。言殊器也。騏驥驊騮一日而馳千里。捕鼠則不如狸狌。言殊技也。鴟鵂夜撮蚤。察毫末。晝出瞋目而不見丘山。言殊性也。今欲去經術而復詩賦。近乎棄本而趨末。并為一科。則幾於取人而求備。為今計者。莫若以文詞經術德行各自為科。以籠天下之士。則性各盡其方。技各盡其能。器各致其用。而英俊豪傑庶乎其無遺矣

官制上

臣聞王者用人之要術。惟資望而已。歲用有等。功勞有差。天下莫得躐而進者。謂之資。行能術業卓然高妙。為世所推者。謂之望。用人以資而已。則盛德尊行魁奇儁偉之人。或拘格而遭回。如張釋之十年不得調。揚子雲位不過侍郎之類是也。用人以望而已。則狂譎之流。

矯亢之士。或以虛名而進拔。如晉用王衍。唐用房琯之類是也。古之善用人者不然。以資待天下有常之士。以望待天下非常之材。使二者各有所得。是以相推而不足以相礙。故自一命以至九命。自受職以至作牧。非有功不遷。非有缺不補。而天下不以為淹。或舉於耕。或舉於板築。或舉於屠釣。加之士民之上。委以將相之權。而天下不以為驟。何者。資之所當然。望之所宜爾也。國家以爵祿格為有定之制。而以職事官為不次之選。於先王用資望之術。可謂得其意矣。然臣愚猶以為未者。太必於用資。太不必於用望也。何則。夫郡守者。民之師帥。天子所與共理者也。衣冠而坐堂皇之上。則賓客造謁於前。掾屬趨走於下。政教賞罰。軍旅之事。一皆聽其可否。所為是。則千里蒙其賜。所為非。則數十萬室受其害。可謂天下之重任矣。今將相大臣。自朝廷而出者。不過為郡守。而仕嘗再為通判者。苟無大戾顯過。有

保任人。亦必至於郡守。是將相大臣與保任嘗再為通判者。相去無幾耳。夫賢者能使所居官重。不肖者反之。今二千石所以不至尊重難居者。非特法令使然。亦其人材之所致也。豈非所謂太必於用資乎。館閣者。圖書之府。長育英材之地也。從官於此乎次補。執政於此乎遴升。故士非學術藝文屹然為一時之望者。莫得而居之。可謂天下之妙選矣。今中材凡吏。一為大臣之所論薦。則皆得居其位。嘗有金穀之職。兵刑之勞。則皆得假其名。嗚呼。比歲已來。校書正字之職。龍圖集賢之號。何其紛紛也。傳曰。惟名與器。不可以假人。此不幾於以名器而假諸人乎。臣所謂太不必於用望者此也。昔漢制。郡守入為三公。學者以東觀為老氏藏室道家蓬萊山。言其清秘常人所不能到也。願下明詔。應中州已上。非更臺省寺監漕刑之任者。不得為郡守。慎惜館閣之除。以待文學之士。則用人之術庶乎其盡矣。

官制下

臣聞國家承五代一切之制。百官稱號。叢為雜糅。名存而器不設。文具而實不應。所謂臺省寺監者。朝廷之官也。而其汎及於州縣筦庫之吏。其濫至於浮屠黃冠之師。乖違之條。其繆之目。至不可勝數。先皇帝惻然憫之。始詔有司作寄祿格。以易天下之官。而歸之於臺省遷之於寺監。然後循名可知其器。而緣賞亦得其文。可謂帝王之盛典矣。然有所未盡者。臣竊昧死而妄議焉。伏之則自正議大夫以上遷進太略。自中散大夫以下清濁不分也。夫遷進大略。則大臣僥倖而其弊也。至於無以復加。而法制亂。清濁不分。則小臣偷墮。而其弊也。至於莫為之寵。而資望乖。舊制。侍郎至僕射。凡十二遷。其義侍從之職者。八遷九遷。其任執政之官。猶六遷也。蓋侍郎以上。皆天子之臣。非多其等級。則勢必至易極。易極則國家慶賞將窒而不得行。此

制官之深意也。今寄祿格則不然。自正議大夫字間人之如何。四遷而至特進。故大臣為特進者。遇朝廷有大慶賞。則不得已而以司空之官予之。夫司空者。職事官也。寄祿無以復加。而予焉。豈非所謂亂法制之甚歟。舊制。少卿之官。率一秩而有四名。太常光祿衛尉司農是也。郎官員外。率一秩而有八名。如禮工祠屯主膳虞水之類是也。京朝之官。率一秩而有三名。如太常祕書殿中諸丞是也。蓋入仕之門。有制策進士明經諸科任子雜色之異。歷官之途。有臺省寺監漕刑郡縣之殊。非銖銖而較之。色色而別之。則牛驥同皂。賢不肖混殽。而天下皆將汎汎然論取一切。不復淬厲激昂以功名為已任。此亦制官之深意也。今寄祿格則不然。自中散大夫以下至承務郎。秩為一名而已。故嘗任臺省之職。或任漕刑之司者。人心有所不厭。而莫為之寵。則往往假以龍圖集賢之號。夫龍圖集賢之號。所以待天下文

學之士也而以諸吏莫爲之寵而假焉豈非乖資望之甚歟蓋爵禄者天下之砥石聖人所以礪世磨鈍者也夫不爲爵勸不爲禄勉古之人有行之者夷齊是也齊死生同貧富等貴賤古之人有行之者莊周是也今朝廷之臣皆得莊周夷齊而爲之則爵禄之器雖不復設可矣如其不然則遷進太略清濁不分之弊安得而不革哉昆錯曰爵者上之所命出於口而無窮韓愈曰聖君所行即是故事自古豈有定制也頗詔有司以寄格再加論定稍做舊制自正議大夫以上更增四秩之號自中散大夫以下秩之號爲三等之名如此則遷進頗詳而法制不亂清濁稍異而資望不乖是亦先皇之志也惟陛下留神省察

財用上

臣聞先王之理財也必持衡然天下之財不使之偏歸於公室亦不

使偏入於私家惟其適平而已故邦國有以供祭祀奉養禄廩賜予之費而民有以給朝晡伏臘冠婚喪祭之資其取民之制謂之什一什一者天下之中正也多乎什一小桀大桀寡乎什一大貉小貉魯哀公曰二吾猶不足桀之道也白圭以二十而取一貉之道也推此言之則先王理財之意惟其適平而已自什一之法壞天下之財始失其平其偏歸於公室也則有鬻鹽冶鑄以管山海之饒榷酒酤以漁井邑之利筭舟車告緡錢以摧抑商賈遣皮幣省酎金以侵牟封君甚者至令吏坐列肆販物以求利焉其偏入於私家也則有以農田而甲一州販脂而傾都邑賣漿而踰侈洒削而鼎食胃脯而連騎馬醫而擊鍾甚者至累萬金而不佐公家之急是以民常困於聚斂之吏而吏常嫉夫兼并之民所謂事勢之流相激使然曷足怪哉本朝至和嘉祐之間承平百餘年矣天子以慈儉爲寶貢賦經常之外

殆無一豪取諸民田疇邸第莫爲限量衣食器皿靡有約束俯仰如意豪氣浸生貨賄充盈侈心自動於是大農富賈或從僮騎帶刀劍以武斷於鄉曲罪弋漁獵聲伎之奉擬於侯王而一邑之財十五六入於私家矣熙寧元豐之間大臣用事始作法度與時變通青苗免役市易之利相次而作有司日夜手畫口說區處於中使者旁午冠蓋相望兼行於外而言利之臣析秋毫矣江淮則增煮海之息閩蜀則倍摘山之羸青徐則竭冶鑄之利其他希風旨敓計數無名之取額外之求蓋不可勝數而天下之財太半歸於公室矣陛下即位之始深知其弊凡法度之不便於民者一切罷去吏胥以掊克進者相繼而黜穀因赦令而弛逋負大出廩庾以振乏絶於是公私之財溢向於平然而有大弊者士大夫矯枉過直遂然以風裁自持矜復肯言財利之事易曰天地之大德曰生聖人之大寶曰位何以守位曰

仁何以聚人曰財理財正辭禁民爲非曰義而洪範八政一曰食二曰貨以此見理財先食貨者帝王之要務所以安中國服四夷者也特不可使之偏入於公私耳今國家北有抗衡之虜西有假息之羌中有大河之費數萬之吏取給於水衡之錢百萬之兵仰食於太倉之粟公私窘急可爲寒心此正人臣揚搉斂散以究虛盈以濟用度之秋也而恥言財用之事是晉人而已矣晉人王衍者口不言錢而指以爲阿堵物臣竊笑之以爲此乃姦人故爲矯亢盜虛名於暗世也何則使顏閔言錢不害爲君子盜跖呼阿堵物豈免爲小人哉晉人尚清談而廢實務大抵皆類此矣昔管仲通輕重之權范蠡計然之策蕭何漕關中之粟財利之臣也東郭咸陽之鬻鹽孔僅之冶鑄桑洪羊之均輸亦財利之臣也士大夫言財利有如東郭咸陽孔僅桑洪羊所爲也則不可有如管仲范蠡蕭何之所爲也亦惡乎而

不可哉

財用下

臣嘗以為君子理財之術莫若盡地力節浮費二者而已何則理財之要在乎原其所自有而為之道要其所從無而制之法風霆雨露之發生山林川澤之滋養財之所從出也不原其所自有不要其所從無切切焉從事於闔闢斂散之中則是賤丈夫爭錐刀之末耳豈君子所謂理財者耶是故原其所自有而為之道則莫若盡地力要其所從無而制之法則莫若節浮費君子理財之術蓋無以易於此

臣請為陛下遂言之夫理天下之財譬如治水增繕隄防決之於隣國非治水之善也橫賦強市取之於百姓非治財之善也善治水者以四海為壑善理財者以天地為資今天下之田稱沃衍者莫如吳越閩蜀其一畝所出視他州輙數倍彼閩蜀吳越者古揚州梁州之

地也按禹貢揚州之田第九梁州之田第七是二州之田在九州之中等最為下而乃今以沃衍稱者何哉吳越閩蜀地狹人衆培糞灌溉之功至也夫以第七第九之田培糞灌溉之功至猶能倍他州之所出又況其上之數等乎以此言之今天下之田地力未盡者亦多矣李悝曰治田勤則畮益三升不勤亦如之地方萬里增減輙為粟百八十萬石然趙過為代田一畮歲收常過縵田一斛以上善又倍之秦漢開鄭白渠溉田四萬四千餘頃至唐大曆初兩渠所溉纔六千三百頃耳以代田鄭白渠之事言之則治田之勤不勤何止畮有三升之損益也今二千石雖以兼勸農之事而例為虛名莫有任其責者為今之計莫若詔天下州置勸農一司以守將為長聽於倅介之中自擇一人為副先籍境內之墾田與夫陂塘溝渠之數而周知其利害歲時出行諸郊召見耆老問以疾苦及所願欲而不得者為罷

行之而罰其游惰不聽命者歲終部使者第其殿最以聞功效尤異者寵用之如此則天下之田皆與閩蜀等而地力盡矣古者吉凶之服則一比共之祭器則一閭共之喪器則一族共之吉凶禮樂之器則一鄉共之凡嫁子娶妻純帛無過五兩凶荒則又殺禮而多婚夫一鄉者五百家而五兩者五匹耳其用財可謂約也今則不然嫁子娶妻喪葬之費其約者錢數萬其豐者至數百萬中人之家一有吉凶之事則賣田疇鬻邸第舉倍稱之息猶弗能給然則今時吉凶之費絕長補短殆二十倍於古也財用安得而不竭乎周之太宰王之大臣也其職曰以九式均節財用漢之許劭魏之毛玠唐之楊綰人臣耳而能使一時士大夫心化其風損車馬毀池觀減騶馭散音樂以此見法制者雖盛世不可去而風化者雖衰世亦可行也今令雖有儀制之文毛舉數事不能委曲為今計者莫若自宗室外戚以至

品官民庶之家宮室輿馬飲食衣服皆倣典禮而為之度數稍寬其制使可久行其冠婚喪祭之事則視歲上下而隆殺之使諫官御史得以彈奏於中而漕刑守令得以舉劾於外敢不承者雖貴且親必罰無赦然後陛下崇節儉尚敦樸以為之率棄難得之貨却無用之器罷不急之務以為之先如此則天下淫侈之俗曠然一變而浮費節矣賈生曰今背本而趨末食者甚衆是天下之大殘也淫侈之俗日以長是天下之大賊也殘賊公行莫之或止大命將傾嗚呼如賈生者可謂知理財之術矣

將帥

臣聞將帥之難其人久矣勢有強弱任有久近敵有堅脆地有遠近時有治亂而勝敗之機不繫焉惟其將而已矣昔智氏以韓魏三國之兵伐趙馬服君之子以四十萬之衆抗秦可謂強矣而潰於晉陽

坑於長平。廉頗率老弱之卒守邯鄲。田單鳩創病之餘保即墨。可謂弱矣。而栗腹以摧。騎劫以走。是不在乎勢之強弱也。穰苴之用於齊。援於閭伍之中也。一日斬莊賈。晉師罷去。燕師渡水而解。韓信之擊趙。非素拊循士大夫也。背水一戰而擒趙王歇。斬成安君。是不在乎任之久近也。以周瑜之望曹公。不啻虎狼。而吳兵捷於赤壁。以元德之視陸遜。甚於雞鶩。而蜀師衂於白帝。是不在乎敵之堅脆也。東西異壤也。而鄧艾以縋兵取成都。南北異習也。而王鎮惡以舟師平關中。是不在乎地之遠近也。夫以東晉之衰。而謝元得志於淝水。開元之盛。而哥舒翰失利於潼關。是不在乎時之治亂也。故善將者。勢無強弱。任無久近。敵無堅脆。地無遠近。時無治亂。不用則已。用之無不勝焉。故曰惟其將而已矣。雖然。有一軍之將。有一國之將。有天下之將。走及奔馬。射中飛鳥。攻堅城。破強敵。所向無前。此有勇之士。一軍之

將也。出奇制勝。無窮如天地。不竭如江河。攻輒破。擊輒服。此有智之士。一國之將也。福於己而禍於人。則功有所不立。利於今而害於後。則事有所不為。功成事畢。自視缺然。無矜大之色。此有道之士。天下之將也。古者閫外之事。將軍制之。軍中不聞天子之詔。曰莫難於用奇。夫材有勇怯。伎有精冗。勇者克敵。則怯者奮。冗為敵破。則精者卻。自然之勢也。善將者擇其精勇以為奇。悉其冗怯以為正。奇兵雖少。而以銳為正之勢。正兵雖雜。而以衆為奇之勢。長短相補。強弱相資。則寡者亦為衆。冗怯者亦為精勇也。故曰莫巧於用奇。昔岑彭泝都江而上。以援武陽。繞出延岑軍後。而公孫述驚。鄧艾取陰平道。下油江。破綿竹。徑薄成都。而劉禪降。孫處自江左浮大海。直擣番禺。而盧循破。李愬越文成戍。殲張柴柵。夜襲蔡州。而吳元濟擒。此數子者。皆智謀足以料敵。勇敢足以決勝。故能乘變投隙。而就其功名。使敵雖有強將勁卒。不得盡試其能。而固已敗也。故曰莫妙於用奇。孫臏曰。解雜亂糾紛者不控捲。救鬬者不搏撠。批亢擣虛。形禁勢格。則自為解耳。則非夫通陰陽之幾。達萬物之變。以得用奇之奧者。何足以及此。今夫屠者之解牛也。經肯綮。則以刀。遇大軱。則以斧。至庖丁則不然。批隙導窾。游其刃於空虛。而磔然已解矣。奕者之鬬碁也。諦分審布。失其守者。逐而攻之。至奕秋則不然。倒行而逆施。用意於所爭之外。而沛然已勝矣。夫屠奕。鄙事也。有奇伎則無與抗者。況於兵乎。兵法曰。兵以正合。以奇勝。然而天下之士。狃於常而駭於變。知所以合者多。而悟所以勝者少也。

奇兵

臣聞萬物莫不有奇。馬有驥。犬有盧。畜之奇也。鷹隼將擊。必匿其形。虎擬而後動。動而有獲。禽獸之奇也。天雄烏喙堇葛之毒。奇於藥。繁

弱忘歸。奇於弓矢。鶻鵃莫邪。奇於刀劍。雲為山奇。濤為海奇。陰陽之氣。怒為風。交為電。亂為霧。薄而為雷。激而為霆。融散而為雨露。凝結而為霜雪。天地之奇也。惟兵亦然。嚴壁壘。盛輜重。傳檄而出。計里而行。剋期而戰。此兵之正也。提百萬之士。力扛鼎而射命中者。絕山航海。依叢薄而晝伏。乘風雨而夜起。恍焉如鬼之無迹。忽焉如水之無創。此兵之奇也。兵之道莫難於用奇。莫巧於用奇。莫妙於用奇。何以言之。凡用奇之法。必以正兵為主。而出者謂之孤軍。孤軍勝敗未可知也。霍去病所將常選。有大軍繼其後。是以深入而未嘗困絕。李陵提步卒五千轉鬬單于於漠北。而無他將援之。其擒宜矣。故其委任責成如此。非有道之士。其可以輕付之哉。國家將帥可謂盛矣。閱禮樂而敦詩書者。肩摩而轂擊。縱橫剽悍。稱智囊而號肉飛者。至不可勝計。然驛騎有赤白囊。至則廟堂之上為之紛然。進止賞罰皆從中

決者何也豈以為將帥者皆智勇之人非有道之士不可獨任故耶夫廟堂議邊事則王體不嚴將帥之權輕則武功不立嗚呼可謂兩失之也臣以為西北二邊且各置統帥一人用大臣材兼文武可任天下之將者為之凡有軍事惟以大義上聞進退賞罰盡付其手得以便宜從事如此則雖有邊警可不煩廟堂之論而豪傑之材得以成其功矣

辯士

臣聞兵之大槩我為主彼為客是守之而已彼為主我為客是攻之而已客主不分彼我相埒壘覯而卒遇是戰之而已此兵之常法也且事固有常法所不能辯者守則形不便攻則勢不利戰則氣不克當是時也雖有智勇無所用之獨可馳一介之使憑軾撙銜諭以禍福而得志此軍中所以不可無辯士也然則所謂辯士者必以其具三

德明五機而利口者不與焉蓋上知道德性命之原下達禮義形器之變旁通幽明時物之所宜者識也窮之而益出費之而益新辨之以卒而不亂壓之以重而不懾者才也經傳子史天星地志醫方卜筮百家之書無所不涉而能謹守其宗者學也夫是之謂三德備而賀仲而弔聞者遑懷心折骨驚手足俱廢其名曰恐機道以令名贊以義利聞者悅懌陽氣浸淫上溯大宅其名曰喜機訐過差而不貸觸忌諱而無疑聞者忿然髮上衝冠目皆盡裂其名曰怒機旁刺其所悼念逆鈞其所感傷聞者泫然涕下霑臆不復自勝其名曰悲機發端而指隙其說泛而不根其意圓而無主聞者茫然如獲異物不知其名欲捨之而行則恐其寶也欲取之而去則恐其怪也從倚周章狐疑而不決其名曰思機此五者天之所以命於人有觸之則瓆然而發莫能禦已夫是之謂五機蓋三德不具不足以立己五機不明不足以移人故曰所謂辯士者必具三德明五機而利口者不與焉昔蘇秦張儀犀首陳軫代厲之屬皆以辯名於世矣然三德不足而五機有餘故事求遂而不問禮之得失功求成而不卹義之存亡偷合苟容取濟於一時而已此其所以為利口之雄而君子不道也然後世之人見其如此遂以辯為縱橫之術諱聞而耻言之則所謂囙咽而廢食也孔子曰賜能辯而不能訥孟子曰予豈好辯哉余不得已也由此觀之孔孟之間未嘗廢辯特貴夫時然後發不得已而後用爾古者列國之大夫聘於塗者有摩戟擊兵之交則使在其間若非辯士為之則安能專對而不辱於君命耶或曰戰國之時無定勢無常形橫則秦帝從則楚王故辯士足以乘間而執其機自漢以來形勢異矣尚安所事辯乎曰是不然人之生也有手足則知搏擊有心智則知思慮有口舌則知語言天下之亂常生於此三者然反

而用之亦可已亂蓋搏擊為力思慮為謀語言為辯天下未嘗一日不用力與謀也何獨於辯而疑之昔酈食其使齊田橫以七十城下漢陸賈使南越尉佗去黃屋而稱臣賈林致李抱真命而王武俊倒戈韓愈入鎮州而牛元翼出矣此後世用辯士之明效也天下不用兵則已矣如用兵辯士不可無也

謀主

臣聞兵家之所以取勝者非特將良而士卒勁也必有精深敏悟之士料敵合變出奇無窮者為之謀主焉古之人將有天下之事未嘗不先於謀故考訂卿士之議參酌庶人之言所以謀之於明也拂龜揲筴灼之而辨兆揲之而分卦所以謀之於幽也易曰天地設位聖人成能人謀鬼謀百姓與能夫謀者聖人所不能免也況於兵乎兵之道猶一人之身將者心也謀主者思慮也圖籍者臟腑也法制者

脉絡也。號令者聲音也。旌旗鼓鐸者耳目也。車騎步兵者四肢也。心之統臟腑總脉絡，出聲音用耳目役四肢也。精以思慮，則外不擾於人事，內不惑於陰陽。思焉而不精，慮焉而不熟，則飢飽勞佚之過漫然而不知，寒暑溫清之變寞然而不察，冒犯水火，嬰觸金石，無所不至矣。故心雖明，臟腑雖安，脉絡雖通，聲音雖和，耳目雖聰明，四肢雖便利，不可以無思慮。將雖良，圖籍雖具，法制雖謹，號令雖嚴，旌旗鼓鐸雖修，車騎步兵雖練，不可以無謀主。蓋將軍之於謀主也，有之者勝，無之者敗。已棄之而資敵者敗，歘取之而助己者勝。嘗用矣而或棄者亦敗，棄矣而或用者亦勝。何以知其然耶？昔楚漢之強弱者，不待較而知也。而項氏乘百戰之威，身死東城；劉氏以顛沛奔北之餘，五載而成帝業。何哉？漢有良平之屬爲之謀，楚有一范增而不能用也。故揚雄曰：漢屈群策，群策屈群力；楚憞群策而自屈其力。屈人者

勝，自屈者負。此所謂有之者勝，無之者敗也。昔陳餘捨李左車之計，死泜水上；韓信釋縛而師事之，遂收燕齊。袁本初棄許攸之策，攸奔曹公，公跣而迎之，遂破冀州。夫攸、左車者，豈欲負彼而忠此哉？用舍之勢然也。此所謂已棄之而資敵者敗，歘取之而助己者勝也。昔張繡以精卒追魏師，賈詡以爲不可，已而果敗；既又請收散卒而攻之，已而果勝。夫詡之爲繡謀一也，從違不同，則勝敗異變，可不察哉？此所謂嘗用矣而棄之者亦敗，嘗棄矣而用之者亦勝也。是以良將之待謀主也，攻之以禮而不敢慢，交之以誠而不敢欺，結之以恩而不敢厭，遺其過差而略其缺失。所與圖畫者，雖父子兄弟有不得而知焉。古之人所以談笑而折衝，偃息而銷釁者，繇此道也。後世則不然。爲將受命之日，士大夫莫敢仰視，而所謂幕府從事者，往往皆闒茸取具之人。一旦敵傳於陴隍之下，變發乎肘腋之間，召而問之，五色已

無主矣，是豈有補於萬分之一哉？臣病夫世之論兵者，上知重將帥之選，急士卒之練，講器械陣營之所宜，究山川形勢之便，而推風角鳥占之說，至於謀主則未始一言及焉。不知夫謀主者，一軍勝敗之樞機也。

兵法

臣聞御兵者將，而將所以御之者法。法不得，將與無兵同；將不知法，與無將同。蓋斷木爲棊，刓革爲鞠，亦皆有法，况於師無罪之人，被堅執銳，從事於萬死一生之地哉？兵之有法，猶人之有精神魂魄也。精神失守，魂喪而魄奪，則雖有七尺之軀，死無日矣。何則？所以使形者亡也。故知兵有法，正行無間；不知而將，是謂妄行。古之論兵者多矣，大率不過有四：一曰權謀，二曰形勢，三曰陰陽，四曰技巧。然此四術者，以道用之則爲四勝，不以道用之則爲四敗，事同而功異，不可不察

也。何以知其然耶？昔孫臏伏萬弩於馬陵之下，魏軍至而伏發，龐涓死焉；王恢伏車騎材官三十萬於馬邑之旁，匈奴覺之而去，恢以自殺。此則用權謀之異也。馬服君救閼與，既遣秦間，卷甲而趨之，二日一夜遂破秦軍；曹公追劉先主，一日一夜行三百里，敗於烏林。此則用形勢之異也。西伯將獵，卜之曰獲霸王之輔，果得太公望而克商；漢武卜諸將，貳師最吉，因以爲將，卒降匈奴。此則用陰陽之異也。申公巫臣教吳以車戰，吳是以始通上國；房琯用車以抗祿山，賊投芻而火之，王師奔潰。此則用技巧之異也。豈非以道用之則爲四勝，不以道用之則爲四敗乎？雖然，所謂道者何也？治心養氣而已矣。蓋心不搖於死生之變，氣不奪於寵辱利害之交，則四者之勝敗自然洞見，如形影入於水鏡之中。是兵法之大要也。夫鏃金羽鷁以爲矢，傅膠合漆以爲弓，天下所同也，而羿爲善射；服在箱，縣在旁，制以銜轡

之利。而加以鞭策之威。天下之所同也。而王良爲善御。是何也。其所以用之者道也。今世之學兵法者。肩相摩。袂相屬。雖其精粗不同。然率向之所謂四術而已。至於治心養氣之道。則以爲書生之語。而不與焉。嗚呼。是守弓矢與馬。而欲爲羿王良也。

盜賊上

臣聞治平之世。內無大臣擅權之患。外無諸侯不服之變。其所事乎兵者。夷狄盜賊而已。夷狄之害。士大夫講之詳。論之熟矣。至於盜賊之變。則未嘗有言之者。夫豈智之不及哉。其意以爲不足恤也。天下之禍。嘗生於不足恤。昔秦既稱帝。以爲六國已亡。海內無足復慮。爲秦患者獨胡人耳。於是使蒙恬北築長城。卻匈奴七百餘里。然而陳勝吳廣之亂。乃起於行伍阡陌之間。由此言之。盜賊未嘗無也。夫平盜賊與攘夷狄之術異。何則。夷狄之兵甲馬如雲。矢石如雨。牛羊橐

駝轉輸不絕。其人便習而整。其器犀利而精。故方其犯邊也。利速戰以折其氣。盜賊則不然。險阻是憑。抄奪是資。亡命是聚。勝則烏合。非有法制相縻。敗則獸遯。非有恩信相結。然揭竿持挺。郡縣之卒或不能制者。人人有必死之心而已。故方其群起也。速戰以折其氣。勿迫以携其心。蓋非速戰以折其氣。則緩而勢縱。非勿迫以携其心。則急而變生。今夫虎之爲物。嘯則風生。怒則百獸震恐。其氣暴悍可殺而不可辱。故捕虎之術。必先設機穽旁置網罟。擅以利戟。射以強弓。鳴金鼓而乘之。不旋踵而無虎矣。至蛇與鼠則不然。雖其毒足以害人。而非有風生之勇。其貪足以蠹物。而非有震恐百獸之威。然不可驟而取者。以其急則入於窟穴而已。故捕蛇鼠之術。必環其窟穴而伺之。薰以艾。注以水。彼將無所得食而出焉。則尺捶可以制其命。夷狄者虎也。盜賊者蛇鼠也。虎不可以艾薰而水注。蛇鼠不可以弓射而戟撞。故曰平盜賊與攘夷狄之術異也。雖然。盜賊者平之非難。絕之爲難。平而不絕。其弊有二。不可不知也。蓋招降與窮治是已。夫患莫大於招降。莫深於窮治。何則。凡盜賊之起。必有梟桀而難制者。追討之官素無奇略。不知計之所出。則往往招其渠帥而降之。彼姦惡之民見其負罪者未必死也。則曰與其俛首下氣。以甘飢寒之辱。孰若剽攘攻劫而不失爵祿之榮。由此言之。是乃誘民以爲亂也。故曰患莫大於招降。凡盜賊之首。既已伏其辜矣。而刀筆之吏不能長慮卻顧。簡節而踈目。則往往窮支黨而治之。迫脅之民。見被汙者必不免也。則將曰與其嬰錮金木束手而受斃。孰若遯逸山海。脫身而求生。由此言之。是驅民以爲亂也。故曰禍莫深於窮治。且王者所以感服天下者。惠與威也。仁及有罪。則傷惠。戮及不辜。則損威。威惠兩失。而欲天下心畏而力服。堯舜所不能也。夏書曰。殲厥渠魁。脅從罔治。舊

染汙俗。咸與惟新。蓋渠魁盡殺而不赦。則足以奪姦雄之氣。脅從汙染不治而許其自新。則足以安反側之心。夫如是。天下之人孰肯捨生之塗。而投必死之地哉。嗚呼。先王已亂之道。可謂至矣。

盜賊中

臣聞自古盜之所以興。皆出於仍歲水旱。賦斂橫出。徭役數發。故愚民爲盜弄兵於山海險阻之間。以爲假息之計。自陛下即位以來。輕徭役。薄賦斂。善氣既應。年穀屢熟。是宜外戶不閉。道不拾遺。而郡縣之間。枹鼓或警。游徼旁午。未見休已者。何也。以臣思之。蓋任法之弊也。夫任法不任吏。爲弊至多。而於盜賊尤甚。何則。今盜賊之法可謂密矣。強盜得財滿匹。及傷人者。輒棄市。殺一家三人以上。若支解人者。論如律。案問欲舉者得減重論。殺併徒伴及告獲他盜者。降除其罪。爲之囊橐。通行飲食者。從末減。若文致於法而人心不厭者。輒讞

考之。若此之類。與夫捕獲亡逸賞罰之格凡數十條。然皆畫一之制也。夫民之所以為盜賊者。其情不一。或閭里惡少自負其氣椎埋鼓鑄不復齒於平人。或驕兵墮卒窮苦無聊亡命嘯聚。或執左道轉相誑惑以為徒黨。或困於飢寒迫於逋負剽奪衣食以延一日之命。或蠶緣曲折奇矜可疾者蓋不可勝數。夫以畫一之法禦不可勝數之情。而吏莫敢為輕重。則宜殺而生。宜生而殺者有之矣。吏果於生殺而不察其宜。則威惠不行。盜賊所以充斥也。臣嘗觀古之能吏。盜賊之課尤異者。其術不過數端而已。蓋有使吏民雜舉少年惡子鮮衣凶服之人。悉籍記之。一旦收捕納於虎穴中者。尹賞之治長安也。有明設購賞。令相斬捕。吏追胥有功而上名尚書調補縣令者。張敞之治膠東也。有耳目具知主名區處窮里空舍坐語未訖捕吏已至

者。趙廣漢之治京兆也。有擇縣之豪傑用以為吏。一旦竊發則移書詭責取辦其人者。朱博之治渤海也。有置正五長閭里阡陌有非常吏輒聞知姦不得舍者。韓延壽之治潁川也。有遣發迎之兵。罷捕逐之吏。單車獨行務以德化撫之而安之者。龔遂之治瑯琊也。此數子者可謂善治盜賊矣。然以今日之法繩之。則彼將惶恐救過之不暇。尚何功名之有哉。何則。非賊殺不辜。則固縱反者也。夫以龔遂韓延壽張敞朱博趙廣漢尹賞為吏於今之時。猶不能最盜賊之課。又可責於常人乎。為今計者。莫若寬法而任吏。稍重郡守之權。責以大綱而略其小過。凡重法之地。皆慎擇其人。聽於法外處置盜賊。有司覆按不得劾以出入。其所賜緝捕緡錢。使得盡以釀酒賞格之外。得酒數百石。亦足以布設耳目。而畜養爪牙。如此。則守臣威權稍重。而盜賊可以清矣。王嘉曰。國家有急。取辦於二千石。尊重難危。乃能使天下。嗚呼。二千石能使天下。則雖有黃巾赤眉無足畏也。

盜賊下

臣聞盜賊之起。小則蜂屯蟻聚。鹵掠閭里。大則擅名號攻城邑。取庫兵。釋死罪。殺掠吏民。然皆無足深慮。始臣前劾計足以辦。所可深慮者。其間有豪俊而已。何則。人之有豪俊。猶馬之有驥。犬之有盧。雖上觀下獲。一日千里。而縱踶嚙之變。亦可畏也。昔周亞夫得劇孟喜曰。吳楚舉大事而不求劇孟。吾知其無能為也。天下騷動。大將得之。隱如一敵國云。唐縱朱克融北還盧龍。未幾軍亂。遂復失河朔。夫孟克融皆匹夫耳。而得失去就之間。繫吳楚之成敗。為河朔之存亡。以此言之。盜賊之間而有豪俊。豈不為可深慮也哉。臣以為銷亡大盜之術。莫大乎籠取天下之豪俊。天下豪俊為我籠取。則彼卒材鼠輩。雖有千百為群。不足以置齒牙之間矣。國家取人之制。其選高者惟制

策進士。夫豪傑之士。固有文武縱橫之間無不可者。椎魯少文獨可以任之大事者。使天下豪傑皆文武縱橫之。方二科足以取之。若有椎魯少文之人。則不可得而取之矣。是制策進士所得之外。亦不能無遺材也。臣嘗為朝廷患之。未知所處。有搢紳先生告臣曰。漢諸郡縣秀民。推擇為吏。考行察廉。以次遷補。或至二千石入為公卿。古者不專以文詞取人。故得士為多。黃霸起於卒史。薛宣奮於書佐。朱邑選於嗇夫。丙吉出於獄吏。其餘名臣循吏由此而進者不可勝數。唐自中葉以後。方鎮皆選列校以掌牙兵。是時四方豪傑不能以舉自達者。皆爭為之。往往積功以取旄鉞。雖老姦宿盜或出其中。而名卿賢將如高仙芝封常清李光弼來瑱李抱玉段秀實之流。所得亦已多矣。王者用人。如江河。江河之所趨。百川赴焉。蛟龍生焉。及其去而之他。則魚鼈無所還其體。而鯢鰌為之制。今世胥吏牙校皆奴僕庸

人者無他以朝廷不用也今欲用胥吏牙校而胥吏行文書治刑獄錢穀其勢不可棄鞭撻鞭撻行則豪傑不出於其間故凡刑者不可用而用者不可刑朝廷若採唐之舊制使諸路監司郡守其選士人以補衙職課之以鎮稅場務督捕盜賊之類有公罪則贖焉使長吏得薦其材者第其功閥書歲月使得出仕比任子而不以流外限其所至朝廷察其尤異者擢用數人則豪傑英偉之士漸出於此塗而姦猾之黨可得而籠入也臣嘗思之逆銷盜賊之術未有以過於此者竊取其說以獻惟陛下裁擇之

邊防上

臣嘗以謂方今夷狄之患未有甚於西邊者夫契丹強大幾與中國抗衡党項遺種假息之地不當漢之數縣而臣以謂夷狄之患未有甚於西邊者何也蓋大遼自景德結好之後雖有餘孽金帛綿絮他

物之賂而一歲不過七十餘萬西邊自熙寧犯境以來雖絕夏人賜予熙河蘭會轉輸飛輓之費一歲至四百餘萬北邊歲賂七十餘萬而兵寢士休累世無犬吠之警西邊歲費四百餘萬而羌虜數入逆執事如雁行將吏被介冑而卧以此言之北邊之患孰與西邊之患重乎今天下謀臣策士議欲綏西邊之患者多大率不過有二臣請具陳其說而去取之有曰昔漢武以遼陽九百里之地斗僻難守棄以予胡元帝亦以關東歲饑綿貫梢之蹤罷朱崖郡蓋王者不以無用弊所恃也狄道抱罕故為吐蕃諸侯之巢穴五泉會寧亦久為夏人所據若以蘭會之地復賜夏人用府州故事擇土酋以為熙河之守則數百萬之費可一朝而省此其說一也有曰狄道抱罕五泉會寧皆中國故地自漢唐以至國初不聞苦其難守者以靈武內屬故也今置靈武於度外者八十餘年蕃漢地形相錯如繡耕鑿則有蹂踐之患饋運則有鈔集之虞是以苦其難守也若遂取橫山次復靈武則蘭會熙河自為內地尚安有數百萬之費乎此又一說也以臣觀之以前說可以施於陛下即位之初後說可以施於今日之後何則陛下即位之初羌虜各率種落交臂屈膝請命下吏是若赦其罪戾與之更始假以熙河之節賜以蘭會之區則外足以懷犬羊之心內足以寬元元之力今則不然天奪其魄自干誅夷相為輔車遊魂疆埸邊屯吏士攘袂切齒皆欲犁其庭而掃其閭夫順逆之勢殊則撫御之術異為今計者獨有取橫山而復靈武耳羈縻不絕之可復道哉臣故曰前說可施於陛下即位之初後說可施於今日之後也昔曹公征漢中而弗克乃下教曰雞肋揚脩以為雞肋者食之無所得棄之如可惜公將歸矣已而果然蓋是時成都方為劉氏所據曹公以為雖得漢中之地必有輸將之費禦捍之勤其勢未易久守故

不若棄之便也及鄧艾襲取成都而漢中遂為控引輸寫之地豈可謂食之無所得棄之如可惜者乎然則曹公之棄漢中特以未暇取成都耳以此言之則知前二說者去取各有時也且天下之形勢固有不相關而實相待者飛者以翼而縶其足則不能飛走者以足縛其手則不能走缾罄則罍恥脣亡則齒寒矣橫山靈武亦蘭會熙河之手足而蘭會熙河亦橫山靈武之脣齒也功成於彼則患紓於此矣杜欽議夜郎以為不毛之地無用之民聖王不以勞中國宜罷郡放棄其民絕其侯王勿復通如以先帝所立之功不可墮壞亦宜因其萌芽絕之嗚呼是今日西邊之勢也

邊防中

或謂臣曰咸平中賊繼遷者攻陷靈武進圍麟州朝廷檄召諸鎮兵討之僅能解圍而已逮寶元慶曆之間元昊僭逆兵拏而不解者數

年。竟亦不能致其頭於北闕下。元豐初。大舉弔伐之師。五道並進。輙無功而返。未幾永洛陷沒。詔使死者二人。夫羌之勁悍。未可以力屈久矣。柰何輕議取橫山復靈武哉。臣應之曰。不然。夫勝有勢。敗有時。聖人不能生其時。時至而不失其勢。昔咸平之時。海內初離分裂之禍。上下厭苦於兵。俱欲休息。而繼遷之黨。以兇悍狡險之姿。據平夏之全壤。扼瀚海之要衝。故其據清遠而竊靈武也。朝廷置之度外而不復問。寶元慶曆之間。天下承平日久。邊防之備。大率皆弛。將不知兵。而兵不習戰。彼元昊者。雖生於砂磧牛馬之區。而計數足以濟其姦。勇決足以成其惡。料敵合變。有古單于之風。小羌入事請盟。唯恐居後。於是盡有河南之地。又取河西之境。乃歸節旄。僭名號。卷甲一出。其鋒不可當者矣。先皇帝自熙寧以來。繼累朝之事。為萬世之計。申嚴武備。命將出征。我軒啓行。抱罕請命。天戈再指。五原內屬。元豐

之初。遂決策大舉。夏人震懼。不知所為。然猶未即伏辜者。其形勢已成。其支黨具在。譬如不肖子守其先人之廬。雖終責罵。而期月之間資用尚饒。未可問也。今則不然。承先皇帝飭勵之後。懲艾胡粵之餘。將帥之銓擇。士卒之蒐練。器甲之犀利。財用之充委。皆數倍於寶元慶曆之間。而天方厭羌。內難屢起。權臣擅事。蚌鷸相持。既狃於永洛之役。常以中國為易與耳。又謂陛下新即位。方務休靖。未能外事四夷。夫戰而輕驕。與夫解不設備。在兵法皆滅亡之道也。由是言之。彼無敗形。我無勝勢者。咸平之時是也。我之勝勢已具。彼之敗形未成者。元豐之初是也。我有必勝之勢。彼有必敗之形者。今日是也。且時難得而易失。一日縱敵。數世之患也。柰何不議取橫山而復靈武哉。昔漢武帝擊匈奴。追奔逐北者二十餘年。浮西河。絕大漠。破寘顏。襲王庭。封狼居胥山。禪於姑衍。以臨瀚海。虜名王貴人以百數。蕤單于邸城於長安。然竟不能南面而臣之也。逮宣帝。匈奴內亂。五單于爭立。漢以威德覆之。於是始肯臣服。甘露中。呼韓邪單于遂來朝於甘泉之宮。唐太宗伐高麗。至身屬櫜鞬。鞍結兩服。雖拔遼東白崖諸城。而駐蹕之後。靺鞨犯陣。李勣等力戰破之。軍還。悵然思魏徵在。朕豈有此行耶。追高宗時。蓋蘇文死。諸子鬩狠。怨禍構連。饑饉頻仍。災異並見。於是唐遣勣等討之。遂滅其國。以其地置安東都護。夫孝武太宗。用武之主也。宣帝高宗。守文之君也。然而匈奴之所以叛服。高麗之所以存亡者。何哉。用武之主奮威而擊於前。守文之君乘弊而取於後。亦其形勢使然。無足怪也。臣以為陛下觀匈奴高麗之所以破。則知夏國之可夷。觀宣帝高宗之所以克。則知天誅之可致。觀武帝文皇之功。則先帝之志不可忘也。願陛下擇大臣知兵者一人以為統帥。盡護諸將之軍。使之毋顧小利。毋急近功。而專以橫山靈武為

事。不過三年。河南之地復歸於中國矣。

邊防下

臣既言靈武蘭會之形勢。因請遂陳攻守之策。今夫盡堅悉銳傳壘而陣。八部並進。晝夜不息。是知攻而已者也。增陴濬隍。嬰城自固。指計功以須援兵。是知守而已者也。知攻而已者。可以擒小敵矣。而不可以擒大敵。知守而已者。可以保堅城矣。而不可以保脆城。古之知攻守者不然。堅壁不戰。自養其鋒。則雖大敵而可擒。直前逆擊。折其盛勢。則雖脆城而可保。是之謂以守為攻。以攻為守。非天下之奇材。何是以知之乎。諸葛相蜀。歲出師以伐魏。魏人患之。及亮死。師不復出。而蜀遂以亡。蓋亮以蜀者。險阻新造之國。而四面皆迫強敵。非數出銳師以挫之。則其勢不能自保。此則以攻為守者也。漢使趙充國擊先零。而請罷騎兵。留步士萬人屯田以待其敝。宣帝從其議。遂

滅先零蓋充國以先零窮寇急與之角則中國必有饋輓轉輸之勞故羅騎留屯而圖以期月此則以守為攻者也臣以為孔明所以保蜀之策可以守蘭會而充國所以破先零之計可以取靈武何則今蘭會之地與夏人接界犬牙相入若積粟儲械端坐而守彼必時入而寇我小則掠羊馬大則援障隧援兵將至羌輒引去既解而歸則又復入如此連年則我數動搖而車甲疲非長久之道也為今之策莫若以秦鳳涇原麟府鄜延環慶五路之兵與蘭會相表裏約以兵萬人歲各一出雖大勝無輕入雖小卻無久留務以撓羌人而已夫以五路之兵歲各一出則是我之兵歲一戰而羌人歲五戰也羌雖魁健豈有歲五戰而不罷極者也彼既救死扶傷之不給則蘭會之地自然無事此則孔明守蜀之遺意也自靈武陷沒八十餘年其地北距大河南抵環慶瀚海七百里舄鹵無水泉若誠舉大兵徑薄其

下則虜將嬰其巢穴竄伏不出而潛以精兵擊吾歸路吾軍糧盡引還則腹背受敵而進退不可得非萬全也為今之策莫若興屯田假以歲月以為必誅之計今屯田自關中以至塞下往往而有然水利不興人力未盡內無良吏為之教督外無遊兵為之捍敵是以雖有其名而未享其利願置使者一人如漢之搜粟都尉之類專領其事凡要害之利盡發吏卒屯之濬溝澮繕亭障頻出騎士以為田者遊兵積粟數百萬斛則靈武在吾掌股中矣此亦充國破先零之遺意也夫羌以數縣之衆乃能與中國之師抗者無他吾軍動以轉輸輜重自隨非饋餉不行彼則各贏斗升之糧負於馬上而戰耳是中國所長者兵多所短者難餉羌所長者易食所短者兵少也今既大興屯田假以歲月以為必誅之計又分諸路之兵歲各一出以為撓賊之謀則吾之所短者無足慮彼之所長者無所施臣謂不過三年羌必

大困然後遣一介之使告之曰能以靈武之地歸中國則罷兵不然併取夏臺數州矣彼知我不得靈武兵未息也必自割其地獻於朝廷如有迷愎不從則以數萬人自鄜畤慶塞門抵田東陝可唾手而取也傳曰猛虎在深山百獸恐及其在陷穽之中搖尾而求食積威約之漸也夫能以積威約之漸則羌雖勁悍將搖尾而求食矣

歷代名臣奏議卷之四十

歷代名臣奏議卷之四十一

治道

宋哲宗元祐三年孫升上奏曰臣竊以威福勢利人主既當獨執則法度紀綱上下所以相維自古法度廢紀綱壞而天下不亂者未之有也然則人主所以能擅四海之威福持天下之利勢者以有法度紀綱爾夫修法度正紀綱坐廟堂持公道決是非進賢退不肖使公卿大夫各得其職者執政大臣之事也日月之有蝕聖賢之有過君不以無過為德而以改過為善是以先民詢及芻蕘而庶人得以議者聖人之善取諸人稽于衆而不自用也以天下之重器宗社之大業所以維持豈一人之力哉法度紀綱之所在雖人君且不敢有所私故詔令未出則論思之臣得以議之書讀之臣得以駁之詔令既行則諫諍之官得以爭之御史之官得以言之上下維持不可一日

廢此朝廷所以分職任官之意也苟非其人不可使當其任既使居其任則不可廢其言廟堂之上以公平自任乎一為心是非判然邪正不亂黜陟惟允進退無愧期於上下無言則可矣不可必欲使之不言也若夫是非之不分邪正之不明而論思封駁之臣不獲申其議諫諍彈劾之官不得盡其言不恤天下之公議以快意於一時若是則非所以明法度正紀綱上下相維為天下萬世治安之計也伏願陛下深思自古治亂興亡之戒而以朝廷法度紀綱為意宣諭執政大臣則天下幸甚

六年侍御史賈易論天下大勢可畏者五疏曰臣竊以天下大勢可畏者有五而旱乾水溢日星謫見無所與焉一曰上下相蒙而毀譽不以其真二曰政事苟且而官人不任其責三曰經費不充而生財不得其道四曰人才廢缺而教養不以其方五曰刑賞失中而人心不知所向夫毀譽不以其真則主聽惑主聽惑則邪正無別君子之道日消小人之黨日進政化陵遲亂之所由生也言上下相蒙則是人君聰明壅蔽下情不上達之謂也可不畏乎夫官人不任其責則萬事隳廢彝倫攸斁惡吏市姦而自得良民受弊而無告愁歎不平之氣充溢乎宇内以干陰陽之和災異所從而起也言政事苟且則是無復有治道而姦吏蠹賊靡所不至也可不畏乎夫生財不得其道則公私困弊衣食之源日蹙用之於無事之時然且有患矣不幸倉卒多事則必狼狽窮迫而禍敗至矣言經費不充則是一切用度皆匱乏而斂散屈伸無及時預備之計人情易搖而根本有微弱之虞也可不畏乎夫教養不以其方則士氣浸弱士氣浸弱則節義凋喪偷合苟容之俗滋長背公忘君之風益扇將誰與立太平之基而又寧王國者哉言人才廢缺則是士君子無賢智可用之實而愚不肖

充物於朝天下所從而否也可不畏乎夫人心不知所向則以非為是以黑為白更相賊害爵之以高位而不加貴僇之以顯罰而不加懼人君之利勢無以鼓動四方徼利苟免之姦冒貨犯義之俗何所不有言刑罰失中則是人無所措手足姦宄由是而莫禁可不畏乎臣獨恨二聖焦勞念治而天下之勢乃如此之弊任事者不以為憂是猶寢於積薪之上火未及然而自以為安也然則興廢補弊救溢扶衰豈無策乎欲知毀譽真偽之情則莫若明二三達四聰使下無壅蔽之患讜言直論日至乎前而讒說殄行無以遁其情則賢佞邪正皦如白日中心湛然如止水如定鑒孰敢欺蔽以售其偽耶書曰知人則哲能官人能哲而惠何憂乎驩兜何遷乎有苗何畏乎巧言令色孔壬此之謂也欲官人皆任其責而政事脩明則莫若詢事考言循名責實故四郊不治則責郡邑之臣以其無敦本務農之效五

品不遂。則責師帥之官。以其無承流宣化之績。夷狄畔渙，則責之邊帥。獄訟煩苛，則責之士師。盜賊多有，則責之警尉。群司百官。曰任而責實。黜幽而陟明者。以一定之制，則賢能者樂運其才，而疲懦不肖者不敢貪位而尸祿。詩曰。無競維人，四方其訓之。不顯維德，百辟其刑之。此之謂也。欲生財不逆其道，則莫若敦本業，賤末作。崇儉約，戒奢侈。使四方之民各守其業，不見異物而遷。講明先王制國用量入為出之法。行之天下，將使公私富足。而九年之食不匱。大學曰。生財有大道，生之者衆。食之者寡。為之者疾，用之者舒，則財恒足矣。此之謂也。欲教養人材，必以其方。則莫若闢四門以廣詳延之路。廣好爵以厲廉遜之節，明詔公卿大臣使各舉其所知。召對延問以觀其能否。善者隨宜而用之，不善者一切報罷，然則岩穴無幽隱之賢，朝廷多譽髦之彥矣。書曰。九德咸事。俊乂在官。百僚師師。百工惟時。撫于五

辰，庶績其凝。此之謂也。欲人心皆知向正。則莫若賞以勸善，罰以懲惡。不以親疎貴賤為之重輕。與天下為畫一。故為善於家者。必賞於朝。為不善於幽暗者。被罰於顯明。所以風動四方而信於天下也。如此。故民志一定。而放僻邪侈之行不作。書曰。德明惟明。德威惟威。此之謂也。舉是數者。一以至誠惻怛力行而無倦，則太平極治之功。何為而不成。何求而不獲。

七年，翰林學士梁燾上奏曰。臣恭以皇帝陛下，富於春秋，早有天下。仁聖孝愛之實，譽聞于外。性資成定，盛德日新。太皇太后陛下。擁護聖躬，夙夜不倦。保佑之功。永福宗社。臣民歡欣。四海仰戴。今來選正中宮，已得賢淑。冬至大禮，自當郊見天地。天意人事，上下協應，惟是政機之煩，久勞同聽。歸斷人主，亦不可過時。此陛下今日甚盛之舉也。退託深宮。頤神內景。遠光前人。垂法萬世，豈不美歟。願早賜處分。以彰全聖。如以臣言為然。伏望明出手詔付大臣施行。天下幸甚。

燾為尚書右丞相。又上言曰。臣昨在翰苑，日嘗密具扎子，披露肝膽。冒聞聖聽。陛下聖明洞照。不賜疎斥，嘉其忠藎。用之輔政。臣仰體眷遇。益堅臣節。重以身蒙寵榮。而未行其言。是以夙夜不遑寧處。期必補報。不敢少懷不盡之意，致陛下有後時之悔。陛下每有宣諭。必以不喜管事為言。常欲安靜。此聖意之本也。臣未嘗一日不思。竊惟淵宸遠慮深識。用臣前言適其時矣。伏望檢會前奏，早賜詔音。歸斷人主，以全大功。臣不勝激切盡言之至。

八年。燾又論政事之要五。疏曰。臣聞天之愛養生靈。必命仁聖之君以為之主。而又生賢人君子於四方，以為人主之用。使君倡臣和。共修善政。以代天理物。而成太平之功。故人君立政。必求其賢人君子。布列左右前後以為輔佐，所以副天之愛養生靈之意也。恭惟皇帝

陛下以仁聖之資，荷天授命。太母以至公至正，恭敬節儉，保護清躬。九年成德。今陛下至明獨斷，中外歸心。太母可謂有社稷大功而息及四海矣。陛下方當攬政之初，正是求賢之日。當舉政事之要，隨事以任人材，各用其所長，則上下交脩，治道成矣。是能敬天受命，副天愛養生靈之意也。臣竊惟今日政事之要，凡有五事。一曰人材不純。二曰命令不堅。三曰朋黨交通。四曰百姓窮困。五曰夷狄驕橫。此五者為數已甚。須廣求賢人君子，各隨其材之所長而用之。講求長策以去此五敝。陛下必欲人材純一。莫若明辨君子小人。可用君子而使小人。不可用小人而使君子也。中正不倚，正直公忠者，此君子也。姦邪阿附，蔽賢營私者，此小人也。既知其為君子，則必崇用而信任之。既知其為小人，則必消退而疎遠之。信任之謂，當用於要近，常令在內也。疎遠之謂，當隨才領事，常令在外也。又當求賢人君子於四

方則天下之賢才皆得而用矣書曰立賢無方謂不專用一方之士又
曰任賢勿貳去邪勿疑謂進君子退小人在果斷而不惑也陛下必
欲命令堅明莫若謹於更張審於施設無以淺事輒廢遠慮無以辯
言輕動成法蓋條法頻改則人情惑而不安命令二三則主威玩而
不重凡造令立事必先謀於大臣講究雖大臣以為是未可行也又
示於近臣使之參考雖近臣以為是亦未可行也又行於百官使之
合議須群臣皆以為是論議詳熟曲盡人情而不疑也然後可以行
之一定而不可復變必使中外上下謹守敬信如日星之燦然可仰
也書曰敬乃攸司謹乃出令令出惟行弗惟反謂作命所以示信於
天下必謹之於初既行而不可改也又曰慮善以動動惟厥時謂不
善不時者不可輕舉也陛下必欲無朋黨交通之患莫若判別邪正
辯察真偽無惑先入之說必取衆多之議則事合公當不牽於所愛

必察偏私之情則真偽自明常使君子在內小人在外則朋黨自消
交通之歡自無矣易之泰卦曰君子道長小人道消謂君子進小人
退則邪正分而泰道成矣泰者天下安治之謂也詩曰雨雪瀌瀌見
晛聿消雨雪陰也比小人晛陽也比君子謂用君子則小人自消也
陛下必欲百姓無困窮之憂莫若賦斂寬平徭役輕簡豐稔和平則
安養富庶之使常有餘力凶荒勞歉則救恤休息之使不至失所臣
下有寬百姓之請者擇而行之臣下有掊斂百姓之說者一切罷之
郡縣之吏別立舉法以隔私恩如知州通判知縣縣令皆用公舉而
不得以恩例為請則多得實材可以分憂矣書曰德惟善政政在養
民又曰能官人安民則惠黎民懷之謂政事必欲愛民官得人則善
政行民悅而歸心矣陛下必欲夷狄賓順莫若脩文德而立威制願
面詔大臣精選忠實明信之士付以帥權勿用怯懦輕詐之人終誤

邊事保守封疆寸土不可棄之愛養生靈一民不可失之如其恭順
聽命可行恩信如此則文德明矣如其傲慢叛命必用誅伐如此則
威制立矣不可屈從俯就損德失威養成他日之患為朝廷憂也傳
曰懷遠以德立德以威謂禦夷狄者必使畏威而懷德也恩威並行
則可以制夷狄矣欲救此五者之弊在陛下信任左右大臣謹擇侍
從要近公選諫官御史也大臣者陛下同體之臣也必須精察而揀
擇之無牽恩私之情以絕僥倖僥倖進則悞國事既誤國事必有後
悔及其悔也亦已晚矣不若謹之於初也無惑左右之説以消讒間
讒間進則蔽惑聰明忠直疎遠輔佐失道必有後憂及其憂也亦已
晚矣不若謹之於初也大臣之間而宰相尤為之重故宰相重則朝
廷重宰相輕則朝廷輕是宰相之任用人得失繫國家重輕社稷安
危也而進退之際可不重乎願陛下照之以至明斷之以至公勿為

輕聽勿為快意如此則忠賢得用左右得人矣既知其為賢人也無
移臣下愛憎之言而或疑之又加信任使之盡忠謀國修輔上德則
百官皆得其賢萬事皆得其當天下可以安靜陛下可以無憂也如
用失其人則天下未得安靜陛下未能無憂也此而一有失得在今
日所繫尤重當陛下用人之初是四方觀政之日不可不謹也侍從
要近者陛下左右獻納之臣也得賢人而在侍則朝政闕失得以聞
人材邪正得以知緩急於其間選用輔佐之侍則而得人矣諫官御
史者陛下耳目之官也尤須審任而親信之此而得人則所聞皆得
其公所行皆得其當不得其人則所聞皆得其私所行皆得其偏如
所任得賢正之人則陛下視聽聰明矣可以分別君子小人可以辨
定是非曲直可使消除朋黨交通如所任失於姦邪之人則為權臣
耳目上蔽陛下聰明顛倒是非淆亂黑白以君子為小人以小人為

君子。使君子不得進。小人日益多。如此。則朋黨交通之私勝矣。此官最為清要。此地最當擇人。陛下聰明洞達物情。不可不察也。臣愚不佞。竊留意於賢人君子。思有以助陛下今日求賢之意。謹以其所知。及采於公論。有可以為近臣者。有可以為言臣者。各以其材之所長。條具以奏。願陛下擇而任之。時以名字出於清衷。自用三兩人。以聳動群臣耳目。使朋黨沮喪失計。忠良喜樂盡忠。陛下今日欲求輔佐聖德。正須用此等人也。望聖心斷然必用之。以合天下公議。則朝廷之福。宗社之慶。中外之幸也。臣子區區報國之心。惟陛下財赦而垂聽焉。

貼黃。臣自塵侍從。以至擢居近輔。竊觀陛下有仁聖之資。望陛下行仁聖之事。願陛下成仁聖之功。天下之大。一力不能獨治。自古聖帝明王。必須臣下共成洪業。伏望陛下用此群賢。早成大功。以慰臣民之望。

熹又論四者歸心之道奏曰。臣聞聖主之興。必敬天道以修人事。故曰惟天為大。惟堯則之。恭惟皇帝陛下聰明仁孝。得於天資。與嗣明德。卑有宗社。天之付畀陛下者如此之重。陛下必有以報天順帝。而靈承之。以對萬壽之福也。天之所喜者在安民。民之所安者在仁政。仁政之道。本於安靜而不擾。夫安靜而不擾者。人心之歸也。人主以一身之尊。居四海之上。必得人心之歸。已則享國長久。安寧而成太平之功矣。今陛下覽政之初。是四方觀德之日。宜有上當天心。下慰人望。克承祖宗之休。敬用太母之訓。安兩宮之慈。兼萬世之法。此廟社之福。天下之幸也。臣願獻愚忠。以助聰明之萬一焉。夫親近法座。日侍清光。莫如左右之人也。人人願效腹心。以副眷遇。必知其所用心。則可使臣節竭忠也。臣願陛下戒喜怒。平愛憎。略小過。以盡人之善。錄小勤。以勸人之忠。如臂之使指。如手之捍衛頭目。始終責其力焉。此左右所以歸心也。夫正朝廷。明國體。莫如廷臣。以道佐人主者。有輔弼論思獻納者。有侍從拾遺補過者。有諫官繩愆糾繆者。有御史。此王官之要也。聚於朝廷。各有職守。不可使有交通。不可使有朋黨。交通則蔽聰明。亂國政。而為姦詐欺罔。朋黨則害良善而隔正直。此不可不察也。常使君子得進。小人勿用。君子小人相反者也。君子正。小人邪。君子忠。小人佞。君子得權則敬戒而愈恭。小人得權則傲狠而難制。君子可以與權。小人不可以與權。臣故曰常使君子得進。小人勿用也。陛下方以至明獨斷。正要左右前後皆得正人。以助英睿。若不收擥人材。何以多得公忠之人任用耶。臣願陛下清心正慮。以觀群臣。清心在至公無偏。正慮在不惑姦說。辯別邪正。消除朋黨。任賢勿貳。去邪勿疑。辯讒以進忠。容諫以養直。謹聽以廣謀。剛斷以

明事。信任以保功。必求忠實正直之臣。以信任之。謙恭以求助。屈人主之勢。以臧臣下之心。然有匡輔國之效。必有補佐之功。此廷臣所以歸心也。安國家保社稷。莫如百姓。聖人有言曰。民為邦本。本固邦寧。蓋民定則國定。民富則國富。用度百索出於民間。常令足衣足食。無困無怨。則事事樂供於公上矣。君臣相與謀謨經綸者在此而已。臣願陛下明信法令。平易刑賞。寬省賦斂。輕簡徭役。豐穰和平。則安養富庶之使有餘力。凶荒勞歛。則救恤休息之使不失所。臣下有寬愛百姓之請者。面詔大臣必行之。臣下有掊斂百姓之說者。面飭大臣深責之。此百姓所以歸心也。夫繫中國之強弱安危者。莫如夷狄。當使其畏威懷德。謹職修貢。敵國則有主賓之義。禮信之所接。屬國則有忠臣之道。命令之所加。常處於義信之間。而後可以言中國矣。自古以夷虜懷德畏威為彊。不務以開地為彊也。以先制人為安。不以受制於人為安。此不可不察也。臣願陛下

面命大臣必精選忠賢材略之士付以帥權無用私愛諛從之人終悞邊事謹守疆埸賓有土地明信重威制貪禦侮兵戢而時動不得已而用之不苟且目前無事養成後患為朝廷他日之憂必也有息有成使之知懼服從奔走之不暇此夷狄所以歸心也此四者誠得忠賢上助聖謨然後安靜可成矣陛下今欲發其聰明廣其仁孝上安兩宮之慈下收四海之望始自於宮掖左右中逮於朝廷群臣下至於百姓遠及於夷狄歡然一意歸心於明君可謂安靜矣若夫群心懽欣和氣充塞可以致陰陽順序風雨應節年穀豐登人民富壽帝王之能事畢矣臣蒙殊恩擢自侍從歷輔佐竊觀陛下有仁聖之資願陛下行仁聖之事望陛下成仁聖之功此老臣區區報國之心也惟陛下財赦而垂聽焉

知定州蘇軾朝辭上奏曰臣聞天下治亂出於下情之通塞至治之極至於小民皆能自通大亂之極至於近臣不能自達故易曰天地交泰其詞曰上下交而其志同又曰天地不交否其詞曰上下不交而天下無邦夫無邦者亡國之謂也上下不交則雖有朝廷君臣而亡國之形已具矣可不畏哉臣不敢復引衰世昏主之事只如唐明皇中興刑措之君也而天寶之末小人在位下情不通則鮮于仲通以二十萬人全軍陷沒於瀘南明皇不知馴致其事至安祿山反兵已過河而明皇猶以為忠臣此無他下情不通耳目壅蔽則其禍必至此也臣在經筵數論此事陛下爲政九年除執政臺諫外未嘗與群臣接然天下不以為非者以謂垂簾之際不得不爾也今者祥除之後聽政之初當以通下情除壅蔽為急務臣雖不肖蒙陛下擢為河北西路安撫使沿邊重地此為首冠臣當悉心論奏陛下亦當垂意聽納祖宗之法邊帥當上殿面辭而陛下獨以本任闕官迎接人衆為詞降旨拒臣不令上殿此何義也臣若伺候上殿不過更留十日本任闕官自有轉運使權攝無所闕事迎接人衆不過更支十日糧有何不可而使聽政之初將帥不得一面天顏而去有識之士皆謂陛下厭聞人言意輕邊事其兆見於此矣臣備位講讀日侍帷幄前後五年可謂親近方當戍邊不得一見而行況疏遠小臣欲求自通亦難矣易曰天行健君子以自彊不息又曰帝出乎震相見乎離夫聖人作而萬物覩今陛下聽政之初不行乘乾出震見離之道廢祖宗臨遣將帥故事而襲行垂簾不得已之政此朝廷有識所以驚疑而憂慮也臣不得上殿於臣之私別無利害而於聽政之始天下屬目之際所損聖德不小臣已於今月二十七日出門非敢求登對然臣始者本俟上殿欲少效愚忠今來不敢以不得對之故便廢此言惟陛下察臣誠心少加采納古之聖人將有為也必先處晦而觀

明處靜而觀動則萬物之情畢陳于前不過數年自然知利害之真識邪正之實然後應物而作故作無不成臣敢以小事譬之操舟者常患不見水道之曲折而水濱之立觀者常見之何則操舟者身寄於動而立觀者常靜故也奕碁者勝負之形雖國工有所不盡而袖手旁觀者常盡之何則奕者有意於爭而旁觀者無心故也若人主常靜而無心天下其孰能欺之漢景帝即位之初首用晁錯更易法令黜削諸侯遂成七國之變景帝往來兩宮間寒心者數月終身不敢復言兵武帝即位未幾遂欲用兵鞭撻四夷兵連禍結三十餘年然後下哀痛詔封宰相為富民侯臣以此知古者英睿之君勇於立事未有不悔者也景帝之悔速故變而復安武帝之悔遲故幾至於亂雖遲速安危小異然比之常靜無心終始不悔如孝文帝者不可同年而語矣今陛下聖智絕人春秋鼎盛臣願虛心循理一切未有

所爲，黜覩庶事之利害，與群臣之邪正，以三年爲期，俟得利害之真、邪正之實，然後應物而作，使既作之後，天下無很，陛下亦無悔，上下同享太平之利，則雖盡南山之竹，不足以紀聖功；兼三宗之壽，不足以報聖德。由此觀之，陛下之有爲，惟憂太蚤，不患稍遲，亦已明矣。臣又聞爲政如用藥，方今天下雖未大治，實無大病。古人云：有病不治，常得中醫。雖未能盡除小疾，然賢於誤服惡藥，覬萬一之利，而得不救之禍者遠矣。臣恐急進好利之臣，輙勸陛下輕有改變，故輙進此說。敢望陛下深信古語，且守中醫安穩萬全之策，勿爲惡藥所誤，實社稷宗廟之利，天下幸甚。臣不勝忘身憂國之心，冒死進言。

紹聖中，殿中侍御史陳次升奏曰：臣竊觀易以龍名乾，以馬名坤，蓋龍者能變能化，不制於物者也，有君之象焉，故以乾名之。馬者馳類行而承順者也，有臣之象焉，故以坤名之。乾剛位乎上，故能制物；坤

柔位乎下，故制於物。剛柔既立，而君臣之分正矣。是以古之聖王黜幽陟明，惟先蔽志，彰善癉惡，斷出於己，賢否既辨，邪正自分。彼雖欲崇私黨爲朋比，何緣而致哉？後世之君，間或昧此，主威不立，權歸乎下，終底危亡者，以其失乾剛之道也。臣試論之：漢武帝外勤師旅，內耗黎元，非有厚德以結民心也，五十年間中外無事，特以威德歸上，姦臣不敢專國命爾。唐明皇初無失德，非有甚過惡也，卒有播遷之禍者，以李林甫專權故也。以此知主威不可不立明矣。主威不立，雖欲去邪，而失在於不斷；雖欲任賢，而失在於不果。邪不去則害忠良，忠良進則邪自消，二者勢不兩存，治亂之原實繫於此。唐之開成，陳夷行極言姦臣干權，文宗依違不決，卒陷正人，此失於不斷者也。漢成帝欲用劉歆，斷出於衷，而問王鳳，鳳終止之，此失於不果者也。去邪既疑，任賢不果，權臣所以執國命，同己者必相結納，寘之權要，

以爲己助，異己者則去之，曾不旋踵，王鳳之於漢，李宗閔、牛僧孺之於唐是也。夫朋邪萃于朝，則人事失於下；人事失於下，則天變見於上。近者正陽之月，天多陰晦，揉之輿議，咸謂姦邪蔽國之應也。考之漢書，元帝時鄭朋、楊興等往來讒毁，交鬬陰附，是歲夏寒，日青無光，衆以謂陽蔽，則明有所掩，小人用事之兆。恭、顯反歸咎於更生等，元帝不能察，漢祚由是衰矣。唐代宗初，元載爲相，內結宦官，外乃諂帝，令群臣奏事，先白宰相，顏真卿極論其非，蓋欲尊君而卑臣故也。以此推之，威福之柄，宜在君不宜在臣；收威福之要，不在乎他，在乎果斷而已。書曰：惟克果斷，乃罔後艱。致治之本，其在茲乎。恭惟陛下德侔天地，明並日月，好惡一遵於王道，正邪悉判於淵衷，巍巍乎二帝三王之上，漢唐之君何足爲陛下陳之？然興亡之事，足爲鑑戒，以舜之爲君，禹猶納言曰：無若丹朱傲。愚臣區區，敢効古人，引此以獻，狂

瞽。伏願陛下作威作福，念箕子之惟辟；勿貳勿疑，稽伯益之戒，爲察言邪正，以別忠佞，斥去姦回，以破黨與，則太平之基可指日致矣。

次升時爲左司諫，又奏曰：臣竊觀古之君臣協心戮力，興事造業，措天下於泰山之安者，以和而已。朝廷和於上，則百官和於下；衆賢和於朝，則萬物和於野。二帝三王所以昭盛德、洪治道者以此。故舜典曰：四門穆穆，納于大麓。皐陶曰：同寅協恭和衷哉。伊尹曰：惟和惟一。詩曰：濟濟多士，文王以寧。然則廟堂之上，謀謨之臣，不以和相濟，而欲致隆平，召和氣，其可得乎？恭惟陛下遹追來孝，脩復法度，圖任舊人，緝熙光烈，真大有爲之時。左右大臣宜體至德，咸懷忠良，一心以經綸天下之務，紹成無疆之休，則無負於陛下之責任矣。苟懷異志，持異論，背公向私，違善依惡，無雝雝濟濟之德，懷歙歙訿訿之謀，以非爲是，以是爲非，紛爭諠譁，豈惟決具瞻之道，實負陛下矣。不獨負

陛下又將以眩惑陛下耳目雖大明遠照洞達幽微真偽是非了然判於胷中而詢事考言之際豈能與之口舌爭大臣如此累國非細可不察歟伏望聖慈渙發德音戒諭大臣俾懷純一之德而無背憎之心庶幾虞典九官終共熙於帝載尹躬一德遂克享於天心延天下之福萬世之利也臣蒙陛下擢置言責智識淺陋區區管見以致治之要在朝廷和而已敢獻瞽言伏望陛下少加察焉

哲宗時侍御史蘇轍奏曰竊見方今天下雖未大治而祖宗綱紀具在州郡民物粗安若大臣正己平心無生事要功之意因弊修法為安民靖國之術則人心自定雖有異黨誰不歸心向者異同反覆之心蓋亦不足慮矣但患朝廷舉事類不審詳曩者黃河北流正得水性而水官穿鑿欲導之使東移下就高汩五行之理及陛下遣使按視知不可為猶或固執不從經今累歲回河雖罷減水尚存遂使河

朔生靈財力俱困今者西夏青唐外皆臣順朝廷招來之厚惟恐失之而熙河將吏創築二堡以侵其膏腴議納醇忠以奪其節鉞功未可覬爭已先形朝廷雖知其非然不明白處置若遂養成邊釁關陝豈復安居如此二事則臣所謂宜正己平心無生事要功者也昔嘉祐已前鄉差衙前民間常有破產之患熙寧以後出賣坊場以雇衙前民間不復知有衙前之苦及元祐之初務於復舊一例復差官收坊場之錢民出衙前之費四方驚顧衆議沸騰尋知不可旋又復雇去年之秋又復差法又熙寧雇役之法三等人戶並出役錢上戶以家產高強出錢無藝下戶昔不充役亦遣出錢故此二等人戶不免咨怨至於中等昔既已自差役今又出錢不多雇法之行最為其便罷行雇法上下二等欣躍可知唯是中等則反為害且如畿縣中等之家例出役錢三貫若經十年為錢三十貫而已今差役既行諸役手力最為輕役農民在官日使百錢最為輕費然一歲之用已為三十六貫二年役滿為費七十餘貫罷役而歸寬鄉得閑三年狹鄉不及一歲以此較之則差役五年之費倍於雇役十年賦役所出多在中等如此條目不便非一故天下皆思雇役而厭差役今五年矣如此二事則臣所謂宜因弊修法為安民靖國之術者也臣以聞見淺狹不能盡知當今得失然四事不去如臣等輩猶知其非而況於心懷異同志在反覆幸國之失有以藉口者乎臣恐如此四事彼已默識於心多造謗議待時而發以搖撼衆聽矣伏乞宣諭宰執事有失當改之勿疑法或未完修之無倦苟民心既得則異議自消陛下端拱以享承平大臣逡巡以安富貴海內蒙福上下攸同豈不休哉

轍守陳州論時事疏曰臣伏以中外臣庶各有職事越職而言國有常憲臣守土陳州非有言責而輒言之計其狂愚茲實有罪然臣伏

念頃以老衰不任吏事陛下未忍廢棄親擇便地以遠安養將辭之日面奉德音以為大臣之義皆當為國謀慮不宜以中外為嫌有所不盡古人有言雖乃身在外乃心罔不在王室伏惟聖德廣大無所不容而臣自到任以來于今一歲心目昏眩有加無瘳故嘗乞匄餘生求還閭舍區區之誠久而未獲陛下視臣志氣一衰至此豈復有意剔白是非而與世俗爭議也哉是以得失之間久無所與今者竊有所懷上為陛下參之官吏下為陛下驗之百姓而安危之機實在於此自惟受恩累聖邦之休戚身實同之志慮雖衰於義不可嘿已然臣之所欲言者非敢遠引前古逆探未然以感陛下之聰明也凡皆陛下之所嘗試而臣愚之所與聞者耳臣伏見陛下即位之始計慮深遠凡有所建動合天心始議山陵深䘏費用之廣推明先帝薄塟之命以詔有司四方聞之無不感泣其後一年之間誕布號令勸

率宗族惇孝弟之行。勉勵州郡先農桑之政。復轉對以廣言路。議從役以寬民力。成德之事不可具紀。是時天下雖大變之後。而無不翹然想聞德音。以忘其憂。兩宮歡欣。九族親睦。群臣萬民蒙福而安。紛紜之議不至於朝廷。謗讟之聲不聞於里閭。陛下優游無爲而天下已治矣。爲國如此。豈不樂哉。陛下自今視之。當日之政其可悔恨者凡有幾。以臣觀之。非獨陛下無所悔恨。雖天下之人亦未有以爲失當者也。何者。政令簡易而人情之所安耳。易曰。易則易知。簡則易從。易知則有親。易從則有功。有親則可久。有功則可大。嚮使陛下推行此道始終不變。則臣以爲久大之功可得而致矣。其後求治太切。用意過當。姦臣緣隙得進邪說。始議開邊以中上旨。於是延安有横山之謀。保安有招誘之計。陛下饒之以金帛。假之干戈。小人貪功處害不遠。輕發深入。結怨西戎。據奪尺寸無用之土。空竭内府累世之積。

奏議卷之四十一　十五

大者殘弊秦雍。小者身死寇讎。西鄙騷然不寧。而陛下始一悔矣。然而陛下天姿英果。有漢武宏達之量。雖復兵吏失律。而立功之意未嘗少衰。是以左右大臣測知此心。復進財利之說。陛下樂聞其利。而未暇深究其害。於是舉而從之。置條例司以講求天下之遺利。已酉之秋。新政始出。自是以來。凡所變革不可悉數。其最大者一出而爲常平青苗。再出而爲揀兵併營。三出而爲出錢雇役。四出而爲保甲教閱。四者並行於世。官吏疑惑。兵民憤怨。諫諍者章交於朝。誹謗者聲播於市。陛下不勝其煩。爲之當宁太息。日昃而不食矣。然猶牽其成功。力排衆人之議。而固守之。天下方共厭苦而不知其所止也。而揀兵併營之策。其害先見。武夫凶悍。爲怨最深。爲患最大。陛下知其不可。於是多支月糧。復收退卒。以順適其意。而陛下既再悔矣。然軍中之口猶復洶洶不靖。陛下雖推恩撫之。而終不以爲恩。反謂陛下畏之耳。不幸邊臣失算。再生戎患。帷幄之臣諱之不藏。不務安之。而務撓之。臨遣執政付以疆事。多出金幣。豫書詰勑。以成其深入之計。當此之時。天下之心知其必敗矣。而陛下與一二臣者方以爲萬舉而萬全。既而出兵無人之境。築城不守之地。困弊腹心以求無益之功。使秦晉之民。父子流離。肝腦塗地。戎人徼勸受屈。已築之城隨即傾覆。救援之兵相繼潰殺。四方震動。君臣宵旰。而後下罪已之詔。投竄元宰以謝二鄙。而陛下既三悔矣。夫此三者。方其未悔也。陛下亦以爲是耶非耶。陛下犯逆衆心。力行不顧。其必以爲是。不以爲非也。然而終卒至於此。然則方今陛下之所是而未悔者。無乃亦類此歟。臣聞衆而不可欺者民也。勇而不可犯者兵也。險而不可侮者隣國也。今陛下既已欺民犯兵而侮隣國矣。夫犯兵侮隣。變速而禍小。至於欺民。則變遲而禍大。變速而禍小

奏議卷之四十一　十六

者瓦解之憂也。變遲而禍大者土崩之患也。今瓦解之憂陛下既知悔矣。而土崩之患陛下未以爲意。此臣之所以寒心也。易曰。不遠復無祗悔。元吉。事之未敗也。陛下不悟其非。必俟其敗而後悔。如向三者。則陛下之復已遠而悔亦大矣。且臣觀之。方今陛下之所是而未悔者亦有三而已。青苗助役保甲三者之弊。臣不復言矣。何也。言事者論其不可非一人也。百姓毀壞支體。熏灼耳目。嫁毋分居。賤賣田宅。以自脱免。非一家也。陛下其亦知之矣。徘徊而不之改。使民無所告訴。加之以水旱。繼之以饑饉。積憾之民舊爲群盜。侵淫蔓延。滅而復起。英雄乘間而作。振臂一呼而千人之衆可得而聚也。如此。而勝廣之形成。此所謂土崩之勢也。臣恐陛下至此。雖欲復悔而無所及矣。故臣願陛下取即位之政。與今日之事而試觀之。天下擾擾不安。孰與今日之甚。群臣交　丁欝執與

今日之衆，陛下聽覽疲勤孰與今日之多，悔恨自責孰與今日之切。陛下誠以此較之，則不待臣言之終，而得失可以自決矣。且夫即位之政，陛下之本心也；今日之事，臣下之過計也。陛下棄即位之本心而徇臣下之過計，臣竊以為過矣。雖然，臣竊聽之道路，方今陛下則亦悔之矣。悔之而不變，非陛下之意也，迫於建議之臣耳。夫人臣進謀於其君，苟事之不遂而變以從衆，則人主有以測其深淺。人主有以測其深淺，則其用舍之命在於人主，此人臣之所以不便也。臣竊痛陛下為社稷之計，欲改過以安天下，而怙權固位之臣持之而不釋。陛下聰明睿智，廢置自我，而獨為此鬱鬱也。漢宣帝與趙充國議擊匈奴，魏相非之，以為當與平昌侯、樂昌侯、平恩侯及有識者詳議乃可。此三人者，非賢於趙充國也，然其與國同憂，無僥倖功名之心，與希望爵賞之意，則過於充國遠甚。充國猶不可聽，而況不如充國者哉！陛下將安民保國，而與喜功伐、好權利者謀之，臣不知其可也。臣不勝區區忌身憂國之誠，是以勢疎而言切，惟陛下察之。

殿中侍御史呂陶奏曰：臣聞天下之政皆願致治，而不能無敝；天下之言皆好成文，而未必可以適用。天下之情皆有愛，而莫切於愛君；天下之情皆有憂，而莫大於憂國。此明王睿主所以廣覽博聽而求其闕失，忠臣志士所以危辭直論而竭其懇誠也。苟以不足適用之言，陳不能無敝之政，則辭旨浮略而意不迫切，於愛君憂國之心有所未盡，安能補於世哉！譬如施干戚之舞以解重圍，講鄉飲之禮以治軍旅，多見其無益也。昔貢禹為漢元力言治道，以為盡如太古則難，宜少放古以自節。天生聖人，蓋為萬民，非獨使自娛樂而已。上嘉其質直之意，多所聽納，深自約損，匪弁過制，大半罷之。至于崔寔著論，振極時要，則亦以為濟時拯世之術，期於補綻決壞，扶柱傾頹，截割要措，斯世於安寧之域而已。四牡橫奔，皇路險傾，宜以鉗勒鞬靮為救，豈暇及於和鸞節奏哉！夫二子之言，皆不免一隅，該適事變，質之前世而不繆，驗之來今而可以為鑒。臣竊恭惟國家承百王之敝，當天下文治之極，法度廢而不立，威令委而不行，上下偷狃，風俗彫薄，四海之勢，如乘敝舟以涉長河，而無所維御，汎汎焉日就其深，而不為壞敗之計，甚可痛也。陛下天資神聖，享有寶命，一日纂承大業，而四海之人歡然嚮順，無有毫髮之警者，豈獨天命然哉，乃仁宗皇帝之德澤至深至厚，結於人心之堅也。為人之子，治人之天下，而坐視若此，於持盈守成之道何如哉！臣資識狂愚，闇於長慮，第聞忠讜可以死節，昔嘗考六經之微言，覽百氏之異論，推迹近事，得其大端，至於安危治亂之幾，是非邪正之辨，得失興亡之際，未嘗

不為陛下反覆而究之，中夜三思，繼之以日。欲一發憤懣，指陳要樞，以感悟天聽，扶救國體，苟人主從而警懼回心，於社稷之計，睿明之德無所虧損，天下之大憂日漸銷散，則臣退就鼎鑊，其甘如飴。而藏伏幽賤，厥路無繇。幸今明詔申諭，雖巖穴草茅之人，皆得以直言上達，乃臣之志願，庶幾適於今日矣。敢沿科舉以畢其愚。臣竊以為王道之端，萬化之本，莫大於身正以率天下，故有貴始。天下之大務，悍而不為，則德隳功喪，無以光紹祖宗之休烈；徇名而昧其實，則習尚虛曠，風化頹墮而不可振起，故有究治。君臣之交必親之以至誠，然後可以畢天下之能事；大臣之分莫若盡道以致主，故有明任。設官授職者，所以與天子共理，法制大壞，賢不肖失其別，則生民安所蒙賴，故有議官。人君能結天下之心，則邦本堅固而莫能動。震夫重困國費，浮冗力役，不蠲疾瘵，無養，皆世之大蠹，故有重民。民力之耗，莫

甚於養兵。軍政不立。則驕惰日長。將材不任。則舉無成功。推類以勝
則漸不可長。教民以戰。則法不可失。故有制兵。一虜之患。日甚一日。
而制禦之道。未可以經遠。故有應邊。總其大歸。以盡夫終始。故有策
原。求之於文則不足。推之以用則有餘。臣之區區。不敢默於此也。

貴始上

臣聞治道有本末。物理有終始。王政之所施有先後。如萬目之附於
綱。衆流之出於源。挈之則張。澄之則絜。端本者所以治末也。慎始者所以
圖終也。施之宜先者。亦不可一日而後也。此善惡邪正之所漸。而安危
治亂之所由生也。是人主之大範也。昔春秋之文。謂一爲元。學者推
明其義。以爲視太始而欲正本。深探其本。而所貴者始也。又曰。正次
王。王次春者。上承天而下正已也。人君正心以正朝廷。正朝廷以正
百官。正百官以正萬民。則遠近莫敢不一於正。考於大經大法義訓

既白。以天下國家理勢而質之。尤深切而著明乎。夫人君之即位者。
天下之大本。而王道之所始也。公卿大臣。瞻仰清光而觀其注措也。
黎元兆庶。延頸企踵而覩其惠養也。蠻夷戎狄。傾耳側目而想其威
令也。公卿大臣。則必有以結其心。黎元兆庶。則必有以慰其望。蠻夷
戎狄。則必有以懷其情。舉是三者而先之。夫何萬事之足治哉。是以
古之賢君。嗣守大業。皆深知正本貴始之意。欲治安而惡危亂。就善
而去惡。趨正而遠邪。日新威德。輝光篤厚。發爲大政。鼓舞四海。人人
聞之。莫不聳動悅服。而以爲吾君之有某善。則吾之幸矣。君之舉某
事。則吾將享其利焉。是故人道物情。無違悖之理。天施地化。無逆沴
之變。然後躋世清寧。享國永久。豈不休哉。詩書所載。抑可得而言也。
書稱高宗之德曰。作其即位。不敢荒寧。嘉靖商邦。至于小大。無時或
怨。稱祖甲之德曰。作其即位。爰知小人之依。能保惠于庶民。不敢侮

鰥寡。至于成王。上繼文武之業。下憑周召之助。法度脩明。教化深厚。
天下可謂安矣。然而朝廟告神。謀議庶政。慎微求助。則其詩乃曰。閔
予小子。遭家不造。於乎悠哉。朕未有艾。予其懲而毖後患。及其羣臣
因而進戒。則亦曰。天維顯思。命不易哉。而又以公劉訓民事。以養阿衡
求賢。以立政規任人。以無逸防好豫。是以成王寅恭抑畏。動履德義。
功成治定。不墜祖考之洪烈。永惟商周之隆。賢君之初涖政。其有爲
於天下則如此至矣。其警懼戒飭於身。則又如此勤矣。豈非所謂正
天下之本。而貴王道之始歟。然則三卿序進。而皆有以授於天子者。
亦志乎此也。一策言其憂之長而務除患也。二策言其無事而慮。則
可以息禍也。三策言其吉凶禍福之相倚伏。當謹戒而無怠也。忠臣
之愛其主。丁寧反覆。諄諄而不倦者。亦欲正本而貴始也。臣竊觀漢
唐之衰。闇君繼世。不貴本始。廢失法度。大槩無以懷服天下之心。於

是生民失望。而內外得以窺其釁隙。覆亡敗滅。可不悲哉。陛下受天眷
命。纘四聖之統。踐祚以來。恭默思道。三年不言。可謂孝矣。吉服親政
既一歲矣。公卿大臣。率職聽命。咸願致其忠力。莫敢少懈。而聽任之
際。或異僉諧。黜賞之端。或殊公共。此豈結其心之術哉。若乃慰黎元
之望。則德澤有未敷。懷戎狄之情。則忠信有未至。豈深仁厚德無迹
而難明邪。抑睿謀英斷有發而不憚邪。臣愚不能處也。然臣惟恐中
外之心。觀於初政。慊慊然常若不備矣。謂人道物情之無違悖乎。則
陛下欲舉典禮。追崇本親。而盈廷沸議。以爲失名分之正。不可垂憲
萬古。下至草茅閭巷。切切偶語。輒論是非。由此觀之。天下之情可知
矣。謂天施地化之無逆沴乎。則癘氣流行。萬衆疲死。八月大水。都市
深溢。秦晉諸郡。同日地震。星緯示變。終月不沒。旱蝗繼至。赤地千里。
由此推之。上帝之警戒可見矣。陛下安得不深思而極慮哉。夫天下

之治莫若先之以身。故臣願陛下遠覽商周之盛，近鑒漢唐之衰，考春秋正本之義，逆三卿拔策之戒，秉大明繼照之初，先治諸己，以倡王道，以副天下之欣戴，然後條當世之務，而審其所以措置云。

責始下

臣聞治己之道，其始必思，其次莫若慎乎漸。其終無善於聽納。務此三者，則主德完而王道備乎。天命至重，思所以奉順。宗社至大，思所以保守。生民至衆，思所以撫養。萬務至繁，思所以處正。災異未弭，思所以銷去。羣情未順，思所以懷服。臣故曰其始必思。柔心寅畏，好德不怠，所以奉順天命也。循襲法度，懼辱祖考，所以保守社稷也。早夜勤政，通究微隱，所以撫養生民也。審慎聽斷，無任獨智，所以處正萬務也。引咎自新，端革前失，所以銷去災異也。推誠待物，不忍有欺，所以懷服羣情也。此數者，非高遠而難見，非勞苦而難行也。皆附近人

理，切中事情。不爲則已，爲之則至也。聖賢之教存乎其中，而仁義之主不能出乎其外也。陛下幸赦臣狂瞽而察之，可也。出一言而玷未敗天下之大政也。舉一事而害未隳天下之大法也。四方無虞，而宴安逸樂，未爲人主之大過也。崇高富貴而嗜好外形，未彰人主之大失也。其端雖不及於彼，而其漸必能至焉。謂一言之玷，未敗大政，而不慮，則其漸將至於號令悖謬，而中外無所取信矣。謂一事之妄，未隳大法而不正，則其漸將至於典章廢墜，言度不守，而後嗣無足觀矣。以宴安逸樂，未爲大過而不節，則其漸將至於流連，終日荒耽昏惰，而萬事叢脞矣。以嗜好外形，未彰大失而不戒，則其漸將至於媟佞近習窺所欲而奉之，干紀撓權而不可禁矣。臣故曰莫若慎其漸。是以聖君賢主，制之於將然，而不及於已然，遏之於微，而不見於著。昔宣王扶衰撥亂，周道復昌，洪勳遠業，可謂盛矣。而誥人乃以慎微

爲美。由此觀之，則慎微者，王治之本，而人君之先務歟。太祖決事或失，慮書之史，退朝不樂，而有王者豈可容易之說。太宗既即位，不復語及音律，嘗謂承喪亂之後，勵精爲治。天下已安，乃知勞苦有功，儻以酒樂自娛，則萬務將壅，以至伶人有請補外者。眞宗時宦官或以外官勤幹爲請，而願正其秩，乃詔選部擇人以代之。又有以某之貪廉聞上者，乃命監司按狀，而未嘗輒聽其言。先帝善於持盈，尤務畏戒，嘗遠視前古得失，列述百圖，著爲至鑒。其辭有曰慕令德之餘芳，警昏朝之失道。凡此者，累聖防微杜漸之大略，繼體守文之切訓也。陛下光紹丕烈，始建治統，固宜紹法祖宗之顯懿，以發揮盛德，而章天下也。深思至慎，濟之以聽納，則堯舜之盛，無以先也。夫朝廷設官置職，而命曰諫諍者，何也？得非天下之務，安危治亂，所繫甚大，而人主之聰明不可自用，乃責其有補鄙，非特循故事，具常員而已也。人

臣直躬正色，與人君爭辯於正邪是非之際，有至戮辱而猶不憚者，何也？得非以義激於心，言任其責，不敢循默自便，而欲其感動耶？亦非好犯危難以死就名也。原朝廷設官之意，察人臣愛君之誠，則諫之爲益多矣。臣故曰其終無善於聽納。日者御史有以言罷去，而塗之人或惑於傳聽，敢以爲說，雖臣愚亦爲朝廷惜之。臣不惜數子之去，而惜國家之體也。昔先帝嘗黜諫臣矣，而天下不以爲言，陛下一罷御史，而人敢以爲說者，何也？蓋先帝享御日久，好諫之德，足信於天下，雖觸威犯顏，亦或罷黜，而人不疑焉。今陛下初總大政，雖有納諫之心，四海之人既未能皆知其詳，而御史又以言去職，此疑似之迹，不可家至戶曉。臣竊憂讜直之路塞，危詞正論不敢輒獻，而盛德虧喪矣。此所惜者，體也。雖神聖之資，羣臣莫及，有聽從而無諫諍，然仁至麟卵，則鳳凰有時而來。擇狂言怨訐辯，則忠規嘉話輻湊于前。而

治道至矣。惟陛下留神聽納，寔萬世之幸。

究治上

臣伏思國家享有天下百餘年矣。吾君吾相同心合德，日夜孜孜。嘗治之勤過於前古，而太平未見其實者，敝果安在哉？好靜而惡動，喜無事而憚有爲而然也。夫靜出於動，無事處於有爲。天地之生萬物，其先莫不旋斡運變，周流不息，以極其神，而後乃收功於靜。聖人之經綸斯世，其始必剗除蕩滌，無所不施，以平天下之多難，而終乃底於無事。此物化之先後，治道之始終，其致一也。今惡動而憚有爲，則所謂靜與無事者，終不可得，而猶好之，不亦惑乎？世俗之論曰：動不若靜，循仍易而興作難。是不究利害之深淺，理勢之宜如何也。是執一隅之說，不知適變之道也。是苟一朝之樂，不議千日之憂也。夫人之受疾有重輕，故醫之爲術有速緩。或一寒一暑之侵，擾於膚

腠，此其淺而易去也，則治之之術，不過安神靜氣，而自固可計日以起。至於腹心難治之病，則不然。彼其所感者深，故所苦者甚異。既將隣於悴亡，而吾猶使之自養以待，抑亦迂矣。是必力攻急逐於死生之際，而決其一勝。何瞑眩之足惜哉？大厦之居，莫不欲便安而重創建。藩籬缺漏，補葺之可也。榱桷弊壞，完治之可也。若乃基構頹圮，棟廡棟撓，一大風雨，幾有摧覆之患，則又豈補葺完治之可救哉？勢至於此，而猶重創建之勞，則無以享便安之逸矣。天下之事，固有不可已者，而已之，非所以振起治功，而恢明國體也。方今之弊，豈非天下有不可已之事，而朝廷有不欲爲之心乎？持不欲爲之心，當不可已之事，則取過目前，而未暇於長久之計。臣恐國家之政，日苟一日，歲苟一歲，而可憂之漸，有甚於此時者矣。夫二虜威彊，不規侮王室，兄弟之好既結於北，而王爵之封已加於西，歲出金繒數十萬，以命賜與

以爲同盟之具，可謂厚矣。三邊要地，夙夜經慮，境守攻戰，非無備矣。介使屢至，慢書數上，出無厭之語，啓難塞之求，以揺動吾君吾相之聽，亦已久矣。此朝廷之公患，而天下之深不平也。然猶以息民爲說，以好戰爲戒，未嘗一議誅伐之策，而與之正中國四夷之分，惟默默貸忍，苟計應接，而幸其不爲南牧之寇。臣竊以爲未安也。大河爲患，歲歲決溢。朔方諸郡，衝潰不常，生民之死于墊溺者，爲不少。幸得保其餘生，而力困於河者亦多矣。蒸薪之積，隄防之勞，無時而已也。大抵塞之於東，則奔于南；障之於西，則注于北。而不見其素所謂河者果安在也。洪流之害，可謂極矣。此朝廷之共憂，而天下之熟聞也。然猶以開河爲功，以遏塞爲利，募富人度釋子以給其費，設息尋文之奔衝，乃致千里之漂潰，而未聞建定大議，觀水所向，徙民避患，而深爲之謀。臣雖甚愚，亦不敢有取也。舉今之務，莫大於此兩端，皆其勢

之不可已者，猶已而不爲。推此而下，則庶政之苟簡，臣不得而悉數矣。是以天下之人，激昂奮厲之氣少，偷且怠惰之心多。事勞而功不立，政發而王道不隆，由此其故也。惟吾君吾相，深窮利害之本，而權之以時，乘聖賢之會，而相與講磨淬濯於廟堂之上，不惑於一偏之說，而斷之以力行，喜動而不惡，夫有爲而無所憚，以起天下柔弱不振之態，而完其堅壯全盛之體可也。古所謂日中必𤋮，操刀必割，則機會之至，其可失乎。

究治下

臣聞人主欲有爲於天下而無所憚，則天下之事不足爲也。然而名實之辨，不可不察也。舉天下之事而皆可以爲，則天下莫不知其善治也。後世莫不稱其難能也。天下之事，舉皆爲之者，實也；莫不知其善治，稱其難能者，名也。事有本末，名實有先後。本近於實，末近於名。

實居其先而名處其後也好實則所務者本也無意於名而名隨之好名則所逐者末也末必有其實也此名實之辨也昔之聖人施爲於天下者蓋非有求於名而行之及其功成事立而名自得舜舉十六相誅四凶所以去天下之害而興其利也然後有進善黜惡之名禹乘四載决九川導九河驅洪流而殄之海所以保斯民之命而粒其生也然後有捍災禦患之名三代君天下耕以井田稅以什一教以學校罰以肉刑所以援斯民而納之仁壽也然後有至治之名然則名者豈在好而求之哉王政之弊莫大於好名而不爲其實好名而不爲其實則事失本始而所逐者末也後世不知聖人有得名之實徒見其名之甚美竊好而欲求之乃儀取其近似者而行焉反索其實蓋闕如也今日之弊信有類此矣國家嘗詔司農條三歲之出納命執政議其大計者豈非古所謂冢宰以通法制用於歲杪乎然

而取之過藝極而橫斂數下積之非有餘而浮費無窮不可量入以爲出也耕二年者未有一年之畜也凶旱水溢則多菜色之民也又嘗詔羣吏勉脩厥職毋以簿書期會爲故者豈非古所謂作興教化以厚風俗乎然而朝廷所擬議制令頒布告期類多賦役獄訟米鹽貨幣之請序俗吏之爲而未見其可使天下回心嚮道之具也又嘗詔中外臣民以密封論時政者豈非古所謂明王問道而求諫百官箴王闕乎然而公車不召對尚書不問言未聞燕見紬繹而覽章引咨也凡爲此者得非先名而後實歟誠能均節財用寬裕黎元矣可以命冢宰制國之經費也誠能導民以德勤民以行矣可以責羣吏於簿書之外也誠能求善無厭改過不吝矣可以來天下之上封論政也凡爲此者所謂先實而後名也天下方患名之浮而不見朝廷勤治之效苟人主一旦奮然揭其實而示之以聳動天下之耳目則德日起而大有功若雷霆之震日月之臨照威聲光耀窮極天地之表而著見萬世矣所得之名豈若向之近似者哉臣敢遂道前世有爲之君殊勳懿烈已驗於往者以取必於睿斷昔漢宣帝勵精親政綜核真僞信必刑賞樞機周密品式備具上下無苟且之意於是生民安業而單于慕義來享議者以爲功優於孝文而德侔於商周之賢王唐憲宗決策定議明抗國威以平數十百年方鎮僭叛之勢則亂階逆本誅削殆盡而國之紀律復振齊威小國之諸侯也委政不治彊隣交侵及其封即墨大夫烹阿大夫發兵四出則趙魏齊之君請和國人震懼無敢飾非者此皆爲之有其實也況以國家大定久安之勢究其實而不奪於名則何施而不可何爲而不立豈特漢唐之比耶惟陛下留神考察

歷代名臣奏議卷之四十一

歷代名臣奏議卷之四十二

治道

宋哲宗時。平章軍國重事文彥博進故事曰。太宗淳化三年二月。詔以新印儒行中庸篇賜中書樞密院。兩制。三館。御史中丞尚書丞郎。給諫等人各一軸。注先是御試進士日。以儒行篇為論題。帝意欲激勸士人敦修儒行。故特命雕印。至是首賜新及第舉人孫何等。次及宰輔近臣。臺閣臣僚并銓司選人。聖旨諭令依此修身為治。仍各於聽事所展掛。終身遵奉之。真宗大中祥符二年十一月。帝作文武七條。其文臣七條。一曰清心。謂平心待物。不為喜怒愛憎之所遷。則庶事自正。二曰奉公。謂公直潔己。則民自畏服。三曰修德。謂以德化人。不必專尚威猛。四曰責實。謂專求實效。勿競虛譽。五曰勤察。謂勤察民情。勿使賦役不平。刑罰不中。六曰勸課。謂勸諭下民。勤於孝悌之行。農桑之務。七曰革弊。謂求民疾苦而釐革之。以賜京朝官任轉運使。提點刑獄。知州府軍監通判知縣者。武臣七條。一曰修身。謂修飭其身。士卒有所法則。二曰守職。謂不越其職侵撓州縣民政。三曰公平。謂均撫士卒無有偏。四曰訓習。謂教訓士卒勤習武藝。五曰簡閱。謂閱視士卒。識其勤惰勇怯。六曰存恤。謂安撫士卒。甘苦皆同。常使齊心。無令失所。七曰威嚴。謂制馭士卒。無使犯禁。以賜節度使以下至刺史及諸司使以下任部署鈐轄。知州軍縣監押駐泊巡撫者。又以禮記儒行篇賜親民釐務文臣。其幕職州縣官監務使臣。仍並賜敕戒勵。令崇文院刻板摹印。送閤門分給之。

臣伏觀先朝賜臣僚儒行中庸篇。及文武臣七條。所以激勵士大夫修飾行撿。及中外臣僚謹奉官箴。其出外任者。朝辭日各賜一本。仍令閤門丁寧宣諭。凡在臣下靡不恭授而奉行。慶曆中。先朝以久羅賜七條儒行中庸篇。嘗降詔書申明。然而後來臣僚久不受賜。無所警策。至有士行不完。進取無恥。官守失職。苟簡無功。臣欲乞舉行此法。依仍才朝辭日閤門給賜。及宣諭誡勵之。臣愚以謂敦獎士類。鎮靜風俗。激勸官吏。治守忠廉。斯乃為治之大本。循致太平之道。故敢竭此區區。仰干宸聽。庶裨聖政。伏乞付外施行。

著作郎范祖禹進故事曰。唐太宗幸洛陽宮苑。謂侍臣曰。煬帝作此結怨於民。今悉為我有。正由宇文述之徒內為諂諛。外蔽聰明故也。可不戒哉。

臣祖禹曰。昔周公召公之相成王。一話一言未嘗不以夏桀商紂為戒也。其臣危亡之言不絕於口。其君危亡之言不絕於耳。故天下國家可得而安也。唐太宗見隋煬帝亡國。故覩其宮苑而以諂諛掩蔽戒羣臣。夫知彼之所以亡。則畏我之所以存。而不敢怠矣。此三王所由興也。

漢昭帝詔曰。朕以眇身獲保宗廟。戰戰栗栗。夙興夜寐。備古帝王之事。通保傅傳孝經論語尚書。未云有明。其令三輔太常舉賢良各二人。郡國文學高第各一人。

臣祖禹謹按大戴禮保傅傳曰。昔者周成王幼在襁褓之中。召公為太保。周公為太傅。太公為太師。保保其身體。傅傅其德義。師導之教訓。此三公之職也。於是為置三少。皆上大夫也。曰少保少傅少師。是與太子宴者也。三公三少。明孝仁禮義以導習之。逐去邪人。不使見惡行。於是皆選天下之端士孝悌博聞有道術者以輔翼之。使與太子居處出入。故太子乃生而見正事。聞正言。行正道。左右前後皆正人也。夫習與正人居。不能無正。猶生長於齊不能不齊言也習與不正人居不能無不正猶生長於楚之地不能不楚言也及太子少長則入于學學禮曰帝入東學上親而貴仁則親疏有序而恩相及矣帝入南學上齒而貴信則長幼有差而民不誣矣帝入西學上賢而貴德則聖智在位而功不匱矣帝入北學上貴而尊爵則貴賤有等而下不踰矣帝入太學承師問道退習而端於太傅太傅罰其不則而正其不及則德智長而治道得矣三代之禮天子春朝朝日秋暮夕月所以明有敬也春秋入學坐國老執醬而親饋之所以明有孝也行以鸞和步中采薺趨中肆夏所以明有度也其於禽獸見其生不忍見其死聞其聲不忍食其肉故遠庖廚所以長恩且明有仁也明堂位曰篤仁而好學多聞而道慎天子疑則問問則應而不窮者謂之道道者導天子以道也常立於前是周公也誠立而敢斷輔善而相義者謂之充

充者充天子之志也常立於左是太公也絜廉而切直匡過而諫邪者謂之弼弼者拂天子之過也常立於右是召公也博聞強記接給而善對者謂之丞丞者承天子之遺忘也常立於後是史佚也故成王中立而聽朝則四聖維之是以慮無失計而舉無過事商周之所以長久者其輔翼天子有此具也天子不論先聖王之德不知國君畜民之道不見禮義之正不察應事之理不博古之典傳不閑於威儀之數詩書禮樂無經學業不法凡此其屬太師之任也天子無恩於父母不惠於庶民不禮於大臣不中於刑獄無經於百官不哀於喪不敬於祭不信於諸侯不戒於戎事不誠於賞罰不厚於德不彊於行賜與侈於左右近臣吝於疏遠卑賤不能懲忿窒欲不從太師之言凡此其屬太傅之任也天子處位不端受業不敬言語不序聲音不中律進退節度無禮升降揖讓無容周旋俯仰視瞻無儀凡此其屬太保之任也天子宴廢其學左右之習反其師答遠方諸侯不知文雅之辭應羣臣左右不知己諾之語簡聞小誦不博不習凡此其屬少師之任也天子居處出入不以禮冠帶衣服不以制御器在側不以度縱上下雜采不以章忿怒悅喜不以義賜與奪讓不以節凡此其屬少傅之任也天子宴私安所易樂而湛飲酒而醉食肉而飽飽而彊飢而惏自取玩好肖執器皿凡此其屬少保之任也不知日月之時節不知先王之諱與大國之忌不知風雨雷電之眚凡此其屬太史之任也昭帝先通保傅傳謂此書也

唐太宗縱死囚使歸家期以秋來就死皆如期自詣朝堂上皆赦之

臣祖禹以為太宗縱天下死囚皆如期自歸此由至仁愛人至誠感物之所致也書曰好生之德洽于民心太宗之謂矣

唐明皇東封還至宋州宴從官於樓上刺史寇泚預焉上謂張說曰鄉者屢遣使臣分巡諸道察吏善惡今因封禪歷諸州乃知使臣負我多矣懷州刺史王丘餼牽之外一無他獻魏州刺史崔沔供張無錦繡示我以儉濟州刺史裴耀卿表數百言莫非規諫如三人者不勞人以市恩真良吏矣顧謂寇泚曰比亦屢有酒饌不豐訴於朕者知卿不借譽於左右也自舉酒賜之

臣祖禹以為漢武帝好用慘酷之吏故董仲舒以守令未得人為言夫一郡守不得人則千里之地受其害一縣令不得人則百里之地受其害欲天下之民皆得其所莫如選擇守令之為急也唐明皇東封過諸州而懷魏濟宋皆有良守亦足見其時州郡多得人矣豈非姚崇宋璟為相之效乎

宋太宗至道元年正月望夜御乾元樓觀燈召司空致仕李昉賜坐

於御樀之衖，慰撫衆人，酌御樽酒飲之，自取果餌以賜。上觀京城繁盛，覩指前朝坊巷省寺之所，令拓爲通衢長廊，因曰：晉高祖優柔無斷，終成奸惡；少主昏蒙，卒至亡滅。洎至漢朝，其政愈亂，致蘇逢吉、史洪肇輩互相猜貳，李崧之族枉陷塗炭。是時京城人情倉惶，殆無生意，豈暇營繕都邑乎？昉對曰：晉漢之事，老臣備經。今陛下恭勤治道，聽政無倦，是致四海清晏，輦轂繁盛。上曰：勤政憂民，帝王常事耳。朕不以繁華爲樂，蓋以民安爲樂。

仁宗嘉祐七年上元，御宣德門，召近臣宗室觀燈，酒行，上顧左右曰：朕非敢獨爲游觀，此因歲時與萬姓同樂耳。

漢制，立春之日，下寬大書，制詔三公，方春東作，敬始慎微，動作從之，罪非殊死，且勿案驗，皆須麥秋；退貪殘，進柔良，不當用者如故事。（胡曰：令初布和令條。邑曰：即此郎之謂也。）

唐舊制，雅俗之樂皆隸太常。明皇精曉音律，以太常禮樂之司，不應典倡優雜伎。開元二年，更置左右教坊以教俗樂，又選樂工數百人，自教法曲於梨園，謂之皇帝梨園弟子。又教宮女使習之；又選妓女置宜春院，給賜其家。禮部侍郎張庭珪、酸棗尉袁楚客皆上疏，以爲上春秋鼎盛，宜崇經術，邇端士，尚樸素，深以悅鄭聲、好遊獵爲戒。上雖不能用，欲開言路，咸嘉賞之。

臣祖禹曰：昔紂作靡靡之樂，北里之舞，以亡其國。明皇即位之初，留意聲樂，故其末年，耽樂奢侈，以致大亂，幾亡天下。人君所好，可不慎哉！夫太常掌天地人之禮，郊廟之樂，舜命伯夷典禮，夔典樂之職也。以明皇之好音，猶不使雅俗相雜。國朝祖宗以來，教坊宴樂隸宣徽院，自宣徽院廢，乃屬太常，以鄭衛之樂，瀆典禮之司，此有司官制之失也。

漢高祖七年，丞相蕭何治未央宮，立東闕、北闕、前殿、武庫、太倉。上見其壯麗甚，怒，謂何曰：天下匈匈，勞苦數歲，成敗未可知，是何治宮室過度也？何曰：天下方未定，故可因以就宮室。且夫天子以四海爲家，非令壯麗，無以重威，且無令後世有以加也。上悅。

臣祖禹曰：禹卑宮室，孔子美之曰：吾無間然矣。周宣初即位，更爲儉宮室，小宗廟，而致中興之功，詩人歌之。蕭何不能以道佐漢祖，乃襲亡秦之奢侈。創業之君，一言一動，子孫視傚。此乃武帝千門萬戶所以興也。臣恭聞太祖皇帝詔宮殿之制，唯得赤白，累聖遵守，不敢有加，儉德之美，過於漢祖遠矣。

唐太宗嘗罷朝，怒曰：會須殺此田舍翁！時文德皇后謂帝曰：誰觸忤陛下？帝曰：魏徵每廷辱我。后退，具朝服立於庭。帝大驚曰：皇后何爲若是？后曰：妾聞主明臣直，今魏徵直，由陛下之明故也。妾敢不賀？帝乃悅。

臣祖禹曰：詩人美后妃輔佐君子，求賢審官。國家將興，必有叡哲之配，儆戒以成君子之德，若長孫皇后感悟太宗，其可謂賢矣。

後漢建武初，任延拜武威太守，光武親見戒之曰：善事上官，無失名譽。延對曰：臣聞忠臣不私，私臣不忠。履正奉公，臣子之節；上下雷同，非陛下之福。善事上官，臣不敢奉詔。帝歎息曰：卿言是也。

唐太宗本以兵定天下，雖已治，不忘經略四夷也。魏徵侍宴，奏破陣武德舞，則俛首不顧；至慶善樂，則諦玩無斁。舉有所諷切如此。（慶善樂者，文德之舞。）

漢武帝建元三年，上始爲微行，常以夜出，自稱平陽侯，旦明入南山下，射鹿豕狐兔，馳騖禾稼之地，民皆號呼罵詈。鄠杜令欲執之，示以乘輿物，乃得免。又嘗夜至柏谷，投逆旅宿，就逆旅主人求漿，主人翁曰：無漿，正有溺耳！且疑上爲姦盜，聚少年欲攻之。主人嫗覩上狀貌而異之。止其翁曰。客非常人也。且又有備。不可圖也。翁不聽。嫗飲翁以酒。醉而縛之。少年皆散走。嫗乃殺雞為食以謝客。明日上歸。召嫗賜金千斤。拜其夫為羽林郎。

臣祖禹曰。仁宗皇帝皇祐二年。四月。御邇英閣讀漢書東方朔傳。至武帝微行數出。仁宗曰。帝王每出。須中嚴外辦。何容易如此。侍讀丁度對曰。武帝以承平日久。藉文景之資。所以窮志極欲。仁宗曰。若安寧之時。常思危亡之戒。豈有後悔。臣愚竊謂武帝以天子之尊。而好狂夫之遊。困於逆旅。幾至危殆。考其行事。是為永戒。仁宗皇帝特發德音。所以垂訓萬世也。

唐肅宗為太子時。常侍膳。尚食置熟俎。有羊臂臑。（臂臑。臑骨也。臑音奴到反。）明皇顧使太子割。肅宗既割。餘汙漫在刃。以餅潔之。上熟視不懌。肅宗徐舉而啖之。上甚悅。謂太子曰。福祿當如是愛惜。

臣祖禹曰。明皇教太子愛惜福祿。不棄一餅。可謂知稼穡之艱難矣。然於其身窮極奢侈。用財物如糞土。卒致天下大亂。何其明於子而闇於己乎。書曰。非知之艱。行之惟艱。明皇之謂矣。

史記樂書。君子曰。禮樂不可斯須去身。致樂以治心。則易直子諒之心油然生矣。（致。猶深審也。樂由中出。故治心。易。平易。直。正直。子諒。愛信也。）易直子諒之心生則樂。樂則安。安則久。久則天。天則神。天則不言而信。神則不怒而威。（言善心生則寡於利欲。寡於利欲則樂矣。志明行成。不言而見信如天也。不怒而見畏如神也。）致樂以治心者也。致禮以治躬者也。致禮以治躬。則莊敬。莊敬則嚴威。（禮自外作。故治身。）心中斯須不和不樂。而鄙詐之心入之矣。（鄙詐入之。謂利欲生。）外貌斯須不莊不敬。而慢易之心入之矣。（易。輕易也。）故樂也者。動於內者也。禮也者。動於外者也。樂極和。禮極順。內和而外順。則民瞻其顏色而弗與爭也。望其容貌而民不生易慢焉。故德輝動於內。而民莫不承聽。理發諸外。而民莫不承順。（鄭玄曰。德輝。顏色潤澤也。理。容貌進止也。孫炎曰。德輝。明惠也。理。言行也。）故曰致禮樂之道。舉而錯之天下無難矣。

臣祖禹謹案禮記樂記。祭義。皆載此語。司馬遷取之以為樂書。蓋古之君子。傳先王之法言。論禮樂之本。而造於道德之精微。孔子之門人。祖述而傳之。亦猶大學誠意正心齊家治國之說也。此學者所當盡心。而人君所宜留意。臣是以敢獻之。

唐明皇每酺宴。先設太常雅樂坐部立部。繼以鼓吹胡樂。教坊府縣散樂雜戲。又以山車陸船載樂往來。又出宮人舞霓裳羽衣。又教舞馬百匹。銜盃上壽。又引犀象入場。或拜或舞。安祿山見而悅之。後祿山反。既克長安。命搜捕樂工。運載樂器舞衣。驅舞馬犀象皆詣洛陽。

司馬光論曰。聖人以道德為麗。仁義為樂。故雖茅茨土階。惡衣菲

食。不恥其陋。惟恐奉養之過。以勞民費財。明皇恃其承平。不思後患。殫耳目之玩。窮聲技之巧。自謂帝王富貴。皆不我如。欲使前莫能及。後無以踰。非徒娛己。亦以誇人。豈知大盜在旁。已有窺窬之心。卒致鑾輿播越。生民塗炭。乃知人君崇華靡以示人。適足為大盜之招也。

史記吳世家。吳王僚九年。公子光伐楚。拔居巢鍾離。初楚邊邑卑梁氏之處女。與吳邊邑之女爭桑。二女家怒相滅。兩國邊邑長聞之。怒而相攻。滅吳之邊邑。吳王怒。故遂伐楚。取兩都而去。

臣祖禹曰。疆埸之事。常起於細微。故兩女子爭桑而吳楚相攻。由漢以來。守邊之吏。或以爭細故。或徼幸功賞。以怒隣敵。至兵連禍結而兩國受其敗。人君不知者多矣。可不戒哉。

漢光武建武八年。帝自征隗囂。隴右潰。囂奔西域。遣大司馬吳漢征

南大將軍岑彭圍之。時公孫述將李育將兵救囂守上邽。帝命虎牙大將軍蓋延、建威大將軍耿弇攻之。潁川盜賊寇沒屬縣，河東守守兵亦叛。帝自上邽晨夜東馳，車駕還宮。勑彭書曰。兩城若下，便可將兵南擊蜀虜。人苦不知足，既平隴，復望蜀。每一發兵，頭鬚爲白。

臣祖禹曰。漢光武以兵定天下，中興漢室。是時隗囂據隴，公孫述據蜀，未得息師。光武厭苦軍事，雖諸臣猛將衆多，猶曰每一發兵，頭鬚爲白。其憂畏如此，蓋深知百姓疾苦，懲用兵之爲天下害也。

順帝時，災異屢見。陽嘉二年春，郎顗上書。其四事曰。易傳曰。陽無德則旱。陰僭陽亦旱。陽無德者，人君恩澤不施於人也。陰僭陽者，祿去公室，臣下專權也。自冬涉春，訖無嘉澤，數有西風，反逆時節，朝廷勞心，廣爲禱祈，薦祭山川，暴龍移市。董仲舒春秋繁露曰。春旱以甲乙日爲蒼龍一。長八丈。居中央。爲小龍七。各長四丈。於東方。皆東向。其間相去八尺。小童八人。皆齋三日。服青衣而舞之。夏以丙丁日爲赤龍。服赤衣。季夏以戊己日爲黃龍。服黃衣。秋以庚辛日爲白龍。服白衣。冬以壬癸日爲黑龍。服黑衣。蛙各依其方色。皆燔雄雞豭豬尾。於里北門及市中以祈焉。禮記檀弓。魯穆公問於縣子。縣子曰。爲之徙市不亦可乎。臣聞皇天感物，不爲僞動。災變應人，要在責己。若令雨可請降，水可攘止，則歲無隔并，太平可待。然而災害不息者，患不在此也。不在祈禱。立春以來，未見朝廷賞錄有功，表顯有德，存問孤寡，賑恤貧弱。而但見洛陽都官奔車東西，收繫纖介，牢獄充盈。臣聞恭陵火處比有光耀。比，頻也。時恭陵百丈廡災，仍有光耀不絕。明此天災非人之咎。丁丑大風，掩蔽天地。風者號令，天之威怒，皆所以感悟人君忠厚之戒。又連月無雨，將害宿麥。若一穀不登，則飢者十三四矣。陛下誠宜廣被恩澤，貸贍元元。昔堯遭九年之水，人有十載之畜者，簡稅防災爲其方也。簡，少也。方，法也。願陛下早宣德澤，以應天功。若臣不用，朝政不改者，立夏之後，乃有澍雨，於今之際，未可望也。若政變於朝，而天不雨，則臣爲誣上，愚不知量，分當鼎鑊。書奏，特詔拜郎中，辭病不就。即去歸家。至四月，京師地震，遂陷。其夏大旱。秋，鮮卑入馬邑城，破代郡兵。明年，西羌寇隴右。皆略如顗言。

臣祖禹曰。天人之交，相去不遠。故漢世儒者各以所學推原災異，其言多驗。臣恭聞仁宗皇帝最深洪範之學，每有變異，恐懼修省，必求其端。近世學者廢而不習。人君奉順天道，不可不留意也。

漢文帝時，賈誼上書曰。三代之禮，春朝朝日，秋暮夕月，所以明有敬也。朝日以朝，夕月以暮。皆迎其初出也。春秋入學，坐國老，執醬而親饋之，所以明有孝也。行以鸞和，步中采齊，采齊，詩名也。字或作薺，又作茨。並音才私反。趨中肆夏，肆夏，詩名。趨，疾步也。凡此中者，謂與其節相應也。並音竹仲反。所以明有度也。其於禽獸，見其生不忍其死，聞其聲不食其肉，故遠庖廚，所以長恩，且明有仁也。夫三代之所以長久者，以其輔翼太子有此具也。鼂錯上書言人主所以尊顯功名揚於萬世之後者，以知術數也。故人主知所以臨制臣下而治其衆，則羣臣畏服矣。知所以聽言受事，則不欺蔽矣。知所以安利萬民，則海內必從矣。知所以忠孝事上，則臣子之行備矣。此四者，臣竊爲皇太子急之。

臣祖禹曰。賈誼之學本於詩禮，故欲人君知禮義。鼂錯之學本於刑名，故欲人君知術數。三代之君以禮義治，故下以誠應之。秦漢之君以術數治，故下以詐應之。人主臨制羣臣，聽言受事，皆以爲術數，而不知聖人之道無二，唯一以至誠而已。唐太宗猶恥以權術接臣下，而況於三代之主乎。又曰。自唐天寶之亂，兵革不息，訖于五代。後周顯德，凡二百十有五年，天下分裂爲八九，生民糜爛于兵。周世宗以雄武之才，在位六年，南征北伐，以強中國，雖綱紀稍振，而大功未成。太宗受命，削平僭亂，然後海內爲一。蓋天將啓太祖之運，以續聖人，世宗征伐之功，實爲有宋開創之基也。觀周顯德以前治少而亂多然後知本朝百三十餘年中外晏安自三代以來未之有也可不兢兢業業以守之哉又曰古者至治之世麟鳳在郊藪龜龍游宮沼河出圖洛出書舜之時簫韶九成鳳凰來儀文王之興鸑鷟鳴于岐山聖人在上則四靈爲畜所以謂之瑞也漢武帝幸雍祠五畤獲一角獸若麃然有司以爲麟武帝恃諆羣臣而終軍上對宜因昭時令日改定告元苴白茅於江淮發嘉號於營丘帝甚異之由是改元爲元狩臣竊考元狩之間有淮南衡山之獄坐死者數萬人吏益慘急而法令察武帝方甘心快意結怨於匈奴命衛青霍去病等將兵連歲出征匈奴亦數入爲寇於是天下騷然倉庫空虛貧民流徙乃與公卿議白金及皮幣以奪商賈之利取諸侯之財吏民犯法者不可勝數於是酷吏用事多至公卿而繡衣直指之使斬斷於外當此之時生民如處於鑪

炭之上然則何以致天地之和氣麟曷爲出哉昔魯哀公十四年西狩於大野獲麟以爲不祥以賜虞人仲尼觀之曰麟也然後取之麟於魯出非其時惟聖人識之故春秋書獲麟武帝得一角獸而有司謂之麟終軍因勸以改元封禪甚矣羣臣之諛也後世言帝王窮兵黷武嚴刑峻法者必曰秦皇漢武蓋以始皇無道而武帝亦近似之矣考其行事豈獨武帝之過哉其臣諛佞以成之也孟子曰長君之惡其罪小逢君之惡其罪大漢之羣臣豈不然哉

范祖禹爲右諫議大夫上奏曰臣竊以朝廷治道必歸于一祖宗創業傳之萬世造立法度皆因衆人之智積日累月講磨而成非獨出一人之意取一時之便而已累聖相承百三十年比之前代治安最爲長久其法有已成之效此可信而不疑也然行之既久則其間不能無弊熙寧之初先帝勵精求治思致太平稍欲更革弊事以光大祖宗之業而王安石用意過當獨任私智悉排衆論呂惠卿曾布之徒欲以改法進身一切變易祖宗舊政至今天下以爲不便前後臣僚論之已詳不待臣言而知也自魏晉以後官名不正國家承平日久未遑制作元豐中先帝置局講求此誠一代大典然有司亦失先帝本意一切遵用唐之六典夫唐六典雖修成書然未嘗行之一日今一一依之故自三省以下無不煩冗重複迂滯不如昔之簡便臣恭聞先帝已厭官制之煩但未及修完不幸早棄天下今二聖垂拱循守成規除去弊事十已七八海內安靖已有成效今臣之愚竊謂朝廷既以王安石之法爲非唯當修復祖宗舊政則天下無事伏望陛下明諭大臣凡所措置變改悉遵故常無得出意於新舊之間別立一法自官制兵制將法民事有未便者更加修完祖宗時所無而今所有其可行者存之不可者去之祖宗時所有而今所無可復者

復之如官制正名則如先帝之規事實則仍祖宗之舊其他可以類推如此則上可以存祖宗經久之法成先帝制作之意下亦便於當今之宜庶使法度不至數變紀綱不復隳壞

校書郎李昭玘進策曰昔先王知同四方連絡萬里使家與家相愛人與人相親保之而不忘合之而不散者有道以維之有政以屬之有法以制之而已以民情爲易離也故以九兩繫焉牧以地得之則食之者不去長以貴得之則事之者不恡師以賢得之儒以道得之則斆其教者安宗以族得之主以利得之則親其上者服吏以任得之則善有以相成藪以富得之則利有以相養以民心爲易危也故又以本俗六安焉媺宮室所以同其生族墳墓所以同其死聯兄弟所以同其憂聯師儒朋友所以同其義同衣服所以同其禮故能上下綂一遠近和合父與父言義子與子言孝長與長言友幼與幼言

弟恩足以合情而相愛。文足以飾貌而相接。此維之有道者也。先王既有以繫其民。又有以安其俗。猶以爲不足恃也。故五家爲比。使之相保。五比爲閭。使之相愛。四閭爲族。使之相葬。五族爲黨。使之相救。五黨爲州。使之相賙。五州爲鄉。使之相賓。至於守望相助。出入相友。嫁娶相媒。有無相貸。疾病相恤。祭祀同福。死喪同哀。男子不足於耕也。相從而助耕。婦人不足於績也。相從而助績。一鄉之事皆通也。無求而不得。一鄉之情皆同也。無爲而不知。此屬之有政也。先王以謂有政以屬於前。無法以制於後。未足以防民也。故從於國中及郊。則從而授之。從於他。則以旌節行之。無授無節。則以圜土納之。竄伏者無所匿。欺僞者無所容。無事而出鄉。則鄉必問。無事而出關。則關必譏。民不擾於流寓。吏不勞於呼索。由此而登於司民。則可以知其數。由此而比於鄉大夫。則可以均其力。由此而斂於司稼。則可以制其

食。由此而會於小司徒。則可以用其衆。此制之有法也。維之既有道。屬之既有政。制之既有法。不幸旱乾水溢。民食不足。轉流四方。則非道之所能維。非政之所能屬。非法之所能制。雖天屬俯仰之間。亦不足以自存。又焉有守邑地居室家而不去者哉。故爲之鄉里之委積以恤艱阨。爲之縣都之委積以待凶荒。又爲之荒政十二以聚萬民。不必斂其利而利可散。不必盡其征而征可薄。力則弛其勞。刑則緩其責。舍禁以救小害。去幾以釋小過。眚禮而使勿冗。殺哀而使勿致。樂則蕃而不用。昏則多而不備。索鬼神以致福。去盜賊以除害。雖凶年饑歲民猶安居重家。俟居飽食。故自少壯以至於老耄。老耄以至於死亡。食其田。飲其井。千里之外不知道塗。百里之外不傳風俗。此先王之保民也可謂至矣。自夫仁政不行。井地不均。民易其業。官失其守。內不能制其情。外不能知其數。此宣王料民於太原。仲山甫所以非之也。迨夫戰國交侵。土地時易。封疆不足以限其遷徙。城邑不足以遏其流亡。管仲以區區瀕海之齊。制國爲二十五鄉。郊之內自軌以至師。郊之外自邑以至屬。以相糾黜。以相保合。少相居。長相游。居處相樂。行作相知。以守則固。以戰則勝。故桓公九合諸侯。而號爲彊國者。善保民故也。自熙寧之初。嘗詔天下行保伍之令。此有意於三代之遺法也。行之數年。法雖具存而民未安土。義不足以相守。則時有桴鼓之警。恩不足以相保。則或起父子之訟。壯力分於出贅。世業入於兼并。戶口隱於圖版。夫家脫於聯伍。輕鄉危家。遠出千里。致秦多晉寇。而魯雜齊語。祭祀不從丘壠。老死不知子孫。罰不及於其鄰。罪不及於其友。其犯法也輕。其背也衆。雖欲均地着之政。立土斷之法。未易制也。昔三代之時。里無閑民。民無游業。居皆勸功樂事之人。出則爲伏節死難之士。以守則國富。以戰則兵彊。今天下壯有力之民。僑

寓雜處。散於四方。手不服耒耜之勤。心不知田畝之樂。爲淫巧奇技商販游傳。其無理之甚者。庸聚不逞。殺人于貨。邑里不告訐。門閭不訶問。縣官鄉吏察治無術。計戶而不得其家。計家而不得其人。居無與守。出無與戰。此爲國計者未嘗不深惜之也。昔者既詔天下置義倉矣。義倉設則雖年穀不豐。民可仰食。貧不至於易業。饑不至於輕家。然後禁游手。抑末作。去舊里者必告。入新鄉者無容。如此。則民無流散之苦。吏無逋逃之憂。三代之法可漸致而力行矣。

昭玘又進策曰。嘗觀漢唐任刺史。或親見問。退而考其所行以質其言。或錄其姓名。得才否狀以擬廢置。或增秩賜金以勞其成。或臨軒受服以先其遣。故漢之吏事號爲稱職。唐之任人所得十五。孟重郡縣之官。慎臨人之責。自古皆然。不特爲今日之所急也。愚竊論之。天下之事有名變而實存者。後世習於名而遂略其實。此名實所以

亟廢。而事功不立也。今之守令視古猶諸侯也。非不有境土也。獨不得欽其賦爾。若勸課之責則在焉。非不有城邑也。獨不得專其地爾。若守禦之責則在焉。非不有官府也。獨不得置其屬爾。若寧治之責則在焉。非不有學校也。獨不得命其士爾。若教養之責則在焉。非不有軍旅也。獨不得專其政爾。若簡習之責則在焉。或以謂古之諸侯與天子同體而尊。故其任重。今之諸侯與朝廷異勢而卑。故其任輕。然不知地土封爵。名數儀物。雖今日之所輕。而重教阜民。養材教士無以異於昔日之所重。承今日之責者。務叢簿書。候期會。以文法吏自處。其於詔令之意。教化之實蔑以爲不急。歲時上計。苟於文具而已。必欲宣德流化。移風易俗。一陶天下之和。固亦難矣。故勸課不修。則耕稼不時。田野荒汙。水旱無具。老壯流徙。守禦不脩。則羣小爲衆。屠牛發冢。焚燒區落。白晝殺人。寧治不修。則吏行貪汙。交貨賣法。公

義不肅。私訐爭出。教養不修。則學舍蕪沒。圖籍塵委。村編野士。論淺俗簡。習不修。則卒伍墮氣。器械鈍弊。春秋角抵。坐作如戲。凡此者吏不知其責故也。國家頻年以來。除繇役。興農利。聯什伍。講學校。練軍士。其法備成。著令數下。郡縣之吏猶不能盡心率職以稱上意。蓋其修飾形迹。附就名數。苟可以奉朝廷之法。其實無至誠惻怛以行朝廷之意。此特失於廉按未精。而督責太輕爾。若三代之時。諸侯之見天子也。春以受其圖。秋以比其事。夏以陳其謨。冬以協其慮。時以發其禁。衆以施其政。天子之撫諸侯也。於諭言語。協辭命。諭書名。聽音聲。同度量。成牢禮。同器數。修法則。有撢人以道其政事。有掌交以道其德意。故能均政刑。合禮樂。一道德。同風俗。以天下爲一家。以中國爲一人者。察治詳故也。今夫州爲之守。邑爲之令。星列棊布。散於四方。萬里之遠。道不足以一揆。法不足以一守。無禮以致之。無政以合

之。凡朝廷之政事法度。雖時下其詔丁寧告戒。而奉承之吏習爲苟簡。大事則行文檄記條目。小事則掛屋壁束高閣。至於獄訟。度數賞幣。征租。力役之常。歲爲一書以上於朝。其人之賢不肖。其治之得失。其事之利害。以謂盡在於此。是亦疎矣。朝廷常患其弊而設監司矣。委之以廉按。付之以督責。修職者薦於上。不才者罷而去。此代天子知人者也。然而監司未必皆賢也。庇姦則以寬縱爲度。喜事則以苛細爲功。懦怯則持鎮靜之說。強忍則徼刻薄之利。挾氣者輕於沮下。幸名者急於趨上。取未必中也。或出於親戚故舊之先。去未必當也。或出於怨嫌忿怒之表。其情狀之相攻。自治且不暇。又況治人哉。朝廷所望於人者乃止於如此。則監司未必爲得人也。夫郡縣之治視監司指領爲近。監司之治望朝廷耳目爲遠。天下之事嘗勞於總覈。難於察治者蓋在此也。唐制。監察御史掌巡按州縣。其一。察官人善惡。

其二。察戶口流散。帳籍隱沒。其三。察農桑不勤。倉庫減耗。其四。察妖猾盜賊。不事生業。其五。察德行孝悌。茂材異等。藏器晦迹以待時者。其六。察黠吏豪宗。兼并縱暴。冤抑不申者。方今莫若時詔御史分出而臨遣之。使郡縣覈於監司。監司覈於御史。御史致其狀於宰相。則天下郡縣之治可指掌而議。可僂指而分。庶幾古循吏之風復見於今日矣。

昭玘又進策曰。天下之治涉於道者無患乎至略。涉於事者無患乎致詳。蓋道之所以官天地。府萬物。役使群動。運之以精神。感之以會通。聖人垂冕南面恭己而已。事所以應時而造。推物而行。號而讀之則有名。旨而議之則有數。自其名而舉之。則小大先後不可易也。自其數而積之。則一二三四不可亂也。然而日之來者無窮。往者益遠。事之方至者常謹。既成者常忽。此所以苟完於耳目之前。浸微於歲

月之久。以至曠敗缺漏。紛紜倒迕而不可考者。常以此也。有一成而不變。或先易而後難。或初因而終華。不有圖籍日陳於前。操以爲驗。稽以爲決。則朝廷上下失於苟簡。官人百吏習於惰偷。上以方信人臣有爲之功。而矜攬緒餘。下亦操人主不自任之說。以彌縫罅漏。雖欲虛心以望成功。拱手以迎太平。是亦疏矣。周之治官也。小宰歲終令羣吏正歲會。月終正月要。旬終正日成。司會掌凡在書契圖板者之貳。以逆羣吏之治而聽其會計。以參互考日成。月要考月成。歲會考歲成。以周知四國之治。以詔王及冢宰廢置。冢宰歲終則令百官府各正其治。受其會。聽其政事。而詔王廢置。三歲大計羣吏而誅賞之。不獨官府之治如此也。春朝諸侯以受天下之圖籍。而行人之官以利害爲一書。禮俗政事教治政刑逆順爲一書。凶災貧阨爲一書。其康樂和親安平爲一書。以反命爲王。以周知天下之故。夫內以弊羣

吏之治。外以周知天下之故。舉無遺事。事無遺慮。其職守之勤怠。功利之登下。用度之多寡。經畫之利害。百日之所積者。一日而槩舉之。百人之所共成者。一人而坐見之。任事之臣不敢爲偷得之利。以倖耳目之所不及。天下之治常爲之不厭。通而不倦。考覈詳故也。後世不知其法。以謂帝王之道必無爲而用天下。不達無爲者無不爲之說。政教禁令。紀綱法度。一切曰有司存。事常至於偏弊而不救者。無術以舉之也。故大事幸天子之不問。小事幸大臣之不知。漢文帝問丞相決獄錢穀數。而對之以廷尉內史。宣帝時郡國上計簿具文。而三公不以爲意。上下如此。則何以督察天下。而與之仰成哉。今陛下必以朝廷官府已行之法度。編爲政鑑。有凡有目。有要有會。而時自閱覈。如裘挈領。屈五指而頓之。不勝其舉矣。使官人百吏宿道向方。勤功樂職。夙夜不懈。可謂治術詳矣。臣聞五霸不及其臣。故委之以能。託之以國。三王臣主俱賢。故合謀相輔。五帝其臣不及。故親自處事於法宮之中。今陛下訓迪厥官。總核名實。此聖功成終之時也。唯陛下加意而已。

畢仲游言併州縣曰。竊觀遠近之勢。要在均一而易治。昔周之盛時。畫千里爲王畿。王畿之外。制天下爲九服。九服相距各五百里。而要服之內。封其地者蓋千有八百餘國。以此知其欲均一也。封國之制。侯百里。伯七十里。子男五十里。不能五十里者。謂之附庸。以營田曲阜之封而不過百里。以此知其欲易治也。及秦變古。裂天下爲郡縣。一郡之地。包十諸侯之封。猶倍侯伯之制。天下之地始不均。而民始嗸嗸。若其難治矣。伏惟朝廷建功立事。一出先王之道。而乃削郡成邑。割邑成聚。所以省官併員。寬去力役。幸天下者甚厚。然一邑併一邑。併去之邑則力寬。併入之邑則力重。邑之有併也。有數百人之邑。

有四五局之官。既併矣。則役去其十數。而官存其一二。是故其力寬。而其併入之邑。一官任二官之事。一人任二人之役。昔之訟者五。今之訟者十。昔之往來者一宿而至。今之往來者再宿而至。其他可以類舉矣。是故其力重。夫小邑併大邑。必無四面之均。以南併北。則南長而北促。以西併東。則西寬而東狹。促狹之鄉。其民逸。寬長之鄉。其民勞。此又理勢之自然也。雖於出錢之數可省三數。然酒稅虧折。則必稱此矣。以淮甸一路言之。邑小則易爲治。地大則難其人。光之仙居。壽之壽春。泗之招信。此小而易爲治者也。廬之舒城。蘄之蘄水。光之固始。此大而難其人者也。理宜割大以爲小。今乃併小而爲大。捨易治而求難爲。非其術矣。且今州縣之役。豈不經。州縣之吏。豈不省。昔先王之封國也。雖子男之邦。必有宗廟祭祀之費。有人徒祿廩之厚。有兵甲車馬之衆。而城郭道路。關梁廬館。尤盛於賓客之事。而其

歲時使人存覜耆歸賑貸慶致禬之來。又有四隣之交。巡狩朝覲會同聘問之集。所以設官致員役民力者蓋甚繁且密。而州縣之治猶於古者無幾。則天下吏員之未易。民力之未輕。不在此矣。爲今之策宜先求建國之大法。要在均一而易治。凡邑之大者。宜割其大以補小。邑之小者。增其小以成大。置一縣之封。必度四面之界。分長鄉以補短。分寬鄉以補狹。縣縣相比。州州相較。大者不使如固始之寬。小者不使如仙居之狹。此之謂均。戶口賦稅之籍。徭役獄訟之制。大畧相等。賢者俯就而有餘。不肖者勉強而無累。此之謂易治。其有大邑次大邑。雖割而猶大者。則增官。小邑次小邑。雖割而猶小者。則減役。官不求苟省。可置則置。役不求苟廢。可存則存。如是則民不驚動而地均。官不勞擾而治定。揩顧相視。而遠近之勢已分。文檄相移。而分割之功已就。官吏之所願。民情之所安。公家之所便。公家併兩爲一。廢州

爲縣。廢縣爲聚。有寬省之小利。成難治之大患。官吏之所重爲。民俗之所驚駭。違今時古法者相去遠矣。均一易治之說。惟朝廷擇焉。

畢仲游又上言曰。治一鄉必有治一鄉之具。治一國必有治一國之具。治天下必有治天下之具。具者。非若簠簋俎豆尊勺鼎鼐可陳於前也。由是而治者謂之具。聽斷獄訟。簿書期會。所以治一鄉也。守法令。拊循其民。以承事天子。所以治一國也。明制度。不得相逾越。貧富貴賤各安其分而易足。所以治天下也。以大治小。則小有所不能容。故孔子之武城。聞絃歌之音而笑。以小治大。則大有所不能治。故孟子不學諸侯之禮而言其略。三代而下。不知治具之有小大。以簿書法令治鄉國之具而治天下。是以天下而終不大治。昔孝文之時。賈誼謂大臣不報期會之間爲大故。至於俗流失世壞敗。因恬而不知怪。爲可太息。孝宣時。王吉亦言公卿未有建萬世之長策。舉明主於三代之隆。而上下僭差。人人自制。是以貪財誅吏不畏死亡。而孝文孝宣卒莫能用。所以然者。治大。有其効緩而遠。治小者其効速而近。人君有治天下之心而求近効。以語禮俗制度禁防之事。則指以爲迂闊。而見簿書法令聽斷獄訟。則以爲治天下如是而足。雖有唐太宗之賢。與房魏論周禮。語未卒而有畫虎之疑。又况不及太宗者。則天下之不大治。凡皆以小治大而無其具故爾。今國家傳序相習百有餘年。方內無事。幾於致平。殆非漢唐之比。而禮俗制度禁防之不立。反甚於漢唐。田宅奴婢車馬服用。悉民之所自爲而莫有限。樂漢唐之小具。不思三代之大治。豈非以上下相安風俗已成。而難於驚動邪。是亦未知講爾。昔楚王患其國之庳車。欲下令使高之。孫叔敖曰。令數下。民不知所從。請數里入高其梱。乘車者皆君子。不能數下。則車自高矣。從之半歲。而楚國無庳車。蓋國家立事好爲法令。而以

深罰重賞隨之。法令既繁而罰深賞重。無以措其手足。是以民驚動而事不立。今如做庳車之意。定爲田宅奴婢車馬服用之等級。在上者躬化以行之。簡其法令。平其賞罰。有不從者。第禁勿使仕宦。庶人則重租賦以困辱之。久以歲月。無求近効。則三代治天下之具將復立於今日。度越漢唐而誦聲興。然則禁勿使仕宦。重租賦以困辱。而終不爲深罰重賞者。亦今日治天下之梱耳。何患乎驚動。

孔文仲對策曰。臣伏惟陛下下明詔。降清問。講求萬事之統。皆非愚臣之所能及也。然臣竊有深憂者。陛下求言好善之隆。名遠出百王之上。至於用言納諫之道。有未克盡其極爾。何者。陛下涖祚之初。首開轉對。以延踈遠切直之言。召一群臣以詢安危利害之策者。此陛下天資謙恕。思得深謀至計。以補所未逮也。而言之既多。聽之既久。卒未聞采一事用一畫見之天下。至於近日四方之人。與夫朝廷之上

賢卿誼羌交章累疏論列時政得失臣考之公議以爲雖臯夔周召之謀所以致君福民寧九廟而安萬世者公議不能過此矣而陛下聞之若不聞見之若不見豈其急近論而畧遠慮安小補而捐大忠乎此臣所大懼也臣願陛下首思聽言用諫之義不聽則已聽則博詢天下之心不用則已用則兼取遠近之策然後動無遺事舉無失計而善政可行太平可議矣臣將論天下事先述此以獻臣誠愚闇不知大體惟陛下省納焉聖策曰在昔明王之治天下仁風翔洽德澤汪濊四序調於上萬物和於下兵革不試刑辟弗用內則儁賢居位以熙於王職外則戎夷嚮風以修於歲貢建皇極以承天心致時福以錫民庶然後日星雨露鳥獸草木効祥薦祉書之不絕甚尊慕之其何術而臻此與臣聞天下之術有大小而人君用之有先後先其大而後其小則用力不勞而天下治宜先而後可大而小則用力愈勞而天下亂天下之術其大者能正其始是也其小者不能正其始是也在昔明王之治天下仁翔而德洽四序調而萬物和以至兵偃刑措儁賢修職羌狄納貢建皇極而天道應斂五福而民氣洽吉祥見於上珍符出於下者正始之術行也後世之治天下萬事失其序而災害荐至者正始之術廢也陛下追慕古昔治功之美而諮求致之之術臣請遂言正始之說夫天下之道三曰王曰霸曰強國天下之本一曰即位即位者主所以自正也始不以正及其末也雖欲變而正之亦無及矣是故始爲強國未有能終之以霸政者也始爲霸政未有能終之以王術者也孔子作春秋書元年春王正月公即位夫元年正月者一年一月也而變之曰元與正者欲人君當即位之初體元以居正也元者善之本也正者道之極也人君能於始初請明力行善本而躬履道極此王道所以成也且夫一之以道德淳

之以仁義此王道也行之以仁義雜之以功利此霸道也專用權謀不顧義理此強國之術也及考其見於効也王道行於數千歲之外詠歌畏愛猶深結於民心而不忍去之霸政止能及其身至子孫之世則廢熄不講強國之術民之視上相疾如仇讎伺其有間則相與蹈藉傾覆之矣凡三道者得失之報若白黑然而世主趨王道者少適霸政與強國者多何也蓋王道所及甚遠而不能取成於倉卒霸政與強國爲斂雖深而能見効於目前人之常情薄遠効而貴速成是所以失趨適之正也漢之文景唐之太宗皆有可致之資又有能致之勢而致治安國不能與三代並者失其所適也伏惟陛下聰睿神武得之於天可謂有能致之資矣日月所被皆在圖籍可謂有必致之勢矣當承祧踐極之始端本清源之日欲王而王欲霸而霸欲強國而國強得失之策繫於一舉而已譬猶御八駿之馬馳九軌之路擇而後往則得其正一或不愼以意馳之則宜之燕者或造於楚矣宜往吳者或之於秦矣則夫事物交會之間不可不愼所適如此臣竊觀近日朝野之論而考陛下意之所適求之於古不能無疑且天下之所以治者貴義而不貴利也柰何先之以興利仁人之所以尊者明道而不計功也柰何一之以望功萬事所以成就者遲久也柰何期之以迫急四方所以畏愛者愷悌也柰何驅之以威刑荀卿曰國者巨用之則巨小用之則小揚子曰好大而不爲大不大矣好高而不爲高不高矣此而望仁翔而德洽四序調而萬物和以至兵偃刑措儁賢修職羌狄納貢建皇極而天道應斂五福而民氣洽吉祥見于上珍符出於下豈不難哉臣願陛下曠然大變而行衆人之所不能爲卓然自致而行前世之所不能到尊尚王道賤略強霸其尊之也若抱渴而需飲其賤之也若辭闇而即明屛去諛佞親近忠

直數御東序開陳圖書講前代之興亡論百王之成敗以其善行以其惡戒避其所得趨其所失仰而思之以夜而繼日也幸而得之輟寐以待旦也有言逆於心必求諸道有言遜于志必求諸非道用其粹而遺其駁擇其要而治其煩凡此皆王道之術而正始之論也陛下深講而力行之則馴致古昔明王之道如決流抑墜爾何患慕之而未臻乎聖策曰朕承祖宗之業託士民之上明有所未燭化有所未孚又退託于任大守重艱于負荷思聞讜直之言以輔不逮庶幾乎治此見陛下虛心訪道至誠惻怛之至意也如臣之愚何足以奉承之而臣嘗聞之曰明欲被于萬物化欲孚於四方未有不自治心始也夫治心者聖人所以窮理之術也人之有心猶天之有極也是故晦冥陰默之中不足以辨南北而能考而正之者極星是也是非紛雜之間不足以審眞僞而能別而分之者心官是也心也者天下之至正也又能養之以正則善惡是非萬事之理無不白矣齋戒以持之使其不失清虛以守之使其不亂問以通之謀以發之此治心之始也及其成也不思焉未嘗不應於理也不勉焉未嘗不合於道也藏之爲志氣而無不充發之爲事業而無不濟如權衡設於此而萬鈞之重銖兩之輕無所不辨如槃水設於此而大如天地細如毛髮無所不察此治心之効也心正則明盡明盡則化至此自然之道

陛下臣聞讜直之言庶幾乎治此天下之盛福也臣聞適於耳目之娛而爲心腹之官者柔從而順也雖芟夷之而常以其有餘浮於一日之意而爲百世之利者則方讜直也雖養長之而常患其不足古之聖賢屈己執謙和顏遜志加之以勞來之厚助之以勸賞之渥凡以養天下剛方讜直之節使森然立於吾庭爲國家廟社之福故夫伏格趨鼎引衣斷檻破裂麻制封還詔書如此之類日常有之而不

爲怪者所以廣聰明而來下情也臣願陛下容忍近臣之獻言納遠臣之論事廣諫諍之任以助聞見補憲肅之官以振綱紀而又力以謙沖假借溫養剛方讜直之氣如漢高祖之於周昌晉武帝之於劉毅然後可以得天下讜直之言以輔治道不然猶卻行求前從舉以訪臣又安補於萬一哉聖策曰蓋人君即位必求端於天而正諸己惟五事得其常則庶證協其應有國以來靡敢自肆而和氣猶鬱大異數見迺元年日蝕三朝洎仲秋地震數路而冀方之廣爲災最甚自處於弗德之致夙籍晨興思其所以此見陛下畏天飭己恐懼修省之盛德也臣聞日食地震者陽微陰盛也而或曰日食者曆之常數也臣請辨之一百七十三日有餘而爲一交然後食此曆家之說也而春秋襄公二十一年之九月十月二十四年之七月八月皆未及一交則食此曆之不合一也二漢之政西京爲盛東京爲衰大率皆二百餘年爾而西京四十五食東京七十四食食之疏密應政之盛衰而然曾無定數此曆之不合二也是日食者非可託於曆其要爲陰盛之應也陽浮爲天而主於動陰凝爲地而本於靜宜靜而動者陰越其分而擬諸陽陽之與陰君子小人之道也君子道長則陽氣發於祥瑞小人道長則陰氣見於災變此天人相與必然之應也易自復之一陽至坤之六陰凡十二卦相往來於一歲之間蓋聖人告人以君子小人之道有相更之勢貴於早防之也在臨則戒之曰八月有凶在泰則戒之曰無平不陂無往不復欲其愼之於八月之前消之於未陂未復之始也陛下欲應變求端謹五事而協庶應消大異而召和氣在乎尊陽抑陰尊君子之道抑小人之道而已凡天下之道有故有新有大有小有老有弱有正有邪有訥有辯有躁有靜以對而言之在上偏者皆陽而君子之道也在下偏者皆陰而

小人之道也上偏欲其過厚下偏欲其常損宜厚而薄之宜損而益之則陰盛陽微君子道消小人道長其敝至於不可扶持此不可不察也若夫舊業必遷而新業必合大臣依違而小臣執議老成淪倚而弱齒簡拔方直疏遠而柔諛親附辨給者獲用而遲蹇者被退銳進者褒陞而默守者遺落陰盛陽微之變莫著於此矣天地告戒之意不爲不審願陛下思所以應之夫陽不可以不尊陰不可以不抑君子之道不可以不進小人之道不可以不退不抑不退其萌雖微及其既盛甚可畏也周之衰諸侯僭天子又其衰也大夫僭諸侯又其衰也家臣僭大夫又其衰也夷狄盟中國此陰盛之極也而春秋自此絶筆矣故臣願陛下早思所以救之聖策曰圖講政務則日至中昃而猶多苟簡之習然進人材則官無虛假而頒之績用之美臣聞講政務而絶苟簡在於責遲久進用人材而底績用在於練名實

易曰聖人久於其道而天下化成夫聖人之才所過者化所存者神而至於論治定功成之業未嘗不待之以久何也速則粗粗則所得暴而所及淺久則精精則所收博而所被深此聖人之意也蓋夫仁必久安義必久由志必久勤法必久守令必久行官必久任士必久養兵必久練將神於累歲之外望化於必世之後夫如是則心一而慮精事詳而理究德新而道大化浹而澤流動乎萬物之上被乎天地之間又何患苟簡之習哉聖人無爲不言而海内大治者以能練羣臣覈名實也官各守其分謂之名職各治其事謂之實丞弼之任責之以論道德和陰陽財計之司責之以通有無足國用諫官責之以直言得失御史責之以彈戢愆違侍從責之以盡規均誨將帥責之以安邊卻敵職司責之以一路之政守令責之以一郡一縣之治如此舉名以責其官核實以督其職而庶績弗凝者未之有也今夫大臣下兼財計之柄小官或侵將帥之權侍從言責不得盡其詞職守令不得專其治未見其能無虛假也朝廷設百官於外内所以治天下萬事非徒爲空名以付之也欲立一事重建一官欲治一政重遣一使未見其能底績用也聖策曰種羌非不懷徠也而邊候或時繹騷以至臨邊輔臣憺明神武臣以爲禦戎之策失之於素而已夫以邊鄙之事不責統帥之臣而求希合倖進之小謀金革之機未爲持重之算而聽輕易動之蹤計是以其弊在於苟爭小功而忘大憂專趨小利而失大信此猾虜所以敢負懷徠之恩踐王圍而抗官師亦吾有以致之而已夫敵之未至也制之宜以經遠之策敵之既至也禦之宜有應變之術齊景公時燕晉爲寇景公患之問於晏嬰而嬰之所薦者穰苴而穰苴卒能逐寇而安邦唐憲宗時劉闢爲梗憲宗患之問於杜黄裳黄裳所薦者高崇文卒能擒敵而定蜀陛下宜詔輔弼大臣各

薦將才而用之則神武憺於天地之表河湟之外當有解椎髻襲衣冠來獻國地者又豈患犇衝之寇不可禦乎聖策曰蒸民非不愛養也而生業或未完富以至外馳使者布宣惠教臣以爲陛下愛民欲其富而不足以富國遣使宣惠教而適足以爲弊蓋失所以先後之序矣夫事有肇禍而法有起患者不謂事之始法之初也累之至多則弊敗積而禍患起此必至之勢也臣嘗爲陛下深慮後世之患而必爲無窮之弊蓋在乎富民之道不講矣[illegible]之謀太深也凡賦斂之於民古人貴其損之而不貴其益春秋書宣公初稅畝成公作丘甲哀公用田賦以爲益之不已則勢窮力弊必至於變改孔子詳錄其事以貽後世之戒臣嘗觀富國之論未起於豐大之世而多出於戰爭之際王者總制六合所以服民心而重國體者在吾道德之盛大不繫財貨之豐盈易之小畜者德之小者也則曰富以其鄰在泰

與謙則道之大者也。皆曰不富以其鄰。夫左右相比之謂鄰。人君之與天下。中國之與四夷。皆鄰也。人君所以運動天下役使四夷。道有餘者。不假於富。德不足者。實富行之。陛下固宜法謙泰之有餘。豈可開小畜之不足。是以巨橋雖積。而商不能居。敖倉雖盈。而秦不能守。非無財也。道德不建。而失天下之心也。夫鳥窮則啄。獸窮則搏。人窮則詐。陛下之民。可謂窮矣。前世所謂無藝極之賦。尺之山海緇之草木。其利皆已入於官。而行於今矣。陛下徐思弛費息用。以寬民財而逸民力。若大禹卑宮惡服。漢文弋綈華舄。以澤天下。庶幾不至大潰而後出泉以取其息。賞使以厚其征。而求富民宣意之名。不可得矣。易之剝者。始於下也。其象曰。上以厚下安宅。所以救剝也。陛下取於下悉矣。上取下悉。則其勢既極。而其象爲剝。孟子曰。君子用其一緩其二。用其二而民有莩。用其三而父子離。臣懼民心積窮。不知所出。

漸爲離散以至剝落。雖有湯禹文武之才。無所復施其巧。易曰。觀我生。觀民也。詩曰。念我皇祖。陟降庭止。陛下觀天下之勢。易離難合。一危則不可再安。上念五聖之業艱難勤苦。一敗則不可復正。則大富國之謀。適足爲深憂。未足爲陛下利也。伏惟發於神斷。亟法進使以幸天下。以福萬世。此四方裂眦決目之所共望。豈獨賤臣之妄言哉。聖策曰。國用雖節而尚煩於調度。兵籍雖衆而未精於簡稽。臣以爲國用雖節而調度煩者。未得節之之道。兵籍雖衆而簡稽疏者。未得簡之之本也。九州土地之產。振粟尺帛之賦。陸輓水漕。銜尾摩轂。日夜合雜以輸太倉。以古準今。可謂盛矣。至於道途之艱。將負之疲。京師之一金。田野之百金也。少府之百金。民屋之萬金也。夫以萬金之費施之於一燕好之中。用之於一賜予之內。此類可勝計哉。地之財有時。民之力有限。人君之費無窮。以有時有限養無窮。此調度所以愈

增而不已。民力所以愈困而不支也。古者宮庭之職百二十員。漢之文帝明帝。給事宦者不過二人。太祖養兵不過十二萬。太宗嘗謂近臣曰。人君當淡然無欲。不使嗜好形見於外。則姦佞無自入矣。凡此皆精心節用之本。寬民養物之要。不務先理其本而廣爲調度之求。故曰未得節之之道也。今夫能省內郡之冗兵。而益以土兵。然後兵可簡也。國家北失幽燕。西捐靈夏。守邊捍塞。無百二之要阻。是以二邊縣卒。恃爲爪牙不可以廢。至於方內無事之郡。百年不識兵革。而例設屯伍。坐蠹民力。此不可不御也。宜依前世府衛之法。使民得以口率出徒。而分天下郡爲三等。上郡五千。中郡三千。下郡一千而止。番休迭上。不過什一。則武備修而簡稽精矣。周公制禮。方五百里謂之大國。其車千乘。爲五萬五千兵。而民不告勞者。施之有序。制之得術也。今之所謂上戶者。征歛甚厚而其力困。所謂下戶者。庸役不及

而其勢逸。而上戶居其一。下戶居其十。是常困其一而逸其十也。家有二夫。古者皆出一兵。今皆逸之而不能用。反歛有限之數帑以給不耕之墮民。此豈周公之心哉。故曰未得簡稽之本也。聖策曰。寬關梁之禁。而商賈靡通。臣聞錢者無用之物。而聖人貴之者。以其能通有用之財也。夫以無用而通有用。是以貴其通而不貴其積。古之所以通貨達財者在乎商賈之職。而不在乎上。今之關市之征。密於布棊。均輸之吏苛於翼虎。商旅易業。轉爲他技。而求財貨之通難矣。聖策曰。捐器玩之巧而工弗戒。此在陛下約己以率爾。陛下約己於上。則六宮豢化於內。百官率法於朝。百姓承流於下。及其久也。風俗轉移。嗜好薄損。有其財而無其尊弗敢踰制。有其力而非其道不敢敗度。則雖不捐器而工自戒矣。臣又聞之。天下技巧華靡之玩。未有不始於京師。欲治四方。先治京師。古之道也。夫以千里之地而四方之

俗皆有爲者。唯京師也。唯其難制之宜甚詳。周法六鄉四郊之内。亶叱長主五家。積而上之。至卿大夫。凡萬有八千九百三十六官。而後足以致京師之治。今京師治民之職。大不過京兆尹。次不過河南令。而求風教俗朴。是以難也。唯陛下擇之而已。聖策曰。風俗浮薄根於取士之無本。教道之不明。而慱詢臺閣之論。所執者不一。豈無救敝之道焉。凡取士之要。不過二科。曰德行也。文辭也而已。臣以爲自三代以上可以用德行。由秦漢以下不過用文辭。而臺閣所以異論者。蓋不過二者之間也。陛下必欲以德行取天下之士。則井田當授也。侯國當建也。民必家給也。官必久任也。鄉當讀法也。家當有塾也。而後可以求全德眞行致之於位。如其未也。而獨設選舉德行之科。是亦無補而已。夫先世之吏正。故所舉者必求仁義孝弟。今世之吏邪。故所舉者不過請託嗜好。故曰今日取士。不過可以用文辭爾。至於教俗之本。教道之法。臣願有獻焉。蓋士節之重輕。未嘗不與國體之安危相應。如根本強弱於下。而枝葉榮枯於上也。昔周之士貴。秦之士賤。夫上有屈體。下無屈道者。貴也。舍己所守。求合於上者。賤也。周秦治亂。考此可見。蓋夫士無守道自重之節。人有翔躁不恥之求。漸漬成俗。恬不爲怪。未有甚於今日也。宜有以矯正其弊。使士知自重。而人蹈廉恥。凡潛德獨行不求聞之君子。必深察之。而使之常在於少顯。仰希俯合昧於寵辱之人。必深觀之。而使之常至於不用。則天下皆知感德之意。士節一變。教俗之本。教道之法。自此致之可也。聖策曰。刑罰煩重。出於設法之多門。沿襲之不革。而將加恩仁之政。使死者少緩。必有可行之術焉。臣觀陛下之意。不過欲倣三代之肉刑施之於從坐之死爾。是未盡觀時制宜之道也。古者政教事朴。雖以聖人之智。而因革之間。猶有未盡者。肉刑是也。斷民之支體。使不爲

完人。此非聖人之心。而三代用之者。因革之理有未盡也。且立尸而祭。近於瀆神。俎豆而食。近於甚野。豈若後世虛神之位。金石爲器哉。肉刑之不可用於今。猶之不可尸祭而俎食。夫大辟之科。至死而不敢怨者。法當其罪也。儻欲加恩仁之政。寬從坐之死。則今之律令。自有減死一等法。捨此不用。而斷支刖足。爲駭民驚俗之政。未足爲可行之術也。昔子產欲止伯有之妖。必并立子孔之後。則夫政雖期於推實。而亦貴於愼名。使天下不知朝廷恩仁之意。而徒傳告以斷人之足而棄之。豈所以爲愼名哉。聖策曰。予欲興乎七教。兼乎三至。以底聖人之道。則宜條其先後之次。欲明乎六觀。盡乎五法。以極天下之治。則宜敘其始末之要。此見陛下慱稽古先。欲舉載籍之所傳施之於今。以盡聖人之道。而盡天下之治也。臣請深論天下之道。先後之次。始末之要。而陛下酌焉。蓋德與刑並行於天地之間。如寒暑相將而未嘗離也。於是之間。必有先後之次。上焉者尊德以勝刑。若堯舜之無刑。成周之措刑是也。中焉者假刑以助德。若西漢宣帝任刑名。東漢明帝善刑理是也。下焉者唯刑而已。秦人以刑致亂。隋人以刑兆變是也。此先後之次不同。故治亂之應異也。則夫養老。尊齒。樂施。親賢。好德。惡貪。廉儉之七教。至禮不辭而天下治。至賞不費而天下悅。至樂無靚而天下和之三至。從而可明其次也。抑臣又聞之。恐懼寅畏者。政之始也。驕逸隳惰者。政之末也。周宣王中興之盛德。而不慎於後。其詩終爲變雅。唐太宗恭儉英武之主。而魏鄭公。劉洎。馬周之徒咸諫以爲漸不及正觀。蓋崇高富貴之勢。驕逸隳惰之所伺也。視其有間則入而不能出矣。是以聖哲之君。遐觀遠慮。思之於所不思。求之於所不求。方其大安也。必以危自厲。方其大榮也。必以辱自惕。不使非常之變起於不測。而至於不可救也。豈非知治道本末

之要也歟則夫六親之等五法之數又從而可推其要也聖策曰仲舒之言班固謂切於當世而可施於今者何策崔寔之論范曄謂明於政體而有益於時者何事昔班固載仲舒漢廷之策於史其間講天下治亂之理可謂詳矣舉而行之皆足以助治而最可施於今日之策臣以爲莫如天道先陽而後陰王政先德而後刑之論也范曄紀崔寔政論數十條於書以爲凡所辨論通明政體而言有益於今者則臣以爲不足深論者也何者寔之大槩欲人主不能純法八世而宜參以霸政嚴刑峻法破姦宄之膽以之行於漢桓帝衰替之世可爾安足爲陛下深論哉策曰無以爲古人陳迹既久而不可舉無以爲本朝之成法已定而不可改惟其改之而適中舉之而得宜不道不透歸於至當陛下議政法而舉適中得宜爲言此天下之望也臣安得無辭以致之蓋勢可以舉則舉之則不失於陳迹力可以改則改之則不泥於成法此因革之常道也至於未適於中未得其宜而改之則今日之變法猶或可議焉臣讀易至革卦言天下之法至於有弊則不可不革也而辭曰元亨利貞悔亡然則革之必至于元亨利貞然後悔可亡爾又曰革而當其悔乃亡然則革之而不當益以招悔也夫革之必至於亨然後可以議革變之必至于當然後可以言變斯聖人之能事易象之精義也思之於冥冥索之於昏昏使盡合道義之中而後革之則一法出而天下倚之若山嶽此之謂革而亨謀之於衆多待之以遲久使盡得上下之宜而後變之則一制行而天下望之若雲霓此之謂變而當古之爲治相與謨謀於廟堂之上至于風移俗易徙善遠罪而天下不知其措置之迹者必亨而後革必當而後變也今則不然一法朝出而夕已罷一制暮行而曉或弊斧鉞不足以禁謗論寬黜不足以抑煩言其故何邪未決其亨

而革之未計其當而變之舉而不必適中動而不必得宜也臣願陛下慎之而已蓋夫革而未盡其至則其勢必復革而有復則法以輕而不信矣法制數變國家之大病也漢徙甘泉后土之祠自是之後三十年間五徙而天地之兆終不能定故願陛下慎之則至當之論無過於此矣陛下慮臣之憚言而不必行則苟飾行以自免則詔之曰言之非艱行之惟艱又慮其畏避埶事而不盡其悃愊也則又曰悉心以陳亦不憚於改爲臣是以敢進其私憂過計之說臣聞天下者大物也是以治之者必得大才苟未得大才而委畀之則天下之政終無時而理矣萬鈞之鼎天下之至重也而孟賁烏獲持之奔走踰越險阻若踐平地此無他其力足也使力不足者負之而趨不獨折絕筋骨又將隳器敗餗而不可救矣易言天下萬物之理莫詳密矣而至於治天下之難台而未嘗不歸之大才碩德之人故屯之不寧必待君子之經綸蠱之敗壞必待君子之振育旅之分散必待智者之有爲否之欲休必俟大人之獲吉聖人以爲當四卦之時不得四人者治之則愈益其亂而無補於治昔湯之求伊尹也見之耕者高宗之求傅說也見之巖築文王之用太公也見之漁釣三士者藏迹至深而三君者能舉而用之者以其取之必求之廣也唐文宗可謂恭儉慈仁勤於致理之主當是時李德裕在其庭而不用裴度指於外而不使乃覽正觀政要而歎息又曰吾視開元天寶事則氣拂吾膺然則文宗所以憂勤盡心者徒虛器爾伏惟陛下法成湯高宗文王公聽廣取以爲法鑒文宗捨本憂末以爲戒獨觀昭曠之道驅馳域外之議不論隱顯不間內外不異遠近不殊明晦才之當者取之德之宜者予之可大者治大可小者治小則天下之才繼踵而出凡陛下所舉而詢于臣者不治而自治矣陛下有爲之術何以先此古

人有言曰。言切直而不用則身危。不切直則不可以明道。苟求所以明道。又遲於危身。此勢之不可並者也。況不由道憂也。由道而不合非憂也。苟求所以由道。又希於必合。此理之不可兼者也。臣學術淺陋。言論狂鄙。罪當萬死。無所敢恨。幸陛下察焉。

歷代名臣奏議卷之四十二

歷代名臣奏議卷之四十三

治道

宋徽宗即位禮部侍郎陸佃上疏曰。人君踐祚要在正始。正始之道本於朝廷。近時學士大夫相傾競進。以善求事為精神。以能訐人為風采。以忠厚為重遲。以靜退為卑弱。相師成風莫之或止。正而救之實在今日。神宗延登真儒立法制治。而元祐之際悉肆紛更。紹聖以來。又皆稱頌。夫善續前人者不必因所為。否者賡之善者揚焉。元祐紛更是知賡之而不知揚之之罪也。紹聖稱頌是知揚之而不知賡之之過也。顧咨謀仁賢。詢考政事。惟其當之為貴。大中之期亦在今日也。

南鄭縣丞李新上奏曰。臣伏覩詔書以四月一日日蝕許中外臣寮及民庶實封言事者。臣學問識陋。不能深明治亂之原。謹條當今急務析為十事。以應詔書所求。伏惟陛下裁擇。臣聞天不言示人以象。天子繼天。故應天以實。行無用之文。以弭昭然之戒。循先儒之腐說以為古人之禮經。其誣甚矣。春秋書日蝕書之而已。不言禳禬之事。而左氏乃有用牲用幣擊鼓馳走之文。書曰。建用皇極。謂大中之道不亨則咎證荐臻。其傳曰。時則有日月亂行薄蝕是也。而古人乃有避殿撤樂減膳之事。是皆不求其端而循其末。不推原其失而狃習之。臣所謂行無用之文。以弭昭然之戒。循先儒之腐說以為古人之禮經者此也。迺者四月丁酉朔日有蝕之。在畢八度。夫日宗衆陽而象至尊。四月正陽純乾之月也。陽生於復至於巳則陰爻盡矣。陰爻盡而猶蝕。明陰侵於陽。是猶小人而乘君子之器。不可以不慮也。臣竊念陛下出膺寶緒乘龍御天。純乾之象也。朔一月之始也。即位人君之始也。天其或者警陛下於其始耶。春秋謹乎始。所以舉其終。君子諫於始所以慎其事方小臣求賢以為助訪落謀廟而後行綸語之數栩自微以及著渙號之發亦惟行而弗返一設不當則舉朞不定再慮莫中則置器非安汨河之源而流卒於不清亂絲之端而求至於不理此陛下所以思正其始也仰惟陛下仁孝治聞睿智有臨而更求己躬之闕失大新憲度刬去弊蠹而復咨政令之臧否欲分左右之忠邪故未即乎正殿而知親賢之為急欲明風俗之美惡故未加乎元服而知民事之不可緩廣垂漏泉而懼上之德澤不下究大闢言路而恐下之疾苦不上聞雖舜之紹堯中宗之繼太戊孝文之起代邸稽古願治之意不過如此而臣竊有議焉自臣結髮讀書彈冠從仕釋負薪之憂而索大官之廩者已十年矣目之所覩者信以傳信耳之所聞者疑以傳疑屬在遐徼所聞未得流賈生之涕抱嫠婦之憂蓋亦有日矣丁紹聖有為姦臣擅命朝多忌諱殺身亡益

而狂狷之論進不得吐退復鯁其喉而不得下見庶人之議于道商賈之謗於市則又與國色羞而懷憤也幸今陛下揭至公之路來直臣之口臣雖疏愚請畢以獻非陛下赦而容之孰肯右臣言者臣嘗謂方今之弊權綱不在人主責任不及宰相朋黨之風熾臺諫之職輕士不素養而用師不素慮而出土木之役興財利之臣進西南亡備以虞倉卒之變內外相蒙而有衰微之漸遠土下吏不識國體繆悠之談欲以上移天意動悟萬乘午夜甲帳乙其處以終篇是非野人之芹則遼東之獻豕者也何謂權綱不在人主自古固有專之者矣政在陪臣則諸田分齊政在大夫則六卿分晉在房闥則拱手在外戚則跋扈在諸侯則僭擬令之弊釋此而在宰相局以知之臣嘗見其挾天子而報私仇攘大臣而生死之尊息于雲端芻狗視同列臺諫欽祗道路側目方哲宗皇帝春秋鼎盛可與有為可與無為者

也不於此時輔弼以仁義啓沃以道德今日兵革明日祥瑞是進之以好勝喜功之心而萌夫驕汰之志則聲色之奉臺榭之樂無所不至矣是蠱人主而奪之權也此與夫言天子不宜登高登高而國耗不宜閑暇閑暇而觀書者何以異也且神考憲度利於民者不一元祐諸人變更倒易失之太銳既竄其身又錮其家廢罷其子弟蹊田奪牛不已甚乎於是排元祐者進士取上第小臣得要官有可以逞憾借交者反復詠導而躁競之士爭致其身非善擾人主之權者不能為也瑤華之廢哲宗皇帝固嘗訪之宰相矣禁掖祕嚴事不得聞而一言喪邦焉用彼相乃至設鉤撫以防民口引羣小以固本根恐其權分則虛右揆而無所薦拔欲膠其權則積輿擾而不恤公議黨已蓄矣而田蚡之除吏尚未盡門如市矣而欽宗之子猶尚撓法作福作威塗人耳目尚賴祖宗法度盤固嚴密周慮遠顧而承平之人

不敢變名姓以復讎養刺客以為用匕首雖銛利不得發盜賊之嘯不敢激民以首事臣恐久假不歸尊之不已而堅冰之漸養虎之患屢在後日則是辨之不早爾昔吳楚七國反以誅晁錯為名侯景陷臺城以誅朱异為名祿山起范陽以誅國忠為名今天下嗷嗷亦必有指宰相以為名者臣願陛下收還權綱總攬在己賞罰之任名器之重雷動淵默出神入神端持太阿無授人柄豈惟天下之幸而亦宰相之重幸也何謂責任不及宰相古者三辰悖序水旱失時災異生變疫癘迭作盜賊竊發蠻夷不賓率以咎丞相丞相亦以不稱職上印綬乞骸骨避賢者路天子勉留之曰君上書歸侯印丐身謝事是章朕之不德其專精神通醫藥強起視事以與朕共治丞相固請則賜之以養牛上尊酒不得已而許之則杜門省愆免冠待罪甚者曰朕未忍退君其審處焉則丞相自殺淮南衡山稱我亦公孫自以

爲無功居位。使諸侯有畔逆之謀。平原東郡民多餓死。而魏相亦以奉職不脩。致災害未息。永徽中。自三月不雨至九月。而張行成告老焉。熒惑守心而罷方進。日蝕而罷王商。問牛喘。而內史以怪丙吉。閑坊門而陷濘者以辱再思。方今丞相殆不知此。而朝廷亦不以此屬之。高堂鮮言。務養崇貴。爲與尸而祝之社而稷之乎。稽攷程接。顧問鹽苶。爲與什己者游。而若己者趨乎。八座議事。而丞相睥睨。如以鵰挾兔。則一切婞嫈。氣焰十倍。寒熱自殊。則模稜以求苟容。伴食以希無責。其間和事忍垢者。又比比也。始霍光謂蔡義可制。故引以同職。林甫謂陳希烈可制。故援以知政。若是而朝廷何賴耶。頃者河北水災。齧地千里。蕩室廬。汩牛馬。老弱轉徙。箱筥錡釜。輦輅藍縷。號泣道路。州縣畏其聚而無給。則更勸而遞遣。占富人之田者。未暇耕鑿。而死者已十八九。所謂賑濟之法。第行空文爾。自雍以西。米斗千錢。而

京東西物價翔湧。兩蜀巳、漢之民。採橡實。屑木皮。以充其腸。而屋無尺椽。突無縷烟。獸游于市。鬼哭于庭。死者若蟻。潰麻作。殆不可以占而記也。朝廷曾不以此責宰相也。宰相亦不以此謝而去也。臣願陛下用鎮撫燮理之任。專責宰相。則天工人續。庶幾乎熙而理。百辟卿士庶幾其率屬。此國家大體。非愚臣之所能條布也。何謂朋黨之風熾。昔堯之朝有舜禹稷契皋陶。太戊之時有伊陟巫咸。文王之朝有閎夭太顛散宜生。武王之朝有太公望周公旦召公奭。宣王之朝則有山甫申伯方叔召虎之徒。然不聞其有比周之嘆。何也。臣嘗謂朋黨之原。始於東漢。盛於唐。甚於本朝。爲患最大而最深者也。方今其標榜爲止三君八俊。其熏焰爲止八關十六子。其禍之起爲止李杜。其憾之結爲止牛李。退休偃月。而經營擠郤者纍纍皆是也。胥公死權佩刎相笑。飴漆不能過其密。神鬼不能窺其奧。張弧於前設穽於

後。其甘如薺。其烈如蝮。笑間藏刃。盃酒殺人者。纍纍皆是也。自古士植朋黨。卒死於朋黨。風俗薄於朋黨。機務廢於朋黨。由朋黨而亂法者。非一日也。一黨去。一黨興。根株蔓延。不可芟薙。天子魏然其中。爲之證佐而已。既排其人。則反其言。其言反。其法變。勢不得不然也。且進君子。退小人。太平之本基。可則因。否則革。天下之良法。前日之去無賢不肖。一切目之曰。元祐黨。詆之惟恐不力。前日之法。無可與否。一切目之曰。元祐法。變之惟恐不盡。逐之惡地。褫職削階者五十餘人。寅緣薦舉。徙而遷罷者。又不知幾何人也。始時讒娼之人。爲十九章。以激怒哲宗皇帝。和之者繆緯如織。雖嶺南君人。蒙罪以去。迄今天下不知其由。謂其有姦謀。則昔漢桓帝之立。止於殺李固。憲宗之立。止於殛八司馬。不如是之甚也。然猶明告天下。咸使知之。夫惡不可掩。罪不可赦。嫉之者與天下同嫉之也。棄之者與天下同棄之也。

柰何執政者實以攻黨。而反以罔上。又以罔民者耶。元祐訴理。欲其改過不吝。俾之自新。捨此無他意也。日月之食而更。則人皆仰之。惡人齋浴。猶可以祀上帝。而含垢國君之盛事。使過古人之用權者也。前日設訴理所執政者。取刻薄吏司其職。抉剔案牘。吹求疵病。縣指而摘之。所雪者輒報罷。而詿誤者益張也。是豈聖人記功忘過之義耶。夫治道惡太甚。見淵魚爲不祥。尅核至則不肖之心生。疾不仁則爲亂之心速。況已滌濯之矣。而復治之。何也。是所以闢告訐之門。而長怨讎之府。欲以此召迎和氣。弭寧天災。得乎。益朋黨之弊也。且自古及今。人不勝天。人能勝天。天定亦能勝人。此忠邪之分。枉直之判。所以有待於陛下也。陛下臨御之始。召元老于外。咨以大政。海隅蒼生。咸謂直道更興。正人在上。而猶懼張權輿作坦腹之謠。劉崇魯有掠麻之哭。則人主疑之而不察。昔小白問害霸於管仲。管仲曰。任賢

而不能信。既信而又使小人參之。者害霸也。唐欽宗謂宋申錫孫直擢而任之。王守澄誣以不道。幾弗免死。此又在陛下待之以不疑。而察之欲其至也。何謂臺諫之職輕。古者御史大夫次丞相。司諫亞九卿。皆天子得自除授。非以時薦而時用之也。非限乎資格也。故名其居。則曰御史府。或曰肅政臺。名其官。則曰中執法。或曰大司憲。嚴其任。則為風霜也。端其本。則曰綱紀也。分左右諫諍。輔人主。格非心。糾百官不如法。如豸之觸邪。如草之指佞。勅容其批也。詔書許其封還也。裾容其牽而止也。檻容其折而勿治也。何者。司聰欲聰。司明欲明。使下之情上達。上之過失。以時而聞。元首之耳目不壅蔽。而無飾非遂事之失。假之以疾惡之權。而實自以為助者也。若人君自聖於不諫。而宰相怙弁沉之手。以閉拒公議。則臺諫之官。結舌飲忠。約時情以去就。殆未免過屠門而大嚼。立仗馬者不嘶。尚可希片言之助。以寵進君子。沮排小人也哉。然用之非其人。則將據要津以自保。而一切觀望。假道為府。以為清要之津。委委備位。否則懷怨隱慝。席風聞以報其私。而為之地者。又安其說而不疑。是非寄雌黃於匹夫之齒牙。此被繡仗斧者。所以不厭其心。而至公之柄。反困於倒持者也。亦未聞朝廷以直敢養士氣。而俯仰寵拔與之溫言。賫之禮物。以吐其骨鯁。開白獸以助勁力。賜黃金以比精厲。而區區言官。猶車中女。三日婦。卷懷皂囊而伏蒲請緘寂。世不聞其人矣。亂之初生。臺諫為虛名。亂之又生。臺諫為備物。鄒浩以言立后事得罪。中外之士。恬於故常。學為轅駒。安於豢蓄。容容日久。一聞其風。則或笑或駭。立朝右者。或目而憎之。嗚呼。古人之所甚易行。今人之所良難知。此衰世之弊。而見於華旦者。甚可傷也。夫世無採詩之官以什民言。又禁之使不得言。道無朝端也。不以集士書。又禁之使不得陳。賢良科廢。而人否

直聲。甔函名存。而士司冷局。天子所賴獨有臺諫官爾。臣竊謂哲宗皇帝強明踈通。不待劘拂而曉者。大臣專恣。築塞言路。外峻刑法。以拒嚼來者。士欲全身遠害。呼吸以終天年者。亦不肯自投諸淵。然而鼎鑊白刃。若置之通逵。付之士師。考其踈論。萬萬不中。則坐之誣罔。士雖死之日。猶生之年。何憚而不為耶。近者陛下擢豐稷孫諤龔夬陳瓘等。列之殿陛。斷自聖知。大協群情。臣願陛下每於閒暇之時。旁採清議。臣設名流。躬自抜識。不以付大臣。使行私恩以叛公正。而臺諫士自以為天子門生。則効誠竭節於萬鈞之下。而羔裘之正直。晨風之飛集。足以跨越古昔。茲事體大。伏願陛下不以臣言為愚而力行之。亦社稷之福。致治之本原也。何謂士不素養而用。古者開石渠東觀以論經。天祿以讎書。宣室承明以訪問。皆天子自育人材。平居無事養之有素。一旦加諸上位。使之陳力就列。左之而宜之。右之而有之。以為相而廟堂無備位。以為將而閫外無敗績。使之言則真御史也。使之居百職事。則名卿才大夫也。置之近侍則正人。列之郡國則循吏。其未用也。則或目之曰。此國寶。此南金。此清廟器。此明堂材。此千里駒。人主振其侶若鵷鷺。高其選若瀛洲。時雨之保護。菁莪之樂育。而巖穴幽隱。玉彩呈露。下僚英俊。錐囊穎脫。號為得人之盛。而三館之士。天子往往徼幸其處。處士布衣。得占詩進見。載之輅車。導之金蓮。使參鈞天帝所之游。以激奬英氣。故拱把之杞梓。有干雲之志。而一班之於菟。有食牛之量。或引之便殿。訪以外事。宰相所不知。諫官所不言者。借筯假箸。得盡閒燕。而內想帝聰。日聞所未聞矣。非養之有素。試之亦有素矣。今郡國庠序之地。以家老圃。太學教化之原。以宗游譚。謂他時十科。適增長浮競。而日者宏詞。又闕通權要。其與選者。皆近臣之子弟。四方寒士。才力雖高。恭有司之不公不明

者何自丞轄而下府寺之要臺閣之妙至一救守一監司選除補敘出自權門天子頷之而已且管晏之智不可以方伊尹呂望伊呂之功不可以擬風后力牧騏驥千里駑馬十駕洪鍾百叩沙石一擊人之才器之相遠也非今日矣驟而談兵則括不可以將驟而用容則武陽不可以使司農必雞吠盜必狗織必婢耕必奴其所以養之者乃求所以用之也臣嘗謂粹美王道粉澤治政卿雲黼黻以昭回雲漢之章盛時豈謂之人而代王言操帝制者詞氣卑弱反蚓國體俗失之俚輕失之誣粃糠我制度斷絕我繩墨所謂大雅溫厚之訓簡嚴易直之文或近於嘲罵不幾於攘臂而猝之此識者所怪而流之遐陬適資夷狄之笑也至於治河者以河決奪官奉使者以辱命削職廉吏十一貪吏十九民社之託筦庫之寄汚穢簡慢吏議而去者略無虛日夫蟲莫知於龍劉累豢而畜之獸莫戾於虎梁鴦養而馴

之士不可養歟亦不可用歟以楚猶多賢臣以衛猶多君子皇宋造邦百有餘年文物之盛比蹤三五非楚衛區區小國之比而一職之闕纔急擇人則天子假名器於近臣近臣斂恩意於私家大起寒滯之嘆甚無謂也臣願陛下養士以歲月日與二三元老講論人物磨礲漸勸取其姓字書之屏風覆之金甌舉而用之以為治世先務從民之望以新天下之耳目豈不偉耶若夫朔方節度得其姓不得其名歐後鄭五有其名而無其實除韋巨源而朝廷解體用牛仙客而士大夫養恩房琯有浮虛之名崔湜無經濟之略是又人主不可以不戒也何謂師不素慮而出臣遠不敢舉三代近不取五季其間彊臣專封而割據山河戎狄亂華而腥膻河洛如魏晉之時則臣不復借喻臣嘗謂漢唐之地廣於本朝而法制不及法制不及雖多奚為也漢興封建子弟大啓九國燕代有鴈門以東齊趙有常山而南梁

楚奄龜蒙而有之荊吴擅江湖鹽鐵之利淮南揔山澤之富諸侯之國聯三垂而控胡越天子止有三河江陵巴蜀雲中隴西凡十五郡而公主湯沐列侯之邑尚在其中唐列藩鎮以為附而大曆正元以後益更負横田弘正盜有魏博王氏盜有成德朱氏有幽薊李氏有淄青劉氏有宣武吴少誠有淮蔡或一傳或再傳或三四傳或一姓或再姓或三四姓四郊多壘唐天子號令所通者不過河湟數郡是四海之遠賦之所入者十之一二而已遠惟祖宗深鑑漢唐之失以立法詒孫謀而不窮內無封建藩鎮之失外無夷狄侵擾之患坐而守此禹世帝王之業也以中國之實甲馬之利可以坐扑四夷而祖宗不肯輕舉而輒發者智慮深也澶淵之役豈得已哉方今西方用兵連年不解青唐順義嚴而復圍是得其地不足守降其王無所用之勞民廢財職此之由永念神考之志謂羌夷驕黠為日已久侵暴

我黎庶虔劉我邊陲天威震疊欲待時而動舉無遺策睿謀神算臣愚不足以知之然臣竊觀夫積粟如山是取於民有制也宿兵於農是教於民有法也志已先定矣計已熟復矣糧已積矣兵已練矣一舉而用之豈無成功也哉今廟堂之上倉卒造次築一城得一級喜見顏面賚予四出使之拓土至玉門列張掖酒泉武威等郡如漢武帝時若是不知朝廷何以為賞也日者固嘗妄發救援行軍死地老師費財關輔空困是皆慮之不素也且今叩關請命未必不包狼子之野心而築城受降未必能斷匈奴之右臂而又契丹輔車相依縱觀勝負强弱之勢徐起而乘我此尤令人寒心今欲進兵亦未可釋甲亦未得臣願陛下遴擇良將堅壁以守少休士卒訓練加勸積粟邊鄙待時而動以追述神考之志所謂萬全之師豈不韙耶何謂土木之役興臣嘗論大禹之卑宮室不如堯之茅茨不剪武帝啓千門

萬戶。不如文帝惜中人十家之産。以禮考之。天子之制有三朝有九門。以考工言之。夏后有世室。商人有重屋。周人有明堂。其度如此而已。治人事天以養體者。亦惟如此而已。洛邑之營。止均諸侯之會。不聞其為游觀之美。靈臺之作。止同庶民之樂。不聞其崇私已之奉。蕭何治未央。孫盛之論以為開後世之侈。楊素營仁壽。裴矩之料以為必婦人之說。諸侯黝堊。大夫蒼。則楹不可丹。春築于郎。冬築于囿。則譏。臺不可為。故阿房就而大盜興。紫閣成而國用竭。驪山幸而荒靈光成而亡。以至鹿游姑蘇。香分銅雀。未暇風雨之避。而招兵火之憂。再行宮室之場。而增禾黍之嘆者。古數有之。殆未可法也。迺者月臺之造。龍艦之制。以般之斤。工輸之巧。晝夜雜作。丹砂曾青之所圖繪。香棼桂楣之所紛爽。碱金玉以次第為步。剞龍蛇以飛走為戲。陶甓倍於南山之土。釘頭多於太倉之粟。以鬼為之。尚憚其勞。以人為之。皆知其不可。而又蓄飾服御。增崇佛廬。大司農不能供無厭之求。諫官御史未嘗有一言之及。閹寺希寵。則樂成奇麗。以蕩搖天心。庶幾荒淫不度。顛倒裳衣。以滋禍亂之芽。而撟矯命令。與知朝政。以隳紊祖宗之法者。在旦暮也。幸陛下繼統以清躬先天下。黜淫靡之觀。究支費之蠹。前此者已罷而勿居。則後來者宜勿啓也。臣伏願陛下日慎終戒。防微杜幾。書無逸為元龜。置欹器於座右。及席儒者而與之考古今成敗之由。疚懷民力。而躋之仁壽之域。則堯禹之至德。孝文之恭儉。亦陛下所常行而不為異者也。何謂財利之臣進。夫先王生財有政。理財有義。而論道者以謂不貴難得之貨。使民不為盜。說禮者以謂貨惡其棄於地也。不必藏於己。使養天下者揣本齊末。厚於人而薄於己。知所謂不貴難得之貨。則雖借黃金白玉以翼。而不能飛。借明珠以脛。而不能走。非特使民不為盜而已也。知所謂不必藏

於己之意。則家給人足。猶吾之胠篋而掌握。盈虛來如江河。積如丘山。不時焚燒無所藏之。非特惡其棄於地而已也。季道末世。經營天下。猶寒家細民。務爭錐刀。而有司之吝。賢士大夫不敢輕議其得失。則桑弘羊起而為公卿。皇甫鎛進而至宰相。財利之臣得志矣。且許行以滕君有倉廩府庫為厲民。而記史者乃謂倉有紅腐。都有朽貫。為富國之美談。王制者又謂國無九年之儲。則國非其國。而鑒古者則曰鉅橋之粟。洛口之穀。為興王之資。則財用之積散與夫取予之多寡。果在於時君世主因事趨變。不拾狼戾為有餘。不強頒穫為無節。求適於當而已。夫以父榷子則必貧。旦旦伐木則必不嫩。而寡婦之利。童子之餉。無非吾國與天下也。若生之而不傷。厚之而不困。使之綑載橐負。各滿其意以歸。見於聲色。此堯舜禹湯文武成康以來。所以父母子民。其愷悌忠厚。發於詠歌。傳於金石。以至于今而不衰也。方今利孔百出。臣不敢備舉。獨指虐民之大者一事為陛下略陳之。且摘山以為茶。民之朝暮不可闕也。議者以謂戶部之計。茶利歲入不訾。邊防之用。仰此以為喉吻之哺。故朝廷假其權。大臣怙其勢。而司其事者過桀跖之徒。奉其法者行水火之政。臣官漢中。目擊其事。利之所在。民賴以衣食。得之則生。弗得則死。亦易可遏也。而比年禁其私販。五木巨械。鉗首貫足。考一逮十。考十連百。囹圄無虛。刑餘半道。而冤痛之聲。至不忍聞。夫臈茶之直。數十倍於草茶。而其罪惟均。細民輕以觸法。自昔然也。今官賤其直以市園戶。不吾市者為私售。酷其威以脅州縣。不吾從者為沮法。陛下試令諸路提刑司具斷獄以上聞。則緣茶事坐者。十倍其他也。交通貧富貿遷有無。商賈之職也。茶事半天下。則商賈不通。商賈不通。則關市之征廢。他司歲計日朘削矣。而又月計軍儲官吏之費。歲摠侵欺失陷之數。其所得者

僅償所亡。是所謂朝四暮三。割膚肉以啖口者也。至於縣官苟旦夕之譴。則抑配良民。以津積滯。而他司按劾所不得與。舖兵為盜賊之淵。則轉寇良民以資口腹。而有司坐視。所不敢詞。故每茶使一過。則衆罵族誹。思臠其肉噬其臍。呼天而詛。操矛而伐之。何啻十目所視。十手所指。柰何朝廷益重而委之。臣所謂貪利之臣進者。斯人之徒歟。陛下之於遠民。忍不聽此而矜恤之耶。閭閻之疾苦。此其大者。如陛下以為鹽池之壞。未復國用尤急於茶利。又神考已施之迹。不忍遽輟。則宜求長厚之吏以補使者。少緩法禁。支計博買外。許之通商。則德澤下流。孰有遠邇耶。何謂西南無備而虞倉卒之變。夫患生於所忽。而燕安為鴆毒之懷。壞防之水。始於蟻穴。拚飛之鳥。兆於桃蟲。故聖人於萃聚之時除戎器。於既濟之時思患而豫防之。今朝廷惟知備西北。而不知西南之可備也。且自嚴茂黎雅以南。古之南詔。

南詔西北接吐蕃。北抵益州。東北際黔巫。自唐時已更臣而數叛。閣羅鳳之攻雲南。劍南節度鮮于仲通乃有白厓城之敗。天寶中。異牟尋與吐蕃幷力入寇。令其下曰。為我取蜀為東府。杜元穎治西川。王嵯巔乃悉衆掩卭戎巂。因陷三州。入成都。止西郭十日。掠子女工技數萬引而南。今南蠻種類已離而不合。西戎道里自梗而不通。其勢不能并一。然國家晏寧日久。兩蜀之民。數世不見風塵之警。白首休居。拊子孫以待盡。賣劍買書。廣弦誦以竟日。外户弗闔而無有吠狗。行人千里而不持寸刃。恬玩已久。臣恐一旦有急。則劍外州郡為蠻夷區落。是入無人之境。而莫之嬰拂者矣。臣蜀人也。知之詳矣。嘗見乞第寇瀘州。董阿丹寇茂州。上煩朝廷命帥遣將而飛輓之饋。一方騷然。今蜀兵驕惰。未可使飽稻飫豕。十九如欲。翔風正嚴。纔步一舍。已呀然汗矣。萬一有變。是決不可使也。蜀之守邊者。因仍徼倖。計歲

月蓄香藥犀馬以去。不問其他。萬一有變。是決不能守也。以至有城池而無樓櫓。有金鼓而無閑習。矛楯以脆易良。弓矢以柔易堅。甲冑爛潰而不復治。障候弛沓而不復明。萬一有變。是攻與守皆無其具也。比年峨眉蠻獠以關市不平。即邑人民掠牛馬以歸。兩林種至挈工徒鑿山開道。直趨盧山。以市珠馬為名。其意果安在耶。使之有飲馬岷江之志。而吾兵不能戰。邊無良守。戰與守又無良具。則斬狄山之頭。虜驕劫之兵。出入自如。蹂躪數千里之地。而民畜為之一空矣。臣所謂西南無備而虞倉卒之變者此也。伏願陛下勿以臣言為迂。詔脩守備。益屯戍。選清白知兵吏以鎮之。斯遠人之福也。何謂內外相蒙而有衰微之漸。昔賈山謂秦以不聞其過失而亡。故杜牧之曰。族秦者秦也。非天下也。春秋書梁亡。左氏言自取之也。穀梁謂心昏耳目塞。大臣背叛。梁自亡也。周之天下。自夷王下堂。平王東遷。而周

室遂微。其亡也。非赧之罪也。秦之天下。自二世暗弱。趙高專恣。其亡也。非子嬰之罪也。西漢之亡。非孺子也。兆於元成之不斷。東漢之亡。非獻帝也。由於威靈之不君。唐自代德姑息。至昭宗而遂亡。夫人之受病。有在榮衛。有在四肢。有在心腹。然非一日而成也。在榮衛四肢。則心腹為之不寧。在心腹。則四肢為之俱廢。榮衛四肢之疾。緩而可治。腹心之疾。急而欲急攻之也。望色聆音以知病所從起。不待疾至而治。謂之良醫。朝廷天下。人主之一身也。仰惟太祖太宗之德澤固結。愈遠。神考之紀綱維持不絕。固無有受病處。蓋嘗治之於未然而已。臣試言之。夫黃河貫地中。猶人之榮衛。邊鄙猶四肢。大臣猶心腹。築隄以壅。疏渠以泄。然後河乃安流。或決於東。或決於西。譬榮衛之不通。故結而為癰癘。纔而絕經絡。治河者不深窮其利。而苟簡一時之功。是諱疾於榮衛也。翦衆不攣。如筋不勝。將不知兵。兵不知戰。如

胃不勝令邊鄙之臣或虛張戰多或擅棄所得苟目前之捷而不設久慮是養疾於四肢也前日太臣專恃顧命頗有德色貪天之功以爲己有臣言之於前矣上賴左廟右社之休山川百靈之助而權臣搖手不得不幸而有他變則莽之文詐操之姦雄掘起而萌亂矣是藏疾於心腹也一身而有此三疾臣所謂内外相蒙而有衰微之漸者此也陛下即位神器攸屬人意所歸而又文母厚德儀坤徽音嗣世洗幾意表而同天道之運扶日虞淵以赫下土之照共斷大務而施設注措人神僉同則不必巫咸和緩之術滌腸紉腹肘後萬金反寬起廢於急迫尋常之間彼榮衛四肢心腹之疾徐診而治之蔵砭所及聚毒供事尚未爲晚也在陛下施之何如耳且令天下如盤石太山陛下求直言而臣以自古危亡之君以爲陛下之鑑不已過乎李雲露布固訐矣而威帝止以不諦何語爲口實韓愈表佛骨固切

矣而憲宗止以天子夭促爲乖剌是二君者有拒諫之實而棄好諫之名安足爲陛下道哉臣釋耒西山立朝無葭莩之親負笈賢關終歲惟雅言之學貧無以自資而載色載笑獨於借書乞火居下位不能媚上官以釣名沽譽所養如是殆 木彊人耳如上所陳皆朝廷已行之迹衆人之所不足言者無裨聖政之萬一而祗自以爲蒙伏惟陛下天縱之聖自誠而明既恭默以思昭曠之道又緝熙而成光明之學昔人求禮於野人求道於芻蕘問迷於童子每況愈下謂愚者千慮或有一得而臣之井窺管見區區欲罄而終未能已也臣嘗惟天下之事莫尚於容聖人之功無易於勤昔陽處父言狐射姑不可將晉君以其言告射姑射姑刺處父于朝而奔狄高宗欲廢武后上官儀諫之及高宗見后則曰是皆上官儀教我而武后卒殺儀且爲容之仰舉趾之高儀可覩也而易測其中前在馳逐後在音聲志

在内也而或見於外人君可以富貴生死天下之士未發其機而人已逆而合之矣況以不容者乎故臣願陛下尚容則無過事明皇之初銳意勵精督復貞觀之治而開元之間號稱太平晚節怠荒聲色游幸失道敗度於天寶之末可爲歎惜夫禹之勤于邦文王之日昃不食非謂其勤于始而已始始而終終也十日暴而一日寒百年爲而一日廢適遠中畫與不適同深耕不穫與不耕同故臣願陛下貴勤則無棄功若夫血氣之衰精神之用隙不在大失不在小永惟陛下深思而長念之則天下幸甚臣誠狂妄干犯威顏臣無任瞻天望聖激切屏營之至

建中靖國元年李朴上奏曰臣聞天下有事不足憂無事深可畏人之情勞則思逸則肆故方其有事之時則憂勤恐懼之心能以危亂而至於治安及其無事之後則驕盈怠惰之氣亦能以治安而至於

危亂舜之時七政齊於上百獸舞於下可謂安且治矣而君臣之間惴惴然常若憂危禍亂之將必至何也知治安之不足恃而驕盈怠惰且隨其後也臣竊觀國家聖作明述自古太平之盛未有久於今日者此正天下所謂無事之時而臣所謂深可畏者也伏願陛下思創業之甚難懼守成之不易親睦九族風示萬邦好惡不留於心喜怒循理而動體仁愛之德而濟之以剛破險詖之論而平之以恕知君子所以致治而慮其難進則任之勿疑鑒小人所以致亂而防其易入則去之必速除心術之害然後可以育人材勵廉恥之節然後可以肅仕路辨嘗試之說然後可以來忠言師老而[illegible]隨可慮莫若以自治爲守禦之策民困而國用不足莫若以節儉爲富庶之本觀俗化而通其變議政事而處其中執持權綱愛惜百姓日謹一日保其初心若是者皆聖政之所當急者也雖然所以致此者有本矣臣

聞昔周成王即位，召公為之保，周公為之師，同心輔導，嘗致謹於起居言動之間。唐太宗開文學選道德名儒十八人為學士，雖飲食游宴，十八人者未嘗不在其中。退朝與討論古今所以成敗，輒至日昃夜分。故成王能光昭文武之業，太宗獨高三代之後，無他，知所以自治而天下不足治矣。臣誠知陛下聰明仁聖，性所自得，然而聖人者德配天地，而志常不足，不識陛下夙興視朝，攡經左右，詔德意志慮者誰乎？陳前世廢興治亂，請得據舊鑒新者誰乎？退居深宮之中，燕見間召，所以備顧問者誰乎？今逕未能遠法成周，立師保之官，宜且近倣唐制，大開學館，博選通儒耆德，使侍經幄，萬機之暇，孜孜與之講論正心誠意事天治人之道。雖陛下聖性所自得者，臣願益加聖學焉。此臣之所謂本者也。臣又聞人主不可求勝於天下，不可廢天下之公議，不可使心術失於毫釐之間，此三者人主之要道也。臣請為陛下別白而言之。所謂人主不可求勝於天下者，何也？臣聞自古有道之君，不敢失一夫之心。以天下者，一夫所積耳。是故為其欲壽，則與之輕刑；為其欲富，則與之薄斂；為其欲逸，則與之緩力。凡上之號令取舍，惟恐一不當於天下之欲，舉足以天下亦相與安之而已也。後世有若韓非商鞅者，始道其君以勝天下之事。其言曰：權勢法制者，人主之操術；彼天下者，必於我聽命者也。而屑屑若是，是以天下為匹夫役也。故或勝之以擊斷，或劫之以裒剝，或勝之以戰鬭。安忍自恣，仇讎其民，民不勝其害，則相與合天下而勝之矣。臣故曰：人主不可求勝於天下一也。所謂人主不可廢天下之公議者，何也？臣聞人主勢能生殺禍福人，而不能變天下之公議。堯舜三代之時，則公議用於朝廷之上，以賞功罰罪，進賢退不肖，而行於天下。至其亂，則廢於朝廷之上，而竊竊然發於閭閻之間，又其甚而設誹謗

之法，以杜天下之口，則又不發於閭閻，而鬱於人心，最甚者莫若秦也。立為腹誹心謗之誅，則欲併與其在人心者而去之也。然且獨能禁於一時，而卒大肆於後世。何則？所謂公議者，其本與天地並立，而是非出於人心之同然，不可得而變者也。知其不可得變而使或發於閭閻，或鬱於人心，或肆於後世，孰若舉而用於朝廷之上，行之天下乎？臣故曰：人主不可廢天下之公議二也。所謂人主不可使心術失於毫釐之間者，何也？臣聞人主者，天下之本也；心術者，人主之本也。養之以道德仁義，則終身而未足以為功；動之以回邪淫泆，則一朝不可勝其患。是何歟？道德仁義難全而回邪淫泆易溺也。古語曰：人主唯有一心，而攻之者甚眾。彼小人之欲禍天下，必先敗壞其君之心術，而後可以得志。是故吾欲尚恭儉，彼則攻之以驕奢；吾欲本仁恕，彼則攻之以煩苛；吾欲務厚下，彼則攻之以聚斂；吾欲用正直，彼則攻之以佞柔。彼其所以攻我者，紛起並至，人主又惡能以一心而保其所難全，勝其所易溺者哉？必主之以平，照之以濟，持之以誠，恐恐然若寇盜之將至，而蚤杜其窺覦之漸也。不然，使之乘吾徘徊猶豫之時，一投隙而得以自售，則浸淫敗壞，而終以不悟矣。臣故曰：人主不可使心術失於毫釐之間三也。知此三者，而大本立矣。臣愚不勝惓惓之忠，惟陛下留神省察，以幸天下。

左諫議大夫陳次升進戒豫六事奏曰：臣器非適用，材不逮人，夙蒙神考之誤知，擢寘臺屬，遂事哲宗皇帝，又叨言責，迄無善狀，終以罪廢。陛下即位之初，搜羅人材，振拔淹滯，起臣於烟瘴之地，擢貳烏府，令復除臣諫議。臣自以天資樸拙，學問迂疏，雖章屢上，天聽莫回。拜命以來，不遑夙夜，思所圖報，輒取古先哲王洎我祖宗之大猷，作為六事：一曰體道，二曰稽古，三曰修身，四曰仁民，五曰崇儉，六曰用人。

以豫為戒。欲陛下念茲在茲。使聖躬無過舉。庶事無不治。亦勞羨愛
君之義也。謹昧死上進。
其一曰體道。臣聞天道運而無所積。故萬物生。帝道運而無所積
故天下歸。聖道運而無所積。故海內服。不可為也。不可執也。無
偏無黨。而蕩蕩乎民莫能名。是以先王擇才頒政。量能授職。設
為宰輔。以經邦國。以理陰陽。以制卿士。以撫四夷。而又使夫通
世務。明治體。多識前言往行者。繩愆糾謬。而議論之。故能垂拱
無為而天下治。彼昏不知。或獨任宰輔。或偏信諍臣。或嘗推誠
為其所誤。而所棄之甚矣其戒也。故書史特詳書為萬世誡者。
如秦之李斯趙高。漢之王莽董卓。唐之李林甫盧杞。皆其君之
所獨任者。至於姦佞滿前而不見。大謀顛錯而不知。名辱身危。
覆邦絕祀。譬猶掩塞耳目而運股肱。其可濟乎。樊豐周廣之於

奏議卷之四十三　十八

孝安。朱异之於梁武。裴延齡韋渠牟之於德宗。皆其君之所偏
信者。至於奪公輔之任。挫宰相之威。讒慝忠良。稔禍社稷。譬猶
芟割其股肱而任耳目。其可濟乎。漢武以英雄之資。即位五六
年間。號勝文景。及其獨任田蚡也。入奏事則語移日。所言皆聽。
養成其罪。遂致有吾亦欲除吏。何不遂取武庫之怒。爾後惟偏
信嚴助朱買臣吾丘壽王主父偃之徒。以辯論詘辱大臣。至於
交私諸侯。潛蘊譖詐。劫殺親王。詎未嘗有得其死者。漢武之志。
豈以其嘗獨任宰輔者如彼。偏信諍臣則又如此。故兩蹶之耶。
由是詭誕之士。奇邪之術。乘隙而進。無正救者。故窮奢極欲。繁
刑重斂。內侈宮室。外事四夷。信惑邪怪。巡遊亡度。哀痛之詔。由
是作矣。臣聞。仁宗之御天下也。民到于今稱頌盛美而不置者。
豈有他哉。不為不執。無偏無黨。如天運之無積。故民心歸而海
內服也。觀其用言者以罪范仲淹之黨。交翻然而悟。皆大用之。
唐介以彈文彥博貶。未幾而復其官。以衆言黜歐陽脩。因范鎮
一言而留之。機圓術妙。可不務乎。臣竊觀陛下即位以來。獨任
宰輔。計行言聽。莫之敢抗。汲引黨與。沸騰于朝。臣恐其竊弄威
柄。而陛下厭之。以致改轍而偏信諍臣。以墮於漢武之失。苟不
出此。若或委心腹寄耳目於近習。則禍愈亟矣。可不謹哉。
其二曰稽古。臣聞堯舜之道。載於二典者。其目雖多。而總其大義。
皆曰若稽古而已。而傳說之戒高宗亦曰。不師古訓。于何其訓。
詩人之頌成王亦曰。日就月將。學有緝熙于光明。夫帝王以一
身而應萬有。苟不該博古今。以深究夫明君賢臣修身治國之
要。雋功偉烈。謀猷方略之施。與夫昏虐賊亂禍根罪首之由。取
是捨非。鑒古道以御今。其何以堪之哉。是故堯舜之所以若而

奏議卷之四十三　十九

順。稽而考。高宗之所以師。成王之所以學者。如斯而已矣。若夫
略典墳之大道。好雕蟲之小技。競一韻之奇。爭一字之巧者。此
腐儒之所為。而蘊德秉志功名者鄙之。況於帝王日有萬機。而
盡心於卉木之間。極意於烟霞之表。將焉用之。隋煬帝尤善於
文。不欲人出己右。薛道衡被誣而死。則曰。復能作空梁落燕泥
否。王胄之誅。則曰。復能作庭草無人隨意綠否。又曰。設令朕與
士夫高選。亦當為天子。梁武帝父子尤刻意於文學。乃至陰陽
卜筮。騎射聲律。草隸圍棊。無不精妙。又何補於治。適足致亂耳。
何則。既騁此以為智能矣。則必恃此以驕慢天下。故賢者由是
解體。而小人競學。是以資嫵媚。則向之所謂智能者。翻為亡身
之具。遺後世之所閱笑者。臣聞陛下潛德藩邸時。則已留意翰
墨矣。即位以來。好為詩曲。以賜親幸。鐫石鋟板。傳播遠近。臣恐

過計。恐天下之人不能盡知陛下由天縱之能。不思而得。肆筆而成。妄以前代帝王之刓精竭慮於雕蟲篆刻之細為比。且曰。天下之政未理。而游心於是。豈不為盛德玷乎。又恐用小人之能是者。則士風靡矣。臣願陛下痛絕浮華無用之文。不便膠於心術。惟一以切磨治道。聽政之餘。躬閱書史。取其關國家之興衰。生民之休戚。成者覩之。敗者反之。以資益聖治之道。以懋稽古之德。豈不偉歟。

其三曰修身。臣聞之詩曰。鶴鳴于九皋。聲聞于天。鼓鍾于宮。聲聞于外。易曰。行發乎邇。見乎遠。蓋修身之應也如此。歷觀古之創業之君與夫中興之主。承乎離亂之緒。其俗其民。久已安於無治。急之則怨。緩之則偷。賞之不勸。刑之不變。於斯時也。而能肇造天命。平滌九區。恢廓宇宙。致治之效。可計日而待者。豈有他哉。蓋明乎人可以誠感。難以户說。乃正其心以及身。正其身以及國。故道德由是而明。風俗由是而美也。何則。人君之所恃以有天下者。曰天命之。民歸之。賢者附之耳。而天親有德。民懷寬仁。邦無道則賢者卷而懷之。是三者皆非脩身則莫能致。不然則昭昭之譽可以矯飾偽行而欺之乎。億兆之心可以興金華寶而召之乎。有道之士可以高爵厚祿而誘之乎。非所聞也。又況君者民之師表。動靜舉措發於中。必形於外。民影從矣。將欲興崇禮義。厚人倫而美教化者。其可以言率之哉。此孟子所謂君仁莫不仁。君義莫不義也。是故堯之民比屋可封。桀之民比屋可誅。豈民異習哉。格之者異也。魏武好法律而天下貴刑名。魏文慕通達而天下賤守節。豈士異尚哉。格之者異也。此皆前事之驗也。其可忽乎。仁宗嘗書無逸於邇英閣之屏。歲久而弊。

命王洙復書之。且曰。朕不欲背聖言。乃置之左。取孝經天子孝治聖治廣要道四章。命蔡襄書以對於右。欲使聖言時存乎顧眄。雖以聲為律而身為度者。何以尚茲。其興事造業。制度遺文。獨超於百王之表宜矣。臣願陛下適追仁祖謹厥身修。日新其德。使百官有司相儆曰。聖德如斯。其可自怠。巖谷之士相勉曰。聖德如斯。其可自棄。黎民戒其子弟曰。聖德如斯。其忍犯上。盜賊率其黨與曰。聖德如斯。其敢猖獗。如是則成康之治可立而待也。

其四曰仁民。臣聞天之視聽在乎民。國之存亡繫于天。王者之所以得天下者。民歸之而天命之也。所以失天下者。民叛之而天禍之也。是故民歸一德。天乃命湯。庶民子來。天乃命周。百姓弗堪。天命殛桀。民罔不欲喪。天訖商命。黔首愁歎。天亡秦祀。百姓怨望。天剪隋虐。古人以水能覆舟。朽索御馬為戒者。豈徒念民之孔艱。則強者為盜賊。弱者膏草野耶。誠恐人君因之不免其身而毀辱及其宗廟。困窮及其妻子也。夫為人父母而生靈塗炭。為人子孫而宗廟毀辱。貴為天子不能保其身以及其妻子。豈宜忍哉。是以盛王兢兢業業以圖治者。誠畏此耳。惟知畏此。故惡衣菲食。輕徭薄賦。使民家給人足。知禮義廉恥之尚。舉天下而安樂之也。頻年以來。水旱屢作。疾癘尤熾。而兩河之民。賦役科須。煩費愁苦。而官司催科急於星火。貪墨之吏從而誅求。竊恐供者有限而取者無厭。以有限供無厭。天下一動。變生舉方。此臣所以痛心疾首。慄慄危懼也。陛下雖屢形詔命。備陳至誠。惻怛憂民疾苦之意。惠澤之下。如置郵傳命。今乃公然廢格。是朝廷之恩。奪於州縣。可不痛哉。自古所患者。君澤壅而不下達民情鬱而不上通以致君勤恤而民不懷民愁苦而君不知至於離叛危亡者踵相及也臣願陛下申勅臺諫監司常切糾察嚴刑名以杜絕之如救拯焚溺以奉社稷

其五曰崇儉臣聞禹卑宮室惡衣服克儉于家以有天下再傳而之太康則已色荒禽荒矣及紂之身竭百姓以為傾宮而天下亡之唐明皇之初棄輿服御金銀器玩令有司銷毀以供軍國之用其珠玉錦繡焚於前殿及其晚節窮天下之侈不足以供其慾由是觀之創業之君昭儉以示子孫其末流猶入於奢靡始於克儉者其終猶至於驕奢況無以啓迪後人不謹其始者哉天下習安於侈靡久矣於今為甚貴介之族與夫兼并之家燕飲之物歌謠之具窮奇極巧以相傾勝銷金鋪翠旬翻月異一領之細至有千錢之直者此風其可長哉臣願陛下以道德

為麗仁義為華以珍玩奇貨為喪國之斧斤以珠玉繡錦為迷心之鴆毒芟夷蘊崇之絕其根本痛自裁抑以禁之褒進朝士之約素清修者貶退其淫荒驕奢者以敦薄俗顧不美哉昔孝文惜百金不為露臺而天下衣食滋殖晉武焚雉頭裘而士敦朴素唐太宗以亡隋為鑑而公私富給夫失節之嗟愚智同惡由恥不及其羣類故勉強為之以相高耳人主儻能躬儉以率之其趣也孰禦臣聞僞蜀以珠飾溺器太祖命碎之且曰以此奉身不亡何待嗚呼聖人之慮遠矣是豈特化當時之習使知其所尚哉

其六曰用人臣嘗學稼於農矣凡播殖之宜耕鋤之功等則穫無或異苟陰陽之和雷風之動雨露之澤不時則與之同饑饉時則與之同豐穰由是而知天地之所以能成其大者豈非以其無私者耶是故先王法之其於用舍也能激天下之不善而使之退愧勸天下之良才而使之樂進以致治者抑亦法天地之無私故能成其私耳後世不識不偏之主鮮克由是其於用舍之際或崇勢地而抑寒門或任親昵而棄疎遠或採虛譽而廢卑賤或悅其才能而略歷試或重朝廷而輕四方或皆反是而益亂其故何也夫君子與小人所出不在於世祿與側微而言行非一事之可驗出處非一端之可見此愚智同知也奈何立賢而有方哉以謂必出於勢地與親昵耶而膏粱子弟至有不辨菽麥而高車大馬以為民上則版築之叟渭濱之漁何從致哉以謂必出寒門與疎遠耶而碌碌庸儒持方尺之紙書齷齪之文以享萬鍾則伊尹之伊陟周公之魯公何從致哉至或採虛譽而廢卑賤悅其才能而略歷試內外迭為輕重是皆昏君

之所為可深戒者夫王者一視而同仁苟德義可尊無擇負販故管仲之舉二盜穆公之用由余齊威王以左右譽而烹阿大夫功成於當年名著於後世可謂明也已矣以舜之聖受命之初且猶歷試諸難況其他乎近古漢宣亦可謂多賢之主矣而蕭望之杜延年蓋其所尤厚者或出而治民或出為邊吏非為煩使之以觀人才亦所以維持四方均內外勢也其治優於文景者不其然乎夫祿一不才爵一無功未病於國而終為害者非惟其忌賢若進而害能者用也而賢能亦羞於同羣或恥居其下此其所以為害也自古人君之於進賢也罔間親疏貴賤無有愛憎惟較其賢否耳故丁公於漢祖有活己之恩非徒不用而加誅焉唐太宗不徇秦王府官吏之怨嗟以為朕與卿輩日所衣食皆取諸民者設官分職以為民也當擇賢而用之豈

以新舊為先後哉。臣願陛下稽古先王，法天地之無私，鑑漢祖唐宗之公正，不以布衣寒士、公卿子弟，惟賢是用，不及私暱，無所偏徇。庶幾賢者彙征，以光左右。

大觀四年，侍御史毛注以當世之急務上奏曰：省邊事，足財用，收士心，禁技巧。近年以來，邊民僥倖，尚得背所入貢者，今必城為郡縣，首所羈縻者，今盡納其土疆。以內地金帛而事窮荒不可計之費，令黔南已有慶分。如夔渝新邊，宜在裁省。運鹽昔主於漕計，今移於它司；常平昔積於外州，今輸於都下。經費安得不匱，財貨何以轉移。願詔有司悉講行元豐舊制，湯之遺，早以士失職為諱。今學校養士，蓋有常額，額外之人，不復可預教養。歲貢之餘，略無可進之地。願留貢籍三分，暫存科舉，以待學外之士，使無失職。東南造作，奇玩花石，綱舟後苑工徒，京城營繕，並宜暫罷，以抑末敦本。凡此皆聖政之所當先。人心悅，則天意解矣。

歷代名臣奏議卷之四十三

歷代名臣奏議卷之四十四

治道

宋徽宗時，陳瓘奏曰：臣聞堯曰：咨爾舜，天之曆數在爾躬，允執厥中。四海困窮，天祿永終。舜亦以命禹。蓋曆數在躬，則有天命也；允執厥中，則盡人事也。天人兩得，則四海不窮而天祿永固矣。堯之所以命舜，舜之所以命禹者如是，則祖宗之所以命陛下者亦可知矣。陛下奄有神器，以天之曆數在聖躬也。今所以保四海而固天祿者，在允執厥中以奉天而已。無過不及之謂中，不高不下之謂中，不左不右之謂中。如天之有北辰，衆星之所拱也；如地之有洛邑，道里之所均也；如五行之有土，萬物之所以生也；如五臟之有胃，百骸之所以立也。知其理而言之者，儒生之所能也；體其道而行之，則非聖人不能也。列子論出石入火之事，以謂仲尼能之而能不為也。能高而不為高，可謂中矣。故六經之道，高而不可不中者也。豈唯六經為然哉，老子之道可謂高矣，然以百姓心為心，則取域中之大焉，有去甚之說焉。老尚如此，況吾儒乎。顯諸仁，藏諸用，一弛一張而不失乎中者，然後足以經世也。今天下學者求治道於莊老，而於漢唐之事皆不取焉，失於高矣，故不中也。又天下之士，一南一北，彼用則此廢，此用則彼廢，失於偏矣，故不中也。不中則如車輪無轂，不能轉物；不能轉則為物所轉，此自然之理也。堯曰四句，自有次敘，故曆數在躬，則當允執厥中；允執厥中，然後永保天祿。

瓘又進故事奏曰：仁宗聽講詩至匪風曰：誰能烹魚，溉之釜鬵。仁宗曰：老子謂治大國若烹小鮮，其義類此。然則古人之興喻，其情豈相遠也。侍讀丁度對曰：烹魚煩則碎，治民煩則散。非聖學之深，何以見古人求治之意乎。

臣按古之聖君適當大有為之時者或創業或革弊不免有所煩
也仁祖以清淨無為之道持盈守成四十二年終始如一蓋得烹
鮮之說而躬行之耳臣故曰漢文之術出於老子而仁祖之治多
似漢文神考謂漢文吾無間然則紹述仁祖之意可知也
博士周行己上言曰臣聞忠臣雖在畎畝不忘其君志士雖無其位
而憂在天下何則君臣之義出於天性天下之人同於一體是以伊
尹畊於有莘而自任以天下之重仲尼孟軻身為匹夫而汲汲皇皇
彼皆遭非其時猶欲使其君為堯舜之君使其民為堯舜之民孔子
亦曰如有用我者吾其為東周乎孟子亦曰豈徒齊民安天下之民
舉安況臣生逢盛世身事明主豈不願陛下享天下之安天下同陛
下之樂承祖宗深厚之德澤固萬世無窮之基業而臣尤以為幸者
以陛下性体帝堯之誠躬行周王之孝有大舜取人為善之大德有

成湯改過不吝之誠心加之以聰明文思之聖學允恭克讓之懿行
是以手詔每下天下無不感悅雖遠方窮僻之民猶有不得盡被陛
下之澤而經國之術猶有不得如陛下之意者豈非有司議法之過
官吏行法之弊乎臣嘗讀易得其說曰天地之大德曰生聖人之大
寶曰位何以守位曰仁何以聚人曰財理財正辭禁民為非曰義今
陛下有天地好生之德居聖人大寶之位守之以仁行之以義而臣
下未有稱陛下之旨任天下之責者夫守位莫大於得人心聚人莫
先於經國用此誠陛下今日之所留意而已行之矣然臣猶有區區
之說者誠謂更化之際古人所難調一之道必有其要故臣為得人
心之說有四一曰廣恩宥二曰解朋黨三曰用有德四曰重守令為
經國用之說有六一曰修錢貨之法二曰修茶塩之法三曰修居養
安濟漏澤之法四曰修學校之法五曰修吏役之法六曰修轉輸之

法臣所謂廣恩宥者誠謂陛下前日聽任之過法度或有未便刑罰
或有失中天下雖知陛下之德而行法之吏不無失人之心臣願陛
下曠然為盛德之舉下責躬之詔其意若曰迺者失於聽任法度過
差恐吾民至有陷於非辜賢者或有廢而未用人失其所澤不下宣
因推應官吏軍民之在罪籍者無輕重悉使自新如此則天下之人
孰不懽然交悅益知陛下之為聖前日有司之為過也臣所謂廣恩
宥為得人心之術者此也夫然後除其黨籍勅戒有司應今赦以前
不得復論繼今以後不得復以朋黨為言朋黨之論誠非國家之利
也夫一人之身內有九族之衆外有婚姻之黨又有朋游之好一家
十人十家百人百家千人以一人失職千人懷戚一口傳情萬口傳
聲陛下誠能念其前事之已往歲月之已久所言失當者或出於忠
誠之憤激所為繆戾者或出於愚暗之無知天下樂生之情同於昆

虫何所不愛陛下好生之德同於天地何所不容臣願無問罪之輕
重時之後先人之邪正悉因大霈一切釋之兩解其黨應前任宰相
執政者與之三京四輔前任侍從者與之帥府望郡前任臺省官者
與之列郡餘官各隨資任聽其仕進已亡沒者悉復之有恩賜者悉
還之如此則人無懷疑之心下無失職之嘆幽明咸被其澤賢愚各
得其所回千人之憂戚為四海之懽聲臣所謂解朋黨為得人心之
術者此也臣所謂用有德者臣誠謂天下之人有有德者有有才者
有才德兼備者操行無邪持心近厚所謂有德也人所不能而已能
之所謂有才也才德兼備者上也有德而無才者次也有才而無其
德者又其次也無才無德斯為下矣故曰賢者在位能者在職又曰
任賢使能所謂賢者有德之謂也所謂能者有才之謂也賢者在位
則朝廷尊朝廷任賢則天下服夫為德非一日之積也德成而信於

人者。又非一日之積也。誠願陛下博選耆艾。參用舊德。蓋耆德之人。知古今之多。閱世故之久。必能為陛下稽古愛民。必不為陛下妄作生事。而又天下之所素知。人心之所素服。用之於一方。則一方之民悅。用之於朝廷。則天下之民悅。陛下能用民悅之人。是陛下得民之悅也。臣所謂用有德為得人心之術者此也。臣所謂重守令者。誠謂天下一家。萬民為本。積縣為州。積州為國。縣不得人。則為陛下失一縣人之心。州不得人。則為陛下失一州人之心。國不得人。則為陛下失天下人之心。是人心者為州縣之根本。州縣者為天下之根本。今朝廷之上。選賢用能。而州縣之任。未嘗選也。資考應吏部之格者。可以得也。朝廷以為不才而黜逐者。可以得也。夫朝廷以堂選為重。吏部為輕。而郡守縣令以吏部得之。是州縣之任輕於朝廷也。朝廷以進用為才。黜責為不才。而郡守縣令以黜責得之。是朝廷輕郡守縣

令之任也。臣願立守令之法。重州縣之任。應今後朝廷之黜責者。不得任郡守縣令。朝廷之選用者。必自郡守縣令。選除如此。則守令知自重而不敢害吾民。民知上愛我。莫不懷上德。臣所謂重守令為得人心者此也。臣所謂修錢貨之法者。其說有三。一曰當十。二曰夾錫。三曰陝西鐵錢。夫錢本無用。而物為之用。錢本無輕重。而物為之輕重。此聖智之術。國之利柄也。臣竊計自行當十以來。國之鑄者一。民之鑄者十。錢之利一倍。物之貴兩倍。是國家操一分之柄。失十分之利。以一倍之利。當兩倍之物。又況夾錫未有一分之利。而物已三倍之貴。是以比歲以來。物價愈重。而國用已屈。為今之說者。不過曰官既罷鑄。聽其自為輕重。又不過如慶曆之法。以漸減其分數。此二說皆不可也。夫盜鑄當十得兩倍之利。利之所在。法不能禁也。自行法以來。官鑄幾何。私鑄幾何矣。官鑄雖罷。私鑄不已也。私鑄不已。則物

價益貴。刑禁益煩。而物出於民。錢出於官。天下租稅常什之四。而糴常十之六。與夫供奉之物。器用之具。凡所欲得者。必以錢貿易而後可。使其出於民者常重。出於官者常輕。則國用其能不屈乎。此一不可也。慶曆之法。前日行之東南是也。自十而為五。自五而為三。自三而為小鈔。自十而為五。民之所有。十去其半矣。自五而為三。民之所有。十去其七矣。小鈔之法。自一百等之至於一貫。民之交易。不能悉辨其真偽。一也。輸於官而不可得錢。二也。是以東南之民。不肯以當三易鈔。而盡銷為黃錢。此前日已行之弊也。然而所以得行者。尚以改鑄之日未久。散於天下者未多。況今公私之鑄日久。併於五路與京師者日益多。其可復如前日公私有五分七分之損乎。此二不可也。然而當十必至於當三。然後可平。夾錫必併之。然後可行。陝西鐵錢必通之。然後可重。臣之說。欲官出進納誥勅與度牒紫衣師號見

錢公據六等。以收京師五路當十。隨其錢數物直平易之。其有奇零不及數者。則隨其多寡。填給公據。許得貿易。若自便於榷貨務算請諸路末鹽鈔。以一季為限。於是悉以所得當十。椿管逐路。或上供京師。隨其所用。改為當三。通於天下。國家無所費。而坐收數百萬緡之用。其利一也。公私無所損。而物價可平。其利二也。盜鑄不作。而刑禁可息。其利三也。然而六等之說。所出既多。則必傳壅不售。傳壅不售則其直必減。其直既減。則公私或損。臣欲進納前日之給綾紙宣帖者。悉更為誥勅。而度牒紫衣師号。悉用黃紙。自法行之後。應官司惟得書填今來進納誥勅及黃紙度牒紫衣師号。候畢。方得書填舊降文字。如此則無傳壅之弊。價輕之患矣。此修當十錢之法也。夾錫之弊。其行未久。輕於銅錢三之一。十三當銅錢之十。臣欲併於河北陝西河東三路。陝西鐵錢之弊。其積已多。輕於銅錢一之十五。臣欲通

於河北河東兩路。蓋錢以無用爲用。物以有用爲用。是物爲實而錢爲虛也。故錢與物本無重輕。始以小錢等之。物既定矣。而更以大錢。則大錢輕而物重矣。始以銅錢等之。物既定矣。而更以鐵錢。則鐵錢輕而物重矣。物非加重。本以小錢銅錢爲等。而大錢鐵錢輕於其所等故也。何則。小錢以一爲一。而大錢以三爲十故也。銅錢以可運可積爲貴。而鐵錢不可運不可積爲賤故也。以其本無輕重而相形乃爲輕重。故臣之說。欲併夾錫與鐵錢通行於河北陝西河東三路。而禁使銅錢。其三路所有銅錢。許過銅錢路分行用。其京東京西兩路夾錫錢。許過鐵錢路分行用。若河北陝西河東行使銅錢。京東京西行使夾錫鐵錢。與銅錢之入三路。夾錫鐵錢之入餘路。各論如私鑄法。如此。則鐵錢與物復相爲等。而輕重自均矣。陝西鐵錢幾廢而可以復行。其利一也。銅錢不流於二虜。其利二也。虜人盜鑄而無所復

用。其利三也。其或鐵錢尚輕。物價尚貴。又有二說以濟之。鐵錢脚重。轉徙道路。不便於往來。一也。拘於三路而不可通於天下。不便於商賈。二也。臣欲各於逐路轉運司置交子。如川法。約所出之數。樁錢以給之。使便於往來。其說一也。朝廷歲給逐路糴買之數。悉出見錢。公據許於京師或其餘銅錢路分。就請以便商賈。其說二也。前日鈔法交子之弊。不以錢出之。不以錢收之。所以不可行也。今以所收大錢稽留諸路。若京師以稱之。則交鈔爲有實而可信於人。可行於天下。其法既行。則鐵錢必等而國家常有三之一之利。蓋必有水火之失。盜賊之虞。往來之積。常居其一。是以歲出交子公據。常以二分之實可爲三分之用。此修夾錫鐵錢之法也。臣所謂修茶鹽之法者。臣欲并酒法而總其鹽鈔算請之數。賣茶撲息之數。榷酤淨利之數。坊場買撲之數。通天下五等而三之。爲上中下十有五等。歲各出緡若干。一切弛其禁令。

使民自便。國省官吏而歲入有常。其利一也。户出緡錢至少。而得以自便其利。二也。小民各安其業。而商賈得通。其利三也。盜賊不作。而刑罰可省。其利四也。臣所謂修居養安濟漏澤之法者。前日朝廷既嘗修之矣。然其利未廣。其費尚多。臣竊欲廣陛下之惠。意縣官之費。謂應天下鰥寡孤獨之無歸者。疾病之無養者。死亡之無葬者。官令各於所在近便寺觀。隨宜收養葬瘞。毋通計及若干人。給度牒一道。如此。則生養死葬者各得其便。一利也。天下寺觀各得度人。二利也。官無濫費。而下獲實惠。三利也。德澤益廣而可以久行。四利也。臣所謂修學校之法者。竊謂前日之法。太煩而難守。費廣而難久。官有一歲四科場之勞。士有五歲一應舉之患。春季一試。夏季一試。秋季一試。冬季一試。官吏之勞。紙札之費。悉如貢舉之法。是一歲而有四科場也。豈非官以爲弊乎。一試入縣學。一年然後赴歲升。再試入州學。

一年然後補內舍。二試外內舍。一年然後補上舍者。歲終然後入辟雍。入辟雍者遇大比然後得推恩。凡此數者每試必得。必有考察。必遇大比。已五年矣。而況試未必得。得未必有考察。貢未必遇大比。是又有七年之久者。有終身不得進者。豈非士以爲患乎。臣欲廣陛下教養之意。而覈其實。簡有司選試之法。而省其費。謂宜州置州學教授一員。命官充之。選有學行者。視其資秩。爲請給人從之數。縣置縣學教授一員。舉人充之。月給職錢五千。學生之入縣學者。不試不給食。學生之入州學者。初歲一試外舍。取文理通者。不限以數。比歲再試內舍。取外舍十之一。三歲再試上舍。取外舍十之一。於是貢于太學。太學總天下所貢之數而大比焉。又取十之一。乃奏名而官之。應三舍生願在學與游學於外者。聽其自便。內舍以上官給食。若在外犯公罪徒。私罪杖。雖贖及在學犯第二等以上罰者。各不得預試。每

夫比之後，一再試如初法。嘗預貢者免試外舍。至於試士之法，其弊亦久。人守一經，無不出之題，文為一格，無甚高之論。以博學好古為迂闊，以綴緝時文為捷徑。是以老成久學之士未必得，而後生淺聞之徒多預選。臣謂宜革選試之法，使人試五經大義各一條為第一場，子史時務策各一道為第二場，宏詞為第三場。如此則高才實學者無不遇之歎，而新進寡學者無濫得之幸。是為今日學校之所養者，必為他日三舍之所選；今日三舍之所選者，必為他日朝廷之所用。學校益廣，一利也；考選益精，二利也；士得自便，三利也；所費至省，四利也。臣所謂修吏役之法者，其說有二：以田募吏，一說也；以兵代役，二說也。以田募吏之法，水田上等一頃，中等一頃半，下等二頃；陸田上等二頃，中等三頃，下等四頃。州縣每案募吏一人，使世其職，身殁聽以子孫家人承代，試而後補。犯枉法自盜贓者，逐其田別募。隨其案之繁簡，許保任書手一人至三人，月給顧直三千。犯枉法自盜贓者同罪，餘罪輕重有差。如此則吏得久其職，而可以責任，一利也；人知自愛而重犯法，二利也；民不受弊，三利也；顧直可省，四利也。以兵代役之法，應州顧散從、縣顧手力，悉易以廂軍；廂軍不足，以禁軍。其教閱更代差出，各如本法，即不得下鄉幹當公事。如此則顧役可省，其利一也；兵無冗食，其利二也。臣所謂修轉輸之法者，臣誠以謂領使太煩，轉輸不一，財散而費廣，權分而勢輕。臣欲悉減諸司官，每路只置轉運司一員，使轉輸財賦；按察使一員，使察廉吏治。皆以望重品高者為之，許各辟官屬，分治其事。如此則權一而事治，其利一也；官省而費輕，其利二也。凡此十說，臣皆推原陛下仁聖之美意，修廣今日已行之良法，於當更之時，順民悅之情，定一代之典，為萬世之利。至於事之緩急，行之先後，法之纖悉，儻蒙萬機之暇，留神

聽覽，或有可采，別具條對，出自宸衷，斷而行之。臣非敢懷邪而觀望，希賞而幸進，惟欲陛下受天命無窮之福，天下安陛下和樂之政，宗廟永寧，社稷永固，臣之至願也。

李復上奏曰：臣聞聖人御天下也必以道，而道者，南面之術也。其所謂道者，豈但漠然而無所事哉？其用至微，其功至周，皆隱於綱紀法度禮樂德政之間，使四海安然而無事，至千萬世而無弊，天下由之不知其所以然而然也。古之致治者惟堯能之，孔子稱之曰：煥乎其有文章，乃綱紀法度禮樂德政之謂也；巍巍乎其有成功，乃天下安然無弊之効也；蕩蕩乎民無能名，乃不知其所以然而然也。夫惟如是，所謂道也。後世無不稽焉。前世自唐末至五季，天下糜爛大壞，有識者傷之，至於不忍言。國家之藝祖太宗，潛而未躍，熟稔昔者禍亂之所由起，自膺天命，凡立一法，欲絕一蠹，凡舉一政，欲去一弊，小大遠近，皆有綱紀法度維持，不以喜而妄與，不以怒而妄罰，使居官者修其職，安其分，而不敢妄作，不敢苟悅，無狂易僥幸之心；百姓守其業，樂其生，無橫擾困苦之患。累聖循之，迄今一百六十年，天下晏然。自三代而下，未有若本朝平定之久也。恭惟陛下即位已來，延見臣下，必訪治道，四方聞之，皆曰：今唐堯在上矣。臣願陛下思祖宗修立紀綱法度維持天下之意，不取目前之虛美，而求經久之遠慮，使上下各安其分守，職業具舉，朝廷清明，民物繁富，弊無由而起，蠹無從而生。天下不知其所以然，豈非配天廣地之業哉？治道莫盛於此。臣跡遠愚蠢，不知治體，狂妄獻說，惟赦之幸甚。

復又論虛名實敝，上奏曰：臣聞古先哲王之舉事也，常艱於其始，而深慮其終。始雖可為，後不可繼，則不為。蓋慮得其虛名而受其實弊。天下四海雖甚大，亦猶庶民之一家。以一家之事推之，乃天下之事爾。

臣嘗觀舊史見前世不能深思遠慮輕動生患者。其事甚衆。不敢遠引以瀆聖聽。以臣今親見所謂庶民之家者論之。臣居有鄰人。承其父業負郭有美田十餘頃。衣食富足。不能力穡篤治。為人所怵。喜多田之豪名釐索又營遠山之瘠田數十頃。欲人稱其田之多也。遠田無所得常以負郭資之。歲久因遠而困。此求虛名而受實弊也。陛下承祖宗積累之休。無幽不燭。無遠不察。其多事輕動以求利者。不能昧聖聰。必久已察之矣。固不待螻蟻之微獻其愚。臣惓惓之誠。更願終謹之。幸甚

左司諫江公望上奏曰。天下大器置諸安則安置諸危則危。此知置之之地。未知運之之手。天下神器為者敗之。執者失之。此知運之之手。未知藏之之道。藏天下於天下而不得遯。此所以為道也。天下有常安之地。聖人操妙用之手。至人藏不動之道。不動常動。動常不動。運實不運。不運常運。安常不安。不安常安。此宰制天下之妙理。管仲霸齊。一以其君霸。伊尹周公收拾亡葺。以其君王。大舜神禹得之。以其君帝。孔子曰。惟天為大惟堯則之。與天同体得所以藏之之道。禪之匹夫。如擽芥揮涕之易得所以運之之手。煥乎其文。巍乎其功。得所以繕全之理而置之者也。自堯而下。不以人治天下。以人治天下。貶於道矣。舜捨己從人。禹惟不矜不伐。湯執中。文王翼翼。武之斤斤。以器之不可滿。而先為可持之方。成王持盈守成。以器之已滿而見於能持之力。道既貶矣。器亦狹也。嗟乎戰國之縱横。秦漢之吞并。有為之之敗。執之之失矣。誠其妙不知所以藏。其粗不知所以置。天下無事亦幸爾。今有器焉。蠱而不飭。蕩而不綱。敧而不平。漏而不葺。置之能安以否。身坐其中。雖巨有力焉。能逆行以否。一日為有力者負之以去。謂之善藏以否。器既如是。天下亦然。陛下以仁為樸。以義為

削以信為繩。以智為巧。以禮為繪。政以制其用。刑以文其蠹。啾啾萬鳴。蠢蠢群動。同在一器。虛而不實。故衆實之所會。靜而不動。故群動之所止。止而無止。則動亦寂矣。會無所會。故實亦空矣。虛實一体。動靜同域。莫得其隙。莫窺其用。陛下以此藏之。孰能移也。得之於天人。非容心也。視之若敝屣。非有愛也。承之於宗廟。非敢怨也。行一不義。殺一不辜。非敢為也。人愛亦愛之。人棄亦棄之。示至公也。上而公輔。下而有司百執事。或坐而論道。或作而行之。各當其力也。不在一曲。不滯一隅。東顧西眄。左提右挈。如在掌握之上。陛下以此運之。孰能弊也。不畏多難而以無難為憂。不矜無過而以改過為美。居安思危。在治思亂。以山河為金湯。以夷狄為赤子。外之郡國。若犬牙之相制。内之宗族。若盤石之鎮安。建極於四達之塗。躋民於仁壽之域。陛下以此制之。孰能危也。藝祖神考能運而藏之者也。仁宗能安而置之者也。今舉以付陛下。如何其勿思也。臣之言若誕而不可考稽。皆目前之至理。非外取也。張湛曰。至妙之所會者更麤。至高之所適者反下。臣以為知言。惟陛下財擇。

公望又奏曰。人君明目達聰。所以通下情也。前後有旒左右有纊。所以防太察也。太察則聞人之過。下情不通則不聞己過。聞人之過則姦生而刑濫。不見己過則心塞而禍萌。此周之厲王。以防口而召亡。漢之顯宗。以耳目隱發為明而速亂也。邏者之興。推求其意。不過以求瑕搜匿。鉤致盜詐。出於不備。擿發如神。此一酷京兆之俗才爾。使京兆為之側目耳。陛下以天下為度。海内為家。而為良京兆所不為。伏惟陛下即政之三日。一切罷去。天下聞之。翕然歸心。開口張瞻。人人自安。告訐不長。風俗向厚。比聞稍稍復置。益舊額通為七十人。一人量以十人為耳目。十人之中。一人又以十人為之。撒之通逵永巷。

不啻數千百人矣夫婦醜詆之言仇隙懟傳之語增情飾狀摘隱抉伏何所不至人人跼蹐各各疑慮親戚不敢誠朋友不敢信目不敢注視手不敢直指若此定非清世之美事也昔吳主孫權用呂壹舉罪糾姦纖介必聞深案醜誣排陷無罪以作威福步騭力詆其非權尋誅壹覺悟尚早蓋小人因緣銜命不務奉公利在憑藉威勢杜絕人口公然作過使上聰不達威柄潛移刑及無辜睽睽萬目聞人之過不聞己過之所致也老子曰察見淵魚者不祥以察為明是誠不祥之兆也陛下豈不思畿甸之外非陛下之民乎人各有心能使之昏昏不諭朝廷之所為乎人各有口能使之嘿嘿不議陛下政事乎既不可揜於天下何獨察察於輦轂之下以為明哉語曰天下有道庶人不議信乎有道不可得而議也伏望陛下以道御天下使人蕩然不疑無得而議何為蹈吳之故轍而不知革彼猶能因言以誅一壹執謂陛下鑒此而不能之乎頗黜獻議之人通舊額人數一切罷去除禍者必鋤其根植福者必封其本毋謂昔有額而不可去也其根尚存枝葉他日復生矣不可不察

趙鼎臣對策曰臣聞天下之勢莫重於已安聖人之慮常切於既治古先盛王不以太平盈成為可樂而以長治為難不以垂裳拱揖為多暇而以居安為懼故衢室載放勛之問總章志有虞之訪謀及卜筮學至芻蕘凡以不恃獨見之聰明而思得天下之忠言嘉謨以濟其治也不惟有以明已善而又有以取衆善不惟有以鑒已然而又有以防未然聖而益聖安而愈安蓋皆出于此矣恭惟陛下承休祖宗合德天地仰奉太母之慈訓懋昭先帝之盛烈據已安之勢撫既治之俗猶於多士在廷親屈聖問勞謙退託質所未逮此誠陛下推堯舜之用心而使有若卜筮芻蕘者咸得預謀而備問也臣愚不肖

草野狂贛妄殫所聞思補聖德之萬一惟陛下赦其昧死臣不勝至願伏惟聖策稚兩漢之政鑒方今之治懸大辟之尚衆念寒燠之或差此見陛下求治之深也臣聞善言古者驗於今善言天者驗於人陛下仁慈恭儉視民如傷置官立司裁省浮費而約賞節用首自宮掖則非特衣綈履革而已銖金尺帛不妄賜與臺池苑囿無所增飾則非特惜十家之產而已發內庫之金以賑凍餒散上供之粟以賙饑饉則非特除慘酷之科著胎養之令而已應天必以實見異必修德此宜天地之氣交感旁暢遐邇之民承風向化俗興禮義而年穀和熟以答陛下之休德也然聞有不能爾者雖臣嘗疑焉請為陛下陳之臣聞人之怨咨鬱於下然後天之舒慘變於上故水旱為沴本民情之未和民情之未和由大辟之滋衆蓋民無常產因無常心則放僻邪侈無不為已及陷罪而刑之孟子謂之罔民此不可以不戒也臣竊謂方今有仁政而無仁吏故郡縣之政徒謹簿書有司之居諱言教化化不下究則民起而觸憲網食不家給則人窮而為盜賊胥鄙之所獲追胥之所執歲不下以千百數有司徒能据法以當其罪而未嘗論陛下所以愛養元元之意且思有以教之此不亦有仁政而無仁吏邪刑罰積而嗟嘆興嗟嘆興而變沴作則天寒暑差僭豈無自而致然哉昔東海一女子耳刑不以罪猶能感致暵旱況四海生齒之衆而曰死必當辜刑必應罪臣雖甚愚竊未敢謂之然也彼文章二帝因徽承峻濟以寬厚故民氣既協而天理亦應此其所以修而致之者惟陛下以教化為首務擇良有司而奉行之然後刑辟可清嗟嘆可平而頌聲和氣固將薰蒸旁薄發為嘉瑞則水旱之變又何見於盛世哉伏惟聖策慕無為之治敬何言之化又將明賢鄙而中徭賦定法令而清蠻貊革而正之務求勿擾此見陛下圖政

之備也。臣聞任官以資格。則雖賢有所不申。取人以言語。則雖鄙有所幸進。此其所以未明也。惟陛下稽唐虞考績之典。放周書黜陟之制。如此。則賢鄙明矣。臣聞户板既久。有虛名而增税。流亡不復。有詭佃而不征。貧以不足而重斂。富以有餘而徼幸。至於課功調役多寡隨之。此其所以未平也。惟陛下采師丹限田之議。放唐人口分之法。浸復古初。毋尚一切。如此。則徭賦平矣。臣聞之易。於渙曰。渙汗其大號。於巽曰。申命行事。故先王之行令也。堅如金石。信如四時。公如天地。以陛下之聖。布美意。畫良法。合於人情。熟講而力行之。雖萬世可無弊。至於因時移易。應變屈申。是乃所以為神化不倦者。又何患於屢更哉。顧其所設施何如耳。臣聞夷狄固不可禮誼接也。周人上策。不過乎嚴守禦。走集之利。俾其欲寇不能。顧臣不許而已。陛下臨御。首詔疆吏毋得擅興侵略。斥候既明。約束素定。持重養威。隱然有

奏議卷之四十四　十四

不可犯之勢。是以冕章跳踉。竊據邊壘。而亟縛渠魁。生致闕下。蹈臨洮之城。轢青唐之壤。雲徹席卷。天威四震。此誠今日已成之効也。臣願陛下謨謀岩廊。益稽遠略。采姚崇之意。不賞邊功。取士燮之言。擇為外懼。禽獸視之。則又何患於不誠。而且未清哉。伏惟聖策洽勸農之首務。訪制禮之盛典。欲人不趨利而務節。欲士不憚勞而奏功。此見陛下講化之勤也。臣聞農盡其力。在敦本而抑末。禮制其宜。當緣情而示訓。雖然。傳曰。禮先王未之有。可以義起也。陛下德為聖人。位為天子。則夫以義起禮。固無便於此矣。而復訪臣以制宜之時。此臣所以遲疑而不知對也。臣聞上好節誼。則人不勸而自矜。朝有爵賞。則士雖勞而不憚。則夫不趨利而樂奏功。亦在陛下所以鼓舞之而已。至如漢之久任。可以課吏治。隋之義倉。可以禦凶年。此善於今而可先者也。兵釋之滋廣。服用之無制。此戾於古而為大者。善者以漸而復行。戾者以幾而除去。為政之善。宜必如此。凡此數者。是皆治國之大本。方今之急務。臣既言其畧矣。而陛下復策臣以天下之廣。黎元之衆。慮有未萌而當預防者。臣於此然後見陛下凡所以問臣者。豈徒為無用之空文可喜之高論哉。又將深謀遠慮。而及未然之得失。顧臣之愚。何足以識此。雖然。仰觀陛下即位以來。仁深德厚。政良俗美。務行寬大之令。悉懲苛嬈之吏。元元赤子。蒙被天地父母之恩。可謂至矣。然臣切慮郡縣疏遠之吏。或不能明朝廷指意。妄謂厭明察而樂簡易。務為優游儒緩之治。以至見非不舉。聞惡不察。趨競者矯以取名。偷儒者習以蒙幸。茲風一扇。流為姑息。此臣所大懼也。願陛下懲其流而塞其源。正其本以禁其末。有若宣帝之政。信賞必罰。太宗之治。屈己從諫。此消弭之大略也。臣愚不識忌諱。復附于末。惟陛下財幸。

奏議卷之四十四　十五

御史中丞王安中奏曰。臣聞治古之世。君任道以用天下。臣任法以為天下用。蓋道不徒行。必以道出法。君不獨治。必以人守法。法行而下不能守。君勞而臣不知勉。三代以來。未有若是而能治者也。臣竊觀陛下有堯之仁。有舜之孝。有夏禹之勤儉。有文王之小心。而又席祖宗流澤之光。承熙豐聖作之緒。禮備樂成。隆典畢舉。天地順應。年穀屢豐。宜可以儲思於穆清。玩心於昭曠。而臨朝聽政。每至旰食。咨逮焦勞。形于玉色。退即便殿。親御翰墨。發號施令。日以數十。纖悉微隱。必關聖慮。雖天德剛健。勤于萬幾。然臣竊意陛下勢亦有未可自已者也。何則。本在於上。末在於下。要在於主。詳在於臣。臣嘗觀令之為臣者矣。所與共者天位。所與治者天職。所與食者天祿。而精白一意。以承休德者為誰哉。同寅協恭和衷以助理萬務者為誰哉。以道事君而任天下之責者為誰哉。情同者相求。利同者相親。挺特者不

容眦睚者不貸。迫挾自大之風。積久未殄。背公而徇私。怙權而附黨。見得而忘義。售詖而醜正。締合相傾之習。于茲猶熾。豈無尊君親上之士哉。且相戒以保身。豈無憂國愛民之士哉。且相語以俟命。則利孰與興。弊孰與去。政事孰與修。紀綱孰與正。陛下雖有尊賢巓俊。紹庭陟降之意。而平進之塗塞矣。陛下雖有厲世摩鈍甄別流品之意。而名器之施輕矣。陛下雖有崇寬尚德勤恤元元之意。而膏澤之源壅矣。陛下雖有躬儉節用裕民足國之意。而財利之積耗矣。朝廷除吏。士或困於無津。吏部注官。衆又扼於無闕。媚聯宛轉。擇地而仕。勞舊寒窶。終歲坐待。平進之塞。有如此者。賞不必勸。能官不必稱事。胥史之賤。至上大夫者。多於王廷之士。給使之冗。至横列者。雜於公室之臣。名器之輕。有如此者。役不時興。以差為募。物不時須。以配為市。富者求易常產。貧者無以自給。民狃于犯法。輙乎奪以封己。吏幸于

奏議卷之四十四　十六

乘時轇轕緣以為姦。膏澤之壅。有如此者。天地之間。其生有數。四方之物。其利有常。既已聚諸此。必竭於彼。剝賦禄之厚。其源既開。興事之費。其流既肆。掌計之臣。指應副之外。無他策。將漕之使。侵封椿之外。無餘術。此可以為常哉。其無事幸而已。財利之耗。有如此者。以祖宗基業之隆。以神考制作之盛。承以陛下之聖。而天下之事文具而効不至。名美而實不副者。將不止諸此。臣姑舉其大者。若夫有志之士。寢食之所念慮。四方萬里之遠。朝夕之所系望。陛下天聰天明。無所不燭。盍亦循其本乎。臣觀記禮者。以大臣法。小臣廉。為國之肥。蓋言大臣有以正下。小臣有以守己。則仁賢至而國不空。政事立而財用足。禹之告舜曰。慎乃在位。又曰。其弼直。而繼之惟動丕應徯志。蓋言審官而所使弼己者直。則動必衆且大應。至乃徯志所在而無違命。穆王之命伯景。亦曰。昔在文武聰明齊聖。小大之臣咸懷忠良。其

侍御僕從。罔匪正人。而繼之以下民祗若。萬邦咸休。蓋言得忠良正直之臣。列于内外。則號令必臧。民用順治。然則今日之務。孰有先於此者乎。臣願陛下開衆正之門。立大公之道。崇奬尊君親上憂國愛民之臣。抑絶好同惡直背公徇私之風。則國家之治忽。生民之休戚。群下之情僞。將畢達于前。而陛下躬以剛健之德。體天之道。觀四時之運。順盈虚消息之理。化而裁之。神而明之。以通上下之志。以適萬物之宜。循名以責實。約文而就質。持之以久。守之以衆。則太平之化日隆。無為之功可致。家給人足。刑措不用。至于海隅蒼生。罔不蒙福矣。臣奮自疎遠。蒙陛下親擢。任以中執法。區區之愚。誠不敢為臆說以効尺寸之報。凡臣所陳。皆天下之所欲達于上者。而猶其略也。惟陛下留神裁幸。

劉允承論尚同之弊疏曰。臣伏覩獻歲紀元之號曰。政和。蓋自神考

奏議卷之四十四　十七

稽古立政。實創厥始。繼繼承承。至于今日。斟酌損益。克底于中。此政和之實也。然臣聞之。和與同異。可否相濟曰和。可可否否曰同。曩者朝廷立法之初。意甚美也。而議論之臣。曾不為國家深憎。惟務希合以濟其私。往往順承太過。浸失本意。此尚同之弊也。幸陛下神聖獨斷。親灑宸翰。以勅有司。參酌前後之宜。悉從中制。一代之典。遂成完文。庶政惟和。適在今日。夫同者。愛其說之不合。一己之私也。和者。惟義所在。天下之公也。願陛下明勅群吏。各公乃心。務輸忠實。毋或循私以為雷同。有所建立。不憚可否。參於至當。以合乎孔子所謂不同之義。則政和之効。出前古矣。詩曰。不競不絿。不剛不柔。敷政優優。百禄是遒。此言湯政之和。而獲天福也。惟陛下留神。天下幸甚。

太常少卿李綱上奏曰。臣聞忠臣不避誅以正諫。故能濟患難而圖安。明主不以人而廢言。故能協智力以自助。臣愚忘生觸死。顧効區

臣之忠。惟陛下留神幸察。臣以太常職事奉薦郊禮。竊見陛下祼獻太廟十室。聖心感動。涕泗橫流。侍祠之臣。皆助惻楚。然臣以謂陛下念祖宗艱難之功。必思所以持盈守成。兼神考勤勞之德。亦思所以繼志述事。況於宗社之大本。生民之大計。得不深慮而熟察之乎。臣伏覩陛下自臨御以來。追紹先烈。所以持盈守成。繼志述事者兼所不至。遂欲攄祖宗之宿憤。追欲成神考之貽謀。因契丹之衰亡。復燕山之故境。此誠不世之功。而甚盛之舉也。然而謀事之臣。動失機會。統兵之將。多違指蹤。糧餉有飛輓之勞。賂遺有貪婪之患。全國敗盟羽書狎至。常勝失守。存亡未期。自燕地以南。無高山深林險阻以為捍蔽。自大河以北。有頻年盜賊。郡縣為之蕭然。設使犬羊之衆。媚結孅聚侵邊徼而摩封疆。將何以禦之。此誠宗社危急之秋。陛下側席求言。而忠臣義士奮不顧身以報國家之日也。竊聞有旨。居侍從之臣。累議各具所見以聞。有以見陛下焦勞。慨然有納用群策之意。臣以庸儒疏賤。不獲與議論之末。竊自傷悼。久抱孤忠。考古揆今。參之天人之際。日夜念此至熟。仰荷陛下知遇。寧忍緘默不言。以圖補萬分之一。敢忘越職犯分之罪。冒進愚辭。惟陛下赦其狂瞽而詳擇其中。臣竊謂當今禦戎之急務。雖在於選將勵兵。多方捍敵。然要須治其本原。敵乃可制。杜牧所謂上策莫如自治。而以浪戰為最下策者。誠為知言。前者已不可悔。後者猶可圖也。臣謂治其本原者其議有五。一曰正己以收人心。二曰聽言以收士用。三曰蓄財穀以足軍儲。四曰審號令以尊國勢。五曰施惠澤以弭民怨。臣所謂正己以收人心者。比年以來。般運花石。舳艫相銜。營繕宮室。斧斤不輟。製造器用務極奢巧。賜予之費。靡有紀極。燕遊之娛。倍於曩時。此皆上累大德。下失羣心。蠹耗邦財。斬刈民力。積以歲時。馴致今日之患。非偶然也。

孔子曰。一日克己復禮。天下歸仁焉。又曰。修己以安百姓。堯舜其猶病諸。凡此數事。行皆陛下耳目玩好嬉戲之具。於事為甚輕。然而實害天下之大計。於體為至重。作而罷之。一念之頃。斷自聖心。夫復何難。此令朝行。人心夕改。所謂克己復禮。而天下歸仁。修己安人。而比隆堯舜者。陛下豈不優為之。臣願陛下降明詔。罷花石之運。停營繕之工。減製造之局。省賜予之費。節燕遊之娛。凡應奉之物。一切禁絕。如已詔停罷前項數事。更願以至誠惻怛之意。加之深省前失。無以事勢稍緩。即復施行。要在使衆必信。上以昭聖德。下以收人心。可乎。臣所謂聽言以收士用者。比年以來。忌諱衆多。人材鮮少。諂諛之說日進。忠鯁之言不聞。譬猶一人之身。衆病交攻。不求瞑眩之藥。而望厥疾之瘳。不可得也。夫中材之士。正須崇獎。乃敢展盡。況復摧抑譴復納忠。是以大臣以將順為任職。而不肯諫。小臣以畏縮為得計。而不敢言。侍從之列。懷祿寵而謀身。臺諫之臣。舉細故以塞責。習熟見聞。馴致今日之患。亦非偶然也。書曰。后從諫則聖。傳曰。武王諤諤以昌。以陛下之明。而招徠羣言。廣諫益聖。天下之事有不足為者。況區區之夷狄。何足深畏。孟子曰。聞以七十里而有天下。未聞以千里而畏人者也。況以天下之大。而畏夷狄哉。方今賢士大夫或伏於下僚。或遯於山澤。以陛下無至誠聽用之意。皆閉其言而弗出。平日陛下所取謀而聽用者。不過左右近習之臣。陛下以今日之事思之。果能有濟乎。臣願陛下降明詔。求忠讜之言。延草茅之士。許侍從同薦。或自薦達。便殿賜對。不拘以時。使之展盡底蘊。虛心以聽之。言而是。舉行其策而隨加擢用。言而非。亦加慰勞而勿復譴責。仍於詔中明著悼往年求言加罪之失。凡百忌諱。一切蠲除。上以廣聖聰。下以收士用。可乎。臣所謂蓄財穀以足軍儲者。臣聞人以財而聚。兵以食為天。

雖有良將鋭卒。非財莫能使也。雖有金城湯池。非穀莫能守也。財穀之蓄。平日猶不可緩。況於用兵禦敵爲持久之計哉。比年以來。用度無節。侵耗日多。財匱而府庫虛。穀散而倉廩竭。物力既耗。人心驚疑。如居風濤洶洶靡定。今日所以給軍費。不知陛下於何所取而足乎。取之內帑。而內帑有盡。取之封樁。而封樁已無。取之闔闢斂散之術。而權貨之法已殫。取之橫賦暴斂之政。而吾民之力已困。正當苦節以爲足用之計耳。近者置司講議。失本末先後之序。凡所裁減。類皆毛舉。僅及百分之一二。而真所謂無名之費。不急之務。初未嘗裁減也。況於權臣貴戚。近幸之臣。開端援例。以沮撓之。有裁減之名。無裁減之實。怨謗紛然。何補於事。今日之勢迫矣。屯兵數十萬。糧餉錫賚其費不貲。又將取於吾民。如前日之免夫錢。則四方盜賊圜視而起。豈不趣禍亂哉。臣願陛下深思熟計。如臣前之所陳。既罷花石營繕製造賜予燕游應奉等事。明詔有司。將常日逐項錢物盡歸版曹。別項樁管。專給軍費。御前不復取索。有司不進閤子。有不如詔。重寘于法。又詔宰執文武百官俸給米麥減半。宰執及觀察使待制以上官在京有物業者。仍令各進家財。以助國用。事平。旋行給還。在京上戶願進者聽。優與官職。又詔諸路漕臣以上供斛㪷及自御前撥降錢帛。日下於淮浙沿流州軍。高價糴穀。多方措置人船。星夜起發。以實中都。斷而行之。勿爲浮議所沮。財穀充牣。軍儲有餘。則夷狄不難禦也。臣所謂審號令以尊國勢者。臣聞人主深居九重之中。所以宰制萬邦。役使群衆者。莫大於號令。號令者。國之紀綱也。其在天如風雷。在人如血脈。風雷不失其序。則萬化成。血脈不悖其理。則四支運。故人主之於號令。必審諦而不妄發。則威信立而國勢尊。下之仰上如天。惟其所命。民之視君如心。惟其所使。此帝王御天下之常道也。比

奏議卷之四十四　二十

年以來。發號出令。朝莫之審。朝令夕改。初不必行。容降旁出。而三省密院不與知。束以峻法。而給舍不敢駁。夫元豐釐正三省密院之制。皆所以奉行天子之號令者也。二三大臣與夫給舍之官。皆陛下親擇而信任之者也。號令之出。而二三大臣或不與議。號令之行。而給舍之官不得舉職。是朝廷爲虛設。而政事之出。所以多門也。首尾衡决。先後錯忤。有司疑於趨赴。四方無所適從。陛下方以總攬權綱爲得計。而不知國勢已卑矣。臣願陛下深究神考設官之意。每下號令。必與二三大臣謀之。無使非其人者得與。其或未允。聽給舍得以審駁。令出惟行。而無反汗之譏。信賞必罰。減去私意。則州縣將吏兵民如身之使臂。臂之使指。夷狄不難禦也。臣所謂施惠澤以弭民怨者。臣聞民之恃財以生。猶魚之恃水以活也。王者之澤被於民。譬如江湖散漫悠遠。魚於此而相忘。豈有他哉。用之有節。取之有道。不奪其所以相生養者而已。比年以來。用度既廣。取於民者。常賦之外。其目繁多。絲帛則有和買。預買。有泛買。有常平司和買。有應副燕山和買。米穀則有和糴。有均糴。有補發上供和糴。有應副軍糧和糴。有撥發輦運司和糴。名曰預買。無錢可數。名曰和糴。其價每下。又以官告度牒鈔書准折。衆戶共分。皆爲虛名無用之物。此外又有茶鹽敷配課額。贓吏猾胥因緣侵漁。一家之產。隨其高下所出。如此。欲其不飢寒。轉徙得乎。東南之民。耳目昇聞水漕而陸輦者。又皆花石應奉不急之物。愚民無知。以謂奪其父子兄弟夫婦所以相生養之具。盡於錙銖。而用之如泥沙。以供浮費。欲其不興怨謗。何可得哉。是以項歲江浙巨盜一呼。從之者飆舉而雲集。東北嘯聚。至今爲梗。職此之由。方今邊鄙震驚。人心驚疑。深慮窮民復起爲盜。則腹背受患。何以支吾。臣願陛下明詔州縣。凡積歲欠負。並與放免。近降措置財利指揮

奏議卷之四十四　二十一

如鈔旁錢免行錢醋息錢之類。一切停罷。庶使民心安妥。而姦猾不得以搖之。此不可緩之策也。臣前所陳五事。如蒙陛下詳察而施行之。則所謂上策莫如自治者。其大槩已舉矣。變危為安。莫先於此。至於選將勵兵。多方捍敵之策。臣請試為陛下陳其梗槩。捍敵之策。其說有十。遣大臣之有智謀權畧素為天下之所信服者為大帥。盡統諸將。聽其節度。推轂授師。不從中制。使兵勢不分。一也。選諸將之鷙勇有謀素為士卒之所信服者。各將所部。分據要害之地。使緩急首尾相應。可以抗敵。將不足。則募大小使臣武舉及第。或曾立邊功者。召問方畧擢而用之。二也。遣畿甸禁兵不足則揀擇雜役諸色廂兵之强壯者。又不足。則起河北及畿甸保甲。又不足。則募民之願為兵者。務令數多。張大形勢。使虜莫測。又以羽檄起天下兵。盡赴京畿。使無外重内輕之患。三也。恃河以為固。旁近州縣屯宿重兵。營壘相望。以衛京師。持重養威。勿與之戰。待其粮竭勢衰。然後議之。四也。屯戍將兵糧餉錢帛。皆自中都應副。優加撫䘏。勿使闕乏。別置將兵防護餉道。五也。並河州郡。選擇守臣素有風力可委任者。易去疲懦。許以便宜從事。在朝無其人。則召自外方。起於閑廢。務在協力公心推選。六也。募文武小官有膽智辯辯者。授以高爵。奉使兵間。卑辭重幣。復約和好。以緩師期。使吾事可辦。七也。河北諸郡。令堅壁清野。人民入保。使進無所獲。糧餉有時而窮。犬羊之衆。難以持久。八也。按地圖。相形勢。命並塞諸道。控制要衝。扼其歸路。擾其餉道。使退有所虞。不敢深入。九也。夏戎窺伺中國久矣。乘戎之釁。安知無跳踉之心。今起西兵而召其將帥。彼或諜知。敢肆猖獗。又生一患。則陝西河東諸路不可不虞。十也。凡此十策。雖腐儒之常談。然不可不察。更願陛下召宿將知兵者與廟堂深計之。昔漢文帝時。匈奴大入邊。乃命周亞夫等

三將軍軍灞上棘門細柳以備胡。文帝親勞之。禮成而去。臣願陛下命將帥統六師屯于近郊。訓練士卒。陛下親臨以講武。振揚天聲。以勵士氣。鎮之以静。臨之以威。兵固有先聲而後實者。亦一策也。夫夷狄敢舉侵犯邊境。自古有之。唐太宗時。突厥頡利飲馬於渭水。去長安不百里。太宗與六騎幸渭上。逆折之。頡利遂遯。本朝景德中。契丹犯澶淵。去都城纔數驛。真宗渡河親征。契丹遂和。何則。師直為壯。在我者理直而有備。士心奮勵。氣固足以吞之。臣願陛下先留意於自治者。而以捍敵為餘事。自治之策。尤以收人心為先。不可以為非。今日用兵之急務也。昔者太王居邠。狄人侵之。事之以皮幣珠玉犬馬而不得免。太王曰。狄人之所欲者。吾土地也。去之岐山之下居焉。從之者如歸市。非得人心。則雖將避狄人。誰與居。況欲合衆智。協衆力。使將帥忘生。卒伍用命。士有死志。民無離心。以捍難制之虜。為宗社蒼生之計哉。願陛下無忽。臣聞良藥苦於口而利於病。忠言逆於耳而利於行。前事之驗。後事之元龜也。臣昨於宣和元年任起居郎日。因都城暴水變故。嘗具狀奏乞陛下寅畏天戒。招徠讜言。仍乞因侍立直前奏事。區區之意。實有所懷。以謂陰氣太盛。恐有盜賊猖獗。夷狄憑陵。兵革之事。不可不戒。有其兆而事未見。難於顯言。故欲面奏。蒙譴降遠小監當。雖抱愚衷。不能自達。逮今七年。而盜賊夷狄之患如此。乃知天人之際。不可誣也。惟先格王正厥事。上以動天意。下以感人心。天意人心去就之際。間不容髮。動天以實而不以文。感人以行而不以言。正在今日。臣願陛下萬機之暇。中夜以興。仰思祖宗勤勞積累基構畀付之重。俯為子孫蕃衍衆多萬世無窮之計。留意於賤臣之言。夫心之精微。非書之所能盡也。陛下清燕之間。何惜螭前咫尺之地。不使臣進對。得盡其心。以報盛德。伏望聖慈特降睿旨。許

臣不隔班。先次上殿。及與衆聚議。庶幾蒭蕘之言。或有涓埃之補。臣雖死之日。猶生之年。非獨臣之幸。乃天下之幸也。干冒天威。無任戰越惶懼之至。

綱又奏曰。臣伏覩陛下近降詔旨。不係元豐官制事目增置官局等。令大臣取索條畫措置以聞。此有以見陛下深惟政本。而有裁省官局之意也。又詔內外官司立旁通格目。令各修具元豐紹聖崇寧政和年分財用之所出入。見在侵支實數以聞。此有以見陛下深惟邦計。而有均節財用之意也。恭惟陛下躬聰明睿智之資。撫承平熙洽之運。繼神考之志。述神考之事。其所施設而已然者。遵制揚功。而率由之。其所有意而未備者。增光潤色而推廣之。逮立制作。法度礼樂。凡百王之所不敢睥睨者。悉舉而行之。以大有為於當世。然則增置官局。不得不多。支費財用。不得不廣。實理之所當然也。今紹述之道。罔不完具。政立而法度已彰矣。教行而礼樂已著矣。陛下儲神穆清。宅心昭曠。日隆於清靜無為之化。則去其華而實之。猶彼春夏斂為秋冬。而歲功成。省官局之冗員。以嚴政本。節財用之浮費。以裕邦計。亦理之所當然者。是宜深軫淵衷。命廟堂之臣議此以為先務也。然臣竊謂一而不易者道也。徙而不留者時也。有天下者執道以御衆。必有以體其常。治天下者應時而造法。必有以通其變。陛下紹述神考之道。措之德業。固將傳之無窮。施之罔極。以垂訓於萬世。至於以熙豐之時而視今日。則生齒之衆多。事為之叢鉅。豈特相倍蓰而已哉。然則裁省均節。固不能悉視於熙豐。蓋亦揆之以道。度之以時。損益盈虛。惟義之適。立為中制。使無太過不及之患。則實有在於今日之舉。臣愚伏望聖慈親詔二三大臣審圖之熟慮之。可否相濟於未然之前。號令必行於已出之後。斟酌調劑。適于厥中。官局之可省者省之。必務合於人心。財用之可節者節之。使無損於國體。以道為公。惟義理之為從。成一代之宏規。以昭陛下建用皇極之道。天下不勝幸甚。

歷代名臣奏議卷之四十四

歷代名臣奏議卷之四十五

治道

宋欽宗即位初李綱上疏曰臣伏覩皇帝陛下誕膺天命撫臨萬邦天地神祇永有依歸華夏蠻貊永有承事神人交慶海寓騰懽道君皇帝體道法古因天順人不貳不疑傳付大器授受之際爍然明白雖堯之禪舜何以加此下視漢唐無足比數此誠宗社之休而生靈之福也然臣竊謂陛下主鬯春宮逾十年孝友之義實形四方英偉之姿久動群聽道君皇帝眷佑一德方茲艱難付以宗社生靈之寄天之所歸豈曰人力然而方今夷狄憑陵中國勢弱姦邪充斥君子道消法度紀綱蕩然無統陛下履位適當斯時得不上應天心下順人欲外攘戎狄使中國之勢尊內誅姦邪使君子之道長以副道君皇帝所以付託陛下之意哉適者道君皇帝下罪己詔罷不急之

務蠲煩苛之令除掊克之法招徠忠讜之言討論捍禦之策唱於前陛下不可不和於後造於始陛下不可不續於終正猶堯之禪舜論共鯀驩苗之罪皆在堯時而四罪之誅使天下咸服必居舜日然後元凱可進法度可修四目可明四聰可達庶政惟和萬邦咸寧以成垂拱無為之治仰惟道君皇帝既已為宗社生靈之故親御翰墨悔前日之非播告四方不匿厥旨矣則夫左右恩寵之臣造作邊事養成禍胎屢覆王師貽患宗社有如童貫者招權怙勢首為兵謀以佞幸之姿據師保之任有如王黼蔡攸者以穿窬之質挾姦雄之謀作奇妓淫巧以蕩上心運花石竹木以斂民怨有如朱勔者豪奪民田掊斂財賄剝下奉上倚勢作威有如李彥者恃寵眷之私擅威福之柄招兵自衛失禁旅之心有如高俅者罪實比於四凶誅宜行於兩觀陛下以其久在道君皇帝左右之故未欲誅殛亦宜流竄遠方以

正典刑而自即位以來今已累日寂然未聞決斷之詔群心憂疑其何以仰副道君皇帝畀付之意上應天心下順民欲而使夷狄知中國之威逡巡而不敢進哉臣愚伏望陛下運以乾綱照以離明為宗社生靈大計斷而行之天意昭答人心悅服則夷狄不難禦矣昔孔子為魯司寇七日而誅少正卯今陛下即位累日而未行虞舜之政臣竊惑之至於宰相臺諫之臣亦宜罷黜慎擇其人以協惟新之政何則天下之事惟宰相可行而臺諫可言坐乎廟堂之上與天子相可否者宰相也立乎殿陛之間與天子爭是非者臺諫也宰相得行其道臺諫得行其言一失其職則為宰相者何以揆百官而撫四夷為臺諫者何以糾官邪而諫王惡冒寵尸祿無補國家噤默不言致危宗社其罪豈淺淺哉臣竊觀道君皇帝深惟前失欲救天下之心而降哀痛之詔罪己之言兩不忍聞仰讀之人為之掩泣此誠禹湯

之用心也抑畏之極至於感疾遜位退居舊宮人主如此而宰相臺諫之臣偃然如故恬不為怪此何理也譬猶庸醫之療病已致人於危困猶且顧視財賄自為身謀不忍捨去而慮他人之軋己也求病之瘳豈可得哉為今之計正宜深訪博採求人於閑廢疏賤之間所謂擢卒為將拔士為相者正今日急務也惟陛下留神幸察臣愚戇無取惟好讀書深考古人論議天人之際竊有所見往年任起居郎日因都城暴水變異至大嘗具狀奏乞因侍立直前奏事區區之誠以謂陰氣太盛恐有盜賊夷狄兵革之事有其兆而未見難於顯言故欲面奏尋蒙謫降惓惓之忠無以自達去國七年而盜賊夷狄之患相仍如此乃知天人之際若合符節不可誣也請以比年以來天人之際及今日之事為陛下詳言之崇寧之間蚩尤之旗見其長半天宣和之初赤氣夜起自西北至於東南此皆兵象禍大而應遲今

年冬日之至。熒惑入南斗。端誠殿精賀集鳴于廷。此皆不祥之兆。惟正心修德。大有變革。乃能銷弭禍故。導迎禎祥。昔宋景有善言三。而熒惑爲之退三舍。此必至之理。不可忽也。陛下傳位之初。前兩日晝霧四塞。日光不明。陰慘之氣。無風而慄。至暮日入。赤光散溢。此君道衰弱議論未決之兆也。陛下即位之日。日暈五色。帶黃赤珥。兩日相摩。正同藝祖受命之應。此天人協贊之符也。然而御垂拱殿見群臣之後。蒙氣四起。暴風從西北來。越翼日。天氣清潤。日華騰輝。明而未融。方中蒙氣復作。至暮乃散。臣竊以法推之。日者君象。君以剛明爲道。君道明。則日光盛而群陰伏。今如此者。殆陛下即位之初。退托謙損。未總權綱之所致也。平時猶可如此。今事勢迫急。夷狄寇邊。日有變故。乃宗社安危之秋。豈可平時比哉。上天垂象。所以警戒陛下者甚厚。願陛下察臣前之所言。密詔親信大臣。條具過惡之著者。明正

典刑。過惡之輕者。量加貶謫。然後下寬大之詔。一切不問其餘。以安反側。則主勢强而天意得。人心服矣。推此以往。雖致極治之太平可也。臣素愚戇。爲衆所知。方陛下聽政之初。昧死上狂言。惟陛下赦其罪而取其忠。天下不勝幸甚。

靖康元年三月。校書郎陳公輔條畫十二事上奏曰。臣近者兩蒙聖恩召對。親奉玉音。事平之後。當急於圖治。此實天下幸甚。臣不勝踊躍抃蹈之至。臣聞之。聖人不先時而起。不後時而縮。凡興事造業。扶危救衰。要當勇於力行。敏則有功。烏可以後時哉。伏自陛下臨御以來。天下延頸舉首。伺望新政。遲遲未聞。民固惑矣。況今宗廟垂休。神祇降福。陛下聖德所感。强兵宿將。皆願盡力。軍聲大振。虜氣已奪。欲和與和。欲戰必克。事之可乎。在旦暮矣。然則陛下圖治之計。宜早定宸謨。以慰天下之望。不可緩也。臣自念平昔有致君澤民之志。有犯

顔逆耳之言。無路而不得進。今幸遭遇陛下慨然願治。容受直辭。乃臣自效之秋。臣不避萬死。條畫十二事。皆今日治所宜先者。願以奏聞。伏乞聖慈貸臣狂愚。少賜省覽。謹具列其目。一曰審因革。臣聞聖主立法。不務於同。而務於治。故可則因。否則革。未嘗拘於一而不知變也。國家祖宗之法善矣。至治平而稍弊。故神宗皇帝革而新之。凡以隨時之宜。適民之欲耳。比來專以不變熙豐之法爲紹述之孝。不問時之所宜。民之所欲者。曰以不變爲孝。則是神宗自不當變祖宗法。蓋法無必因。亦無必革。惟其當而已。況今吏員猥多。賦役煩重。政令數易。紀綱隳壞。以至養兵取士。馭吏牧民。皆不如古。法至於此而已弊矣。尚何紹述爲哉。臣願考祖宗之法。與今日所行。善者因之。否者革之。詳求博取。精思熟慮。擇其至當者。著一代良法。不必拘拘以紹述爲名而失其實也。二曰論大臣。臣聞天子所與共天下者七八

大臣。得人則朝廷正。百官治。海内和平。四夷效順。苟非其人。天下不安。豈可不論哉。傳曰。人主之職。論一相。相之難其人久矣。古之論相。必曰才足以有爲。識足以有明。量足以有容。三者固難全矣。有一於此。亦可任焉。乃若以道事君。以公滅私。則難其人矣。惟以道事君。則自任以天下之重。毀譽得喪。不以動心。聲色富貴。不以累志。可則行之。不可則止。唯以公滅私。則徇忠自許。不立朋黨。所以鈞陶天下。進退人才。一付以至公。未嘗着意於其間也。本朝惟李沆韓琦爲真相焉。近時此風無復存者。陛下承變亂之後。將大有爲。必得賢相。共圖治功。臣望陛下詳擇而審考之。則必有名世之才。爲時而出者。至於樞密之地。政事之本。綱轄之任。亦必擇其真賢實能。人望所歸者。儻無其人。自可兼之。不必備也。三曰辨邪正。臣聞正臣進者治之表。正臣陷者亂之機。自古治亂。必主乎邪正。自古之人君所以任賢勿貳

去邪勿疑。唐太宗知士及之佞德彝之姦。而不用。至房杜王魏則任之不疑。所以成貞觀之治。明皇之初委任姚宋以致太平。至於末年。罷張九齡相李林甫。則治亂自此分。甚哉邪正不可不辨也。然邪人乘間窺伺。揣合主意。阿權事貴持祿固寵。故人主易以信。正人責難於君。不務苟且。直道而行。無所附麗。故人主易以疑。此唐德宗所以於裴延齡輩。則委任不移。於陸贄則怫然以讒倖遂也。臣願陛下於易信者不可以輕信。於易疑者斷之以不疑。庶幾可得其實也。四曰明賞罰。臣聞賞當賢則臣下勸。罰當罪則臣下畏。賞罰者人主之威柄。安可以不當哉。國家承平既久。萬事姑息。故爵賞太濫。典刑太輕。貴游子弟。雖乳臭小兒。聯班侍從。應奉官吏。雖蒼頭奴隸。躐取顯仕。兩府大學而身不任責。直閣待制而眼不識字。伶倫嬖倖醫卜技藝。身被朱紫。家盈金玉。豈非爵賞太濫耶。漢法大臣有罪。皆弃市夷族。

本朝祖宗恩德之厚。未嘗殺戮大臣。然竄逐嶺表固有之矣。近時大臣懷姦誤國。天下疾之。乃令閒居都城。坐享厚祿。其他朋邪諂佞之徒。姦贓狼籍。罪惡昭著。方且結交權貴。與之營救。或貸而不問。或朝竄夕召。豈非典刑太輕耶。夫爵賞濫則人多僥倖。典刑輕則下不畏法。此所以至於危亂也。臣願陛下深鑒此弊。愛惜名爵。不輕以與人。明正典刑。不失其罪。賞以春夏。刑以秋冬。如天地之無私。則天下之治舉矣。五曰廣言路。臣觀自古人君苟不至有大惡如桀紂者。未嘗不欲納諫。然卒至於言路壅塞。天下潰亂者。皆權臣蔽之。元帝之初。聽蕭望之劉向所言。及恭顯用事。則不能容。成帝之初。數下明詔求言。公卿奏議可述。及外家擅權。則不復聞矣。國家祖宗之時。大臣皆公心直道。故朝廷詔令有未便者。臣下得以直言。雖天子震怒。大臣方極力救之。至熙豐以來。用事者欲新法必行。恐人異己。故排斥羣

議有出一言則謂之沮壞良法。必逐之而後已。諫官御史以其黨爲之。觀望成風。無復公議。方太上皇帝詔求直言。言之不中。亦不加罪。及蔡卞乃盡治言者。如陳瓘等皆當世端人。擯死不用。士論痛惜。臣觀今日其弊極矣。大臣樂軟熟而憎鯁切。臺諫之官與夫縉紳之士相習一律。閒居議論。無敢及國家安危生民休戚。況望於人主前爭是非利害耶。所以上下欺罔誕謾。無所不至。而召天下之亂也。臣願陛下以前日爲鑒。擇臺諫官責其言事。不稱職者。凡政事法度有可議者。詔臣下集議。各獻其說。無令權臣壅蔽聖聰。則人人皆願明目張膽。效區區之忠。下情不患不通矣。六曰勵風俗。臣聞士大夫者風俗之所繫。朝廷用賢士大夫以職業成政事。以行義率風俗。則民德日歸於厚矣。近時士人以剽切記問爲讀書。不能行其所言。以纖豔浮巧爲能文。不能先以器識。以傾險變詐爲有材。不能持以義節。士

之所尚如此。而在位大臣亦以此爲用人之先。故奔競成風。巧僞相欺。禮義廉恥。浸以凋喪。而天下日流於薄也。臣願陛下稍革此弊。令廟堂之上。選公忠廉退純實篤厚之人。置於朝廷。其浮躁衒露傾邪險薄者黜之。示以好惡。則天下之士皆相率爲善。可以革浮薄之風。成忠厚之俗也。夫忠質文之政。三代所以相救。臣觀今日禮法度數。失於太繁。聲名文物。皆非實用。習俗浸靡。人情澆僞。可不救之以質歟。七曰收權綱。臣聞太阿之柄不可授於人。人主之權不可移於下。漢自昭帝之時。大臣秉權。宣帝承之。信賞必罰。綜核名實。所以收威權於上。而成中興之功。及至元帝牽制文義。優柔不斷。故漢業衰焉。臣觀太上皇帝本以寬厚曠達之姿。在位日久。不防姦邪。浸以欺蔽。故群小狃狎。權移於下。而威令有至於不行。臣願陛下深鑒此弊。排斥群邪。奮然獨斷。使威權皆出於人主。則頹綱廢紀可以復振。而天

下之治無患不成矣。八曰抑宦侍。臣聞柔曼傾意，佞諛盜朝，漢唐禍亂，皆原於此，不可不知也。然此曹蠱惑人主，皆以其嗜好入之。今陛下勤儉之德，出於天性，聲色狗馬，觀游宴樂，皆肆不近，彼固無所肆其巧矣。然尚有可戒者，不宜崇其爵位，任以事權。蓋崇其爵位則志得意驕，任以事權則作威作福。唐太宗時，內侍不立三品，不任以事，惟閤門守禦，廷內掃除，可謂深鑒此弊矣。至於進退人才，尤不宜與之謀。孔子不主癰疽瘠環，孟子不畏臧倉，聖賢君子寧沒身不見任用，豈肯附麗宰臣耶。其所以夤緣干進者，必朋邪憸薄之小人也。懷姦之臣，皆倚之以為重，卒亂天下，可不鑒之哉。九曰治財賦。臣聞古者制國用，皆量入以為出。是以祖宗盛時，斂取有經，用度有節，無虛費，無妄予，故常賦之外，未嘗一取於民間，而聚斂興利之臣，亦不得容其姦矣。比年費耗百出，征求無藝，聚斂興利之臣，專以上供為名，

侵漁百姓，無所不至，州縣率掠，民不聊生。陛下今日雖已盡罷御前供奉所須之物，奈何軍興之時，財用窘急，於取民者尚或未已。臣願事平之後，詔有司以一歲經費立為定額，常賦之外，如茶塩法剝民尤深者，一切講究，取其中制，輕徭薄賦，與民休息，使海內富庶，如祖宗時，國用亦無患其不饒，所謂百姓足，君孰與不足也。十曰崇儉約。臣聞儉為德之共，侈為患之大，帝王所以訓天下，未有不以儉德也。比年承平既久，海內富庶，驕侈不期而至，故尊卑上下，內外遠近，皆以汰靡相勝，衣服飲食，極其珍異，車輿屋宅，飾以金翠，聲樂玩好，觀游燕樂，其費不貲，而物價騰踊，細民窮苦，蓋不可不節之也。上之所行，下之所效，陛下在東宮，儉德著聞，今日臨御，尊以敦朴為天下先矣。楊綰人臣也，以清德在位，能使人減騶徹御，罷去聲樂，況以一人而躬行者乎。然羔羊在位，節儉雖以化文王，而有刑威之政存焉。臣願陛

下明詔四方，痛革前日侈靡之弊，有不懲者，重寘以法，自京師貴近始，則此風可消，而天下富足矣。十一曰重外官。臣聞監司天子外臺，守令民之師帥，監司得人則一路受賜，守令得人則郡縣被澤，此不可不擇也。近時除擢監司，或出貴倖之門，或繇宰執親黨，不觀才能，不問資格，至於郡縣，尤不擇人。侍從之官，得罪朝廷，乃付以民社；貪饕之吏，干求權要，乃得除郡。士人以縣令為俗吏，不肯注受；吏部以縣令非要官，不加銓擇。故為監司者，人微望輕，不能舉善懲惡；為守令者，曠官慢法，不能承流宣化。上下蒙蔽，肆為姦欺，窮困之人，無所告訴。臣願陛下謹重外任之官，凡監司有闕，選卿監省郎；藩府有闕，選侍從官，所以均其內外，更其勞逸。其餘郡守之闕，盡歸吏部，如祖宗時以分數資望依格授之，任久其任，無令數更易。至於縣令，雖有吏部選格，更令侍從官舉充，其有治狀優異，委監司御史考察以聞，

特加陞擢，使人知郡縣為重，不敢不勉，而四方萬里皆蒙朝廷德澤矣。十二曰修武備。臣聞有文事者必有武備，治天下國家，未有能廢此也。祖宗盛時，邊備尤謹，比來委任非人，故守禦中國禦戎安邊之策，一切壞盡，是以夷狄一旦長驅而前，良可駭嘆。臣願陛下深鑒前日之弊，以武事為急，內自京師，外至郡邑，講求兵備，盡如祖宗之時。況今金寇雖已出境，秋冬決須復來，河東河北兩路，尤當備禦，亦宜早為之計。糧不可不積，兵不可不募，將不可不擇，城池不可不固，車馬不可不修，器械不可不備。臣料此等廟堂講究熟矣，不復具陳，姑舉其略而已。緣臣所論十二事，其次第雖有先後，然皆今日之急。至於武備，議者必曰當在所先，而臣獨後之者，蓋文武以天保以上治內，采薇以下治外，至於宣王亦曰內修政事，外攘夷狄。今日雖夷虜深入，禦之為先，以臣觀之，朝廷若法度修舉，大臣得人，賞罰無私，風

浴歸厚以至下情得通權綱不失大畧如臣前項所陳則天下國家無有不治矣彼夷虜自當懷德畏威望風遠遯豈足憂哉孔子曰遠人不服則修文德以來之孟子曰王如施仁政可使制挺以撻秦楚堅甲利兵臣所聞如此惟陛下不以爲迂闊不勝幸甚

侍御史曹輔上言曰臣聞萬幾萃於一日可謂至煩數十年蠧壞之業救於一時可謂至難以至煩至難之任付於吾君而欲責効於朞月之間有撥亂興衰之志奮而行之則善矣若支傾補漏循襲故常臣不知其可也今天下危疑之事駭心動目卒然而至者時有之矣堂陛之間相視失色無借箸之略而有失匕之驚甲可乙否紛如聚訟俯仰踟躕而機會已失不可追救往往轉易而爲難垂成而遂壞痛心切骨貽恨無窮者每每有之曩者賊去渡河縱而弗擊是一失也非不斷之過乎至今天下調兵饋糧疲弊生民以貽宵旰之憂殆

爲是也不斷爲患顧不大哉僥倖之門正如是道平旦啓關側肩而入以其貨賄之所聚也紛紛勢利之場又甚於此前日濫恩冒賞稍行禁止而一時横竊名器之人亦皆歛迹僥倖之門似將少塞今又大啓苟賤不廉之徒彈冠復出富商巨猾挾貲獻巧伺候權門小夫下俉躡足俟進是必有以姑息之恩干動聖慈有以造謗生怨之語妄揺聖慮既以姑息爲恩以造謗生怨爲可慮則自時厥後小人成群决不敢去而刑罰大柄得無委墮而不舉乎是又不斷之過也僥倖既多奔競益起悠悠風靡誰復抑之不斷爲患顧不大哉言路初開諫官臺臣摩肩而進其間亦有挺節徇公捐軀報國之士欲効涓埃以助明時陛下温顔下訪若水投石陛下之於言者可謂真有意矣然奏章十上六七不行縦或行之聊復應耳初信之抑又疑之初許之抑又拒之得無有以私見曲説進陳是非者乎得無欲陽絶言

路故爲沮折使不得一伸其喙乎陛下亦爲之不信言官輒寢其奏是又不斷之過也夫臺諫所採惟公論耳公論所許從而與之其所不許從而擊之苟言官屢發弗售則公論遂廢不行古今未有無公論而能善風俗者治道陵遲誠有以也不斷爲患顧不大哉書曰任賢勿貳去邪勿疑夫知其賢而任之又以人之言而貳焉則賢者退藏於深僻知其邪而去之又以人之言而疑焉則邪者朋比而求援令者姦諛在位能盡去乎内官領職干與兵柄能盡罷乎陛下明知其人矣言者屢上而依違不遣是又不斷之過也卒之爲姦佞者朋比欺蒙上下睽隔蠹恩弄權妨功害能預兵柄者縱暴逞威呼吸變故蜂蠆在懷去則必復不斷爲患顧不大哉人主之於大臣待之至優賚之甚重不優則不足以示君之施不重則不足以勸臣之報古者公卿大臣天地有大變賜之牛酒則以不起聞矣職不勝任策書

一至則布衣出府矣若有他失則棧車牡馬歸以思過矣其所責顧不重哉今聖主所以禮貌大臣可謂至矣其敢不竭所以報乎前者河東之役种師中戰歿七統制師皆潰正緣糧乏兵飢廟堂因循失於措畫而敢坐視其敗略不引咎近日彗星出東北十夕不滅而論道燮理之臣擊鍾鼎食晏莫懲嗟主憂臣辱此語爲何哉而天度包荒終不忍詰是又不斷之過也臣恐自是利則同享患則相棄有全軀保妻子之念無安國衛社稷之心堂堂再造之基誰與共圖不斷之患顧不大哉古語不云乎日中必熭操刀必割負扆而享無疆而治必取諸夬良有以也易於乾曰剛健中正於夬曰剛决柔也臣望陛下體乾之健乘夬之剛雷厲而風飛陽開而陰闔君子怙焉小人懼焉中興之業何憂其不成也

晁説之上奏曰臣聞王制司徒之職曰一道德以同風俗傳曰剛柔

緣急聲音不同。繫水土之風氣謂之風。好惡取捨。動靜無常。隨君上之情欲謂之俗。是俗可同也。風莫之能同也。五十年來。學士大夫不約而同稱焉。曰。一道德以同風俗。同其所不可同者。遂至設重賞以禁民之口。逞虐刑以奪士之職。人無強弱。志責之以隨順便辟。士無大小。皆待以諸侯之享與不享。專利不遺纖介。黷兵無有寧歲。小人得志。君子失措。熾為尚同惡異之政。貽天下後世之害。實自予顛倒六經。飾六藝以文姦言之故也。臣愚望陛下深留神加察。

校書郎余應求條畫利害疏曰。臣昨嘗面奏有治道之得失。時政之因革。及條畫當今利害文字。伏蒙聖慈。令臣繳進。臣已進入訖。然臣區區之意。所謂治道得失。時政因革者。如盡復祖宗法度。兼用元豐元祐之政。伏覩陛下已降詔旨矣。條畫利害。如追贈司馬光等。內侍依祖宗法。罷廉訪使者。廢苑囿以賜貧民等事。陛下已施行矣。至於

前日所條畫有未盡者。又不敢隱默。陛下虛懷聽納。篤於求言如此。若畏避嫌疑。有所懷而不盡。臣之罪也。謹具條畫如後。

一。近者太上皇帝東遊。遠涉江淮。冒犯風露。非所以保安聖躬。欲乞遣使奉迎歸京。深居宸嚴。陛下日奉四海之養。優游逸樂。永保嚴福。

一。近年以來。凡有中旨。皆降御筆施行。稍似稽遲。責以不恭之罪。百司執事奉行不暇。雖或違戾法憲。不敢執奏。又人臣啓擬有法所不可者。取御筆行之。尤為非便。欲乞自今陛下意所欲行者。臨朝與大臣議之。毋降宸翰。非唯有司可以審覆違戾。庶幾權歸於上。杜多門之政。絕近習私謁僥倖之原。

一。古者文敝。救之以質。近來文敝劇矣。欲乞純法太祖之道。尚質厚。從簡易。損侈靡。去煩苛。以厲風俗。

一。古者國有建立更革。必集群議。以異眾者為高。自王安石行新法。詆異己者為流俗。士大夫議論雷同。無所可否。六十年。近歲尤甚。凡有所為。獨建議者謀之。不復以利害可否詢於眾。庶欲乞自今軍國之事。博延群臣謀之廣庭。以盡下情。取眾所謂可者而行之。庶無敗事。

一。近來宰執並不見賓客。所得進者。門下親狎故人。阿諛苟媚。以事干請。是以人材之能否。生民之休戚。國家之安危。邊鄙之利害。政事之得失。恬不聞知。欲乞令宰執許於私第見客。庶可廣詢世務。

一。君臣之間。欲上下交而情通。人臣獻言尤所難者。陛下既以虛心屈己以來天下之言。欲乞每遇退朝後。開延賢士。賜坐從容。使陳治亂安危之本。古今興亡成敗之要。及令百司無問大小。

各以本職言事。親加省覽。以進忠讜。

一。春秋書災異而不書祥瑞。所以示後世人君知警懼也。然以臣觀之。天下和平。民物安樂。年穀屢豐。乃為上瑞。彼雲物鬼神之祥。禽獸草木之異。吉凶未定也。近年四方水旱盜賊不以聞。而表賀祥瑞。曾無虛月。欲乞自今應有水旱盜賊災異。毋得隱諱。其祥瑞之事。一切禁止。

一。祖宗官制。簡而易行。流品有敘。自改官制以來。紊亂重復。今日尤甚。欲乞內外文武內侍伎術等官。並依祖宗舊制。或謂行之既久。未易輕改。則乞減省中都職事贅務。及州縣冗員。以省邦用。

一。近歲名器輕紊。以恩倖除大學士者六七人。開府使相者十餘人。節度使以上無慮數百。若承宣觀察防禦團練遙刺之類。奴

隸皆得爲之。欲乞例行追降。

一。西清官及三等職名所以賞勞用賢。近來公卿戚里子弟及朋附權倖與夫以財利辦職者。超躐華要。乞盡行降黜。今後凡有功於國有勞於民其人之賢允衆議者。間除一二。以爲勸沮。

一。諸路監司員數尚多。無益於事。秖增煩擾。乞憲漕之外有可減者併之。如茶鹽常平自合漕司兼領。

一。燕雲之役道途之人皆知其不可。而邊臣喜功不恤國事唱爲此謀。以誤朝廷罪不可貸。欲乞凡建議燕雲及後來以燕雲推賞者。並行追奪。以慰人望。

一。伏覩祖宗肇造區夏佐命功臣。封以王爵可也。近世褒寵大臣。假以王號。尤紊憲章。欲乞降爲國公。

一。戚里後宮之家。公卿貴遊子弟。以恩幸進。及士大夫交結中貴列職朝著者尚多。欲乞澄汰。以清班列。

一。近歲御前應奉有勞上書文理可采。及特赴殿試之人。皆一時權幸干請。欲乞追奪或勒令致仕。不理官品。

一。天下錢糧。祖宗時盡總之三司使。自改官制以來。錢穀散漫不盡屬戶部久矣。近世中人總領名色尤不一。欲乞令天下錢糧盡歸戶部。

一。軍政久壞。邊鄙不修。將帥不遴選。兵卒不訓練。欲乞以老臣知軍務者爲樞使。以祖宗之法修軍政。復邊備。訓練士卒。遴選將帥。置之京師。以待一旦之用。

一。自陛下臨御以來。雖降霈恩。然民間未受實惠。而召兵四方。不無煩擾。伏乞應民間夏秋二稅。只納本色。其餘無名科率。盡皆放免。和預買並乞先次支錢。今年以前倚閣賦稅。不許監司再

行催納。諸州上供亦乞參酌近年中數特加減損。

一。茶鹽法雖罷立額減鈔錢。然民間猶未便也。欲乞講畫取利民便國者行之。

一。常平法行之既久。散多納少。其法浸壞。今若收之。則詭名挾戶。有籍無人。不過監保正長地分人均納。民間重困。欲乞自今年以前應未納常平錢穀並可放免。今後只以見在錢穀願請者給之。不須比校年例更行賞罰。

一。免役法雖爲便民。然所募皆游手無賴。既給雇直。又復受賕。而保正長等又復有等第者爲之。則是既出雇錢。又不免差役矣。兼衙校之類多是借產業抵當。率不過數百緡。而差押官物或多至萬緡。失陷侵盜。家業不足以償。欲乞參酌祖宗法制重行脩立。

一。市易抵當與民爭利。所得不償所費。失體尤甚。欲乞減罷。

一。近年以來。賜第之家。相望於京師。欲乞非國戚主第者並行拘收。雖係國戚主第。而奢侈過制者。改賜小第。仍撤去之。

一。臣寮之家所得御筆詔札。例皆建閣僥覬恩澤。欲乞並令繳納朝廷。其閣毀拆。今後不得輒有陳請。

一。近歲公卿大夫。下至庶寮。翫於安逸。專事游燕。家置聲樂。沉湎無度。內則荒亂心術。外則隳廢職事。尤壞名義。陛下既以聖德化之。羣臣自當革心。欲乞更加訓諭。其或不悛。重行竄棄。

一。士大夫名節不立。行義不修。專務奔馳投獻自媒。欲乞選擇端靖有守之士。置之列位。及招山林遺逸。以爲臺諫。

一。儒生問學不根本原。專尚浮華。互相蹈襲。欲乞復祖宗制科取士。及兼用先儒傳注義理之學。當以人心所自得者形之於文。

不可斷以一說以誤後進。王安石今之臣子，豈宜列位於先聖之次。乞降從諸儒之列。

一、緇黃之徒，不耕不蠶，耗蠹衣食，負數浸廣，常住田產，富於衆民，飲食服用，侈擬王侯，甚者招藏利，無行業。欲乞省併寺觀，千存二三，並作十方，不得甲乙住持，無敕額者，並行拆去，常住田產存留一半，其餘納官，召人租佃，留為養兵之費。逐年課試及恩澤撥放出賣度牒，並行停罷，戚里後宮及大臣之家，並不得置墳寺。戶以入戶守冢，復其家，如古之制。減僧道等員，其強壯者任便歸民，庶幾生齒寖繁，戶口日衆，以副務農重本之意。

右件如前，臣區區之意，欲言者久矣，厥路無由。伏遇陛下英斷聰明，虛懷聽納，故敢忘其固陋，輒自罄竭，欲望采擇其中者，誠以守之，斷以行之，庶幾朞月之間，可見太平。冒犯天威，罪當萬死。

侍御史胡舜陟論反正六事上奏曰：臣觀春秋傳曰：兵猶火也，弗戢將自焚。老氏亦曰：以道佐人主者，不以兵強天下，其事好還。國家自熙寧間，王韶建開邊之說，王安石主其議，遂將用兵，無歲無之。瀘南廣南，勤師遠伐，至崇寧以來尤甚。西開青唐，以及夏國，南築溪洞，以及丹州，西南則建祺祥等州，皆不毛之地，非人之境，而驅赤子陷鋒鏑，死者不計其數，生者竭其膏血，凡五十餘年。而又王黼、童貫合謀，以棄契丹百年之好，約大金以墟其國，是以上帝震怒，禍我國家。金寇猖獗，莫之能禦，屠戮士庶，攻陷城邑，長驅于中原，問罪于都城，親王宰執，為質虜廷，猶磨牙搖毒，搏噬不已。我師之出，無不敗衄，喪國褒氣，失威損重，此豈非所謂弗戢自焚，其事好還乎。陛下踐阼，適于斯時，宵旰焦勞，未見于效，蓋天怒未解，人力豈能勝哉。然天之與人，相去雖遠，其應甚邇。今欲上解天怒，當修人事以應之。書曰：惟先格王正厥事。此先王修省以應天，解上帝震怒之道也。臣觀今日祖宗寬大之政，浸滅而未舉；王安石刻急之法，為害而未除；法度未得其正也。士大夫之欺罔誕謾，尚循舊習，驕奢貪鄙，曾不少悛；風俗未得其正也。事未見功，賞已驟至，及其敗事，罰不加焉；賞罰未得其正也。昔之閹官近習，猶執事權，頑頑恣睢，無所忌憚；任用未得其正也。昔之冒恩寵者，未加鐫削，懷才抱器者，陸沈州縣；爵祿未得其正也。昔之僥倖富貴者，一毫不取，火耕水耨者，困於重斂；賦斂未得其正也。數者不正，豈所謂正厥事哉。伏望明詔三省，凡是數者，悉反之正，庶幾人事修而天意得，震怒一解，妖氣自消，坐致太平，增光祖烈。

欽宗時，起居郎胡安國上奏曰：臣聞為天下國家者，必有一定不可易之計，謀議既定，君臣固守，雖浮言異說，沮毀搖動，而初計不移，故有志必成，治功可致。陛下即位於艱難多事之中，有恭儉之德，有孝友之行，有克勤願治之誠，有好謀納諫之善，以茲四義，撥亂興衰，宜若反手然。南向而朝天下，令越半年矣，而紀綱尚紊，風俗益衰，施置乖方，舉動煩擾，大臣爭競而朋黨之患萌，百執窺覦而交鬬之迹作，用人失當而名器愈輕，出令數更而士民不信。若不掃除舊迹，乘勢更張，竊恐姦雄無所忌憚，戎狄恣行侵侮，大勢一傾，不復可正矣。陛下所任為股肱心膂者，兩府大臣也；所信為耳目聰明者，諫官御史也。上世帝王之治，詢事攷言，以圖成績。伏望陛下遠稽周世宗開國之謨，近法仁祖慶曆間求治之意，特詔兩府大臣，詢以救方今之弊，修政事攘夷狄之方，各令展盡底蘊，具為畫一進呈。先次宣示臺諫臣寮，如有不合者，使得逐件疏駁。若大臣議論，則參用臺諫之言；疏駁不當，則專守大臣之策。衆議既定，仍集百官議于朝堂，以合古者詢謀僉同之意。然後斷自宸衷，按為國論，頒諸中外，以次施行，敢有動搖必罰無赦。庶幾新政有經。民聽不惑。可冀中興之効。

歷代名臣奏議卷之四十五

歷代名臣奏議卷之四十六

治道

宋高宗建炎二年。胡銓對策曰。臣聞國將興聽於民。將亡聽於天。湯武聽於民。其興也勃焉。桀紂聽於天。其亡也忽焉。方桀紂之未亡也。謂已有天命。曰我生不有命在天。彼以天命為真可恃。偃然自謂子孫帝王萬世之業也。及其亡也。諸侯歸商者三千。皆以勝夏。則成湯以興。諸侯歸周者八百。皆以勝商。則武王以興。夫湯武聽於民而反以興。非民興之也。脩人事以應天。是以興。桀紂聽於天而反以亡。非天亡之也。恃天命而虐於人。是以亡。興亡之端。厥監在民而不在天。甚易曉也。而中材庸主每每反之。此忠臣義士之所以深悲。夫天下之所以亂亡相尋而世主不悟也。陛下起于戈鋒鏑之間。適丁天下倥傯不暇給之秋。外亂內訌。險人柄朝。遠方有風塵之虞。中原有新竊之馬。赤子入無知之俗。民愁盜起。禍稔蕭墻。王室摇摇然幾如一髮引千鈞。當此之時。可謂亂甚矣。臣愚謂陛下宜焦心寄膽聽於民之時也。而陛下策臣等數十條。大槩質之於天。首曰。蓋聞治道本天。天道本民。又曰。豈朕不德無以動天。又曰。何精誠之弗效。禍亂之難戡也。似皆聽於天者。此臣等所深疑而願為陛下直言無諱也。伏讀聖策曰。蓋聞治道本天。天道本民。故視聽從違。不急於筭數占候。而惟民是察。持以至誠。無遠弗屆。古先哲王罔不由斯道也。臣有以見陛下聽於天而不聽於民之弊也。臣謹按春秋禍變之由。與祖宗已然之故事。為陛下陳之。為春秋之說者曰。正次王。王次春。王者上承天之所為。而下以正其所為。此漢儒傅會之論。謂不然。臣聞聖人作春秋。尊一王之法。為萬代訓。未嘗有明言天者。蓋謂天道難測。若深言之。則遂以為茫昧莫究。而忽於天。若淺言之。則天下後世遂溺於陰陽災異而諉於天聖人推變於天常與人事雜而書之至其變見禍敗或應於數十年之後甚則或不旋踵而應國家將有失道之敗天乃先出災異以譴告之不知自省又出怪異以警懼之尚不改悔覆敗乃至苟無其事變不虛生若痛自惕懼側身修行則禍災滅塞可轉為福此春秋之大凡也以此知天心之愛人君而欲止其亂也自非大無道之世天盡欲扶持而安全之此古先哲王所以持以至誠而不及於筭數占候識知夫天人相與之際甚可畏也我國家自江南平定太祖感宇縣分割生民受弊涕下惻然思布聲教以撫養之是時識者知天命固已牢不可解矣且如擇一法官細事也而太宗擇王濟則曰無或有冤濫以致天下災任一憲臺細事也而真宗選諸道提點刑獄則曰一夫受冤即有災沴夫一夫受冤宜未害也而祖宗惕然動念懼致天罰則民之不可忽而造物之不可欺也陛

下龍飛之初傳檄四走天下莫不翕然響應臣雖不識天理以人事卜之知天意固已有在比來聖慮漸解浸不克終國勢委靡而不振生民愁苦而無聊天意向背殆有不測可勝寒心願陛下持以至誠以春秋為戒而謹持之以祖宗為監而力行之無以草茅之言而罷之則天下幸甚聖策曰朕承宗廟社稷之託於傾擾阽危之後懷父母兄弟之憂於携貳單微之時念必撫民以格天庶或悔禍以靖亂踰年于茲寢興在是茲又陛下聽於天而不聽於民之弊也嗚呼陛下興言及此亦知有宗廟社稷之託乎亦知有父母兄弟之憂乎知有宗廟社稷之託所與任其託者為誰知有父母兄弟之憂所與分其憂者為誰任其託分其憂一非其人則天下之大勢無復救矣臣聞天下大器得之甚難敗之甚易莫不由夫祖宗辛苦艱難以成立之莫不由夫子孫奢傲以覆墜之成立於百年而覆墜於一日遂使

祖宗艱難之業并與宗廟社稷一旦成墟是以聖人作春秋於亂君亡國痛以王法繩之謹按昭二十二年書王室亂劉子單子以王猛居于皇是時新有景王之難王猛以幼沖而嗣大位劉單以庸材而相幼君社稷危如贅斿則王室安得不亂夫王室天下根本一亂而播遷于皇則傾擾阽危亦甚矣卒之天王播奔避子朝之難終昭公之世僅復成周至黃池之會而天下奔潰聖人獨反覆書之重社稷也陛下以單微幼沖之資獨戡多難則危如王猛左右大臣以險佞而佐亂計則庸如劉單臣恐王室之亂又甚於子朝之難矣安知江都之幸不變為狄泉之脅迫乎是陛下知承宗廟社稷之託於傾擾阽危之後而未知荊卿何羅竊發於肘腋之間願陛下思太祖得天下之難而早圖之監春秋王室之禍而慎守之毋謂懷父母兄弟之憂於携貳單微之時而遂解體也謹按襄二十八年書曰公如

楚二十九年書曰公在楚又曰公至自楚竊原公如晉如齊如京師皆未嘗書在獨於楚書在何也曰楚虎狼之國也襄公如楚既非常而踰年不反禍且不測書曰在楚者蓋臣子痛君父之失所在也以今兩宮有沙漠之狩孰與如楚之危哉且襄二十八年如楚至二十九年而歸春秋深危之況兩宮暴露於穹廬三年於此矣則陛下懷父母兄弟之憂臣愚不知何以處之為陛下之計者獨不念在楚之事乎臣願慎擇賢佐惟斷惟果側身憂災如宣王厲精綜核如孝宣鋤去亂略如光武剛明果斷如憲宗復讎刷耻如勾踐以春秋為戒而謹持之以祖宗為監而力行之毋以草茅之言而罷之則天下幸甚陛下首策以此中則曰府庫單匱軍費倍滋而賦斂加薄外患未弭寇盜尚多而追胥有程擇守令以厚牧養責業廉以戢貪暴命令為民而下者十常六七凡曰聚所欲去所惡者朕有未聞未有聞而不恤

恤而不行也。此又陛下聽於天而不聽於民之弊也。臣聞治天下者。正如療疾。方天下之受病也。府庫單匱。軍費倍滋。則病在血脉矣。外患未弭。寇盜尚多。則病在腸胃矣。客邪干正矣。擇守令以厚牧養。正猶導之以湯液醪醴而助真氣也。貴桀黜以戢貪暴。正猶投之以砭劑而攻掞陽也。如使人血脉受病。腸胃又受病。而導之以湯液醪醴者或失節焉。則疾益甚。疾既甚。而投之以砭劑。又非良焉。祇速其死耳。醫國者亦然。故方天下受病之際。府庫竭矣。軍費滋矣。外患熾矣。寇盜多矣。乃牧之以不賢之守令。撫之以不才之按廉。是猶疾已深而投之以野葛。豈不殆哉。臣請歷言其弊。臣聞府庫單匱。軍費倍滋者。以兵冗而坐食也。以師老而費財也。以生寡而食衆也。三者今之最大弊也。自古兵無事而食。則不可使聚。聚則不可使無事而食。其勢然也。昔漢之兵制有踐更之卒。而無營田之兵。京師亦不過南北期

門羽林之兵。而屯邊境。有事。諸侯有變。皆以虎符調發郡國之兵。事已輒罷。是以其兵雖不知農。而天下不困。兵甲未嘗聚也。唐置十六衛。無事則力耕而積粟。非但自贍。且以廣縣官之儲。是以其兵雖衆於京師。而天下亦不困者。未嘗無事而食也。我朝沿近代養兵之法中下一兵。衣糧給與。歲約五六十緡。太祖得周代之兵。中外止十有二萬而已。至乾德間。中外止十萬兵耳。太宗盡有天下。添兵至多。亦止三十餘萬。真宗當全盛之時。乃始五十餘萬。當時軍數非多。尚慮耗蠹。詔度命汰疲冗。周瑩不奉減兵之詔。則怒而罷之。向敏中奏軍額漸多。則反覆詰難之。誠知夫兵無事則不可使聚。聚則不可使無事而食。臣故曰。兵冗而坐食。今之最大弊也。按兵法。興師十萬。日費千金。以日計之。費已如此。況今曠日彌年。兵甲不解。百人仰食縣官則挾千夫之名。大聚雖數百為群。要歸則無異於數十萬之兵。而坐

食。連年無毫髮功。則農夫之力安得不困。饋餉之卒安得不疲。謹案莊公八年春。師次于郎。夏。師及齊師圍郕。秋。師還。春秋書用兵未有歷三時而後反者。獨於此書春書夏書秋。惡莊公無故勞師興圍郕之役。卒之郕降于齊而魯師無功。比秋乃還。故書曰師還者。惡其夏已無功。秋始班師。暴露滯留之甚。是後二十八年有告糴之舉。其禍正基於圍郕之役矣。以今征役之久。動至累年。校之春秋三時而反者。不[illegible]太一也乎。則府庫竭而軍費滋。自不足怪。臣故曰。師老而費財者。今之最大弊也。兵冗而坐食。師老而費財。加以生寡食衆。入少用多。陛下雖賦斂加薄。而州縣之追科實煩。何則。用度既匱。則其勢不得不取於民矣。臣前所謂追胥有程。而外患未弭。盜賊尚多者。其弊在朝廷多過。生靈多怨。使朝廷無過。生靈無怨。則外患寇盜亦何名而動哉。蓋自古姦雄。如陳涉吳廣之起於秦。赤眉黃巾之起於漢。蘇

峻之亂晉。安史之亂唐。本皆巨盜。究渠伺朝廷之過。執以為辭。幸生靈之怨。唱而稱義。遂至迭起州縣。劫令殺守。相挺為亂。今明盛之朝豈有大過。竊聞長老之談。或謂戚近撓權。姦臣盜柄。刑賞不必行。小人不盡除。綱紀不甚振。此豈過之漸邪。何則。自古亂天下國家多自戚近撓權。如漢之諸呂竇霍。唐之諸武韋張。竊弄朝柄。一敗亦族國家俱破。今乃有肺腑領樞柄。戚屬將衛兵。漢南北軍之禍。其監不遠。儻不少戢。是增朝廷之過。而起姦雄之膽。大亂之後。豈宜復然。晉趙王倫不勤之徒。心窺人主。口責宰相。實姦雄伺過而後動。不幸因之以饑饉。加之以災荒。生民愁苦無聊。則姦人乘隙奮飛。盜視千里。此外患所以未弭。寇盜所以尚多。是雖追胥有程。何以救其亂。謹按昭十一年。楚子虔誘蔡侯般殺之于申。蔡般弒逆之賊。王誅之所必加。春秋反惡楚靈何也。曰。討蔡般可矣。誘而討之。此匹夫之賊行。春秋

所甚惡也。前日下詔書招納叛亡，許以不死，此輩皆投戈請命，謂陛下示以大信也。然而陽示以信，陰加以刑，是誘討也。陛下為人父母，柰何以天子詔書為誘人之餌。臣恐大信一失，則後來以招降為悔。自今上下猜忌，如寇讎聚處，得間則更相魚肉，惟先發者為雄耳。何怪乎寇盜之未弭也。臣前所謂擇守令以厚牧養，而守令多不賢者，朝廷輕守令也。責按廉以戢貪暴，而按廉多不才者，朝廷輕按廉也。守令一不賢，則郡縣受禍；按廉一不才，則守令敢於為姦。故責守令在擇按廉，此祖宗之成法也。太祖、太宗注意守令尤切。太宗嘗親選諸州長吏，又親書其曆戒曰：勤務刑政，惠愛臨民，奉法除姦，方可書為勞績。因顧錢若水曰：朕暑中書，此豈不勞乎。蓋為任官擇人以安百姓耳。嗚呼！太宗不憚盛著而親札賜行，今守令則未嘗有召對者。太宗躬自選擇而延見便殿，今乃有付吏部而注擬者，是朝廷輕守

令也。朝廷輕守令，則守令輕郡縣。郡縣之職一輕，則牧養之方盡廢。使要近州縣或非其人，彼畏朝廷耳目之近，尚憚不敢逞。若遠方細民，雖使盜跖為之守，檮杌饕餮為之令，斯民雖千百為羣，號呼聚罵，朝廷不知。其為害豈不大哉！臣聞太祖以錢文敏知瀘州，戒之曰：吾聞郭思齊掊斂不法，恃其遐遠，謂朝廷不知耳。至則為朕鞫之。夫瀘州去京師四千餘里，而郭思齊不法，太祖已盡知之。今州縣稍遠者，其守令過矣，朝廷乃不聞，則遠如瀘州者，陛下必不能知矣。彼何憚而不為盜耶？然則所賴以糾察其弊者，尚賴按廉耳。如使按廉又非其人，則其禍可勝言哉！臣聞太祖以按廉之職，出為朝廷耳目，或由聖選，或命舉充。選之既艱，責之亦重。凡寬一按廉，是壞一路之事。一路不治，是使數百萬軍民受殃。自太宗即位，厲精求理，詔轉運使考覈職任之廢舉，又遣使察廉官吏之汙潔。如劉文質察舉部內官吏

則有遷移之寵；如王德裔部內不治，則有黜罰之罰。賞罰如此，其嚴則按廉振威。按廉振威，則守令振職。今守令不職，是按廉未得人也。往者遣使撫諭諸道，天下想望風采，以為行被大惠。卒之厨傳騷然，公行賄賂，甚者責子女於郡縣，輦家屬以偕行。雖官以撫諭為名，而民有供輸之苦。守令之外，復增一蠹。夫遠方細民，不幸遭不賢守宰，終歲抱冤，引領輶軒之出，以雪其憤。而按廉又不才，是使終身懷冤而莫之控愬也。則民安得不多怨而易動？此姦雄所以竊發也。謹按春秋閔元年，齊仲孫來，聖人嘉而字之，重其將命從宜，以安鄰國之難。方閔之初，叔牙、慶父媒孽魯禍，閔公始喜，國人危如贅旒，齊人可折箠取之。當是時，魯之輕重在齊，仲孫乃能說其君務寧魯難，卒使閔不失國，而魯人以安，湫之力也。經書仲孫之來，喜其一出而民安存魯也。以今兩河淮甸兵革之餘，豈不甚於魯國之難？而按廉之

出，未聞如仲孫以務寧魯難為懷者。春秋之法責之，則罪人矣。臣故曰：守令不職，是按廉未得人也。夫以守令既不職，而按廉又失職如此，則陛下命令為民而下，雖十常六七，而壅遏詔書者十常八九矣。是陛下有恤民之詔，無及民之惠。州縣知有守牧之令，不聞有天子之詔。三數年來，邊防用兵，凡百科斂，不以四方有無物之處，枉嚴令督之。近海州軍，例科鎗榦；居山州縣，則買鵝翎。有司既不辨有無，州縣或罕能條奏，官取一物，民費數倍。但如前日勸誘一事，監司責辦於郡，郡責辦於縣，縣移文於鄉，假軍期急速為名，迫若星火。小有不至，則械繫苦掠，人皆畏死，其敢有辭？是名為勸誘，而實暴斂之。監司郡守但務上供，以悅朝廷，則忽而不知省。宰相大臣但務足用，以悅陛下，則知而不敢言。上下相蒙，民窮無訴。是陛下恤民之詔雖多，擬孝文，而天下乾耗乃甚於孝武。傷和召怨，智將誰歸。臣聞咸平中

議改元。赦書頗多蠲免。或謂三司必以惠澤太廣為言。真宗責曰。非理害民之事。朝廷所不可行。若赦令既行。必使良人受賜矣。時方午。雷震。帝惻然曰。豈赦令少及民之恵。上天以雷警朕邪。嗚呼。祖宗以赦令未遍。懼速天罰。則陛下命令多壅。實悖天心。其害殆不為細。願陛下以春秋為戒而謹持之。以祖宗為監而力行之。不以草茅為嫌而罷之。則天下幸甚。陛下中策臣以此。又念迎覲之使。接武在道。而議情未孚。保國之謀。列意在兵。而軍勢未張。躬純儉以敦本而驕侈之習未悛。擴大公以示訓。而私枉之俗尚勝。刑賞不足以振偷惰之氣。播告不足以革狂悖之心。田畝未安。旱蝗害歲。豈朕不德。無以動天。抑政令失宜。而民以為病乎。何精誠之弗動而禍亂之難戡也。此又見陛下聽於天而不聽於民之弊也。臣謂陛下躬純儉而驕奢弗悛者。是陛下未必純儉也。擴大公而私枉尚勝者。是大公未必能擴

也。賞罰不足以振偷惰。是大柄下移也。播告不足以革狂悖。是悖亂之兆也。田畝未安而旱蝗害歲。則生民失職而怨沴並作也。若乃遣迎覲之使而敵情未孚。則臣竊有說焉。臣聞慶曆中。契丹聚兵境上。遣其使蕭英劉六符來聘。是時使來非時而兵既壓境。中外恟懼。仁宗皇帝命宰相擇所以報聘者。得左正言富弼。片言折六符之謀。卒挫虜主。自景德以來。北方無事八十餘年。於此矣。豈惟弼之力哉。是時宰相則晏殊。參政則范仲淹。樞密則杜衍韓琦。諫官則余靖歐陽脩。皆天下之所仰望。而北虜之所畏憚者。彼知朝廷有人。故弼之計得而虜計不得逞。以今廟堂之上。宰相有如晏殊者乎。參政有如范仲淹者乎。樞密有如杜衍韓琦者乎。諫臣有如余靖歐陽脩者乎。臣知陛下必無此等人物矣。而欲求敵情之孚。此臣所大惑也。臣聞猛虎所以百獸畏者。為爪牙也。使棄爪牙。則孤豚特犢。皆得搏噬。譬之國

無勁兵。則叢爾醜虜皆為勍敵。故春秋雖惡窮兵之禍。至於兵不素養而取具臨時者。又深罪之。謹按僖二十六年。齊人伐我北鄙。公子遂如楚乞師。公以楚師伐齊取穀。說者曰乞重辭也。重師也。臣謂聖人非唯意在於重師。蓋甚惡魯之無　也。夫齊為魯難久矣。自獻之役。齊敗於宋而魯不救。是時孝公有切骨之恨。至二十六年春。侵我西鄙。怨已結矣。為魯計者。正宜早夜預防。常若寇至。乃恬然熟卧。養成腹脅之疽。根不旋踵而齊人伐我北鄙矣。乃至乞師于楚以取穀焉。假夷狄而伐中國。不可之最大者也。以今醜虜大張。害甚於齊。而兵不素養。乃甚於魯。議者乃欲借助兵於高麗。何異乞師於楚以伐穀者哉。是陛下徒知軍勢之未張。而不知兵將之未練。可為陛下痛哭流涕者此也。國初。紹南交廣各僣六號。荊南江表止通貢奉。西戎北狄未盡賓服。太祖垂意將帥。命李漢超等守關南。命郭進禦并寇。

命姚內斌守慶州。以為既得名將。非厚通其意。無以得其死力。故許收邊郡關征酒榷之利。不惟養犒士卒。無使豐富其家。又慮所費不足。仍許闌回其家屬在京師者並厚撫之。則將帥之心。更無私慮。但專力邊事而已。又慮奏陳之事未盡機要。時許入朝自陳。至升殿賜坐。又復厚賜遣之。以故邊臣多富於財。得以養募死力。使為間諜。盡知蕃夷情狀。多致克捷。二十年間無西北之憂。平西蜀。復湖湘。下嶺表。克江南。盡得東南之地。雖諸將之功。實太祖馭將之力也。以今將佐偏裨。其雄挺孰與李漢超。其才略孰與姚內斌。其鎮重孰與馬仁瑀。其運籌決敵孰與韓令坤。以陛下駕馭諸將孰與太祖。然而借之重權。祿之顯秩。賜之重賞。其恩禮已過先朝數等矣。是陛下擇將不如太祖。而恩禮則過之。適足以啓諸將之驕心。而長姦臣之觖望。假令收復兩河。迎還二聖。陛下何以加之。夫戰勝之兵。勇智百倍。敗亡

之卒。後世不復。蓋所以戰勝者氣也。今之士不戰而氣已索。此天下之大憂也。昔者六國之際。秦人出兵於山東。開關延敵。六國之師皆逡巡不敢進。然長平之敗。廉頗猶能收拾餘燼。北摧栗腹。西抗強秦。振刷磨淬。不自屈服。是時秦人圍邯鄲。梁王使新將軍如趙。欲遂帝秦。而魯仲連慷慨流涕。深以為不可。非徒惜帝秦之虛名。惜夫天下之大勢有所不可也。而議者乃謂宜尊奉夷虜。不可一觸其意。陛下何不以魯仲連抗秦之事諭之。然則何怪乎軍勢之未張也。夫春秋何為作也。為天下無王而作也。周衰天下不知有王。陪臣竊國命。家臣僭大夫。聖人有憂之。作春秋以代王之賞罰。書天子書王書天王者。誅賞之大柄也。書天子書王。皆其常稱也。其曰天王。則至大之稱。天王與周官司服所稱天王。皆以嗣君之初。君道未著。人心未寧。正危疑之機。大姦之所伺。非常之時。故大威武以防之。稱天王者。大威

武以防天下之時。故曰非常也。然則又書天子書王何也。曰春秋作。王者威權衰矣。大政大法。諸侯擅而行之。謾強恃衆。迭相吞據。是本末大弱之世。名分大亂之時。非剛健大過之才。若九二焉。不足以震其弱。非毒衆窮討之役。若唐太宗焉。不足以戡其亂。故仲尼於春秋凡有出於王為之者。皆書天王。言於斯時王之所為。當大誅賞。不可循常道。冀後世興王之知變也。是時吳楚之君。皆鴟視虎踞。僭號稱王。諸蠻群酋。荐據中土。如此則文辭之告。猶可治之也歟。霸侯暴國迭相傾噬。伯子之存不能十數。如此則誅賞之令猶可治之也歟。故曰。有用我者。吾其東周乎。東周僅存禮文而已。非撥亂反正之道也。故春秋必書天王者。正賞罰於大亂之時也。若事非王為。但從諸侯之稱。只書王者。禮之常也。其曰天子者。所謂至貴以親諸侯也。莊王不書天王。以其寵遂賊之人。不足以當至大之稱。故去天字以重其

譏。重莊王之譏。則魯元之罪彰矣。春秋大逆。外始於州吁。內始於魯元。聖人著其惡如此。若曰世大亂。則從惡者衆。趨善者鮮。善若不予則是賞不足以有勸。大姦大惡不加誅。則是罰不足以有懲。賞罰不行。而能興衰撥亂者無有矣。陛下臨御之初。正春秋危疑之機。稱天王以臨下之時。大柄大權。乃患竊弄權臣之手。大阿倒持。收之良難。是陛下有春秋之亂。而無春秋之賞罰。則何以駕馭群雄而平大亂也。竊觀太祖太宗所以取天下。其要在賞罰二事而已。當時賞則常薄。刑則常嚴。方澶淵之役。李繼隆有疾戰破虜之功。但加開府階爵。臣嘗怪真宗何賞如是之薄也。其深意以謂既敗虜將而不能破其衆。此將之可責也。有將帥之寄而獨賞內臣。不可以為後世法。此所以薄其賞一也。又以自古宦者領兵。未嘗不為亂。如太宗朝內侍王繼恩出平蜀亂。大有功。止受宣政使爾。謹守先帝之法而不敢違。此

所以薄其賞二也。至馭之以刑。則未嘗不嚴。且如主將戰沒。則降黜別將。如王繼勳者。誅戮親兵。如剔罕儒者。威令如此嚴。則人皆死力求賞。故太祖兵法。罪在不赦。而春秋兵法尤嚴於馭軍。城濮之役。楚師敗績。則得臣死之。晉曰。殺其大夫得臣。罪在得臣也。鄢陵之役。楚又敗績。則子反死之。書曰。殺其大夫公子側。罪在子反也。二子皆以失律喪師。不逃重戮。則見夷狄用兵。其刑賞常嚴。而中國常寬。此夷狄所以常得志。成襄之後。中國累累受制於吳楚者。抑有由矣。厥今軍勢未張。而動見敗衄。是有春秋之亂。而無春秋之賞罰。臣故曰。賞罰不足以振偷惰。則是大柄下移也。如使大柄一移。則陛下徒擁虛器而已。何怪乎循告不足以革狂悖也。然臣愚不識狂悖者為誰。謂前日詆忤權臣者為狂悖乎。謂左右便嬖為狂悖乎。謂前日詆忤者為狂悖。則臣不敢奉詔。如謂左右便嬖為狂悖。則陛下豈不能斷然

而出之哉。竊料陛下所不能去之者。則是推委權臣之弊也。自古以推委臣下為盛矣。然亦或以治。或以亂。漢高祖推委群傑則治。至其後推委王鳳王音至于王莽則亂。光武推委二十八將而取天下則治。至其後推委后族至于董呂二家則亂。魏委荀彧則治。至委司馬則亂。唐文皇駕馭英豪而取天下則治。至明皇推委李林甫楊國忠則亂。初以推委而天下治。終以推委而天下亂。何弊之然哉。嘗推委之際。超擢十人。上從其九。是九分之恩出於下矣。如此則數年之間左右前後皆權臣之黨也。若黜削十人。上從其九。是九分之威出於下矣。如此則數年之間。中外遠近無敢忤權臣者。以故忠義解體而上之勢孤矣。前日將相大臣放意誅戮。冤及無辜。陛下不得一舉手訟。豈推委之弊邪。明皇天寶之禍。未大遠也。此可不為寒心哉。厥今天下大體皆壞。獨祖宗德澤未泯。人心未厭。譬羸病之人。猒猒待盡。

獨氣血尚在爾。如使人心一離。則是氣血又將絕。天下無復可言者矣。而陛下以田畝未寧旱蝗害歲為患。則是生民失職。人心將離。氣血將絕之時也。謹按春秋災異變見。常與人相符。災異見於上。則禍敗應於下。猶鐵炭之低昂見効可信者也。凡春秋書螽者傷旱蝗之害稼也。然書螽凡九。而哀公十數月之間凡一書之。甚之也。甚之者疾其害民之甚也。按是時十三年之間而帥師伐其侵甚取甚戰于黃池之會夷狄之盟中原天下日趨於亡矣。乃復暴興田賦。民怨禍稔。歲大旱蝗。人有艱食之苦。聖人於此不一年而二書螽傷之也。是知旱蝗之患。實兵戈怨毒之餘所由作也。比年以來。醜虜橫行。干戈爛熳而不息。未嘗一年間不戰。生民日委頓。四夷日熾肆。天下不知有生之樂幾年于此矣。創痍之民。肝腦塗地。丘壟發掘。暴及朽骨齒膏血流者。不知幾億萬生靈之命。陛下不得而見也。士卒死邊野之外。婦哭其夫。母哭其子。寡婦弱子抱負轞車。望寃呼哀於千里之外。塗悲巷泣。怨痛徹天。陛下不得而聞也。陛下不見其所不見。不聞其所不聞。驅萬死之地。而卒無一毫之利。積毀銷骨。積怨傷和。陰沴作而災疫興。何怪乎田畝未安。螽蝗之害歲也。今者兩河淮甸。赤地千里。飛蝗蔽天。公卿大臣熟視無討。而請為遣蝗之舉。嗚呼。正使蝗而可遣。是移腹心之疾而寘諸股肱。不知他境之民何辜而加之哉。臣聞。天禧中。真宗以歲旱蝗。秋稼不稔。慨然動念。實慮政令闕失。有爽天意。因詔削茶鹽條禁之峻刻者。以懲旱蝗之變。以今政令闕遺。豈惟茶鹽一二事而已。臣知旱蝗為害。實天意大警陛下也。而議者尚謂天災流行由曆數運會。非政令失宜之咎。嗚呼。天下有善則歸諸己。天下有禍則歸諸天。此何聖賢之用心也。願陛下少戢誅討。少息

調發。練兵實塞。養吾銳氣。而全中國之力。以銷旱蝗之災。毋以精誠弗効而怠荒。毋畏禍亂難戡而息志。以春秋為戒而謹持之。以祖宗為監而力行之。無以草茅為嫌而罷之。則天下幸甚。陛下中策臣以此。又念伊欲復親族。奠疆場。清寇攘。善風俗。使百姓安業。而疊疊迓衡。何修而可以臻此。臣於是見陛下真欲興衰撥亂以起天下之病也。竊觀陛下首懷父母兄弟之憂。申念迎親之使。至此又以復親族為言。是陛下痛念二聖鑾輿暴露而未有迎復兩宮之策也。夫漢高祖所以還太公於楚軍。豈獨侯生力哉。臣嘗料高帝有勝項王者五。以兵強力壯。則楚不如漢。以三傑為用。則楚不如漢。以駕馭諸將。則楚不如漢。以關中廩粟之富。則楚不如漢。以關中形勢之重。則楚不如漢。五者皆項王所不如。則何苦而拘于太公哉。以今凋弊之餘。無漢之兵力。無漢之三傑。無漢之駕馭。無漢之廩粟。而又遠違上都。棄

去兩河，則又無關中之形勢。而欲求親族之復，雖使如倭注千百輩往焉，臣知其無能為也。故臣謂欲復親族，莫若復兩河。不得兩河，則親族不可復。今陛下以奠疆埸為念，是欲復兩河也。兩河得失，係天下輕重。唐神堯起晉陽，以一旅取天下，而後世子孫不能以天下取河北，其難如此。晉於春秋為大，嘗驅役諸侯。至秦萃銳兵之晉，乃得韓遂析天下脊。韓信聯齊有之，故蒯通知漢楚輕重在信。宋武號英雄，得蜀關中，盡有故疆十分之八，然不能使一人渡河以窺邊。是兩河之地，王者不得則不王，霸者不得則不霸，賊得之則天下不安。臣故曰：不得兩河，則親族不可得而復也。咸平中，真宗與王濟極論邊事。濟言蠢茲醜虜，敢爾憑陵，蓋謀謨當位之臣，未有昔人之比。且國家所恃獨一河耳。此誠急賢之秋。不然，臣懼北戎飲馬於河渚矣。嗚呼，濟之言誠切中今日之病。臣謂欲復親族而收兩河，亦誠陛下急賢

之秋。當以濟言為監也。然當今最大患者，親族之未復，疆埸之未奠，寇攘之未清，而臣愚所最患者，風俗之敗壞也。風俗，天下之筋絡也。譬人之身，所恃以維持氣血者，唯筋絡耳。風俗一敗，則筋絡又絕矣。漢唐之亡，其弊皆風俗之先壞也。故臣嘗論東漢之亡與李唐大畧相似。東漢之季，閹童亂政，毒被生靈，豪傑據郡而起，天下遂裂為三國。唐末，宦者蠹於內，藩鎮潰於外，天下遂磔為五代。然三國之士，其好惡去就尚有可觀。雖天厭漢德，而劉氏猶擁虛器，亦卒以禪代終。五季之亂，其臣皆兇狠頑鄙，戕賊君親，專為梟雄。豈天於東漢之季獨多君子，而唐季專為小人哉？誠風俗染激然也。中原亂亡，自古更迭，亦天下常事，蓋未有不亡之國。然當其時，有推變於天而言者，有以人事前知而言者，有握節以死者，有衛社稷而死者，有憤國破亡，猶奮不顧，并家族破滅者，亦有知幾之士掛冠而去之，不蹈其禍者。

我國家涵養天下之久，士大夫受君父之賜亦甚久。一朝國家有難，自公卿劒履閒以及下之百執事，凡幾人；自王畿以達四方郡邑，有位凡幾人。前知而言者為誰？死名節、死社稷者為誰？破家徇國者為誰？知幾而掛冠者為誰？推變於天而知其將亡者，又復誰也？方晉南渡，士流尚有聚于新亭，傷國之衰，對江山而下泣者。周之東遷，尚有不恤其緯，而憂宗國之隕者。以今兩宮播越，則非直東遷之辱也；而陛下倉皇遠狩，則非直南渡之迫也。誰復有泣對江山而憂宗周之隕者哉？自晉風俗之壞，而海內橫潰，生靈魚肉，甫二百餘載。以晉監今，其禍可勝言哉！昔田橫一豪士，恥北面臣漢，遂自殺，從者五百餘人皆死之，無一人降漢者。諸葛誕魏室一叛臣，及其既敗，所養死士三百人就戮，皆曰為諸葛公死無憾。今之士大夫蒙國厚恩，何啻齊卒之受恩於田橫，死士就養於諸葛哉？而忍恥含垢，視君父之僇辱

甘心焉。嗚呼，縱不愧田橫之客，又獨不愧諸葛之奴耶？臣故曰：今之最大患者，風俗之敗壞也。風俗一敗，則筋絡又將絕矣。願陛下以春秋為戒而謹持之，以祖宗為監而力行之，不以章茅為嫌而罷之，則天下幸甚。雖然，陛下策臣等數十條，皆當今之大弊，臣既已極言之。而聖策尚謂子大夫涉艱險以副詳延，誠亦勤矣。其必有至言，欲為朕陳者，其悉言之無隱。若乃矜空文而無補於實，咎既往而無益於今者，非朕之所欲聞也。其以朕所未聞而切於時者言之，朕將親覽焉。臣又見陛下真有意求苦口之言，以救天下之病也。然臣觀陛下求苦口之言雖若甚切，而在廷之士必不敢盡言無諱，何也？臣聞鸛巢覆而鳳不至，直士受禍則忠臣杜口。往者從東南來，道路籍籍，皆謂陛下即位以來，不旬月之間，戮直言者二，有是乎？豈道路之妄議乎？儻如所言，則傷威損德，為害不淺。謹按春秋，陳殺其大夫泄冶，說

者謂洩冶以直諫被誅。國之大惡。是時蓋宣公九年也。而十年有徵舒之禍。十一年而楚子入陳。不三年之間而陳國大亂。嗚呼。戮直言之禍而至於此。然而洩冶被誅。權不在陳靈而在徵舒。前日議士被誅。權不在陛下而在左右。專殺之禍。春秋大惡。而況專殺直言。惡又甚矣。此楚子入陳所以得藉口而言徵舒。則醜虜乘隙將以假討惡為名。而躡入陳之轍矣。臣是以下在廷之士。必不敢盡言無諱也。然而臣猶敢區區竭愚者。竊自惟念陛下一詔臣等無務空言而陳實務。則陛下知前日濫誅為過而改之。是陛下樂聞其過矣。臣而不言。是負陛下。使臣言不從。則陛下負臣。抑臣嘗聞太平興國中有布衣皂囊獻書者。其辭狂妄。太宗覽之弗罪。因謂宰相曰。比降詔書許言事。故雖狂悖亦不加罪。至淳化中。武程上疏斥贊李昉。請加黜削以懲之。太宗責曰。曷嘗以言罪人哉。嗚呼。太宗樂聞直言如此。而大臣尚

請黜敢言之士。幸而太宗不從。如使太宗不樂直言而李昉之請得入焉。則武程者俎上肉矣。今臣累千萬言。則其罪過於皂囊之書。以臣疏賤。則甚於武程。而有狂瞽之論。使陛下樂聞讜言。尚患見忌借。使人主一惡直言。大臣如昉者又從而媒蘖之。則臣言亦危矣。幸望陛下以祖宗為念。而擴太宗納諫之量。大臣體陛下之意。而無李昉惡直言之心。則畏避而不敢言者。亦臣所竊恥也。臣故曰願陛下以春秋為戒而謹持之。以祖宗為監而力行之。無以草茅為嫌而罪之。則天下幸甚。臣謹對。

三年。張浚上言曰。臣自建康抵江州境。凡二十日。所歷兩州六縣。莫不累經殘破。滿目蕭然。斷椽破瓦。狼籍于道。父老知朝廷命大臣出使。扶攜遠迓。感嘆咨嗟。臣每見則羞愧汗顏。身無所措。因念今日之事。皆因風教敗亡。淳朴凋喪。侈靡太甚。天實惡之。其勢非一大改革

使上下內外反本還淳。去華就實。然後見堯舜三代之遺俗。治道未易成也。臣既念之深。則求其所以致此之策。竊以謂若欲撥亂反正。以力拯其弊。此事特在陛下明教化而以身率之於前。嚴刑罰而以政繩之於後。日積一日。治或可圖。陛下躬歷險阻。累試艱難。身率之教。宜優為之。惟刑罰一事。臣始備員二府日。固願陛下赫然大明黜陟。一洗而丕變之。顧以時方多故。人心未定。驟而更革。未易服從。臣雖受陛下眷知之深。而德望威名亦未聞于天下。區區改作。適取怨尤。臣所以輕捨朝夕奉承之恩。冒犯艱險可虞之地。其意誠欲為陛下稍強兵勢。先定國本。異時果能建立尺寸之功。陛下方以其不可用而尚加使令。則犬馬之力。深欲有為於後日也。然則當今所急務在於陛下身率之。更加勉強以行之而已。臣願陛下早暮見吞。無忘誠禱。思天下之所以困窮。生民之所以塗炭。而自反自咎。身任

其責。衣服之尚有鮮美者去之。飲食之尚有豐肥者止之。文采之可以亂目者屏之。譏佞之可以惑耳者遠之。淡然漠然。與道為一。苟言之非有益於天下生靈者弗聽也。苟思之非有利於天下生靈者弗及也。以此而化家。以此而化天下。積久而行之。則可以動天下。可以格人。自近及遠。自內及外。民雖至愚。豈不感格。至於兵革之事。雖陛下所當留意。要之兵本凶器。聖人不得已而用之。凡所以救亂止難。難止則已。非陛下中心所樂而深好之也。所當急務者。特在於明教化耳。自古帝王所以致治。莫不深明此理。臣仰惟陛下英睿之質。仁勇之資。必能坐進此道。臣於陛下分則君臣。情則父子。故雖遠去天威。而區區愛君之心。朝夕思有以自效。臣言蕪陋。惟陛下裁赦。

浚又奏時政七弊曰。臣幸蒙陛下不以臣愚不肖。置諸宰輔。顧愚駑下。不足以奉承德意。伏自惟念君臣相與。莫過于誠。一毫欺妄乖戾

所生。臣區區中謙淺陋之見，為日久矣，儒畏縮隱默，終不以言。豈惟負陛下，亦才所以格天心、召和氣也。是用齋沐洗心，百拜以獻，惟明主詳酌而行焉。臣竊惟方今政事施設，數年以來，更張非一。夙夜以思，多所未曉。臣謹條列其大者，用備乙夜之觀。僭越之罪，不可以逃。臣聞人主之職，專在論相。古之賢君，留意于此，殆不苟然。考其素履，詢之國人，幸而得之，爰足以濟一代之用。如成湯之於伊尹，高宗之於傅說，文王之於太公。彼其精神會遇，默運於一堂之上，而中和之氣，洋洋乎敷洽于宇宙矣。後世創業中興之君，如漢高祖、世祖，唐太宗，最可稱者。當時風雲相際，附翼之臣，亦莫不始終展竭，各效所長，豈無傷功害能之人，陰肆間隙。二三主者，終不以是而疑棄之，知之深而用之專也。陛下踐祚九年于茲矣，所倚以為腹心，共斷天下之事者，果有之乎？所藉以振飭紀綱，輔成一代之法者，果有之乎？

為陛下牧養小民而久任其職者誰歟？為陛下經理財用而首尾其事者誰歟？然則國勢安得而不衰，治功安得而興起也？所幸陛下神聖之資，長於駕御，二三將帥，任用不惑，不以人言而遽廢，不以一敗而遂黜，故雖中庸之人，各能盡力軍政，可備使令。不然，臣未見宗廟血食之所矣。此臣之所以未曉者一也。臣聞自昔人君之命相也，莫不相與講論天下之大計，與夫修德立政之舉，次第而施為。故日積月累，成效可冀。譬諸為室，先廣基址，次定規模，付諸匠者，以責其成。一有不合，安可輕委？臣竊惟自建炎以來，陛下選用大臣，未知責以何事；大臣之進，說於陛下，亦未知何以奉詔。臣但見夫一相之令，親舊之間，不問賢否，例為要職，而攀附之人，率多廢棄。又見夫臺諫排擊，多自堂除，大臣因之，遂為進退。而陛下所以攘戎狄、圖中興、求人才、立法度、理財用、治軍政，則漠然皆不及之。朝廷衆論，殆止私意耳。

此臣之所未曉者二也。臣竊考祖宗崇設臺諫之意，將以輔治，非以攖治也。慮夫四方萬里之遠，人才之善惡，官吏之能否，民情之利便，廟堂不能盡見而周知，臺諫得以風聞而論列。臣故曰將以輔治，非以攖治也。至於不幸而大臣之違非其令，又得以力爭明辯于前，蓋非懷姦覦望，伺候主意，而收拾細故于其後也。臣請復借築室以喻之。主人於此，將營大室，固必遴求匠者，授以成規，凡運斤之徒，得以旁搜梁棟之材，得以選用。亦必有監視之人焉，以警偷惰，繩不法，俾匠者得以成其功。大匠，譬諸宰相也；監視之人，譬諸臺諫也。今匠者求人擇材，次第施設，而監視者在傍，纖悉指數，謂某人為不可用，某材為非所宜，自朝及夕，紛爭不已，則匠雖智巧，而亦縮手不能為矣。曷亦各守其職，而務存大體，姑責其成與不成乎？故謂匠為不能，立廢之可也；使匠營室，而俾監視者一二細摘，亦可也。不然，空為紛張，

徒費歲月，室何由成？為主人者，既不能成大廈，風雨之所凌，適烈日之所觸，犯而終不知監視者為非焉，方且輟食興嗟，謂匠無人。不省其任之不專，而聽之惑也。人情失於斷大而樂於聞小，每每如此。今臺諫之間，事或類焉。此臣之所未曉者三也。臣竊惟仁宗皇帝之時，風俗忠厚，事皆可法。當時臣寮廷論大臣者，所言雖行，旋亦補外，所以陰體貌，崇教化，防邪僻，破朋黨也。使言事之人，復居要職，大臣疑似之過，何自而明？夫惟兩出，事乃顯著，公議既否，復加召用，其用意深矣。比年以來，為中丞、為諫議，多以詆譏大臣而得之，好進之徒，姦巧百出，或陰肆揣摩，或公為反復，士風薄惡，莫此為甚。甚者伺候人主之意，陰結內臣之私，竊肯之語，往往預聞，觀勢乘時，以快宿忿。時有異同，則使人導意，謂不如是無以解主上之。大臣之黨有閑望者，則必先求細故而歷詆之，使無敢議其私焉。外示不畏強禦之名，

內懷力圖進取之計。其於人主治道。了不相干。此臣之所未曉者四也。古者設官分職。凡以為民。夫人主以一身而臨蒞天下。撫百姓。其何以有為哉。監司守宰奉行人主德意而推之以及民者也。治兵之官所以救民之難。理財之官。所以息民之力。事雖不同。實皆加惠元元耳。祖宗時。郎曹之選。非累歷親民。有所不授。自臺閣而出為貳守者十常七八。蓋使之更歷世故。諳曉民情。養成其材。以備任用。是以內外均一。百姓蒙福。至於執政之除。則又重其事。為郡守監司。為沿邊轉運使。為二路帥臣。為三司副使正使。然後預簽書樞密之選。今則不然。守口語者可致言官。弄文采者皆陞館職。白進月遷。驟竊要位。一居朝列。視州縣為冗官。故有為大臣而不知民情之休戚。財用之盈虛。以至軍政之始末者。有為侍從而不知州縣政事所宜施行者。況責之以天下之大計哉。或十百為朋。更相汲引。繼履華要。未嘗手拾。彼為州縣之官者自視流落。不復有寸進之望。因循苟且。民受其苦。此臣之所未曉者五也。當熙豐之前。天下未嘗聞某年人材。某時政事也。蓋祖宗盛時。君臣立政。惟以利民。是則行之。非則更之而已。自是而後。公道不明。假借名號。以行其私。黜陟用捨。更為進退人材。隨時各立門戶。非為國家計也。夫天下之事。要當惟其是而已。何必曰此熙豐之失。此元祐之得。此紹聖之非。取此去彼。以彰先朝之未至乎。此臣之所未曉者六也。舜之罪也殛鯀。其舉也用禹。古之聖人示天下以至公。未嘗容私意于其間也。今舊出蔡京王黼之門者。不問賢否。一切廢罷。京黼秉政。踰二十年。天下士夫將何所適而可乎。至於元祐子孫。則一切任用。夫以其賢德之後。物色而獎借之。則可也。謂其為元祐之家。驟蒙進任。此何理耶。昔者有大功德于天下。莫若堯舜禹湯。未聞後世人君必求其子孫盡錄之也。此臣之所未曉者七也。臣愚無識知。誤蒙陛下知遇。每思慮所及。必欲盡言無隱。念臣而不以告陛下。誰為陛下力陳者。惟是所學淺陋。所見迂僻。臣不敢自逃其罪。惟陛下裁擇。

建炎間。中書舍人季陵入對言事有可深慮者四。尚可恃者一。大駕未有駐蹕之地。賢人皆無經世之心。兵柄分而將不和。政權去而主益弱。所恃以僅存者。人心未厭而已。前年議渡江。人以為可。朝廷以為不可。故諱言南渡而降詔回鑾。去年議幸蜀。人以為不可。朝廷以為可。故弛備江淮。經營關陝。以今觀之。孰得孰失。維揚之變。朝廷不及知而功歸宦寺。錢塘之變。朝廷不能救而功歸將帥。是致此曹有輕朝士之心。黃潛善好自用不能用人。呂頤浩知使能不知任賢。自張愨許景衡飲恨而死。凡知幾自重者。往往卷懷退縮。今天下不可謂無兵。劉光世韓世忠張俊各招亡命以張軍勢。各効小勞以報主恩。然勝不相遜。敗不相救。大敵一至。人自為謀耳。周望在浙西。人能言之。張浚在陝右。無敢言者。夫軍事恐失機會。便宜可也。乃若自降詔書。得無竊命之嫌邪。官吏責以辦事。便宜可也。乃若安置從臣。得無忌器之嫌邪。以至賜姓氏。改寺額。此皆傷於太專。臣恐自陝以西不知有陛下矣。惟祖宗德澤在人心未忘。所望以中興者此耳。陛下宜有以結之。今欲薄斂以裕民財。而用度方闕。輕徭以紓民力。而師旅方興。罪己之詔屢降。憂民之言屢聞。丁寧切至。終莫之信。臣謂動民以行不以言。陛下爵當賢。祿當功。刑當罪。施設注措。無不當理。天下不心服者。未之有也。

湖州通判張燾上書略曰。人主戡定禍亂。未有不本於至誠而能有濟者。陛下踐阼以來。號令之發。未足以感人心。政事之施。未足以慰人望。豈非在我之誠有未修乎。天下治亂在君子小人用舍而已。小人之黨曰勝。則君子之類自退。將何以弭亂而圖治。

紹興初。監察御史劉一止上言陛下憫宿蠹未除。頹綱未振。民困財竭。故置司講究。然未聞有所施行。得無有以疑似之說欺陛下。曰。如此將失人心。夫所謂失人心者。必刑政之苛。賦役之多。好惡之不公。賞罰之不明。若皆無是。則所失者小人之心耳。何病焉。

時秦檜請置修政局。一止又言宣王內修政事。修其外攘之政而已。今之所修。特簿書獄訟。官吏遷降。土木營建之務。未見所當急也。又謂人材進用太遽。仕者或不由銓選。朝士入而不出。外官雖有異能不見召用。非軍事而起復。皆倖門不塞之故。請還近臣曉財利者。倣劉晏法。瀕江置司。以制國用。鄉村置義倉。以備水旱。增重監司之選。後多採用其言。

吏部侍郎綦崇禮上奏曰。臣 竊觀周宣王之小雅於車攻則曰。內修政事。外攘夷狄。復文武之境土。於吉日則曰。能慎微接下。無不自盡以奉其上。然則中興之效。本於修政事。而政事之修。亦在夫小大之臣無不自盡而已。今朝廷播遷。庶事草創。外備彊敵。內鋤群盜。日不暇給。而百司庶府。小大之臣。類多苟且偷安。不務舉職。姑息胥吏。闒略細務。累資養譽。猶襲承平之弊。其間亦有孜孜奉公。致心職事者。則衆必非笑指以為迂。至摘其事而靳之曰。了得其事。使足以勝夷狄否。臣切怪之。且國家大體。輔弼大臣任之。所謂百司庶府之臣。知治其一官一職而已。夫使一官一職而皆治焉。則事將無所不治。傳曰。嫠不恤其緯。而憂宗周之隕。為將及焉。彼憂之誠是也。盍亦圖其所憂而效於上歟。儻無所陳其智謀以裨國論之萬一。乃徒私憂過計。空言廢實。亦奚救於危亂哉。今不及其暇時修起庶政。顧以細務為不足省。則大事亦將委靡。而紀綱弛矣。紀綱既弛。而欲駕馭豪傑。以興衰撥亂。不亦難乎。臣愚欲望聖斷深察茲弊。申飭百執事之臣。各揚其職。無以空言憂國而妨實務。庶幾細大畢舉。紀律設張。則內治外攘。無所不可矣。

崇禮遷兵部侍郎。又上奏曰。臣聞為天下者。審夫謀論規撫所存而已。規撫者國家所恃以立。議論者規撫所待而定。議論定則規撫立。規撫立而國家之勢成矣。議論不定。則規撫不立。規撫不立。而國家之勢危矣。夫規撫議論。尤急於天下多事之際。議論定則成。不定則敗。規撫立則存。不立則亡。此成敗存亡之機也。仰惟陛下初紹大統。適當戎狄搏噬。盜賊憑凌之時。凡所為議論規撫。有未能定。今八年之久。天下之變至此已極。戎狄之要。雖未可得。而其情已見。盜賊之暴。雖未盡平。而其勢已衰。事固有失之於始。收之於終。其在今日收終之時也。故臣愚竊以為今日之議論規撫。宜不出三者。恢復中原

以成再造之功。上也。因所有之地而疆理之。中也。苟目前之安而無所為。下也。語其上則今之力誠未可為。守其下則吾之勢不可復立。惟度時量力。就其中者為之。中者既成。則其上可馴而致。苟上於下則雖志於中者有不可得矣。臣愚欲望陛下發自聖志。明詔大臣。無取言高以害實。毋偷苟安以玩歲月。議論審矣。可用規撫定其適中。以此立政事。以此任人材。以此責功效。如是而期月之間。治功不成。未之見也。

權知渠州虞允文召對。上言曰。臣聞聖人與天同功。夫不變其道而萬物化。聖人不變其道而萬民順。天非有心於化物也。物化於一氣之周流。聖人非有心於順民也。民順於一德之終始。蓋不變則常。常則久。久則安。自然之理也。古之聖人圖回天下。持心以一。以應治以終。不忽其所可輕。不矜其所已得。御其情以求可慎之事。因其事以防

戒縱之情。亹亹繹繹。純而不已。其在書曰。終始惟一。時乃日新。夫德至於日新而不變者。以其一也。有萬之衆。尚有不順其治哉。恭惟陛下得一之妙。見於始終日用之際。臣請有以明之。撥亂反正。既得天矣。而不忘於寅畏。解嬈除苛。既安民矣。而不忘於焦勞。立政立事。既法祖宗矣。而不忘於繼述。三十餘年之間。勤於已而佚於人。倫於國而豐於天下。凡務損以自克之道。無不用其至。薄海內外。孰不歸仁。嗚呼盛哉。然而天下之事。一日而萬變。天下之人。一心而百偽。變則有害正之萌。偽則有亂真之漸。安危治忽。所由分也。故虞舜之惟微。商湯之慎終。周成王之持盈。其保治之術。汲汲如此。臣愚欲望陛下堅守常道。益懷永圖。凡一慮之萌。一事之作。必畏天。必安民。必法祖宗。則君德不二。治理如一。億萬年之洪業。永永無窮矣。臣不勝犬馬愛君之誠。惟陛下留神省察。

中書舍人周麟之論賞罰名實狀曰。臣聞自古中興之君。惟漢宣帝為得治道之要。史臣稱之曰。孝宣之治。信賞必罰。綜核名實。嗚呼。斯言盡之矣。仰惟皇帝陛下以英叡之姿。承隆景祚。躬履多難。式遏寇略。事同乎創業。稽飾百廢。濟登丕平。切兼乎守成。盛德丕烈。固已超出百王上矣。而臣猶區區以宣帝為言者。以陛下方厲精聽斷。剗除宿弊。用更化于四方。施之於今。莫此為急。信賞必罰。則公道舉。綜核名實。則真賢興。二者國家之先務。雖堯舜三代之治不外是。而宣帝能用之以救弊。願陛下取法焉。若夫雜霸術。尚刑名。此則宣帝之失。臣不敢為陛下道。

高宗時。御史中丞許景衡上奏曰。臣自蒙誤恩。備位執法。閱日滋久。了無建明。不獨智慮短淺。言辭迂訥之故。亦以陛下方圖東幸。纖悉措置。上關宸慮。竊謂與其狂易之躁。寧負不徼之罪。今者駐蹕淮甸上下安寧。此正講明治道。興滯補廢之時也。故不揆迂愚。輒以見聞昧死上獻。庶幾有補聖政之萬一。臣竊觀方今人材未備。而政事不舉。法度未修。而宿弊尚存。浮費不節。而國用空匱。賦役煩重。而民力困弊。命令不行。而事多壅滯。賞罰未明。而人無懲勸。賊盜繼作。而吏民被害。邊境危急。而武備弗嚴。姦贓未逐。而貪暴滋多。公議未伸。而親黨害政。凡此十事之利病。實繫國家之安危。安危所在。變故難測。以陛下之神武英斷。必能成中興之業。以陛下之誠心孝友。必能迎二聖之歸。其事雖曰多端。其要不過十者而已。惟是十事之利。其講之則不可不熟。十事之害。其去之則不可不速。講之熟。則是非明白。去之速。則立見治效。欲望睿旨下三省樞密院。公共討論。修復祖宗之成憲。稽參士夫之公議。下從民欲。上取聖裁。于以致中國之安榮。于以釋異域之憂讐。在陛下果斷力行之而已。

李綱初至行在上本政論曰。臣竊以朝廷天下之本也。政事法度。皆是乎出。故中書進擬。門下審駁。尚書奉行。所以宣布天子之命令。使四方稟承焉。政出於一。則朝廷尊而天下安。政出於二三。則朝廷卑而天下危。天下之安危。係於朝廷之尊卑。而朝廷之尊卑。係於宰輔之賢否。與夫人主聽任之重輕。其可忽乎。唐至文宗之朝。可謂衰弱矣。武宗既立。得一李德裕相之。而威令遂振。何哉。德裕知所本故也。其初為相。即上言曰。宰輔非其人。當亟廢罷。至天下之政。則不可不歸中書。武宗聽之。號令紀綱。咸自己出。故能削平僭偽。號為中興。然則於艱難多事之秋。所以出政者。尤不可以不一也。自崇觀以來。政出多門。閹宦恩倖女謁。皆得以干預朝政。所謂宰輔者。保身固寵。不敢以為言。遂失其職。法度廢弛。馴致靖康之禍。非一朝一夕之積也。臣愚誠願陛下深思天下安危之本。察德裕之言。而法武宗之任人。

鑒崇觀之失。以刷靖康之大耻。宗社生靈不勝幸甚。

李光上治道劄子曰。臣嘗謂帝王者神民萬物之主也。以一身而寄天下之上。所恃者衆心之所戴也。歷考自古興衰撥亂之君。未有不因乎人心而能有爲者。蓋觀人心之所與。則知天命之所歸。故夷狄之盛。殆或不足畏。盜賊之猖獗。或不足憂。中原之竊據。或不足慮。閩陝之捷奏。或不足喜。臣願陛下凡所舉措。務合人心而已。今移蹕之初。扶携之民。歸往如市。海内顒顒。皆託命於陛下。士民傾屬。以觀聖化之行。則今日之所施爲。安得不汲汲乎。昔梁襄王問於孟子曰。天下惡乎定。對曰定于一。孰能一之。對曰。不嗜殺人者能一之。孰能與之。曰。天下莫不與也。又曰不行王政爾。苟行王政。四海之内。皆引領而望之。欲以爲君。夫豈在山河之固。甲兵之利。土地之廣哉。臣願陛下克己恭勤。隆道德於上。大臣守法奉公。肅紀綱於下。明賞罰。辨邪正。懲汙僞之黨。以砥礪名節。去姦贓之吏。以惠養小民。容受直言。駕馭英傑。如是而人心不歸。海内不服。未之前聞也。惟陛下留神省察。

著作郎張嵲出爲福建路轉運判官。上疏略曰。古之人君。其患有二。不在於拒諫。在納諫而不能用。不在於不知天下利害。在知而不以爲意。陛下渡江十年矣。外有勍敵之國。内有驕悍之兵。下有窮困無聊之民。進言者多矣。今皆以爲陳腐。而別取新奇之說。任事者衆矣。今皆習是以爲當然。而更爲迂闊之事。此近於納諫而不知用。知利害而不知恤也。爲今之計。朝斯夕斯。非是二者不務。數年之後。庶其有濟。國之所惡者。莫大於朋黨。今一宰相用。凡其所與者。不擇賢否而盡用之。一宰相去。凡其所與者。不擇賢否而盡逐之。宜其朋黨之寖成也。

右司諫潘良貴上奏曰。臣嘗謂自古一治一亂。不可爲常。由堯舜迄于五代。三千二百九十餘年。其間所以治者無他。君臣協心。各相戒飭。凡所施爲。合於大公至正之道而已。所以亂者無他。君臣異志。皆務因循。凡所施爲。悖於大公至正之道而已。仰惟祖宗之有天下。兵不血刃。市不易肆。天意人心。不約自歸。當時制爲法度。立爲紀綱。非益於國。非利於民。有所弗措。是以海内廓廓無事百有餘年。承平既久。姦臣擅權。肆爲蔽欺。率意改作。祖宗紀綱法度。廢壞殆盡。遂継之以大亂。陛下紹承大業於艱難之際。焦心勞思。欲恢復中原。迎還二聖。九年于茲矣。然而治道殊未有以稱聖意者。臣謂大公至正之道。尚蘊而未行也。夫祖宗順此道而治。其後逆此道而亂。今不欲治安如祖宗時則已。如必欲之。可不兢兢業業。朝夕唯此道之是念哉。臣願陛下靜澄其心。思祖宗創業之難。念父兄遠狩之久。憫生靈常懷塗炭之苦。憤土地日有侵削之憂。凡下一令。行一事。必先以此四者爲念。然後發之於政。詔大臣同心協力。勿以一毫私意曲徇人情。斷自今日。其已往者。漸以公正之道更革之。其方來者。力以公正之道固守之。如四時之有信。如金石之不移。則天下庶乎有休息之期也。如其不然。臣恐萬事寖以大壞。雖無夷狄外患。而中國自弊矣。唯陛下留神察焉。

歷代名臣奏議卷之四十六

歷代名臣奏議卷之四十七

治道

宋高宗時。中書舍人胡安國上時政論曰。臣聞保國必先定計。定計必先建都。建都擇地必先設險。設險分土。必先遵制。制國以守。必先恤民。夫國之有斯民。猶人之有元氣。不可以不恤也。除亂賊。選縣令。輕賦斂。更弊法。省官吏。皆恤民之事也。而行此有道。必先立政。立政有經。必先核實。核實者。是非毀譽各不亂真。此致理之大要也。是非核而後賞罰當。賞罰當而後號令行。人心順從。惟上所命。以守則固。以戰則勝。以攻則服。天下定矣。然致此者。顧人主志尚何如耳。尚志所以立本也。正心所以決事也。養氣所以制敵也。宏度所以用人也。寬隱所以明德也。具此五者。帝王之能事備矣

其定計曰。臣聞自昔撥亂興衰者。必有前定不移之計。而後有舉必成。大功可就。修內政。張四維。率師不遣上卿。伐國不動大衆。教民懷生。示信討貳。此齊侯晉文前定之計也。取關中。據河內。大封同姓。以懲孤立。減省官吏。以息百姓。抑制將帥。保全功臣。此高帝光武前定之計也。斬高德儒。叱宇文士及。以遠佞人。賞孫伏伽。禮王魏。以開言路。宣示好惡。使民嚮方。薄賦輕徭。選用廉吏。此唐太宗前定之計也。其成霸王之業宜矣。陛下總師履極。于今六年。而謀議紛紜。計畫未定。以建國都。則未有一定必守不移之居。以討亂賊。則未有一定必操不變之術。以立政事。則未有一定必行不反之令。以任官吏。則未有一定必信不疑之臣。奕者舉棋不定。不勝其耦。況立國而不定乎。難平者事也。易失者時也。捨今不圖。悔後何及。惟人主廣覽兼聽。而不可以自專。惟宰相擇材使能。而不可以自用。伏望特命大臣。條具方

今撥亂興衰之策。各盡底蘊。畫一進呈。先示臺諫從臣。許令駁駁。仍集凡百執事。議于朝堂。詢謀僉同。靡有異論。然後斷自宸衷。定爲國是。頒諸中外。以次施行。申飭攸司。各嚴遵奉。堅如金石。勿復變移。庶幾觀聽有孚。一新耳目。可見中興之兆矣。

其建都曰。臣聞有家者必作室。立國者必建都。必據形勢。握輕重之權。必居要津。觀方來之會。如北辰在天。而衆星拱。如滄海在地。而百谷朝。安於其所不可動也。陛下昨自應天。初登寶位。維揚駐蹕。倉卒渡江。考卜相攸。莫如鍾阜。矧以舊邸。號稱建康。已降詔書。傳播天下。爲受命之符。此可都者一也。自劉先主。吳孫氏。諸葛武侯。二代英雄。周遊吳楚。皆稱建康龍蟠虎踞。王者之居。此可都者二也。北據大江之險。外有長淮之衛。隔絕奔衝。難於超越。此可都三也。有三吳以爲東門。有荆蜀以爲西戶。有七閩二廣。風帆海舶之饒。以爲南府。此可都者四也。諸路朝覲。郡縣貢輸。水舟陸車。道里適等。此可都者五也。凡都北者必闢境於南。周世宗取江北是也。都南者必略地於北。吳孫氏爭淮南是也。昨者鑾輿時邁。狩于吳越。則王導所謂望實俱喪。而晉不果遷之地也。三省百司寓于南昌。則李煜避周。徙自秦淮。卒不能振之所也。國勢一統。不可以數分。國都一定。不可以數動。與夷狄居穹廬。逐水草。無城郭宮室市朝之禮者異矣。今醜虜憑陵。叛臣僭竊。瀕海諸郡。僻在東隅。宜還都建康。比關中河內爲興復之基。環諸路而中持衡焉。則人心不搖。大事可定矣。

其設險曰。凡立國建都。必設險以守。而後國可保。按春秋書晉師伐虢。滅下陽邑。不言滅而此獨言滅者。下陽虞虢之塞邑也。塞邑既舉。則虢亡矣。聖人特書示後世設險守邦之法。故三國

時魏人都許不以方城為險而守襄陽蜀人都益不以劍門為險而守漢中吳人都秣陵不以大江為險而守荆渚夫荆渚江左上流也北據漢沔西通巴蜀東連吳會真用武之國故楚子初自秭歸徙都荆渚因其地利日以富強近并穀鄧次及漢東下收江黃横行淮泗遂兼吳越之地傳六七百年而後止此雖人謀亦地勢使然也後逮東漢之衰劉表收之坐談西伯先主假之三分天下關羽用之威震中華孫氏有之抗衡曹魏晉宋齊梁倚為重鎮財賦甲兵當南朝之半其為江東屏蔽猶虞虢之有下陽也昨降詔令定都建康而六飛巡狩暫駐杭越乃以湖北為分鎮恐失古人設險守邦之意矣近日雖復荆湖南北而分鎮地分仍舊未改即與不復亦等耳按湖北十有四州其要會在荆峽故劉表時則軍資寓江陵先主時則重兵屯油口關羽孫權則并力爭南郡陸抗父子則協規守宜都晉大司馬温及其弟沖則得據諸宮與上明此皆荆峽之封境也以荆南言則諸邑在江北者三在江南者四以峽州言則大都險要皆在南岸今以二州為分鎮跨據長江下臨吳會猶居高屋建瓴水也獨無虞虢下陽之憂乎又朝廷近棄湖北遠留川陝者固謂秦甲可以強兵蜀貨可以富國取其資以自助也而使荆峽分鎮於其間假令萬分一有桀黠者得之守峽江之口則蜀貨不得東阻長林之道則秦甲不得南譬猶一身束其腰膂而首尾不相衛則非計之得也臣竊以謂欲保江左必都建康欲守建康必有荆峽不以為分鎮然後全據上流地形險固北可出秦中之甲西可下蜀江之貨血氣周流首尾相應矣又曰昔人謂大江之險天所以限南北而陸抗以為長江峻山限帶封

域此乃守國末務非智者之所先何也杜預嘗襲樂鄉矣胡奮嘗入夏口矣賀若弼嘗濟廣陵矣曹彬嘗度采石矣則其險信未足恃也雖未足恃然魏武困於居巢而不得渡曹丕困於濡須而不得渡拓跋困於瓜洲苻堅困於淝水而不得渡則其險亦未可棄也蓋設險以得人為本仗險以智計為先人勝險為上險勝人為下人與險均乃得中策方今所患在於徒險而人謀有未善耳地有常險則守亦有常勢欲固上流者必先保漢沔欲固下流者必先守淮泗欲固中流者必以重兵鎮安陸此守江常勢雖有小變而大槩不可易者也當孫氏時上流欲爭襄陽而不得故以良將守南郡與夷陵下流欲爭淮南而不得故以大衆築東興與皖口中流欲爭安陸而不得故以三萬勁卒戍邾城邾城今之黃岡是也凡此三者皆要害必爭之地故孫氏保有江東而魏人不能犯今狂虜侵河朔叛臣擾山東淮北京畿諸鎮處危疑之地大江設險未可輕棄上流在荆峽其利害臣既言矣中流在安陸而守臣陳規長於帥衆德城短於勸民耕種宜遣一軍興置屯田為規外護以蔽武昌而下流則命江浙帥司各還官吏漸往江北經營淮泗若委任得人其上者使人勝於險其次者使人與險均俟以歲時無輕改易而孫氏欲爭而不得者皆自治焉不特可保江左而恢復之勢亦在日中矣

其制國曰凡制國者不能周知山川道里形勢險易與夫土地之宜足食足兵之具則不可與謀以貽後患荆州在沮漳江漢之間地兼水陸土力沃衍平時利入猶未蓋也與江湖之南磽瘠之壤倍百不侔矣募民力耕可以積粟此一利也自畿西河朔

諸郡每歲必資新牛於川峽。軍興已來，道路艱阻，不過漢沔六年矣。耒耜之踐，服牛引重。聖人所作，以利天下。若出峽牛至于荆渚，則門墻之内耳。此二利也。而又中控上流，舟楫往來之栖，西通秦蜀之路。乃足食足兵，富强要地。江左六朝所以必争而不肯失也。棄爲分鎮，其害甚明。然改之，則爲詔令反覆，無以示信。遂之，則形勢充削，無以自守。苟有幾會，未害於信，何憚而不改乎。凡分鎮者，節制境中，則法得自立。專征閫外，則兵得自用。轉移物貨，則財得自理。廢置屬寮，則官得自命。合此四事，與戰國諸侯無異，即非上世封建之法。而京西淮甸，多使暴客錯雜居之。獨湖北一路，安陸命陳規，則左選之文吏也。荆南歸峽，差解潛，則右選之武臣也。若降指揮，以湖北一路與諸鎮事體不同，宜有更張，獨仍舊制，即此二人致其績效，因任改移。陳規解

諸工改整無不可者，但通荆湖澧鼎二司治盗理財，而以襄陽隸湖北，抚漢沔之道。以岳陽隸湖南，通三江之口。以鄂渚隸江西，接洪撫之境。則地里連屬，形利勢便。合於魏武置都督，不欲相遠之意。亦於今日事宜頗爲相協。若襄陽已令分鎮，時方用兵，幾會之來，何有窮已。乘便分割，亦無不可。然後上流之勢全矣。又曰：夫變更舊制，不稽今古，肆其胸臆，則事不可行。况挾姦計乎。近歲湖北變更舊制多矣。初用唐慤爲安撫，統十有四州。參評官高衛者建言，乞以鼎州守臣帶鼎澧制置使，辰沅靖並聽節制，不隸湖北。是削其五郡也。又乞以荆南公安縣升爲軍，領無帶石首松滋，巡檢使應軍兵器械，並不許荆南那移。是又削其所治三邑也。是歲虜人聲言數路入寇，正當經畫防秋之際，而一旦削其五郡與三邑。其間多兵賦重地，所存者殘破之餘耳。

或以衛與慤有隙，故特獻此策以傾之。審如所言，大不忠也。不然，畫此謬計，不智亦甚矣。又前日改湖南爲東西路，於朝廷形勢利害，初無加損。徒困全邵武岡三郡之民耳。今既復荆湖南北兩路，宜罷荆峽分鎮，仍舊置帥司於荆南。一便也。公安軍自係内地，宜仍舊廢爲屬邑。二便也。靖州置郡在崇寧元年，自鼎澧應副錢糧，歲費二十七萬。今此二州既皆殘弊，宜仍舊廢爲渠陽寨。三便也。武岡置軍在崇寧四年，自邵衡永州應副，費亦不貲。今此三州既皆空乏，宜仍舊廢爲武岡縣。四便也。凡此四者，悉仍舊貫。州縣官吏，省併什八。創添窠闕，悉從除削。裁損文書，俾歸簡便。有所謂刀弩手，有所謂博易務，有所謂營田司，事皆欺罔。殃及百姓，驅之轉爲盗賊者也。宜依往年，禁止保馬茶鹽法施行。以戒誤國害民之賊。然後國制定，民心安矣。又曰：制國宜於仍舊貫，乃欲以襄陽隸湖北，岳陽隸湖南，鄂渚隸江西者，昔祖宗宅都于汴，其勢當自内而制外。是故置京西路，而襄州在漢水之南，則以制湖北也。置湖北路，而岳鄂在荆水之南，則以制湖南與江西也。今建都江左，未能恢復中原，則當自南而制北。與祖宗宅都于汴，自内而制外，其事雖殊，其意則一耳。置於江西者，治南昌，而分兵屯鄂。置於湖南者，治長沙，而分兵屯岳。置於湖北者，治荆南，而分兵屯襄。皆自南制北。恢復中原之勢也。古者有屬長，有連帥，有卒正，有州伯。今安撫大使，則州伯之比。而形勢必相屬，而後能相援。有無必相資，而後能相成。五嶺之外，財賦盛於東路，兵馬出於西路。宜置大帥一員，兼統二廣。帥司以殿南服。荆湖並經殘破，而北路尤甚。若置大帥，必兼領夔府。出峽决資力，使之經畫。庶能興復。蓋峽中有鹽米耕

牛而無曠土。荆渚有沃衍乘田而與餘民若死瞿塘之禁悉遷有無。商旅自西而入。物貨沿江而下。不越數年。荆州富盛。形勢可成。古者大國三卿命於天子。則朝廷所自命者也。小國二卿命於其君。則奏辟而命之者也。控制大邦。優假小國之意深矣。今置大使乃古州伯。而參謀議者皆自奏辟。則非古意。繼今以往。宜自堂選每路二人。其大使和厚者輔之以捷决之佐。剛果者與之以審詳之屬。其餘許自辟置。則事可久行。乃輕重相權之義也。

其恤民曰。保國以得民爲本。固本以恤民爲務。恤民以除暴爲先。蠻夷猾夏。自外爲暴者也。寇賊姦宄。自內爲暴者也。近歲已來。外阻內訌。除外暴者多主通和之議。竟爲夷狄所誤。不敢用兵而夷狄用兵。毒遍中國。常自若也。除內暴者多用招安之策。又

爲盗賊所誤。不敢用兵。而盗賊用兵。毒遍天下。常自若也。夫春秋之法。夷狄亂華則是膺是懲。不與結盟。亂賊肆惡則是誅是討。不列於會。以此見聖人之情矣。葛伯殺一饋餉童子。湯往征之。天下信服。而寇賊所至。殺人盈野。爲民父母者得若是忍。况以重賞招之。又覬其弭也。李成馬進侵犯江西。陛下斷自宸衷。命將出師。要令殄滅。自是江西一路。商旅夜行。范汝爲弄兵閩嶠。肆其殘毒。三載于茲。又遣輔臣副以上將深入其阻盡掃除之。而後遺種餘民。復還農業。可謂得恤民之道矣。然其餘類尚稽天誅。暴橫湖湘之間。百姓引領王師。如大旱之望雨也。今諸將既西。而師行安重。陸運糧餉。民力疲勞。夫恤民者不自病民。除暴者不自爲暴。曾成反覆。負犯帥司。劉忠殘虐。塗炭數郡。固無可赦之理。宜專委岳飛掩捕曾成。及早進師。勿令越逸。亟命大軍直趨潭州。合於春秋救兵欲速之義。事得便宜。無更申稟。以致遷延。重失機會。仍以先聲促命馬友揀汰老弱。及元係耕種之民。各從其欲。并力一心。水陸俱進。追擊劉忠。勿留後患。招收揚華餘黨。肅清江湖之盗。然後精擇良吏。悉意撫綏。則善政可行。膏澤可下。百姓安堵。邦本固矣。又曰。保國以得民爲本。固本以恤民爲務。恤民以擇縣令爲先。縣令親民。百里之主宰也。且據應副軍期一事言之。凡糧餉轉輸。器械百物。應于軍旅之用。莫不資民力而後足也。主軍期者取足於縣。爲縣令者責辦于民。得人則科歛必當。多寡必均。數目必實。有無必通。期約必信。須索必辦。民不怨咨。公無乏事。苟非其人。因公循私。恣爲侵擾。剥民膏血。甚於寇賊。公家所急。往往闕供。緩急之間。又無預備。民情怵迫。無所控訴。乃有轉而爲盗矣。而縣令其可以不擇

乎。近歲此官冗濫已極。宜以五說稍革其弊。漢世郎官出宰百里。自崇寧掃除資格。收攬天下之士。不歷縣邑。徑躋臺省。及其補外。不爲監司。必爲郡守。事不諳歷。權歸胥吏。此大弊也。宜籍中外曾爲臺省寺監官。依倣漢制分宰百里。試以民事。俟有聲績。未次超擢。此一說也。古者建侯分土。不過一同。今親民之官比古侯壤。而軍興已來。日見陵辱。師徒所至。非特將校。至於走卒賤人。皆得肆行無禮。以百里令長而有不免捶楚之憂。此潔廉自重者皆欲遠引。頑頓忍辱者猶安其職而不顧也。宜增重事權。優假其禮。許借服色。厚給廉俸。凡軍馬屯駐本縣者。並聽節制。其經由悉從階級。此二說也。據今八路諸縣戶口賦入多寡重輕。分爲三等。上縣自朝廷選差。中縣吏部注擬。下縣許帥臣監司通共奏辟。立爲定格。不許交互。此三說也。依宋元嘉法。

定以六期為斷率未一年為任而考成賞與掌選數易之弊使吏無苟免民有所係此四說也凡三等縣皆以四條糾正稅籍團結民兵勸課農桑敦勉孝悌俟及三年攷其績効已就緒者就加旌賞未有倫者嚴行程督此五說也而命侍從官各舉一二人之能任縣令亦各剌二人之姦贓不法者皆書於籍俟稽其真以次施行宣示好惡使知勸且舉剌不實者必罰無赦庶幾百里得人百姓安堵邦本固矣又曰保國以得民為本固本以恤民為務恤民以輕賦為先魯哀公時遭直凶年國用空乏什二而稅猶患不足而謀於有若則請行什一之法夫二猶不足又損其半疑若戲言也至謂百姓不足君孰與足乃知其識徹慮遠雖聖人不能易矣夫焚林而田非不得獸而明年無獸竭澤而漁非不得魚而明年無魚厚賦重斂困乏不足轉而之他

則無百姓誰與供常稅乎且以近事驗之如京東西路歲入二稅約七百萬課利雜收約三百萬其餘山澤之利在祖宗時捐以予民不盡取也百姓歸戴無有二心及李參等取之凡西城課利及乾濼為田窮竭民力斂積無算其時若有言罷此括責然後國用充足則必指為謬說也然百姓愁苦轉而為盜今此四路常賦所入不歸於王府五年矣乃如百姓不足君孰與足信不誣也又如荊湖南北歲入二稅約四百萬課利雜收約一百萬自二稅外豈無餘利在祖宗時捐以予民不盡取也百姓歸戴無有二心及部使者取之折變則有一折兩折三折收糴則有均糴敷糴補糴搭引則有麴引茶引鹽引受納則有一加再加倍加而猶以為未足其時若有言罷此諸色然後國用充足亦必指為謬說也然百姓愁苦轉而為盜今此兩路常賦所入不歸於王府三年矣乃知百姓不足君孰與足信不誣也今朝廷所自台省封疆益蹙賦斂益重百姓益窮田萊益荒謀國之臣不為陛下深思遠慮更欲援之何不以京東西湖南北為覆轍之鑒也夫為川驅魚者獺也為叢驅雀者鸇也為敵國驅民者今日之貪吏與弊法也伏願明詔計臣還講輕賦恤民之事為生財足用之原而以京東西湖南北為至戒庶幾百姓安堵邦本固矣又曰保國以得民為本固本以恤民為務恤民以革弊為先凡為國以利不及義者皆自小人始謂其所見者小不知大體法所以弊也祖宗時以義為利盜賊不作坐享九州四海之奉其所利者大矣且如鹽法行於西者與商賈共其利行於北者與居民共其利行於東南者與漕司共其利大計所資均及中外所謂以義為利也崇寧初謀國之臣以利為利首變

鹽法利出自然者禁而不得行則解池是也利在居民者皆入於官府則河朔是也利通外計者悉歸於朝廷則六路是也諸路空乏乃至橫斂誅求百種猶不能給民窮而為盜遂失歲入常賦以數千萬計則鹽法實致之也靖康改元用事大臣昧於遠畧其弊不革陛下紹興宜鑒前失亟議改更久而未及何也略以湖南一路言之舊日歲課一百萬緡本路得自用者五十萬故斂不及民而歲計充足變法已來鹽利悉歸朝廷矣本路諸色支費已皆出於橫斂至如土供舊資鹽息者猶不蠲除民所以益困也略以道州一郡言之歲認上供錢二萬貫往時本州歲賣鹽錢四萬餘貫以此鹽息樁充故斂不及民而自足今上供錢依舊而無鹽息至以麴引均科人戶民所以益困也又略以耒陽一邑言之有未變法之前官所自運鹽者既變法之

徭害所拘納鹽。封樁日久。既緣軍期支給矣。而鹽香司尋欲追索。朝旨亦令撥還。不知此當自何而出。急則不免取於人。戶民所以益困也。比聞榷貨務所入。未滿一年。至六百餘萬。其利非不厚。何不遍下諸路並令檢會。若此類悉行蠲免。以活百姓。使稍安業。不至為盜。長納二税。存國家大利之源也。又如榷酤法已極弊。尚仍舊貫。未亟改更何也。略以道州言之。課額既高。歲有對欠。即抑勒專知牙校。令兼管州倉。俾因受納取足。稅民弊可見也。又以邵陽言之。酒課納二萬餘貫。而歲折税米為糯。凡六千石。每斗中價約五百足。只此一色。已幾倍費。其他未論也。比雖行下諸處會討。而州縣往往利此為造弊之端。不以實聞。何不斷在必行。令逐路應係官監酒務。許百姓衆共買撲入納淨利。收官務逓年所費米麥等。撥歸朝廷。專充贍軍費用。還所

得淨利與轉運司及本州縣支使。利濟公私。以活百姓。使稍安業。未至為盜。長納二税。存國家大利之源也。夫琴瑟不調。甚者必解而更張之。乃可鼓也。為政而不行。甚者必變而更化之。乃可理也。惟陛下早更弊法。以幸天下。則百姓安堵。邦本固矣。又曰。保國以得民為本。固本以恤民為務。恤民必當官吏為先。光武中興。併廢吏員。裁減文書。僅存一二。天下遂平。蓋有民然後有事。有事然後有官。今遺民既寡。事亦少矣。官吏日增而不減。此何理也。自崇寧以來。中外創添員闕。重以濫賞。不勝其冗。蠹國病民。遂至於亂。渡江之後。北地衣冠。攜扶而南。多值軍旅之興。賞典超越。濫冒滋衆。江左吳楚。例經殘破。而諸司州縣。添差不已。兵官舊係兩員者。或至於七員八員而未止也。監當舊係一員者。或至於四員五員而未止也。倚仗推委。不任其責。請給人從互相擾邑。此弊不革。雖有恤民之心。而民豈被其澤乎。又如江北荒餘郡縣。皆膏腴之地。虜騎不來。盜賊已去。而民無歸業城市不建者。緣所遣經理鎮撫之官。略無存恤興復之意。未有百姓。先置官司。諸州縣鎮。舊時員闕。一一差填。又所用之人。全不選擇。貪殘暴虐。甚於寇盜。墾闢一畝者。即抄一畝之地。布種一碩者。即收一碩之入。民不勝害。無緣復業。此弊不革。雖有恤民之心。而民豈被其澤乎。夫為民有官。未設官以病民。為事有官。未因官以廢事。今添差所在。依勢倚法。侵漁須索。耗蠹無窮。民所以病也。一羊而群牧。其委不專。一職而衆官。其任不一。事所以廢也。致於春秋。以民為重。而大夫次之。致於孟子。以民為貴。而社稷次之。故堯舜禹以天下相受。而其言曰。衆非元后何戴。后非衆罔與守邦。言君與民一體也。而可以不恤乎。今朝廷

添置官吏。蓋出於恩寵。諸路所自差委。多及其親故。未虞廢事而病民也。大失先王之意矣。望陛下特降指揮。併省官吏。以建武為法。稍措祿廩養之。使居閑地。無執事權。則百姓安堵。邦本固矣。

其立政曰。立政者。人主宰臣之事。而必先明其所職。然後政可立也。選擇忠賢。以為輔相。委任不疑者。人主之職。薦進人材。布列中外。賞罰不私者。宰臣之職。唐太宗既黜封德彝。邪說任房喬杜如晦為宰相矣。又勅尚書細務並屬左右丞。而責二公以廣求賢人。隨才任使。此委相臣以其職者也。陳平既不荅文帝決獄之問。自謂所主佐天子理陰陽矣。而召河南守吳公為廷尉吳公治平為天下第一。其能致民無冤可知。此使九卿各得其職者也。而政有不立乎。陛下即位于今六年。念宰相不可數非

其人也而特有選任置諸左右可謂得人主之職矣然而政事未立者竊恐責宰相以其職異於太宗之不以吏事勞之也宰相之所以自任未若陳獻侯之能使九卿各得其職也昨者雖并東西二省而宰臣依舊受接詞訴判決獄訟終日營營弊精力於簿書之末而進退人材布列中外賞功罰罪或有未加察焉則失其職矣政何由立乎夫審於音者聽於官明於小者暗於大天地之有四時百官之有六職天下萬事盡備於此願陛下特降指揮自今以往宜令庶事並決於六曹仍命六曹官長皆得專達並如元祐大臣所請自非事關大體更不咨白則宰相之事簡矣然專責以慎柬六部長官及其貳以舉中臺之職則又專責以慎柬諸路帥臣及部使者以舉外臺之職則又專責以慎柬諸郡守臣及上縣令宰以舉郡邑之職此乃周公立

政有司牧夫之大意也昔者冉有退朝而晏以為有政仲尼曰其事也如有政雖不吾以吾其與聞之夫諸侯之國大夫與政而陪臣與事為天下者其可不使宰臣與政而侍從治事乎惟陛下明詔宰臣各行其職則政之大經立矣又曰三綱軍國政事之本人道所由立也三綱正則基於治以興三綱淪則習於亂以亡按春秋華督有不赦之惡魯鄭齊陳同會于稷以成其亂受賂而歸而天子不討方伯不征咸自以為利也不知百官象之有大不利焉未幾陳有五父之亂齊有無知之亂鄭有祭仲子突亹儀之亂魯有叔牙慶父般閔之亂數十年間四國外逆幾至衰亡則以昧於履霜堅冰之戒不能辨之於早也春秋備書于策明三綱之重為後世鑒深切著明矣間者胡虜犯闕邀請二聖而立張邦昌僭竊名號援引契丹立晉事遂用為證

例分遣使人宣諭諸路直下赦令倍行恩賞原其用心與華督動其惡無異陛下嗣膺寶曆特施寬典未正其罪奉行天討與衆棄之置在遠郡賜死于隱而不尸諸市朝已失刑矣及虜騎南騖鑾輿渡江黃潛善及其黨悉皆震恐事窮計迫無所從出乃指邦昌為金人所立而迎之至死遂以致寇欲解其迷國誤朝之罪至其宗族皆命以官是訓誘亂臣賊子之心使利於為惡此臧哀伯所謂百官象之其又何誅焉者也故不踰旬月苗傅劉正彥敢有無將之心陛下既正典刑順承天意而近臣乃有抗章乞行湔滌者敢肆姦言無所忌憚故比日諸方群盜所在焚劫至有官吏入其隊中肯為之用末流至此可不戒乎伏望特降指揮昨在圍城有職當守禦視城垂破而端坐不憂廟社之危者有草表章上及君名稱媚虜人受其婦女者有起

首開散特仕偽朝長其諫者著於苗劉自肆並建節旄所除制命極意稱美者及昨來乞用邦昌苗傅正彥之黨者略其輕重不過此數人依法施之以正人心息邪說則三綱不淪而軍國政事得以時立矣

其數實曰政事紀綱莫大於賞罰賞罰福威必當於功罪功罪善惡必審於毀譽毀譽是非必要於真偽故直言不聞毀譽亂真康澄以為可畏甚於三辰失行水旱災蝗之變也可不核實乎陛下昨降赦書推尊仁宗盛德大業應舉行法度並欲上遵嘉祐德意甚美臣嘗考其大要特在於直言數聞毀譽核實而已丁謂以姦邪為宰相矣雷允恭傳達外議擅權矣黃德和以監軍誣奏邊將矣或斥或誅或投諸四裔而獄情審克卒無冤濫是毀譽不得亂真而邪說息也寇準以忠正遭遠貶矣范仲淹

以危言屢獲罪矣。歐陽脩以讒斥，佞人拙難明之謗矣。或辨明誣枉，或擢陛侍從，或遂還執政。是毀譽不得亂真，而直道行之。邪說息，直道行，則惡人有所憚而不爲，善類有所恃而不懼。其致至和嘉祐之治，以此。陛下自初即位，思建中興，而將相大臣黃潛善、汪伯彥等，不能奉令承教，乃廣引廢忠毀信、靖諂庸回服讒蒐慝之黨，變亂名實，顛倒是非，以上惑朝聽，貶馬伸於閑市，出許翰、楊時於閑散。如孫覿、劉觀、鄭瑴輩，並居通列。維揚奔潰，無所歸咎，恐陛下討其誤國之罪也，復指結余堵、殺邦昌爲致寇之由，特下赦音，元惡大憝皆得原滌，而李綱獨不與焉。此雖假借朝廷詔令行之，安能掩天下之公論乎。顛倒是非，變亂名實，莫斯爲甚矣。及范宗尹當軸，又欲汲引失節鄙夫如李擢等，以蓋其北面僞楚之惡。是非邪正出於人心，如辨白黑焉

可誣也。其爲計不忠亦甚矣。陛下好惡無私，克遵王道，上追仁宗審覈之政，毀譽必要其真，賞罰必當其實，使邪說不作，直道得行，其繼嘉祐至和之治，亦何遠之有。夫邪正是非，莫易辨於今日，惟陛下斷在必行，以扶正論，實天下之幸。又曰：凡核實者必自大臣與臺諫始。夫大臣定功罪，施賞罰於上，臺諫論功罪，主毀譽於下，不可不先核也。仁宗即位，信王曾之正，任呂夷簡之才，終以富弼、韓琦爲宰相，而余靖、蔡襄、賈黯、呂誨等迭居臺諫，此真僞所由核也。陛下嗣承寶曆，渡江以前，所用三相，而言者攻李綱以六不可貸之罪，謂人臣有一于此，必伏斧鑕而遠竄之於鯨波南海之表，人皆以爲鄭瑴。蓋綱以建炎二年冬十有一月朔日遠貶，而瑴以是日峻遷，故知爲此言者必瑴也。然謂綱大興誣謗于擧，庸俗言已去朝，暴亂斯起，欲平定之，捨我其

誰。傳呼宰相，響震山谷，諷諭群小，令上封章，翱翔道途，以挾詔命。凡此等語，驗於奏議則無據，按於施爲則無迹。特以講造文致之語，傾陷大臣爲不可貸之罪，而當時遂信行之。又以美官激勵之，是賞勸讒諂之人，欲其毀譽亂真而不核也。若言潛善、伯彥措置乖方，人皆以爲馬伸。蓋伸自言官黜爲監當，而其言則有狀矣。不慎命令，則以下還都之詔也。廣亦私恩，則以復祠宮教官之闕也。黜陟不公，則以罷衛膚敏而用孫覿不祥之人也。杜塞言路，則以貶吳給、張闡、邵成章也。妨功害能，則以沮宗澤與許景衡也。私收軍情，則以各置親兵千人，請給獨優厚也。同惡相濟，則以力庇罪人王安中也。凡舉一事，必立一證，皆衆所共知，亦衆所共見，不敢以無爲有，亦不敢以是爲非，而當時不信其言而罷之，反以爲言事不實而重責之，是罰沮忠讜，稍

軀爲國之公惡。其毀譽之核實而不亂也，邪說何由息，公道何由行？予今瑴雖已死，恤典哀榮，禮意隆厚，公論不允。伸既遠貶，雖有詔命，不聞來期，君子閔焉。比雖貢以龍閣，未盡褒勸之禮。按春秋之法，治姦惡者不以存沒，必施其身，所以懲惡；獎忠善者及其子孫，遠而不泯，所以勸善。伏望聖慈特留聰聽，按此二人情狀，追正刑賞，奉承天意，使天下知懲勸之方，以息邪說，開公道，則三代之所以直道而行，將復見於今日矣。

其尚志曰：臣聞自昔帝王應時而作者，必以立志爲先。在草昧時必立志而後能創業垂統，在衰微時必立志而後能興衰撥亂。時者事之幾，志者事之本。欲定大事而志不先立，則無本矣，焉能有成？漢高帝西入咸陽，見秦宮室帷帳狗馬重寶婦女之盛，意欲留居，樊噲一言即還霸上，范增由此畏之，說其主曰：沛公

入關財物無所取。婦女無所幸。此其志不在小。故能滅秦取項以成帝業。光武破尋邑之師。舉雒南之地。取河北。定山東。既得隴復望蜀。馮異謂耿弇曰。建此大業。雖落落難合。然有志者事竟成也。故能祀漢配天。不失舊物。靖康改元。胡塵犯闕。用事臣僚不効責難之節。首以立志為本。而即安屈辱。至使親王出質。城下結盟。此齊國佐宋華元請合餘燼背城。借一誓死力爭。有以國斃而不肯從者也。當時國勢何異措火積薪寢卧其上。而宰相徐處仁遠進諛言。以為金賊出境。社稷再安。由聖德儉勤致有天人之助。遂陳八說。謂如今日可比唐虞之盛。而臣主俱榮。抑何所志之卑陋也。故廟堂衆訟顛沛。未及朞年。至於招失國之禍。夫立志者本也。行事者用也。本則不務而急於行事。雖有遠猷宏議。必格而不得施矣。陛下天資神武。自初即位。慨然發憤。志殄寇讎。而當時親信逆臣。又不能助成大美。乃至因循坐消歲月。國日益削。六載于今。然上天之所以啓悟聖情。日躋盛德。陛下之所以深懲既往。克勵將來。可謂卓然有立於萬物之表矣。伏望堅持此志。斷以不移。仍飭群臣各致法家拂士之義。必志於恢復中原。祗奉陵寢。必志於掃平夷虜。迎復兩宮。必志於得四海之歡心。以格宗廟。必志於致九州之美味。以養父兄。然後告功皇天。明示德意。則文武百僚。六軍萬姓。丕應徯志。亦皆震懼奔走。各修厥職。奚為而不成。奚欲而不遂矣。

其正心曰。治天下者法也。制法者道也。存道者心也。心者身之本也。身者家之本也。家者國之本也。國者天下之本也。曰家曰國曰天下者。皆心之所體也。曰道曰法者。皆心之所運也。能正其心。則朝廷百官下至萬民。莫不壹於正。安與治所由興也。不正

其心。則朝廷百官下至萬民。莫不習於不正。危與亂所由致也。故有虞氏以天下授禹。其所傳付者首曰人心惟危。道心惟微。而周公作立政。稱述乃考文王。亦不過克厥宅心而已。然心有所忿懥而弗能忍。則不得其正。有所貪欲而弗能窒。則不得其正。有所蔽惑而弗能斷。則不得其正。有所畏怯而弗能自強。則不得其正。故欲正其心者。必本於誠意致知。而人王所以不可不學也。昔光武中興。息馬投戈。必先講藝。蜀先主從事行陳之間。而樂聞儒生鄭康成等啓告治亂之道。吳王孫權分命諸將總兵禦敵。戒以當塗掌事不可不學。而自謂讀書大有所益者。蓋戡定禍亂。雖急於戎旅之務。而裁決戎務。必本於方寸之間。不學以致知。則方寸亂矣。何以成霸王之業乎。今陛下日親典策。博致古今往行前言。固以畜德。又經變故。備嘗險阻。慮患益深。必無邪念。至誠所發。通貫幽明。固有人所不及知而天獨知之者矣。伏望更選正臣多聞識有智慮敢直言者。置諸左右。日夕討論。以充厥宅心。遠繼周文之美。則朝廷百官下至萬民。莫不壹歸於正。而無回邪欲亂之心。奚危之不安。奚亂之不息矣。

其養氣曰。凡用兵勝負。係於軍旅之強弱。軍旅強弱。係於將帥之勇怯。將帥勇怯。係於人君所養之氣曲直何如耳。接戰者兵也。手兵者將也。將將者君也。人君以直養氣。自反而縮。則曾子之所謂約也。狐偃之所謂壯也。壯則強。以曲喪氣。自反而不縮。則孟子之所謂餒也。狐偃之所謂老也。老則弱。紂師如林。陣于牧野。武王數其不事宗廟賊虐諫輔之罪。則商曲而周直矣。故周勝。項羽兵震天下。威服諸侯。漢祖數其九罪與殺義帝之負。則楚曲而漢直矣。故漢勝。凡曲直者兵家之大要。制勝之先幾也。

金人詐邀二聖，遷徙六宮，殘殺老幼，劫掠貨財，立臣代君，悖逆天理。肆行無道，曲亦甚矣。陛下以上皇之子、孝慈之弟，自大元帥入踐宸極，撫書初下，而僞楚歸班，赦令一行，而四方響應。又自比來克勤聽政，追贈直士，優卹其家。登用讜言，置諸要列。今聞四達，聖德日躋，可謂直矣。以直對曲，勝負已分。中國士氣宜不待鼓而自強，狂虜暴橫，宜不待挫而自弱。然虜兵每動，四方震慴，奔走逃遁，莫與抗衡者，以兵家之略，制勝之幾，未有以明之也。今欲強中國之兵，鼓將士之勇，使人人知我直彼曲，以作其衰敗不振之氣，更在陛下強於爲善，益新厥德，近有信於諸夏者無曲可議，外而聞於夷狄者無曲可指，則守爲剛氣，可塞乎兩間，衰爲怒氣，可以安天下。倘憂於群盜，倘懦於戎虜，將帥必聽命而不敢驕，軍伍必畏威而不敢惰，不待兩兵接刃而百勝之算已坐決於九重之上矣。

其宏度曰：人主以天下爲度，明當並日月，不可私照臨；德當配天地，不可私覆載。所好當遵王道，不可以私勞行賞；所惡當遵王路，不可以私怨用刑。其喜怒則當發必中節，和氣絪緼，而萬物育也。故能理其情而君道備矣。然人情易發而難制者，惟怒爲甚。克己然後可以治怒，順理然後可以忘怒。書曰：必有忍，乃其有濟。此治怒不遷之法也。忍者隱忍不發之稱，遷者自此遷彼之謂。能隱忍而不遷，則事必濟矣。齊侯忍於射鉤而相管仲，九合諸侯；晉文忍於斬袪而見寺人披，免於內難；楚昭忍於私怨而賞鬬辛，終以復國；漢高帝忍於有故怨者而封雍齒，忍於數窘辱者而赦季布，忍於比己爲桀紂者而用周昌。至如丁公短兵相接而免己於厄，可謂有再生之恩矣，及其即位，丁公來謁，乃斬以徇。其不賞私勞如此，故能五載而成帝業。凡此數君於道艱爭其有鬬者矣。如袁紹不忍於田豐、許攸而棄衆士，卒無所成；德宗不忍於蕭復、姜公輔而疎賢相，終以衰削。蓋亦未之思耳。陛下聖度虛明，仁心廣大，固當不以私喜親佞諂之士，亦當不以私怒遠正直之臣。中外百執其有迷國誤朝罪惡昭著，衆所指目不可掩者，雖有私勞，願陛下與衆棄之，不使幸而得免，以致天下之疑也。至如抱忠守正，犯顏逆耳，公論所歸，不可掩者，雖遭讒謗，願陛下與士共之，不使退而窮處，以失天下之心也。然後賞而必當，是謂天命；罰而必當，是謂天討，可以撥亂反正，建中興之業矣。

其寬隱曰：自昔創業興衰與增光洪業之君，待遇臣下，恩禮雖一，而崇高嚴恪，常行於爪牙介冑之夫，以折其悍驕難使之氣；柔

遜謙屈，必施於林壑退藏之士，以礪其廉靖無求之節。故能駕馭人材，表正風俗。漢高帝亦能召齊王田橫於海島中，而自恨終身不能致四皓；世宗踞見大將軍衛青，至汲黯奏事，或時不冠，則走避帳中，使人可其請。光武制御功臣，不相假借，而招延處士，如會稽嚴光，足加帝腹，辭其爵位；山陽王成使者再聘不肯就車；太原周黨陛見帝廷，伏而不謁，雖范升有詞上求高之奏，亦不以爲然，各從其志。夫與三君者，乃平四海，外讋百蠻，可謂英雄之主矣。然高祖之威能行於暴秦強楚，而不行於四皓；世宗之威能行於匈奴西域兩越東夷，而不行於汲黯；光武之威能行於尋邑王郎赤眉銅馬隴蜀之君，而不行於嚴光周黨。惟公孫述獨行之。述招聘蜀人李業之流，或劫以兵，或迫以酖，或械其妻子，業等皆死，疑若最能行其威令矣。然述之威能行於

李業等而不能行於吳濵何也。威有所當加。勢有所當屈。加於所當加以立威則強。屈於所可屈以忘勢則昌。反是道者難乎免於亂亡之禍矣。陛下尊德樂道。如古賢王。屢下詔書。辟延遺逸。而群臣有不能欽承美意以增盛德之光者。凡所宣召。或有未至。不原情實。略見寬假。即肆讒謗。以謂違於君命召不俟駕之義。被之以偃蹇之名。而欲加之以不恭之罪。雖陛下大度并包。不從其說。而造此謗者亦云甚矣。夫召而不至者。其本心豈樂貧賤惡富貴哉。其必有以也。或其齒早衰而不能至。或其身負疾而不能至。或其志氣已經沮傷而不能至。或其才力不足以當任使而不能至。或其所見與時不同而不能至。若聽順所守。寢息恩命。下全隱居之操。上有好善之美。兩得之矣。乃欲施雷霆之威於一介之士。何也。濵江以來。四月八日所下赦書首欲上遵仁宗法度。謹按康定間嘗以詞館招張俞矣。辭而不受。至于四五。其後又以修起居注用王安石。累辭而不受。至于八九。皆從其欲。又優獎之以勵風俗。未嘗加以雷霆之威。而權綱不緣此而不立。命令不緣此而不行。威加於西。則臣服元昊。威加於北。則削平王則。威加於南。則掃蕩智高。柔巽屈於隱士。而德愈隆。剛克伸於四夷。而威愈齊。可謂知所用矣。此其所宜遵者也。侍從近臣不有忠言奇策。上動聖聽。奮揚天威。殲滅狂虜。覬請施於疾病退藏之臣。其意安在。伏望特降詔書。申明此旨。凡被召有不能赴者。悉從其欲。不強致之。獨以威刑外施暴橫之戎。內擣貪殘之賊。與悍驕不可使之將。讒說殄行之臣。則天下歸心。而治道成矣。

秘書正字張孝祥上奏曰。臣恭惟陛下天縱神聖。身濟艱運。兢兢行道。餘三十年。以陛下之心。行陛下之政。唐虞三代。曾不足進。而懷忠之士。以今揆古。竊欲有議者何哉。群臣負陛下使令也。自建炎以來。朝廷之治。蓋嘗一再更張。方陛下勵精於中興之初。則執事者立異相高。隆虛名而略實用。逮陛下於恭己修好之後。則專國者怙權植黨。廢公議以竊主威。夫君天也。父也。事天事父若此。尚何暇望其他哉。今陛下收還威柄。人才用舍。斷自聖志。先時二者之敝。固已革去。然臣之愚。猶欲冒昧自竭者。誠願陛下清閑之燕。密諭邇臣。使之無苟目前。益務遠略而已。夫事有可為。當各進所聞。豈必拘形迹之疑。政或偏敝。當勿憚改作。不宜習見聞之舊。蹉歲月。則將失投機之會。飾文具則必盤責實之旨。使群臣精白以承休德。則陛下高拱而昭成功。永輯隆平。無有紀極。惟陛下留神財幸。

殿中侍御史章誼應詔上言曰。右臣伏讀今月二十六日聖訓。閔國難之日深。念政治之未洽。臣有以見陛下憂患之切。而求治之勞也。仰惟陛下懷宵旰惕厲之心。思祖宗基業之重。眷禮臣工。數求切礪。使悉意有為之時。降虛己力行之詔。德音下逮。朝野忻懽。如臣謏聞誠不足以仰酬清問。然輒以狂愚。得備言責。不敢以學識凡陋為辭。臣以為欲國難之弭。則莫若以謀為先。欲政治之洽。則莫若以人為急。孟子曰。堯舜之智而不徧物。急先務也。堯舜之仁不徧愛人。急親賢也。陛下詔臣以寇虜充斥。猾於齊魯宋衛之郊。而盜賊跳梁株連於江鄂洪撫之地。閩中屢擾。淮上多虞。此四者臣知國難之深有在於此也。陛下又詔臣何道而可以保民。何術而可以弭盜。何策而可以遏虜寇。何行而可以生國財。此四者臣知政治之洽有在於此也。陛下用謀以濟四者之難。則所謂堯舜之智也。用人以行四者之政。則所謂堯舜之仁也。臣請得別白而詳言之。聖詔曰。虜寇充斥竊於齊魯宋衛之郊、此陛下念宗廟社稷之所在而憤劉豫之未擒也。陛下謂劉豫之僭竊在虜人議為之乎、兩者皆出於不得已也、虜人窮兵深入、去國萬里。攻刼焚蕩、固知中原之空虛而不能有也、故不得已而用劉豫者、劉豫者兵革之間貪戀朝夕之命、彼雖厯勝於虜廷、實可屏衛於中國、蓋亦不得已而為之也。誠遣辯士動其心、徐遣間諜寄賜詔旨、許之為外藩、貸之以不死、則兵革可以暫息、邊境可以少寧、然後專委重臣、經營北伐、異時王師繼進、由清河者入京東、由汴路者入京畿、由襄漢者入陳蔡、與李横要結於登萊之境、與張浚翟興會兵於河洛之上、陛下用謀誠出於此、則齊魯宋衛之郊可得而復矣。聖詔曰、盜賊跳梁、株連於江鄂洪撫之地、此陛下念江左生靈之塗炭、而憤李成爲進之未討也。陛下固嘗遣周虎臣往諭李成、使之歸鎮、李成既聽命矣、其後撫諭之使不繼、芻糧之請

奏議卷之四十七　二十三

不答。外之將臣大敗則匿而不言。小捷則矜而自功。至于今日猖狂四出、江鄂洪撫兵孥不解。臣固嘗乞江東之池饒信撫、江西之洪州、荆湖之鄂州三路、分兵以守矣、又嘗乞命呂頤浩朱勝非兼荆湖江南四路之地。盡護諸將兩師統兵以戰矣。陛下試用此謀、則兵將之心力必果。臣旅之號令必一、財用則無所分爭。士卒則無所竄伏。江鄂洪撫之地可全而有也。聖詔曰、閩中屢擾淮上多虞、此陛下念守師之非才而思鎮撫之未效也、閩中之擾始於范汝為結集之初、福建帥守監司任非其人、不能擒捕、朝廷遣謝嚮招安之後、慮有譏訶、於是共為飛語、聲言劉時舉死非其罪、冀以中傷謝嚮而搖動汝為。陛下誠能灼知情狀、盡行罷黜、別選能臣、則閩中屢擾非所患也。淮南諸鎮、初皆得人、合勢併力、以扞殘虜。大江之南、藉為藩籬、自趙立被圍、朝廷不能遣兵應援、以致陷沒、於是薛慶李彥先相繼喪亡。岳

飛郭仲威退遁失守、今日固當繞以重帥給以芻糧使之四面攻襲、殄滅餘寇。從其歸鎮、務耕稼之業。養瘡痍之民。招徠流亡、繕備守禦、則淮上多虞、非所患也、凡此四者、臣以為尚謀而不尚力、則艱難可得而弭矣。聖詔曰、何道術可以保民、臣謂保民無他道也。去姦貪殘虐之吏則可以保民矣。今夫勸農桑、懲游惰、薄賦斂、省刑罰、鰥寡孤獨遂其生。饑凶疾病得其養、保民之道不過如此。而陛下矜恤之意深遠之仁、形於詔旨見於赦令、非不諄複也、然而民不獲安者、姦貪殘虐之吏未盡去也。聖詔曰、何術而可以弭盜、臣謂弭盜無他術也。得循良廉平之吏則可以弭盜矣。今夫遣繡衣直指之使、用柱後惠文之吏、捕虎穴屠伯之酷、任射聲跡步之士、重弩戟之科、連保伍之坐、弭盜賊之術不過如此。而陛下警察有巡尉之官、懲艾有刀鋸之辟、大則陳諸原野。小則肆諸市朝、然而盜不可息者、循良廉平之吏

奏議卷之四十七　二十四

不進也。聖詔曰、何策而可以遏虜寇、臣謂甲堅兵利、城高池深。形勢便利。山川險阻、得利則戰。不利則守。此虜寇之所以可遏也。國家兼而用之矣。然而夷狄憑陵者、以陛下未得折衝禦侮之臣也。聖詔曰、何行而可以富國財、臣謂布帛菽粟之征、關市榷酤之利、度僧鬻爵之糶。摘山煮海之饒、此國財之所由以生也。國家兼而用之矣。然而經費不足者、陛下未得長財心計之臣也。凡此四者、任人而不任法、則政治可得而洽矣。夫尚謀、智也。任人、仁也。陛下持仁智之大端、優游法宮之中、天下才智之士為陛下奔走陳力以濟艱難之業。則祖宗丕基為不墜矣。陛下縷數政治之目、固可槩見其得失。然不委詔執政侍從之臣各舉俊傑之士。使至行在、審其智謀、考其議論。共佐中興、以康庶事。臣得為陛下察其忠邪而黜勵之。臣聞舜之紹堯、竄賊姦宄、蠻夷猾夏、洪水橫流、民不粒食。舜舉十六相、去四凶。舞干羽

而有苗格。於是地平天成，萬邦作乂。此誠急務親賢仁智之效也。當陛下憂勤圖治之時，臣敢終始以堯舜之事為言。陛下力行是道，其於堯舜夫何遠之有。臣不勝區區之誠。

諲又上奏曰：臣聞人主之職在論一相，夫宰相之任既專，則得以持危扶顛為己任。今天下之勢，可謂顛且危矣。正賴宰相總率百官，扶持大業。若政事之因革，官吏之廢置，刑賞之重輕，軍帥之進退，悉斷於宸衷，而取決於宰相，使宿將功臣、戚里近習不得旁緣干請，而一切退聽，然後朝廷之勢尊而治功成矣。伏望陛下安行此道，責成宰相。苟一物不應，許諫官御史論列繩察，而百執事之人各守其職，以盡規於上，庶幾政無多門，朝無倖位，保護安全，共成中興之美。不勝天下之幸。

諲又上奏曰：臣伏見朝廷全盛之時，尚書為外省，受四方之訟牒；都堂在禁中，議天下大政事。士大夫之以職任往來於四方，與夫省臺寺監以職任建白於宰執者，並晨詣都堂朝服謁見。於是宰執受其事，因察其人材可否，僉諧乃為進退。自旦及午，閱天下之務，不少置也。迩年以來，三省都堂不復異處，賓從絡繹，僅能應酬，文書紛紜，無暇省決。又復分廳對客，日晏未罷，左右司有所稟議，逡巡而不得前；堂吏抱案牘，趑趄戶外而退。雖有經濟之才，彌綸之志，何暇措意哉。唐制，丞郎見宰相須少間乃敢通，郎官非公事不敢謁。異時宰相往往通賓客，至有所善，載酒集閣，酣醉而去。及李德裕為相，則諭御史有以事見宰相者必先白臺，乃聽，自是罷朝，百官由龍尾道趨出，無輒至閣者。觀今日之事，以考德裕之所為，蓋有謂而為之也。伏望睿慈明賜戒諭，都堂議事稍遵舊制，庶幾多事之時，經綸之地，不為賓客清談燕坐之所，仰副聖主責成圖治之意。不勝幸甚。

右正言陳淵上奏曰：治天下有萬世不易之道，有一時解紛之計。不易之道猶饑渴之於飲食，不可一日而無；解紛之計若病之用藥，已則去之。戰國之世，諸侯以詐力相吞，所患者國之不富，兵之不強耳。是以當時謀臣策士非富國強兵之說不進於其君，而孟子則鄙之曰：仲尼之徒無道齊晉之事者，是以後世無傳焉。故雖如管仲之於威公，九合諸侯，一匡天下，其功可謂盛矣，而孟子猶不為也。豈以管仲之所成就者可以濟一時之急，而不可行之萬世乎。方梁惠王以天下莫強之國，東敗於齊，西喪地於秦，南辱於楚，欲以一洒其恥，問於孟子，宜其有甚高絕異之謀，轉禍於立談之頃，而成功於反掌之易者。而孟子則對之以施仁政於民，省刑薄斂，深耕易耨，修其孝悌忠信而已。又何其不切歟。蓋濟一時之急者，不過富國而強兵；行萬世而無弊者，非仁政不可也。夫仁政，得民之術也。得天下有道，得其民，斯得天下矣；得其民有道，得其心，斯得民矣。彼所謂富國者，困民之本也；所謂強兵者，害民之資也。以是而欲得民之心，不亦難乎。雖然，不言富國，非委貨財而不取也；不言強兵，非消甲兵而不用也。治其本而末從之矣。本之如何，得民心是已。民心既得，以之足食則孰與不足；以之治兵則效死而民弗去。此湯武之王，所以無敵於天下也。今為兵而理財，取財而虐民，民不堪命，將轉而為盜賊，姦宄莫禁，饑饉乘之，其患有不可勝言者矣。願思孟子之言，修仁政以固民心，毋以祖宗之德澤未替為言，而忽於恤民，則天下幸甚。

左司員外郎王信轉對論士大夫趨向之敝，居官者逃一時之責，而後有所不恤；獻言者求一時之合，而行之可否有所不計。集事者以趣辦為能，而不為根本之慮；謀利者以羨餘為事，而不究源流之實。持論尚刻薄，而寖失祖宗忠厚之意；章檄務煩碎，而不明國家寬大之體。因循玩習。恬不爲怪。願酌古之道。當時之宜。示好惡於取舍之間。使天下靡然知鄉。而無復爲目前苟且之徇。又論朝廷有恤民之政。而州縣不能行恤民之實。近歲不登。陛下軫念元元。凡水旱州郡。租賦或蠲放。或倚閣住催。然倚閣住催之名。可以並緣爲擾。願明與減放。上皆納其說。

歷代名臣奏議卷之四十七

歷代名臣奏議卷之四十八

治道

宋高宗時。提舉萬壽宮兼侍讀張守上奏曰。臣仰惟陛下憂勤念治。行已十年。自去冬虜人不能南渡。今秋湖寇蕩平。中興有期。內外延頸。然人心惴惴。猶有外侮之憂。臣切以謂夷狄未賓。莫先自治。蓋修政事。所以攘夷狄也。伏願陛下念艱難之舊業。恢久大之遠圖。無過不及也。建大中以承天心。勿貳勿疑也。極志誠以盡群慮。任賢則責其大功。而待以持久。使能則略其宿負。而用其所長。保固淮甸。以定駐蹕之都。奬拔偏裨。以分尾大之勢。愛惜名器財力。以革僥倖之習。崇奬忠厚端愨。以銷朋比之風。凡此數者。安危所繫。其他細故。不足爲陛下道也。然以陛下英睿天縱。於此數者。少留神焉。中興之烈。不難致矣。書稱成湯之德曰。終始惟一。時乃日新。德所以日新而不窮者。終始惟一而已。雖書生常談。而本之治道。無出於此。惟陛下果斷而力行之。

守又上奏曰。臣久去軒陛。寢陋寡聞。比蒙召寘經幄。復瞻穆穆之清光。千載之遇。敢不竭愚慮。以瀆天聽。竊惟今日之先務有六。而夷狄不與焉。蓋夷狄未賓。莫先自治。試爲陛下畢其說。一曰立國。二曰察言。三曰任賢。四曰使能。五曰抑僥倖。六曰破朋黨。何謂立國。陛下巡幸江浙。行且十年。去冬虜騎不能渡江。入秋以來。復無他警。議者便謂長驅深入。恢復中原。以立大功。時不可失。臣以謂今日之驍將勵兵。蓄憤養銳。固可折箠而笞劉豫。頓轡而還舊京。然不過策勳爭賞。爲一時美觀。而未爲國家長久之利也。何者。敵國尚強。藩籬未立。秦晉韓魏之地。強兵健馬之區。悉屬於虜庭。輒使剋復州縣。能保有其土地。而撫奄其人民乎。千里饋糧。能不乏乎。爲今之計。當一意經理淮甸以壯屏翰駐蹕建康暫爲别都備禦練兵皆爲不可攻之計然後待時而動一舉而圖萬全此立國之計也何謂察言伏自陛下大開言路謀行計從上之宰執近臣次之臺諫論事下之百官轉對遠之草茅上書發言盈溢未易决擇又况知言自古所難臣頃承乏臺屬首嘗以伊尹之言告陛下矣曰有言逆心必求諸道有言遜志必求諸非道臣每謂聽言莫要於此蓋不知人主所向而言鮮有不逆者迎合人主所向而言鮮有不順者因逆心而求其是因遜志而求其非則十已得五六然後考覈其邪正參討其虛實於是或用或捨鮮有不當矣此聽言之要也何謂任賢宣王之中興任賢使能而已禹之戒舜則曰任賢勿貳所謂任者非止崇以爵位富以禄廪而已求之欲審付之欲專疑則勿用可也用則勿疑可也求之審則當其才付之專則盡其用孟子所謂左右卿大夫國人皆曰賢而後用之

則求之審矣齊桓之用管仲一則仲父二則仲父則付之專矣不然則畏首畏尾救過不給何暇展四體而修職業乎夫求之既審付之既專又在久任以責其成功堯之用鯀而陻洪水爲害大矣以俟九載績用弗成而後黜堯豈不恤昏墊之民哉蓋守當時三考黜陟之法也況或一時之舉措有纖芥之失一人之愛憎有毁譽之私隨即廢置不惟不盡其材而法令弛張莫知其端恩讎報復各快其意徒爲紛紛無補治道臣願陛下苟得真賢則略其細故不規近効以責成於持久此任賢之道也何謂使能能則與賢者異矣使之則與任者異矣賢者而從使之則無以盡其心能者而信任之則必有誤於國蓋才可以辨事者未必賢也左右近習百司庶府各因其能使辦一職則事無不舉然非當信任也又在棄其小瑕録其大略捨其舊惡許其自新故使智使勇使貪使愚如封倫裴矩以姦亡隋也而以智佐唐李祐賊將也而卒縛吴元濟天下之才未嘗不可用也顧使之如何耳若乃以春秋責備之義以使能則能者不得而用矣能者不得而用則不過取夫碌碌闒茸不才之人夫闒茸不才之人雖無顯過而敗事必矣不可不戒也此使能之方也何謂抑僥倖艱難以來風俗敗壞貪懷苟得熾於前日在下者既啓僥倖之心在上者遂行姑息之惠名器日輕費出日廣民力愈困國勢愈弱朝受一命則夕圖堂除一有除授則繼求遷擢除代至三四輩待次至十餘年稍加裁抑則謗起於下而怨歸於上甚至以危言上惑宸聽卒如所欲而後已爲今之計痛加裁抑勢或難行如内外官吏足以任使矣不必更增員闕也既有代人矣不必更有添授也官吏將士之俸廪足以贍養矣不必更有增益也人既習安無所歸咎至於爲人而設官有求而必予於是紛紛競起人有覬覦而紀綱日隳無以善後矣要

在稍嚴資格獎用静退之士以息浮競之風凡妄行申請攀援不已者痛懲而申儆之則息僥倖之漸也何謂破朋黨朋黨之禍尚矣孔子曰君子群而不黨則君子固無黨也然義理所尚不謀而同故聞善而相稱譽見善而相薦引未必有心而近於爲黨唐虞九官濟濟相遜武王十亂同心同德帝王之盛節也小人欲排陷君子將一舉而盡去之求其過而不得則一指以爲黨耳善乎歐陽脩之論曰欲空人之國而去其君子者必進朋黨之説欲孤人主之勢而蔽其耳目者必進朋黨之説欲奪國而予人者必進朋黨之説漢之末以朋黨禁錮天下賢人君子而立其朝者皆小人也然後漢從而亡唐之末又先以朋黨盡殺朝廷之士而其從者皆庸懦傾險之人也然後唐從而亡所謂一言喪邦者如此豈不痛哉古者上以直道用人故殛鯀而興禹誅蔡叔而封蔡仲下以直道自任故祈奚舉其子崔祐

甫多除親舊。載在經史。號為美談。況非父子親舊而以其類逐之曰朋黨。此何謂也。本朝慶曆之間。韓琦范仲淹杜衍富弼輩嘗以為黨而盡逐之矣。以至元祐之間。又以司馬光等命之曰姦黨而禁錮之矣。大抵人指以為黨者多賢士。凡進朋黨之論亦必殲懲而申儆之破朋黨之策也。陛下於此六者每致意焉。則中興之期指日可待。其他細故亦不足為陛下道也。然以陛下之英睿天縱。固深明乎此。而區區以為獻者特在於果斷而力行之耳。能果斷而不疑。力行而不怠。又必以誠意先焉。大學曰欲治其國先齊其家。欲齊其家先脩其身。欲脩其身先正其心。欲正其心先誠其意。故誠者天之道也。臣願陛下正心誠意。造次不忘。終始惟一。董仲舒曰。事強勉而已矣。強勉學問則聞見博而智益明。強勉行道則德日起而大有功。書稱湯德日新。蓋欲常新而不弊也。詩稱湯聖敬日躋。蓋欲有進而無已也。儻強

而行之。則聖帝明王。異世同符。人自歸心。天自悔禍。天下不足治。四夷不足平。中興之業。不難致矣。顧雖書生常談。無新奇可喜之論。而臣區區平昔篤信而所行者。不過如此。惟留神裁擇。天下幸甚。

胡寅上言曰。臣聞善建室者必立基。故作舍道旁則三年不成。善奕棊者必布勢。故舉棊不定則不勝其偶。為天下國家猶建室與讎敵爭勝如奕棊。而無成謀甚可乎。陛下總師復極十有二年。中原之禍益深。生民之力益困。中興績效。茫然未立。夫以聖學日躋。恭儉克己。臨朝向久。明習國家事。可謂誼主矣。然為其事而無其功。豈不曰計畫未嘗前定故歟。人主之職。莫大乎論相。人才政事。皆由相而後舉。今十有一年之間。易相至於九人。賢者用未及盡。憂讒畏禍而已去。不肖者持祿懷寵。坐待黜免而後行。昨日所用之賢才。明日指為邪佞者有矣。今日所行之善政。他日以為誤國者有矣。朝廷無不改之令。臣下無久任之功。軍士無堅守之心。百姓無固結之志。持此而欲語中興。豈不猶充飢以畫餅。利涉以土舟者乎。宰相不職而更用賢才當也。數不職數更用。昔人所謂誤豈可數。無乃陛下知人之哲亦有愧於古耶。夫此九相者其操術智慮必不盡同。求其同而用之。又將疑其為朋黨。求其不同而用之。正猶病者用醫。一以為寒。一以為熱。一進溫補。一專導利。務為不同以苟免。而病者亦斃矣。然則國家何利焉。坐此之故。奔競恣睢惟利是從。而仕風愈壞。或和或戰。俄怯俄勇。而軍律益隳。改更紛錯。前後乖違。而政事益不修。舉措既煩。財用橫費。而生民益不樂。夫此四者國恃以存。今而若此。雖月行一美詔。時建一善事。僉言稱薦收召一君子。交章論列罷退一小人。祇為無益而已。淺士短識。久誦中興。智者寒心方憂極弊。若不及時大有變革。改紀國政。以趨事功。而因陋就簡。日復一日。至於智者無以善

後之時。正使良平復生。不能為陛下計矣。昔光武中興。東晉南渡。其所措置。務適時宜。於舊法亦不盡循。事雖不同。同歸於治。伏望陛下慨然遠覽。詔兩府大臣及侍從臺諫官條具今日立國之大計經久可行之務。損益因革之宜。各令展盡底蘊。於十日內畫一具奏。陛下留神省覽。斷自聖裁。若大臣議絀則參用侍從臺諫之言。若論思疏駁不當則專守廟堂之策。仍集百執議于都堂。衆心僉同。三占從二。定為國論。以次施行。從此者嚮用爵賞。違此者威用刑罰。加以歲年。力行固守。庶幾經綸有敘。民聽式孚。可冀中興之效。不然。雖人材衆多。文法良是。而大計不定。猶丹楹刻桷輪奐翬飛於浮沙之上。凡至則蕩然矣。雖卒武兵利。若可禦敵。而勝勢不立。猶坐分客主。局合龍蛇。而一枰之上。無有生眼。亦不待戰罷計路而後知其敗也。今虜據汴京。士氣恐懦。重歛歲各。民心已離。惟陛下早圖之。若猶避敕楚。徐

行拯溺。臣不知所税駕矣。

寅又上言曰。臣聞大哉乾元。萬物資始。至哉坤元。萬物資生。成位乎兩間。則與天地合其德。故體元者。人主之職。而春秋謂一爲元。元即仁也。仁人心也。人君者正心以正朝廷。則百官萬民莫不正。而治道成矣。堯舜禹傳心之言曰。人心惟危。道心惟微。人心。謂利欲之私也。行乎利欲。則背於義理。豈不危乎。道心。謂義理之公也。公與私在一念之間耳。私欲蔽之。雖離婁不能自見也。豈不微乎。惟危。故安之爲難。惟微。故知之爲不易。是故聖研精審擇而懼其雜。致一不二而懼其放。不雜不放。本心昭然。然後能執乎中道。無所偏倚。猶鑑明水靜。於人之美惡無不知也。猶權輕重。長短於事之舉措無不當也。以此爲元。居而仁覆天下矣。周道既衰。孔子作春秋。首明此心以示萬世人君南面之法。更秦絕學。異端並作。言黃老者以虛無爲心。明申韓者以慘刻爲心。好攻戰者以權謀爲心。毀倫類者以寂滅爲心。心體既差。其用隨失。學士大夫謂誠不如詐。謂正不如譎。謂道德不賢於術數。謂教化不捷於法令。道經雖在。而帝王之迹熄矣。陛下濬哲文明。性與道合。舉天子之事。傳仲尼之心。使斯文不喪。所謂天縱。非人力也。夫源清者流澄。本端者末正。有諸內。必形諸外。爲其事必有其功。今士風陵夷。四維未張。惟利是從。不顧義理。利在粘罕則欲以釋怨悅其心。利在劉豫則欲以友邦通其好。利在遠國之宰輔則欲爲之羽翼以助其飛。利在擅權之將帥則欲爲之橐囊以厚其姦。姦邪回遹。民之所惡者。相與封殖之。使不搖。守道秉節。天之所好者。相與傾擠之。使不立。邪說爛漫。人心不正。未有甚於此時。聖人所爲懼。春秋所由作也。今陛下於仲尼百世以俟之意。聖性既自得之。若夫體元居正。端本清源。力行所知。以收撥亂反正。天下歸仁之效。更

加聖心焉。則何畏乎女真。何憂乎叛賊。何難乎中興之業哉。

寅又上言曰。臣謹考歷古帝王保天下之要。以民爲本。而得民心之道。以食爲先。此腐儒之常談。弁經邦之至論也。舜命十二牧曰。食哉惟時。箕子陳八政。一曰食。二曰貨。人之有食。猶魚之有水。水盛則魚繁。減則魚耗。涸則魚死。至易見也。民獨何以異此。方七國爭雄之時。爭地以戰。爭城以攻。尚權謀。棄仁義。謂可以朝諸侯。有天下。而孟子獨以農桑牧養之事告時君。莫不以爲迂闊無効。是時惟秦兵力最強。鞭笞四海。卒立爲帝。孟子之言。真若迂闊矣。秦惟兵之強而不恤百姓。視民如草芥。朝芟而夕刈之。曾不二世。而雍州之地。崤函之固。爲他人所有。則孟子之言。乃至急至切。而非迂闊也。臣觀今日民力有水涸之勢。其可憂不在粘罕之下。願陛下勿以爲腐儒常談。使臣得畢其說。趙充國西漢名將。曹操三國英雄。其用兵無不屯田積粟。而今日之兵。開口待哺。此何理也。自司馬法及戰國以來。家括白起頗牧。信布之流。臨敵制勝。無不計首級。而今日切狀。皆言不令斫級。一布掩殺。橫屍幾里。或入水不知其數。此何理也。自古臨敵。有用命者。有不用命者。故藝祖皇帝嘗出入行間。以劍斫士卒皮笠。記其退縮者。事定而誅之。若其摧堅陷陣。則賞不旋踵。是謂有賞有刑。旌別勇怯。而今之賞功。全隊轉授。未聞有以不用命被戮者。此何理也。自古行賞。其將帥勳伐尤異者。則遷其官秩。或封以國邑。若其士卒。則犒賜而已。或以金帛予之而已。今自長行以上。皆以真官賞之。人挾券曆。請厚俸。至於以官名隊。此何理也。自古利權盡歸公上。予奪操縱。惟君所命。如李牧之軍市租。如藝祖命邊將回易之類。則衣糧器械賞設之費。皆出其中。今煮海榷酤之入。遇軍屯所至。則奄而有之。闤闠什一之利。半爲軍人所取。至於衣糧。則日仰於大農。器械則必

取於武庫賞設則盡資於縣官此何理也自古制兵有事則付之將帥無事則歸之天子光武中興可謂臣上取之之時矣猶且不假將帥以久權鄧禹取三輔總數十萬衆一旦無功奪之如探囊中物今總兵者以兵為家厚自培植若不復肯捨者曹操曰若欲孤釋兵則不可也無乃類此乎自建炎以來易置宰執凡四十餘人矣謀慮不臧政事不善雖台衡之重股肱之親一言而去之何獨於將帥而不可進退以均勞逸之任拔沈滯之才乎此又臣所未曉也自古制兵必有實數戰鬪則有敗北平居則有死亡緩急則有散逸此不能免也今諸軍近者四五年遠者八九年未嘗開落死損折傷之數豈皆不死乎抑隨死隨補乎逃而不以告敗而不以告死而不以告補而不以告不可也以補者之姓名充死者之姓名以死者之妻子為補者之妻子不可也不然軍籍何自而無缺乎此又臣之所未曉也自古制兵必去冗食存精銳分為等級如所謂百金之士千金之士則戰之所恃以必勝者其餘充聲勢備輜重而已則所以食之役之者不敢與銳卒班焉雖其等如是然無非軍旅之用也今諸軍則無所不有矣避賦役免門户者往焉納賄賂求官爵者往焉有過咎不得仕者往焉犯刑憲畏逮捕者往焉遠科舉失士業者往焉則人有鄉黨故舊之人百工手藝之人方技術數之人音樂俳戲之人彼所以輻湊雲萃者非有勢以庇之乎非有利以聚之乎不然人生各有業何必軍之從此又臣之所未曉也凡今日軍政之弊其大致如此其詳從可知矣恭惟陛下克己臨政惟儉惟勤無華衣美食之奉無嬪嬙柔曼之嬖無宮室臺榭之觀無撞鐘舞女之樂無匪頒賜予之濫寬詔屢下以民為心惟恐傷之若保赤子者九年於此矣加以東南諸路未嘗有數千里水旱之變民力宜足國用宜裕而上自宰相下

至縣令認認然日以軍食不給為莫大之憂索之於帑藏則無終歲而不發之儲索之於計司則無運轉而不竭之貨索之於州縣則無陳積以待調發之物索之於百姓則無出力佐興有餘不匱之家然而贍軍之費歲歲增益日椿月椿急於星火要王官置審計以不敷實無隱之狀而境土未拓叛賊未擒讎虜未殄二帝未復不幸而旱蝗水潦方數千里連二三年因之以盗賊則不必粘罕點集劉豫犯順而國家之大事去矣是豈小故可不思所以善後之策乎今邊防無事之時則甲兵數衆多食不可闕也及疆埸小警則曰兵力不足敵不可當也情狀益盡於此其智術機巧不施之於虜賊而施之於朝廷大要在於自計而已官愈高則待之當益隆兵愈衆則畏之當益甚至於民力已竭國用已屈自彼觀之猶越人視秦人之肥瘠耳亦何足少槩其心哉故臣謂兵政不修則水涸魚死之喻指日可見矣臣愚謂宜於諸軍中各選取壯勇京軍三二千人補宿衛之缺存祖宗三衙之制使兵政有考然後命諸將揀其軍為一二等請給視之凡上功狀依舊制論首級又命各舉所知可以為將帥者各若干人就以其軍分試之無事則分戍有警然後聽大將軍指揮凡疾病而死及失律散逸者即時具數申上闕額必聽朝旨補填屯軍所存不得侵奪在官之利以兩淮荒地分給頃畝責委大將率次軍下軍受田而耕其上軍則固護營屯閱習武藝諸大將宣力有年或告勞而有疾不當強使之宜每軍置副帥一人參管軍馬以俟交代其謀議官許置兩人一聽自辟一從朝廷選授諸將總軍則於州縣之事都無干預雖建使置司其官屬猥多至數十人坐糜俸祿宜從減損凡監司守令皆係王官與陛下分民而治者也兵將官即不得輒有按削凡校用使臣自為隊伍者先會總數然後分番按試若不能挽強

擊刺。民懃之力。今冗名冗食。如此之類。朝廷改紀法制。示以必行。則兵威日振。民力自寬。國用自足矣。自古建官。非爲他也。惟以爲民也。凡事皆本於有民。無民則無事。無事則無官。而終不能無也。故因事建官。使民出粟以養之。計功則足矣。而未有群天下之人。無所職任而祿之者也。而未有以優局餼廩。以待不才有罪之人者也。今日宮觀嶽廟添差不釐務。可謂姑息之極弊。非修政事攘戎狄之先務也。非寬民力足國用之要術也。此其爲害。亦餽餉之次矣。士大夫惟元臣故老。耆德有勞。閱煩苦之欲。示恩意之人。處以宮祠差遣。自餘任事則食祿。否則罷之而已矣。獨應貧窶可恤者。擬品秩給以閑田可也。至於監當等官。皆課利所出。費用所資。乃有一闕。添差至五六人者。爲公乎。爲私乎。若其爲公。則不當差也。如爲私者。天下吏員猥多皆可以五六人而共一闕矣。何獨監當而可乎。故凡添差與所謂不

釐務差宜減罷也。喪亂以來。士子廢學失業。惟志於得。平時則拔區區獻封事。科場則乞收試。求恩免。風俗大壞。宜有率厲之道。將來科場宜降指揮。特展三年。且令進修。以待後舉。比年法制從寬。遷官使冒者衆。人得任子。仕流混濁。當相時之宜。稍澄其源。凡任子之恩。近陞一等。大禮奏薦者。必至朝議大夫而後許。自是率而上之。不隔郊者。仍須隔郊得者。既艱又須嚴入仕之門。守銓試之法。未出官人。勿令以恩例及奏辟入官。必須試選合格。乃聽注授。如此之類。朝廷改紀法制。示以必行。則流品漸清。民力自寬。國用自足矣。則又選守令而久任之。以拊循既困之民。民各安業。則生財之路廣。公私皆濟無乏絕之患。以守則固。以戰則勝。何爲而不如志乎。或謂如臣所陳乃今日大病也。而無治之之方。人徒能言之耳。臣以謂不然。彼數人者。自陛下援擢用之。非有世家根據難馭之形。陛下灼見利害。命大

臣條具一幅詔書。敢不從乎。握兵而不從人主之命。彼將何理以自白。臣知其不敢違也。若因循今日之事。更加以歲月。則唐末五代之禍。真可駭矣。夫濟大難之世。必有拂衆之略。絕人之才。乃立非常之功。光武起兵。誅討僭叛。中興漢祚。宜其蕩然施恩。以收西京人心。然考其所爲。則用法嚴審。未嘗以政悅人。至於減天下吏員十存一二而已。豈聞人懷怨咨。欲充無厭之望乎。孔明輔劉先主。志在復漢。唱大義於天下。而所據險僻。又出吳魏之後。宜尚寬大。以固蜀人之心。然考其行事。限以爵。律人以法。其始蜀人不安。其後遺愛比之召公甘棠。死之日。百姓如喪考妣。而不聞有舍蜀而走吳魏者。人心惟是之從耳。處置盡公。必自帖服。不在溱洧之濟。濡沫之惠也。漢削諸侯。七國同日反。景帝憂其得山東豪傑。袁盎曰。吳王安得豪傑而用之。所用皆鑄錢亡命耳。如得豪傑。亦且輔吳王爲誼不反矣。自頃以

來。朝廷稍欲裁制冗濫。恤民便國。小人不利。輒從而譁之。或造爲謠言。以駭動朝聽。至謂無所得於此。則携持而北去。胡不觀稱臣拜虜有一人賢智之士乎。廟堂公卿無鎮浮之量。亦從而改度。輟今者踵相接也。嗚呼。曾謂如此而可以振頹敗之俗。成中興之功哉。太祖太宗櫛風沐雨。東征西伐。以平藩鎮之禍。收養民之功。而陛下倒持太阿。高拱熟視。以成不掉之勢。爲失民之事。臣竊憂之。伏望陛下出臣此章。明詔大臣。考其當否。早議國制。若以前人已壞之迹。今不可爲。安知他日又不難於今日乎。臣不勝納忠懇切之誠。

趙元鎮上奏曰。臣向蒙陛下不以臣不才。寘之宰輔。前後二歲。迄無寸功。聖度兼容。忘其所短。懇辭去位。禮意益隆。粉骨捐軀。未知所稱。今者待罪藩郡。使得自佚。曾未期年。遽叨召命。俾預經幃。示不終棄。自惟何者辱陛下知遇如此。然臣區區之愚。有不得已者。不免仰瀆

天聰臣竊惟陛下紹祖宗之業當艱難之時柬拔儒臣列侍講讀非次分章摘句為書生事業必將論道之餘訪以當世之務臣雖學識迂僻不足仰裨聰聽亦欲少施所蘊時有獻替是迺祖宗設置經筵之義況於今日乎臣謂陛下所當諮訪於講讀之臣者內則政事之得失外則邊事機籌而已臣之思欲獻之於陛下者亦無以踰此臣素不知兵然兩經捍寇粗識事宜謂先固本根乃議攻戰也大將於江濱分精銳於淮上首尾足以相應聲援足以相及賊雖強梁欲謀深入前迫大軍之勢後有尾襲之虞而我之漕運既省民亦少安設或長驅疾舉而身隨矣跨河越岱無不可者故於臨機應變之間反復憂慮以持重為先或欲置之危地必取成功非不可勝之策也若今之邊事規模宏遠事勢恢張固已盡善但與臣所見偶不同耳亦非怯懦者所能知也臣昧於治體然非在揆路妄意區別謂朝廷之

上屢立黨與呂夷簡范仲淹之黨可合也學術政事所同而其人多忠厚老成之士王安石呂惠卿之黨可合也學術政事所同而其人多才能俊之流至若元祐之人與夫紹聖崇觀之黨則不可合也學術政事不同而品流趣嚮之異也故於進退賞罰之際申嚴勸沮使人知所嚮或欲混善惡於一途則善類必沮傷納君子小人於同域則小人必勝理之自然害政之大者也若今之政事議論好惡黜陟取捨固已盡善但與臣所見偶不同耳亦非淺陋者所能及也此皆熟其耳見而已今措置已定法令已行群心退聽習俗丕變矣陛下儻誤採用臣言重為更革則中外擾擾何時而已臣行年五十有三衰疾侵尋死亡無日亦安能遽喪所守俛仰從人儻使廁跡諸儒[illegible]丈夫陛下將何所諮詢臣亦自度無可獻之陛下者如其遂非

不悛執迷難化永為棄物不復可用亦其分也是以聞命而奉逡巡恐懼屢陳辭懇不敢但已誠恐進對之言與時不合拳身求退量取慢命偃蹇之誅非陛下疇昔顧遇許以保全之意況自夏及秋足疾增劇痛楚浮腫有妨拜趨臣已別具劄子奏乞改除一在外宮觀外輒敢盡布腹心密聞於陛下惟陛下憐之俾臣終老山林死無所恨

監察御史鄭剛中上奏曰臣聞人主未嘗不欲求言嘗患言之難聽論事者未嘗不欲言之行嘗患言之難入漢文帝謂張釋之曰卑之毋甚高論令今可行也後世學者多指以過文帝謂其不能抗志遠大而限言者以卑小也嗚呼甚高之論詎可聽哉大不觀時小不揆事辯博之說縱之於三皇五帝之上而濟用之實常若玉卮之無當是果何益文帝戒釋之未為過也雖然文帝何不亟釋之以至當之論而雅意欲其卑乎此不為無過夫高之與卑不相侔矣高雖不可

縱卑固不可溺天下之理一溺於卑則爭功衰靡流弊不勝言其失視甚高論者猶不啻也人主之聽言人臣之論事使其上不縱於甚高下不溺於太卑常守至當之論以一天下之趣向則亦何患乎言之難聽難入哉故臣嘗謂論治道必歸於平論人材必歸於恕論治道歸於平者非謂見小利忘遠害也見小利忘遠害則陋而已矣今恐務虛名者不得成貪奇功者多後患與其相夸以所難相靡而無實曷若因時順勢相與守吾可行之道敦本節用修禮正名未起者加振未備者加飭常使上正而下自服內治而外自賓如是則所以求治道者求其平乎至若廢紀綱而不修蕩名節而不勵謂為遠而不肯行謂為重而不復舉茲又人君之所宜勉也論人材歸於恕者非謂以小人間君子也以小人間君子則雜而已矣今恐卑鄙不可以世有稷契不可以輩得與其舍近慕遠異世而須才曷若磨礲砥

礪觀其心術之邪正。苟不至畔道而害治。則自可量才而使。因能而任。常使效知無不及之窮。陳力無不勝之誅。如是則所以得人材者不其恕乎。至若倚忠為姦。盜名欺世。無能為而可以害吾之有為。託能言而有以撓吾之國是者。茲又人君之所當去也。論治道歸於平論人材歸於恕。此所謂至當之論。可以一天下之趍向者。惜乎文帝獨不以是而要釋之耶。恭惟陛下體乾坤覆載之德。廓山藪包含之量。謂祖宗率皆疏通耳目。容納臺諫。故即位以來。加惠言事之官。雖衆智畢陳。未必有裨於萬一。而開懷屈意。舜禹不能進。持此以濟中興之業。固有餘裕。臣以愚賤之質。誤蒙器使。未知所以報厚恩者。然考之歷古。其能隨事啓沃。關陳主意者。固自有數。餘非高而誕。謬適足以起世主之疑。則卑而淺陋。不足以廣上之心志。故其說常齟齬而不合。區區淺陋之愚。尚庶幾於犬馬之自竭。惟陛下憐其愚而幸赦之。

提點成都府路刑獄公事馮當可被召。上奏曰。臣觀自古聖帝明王未嘗無待於學。然帝王之學異於儒生。不在於貪多務得以資博洽之才。含英咀華以為文章之美。在乎參諸既往之迹。揆以當今之政。立政行事。以古為法。如堯舜禹之若稽古。商高宗之鑒成憲是也。陛下聖性高明。好尚純古。萬機之暇。躬覽載籍。該貫總攝。洞見百家。自開闢之事。治亂成敗之蹟。如指諸掌。其為學可謂至矣。至於立德行事以古為法者。臣願陛下守其所已至。而勉其所未至也。自古戡定多難。必由克斷。臣願陛下剛健法天。以為再造之本。自古君論一相。用終其人。臣願陛下任賢勿貳。以立一定之規。自古任賢。使能不肖者退聽。臣願陛下旌別賢否。以絕濫吹之失。自古強幹弱枝。未然者先慮。臣願陛下封植本根。以戒履霜之漸。非特此數者。陛下廓開聖鑒洞照古今。凡古由是而治者。以之為法。凡古由是而亂者。以之為戒。則大業富有。盛德日新。雖自古聖帝明王之學。何以加也。昔齊宣王好色好貨。孟子猶曰可以為王。陛下好學帝王之盛德也。臣願陛下擴而大之。追蹤前古。以章天下。

高宗親政。策士。諭考官曰。對策中有陳朝政切直者。並寘上列。太學生王十朋以權為對。大略曰。攬權者非欲衡石程書如秦皇。傳飡聽政如隋文。強明自任不任宰相如唐德宗。精於吏事以察為明如唐宣宗。蓋欲陛下懲既往而戒未然。威福一出於上而已。嘗有鋪翠之禁。而以翠羽為首飾者自若。是豈法令不可禁乎。抑宮中服澣濯之化。衣不曳地之風未形於外乎。法之至公者莫如選士。名器之至重者莫如科第。往歲權臣子孫門客類竊巍科。有司以國家名器為媚權臣之具。而欲得人可乎。願陛下正身以為本。任賢以為助。博采兼聽。以

收其效。幾萬餘言。上嘉其經學淹通。議論醇正。遂擢為第一。

劉行簡應詔條具利害狀曰。右臣伏覩今月二十七日手詔。令中外侍從省臺寺監職事官監司守令等。各述已見的確利害。凡可以省費裕國。強兵息民者。條具以聞。仍已詔大臣置司修政。有言聞達。悉付講求。有以見陛下焦勞圖治。宵旰靡遑。仰師周宣所以內修政事外攘夷狄之意。以惠天下。甚盛德也。然臣嘗謂修政之舉。置司而講求之。宜也。何宜聞而久未聞耶。昔梅福以南昌尉上書。乞假軺傳至行在所。條對急政。四方之士。固願効其所聞以為所不當緩如福者多矣。及今始求之。豈亦所謂急政者乎。方今中原版蕩。九廟播遷。外憂猾夏之遠夷。內有弄兵之群寇。而又僭偽竊國之人。反側自疑。日夜謀我。言政之急。未有如今日者。陛下詔臣等以省費裕國強兵息民之事。固議者所當急矣。然事不素講。而求之於一朝一夕之間。

所謂足國裕民者。誠不知其方。欲足國則民不裕。欲裕民則國不足。一旦用度有闕。郡縣吏不過除取於民以應公上之須。陛下亦莫得而知也。所謂省費強兵之事亦然。欲省費則兵不益。欲益兵則費不省。加又有烏合招來之冗存之。則糜費廩食。不足恃以為強。汰之則無所歸。且覆出為惡。議者處此。誠知其難也。今日欲為陛下論之。而不知所當先。則為不知言。陛下問修政於群臣而不先其所自為。則為不知政。今日之事在陛下躬行者。顧莫先於省費。非謂天下之費以待陛下而省也。以為不如是則不足以感人心而示好惡。政之本不立也。臣愚不肖。待罪臺屬于茲有日矣。竊聞陛下小心如成康。儉德如文景。篤好書傳。踰於聲色。尚方服用。簡樸無華。與士庶之家等。縉紳交歎。以謂聖慮宏遠。不以一日奢靡快意為樂也。然邇來議者頗謂歲取左藏庫金帛之數。不減全盛時。有司告病。縉紳惑焉。豈陛

下儉於一躬。而賜予或未節耶。且左右親近之人至無厭也。不以禮法抑之。將何時而已。仁宗皇帝嘗語侍臣曰。左藏庫月供錢千二百緡。此周土所謂供王之好用。朕宮中無所費。其今罷之。當是時。左右親近之人非不多也。然而無所覬覦者。知不可也。又況其間畏義知耻。與上同休戚者。雖予之。將辭焉。其不然者。皆貪得無厭。不與上同休戚者也。又何恤焉。且陛下厚於及人。而以身當天下之謗。其無乃自為謀者疏耶。臣願少抑賜予之費與所謂雜色供奉冗食無用之人稍銷減之。示好惡於天下。則修政之本已立。其事為之末。乃可議耳。夫修政之目無微而不當舉。誠將次第而行之。莫若詔監司郡守縣令各至所部。詢問父老。講求一方之利害。若曰。孰利未興。孰害未除。孰民田有遺墾。孰為知兵。孰材武可用。孰土豪可任。使其當山川控扼沿江瀕海之地。則曰某地可守。某地可戰。某地可為寨柵廬舍。

某處可以積粟漕運。各以方略來上。然後以其說深考而熟計之。度其可者行焉。間遣近臣巡按其地而核其實。以為之賞罰黜陟。則事無有不得其要領者。今未嘗目見耳聞而獨使之。況欲論天下之利害。其有益於施行者無幾耳。趙充國號為通知四夷事者。且曰百聞不如一見。臣願馳至金城。圖上方略。況餘人哉。乃若省費裕國強兵息民。見於事為者。則臣謂莫若求之民兵。蓋四者一事而已。古者兵民為一。故兵不可勝用。而國不知費。趙一國耳。長平之戰四十萬人死。其後亦不聞無兵。秦男子十五以上皆驅之軍。則是民即兵也。比年以來。為民兵之說獻於上者多矣。卒莫之行。巡社之法既行而旋罷。豈朝廷難之。以為擾民耶。是計之未熟而行之不得其要者也。若臣之說則異於是。陛下即行之。不過下半紙檄以頒郡縣。郡縣承天子詔旨而告之民。民則樂從之矣。初無有甚難。蓋其說曰。不募不籍不教。

不易其名。不奪其業。不係縻於官。不程督以吏。如是。故民不擾而樂從。凡縣鎮鄉社之民。通使為之。不欲者勿強。並習兵器。若弓弩戈矛槍挺刀牌等。隨其所習。以今所謂保正長者總之。曉以利害。使各保其田桑廬舍。境內有寇盜。聽捕逐。其獲寇之賞則有常格見於著令。若遇大盜。并力救獲。則聞于朝。稱其事而旌賞之。如効用之法。其平居講習精於武藝者。聽保正長推舉。不以多少聞于州郡。州郡按試之。如所舉者。為之旌別。蠲其身丁及三犯杖聽贖。彼固知保田桑廬舍之利。而又有意外旌賞之寵。無所係縻。無所程督。亦誰憚而不為哉。今夫群天下之士而試之有司。次第薦送而官使之。彼誠利於得官也。挾策覓舉。雖終老而不悔。豈嘗募之使為科舉。籍之使不脫耶。使民習兵無以異此。為農為商。不易其名。不奪其業。月將閱。門暇時蠲其册。傳自相講習。挺者擊。戈矛者刺。弓弩者馳射。彼歸而求之有

餘師又何必馳而教之為哉。且山谷強悍之民。初未嘗教也。而藝絕口軍者。所至多有。如曰必驅而教之。使知坐作進退。是猶博士先生綾帶徐步。升堂巍坐而談經。坐諸生堂上。擊鼓而進退之。以君文物表儀。化民成俗可也。所謂學者豈真有待於是乎。孔子曰不教民戰。是謂棄之。而臣乃以鄉社之兵為必教者。非兵無事於教也。以其勢與官軍不同。非仰食公上者也。所繫至衆。一或擾之。小不樂從。藉令其業不精。假之歲月。所得十一。不已多乎。嗚呼。兵之弊亟矣。其患有不可勝言者。在祖宗之時。平居無事。則竭天下之力以養兵。在今日國勢阽危。則竭天下之力以養亂。今臣之說雖未能銷患於赫赫之際。而能為陛下銷患於冥冥之中。雖未能足國裕民於一朝夕之間。而能為陛下足國裕民於三歲之後。且為久遠無窮之利。若以三歲之後。無救目前。因置不講。則是其弊終不可救也。願陛下下臣章

雜議。若以為可。則立為賞功勸勞之典。參酌舊所著令。損益而施行之。此臣所不能知也。或曰。臣之說朝廷非不聞也。不果行者。懼民之知兵且為亂也。臣曰不然。強悍之民。倔起山谷。千百為群。輕犯縣鎮居民。無遠近多寡。望風奔走。與異時虜人所至。率以一步卒驅十百而驅之。拱手屈膝以受箠擊。莫敢與抗者。非不顧其生也。誠未嘗知戰鬬擊刺之事耳。僅有一能者。則荷戈持梃出當之矣。此臣所耳聞而目見也。借令一鄉社之民自起為盜。則有他鄉社之兵制之。一縣鎮之民為盜。則有他縣鎮之兵制之。殆未必皆然耶。臣之念至熟悉矣。雖臣觀陛下詔大臣設官屬置司講論以修政為名。誠美矣。顧以稱是名者宜何如哉。使一國之政如一家之政。小大協心。上下告語。畢精窮思。推忠盡誠。罔有嫌間。不顧望陛下風指。不迎合大臣議。惓惓焉。閔閔焉。唯恐一事之有遺策。一物之有遁情。則庶幾焉

臻於有成。可日月冀也。如其好是美名。而不克充其實。且聚訟交訾。若築室于道謀。則非獨不可以日月冀。抑論議有不出於至公者矣。元豐條例之舉。崇寧講議之名。事出權臣。弊政充塞。貽天下患害。至今未艾也。願陛下察焉。臣愚無知識。姑陳其槩以塞聖問。伏惟聖神睿察。

行簡又上劄子曰。臣竊惟天下之事。下合人心。上合天意。中合大道者。唯有一言。曰公而已矣。老子曰。容乃公。公乃王。王乃天。天乃道。蓋混而為一。非容不能公。三公之稱。謂其容而能公也。王。訓大。王者之稱。謂其公而能大也。則是公不可不與王同德。王不可不與天同道。此天下之至理也。臣竊觀陛下自臨御以來。於天下之事。未嘗容心於其間。大臣以為賢則進之。臺諫以為否則退之。與政事之因革。群臣皆以為可。則審度其言而罷行之。可謂至公而無私。與天合道者

也。然而身為三公。不知與王同德者。非一日矣。已所好者與之。雖悖於理而害於事者弗非也。已所惡者奪之。雖才有堪於用者弗取也。議有當於人心者弗行也。夫如是。則政事安得無疵纇。民安得不受其患哉。惟公也。故賢者類立於王之朝。而不肖者退聽而革心。道德所以一。風俗所以同。上無秕政。下無牽民。內治之所以舉。遠人之所以服。夫所謂公者。一言而已矣。見於利害乃如此。其大可不審耶。臣愚欲望陛下詔執政大臣諫官御史與百執事咸體上心。剗除弊習。宏開正路。終始惟一。則治道之隆。三王可四。五帝可六。天下廓廓乎其無事矣。

行簡又進故事曰。漢武帝向儒術。丞相竇嬰。太尉田蚡。亦俱好儒術。推轂趙綰為御史大夫。綰薦其師申公。天子使使束帛加璧。安車駟馬以迎申公。既至。天子問治亂之事。申公年八十餘。對曰。為治者不

在多言顧力行如何耳。是時天子方好文辭，見申公對默然，然以招致，即以爲太中大夫，舍魯邸，議明堂事。

臣嘗謂申公之言，天下之至言也。自古好治之君，未嘗不慷慨思見天下之賢士，求天下之議論，次第而施行之。已而利害之實既了了於胷中，則心而不能決，見利不克興，知害不克除，談有餘而實不足者，往往皆然。中庸曰：好學近乎智，力行近乎仁。武帝之初，蓋未辨此也，故於申公之對有惑焉。其後罷斥百家，表章六經，制禮樂，易服色，興章文物，燦然大備，意有所在，皆力行之，不見其難，安知非申公之言有以發之歟。使其所行不改文景之恭儉，而專在於愛民利物之間，則後世必以爲賢哲不世出之君矣。然武帝席文景極治之後，於天下之事尚謂猶不可不力行如此，況多難之時乎。臣故曰申公之言，天下之至言也。

行簡又論人主力行果斷疏曰：臣聞之書曰：非知之艱，行之惟艱。又曰：爲治者不在多言，顧力行如何耳。蓋自古有爲之君，未嘗不慨然欲聞天下之言，而求其利害之實也。既聞之，則安之，乃不果於行者，往往皆然。此無他，疑似之論有以惑之，且不能自克故也。恭惟陛下憫宿蠹之未除，念頹綱之不振，政煩民困，用廣財殫，申詔大臣置司講究，凡不可於民而害於政者，皆罷行之，德意至渥也，然曾未聞有所施行。臣之私憂過計，顧恐有以疑似之說欺陛下之聽者，曰：苟如此，將失人心矣。臣故欲爲陛下言之。夫所謂失人心者，懼刑政之苛、賦役之猥多，失百姓之心也；懼好惡之不公、賞罰之不明，失士君子之心也。若皆無是，則所失者小人之心耳。失小人之心而得百姓士君子之心，又何病焉。臣願陛下於今日之政，當審夫其利害，所當罷行者，斷自聖心，勿貳勿疑，庶幾速見成效，而事之委靡不振者悉舉矣。伏惟留神垂察。

戶部侍郎葉夢得上奏曰：臣聞夷狄暴起，驟亂中國，自古未有如今日之甚。然盛衰循環，雖天道有不能免，惟知消息盈虛之理，而應之不失其道，則易亂以爲治，變危以爲安，亦在人之所爲而已。周以后稷創業於始，功德厚矣。再傳而爲不窋，遂失其官。公劉繼之，去邰而國於豳，周復以續。自公劉九傳至古公，其積行累功愈隆於前，而迫於獯鬻，復去豳而國於岐，實啓文武，遂有天下。文王之時，亦有玁狁、昆夷之患。自文武九傳而爲厲王，復迫於犬戎。宣王繼之，周復以興。三代如周，無以加矣，而失國者再，失天下者一，戎迫於獯鬻，戎迫於犬戎，然絕而復續，終不能亂其久長之業，至於卜年八百，卜世三十者，有公劉、太王、文武、宣王承其後故也。今國家之勢不幸類此，然以我二百年太平安寧，天下生息繁庶，不見兵革之久，則盛極而或衰。以虜孱陋荒穢，假息一方，不列於諸夷，未嘗得與中國相通，則衰極而或盛，理宜有之。但消息盈虛，兩盡其變，則我之暫弱，未必不爲盛大無窮之基；虜之驟強，未必不爲滅絕速斃之本。昔者吳王夫差伐齊，既勝而歸，伍員曰：天之所棄，必驟近其小喜而遠其大憂。王若不得志於齊，而以覺王心，吳國猶世。今天祿亟至，是吳命之不長也。未幾，吳果滅於越。吳人侵楚，入郢，敗子舟師，獲帥七大夫，楚國大懼。子期又敗於繁陽，令尹子西獨喜曰：乃今可爲矣。於是遷郢於鄀，改修其政，而楚復定。以吾占虜，安知天不遠其大憂；以楚占我，則天下固亦因此而可爲矣。況以祖宗德澤蟠結之深厚，太上皇帝讓避自約，淵聖皇帝寅畏小心，陛下繼之以英烈神武，世世相承，有后稷、公劉、文武、宣王之美，而無厲王之過。竊料虜不出三年，其勢必亂。何者？

自從事契丹以來，幾二十年。人疲衆怨，一也。吳乞買悍然遠處，而斡離不粘罕奄有中國之財之地。其勢必爭，二也。所用之兵，劫諸小國烏合之衆，以為肘臂。所謀之人，託諸契丹喪亡之餘，以為腹心。恩怨不齊，間隙易生，三也。既再得志於我，其氣必驕，所盜金珠玉帛之富，適以啓其侈。所據子女服食之奉，適以稔其欲。侈動而欲肆，何恃可久，四也。燕趙汾晉駈虜殘破之人，朝夕謳吟思漢，必不甘心忍為左衽之鬼。小伺其間，必棄而來歸。衆散人離，不過威以刑戮，則怨怒愈甚，內將自潰，五也。積此五者，理豈久長。惟是自古復國之難，必大智不惑，大勇不懼，知逸樂始於憂勤，敵國外患適為我利，乃能有濟。此臣所謂應之以道而盡其變者也。恭惟陛下睿明之德，足以歷觀盛衰之理。雄武之量，足以徧應強弱之實。伏望深考成周所以絕而復續之故，以永公劉、太王、宣王之功。慎察吳楚所以更為存亡之端，以

質伍員、子西之論。講修政事，集用忠賢，憂其所可憂，而無屈於我之甚弱。畏其所可畏，而無憚於彼之驕強。則克復七廟之業，內安四海，北迓二聖，可必得而伸也。

御史中丞廖剛上奏曰：臣聞欲正其末，必端其本。欲清其流，必澄其源。自古為天下國家，孰不欲興利除害，振滯補弊，以成治功。然而每不能者，不求其本源故耳。臣竊觀今日天下之事，亦循其本而為之者尚多。如患經費之不支，則多方聚斂，不曰省事而均節之，乃其本乎。患盜賊之未息，則窮力討捕，不曰擇人而安輯之，乃其本乎。事功之不立，以方作俄輟，人不得盡其才故也。命令之不孚，以輕發數改，民無以定其志故也。至若刑威弛而馴致兵驕，名器輕而寖成官冗，未有無所自而然者，亦在反而求之耳。雖然，此特事之一端而已。事之端固未易殫舉，抑有所謂本源之大者焉。臣輒論天下國家之本在身。董仲舒言遠近莫不壹於正，獨在乎吾身之正。是故叢脞則萬事墮，清淨則民自定。是謂本源之大者。得其道，則無為而治者也。揚雄曰：天下雖大，治之在道。四海雖遠，治之在心。其是之謂乎。君惟明乎道，意誠而心正，則忠邪如見肺肝，是非若辨白黑，亦何待人言然後喻哉。區區愚忠，姑請以是為獻。

李彌遜自廬陵以左司召，上殿劄子曰：臣聞善為國者如持衡，本末輕重，常使適平，無偏而不舉之患焉。唐自中葉以還，方鎮驕橫，稔成禍亂，至于五代迄甚。藝祖躬覯其弊，懲前轍之傾，故削州郡之權，以尊王室，以攬威柄，誠得銷患救時之宜。然當是時，強兵勁卒悉屯京師，及西北近幾，往來更戍，不絕於道。百姓逸樂，財用豐衍，州郡奉行詔條，得以無患。其後承平既久，兵制寖隳，民益無聊，而州郡之權益輕，本末俱弱，以致禍患。此已然之明效也。至于今日，曾未少革，帥守

但持空拳。兵寡民貧，城池隳弊，財賦悉以上供，餽餉不足枝梧。自前常不暇給，平時稍為備守之計，則群議力沮之。萬一有警，拱手罔措，賢者則甘心守節，不肖者則奉身逃生。雖誅竄失職之吏，其害已不可勝道矣。朝廷平時視州郡如越人視秦人肥瘠，曾不曰王者以天下為家。朝廷賴州郡以為藩維也。州郡撓弱，則朝廷之勢不固矣。譬如千金之家，知堂奧之可保，而略其門廡，不知門廡之隳，堂奧其可安乎。臣愚願慎擇賢材以任帥守，假之事權，使得竭才展效，鎮安一方。上寬顧憂，下銷奸宄，以效臂指之用。昔董仲舒曰：當更化而不更化，雖有大賢，不能善治。今政解而更張之時也。伏望睿慈留神擇中。天下幸甚。

彌遜為戶部侍郎，又上劄子曰：臣嘗觀唐太宗問創業守文之君，而房玄齡以創業為難，魏徵以守文為難。臣愚以謂創業守文雖不為

易而中興爲甚難也蓋振頹綱補弊政易風俗集流亡政之可因者悼前轍而或廢事之可革者守膠柱而不移欲其成功誠甚難也易曰有過物者必濟故小過之後受之以既濟自古人君非有大過人者不能回衰亂之俗以爲安平之治也惟周宣王以任賢使能而能復古漢宣帝以信賞必罰而致中興光武以總攬權綱造漢室肅宗以治兵討賊復唐祚元帝以虛心下士收一時之望以保江左至於區區句踐尚能苦身焦思滅強吳尊周室以復其國則天下之事未有力行而不成亦未有不爲而能成者也降是而往雖有願治之君而終不能成其紹復之業者政事之間害成者多而不能去故也將帥雖衆而失控御之術害成也財用雖足而失均節之道害成也立政者苟一朝之利而不爲經遠之計害成也在位者懷自安之私而無許國之志害成也有是數者而欲中興之功是猶農夫不去草萊

奏議卷之四十八　二十四

而望苗之興顧不難哉仰惟國家之難曠古未聞陛下宵衣旰食坐薪嘗膽凡政事之得失生民之利病人材之賢否與夫任將帥練兵卒豐財用一有補於中興之治者莫不深究而力行之然盜國未復強敵未殄豈規摹未定而害成者未去乎今黠虜留屯中原資糧饑匄分兵淮泗觀時伺釁窺我中國其志甚大未肯輕舉茲忠臣義士所以流涕而芻蕘縉紳每爲寒心者而朝廷方且崇大體務鎮靜狃目前之安忘善後之計如秦人越人端視而不加恤臣愚所未喻也臣聞孟子論當務之急易經著隨時之義君子見幾不俟終日又聞賁育之不戒童子之不抗魯難之不期蜀難之不支若計謀不先定將帥不協力士卒不素練饋餉不預備玩歲愒日不早圖之一旦秋風高胡馬鳴後時之悔若噬臍焉殆將何及臣願陛下斷以乾剛照以離明體當務隨時之訓如救焚援溺之急馭將以道節財以理變

苟且之政以爲遠圖懲自安之私以勵臣節力去此害成者然後任賢能如周宣王信賞罰如漢宣帝總攬權綱如漢光武掃大憝如唐肅宗下取元帝句踐之事以爲規監將見中原不足復黠虜不足破誠宗廟社稷海寓元元無疆之休臣不勝憂思忠憤激切屛營之至

通判廣州汪應辰召對上奏曰臣竊以天下之事智足以謀之力足以行之雖或甚難宜其無不舉者然考其效驗往往與人謬盭而變故之發常出乎智力之外已往成敗之迹其如是者多矣是以聖人論天下之事以爲非人所能必歸之於天至其論天道也曰我不敢知曰天不可信曰天難諶命靡常又必歸之於人事夫所謂人事者非恃其智力之謂也即吾之仁心誠意所以無愧於天者擴而充之以至於廣大勤而行之以至於悠久不以好惡之私汩其正不以利害之變易其守使存於心者無毫髮之差施於事者無窾隙之間表裏

奏議卷之四十八　二十五

純粹與天爲一天且不違則事雖甚難蓋有不足治者沴氣可以消而爲和獷心可以化而爲善衰敝之俗可以易而爲治安四遠賓服百嘉畢遂皆其方寸之所發夙夜之所積者爾由是以言所謂天道即人事也故二帝三王君臣之間更相儆戒未嘗不稱天蓋其心未嘗不在帝左右也秦漢而下聖學益微天人異觀幽顯殊致而天下之治亦有愧於古矣恭惟皇帝陛下以聰明睿智撫熙虞之運軫念南北赤子肝腦塗地之禍發自淵衷屈己修好以保全遺黎導迎善氣此天之心也昔戰國紛爭獨孟軻以謂不嗜殺人者能一之行仁政而王莫之能禦而臣嘗考東晉以後南北分裂二百餘年北又析爲十六國其間變故不可勝計然南亦莫能相尚蓋其所以失者或不量事勢輕用其民以僥倖於戰勝或因循苟且安於細娛未嘗至誠惻怛講修仁政爲久大之計故終無以仰稱天意也陛下超然遠

覽。灼知天意所在。好生之德。固已格于上下。惟是政事之間。天下之民有望於獨斷者久矣。比日以來。明詔數下。革去宿弊。芟夷蕪穢。解弛煩密。振拔滯淹。疏導壅塞。一皆出於聖意。斯民歡喜鼓舞。至或感泣。人心如此。天意又可知矣。然陛下所以保大圖永。欽承天休者。豈特如此而已哉。推乎昔聖心之所存。與今日仁政之所已行者。謹於幾微之際。奉命於宥密之中。必將日新又新。以幸天下。人材既辨。不間新舊。而特致嚴於邪正之辨。言路既開。不間疏遠。而特致察於是非之實。求政之闕遺。而增修之。使之為富彊之國。求下之疾苦而振德之。使之為太平之民。至於天意人事。合若符節。曠然大變。將有不期而自至。若盛德大業。皆在於陛下矣。

應辰為戶部侍郎。又進故事曰。唐太宗初即位。置弘文館。精選天下賢良文學之士虞世南褚亮等。令更宿直。退朝之暇。引入內殿。從容燕見。或論往古成敗。或問民間事情。每言及稼穡艱難。則務遵勤儉。言及閭閻疾苦。則議息征徭。以至諷誦詩書。講求典禮。咨詢忘倦。或至夜分。若軍國幾微。時務得失。則責之輔相。悉不相干。又謂太子少師蕭瑀曰。朕少好弓矢。得良弓十數。自謂無以加。近以示弓工。乃曰皆非良材。朕問其故。工曰。木心不正。則脈理皆邪。弓雖勁而發矢不直。朕始寤鄉者辨之未精也。朕以弓矢定四方。識之猶未盡。況天下之務。其能徧知乎。乃命京官五品以上更宿中書內省。數延見。問以民間疾苦及政事得失。臣聞有天下者。常患乎不能通天下之情。察天下之理。情有所不通。則是猶一身之中而關節脈理之不屬也。理有所不察。則是猶耳目不能視聽。而欲以運動手足也。然而一日有萬機之繁。堂下有千里之遠。乃欲使天下之情無不通。天下之理無不察。其勢豈不甚難哉。蓋必咨詢訪納。廣覽兼聽。有所見聞者皆得

以獻陳於前。有所疾苦者。皆得以赴愬於上。則雖未嘗家至戶察。而固已卓然立乎無蔽之地。以此醻酢事變。經理世故。蓋亦舉而措之爾。以舜之聰明。自耕稼陶漁。又歷試諸難。然後為帝。宜其無所不知也。繼堯之後。盡循其道。宜其無所為也。而書之所載。乃以詢于四岳闢四門。明四目。達四聰為先務。則舜之所以為舜。所以能繼堯者。豈其任一己之聰明哉。蓋取諸人以為善也。三代而下。惟貞觀之治庶幾成康。而太宗即位。則擇天下名士相與密勿論議。夜以繼日。又令京官五品以上更直待問。此其致治之本也。陛下以大明繼照。旁求直言。收召耆德。如舜與太宗之初矣。然臣以為聖人之心常自以為不足。故其求益於下者。亦無所不用其至。舜以詢于四岳為未足也。故繼之闢四門。以闢四門為未足也。故又廣視聽于四方。太宗既盡得天下名士與之游居矣。然而衆不可盡愚。或有得。故京官五品以上。亦皆得以序進焉。臣願陛下因今日所行推而廣之。謹陳其六事以備采擇。其一曰。唐之宰臣雖休假亦見。率皆從容命坐。論政事大體。至於啓擬差除之類。則退而以熟狀畫可。猶有古者論道之遺意。今雖不能盡如古。竊謂二府進呈之暇。亦宜賜以間燕。使得展盡底蘊。無所顧避。蓋君臣之間。誠意既通。論議既定。然後可以有為也。其二曰。侍從之臣。本以論思獻納為職。今則各有司局。往往以越職為嫌。所宜明降詔旨。示以近臣盡規之義。則所謂侍從者。不止於有司之守也。其三曰。尚書六曹雖曰奉行成命之地。而元祐著令。諸奉制書及事已經奏而理有不便者。速具奏聞。其後大臣用事。惡其害己。遂廢其法。今宜復元祐舊制。則所謂有司之守者。又不止於奉行文書也。其四曰。講讀之官。宜有所訪問。以推究古義。裨益聖學。且以明當世之務。如祖宗朝邇英延義二閣。記注之所載。尚可考也。其五曰。

竊見英宗皇帝親政。諫官司馬光上言。乞復先朝故事。日輪侍從一員直資善堂。夜則宿於崇文院。時賜召對。與之講論古今治體。民間情僞。光論此事。至于四五。最爲詳悉。願舉而行之。亦唐弘文館之意也。其六曰。祖宗親朝之外。再御後殿。親決庶政。如外路部送到罪人。如按匭訴事人。如審官院流内銓三班院磨勘并差遣人。如審刑院刑部叙復左降人。如經過到闕軍人。如應囚放欠。蓋雖賤官下吏卒伍徒隸。皆一一引問考覈其實。寃抑者必伸。欺蔽者必察。今惟選人改秩。及囚繫疑決。始得引見。一切聽之有司而已。祖宗之制。雖未能盡復。臣竊謂今之臣庶。其以事而至於庭者固已無幾。願省閲其狀。親賜質問。隨其事理。裁自聖意。而間亦有所予奪焉。凡此數者。皆祖宗之所已行。非特以通天下之情。察天下之理。而小大之臣。其材識之高下。志趣之邪正。皆亦不逃於聖覽矣。天下幸甚。

歷代名臣奏議卷之四十八

歷代名臣奏議卷之四十九

治道

宋孝宗即位。陸游上奏曰。臣聞王者以一人之身。臨御四海。人情錯出。事變遝至。惟靜以待之。則心正而明。惟重以持之。則體大而正。無偏聽之過。無輕舉之失。天何言哉。舜何爲哉。今世士大夫學術卑陋。識慮褊淺。顧謂王者獨任。必有以聳動天下。於是厭常喜新之論興。飾智驚俗之政作。衆人之所喜。而君子之所深憂也。臣伏見陛下自在潛邸。以至龍飛御宇。三十年間。天下之事。何所不習。雖日出百令。固亦易爾。乃謙恭退託。而安靜無爲。沉潛淵默。而聰明不作。上則承壽皇之睿謨。下則盡群臣之公議。及爭議有未決。徐而斷之。政有當行。從而舉之。理愜事允。出臣下思慮之表。有心者誠服。有口者頌歎。則所謂靜與重者。陛下既得之矣。嗚呼。一郡一邑之長。視事之始。尚且以嶄奇眩衆。以敏速釣名。陛下有天下之利勢而不用。有聖智之絶識而不施。超越群倫。奚啻萬億。而或者方以聳動天下爲慮。此固兒童之見。而陛下所不取也。竊恐群臣獻此說者寖多。雖陛下決不取。然臣不勝惓惓愛君之愚忠。思有以堅聖心而廣初政。昔魏鄭公憂貞觀之政漸不克終。蘇轍亦謂但如元祐之初足矣。若夫進銳退速。能動耳目之觀聽。而無至誠惻怛之心以終之。如明皇之焚錦繡。德宗之放馴象。實陛下之龜鑑也。故臣願陛下圖事揆策。不厭於從容。行賞議罰。無取於快意。兢兢業業。常如此三月之間。則成康文景之盛。復見於今日矣。犬馬小臣。出位妄言。冒犯天威。臣無任。

游又上奏曰。臣聞善觀人之國者。無他。惟公道行與否爾。書曰。毋虐惸獨而畏高明。詩曰。柔亦不茹。剛亦不吐。此爲國之要也。若夫虐惸獨畏高明。茹柔吐剛。而能使天下治者。自古未之有也。朝廷之體。

責大臣宜詳。責小臣宜畧。郡縣之政。治大姓宜詳。治小民宜畧。賦斂之事。宜先富室。征稅之事。宜叢大商。是之謂至平。是之謂至公。行之一邑。則一邑治。行之一郡。則一郡治。行之天下。而治不遠於古者。萬無是理也。伏見朝廷頃因人言。必顯有功狀。乃畀職名。行之數年。而大臣近侍不得職者幾人。帥臣監司之加職者。又比比而有。至於銓曹格法。所以厄小官者。則未嘗少弛張也。曠典之行。所及至廣。貼職以上。例皆甄復。雖阿附秦氏得罪者。亦在焉。至於常調孤遠。固多久詿刑憲者。今更赦令。雖使皆得霑被。銓法拘攣。必不如是之曠蕩也。無乃責大吏反畧而責小臣反詳乎。郡縣之吏不能自立。觀望揣摩。惟强是畏。豪右雖犯重辟。官吏貪者黠者。則公與之為市。廉者懦者則又自營曰。得無反為所害乎。凡嫁禍平人。誣罪僮奴者。皆有司為之道地也。凶年饑歲。雖貧富俱病。然富者利源至多。貧者惟守田畝。

孰為當恤。視郡縣之庭。鞭笞流血。杻械被體者。皆貧民也。吳蜀萬里關征相望。富商大賈。先期遣人。懷金錢以賂津吏。大舸重載。通行無苦。終更小官造廷。進士垂橐。蕭然齎糧有限。而稽留苛擾畧不之恤。如是謂之平可乎。謂之公可乎。臣伏望陛下推至平至公之道。自朝廷始。然後下詔戒敕四方。而繼之以誅賞。不過歲月。治效自見。惟在陛下執之重如山嶽。堅若金石。爾荀卿論鬪國之說曰。兼并易能也。堅凝之難矣。豈獨兼并哉。凡為政施行之甚易。堅凝之甚難。臣區區之言。陛下或以為萬有一可采焉。敢併以堅凝為獻。

隆興間。張浚上言曰。臣今日自長河堰起發。天氣晴和。抵暮可至秀州。惟是暫遠闕庭。瞻戀聖德。深切于心。邊境別無它報。臣固嘗屢奏今歲三月虜之形勢。可以盡見。決無它慮。仰惟聖慈。簡記不忘。夫自古人主有道。而人臣亦能盡道事君。則動無私意。事事合天。凡百施為。俯順人情。仰循天理。是之謂道。果能行此。內侮外寇。何自而生。曰戰曰守。皆可如意。夷狄雖強。孰敢陵犯。夫何故。彼知我得人心。知我君臣有道。自是畏讋怯服。況敢加兵。是以人君以修己為要。以得人為實。此二事夷夏歸心。理之決然。無可疑者。惟人主以一身臨天下。而富貴生殺之柄得以自專。天下奔趨名利之人。以千萬心乘隙投間。攻吾一心。自非正心修己。揆之於天。不為邪志讒巧之說輕動于中。則何以照見本末。使天下四海終受其惠哉。書曰。無怠無荒。四夷來王。此言人君修己之勤。則政事備舉。內治先定。宜四夷知畏。相率以朝也。又曰。惇德允元。而難壬人。蠻夷率服。此言人君信任賢者陰邪莫間。壬人求進之難。則蠻夷知中國之有人。不敢輕侮。聖人之言如天可信。其事豈不著明邪。臣自受任江淮以來。仰荷陛下眷遇之隆。不敢不勉。伏自思念。內無腹心十夫之翼。孤立于朝。外則將帥

循習舊風。千蹊百徑。稍加嚴束。怨謗立生。臣之一身固無足恤。第恐有始無卒。蔑補於事。用是雖殫心力。而政効邊績。兩皆不著。仰惟陛下處古今天下之至難。臣恐事或掣肘。仰體聖意。委蛇曲折。以期有濟。然而四面之責。已歸罪于臣身。謂其不能以死生進退力爭。將不能善厥後矣。今陛下奮乾之斷。大議已正。臣之衰老。所患無能。敢不忘身及家。求有以報。自今人才悉萃于朝。忌間讒說不復輒起。則天下山林之賢。與夫豪傑英俊之士。聞陛下之風。莫不來歸。陛下何憂夫夷狄。臣晚景餘幾。豈復更有貪戀陛下富貴之念。顧愛君之切。言不敢隱。幸陛下赦罪。

起居郎胡銓上奏曰。臣去年十二月十四日蒙恩賜對便殿。臣時論及武夫悍將宜令知禮。以革暴慢之習。陛下天語諄諄。有及於晏子對齊景公唯禮可以已之之語。臣側聆玉音。仰歎聖學高妙。遠到古

人用意處非臣淺識謏聞所能窺測。竊以謂一言可以興邦者正謂此耳。臣是時知陛下可與爲堯舜之聖。可與致唐虞之治。可使斯民爲堯舜之民。臣雖蠢愚。遭時遇主如此。其忍箝嘿不言。甘自同於終日不鳴之馬。唯當披露肝膽。捐棄軀命。以報知遇。敢卹其它。是以輒極竭罷罷之慮。況臣於今月二十三日。准御史臺牒。契勘今年三月一日視朝月分。依條於文班內從上輪二人。充至日轉對。捻准續降指揮節文。今後視朝轉對官如當日不作視朝。亦合前一日赴閤門投進文書。臣謹條陳一二。臣聞今日之弊無甚於差役之法。無甚於改官之法。而其所當急者莫若興水利。莫若營田。莫若復孝廉力田之科。夫差役不罷則民之巨蠹不除。改官之舉將不罷則士風之趨競不息。差役之弊。臣寮論之詳矣。若夫改官之弊。臣請爲陛下極言之。臣聞今改官者非五百千賂吏部主吏。雖有文字五紙。不放舉主。

士大夫至相謂無五百千莫近臨安。而五紙文字非二十年干求不能得。往往多是宰執侍從關節方始得之。不然孤寒之士每紙文字須三百千經營乃可得。合五紙之費爲千五百緡。孤寒之士安得宰執侍從關節。安得千五百緡。勢必枉道以媚當塗權貴以求之。勢必貪墨黷貨以賂吏部之吏。不然終身爲選人老死不得改官者多矣。臣愚欲乞罷舉主。止令選人實歷九年無違過。即與改合入官。蓋堯舜三考黜陟不過九年。而春秋書天子錫成公命。亦以九年爲得禮故也。臣伏見二三年來歲仍小歉。議者皆歸咎於天時。臣獨以爲地利之未盡。臣聞禹貢之書曰。濬畎澮距川。語曰。禹卑宮室而盡力乎溝洫。以爲畎澮溝洫農事之小小者耳。禹何爲盡力於是。及攷文王平土之書與小司徒之職。然後知禹之意深且遠矣。文王在岐。用平土之法達司馬法。六尺爲步。步百爲畝。畝百爲夫。夫三爲屋。屋三爲井。井十爲通。通十爲成。成十爲終。終十爲同。同方百里。同十爲封。封十爲畿。畿方千里。小司徒之職。乃均其土地以稽其人民。而周知其數。乃經土地而井牧其田野。九夫爲井。四井爲邑。四邑爲丘。四丘爲甸。四甸爲縣。四縣爲都。以任地事而令貢賦。凡稅斂之事。臣嘗考其制。九夫爲井者。方一里。九夫所治之田也。四井爲邑。方二里。四邑爲丘。方四里。四丘爲甸。甸方八里。旁加一里。則方十里爲一成。積百井九百夫。其中六十四井五百七十六夫出田稅。三十六井三百二十四夫治洫。四甸爲縣。方二十里。四縣爲都。方四十里。四都方八十里。旁加十里。乃得方百里爲一同。積萬井九萬夫。其四千九十六井三萬六千八百六十四夫出田稅。二千三百四井二萬七百三十六夫治洫。三千六百井三萬二千四百夫治澮。井田之法。備於一同。夫井田之法。出稅者寡而治洫治澮者衆。知禹之盡力乎畎澮溝洫。誠生

民之急務也。今平居無事時。溝洫不修。至有水旱而歸咎於天時。豈不謬哉。臣愚欲望聖慈特詔州縣講求溝洫之利。如古鄭白渠。如召信臣之鉗盧陂。以復禹之迹。卒有水旱。非所患矣。臣聞今日之急務莫若且休兵營田。令州郡官以營田爲名。而無營田之實。欲究其實。有十說焉。一曰擇官必審。昔魏武欲經略四方。苦軍食不足。用棗祗策。置屯田。以任峻爲典農中郎將。司馬懿謀伐吳。乃使鄧艾廣田蓄穀是也。二曰募人必廣。趙充國留弛刑應募及吏私從者。合凡萬二百八十一人。後魏文帝時。秘書丞李彪上表。請別立農官。取州郡戶十分之一爲屯田人是也。三曰穿渠必深。趙充國擊先零。屯田於金城。先浚漕渠。鄧艾屯田於壽春。以爲田良水少。遂開河渠之利是也。四曰鄉亭必修。趙充國繕鄉亭。理湟陿是也。五曰器用必備。趙充國土器用簿是也。六曰田處必利。漢昭屯田於張掖。魏武屯田於許昌

是也。七曰食用必充。趙充國屯田萬二百八十一人。多穀月二萬七千三百六十三斛。鹽三百八斛是也。八曰耕具必足。後魏文帝大統十一年。李彪請以贓贖雜物市牛科給。唐開元二十五年。諸屯田用牛耕墾。土軟處每一頃五十畝配一牛。强硬處一頃二十畝配一牛。稻田每八十畝配一牛。諸營田若五十頃外更有地剩配耕牛者。所收斛斗。皆准頃畝折除是也。九曰定税必輕。東晉元帝大興中。後將軍應詹上表。屯田一年與百姓。二年分税。三年計税賦以使之。公私兼濟。魏李彪上表。一夫之田歲責六十斛。甄其正課并征戍雜役是也。十曰賞罰必行。晉元帝督課農功。二千石長吏以入穀多少為殿最。北齊武成帝河清三年。詔緣邊城守營屯田。歲終課其所入以論褒貶是也。凡此十者。營田之制盡矣。然就其中最難於募人。尤莫難於耕具。募人之要。臣請如李彪之策。取州郡户十分之一而又加廣

焉。户能募三十人於淮南要害處營田。三年有實。人與轉一官。無官人借補官資。能募二十人或十人者。比例施行。仍令州郡敦遣。如此則人樂然從矣。不然。從猾吏及貧人不能自業者於寬地。如崔寔之政論。或因罪徙人於沿邊。如仲長統之昌言。斯亦可矣。其耕具則請權住廣西馬綱三年。專令市牛。蓋廣西畜化等州牛多且賤。臣頃在廣西知之詳矣。臣謹案漢惠帝舉孝弟力田者復其身。高后時初置孝弟力田二千石者一人。文帝時詔孝弟天下之大順。力田為生之本。三老衆民之師。廉吏衆民之表。武帝時。郡國舉孝廉一人。後漢和帝時。丁鴻與司空劉方上言。凡自今郡國率二十萬口歲舉孝廉一人。至唐楊綰為相。首建復孝弟力田等科。當時高之。風俗翕然丕變。此誠天下之大順。為生之本。為民之表也。臣愚欲望聖慈特詔復孝廉力田等科。略倣漢制。自今郡國率三十萬口歲舉孝廉一人。六十萬二人。九十萬三人。百二十萬四人。不滿三十萬二歲一人。不滿二十萬三歲一人。務在總核名實。必得敦朴行義之士。以格澆薄之風。躋時堯舜上。再使風俗淳復何難哉。

淳熙間。銓為學士。又上奏曰。臣遭遇聖明。深懼無以稱塞。顧有誠悃。輒忘誅殛。願為陛下無隱而盡言之。竊惟陛下臨御于茲。十有九年。立政立事。宵旰勤勞。堅復讎之心。奮復境之畧。義不自已。功期必成。然而坐閲歲時。未知攸濟。其故何哉。陛下天縱英明。其臣莫及。以首出帝王之資。有獨運區寓之智。而宰執大臣。但求救過塞責。棄散與立事功。邊鄙無虞。未睹其害。一有緩急。誰為陛下奮不顧身以任大寄者。況醜虜包藏禍心。未易盡測。陛下雖與之講信脩睦。政恐其窺伺之意未已。願陛下奮發英斷。收召正人。選將練兵。力圖大舉之策。枕戈嘗膽。期於有成而後已。此老臣平昔忠誠所激。而望於陛下者

也。夫諫官御史。陛下之耳目。以得人為先。以用言為急。陛下廣於用人。樂於從諫。士氣振起。夐出古初。羣臣每進讜言。陛下必温言煩納。天語嘉獎。朝野誦傳。實為盛事。然聽之而不見於用。嘉之而不施於政。臣恐蹇諤之言不復聞於陛下矣。竊聞比年以來。嬖倖私昵之人。姓名籍籍。出入禁闥。詭祕莫窮。納賄招權。紊亂名器。凡官寮之進遷。則先事而騰播。陛下之所親擢。則彼掩為己私。意者簡記之初。偕以游談之助。揣知聖意。泄露除音。譸張外庭。熏灼朝路。賢否既混。綱紀寖隳。殆非國家之福也。可不慮乎。古者張官置吏。所以養民。今之官吏。適以殘民。催科則竭民膏血以為材能。獄訟則視賄低昂以為曲直。老羸轉於溝壑。丁壯聚為盜賊。焦熬困苦。所不忍聞。陛下憂卹黎民。屢蠲常賦。而官吏掊斂。民心日離。誠可為邦本之憂也。臣願陛下任輔弼之臣。堅恢復之志。用直言。遠私昵。戢貪吏。歸除蠹弊。請朝

廷公道既闢求惡無賢國勢既張求患無將內政畢舉外侮易攘則
陛下聰明英武所以紹藝祖之基業者至是而益光陛下嚴恭兢畏
所以受光堯之付託者至是而無負斯可以祈天永命萬世而不窮
也臣又聞劉珙張栻之亡皆有遺奏李椿鄭鑑之去俱獻嘉言望陛
下取四臣之疏併留聖慮採而行之實社稷生靈之幸臣待盡田野
永隔清光令而不言死亦有辠臣之所陳五事苟未隕沒獲見陛下
設施臣之志願畢矣冒瀆天聰臣無任俯伏待罪之至
乾道七年權禮部侍郎周必大對曰臣仰惟陛下萬機餘暇無所嗜
好惟書史是觀惟前言往行是監乃者閱貞觀政要見太宗與魏徵
論積德累仁豐功厚利四者之優劣親御翰墨宣示臣等且自謂即
位十年功則未能有成至於安養黎元俾遂生業政令日之急務未
嘗不以爲自治之良策俾臣等極陳其當否凡有未至悉情無隱顧

臣智識淺陋何足以知此然淸問俯及敢不竭其拳拳臣觀自古人
君或溺於宴安或樂於盤遊或喜讒邪而惡忠直或始勤政事久而
怠墮陛下則不然清心寡慾進賢退佞出於天性臨政願治愈久而
愈勤此固中外所共悉也然治效未及貞觀者殆時不同歟昔隋末
盗賊蜂起天下大亂民無定居國無定主高祖義師一起有摧枯破
竹之易至太宗受禪則中外已廓廓無事於是一意撫民自致太平
今陛下雖乘中興之後然北虜地大人衆非隋末四方分裂之比虜
酋雖曰不德然亦未至虐用其民又非如隋之失人心也彼所據者
中原我所有者東南耳以今準古圖治固難然而練兵以圖恢復而
用將之道或未盡擇人以守郡國而責實之方或未至今之急務無
乃在此乎臣不敢汎引古事姑以近事言之夫若內若外屯兵百萬
其卒伍之勇怯器甲之利鈍敎習之精粗人主安得盡知不過責成

大將而已所謂大將又不過數人其擇之也當審其任之也當久今
頗不然進或失之太驟退或失之太遽彼既未嘗爲暖席計則其下
視之亦將如轉石矣號令何由而可信紀律何由而可明乎且如江
州一軍自陛下即位始付苗定其後戚方繼之甫一年而皇甫倜又
繼之池州一軍始付時俊其後王琪繼之甫半年而用秦琪纔十月
而吳總繼之又十月而郭剛繼之數易如此平居自守臣猶慮其乏
事何暇議進取哉陛下謂功則未能有成而臣所以疑用將之未盡
者也陛下深居九重所賴以宣布恩澤者莫切於郡守考何循良者
十無二三貪殘昏謬者常居六七是以仁心德意無由下達良法善
政無由奉行其間號稱能吏者知巧爲名色恣辦財賦而已民之失
業彼何恤焉遐方僻郡姑置勿言臨安者陛下之行都也耳目易接
虛實易考觀於增酒課一事略可見矣夫酒者國家之利源令得其

人則課增令非其人則課虧亦理之常以此爲殿最議賞罰可也柰
何頃年爲守者乃以增羨之數加諸歲入之額歲額之外復求增羨
又添歲額展轉不已殆且倍蓰於初不幸令又非人則多方漁取以
充其數夫民非昔貧而今富也飮者非昔寡而今多也顧取之如此
安得不困近畿尚爾謂遠方何加又諸州長吏倏來忽去迎送靡定
且以二浙言之婺州四年之間易守者五平江四年之間易守者四
又其甚則秀州一年而四易守矣用度何爲而不窮吏姦何爲而不
滋民瘼何由而可蘇陛下欲安養黎元俾遂生業臣所以疑責實之
方未至者此也繼今以往願陛下擇將擇守審於其初而久於其後
其命之也必使條具如之何而治軍如之何而治民幾年而其效可
著其弊可革幾年而其事可成其害可除要之以必致之期示之以
勸沮之方兵庶幾可強民庶幾可富自治之策孰急於此未有能自

治而不能治人者也。凡此二者，陛下因政要而問臣，臣亦因陛下俯詢而獻言。他固未敢及也。抑臣觀政要凡十卷四十篇，既以魏徵論為君之道為首，又以魏徵論克終之道為末。蓋太宗時惟徵為善諫，上有所問，必指近事以為據，而不為泛濫迂闊激訐之言。是以太宗樂聞而喜從之，治幾成康，徵功為多。吳兢所取，厥有旨哉。臣願陛下思太宗廣諫諍之德，擇忠實而無他適明而知大体者，引以自近，使嘉言日聞，治道日興，何患其不貞觀如也。若夫仁德帝王之高致，陛下既以徵言為龜鑑，而自強不息矣，臣復何云。狂愚冒昧，惟明主擇焉。

必大又上言曰：臣伏蒙聖恩，賜對便坐，不敢泛為無益之論，上瀆天聽，謹列四事，惟陛下擇焉。一曰重侍從以儲將相。臣不復遠引祖宗故事，且以紹興初言之，當時近臣往往極天下之選，故議論設施，皆有可觀，中興之功，不為無助。只自秦檜專政，以收集闒茸庸俗之士充員備位，人才衰弱，職此之由。陛下憂勤十年，作成甚切，凡侍左右，無非親擢。其能否賢不肖，豈逃睿鑒。臣願陛下更賜留神，每進一人，不徒取一時之長，須可備它日之用，則人才見矣。二曰增臺諫以廣耳目。臣聞人主深居九重，所賴以周知中外之利害，別白臣下之邪正者，臺諫也。然好名者失於激訐，泥古者失於迂闊，聽之未見其益，違之寧免歸非。必欲得人，固亦難矣。臣願陛下勿以其難，遂虛其官，或博問詳試而用之，或命忠信之臣而舉之，必得端士，增廣聰明，識助治之大端也。三曰擇曾任監司郡守人補郎員之缺。今之郎官分職中臺，奉行政令，視漢蓋加重矣。而六曹二十四司，惟戶刑二部稍有正官，餘多兼攝。以天下之大，曾任監司郡守者固多，願詔二府擇應格而才者授之，非獨可振職業，亦足為異時侍從之儲。此又當今之先務也。四曰久任監司郡守，責事功之成。夫數易之弊深矣。且以二年為任者論之，到官半年始知風俗，去替半年已懷歸志，其間留心政事僅有一歲，若又不待滿而遷易，則弊何由不生乎。簿書緣絕，將迎勞費，特其小節耳。臣願陛下堅持久任之說，深監數易之害，有治理效，且增秩賜金以須其成，庶幾革苟簡之風，塞僥倖之望，而循吏稍見於世矣。臣志在不欺，忘其狂贅，無任昧死。

必大又上言曰：臣聞政如農功，春而耕，夏而耘，秋而收，冬而享其成，本末先後，不可易也。故一日則有一日之效，一時則有一時之功。雖勤勞于前而享富實于後，理之必至，無可疑者。昔句踐謀吳，可謂難矣，然范蠡不過三言，持盈者與天，定傾者與人，節事者與地。自初即位至于七年，深思力行，未出乎此。一旦天應至矣，人事盡矣，蠡奮然曰：得時無怠，時不再來，天予不取，反為之災。贏縮轉化，後將悔之。天

節固然，唯謀不還。此豈嘗試而謾言，驟為而屢改也哉。陛下天縱神聖，銳意圖治，日往月來，今既十年，焦勞益甚，而大欲未得，夫去速者辰也，易失者時也。臣願陛下以農功為準，以越語為念，立一定之規，要必致之期。若曰：一年撫民，則自春以及冬，視撫民之效如何；二年富國，則自春以及冬，視富國之效如何；三年彊兵，則自春以及冬，視彊兵之效如何。推是以往，凡復古之圖，致治之方，皆可以次第求。以歲月俟，而陛下十年之勤勞亦為無負矣。孟子曰：諸侯有行文王之政者，七年之內必為政於天下。況陛下居天子之位乎。區區句踐固不足道也。惟明主留神財幸。

乾道中，秘書省正字林光朝上疏曰：臣聞六籍之言，可通於萬世，百王之事，如出於一轍。今載之六籍，散之傳記，是皆百王之迹，故號為儒生者，竊窺其大略而可以獻之旒扆之前也。陛下以天縱之聖而

有此日新之德羣臣望下風者常若不及况田野空乏之人未嘗歷他事而欲守區區紙上之語是宜陛下之所厭聽也然臣之所知者不過紙上語耳臣所謂百王之事如出一轍者蓋謂唐虞三代之事何其緩而不迫也舜不窮其民譬之善馭者不窮其馬馬之力常若有餘即馳騁先後唯吾意之所出耳舜嘗以命禹曰汝惟不矜天下莫與汝爭能汝惟不伐天下莫與汝爭功禹之治水至於十有三年之久夫排淮決泗此豈一手一足之所能哉湯以七十里而有天下其德為甚大而其檢身也常若不及文王之化行乎江漢之域而且謂其望道而未之見也數聖人之行事雖若不同而其所為同者一歸於寬通簡易之道耳國家維持天下之具跨漢越唐其視百王乃如一日肆陛下臨御以來求治為甚切景德嘉祐二百年忠厚之俗此不待更張而天下自定也然而凡欲進說者往往引漢宣帝以為

喻宣帝謂漢家自有制度本以霸王之道雜用之此宣帝之所由失也唐虞三代之天下是合天下之耳以為聽合天下之目以為視合天下之耳目以為視聽而直道行焉宣帝以吾之耳目可以盡天下之視聽鑒別為太精隄防為太甚號令為太煩刑辟為太峻臣雖愚譾實不欲舉此數端於聖明之代也臣願陛下開張道德之化崇尚寬簡之風使天下之人一歸於景德嘉祐忠厚之俗遠近流聞知上所好則百王之轍迹為不遠也

光朝又上疏曰臣聞天下有雜然功利之說有仁義根株不可易之論所謂功利之說僅可以集事而不暇為他計也孟子生於戰國縱橫離合之際不肯為一毫功利之說而其所道者是皆生民日用之事此所謂仁義根株不可易者也唐之劉晏號為善治財賦者晏之長技世所未易曉江淮百物如淵藪之積唐人每藉此以支西北今以江淮所自出且無轉輸飛輓之勞然嘗患其不給何耶晏之治財賦在當時無異說及其最後晏之故吏有憤切數語然後知晏之本意蓋得夫孟子仁義根株之說開元中天下戶口以千萬計至德以來十耗其九及晏充使天下戶纔二百萬於是罷無名之斂而又不加調起廣德二年盡建中元年增天下戶三百餘萬晏之本意以為戶口日蕃則人力所成就者衆田萊日闢絍織日多而貨財日廣也晏之治財賦其原出於此是以斂不及民而用度自足非世之所謂功利偶然之說也功利之說施之於戰國孟子猶以為不可况今天下兼愛南北而江淮帖然其他方隅曾無吏遮之戍此仁義根株之說不可不早定也臣願陛下通計天下戶口取其豐耗多寡之數為州縣殿最可乎內而版曹外而部使者必有能推明晏之本意者此孟子之所謂王道而晏嘗用之矣非臣之空言也

淳熙間劉光祖對策曰臣聞帝王之治守約而不求詳任道而不役智廣覽兼聽而未嘗自用夫自用則多失兼聽則多得役智愈精則違道愈遠而求詳太過則天下之事日繁故曰端其本萬事理此古今治道之要務也臣竊惟皇帝陛下即大位以來將八年于茲宵衣旰食求所以補弊興滯者無所不用其至矣而行之愈勤邈然望治效而未之見今者策臣等於廷意欲聞切直篤實之言以藥當世之病雖臣昧陋豈敢誦聖德而忘苦言以負陛下明詔哉且陛下之所謂十數條者臣已詳聞之矣上之論古帝王因時為治之不同次之論當今弊政之不一而所施之先務將求所以美教化省刑罰清官曹察循吏厚士風變民俗廣儲以足食蠲賦以裕人勸農桑以闢田疇任使者以求民瘼至於旁搜遺逸除寀武勇屯田積穀擇帥安邊之事凡若此類雖然靡所不思陛下之用心可謂勤且勞矣陛下之

為政可謂精且核矣然而七八年之間勤勞而不倦總核而不置者凡皆為此而是十數者之中未有一二効焉何哉則以陛下未得其本故也且陛下睿察太精宸斷太嚴求治太速喜功太甚夫是以勤勞而無益總核而無補臣非敢空言也臣意陛下之諸臣發言盈庭目前之計易合而久遠之計難効習貴之論似切寬大之言似迂機智之謀似辯老成之謀似拙如是則聖聰之所向在彼而不在此矣凡臣之所欲言者與陛下之所欲行者異陛下得無謂臣言為書生不急之常談而忽棄之虛心以察焉則臣之狂言不為虛語也臣竊見比年以來天變見於上民心搖於下饑饉連年盜賊頻時而起風俗薄惡紀綱陵夷夫此豈細事也陛下試反覆思之今將革弊而弊愈甚將治法而法益失者其咎安在而左右之臣方且為兵刑財利之說奮發果敢之論以此迎合主意曰如此而可以大有為於時此

豈不大失也哉故臣願陛下操其本治其要用人而不自用然後向之所問卜數條者可得而舉也臣不勝區區謹昧死上愚對臣伏讀聖策曰蓋聞虞舜無為而天下治周文王則日昃不遑暇食漢文寬厚長者務以德化民而宣帝則嚴總核之政以法繩下此四君者為道不同同歸于治然則勞逸寬猛之宜亦各因其世耶朕以菲薄獲承丕緒循堯之道兢業萬機罔敢逸豫亦惟治古帝王是訓是式八年於此矣而德有所未至信有所未孚關政尚多虛文尚勝者臣有以見陛下思古之治酌今之宜蓋將師文王之憂勤法宣帝之總核以此舉當今之闕政而掃末世之虛文也臣知之矣而竊有說焉臣嘗謂舜文王勞逸之迹雖殊至其以道自任以事任人者蓋同轍而趨也漢文宣致治之迹雖近至其寬猛之分使德勝而漢澤厚法勝而漢澤衰者是未可同日而語也臣請為陛下陳之臣嘗讀書考虞舜之所以無為而治者蓋當是時遵堯之道未嘗以一毫私智加其間凡天下之事悉舉而任之九官曰禹汝平水土曰后稷汝播百穀曰契汝敷五教在寬曰夔汝典樂教胄子曰皋陶汝明刑以至垂之工益之虞龍之出納皆信之篤任之專三載而考績三考而黜陟其人舜之所以無為而治者蓋得任人之道故也至於文王豈不然哉文王之所以憂勤日且昃而猶不暇食者方是時紂之虐政迫民於水火之中文王視民如傷望道而未之見夫是以謹身修政而至於憂勤焉然而文王之政則有在矣勤於大不勤於細以道為本以事為末也文王之時所謂予曰有疏附予曰有先後予曰有奔走予曰有禦侮者蓋文王惟知擇人而任之而已不與焉蓋周公教成王曰文王罔攸兼於庶言庶獄庶謹惟有司之牧夫是訓用違庶獄庶謹文王罔敢知于茲夫一國之事亦非輕矣而文王既委之人則不敢

兼且知焉誠以為任之不專則責治之無所也是舜文王一道也今陛下獨知師文王之憂勤而不能任人以為治臣之所以妄意陛下不能任人以為治者臣以為天子之職莫大於任相今陛下置相而獨取夫奉職守法順旨而易制者充焉凡今宰相之事不過奉行文書條理而已矣一政事無不從中治也一聽斷無不從己出也陛下好自用而使宰相循循而入唯唯而退臣不知陛下亦安賴是為哉且君猶元首臣猶股肱也陛下棄股肱而運動廢耳目而視聽臣恐宰相權輕則近習得以乘間而議政此大不可也東漢之事可鑒矣光武懲王氏竊國之禍矯枉過正雖延鄧耿賈之賢而猶不大任之以吏事責三公不十餘年之間而易置者凡十數折辱如奴隸來去如傳舍子孫承之終東漢之世卒以宰相之權輕而其天下搏弄於后戚宦寺之手可哀也已今日之事陛下當用老成忠直識慮過人

者禮而任之勿間勿疑而使得專意於當今之大計則舜文之治陛下得之矣自古及今未有不任宰相而能為治陛下之所宜察也若夫漢文以德化人漢宣以法繩下是二君者臣不敢以宣帝望陛下也臣讀史觀文帝之治溫然有三代之風勸力田而務農者衆除肉刑而犯法者寡惇孝弟而尺布斗粟之謠可以見民德之歸厚省力役而紅腐貫朽之積可以知治効之必至聽張釋之不用嗇夫之辯口而秦亟疾苛察之風為之衰息與匈奴俱棄細故偕之大道而瘡痍之民得以休養凡此之務皆孟子言於戰國不見信用者而文帝乃能行之文帝之治純於德故能基四百年之業則其所以結民者至矣若夫宣帝之中興其一時之政非不美也然而其役智也察其用法也深信賞必罰之間中和之意亡矣蓋寛饒以忠直見殺而王成以欺僞見褒當是時有識之士察微而知著者咸謂德不足而法有餘漢之業未有不暫興而亟衰者也王吉路溫舒皆長者之言而謂為迂闊不見聽用自今觀之衰漢之業者豈不自神爵五鳳之間詠名責實之過哉陛下徒察其勵精總核之迹以為算計見効優於孝文此羣臣之說誤陛下也臣竊觀今日之治謂之責實而失實莫大焉凡天子欲有為則羣臣以有為之說進陛下喜辯給故朴忠者退而機巧者自飾於其間陛下好才智故沉厚有謀者或不見察而輕矯自售者得逞於其內陛下重武夫而儒者為迂闊之具陛下思法吏而忠厚之人蒙不職之罰凡此皆宣帝之失也而陛下又無魏相丙吉之徒為之佐臣恐有其失無其治也臣非不知陛下之意蓋將舉弊政而更新之然臣竊惟當今事勢雖有緩病而不可繩之以急政雖若無法而不可一之於用法以急政救緩病以用法救無法臣恐今日之治行之不得其中則衰亂繼之故天下大器也器久不

用則盡空其中然而舉敗器而急持之則破壞分裂不可復為全器矣病之深者非一夕可攻而復今者百藥皆試矣然其不為功而以毒攻之使異時良醫措手之無所此甚可思而動也故臣願陛下廓然立乎廣大之域坦然行乎仁義之途勿邀近功勿喜小利急當今之所緩緩當今之所急則宣帝之治陛下當自過之奈何欲効雜霸之主乎臣之所論勞逸寛猛之說如此陛下勿徒謂各因其時而已也陛下自以為德有所未至信有所未孚此誠未至且未孚也陛下承大統以來求古帝王之治而訓式之然師文王之憂勤而不師其任人喜宣帝之總核而不察其雜霸則德何以至信何以孚歟數年之間行之不為不久而闕政尚多虛文尚勝則是陛下之已行者未得其道盍亦反其本而已矣此大事也故臣反覆詳言之如此臣伏讀聖策曰敦朴以示化而踰侈者尚繁欽恤以祥刑而抵法者尚衆臣有以見陛下欲美教化省刑罰之意甚切也臣聞民無有不可化而患化之之道未至刑無有不可措而患措之之心未切漢之文帝閔秦俗之奢麗無法也躬為儉約以先之衣弋綈之衣惜露臺之費帝王舉動敦朴如此而當時之民猶且富人大賈而帝服倡優下賤而后飾者往往有之文帝不以罪民也而愈自默降期於必化卒之華秦之俗為漢之俗者文帝敦朴之切也今陛下儉約之德雖遠方夷狄皆知之然而後宮妃嬪以華靡相尚者有矣豈能皆衣不曳地如漢夫人乎執政侍臣以聲色自奉者有矣豈能皆清儉自守如唐楊綰乎刑之於家然後可以化之於國意之於近然後可以効之於遠然則敦朴之化臣願陛下力行之而已矣唐之太宗見隋亂之初定也用魏徵之言勉行仁義貞觀之末歲斷死罪二十九人幾至刑措太宗勉強以行仁義猶足以收刑措之効向使信封倫之說一切

以鬼蜮待其民。法令密於蝟毛。誅罰甚於湯火。則刑者相望。犯者相繼。雖有百皋陶。無益於愚民之陷溺而抵死也。今陛下欽恤之詔雖曰屢下。而誠心不加焉。俗吏不知愛護赤子。而以斬罰煅煉為治。用法酷急。循文刻深。賂賄公行而無辜蒙戮。至於窮極根株。網羅竄誤者尚多有之。而陛下又躬行督責之政。獎用武健之吏。以此示之。臣謂刑人之衆。無怪也。然則欽恤之意。臣願陛下允蹈之而已矣。臣伏讀聖策曰。嚴入仕之途。而銓曹猶未清。察長民之官。而循吏猶未著。臣有以見陛下欲清冗官。用循吏之意甚至也。臣聞古之立法者。禁其一必開其一。古之責吏者。責其實必畧其文。唐陸贄勸德宗愛惜名器。雖虛爵不以妄予。可謂嚴矣。至其論考課之法。則曰。聚才取吏有三術焉。一曰拔擢以旌其異能。二曰黜罷以糾其失職。三曰序進以謹其守常。如此。則高課者驟升。無庸者亟退。其餘績非出類。守不

奏議卷之四九　十八

敗官則循以常資。約以定限。贄於法度之外。所建如此。則清吏道之源也。今日嚴銓試之法。重任子之舉。申實歷之禁。革岳祠之俸。行之以漸。議者自息。然臣獨於限員改秩之事。必謂不可。此賢愚同滯之弊也。當今行陸贄之三術。然後功過白而黜陟明。吏道之不清。非所患矣。故臣曰。禁其一必開其一者此也。漢龔遂為渤海太守。請於帝曰。勿拘臣以微文。臣請得以便宜治。故遂之政。非俗吏之所能為。今也令顧守。守顧監司。上下相承。虛文自營。期於免過。蓋目之外有不見。足之外有不履也。簿書期會之間。一不報。則大吏譴至。尚何暇為古循吏之事乎。陛下惠恤元元。精擇守令。不可謂不加意也。臣謂宜於召對之時。察其人忠實可用。則許之以凡愛利之政得自為之。如此。則循吏之効當不愧於兩漢矣。故臣曰。責其實必畧其文者此也。臣伏讀聖策。嘆士風之未厚。悼民俗之未淳。臣獨至此而有激焉。曰。

此陛下事也。士風之所以未厚者。是陛下輕之故也。民俗之所以未淳者。是陛下忽之故也。夫以士風之未厚。為陛下輕之者。臣聞魯甘齊餌。而孔子行。秦任惠文。而四皓隱。漢殺三良。而二疎去。何則。此三君者。意不在士也。然孔子行而魯弱。四皓隱而秦亡。二疎去而漢亦衰矣。蓋士重則國重。士輕則國輕。自古人君輕士。則士散而之田畝。遁而伏山林。非其時也。深藏而不仕。至於浮薄輕僞之徒。貪冒嗜利而無恥者。然後陷爵祿而不知出。觸刑辟而不知悔。此士風之所以喪。上之所以待士者益薄。士之所以自待者益不重而輕。臣不意乃於今而見此也。近時士人知有爵祿。不知有禮義。豈惟陛下賤之。雖臣亦賤之也。然陛下過矣。臣聞之。陛下嘗謂取人不必由此。至以科舉為可廢。學官為可罷。臣不覺中夜嘆息自憤。近世士風之不古。至令人主有厭薄吾徒之意。則吾徒之罪也。然驚馬之不進。而因欲廢

奏議卷之四九　十九

車。秕粟之不良。而因欲廢食。雖陛下亦知無是理矣。胎卵之不殺。則麟鳳來集。魚鱉之各遂。則龜龍來游。陛下勿謂書生為無用贅疣之物。汲汲然求所以長育成就洗濯磨淬之。嚴學官之選。重科舉之意。則士無賢不肖。皆知感激奮迅。求所以報上。而真材實能出矣。夫以民俗之未淳。為陛下忽之者。臣聞湯武興而民好善。幽厲興而民好暴。故太公好仁。邠國貴恕。上之所示。下之所趨也。書曰。敝化奢麗。萬世同流。商民之化如此。而周之君臣必欲使之有士君子之行。如周民焉。然則風俗教化。古帝王之先務也。今也士大夫不知有節義廉恥。小民不知有孝慈悌順。見利則趨。見便則奪矣。刺繡文不如倚市門。伏農畝不如持兵杖。習之久。則居之也安。風俗如此。可不大哀而救之耶。陛下朝夕與大臣圖議者。皆目前之事之為急。所謂民俗者。古之君子於此察焉。以觀興亡。以考得失。而今也恬不加省。如今之

俗蕩而不反則臣將見鄙暴勝而賊民興天下一日有急不知所恃矣陛下宜先勵士大夫之節舉清遠之人黜貪鄙之士然後小民可得而濟矣臣伏讀聖策至有所謂廣儲蓄而食未豐蠲租賦而人未裕臣以為儲蓄雖廣而非誠廣租賦雖蠲而非誠蠲何也臣聞古者無九年之蓄曰不足無六年之蓄曰急無三年之蓄曰國非其國矣方是時公私共之周官大司徒之職掌鄉里之委積以待凶荒掌縣鄙之委積以卹艱阨後世王制既衰雜以權術故魏用平糴之法漢置常平之倉社倉起於隋義倉興於唐其實皆一也所以制低昂而權斂散以利民也而今也雖有常平義倉之名而無其實儲蓄之數虛挂簿書移用者十三侵盜者十五故旱荒歲饑則餓殍之民填委溝壑故臣謂儲蓄雖廣而非誠廣此在陛下申戒有司專以惠民為急勿徒曰應法而已則善矣古者取民有制故民力常寬漢之時蓋兵戈之餘故時有所賚予賜民田租半賜三老孝悌力田帛人若干匹歲時有餔鰥寡有養此猶有近古之風也而當是時實惠及民民拜漢之德不忘近者陛下加意黎元去遠方虛額之數放四道夏租之半陛下於急迫之時而行寬大之政此人主之用心也然而陛下雖有蠲利之名而講利之臣未去雖有惠民之意而擾民之吏猶在臣恐實利未必及民如漢文景之時也故臣謂租賦雖蠲而非誠蠲此在陛下逐去聚斂之臣示天下以愛民之意則常賦之外不至他斂民將有息肩之所矣臣伏讀聖策曰有勸農之官而田不加闢任觀風之使而民或告冤此又陛下重民本求民瘼之言也臣觀方今虛名之事非一而守令之勸農為甚曠職之吏非一而監司之廉察為最自古勸課農桑積以歲月使斯民菽粟如水火者三代而下未有若漢文帝之時也當是時力田有官一歲而詔數下誠意如此不為

虛文也今日守令以勸農為職而大抵皆困於錢穀獄訟之間田萊荒而吏不知游手末作之人多而官不禁方春農時太守率吏民飲近郊應故事事已則退非真能下問父老勸勉子弟察視原野憂勤水旱夙夜究心於其間切於其身也臣謂今宜嚴守令勸農之課視其殿最而黜陟之亦在陛下加之意而已矣自古遣使郡國以助耳目然適足以病民而無益者漢武帝末年是也當是時繡衣直指之出以督捕盜賊為名恣為威暴郡邑苦之今朝廷遣觀風之使其意將以求民疾苦而除去之也吏有害於民得以按奏而今之監司大抵率無數人稱職私意勝則察舉有所不公寬猛失當則民情有所不適今天下凡幾道監司不過十數人此宜使宰相精擇其能不以輕授陛辭之日陛下又丁寧而訓勅之陛下視天下如一身手足疾痛則腹心不期而自救如此為治雖幽遐之民皆獲所欲如在輦轂之下矣臣伏讀聖策曰側席幽人而賢才尚遺伏轍勇士而猛將猶闕臣於此竊有疑焉而不敢不為陛下陳之也臣觀自三代之衰世之君子安其富貴而不復思天下有遺佚不舉之民漢唐以來則皆徇其名而實未嘗行其道間者陛下詔郡國舉山林之遺才時亦有應詔而出者陛下輙官之臣不知陛下舉其人將行其道耶抑不知陛下姑采其虛譽而姑與之虛名而已耶臣之來聞之道路謂陛下外優儒生而心實輕之如此則陛下之所謂側席幽人者臣未敢以為誠然也孔子曰先進於禮樂野人也今陛下春秋鼎盛方銳意求治之時羣臣之間豈乏所謂野人者以正言直道立乎其中不忌不疑是非毀譽不能摇利害重輕不能奪如此則凡為陛下立大事斷大議者必此人也今陛下左右講讀之臣率皆以阿世取媚者為之養成陛下至使陛下例以為儒生之說好守古以非今好言人主之

過以自是其學空虛無用迂闊難從夫是以意常輕之此何幽人之可致乎陛下必先信其道尊禮其人然後如臣所謂能為陛下立大事斷大議者出焉非若世之所謂白首窮經槁死無用之人而足也臣又觀今之將帥不若昔之將帥今之士卒行伍不若昔之士卒行伍此陛下之所憂也然而陛下伏軾臨觀之際將自察之臣竊以為未也本朝得狄青於行伍之間豈獨取其武力而已哉陛下憤大辱之未雪慨然有清中原之心而目中諸將不足為用平時寇盜竊發且不能禦而況此大功歟陛下何不忍之歲月待其可為然後動而臣竊聞之陛下親擐甲冑躬試毬馬雖有諫者每拒而不納臣知陛下之意非溺乎此也蓋將以有為也然就使一旦有警陛下豈將親統六師以督戰乎夫人主自將危道也陛下盍不念太上皇帝險阻艱難之備嘗也哉臣恐介冑毬馬之事不足以示武於敵人適足以貽笑於黠虜陛下無謂伏軾既久猛將未出而輕為此舉也陛下有知人之悊將為陛下舉得其人未有不能為用者也若夫屯田積穀或謂兵不如農擇帥安邊或謂文不如武此議者過也使屯田積穀能如趙充國之於西邊諸葛孔明之於渭上曹操之於許羊祜杜預之於荆襄兩淮之間則何有乎兵不如農使擇帥安邊能如韓琦之於河北范仲淹之於陝西威德並行夷虜震懼則何有乎文不如武臣之所慮者獨在屯田無一定之策而輕試迎合之言擇帥非可用之人而徒取輕言之士如此恐誤陛下事也陛下之所問十四條者臣悉已陳於前矣而終策之曰救弊之術時措之宜子大夫之所講聞也其悉心以對毋枉執事朕將親覽焉夫救弊之術時措之宜前所陳蓋具之矣而臣之拳拳思所以悉心而對者不過願陛下操本而治清心而應勿急近切以害大事如斯而已矣蓋必陛下首出庶物

有輕待人臣之心才無衆人有獨馭天下之意先事而察未當而慾欲為之志囂然而不寧於是有求詳之過有役智之病有自用之失故勤勞總核之効未見於十四事者之中況使陛下居聦以用明處靜以制動分職而任之人擇人而付之職有功則加賞有罪則加罰其道豈不甚約而易行也哉以陛下英明之主而七八年之間未有所立者是陛下即位之初小人以邪學導誘陛下勸陛下攬威權以自用此其所以為失也夫古之立威權者誠亦有說方時之弊或在於女后與政或在於強臣專國或在於宦寺竊權或在於藩鎮方命使太阿之柄倒授堂陛之勢逆寘蓋名分僭差國威潛削之後於是乎人君乃總權以立天下之大分漢唐中興之君是也方時之病上下姑息風俗苟且解縱繩墨人自為意狃恩而不知義稍踈其恩則生怨縱欲而不知法稍節其欲則思叛蓋紀綱陵壞風采消委之餘於是乎人君乃立威以變易天下之耳目我藝祖皇帝之創業是也然威權用於一時而德澤垂於萬世蓋古之帝王唯恐一失人心則雖有威權無所用之今陛下獨懲近世委靡頹墮之弊思有以振作之而小人遂勸陛下以獨斷自用此豈為治之祥也哉臣願陛下擇忠朴正直之人而委任之察左右近習之姦而逐去之虛心以接物和顏以聽諫布德澤以結民心優儒禮以長人才謹邊備勿輕用兵省國費勿多取財毋以小謀敗大作毋以嬖人疾莊士如此豈惟可以小康乃大有為之基也臣之所謂本者此也詩云迨天之未陰雨徹彼桑土綢繆牖户今牖户虛矣幸陛下留意臣愚不識忌諱言涉狂惷惟陛下幸赦臣謹對

歷代名臣奏議卷之四十九

歷代名臣奏議卷之五十

治道

宋孝宗時知南劍州羅願上奏曰臣聞自昔大有為之君必先務富其民民有蓄積是乃國之所以為安富尊強也陛下仁聖天縱憂勞萬民臨御之久未嘗一日不博謀群臣講求治道監司郡守除拜必引見以觀其能雨暘豐歉動關宸慮形於詔旨視四方有賦役偏重若民所疾苦不以久近必下不世之詔此誠天地父母之用心也然遠方之民蓄積猶未實者意者吏不稱也臣請略陳民所以貧富者數端惟陛下赦其愚少留聽覽臣竊見比年官兵既冗而歸正養老之人發下州郡者又多州郡係省錢大率不足以自供上司每創有行下事件不言於何取費間有申審猶只言於係省錢內支而獻言者又不深惟州郡之缺各出所見務以稱明時立武之意添招增繕其說不一亦有初不詳審旋知無益而公私勞費已廣臣願省部監司與州郡為一體通其有無愛惜民力凡獻言欲於一路一州有所興造者下有司斟量緩急不輕舉事此富民之一端也今之為吏者相勉以辦財賦謂民事為不甚急民知吏之獻事則武斷者得以并兼於下其外方縣道去朝廷遠處遇有民訟又往往因而科罰如爭田則以沃瘠認錢爭婚則以妍醜定價甚者得理之人亦使納錢而去歸為賀喜錢如此遠民安得有餘臣願戒部使者長吏加意民訟而嚴戢科罰此亦富民之一端也今大郡迎一帥守飾官舍戒舟乘庤器用及吏卒借請費或萬緡送還亦如之帥有遷改又當別行營辦以一郡而失萬緡幾如是財不困至於嗜進之吏耗公帑以事交結又不在數中臣願精選其人使得滿任而無數易此亦富民之一端也籍沒之法古用以懲大姦慝後世益輕用之吏或專仰此為術曰

夜察民有財產者傅致以罪而沒入之以供無藝之費世亦因指以為能吏夫陷罪盡室流散甚不稱天子惠庶民之意臣願且懲其尤者強盜竊藏及受財故出入死罪之吏與盜官物罪至死者實為巨蠹自餘可且計贓責償毋一槩籍沒此亦富民之一端也田畝所輸歲有定數則民易知今外郡或將布帛丈尺綿麥多寡使吏胥得逐歲改更號為科撥大率歲有增而無損至於受納米斛或選任峻刻之吏又以薦牘及錢物誘其多取皆不應法臣願察州郡有將稅數逐歲更改者酌數歲之中立為定數務要便民益申嚴加耗之禁此亦富民之一端也臣愚不習為吏惟陛下洞見民隱益選愛國恤民不欺之吏使以類求之務廣上恩陛下方將躋堯舜之隆名享天人之祐助亦何為而不成何欲而不得哉

願又上奏曰臣伏覩近降指揮申嚴舊制守臣到任半年以上具民間利病五件聞奏臣一介庸陋蒙恩易守謹條具五事如後

一臣所領鄂州地勢要重實荊襄之肘腋吳楚之腰膂淮南江西為其腹背四通五達古來用武之地而本州城壁因循未立職在守土深以為憂夫鄂州比之沿邊州軍雖稍近裏有大江之蔽然自州向東數十里江之下流有地名陽羅洑者去光州纔三百九十里皆平坦之地輕騎可一二日而至臣以為此非內郡也而舊城徒有堆阜蹊隧交於其上說者但見禁旅所屯便謂直當以兵為險不知禁旅之屯不專為此昨來邊境有事鄂州御前諸軍例皆起發唯留水軍數千人其後復抽差以往當此之時但使湖南江西或有遁寇可為寒心臣聞古之守禦者不間內外惟其戶口兵財所在乃當保聚若有城而無民有民而無財有財而無兵徒捐功費何補於事今鄂州在城內外坐

蕃繁盛。六道財計之所總。七華營屯之所聚。誠得而城之。不唯保此戶口兵財。四面亦可恃以為固。然勞人費財。論事者之所憚。臣之愚以為向來每難於興役者。緣多先為期限。與功倉卒。官吏進則希賞。退則懼罪。故功不堅緻。虛費民力。若稍賜其費。歲藥若干。要以數年可以集事。異時禁旅或有進發。前有專意之功。退無反顧之慮。人心齊。功力自倍。臣聞諸侯設險以蕃王室。魯憂旱備。先在修城。臣非好勞而惡逸。顧親見利害非他郡比。受恩深厚。冒而言之。惟明主裁擇。

一。臣聞導民之務。莫如重穀。在朝廷表而出之。則人情益勸。竊見民間昨因缺食。以田產從人貿易。頗得穀米以濟饑歉。後來歲事既復。多訴稱元典賣非見錢。有司拘文。往往便用准折之律。奪田還之。臣以為在法有利債負准折價錢者。謂累積虛利折

彼良田。故為立禁。若有實錢相貼。猶應准數還之。其穀米雖非見錢。然當歲之艱。或持錢不得穀。錢穀相權。未知孰重。稍值豐歲。一槩奪還。臣恐從今以往。曾不復贖人矣。願下有司酌立中制。其因歉歲以產業貿易口食者。得比見錢書其直于契約。而有司察其估之過甚者。雖非經常之制。庶幾緩急有無相通。濟人窘闕。

一。臣竊惟鄂州當走集之地。兵民錯居。商旅輻湊。以臣愚見。惟在鎮撫安靖。而時發摘其尤無良者。天威所臨。境內安帖。惟是諸州配隸強盜宄惡貸命之人來者猥多。所宜留意契勘。本州牢城指揮舊以四百人為額。臣到官之初。已有六百餘人。見今諸州配來源源不已。又舊來雖有逃死。上下相蒙。更不開落。四方逋逃。隨頂名字。以此致得其來。滋長姦偽。臣今逐時開落。少損外來頂名之弊。惟是并邑浩穰。既多有歸正。又時發下過淮盜馬之人。前來拘管。皆州郡所宜幾察。臣欲乞下有司。今且戒敕諸郡住配前來。候將來開落及元額四百人之數。從本州申明。漸次配隸前來。此亦稍省姦宄。綏靜邊鄙之一端也。

一。臣竊以重湖之外。舊多曠土。非謂來者不願開耕。只緣舊請佃人包占過多。既不能徧耕。遇有剗請。輒稱已耕熟田。不容請佃。檢視定奪。紛然不已。又當官者各據所見。或欲招徠新民。或欲存恤舊戶。自非稍見地段。難得整齊。臣欲令民間因時之隙。各於自己田土。摽立界至。歲晚遣官檢視。連歲不耕。即許剗請。又所納官物。皆仰於鈔書上明聲說係納所佃某處稅物。以相幾檢。又在法有酬價交佃之文。其或因事到官者。有司覺所占猥多。斟量價數。減與來者。磨以歲月。不擾而定。庶使斯民共盡地

利。

一。臣竊以古稱良賤。灼然不同。良者即是良民。賤者率皆罪隸。今世所云奴婢。一槩本出良家。或迫飢寒。或遭誘略。因此終身為賤。誠可矜憐。臣昨在被旨權贛州日。捕治土人往廣南盜牛者。其間往往併掠其小兒以來。臣今假守鄂州。又見民間所須僮奴。多藉江西販到。其小者或纔十歲。左右既離地頭。無復幾察。官吏不省。或乃計口收其稅錢。歲時竊來。亹亹不已。臣嘗窮正其罪。選謹信人。給與路費。牒元來州縣送還其家。竊慮諸處似此者多。謂宜使民間有遭誘略者。皆因都保自言於官。官為籍記。立賞追捕。可使還為平民。復見父母。在法雇人為婢。限止十年。其限內轉雇者。年限價錢各應通計。目今逈相循習。皆隱落元雇之由。徑作牙家自賣。別起年限。多取價錢。曠闕年深。豈無

愁歎。謂宜自今轉雇者皆明書來歷于約。庶年限價錢可以通計。有不如令牙人及買主坐之。價錢沒官。受雇者逐便。庶使脫賤還良。稍有期日。及時婚嫁。不失人道。於以廣上恩致和氣亦聖世所不宜忽也。

觀文殿大學士兼侍讀史浩上奏曰。臣恭惟皇帝陛下。仁義之治幾於二帝。孝儉之德冠於百王。而臨蒞天下垂二十載。恢復之圖尚未如欲。臣身為老臣。豈不同此一念。竊伏思之。周宣中興復古之詩。謂內修政事。外攘夷狄。說者分為二事。臣獨謂修政事所以攘夷狄。使吾政事修明。夷狄望風知畏。六月之師。所以能成功也。此意漢宣帝得之。累見單于慕義。稽首稱藩。臣願陛下精思熟慮。於政事益加修焉。則夷狄懷德畏威。罔不率俾。周宣之克復境土。漢宣之功光祖宗不難至矣。臣今去國歸田。追念輔佐之日淺。政事中有欲為未盡八

事。敢為陛下言之。伏望聖慈察臣愛君之心。特賜采擇而力行之。臣苟未先朝露。尚得見陛下光明烜赫。以成恢復之功。高壓周漢二君矣。不勝天下幸甚。

陸九淵上奏曰。臣讀典謨大訓。見其君臣之間。都俞吁咈。相與論辯各極其意。了無忌諱嫌疑。於是知事君之義。當無所不用其情。唐太宗即位之初。魏徵為尚書右丞。或毀徵以阿黨親戚者。太宗使溫彥博按訊非是。彥博言徵為人臣不能著形迹遠嫌疑。心雖無私。亦有可責。太宗使溫彥博責徵。且曰。自今宜存形迹。徵入見曰。臣聞君臣同德。是謂一體。宜相與盡誠。若上下但存形迹。則邦之興喪未可知也。太宗瞿然曰。吾已悔之。數年之後。蠻夷君長帶刀宿衛。外戶不閉。商旅野宿。非偶然也。唐太宗固未足為陛下道。然其君臣之間。一能如此。即著成效。陛下天錫智勇。隆寬盡下。遠追堯舜。誠不為難。而臨御二十餘年。未有太宗數年之效。版圖未歸。讎恥未復。生聚教訓之實。可為寒心。執事者方雍雍于于。以文書期會之隙。與造請乞憐之人。俯仰酬酢而不倦。道雨暘時若。有詠頌太平之意。臣竊惑之。臣誠恐因循玩習之久。薰蒸浸漬之深。雖陛下之剛健。亦不能不消蝕也。鸞鳳之所以能高飛者在六翮。臣願陛下毋以今日所進為如是足矣。而博求天下之俊傑。相與舉論道經邦之職。將見無愧於唐虞之朝。而唐之太宗誠不足為陛下道矣。

九淵又上奏曰。臣少讀漢武帝策賢良詔。至所謂任大而守重。嘗竊歎曰。漢武亦安知所謂任大而守重者。自秦而降。言治者稱漢唐。漢唐之治雖其賢君亦不過因陋就簡。無卓然志於道者。因陋就簡。何大何重之有。今陛下獨卓然有志於道。真所謂任大而守重。道在天下固不可磨滅。然人能弘道。非道弘人。今陛下羽翼未成。則臣恐陛

下此志亦不能以自遂。陛下此志不遂。則宜其治功之不立。日月逾邁。而駸駸然反出漢唐賢君之下也。神龍棄滄海。釋風雲。而與鯢鰍校技於尺澤。理必不如。臣願陛下益致尊德樂道之誠。以遂初志。則豈惟今天下之幸。千古有光矣。

九淵又上奏曰。臣嘗謂天下之事有可立至者。有當馴致者。旨趣之差。議論之失。是惟不悟。悟則可以立改。故定趨向。立規模。不待悠久。此則所謂可立至者。至如救宿弊之風俗。正久隳之法度。雖大舜周公復生。亦不能一旦盡如其意。惟其趨嚮既定。規模既立。徐圖漸治。磨以歲月。乃可望其丕變。此則所謂當馴致者。日至之時。日氣即應。此立至之驗也。大冬不能一日而為大夏。此馴致之驗也。凡事不合天理。不當人心者。必害天下。效見之著。無愚知皆知其非。然或者明不燭理。量不容物。一旦不勝其忿。驟為變更。其禍敗往往甚於前日。

後人懲之。乃謂無可變更之理。真所謂懲羹吹虀。因噎廢食者也。自秦漢以來。治道厖雜。而甘心懷愧於前古者。病正坐此。歲在壬辰。臣省試對策首篇。大抵言古事是非。初不難論。但論於今日多類空言。事體遼絕。形勢隔塞。無可施行。末章有云。然則三代之政。其終不復矣乎。合抱之木。萌蘖之生長也。大夏之暑。大冬之推移也。三代之政。豈終不可復哉。顧當為之以漸。而不可驟耳。有包荒之量。有馮河之勇。有不遐遺之明。有朋亡之公。於復三代乎何有。臣乃今日請復為陛下誦之。

九淵又上奏曰。臣聞人主不親細事。故皋陶賡歌致叢脞之戒。周公作立政。稱文王罔攸兼于庶言庶獄庶事。唐德宗親擇吏宰畿邑。柳渾曰。陛下當擇臣輩以輔聖德。臣當選京兆尹以承大化。尹當求令長以親細事。代尹擇令。非陛下所宜。此言誠得皋陶周公之旨。今天

下米鹽靡密之務。往往皆上累宸聽。臣謂陛下雖得皋陶周公。亦何暇與之論道經邦哉。荀卿子曰。主好要。則百事詳。主好詳。則百事荒。臣觀今日之事。有宜責之令者。令則曰我不得自行其事。有宜責之守者。守亦曰我不得自行其事。推而上之。莫不皆然。文移回復。互相牽制。其說曰。所以防私。而行私者方藉是以藏姦伏慝。使人不可致詰。惟盡忠竭力之人。欲舉其職。則若於隔絕。而不得以遂志。以陛下之英明焦勞於上。而事實之在天下者。皆不能如陛下之志。則豈非好詳之過耶。此臣所謂旨趣之差。議論之失。而可以立變者也。臣謂必深懲此失。然後能遂求道之志。致知人之明。陛下雖垂拱無為。而百事詳矣。臣不勝拳拳。

衛涇對策曰。臣恭惟陛下聰明天縱。並隆五三。不自神聖。謙沖退託。親屈帝尊。延襃多士。訪以古今之治道。當世之急務。陛下豈以草茅之言為可用歟。然自陛下即位以來。六策多士。所以與之講論治道亦不一矣。亦嘗採其所言見之施行。而有補於治者乎。抑草茅之士華文少實。不當於理。而不足以措之事業乎。抑亦臨軒賜問。姑循祖宗之故實。而不要之於用也。夫科目之興。始自西漢。而賢良之策。亦有時而措之用者。載諸史冊。爛然可觀。況陛下捨己從人如大舜。不矜不伐如大禹。廣覽兼聽。以極羣下之幽隱。開心見誠。以來天下之讜言。將與海內共臻至治。夫豈崇尚虛文。不究實用。徒應故事而已哉。雖然。君聽存乎廣大。臣言貴於切近。以陛下好問之勤。願治之切。而徒泛為之辭以娛觀聽。非臣之所學也。臣聞成天下之治者。固憚於改作。華極弊之政者。尤患於因循。改作之患。至於擾擾作事。而因循之弊。將有委靡不振之憂。二者皆非所以為治。而因時制宜。則治道之所不廢也。昔漢武帝以雄材大略之資。即位之初。侈然不滿漢

家之意。嘉唐虞樂商周之言。屢形詔策。董仲舒待問廣廷。迺勸帝以更化善治。卒之武帝紛更制度。日不暇給。而一時之治。駸駸愈不如古。豈仲舒之言有以誤之耶。終日變易法令。而不出於簿書期會之問。正非仲舒所以拳拳於帝之意也。知仲舒之更化不在簿書期會之末。則知仲舒有救弊之名。無變道之實。誠古今不易之常理。從是而加之意焉。則以之振起治功。掃除積弊。躋一世於唐虞三代之隆。如聖策之所問。誠無難者。又豈在於變法易令。而以多事自累哉。詩曰。周雖舊邦。其命維新。陛下亦悟於斯而已矣。謹昧死上對。臣伏讀聖策曰。蓋聞道者。適治之路。傳萬世而無弊者也。仁義禮樂。皆其具也。紀綱法度。所以維持治具者也。堯舜之所以帝。禹湯文武之所以王者。用此道也。臣有以見陛下探治道之本原。而知帝王之為同條共貫也。臣聞。道無精粗。治有詳略。本末不可以偏廢。而闔闢變化之用。則

固有所主宰也是故本原之所自則不外乎一心之微而治具之在天下亦不可一日廢此堯舜之所以帝禹湯文武之所以王固不外乎此道者然精一執中之妙密相授受於心傳之際而皇極之編九疇之旨君臣上下所以孜孜講切者豈惟繁文末節之是務而庶績之熙九功之叙水土之平禮樂庶事之備固其形見之末效而斯道之本原固當求之於精微之運誠不外乎中之一辭而已不然堯舜禹湯文武之君不能捨仁義禮樂紀綱法度以治天下而繁文末節後世固欲持此以治天下不可勝窮之變則亦無具甚矣然則帝王之治固不難致亦惟探其本而不廢其末舉其全而不溺於偏求其所以致治之實用而不惟繁文末節之是徇則古今一天下也而豈有異道哉臣伏讀聖策曰朕膺光堯之命承祖宗之緒思所以闡文謨而揚武烈者二十有三年矣志勤道遠治不加進夙夜祗懼莫敢

遑寧故博延豪英訪以當世之務子大夫造廷待問必有蘊而欲陳者臣有以見陛下念付託之至重思宵旰之愈勤疑治道之愈遠虛己以問承學之臣將以講明濟時之術也顧臣微陋倚以塞明詔臣隱天下非治效不進之可憂而人情安於苟且因循之可畏以陛下勤政願治之誠邁越前古唐虞三代之治疑若盥手可致而二十三年于茲計算見效曾未之聞者是安可不求其故耶毋亦願治之心雖切濟時之術實疎士大夫安於苟且以為成習而天下萬事有不得其序耶臣竊觀陛下即位之始銳於為治念版圖之未復憤因虜之未殄慨然奮發將一拂而清之一旦起故老於廢棄之中擢將相於傳常之列畀之大任責以成功而徒肆大言習為誕謾玩歲愒日無補事功比比負責而去而陛下大有為之志亦自是少弛矣故夫前日之治傷於太急而今日之治又失之太緩惟其責效之速故誕

謾之徒得以肆其欺罔竊取陛下爵祿而去惟其習於縱緩故庸常瑣瑣之流得以偷安固位自為保持之計上下苟且莫肯任責而治效之不進風俗日以壞士氣日以弱民生日以困刑罰日以峻徒為九重之隱憂而不思所以救弊之術者循是而不之反則天下之患殆將有出於意慮之外而何治功之可成臣願陛下思所以濟治之術革人情於極弊之餘正紀綱明賞罰毋徒徇於虛名而必責之實用則今日苟且之俗將易而為趨事赴功之臣則天下之治有所不為為無不成惟陛下所志耳臣伏讀聖策曰且唐虞之盛固未易議至若夏之尚忠商之尚質周之尚文皆綿世歷年不能無弊豈道有升降歟政有損益而然歟抑為治之具有未至歟臣有以見陛下想唐虞至治之極致三代治尚之偏圖惟厥中以為救弊之術也臣聞三代之治本於一道道之所在初無毫釐之差而救偏補弊特其濟治

之術由於時變之推移而生於人情不可已者也唐虞之盛忠質文之名未立也而忠質文未始不為用忠之變而入於質質之變而入於文此其世變之使然有不容禦則周人之處此若其極弊不可為之世矣自常情觀之必將厭委曲而務闊疎棄文采而尚朴素以求還上古之無事也然周之君方且務為繁縟之典凡可以管攝人心而隄防風俗者纖悉備具是豈好為多事而繁文末節如後世之紛紛也哉彼其損益之相因無非因人情之所繫而維持設施之術固有出於法度紀綱之外此泰和之效所以並稱於唐虞而彌文縟典皆足以起當世之治使周之子孫世守而勿變則千萬世長在可也而何弊之可言陛下蓋亦即其所以救弊之術原其所以為人情之慮者略其異而反其同則唐虞三代之治亦在陛下運用而已矣奚必拘於形迹之末哉臣伏讀聖策曰今朕正心誠意體道之用將以

格物。而士風猶未一也。敦本抑末。崇尚禮教。將以範民。而俗化猶未醇也。夫士風之不美。以其無所化也。今陛下以正心誠意之學。將以致格物平天下之效。而士風之未一。得毋以承末流之弊。而源或未之正乎。夫俗化之不善。以其不知教也。今陛下敦本業而抑末作。崇禮教而設防範。而俗化之未醇。得毋以流俗之漸漬者深。而制度之不嚴乎。臣聞古之士也。上下相待以成其美。後之士也。上下相勝以敗其事。夫仁義道德之本。孝悌忠信之實。古人之所以修於鄉黨處於庠序。以為吾之所當為。初無所覬於上。而官爵祿位之設。車馬衣服之奉。古人所以用於朝廷之上者。亦以為待天下士。而非有德於下。故士知脩於家以待上之求。上取夫士以為天下之用。上之所待其士者愈厚。故士之所以自待者愈不敢輕。上下交相待。而人才日以盛。固其宜也。後世則不然。上設其爵祿以待士之求。而士亦苟且

修飾以有所要於上。士懼其無以自達。則巧取貪進。不顧禮義。而上亦懼其進之濫。則多為之防以繩其來。此後世之通患。而救之今日則尤甚矣。冒進之習滋。廉恥之道喪。苟僥倖於一得。則抵法禁而不知畏。天下固未始無卓然特立之士也。而以一眚之過。而絕其終身之善。以一人之失。而疑及天下之士。則亦曰流於薄惡而已矣。而何怪於士風之不美歟。臣故曰承末流之弊而源未之正也。臣聞古之治天下者。將以定民志。後之治天下者。將以便民情。古者上自天子而達之於民。尊卑貴賤之不相侔。則服食器用之間。截然等級之有辨。古人非固為是無益之文也。防閑之不密。則情偽之相滋。樂好之不厭。而弊將有不可勝言。深為之節。嚴為之限。故民志一定而分守自明。彼其趨向之一。而風俗之厚。亦其理也。後世則不然。舉聖人所以檢押人心者。一切惟人情之便。而婾風薄俗。亦復蕩然於法制之

外。富商大賈得以交通王侯。而鄉曲豪右無別於貴近。自後世有所由來。而較之今日則殆將不止於是者。車服上僭宮闈。家室略擬都邑。輦轂之下。四方之所觀瞻。而此風益熾。上下恬然相視。不以為怪。則亦曰流於無節而已矣。而何怪於俗化之未醇歟。臣故曰。俗之漸漬者深。而制度之不嚴也。臣伏讀聖策曰義不勝利。何以厚民之生。刑不勝奸。何以防民之偽。夫率民以義。則義之所在。而利固存于其中。則民心之知禮義。若可以厚其生也。而義或不勝乎利。得毋以義利之不能兩立。而趨於利。則或遠其義乎。夫防民以刑。則刑章之言可以不試而民畏也。而刑或不勝乎奸。得毋以刑所以防民而求以勝民。則奸軌益不勝其多乎。臣聞古者先養民。又教民。然後治民。後世不知養民。不知教民。一於治之而已耳。夫日用飲食之須。冠婚喪祭之具。聖人初非舉手以予民也。為之立其官師。制其田里。又教之

以君臣上下之大分。民既知教。而民生益厚。故民樂出其力以供上之用。亦不以為勞我而且厲我也。後世教養斯民之事。曾弗之講。民生之用。皆民之所自為。而上之人又從而征斂困苦之。今日之民。其無聊賴甚矣。而何義之能知。山澤之饒。舟車之算。番鹽茶酒之榷。凡桑孔輩所以籠天下之利者。無不悉為常賦。有限復令先期。常數既殫。復令別配。凡陸贄所以進諫於唐德宗者。無不畫用。陛下加惠元元。勤恤民隱。形於詔旨。無非以寬民力厚民生為言。而守令之不奉行。徒亦文具而已。水旱有減放之令。而督促如初。歲久有蠲除之科而追催猶故。所謂禾稼如雲。問之父老。皆有憂色。曰豐年不如凶年。而況水旱相仍。當無虛歲。上下迫蹙如此。欲民生之厚。其可得耶。臣聞古之制刑也。所以厚民俗。後之制刑者。所以罔民利而已耳。夫古之聖人不得已而制刑。蓋為夫不孝不友不姻不睦者是禁。而山澤

之利。無不弛以予民。而或為之限節。蓋亦禁其末作之為害。而非奪民利以自殖也。後世不明聖人制刑之意。而禁網之密。條章之具。無非與民爭利。而豢豎之商販。酒榷之私酤。毫髮之不貸。纖悉之必計。刑禁之既加。而科罰又從而重困之。今日之刑。其寬濫亦甚矣。而奚偽之能防。故刑不足以勝姦。則姦軌之習滋熾。聚於山澤者為盜賊之區。而刑餘之衆。亦得與齊民齒者。亦將流而為盜。陛下廣覆宇內。遠近如一。通商販之禁。寬酒榷之征。雖見於比年之詔。而有司護曰國用之所須。無得以辭其責。故上有仁心。而下不被其澤。有寬恤之美名。而無寬恤之實惠。所謂罔民以為利。誘民以為姦。不反其本。而徒治其末。欲姦軌之消其可得耶。臣伏讀聖策曰。意者仁義禮樂之用興。夫紀綱法度所以維持治具者非耶。何視古之有愧也。誠如陛下所言。則信知後世之治。所以不如古矣。陛下以古問臣。臣不敢徒

奏議卷之五十　十三

以古對。陛下果有意於古也。蓋亦稽唐虞至治之原。參三代救弊之政。一政令之未純乎古。一設施之不合乎古者。振起而更張之。以作天下苟且因循之習。以起天下趨事赴功之心。則以之美士風善俗化。厚民生。去民偽。亦惟磨以歲月。無不可矣。不然。陛下徒有慕古之名。而無師古之實。則今日之策臣者。徒為故事。而臣之所以告陛下者。亦虛文而已。是將奚益。臣伏讀聖策曰。伊欲道與世興。風移俗易士相與談仁義。蹈名節。而不矜靡曼之虛文。民相與興禮遜。趨本業。而不溺奢侈之末習。八政修而食貨足。七教明而獄訟息。臣愚以為世有先後。道無異同。由本原之所自出而觀之。越千載猶一日。唐虞三代即斯道以為治。既有以措天下於無為之盛。況陛下心傳之妙。得於授受之懿。則施之事業。移風易俗。誠無難者。若夫士相與談仁義。蹈名節。而不矜靡曼之虛文。臣以為莫若有以正人心。民相與敦

本業。興禮遜。而不溺奢侈之末習。臣以為莫若有以定經制。夫禮義者。人心之所同。惟其利害得失之心日勝。是以忠純篤實之意日亡。是固科舉之法有以壞天下之心術也。今陛下徒曰嚴法禁。謹隄防。足以革士風之習。臣以為無以善人之心。則未見徒法之可以自行也。夫科舉之法。後世既以取之天下之人材。而天下之人材亦輻輳於科舉之內。既取之於未用之初。蓋亦擇之於既用之後。廣之以教化本原。而示之以趨向之所在。貪濁者黜之。廉介者用之。奔競者抑之。靖退者進之。旌直言以來諫諍。伸士氣以通下情。若是而曰士風之不美。臣未之信也。夫禮制固有一定之經。人惟防範之既虧。故至於蕩然而莫知限節。是故民心之無常。亦上之人無以撙節之過也。今陛下徒曰。躬節儉。務朴素。足以先天下之俗。臣以為躬行之雖至。而禮制不明。未見徒善之足以有為也。夫經制之不立。古人以為正

奏議卷之五十　十四

風俗之本。則人心之無厭者。苟於目前之便也。今為之定其經制。上而乘輿之服御。固有其度。降而公卿。又降而士庶。冠昏喪祭之節。宮室器用之制。嚴為限量。設為科條。踰者有禁。斷於必行。貪溺者無所歆艷。而豪右無并。粟腐貫朽無所用之。則民志定而爭端息。無甚富之民。則亦無甚貧之民。無甚侈之家。則亦無甚弊之家。人心有常。風俗歸厚。若是而曰俗之未醇。臣未之信也。厚民之生。則莫若講節用之策。省民之刑。則莫若謹按察之使。今日之利源竭矣。不可復興矣。無已則有節用之說乎。節用固多術也。最者固當限宮觀之員。而宮觀之除。濫予猶故也。固當省添差之數。而添差之恩妄授猶昔也。倖幸之賜。得無有過度者乎。虛籍老弱之兵。得無有坐縻廩食者乎。節之於彼。而又節之於此。則民生之厚。庶乎其有自矣。今日之刑濫矣。不可以復峻矣。蓋亦謹按察之官而使之加意乎。命官非不謹也。州

縣之間責成案於胥吏而長吏不以爲意付簿楚於獄卒而獄官慢不知情郡刺史足跡嘗一至於圜土之門乎監司之按行又能盡得於一見之頃乎謹之於彼而復謹之於此則好生之德庶乎其洽民矣捨是而曰八政脩而食貨自足七教明而獄訟自息臣恐未免於揚湯救焚之舉也臣不佞陛下召至闕廷賜之清問臣首以更化爲陛下獻次願陛下正人心以美士風定經制以善民俗次願陛下節財用以厚民生謹按察以省刑罰以爲更化之說請復爲陛下終始言之臣觀藝祖皇帝爲天下除大殘賊更生兵不血刃而天下歸戴征伐既下諸國必先已逋斂蠲繁苛一以仁厚爲本大抵兵以不殺爲武刑以不用爲威財以不費爲饒人以不作聰明爲賢此其立國之本意而列聖守之以爲家法者也仁宗慶曆間承平既久一時事類少弛仁宗一旦振起之亦過於增諫員減任子展磨勘雖一二節

目之亦殊而大體卒不改易故嘉祐之治振古無及社稷長遠終必賴之由此道也臣以更化爲獻亦豈勸陛下以變更祖宗之法度哉士大夫之媮隋者從而振作之王業之偏安者思有以規恢而廣大之萬事之積廢者思有以作新而奮厲之而不失祖宗立國之本意則士風之日美民俗之日醇民生之厚而刑罰之清固有不期而致則聖業所謂措國如唐虞巍乎跨三五之隆而無忠質文偏勝之弊其策捨此將安在耶陛下復策之於終曰熟之復之詳著于篇朕將親覽臣有以見陛下咨訪之意甚勤而使臣等得以竭其愚衷也臣不度愚賤切有拳拳憂國愛君之忠一旦得奉清光條當世之事陛下所以問臣者固已略陳於前若天下大體之所繫而國家安危理亂之所從出者雖聖策之所不及而臣安敢有懷不吐上負陛下詳延之意敢爲陛下畢言之臣聞宰相者朝廷之股肱也臺諫者朝廷之耳目也非有知人之明不足以進賢退不肖非有碩德重望不足以鎮撫夷狄非有不窮之才不足以贊萬機之務擇相而任之者不可以不謹也非有公忠之操不足以排擊姦回非有剛強之守不足以肅清班列非有高明之見不足以裨益冕旒擢臺諫而付之者不可以不審也苟曰以其久位而姑以遷之幸其無過而因以任之則何以稱其具瞻之望起非常之功專求州縣之下吏搜索錢穀之細務姑以應故事而朝廷之闕失國家之大議有不敢言則何以通幽隱之情輔聖明之德臣願陛下委任擢用之際詳擇而審處之疑之當勿復用用之當勿復疑必有以盡其才然後可也陛下愛惜名器必無濫予之爵然技術藝能之賤或充斥於朝路而宮掖非泛之恩或不厭於公言可不有以節之乎陛下親近儒臣必無偏信之失然是非毀譽之說或間出於細微而士大夫結托之私或競趨於權要

可不有以抑之乎陛下誠於是而留聽焉任宰相而重其股肱之寄用臺諫以謹其耳目之司惜名器以勵天下戒偏信以示至公則所以策臣四者之弊特不過於事爲之末非聖明之所慮也臣是以終篇之末論次其大者以爲陛下獻若乃繹續故實以爲有學彫繪言語以爲清新臣不惟不敢亦不暇惟陛下赦其狂僭而錄其區區臣無任昧死臣謹對

袁說友上言曰臣仰惟陛下踐祚以來虛心受人廣覽兼聽如堯之清問下民舜之舍己從人禹之拜善言湯之從諫弗咈殆無以過此者委任大臣深得垂拱仰成之體咨謀臣下無愧詢于芻蕘之風仁心仁聞出於天資好善好賢根于至性本朝蘇軾嘗曰有君如此其肯負之今臣下委質盛時際遇明主真千載一時之遇倘不能以忠言嘉謨確論至策仰副陛下虛心願治之意則是有負陛下豈特天

地鬼神得以誅之而已臣竊惟今日之事外若不足憂而內實可憂者其最大者有二曰兵與民是已民力日困凡士農工商無一而不貧乏者民為邦本本固邦寧今百姓外困於征輸內困於衣食仰事俯育一無可恃時平無事未見其害或有水旱之災兵革之興民力單弱國無憑藉變故百出不可縷舉豈不少思於閒暇之時哉軍政日隳凡伍符尺籍其可屈者十無一二故家宿將零落已盡紀律弊壞人無鬭心軍士飢寒十戶九怨上下相蒙恬不遠慮將帥驕懦語戰縮首一有緩急兵窮無藉將弱無策安危之機非意可料豈不少思於無事之日哉陛下虛己任人有言必聽臣下不於此時為陛下殫智盡慮畢精竭神思其為策能令可行者以急先於兵民之務使民力寬裕邦本得以植立軍政修明緩急可以憑恃矣此時而不為是無時而可為也臣愚欲望陛下先以民力軍政為重下臣所奏命侍從臺諫卿監郎官帥漕二司各以聞見凡寬民力修軍政害所當革利所當興者悉意畢陳求其確然可行之策毋為甚高難行之論度今必可施行而必有補於二者不計項目多寡詳悉奏陳其修軍政一項併令三衙帥臣條具並各限一月奏聞然後下之宰執大臣擇其必可行有補於二者於清閒之燕次第敷奏而施行之毋責近效毋憚小勞毋怯浮言使民力以寬軍政以修時平無事則外內無患或有緩急有民可恃有兵可役相與維持憑藉無一而不可為也臣冒犯天威無任激切屏營惶懼之至

說友又上言曰臣聞復古有道得天斯復古矣得天有道得民斯得天矣仰惟陛下憂勤萬機規恢廣大宸衷旰思集大勳而算計見効殆未什一是豈終不可為哉臣嘗觀自古立大事者必先於得民民心既得天意自順天之所與雖弱必彊天之所違雖順必逆天不

可以智得而所以得天者寔自斯民始三代之得天下漢唐之剏大業載在方冊其道可考又豈待臣一一而縷舉哉是故民力裕則民心自得民心得則天意自悅天意悅則年穀自成年穀成則上下自足上下足則富國彊兵惟所欲為無不如志此自然之理必至之効如形聲之相應枹鼓之相隨確乎其不能易也陛下臨御以來焦勞愛民弗替朝夕陰陽一有愆伏則踈釋囚繫如拯飢渴臣寮一有奏陳則旋即施行常若不及遇凶荒而賑給因水旱以蠲租陛下之於民可謂無負矣然州縣之間多有視詔令為虛文指生財為政事緩掊克為擧職矜羨餘為己功習熟見聞恬不知畏所以上負陛下德意者日以滋甚臣請得而粗言之夫聚人以財固所當務也然陛下豈欲使之朘民膏血以媚公上哉上供之外朝廷初未嘗一毫有取也凡今為州郡者多立名色巧為征取屬邑之苗命官量覆必欲使之出剩本州受納不問多寡必倍數而可充又有胥吏無窮之須呈樣派官之費終歲勤動僅足官輸反顧所儲已如懸罄而又廣為稅目征取百端雖民間日用之物僅及數金悉皆收稅間有科稅典貼敷納收金斂繫有征蔬菜有稅民間昏姻敺令市酒錙銖不遺無異丐取剝膚椎髓民心嗷然外以為苞苴權貴之資不一而足內以供谿壑亡厭之欲以遂己私若民間之詞訴官吏之能否一切漫不加問蓋有越月而不一聽訟者彼謂府庫之積方盛可以媒陛下之爵祿曾不知百姓不足君孰與足是豈為朝廷之福哉此州郡之害民未能盡免也郡欲生財也則取之縣縣欲生財也則取之民上下相迫勢必至此凡今為邑者懼州郡之欲出剩也則納苗之耗一歲一增今固有小戶一歲而兩輸苗稅者矣懼州郡之欲折絹折綿也則增益疋兩以為耗數今固有和買稅絹綿耗視米耗者矣懼州郡之

欲和糴也。則不以多寡科抑人户。今固有納三石而得一石之直者矣。懼州郡之欲催欠也。則合零就整。增益數目。今固有以零合為零斗。以零分為零尺者矣。又有無名之求。興修之役。科罰里正。抑勒鄉民。其名苛細。詎可槩舉。官吏侈然為得計。百姓赴訴而無繇。此縣道之害民未能盡免也。部刺史澄按一道。尤陛下之所寄耳目而導德意者。今也不然。凡遇到任。必首遣屬官遍行諸郡。剗刷錢物。遍為數目。責令供認所至苛取。一聞名色。悉歸本司。州郡不堪其須。旋即取之縣道。上令下應。殃及於民。已放之欠。復征未辦之輸。預納。私行科折。以取贏餘。譬之心腹病於內。而手足耳目欲其自佚於外。不可得。此監司之害民未能盡免也。商賈之稅。各有定制。諸司分隸。亦皆有則。若取之以道。商賈復何病哉。今州縣間謂之稅場者。苛取細征。私立稅額。固有負千金之直而稅五百金者。有僅及百金而過取其半者。有士夫經由而發其箱籠者。有不五十里而兩為攔稅者。絲粟必取。如被寇攘。村落之間。強弱相勝。或瀕於死。朝廷豈得而盡知哉。此徒以負販為生。非此無以自活。而官司重稅。進退不容。舟車愆溢於行路。此稅務之害民未能盡免也。向者陛下軫念都邑。加惠小民。命臨安出公帑以償諸行之直。至今小民及此手必加額。然臨安非它郡比。雖一日之間。所須固已百出。稍積歲月。其擾諸肆。又甚於昔時。況年來土木之役。接踵而起。朝廷典禮相繼舉行。凡所須求。莫非臨安辦集。其間所用百物。悉科鋪户。皆千百計。往往什未酬一。小民僅有儲偫。一旦官司直取。略不敢以伸氣。生理零落。權輿在此。夫京邑。四方之根本也。今無故使諸行日迫窮困。浸以寒餓。恐非陛下加惠京邑之意。此臨安之擾民未能盡免也。凡此五條。亦姑舉其大略。臣亦安得而備言哉。竊惟陛下方以大有為之志。慨念中原。方圖復古。

而臣乃以愛民迂緩之說以獻者。蓋民心悅。則天意得。天意得。則雖少康之一旅。光武之八千。天將并之以機會矣。臣伏讀太上皇帝聖政。嘗欲罷月樁錢。諭輔臣曰。朕欲養兵。全藉民力。若百姓失業。則流為盜賊矣。大哉王言。真陛下之家法也。臣願陛下洞照古昔興衰之理。仰則光堯愛民之訓。深憤州縣害民之久。力行仁政。以德人心。務寬民力。以悅天意。今州縣之間。已皆安於掊歛矣。非陛下曠然大變有以號召而勸沮之。則又不過為虛文耳。臣愚欲望陛下亟發德音。備及年來州縣害民之意。如臣前所陳者。播告天下。監司守令。丁寧懇惻。詳複而申戒之。具言自今一以愛民為功。以言羡餘為罪。庶幾州縣少變舊習。亦使中外百姓知陛下本不敢少忌如此。仍乞即賜詔旨。令侍從臺諫兩省官各以當今何事為及民。何事為害民。條具可行者奏上。陛下與大臣詳觀其說。言有可取。不以異議而見廢。苟有非便。不為已行而憚改。如此。則民心得於下。天意悅於上。未有得乎民。不得乎天。得乎天不能復古者也。孔子論顓史之伐而先之以和無寡。安無傾。孟子論戰必勝。而首歸於人和。孔孟之言。陛下所敬。本朝蘇軾作思治論。謂能從衆。可以北取契丹。呂公著上朝政疏。百姓安定。然後可以足兵食。禦外侮。惟陛下不以臣言為緩不切。寔天下幸甚。

楊萬里上奏曰。臣聞聖人之仲於天下也有神。而其屈天下也有威。威藏於神。故其威不測。神行於威。故其神不狎。蓋天子以一身立天下之上。其力為至孤。立而不失其亞則治。而興否則亂而已。其勢為至危。然以至孤之力而天下附焉。以至危之勢而天下憚焉。附焉則不離。憚焉則不抗。不離故孤者強。不抗故危者安。孤轉為強。而危反為安。則神與威在焉故也。神去則天下離之矣。威脫則天下抗之矣。

天下離與抗。而後孤危之形始見。聖人之神與威。獨可頃刻脫而去之而不執而問之哉。然則其孰為神孰為威。聞之曰。表無當於裏而裏非表則不存。右無當於左而左非右則不全。物固有睽而合殊而同。二而一者。是故淵非龍也。而龍之神在於淵。山非虎也。而虎之威在於山。何也。龍不淵而陸。虎不山而柙。則龍虎之神與威不在龍虎。而在童子之尺箠矣。故龍不可離於淵。虎不可離於山。而人主不可離於柄。柄也者。人主之山淵也歟。上執其柄則神與威不在於下。下竊其柄。則神與威不在於上。觀柄之所在而治亂見矣。執柄以明。用明以公。而害明者偏也。進退人才。羅行政事。號令之出納。賞罰之可否。此非人主之柄歟。是柄一去。則所謂人主者。人主之名存。而人主之實亡。惟天下之至明者。能使是柄在己而不去。夫何故。天下之至明者。其初天下未測其明也。未測其明。則其下必有以嘗之。否則欺

之。取天下之所是而雜之以非。取天下之所非而亂之以是。以探其上而幸其惑。是謂嘗。嘗而不動也。嘗而動。則易其真是者而誣之以為非。蔽其真非者而文之以為是。是謂欺。故古之明君居明以晦。以俟其所嘗。而出晦以明。以破其所欺。彼狎吾之晦而嘗者至矣。嘗則繼之以欺。然後吾之明一發焉。則割然出於其所嘗之外。而卓然不墮於其所欺之中。夫安得不服。則其柄宜誰歸。故曰。執柄以明。齊威王有焉。一人之明以合天下之明。合天下之明以為一人之明者。天下之公明也。以一人之明。蔽天下之明者。一人之私明也。古之君有百發而天下不服。有一發而天下大服。則公與私之異也。然則其曷為公。不罰天下之所同賞。而不賞天下之所同罰。顯詢而陰求。衆問而獨決。顯詢而不陰求。則姦不召矣。衆問而獨決。則同者不欺而欺者不行矣。於是擇天下之善惡大且顯者而賞誅之。則明一用而天下不以為察。故曰。明用以公。舜有焉。古之君失其柄者。皆暗者也。暗則失其柄固也。而愈明者愈失之。何哉。明者多是而善疑。此偏之所從生也。明則偏矣。偏則不明矣。蓋恃者以明出於己為矜。而以明出於人為媿。疑者以親暱為可信。而以公卿大臣為可防。以明出於人為媿。則舉朝不敢有言。非不言也。言而莫之入也。以公卿大臣為可防。則舉朝不敢有為。非不為也。為而莫之行也。當是時。天下之柄亦可謂不移於臣下。而天子之勢可謂尊矣。而君子未敢賀也。何則。收於前而移於後。防其一而不防其一也。公卿大臣不得以議之於公。則親暱小人得以侵之於私。天下之人。但見今日行其事也明日用其人也。而不知其所從來也。非謀之於左右也。非謀之於諸大夫也。非謀之於國人也。豈天子徧察天下之事而盡識天下之人歟。或曰。此宦者之力也。或曰。此外戚之力也。或曰。此宿昔倖臣之力也。夫是

三人者。天子以為親暱而可信也。不知其乘吾信而逞其姦也。以為陰可以助己之明而外不知也。不知其蔽己之明以盜其柄也。其初不疑其姦。其終禍其國。故曰害明者偏也。漢之元成。唐之德順有焉。春秋傳曰。捨大臣而與小臣謀。楚莊王曰。無以嬖御士疾莊士。偏聽生姦。獨任成亂。鄒陽所以言於梁。兼聽則下情通。偏聽則下情壅。魏徵所以言於唐。妙師亂隋。子翬弑隱。祿產危漢。朱异亡蕭。宗之何漢唐叡主之不悟也。今以主上之聖明。而躬攬天下之柄。豈容有漢唐季世之事。雖然。漢成帝知惡石顯而不知王鳳即顯也。唐憲宗知惡王叔文。而不知皇甫鎛即叔文也。非不知也。明於人而暗於己也。臣願聖天子以古而察於今。蓋當石顯王鳳裴玄齡王叔文用事之日。元老大臣之廢退。蓋非出其意者矣。姦邪小人與夫戚里佞倖。蓋有介其援而至宰相侍從。固結而不解者矣。蓋有忠臣義士捄之不勝

而反被其禍者矣。此天子之柄所自移而天下之亂亡所自出者也。陛下聖學高明洞視萬古。讀之至此。以為是耶非耶。盍於燕閒之餘。思漢唐厖小之禍。而以此數事默觀而深省焉。今日其無是事乎。可以自慶而塞其未至之門。其有是事乎。可以大懼而拔其已植之根。察之察之。又重察之。遠邪枉而親正士。則自宰執至於侍從經筵臺諫館閣之臣。孰非聖天子之腹心耳目哉。政事也。人才也。號令也。賞罰也。疑焉則以問之。是焉則以行之。非焉則以詰之。欺焉則以罪之。不一從。不衆違。則堯舜之聖。一武而至矣。豈若漢唐四君盡疎千萬人而獨信一二親暱小人也哉。為虺必蛇。履霜必冰。臣不勝忠憤。

萬里又奏曰。臣聞為國者莫患在於有敵而無暇。有敵而無暇。則其立也不固。而其應也不詳。非立之不固而應之不詳也。欲固而無暇於固。欲詳而無暇於詳也。何也。有敵而無暇。則休息之日常不加多。

而戰鬬之日常不加少。戰鬬之日多。故居者負擔以立。田者操兵以耕。而守者被介冑以卧。休息之日少。故有心不及運。有口不及議。而有智有勇不及施。夫如是。豈安得而固。應安得而詳哉。天之生萬物者春也。而生春者非春也。日之明萬物者晝也。而生明者非晝也。春不能生春。則生春者冬也。晝不能生晝。則生晝者夜也。何也。冬者天之暇。而夜者日之暇。然則和也者。戰之暇也歟。雖然。為國者患無其暇。亦患有其暇。有其暇而用其暇者暇也。有其暇而安其暇者偷也。是故。暇能福人之國。亦能禍人之國。孟子曰。國家閒暇。及是時明其政刑。雖大國必畏之。此用其暇者也。又曰。國家閒暇。及是時盤樂怠傲。是自求禍。此安其暇者也。越王會稽之役。請成於吳。吳以為真請也。不知夫越之將求其暇而用之也。是故。王女女王。大夫女女於大夫。士女女於士。句踐不恥也。輸以寶器。玩以女樂。句踐不愛也。惟不恥。故有以復其所大恥。惟不愛。故有以保其所甚愛。會稽之栖。恥之大也。社稷之存。愛之甚也。夫惟其小者無所恥無所愛。故國中之民。疾者吾得以問。死者吾得以葬。富者吾得以安。貧者吾得以與。賞罰物備。吾得以審。車馬兵甲。吾得以具。夫是數者得以盡。而吳固在其股掌矣。彼夫差者。方且疲於伐齊之行。驕於黃池之會。而不知越人固已制其死命。蓋越得其暇。而吳不得其暇。越用其暇。而吳無暇之可用。此之謂暇能福人之國。北齊與周不兩立也。非齊併周。則周併齊爾。而齊主恃周寇之小息。君臣謂一日取快。可敵千年。至有無愁天子之號。周師之克晉州也。猶曰。小小交兵。乃是常事。故齊亡。陳之與隋不並存也。非陳併隋。則隋併陳爾。而陳主恃[illegible]之交聘。君臣謂王氣在此。敵何能為。至於縱酒賦詩而不輟。隋師之濟江也。陳主尚醉。守江者亦醉。故陳亡。此之謂暇亦能禍人之國。今天子即位五年。於此

矣。頃者天子之所以宵衣旰食。公卿大夫之所以竭心盡慮者。惟支持強寇一事而已。至於法度紀綱教化刑政之具。所以開中興而起太平者。皆未及也。非不及也。無暇於及也。今者講解既成。邊候不驚。是猶謂之無暇歟。有暇矣。而廟堂之議。所謂法度紀綱教化刑政之具。又不及焉。臣不知天子之所以宵衣旰食。公卿大夫之所以竭心盡慮者。何等事耶。將以講解而偷朝夕之安耶。將未忘中興之計。而猶有意於堯舜三代之治也。若曰。偷朝夕之安。則齊陳之禍可以懼矣。孟子之言可以儆矣。若曰。未忘中興而有意於太平之治也。則臣不知其未忘者何策。而有意者何議也。臣但見今日出令。曰申明條法而已。明日出令。曰士民不得服涼衫而已。不知天下之事。猶有大於此等否耶。抑亦深謀密議。天下不可得而見耶。臣甚懼焉。昔晉武帝臨朝。惟談平生常事。而不及於國家遠略。何曾知其必亂。王導辟

王述為掾既見晉問米價。君子是以知江東之不振也。今日之施得無與談常事問米價者類耶。夫無暇則憂有暇則休。天下之事百變如雲。萬轉如輪。一旦敵人又動則又曰無暇。臣不知紀綱法度教化刑政之具所以開中興起太平者何時而可議哉。詩曰淇則有岸隰則有畔。今欲治而茫無畔岸。臣欲不懼得乎。

萬里又奏曰臣聞天下之不治。非起於莫之舉。常起於舉而莫之隨舉而莫之隨。則上之人自舉而自廢。一政之出。一令之行。十人聽而一人不聽。宜未害政令之流行也。而政令之不行。未始不自一人不聽始。夫何故。十人聽一人不聽則十人者必觀夫一人者。觀之者試之也。試淵以綆。試刃以堅。而試十以一。一者不聽。而上不問。則十者之聽亦將反而為不聽。古之聖人必有以杜天下之觀。以弭天下之試。以齊乎天下之聽。夫天下且相與觀而莫之見試之而莫之測則天下之聽安得

而不齊。天下之聽齊。則吾欲前而前。欲卻而卻。欲左而左欲右而右惟吾之為無不隨者。當此之時。天子患不舉爾。舉而大有為焉。夫誰我禦。今天子非無神聖英武之資。非無開中興起太平之志。然五年之間。殊未有以大慰天下之望。求強而得弱。求治而不得治。此其病安在哉。公卿大臣後國而先家。先身而後君。莫肯橫身以當天下之大難。搢紳士大夫甲可乙否。各求其說之勝。而上之人不知所定。三軍之士天下之民玩習於偷惰。雖作之而不起。令之而不從。是故天子有其資而無其扶。有其志而無其應。一舉而天下不隨。則自罷而已矣。此豈非中天下之觀墮天下之試。而未有以致天下之齊故歟。然則何以致天下之齊。將有以齊天下。必有以聳天下。將有以聳天下。必有以變天下。小變則小聳。大變則大聳。小聳則小齊。大聳則大齊。方歲之新。乾坤之晏溫。動植之寧止。豈不可樂哉。而一坐笑談未竟之間。或失色於迅雷之驟驚。慢者肅。伏者興。句者達。天地遭化之政令發於頃刻而遍於四海。莫敢或玩。玩而違之者。變而聳而齊也玩而不變。堯舜禹湯文武不能以為治。湯繼夏則變夏。夏之政禹之遺也。武繼商。則變商。商之政湯之遺也。後之言治者。必曰不復三代則不可。而湯也不復禹而變禹。武也不復湯而變湯。是二聖人者。豈捨彼之成。從我之矜者耶。變之者。復之也。湯變夏之政。而湯之治復乎禹。武變商之政。而武之治復乎湯。非復而何。期於治不期於政。要其是。不卹其異。故湯武一變而天下聳然而更新。陛下蓋繼光堯者也。繼光堯而變光堯可乎。非變光堯也。自變其變也。且光堯嘗不變異時治極而弊亦極。紹興之初。一變而純用元祐之政。以作天下之偷。故風采凜然至今使人興起。其後權臣柄朝。恭已既久。一旦赫然黜姦黨。收威令。以還朝廷之尊。故破強敵。援聖子。出於一日之獨

斷。而天下不知其所自來。陛下即位五年而未大治。則光堯之所以變之之方。獨得而緩也哉。變必有要。要必有先。今之變其孰為要孰為先。聞之曰。法不必行。不如無法。人不任責。不如無人。今天下之大患不在於法之不備。而在於法之太詳。不在於賢人君子之不衆。而在於人才之太多。何者。法備而不必行。人多而不任責故也。然則今日之事欲一舉而變之。盡欲刊其法之繁。以必天下之從。一其人之責。以開天下之適。而後天下可為也。昔者唐虞象刑。而夏后肉辟三千。漢高祖約法三章。而武帝增至三百五十九。夫以法之繁簡而較其功。夏之治宜過乎虞。而高祖之治宜不及乎武帝。而乃不然。則法果在於備乎。晉范文子有功而歸。則曰。郤克之教也。臣何力之有。至庾亮敗於張曜。而商融言於陶侃曰。將軍為此。非融所裁。周公曰惟王有成績。而梁武侯景之禍。蓋生於朱异也。异不膩其咎。而使武帝

歸之時運。若古之君子歸功於主將而後之君子歸過於主將。古之君子歸功於其君而後之君子不任其過而使其君自任其過。人之不肯任其責也如此。今也無歷代之憲承列聖之制法不可謂不備法備而不治則非不備之罪也。備而不必行之罪也。科舉任子之所取軍功之所奏動以千計。才不可謂不多。才多而不治則非不多之罪也。多而不任責之罪也。臣何以知法備而不必行法之說曰。若之私鬻者其罪流。民之不飲酒不茹葷而習妖教者其罪死。夫罪至於流與死亦不為不重矣。而鬻私茗不肉食者不止也。何也。有重法無重刑。有重刑無重罪也。非無重罪也。不勝其衆也。非不勝其衆也。不勝其衆也。衆則難於重。重則難於必。且夫以銖兩之茗易錐刀之利。則執而流之至於小民以貧不能自存則絕肉味以求一糯之飽。則又執而殺之。以情而言。君子亦有所必不忍者矣。必不忍之心生。則必

奏議卷之五十　二十七

不行之法見。民見其法而不見其心。則曰。上之法皆然也。法者驅天下之具也。其具廢則其驅弛。有急而求其從。其誰從之。臣何以知人多而不任責。人之情固有所欣有所憚。宅清顯而享豐腴。此其欣也應紛擾而當危難。此其憚也。天子者執天下之所欣以招天下。豈以苟悅天下之私哉。捐之以所欣。蓋將屬之以所憚。而今之士大夫自許以勇於所憚以邀其所欣。既得其所欣則避其所憚。無事之時。脤章焜煌步武虔徐。天子出而臨之。雖虞之野無遺賢。周之濟濟多士未足踰也。然寺監者曰。吾曷不臺省也。郎曹者曰。吾曷不侍從也。侍從者曰。吾曷不宰執也。宰執者曰。吾曷不二十四考中書也。階嬖倖以進名曰捷徑。挾諂曲以進名曰稱旨。植黨以進則名曰客。聚斂以進則名曰才。朝攘夕爭。患失而憂不得。一何勇也。至朝廷卒然有一意外之事。天子呼其人而問之。則曰臣何足以知之。又呼其人而委之。則曰臣何足以奉明詔。貪者求免事而不求免官。畏者求免官以遠避其事。又何怯也。惟其勇於彼。是以怯於此。而朝廷不悟也。且豈有身為上宰而天子使之將兵禦敵則以親病辭者。夫天下有緩急而宰相尚不可使。則他人安得而使之。使之則曰彼實為宰相。予焉能戰。臣愚欲深詔有司刪法令之細而不急者。大而不可行者。重複而可以弄者。如太祖皇帝時法度簡而要。明而信。議者必用。存者必行不與天下為戲。庶幾天下之可驅。天下雖無事也。不測而擇一事大而且難者詢之衆。而遣一所厚之大吏。為之避而不為則誅。如唐太宗之斬盧祖尚。為而敗事則誅。如舜之殛鯀。則天下之怯可以一變而為勇矣。天下之人可驅而天下之怯皆勇。則國可強而敵可取。開中興起太平。臣心了然見其易易爾。

歷代名臣奏議卷之五十

奏議卷之五十　二十八

歷代名臣奏議卷之五十一

治道

宋孝宗時虞允文上奏曰：臣伏蒙聖恩特遣中使賜臣御書漢崔寔政論，既表出其要，申之以大哉之王言曰：寔之說切中今世士大夫之病，有會於朕心，因書此為賜，且見朕修政攘弊不敢怠忽之意。卿亦宜廣朕意，以風勵卿士大夫。臣下拜伏讀，感慨奮厲，深惟陛下之心，以公生明，故於人之情偽無不見；以古鑑今，故於時之蠹弊無不革。翰墨游戲之間，日月其照而風霜其嚴也。顧臣愚闇淺軟，不足以仰承大賜。然臣之皇皇鰓鰓有感於寔之說歲月久矣。意者陛下亦憫臣之孤忠，迹臣之素履，而憂臣日隳於摘奪擿棄之間，故隆此異恩，委曲訓導，使之兩目開明，一心安舒，迄能有所建立，以報不九之遇乎？寔不幸生於桓靈之季，徒能託之空言。千歲之後，乃有取於英睿之主，寔固幸矣。而臣親逢於今日，其為幸又何止相十百相千萬也。雖然，寔之憂，謂寡不敵衆，猶能因稷契之復存。如臣么微，方漂流出沒於驚風怒浪中，其欲自勉自策，以一力而障百川，臣之愚亦自知其必不可也。蓋嘗究觀寔之論，乃歸之以人主師五帝、式三王，棄苟全之政，蹈稽古之蹤。伏惟陛下之全德著焉。又曰：選稷契為佐，伊周為輔，不然，則多為累而已。臣久妨賢路，亦惟陛下旁求而更圖之。不勝大願。

允文又奏論唐太宗德仁功利之說曰：臣八月戊申，吏部侍郎王之奇、太子詹事陳良翰、權禮部侍郎周必大詣政事堂，以所被賜宸翰示臣。臣既得仰觀陛下有取於唐之太宗與其臣魏徵德仁功利之說，默而深思，竊有感焉。後八日丙辰，奏事後殿，陛下不以臣愚，宣諭以宸翰賜臣之奇等之意，且曲垂清問。臣嘗冒昧言唐太宗起兵太原，撥群盜，取孤隋，不數年間自匹夫而為天子，無寸土而有天下。大功雖成而慚德為多。既即位十有六年矣，迺以身所躬行四者之優劣而問徵，是大宗於平生心所不足者慨焉而有慊也。臣竊妄論陛下承累聖之丕基，恢重光之休運，中原之土地吾所固有也，非修德修仁何以致維新之命？中原之生靈吾所固有也，非修德修仁何以啓來歸之心？且今日創業守文中興之責，陛下實兼之，視太宗起太原時用一切之術，不可同年而語矣。陛下自即大位今十年，汲汲皇皇於德仁功利四者之說，非不屢且至也，要在兼修而並用，持之以久，乃見效爾。蓋美成在久，聖人久於其道而天下化成，此聖賢不易之言也。然德仁之責在己，功利之責在人，亦不可不察。陛下欣然既嘉納之，後四日庚申，特命中使以之奇等奏牘宣示臣。臣深惟陛下聖意，豈亦有取於臣前日之奏而欲畢其說乎？臣之奏曰：德仁之責在己者，謂非人君之躬行不可也。然邪正有機，作輟有時，內外有間，又非得耐亮彌縫之臣如魏徵十漸之諫，則太宗安得為唐之明君也？臣之奏又曰：功利之責在人，謂非人臣身任之不可也。然人有知愚，事有難易，用有疑信，又非得聰明英睿之君如太宗御臣之方，則房杜英衛安得為有唐之名臣也？天下之事一日而萬變，天下之人一心而百偽，一政令之發，曾未見於端緒，而群議論者已紛然四起，凡所以為德仁之害、功利之賊者，不知其幾何人也。譬人之身，主本自固，不幸而有疾病，必訪之良醫，醫者察脈視色，得其病之原，酌以虛實之宜，按古方書而用藥焉。適問疾者滿前，共議其方書，某人指其藥曰：此甚熱也，法當去之；某人又指其藥曰：此甚寒也，法當去之。死生利害之說雜陳，主病者或不之察而兩從之，遂失古方書用藥之意，病者服之，無精神日以損，筋力日以憊，鄉之議藥者又皆歸咎於醫者之庸而更擇焉。醫之可擇者有限。而藥之雜議者無窮。主病者又終不能有所明辨。而欲求病者之安全。豈至理也哉。雖然。德仁者國之大本也。功利者本立而末必舉之效也。非明良相逢。聖賢相合。心膽相照。治亂安危相一。又安能去其害與賊。辨其本與末。以收吾德仁功利之效也。今陛下親御翰墨。歎功利之未成。企德仁之高致。慨然有取於異代之臣。將以其言為龜鑑。此則宰臣非才之罪也。臣嘗觀魏武侯與群臣論事。群臣不能及。罷朝有喜色。吳起諫以楚莊王之言曰。世不絕聖。國不乏賢。今寡人與群臣謀事而群臣不及。有楚國殆矣之歎。至唐太宗與臣僚論事有不出太宗意者。太宗退而憂之。景德間。真宗皇帝與陳堯叟更論前代求治之君。嘗舉其事以為戒。臣願陛下致察於此而儲思焉。雖然。進退百官。亦宰相之責也。相非其人。一身孤立不足以自保。有如臣者何敢去取人材。求盡得英傑不群者為陛下用也。今日之急務莫急於論相。臣願陛下改圖而更命之。必旁求非常之人。以應非常之運。擇之於未用之前。信之於既用之後。不使議論負荷者歧而為二。則是非自定。利害自明。重輕相扼之勢不分。毀譽亂真之禍不作。君宰之間。道與氣合。禮與情俱。聚精會神於德仁功利之用。次第而施行之。萬事將無不理。舉天下之大。惟陛下意之所欲為。而實非臣之所能也。臣久衰之年。已病之身。心知其不可久於位。勤勤懇懇。覬陛下番擇真才。付以相事。蓋屢矣。荀卿論人主之道有曰。身能相能者王。其相須蓋如此。臣乞骸之章。繼此而上。臣非為一己進退之私也。蠢蠢之忠。誠為宗社大計。惟陛下留神於臣之說。天下幸甚。

孝宗召陳良翰為太子詹事。既見。上出手書唐太宗與魏徵論仁德功利之說。俾極陳今日所未至者。良翰退上疏略曰。仁德治之本。功利治之致。務本而效自至。今承天意。結民心。任賢能。退小人。擇將帥。收軍情。擇監司。吏久任。皆行之而未至。誠能革此八弊。則仁德無累。功利自致矣。上為之嘉歎。

直煥章閣王師愈上奏曰。臣一介微賤。比蒙賜對。輒陳州郡之利害。因及治具之未舉。聖度如天。優容獎借。不加誅斥。幸已厚甚。今月旦日又蒙親灑宸翰。詢以治道之具。有可裨助政體者。令條具以聞。臣拜手驚懼。莫知稱塞。陛下虛懷訪納如是其切。雖帝舜之好問蔑以加矣。臣學術荒疎。智識卑陋。豈能周知當世之務。清問下逮。寔非常之榮。千載之遇。儻不竭其愚衷。上欺天也。惟陛下不以為迂闊。少賜省覽。臣恭惟陛下聰明神武。稟於天縱。痛八陵之曠祀。傷二宗之不返。悵神州之陸沉。念遺黎之塗炭。朝夕之所圖回。中外之所共知者。恢復之計也。縉紳之士。明目高談。揮毫抗疏。有為恢復之說者。陛下不吝爵賞以褒寵之。介冑之士。鳴劍抵掌。願賈餘勇。有為恢復之說者。陛下亦未嘗不以爵賞褒寵之。既詰其策。往往未有一定之論。試責以事。則往往未見其實也。陛下即位以來。孳孳求治。非不焦勞。十年于茲。治効之未成者。竊恐職此之由乎。臣聞治道不在多言。昔人固有是論矣。臣亦不敢飾可喜之說。校數細故。以瀆天聽。其大要在乎有一定之論而務實。所謂務實者。一曰益進德以承天心。二曰寬民力以固邦本。三曰遵祖宗之法以修政令。四曰搜英傑之材以備任使。五曰勿厭盡忠之言。六曰勿惑難信之謀。七曰謹其所可保。八曰俟其所可為。凡此八事。誠若迂闊而不足喜。推而行之。莫非今日之急務。陛下聖學緝熙。神心昭曠。固已默識之。伏願深信而不疑。更與大臣講求一定之論。力行而不息。天時未至。苟以享安強之福。機會之來。必不若往時之失措。恢復之功其可成矣。小臣管見如此。昧死以陳。惟陛下留神幸甚。

師愈又奏曰。臣聞天以陰陽而行四時。地以柔剛而成萬物。聖人以仁義而治天下。蓋仁義者天下之表儀。治之樞要也。堯舜由之而為盛帝。禹湯躬行之而為顯王。自周之衰。此道不明。雖五霸假之。足以雄諸侯。已不足觀也。逮至戰國。權謀功利之說愈熾。孟軻氏慨然以回狂瀾為己任。深明仁義之道。歷說列國之君。其理坦然易行。列國之君罔克知之。卒不復見唐虞三代之治。吁。可惜哉。猗歟唐太宗之為君乎。貞觀之初。因閱武庫甲仗。乃謂房玄齡曰。煬帝豈無甲兵以至滅亡。正由仁義不修。群下怨叛故。宜識此心。太宗知仁義之可伏固已久矣。其後與魏徵論治得失。徵乃約之以仁義。蓋乘太宗之明而啓迪之。故其言為易合。當時封倫雖以秦任法律。漢雜霸道為對。宜乎太宗力排而固卻之也。及觀其與侍臣語。以謂行仁義則災害

不生。又謂斯須懈惰去之已遠。終則有飲食資身之喻。自非深知仁義之有益於治道者。孰能語此。惟其深知之。故能力行之。數年之後。海內又安。屢致豐登。斗米三四錢。則陰陽和矣。無復盜賊。幾致刑措。則風俗醇矣。自京師至於嶺表。自山東至於滄海。旅糧不賫取給於道。則民物富庶矣。突厥酋長帶刀入衛。高麗諸國遣子入學。則遠夷賓服矣。太宗親見其盛。自謂魏徵勸我行仁義之效。誠非浮誇以欺天下後世也。噫。三代以來。以仁義致治者。其唯唐之太宗乎。自孟軻氏歿。以仁義告其君者。其唯唐之魏徵歟。神聖之君。誠能遠慕太宗。是亦太宗而已矣。盡忠之臣。誠能以魏徵為法。是亦魏徵而已矣。可不勉之哉。

著作郎王十朋上奏曰。緬今天下之勢。安在哉。在乎中外小大之臣各居其官而不知其職。居其官食其祿。因循苟且。曠職不修。欲望敝事之革。治道之興。可乎。臣請言其大者。夫進退百官者。大臣之職也。獻納論思者。侍從之職也。為天子之耳目。正朝廷之紀綱者。臺諫之職也。內之卿監百執事。外之監司守令。莫不各有其職焉。比年以來。為大臣者果能盡進退百官之職乎。臣見其進百官。不見其退百官也。今日召某人赴行在。明日除某人為某官。是固能進百官矣。其所進者未必皆賢才。率一二歲或半歲或踰月。類皆遷之。初不問其職事之修與否也。其或有罪。必待臺諫論列。然後從而黜之。或人主之意有所不悅。則諭之使去。而大臣未嘗自退百官。居進賢退不肖之職。而所進者未必皆賢。其不肖者又不能自退之。臣知其故矣。是己欲收恩而不敢任怨也。先正王曾有言曰。恩欲歸己。怨使誰當。為大臣而不敢退不肖。寧不愧王曾之言乎。此大臣失職也。為侍從者又果能盡獻納論思之職乎。臣見其各司其局而未聞獻納論思也。熙

寧初。司馬光以論新法不從。力辭副樞之命。神宗曰。樞密兵事也。不當以他事辭。光曰。臣未受命。猶侍從也。於事無不可言者。是則居侍從者事皆可言。是謂獻納。掌內外制者不止於代言。為給事中者不止於封駁。為尚書侍郎者又不止於各董六官之屬也。今之居是官者。以各司其局為了官事。以獻納論思為越職。寧不愧司馬光之言乎。此侍從之失職也。為臺諫者又果能盡其所以為耳目正紀綱之職乎。臣聞歐陽脩有言曰。天子曰是。諫官曰非。立殿陛之前與天子爭是非者。諫官也。又聞蘇軾之言曰。言及乘輿。則天子改容。事關廊廟。則宰相待罪。今之為臺諫者果能爭是非於殿陛之前如脩之言否乎。又果能批人主逆鱗而使之改容如軾之言否乎。臣往歲備員館職。竊聞臺諫有論事不行者。而同列不為之助。乃曰我自有體。又有緘默不言者。聞侍從百官言時事。則怒而逐之。臺諫之職果如是

乎祖宗時臺諫論事或一章不從至于十餘章而未嘗但已言苟不行則繼之以去趙抃為御史言陳升之不當除樞副凡十有六章於是乞郡而得虔司馬光為諫臣論刺義勇及乞降黜凡十有三章今之論事者或一再不從遂不敢復言寧不媿光抃等乎此臺諫之失職也至若內之卿監百執事外之監司守令其失職之敝有不勝言者臣竊謂欲盡革今日之敝宜首詔大臣修進賢退不肖之職內之侍從卿監百執事孰為賢為才拔其尤者一二人而進用之孰為愚為不肖亦取其尤者一二人而斥退之外之監司郡守孰為賢才而稱職者拔其尤者一二人而進之於朝孰為愚不肖而為民害者亦取其尤之一二而寘之於罪詔下旬日之間必責大臣以進賢退不肖而必欲其當如是則進一二人而中外莫不勸退一二人而中外莫不懼是則大臣之職舉矣於是又詔侍從宜修獻納論思之職凡朝廷闕失知無不言而不止於各司其局又詔為臺諫者宜盡所以為耳目正紀綱之職拾遺補過糾彈官邪凡有論列不可但已宜以祖宗臺諫為法而痛革前日緘默不言之敝雖然此特人臣之職也而人主有大職事陛下不可以不知一曰任賢二曰納諫三曰賞罰臣聞詩人美宣王曰任賢使能周室中興焉任賢乃人主之職而尤急於興衰撥亂之時陛下邇日召元老正人或寘之政府或寘之臺諫或寘之侍從天下翕然稱為治表臣願陛下既來之則宜力留之既留之則宜推誠委任之勿責以繁文勿待以虛禮勿貳之以小人延之歲月可以責治效矣又陛下既以疆埸之事委之重臣良將宜若憲宗之任裴度斷然勿疑無惑乎紛紛之議而事從中制以失其機會臣竊聞張浚欲守淮而議者欲其守江吳璘屯兵德順而議者欲其退保夫守淮乃所以守江也舍淮而守江則長江之險與虜共

之矣江其可守乎唐僖陟欲李光弼退保潼關光弼曰兩軍相攻天地必爭今委五百里而守潼關賊得地勢益張矣力破其說而成戰功三路之地陷沒久矣今幸力戰而復之乃欲無故而棄之可乎陛下宜詔之曰閫外之事將軍制之可進則進可退則退如是則事不中制而機會不失矣臣聞傅說告高宗曰木從繩則正后從諫則聖高宗命之朝夕納誨而中興有商聽諫乃人主之職而尤急於興衰撥亂之時陛下自即位以來雖擢用正人以為臺諫然聽納之美猶未彰聞臣竊聞近有以酤榷之利而持使命於浙東西者諫官論列不聽陛下又親批聖語以諭之有識咸以為疑易曰開國承家小人勿用陛下嗣位之始何急於用言利之臣又何以知此曹之名至於咈諫而用之乎又聞諫官有以盡言而去職御史有以振職而出臺此必姦臣有以誤陛下者不可不察陛下比嘗下詔求直言矣未聞賞一敢言之臣以勸言者乃聞交結左右者得官迎合時事者免解賞諫如此其何以勸夫聽諫之道在乎博詢廣覽不可昵於偏聽而蔽其四達之聰明臣願陛下親君子遠小人推誠聽納養成聖德則納誨者皆傅說而高宗不獨聖矣臣嘗聞漢史贊宣帝曰綜核名實信賞必罰明賞罰者乃人主之職尤急於興衰撥亂之時臣竊見邇年以來有姑息之政無懲戒之罰去歲逆亮之死蓋上皇聖德所感天假手其徒以誅之諸將非唯無毫髮之功虜未退則逗留觀望已退則乘勢虜掠既不干斧鉞之誅而又受無名之賞有盜節鉞者有為兩府者有為三公者傳呼道路取笑閭閻名器之濫未有甚於今日又有爵位已崇而遷猶未已官曹已冗而員又復增政或出於多門命或從於中降是皆為新政之累不可不革也至若有罪者不誅而惡無以懲又今日之大弊秦檜專權誤國二十年而乃生極寵榮

死封工爵。天下莫不切齒扼腕。縱不剖棺戮尸。其可不行追貶之誅乎。又前日閹寺有弄權納賄紊亂朝綱者。大將有聚斂交結敗壞軍政者。大臣有進不由正迷誤國家者。臺諫有朋姦罔上惡直醜正者。或依城社以自安。或盤根錯節以自固。或以去位而幸免典刑不正。非大舜所以去四凶而服天下者。臣聞太上皇即位之初。任用賢相。追貶元惡。竄殛姦邪。天下稱快。所以能中興我宋致治三紀者。由其能大明刑賞於體元居正之初也。陛下宜奮乾剛之斷。法虞舜之明。繼述太上皇檢舉故事。先正首惡之罪而追貶之。餘則次第施行。如是則可以攬威福之權。而陛下之職舉矣。夫欲求今日之弊。非至誠任賢納諫。大明賞罰以勸懲之。雖商高宗周宣王漢宣帝復出。不可以致中興之治。故臣願陛下先舉其職。以率百僚。如是則中外大小之職。罔有不舉。而弊寧有不革者耶。弊事既去。內治既脩。則夷狄有不足攘。祖宗之境土指日而復矣。

十朋除知湖州。上奏曰。臣嘗聞先儒孟軻稱周武王曰。不泄邇。不忘遠。是言非止為一武王設。蓋為後世帝王治天下之訓。國家全有吳蜀之地。蜀去行在萬里。遠而易忘。臣昨蒙恩出帥夔府。二年之間。有所聞見。姑言其大者三事。一曰監司。二曰虛額。三曰馬綱。今朝廷但知蜀之重權在宣撫制置二大帥臣爾。而不知四路監司事權之不輕也。彼去朝廷既遠。威福得以自恣。傲視僚屬。有同皂隸。動搖州縣。人不聊生。監司之中。漕臣尤重。一路銓選。咸出其手。非若他路止掌金穀之事。苟非其人。則州縣受害。無所赴訴。地遠之害如此。其可忽耶。臣願陛下戒敕宰相。宜於四川監司尤加精擇。務得循良愷悌之吏為之。以安遠方。不必專取其能辦事也。臣在夔門。每見蜀之士夫往來。咸言西州諸郡困於虛額。蓋昔積年拖欠催科不行。雖屢經赦

恩。有司不與放免。又昔之監司好聚斂者。取諸州積年酒稅諸色無名科歛之數。以一年最多者立為定額。其後酒稅諸色之數。不登而有名無實之額常存。為總司者以有名無實之數督漕司。而不得其實。漕司亦以有名無實之數督州郡。州郡迫總漕之威。而無錢以輸。遂預借民間常賦以充之。後之郡守到官。欲催常賦。聞已預借矣。於預借之外又借焉。有借及二三年者。如邛彭諸州。困之尤甚。朝廷知其弊。亦嘗有旨減放。總漕之臣不能奉行德意。而催科如故。州縣不堪凋瘵日甚。今之為宣制二帥及總領者。皆一時重臣名士。必能以撫字為心。臣願陛下親賜御札。俾悉陳虛額之弊而速降詔罷之。庶使遠方之民。復有生意。臣至夔州。而馬適行。水大為夔峽諸路之害。其端起於吳璘。小人從而迎合之。以行水為便。欺罔朝廷以求官職。臣嘗兩奉御札。非不欲率先奉行。蓋知陛下愛民甚於愛馬。而夔峽之民貧尤甚。故不避罪誅。力陳其害。今茶司之馬自五十綱後。雖不經由。然朝廷未有明文罷之。有一二提舉之臣。猶以奉行為名。沿江州縣治廐造船之役猶未已。臣願速降聖旨。勿復行舊路。罷提舉馬綱之名。諸州所差牽挽之兵。各還其所。槽廐舟船。不必修治。乃見聖治之不忘遠也。臣又謂朝廷於蜀。非特以遠而不可忘。今日之所以立國者。正賴蜀以為重。昔三國之時。吳蜀為二家。故不能進取中原尺寸地。今天以吳蜀全付陛下。可以經營天下。恢復境土之資。今傳聞虜人積糧宿兵於境上。有窺蜀意。蜀天險也。非虜可得而窺。正恐民心或離。釁由內起。為可憂爾。撫綏固結。在今日為尤急。臣故敢獻其狂言。

蔡戡對策曰。臣聞有為之君。汲汲於求治。敢言之臣。拳拳而納忠。古之人君有求治之心。必有求治之實。古之人臣有納忠之志。必有納

忠之誠。慕其名無其實。雖政令百變。何益於治。有其言無其誠。雖奏牘萬紙。何有於忠。君而有求治之實。臣而有納忠之誠。言聽計從。志同道合。此堯舜所以為盛帝。稷契所以為忠臣也。恭惟陛下以有為之資。居得致之位。臨御之初。勵精求治。召用耆舊。斥去宦官。出宮人節浮費。凡此數事。聳動觀聽。海隅蒼生。相與議而言曰。明天子出矣。中興太平。日月可冀。幾年于今。治效未著。無以大慰天下顒治之望。亦有繇矣。臣一介書生。幸遇陛下龍飛。親策多士。蓋欲求讜言直論。上裨日月之光。豈惟應故事而已。臣竊謂飾固陋之說。獻佞諛之辭。形容聖德。鋪張太平。非特臣有所不能。恐亦非陛下之所樂聞也。臣狂愚不識忌諱。獨有區區之誠。以獻惟陛下留神。臣伏讀聖策。上慕唐虞之盛治。下及周漢之中興。條舉當今八者之弊。俯詢草茅。臣有以見陛下求治之切也。夫有求治之心者。必有求治之實。有求治之實

者。必有致治之效。陛下求治之心如此其切。致治之效。蔑然無聞。故臣得以妄議。陛下求治之實有所未至也。蓋天下之事有本有末。其本既正。其末不足治矣。陛下欲知所以求治之實。先求所以為治之本。其本無他。正心而已。臣請推其本而言之。然後答聖策所問。陛下能正其本。則唐虞不難致。周漢不足為。八者之弊可以類舉矣。夫天下之本在國。國之本在家。家之本在身。心者又一身之本也。大學曰。古之欲明明德於天下者。先治其國。欲治其國。先齊其家。欲齊其家先脩其身。欲脩其身。先正其心。故漢董仲舒以此告武帝曰。正心以正朝廷。正朝廷以正百官。正百官以正萬民。正萬民以正四方。唐劉蕡亦以此告文宗曰。人君所發必正言。所履必正道。所居必正位。所近必正人。蓋人君惟有一心。而攻之者眾。或以勇力。或以巧佞。或以貨利。或以聲色。各求自售。以取寵祿。人君心一不正。則乘間而入矣。

心志耗亂。耳目壅蔽。是非溷殽。黑白紛錯。靡所不有。小足以害其身大足以壞天下。惟人君者當充心於一正道之中。非正勿視。非正勿聽非正勿言。非正勿動。吾不好馳逐。則孟賁烏獲無所施其勇。吾不樂諂諛。雖弘恭石顯無所用其巧。不殉貨利也。桑羊孔僅不能亂其志。不通聲色也。鄭聲越女不能動其心。人如是。所視無非正。以親則明所聽無非正。以聽則聰。所言無非正。言而為天下法。所動無非正。動而為天下則。以之齊家。則宗族化之。以之治國。則國人化之。以之平天下。則天下化之。無所施而不可。側聞太宗皇帝嘗有言曰。人君當淡然無欲。不使嗜慾形見於外。則姦佞無所自入。朕年長無他欲。但喜讀書。用監古今成敗爾。大哉聖人之言。誠萬世子孫之謨訓也。又聞仁宗皇帝嘗有言曰。朕於聲伎之間。未嘗留意。嘗於禁中閱奏之暇。恬然默坐。不以外物動心也。大哉聖人之德。誠萬世子孫之標準

也。陛下不居其聖。動法祖宗正心之道。所素行者。固不待臣喋喋之言。然愛君之誠不能自已也。臣不敢遠引前代。姑以祖宗近事為對。伏讀聖策曰。朕以不敏。嗣承大寶。循堯舜之道。于茲五載。竊冀俊秀。始得親策于庭。子大夫褎然待問。必有崇謀遠慮。副朕詳延。必有以見陛下求言之切也。臣草茅之士。智慮短淺。不知朝廷之大體。陛下策之於庭者。豈以其言為真足聽歟。且廟堂之上。至于百執事之臣。有大臣以陳善閉邪。有侍臣以獻可替否。有臺官所以糾愆繆。有諫官所以補闕拾遺。在內又有輪對之制。在外間有召對之命。凡可以言者非一人也。天下之事。豈無可言者耶。豈內外之臣。默默而無所言耶。抑亦言之而陛下不能行之耶。何八者之弊如聖策所問者。尚勞宵旰之憂乎。蓋人君其大如天。其尊如神。其威如雷霆。君巍然而在上。臣眇然而在下。溫顏以接之。數言以慰之。猶且畏而不言。又況

臨之以勢。屬之以威。自非忠義之士。奮不顧身者。孰肯抗天顏神忤雷霆哉。不式固然也。縱有所言。非捜摘微纇。則指陳細務。天下有大弊。人君有過舉。嬰逆鱗者誰歟。在廷之臣。畏而未必言。言而未必聽。聽而未必行。孰謂草茅之言為真足聽歟。昔太宗嘗謂大臣曰。在昔帝王多以尊極自高。顏色嚴毅。左右無敢言者。朕與卿等周旋欵曲。商榷時事。蓋欲通上下之情。無有壅蔽。臣願陛下以太宗為法。先正其心。容受直言。然後審其是非邪正。擇其善者而從之。如是。則天下之人樂告以善。崇論遠慮。日陳於前矣。聖策曰。蓋聞唐虞之世。法度彰。禮樂著。不賞而民勸。畫象而刑措。都俞賡歌。不下堂而天下治。朕甚慕之。此有以見陛下求治之切。而遠慕唐虞也。臣聞堯之所以傳舜。舜之所以受堯者。不過曰正心而已。當時都俞之言曰。人心惟危。道心惟微。惟精惟一。允執厥中。惟其正心於一堂之上。故天下化之。法度彰。禮樂著。賞刑不用。一正心而天下定也。昔漢武帝上嘉唐虞。汲黯面數之曰。陛下內多慾而外行仁義。奈何欲效堯舜之舉。蓋堯舜之道自正心始。不能正其心而欲效堯舜。是猶立曲木而求其影之正也。臣願陛下仰稽堯舜之道。先正其心。以治天下國家。則前聖後聖。異世同符。不然。徒慕其名無益也。聖策曰。今朕夙興昃食。兢兢業業。惟無以協帝華而繩祖武。若涉淵氷。未知攸濟。此有以見陛下求治之切。念祖宗太上皇帝畀付之重也。臣謂祖宗所以貽厥孫謀。太上皇帝所以傳之陛下者。亦不過曰正心而已。昔仁宗御書三十五事以為儆戒。其大要則曰。戒喜怒。防濫賞。懼貴驕。求中正。斥諂佞。守信義。此祖宗正心之要也。太上皇帝正心之道得於祖宗之傳。雖非愚臣所得而知。然而三紀之間。上無失德。下無廢事。天下庶幾於治。非正心之功。疇克臻此。臣願陛下仰稽祖宗之道。次守太上皇帝

之訓。先正其心以治天下國家。則可以增帝華光祖武。不然。求之於他無益也。聖策曰。設舉薦之科。下聘召之命。而實材猶未出。此陛下委任羣臣而羣臣挾私之過也。臣聞堂上遠於百里。若門遠於千里。人君以一身處於九重之內。聰明智慮有所不周。賢否並進。忠佞雜遝。豈一人所能盡知。況於外而州縣。遠而山林。非羣臣薦舉。人君何自而知之乎。陛下以公道而付羣臣。羣臣徇私情而負陛下。所薦之人皆有所挾。或以權勢而薦。或以賄賂而薦。或以親舊而薦。甚者身為大臣。移書命而求薦。其親屬侍從臺諫監司郡守。更相薦其親屬。有不知其人者。有不識其面者。其能與否。固不暇問也。陛下因其所薦而用之。又無可否於其間。薦舉之事。收為私恩。聘召之命。反於不才。寒畯之士。何因而前。如此。欲實才之得難矣。天聖間。有詔臣任舉薦縣令而呈者。仁宗謂輔臣曰。呈之薦者才一人。未可遽進。又有呻

臣陳升之薦衞尉寺丞丘濬者。仁宗曰。濬雅無能稱。惟以口舌動人。今升之薦其才。無乃長薄否。臣願陛下以仁宗為法。先正其心。以察其薦者與其所薦之人。其人賢耶。則所薦之人可知矣。果賢焉。用之。又從而賞之。其人非賢耶。則所薦之人亦可知矣。果不肖焉。去之。又從而責之。其間挾私以為黨者。罪之而不赦。無信於一人之言。無惑於左右之譽。實才庶幾可得也。聖策曰。塞僥倖之門。申奔競之禁。而公道猶未行。此陛下寵嬖近臣。而近臣招權之過也。臣聞天無私覆。地無私載。日月無私照。王者奉三無私以勞天下。其爵賞刑罰廢置予奪。一歸至公。與天下共之。未聞有親疏遠近之間也。陛下即位以來。藩邸舊臣。寵任太過。初無奇才異識。殊勲茂烈。躐次而驟用之。庸人腐夫。何所知識。怙勢矜寵。招權納賄。賂所不免。鮮廉寡恥之徒。僥求躁進。爭相執政出其門。侍從臺諫出其門。監司郡守出其門。四方

之士。奔走輻湊。舉袂成雲。揮汗成雨。其勢炎炎。炙手可熱。陛下塞僥倖之門。而僥倖之徒日多。申奔競之禁。而奔競之風日長。如此。欲公道之行難矣。昔真宗時。藩邸之人頗怨留滯。真宗曰。此等苟求僥倖本以因緣際會。儻加陞擢。何以塞輿議。蓋國家爵位不可輕也。仁宗時以王舉正爲參知政事。謂之曰。卿恬於進取。故不次用卿。又以彭乘修起居注。指之曰。此老儒也。雅有恬退名。無以易之。臣願陛下以二祖爲法。先正其心。以察群臣。勁正而廉退者則用之。邪佞而浮躁者則屏之。其間招權以亂政者。又斥之而不疑。威福不移之柄攬之一己。進賢退不肖之任。責之宰相。無以實賞任私意。無以名器假小人。如此。則公道庶幾可行也。聖策曰。廣言路。恢治具。而紀綱猶未立。臣聞臺諫者。朝廷紀綱之地。廣言路所以立紀綱。言路雖廣。而紀綱不立者。未之聞也。方今臺諫雖號數人。位卑而在下者。又有言事之

禁。言事之官一二人而止耳。或有累月而歷席。或以庸才而備位。間得慷慨敢言之士。往往朝奏暮斥。非特不能用其言。併其人而去之。是故。委靡闒冗之流。碌碌以苟歲月。日復一日。浸以成風。忠言至計陛下何自而聞之。陛下恢治具以立紀綱。而言路如此。無怪乎紀綱之未立也。昔仁宗時。增置諫官四員。以歐陽脩等爲之。所以通之甚寵。嘗曰。自歐陽脩等爲諫官。皆言事亮直。無所顧忌。其擢賜章服以寵之。此祖宗賞諫者也。英宗時。侍御史龔鼎臣居職。少所建白。英宗曰。近歲諫官多不職。如鼎臣未嘗言事。因命出之。此祖宗罪不諫者也。臣願陛下取法二祖。正心以正臺諫。導之使言。言之必聽。則言路漸廣。而紀綱立矣。聖策曰。擇守令。務寬恤。而民俗猶未裕。臣聞。擇守令欲以裕民俗。守令既賢。而民俗未裕者。未之聞也。方今郡守不過百數。縣令又數倍之。陛下豈能人人而親擇。又豈能盡得賢者而用

之乎。在陛下馭之如何耳。凡今之人聚斂以獻羨餘者。謂之善生財。掊掠以督租賦者。謂之能辦事。吹毛之察人以爲明。刻骨之暴人以爲健。或飾廚傳。待過客以要名譽。或置苞苴賂權貴以求薦達。如此等人。朝廷方且增秩改命以爲之寵。不可干以私者謂之僻。律己以廉者謂之矯。撫字心勞。催科政拙者。又以爲無能。相師成風。恬不爲怪。守令既無愛民之心。斯民也有賦斂之不均。有獄訟之不平。間有水旱盜賊之變。流離困躓之苦。將何所赴訴乎。陛下務寬恤以裕民俗。守令如此。無惑乎民俗之未裕也。昔太宗親書曆子以賜守令曰。惠愛臨民。可書爲勞績。此太宗以惠民爲先也。仁宗嘗詔監司曰。凡有牧宰貪殘自恣。不務恤民者。悉以名聞。此仁宗以愛民爲本也。臣願陛下取法二祖。正心以正守令。推愛民之心。行恤民之政。則守令皆化而民俗裕矣。聖策曰。贓墨之刑非不嚴。未能使人皆君子之行。

臣以謂刑以齊小人。德以化君子。秦人尚刑名而風俗愈薄。陛下嚴刑罰而欲人皆君子。不可得也。士之仕也。所以爲貧。使其稍廩稍優可以事父母。育妻子。自非性貪而好利者。誰肯自陷於刑辟。今也奪其圭田。削其資給。爲吏者何以養廉。吏責甚重。俸入甚微。有田可耕。孰願從仕。貧悴之人。不得已而仕者。祿既不足以糊口。則不憚於受賂。不幸者敗。幸而可以逃矣。又況化速自近。始朝廷達官。享祿千鍾。或且受金。有司不敢問。刑責不能加。而欲嚴刑以禁州縣之小吏難矣。昔仁宗時。有議減百官俸賜者。仁宗曰。朕所欲去。乘輿服御宮掖奢侈奇巧之費。國家擇人以任職。至於俸賜。自有定例。何用紛紛裁減以駭中外乎。又有議廢職田者。仁宗曰。執事之吏。祿薄不足以自養。不肖者卒以賄敗。朕甚憫焉。其命三司裒公田之數而均給之。祖宗所以厚官吏如此。臣願陛下正心以馭吏。歸其圭租。復其資給。使

之有餘。則人皆修飭矣。如此而尚有贓墨之吏。嚴刑以治之。不為過也。聖策曰。錢穀之問非不勤。而國無積年之儲。臣以謂生財無術。節財為先。漢武好聚斂而海內虛耗。陛下問錢穀而欲國有儲蓄。不可得也。人君之於天下。仰人以援己則難為功。俯己以就人則易為力。廣取以給用。不如節用以廉取。以天下而奉一人。不如以一人而化天下。今朝廷之間。宮掖之內。無名之費。不急之務。可省者未盡省。可罷者未盡罷。陛下不此之務而與司會之臣朝講夕論。求所以生財之計難矣。昔仁宗謂輔臣曰。朕惟先王不寶遠物。身先以儉。故天下化之。今府藏珠玉犀象皆長物。藏之何益。其悉付之有司貿易以佐財用。又嘗出內藏金帛計直數百萬緡以佐三司支費。且曰。朕以為藏之內府。不若付之有司以寬財賦也。祖宗之制財用如此。臣願陛下正心以節用。無名之費。不急之務。皆自求而去之。則國用足矣。如此

而尚有匱乏之憂。臣不信也。聖策曰。屯田以實塞下。或謂兵不如農。臣以謂屯田古之良法也。不可遽行於今。今未可遽行。不若行力田之制。庶幾無遺利之患矣。仁宗嘗曰。唐鄧汝等州曠野甚多。其募民耕之。且寬為賦稅之期。庶使民樂於趨業。此祖宗重農之意。為當今之計。兩淮荊湖之間沃壤千里。甚募民以耕之。立爵以誘之。假其種糧。略其租賦。及其隙也。教以武事。行之歲月。可以獲利。聖策曰。改幣以聽郡用。或謂錢不如楮。臣以謂楮幣今之權宜。不可行之於久。久不可行不若如蜀交子之制。庶幾無偽造之弊矣。仁宗時。益州冦瑊欲禁民為交子。仁宗曰。蜀民貿易有無。用交子久矣。一旦罷之可乎。下使者議。以為官置務可以利民而止其爭訟。此祖宗用幣之意也。為當今之計。用蜀之制。必治其欺偽之罪。使猾吏不能欺。而姦人不敢偽。又以今之錢幣禁而用之。申治人消毀之禁。嚴遠鄙遺棄之制。行

之於久。可以無弊。聖策曰。豈為之未知其要歟。抑文勝而弊難革歟。何視古之弗及也。夫天下未嘗無弊。亦未嘗有不可革之弊。得其要則弊日革。無其要則弊日滋。今日之弊文勝也。陛下知其文勝。何不求其實。陛下知求治之實。天下之事不勞而治。何弊之有。聖策曰。內修政事。宣王所以興周。綜覈名實。中宗所以隆漢。攷之方冊。其施行之迹何如。陛下始策臣以唐虞之治。終問臣以周漢之興。此有以見陛下求治之切。無所不用其至也。臣聞堯舜之德冠絕百王。唐虞之治超越萬代。豈二宣可同年而語哉。陛下既有志於堯舜。二宣不足道也。宣王之所以興周者。其要曰謹微接下。反身修行而已。故詩人稱之。宣帝之所以隆漢者。承昭帝因循之後。用嚴以救弊而已。其他無取焉。史臣美其信賞必罰。綜覈名實。樞機周密。以臣觀之。宣帝無是也。王成之賞。趙蓋楊韓之誅。賞罰為如何。有偽增戶口者。有妄指

鶡雀者。名實為如何。甚者恭顯小人。職典樞機。樞機果周密乎。後世謂元帝優游不斷。漢家之業衰焉。臣謂漢業之衰兆於宣帝。元帝之用恭顯以亂天下。宣帝有以啓之也。又況宣帝專以刑名繩下。雖能起一時委靡之俗。無仁恩以結之。人心亦自此去矣。臣故曰。漢業之衰兆於宣帝。聖策曰。子大夫通達古今。明於當世之務。凡可以移風易俗。富國強兵者。悉陳毋隱。此有以見陛下求言之切。慮臣隱而不言。誘之使言也。陛下誘之使言而臣不言。臣則有罪矣。是以畢其猖狂之説。惟陛下赦之。臣謂移風易俗在陛下正心脩身先天下為風俗。天下之人。視陛下為風俗。陛下之所好惡。下必有甚焉者矣。至於富國強兵之術。此戰國之君切切以咨其臣。戰國之臣譊譊而告其君者也。臣未之學焉。陛下能先正其心以治天下國家。雖不求以富國。而天下有餘。不求以強兵。而天下無敵矣。臣又聞之。居安慮危者

人君保治之道私憂過計者人臣愛君之心古之君臣思患而預防之未嘗一日自安也方今故疆之侵未歸敵人之患未釋盜賊竊發饑饉薦臻生民苟安而非誠安百度粗舉而未盡舉是皆今日大計陛下於蠖濩之中燕間之際以為可憂乎可無憂乎陛下當枕戈嘗膽烏能忘憂微臣當瀝血披肝烏能忘言哉臣謂今日罷兵講和少蘇彫瘵之民不可恃以為安也且反覆變詐之虜其情未易測陛下謂已安已治敵人不足畏故疆不必復雖可為旬月計為患將來可勝道哉仁宗時元昊請和范仲淹韓琦言曰元昊屢勝而求通順實圖休息國家以生靈為念不可不納陛下當隆禮教信以盟好為撫宜選將練兵以攻守為實務彼不背盟我則撫賜無倦彼有負德我則攻守有宜此策之得也若夫今日之舉復讎之師也與仁宗之時大異矣仁宗猶不忘於備敵況於陛下其可一日自安乎萬一邊場

有警陛下所與運籌策者誰歟給餽餉者誰歟戰勝攻取者誰歟凡所以備敵者臣未之聞焉如此而陛下自以為安臣所以寒心也臣聞之道路曰陛下自近歲以來倦於萬機日以馳逐為樂臣始未之信及久客輦下一日見武夫數輩躍騎而馳將命者傳呼駱驛於道臣問之行路之人皆曰此侍陛下擊毬者也臣雖未之盡信亦不能無疑夫千金之子坐不垂堂百金之子立不倚衡何則彼知所以自愛也貴為天子富有天下其所愛者當有重於此昔張建封好擊毬其門下士昌黎韓愈上書極言毬之為害以謂五藏之繫絡甚微垂於肓膈之間而顛沛馳騁似非所以養壽命其言懇切極至夫士之愛其主也如此況臣之愛君乎雖然道路之言未可盡信也陛下生知之性洞達禍福之機固不應有此萬一有之改過不吝從諫如流亦帝王之盛德也深有望於陛下焉臣既辱大問不敢有隱終始以

正心為陛下獻於其末也又及於此臣非不知狂妄之言上瀆天威下犯衆怒罪在不赦然區區之誠深慮在廷之士志於取甲科得美仕而已不復為陛下盡言者臣既言之退膏鈇鉞其甘如薺陛下矜其愚而赦之幸甚臣昧死臣謹對

戡又奏曰臣竊見後唐明宗時康澄上書言事史臣載其畧曰為國家者有不足懼者五深可畏者六三辰失行不足懼天象變見不足懼山摧川竭不足懼水旱蟲蝗不足懼小人訛言不足懼賢士藏匿深可畏四民遷業深可畏上下相徇深可畏廉恥道消深可畏毀譽亂真深可畏直言不聞深可畏史臣歐陽脩謂澄之言非止中一時之病凡為君者可不深戒臣嘗疑之夫深可畏者固所當畏不足懼者豈真不足懼耶信斯言也是使人君不畏天戒不恤人言又烏為至論已而紬繹其故乃得其說蓋人君惟恐政事之不修不患天人

之不相應政事修矣雖九年之水七年之旱不害於治政事不修雖西狩獲麟越裳獻雉無補於亂而況祁寒暑雨小人寧免於怨咨在我者既至在彼者有所不必懼也故任用憸人則賢士藏匿而朝廷空崇尚末作則四民遷業而農務廢容悅者進則上下相徇而治道乖僥倖者多則廉恥道消而風俗壞偏聽左右則毀譽亂真而賞罰僭差疎斥忠良則直言不聞而耳目壅蔽有一于此皆足以召亂宜其人君所以深畏人臣所以極言而後世史臣所以嘉歎也臣智識淺闇雖殫千慮之微無以仰裨聖德之萬一因讀古人之書誦古人之言竊有所懇敢為陛下獻臣願陛下清間之燕深思默慮味澄之言究澄之意去其所以害治者求其所以致治者則聖政日新天下幸甚臣不勝拳拳之誠

中書舍人崔敦詩上奏曰臣聞國家之事成於和同而敗於乖異蓋

天下之勢。譬猶人之一體。一體之間一脉不和。則足以致疾。天下之間。一物不和。則足以害法。昔武王伐紂曰。紂有臣億萬。惟億萬心。予有臣三千。惟一心。盖和與不和。成敗所以分也。臣竊觀國家大事無過於軍與民。軍出死力以衛其民。民勤租税以奉其軍。相視如一家。相通如一體。則何乖異之有。今治民者。務愛民而不恤兵。治兵者務恤兵而不愛民。州縣屯戍之處。軍有陵其民。而主帥庇護而不得治。民有侵其軍。而守令滅裂而不為伸。於是各為町畦。互相睽阻。平居則積眦睚之怨。有事則肆分悖之情。昔高歡每號令軍士。嘗令丞相屬張華宣旨。其語鮮卑。則曰。漢民是汝奴。夫為汝耕。婦為汝織。輸汝粟帛。令汝温飽。汝何為陵之。其語華人。則曰。鮮卑是汝作客。得汝一斛粟。一匹絹。為汝擊賊。令汝安寧。汝何為疾之。且高歡小醜。固萬萬不足道。然其合和軍民。皆中兵理。所以霸也。是故人之常情。自非忠於體國。未有能合異而為同。至於防微杜漸。亦在上之人所以處之有道爾。臣伏覩陛下開旁燭之明。戒履霜之漸。詔將帥宜思百姓供賦以養軍。而毋曲庇其下。詔郡守宜思軍士出力以捍民。而毋專主其民。遇軍民爭訟。各務平心裁理。軍有陵於民。將帥不得占護不遣。民有侵於軍。守臣亦必依法根治。應有斷遣軍民詞訟事件。並具申提刑司及御史臺。各許糾察。其不當者取旨施行。庶幾消乖異之原。致和平之福。仰稱陛下愛養元元。撫恤士卒之意。

中書舍人張孝祥上奏曰。臣竊惟今日天下之事。可謂極矣。國威未振。士氣未立。財用殫匱。甲兵脆弱。譬之元氣虚竭之人。百疾俱見。非醫如俞扁。有湔胃浣腸之術。莫能起也。天授陛下神聖英武。龍潛既久。周知天下之故。作其即位。則舉茲世而新之。獨攬權綱。考核名實。憂勞圖回。日不皇暇。顧惟內外小大之臣。不足以仰望清光之萬一。是以亦歲于茲。大勳未集。然臣聞之。立志欲堅不欲鋭。成功在久不在速。治有大體。不當毛舉細故。令在必行。不當徒為文具。大條欵其同德比義。共濟艱難之業。羣臣欲其宿道鄉方。不為朋黨之私。如是則內治不患其不備。外難不患其不弭。以此富國。以此靖民。以此備文武之境土。以此攄高文之宿憤。躊躇四顧。無不可為者。已如其不然。臣恐藥不當而病益深。則其憂有不可勝言者。惟陛下留神財察。

太學博士虞儔上奏曰。臣聞興一代之治者。必有一定之體。大體既定。則謀議施設。皆出於一。雖用力有淺深。見效有遲速。未有為之而不成者也。何則。大體所在。一定而不易。其為術也要。其於事也周。不特上之人所以力行者有常無。而其群下亦皆識所趨向以趨事赴功。是故用一日之力。則有一日之效。用一歲之力。則有一歲之效。鄭子產曰。政如農功。日夜以思之。思其始而圖其終。朝夕而行之。行無越思。如農之有畔。然則思而後行。行而不出於所思之外。有始而有終者。皆農之所謂畔也。若定體之不先立。泛然莫知其所適從。朝質而暮文。忽寬而驟猛。上失常行之要。下迷趨向之方。徒見其端緒愈多。日不暇給。用力不專。勞而寡效。詩曰。如彼築室于道謀。是用不潰于成。臣故曰。興一代之治。必有一定之體者。此之謂也。三代遠矣。請以漢唐論之。漢興承秦人奢侈之弊。而民背本趨末。於是文帝躬行節儉。以移風俗。惜百金之産。罷露臺之費。宮室苑囿。車騎服御。無所增益。是以海內富庶。興於禮義。幾致刑措。及至宣帝興自民間。知民事之艱難。厲精為治。五日一聽事。宰相已下。各奉職而進。綜核名實。信賞必罰。樞機周密。品式備具。是以當時吏稱其職。民安其業。號稱中興。唐貞觀初。有上書欲人主獨運威權。不委臣下。又欲震耀威武。征討四夷。太宗皆不之聽。一聞魏徵仁義之說。則確意行之。雖封德爰刑罰之言莫之能感。不數載間遂致太平。外戶不閉。行旅不齎糧。蠻夷酋長皆襲衣冠。太宗曰。此魏徵勸我行仁義之效也。故後世言治者漢予文帝唐予太宗。以臣觀之。蓋其即位之始。圖治之初。惟能深識乎大體之所在。或以節儉。或以厲精。或以仁義。盡心力而為之。悉皆馴致而有效。臣故曰。大體既定。雖用力有淺深。見效有遲速。未有為之而不成者。此之謂也。恭惟陛下以上聖之資。履至尊之位。方且博採群下之議。以興起一代之治功。臣恐人各有心。所見不同。談道德者失之迂。論刑名者失之刻。樂因循者重改作。急功利者好生事。甚高則難行。少卑則近陋。雜然並進。初無一定之體。苟朝以一人之說為然而用之。暮以一人之說為否而罷之。朝以其事為是而行之。暮以其事為非而廢之。事無定論。人無常責。雖陛下勤勞於上。群臣奔走於下。終無益也。臣願陛下明詔二三大臣審天下之勢。酌當世

之宜。講明治體。取其規摹。先定有斷然不可易者。然後良法美意。大綱小紀。本數末度。次第而施行之。上以道揆。下以法守。日計之不足。歲計之有餘矣。以之富民。以之強兵。以之安中國。以之禦四夷。何求而不得。何為而不成哉。惟陛下留神。

傅又奏曰。臣聞天道好還。數周必復。為人君者第修人事以應而已。臣嘗觀兩漢而下。天下之勢。或離或合。何其多變也。自東漢離而為三國。又合而為晉。又離而為南北。又合而為隋唐。又離而為五代十國。其間天道之消長。循環往復。互相乘除。而國勢離合。久近之數。若合符契。是蓋有不偶然者矣。如其人事之得失。可喜可恨。皆可考而知也。我國家太祖皇帝應天順人。肇造區夏。太宗皇帝遹追先烈。克集大勳。混一之績。蓋將傳之萬世。靖康阨會。事出非常。建炎中興。駐蹕吳會。中原境土未復於版圖。臣嘗推之於天。驗之於數。甲子已踰一周矣。周則必復。况虧盈益謙。天道未有不還者。歲臨吳分。符秦以亡。天道昭然。不可誣也。然則天下之勢。離而必合。規恢之期。不在茲乎。然臣猶有私憂過計者。蓋怨寢久則易以忘。外無釁則易以忽。爰自講和日久。人情狃以為常。徒見使命之交馳。聘問之狎至。遂謂事體當然。殊不知讎恥未復。何可忘也。徒見歲捐金幣以塡溪壑。遂謂此為久安之策。殊不知狼子野心。未可保也。齊襄公復九世之讎。春秋善之。善其不以久而遂忘也。晉范文子曰。唯聖人能內外無患。自非聖人。外寧必有內憂。惟夫外無釁。則必忽也。今天下風俗委靡。士大夫苟且。百姓未安。倉庫未實。將帥未選。軍政未立。士卒未練。器械未精。凡中國所以自治之策。蓋缺然矣。若胡運將終。不知其何以受之。昔石虎死子孫爭國。朝野皆謂中原指期可復。而蔡謨獨曰。夫能順天乘時。濟群生於艱難者。非上聖與英雄不能為也。今日之事。殆

非時賢所及。蓋人事久忽而不修。天時驟至而復失。此有志之士所以深惜於斯焉。臣願陛下激勵名節。以振起風俗之委靡。總核名實。以作新士大夫之苟且。擇守令以安百姓。省浮費以實倉庫。稽公論以選將帥。明賞罰以立軍政。嚴教閱以練士卒。飭百工以精器械。勿以怨寢久而或忘。勿以外無釁而遂忽。務盡其在己者。而俟其在天。易曰。先天而天不違。後天而奉天時。聖人內修政事。施設注措。所以默契乎天心者久矣。契乎天心。天所不能違也。天時既至。然後奉辭以伐罪。固有非人力所能致而致者。是皆天之所為也。天之所為。天下其孰能禦之。機不可失。時無再來。惟陛下留神。宗社幸甚。

傅又乞申勅百司勤職守毋事奔競狀曰。臣聞天下之事。人君執其要。人臣理其詳。執其要者享其逸。理其詳者任其勞。此不易之分。自然之理也。夫天何言哉。四時行而百物生焉。以有六子之運動而已

人君何為哉。萬事理而四海安焉。以有百官之分掌而已。昔漢宣帝厲精為治。五日一聽事。至百工器械咸精其能。唐太宗以武定禍亂。而承平之日。雖諸衛將帥。皆日試於殿庭。則當時百執事之間。夙夜匪懈。奔走服勞。蓋可知矣。其中興之盛。致治之美。豈無所自而致哉。臣仰惟陛下自即大位。躬攬萬機。凡其所以作新人材。蓋將欲以興起治績。第近年以來。士大夫狃於故習。無振厲奮發之意。有因循怠惰之心。以法令為文具。視官府如傳舍。入局既晚。而出又早。甚者至於無故而不入。文書有所不暇省閱。吏姦有所不暇檢柅。職業廢弛。期會稽違。蓋其念慮所存。亦過欲伺候執政之府。奔走臺諫之門。為身謀而已。久而不革。國將何賴。孔子有云。百工居肆以成其事。韓愈亦謂食焉而怠其事。必有天殃。今輦轂之下。百司庶府。曾不能終食之間。安坐官曹。以了官事。而望其能公爾忘私。知無不為。抑已難矣。

謹按政和彈奏格。應省臺寺監各安常守。赴公營職。無或瘵曠。如有曠廢者。彈劾以聞。昔羲和叛官離次。胤侯以之往征。魏人在位素餐。伐檀以之為刺。今臣職在吏察。敢預以聞。伏望陛下特降睿旨。申勅百工。各司其局。毋或後時以入。毋或先時以出。不唯職事之間得以修舉。而奔競之風。亦庶幾少戢焉。

孝宗懲創紹興權臣之弊。躬攬權綱。不以責任臣下。屯田員外郎林栗言。人主治權。大臣審權。爭臣議權。王侯貴戚善撓權者也。左右近習善竊權者也。權在大臣。則大臣重。權在邇臣。則邇臣重。權在爭臣。則爭臣重。是故人主常患權在臣下。必欲收攬而獨持之。然未有能獨持之者也。不使大臣持之。則王侯貴戚得而持之矣。不使邇臣審之。爭臣議之。則左右近習得而議之矣。人主顧謂得其權而自執之。豈不誤哉。是故明主使人持權。而不以權與之。收攬其權。而不肯獨持之。至有以鹿為馬。以雞為鶩之語。方奉對時。讀至人主常患權在臣下。必欲收攬而獨持之。孝宗稱善。

栗直寶文閣知湖州。又奏曰。臣聞漢人賈誼號通達國體。其所上書至於痛哭流涕者。考其指歸。大抵以一身諭天下之勢。其言曰。天下之勢方病大瘇。非徒瘇也。又苦蹠盭。又類辟且病痱。臣每見士大夫好論時事。臣輙舉以問之。今日國體於四百四病之中。名為何病。能言其病者。猶未必能處其方。不能言其病。而輙處其方。其誤人之死必矣。聞臣之言者。才必則默。間有反以詰臣。即對之曰。今日之病。名為風虛。其狀半身不隨是也。風者在外。虛者在內。真氣內耗。故風邪自外而來之。忽中於人。應時僵仆。則靖康之變是也。幸而元氣猶存。故仆而復起。則建炎之興是也。然元氣雖存。邪氣尚盛。自淮以北。皆吾故壤。而號令不能及。正朔不能加。有異於半身不隨者乎。非但半

身不隨而已。半身存者。凜凜乎畏風邪之來。而不能以自安也。今日論者。譬如痿人之不忘起。奚必賢智之士。然後與國同其願哉。而市道庸流。口傳耳受。苟欲嘗試以售其方。則蕩熨鍼石。雜然並進。非體虛之人所宜輕受也。聞之醫曰。中風偏廢。年五十以下血氣盛者易治。蓋真氣與邪氣相敵。真氣盛則邪氣衰。真氣行則邪氣去。然真氣不充滿於半存之身。則無以及偏廢之體。故欲起此疾者。必禁其嗜欲。節其思慮。愛其氣血。養其精神。使半存之身。日以充實。則陽氣周流。脉絡宣暢。將不覺舍杖而行。若急於愈疾而不顧其本。百毒入口。五臟受風邪之盛。未可奪去。而真氣之存者日以耗亡。故中風再至者。多不能救。臣愚有感於斯言。竊謂賈誼復生為陛下言。無以易此。

歷代名臣奏議卷之五十一

治道

宋孝宗時。樞密院檢詳大字兼檢正李椿上奏曰。臣竊謂國家天下大事有二。餘皆細務也。何謂大事。國之本與國之勢而已耳。何謂國之本。民是也。何謂國之勢。兵是也。民貴乎富庶。兵貴乎精彊。民富兵彊。則本立勢張。國家寧矣。今也未然。州縣之間。多方擾民。而致貧困。流為盜賊。所在之獄充滿。盜賊之發也。十不獲一。今以已獲之盜計之。不知未獲之盜幾何人也。江東西湖南北二廣京西兩淮州縣獄罕有無盜者。州縣以為常事。朝廷之上。無由悉知。故亦未以為憂。臣實憂之。仰惟陛下愛民如赤子。詔令數下。未嘗不以民為意也。而民困如此。未聞有實惠及民者。況陛下聽言不倦。豈遠近之臣未有以民困盜多為陛下言者耶。惟復有司以事不切己。姑且任之耶。臣又甚憂之。江上諸軍素稱精勇。百戰之士。老且去矣。新募之軍。未諳大敵。唯軍中子弟熟見父兄軍律。最宜收刺。而以揀汰老疾。盡隨父兄離軍。又亦未免失所。重以數易大將。號令不一。軍士多貧。有飢寒之患。新人無藉。罕有自固之心。主將既不為久計。軍情觀望。何以歸服。上下既皆苟且。緩急何所倚仗。此國家大計。臣又實憂之。臣願陛下委宰執大臣講論富民彊兵之要。遴選監司守臣。省其科率。寬其徭役。凡所以有擾于民。無益於國者。悉蠲除之。仍下諸路監司守臣。令各條具本路本州可以減省官吏及可寬民力事件。會計一路一州所省減財穀數。將下戶和糴收買及折科加耗之類。倘數裁減。將減汰不釐務官。計其一任所請錢給官田者準給之。以寬州縣之力。今後應減汰人。更不離軍。庶幾州縣之間。可以支吾。不致橫斂。使民漸有富庶之期。而免困窮之患。自不為盜。而國本立矣。至于選擇大將。想皆陛下親擢。臣願陛下既知其可任。則久任之。既知其可委。則專委之。委之既專。則不致懷疑而不盡心。任之既久。則不為苟且。而士卒馴服。如此。則得心腹之將。任陛下之事。其軍中應揀汰之人有子弟家累者。雖應揀汰。減半請受。更不離軍。收其子弟充軍。不須拘以等仗。唯取事藝精彊。俾子父相親。得其死力。以備緩急之用。則兵彊可必。而國勢張矣。天下之事無大於此二者。惟陛下留意焉。

椿為吏部侍郎。又奏曰。臣嘗謂易之為書。言君臣之義。深切著明者也。剛健者君之德。柔順者臣之道。剛柔陰陽。又以別君子小人之分也。凡九居五。六居二。謂之當位。剛柔之正也。而六十四卦。九居五六居二者十六。六居五九居二者十六。考其辭。則九居五六居二者少利。六居五九居二者多吉。何哉。蓋聖人之戒也。君德剛健。其用貴乎柔。臣道柔順。其用貴乎剛中也。臣謹以臨遯二卦明之。臨剛浸而長。將泰之時也。先儒以謂臨民之義。上臨下也。九二之辭曰。咸臨吉无不利。象曰。未順命也。順上之命。臣之義也。而未順命者。非不順命也。姑未耳。未者有所待也。臨者二陽之卦。咸者三陽之卦。得三陽下交。君子道長。則初應四。二應五。則成咸矣。苟不知此而及民。失臨之義矣。泰之時。尚何吉无不利哉。唯六五柔中。不居其知。而能用二之剛中而任之。不責其遽以順命。故曰。知臨大君之宜。言行中之謂也。故大象曰。君子以教思无窮。容保民无疆。此五能任二。不責其應。二能任責。不遽應五。志在咸臨。唯保其民。所以無羡之也。其或剝民以奉上也。為辭而圖進用者。乃變也者也。豈識咸臨之義哉。遯小浸而長。將否之時也。彖曰。小利貞。浸而長也。不言柔。不與其長也。六二之辭曰。執之用黃牛之革。莫之勝說。象曰。固志也。蓋六二當位得君。志於固往者也。執如牛革。不可破。伏兑在下。言莫能盡。故居中而不言中居正而不言正不言利吉兇然唯此一爻獨不言避聖人之意可見矣九五當位所賴三剛為助二陰尚微正其志而不與其進故曰嘉遯正吉以正志也然則不免乎遯者遇時者也君子小人之分可不察哉柔中剛中之戒豈不切哉仰惟陛下剛健中正聰明神武不居其知處已愛人深得知臨咸感之義適當剛長將泰之運臣愚慮內外之臣或有志在咸臨而未即順命者或有志在固位而莫之勝說者臣願陛下悉以易察之使君子小人各得其所將見天地交而萬物通上下交而其志同天下幸甚伏乞睿照

椿又奏曰臣竊嘗謂國家天下譬之一身君為元首在上臣為腹體在下故有為腹心之臣有股肱之臣有為手足爪牙之臣有耳目口舌之臣如人之身腹心思慮股肱運動手足舉行爪牙爬嚙口舌吐吞耳目觀聽共扶元首一身康強無適不可苟或委視聽於手足責舉行於口舌用吞吐於耳目運思慮于股肱其可乎故聖人之易經雅八卦之象則曰乾為君為首坤為臣為腹六子震為足巽為股坎為耳離為目艮為手兌為口故曰近取諸身也體乾之君任用臣子各有攸當如保一身則盡善矣自古人君興致太平莫不用此道也仰惟陛下聖學高明洞照萬方乾剛獨斷躬攬百為闡武修文孜孜不倦欽恤庶獄愛養斯民搜求賢才源厥虛文恭儉勤誠高出千古治道宜乎國富兵彊賢能在職所謀皆遂而每聞陛下有乏才之歎治道未進恢圖之志未遂何哉蓋出令未詳故數改易用人輕易故罕始終命令數改則人不信令人無始終則舉無成事陛下深居九重盡攬天下之務百僚逸豫仰成聖躬焦勞於上百臣觀望於下號令一出或未允衆議則曰出于上意至於除命下或未厭輿情則曰命由中出大臣不敢執後省不敢繳臺諫一敢言上下相徇高爵厚祿固位

冒寵偷為身謀則得計矣於國家安危之計其誰念之可謂上下俱失治道不進職此之由也臣愚願陛下觀易經之旨察取身之喻使腹心股肱手足耳目口舌之臣各盡其道守其職陛下體乾之剛健委任臣子責以成功進忠良之士斥諛佞之人有功者賞有罪者罰持一定之論為久長之計如是而治道不進績用弗成臣不信也小臣狂瞽之言惟陛下裁擇

椿除太平州陛辭又奏曰臣日者入對便殿獲覲清光伏蒙聖慈以臣樸直難得特賜玉音獎諭臣無任感恩戴德榮幸激切之至臣誤荷異知如此糜捐不足以圖報萬分今當遠去闕廷不復再瞻天日之表豈敢忘憂國之心苟有所見不以告君父而含恨入地是臣負陛下特達之知不忠之甚矣臣有嘗見別具劄子奏陳伏望聖慈特賜采覽

一振紀綱　臣嘗聞元魏之時張彝之子仲瑀上書求銓削選格排抑武人羽林虎賁相率直造張彝之第曳彝堂下極意捶辱投之火中再宿而死時收兇強者八人斬之大赦以安之仍令武官入選識者知魏之將亂矣高歡因此傾家貲以結客或問其故曰朝廷懼其亂而不問為政若此事可知也竊見近有揀充軍頭司等子群集作鬧在都城內外公然毆打居民強取錢物街市驚惶奔走駭亂雖送所司其統轄之司不聞行遣又聞先是有軍人因與寺僧爭小兒遂群往毆擊破壞其寺亦不聞盡法行遣軍政如此今降虜散居內外豈無高歡之徒生不逞之心耶朝廷晏然不以為意臣實憂之臣聞太祖皇帝以川班數百人陳訴乞援諸班給賜太祖皇帝悉誅之豈務多殺誅其不服之心耳蓋軍法不如是不立也且揀等子其來已久數十

人身充禁衛。敢肆兇悖如此。方且付之刑寺。以議其罪。僅加杖配而已。人豈知畏。是用姑息之政。姑息奚可振紀綱耶。今驕虜尚彊。大讎未報。山陵未復。盜賊未弭。陛下焦勞以圖治道。紀綱如是。何以上副聖心。臣願陛下責大臣留意于紀綱。已往之事。固難追改。而所轄之司。不應置而不問。易曰。君子安而不忘危。存而不忘亡。治而不忘亂。是以身安而國家可保。臣願陛下以艱難圖治。未可以至治忘憂。天下幸甚。

二嚴階級之法　臣伏覩太祖皇帝剏立軍制階級之法。高出前古。萬世不可易者也。有司遵行。固亦有年矣。臣竊聞近來軍中在上者務爲姑息。在下者往往凌慢。階級之法。漸成虛文。臣嘗詢訪。頗得其由。蓋緣遞者恣横。門號鋪上。又曰鋪吐。或受囑託。或干求兵將官。稍不如意。則摭摘細事。遞相唱說。以恐動之。又或不滿。則撰造事端。密中有司。故軍中莫不畏之。以至兵將官不敢決罰軍兵。大將不敢治將佐。軍中不畏軍法而畏鋪吐。豈立階級法之意耶。臣聞古者命將則曰。閫外之事。將軍制之。大將能制諸軍之命。故戰士畏主將而不畏強敵者。有節制故也。今軍政如此。臣所以爲國家憂之。臣願陛下出自宸斷。嚴階級之法。戢遞者之弊。使軍中紀律整肅。此實國之大事。望留聖慮。

三臺諫風聞言事　臣竊見臺諫官許風聞言事者。蓋內外官吏至衆。四方萬里之事至多。所以防壅蔽也。然則其言事於臺諫之官者。非有所怨憎。則必兇險之徒。既不敢公言之。故多錄事目以納臺諫。謂之短卷。其來久矣。故臺諫章疏凡施行之間。則必曰。臣寮上言不顯姓名者。亦庶幾無所顧忌。敢盡言而不隱也。然後四方之事。官吏之衆。無壅蔽。皆得上達者。惟許其風聞故爾。然則持短卷而謁臺諫官者。決非忠厚之士。若悉斷絕則亦無所聞矣。在聽其言者審之。得其實然後上章。則無所失矣。近聞言事官以言事去職。其納短卷者。罪至徒配。足以革告訐之風。爲監司帥守者莫不稱快。而服陛下聖明察見萬里之外。至于形於歌頌者。甚盛舉也。臣愚慮四方萬里監司郡守。其間有貪婪害物。不卹國事。得以自恣無所忌憚者。不得聞於上矣。有失國家置耳目官之本意。臣願陛下令臺諫官今後凡受告人罪犯事目。言人重罪。如未見端的。且委官體究。俟得其實。然後奏彈。如出虛妄。則坐告人。如是。則既足以戢告訐誕妄之人。亦使四方萬里官吏有所畏憚。不敢恣縱。如臣言可采。即乞別作聖旨下有司施行。

四設險　臣嘗論六合東關等處爲必守之計。有未盡事理。須至再具奏聞。六合據滁河端流之上。有瓦梁堰。若衆寡不敵。則塞瓦梁口。眞滁之間悉爲水澮。雖不戰而可保。事定之後。水淤田疇。將有倍收之利。東關去巢縣不遠。臣面蒙聖諭巢縣已築城。臣竊見巢縣在水之北。敵亭山路至險。易爲守把。虜人決不敢取路。若取南路平衍之地。則可徑至。然其地偏僻。非虜之所欲。吳所以守東關者。東關透大路不遠。兩山隔水相對。水北之山突兀一峯。使人守之。固難攻擊。吳又於水北閘灣澳與河相通。可以容舟。中築堤岸以出兵。堤岸之西。又築一塢。此所謂濡須者。利則出戰。不利則閉塢。此吳之得策也。臣愚所見。謂宜東關不可不措置。孫吳屯兵于無爲而守東關。今若更增一軍在無爲。東以援東關。北以援舒城。尤爲利便。臣願陛下密諭郭綱選擇統制官充采石水軍。就往措置。不必大段彰露也。

五論兩淮必守之地　臣嘗論兩淮有必可守而不可不守之地。其六合東關巢湖皆臣親嘗經行相視。及考驗古今已然之事。事理無疑。臣不敢以因求去。結爲藉手。冒瀆聖聽。況今軍籍中老舊北人無幾。多是南方不經戰陣之人。若使平地與虜騎相拒。難取必勝。萬一蹉跌。則兵氣頓挫矣。向張俊楊存中劉錡以三大軍皆百戰之士。猶不敢於廬州以北見陣。各退軍至柘皋。使虜人越東山口之險。方與之戰。虜又慮險阻在後。故敗而走。諸軍有追至滁梁者。反爲其所敗。蓋地勢之不同也。今諸軍雖多南人。未習野戰。若使之在舟船之上。乃其所長。以我之所長。當彼之所短。所謂立於不敗之地。可保萬全者也。臣願國家以守爲先務。恢復之舉須有機會。圖之未晚。六合高郵東關皆是以水爲固。又可以出保江上。伏望陛下毋忽臣言。特留聖慮。

六薦劉藩楊獬王藺顏敏行　臣竊見前監察御史劉藩本貫袁州。事親至孝。居官有稱。嘗作繁難知縣。不勞而治。忠賢有守。決不負國。臣嘗入狀薦之於侍御史宋延祖。後聞延祖薦於陛下。擢在憲臺。未幾而以母憂去職。臣諒惟陛下必知其爲人矣。今將服闋。伏望聖慈下有司檢舉收召。必能爲國分憂。臣竊見新知永州楊獬博學能文。蚤登科第。居官有守。所至著稱。歷繁難縣及知軍壘。率皆稱治。民有去思。其爲人明敏有斷。不畏強禦。永州小郡。未足以展所蘊。伏望陛下擢之要路。必有過人之績。臣竊見武學諭王藺剛方自立。不隨流俗。有識有文。知時知幾。有憂國之誠。無苟偷之態。生長淮甸。深識邊民之情。當今有用之實材也。願陛下擢之清要。必一有可觀。臣竊見知橫州顏敏行將家子也。嘗爲潭州攸縣巡檢。捕群寇。親臨矢石以破賊。帥司嘗令管轄軍馬。頗有統御之才於頃因大臣論薦。遂蒙朝廷擢爲路分兵官。近因廣西諸司辟置爲郡。亦有治稱。人材難得。今遠守瘴癘之地。誠爲可惜。使之統軍。或爲北邊之郡。乃稱其材。臣伏望陛下特賜錄用。必能稱職。

唐仲友上奏曰。臣聞人主之道。清源止本。而不從事於末流。是以所操彌約。而所事彌大。所治彌近。而所及彌遠。臣嘗質諸經訓。深探治道之原本。竊以爲成治功在善風俗。善風俗在行直道。行直道在去私心。箕子之書曰。無偏無陂。遵王之義。無有作好。遵王之道。無有作惡。遵王之路。無偏無黨。王道蕩蕩。無黨無偏。王道平平。無反無側。王道正直。會其有極。歸其有極。言私心去而直道行也。繼之曰。皇極之敷言。是彝是訓。于帝其訓。凡厥庶民。極之敷言。是訓是行。以近天子之光。言直道達而風俗善也。終之曰。天子作民父母。以爲天下王。言

風俗善而治功成也。蓋私欲公議。在方寸間。如衡之首尾。此重則彼輕。如田之苗莠。彼消則此長。好惡一出於作。偏黨反側一萌於中。決擇差於毫釐。而天下之從風而靡者。已不勝其衆。治道亦從而隳。深可畏哉。臣仰惟陛下紹累聖之休。締纂太上之丕業。宸心孜孜。夙夜勵精以求治功之成。蓋無所不用其至。是宜中外丕應。以承休德。然而十年于此。僅克小康。而未能卓然遠追隆古之盛。臣嘗推原其故。則搢紳之列。奉法循理者雖衆。而誕謾苟且之責。尚煩於司敗。里閭之間。利仁嚮義者豈無。而姦宄詐僞之罪。日干於刑書。未見聖人在上而風俗之難善如今日者也。明詔屢下。豈不丁寧懇切。而美意未孚。臣竊惑之。意者直道之有未盡行歟。且大公至正之道。人心同然。不爲智有而愚亡。亦非昔多而今寡。豈直道可行於古。而不可行於今哉。子曰。斯民也。三代之所以直道而行也。言民無淳漓。道有興廢。

人君亦當求諸己而已。臣觀自古直道之行，本於正心誠意之間，顧於舉賢放佞之際。故益之戒舜，先以儆戒無虞，罔失法度，罔遊于逸，罔淫于樂，繼以任賢勿貳，去邪勿疑。仲虺之告湯，先以不邇聲色，不殖貨利，繼以德懋懋官，功懋懋賞。此古之賢臣所諄諄於聖君，而聖君不以既知既能而漏假急忽者也。陛下勤勞萬機，清靜寡欲，正心誠意之道固所躬行，聰明睿斷，綜覈名實，舉賢放佞之道，亦所洞曉，然臣區區纖臣猶欲以古人之望其君者事陛下，惟聖意察臣愚忠。少加淵慮，防私欲如禦寇仇，存公道如護元氣，內而察諸存心之初，勿使一毫或出於嗜好之私，而非先王之法度；外而察諸用人之際，勿使一職獨出於左右之舉，而拂天下之公議。儻有則斷而去之，既去則敬而守之。此心既存，此誠既著，直道猶有不如三代之隆，臣不信也。詩曰：周道如砥，其直如矢，君子所履，小人所視。惟陛下念之。

仲友又奏曰：臣仰惟陛下紹太上興復之基，念中原陷溺之苦，憂勤寶曆，于茲十年，聖意未嘗一日不在於恢復也。苟付託之重既不可畏憚而自怠，圖艱難之業又不可果敢而欲速。然則建一定之規，收萬全之效，在陛下先審其本末而已。曷謂本？治安是也。曷謂末？富強是也。安者必富，富而不驕，其富易貧；治者必強，強而不治，其強易弱。此本末之所由分，人君之所心不可以不審也。用心於其本，則所進者皆道德仁義之士，所行者皆保民治國之術，其初若無可喜之迹，其終乃有不可勝計之功。用心於其末，則所任者皆權謀功利之臣，所謀者皆攻戰聚斂之事，其初似有目前之利，其終乃有不可勝救之弊。自古人君以此二端而有成敗安危治亂榮辱之異，其迹皆可考。臣不暇縷數，請以唐之三君為陛下略言之。明皇開元之際，幾致太平，末年乃有天寶之亂；德宗建中之初，有貞觀之風，未幾而有奉天之難；憲宗十餘年間，唐之威令幾於復振，而亦不克其終。彼皆一君之身而治忽若此相反，非其材智之殊，特以用心之異爾。方明皇之勵精政事，德宗之罷遣貢獻，憲宗欲庶幾二祖之道德風烈，是三君之心在於治安，則有姚崇、宋璟、楊綰、崔祐甫、杜黃裳、李絳之儔相與謀謨。所言所行，無非納忠直，遠讒佞，修己任賢，節用愛人之事。是以三君進其德，天下蒙其澤，中興之業所由以成。及明皇移心一動，德宗連年用師，憲宗欲積財以復河湟隴右，是三君之心在於富強，則有李林甫、楊國忠、盧杞、趙贊、皇甫鎛、程异之徒相與迎合，所言所行無非闢土地，充府庫，剝下附上，勤民怒衆之事。是以三君受其欺，天下被其毒，已成之功所由以壞，載在信史，最前事之可為鑒戒者也。陛下天資高明，灼知此理，臣言固已為贅，然臣猶有私憂過計者。竊觀比年以來，朝廷之用人，先才力而後學術；郡邑之布政，急催科而緩撫字；駸駸乎戰國秦漢之風，而於三代之遺意，祖宗之家法若不能無異者。此臣所以不能自已於言也。臣愚無知，竊惟中興大業，可以道勝，非可以智求；可以德致，非可以力取。伏望陛下遠師三代，近法祖宗，進用道誼之言，抑退功利之說，專講治安之策，不急富強之計，使德澤流洽，政教修明，下慰人心，上當天意，然後總帥天下之賢俊，以舉順應之師，臣見其摧枯拉朽之易爾。不然，臣恐功利之說得以熒惑聖聽，小人藉此而進，非徒無益，而又害之，則中興之期或非臣所敢知也。臣愚不識大體，惟陛下裁赦。

仲友又奏曰：臣聞崇儒納諫，人主之大利，而小人之所甚不利也。自古聞以不用儒削，未聞以用儒亂；聞以不聽諫亡，未聞以聽諫危。蓋法先王，隆禮義，謹乎臣子，而致貴其上，莫若儒；明是非，辨邪正，察乎幾微，而消於未然，莫若諫。儒用諫行，則國家之根本強固，人主之耳目聰明。彼小人方無所容，而何利於此哉。故必肩為邪說，以上惑主聽，下沮清議。儒者固無非之可指，諫者固無罪之可名也。然儒者必談王道，其論似迂闊；諫者必進苦言，其迹似矯激。小人欲塗人主之聰明，廢國家之根本，未有不以此藉口者也。訑訑之聲音顏色，拒人於千里之外。士止於千里之外，而况迂闊矯激之誚來。臣仰惟陛下降意儒術，虛懷諫諍。前古帝王，蓋未有先之者。一時士大夫亦宜知以儒雅忠讜為先。然臣復至輦轂，已幾二年。每聆搢紳之論，咸曰：毋談王道，時將以汝為迂闊；毋進苦言，時將以汝為矯激。臣始聞而駭之，以為聖明之時，安得斯言。至士大夫之間，安知不有真儒忠諫，聞此而退藏，非朝廷之福也。然以臣所親聞質之，則二說決不出於陛下之聖意。臣之先臣某，仕宦三十年，不離校官，晚蒙陛下擢寘風憲，不愛軀命，空臆盡言，正世俗所謂迂闊矯激者也。然而每一進見，必

蒙陛下溫言俯接。烏臺章奏，十可其九。最後論疏，雖未即行，不踰數月，亦已進用。此先臣所以抱病危惙，猶惓惓於效忠也。然則今日縉紳之議，其不出於陛下之聖意必矣。然而邪說已熾，人心已搖，非如臣輩世受國恩，不能無疑。陛下欲決天下之疑，使真儒忠諫不憚於進，是非號令刑罰之所能及，亦修其在我而已。臣愚無識，竊覩比年經筵之講讀頗稀，臺諫之論列罕用。妄意邪說之所自起，或由於此。伏望陛下數御經筵，而精其選；優容臺諫，而聽其言。誠意既孚，群疑自判。使儒者顯立於朝，諫者不愛其死，實宗社之福，生靈之幸，豈惟微臣之幸。

仲友又奏曰：臣聞賢聖之言，垂訓萬世，遵之未有不成，違之未有不敗。召公之告武王曰：不作無益害有益，功乃成。孔子之告子夏曰：毋見小利，則大事不成。此經傳之明訓，圖大業者不可不知也。臣仰惟陛下夙夜勤勞，思復祖宗之洪業，聖意固在於立事功也。然臣覩比年建議興事之臣，鮮為經久遠大之謀。易言輕舉，數為數改，尚多作無益而見小利者。是故發運無益於財而害民，屯田無益於食而害兵，見增租之小利，則根括沙田；見商賈之小利，則議變鹽法。此四者未覩一毫之利，而有不可勝言之害。其他若淮之鐵錢，處之銅冶，諸郡之甲冑，版曹之楮幣，徒作而無益，利小而害大者，又未易以悉數也。且當聖主有為之時，而有司救過不給，將何以共成大功，仰稱德意。臣嘗察之，其間託公營私，假塗求進者誠多有矣。然亦豈無持區區之心，欲為國家興利者。蓋其所見止於小者近者，故不能權其輕重，以務求其遠者大者耳。臣聞民惟邦本，本固邦寧。故國家之益，莫大於益民；國家之利，莫大於利民。在易，益以興利，其象曰：損上益下，民說無疆。益民乃所以自益，利民乃所以自利也。漢武帝士馬彊盛，

窮追遠討，蓋文景務在養民之餘力。宣帝推亡固存，單于慕義，蓋昭帝與民休息之成效。今之議，求益謀利，而不本之於民，此所以害有益而妨大事也。臣愚竊謂勸農治兵，具有成憲。生聚教訓，本無奇策。陛下推至誠於上，有司奉成法於下。雖不多為紛更，日積月累，為益甚大。若百姓滋殖，則無求不獲，無為不成。較之輕為數變，卒無所利，得失甚明。惟陛下留神詳擇，天下幸甚。

薛季宣上奏曰：臣聞禮繁則亂，易簡而天下之理得。有虞之世，中外之官二十有二人。兵刑共貫，樂教為一。帝舜無為而治，用此道也。臣切怪近世治不及古。自朝廷至于郡縣，皇皇財用，弊弊焉常患其不給，百姓股肌及髓，而日以益甚。雖有卓犖之士，遇有為之主，得時得傳，其所施設，終無以救其萬分。詳求其故，則冗官冗兵二事實有以困之也。九卿之設，古六官之任也。自漢政歸臺閣，則有尚書六部。唐明

皇始置内諸司使。百官用皆失職。至今京师都者遂為養賢之地。設官雖多。有職蓋寡。公移回復。祇為文具。百度為之墮廢。人士得以循默。間者雖省員闕。而其官寺仍存。置吏之員滯濫。一患無異於前。諸路帥臣。古州牧之官也。國朝以來。置轉運使副判官。旬提點刑獄。有提舉常平茶鹽。又有總領市舶坑冶茶馬諸司屯駐之官。又別置都統制。大抵。牧伯之任。分為五六。而州之知通縣之令佐。不相統臨。權均勢敵。一彼一此。各行其意。民無適從。為害滋甚。臣之所謂冗官者此也。廂軍之置。即唐分鎮之兵是也。周世宗及我太祖皇帝增置禁旅。則今之禁衛與諸州之禁兵是也。神宗皇帝立將兵之法。今之帥藩係將禁軍是也。太上皇帝收諸將麾下作三衙御前諸軍。今之大軍是也。四者之外。復有弓手軍役兵。今惟大軍可供戰伐之用。將兵而下。廢為皂隸之役。官吏占破無幾。則冒名廣破。貴工私役者衆。適足以為污吏之資游手之名。無法之久。干闕狂獻之書。因之而生。此雖少加簡閱。繩以軍政。人情玩習。猶無益也。臣之所謂冗兵者此也。惟今法度之弊。臣所知者莫此為大。且天地產之物。其出有限。所養者衆。適用者寡。則人才安能不混。兵刃安得不利。財賦安得不匱。而國欲安強。得乎。夫事簡則易知。易知則易從。職任專。軍政修。則上皆任事之臣。下皆可用之兵。濫吹者無所容。而政猶有未行。古無是道。陛下必欲仍今日之文弊。以圖天下治理。非臣所知。必欲政修而事舉。財豐而兵振。則非更絃易調不可也。夫事為之有道。則人不驚而必辦。咈於人情。則取衆怒而無所成。顧陛下斷之何如。毋憚其難而重改作也。伏願高聽遠覽。詔諸二三大臣詳議而力行之。光武併省郡縣百官職員。而漢道中興。周世宗汰軍老弱。增壯禁卒。而王室始振。皆後事之師也。與其張無職之官。而素收養無用之兵。而虛縻

盡國人情不郵。固當圖之。況為之有道。將不至此乎。惟陛下留神采擇。

趙汝愚論左右潛窺聖意。密預政機。疏曰。臣仰惟陛下天縱生知。聖德隆備。以奉天則致敬。以事親則致孝。以接下則有禮。以撫民則有恩。雖至尊至貴。而内不為聲色之奉。宮館之華。外不為馳騁之娛。遊觀之樂。以至賞諫臣以開忠讜之路。戒近臣以盡獻納之規。發積藏以賑饑窮。損内帑以代租賦。凡古之賢君所謂高世之行者。在陛下固已無備而並舉。安行而優踐之矣。猗歟盛哉。夫行帝道而帝。行王道而王。譬猶春種則秋穫。未有久行而不至者也。然而陛下行之積二十年。何乃紀綱失行於上。水旱洊興於下。官吏媮薄。民用困窮。將帥非材。士以愁怨。忠臣志士。朝夕懷憂。豈陛下所以修諸身者為有未至耶。特以所任非其人。所繇非其道。深負陛下有為之志。此微臣孤憤所激。所以不避衆怨。而思得一鳴於陛下之前也。臣竊惟陛下方養德潛藩之時。蓋目覩秦檜專權之事。陛下博通今古。不無懲艾之心。逮至即位之初。首下求言之詔。收召故老。布在朝廷。亦惟復古之期。謂可旦暮而致。卒之因循歲月。弗克有成。陛下又懲世有遺才。陸沉未用。故或取諸任子。或選自武臣。擺脫拘攣。推誠委任。然亦未聞報德。祇有孤恩。陛下求材之道既周。而圖任之功莫遂。臣伏思陛下聖心於此。蓋不知其所託矣。於是將以無聽為美。而或來膚受之言。以分任為功。而適啓多門之弊。遂至左右潛窺聖意。密預政機。假陛下之威靈。為大臣之輕重。故弱者依違而聽命。事有不可而莫敢與之爭。黠者締合以養交。口雖不言。而實行其意。陛下雖能不假之權。而權實歸之矣。此天下之事所以流弊至此。雖聖明在上。亦不得而盡知之也。夫人主深居九重。蓋與群下相遠。雖云執權在己。獨

須取信於人。彼信之者是爲腹心。聽之者便爲耳目。初不在乎位之高下人之能否。凡聖意之所嚮。皆是權之所歸。彼大臣持祿養交。不顧國家利害。固已不容誅責。若夫能使陛下之大臣甘心俯首一至于此者。安得不深懲而力救之也。臣愚伏願陛下上謹天戒。下順人情。務解絃而更張。先清源而正本。庶幾真材獲用。宿弊頓除。感召至和。導迎景貺。實宗社生靈之幸。

汝愚又論治效遲速疏曰。臣伏見陛下踐祚之初。登用賢俊。容受直言。講求治道。惟恐不及。天下之人。皆以爲英主不世出。莫不延頸企踵。以望太平。當是之時。陛下聖謨經遠。豈不謂内修政事。外復境土。不數年間。可以輕徭薄賦。與民休息。蓋不待知是之久也。今陛下宵衣旰食。苦心勞思。十有五年。而治不加進。豈天下之事終不可爲歟。將所由者未得其道歟。何爲力甚勤而收功甚遠也。臣愚欲望陛下

萬機餘暇。美考古先帝王所以致理之術。而深求其故。有不合者。益解而更張之。庶幾乎不遠復之義。不然。時難得而易失。臣誠深爲明主惜也。惟陛下留神幸甚。

汝愚又乞與大臣建久安之策疏曰。臣一介寒遠。陛下不以其愚不肖。俾承乏于州縣。服勤賤職。首尾五年。竭其駑馬之智。最於民間利病。耳聞目覩。頗得其實。輒試陳其大要。惟明主擇焉。臣仰惟陛下恭儉本於天性。仁厚發於至誠。即位以來。無非以節用愛人爲事。是宜下天上施。家給人足。仰承陛下憂勤之志。而比歲州縣事力單弱。財竭於上。民困於下。法令廢格。巧僞實繁。盜賊滋多。刑礙者衆。良由賦役繁重。風俗茍婾。官太冗而職務不修。兵雖多而法制不立。士無定志。民有幸心。委靡陵夷。可爲深慮。臣謂當此之際。正宜君臣同體。内外一心。集天下之謀。合天下之智。汲汲皇皇然。如救焚拯溺。猶恐不逮。而上下循默。處之恬然。積習成風。寖不自覺。尚賴聖德昭格。年穀屢豐。屈己和戎。境外無事。誠恐一旦疆埸有變。不幸水旱繼興。如人病羸。豈任寒暑。臣每觀士大夫群居竊議。孰非憂國愛君。亦恐獻替之間。不無蔽欺之說。指陳彊富。疑誤聖明。誠不可不早辨也。伏望陛下念祖宗創業之艱難。顧子孫持守之不易。日與二三大臣思所以建久安之策。成億萬年不拔之基。宗社幸甚。生靈幸甚。

汝愚又論治體及蜀風俗疏曰。臣今月初四日準尚書省劄子奉聖旨。命臣將的實被火人戶數目。及已賑濟支過錢米開具聞奏。至十三日準尚書省劄子備坐臣僚劄子奏。竊聞蜀帥欲撤百年之堰。以從一己之規模。民情易搖。當以靜治。好作爲者奇得而恃哉。當以厚化也。善惡太明。則無所措矣。奉聖旨命臣審度經久利害。及具改作因依費用錢物聞奏。臣已遵依聖訓。逐一開具奏聞訖。伏念臣賁稟

素輕。識見尤陋。既無以鎮服浮議。又無以取信士友。招致物論。萃於臣身。臣惶懼震慴。罪當萬死。仰蒙陛下盛德全度。未忍即賜誅責。令臣供具本末。臣感戴聖恩。尤極兢戰。臣自惟孤子一身。今遠在萬里之外。不知議者爲誰。用意安在。臣豈敢復辨論曲直。謹已別具劄子陳乞宫觀差遣外。唯是今來臣寮所奏事理。其間有實關朝廷治體者。臣世蒙恩慶。茍懷所見。瀆至冒昧奏陳。臣伏觀自漢以來。固有以清淨簡易惇厚寬博雍容而致理者。然皆在兵革初定之後。蓋緣人厭久亂。欲相安於無事。故明君賢相亦因時而致化。如漢曹參之輔惠帝。本朝真宗皇帝之用王旦是也。是時民俗醇厚。中外泰和。公卿大夫至口不言人過。還淳反樸。誠有遠古之風。可謂盛矣。然人情習於寬縱。久則弛玩。至寶元慶曆間。夏人首亂。遼人乘之。相視而起。朝廷一時憂懼倉猝。不知所爲。於是衛拔忠良。更張庶政。開天章。給筆

札。以訪問天下之事。人主憂勤於上。群賢奔走於下。經營數年。卒以壹幣結好二虜。而後始定。方若西晉之時。一行之後不責懋勤。風俗相師。以清談廢務。則亂不旋踵矣。今國家自渡江以來。用兵蜀之力。養兵數十萬。日朘月削。六十餘年。如木將腐。根本先病。如人既老。血氣已衰。有志之士。懷憂竊歎。凡有為國家深謀遠計者。咸謂為今之策。要當如管仲之治齊。勾踐之治吳。諸葛亮之治蜀。君臣合謀。小大畢力。選賢任能。興滯補弊。使兵強國富。截然成不拔之勢。然後進可以復祖宗之境土。退猶不失太上中興之業也。今聖主焦勞。春倫常恐不及。而士大夫風俗日益媮敝。以循默為靜厚。以容悅為靖共。比年以來。此風尤甚。今論者因事而言。又曰靜治。曰厚俗。凡為此論議者。亦已多矣。其心蓋欲日漸月漬。陰移陛下剛健有為之志。而成此苟且偷安之俗。是皆群臣目前之利。而非國家長久之福。陛下於聽

言之際。誠不可以不深察也。昔崔寔作政論。仲長統稱之。以為凡為人主。宜寫一通。置之坐側。其言曰。聖人能與世推移。而俗士苦不知變。以為結繩之約。可復理亂秦之結。干戚之舞。足以解平城之圍。以今觀之。事適相類。臣愚竊謂國家治道之隆替。風俗之美惡。所係在此。臣忝綴近臣。同國休戚。亦不得不因此而瀝陳悃愊也。況夫蜀之風俗。皆慕文華而棄法令。喜議論而樂因循。稍違其情。易發譏謗。自來監司帥守以去朝廷甚遠。恐有譏議。不能自明。往往日夕憂虞。務為容忍。姦贓不敢按治。法令不敢舉行。然猶謗讟橫生。斥逐相望。臣乃不自量力。輒欲奉行朝廷法令。稍裁制其末流。區區之誠。本無他意。但欲官吏稍知奉法循理。則遠民得以安業而已。今臣到任一年。凡所按吏不過數人。而或者謂臣善惡太明。則無所措。此尤非臣之所喻也。昔周康王命畢公保釐東郊。作冊命曰。旌別淑慝。表厥宅里。彰善癉惡。立之風聲。齊威公問野人郭氏者曷為墟。野人曰。善善而不能行。惡惡而不能去。是以為墟也。臣觀六經之訓。諸史所載古今治亂之理。莫不以賞善罰惡為先務。未聞以為戒也。況朝廷歲下戒飭之令。付臣以刺舉之權。臣安得而不奉行哉。今蜀士大夫既不便於臣。而臣資稟戇直。前此又數以職事得罪權要。內外合勢。公肆中傷。微臣孤蹤。未知死所。昔孝莫孝於曾參。知莫知於其母。然未免於三至之疑。況臣之愚。身在絕遠。而謗者不知其幾至也。伏望聖慈憐臣獨立無助。仇怨已多。察臣自此號令難行。無以安職。除臣一在外宮觀。或江淮一小郡。差遣。使後之治蜀者。不至以臣為戒。則猶蜀民之幸也。臣勢遠情迫。亦不得不以情實控告於君父之前。乞免以臣此章付外。實荷天地父母生全之賜。臣昧死。

汝愚又乞謹天戒順人情圖久安之計疏曰。臣仰惟國家。稽古建法。

比隆三代。累聖相繼。取於民者有制。故能上下熙洽。風俗歸厚。不幸中更變亂。有司困於調度。始有一時權宜之制。然亦不謂因循積習遠至于今。遂與常賦無二。而有司並緣苛取之數。乃復加多於前日也。故陛下之赤子日朘月削垂五十年。至是蓋不勝其弊矣。加之近歲以來。郡縣之間。用度彌廣。吏之取於民者益以無度。遂致賦繁役重。人去本業。亡聊之民。剽掠盜道。甚者十百羣聚。盜弄兵於潢池。尚賴陛下威靈遠加。所向綏定。然臣區區之愚竊謂民力困弊至此。恐未可便謂既往之事。皆微孽細類為不足慮。而上下恬然。遂忘後日之戒也。臣比復傳聞江浙數郡。已有水旱去處。又乾象示異。未循軌轍。天其或者仁愛陛下。時使陛下益謹天戒。俯順人情。思與執政大臣深圖所以久安之計。若謂國家駐蹕東南。規摹略定。須俟平定之後。復行寬大之澤者。臣聞兵以民為本。其本末先後之理。固自有序。

若夫不量彼已之勢而務以勝人者。蓋亦兵家之所甚忌也。孟子曰。君子創業垂統爲可繼也。若夫成功則天也。夫功之成與否繫乎天而不可知。至於創業垂統要使百世子孫爲有可繼之道。惟陛下留神幸甚。

汝愚又乞凡事責成於有司疏曰。臣聞天之所以爲天也。其勢高高在上。不言而四時行焉。無爲而百物生焉。彼天者初亦何心於其間哉。是故。生以春夏。而生者不以春夏爲恩。殺以秋冬。而殺者不以秋冬爲怨。蓋其一氣之運。上下充滿自然之理。其順如此。仰惟陛下天錫仁智。慨然思欲上齊堯舜。卑視百王。故法天御極而不自以爲高。稽古立制而不自以爲功。猶孳孳然日與天下之士共圖治安之業。建宏遠之規。利無久而不興。害無小而不除。宗社幸甚。生靈幸甚。然臣聞之以道御權者君之體。以勞任事者臣之分。故君常尊於上。而

臣服勤於下。此天下之大義也。近者道路所聞一二有司義節之書或言亦取決於九重。惟恐有所不及。則恐亦將至矣。此微臣之所甚懼也。臣愚伏望陛下覽荀卿好要之說。鑒虞書叢脞之戒。凡事之所當爲者。皆責成於群有司。而又備耳目之官重封駮之任。俾謹修其職而告于上。陛下於是公聽並觀。操賞罰之大柄以臨之。顧何求而不得哉。然則所守甚要。所濟甚博。惟陛下裁擇。

汝愚又乞廣聖意選群才疏曰。臣仰惟陛下臨御以來。二十餘載。憂勤恭儉。常如一日。凡天下事之利病人之情僞。陛下蓋已飽聞而熟究之矣。是宜有所不爲。爲無不成。有所不謀。謀無不獲。仰稱陛下規恢之意。然而算計見效邈未可期。論人才則偷惰而苟安。論風俗則委靡而不振。論兵將則懦怯而無勇。論民力則困弊而弗支。臣謂及今閒暇之時。君臣之間。朝思夕計。圖回講畫。猶恐弗及。而朝廷之上。乃循循然務安於無事。陛下視今日天下豈真無事者耶。臣觀諸葛亮之治蜀也。開誠心。布公道。明賞罰。信號令。有功當錄者雖疏必用。有罪當誅者雖親必殺。遂能以區區之蜀。制服彊魏。每一出師。則中原爲之震恐。況我今日能兼有吳蜀之地。而其勢反困弱不能奮振如臣前所云者其故何耶。臣又觀亮出師表曰。宮中府中均爲一體。終篇所載。尤諄複於君子小人之際。誠以古今出治之道。其原皆本諸此。陛下聰明仁聖。蓋所宜深留意者也。臣竊聞諸道路之言。或謂陛下頗懲前日群臣誕謾之說。比年不輕於舉動。所謀既多不遂。稍有怠於初志。夫不輕於舉動善則善矣。若稍怠於初志。則何異於因噎而廢食也。陛下方恢復大業。安可使此聲有聞於中外乎。臣愚伏願陛下念祖宗創業之艱難。思太上中興之不易。內則益厲聖志。存卧薪嘗膽之心。外則精選群材。盡委任責成之道。自然不勞而功無爲

而治矣。

太常少卿杜範言今日之病。莫大於賄賂交結之風。名譽已隆者貪左右之譽以固寵。官遊未達者惟梯級之求以進身。邊方帥臣黃金不用於反間。而以探刺朝廷。厚賜不優於士卒。而以交通勢要。以致賞罰顛倒。威令慢褻。罪貶者拒命而不行。棄城者巧計以求免。提擁兵者召亂而肆掠。當重任者怙勢而奪攘。下至禁旅驕悍難制。監軍群聚相剽刼。欲望陛下毋以小恩廢大譴。毋以私情撓公法。嚴制宮掖不使片言得以入於闈禁。約閽宦不使讒諂得以售其姦。

應孟明爲詳定一司敕令所刪定官輪對。首論南北通好。疆埸無虞當選將練兵。常如大敵之在境。而可以一日怠乎。貪殘苛酷之吏未去。吾民得無不安其生者乎。賢士匿於下。而忠言壅於上聞。無乃衆正之門未盡闢而兼聽之意未盡孚乎。君臣之間。戒懼而不自恃。勤

勞而不自寧。進君子。退小人。以民隱為憂。以邊陲為警。則政治自修。紀綱自張矣。

陳傅良對策曰。臣恭惟陛下發德音。下明詔。博考漢唐已然之效。下問承學之臣。憮然有師古不自用之心。顧臣淺陋。何以稱塞。抑臣聞自古建議之臣。赴功之臣。翊扶治道之臣。類竊嘆曰。不遇聖主。如遇聖主。當不自用。則言無難行。事業無難就者。臣亦稽之漢唐與王。雖六七作。考論君德。鮮能全美。是以規模褊迫。而治效凡近。陛下寬仁神武。對于三王之隆。粤自紹熙。所以剪除文具。將略邊幅。嘉與群臣洗凡而破陋。以躋至治。以迓宏休。甚盛甚美。臣愚妄自臆度。陛下之聖誠具二美。何謂二美。臣觀比年有大更張。有大施設。詔命之初。億不可奪。一旦事狀陳露。陛下頓悟立改。曾無留難。天下咸曰。陛下之無我。自昔所進。今不知其幾何人矣。其間蓋有遺詔令。負任使者。陛下察見情偽。一予一奪。動中公議。天下咸曰。陛下之知人。夫以無我之量。知人之明。於漢唐可俯視焉。而臣伏讀聖策曰。朕丕承大命。司牧兆人。寅畏嚴恭。懼德弗類。是以順考帝王之憲。鋪尋載籍之傳。求其可師。以濟于治。蓋方憮然師古而不自用。如此。則臣所謂言無難行。事業無難就者。捨此時尚安須耶。然而十有一年于茲。而治績未進于古。下情猶鬱。公論猶沮。士大夫猶有懷不敢盡。獨何歟。或者陛下之所以聖。亦所以累聖德歟。不自用之心。雖能形之於言。未能充之於事歟。臣竊迹前事。曩者創復發運。經營移屯。當時廷臣亦有既其非是者。而陛下姑惟試之。終於無狀。今諫者有譏。將命者有譏矣。豈惟朝野誦九重之不吝而服英斷哉。雖陛下將自喜矣。苟惟自喜。是以為累。何者。有去故之喜。不若有圖新之憂。抑臣未知來者之獻計。果有以異此乎否也。以臣恭之與言。揆之事情。其誕謾苟且舉是

類耳。陛下舍彼取此而不察其適相類。臣恐後之悔今。亦猶今之悔昔。無乃以大有為之時。徒費而為改過之日月乎。夫以天子聖明。春秋鼎盛。何鄉不立。今且一紀。歷日彌長。歲復一歲。改過不給。可不為惜乎。漢元唐德寵任群倖。不移如山。遇主如此。政復何恨。奈何以虛心大度。過不憚改。僅足以度越庸主。而竟無所施也。聽言之道。亦於誤者察之耳。假如曩者以好邊功誤。繼今言邊功者。無遽聽可也。又以徼近利誤。繼今言近利者。無遽聽可也。反而求之。愛根本可也。反而求之。議大體可也。且陛下何不一思曩者誰為主張是乎。時不再來。事且積廢。每試不效。曾未決捨。已乃數悔而頻改之。豈所以圖全耶。臣是以妄議陛下雖有無我之量。而累於自喜也。且陛下之所尊信所寵任。其果以為皆忠實而無欺乎。深謀遠慮而無敗事乎。若果待之如此。臣知陛下必且舉國以授之矣。今乃不然。雖已尊信。已寵任。蓋至於論人論事之際。陛下類有執而不從。從而不盡者。然則尚疑之歟。夫尚疑其人。則必既見其情。而猶待遇如故。委寄如故。何耶。豈非聖明之意。自謂吾能知之。吾能駕馭之。彼雖欲為欺。不可。雖欲害吾治。亦不可。姑亦縱捨而弗問乎。以此自恃。而患滋大。何者。聰明所加。豈無限極。萬機之務。烏能偏知。陛下之所執拒。十不一二。而轉移侵竊於冥冥之中。殆不可勝數矣。夫未知猶可耳。既已知之。後且求固。凡所以自歸於君上者。惟有恭順耳。惟有伺候趨利耳。惟有養交借譽以蓋前愆耳。陛下見其如此。因置弗慮。豈知面從者。皆所以為背違之地乎。苟無誠慤。豈足憑藉。今予之事權。假之歲月。是以遂其私矣。徒曰駕馭。陰受其害。此臣所大惑也。大抵使貪使詐。惟爪牙之賊役可也。股肱心膂。要須忠良。用人之道。百王一法。不宜以洞見是非。易此弗守。臣是以妄議陛下雖有知人之明。而累於自恃也。夫

陛下之師古，豈不曰吾將不自用也。然而陛下以無我之量，而累於自喜；以知人之明，而累於自恃。如臣嘗窺陛下之所以師古，是誠不自用耶？抑名曰師古而實自用也？臣伏讀聖策曰：惟七制之明后，若三宗之顯王，固本培基，則有務德之君；振旅治兵，則有雄才之主。習聞其號，亦觀厥成。咸有所偏，未臻于極。夫樂其號而考其成，患其偏而要其極，誠如所言，信陛下有師古之實矣。抑臣有疑焉，何也？臣伏讀聖策曰：若孝文之德，則罔不孳孳，宵不安，惜露臺之費，除租稅之征，可謂仁矣。然而恬芒刃之施，釋斧斤之用，惟尚寬厚，其威不伸。朕以孝文之文也，而能厲之以武，不亦善乎？臣固知陛下慕文帝之寬仁足以富民，而所闕者武功也。且陛下自度所以富民者何如文帝耶？臣觀文帝以錢穀問丞相，而陳平不對，謂是有司事耳，非所以煩廟堂。由是漢之計臣得以目盡倉廩之吏，得以氏其子孫。臣不識今之

所謂冢宰制國用於左藏之外，別有南庫者何也？且其辭曰：經費一領於大農，而增羨弊餘之入，南庫受之。其名顧不甚美乎？然而操制國之權，與司農孰為輕重？增羨者適有遷擢，經賦辦否，則莫能黜陟也。厥今漕臣守臣，類多自營，觀此二塗，意將安鄉？是以比歲經賦日耗，而南庫之積日滋。大山張告匱，時捐數十萬緡以相補足，比及奏聞，庶有德色。且均之為國用耳，盈彼盈此，竟何謂耶？夫兵廩如昨，吏祿如昨，凡歲百須如昨，而大農甚匱，將安取此？陛下信以為版曹諸臣自齎以取辦乎？抑甘受闕額，擁虛數，坐使乏絕，被誅譴乎？不能為此，必且為他謬巧以苟逭歲月之責。是以上不加賦，而民生嗷嗷。夫暴征橫斂，出於朝廷，則群臣得以論列，細民得以赴愬。今也州縣之賦，一接故籍，無秋毫加益焉，而有司巧為斡旋，暗相資奉，寄緣科色，誅求錙銖。群臣欲論列之耶？細民欲赴愬之耶？而獨無彰彰之名可以

指狀，所以至仁在上，惻隱至矣，而澤不下流，是可不為寒心。夫文帝以司農理財，至於寡取；陛下以宰相理財，至於多取。臣故曰：陛下慕文帝之富民，而不由其道，所以評文帝者，誠善矣，而無益於治也。臣伏讀聖策曰：若孝武之怒，則選明將，討不服，匈奴遠遁，百蠻鄉風，可謂盛矣。然而積尸暴骨，快心胡越，財賄耗而不澹，干戈因以日滋。朕以孝武之武也，而能本之以仁，不亦善乎？臣固知陛下慕孝武之雄才足以強兵，而所不取者薄於仁也。且陛下選將屬兵，亦嘗聞武帝故事乎？臣觀武帝操縱將帥最有繩尺，一旦乃以愛姬，以將貳師。夫以帝之威靈寵一偏將，其誰敢議？而帝也必枚卜諸將，貳師最吉，然後行之。誠不欲以一女子之故弛廢家法，抑絕廷議也。今天下之兵不屬之三衙，與邊帥乎？或云近者禁扈之除，專閫之寄，往往由徑。抑臣疏遠，未知信否。聞亦得之防夫走卒，街談巷議，以為諸將平時所

以侵剋廩錢，隱占伍籍，貿易稱貸，以謀聚財，大抵將以結交媒進身耳。臣竊憤之。未以陛下篤意戎事，妙選授鉞，雖大臣不得與，可否尚安有此？日夜思念，莫執其咎。或者左右朝夕積譽之漸，遊談之久，亦足以宿留宸聰，而容回天聽耶？患生所忽，殆不易知。陛下習聞姓名，忽不以次用之。當是時，豈敢有誦言論薦者乎？蓋其於簡記之先，借助多矣。夫斷自宸衷，恩顧歸下，賂入私室，怨在公家。凡有愛君之心，誰忍聞此？況夫將帥素輕，士不素附，而欲望其立功請邊，不亦難乎？且武帝以私選將，猶不廢公；陛下以公用人，柰何不稽于眾，顧得以容私耶？臣故曰：陛下慕孝武之強兵，誠得其所長矣，而擇將之理未盡。臣未見其能強兵也。臣伏讀聖策曰：文者帝王之利器，武者文德之輔助也。文之所加者深，則武之所服者大。唐之太宗，實惟兼之。觀其內平禍亂，外除夷狄，安諸黎元，各有生業，此人民所以稱其功德兼

隆由漢以來未之有者也。臣又以知陛下小漢家之偏尚，而想貞觀之獨隆。陛下之志豈不大，而學豈不博哉。然臣據漢鑒今，未能無惑而折衷諸唐。抑有四未諭焉。夫陛下以古問臣，臣不敢徒以古對。如陛下誠有慕於唐歟，臣請言今之所以異於唐者。願陛下審擇而更張焉，則豈惟如唐。將有隆於唐者。惟陛下所欲耳。太宗諫官入閤之制，非以求諫耶。而陛下不樂忤意之臣。此臣之所未諭者一也。太宗幕府學士之選，非以崇儒耶。而陛下有輕視儒生之名。此臣之所未諭者二也。太宗感魏徵之言，使群臣不存形迹。陛下乃以近名責臣下。此臣之所未諭者三也。太宗屈意讎臣，而不以秦府自衛。陛下乃以合黨疑外庭。此臣之所未諭者四也。臣非但以太宗望陛下者。安敢懷所未諭而不試陳于前。曩者議除發運，議遣泛使。論思邇臣一語不合。往往罷斥。甚或流竄。事亦少異矣。雖然，是尚有可諉者。曰是

非官守言責也。曰近除授而臺諫有所彈奏，舍人不書黃，學士不草詔。是不曰官守言責乎。蓋職分常事耳。而夜半一紙忽從中下，或出或罷。曾不淹辰。而吏卒譏訶，不容留輦轂下。夫震霆不及掩耳。古所以待桀猾也。此皆陛下忠愛臣子，進退惟命。安用若此忽忽惶惑民聽哉。夫陛下有混一夷夏之志，而不能容一二齟齬之臣。將以垂宗社無窮之休，而不能少屈須臾之聽。省闥臺垣虛位幾月，臣竊怪此何景而見於不諱之時也。太宗獨不怒諫臣乎。宮中無髮之語尚能忍之。深知言路開塞，乃人主切身利害。彼紛紛以口舌爭者，果誰為也。臣以為陛下誠慕太宗，當自求諫始。腐儒空談，祗亂人聽。豈惟人主厭此，雖稍知務書生固自厭此。陛下不與共事，其誰念之哉。然而腐儒端不可用，而不可有輕視儒生之名。何也。非所以招徠其類也。非所以令衆庶見也。脫有真儒，亦其儔輩。或以取輕為慍，而一動歸去來之心。陛下安能有之。夫燕昭之禮郭隗，其虛聲猶足以致士焉。有聖人撫御，天涵地育，而一旦有棄士之名哉。且自陛下臨御以來，凡所謂陋儒，其被戮辱擯挫者誰乎。蓋未之見。而遠方之士，風傳料想，往往過當。或曰經筵特虛器耳。科詔特故事耳。賜出身特未混流品耳。無乃闕然美矣乎。十八學士，豈盡全才。間亦無過區區章句文墨淺事。而太宗無取焉，蓋意不獨為緣飾也。臣以為陛下誠慕太宗，當自崇儒始。夫好名之士，迹似而心不同。如其浮躁剛愎，掠美于己，而歸過于君。誠不足顧惜也。以臣泛觀人才，無慮數等。蓋亦有介直而無隱，蹤跡而家慮心。其溢言似掠美，其憤悱似歸過者。要其存心至拳拳也，至不自為計也。若以好名槩視，無乃非所以全愛之乎。且陛下亦知其所以失者乎。其器度不容，其所養未厚焉耳。夫惟容小所以見大，納污所以成深。人主固當有遠過天下之量也。儻亦以

不推遜為諱，不彌縫為嫌，不幾於示天下狹耶。正使不然，而以聖德洪深，責備臣子，稍稍矜露，亦恐九伯在位，俱不足以望清光，徒下風矣。陛下將誰與共理乎。臣以為陛下誠慕太宗，惟無以近名責臣下可也。獨不觀魏徵請以諫藁付史官乎。脫欲爭名，將以焚章為賢矣。仆碑之譏，乃晚節一恨，又何足法。臣竊考自昔黨議多興於下。何者。此人臣相傾之私，而非君上之願也。蓋黨成則大官重權，利歸於己，誅戮斬殺，怨在一人，而禍歸社稷。若其不成，又將沉浮苟免耳。由此觀之，黨議成否，一無便於上者。此太宗所以中持衡焉，無所偏倚，以銷伏其說，而和平其心。臣恐不識近日詔令何為而合黨之言累累發也。以臣觀今群臣，大抵外同內異，惟身是謀，惟家是計，何暇相黨。假如議一大政，疏一大臣，中饒譊詞，乞且退縮，其餘立而觀之耳。甚者反是而迎合耳。陛下何不審觀比年亦有諫一章，而連章不置，如曩

時譏議新法事乎。亦有用一人。而更數手不奉詔。如曩時李定入臺宋敏求李大臨蘇頌之徒乎。亦有逐一人。而同列乞與俱貶。如曩時范仲淹尹洙余靖之徒乎。正患人臣不同心耳。而陛下方以為黨。此人臣私議於國何利而可倡於君上哉。臣以為陛下誠慕太宗。惟無以合黨疑外廷可也。牛李之禍唐之所以亡也。豈太宗家法乎。臣伏讀聖策曰。瞻言清風竊所嚮慕。伊欲規其能事。跂其成績。何修何飭而外戶不閉。行旅不齎。何取何營而斷獄幾於刑措。米斗直三錢歟。家給人足。厥道何由。仁義功利四者之宜。當安所施。臣以為太宗能事成績略盡君道。不越數端。陛下所以修飾者。若去其不如太宗而就其如太宗者。捨是將有所營取焉。非臣之所敢知也。且陛下試思臣之所未論者。其與太宗異。果何由歟。豈非恃天資之高明。謂天下可獨運而專斷歟。昔貞觀之初。蓋有以獨運之說惑太宗者矣。而太宗卒莫之聽。是以後功利先仁義。而收家給人足之效。陛下欲比迹焉而顧操其所不用之術。臣竊為陛下惜之。方今下情猶鬱。公論猶沮。士大夫猶有懷不敢吐。而陛下方且顧盼周行。類不適用。慨嘆當世殆無其人。茍非悖旨而去。則曰是腐儒耳。則曰是好名耳。則曰是黨耳。然則陛下臨事。腹心將安寄乎。於是乎始有棄文尚武。親內疏外之心。臣豈不知陛下固非好遠經常。率意改圖。而徒犯不韙之議哉。誠以一時聞望之士歷試而甚乏具。十年以來。凡許國者皆不賤言也。夫功未立萬緒闕然。展轉周圖莫適與濟。是獨非人臣負陛下至此哉。雖然。意有所偏則事有名稱。詩不云乎。無田甫田。惟莠驕驕。無思遠人。勞心忉忉。臣竊憂陛下之他有所求。將以獨運專斷而去道愈遠。徒以勞心也。且陛下之所以右武臣未知何以也。竊聆近制。削下拜之禮。升雜壓之序。夫操馭英雄。亦顧亟一略何如耳。安用此瑣瑣

為耶。是固其細者也。彼閭閻賓贊之臣。肺腑之戚。強名曰武。特服飾類焉耳。彼實安能。而陛下況繹容與累年之久。而再畀之樞筦之地。豈惟搢紳煩言。韋布賁氣。下至於老兵悍卒。亦藉藉後議。有侮視不平之心。方當大有為之時。而但曰不必右武。誠迂闊矣。若陛下但以名取。苟服飾爵號僅與文士異。輒取而寵之一白僚之上。羅亦不失旄鉞。居不足與謀也。出不足與戰也。無乃似武而卒非乎。夫以似武而非之人。躐處民上。而曰以作士氣。以起戎功。臣恐其去腐儒無幾也。陛下何不因群情之共違。而察一意之所獨嚮乎。且陛下清心寡欲。不翫細娛。彼侍御僕從之臣。凡所以承間而取憐者。無感焉。則陛下豈偏厚內廷者哉。或者徒以好事遠略。好察臣下。好興利除害之心動乎其中。而或為容悅者所中耳。何者。欲擅擊射之便。則不可與外廷共習。欲探伺之密。則不可與外廷共議。欲一用嘗試之說。則不可與外廷共施行。勢非此曷安用乎。夫陛下用之。纔不過此耳。而影響氣焰足以傾人。不惟容姦殆且生患。比年群臣或以言斥。或以事斥者相繼也。獨侍御僕從未有聞焉。豈在位皆浮偽而彼獨無所蔽欺耶。其地密邇。其彌縫之計精也。陛下手撓指顧。彼因而趨之矣。陛下聲嗟氣嘆。彼從而和之矣。若是而不能幸免將誰幸免耶。外議因是謂果親之也。患且必至。陛下何不因群情之所共違。而察一意之所嚮乎。陛下聖策之末丁寧於臣曰。子大夫習先聖之術。通當世之務。合志慶義。其知之矣。其明以陳告朕。悉意正論。無枉執事。朕將親覽焉。臣誠淺陋無所稱塞。區區之愚。獨以為陛下有師古不自用之心。而顧至於獨運專斷。任一意之所獨嚮。忽群情之所共違。是以下情猶鬱。公論猶沮。士大夫猶有懷不敢盡。故於卒篇中獻焉。而不復他云。詩云。心乎愛矣。遐不謂矣。臣不勝拳拳。

傳良知桂陽軍擬奏事劄子曰。臣所謂養兵固難。而曾莫爲國家任其事者。臣嘗思其故矣。非必皆群臣之罪也。勢也。方今天下之勢。以陛下明聖。豈不灼見其偏歟。其在朝廷有官守者。不如文墨議論之寵。其在四方有民社者。不如監臨按察之專。蓋非一日之積也。往者給諫館閣與省府之官位望相等。而不歷省府。往往不至執政。夫是以清議行而有司無失職。儒雅進而能吏有以自見。而朝廷之勢適平。自主判廢而職掌分。更迭之法改而流品別。由今臺省視六曹長貳。自爲清濁。況他有司乎。臣故曰。有官守者不如文墨議論之寵也。往者帥漕望郡事力不分。而將相大臣多領藩服。夫是以財歸公上。而邊郡未嘗不實。耳目在監司。而守將得立功於繩墨之外。而中外之勢適平。自以兵係將歸之提刑。常平茶鹽歸之提舉。大軍之餉歸之總領。至今帥臣徒擁空名。威望風采不逮監司遠甚。況支郡乎。臣故曰。有民社者不如監臨按察之專也。推是二者。可以察見天下之勢日趨於偏矣。是故煩言勝而事不待其成。糾禁嚴而人不盡其力。今上自臺省。下至州邑。胥史執其政。長官不能誰何。大者三衙。小者鎮寨。卒伍失色則主將屏氣。甚者匹夫單人。動搖在位。官屬之下。操持其長。是今日之勢也。是以不事事者常無咎。而坐觀成敗之俗成。臣故曰。非群臣之罪也。勢也。且以綿地數百州之廣。外有夷狄之難。內有盜賊之患。而執事者皆取具位。曾無一人根柢深厚可以託重。雖有許國之人。欲展布而無繇。陛下念此可長恃乎。自古事變不於暇豫圖之。則俄而至於倉卒。不與忠愛臣子共之。則或不得已付之一切之人。倉卒不如暇豫。一切之人孰與忠愛。利害甚相遼絕也。而每患不果。易曰。黃帝堯舜通其變。使民不倦。神而化之。使民宜之。伏惟念先堯遭變之難。鑒藝祖造邦之意。推黃帝堯舜宜民之術。以正人心。以救天下之勢。則宗社幸甚。蒼生幸甚。

歷代名臣奏議卷之五十二

歷代名臣奏議卷之五十三

治道

宋孝宗時監潭州南嶽廟朱熹上奏曰臣恭惟太上皇帝再造區夏受命中興憂勤恭儉三十六年春秋未高方内無事乃深惟天下國家之至計一旦而舉四海之廣天位之尊斷自宸衷傳之聖子皇帝陛下恭承慈訓應期御歷受朝踐祚曾未幾何而設施注措之間所以大慰斯民之望者新而又新曾靡虚日其規摹固已宏遠矣然猶且謙沖退託未以聖智自居首下明詔以求直言此尤足以見帝王之高致知為治之先務也天下幸甚臣竊伏草茅深自惟念天下之大不為無人忠言嘉謨崇論弘議計已日陳於陛下之前尚恐不足仰望清光無以少備採擇況臣之愚雖欲效其區區豈能有補於萬分之一哉又惟即位求言累聖相承以為故事則未知今日陛下之意姑以備故事而已耶抑真欲博盡群言以廣萬一之助也臣識愚昧不知所出然愛君尊主出於犬馬之誠有不能自已者故昧死言之惟陛下留聽臣伏讀詔書有曰朕躬有過失朝政有闕遺斯民有戚休四海有利病並許中外士庶直言極諫者臣竊以陛下潛德宮府幾三十年不邇聲色不殖貨利無一物之嗜好形於宴私無一事之過失聞於中外昧爽而朝嚴恭寅畏仁孝之德孚於上下所以大繫群生之仰望濬發太上之深慈以至於膺受付託奄有萬方者其必有以致之矣然則聖躬之過失臣未之聞也今者臨御未幾而延登故老召用直臣抑僥倖以正朝綱雪冤憤以作士氣貢奉之私不輸於内帑恭儉之德自聞於四方凡天下之人所欲而未行所患而未去者以次罷行幾無遺恨然則朝政之闕遺臣亦未之聞也至於斯民之休戚四海之利病則有之矣然臣竊伏閭閻十有餘年足迹

未嘗及乎四方其見聞所及之一二内自隱度皆非今日所宜道於陛下之前者不敢毛舉以瀆聖聰至若陰拱嘿默終不為陛下一言則又非臣之所敢安也臣聞召公之戒成王曰若生子罔不在厥初生自貽哲命孟子之言亦曰雖有智慧不如乘勢今天命之眷顧方新人心之蘄向方切此亦陛下端本正始自貽哲命之時因時順理乘勢有為之會也又況陛下聖德隆盛天下之人傳誦道說有年于茲今者正位宸極萬物咸覩其心蓋皆以非常之事非常之功望於陛下不但為守文之良主而已也然而祖宗之境土未復宗廟之讎恥未除戎虜之姦譎不常生民之困悴已極方此之時陛下所以汲汲有為以副生靈之望者當如何哉然則今日之事非獨陛下不可失之時抑國家盛衰治亂之機廟社安危榮辱之兆亦皆決乎此矣蓋陛下者我宋之盛主而今日者陛下之盛時於此而不副其望焉則祖宗之遺黎齒胄不復有所歸心矣可不懼哉可不懼哉臣愚死罪竊以為聖躬雖未有過失而帝王之學不可以不熟講也朝政雖未有闕遺而修攘之計不可以不早定也利害休戚雖不可徧以疏舉然本原之地不可以不加意也蓋學不講則過失萌矣計不定則闕遺大矣本不端則末流之弊不可勝言矣臣請得為陛下詳言之臣聞之堯舜禹之相授也其言曰人心惟危道心惟微惟精惟一允執厥中夫堯舜禹皆大聖人也生而知之宜無事於學矣而猶曰精猶曰一猶曰執者明雖生而知之亦資學以成之也陛下聖德純茂同符古聖生而知之臣所不得而窺也然竊聞之道路陛下毓德之初親御簡策衡石之程不過諷誦文辭吟咏情性而已比年以來聖心獨詣欲求大道之要又頗留意於老子釋氏之書疏遠傳聞未知信否然私獨以為若果如此則非所以奉承天錫神聖之資而躋

之堯舜之盛者也。蓋記誦華藻非所以探淵源而出治道，虛無寂滅非所以貫本末而立大中。是以古者聖帝明王之學，必將格物致知以極夫事物之變，使事物之過乎前者，義理所存，纖微畢照，瞭然乎心目之間，不容毫髮之隱，則自然意誠心正，而所以應天下之務者，若數一二、辨黑白矣。苟惟不學與學焉而不主乎此，則內外本末顛倒繆戾，雖有聰明睿智之資，孝友恭儉之德，而智不足以明善，識不足以窮理，終亦無補乎天下之治亂矣。然則人君之學與不學，所學之正與不正，在乎方寸之間，而天下國家之治不治，見乎彼者如此其大，所繫豈淺淺哉。易所謂差之毫釐，繆以千里，此類之謂也。蓋致知格物者，堯舜所謂精一也；正心誠意者，堯舜所謂執中也。自古聖人口授心傳而見於行事者，惟此而已。至於孔子，集厥大成，然進而不得其位以施之天下，故退而筆之以為六經，以示後世之為天下國家者，其間語其本末終始先後之序尤詳且明者，則今見於戴氏之記，所謂大學篇者是也。故承議郎程顥與其弟崇政殿說書頤近世大儒，實得孔孟以來不傳之學，皆以為此篇乃孔氏遺書，學者所當先務，誠至論也。臣愚伏願陛下捐去舊習無用浮華之文，攘斥似是而非邪詖之說，少留聖意於此遺經，延訪真儒深明厥旨者，置諸左右，以備顧問，研究充擴，務於至精至一之地，而知天下國家之所以治者不出乎此，然後知體用之一原，顯微之無間，而獨得乎堯舜禹湯文武周公孔子之所傳矣。於是考之以六經之文，監之以歷代之迹，會之於心，以應當世無窮之變，以陛下之明聖，而所以浚其原、輔其志者如此其備，則其所至，豈臣愚昧所能量哉。然臣非知道者，凡此所陳，特其所聞於師友之梗槩端緒而已。陛下由是講學而自得之，則必有非臣之言所能及者。惟陛下深留聖意毋忽，則天下

幸甚。臣又聞之，為天下國家者，必有一定不易之計，而今日之計不過乎脩政事、攘夷狄而已矣。非隱奧而難知也。然其計所以不時定者，以講和之說疑之也。夫金虜於我有不共戴天之讎，則其不可和也，義理明矣。而或者猶為是說者，其意必曰：今本根未固，形勢未成，進未有可以恢復中原之策，退未有可以備禦衝突之方，不若縻以虛禮，因其來聘，遣使報之，請復土疆，示之以弱，使之優游驕怠，未遽謀我，而我得以其間從容興補，而大為之備，萬一天意悔禍，或誘其衷，則我之所大欲者，將不用一士之命，而可以坐得，何憚而不為哉。臣竊以為知義理之不可為矣，而猶為之者，必以有利而無害故也。而以臣策之，所謂講和者，有百害無一利，何苦而必為之。夫復讎討賊，自彊為善之說，見於經者，不啻詳矣。陛下聰明稽古，固不待臣一二言之，請姑陳其利害，而陛下擇焉。夫議者所謂本根未固，形勢未成，進不能攻，退不能守，何為而然哉？正以有講和之說故也。此說不罷，則天下之事無一可成之理。何哉？進無生死一決之計，而退有遷延可已之資，則人之情雖欲勉強自力於進為，而其氣固已涣然離沮而莫之應矣。其守之也必不堅，其發之也必不勇。此非其志之本然，氣為勢所分，志為氣所奪故也。故今日講和之說不罷，則陛下之勵志必淺，大臣之任責必輕，將士之赴功必緩，官人百吏之奉承必不能悉其心力以聽上之所欲為。然則本根終欲何時而固，形勢終欲何時而成，恢復又何時而可圖，守備又何時而可恃哉？其不可冀明矣。若曰以虛禮縻之，則彼雖仁義不足，而凶狡有餘，誠有謀我之心，則豈為區區之虛禮而驕；誠有無我之勢，則亦豈為區區之虛禮而輟我。若曰示之以弱，則是披腹心、露情實而示之以本然之弱，非彊而示之弱之謂也。適所以使之窺見我之底蘊，知我之無謀而益

無忌憚耳。縱其不來。我恃此以自安。勢分氣奪。日復一日。如前所云者。雖復曠日十年。亦將何計之可成哉。則是所以驕敵者。乃所以招敵而自驕。所以緩寇者。乃所以養寇而自緩。為虜計則善矣。而非吾臣子所宜言也。且彼盜有中原。歲取金帛。據全盛之勢。以制和與不和之權。少懦則以和要我。而我不敢動。力足則大舉深入。而我不及支。蓋彼以從容制和。而其操術常行乎和之外。是以利伸否蟠。而進退皆得。而我方且仰首於人。以聽和與不和之命。謀國者惟恐失虜人之驩。而不為久遠之計。進則失中原事機之會。退則沮忠臣義士之心。蓋我以汲汲欲和。而志慮常陷乎和之中。是以跋前疐後。而進退皆失。自宣和靖康以來。首尾三四十年。虜人專持此計。中吾腹心。決策制勝。縱橫前却。無不如其意者。而我墮其術中。曾不省悟。危國亡師。如出一轍。去歲之事。人謂難逆其知之矣。而辭嚴未幾。虜使復至。彼何憚於我。而遽為若是。是又欲以前策得志於我。而我猶不悟也。受而報之。信節未還。而海州之圍已急矣。此其包藏反復。豈易可測。而議者猶欲以已試敗事之餘謀當之。其亦不思也哉。至於請復土疆。而冀其萬一之得。此又不思之大者。夫土疆我之舊也。雖不幸淪陷。而豈可使彼仇讎之虜得以制其予奪之權哉。顧吾之德之力如何耳。我有以取之。則彼將不能有而自歸于我。我無以取之。則彼安肯舉吾力之所不能取者而與我哉。且彼能有之而我不能取。則我弱彼強。不較明矣。縱其與我。我亦豈能據而有之。彼有大恩。我有大費。而所得者未必堅也。向者燕雲三京之事。可以監矣。是豈可不為之寒心也哉。假使萬有一而出於必不然之計。彼誠不我欺。而我責其報。我必能自保。而永無他虞。則固善矣。然以堂堂大宋。不能自力以復祖宗之土宇。顧乃乞丐於仇讎之戎狄。以為國家。臣雖不肖。

竊為陛下羞之。夫前日之遣使。猶將以是為請。既失之矣。及陛下嗣位。天下之望曰庶幾乎。而赦書下者。方且禁切諸將。毋得進兵。申遣使介。告諭纂承之意。繼脩和好之禮。亦若有意於和議之必成。而坐待土疆之自復者。遠近傳聞。頓失所望。臣愚不能識其何說。而竊嘆左右者用計之不詳也。古語有之。疑事無功。疑行無名。今虜以好來而兵不戢。我所以應之者。常不免出於兩塗。而無一定之計。豈非所謂疑事也哉。以此號令。使觀聽熒惑。離心解體。是乃未攻而已卻。未戰而已敗也。欲以此成恢復之功。亦已難矣。然失之未遠。易以改圖。往者不可諫。而來者猶可追也。願陛下疇咨大臣。總覽群策。鑒失之之由。求應之之術。斷以義理之公。參以利害之實。罷絀和議。追還使人。苟未渡淮。猶將可及。自是以往。閉關絕約。任賢使能。立綱紀。厲風俗。使吾修政事攘夷狄之外。了然無一毫可恃以為遷延中已之資。而不敢懷頃刻自安之意。然後將相軍民。遠近中外。無不曉然知陛下之志。必於復讎啟土。而無玩歲愒日之心。更相激勵。以圖事功。數年之外。志定氣飽。國富兵強。於是視吾力之強弱。觀彼釁之淺深。徐起而圖之。中原故地。不為吾有。而將焉往。此不過少遲數年之久。而理得勢全。名正實利。其與講和請地。苟且僥倖必不可成之虛計。不可同年而語也明矣。惟陛下深留聖意。毋忽。則天下幸甚。至於四海之利病。臣則以為繫於斯民之戚休。斯民之戚休。臣則以為繫乎守令之賢否。然而監司者。守令之綱也。朝廷者。監司之本也。欲斯民之皆得其所。本原之地。亦在乎朝廷而已。陛下 為今日之監司。姦贓狼籍。肆虐以病民者誰。則非宰執臺諫之親舊賓客乎。其既失勢者。陛下既按見其交私之狀。而斥去之矣。尚在勢者。豈無其人。顧陛下無自而知之耳。然則某事之利。為民之休。某事之病。為民之戚。陛下雖欲聞之。亦誰與奉承而致諸民哉。臣以為惟以正朝廷為先務。則其患可不日而自革。而陛下似亦有意乎此矣。蓋前日所號召數君子者。皆天下所謂忠臣賢士也。所以正朝廷之具。豈有大於此者哉。然其才之所長者不同。則任之所宜者亦異。願陛下於其大者。使之贊元經體。以亮天工。於其細者。使之居官任職。以熙庶績。能外事者使任典戎輸方之責。明治體者使備拾遺補過之官。又使之各舉所知。布之列位。共圖天下之事。使疏而賢者雖遠不遺。親而否者雖邇必棄。毋主先入以致偏聽獨任之譏。毋篤私恩以犯示人不廣之戒。進退取舍。惟公論之所在是稽。則朝廷正而內外遠近莫敢不一於正矣。監司得其人。而後列郡之得失可得而知。郡守得其人。而後屬縣之治否可得而察。重其任以責其成。舉其善而懲其惡。夫如是則事之所謂利。民之所謂休。將無所不舉。事之所謂病。民之所謂戚。將

無所不除。又何足以勞聖慮哉。苟惟不然。而切切然今日降一詔。明日行一事。欲以惠民。而適增其擾者有之。欲以興利。而益重其害者有之。紛紜叢脞。既非君道所宜。宣布奉行。徒為觀聽之美而已。則亦何補之有。況今旱蝗四起。民食將乏。圖所以寬賦役。備賑贍。業流適。銷盜賊之計。尤在於守令之得其人。而其本原之地。則又有在。願陛下深留聖意毋忽。則天下幸甚。蓋天下之事。至於今日無一不弊。而不可以勝陳。以獻言者之衆。則或已能略盡之矣。然求其所謂要道先務而不可緩者。此三事是也。夫講學所以明理而導之於前。定計所以養氣而帥之於後。任賢所以修政而經綸乎其中。天下之事無出乎此者矣。伏惟陛下因此初政。端本正始。自貽哲命之時。因時順理。乘勢有為之會。於此三言。深加察納。果斷力行。以幸天下。則夫所謂不可勝陳之事。凡見於議者之言。而合乎義理之公。切於利害之

計者。自然循次及之。各得其所。若其不然。雖有求治之心。而發之不得其方。雖有致治之方。而為之不得其序。一旦恭儉勞苦。憂勤過甚。有所不堪。而不見其効。則亦終於因循怠惰而無所成矣。豈天下之人所以延頸舉踵而望陛下之初心哉。至於是時。雖欲悔之。臣恐其信勞聖慮而成効不可期也。又況旱蝗之災。環數千里。陛下始初清明。行詔未過。而天戒赫然若此其甚。其必有說矣。臣愚竊以為此乃天心仁愛陛下之厚。未待政過行失。而先致其警戒之意。以啓聖心。使威德大美。始終純全。無可非間。於商中宗周宣王因災異而脩德以致中興也。是宜於此三術屢省而亟圖之。以順民心。以荅天意。以陛下之聖明。必將有以處此。愚臣所慮。獨患議者不深惟其所以然之故。以為其間不免有所更張。或非太上皇帝之意者。陛下所不宜為。以咈親志。臣竊以為誤矣。恭惟太上皇帝至公無私。合德天地。臨

御三紀。艱難百為。其用人造事。皆因時循理以應事變。未嘗膠於一定之說。先後始末之不同。如春秋冬夏之變相反以成歲功。存神過化。而無有毫髮私意凝滯於其間。其所以能超然遠引。屣脫萬乘而不以為難者。由是而已。本其傳位陛下之志。豈不以陛下必能緝熙帝學以繼跡堯禹乎。豈不以陛下必能復讎啓土以增光祖宗乎。豈不以陛下必能任賢脩政以惠康小民乎。誠如是也。則臣之所陳。乃所以大奉太上詒謀燕翼之聖心。而助成陛下尊親承志之聖孝也。議者顧欲守一時偶然之跡。一二以循之。以是為太上皇帝之本心。則是以事物有形之粗。而語天地變化之神也。豈不誤哉。且古者禪授之懿。莫如堯舜之盛。而舜承堯禪二十有八年之間。其於禮樂刑政更張多矣。其大者舉十六相。皆堯之所未舉。去四凶。皆堯之所未去。而舜不以為嫌。堯不以為罪。天下之人不以為非。載在虞書。孔

子錄之以爲大典，爲萬世法。而況臣之所陳，非欲盡取太上皇帝約束紛更之也，非貴其所賤賤其所貴而悉更置之也。因革損益，顧義理如何爾，亦何不可。而陛下何嫌之有哉。願早圖之，以幸天下，毋疑於臣之計也。若夫戰守之機，形勢之勢，則臣未之學，不敢妄有所陳。然竊聞之上流習飾物，望素輕，黜陟失宜，效於已試，下流成安，直棄淮甸長江之險，與寇共之。斯乃古今之所共憂，愚智之所同惑，臣雖鄙闇，亦竊疑之。況今秋氣已高，虜情叵測，傳聞洶洶，咸謂或當復有去歲之舉，雖虛實未可知，然是二者實強弱安危形勢所繫，呼吸俯仰之間，未足以喻其急也。願陛下并留聖意。臣不勝大願。臣凡愚不學，頃歲冒昧群試，有司太上皇帝賜之末第，獲叨官祿，既又誤聽人言，猥加收召。適以疾病留落不前，今則血氣益衰，精神益耗，屏居山間，未知所以仰報大恩之日。敢因明詔，罄竭愚衷，昧死獻書以聞，迂踈狂妄，不識忌諱，忤犯貴近，切劘事機，罪當萬死。惟陛下哀憐財赦而貰其中，干冒天威，臣無任震懼兢惶，俯伏待罪之至。

熹權發遣南康軍事上奏曰：臣伏覩三月九日陛下可議臣之奏，申敕監司郡守條具民間利病悉以上聞，無有所隱。臣以布衣諸生蒙被聖恩，待罪偏壘，乃獲遭值仁聖，求言願治，不間踈遠，如此其敢不悉心竭慮以塞詔旨。然臣嘗病獻言者不惟天下國家之大體，而毛舉細故以爲忠；聽言者不察天下國家之至計，而抉擿隱伏以爲明。是以獻言雖多而實無所益於人之國，聽言雖廣而實無以盡天下之美。臣誠不佞，然不敢專以淺意小言仰奉明詔，惟陛下幸於其大者垂聽而審行之，則天下幸甚。臣嘗謂天下國家之大務莫大於恤民，而恤民之實在省賦，省賦之實在治軍。若夫治軍省賦以爲恤民之本，則又在夫人君正其心術以立紀綱而已矣。董子所謂正心以正朝廷，正朝廷以正百官，正百官以正萬民，正萬民以正四方，蓋謂此也。夫民之不可不恤，不待智者而後能知，亦不待明者然後能言也。然欲知其憔悴困窮之實與其所以致此之由，則臣請以所領之郡推之，然後以次而及其所以施置之方焉。臣謹按南康爲郡，土地瘠薄，生物不暢，水源乾淺，易得枯涸。人民稀少，穀賤農傷，固已爲貧國矣，而其賦稅偏重，比之他處或相倍蓰。民間雖復盡力耕種，所收之利或不足以了納稅賦，須至別作營求，乃可陪貼輸官。是以人無固志，生無定業，不肯盡力農桑，以爲子孫久遠之計。幸遇豐年，則賤糶禾穀，以苟目前之安。一有水旱，則扶老攜幼，流移四出。視其田廬無異逆旅之舍，蓋出郊而四望，則荒疇敗屋在處有之。故臣自到任之初，即嘗具奏乞且將星子一縣稅錢特賜蠲減，又嘗具申提點坑冶司，乞爲敷奏，將夏稅所折木炭價錢量減分數。其木炭錢已蒙聖

慈曲賜開允，獨減稅事漕司相度方上，版曹若得更蒙聖恩特依所請，則一方憔悴困窮之民，自此庶幾復有更生之望矣。然以臣計之，郡之接境江饒等州，土田瘠薄類此者非一郡一縣而已也。稅賦重大如此者非一科一色而已也。若不大爲經理，深加隱恤，雖復時於其間少有縱舍，如以杯水救一車薪之火，恐亦未能大有所濟，而剝膚椎髓之禍必且愈深愈酷而不可救，元氣日耗，根本日傷，一旦不幸而有方數千里之水旱，則其橫潰四出，將有不可如何者。未知陛下何以處此。此臣之所謂民之憔悴困窮而不可不恤者然也。而臣所謂省賦理軍者，請復爲陛下言之。夫有田則有租，爲日久矣，而今日民間特以稅重爲苦者，正緣二稅之入，朝廷盡取以供軍，而州縣無復羸餘也。夫二稅之入盡以供軍，則其物有常數，其時有常限，而又有貼納水腳轉輸之費，州縣皆不容有所寬緩而減免也。州縣既

無廩餘以給官吏養軍兵。而朝廷發下離軍歸正等人又無紀極。支費日增。無所取辦。則不免創於二稅之外。別作名色。巧取於民。且如納米收耗。則自七斗八斗以至於一倍再倍而未止也。豫借官物。則自一年二年以至三年四年而未止也。此外又有月椿移用諸雜名額。拋賣乳香。科買軍器。寄招軍兵。打造鐵甲之屬。自版曹總所以至漕司。已下相承遞相促迫。今日追究人吏。明日取勘知通。官吏無所從出。不過一切取之於民耳。蓋不知是無以補舊欠。支目前。雖明知其一旦發覺。違法抵罪。而不及顧也。矧以罪及其身而不暇恤。尚何暇於民之恤乎。以此觀之。則今日民貧賦重。其所從來亦可知矣。若不討理軍實而去其浮冗。則民力決不可寬。然國家蹙處東南。恢復之勳未集。所以養兵而固圉者常患其力之不足。則兵又未可以遽減。竊意惟有選將吏。覈兵籍。可以節軍貲。開廣屯田。可以實軍儲。練

習民兵。可以益邊備。誠能行此三者。而又時出禁錢以續經用。民力庶幾其可寬也。今將帥之選。率皆膏粱騃子。廝役凡流。徒以趨走應對為能。苞苴結託為事。物望素輕。既不為軍士所服。而其所以得此差遣。所費以是不貲。以故到軍之日。惟務裒斂刻剝。經營賞賂。百種搜羅。以償債負。債負既足。則又別生希望。愈肆誅求。蓋上所以奉權貴而求陞擢。下所以飾子女而快己私。皆於此乎取之。至於招收簡閱。訓習撫摩。凡軍中之急務。往往皆不暇及。軍士既已困於刻剝。苦於役使。而其有能者又不見優異。無能者或反見親寵。怨怒鬱積。無所伸訴。平時既皆悍然有不服之心。一旦緩急。何由可恃。至於軍中子弟。亦有素習弓馬。諳曉戰陣者。例皆不肯就本軍投募。而朝廷反為之分責州郡。枉費錢物。拖拽短小生疎無用之人。以補軍額。凡此數端。本末巨細無不乖錯。而所謂將帥者私欲飽滿。鑽研有效。則又

可以東裝問塗。而望他軍之積以為己資矣。故近歲以來。管軍臣僚遷代之速。至有一歲而再易者。是則不惟軍中利病無由究知。冗兵浮食日益很衆。而此人之所盜竊破費與夫送故迎新。首色支用。已不知其幾何矣。至於總餽輸之任者。亦皆負倚幽陰。交通賄賂。其所程督驅催東南數十州之脂膏骨髓。名為供軍。而輦載以輸於權倖之門者。不可以數計。若乃屯田民兵二事。又特為誕謾。小人竊取官職之資。而未聞其有絲毫尺寸可見之效。凡此數弊。天下之人孰不知之。而任事之臣。略不敢一言以告陛下。惟務迫趣州縣。使之急征橫賦。戕伐邦本。而其所以欺陛下者。則曰如是而國可富。如是而兵可彊。陛下亦聞其說之可喜而未究其實。往往誤加獎寵。畀以事權。是以比年以來。此輩類皆高官厚祿。志滿氣得。而生民日益困苦。無復聊賴。草茅有識之士。相與私議竊嘆。以為莫大之禍。必至之憂。迹

在朝夕。顧獨陛下未之知耳。為今之計。欲討軍實以紓民力。則必盡反前之所為。然後乃可冀也。蓋授將印。委利權。一出於朝廷之公議。則可以絕苞苴請託之私。務求忠勇沈毅。實經行陣。曾立勞効之人。則可以革輕授非才之弊。無苞苴請託之私。則刻剝之風可革。將得其人。則軍士畏愛奮厲。蒐閱以時。而竄名冗食者不得容於其間。得人而久其任。則上下相安。緩急可恃。而又可以省送迎之費。軍之汰卒。與凡北來歸正添差任滿之人。皆可歸之屯田。使之與民雜耕。而漸損其請給。其有材勇事藝之人。則計其品秩而多與之田。因以為什伍之長。使教其人習於馳射擊刺行伍之法。罷去諸州招軍之令。而募諸軍子弟而驍勇者。別授以田。使隸尺籍。大抵令與見行屯田民兵之法相為表裏。擇老成忠實通曉兵農之務者。使領其事。付以重權。久其事任。毋貪小利。毋急近功。俟其果能漸省列屯坐食之兵。

稍損州郡供軍之數。然後議其課最。增秩而因任之。如此十數年間自然漸見功效。若其功效未能遽見之間。而欲亟圖所以紓州縣民間目前之急者。則願深詔主計將輸之臣。且於見今椿積金穀綿絹數內每歲量撥三二十萬。視州郡之貧乏者。特與免起上供官物三五分而代其輸。向後軍籍既覈。屯田既成。民兵既練。則上項量撥之數可以漸減。而州郡免起之數可以漸增。州縣事力既益寬舒。然後可以禁其苛斂。責以寬恤。歲課而時稽之。不惟去其加耗預借非法科斂之弊。又視其土之肥瘠稅之輕重。而均減之。庶幾窮困之民得保生業。無復流移漂蕩之意。所在曠土亦當漸次有人開墾布種。而公上之賦。亦當自然登足。次第增羨。不俟程督迫促。而國真可富兵真可強矣。此臣之所謂省賦治軍之説然也。至於所謂其本在於正心術以立紀綱者。則非臣職之所當及。然天下萬事之根本源流。有

奏議卷之五十三　十三

在於是。雖欲避而不言。有不可得者。且臣頃於隆興初元誤蒙詔對蓋已略陳其梗槩矣。今請昧死復為陛下畢其説焉。夫所謂綱者猶網之有綱也。所謂紀者猶絲之有紀也。網無綱則不能以自張。絲無紀則不能以自理。故一家則有一家之綱紀。一國則有一國之綱紀。若乃鄉總於縣。縣總於州。州總於諸路。諸路總於臺省。臺省總於宰相。而宰相兼統衆職。以與天子相可否而出政令。此則天下之綱紀也。然而綱紀不能以自立。必人主之心術公平正大。無偏黨反側之私。然後綱紀有所繫而立。君心不能以自正。必親賢臣遠小人。講明義理之歸。閉塞私邪之路。然後乃可得而正也。古先聖王所以立師傅之官。設賓友之位。置諫諍之職。凡以先後縱臾左右維持。惟恐此心頃刻之間或失其正而已。原其所以然者。誠以天下之本在是。一有不正則天下萬事將無一物得其正者。故不得而不謹也。今天下

之事。如前所陳。亦可見矣。陛下欲恤民。則民生日蹙。欲理財。則財用日匱。欲治軍。則軍政日紊。欲恢復土宇。則未能北向以取中原尺寸之土。欲報雪讎恥。則未能係單于之頸而飲月氏之頭也。此其故何哉。宰相臺省師傅賓友諫諍之臣皆失其職。而陛下所與親密所與謀議者不過一二近習之臣也。此一二小人者上則蠱惑陛下之心志。使陛下不信先王之大道。而悦於功利之卑説。不樂莊士之讜言而安於私暬之鄙態。下則招集天下士大夫之嗜利無恥者。文武彙分。各入其門。所喜則陰為引援。擢寘清顯。所惡則密行訾毁。公肆擠排。交通貨賂。則所盜者皆陛下之財。命卿置將。則所竊者皆陛下之柄。雖陛下所謂宰相師傅賓友諫諍之臣。或反出入其門墻。承望其風旨。其幸能自立者。亦不過齪齪自守。而未嘗敢一言以斥之。其甚畏公論者。乃略能驚逐其徒黨之一二。既不能深有所傷。而終亦不

奏議卷之五十三　十四

敢明言以擣其囊橐巢窟之所在。勢成威立。中外靡然向之。使陛下之號令黜陟不復出於朝廷。而出於此一二人之門。名為陛下之獨斷。而實此一二人者陰執其柄。蓋其所壞。非獨壞陛下之綱紀而已。乃并與陛下所以立綱紀者而壞之。使天下之忠臣賢士深憂永歎不樂其生。而貪利無恥敢於為惡之人。四面紛然攘袂而起。以求逞其所欲。然則民又安可得而恤。財又安可得而理。軍政何自而脩。土宇何自而復。而宗廟之讎恥又何時而可雪耶。臣誠至愚。不勝憤懣。因伏惟念。自頃進對。得竭狂瞽。陛下不唯赦而不誅。其後十八年間再蒙收召。五被除擢。臣愚暗自知無用於世。又為疾病憂患之所牽留。有不得祗拜恩命者。然陛下之知臣不為不深。憐臣不為不厚。顧臣乃獨畏懦藏縮。熟視天下之綱紀廢亂。生靈困苦。至於如此。而不能捐生出死。一為陛下言之。是陛下不負臣。而臣負陛下也。今日

幸值聖明開廣言路。而臣官守適在可言之數。於此而又不言。則臣之罪雖萬死不足以自贖。是以敢冒言之。伏惟陛下曲加容貸。留神省察。奮發剛斷。一正宸心。斥遠佞邪。建立綱紀。以幸四海困窮之民。則臣不勝大幸。干冒斧鉞。臣無任瞻天望聖戰栗俟命之至。

熹直寶文閣主管西京嵩山崇福宮上奏曰。臣猥以庸陋。蒙被聖知有年於此矣。而兩歲以來。亞恩稠疊。有加於前。顧視輩流。無與爲比。其爲感激之深。固有言所不能諭者。然竊惟念狂妄之言。抵觸忌諱雖蒙聽納。不以爲罪。而伏俟數月。未見其有略施行者。臣誠不自知。求所以堪陛下非常之恩者。而未知所出也。以是慙懼。久不自安。不意陛下又欲召而見之。臣愚一於此。仰窺聖意。尤不識其果何謂也。以爲欲聽其計策。則言已陳而不可用。以爲欲加之恩意。則寵既厚而無以加。二者之間。未有所當。此臣之所以裴回前却。懇切辭避而不

能已也。然而陛下猶未之許。則臣又重思之。前日進對之時。口陳之說。迫於疾作。而猶有未盡焉者。蓋嘗請以封事上聞。而久未敢進。豈非陛下偶垂記憶而欲卒聞之乎。抑其別有以乎。臣不得而知也。然君父之命。至于再下。而爲臣子者。堅臥於家。則臣於此實有所未安者。其所深慮。獨恐進見之後。所言終不可用。而又徒竊誤寵如前之爲。則臣之辭受將有所甚難處。而終得罪者。是以輒因前請而悉其所言以獻。以爲雖使得至陛下之前。所言不過如此。伏惟聖慈幸賜觀省。若以其言爲是。而次第行之。則臣之志願千萬滿足。退伏巖穴死無所憾。萬一聖意必欲其來。則臣亦不過求一望見清光。而後懇請以歸而已。若其言果無可取。則是臣所學之陋。他無所有。政使冒進。陛下亦將何所用之。不若因其懇請而許其歸休。猶足以兩有所全也。又況陛下之庭。侍從之列。方有造爲飛語以中害善良。唱爲擿議。以脅持上下。其巧詆陰計。又有甚於前日之不思而妄發者。陛下無爲使臣輕犯其鋒而復蹈已覆之轍也。蓋臣竊觀今日天下之勢。如人之有重病。內自心腹。外達四肢。蓋無一毛一髮不受病者。雖於起居飲食未至有妨。然其危迫之證。深於醫者固已望之而走矣。是必得如盧扁華佗之輩。授以神丹妙劑。爲之湔腸滌胃。以去病根。然後可以幸於安全。如其不然。則病日益深。而病者不覺。甚可寒心。殆非俗醫常藥之所能及也。故臣前日之奏。輒引藥不瞑眩。厥疾不瘳之語。意蓋爲此。而其言有未盡也。然天下之事所當言者不勝其衆。顧其序有未及者。臣不暇言。且獨以天下之大本與今日之急務深爲陛下言之。蓋天下之大本者。陛下之心也。今日之急務。則輔翼太子。選任大臣。振舉綱維。變化風俗。愛養民力。脩明軍政。六者是也。臣請昧死而悉陳之。惟陛下之留聽焉。臣之輒以陛下之心爲天下

之大本者。何也。天下之事。千變萬化。其端無窮。而無一不本於人主之心者。此自然之理也。故人主之心正。則天下之事無一不出於正。人主之心不正。則天下之事無一得由於正。蓋不惟其賞之所勸。刑之所威。各隨所向。勢有不能已者。而其觀感之間。風動神速。又有甚焉。是以人主以眇然之身。居深宮之中。其心之邪正。若不可得而窺者。而其符驗之著於外者。常若十目所視。十手所指。而不可掩。此大舜所以有惟精惟一之戒。孔子所以有克己復禮之云。皆所以正吾此心。而爲天下萬事之本也。此心既正。則視明聽聰。周旋中禮。而身無不正。是以所行無過不及。而能執其中。雖以天下之大而無一人不歸吾之仁者。臣謹按尚書舜告禹曰。人心惟危。道心惟微。惟精惟一。允執厥中。夫心之虛靈知覺。一而已矣。而以爲有人心道心之別者。何哉。蓋以其或生於形氣之私。或原於性命之正。而所以爲知覺

者不同。是以或危殆而不安。或精微而難見耳。然人莫不有是形。故雖上智不能無人心。亦莫不有是性。故雖下愚不能無道心。二者雜乎方寸之間。而不知所以治之。則危者愈危。微者愈微。而天理之公卒無以勝乎人欲之私矣。精則察夫二者之間而不雜也。一則守其本心之正而不離也。從事於斯。無少間斷。必使道心常爲一身之主。而人心每聽命焉。則危者安。微者著。而動靜云爲自無過不及之差矣。又按論語顏淵問仁。子曰。克己復禮爲仁。一日克己復禮。天下歸仁焉。爲仁由己。而由人乎哉。夫仁者。本心之全德也。己者。一身之私欲也。禮者。天理之節文也。蓋人心之全德。莫非天理之所爲。然既有是身。則亦不能無人欲之私以害焉。故爲仁者。必有以勝其私欲而復於禮。則事皆天理。而本心之德復全於我也。心德既全。則雖以天下之大。而無一人不歸吾之仁者。然其機。則固在我而不在人也。日日克之不以爲難。則私欲淨盡。天理流行。而仁不可勝用矣。此大舜孔子之言。而臣輒妄論其所以用力之方如此。伏乞聖照。然邪正之驗著於外者莫先於家人。而次及於左右。然後有以達于朝廷。而及於天下焉。若宮闈之內。端莊齊肅。后妃有關雎之德。後宮無盛色之譏。貫魚順序。而無一人敢恃恩私以亂典常。納賄賂而行請謁。此則家之正也。退朝之後。從容燕息。貴戚近臣。携僕奄尹。陪侍左右。各恭其職。而上憚不惡之嚴。下謹戴盆之戒。無一人敢通內外竊威福招權市寵。以紊朝政。此則左右之正也。內自禁省。外徹朝廷。二者之間洞然無有毫髮私邪之間。然後發號施令。羣聽不疑。進賢退姦。衆志咸服。紀綱得以振。而無侵撓之患。政事得以脩。而無阿私之失。此所以朝廷百官六軍萬民。無敢不出於正。而治道畢也。心一不正。則是數者固無從而得其正。是數者一有不正。而曰心正。則亦安有是理

哉。是以古先聖王兢兢業業。持守此心。雖在紛華波動之中。幽獨得肆之地。而所以精之一之。克之復之。如對神明。如臨淵谷。未嘗敢有須臾之怠。然猶恐其隱微之間。或有差失而不自知也。是以建師保之官以自開明。列諫諍之職以自規正。而凡其飲食酒漿衣服次舍器用財賄。與夫宦官宮妾之政。無一不領於冢宰之官。使其左右前後。一動一靜。無不制以有司之法。而無纖芥之隙。瞬息之頃得以隱其毫髮之私。蓋雖以一人之尊。深居九重之邃。而凜然常若立乎宗廟之中。朝廷之上。此先王之治所以由內及外。自微至著。精粹純白無少瑕翳。而其餘風遺烈。猶可以爲後世法程也。臣竊見周禮天官冢宰一篇。乃周公輔導成王垂法後世。用意最深切處。欲知三代人主正心誠意之學。於此考之。可見其實。伏乞聖照。陛下試以是而思之。吾之所以精一克復而持守其心者。果嘗有如此之功乎。所以脩身齊家而正其左右者。果嘗有如此之效乎。宮省事禁。臣固有不得而知者。然不見其形而視其影。不觀其內而占其外。則爵賞之濫。貨賂之流。閭巷竊言。久已不勝其籍籍矣。臣竊以是窺之。則陛下之所以脩之於家者。恐其未有以及古之聖王也。至於左右便嬖之私。恩遇過當。往者淵覿說抃之徒。勢焰熏灼。傾動一時。今已無可言矣。獨有前日臣所面奏者。雖蒙聖慈委曲開譬。然臣之愚。嘗竊以爲此輩但當使之守門傳命。供掃除之役。不當假借崇長。使得逞邪媚。作淫巧於內。以蕩上心。立門庭。招權勢於外。以累聖政。而其有才無才。有罪無罪。自不當論。況其有才適所以爲姦。有罪而不可復用乎。且如向來主管喪事。欽奉几筵之命。遠近傳聞。無不竊笑。臣不知國史書之。野史記之。播于夷狄。傳於後世。且以陛下爲何如主也。縱有曲折如前日所以諭臣者。陛下亦安能家置一喙而人曉之耶。則餘小

不比人類。顧乃熒惑聖心。虧損聖德。以至此極。而公卿大臣拱手熟視。無一言以救其失。臣之痛心。始者惟在於此。比至都城。則又知此曹之用事者。非獨此人。而侍從之臣。蓋已有出其門者。臣伏見陛下即位以來。臣下稍有知識。無不以此事為言者。既皆不蒙聽納。甚者至或抵罪。故自近年以來。無復有此言者。蓋知其根株牢固。不可動搖。言之無益。徒取乖牾。以致所言他事。亦不見用。故置此事於度外。而姑論其次耳。不唯如此。亦以過失之萌。人所創見。故以為異而爭言之。及其既久。則習熟見聞。以為常事。而不足言。正如近年冬雷秋雪。時時有之。人遂不以為異。然此豈可常之理哉。惟臣愚闇。不識時宜。故今日猶復論此人所諱言而厭道之事。雖幸不蒙誅斥。而亦未見有所施行也。臣竊思之。必使陛下聽疏遠之言。而遂其平日深所愛幸之人。誠有所難能者。然此事利害既陳於前。而臣所深憂。又恐

其不可為後聖法也。伏惟陛下深為宗社子孫萬世之慮。思而行之。天下幸甚。至其納財之塗。則又不於士大夫。而專於將帥。臣於前日亦嘗輙以面奏。而陛下諭臣以為誠當深察而痛懲之矣。退而始聞陛下比於環列之君。已嘗有所易置。乃知陛下固已深察其弊而無所待於人言。然猶未嘗明正其罪。而反寵以崇資巨鎮。使即便安。此曹無知何所忌憚。況中外將帥。其不為此者無幾。陛下亦未能推其類而悉去之也。臣竊聞之道路。自王抃既逐之後。諸將差除。多出此人之手。蓋抃與此人專為諸將交通內侍。納賂頁官得其指意。風諭軍中等第論薦以欺陛下。實將帥之牙儈也。今雖去之。而未正其罪。又聞向者鄂帥劫剝之事。亦是此人內外營救。遂致罪人漏網。言者被罪。中外至今為之不平。既而又有匿名揭榜。暴其過惡者。亦被決配。此不惟行遣太偏。足為聖政之累。而自此之後。遂無復有人敢言

諸將之罪者。以小人握重兵。或在周廬肘腋之間。或在江湖千里之外。而中外無一人敢白其害。此於國計。深恐未便。前代之監。蓋亦非遠。伏乞陛下少留聖慮。陛下竭生靈之膏血以奉軍旅之費。本非得已。而為軍士者顧乃未嘗得一溫飽。甚者採薪織屨。掇拾糞壤以度朝夕。其又甚者至使妻女盛塗澤倚市門以求食也。怨詈謗讟。悖逆絕理至有不可聞者。一有緩急。不知陛下何所倚仗。是皆為將帥者巧為名色。頭會箕歛。陰奪取其糧賜。以自封殖。而行貨賂於近習。以圖進用。彼此既厭足矣。然後時以薄少。號為羨餘。陰奉燕私之費。以嫁士卒怨怒之毒於陛下。且幸陛下一受其獻。則後日雖知其罪。而不得復有所問也。出入禁闥腹心之臣。外交將帥共為欺蔽。以至於此。豈有一毫愛戴陛下之心哉。而陛下不悟。反寵暱之。以是為我之私人。至使宰相不得議其制置之得失。給諫不得論其除授之是非。

以此而觀。則陛下所以正其左右。未能及古之聖王又明矣。且私之得名。何為也哉。據己分之所獨。而有不得以通乎其外之稱也。故自匹夫而言。則以一家為私。而不得以通乎其鄉。自鄉人而言。則以一鄉為私。而不得以通乎其國。自諸侯而言。則以一國為私。而不得以通乎天下。至於天子。則際天之所覆。極地之所載。莫非己分之所有。而無外之不通矣。又何以私為哉。今以不能勝其一念之邪。而至於有私心。以不能正其家人近習之故。而至於有私人。以私心用私人。則不能無私費。於是內損經費之入。外納羨餘之獻。而至於有私財。陛下上為皇天之所子。全付所覆。使其無有私而不公之處。其所以與我者亦不細矣。乃不能充其大。而自為割裂以狹小之。使天下萬事之弊莫不由此而出。是豈不可惜也哉。臣竊聞太祖皇帝改營大內。既成宫。御正殿。洞開重門。顧謂侍臣曰。此如我心。少有邪曲。人皆

見之。臣竊謂太祖皇帝不爲文字言語之學，而其方寸之地，正大光明。直與堯舜之心如合符節。此其所以肇造區夏，而垂裕無疆也。伏惟陛下遠稽前聖，而近以皇祖之訓爲法。則一心克正，而遠近莫敢不一於正矣。伏乞聖照。若以時勢之利害言之，則天下之勢，合則强，分則弱。故諸葛亮之告其君曰，宮中府中，俱爲一體。陟罰臧否，不宜異同。若有作姦犯科及爲忠善者，宜付有司論其刑賞，以昭陛下平明之理。不宜偏私，使內外異法也。當是之時，昭烈父子以區區之蜀，抗衡天下十分之九，規取中原，以興漢室，以亮忠智爲之深謀，而其策不過如此。可謂深知時務之要，而暗合乎先王之法矣。夫蜀之小，魏之全，又且內小人而外君子，廢法令而保姦回，使內之所出者，日有以賊乎外，公之所立者，常不足以勝乎私，則是此兩國者，又自相

攻，而其內之私者常勝，外之公者常負也。外有鄰敵之虞，內有陰邪之寇，日夜交攻而不置，爲國家者亦已危矣。夫以義理言之既如彼，以利害言之又如此，則今日之事，如不滌正，臣恐陛下之心，雖勞於求賢，而一有所妨乎此，則賢人必不得用，而所用者皆庸繆憸巧之人。雖勤於立政，而一有所礙乎此，則善政必不得立，而所行者皆阿私苟且之政。日往月來，養成禍本，而貽燕之謀未遠，輔相之職不脩，紀綱壞於上，風俗壞於下，民愁兵怨，國勢日卑，一旦猝有不虞，臣竊寒心。不知陛下何以善其後也。然則臣之所謂天下大本，惟在陛下之一心者，可不汲汲皇皇而求有以正之哉。臣昨來面奏劄子內一節云：伏願陛下自今以往，一念之萌，則必謹而察之，此爲天理耶，爲人欲耶。果天理也，則敬以擴之，而不使其少有壅閼。果人欲也，則敬以克之，而不使其少有凝滯。推而至於言語動作之間，用人處事之際，無不以是裁之。知其爲是而行之，則行之惟恐其不力，而不當憂其力之過也。知其爲非而去之，則去之惟恐其不果，而不當憂其果之甚也。知其爲賢而用之，則任之惟恐其不專，聚之惟恐其不衆，而不當憂其爲黨也。如其爲不肖而退之，則退之惟恐其不速，去之惟恐其不盡，而不當憂其有偏也。如此，則聖心洞然，中外融徹，無一毫之私欲得以介乎其間，而天下之事，將惟陛下之所爲，無不如志矣。今恐日久，元本不存，再此具奏，伏乞聖照。至於輔翼太子之說，則臣前日所謂數世之仁者，蓋已微發其端，而未敢索言之也。夫太子天下之本，其輔翼之不可不謹，見於保傅傳者詳矣。陛下聖學高明，洞貫今古，宜不待臣言而喻。然臣嘗竊怪陛下所以調護東宮者，何其疏略之甚也。由前所論而觀之，豈非所以自治者猶未免於疏略，因是亦以是爲當然而不之慮耶。夫自王十朋、陳良翰之後，宮寮之選，號爲得人，而能稱其職者，

蓋已鮮矣。而又時使邪佞儇薄、闒冗庸妄之輩，或得參錯於其間，所謂講讀，聞亦姑以應文備數，而未聞其有箴規之效。至於從容朝夕陪侍遊燕者，又不過使臣宦者數輩而已。皇太子睿性夙成，閱理久熟，雖若無待於輔導，然人心難保，氣習易污，習於正則正，習於邪則邪。此古之聖王教世子者所以必選端方正直道術博聞之士，與之居處，而又使之逐去邪人，不使見惡行，蓋常謹之於微，不待其有過而後規也。今三代之制雖不可考，且以唐之六典論之，東宮之官，師傅賓客既職輔導，而詹事府兩春坊實擬天子之三省，故以詹事庶子領之，其選甚重。今則師傅賓客既不復置，而詹事庶子有名無實，其左右春坊遂直以使臣掌之，何其輕且褻之甚耶。夫立太子而不置師傅賓客，則無以發其隆師親友尊德樂義之心；獨使春坊使臣得侍左右，則無以防其戲慢媟狎、奇衺雜進之害。此已非細事矣。至

於皇孫德性未定。聞見未廣。又非皇太子之比。則其保養之具尤不可以不嚴。而今日之官屬尤不備。責任尤不專。豈任事者亦有所未之思耶。謂宜深詔大臣討論前代典故。東宮除今已置官外。別置師傅賓客之官。使與朝夕遊處。罷去春坊使臣。而使詹事庶子各復其職。宮中之事。一言之入。一令之出。必由於此而後通焉。又置贊善大夫擬諫官以箴闕失。王府則宜稍放六典親王之制。置傅友咨議以司訓導。置長史司馬以總衆職。妙選耆德不雜他材。皆置正員。不為無職。明其職掌。以責功效。則其官屬已略備矣。陛下又當以時召之使侍燕遊。從容啓迪。凡古先聖王正心脩身治平天下之要。陛下之所服行而已有效。與其勉慕而未能及。愧悔而未能免者。傾倒羅列。悉以告之。則聖子神孫皆將有以得乎陛下心傳之妙。而宗社之寄統業之固。可以垂於永久而無窮矣。此今日急務之一也。臣伏見比者聖詔令皇太子參決庶務。此見聖慮之深。將使皇太子以時習知國家政事之得失也。然臣之愚見。則以為使之習事。不若勉其脩德。況今皇太子育德春宮。幾二十年。其於天下之事。蓋不待習而無不熟矣。獨恐正心脩德之學未至。而於物欲之私未免有所係累。則雖習於其事。而或不能自決於取舍之間。故臣竊謂輔養之未至者。非有他也。但欲陛下更留聖意於此而已。伏乞聖照。至於選任大臣之說。則臣前所謂勞於求賢。而賢人不得用者。蓋已發其端矣。夫以陛下之聰明。豈不知天下之事必得剛明公正之人。而後可任也哉。其所以常不得如此之人。而反容鄙夫之竊位者。非有他也。直以一念之間。未能撤去私邪之蔽。而燕私之好。便嬖之流。不能盡由於法度。若用剛明公正之人以為輔相。則恐其有以妨吾之事。害吾之人。而不得肆。是以選掄之際。常先排擯此等。寘之度外。而後取凡疲懦軟

熟。平日不敢直言正色之人。而揣摩之。又於其中得其至庸極陋。決可保其不至於有所妨者。然後舉而加之於位。是以除書未出。而其物色先定。姓名未顯。而中外已逆知其決非天下之第一流矣。故以陛下之英明剛斷。略不世出。而所取以自輔者。未嘗有如汲黯魏徵之比。顧常反得如秦檜晚年之執政臺諫者而用之。彼以人臣竊國柄而畏忠言之悟主。以發其姦也。故專取此流以塞賢路。蔽主心。乃其勢之不得已者。陛下尊居宸極。威福自己。亦何賴於此輩。而乃與之共天下之政。以自蔽其聰明。自壞其綱紀。而使天下受其弊哉。夫其所以取之者如此。故其選之不得不精。選之不精。故任之不得不重。任之不重。則彼之所以自任者亦輕。夫以至庸之材。當至輕之任。則雖名為大臣。而其實不過供給唯諾。奉行文書。以求不失其窠坐資級。如吏卒之為而已。求其有以輔聖德。修朝政。而振紀綱。不待智者而知其必不能也。下此一等。則惟有作姦欺。植黨與。納貨賂。以濁亂陛下之朝廷耳。其尤甚者。乃至十有餘年而後敗露以去。然其列布於後以希次補者。又已不過此等人矣。蓋自其為臺諫侍從。而其選已如此。其後又擇其尤碌碌者而登用之。則亦無怪乎陛下常不得天下之賢才而屬任之也。然方用之之初。亦曰姑欲其無所害於吾之私而已。夫豈知其所以害夫天下之公者。乃至於此哉。陛下誠反是心以求之。則庶幾乎得之矣。蓋不求其可喜而求其可畏。不求其能適吾意。而求其能輔吾德。不憂其自任之不重。而常恐吾所以任之者之未重。不為燕私近習一時之計。而為宗社生靈萬世無窮之計。陛下誠以此取之。以此任之。而猶曰不得其人。則臣不信也。此今日急務之二也。至於振肅紀綱。變化風俗之說。則臣前所謂勤於立政。而善政卒不得立者。亦已發其端矣。夫以陛下之心。憂勤頗

治。不爲不至。豈不欲夫綱維之振。風俗之美哉。但以一念之間。未能去其私邪之蔽。是以朝廷之上。忠邪雜進。刑賞不分。士夫之間。志趣卑污。廉恥廢壞。顧猶以爲事理之當然。而不思有以振厲矯革之也。蓋明於内。然後有以齊乎外。無諸己而後可以非諸人。今宫省之間。禁密之地。而天下不公之道。不正之人。顧乃得以竄穴盤據於其間。而陛下目見耳聞。無非不公不正之事。則其所以熏烝銷鑠使陛下好善之心不著。疾惡之意不深。其害已有不可勝言者矣。及其作姦犯法。則陛下又未能深割私愛。而付諸外庭之議。論以有司之法。是以紀綱不能無所撓敗。而所以施諸外者。亦因是而不欲深究切之。且如頃年方伯連帥。嘗以有贓污不法聞者矣。鞫治未竟而已有與郡之命。及臺臣有言。則遂與之祠禄而理爲自陳。至於其所藏匿作過之人。則又不復逮捕付獄。名爲降官。而實以解散其事。此雖宰相

曲庇鄉黨。以欺陛下。然臣竊意陛下非全然不悟其欺者。意必以爲人情各有所私。我既欲遂我之私。則彼亦欲遂彼之私。君臣之間。顔情穩熟。則其勢不得不少容之。且以爲雖或如此。亦未至甚害於事。而不知其敗壞綱紀。使中外聞之。腹非巷議。皆有輕侮朝廷之心。姦贓之吏。則皆鼓舞相賀。不復畏陛下之法令。則亦非細故也。又如廷臣爭議配享。其間邪正曲直。固有所在。則兩無所問而并去之。監司挾私以誣郡守。則不問其曲直而兩皆罷免。監司使酒以凌郡守。亦不問其曲直而兩皆與祠。宰相植黨營私。孤負任使。則曲加保全。而使之去。臺諫懷其私恩。陰拱不言。而陛下亦不之問也。其有初自小官擢爲臺諫三四年。間趨和承意。不能建明一事。則年除歲遷。至極其選。一日論及一二武臣罪惡。則使斥爲郡守。而不與職名。從臣近典東藩。遠帥西蜀。一遭飛語。則體究典析。無所不至。及究析來上。而

所聞不實。則言之者晏然一無所詞。山陵諸使。嘖賣辟闕。煩擾吏民。御史有言。亦無行遣。而或反得超遷。御史言及畿漕。則名補卿列。而實奪之權。其所言者。則雖量加詘削。而繼以進用。臣伏見近年惟有主張近習一事。賞信罰必。無所假借。自餘百事。多務含容。曲直是非。兩無所問。似聞聖意以謂如此處置。方得均平。此誠堯舜之用心也。然臣於此竊有疑焉。若推其本。則臣固已妄論於前。只据平之一字而言。則臣於易象稱物平施之言。竊有感也。蓋古之欲爲平者。必稱其物之大小高下而爲其施之多寡厚薄。然後乃得其平。若不問其是非曲直而待之如一。則是善者常不得伸。而惡者反幸而免。以此爲平。是乃所以爲大不平也。故雖堯舜之治。既舉元凱。必放共兜。此又易象所謂遏惡揚善。順天休命者也。蓋善者天理之本然。惡者人欲之邪妄。是以天之爲道。既福善而禍淫。又以賞罰之權寄之司牧。

使之有以補助其福禍之所不及。然則爲人君者。可不謹執其柄。而務有以奉承之哉。伏惟陛下深留聖意。從班之中。賢否尤雜。至有終歲緘默。不聞一言以裨聖聽者。顧亦隨羣逐隊。排連儹補。其桀黠者乃敢造飛語。立横議。如臣前所陳者。而宰相畏其凶焰。反撓公議而從之。臺諫亦不敢以聞於陛下而請其罪。臣聞古先聖王。數求哲人。俾輔後嗣。然則今日正是博求賢能置之列位之時。而此人遽操不諱懼爲身害。乃敢陰爲讒慝。公肆劫持。遂其姦謀。不爲國計。欲望聖慈審賜宣問。陛下視此綱紀爲如何。可不反求諸身而亟有以振肅之耶。綱紀不振於上。是以風俗頹弊於下。蓋其爲患之日久矣。而浙中爲尤甚。大率習爲軟美之態。依阿之言。而以不分是非。不辨曲直爲得計。下之事上。固不敢少忤其意。上之御下。亦不敢稍咈其情。惟其私意之所在。則千塗萬轍。經營計較。必得而後已。甚者以金珠爲

腆醴以契務為詩文。宰相可喻則喻宰相。近習可通則通近習。惟得之求。無復廉恥。父詔其子。兄勉其弟。一用此術。而不復知有忠義名節之可貴。其俗已成之後。則雖賢人君子。亦不免習於其說。一有剛毅正直守道循理之士出乎其間。則羣譏衆排。指為道學之人。而加以矯激之罪。上惑聖聰。下鼓流俗。蓋自朝廷之上。以及閭里之間。十數年來。以此二字禁錮天下之賢人君子。復如崇宣之間所謂元祐學術者。排擯詆辱。必使無所容措其身而後已。嗚呼。此豈治世之事而尚復忍言之哉。又其甚者。乃敢誦言於衆。以為陛下嘗謂今日天下幸無變故。雖有伏節死義之士。亦何所用。此言一播。大為識者之憂。而臣有以知其必非陛下之言也。夫伏節死義之士。當平居無事之時。誠若無所用者。然古之人君所以必汲汲以求之者。蓋以如此之人。臨患難而能外死生。則其在平世必能輕爵祿。臨患難而能盡

忠節。則其在平世必能不詭隨。平日無事之時。得而用之。則君心正於上。風俗美於下。足以逆折姦萌。潛消禍本。自然不至真有伏節死義之事。非謂必知後日當有變故。而預蓄此人以擬之也。惟其平日自恃安寧。便謂此等人材必無所用。而專取一種無道理無學識。重爵祿。輕名義之人。以為不務矯激而尊寵之。是以綱紀日壞。風俗日偷。非常之禍伏於冥冥之中。而一旦發於意慮之所不及。平日所用之人。交臂降叛。而無一人可同患難。然後前日擯棄流落之人。始復不幸而著其忠義之節。以天寶之亂觀之。其將相貴戚近幸之臣。皆已頫顏賊庭。而起兵討賊。卒至於殺身湛族而不悔。如巡遠杲卿之流。則遠方下邑人主不識其面目之人也。使明皇早得巡等而用之。豈不能銷患於未萌。巡等早見用於明皇。又何至真為伏節死義之舉哉。爾鑒不遠。在夏后之世。此識者所以深憂於或者之言也。雖以

臣知陛下聖學高明。識慮深遠。決然不至有此謬論。然每念小人敢託聖訓以蓋其姦。而其為害至於足以深沮天下忠臣義士之氣。則亦未嘗不痛心疾首。而不敢以識者之慮為過計之憂也。陛下視此風俗為如何。可不反求諸身而亟有以變革之耶。此今日急務之三四也。至於愛養民力。修明軍政之說。則民力之未裕。生於私心之未克。而宰相臺諫失職也。軍政之未修。生於私心之未克。而近習得以謀帥也。是數說者。臣皆已極陳於前矣。今請即民力之未裕而推言之。臣聞虞允文之為相也。盡取版曹歲入窠名之必可指擬者號為歲終羨餘之數而輸之內帑。顧以其有名無實積累掛欠空載簿籍不可催理者撥還版曹。其為說曰。內帑之積將以備他日用兵進取不時之須。而版曹目今經費已自不失歲入之數。聽其言誠甘且美矣。然自是以來二十餘年。內帑歲入不知幾何。而認為私貯。典以私

人。宰相不得以式貢均節其出入。版曹不得以簿書勾考其在亡。其日銷月耗。以奉燕私之費者。蓋不知其幾何矣。而曷嘗聞其能用此錢以易胡人之首。如太祖皇帝之言哉。徒使版曹經費闕乏日甚。督趣日峻。以至廢去祖宗以來破分良法。而必以十分登足為限。以為未足。則又造為比較監司郡守殿最之法以誘脅之。不復問其政教設施之得失。而一以其能剝民奉上者為賢。於是中外承風。競為苛急。監司明諭州郡。郡守明諭屬邑。不必留心民事。惟務催督財賦。此民力之所以重困之本。而稅外無名之賦。如和買折帛科罰月樁之屬。尚未論也。臣伏見祖宗舊法。凡州縣催理官物。以及九分以上謂之破分。諸司即行住催。版曹亦置不問。由是州縣得其贏餘以相補助。貧民皆小抗欠。亦得遷延以待蠲放。恩自朝廷。惠及閭里。君民兩足。公私俱便。此誠不刊之令典也。昨自曾懷用事。始除此法。盡刷州

賦皆欠。以為隱漏。悉行拘催。於是民間銳物毫分銖兩。盡要登冊。曾懷以此進身。遂取宰相。而生靈受害。苦痛日深。得財失民。猶為不可。況今致賦皆民卒流亡。所謂財者又將無有可得之理。若不早救。必為深害。臣每讀大學卒章。見其所論小人之使為國家。菑害並至。雖有善者。亦無如之何者。其言丁寧痛切。未嘗不為寒心。惟陛下少留聖意。亟發德音。以諭天下。其次則陛下所用之宰相。不能擇中外大吏。而惟徇私情之厚薄。所用之臺諫。不能公行糾劾。而惟快己意之愛憎。是以監司郡守多不得人。而其賢者或反以舉職業忤臺諫而遭斥逐也。至於監司太多。而事權不歸於一。銓法雖審。而縣令未嘗擇人。則又其法之有未善者。然其本正則此等不難區處。其本未正則雖或舉此。臣恐未見其益。而反有害也。又嘗即夫軍政之不修而推之。則臣聞日者諸將之求進也。必先掊尅士卒以殖私財。然後以

此自結於陛下之私人。而蘄以姓名達於陛下之貴將。貴將得其姓名。即以付之軍中。使自什伍以上節次保明。稱其材武。堪任將帥。然後具為奏牘而言之陛下之前。陛下但見其等級推先。案牘具備。則誠以為公薦而可得人矣。而豈知其諧價輸錢。已若晚唐之債帥哉。只此一事。有耳者無不聞。有口者無不道。然以其門戶幽深。蹤跡詭秘。故無路得以窺其交通之實狀。是以雖或言之。而陛下終不信也。夫將者三軍之司命。而其選置之方乖剌如此。則彼智勇材略之人。其孰肯抑心下首於宦官宮妾之門。而陛下之所得以為將帥者。皆庸夫走卒。固不知兵謀師律之為何事。而惟尅剝之是先。交結之是圖矣。陛下不知其然。而猶望其修明軍政。激勸士卒。以強國勢。豈不悞哉。然將帥之不得人。非獨士卒之受其弊也。推其為害之極。則又有以及乎民者。蓋將帥得人則尺籍嚴而儲蓄豐。屯田立而漕運省。

今為將帥者如此。則固無望其肯核軍實而豐儲蓄矣。至於屯田。則彼自營者尤所不願。故朝廷不免為之別置使者以典治之。而兵屯之衆。資其攙遣。則又不免使參其務。然聞其占護軍人。不肯募其願耕者以行。而強其不能者以往。至屯則偃蹇不耕。而反為民田之害。使者文吏。其力蓋有所不能制者。是以陛下欲為之切。而久不得成也。屯田不立。漕運煩費。諸州苗米。至或盡數起發。而無以供州兵之食。則加耗斛面之弊。紛紛而起。而民益困矣。又凡和買折帛科罰月樁之類。往往亦為供軍之故而不可除。若屯田立而所資於諸路者減。則此屬庶乎其皆可禁矣。今乃不然。則是置將之不審。而害足以及民也。凡此數者。根株深固。枝條廣闊。若不可以朝變而夕除者。然究其本。則亦在夫陛下之反諸身耳。聖心誠無不正。則必能出私帑以歸版曹矣。版曹不至甚闕。必能復破分之法。除殿最之科。以寬州

縣矣。聖心誠無不正。則必能擇宰相以選牧守。妙擇臺諫以公劾舉矣。聖心誠無不正。則必能嚴宦官兵將交通之禁。而以選將屬宰相矣。宰相誠得其人。則必能為陛下擇將帥以作士氣。討軍實。廣屯田以省漕運矣。上自朝廷。下達州縣。治民典軍之官。既皆得人。然後明詔宰相議省監司之員。而精其選。重其責。又詔銓曹使以縣之劇易分為等差。而常切詢訪天下之官吏能為縣者。不拘薦舉之有無。不限資格之高下。而籍其姓名。使以次補最劇之縣。果有治績。則優而進之。不勝其任。則絀而退之。凡州縣之間。無名非理之供。横斂巧取之政。其泰甚而可去者。可以漸去。而民力庶乎其可寬矣。至於屯田之利。則以臣愚見。當使大將募軍士。使者招游民。各自為屯。不相牽制。其給授課督賞罰政令。各徒本司自為區處。軍中自有將校可倚。不須別置官吏。使者則聽其辟置官屬三五人。指使一二十人。以備

使命。又擇從官通知兵農之務兼得軍民之情者一員為屯田使。總治兩司之政。而通其奏請。趣其應副。又以歲時按行察其勤惰之實以行誅賞。如此。則兩屯心競。各務其功。因事可成。漕運可省。而諸路無名非理之供。橫歛巧取之政。前日有所不獲已而未可盡去者。今亦可以悉禁。民力庶乎其益裕矣。此今日急務之五六也。屯田一事。如臣之策。亦是將來將帥得人之後。方可施行。若將帥止如今日。卻恐徒擾漕司已成之功。無補將帥兵屯之實。止乞指揮趣此水災之後。廣招流冗。并行民屯之策。以俟見効。仍詔諸臣更切詢訪利病之未盡者條具以聞。然後隨事商量。及時措置。庶幾已成之緒不至動搖輕有廢壞。伏乞聖照。凡此六事。皆不可緩。而其本在於陛下之一心。一心正。則六事無不正。一有人心私欲以介乎其間。則雖欲憊精勞力以求正夫六事者。亦將徒為文具。而天下之事愈至於不可為矣。故所謂天下之大本者。又急務之最急。而又不可以少緩者。惟陛下深留聖意而亟圖之。使大本誠正。急務誠修。而治効不進。國勢不強。中原不復。仇虜不滅。則臣請伏鈇鉞之誅以謝陛下。陛下雖欲赦之。臣亦不敢承也。然又竊聞之。今日士大夫之論。其與臣不同者非一。及究其實。則皆所謂似是而非者也。蓋其樂因循之無事者。則曰陛下之年寖高。而天下亦幸無事。年寖高。則血氣不能不衰。天下無事。則不宜更為庸人所擾。其所奮厲而有為者。則又曰。祖宗之積憤不可以不攄。中原之故疆不可以不復。以此為務。則聖心不待勸勉而自強。舍此不圖。則雖欲策厲以有為。而無所向望以為標準。亦足歸於委靡而已。凡此二說。亦皆有理。而臣輙皆以為非者。蓋樂因循者知聖人之血氣有時而衰。而不知聖人之志氣無時而衰也。知天下有事之不可以苟安。而不知天下無事之尤不可以少怠也。況今日

之天下又未得為無事乎。且以衛武公言之。其年九十有五矣。猶箴儆於國以求規諫。而作抑戒之詩以自警。使人朝夕誦之。不離於其側。此其年豈不甚高。而其戒謹恐懼之心。豈以是而少衰乎。況陛下視武公之年三分未及其二。而責任之重。地位之高。又有十百千萬於武公者。臣雖不肖。又安敢先屈陛下於武公之下。而直謂其不能乎。且天下之事。非艱難多事之可畏。而宴安酖毒之可畏。致使功成治定無一事之可為。尚當朝兢夕惕。居安慮危。而不可以少息。況今天下雖若未有目前之急。然民貧財匱。兵嬌將驕。外有強暴之夷虜。內有愁怨之軍民。其他難言之患。隱於耳目之所不加。思慮之所不接者。近在堂奧之間。而遠在數千里之外。何可勝數。堂奧之說。已陳於前。此句更乞陛下少留聖慮。追計其前。既未有可見之效。卻顧於後。又未有可守之規。臣竊見尋常之人。將欲屬人以一至微至細之事。猶必先為規模。使其盡善。然後所屬之人有所持循而不失吾之所以屬之之意。況有天下者。將以天下至大之事屬之於人。而不先為盡善可守之規以授之乎。然臣於此事不敢盡言者。蒙聖明少加聖慮。當此之時。誠亦一新德業。重整綱維。不可失之幾會也。臣狂妄僭率。罪當萬死。伏惟陛下裁赦。亦安得遽謂無事而遂以逸豫處之乎。其思奮厲者。又徒知恢復之不可忘。頹墮之不可久。然不知不世之大功易立。而至微之本心難保。中原之戎虜易逐。而一己之私意難除也。誠能先其所難。則其易者將不言而自辨。不先其難而徒欲僥倖於其易。則雖朝夕談之。不絕於口。是亦徒為虛言以快一時之意而已。又況此事之失。已在隆興之初。不合遽然罷兵講和。遂使宴安酖毒之害日滋日長。而坐薪嘗膽之志日遠日忘。是以數年以來。綱維解弛。釁孽萌生。區區東南。事猶有不勝慮者。何恢復之可圖

乎。故臣不敢隨例迎合，苟為大言以欺陛下。而所望者，則惟欲陛下先以東南之未治為憂，而正心克己以正朝廷，修政事以收真實切效，可以馴致而不至於別生患害，以妨遠圖。蓋所謂善易者不言易，而真有志於恢復者，果不在於撫劍抵掌之閒也。論者又或以為陛下深於老佛之學，而得其識心見性之妙，於古先聖王之道蓋有不約而自合者。是以不悅於世儒之常談死法，而於當世之務，則寧以管商一切功利之說為可取。今乃以其所厭飫鄙薄者陳於其前，亦見其言愈多而愈不合也。臣以為此亦似是而非之論，非所以進盛德於日新也。彼老子浮屠之說，固有疑於聖賢者矣。然其實不同者，則此以性命為真實，而彼以性命為空虛也。此以為實，故所謂寂然不動者，萬理粲然於其中，而民彝物則無一之不具。所謂感而遂通天下之故，則必順其事，必循其法，而無一事之或差。彼以為空，則徒知寂滅為樂，而不知其為實理之原；徒知應物見形，而不知其有真妄之別也。是以自吾之說而脩之，則體用一原，顯微無間，而治心脩身齊家治國，無一事之非理。由彼之說，則其本末橫分，中外斷絕，雖有所謂朗澈靈通、虛靜明妙者，而無所救於滅理亂倫之罪、顛倒運用之失也。故自古為其學者，其初無不似有可喜，考其終，則詖淫邪遁之見，鮮有不作而害於政事者。是以程顥常闢之曰：自謂窮神知化，而不足以開物成務；言為無不周徧，而實外於倫理；窮深極微，而不可以入堯舜之道。天下之學，自非淺陋固滯，則必入於此。是謂正路之榛蕪，聖門之蔽塞，闢之而後可與入道。嗚呼！此真可謂理到之言。惜乎其未有以聞於陛下者，使陛下過聽髠徒誑妄之說，而以為真有合於聖人之道，至分治心、治身、治人以為三術，而以儒者之學為最下。則臣竊為陛下憂此心之害於政事，而惜此說之布於來今

也。如或未以臣言為然，則聖資不為不高，學之不為不久，而所以正心脩身以及天下者，其效果安在也？是豈可不思其所以然者而亟反之哉？臣聞仁宗時，有程顥者，與其弟頤同受學於周敦頤，實得孔孟以來不傳之緒。同時又有邵雍、張載相與博約，遂使聖道闇而復明，其功甚大。俗儒淺學，既不足以窺其蘊奧；姦人鄙夫，又以其言居以誠敬，動由禮義，有害於己之所為，以故相與怨疾，指為道學而加詆訕，為臣已略論於前矣。夫世俗無知，既以道學為不美，則是必欲舉世之人俱無道與不學，悉如己之所為，而後適於其意耳。邪說肆行，人心頗僻，無所忌憚，乃至於此。此正閔馬父之所深憂也。今敦頤等所著之書頗藏冊府，陛下試取而觀之，聖學高明，必將有默相契合而見諸行事者。若遂於此賜一言以表章之，則正心之效，不惟自得，而所以正人心亦在是矣。伏惟陛下深留聖意。若夫管商功利之說，則又陋矣。陛下所以取之者，則以既斥儒者之道為常談死法，而天下之務日至於前，彼浮屠之學又不足應之，是以有味乎彼之言，而冀其富國強兵或有近效耳。然自行其說至今幾年，而國日益貧，兵日益弱，所謂近效者，亦未之見。而聖賢所傳生財之道、理財之義、文武之怒、道德之威，則固所以為富強之大，而反未有講之者也，豈不誤哉！今議者徒見老佛之高、管商之便，而聖賢所傳明善誠身、齊家治國平天下者，初無新奇可喜之說，遂以為常談死法而不足學。夫豈知其常談之中自有妙理，死法之中自有活法，固非老佛管商之陋所能彷彿其萬分也哉！伏惟陛下察臣之言，以究四說之同異而明辨之，則知臣之所言，非臣所為之說，乃古先聖賢之說；非聖賢所為之說，乃天經地義自然之理。雖以堯舜禹湯文武周孔之聖、顏曾伋軻之賢，而有所不能違也。則於臣之言與夫論者之說，其為取

舍從違不終日而決矣抑臣於此又竊有感而自悲焉蓋臣之得事
陛下於今二十有七年矣而於其間得見陛下數不過三自其始見
於隆興之初固嘗輙以近習為言矣辛丑再見又嘗論之今歲三見
而其所言又不過此臣遐方下土田野之人豈有積怨深怒於此曹而
固欲攻之以快己私也哉其所以至於屢進不合而不敢悔者區區
之意獨為國家之計而不敢自為身謀其愚亦可見矣然自頃以來
歲月逾邁如川之流一往而不復返不惟臣之蒼顔白髮已迫遲暮
而竊仰天顔亦覺非昔時矣臣之鄙滯固不能别有忠言奇謀以裨
聖聽而陛下日新之盛德亦未能有以使臣釋然而忘其夙昔之憂
也則臣於此安得不深有感而重自悲乎身伏衡茅心馳魏闕竊不
勝其愛君憂國之誠敢冒萬死刳瀝肺肝以效野人食芹炙背之獻
且以自乞其不肖之身焉伏惟陛下哀憐財赦而擇其中則非獨臣
之幸實宗社生靈之幸

歷代名臣奏議卷之五十三

歷代名臣奏議卷之五十四

治道

宋孝宗時朱熹上奏曰臣聞昔者帝舜以百姓不親五品不遜而使
契為司徒之官教以人倫父子有親君臣有義夫婦有别長幼有序
朋友有信又慮其教之或不從也則命皋陶作士明刑以弼五教而
期于無刑焉蓋三綱五常天理民彝之大節而治道之本根也故聖
人之治為之教以明之為之刑以弼之雖其所施或先或後或緩
或急而其丁寧深切之意未嘗不在乎此也乃若三代王者之制
則亦有之曰凡聽五刑之訟必原父子之親立君臣之義以權之
蓋必如此然後輕重之序可得而論淺深之量可得而測而所以
悉其聰明致其忠愛者亦始得其所施而不悖此先王之義刑義
殺所以雖或傷民之肌膚殘民之軀命然刑一人而天下之人聳然
不敢肆意於為惡則是乃所以正直輔翼而若其有常之性也後世
之論刑者不知出此其陷於申商之刻薄者既無足論矣至於鄙儒
姑息之論異端報應之說俗吏便文自營之計則又一以輕刑為事
然刑愈輕而愈不足以厚民之俗往往反以長其悖逆作亂之心而
使獄訟之愈繁則不講乎先王之法之過也臣伏見近年以來或以
妻殺夫或以族子殺族父或以地客殺地主而有司議刑卒從流宥
之法夫殺人者不死傷人者不刑雖二帝三王不能以此為治於天
下而況於其繫於父子之親君臣之義三綱之重又非凡人之比者
乎然臣非敢以此之故遂勸陛下深於用法而果於殺人也但竊以
為諸若此類涉於人倫風化之本者有司不以經術義理裁之而世
儒之鄙論異端之邪說俗吏之私計得以行乎其間則天理民彝幾
何不至於泯滅而舜之所謂無刑者又何日而可期哉故臣伏願陛

下詔中外司政典獄之官凡有獄訟必先論其尊卑上下長幼親疏之分而後聽其曲直之辭凡以下犯上以卑凌尊者雖直不宥其不直者罪加凡夫之坐其有不幸至於鬬傷者雖有疑慮可憫而至於奏讞亦不許輒用擬貸之例又詔儒臣博采經史以及古今賢哲議論及於教化刑罰之意者删其精要之語聚爲一書以教學古入官之士與凡執法治民之官皆使略知古先聖王所以敎與數敎制刑明辟之大端而不敢陰爲姑息果報便文之計則庶幾有以助成世教而仰稱陛下好生惡殺期於無刑之本意

熹提舉浙東常平茶鹽公事上奏曰臣聞人主所以制天下之事者本乎一心而心之所主又有天理人欲之異二者一分而公私邪正之塗判矣蓋天理者此心之本然循之則其心公而且正人欲者此心之疾疢循之則其心私而且邪公而正者逸而日休私而邪者勞而日拙其效至於治亂安危有大相絶者而其端特在夫一念之間而已舜禹相傳所謂人心惟危道心惟微惟精惟一允執厥中者正謂此也臣嘗竊怪陛下以大有爲之資膺受付託憂勤願治恭儉愛民二十年於此矣而聞者臨軒慨然發嘆乃咸未免以治效之不進爲憂因竊以是推之而得其說請昧萬死爲陛下一二陳之夫天下之治固必出於一人而天下之事則有非一人所能獨任者是以人君既正其心誠其意於堂阼之上突奧之中而必深求天下敦厚誠實剛明公正之賢以爲輔相使之博選士大夫之聰明達理直諒敢言忠信廉節足以有爲有守者隨其器能寘之列位使之交脩衆職以上輔君德下固邦本而左右私褻使令之賤無得以奸其間者有功則久其任不稱則更求賢者而易之蓋其人可退而其位不可以苟充其人可廢而其任不可以輕奪此天理之當然而不可易者也

人君察於此理而不敢以一毫私意鑿於其間則其心廓然大公儼然至正泰然行其所無事而坐收百官衆職之成功一或反是則爲人欲私意之病其偏黨反側黯闇猜嫌固日擾擾乎方寸之間而姦僞讒慝叢脞眩瞀又將有不可勝言者此亦理之必然也恭惟陛下即政之初蓋嘗選建豪英任以政事矣不幸其間不能盡得其人或以庸陋嵬瑣不堪委寄或以朋比欺罔自速罪辜而陛下之心又本有前日權臣跋扈之疑是以不復廣求賢哲而姑取軟熟易制承順不違之人以充其位於是左右私褻使令之賤始得以奉清閒備驅使而宰相之權日輕既而陛下亦慮其勢有所偏而因重以壅已也則又時聽外庭之論雖甚狂訐無所違忤意者將以陰察此輩之負犯而操切之欲其有所忌憚而不敢肆於爲惡陛下之用力則已勞矣而其翕張禽縱之機周防畏備之計又可謂無遺巧矣然而天下之勢終不免於偏有所重而治亂安危之效又未能盡如聖志之所欲蓋既未能循天理公聖心以正朝廷之大體則固已失其本矣而又欲無聽士大夫之公言以爲駕馭之術則士大夫之進見有時而近習之從容無間士大夫之禮貌既莊而難親其議論又苦而難入近習便僻側媚之態既足以蠱心志其胥史狡獪之術又足以眩聰明此其生熟甘苦既有所分則恐陛下未及施其駕馭之策而先已墮其數中矣是以比來陛下雖欲微抑此輩而此輩之勢日重雖欲兼採公論而士大夫之勢日輕重者既挾其重以竊陛下之權其輕而姦者又借力於陛下之所重以爲竊位固寵之計中外相應更濟其私至於姦窮惡稔蹤跡敗露然後其素輕者不免於譴訶然猶委蛇盤礴未失其崇資峻秩而攫取陛下之厚賜優禮以去其素重者則陛下固未嘗一問其朋比援引之姦也日往月來浸淫耗蝕使陛

下之德業日隳。綱紀日壞。邪佞充塞。貨賂公行。兵怨民愁。盜賊間作。災異數見。饑饉荐臻。羣小相挻。人人皆得滿其所欲。唯有陛下了無所得。而國家顧乃獨受其弊。是則陛下之勞既不足以成天下之務。而反以敗之。其巧既不足以勝羣小之姦。而反以助成其勢。若彼之所以蔽遮天理。濁亂聖心。則將益深錮而遂至於不可解。蓋其失萌於一念之疑大臣。而其為害展轉至此。所謂差之毫釐。謬以千里者。臣恐陛下於此偶未察也。是以往歲蒙恩賜對。去年應詔言事。皆以明理正心之說陳于陛下之前。惓惓深衷。實在於此。而學淺辭拙不足以起發聖意。恐懼至今。乃幸復以職事得望清光。敢畢其餘忠如此。誠願陛下深察天理以公聖心。廣求賢才以脩聖政。則夫左右私褻使令之賤。固已無隙可投以誤恩顧。則又痛斥而遠屏之以永除後日蔽遮濁亂深錮之害。庶幾天下之事猶可復為。而陛下之國

家將不至於卒受羣小之弊。臣至愚極陋。學無所成。獨有螻蟻愛君憂國之心。不能自已。妄論至此。悲憤填臆。伏惟陛下赦其罪而納其忠。深為宗廟社稷大計。不俟終日。斷然行之。則不唯愚臣之幸。實天下之幸。

熹直寶文閣。上封事曰。臣竊惟皇帝陛下有聰明睿智之姿。有孝友溫恭之德。有寬仁博愛之度。有神武不殺之威。養德春宮垂二十年。一旦受命慈皇。親傳大寶。龍飛虎變。御極當天。凡在覆載之間。稍有血氣之屬。莫不延頸舉踵。觀德聽風。而臣適逢斯時。首蒙趣召。且辱賜對。得近日月之光。感幸之深。其敢無說以效愚忠之一二。蓋臣聞古之聖賢窮理盡性。備道全德。其所施為雖無不中於義理。然猶未嘗少有自足之心。是其平居所以操存省察而致其懲忿窒慾遷善改過之功者。固無一念之間斷。及其身之所履有大變革。則又必因是而有以大警動於其心焉。所以謹初始而重自新也。伊尹之告太甲曰。今王嗣厥德。罔不在初。又曰。今嗣王新服厥命。惟新厥德。召公之戒成王曰。若生子。罔不在厥初生。自貽哲命。今天其命哲。命吉凶。命歷年。知今我初服。肆惟王其疾敬德。蓋深以是而望於其君。其意亦已切矣。今者陛下自儲貳而履至尊。由監撫而專聽斷。其為身之變革孰有大於此者。則凡所以警動其心而謹始自新者。計已無所不用其極矣。而臣之愚猶竊有懼焉者。誠恐萬分有一所以警動自新之目或未悉舉。則釁孽之萌將有作於眇綿之間。出於防慮之外者。是以輒忘踈賤而妄以平日私憂過計之所及者深為陛下籌之。則若講學以正心。若脩身以齊家。若遠便嬖以近忠直。若抑私恩以抗公道。若明義理以絶神姦。若擇師傅以輔皇儲。若精選任以明體統。若振綱紀以厲風俗。若節財用以固邦本。若脩政事以攘夷狄。凡

是十者。皆陛下所當警動自新而不可一有闕焉者也。臣不勝犬馬愛君憂國之誠。輒敢事為之說。而昧死以獻。謹條其事如左。

其一所謂講學以正心者。臣聞天下之事其本在於一人。而一人之身其主在於一心。故人主之心一正。則天下之事無有不正。人主之心一邪。則天下之事無有不邪。如表端而影直。源濁而流汙。其理有必然者。是以古先哲王欲明其德於天下者莫不壹以正心為本。然本心之善其體至微。而利欲之攻不勝其衆。嘗試驗之。一日之間聲色臭味遊衍馳驅土木之華貨利之殖雜進於前。日新月盛。其間心體湛然善端呈露之時蓋絶無而僅有也。苟非講學之功有以開明其心。而不迷於是非邪正之所在。又必信其理之在我而不可以須臾離焉。則亦何以得此心之正。勝利欲之私。而應事物無窮之變乎。然所謂學則又有

邪正之别焉。味聖賢之言以求義理之當，察古今之變以驗得失之幾，而必反之身以踐其實者，學之正也。涉獵記誦而以雜博相高，割裂裝綴而以華靡相勝，反之身則無實，措之事則無當者，學之邪也。學之正，而心有不正者鮮矣；學之邪，而心有不邪者亦鮮矣。故講學雖所以為正心之要，而學之邪正，其繫於所行之得失，而不可不審者又如此。易曰：正其本，萬事理；差之毫釐，繆以千里。惟聖明之留意焉，則天下幸甚。

其二所謂脩身以齊家者，臣聞天下之本在國，國之本在家，故人主之家齊，則天下無不治；人主之家不齊，則未有能治其天下者也。是以三代之盛，聖賢之君能脩其政者，莫不本於齊家。蓋男正位乎外，女正位乎內，而夫婦之别嚴者，家之齊也；妻齊體於上，妾接承於下，而嫡庶之分定者，家之齊也；采有德，戒聲色，

近嚴敬，遠技能者，家之齊也；內言不出，外言不入，苞苴不達，請謁不行者，家之齊也。然閨門之內，恩常掩義，是以雖以英雄之才，尚有困於酒色，溺於情愛，而不能自克者。苟非正心脩身，動由禮義，使之有以服吾之德而畏吾之威，則亦何以正其宮壼，杜其請託，檢其姻戚，而防禍亂之萌哉？書曰：牝雞之晨，惟家之索。傳曰：福之興，莫不本乎室家；道之衰，莫不始乎梱內。惟聖明之留意焉，則天下幸甚。

其三所謂遠便嬖以近忠直者，臣聞蓬生麻中，不扶而直；白沙在泥，不染而黑。故賈誼之言曰：習與正人居之，不能無正，猶生長於齊之地，不能不齊言也；習與不正人居之，不能無不正，猶生長於楚之地，不能不楚言也。是以古之聖賢，欲脩身以治人者，必遠便嬖以近忠直。蓋君子小人，如冰炭之不相容，薰蕕之不相入。小人進則君子必退，君子親則小人必疏，未有可以兼收並蓄而不相害者也。能審乎此以定取舍，則其見聞之益，薰陶之助，所以謹邪僻之防，安義理之習者，自不能已；而其舉措刑賞，所以施於外者，必無偏陂之失。一有不審，則不惟其妄行請託，竊弄威權，有以害吾之政事，而其導諛薰染，使人不自知覺而與之俱化，則其害吾之本心正性，又有不可勝言者。然而此輩其類不同，蓋有本出下流，不知禮義，而稍通文墨者，亦有服儒衣冠，叨竊科第，而實全無行檢者，是皆國家之大賊，人主之大蜮，苟非心正身脩，有以灼見其情狀，如臭惡之可惡，則亦何以遠之？而來忠直之士，望德業之盛乎？諸葛亮有言：親賢臣，遠小人，此先漢所以興隆也；親小人，遠賢臣，此後漢所以傾頹也。先帝在時，每與臣論此事，未嘗不歎息痛恨於桓靈也。本朝大

儒程頤在元祐間，嘗進言於朝，以為人主當使一日之中，親賢士大夫之時多，親宦官宮妾之時少，則可以涵養氣質，薰陶德性。此皆切至之言也。然後主不能用亮之言，故卒以黃皓陳祇而亡其國；元祐大臣亦不能白用頤說，故紹聖元符之禍至今言之，猶可哀痛。前事不遠，惟聖明之留意焉，則天下幸甚。

其四所謂抑私恩以抗公道者，臣聞天無私覆，地無私載，日月無私照，故王者奉三無私以勞於天下，則兼臨博愛，廓然大公，而天下之人莫不心悅而誠服。儻於其間復以新舊而為親疏，則其偏黨之情，褊狹之度，固已使人憪然有不服之心，而其好惡取舍，又必不能中於義理，而甚則至於沮謀敗國，妨德亂政，而其害有不可勝言者。蓋左右厮役，横加官賞，宮府僚屬，例得褒遷，固不問前例之是非；而未者又不問其有無，此固舊事之巻

而不可以不正。況今又有發懷姦心預自憑結者，又將貪天之功以爲己力，而不顧其仰累於聖德，妬賢嫉能，標下蔽上，而不憂其有害於聖政也。苟不有以深抑私情，痛加屏絕，則何以明公道而服衆心，革宿弊而防後患乎。唐太宗之責龐相壽曰：我昔爲王，爲一府作主；今爲天子，爲四海作主。爲四海作主，不可偏與一府恩澤。若復命爾重位，必使爲善者皆不用心。正爲此也。又況有國家者當存遠慮，若漢高祖之戮丁公，我太祖之薄王溥，此其深識雄斷，皆可以爲後聖法，惟聖明之留意焉，則天下幸甚。

其五所謂明義理以絕神姦者，臣聞天有顯道，厥類惟彰，作善者降之百祥，作不善者降之百殃。是以人之禍福皆其自取，未有不爲善而以謟禱得福者也，未有不爲惡而以守正得禍者也。

而況帝王之生，實受天命，以爲郊廟社稷神人之主，苟能脩德行政，康濟兆民，則災害之去，何待於禳；福祿之來，何待於禱。如其反此，則獲罪於天，人怨神怒，雖欲辟惡鬼以來真人，亦無所益。又況先王制禮，自天子以至於庶人，報本享親，皆有常典，牲器時日，皆有常度。明有禮樂，幽有鬼神，一理貫通，初無間斷。苟禮之所不載，即神之所不享，是以祭非其鬼，即爲淫祀，淫祀無福，經有明文，非固設此以禁之，乃其理之自然，不可得而易也。其或恍惚之間，如有影響，乃是心無所主，妄有憂疑，遂爲巫祝妖人乘間投隙，以逞其姦欺誑惑之術，既行，則其爲禍又將無所不至。古今以此坐致亂亡者，何可勝數，其監蓋亦非遠，苟非致精學問，以明性命之理，使此心洞然無所疑惑，當有即有，當無即無，則亦何据以秉禮執法而絕妖妄之原乎。先王之政，執左道以亂政，假鬼神以疑衆者，皆必誅而不以聽，其慮深矣。然傳有之：明於天地之性者，不可惑以神怪；明於萬物之情者，不可罔以非類。則其爲妄，蓋亦不甚難察，惟聖明之留意焉，則天下幸甚。

其六所謂擇師傅以輔皇儲者，臣聞賈誼作保傅傳，其言有曰：天下之命，繫於太子；太子之善，在於早諭教與選左右。教得而左右正，則太子正；太子正而天下定矣。此天下之至言，萬世不可易之定論也。至論所以教諭之方，則必以孝仁禮義爲本，而其條目之詳，則至於容貌詞氣之微，衣服器用之細，纖悉曲折，皆有法度。一有過失，則史書之策，宰撤其膳，而又必有進善之旌，誹謗之木，敢諫之鼓，瞽詩史書，工誦箴諫，士傳民語，必使至於化與心成，中道若性，而猶不敢怠焉。其選左右之法，則有三公

之尊，有三少之親，有道有充，有弼有丞，上之必得周公、太公、召公、史佚之流，乃勝其任；下之猶必取於孝弟博聞有道術者，不幸一有邪人側乎其間，則必逐而去之。是以太子朝夕所與居處出入，左右前後，無非正人，而未嘗見一惡行。此三代之君所以有道之長，至於累數百年而不失其天下也。當誼之時，固已病於此法之不備，然考孝昭之詔，則猶知誦習誼之所言，而有以不忘乎先王之意。降而及於近世，則帝王所以教子之法益疏略矣。蓋其所以教者，不過記誦書札之工，而未嘗開以仁孝禮義之習；至於容貌詞氣，衣服器用，則雖極於邪侈，而未嘗有以裁之也。寮屬具員，而無保傅之嚴；講讀備禮，而無箴規之益；至於朝夕所與出入居處而親密無間者，則不過宦官近習掃除趨走之流而已。夫以帝王之世當傳付之統，上有宗廟社稷

之重。下有四海烝民之生。前有祖宗垂創之艱。後有子孫長久之計。而所以輔養之具。疏略如此。是猶家有明月之珠。夜光之璧。而委之衢路之側。盜賊之衝也。豈不危哉。詩曰。豐水有芑。武王豈不仕。詒厥孫謀。以燕翼子。惟聖明之留意焉。則天下幸甚。

其七所謂精選任以明體統者。臣聞人主以論相為職。宰相以正君為職。二者各得其職。然後體統正而朝廷尊。天下之政。必出於一。而無多門之弊。苟當論相者求其適己而不求其正己。取其可愛而不取其可畏。則人主失其職矣。當正君者不以獻可替否為事。而以趨和承意為能。不以經世宰物為心。而以容身固寵為術。則宰相失其職矣。二者交失其職。是以體統不正。綱紀不立。而左右近習皆得以竊弄威權。賣官鬻獄。使政體日亂。國勢日卑。雖有非常之禍伏於冥冥之中。而上恬下嬉。亦莫知以為慮者。是可不察其所以然者而反之。以汰其所已用。而審其所將用者乎。選之以其能正己而可畏。則必有以得自重之士。而吾所以任之不得不重。任之既重。則彼得以盡其獻可替否之志。而行其經世宰物之心。而又公選天下直諒敢言之士。使為臺諫給舍以參其議論。使吾腹心耳目之寄。常在於賢士大夫而不在於群小。陟罰臧否之柄。常在於廊廟而不出於私門。如此。而主威不立。國勢不彊。綱維不舉。刑政不清。民力不裕。軍政不脩者。臣不信也。書曰。成王畏相。語曰。和臣不忠。且以唐太宗之聰明英特。號為身兼將相。然猶必使天下之事。關由宰相。審熟便安。然後施行。蓋謂理勢之當然。有不可得而易者。惟聖明之留意焉。則天下幸甚。

其八所謂振綱紀以厲風俗者。臣聞四海之廣。兆民至衆。人各有

意。欲行其私。而善為治者。乃能總攝而整齊之。使之各循其理。而莫敢不如吾志之所欲者。則以先有綱紀以持之於上。而後有風俗以驅之於下也。何謂綱紀。辨賢否以定上下之分。核功罪以公賞罰之施也。何謂風俗。使人皆知善之可慕而必為。皆知不善之可羞而必去也。然綱紀之所以振。則以宰執秉持而不敢失。臺諫補察而無所私。人主又以其大公至正之心。恭己於上而照臨之。是以賢者必上。不肖者必下。有功者必賞。有罪者必刑。而萬事之統無所闕也。綱紀既振。則天下之人自將各自矜奮。更相勸勉。以去惡而從善。蓋不待黜陟刑賞。一一加於其身。而禮義之風。廉恥之俗。已丕變矣。惟至公之道不行於上。是以宰執臺諫。有不得人。黜陟刑賞。多出私意。而天下之俗遂至於靡然不知名節行撿之可貴。而唯阿諛軟熟。奔競交結之為務。一有端言正色於其間。則群譏衆排。必使無所容於斯世而後已。此其形勢。如將傾之屋。輪奐丹艧。雖未覺其有變於外。而材木之心。已皆蠹朽腐爛而不可復支持矣。苟非斷自聖志。灑濯其心而有以大警敕之。使小大之臣。各舉其職。以明黜陟。以信刑賞。則何以振已頹之綱紀。而厲已壞之風俗乎。管子曰。禮義廉恥。是謂四維。四維不張。國乃滅亡。賈誼嘗為漢文誦之而曰。使管子而愚人也則可。使管子而少知治體。是豈可不為寒心也哉。二子之言。明白深切。非虛語者。惟聖明之留意焉。則天下幸甚。

其九所謂節財用以固邦本者。臣聞先聖之言治國。而有節用愛人之說。蓋國家財用。皆出於民。如有不節而用度有闕。則橫賦暴斂。必將有及於民者。雖有愛人之心。而民不被其澤矣。是以

將愛人者必先節用。此不易之理也。國家承五季之弊，祖宗創業之初，日不暇給，未及大爲經制，故其所以取於民者，比之前代已爲過厚。重以熙豐變法，頗有增加。而建炎以來，地削兵多，權宜科須，又復數倍。供輸日久，民力已殫。而間者諸路上供多入内帑，是致户部經費不足，遂廢祖宗破分之法，而上供歲額必取十分登足而後已。期限迫促，科責嚴峻，監司州縣更相督迫，唯務自寬，已責何暇更察民情。撓撻號呼，有使人不忍聞者。而州縣歲入多作上供起發，則又於額外巧作名色，寅緣刻剝。此民力之所以大窮也。計其所以至此，雖云多是贍軍，然内自京師，外達郡邑，上自宫禁，下至胥徒，無名浮費，亦豈無可省者。竊計若能還内帑之入於版曹，復破分之法於諸路，然後大計中外冗費之可省者，悉從廢罷，則亦豈不能少有所濟。而又擇

將帥，核軍籍，汰浮食，廣屯田，因時制宜，大爲分别，則供軍不貲之費，庶幾亦可減節，而民力之寬，於是始可議矣。此其事體至大，而綱目叢細，類非一言之可盡。今亦未暇盡爲陛下言之，惟聖明留意其本，如上八者而後圖之，則天下幸甚。缺一條

葉適應詔上言曰：臣竊以陛下循祖宗之舊，特詔近臣於科舉之外薦聞天下之豪傑，許以極言當世之事，而考察其尤異者，秩以不次之爵，待以非常之用。而天下之豪傑亦莫不欣喜自効，願致於其間。夫開天下以不諱之門，納踈賤於至高之選，此豈非堯舜之盛德哉。而臣之不肖，則獨有所甚憂於此。何者？治道本不如是之易言也。而陛下必以言求之，使臣而少言之歟，則略而不足聽；盡言之歟，則可以聽而未必信。而天下之不知者，又將強言之，於是天下之言雜然並進，而其上莫能擇也。則一切以爲空言而盡廢之。夫以有用之學

責臣等，而卒不免以空言廢之，此非陛下之意也，而其勢有必然者。蓋自慶曆元祐以來，著而爲書者何其衆也。其於天下之治亂，軍旅錢穀之大計，常先爲之畫，而以意處之者，何其敢決而不疑也。其言之多，思之深，豈無一二足用於世哉。而後進之士耳剽目習，以爲言語文字之流，使之運奇於異說之餘，而求夸於陳言之外，足以敗天下之定勢，則夫朝廷之上，於其發謀舉事之際，而何以爲守。是故今日之患，不患人主之不求言也，而患其求之而不及用；不患天下不敢言也，而患其盡言而無所用。夫上有寬博無忌之心，下有慷慨盡言之意，皆前世之所不及也。而其効止於若此，此豈可不爲之深憂其故歟。以臣所論，古之深識遠見，卓然特出，有志於天地君臣之大義，而務盡其精微，以興起一代帝王之業者，雖以漢唐有國之長，其間不過數人而已。況其不少槩見，而泯沒於山巖木石之間者，此

臣所以中夜竊歎，廢食忘寢，以爲陛下幸使因方正之選，萬一能進於朝，則其所以稽參成敗之迹，而推原當世之故，宜特發其大意，而無至於盡言。夫廢置更革，立命造謀，而出政事於天下者，天子與大臣之事也。而踈遠一介之士，豈得以臆言之。惟夫居安者不思其危，習常者不察其變，見近者或忘於遠，獨任者或失於人，計利太畢而求民太甚，持法愈密而爲治愈疏。至於經國之規，御世之要，切近而不爲陋，宏闊而不爲迂，盛衰之相因，治亂之相易，若此者，臣皆有以發之。夫朝廷之上，公卿百官所以統天下，而常患於不能知天下之情；四海之廣，南北異俗，賢愚異慮，而常患不能通朝廷之意。上下不合，則禍敗出於其中而不知。故臣以爲識略發其大意，見於餘篇，而又序其所以發者本末如此，庶幾無猖狂驚世之論，豫定必然之謀，以遂墮於空言之譏，而失明天子設科之意。陛下幸使大臣擇焉。

君德一　臣聞人君必以其道服天下而不以名位臨天下。夫臭尊於君之名莫重於君之位。然而不得其道以行之。則生殺予奪之命皆無以服天下之心。其所以為之臣者持迫於名位而不敢抗耳。夫是故以天下之大常沾沾焉疑其並出以撓己。而禁防維持之不給。尚安能保其民而與之長守而不變哉。昔之人思其所以為人君之道以援世主而使操之者其說多而詳矣。或以為所寶者在令。令行而莫能違。故有留令斁令不從令之罰。皆至於死。或以為權者上之所獨制而不得與臣下共之者也。故殺之足以為己威。生之足以為己惠。而天下之事自己而出者謂之君。或以為人主之所恃者法也。故不任己而任法。以法御天下。則雖其父兄親戚而有所不顧。此三者雖非先王之所廢也。然而不以是先天下。而後世之君奈何獨甘心焉。是以申商韓非之禍熾於天下而不可禁。而其君之德固已削矣。夫偏說鄙論習熟於天下之耳目。而近切淺利足以動人主之心。於是以智籠愚。以巧使拙。其待天下之薄而疑先王之陋。以為譬若狙猿之牧者。數千百年於此矣。哀哉。蓋世有押猛虎者能使之忘其搏噬之毒以媚己也。此豈非智巧之所能為也。而況治天下者慈父母之於弱子之類也。又非若押猛虎者之類也。智巧何為於此哉。以智巧行令。其令必壅。以智巧用權。其權必侵。以智巧守法。其法必壞。臣竊嘗悲當世之故。而其義不得以盡言。請泛論前世之帝王得失成敗可攷之迹。以見其意。其遠而在唐虞三代者。臣未敢及焉。秦始皇漢武帝雄武之資懾服宇內。意所誅戮。如薙大豕。東征西伐。萬里巡狩。役使天下。以贍其欲。而天下之人赫然震恐。不敢自必其命。若是者有以示天下之威。後世之君雖外譏其失而中有羨慕之侈心焉。漢之宣帝有明智之才。執賞罰之柄。足以獨任天下。鄙遠俗儒。而參之以霸道。略務寬厚而齊之以法律。其勤敏不懈而及於工技之細。器械之微。而天下之人拱手退聽。不敢有所自為以逆其上之意。若是者有以示天下之權。唐之太宗少而為將帥。長而為帝王。英銳明達。駕馭賢俊。利在仁義則行仁義。利在兵革則用兵革。利在諫諍則聽諫諍。惟所利而行之。而天下之人擁然畢力願為之用。至於斃精竭力繼之以死而不悔。若是者有以示天下之功。是以後世之君推其求治之心。欲庶幾焉而未之得也。夫慨然有志者不免於羨慕始皇武帝之侈而精覈求治者又止於庶幾宣帝太宗之事。然後以其智巧而行申商韓非之說。則雖有天下之威也。天下之權也。天下之功也。抑猶未得其所以服天下之道。而徒恃夫名位以臨之者也。且夫風俗之所繫。治化之厚薄。享國之長短。人心之向背。是豈可不留意而詳擇也。故臣以為天子之明聖。誠能破壞數千百年之偏說詖論而無所入於其心。雖不遠求唐虞三代之名。而近亦無取於漢唐之陋。則人主之實德見於天下。而天下服矣。

君德二　所謂人主之實德者何也。豈不以其容受掩覆大度不疑。有以深結其臣民之心歟。夫猜忌不信。持法必行。陰見天下之過。而戾戾焉有疾其臣民之心。使之脅息自語而不敢肆者則夫容受掩覆大度不疑。曠然而與天下為一。是宜可以服天下也。雖然天下之治非若是而可致也。名位者人主之所自有天下不得干也。好治之君常恐名位之去己。是故或出於令。或出於法。或出於權。從巧任智。銷制刑賞以執天下之命。若此者凡以爲留名位之術。而不知夫名位者。不必留而未嘗去也。未嘗去而留之。然後天下始有不安之心。不安而將去也。則必反之而後可。然則容受掩覆大度不疑者。是亦留名位之術也。未有服天下之道也。古之聖人自知其身有可以服天下之道。而因名位以行之。何者天下之政。其大者爲祭祀兵刑。而其小者有期會節目之要。其遠而萬民。而近則羣臣侍御僕從之職。其物爲子女玉帛器用服食之事。而其所分别好惡者。則在於君子小人邪正所由之塗也。吾之一身足以驗之矣。其於事天地尊宗廟也。真見其肅恭誠一而不敢懈。而神祇祖考之來格也。非貌爲之敬而意其不吾享也。而况於簡慢廢缺而不知畏也。其於刑獄殺戮也。真見其哀矜惻怛而不忍。雖不忍而不可赦也。非徒減膳撤樂以爲是虛文故事而已也。而况於輕怒暴誅

喜深而致刻也。其於天下之民也。真見其可佚而不可勞。可安而不可動。可與而不可奪也。非輕租損賦寬釋逋負以爲之賜也。而况於急征横斂而無極也。其於羣臣百官也。真見其官各有守。才各有宜。畀之以事而不相易也。非貴其所賤。親其所踈而要之以報己也。而况於姑使之充位而自用也。其於聽言受責也。真見其過言過行之出。有以害天下。而幸其臣之告己也。非内不樂聞而外爲寬容之意以悦天下也。於其言也。可從則用之。真見其朝不能以及夕也。不徒聽之而終置之也。而况於拒諫塞謗而以不受教爲能也。其於君子小人也。真見君子之可敬而小人之當遠也。誠以惡佞諛而好正救也。不徒敬君子以爲名。而樂小人之自便也。而况於踈君子而比小人也。其於聲色游畋玩好珠玉也。真見其簡靜而無欲。屏棄而不御也。不待於欲之而以理禁之也。而况於沉溺墮壞於其中而不知反也。積之以歲月。真見其悠久也。煩之以萬機。真見其能無倦也。凡此者皆實德也。真意實德。充塞於人主之身。而施之於天下。是故其高厚可以配天地。其明察可以並日月。順陰陽之序。遂萬物之性。裁成輔相以左右民。鼓舞動蕩。運轉闔闢。則令不期而信。權不制而尊。法不嚴而必。兵强國富。而討除殘暴不順之夷狄。何向而不濟。故人主誠自知其身有可以服天下之道。則偏説詖論何足以累於其心。且夫忽近而務遠。虛内以事外。惡靜而不能動。喜强而實弱。此人主之深患也。方其長慮遠想。拊髀太息而思功業之盛。憤夷狄之驕横。則欲鋭兵勇將。鼓行四出以誅之。厭風俗之頹墮。則欲考核名實。數見賞罰以厲之。財之未豐。兵之未練。則欲講求遺利。肄習行伍以精之。故夫人主

有好治之意如此其急者。必自知其所以服天下之道。則衆務不勞而並舉矣。

治勢上　欲治天下而不見其勢。天下不可治已。昔之論治天下者。以爲三代之時。其君各有所尚。夏之忠。商之質。周之文。數百年而不變。其後周之失弱。秦之失强。故忠質文之相代若循環之無窮。而或者又曰。弱之失在於惠也。則莫若濟之以威。强之失在於威也。則莫若反之以惠。惠止於賞。威止於刑。故賞不至於濫而無所勸。刑不至於玩而無所懼。蓋其意以爲治天下之勢無出於此矣。夫一弛一張者。弓也。而羿之能不與焉。虛而欹滿而覆者。器也。而倕之巧不與焉。故三代非忠質之尚。而周秦無强弱之失。治天下者姑舍是耳。古之人君若堯舜禹湯文武。漢之高祖光武。唐之太宗。此其人皆能以一身爲天下之勢。雖

其功德有厚薄，治效有淺深，而要以為天下之勢在己而不在物。夫在己而不在物，則天下之事惟其所為而莫或制其後。導水土，通山澤，作舟車，剡兵刃，立天地之道，而列仁義禮樂刑罰慶賞以紀綱天下之民，至於賓餞日月，秩序寒暑，而鳥獸草木之類不能逃於運化之外。此皆上世之所未有，而聖人自為之者也。及其後世天下之勢在物而不在己，故其勢之至也湯湯然，而莫能遏。及舉人君威福之柄以佐其鋒，至其去也，坐視而不能止。而國家隨之以亡。夫不能以一身為天下之勢，而用區區之刑賞以就天下之勢而求安其身者，臣未見其可也。蓋天下之勢有在於外戚者矣，呂、霍、上官，非不可以監也，而王氏卒以亡漢。有在於權臣者，若漢之曹氏、魏之司馬氏，至於江南之齊梁，皆親見其簒奪之禍，習以其天下之與人而不怪，而其甚

也宦官之微，匹夫之奮呼，士卒之擅命，而天下之勢無不在焉。若夫五胡之亂，西晉之傾覆，此其患特起於公卿子弟、里巷書生，游談聚論，沉湎淫佚而已，而天地為之分裂者數十世，嗚呼！勢在天下而人君以其身求容焉，猶豫反側而不能以自定，其或亦於宦官，或在於士卒，而舉威福之柄以盡寄之者，此甚可嘆也。臣嘗怪唐末五代之衰，皆以列校之卑易置人主如反掌之易，而周世宗一日臨大位，北威契丹，南服李璟，法度脩舉，文武並用。太祖皇帝踐祚十年之間，不耀兵甲，俘取僭偽之君若拾遺，而天下為一，身致太平，為子孫萬世之計，向之衰敗圮缺二百餘年，英武之君、忠智之臣圖回收取，不能什一，而孱王幼主俯首服從，相顧憤發以至於流涕痛哭，莫敢誰何者，一朝翕然，皆在把握之内，何其速也！此無他，能以其身為天下之勢，

天下之勢亦環向而從己。其所以然而無疑者矣。且均是人也，而何以相使？均是好惡利欲也，而何以相治？智者豈不能自謀，勇者豈不能自衛？一人刑而天下何必畏，一人賞而天下何必慕？而刑賞生殺豈以吾能為之，而足以制天下者。雖然，鳥高飛於重雲之上，魚深游於潛淵之下，而皆不免有鼎俎之憂。天下之人所以奔走後先，維附聯絡而不敢自棄者，誠以勢之所在也。故夫勢者天下之至神也。合則治，離則亂，張則盛，弛則衰，續則存，絕則亡。臣嘗考之於載籍，自有天地以來，其合離張弛絕續之變，凡幾見矣。知其勢而以一身為之，此治天下之大原也。

治勢中　臣請言祖宗天下之勢。夫天下之勢，其亂也有門，其亡也有塗。夫高垣厚鑰，足以備盜賊於外者，此衆人之所為無憂也；盜賊在内而與我共其垣鑰而納外寇者，此憂之所不及也。天

下之亂與亡有五，而人主之得罪於民不與焉。一曰女寵，二曰宦官，三曰外戚，四曰權臣，五曰姦臣。此非特秦漢之近事為然也，而三代亦莫不然。是五者有一焉，此其天下未遽亂也，未遽亡也，而天下之垣鑰已與我共之矣。發以虐政，致以嚴刑，而播人主之失德於天下，然後乘之以水旱，動之以甲兵，則小者亂，大者亡。是故善治天下者不惟閉是門也，又使其門陋而不足求；不惟塞是塗也，又使其塗微而不足行。太祖、太宗削平專國，統一方夏；真宗、仁宗祈天永命，又安海宇。當是時也，其要在使天下無女寵，無宦官，無外戚，無權臣，無姦臣，隨其萌櫱，尋即除治。而又蹙狹其門，顛錯其塗，使人其至者蹊隧絕滅，四顧而問，不得其所求，俛首而去之。宮中之裁決，大臣之平章，近臣之獻納，小臣之議論，無不咸出於此，操天下之垣鑰以與天下共守之

而無所害。是故以言其井地收民。稅賦均一。則不如周。君臣材智。趨功赴力。則不如漢。畜積富厚。國用沛然。則不如隋。拓地沙漠。冠帶夷蠻。則不如唐。然而天下之勢。周密而無間。附固而無隙。不忽治而作亂。幾亡而僅存。可以傳之後世垂之無極。則遠過於前代矣。學者之言治也。其遠而在堯舜。則常苦於迂闊而不信。其近而在漢唐而可信也。則又以其不能久安長治而不足稱。然則祖宗之天下亦可謂盛治而無以加矣。而中國之所患者遼人也。夏人也。夏小而悍。遼大而驕。大而驕者或沉遺命使。傳道言語以示其嫚侮之意。則天下恐然如有百萬之師。申嚴警備。旁及嶺海。為之益金幣。厚書辭。水陸之產。百物畢致以中其欲。小者或狂僭自大。竊擾邊鄙。則大師貴將相吹陷沒。配民為兵多至百萬。分遣大臣經略中外。朝野聚議。謀畫屢請。而

卒之天下困弊。一方空虛。曾不足以奏一戰之捷。然而朝廷之上。羈縻慰撫。不失其歡。而天下之士相與慷慨憤激。郁然長慮以為不可以久也。故其大言者。則欲脩改法度。振起弊事。使天下富強。將士用命。然後鞭笞而臣服之。小言者。則欲絕賂以鬪之。反間以亂之。屢出以擾之。委西北之地使之人自為守以持之。而其所謂見遠察微之論者。則皆以為異日天下之大禍。存亡之所由分。必出於二虜。而不可救。嗟乎。處至足已安之勢。而有慊然未厭之心。深憂極智。以為國家憂未然之外。其意誠若此矣。而況於二虜之必然歟。雖然。決始變於熙寧。成於元豐。雖中沮於元祐。而卒行於紹述之後。凡祖宗之舊。廢革無餘。則其大言者既盡行之矣。前取蘭會。後取鄯善。招撫族帳。以剪西人之手足。則其小者又略試之矣。二虜卒無患也。而天祚民虐反足以自亡其國而已。尚何足以為天下之憂哉。則見遠察微之論。習於目前而終不之驗歟。且夫當中國安富。契丹抗衡之隆天下豈復知有女真也哉。彼其崎嶇種落。卒不當一校。而豈有窺竊二大國之意於數百年之前者乎。蓋所以致靖康之變者。昔之五患有其四焉耳。由此言之。天下之勢在內而不在外也。故其上莫若使勢在己而不在物。其次莫若使勢在內而不在外。忘內憂外。以起內亂。其為計也末矣。

治勢下　臣請言今天下之勢。昔者天下無事忘戰久矣。女真起東北小夷。一日棄為寇。挾勁騎直越燕趙。躪齊魯。遂至句吳。以觀南海。中有大河江流孟門太行之險。而不能為之限。所過城邑。無不開門迎勞。行留自恣。莫敢襲逐。而奔走之民。所在聚為群盜。以自相摽抄而已。天子方親御征伐之事。博采謀議。而群

臣從官亦皆戎服肄習擊刺之術以拒胡。又十有餘年。而天下始益習兵。有輕死犯難敢戰喜敵之氣。誠使因而用之。暫失之地不難得也。於是天子厭武。亟詔罷兵。修立文事於傷殘廢缺之時。置學官。飲鄉射。定經界。建賓館。懷徠夷狄。以文太平。既而連歲屢豐。州縣充實。西北之避地者。即其所至著籍為民。而淮楚徼亭撤警。商賈往來道路無禁。然後天下始復帖息。以室家妻子為意。邈然忘其南北之事。父兄門戶之恥矣。夫習危者其動易。習安者其變難。不然。則紹興之末。戎王以殘虐失衆嘗舉傾國之力。聲搖江漢。既而不戰自斃。狼顧北還。無復行伍。而清鄆亳宋之間豪傑響應。執叛其吏。處處屯結。或號三十萬衆以請命於王師。此豈非其可以按劍抵掌經營河洛。上以厲節義。下以報讎恥。千載之一時者哉。然而天下之意終以不振

竊議轉語惟恐好使之不復追則苟安難囊乃其勢之必然歟

臣觀今天下之士惟其嗜利無行者乃或叩閽投匭妄論形勢更易風雲之陣䟽釋孫吳之言請對便殿條畫邊要指心誓日以功名自詭及其寵異踰等尊用過望乃始徐托罪咎引身而去其大略如此而忠厚難進明見利害之人則皆深念根本之重以為不可輒發傾今天下之勢其於長淮以南上下又寄法令明具而德澤所被民心不搖無以異於祖宗之勢然其於并兼進取則固已難矣陛下英武神斷廓清宇內如其責成將率使各盡力執大義以誅強虜則天下可以拱揖而定也而乃使之分治刑獄刺舉官吏或脫弁釋楯而為儒臣參用牧守列布內地而士之纖弱無勇者乃反教以弓矢合射於庭而其偃蹇於州縣者亦或許之自薦而優以元職何哉豈非欲以變今之

勢而後用之歟臣之不肖蓋嘗著之以為使今之天下自安而忘戰則不可使之自危而求戰盡變而能戰又大不可也何也蓋世有陳設珎器調諧絲竹而飲酒歌舞以為樂者而其外且有焚溺之患卒然之變焉則其主人何以待之歟將使其客盡廢其歌舞飲酒而褰裳濡足以救之歟則其勢不可以盡能而徒傷其樂且其往救也則其樂必不竟而奴婢之無賴者顧從而竊之矣然則亦付之其人而已使其外不失為捍患而內無以傷吾樂患去功成而飲酒歌舞者不知焉斯天下以為賢且智矣夫何以異此殆其所未能廢其所以能其要在於天下之皆能也皆能而后竊憂其患之有不可勝諱者矣昔者秦人之患在於不能兼六國也是以日夜激厲其民使之功賞相長五甲首而隸五家當此之時秦人五尺童子皆有疾視山東之意由今計之六國未兼天下未一非秦人之所當患而長有其秦以及於天下者此秦人之所當講也若夫成王之於周太宗之於唐則不然剪商奄平淮夷驅逐虎豹犀象未嘗寧息取突厥滅高昌吐谷渾東西征討用兵不廢而其朝廷之內郡國之外制禮作樂鳴玉曳組誦其詩讀其書而考其文義之彬彬焉是故享成功之利而不受其害然則天下之勢固不可使之盡變也

國本上

國本者民歟重民力歟厚民生歟惜民財歟本於民而從為國歟昔之言國本者蓋若是矣臣之所謂本則有異焉臣之所謂本者本其所以為國之意而未及於民臣非以民為不足恃也以為古之人君非不知愛民而不能愛民者意有所失於內則政有所害於外也夫國於天地必有與立亦必有與亡

孟子曰三代之得天下也以仁其失天下也以不仁國之所以廢興存亡者亦然且其昔何為而仁今何為而不仁使其後世之所以守天下者皆如其始之所以得天下則何為而失之嗚呼是豈不可以深思而極論乎夫植木於地者其華葉充榮者未也其根據盤互者本也此衆人之所知耳夫根據盤互不從本也自其封殖培養之始必得其所以生之意而後天地之氣能生之一日失其意則夫根據盤互者辟然顛蹶焦然枯槁而已矣地安能受之哉臣嘗論周人之得天下比三代最為長久此非數也后稷在唐虞之時已為稷官傳十四五世而未嘗有失其所以得國之意者然後文武受天眷命而天下之諸侯挈商而歸周至於成康之後則漸已失之獨一宣王脩舊起廢能復求文武之意遂稱中興及其後世東遷而惠襄靈景之君甘

召單劉之臣。所以施於天下者悖謬而非先王之意。至於益衰而自分為東西。則其憲章文物莫有識者。而塊然獨守其鼎然後其祖宗之意盡失而不繼。以至於亡。然則其所以不仁者不能如祖宗之仁而已。若夫漢之高祖唐之太宗。起於細微單人挺劍特起。肩指天下。而四海之雄無不束手受事。相與於草創之中。拜伏俛仰而為之臣。建置宗廟而立其典法以垂後世。此雖不足以望周人積累之盛。然而要其所以得之者必有合天之心。順民之心。而非偶然而自得之也。故其後世孝武帝明皇失其意則亂。光武憲宗復得其意則興。而元成穆敬沈溺宴害莫知其祖宗之所以致此者何也。徒憑藉而有之。則其業遂以衰敗而已。故臣以謂繼世而有天下。其中才者固能守祖宗之意。其賢聖者則增益祖宗之意。其好謀而寡德者徒以變亂祖

宗之意。而昏童不肖者則又不知祖宗之意。故其為興亡治亂皆可考而無疑。噫。有志之君。長睨遠覽。欲以跨越前代。而不能深知祖宗所以得天下之意。施於今者忘其昔謀。其新者非其舊。動搖侵伐。其為國之本。而使之削薄而不悟。此豈非其故臣遺老莫有以告之者歟。其告而不之信歟。春秋之時。晉魏舒韓不信合諸侯以城成周。而宋仲幾不受功。指踐土之盟以為據。當是時。韓簡子與其佐士彌牟皆不能知也。曰晉之從政者新子姑受功。歸。吾視諸故府。仲幾不肯。曰。縱子忘之。山川鬼神其忘諸乎。彌牟反怒其誣己而執辱之。嗚呼。踐土之盟。晉文公之所以主諸侯也。諸侯猶記其舊。而晉之從政大夫曾莫識焉。則其後世之失霸。不亦宜乎。恭惟宋有天下。肇立基本。不以智力為治。不以兵甲為彊。不以險要為固。功德茂盛。源流深遠。聖人繼作。因時制事。微有變更。而其為國之大意常增益而不廢。天下之人受其陰利厚澤。不知其所從來。况於臣之淺陋何足究述。謹擇其意之尤大與國家相為終始者二事。事為一篇。具疏其說以獻。竊以天子之明聖誠已知之。而猶言之。則愛君之忠不為煩。未察而先言之。則告君之義不為過。而臣之區區畢於此矣。

國本中　其一曰禮臣　臣聞刑法所以待天下之有罪。雖至親隆貴。不得赦私。而雖至親隆貴。不能無罪。則刑法不得不用。然臣以為人主能使其臣無犯君之法。不當以刑法御其臣。夫人主之所與共守其國家者。自宰相以下至於一命之士。皆必得天下之賢材而用之。其不能無犯法者。不得居也。當舜之時。既放棄共鯀驩兜之徒。其所與為臣工岳牧者。皆忠肅和惠明允篤

誠之士。故其治化之成。至於匹夫小民。猶無犯法者。而況其官師乎。其後周文武最能得天下之賢材而用之。遇以信厚。而折旋之以禮樂。故其詩曰。濟濟辟王。左右奉璋。奉璋峨峨。髦士攸宜。夫聚賢材於朝而分之以百官之事。被服有雲龍藻火之章。駕乘有和鑾旗旐之節。以至奉粢幣執豆籩。薦告宗廟。類祀天神。其盛若此。而桎梏廢放黥劓殺戮之人。安得參於其間。揚雄有言曰。周之士也貴。夫士貴而後官貴。官貴而後國貴。國貴而後主尊。然則周文武之所以貴其士。禮其臣者。能使之無犯法。而未嘗以刑法御之者也。取不能無犯法之人而材諸位。則不免於以法御之。有以刑法御其臣之心。則方其唯諾殿上。委任尊寵。若將有腹心股肱之寄者。俄而桎梏廢放黥劓殺戮無所寬貸。而其臣亦不能自必也。故輕為姦而多犯法。嗚呼。此非國家之利也。漢高祖嘗裂數

千里地。使大功臣十數人得南面而稱王。既而翦滅葅醢。至於宗族無有遺類。其臣遂以禽獸自比。故後世子孫習見前事。不難於高爵重位以寵秩不肖之人。而亦輕於以鈇鉞刀鋸加其身。唐太宗嘗喜張蘊古所上大寶箴以爲愛己。一旦以治獄疑似。遽命斬之。謂虞祖尚文武忠義。使督交趾。祖尚再三辭行。亦誅死於朝堂而不以爲怪。其臣如王珪、魏徵號爲面折庭爭。亦莫有以爲非者。然則當時以刑法御其下。而快喜怒於殺戮。雖高祖、太宗之明。不能免也。噫。以刑法御其下。將以防姦臣。而豈有意於輕殺人也哉。自今攷之。其姦臣未必得罪。而連頸就戮前後相望者。皆善人君子也。夫不能以禮化姦臣之心。而以刑濫忠臣之罰。國家將何便焉。適所以借姦臣而爲之資耳。蓋舜文王之意。迨周衰而亡。歷秦、漢、隋、唐而不復興。至於藝祖、太宗

而後盡去前世帝王苛刻猜忍之意。一以寬大誠信進退禮節遇其臣下。受禪之始。因其故相委任若六年而後罷。太宗召拜近臣。嘗命擇良日。曰。朕欲其保終吉也。盧多遜事發。當時以爲所坐大逆。法既具矣。以其嘗典國事。止命竄流。蓋漢之三公。法以善去位者。不自殺則受誅。其輕甚者。猶以醜辭策之。而自真宗、仁宗以來。執政大臣之將去也。必使之連疏自乞。若將不得已而後從者。又爲之遷官加賜。而付以重地。前世之臣以諫諍忤旨而死者。皆是也。祖宗不惟不怒。又遷擢之以至於公卿。神宗嘗疑其臣之罷惰而不任職者。當汰而不忍。始益宮觀之員。廩之以粟而不責以事。後遂爲定法。其後章惇弄權。嘗欲興劉摯之獄以斃黨人。而哲宗不從。蔡京當國。又欲殺天下士。而徽宗不聽。紹興初。誤聽宰相誅諫官二人。尋復自悔。下詔責躬以

謝天下。故雖權臣用事二十年朋乎奔惟意而無殺士大夫之禍。夫進人以禮。退人以義。而不以刑法御其臣者。無過於祖宗之世。而不使姦臣妄殺一士者。亦無過於祖宗之世。蓋秦漢之風息滅不繼。而舜文王之意復興。天下之臣至有怯懦過當舉手畏法者矣。未有強愎不遜傲法以自便者也。若其逆亂反側起於父兄子弟之間者。蓋不復有矣。夫不以刑法御臣下。而與臣下共守法。此豈非祖宗爲國之本意。而舜文王之沿然歟。

國本下

其二曰恤刑。臣惟歷代用刑。各有輕重。不能盡舉。然大要其君賢而所任者仁人也。則用刑常輕。其君不賢而所任者非仁人也。則用刑常重。非惟用刑爲然也。而歷代之議刑者。亦莫不然。蓋其人君子也。則議刑常輕。其人小人也。則議刑常重。故觀其所用。可以知其國。觀其所議。可以知其人。然而未也。蓋

其君賢君也。而用刑不免於過重。其人君子也。而議刑亦不免於過重。以爲重刑所以致治。非重刑而天下不可治者。是可嘆也。天下若秦之刑重而欲輕之久矣。然而隨其時之輕重而終於不能輕一代之刑。夫後世有天下之長者。莫若漢與唐。其能求所以輕刑之意者。亦莫若漢與唐。而率之能輕一代之刑者。莫若吾宋也。漢唐之時。雖號治世。猶多造大獄。根連株送。或數千里。會逮久者積數歲而不解。公卿以下。重足待命。其論囚報重。一郡之內。一日有殺至數百人。凡此者。今天下之所未嘗有也。五代暴亂。承用重刑。盜一錢以上。輒坐死。而茶鹽榷酤升合銖兩之犯。至無生出者。犴獄所用。尤殘酷無法。不啻若桀紂。祖宗之世。或漸輕之。或盡除之。而參刑具五刑相收連坐之刑。皆漢唐之所常用者。此亦今天下之所未嘗見聞也。夫以前世用

刑之重而民亦無畏刑之心滋長其悍虐視性命生死如旦暮或白晝挺刃殺人於市或報仇行俠而天下大姓姦豪皆持生殺人之權殺人未必死傷人未必刑而弱子幼孥有竊息而不敢言者少年亡賴篡人於獄官寺之外商旅至不敢行若此今皆民之所無也夫天下之俗燕趙強果吳楚輕閩蜀人多怨至於激其所恥動其所憤皆有不畏死之心惟至仁可以柔之雖其自棄於盜賊者亦非重法之所能治此今日之所以用刑獨輕於前世而民之自愛而畏法亦遠過於前世也雖然今世之用刑比漢唐為輕比三代則為重而後世之所以制刑者則雖三代不能及也夫山澤之產三代雖不以與民而亦未嘗禁民以自利均田輕稅而民無為生之苦惟其狼戾不遜以身犯法者乃得而刑誅之要之今世之民自得罪者其實無幾而坐鹽茶榷酤及它比巧法田役稅賦之不齊以陷於罪者十分之居其六七矣故曰比三代之刑為重三代之肉刑也其刑雖省而一或行之則其肢體殘壞至於終身亦已甚矣文王周公蓋相承而不能變而論者則以為後世之刑不及上世之肉刑也豈不痛哉嗚呼後世之制刑仁於三代今既行之矣今世之用刑重於三代顧未能輕也則恤之而已矣然則祖宗之恤刑可謂至矣以恤刑之仁行制刑之仁輕於漢唐而庶幾於三代深者無公名平者無後患重失入之坐厚雪寃之賞是故無智力之治無兵甲之強無險要之固德澤雖未大和於天下而民不携貳天下安寧室家相保未嘗有匹夫攘行之變亦人謀上之姦者能隆禮以御其臣而恤刑以愛其民故此二者國家之大本無窮之緒而不可變之俗也故臣之不肖以為誠使天下之賢君

不免有重刑之心而天下之君子不免有重議刑之心者其禍最大其憂最甚此不可以不極慮而深言也嗚呼有自來矣求一切之治而不知天下之情怒一人之罪而有并嫉天下之意用一朝之決貽無窮之患而不察也豈不過哉夫二百餘年之國本在是天下安之也久矣培之使益堅養之使不傷夫誰得而動之不顧而變其安危之端必自是始雖賈誼陸贄復生為今日討未有以易此也

民事上

古者民與君為一後世民與君為二古者君既養民又教民然後治民而其力常有餘後世不養不教專治民而其力猶不足古者民以不足病其官後世官以不足病其民凡後世之治無不與古異故論古者事遠而不可行因今者習行而不可安嗟乎其孰能任是乎夫太息而言古義於今必不能改將安所用徒以為笑於執事者而已雖然不可不知也夫善論古者必始於田制徒田制而已何足言也古之為民無不出於君者豈直授之田而已哉其室廬器用食於百工之須雖非必其君交手以付之然既已為之設官置吏以教之通其有無補其不足其耕耘斂藏播藝之術必使之觀陰陽習四時而山澤之所有皆開示而勸求之其牛馬六畜家之所藏必知其數其婚姻祠祀疾痛死喪必知其急其官自下士至於三公位之登降必因其民之衆寡其意以謂民皆不自能也故其治之之詳如此雖然其役民之多用民之繁取其稅賦以供上之用廩而春秋蜡社以禮會民鄉射讀法比之於閭胥用之於軍旅役之於府史胥徒宮室道路之事凡此有後世之所無者其要以為養之者備則其役之不得不多治之者詳則其用之不得不煩君

民工下皆出於一本而已後世養之者不備治之者不詳使民自能而不知恤其所以設官置吏貴賤相承皆因民之自能者遂從而取之或有天惠民病嘗一減租稅內出粟以示賑贍之意則以為施大恩德於天下君臣相顧動色稱賀書之史官以為盛美其君民上下判然出於二本反若外為之以臨其民者故比閭族黨聯會考察之法一切盡廢以其不足者病民以其不養不教者治民毅然為之而無所愧而民亦習於自能而無求於其上而徒以為上之治我也故俛然受之而不敢辭其乖戾反忤而治道卒無一成之効者不特一世為然也雖然自漢至唐猶有授田之制則其君猶有以屬民也猶有受役之法則其民猶有以事君也蓋至於今授田之制亡矣民自以私相貴易而官反為之司契券而取其直而民又有於法不得占田者

謂之戶絕而沒官其出以與民者謂之官自賣田其價與私買等或反貴之然而民樂私自買而不樂與官市以為官所以取之者衆而無名也是官無以屬民也受役之法壞而官以傭錢自募浮浪不事事之人官民之急不相知也其有求請而相關通者既視若敵國大抵今世之民分而為三齊民一也軍旅二也後人三也而齊民之間又相分異不知其幾是其民無以事君也君無以屬民民無以事君然則立州縣有官吏相事相使相君相長不異於古者徒有君民之勢爾世之俗吏見近忘遠將因今之故巧立名字並緣侵取求民無已變生養之仁為漁食之政上下相安不以為非嗚呼為古之民獨何幸而今使之至此也臣每見今之吏所謂勸農者未嘗不竊嘆也夫官有田而民不知種有地而民不知闢故使吏勸之今其有者厚價以

責之無者半租以庸之是客有惰游者也故有求農而不得無得地而不農也官無遺地民無遺力而歲以二月長吏集係屬至近郊召父老而飲食之為之文以告之既告而去之若此者何也若其州縣荒閑良田沃土不耕不殖者朝廷當為之立法以來農民而使之從事焉耳豈為區區之文告哉為民田者無所用勸為官田者徒勸而不從君民二本古今異治而曰我無求為唐虞三代噫唐虞三代其果不足為矣

民事中　為國之要在於得民民多則田墾而稅增役衆而兵強田墾稅增役衆兵強則所為而必從所欲而必遂是故昔者戰國相傾莫急於致民商鞅所以壞井田開阡陌者誘三晉願耕之民以實秦地漢末天下殫殘而三國爭利孫權搜取山越之衆以為民至於帆海絕徼俘執島居之夷而用之諸葛亮行師

號為東義不妄虜獲亦拔隴上家屬以還漢中蓋蜀之亡也為戶二十四萬吳之亡也為戶五十餘萬而魏不能百萬而已舉天下之大不當全漢數郡之衆然則因民之衆寡為國之強弱自古而然矣今天下之州縣直以見入職貢者言之除已募而為兵者數百十萬人其去而為浮屠老子及為役而未受度者又數十萬人若此皆不論也而戶口昌熾生齒繁衍幾及全盛之世其衆強富大之形宜無敵於天下然而偏聚而不均勢屬而不親是故無墾田之利無增稅之入役不衆兵不強反有貧弱之實見於外民雖多而不知所以用之直聽其自生自死而已而州縣又有因其丁中而裁取其緡價者此其意豈以為民不當生於王之土地而征之者歟夫前世之致民甚難待其衆多而用之有終不得者今也欲有內外之事因衆多已成之民

率以此向之孰敢爭者而論者曾莫以為意此不知其本之甚者也以臣計之有民必使之闢地闢地則增稅故其居則可以為役出則可以為兵而今也不然使之窮苦憔悴無地以自業其駑鈍不才者且為浮客為傭力其懷利強力者則為商賈為竊盜苟得旦暮之食而不能為家豐年樂歲市無貴糴而民常患夫斗升之求無所從給大抵得以稅與役自通於官者不能三之一有田者不自墾而能墾者非其田此其所以雖蕃熾昌衍而其上不得而用之者也嗚呼亦其勢之有不得不然者矣夫吳越之地自錢氏時獨不被兵又以四十年都邑之盛四方流徙盡集於千里之內而衣冠貴人不知其幾族故以十五州之衆當今天下之半計其地不足以居其半而米粟布帛之直三倍於舊雞豚菜茹樵薪之鬻五倍於舊田宅之價十倍於舊其便利上腴爭取而不置者數十百倍於舊蓋秦制萬戶為縣而宋齊之間山陰最大而難治然猶不過三萬今兩浙之下縣以三萬戶率者不數也夫舉天下之民未得其所猶不足為意而此一路之生聚近在畿甸之間者十年之後將何以救之乎夫迹其民多而地不足若此則其窮而無告者其上豈宜有不察者乎田無所墾而稅不得增徒相聚博取攘竊以為衣食使其俗貪詐淫靡而無信義忠厚之行則將盡棄而魚肉之乎噫此不可不慮也漢之末年荊楚甚盛不惟民戶繁實地饒充滿而材智勇力之士森然出於其中孫劉資之以爭天下及其更唐五代不復振起今皆為下州小縣乃無一士生其間者而閩浙之盛自唐而始乃獨為東南之望然則亦古所未有也極其盛而將坐待其衰此豈智者之為乎且其土地之廣者伏藏狐

兔平野而居虎狼荒墟林莽數千里無聚落姦人亡命之所窟宅其地氣蒸鬱而不遂而其狹者鑿山捍海摘抉遺利地之生育有限而民之鋤耨無窮至於動傷陰陽侵敗五行使其地力竭而不應天氣亢而不屬肩摩袂錯愁苦感歎不自聊賴則臣恐二者之皆病也夫分閩浙以實荊楚去狹而就廣田益墾而稅益增其出可以為兵其居可以為役財不理而自富此當今之急務也而論者則又將曰慮其因徙而生變夫豈有不變之術而未之思乎抑聽其自變者乎

民事下

今之言愛民者臣知其說矣俗吏見近事儒者好遠謀故小者欲抑奪兼并之家以寬細民而大者則欲復古井田之制使其民皆得其利夫抑兼并之術吏之強敏有必行之於州縣者矣而井田之制百年之間士方且相與按圖而畫之轉以相授而自嫌其迂未敢有以告於上者雖告亦莫之聽也夫二說者其為論雖可通而皆非有益於當世為治之道終不在此且不得天下之田盡在官則不可以為井而臣以為雖不得天下之田盡在官文武周公復出而治天下亦不必為井何者其為法瑣細煩密非今天下之所能為昔者自黃帝至於成周天子所自治者皆是一國之地是以尺寸步畝可歷見於鄉遂之中而置官師役民夫正疆界治溝洫終歲辛苦以井田為事而諸侯亦各自治其國百世不移故井田之法可頒於天下然江漢以南睢渙以東其不能為者未強使也今天下為一國雖有郡縣吏皆總於上率二三歲一代其間大吏有不能一歲半歲而代去者是將使誰為之乎就使為之非少假十數歲不能定也此十數歲之內天下將不暇耕乎井田之制雖先廢於商鞅

而後諸侯亡。封建絶。井田雖在。亦不能獨存矣。故井田封建。相待而行者也。夫畎遂溝洫。環田而爲之。間田而疏之。要以爲人力備盡。望之而可觀。而得粟之多寡則無異於後世。且大陂長堰。因山爲源。鍾固流潦。視時決之。法簡而易周。力少而用博。使後世之治無愧於三代。則爲田之利。使民自養於其間。亦獨何異於古。故後世之所以爲不如三代者。罪在於不能使天下無貧民。不在乎田之必爲井不爲井也。夫已遠者不追。已廢者難因。今故堰遺陂在百年之外。瀦防衆流。即之漭然。浸千頃者。如其湮淤絶滅。尚不可求。而况井田遠在數千歲之上。今其阡陌連亘。墟聚遷改。蓋欲求商鞅之所變。且不可得矣。孔孟生衰周之時。井田雖不治。而其大約具在。故勤勤以經界爲意。歎息先王之良法廢壞於暴君汙吏之手。後之儒者。乃欲以其耳目所不聞不見之遺言。顧徒而效之。亦咨嗟嘆惜以爲不可廢。豈不難乎。井田既然。今俗吏欲抑兼并。破富人以扶貧弱者。意則善矣。此可隨時施之於其所治耳。非上之所恃以爲治也。夫州縣獄訟繁多。終日之力不能勝。大半爲富人役耳。是以吏不勝忿。常欲起而誅之。縣官不幸而失養民之權。轉歸於富人。其積非一世也。小民之無田者。假田於富人。得田而無以爲耕。借資於富人。歲時有急。求於富人。其甚者傭作奴婢。歸於富人。游手末作。俳優伎藝。傳食於富人。而又上當官輸。雜出無數。吏常有非時之責。無以應上命。常取具於富人。然則富人者。州縣之本。上下之所賴也。富人爲天子養小民。又供上用。雖厚取贏以自封殖。計其勤勞亦略相當矣。迺其豪暴過甚兼取無已者。吏當教戒之。不可教戒。隨事而治之。使之自改則止矣。不宜豫置嫉惡於其心。苟欲以立威取名也。夫人主既未能自養小民。而吏先以破壞富人爲事。徒使其客主相怨。有不安之心。此非善爲治者也。故臣以爲儒者復井田之學可罷。而俗吏抑兼并富人之意可損。因時施智。觀世立法。誠使制度定於上。十年之後。無甚富甚貧之民。兼并不抑而自已。使天下速得生養之利。此天子與其群臣當汲汲爲之。不然。古井田終不可行。今之制度又不復立。虛談相眩。上下乖忤。俗吏以卑爲實。儒者以高爲名。天下何從而治哉。

理財上

夫理財與聚斂異。今之言理財者。聚斂而已矣。非獨今之言理財者也。自周衰而其義失。以爲取諸民而供上用。故謂之理財。而其善者則取之巧而民不知。上有餘而下不困。斯其爲理財而已矣。故君子避理財之名。而小人執理財之權。夫君子不知其義。而徒有仁義之意。以爲理之者必取之也。是故避弗爲。小人無仁義之意。而有聚斂之資。雖非有益於己。而務以多取爲悦。是故當之而不辭。執之而弗置。而其上亦以君子爲不能也。故舉天下之大計屬之小人。雖明知其負天下之不義而莫之恤。以爲是固當然而不疑也。嗚呼。使君子避理財之名。小人執理財之權。而上之任用亦出於小人而無愧。民之受病。國之受謗。何時而已。夫聚天下之人。則不可以無衣食之具。衣食之具。或此有而彼亡。或彼多而此寡。或不求則伏而不見。或無節則散而莫收。或消削而浸微。或少竭而不繼。或其源雖在而浚導之無法。則其流壅遏而不行。是故以天下之財與天下共理之者。大禹周公是也。古之人未有不善理財而爲聖君賢臣者也。若是者。其上之用度固已沛然滿足而不匱矣。後世之論則以爲小人善理財而聖賢不爲利也聖賢誠不爲利也上下不給而聖賢不知所以通之徒曰我不爲利也此其所以使小人爲之而無疑歟熙寧之大臣慕周公之理財爲市易之司以奪商賈之贏分天下以債而取其什二之息曰此周公泉府之法也天下之爲君子者又從而爭之曰此非周公之法也周公不爲利也其人又從而解之曰此真周公之法也聖人之意六經之書而後世不足以知之以此嗤笑其辨者然而其法行而天下終以大弊故今之君子真以爲聖賢不理財言理財者必小人而後可矣求泉府之法斂市之不售貨之滯於民用者以其賈買之其賒者祭祀喪紀皆有數而以國服爲之息若此者真周公所爲也何者當是時天下號爲齊民未有特富者也開闔斂散輕重之權一出於上均之田而使之耕築之室而使

之居衣食之具無不畢與然而祭祀喪紀猶有所不足而取於常數之外若是者周公不與則誰與之將無以充其用而遂與之也則民一切仰上而其費無名故賒而貸之使以日數償而以其所服者爲息且其市之售貨之滯於民用者民不足於此而上不斂之則爲不仁然則二者之法非周公誰爲之蓋三代固行之矣今天下之民不齊久矣開闔斂散輕重之權不一出於上而富人大賈分而有之不知其幾千百年也而遽奪之可乎奪之可也嫉其自利而欲爲國利可乎嗚呼居今之世周公固不行是法矣夫學周公之法於數千歲之後世異時殊不可行而行之者固不足以理財也謂周公不爲是法而以聖賢之道不出於理財者是足爲深知周公乎且使周公爲之固不以自利雖百取而不害而況其盡與之乎然則柰何君子避理財

之名苟欲以不言利爲義坐視小人爲之亦以爲當然而無怪也徒從其後頻蹙而議之厲色而爭之耳然則仁者固如是耶今天下之財亦可得而略計矣黃帝堯舜以來財之在天下今其不知取者幾也秦漢之後創取於民後世日以增益今其棄而不求者幾也天下之遺利天下之所不知不得而用之者幾也抑猶有上之所未斂者乎抑已盡斂而不可復加歟然則有民而後有君有天下而後有國有君有國而後有君與國之用非民之不以與其上也而不足者何哉今之理財者自理之歟爲天下之理歟父有十子闔其大門日取其子而不計其後將以富其父歟抑愛其子者必使之與其父歟抑孝其親者固將盡困其子歟抑其父固共其子之財者歟然則今之開闔斂散輕重之權有餘不足之數可以一辭而決矣柰何以聚爲理財

而其上至於使小人君子以爲不當理財而聽其絶而不繼若是者何以爲君子哉

理財中

天下以錢爲患二十年矣百物皆所以爲貨而錢幷制其權錢有輕重大小又自以相制而貨其所不及蓋三錢並行則相制之術盡矣而猶不足至於造楮以權之凡今之所謂錢者反聽命於楮楮行而錢益少此今之同患而不能救者也夫率意而戲造僞以補一時之缺而遂貽後日之憂大都市肆四方所集不復有金錢之用盡以楮相貿易擔囊而趨勝一夫之力輾爲錢數百萬行旅之至於都者皆輕出他貨以售楮天下陰相折閱不可勝計故凡今之弊豈惟使錢益少而他貨亦幷乏矣設法以消天下之利孰甚於此興利之臣苟欲必行知撲刻之易而不知其爲盡錢之難十年之後四方之錢亦藏而不

用矣。將交執空券望皇馬而無從得，此豈非天下之大憂乎？夫見其有而因謂之有，見其無而因謂之無者，此常人之識爾。所貴於智者，推其有無之所自來，不反手而可以除其患。且今之所謂錢乏者，豈誠乏耶？上無以為用耶？下無以為市耶？是不然也。天下之所以竭誠而獻者有二議：有防錢之禁，有羨錢之術。夫南出於夷，北出於虜，中又自毀於器用，盜鑄者雖散雜而能增之，為器者日損之而莫知也。此其禁患於不密也，是誠可密也。若夫羨錢之術，則鼓鑄而已矣。雖然，盡鼓鑄所得，何足以羨天下之錢？且天地之產，東南之銅，或暫息而未復，雖有咸陽孔僅之巧，倘以致之，噫！不知夫造楮之弊，驅天下之錢，內積於府庫，外藏於富室，而欲以禁錢鼓鑄益之耶？且錢之所以上下尊之，其權盡重於百物者，為其能通百物之用也。積而不發，則無異於一物。銅性融液，月鑠歲化，此其賤天下之寶亦已多矣。夫徒知錢之不可以不積，而不知其障固而不流；徒知楮之不可以不多，而不知其已聚者之不散。從楮於外以代其勞，而天下有坐鎮莫移之錢，此豈智者之所為哉？豈其思慮之有未及哉？故臣以謂推其有無之所自來，不反手而可以除其患者也。雖然，舉天下之錢，非上下之所欲也，用楮之勢至於此也。貨行者有千倍之輕，兌鬻者有什一之獲，則楮在而錢亡，楮尊而錢賤者，固其勢也。貴莫如珠金，賤莫如泥沙，至錢而平矣。先王之用幣也，錢居其一，而後世之用錢也，它幣至於皆廢，誠以為輕重之適也。故夫天下之貨未有可輕於錢者也。一朝而輕千倍，曾不為後日之計，竊何也？此臣之所謂弊極而當反者也。天下之事，本無奇畫，為奇畫者小人之向便以干其君者也，不可聽也。

雖然，臣又有疑焉。計今日之錢，自上而下者有兵之料，有吏之俸；自下而上者，州縣倚鹽酒雜貨之入，而民之貿易以輸送者，大抵皆金錢也。故雖設虛券以陰納天下之錢，而猶未至於盡藏而不用。方今之事比於前世，則錢既已多矣，而猶患其少者，何也？古之盛世，錢未嘗不貴，而物未嘗不賤。漢宣帝時，穀至石五錢，所以立常平之法。唐太宗新去隋亂，而至富強，米斗十錢以上為率。何者？治安則物蓄，物蓄則民不求而皆足，是故錢無所用。往者東南為稻米之區，石之中價財三四百耳，歲常出以供京師，而以負其錢。今其中價既十倍之矣，不幸有水旱，不可預計。惟極南之交廣，與素曠之荊襄，米斗乃或止百錢為率耳。然大要天下百物皆貴而錢賤，瓜瓠果蓏魚鱉牛豕，凡山澤之所產無不盡取，非其有不足也，而何以至此？且以漢唐之賦祿較之於吾宋，其用錢之增為若干；以承平之賦祿較之於今日，其用錢之增又若干；東南之賦貢較承平之所入者，其錢之增又若干。昔何為而有餘？今何為而不足？然則今日之患，錢多而物少，錢賤而物貴也明矣。天下惟中民之家，衣食或不待錢而粗具，何者？其農力之所得者足以取也。而天下之不為中民者十六，是故常割中民以奉之。故錢貨紛紛於市，而物不能多出於地。夫持空錢以制物猶不可，而況於持空券以制錢乎？然則天子與大臣當憂其本而已矣。

理財下

使天下疑己，不可以為天下。臨財則疑其取，見患則疑其避，勢相軋、權相傾之際，則疑其謀。若此者，雖匹夫不能自立於鄉黨。天下之人，其所以力為忠信廉潔之行者，未必其心安之以為當然，蓋將以求免乎天下之疑也。故雖矯亢過情，捨利就害而不敢憚焉。一節之疑。足以傷其終身之信。此固人情之所甚懼也。噫。蛇未必噬也。而人疑其螫。虎未必搏也。而人疑其暴。有麟鳳之德。而後見之者無疑心。雖然。麟與鳳不常出於天下。而天下亦安得而不疑。古之聖人所為大過乎人者。理天下之財。而天下不疑其利。擅天下之有。而天下不疑其貪。政令之行天下雖未必能知其意。而終不疑其害已。故聖人之於天下無不可為者。以其所以信服天下者明也。後世之君。用民之財未必如三代之多。役民之力。未必如三代之煩。常為安靜之令數出寬大之言。而天下終疑之。而不置。不亦悲夫。今國家之患法度未立。號令未信。財用未足。欲有所為而不能遂。若此者不足為大憂也。而其憂則在乎未能免天下之疑。何者。天子仁孝恭儉。服御簡約。宮中之費。奇悉布於海內。而無毫髮之私。此亦

足以明其無所取於天下矣。一方水旱。憂見顏色。或特出使人申命長吏通財移粟。惟恐在後。奏疏蠲除不問緡石。未輒報可。此亦足以明其深自結於天下矣。而天下終不能無疑於其間。某欠某負。詔書已釋放矣。民猶未信也。曰。此後豈不將復征之也。關坐畫一條件無數。謂之寬恤至深切矣。民猶未信也。曰。此其文帶未嘗不具也。或特建一官。或創立一司。其事未見也。而民已逆疑之曰。此必將以興其利也。下自一縣令。而上至掌國計之近臣。未必皆有取民之意也。未必不與民也。而民又皆疑之曰。此其挾國之重以病已也。天子以大義安天下。非為苟且而已矣。將用以滅虜而復北方也。今也不出門閫之近。而天下皆以利疑之矣。是猶可與有為邪。夫當天下之皆疑。此不可以力勝而辨解也。宜退而考其原。今天下有百萬之兵。不耕不戰。而仰

食於官。北有強大之虜。以未復之仇。而歲取吾重賂。官吏之數日益而不損。而貪臣之員。多不省事而坐食厚祿。夫明示天下以無所用財之跡。而後天下無疑心。若是者其無所用耶。然則雖上不能不自疑其為利也。天下獨敢不疑其利之耶。嗚呼。數世之富人。食指衆矣。用財侈矣。而田疇不愈於舊。使之能慨然一旦自貶損而還其初乎。是獨何憂。雖然。蓋未有能之者也。於是賣田疇鬻寶器以充之。使不至於大貧竭盡索然無聊而不止。今天下欲為大貧竭盡索然無聊之術耶。又豈特上下相疑而已也。天下之人私相與言者必曰。今之官不可為也。伯夷之廉。必改為跖蹻之攫。尾生之信。必習為狙公之欺。而非跖蹻非狙公。則其事不可以濟。然而不敢以其情告於上。其告於上者姑曰。陛下至仁。法令明備。群臣奉行不謹。而因以誅求於其忠

故朝廷雖惇重信。而使民不能無疑耳。上豈將以為然耶。臣故言其情。今天下之財用責於戶部。戶部急諸道。每道各急其州。州又自急其縣。而縣莫不皆急其民。天下之交相為急也。事勢使然。豈其盡樂為桑弘羊楊可之所為耶。使天下之用誠有常數。而戶部以天下之稅當之而有餘。則戶部必不以困諸道。每道必不以困其州。而州若縣。獨何以自困其民耶。使其真桑弘羊之流。固且不暇。而況其不為弘羊者耶。所畏者上每以所不足責其臣。使群臣以不足而後見其財。然則若是者固教天下之為弘羊者也。昔劉晏當兩代衰亂之際。天下多事。故謂晏能以不足為有餘。此出於不幸耳。以今較之。猶為平世。而奈何以不足責其臣。而謂群臣以不足而後見其財歟。豈不為有事者地歟。天下方議更為貢賦之籍。鉤考其會而悉書之。使一縷以

上。上無不知其所自出。而州縣不敢強取於民。噫。今州縣號爲難治。一縷以上既在籍矣。而州縣之用。於何取之。若此者天下愈疑矣。

歷代名臣奏議卷之五十四

歷代名臣奏議卷之五十五

治道

宋孝宗時。葉適應詔論官法三事。士學二事。兵權二事。夷狄四事。其官法上曰。夫課群臣當以實。實不能課。當課以名。名以致實。實以致名。有一不舉。是謂尊主之經。失實名則其主輕。以此爲治。雖勤弗成。堯舜之時。天下之患莫甚於水。民之事莫重於稷。國家之政莫大於禮樂與刑。而諸侯之治州各有牧。堯舜既選天下之賢聖。各以其所長專治一職。而不制可否於其間。然而必爲之法曰。三載其考爾之績。三考而陞黜之。以此課其官。而官之長亦各自課於其屬。法簡而令必行。故其可見之功。不惟施之一時。而遺利餘澤又能及於後世。是之謂實。吾祖宗之治天下也。事無大小。一聽於法。雖傑異之能。不得自有所爲。徒借其人之重以行吾法耳。然而必養之儒館。必任之金谷。必居之諫諍。審讞刑獄。習知邊事。一人之身。內外之官無不遍歷。較之以實。取之以望。然後其大者爲政事之臣。而其小者亦爲侍從之官。其人既已周旋衆職。詳練世事。雖不必真能盡知。而皆習聞其大槩。名爲蘊藉溫雅。沈厚老成。以局度器識自許。而上亦護養愛惜。不使有以少損其名。其人尚德而寡過。則所蒞之官亦不至於廢曠而不理。是故可以造居通選而無疑。而天下之事亦因以治。是之謂名。夫堯舜之實不求其名。吾祖宗之名不責其實。然而名以致實。實以致名。二者不同而均足以治。人主尊安而天下無事矣。噫。使天下之賢聖不廢吾法。而雖天下之中材亦得自附於善人君子之名。此豈非其課色實之本意歟。後世號漢宣帝爲能行責實之政。然以臣論之。徒役役焉旦夕程其文書殿最之課耳。高才賢士欲自有以建立終不可得。至於法令細密器械精巧。此特百工俗吏之所能為者耳。責群臣以百工俗吏之所能。而又親持權柄以行其雜霸之道。臣主俱勞而善政益衰。烏覩所謂實耶。是之謂失實。東漢之末名在下。下以名高取必於上。上不能堪。因而害之。兩晉之世名在上。上取清談不事之名。位為三公而無職可舉。江左相承尊尚名品。而天下皆有傲誕矜侈之意。無益於治。是之謂失名。且彼任其所尚。各自以為能器使群臣而行其誅賞。而豈悟其失哉。臣不佞切言今世之故以為課之以實耶。則天下之人其在大官重職者。未有長久任事使見功實效可以利天下也。而上輒以為不稱職而罷去之矣。人臣之得為此也。非將曰吾求以實能是事也。則亦偷墮苟容虛文亡實而已矣。是未得其所以為實也。以為

課之以名耶。則今官司之要自宰相之外。有樞近之臣。有侍從講讀之員。有諫官御史之選。爾然未見有卓然名於其間。曰某為其。其為其。借其人足以重其事。如祖宗之世者也。則必其不知名者而已矣。則必其名之為具位而無取者而已矣。則必其敗名毀節而後得在此位而已矣。是未得其所以為名也。天下望治。如醒者之願醒。痛者之願痊也。十四、五年矣。而群臣百官未知名實之所存。獨若之何哉。雖然。臣以為今天下之治則亦有意於為實矣。而未知其所以為實。何者。今之所謂實者。不過若漢宣帝耳。夫擇天下之賢。才與之共政。而乃欲課之以百工俗吏之所能。彼安肯俛然為之耶。俛然為之者百工而已耳。俗吏而已耳。上之所擢用。所貴幸。所驟取而厚託。昔已退而今且進者。皆可得而考也。況其有未及宣帝者乎。彼其誠所謂實者。固

且不出於今之實也。而上不察焉。惡其不為實而不喜其為名。又從而廢之。是以靡退者不在焉。骨鯁者不在焉。蘊藉溫雅沉厚老成以局度器識自許者舉不在焉。故諫官御史或無人焉。翰墨制誥或無人焉。大者至於丞相之位。或無人焉。是其無人也。則曰群臣百官之不足用也。不足用。則上不免於自用。然則今之世舉群臣百官以為不足用而上自用也。非所以聳天下也。非所以威夷狄也。非所以消姦雄而防未然也。夫所貴乎人主者。以天下皆為己用而已。不必自用。自用。則人主尊而其國威失。實與名則幾乎輕。嗚呼。若是者。其無以一人而使不失乎。

官法中曰。冗官之說曰。古者民淳事簡。天下不勞而治。後世益薄。事日以繁。而天下難理。故設官有多寡之異。唐虞百官。夏商倍之。周倍夏商。後世之官無數。此其驗也。雖然。古事何必簡。今事

何必繁。天下之時一也。夫黄帝以前。鴻荒簡略者。非謂其果無事也。乃其已遠。無所考見。故不可得而知。自黄帝至於堯舜。當其時。聖人在上。天下衆務繁多。而聖賢以身任之。汲汲皇皇以及於老死而不敢倦。所條理天下之事。匹夫小民之私。無不究者。安在其必簡且淳耶。後世因上古之治而未嘗自為。聽其廢壞缺絶而不知為修補之政。禮樂教化維持之具。疏漏脱略。不足以望上世之萬一。獨其文字期會為差多耳。夫因書籍記載之久。近多寡而遷以煩簡議古今可乎。且其以有人民國家教法赦伐是不可一日無事。而謂古事之獨簡也何哉。豈非榮古而陋今。乃論者之通患歟。夫唐虞官百。蓋特設其大者耳。內有百揆。外有州牧侯伯。所以比聯綱紀其上下者。已悉備矣。雖後世不能益也。唯其屬官貳事天子之所不自置者。後世乃稍稍

增之夏商雖不可見而周之六官所以四倍於唐虞者皆其屬也夫禹周行天下以治九州之水而稷契皋陶九官十二牧之任豈其一人而僕僕焉自爲之乎其勢非數百千人之屬共之不能給也夫以郡縣等諸侯以辟置視除授三者既相直矣而獨舉其大官則唐虞之數固不能特減於今世此易見也彼其天下萬國君臣官吏之衆乃當數倍於今世而論者不知其本徒欲執百官之數以尊唐虞病夏商陋秦漢豈不過歟夫冗官之患何始也推其所從始而得其受弊之原從其原而治之則其患息矣以兩漢之官考之丞相御史其後爲二公及九卿尚書二千石之任其間自辟置者不暇計也而議郎郎中博士諫大夫太中光祿謁者合數千百員皆與聞國家之謀議約以今世之中都官不能什一也郡守雖少於今世然令長倍多而三

者嗇夫游徼鄉亭有吏皆食於上此則今之所無也舉選之路凡數十條其取人最博而上書待詔時召見問此亦今之所不能也而未嘗以冗官爲患蓋其漸始於魏晉而蔓延於唐最甚於今日唐自兵興中外濫設隨時增損固宜其有冗也故方其缺而不補也則一人之除吏至於八百方其多而不容也則一日之缺至於千四百人此亦今之所無有也然則冗官之患安在夫計其大無以異於唐虞之簡舉其少不能如兩漢之多然而兩漢無冗官何也今世之官誠冗矣不可諱已夫文武不分則官不冗官吏不分則官不冗而自魏晉以來始分矣昔之官令之吏也昔之能爲武者今不能爲文者也郎中執戟侍中奉乘輿虎賁郎將郎中令校尉昔以待天下之賢才者今武士宦官專之矣九卿三公所辟舉援授曹掾皆忠廉脩潔之士仔

義高於郡國有不歲時而起爲公輔者今吏胥賤之矣流品既分趨舍異塗是以其所選舉甚狹而天下之官猥多爭先於此而不能去乃其勢也而何怪乎且天子與大臣將有所大正於此則拾其源而過其流是無益也夫其事宏闊博大非倉卒所能定苟無決然改爲之意而徒欲以空言斷之是無益也臣嘗見今世號左右司郎爲宰掾者漢六百石掾今吏秩之輕者爾左右司郎至尊貴長史司直不能逮也乃以掾號之名失實何其甚歟凡人習見前世稱謂故亦有以今之尚書郎爲昔之郎者夫外吏刺史郡守乃得入爲郎其選至高而乃欲以漢世郎吏爲比乎然則明帝之所謂上應列宿不肯以畀館陶公主子者近今主事令史之屬耳周官宰士通於四海王人雖微在諸侯上而今也吏之可乎夫輕周漢之所重隔絕太半自爲武臣

而執鋭執鈒以前後人主者不使天下士大夫皆得出此而顧曰官冗當汰然則官誠冗矣

官法下曰天下之患莫甚於縱赦患之術不過於抑抑久必縱縱久復抑二者相與盛衰而天下不得治矣蓋世之所謂剛毅無私能爲人主守法而天下通以爲賢人君子者不過曰能抑天下而已而其立法之際多爲艱難曲折一事之微得指以爲疵亦皆示其抑天下之意而無廣大樂易之心夫以能抑天下之臣而行抑天下之法使其得之者不以爲愚而失之者必以爲怨天下之亂常生於此而或者則以爲天下患無其人以身任怨而倖賜過寵紛紜四出坐視而不能禦嗚呼豈其未之思乎豈以其術爲出於此者乎夫天下所以聽命於上而上所以能制其命者以利之所在非我則無以得焉耳是故其途可通而

不可塞。塞則沮天下之望。可廣而不可狹。狹則來天下之爭。望失爭生。而上之權益微。蓋富人之所以善役使貧弱者。操其衣食之柄也。使其盡衣食之數。則力弗稱而無名。使其拒而弗之衣食歟。則柄失而勢衰。是故使之以事而效其食。或汲或負或築或鋤。則其力之弗任者。雖飢且死。不敢食矣。噫。使彼而皆任歟。吾雖盡食之何傷。不然。則彼不以無功爲羞。而吾以吝食爲媿矣。昔之聖人未嘗吝天下之利。天下之人其初無有賢智愚不肖之分。而皆求得於我。高爵厚祿。雖駭然庸人當之。彼何所不願。而聖人亦不較也。爲之立其等秩。程其功能。從而告曰。至於是者取而去之。使其盡至。是則雖盡與之可也。彼自知其不能至。則逡巡而退卻耳。吾未嘗與一而棄一也。奈何操利天下之柄。而示其抑天下之意。且譽之所加。人誰不趨。怨之所集。人誰不避。而雖使人人避譽而任怨。其於天下之治亂何益。不禁抑於此者。必縱於彼矣。縱於彼將復抑於此。然則是將與天下相攻之不暇。而安能使之靡然心服以爲治哉。夫以能抑天下爲善治者。非一世也。非一人也。其所以抑之者非一事也。天下之不治。皆此故也。臣不敢盡言。請以任子一事明之。夫天下患公卿大夫之子弟不學無能。而多取天子之爵祿。然而不可盡去者。義不可去也。義不可盡去。而任子之官多而不能容。故常設法以抑之。曰寬其稍授而嚴其出仕。任其子若孫而雖貴大臣不得任其兄弟之子孫。於是又有欲任其學而得之而不任其所任者。有欲任之而不使仕者。有增其年者。有削其數者。有使行自大臣始。而下不敢議者。蓋昔之言任子者。何其紛紛也。其思之得一說。其革之得一令。其說愈多。其令愈煩。然皆不過

於抑之而已。天下固不可抑也。任子之法。百年以來凡幾變矣。以一人之力而抑天下之心。抑者不旋踵而縱者繼之矣。夫不可以不與。而猶示其抑之之意。因以喪其喜樂閒暇之心。雖國家之所與。本非以求恩德於天下。然其舉動之際。亦何獨若是之迫切哉。今夫山林草莽之士。操筆書紙爲腐熟無用之言。以應有司之格。若此者非以爲賢也。非以爲材也。而天下皆以爲當得。雖上亦以爲當得也。公卿大夫之子弟因父兄之任。已不求於有司而自得之。若此者亦非以爲賢也。非以爲材也。而天下皆以爲不當得。雖其上亦以爲不當得也。上之求人。豈有間哉。誠以堪其事耳。賢者堪之。能者堪之。山林草莽之人。公卿大夫之子孫。何擇焉。使其堪之也。雖不嚴其出仕可也。雖任其兄弟之子孫可也。雖任其所任者可也。不增年可也。不削數可也。不然。限之以塗。抑之以法。而賢且能以堪吾事者。不盡出於此。是名有抑天下之患。而實無得賢能之利也。上何賴焉。故臣以爲必有不抑天下之道。而使之知其上有皆欲與之之心。任之者皆賢且能。而不肖者自知其不當得而無所歸怨。所與之人必少於舊。而上無立法更制之勞。下無守法任怨之患。若此。則何待而不爲。凡今之政。若薦舉。若取士。若用人。動爲疑礙以抑天下。使之拂鬱而不自遂。幸其得而去之。而尚何望其有功名長久之慮哉。嗚呼。臣又非特爲薦舉之類也。凡天下之治出於抑者皆過矣。

士學上曰。儒者以迂闊見非於世。所從來遠矣。三代以前無迂闊之論。蓋唐虞夏商之事雖不可復見。而臣以詩書考之。知其崇義以養利。隆禮以致力。其君臣上下皆有闊大迂遠之意。而非

一人之所自能者。是故天下亦莫得而名也。及至周衰。諸侯務求近效。以為先王之道回復而難至。乃始旁徑捷出以便其目前。而利欲富貴在於骨肉親戚之間者。不憚為險詐之行以攘奪之。先者既以此得。後來日以益甚。其四鄰國家卿士臣僕。傷潰蹙狹至於其身而不能止。於是四夷交侵。內外並爭。故時斥大之。宇內背叛削小。而卉衣被髮之人。入居中國之地。當是之時。孔子以匹夫之賤。起而憂之。其規營謀慮。無一身之智。而有天下之義。無一時之利。而為萬世之計。衛靈公問陳。對曰俎豆。齊景公問政。對曰君臣父子。或者疑兵食不可去。則曰自古皆有死。其問答議論。凡皆若此。無一可施用於當世者。堯舜文武之遺文。既不復試矣。乃更區區修補其廢墜。而又奔走天下之諸侯以庶幾行其必不見信之言。當時之人。莫能測其意。相與共笑侮之。甚者出力而困扼之。欲致之死地。雖其門人弟子亦有以為迂者。其後孟軻當六國患秦之日。又自相殘暴。其君臣尤為卑陋。計功於俘馘之內。而問計於間諜之中。然孟軻告之一則仁義。二則仁義。夫所謂仁義者。齊梁之人莫能識。而況於行之乎。務以翼贊孔氏之意。而操必不可從之說。夫孔子孟軻所謂迂闊之最大。而後世所以有迂闊之論者。自孔孟始也。嗚呼。天下自周之衰而極於亡秦之亂。天地幾不立矣。所以然者君臣上下為目前便利之計。月不圖歲。朝不計夕。自以為是。而後來者無所則仰也。彼其君臣父子之道。復立禮義忠信之教復興。乃得永存以至於今世。而猶有望於無窮者。此非孔孟迂闊之力歟。噫。後世之儒者徒得其書而讀之。孰其所為言以自信而已。尚安能真知迂闊之意。若董仲舒劉向揚雄韓愈之徒

此其於孔氏之門人弟子未能什一也。而世遂以其迂闊而駭之。誠使孔孟復出。親見其人。與之考論其政事。而接聞其言語。其不將有大駭者耶。奈何徒尊其道而棄其人乎。夫所謂迂闊者。言利則必曰與民。言刑則必曰措刑。言兵則必曰寢兵。言當世則必曰唐虞三代。而薄書獄訟不如禮樂。臺省府寺不如學校。其措於事。誠若漫然而不足効者。雖然。疑其迂者自為行必疾。議其闊者自為塗必隘。左侵右逼。將無地以自容而不知也。是不能為迂闊而已。國家以文治二百年矣。孔子孟軻之學無所不講。儒雅高論之士無所不用。六經之道庶幾其可行之也。其過於漢唐遠矣。而迂闊之譏猶不絕於世。君以此誚其臣。臣以此病其君。上下相疑。而治功不立。何哉。豈非狃於卑近而不能盡去歟。抑其臣學為迂闊而實狹且陋歟。將迂闊之臣不足以勝衆狹陋之臣而然歟。故臣之所甚患者。上以迂闊誚其下而下亦苟諱其迂闊之名。自貶而求容於世。其小者學通世務則錢穀刑獄不足以深知。而徒以紛亂其大者。取三代之不可復行者。勉強牽合以為可以酌古而御今。二者皆足以敗事。而臣以為必得真迂闊者而用之。天下其庶幾乎。

士學下曰。天下之物。養之者必取之。養其山者必材。養其澤者必漁。其養之者備。則其所取者多。其養之者久。則其得之也精。夫其所以養之者。固其所以為取也。古者將欲取士而用之。則必先養之。故族黨州鄉皆為之學。在諸侯者。達于國學。在天子者達于大學。其在諸侯之學者。必達於天子之學。性有仁義聖智之本。行有中和孝友之實。教有歌舞進退之容。誦有詩書禮樂之文。其為術也備而久。故其取之也必得其儁異之甚者。夫非

必待之以卿相。而養之既若此矣。其後世衰。不復取士。而養之之術壞。至於兩漢有急士之心。不暇於養而遽取之。多為之科目以待其求者。其所選拔有不暫而為卿相。於是天下之士始去本忘實。爭為其名以應之。雖其所以得之者猶有所取之。而視三代則已陋矣。後世習見其事。始以不養而取者為士之常。故人材衰薄乃不足以庶幾於兩漢。嗟夫。豈三代之士獨賢哉。然猶未至如今之世既養而不取。雖取而不養。而其養之也常於其所不取。其取之也常於其所不養。事具而其法不舉。兩異而莫適為用。此亦執事大臣因循之過也。今三歲詔舉進士。州以名聞者數千萬人。禮部奏之。而天子親為之發策於庭。去為州縣吏者數百人。而與大政當國論者取焉。侍從人主之左右者取焉。諫諍彈擊者取焉。有不暫而遂至者焉。然其在高等者天下多以其詞藝為不當得。而況於其人。愈駭浮躁。鄉里之無行者。巍然躐處於其上。朝廷既已取之。雖知其不可。而亦不敢較。則取而不養。此天下之所共知而莫能章者也。今州縣自嶺海莫不有學宮室饘廩書籍器用。無所不具。來學者誦讀之聲歲時不息。州必有師而教之。其禮甚優。其職甚專。而又月第其進否。時定其去留。不知三代之學亦何以異此。然不無取士之法。無考察之意。學官與諸生汎汎焉不相知名。無教無勸。聿其歲滿則掉臂而去。既去。若素所不至者。蓋一官司耳。嗚呼。四五十年矣。則養而不取。此亦方今之所未知也。能勿為之計乎。夫科舉之患極矣。何者。昔日專用詞賦。摘裂破碎。口耳之學而無得於心。此不足以知經耳。使其知之。則超然有異於衆而可用。故昔日之患小。今天下之士雖五尺童子無不自謂知經。傳寫

誦習坐論聖賢。其高者談天人語性命。以為堯舜周孔之道技盡於此。彫琢刻畫侮玩先王之法言。反甚於詞賦。南方之薄者工巧而先造。少北之樸者屈意而顓學。衆說潰亂茫然而莫得其要。人文乖繆。大義不明。無甚於此。而知者曾不察歟。噫。其過在於不養耳。昔之養士誠難為也。州縣無學無師無饘廩器用。其創之也勞。今皆具矣。加之以法度。則一日而定矣。法度不立。而學為無用。凡今之士惟其稚而未成。貧而無食者。乃肯入學。惟其昬耗不才。貪鄙而無節行者。乃皆聚於學。惟其有罪而不受罰者。乃求籍於學。故凡茂異秀傑之士。以不至於學為高。其有在者則必共指以為無恥。而皆以為譏。故其養之常於其所不取。而取之常於其所不得養。然則今之學校乃為棄材之地乎。噫。三代之王。獨何以取天下之士而使之皆由於學哉。夫析今之取士而入學可也。因今之學而後取士亦可也。且三歲所官數百人。而天下之士常有不遇之歎。何者。其一日而至者不足以厭服天下也。忠信孝悌必脩於家。必聞於鄉村。智識賢能必見於事。必推於友。舉其茂異秀傑者畢至而務養其心。以稍息其多言。然後少變今之意。而足以取之。則先王之道庶乎可復矣。夫禮義廉恥惟上所厲。故士得以自重。今天下囂囂然養之而不以道。而上不免有嫚士厭儒之心。譬猶父母不素教子。一旦以其不肖而欲盡棄其所愛。亦可之大者也。

兵權上曰。非詐不為兵。蓋自孫武始。甚矣人心之不仁也。非武之書不好焉。用兵以詐。古之聖智或不能免。自管仲咎犯先軫其人已不純於義。務為爭利必勝之術。春秋之世日有侵伐之事。國各講求其意以備之。而秦楚橫行於天下。大抵無義兵矣。然

則非武之獨為詐也。而謂之自武始何也。曰管仲咎犯先軫孜其君於霸強。本出於兵。然獨變先王之兵法而自為法耳。蓋其意常先治國家。惇禮信。厚集人心。而親附諸侯。至於決戰濟師而後益之以詐。不專以詐自多也。故古之於兵也。止言其法。部曲行伍。坐作進退。繁簡曲直。紀律號令。皆法也。能盡此以為不可敗。則敵至而智見矣。故法可傳而智不可傳。至於孫武始棄法而言智。其著兵之情。奇正分合。豫應天下之變。百出而不窮。以詐自名於世。而曰兵徒詐而已矣。蓋管仲咎犯之所略用而求詳。陰取而諱稱者。武盡載之。而後世之好為詐者。思欲出武之外。亦終不可得。然則武真譎詐之雄者也。國之有兵也。能擇將而授之。而亡不與也。夫武之兵書。人主不得而用之。其將自用之可也。闔閭之時。連歲謀楚。嘗一入其國都。卒無一人之獲。

暴師不返。而夫槩王先歸自立。闔閭與越為仇。故武著書亦言越人之不足畏。然吳既去楚。句踐來伐。敗于檇李。闔閭以戰死。武皆在其中。夫差二十年之間。卒亡其國。不知武猶為用耶。將廢而死耶。將王孫雒之流。皆受教於武耶。計武著書及用事之時。亂楚與越。亡吳。而侵壞中國。然則武術之無救於國家亦可見矣。然則雖為將亦不可用也。而後世之兵悉祖其故智。捨其言有所不能通者。皆深思遠慮。務出無端涯之見以求合之。豈前乎武者非無人言兵。其法猶可考。不必黃帝舜禹周官之司馬法也。曰是純仁義者而非兵。若管仲咎犯儻庶幾乎。曰是猶有仁義也。亦不足以為兵。而為兵者。必詐而後勝。故無出於武之書。噫。其人心之不仁耶。不然。何其遺棄衆說而好之篤。而敬之深耶。韓信號善用兵。自言其法出於武。曹公無敵於天下。猶

師武術自為之傳。唐太宗李靖近世君臣之言兵者。無出其上。其所問對。亦止於武之意。而天下好奇之士奮筆墨以傳益武之說。而為書者數十百家。而號孫子為談兵之祖。其氣焰興起於百世之下。若將與聖賢並稱者。噫。人心之不仁。至此極耶。豈數千年之獨不幸耶。今之所患者。以天下之大。卑兵之強。謀臣智士之衆。而所嗜好訓學者不出於武。自為一將之術耳。然且講之而不得其要。求之而不中其情。而今世之良策真智。因以廢放而不舉。夫選天下之士。教之於學。試之於庭。使之讀誦以為文義者。乃無先於孫子。彼固無所見於此也。使有所見猶無益也。而徒以不仁之心上下相授。授天下以不仁之心。患之大者也。臣嘗論之。今天下或不免於用大兵。用大兵者。以今之勢。虜有百戰百敗之道。吾有百戰百勝之術。夫百戰而百勝者。不

戰而可以勝也。百戰而百敗者。未戰而先自屈者也。教人以求勝。古人之所不免也。不待教人而後勝。今日可見之效也。然其法皆不載於武之書。今將因武之書以通之。而後用今之兵乎。則是捨百戰百勝之術。遺虜以其具。而自為是勝負相搏不可必知之形。計之失者也。臣非無見於此。而強效世之迂闊者以黜武也。蓋其精者不得而言。言其粗乎。則與迂闊者何異。雖然。臣請終言孫武之不可用。夫戰國相吞。無義無名。而志在必勝。故武之術出於名義之所棄。為此下策。而其所謀者。行陣之淺畫。地形曲折。軍勢翕張。特俄頃之智。行使將帥自為之。猶或不廢。而國論則何為焉。今之談兵者紛然。皆至於上。臣不知其說也。夫今之所為戰者。戰虜乎。戰吾國乎。自淮以北。豈非吾土地乎。其來鬭者。將非吾民乎。抑盡虜乎。然則流滌以對之猶不足。

而孫武之智尚忍言之嗚呼豈未有思及此者也

兵權下曰言之實者無奇而厭聽故天下多奇言而言兵爲尤奇人主慨然欲聞天下之言則其言得以入而言兵者入之爲最深奇言浸衍於天下而天下反皆以奇爲常是以下未知兵而習爲多殺人之術上未用兵而先有輕殺人之心嗚呼孰能知其爲天下之大禍耶平居無事常言兵計某衆可襲某城可攻某地最利宜先取以制敵敵有上中下計當出於某吾以何道應之某將某爲良可反間以疑之可死士以刺之某兵可亂半渡以薄之倍道以掩之某處葭葦蔽翳林叢深阻可用伏兵某爲奇道可用以出敵不意或欲爲辯士說下其腹心大臣或使內潰或使來降或自請爲將用其術以制勝或乞秉傳招集豪傑不費糧糗甲兵自以義民殺虜古陣法兵法凡幾家今不可

循用宜悉損益何事刀槊弓弩今未精者有幾更爲擊伐之技或乞試上前或請頒其法於諸將或言時不可失坐論無益今當并進盍取敵地以自爲守因事觀釁或言臣歲月浸曉恨不及功名乞一死敵或言古者取天下凡幾其故術猶在今當何所用雖始若少緩終當有成其言邊亭敵地風沙莽蒼雨雪凍饑戰士哭聲器械解弛使人憂悲恐懼至論雠耻憤激瞋目按劍或廣大其意下城得地所過牛酒迎勞王師復故境土天下一家使人慰喜洋洋然欲不計勝負存亡而爲之其或已在親要朝夕聞說素所狎昵縱言不顧或疏遠求進嘗試上心或山林草澤之士請來獻見或在外之臣藉以固結恩寵走馬面論密疏入中或因緣稱薦無以爲名必挾兵說以自重且其開口論議容止不動聲音偉然閒暇縱横不可窮詰至於趨乘負矢意氣敢決而其上固已壯之矣凡此者皆奇言也人主慨然而樂聽之雖未必用而其輕殺人之念已動於中矣凡此者其意非真以爲見於事也以爲言之不得不奇也非謀國也非慮患也中一時之欲而已者也然而未必用者有時而用矣漢武帝聽王恢計欲擒單于單于不可得擒而漢首事結禍無已天下幾亡宋文帝用江湛徐湛之言意封狼居胥一旦魏氏臨江秣陵之人荷擔而立者累月元嘉之政衰焉夫不顧計天下之利害舉而聽一夫之奇言者彼其初固不知其患之將至此也今天下之士好爲奇言而言兵爲尤奇者十年於此矣好惡之相形權利之相誘奇言盛而實言息矣凡向之能爲實者今未有不轉而爲奇者也雖然臣有憂於此而亦切以爲賀焉何者天下之能爲奇言者衆也昔日之奇今日之腐壞而無用者也朝對暮論

耳目煩矣聽聞熟矣庶幾其厭之乎庶幾其可以實言乎雖然實言不足聽也五穀之味澹然不與衆味俱嗜味者不能食也其所以食之而不敢廢者畏其不食則飢而死而衆味不能救焉耳故夫有聞實言於今世如畏不食五穀之死者而後其言可得而聽也何謂實言今世或有以爲兵端可畏易開難合厚賂請和可以持久此偷安姑息之論也兵何嘗一日而不可用乎顧其用如何耳故不多殺人則兵可用邦本不搖則兵可用不横斂不急征則兵可用將非小人則兵可用天下雖不畏戰而亦不好戰則兵可用視北方如南方則兵可用功成而患不至外關而內不知雖不免於用詐而羞稱其術雖大啓舊國而能不矜其事若是者其兵無不可用也夫水居者好游陸居者好緣此其勢也游而不溺雖游可也緣而不墜雖緣可也故凡

今世爲用兵之奇言者。未有不犯是數患者也。犯是數患。如游者之必溺。緣者之必墜。而吾不顧而自爲也。而可乎。孫武吳起穰苴孫臏巧於用兵。今雖無之。不足慮。伊尹太公管仲諸葛亮智於謀國。今雖未有。不足憂。其實言之不可亂者。止於如此。

夷狄外論

一曰。臣爲外論四篇。其三篇言今事者。其首篇曰。爲國以義。以名。以權。中國不得治夷狄。義也。中國爲中國。夷狄爲夷狄。名也。二者爲我用。故其來寇也。斯與之戰。其來服也。斯與之接。相其所以來而治之者。權也。中國雖貴。夷狄雖賤。然而不得其義。則不可以治。不得其名。則不可以守。不得其權。則不可以應。三者并亡。譬猶舍舟楫而濟深淵。以勇怯爲沉浮。幸而得濟。不可爲容。不幸溺沒。死且及之矣。後世之事是也。自嚴尤論戎狄。以爲前世未嘗有上策。至唐太宗能擒頡利。郡縣諸戎。始以

嚴尤爲非。若太宗者。所謂上策歟。噫。亦陋矣。以先王之待夷狄。何策之可論。又況從而區別之。與秦漢並稱乎。若太宗者。又真以爲有策。則是不能知先王所以待夷狄之意。而何自謂得上策乎。堯舜之時。南自淮徐。東被青州之境上。凡海濱廣斥山谷深衷之地。教治所不及者。大抵皆夷狄也。盡與中國錯居。又非若後世止有獫狁獯鬻乃在長城之外。相去皆數千里。而以爲難治也。堯舜之土地至狹。又無利兵危矢。詐謀奇計。而夷狄不能侵暴者。名義與權皆得也。嗟夫。中國之所以爲中國。以其有是三者而已。苟捨其所以必勝之具。而獨以詐力爲用。是既已化爲夷狄矣。其至於紛紛。何足怪乎。蓋自戰國並起。三百年之間。秦人最爲雄。以國次第亡滅。廣大其地。而爲六國。秦又滅六國。合天下而盡有之。又欲兼取匈奴。秦人之禍甚於夷狄矣。漢

起匹夫。親擁天下。不數年而據秦之故地。此其爲仁義道德足以懷柔其民者何在。奈何冒頓乃能控弦數十萬以憑陵邊塞。入至太原晉陽乎。蓋三者自是并亡。不復有中國夷狄之分矣。特以地勢相別異耳。力強則暴師轉餉。深入屠戮。如擊取禽獸。力弱則俯首屈意。出金銀繒帛。飾愛女以婿之。亦獨何所愛。張良陳平蓋策士。而絳灌之爲丞相主國論者。奮挺大呼。望屋以食之人也。是亦安能知先王之意。武獨一賈誼知之。以爲戎狄召令主上之操。天子共貢。臣下之禮。雖然。誼於制患之術淺矣。請自爲典屬國。用三表五餌耳。若是者。先王待夷狄之意乎。真使匈奴不當漢一大郡。此何足治。而況本不計強弱者乎。夷狄嘗若中國無信義。甘言厚利以相啗悅。首開兵端。志在誅剪。然則中國之不振。其失道久矣。豈一日之故也。世無堯舜湯武待

夷狄之意。終不可見。無稷契伊尹。終不能重法陳義以佐其君。其所誦習以爲笑於天下者。蓋書籍之章句耳。嗟乎。有名義而不能執。有權而不能用。或伐或和。視其勢之強弱而不能定。此漢唐之事不足論也。是既然矣。執之於無所執。用之於無所用。以和爲常。與之爲一。而天下之人熟於聞見。不知其爲中國夷狄之異者。此祖宗之事。臣不敢深論也。臣之所論者一事。自景德元年與契丹盟。更六聖。百二十年。聘使往來。天子親與之揖遜於庭。未嘗一日敗盟約也。女真本小種落。契丹奴役耳。不幸天祚失道。使得猖狂。破取其國。天祚以爲與大國義兼兄弟。當來援我。我遂不復其國。則望白溝以南自歸。當是時。中國以大義之故。遣十萬衆制女真。使不得逞。彼知大國爲之助。其勢何遽至此也。豈與約並滅其國分取幽州故地以爲功者比乎。失

此不念，遂有今日。然則夷狄雖不義，常以信義望中國，中國以夷狄為不義，是以不用信義答之。不知此其所以為中國者本不以夷狄之無廢也。夫鑑考前世成敗之故，深思今日致患之本，復修先王三者之道，則中國之待夷狄固無難矣，何必勞神於智計，鬬勝於士卒，益趨於末而不能反哉。故夫若不足聽而決不可易者，臣之論是也。

夷狄外論二曰：秦漢以來，待夷狄者不和親則征伐，何也？其術盡於此矣。和親則主辱名卑，而民得安；征伐有功則主榮名尊，而民傷；無功則主與民俱傷。而有功常少，無功常多。是以後世之論是和親者十九。夫必有征伐之害，而後知有和親之利。先王未嘗征伐夷狄，雖不與之為和，而亦不與之為怨。是故無以卑吾名，而亦無以褻吾實。雖然，先王之道不行久矣，而今日之請

和，尤為無名。夫丑虜乃吾仇也，非復可以夷狄畜，而執事者過計，借夷狄之名以撫之。夫子弟不能報父兄之恥，反懼仇人懷不釋憾之疑，遂欲與之結歡以自安，可乎？往者紹興行之，天下不厭。至於廢逐大臣，誅戮名將，盡黜異議者，空士大夫之列，洶洶數歲而後定。一旦虜自敗約，始舉不得已之兵以應之。天下因又自言復讎為事。暴師淮水之上，久未有功。宰相仍用前策，建請罷督師，徹攻具，出東西北道四要郡以乞之，而復為和。俄而虜又大出，天下之心凜然，以為盟誓必不可保。然自是疆圉無事，又十餘年，虎卧在庭，其起無時，室中之人不得安也。使無弓矢陷穽，惑不免徒手而搏之，以必死為決，猶愈於坐而待其嗌也。若有弓矢陷穽可也，乃畏虎而不敢用，何哉？嗚呼！夫吾所操之具，而聽虜之自為，是獨何時而可也？今天下非不知請和之非義矣，然而不敢自言於上者，畏用兵之害也。其意以為一絕使罷賂，則必至於戰，而吾未有以待之故也。乃其以為不可而敢自言於上者，此非真知其義之不可也，直媒之以自進也。非可用以當虜也。故真知其義之不可者，皆內愧竊嘆而不敢言者也。真知者不敢言，敢言者不足信。然則今之所以待虜，益疏略矣。今日之議，臣不敢獨以告於上，庶幾執事者皆知之，皆祖宗之世也，內治已足，則所謂求和親之利者，為保全邊民計耳。是不憚自屈而力行之可也。今日存亡之憂，不得尚用往事為比。使虜復如辛巳甲申，忽擁大衆以求戰，和固不可，且其崛起暴強而據吾太半之土壤，已五六十年矣。如使復為天祚、盛極將亡，它人出而有之，和而不可也。蓋非惟其義之不可，而勢則然矣。昔祖宗之世也，唯其有以馴養契丹，使不敢桀驁，則兵

可以至於不用。今日之吝其決不可不用矣，其用有早暮遲速耳。而早暮遲速，又非大相遠也。遠者五六年，近者三四年，其尤近者或在朝夕耳。然而執事者畏一戰之故，不敢以告其上，因不復為之慮。幸其事之不在己，引而去之。夫憂在子孫者，偷吾身之不及見焉可也；憂在吾身，而有出於十數歲之外者，偷已前之未及見焉可也。今也無十年之遠，有朝夕之近，是固不可免之急患也。相顧而終未敢言者，何也？賈誼以為抱火厝之積薪之下而寢其上，火未及燃，因謂之安，以諱絳灌之徒。今積薪盡為火矣，寢然火之中，不知奮迅於烈焰以自免，而坐待其灼爛者，是故不必誼之智而後諭之也。以臣計之，一戰之可畏，猶未足畏也。然雖絕使罷賂，而臣以為猶未至於遽戰者，蓋求戰在敵，使之不得戰在我。若此之術，執事者所當思也。夫勝敵固

有道。用兵故有法。所當施行者固有次第矣。執事者猶未敢聞其始。而臣安敢詳其終。且今之能言者衆矣。不度本末。不量深淺。而歷數天下之至計以自衒鬻。此其可用者安在哉。惟以復仇為正義。而明和親之決不可為。自此以往庶有可得而論者。

夷狄外論三曰。卒臣雖不敢勸言兵事。知陛下意欲有所發久矣。復仇之義。四十年不舉。過已在前矣。一日之舉。雖以嘗敵。非百全必勝。不可為也。今一日而驟舉之。與嘗敵而無異。此羣臣所以不敢言也。雖然。不敢言何益。豈若相與善謀乎。七年之前。始命使祈請於虜。當時舉朝以為非計。其後三年。又議進書。事虜嘗馳一介來請前年我復遣使。虜亦未測吾意所在。此三者皆足以開隙於虜。然而虜終不敢自隙以此策之。虜未動也。或者內有難。不暇與吾角。或者上下畏兵。苟欲無事。或者不肯先發坐觀吾變。是皆不足為憂。然陛下昨必為是何也。豈非以為兵惡無名。思所以致之乎。吾用兵之名。若雷霆久蟄。藏而不震。一日可用即用耳。何憂無名而必為是乎。臣以為過矣。夫苟惡其無名。則是未能知用兵之名。直論彼我強弱之勢耳。此其勝負未可知也。吾有必勝之名。又有必勝之實。而患不為其所必勝者。譬若尋常姑以力相搏而已。此則可畏也。臣聞古之善舉事者。必有先勝之形。使吾之國人曉然自知其所必勝。而敵不知。若此者勝。不然。敵見吾之所長。亦曉然自知其不可當。不必外亦損弱若此者亦勝。內則吾國未知其必勝。外則敵人不知我為必勝。若此者。謂之危兵。危兵難用。噫。今日之事。豈止拔一城。取一郡。或敗其一將數萬人乃為勝敵乎。以此為勝敵。兵關禍結。未有已也。桓溫謝安嘗再得中原。而無救於晉之衰。今日之兵不五合六并。使北方之勢皆在已。雖盡取河南。鼓行入京師。薦告宗廟。修奉陵寢。若東無齊西無秦。北無趙魏。三面猶為虜。守臣尚不知所終。而況止於拔一城取一郡。或敗其一將為功乎。往日之事是已。聚數十萬兵於境上。纔一破靈璧虹縣。遽謂一月三捷。既而偏師不利。又自謂敗撓。因以罷兵為和。輕計寡謀。不翅如兒戲。而謂今日之兵當復然乎。豈以多殺人為用兵乎。諸葛亮正用梁益。故決取秦隴。然猶使吳并攻。今天下中裂四方皆可用事。臣不知其為計者果何如也。雖然。此猶非臣之所必知。臣之所必知者。陛下用事之勢。夫用事之勢。必使輕利而易為。不使重困而難舉。何者。夫鷹隼乘風。高入於雲漢。視禽鳥所在而搏取之。駿馬日馳千里。過都越國。恍然若無所見。此其以輕利捷疾。故能勝物。若夫爰居腹翮。非不大也。避風於魯

東門而不能去。駕牛載重。行才十數里。復遇天雨。喘息躑躅而不能逸。此皆困重之勢也。唐太宗取天下。滅夷狄。得輕利易為之勢。故兵不難動。動必有功。兵休事已。無復後患。而天下卒以平治。今日之事實有困重難舉之勢。前日賣茗飲者數百人為曹。偶以抗官軍。此不過弓手十將之事。一兵官足以制其命矣。而猖獗歲餘。聲入闕嶺。嘗罷斥兩帥。選擇使者僅而獲之。若此者。其可以遇大敵乎。使如太宗彼此前後所向必應而無後憂。其將能乎。祖宗以天下之衆困於區區夏人之數州者。蓋以上下牽制。首尾顧望。內外異同。困重而難舉也。今其勢復然。陛下亦自知之矣。雖然。變困重難舉之意。使有輕易為之風者。此其事不在兵。不在將。在朝廷大政。紀綱憂慶之際而已。噫。是又未可以一二言也。臣所謂先勝之形。蓋在此矣。

夷狄外論四曰。外可以攻。內可以守。全國也。外可以攻。內不可以守。亡國也。外不可以攻。內可以守。僅存之國也。可以攻而不為必攻之形。不足以守而為固守之勢。折強大以就弱小。臣不知其說也。何謂可以攻而不為必攻之形。今之淮南北是也。使吾欲得志於虜。非益進深入。盡吾境而與之守。立萬死百敗之地以示其不可遏之鋒。何足以庶幾於有成。而況委棄垣墻視為荒閑無用之處。而無經營分畫之要。乃坐困內地。助虜自攻。中外牴掌。但以復得故地為言。是欲不出戶庭而遂策門外之事者歟。何謂不足以守而為固守之勢。今之防江是也。上流有武昌之兵。下流有京口秣陵之兵。皆重兵也。淮無宿師。故恃三鎮為巨防。夫以孤江與敵為對。則三鎮不得不守。今淮南北尚不憂其有失也。何必預憂其有失而守江乎。善守者守四夷。今不

及矣。守其境可也。不守其境而守其室。兵甲不在邊而在堂。不知今日之所謂守者何名也。匹夫小人求衣食於千里之外。當搏俎匕筯之間。而能有遠思。今觀門內之事。非必智者而後能也。如農夫之自耕其田耳。所以耘耨耒耜之日熟矣。然且輕重失宜。緩急失中。首尾顛錯而無據。其於天下之大計。臣固知其不及也。悲夫。昔孫氏以謀臣之多。將士之勁且精。平生百戰之勤。欲望淮南尺寸之地而不可得。今包兩道而有之。方千里十九郡。使之壓沙莽然。民物凋殘。城戍衰弱。雖建立官吏而人有搖心。不能自保。曾無長久自立之意。徒欲內守江左以為百世不傾之基。豈非與古人異謀哉。雖然。上則亦知淮之可重矣。其所以欲為而輕止者有二患。一則為嘗與虜約無置大兵。今且赫然增備益守。虜必來爭。或備守不足。則未能為益而先有所喪。一則以為既分要害畫守禦。必當付之其人。權有所在。則或以成它日藩鎮跋扈之事。而臣以為二患者皆非今日之所當慮。且雖使淮上地如今日未置大兵。若有善吏守之。虜卒以數萬衆來攻之。不能克。捨之不敢過也。豈有增備益守而先憂其敗者乎。夫守吾之要地。所以致虜之必爭。大事之機蓋見於必爭之日。且虜能以虛言空約禁吾不敢守要地。又得吾重賂。不戰而勝。孰甚於此。善為國者擇人而已。方欲有事。安能盡使權不分。如文欽諸葛誕固不可與。若羊祜杜預亦可乎。藥非烏喙無以療吾疾。而烏喙之毒亦能殺人。則善醫者制之而已。以其毒而并廢其藥。而吾之疾不可救矣。夫今之所謂繁盛雄富者二浙七閩耳。皆區區吳越僻陋不足較之地。強弱成敗之所不在也。略淮而守江。守江以安閩浙。此其去中原也遠矣。臣常患今

世之言國事者不見天下之勢。而好為無益之謀。蓋其形便曲折本非人主之所當盡知。而徒以紛亂。則失委任將帥之意而內不能為廟堂一定之策。嗚呼。自隆興以來。天下益多言矣。

通又上法度總論

其一曰。欲自為其國。必先觀古人之所以為國。論者曰。古今異時。言古者常不通於今。此其為說亦確而切矣。雖然。天下之大民此民也。事此事也。疆域內外。建國立家。下之情偽好惡。上之生殺予奪。古與今皆不異也。而獨曰古今異時。言古則不通於今。是稽古於今。絕今於古。且使為國者無所斟酌。無所變通。一切出於苟簡而不可裁制矣。故古今異時之論。雖不可廢。然臣有獻於此。願陛下深思之。蓋陛下之欲自為其國者。必將因其已行。襲其舊例。聽其已然。而不加振救之術。以日入於積壞。則不

可謂之自為其國苟為不因已行不襲舊例不聽已然而加之以振救之術則如之何而可必將以意行之以心運之忽出於一人之智慮而不合於天下之心則其謀愈謬而政愈疎矣故臣所謂有獻於此請陛下先觀古人之所以為國夫觀古人之所以為國非必遠數之也故觀衆器者為良匠觀衆方者為良醫盡觀而後自為之故無泥古之咎而有合道之功且古人之為國具在方冊而已其觀之非難也陛下幸進臣而教之指數籌畫不終朝食而古人為國之大縣森然見於目中矣陛下深覽太息作而深惟以斷自聖志則不待食頃而所以自為其國者可決意行之而無難矣夫以封建為天下者唐虞三代也以郡縣為天下者秦漢魏晉隋唐也法度立於其間所以維持上下之勢也唐虞三代必能不害其為封建而後王道行秦漢魏

晉隋唐必能不害其為郡縣而後霸政舉故制禮作樂文書正朔律度量衡正名分別嫌疑尊賢舉能厚民美俗唐虞三代之所謂法度也至於國各自行其政家各自專其業累世不易終身而不變考察緩而必黜陟簡而信此所以不害其封建而行王道也秉威明權薄正期會課計功效核虛實驗勤惰令行禁止役省刑清秦漢魏晉隋唐之所謂法度也至於以一郡行其一郡以一縣行其一縣賞罰自用予奪自專刺史之間有修司隸之察不煩此所以不害其郡縣而行霸政也論者所謂古今異時言古不通於今者謂王霸之未易分唐虞三代之未易復而已若將行其法度以制四海之命不失其所以害是者而切切然惴惴然害之愈滯守之愈固膠而不解滯而不通此豈有古今之異時哉蓋古人之所以為國者雖各係其德之厚薄化之淺深世祚之短長然陛下即而觀之豈有欲其行之而乃從而害之者乎然則今世之法度其害之者衆大而難去深遠而難言矣觀古之無害而求去今之害則陛下之國其大方數千里舉而自為以復祖宗之舊雪百年之耻無不可者矣

其二曰昔人之所以得天下也必有以得之其失天下也亦必有以失之得失不相待而行是故不矯失以為得何也蓋必有真得天下之理不俟乎矯其失而後得之也矯失以為得則必喪其得唐虞三代皆有相因之法而不以桀紂之壞亂廢禹湯之治功漢雖滅秦亦多因秦舊然大抵天下之政日趨於細而法日加密矣惟其猶有自為國家之意而不專以懲創前人之失計矯而反之遂以為功且東漢之衰四方分割壞亂甚矣魏武雖嚴科條審律令以重足屏息操制群下而截然使人各得自

盡以行其職守者猶在也至晉之敗尤甚於漢南北角立迭興互滅及其崛然自見者猶皆自有為國之意使其下無飾非養過之心人存政舉隨其所立亦或瞭然可見及隋之末年喪亂蠭起癰疽潰裂而太宗一旦立法定制疏明簡直上下易遵然則魏不以誚漢之失為興唐不以懲隋之亡為強夫興亡治亂各有常勢欲興者由興之塗將敗者趨敗之門此其所以不相待而非出於相矯也唐末之亂重以五代雖生人之無寧歲久矣然考其所以禍敗亦何以獨過於秦漢晉隋之亡蓋國之將亡則其形證固已若此矣而本朝所以立國定制維持人心期於永存而不可動者皆以懲創五季而矯唐末之失策為言細者愈細密者愈密搖手舉足輒有法禁而人文之以儒術輔之以正論心日柔人氣日惰人材日弱舉為懦弛之行以相

與奉繁密之法。遂揭其號於世曰。此王政也。此仁澤也。此長久不變之術也。以仁宗極盛之世。去五季遠矣。而其人之懲創五季不忘也。至於宣和。又加遠矣。其法度紊矣。而亦曰所以懲創五季而已。況靖康以後。本朝大變。乃與唐末五季同爲禍難之餘。紹興更新。以及於今日。然觀朝廷之法制。士大夫之議論。隄防扃鐍。孰曰非矯唐末而懲五季也哉。夫以二百餘年所立之國。專務以矯失爲得。而真所以得之之道。獨棄置而未講。故舉一事。本以求利於事也。而卒以害是事。立一法。本以求利於法也。而卒以害是法。上則明知其不可行而姑委之於下。下則明知其不可行而姑復之於上。虛文相挻。浮論相倚。故君子不可展而用小人。官不可任而任吏。人情事理不可信而信法。惟其惻怛寬平。粗存古人之意。而文具實亡。亦獨何以異於周秦之

敝哉。於是中原分割而不悟其由。請和仇讎而不激其憤。皆言今世之病。而自以爲無療病之方。甘心自處於不可振救。以坐視其敗。據往鑒今。而陛下深思其故者。豈非真所以得之之道未講歟。誠講之而行之。當舉者舉。當廢者廢。昔之密者今爲疏。昔之細者今爲大。今日出令而明日丕變矣。何俟於卒歲之久哉。

其三曰。所謂舉一事求利於事而卒以害是事。立一法求利於法而卒以害是法者。何也。今朝廷之法。度其經久常行不可變改者。十數條而已。而皆爲法度之害。故用人以資格爲利。而資格爲用人之害。銓選以考任爲利。而考任爲銓選之害。薦舉以關陞改官爲利。而關陞改官爲薦舉之害。至於任子則有數害。自負郎致仕。即得蔭補。爲一害。太中大夫侍制以上蔭補得京官

爲一害。一人入仕。世爵無窮。爲一害。今者汰其謬濫。限以資數。又爲一害。科舉亦有數害。取人以藝。既薄於古。今併與藝而失之。爲一害。古者化天下之人爲士。使之知義。今者化天下之人爲士。盡以入官。爲一害。解額一定。多者冒濫。少者陸沉。奔走射利。喪其初心。於今之法又自壞之。爲一害。一預鄉貢。老不成名。以官錫之。既不擇賢。又不信藝。徒曰恩澤。官曹充滿。人才敗壞。又爲一害。京師之學有考察之法。而以利誘天下。州縣之學無考察之法。則聚食而已。而學校之法爲害。制舉所以求卓越多聞之士。而責之於記誦。取之於課試。所言不行。所習不用。而制科之法爲害。博學宏詞。昔以罷詞賦而進之於應用之文耳。美官要職。遂爲捷徑。一居是選。莫可退卻。而宏詞之法爲害。募役之法。本以免天下之爲役者耳。今也保正長之敝。通天下皆患

之。而役法爲害。昔之律勅。綜理萬事。朝廷隨時制宜。定爲新書。以一條貫。有出意見。莫知推行。但曰檢坐申嚴而已。而新書爲害。國家本患州縣之過失不得上聞。故置監司以禁切之。而今也禁切監司之法。反甚於州縣之吏。豈以監司爲非其人乎。抑惟其人而必用是法乎。而監司之法爲害。府史胥徒。所以行文書。給趨走。雖舜不能廢也。而今也植根固本。不可搖動。大官拱手。惟吏之從。而胥吏爲害。又因是以推昔之所行。行經界則經界爲害。行保甲則保甲爲害。行方田則方田爲害。行青苗市易則青苗市易爲害。舉事立法。無非所以求利。而事立法行。則無非爲害。上下內外。亦舉皆知其爲害矣。然而其賢者則以爲是必不可去之害。庸愚者則恃其有是害也。足以自容。而其小人則或求甚於所害。天下皆行於法度之害而不蒙法度之利。

二百年於此。日極一日。歲極一歲。天下之人皆以爲不知其所終。而不知陛下將何以救之哉。故臣願陛下揭其條目而治之。去害而就利。使天下曉然一日得行於昭昭之塗。雖三代以上遠而未易言。而漢及唐之盛世可立致也。

用人資格 何謂資格爲用人之害。以賢舉人。以德命官。賢有小大。德有小大。而官爵從之。一定而不易。此堯舜以來之常道也。無有所謂自賤而歷貴。循小官之次而後至於卿相。如後世之所謂資格者。然堯舜以來遠矣。未可遽復。則資格用人未可遽廢。至於不能得資格之利。而受資格之害。資格之害深。則人皆棄賢而爲愚。治道日壞而不自知。然不得不因今之法而少變之也。夫計日月。累資考。雖堯舜三代。則亦有然者。而不以是待天下之賢才有德之人。何者。賢才有德之人。以此官稱此人。可也。豈可疑其資格未至而姑遲之哉。至漢人則已患苦其弊。守相列侯爲九卿。九卿爲三公。天下之賢才伏而俗吏用矣。伊呂周召之儔。非甚不爲秦漢以後出而法度使之然也。唐太宗雖以戰伐取天下。而用人能盡其才。不拘攣於常格。以起一時之治。尚有可喜。蓋資格者生於世之不治。賢否混并而無所別。故以此限之耳。而本朝遂以治世而行衰世之法。藝祖太宗所用猶未有定式。惟上所擇。間得魁磊之士。至咸平景德。初資格始稍嚴。寇準欲出意進天下士。而上下群攻之矣。故李沆王旦在真宗時謹守資格。王曾呂夷簡富弼韓琦在仁宗英宗時謹守資格。司馬光呂公著在哲宗時謹守資格。此其人皆以謹守資格爲賢名重當世。惟王安石破資格以用人。一時所謂名士力爭而不勝。其後章惇蔡京王黼秦檜相踵效之。然而進小人

而亂天下者。此五人也。由五人之所用。則當以不守資格爲譏。雖然。資格非善法明矣。而李沆十數人者以守資格得名。而其時亦以稱治何也。蓋能先別其流品以分君子小人之塗。以定清濁上下之序。彼其號爲德度智略足以居大位者。亦已素許之矣。特欲其履歷以實之而已。故其人有自小官而其望已足以爲卿相。至其久也。亦卒爲之。若此者。可謂得資格之利也。今也不然。無有流品。無有賢否。由出身而闕陞。由闕陞而改官知縣。由改官知縣而爲四轄六院。由四轄六院爲察官。由察官而爲卿監。由卿監而爲侍從。由侍從而爲執政大臣。或由知州監司而爲郎。由郎而爲卿監侍從執政。資深者序進。格到者次遷而已。若是而欲以舉賢才。起治功。其可得乎。侍從不薦士。宰執不舉賢。執格而進曰。此足以任此矣。陛下雖欲責之以事。詢之以謀。彼安所從知乎。此臣所謂受資格之害也。且本朝廢資格而用人。無若王安石章惇蔡京王黼秦檜之爲相。守資格以用人。無若李沆王旦王曾呂夷簡富弼韓琦司馬光呂公著之爲相。然攷其功效。驗其人才。本朝以資格爲用人之利也決矣。故臣欲陛下審乎資格之實。深念今日人才衰乏已甚。稍加變通。號召收拾。以終成資格之利。而不受資格之害。且天之生才也甚難。人主之得才也亦甚難。毋夭閼摧折之使至於盡。蓋今世猶有可用之人。誠使朝廷之資格一出於人才之所當用。則有資格之利而無資格之害矣。

用人銓選 何謂銓選之害。甄別有序。黜陟不失者。朝廷之要務也。故自一命以上。皆欲用天下之所謂賢者。而不以便其不肖之人。切惟人主之立法常爲不肖者之地。而消磨其賢才以俱

入於不肖而已。而其官最要。其害最甚者。銓選也。吏部者。朝廷喉舌之處也。尚書侍郎者。天下貴近之臣也。處之以其地。任之以其官。與之以天下士大夫甄別黜陟之柄。而乃立法以付之。罪曰。吾一毫不汝信也。汝一毫不自信也。其人之賢否。其事之功。其地之遠近。其資之先後。其祿之厚薄。其缺之多少。則曰。是一切有法矣。天下法度之至詳。曲折詰難之至多。士大夫不能一舉手措足。不待刑罰而自畏者。顧今無甚於銓選之法也。嗚呼。與人以官。賦人以祿。生民之命。由此而出矣。使加之意。天下不於此乎望治。風俗不於此乎求厚。人才不於此乎責實。而將安所取之哉。何舉天下之大柄而自束縛蔽蒙之。塵坌蠹折乃爲天下大弊之源乎。雖然。是幾百年於是矣。其相承者非一人之故矣。學士大夫。勤身苦力。誦說孔孟。傳道先王。未嘗不知所謂治道者。非若今日之法度也。及其一旦之爲是官。噤舌拱手四顧吏胥。以問其所未嘗知之法令。吏胥上下其手以視之。其人亦抗然自辯曰。吾有司也。固當守此法而已。嗟夫。豈其人之本若是陋哉。陛下有是名器。爲鼓舞群動之具。與奪進退以敘天下。何忍襲數百年之弊跡。汨沒於區區壞爛之法以消靡天下之人才。而甘心以便其不肖。如此。則治道安從出。而治功何自成哉。況自唐中世以前。吏部用人之意。猶有可考。今之所循者。乃其衰亂之餘敝耳。百王之常道。未容至於陛下而不復也。夫曰私。曰偏。曰怨。曰謗。曰動衆。曰招權。此末世之庸人所以恐喝其上。而疑壞治道於將興之時者也。陛下深考昔人之已行。毅然不惑於衆。因今之銓選。一二人而付之。蓋今之大臣與人以堂除者。乃昔日銓選常行之事。大臣不知其職任有大於此。而

上以堂除爲宰相之大權。堂除爲宰相之大權。則無怪銓選爲奉行文書之地也。使今日銓選得稍稍自用。若堂除之選盡歸銓部。然後大臣知職任。而銓選亦能少助朝廷用人。尚書侍郎者。不虛設矣。

用人薦舉　何謂薦舉之害。使天下之大吏得薦舉天下之卑官。宜若爲善法矣。而今乃爲大害。且關陞令錄職官。改官。京官若陞朝官。又轉而至員郎。此朝廷自設限隔。以分貴賤。而使人非舉不得入。曰三考。曰四考。有舉者三人。若六考。若七考。有舉者五人。則關陞。則改官。朝廷之立是法也。豈不曰。吾不徒與。以賢能而與。賢能不自知。必以薦而知乎。然則今朝廷歲與人以關陞改官者。豈曰此誠賢與能者乎。大吏歲舉以改官者。亦豈曰此誠賢與能者乎。其人之得關陞改官者。又豈曰。吾誠賢與能者乎。上不信其舉人者。舉人者不信其求舉者。求舉者不以自信。必曰是皆不可知。而朝廷之法既已如此。則不得不出於此。朝廷亦曰吾之立法既已如此。則不得不聽其如此。然則是上下相與爲市。均付於不可知而已。故奔競成風。干謁盈門。較權勢之輕重。不勝其求。若此者。不待下之人知之。上之人蓋知之矣。方其人之未得出乎此也。卑身屈體。以求之僕隸賤人之所恥者而不恥也。此豈復有其中之所存哉。及其人之既得脫乎此也。抗顏矜色以居之。彼其下者又爲卑身屈體之狀以進焉。彼亦安受之而已。相承若此。則以此見舉。以此舉人。陛下之人才壞而生民受其病。無足疑者。嗟夫。其始則或不至是矣。而流弊之極。皆固守而不思變。且京朝官者。已爲天下之所貴。而朝廷亦自貴之矣。不自貴而使天下亦不知貴之。宜在朝廷無不可

為而計今或未之能也。今合多而考累而任使。其積日計月而無在官之過者可以循至於次等之京官。毋必舉焉。其誠可舉者因今之法而舉之與之以今之所與之官若是。則庶幾乎士之稍自重者。知有常途之可由。而不汲汲焉為是卑身屈體以求之。而僕隸賤人之所耻者。亦或知耻矣。其舉人者。不困於求者之多。庶幾乎知所自立而或能真舉其賢能以報上矣。辟舉官之急。姑用是。要以風俗稍善治道稍明。循次而進必無俟乎舉者。而大吏或一舉其材。則朝廷信而用之。拔於常調。此薦舉之正也。然此有司之事。執政大臣之所當請而後行。朝改夕定非若兵財之有所難也。睥睨隱忍而不知為之。遂為天下之大患。亦可悲也。

用人任子　何謂貟郎致仕即得蔭補為一害。人臣以子任官亦國之重事也。其與之宜當於義而稱於恩。使朝廷錄功紀舊之意有所表見。今日舉主而改官。率十餘年而至貟郎。由常調入仕不過佐郡而止。其功業未有以異。然且從而官其子。豈以為是庸庸無所短長之士。而必使繼世為之耶。且又其仕而顯者職任勞效或見稱於天下。而不幸其官止於貟郎。則所以得任其子弟者亦無異於常調而至此者。此所謂其義不當而恩不稱也。何謂自太中大夫待制以上蔭補得京官為一害。京官者朝廷之所貴重。使天下士大夫吏六七考用舉主五六人而後得之。今闕遠而待之者多。入仕久者蓋三十年始得改官。疾病憂患。公私愆犯。有終身不得者。或一特與人改官。上下相目以為異事。今至使其為太中大夫、待制者。即以京官任子弟。何重於彼而不惜於此耶。豈為侍從大臣之子。則無俟乎舉主考第

而已能度越天下之賢士大夫者歟。重之則其法立而不能變輕之則其恩濫而不能變。所謂輕重彼此不相應也。何謂一人入仕世爵無窮為一害。古者裂地分茅以報人臣之有功。使其子孫嗣之。所以酬祖宗垂後裔也。至於官使必有所宜。不可以一夫官簿之所至。苟應法令而直與之。以為恩則濫。以為法則敝。以為義則悖。且朝廷不尚賢而尚貴。朱紫混然。夷貊雜廁。崇觀以來七八十年。人臣不以道而得貴仕者。在其元身自宜削奪。而今也子孫仕宦。不知藝極。驕侈無忌。自稱世家。將使世之所謂賢者何以勸焉。何謂今日汰其謬濫限以員數為一害。且朝廷向之所以盡與之者。不知其謬濫而姑為是無窮之恩也。今也知而汰之。而徒限以員數。則亦不可。夫為上者使其下以知義而已。義所可與。雖盡與之吾何所得吝。不然。與其一而棄其一。曰此在吾限員之外耳。此不得獨賢。彼不得獨愚。義理愈蔽而人紀隳矣。故貟郎非朝廷所甚重之官。其常調而至此者可勿復與。其果有勤勞或賢有德聞於上者。與之可也。京官為朝廷之所貴。柰何以與從官執政之子弟。以今之所與貟郎卿監者與之可也。計其入官之世次。考其所任之多寡。以稽其人之有功無功。賢與不賢。為之止法可也。如是則可與者與之。何必以貟數限之乎。雖然。因今之法而有所變改。不得不出於是。若舉公卿大夫之子弟而養之於學校。擇天下之明師良友以成就之。使其材器卓然可以為國家用。則於此乎官使之。而苛法煩例。前銜後改。皆可一決而去。而先王之意見矣。

科舉　何謂今併與藝而失之為一害。蓋昔之所謂俊人者。其程試之文往往稱於世俗。而其人亦或有立於世。今之所以取者

非所以取之。其在高選，輙為天下之所鄙笑，而鄉曲之賤人，父兄之庸子弟，俯首誦習，謂之黃冊子者，家以此教，國以此選。命服之所貴者為人之所輕。且夫世之所重者，豈必知重其人哉，亦或其藝文之可稱者耳。此固不足以卜其內。今其可稱者又莫之獲，而人之所輕者乃返得之。然則上之求士而用之，公卿大臣由此塗出，豈有始於為人之所輕而終也乃足以為國家之所重者乎。何謂化天下之人為士，盡以入官為一害。使天下有義於為士而無義於入官，此至治之世，而兔罝之詩所以作也。蓋義於為士則知義，知義則不待爵而貴，不待祿而富，窮人情之所歆慕者而不足以動其自守之勇。今也舉天下之人，總角而學之，力足以勉強於三日課試之文，則覬覦乎青紫之望盈其前，父兄以此督責，朋友以此勸勵，然則盡有此心，而其廉隅之所底厲，義命之所服安者，果何在乎。朝廷得斯人者而用之，將何所賴以興起天下之人才哉。何謂解額一定為一害。百人解一，承平之世酌中之法也。其時閩浙之士少以應書，而為解之額狹矣。今江淮之間或至以僅能識字成文者充數，而閩浙之士其茂異穎發者乃困於額少而不以與選，奔走四方，或求門客，或冒親戚，或趁羅納。夫士之為學，其精至於性命之際，而其用在於進退出處之間，然後朝廷資其材力以任天下之重。今也以利誘之於前，而以法限之於後，假冒干請無所不為，然則以其有是士之可取也而取之，此其義理之當然者耳。則解額之狹於彼者，何不通之使與寬者均乎。何謂一預鄉貢以官錫之為一害。古人之取者也，取之四五而後定其終身。而本朝之法不然，其鄉貢也一取之而已。一取而不復棄其人，三十年之後

憐其無成而亦命之官。蓋昔藝祖之初，憫天下士有更五代困於場屋而猶不得自達者，因以為之賜。今也士人充塞，偶然一得，何足為言。則安用此而遂為常法乎。夫士者人材之本源，立國之命係焉。四患不除，而朝廷於人材之本源戕賊斵喪，不復長育，則宜其不足於用也。去四患，得四利，所謂養之於始，自拱把而至於桐梓。古人之言不可忽也。

學校

何謂京師之學有考察之法而以利誘天下。三代漢儒其言學法盛矣，皆人耳目之所孰知，不復論。若東漢太學則誠善矣。唐初猶得為美觀。本朝其始議建學，久而不克就，王安石乃卒就之。然未幾而大獄起矣。崇觀間以俊秀聞於學者，提為大官，宣和靖康所用誤朝之臣，大抵學校之名士也。及諸生伏闕撾鼓以請起李綱，天下或以為忠義之氣，而朝廷以為倡亂動衆者無如太學之士。及秦檜為相，務使諸生為無廉恥以媚己，而以小利啗之，陰以拒塞言者。士人靡然成風，獻頌拜表，希望恩澤，一有不及，謗議喧然。故至於今日，太學猶以為姑息之地。夫秉義明道以此，律己以此，化人宜莫如天子之學，而今也何使之至此。蓋其本為之法，使月書季考，校定分數之毫釐，以為終身之利害，而其外又以勢利招來之，是宜其至此而無怪也。何謂州縣之學無考察之法，則聚食而已。往者崇觀政和間，蓋嘗考察州縣之學，如天子之學，使士之進皆由此，而罷科舉矣。此其法度未必不善，然所以行是法者皆天下之小人也，故不久而遂廢。今州縣有學，宮室廩餼無所不備，置官立師，其過於漢唐甚遠，惟其無所考察，而徒以聚食，而士之俊秀者不願於學矣。州縣有學，先王之遺意幸而復見，將以造士使之俊秀。

而其俊秀者乃反不願於學。豈非法度有所偏而講之不至乎。今宜稍重太學。變其故習。無以利誘。擇當世之大儒久於其職。而相與為師友講習之道。使源流有所自出。其卓然成德者。朝廷官使之為無難矣。而州縣之學宜使考察上於監司。聞於禮部。達於天子。其卓然成德者或進於太學或遂官之。人知由學而科舉之陋稍可洗去。學有本統而古之文憲庶不墜矣。若此類者更法定制皆於朝廷非有所難。顧自以為不可耳。雖然治道不明。其紀綱度數不一一揭而正。則宜有不可為者。陛下一揭而正之。則如此類者雖欲不為亦不可得也。

制科　用科舉之常法不足以得天下之才。其偶然得之者幸也。自明道景祐以來能言之士有是論矣。雖然原其本以至其末亦未見有偶然得之者。要以為壞天下之才而使之至於舉無

可用此科舉之敝法也。至於制科者。朝廷待之尤重。選之尤難。使科舉不足以得材。則制科亦庶幾乎得之矣。雖然。科舉所以不得才者。謂其以有常之法而律不常之人。則制舉之庶乎得之者。必其無法焉。而制舉之法反密於科舉。今夫求天下之豪傑特起之士。所以恢聖業而共治功。彼區區題目記誦明數暗數者。胡為而責之。而又於一篇之策。天文地理人事之紀。問之略備。以為其說足以酬吾之問。則亦可謂之奇材矣。當制舉之盛時。置學立師以法相授。浮言虛論披抉不窮。號為制科習氣。故科舉既不足以得之。而制舉又已失之。然則朝廷之求為一事也。必先立為一法。若今科舉之法。是本無意於得材。而徒以法以困天下之汎然能記誦者耳。此固所謂豪傑特起者輕視而不屑就也。又有甚此者。蓋昔以三題試進士。而為制舉者以

否策為至難。彼其能之則猶有以取之。自熙寧以策試進士。其說蔓延。而五尺童子無不習言利害以應故事。則制舉之策不足以為能。故哲宗以為今進士之策有過此者。而制科由此再廢矣。是以八九十年。其薦而不得試者。其試而不見取者。其幸而取者其人才凡下不逮於科舉之俊士。然且二年一下詔而追復。不使科舉之歲皆舉之。將何所為乎。設之以至密之法。與之以甚美之名。使其得與此者為急官爵計耳。且天下識治知言之人。不應如是之多。則三歲以策試進士。使肆言而無所用是識安之矣。今又使制舉者自以其所謂五十篇之文。泛指古今數陳利害。其言煩雜。見者厭視。聞者厭聽。且士人猥多無甚於今世。挾無以大相過之實。而冒不世之名。則朝廷所以汲汲然而求之者乃為譏笑之具。今且暫息天下之多言。進士無觀

策制舉。無記誦無論著。稍稍忘其故步。一日慨然天子自舉之。三代之英才雖未可驟得。亦不至如近世之冗長無取。非惟無益而反有害也。

宏詞　法或生於相激。宏詞之久廢矣。紹聖之初。既盡罷詞賦。而患天下應用之文由此遂絕。始立博學宏詞科。其後又為詞學兼茂。其為法尤不切事實。何者。朝廷詔告典冊之文。當使簡直宏大。敷暢義理。以風曉天下。典謨訓誥諸書是也。孔氏錄為經常之辭。以教後世。而百王不能易。可謂重矣。至兩漢制詔詞意短陋。不復髣髴其萬一。蓋當時之人。所貴者武功。所重者經術。而文詞者雖其士人諱然自相矜尚。而朝廷忽略之。大要去刀筆吏之所能無幾也。然其深厚溫雅猶稱雄於後世。而自漢以來莫有能及者。若乃四六對偶銘檄贊頌。循沿漢末。以及宋齊

此皆兩漢刀筆吏能之而不作者。而今世謂之奇文絶技。以此取天下士而用之於朝廷。何哉。自詞科之興。其最貴者四六之文。然其文最為陋而無用。士大夫以對偶親切用事精的相誇。至有以一聯之工。而遂擢終身之官爵者。此風熾而不可遏。七八十年矣。前後居卿相顯人。祖父子孫相望於要地者。率詞科之人也。其人未嘗知義也。其學未嘗知方也。其材未嘗中器也。操紙援筆以為比偶之詞。又未嘗取成於心。而本其源流於古人也。是何所取而以將相顯人待之。相承而不能革哉。且又有甚悖戾者。自熙寧以經術造士也。固患天下之習為詞賦之浮華。而不適於實用。凡王安石之與神宗往反極論。至於盡擯斥一時之文人。其意曉然矣。紹聖崇寧號為追述熙寧。既禁其仕者不為詞賦。而反以美官誘其已仕者。使其為宏詞。是始以經

義開迪之。而終以文詞蔽陷之也。士何所折衷。故既已為宏詞。則其人已自絶於道德性命之本統。而以為天下之所能者盡於區區之曲藝。則其患又不特舉朝廷之高爵厚祿以與之而已也。反使人材陷入於不肖而不可救。且昔以罷詞賦而置詞科。今詞賦經義並行久矣。而詞科迄未嘗有所更易。是何創法於始而不能考其終。不自為背馳也。蓋進士制科其法猶有可議。而損益之者。至宏詞則直罷之而已矣。

役法

自熙寧為募役法。盡官府之役。官自募之。官受其病。而民獲其利。官當其勞。而民居其逸。雖然。官豈能自為其病與勞哉。故差役之患難者。而募役之法方興。故役錢者。募役之患。而今之保副正長。又募役所不能行之患也。役錢則不可復論。保副正長者。乃役法之一事耳。而今為大患。窮天下之能言者日夜相與謀之而不能自出一說也。蓋昔者保伍其民而有保正副。將以兵法部勒其下。而其法曰。募有材勇及一都之內物力最高者。戶長則以催科。耆長則以追胥。而皆有產直。熙豐之法其分畫詳明如此。然猶紛紛而不能定。其後縣難用度日缺。講利源者無所取財。以為耆戶長雇錢者官未嘗盡支。而為耆戶長者亦不願請。故取其窠名以起發上供。而耆戶長之役盡以歸於保正副。然則今之保正副。募法未嘗不存。而未嘗不強差之也。其計較物力推排先後。流水鼠尾。白脚替歇之差。鄉胥高下其手。而民不憚出死力以爭之。今天下之所訴訟其大而難決者。無甚於差役。蓋朝廷之上。其於庶事條目纖悉委曲。動有法禁。而所謂保正副之役者。乃獨無法。何為其無法也。名募而實差。是以若此其不齊也。而近世淺夫庸人之論。不過仇疾其官

吏。謀於詭產。其說有自宰執而與編戶齊役者矣。而詭產遍天下。其弊安可絶。且不然。州縣之以差保正副長困民。而區區然姑欲治官戶詭產何哉。今復以耆戶長雇錢還州縣。使二稅呼集之役有所分而隸於保正副。則差役之害太半已去矣。使一都之內誠有材力可以服衆。智勇可以率人者。遵用舊法。使為保正若副。而除其一戶二稅之半。要使保正副者人欲爭為之而不可。而不使強委已而不願也。夫如是。則天下豈復以差役為患哉。又如是。則雖官戶無問新故。亦皆可為之。而何至以督責官戶哉。且今世為民之意何其薄。而辦官之事何其至也。且京師有諸道。諸道有諸州。諸州有諸縣。自縣而後親及於民也。其勢宜使什伍比閭里黨而後達於縣令。則擇其人而為保正副者。正所以親切於民。服習其小事。而無使至於大關教民

使不犯。有刑罰之先務也。若此者。其官事何所不可辦。而今顧未嘗爲之。施甚陋之意。以與民較至下之寡。民愈爭而不知悔。則難害隨其後。是獨何哉。是其行之非有所難。而不思者何也。

法令　何謂新書之害。本朝以律爲重。而勅令格式隨時修立。自嘉祐熙寧元豐元祐紹聖大觀政和紹興。皆自爲書。近者乾道淳熙。已再成書矣。以後衝前。以新改舊。凡朝廷上下之所恃以相維持相制使者。率行此書而已。且天下以法爲治久矣。臣豈敢遽議新書之害。如晉叔向之所以告鄭子產者乎。然而有三害最近。不可不知。凡天下之事無不備於此書。而人之智慮不能出於此書之外者。一害也。書既備矣而事復弊。法既具矣而令不行。則宜有説焉。今止謂之各已有見行條法。止於檢坐申

嚴而已。明知法不足恃。而欲強委之。二害也。人材因此浸以頹墮。掎摭利害。泥然推廣。及其終也。不過亦曰臣愚欲望申嚴已行之法而已。以法爲弊猶可言也。以人爲弊不可言也。三害也。至於朝省之前後批。六部之勘當。諸司州郡之照條施行。又其相習公然爲欺誕。以度歲月。害之小者耳。夫以法爲治。今世之大議論。豈一門不熟講而辯知也。蓋人不平而法至平。人有私而法無私。人有存亡而法常在。故今世以人亂法不亂爲常語。此所以難於任人而易於任法也。雖然。則未易任也。以唐虞三代之盛。爲至誠一意以相與。而後其人可任。今則安能至於不任人而任法。則必任其足以行吾法之人。而不任其智足以知法與力不足以行法者。而後法可任。此易見之論也。而今則亦未之能何也。夫使是書而果備天下之事。則將何取於人。蓋是書

之所備者。備其文。不備其實。備其似。不備其真也。夫使見行條法識已皆具。而天下何爲尚有犯法而生弊者。然非無其法之罪。而無其人之罪也。審矣。今不改其人。而曰檢法申嚴。以講復其法。然則法終不行矣。故任人而廢法。雖誠未易論。而任人以行法。所以助法之不能自行者。必非若今之所謂檢坐申嚴批狀勘當照條之類。以煩天下之耳目。使其人聰明憒眊。智慮不知所出。求以應故事而塞章奏。則亦讙然願助陛下之申嚴。此法令之所以日壞。而人材之所以日消。日用飲食而不能自知。法爛道窮。暫相縻繫。而無經久固結之道。國威之所以不振。強虜之所以憑陵也。臣故欲陛下縱未能任人而廢法。以行唐虞三代遠大之政。姑欲任人以行法。使法不爲虛文。而人亦因以見其實用。功罪當於賞罰。號令一於觀聽。簡易而信。果敢而行。

若漢以來者可矣。

吏胥　何謂吏胥之害。從古患之。非直一日也。而今爲甚者。蓋自崇寧極於宣和。士大夫之職業。雖皮膚蹇淺者亦不復修治。而專從事於奔走進取。其簿書期會。一切惟吏胥之聽。而吏根固窟穴。權勢熏炙。濫恩橫賜。自占優比。渡江之後。文字散逸。舊法往例。盡用省記。輕重予奪。惟意所出。其最驕橫者。三省樞密院吏部七司戶刑。若他曹外路從而倣視。又其常情耳。故今號爲公人世界。又以官無封建。而吏有封建者。皆指實而言也。且公卿大臣之位。其人不足以居之。俛首刮席。條令憲法。多所不諳。而寄命於吏。此固然也。雖然。使得其人而居之。如昔之所謂伊尹傅説之傳。而以夫區區條令憲法。仍爲不曉。而與是吏人共事。終亦不可。然則今世吏胥之害。無間乎官之得其人與不得

其人而要以為當筆而已矣府史胥徒自有國以来所同有也然必有上不侵官下不病民以自治其事而聽命焉而秦漢之敝諳歷天下之豪傑由刀筆遷而至三公今筆已甄别品流而其餘敝未盡去且又皆以天下經常之事並為成書以付之彼吏得知之而官不得知焉此其為害又過於秦漢何者今百司之吏其爵其禄往往有士大夫之所不敢望漢之公府掾諸卿主事辟召皆天下名士其權柄足以摇守相者今之所謂都録行首主事之類是也此直以鞭撻刑戮待之而高爵厚禄若是何哉今官冗而無所置之士大夫不習國家臺省故事一旦冒居其位見侮於吏今胡不使新進士及任子之應仕者更迭為之三考而謫常調則出官州縣才能超異者或遂錄之若此則有三利士人顧惜終身畏法尚義受財鬻獄必大減少吏曹請

則庶務舉且因以習士大夫使之有材而無至於今世之媮惰一利也更迭為之無根固窟穴之患無保引私名之敝而封建之勢因以去矣二利也增員百餘稍去冗官之患待缺擇地爭奪伺候之風亦漸衰息三利也得三利去三害此亦非有勞民動衆之難者京師紀綱之首吏曹清則諸司州縣之吏雖亦必少異於今日蓋結託干請有所不行呼決衆事整齊簿書不為疑玩則下亦知畏故也

監司　何謂監司之害朝廷之設官也必先知其所以設是官之意其用人也必先知其所以用是人之誠州郡衆而監司寡謂州郡之事難盡察也故置監司以察之謂州郡之官難盡擇也故止於擇監司求足以寄之自漢以後所謂監司亦若是而已未暇及於方岳相維之義也且其害是則奉行法度者州郡也治其不奉行法度者監司也故監司者操制州郡者也使之操制州郡則必無又從而操制之此則今世所以置監司之體統當如是矣今也上之操制監司反甚於監司之操制州郡緊緊恐其擅權而自用或非時不得迹歷不得過三日所從之吏吝所批之券食所受之禮饋皆有明禁然則朝廷防監司之不暇而監司何足以防州郡哉且不責其大而姑禁其細何哉是謂不知設官之意用人之誠而緣徼文以立法一失也故監司之弛惰人反以為寬大上亦以為知體監司之舉職人反以為侵權上亦以為生事此其大繆戾者也夫監司者以法治以義舉者也今轉運司則以刻刷州縣財賦侯司其餘裒裒雜其逋欠為一司歲計之實提舉司則督迫茶鹽用法苛慘至常平義倉水利農田則置而不顧提刑司則以催趣經總制錢印給僧道

免丁由子為職而刑獄寃濫詞訴繁滯則或莫之省焉是監司之不法不義反甚於州縣故今之為州縣者相與聚而嗤笑監司之所為豈監司之本然哉是謂之不以法治不以義舉之權付之而使監司之所操者在州縣之下矣二失也且不以法不以義則所為付之事功者固宜得其實焉今也轉運司徒報上供之數於户部而轉輸運致之實則無之則一路之財計者將何所用也茶鹽則已受其剩利於榷務都場而提舉司受其措置掌其住賣督其煎煮為之索逋理債而已經總制錢州郡各已趣辦上供而提刑司者徒文移知通收索季帳稽考綱解以報户部而已是三司者以此為職徒養資考多人徒憑意氣作聲勢以便其私可也國紀民命何賴於此是謂既無法無義而事功又不得實三失也至於還轉運司之權以清户部之務嚴

提舉司之事。以一轉運之權，又皆今日之甚急者。昔人謂止擇十道使，猶患不得其人，則監司者蓋甚重矣，豈以為倒差循致之用哉。

歷代名臣奏議卷之五十五

歷代名臣奏議卷之五十六

治道

宋光宗即位，葉適應詔條陳六事上奏曰：臣恭惟陛下始初臨御，思深慮遠，曾未旬浹，遽詔中外之臣各以其言疏列來上，誠欲治之圭正本始之先務也。臣不敢汎濫條奏，苟應故常。惟陛下少留聽焉。臣聞古之號為賢君者，必能先明所以治其國之意。能先明所以治其國之意，知病所在，鏟剔根柢，不憚改為，則雖已衰復興，垂敗復成，終必得其所願而後已。不能先明所以治其國之意，因循姑息，隨目前之苟且，望他日之遠大，錯施雜用，精神不應，文理差舛，久而無驗，心志怠忽，則雖已興已治之餘，衰亂出焉，況欲求其興且治乎。所謂當先明治國之意何也？蓋當微弱之時，則必思強大；當分裂之時，則必思混并；當讎恥之時，則必思報復；當弊壞之時，則必思振起；當中國全盛之時，則必思維持保守；當夷狄賓服之時，則必思兼愛休息。先視其時之所當尚，而擇其術之所當出，不可錯施而雜用也。堯、舜、三代莫不皆然。秦、漢以還可稱之君，暨我本朝藝祖、太宗，聖人迭起，積其勤勞，奮其勇智，功隆業鉅，垂裕來葉，何嘗有迷其時而誤其術者哉。陛下以臣之言視今之時，則其時果當何尚，而其術果當何擇歟？豈以為微弱而當思強大，分裂而當思混并，讎恥而當思報復，弊壞而當思振起歟？抑以為中國全盛而當思維持保守，夷狄賓服而當思兼愛休息也？無乃當微弱分裂讎恥弊壞之時，而但處之以中國全盛夷狄賓服之勢，用維持保守兼愛休息之術，而欲庶幾夫強大混并報復振起之功歟。治道之象微而難知，臣雖至愚，竊論今日之事，恐其由前之時而蹈以後之勢，用後之術而欲求前之功，補瀉雜醫，不能起疾，禾莠參種，迄靡豐年。此所謂治國之意當先明者也。誠先明其意則國之所是可斟酌而定議論趨向可審詳而決課功責效可歲月而待臣昧死顓論今日之未善者六事皆治國之意未明之故何謂未善者六事今日之國勢未善也今日之士未善也今日之民未善也今日之兵未善也今日之財未善也今日之紀綱法度未善也何謂今日之國勢未善請即漢唐之興廢以考見宣和靖康之始末漢中衰也為王莽所篡尺地一民非諸劉之有矣然其人心猶未潰也故光武以宗室踈屬起與乞食之飢民聚謀協力卒以誅莽而盡復漢業者二百年唐自天寶之後大亂相乘盜竊名字跨據藩鎮者接踵加以世有內患就衰削亦以其人心猶未潰也故猶得專主行其命令盡羈縻其土宇者百五十年不至於播遷不復而使中原遂為左衽也國家宣和靖康之變雖曰小人造釁力取幽燕貪功不靖激成禍亂然三鎮雖割而其民未嘗頓降也京師雖陷而天

下未嘗有變也虜雖以威立張邦昌劉豫而姦雄未有崛起而與我抗者也建炎巡幸遠至溫台從衛隆祐分適洪贛川陝處置自為扞禦三方阻隔不相聞知然臣民奔走愛戴無異平日及劉豫再犯江淮兀朮復取河南震動陵逼自以為豕突之勢莫之敢校然將士用命首尾鏖擊豫以退卻而兀朮大敗卒甘心而求盟焉自是宣和之末至紹興十年之後凡二十年之間中國實無潰叛之形也然終不免於罷兵增幣分裂南北以和寇讎大則無東漢戡復之勳小則無晚唐羈縻之政何也此臣所以深疑當時治國之意未明於微弱分裂讎恥弊壞之時猥用維持保守無變休息之術枘鑿不合矛盾相戾畏而安之佐成其鋒以致此也自是以來幾二十年顏亮兇狂離其巢窟跳踉一戰鼓聲所震常潤之屋瓦幾無寧者當是之時我方過於防慮豈敢謂其真送死乎然而胡人纂之華人叛之卒殞其首

於是中原響合殆將百萬而我以素無紀律之兵聲勢不接猶能所向有功是中國雖名屬彼而實未嘗潰叛於我者如故也自是以來休而息之愛虜而不敢變中原者又幾三十年矣歲月雖已遠長老雖已亡號令雖已絕然而臣揆之天理驗之人心察之事勢雖其名屬彼而實未嘗潰叛於我者猶在也陛下盍先明所以治其國之意而斟酌國是於此乎且夫微弱者必思強大湯以七十里文王以百里是也分裂者必思混并秦晉隋之力爭藝祖太宗之無敵是也讎恥者必思報復夏少康越勾踐漢武帝唐太宗是也弊壞者必思振起秦孝公周世宗是也豈昔之能斟酌國是於此而今有不能乎若曰業已然矣吾獨奈何又曰天不悔禍吾其敢逆事之未至則曰乘其機也不知動者之有機而不動者之無機矣縱其有機也與無奚異功之未成則曰待其時也不知為者之有時而不為者之無時矣

縱其有時也與無奚別然則用後之術而欲求前之功治國之意終於未明而今日之國勢亦終於未善而無所復論矣何謂今日之士未善自古國家曷嘗不以任賢使能為急歟然而以意行事以人勝法者乃今日之所諱也故事之曲折無不諉法習而行之吏胥所工士大夫媿焉幸時無事將迎唯諾自可稱職而賢能遂至於無用矣其無用也故今之修飾廉隅者反以行見累玩經術者反以學見非志尚卓犖者反以材見嫉倫類通博者反以名見忌是豈世之惡賢能歟賢能之無用勢有以激之也錮於朋黨流於卑賤老於叢冗何不可者然而臣竊怪其說無用於世矣而風流日以墜失士俗日以頹敗官無素望人無定品諸路無平時之帥群僚無充事之員舉躊躇歎息而且以乏材為患者何歟豈其既以為無用而可以抑遏又以為有用而不可磨滅歟然則以為有用而不求其實而收之以

為無用而不思其弊而救之者何歟此臣所以深疑治國之意未明而使今日之士未善也陛下盍先明之乎若治國之意終未明則今日之士亦終於未善而無所復論矣何謂今日之民未善三代之養民臣猶未敢言也若夫漢當文景之際則公私有餘武帝則蕭然耗矣江左元嘉之政其盛衰亦然蓋民之貧富專繫其用兵之多少矣自紹興之中年及乾道淳熙將五十年中間用兵一二年爾亦可謂少矣民之富州縣之寬宜與文景比而今口獨奈何民力最窮州縣最困歟試即士大夫而問今天下之縣曰某可為歟某不可為歟其不可為者十居八九矣又試即士大夫而問今天下之州曰某可為歟某不可為歟其不可者十居六七矣又問其不可為者何事歟曰月樁板帳錢爾經總制上供爾贍正人官兵俸料爾又問民力之所以窮者何說歟曰役法爾和買爾折帛爾和買而又折帛爾然則國

家有休兵之實過於文景而天下被用兵之害甚於武帝何歟此臣所以深疑治國之意未明而使今日之民未善也陛下盍先明之乎若治國之意終於未明則今日之民亦終於未善而無所復論矣何謂今日之兵未善古人之兵以宿師為拙以聚屯為病不敢駢異於民而特養之雖特養之不多數也一朝有事蒐揀其食料簡其民雖少而未嘗不勝者厲而使之也今之特養者將兵禁兵廂兵世世坐食總其成數斯不少矣古人之兵患未得此數爾固足橫行於天下又有特養之大者御前之軍屯駐四處鑄兵買馬截撥綱運貲力竭矣然而上下恓惶皆曰兵不可不養也屈意仇讎堅守盟誓行人歲遣賂賞空矣然而內外怵惕又皆曰兵不可用也不知兵既不可不養而何以反不可用歟統馭非人朘削廩賜卒伍窮餓怨嗟流聞議者又以為就使用之終不可以致其死命也不知既不可用而徒養

之又何以徒養之者為累歟然則昔人之能厲其兵雖少而必勝今日之以兵自累雖多而愈弱者何歟臣所以深疑治國之意未明而使今日之兵未善也陛下盍先明之乎若為國之意終於未明則今日之兵亦終於未善而無所復論矣何謂今日之財未善財之善者不曰米粟布帛取於民力之所有歟及王制浸廢運漁鹽榷酒者以佐用度然終不盡利而亦不盡以金錢責其下之所無雖少而不得不足者蓋亦未至於一切肆行而不顧也今之茶鹽淨利酒稅征榷何其浩大歟雖漢唐極盛之時盡一天下之輸曾未能當今三務場之數其又有浩大者經總制錢強立窠名徙而分隸和買白著折帛折變再倍而取累其所入開闢以來未之有也入既若是出亦如之蓋常倉卒不繼相視無策遂即兩界會子而權之者有年數矣不知取錢之多既若是而何以卒歲擾擾反憂不足歟今天下幸欲暫安

於無事而徒以是錢為患也設更有事其一切不顧而取之者又將覆出歟夫昔者不敢盡取雖少而猶足今日不顧而取之雖多而猶匱者何歟臣所以深疑治國之意未明而使今日之財未善也陛下盍先明之乎若治國之意終於未明則今日之財亦終於未善而無所復論矣何謂今日之紀綱法度未善昔之立國者知威柄之不能獨專也故必有所分控持之不可盡用也故必有所縱三代以上星分棊布悉為諸侯其自居者千里而已此非後世之所能然猶堅植其四隅倚之捍禦封崇其險阸示以形勢至於對立鼎峙雌雄所棄則必隆其委任多其分畫豈無外重生姦跋扈賊寇之患哉歷代相承莫之或變蓋非不欲其密而亦不能不使之疏也然則盡收威柄一總事權視天下之大如一家之細孰有如本朝之密者歟嗚呼靖康之禍何為遠夷作難而中國拱手歟小民伏死而州郡迎降歟遣

閼奠禦而汴都摧破歟。今猶弗之悟也。豈私其臣之無一事不稟承我者為國利。而忘其讎之無一事不禁切我者為國害歟。豈其能專而不能分。能密而不能疏。知控持而不知縱捨歟。此臣所以深疑治國之意未明。而使今日之紀綱法度未善也。陛下盍先明之乎。若為國之意終於未明。則今日之紀綱法度亦終於未善而無所復論矣。恭承明詔。念軍國之利害不能究知。生民之休感無以自達。法或不宜於俗。事或不便於時。臣固以為無大於此六者矣。然而當先明治國之意而已。不先明治國之意。使此六者本傷而末壞。心蠹而枝披。支離渙散。而臣之議論無所復用矣。誠先明治國之意。則臣今所論特其目爾。源流汗漫。變故萬端。非兼考古今不能盡其理。非亟知難易不能通其變。非獨悟良策。不能操其決。非豫觀成效。不能待其久也。陛下不以臣之愚。試留聽焉。誠欲先明所以治國之意。則固當視

今之時。陛下以為今果何時歟。果微弱歟。則意固在於強大矣。果分裂歟。則意固在於混并矣。果讎心歟。則意固在於報復矣。果弊壞歟。則意固在於振起矣。在陛下審觀熟察而已。然則謂今之時為中國全盛夷狄賓服者。臣恐其名託之。而實非也。謂治國之意當維持保守無變休息者。臣恐其形似之。而實繆也。在陛下果斷改為而已。臣伏覩壽皇聖帝在位二十八年。英武剛健勤勞恭儉整厲臣工。變移風俗。大志未酬。親授陛下。舜禹之後。二典所載若帝之初何以過焉。陛下嚴祗寅畏。足以膺受付託。仁恕溫厚。足以慰荅徯望。虛心無我足以容受正直。廣覽兼聽。足以照臨欺蔽。至公寡欲。足以杜塞僥倖。長駕遠馭。足以招徠英傑。於此而先明所以治國之意。又何難哉。譬之行天下者。在所問津而已。干犯旒扆。無任恐懼。

唐仲友代人上書曰。臣伏覩某日詔書。陛下以臨政之始。思聞讜言。凡軍國之務。靡不詢究。使中外之臣咸得條奏。仰見聖意隆寬。盡下以圖新政。臣受國恩至深至厚。感激之意。萬倍常庶。其日忽蒙頒到詔書一通。拜受伏讀。迺陛下以既行博詢。不遺舊臣。復加特詔。俾之盡言。仰惟天意廣大。聖德日新。海隅蒼生。有口有心。咸願罄竭。矧在愚臣。敢有纖毫顧望不盡之意。臣本諸生。受知高宗。擢臣諫諍。臣之報國。朴忠而已。壽皇察臣本末。擢之政地。十有四年。臣之所以事壽皇者。即前日之所以事高宗也。今陛下親受聖父之傳。臣之事陛下者。敢有二志。而況被遇潛邸。依光議堂。始終蒙恩。非可量數。不詢當言。而況詢及。臣竊惟天下之事莫難厥初。自古人君必觀初政。謹初而徃易於迴遊。既過而補難於覆蕢。是故九廟之付託在初。四海之觀瞻在初。萬機之得失在初。欲上承萬世之休。下垂萬世之統。未有不謹其初者也。高宗得傅說命之納誨。自古謹初之君。未有如高宗

者也。周公歸政成王。先之以無逸。申之以洛誥。終之以立政。自古謹初之佐。未有如周公者也。六書具存。條目甚悉。委曲如慈父之言。簡易有嚴師之訓。可謂萬世之龜鑑。百王之模楷。是故陛下今日盡孝在初。懋德在初。奉天在初。敬民在初。用人在初。立政在初。壽皇陛下父子之聖。孝慈固已盡於平日。然既承大寶。夫子之孝。事異儲宮。愛敬已盡於宮闈。所難盡者。惡慢不施於一民。繼承已謹於思慮。所難謹者。動靜不失於一機。故曰盡孝在初。陛下岐嶷之資。稟於生知。聰明之學。成於就傅。所謂懋德豈勞勉強。然而震驚百里。天下未能周知。飛龍在天。萬物方且咸覩。竟聾得失。天下共聞。日新其德。自今以始。故曰懋德在初。天眷陛下。固非一朝。陛下承天。方自今日。犧牲玉帛。特為事上之常。視聽言貌。動為奸和之具。以實不文。所當審別。故曰奉天在初。國家中更厄難。民散無統。高宗收此民三十六年。而付

之壽皇。壽皇撫此民二十七年。而付之陛下。二聖於民。同乎一敬。中外寧泰。業如金甌。寶而持之。至難至重。故曰敬民在初。陛下繼熙之德。舉下共知。議堂之上。端靖深觀。淵默雷聲。意向可見。忠邪之辨不待臣言。然而表民在德。濟世須材。風雲會同之初。德業天淵。所由判也。故曰用人在初。高宗舉大綱。壽皇篤前烈。法令既脩。紀綱既張。陛下迺繼紹之時。鼎新之日。是故初不欲銳。銳則易退。初不欲盡。盡則難繼。若虞機張。必中而發。故曰立政在初。凡是六者。陛下之所素知聖學之所素及。臣言已贅。臣意可矜。赦其迂愚。顧畢餘說。揖遜之事。唐虞之後。萬古不行。逮我高宗。斷自聖意。別宮就養。慈孝兩全。高宗真可以為堯矣。壽皇親承付託。兢業萬機。內奉慈闈。外平庶政。安靜之福。同於高宗。壽皇真可以為舜矣。壽皇真可以為舜。舉神器而付之陛下。是以禹處陛下也。壽皇以禹處陛下。陛下當以禹繼之。臣觀自古勤儉謙抑之君。未有如禹者。禹之聖德。齊於堯舜。禹之大功施于萬世。然以上繼大聖之君。每懷不及之念。分陰必惜。慮失時也。下車泣辜。深責己也。聞善言至為之拜。飲旨酒至為之惡。宮室必卑。飲食必菲。所以至謙至抑。至勤至儉。舜一已百舜十已千。是乃所以為禹。是乃所以繼舜。臣觀帝舜授禹之言。禹奉而行。何啻弟子之於嚴師。精一執中。既自運乎心術之間。無稽勿詢。尤審聽於求箴之際。至於懍乎朽索之戒。所以力行可畏非民之言。兢兢於身。垂訓萬世。陛下緝熙之學。素深於書。姑因繼舜及之。非謂聖心高明有所未見。曾子曰。尊其所聞則高明矣。行其所知則光大矣。高明光大。不在乎他。在加之意而已。老臣惓惓最在此語。或謂受恩三朝。當有奇謀異策以裨初政。臣實不肖。未惟素學所無。實亦本心不欲。故未嘗挾以事高宗。亦未嘗進以干壽皇也。況道不以空言為高。事必以常行為久。

成規在前。功在馴致。曲學小數。非臣敢知。謹昧死陳國家大體具如左。惟陛下幸赦其愚。

周南對策曰。臣聞天下之利害易知。一介之議論難信。凡為臣子皆有愚衷。若使效竭其短陋。或能感動於萬分。豈非夙昔之至願哉。然天聽崇深。草茅疏賤。自非有樂聽之意。則恐犯徒言之羞。惟陛下少垂聖恩。臣謹昧死上對。臣聞立必為之志。正已以先物者。興王之事業也。存擇善之誠。資人以成治者。平世之規摹也。歷觀自昔聞出之主。降及後代庶幾之君。若非有必為之素志。則必有擇善之深誠。故能君臣協謀。至於治道克立。陛下履位踰年。治體嘗一變矣。曩者是非紛淆。人心壅塞。今者用捨獨正。觀聽略新。此誠欲治之機。而將成之候也。然弊事循積。而未見其方興之勢。公論略伸。而不能無復壅之疑。朝廷方議一善政。其於興革猶未敢及也。而陛下必曰為之必以漸。不知規摹且未立。尚何漸之可論乎。臺諫方逐一小人。其於旌別猶未及盡也。而陛下必曰論事不可激。不知忠邪方雜處。尚何激之可慮乎。意者此豈陛下立志未篤。而擇善固執之者尚未明歟。故雖履位踰年。而歲月不過相持。好惡未能歸一。賢者無所倚仗。中人未識底止。陰拱不言者潛蓄撼搖之意。而宇內所當振起之事。隨其衝圯而皆莫以為意矣。此豈非今日為治之大患所當先變者歟。如其條目纖悉。當以次而論者。臣不敢比而同之也。敢以聖問而獻其略。臣伏讀聖策曰。古者帝王之世。教化興行。風俗醇美。邦本固而上下足。公道孚而賞罰明。熙熙乎泰和之治。朕甚慕之。此有以見陛下慨慕三五之盛。欲返古之道。變今之俗也。臣聞自昔帝王或值鴻荒朴略之世。或當民物紛雜之時。其民豈盡易化。而其國亦豈易足哉。皆由積其勞勤盡其心志。而後得之爾。然而閭閻未嘗不敢言教。朝廷未治不敢議俗制用無度則不能兼足任使略偏則必知害公故聖人不敢輕以是尤詢人而常以是任諸己教化未達必曰豈吾漸摩之具闕歟風俗不美必曰豈吾表倡之道非歟邦本不固則思所以窒浮蠹之源公道未孚則求所以破私邪之論於是居仁由義而教化興矣本身率民而風俗醇矣王后世子修德相先而上下足矣宮房左右偏情不用而賞罰明矣今陛下慨慕於四者之盛則善矣不知亦思所以致此乎夫樂聞甚治而不能加之剛大之意有慕古之心而未知致力之所此儒生學士讀誦之累也而於治道何用哉且陛下寬大愛人喜惡有則朞年之間區斷機事未嘗有暴察刻急之失可謂有人君之德矣臺諫言事寬洪樂聽未嘗有猜防疑忌之意可謂有人君之度矣自昔人主不可有爲皆由宇量褊狹今陛下德度如天此如人有可爲廣闊之基址所闕者獨未能掄材作室於

其上爾若自此而用之則誰能禦之抑臣之所憂者獨恐作室之志未能先定於心而取成於道謀掄材之識未能精別於己而雜用於濫進則臣恐室之難成而治道決不能立矣故古之教化易以浹洽而今則坐視禮義之陵夷而不能返古之風俗易以變革而今則目覩民風之靡薄而不爲恠國本非不可固而不能損己以益民私情非不可絕而憚於遏惡而揚善此臣所以嘆息陛下有慕治之名而未能加之意也陛下若未能先正此意則凡所以策臣者臣雖條列而件具之何益於聖治哉臣伏讀聖策曰蓋由堯舜三代一道相承同條共貫見於典謨之盛或者乃曰五帝不相沿樂三王不相襲禮何耶此有以見陛下欲考帝王相傳之統緒以訂正其沿襲之是非也臣聞帝王必有所同亦必有所異何謂帝王之所同志必在生民心必公天下不以位爲樂不以安爲娛信仁賢而不貳黜姦慝而不

惑卓然有別而不可以毫釐易位者是也何謂帝王之所異質文有損益制度有繁簡或法善於古而今當變或事失於今而古當從變而通之以求無失於中庸時措之宜者是也古之聖人既用其同者以興治復取其異者以隨時此禮樂之文雖小有增益而不害爲同條共貫者此也及至後世拘牽條貫之名變易沿襲之說其所當同者既一切錯亂而非其舊其所當異者反因陋守舊而不敢爲此甚可嘆矣臣嘗見漢唐叔末之人主顛倒賢愚貿易好惡怒天命失人心慢棄賢士親狎小人其條貫之不同於古帝王者可謂極矣至於敝陋之法玩習之令積久寬縱之事曉然爲民之害所當修補而振起之者則曰是必不可改改則有戾於條貫之同是以無失同異之義廢墜統紀之本而卒莫能知沿襲條貫之果何義也深惟今世出令用人所未合於帝王之條貫者果何事守常不變所未合於帝王

之沿襲者果何說陛下聖問及此是天下之福也然五帝二王不敢廢變通之說而陛下則見弊事而不敢爲五帝三王未嘗有兼容善惡之論而陛下則見小人而不敢去此臣之所未諭也陛下誠發思焉則條貫沿襲之說曉然有辨而不至於無別矣臣伏讀聖策曰帝王無爲而天下功成固未始敝精神於事爲之煩然舜孳孳汲汲爲晰脤文王日昃不遑暇食何勤勞若是乎此有以見陛下即帝王之勞動以驗無爲而治之異說也臣聞無爲而治之說孔子雖指舜而言其實論舜治既成之後九官在位十六相佐職股肱耳目無不得人而舜則授任而責成功故謂之無爲無爲者非無所作爲之謂也若莊周有無爲天下功之說此蓋出於老氏清靜自正之論其實非孔子之意而不可施之於天下國家也夫天下國家大物也非上得天意下得民心不能以有之非廣建賢才興起法度不能以守之其

來久矣。舜之孳孳汲汲，禹之胼手胝足，文王之日昃不暇食，彼豈過於勤勞哉。誠知天意之難測，民心之可畏，一日不存祗畏憂勤之心，則將有不可以智力留者。此其所以毫釐食息無不在民也。且陛下亦知今日之治體果可以無為而治歟，否耶。臣聞壽皇聖帝臨蒞天下幾三十年。此三十年間，浹洽於人心者非不深，暴白於天下者非不著。然歷時寖久，賤馬獨嘆，乃有功業未成之憂者，何耶。迨釋去重負之日，天下之童兒婦女不謀同辭，皆以為壽皇之志大有屈而未伸者，又何耶。陛下視膳問安，日聆慈訓，縱壽皇不言，而陛下豈不知之乎。若以年穀屢登不如今日而憂之耶，則隆興以來無甚凶歲。若以為邊鄙安帖不如今日而憂之耶，則辛巳以後未嘗用兵。不知上林苑囿遊幸絕稀而草生甚茂者，壽皇何為而略無閒泰之時乎。夙興視朝，日昃訪問，夕引儒生討論世事，而丙夜又復觀書者，壽皇何

為而過自焦勞乎。據東南一隅之地，求三十倍勞筋苦力之賦，養百餘萬列營坐食之兵，官多而無闕以處，民貧而無業可裕，天下事勢堅凝膠固，欲一舒伸而不可得。此壽皇所以夙夜不寐而發功業未成之嘆也。舜之繼堯也，曰重華協帝，禹之繼舜也，曰祗承于帝。式協者果何事，承者果何說耶。即帝堯心之所存，志之所嚮，凡欲為而未就，欲就而未終者，舜皆有以協合之，而使其規模無毫釐不滿之處也。若禹自知其德不及舜，亦盡其力而祗承之。此舜之孳孳汲汲、禹之胼手胝足，所以為不可及也。陛下若實得壽皇之用心，實知天下之事勢，則舜之兢業、禹之憂勤，與夫文王咸和萬民之事，兼舉而力行之可也。今惑乎無為之說，而有精神勞敝之疑。臣以為陛下若能舉今急政要務，盡力而為之，則事為之末，固不足以勞聖慮。若因循苟且，不立一政，不興一事，舉今所謂急政要務盡廢之，則雖知事為

之末不足為，亦無益矣。臣伏讀聖策曰：舜樂取於人以為善，禹聞善言則拜，同是道也。或者乃曰，五帝神聖，其臣莫能及，三王臣主俱賢，用人之際，抑有異歟。此有以見陛下有謙沖不自用之意，而未滿乎晁錯之說也。臣聞古者君師之任，必有以超出一世之人，而後能為之。其說以為五帝神聖，其臣莫能及者，未為不知五帝也。然而實不可用者，以不可施之於人主也。上世人主惟堯為不可及，然已不敢廢舍己從人之說。若周成王一日不可無周公，則後世中才之君，豈得不咨謀於人哉。然舜取人以為善，禹聞善言則拜，古人納善如此其易，而後世從諫多見其難者，此今日之所當憂也。臣聞陛下養德潛宮之日，樂詢天下名流，聞有學問絜修、禮節恬退之士，則為之褒嘆以為佳士。是時宮寮之中，有出以私告於人者，天下有識相顧稱賀。然則陛下樂賢好善之心，根於天性，蓋非一日矣。伏自臨御，四方

喁喁，日徯登用。今日納忠補過者，日以疏斥，結舌不言者，相繼登用。臣誠恐陛下聰明未免為小人而蔽蒙之也。且天下之忠言何嘗不可誣毀哉。而今之蔽蒙之甚者，則立為議論以籠罩主意，使陛下不能擺脫以用人者，其說有三而已。一曰道學，二曰朋黨，三曰皇極。臣請得而極論之。臣聞禮樂仁義謂之道，問辯講習謂之學。人不知學，何以為人。學不聞道，所學何事。道學者，天下之所同知，而夫人之所共有也。然元祐諸賢未嘗立此號名，近世儒先豈嘗以此標謗。中閒忽有排擯異己之人，謀為一網盡去之計，遂以此名題品善士。士大夫學不同師，生不同里，據所見以仕人主，若以為講習正心誠意之學，致知格物之事，其於國家果何害哉。彼譖人者謾不知道學為何事，意以為凡不與人同流合汙者皆是也，於是取凡不與己合者，皆被之以此名。故朴直而自信者謂之道學，潔廉而好修者亦謂之道

學博通故實者謂之道學而研玩經籍者亦謂之道學而道學之名立矣彼爲道學之論者曰心術暗也才具偏也惡靜而喜生事也於是陛下入其說凡天下抱才負術之士欲爲陛下圖事揆策立謀建功者陛下類以此疑之以爲紛紛徒亂人意而以道學廢之矣自道學之名既立無志者自貶以遷就畏禍者迎合以自汙而中立不倚之人則未嘗顧也彼其出處偶同則何害於私相往來好惡不偏必不肯隨人毀譽彼譖人者則又曰吾方絕道學而彼則與之交通吾方以道學爲邪倿而彼則頌言其無過行是黨道學之人也於是朋黨之論又立矣彼爲朋黨之論者曰小人有黨固非公君子有黨亦爲私議論協同即是朋比交相借譽豈非締交於是陛下入其說凡昔所謂中立不倚之士欲爲無心之論以解釋道學之疑者陛下又以挾私好名待之而其人又以朋黨而不用矣舉國中之士不陷於

道學則困於朋黨者十九矣惟天下之庸人以無所可否爲智以無所執守爲賢者既不入於道學復不儷於朋黨於是借皇極公平正直之說以爲妄庸自售之計而皇極之論遂出於兩者之後矣然臣竊觀箕子之論本非爲妄庸自售之計也其曰有爲有猷有守者是有才智有道義有操執之人也汝則念之者欲其斯須之不可忘也若不協于極而亦受之者謂其才雖有偏而終有可用則亦當收拾而成就之者也若以實而論則今之所謂朋黨道學之士是乃皇極之所取用之人也今奈何廢棄天下有才有智之士取世之所謂庸人外視之若無過而其中實奸回者而用之而謂之皇極哉自今以往闒茸尊顯平凡得志異日天下之大禍臣恐始於道學而終於皇極矣陛下若有意乎舜禹取善之事則於今莫急於破庸論以收善人若使皇極之說不明而朋黨道學之人皆拒之而不敢用則人材

至於泯磨而天下之善無因至於陛下之前矣陛下歷舉前代帝王之治以策臣者至矣至於當世之事有關於理亂安危者於是復歷舉以策臣曰朕自踐祚以來厲精圖治監觀前代庶幾有獲然稽古之志雖堅而設施之效未著求言之心雖切而讜直之風未聞政事必親而或慮夫細務之繁財用既均而猶病夫浮費之衆吏員冗而莫革民力窮而難裕私情勝而議論弗平虛文多而姦弊益甚此皆日夜以思求合於古而未能者將何以致隆平之業恢長久之策乎臣伏讀至此仰見宸心願治思欲上行下應事舉效隨以躋世於治平之域也臣雖至愚顧以爲有君如此天下何憂不治然其事雖舉而難見其說甚大而難言若隨事而論則恐本末之無辨臣請先論其致弊之源而後及其救弊之說可乎臣聞自昔哲王御極之初非必徧舉善政盡易百度事事爲之而後能聳動天下之心也略出一

事而海內至於更相告語改視易聽靡然而從之者無它蓋一則或能以意而動物一則或能擇善而固執之而已上世人主若成湯之於商武王之於周文景之安集民心唐太宗之欲興太平漢光武之克復舊物當其一出天下無愚不肖皆以爲必成者知其所存之志不可遏也舜殛鯀而舉皋陶禹惡旨酒而好善言齊威王烹阿大夫而封即墨唐太宗斥封倫而用魏證當其一去一取之間天下無愚不肖亦曉然咸知趨事赴功之實者以其所擇之善不可欺也今陛下於二者之間臣切有疑焉且天下之議論交至於陛下之前者爲不少矣今有言民力之彫弊者陛下未嘗不曰民當念也臣以爲陛下若果以民爲當念則當對八珍而撫箸卻妃嬪而凝思如親在閭閻廛乏之中而親見其艱難窘蹙之狀可也有言治體之廢弛而當憂者陛下亦未嘗不曰治當憂也臣以爲陛下若果知治爲當憂則

富未明而求衣。當饋而思賢。憮然如禍亂之在朝夕。而不容瞬息緩可也。今道路傳聞皆以爲外廷凡有進言。玉音無不嚮答。但退朝之頃。一切忘之。而朝夕所從事者唯有燕樂爾。唯有逸豫爾。唯聞某處教習樂舞以備宣名。某日押入琴工以娛聲音爾。陛下立志如此。不知其果何在耶。曩者陛下履位之初。有身爲諫官而職當補過者。陛下納之未嘗不優容之也。班對羣臣小臣之中。有自愧空餐而思以直言而圖報者。陛下亦未嘗斥怒之也。所以然者豈非以納諫爲人主之盛德。而臣子交相勸忠亦以爲美事耶。然納其言而未免移其官。雖不怒其人。而亦不能容之於朝者又何耶。豈非陛下雖知其言而未達其獻言之意。徒知其直而初不知其直之甚有補耶。陛下擇善如此。不知其果何見耶。是以朞年之中。所下詔令非不勤懇。而八者之弊猶未革者此無他也。而邇者一事猶駭物聽。臣聞帝主職典

神天。百靈受職。昨者陛下逐一讒邪招權納賄之小人。而天文卷舌之星爲之不明者累月。若積其實德每事如斯。天文雖遠猶可感動。而近者忽聞傳命王人。多持緡錢聘問一妖民於數百里之外。夫使其人果甚靈異。齊家治國安所用之。今者中外相傳皆以爲市廛乞匃之夫。宦官羽流扶以誑惑。而陛下遽從而信之。幾何而不爲天下之所駭愕哉。萬一四方傳之。四夷聞之。則敵人必有輕視中國之心矣。凡此皆陛下立志擇善有所未至。是以舉動若此。陛下若未能充正其本。則八者之弊臣恐其難救矣。且稽古而設施未著。此蓋陛下徒慕其名而未察其實也。自昔三五之所已行。六經之所論載。有得其一言而可以治國者。有據其一說而可以化民者。如使心好之。身行之。有過必改。有失必正。以古人爲楷模。以舊事爲師式。動必咨之而行。言必本之而發。如此稽古而設施未著者未之有也。求言而讜直

未聞此蓋陛下徒有此意而未爲其事也。今公卿大夫之間有言脩身者不知脩身之德其果進已乎。有言正家者不知正家之道其果成已乎。有言爲子孫之典則者不知子孫之典則其果立已乎。直者未嘗以好名而疑之乎。剛者未嘗以賣直而防之乎。有一于此則以至誠懇惻之意而戒之。以至誠懇惻之意而求之。如此求言而讜直不聞者未之有也。政事必親或慮乎細務之繁。豈陛下操執綱領者有未明乎。古者致治專論一相坐而論道謂之三公。是以爲上有體而爲下有分。今陛下夙興視朝。執政出常程之事以俟聖裁者太半皆瑣瑣除目耳。若欲用一人物。則遲疑顧望而未敢啓言。是以天下大計不得詢考其本末。而二三大臣欲爲陛下圖回經畫者亦無由而至前。臣今舉一事。臣聞乃隆興之二年十月有八日壽皇之詔有曰。朕每視朝頃刻之際。慮有未盡。自今執政大臣咸有奏陳宜於申

未間入對。庶幾得以坐論。慮靡不周。同躋于治。大哉聖謨。願陛下亟下有司討論而遵行之。則大臣得與陛下講論大計而不至於自累於細務之繁矣。財用既均而猶病乎費之衆。豈陛下内外經費未知節歛。臣惟國朝財用病於上供太重。内庭太無制度。昔我藝祖平一六合。是時琛貢在塗。内庫始立。當時遠舉實欲俾取契丹削平幽壤。爲此以備一旦之需爾。自中世以後内庭之支數日多。故韓琦孫沔皆欲約女御之費以省國計。嚴宣取之弊以防吏奸。及自崇觀以後御前之錢便於支取。則適足以開侈心而致多事。然則人主自有私藏。豈天下之福哉。恭惟壽皇收湊餘剩以爲内庫。非奉親軍須一毫不用。陛下所當愛惜也。今聞陛下恩意周浹。左右小有勞效給賜動及萬緡。臣竊覩壽皇知民財之艱。凡外庭臣寮有被眷寵而去國者匹兩之給爲數至寡而已。爲異恩乃若一帶之賜有累月而尚方不

閑者此皆陛下所當謹守而不變者也陛下亦知乃者大農無粟府無泉宣限既迫而主計之臣至於稱貸於富室以緩旬日之迫乎臣以為欲約浮費則當先自饋賞始然後修立所謂會計録者以壽皇在位之日五歲內庭支用之數酌取其一歲之中者而謹守焉則財用可得而漸正矣吏員冗而莫革臣以為黜陟之法未行也自昔唐虞建官至百成周計吏雖寬嚴煩簡之不同而不可無者黜幽而陟明也故司士之所掌有歲登降其數者釋經者以為此以功過定之也然則周人一歲之所黜與一歲之所陟蓋略相當也今天下之吏誠冗矣然司勳無功過之考吏部無進退之權臺諫抨彈而去者月不能百一監司刺舉而黜者歲不能十一今惟士以墨敗而名掛丹書者始有停廢之科爾官安得而不冗臣以為若行黜陟之制則疲癃者不當仕庸鄙者不得仕無才者不願仕天下之官不待節抑

而可損其十之四矣今上下皆憚於矯拂人情而一官之闕至於十數人競之則反不以為媿臣恐十年之後廉恥盡喪而名爵不復為天下重矣民力窮而難裕臣以為征賦之法未善也國初盡變五代煩細之賦至天禧而方寬至熙寧而復增及渡江以後則四蜀之賦增三數十倍而二浙之鹽酒亦十倍而取其直臣嘗記天禧以前二浙之大郡合一郡征商之入有不及五六萬者今一小郡屬邑之外有收及六七萬者皆是也昔國家以商人之涉遠而欲優之也故惟取其止程之地而稅之今相去百里之間一征再征而民至於冒江潮涉風濤而死者皆是也昔者國家以關譏之細碎而欲寬之也故男女娉問之資粧皆蠲之今民持尺寸之帛以適市吏且從而呵問之征一及百而破家連逮者皆是也然其所以至此者上供爾經制總制錢爾月椿與糴本爾東南一隅之地無全盛時三分居一之地

而一歲財計之數至數千萬宜其勞弊困苦而至此極也今將憂念其極弊而欲寬恤之小小德惠豈能徧及當約一歲之計蠲減六七百萬緡而後恐有可為之理然其源流甚多陛下近者即位之初亦嘗議及此矣然經總制之額減及州縣者僅能及其登帶不實之數若乃浙右之和買舉朝議之而至今未有聞焉則又何也臣以為此事若非君相同心上下一意扣與共講之民病未易蘇也不然則於今不得已之中能謹守恭儉則亦可以少慰斯民之心矣若乃私情勝而議論弗平虛文多而奸弊益甚此於八者又其大者也臣之所見則以為虛文之弊此亦一事爾何者今世上下以虛文從事初無一政一令可以經久而勿壞者此誠非小弊也然若使陛下一日赫然出令任人而不任法任法而不任吏信士大夫而不信期會案牘則事可立簡令可必行而工技器械之末猶可使咸精其能是則虛

文之弊蓋因循積久而未能革爾非無釐改變革之道也若乃私情勝而議論弗平若不深加辯論則臣恐天下治亂分矣今請得而終論之臣聞私情人之所同有而所賴以辯析區分者此乃人主之事不可得而憚煩也自昔天下忠邪無兩立之理是非無並用之道用君子則必黜小人信庸人則必疎正士是以剛明之君必助正直而抑姦慝君子雖小過必愛護之小人雖未進必痛止之何也誠恐一旦得志得以動搖國論也今天下之小人犯天下之名義陰剪善士而傷害正人者其人顯然可見矣且自昔天下唯患人之無才今有才名者則必蒙擯抑自昔天下唯患人之不學今有學問者則必遭訏辱陛下以為若此者果何意也誠欲逐去天下之賢者以偷取陛下之名位而已且近固有懷此心而進掌風憲之任者矣當時陛下亦以為忠且直也未幾交通賄吏而卒以事敗陛下亦知其末敗之

時。聲勢薰蒸敢為不義而不容一正人之在朝乎。幸陛下一旦覺悟斥而遣之。遂得登用端良。而稍伸天下之憤。此殆宗廟之神靈實使之也。今若因此一事痛懲而力抑之。猶恐是非未大明。近者以來。何為含容之意多。而區別之意少。反病其私情相勝耶。且自近日來。君子失勢。非止一事。臣嘗詢其故。則亦坐於道學耳。朋黨耳。且道學誠有偽。何不辯其名實。朋黨誠有罪。何不折以是非。今柰何進一忠言栽一命令。而盡納於道學之中而廢之乎。排一小人。用一人物。盡推之於朋黨之中而疑之乎。是則私情所以勝者。是陛下不敢助君子而忍於容小人而致之也。臣聞小人固不可太嫉。然要不可使在朝廷之內。泰之為卦。三陽既進。君子得志之時也。故內健而外順。內君子而外小人。而後有六二包荒不遺之論。蓋事大體既定。則小人雖使之在外。勿庸治之。是以謂之包荒也。今若權為已甚。使君子在內

而小人在外。亦未必至於激也。柰何進而置之要官重任。得以撓亂陛下之聰明。而轉移其是非乎。臣聞小人者不憚為亂。以求伸其私意。君子者不憚捐身以盡忠於人主。顧人主所以主之者如何爾。若主君子。則君子為國家用。主小人則小人為己私用。今陛下主君子之意固多。然發口敢言此事者能幾人。至於日夜媒孽於左右之前者。臣恐其十倍於君子矣。此如兩家聚訟。使並設兩辭而聽之。勝負尚未可知也。今甲不得日至於聽訟者之前。而乙之偏辭則日夜曉曉而不已。臣恐甲之理雖直。而終為乙之所勝矣。陛下膺受付託。方內之治亂。在於正邪之用捨。君子小人之進退。忽使小人詆毀忠良而自貽它日之憂乎。此臣所以不揆其愚。欲為陛下流涕而言之也。臣不佞。見陛下所以策臣者。臣既疏列於前矣。至於區區之意所以展轉而不能已者。一則以為必先立志。一則以為必先擇善。然二者

非常談細故不切之浮論也。然天下之逸樂富貴。所以蠱惑人之心志。汩亂人之聰明者。亦不少矣。陛下一日之中。罕接儒生學士。多見宦官女子。將何以發躍而成就之乎。今之悅詩書者智識必明。崇聲色者氣志必昏。如使棲息無道。保養無術。豈復有有為之志擇善之心哉。臣願陛下幸致思焉。則凡事業之未舉者。必有振起之道。是非之未明者。必有歸一之時。而舉天下之事皆無足為者矣。陛下涉世寖久。凡所謂逸樂富貴之事。豈待臣言而後知其無益哉。臣之所論蓋亦以匹夫庸愚之見。而私自忖度爾。若陛下一日反此心而用之於治。今日立一善政。明日去一弊事。天下歌之。百姓謳之。壽皇喜見天顏。以為託付得人。其樂豈有涯哉。臣將見富貴逸樂之事。不待人言而自不復為矣。豈不美哉。臣學問荒蕪。語言失緒。其於疏列以應聖問者。可謂陋矣。而聖策之末。復丁寧於臣曰。子大夫抱藝待問蓋

造在廷。其攷帝王之事。酌古今之宜。凡可行可驗者。悉著于篇。朕親覽焉。此又足以見陛下好問不倦之至心也。然臣則有憂焉。臣聞明於觀古者。未必傳舉以為證。敏於知今者。不待盡言以為直。自古及今。凡人主無意於理亂是非。而國亦隨之者。載在史冊。不為不多矣。若陛下不自警悟。則臣雖歷舉其危亡禍亂之事以經論之。徒以傷陛下謙虛之意而已。臣亦安用以此為忠哉。臣之所望於陛下者。願見微而知著。勿以小過而致大失而已。且人有羞惡之心。則必有是非之心。善告君者。因其羞惡之心而開其是非之心。則語不必深。而意已在其中矣。以陛下之聖。寧不灼見此意。若使見微而不戒。忽小過而妨大德。則臣恐古今可驗可行之事。皆等為無用之言矣。以陛下之聖。日謹一日。何治之不成。而何功之不逮。曾子曰。尊其所聞。則高明。行其所知。則光大。高明光大。不在乎它。而在乎加之意而已。惟

陛下赦其狂愚，臣不勝惓惓。

劉光祖上奏曰：恭惟我國家三聖相授，法堯舜禹，天下幸甚。歲謂千載一時，甚盛事也。陛下離照方升，維新百度，群工萬姓，皆傾耳屬目，觀聽陛下之所為。陛下又屈己虛心，方欲旁求庶言，以考論治道。臣以孤遠，乃獲瞻望清光，敢罄愚識，少裨聽察。臣觀昔者禹受舜禪之初，伯益以文德贊禹曰：惟德動天，無遠弗屆。禹拜昌言曰：俞。皋陶以明謨弼禹曰：邇可遠在茲。禹拜昌言曰：俞。夫益之昌言，則欲使禹修文德以格遠人；皋陶之昌言，則欲禹以修身睦族用賢為邇可遠之道。然則人君嗣位之始，當令近治而遠服，此其大要也。方是時，禹以憂勤嗣舜，其言曰：后克艱厥后。而史臣贊之曰：祗承于帝。後世誦之曰：禹入聖域而不優。夫不優云者，不自以為優也。禹惟能如此，然後天下萬世曰堯舜禹相授守一道也，豈不盛哉，豈不艱哉。今朝廷四

方則皆以禹望陛下，四夷遐裔又皆以禹望陛下，陛下宜於嗣服之初，急益皋陶之言，當使近治而遠服，不可忽也。自高宗皇帝再造區宇，壽皇繼之，純仁德政，與天同意，天厭腥羶，乃眷南顧，天命可知。方二帝北狩，四海震動，而高宗纂極，壽皇誕慶，一也。及逆亮狄盟，身死鋒鏑，萬酋擾位，而我高宗優游揖遜，壽皇踐祚，二也。今壽皇決策內禪，神器有託，而虜主告終，幼孫嗣統，乖爭之漸，必始於今，三也。陛下察是三者，聯若合符，則天命在於仁德，可知也已。陛下當念祖宗二百年積累之厚，高宗與壽皇七十載培植之勤，求所以稱天命而雪大恥。臣故曰：當知益皋陶之言，先使近治而遠服也。欲近治而遠服，宜得其要以舉之。昔舜禹之朝，皋陶以謨紀德，其言蓋萬世之格言也。曰在知人，在安民。厥後孟子得之，則曰：堯舜之仁不偏愛人，急親賢也；堯舜之智而不偏物，急先務也。夫知人安民，豈非仁智之先務歟。何以能知人哉？孔子曰：不知言，無以知人也。是知言乃知人之本，知人即安民之本也。陛下纂服甫耳，宜審於聽言以取人，審於用人以為治。昔者堯之所棄置而弗用者，嚚訟之人也，靜言庸違象恭之人也，方命圮族專愎之人也。是三人者，為咨訪所舉，則亦非天下之凡人也，而堯獨不然之。舜之為君也，詢于四岳，闢四門，明四目，達四聰，咨十有二牧，至命龍作納言，則曰：朕堲讒說殄行，震驚朕師。其後禪禹而告之曰：無稽之言勿聽，弗詢之謀勿庸。由是觀之，言不本於忠信而好爭訟以求勝，用則異其所言而飾為貌以盜名，違上命以自專而很以敗其善類，皆堯之所忌者也。語挾傾害，不務乎實，行好乖異，不本人情，而能動衆以驚世，皆舜之所疾者也。無所稽證而自肆臆說，無所諮詢而自謂奇謀，又禹之所不敢用者也。凡若此類，皆不能為人主安民而利及子孫故也。故禹曰：惟帝其難之。而皋陶則

告禹以九德為觀人之法。夫九德並用，尚事而不濟，彰厥有常，何往而不吉。今陛下受堯舜之統，當以堯舜之道為師；任大禹之責，當以益皋陶之言為法。然則能脩身然後能知言，能知言然後能知人，能知人然後能用賢，能用賢然後能治國，能治國然後能安民，能安民而德不足以服遠者，臣未之聞也。臣昧敢愚忠，恥吾君不及堯舜，進對之始，敢不據經以為言，惟陛下財幸。

歷代名臣奏議卷之五十六

歷代名臣奏議卷之五十七

治道

宋光宗時彭龜年上論正始之道疏曰。臣仰惟陛下嗣無疆大歷服。逾年改元。於是奏告天地宗廟社稷。非細事也。臣嘗推原古人紀年之意。不謂之一而謂之元者。元善也。所以明人君體元之道在善其始也。今日陛下繼天地之德。衍宗社之慶。慰壽皇之心。荅臣民之望。視始正本。實在於此。草茅小臣獲對清光。適際斯時。區區愚忠。偶有所見。輒敢條列以上。仰報聖明。唯陛下財幸。臣聞心者身之始。身者家之始。朝廷者天下之始。元子者萬世之始。於其始而知所以正之。體元之道無餘事矣。何謂心者身之始。身聽於心者也。心一動而身隨之。不可不正也。然聖人所謂正其心者。亦去其所以害心者而已。是以大學曰。身有所忿懥。則不得其正。有所恐懼。則不得其正。有所

好樂。則不得其正。蓋感於物者稍偏。則動於中者皆邪。在常人尚且不可。而況人君乎。陛下聖學高明。其於正心必有道矣。臣猶願陛下日日察之。念念察之。使忿懥恐懼好樂之類。皆不足以動其中。則陛下之心。即堯舜禹湯文武之心也。使數者苟有一焉。則其發用之間。或有以害夫清明之體。而於酬酢萬變。宰制萬事。統御萬國。恐亦難矣。昔范純仁有言。君心欲如槃水。常使平正而無所趨向。則免偏側傾覆之患。斯言可謂得人君正心之道。惟陛下念之。何謂身者家之始。大雅之歌文王曰。惠于宗公。神罔時怨。神罔時恫。刑于寡妻。至于兄弟。以御于家邦。家之難齊也如此。以文王之聖。尚且待神無怨恫。而後能使其家刑焉。是必無一毫之愧於身。乃可舉一家之政于內。故賜予私則僥倖之路啓。寵幸私則嫉妬之害生。用度不節則儉約衰。法制不嚴則名分僭。今日宮庭未必有是。設或燕閒之際。少懈隄

防。深虞間隙之開。使雖窒塞。在陛下謹之而已耳。何謂朝廷者天下之始。大抵天下之事。當出於一。出於一。則有所總統而天子之勢尊。不出於一。則無所總統而天子之勢褻。世言漢武帝以九卿之權間宰相。宣帝以天下之務在中書。為得駕御臣下之術。不知政出二門。實妨理道。臣恭聞本朝仁宗皇帝英識偉度。三代而下。一君而已。事出獨斷。何所不可。而權要請託。毋以大臣為辭。實以此門一開。姦徒百出。深謀遠討。近世所無。此陛下家法也。崇寧奉行御筆。乃小人盜權之術。此陛下近監也。臣竊聞陛下即位之初。所施行事。間出中旨。雖睿智所發。多中事情。然憂國之臣。未免過慮。近日此塗漸塞。朝綱寖清。臣願陛下長守此意。使朝廷政事常出於一。得則功歸於上。而陛下受從善之名。失則責在於下。而陛下免徇私之謗。體正事順。莫便於斯。如此而後朝廷可正。而天下之治可得而舉矣。何謂元子者

萬世之始。臣聞詩曰。君子萬年。永錫祚胤。祚胤古人所甚重也。是以自初生至于成人。教之皆有方法。古者父子雖曰異宮。然文王之為世子也。日問安於寢門之外。則其相去當不甚遠。嘉王陛下之元子。宗廟社稷所繫非輕。而今遽建邸於外。自此居處之易褻。恩意之易浹。教誨之易行。當不如前日在陛下之側矣。陛下雖簡擇僚友左右。然傅相之士少。侍御之人多。傅相正而難親。侍御近而寡違之頃。賢否便分。皇子雖天資穎特。敏於為善。萬一薰染積習之餘。或移岐嶷沖和之性。臣恐不能不重陛下宗廟社稷之念也。臣竊見司馬光請以皇子伴讀官提舉左右前後侍御僕從之人。如有巧佞讒諂者。許令糾察。其言極切事情。臣願陛下舉而行之。大要使府僚之勢重於侍御。道義之訓密於宴遊。則萬世之本可得而正矣。臣州縣小吏。不識忌諱。輒肆狂妄。輕議家國。罪當萬死。惟陛下赦其愚戇。

龜年又上論車駕過宮愆期視朝爽節章奏壅滯疏曰。臣備數校文。自入鎖闈不通外內。財三十五日耳。既出試院。凡達於耳目之事。乃有甚可駭者。自一人之身至於天下之事。或廢而不舉。自內庭至于外朝。若漫無紀綱之足恃。自大臣至于百執事。皆有委栗不自安之意。軍達于行伍。民達於閭閻。其言至有不忍聞者。雖不足盡信。亦有不容不疑者也。詰其所以然。則不過陛下近不過宮。及御朝爽節章奏不下。此其可指者耳。夫過宮事親之小節也。今兩宮之情如春風和氣。安有微隙。晨昏定省少或不講。在父子真情之間。何嘗較計此瑣瑣哉。但有不可得而已者。陛下事親。自視孰與周文王。文王朝王季且日三焉。而陛下歷月不過宮可乎。是不可委之以爲偶然而已。視此以爲偶然。則其它以偶然而廢者亦必猶是也。陛下試觀大廷朝會群臣小不謹於禮。此豈真有不畏其上之心。而朝廷之儀不得

輕貸者。誠以上下之分。恐因是遂陵遲故爾。吾以是責人。則人豈不以是望我。而可謂吾天性之愛不繫於是可乎。夫一不過宮直以爲有損於孝固不可。然今世之所謂孝者。曾不過如此等事。於此一有不謹。無恠乎議己者之云云也。何也。吾之所謂實然者誠未有以大信于人。則捨禮文之間。抑何所見其果孝與否。孝經曰敬一人而千萬人悅。夫敬之而能使人悅如此。則反是豈不足以招其怨且尤乎。竊聞近日臣僚抗章論奏。如出一口。彼誠不忍陛下父子初無纖芥。而遽遭此藉藉口語。故不憚斧鑕。傾心告上。非是群臣看得此事太重。自是陛下待得此事太輕。此在陛下非有所難。抑何憚而不爲。而忍以一己動天下之疑。犯天下之議乎。至于御朝之節。自有法度。內之起居。則節於內侍。外之起居。則節於閤門。陛下近日斥責內侍微過必舉。所以此輩寧無異心。陛下啓處之間。儻或失節。不特避禍

者畏陛下而不敢言。懷姦者未必不幸陛下而不言也。嘗讀庭燎之詩。至夜如何其。夜未央。庭燎之光。君子至止。鸞聲鏘鏘。然後知古之人君固望其臣之來朝。而數期以待之也。至於罷朝。則使人問大夫。大夫退。然後適小寢。則古者人君動止。皆以臣下爲節。今千官百辟垂紳搢笏。儼然在廷。側耳警蹕。移晷不聞。所謂敬大臣體群臣之經。果如是乎。縱曰彼皆士大夫。必不敢怨其上。若持戟而衛殿陛操梃而奄屬車者。皆赳赳無識之徒爾。吾之所以服役之者。不特以利。蓋有義存焉。彼但見陛下事親在於過宮。治政在於視朝。陛下一不過宮。便以爲陛下不能事其親。一不視朝。便以爲陛下不能治其政。紛紛之議。此不足恤。彼心一動。邂逅之間。直有可慮者。陛下不可以此輩懋斗升之祿。而以無能爲輕之也。若夫章奏所以達下情。苟非大臣。誰能日日進對。其他臣僚所賴以獻替者唯章奏耳。漢制凡臣下奏

事。雖不行。亦必報聞罷。謂之報聞。罷者蓋欲其人知其言之已達也。主父偃上書。武帝朝奏莫召入。其速如此。近日臣下奏議。多留中不出。若使事事得徹睿覽。其間有所去取。固未爲害。萬一奏入去處或有留滯。陛下既不得知。臣下又直以爲其言不行。無從詰問。因循積習。漸致蒙蔽。緩急之際。豈不殆哉。此事陛下尤不可不關聖慮也。臣愚欲望陛下不問寒暑。無爽過宮之期。益嚴起居。無失御朝之節。凡有章奏。悉下大臣平章。事屬機密者。自當關防。或有施行者。令其覆奏。如此。而人心不安。人言不息。臣當受妄言之誅。臣聞近日臣僚見陛下如此等事。頗動人心。往往多有諫疏。此皆是愛君憂國之深。唯恐陛下微有玷失。故捐身關稟。不自顧惜。自非忠實。豈能如此。陛下雖容受聽納。未嘗少忤。然切身之事。人所難言。在朋友尚欲善道。而況於君父。臣竊恐它日小人或有指摘此等臣僚。以爲暴揚陛下之過。

則凡今日論諫皆足為罪。萬一出此，則人心愈動，將不止如今日而已。此事尤繫國家利害安危，臣故於是復瀝血以告。唯陛下財擇焉。

龜卒又上論人主用心立德用人聽言四事疏曰：臣仰惟陛下始初清明，宵旰圖治，用心懇惻，視古願治之主，不足多也。萬口一辭，皆謂太平可以立致，而臣區區之愚，獨有憂焉。臣聞伊尹告太甲曰：今王嗣厥德，罔不在初。召公告成王曰：王乃初服，若生子，罔不在厥初生，自貽哲命。今天其命哲，命吉凶，命歷年。臣謂今日政陛下之初也，如子之生，或善或惡，皆在今日，是可不兢兢業業，自貽哲命乎？夫用心有義利，立德有誠偽，用人有邪正，聽言有是非，此乃命吉凶、命歷年之所自出者。陛下於此政當審所取捨，一有不謹，吉凶便分。臣敢為陛下條列陳之，惟陛下垂聽。臣所謂用心有義利者，大學推明明德於天下，要其極不過於正心，而心之正不正，則繫乎所存義利之間

耳。何謂義？曰：出於吾心之誠然而不能自已者是也。何謂利？曰：不出於吾心之誠然而有為為之者是已。且如孝於父母，是吾心之所不能已者也，義也。若以不孝於父母為父母之所譴責，為天下之所譏議，而後為之，則是有為而然，而非義矣。以至親親、尊賢、子庶民、臨天下，亦莫不爾。故臣願陛下凡所舉措，凝神熟思，果非有為為之也，則此心之動無非義矣，涵養推廣，無使間斷；果有為為之耶，則此心之動無非利矣，抑遏止絕，無使發露。如此等事，時時有之，但當使一日之間、一念之發，有所為而為之事漸少，無所為而為之事漸多，積久習熟，自然去王道不遠矣。何謂立德有誠偽？誠者，實理也。凡事從實而為之則為誠，不從實而為之則為偽。書曰：作德心逸日休，作偽心勞日拙。夫作德之所以日休者，以其實也；作偽之所以日拙者，以其不實也。惟其實，故患難中為好事，逸樂中亦為好事，為之初不待勉彊，不為亦不必遮護，此所以日休。惟其不實，故時暫為好事，久則忘之矣；見人則為好事，無人則忘之矣；雖勉彊而終廢，雖遮護而終敗，此所以日拙。求特如此而已也。實則常自處以不足，故聽言納諫，唯恐不及；不實則好示人以有餘，故文過飾非，無所不至。臣仰惟陛下純實之性，出於天稟，與臣等語，前後可覆，此固有帝王之資矣。然今日既登大寶，則非前日比也。聲易淫於耳，色易淫於目，安逸易淫於肢體，芻豢易淫於口腹，耳目口體之欲一縱，則唯恐迹著而人知，人知而議已，則前日之實反為不實，不可知也，此臣所甚慮也。故臣謂陛下欲保前日之實，必杜今日之欲。欲不縱，則君道實矣；君道實，則天下安矣。何謂用人有邪正？臣聞富弼曰：人主無職事，唯以辨君子小人為職。於君子小人不能辨，則人主之職廢矣。然自古人君孰不欲親君子、遠小人哉？卒之各賢其臣，不自知覺，以君子為小人，以小人為

君子，如漢元帝者總總也。仰惟陛下潛德王邸，固以知人為難。臣嘗記陛下問臣畢竟君子小人如何辨，臣告陛下曰：中庸所謂取人以身，修身以道，修道以仁者，此知人之要法也。故人君必先治己之情性，而後能知人之情性。故情性與君子近，則所用者必君子；情性與小人近，則所用者必小人。人君欲辨君子小人，莫急於治情性。所謂治情性，則臣前所陳是也。何謂聽言有是非？甚矣，言之難聽也。以為利而或害焉，以為善而或惡焉，人君如何其辨之也？夫民衆聽之則聖，獨聽之則愚。聽言者能以是察之，愚過半矣。故公共之言易識，私獨之言難信。傳曰：公生明，偏生暗。又曰：偏聽生姦，獨任成亂。政謂是也。今人君出而與宰執議政，既出則有給舍省審，臺諫論列，何從而不公？入而與近習論政，既出則直以一人之意行之，宰執不能回，給舍不能繳，臺諫不能論，何從而不私？陛下天錫睿智，超冠百工，初臨大

邪。想無此患。但以舜之聰明而猶聖讒說則在陛下其可不謹耶。臣前日親聞玉音宣諭講筵事謂內侍輩有諒闇罷講之說陛下卻而不聽。此葉公所謂不以小謀亂大作真社稷之福也臣願陛下聽言一一如此則何憂天下之不治。雖然臣之所陳雖曰四事其實一原。陛下儻能立此心以義則養德必誠用人必正。所聽之言必無不是。故臣謂陛下今日所最緊者在於以義立心而已。然義最難精心最難正。陛下方增置講讀緝熙聖學願與諸儒熟究之日就月將以爲惠福天下之本不勝幸甚。

光宗以紹熙二年春有雷雪詔陳時政得失同知貢舉兼侍講陳騤上奏曰。宮闈之分不嚴則權柄移。內謁之漸不杜則明斷息。諫臺於當路則私黨植。將帥於近習則賄賂行。不求讜論則過失彰。不謹舊章則取舍錯。宴飲不時則精神昏。賜予無節則財用竭。皆切於時病。

吏部尚書趙汝愚上奏曰。臣嘗讀書觀舜命禹之辭曰克勤于邦克儉于家不自滿假惟汝賢臣竊惟禹之神聖其功德豈易量哉然舜授受之際獨以勤儉爲稱者何哉蓋儉以約己勤以爲人爲聖爲賢實本諸此。故舜之命禹必以勤儉爲首也天祐我宋三世揖遜如堯授舜如舜授禹克勤克儉陛下之已親傳而密受之矣臣請論其目。則朝廷之政事不可以不屬精幾微不可以不深慮人才不可以不博詢邊備不可以不預修。夜之所思旦之所行不忘乎是則勤之至矣。陛下之飲食嗜好不可以不節歲時用度不可以不省民力不可以不惜賜予不可以不吝夜之所思旦之所行不異乎是則儉之至矣上以副重華付託之重下以爲子孫萬世之法豈不休哉。惟陛下留神幸甚。

陳亮對策曰臣聞人主以厚處其身而未嘗以薄待天下之人。故人皆可以爲堯舜而昔人謂其以已而觀之者天地之性本同也。夫天佑下民而作之君作之師禮樂刑政所以董正天下而爲之君也仁義孝悌所以率先天下而爲之師也二者交修而並用則人心有正而無邪民命有直而無枉治亂安危之所由以分也。堯舜三代之治所以獨出於前古者君道師道無一之或闕也。後世之所謂明君賢主於君道容有未盡而師道則遂廢矣。夫天下之事孰有大於人心之與民命者乎而其要則在夫一人之心也人心無所一。民命無所措而欲論古今沿革之宜究兵財出入之數以求盡治亂安危之變是無其地而求種藝之必生也天下安有是理哉臣恭惟皇帝陛下謙恭求治常若不及深念夫人心之不易正。而民命之未易生全也進臣等布衣於廷而賜以聖問曰。朕以涼菲承壽皇付託之重夙夜祗

翼思所以遵慈謨蹈明憲者甚切至也。臣竊歎陛下之於壽皇蒞政二十有八年之間寧有一政一事之不在聖懷而問安視寢之餘所以察辭而觀色因此而得彼者其端甚衆。亦既得其機要而見諸施行矣豈徒一月四朝而以爲京邑之美觀也哉而聖問又曰。臨政五年于茲而治不加進澤不加廣。豈教化之實未著而號令之意未孚耶臣於是知陛下求治若不及之心。如天之運而不已也。臣聞禹立三年百姓以仁遂焉推其本原則曰克儉克勤不自滿假而已。今時和歲豐邊鄙不聳。亦幾古之所謂小康者陛下猶察其治之不加進澤之不加廣而欲求其所謂教化之實號令之意者蓋深知人心之未易正民命之未易生全也。臣請爲陛下誦君道師道以副陛下求治不已之心焉夫所謂教化之實則不可以頰舌而動之矣。仁義孝悌以盡人君之所謂師道可也。所謂號令之意則不可以權力而驅

之矣。禮樂刑政以盡人君之所謂君道可也。夫天下之學不能以相一。而一道德以同風俗者乃五皇極之事也。極曰皇而皇居五者。非九五之位。則不能以建極也。以大公至正之道而察天下之不協于極。不罹于咎者悉比而同之。此豈一人之私意小智乎。無偏無黨無反無側。以會天下於有極而已。吾夫子列四科而厠德行於言語政事文學者。天下之長俱得而自進於極也。然而德行先之者。天下之學固由是以出也。周官之儒以道得民。師以賢得民。亦以當得民之二條耳。而二十年來道德性命之學一興。而文章政事幾於盡廢。其說既偏。而有志之士蓋嘗患苦之矣。十年之間。群起而沮抑之。未能止其偏。去其偽。而天下之賢者先廢而不用。旁觀者亦為之發憤以昌言。則人心何由而正乎。臣願陛下明師道以臨大下。仁義孝悌交發而示之。盡收天下之人才。長短小大各見諸用。德行言語政事文

學無一之或廢。而德行常居其先。蕩蕩乎與天下共由於斯道。則聖問所謂士大夫風俗之倡也。朕所以勸勵其志者不為不勤。而偷媮猶未盡革。殆將不足憂矣。若使以皇極為名而取其偷惰者而用之。以陰消天下之賢者。則風俗日以媮。而天下之事去矣。夫天下之情不能以自盡。而執八柄以馭臣民者。乃六三德之事也。強弱異勢。而隨時弛張者。人主所以獨運陶鈞而退藏於密者也。用玉食不可同之勢。而察威福之有害于家凶于國者。悉取而執之。此豈臣下之所得而褻用乎。沉潛剛克。高明柔克。以期刑法之適平而已。吾夫子為魯司寇。民有犯孝道者不忍置諸刑。其說以為教之不至。則未庸以殺。而少正卯則七日而誅之。蓋動搖吾民。不可一朝居也。周官之刑平國用中典。蓋不欲自為輕重耳。而二三十年來。罪至死者。不問其情。而皆附法以讞。往往多至於幸生。其事既偏。而平心之人皆不以

為然矣。數年以來。典刑之官遂以殺為能。雖可生者亦傅以死。而廟堂或以為公而盡從之。使奏讞之典反以濟一時之私意。而民命何從而全乎。臣願陛下盡君道以幸天下。禮樂刑政並出而用之。凡天下奏讞之事。長貳碎款。盡使上諸刑寺。其情之疑。經者駮就寬典。至其無可出而後就極刑。皆據案以折之。不得自為輕重。則聖問所謂獄民之大命也。朕所以選任其官者不為不謹。而寬濫之數或未盡除。殆將不足憂矣。若使以福威在己而欲一日盡去其寬濫。人之私意固不可信。而吾能自保其無私乎。不如付之有司之猶有準繩也。聖問又曰意者狃於常情則難變。況於虛文則弗畏乎。臣以為人主厚處其身。而未嘗以薄待天下之人。安有吾身之既至而天下之終不可化者乎。臣願陛下明師道君道以先之而已。此所謂教化之實號令之意者也。臣伏讀聖策曰。且帝者之世。贊和於朝。物和於野。俗

固美矣。然讒說殄行。遹以為慮。臣有以見陛下深知人心之未易正也。昔者堯舜以師道臨天下。苟可以教之者。無所不用其至矣。而說之橫入於人心者。謂之讒說。行之高出於人心者。謂之殄行。人心之危。說有以橫入之則變矣。行有以高出之則伏矣。此所謂震驚而堯舜之所憂也。故必有納言之官。使王命民言交出迭入。而得以同歸于道。而天下之學一矣。及周之衰。天下之學爭起肆出。不能相下。而向之所謂讒說殄行者。一變而為鄉原。務以浸潤於人心。自納於流俗。天下之學既不能以相一。而其勢不屈而自歸。孔孟蓋深畏之。以其非復堯舜之時所嘗有也。願陛下畏鄉原甚於堯舜之畏讒說殄行。則人心之正有日矣。臣伏讀聖策曰。畫衣冠異章服而民不犯。刑既措矣。然怙終賊刑。必使加審何也。臣有以見陛下深知民命之未易生全也。方堯舜以君道幸天下。禹平水土。稷降播種。民固已樂其

有生矣而皋陶明刑以示之塞其不可由之塗使得優游於契之教伯夷之禮天下之人皆知禹夷稷契之功而皋陶之所以入於人心者隱然而不可誣也後世之為天下者刑一事而已矣寬簡之勝於微密也溫厚之勝於嚴厲也其功皆可言而皋陶不言之功則既廢矣哉鞭作官刑扑作教刑金作贖刑眚災肆赦怙終賊刑官刑既於彼教刑又於此情之輕者釋以財情之誤者釋以令凡可出者悉皆出之矣其所謂怙終賊刑者蓋其不可出者也天下之當刑者能幾人後世之輕刑未有如堯舜之世者也願陛下考堯舜之所以輕刑之由則民命之全可必矣而聖策又曰得非薰陶訓厲自有旨歟臣之所以反復為陛下言之者苟盡師道則薰陶在其中苟盡君道則訓厲不足言矣堯舜之所以治天下者豈能出乎道之外哉仁義孝悌禮樂刑政皆其物也臣伏讀聖策曰今欲為士者精白承德而趨向一于正為民者遷善遠罪而訟訢歸于平臣有以見陛下之未嘗以薄待天下之人也彼亦何忍以異類自為哉而聖策又曰名實於實而是非不能文其偽私誠於公而愛惡莫可容其情則聖意不免於小疑矣然而天下之學貴乎正天下之情貴乎平其終固未嘗不歸於厚也夫今日之患正在夫名實是非之未辨公私愛惡之未明其極至於君子小人之分猶未定也伊尹論有言逆于汝心必求諸道有言遜于汝志必求諸非道其說近矣而漢之谷永其言未嘗不逆唐之李泌其言未嘗不順則人心庸有定乎孟子論國人皆曰賢必察見其賢而後用之國人皆曰可殺必察見其可殺而後殺之其說密於伊尹矣然為人上者何從而得國人之論也凡今之進言於陛下之前者孰不自以為是而自以為公哉陛下亦嘗察輿論之曰賢者而用之矣然而人之分量有限其心未能盡平也未能舉無私

也小人乘間而肆言以為公力詆以為直陛下亦不能不惑之矣遂欲兩存之此為平薰猶決無同器之理也名實是非當日以淆而公私愛惡未知所定何望夫風俗之正而刑罰之清哉陛下見其賢而用之舉動之小偏則勿行而已耳君臣故當相與如一體也可至存肆讒之人以恐懼其心志而洄徨其進退哉陛下苟能明辨名實是非之所在公私愛惡之所歸則治亂安危於是乎分而天下之大計略定矣風俗固不期而正刑罰固不期而清也清白承德遷善遠罪直其細耳而聖策又曰節儉正直之誼興行於庶位哀矜審克之惠周浹於四方果何道以臻此其要在於辨名實是非之所存公私愛惡之所歸其道則以厚處其身而未嘗以薄待天下之人而已陛下三載一策多士宜若以踵故事也宜若以為文具也草茅亦以故事視之以文具應之過此一節則異時高爵重祿陛下不得而靳之矣陛下圖其名而草茅取其實此豈國家之所便哉正人心以立國本活民命以壽國脈二帝三王之所急先務也陛下用以策士則既不鄙夷之矣於其末又復策臣等曰子大夫待問久矣咸造在廷其為朕稽古今之宜推治化之本凡可以同風俗清刑罰成泰和之效者悉意而條陳之朕將親覽臣有以見陛下必欲正人心全民命以盡君師之道而自達於二帝三王之治而後已顧臣何人豈足以奉大對臣竊觀陛下以厚處其身而未嘗以薄待天下之人既得正人心全民命之本矣而猶欲臣稽古今之宜推治化之本夫以厚處身之道豈有窮哉使天下無一人之有疑焉可也陛下之聖孝雖曾閔不過而定省之小奪於事則人得以疑之矣陛下之即日如故而疑者不娓其望陛下之以厚自處為無已也陛下之英斷自天不借左右以辭色而廢置予奪之不常則人得以疑之矣陛下之終無所假而疑

者亦不媿其望陛下之以學自勉為無已也。雲上於天需君子以飲食宴樂。而九五之需于飲食者。待時以有為。當於此乎需也。豈以陛下之聖明而有樂乎此哉。然而人心不能無疑也。明兩作離。大人以繼明照四方。而六五之出涕沱若。戚嗟若。兩明相照。撫心自失。而不敢以敵體也。豈以陛下之英武而肯欝欝於此哉。然而人心不能無疑也。臣願聖孝日加於一日。英斷事踰於一事。奮精明於宴安之間。起心志於謙抑之際。使天下無一人之有疑。而陛下終為壽皇繼志而述事。則古今之宜莫便於此。治化之本莫越於此。同風俗以正人心。清刑罰而全民命。而明效大驗。可以為萬世無窮之法。其本則止於厚勉其身而已。詩不云乎。維天之命。於穆不已。文王之德之純。而子思亦曰。純亦不已。夫以厚勉其身豈有窮哉。臣昧死上愚對。

祭戩上奏曰。臣聞治道貴清靜。此先哲之格言也。天下無事。猶當以

清靜理之。而况多事乎。多事之時而勉以無事。則事自定。苟惟不然。徒為膠膠擾擾。事日益繁。去治愈遠。厥今天下可謂多事矣。吉凶之禮迭舉。宮室之役並興。與夫使命往來之交馳。諸軍犒賞之頻併。是皆不得已者。適丁歉歲。生民艱食。陛下發倉廩府庫以賑救之。此又大不得已者。今太倉之粟。左帑之金。所餘無幾。京府積鏹。漕司羨緍。耗用略盡。州縣之間。上下煎熬。殆無生意。人勞財匱。莫甚於此時。自今以往。日幸無事。猶懼不給。萬一饑饉洊臻。盜賊竊發。或有意外之費。將何以支。為今日之計。要當於不得已之中。求其可已者已之。可緩者緩之。朝廷之上。鎮之以靜重。百執事之間。守之以靖共。州縣先於撫摩。過節貴於寧輯。休息生聚。年歲之間。國用稍裕。民力稍蘇。然後興滯補弊。建利除害。亦未為晚也。此國家根本之計。惟陛下留神幸甚。

戩又奏曰。臣竊見漢宣帝為西漢中興之主。侔德商周。求其所以致治之迹。不過信賞必罰。綜覈名實。樞機周密。品式備具。上下相安。無有苟且之意而已。考其成效。至於威信東八狄。功光祖宗。業垂後裔。何其盛哉。恭惟陛下其仁如堯。其孝如舜。如禹之勤儉。如湯之勇智。又有文王之容德。武王之義德。兼二帝三王之美。可謂盛德之君。孝宣雜霸。不足陳於前。然今日之治。未底孝宣之盛者。臣竊惑之。豈賞罰未盡信必。名實未盡綜覈耶。樞機未盡周密。品式未盡備具耶。何其上下未免有苟且之意也。凡今之仕者無非苟且。內而百執事志在爵位。多方以圖進。計日以待遷。不復以職業介意。循常守故。因陋就簡。避嫌畏譏之不暇。何暇為國家遠大之圖。外而監司令守。志在利祿。唯恐所入之不豐。所求之不廣。至於職業能者。不過趣辦目前。規求近效。以追責免咎而已。何暇為國家經久之計。又况任之不久。責之不

專。人知其任之不久也。唯脫去是期。幸其責之不專也。唯退避是務。間有有志事功者。經營規畫。未及就緒。不以遷去。即以罪罷矣。烏能取効於旬月之間。此所以苟且之俗尚熾。而中興之功未立也。今縱未能一一久任而責成。至如主計之臣。掌兵之官。與夫監司帥守。似不可以屢遷數易。使之尸素而逃責也。要當以三年為任。凡朝廷所欲為者。如屯田牧馬。修城壁。備器械。課農桑。興水利之類。除授之初。臨遣而面命之。責成效於三年。三年之中。有過則削爵奪俸。有功則增秩賜金。無易其任。三年之後。然後覈實之。不愆于素。則進用之。因任之。不如所言。罪之可也。竄之可也。如此。任之既久。責之既專。既不容苟且偷安以幸免。亦不敢苟且欲速以應命。三年之間。何事不立。何功不成。孝宣之治。亦不足進。惟陛下留神省察。

戩又奏曰。臣聞人主以天下為憂樂。天下以人主為休戚。天下無事。

則人主享其樂。人主萬壽。則天下同其休。上下相關。理之必然。今日邊鄙無虞。盜賊不作。亦可謂寧謐矣。無彊臣擅權。無姦邪亂政。朝廷亦可謂清明矣。然而廟堂之上。懦懦然常若有不測之憂。百執事之間。皇皇然不安厥職。下而士民。亦無和平之象。陛下貴為天子。富有天下。當享天下之至樂。臣竊料陛下亦未知所以為萬乘之樂。此中外休戚之所關也。宰執之敷陳。侍從之獻納。給舍之封駁。臺諫之論列。不無煩瀆聖聽。皆其職分之所當然。不能自已。以臣觀之。今日之事。不過數端而已。非有甚難。特陛下一頤旨之勞耳。陛下何惜不於談笑之間。畢此數事。使中外之人。皆知陛下之心。頌陛下之德。以釋天下之疑。以召天下之和。上恬下熙。共臻康泰。陛下端拱巖廊之上。優游無為。享天下之樂。天下賴陛下一人之慶。豈不韙歟。臣不勝大願。

戩又奏曰。臣聞天人之勢。雖若遼邈。而休咎之證。如符節之合。君民之分雖若隔絕。而交感之理。如影響之隨。天至高而卑。民至愚而神。人君一嚬一笑。一言一話。皆足以動天聽。感人心。故一念之善。則為祥風慶雲。一念之差。則為迅雷激電。一政令之美。則民在春風和氣之中。一政令之失。則民立烈焰層冰之上。上下相應。脉胳相貫。有不期然而然者。為天之子。為民之父母。其可忽諸。粤自今夏以來。災異屢見。星變地震。山摧川竭。黑子貫日。赤氛亘天。上天之所示戒者不一而足。近則都邑。遠則畿甸。閭閻無知之人。興訛造訕。公肆謗議。幸災樂禍。唱言變亂。無所忌憚。人情洶洶。朝不謀夕。其勢甚危。乃十一月十有五日。車駕過宮。覲謁問安。視膳之禮。都人忻悸。天意頓回。和氣致祥。瑞雪時降。備及淮浙。罔不霑濡。是月二十日。皇太后冊寶禮成。流傳四方。舉同慶抃。化悍戾為柔順。變愁嘆為懽謠。氣象霍然盡還舊觀。天下耄艾萬口一詞。歌詠聖德。易危而安。反災為祥。在陛下一頤旨。一舉足之易。孰謂天道之難知。人心之難感乎。臣濫將王命迓客淮壖。得之見聞。歸美報上。臣之職也。臣所歷淮浙八郡。蘇秀中熟。常潤所收僅六七分。自江而北。絕長補短。大率不減六分。斗米不過二百五六十金錢。會流通。民旅安便。盜賊不興。邊鄙帖然。此正陛下垂衣拱手。優游無為。兩宮交懽。朝野多娛之日。臣復何言。臣區區愚衷。竊謂陛下既鑒往事之明驗。必思將來之永圖。無以天幸為可常。無以愚民為可忽。曲盡事親之道。示儀刑於有衆。深究保邦之術。消變亂於未萌。戒諭執政大臣。條舉天下滯務。重地之闕帥者。以時除授。遠方之待報者。以次施行。聽任臺諫。以振紀綱。保全臣下。以勵名節。朝廷既正。天下自化。夷狄自賓。中外廓廓。無事。兩宮萬壽。備天下之養。享天下之樂。足以夸當年而高後世。書之史冊。傳之無窮。豈不韙歟。臣不勝大願。

戩又奏曰。臣聞自古人君臨御之初。必謹其始。為人臣者亦必以謹始之說告於其君。蓋國家安危之幾。天下治亂之原。生民休戚之本。君子小人消長之際。實係於此。可不謹諸。春秋書元年春王正月。公羊曰。元年者何。君之始也。穀梁曰。雖無事必書正月。謹始也。故伊尹告其君曰。今王嗣厥德。罔不在初。召公告其君曰。王乃初服。若生子。罔不在厥初生。古之君臣相與警戒。莫不以謹始為先。蓋人君體元居正。南面以聽天下。龍飛之初。萬物之所爭睹。四海之所具瞻。一命令之發。一政事之施。必有以竦動天下。悅服人心。則天下之人。翕然向風從化。不令而行。無為而治。始之不謹。其後雖有仁心善政良法美意。人不信也。仰惟陛下嗣膺大寶。躬臨初政。海隅蒼生。傾耳屬目。以觀德化。而傒太平。是以陛下宵衣旰食。不遑康寧。於謹始之道尤加聖慮。伏觀求言之詔。既詢訪於舊弼。又咨諏於近臣。既俾中外之臣咸得條奏文俾在廷之臣每日輪對此正初政之當急天下之士莫不披肝膽布腹心輸忠竭誠以副陛下懇惻之意況臣世受國恩身為宰士若隱情惜己不為陛下極言臣則有罪臣謹採擬自古人君謹始之道人臣謹始之說點纂八事為陛下獻一曰正心術二曰辨邪正三曰廣聖學四曰來直言五曰戒游逸六曰崇節儉七曰恤刑罰八曰重名器皆隨解釋援古為證不敢飾為浮詞以瀆聖聽伏望陛下清閒之燕垂精留神特賜省覽或於初政可稗萬一謹列如左

一正心術　臣聞堯之傳舜舜之傳禹見於書曰天之曆數在爾躬爾終陟元后人心惟危道心惟微惟精惟一允執厥中見於論語曰堯曰咨爾舜天之曆數在爾躬允執其中舜亦以命禹夫三聖相傳心術之妙不過曰中而已漢武帝即位之初親策

多士董仲舒告以正心以正朝廷正朝廷以正百官正百官以正萬民蓋上天之災祥下民之休戚人才之邪正天下之治亂係於人君之心一念慮之發雖若甚微幽顯之間其應如響惟人君者當宅心於正道之中非正勿視非正勿聽非正勿言非正勿動一心既正則邪佞讒諂不得而入聲色貨利不得而移以視則明以聽則聰言可為則動可為法舉而措之則朝廷萬事無不歸於正四方遠邇無不一於正天下不足為矣

二辨邪正　臣聞舜初即政首舉十六相去四凶而天下咸服傳以為有大功二十禹皋都俞之際亦以知人為先皋陶又陳九德謂人君能知九德之人考察其真僞而信之上可以撫五辰下可以凝庶績蓋知人人君之盛德人君無職事惟辨君子小人而進退之耳君子小人之難辨也久矣讒諂面諛似忠乘機投合似智好有諂笑似恭小廉曲謹似賢排斥小人者似乎讜汲引善類者似乎黨面折廷爭者似乎訐難進易退者似乎矯人君智不足以燭之則君子小人並用而雜處爭而互勝終必至於小人進而君子退此治亂之所由分也惟人君者要當精鑒詳察審其賢者聽任之而勿貳知其不肖者廢斥之而勿疑內君子而外小人使之各安其分則人君之能事畢矣天下其有不治乎

三廣聖學　臣聞商高宗嗣位之初傅說告之曰王人求多聞時惟建事學于古訓乃有獲又曰惟學遜志務時敏厥修乃來又曰惟斆學半念終始典于學厥德修罔覺詩人進戒嗣王曰日就月將學有緝熙于光明佛時仔肩示我顯德行詩書所載臣之告其君必以學為先蓋人君不可無學學者學治天下王者

之事故堯舜禹湯汲汲仲尼皇皇此所以聖益聖明益明也昔唐太宗貞觀之初引十八學士於禁中論古今成敗諷誦詩書講求典禮咨詢忘倦以至夜分嘗謂虞世南曰使我稽古臨事不惑者公等力也臣願陛下於廷臣中遴選忠信端良博雅多聞之士使備勸講無限員數無拘資格更番遞直退朝之暇引之便坐講求經術咨詢治道因訪民間疾苦吏治得失假以溫顏接以誠意俾盡其情如是則聖學日益聖政日新雖深居九重而周知四海豈小補哉

四來直言　臣聞舜受禪之初咨于四岳闢四門明四目達四聰傅說復于王曰惟木從繩則正后從諫則聖故元積上書於憲宗初元謂自古人君即位之初必有敢諫之士君受而賞之則競為忠讜苟拒而罪之則卷懷括囊又引太宗貞觀伏伽事以

告之。蓋古者史為書。瞽誦詩。百工獻藝。庶人謗於道。商旅議於市。人人得以盡其言。況以諫為官有言責者乎。陛下自即位以來。求言之詔屢下。納諫之誠未孚。未聞賞一敢言之士。而已輕去言事之臣。此天下識者所以竊窺初政而重為之惜也。臣願陛下廣開言路。增置諫官。言之是則賞之。言之非則置之。狂妄者優容之。抵訐者寬宥之。懷姦罔上朋邪害正者黜之。如是則天下之士莫不樂告陛下。庶幾直言日聞。下情畢通。而無壅蔽之患矣。

五戒遊逸　臣聞成王即政。周公恐其逸豫。作書戒之。先曰。君子所其無逸。先知稼穡之艱難。乃逸。又言商中宗高宗之不敢荒寧。祖甲之不敢侮鰥寡。文王之自朝至于日中昃。不遑暇食。茲四君所以享國久長。又戒以繼自今嗣王。則其無淫于觀。于逸。

于遊。于田。以萬民惟正之供。無逸一篇。反復數百言。始終以逸豫為戒。故古人以宴安為酖毒。以無逸為元龜。仁宗皇帝建邇英閣。書無逸於屏間。朝夕觀覽。以示警戒。夫昧爽丕顯。後世猶怠。始而不勤。後將若何。古之人君朝以聽政。晝以訪問。夕以修令。未明求衣。夜分乃寐者。非欲焦心勞形以自苦也。蓋恐怠心一生。則便佞之說乘間而入。酖樂之事有時而為。流而不返。不惟荒政損德。亦非所以養壽命。惟人君者要當清心寡慾。克己復禮。終始惟一。無荒無淫。如此則壽齊堯舜。享國百年。豈不韙歟。

六崇節儉　臣聞舜命禹總朕師。懋乃德。嘉乃丕績。不過克勤于邦。克儉于家。不自滿假。惟汝賢。孔子亦曰。禹吾無間然矣。菲飲食而致孝乎鬼神。惡衣服而致美乎黼冕。舜之所以傳禹。禹之所以繼舜者。莫不以儉德為先。故唐玄宗開元之初。焚珠玉錦繡于庭。以示儉德。及其末年。猶以窮奢極侈亂天下。其始可不謹乎。唐太宗問褚遂良曰。舜造漆器。諫者十餘人。何也。遂良對曰。漆器不已。必以金為之。金器不已。必以玉為之。古人之必諫其漸。若事已橫流。則無及矣。蓋天子者合天下之力而奉一人。宮室車馬服食器用。無非生民之膏血。其作之甚勞。其成之甚難。安而享之。必思其所自來。思其所自來。則不忍輕費民財。重惜民力。如此則子孫萬世長享天下之奉矣。

七恤刑罰　臣聞舜初嗣位。首陳典刑之義。以勅天下曰。欽哉欽哉。惟刑之恤哉。又命皋陶作士。戒以惟明克允。故能好生之德洽于民心。茲用不犯于有司。恤刑之效。於此可見。漢景帝之元年。減笞法。定箠令。唐太宗貞觀之初。觀明堂圖而除鞭背。自古

聖賢之君。莫不以人命為重。不敢輕於用刑。故能享國長久。慶流後裔。恭惟祖宗二百四十餘年之間。深仁厚澤。浹被四表。誅戮之刑。內不施於骨肉。外不施於士大夫。麗於法者一付有司。雖天子不得輕重於其間。故卜年卜世。與周匹休。又非漢唐之所能及。臣願陛下遵守祖宗成憲。謹於用刑。寧失之寬。不可失之急。寧失之略。不可失之詳。寧有佚罰。不可及無辜。庶幾初政有以深結人心。而為萬世無窮之福。天下幸甚。

八重名器　臣聞商高宗即位。傅說進于王曰。惟治亂在庶官。官不及私昵。惟其人。爵罔及惡德。惟其賢。夫爵賞天下之公器。當與天下共之。非人君所得而私。昔韓昭侯愛一弊袴。不以賜左右。必欲待有功者。且曰。明主愛一嚬一笑。袴豈特嚬笑哉。唐宣宗重惜章服。有司常具緋紫衣數襲以備賞賜。或半歲不用其

一。夫弊袴微物也。章服虚文也。二君悋惜如此。蓋物以寓意。文以副實。上之人愛之重之。不以輕畀。則得之者榮。苟惟人人而與之。則不足以為重矣。而況一命以上。人君所以勵世磨鈍。無功者賞。則有功者怠。不肖者進。則賢者退。予奪廢置。可不謹諸。惟人君者。要當以天下為公。凡高爵厚祿。擇天下之賢者有功者予之。惟其人。勿以踈遠而廢。非其人。勿以親昵而用。威權不可移於下。名器不可假於人。如此則上無濫賞。下無幸人。貴賤履位。賢不肖襲情。而天下治矣。

右臣所言八事。凡陛下之所優為者。臣申言之。所以堅陛下有為之心。陛下之所不為者。臣預言之。所以防陛下欲為之漸。此皆初政之急務。若夫示好惡。公毀譽。以作人才。尚名節。黜貪鄙。以厚風俗。薄賦歛。戒掊尅。以寬民力。擇將帥。明賞罰。以肅軍政。所當講求次第而施行者。臣不敢躐等以進。位卑言高。罪當萬死。惟陛下裁赦。

歷代名臣奏議卷之五十七

歷代名臣奏議卷之五十八

治道

宋寧宗時袁説友上言。臣仰惟皇帝陛下聰明仁孝。得於天資。曆數攸歸。神器有託。承太皇之命旨。遵聖父之詒音。嗣守丕圖。撫臨萬寓。天地開悦。神人協和。臣遭際明時。至榮極幸。臣嵬瑣不才。叨綴從列。向者充負京邑。屢拜清光。夙荷聖神特達之知。媿無職守纖毫之報。茲幸身逢華旦。願瀝愚衷。亟欲仰贊宏模。少裨聖德。竊惟自古大有為之君。其於踐祚之初。必思有以收結人心。慰滿衆望。人心既得。衆望已孚。則天順人助。四夷來王。極功所不難致。陛下嗣位維新。中外愛戴。正是收結人心。慰滿衆望之日。臣不暇縷舉繁目。顧以當今可行。足以收人心而慰衆望者。有六事焉。

其一曰。大行至尊壽皇聖帝。奄棄萬方。倏已浹月。陛下追慕皇祖。日赴臨殿。號慟備至。臣民歎嗟。唯是三年之服。天下通喪。自漢以來。喪禮從薄。遂有以日易月之制。蓋數千百年為天子者。未有斷然而能復古也。惟我壽皇聖帝。頃罹高宗之喪。斷自宸衷。躬行三年之服。孝誠之至。萬古無踰。今陛下繼統嗣位。適當以日易月。禫祭之初。此正陛下盡孝竭誠之日。夫壽皇之於高宗。蓋子為父服。是以為三年之喪。今陛下之於壽皇。則孫為祖服。亦當行周期之制。臣願陛下體壽皇執喪三年之禮。倣古人喪禮近厚之説。亟下詔旨。躬行周期之服。令有司討論喪制。凡御朝退朝御輦過宮之服。並令斟酌裁定。陛下一一躬行之。此令一下。中外臣子既以仰嘆陛下念祖孝誠之切。復以深感陛下居喪盡禮之孝。抑以歎服陛下聰明仁孝之實。以收人心。以慰衆望。莫切於此。且今之勇爵。固非可以禮義責也。猶能慕我壽皇之孝而能於繼祖踐位之日躬行三年之喪實高宗不足言之於陛下也然彼且能爾今周朞之服陛下必能以身行之儻聖意以爲無難即乞速降指揮不勝臣子厚幸

其二曰昨日恭聞已降指揮宣押宰臣留正仰見陛下握符御極知所先後倚任大臣共圖盛治規模宏遠將致太平天下幸甚臣竊意留正必須抗章牢辭未即赴闕願陛下體古人進退大臣以禮之意深以朝廷輔佐之任爲重與降詔趣還俾之必來則陛下禮貌大臣無愧於古先哲王矣至如起居郎陳傅良憂國愛君不得已遂納祿而去樞密院編修官楊方以前日時事未順亦挨劾而歸二人者皆一時人望所屬臣願陛下出自聖意亟下詔旨並令日下依舊前來各供舊職豈特以收結士心亦於贊襄治道尤非小補

其三曰臺諫者天子之耳目所以容贊治道裨益聖聰頃歲高宗皇帝更化之日首下詔書大開風憲之地今陛下作興舉行新政要當廣開言路崇用臺諫臣願陛下斷自宸衷亟發詔旨申飭臺諫令各盡乃職知無不言凡有章奏陛下即日施行則言路既廣聖德彰聞治效日隆下無壅蔽初政之要無以越此

其四曰向者壽皇聖帝初罹高宗之喪教坊樂人及應干俳優伶官等並行罷遂今陛下嗣服之日適居喪制臣願陛下即降指揮應干樂人及俳優伶官等日下並權令逐便候終喪日續聽指揮亦以見陛下盛德之至也

其五曰自古人主規圖極治增益聖德未嘗不求言納諫以廣聽聞漢董仲舒謂廣覽兼聽極群下之知盡天下之美此蓋帝王之要務也今陛下嗣服之始尤當廣求直言崇任忠鯁政事之當否民情之休戚儻非聽言受諫陛下無由自知國朝祖宗即位之日即相繼下詔以求直言列聖遵承以爲家法然而求言貴於能聽聽言貴於能行今朝政闕失民間疾苦未易縷陳臣願陛下亟發詔旨先令在朝監察御史以上及館職學官限五日內各上封章極言時政闕失使之盡言無隱陛下儻未能盡經乙覽即乞以臣下章奏付後省都司官撮其必可施行者類申朝廷將上取旨一一施行其間有關繫陛下躬行者亦令大臣別項敷奏陛下恪意力行如此則五帝三王將並駕而齊驅矣

其六曰今歲適當大禮之年今大行在殯遂降九月明堂指揮陛下既履寶位即與太上皇帝事體不同參之禮經嚴父莫大於配天蓋謂尊父以配天也陛下若行明堂則於尊父之禮實有所礙兼陛下臨御之初正欲修明號令聳動觀聽臣願陛下以

明堂尊父之禮既有所礙亟與大臣商議仍舊講行郊祀之禮如冬至之前未得發引即照乾道元年正月郊祀之例別降德音其肆赦支犒恩數等亦照隆興二年十一月冬至日指揮施行庶幾陛下御極之始即見上帝於昭格天地歛福庶民實爲初政之助臣備數從班職在獻納既未得即侍天威面控愚慮而於六事實不可緩用敢亟具奏劄上瀆聖聰惟陛下諒其忠悃而早行之至於躬節儉之德以先天下惜內帑之財以養國力兩宮定省之日風雨不渝泰安之禮極其優厚倚信大臣視爲心腹收召人物必先忠良早朝晏罷日以勤政爲務臣下章奏可否隨即施行內侍之任以忠直老成爲先見在宮嬪稍加斟酌裁減隨龍恩數必合舊制而後行左右請求必惟成法而後與戒飭諸屯主帥務令修舉軍政申嚴沿邊守臣專以固圉

爲職。凡此數端。望陛下由留聖衷。節次施行。則堯舜三代之治日月可冀矣。臣不勝激切控懇之至。

衞涇上奏曰。臣聞人君之治天下。無不原於此心。治安常得於憂勤。禍敗每基於逸樂。蓋方其多事。則懼心必生。故憂勤而圖治。居安既久。則驕心易起。故逸樂而不自知。苟非聰明過人。鮮能自克。臣恭惟陛下天資濬哲。智略高遠。萬無是事。臣區區愚慮。未能自已於言。且聲色易於移人。陛下非不知聲色之不可邇也。而耳目爲難防。宴安同於酖毒。陛下非不知宴安之不可懷也。而志意爲易惰。財用生民之膏血。陛下非不知財用之當節也。而牽於姑息。則有所未暇節。名器人主之操柄。陛下非不知名器之當惜也。而溺於貴幸。則有所未暇惜。自陛下即位。人臣之進說者非一疏。陛下之聽言者非一日。雖致過不吝。見善必從。而弊陳尚多。沉濫未革。陛下意謂時之無事。亦少過憂。事之至微。未足害治。然恐陛下此念生於自喜。則驕心得以乘之。驕心一萌。則所以體天意者亦幾於怠矣。況朝廷庶事未可謂盡當。四方幽隱未可謂盡達。年穀雖豐。民困重斂。夷狄雖順。意實不測。太計未立。大讎未復。天之望陛下者若是。正宜惕息脩省。其可有一毫之驕心耶。臣願陛下圖患於不見。保治於未形。一起居言動。一云爲注措。兢兢業業。常若上帝臨之在上。質之在傍。聲色之陳於前。必思王體之當愛。宴安之動於念。必思德業之當勉。爵賞之施。必思名器不可以假人。賜予之頒。必思民力不可以困竭。此心無日不與天相似。則陛下所以體天意者既至。天心所以愛陛下無窮。凡陛下所當爲之事。皆次第而舉矣。昔仁祖謂休祥之臻。懼省不類。災異之見。儆畏厥繇。乃欽箕疇之傳。稽漢儒之說。裒類五行六沴禍福之應。爲書十二卷。名曰洪範政鑒。以示天人感召之理。壽皇嘗諭近臣無逸一

書享國久長。皆本寅畏。爰緝尚書所載天事。列爲二圖。名曰敬天。朝夕觀覽。仁祖壽皇所以飭躬修德。克謹天戒。見於二書者。不外此數事。成效昭然。于今可覩。不然。治教刑政。大抵粗略。而天之報既適同於已安已治之時。臣誠恐天意不可以爲常。禍機多藏於隱微。而發於人之所忽也。惟陛下留神省察。豈特臣之幸。實宗社生靈之幸。

涇又上奏曰。臣恭惟陛下聰明天縱。嗣承大統。舜禹授受。千古有光。適壽皇之成規。對廷臣於黼座。將以講求治道。夫豈徒應故事而已。臣側聞群臣進言者。多勸陛下即位之初。當大有所施設。以竦動四方之觀聽。陛下聖意以循循爲治。臣有以見宸慮高明。度越千古。固非常情之所能量度也。臣竊觀自昔欲有爲之君。非不好大喜功。志高慕遠。方其銳意圖治。凡創端造業。皆足以震耀群動。興起人心。論治者亦皆喜談而樂道。及閱歲踰時。意銷氣沮。曾無尺寸之效。而淪胥以敗。往往銳始者必怠終。競虛美而本無誠心。故其害至此。孰若因人情之所欲。審事勢之所宜。圖實效而不隆虛名。務遠謀而不趨近利。其初雖若循循未快人意。然盡力於躬行。用功於悠久。積日累月。浸明浸昌。計算見效。反出於欲有爲者之上。得失可槩見矣。昔堯以兢兢日行其道。舜以業業日致其孝。禹之克勤。湯之檢身若不及。文王之翼翼小心。武王之繼志述事。凡詩書所稱。此六七聖人。不過敬天命。保人心。側身脩行。恭己任賢。慢遊逸樂之是儆是戒。憂勤恭儉之是訓是圖。初未嘗爲驚世駭俗輕發易變之舉也。然後世稱聖之盛治之極。必曰唐虞三代。豈非循循之效哉。陛下以不世出之資。享壽皇已成之業。踐祚以來。薄海內外。小大臣民。傾耳拭目。以俟維新之政。陛下聖意先定。周密詳重。謹於所發。不爲目前可喜之事。誠有得於聖賢循循之義矣。臣愚猶有私憂過計。試爲陛下言之。陛下

慈仁本於天稟。未嘗不恭儉也。而恭儉之德。未信服於人心。陛下日具視朝。咨詢忘倦。未嘗不憂勤也。而憂勤之志。未昭白於天下。爵賞所以勵臣工也。而人以為多濫。紀綱所以尊朝廷也。而人以為未振。有納諫之盛德。而未聞行諫之英斷。有恤民之仁心。而未聞寬民之實惠。詔百官以脩職業。而苟且之習未革。敕將帥以厲軍政。而貪刻之徒寔繁。半歲之間。課效未見。救過不給。衆人竊議。有識憂疑。毋乃陛下雖知循循之可尚。而未能踐其實乎。夫聖賢之循循。與世俗之因循相近。而實相遠也。聖賢之循循。亦順至理之當然。力行而不息耳。苟無誠心實德。悠悠玩日。時乎無事。則苟安而不慮。事變之至。則倉卒而無謀。徇一時之娛。忘千載之患。此乃世俗因循之害。非唐虞三代所以為治之意也。況今日風俗頹靡。百度弛縱。人材削弱。國勢未張。汲汲有為。尚恐不濟。若猶因循其弊。將至於不可為矣。臣慮臣

下或聞陛下有循循之志。遂希旨迎合。飾因循之說。以誤聖聽。非忠於為陛下計也。臣願陛下剛健篤實。勵精圖政。躬行素以杜奢侈之漸。防逸豫以戒宴安之毒。則恭儉之德彰矣。輟燕間之暇。以攬機務。絕左右之私。以親正人。則憂勤之心著矣。公予奪以示懲勸。惜名器以待功勞。寢內降之命。遵累朝之法。則爵賞知所謹矣。毋以朋黨輕疑外廷。毋以道學併棄賢士。擇任耳目之寄。大開公正之塗。則紀綱庶乎振矣。有獎飾而未聞拔擢。有開納而無所施行。非所以崇諫也。務斥諂諛之說。誘養忠直之氣。斯得聽言之要矣。貴近之濫恩未革。無益之費用未省。非所以寬民也。條無名之橫斂。議蠲減而必行。斯有惠下之實矣。擢廉勤之吏以勵偷惰。嚴按察之司以治贓汚。則職業修矣。昔之以賄賂進者。果於棄而不用。今之以貪黷敗者。寘於法而不貸。則軍政肅矣。凡此八者。陛下果事事而加謹。物物而加察。勿以小善無益而不為。勿以小惡無傷而不去。仁心善政。與日俱新。如火之然。如泉之達。使聖德日以光大。功業日以休顯。斯足以盡循循之實矣。苟懷安息惰。無所施為。臣恐未免終墮於因循之說也。惟陛下留神幸甚。

又上奏曰。臣聞天下雖大。治之在心。自昔君臣相與講明治道。未嘗不以此心為先務。禹之告舜曰。安汝止。伊尹之告太甲曰。欽厥止。傅說之告高宗曰。惟厥攸居。政事惟醇。周公之告成王。曰文王惟克宅厥心。迺克立茲常事。蓋心者萬事之綱。致治之本。未有不先定其心而能成治道者也。臣恭惟陛下以聰明英睿之資。承慈皇付託之重。憂勤在御。三載于茲。虛懷任人。屈己從諫。帝王盛德。蔑以加此。是宜盈成之業有光。太平之期可卜。顧求治雖勤。課效未見。上下恬恬。偷安歲月。毋乃聖心所嚮。容有未定。而莫知所用力之地歟。夫惟聖

心未定。故小大之臣。議論不明。趨嚮不一。家持一說。人立一見。或習頹墮。或貢諛佞。或務迎合。或事譏邪。皆不過竊取陛下爵祿。其為身計足矣。陛下臨政願治。何所望於此乎。易曰。通其變使民不倦。又曰。易窮則變。變則通。通則久。言天下之事苟至於窮極。必貴於變通。乃為可久之道也。臣觀當今事勢。往往多弊。而其弊將窮矣。民極於貧而莫究賑恤之宜。平時猶且思亂。兵極於養而莫止飢寒之怨。臨事孰肯用命。官極於冗。而澄汰之無策。徒困於缺少。財極於斂。而寬省之無計。每患其不支。士大夫知有祿位。而不知有名節。緩急何所倚仗。風俗知有奢靡。而不知有條制。踰僭何所限節。舉天下大事。無出此五六者。而其弊至此極矣。尚賴朝廷清明。聖德容覆。祖宗仁澤在人。中興以來。培植益厚。維持固結。幸以無事。然臣居暇日。已懷懍懍之懼。脫有讒謟在側。群邪並進。得以撓亂陛下之紀綱法度。公道不

伸，國體浸弱。姦雄睥睨，或生輕侮之心。一旦事或發起於細微，禍機萌於所忽。向之維持固結者，有時而不可恃，亦可爲寒心哉。陛下試當清閒之燕，事物不衡於慮，嬪御不接於前，平心定氣而靜思之。微臣之言必有默契於淵衷者。然則變通之道，其在今日，誠聖心所宜先定也。臣伏願陛下體乾健之德，廣離明之照，審觀事勢之所繫，念其弊之爲已窮，察其弊之所由起，覽大易之言，求變通之道。聖心先定，然後明詔大臣，逮中外百執事，朝夕講磨，同心協力。及今而亟圖之，勿坐待其極而至於不可救。凡行一事，必曰其有益於變通之實歟，不可以嘗試而幸成也。每出一令，必曰其有合於變通之理歟，不可以輕發而驟改也。進一人才，必曰果可以任吾變通之責歟，不可以順適目前而用之也。聽一言議，必曰果有以助吾變通之政歟，不可以投合所見而受之也。夫既知所用力之地，循循而行之，孜孜而爲

之。雖無立見之效，而有馴致之功。前五六者之弊庶乎有瘳，而天下之治可次第舉矣。不然，當庶事極弊之時，譬之一身四體，炎如藥傷補敗，猶恐不給，而希合苟容之徒，養交持祿，方且謂雨暘時若，詠誦太平，以規榮利。及其意得志滿，奉身而退，已時獨以憂勞遺陛下，豈不誤哉，可勝悔哉。此理非難曉，其事非難行，特在陛下加意與否而已。臣拙戇不量，疎外僭論大體。竊惟國朝儲養館職之意甚厚。仁皇盛時，詔特許以言事。臣待罪冊府，首尾五年，三獲瞻望清光，每竭愚衷，輒蒙寬赦，猶不敢以去國而忘葵藿之誠。昔魏徵陳十漸以戒太宗，其末有曰：千載休期，時難再得，明主可以爲而不爲，此臣所以鬱結而長歎也。臣敢以徵之言爲陛下獻，惟陛下財幸。

煥章閣待制侍講朱熹上奏曰：臣迂愚衰賤，無以踰人，仰荷聖明召從遠外，置之近侍之列，蓋以勸誦之官，此豈私於小臣者哉？意者必以其粗嘗講學，稍有思慮，不肯隨衆默默，或有以仰裨聖治萬分之一也。而臣伏自到闕，三獲進對，狂妄之言，時蒙采納。如增添講日、看詳封事、不受賀表之屬，皆得施行。臣竊不自知，以爲庶幾可以披瀝肝膽，畢義願忠，而無負於陛下所以收錄使令之意。又竊惟念服在內朝，實以從容諷議爲職，故雖被求言之詔，亦不敢輒同外臣撰述文字，以致宣洩。但嘗面奏一二，意望陛下自以聖意施行，而累日以來，竊觀天意，雷霆之後，繼以陰雨，沉鬱不解，夜明晝昏，此必政事設施，大有未厭人望，以致陰邪敢干陽德者。而臣前日所嘗言之大者，尚亦未蒙省察。若但碌碌隨群，解釋文義，時時陳說一二細微以應故事，則不唯非陛下所以召用愚臣之意，亦豈愚臣所以服事陛下之志哉。今有微誠，須至傾竭。臣之所言，其最大者，則勸陛下凡百自奉，深務抑損，自宮闈之私，居處服用，且如潛邸之舊，以至外庭禮數

儀御恩澤，亦未可遽然全享萬乘之尊，庶幾有以感格親心，早遂晨昏定省之願。以爲陛下必垂開納，而數日來乃聞有旨修葺舊日東宮，爲屋三數百間，外議皆謂陛下意欲速成，早遂移蹕，以爲便安之計，不惟未能抑損，乃是過有增加。臣不知此果出於陛下之心、大臣之議、軍民之願耶，抑亦左右近習倡爲此說，以誤陛下，而欲因以遂其姦心也。臣恐不惟上帝震怒，災異數出，正當恐懼修省之時，不當興此大役，以咈譴告警動之意，亦恐畿甸百姓飢餓流離，陷於死亡之際，忽見朝廷正用此時大興土木，修造宮室，但以適己自奉爲重，而無矜惻憫憐之心，或能怨望忿切，以生他變。不唯無以感格太上皇帝之心，以致未有進見之期，亦恐壽皇在殯，因山未卜，几筵之奉不容少弛，太皇太后、皇太后皆以尊老之年，煢然在憂苦之中，晨昏之養尤不可闕。而四方之人但見陛下亟欲大治宮室，速得成就，一

旦翩然委而去之以就安便六軍萬民之心必入將有扼腕而不平者矣所鑑未遠甚可懼也至於一離尊親之側輕去倚廬之次深宮永巷園囿池臺耳目之娛雜然而進臣又竊恐陛下之心不易當此紛華盛麗之熒惑感移雖欲日親儒士講求經訓以正厥事而進德修業亦將有所不暇矣此又臣之所大懼也至於壽康定省之禮則臣嘗言之矣而其意有未盡也今聞過日一再過宮亦未得見而不亟為之慮如臣所謂下詔自責顯日繼往者顧乃逶迤舒緩無異尋常之時泛然而往泛然而歸太上皇帝聞之必以為此徒備禮而來實無必求見我之意其深閉固拒而不肯見固亦宜矣又聞太上皇后懼忤太上皇帝之意不欲其聞太上之稱又不欲其聞內禪之說此又慮之過者殊不知若但一向如此而不為究轉方便使太上皇帝灼知陛下所以不得已而即位者但欲上安宗社下慰軍民姑以

代已之勞而非敢遽享至尊之奉則父子之間上怨怒而下憂懼將何時而已乎父子天倫三綱所繫不惟陛下之心深所未安而四方觀聽殊為不美久而不圖亦將有借其名以造謗生事者此又臣之所大懼也至於朝廷紀綱尤所當嚴上自人主以下至於百執事各有職業不可相侵蓋君雖以制命為職然必謀之大臣參之給舍使之熟議以求公議之所在然後揚于王庭明出命令而公行之是以朝廷尊嚴命令詳審雖有不當天下亦皆曉然知其謬之出於某人而人主不至獨任其責臣下欲議之者亦得以極意盡言而無所憚此古今之常理亦祖宗之家法也今者陛下即位未能旬月而進退宰執移易臺諫甚者方驟進而忽退之皆出於陛下之獨斷而大臣不與謀給舍不及議正使實出於陛下之獨斷而其事悉當於理亦非為治之體以啓將來之弊況中外傳聞無不疑惑皆謂左右或竊其

柄而其所行又未能盡允於公議乎此弊不革臣恐名為獨斷而主威不免於下移欲以求治而反不免於致亂蓋自隆興以來已有此失臣嘗再三深為壽皇論之非獨今日之憂也尚賴壽皇聖性聰明更練世事故於此輩雖以驅使之故稍有假借實亦陰有以制之未至全墮其計然積習成風貽患於後其害已有不可勝言者始豫源袁佐之流皆陛下所親見也奈何又欲襲其跡而蹈之乎且陛下自視聰明剛斷孰與壽皇更練通達孰與壽皇壽皇尚不能制之於前而陛下乃欲制之於後臣恐其為患之益深非但前日而已此又臣之所大懼也至於攢宮之卜偏聽臺史膠固謬妄之言墮其交結眩惑之計而不復廣詢術人以求吉地但欲於祐思諸陵之傍攢那遷就苟且了當既不為壽皇體魄安寧之慮又不為宗社血食久遠之圖則自宰執侍從以至軍民皆知其非而不敢力爭夫以壽皇之豐

功盛烈百世不忘而所以葬之如此甚草草也此豈不又大拂天人之心以致變異之頻仍而貽患於無窮乎此又臣之所大懼也凡此四懼皆非小故臣願陛下深察愚言而反之於心明詔大臣首罷修葺東宮之役而以其工料回就慈福重華之間草創寢殿一二十間使粗可居又於宮門之外草創供奉宿衛之廬數十間勿使其有偪仄暴露之苦如是則上有以感格太上皇帝之心而速南內進見之期又有以致壽皇几筵之奉而盡兩宮晨昏之禮下有以塞群下窺覘疑惑之姦而慰斯民飢餓流離之歎此一事也若夫過宮之討則臣又願陛下下詔自責減省輿衛入宮之後暫變服色如唐肅宗之改服紫袍執控前馬者預詔近屬尊行之賢使之先入首白太上皇后以臣前所陳究轉方便之說然後隨之而入望見太上皇帝即當號泣伏地抱膝吮乳以伸負罪引慝之誠而太上皇后宗戚貴臣左

右環擁。更進譬諭解釋之詞。則太上皇帝雖有忿懟之情。亦且霍然雲消霧散。而懽意浹洽矣。此二事也。若夫朝廷之紀綱。則臣又願陛下深詔左右勿預朝政。但使朝廷尊嚴。紀綱振肅。而國家有泰山之安。則此等自然不失富貴長久之計。其實有勳庸而所得褒賞未愜衆論者。亦詔大臣公議其事。稽考今與。厚報其勞。而凡號令之弛張人才之進退。則一委之二三大臣。使之反復較量。勿徇己見。酌取公論。奏而行之。批旨宣行不須奏覆。但未令尚書省施行。先送後省審覆。有不當者。限以當日便行繳駁。如更有疑。則詔大臣與繳駁之官當晚入朝。面議於前。互相論難。擇其善者稱制臨決。則不惟近習不得干預朝權。大臣不得專任己私。而陛下亦得以益明習天下之事而無所疑於得失之算矣。此三事也。若夫山陵之卜。則臣前日嘗以議狀進呈。近日又與同列連名具奏。今更不敢頻煩聖聽。亦望特宣大臣。使群臣等前後所論而決其可否於立談之間。先寬七月之期次黜臺史之說。別求草澤。以營新宮。使壽皇之遺體得安於內。則宗社生靈皆蒙福於外矣。此四事也。凡此四事。皆今日最急之務。切乞留神反覆思慮。斷而行之。以答天變。以慰人心。上以彰聖主用人求諫之實。下以伸小臣愛君憂國之忠。則臣不勝千萬大幸。又竊念臣老病之餘。寒齋獨宿。終夜不寐。憂慮萬端。而進對之時。率多遺忘。言語精神。又不能以自達。是以前日一再面奏。所陳數事。有未蒙深察者。今因入侍。敢復冒昧輒形紙墨。伏惟聖明獨賜詳覽而擇其中。臣無任瞻戀懇切皇恐俟罪之至。

駕部員外郎李鳴復上奏曰。臣聞有帝王之規模。當有帝王之事業。規模宏闊。而事業又與之相符。天下不足治矣。唐魏徵之言曰。五帝二王不易民以教。行帝道而帝。行王道而王。顧所行何如耳。世益末有行其道而不著其效者。堯舜其君而俗不唐虞。禹湯文武其君而治不三代。此必有其故也。恭惟陛下以天縱之資。篤日新之學。嗣位之始。首增講員。聽政之餘。垂精經典。書中庸至聖之章。而日加省察。闕大學章句之疑。而時垂顧問。大庭蔑策。昭明此書。瑣林賜詩。彰示此意。為天下國家之經有九。既取之以為出治之規。明明德於天下之序有八。亦槩之以為力行之要。此其規摹。豈漢唐諸君所敢望。雖六五帝。四三王可也。然自登大寶。于今七年。天下翹首以望太平。傾心以觀至化。雍熙泰和之風不見。而歎息愁恨之聲轉聞。規模則古事業不古。獨何歟。臣嘗讀孟子見其言有曰。以不忍人之心。行不忍人之政。治天下可運之掌上。又曰。堯舜之道。不以仁政。不能平治天下。蓋有是心也。而能行是政。則付之掌運而有餘。有是道也。而不以其政。則求以平治而不足。今陛下之心。堯舜之心也。未知陛下之施於政者。果足以發是心乎否也。陛下之道。堯舜之道也。未知陛下之見於政者。果足以行是道乎否也。民政壞於守令之貪殘。軍政壞於將帥之掊尅。朝廷之政。又壞於士大夫之苟安。三者之弊未去。而欲與古帝王齊驅而並駕。臣知其難矣。三代之得天下也。得其民也。得其民者。得其心也。民惟邦本。本固邦寧。而今之為州縣者。以撫字為迂談。以催科為急務。此猶曰用之公家也。囊橐之私勝而民不聊生矣。苞苴之計行。而民無所赴愬矣。使天下不敢言而敢怒。昔人以是為詹民之戒。今則不惟敢怒。又至於敢叛矣。夫置吏所以養民。而民之叛端自吏始。國家何賴焉。前車既覆。後車當戒。近甸之地。咫尺君門。擢符之寄。輟從朝列。召杜之詠罕見。而苛如虎者踵相接也。襦袴之歌鮮聞。而剝及膚者袂相聯也。民無常產。因無常心。即不幸饑半佩犢相扇而起。又何以為策民政如此。陛下亦常思之否乎。古者寓兵於農。初無養兵之費。後世之民養兵。遂有蠹民之患。然使其如霆如雷。是以折外侮。有嚴有翼。足以彊國勢。是猶曰予以固吾圉也。兵以精為貴。今則老弱相半矣。兵以氣為勇。今則凍餒交作矣。與士卒同甘苦。昔人以是為將兵之法。今則勢分隔絕。又剝之以自利矣。竭天下之力以養兵。而反竭兵之力以奉主帥。國家何益焉。不遇盤根曷知利器。潢池赤子。盜弄戈矛。鼠竊狗偷。顧何足道。然江上分備禦之屯。而賊之宄焰未戢也。京都嚴禁衛之旅。而賊之猖獗自如也。小寇尚爾。大敵何若。即不幸姦雄睥睨。觀釁而動。復何以為計。軍政如此。陛下亦嘗思之否乎。夫治亂之迹。雖見於天下。轉移之機。實係於朝廷。四郊多壘。此何等時。而列武周行。因循度日。謂惟靜可以制動是則然矣。靜而流於偷墮。恐其動未易息也。謂惟常可以御變。是則

然矣。常而失之弛。殆恐其變未易弭也。謂雍容和緩可以鎮安人心是則然矣。然內無可恃之實。外有可憂之形。此猶駕弊舟於驚濤之中寢積薪於然火之上。恐人心亦未易安也。陛下非不憂勤也。大臣非不焦勞也。百司庶尹亦未嘗無惴惴不寧之懷也。而積習既久。詭風浸成。務為虛文。掩覆實狀。所陳者類非軍國之急務。所事者不過簿書之常程。日甚一日。而怙證生。歲復一歲。而元氣削。朝政如此。陛下又嘗思之否乎。陛下居今行古。其規摹為甚高。所以古準今。其事業猶弗逮。則亦有是心而無是政故爾。夫政者所以推吾之心而達之天下者也。苟無其政。心何自而達。苟非其人。政何自而舉。立政一書周公所以訓戒成王者。諄切備至。上自禹湯。下自文武。陳其已往之實用為方來之規。推而至於詰爾戎兵。陟禹之迹。所以著其功業之盛。以覲文王之景光。以揚武王之大烈。所以彰其繼述之美。然要其

所以致此。亦惟曰勿以憸人。克用常人而已。是知人才之賢否。國政成敗之所關。不可不謹也。昔仁宗皇帝享國最久。遇變最多。然衆賢聚於內。而朝廷尊。按察使分布於外。而郡國治。帥得一仲淹。而西賊喪膽。使得一富弼。而北虜降心。將得一狄青。而南宄授首。四十二年之治。號為太平。皆自得人始。臣願陛下稽仁祖致治之法。味姬旦告君之辭。不徒究之於心。而必發之於政。不使求之空言。而必見之行事。必吏稱職。民安業。而政之在民者無不理。必車馬修。器械備。而政之在軍者無不肅。必九德咸事。百工惟時。而政之在朝者無不舉。為政在人。無使一小人或得容其姦。政在養民。無使一細民或不被其澤。政事修於內。變故息於外。理有必至。勢無甚難。特在陛下加之意爾。不然。學與政一道也。勤於學而不及於政。知與行一理也。致於知而不力於行。譬如五穀不腴。而欲以療飢。良藥不口。而欲以已病。臣

未知其可也。臣生長萬里外。荐叨誤遷。漫玷郎曹。舊典有常。職當登對。有懷不吐。不惟負陛下。亦負所學。惓惓之忠。惟陛下察焉。鳴復為侍御史又奏曰。臣聞九官相遜。所以為虞廷之盛。多士濟濟所以致周室之隆。蓋衆賢和於朝。則萬物和於野。未有乖爭陵犯之習交肆於內。而安靜和平之治能成於外者也。中庸言位天地育萬物。必以致中和為本。洪範論斂五福錫庶民。必以建皇極為要。中庸之與洪範。異書而同旨。中和之與皇極。異名而同意。古聖王治天下所以措一世於泰和。躋斯民於仁壽。其道未有不本諸此。陛下以天縱之資。膺天位之重。知出治之道在問學。故乘精經典。知進學之益在講讀。故留意經筵。正心誠意之實。持之惟懼其不嚴。治國平天下之理。究之惟恐其不熟。有君如此。其忍負之。而十年之間。柄臣專國鉗天下之口而奪之氣。正者引遁。直者銷沮。迎合苟容之輩擢置朝

打寡廉鮮耻之徒。散在郡國。故中外附和。如出一口。而天下之俗弊於詭。堅水頓消。太陽正照。天下拭目以觀維新之化。戢者思奮。屈者求伸。不得其平者久。喑而欲鳴。不獲乎上者久。憤而欲吐。故談辯風生。矯枉過正。而天下之俗又傷於激訐。固非盛世事也。激而不已。亦豈國家之福哉。此禹之持祿保位無以起西漢之衰。南北部之互相譏彈。適以招東漢之禍。可為萬世鑒也。國朝之治莫盛於慶曆。又莫盛於元祐。祠酹之舉。網傲歌之摘瑕。賴老於謀國者力行救正。而紹述之論一起。群兇得志。善類吞聲。其初起於邪正之交攻。而其末遂至於夷夏之不靖。豈不甚可畏哉。厥今權歸人主。政在中書。若有將治之機。而外寇尚強。內勢尚弱。未有平治之實。生我王國。寘身周行。謂宜不競不絿。同心同德。各揚乃職。無曠厥官。而通者部司之章。與於審覆。臺臣之辯至於交章。含沙或寓於奏對之間。不或託於游

談之口。此何等氣象。而見於今日。不知是數者之紛紛。豈死之國家所益者何事。所補者何策也。陛下聖性高明。隨宜區處。或用或舍。或去或留。雖浩乎天地之無容。而亦截乎毫釐之有辨。百官知所戒懼矣。然臣竊以為天下之患每成於既著。聖人之慮常謹於至微。與其別是非於交鬬之餘。不若絕偏黨於無形之始。蓋人性本於善。外物感之而後性始遷。人心一於正。利欲汩之而後心始雜。克念罔念。聖狂之所以分。為善為利。舜蹠之所由判。猶之水焉。澄其昏濁則清者自存。猶之鑑焉。滌其氛埃則明者自著。臣願陛下密運中和之化。大開皇極之門。無有作好。無有作惡。在上者既一惟斯道之遵。則無有淫朋。無有比德。在下者亦皆惟有極之會。喜怒哀樂。發必中節。偏陂反側。咸歸于中。上下共由於大公至正之途。相與於和協輯睦之境。將見有所不為。為無不成。有所不動。動無不濟。其或不然。上作而下不

應。君倡而臣不和。此方待以休休有容之量。而彼乃甘為戚戚小人之歸。則國有常刑。理有公是。臣亦不敢畏避怨仇。以孤陛下責任之意。臣蒙恩簡拔。擢已兢皇。惟有愚忠。仰圖報稱。故於請對之始。嘗量事勢。揆度時宜。首以致中和建皇極之說為陛下獻。惟陛下垂聽而力行之。天下幸甚。

鳴復又奏曰。臣聞善圖治者。當勉其所未至。善慮患者。當察其所未形。未至而能勉。則實政日舉。而天下之治因以成。未形而能察。則公理常存。而天下之患因以息。有天下國家者。未可不致其謹也。陛下自更化以來。杜群枉之門。開衆正之路。易之所謂內君子外小人。書之所謂任賢勿貳。去邪勿疑。陛下固已得之。此正天下將治之秋。四海生靈。延頸企踵。以望太平之日也。然臣竊有言焉。天下之事。惟其實而已。名者實之賓也。苟徒務其名。則不足以致治天下之理。惟其

公而已。私者公之對也。苟或溺於私。則適足以害治。臣觀今日朝廷之上。佩玉鏘鏘者皆名勝。拔茅征吉者皆善類。其闕然猶可議者。實效之未著耳。且恢復大事也。所而行之名非不美也。空國以出首費且興。喪師而返。一籌不畫。恢復之實安在。會計急務也。舉而行之名非不正也。費用日廣。今且無節。征斂日繁。今猶無度。會計之實安在。稱提楮幣。名曰便民。而便民之實未見。蠲除苛斂。名曰惠民。而惠民之實未聞。宰掾樞屬。更易不常。問其政。今猶昔也。百司庶府。除授不一。課其效。今猶昔也。天下事豈真盤錯而不可為哉。特務其名。不覈其實爾。果能責之以實。則九德咸事。足以凝庶績。六卿分職。足以阜成兆民。雖隆古盛治。有不難及。不然。雖觀美有餘。實用不足。臣恐畫龍不足以致雨。流為西晉之浮虛。未可知也。臣故謂當勉其所未至者此也。臣觀今日士大夫近清光者。皆懇惻以愛君。列庶位者。每忠誠

而體國。其隱然猶可慮者。已私之未克耳。且王言所以寓訓戒也。力求刪去者有之。公乎私乎。臺疏所以示勸懲也。委曲覆護者有之。公乎私乎。甲以為是。乙或以為非。此以為然。彼或以為否。往者都司有爭。貽訕朝路。此風何可長也。往者臺臣有辯。至勞聖斷。此舉不宜再也。天下事豈真淆亂而不可決哉。特牽於私。未顧其公爾。果能處之以公。則無偏無黨。王道蕩蕩。無黨無偏。王道平平。雖盛時氣象有不難復。不然。好惡既異。朋比漸生。臣恐蟻穴或足以潰隄。激而為東漢之黨錮。未可知也。臣故謂當察其所未形者此也。夫使有小人焉而或礙其職。擊而去之。未足憂也。皆君子也。而實政不舉。則深可憂。有小人焉而或背乎理。排而斥之。未足慮也。皆君子也。而私情不戢。則深可慮。然則如之何。其可曰。是不難。定其意嚮者在陛下。握其樞機者在宰相耳。任之以是事。必責之以是實。夫誰敢慢公言則播而行之私請則拒而絕之。夫誰敢以肆。今朝多吉士。野無遺賢。瞻之在前有唐虞三代之可企。瞠乎其後。有漢室晉氏之可鑒。治亂安危之分。實係於此。願陛下與二三大臣。釋斯二者而亟圖之。天下幸甚。

宗學博士許應龍上奏曰。臣聞人主有善始之意。固天下之所深喜。亦天下之所深望也。夫飛龍在天。萬物咸覩。意諭色授。而六服震動。言傳號渙。而萬里奔走。苟意嚮之或偏。舉動之不審。則治忽之幾。實肇於此。今也。講學以進德。求賢以輔治。開言路以通下情。此帝王盛德之事。而皆舉行於臨政願治之初。是其初意之善。固足以聳動觀聽。天下安得不以為喜。然是意也。易長亦易消。易勤亦易怠。必守之以堅。行之以力。則日就月將。以極其緝熙之功。言聽諫從。以盡其施行之實。求之必用。用之必信。而使賢者能者無不盡其才之歎。此豈非天下之所深望哉。苟能無忘其所喜。而復滿其所望。則唐虞三代之盛有不難致者矣。共惟陛下以神聖之資。紹延洪之業。體元居正。厲精思治。謂多聞乃可以建事也。則銳情經術。增置講官。謂帝王之德莫大於納諫也。則下明詔以求直言。命群臣以上封事。謂邦基之立惟在於得賢也。則播告中外。各舉才識。凡此設施。無非治道之大端則善始之意。固已不容言矣。然臣惓惓之忠。尤望堅守而不變焉。蓋自昔人主固有留意於經理者矣。而為黃老養性之說或欲以沮其勤。不欲人主觀書者。又欲以售其術。稍不加察。則近便嬖之時多。親儒生之時少。而好學之勤。不能如其初矣。亦有銳意於求言者矣。然逆耳之諫難受。順旨之言易從。一或偏聽。則鯁切者謂之沽名。訐直者疑其訕上。而悅諫之心。必不能如其初矣。亦有汲汲於求賢者矣。然君子鯁直而易疎。小人柔順而易親。親則莫見其非。疎則莫見其是。故積年信而任。或一朝疑而棄。則好賢之心。復有始而無終矣。凡若此者。皆後世人主之通患。苟非天德清明。純亦不已。未有不蹈其轍者。陛下退朝之暇。猶勤觀覽。切直之諫。優加褒擢。收召耆德之臣。旌表清廉之守。此皆真心實德之所形見。固非勉強而行者。而臣猶以堅守為言。是豈為是過計哉。蓋自強不息。斯可合乾德之大。終始惟一。乃可底日新之盛。否則動搖於浮言。而遷易於邪佞。此心轉移一息間耳。而治勢安危。所關者大。臣不復援引古昔。請近述國朝之事以明之。昔元祐初。選擇名儒。勸講經幄。廣開言路。增置諫員。擢舊德於散地。設十科以薦賢。一時之治。燦然更新。疑若可以無遠慮矣。而當時之臣。猶有隱憂焉。劉摯則曰。已行之令。持循勿變。則治道成王巖叟則曰。惟當日篤此心。不可少移初意。以至日謹一日。天下之事不足慮。程頤言之終。則念始。不可不勉。傳堯俞又言之。無非欲其堅守不變。以成其初政之美。哲宗信用其言。故元祐之盛。度越今昔。

異時此論一搖。或以紹述之說進。或以調停之說進。則事體非復前日矣。然則進言於今日者。可不以是為戒哉。雖然。人主一心。攻者甚衆。少懈而受其一。則陷溺其中而不自覺。太宗皇帝嘗曰。人主當澹然無欲。使嗜好不形於外。則邪佞無自而入。此先正其心之意也。此心一正。則私意不足以亂其真。而外物不足以累其所守。以之講學則專而精。以之聽言則公而明。以之任賢使能則無所疑而不當。書曰。監于先王成憲。其永無愆。惟陛下留神。

應龍又奏曰。當國家多事之日。而欲興起治功者。其大要有二。議論不可以不一。命令不可以不謹。蓋一則公是公非無甲可而乙否。謹則令出惟行。無驟更而數易。古先聖人凡有大疑。必謀及卿士。謀及庶人。翕然大同。然後從之。以為不如是。則異論者得以惑吾聽。巧言者得以肆其欺。而國是無由定。凡有政令。必質之人情。參之輿議。國

奏議卷之五十八　二十

有不滅。然後行之。以為不如是。則上作而下不應。朝行而暮復改。而國事何由舉。奈何特君世主無獨斷之明。謀臧不從。不臧覆用。故佞者迎合以取容。而偽者誕謾而求售。辯者紛更以生事。而黷者矯亢以賣直。各執其說。互相矛盾。豈知議論不一。人將何所適從歟。無一定之規。則慕美名而忘實患。急近效而昧遠圖。事不問是非而徑欲施行。法不權輕重而遽欲更革。豈知命令不謹。焉能經久而不變歟。如此。則雖有聽言之名。而反為多言所累。雖有善治之意。而終無致治之期。明主獨觀萬化之原。其必有以處此矣。竊觀更化以來。言路廣開。下情無壅。論事切直者罔不嘉納。上書狂悖者亦示優容。建政立事。興利除害。戒飭官吏。御札屢頒。勤恤民隱。詔書荐下。百姓咸曰。大哉王言。一哉王心。固宜庶政和而萬邦寧。然悠悠歲月。成效蔑然。豈道遠難驟致。事大難速成耶。推原其故。無不議論命令之間猶有

所當審者焉。且今之議論。如何我意境一之可復。則獻恢拓之謀。一或少退則謂和議之當講。慮老弱之無用。則申揀汰之請。及至激變則復咎區處之失宜。御教之議。或謂可從。或慮重費。復欲之還。或謂可行。或謂亟免。若是之類。皆議論之不一也。度牒不應鬻。何既鬻而隨免。官券不必截。胡既截而復造。節藏亦宜遽建。留府恐費用之難支。禰籍未消。復頒除命。恐師言之未穩。若此之類。皆命令之不謹也。誠使決以獨見。不惑群議。是者從之。非者違之。何至前後之牴牾。作事謀始。隨時施宜。可則因之。否則革之。何患施行之不當。蓋今日之弊。謀雖廣而未能從衆。聞雖多而未能擇善。故議論不一。而終難成事。務名而不務實。知利而未知害。故命令不謹。而易至反汗。然議論與命令。實相關係。議不主乎公。則命之出也必不合乎公。論不當於理。則令之行也必有背於理。是則議論者。其命令之樞乎。然持是樞

奏議卷之五十八　二十一

者。實在大臣。留屯之議。公卿議臣以為不可。而趙充國以為可。魏相能主充國。而先零之強。不戰而服。珠崖之叛。陳萬年以為當擊。賈捐之以為不當擊。于定國主捐之。而終漢之世絕無邊患。此又大臣所宜加察。雖然。天下之事有經有權。而又有機。機者。所以制治於未亂。銷患於未形者也。一或不審。則害成矣。其所係尤重也。矧敵情叵測。而備禦當嚴。遐傳未識。而事變方激。謀畫精審。則轉危而安。慶曁兵宜則召釁稔禍。凡一奇之出。一計之畫。固不容不周審也。今所圖者萬分未獲其一。而迹之布於天下。已若泥中之鬪獸。而況兵之多寡財之有無。戰艦之未具。城壁之或缺。將帥之不和。遠近傳播。纖悉靡遺。潛窺而陰伺者。儻乘釁而投隙。其能無岌岌乎。且用兵之法。有之不可使人知。無之不可使人疑。今朝廷之上。雖務安靜。而道聽塗說者。多張皇以惑衆。儻以無為有。以虛為實。豈不啓疑貳而滋反側乎

蘇軾有言。智者圖事貴於無迹。故功已成而人不知。此切時之論也。惟陛下與大臣亟圖之。

應龍為太學博士。又奏曰。臣聞天下有向安之勢。人主無幸安之心。則治功有隆而無替矣。夫事至而為之備。患至而為之防。此特苟簡目前者之見。至於無事而為有事之備。無患而為防患之謀。非憂深思遠者豈能計慮及此。人主苟以是為念。則久安長治之效。又烏有難致者哉。易之泰曰。無平不陂。無往不復。艱貞無咎。夫居泰之世。聖人不以為可樂。而以為可懼者何哉。天下之理。無常平而不陂者。無常往而不復者。惟能艱危其思慮。正固其施為。則可以無咎。夫泰者通也。天下極安之時也。聖人猶以為戒。況未至於極安之時乎。且今日之事。非臣所當僭言也。亦嘗竊觀天下之大勢矣。河北山東雖入職貢。而版圖猶未盡復。殘虜垂亡。游魂假息。而遺類猶未盡滅。豪傑

歸附。人心響應。而大勳猶未遽集。是雖有向安之勢。又不可不為久安之圖。必思患而預防。隨機而應變。然後可以久安。必振發以立志。果銳以圖功。然後可以久安。臣不敢遠引古昔。請近述高宗之事以明之。虜人退避。若可以少安矣。而猶欲大立其恢復之規。虜酋遠竄。若可以自賀矣。而猶欲自治以待其釁。以至論中興之有時。則謂必有所施為而後可以得志。論自古人君。則以為未有安坐而不勤於四方者。由是而觀。則高宗固不以既安之日。而懷幸安之心。故上焉有以建中天之業。下焉有以垂億萬載之基。其成效大驗。蓋可覩矣。率由舊章。豈非今日之所當勉乎。今朝廷之上。亦未嘗不加意於此也。宣威置於全蜀。制閫列於邊陲。新復郡縣。經理而綏懷之。流移遺民。勞來而安集之。城壕則為之修築。關隘則為之葺理。若此之類。固非因循苟安者之為也。然而自治之策未易畢舉。將帥雖擇。果皆賢於長城。如李勣之守并州者乎。士卒雖練。果皆藝能精銳。如德裕之雄邊子弟者乎。邊食雖蓄。果能有十年之積。如羊祜之在襄陽者乎。若猶未也。則激厲以作其氣。委任以責其成。使守禦之備無一而不舉。則主威益振。國勢益尊。中興之業。可指日以冀矣。詩曰。是究是圖。亶其然乎。臣不勝拳拳。

應龍又奏曰。臣聞韓琦之論曰。天下之事。惟審其是。定而不易。乃可成務。蘇軾亦曰。先定其規模。而後從事。治亦多術耳。而獨以定為先者。蓋能定而後能應。天下之大。事機之繁。以有限之力。而應無窮之變。苟所守不堅。則議論之角立。賢否之雜進。政事可因可革。其將何以處之。惟吾心有一定之見。以之聽言。則無稽勿聽。弗詢勿庸。以之用人。則任賢勿貳。去邪勿疑。以之出令。則堅如金石。信如四時。三者既定。顧何事之不可為哉。共惟陛下厲精更始。總攬權綱。急於聽言。

則論事之切直者悉蒙崇奬。上書狂悖者亦示優容。於用人。則收召耆哲。招來俊彥。無一藝之不庸。雖寸長而不棄。謹於出令。則親灑宸翰。存頒德音。或戒飭以警庶官。或奬諭以厲將士。聖化日新。四方風動。太平之盛。可蹻足以待也。然臣區區之愚。猶欲堅守而不變者。豈顧為是過計哉。蓋嘗敬觀元祐之事。而參之今日之治。則知定之一說。信乎其所當務也。今觀其時進擬可行之言。看詳奏對之疏。擢舊德於散地。起忠讜於謫籍。修水利而厚農桑之業。罷青苗而復常平之舊。免保甲而去民兵之擾。一時之治。絕後光前。宜若可以無遺慮矣。而當時之臣。猶有隱憂焉。劉摯則曰。已行之令。持循勿變。則治道成。王巖叟則曰。惟當日篤此心。不可少移。初意無非欲其一定不易。以為長治久安之計。夫何異議之人。日夕搖撼。未幾國論一變。或以調亭之說進。或以紹述之說進。新學發矣。而復興之。新法罷矣。而

復行之。邊隙息矣。而復啓之召釁啟禍邊詒伊戚。然則言治於今日者可不以是為鑒乎。且今朝廷之上。凡所施行固不容議。惟須不以異議而搖。不以小不知意而沮。且機會可乘之言固快人意也。而量時度力。則未可以輕舉。上策自治之說若委靡不振也。然實可以圖全。揣摩迎合雖若可聽。然信而用之。必至於誤事。忠鯁戇直雖若逆耳。然推而行之實切於時政。此心一定。是非莫惑。尚何衆咨道旁之慮哉。臣故曰。聽言不可以不定。例不當得而得則扳援而妄求者頭鑽而肘刺。才不足用而用。則經營以求進者揣摩而袂接。碩德偉績超躐遷擢人誰敢議。名實未加於上下而遽膺不次之選。則人懷僥得之心。必以詭論為悵。把麾持節。善最上聞增秩進職。彼自知勸。若迭更數易人無固志。不惟迎送之重費。尤恐績用之弗成。凡此四弊一意杜絕。則各安其守。無復僥覦。尚何賢否之混殽哉。臣故曰。用人

不可以不定。禁專殺。謹徒刑。所以示欽恤之仁。戒掊克。懲貪墨。所以洗舊汙之染。若是者斷在必行。犯者勿貸。孰不凜然而知警。迺若蠲免賦租。固欲寬民力也。而州郡迺以用度不贍而冀朝廷之裨補。輸納用券。固欲捄折閱也。而常賦所入。虧損過半。既乏見鏹以應軍衣之支。復窘財用以供經常之費。若是者尤當通融其有無。斟酌而蠲減。否則迫於文移急於逃責。必至創立名色。肆行科罰。倚法以削民何以堪。若是則雖有恤下之美名。未必有及民之實惠。必詳考熟究使公私俱便。庶可立為定制。不然則朝行暮改。徒為墻壁之虛文耳。臣故曰出令不可以不定。雖然此非至難之事也。特在乎一轉移之頃耳。然尤有大於此者。敢以關於理亂之原者陳之。昔仁陶言於哲宗之朝有曰。君子小人分辨則治道成。邪正雜揉於朝則治體不能以純一。今之君子固彙進於朝矣。豈無投間置散而未盡用者乎。今之小人固斥逐無餘矣。豈無潛窺陰伺以冀其復進者乎。天下之患莫大乎君子有扶持天下之志。而小人得參其間。使不得以展布焉。夫君子不得以展布。君子何病也。君子一去而小人得以鼓舞而竊其權。肆意妄行。不至於極弊大壞則不止。然則人主果何私於此哉。今大明當天。魑魅盡伏。固無所容其跡。然藥石於強壯之時。乃臣子拳拳憂國之忠。易曰履霜堅冰。陰始凝也。是必防其微杜其漸。則天下可以常為泰而不為否矣。臣位卑言高。罪在不赦。惟陛下恕其愚

歷代名臣奏議卷之五十八

歷代名臣奏議卷之五十九

治道

宋寧宗時。知澧州曹彥約上奏曰。臣伏讀正月二十三日詔書求言於搢紳之彥。芻蕘之微。以為厥今百度未釐。三邊未靖。人才乏而未究搜揚之術。民力困而未明惠養之方。救此弊端。寧無良策。乃若箴規主失。指摘官邪。人所難言。朕皆樂聽。臣讀至此。未嘗不聳動太息識陛下望治之切也。竊惟陛下嗣登大寶。十有五年。內無宮室苑囿之美。外無弋獵狗馬之好。以此為治。宜將上咸五帝。下登三王。然而姦臣所以怙勢。公論所以靡容。屏蔽聰明。排斥忠直。致使更化再踰於月。律求言。罕見於奏封。有如詔書所云者。則為治之道。豈固有所扞格而不可至哉。祖宗設求言之詔。其於人主之一身審矣。臺諫之職。所以議論是非。給舍之官。所以糾駁章奏。侍從之有已見。則論思者可以無廢職。史官之有直前奏事。則記注者可以無隱情。至於講讀之侍燕間。兩制之備顧問。朝殿之有輪對。暇日之進故事。莫不啓沃帝心。助成聖學。下至於主兵官之有倚仗子。樞屬之有承旨公事。外任官之有朝見。朝辭。章茅常布之有封章。亦皆互相發明。無有壅蔽。朝思夕惟。可因否革。與二三大臣謀謨而力行之。造命於上者謂之萬機。著見於下者謂之百度。順此而行。何治之不致。陛下在潛邸時。尊儒重道。講論經理。無有厭斁。龍飛之初。每欲延見舊學。咨詢治道。收召名儒。虛懷聽納。當此之時。天下仰望。謂高宗孝宗之治。指日可見。自慶元改元之後。當寧恭默。大臣奏事。不聞有所折衷。小臣奏事。不聞有所訓飭。士大夫絕念。謂陛下無意於政矣。今者大明公道詔求直言。治病於已病之後。改過於悔過之時。是宜明哲天臨。姦蠹覬覦。然而外郡章奏。累月不下。軍機急速。踰月不行。省部之事。未免

稽留。廟堂之務。失於叢脞。內而京局。外而州縣。奉行不虔。絕意治功。置郵傳命。稽違程式。無前日專權之患。而有上下不任責之憂。此則勉強之道未行。而瞑眩之藥未進也。木本無蠹。根不茂則蠹有時而生。人本無疾。氣不盛則疾有時而作。人主於剛健之時。明君人之道。審為政之理。則姦邪無自而執柄。近習無自而用事。惟夫翫時愒日不以稼穡艱難為憂。居安忘危。不以祖宗積累為念。則賢人君子必皆遂其難進之心。憸人佞夫復有以堅其患失之意。利害莫從而上達。禍感因得以下移。百度未釐。常必有此。今不闢公正之門。鑒偏信之弊。而獨拘拘譾譾。守常執固。以簿書為實政。以歲月為無用。此何時也。而固為是不切之政耶。陛下閱百度之未釐。則必以持守為難以逸豫為戒。大臣造膝。必與之反覆詳畫。群下進見。必為之謙虛接納。至於軍國庶政。亦以委任責成。算計見効。正不在於懲沸而吹虀也。臣聞兵所以撥亂。亦所以起亂。因亂而撥之者其兵直。無亂而起之者其兵曲。古人之用兵。一皆為民而已。彼其困於鋒鏑之慘。弊於轉餉之勞。父子不得以相見。兄弟妻子不得以相保。聞撥亂之聲。則必欣欣喜色而相告。此簞食壺漿之禮所以至。而奚為後我之言所以發也。若其耕田鑿井以為樂。仰事俯育以為安。身不履行陣。老不見兵革。聞起亂之聲。則必疾首蹙頞而相告。此豈言語之所能詔告而刑罰之所能驅迫哉。是故聖王重為生民厭兵。老師宿儒不敢談兵。武夫悍將不敢佳兵。順乎天而應乎人。如此而已。彼首兵議者。何所見而為之耶。謂國論已定歟。則朝行而夕改矣。謂國勢已振歟。則兵冗而將驕矣。謂國用已備歟。則帑無十年之財。廩無一年之蓄。謂敵人已弱歟。則起兵百萬。而空壘之證不見。聞邊三年。而中原之豪傑未歸。兵已連而不解。釁已議而難成。遂致貽憂君父。流毒百姓。三

邊之未靖將何術之可救也疾痛未深可以導引轉禍患未成可以言語感今起兵釁而失地利求和議而竭國力誅首謀不足以厭其心頻遣使不足以得其意事勢急矣非可以常說解也主國是者貴持重決大議者尚操略夫使恃強則欲戰畏弱則請盟寒氣至而厲甲兵煖氣動而弛邊備則庸人妄夫皆足以有為何貴乎豪傑之士應酬萬變而不窮也虜雖禽獸而兵機變詐乃其素講非如中國之人習熟禮義遇有緩急取兵事而徐議之耳彼其大舉於丙寅以威聲脅我疲弊於丁卯以和議欺我察其情實豈不以歲幣為利惟其所問輙應所求輙得以我為易與而直以無道行之若又處之不得其宜行之不得其道必將遂其本心縱蛇豕之欲而未已也夫語殺人者未必殺人以其謀之淺也然而人或不畏則怒而殺人畏之已甚則遲而殺人殺不殺在彼備不備在我實利實害不繫乎畏不畏

奏議卷之五十九　三

也勿謂求之太過可以得其心拒之太峻無以制其命彼誠欲來非可以盟誓沮彼誠不來非可以言語化其和也則不來為正兵來為奇兵其不和也反是此靖康之和立變於頃刻之間紹興之和反覆於數年之後事有商鑒不可泯沒則兵之用否不在於急和明矣陛下念三邊之未靖莫若遲留小使嚴責邊備內為不必和之實外不沒可和之名使之不測事端君臣相怨假以數月便見真偽設復大舉則其民固已怨矣欲進而此已戒嚴欲退而彼有叛兵辛巳之勝可復見於今日也人才之未嘗非搜揚之所能得也昔者堯舜繼軌元愷至湯武革命伊呂耦有如是之時則必有如是之用不借於異代久矣以賢馭能則人才衆以能馭賢則人才寡非衆寡有時而不同亦進退有時而消長也是故宂才滿天下真才不百一苟其有所抱負思欲自効於一世則其居易以俟時藏器而後動上之人不思

有以縱臾之喜材術而鄙禮義啻奔競而輕恬退則識時之士必有相攜持而去者矣禮不重無以致純儒爵不吝無以慰志士忠佞並進則忠者退賢不肖混淆則賢者羞此當饋所以無益於興嗟而臨朝者有時而嘆息也十五年來士大夫之心術壞矣上焉者不愛其身以言語得罪或削籍而遠屏或臥家而待盡次焉者偷生仰祿以職業自見或諄諄於田里或切切於簿書是皆中人以上有所恃乎為時奮發可以倚仗其他則出入權門假借聲勢苟不至扇揚凶燄撰造釁端卑君而尊臣殘下而慢上不過貪位慕祿趨事赴功當大明旁燭之時各安分守亦足以濟接使令未至甚害惟是廉恥道喪風俗不美謁見者以伺候為常致書者以晝一為重隔越初任便求堂除鄙薄外庸躐進朝路致使蒞職者無著効居官者無固志以州縣為假塗以表著為捷徑苟不反其道而用之正恐靡靖之士耻介

奏議卷之五十九　四

之人入山惟恐不深避世惟恐不速矣近歲朝士補外終更者必貴要起廢驟進者多選人入朝不數年可以除節京官外任率十年不可以得郡列今邊陲多事士大夫宣力暴露之賞不可以望解帶解閫之厚扞禦之秩不可以比權務茶場之多正當比量重輕斟酌緩急久任者却與內徙再任者更與優遷使被堅執銳者無怨辭貪進嗜利者無倖位則人才不乏矣抑又有可言者古人於一世人物要必盡其才而用之反覆謀議惟恐其不熟默觀審察惟恐其不稱聽其言而信其行觀所由而察所安故能任之以事而無不成責之以職而無敢怨近日之事則有甚不然者宣威之臣賦上明命用舍利害所繫非細今或給以諭民卻使撫兵始不知謀終使任事欲加之罪其能無辭將帥之臣人命所恃兵將相知猶恐不濟今乃擢為郡守本無尺籍分撥屯也驟使臨陣欲責之効其何能必甚至身為執

政不與廟謨並列樞府不知兵事朝廷用人一至於此雖有俊傑未免苟且歲月以公府為傳舍以伴食為保身不然則有高蹈隱遁者耳陛下念人才乏而未究拔擢之術莫若均內外之任制遲速之法驟用恬退屏斥僥倖至於廊廟之任閫外之寄事大體重不輕所予則人才皆至矣人君以天為心以民為體斬殺不時不可以為孝言動非禮不可以為仁中興惠養九十年無愛南北豈不知大讎未報正統未明為民受屈頫至今日自兵興以來百姓之失業者可勝計也曩時衆今應募而荷戈矣曩時壯丁今死戰而暴骨矣大江以北莽為戰場淮襄關外半為丘墟人煙稀少十無一二而米斗踊貴甚直數千秋熟尚逵人情可慮兵之害民如此其酷也邊民喜亂失其良心或假託忠義肆為盜賊或結集鄉閭侵擾對境居南界者以北界為犬豕居北界者視南界為仇讎剽及牛馬掠及婦女邊臣坐

視不敢孰何要功生事者又欲作戰勝申奏僥倖推賞引惹邊釁屠戮平民無大軍可以迎敵無城廓可以禦侮展轉退保莫有限齊江北之民何所告訴束擔維舟日謀竄逸廢生生之具失耕農之業加之調發不常和糴方急已去者流為盜賊未去者苦於飛輓如此不已亦恐召釁稔禍不特夷虜之可畏也既不能兼愛南北又無以感動中原復古本意相去愈遠古人征討叛虐兵不血刃爭奪城邑而不改廛所謂師出以律否臧亦凶而況和戰者朝廷之微權整暇者邊臣之守職無事則橐弓卧矢敵人閉户有事則整兵而相向先鼓而後行事至而戰不從中御至於和戰大議事關國體若使勢不容已決意用兵必須大啓元戎弔民伐罪行一不義皆所不為若欲復尋舊盟尤當邊鄙不備何至魚肉生民背天理而遠古道使斯民至於此極也昔者河南之民被祖宗德澤不忍使其子弟終於左衽父

詔兄語朝思夕念望恢復之期念頃史無死則以中國之仁厚有以勝其慘刻中國之禮義有以制其禽獸也是以臨邊而語則自謂溪民交鋒而戰則常至倒戈每賊有長驅之心則未嘗無後顧之患若使結怨境上不能息肩中原遺黎自為勍敵對境之間岌岌乎不可以朝夕矣是故不安江北不足以服河南不服河南不足以制強虜陛下念民力困而未明惠養之方則必明詔大臣講求邊政博詢群臣選求邊吏以版築儲峙為急務以誅亂禁暴為初政屯大軍以防姦民明黜陟以戢姦吏則民力少蘇矣百度之未釐三邊之未靖人才之所以乏民力之所以困臣固略言之矣至於所謂識規主者指摘官邪臣雖不才親逢求言之主豈敢無說以處此也求言者治之形也用言者治之脉也漢光武建武詔書第五倫知其聖主唐德宗奉天詔書淄青軍士為之泣下言語感人其效如此本朝徽宗欽宗

用之宜足以收召和氣而謹禱複昭回曾不及事然後知宿痾積弊根盤節錯利刃斂手猶恐不及是必審造命者如救頭去害政者如決癰坐便殿如受國書對群臣如遇大敵此心所存對越上帝及其見於行事將其緒餘播於詔告將其發見有雍容和緩之意無匆遽淺迫之謀如日用飲食不改常度如深居簡出不啓外侮此古之聖賢所以於穆而不已獨立而不懼也臣在遠方不識事宜但聞攬權之初威聲震赫朝廷不及知禁近不得與竄殛大臣歸過兵釁驟賞偏將峻及藩車事出一時遠無前比然而人心未孚士論未譁皆謂改弦易轍必將取前日弊政而一洗之既而屢遣小使不少暇逸屢詔集議不立成算邊陲之間易肆欺侮朝廷之上茫無執持事業於更化之前而効未著於更化之後發威王之憤不足以擊魏衛赫文王之怒不足以遏沮莒則是規橅未定議論不一後之視今猶今之視

昔也人徒見春事已深羽書稍緩苟寬目前便謂眞枕不知水潦一去秋風便馬和議苟成虜情難測設使誅冰未已干戈復尋敗軍之將不保其復勇棄甲之軍不保其不潰糧運不保其能繼器械不保其適用廟堂之上將何說以濟也始謂權臣專制使執政之臣不得興議今議已興矣比前日何如也始謂權臣撓政使宣威之臣不得行法今法得行矣比前日何如也僨帥之當易者幾處虛籍之當汰者幾許官吏之任責者幾人新政之望効者幾事長策急務未見毫末而簿書期會益以弛緩陛下有罪己之心至使天下箴規主失行綜核之政又欲使天下指摘官邪不知人主用人一失其柄則箴規主失尚可逃譴指摘官邪其罪反大甚而臺諫給舍繫天下之公議顧乃朋邪結託為執政之私人漸不可長至有竊天下威福而不敢問者拔本塞源非一朝之故也古人以議執政為美談故政成而人頌其德後世以議執政為獲戾故政弊而人指其過祖宗盛時成憲具在文彥博之權方重唐介數其罪而不疑韓琦之勢方炎王陶攻其短而不避法家拂士君子之良師也危言激論朝家之藥石也苟使大臣當國皆得以言其非則過小而易悔事近而易復有冀免而無誅夷有待罪而無貶斥手足腹心之喻復見而徵招角招之樂作矣浸失本意此事未久大臣當軸惴惴然恐天下議己鉗制言路頤指給舍甚至假制誥以導私意因批答以報私恩推頌功勳極于元聖討論典故不由舊章一旦聖鑒所臨與衆共棄然後枚數其罪派別其姦人人得以肆言事事得以詳論士一失官邪莫甚於此陛下誠厭習俗胡不取祖宗之法而施行之選用臺諫必使百官離攀不使大臣干於其間斷自聖裁惟意所欲至於講讀之官可以非時見內宿之官可以夜分召或賜坐於燕閒或前席於宣室下民之問詢及

芻蕘邇言之察不間疏遠則主失官邪冰散霜釋矣臣誠知陛下所謂官邪不止乎此竊以為事勢方急非卑官小吏之所暇問也又況立法者在朝廷行法者不在天下一時之所立萬世之所行皆朝廷也烏有朝廷壞法歸罪於天下而更立法以勝之此不公之甚也是故薦舉之有請求非薦舉之法也請求徧天下而謂薦舉之法當變誰之罪也官吏之有權攝非官吏之法也權攝徧天下而謂官吏之法當變誰之罪也押綱隸州郡而州郡不得專廂軍屬州郡而州郡不得使以至銓試之有代筆太學生之有詭名舍法之有異恩銓法之有堂帖是豈遠方寒士之所得為哉今不必純法上古求過於祖宗之時但只如紹興乾道淳熙間上下相維亦足以致治此在陛下宵衣旰食勤勤懇懇不以去權臣為成功不以和戎為得計坐薪嘗膽日與群臣商確求其所未至勉其所當行庶乎其可矣不然則日復一日月復一月內無善政外有強鄰坐享太平又不得如今日也昔趙普戒太宗曰邪諂之輩蒙蔽聖聰非次興兵出于偏聽太宗無是事也蘇轍戒仁宗曰歌舞飲酒歡樂失節坐朝不聞咨謀便殿無所顧問仁宗無是事也忠直之士自古所同誠實愛君不知其罪仰惟陛下求言之切臣不敢不盡其愚惟陛下赦其僭

監察御史謝方叔上疏曰秉剛德以回上帝之心奮威斷以回天下之勢或者猶恐近習便嬖之人有以私陛下之聽而悅陛下之心則前日之畏者怠憂者喜慮者玩矣左右前後之人進憂危恐懼之言者是納忠於上也進宴安逸樂之言者是不忠於上也凡有水旱盜賊之奏者必忠臣也有諂諛蒙蔽之言者必佞臣也陛下享玉食珍羞之奉當思兩淮流莩轉壑之可矜聞笙歌鐘鼓之聲當思四蜀白骨如山之可念又言崇儉德以契天理儲人才以供天職恢遠略以

寓天討。行仁政以荅天意。帝悅。

中書舍人陳傅良上奏曰。臣聞人主有大舉動。必有以新天下之耳目。而大慰民望。共惟陛下始自宅憂。移御廣內。此大舉動也。正天下顒顒望治之時。伏想聖心先定。將有仁聲德意之事。感悅士夫兼被黎庶者矣。臣不肖輙有管見一二。仰裨聖明。惟陛下財幸。一乞三宮各置使領。以盡孝養之道。一乞降詔問民疾苦。仍申儆見行賑濟州縣官吏。諭以賞罰。一乞自宰臣以至侍從管軍次第宣引。從容賜坐。訪以軍國機務。以示責成之意。一乞撫問沿邊諸將并帥臣。仍量加錫賚。一乞增置諫官。一乞收拾恬退滯淹之士。一乞稍出內帑錢以助版曹經費。少寬催理。已上特臣區區愚慮所及。未足以廣宣主德。如蒙采納。見之施行。則嗣此有樂告陛下以治安之策者矣。臣不勝拳拳。

知邵武軍徐範召赴行在。言功利不若道德。刑罰不若恩學。雜伯不若純王。異端不若儒術。諛佞不若直諫。便嬖不若正人。奢侈不若詩書。盤遊不若節儉。玩好不若宵衣旰食。窮黷不若偃兵息民。是非兩立。明白易見。幾微之際。大體所關。積習不移。治道外矣。

著作郎吳泳上言。誦往哲之遺言。進謀國之上策。實不過曰內修政事而已。然所謂內修者。非但車馬器械之謂也。衮職之闕。所當修也。官師之曠。所當修也。出令之所弗清。所當修也。本兵之地弗嚴。所當修也。直言敢諫之未得其職。所當修也。折衝禦侮之弗堪其任。所當修也。陛下退修於其上。百官有司交修於其下。朝廷既正。人心既附。然後申警國人。精討軍實。合內修外攘爲一事。神州赤縣。皆在吾指顧中矣。

太常博士徐清叟入對疏言。陛下親政以來。精神少振。而氣脉未復。

條目畢舉。而紀綱未張。公道若伸。而私意之未盡克者。則亦風化之先務。警戒之大權。與夫選用之要術。猶有闕略而未之講明者爾。何謂風化之先務。曰原人倫以釋群惑者是已。何謂警戒之大權。曰惜名器以示正義者是已。何謂選用之要術。曰因物望而進人才者是已。

時新進者多遷小才。害大體。太學正張虙轉對言。立國有大經。人主當以靜制天下之動。今日之治。或有鄰於躁薄。而咈人心。傷國體者。宜有以革之。使祖宗之意常如一日可也。遷國子博士。時金亡。因論自治之道。謂天下之治。必有根本。城郭所以禦敵也。使溝壑有轉徙之民。則何敵之能禦。儲峙所以備患也。使枵腹聤聤不得食。則何患之能備。今日之吏。能知守邊之務者多。而能明立國之意者少。繕城郭。聚米粟。恃此而不恤乎民。則其策下矣。

陳耆卿代上殿劄子曰。臣聞天下非大弊極壞之足憂。而小康之可懼。孟軻曰。國家閒暇。及是時明其政刑。雖大國必畏之矣。又曰。今國家閒暇。及是時般樂怠傲。是自求禍也。夫同一閒暇。爾聖主乘之則自修。庸主乘之則自肆。果自肆也。雖大治且不保。况小康哉。臣仰惟皇帝陛下。兢業勤儉。配古帝王。踐祚二十有三年。而更化且七年矣。曩時權姦內蝕。據我乾斷。今無之。曩時僭叛外訌。撓我坤維。今無之。曩時寇盜起於南。交鬨不息。今無之。曩時戎虜亂於北。擊結不解。今無之。人孰不曰此閒暇時也。陛下亦嘗思之乎。昔之於虜也。惟憂其不亡。而今也反憂其亡。憂其不亡者。恐其盛而與吾角也。憂其亡者。恐其餘息忽盡。而有崛起者之爲吾鄰也。然則外若閒暇。而中有隱憂之勢焉。及是時而自肆。可乎。臣之所以告陛下者。非止曰蒐兵選將。高城深池以爲備禦策也。自治一語。今爲書生常談。而自古聖賢未有能捨是以躋于理者要其大較曰用人聽言而已用人如資耳目股肱聽言如通脉絡脉絡壅底則股肱耳目有作而不隨之勢自更化以來求言凡幾進言凡幾去歲小大廷紳慷慨激烈爭言時政或以爲指斥太過臣曰未害也惟聖主爲能受盡言言之是可爲國家福言之非可爲國家賀賀者非賀其言之已甚賀其言之雖甚而上之人能來之且容之也雖然其甚者宜容也其切且當者亦當止於能容或謂陛下不酌可否槩而容之壅度雖寬物望未愜夫亦於群臣奏對之間擇其稍可行者次第施設以收士大夫之心可也至若用人一事陛下與二三大臣權衡於上誕闢公道痛絶私謁有德者用之有才者亦用之延與翕受敷施同一軌轍而上之意向難測下之體認易偏用一精明之吏則有以苛察迎之者矣用一剛強之吏則有以峻刻迎之者矣用一能理財之吏則有以聚斂迎之者矣

見影疑形見葉疑根上未必有是而下不以爲無是此又公朝所宜察也臣愚欲望陛下更與二三大臣籌度仍降睿旨布告中外俾知所以招徠讜直獎用忠厚之意庶幾上而朝廷下而郡國莫不曉然向方以惟上之聽脉絡既通耳目股肱既運元氣既固夷狄蓋容邪爾惟陛下亟圖之

吏部尚書游似入侍經幄帝問唐太宗貞觀治效何速如是似對曰人主一念之烈足以旋乾轉坤或謂霸圖速而王道遲不知一日歸仁期月而可王道曷嘗不速一念有時間斷則無以挽回天下之大勢至於憂勤既切宸念而佐理非人亦何以布宣九重之實乃撫太宗事以陳且謂太宗矜心易啓漸弗克終僅止貞觀之治陛下嗣服十有五年艱危之勢滋甚而視太宗治效敏速相越乃爾意者親儒而從諫敬畏以撿身未若貞觀之超卓乎節用以致豐還廪以共理未若貞觀之切至乎願陛下益加聖心

起居舍人真德秀上奏曰臣不佞昔在辛未之冬嘗因進對妄論北虜有必亡之勢者三可爲中國憂者二今其强敵外攻大臣内畔或酋病殞骨肉分爭敗亡之形蓋甚前日臣愚竊謂此正天命離合之機國家多事之始可以爲憂而未敢以爲幸也夫女真腥羶河洛餘八十年中原遺民墮在塗炭臣知天意慘然者久矣詩曰皇矣上帝臨下有赫監觀四方求民之莫言天厭商亂而求民之定也又曰維此二國其政不獲維彼四國爰究爰度言夏商之後無足當天意者於是博求之四方也既又曰乃眷西顧此維與宅言諸侯之德無以易文王者故天命之爲中夏主也今天厭夷德甚於獨夫受之時而堂堂中原實宗舊物陛下誠能進修聖德一如文王發政施仁一如文王上帝監觀當必有睠焉南顧之日則雖因時乘釁光復土宇臣

猶以爲易若夫天時雖應而人事未修補苴目前慮弗及遠不幸一虜滅一虜生甚者姦雄乘隙而奮風塵蒙霿兵合震動雖欲燕安江沱姑全金甌之業臣猶以爲難蓋嘗深推今日之勢必也君臣上下皆以祈天永命爲心然後可以安元元固社稷銷未形之變逆將至之休臣不揆狂愚敢條爲六事以獻惟陛下財擇臣聞劉向有言曰祥多者其國安異衆者其國危天地之常經古今之通誼也臣竊究其指以爲不然蓋祥多而恃未必不危異衆而戒未必不安顧人主應之者如何耳伏覩今歲以來咎證荐至二月宜燠而飛雪沍寒其令如冬六月宜暑而積陰驟涼其令如秋地宜安靜而有震搖之變水宜潤下而有漂涌之災則陰陽猶失節也迺九月丁巳星隕于亶其占主兵十月戊戌流星出昴其占主吳則象緯猶告懲也有一于斯皆宜儆懼而況重之以震霆之異乎昔景祐五年雷發孟春仁宗

皇帝即下求言之詔。凡聖躬闕遺。臣下阿枉。與夫政教刑獄之失。薦紳百僚咸得悉言。所以通下情召和氣也。今陛下自視何如仁宗。冬雷之警。甚於春孟。而求言之詔未頒。政令否臧。何由悉見。四方利病何由盡聞。群臣邪正。何由徧察。雖震懼之言不絕于口。憂勞之念日切于心。臣猶以爲未也。夫天之愛陛下如慈父。誨陛下如嚴師。褻而弗嚴。則愛有時而弛。褻而弗戒則誨有時而倦。惟陛下考祖宗之已行。思所以通人情。察民隱。進忠直。屏佞諛。使善政日新。至和自應。此祈天永命之一事也。昔商周君臣更相啓告。不曰率乃祖攸行。則曰監于先王成憲。由古暨今。未有作聰明改法度而天下久安者。臣觀三代而下。治體純粹。莫如我朝。蓋其立國不以力勝仁。理財不以利傷義。御民不以權易信。用人不以才勝德。聖子神孫。世守一道。故雖彊不如秦。富不如隋。機變之巧不如齊晉。材能之盛不如武宣。然其恩結乎人心。富藏乎天下。君民相孚而猜忌不作。材智不足而忠信有餘。社稷長遠。賴此而已。陛下聖德謙沖。未嘗輕改成憲。臣猶竊慮或者患國勢未張。而欲振以威刑。患財用未豐。而欲益以聚斂。謂誠信不如權譎。謂忠厚不如刻深。有一于此。皆伐國之斧斤。蠹民之螟螣也。惟陛下察截截之諞言。守悶悶之家法。舍一時之近效。俟長世之遠圖。此祈天永命之二事也。昔管仲有云。下令於流水之源者順人心也。鼂錯亦曰。三王法令合於人情而後行之。夫二子以功利之徒。刑名之學。且猶知此。而況不爲二子者乎。漢世用法之嚴。莫如武帝。然欲重皮幣而皮幣不可行。欲禁私鑄而私鑄不爲止。豈非人心不服。則法有所不足恃耶。夫法令之必本人情。猶政事之必因風俗也。爲政而不因風俗。不足言善政。爲法而不本人情。不可謂良法。陛下亦知近日人情之休戚乎。昔有唐定制。非

叛逆不籍其家。德宗欲籍竇參而陸贄爭之。憲宗欲籍楊憑而李絳爭之。今閭巷細民。小有詿誤。輒籍其貲而沒之官。有人心者寧忍爲此。往者明詔丁寧。毋得擅籍。朝廷德意未嘗不歸於厚。而貪官汚吏倚法以削者猶自若也。衘冤已甚之人。間能奔愬省部。經營展轉。僅獲給還。而違詔擅籍者終未聞薄懲一二。貪猾之吏何憚弗爲。群情囂囂。不自聊賴。弱者至父子相隨赴井以自斃。彊者至欲剚刃守臣以自快。民愁如此。而承流宣化者動以人情安便爲言。是不特欺其民。且欺其君矣。孰謂清明之朝而可罔以非道哉。書曰。民情大可見。小人難保。臣願陛下軫不見是圖之戒。思不虐無告之言。令之未便者。勿憚於改爲。吏之不良者。勿使之佚罰。收人心。解天意。孰大於斯。此祈天永命之三事也。昔趙簡子以尹鐸爲晉陽。鐸請曰。將爲繭絲乎。抑爲保鄣乎。簡子曰。保鄣哉。鐸往損其戶數。異時智氏之難。卒賴之爲安。今之有司知爲保鄣屬者固不乏。而繭絲自營者皆是也。日者近甸海塘一役。敷椿篠至十六萬。調丁夫至八千人。窮瘠之民豈易堪此。四方郡國科民出錢。少者日亦千緡。江右守臣至有陰增常賦以自潤者。久而弗已。豈邦本之利哉。夫安富卹貧。王者之政也。而今郡縣之官往往有嫉視富民之意。多方破壞。不盡不止。獨不思富之與貧相須而濟。今有餘之家。儲於科斂。摧於告訐。皆蕩然有不自存之態。於是賒貸之路窮。而貧民益困矣。古者君與民爲生。故有省耕省斂之政。今毋望其能如古也。惟民自爲生。官勿撓之足矣。而遠方縣邑至有令民日用錢穀米鹽之數。悉書而上之官者。其請曆于官也有給曆錢。其驗視于官也有繳曆錢。瘠民以肥吏。大率皆此類也。年方屢登。饑且未作。脫有饑饉。爲慮可勝計耶。臣願陛下霈然下詔。申敕有司。削非法之征條。禁不時之科率。以紓民力。以阜民生。此

祈天永命之四事也。臣聞式敬由獄者。蘇公所以長王國。慎用五刑者。苗民所以殄厥世。昔我藝祖皇帝承五季極亂之餘。赤子遺民。存者什一。於是立奏讞之法。以革藩侯專殺之弊。頒折杖之格。以除獄官過用之刑。至仁如天。覃及百世。列聖因之。為法益備。急故入之辠。寬過失之誅。故范祖禹謂國家以仁繼仁。哀矜于民。皆用中典。為百三十年太平之本。陛下天姿寬恕。同符祖宗。好生之德。對越無愧。而臣區區思所以將順者有三。一曰。今之理寺。實名天獄。民有不幸入其地者。如赴坑穽。其視官吏。如畏鬼神。非他犴比也。間者蓄舶之誅。株連頗衆。幽欝所感。滛雨為菑。秋官有陳。繼命趣決。有以見陛下欽恤之心。臣願自今非事體至重。毋輕下大理。設不獲已。猶當限奏當之期。嚴枝蔓之禁。書曰。何敬非刑。何度非及。惟聖明垂意。二曰。廷尉天下之平。命官設屬。宜常參用儒者。俾三尺之外。得傳以經誼。本

之人情。庶幾漢廷斷獄之意。三曰。酌情處斷。所以重帥權。非以誠所得用便宜斬戮。軍興一切之政。非平世所可行。臣觀比來。浸相承傚。儻或不幸有嗜殺之人。操擅誅之柄。惟意所欲。民奚辜焉。願亟制其萌。以杜藩鎮之禍。三者誠行。則上足以承天心。下足以拯救民命。延洪國脉。其在茲乎。此祈天永命之五事也。國家待遇臣子。忠恕為心。故有罰辠之科。有宥過之典。夫追命居住。眡古流放之刑。其在聖朝未嘗輕用。比緣官吏黷令。間或舉行。誼在懲姦。本非獲已。罰當其辠。人自無詞。側聞刺舉之官。或乖審讞。奏劾來上。未盡至公。迺者朝廷蓋嘗原貰一二矣。臣願因詔有司。博參物論。若其倚法牟利。贓狀灼然。在臣何敢遽議。或緣材術短拙。措置乖方。本無嫚令之心。例遭曠職之罰者。擇諸人情。宜在可貸之域。又郊霈之行。今將朞歲。湛恩汪濊。草木為春。而士大夫名麗丹書。間有未被湔滌者。其間辠稔惡盈。

名隸節喪。清議所棄。自無足云。若夫情有可矜。法所當宥。而有司因循未及舉行者。願詔憲曹條上之。而廟論審裁之。非獨恢洪至恩。亦以明布大信。此祈天永命之六事也。昔周至成王。天下既極治矣。而召公作誥。一則曰祈天永命。二則曰祈天永命。若不能以朝夕安者。蓋天命靡常。聖賢所畏。而況今乎。然嘗反覆召誥一篇。其綱目不過二事。曰敬德。曰小民而已。蓋國之將興。不在彊兵豐財。而在君德。國之將亡。不在敵國外患。而在民心。此召公所以勤勤於戒王。而臣復推演之為陛下告也。或者以為胡運衰微。天所以福我也。夫呼韓日逐之爭。信為天之右漢矣。高澄侯景之隙。獨非天之禍梁乎。今虜之存亡。天勢可睹。雖吾量時度力。動以覆車自懲。然失火亡援。勢有相及。應酬一誤。何事不生。安危之機。殆難預卜。為今之計。獨有力行好事。以荅天心。天苟相焉。何鄉不濟。伏惟陛下念王業之難。安惜天時

之易失。日與輔相惟懷永圖。屈己而受盡言。親賢而遠不肖。凡所以維持天命者。汲汲而圖之。使人心日附。根本日彊。則進可以成功。退足以自守。抑猶未也。雖受渭上之朝。納河湟之土。憂方大耳。況事變之來。有非意料所及者乎。詩曰。宜鑒于殷。駿命不易。願陛下留神毋忽。

著作郎任伯起上奏曰。臣聞革天下之弊者。不可無任怨之人。亦不可不保全任怨之人。夫天下之弊。皆起於人情之私。今也因其弊而革之。必有拂夫人情者矣。拂乎人情。怨之所聚也。怨之所聚。禍之所基也。人之常情。鮮不懼禍。往往熟視天下之弊。逡巡退避。而莫之革。是豈果無任怨之人哉。蓋在上之人。不能保全之。勢使然耳。臣故曰。革天下之弊者。不可無任怨之人。亦不可不保全任怨之人者。此之謂也。昔者西漢彊大。至景帝時。有臣晁錯。始議削地。諸侯讙譁。錯旦

不如是則天子不尊。宗廟不安。及七國稱兵。以錯藉口。袁盎之言一入。東市之誅即行。此議者所以哀錯爲漢任怨。且恨景帝不能保全之也。然則有國家者。誠得錯等而用之。天下之弊何患其不能革乎。臣請言今日之弊。一曰冗官。二曰冗兵。三曰冗吏。四曰恩賞太濫。五曰費用太廣。古者官有常員。吏有常數。昔唐太宗省内外官。定制爲七百三十員。曰。吾以此待天下賢才足矣。今審官院所出誥命。歲以萬計。銓曹一官之闕。率五六人共守之。况入仕之塗日雜。僥倖之門日啓。人人能言其弊。然而莫之能省者。無任怨之人故也。古者兵貴其精。不貴其多。周世宗嘗曰。農夫一百。未能養甲士一。且健懦不分。衆何以勸。乃大簡諸軍。精鋭者升之上軍。羸弱者斥之。故士卒精彊。征伐四方。所向皆捷。今内而三衙。外而諸路。老弱疲惰。虚費衣糧者甚多。武勇壯健可備緩急者甚少。人人能言其弊。然而莫之能汰者。無

任怨之人故也。朝廷嘗議減吏額矣。何爲至今而莫之果行也。蓋其連蔓根株。交通關節。張皇事執。胥動以浮言。因循姑息。以至于此。不惟以有限之財。養無用之人。又且姦蠹日滋。賄賂成市。漢司馬遷有言。刻木爲吏。議不對。蓋疾之也。而况寔繁有徒乎。人人能言其弊。然而莫之能減者。無任怨之人故也。昔唐蔣伸言於宣宗曰。近日官頗易得。人思徼倖。宣宗驚曰。如此則亂矣。對曰。亂則未亂。但徼倖者多。亂亦不難。近年以來。人思苟得。每國家講一典禮。行一慶霈。莫不過生僥覬。皆有取必于上之心。曰。是則有例。得之不以爲恩。不得則以爲怨。是豈無可以痛抑之者乎。人人能言其弊。然而莫之能抑者。無任怨之人故也。昔唐鄭覃有言。凡金銀幣帛。出自蒼生膏血。不可使無功之人。過沾賜與。縱内藏有餘。亦當節儉。勿容易而散之。則四方有事。得以支備。况今重斂百姓。朝廷近年支用日廣。一日之間。濫費

不可勝計。是豈無可以痛節之者乎。人人能言其弊。然而莫之能節者。無任怨之人故也。此五者之弊。坐視而不革。臣不知更數年之後陛下其何以立國。然則講究條具。不恤群議而痛革之。二三大臣不得不任其怨。然則委信不疑。力排群議而保全之。則在陛下而已。昔在仁宗朝。嘗議裁減任子。及展年磨勘。發議之始。士大夫相顧以爲必致怨謗。莫敢以身任之者。惟韓琦富弼得君之專。毅然不顧成法。一言至今賴之。臣願陛下以仁宗爲法。二三大臣以韓琦富弼爲法。則何弊之不革。天下幸甚。

歷代名臣奏議卷之五十九

治道

宋寧宗時。知安溪縣陳宓上封事。言宮中宴飲。或至無節。非時賜予。為數浩穰。一人蔬食。而嬪御不廢於擊鮮。邊事方殷。而樁積反資於妄用。此宮闈儀刑有未正也。大臣所用。非親即故。執政擇易制之人。臺諫用慎默之士。都司樞掾。無非親暱。貪吏靡不得志。廉士動招怨尤。此朝廷權柄有所分也。鈔鹽變易。楮幣秤提。安邊所創立。固執己見。動失人心。敗軍之將。躐躋殿巖。庸鄙之夫。久尹京兆。守將有守城之功。以小過而貶。三牙無汗馬之勞。託公勤而擢。此政令刑賞多所舛逆也。若能交飭內外。一正紀綱。天且不雨。臣請伏面謾之罪。

宓為軍器監簿。轉對言。人主之德貴乎明。大臣之心貴乎公。臺諫之言貴乎直。陛下臨政雖勤。而治功未舉。奉身雖儉。而財用未豐。愛民

雖仁。而實惠未徧。良由上下相蒙。務為欺蔽。壓奏囊封。有懷畢吐。陛下付近臣差擇。是有意於行其言也。而有司惟取專攻上躬。與移咨牧守之章。騰播中外。以吝觀聽。今赤地千里。蝗飛蔽天。如此其可畏。猶或諱晦。以旱不為災。蝗不害稼。其他誣罔抑又可知。臣故曰。人主之德貴乎明。大臣施設。浸異厥初。凡建議求言之人。則以他事逐諫官。言事稍直。則以他職徙。忠憤者指為不靖。切直者目曰沽名。衆怨所萃。則相繼超升。物論所歸。則以次踈外。某人之遷。是嘗重人罪以快同列之私忿者。某人之擢。是嘗援古事以文週日之天變者。直節重望。以私嫌而久棄。老姦宿贓。以巧請而牽復。使大臣果能杜倖門。塞邪徑。則舉錯當而人心服。臣故曰。大臣之心貴乎公。臺諫平居未嘗立異。遇事不敢盡言。有如金人再通。最關國體。近而侍從。下至生徒。莫不力爭。冀裨廟算。獨於言責。不出一辭。輦轂之下。乾沒巨萬。莫之誰何。州縣之間。罪僅毫髮。纔以塞責。大臣所欲為之事。則遂之。所不右之人。則排之。仁宗時。有宰相奉行臺諫風旨之譏。今乃有臺諫不敢違中書之誚。豈祖宗設官之初意哉。臣故曰。臺諫之言貴乎直。三者機括所繫。願陛下幡然悔悟。昭明德以照臨百官。大臣臺諫亦宜公心直節。以副望治之意。

司農卿薛極上疏曰。願陛下深思顧諟之難。益懷兢業之念。勿謂帝德罔愆。而怠於進修。勿以天災代有。而應不以實。政綱雖舉。必求益其所未至。德澤雖布。必思及其所未周。誓以今日遇災警懼之心。永為異時暇逸之戒。將見天心昭格。沛然之澤。響應於不崇朝之間。遷權刑部尚書。

禮部侍郎袁燮上奏曰。臣近者伏覩陛下肆頒明詔。撫諭軍民。其言我直彼曲。兵應者勝。于以開曉人心。振作士氣。可謂義舉矣。然臣竊

謂事有樞要。物有根本。未有國家不治。而可以排難折衝者。故孟軻曰。明其政刑。雖大國必畏之矣。又曰。能治其國家。誰敢侮之。今吾國家之政刑。其皆明乎。抑猶有未明者乎。臣愚不肖。蒙陛下拔擢。寘諸論思獻納之列。而隱情緘默。非忠臣也。用敢以今之政刑。猶有未明者。為陛下言之。臣聞國不自尊。以人而重。忠良布列。重於九鼎。姦諛並進。輕於鴻毛。今自更化以來。非才不用。凡通敏可喜者。靡不甄拔。高爵重祿。與之不靳。宜其如穀粟之必可以療饑。如衣裘之必可以禦寒也。而考其績效。邈焉未見。國勢浸弱。戎心遂啓。陛下知其所以然乎。則以今日所用之才。非不衆多。而真才則寡爾。似奮發而實怯弱也。似多能而實寡陋也。不皇皇於仁義。而汲汲於榮祿。己不自重。又豈能為國重乎。國人不服。又豈能服夷狄乎。今之儒帥。固有德望巋然。舉世推重者矣。分閫瀘南。未為不用。而地非切要。未足以觀其

施設。今之忠賢亦有慷慨論事名聞夷狄者矣。宜遝天朝增重國勢而遠守支郡。未究所長。會莫邪而用鉛刀。棄周鼎而寶康瓠。是非顛倒。何以立國。此其政刑未明者一也。臣聞。邦以民為本。民以財聚。培埴加厚。則咸安其業。朘削無已。則不樂其生。今日吾民之困甚矣。征斂太繁。而已輸者責其再納。逋負日積。而已蠲者不免復催。有追胥之擾。有鞭箠之嚴。惟命是從。民財安得而不匱。重以貪吏肆虐。政以賄成。監司牧守。更相饋遺。戎帥所駐。交賄尤腆。而諸司最多之處。抑又甚焉。見得忘義。習以成風。於是乎昔日優裕之郡。今皆凋弊矣。昔日雛繁之民。今皆愁嘆矣。九重之邃。其亦盡知之乎。閭閻疾苦。未徹於冕旒之前。官吏貪殘。自肆於法律之外。虐我黎庶。邦本便搖。而罕聞有所譴責。此其政刑未明者二也。臣聞。王畿者。天下之本。京邑者。王畿之本。若昔令王。雖一視同仁。而周官所紀。於王國尤厚。所以同其

本也。行都之建。垂九十年。生齒雖繁。衣食未裕。其故何哉。蓋自楮幣更新。而蓄財之多者頗耗。自盜焚屢變。而藏鈔之久者遽貧。比年水旱。民無遺貲。物貨積滯。商旅不行。故大家困竭。而小民焦嗸。市井蕭條。而官府匱乏。勢之所必至也。抑又有因循而未革者。淳熙中。京邑守臣別進禁中緡錢。歲以十萬計。後復增之。一季十萬。每歲凡四十萬。先朝全盛之時。炎興隆乾之際。未嘗有此。何所從出。多方督促。先期進獻。假酒本以充數。米麥之直。償不以時。商人咸怨。來者益寡。酒政既隳。権酤不售。何以助經費哉。京輦之下。人心不寧。殆孔子所謂吾恐季孫之憂。不在顓臾。而在蕭墻之內。此其政刑之未明者三也。臣聞。朝廷之上。一舉一錯。人所觀瞻。不可不謹。罪所當重而飄輕之。禁所當嚴而輒弛之。皆非至公無私之道。迎合權姦之意。乞斬一世儒宗。此等惡名。百世不磨。衆所共棄也。而一旦洗滌之。安在其為公

道乎。場屋代筆之罰。先朝之所甚嚴。罪至鞭背。終身不齒。自禁防陵夷。肆行無忌。今春始嚴於法。而仍薄其罪。追止一秩。貪鄙恃利之徒何憚而不犯法乎。任子銓試。至為易得。而不能措一辭者。往往倩人為之。所費不過千緡。而終身可以祿仕。法非不甚嚴而不行。實此橫目之民。豈不重為民害乎。此其政刑未明者四也。臣聞赦小過舉賢才。聖人待物之心甚恕。怙終賊刑。刑故無小。聖人懲惡之意甚嚴。夫亦察其情而已矣。開禧用兵。一時將帥扞患難守城壁者。亦不為無勞。事平之後。廼以廉謹責之。豈漢家宥李廣利赦陳湯之意乎。今已漸錄矣。而未有所任使。頃歲亦有自朝士出守盱眙者。經畫有方。功效漸著。俄以罪見斥。邊人深惜其去。臣竊以為臺諫風聞其罪而罷之。公也。明主念其勤勞赦而用之。亦公也。各有攸當。兩不相損。復何疑於此乎。至於選鋒統制。誰北人之來歸。偽受其降掠其寶貨而繫

以還虜使。諸死地。絶中原嚮化之心。原情定罪。先王之所不赦。而晏然自若。罰不傷其毫毛。毋廼太寬乎。此其政刑未明者五也。若此之類。尚多有之。夫政刑苟明。彊大之鄰。不足畏。政刑不明。微弱之虜。不可忽。今我雖率。而邊臣不體聖意。驅其窮乏就食者而飢民無不我怨。戮其慕義來歸者。而豪民無不我怨。虜雖微弱。然能招群盜而封爵之。赦叛臣而復用之。亦不為無謀矣。鼓率群盜。有所侵越。何以待之。嗚呼。處今之世。何可一時一刻不以邊事為念乎。當宵衣旰食坐薪嘗膽之時。而優游泮奐。若四方無虞之日。從容拯溺揖遜救焚。禍至無日矣。可不畏哉。書曰。無怠無荒。四夷來王。陛下清心寡慾。早朝晚罷。不以聲色貨利汩亂其聰明。亦可謂無怠無荒矣。然古人之所謂無怠無荒者。殆不止此。事所當為。不亟為之。即怠荒也。兢兢業業一日二日萬幾。所以為帝之盛。自朝至于日中昃。不遑暇食。所以為

王之顯伏。惟陛下若稽古訓。明詔大臣。無一日不熟議邊事。無一日不延見廷臣。合衆多之智謀。求經濟之籌策。掃除姦蠹。修明政刑。自然國勢安彊。威聲震疊。而殘虜無能爲矣。諸葛亮制八陣法。敵莫能敗。可謂一代之傑。然賈詡不稱其用兵之能。而美其治國之善。蓋軍國無二道。長於治國。乃所以妙於用兵也。孟軻所謂明其政刑。雖大國必畏者。蓋如此。惟陛下亟圖之。

又奏曰。臣生禀戇愚。不識忌諱。每思古人有言。事君有犯而無隱。此臣子之職也。況叨論思獻納之列。尤當以是爲職者乎。臣聞天下猶巨舟也。漏焉而窒之。斯不溺矣。天下猶大廈也。欹焉而扶之。斯不傾矣。陛下視今日之勢。安邪危邪。強邪弱邪。如其安且強也。雖方盛之夷狄。猶嚮風而慕義。今者蕞爾殘虜。滅亡無日。而猶敢肆其憑陵。則中國之不安不強。亦已甚矣。舟漏而不窒。室欹而不扶。則將若之

何。此臣之所爲夙夜懍懍。食不甘味。寢不安席也。陛下可不深念之哉。臣聞小大之臣咸懷忠良。則朝廷之勢尊。邪正雜揉。忠讒並進。則人主之勢孤。夫以土宇之廣。民物之衆。共戴之以爲君。可謂不孤矣。然忠臣良吉助焉者寡。又豈能獨運天下乎。昔嘉祐中。張昇爲中丞。彈劾不避權要。仁宗勞之曰。卿孤特乃能如是。昇對曰。臣樸學愚忠。託身睿主。不可謂孤。今陛下之臣持祿養交者多。赤心謀國者少。陛下似孤立也。仁宗爲之感動。嗚呼。一言悟主。於斯見之。可謂至忠至切矣。陛下觀今日在廷之臣。其皆赤心而謀國者乎。抑亦有持祿養交者乎。君譬則腹心也。臣譬則手足也。一體相須。休戚利害。靡不同之。國步方艱。當求所以康濟之策。國威未振。當思所以恢張之道。痛心疾首。莫敢皇息。人臣之義也。今也不然。惟靡曼是娛。惟珍奇是好。淫後相高。燕樂無節。同堂合席。不聞箴規。相與怙嬉而已。赤心謀國者固如是乎。賢才之於國。猶禦寒之衣裘。養生之穀粟也。汲引善類。無間親疏。奇偉卓犖。雖合自重之士。尤當極力推挽。俾爲時用。人臣所以報國也。今推賢揚善。固不爲之。而挾私害正者。亦或有之。合於己。則掩覆其大過。異於己。則指摘其小疵。毀譽發於私情。而真才不得展布。赤心謀國者豈其然乎。星象屢變。其占爲兵。豈可畏也。而不以爲憂。京輦之下。剽掠公行。非小故也。而不以爲恠。畢寮之後。征科如故。殘民之大者也。而不以爲非。導諛貢佞。偷合苟容。以攫媒爵祿而已。又豈赤心謀國者乎。此其二三節目爾。其餘宿弊。人主之所當急聞。而人臣之所以不敢盡言者。殆未易悉數矣。夫所爲不敢言者。盡言之。則大拂人情。非所以養交。其交不固。又非所以自安也。植私者衆。赤心者寡。人主少所憑伏。其何以重朝廷乎。今夫一介之吉利害止於一身。猶以寡助爲戒。必求切磋之交。況於人主。宗社安危所

繫非輕。苟非多助。何以爲國。今日之深患也。雖然。挽而回之。豈不在我。伏惟陛下發自宸衷。大開言路。藥期於治病。而不嫌於苦口。言取其有益。而無惡於犯顏。惟真才是用。惟公道是行。如天地之無私於覆載。如日月之無私於照臨。聖明當陽。賢俊布列。翼之衛之。共圖斯世。國勢既已安強。皇威自然震疊。區區殘虜。不縛藩面。內則殄滅無餘。又豈能爲中國之患哉。古語有云。正其本。萬事理。臣不勝惓惓。惟陛下留神省察。

又奏曰。臣聞保邦之策。其威聲在備禦。其根本在人心。人心有膠漆之固。則國勢有嵩岱之安。何憂乎夷狄之不服。何慮乎姦雄之竊窺。此保邦之上策也。夫所謂結人心者。當如何哉。孟子有言。得其民有道。得其心。斯得民矣。得其心有道。所欲與之聚之。所惡勿施爾也。政令行乎上。爲欲惡同乎民。無所攖拂。豈有不感悅者哉。感悅益深。

則根本益固矣。陛下視今之生靈果皆樂其業乎。今之政令果皆便於民乎。朝廷之意未嘗不以忠厚為主。而奉行之吏。往往多以苛刻為能。圍田再給畝輸千錢未為過也。然歉歲糴價翔踴則輸錢為便。豐年粒米狼戾則輸租為優。今槩取之。已不樂矣。況既輸錢中都。而州縣督租如故。是再輸也。其肯服乎。楮法之更。敢減落者沒入貲產。至明白也。然疑似之間初非減價而遽繩以法。已摽撥者亦併籍之。朝廷雖已給還。而未給者觖望。能無怨乎。罪麗于法。正其刑可也。或嚴行科罰。而因以為利。逋負官物。責之償可也。或赦令已蠲。而督趣不休。秋苗之斛面日增。關市之征稅日重。此豈吾民之所欲哉。民所不欲。而日夜施之。財匱于下。無以相養。能不渙散乎。陛下毋謂京邑之內。民物熙熙。可以為慶。當知自此而往。駸駸不如。誠為可憂。我太宗皇帝嘗因觀燈御樓。羨京華人物之盛。宰臣呂蒙正對曰。乘輿所在。士庶走集。故繁盛如此。都城不數里。饑寒而死者甚衆。不必盡然。願視近以及遠。先正大臣規正人主。剴切如此。臣愚亦望陛下樂聞忠言。以廣視聽。如是而為民之所欲。如是而為民之所惡。靡不知之。然後肆頒明詔。誕告萬方。政令之不便於民者更之。官吏之敢為民害者去之。逋負之不可催理者蠲之。枯旱之冬。霈以甘雨。豈不足以悅人心。召和氣。而洽隆平之化哉。前日之歎息愁恨。今日之謳歌鼓舞。在陛下一轉移之間爾。人心既固。國勢日張。孟子所謂施仁政於民。可使制梃以撻秦楚之堅甲利兵者。將驗於今日矣。昔皇祐中。范鎮建言。備契丹莫若寬河北河東之民。備靈夏莫若寬關陝之民。備雲南莫若寬兩川湖嶺之民。備天下莫若寬天下之民。此至論也。惟陛下亟圖之。

燮又奏曰。臣聞國以民為本。民以食貨為本。國非民無與共守。民非食貨無以相生。是故食貴乎足。而貨貴乎通。兼斯二者。而為國之本立矣。恭惟仁聖在上。天覆海涵。惟恐一物不得其所。而食常患乎不足。貨常患於不通。是豈終不可為耶。以理揆之。自古及今。事雖甚難。未有終不可為者。存乎其人而已。荀卿有言。人主天下之利勢也。信哉。以尊臨卑。以上制下。心所欲為。何事不集。雖高屋之建瓴水。不足以喻其捷也。是之謂利勢。陛下既操是勢矣。何難乎足食通貨乎。且軍兵虛籍。最為冗費。自招募增額。濫賞充廣。誠未易供億也。然以陛下臨之。責成將帥。攷覈其實。纖屯戍之卒。而復乎平舊數。分所增之兵。以補諸軍闕額。則亦何所不可。昔孝宗時。大將郭宏淵剔抉軍中蠹弊。以實言。優詔尊顯。以厲諸將。今之將帥有若宏淵者。陛下尊寵之。而不然者。陛下擯黜之。豈復有冗食者乎。軍儲省則民食寬矣。今粒米狼戾。無如二廣。運之歉處。厥利甚博。而海道險遠。人皆憚之。

朝廷固嘗容其附載。許以爵秩矣。而漠然無應。或者疑心未釋歟。私載雖多。安知官吏之不致詰。賞典雖厚。安知異日之不衝改。所以疑也。此在牧守多方勸誘爾。通販者厚加之賞。過耗者重寘其罰。而兩淮荊襄之間。以耕墾之多寡。為守臣之殿最。其有不盡力者乎。此則足食之大略也。夫楮幣之作。本借虛以權實。爾虛與實相當。可以蘢亦可以歛。是之謂權。鼓鑄之弊日滋。本錢移於他用。監兵闕而不補。工程不集。散雜取贏。而又鉟銷漏泄。交相為蠹。錢安得而不荒。然鉟銷不難革也。往者慶元中。懲一倖黜一尉。而人心竦然。無敢犯者。今亦如是行之。則此弊頓革矣。漏泄不難禁也。近者江陰軍覺遽繫天獄。明正典刑。不許商舶復通。遂除莫大之害。今於海郡皆然。則為蠹者戢矣。鼓鑄日增。地無遺寶。從嚴鉟銷漏泄之禁。自然錢日益多。楮之不售者。以錢收之。又令州縣之間輸錢於官。與楮相半。敢遣明詔必罰無赦。二者並行。而豈復有他弊哉。此又通貨之大畧也。其他積弊尚多。臣愚未敢悉數。惟陛下法天行健。恢張紀綱。整齊憲度。大有爲於天下。足食通貨。寡在旨麾之間爾。復何慮焉。易曰。大哉乾乎。剛健中正。純粹精也。又曰。剛健篤實輝光。日新其德。以是知聖人之德。以剛健爲首。陛下躬純粹篤實之資。而加之以剛健。日進無疆。誰能禦之。民生憔悴。財計蹙迫。決非優游和緩之所能料理也。惟聖心深念之。

奕又上便民劄子曰。臣聞大禹之訓曰。予視天下愚夫愚婦。一能勝予。又曰。予臨兆民。懔乎若朽索之馭六馬。此言民爲可畏。君爲至危也。於其可畏者忽之。於其至危者安之。民離散於下。君孤立於上。而何以爲國乎。我朝光有天下。列聖相授。一本於仁。雖兵力不至甚彊。財計不至甚裕。若未能大快人意。然人心固結。國祚綿遠。亦根於此

而已。靖康之禍。中原蕩覆。可謂慘矣。未幾而高宗中興。紹復先烈。與周宣並隆。紹興之末。逆亮憑陵。遣其兵威。俄而自斃。屬者權臣妄闢邊隙。彼直我曲。殆難抗禦。然元惡既戮。而和好復通。逆曦以蜀附虜。不旋踵而誅滅。峒寇相挺而起。亦復次第盪平。雖朝廷有道。威聲震疊之所致。亦由深仁厚澤。民心愛戴而不可解。所以臻此。厥今時和歲稔。人情熙熙。長民之官。所宜乘此安業之時。撫循有加。培養益厚。始爲稱職。而間有不然者。以刻核之心。行苛暴之政。刑罰不中。民無所措。邦本所在。日朘月削。深爲國家憂之。昔唐憲宗嘗謂宰相曰。于頔大是奸臣。勸朕峻刑。卿知其意乎。是欲朕失人心也。從古及今。寬則得衆。峻刑則失人心。仁聖在上。深達是理。亟須明詔。俾監司郡守務行寬大。溫乎如陽春之發育。沛乎如時雨之膏潤。納斯民於仁壽之域。豈不休哉。臣不勝惓惓。

奕又代武岡林守進治要劄子。其一曰遵法。臣聞治天下之道。不可以溺於卑。亦不可以過於高。自三代而後。類皆趨近效而無遠圖。以爲吾紀綱粗張。法度粗脩。民生粗安。斯亦足矣。豈必建宏遠之規摹而成帝王之極功乎。是之謂溺於卑。間有英銳之主。謂治效不當如是之瑣瑣也。乃慕高遠。乃求諸上古。必欲蕩蕩巍巍之治復見於今。志則大矣。而其效邈然。是之謂過於高矣。未溺於卑者固不足論。而過於高者徒勞無益。斟酌二者而求乎至當。其惟一代之家法乎。自古帝王之興。必有家法。規模於開創之初。持守於太平之日。後世子孫遵而行之。自足以治。豈必慕高遠而求諸上古哉。的祖道者可以養天下。由舊章者可以固王業。紛更高皇之約束。雖嘉唐虞蹤商周而無益也。得失是非。黑白較然。則當今之務。宜將安取。臣竊以爲治要所在。惟我成憲。是訓是式。則可以不勞而成功矣。若昔五代之際。

四海散亂。民用不寧。上帝憫之。生我藝祖。以神聖英武之資。首攘姦宄。光啓洪業。王道廢而復興。人紀亂而復正。規摹廣大。傳之無窮。列聖承之。靡所更改。此我宋帝王之業。所以與天無極者也。繼自今文子文孫。舍祖宗何法哉。今夫有一家者。乃祖乃父規摹於前。爲子孫者猶必世守之。況以天下之大。神聖之所建立哉。蓋我祖宗之御天下。道德仁義以爲之本。法制紀綱以爲之具。其更事多。故其燭理明。其爲慮遠。故其立法密。損益前代。斟酌時宜。根本乎聖心。發揮乎事業。坦然大中至正之道。關諸前聖而不憖。建諸天地而不悖。如大禹之有典有則。以貽子孫。如文武之有謨有烈。以啓後人也。聖上緝熙之學。日就月將。固嘗御經幄。命儒臣進讀寶訓。繼以正說。所以繩祖武由舊章者至矣盡矣。臣復何言。而臣聞之李絳曰。知之不行無益也。行之不至無益也。方憲宗慨想貞觀開元之盛。欲康我二祖之風

烈。而李絳告以斯言，所以勉其君者切矣。故臣願吾君雖聖性得之，猶復願聖心加焉。且臣聞之，有遵法之君，要必有奉法之臣，嘗爲而不和。則治道闕矣。夫崇寬大而本忠厚，此祖宗之心，聖上之心也。而奉承於下者，未必不失之嚴刻。裕州縣以寬民力，此祖宗之心，聖上之心也。而奉承於下者，未必不厚於取民。其餘庶事，懼或皆然。則大有戾於祖宗之訓，是豈吾君之心哉。要必致察於此，使中外臣子罔不爲成憲是守，斯可矣。臣所言者凡十，皆治要也。而以遵法冠于篇首。則尤其要者，行之以一，則是九者無所不合，豈不復見祖宗之盛乎。漢魏相以爲古今異制，方今務在奉行故事而已。數具漢興以來國家便宜奏請施行之，相豈不能遠取前代，顧以爲由漢之治，自是以致治云爾。由是言之，論治道於今日者，亦奚必爲過高之説哉。其二曰求言。臣聞下情之通塞，安危理亂之所由分也。天下如人之一

身。血氣周流，則可以久安而無疾。上下交通，則可以常治而不亂。昔者先王欲通其情，而憂其不能自達也。是以求之甚急。上自公卿大夫，服休服采，無不可諫。雖百工之微，猶各執藝以諫。初未嘗設爲定員也。庶人謗於道，則庶人有諫。商旅議於市，則商旅有諫。猶懼此心之未孚也，於是有諫鼓，有謗木，有進善之旌。又懼夫勇者雖諫，而怯者或未能也，則爲之法曰：臣下不正，其刑墨。適人以木鐸徇于路，儆以不諫之刑。古之人豈求夫從諫之美名哉，亦惟曰，綆切之不聞，則幽隱之不達。人主深居九重，而海内是非利害之實，莫能周知，此非小故也。破崖岸，去邊幅，虚心以求之，和顔以受之，猶懼忠告之不至。而況拂逆之，沮遏之，而使不得盡其情歟。臣嘗讀唐史，見李絳對憲宗之語，以爲始欲陳十事，俄而去五六。及將以聞，又憚而削其半。故上達纔十二。未嘗不深悲之。夫以忠言進於君，此亦臣子所當然。而乃蓄縮畏忌，至于是哉。此無他，順從則利隨，違忤則害至，利害之心勝，故其勢不得不畏，非彼自畏也。雷霆之所擊，萬鈞之所壓，不能使之不畏也。夫使臣下有所畏而不敢言，則諂諛相師，浸以成俗。而人主不得聞其闕失矣。宮禁之崇深，等級之遼絶，耳目之所不及者，雖至大之事，迫切之情，且不得而知。而民之疾苦，何自而伸乎。昔我祖宗之際，詢訪群臣，如恐不逮，晝日不足，繼之以夜。朝臣轉對，許以指陳闕失，言事之官，其多至二十員，諫列因循，或下詔而警之。臣有忠言，或漆匣而藏之。非止在廷之臣得以盡規也，雍丘一尉，妄言嬪嬙，布衣皂囊，書辭狂悖，而皆不加罪。所以容納讜言，護養風俗，類皆以犯顔敢諫爲忠。至於濮議、新法之起，争之者雖以罪去，而繼之者其言益危。彼獨何恃而不恐哉。意者舍己從人，從諫弗咈，其風聲氣習固應有是耶。比年以來，飢旱相仍，星緯失度，天災時變，如此可言

者亦衆矣。而中外臣庶能奮不顧身，以忠言觸上者，罕聞焉。此豈有所畏而不敢哉。抑有由焉。蓋自中興之初，用事之臣力主和議，嚴用刑罰，以鉗不附己者之口，偷合苟容，習以成俗。故雖聖君相繼，急聞切直，而士氣猶未伸也。動其敢言之機，而作其敢言之氣，使其心奮發不能自已者，其必有在矣。夫瑰奇珍怪，産於遐方異域，人皆得而用之，事固未有不求而得，求而不得者。雖然，求言易，從諫難。古所謂從諫者，非徒求之謂也。忠雖不忤，善亦不從，以規爲瑱，是謂塞聰。斯其爲聽言也末矣。惟知人臣進諫之難，而樂聞過失，虚懷以改，庶乎忠言罄竭，而下情畢通。是則求言之實也。其三曰舉賢。臣聞人才盛衰，嘗隨其時。自古治平之世，陶冶薰蒸，異材輩出，燁然爲邦家之光。有不可勝用者，其勢則然也。今天下治平之日亦久矣，公道著明，正多士雲會鱗集之時。姆之非不篤，求之非不廣也，而人才終於未盛

朝廷欲有所為左右四顧無足使者。豈其進退之法猶有未備歟。以臣觀之。國家非無法也。正惟夫用法之太過爾。夫以資格用人是法也。歲月有等。功勞有差。不躐一名不差一級。所以示公也。進退予奪之法未嘗不公。而經國濟時之才常若不足。豈非用法之太過歟。蓋天下之才。長短高下不能一律。固有碌碌無奇不能大有所建立者。亦有超卓不群足以辦大事立大功者。彼常人也。吾以常法待之。夫豈不可。至於非常之材。而吾惟常法之拘。彼豈能俯首帖耳循序而進耶。以積勤為高敘。以久考為優選。資格既及。雖庸流不得不與。資格未至。雖異才無自得之。此唐人所謂膠以格條據資配秩。時人有平配之誚。官曹無得人之實者也。豈足以網羅天下之俊傑乎。古之人未嘗無法也。而亦未嘗拘於法。雖有成法以進退天下士。而時於繩墨之外。不計其履歷。不問於疏賤。以收拾一時之英材。因闢變化。

無所不可測。而亦有所不可窺。奇傑之士。足以自效。而中人可以上下者。亦莫不奮發。嗚呼。是非資格之所能為也。我祖宗之時。張齊賢入仕不十年而位輔相。錢若水由同州推官閱再朞而登二府。其餘名臣若向敏中石熙載劉昌言宋琪。皆自下位而擢之高位。張去華王化基范杲楊大雅。皆由薦而寘之要職。至於种放孫復。以賤之徒。又起草萊而旋躋顯仕。此豈專用資格也哉。今日在廷之臣。固亦有不次之任用者。而奇材異能限於資格。而不得展其器業者尚多有之。科舉取士既束以繩墨。而吏部銓選復限以資格。使天下之才。長短小大。無不囿吾法制之中。法則公矣。而臣以為未可專恃也。夫人才之盛衰。何常之有。導之則源泉。壅之則污泥。斲之則良材。棄之則朽木。既盛而衰。衰而復盛。在所以造化者如何。而非有定形也。當今之務。謂宜稍寬銓法。使為長吏者得於法律之外有所予奪。如盧承

慶典選。校漕舟溺者以中下。既而升之。既又以寵辱不驚而致之中上。此其進退予奪。固未嘗專於定法也。不一於法而參之以人。則資格雖用而不膠於資格矣。三公之府得自辟召。臺省長官各舉其屬。真才實能有聞於世者。不由科舉拔而用之。此皆繩墨之外所以收拾人才者。由是而行之。則多士雲從。四方風動矣。釋此不為而惟曰成法具存。足以專恃。則臣恐資格愈密而簡拔愈難矣。其四曰安民。臣聞皋陶戒禹曰。在知人。在安民。夫天下之事。其大者亦多矣。而自知人之外。惟曰安民者。何也。國勢之強弱。曆數之短長。莫不在是。人君之所賴者也。是以古人重之。且夫君尊而民卑。君貴而民賤。其等級相去。固不侔矣。而古人相須之論。未嘗以是為間。若曰。眾非元后何戴。后非眾罔與守邦。后非民罔使。民非后罔事。比而同之。泯然等夷之無別。豈不曰邦本所在。甚重而不可忽歟。天下以人心為本。本

顛則枝葉從之。不可莫之察也。古之人君不敢為橫賦厚斂。懼夫賦斂重而蠹吾本也。不敢為嚴刑峻法。懼夫刑法酷而傷吾本也。良法美意。培養豐殖。其本益固而枝葉益茂。雖更乎衰亂而人心終不散。根本非一日也。三代之君享國長久。非有術以留之。朝夕之所從事者。惟此本而已。臨之如馭六馬。愛之如養赤子。人心歸之。不可一朝解。安吾民者。所以安吾國也。嗚呼。位乎民上而不能安之。豈所謂代天司牧者乎。聖上宵旰求治。勤恤民隱。求所以安之者至矣。而民果安乎未也。民心無常。易於攜貳。難於固結也。而今日猶未安也。幸而年穀和熟。猶能室家相安。自養其生。一有水旱之災。而流離渙散。無以自存。夫水旱之災。古人亦有之。然古人不能使天下無水旱。而能使斯民遇水旱而不至於流離。此豈無其道哉。賦斂輕。徭役省。民得盡力於畎畝。其備蓄既多矣。而委積以待凶荒者。無處無之。故民之

政。凡十有二。條目纖悉。故雖遇水旱而救之有方。未嘗飢之。吾民樂其政。懷其仁。淪浹於肌骨而不能忘者。此固有以結之也。後世則不然。賦役繁重。日朘月削。平居無餘蓄。而災害不能救。雖曰發廩勸分。舉行舊典。而有司怫戾。惠不及民。朝夕迫切。聚而為寇賊。轉而成大疵。紛然四起。莫之或禁。而國勢亦岌岌矣。此非其民之罪也。無以結其心。而其勢固然也。我國家聖聖相承。一本於仁。養民之政。尤為備具。故京師有福田院。而諸路又有廣惠倉。內藏所儲。以備緩急。或以飢告。出之不吝。蠲租者許不俟報。閉糴者以違制論。蓬滓麻實。達于九重。官吏蔽匿。必劾其罪。所以子惠困窮。必先無告者。如此宜其邦本深固。國祚延洪。億萬斯年。無有紀極也。聖上卹民之心。同符祖宗。每州縣荒歉。則憂勤惻怛。捐府庫。截上供。以賑給之。仁愛既廣博矣。而奉承于下者。未必皆究其心。此微臣所以復進說也。朝廷雖有蠲放之令。而戶部每懼供輸之闕。符移之下。拘催督促。不異乎時。州郡無以應之。其得不取之民乎。此臣愚所以謂未能奉承者。臣之愚慮竊以為當今之務。必使為戶部者常有餘財則可矣。寬戶部者。所以寬州縣也。寬州縣者。所以寬吾民也。安民之討。無越乎此。而事掊剋者。必以為書生之常談。其果常談也哉。其五曰正俗。臣聞風俗之弊。有可以復返之理。患為政者不能以是為急爾。簿書期會。斷獄聽訟。世每以是為急。而至於俗流失。世敗壞。則因恬而不之怪。是何急於彼而緩於此也。簿書期會。斷獄聽訟。一日不治。其害立見。而風俗所在。雖有不善。未為深害也。見其可緩之形。而不見其不可緩之實。培養之不加。而縱尋斧焉。廉恥日喪。惡信浸薄。頹靡廢闕。以至于不可收拾。嗚呼。風俗。國之元氣也。元氣楞然。則身隨之。風俗既壞。則國從之。雖秦之彊。隋之富。而元氣不存。則危亡可立而待。是果緩耶急耶

昔者先王知其甚急也。是以省觀風俗。苟有不善。則切切焉以為憂。陶冶作成。必使粹然醇厚。人有士君子之行。以為吾代天牧民。勿使失性。其職當如是也。古人以是為急務。而後世則忽之。教化不明。而質樸日消。此亦無足怪者。我國家列聖相承。美化流行。習俗丕變。既與古匹休矣。而審觀詳察。則尚有所當正者。承平既久。而侈靡成風也。末習之好。而去本浸遠也。富者競為驕奢。貧者傾貲效之。歆豔以成俗。侈靡以相高。旦旦伐之。而本真微矣。臣觀漢文帝以敦朴先天下。而海內望風成俗。貽然化之。唐太宗戒靡麗珍奇之好。而當時風俗素朴。衣無錦繡。夫此二君者。其道德未純於古也。躬行於上。而俗移於下。源清流潔。表端影直。其效固如此也。聖上清心正本。無他嗜好。乘輿服御。一切減損。所以躬率者至矣。而承譜習俗。未覩其效。意者躬行雖力。而法制猶未備歟。今夫侯王宮戚之家。宮室藻繪之飾。器用雕鏤之巧。被服文繡之麗。極侈窮奢。蕩心駭目。公卿大夫之家。婦人首飾。動至數萬。燕豆之設。備極珍羞。其侈汰如此。及從而同其然。則曰。吾有所效也。京邑四方之標。古人所以原本樞機者在是。而靡麗為甚。來者無所取則。亦惟末習是效。故近歲以來。都邑之侈。徧于列郡。而達於窮鄉。此豈小故而可不正哉。唐柳澤有言。驕奢起於親貴。綱紀亂於寵倖。制之於親貴。則天下從。禁之於寵倖。則天下畏。我真宗時。銷金服飾。其禁嚴甚。然累下制令。而犯者不絕。故內則自中宮以下。外則自大臣之家。悉不得以金飾衣服。復申嚴禁。布於天下。自此無復犯者。以其自近始而法禁明也。聖上恭儉之化。形於宮掖。聞于天下久矣。而臣猶慮夫貴戚大臣之家。有漸于薄俗而侈靡相尚者。法禁之行。當自是始。行於一二以厲其餘。而風俗可移矣。昔人舉事。必有以大服天下之心。故法禁可行。寬於貴戚大臣。而急於

士民之家則人不服何者彼固以為吐剛而茹柔也躬行以為之本法禁以為之具而行之自貴戚大臣始貴戚大臣既正則遠近莫不一於正此則正俗之要也

差知潼川府魏了翁奏議曰臣疏逖之蹤自請郡西還十有七載兩蒙聘召三授郡寄以至按刑將漕分閫守藩忝竊殆遍以書生汲暈寡欲易足口有滿盈之懼乃今日正元日陛下親御正衙誕受寶鎮會朝之盛觀聽攸屬而臣顧以是日首被特詔之命傳曰敬其事則命以始今陛下既施其敬於一介外小臣而臣不以仁義言不以堯舜陳是謂不敬有臣而不敬陛下安用省記於積年之餘收召於萬里之遠也臣聞人與天地一本也天統元氣以覆萬物地統元形以載萬物天地之廣大蓋無以加也而人以一心兼天地之能備萬物之體以成位兩間以主天地以命萬物闔闢陰陽範圍造化進退今古

莫不由之其至重至貴蓋若是易於坎離玄明心體者也而先天居東西則陰陽之正中也後天居南北則天地之正中也於日為戊己則土之正中也於辰為子午則時之正中也乾坤中交而生坎離則氣之中也為卦承上經而接下經則卦之中也離體則虛中而文明故應物而不窮伏坎則剛中而孚實故處險而常亨其至平至正又若是人能以其至貴至重也而不以小用之以其至平至正也而不以偏用之則其主天地而命萬物也豈不綽綽乎有餘裕哉堯舜以心相傳堯典一篇惟克明俊德乃命羲和疇咨四岳等事堯無所為也舜之繼堯亦不過取諸人以為善以天下之民謂之八元八凱也舉之以天下之民謂之四凶也去之是天下之民舉之去之人心之所同則天也舜無所私於此也九官之命彼皆何等才分而自宅揆以下敷教者不以制刑典禮者不以掌樂選衆而舉僅得其人分職而

理僅無曠事爰暨三代曰顯俊尊上帝曰陟丕釐帝命曰以敬事上帝凡皆推是心以荅天意耳乃自秦漢而後千數百年此意或寡當事任者豈樂於獨勞而常患乎莫與分其責居其位者豈樂於暗默而常患乎莫與行其言夫人之有技人之彥聖秦臣知好之以保子孫黎民則秦臣之利也人之智慮人之聞識樂克知好之以優於天下則樂克之善也豈必皆自己出而況屈信消長之運乃天道之所當有非人力之能制不是之思而憧憧往來者皆徒思也此不能與天地相似者一也孔子論天地之神昭昭示人於覆載間者無非至教而繼之曰清明在躬氣志如神又舉詩以證之曰維嶽降神生甫及申終之曰此文武之德也是篇凡四言而意實相貫蓋人與天地一本而分使本心湛然清明純粹與天地通則志之所至氣亦至焉動乎體而為夢見乎龜而為占雖遠在巖渭夫孰非此心之感況山澤

之氣亦我同體者也毓靈產異以詒數世之仁亦理之當然耳而後世之君臣所居者既狹故所感者亦然豈惟所感然哉下之從上按之視前更相承式而才氣愈隘沈默拘攣以為謹也纖微煩塵以為能也以濟時須且弗暇給況遺後乎夫天地山川之神氣亘千古猶一日而人才絕無僅有乃至是則以所感所徵然耳此其不能與天地相似二也夫人憂樂慘舒之度本諸一心之微而流行於陰陽見於祲煇未嘗有毫髮之欺是以昔之聖人有舒泰而無拘迫有寬易而無狹隘以天命自度而不敢以私意小知行乎其間勞逸以時喜怒以類凡以節宣血氣專固精神順天地而理情性也爰自後世其人主獨運萬幾而乏群臣之助或大臣兼總細務而行有司之職其規模運量既日不暇給則於長筭遠馭寧無所遺光武賢君也視朝至晏夜分乃寐太子憂其失養性之福諸葛亮賢相也所敢食不至數

升而罰二十以上皆親覽焉。會少事煩。人以為憂矣。自一命以上。大小相承。積而至於君相。然後勢重而形佚。使人主每旦視朝而不得大臣之助。大臣執掌獨賢。而不資百工之助。分曹列局。陰拱默視。事無鉅細。必經省覽。下至衆而上至寡也。夫如是則下逸而上勞。豈所以理情性之正。養壽命之源哉。此不能與天地相似者三也。書曰。兢兢業業。一日二日萬幾。無曠庶官。天工人其代之。又曰。欽天之命。惟時惟幾。夫內而宮庭屋漏。外而天下國家。莫非天命之流行。使幾微之不敕。是謂曠天工而違時幾。變自後世。或自謂智足徧察。或例曰人多可疑。或言儒生皆是古非今。或咎直臣多取名飾過。是心既勝賢路益狹。班固贊漢之得人。惟稱武宣。而武帝中年。已謂名臣文武欲盡。詔求跅弛之士。宣帝之後。僅一再傳。往往見大夫無可使者。至外名鹽匡令拜諫議大夫。以遺東京。以後。朝會無宿儒大人可備顧問。人才固不易得。而亦非果無。好臣所教。苟用可制。故無以盡得天下之才耳。唐中世以降。或至東省閑闒。南臺缺員。正牙罷奏。庶官不對。此豈真無才邪。其曠天工而違時幾也多矣。此不能與天地相似四也。士脩於家。非積歲累月不成。而壞之於天子之庭。則一語一事之間耳。昔之人主念其成材之不易也。故必扶植而容養之。相勵於善。意以圖惟國事之濟。而不敢遽疑於意嚮之間。所以兼收並蓄。擬緩急而遺子孫也。漢之高文。去古未遠。猶有濟時詒後之慮。而中世以後則有不盡然者矣。遼西告警。而李廣起罪开略塞。而趙充國用。五溪喪師。而馬援奮。冉肇迫蕭李靖出。范陽孅兇。真卿識。河東冠結子儀封。廷凌肆毒。裴度見伐。蔡屢衂。李愬顯。使非倉卒需才。則廣厄霸陵。充國援以老棄。李頽郭裴諸人。將沒身不見矣。此其不能與天地相似五也。臣既歷觀前世。每見秦漢以後君臣。大抵相尋於一轍。為之廢

書而嘆曰。大哉心乎。所以主天地而命萬物也。必休休焉與天地相似。乃可以無曠於天位。千數百年。莫有以是告其君者。毋惑乎治之時常多於亂之日。而危之意常浮於安之形也。今人才雖未易有。而亦非果無也。風俗雖不如古。而猶可以有為也。拓而大之。則在人焉耳。於是的然自信以告于陛下。且念更迭既久。分絕榮進。今重觀上國之光。識出望表。用敢及時展盡。以冀君相之一動心焉。儻蒙陛下留神省覽。而或有取於其言。君臣之間。共推此心。以一掃千數百年之弊。則規模既拓。人才將為時輩出矣。宗社幸甚。善類幸甚。

工部員外郎楊簡上奏曰。臣不勝惓惓。有當今第一急務告于陛下。今朝廷於帥守監司。寖寖乎選擇矣。於賢能。寖寖乎乞除矣。此歲告稔。近穀廉平矣。大勝於前矣。大臣亦已虛己求言。曰。聞過輒改不憚矣。觀此勢狀。漸可以舉明主於三代之隆矣。而有切緊利害。世俗常情。喜順惡逆。故其相與率多奉承不敢違。其於同官亦每每奉順不敢違。雖明知其過而不敢言。恐拂其意終將害我。習以成風。牢不可破。故輿論雖明知吏部注授不問賢不肖。不肖者擾害吾民不可勝言。而不敢革吏部之弊法。恐拂不肖者之情也。雖明知擇賢久任之為上策而不敢行。以員多闕少。恐不賢者不任而拂其情也。以至中外獄吏以簞楚取賂。以直為曲。曲為直。冤苦無告。當職官多憚煩。受成吏手。同官扶默書名。不復審聽。因辭州縣。承貼吏卒困苦小民萬狀。同官雖知不敢告。雖長官聞之。亦或視以為常。或恐拂其屬。姑容之。設有言者。亦不敢深言。上官或有剛德。始案奏之。其漏網者多矣。民怨吏。卒怨官。遂怨及朝廷。朝廷何由而知。臣大懼中外積怨之久。一夫大呼。從之者如歸市。今聖朝雖有善政。猶以一杯水救一車薪之火。節節並起。皆乘民怨。願陛下明諭大臣。有長官能受逆耳之言。有

小臣言於閭過，或自知已過而能改，特表章之，布告天下。切勿以爲此小善而忽之也。能改過者，千無一，萬無一。堯舜大聖，猶舍己從人。成湯改過不吝。曾子曰：我過矣。君子之過也，如日月之食焉。過也人皆見之，更也人皆仰之。改過天下之善。惟孔門深知之，後世罕知。近世亢不知，非朝廷特表章之，布告天下，使天下改觀，則人終以改過爲恥。此誠治亂安危所繫。人性本善，又得朝廷重賞導之於前，御史監司繩之於後，庶幾頑闇過求忠告者多。盡褫喜順惡逆之私情，官師相規，工執藝事以諫，中外官咸知改過之爲大德，善政盡舉，弊政盡除，民怨自銷，禍亂不作，國祚益靈長，不獨周過其曆。天命可畏，民情大可畏。臣不勝惓惓懇懇切切之至。

簡爲秘書省著作郎，又奏曰：臣又痛切告陛下，今之郡守縣令，所至多害虐小民，遠郡遠縣益甚。民被害虐，積怨積怒，久將亂生。一日有

變，蕩然潰散，不可救也。今守令多昏而聽吏，多懷私而徇利，詞訟一是一非，反是爲非，反非爲是，使之飲恨含怨，無所告訴。今日某人受抑屈，飲恨含怨，明日某人受抑屈，飲恨含怨，積而滿，積而溢，怨極怒極，一夫大呼，從亂如歸矣。二稅已納者，復追執赤鈔以呈示無欠，不受其說，勒使復納，不伏則囚，則緋訊。民户以証追所欠之數不多，念將訴于上司而益費，含怨自納。納已，吏卒需賂，不賂不釋。民貧無告，或舉債，或鬻産，甚者鬻妻賣子。陛下試思民情至此，其怨當如何？重以今歲旱蝗，所收無幾，而郡守多不肯蠲税，民饑而不救。郡縣害民弊政不可勝紀，此不擇賢之故也。又在外官司以汙爲常，有姦猾縣吏書卯曆，共納數百，供知縣市買之費，習成典故，則其餘贓汙可知已。公取竊取，不可勝計，溢于聽聞。對送互送，一會有送，千緡緡錢不至，惟送空書。彼此本庫自支，生辰有送，私忌有送，生子若孫有送，子弟又有送，不可勝紀。今國家患無財，束手無策，得賢則官庫無公取竊取之弊，財不可勝用矣。此又不擇賢之故也。蓋自元光妄肆，小人道長，風俗大壞，今雖誅殛，而餘風未殄。畿邑猶有登科者身居親喪，而青巾紫袍，躐位于父之上。今日不有其親，他日何有乎君？陛下以科目取士而得此等惡逆，惡逆盛則敢於爲亂，社稷危矣。陛下若不痛革虛文取士、不考行實之弊，又不革士大夫釋服而紫，使遂忘其親，不孝則不忠。吳曦之亂，韓侂胄之亂，皆不忠不孝之爲也。吳韓之變，朝野震懼，今幸社稷再安，陛下宜汲汲爲計，勿從士大夫庸庸之論，勿從苟安目前之説，而不思後禍。臣自幼學以來，熟思治務，到于今凡數十年，不知其幾。思惟有一策，每路擇一賢監司，使監司各辟本路諸郡守，守辟諸縣令，守令又各辟户属，先於本貫擇人，本貫則可以久任。本貫無人，乃及外邑。賢者必不私於本貫親故。或士人爲邑

里推重，亦在所擇。既得其賢，必久其任。擇賢久任，則百事成；不擇賢久任，則百事廢。擇賢久任，則社稷安；不擇賢久任，則社稷危。士大夫無不服此論，惟不肖者心知其不利於己，故不主此説。又士大夫概親故之失所，雖不肖者，亦思所以周之，至聞其貪墨害民，發歎而已，不思結怨小民，積怨生亂，將危社稷。宰執臺諫知社稷安危在此，共堅守此。苟内外有徇私不公，必罷必罪，不可以親故私情敗國家公義。所辟或非其人，并罪舉主。陛下與宰執臺諫開心吐誠，共誓共守，以安社稷。此令一下，人知仕進之路悉本於行實，不用虛文，則人心丕變，舍惡從善，舍僞從實，吏姦頓掃，民悦財豐矣。自此因保甲而漸脩比閭族黨之制，書其孝弟睦婣有學者，書其敬敏任恤者，書其德行道藝與其賢者能者，肆成人有德，小子有造，舉明主於三代之隆矣。郡縣各自爲永守計，有金城萬里之固矣。天子有道，守在四夷矣。

如犬臣未能驟行。則姑自行都始。即有明效。

簡又奏曰。恭惟陛下聖政日新。海內改觀。近又霈無窮之惠於兩浙。永免丁輸。自今以往不知減朝廷緡錢幾億萬萬。籌筭所不能盡。臣不勝大喜。不勝大慰。觀此規摹宏闊。甚有濅濅可以躋治乎三代之勢。臣請為陛下數陳三代之道。道甚易知。甚易行。天下惟有此道而已矣。天以此覆。地以此載。日月以此明。四時以此行。人以此群居乎天地之間而不亂。是故得此道則治。失此道則亂。得此道則安。失此道則危。得此道則利。失此道則害。由此道而行。有治無亂。有安無危。有利無害。此萬古斷斷乎不可易之理。而自漢以來。大率本以霸王道雜之。夫所謂王道者。道也。純乎義者也。所謂霸者。非道也。雜乎利者也。利害動乎前。霸者不知道。故不知道中之大利。不知道中之味。惟苟目前。遺患在後。故自漢而下。治日少。亂日多。所以亂者。本以霸

故也。所以略治者。王道雜之故也。小失乎道則小亂。大失乎道則大亂。今夫里巷群居。其情狀大可見。其相與忠信正直。則彼必服。相與不忠不信不正不直。則彼必不服。苟不合乎道。雖惠利之。面雖感恩。退有後言。其心終不能服。十事九合乎道。人服其九。亦不服其一。雖微不合乎道。人亦微不服。甚矣夫此道之靈也。甚矣夫此心之靈也。此心即道。故舜曰道心。明心即道。孔子曰。心之精神是謂聖。孟子曰。仁。人心也。此心無體狀。虛明無際畔。惟起乎意則失之。故孔子曰。毋意。禹曰。安汝止。明此心本靜止。惟安之勿起而已。至哉聖言。此心虛明。如水如鑑。如日如月。無思無為。而無所不照。賢賢否否。是是非非。自無差亂。苟起意測之。反昏反差。夫意不可以微起。而況於大起乎。起利心焉則差。起私心焉則差。起權術心焉則差。有所作好焉則差。有所作惡焉則差。凡起思為之心焉皆差。所差少者其害少。所差多者其害多。又有我雖微不安乎心。似未害。而天下乃以為大不可者。然則其大小多少亦難於定。惟不起乎意。如水如鑑如日月。則能照知。蓋三才共由此道。有不由焉。則天心之所不與。鬼神之所不與。天下之所不與。而欲免禍患良難。不見于今。必見于後。用此以觀自古以來治亂安危利害之應。如影之隨形。響之隨聲。孔子曰。為政以德。譬如北辰居其所而眾星共之。夫德非有奇謀秘計。而自西自東自南自北。無思不服。如眾星之共北辰。此道之靈應如此。士大夫觀此往往大疑。而臣深信其如此。願陛下即此虛明不起乎意之心以行。勿損勿益。自無所不照。賢否自辨。庶政自理。民自安自化。四夷自服。此即三王之道。即堯舜之道。即天地之道。願陛下毋安于漢唐規摹。臣盡心於此數十年矣。見此甚明。信此甚篤。願陛下毋謙遜。臣不勝切實惓惓之請。

袁甫為校書郎。轉對言邊事之病不在外而在內。偷安之根不去。規摹終不立。壅蔽之根不去。血脉終不通。忌嫉之根不去。將帥終不可擇。欺誕之根不去。兵財終不可治。祖宗之御天下。政事雖委中書。然必擇風采著聞者為臺諫。敢為論駁者為給舍。所以戢官邪肅朝綱也。今日誠體是意以行之。豈復有偷安壅蔽者哉。

甫知衢州事。上奏便民五事狀曰。臣準令監司守臣到任及半年以上。具民間的實利病。及邊防事件以聞。臣一介疎庸。叨恩假守。寸長蔑有。弗考將書。仰遵成憲。合陳五事。臣不敢泛舉不切之務。亦不敢冒貢出位之言。謹以本州實事條畫具奏。伏望聖慈特賜睿覽。如或可採。即乞頒降指揮施行。須至奏聞者。

一。臣近者恭覩陛下親灑奎畫。以興教化新士風為急。以涵養未充。薰陶或闕為憂。申飭中外。俾加訓迪。猗歟休哉。可謂深明治

道之先務矣。臣所領此州。本號多士。年來教官失職。學無宗師。廉恥道喪。士習日卑。夫上有緝熙問學之君。而下無明師碩儒以推廣德意。將恐訓辭雖切。教化弗興。天理民彝益就湮晦。臣甚懼焉。深惟挽回風俗之趨。莫若尊禮譽望之士。乃招致鄉曲名流。賴其表倡。遴選前廊職事。助其訓誘。朔講之外。立為旬講。擇通經者敷繹義訓。臣躬率郡寮。入學以聽。又以廩給素薄。衿珮蕭踈。遂那撥郡帑。及義歲捐緡錢一千。補助贍養。以至先聖廟貌。諸生齋室。稍復加葺。煥然一新。由是學舍之教養稍備。會新教授葉汝明之來。臣力告以教導之方。且勉其辰入酉歸。不離五舍。躬率以正。則觀感易孚。講論無倦。則義理日新。以至研究訓詁之纖悉。考驗誦習之勤惰。孳孳勉勉。不敢曠廢。又念固窮之難。所當深體。其有作館于外者。既俾入學。則每月致餽。以

代束脩之資。其有課業精進者。欲示激厲。則不時旌賞。以為衆士之勸。凡此所費。皆自郡出。不為學舍之累。其區處可謂備矣。而臣區區之志。則不以是為足。蓋興教化者。不當僅止於革面。善士習者。必當開明其本心。降衷之良。秉彝之懿。凡民莫不皆然。況名之為士。乃不知孝弟本良能。忠信非外鑠。甘於習俗之卑陋。蔽其道心之光明。縱由科舉以進身。莫識事君之大義。國家果何賴於若人哉。臣雖迂愚。頗自信其本心。每造學宮。與諸生講明此道。庶幾士心興起。道化流行。不負聖朝作成之意。如陛下以臣言為可採。欲乞朝廷行下諸路提舉司。俾風示諸郡凡職於訓導者。勿以聖訓為空言。必求興學之實政。將見四方士風。翕然丕變。所有本州每歲助養士千緡。乞朝省劄下以憑遵守。不但一時之利。可為永久之規。臣不勝幸甚。

臣竊謂保甲之法。所以聯屬鄉井。親比人民。深得古者比閭族黨相友相助之遺意。近年以來。有保甲之名。而無綱維之實。居雖毗鄰。心實胡越。是無裨民心之渙散。習俗之澆漓也。臣考之此郡保甲素具。案牘並存。姑以州城之內言之。分為十寨。統以寨官。立法非不詳盡。然而上下之間視為虛名。不究事實。歲月既久。多復弛廢。臣近因講行火政。嘗會僚屬集寓公相與商訂。咸謂若欲聯比有法。豈可統率無人。遂稽鄉評擇衆所推服者。請充鄉官。俾之領袖。每寨或四三人。或五六人。視鄉界之廣狹。以為人數之多寡。區畫既定。衆論皆以為允。但糾率鄉井。本是難事。有整齊法制之術。當有激厲人心之具。譬猶善養身者。欲肢體之強於外。則必有精神以運於內。整齊法制之術。猶人之有肢體也。激厲人心之具。猶身之有精神也。考諸周官所載。月

吉則屬民讀法。或書其德行道藝。或書其孝弟睦婣任恤。今略倣是意。置簿一面。名曰鄉記。閭里之內。凡為善之實卓然有可稱者。鄉保推舉。鄉官保明。直書其事。聞之於州。本州驗實書之於記。凡不美之事。如賭博鬬毆殺傷盜賊之類。官司隨時參照。見得界內戒謹寧謐。並無違犯。亦書之記。每遇月終。通考所書。以觀鄉官勸率之實。有善而無惡者為上。雖無善而亦無不美者次之。凡此二等。真可褒嘉。本州別行措置官錢另項樁管。名曰厚俗庫。於內支錢。並以公醞。旌賞為善之家。仍致鄉官之餽。庶使人心觀感。轉相勸勉。風俗可以漸化。臣冒昧試郡。愧無善狀。以淑是邦。每於聽訟之際。見有好貨忘義。恃勇輕生。違法悖理之事。未嘗不為之惕然怨懼。蚤夜以思。何以風動斯人。惟有旌善可使不善者知恥。人心本無惡。天理不終泯。感發轉移之

機至不可忽也。臣愚不敢妄為臆說。蓋受教於先臣。參論於師
友。皆謂撫字當以風化為先。而風化當以書善為急。故篤信其
舊聞。而欲見於行事。如蒙聖慈以臣言為可採。不徒可行於一
邦。亦可施諸他郡邑。從朝廷行下監司。推廣奉行。其於聖化。不
為無補。

一、臣聞州縣本一體。利害不兩立。必存損上益下之公心。乃有興
利除害之實政。臣契勘本州管下諸縣。西安、龍游、常山。近年
二稅。多行預借。積累浸深。遂成痼疾。臣始聞之。為之大懼。重加
詢究。乃知前此縣道催科無方。迫於期會。不剋追掛欠之戶。惟
告急富強之家。此曹非有所利。何肯與官交涉。全藉收受而坐
折見錢。錢入吏手。而復多侵漁。虧損非一。不可枚舉。展轉失陷。
職此之由。臣檢覈簿籍。考究源委。見得此三邑近年拖下本州

諸色官錢。為數甚多。而又積壓預借如此。雖有妙手。實無所施。
臣謂不大有所更張。未可為也。於是立為二說。斷在必行。一曰
蠲欠。二曰代解。何謂蠲欠。證得諸邑自嘉定十七年、寶慶二年
凡此三年之內。皆有拖違。但歲有淺深。故數有多寡。遂亟行刷
具盡見數目。十七年之欠。人知其斷不可催。蠲之易爾。元年之
欠猶覬其或可催理。蠲之已為難矣。乃至二年見欠二稅。今舉
天下皆以為當催。孰肯輕議蠲減哉。臣謂救宿弊者未顧目前
之計。懷永圖者當為度外之舉。蠲所易蠲。未是以蘇民瘼。蠲所
難蠲。乃可以紓民氣。於是將二年逋欠。亦行斟酌倚閣。然在諸
縣既被惠利之實。則在本州當節非泛之支。節之於此。而寬之
於彼。川實谷盈。理勢然也。臣素無能解。惟有朴忠。既不飾廚傳
以悅過客之心。又粗謹廉隅以守自律之戒。故所入比之常歲

雖大為虧少。然亦勉自支吾。不見其甚匱。臣所謂蠲欠者此也。
何謂代解。證得本州雖與諸邑減免舊欠。然而蠲除之後。諸邑
合解上供諸色官錢。尚數萬緡。無從措辦。今本州既欲其勿借
之民。則亦豈可復催之縣。然而上項官錢。皆係起解朝廷諸色
窠名。分毫不可違欠。本州上不敢控告朝廷乞行蠲減。下又不
敢督促諸縣復行預借。反覆紬繹。束手無策。意者必得別項官
錢。在經常之外。與之代解。然後可革預借之弊。本州適有歲買
江山酒息錢。前政舊管一萬緡。益以臣到任之後。今歲新收可
得二萬五千緡。臣不免盡捐之三邑。以充代解之數。鏤之板榜。
揭之通衢。闔郡之民。歡聲四起。臣所謂代解者此也。既與蠲閣
舊欠。又與代解官錢。即此兩項合八萬二千餘緡。凡前日積累
預借。皆可正行銷豁。宿弊一洗而盡。自今悉是正催。但所慮者

病端易開。實政難保。繼此為邑令者。必深知預借之為害。常如
疾痛之在身。已蠲欠者勿再催。已代解者勿更取。杜絕蠹根。乃
可為悠久之利。臣愚欲望朝廷劄下本州證應。庶幾明白洞達。
行下三邑。常切遵守。勿復開預借之門。以貽後日之患。

一、臣前既陳江山買酒息錢盡捐以充代解之數矣。然猶有未盡
愚悃。不可不為陛下索言之。契勘本州創取此酒。歲有增數。其
初止因入夏之後。官醞將竭。無以接續。則取此酒以佐之。在官
有倍稱之息。在民無關沽之患。不可謂非權宜之策也。一二年
來所取至三萬緡。數浸多。弊浸甚。其收買也。吏緣為姦。錢不時
支。於是有酒戶患苦之弊。其般運也。舟陸有費。破損責償。於是
有人夫怨嗟之弊。其發賣也。官督吏胥。強以高價。於是有出賣
不行之弊。其收息也。輕空滲漏。一切代還。於是有笞箠監繫之

槩。嗚呼。始欲誅利而終至繁刑。仁人君子。亦何忍為此。易窮則變。變則通。弊既極矣。可不思所以變通之乎。臣酌取中制於舊例三萬緡之內。三分錢一。止取二萬。以新收息錢併舊管盡以代三縣起解上供諸色官錢。此今歲之數然也。來歲以後。此酒可以勿取。縱如今歲費用之多。亦可如臣所減之數。行之以漸。此酒斷可住罷。臣愚欲望朝廷劄下本州。證今來所申。限以二年。務要免行取責江山黃酒。是亦寬民力之一端也。

一。臣伏覩乾道中。廷紳奏請處州行義役一事。謂隨役戶之多寡。量事力之厚薄。喻令買田。永為衆產。遇當役者以田助之。從公評議。推排役次。以名聞官。有協比輯睦之風。無乖爭鬭訟之俗。當時皆稱為利民。朝廷即從而俞允。自時厥後。州縣推廣而奉行之者。蓋相望也。然而義役之在州縣間。能保守於悠久者不

一二。而廢壞於不旋踵者常十百。其故安在。蓋差役之利在吏而不在民。義役之利在民而不在吏。差役如舊。則請屬之門開。義役一成。則漁取之路絕。非得仁守廉令出力以維持之。其不棄間伺隙沮其謀而敗其成者鮮矣。臣自領郡符。首訪此邦義役之利病。知諸邑間有已結集去處。歷歲寖深。或多廢弛。有上戶併吞義役之田而至於壞者。有都內貧富改易不常而至於壞者。有逃絕稅賦。官司強抑保長而至於壞者。有重難科配。官司困苦保正而至於壞者。有役首不公。額外斂率。衆戶交怨。收取元產而至於壞者。縣道方將以差役為利源。豈復問義役之成否。法日以弊。民不聊生。環千里而為守者忍坐視之乎。臣知其然。深欲講明而經理之。以諸邑版籍不明。病於預借。苟持心欲速。輕易舉行。則考覈之無據。推排之不精。利未必形而害已先見矣。故臣志雖立而事未舉。勢雖可而謀未堅。職思其憂。反覆紬繹。靖言尸素。亦既周星。方將控洮請以丐閑。奚敢任斯責而集事。然而揆之於理。或可講行。縱不能玩愒歲月。效尺寸之微勞。豈不能開創其端。決此邦之大計。況預借之弊。已遂蕩滌。失陷之縱。可以推尋。經界并量之事。固未易言。結集義役之圖。不妨[illegible][illegible]推足。人心雖一。公論易搖。自非稟巖廟之明謨。何以杜豪家之異議。臣敢冒昧有請。欲望聖慈俯賜睿斷。如許本州講行義役一事。即乞劄下特從所申。却容逐一條畫規摸續次申聞朝省。遴選疏明之官。分任勸率之責。不旬月而期為經久。實千里生民大幸。

歷代名臣奏議卷之六十

歷代名臣奏議卷之六十一

治道

宋理宗時詔求言處州教授陳塤上封事曰上有憂危之心下有安泰之象世道之所由隆上有安泰之心下有憂危之象世道之所由汙故爲天下而憂則樂隨之以天下爲樂則憂隨之有天下者在乎審憂樂之機而已今日之敝莫大於人心之不合紀綱之不振風俗之不淳國敝人偷而不可救願陛下養之以正厲之以實涖之以明斷之以武而塤直聲始著于天下

戶部郎官張忠恕上封事陳八事一曰天人之應捷於影響自冬徂春雷雪非時西雲東淮狂悖洊興客星爲妖太白見晝正統所繫不宜諉之分野二曰人道莫先乎孝送死尤爲大事孝宗朝衣朝冠皆以大布追寧考之適孫承重光宗雖有疾未嘗不服喪宮中也洎光

宗上賓拂棘方張莫有言者去秋禮寺受成胥吏未嘗以義折衷慶元間再期而祥百僚始純服吉今若甫經練祭雖朝臣一帶之微不復有凶吉之別則是三年之喪降而爲期害理滋甚況人主執喪于內而群工之服無異常日是有父子而無君臣也三曰太母方御垂簾之請而慶壽前期陛下吉服稱觴播爲詩什此世俗之見非所以表儀於天下也四曰陛下斷然在疚大婚之期固未暇問然非豫諫夙定恐便說乘間而入臣所望於今日者亦曰嚴取舍而正法度廣詢謀而協公議爾五曰陛下於濟王之恩自謂彌縫曲盡矣然不留京師徙之外郡不擇牧守混之民居一夫奮呼闔城風靡尋雖弭患莫副初心謂當此時亟下哀詔痛自引咎優崇恤典選立嗣子則陛下所以身處者無憾無憾而造訕騰謗者靡所致力自始至今率誤執含糊而猶不此之思臣所不解也六曰近世憸佞之徒凡直言正論率指爲好名歸過夫好名歸過其自爲者非也若首萌迕德壓惡之心則自今言者望風見疑此危國之鴆毒七曰當今名流雖已褒顯而搜羅未廣遺才尚多經明行修如柴中行陳孔碩楊簡識高氣直如陳宓徐僑傅伯放僉論所推史筆如李心傳何惜一官不俾與聞況近來取人以名節爲矯激以忠讜爲迂疏以介潔爲不通以寬厚爲無用以趣辦爲彊敏以拱默爲靖共以迎合爲適時以操切爲任事是以正士不遇小人見親八曰士習日異民生益艱第宅之麗聲伎之美服用之侈饋遺之珍向來宗戚閹官猶或聞見今搢紳士大夫殆過之公家之財視爲己物薦舉獄訟軍伎吏役僧道富民凡可以得賄者無不爲也至其避譏媒進往往分獻厥餘欲基本之不搖殆却行而求前也疏入朝紳傳誦

禮部侍郎真德秀上奏曰臣竊惟今日求治之要莫難於得天心亦

莫難於收人心然天人非二致也得人斯得天矣在易大有上九自天祐之吉無不利孔子曰天之所助者順也人之所助者信也當元祐初二聖臨朝聽政四夷稽首請命西羌夏人降附相尋而黃河北流有復禹舊迹之勢天下曉然知上意與天合蘇軾推明其故以爲此二聖躬信順以先天下之功也夫無一事不當於天心乃可言順無一事不孚於人心乃可言信今陛下躬親庶政內稟慈謨以時攷之甚似元祐而求之於天則震電雨雹繼見於冬春星文變異洊形於屢日求之於人則忠義之旅反側未安朝野之民咨歎未息意者朝廷之舉措所以信服乎人心者有未至歟人心之未信此天心之所以未順也夫是是非非之理本諸天道而著在人心不以古今而存亡不以智愚而增損上之所爲一與理合則不待教令而自孚上之所爲一與理悖則雖加刑僇而不服然則今日人心之未信者果

安在所或王之命君陳曰有廢有興出入自爾師虞庶言同則繹孔子荅哀公之問曰舉直錯諸枉則民服舉枉錯諸直則民不服蓋立政用人未有不參稽公議而能厭服天下者祖宗盛時凡有大政必采群言太平興國中參酌之事作太子太師王溥等議于朝堂者七十有四人然後有詔裁决以大事之不可輕也適者霅川之變昨昔略同而未聞有參聽于槐棘之下者此人情之所共惑也康定慶曆間簡求西帥必取當世第一流宰臣呂夷簡至忘讎薦進以重任之不可輕也往者淮蜀二閫之除皆出僉論所期之外今其效亦可覩矣而除目游於僉論之不同猶昔也天下之事非一家之私其在公朝何惜不與衆共以求至當之歸乎且廟堂之上所以廢僉諧而任獨見者不過惡聞異論而已抑不思事未行而有異論吾猶得以參酌可否而惟是之從事既行而有異論則國體已傷而救無所及朝

廷施爲動關理亂嘗試之際豈容數耶臣願自今國有大議陛下虛心於上使群臣各得盡言於下大臣至公無我而群擇其中至於簡拔材能必當重任亦必以公論爲主此今日收人心之一事也賈誼有言慶賞以勸善刑罰以懲惡先王執此之政堅如金石行此之令信於四時據此之公無私如天地今之賞罰其未能允愜衆志者毋乃有未適其平者乎夫難平者事也惟任理無情而付輕重於物然後施置得所而人莫得而議焉今有功同而賞異者問之則其厚者必某人之所主也其薄者必孤寒而無援者也又有罪同而罰異者問之則其輕者必某人所主也其重者必疎逖而寡與者也朝廷之於天下當如天之於萬物栽培傾覆付之無心而可使一毫私意介其間乎諸葛亮偏方之佐爾而其言曰吾心如秤不能爲人作輕重故當時之臣有爲其廢絀者不惟無怨而且思報焉况堂堂天朝誠

能以至公之心行至平之政則予奪所加誰敢不服惟陛下常存此心而總綱於上大臣常守此道而持衡於下賞一人必使凡爲善者勸罰一人則使凡爲惡者懲此今日收人心之二事也夫官之失德以寵賂之章其在昔人以爲至戒當乾道淳熙間有位于朝者以饋遺及門爲恥受任于外者以苞苴入都爲羞今薰染成風恬不之怪陸贄有言賄賂不已必及衣裘衣裘不已必及幣帛幣帛不已必及金璧由今觀之豈止是哉新巧相夸而無窮誅求橫出而罔極於是軍民之膏血竭盡而亡餘矣怨讟繁興日以滋甚然貴臣通列非必有利之之心往往藉其名以事侵刻者大抵皆是剝歸私室怨萃公朝抑何便而莫之止也今誠欲息天下之議惟在朝廷曉然示人以屏絶之意甚者反其物而鼻其人則心迹暴白而假託以自私者不得肆矣正己示儀之方孰先於此仍願斷自聖心誕降明詔以儆中

外俾皆滌除貪暴砥厲廉隅惠綏兵民銷弭怨疾此今日收人心之三事也朝廷之規摹欲其廣大不欲其褊狹治世之氣象欲其寬裕而不欲其迫蹙商民之胥動浮言若可忿疾而盤庚方且登進在庭丁寧開曉藹然如家人父子之親周公作無逸以戒成王亦曰小人怨汝詈汝則皇自敬德又曰亂罰無罪殺無辜怨有同是叢于厥身夫以怨詈殺人周公之所畏也獨奈何其輕犯哉曩者以訛言之籍籍於是有譏呵之令譏呵則已過矣甚至於流竄焉殺僇焉而人愈駭矣傳曰我聞忠善以損怨不聞作威以防怨自譏呵之令行都城之民握手相戒有道路以目之風此何等氣象而見於聖明嗣服之初乎夫峻刑而重罰本欲以一衆心而不知人情之疑懼則其心之不一正自此始不惟是也朝廷布群材於列位矣同輔其言以相正也而遷懦成風精鋭銷栗朝有闕政則拱嘿弗言而私嘆于家朝有

過舉則進焉導諛而退竊非議尊君親上。人情所同。本心皆迷。苟至於是。亦由謗尊未至而猜阻先形。人思苟容。誰敢自竭。且自孝宗以來。臨御未幾。即下求言之詔。訪問所遠。下至芻蕘。今詔旨之頒。既徐徐數月之後。而僅止官吏。罔及士民。方明目達聰之初。遽示人以弗廣。何以昌士氣。何以達下情。是宜播告雖修。而人以虛文視之也。今誠欲慰天下之望。惟當開廣規摹。昭示德意。解煩苛之網。闢寬裕之塗。而又式循舊典。載揚綸音。常布之徼。咸許論事。庶幾憂虞者得以自安。忠直者得以自奮。此今日收人心之四事也。古今天下最易失者莫如人心。而最易感者。亦莫如人心。轉移之機。殆類反掌。今中外恫疑。遠近咨怨。非大有以慰安之。臣恐携離日甚。一或騷動。將有不可收拾之憂。此群臣之所共知。顧恐慶所惡聞。未有以實告于上者爾。然臣區區豈欲朝廷專尚姑息。苟為噓濡以悅之哉。惟公惟平。惟

王惟大。一循天下之理。而不雜以一己之私。易之所謂信順者如是而已。惟陛下與二三大臣深體而力行之。則天人之助。將有不求而自應者。元祐之治。豈難致哉。意切言狂。伏俟威譴。

兵部侍郎曾彥約上奏曰。臣伏讀聖訓。至再至三。仰見陛下寅畏以奉天。艱難以濟業。不矜伐聰明。不鄙薄愚賤。博采旁求。思有益於治道而後已。臣待罪言語侍從之列。職思其憂。聖意之所未及。猶當有以補報萬一。矧惻怛求之。可無一言以自効耶。臣竊觀陛下嗣服之初。未嘗有失德於天下。而天下之共治者。嘗有凜然不安之憂。天下之論治者。常有歉然不足之歎。不可謂之小故也。豈新政所當行者有未盡耶。亦事變之方來者有難測耶。將異議者好為紛紛而不足卹耶。亦將疑其說之不合而思求以勝之耶。明良精一之地。競業萬幾。主德必欲其寬。恩澤必欲其流。乃方與賢士大夫爭辨於是非之際。疑似於從違之末。則致治之效。無時而可望矣。都俞之堂。何嫌於吁咈。好謀之善。何難乎銷印。施行容有未盡。事變容有難測。異議者正所當卹。而其說之不合者。不足勝也。臣不暇廣譬曲引。以明前事之失。亦不敢偷容取說。以媚世俗之好。竊以為重裘可以禦寒。自脩可以止謗。君國是之所以未定。與人情之所以未孚。陛下諸臣皆足以應詔言之矣。不復條列以紊天聽。請即其易行者而徑言之。庶幾其有補也。陛下謹定省以事長樂。開王社以篤天倫。孝友之行宜足以取信於天下矣。然而兄弟至親。猶誤於狂妄小人之手。道路異說猶襲於尺布不縫之謠。事關國體。人皆以為難處矣。臣猶以為易也。守法者。人臣之職也。施恩者。人主之柄也。漢淮南厲王欲危社稷。大臣張蒼馮敬等請論如法。文帝既赦其罪。廢而勿王。不幸而死。即封其三子於故地。以示私恩。此往事之明驗。本朝太宗皇帝之所已行

也。今若徇文帝緣情之義。法太宗繼絕之意。明示好惡。無隙可指。雖不止謗而謗乃息矣。陛下招山東以復境土。撫忠義以幸遺民。混一之機。宜關端於此矣。然而跋扈之將。肆其殘於制閫。掇鉞之令。持堠遣於兩端。去留不常。包藏未發。事關國勢。人以為難處矣。臣猶以為易也。戍虎牢之城。鄭不得與晉爭。杜太行之險。楚不足以支漢。用兵之道。可以形格而勢禁。不可以直致也。江內者。兩淮之腹心。正軍者。忠義之主宰。有三萬之正軍。然後可以制一萬之降卒。有十萬之正軍。然後可以制三萬之忠義。今盱眙孤單。江面闊遠。三衙渙散。見謂脆懦。若能徙江外之關額。立江內之重屯。人衆而聚。則有才可選。軍歸其營。則無務可擘。可以省廩稍。可以減舟運。使超石拔距之勇。出其中。而牛酒日至之聲。聞于外。然後經理淮壖。振立威柄。則犯上者雖為孝悌。而狂狡者莫不率服矣。陛下位置虎臣。布列閫外。峻陟驕

用不拘常制宜有以得其人矣然而每一遷用物論洶洶幸而無患則舉朝相賀不幸而敗事則舉朝歸咎事關國論人以為難處矣臣猶以為易也冦準之在北門則白溝不警矣張浚之在江左則淮淝不震矣今大而帥守小而一州選用已定臣未敢輕議金陵虛席公論之所屬自合公論則朝廷奠枕拂公論則海內寒心筋力不逮者既不可以勝任位望未至者又不可以嘗試或已試而軍民不服或未試而公論不與豈惟臣獨憂之凡心乎國事者皆不免於過計矣臣以為人才不可以全求公論不可以力勝與其用輕虛淺迫之人不若用遲鈍木訥之士與其用掊克聚斂之才不若用寬裕溫柔之德其仁聲足以安百姓其器宇足以壓人望氣類相感則寮屬可以任事清介相勉則道義可以相規用人如此則戇直者可以寢淮南之謀而儉約者可以罷子儀之樂矣陛下正旦視朝以求賢為急訪落親擢以靜退為首拔茅連茹以其彙征宜必以序而進矣然而詔旨所被或指為文具選召所及或慮其不廣事關國體人以為難處矣臣猶以為易也求賢者人主之心也用賢者人主之實也仁宗之用執政或給札於天章而使之盡言眞宗之待兩制或賜對於夜分而與之議事故中外無不盡之情而田里無不安之俗今已至者列於朝而未能行其言未至者遷於外而未能必其進有言而亦用則或者疑其沮於訐當言而未發則或者疑其局於儒日月逾邁功効蔑然循習如此其視前日未求賢之時何異今召考其言而信其所舉用其長而棄其所短則能言者無面從有懷者無腹非矣陛下求言之心已形於御筆而播告之旨復發於手詔勤勤懇懇惟恐不遠聖者以獲其利矣然而外議致疑莫能解釋以為明言文武似或止於衣冠而泛言小大恐不及於韋布事關國脈人以為難處矣臣猶

以為易也赦令之已行者猶必曰談說恐有未盡詔旨之已頒者猶必曰前降更不施行況已謂小大之臣則凡率土之濱者皆得以盡言矣引而伸之特在於一命令之間耳孝宗皇帝即位於六月之丙午而求言降詔已見於是月之甲申至八月壬午而進士上書者已補官矣九月癸丑而布衣獻言者已召赴都堂矣今若明降旨揮發揚詔旨之意精選近臣考定可采之策舉而行之不間於樸直旌而賞之首及於疏賤則在上者罔有逸言而在下者民用丕變矣凡此數者舉天下皆疑其難而臣獨以易言之臣非輕此數者而忽之也懼陛下疑言者之過而以為不可行也懼言者測陛下之意而以為必不行也果其不戾於聖賢不拂於典故可以寬聖慮可以繫人心若何其不於簡易求之而使上下之情扞格而至於此也然臣猶有獻焉立天下之事者貴乎斷處天下之事者貴乎謙慮天下之事者貴乎詳行天下之事者貴乎速肇十有二州舜之功也汝平水土乃歸之於禹薄伐玁狁吉甫之功也侯誰在矣乃歸之張仲謂天下可以一人治也不可以一人智力專也丘山積卑而為高江河合水而為大君不自有而歸之於其臣臣不自有而歸之於同列所謂謀及乃心者必謀及於卿士謀及卿士者必謀及於庶人然後人心悅服怨讟不生今天下之事雖出於獨斷而眾多之論豈無偶合程度者若因某人之說而建某利用某人之策而除某害造命於上者不失於斷而推功於下者益示其謙此則舜禹之用心也故曰立天下之事者貴乎斷而處天下之事者貴乎謙武王克商未及下車而封黃帝之後於薊孔子為政甫及七日而肆少正卯於市謂盛德不可不速祀而姦究不可不速去也臨淵而羨魚者不若結網之為便冠胄而施禮者不若彎弓之為捷賞罰之所當行命令之所當出聞一善

則若決江河。一惡則迅如震雷。使責望於上者無所憤怨。而玩押於下者不至苟免。此則武王孔子之用心也。故曰。處天下之事者貴乎詳。而行天下之事者貴乎速。今天下之大害者。莫急於贓吏。群臣既已言之。而陛下既已聞之矣。竊意陛下將以行其言也。而出令未暇也。天下之大害者。又莫急於苞苴。群臣亦已言之。而陛下亦已聞之矣。竊意陛下亦將以行其言也。而出令未暇也。議者不深察朝廷之意。即謂厭薄其說而不用。臣知其不然也。陛下無意於求賢。則不發求賢之詔矣。無意於求言。則不發求言之詔矣。贓吏之不可使治民。苞苴之不可以立國。夫人而能言之。其在聖明豈不知此。何忍迂緩隱忍以至今日哉。行臺諫之所已言。用轉對之所通論。求贓吏之貽灼者而深治之。雖有功勿貸。察苞苴之肆行者而遠斥之。雖親貴勿釋。立此之斷。處此之議。慮此之詳。行此之決。則臣猶以為易也。觸類而長。舉天下無不可為之事矣。然則天下之事。終於易而已耶。禹曰。后克艱厥后。臣克艱厥臣。孔子曰。為君難。為臣不易。聖人之言有異於臣之說者何也。蓋難於保治者。君臣之心也。而易於行事者。君臣之政也。有心於慮治。則於理為難。有政以為治。則於事為易。上天有靡常之命。祖宗立不拔之基。以朽索而馭馬。以弱水而載舟。若何而謂之易。從諫則能如流。改過則能不吝。賞善罰惡。惟恐其不及。舉直錯枉。惟恐其不速。若何而謂之難。臣之所謂易者。特在於命己以從人耳。慮治之所以難。群臣既已言之。為治之所以易。臣遂得以進其說。雖二事也。其實一理也。古者天子即位。三卿進策。始之以除患則為福。次之以先患慮患謂之豫。終之以禍與福鄰。莫知其門。豫哉豫哉。萬民望之。以為禍者福之所倚。福者禍之所伏。言福而不言禍。非所以愛其君而憂其國也。陛下勿謂天災之未見而以為安也。勿

謂外難之未作而以為治也。天災未見。楚莊王以為憂。外難未作。晉范燮以為慮。董仲舒所謂出災異以譴告。出怪異以警懼者。推廣此意也。賈誼所謂即不幸有方二三千里之旱。卒然邊境有急者。端本此說也。臣壯時粗有志時事。今年六十有九。多病少安。去死無幾。心志既已不逮。議論又復淺陋。自量筋力無益斯世。感陛下求言之意。而群臣又已建責難之義。敢復求其所以易者以獻。望陛下行之而已。非敢反常說而背古道也。惟陛下與大臣圖之。臣不勝惓惓。

袤約又奏曰。臣聞天生民而立之君。使司牧之。非以厲民。將以全其生也。絲麻穀粟。皆所以養其生。刑威慶賞。皆所以保其生。甲冑干櫓。皆所以護其生。賦斂力役。皆所以久其生。其有功於天下也如此。然後居無倫之貴。享無敵之富。玉食以為奉。而黃屋以為居。誰敢議者。天有愛民之心而不與民接。民有願安之心而不能自安。以天下而付之於君。以一人而奄有天下。所以利於民者必平治。而害於民者必削弱。意可見也。本朝光有天下。夐出唐虞三代之表。考諸名賢之論。知其國祚長久。出於市不易肆。其端甚微。而其效甚顯。萬世帝王之業固已權輿於此矣。累聖相承。以民為本。賦斂欲其必薄。刑罰欲其必輕。力足以制敵。而每欲議和。兵足以討賊。而每欲招安。愛民之心與天通矣。比年邊戍未撤。糧運不寧。事有牽制。非朝廷之所欲也。一家之大者多至百夫。一夫之費者何止十縑。其困如此。而州縣猶以為貨有濡沫不至。而重疊差之者。有富豪得免。而移於下戶者。水旱間作。歲事不登。事出不測。亦朝廷之所憂也。窘於浸潤者或不能入土。殞於焦枯者或僵於銍艾。其災如此。而州縣猶肆其虐。有循行其地而慘若無見者。有量減一二以應故事者。以至多量斛面。名曰出剩。碎納尺寸。不許合鈔。產去稅存。勒令代納。已經預借。更作糶名。

甚。者族使頑民。誣訐上戶。執以隱微使加罪戾。入其干連使作正犯。千金之家。萬畝之產。視若己物。曾無忌憚。法令明備。既不奉行。朝論禁戒。若無聞知。害國害民。一至於此。習以不義。良可嘆也。亦又有可言者。混區宇者莫大於兼愛。傷和氣者莫甚於嗜殺。假息微虜。屢擾邊垂。中原遺黎。襁負歸化。祖宗德澤深入人心者。牢不可遏。一統之效。可以馴致矣。虜以侵掠子女為軍前之賞。我則返其老倪以示吾仁。虜以焚蕩室廬為軍前之威。我則安堵黎元以示其整。取給於當陣。而不取於逐北。因糧於儲積。而不因於民財。使彼民之怨虜者。怨之而益急。而其所以慕義者。慕之而不置。欲聲教之不暨朔南。不可得也。如聞邊境之上。浸失本意。效尤於虜而結怨於民。是怨於赤子。而帖耳於犬彘。甚者忠義之徒以打劫名軍。主將通知未能遽喜以此而欲弔民。可謂心迹判然矣。百姓不莫挑則頌聲不作。邊民不祉

席則箪壺不至。臣願陛下嚴監司之選。如仁宗之用張昷之以按察為職。則境內之民皆得其所。重將帥之任。如太祖之用曹彬以不殺為賢。則境外之民皆儒其化。如此。而邦基不鞏固。社稷不靈長。臣未之聞也。敢以是為初政之獻。惟陛下留神。

知瀘州魏了翁奏疏曰。臣伏覩詔書凡內外文武小大之臣有所見聞以封章來上者。臣嘗讀易至天地定位。則乾與坤對。山澤通氣。則艮與兑對。雷風相薄。則震與巽對。水火不相射。則離與坎對。此為先天八卦之序也。然而語其用。則地天而為泰。澤山而為咸。風雷而為益。水火而為既濟。蓋天道不下濟。則地氣不上濟。山體不內虛則澤氣不上通。雷不倡則風不和也。火不降則水不升也。於是而為否為損。為常為未濟。又即其大體而言。則水雷山皆乾也。火風澤皆坤也。其要則乾坤坎離。故先天之卦。乾南坤北。而其用則乾上而坤下也。後天之卦。離南坎北。而其用則離降而坎升也。大率居上者必以下濟為用。在下者。必以上濟為功。天地萬物之理。凡莫不然。況乾天也。離日也。皆為君之象。坤地也。坎月也。皆為臣之象。其理顧不曉然。未有乾坤不交而能位天地。坎離不交而能育萬物。君臣不交而能濟斯世於泰和也。臣嘗以是考諸今日之事。而未能無惑焉。行一事也。上之人以為是。而下或疑其私。上之人其辭常泰。而下之語常危。上之人其念常紓。而下之憂常迫。然則是居上者不能以孚于下。而在下者。不能以達于上。此顯然為上下不交之證。殆非細故也。而莫有為陛下言之。且上之人曰。方今事勢庶幾其暫安矣。內而畿輔之間。善政嘉令。以次舉行。謗讟訛言。今且消弭。雖曰旱勢可畏。而浙東一道。雨暘時若。雖曰物價未平。而臨安一城。錢會稍通。外而疆埸之事。則齊疆魏服。以次來歸。韃虜金戎。日就衰弱。雖制閫過害。而宂徒自

勤。己從鐫削。雖狼心難保。而委用得人。必能調護。此上之說然也。而下之人則曰。內患外禍。未有綢如今者也。正月而潘丙之叛。使我不得以全兄弟之愛。二月而劉慶福之變。使我不得以全君臣之義。三月而紀邦瑞之亡。使我不得以保歸附之民。四月而荀夢玉之死。使我不得以詰勤事之吏。五月而客星入于尾。六月而太白見于晝。皆為盜賊兵戈之象。目前事變雖若粗定。而禍根亂孽。元未翦除。號令賞刑。元未暢達。內則以貪吏治彫郡。以暴政滋怨民。而根本既撥。外則以竊籍待悍將。以弱勢操強形。而威柄倒持。尚曰可以暫安。誰實信之。上之人曰。百官有司。庶幾其無曠矣。而有位之士。兼收並蓄以盡其才。年除歲遷。以旌其勞。雖多用親故。然非親與故則無由知其人也。雖不拘資望。然純取資望。則不必盡吾用也。外而任事之臣苟見其可任。則試之以方面。雖違衆背公。不違恤也。察其可制則待

之以不次。雖濫刑黷貨不暇問也。凡此覬搴。自更化以來。二十年間。未之有改。雖間亦非才。旋即消弭。此上之說然也。而下之人則曰。曠官敗事。未有甚於今也。廟堂之上。大官倡聲。一口附和。侍從之臣。事不及知。知不敢言。臺諫之任。擬非所論。論非所擬。給舍之官。號書辭頭實註紙尾。經筵之選。職在切磋。動懷顧畏。百官有司。問例決事。計考望遷。以至將帥所以折衝禦侮也。而國人非笑。盜賊賤辱。監司所以揚清激濁也。而賄賂相尚。貪暴相習。郡守所以平易近民也。而興胥為市。賑民如讎。夫所謂大臣者。所以表儀百工也。今顧狃於得失利害之私。而使百工各不能以盡其職。尚得為無曠乎。不特此也。尊禮耆老。所以勸賢也。下之人則曰。不過隆以爵秩。錫以輦帶。未嘗有所訪問。此鄭公父老所謂善善而不能用。子思所謂以高爵厚祿鉤餌君子。而無信用之實者也。招延俊髦。所以重朝廷也。下之人則曰。

奏議卷六十一　十三

不過遨以温詔。位之閑曹。未嘗有所信任。此詩人所謂召彼故老。訊之占夢。孟軻所謂終於此而已。弗與共天位也。弗與治天職也。朝廷未嘗以言語罪人。雖事關廊廟。亦示優容。不可謂不受言也。下之人則曰。雖外亦示優容。而疑其沽名。惡其不靜。終於逐之。而實則喜佞諛而樂辯給也。朝廷未嘗輕聽士大夫之去。雖請至再三。必示禁留。不可謂不愛賢也。下之人則曰。雖外示禁留。而疑其求還。惡其立異。終於壞之。而實則私同已而用小才也。朝廷之上。士大夫日以綱常名分不立為憂。下之人則曰。君命犯而主威奪。上無以表率。而何以責在下。朝廷之上。士大夫日以禮義廉恥不張為慮。下之人則曰。苞苴行而女謁盛。上無以風厲。而何以遏其流。雖然。不特下之論為然也。臣日在陛下之左右。而猶未能釋然于心者。陛下未明而尚衣進服。質旦而司輦出房。九門洞開。屯萃森列。親臣近戚。魚貫而入。起居既

畢。二府分班奏事。宰臣留身密啓。然後賛者以新制引一班上殿。閤門報無公事。則大駕已興。陛楯皆出。此人主御朝之事也。為上之人未始不曰。人主夙興。聽事無闕。於禮亦云足矣。而臣疑其不然。古人自朝至日中昃。不遑暇食。猶若不給。乃今陛下臨御幾一年。中外非無事也。臣每旦侍立。但見陛下淵嘿臨朝。頃刻而罷。未嘗躬親聽斷。坐已訪問。豈為君真若是易易邪。臣又退而觀於有位。蟲飛而興。會盈而退。乘軒列哄。以造廨司。涉筆占位。以書乃事。文案山疊。极閒未終。而鳴鐘戒時。聚食而返。或造請權勢。或奔走書謁。此百官一日之事也。為上之人未始不曰。人臣分曹列局。上下相承。亦云可矣。而臣謂不然。古人謂無曠庶官。天工人其代之。其任至不輕也。況今內訌外禦。事幾錯至。豈是苟安之時。臣每旦就列。但見群臣位卑勢疎者。猶能治常程文書。剸錢穀出入。位高勢偪。則設不敢可否事。倰滑拱

奏議卷六十一　十四

嘿。交委其責。豈為臣者亦若是易易邪。臣至愚極陋者也。固已惕然憂之。矧惟民至神也。下至衆也。既神且衆。而道謗市議。每與上之論若不相似。然則是豈可藐如不聞乎。陛下潛邸舊學。講究新功。閲天下義理不為不多。顧試以臣言體八卦往來之用。玩上下交濟之理。而思古昔以來有偏聽獨任。忠言蔑聞。百官有司不修其職。發號出令不本於誠。而挈持虛器。長久而不墜者乎。夫危機屢發而旋止。此非美政也。矢今不治。痞鬲日甚。將為不可治之證。治之何如。一言蔽之曰。以下情達之上耳。然而陛下便朝講幄。所對者不過三四宰執。十餘講讀官。縱下情未達。無由上聞。臣竊見祖宗時侍從近臣。率是親擢。且非時宣召。與之從容講論。雖文武朝士至使臣選人。亦時得進見。而禁林館職。尤號親密。司馬光推本此意。嘗請日輪侍從一員。晝直夜宿。以備不時宣召。今陛下便殿講幄之暇。深居禁中。澹然無營。

獨不可親擢天下之耆哲位之禁近日輪一員時賜召對從容講論以盡下情乎。祖宗時除臺諫亦由親選每當言事雖於長官亦無關白。自慶元權臣用事臺諫遂與給舍同爲廟堂私人。臣以爲自今陛下於輪對群臣之日察其議論之忠鯁器識之醇明柬自宸衷或遇臺諫有闕獨不可親加選任以盡下情乎。祖宗時事關大體必付之外廷集議。自比日以來率是先期取納議狀此制遂成文具。臣以爲自今國有大事獨不可盡除近弊一付外廷公議庭辯衆決以盡下情乎。祖宗時輪對群臣及見辭官率是兩二班或食已再引自比日以來創引一班罕所諮訪夫人臣將有所言積誠以冀感格蓄閟以待疑問乃使之不得盡展所懷。臣謂自今獨不可數對群臣反覆問辨以盡下情乎。祖宗時置登聞檢院以達四方之書朝政得失公私利害軍期幾密皆得上達。今此制雖存僅成虛設。自今獨不可申嚴

戒司勿加沮遏以盡下情乎。大抵此數者臣自省事以來猶及聞前輩大老歷歷能言高宗孝廟時數對群臣及親擢臺諫等事又有語及兩朝集議輪對上書往往成誦。每使人有恨不同時之嘆。自孽韓柄國此制始壞。今而復之是乃所以述高孝常行之規繼先朝未終之志。收人心於渙散固邦本於蕩搖。此陛下初政至近至切事也。不然悠悠歲月上有失而下不諫下有怨而上不知。如乾坤之否而天下無邦。如水火之未濟而六爻失位。臣莫知所以爲陛下計矣。臣西蜀寒遠誤蒙陛下不以人廢言。亟下求言之詔。臣感泣思奮恨無以報稱。今臣適以舊疾所撓。凡再上祠官之請雖未蒙俞允恐疾狀轉劇。無復瞻望清光之日。故尚支持餘息爲陛下懇懇言之。

李鳴復上奏曰。臣聞善用天下之勢者不可使失之輕善持天下之勢者不可使流於弱。始焉輕而事變交激終焉弱而紀綱廢弛。天下之治始有不滿人意者矣。天祐社稷權臣云亡。陛下以大有爲之資當大有爲之會。向也權去公室而今則挈之以歸於人主。向也政出私家而今則斂之以會於中書。衆正之路闢而野無遺賢。群枉之門窒而朝多吉士。一時氣象翕然丕變。由中及外孰不謂一洗積年之謬習追還祖宗之盛治。將無不可者。臣獨惜夫立志太銳而謹重之道不足。求治太速而培植之功不加。謂富強可以談笑辦謂勳業可以僥幸致。政府方新而兩路之帥俱易此首事也。自易帥之令行而帑藏悉空矣。庭議未集而六月之師已興此繼事也。自興師之令下而公私皆困矣。財貨源流國之命脈繫焉。兵家勝負民之休戚關焉。顧皆率意爲之得不謂之輕乎。日還月往視官府如傳舍則用人失之輕。求得欲從養邊帥若驕子則御將失之輕。號令數易而輕在朝廷。和戰迭用而輕在中國。天下大器也而輕用之若此。此臣所以先

爲陛下惜也。夫舉事而捷如吾意則爲之也易。臨事而或有齟齬則應之也難。以其難於應也而一切解維纏墨聽其勢之自之。則天下事無復可爲矣。曷若初意本以佐用度也。府庫竭名器濫而楮幣物貴之弊自若。興師初意本以大恢拓也。士馬物故器械散亡而內阻外訌之憂益甚。一皷作氣至再而遂衰焉。得不謂之弱乎。士卒干紀但有驕縻則弱勢見於京都。主將償軍曲加覆護則弱政行乎邊鄙。跋扈之習交扇姑息之風遂成。國勢九鼎也而削弱至此。此臣所以重爲陛下慮也。由前而論固若可挽回唐虞三代之純懿。由後而觀幾不免流爲唐季五代之陵遲。考古以驗今即理以揆事。其何以爲策乎。昔者世至春秋周之勢弱矣。孔子曰。如有用我者吾其爲東周乎。蓋謂東周不足爲而欲反之於西周之盛也。觀其得用於魯行偽而堅言偽而辯者首加誅戮。正之以公法不聞待之以姑息也。曰家

不藏甲。邑無百雉之城。於是叔孫墮郈。季孫墮費。辭之以正理。不聞誘之以厚賞也。郤萊兵。戮齊優。而侵疆以復。臨之以大義。不聞示之以屈辱也。蓋夫子之所講明者。由開闢以來不可易之常理爾。是理也。與生俱生。無智愚賢不肖人皆有之。一日捨是。雖天地不能以有立。而況人乎哉。天下之勢。由強而入於弱。此理之晦也。天下之勢反弱而歸於強。此理之明也。夫子之緒餘。少見於用魯。而夫子之蘊藉盡寓於春秋。陛下誠能取其用魯者以用天下。推其寓之春秋者以律斷世。將見紀綱森嚴。法度峻整。君安其為尊。臣安其為卑。下不敢凌上。民不敢亂華。而國勢泰山其安矣。當今要務。莫急於此。臣無任俯伏祈望之至。

鳴復又奏曰。臣聞為天下者有道揆。有法守。道揆明於上。法守行於下。天下不足治矣。天下大器也。事物之衆。機務之煩。非一人之智所能周知。亦非一人之力所能獨任。先王知其然。故舉其事之要者以屬其股肱大臣。凡天下大政令。大更革。必使之相可否而後行。大謀議。大賞罰。必與之訂是非而後定。應天下之大變。排天下之大難。進天下之大賢。黜天下之大姦。其他瑣瑣細務。皆不以累其心。是之謂道揆。舉其事之詳者。以付之群有司百執事。曉錢穀者使治財賦。識經略者使嚴武備。明禮者掌禮。明法者主法。吏治之能否。民生之休戚。雖天下萬變日陳乎前。皆有人焉執條據例以酬酢之。是之謂法守。委其要於大臣。付其詳於群有司百執事。要則使之清心省事以思其職。詳則使之畢智竭能以效其忠。由堯舜三代以來未之或改也。陛下厲精更始。亦既踰年。天下翹首以望太平。而若內若外不滿人意者。十猶八九。即其實而求之。或者中書之務不清。六曹之職不舉。不容無議也。且中書者。政本之所自出也。惟靜而後可別動。惟

簡而後可御繁。若乃弊精神於簿領之餘。疲智慮於瑣細之末。至於軍國要務。凡有繫於廟社之安危。生靈之利害者。事急則草草應酬。事已則悠悠玩愒。臣恐古之所謂論道經邦。貳公弘化。似不若此。六曹者。所以行君之令而執範四方者也。設一職當著其一職之效。任一事當責其一事之實。若乃觀美有餘。實用不足。振起事功之意少。粉飾治具之意多。案牘滿前。乃受成於吏手。職業俱廢。殆無補於公家。臣恐古之所謂分職率屬。倡九牧。成兆民。似不若此。今天下事勢可言矣。往歲興師。不以繫中原之望。今一跌不振矣。往歲易楮本以平物貨之價。今百貨愈貴矣。東有徐邳之寇。則新疆適所以召禍。南有廣志之盜。則舊部亦敢於生變。欲和而兵未可撤。欲靜而勢不容上。邊庭驕蹇。有尾大不掉之勢。蕃漢雜處。有狙詐作敵之憂。國論易搖。人心多惑。如是焉而猶欲以蹈常襲故之規。撐當紛至遝來之事變。能保其必濟乎。臣願陛下宣諭大臣。清中書之務。以遠者大者為憂。重六曹之責。以怠焉忽焉為戒。使上下相維。紀綱不紊。任道揆者各盡其道。任法守者。各執其法。天下庶乎其可為矣。或曰。六曹不任職久矣。應有勘當。每含糊其辭。應有指定。多兩可其說。故必都司書擬而後其理明。必廟堂予奪而後其事決。臣曰不然。今之侍從。尚往日之都司也。安有任都司則辨事。任侍從則廢事哉。今之都司即今之六曹郎官也。安有在省則賢明。在部則愚暗哉。同是人也。易地則皆然。顧上之人所以責任者何如耳。今大臣虛心無我。邇者除目擣敗。孰非廟堂之所進擬。陛下之所旌擢。委任責成。當如身之使臂。臂之使指。正不必有親疏輕重之別也。任以是職。而不責之以其事。奚益哉。臣嘗讀柳宗元梓人傳。謂梓人之道類於相。其為說曰。梓人量棟宇之任。視木之能。舉揮其杖曰斧。彼執斧者趨而右。顧而指曰鋸

誅。執鋸者趨而左。俄而斤者斲，刀者削，其不勝任者怒而退之，亦莫敢慍。畫宮於堵，盈尺而曲盡其制，計其毫釐而建大廈，無進退焉。既成，書于上棟曰：某年某月某日某建。則其姓字也。是足為佐天子相天下法矣。臣每嘉歎以為雖古之伊傅周召，其規模亦不外此。今政府日困於多事，而六曹幾至於具員，用敢借陳其說，以瀆宸聽。惟陛下與二三大臣實圖利之。

嗚復又奏曰：臣嘗讀書，見周召相成王為左右，召公不說，周公至作書以告之，稱小子旦者二，稱君奭者四，無非寓其懇拳之意，達其懇切之情。謂有殷多歷年所，則由伊尹至甘盤，原其所以為殷之輔者凡七。謂文王能集大命，則由虢叔至南宮括，推其所以為周之佐者凡五。曰若游大川，豈汝與其濟，所以望召公者惟懼其不至。曰襄我二人，汝有合哉，所以勉召公者惟恐其不盡。不說者在奭，開釋其疑而使之說者在旦。烏乎，此周之所由盛歟。且夫大廈之建，非一木之能支；大器之安，豈一力之能舉。使當軸處中者先有造相疑忌之釁，則見之施設注措，必有齟齬而不遂者。周家忠厚之澤著於分陝，歌於二南，傳而至於歷世三十，歷年八百，實自二相成之。此可為萬世法也。陛下總攬權綱，舉數十年久廢之典，並建二相，竊窺廟謨雄斷，意者見夫更化已久而治效未著，欲使謀王體、斷國論者各得展盡底蘊，相與協濟耳。為二臣者其何以仰酬聖意。臣嘗妄謂鄭清之有宰相之度，而才不足；喬行簡有宰相之才，而力不逮。合二長以共成事功，其庶幾乎。然臣竊有憂焉。蓋自後世克己之學不明，而執要權者皆不免私情之徇。權合而為一，則過於自用而同列不得以行其志；權分而為二，則終於相忌而小人因得以乘其危，浚鼎丞命，間隙忽開，鷸蚌相持，卒墮擒手，此分任之弊也。權擒獨相，虐焰熏灼，忠臣義士，飲氣吞聲，此專任之弊也。今天下可謂多事矣，合眾人之智以為智，兼眾人之勇以為勇，猶懼不給。顧可二三其德哉。臣願陛下下臣此疏，宣諭二大臣，以周召為法，以浚鼎為戒，毋使復有如擒者持剸虎之術以售其奸，不勝宗社之幸，生靈之幸。

嗚復又奏曰：臣比聞都城復有鬱攸之變。七年之間，災禍迭作，陛下焦心勞思，不遑寧處，宰執負咎引慝，不敢安居，群有司百執事惴惴奔走之餘，精思熟慮，求所以進言於陛下者，不為不多矣。臣濫分閫寄，處邇輔藩，當無事之時，既不能貢曲突徙薪之謀於有事之日，又不容施焦頭爛額之術，事變叢脞，人心憂危，臣實懼焉。臣不避狂愚，謹以三言為獻。一曰：願陛下修實德以格天。不睹不聞之際，天心之鑒照也甚嚴；無聲無臭之間，人事之感通也甚易。必夙夜畏威而後可以回天意，必屋漏不愧而後可以永天命，毋徒曰避殿減膳已足以示躬行之實。此殆具文也。二曰：願陛下行實政以安民。兩淮、京襄胡為而墮於塗炭，四蜀關隴胡為而斃於干戈。兵端之妄開，既有以致紛擾之禍，必兵端之暫息，然後可以收安靜之福。毋徒曰發府庫百餘萬錢，給倉廩十數萬斛，已足以賑一時之急，此殆小惠也。三曰：願陛下求實才以輔政。宰執侍從得人，則朝廷治；監司守令得人，則郡國治；將帥守禦得人，則邊境治。除授在朝廷，各有以當其選，則服役在天下，斯有以稱其職，毋徒曰奉璋峩峩，佩玉濟濟，已足以盡一世之人物。此殆觀美也。所修者實德，所行者實政，所用者實才，當今急務莫切於此。信能行斯三者，則轉禍為福，易危為安，有不難矣。患難之來，乃人主建功立業之地，惟陛下加之意。

嗚復又奏曰：臣猥以愚庸，濫叨器使，向者便殿引對，兩陳奏疏之外，以遠違闕庭，懷不自已，嘗冒進狂言，願陛下定大本，執大權，求實才行實政。到郡未幾，且復奏聞。然舉其綱猶未備其目，提其要猶未布其詳也。今陛下不以臣為不肖，名自藩閫，俾預政機。深度時宜，審觀事勢。方今急務無切乎此。用敢申其說以獻。何謂大本？主器出震，明兩作離是也。古者帝王即位，必首定世子，以為宗廟社稷無窮之計。世子者，王之貳，天下之本也。世子定，而天下國家之本定矣。然與子易，與賢難；與賢非難，擇一賢者之為難也。嘗即其難者而思之，必先於養而後可以擇，必謹於擇而後可以與。英宗年未齠齔，即鞠養于禁中。仁宗皇帝視如己子，育而教之以全其氣質，不待擇也。高宗皇帝詔知南外宗正事令廣選宗子以進，既而貓過而蹴者不足以任重，拔立如故者遂足以付託，此謹於擇也。邇者御筆肆頒，令宗司參酌彝典，建置內學，選育宗賢。天下翕然傳誦，謂陛下知以宗廟大計為慮矣。今聞諸道路，宗賢雖選而未決，內學雖置而未備。夫與其育於外，曷若教之於內；與其咨於人，曷若斷之於己。優柔饜飫之際，陛習之所由成；動容周旋之間，德量之所由見。陛下春秋鼎盛，當有皇嗣誕生。然與賢與子，皆天也，非人之所能為也。陛下儻能承天意以從事，力行其所已行，必定內學，必育宗賢，視其所以，觀其所由，察其所安，而徐為之決擇，則人心有所屬，天命有所歸，而陛下之聖心亦泰然其有餘裕矣。此重事也。陛下已開其端，臣敢以是為陛下賀。何謂大權？惟辟作福，惟辟作威是也。昔之英君誼辟，未有不自執其權而可以有為於世者。然天下之大，事物之衆，豈一人之智力所能酬應哉？言之在人，行之在我。其利害之所關繫，特在乎斷與不斷耳。執狐疑之心者，來讒慝之口；持不斷之意者，開群枉之門。孝元優游不斷，故政出多門，而漢之業以衰；光武赳赳雄斷，權綱總攬，而漢之祚以復。有天下者，可以鑒矣。陛下日親經幄，闓天下之義理已多，日御路朝更天下之事變已熟，亦嘗究觀前古理亂之原乎？自古兆亂之端有四，而弭亂之本有一。強臣擅兵，朋黨交鬨，外戚預政，中常侍用事，所以兆亂也；操縱予奪一出於我，慶賞刑威不移於人，所以弭亂也。重其任使戴吾之德，收其權使畏吾之威，則強臣無擅兵之患矣。休休有容者任之而勿貳，截截善諞者去之而勿疑，則朋黨無交鬨之患矣。公議不以私情奪，公器不以私恩授，則外戚無預政之患矣。腹心以之託君子，法制以之繩小人，則中常侍無用事之患矣。陛下信能行此，使天下大權一歸於人主，天下大政盡出於中書，則紀綱修明，法度峻整，天下事尚安有不可為之理哉？此要務也。陛下當謹其微，臣敢以是為陛下勸。若夫人才之賢否，政事之得失係焉。有是實才，斯有是實政，脈絡相通，不容以二觀也。陛下即位十有四年矣，天下有望治之心，而無平治之實，則所以為陛下用者，不能不負陛下也。寶紹之始，柄臣專國，鉗天下之口而奪之氣，故相與附和而一時之才病於諛。端平以來，朝廷更化，鼓天下之氣而使之伸，故諛辯風生，而一時之才又傷於激。諛固非盛世事也，激而不已，豈國家之福哉？臣曩在臺端，嘗慮及此，故於請對之初，首以致中和建皇極之說進。今雖數載，而此風猶未靜也。非特不靜，而草茅之士又風其焰而烈之。此何異南北部互相譏揣，三君八俊八及之共相標榜，其不成黨錮之禍者幾希。阿諛之久，既變而為矯激；矯激之窮，又浸入於浮虛。曰吾言不售，吾志不行，但有去而已矣。盍夫同舟遇風，胡越相救。生此王國，去將安之？習謂少無宦情，不預世事，果可免蕭墻之禍乎？欲潔其身而亂大倫，學自孔氏，君臣之義如之何其廢乎？舜命九官，同寅協恭，不聞其以矯激為事；周分六職，敬爾有官，不見其以引退為高。恭和在唐虞成周，奇為萬世法也。陛下誠能詢四岳，闢四門如發言爲必責之以厎可續行爲必要之以成厥功考其幽明加以黜陟則實才不患其不著以八柄馭群臣如周邦國都鄙各謹歲司月要日成各共乃職歲終而小廢置三歲而大誅賞則實政不憂其不舉不然虛名者用而不察其所辨者何事空言者進而不計其所成者何績以此致治未見其能治也臣在會稽有議及時事者怨謟臣曰端平之不爲元祐無惟也元祐之君子欲熙豐之紛更而務爲安靜端平之君子厭嘉紹之委靡而務爲紛更三京之役取淮鄙之欲智也元祐爲之乎稅畝之事截青苗之餘習也元祐爲之乎舉事有如熙豐而致乎欲爲元祐無惟乎端平之不元祐也此往事也陛下既知其所以然則當求其得可也臣敢併以是爲陛下告夫本定於內則宗社之勢以固大權執於上則禍亂之原以消以天下之實才行天下之實政則吏稱其職民安其業而若內若外之治皆可

次第而舉矣傳說之告高宗曰非知之艱行之惟艱惟陛下不以其艱而力行之宗社幸甚天下幸甚

軍器監丞杜範入對言陛下親覽大政兩年于茲今不惟未覩更新之效而或者乃有浸不如舊之憂夫致弊必有原救弊必有本積三四十年之蠹習浸漬薰染日深日腐有不可勝救者其原不過私之一字耳陛下固宜懲其所原使私意淨盡顧以天位之重而或藏其私憾天命有德而或濫於私予天討有罪而或制於私情左右近習之言或溺於私聽土木無益之工或侈於私費隆禮貌以尊賢而用之未盡溫辭色以納諫而行之惟艱此陛下之私有未去也和衷之美不著同列之意不孚紛尾抑數事不預知同堂決事莫相可否集議盈庭而施行決於私見諸賢在列而密計定於私門此大臣之私有未去也君相之私容有未去則數條之頒徒爲虛文近者名用名

儒發明格物致知誠意正心之學有好議論者乃從而誣訾訕笑之陛下一惑其言即有厭棄儒學之意此正賢不肖進退之機天下安危所繫願以其講明見之施行

範爲右丞相入覲帝親書關誠心布公道集衆思廣忠益賜之範又上五事曰正治本謂政事當常出於中書毋使旁蹊得竊威福曰肅宮闈謂當嚴內外之限使宮府一體曰擇人才謂當隨其所長用之而久於職毋徒守遷轉之常格曰惜名器謂如文臣貼職武臣閤衛不當爲徇私市恩之地曰節財用謂當自人主一身始自宮掖始自貴近始考封樁國用出入之數而補窒其罅漏求盎筴諸弊變更之目而斟酌其利害仍乞早定國本以繫人心

上命宰執各條當今利病與政事可行者範又上十二事曰公用捨類進退人才悉參以國人之論則棄韓抵巇者無所投其間曰儲材

能內而朝列則儲宰執於侍從臺諫儲侍從臺諫於卿監郎官外而守帥則以江面之通判爲幕府郡守之儲以江面之郡守爲帥閫之儲他職皆然如是則臨時無乏才之憂曰嚴薦舉宜詔中外之臣凡薦舉必明著職業功狀事實不許止爲褒辭朝廷籍記不如所舉並罰舉主仍詔侍從臺諫不許與人覓舉曰懲贓貪自今有以贓罪案上即行下勘證果有贓敗必繩以祖宗之法無實跡而監司妄以贓罪誣人者亦量行責罰臺諫風聞言及贓罪亦行下勘證曰專職任吏部不可兼給舍京尹不可兼戶吏經筵亦必專官曰久任使內而財賦獄訟銓選與其他煩劇之職必三年而後遷外而監司郡守亦必使之再任其不能者則亟行罷斥曰抑僥倖布告中外各務職業朝廷不以弊例而過恩宮庭不以私謁而廢法勳舊之家邸第之戚不以名器而輕假曰重閫寄曰選軍實曰招土豪曰宜倣祖宗方田

之制。疏為溝洫。縱横經緯。各相灌注。以鑿溝之土積而為徑。使不得並轡而馳。結陣而前。如曹瑋守陜西之制。則戎馬之來。所至皆有阻限。而溝之内又可以耕。也勝於陸地多矣。曰治邊理財實為當今急務。有明於治邊善於理財者。搜訪以聞。

秘書少監袁甫上疏曰。臣竊伏思念先臣某事寧考朝嘗進精神之說。大要以為人主運動天下。其妙在精神。寧宗欣然嘉納。臣今復掇拾遺論。為陛下詳言之。陛下新更大化。日與大臣論道經邦。精神之運宜可以光宅風動矣。而中外多蠹弊滋長。因循歲月未臻厥成。其故何哉。君臣之間。聚精會神之意常少。而事物之來。敝精勞神之患常多。此正今日之大病也。陛下每旦辨色視朝。大臣奏事之後。或間以臺諫之論奏。或繼以百官之輪對。而經筵早講已迫矣。進膳之餘。陛下復於宮中省閱章奏。而晚講又且迫矣。則是一日之中。焦焦焉。疲其精神。不亦甚乎。精太用則竭。神太勞則敝。此必然之理也。况天下之事有緩急。有輕重。於其緩且輕者。姑徐徐焉應之。則可以併其精神於急且重者。而無失事之患。今陛下既以聽政勤講。罄於日力之不給。而中書之務。不問巨細。内而庶政。外而邊防。叢委繆轕。畫歸廟堂。無一事之區處不關於念慮。無一紙之申明不經於裁決。雖曰機務總括之地。勢則宜然。亦恐執要御詳之道。未必如是。陛下與二三大臣有限之精神。既已奪於泛泛之常程。則夫急政大務所當靜觀默察者。安得復有精神以為之運用耶。夫所謂急政大務者何也。上而畏天。下而愛民。舉至大至重之責。萃於陛下之一身。陛下亦嘗思之乎。迺月正元日。風從乾來。占為兵起。越三日。月犯太白。占為強侠作難。天下民靡敝。立春之朝。條風起西北。占為暴霜殺物。果蹈貴驚蟄後一夕。雪降非時。占為迫近之象。又七日。太白與填星合。占為疾為内兵。既而隕霜之異。果在寒食之後。則春日所占不虛矣。陛下觀晝變異。惕然自反。凡可以召和者。無所不用其至。此則陛下所宜專用精神者也。近者邳徐失守。海亦被寇。新復州郡。勢皆危蹙。外虞既急。内備又單。維揚半是北人。洞知我之表裏。事勢如此。其可寒心。軍實積於輕進。戍兵勤於屢衄。竭然空虛。何以應猝。况所在軍情易於激變。殺官吏焚州縣。如惠陽近事。漸豈可長。齊安隱憂未容安枕。而豫章近地。幾致往變。推其所以致此之因。皆由帥閫久虛。素無鎮壓之勢。兵備單弱。易啓陵侮之端。此亦陛下所當倍加精神者也。而臣竊窺今日之勢。君臣上下。非不夙夜究心。然大抵緩急重輕混而為一。始欲俱急。而終至於當急者亦緩。始欲俱重。而終至於當重者亦輕。在彼既有所分。則在此者必無所專。是亦可以悟敝精勞神之失矣。奈何因循苟且。不能奮然改其舊而新是圖。士大夫有憂國之心者。徒能仰屋竊嘆。而無致精為陛下言之者。雖言之。而陛下亦未必能行之也。孟軻曰。堯舜之智而不徧物。急先務也。堯舜之仁。不徧愛人。急親賢也。夫以堯舜大聖。未以周徧為能。而惟以急先為貴。若之何悠悠泛泛而欲治道之興起乎。是故善運其精神。則雖憂勤而決無勞敝之患。不善運其精神。則雖勞敝而反無憂勤之實。光陰迅速。歲不我與。陛下勿恃春秋之鼎盛。而輕用其精神也。臣忠愛之心。出於悃愊。惟願陛下與二三大臣日夜聚精會神。毋以薄物細故。耗有限之力。必使志慮專於大政。規模急於遠圖。天下之事。綱舉目張。而太平不難致矣。惟陛下財幸。

蚤王府教授吳昌裔上奏曰。臣嘗讀儀禮。始見于君執摯。傳曰。摯者質己之誠。致己之悃愊也。故盟心以待對。積誠以告君。在昔儒臣。率謹茲禮。臣雖晚陋愚鄙。無所肖似。然於見君父之始。何敢不潛思積應輸瀝悃愊求所以忠陛下之職分乎臣聞天下之理有感必有應陰陽之屈信而冬必有春日月之晦明而晝必有夜寒暑之往來而雨必有暘盈天地間無一非感應之理也人君中天地而立執感應之機一悟而反風一懼而銷旱一言善而星躔順軌一氣清明而山川出雲其機焉如是速耶不疑未有能感不虛未有能應不誠未有能動者也動以天則物與無妄而皆誠動以人則朋從爾思而為咎天人證應之舒蹙顧人君所以感之者如何耳恭惟皇帝陛下天造神斷日躋聖功勇衛神器襲四宗之緝熙至孝也親攬萬機御八枋之予奪至剛也銳情經術究百聖之精微至明也以英睿不世之主乘改紀更化之時是宜已日乃孚朞年而變風動丕應惟上之從然人情戢慴敝化未新乾象推移妖祲錯起月犯金宿火入帝垣太白經天流星墮地風雷雨雹之變奉諱惡於太史者無月不書而四方

奏議卷六十一　三十七

逆賊之黨麗司馬之法者又無日而不有也不視其形而察其景游聲嚮昏私切感之陛下試於蠖濩之居清閒之燕政事不干於思慮暬御不接於清明此時此際靜觀密察究所以然之故無乃濬源正本之地天理有未純歟立政造事之間天德有未健歟誠身謹獨之際天命有未敕歟圖事揆物之所天工有未亮歟班朝表著所以治天職者未公歟軍伍府衛所以奉天討者未正歟天非昭昭之多也非蒼蒼之謂也此在陛下之心百官之志朝廷之政事三軍庶民之視聽而已臣請區別其目為陛下熟數之天地生物各無不足之理天理在人常有不盡之分蓋反身而誠則天理存感物而動則天理滅是以舜敕天敘之典禹敘天錫之彝湯綏帝降之衷無日而不與天對也天尊地卑而君臣定聖作明述而父子親兄弟既翕而父母之心寧夫婦有別而內外之位正所以維持宇宙經紀國家亦大泯

亂于民彝者用此道也陛下聖心虛靜天理融明以本大經孰不精議然本末舛逆經制搶攘君命犯主威奪逆節姦萌見間而起倡聲膽大皆有輕朝廷之心此豈可求之陛下之身外哉褎然無驕主之諫張敞無就第之書徐傅無暴罪之詔蓋經一世而君臣之綱不明子仲無命蔡之封子安無列侯之爵樂隱無改卜之典蓋歷一紀而兄弟之倫不復承正統者不顧私親禮也京師立廟未央設幄而本統之義不尊基王化者必本后妃詩也後庭數游教坊盛選而嬪嬙之御無節陛下毋謂執命之臣無關於王度閨心之衰不與於邦常並統二上無嫌於宗社之靈深宮閒居不關於邦家之化心術一形於此而證兆著見於彼捷於影響甚可畏也陛下儻一旦赫然震怒幡然深思追一諫之謚以誅姦諛錄涪陵之孤以厚倫理以奉秀園之典而抑顧復之恩以戒張嫚之言而防私設之謁則大綱正而等

奏議卷六十一　三十八

威尊小宗法而本統重鴒原有歸而嗣息以蕃魚貫順序而壽命以固無非祈天永命垂裕後昆之本也子盜父兵之語人所難言冢犯霧露之誅非所宜道然人臣一言而主聽隨悟蓋觸其天理油然之機耳今言及權臣者不過欲明綱常而陛下謂之据摭言及濟嗣者不過欲篤恩紀而陛下謂之輕議言及王邸戚藩者不過欲辨等物而陛下必為之愀然不樂見于色辭遂令天地之經隱於人心者舉朝相告以為世之大戒豈所以立人紀而範來世乎此臣輒議陛下天理之未純也一日而一周天者天行之運一息而無非天者人君之德天德不運則化育之功閒君德不強則物欲之私行是以帝德之廣運湯德之日日新文德之純亦不已皆與天為一也威福玉食則曰辟慶賞刑威則曰君禮樂征伐之所自出曰天子典禮命討之所以行曰天王凡經理萬幾宰制群動納民庶于軌物者此天德也

陛下夙興視朝。夭昕聽政。位于天德。罔不清明。然勵精之志雖勤。斂理之效逾邈。更化志操。衰於始初。言來而多疑。事至而少決。旰豫有悔。已開群邪窺伺之端。此豈可不求其故也。蓋繫累於物欲之多。則天德不健。牽制於文義之細。則天德不健。黷闇於私昵之請。求則天德不健。囿互於舊恩之除授。則天德不健。壅閼聽候於讒御之人。則天德不健。猜貳仁賢於讒慝之口。則天德不健。陛下盍不思左右便辟。非伐德之斧乎。嬪媵臙佞。非累德之疾乎。保阿女巫。非溺德之鴆乎。壬人讒諂。非損德之穽乎。陛下儻體乾之健德。而闢陰邪。用洪範之剛德。而克佞詖。行中庸之勇德。而經綸天下之大經。使政事必歸於中書。宮府必統於冢宰。紀綱必一於臺省。選舉必本於天官。則以之式我王度。豈不清正。我朝綱豈不肅。用之於私謁。邪徑豈不杜。用之於師律軍政。豈不嚴。此則天德王者之政。非特如後世之勵精綜

核而已。司馬光歷事四朝。而所言不出仁明武之三德。范祖禹進帝學一書。而其要不過謂法仁祖則可至天德。祖宗之所以為學。堯正之所以告君。天德之外。無他法也。或者謂陛下有帝堯之神。而惟循孝元優游不斷之迹。有湯文之勇。而微近文宗不能堅決之風。有可以法仁祖至天德之資。而天運不息。未能盡如四十二年之治。其何以彊庶政而作新民乎。此臣輙議陛下天德之未健也。勅天之命。惟時惟幾。時者事之宜。幾者動之微也。蓋天命不已。流行於起居日用之間。時時整勅。則為吉為永年。為無疆惟休。一有不勅。則為凶為不其延。為早墜厥命。於一日二日之幾。常有明證。定保之戒。此帝王君臣所共兢業也。我國家積德深厚。受命靈長。陛下昭事小心。罔不祗肅。然天命不易。天位惟艱。災祥之降靡常。休咎之幾可畏。必罔游于逸。罔淫于樂。而後可以勅天命。必無敢戲豫。無敢馳驅。而後可以勅

天命。必其疾敬德。其德之用。而後可以勅天命。必知小人之依。知稼穡之艱難。而後可以勅天命。湎于酒。則天命不又。班伯醜呼之戒。不可以不思。惛于色。則天命多舛。而感靡曼之好。不可以不遠。土木之崇。非所以謹天戒。大寶瓊臺之藏。不可不日陳于前。佳兵之出。非所以應天道。冊書造矛之銘。不可不日省諸己。與夏大勢陧杌而未定也。邊方遠民離散而未集也。塞外吏士。反復而難養也。寇賊姦宄。竊義而難安也。天下愚夫愚婦之情。怨詈而難保也。臣願陛下亟於此時上下相勅。用司馬光罷燕飲之戒。以保大和。從王素出女口之諫。以壽國脉。行王曾玉清昭應之疏。以息民力。聽富弼二十年不道用兵之語。以早安宇內。深惟幾康。克自抑畏。日謹一日。以迓續乃命于天。此今日家急務也。若臨朝接下。所奏皆常程文書。宮中宴飲。所問多閨閫細事。而安危界分。利害機括。所以關繫天運者。則不致深長

之思。豈所以勅天命乎。無曠庶官。天工人其代之。治人者官。而代天者相也。道揆職任。當體造物為心。撫五辰順四時。而後可以代天。一物失所。則非天也。鎮四夷。附百姓。亦後可以代天。一夫不獲。則非天也。統百官。均四海。而後可以代天。一賢不得其職。則非天也。位育和同之妙。不過彌綸輔贊之間。代天工者。盍亦盡天分而已。陛下上稽天運。下揆人情。祗遹先猶。並命二相。聖斷先定。人望允孚。謂宜朝紳動色相慶。海寓延頸升平。而廷揚以來。將閱三月。未見勤彊夙夜。以行所欲為。況今天下弊積。事極外有窺邊之虎兕。內有起陸之龍蛇。四方有敗。日至廟堂。蕭墻之憂。近在旦夕。氣象凛凛如此。此豈充章引去所能解紓耶。此豈杜門謁告所能鎮定耶。此豈避攛遠謗所能茹納耶。唐朝宰相於政事堂。吏旬秉筆。為員數很多也。國朝宰輔遇機速事。輪日當筆。為軍務擁併也。吏櫰委延。賞刑罰委滯。軍旅粮儲

委浴德宗之責成至矣。而言復中海。張浚可專治乎旅。胡松年專治戰艦財用可專委一大臣。我高宗之責任專矣。而事不果行。蓋宰相非他官比也。非可以一職名也。非可下行有司之事也。天下機務當共平章。天下人才當共進退。朝廷事宜當共處分。遴郡吏璲當共科條。同寅協恭和衷哉。是出於衷而後為和也。據亦同耳。焉得和。是心乎和者。不必同也。昔臣琦等論事如爭。及至下殿。不失和氣。今於殿上。唯唯可可。而退朝以後。人各有心。其不與先正之和異乎。臣公著等日聚都堂。雖與同列各盡所見。今雖都堂會聚如昔。而人懷異見。不能自盡。其不與先正之和異乎。該政事。則問集賢。該典故文學。則問東西廳。必事事公共商榷而後謂之和也。欲知選事。則問吏部。欲知財用。則問戶部。必人人博加諮訪而後謂之和也。設或面從而心違。陽予而陰異。豈所謂忠臣不和之節乎。臣願陛下中勅二相并肩一心。開誠布公。竭節勵善。曰方今何事可憂。何人可任。何利可興。何弊可革。何者為急務。何者為危機。愛惜分陰。力行好事。以杜韓之公道自任。以馬呂之正學自期。以梁竇之務崇私交不篤義訓為戒。如此。何患乎經綸事業之專美于昔也。摯與大防本同心耳。而吏額增損乃啓黨論之爭。浚鼎情分如兄弟也。而賓客往來遂造讒說之間。一隙不謹而小人乘之。邇臣不和。庶政皆惰。豈所以贊元工乎。一世人才所與治天職也。陛下更化以來。收召眾正。白首耆艾之士。骨鯁碩大之儒。厄於柄臣。久鬱民望者。悉皆錄用。有位于朝。可謂治世之良瑞。邦家之景光也。然賢者充庭而治不加昔。與亂同道。往往過之。是豈君子果無才耶。善人果不能辦事耶。儒術果迂且腐無益人之國耶。不蔽帝臣者。乃所以事帝。弗共天位者。非所以尊賢。蓋知賢而不用。用之而不盡。則為弗敬厥職。弗克若天矣。尊事黃耇。圖任舊人。

尚猶詢茲黃髮。此詩書之美事。遂耆德播棄。黎老弗共。耆長舊有位人。此商周之衰形。陛下召彼故老。凡耆壽俊罔不在厥服矣。然典刑四朝。經理全蜀者。猶有未就子忌之歎。十年躬耕。一介不取者。猶有亦不我力之疑。徒其陳謨抗論。不遜於諸儒也。服采錯事。不衰於晚學也。顧乃謂哲為愚。謂耄為譫。而佚之閒廪何耶。其惟吉士。其惟克用常人。惟成德之彥。乂我受民。此立政之根本。勿以憸人。無以利口無以巧言令色便辟側媚。此周官之法度。陛下登崇俊良。凡庶常吉士。臧布在臺省矣。然先事衛慮。力諫用兵者。常有曷予還歸之興。竭節盡言。句發藥墨者。日有亦惟斯戾之憂。彼其橫身以抗群小。非為私也。出力以為國家。非要譽也。顧乃謂才勝德。謂利捨義。而潔其去志何耶。公卿大夫當用有經術明大誼者。而唯諾佚給奉行文書之士。猶參錯於其間。則得無孰粹雜糅之嫌。法從近臣。豈無陳善道廣闕聽者。而精銳銷耎。莫敢盡言之人。亦載尸於其列。則穿免瑕瑜混淆之病不憚于位。民之攸塈。職當思其居也。自處官不親所職。而怠事之弊生。皆共爾位。正直是與。官必守其道也。自行事互觀顏面。而徇情之弊生。魚潛在淵。或在于渚。謂下位不接于上也。自浮競馳騖計貲商利而嗜進之弊生。鳳凰鳴矣。于彼高岡。謂直聲有聞于時也。自上下選愞容頭過身。而循默之弊生。陛下之所以治天職者三事大夫也。四輔疑丞也。臺省長官與百執事也。今上無樂與之誠。下無奉公之節。良實者怨乎不任。盡忠者憂乎見疑。以身任事者懼於眷衰。以言犯顏者嫌於厭薄。周行之彥。未能一一極其妙選。而欲以補綻缺壞。支撐傾邪。求變化於朞月之間。不亦難乎。臣願陛下謹好惡之偏。戒邪正之雜。保守初意。純任諸賢。勿使在外失職之徒。日夜窺伺覬求復用。以動搖朝廷。則天職公而人心顯矣。賞罰二柄。所以正天討也。陛下奮發明斷，總攬權綱，一紘而斥二凶，一疏而逐二帥，凡懷護贓貨之徒，次第屏斥于外，可謂得一怒之正，明五刑之公也。然威令雖振，而賞罰無章，嫗柔豪殘，漸用頹弛。邊臣不稟於朝，筭軍吏不尊於王官，衙校偏裨不憚於主帥，此豈一日之故耶。將明威以臨有罪，謂之天罰；奉王命以伐不仁，謂之天吏。孟命討皆以天論，一置私意於其間，則是我之賞罰，非天之賞罰矣。籍賢家財，收其財貨，斥賣元載家産，藩貨之家必錄，此天也。今奪民之產者輒貸，揞軍之賊者輒略，盜庫之金而有案，揞京之鏹而厚藏者，皆置不問，乃摘其近者一人姑懲之，適所以警餘黨而為之計。此天討之不正一也。戮馬謖，廢商浩，繫劉彥之，僨軍之將必罰，此天也。今竟師於汴洛者不庭，戮民於邛徐者不誅，赦宿而委蘅，糧攻唐而棄鎧，伏者悉皆廢法，不雖不明春秋責帥之誼，而其徒之輕偎僂敗者亦貸之。此天討之不

正二也。神策恃恩驕橫，君子謂德宗之失刑；禁軍遮馬告寒，英主歎莊宗之無法。軍法之行，當自近始，天也。今輦轂之下，咫尺天威，折箠囁呼，比屋洶懼，真目汰軍則為之住揀，藉口罷豢則為之賜緡。部轄嚴緊者以召怨而罷歸，將領縱容者反以有勞等第行賞。此天討之不正三也。絳卒以無糧叛于儀，遂正行營之誅；淮兵以防秋潰，李泌迄行軍門之戮。蠡賊內訌，法所不赦，天也。今郡國之兵，動喻階級，廣兇以適而佚罰，建卒以潰而稽誅，冊徒水軍遣帳兵而始平，高沙戍卒降黃榜而後下，不惟瘡戍灰燼未息，民嚚而戎首屬階，尚屈邦憲。此天討之不正四也。夫外寇未平，四支之病；內政不理，心腹之憂。宿衛喧謗不治，姦雄見而生心；朝廷事柄不一，藩方歸而益橫。天下之變紛擾不齊，亦在為國者謹其政刑而已。今政令垢靗，文法羈縻，罪以隱匿而不彰，功以嫌疑而不賞，天下大姦猶有漏網，匹夫小人猶

敢爭衡。為政如此，亂何由而已乎。臣謂贓吏之不戢，非公也，得一李絳則人爭輸家財以代賦矣。邊臣之不惑，非斷也，得一宋璟則人不敢求邊功以希賞矣。王駕鶴典禁衛，人懼為亂，而轉移於坐語之間，則一祐甫為之。盧從史擅鎮兵，或疑其變，而縛致於從容之頃，則一裴垍為之。朝廷有道，宰相明哲，天下事何有不可為耶。臣願陛下謹審政理，宣明典章，本常理之大公，絕姑息之私意，毋使朝廷政令一有蹉跌，而宿蠹新蠹不得以遺育易種於明時，則天討公而人心服矣。臣之所言六事，非敢支離其辭也。上天之載，流行者曰命，秩序者曰理，得於身者曰德，授於人者曰工，措諸事業者曰職，用諸刑罰者曰討。目雖有六，而本則一也。一則公，二則私；一則天理，二則人欲；一則陽明勝而君子用，二則陰濁行而小人長。易曰：天下之動，正夫一。書曰：善無常主，協于克一。中庸曰：天下之大本達道，所以行之者一。

一者何，天是也。天者何，誠是也。陛下日御經帷，緝熙聖學，清明在上，濁在下，不知嘗存養此一乎。明師在前，勸講在後，不知亦講貫此一乎。臣每惜陛下有天地負一之心，而攻取於血氣物欲之私；有聖人精一之學，而蒙雜於諸儒曼衍之說。不惟後宮之左右嬖御有以亂其聰明，而細氈之間，毀譽是非亦得以撓其純一。是以天理作明而還晦，聖斷方銳而復衰，行一善也，而猶有小不忍牽於其中；用一賢也，而或以小有才乘於其後。端良之士雖好，而未能壞散險詖之聚；安靜之說雖入，而未能絕去喜功之根。一日之中，二者交戰，此豈陛下之本心哉。輔拂之任未有專官，誦說之時不過數刻，其於學之精蘊，未皇專一講明，而心之危微，未免攻之者衆。衆說淆亂，而初意轉移，此正程頤所謂講讀五人，率兼他職，乃無一員專職輔導，拳拳於元祐者，蓋有味乎其言也。陛下儻能采用臣頤之說，禮命脩博之

儒侯之日親便坐尊以正君為職或賜之内宴相與講論經理薰陶
之習久而德性融持養之志一而治功起則學焉而為孔孟德焉而
為堯舜多歷年焉而為商為周無非同此一理如臣所言六事亦在
其中矣始晉周孚淺常求淺臣則有罪惟陛下財幸
昌裔為監察御史又奏曰臣聞善天下之脉者在國論關人心之邪
者在朝綱國論之不立脉病隨之矣朝綱之不正邪氣乘之矣天道
陰陽之界限人才消長之樞機世運治忽之萌象皆之君子每於此
乎覘焉臣仰惟皇帝陛下臨御海寓幾一周星既紀政務亦再閱歲
以忻逐壞爛之天下而希端平恢拓之治功勵精雖勤責效逾邈作
興不遠於初意運掉若乖於素期胡氛鴟張軍慝蝟起琛視世務事
事不牢猶幸枝握風憲之官開廣忠直之路御筆徑下而外庭不知
國家負元存此一髮或者以是知隆平之運尚可冀也臣一介疏遠

奏議卷六十一　三十五

廉靖自將忽蒙誤恩獲玷分察若昔先正居是職者曰此為何官曰
此官不比閑慢差遣故有入臺之次日而論社稷之大計供職之三
日而言治亂之本原臣雖妄庸其於受命之始敢不空臆盡言以答
陛下之親擢哉臣竊惟國朝家法治體寬厚而憲度淡明外戚避親
近之嫌未敢與政閹寺供洒掃之職不敢竊權近習畏清議之口不
敢輒奸國事軍國大務則委二三大臣公議之時政缺失則置五六
臺諫察之是以事歸中書責重言路政令詳審朝廷尊嚴定公是
而銷姦萌者此也景德之議論在戰慶曆之議論在和治平之議論
在於鎮定群疑元祐之議論在於扶植衆正議革弊者不牽於姑息
議變法者不狃於勸令用君子則不參之以小人主正論則不雜之
以邪說上自人主下至大臣先事而謀據義而守此議論之所以純
一不二也今之國論果何所擇乎和戰二議之衡決邪正兩途之并

容議一詣幣也而作收作放之不齊議一省府也而或罷或行之不
一令出而還反論定而數移有繫隨之牽累而無介然之堅決無惟
乎議論愈多而事愈不辦哉歐陽脩以專會而論夷簡蔡襄以懷安
而論晏殊唐介以燈籠錦而論彥博王陶以不押班而論韓琦韓絳
以事寢不下而論富弼劉安世以除授多其親舊而論公著大防純
仁事苟有關雖公袞之貴有所不避或以濮園之議而劾執政或以
袖中之文而彈新參或率同列以言升之之交結或連九章以議方
平之除拜或以蘗格詔書罷吳奎或以不協物望排宗愈人苟有過
雖丞弼之賢有所不屈臺諫明辨以言之人主虛心以聽之大臣為
法而受之此國之紀綱所以憑藉而不替也今之朝綱果無所撓乎
言及親故則為之留中言及私昵則謂之記了事有窒礙則節帖而
付出情有嫌疑則調停而寢行今日而遷一人曰存近臣之體明日

奏議卷六十一　三十六

而又遷一人曰為遠臣之地屈風憲之精采而徇人情之去留將恐
士氣銷耎下情壅滯非所以糾正官邪而扶助國脉也雖然國論者
非一人之私也天下之公是也朝綱者非臺臣之私也天下之公法
也世之有容德者常銳於慷慨願治之初必厭於玩習已安之後初
則開導而易入久則勉強而難乎耳目之官遂至於孤言可畏也臣
願陛下以公論責大臣而無爽其更化之初志以公法責臺諫而無
替其導諫之初心使君子有所恃而無寒小人有所畏而斂主本彊而
客邪不入脉理密而外寇潛消則三院紀綱之地自今皆微臣致礪
節行之日也之綱之紀惟陛下謹守而力行之謹錄奏聞伏候敕旨

歷代名臣奏議卷之六十一

歷代名臣奏議卷之六十二

治道

宋理宗時牟子才為史館檢閱官。上奏曰。臣蜀之鄙人也。起身蠹簡世忝科第。項歲纂脩會要。寓局成都。猥以非才。充員末屬。今四朝大典。鋟槧方新。復以繙閱之徼。綴班冊府。茲因輪對。獲望清光。而又適當陛下慨嘆時事。欲新庶政之始。臣何幸獲際休明。其敢掇拾陳言以塞一時之責。謹條今日所當加意者六事為陛下言之。惟陛下幸聽。臣聞大臣之輔佐人主也。惟當公其心以裁天下之事。尤當和其心以濟天下之事。二者相須闕一不可。宰天下者率用此道也。恭惟陛下爰立二相。置諸左右。適丁是時。而天命人心之去留。內憂外虞之紛錯。顧不當開誠布公。以裁事機。同寅協恭。以起治功歟。然徼諸行事。往往私心勝而正理或虧。偏見生而公道不建。以無偏陂之心而置之於人欲橫流之衝。以至廣大之理而運之於智巧雜出之地。大臣而如此。天下之事奚其正。驗之幾微往往黨分而氣類不齊。外親同而肺腸各異。以大有為之歲月而付之於陰相睚眥之中。以尚可為之事機而委之於形跡彌縫之際。大臣而如此。天下之事奚其濟。且大臣之所當事者何也。曰格君心之非也。伸敢言之氣也。開眾正之路也。守祖宗之法也。弭人心之怨也。懲邊議之誤也。陛下守宮庭之行。知所治心矣。然箴戒之作。不能止酣歌之譏。溺愛之偏莫或掩道塗之議。女冠者流未必事事請托。然或為苟進之媒。貂璫等輩。非必口含天憲。然或侵大臣之柄。寵奥寅緣於貴戚。權綱竊畀於私親。內降不由於中書。禨祥多惑於左道。深宮燕游之媟。不如大昕視朝之莊。近習狎昵之私。不如親近儒臣之簡。振厲之初。求所以格去諸妄。非大臣責耶。是必同心協謀。積誠感動。使人主立於無過之

地。而後大臣格非之功為無負。不然。憚於劘切之言。濟以彌縫之術。非所以正君心也。諫憲以補闕為心。觸邪為事。然古今之通患每易於諫人主而難於言大臣。敢於攻人主之短而不敢忤大臣之意。比者言事之臣數論權要。發於公道久鬱之餘。可謂不畏強禦矣。然嫌隙一開。相挺而去。曾未半歲。議論數更。或是或非。居然可見。今也不計其言之當否。不察其心之是非。或例畀美除。或姑予假告。去者渺不可即。朝廷判然相忘。是掩覆雖至而諱忌實彰。形跡雖無而疏遠滋甚。振厲之初。求所以主張公道。非大臣責耶。是必同心協謀。扶植假借。使言者無不伸之氣。而後大臣右賢之志為無慊。不然。是非淆混。邪正同塗。非所以伸直氣也。更化以來。知闢正塗矣。然自陛下疑君子之無效。而後左右親昵之人皆得以操薦士之權。自大臣喜小人之有才。而後平生親故之人皆得充薦士之目。故布滿周行。參錯州郡。非天子之故人。則大臣之鄉曲也。非天子之戚屬。則大臣之姻婭也。非天子之近親。則大臣之故舊也。當寧聽唱之端。二府觀瞻之地。苟以一毫私意臨之。則無以示天下之公也。振厲之初。求所以肅清朝著。非大臣責耶。是必同心協謀。博采望實。使四海無不來之旌聘。而後大臣求賢之心為無愧。不然。以爵祿為吾家之物。以表著為營求之地。非所以用正人也。次道揆者曰法守。邇年以來。朝廷不知絕私情而崇公道。惟知壞法守而亂紀綱。濫恩幸賞。塗而歸之。給舍為陛下守此法也。大臣不能如杜衍之裁抑。已為有愧。今乃委曲宣諭。志在必行。是封駁之職。不廢於給舍而廢於大臣也。甚贓狼籍。繩而治之。臺諫為陛下守此法者也。大臣不能審擇之於初。已為可議。今乃收拭錄用。不踰旬時。是彈劾之法不廢於臺諫而廢於大臣也。堂除部闕區而別之。吏部為陛下守此法者也。大臣不能公取士之

鑑固已試然今乃片紙批諭下侵有司之權是選舉之法不廢於吏部而廢於大臣也振厲之初求所以恪遵成憲非大臣責耶是必同心協謀咨揚乃職使祖宗無不守之法度而後大臣尊祖之心為無慊不然毋偏愛之私徇人情之曲非所以重法守也我朝以仁立國陛下以仁得民是以寧固邦本矣然自辛卯以來敵國深入歲事殘旱民靡有黎具禍以燼而襄蜀荊湖之民怨自清野令下淮流過活飢火驅之相與為亂而兩淮之民怨自銅楮泛濫和糴艱難重之以科須加之以焚僇而列郡之民怨自四月至九月不雨播事大乖運舟書絕而浙西之民怨自公私困匱米斗千錢細民委命洪濤甚者至於相食而京畿之民怨振厲之初求所以消弭群怨非大臣責耶是必同心協謀勞來還定使天下無不獲之夫而後大臣安民之功為可紀不然恐其自為怨咨聽其自為生死非所以挽回人心也邊議得失國家安危之機也自破蔡之役誤於援敵而敵已有窺伺之心入洛之師誤於恢復而敵已有報復之心反覆叛亂之臣誤於招納而敵已有忿我之心南北介使之往來誤於和好而敵已有輕視之心此內之四誤也自京湖之師誤於信畔而襄峴至浮光棄兩淮之師誤於清野而蘄至寶應棄四蜀之師誤於劫寨而三泉至成都破夔門之師誤於守江而南浦至秭歸破此外之四誤也內外交誤而大勢乖本欲拓境今乃不能守境本欲闢國今乃至蹙其國振厲之初求所以懲曩誤非大臣責耶是必同心協謀謹固封守使金甌無毫髮之缺而後大臣保境之心為無愧不然寄事權於誕謾置境土於渺茫非所以謹邊議也夫天下大物也宰相重任也君心薄蝕欲其格非直氣不伸欲其扶植正人沉抑欲其振援成憲敗壞欲其保守生民愁怨欲其安集國論乖誤欲其懲創非公無以裁天下之

事非和無以濟天下之事也臣願陛下申命二相繼自今其明白洞達毋尚存私意其開心見誠毋尚存形迹毋陽為盡公而陰有所主毋面相阿徇而退各有心處一事但論其是非毋曰此某人之所言也而互相猜忌用一人但論其賢否毋曰此某人之所厚也而陰肆擠傾進一議但論其當否毋曰此某人之所建也而陰相撓撼格一非但計其聽否毋曰此某人之意也而陰加譏毀去一凶但計其是否毋曰此某人之所惡也而陰致其彌縫施一惠但計其廣狹毋曰此某人之所行也而強分於彼此如此則二人同心可以濟艱危可以成治功可以消朋黨不惟無負陛下所以更新聖化之初心而二相亦有無窮之聞則亦有無疆之休矣雖然內而宮壼外而朝廷近而生民遠而邊鄙二相固當加之意而一心之微在陛下亦當致其嚴陛下惻事變之橫流悲昊譴之狎至而欲改紀其政此固今日作新治功之機也然心為萬物之原而不求有以去其舊習其何以奏邦而新國耶是故利慾之心昔所以蠹吾治也今則去其蠹逸豫之心昔所以害吾政也今則去其害必多親賢士大夫之論以涵養聖性必深繹五三六經之言以緝熙聖學使吾之一心湛然其天不為外習之所誘以之出治則天下無不調之紋悉以之集事則天下無不振之規摹其或治源未澄政本未立則天下之言治者亦故而已是豈今日所以望於吾君吾相哉豈今日刷勵圖治之初心哉臣位卑言高觸犯天聽死有餘罪惟陛下矜而赦之

子才為太常博士又奏曰臣幺瑣孤蹤分甘遠外嘉熙庚子待罪史筵嘗因三館之對班獲穿延和之細仗首論宰相不公不和之害次陳國勢或盛或衰之機一違闕庭七更寒暑茲緣愚戇復齒朝行備恩遇深其忍自嘿適值延和之再御敢忘賤悃之畢陳惟陛下幸聽

臣竊觀今日之天下。主勢其孤乎。國勢其卑乎。理勢其逆乎。事勢其危乎。地勢其蹙乎。禍勢其速乎。臣非好為是危言也。當危急存亡之秋。見其勢之所趨如是。若又有所懷隱而不言。是欺陛下也。為人臣而以欺事陛下。是不忠也。不忠而弊臣實有罪。敢昧死言之。人君之身。天人之所交歸也。扶持之有道。則合兩間而歸一人。奄四海而居大寶。否則寡助之至。廉陛雖嚴而勢易孤矣。莫大乎天命也。而雪閏雷蟄。極溺旱乾。土壤逆行。太陰過蝕。幾若有絶陛下之心。莫切乎人心也。而峒猺鴟張。淮流蜂起。蜀卒負固。衡民嘯山。幾若有離陛下之心。忠智之士。知其身之不容也。則卷懷吾道。絶望王朝。鯁直之臣。知盡言之無益也。則噤舌緘辭。歛氣下土。去者往而不返。留者兆足以行。幾若有去陛下之心。不特此也。淳祐之黨人。叨陛下之爵祿非不厚也。而私語諸人則曰。恩我者權相也。淳祐之將帥。膺陛下之寵渥非不隆也。而每對人言則曰。私我者權相也。下至倖人憸夫。知有私室權勢之可趨。而不知有王室君父之可尊。宦官女子。知有私門貨賂之可貪。而不知有公家富貴之可寶。往往利在近習。則趨近習。而不顧陛下。利在女謁。則趨女謁而不顧陛下。遂使一人之尊。惸然獨立。豈不大可懼哉。臣所謂主勢孤者此也。國家以仁義為利。以清明在躬。則崇德義而風俗行。賤貨財而廉隅立。否則上好下甚。惟趨是利而勢易卑也。且財者天下所共寶也。自賤貨尊德之教不興。而天下始寶私財。遂利尚德之風不作。而天下始務殖貨。夤隙一開。趨者瀾倒。今日某丞相進金珠若干萬。而經營復入。明日某執政進寶貨若干萬。而僥覬柄用矣。今日某尚書進金銀若干萬。而保全寵眷。又明日某殿帥進金錢若干萬。而圖久任矣。今日某贓吏進緡錢若千萬而得美除矣。下極其力之所至而有所貢。上視其數之幾何而有

所報。君臣之間。相覦以貨。相賂以利。如市道焉。閫已非矣。而宮闈之秘奧。左右之便嬖。邸第之親貴。苞苴亦皆得而行焉。吁此何等氣象而見於今日耶。雖得之道塗。未必盡實。然功勦神速。聲勢張皇。惡者言之。貪者效之。遂謂天下之富貴。果可財利而得。於是求之宮嬪。求之宦寺。求之諸邸。鞭靴狼籍。金寶縱橫。所談者錢神。所逐者臭腐。舉天下胥沒利欲貨賄之中。不復知有德義之可尊。所為卑汙以至此極。其何以聳國勢於九天之上哉。臣所謂國勢卑者此也。理勢以順為貴也。有以整齊之。則綱常舉而人心明。上下辨而民志一。否則本根乖剌。而勢易逆矣。且君尊臣卑。順也。今見利則逝。見便則奪。幾有無君之心。則臣不臣矣。父慈子孝。天性也。今衣錦食稻。禽犢自如。幾有無父之忘。則子不子矣。兄友弟恭。順也。自棠　之詩廢。而孔懷之愛衰。斗粟之謠興。而友于之念薄。無怨而為有怨。無心而為有心。則失其所以為友悌矣。上衣下裳。順也。自綠衣之詩作。而黃裳之美遜亡。四星之宴興。而太陽之尊褻瀆。賤或至於妨貴。淫或至於破義。則失其所以為卑順也。內中國而外四鄙。春秋之義也。今邊疆日侵。兵戎久困。則中國憂外患矣。內君子而外小人。交泰之道也。今閹茸尊顯。芳正倒植。則君子反在外矣。右賢左戚。而鮑宣鯁直之言未敢擅權之王氏。先義後利。而陸贄蓄義之說。不勝奸蠹之延齡。藩臣而抗朝廷。外權而重人主。則重不足以馭輕。外臺而訾朝議。表臣而詆王官。則內不足以制外。或將軍跋扈不知有天子之尊。或士卒陵遲未免瀆主將之分。德色誶語之俗日滋。挑冠苴履之風日盛。本末倒置。體統乖張。臣所謂理勢逆者此也。天下以國本為安危也。有以綱維之。則泰山四維。大器一置。而其勢易安。否則累卵其危。邦之桯杌矣。自昔人君之欲尊宗廟而安社稷。其要不在乎他。而在乎國本。蓋國

本早定。則天下之望有所歸。而姦雄不敢有睥睨之心。漢唐諸君受制於宮闈取决於宦寺。奸謀邪說。蔽惑聰明。禍難相仍。如出一轍。此可爲天下萬世之監也。陛下春秋四十有四。御極二十有三年矣。前星未曜。匕鬯尚虛。天下憂之。縉紳議之。乃者天誘聖衷。親灑宸翰。妙揀岐嶷。昭示意向。千萬載無疆之休。億萬姓無疆之福。實兆於斯舉矣。然而選擇之意雖定。而父子之名未正。資善之命雖頒。而內外之勢尚分。豈妃嬪近習之言有以惑陛下之心乎。抑感生祈福之說有以誤陛下之聽乎。抑二三大臣不以韓琦趙鼎之所以事君者事陛下乎。不然。何其遲留而不決。牽制而未定。以至於此也。矧今天下外患方熾。而內寇益深。國事日非。而私情日盛。失今不圖。後悔奚及。陛下當與二三大臣深思之。審圖之。先正名號。以消懷奸之慮。次擇宮嬪以防意外之慮。又謹擇教諭以去縱欲之慮。使奸謀不得與於其間。則一祖十二宗之業。可以傳萬世而無窮。不然。付大事於繆悠。臣恐奸邪側目。牽掣之計得行。則神器轉移。臣所謂事勢危者此也。地勢。國家之所必守者也。有以保全之。則首尾聯絡。唇齒犄角。而其勢全。否則日蹙國百里矣。太祖金戈鐵馬之天下。不幸而分裂於南渡。然鄭圻中書。封守謹固。半天下之勢固自若也。自精神折衝之謀不謹於廟堂。而四分五裂之勢始形於天下。始也宿師於淮北。今淮北入於敵而退守淮南之地矣。始也城守於襄漢。今襄漢入於敵而退守荊湖之地矣。始也聚兵於山東。今山東歸於敵而分戍漣水海道之地矣。始也重兵屯三關。今三關入於敵而退守瀘渝之地矣。始也羈縻宜邕。今宜邕警於敵而嚴守桂林之地矣。始也重兵屯淮。輕兵守江。今淮江震於敵而防扼江陰毗陵之地矣。夫吳蜀連衡。襟帶萬里。中興半天下之業。非有傷闕也。寧考既全而畀之陛下。當全而保

之以傳萬世。今不幸而失其半。所存者江浙湖湘閩廣數千里之地耳。已失之地。無復可言。僅存之州。不過如黑子之着面。今遣選擢臣進屯要地。東盡淮海。西極荊湖。若有意乎日闢之功矣。然廟堂之意向。督府之規撫。搢紳之議論。幾若重於守江而輕於守淮矣。守淮乃所以守江也。今一則曰守江。二則曰守江。則是規畫在江面矣。規畫在江面。則雖不止於守淮而守江之勢已重。雖不顯於棄淮而守淮之勢已輕。輕重之說亂其中而蹙之又蹙。是棄淮矣。曾稽之援易危。江東之事或去。不岌岌乎其殆哉。臣所謂地勢蹙者此也。內患人心之所共憂也。有人焉以消靡之。則痼根拔而痛斯定。火勢遠而心漸紓。否則蕭墻有憂。禍至無日矣。且邊警外也。流民盜賊內也。淮戍新興。雲南新附。使藩籬立則門戶自牢。郊圻畫則封守自固。未易入我堂奧也。惟兩淮流離。分布數郡。且在吾邦域中矣。雨暘時而年穀登則生理安而心志定。今種不入土。穡事荒唐。飢寒之憂。迫逐其後。流離轉徙。就食他鄉。亦其勢之必至也。旬日以來。漸聞有自京口而遷毗陵者。流轉不已。則自毗陵而蘇湖。自蘇湖而杭秀。駸駸迫我畿甸。使為郡守能任撫綏之責。則凡鹽酒之利。苟可以資其生理者。聽其自為經營。則目前可以苟活。不然。則聚而為寇。讎激而為剽掠。如己亥之冬者有之矣。況淮民素習戎事。步騎器械。皆所自有。其視殿靡扉棄僅同兒戲之兵。每每狎易脫或叢然而起。其將何以禦之。乃若桂東之寇迫我江西。建昌之寇迫我江東。常山之寇迫我輔郡。長興之寇迫我近畿。雖已擣巢穴殲渠魁。無復餘慮矣。而臣之私憂尚有二說。其一郡縣閒尚多貪吏。萬一不知懲創。爭利錐刀。則民不聊生。復出為亂。腹心之地又為所擾矣。其二樞臣分閫。好事張皇。萬一恠政駭令驚動四方。則民懷等死。激而為變。腹心之地。又為所擾矣。嗚

哉天下之大猶人之一身今邊警擾其肢體流民扼其咽喉盜賊又潰其腹心而欲望其爲全人難矣哉臣所謂禍勢迫者此也雖然六者之失勢之偏也矯其偏而使之無六者之失則在陛下也然則矯之將柰何固不以已德不敬爲戚務亦不以已私自用爲規摹固不以淺謀詭易爲事功亦不以邪説覬覦爲付託脩實德以一天人之歸崇德義以洗卑汚之習立大本以齊上下之綱堅聖斷以廣燕翼之基審廟謨以全中大之業輸遠慮以弭腹心之患純一之德必謹則天人應而賢哲歸殖貨之念必除則功利息而道德尊尊卑之勢必嚴則本末順而大體崇聖明之斷必果則國本強而天下定廟筭之勝必多則境土闢而舊觀還撫綏之德必行則内患弭而人心安不然則秦孤立之弊鄙卑小之風漢奸逆之病隋危亡之證象破碎之憂晉迫切之患萃于二朝臣亦末如之何矣惟陛下亟圖之

子才爲著作郎又奏曰臣竊惟當今弊事不可不革而革弊不可不審考之易鼎之初六曰鼎顛趾利出否夫革物莫善於鼎鼎實之汚以不善敗之也因其顛仆而出之然後足以盡致潔取新之利是弊不可以不革也然蠱之餘辭則曰先甲三日後甲三日傳者謂先甲先於此究其所以然也後甲後於此慮其將然也然則先三日而圖之者所以治蠱一日二日至於三日慮之深推之遠故能革前弊弭後患久而可行陛下以剛明轉萬化以名實責二相以精白厲百官勇元日所下御書聞者莫不踴躍忻奮舉手加額以爲太平可坐致也然臣愚竊有憂焉昔慶曆中仁宗既有范仲淹等責治甚急一日開天章閣給筆劄使條上所宜於是抑僥倖覈究官職任子端緒未竟而小人不便譁然攻之而朋黨之禍作矣司馬光相元祐首罷青苗市易雇役差役之法而一時勇於奉行者蔡京也京豈真助我元祐者其實包藏不測以爲異日報復之地若是者臣之所以深憂而今所當熟慮也臣敢條其詳爲陛下言之夫朝廷者政化之原也比年以來禁不足以律貪議不足以表正彌縫官府之隙務而二三執政反有疎遠之形浹洽家人之恩意而端人莊士反有棄置之跡薦容姻聯之情好而學士儒生反有厭薄之心中書之務率多紛紛大臣之體幾至瑣屑是朝廷之否也今聖化更新宸翰戒飭固將以革弊之事望朝廷也然更絃易轍貴審不貴驟立政造事宜平不宜激謹思於解弦更張之時調平於乘舟輕重之際使發號施令之地日融冰泮形迹兩忘不然以否濟否其否愈滋安望其朝廷之清明耶紀綱者名分之司也比年以來本末或至於逆施上下或至於陵替戶部大農之權歸於他司而均節出入之柄大臣不得而專中書政本之地時撓於腐夫而内庭啓擬之權冢宰不得而制法令或煩特旨

之放行獄訟時勞内批之宣諭縣令繁難之官多撓部闕場務猥瑣之職亦就堂除名曰不用例而援例者如故名曰必守法而壞法者自如是紀綱之否也今聖化更新宸翰戒飭固將以肅清之望望朝廷也然整齊名分貴審不貴遽森嚴堂陛尤不宜驟致思於直情酬應之時加謹於快意挽回之際使國家憑藉扶持之地風清弊絶分限截然不然一否未去一否復生安保其紀綱不紊耶名器者砥礪之具也比年以來私是以滅公貨是以掩德駕班驚序者貪金銀玉之識虎節蒐符有日進月獻之目帥臣竭帑藏以冀遷擢戎將罄囊橐而望超升貨賂公行苞苴充斥是官無大小無内外皆以財賄爲事也彫損國體汚辱政塗一至此極是名器之否也今聖化更新宸翰戒飭固將洗清之事望朝廷也然肅清官常當示意向謹重除授先定規模周密於啓擬之間精詳於選擇之地使愛惜名器之心

川流日損。內外翕合。不然。懲創不行。滋長不已。安望其名器之能重耶。士習者風俗之樞機也。比年以來。惟其私而不惟其公。志於利而不志於義。進焉而柔良以自棄。退焉而剛方以自沮。固有游於權貴之門。專以吻舌爲事。出彼入此。間諜是非。鼓唱異論。肩爲非語。或剸取外寄以効小忠。或指摘隱私以快其意。但營一己之私。不顧十目之視。亦有總攬省闥之事。身效胥史所爲。包藏其心。高下其手。以人情爲厚薄。以賄賂爲緩急。驅去復來。了無愧怍。既捨復用。何有廉隅。但知排闥之榮。不思撻市之辱。又其甚者。簸弄鈞衡。以爲招權納賄之媒。囊橐户部。以是干取干求之欲。是士習之否也。今聖化更新。宸翰戒飭。固將以洗滌之事望朝廷也。然轉移人心。在上不在下。刷磨習俗。以化不以政。挽回於風俗傷敗之餘。振起於廉恥道喪之後。使國家忠厚之意。胥訓胥効。靡然成風。則士風激昂。忠義奮發。不然。前習未除。舊習復滋。安望其風俗丕變哉。人心者邦家之根本也。比年以來。內而妄興營造。既有伐木冢墓科夫田間之苦。外而輕開兵端。復有夫役叢興。餽運煩擾之害。騷騷於淮襄之境。嗟斗小哄也。勦擾棘矜之擾已徧於畿甸瀕海之邦。豈夫小寇也。焚蕩殺傷之毒已流於江閩湖湘之地。或起於貪吏之侵漁。或困於急符之誅索。帥守。牧養小民者也。既以學餽得之。則安保其無掊剋責償之患。監司。按察所部也。既以勢力取之。則安保其無黨姦護惡之弊。是人心之否也。今聖化更新。宸翰戒飭。固將以休息之事望朝廷也。然保民之道當用平和。凝民之政貴行寬大。迪畏於小民難保之時。撫摩於田里愁嘆之後。使行幕忠厚之澤。漸被浸漬。無遠不暨。則人心愛戴。四海一心。不然。其爲害豈止擾擾而已哉。邊防者備禦之大經也。比年以來。不以內脩政事爲急。而妄意於攻攘。不以保固疆圉爲務。而銳情於

恢復。輕啓邊釁。不待機至。幾類經制西戎經理燕雲之事。彼其說不過以爲固寵保位之計。而不知邊釁一開。兵連禍結猝未可解。彼其意又不過以此爲要功補過之計。而不知生靈困之肝腦塗地。此爲何事。嗚呼。生民殘弊之餘。國力枯竭之後。無故生此釁端。冬哨未撤春哨當慮。駭機蠢出。禍隙難塞。是邊防之否也。今聖化更新。宸翰戒飭。固將以填撫之事望朝廷也。然經理疆事。不可輕蹂。保全舊疆。所宜審重。申嚴夏戒防之說。以固封疆。絕窺京望表之圖。以懲曩誤。使國家謹重之意。行於國中。孚於境外。則金湯屹然。敵氣自屈。不然。度外功名。僥倖一擲。天下事去矣。臣久違天朝。攢眉時事。欲爲陛下一吐之久矣。茲因入覲。清光不敢自嘿。條分縷六。一言以蔽之。則在陛下明理欲之界。嚴義利之辨。以爲端本澄源之地耳。尚慮知聞不廣。包括靡竟。無以仰裨聖斷。臣復以元祐用人。冀其旁而陛下試聆聽焉。臣嘗聞之熙寧元祐之間。未嘗無君子也。自安石惠卿逐異己者以快其私。遇能言者以行其私。國家元氣消鑠殆盡。一旦天道好還。更新庶政。元祐之盛卓然。一時人才之多不可殫紀。然所謂元祐諸賢之盛。非借才於異代也。作新觀感之實見於行事之間。丁寧懇惻之真。形於言辭之表。所以陰驅而潛率之者。無一毫之僞。一息之間。故能數月之間。精采頓異。國家三百年之天下。未有如元祐人才之盛者也。昔嘉紹間。魏了翁嘗以是說爲獻。臣受學於了翁者也。敢援此爲陛下言之。欲望陛下下采此言。參稽史冊。明諭大臣。自今除受之間。公聽並觀。一以元祐用人爲法。使才器分量大小各得其當。則純忱實意。孚布中外。善人君子皆將引類而至。而天下事可以次第舉行矣。詩曰。國雖靡止。或聖或否。民雖靡膴。或哲或謀。或肅或艾。舉登以乏才爲嘆。天下幸甚。

子才又奏曰臣往歲嘗以狂瞽之言告于陛下同時諸臣亦皆自請自獻罔有回隱凡皆發不恤綿綿拳拳愛君初無他腸也而當時言者周坦陳垓諸人從而媒蘗排擯之所不在網中者惟臣與徐霖劉夢炎三人而已今天啓宸衷黜蔽屏邪於是流落擯遠者一旦悉加收召然後知陛下好賢一念本自清明未嘗以前日浮雲之翳為太空之累也然臣在草野得之傳聞往往謂權倖之臣專以好名一說陷害君子殊不知人臣直道事君以言為獻亦欲在上者采納而見之施行使膏澤下於民而名豈其所好哉夫使好名而無禍猶可也而言及乘輿尚多優假事關廊廟忿怒斯形大則竄斥小則抑壓初亦何利而敢於觸拂之以求所謂名者耶藉使果有好名之心彼既惟名之好則凡世之所謂不可好者未必甘心好之是好名之說適足以彰君子之實病國者亦何苦以此名讎之耶自昔權臣當國殘害

善良率有指名秦檜之在紹興則立為道學之名韓侂胄之在慶元則立為偽學之名見士大夫稍脩潔稍有操守輒以此名棄之以好脩為害以好學為過相與譏誚以疑其進窺議以挫其居於是賢士惴慄中材解體相與潛深伏奧以避此名而異時亂朝廷壞國家乃頑鈍無恥之輩其得失槩可知已歐陽脩曰欲空人之國者必進朋黨之說欲為好名之論者尚以異此臣願陛下鑑燭此心推原其弊使好名之說不得復陳於陛下之前則善類獲安宗社幸甚

子才又奏曰宰相之體可重也亦可輕也重則國與重輕則國與輕是輕重之勢不在國而在宰相之身也然則宰相者其可不求其所謂重者其所謂輕者乎我朝宰相之賢項背相望列聖委任號稱得人臣嘗考其行事之實大抵三變國初風氣胚渾圭角不露時則有若趙普范質李昉呂蒙正張齊賢呂端李沆王旦向敏中諸臣鎮壓事機涵養元氣其渾厚質實之風譬諸蛟龍之宅深淵虎豹之在林藪隱然有不可測識之威此一變也中葉以後人文貴飾聖化脩明時則有若畢士安寇準王曾呂夷簡韓琦富弼文彥博司馬光呂公著劉摯范純仁呂大防諸臣別白邪正作新精神其聲猷望實之宏譬諸秋霜烈日之凜凜泰山喬嶽之巖巖屹然有不可媟近之勢此一變也中興以來光嶽氣分事變疊作時則有若李綱呂頤浩張浚趙鼎虞允文陳康伯趙汝愚諸臣康濟時屯扶持國步其彌綸經濟之才如駕蒙衝於駭風怒濤之中行堅車於太行羊腸之道卓然有不可窮詰之用此又一變也雖因材致用隨世就功而宰相之體皆不變其所謂重焉故歷大變故大患難而國家之體不與之俱靡者實宰相之體有以鎮壓之也陛下拔去兇邪登庸輔弼天下莫不謂有德進則朝廷尊矣本強則精神折衝矣延頸企踵允九閱月始而

悚動久而玩矣始而誦詠久而議矣但見其氣象沖澹晶光黯黯鼓而不張挈而不動日趨乎輕矣然所以輕者豈無故哉無乃格君之正學未展而本原昧歟無乃更化之定力未充而意向雜歟無乃處事之大綱未舉而規置乖歟無乃用人之實意未明而流品混歟臣敢援春秋責備之義以為明時規宰相以正君心為事業之大臣恩舊纏繞無格王正事之美而有遇主于巷之譏無輔台納誨之學而有逢君於惡之誚今當深鑒其非而乃近習其迹聖性高明易以理悟使開陳明白亦豈不可轉移而宰相則候望顏色有畏威寡罪苟逃其責之心聖性寬仁易以心感使積誠動悟亦豈不能挽回而宰相將順意旨有陰抑默視浮沉取容之譏惟天惟祖宗所以眷陛下敬畏之心也舉動一不與天地相似行事一不與祖宗相合則巧譬善諭以去其不善使天與祖宗之意顧諟不忘可也何所憚而

不為乎。惟天倫惟國本所以養陛下孝敬之心也。意向一與天倫相挨戾。謀讀一與翼子相背違。則納約自牖。引之以當道。使父子兄弟之際。裁處得宜可也。何所憚而不為乎。其事不可行。固無望其繳納內降積至數十矣。一語執奏。豈至大違顏情乎。某人所當用。尚無望其補拾奏絀不憚再三矣。一語數陳。何至遽忤旨意乎。豈未能無過而不敢盡救正之規。未能無私。而不敢效責難之義乎。上所玩視表倡何觀此格君之正學未展。毋惟乎相體之輕也。宰相以新化紘為事業也。幸號再化。今幾何時。豈不貽宣令猷。而庸意鄙論所以梗之者何未絕。[illegible]不惟懷永圖。而弊政紕令所以累之者何未革。表著當清明。而寅緣請託流弊未除。紀綱當嚴肅。而希承風旨故態猶在。唯阿養訣猶前日之風俗。苟且偷安猶前日之官曹。名為舉廉。而貪訛實名為去邪。而實賴姦雖招來賢吉。籍為羽儀。然執敬之心。依多。樂

奏議卷六十一　十五

與之意常少。雖剗除宿蠹。具有條畫。然釐革之意銳。忠厚之心終隱。盡言不受。而去留形迹之間。未免有前時諱謗之心。訑訑善聞。而翹含在然濕之表。似不改前日嗜甘之意。積弊轉深。群疑滋感。此則更化之定力不充。毋惟乎相體之輕也。宰相以裁處大事為事業也。今命令輕雜。紀體不謹。斜封墨敕。匪彝莫懲。而欲息僥倖之風。劃蕪塞者無紀。如是。而欲絕覬覦之望。不能整齊宮府之統體。而屑屑於六曹之常程。不能謹擇監司之廉察。而區區於聽訟之末務。外患甚惕。孰為憂遑。忠職水旱頻仍。何取亮工熙載。楮幣頻輕。已覺低昂之無術。寇籍日甚。未見招剌之有方。除授不謹。濫賞失宜。殿上戲舞豈無如鄧通愛幸者。而徹召之舉罔聞。姦邪反覆。豈無如任守忠間諜者。而句追之威未振。大事模稜。細娛玩愒。精神不殫於謀國。而殫於鬭智。意向不專於進賢。而專於立黨。各為持祿之計。豈有宏遠之

謀。此則處事之大綱未舉。毋惟乎相體之輕也。宰相以進退人才為事業也。今鯁挺與容悅並用。意向何在。迂疏與敏銳並好。課效孰優。磊落魁偉不用。而所用者跅弛驚駑也。重厚篤實不用。而所用者精神不純也。顯勳助明相者不用。而所用者苞苴彰露之人也。力排權姦者不用。而所用者刀筆貪勤之輩也。一鯁士來。一醇儒去。而君子之黨類漸孤。一姦朋退。一戚屬進。而小人之氣脉不斷。以欲進恬淡。則衆通不仕之種放不可不召也。欲退躁競。則兩及吾門之張師德何不抑乎。欲進有德。則沉自晦默之呂公著不可不召也。欲退險薄。則他日後悔之丁謂何不黜乎。欲獎平實。則盡心民事之向敏中不可不召也。欲懲浮薄。則新進喜事之梅詢何不卻乎。欲杜事功。則善幹國事之張詠不可不召也。欲退阿諛。則巧言令色之賈誼何不斥乎。人才當涵養。韓公愛人以德之說。亦可行於今乎。人才當察識。劉呂

奏議卷六十一　十六

彼此求助之意。亦可察於今乎。此用人之意實未明。毋惟乎相體之輕也。稽是四失。遂成四蠹。譬如百金之家。奴隸所司。盜賊所窺。閫閾一開。欺侮立至。尋丈之圃。荊棘所叢。豺豚所伏。威怯不形。為玩外見。輕莫甚焉。況當天時人事方棘之秋。國勢民情交病之際。設有大利害。將不鎮定消弭乎。設有大艱難。將不畢力共濟乎。奈何不知所以矯其輕也。矯其輕在去其失而已。惟大臣以[illegible]自任。以王佐自許。以群公先正為志。以前言往行為法。必正本源。自格君始。必明意向。自更化始。必定規模。自立政始。必清流品。自用人始。以以行之。和以濟之。則相業有光。而相體重矣。不然。日來月往。聲實頓虧。上無以副聖主責成之意。下無以慰蒼生願治之心。內無以逃君子責備之議。外無以閉小人竊笑之口。則鄙淵人[illegible]以養安重難危之勢。植朋黨以成牢固不拔之形。臣不知其可也。一得時所倚。[illegible]在臣何敢瑕疵

特以古人上下相規儆。致其愛助之拳拳耳。蘇軾在熙豐。不阿於熙豐。在元祐不阿於元祐。此君子以為立身之的。臣竊慕之。故不敢阿其所好以欺陛下。若夫踦閭而旁出入視勢。龍斷而望左右罔利。則有其人。而非陛下之所利賴也。亦非臣之所願效也。惟陛下察之。

子才為軍器少監。又奏曰。臣執經崇義。日覲清光。非無可言之時。而充員柱下。則有直前故典在。臣雖至愚極陋。其敢廢此典而無一言乎。竊惟方今中外多故。所謂聖哲馳騖不足之時也。謂宜衆建輔弼以圖康濟。而日者御筆專任一相。陛下所以責成之意可謂至矣。或曰前是並相。心不同肘相掣。今政柄獨專。宜可幾也。臣竊以為不然。夫並相猶可分憂。獨相則憂責愈深矣。並相猶可諉責。獨相則無所逃其責矣。况大火之餘。氣象非前日比。諸賢之去。而事體與昔日殊。曾謂獨相而可幾乎。臣多見其可憂也。憂之如何。亦思所以圖之可也。

宰天下之道亦多矣。而其要有三言焉。曰。起人主之畏心。定天下之大事。辨人才之忠佞。採之國史。則李沆韓琦冨弼其人也。大臣既已專一身之任。則亦將萃天下之責。柰何以淺近自期。而不知所取法乎。李沆曰。沆在政府。無以補報國家。但諸有人上害利一切不行。每朝必以四方水旱盜賊不孝惡逆之事奏聞。上為之變色。慘然不悅。既退。同列以為非。沆曰。人主一日豈可不知憂懼也。若不知憂懼則無所不至矣。其所以為人主心術慮者如此。今之大臣有之乎。如其有之。則必不喜將順而畏觸突。必不樂甘諛而憚矯激。遇有可喜之事。則必不極意逢迎。惟恐拂人主之意。而人主必無輕視宰相之心。天下必無宰相發蒙之誚矣。而臣則未之見也。仁宗春秋高。繼嗣未立。天下以為憂。韓琦數乘間伏奏乞選立皇子。一日挾孔光傳進對曰。漢成二十五年無繼嗣。已議立定陶王為皇太子。仁宗感悟。始以

英宗判宗正寺。琦復啓曰。事猶豫不決。掊讒慝生變。故名體一定。父子之分明。則浮議不復搖矣。仁宗欣納其所以為國本慮者如此。今日之大臣有之乎。如其有之。則必不玩細娛而昧大猷。必不喜近功而忘遠慮。有可言之機。則必不觀望事情而不敢贊人主之決。有猜嫌之說。則必不顧惜左右。而不敢破人主之疑。盜賊小人。必無以肆窺覘之謀。宦官宮妾。必無以行變惑之計矣。而臣亦未之見也。冨弼言天子無職事。惟辨君子小人而進退之。此則天子之職也。君子與小人並處。其勢必不勝。君子不勝。則奉身而退。樂道無悶。小人不勝。則必交結搖扇。千岐萬轍。必勝而後已。小人復勝。遂肆毒於善良。無所不為。求天下不亂。不可得也。其所以為世道慮者如此。今日之大臣有之乎。如其有之。則必不樂便辟而惡激烈。必不喜平和而疾忠鯁。遇天變當言之時。則必不顰眉蹙額。而目為幸災樂禍之徒。遇極

言世事之際。則必不咨嗟嘆息而訾為喜功不靜之輩。而時人必無紛紜譁競之說。御筆必無矯激朋比之譏矣。而臣亦未之見也。方今之大要孰有出於此者。而皆莫之見者何歟。豈造膝之言隱。無得而聞歟。豈有所待而後言歟。抑亦言之而不能救歟。臣每旦侍立螭陛。但見一二大臣分班合班。立談數刻而已。退而閱之報目。亦不過條呈一二常程細故而已。今何如時。獨如此而可治也。何大臣不以臣沆臣琦臣弼之心而為心也。夫順人主之意而不能救正者。患得患失為之也。忽天下之大本而不之圖者。死生禍福怵之也。懵忠邪之辨而弗之別者。愛憎好惡亂之也。是以一己之私而忘天下大慮。非今之所望於大臣者也。大臣盍亦念憂責之匪輕。思安危之攸繫。慨然舉三臣之所為而身任之。三者之本既立。則所謂革弊政。正朝綱。抑僥倖。寬民力。裕邦儲。飭邊備等事。特舉而措之耳。大臣而以此為

任則宗社有頼雖獨相而有光大臣而不以此自任則宗社無依縱獨相而何益惟陛下與大臣實利圖之臣立朝具有本末未嘗迹涉朋比歲在丁未又以觸忤要權屏退者五載遇陛下更化之初召之使來正當相曡角立之時群趨瀾倒之日每以蘇軾不阿熙豐不阿元祐為法實不敢輕於俯仰苟於附麗凡所論奏居多責備宰相不獨今日為然也區區之心惟知倚公議以自立為君父而輸忠豈計見嫉於黨人哉茲又仰恃眷知強聒不已儻蒙採其愚慮少見施行臣即乞歸從諸臣於澗谷有餘幸矣

予才為秘書少監兼直舍人院又轉對曰臣待罪蓬山輪當轉對謹抒短見少効樸忠臣聞治天下之繁者必以至簡制天下之動者必以至靜四海之廣萬民之衆屬而治之者君與相而已必欲事事親之力亦不足矣故選擇忠賢以為輔相而不分其權者人主之職也

薦進人才布滿中外而不侵其官者宰相之職也堯以不得舜為己憂舜以不得禹皐陶為己憂既得舜禹皐陶矣所謂庶政百度則命九官咨二十有二人分任之未嘗裁之以獨見也故賡歌之末專以元首叢脞為戒蓋君道無為才侵臣職便為叢脞此起喜之後繼之以叢脞之言可謂得人君之體矣後世不知人君之體固自如此有所謂獨運萬機之說以為不如是則權勢下移太阿倒植權非人主所得操矣不思得宰相以進退百官即吾之進退百官也得宰相以折衝禦侮即吾之折衝禦侮也得宰相以綜理政事即吾之綜理政事也使宰相得人足以任事則萬機理而君不勞君不勞則從容暇逸思其關宗社之大者而所見高矣不知出此牽聮愛欲之根紛糾事為之末謂智力足以控制海宇無所事乎道德也而智力有時而不能運謂權利足以彝走群衆無所事乎誠信也而權利有時而不可驅謂材能足以興起事功無所事乎經術也而材能有時而不足恃是獨運萬機之說非人君之所當事也昔冉有退朝孔子問其何晏對曰有政孔子曰其事也如有政雖不吾以吾其與聞之說者謂冉有以事為政又以明大夫之職當與政不與事也夫為大臣而以庶事必躬親而行之則於大政必有偏而不起之處矣故太宗謂房杜以廣求賢人隨才授任為宰相之職而詞訟細務則以為當屬之左右丞陳平對文帝以佐天子理陰陽為宰相之事而獄訟錢穀則以為當問廷尉內史是宰相之體不可輕也後世不知宰相之體固自如此有所請下行有司之說以為不如是則事功不舉精采不揚政非宰相所宜為矣不思中書之屬曰舍人門下之屬曰給事尚書之屬曰尚書侍郎二十四司莫非事也使三者之屬各得其人則庶事理而相不勞相不勞則雍門閒暇思其關國體之大者而所見遠

矣不知出此而塞淺之是圖瑣碎之是務謂精神可以牢籠庶務無所事乎簡要也而精神有時而不能運謂智力可以灼知幾事無所事乎仁義也而智力有時而不能周謂權數足以駕馭群情無所事乎正大也而權數有時而不能久是下行有司之説非宰相者之所屑為也恭惟陛下天資高明識見超卓閱歷久而見理益明更張屢而數事浸熟侈然有高天下之心遂謂天下之事有不足為於是運其獨斷凡瑣微繁細悉經省覽酬酢區畫日不暇給以遂成其獨運之偏陛下之意不過曰曩恩舊之相迭操政柄吾不得行其志今恩舊歇矣牽掣亡矣吾亦欲有所為以紓積年之憤自是心一起而陛下獨運萬機之政蓋已十之五六矣宗親之除授姻婭之藩屏外親之特命雖即第祈求有非聖心之得已者而廢分實出於陛下如廢法何天庭之進狀臺府之兩造市井之瑣事雖左右經營有非聖心

之所樂者。而裁制實出於陛下。如撓政何。其他如御筆頻煩。當政末年之弊事也。而貂俠往來。施行急遽。陛下不以為憚。章疏節貼給與權臣之妄作也。而詞旨峻厲。覆護彌切。陛下不以為非。甚至論文體士氣之卑。而阻敢言之氣。因御藥僕奴之闕。而顯逐臺察之臣。放還朋萬閹上之黨。而輕啓奸邪復出之機。關節路塽。媒進之夫。而增長附麗匪人之惡。國家機括所在。無出於此數事。而陛下不以掣肘外庭為疑。臣恐行之不已。漢世意輕丞相之譏。唐家兼行將相之失。復見於今日。豈不開私謁之門。啓捷出之徑乎。此獨運萬機之說。在今日不可不察也。一相專立事權浸專。閱世多而識慮益深。藏用久而制事愈曉。於是總而歸之於一己。凡兩省屬官之所掌。悉屬剸裁。六曹諸案之所行。總歸割決。以遂成其下行有司之失。大臣之意不過曰。略相濁亂。貪焰熾天。姦尹貪婪。聚欲成市。諸事未免轇轕。今蓄

句轉矣。化紘更矣。亦欲覈究其顛末。以醇積年之疑。首是心一起。而大臣下行有司之事已十之八九矣。繩愆糾繆。以輔君德。此格非之大者。而扞格不行。扶植紀綱。以守法度。此體國之大者。而齟齬莫遂。簿書之出入。錢穀之盈虧。期會之應報。此何等瑣屑。而以汙丞相之聰耶。旌忠邪以昭公道。此知人之大者。而意向未白。振拔抑屈以回君心。此達賢之大者。而嗜好未真。部闕之注擬。銜道之通塞。士民之鬬毆。此何等煩碎。而以汙丞相之聽耶。其他如李沆報罷中外所陳利害以明意向。如王旦稱東南民力竭矣。朝廷攉利至矣。以規使者。如韓琦以頭子句任守忠立庭下。數其過以懲反覆。皆未能有所施行。而常程奏稟。勅事勘當。的例指定。則上下往復。酬應不急。近者累月。遠者一二年。未免迂回。而宰相不以爲損。大體爲疑。甚至分限考覈。逆疑六曹之爲欺。剖破拘攣。下行京兆之瑣事。國家猥瑣之務。無

出於此數者。而宰相悉行之。臣恐行之不已。曹參避堂舍蓋之規。而吉當春牛喘之問。未暇衡慮也。豈不奪大小之倫。汨中書之務乎。此下行有司之說。在今日不可不戒也。或曰。漢宣帝總核名實。而政事文學法理之士咸精其能。未嘗不獨運也。為人君不核名實。不攬威權。則失所以為君之道。臣應之曰。天下至大也。萬幾至繁也。以簡御繁。猶懼不暇。區區焉屈至尊之勢。以代臣下之勞。則力耗心疲。不免有衡石量書之誚。屑屑焉留意於無益之虛文。不急之細務。則先後舛逆。而聽其所為也。有給舍以繳其失於未出命之先。有臺諫以救其失於已施行之後。彼此夾持。庶幾不至於失敗也。昔仁宗嘗曰。天下事正不欲自朕出。不若付之大臣公議。行之行之不當。則臺諫得而糾之。近習或有干事。則聽大臣執奏。此可為君天下者之良規也。以簡御繁。其有大於此者乎。或曰。諸葛亮為相。自二十罰以上。未嘗

不躬攬其事。為大臣而不親政事。則失所以為臣之道矣。臣應之曰。宰相自有體。群臣各有職。以逸待勞。尚猶弗濟。君勞思乎知於簿書期會之間。以為稱職。疲精竭神於錢穀獄訟之事。以為得體。則六曹曠職。而中書煩勞。而省偷安。而大臣多事。臣非謂宜付之兩省六曹而聽其所為也。上有法守之可遵。下有臺諫之伺察。內外相正。庶幾其無闕失也。紹興初。胡安國進言。請自今以往。宜令庶事並決於六曹。仍命六曹官長皆得專達。並如元祐大臣所請。自非事關大體。更不咨問。則宰相之事簡。此可為相天下者之良法也。以逸待勞。其有大於此乎。嗚呼。領挈而裘自整。綱舉而目自張。臣願陛下專責宰相以進退賢否。為官擇人。分布庶位。使各得其當。為己任。至於簿物細故。則勿復問。如是。則元首股肱。上下喜起。人君之體尊。朝廷之事舉。而關宗社之大者。可以次第舉行矣。審於音者聾於官。明於小者瞎

於天。臣覩宰相謹柬六曹長貳精擇三省屬寮裁決庶務使大小各就條理爲己任至於常行細事勿復留神未如是則道揆法守不相奪倫中書之務清百司之事治而關國體之大者可以漸次施行矣雖然抑又有説敬者立心之本公者立事之基人主以一心立於事物交來之地若非一主於敬則理欲之界限不明而天與人之辨或衝突於方寸之中義利之疆畔不嚴而公與私之別幾於汩沒於事爲之際故臣於囊封之末復諄諄於此者正欲以舉盜之説望陛下也誠使察其端於暗室屋漏之際而持之以不欺究其見於深淵薄冰之時而守之以無妄克一私焉必翦絶其根源制一欲焉必塞微其表裏粲然天下皆付於公聽並觀之餘豈不能新美其德乎表記曰君子莊敬日彊安肆日偷敢誦此爲陛下獻大臣以一身立於羣弊叢底之秋若非一本於公則私意繚繞安能濟大事於世變紛擾之

秋陰滿横流安能集大功於人情睥睨之際故臣於奏對之終復拳拳於此者正欲以持衡之説望一相也誠使公其見於立政造事之衡而守之以無私平其心於處己接物之際而行之以無事發一言焉必以謹守法度爲説制一行焉必以裁抑僥倖爲要舉天下皆付之於清明公正之中豈不能光明相業乎周官曰以公滅私民其允懷敢誦此以爲相臣勸惟君相實圖利之又曰陛下自改紀以來御筆數下蓋有宣政未年氣象乃三月壬寅御筆申警臺臣彈劾並須審實毋捃摭細故擿發陰私此陛下禮遇士大夫保全人才之盛心也或者乃謂沮抑言路莫此爲甚且或者之言倘爲而然也臣嘗思之無所爲而發則斯言誠中今日之病萬一有焉或者之議似未爲過臣方幸或者所言之不信書未五日陛下果以御筆逐二臺官矣由是人心愈疑前日之言果有所爲而發也雖陛下經帷宣諭有云

此言非專爲臺諫而設而一時人情終莫之信是御筆之出果不可以不謹也夫臺官論事失當猶當遷以美官今未有顯過而併與未供職者逐而去之臣雖至愚亦且皇惑以衆口諠傳又謂臺官中貴之僕至有爭鬬激而至此耶吁審如是無惟乎外議之紛紛也且威福陛下之威福也北司反得竊之以逐天子耳目之官威福之柄下移至此此而可忽脱或與宰執忤必竊而逐宰執矣與侍從給舍忤必竊而逐侍從給舍矣與百執事忤亦必竊而逐百執事矣讒諂陰行善類蒙害陛下方當人物彫然之時亦何以利於此乎臣得之傳聞北司之徒從來恣横其舉動足以回山海其呼吸足以變霜露在於平時已不可遏自逐臺官以後氣勢尤張凡市井之細事臺府之猥訟一旨總攬包括假宣諭以行之彼自謂手握王爵口含天憲人不敢抗而不知回撓紀綱賊害賢智剝亂綮廢所以胎變召禍者至

矣陛下深居九重亦嘗知之乎聞之而不戒之知之而不制之又從而縱弛之是增長其氣勢而自壞其紀綱其不爲中常侍之恣横夫謁者之驕縱者鮮矣臣愚竊謂臺諫當謹擇不當輕逐輕逐則朝廷之紀綱壞而臺諫之氣屈北司當嚴戒不當稍縱稍縱則天子之威福去而北司之氣揚二者不可以並立惟陛下權其輕重而扶持之臣一介么微何敢與北司抗然不敢愛死縷縷以告者亦欲聖心翻然悔悟則紀綱之地猶將有賴焉愚戇之臣何所逃罪

歷代名臣奏議卷之六十二

歷代名臣奏議卷之六十三

治道

宋理宗時右諫議大夫徐榮叟入對言自楮幣不通物價倍長而民始怨自米運多阻粒食孔艱而民益怨此見之京師者然也外而郡邑苛征横歛無所不有嚴刑峻罰靡所不施和糴則科抑以取贏軍需則盡綠而規利逃亡強令代納錮放恣至重催犯私販者不問多寡槩遣縣徒逋官課者不恤有無輒遭鄰監繫囹圄充斥率是干連詞訟追呼莫非枝蔓如此則民安得而不怨甚者富家巨室武斷鄉閭貴族豪宗侵牟民庶茹冤者不敢告負抑者不待伸怨氣薰蒸夫亦之應此亢陽之所以為沴也遷權禮部尚書

著作佐郎高斯得輪對曰臣猥以非才濫汙東觀每懼尸素無補秋毫茲幸登文石之陛以望清光敢輸罍罍之愚少殫忠報之分惟陛下幸垂聽焉臣嘗靜思當世之故竊以為關乎宗社之存亡者不一而足陛下神明之慮既有所遺而二三大臣復皆視為故常莫有赤心血誠身任其責者是以大化雖更群賢雖聚而天下之勢反日趨於危亡而不可救止也且今日關乎宗社之存亡者陛下亦知之乎姦邪有發出之憂夷狄有必至之禍國計有將敗之虞三者其機已兆其形已成大臣分任其責汲汲以圖之猶懼弗濟而可漠然不以恫瘝其身乎權兇去位以來所締結者莫不壞散所排斥者莫不收用攻詆之疏多見施行朋比之儔悉就流竄戚里之與為姻婭者又奉祠而停官上心若堅定國是若昭然士大夫皆舉手相賀曰自今其無反覆之憂矣臣竊以為未也何則內庭之耳目故在而外邪愈急於窺覘都城之巢穴未破而姦朋猶有於依據帷幄之臣邪正混淆固有覘類候色援助小人如鄭居中之主蔡京諫憲之倚忠佞錯擾固有柔邪深險默伺時變如楊畏之主章惇在庭百執事出死力以排姦者首無二三希後福而中立者十蓋八九甚至陰持異見以捭闔嗚呼國之多事如此非宰相之責乎夫成周冢宰以正百官為職者也而王之六宮亦統焉今群臣厖雜甚矣宰相所當別白淑慝為上一分明之至於宮禁奇衺穢貨外交人言籍籍豈可坐視而不之問頗乃并包兼容之意多別邪辨正之慮淺憂讒避謗之心急直前邁往之志微遂使衆臣爭衡夫權旁落養成積輕之勢以啓窺覦之漸是得為知其職分矣乎鐫隙之不塗幾微之不察一切以虛心無我之道待詭譎變詐之人蹊術既熟羽翼既成不幸變故乘之上心一移凶渠立至使宗社有淪亡之憂衣冠遭魚肉之禍生靈罹塗炭之厄當是時也雖潔身以去其能逃萬世之清議乎故姦邪有發出之憂宰相之責也數年以來敵攻雲南傳聞日騷荆蜀廣右所奏畧同天生斯人最能為兵掠汴據蜀咸襲其背則兵出奇道蓋其常能無足怪者廟堂之上雖尚致疑而宥府之臣蓋嘗論建今既任主兵之責矣則向之所陳固當力守而速圖之且其所謂命蜀帥撫結諸蠻邀截障蔽命廣帥選邑宜守控扼險阻者陛下亦既亟從其議矣今閱數月蜀之所撫結者何族廣之所控扼者亦何地招募戍卒孰任其事聯結峒丁孰尸其責遣使以訪境外之事終何所聞易帥以任經理之寄果何所就夫古之大臣圖事揆策不為空言發慮出謀動有成效不以敵國緩急為作輟不以人言有無為勤怠今既以知軍戎萬里之情見推於天下矣及至謀人之國任人之事當存亡關繫之秋無始終負荷之志悠悠泛泛自同衆人陛下剸屬之意固如是哉且臣近者竊聞上流關隘以謂大理久已臣屬而朝論方在疑

信之間可為痛哭憤府之言必有自來不識是誑也帥閫嘗以白于廟堂否乎萬一有之而帥閫不以告二府不及知則亦誤陛下之任使矣夫以知兵之臣居本兵之地而又專任主兵之責疆事安危幾術交屬乃今勍敵謀我而不思所以待之危機將發而不圖所以救之一旦鐵騎長驅電發焱至江沱之間土傾瓦解任事之臣寧得不執其咎乎故虜有必至之禍主兵大臣之責也國家版圖日蹙財力日耗用度不給尤莫甚於近年聞之主計之臣歲入之數不過一萬二千餘萬而其所出乃至二萬五千餘萬蓋鑿空取辦者過半而後僅給一歲之用問其取辦之術則亦不過增楮而已矣嗚呼造幣以立國不計其末流剝爛糜滅之害而苟焉以救目前之急是飲鴆以止渴也豈有為天下阽危者若是而上不驚者陛下懸國計之屈分諭大臣顓領其事盡將使之究本末源流而圖惟變通之術也固當

會出入之大凡察盈虛之至理破苟且之弊習為經久之遠圖今也不惟理之無術而反耗之日甚大農經用廩廩不繼額外創給日以益多大兵之務不詢之有司一日之間而頓增三十餘萬淮蜀制臣以科降為請則一指亦各千數百萬其他凡所饋給視昔甚增矣軍旅之費誠不宜惜然不度其力不慮其終豈不甚乎且理財無他道亦曰去其蠹財者而已矣蠹財之大者莫若軍旅而宮掖次之今江淮荊蜀符籍半虛主帥務私資為橐橐根株盤結未有能窮其姦利而一洗之者今主財之臣亦嘗以覈軍旅之實為請乎六宮橫費浮濫百出群奄羽化要索無藝嬖寵祈恩賜予日繁外庭不敢問有司不得計也今主財之臣亦嘗以省宮掖之用為請乎濫費之不節宿蠹之不除乃徒張官置吏日事紛更緣飾美觀殊乖體統使才名之士不容而嗜進之人得售國家用度日以不給蓋有如賈誼所謂大

命將淪莫之振救者臣不知何以善其後乎故國計有必敗之虞主財大臣之責也夫姦邪能覆人之國夷虜能亡人之國而財用空竭猶之氣血凋耗亦足以斃人之國有一于此已可甚懼況三患交至而無人焉以任之可不為之寒心哉且是三者本皆宰相之所當總執政之所當與而非可以分任者亦既諉之不藏而分任爾矣則職分所在可得而辭其責乎雖然臣又竊有疑焉何則二三大臣責任雖不同而心不可以不同側聞廟堂之上同異浸彰道路傳言抑難深信然國論未固窺伺孔多纖芥一開何事不有目前百怪且將舞鰌鱔而號狐狸禍亂相尋往往出於衆人之所易宗社之憂又豈特去一位之姦而已哉故以人才言之執政當進其可進而不必望其為助宰相當用其可用而不必疑其植黨以政事言之宰相所當謀諸同列毋獨運以貽自用之譏執政所懷當告諸其長毋專達以取

猥權之誚如同舟而期於濟如共車而主於行夫如是慶曆元祐之治雖未能以遽致紹聖元符之禍尚庶幾其可紓乎然而臣尚有說於此請得以終陳之夫職分之不盡心志之不同二三大臣信有罪矣待遇之未誠信任之未篤愚臣妄謂陛下亦有過焉何則嘉祐之定國本任其責者韓琦也今陛下以為家事而獨謀於左右之嬖御元祐之擇臺諫預其議者司馬光也今陛下懲創太過而專決於寵幸之從臣伸國法以繩橫恣廟堂責也卒壓於戚畹而中輟內降以抑僥倖宰相之事也竟屈於宣諭而奉行彼居其位而不得行其道方赧然以負其所愧又安能展布四體以志伊尹周公之事業哉臣願陛下推誠以待之虛心以任之毋以小謀大毋以內圖外而使大臣得以粗伸其志焉如此而猶職分之不盡心志之不同以負任使則天下之責固將歸之而不必貸矣臣出位有言無所逃罪惟陛下幸

敵。

斯得又奏曰臣頃者蒙恩忝貳禮闈竊惟此官蓋古宗伯之屬以佐王掌邦禮爲務職分所繫至爲不輕故常日夜深思欲於簠簋籩豆升降周旋之外求爲有補於國家之大政者而得其說敢爲陛下陳之夫禮者何也天之經地之義君人之大柄天下之大閑而禹湯文武成王周公之所謹以守其國者也故三代盛時紀綱森嚴法制明備尊卑有分貴賤有別車服物采各有等衰天下之人日由乎規矩繩墨之中而不敢踰越以故民志一定禍亂不生恃藉維持至於數百年之久用此道也周室既衰禮制大壞秦漢繼之稀闊無餘末流之弊習俗薄惡民人抵冒諸侯驕橫而漢法不得行外戚類恣而大臣不得制宦寺放紛而朝廷不得治瀆之宗替遂以陵夷此賈誼仲舒王吉劉向之徒所以發憤慨歎而敢致於述舊禮明王制以救之也

我國家承五季衰亂之餘知天下之禍槩原於禮制不立故創業之初立經陳紀爲萬世法先儒程頤論歷代之禮獨以爲本朝大綱甚正而司馬光亦以爲大宋受命太祖太宗能立禮之大節是以百年之間教化興行臣民軌道凡漢氏蕃臣閹戚壞國喪家之事一皆無之制度紀綱如此聖子神孫世世持循而弗失可也然臣竊自頃以來祖宗典則之舊浸以隳廢壞法亂紀之風漸不可制竊爲陛下憂之宮邸無故而妄求進秩不問也嬖寵恃恩而豪奪人田不問也戚畹葬埋過於僭忲以溷有司不問也宦寺怙勢頤指氣使驚使者而傾之不問也而宗藩之橫則又甚焉有縱恣輿臺囊橐巨璫而邀求內批以免死者矣有縱使僧卒代人穿木而擠難官吏以求勝者矣凡此數端奸禮犯義在崇觀政宣之間固不以爲怪而陛下與乾淳之世前未必有也陛下其可恬然視之而恝不加警乎且上之人既已決隄壞防而聽其所趨矣而臺諫侍從給舍之官復無一人敢逆遏其橫流至於郡司少有抵捂則加以無君之罪不旋踵而逐去其於聖德能不虧損乎恃恩犯法之徒能不踴躍而攘臂乎政和間諫官曾孫先上疏請裁抑省吏朝廷方爲施行忽降御筆手詔示於豐亨豫大之時爲五季衰亂裁損之計詔下蔡京移特賞郎堂後官醵錢入賀觀宮作千道齋以報上恩自後省吏之橫不可復制臣謂今日事雖不同而紀綱陵遲豪猾得氣燄以大異政刑俱參遠邇救尤無怖乎民挺於效據吏肆於豪奪而略無忌憚也臣願陛下思聖人爲國以禮之訓而致行之法三代之所以得監秦漢之所以失力守祖宗之法度痛抑親暱之私情毋使憑藉扶持之地日縱尋斧以至於衰亂而不可反宗社之憂其猶可及救乎臣以禮爲職言之及此不識忌諱惟陛下恕其狂僭

黄應龍對策曰臣聞天下固有將治之時人主當堅必治之志時也者天運之已至時勢之可爲而不容少緩者也志也者心君之所主治道之從出而當先定者也志至而時未應尤當立此志以俟夫機之來時至而志莫持將恐悅惕一生天下無可爲之事矣是以聖人出而新一世之宇宙斡萬化之綱維圖治必有定謀致治必有定力酧酢事物果中肯綮則不變其初心恢張政理既得要領則堅持其初意不以議論紛紜而牽制不以效驗愆遲而動搖雖處世道艱棘之衝而此志常明雖當國勢搶攘之會而此志常銳剸乘時勢之將治當應事機而亟圖亦宜立靠實之規模爲就實之事業振士氣而益其行飭吏治而責其成外治必嚴邦計必裕經理地利之策蘇撫民瘼之方莫不因時可爲隨時有立堅吾志而力行之天下事可以徐就吾之條理矣儻圖技之不審或始銳而終隳把握之不牢每暫作

而逖邇則景象方回事功愈邈況欲自登而平以躋萬方於太平也哉恭惟皇帝陛下英姿天縱睿敬日躋臨位以來十有八載閱歷多而世故熟涵養至而天君清以時考之適符古人再登之候以理揆之正開世道亨嘉之機政化更新有其時矣方且崇化尊道綏能授官嘆邊圉之尚虞念國力之猶耗條戰守之備明斂散之權不可謂無其志也猶登進臣等於庭而策之以當今之務顧臣至愚曷稱明旨切謂時難得而易失志當立而不移昔武帝策士大庭欲聞至論之極上嘉古治欲致諸福之祥有臣仲舒以高明在加意告之然臣考其武功爵之置乃帝即位之十八年也若操持尚誇然帝之志不以是而衰而終遂雄材之略者唐太宗夜讀周禮欲追古制之隆厥與魏徵輩贊唐朝之盛有臣李傳以顯如貞觀初徵之然攷其遼東之行太宗在位之十八年也若喜功未忘而太宗之志不以是而餒卒成致太平之功方今事體固不可以漢唐比時雖艱而志甚不倖免證稍解而病之脈猶存否道已傾而泰之基猶淺所宜奮發淬礪振刷激昂大勢粗回者使日進而日新大體僅定者俾愈久而愈固則乘此將治之時可以為必治之世矣書曰時哉不可失正謂是也謹昧死上愚對臣伏讀聖策曰惟天惟祖宗全付有家朕思日孜孜無隳天之降實命以無羞祖宗之洪烈休德臣有以見陛下不以時之已至而忘上天眷佑之意列聖付托之隆也臣聞消厄運於艱棘者若非人力之強為振事勢於因循者由君心之先定天生時者也祖宗眷陛下以此時者也時之未至此志果立尚可轉弱而為強時之已至此志不立未免隨強而為弱臣不敢遠考請以藝祖皇帝之事明之五季不綱亂離斯瘼方將跨九垠以為爐矣藝祖出而汎埽之溟也挈聲拔拾破碎之天下曾不數載兴合為一何成功之速

哉觀其訪大臣於風雪之夜立志如此其初也收兵權於盃酒之間用志如此其果也士卒苟犯吾法惟有劍耳藩侯不為撫養斷不容之行其志如此其決也用能為我宋開億萬年之丕基豈偶然哉為天地立心為生民立命為當世開太平惟我藝祖皇帝為無愧於斯言皆此志之堅為之地也陛下果能以藝祖為法則念皇穹所降之實命則當惕然自勉曰時方助順予弗能愛惜力以迓續天休寧不上負皇天之眷佑乎念寧王所遺之寶龜則必凜然自愧曰時尚可為予而不能爭事何以見宗廟寧不負祖宗之付託乎朝省夕惟念念不替卓然而警惕生躍然而精神奮則陛下之所以策臣者斷可以致有用之實效而臣之所獻言者亦不墮於空談矣臣伏讀聖策曰國惟隆古盛時三載有考績之程三考有黜陟之法蓋九載而進業四登又九載而再登曰平由是三登而太平則王德流洽禮樂用成朕自臨御以來今十有八年蓋再登曰平之候而觀時拯道圖事揆策未有致平之階今策茂異冀聞康濟大略輔予于治肆垂聽而問焉臣有以見陛下當可為之時而慨然有志於古者登平之治也臣聞古之為治者不患治之難成而患時之未順不患時之未至而患志之弗立虞庭惟無怠無荒而有惟熙之志故三考黜陟遂以致雍熙之和成周惟無逸無淫而有功崇之志故王德流洽遂以濟盈成之盛後世之君卧薪之志先定故二十年生聚教訓可以沼仇人之國若復讎之志不立雖四十九年之久而西周之美竟莫克尋陛下心事固落落於十八年之前而往者不可追來者當亟圖今雖未有再登之實而致平不可謂之無其階矣在天者雖非有五風十雨之和而祝融救感象緯循軌不至於前日之灾異還來也在地者雖未有六府三事允治而滄若奉職鯨波復常不至如前日之潰決四

出也。登人者雖非有煙火萬里之樂，而遽塵少息。道殣稍希。不至如前日之枕籍可憐也。此正上天開陛下以自治之歲月，而祖宗遺陛下以大有為之機會也。曩者一國三公，事權渙散，令宰衛獨運，搜舉憲章。意外僥倖，時有裁抑。是已有志於守法度矣。既曰守矣，則當執此之政，堅如金石。曩者威福替移，賞罰無章。今則拔去回邪，登崇耆俊。或用或舍，稍加甄別。是有志於公賞罰矣。既曰公矣。則當據此之公。無私如天地。曩政令多私。朝行夕改。今則上下相與檢察稽違。詔令所頒。期於遵守。是有志於信號令矣。既曰信矣。則當行此之令。信如四時。由是而精選士風。由是而淬磨吏習。警邊虞而裕國計。講屯田而備荒政。件件葺理，事事作新。不嘗試於苟且之謀，雖千萬變交乎其前。而堅若剗厲。又益自信。勇往直前。無所疑礙。如射者之期於必中。如奕者之期於必勝。意所欲為，何不可者。昔者藝祖皇帝嘗

大開宮門。聖訓有曰。此如我心。小有邪曲。人皆見之。陛下果能充藝祖此意，而明白洞達。公平廣大。力而行之。則康濟大略，自有陛下之家法在。而禮樂用成之治，可以駸駸等而上之矣。臣伏讀聖策曰。漢武尊經而黜百家。顯宗臨雍而拜三老。是正學所當崇。朕躬教立道，庶幾士知嚮方。然儁慧者勤說以飾智。辨捷者浮道以譁眾。將何以使之羞其行。臣有以見陛下因士知所向之時。而有志於新士習矣。然臣切以為士習之不美。非教詔之所能移。而特患夫在上者表厲之未至。有如三俊克即。則見德之夫不期而自式。三后迭用。則利口之習雖靡而可移。建武之罷黜百寮。雖有統一聖真之功。而平時以踈弛取人。則何怪乎自鬻之千數。永平之正座自講。雖有觀聽圜橋之盛。而異日之名節相尚。則實激於桐江之一絲。世之從行不從言尚矣。厥今士習何如哉。師道不立而鄉無善俗。蒙養弗端而世乏良

才。沒身於場屋。一技者剽切詞章而不究本原。疾趨於功名之途者，專騰口說而弗味理義。平居而論。視富貴於浮雲。退省其私。有攫金於白晝。道義喪亡，廉恥缺然。昔我藝祖當皇業初基。日不暇給。而即位之月。數謁先聖。繪先賢先儒之像。儒道復振，實自此始。陛下隆師重道。遹遵先猷。迺日於祇謁原廟之次。舉行鉅典。頌九聖四賢之贊以明道統。進先一而從祀之禮。而黜異端。群士嚮風。四方易聽。臣願陛下於用人之際。凡加崇正大之實學。而又清心寡欲。以表倡於其上。則又何飾智譁眾者之足慮哉。臣伏讀聖策曰。漢宣綜核。吏能咸精。有唐中興。實才是用。是吏治所當責。朕程能授官，庶事知數事。然刻峭者深文巧詆。吸慣者致期視成。將何以使之平其政。臣有以見陛下當吏道多端之時。而有志於飾吏治矣。臣竊以為吏治之未飾。非督責之所能化。而惟患夫在上者賞罰之未公。有如三載考績之法

明。則後之言循吏之效者稱堯舜。第一治行之表見。則世之稱循吏之實者歸孝文。惟其名實之必核。此神爵所以有民安其業之風。惟其實才之是用。此開元所以有治致中興之美。上有實政。則下有實吏久矣。厥今吏治何如哉。布宣德澤者不一二。而貪黷者常接踵連舉。詔條者不多見。而欺謾具文者罔悛心。勇於辦事者既並緣以遂其自便之私。期於寡過者又懦弱而恣其奸胥之欲。蒼鷹之妻肆頑鼠之欲。繫囊橐雖豐。根本殊竭。昔我藝祖當洪基肇造。庶事草創。而愛民一念首關聖慮。縣令坐贓。除名為民。此懲贓吏初指揮也。自是廉潔風行於天下。陛下施政行令。動守成憲。往者亦嘗重贓吏之罰矣。然或謂監司之按發。臺臣之劾奏。固間見施行。而貪緣牽復者未聞其必罰。措克聚斂者。不聞其盡斥。臣願陛下大明黜陟。於程能之際。未徒求其斂以集事。而必欲其毋蠹吾民。治行顯著者。則增秩賜

金乃久其任罪狀明白者則褫爵削籍以警其餘尚何峭刻叨憤者之足憂哉臣伏讀聖策曰苻秦倫胥投鞭斷流司馬吞吳造舟流柹是邊防所當飭朕堅邊設候將以備不虞然疆封未繕虜有覦心伍衆未修士寡鬭志其何以固吾圉陛下之言及此豈非當邊塵之少息而有申儆國人之志乎臣聞今日邊備有不可以前日論也向者戎性憚暑惟防秋冬邇年虜駐河南關隴之間往來倏忽是無一日而不當備也向者哨騎窺覦惟在淮甸邇年蜀壤虜來多出關達施黔蹊逕錯雜是無一處不當備也幸去冬以來羽書希警或謂虜厄於旱蝗或謂彼訌於內變理誠有此事豈信然上天有福華之心與吾自治之暇者一月之暇當為一月之工夫有一歲之暇當辦一歲之備具然臣不知邊烽徹候幾時矣邊頭擺布阻險衝能常如對壘時否督府懸司再歲矣朝中措置蒐卒謀衆能常如開府時否也

藩籬門戶豈不知有捷徑之衝未聞控扼有何策水舟陸步豈不知缺守把之處未聞措辦何方朝廷責之列閫帥閫責之偏裨此曰作急施行彼曰畫時遵稟豈廟筭之難測抑兵計之尚神第恐風塵一驚未免倉皇四顧惟是腹心之隱疾莫如將惰而兵驕恭聞建隆初將士有不用命者悉置極典此始嚴驕兵之法也臣願陛下率藝祖之志而行之念金甌之屢缺不容再錯慮玉帳之乏才所當預謀謹周人綢戶之防存光武包桑之戒紀律必嚴不可因咽而廢食作姦必謹不容視蔭以偷安華敵去而舞之心為氷合復來之備側聞邇者廷紳抗疏謂詐虜姦謀叵測聚衆河洛終為搶麥之謀備粟近邊為誘流民之計若如所論良可深憂然則欲固邊備非堅自治之志則不可臣伏讀聖策曰漢增錢幣以給軍費唐榷茶鹽以濟中興是邦計所當裕朕理財正辭將以佐經用然榷禁日密國課無裨措法嚴更民愈滋惑其何以阜吾財陛下之言及此豈非當事勢差定而有年通九府之志乎臣聞今日財用又非可以平時言也昔人謂江淮財用可濟中興而比年以來沃饒之地半成淪棄所取辦者僅東南之一隅自昔立國東南者資給於摘山煮海之利比年以來經濟乏才法多變易蠹弊不勝其百出亦未有歲養五六十萬兵而事力不屈未有歲糴米五百萬斛而民力可供未有歲出十四五千萬楮而國力可繼者論財計於今日是誠罄底之時然理財正辭古亦有道若徒以威劫力制而求足是謂挺刃之政豈謂本源之知曾不念夫廩庾乃然之聚帑藏乃積之府蜀居兵荒之後而有刼糴攙糴截糴之苦吳居旱澇之餘而有數糶勸糶奏糶之憂茶鹽之新鈔老鈔貼換無常楮幣之新界舊界變更無定臣不知陛下所謂正辭而禁民為非曰義者果何如也痛籌經畫之無方尚有節用之一說共惟建

隆初用度最為簡約宮中雖一物猶不妄用聖訓且謂一縑欲易一胡人首又養兵不過三十萬而南征北伐無不如意所當者破所擊者敗臣願陛下充藝祖之志而推之節之又節雖苦節而何傷為所當為勿泛為而無益循孔氏為疾用紓之訓懷衛文布衣帛冠之圖側聞邇者廷紳進言猶謂根本撥而為太平之粉飾財用乏而襲豐亨之調度事力微而興不急之土木蠹弊甚而濫當厄之私恩若如所陳未知遠筭然則欲贍邦計非嚴自節之志尤不可臣伏讀聖策曰晉開汝潁齊墾芍陂耕屯之效可覆也朕畫地授田將為戰守之備然遠耕則資盜糧近墾則奪民產其何以為經理之方臣有以見陛下念邊戍之未易撤而圖為經久之規也夫田不井授國有兵費糧以漕運士不宿飽今淮壖沃壤菁白而茅黃荊襄腴田狐嗥而獸舞亟講屯田之制是誠足用之方然築室道謀欲書掣肘立論不堅

啟以浮議而易搖，設心不堅，或憚少費而遽休。不曰官兵不可服田，則曰民户不敢復業。臣謂欲興屯田之利，先備屯田之害。近逼兵爭之境，須為收刈之防。首以遠屯蠶之早稻，恭踰夏而已熟，菽粟雖秋而無恐。其多作堡塢以避兵。既有主諸，尤須久任，如我藝祖之任郭進在山西，更十餘年。陛下肆頒明命，使沿江諸閫，繫銜措置，必有端緒可績，勿為歲月淺圖。分孔明以渭上之師，圭充國以金城之畧，決期後効，勿廢前功，則晉之汝穎，齊之芍陂，又安之壽美於前代。臣伏讀聖策曰：漢立常平，隋置義倉，荒政之制，可舉也。朕分道置使，為斂散之用，然偽指囷倉以肆欺，不求芻牧而立視，其何以為詒？教臣有以見陛下念民生之不易保，而欲為凶荒之防也。夫辨牧分皆烝民是粒。湯民無疾，備具為先。今之所謂常平義倉，將有其名，拓籍勸分，賞司其命。郡多遏糴之禁，吏無安富之心。使以安撫為號者，擁節而甯

縣官以常平為名者，移文而曉揭，飽觧自若，形諭何知，或行措留之令，而以販鬻為貲，或嚴過界之法，而坐視鄰國為壑。秦飢孔亟，晉閉方安。此曲防之禁，尤不可以不除也。以至未寬糴戶之憂，先重富家之擾，借以上命，不無勸認之行移，威以重權，復迫難供之數目，不計稅之在亡，而計田之多寡，不問室之虛實，而惟户之高下，有稱貸而益者，或鬻產以從之。杞國未肥，魯人先瘠。此覈實之政，不可以不審也。若此侵漁，當先禁哉。如我藝祖初立法令，應商稅毋得私收，苛留此薄稅，欲初指揮也。自是寬卹之政達於天下。陛下軫卹民隱，玉食弗飴，措置流移，屢頒詔旨，而救荒舊制，尤切舉行。乃有偽指囷倉以肆欺，不求芻牧而立視此之不戚？方羨慕於漢之常平，隋之義倉，安能以頓革吏奸哉？臣伏讀聖策曰：凡是六者，在今實為要務，朕不敏，明未能究悉。今天下事勢極矣，規模施設，必如藝祖之肇基，高宗之中興，乃克有濟。然建隆創業，未數載而底定，炎興再造，必待久而後成。伊欲遠法藝祖，則深弊積壞，若非可以頓革。近法高宗，則扶顛持危，又非可以緩圖施之于今。將何適而可？臣又有以見陛下既加意於時務之要，而又欲因再登日平之候，而追配未創業中興之盛也。藝祖之事，臣已略陳其梗槩於前矣。乃若炎興恢復之志，臣安敢畧。蓋藝祖皇帝以金戈鐵馬取天下，若高宗皇帝以麥飯豆粥收天下。其規模雖若大殊，而志嚮未始不一。於今處之，當時以綴游一縷之人心，而較之坐奄東南半壁之基者，孰難而孰易？殺虜以回山倒海之奸謀，而比之近日遠夷尋事殺戮之慘者，孰智而孰拙？陛下處此，將不櫛風沐雨而收天下乎？我高宗能奮身鋒鏑，極力支撐，立國冰泮之上，總覽群策，延納英豪，摧挫勍敵之鋒，再造中天之業，蓋有由也。聖訓嘗曰：當乘此時，大作規模。又因虜退，戒飭諸將，不可弛備，當為

再至之防。恢復一念，既見於翰墨游神之間，擊省守誠，勿替於宮闈靜坐之頃。此其自立之志，為何如哉？既而兼取創業興復之規，而身任其責者，又有孝宗焉。聖訓有言：規恢遠畧，固不在初頒文來節，蓋未暇問。又謂朕此心於天下，一日定行一兩遭。今考其淳熙六年，即位之十八年也，嘗曰：賞罰自是欲當，朕守此甚久，故以言其士習，則謂浮靡非儒學之榮，詭激無平正之用。夫取既當，則何士習之不新？以言其吏治，則命官犯贓者，決配舉主，不自劾者貶秩，典憲既嚴，則吏治何不飭？因淮西奏諸將分定關隘，則以為兵不可太分，須屯大兵於要害之地，則邊備何不修？封樁庫錢，毫髮不妄用，宮中浮費，必加痛節，則財力何不裕？詔建康都統謂屯田內有亡費之利，外有守禦之備，卿宜計度詳悉以聞，則屯田無不可行。今浙江艱歲，耕耒均撥不熟軍州，以備賑糶，則荒政安有不舉？陛下而欲六者之務，無不

振華必行。又當以孝宗皇帝為法。臣區區之忠盡在是矣。惟願陛下守之以堅，行之以果，則何患乎積媮深弊之難革，扶顛持危之未易以綏圖矣。而陛下又終策之曰：子大夫其博經誼，適正言，毋枉執事，朕將親覽焉。臣又有以見陛下好問之誠有加無已。臣嘗聞之張載曰：明善為本，固執之乃立，擴充之則大。又嘗聞之程頤曰：今將救千古深痼之弊，為生民長久之計，非極聰覽之明，盡邪正之辨，致一而不二，其能勝之乎？蓋亦謂人君之心要當如是。而臣昧獻孤忠，奉遑闕庭，懷不能已，敢展盡底蘊，以為陛下獻。一曰正朝綱以破天下之疑。夫自古國家之興非一端，而其興也必由政權之有所主。自古國家之亂非一證，而其亂也莫大於政權之有所分。人主當以天下為一家，而以家治天下。先賢皆謂三代而下，惟本朝家法最正，習之以其近挽亂權綱莫甚於漢，以宦者濁亂天下莫甚於唐。國朝列聖相承，深監前弊。君臣問對，內官不許與聞。外間文字，侍省不得進受。戚里預政事有禁，外家通賓客有禁。陛下聰明天縱，獨運乾綱，恪守家法，斷無漢唐之失。然臣來自山林，聞諸道路，聞諸許史私恩頗譁，物論南陽近屬，類玷清華。倖門浸開，鼠穴難窒。天下疑其有外戚之形。邪衣之一點，間通宮闈，闌入之禁為之少弛。貂璫之徒，給郎予過厚。給舍雖嘗論繳，其徒實繁。天下疑有宦寺女謁之形。以陛下之英，恐此輩何足容其奸。人言如此，亦可畏哉。臣願陛下勇於自治，剛以制欲，率履公平正大之道，盡滌曖昧疑似之私，使體統一而朝廷尊，紀綱正而天下安。臣所謂破天下之疑者此也。二曰恭天心以慰天下之望。我朝受祖宗三百年無疆惟休之天命，基岱嶽而源洪河，卜世卜年未艾也。而全付予有家于陛下，天之屬望厚矣。試以累年之天變參之。明堂雹而誕夕雷震，躬之懼當省也。鬱攸煽而王畿災，焦土之炬

可憐也。夏陽沴而秋雨淫潦，歲之害可弔也。鄭火復作，魯竈迺聞。齊彗方攘，虹復見。災異接迹，遠近寒心。太白失次，亡形孛彗之變，沖載不寧。又勤谷永之奏。此天欲扶持全安者為何如。而陛下之所以祗承奉若者又何如。乃自嗣元以來，麥秋小稔，雨暘若時，天下莫不欣欣然曰：此陛下化絃更張之後，君德有加之所致也。顯然翹首願見太平。臣願陛下正當力行好事之時，日勉一日，雖休勿休，敬天有圖。不但觀覽於內殿，而必常省於心中之圖。克己書銘，不但警省於翰墨，而必常刻於心中之銘。以不愧屋漏為無忝，以存心養性為匪懈，則不惟有以欽若上天之意，而亦有以恭順列聖在天之靈。不惟有以慰民望之深，而亦有以衍社稷億載無窮之慶。此臣所謂慰天下之望者此也。臣奮身草茅，不識忌諱，惟知有事君無隱之大義，而不計其言之狂瞽。惟陛下裁赦而施行之。天下幸甚。

侍左郎官徐元杰上奏曰：臣空疎末學，忝濟班行，謬兼經筵講說之員，無補聖學緝熙之益。戴恩天之涵覆，邇卿月之遠階。惟有動息淩兢，堅若刻厲。凡可以勉竭愚衷，仰裨聖德者，臣之職分然也。臣竊惟天下有至難之事，知之而能有為，則難者易。天下有至易之事，忽之而不勉為，則易者難。陛下心契兩儀，道包萬有。其圖事密而識認觀，其應事周而發用審。舉天下莫不服陛下之知。其進退大臣也有禮，其待遇群臣也有恩。舉天下莫不服陛下之仁。其除奸也，摧撥而夬去。其進賢也，拔茹而彙征。舉天下莫不服陛下之勇。陰凝方翳，而天日開明。陽和一舒，而萬物吐氣。弊之積者作而新，玩之久者振而起。綸回寰翰，布告昕庭，中外警雷霆之聲，運量合乾坤之造。是陛下居得致之位，而又有能致之資。古今之所謂難能者，皆陛下之所易。不惟人心順說之，天意亦和應響答矣。不惟歡向歌舞之，四方萬里亦

相賀矣。不惟三衙禁旅歡樂之，而邊方將師士卒亦莫不舉手加額矣。臣日夜感嘆，以為此真千載一時之會。有君如此，其忍負之。然臣之所喜今日也，臣之所慮亦今日也。夫人心虛靈，孰不具衆理而應萬事，而所具者易以湮汩，所應者易以差舛，何也。蓋事理莫不有當然之極致，當然而然，無往而不契天下之心；不當然而然，毫釐之差，千里以謬，所關於家國天下之事，其弊可勝救哉。是以大學之道，其本在明明德，其用在新民，其極在各止於至善，不可以不察也。夫以前乎十年，陛下非不銳然英明厲精聽斷也，非不奮然作新與民更始也，然明德新民之事，俱未能各知其所止，是以定靜安慮之工夫未幾而間斷，所謂慮而能得之效竟流於儒者之空言，是豈大學之教無益於人之家國天下哉。抑亦始初清明之見本末先後始終之不審，而知及仁守勇以行之者有未切實爾。昔傅說之告高宗曰：知

之非艱，行之惟艱。必終之曰：王忱不艱。夫人主患不忱爾，不忱則就其便安舒肆者轉移之，善念必至於間斷，外邪客氣皆得以乘之，而失位觀望之徒，方將竊間抵巇，幸其寡謀而鮮成，覬其敵不來而欲舞也。此忱一悠久，定靜安慮只在陛下方寸間，蓋至要至切至近至易之地，是為長者折枝之類，非若回世道於紀綱紊弛之後之為難也。夫惟忽之以為易，不勉其所難，自沮於其難，不反求其所易，此中材庸主之通患，而英君誼辟所以憤然常自警省也。陛下撫政舉當調之候，而不露解張之迹，此大學定靜安慮而後能得之旨也。然而天下之事，當其疑似之未決，舉世同以為憂；及其果斷之已定，識者獨以為聖慮之方勞也。今議者類曰：國家以火德王天下，丙午陽九之會，適在目前，韃虜慓悍，自速滅亡，安保其無他寇之憾。興鹽楮壅遏，尤難疏通。或者方料儒生之多闒，此不特舉世憂之，而愚臣亦憂之。然事關國脉，當究病源，其用藥也有方，其察證也有訣，是以明主銷未形之患，為不見之圖，悲感於歡愉之時，憂勤於燕息之頃，謂荒怠易肆，則儆戒無虞而不敢忽；謂耽樂易從，則寅畏自度而不敢寧。惠吉逆凶，凜凜乎世數或然之變；識微見遠，汲汲乎人事可恃之求。自古君臣以脩德為福至之基，而明良賡歌，必曰敕天之命，惟時惟幾也。矧今登庸耆碩，左右弼丞，期之以周召之夾輔，勉之以丙魏之同心，合之以房杜善謀而能斷，朝夕納誨，以輔台德，繩愆糾繆，而格其非心。自是而金玉聖躬，清明純一，常如對越在天之時；自是而夙夜畏威，陟降左右，常持祈天永命之敬。故朝廷必正，實係於心術之微；風化由基，實在乎宮庭之邃。使不有關雎麟趾之意，則雖有周官之法度，皆故事，皆具文也。表裏切實之工夫，鮮有不墜於自欺之萌而終淪於私小之間斷也。何以言之。蓋天下之事變無窮，人主之志

慮易惑。圖治不可以不銳，責效不可太早，視聽不可以不一，取舍不可以不明，情分之牽制者，不可以不勇決，嫌疑之間隔者，不可以不盡袪。國是之出於公共者，不可以不力維，體統之在所當正者，不可以不申辨，以任賢使能為中興之基，則不可不合才德而廣搜揚，以賞功罰罪為微權之寓，則不可不守信必而示勸懲，知君子小人消長之不常也。處泰道包荒朋亡之日，又不可不為城復于隍之慮。夫如是，則所謂理內御外，是國裕民之政，必將日新又新，與明德而俱融。陛下與大臣謀之，固已靜定安慮，默得夫鼓舞變通之道，必不至輕於變更而蹈往轍之失。易曰：神而化之，使民宜之，此之謂也。昔先朝范鎮有言曰：欲備契丹，莫若寬天下之民。至論浮費之節，則曰請自宮掖始。今日君臣上下能即是而推行之，將見元氣內實，精神外充，本朝尊強，遐衝坐折。況乎財賦淵藪，重在魚鹽，今之江淮即古之江

濟也。隨材器使。經理以入。作而興之。惟意氣爾。大學曰。生財有大道。仁者以財發身。不仁者以身發財。又接楚書之辭曰。楚國無以為寶。惟善以為寶。為人上者誠能好仁而惡不仁。舉善以為不能者之勸。則天下國家之事。首然。徐就吾之條理矣。臣蚤夜念此。輒於講讀之次。諄怛條陳。終始以定靜安慮為奏。蓋深信聖賢之書。如桑麻穀粟之不可廢。惟陛下與大臣深思而亟圖之。則宗社幸甚。天下幸甚。

兼中書門下省檢正諸房公事王倫疏奏。願詔大臣相與憂亂而思治。濯危而圖安。哀恫警省。修德行政。摧抑群陰之氣。發保護微陽之根本。批札畢杜於私。謁官賞典歸於正路。使內治明如天日。外治動如風霆。則精神運動。陽彙昭蘇。世道昌明。物情熙洽。上以迓續天命於謳吉之餘。下以固結人心於解紐之際。其孰能禦之。

徐僑遷太常少卿。趣入覲。手疏數千言。皆感憤剴切。上劇主闕下逮

群臣。分別黑白。無所回隱。帝數慰諭之。顧見其衣履垢敝。愀然謂曰。卿可謂清貧。僑對曰。臣不貧。陛下乃貧耳。帝曰。朕何為貧。僑曰。陛下國本未建。疆宇日蹙。權幸用事。將帥非才。旱蝗相仍。盜賊並起。經用無藝。帑藏空虛。民困於橫斂。軍怨於掊克。群臣養交而天子孤立。國勢阽危而陛下不悟。臣不貧。陛下乃貧耳。

劉克莊上奏曰。臣聞易曰。窮則變。變者猶醫家汗下之劑。不得已而用。不可以屢試也。寶紹壞證極矣。陛下慨然改號端平。一變之功。侔於元祐。不幸金滅鞬興。適丁是時。外患之來。勢如風雨。謂宜堅初志修內治以待之。秉事者方咎用賢之無益。疑更化之致寇。再變而為嘉熙。三變而為淳祐。皆求以愈於端平也。然而卒不能有所愈也。於是四變而為乙巳。五變而為丁未。其間豈無賢播率不能久。而面隨之而變。此如沉痾之人。屢汗屢下之餘。難乎其愈方矣。夫亟易相而圖任靡終。數更化而規模亦立。此所以每變而愈下歟。惟丁未轉局則異於是。以端平之舊相。修復端平之政事。收拾端平之人才。致太平而起頌聲。宜無難者。而時異事殊。不可槩論。諸老殄瘁。霜望一空。名臣欲盡。來者誰繼。經費繁浩。大司農不能給。未免講求生財之說。人才衰少。見大夫無可使。未免參用喜事之人。諸公貴人。志得意滿。既取炎官。又全美名而去。一二自好之士。方且栖遲偃仰。弓旌雖遣。翔而未集。使當饋有乏才之歎。館無可延之賢。或者見其如此。遂曰。陛下與大臣改端平之政矣。甚者以為改端平之心矣。自古政事不能無弊。端平之失。在於施行銳。周防疎。除擢驟而已。然則以今之審矯昔之銳。以今之密矯昔之疎。以今之久矯昔之驟。因時酌宜扶偏救失。不得不然。端平之政或可改也。若夫召故老。起諸賢。抑世卿。杜近習。出副封。開言路。黜贓吏。褫斛面。數大節目。皆陛下與大臣

端平之初心。天命之眷顧。國祚之靈長。人心之親附繫焉。自始至今孰敢議其非者。斷斷乎不可改已。臣在田里。見元會所下除書。作而曰。謂陛下與大臣改端平之心者誣也。臣聞仁宗以恭儉安靜為治體。終其身而不變。孝宗以剛明果斷為治體。亦終其身而不變。中間雖有小因革。要皆不失其初心。故嘉祐淳熙之盛為本朝冠。臣敢誦二祖之治為陛下獻。昔富弼再相。上謂歐陽脩曰。弼頃為人所讒。今必顧慮。不若堅守初志。臣敢誦富弼之事為大臣勉。詩云。變莫助之。臣不勝惓惓。

知安慶府黃幹擬應詔封事曰。臣竊以為天下之患。非有形之易見者為可憂。而無形之難知者尤可慮。自姦臣擅權。竊弄兵柄。搖動南北之生靈。使之肝膽塗地。不知其幾千萬。遂使怨毒之氣。上下相干。陰陽旱蝗相因。流殍滿野。此誠非常之變。有形之可見者也。雖三尺

童子皆知以為深憂。旨天誅顯行。姦臣就戮。諸賢彙進。公道復升。薄海內外延頸以觀太平。而歷觀州縣之事。盖有凜然若不能一朝居者。是豈好為異論以驚世駭俗哉。盖嘗竊謂今天下無一事之不弊。無一民之得所。一郡之大。以言乎兵則不強。以言乎財則不裕。以言乎城壁則不修。以言乎器械則不備。以言乎風俗則喜事而嚚訟。以言乎官吏則誕謾而具文。此臣所謂無一事之不弊者是也。雖今之祇。負陰抱陽。君以為天。國以為本。聽其自善自惡。自貧自富。自安自危。而漠然不以為意。今貪吏害之。酷吏害之。黠胥又害之。弓手土兵之追逮者又害之。兼并豪戶之徒又害之。凜然何以自立。而中產之家。十室九破。小民則今日壞而明日死之矣。此臣所謂無一民之得其所者是也。嘗深求其故。竊以今之天下。當極弊之勢。苟不速反而正之。則壞爛頹靡而不可收拾。前輩以謂視其容貌。無以異於常

人。而愈公廉鶴所望而走者也。然則今之天下當何如。管子曰。禮義廉恥。是謂四維。四維不張。國乃滅亡。夫禮義廉恥行於士大夫之間而足以維國祚於長久者何也。使士大夫知禮義。知廉恥。則必知君之當尊。民之當愛。祿之不可苟食。而職之不可苟廢也。今也不然。士大夫之觀心者不復知有君。不復知有民。知有細書疊幅。華言麗語以取知而已。知有孳跽曲拳。卑詞下氣。取容而已。知有苞苴賄賂。請託奔競。以求進而已。

歷代名臣奏議卷之六十三

歷代名臣奏議卷之六十四

治道

宋理宗時。丁大全擅國柄。以言為諱。尚左郎官兼右司諫陳宗禮陛對言。願為宗社大計。毋但為倉廩府庫之小計。願得天下四海之心。毋但得左右便嬖戚畹之心。願寄腹心於忠良。毋但寄耳目於卑近。願四通八達以來正人。毋但旁蹊曲徑類引貪濁。

右司郎中趙必愿上疏言。陛下英明睿運。斷出於獨。固欲一切轉移之。然而大權者在我。或者猶有下移之疑。衆正吾已開。或者猶有旁徑之疑。衆免二相銷天變也。去者固難以復留。留者恐終於引去。虛鼎席以待故老。疑者或意其未必來。而況在數千里之外。次補以任大政。疑者或憲其不敢專。而況於不安其位。中書。政之本也。今果何時。尚可含糊意向。以起天下之疑乎。親擢臺諫。開言路也。用之未久

者。何為輕於易去。去之未幾。何為使之復來。召於外服者。未知果能用之而必堅。除自周行者。未知果能聽之而無諱乎。朝廷除授軍國賞罰。本至公也。今有姓名未達於廟堂。而遷擢忽由於中出。斥逐三衙。竟不指名罪狀。而人始得以疑陛下矣。一除目之頒。一號令之出。雖未必由於閽宦。而人或疑於閽宦。雖未必由於私謁。而人或疑於私謁。雖未必由於戚畹宗邸。而人或疑於戚畹宗邸。夫天下者。祖宗之天下也。非陛下所私有也。陛下雖有去敝之心。而動涉可疑之迹。陛下亦何樂於此。

監察御史洪咨夔上疏曰。臣歷考往古治亂之原。權歸人主。政出中書。天下未有不治。權不歸人主。則廉級一夷。綱常且不立。奚政之問。政不出中書。則腹心無寄。必轉而他屬。奚權之攬。此八政馭群臣。所以獨歸之君而詔之者。必天官冢宰也。陛下親政以來。威福操柄。收

運掌握揚廷出令震撼海宇。天下始知有吾君。元首既明。股肱不容
於自惰。撤副封。罷先行。坐政事堂以治事。天下始知有朝廷。此其大
權大政亦略舉矣。然中書之敝端。其大者有四。一曰自用。二曰自專。
三曰自私。四曰自固。願陛下於從容論道之頃。宣示臣言。俾大臣克
初志而加定力。懲往轍而圖方來。以仰稱厲精更始之意。帝嘉納之。
右丞相兼樞密使董槐言於帝曰。臣為政而有害政者三。帝曰。胡謂害
政者三。對曰。戚里不奉法。一矣。執法大吏久於其官而擅威福。二矣。皇
城司不檢士。三矣。將率不檢下。故士卒橫。士卒橫則變生於無時。執法
威福擅。故賢不肖混淆。賢不肖混淆則姦宄肆。賢人伏而不出。親戚
不奉法。故法令輕。法令輕。故朝廷卑。三者弗去。政且廢。願自上除之。
太學博士湯漢轉對言。太祖之天下壞其半者。蔡京王黼也。高宗之
天下壞其半者。鄭清之也。又曰。苟有志焉。則其紀綱必先正。其根本

必先彊。其藩籬必先固。夫然後心廣體胖。泮渙而優游。其樂無極矣。
舍此不務。而徒以九重之深。一笑之適以為樂。樂極而思之。吾有朝
廷而不能治也。吾有黎民而無與保之也。起視四境。而外侮又至矣。
雖有鄭衛之音。燕趙之色。建章之麗。瓊林之積。亦獨何樂哉。
文天祥對策曰。臣恭惟皇帝陛下履常之久。當泰之交。以二帝三王
之道會諸心。將三紀于此矣。臣等鼓舞於鳶飛魚躍之天。皆道體流
行中之一物。不自意得旅進於陛下之廷。而陛下且嘉與之論道。道
之不行也久矣。陛下之言及此。天地神人之福也。然臣所未解者。今
日已當道久化成之時。道洽政治之候。而方歉焉有志勤道遠之疑。
豈望道而未之見耶。臣請泝太極動靜之根。推聖神功化之驗。就以
聖問中不息一語為陛下勉。幸陛下試垂聽焉。臣聞天地與道同一
不息。聖人之心與天地同一不息。上下四方之宇。往古來今之宙。其

間百千萬變之消息盈虛。百千萬事之轉移闔闢。何莫非道。所謂道
者。一不息而已矣。道之隱於渾淪。藏於未琱未琢之天。當是時。無極
太極之體也。自太極分而陰陽。則陰陽不息。道亦不息。陰陽散而五
行則五行不息。道亦不息。自五行又散而為人心之仁義禮智剛柔
健順。則乾道成男。坤道成女。穹壤間生生化化之不息。而道亦與之
相為不息。然則道一不息。天地亦一不息。天地之不息。固道之不息
者為之。聖人出而為天地立心。為生民立命。為往聖繼絕學。為萬世
開太平。亦不過以一不息之心充之。充之而修身治人。此一不息也。
充之而致知以至齊家治國平天下。此一不息也。充之而自精神心
術。以至於禮樂刑政。亦此一不息也。自有三墳五典以來。以至於太
平六典之世。帝之所以帝。王之所以王。皆自其一念之不息者始。秦
漢以降。而道始離。非道之離也。知道者之鮮也。雖然。其間英君誼辟

固有號為稍稍知道者矣。而又沮於行道之不力。知務德化矣。而不
能不尼之以黃老。知施仁義矣。而不能不遏之以多欲。知四年行仁
矣。而不能不畫之以近效。上下二三千年間。牽補過時。架漏度日。毋
怪夫駁乎無以議為也。獨惟我朝式克至于今日休。陛下傳列聖之
心。以會藝祖之心。會藝祖之心。以參帝王之心。參天地之心。三十三
年間。臣知陛下不貳以二。不參以三。渾乎天運。胥羸神化。此心之天。
混兮闢兮。其無窮也。然臨御浸久。持循浸熟。而算計見效。猶未有以
大快聖心者。上而天變不能以盡無。下而民生不能以盡遂。人才士
習之未甚純。國計兵力之未甚充。以至盜賊之警。所以貽宵旰之憂
者。尤所不免。然則行道者信無驗也耶。臣則以為道非無驗之物也。
道之功化甚深也。而不可以為迂。道之證效甚遲也。而不可以為遠。
維天之命。於穆不已。天地之所以為天地也。之德之純。純亦不已。聖

人之所以爲聖人也。爲治顧力行何如耳。焉有行道於歲月之暫而遽責其驗之爲迂且遠耶。臣之所望於陛下者。法天地之不息而已。姑以近事言。則責躬之言方發。而陰雨旋霽。是天變未嘗不以道而弭也。賑饑之典方舉。而都民驩呼。是民生未嘗不以道而安也。論辯建明之詔一頒。而人才士習稍稍渾厚。招塡條具之旨一下。而國計兵力稍稍充實。安吉慶元之小獲。維揚瀘水之僞功。無非陛下憂勤於道之明驗也。然以道之極功論之。則此淺效耳速效耳。指淺效速效而遽以爲道之極功。則漢唐諸君之用心是也。陛下行帝而帝。行王而王。而肯襲漢唐事耶。此臣所以贊陛下之不息也。陛下儻自其不息者而充之。則與陰陽同其化。與五行同其運。與乾坤生生化化之理同其無窮。雖充而爲三紀之風移俗易可也。雖充而爲四十年圜空刑措可也。雖充而爲百年德洽於天下可也。雖充而爲卜世過

曆億萬年敬天之休可也。豈止如聖問八者之事可徐就條理而已哉。臣謹昧死上愚對。臣伏讀聖策曰。蓋聞道之大原出於天。超乎無極太極之妙。而實不離乎日用事物之常。根乎陰陽五行之賾。而實不外乎仁義禮智剛柔善惡之際。天以澄著。地以靖謐。人極以昭明。何莫由斯道也。聖聖相傳。同此一道。由脩身而治人。由致知而齊家治國平天下。本之於精神心術。達之於禮樂刑政。其體甚微。其用則廣。歷千萬世而不可易。然功化有淺深。證效有遲速。何歟。朕以寡昧臨政。願治于茲歷年。志愈勤。道愈遠。窅乎其未朕也。朕心疑焉。子大夫明先聖之術。咸造在庭。必有切至之論。朕將虛己以聽。臣有以見陛下邇道之本原。求道之功效。且疑而質之臣等也。臣聞。聖人之心。天地之心也。天地之道。聖人之道也。分而言之。則道自道。天地自天地。聖人自聖人。合而言之。則道一不息也。天地一不息也。聖人亦一不

息也。臣請遡其本原言之。茫茫堪輿。坱圠無垠。渾渾元氣。變合無端。人心仁義禮智之性未賦也。人心剛柔善惡之氣未稟也。當是時未有人心。先有五行。未有五行。先有陰陽。未有陰陽。先有無極太極。未有無極太極。則太虛無形。沖漠無朕。而先有此道。未有物之先而道具焉。道之體也。既有物之後而道行焉。道之用也。其體則微。其用甚廣。即人心而道在人心。即五行而道在五行。即陰陽而道在陰陽。即無極太極而道在無極太極。貫顯微。兼費隱。包小大。通物我。道何以若此哉。道之在天下。猶水之在地中。地中無往而非水。天下無往而非道。水一不息之流也。道一不息之用也。天以澄著。則日月星辰循其經。地以靖謐。則山川草木順其常。人極以昭明。則君臣父子安其倫。流行古今。綱紀造化。何莫由斯道也。一日而道息焉。雖三才不能以自立。道之不息。功用固如此。夫聖人體天地之不息者也。天地以此道而不息。聖人亦以此道而不息。聖

人立不息之體。則斂於脩身。推不息之用。則散於治人。立不息之體。則寓於致知以下之工夫。推不息之用。則顯於齊家治國平天下之效驗。立不息之體。則本之精神心術之微。推不息之用。則達之禮樂刑政之著。聖人之所以爲聖人者。猶天地之所以爲天地也。道之在天地間者常久而不息。聖人之於道。其可以頃刻息耶。言不息之理者莫如大易。莫如中庸。大易之道。至於乾道變化。各正性命。保合大和。而聖人之論法天。乃歸之自強不息。中庸之道。至於溥博淵泉。上天之載。無聲無臭。而聖人之論配天地。乃歸之不息則久。豈非乾之所以剛健中正純粹精者。一不息之道耳。是以法天者亦以一不息。中庸之所以高明博厚悠久無疆者。一不息之道耳。是以配天地者亦以一不息。以不息之心。行不息之道。聖人即不息之天地也。陛下臨政願治于茲歷年。前此不息之歲月。猶日之自朝而午。今此不息之歲月。猶日之至午而中。此正勉強行

道大有功之日也。陛下勿謂數十年間我之所以擔當宇宙把握天地。未嘗不以此道。至于今日而道之驗如此其迂且遠矣。以臣觀之。道猶百里之途也。今日則適六七十之候也。進於道者。不可以中道而癈。游於途者。不可以中途而畫。孜孜矻矻而不自已焉。則適六七十里者固所以為至百里之階也。不然。自止於六七十里之間。則百里雖近。焉能以一武到哉。道無淺功化。行道者何可以深為迂。道無速證效。行道者何可以遲為遠。惟不息。則能極道之功化。惟不息。則能極道之證效。氣機動盪於三極之間。神采灌注於萬有之表。要自陛下此一心始。臣不暇遠舉。請以仁宗皇帝事為陛下陳之。仁祖一不息之天地也。康定之詔曰。祗勤抑畏。慶曆之詔曰。不敢荒寧。皇祐之詔曰。緬念為君之難。深惟履位之重。慶曆不息之心。即康定不息之心也。皇祐不息之心。即慶曆不息之心也。當時仁祖以道德感天

心。以福祿勝人力。國家綏靖。邊鄙寧謐。若可以已矣。而猶未也。至和元年。仁祖之三十三年也。方且露立仰天。以畏天變。碎通天犀。以救民生。廢賈黯吏銓之職。擢公弼殿柱之名。以厚人才。以昌士習。納景初減用之言。聽范鎮新兵之諫。以裕國計。以強兵力。以至講周禮。薄征緩刑。而拳拳以盜賊為憂。選將帥。明紀律。而汲汲以西北為慮。仁祖之心。至此而不息。則與天地同其悠久矣。陛下之心。仁祖之心也。范祖禹有言。欲法堯舜。惟法仁祖。臣亦曰。欲法帝王。惟法仁祖。法仁祖。則可至天德。願加聖心焉。臣伏讀聖策曰。三墳以上云云。豈道之外。又有法歟。臣有以見陛下慕帝王之功化證效。而亦意其各有淺深遲速也。臣聞。帝王行道之心。一不息而已矣。堯之兢兢。舜之業業。禹之孜孜。湯之慄慄。文王之不已。武王之無貳。成王之無逸。皆是物也。三墳遠矣。五典猶有可論者。臣嘗以五典所載之事推之。當是時。

日月星辰之順。以道而順也。鳥獸魚木之若。以道而若也。九功惟叙。以道而叙也。四夷來王。以道而來王也。百工以道而熙。庶事以道而康。光天之下。至于海隅蒼生。蓋無一而不拜帝道之賜矣。垂衣拱手以自逸于土階巖廊之上。夫誰曰不可。而堯舜不然也。方且考績之法重於三歲。無歲而敢息也。授曆之命嚴於四時。無月而敢息也。凜凜乎一日二日之戒。無日而敢息也。惓惓乎惟時惟幾之歌。無時而敢息也。此猶可也。授受之際。而堯之命舜乃曰。允執厥中。夫謂之執者。戰兢保持而不敢少放之謂也。味斯語也。則堯之不息可見矣。河圖出矣。洛書見矣。執中之說未聞也。而堯獨言之。堯之言贊矣。而舜之命禹乃復益之以人心惟危。道心惟微。惟精惟一之三言。夫致察於危微精一之間。則其戰兢保持之念又有甚於堯者。舜之心其不息又何如哉。是以堯之道化。不惟驗於七十年在位之日。舜之道化。

不惟驗於五十年視阜之時。讀萬世永賴之語。則唐虞而下數千百年間。天得以為天。地得以為地。人得以為人者。皆堯舜之賜也。然則功化抑何其深。證效抑何其遲歟。降是而王。非固勞於帝者也。太樸日散。風氣日開。人心之機械日益巧。世變之乘除不息。而聖人之所以綱維世變者。亦與之相為不息焉。俗非結繩之淳也。治非畫象之古也。師不得不誓。侯不得不會。民不得不凝之以啓士不得不凝之以禮。內外異治。不得不以采薇天保之治治之。以至六典建官。其所以曰治。曰政。曰禮。曰教。曰刑。曰事者。亦無非扶世道而不使之窮耳。以勢而論之。則夏之治不如唐虞。商之治又不如夏。周之治又不如商。帝之所以帝者何其逸。王之所以王者何其勞。慄慄危懼。不如非心黃屋者之為適也。始於憂勤。不如恭己南面之為安也。然以心而觀則舜之業業。即堯之兢兢。禹之孜孜。即舜之業業。湯之慄慄。即禹之

孜孜。文王之不已。武王之無貳。成王之無逸。何莫非兢兢業業孜孜慄慄之推也。道之散於宇宙間者無一日息。帝王之所以行道者亦無一日息。帝王之心天地之心也。尚可以帝者之為逸而王者之為勞耶。臣願陛下求帝王之道必求帝王之心。則今日之功化證效或可與帝王一視矣。臣伏讀聖策曰。自時厥後云云 亦足以維持憑藉者何歟。臣有以見陛下陋漢唐之功化證效。而且為漢唐世道發一慨也。臣聞不息則天。息則人。不息則理。息則欲。不息則陽明。息則陰濁。漢唐諸君天資敏地位高使稍有進道之心。則六五帝四三王亦未有難能者。柰何天不足以制人。而天反為人所制。理不足以御欲而理反為欲所御。陽明不足以勝陰濁。而陽明反為陰濁所勝。是以勇於進道者少。溺於求道者多。漢唐之所以不唐虞三代也歟。雖然是為不知道者言也。其間亦有號為知道者矣。漢之文帝武帝。唐之太宗。亦不可謂非知道者。然而亦有議焉。先儒嘗論漢唐諸君。以公私義利分數多少為治亂。三君之心。往往不純乎天。不純乎人。而出入於天人之間。不純乎理。不純乎欲。而出入乎理欲之間。不純乎陽明。不純乎陰濁。而出入乎陽明陰濁之間。是以專務德化。雖足以陶後元泰和之風。然而居之以黃老。則鴈門上郡之警不能無。外施仁義。雖足以致建元富庶之盛。然而過之以多欲。則輪臺末年之悔不能免。四年行仁。雖足以開貞觀升平之治。然而畫之以近效。則紀綱制度曾不足為再世之憑藉。蓋有一分之道心者。固足以就一分之事功。有一分之人心者。亦足以召一分之事變。世道汙隆之分數。亦係於理欲消長之分數而已。然臣嘗思之。漢唐以來為道之累者。其大有二。一曰雜伯。一曰異端。時君世主有志於求道者。不陷於此。則陷於彼。姑就三君而言。則文帝之心異端累之也。武帝太宗之心雜伯累之

也。武帝無得於道。憲章六經。統一聖真。不足以勝其神僊土木之私。干戈刑罰之慘。其心也荒。太宗全不知道。閨門之恥。將相之諂。末年遼東一行。終不能以克其血氣之暴。其心也驕。雜伯一念。憧憧往來。是固不足以語常久不息之事者。若文帝稍有帝王之天資。稍有帝王之地步。一以君子長者之道待天下。而晁錯輩刑名之說。未嘗一動其心。是不累於雜伯矣。使其以二三十年恭儉之心而移之以求道。則後元氣象。且將駸駸乎商周。進進乎唐虞。柰何帝之純心又間於黃老之清淨。是以文帝僅得為漢代之令主。而不得一儕於帝王。嗚呼。武帝太宗累於雜伯。君子固不敢以帝王事望之。文帝不為雜伯所累。而不能不累於異端。是則重可惜已。臣願陛下監漢唐之跡必監漢唐之心。則今日之功化證效。將超漢唐數等矣。臣伏讀聖策曰。朕上嘉下樂云云 抑化裁推行有未至歟。臣有以見陛下念今日八者之務。而甚有望乎為道之驗也。臣聞。天變之來。民怨招之也。人才之乏。苟習蠹之也。兵力之弱。國計屈之也。夷狄之警。盜賊因之也。夫陛下以上嘉下樂之勤。夙興夜寐之勞。悵歲月之逾邁。而欲以少見吾道之驗耳。俯視一世。未能差強人意。八者之弊。臣知陛下為此不滿也。陛下分而以八事問臣。合而以四事對。請得以熟數之於前。何謂天變之來民怨招之也。天視自我民視。天聽自我民聽。天明畏自我民明威。人心之休戚。天心所因以為喜怒者也。熙寧間大旱。是時河陝流民入京師。監門鄭俠畫流民圖以獻。且曰。陛下南征北伐。皆以勝捷之圖來上。料無一人以父母妻子遷移困頓皇皇不給之狀為圖以進者。覽臣之圖。行臣之言。十日不雨。乞正欺君之罪。上為之罷新法十八事。京師大雨八日。天人之交。間不容穟。載在經史。此類甚多。陛下以為今之民生何如耶。今之民生困矣。自瓊林大盈私

於積貯而民困自建章通天頻於營繕而民困自獻助疊見於豪家巨室而民困自和糴不問於閭閻下戶而民困自所至貪官暴吏視吾民如家雞圈豕惟所咀啖而民困嗚呼東南民力竭矣書曰怨豈在明不見是圖今尚可謂之不見乎書曰怨不在大亦不在小今尚可謂之小乎生斯世為斯民仰事俯育亦欲各遂其父母妻子之養而操斧斤淬鋒鍔日夜思所以斬伐其命脉者滔滔皆是然則騰雲靳瑞蟄雷愆期月犯于木星殞為石以至土雨地震之變無怪夫屢書不一書也臣願陛下持不息之心急求所以為安民之道則民生既和天變或於是而弭矣何謂人才之乏士習蠹之也臣聞窮之所養達之所施幼之所學壯之所行今日之脩於家他日之行於天子之庭者也國初諸老嘗以厚士習為先務寧收落韻之李迪不取鑿說之賈邊寧收直言之蘇轍不取險怪之劉幾建學校則必欲崇經術復鄉舉則必欲參行藝其後國子監取湖學法建經學治道邊防水利等齋使學者因其名以求其實當時如程頤徐積呂希哲皆出其中嗚呼此元祐人物之所從出也士習厚薄最關人才從古以來其語如此陛下以為今之士習何如耶今之士大夫之家有子而教之方其幼也則授其句讀擇其不戾於時好不震于有司者俾熟復焉及其長也細書為工累牘為富待試於鄉校者以是校藝於科舉以是取青紫而得車馬也以是父兄之所教詔師友之所講明利而已矣其能卓然自拔於流俗者幾何人哉心術既壞於未仕之前則氣節可想於既仕之後以之領郡邑如之何責其為卓茂黃霸以之鎮一路如之何責其為蘇章何武以之曳朝紳如之何責其為汲黯望之奔競於勢要之路者無怪也趨附於權貴之門者無怪也牛維馬縶狗苟蠅營患得患失無所不至者無怪也悠悠風塵靡靡媮俗

清芬消歇濁滓橫流惟皇降衷秉彝之懿萌蘖於牛羊斤斧相尋之衝者其有幾哉厚今之人才臣以為變今之士習而后可也臣願陛下持不息之心急求所以為淑士之道則士風一淳人才或於是而可得矣何謂兵力之弱國計屈之也謹按國史治平間遣使募京畿淮南兵司馬光言邊臣之請兵無窮朝廷之募兵無已倉庫之粟帛有限百姓之膏血有涯願罷招禁軍訓練舊有之兵自可備禦臣聞古今天下能免於弱者必不能免於貧能免於貧者必不能免於弱一利之興一害之伏未有交受其害者今之兵財則交受其害矣自東海城築而調淮兵以防海則兩淮之兵不足自襄樊復歸而併荊兵以城襄則荊湖之兵不足自腥羶染於漢水冤血濺於寶峯而正軍忠義空於死徙者過半則川蜀之兵又不足江淮之兵又抽而入蜀又抽而實荊則下流之兵愈不足矣荊湖之兵又分而策應分而鎮撫則上流之兵愈不足矣夫國之所恃以自衛者兵也而今之兵不足如此國安得而不弱哉扶其弱而歸之強則招兵之策今日直有所不得已者然召募方新調度轉急問之大農大農無財問之版曹版曹無財問之餉司餉司無財自歲幣銀絹外未聞有畫一策為軍食計者是則弱矣而又未免於貧也陛下自見肝膈近又創一安邊太平庫專以供軍此藝祖積縑帛以易虜首之心也仁宗皇帝出錢帛以助兵革之心也轉易之間氣象立異前日之弱者可強矣然飛芻輓粟給餉餽糧費於兵者幾何而琳宮梵宇照耀湖山土木之費則漏卮也列竈雲屯樵蘇後爨費於兵者幾何而霓裳羽衣靡金飾翠宮庭之費則尾閭也生熟口券月給衣糧費於兵者幾何而量珠輦玉倖寵希恩戚畹之費則濫觴也蓋天下之財專以供軍則財未有不足者第重之以浮費重之以冗費則財始耗蠹而盈耻矣如

此。則雖欲足兵。其何以給兵耶。臣願陛下持不息之心。急求所以為節財之道則財計一充。兵力或於是而可強矣。何謂夷狄之警盜賊因之也。謹按國史紹興間楊么寇洞庭連跨數郡。大將王𤫊不能制。時偽齊挾虜使李成寇襄漢。公與交通。朝廷患之。始命岳飛措置上流。已而逐李成擒楊么而荊湖平。臣聞外之夷狄不能為中國患。而其來也必待內之變。內之盜賊亦不能為中國患。而其起也必將納外之侮。盜賊而至於通夷狄。則腹心之大患也已。今之所謂夷狄者固可畏也。然而逼我蜀則蜀帥策瀘水之勳。窺我淮則淮帥奏維揚之凱。狼子野心固不可以一捷止之。然使之無得氣者則中國之技未為盡出其下。彼亦猶畏中國之有人也。獨惟舊海在天一隅。逆雛穴之者數年于茲。颶風瞬息。一葦可航。彼未必不朝夕為趨浙計。然而未能焉短於舟。而拙於水。懼吾唐島之有李寶在耳。然洞庭之湖。煙

水沉寂。而浙右之湖。濤瀾沸騰。區區妖孽。直謂有楊么之漸矣。得之京師之耆老。皆以為此寇出沒倏閃。往來翕霍。駕舟如飛。運拖如神。而我之舟師不及焉。夫東南之長技莫如舟師。我之勝兀朮於金山者以此。我之斃逆亮於采石者以此。而今此曹反挾之以制我。不武甚矣。萬一或出於楊么之計。則前日李成之不得志於荊者。未必今日之不得志於浙也。曩聞山東荐饑。有司貪市権之利。空蘇湖根本以資之。逆紳猶謂互易。安知無為其鄉導者。一夫登岸。萬事瓦裂。又聞魏村江灣福山三寨水軍與販鹽課。以資逆雛。逆紳猶謂是以扞衛之師為商賈之事。以防拓之卒開鄉道之門。憂時識治之見。往往如此。肘腋之蜂蠆。懷袖之蛇蝎。是其可以忽乎哉。陛下近者命發運兼憲合兵財而一其權。是將為滅此朝食之圖矣。然屯海道者非無軍。控海道者非無將。徒有王𤫊數年之勞。未聞岳飛八日之捷。予大

叔平苻澤之盜。恐不如此長此不已。臣懼為李成開道地也。臣願陛下持不息之心。急求所以弭寇之道。則寇難一清。邊備或於是而可寬矣。臣伏讀聖策曰。夫不息則久。久則證。今胡為而未證歟。變則通。通則久。今其可以屢更歟。臣有以見陛下久於其道而甚有感乎中庸大易之格言也。臣聞天久而不墜也以運。地久而不隤也以轉。水久而不腐也以流。日月星辰而常新也以行。天下之凡不息者皆以久也。中庸之不息。即所以為大易之變通。大易之變通。即所以驗中庸之不息。變通者之久。固肇於不息者之久也。蓋不息者其心。變通者其迹。其心不息。故其迹亦不息。游乎六合之內。而縱論乎六合之外。生乎百世之下。而追想乎百世之上。神化天造。天運無端。發微不可見。充周不可窮。天地之所以變通。固自其不息者為之。聖人之久於其道。亦法天地而已矣。天地以不息而久。聖人亦以不息而久。外求

息而言久焉。皆非所以久也。臣嘗讀無逸一書。見其享國之久者有四君焉。而其間三君為最久。臣求其所以久者。中宗之心嚴恭寅畏也。高宗之心不敢荒寧也。文王之心無淫于逸無遊于畋也。是三君者皆無逸而已矣。彼之無逸。臣之所謂不息也。一無逸而其效已如此。然則不息者。非所以久歟。陛下之行道。蓋非一朝夕之暫矣。寶紹以來。則涵養此道。端平以來。則發揮此道。嘉熙以來。則把握此道。嘉熙而淳祐淳祐而寶祐。十餘年間。無非持循此道之歲月。陛下處此也。庭燎未輝。臣知其宵衣以待。日中至昃。臣知其玉食弗遑。夜漏已下。臣知其丙枕無寐。聖心之運亦可謂不息矣。然既往之不息者易。方來之不息者難。久而不息者易。愈久而愈不息者難。昕臨大庭。百辟星布。陛下之心。此時固不息矣。暗室屋漏之隱。試一警省。則亦能不息否乎。日御經筵。學士雲集。陛下之心。此時固不息矣。宦官女子之近

試一循察則亦能不息否乎。不息於外者固不能保其不息於內。不息於此者固不能保其不息於彼。乍動乍息，乍作乍輟，則不息之純心間矣。如此，則陛下雖欲久則徵，臣知中庸九經之治未可以朝夕見也。雖欲通則久，臣知繫辭十三卦之功未可以歲月計也。淵蜎蠖濩之中，虛明應物之地，此全在陛下自斟酌，自執持，頃刻之力不繼，則悠久之功俱廢矣。可不戒哉，可不懼哉。陛下之所以策臣者悉矣。臣之所以忠於陛下者亦既畧陳於前矣。而陛下策之篇終復曰子大夫熟之復之，勿激勿泛，以副朕詳延之意。臣伏讀聖策至此，陛下所謂詳延之意蓋可識已。夫陛下自即位以來，未嘗以直言罪士，不惟不罪之以直言，而且導之以直言。臣等嘗恨無由一至天子之庭，以吐其素所蓄積，幸見錄於有司，得以借玉階方寸地，此正臣等披露肺肝之日也。方將明目張膽，謇謇諤諤，言天下事。陛下乃戒之以勿激勿泛。夫泛固不切矣，若夫激者，忠之所發也。陛下胡併興激者之言而厭之耶。厭激者之言，則是將胥臣等而為容容唯唯之歸耶。然則臣將為激者歟，將為泛者歟，抑將遷就陛下之說而姑為不激不泛者歟。雖然，奉對大庭而不激不泛者固有之矣。臣於漢得一人焉，曰董仲舒。方武帝之策仲舒也，慨然以欲聞大道之要為問。帝之求道，其心蓋甚銳矣。然道以大言，帝將求之虛無渺冥之鄉也。使仲舒於此過言之則激，淺言之則泛。仲舒不激不泛，得一說，曰正心。武帝方將求之虛無渺冥之鄉，仲舒乃告之以真實淺近之理。茲陛下所謂切至之論也。柰何武帝自恃其區區英明之資，超偉之識，謂其足以淩跨六合，籠駕八表，而顧於此語忽焉。仲舒以江都去，而帝所與論道者他有人矣。臣固嘗為武帝惜也。堂堂天朝，固非漢比，而臣之賢亦萬不及仲舒。然亦不敢激，不敢泛，切於聖問之所謂道者而得二說焉以為陛下獻。陛下試采覽焉。

一曰重宰相以開公道之門。臣聞公道在天地間，不可一日壅閼，所以昭蘇而滌決之者，宰相責也。然扶公道者宰相之責，而主公道者天子之事。天子而侵宰相之權，則公道已矣。三省樞密，謂之朝廷，天子所與謀大政出大令之地也。政令不出於中書，昔人謂之斜封墨敕，非盛世事。國初三省紀綱甚正，中書造命，門下審覆，尚書奉行，宮府之事無一不統於宰相。是以李沆猶得以焚立妃之詔，王旦猶得以沮節度之除，韓琦猶得出空頭敕以逐內侍，杜衍猶得封還內降以裁僥倖。蓋宰相之權尊，則公道始有所依而立也。今陛下之所以為公道計者非不悉矣。以寅緣戒外戚，是以公道責外戚也。以裁制戒內司，是以公道責內司也。以舍法用例戒群臣，是以公道責外廷也。雷霆發號，皇日燭幽，天下於此咸服陛下之明。然或謂比年以來，大庭除授，於義有所未安，於法有所未便者，悉以聖旨行之。不惟諸司陛補，上瀆宸奎，而統帥躐級，閫職超遷，亦以寅緣而得恩澤矣。不惟姦贓湔洗，上勞渙汗，而遐人通籍，姦胥逭刑，亦以鑽刺而拜寵命矣。甚至閭閻瑣屑之鬬訟，皂隸猥賤之干求，悉達內庭，盡由中降，此何等蟣虱事，而陛下以身親之。大臣幾於為奉承風旨之官，三省幾於為奉行文書之府。臣恐天下公道自此壅矣。景祐間罷內降，凡詔令皆由中書樞密院，仁祖之所以主張公道者如此。今進言者猶以事當間出睿斷為說。嗚呼，此亦韓絳告仁祖之辭也。朕固不憚自有處分，不如先盡大臣之慮而行之，仁祖之所以諭絳者何說也。柰何復以絳之說啓人主以奪中書之權，是何心哉。宣靖間創御筆之令，蔡京坐東廊，專以奉行御筆為職。其後童貫、梁師成用事，而天地為之分裂者數世，是可鑒已。臣願陛下重宰相之權，正中書之體，凡內批必經由中書樞密院，如先朝故事。則天下幸甚。宗社幸甚。二曰。收君子以壽直道之脈。臣聞直道在天地間。不可一日頹靡。所以光明而張王之者君子責也。然扶直道者君子之責。而主直道者人君之事。人君而至於沮君子之氣則直道已矣。夫不直則道不見。君子者直道之倡也。直道一倡於君子。昔人謂之鳳鳴朝陽。以爲清朝賀。國朝君子氣節大振。有魚頭參政。有鶻擊臺諫。有鐵面御史。軍國之事。無一不得言於君子。是以司馬光猶得以殛守忠之姦。劉摯猶得以折李憲之横。范祖禹猶得以罪宋用臣。張震猶得以擊龍大淵、曾覿。蓋君子之氣伸。則直道始有所附而行也。今陛下之所以爲直道計者非不至矣。月有供課。是以直近望諫官也。日有輪劄。是以直道望近臣也。有轉對。有請對。有非時召對。是以直道望公卿百執事也。江海納汙。山藪藏疾。天下於此咸服陛下之量。然或謂比年以來。外廷議論。於己有所未協。於情有所未忍者。悉以聖意斷之。不惟言及乘輿上動節。雖小小予奪。小小廢置。亦且寢罷不報矣。不惟事關廊廟上煩調亭。而小小抨彈。小小糾劾。亦且宣諭不已矣。甚者意涉區區之貂璫。論侵瑣瑣之姻婭。不恤公議。反出諫臣。此何等狐鼠輩。而陛下以身庇之。御史至於乘和事之譏。臺吏至於重說了之報。臣恐天下之直道自此沮矣。康定間。歐陽脩以言事貶。未幾即召以諫院。至和間。唐介以言事貶。未幾即除以諫官。仁祖之所以主直道者如此。今進言者猶以臺諫之勢日横爲疑。嗚呼。兹非富弼忠於仁祖意也。弼傾身下士。寧以宰相受臺諫風旨。弼之自處何如也。奈何不知弼之意。反格人君以厭君子之言。是何心哉。元符間置看詳理訴所。而士大夫得罪者八百餘家。其後鄒浩、陳瓘去國。無一人敢爲天下伸一喙者。是可鑒已。臣願陛下壯正人之氣。養公論之鋒。凡以直言去者悉召之于霜臺烏府中。

如先朝故事。則天下幸甚。宗社幸甚。蓋大道之行。天下爲公。周道如砥。其直如矢。自古帝王行道者無先於此也。臣來自山林。有懷欲吐。陛下悵然疑吾道之迂遠。且慨論乎古今功化之淺深證效之遲速。而若有大不滿於今日者。臣則以爲非行道之罪也。公道不在中書。直道不在臺諫。是以陛下行道用力處雖勞而未還食道之報耳。果使中書得以公道總政要。臺諫得以直道糾官邪。則陛下雖端冕凝旒於穆清之上。所謂功化證效可以立見。何至積三十餘年之工力而志勤道遠渺焉未有際邪。臣始以不息二字爲陛下勉。終以公道直道二說爲陛下獻。陛下萬幾之暇儻於是而加三思。則躋帝王軼漢唐由此其階也已。臣賦性踈愚。不識忌諱。握筆至此。不自知其言之過於激。亦不自知其言之過於泛。冒犯天威。罪在不赦。惟陛下留神。臣謹對。

牟濴上奏曰。臣生長西州。叨竊陛下科第垂四十年。中更狄難。與民俱流。苟延餘生。至于今日。雖嘗兩塵班綴。一玷州麾。竟坐迂踈動與物忤。十年不調。自分不復有再覩清光之時。公朝不忍終棄。孫淮東制幕。擢丞奉常。今又兼領銓部。聖恩如天。莫知補報。適當陛對。遂得一吐微忠於玉階方寸地。此臣千載之一遇也。抑臣聞之。迹踈而言親者危。地遠而意忠者忤。臣之蹤跡可謂踈遠。臣之寸心實抱樸忠。惟陛下垂聽焉。臣嘗讀孟子至天下之生久矣。一治一亂。乃知自古天下未嘗無亂。更一亂。則必有人焉出而治之。此蓋天地生生不息之機。脉絡未嘗間斷。洪水之後有夷狄。天不生周公。則無以爲生民除害。春秋之後有戰國。天不生孟子。則無以爲生民立心。禹之後有周公。孔子之後有孟子。亂不終於亂而歸於治。人也亦天也。然人皆知夷狄之爲中國害。而不知人心之害甚於夷狄。蓋夷狄雖能爲害於一時而人心天理終不可泯滅良心壞則失其所以爲人而末流之弊有不可勝言者臣請先言夷狄而後及人心中國之所以異於夷狄者以有三綱五常爲之主張禮義廉耻爲之維持也而近歲以來貪競成習欺誕成風慨習俗之日媮凛綱常之將墜而夷狄遂得以憑陵中國生靈肝腦塗地而狡焉之謀遂至窺江不有人焉以扶其掖攘之怒則大事去矣天佑聖主爲生賢佐以謝玄八千之卒破苻秦百萬之師使宗社幾危而復安正統幾絕而復續功不在禹周公下矣臣竊意士大夫更大變故歷大憂患必能懲創悔艾洗心滌慮以歸於正矣而陷溺既深舊染猶在問吏治吏治未醇問士習士習苟且至勤聖主丁寧告戒作之而不應振之而不起消磨軟熟賢者亦不免焉此臣之所甚懼也臣不敢復追咎既往姑以近事明之陛下戢貪有詔蓋歎民生之寡遂而惡貪吏之病民也謂宜懲一勸百

奏議卷六十四　十八

而貪鄙之風革矣今幾何時凡所彈劾不過州縣之小吏而當事任取顯官尚多有可議者得無纖悉於其小而闊略於其大耶此非陛下意也陛下訓廉有詔蓋知人性之本善而欲引中人於君子之歸也謂宜舉一勸百而廉耻之維張矣今幾何時但聞戢貪未聞有以廉擢用者羞惡之心誰獨無之何至泯滅如是得非孤寒寡與雖廉不能以自見而大吏之好惡與人背馳耶此非陛下意也陛下爲千里擇牧守蓋本以爲民也而牧民者但知爲富貴之圖不復爲根本之慮託獻羨之名以蓋其貪酷之迹而失朝廷爲民之初意矣陛下買公田以免和糴蓋將以便民也而奉行者不能用一分之寬而行一切之政但欲覬了辦之賞不暇爲長遠之謀而失朝廷便民之初意矣貴戚不當任以事此良法也陛下四十年間人不知有貴戚也至於近日而好官要職如取如携未必皆貴戚也而夤緣攀附亦得

以躐取麾節其間豈不有材不學焉知爲政失陛下赤子之心塞孤寒進身之路而或者始得以私貴戚議陛下此陛下所親愛負陛下也閹寺聞名非國之福此確論也陛下四十年間人不知有閹寺也乃至於近日而此曹名字稍稍有聞蓋寡廉鮮耻者往往倚之而進招權納賄者揚揚自以爲功雖傳聞未必盡然而其實有以自取或者始得以用閹寺議陛下此陛下親信負陛下也陛下高爵厚祿以待士大夫望其盡心體國也而中外大小之臣未能體陛下之心而各自以其心爲心人心陷溺一至于此陳蕃所謂在朝羣臣如河中木泛泛東西耽祿畏禍曾謂清明之世儀鳳滿廟可容有此耶昔神宗皇帝諭富弼曰君臣須是上下相照盡忠盡節不得有隱弼拜於御座之前曰盡忠無隱只臣一員亦無益於事須是兩府大臣以至在廷臣僚人人盡忠無隱出於衆力方能成天下之務弼之言非今

奏議卷六十四　十九

日士大夫之藥石耶今民心方危而易搖士氣雖伸而易沮雖有衆多之君子不無覬伺之小人境外之事非臣所得而知境內之事尚多未滿人意天下事變未易測度萬一有出於聖君賢相智慮所不及者然後追咎賢者之不言而使小人得以藉口曰君子無益於人之國則國事愈不堪言矣此臣所以惓惓爲世道慮而以正人心爲扶世道之本惟陛下不以疏遠而忽之豈惟微臣之幸實天下之幸

理宗在位斥逐權姦收召名德舉朝相慶太常寺丞姚希得以爲外觀形狀似若清明之朝內察脈息有類危亡之證乃上疏言堯舜三代之時無危亡之事而常喜危亡之言秦漢以來多危亡之事而常諱危亡之言夫危亡之事不可有而危亡之言不可忘後世人主乃履危如履坦諱言如諱病又言君子非不收召而意向猶未調一小人非不斥逐而根株猶未痛斷大權若操握而不能無旁蹊曲逕之

疑。大勢若更張而未見有長治久安之道。廷臣之所諷諫。封囊之所奏陳。非不激切。而陛下固不之罪。亦不之行。自古甘蹈危亡之機。非獨闇主。而明君亦有焉。此臣之所甚懼。朝廷者萬化所自出也。實根於人君之一心。夫何大明當天。猶有可議者。內小學之建。人皆知陛下有意建儲也。然歲月逾邁。未覩施行。人心危疑。無所係屬。秦漢而下。嗣不發之事。出倉卒。或宮闈出令。或宦寺主謀。或姦臣首議。此皆足以危人之國也。陛下何憚而不早定大計。邸第之盛。人皆知篤於親愛也。然依憑者衆。輕視王法。請託之行。捷於影響。揚干晉侯弟也。亂行於曲梁。而魏絳戮其僕。晉侯始怒而終悔。晉卒以霸。平原君。趙王弟也。不出租稅。而趙奢刑其用事者。趙王賢而用之。趙卒以彊。皆足以興人之國也。陛下何爲而不少伸國法。今女冠者流。衆所指目。近璫小臣。時竊威福。此皆陛下之心。乍明乍晦之所致。豈不謂之危

也。國有善類。猶人有元氣。善類一敗一消。元氣一病一衰。善類能幾。豈堪數消。消極。則國隨之矣。陛下明於知人。公於用人。固無權姦再用之意。然道路之人。往往竊議。此元祐紹聖將分之機也。禍根猶伏而未去。不幾於安其危乎。帝改容曰。朕決不用史嵩之。

度宗時。黃應龍上奏曰。臣以民事至重。略陳于前。而切於當世急務非邊境乎。廟謨神運。草茅小臣。何所容喙。惟盛明之世。採及負薪。詩書所載。可得而陳。柔遠能邇。其所謂能。必非一事。而厚德難任人。實蠻夷率服之根本。天保以上治內。其所謂治。固非一端。而嘉賓使臣兄弟朋友。皆采薇出車之階序。蓋邇不能。則遠未易柔。內已治。則外不難御。臣切惟今日之弊。莫甚於風俗奢僭。有以銷磨士大夫之壯氣。理義晦蝕。無以洗滌天下之貪習。秦昭王臨朝而歎。聞楚之鐵劍利而倡優拙。鐵劍利則士勇。倡優拙則謀遠。吾恐楚之圖秦也。是以憂之。堂堂天朝。何事不立。區區戰國。豈足爲道也。況今除戎器。以戒不虞。命將帥。而授方畧。樞機周密。孰得而窺。然四方仰瞻自京師始。所可就者。鐵劍果利乎。而弄等於兒嬉。倡優果拙乎。妓媚方且角出。古者奇技淫巧有禁。今非奇纖巧麗則不售也。梵音法鼓。僧俗雜居。環臂釵頭。男女無別。雕墻峻宇。豪僭踰度。高冠修袂。貴賤莫分。管子曰。臺榭相望者上下相怨。民無餘積者其禁必不止。道有捐瘠者其守必不固。管子而愚人也則可。管子而少知治體。可不寒心。叔向言晉道殣相望。而女富益尤。歎其以樂慆憂。匈奴未滅。何以家爲。霍去病能之。而麗人恣金帳之飲酣。壯士悲玉關之易老。兒郎寒冷誰敢邀求。蚤蝨塵衣。曰禁強敵。修劍拄頤。有生之樂尚未能親。鼓疲卒。安得殺愛妾以啗將士。提孤壘抗百萬之師者乎。唐魏徵言若君臣之間動存形迹。天下安危尚未可知。蓋面從後言。帝朝深戒。色仁行違。望

門不取。豈有隨聲是非。徇情可否。磨礲圭角。刓落風稜。習故爲常。若無足恠。然恐軟熟之風。積成委靡。順適不已。流入姦回。西都銷懊。實符命之濫觴。前晉風流。職亂華之梯禍。可不懼乎。臣所謂有以銷磨士大夫之壯氣者。皆風俗奢僞使然也。孟子言不信仁賢。則國空虛。今尊賢使能。俊傑在位。而國匱民貧自若。又曰。上有仁心仁聞。而民不被其澤者。不行先王之道也。今　有政施仁愛若赤子。而民不被其澤者滋甚。其故何也。千里之生靈。寄於太守。百里之命。寄於縣令。陛下字民有訓。戒貪有箴。昭於日星。嚴於雷霆。近畿列郡。選擇精明。遐陬偏壘。率多饕戾。除命伊如神明在前。條畫既頒。墻壁虛語。倚急符之煎迫。痛帑庾之枵虛。剜肉醫瘡。尚云常賦。摽肌剝髓。動及亡辜。貪未嘗不戒。而貪夫多得志。廉未嘗不獎。而廉士或埋光。得非羽玉飛金脫粟之名可釣。飲冰食蘖。即墨之毀難封。蓋多貲者多助。播植者孤

危。大臣法。小臣廉。國之肥也。今朝廷郤貢羨。府第絶苞苴。而筐篚塞途。賂遺絡繹。閽門既入。如水沃焦。郡將諸邑之表倡。不足示儀。則賄令愈肆誅求。監司列城之耳目。不能端矩。則繆守何所忌憚。上下交徵。廉恥道喪。民窮至骨。誰實矜憐。古學無傳。文奸欺世。爲妻妾宫室貧乏所識。失其本心。處汙穢而不羞。激怨讟以生變。先臣李覯有言。爲貪爲暴爲寒爲飢。此而不爲盜賊。臣不知其所歸。臣所謂無以洗濯天下之貪習者。皆理義晦蝕之故也。然臣聞聖人不能爲時。能不失時。陛下春秋鼎盛。德澤有加。帥臣精神折衝。智慮深遠。群公守理奉法。品式具備。天下延頸而望太平。當乘此時奮發剛斷。剗除蠹弊。曠然明白洞達之意。軒豁陰慝揜覆之私。罷不急之務。省無名之費。按行祖宗之令典。民間疾苦。田婦許以席殿而無避。猥犯之失。細民得以撾鼓而上聞。行衛文大帛之規。儲繼將以易胡人之首。厲越踐卧薪之志。屏外豈容他人鼾睡。以藝祖之勤徒步而幸作坊。幸染院幸造船場。掖庭宫女願歸者加厚賜遣。以高皇之儉棄內侍珠囊於汴水。碎螺鈿椅卓於通衢。館陶民許括田不實。決縣令流之海島。吏部郎監納河陽夏稅。收一斛五升之羨。黜奪其官。鬻鈔者棄市。犯法則有劍。一遵建隆之制。使中外灼知上意。四聰四目。罔不明達。宫中府中。俱爲一體。若是則法禁嚴而風俗厚。黜陟明而吏治興。可以富民而錯刑。可以強兵而服戎虜矣。惟陛下與大臣亟圖之。宗社幸甚。天下幸甚。

牟濼上奏曰。臣待罪郎潛。莫知補報。誤蒙親擢。俾侍經帷。自惟學問空疏。無以仰裨聖德之萬一。茲當陛對。敢罄愚忠。惟陛下垂聽。臣聞傅說告高宗曰。非知之艱。行之惟艱。夫致知力行。互相發明。而知常在先。則知固未易也。而傅說獨以行爲難。何哉。蓋高宗舊學甘盤。知

道之君也。傅說惟勉之以行其所知而已。臣恭惟皇帝陛下睿哲由於天稟。聖學得之心傳。當臨政願治之初。日以繼志述事爲念。所謂志者。先皇帝有此心而未及行。陛下因而行之。此繼志也。所謂事者先皇帝已見之施行而未及竟。陛下終能行之。此述事也。復故王之官爵。先帝素有此心也。陛下體先志而行之。而先帝不得已之本心昭白於天下矣。去內司之積弊。先帝之已施行也。陛下述往事而行之。而先帝去邪之盛德有光於青史矣。信用君子。先帝之心也。其或厄於小人而去。非先帝之志也。容受直言。先帝之心也。其或觸忤姦邪而去。非先帝之志也。陛下首取公論之所與者特加召擢。登之要路。而天下知陛下有意於開言路矣。白身出官特旨賜第。先帝之異恩也。謂宜何以上報知遇。而乃贓汙狼籍。不知自反。常懷李振清流濁流之憤。不由儒科。徑踐二府。先帝之殊渥也。謂宜何以上答聖知。而乃窟穴鐵句。老不知退。躬蹈聖人患得患失之戒。陛下因公論所不與而屏去之。而天下知陛下有意於重名器矣。絶貢獻以塞僥倖之門。尚先帝卻長沙羨金之遺意也。灑宸翰以明正邪之辨。尚先帝親君子遠小人之遺訓也。先帝所欲行。陛下善繼而行之。先帝所已行陛下善述而行之。先帝之心。惟陛下知之。而陛下之心。天下亦既知之矣。臣猶謂知之而不行。猶不知也。行之而不力。猶不行也。自昔君子小人勢不兩立。舜用十六相。先去四凶。明四凶不去。則十六相不能悉心以輔治。臣願陛下充所知而行之。知其爲君子。則愛之惜之。有言焉則用之。毋使小人得以乘其間。知其爲小人。則去之逐之。自其根萌而絶之。毋使君子或至受其禍。坤之初六曰。履霜堅冰至。霜陰之微也。冰。陰之著也。履霜而知其必至於堅冰。猶小人不可使長而至於盛。當自其微而謹之也。古今治亂率由乎此。今陽明用事。布

陰濁無所施其巧；衆正彙升，而羣小無所容其奸。以清明之朝廷，行快活之條貫，固世道之幸，而蒼生之樂。然而君子得志，小人不顛也。紹述之說行，則元祐變而紹聖矣。愛莫助之之心進，則建中靖國轉而崇寧矣。是非國家之福也。今雖萬萬無是，必也聖心清明，終始如一。嘿察陰陽消長之機，而辨之於早焉。庶幾無陛水之慮矣。抑臣又有聞，憂治世危明主，君子所以異於小人也。古人曰以水旱盜賊奏，尚唐虞相與儆戒之意。若後世所謂天下已太平，則狃於宴安，不為遠慮，誤人國家，必此言也。此君子小人之分也。昔唐憲宗留心庶政，謂李絳等曰：凡好事口說則易，躬行則難。卿等既為朕言之，亦須行之。勿空陳而已。絳奏曰：陛下今日戒勗，可謂至言。然臣絳亦以為天下之人，從陛下所行，不從陛下所言。願陛下每言之，則必行之。絳之言，尚傳說知行之意也。惟陛下留神。

演又進故事曰：易曰：君子以思患而豫防之。書曰：遠乃猷。詩云：猷之未遠，是用大諫。昔聖人之教民也，使之方著則備寒，方寒則備暑。七月之詩是也。今夫市井稗販之人，猶知旱則資舟，水則資車，夏則儲裘褐，冬則儲絺綌。彼偷安苟生之徒，朝醉飽暮饑寒者，雖與之俱為編戶，貧富必不侔矣。況為天下國家者，豈可不制治於未亂，保邦於未危乎。詩云：迨天之未陰雨，徹彼桑土，綢繆牖戶。今此下民，或敢侮予。孔子曰：為此詩者，其知道乎。能治其國家，誰敢侮之。迨天之未陰雨者，國家閒暇無災害之時也。徹彼桑土者，求賢於隱微也。綢繆牖戶者，脩教其政治也。夫桑土者，鴟鴞所以固其室也；賢儁者，明主所以固其國也。國既固矣，雖有侮之者，庸何傷哉。

臣聞及閒暇明政刑，有國之遠慮；憂治世危明主，臣子之至情。方天下以為無事之時，而不復思久安長治之策，此賈誼所以長太息於漢文之世也。昔司馬光上仁宗皇帝五規，其三曰遠謀。以謂當時有位者狃於升平，不為遠慮，至論公卿大夫或養交飾譽以待遷，或容身免過以待去，自非憂公忘私之人，大抵多懷苟且之計，莫肯為十年之規。況萬世之慮乎。夫仁宗之時，太平極治之時也，主聖臣賢，相與講明治道，未必有闕政，而光言如此。以今視昔，為何如時，可不深長思耶。先皇帝臨御日久，留意人物，然而以名取人，而名未必副其實也；以才用人，而才未必真有用也。天下大富貴，雖實享之而去，而國家大患難，則相視束手，至歸過於君父，而諉其責於他人。先皇帝晚年閱天下義理至熟，更天下事變既多，深入聖慮，取得罪公論者，斥逐之；小有才而未聞大道者，屏退之。數求碩賢，以遺陛下，於衆人思慮所不及者，獨加意焉。舉天下大器付陛下，貽謀可謂遠矣。

陛下聖明天縱，學問日新，堯言初布，天下鼓舞，真不負先皇付託，而大臣可謂不負先皇簡拔矣。今天下雖暫安，而以為治安則未也。濟濟多士，文王以寧，而士猶未至於多也。事會之來無窮，而人才亦與之無窮。臣願陛下與大臣精思而熟慮之。取才不嫌乎廣，在精擇而用之耳。求言不妨乎博，在審聽而行之耳。將帥當選，牧守當擇，士卒當練，民生當厚，庶幾制治于未亂，保邦於未危，為國家立無窮之業，而君臣之間亦有無窮之聞。此先皇帝所望於陛下與今日之大臣也。光前朝元老，國之蓍龜，所言真有益於治道，臣敢以其所以告仁宗皇帝者推廣之，以告陛下，非但曰應故事而已。惟陛下垂聽。

幼主時，祕書郎徐宗仁奏乞察欣戚休戚之故，酌利害損益之宜，款為當因，孰為當革，孰為可罷，孰為可行，則折衷衆貨，無遠近便辭通關梁而商賈行。下脩身奉法之詔。而吏得自新。出輸倉助貸之令。而民免責糴。窒墨敕之門。而無官府黜陟之異。止輪臺之議。而無疆界彼此之分。則氣脉蘇醒。意向翕合矣。

歷代名臣奏議卷之六十五

治道

遼興宗重熙四年。詔天下言治道之要。天成軍節度使蕭韓家奴對曰。臣伏見比年以來。高麗未賓。阻卜猶强。戰守之備。誠不容已。乃者選富民防邊。自備糧糗。道路修阻。動淹歲月。比至屯所。費已過半。隻牛單轂。鮮有還者。其無丁之家。倍直傭僦。人憚其勞。半途亡竄。故戍卒之食。多不能給。求假于人。則十倍其息。至有鬻子割田不能償者。或逋役不歸。在軍物故。則復補以少壯。其鴨淥江之東。戍役大率如此。況渤海女直高麗合從連衡。不時征討。富者從軍。貧者偵候。加之水旱。菽粟不登。民以日困。蓋勢使之然也。方今最重之役。無過西戍。如無西戍。雖遇凶年。困弊不至於此。若能徙西戍稍近。則往來不勞。民無深患。議者謂徙之非便。一則損威名。二則召侵侮。三則棄耕牧之地。臣謂不然。阻卜諸部。自來有之。曩時北至臚朐。南至邊境。人多散居。無所統一。惟往來抄掠。及太祖西征。至於流沙。阻卜望風悉降。西域諸國。皆願入貢。因遷種落。內置二部。以益吾國。不營城邑。不置戍兵。阻卜累世不敢為寇。統和間。皇太妃出師西域。拓土既遠。降附亦衆。自後一部或叛。鄰部討之。使同力相制。正得馭遠人之道。及城可敦。開境數千里。西北之民。徭役日增。生業日殫。警急既不能救。叛服亦復不恒。空有廣地之名。而無得地之實。若貪土不已。漸至虛耗。其患有不勝言者。況邊情不可深信。亦不可頓絕。得不為益。捨不為損。國家大敵。惟在南方。今雖連和。難保他日。若南方有變。屯戍遼邈。卒難赴援。我進則敵退。我還則敵來。不可不慮也。方今太平已久。正可恩結諸部。釋罪而歸地。內徙戍兵。以增堡障。外明約束。以正疆界。每部各置酋長。歲修職貢。叛則討之。服則撫之。諸部既安。必不生釁。

如是，則臣雖不能保其久而無變，知其必不深入侵掠也。或云棄地則損威。殊不知殫費竭財，以貪無用之地，使彼小部抗衡大國，萬一有敗，損威豈淺。或又云，沃壤不可遽棄。臣以為土雖沃，民不能久居，一旦敵來，則不免內徙，豈可指為吾土而惜之。夫帑廩雖隨部而有，此特周急部民一偏之惠，不能均濟天下。如欲均濟天下，則當知民困之由而窒隙，節盤遊，簡驛傳，薄賦斂，戒奢侈，期以數年，則困者可蘇，貧者可富矣。蓋民者國之本，兵者國之衛。兵不調則曠軍役，調之則損國本。且諸部皆補役之法，昔補役始行，居者行者類皆富實，故累世從戍，易為更代。近歲邊虞數起，民多匱乏，既不任役事，隨補隨缺，苟無上戶，則中戶當之。曠日彌年，其窮益甚，所以取代為難也。非惟補役如此，在邊戍兵亦然。譬如一杯之水，豈能填尋丈之壑。欲為長久之便，莫若使遠戍疲兵還於故鄉，薄其徭役，使人人給足，則補

役之道可以復故也。臣又聞自昔有國家者不能無盜。比年以來，群黎凋弊，利於剽竊，良民往往化為凶暴，甚者殺人無忌，至有亡命山澤，基亂首禍。所謂民以困窮，皆為盜賊者，誠如聖慮。今欲芟夷本根，願陛下輕徭省役，使民務農。衣食既足，安習教化，而重犯法，則民趨禮義，刑罰罕用矣。臣聞唐太宗問群臣治盜之方，皆曰：嚴刑峻法。太宗笑曰：寇盜所以滋者，由賦斂無度，民不聊生。今朕內省嗜欲，外罷游幸，使海內安靜，則寇盜自止。由此觀之，寇盜多寡，皆由衣食豐儉、徭役重輕耳。今宜徙可敦城於近地，與西南副都部署烏古敵烈、隗烏古等部聲援相接。罷黑嶺二軍，并開保州，皆隸東京；益東北戍軍及南京總管兵，增修壁壘，候尉相望，繕完樓櫓，浚治城隍，以為邊防。此方今之急務也。願陛下裁之。

道宗咸雍間，耶律氏上時政，其略曰：君以民為體，民以君為心。人主當任忠賢，人臣當去比周，則政化平，陰陽順。欲懷遠，則崇恩尚德；欲強國，則輕徭薄賦。四端五典為治教之本，六府三事實生民之命。淫侈可以為戒，勤儉可以為師。錯枉則人不敢詐，顯忠則人不敢欺。勿泥空門，崇飾土木；勿事邊鄙，妄廢金帛。滿當思溢，安必慮危。刑罰當罪，則民勸善；不寶遠物，則賢者至。建萬世磐石之業，制諸部強橫之心。欲率下，則先正身；欲治遠，則始朝廷。上稱善。

金熙宗時，翰林待制兼右諫議大夫程寀上奏曰：臣聞善醫者不視他人之肥瘠，察其脉之病否而已；善計天下者不視天下之安危，察其紀綱理否而已。天下者，人也；安危者，肥瘠也；紀綱者，脉也。脉不病，雖瘠不害；脉病而肥者危矣。是故四肢雖無故，不足恃也，脉而已矣；天下雖無事，不足矜也，綱紀而已矣。尚書省，天子喉舌之官，綱紀在焉。臣願詔尚書省戒勵百官，各揚其職，以立綱紀。如吏部，天官，以進

賢退不肖為任，誠使升黜有科，任得其人，則綱紀理而民受其賜。前代興替，未始不由此者。

世宗大定中，上命六品以上官十日以次轉對。戶部郎中李仲略乃進言曰：凡救其末，不若正其本。所謂本者，厚風俗、足衣食而已。厚風俗在乎立制度，禁奢僭；足衣食在乎寵力農，抑游惰，養財用。養財用在乎廣儲蓄，時斂散。商賈不通難得之貨，工匠不作無用之器，則下知重本。下知重本，則末息矣。

同知西京留守事曹望之上書論便宜事。其一論山東、河北猛安謀克與百姓雜處，民多失業，陳、蔡、汝、潁之間土廣人稀，宜徙百姓以實其處，復數年之賦以安輯之。百姓亡命及避役軍中者，閱實其人，使還本貫，或編近縣以為客戶，或留為佃戶者，亦籍其姓名，州縣與猛安事干涉者，無相黨匿，庶幾軍民協和，盜賊彌息。其二論薦舉之法

虛文無實宰相拔擢及其所識不及其所不識内外官所舉亦輒不用或指以爲朋黨遂不敢復舉宜令宰執歲舉三品二人御史大夫以下内外官終秩舉二人自此以下以品秩爲差等終秩不舉者過轉官勒不遷三品者前後任俸三月其舉者已改除吏部以類品第季而上之三品闕則於類第四品中補授四品五品以下視此爲差其待以不次者宰執具才行功實以聞舉當否罪當如律廉介之士老於令幕無舉主者七考無贓私罪者准朝官三考勞敘吏部每季圖上外路職官姓名路爲一圖大書贓汙者於其名下使知畏慎外任五品以上官改除令代之者具功過以聞年六十以上者終更赴調有司察其視聽精力老疾不堪蒞務給以半禄罷遣其三論守邊將帥及沿邊州縣官漁剥軍民擅興力役宜歲遣監察御史周行察之邊部有訟招討司無得輒遣白身人徵斷宜於省部有出身女

奏議卷之六十五　四

真契丹人及縣令丞簿中擇廉能者因其風俗略定科條務爲簡易徵斷羊馬入官籍數如邊部遇饑饉即以此賑給之招討及都監視事宜限邊部饋送駝馬招討司女直人戶或擷野菜以濟艱食而軍中舊籍馬死則一村均錢補買往往鬻妻子賣耕牛以備之臣恐數年之後邊防困弊臨時賑濟費財十倍而無益早爲之所則財用省而邊備實矣官給軍箭用盡則市以補之皆朽鈍不堪用可每歲給官箭一分以補其闕邊民闕食給來地遠負重往往就倉賤賣而去可計口支錢則公私兩便陜西正副宜如猛安謀克用土人一員隊將亦宜參用土人久居其任增弓箭田復其賦役以廉吏爲提舉舉察總管府以下官農隙校閱以嚴武備則太平之時有經略之制矣

章宗明昌初鋭意于治平參知政事徒單鎰上書其略曰臣竊觀唐虞之書其臣之進言於君曰戒哉懋哉曰吁曰都既陳其戒復導其美君之爲治也必曰稽於衆舍己從人既能聽之又能行之又從而興起之君臣上下之間相與如此陛下繼興隆之運撫太平之基誠宜稽古崇德留意於此無因物以好惡喜怒無以好惡喜怒輕忽小善不卹人言夫上下之情有通塞天地之運有否泰唐陸贄嘗陳隔塞之九弊上有其六下有其三陛下能慎其六爲臣子者敢不慎其三哉上下之情既通則大綱舉而群目張矣

泰和三年太常卿侯摯上章言九事其一曰省部所以總天下之紀綱今隨路宣差便宜從冝往往不遵條格輒劄付六部及三品以下官其於紀綱豈不紊亂宜革其弊其二曰近置四帥府所統兵校不爲不衆然而弗克取勝者蓋一處受敵餘徒傍觀未嘗發一卒以爲援稍見小卻則棄戈遁去此師老將怯故也將將之道惟陛下察之其三曰率兵禦寇皆民運粮各有所職本不可以兼行而帥府每令

奏議卷之六十五　五

雜進累遇寇至軍未戰而丁夫已遁行伍錯亂敗之由也夫前陣雖勝而後必更者恐爲敵所料耳況不勝哉用兵尚變本無定形今乃因循不改覆轍臣雖素不知兵妄謂率由此失其四曰雄保安肅諸郡據白溝易水西山之固今多闕員又所任者皆柔懦不武宜亟選勇猛才幹者分典之其五曰漳水自衛至海宜沿流設備以固山東使力穡之民安服田畝其六曰近都州縣官吏往往逋逃蓋以往來敵中失身者多兼轉輸頻併民力困弊應給不前復遭責罰扶[illegible]乃與他處一體計資考實負其人乞詔有司優定等級以別異之其七曰兵威不振罪在將帥輕敵妄舉如近日李英爲帥臨陣之際酒猶未醒是以取敗臣謂英既無功其濫注官爵並冝削奪其八曰大河之北民失稼穡官無俸給上下不安皆欲逃竄加以潰散軍卒還相剽掠以致平民愈不聊生宜優加矜恤亟招撫之其九曰從來掌兵

者多用世襲之官。此屬自幼驕惰。未任勞苦。且心膽懦怯。何足倚辦。宜選驍勇過人衆所推服者。不考其素用之。上略施行焉。

宣宗貞祐二年。權監察御史完顏素蘭上書言事略曰。昔東海在位。信用讒諂。疎斥忠直。以致小人日進。君子日退。紀綱紊亂。法度益隳。風折城門之關。火焚市里之舍。蓋上天垂象以儆懼之也。言者勸其親君子遠小人。恐懼修省。以答天變。東海不從。遂至亡滅。夫善救亂者。必迹其亂之所由生。善革弊者。必究其弊之所自起。誠能大明黜陟以革東海之政。則治安之効。可指日而待也。陛下龍興。不思出此。輒議南遷。詔下之日。士民相率上章請留。啓行之日。風雨不時。橋梁數壞。人心天意。亦可見矣。此事既往。豈容復追。但自今尤宜戒慎。覆車之轍。不可引轅而復蹈也。又曰。國家不可一日無兵。兵不可一日無食。陛下爲社稷之計。宮中用度。皆從貶損。而有司復多置軍官。不恤妄費。甚無謂也。或謂軍官之衆。所以張大威聲。臣竊以爲不然。不加精選。而徒務其多。緩急臨敵。其可用乎。且中都惟其糧乏。故使車駕至此。稍獲安地。遂忘其危而不之備。萬一再如前日。未知有司復請陛下何之也。

三年。劉炳中進士第。即日上書條便宜十事。其一曰。任諸王以鎮社稷。臣觀往歲王師屢戰屢卻。率皆自敗。承平日久。人不知兵。將帥非才。既無靖難之謀。又無効死之節。外託持重之名。而内爲自安之計。擇驍果以自隨。委疲懦以臨陣。陣勢稍動。望塵先奔。士卒從而大潰。朝廷不加詰問。輒爲益兵。是以法度日紊。倉庾日虛。閭井日凋。土地日蹙。自大駕南巡。遠近相望。益無固志。吏任河北者。以爲不幸。逡巡退避。莫之敢前。昔唐　天寶之末。洛陽潼關。相次失守。皇輿夜出。向非太子迴趨靈武。率先諸將。則西行之士。當終老於劍南矣。臣願陛下擇諸王之英明者。總監天下之兵。北駐重鎮。移檄遠近。戒以軍政。則四方聞風者。皆將自奮。前死不避。折衝厭難。無大於此。夫人情可以氣激。不可以力使。一卒先登。則萬夫齊奮。此古人所以先身教而後威令也。二曰。結人心以固基本。天子惠人。不在施予。在于除其同患。因所利而利之。今艱危之後。易於爲惠。因其欲安而慰撫之。則忠誠親上之心。當益加於前日。臣願寬其賦役。信其號令。凡事不便者。一切停罷。時遣重臣按行郡縣。延見耆老。問其疾苦。選廉正。黜貪殘。拯貧窮。䘏孤獨。勞來還定。則効忠徇義。無有二志矣。故曰。安民可與行義。危民易與爲亂。惟陛下留神。三曰。廣收人材以備國用。備歲寒者必求貂狐。適長塗者必當騏驥。河南陝西。車駕臨幸。當有以大慰士民之心。其有操行爲民望者。稍擢用之。平居可以勵風俗。緩急可以備驅策。昭示新恩。易民觀聽。陰係天下之心也。四曰。選守令以安百姓。郡守縣令。天子所恃以爲治。百姓所依以爲命者也。今衆庶已弊。官吏庸暗。無安利之才。貪暴昏亂。與姦爲市。公有斗粟之賦。私有萬錢之求。遠近囂囂。無所控告。自今非才器過人。政迹卓異者。不可使在此職。親勳故舊。雖望隆資高。不可使爲長吏。則賢者喜於殊用。益盡其能。不肖者愧慕而思自勵矣。五曰。褒忠義以勵臣節。忠義之士。奮身効命。力盡城破。而不少屈。事定之後。有司略不加省。棄職者顧以恩貸。死事者反不見録。天下何所慕憚而不爲自安之計邪。使爲臣者皆知殺身之無益。臨難可以苟免。甚非國家之利也。六曰。務農力本以廣蓄積。此最強兵富民之要術。當今之急務也。七曰。崇節儉以省財用。今海内虛耗。田疇荒蕪。廢奢從儉以紓生民之急。無先於此者。八曰。去冗食以助軍費。兵革之後。人物凋喪者十四五。郡縣官吏署置如故。甚非審權救弊之道。九曰。修軍政以習守戰。自古名將料敵制勝訓練士卒故使赴湯蹈火百戰不殆孔子曰以不教民戰是謂棄之兵法曰器械不利以其卒與敵也卒不服習以其將與敵也將不知兵以其主與敵也主不擇將以其國與敵也可不慎哉十曰修城池以備守禦保障國家惟都城與附近數郡耳北地不守是無河朔矣黄河豈足恃哉書奏宣宗興焉

四年陳規上章言陛下以上聖寬仁之資當天地否極之運廣開言路以求至論雖狂妄失實者亦不坐罪臣忝耳目之官居可言之地苟爲緘默何以仰酬洪造謹條陳八事願不以人微而廢之即無可揀乞放歸山林以懲尸禄之罪一曰責大臣以身任安危今北兵起自邊陲深入吾境大小之戰無不勝捷以致神都覆没翠華南狩中原之民肝腦塗地大河以北莽爲盜區臣每念及此驚怛不已況宰相大臣皆社稷生靈所繫以安危者豈得不爲陛下憂慮哉每朝奏

議不過目前數條特以碎末互生異同俱非救時之急者況近詔軍旅之務專委樞府尚書省坐視利害泛然不問以爲責不在己其於避嫌周身之計則得矣社稷生靈將何所賴古語云疑則勿任任則勿疑又曰謀之欲衆斷之欲獨陛下既以宰相任之豈可使親其細而不圖其大者乎伏願特出睿斷若軍伍器械常程文牘即聽樞府專行至于戰守大計征討密謀皆須省院同議可否則爲大臣者知有所責而天下可爲矣二曰任臺諫以廣耳目人主有政事之臣有議論之臣政事之臣者宰相執政和陰陽遂萬物鎮撫四夷親附百姓與天子經綸於廟堂之上者也議論之臣者諫官御史與天子辨曲直正是非者也二者豈可偏廢哉昔唐文皇制中書門下入閤議事皆令諫官隨之有失輒諫國朝雖設諫官徒備員耳每遇奏事皆令迴避或兼他職或爲省部所差有終任不覩天顔不出一言而去者雖有御史不過責以糾察官吏照刷案牘巡視倉庫而已其事關利害或政令更革則皆以爲機密而不聞萬一政事之臣專任胸臆威福自由或掌兵者以私見敗事機陛下安得而知之伏願遴選學術該博通曉世務骨鯁敢言者以爲臺諫凡事關利害皆令預議其或不當悉聽論列不許兼職及充省部委差苟畏徇不言則從而黜之三曰崇節儉以答天意昔衛文公乘狄人滅國之餘徙居楚丘總革車三十兩乃躬行儉約冠大帛之冠衣大布之衣季年致騋牝三千遂爲富庶漢文帝承秦項戰爭之後四海困窮天子不能具鈞駟乃示以敦朴身衣弋綈足履革舃未幾天下富安四夷咸服國家自兵興以來州縣殘毀存者復爲土寇所擾獨河南稍完然大駕所在其費不貲舉天下所奉責之一路顧不難哉頼陛下慈仁上天眷佑螟蝝之餘而去歲秋禾今年夏麥稍得支持夫應天者要在以實行儉

者天必降福切見宮中及東宮奉養與平時無異隨朝官吏諸局承應人亦未嘗有所裁省至於貴臣豪族掌兵官莫不以奢侈相尚服食車馬惟事紛華今京師鬻明金衣服及珠玉犀象者日增於舊俱非克己消厄之道願陛下以衛文公漢文帝爲法凡所奉之物痛自撙節罷冗員減浮費戒豪侈禁戢明金服飾庶皇天悔禍太平可致四曰選守令以結民心方今舉天下官吏軍兵之費轉輸營造之勞皆仰給河南陝西加之連年蝗旱百姓薦饑行賑濟則倉廩懸乏免征調則用度不足欲其實惠及民惟得賢守令而已當賦役繁殷期會促迫之際若措畫有方則百姓力省而易辦一或乖謬有不勝其害者況縣令之弊無甚于今由軍衛監當進納勞効而得者十居八九其桀黠者乘時貪縱庸懦者權歸猾吏近雖遣官廉察治其姦濫易其疲軟然代者亦非選擇所謂除狼得虎也伏乞明勅尚書省

公選廉潔無私才堪牧民者以補州府官仍請縣令之選及責隨朝七品外任六品以上官各保堪任縣令者一員如他日犯贓並從坐其資歷已係正七品及見任縣令者皆聽寄理俟秩滿升遷復令監察以時巡按有不法及不任職者究治之則實惠及民而民心固矣五曰博謀群臣以定大計比者徙河北軍戶百萬餘口于河南雖革去冗濫而所存猶四十二萬有奇歲支粟三百八十餘萬斛致竭一路終歲之斂不能贍此不耕不戰之人雖無邊事亦將坐困況兵事方興未見息期耶近欲分布沿河使自種殖然游惰之人不知耕稼群飲賭博習以成風是徒煩有司徵索課租而已舉數百萬衆坐糜廩給緩之則用闕急之則民疲朝廷惟此一事已不知所處又何以待敵哉是蓋不察於初不計其後致此誤也使初遷時去留從其所願則欲來者是以自贍之家何假官廩其留者必有避難之所不

必強遣當不至今日措畫之難古昔人君將舉大事則謀及乃心謀及卿士庶人卜筮乞自今凡有大事必命省院臺諫及隨朝五品以上官同議為便六曰重官賞以勸有功陛下即位以來屢沛覃恩故均大慶不吝官爵以激人心至有未滿一任而併進十級承應未出職而已帶驃騎榮祿者冗濫之極至于如此復開鬻爵進獻之門然則被堅執銳效死行陣者何所勸哉官本虛名特出於人主之口而天下之人極意趨慕者以朝廷愛重耳若不計勲勞朝授一官暮升一職人亦將輕之而不榮矣已然之事既不可咎伏願陛下重惜將來無使公器為尋常之具功賞為僥倖所致又今之散官動至三品有司難於遷授宜於職品之資內量增階數以延名庶幾歷官者不至于太驟而國家恩惟不失之太輕矣七曰選將帥以明軍法夫將者國之司命天下所賴以安危者也舉數萬衆之命付之一人呼吸之間以決生死其任顧不重歟自北兵入境野戰則全軍俱殁城守則闔郡被屠豈皆士卒單弱守備不嚴哉特以庸將不知用兵之道而已古語云三辰不軌取士為相四夷交侵拔卒為將今之將帥大抵先論出身官品或門閥膏粱之子或親故假託之流平居則意氣自高遇敵則首尾退縮將帥既自畏怯士卒誰肯前又居常裒刻納其饋獻士卒因之以擾良民而莫可制及率之應敵在途則前後亂行頓次則排門擇屋恐逼小民恣其求索以此責其畏法死事豈不難哉況今軍官數多自千戶而上有萬戶有副統有都統有副提控十羊九牧號令不一動相牽制切聞國初取天下元帥而下惟有萬戶所統軍士不下數萬令易制一路豈在多哉多則難擇少則易精今之軍法每二十五人為一謀克四謀克為一千戶謀克之下有蒲輦一人旗鼓司火頭五人其任戰者纔十有八人而已又為頭目

選其壯健以給使令則是一千戶所統不及百人不足成其隊伍矣古之良將常與士卒同甘苦今軍官既有俸廩又有券糧一日之給兼數十人之用將帥則豐飽有餘士卒則飢寒不足曷若裁省冗食而加之軍士哉伏乞明勅大臣精選通曉軍政者分詣諸路編列隊伍要必五十人為一謀克四謀克為一千戶五千戶為一萬戶謂之散將萬人設一都統謂之大將總之帥府數不足者皆併之其副統副提控及無軍虛設都統萬戶者悉罷省仍勅省院大臣及內外五品以上各舉方畧優長武勇出衆材堪將帥者一二人不限官品以充萬戶以上都統元帥之職千戶以下選軍中有謀畧武藝為衆所服者充申明軍法居常教閱必使將帥明於奇正虛實之數士卒熟于坐作進退之節至于弓矢鎧仗須令自負習於勞苦若有所犯必刑無赦則將帥得人士氣日振可以待敵矣八曰練士卒以振兵威

昔周世宗嘗曰。兵貴精不貴多。百農夫不能養一戰士。奈何朘民脂膏養此無用之卒。苟健懦不分。衆何以勸。因大蒐軍旅遂下淮南。取三關。兵不血刃。選練之力也。唐魏徵曰。兵在以道御之而已。御壯健是以無敵於天下。何取細弱以增虛數。比者凡戰多敗。非由兵少。正以其多而不分健懦故。為敵所乘。懦者先奔。健者不能獨戰而遂潰。此所以取敗也。今莫若選差習兵公正之官。將已籍軍人隨其所長而類試之。其武藝出衆者。別作一軍。量增口糧。時加訓練。視等第而賞之。如此則人激厲奮勁。所長而衰懦者亦有可用之漸矣。昔唐文皇出征。常分其軍為上中下。凡臨敵則觀其強弱。使下當其上。而上當其中。中當其下。敵乘下軍不過奔逐數步。而上軍中軍已勝其二軍。用是常勝。蓋古之將帥亦有以懦兵委敵者。要在預為分別。不使混淆耳。

興定二年。平章事胥鼎以宣宗多親細務。非帝王體。乃上奏曰。天下之大。萬幾之衆。錢穀之冗。非九重所能兼。則必付之有司。天子操大綱。責成功而已。況今多故。豈可躬親細務哉。惟陛下委任大臣。坐收成算。則恢復之期不遠矣。上覽其奏不悅。謂宰臣曰。朕惟恐有怠。而鼎言如此何耶。高琪奏曰。聖主以宗廟社稷為心。法上天行健之義。憂勤庶政。夙夜不遑。乃太平之階也。

興定間。中都副留守。郭文振上疏曰。揚子雲有言。御得其道。則天下狙詐咸作使。御失其道。則天下狙詐咸作敵。有天下者。審所御而已。河朔自用兵之後。郡邑蕭然。既無官長。武夫悍卒。因緣而起。以為得志。僭越名位。各分角競。以相侵掠。雖有內除之官。亦不得領其職。所為不法。可勝言哉。乞行帥府。擅請便宜。妄自誇張。以尊大其權。包藏之心。蓋可知也。朝廷因而撫之。假權傳檄。至與各路帥府分併勢均。不相統屬。陝西行省總為節制。相去遼遠。道路梗澀。雖聞知故縱揚跋扈無所畏憚。鄰道相望。莫敢誰何。自平陽城破已來。河北不置行省。朝廷信臣不復往來布揚聲教。但命或刺行報而已。所司務以酒食。悅以貨財。借其聲譽共欺朝廷。姦偉既行。遂至驕恣。變故之生。何所不有。此臣所以夙夜痛心而為之憂懼也。乞分遣公廉之官編詣諸縣。悉知所在利害之實。伏見澤潞等處。芻糧猶廣。人民猶衆。地多險阻。乞選重臣復置行省。皆聽節制。上下相維。可臂指使之。則國勢日重。姦惡不萌矣。

元世祖在潛邸。聞李治賢。遣使召之。既至。問天下當何以治之。對曰。夫治天下難則難於登天。易則易於反掌。蓋有法度則治。控名責實則治。進君子退小人則治。如是而治天下。豈不易於反掌乎。無法度則亂。有名無實則亂。進小人退君子則亂。如是而治天下。豈不難於

登天乎。且為治之道。不過立法度。正紀綱而已。紀綱者。上下相維持。法度者。賞罰示懲勸。今則大官小吏。下至編氓。皆自縱恣。以私害公。是無法度也。有功者未必得賞。有罪者未必被罰。甚則有功者或反受辱。有罪者或反獲寵。是無法度也。法度廢。紀綱壞。天下不變亂。已為幸矣。

世祖遣趙璧召姚樞至。大喜。待以客禮。詢及治道。乃為書數千言。首陳二帝三王之道。以治國平天下之大經。彙為八目。曰。脩身。力學。尊賢。親親。畏天。愛民。好善。遠佞。次及救時之弊。為條三十。曰。立省部。則庶政出一。綱舉紀張。令不行於朝而變於夕。辟才行。舉逸遺。慎銓選。汰職員。則不專世爵而人才出。班俸祿。則贓穢塞而公道開。定法律。審刑獄。則收生殺之權於朝。諸侯不得而專。丘山之罪不致苟免。毫髮之過免罹極法。而冤抑有伸。設監司。明黜陟。則善良姦窳可得而

舉刻。閭徼斂則部族不擾於誅求。簡驛傳則州郡不困於需索。脩學校崇經術。旌節孝以為育人才厚風俗美教化之基。使士不溺於文華。重農桑寬賦稅。省徭役。禁游惰則民力紓。不趨於浮偽。且免習工技者歲加富溢。勸耕織者日就飢寒。肅軍政。使田里不知行營之擾。周匱乏。恤鰥寡。使顛連無告者有養。布屯田以實邊戍。通漕運以廩京都。償債負。賈胡不得以子為母。破稱貸之家。廣儲蓄。復常平以待凶荒。立平準以權物估。罷利便以塞倖塗。杜告訐以絕訟原。各疏弛張之方。其下本末兼該。細大不遺。世祖奇其才。動必召問。至元四年。擢為中書左丞。或言中書政事大壞。帝怒大臣。罪且不測者。摳上言太祖開創。跨越前古。施治未遑。自後數朝。官盛刑濫。民困財殫。陛下天資仁聖。自昔在潛。聽聖典。訪老成。日講治道。如邢州河南陝西皆不治之甚者。為置安撫經略宣撫三使司。其法選人以居

職。頒俸以養廉。去污濫以清政。勸農桑以富民。不及三年。號稱大治。諸路之民。望陛下之拯已。如赤子之求母。先帝陟遐。國難並興。天開聖人。纘承大統。即用歷代遺制。內立省部。外設監司。自中統至今五六年間。外侮內叛。繼繼不絕。然能使官離債負。民安賦役。府庫粗實。倉廩粗完。鈔法粗行。國用粗足。官吏遷轉。政事更新。皆陛下克保祖宗之基。信用先王之法所致。今創始治道。正宜上答天心。下結民心。睦親族以固本。建儲副以重祚。定大臣以當國。開經筵以格心。脩邊備以防虞。蓄糧餉以待歉。立學校以育才。勸農桑以厚生。是可以光先烈。成帝德。遺子孫。流遠譽。以陛下才略。行此有餘。邇者伏聞聽自頃朝廷政令。日改月異。如木始栽而復移。屋既架而復毀。遠近臣民。不勝戰懼。惟恐大本一廢。遠業難成。為陛下之後憂。國家之重害。帝怒為釋。

元世祖即位。首召經略使史天澤問以治國安民之道。天澤即具疏以對。大略謂朝廷當先立省部以正紀綱。設監司以督諸路。霈恩澤以安反側。退貪殘以任賢能。頒俸秩以養廉恥。禁賄賂以防奸。庶能上下丕應。內外休息。帝嘉納之。

中統元年。郝經上立政議曰。臣經言前歲從扞牧圉至于武昌。聞先皇帝上僊。以為天命曆數在於陛下。至治可期。於是欲有所言而遂旋旆。臣經亦以負薪之憂。道路間阻。今年三月。始達順天。而陛下應天龍飛。詔令使宋。倉卒入對。陛辭而出。和者斯傳聖旨命條奏當今宜行事理。倚馬起草。為便宜新政。畀仲謙和者斯等使譯奏。所欲言者猶有未盡。今既渡淮入宋。引領北望。顧瞻魏闕。每為自誦。有君如此。可遂無言乎。於是作立政議。纘尸祝代庖。極為僭越。有所不許。至聞。所貴乎有天下者。謂其能作新樹立。列為明聖。德澤加於人。令聞

施於後也。非謂其志得意滿。苟且而已也。志得意滿。苟且一時。與草木並朽而無聞。是為身者也。於天下何有。有志於天下者。不貴也。為人之所不能為。立人之所不能立。變人之所不能變。卓然與天地參。沛然與造化同。雷厲風飛。日星明而江河流。天下莫不貴之而已。不以為貴。以為己所當為之職分也。古之有天下者莫不然。後之有天下者亦莫不當然。天下一大器也。用之久。則必弊窳殘缺。甚則至於破碎分裂。置而不修。則委而去之耳。生民萬物者。器之所中者也。器弊而委。則其中者亦必壞爛而不收。有志於天下者。則為之倡率。群而修之。追琢而僎之完。扶持而置之安。藻飾而新之。滌蕩而潔之。使其中者可以食。可以藏。可以積豐。可以饗而飫。為器之主而天下王之。安富尊榮而享天下。彼志得意滿苟且一時者。見器之所有。而不見器之殘缺。漆措垂涎。放飯流歠。始則栩然。終則哆然。既飫而足

并其器與其餘舉而棄之。不知鼓之復至也。至於神器委書中藏事亡。而天下餒者鬼於是群起而爭其餘。天下亂矣。夫紀綱禮義者天下之元氣也。文物典章者天下之命脈也。非是則天下之器不能安。小廢則小壞。大廢則大壞。小為之修完則小康。大為之修完則太平。故有志於天下者。必為之脩而不棄也。以致治自期。以天下自任。孳孳汲汲。持扶安全。必至於成功而後已。使天下後世稱之曰天下之禍至某君而除。天下之亂至某君而治。天下之亡者至某君而存。天下之未作者至某君而作。郎天立極繼統作帝。垂鴻號於無窮。若是則可謂有志於天下矣。由漢以來尚志之君六七作。於漢則曰高帝。曰文帝。曰武帝。曰昭帝。曰宣帝。曰世祖。曰明帝。曰章帝。凡八帝。於三國則曰昭烈一帝。於晉則曰孝武一帝。於元魏則曰孝文一帝。於宇文周則曰武帝一帝。於唐則曰高祖。曰文皇。曰玄宗。曰憲宗。曰武宗

曰宣宗。凡六帝。於後周則曰世宗一帝。於宋則曰太祖。曰太宗。曰仁宗。曰高宗。曰孝宗。凡五帝。於金源則曰世宗。曰章宗。凡二帝。是皆光大炳烺。不辱於君人之名。有功於天下甚大。有德於生民甚厚。人之類不至於盡亡。天下不至於皆為草木鳥獸。天下之人猶知有君臣父子夫婦昆弟人倫不至於大亂。綱紀禮義典章文物不至於大壞。數君之力也。嗚呼。上下數千載。有志之君僅是數者。何苟且一時者多。而致治之君鮮也。雖然。是數君者獨能樹立。功成治定。揄揚於千載之下。豈不為英王也哉。其視壞法亂紀。斁弃倫彝海內。覆宗社。碌碌以偷生。孑孑以自蔽。甘為懦懦者可為憫笑也。國家光有天下。綿歷四紀。恢拓疆宇。古莫與京。惜乎攻取之計甚切。而修完之功弗遑。天下之器日益弊。而生民日益憊也。蓋其幾一失。而其弊遂成。初下燕雲。奄有河朔。便當創法立制。而不為。既并西域。滅金源。蹂荊襄。國

勢大張。兵力强。民物稠夥。大有為之時也。苟於是時。正紀綱。立法度。改元建號。比隆前代。使天下一新。漢唐之舉也。而不為。於是法度廢則紀綱亡。官制廢則政事亡。都邑廢則宮室亡。學校廢則人材亡。廉恥廢則風俗亡。紀律廢則軍政亡。守令廢則民政亡。財賦廢則國用亡。天下之器雖存。而其實則無有。賴社稷之靈。祖宗之福。兵鋒所向。無不摧破。穿徹海嶽之銳。跨凌宇宙之氣。騰擲天地之力。隆隆殷殷。天下莫不慴伏。當太宗皇帝臨御之時。移剌楚材為相。定稅賦。立造作。權宣課。分郡縣。籍戶口。理獄訟。別軍民。設科舉。推恩肆赦。方有志於天下。而一二不逞之人。投隙抵罅。相與排擯。百計攻訐。乘宮闈違豫之際。恣為矯誣。卒使楚材憤悒以死。既而牽連黨與。倚壘締構。援進宵人。畀之以政。相與割剝天下。而天下被其禍。荼毒宛轉。十有餘年。生民顒顒。莫不引領望明君之出。先皇帝初踐寶位。皆以為致

治之主不世出也。既而下令。鳩括符璽。督察郵傳。遣使四出。究核僱賦。以求民瘼。汚吏濫官。黜責遠遍。其願治之心亦切也。惜其授任皆前日害民之尤者。舊弊未去。新弊復生。其為煩擾。又益劇甚。而致治之幾又失也。今皇帝陛下統承先王。聖質英睿。恢廓正大。宥一天下之勢。自金源以來。綱紀禮義文物典章皆已墜沒。其緒餘土苴萬億之能一存。若不大為振滌。與天下更始。以國朝之成法。援唐宋之故典。參遼金之遺制。設官分職。立政安民。成一王法。是亦因仍苟且。終於不可為。使天下後世以為無志於天下。歷代綱紀典制至今而盡。前無以貽謀。後無以取法。壞天地之元氣。愚生民之耳目。後世之人。因以竊笑而非之。痛惜而嘆惋也。昔元魏始有代地。便參用漢法。至孝文遷都洛陽。一以漢法為政。典章文物。燦然與前代比隆。天下至今稱為賢君。王通修元經。即與為正統。是可以為監也。金源氏起東北

小東部幽數百人。渡鴨綠。取黃龍。便建位號。一用遼宋制度。收二國名士。置之近要。使藻飾王化。號十學士。至世宗與宋定盟。內外無事天下晏然。法制修明。風俗完淳。真德秀謂金源氏典章法度在元魏右。天下亦至今稱為賢君。燕都故老語及先皇者。必為流涕。其德澤在人之深如此。是又可以為監也。今有漢唐之地而加大。有漢唐之民而加多。雖不能便如漢唐。為元魏金源之治亦可也。恭惟皇帝陛下稟仁慈。天錫智勇。喜衣冠。崇禮讓。愛養中國。有志於為治。而為豪傑所歸。生民所望久矣。但斷然有為。存典章立綱紀。以安天下之器。不為苟且一時之計。奮揚乾剛。應天革命。進退黜陟。使各厭伏。天下不勞而治也。今自踐祚以來。下明詔。蠲苛煩。立新政。去舊汙。進茂異。舉用老成。緣飾以文。附會漢法。歛江上之兵。先輸平之使。一視以仁。兼愛兩國。天下顒顒。莫不思見德化之盛。至治之美也。但恐害民

餘蘖。扳附姦邪。更相援引。比依以進。若不辨之於早。猶夫前日也。以有為之姿。據有為之位。乘有為之勢。而不為有為之事。與前代英主比隆。陛下亦必愧怍而不為。書曰。罔不在厥初。易曰。履霜堅冰至。詩曰。如彼雨雪。先集惟霰。春秋書元年春王正月。皆謹之於始辨之於早也。有有為之志。而不辨姦邪於早而卻之。則鑠剛以柔。蔽明以晦。終不能以有為。蓋彼姦人易合難去。誘之以甘言。承之以怡色。賂之以重貨。使辟迎合。無所不至。不辨之於早而拒之。皆墮其計。援之以柄而隨之耳。昔王安石拜參。呂獻可即以十罪章之。溫公謂之太早。獻可曰。去天下之害。不可不速。異日諸君必受其禍。安石得政。宋果以亡。溫公曰。呂獻可之先見。范景仁之勇決。吾不及也。夫月暈而風。礎潤而雨。理有所必然。雖天地亦可先見。況於人乎。方今之勢在於卓然有為。斷之而已。去舊汙。平治天下。舍我其誰。若齊能用予。則豈

徒齊民安。天下之民舉安。以齊王猶反手也。又謂萬鍾於我何加焉。富貴不能淫。貧賤不能移。威武不能屈。乃為大丈夫。則亦伊尹之傳也。故伊尹而下。以天下自任者孟子一人。漢室傾頹。群雄競起。天下之士莫不徼倖功利。反復於智數詐力。汲汲以爭天下。獨孔明高臥南陽。抱膝長吟。視天下不足為。躬耕隴畝。若將終身焉。則亦伊尹耕莘之志也。及昭烈三往。知其仁誠懇款可以有為。遂起而委質焉。則亦伊尹幡然而改也。既從昭烈。慨然以興復漢室為己任。及永安顧命。則曰。臣竭股肱之力。加之以忠貞。繼之以死。則亦伊尹佐太甲之事也。至於內治既脩。將以外攘。以圖報效。臨發上疏。精忠懇盡。藹然三代君臣。復見伊訓太甲之書。其將兵薄伐。出入巖阻。一以節制。不為浪戰。申明賞罰。開布公道。不親近利。恢張遠圖。秦漢而下復見王者之師。其駐兵五丈原。懿終不敢出。則已定勝。至其臨歿。懿按視營

壘。亦嘆服以為天下奇才。則孟子以來以天下自任者。又祇一人耳。論者乃以為自比管樂。管蕭亞匹。將略非所長。又謂不當復漢。不可以詐力雜仁義。去中原。入巴蜀。非其地。當如陳平用金間魏君臣。或者又以魏為正統。而書伐罪之師為入寇。嗟乎。孔明其可若是班乎。乃以是期孔明。而又以是立新政。創法制。辨人材。綰結皇綱。藻飾王化。偃戈卻馬。文致太平。陛下今日之事也。毋以為難而不為。毋以為易而不足為。援幾挈會。比隆前王。政在此時。毋累於宵人。不惑於群言。兼聽俯納。貴若一代。號為英主。臣之願也。臣草茅愚昧。旣被知遇。而又遠離軒陛。日以隔越。迫於事幾。故不避斧鉞。冒觸神威。庶幾黨少卻綱紀粗立。雖萬死無恨。

經又奏曰。竊聞天所畀與而能奉承。是謂應天。畀與而棄之。是謂棄天。天可棄乎。故凡有天下國家者。雖一民尺土。莫敢忽而不治。非

惟應天。亦所以奉天也。國家光有天下。五十餘年。包括綿長。亘數萬里。凡幾所及。莫不臣服。惜乎綱紀未盡立。法度未盡舉。治道未盡行。天之所與者未盡應。人之所望者未盡允也。比年以來。關右河南北之河朔。少見治具。而河朔之不治者。河東河陽為尤甚。近歲河陽三城。亦在漸澀。分裂頓滯者獨河東而已。夫河東表裏山河。形勝之區。控引夷夏。瞰臨中原。古稱冀州天府。南面以蒞天下。而上黨號稱天下之脊。故堯舜為三聖。更帝迭王。五一為都邑。以固鼎命。以臨諸侯。為至治之極。降及叔世。五伯迭興。晉假側為諸侯盟主。百有餘年。漢晉以來。自劉元海而下。李唐後唐。石晉劉漢。皆由此以立國。金源氏亦以平陽一道甲天下。故河東者九州之冠也。可使分裂頓滯。猶于困弊反居九州之下乎。竊惟國家封建制度。未獨私強本幹。與親賢共享天下以大公。既分本國使諸王世享。如殷周諸侯。漢地諸道。各使侯伯

專制本道。如唐藩鎮。又使諸侯分食漢地。諸道侯伯。各有所屬。則又如漢之郡國焉。尊卑相維。強弱相制。與衆共有。進退比次。不敢相踰。條貫井井。如農夫之畔。分撥公賦。各為私食。則亦一代之新制未為失也。平陽一道隸拔都大王。又兼有真定河間道內鼓城等五處。以屬籍最尊。故分土獨大。戶數特多。使如諸道祇納十戶四斤絲。一戶包銀二兩。亦自不困。近歲公賦仍舊。而王賦皆使貢金。不用銀絹雜色。是以獨困於諸道。河東上產莫多於桑。而地宜麻。專紡績織布。故有大布卷布板布等。自衣被外。折損價直。貿易白銀。以供官賦。民淳吏質。而一道課銀獨高於天下。造為器皿。萬里輸獻。則亦不負王府也。又必使貢黃金。始白銀十折。再則十五折。復再至二十三十折。至白銀二兩得黃金一錢。自實布至於得白銀。又至於得黃金。則十倍其費。空筐篋未紡績。盡妻女之釵釧。猶未充數。榜掠械繫。不勝苦楚。不敢逃命則已極矣。今王府又將一道細分。使諸妃王子各征其民。一道州郡。至分為五七十頭項。有得一城或數村者。各差官臨督。雖又如漢之分土王子諸侯。各衣食官吏。而不足。況自貢金之外。又誅求無藝乎。於是轉徙逃散。帝王之都邑。豪傑之淵藪。禮樂之風土。富豪之人民。荒空蕪沒。盡為窮山餓水。亦人自相食。始則視諸道為尊。乃今困弊之最也。國家血戰數十年。以有此土。何獨加意於陝右河南及河陽。置河東而不問。坐視其顛連。宛轉而不恤。獨非國家之赤子乎。是天界此中土之冠而裂去不與人也。何乎哉。願下一明詔。約束王府。罷其貢金。止其細分。使如諸道。選明幹通直者為之總統。俾持其綱維。一其號令。輕斂薄賦。以養民力。簡靜不繁。以安民心。省官吏以去冗食。清刑罰以布愛利。明賞罰以與黜陟。設學校以勵風俗。敦節義以立廉恥。則分裂者一。頓滯者舉。九州之冠可正。致治之樞可以

風四方而動天下。克受天之所畀。天復萬萬無窮而畀之也。經本擇人。旅食他方二十餘年。不得一拜松楸。守先世之弊廬。故願治之心。比之他人為尤急。天庭遼邈。漫為瞻聽。太行山色。黯然煙蕪。引領翹首望之而已。居位操勢有以仁天下者。可無意乎。此非布衣所當言。故援引杜牧之例。名曰罪言。干冒鐵鉞。謹附使者以聞。布衣陵川郝經言。

歷代名臣奏議卷之六十五

歷代名臣奏議卷之六十六

治道

元世祖至元三年。許衡名至京師。命議事中書省。衡乃上疏。其一曰。為天下國家有大規模。規模既定。循其序而行之。使無過焉。無不及焉。則治功可期。否則心疑目眩。變易紛更。日計有餘而歲計不足。未見其可也。昔子產處衰周之列國。孔明用西蜀之一隅。且有定論而終身由之。況堂堂天下。可無一定之論而妄為之哉。古今立國規摹。雖各不同。然其大要在得天下心。得天下心無它。愛與公而已矣。愛則民心順。公則民心服。既順且服。於為治也何有。然開創之始。重臣挾功而難制。有以害吾公。小民雜屬而未一。有以梗吾愛。於此為計其亦難矣。自非英睿之君。賢良之佐。未易處也。勢雖難制。必求其所以制。衆雖未一。必求其所以一。前慮卻顧。因時順理。予之奪之。進之退之。內主甚堅。外行甚易。日戛月摩。周旋曲折。必使吾之愛吾之公達於天下而後已。至是。則紀綱法度施行有地。天下雖大。可不勞而理也。然其先後之序。緩急之宜。容有定則。可以意會。而不可以言傳也。是之謂規摹。國朝土宇曠遠。諸民相雜。俗既不同。論難遽定。考之前代。北方奄有中夏。必行漢法。可以長久。故後魏、遼、金。歷年最多。其它不能實用漢法。皆亂亡相繼。史冊具載。昭昭可見也。國家乃處遠漠。無事論此。必知今日形勢。非用漢法不宜也。陸行資車。水行資舟。反之則必不能行。幽燕以北。服食宜涼。蜀漢以南。服食宜熱。反之則必有變異。以是論之。國家當行漢法無疑也。然萬世國俗。累朝勳貴。一旦驅之下從臣僕之謀。改亡國之俗。其勢有甚難者。苟非聰悟特達曉知中原實歷代帝王為治之地。則必咨嗟怨憤。諠譁其不可也。竊嘗思之。寒之與暑。固為不同。然寒之變暑也。始於微溫。溫而熱。熱而暑。積百有八十二日。而寒氣始盡。暑之變寒。其勢亦然。山木之根。力可破石。是亦積之之驗也。苟能漸之摩之。待以歲月。心堅而確。事易而常。未有不可變者。然事有大小。時有久近。期小事於遠。則遷延虛曠而無功。期大事於近。則急迫倉惶而不達。此創業垂統也。以北方之俗。改用中國之法也。非三十年不可成功。在昔金國初亡。便當議此。此而不務。孰為可務。顧乃宴安逸豫。垂三十年。養成尾大之勢。祖宗失其機於前。陛下繼其難於後。外事征伐。內撫瘡痍。雖曰守成。實如創業。規摹之定。又難於曩時矣。然尾大之勢。計聖謀神筭。已有處之之道。非臣區區所能及也。此外唯當齊一吾民。使之冨實。興學練兵。隨時損益。稍為定制。如臣輩者皆能論此。在陛下篤信而堅守之。不雜小人。不營小利。不責近效。不恤浮言。則天下之心。庶幾可得。而致治之功。庶幾可成也。其二曰。中書管天下之務。固不勝其煩也。然其大要在用人立法二者而已。近而譬之。髮之在頭。不以手理。而以櫛理。又譬之食之在器。不以手取。而以匕取。手雖不能自為。而能用夫櫛與匕焉。是即手之為也。上之用人。何以異此。不有司直欲躬役庶務。將見日勤日苦而日愈不暇矣。古人謂得士者昌。自用則小。蓋正如此。夫賢者識治之體。知事之要。與庸人相懸。蓋十百而千萬也。布之周行。百職具舉。宰職總其要而臨之。不煩不勞。此所謂省也。然人之賢否。未能灼知其詳。固不敢用。或已知其孰為君子。孰為小人。復畏首畏尾。患得患失。坐視其弊而不敢進退之。徒曰知人。而實不能用人。亦何益哉。人莫不飲食也。獨膳夫為能致氣味之美。人莫不覩日月也。獨術者為能步虧食之數。得法與不得法。固難一律論。有馬不能御必借人乘之。有玉不能治必求玉人雕琢之。小物尚爾。況堂堂天下神器。可使不得法者為耶。古人謂為山必因丘陵。為下必因川澤。意正如此。夫治人者法也。守法者人也。人法相維。上安下順。而宰職優游廊廟之上。不煩不勞。此所謂省也。里巷之談。動以古為詥。不知今日口之所食。身之所衣。皆古人遺法而不可遺者。豈天下之大。國家之舊而古成法反可遺邪。其亦弗思甚矣。用人立法。今雖未能遽如古昔。然已仕者。使當領降俸給。使可養廉。未仕者。且當寬立條格。俾就叙用。則失職之怨。少可舒矣。外設監司糾察汚濫。內專吏部考定資歷。則非分之求。漸可息矣。再任三任。抑高舉下。則人才爵位。略可平矣。舍此則堆積壅塞。永差紀戾。苟延歲月。莫知所期。俸給之數。叙用之格。監司之條例。先當擬定。至於貴家世襲。品官任子驥良抄數之便宜。續當議之。亦不可緩也。此其大凡。要須深探古人所以用人立法之意。推而行之。則何難見之有。若夫得行與不得行在上之委任者何如。而能行與不能行。又在執政者得人不得人。此

非臣之所能及也。其三曰。民生有欲。無主乃亂。上天眷命。作之君師。必與之聰明剛斷之實。重厚包容之量。使首出庶物。而表正萬邦。此蓋天以至難任之。非予之可安之地而娛之也。堯舜以來。聖帝明王。莫不兢兢業業。小心畏懼。日中不暇。未明求衣。誠知天之所畀至難之任。初不可以易心處。知其為難而以難處。則難或可易。不知為難而以易處。則它日之難有不可為者矣。孔子謂人之言曰。為君難。為臣不易。則其說所由來遠矣。為臣不易。臣已告之安童。至為君之難。尤陛下所當專意者。臣請舉其切而要者。敬陳于後。人君不患出言之難。而患踐言之難。知踐言之難。則其出言不容不慎矣。昔劉安世見司馬溫公。問盡心行己之要。可以終身行之者。公曰。其誠乎。劉公問行之何先。公曰。自不妄語始。劉公初甚易之。及退而自隱栝日之所行。與凡所言。自相掣肘矛盾者多矣。力行七年而後成。自此言行

一致。表裏相應。過事坦然。常有餘裕。臣按劉安世一士人也。所交者一家之親也。一鄉之衆也。同列之臣不過數十百人而止耳。然以言行相較。猶有自相掣肘矛盾者。況天下之大。兆民之衆。事有萬變。日有萬機。而人君以一身一心酬酢之。欲言無失。豈易能哉。故有昔之所言而今日不記者。今之所命而後日自違者。可否異同。紛更變易。紀綱不得布。而法度不得立。臣下雖欲黽勉而竟無所持循。徒汩沒於瑣碎之中。卒於無補。況因之為弊者。又日新月盛而不可遏。在下之人。疑惑驚駭。且譏其無法無信。一至於此也。此無他。至難之地。不以難處。而以易處之故也。苟從古者大學之道。以脩身為本。凡一事之來。一言之發。必求其所以然。與其所當然。不牽於愛。不蔽於憎。不因於喜。不激於怒。虛心端意。熟思而審處之。雖有不中者。蓋鮮矣。察何為人上者多樂舒肆。為人臣者多事容悅。容悅本為私也。私心盛

則不畏人矣。舒肆本為欲也。欲心熾則不畏天矣。以不畏天之心。與不畏人之心感合無間。則其所務者皆快心事耳。快心則口欲言而言。身欲動而動。又豈肯兢兢業業以脩身為本。一言一事。熟思而審處之乎。此人君踐言之難。所以又難於天下之人也。人之情偽。有易有險。險者難知。易者易知。易知者。雖談笑之頃。几席之間。可得其底蘊。難知者。雖同居共事。閱月窮年。猶莫測其意之所向。雖然。此特繫夫人之險易者然也。又有衆寡之辨焉。寡則易知。衆則難知。難知非不智也。用智分也。易知非多智也。合小智而成大智也。故在上之人難於知下。而在下之人易於知上。其勢然也。處難知之地。御難知之人。欲其不見欺也。蓋難矣。昔包孝肅剛嚴峭直。號為明察。有編民犯法當杖脊。吏受賕與之約曰。今見尹必付我責狀。汝第呼號自辯。我與汝分此罪。汝決杖。我亦決杖。既而包引囚問畢。果付吏責狀。囚如

吏言紛辯不已吏人儒宗訶之曰但受脊杖出去何用多言乞請其特權梓吏於庭杖之十七特寬四罪止從杖坐以沮吏勢不知乃為所賣卒如素約臣謂此一京尹耳其見於人不過誤一事害一人而已人君處億兆之上所操者予奪進退賞罰生殺之權不幸見欺以非為是以是為非其害可勝既耶人君唯無喜怒也有喜怒則贊其喜以市恩鼓其怒以張勢人君惟無愛憎也有愛憎則假其愛以濟私藉其憎以復怨甚至本無喜也誑之使喜本無怒也激之使怒本不足愛也強譽之使愛本無可憎也強短之使憎若是則進者未必為君子退者未必為小人予者或無功而奪者或有功也以至賞之罰之生之殺之鮮有得其正者人君不悟日在欺中方伏若曾摘發細隱以防天下之欺欺而至此欺尚可防耶大抵人君以知人為貴以用人為急用得其人則無事於防矣既不出此則所近者爭進之

人耳好利之人耳無耻之人耳彼挾詐用術千蹊萬逕以蠱君心於此欲防其欺雖堯舜不能也賢者以公為心以愛為心不為利回不為勢屈真之周行則庶事得其正天下被其澤賢者之於人關其重固如此也然或遭時不偶務自韜晦有舉一世而人不知者雖或知之而當路之人未有同類不見汲引獨人君有不知者人君雖或知之召之命之泛如廝養而賢者有不屑就者雖或接之以貌待之以禮而其所言不見信用有超然引去者雖或信用復使小人參於其間責小利期近効有用賢之名無用賢之實賢者亦豈肯尸位素飡徒費廩祿取譏誚於天下也雖然此特論難進者然也又有難合者焉人君位處崇高日受容悅大抵樂聞人之過而不樂聞己之過務快己之心而不務快民之心賢者必欲臣而正之扶而安之使知堯舜之正堯舜之安而後已故其勢難合況奸邪佞婞醜正惡直肆為

誣毀多方以陷之將見非夾之不免又可望庶事得其正天下被其澤耶自古及今端人雅士所以重於進而輕於退者蓋以此爾大禹聖人聞善即拜益戒之曰任賢勿貳去邪勿疑貳之一言在大禹猶當警省後世人主宜如何哉此任賢之難也奸邪之人其為心險其用術巧惟險也故千態萬狀而人莫能知如以甘言卑辭誘人於過失然後從之譽之惟巧也故千蹊萬徑而人莫能禦如勢在近習則誘近習在宮闈則誘宮闈之類勢人君不察以謟為恭以訐為公以欺為可信以佞為可近喜怒愛惡人主故亦能無然有可者有不可者而奸邪之人一於迎合竊其勢以立己之威濟其欲以結主之愛愛隆於上威擅於下大臣不敢議近親不敢言毒被天下而上莫之知此劉人所謂城狐也所謂社鼠也至是而求去之不已難乎雖然此由人主不悟誤至於此猶有說焉如宇文士及之佞太宗灼見其情而竟不能斥李林甫妒賢嫉能明皇洞見

其奸而卒不能退邪之惑人有如此者可不畏哉上以誠愛下下以忠報上有感必應理固宜然然考之往昔有不可以常情論者禹抑洪水以救天下其功大矣啓賢能敬承繼禹之道其澤深矣然一傳而大康才畋于洛萬姓遂傀而去之吁可怪也漢高帝起布衣天下之士雲合景從其困滎陽也紀信至捐生以赴急人心之歸可見矣及天下已定而相聚沙中有謀反者此又何邪竊意思之民之戴君本於天命初無不順之心也特由使之失望使之不平然後怨望生焉禹啓愛下既如赤子矣民之奉上亦如父母矣今太康尸位以逸豫滅厥德非所以為父母也是以失望亦楚殘暴故天下叛之漢政寬仁故天下歸之今高帝用愛憎行誅賞非所以為寬仁也是以不平推是二者參較古今凡有恩澤於民而民怨且怒者莫不類乎此也大抵人君即位之始多發美言詔告天下天下悅之冀其有實既

而實不係體遠，怨心生焉。一類同等，無大相遠。人君特以己之私好獨厚一人，則其不厚者已有疾之之意。況厚其有罪而薄其有功，豈得不怨於心？雖失望之怨、不平之怨，鬱而不解，雖曰愛之，適在其為害之也。必如古者大學之道，以脩身為本。凡一言也，一動也，舉可以為天下法；一賞也，一罰也，舉可以合天下公，則億兆之心，將不求而自得。又豈有失望不平之累哉？奈何此道不明，為人君者，不喜聞過；為人臣者，不敢盡言。合二者之心，以求天下之治，則其難得也固宜。三代而下，稱盛治者，無若漢之文、景。然考之當時，天象數變，如日食地震，山崩水潰，長星彗星孛星之類，未易遽數。前此後此，凡若是者，小則有水旱之應，大則有亂亡之應，未有徒然而已者。獨文、景克承天心，消弭變異，使四十年間，海內殷富，黎庶樂業，移告訐之風為醇厚之俗。且建立漢家四百年不拔之業，猗歟偉哉！未見其比也。秦之昔天下久矣，加以楚漢之戰，生民糜爛，戶不過萬。文帝承諸呂變故之餘，入繼正統，專以養民為務。其憂也，不以己之憂為憂，而以天下之憂為憂；其樂也，不以己之樂為樂，而以天下之樂為樂。今年下詔勸農桑，賜孝悌，憂民之不逮；明年下詔減租稅，慮民用之乏。懇愛如此，宜其民心得而和氣應也。臣竊見前年秋，孛出西方，彗出東方；去年冬，彗見東方，復見西方。議者咸謂當除舊布新，以應天變。臣謂與其妄意揣度，曷若直法文、景之恭儉愛民，為理明義正而可信也。天之樹君，本為下民。故孟子謂民為重，君為輕。書亦曰：天視自我民視，天聽自我民聽。以是論之，則天之道恒在於下，恒在於不足也。君人者，不求之下而求之高，不求之不足而求之有餘，斯其所以召天變也。變已生矣，象已著矣，乖戾之幾已萌，而不可遏矣，猶且因仍故習，抑其下而損其不足，謂之順天，不亦難乎？此六者難之目也。舉其

要，則脩德、用賢、愛民三者而已。此謂治本。治本立，則紀綱可布，法度可行，治功可必；否則愛惡相攻，善惡交病，生民不免於水火，以是為治，萬不能也。其四曰語古之聖君必曰堯舜，語古之賢相必曰稷契。蓋堯舜能知天道而順承之，稷契又知堯舜之心而輔贊之，此所以為法於天下而可傳於後世也。天之道，好生而不私，堯與舜亦好生而不私。若克明俊德，至黎民於變，欽授人時，至庶績咸熙，此順承天道之實也。稷播百穀以厚民生，契敷五教以善民心，此輔贊堯舜之實也。是義也，出書之首篇，曰堯典，曰舜典。臣自十七八時，已能誦說，爾後溫之復之，推之衍之，思之又思之，苦心極力，至年五十，始大曉悟。以是參諸往古，而往古聖賢之言無不同；驗之歷代，而歷代治亂之迹無不合。自此胸中廓然，無有凝滯。斷知此說實自古聖君賢相平天下之要道。既幸得之，常以語人，而人之聞者，忽焉誕焉，莫以為意。察其所至，豈如臣在十七八時，蓋無臣許多思慮、許多工夫，其不能領解，理固宜然。然間與一二知者相與講論，心融意會，雖終日竟夕，不知其有倦且怠也。蓋此道之行，民可使富，兵可使強，人才由之以多，國勢由之以重。臣夙夜念之至熟也。今國家徒知斂財之巧，不知生財之由；（不惟不知生財，而斂財之酷，又害於生財也。）徒欲防人之欺，不欲養人之善。（欺防者禦之以威也，不察則無事於防矣。欲其不欺，非禮義以養其心，則不能也。）徒患法令之難行，不思法令無可行之地。（上多賢才，皆知為公；下多富民，皆知自愛，則令自行，禁自止。）誠能自今以始，優重農民，勿使擾害，盡驅游惰之人歸之南畝，嚴課種樹，懇諭而督行之，十年以後，當倉盈庫積，非今日比矣。自上都、中都，下及司縣，皆設學校，使皇子以下至於庶人之子弟，皆從事於學，日明父子君臣之大倫，自灑掃應對，至於平天下之要道，十年已後，上知所以御下，下知所以事上，上下和睦，又非今日比矣。能是二者，則萬目皆舉，不然，是十

者它皆不可期也是道也堯舜之道也堯舜之道好生而不私唯能行此乃可好生而不私也孟子曰我非堯舜之道不敢陳於王前臣愚區區竊亦願學其五曰夫天下所以定者民志定也民志定則士安於士農安於農工商安於工商則在上一人有可安之理民不安於白屋必求祿仕仕不安於卑位必求尊榮四方萬里輻輳並進各懷無厭無恥之心在上之人可不爲寒心哉臣聞取天下者尚勇敢守天下者崇退讓不尚勇敢則無以取天下不崇退讓則無以守天下取也守也各有其宜君人者不可以不審也審而後發發無不中否則觸事遽喜喜之色見於辭喜之言出於口人皆知之徐考其故知無可喜者則必悔其喜之失無可怒者則必悔其怒之失其至先喜後怒先怒後喜先喜是則後之怒非也先怒是則後之喜非也號令數變無他也喜怒不節之故是以先王潛心恭默不易喜怒其未

發也雖至近莫能知其發也雖至親莫能移故號令簡而無悔無悔則自不中變也人之據君必於喜怒知君之喜怒者莫如近習是以在下希進之人求託近習近習不察乃與之爲地喜至無喜生喜無怒生怒在上獨以喜之怒之爲當理而不知天下四方議笑怨謗正以爲不當理也最宜深念失於不守大體易於喜怒也數變已不可數失信尤不可周幽王無道不畏天不愛民酒荒色荒故不恤方今無此何苦使人之不信書奏帝嘉納焉

衡又上疏曰國家自壬辰之後便當詢求賢哲商論歷代創業垂統之宜參酌古今稍爲定制使後世子孫垂拱守成此有國之先務也因習寖安已爲不可而其委任又多殘民蠹國之流壬寅以還民益困弊至于己酉庚戌民之困弊極矣困弊既極殆將起亂當是時陛下有愛民之實好賢之名聞於天下天下望之如旱之望雨故先皇帝繼統民皆欣悅將謂信從陛下選任善人以改更弊政以興天下不意仍踵前失再用此徒委以天下之民使之刻剝付天下之物使之侵漁大爲失望所賴者今河南關中得陛下委之諸賢不一二歲疲民大安恩雖未普而天下之心已歸矣此曾畏避威名不敢恣横但於君臣骨肉之間陰行讒慝將欲不利於陛下天命人心皆在於此故不得遂其所願然委付事實爲不可而其間節目又少有可不可焉其可者已在不可之中不得爲可其不可者是又不可之不可者也淺見若此未知是否臣恭伏覩先皇帝聖旨叮嚀懇至其大要欲事辦民安二者而已然所委之人惟能刻剝安民阿附近要肆爲欺蔽竊擅寵權又烏知事之所以辦民之所以安乎自壬寅之後民已困苦至于己酉庚戌民困苦極矣虐政所加無從控告先皇帝在潛邸固知此弊及其繼統不惟不見黜逐且遽復大權而委用之於

此見欺而所論之旨皆爲不可不必更於其中有可不可之辨也惜冠兵而資盜糧未必指其兵而孰利孰鈍指其糧曰孰新孰陳伏念臣草茅寒士聞見陋狹本非長材學且迂遠陛下好賢樂善曲求聽覽而忝也倘以虛名塵瀆聖德蒙陛下擢聘徵延訪問爲治之方擢居祭酒之職方且慙靦無由以副陛下眷顧之勤豈意非常之寵忽由天降拔臣陪列之中遂升台鼎之重承命震駭不知所措徵詣宸闕懇辭再三而陛下執之愈堅用是惶恐畏懼離以屛病之軀忘其困憊思進一言以圖報效輒罄竭愚誠指陳時政而庸愚鄙見不能回互懇切事情幸陛下聖恩弘大不惟不遽加誅責且仍使尸居相位任大功小虛負寵光愈增憂懼以然向來之病有加無退竊自惟度於國則殊無寸補於身則日就危亡可不懼哉萬一有差則寰海致弊豈可貪切榮寵以妨天下之賢哉乞復居舊職以虛陛下待賢

之地。博選周行以揚陛下敬天之休。則臣甚不勝幸甚。

五年。衛輝路總管臣陳祐謹齋沐百拜獻書于皇帝陛下。臣今越職言事。事曰三本。皆國家大計。非不知獲罪于時也。顧臣起身微賤。臣之先王（謂都哥大王也）拔臣於畎畝之中。進臣於陛下。陛下任臣以方面之重。錫臣以虎符之榮。臣叨居陛下之官。食陛下之祿。特踰十年矣。是以朝夕感慨。每思數陳國計。効死以報陛下。亦所以報先王也。懍蒙陛下察臣愚忠。以臣言萬一有補於時。貰以不死。俾開言路。臣之幸也。若以臣言狂瞽。負犯時忌。其罪當死。死於國討。臣之義也。伏望陛下賜以燕閑之暇。熟覽臣言。則臣纖芥之忠。丘嶽之罪。舉無逃於聖鑒矣。惟陛下仁聖裁之。臣聞殷周漢唐之有天下也。天生創業之君。必生守文之主。蓋創業之君。天所以定禍亂也。守文之主。天所以致隆平也。昔我聖朝之興也。太祖皇帝龍飛朔方。雷震雲合。天下響應。

奏議卷之六十六　十一

統一四海。并臨萬邦。雖湯武之盛。未之有也。天眷聖朝。實生陛下。陛下神武聖文。經天緯地。能盡守文之義。兼隆創業之基。兆民懽康。品物咸遂。典章文物。燦然可觀。暨遐域遠方。未服上古所不能臣者。陛下悉能臣之。雖高宗之興殷。成康宣王之興周。文景光武之興漢。太宗憲宗之興唐。無以過也。是以海內豪傑之士。翕然向風。咸謂天命陛下啓太平之運者有四。民望陛下樹太平之本者有三。臣請條列而言之。陛下昔在藩邸之初。奉辭伐罪。西舉大理。勢若摧枯。南渡長江。神於反掌。此天命陛下揚萬里之威。定四方之亂。將降大任於陛下。即位之後。內難方殷。藩王之階亂者在北。逆賊之速禍者在東。然天戈一指。俱從平蕩。此天命陛下削藩鎮有募之權。新唐虞無為之化。將以躋斯民於仁壽之域也。臣故曰天命陛下啓太平之本者有二。其一曰。太子國本。建立之計宜早。臣聞三代盛王有天下者。皆以

傳子非不欲法堯舜禪讓之美也。顧其勢有不能爾。何則時俗有厚薄之殊。民情有變遷之異。苟或傳非其人。禍源一啓。則後世爭之之亂未易息也。以是見聖人公天下之憂深矣。故孟軻曰。天與賢則與賢。天與子則與子。夫所謂天與子者。非謂天有諄諄之言告諭人主以傳子之計也。政謂時運推移。無非天理。聖人能與時消息。動合天意。故自天祐之。吉無不利。是以三代享祚長久。至有踰六七百年者。以其傳子之心公於為天下。不私於己故也。伏見聖代隆興。不崇儲貳。故授受之際。天下憂危。豪者建藩異之國。狡謀僥倖之兵。所以尊王室。衛社稷。宣祖宗創業之弘規也。追乎中統之初。頗異於是。特其國之大也。謀傾王室者有之。恃其兵之強也。圖危社稷者有之。當是之時。賴陛下斷自聖衷。算無遺策。故總攬權綱。則藩鎮之禍銷矣。深固根本。則朝廷之計定矣。此陛下守文之善經也。何以言之。天下者。太

奏議卷之六十六　十二

祖之天下也。法令者。太祖之法令也。陛下豈欲變易為新制以快天下耳目之觀聽哉。誠以時移事變。理勢當然。不得不爾。期於宗社之安而已矣。由此觀之。國本之議。昭然甚明。不可緩也。語曰。雖有智慧。不如乘勢。雖有鎡基。不如待時。今年穀屢登。四海晏然。此其時矣。億兆戴德。侯王向化。此其勢矣。誠萬世一時也。夫天與不取。則違天意。民望不副。則失民心。失民心則可憂。違天意則可懼。此安危之機。不可不察也。伏惟陛下上承天意。下順民心。體三代宏遠之規。法春秋嫡長之義。附親九族。外協萬邦。建皇儲於春宮。隆帝基於聖代。俾入監國事。出撫戎政。絕覬覦之心。壹中外之望。則民心不搖。邦本自固矣。陛下蘊謙光之德。縱不欲以天下傳子孫。獨不念宗廟之靈。社稷之重。生民之塗炭乎。願陛下熟計而為之。則天下臣民之幸甚矣。其二曰。中書政本。責成之任宜專。臣伏見陛下勵精為治。嚮年

以來建官分職綱理衆務可謂備矣曰中書曰御史曰樞密曰制國
用曰左右部夫承命宣制奉行文書銓敘品流編齊户口均賦役平
獄訟此左右部之責也通漕運謹出納充府庫實倉廩百姓富饒國
用豐備此制國用之職也修軍政嚴武備闢疆埸肅號令謹先事之
防銷未形之患士馬精強敵人畏服此樞密之任也若夫彈貴近遏
姦邪絶臣下之威福強公室杜私門糾劾非違肅清朝野非御史不
能也如斗之承天斟酌元氣運行四時條舉綱維著明紀律總百揆
平萬機求賢審官獻可替否內親同姓外撫四夷綏之以利鎮之以
靜涵養人材變化風俗立經國之遠圖建長世之大議孜孜奉國知
無不為作新太平之化非中書不可也且皇天以億兆之命懸之於
陛下之手陛下父事上天子愛下民其道無他要在慎擇宰相委任
責成而已欽惟陛下元首之尊也中書股肱之任也御史耳目之司

也方今之宜非中書則無以尊上非御史則無以肅下下不肅則內
慢上不尊則外侮內慢外侮亂之始也上尊下肅治之基也故虞書
載明良之歌賈生設堂陛之諭其旨豈不深且遠哉凡今之所以未
臻於至治者良由法無定體人無定務政出多門不相統一故也臣
謂諸外路軍民錢穀之官宜悉委中書通行遷轉其賞罰黜陟一聽
於中書其善惡能否一審於御史如此則官有定名之實法有畫一之
規矣又大臣貴和不貴同和於義則公道昭明有揖讓之治同於利
則私怨萌生起忿爭之亂此必然之效也誠能中外戮力將相同心
和若塤篪固如金石各慕相如寇恂相下之義夾輔王室叶贊聖猷
陛下臨之以日月之明懷之以天地之量操威福之權執文武之柄
俾法有定體人有定務上之使下如身之運臂臂之使指下之事上
如使足之承身身之尊首各勤厥職各盡乃心夫如是天下何憂不

理國勢何憂不振乎雖西北諸王未覲天顔東南一隅未霑聖化其
來庭之議稱藩之奏可延日而待不足為陛下憂也所可憂者大臣
未和夫政未通群小流言熒惑聖聽干撓庶政虧損國威摧壯士之
心鉗直臣之口至使人情以緘默為賢以盡節為愚以告訐為忠以
直言為謗是皆姦人敵國之幸非陛下之福也臣恐此弊不已習以
成風將見私門萬啓於下公道孤立於上雖有皐夔為臣伊周作輔
亦不能善治矣陛下有垂成太平之功而復有小人基亂之釁此臣
所以為陛下惜也今大臣設有姦邪不忠竊弄威柄者御史自當言
之乃其職也百官自當論之乃其分也烏在無賴小人不為鄉黨所
齒者驟興攻訐之風於朝廷之上乎臣知國家承平吉祥之言必不
出於若輩之口也惟陛下遠之則天下幸甚其三曰人材治本選舉
之方宜審臣聞君天下者勞於求賢逸於得人其來尚矣蓋天地間

有中和至順之氣生而為聰明特達之人以待時君之用是以聖王
遭時定制未借材於異代皆取士於當時臣愚以為今之天下猶古
之天下也今之君臣猶古之君臣也今之人材猶古之人材也賢俊
經綸之士豈皆生於曩代而獨不生於當今哉顧惟陛下求之與否
爾伏見取人之法今之議者互有異同或以選舉為盡美而賤科舉
或以科第為至公而輕選舉是皆一己之偏見非古今之通論也夫
二帝三王之下隋唐以上數千百年之間明君睿主所得社稷之臣
王霸之輔蓋亦多矣其豐功盛烈章章然著於天下後世之耳目者
迹其從來亦可考也或起於耕耘或求之於版築或獵之於屠釣或
遇之獻言而入侍或由薦進而登朝至於賢良方正直言孝廉貢舉
之著遺除篤殊未可勝紀豈一出於科第乎自隋唐以降迄於宋金
數百年間代不乏人名臣偉器例皆以科第進豈皆一出於選舉乎

及乎遇合於君。聚精會神於朝廷之上。皆能尊主庇民。論道佐時。寧復有彼優此劣之間哉。夫士之處世。亦猶魚之處水。今魴之在河。鯉之在洛。人皆知之。其取之之術。固有筌罾網釣之不同。期於得魴得鯉則一也。臣愚謂方今取士。宜設三科以盡天下之材。以公天下之用。亡金之士。以第進士并歷顯宦耆年宿德老成之人。分布臺省。諮詢與政。一也。內則將相公卿大夫各舉所知。外則府尹州牧歲貢有差。進賢良則受賞。進不肖則受罰。二也。頒降詔書布告天下。限以某年開設科舉。三也。三科之外。繼以門蔭勞效參之。可謂才德兼收。勳賢並進。如此則人人自勵。安敢苟且。庶幾野無遺材。多士盈朝。將相得人於上。守令稱職於下。時雍丕變。政化日新。陛下端拱無為而天下治矣。夫天下猶重器也。器之安危。置之在人。陛下誠欲措天下於泰山之安。基宗社於磐石之固。可不以求材為急務乎。詩曰。濟濟多

士。文王以寧。其斯之謂歟。抑臣又聞凡人臣進深計之言於上。自古為難。昔漢賈誼當文帝治平之世。建言諸侯強大。將不利於社稷。譬猶抱火厝之積薪之下。而寢其上。火未及然。因謂之安。甚非安上全下之計。莫若衆建諸侯而少其力。可謂切中時病矣。然當時舉皆以誼言為過。故帝雖嘉之而不能用。逮景帝之世。七國連兵。幾危漢室。誼之言始驗於此矣。董仲舒當武帝窮兵黷武之初。重斂苛刑之際。一踵亡秦之餘弊。唯崇尚虛文而欲求至治。仲舒以為更化而不更化。雖有大賢不能善治。譬之琴瑟不調。甚者當更張而不更張。雖有良工不能善鼓耳。又言臨淵羨魚。不如退而結網。臨政願治。不如退而更化。可謂深識治體矣。然當時舉朝皆以其言為迂。故帝雖納之而不果行。逮季年之後。海內虛耗。戶口減半。帝於是發仁聖之言。下哀痛之詔。仲舒之言。寔驗於此矣。向若文帝用賈誼之言。武帝行仲

舒之策。其禍亂之極。必不至此。漢之為漢。又豈止如是而已哉。暨乎有唐馭宇。太宗皇帝清明在躬。以納諫為心。而魏徵之倫。恥其君不及堯舜。是以知無不言。言無不聽。聽無不行。故能身致太平。比功較德。優邁前主矣。臣誠才識駑鈍。不足以比擬前賢。如霄壤涇渭固自有間。然於遭逢聖明。執誠懇懇。志在納忠。其義一也。臣請以人身之計言之。且冬之祁寒。夏之甚暑。此天之變於上者也。在脩人事以應之。故祁寒則衣之以裘。甚暑則服之以葛。非人情惡常而好變也。蓋亦理勢當然。不得不爾。期於康寧壯身而已矣。或者安於循習。昧於變通。冬之裘且加於流火鑠金之夏。夏之葛尚施之堅冰拆地之冬。將見嚴酷癘人。危在朝夕矣。又烏能然荅天地之正筭。養喬松之上壽哉。國計安危。理亦如此。臣愚切謂二三本之策。若施之於太祖用武之世。有所未遑。行之於陛下文明之時。誠得其宜矣。此寔天下之公論

非臣一人之私意也。願陛下不以人廢言。力而行之。則可以塞禍亂之源。可以興太平之化。可以保子孫於萬世。可以福蒼生於無窮矣。臣猥寄外藩。不明大體。加以性識愚戇。干冒宸嚴。不勝戰慄隕越之至。

二十年。刑部尚書崔彧上疏言時政十八事。一曰。開廣言路。多選正人。番直上前。以司喉舌。庶免黨附壅塞之患。二曰。當阿合馬擅權。臺臣莫敢糾其非。迨其事敗。然後接踵隨聲。徒取譏笑。宜別加選用。其舊人。除蒙古人取聖斷外。餘皆當問罪。三曰。樞密院定奪軍官賞罰不當。多聽阿合馬風旨。宜擇有聲望者為長貳。庶幾號令明而賞罰當。四曰。翰苑亦頗阿合馬功德。宜博訪南北耆儒碩望。以重此選。五曰。郝禎、耿仁等雖在典刑。若是者尚多。罪同罰異。公論未伸。合次第屏除。六曰。貴遊子弟。用即顯官。幼不講學。何以從政。得如左丞許衡

教國子學。則人才輩出矣。七曰。今起居注所書不過奏事檢目而已。宜擇蒙古人之有聲望。漢人之重厚者居其任。分番上直。帝王言動必書。以垂法於無窮。八曰。憲曹無法可守。是以奸人無所顧忌。宜定律令。以為一代之法。九曰。官冗。若徒省一官員。併一衙門。亦非經久之策。宜參衆議而立定成。規。十曰。官僚無以養廉。責其貪則苛。乞將諸路大小官有俸者量增。無俸者特給。然不取之於官。惟賦之於民。蓋官吏既有所養。不致病民。少增歲賦。亦將樂從。十一曰。內地百姓流移江南避賦役者已十五萬戶。去家就旅。豈人之情。賦重政繁。驅之致此。乞特降詔旨。招集復業。免其後來五年科役。其餘積欠並蠲。事產即日給還。民官滿替。以戶口增耗為黜陟。其徒江南不歸者。與土著一例當役。十二曰。丞相安童選轉良臣。悉為阿合馬所擯黜。或居散地。或在遠方。並令旌擢。十三曰。簿錄姦黨財物。本國家之物。不

可視為橫得。遂致濫用。宜以之實帑藏。供歲計。十四曰。大都非如上都止備巡幸。不應立留守司。此皆阿合馬以此位置私黨。今宜易置總管府。十五曰。中書省右丞二。而左丞缺。宜改所增右丞置諸左。十六曰。在外行省不必置丞相平章。止設左右丞以下。庶幾內重不致勢均。彼謂非隆其名不足鎮壓者。姦臣欺罔之論也。十七曰。阿剌海牙掌兵民之權。子姪姻黨分列權要。官吏出其門者十之七八。其威權不在阿合馬下。宜罷職理算。其黨雖無汚染者。亦當遷轉他所。勿使久據湖廣。十八曰。銓選類奏。賢否莫知。自今三品已上。必引見而後授官。疏奏。即日命中書行其數事。餘命與御史大夫玉昔帖木兒議行之。

至元中集賢學士程鉅夫上奏曰。臣聞。天子之職莫大於擇相。宰相之職莫大於進賢。苟不知以進賢為急。而惟以殖貨為心。非為上為德。為下為民之意也。昔漢文帝以決獄錢穀問之丞相。周勃不能對。陳平對曰。陛下問決獄責廷尉。問錢穀責治粟內史。宰相上佐天子理陰陽。下遂萬物之宜。外鎮撫四夷。內親附百姓。觀其所言。可謂知宰相之職矣。今權姦用事。立尚書省。鈎考錢穀。剝割生民為務。所委任者。率皆貪饕邀利之徒。四方盜賊竊發。良以此也。臣竊以為清尚書之政。損行省之權。罷言利之官。行恤民之典。於國為便。謹冒昧以聞。伏取聖旨。

世祖時。劉秉忠上書數千百言。其畧曰。典章禮樂法度。三綱五常之教。備於堯舜。三王因之。五霸敗之。漢興以來至于五代。一千三百餘年。由此道者漢文景光武唐太宗玄宗五君。而玄宗不無疵也。然治亂之道係乎天而由乎人。天生成吉思皇帝起一旅。降諸國。不數年而取天下。勤勞憂苦。遺大寶於子孫。庶傳萬祀。永保無疆之福。愚聞

之曰。以馬上取天下。不可以馬上治。昔武王兄也。周公弟也。周公思天下善事。夜以繼日。每得一事。坐以待旦。以臣周室。以保周天下。八百餘年。周公之力也。君上兄也。大王弟也。思周公之故事而行之。在乎今日。千載一時。不可失也。君之所任在內莫大乎相。相以領百官化萬民。在外莫大乎將。將以統三軍。安四域。內外相濟。國之急務。必先之也。然天下之大。非一人之可及。萬事之細。非一心之可察。當擇開國功臣之子孫。分為京府州郡監守。督責舊官。以遵王法。仍差按察官守洽者升。否者黜。天下不力而定也。天下戶過百萬。自忽都那演斷事之後。差徭甚大。加以軍馬調發。使臣煩擾。官吏乞取。民不能當。是以逃竄。宜比舊減半。或三分去一。就見在之民以定差稅。招逃者復業。再行定奪。官無定次。清潔者無以遷。汙濫者無以降。可比附古例定百官爵祿儀仗。使家足身貴。有犯於民。設條定罪。威福者。君

之權。奉命者臣之職。今百官自行威福。進退生殺。惟意之從。宜從禁治。天下之民未聞教化。見在囚人。宜從赦免。明施教令。使之知畏。則犯者自少也。教令既設。則不宜繁。因大朝舊例。增益民間所宜設者十數條足矣。教令既施。罪不至死者。皆提察然後決。犯死刑者。覆奏然後[illegible]行。不致刑及無辜。天子以天下為家。兆民為子。國不足。取於民。民不足。取於國。相須如魚水。有國家者置府庫。設倉廩。亦為助民。民有身者營產業。闢田野。亦為資國用也。今宜打算官民所欠債負。若實為應當差發。所借宜依合罕皇帝聖旨。一本一利。官司歸還。凡陪償無名虛契所負及還過元本者。並行赦免。納糧就遠倉。有一廢十者。宜從近倉以輸為便。當驛路州城。飲食祗待偏重。宜計所費以準差發。關市津梁正稅。十五分取一。宜從舊制。禁橫取。減稅法。以利百姓。倉庫加耗甚重。宜令權量度均為一法。使錙銖圭撮尺寸皆平。

以存信去詐。珍貝金銀之所出。淘沙鍊石。實不易為。一旦以纏絲縷飾皮革塗木石。粧器仗。取一時之華麗。廢為塵而無濟。甚可惜也。宜從禁治。除帝胄功臣大官以下章服有制外。無職之人不得僭越。今地廣民微。賦斂繁重。民不聊生。何力耕耨以厚產業。宜差勸農官一員。率天下百姓務農桑。營產業。實國之大益。古者庠序學校未嘗廢。今郡縣雖有學。並非官置。宜從舊制。修建三學。設教授。開選擇才。以經義為上。詞賦論策次之。兼科舉之設。已奉合罕皇帝聖旨。因而言之易行也。開設學校。宜擇開國功臣子孫受教。選達才任用之。天下莫大於朝省。親民莫近於縣宰。雖朝省有法。縣宰宜擇。縣宰正。民自安矣。關西河南地廣土沃。以軍馬之所出入。治而未豐。宜設官招撫。不數年民歸土闢。以資軍馬之用。實國之大事。移剌中丞拘榷鹽鐵諸產商賈酒醋貨殖諸事。以定宣課。雖使從實。恢辦不足。亦取於民。

拖兌不辦。已不為輕。與魯合蠻奏請於舊額加倍榷之。往往科取民間。科榷並行。民無所措手足。宜從舊例辦課。或減輕。罷繁碎。止科徵。無從獻利之徒削民害國。鰥寡孤獨廢疾者。宜設孤老院。給衣糧以為養。使臣到州郡。宜設館。不得於官衙民家安下。孔子為百王師。立萬世法。今廟堂雖廢。存者尚多。宜令州郡祭祀釋奠如舊儀。近代禮樂器具靡散。宜令刷會。徵太常舊人教引後學。使器備人存。漸以修之。實太平之基。王道之本。今天下廣遠。雖成吉思皇帝威福之致。亦天地神明陰所祐也。宜訪名儒。循舊禮。尋祭上下神祇。和天地之氣。順時序之行。使神享民依。德極於幽明。天下賴一人之慶。見行遼曆。日月交食頗差。聞司天臺改成新曆。未見施行。宜因新君即位。頒曆改元。令京府州郡置更漏。使民知時。國滅史存。古之常道。宜選修金史。令一代君臣事業不墜於後世。甚有勸也。國家廣大如天。萬中

取一。以養天下名士宿儒之無營運產業者。使不致困窮。或有營運產業者。會前聖旨種養。應輸差稅。其餘大小雜泛並行蠲免。使自給養。實國家養才勵人之大也。明君用人。如大匠用材。隨其巨細長短以施規矩繩墨。孔子曰。君子不可小知。而可大受。小人不可大受。而可小知。蓋君子所存者大。不能盡小人之事。或有一短。小人所拘者狹。不能同君子之量。或有一長。盡其才而用之。成功之道也。君子不以言廢人。不以人廢言。大開言路。所以成天下安兆民也。天地之大。日月之明。而或有所蔽。且蔽天之明者。雲霧也。蔽人之明者。私欲佞說也。常人有之。蔽一心也。人君有之。蔽天下也。常選左右諫臣。使諷諭於未形。忖畫於至密也。君子之心。一於理義。懷於忠良。小人之心。一於利欲。懷於讒佞。君子得位。有容於小人。小人得勢。必排於君子。明君在上。不可不辨也。孔子曰。遠佞人。又曰。惡利口之覆邦家者。此

之謂也。今言利者衆。非圖以利國害民。實欲殘民而自利也。宜將國中人民必用場冶。付各路課稅。所以定權衡。其餘言利者並行罷去。古者明王不寶遠物。所寶惟賢。如使賢者在位。能者在職。此皆一人之睿知。賢王之輔成也。古者治世均民產業。自廢井田為阡陌。後世因之不然。伐今窮乏者益損。富盛者增加。宜禁行利之人。勿恃官勢居官在位者勿侵民利。商賈與民和好交易。不生擅奪欺罔之害。其國家之利也。哲鹺之制。宜會古酌今。均為一法。使無敢過越。禁私置牢獄。淫民無辜。輒背之刑。宜禁治以彰愛生之德。立朝省以統百官。分有司以御衆事。以至京府州郡。親民之職無不備。紀綱正於上。法度行於下。是故天下不勞而治也。今新君即位之後。可立朝省以為政本。其餘百司。不在員多。惟在得人焉耳。世祖嘉納焉。

王惲上政事書曰。臣近蒙禮部符。承中書省劄。該憲臺欽奉聖旨。名

臣惲馳傳赴闕廉者。臣惲伏自欽承明命。夙夜秖懼。不知所為。意者憲臺過舉。俾備顧問。庶有所發明。因自忖量國家之事。日有萬幾。非愚所能識。然臣自中元迄於今日。叨仕進。區區管窺。不無一見。輒敢以時務所宜先者數事。昧死上聞。臣聞自古創業垂統之君。必定制畫法。傳之子孫。俾遵而守之。以為長世不拔之本。欽惟皇帝陛下。聖文神武。以有為之資。膺大一統之運。長策撫馭。區宇民數。遠邁漢唐。其所渴者特治道而已。然三十年間。勵精為治。因時制宜。良法美意。固已周悉。今也有更張振勵。講明畫一。若懸象而昭布之。使臣民曉然知其法之所以。豈不便哉。故臣以立法定制為論治之始。一曰。議憲章以一政體。傳曰。法者輔治之具。一日闕。則不可。君操於上。來作成憲。吏承於下。遵為定式。民曉其法。易避而難犯。若周之三典。漢之九章是也。今國家有天下六十餘年。小大之法。尚遠定議。內而憲臺天子之執法。外而廉司州郡之法吏。是具司理之官。治無所守之法。猶有醫而無藥也。至平刑議斷。旋旋為理。未免有酌重准擬之差。彼此輕重之異。臣愚謂宜將已定律令須為新法。或有不通行未盡該者。如累朝聖訓與中統迄今條格。通行議擬。參而用之。與百姓更始。如是則法無二門。輕重適當。吏安所守。民知所避而難犯。天下幸甚。二曰。定制度以抑奢僭。夫制度者。明尊卑。別貴賤。法天道而立人極也。故古者衣服飲食輿馬屋廬。皆有恒制。至於庶人僕妾。其禁尤嚴。惟在君人者制節謹度。率先化下為務。何則。上之動靜。為人勞逸之本。上之奢儉。為人富貧之源。可不鑒哉。欽惟皇帝陛下臨御以來。躬先儉素。思復淳風。如輕紵衣而貴納繒。去金飾而朴鞍韉。至衣服等物銷織鍍研之類。一切禁止。以奉行漸遠。不無弛緩。今也臣民衣飲。踰於公侯。婦女衣着。等於貴戚。以致聘財過於卿相。男女不能婚

姻。正以用之無制。僭越暴殄。有不能供億者。故物價不得不踴而貴。錢幣不得不虛而輕。上下困弊。日甚一日。假若巨室之家。親屬奴隸衣飲。一切自有等差。若例而一之。寧不困乏。臣愚以謂宜一切定奪。大行禁止。使民志定而不少僭越。用既有度。物自豐饒。恐亦實楮幣穀物價之一端也。三曰。節浮費以豐財用。夫一世之財。足周一世之用。不必專豐其財。去其害財者可也。今國家財賦。方之中統初年。歲入何啻倍蓰。而每歲經費。終不阜贍者。豈以事勝於財。過有所費故也。為今之計。正當量入為出。以過有舉作為戒。除饗宗廟供乘輿給邊備賞戰功。捄荒歲外。如冗兵妄求浮食冗費。及不在常例者。宜檢括一切省減。以豐其財。財豐事勝。食足氣充。以攻則取。以戰則勝。以柔則服。將何為而不成。何求而不獲。古之善為國者。君不必富。富藏於民。故用雖多而取不竭。孔子曰。百姓足。君孰與不足。此之謂也。且

財非天來。皆自民出。竭澤焚林。其孰禦之。但力屈財殫。非所以養民而強國也。昔亡金世宗。諸王有以不給而請告者。世宗曰。汝輩何驗。殊不知府庫之財。乃百姓之財耳。我但總而主之。安敢妄費。迄今稱說以為君人至言。可不鑒哉。四曰。重名爵以攬威權。古人稱官爵謂之天秩。王者代天爵人。鼓舞一世。使天下之人奔走為吾用者此也。惟爵與祿不輕以付人。曰賢曰材。迺能得之。所以為礪世磨鈍之具。若得之輕。則視之輕。視之輕則人不重。人不重。將見君子遠小人至。此必然理也。惟其磨礪轡馭之權世主操於上不輕授人。與當其材何患氣之不振。力之不竭。事之不成者哉。今四海一家。權宜假借之舉。日漸希闊。正國家收攬威權之時。如近年委任稍重者。周考其素。即授崇品。激之建功立事。固是駕馭英雄大權。苟非其人。不無叨竊不安之懼。今中外無事。朝廷宜重而惜之。昔有唐使職。或帶相銜。然

奏議卷之六十六　二十三

止行見職。曾無分省實權。五曰。議廉司以勵庶官。臣聞。古之善為國者。不使人有怠惰不振之氣。若作於心而害於政。苟非以德振起。必須慶時。冩本人情。齊之以法。故得小大畢力。上不勞而衆事舉。今州郡之官。品流殽雜。既無選舉甄別。止循常資。紛紛藉藉。聚散於吏部。例得一官。鮮不因循苟且。以歲月養資考而已。欲望承流宣化。趨事赴功。卓有惟新之政。亦已難矣。嘗觀漢唐之馭吏也。能者增秩賜金。公卿缺則補之。以表其賢。否者放田里而不事事。唐則召七品以上官集於闕庭。親與訪問。究得失而進退之。然二者不過爵祿為勸。爵祿極則意滿足。意滿足則怠心生。亦有無如何者。故持斧直指採訪黜陟等使。歲相望於道。而本朝之舉。髙出前代。比者廉司之設。初氣甚張。中外之官。悚然有改過自新之念。大姦巨猾。致長懾而不自安。庸人懦夫。將卓爾而有所立。行無幾何。法禁稍寬。使監視者勤挺之

氣不息而自斂。聽從者。奸弊之萌。潛滅而復持。恐徒易其名而不能革州縣之故習。夫刑罰崇賞。固是國家美政。然分別善惡以示勸懲豈得專務寛恤。昔亡金大定間。尚書省奏順州軍判崔伯時受贓不枉法。准制。當削官停職。世宗曰。受財不至枉法。以習知法律故也。所為奸狡。習與性成。後復任用。豈能自悛。雖所犯止於追官。并奉特旨。無復祿用。以致犯禁者鮮。此先事之明驗也。今風俗澆薄。過有所犯。苟免無恥。臣愚為法宜稍重以權一時。其要在人法並任。精擇官僚。優加吏祿。憲網既立。公道大行。官有作新之氣。吏無餬口之慮。我之氣既伸。彼安得不振。我之政既肅。彼安敢或私。所謂上行下效。源清流長。將見風彩百倍。有登攬澄清之望矣。六曰。議保舉以覈名實。方今親民與參佐官。莫縣令經歷為重。縣令乃百姓師帥。師帥賢則德澤宣。參署為一路紀綱。紀綱振則政務舉。今例出常流。安取殊績。臣

奏議卷之六十六　二十四

愚以為若行品官保舉法。庶得其人。其法品量舉主與所保者資歷相應。果皆兩可。復精加磨勵。無謬妄私意。然後許令入狀。相小大之才。授繁簡之任。限以歲月。如唐制釐務出一百日者類也。課其殿最升黜舉主。得人者受知賢之賞。不職者坐不當之罰。舉官自然盡心。受保者常恐相累。如此。庶立功而寡過矣。其南選尤宜施用此法。何則。江南比至平定。諒為不易。凡所隸附。秋毫無犯。可為仁義之師。只以前省調官賄而海放。行省注擬。尤為濫雜。侵漁掊克。憯於兵凶。至盜賊竊發。指此為名。仰賴天恩。幸其無事。今宜委官分揀。以行此法。其停華人員。不至罷黜者。降之邊遠。邊遠見職。委有聲迹者。使之內遷。亦激勸一法。蓋自漢唐五代迄於亡金。皆遵而行之。當時號稱得人。然必須內設審官考功等職。專掌其事。七曰。設科舉以收人材。方今洪儒碩德。既老且盡。後生晚進。既無進望。例多不學。州府鄉縣

雖立教官講書會課，祇皆虛名，略無實効，以致非常之材未聞一士。州郡政治，若無可稱。思得大儒碩德難矣。臣愚以謂不若開設選舉取驗之速也。夫進士選，歷代號取士正科。將相之材皆從此出。前代講之熟矣。理有不可廢者。若限以歲月而考試之，將見士爭力學，人材輩出，可計日而待也。論者必曰，今以貪多闕少見行壅滯，若復此舉，是愈壅而滯之也。臣謂不然。蓋科舉之設，本以覈實學而收多士，清仕途而息雜流，庶得將相全材，為國論治道，備大用也。豈不愈於學校徒設，汗漫而無所成。第八曰，試吏員以清政務。前代取吏之法條目甚嚴，如宰相子辟舉，令取充省掾，終滿舉人試補臺掾，品官子孫、吏員、班祗、閣門等人出身者，試補六部令史。夫令者明法令曰令，史者通經史曰史。今府州司縣應用一切吏員，多自帖書中來，官無取材，勢須及此。所習既九聞見或寡，欲望明刑政、識大體，務清弊革

難矣。臣愚以謂為今之計，莫若將合歲貢吏人，令以吏員法試之。中選者，仍許上貢補充隨朝身役，外州府郡見役者從廉司以校法試驗。庶幾激之，積漸肯學。其月請俸給亦合定奪，能使得餬其口，然後可責以廉。何則，今廉司專抑吏權，察非違，少有貪鄙，才計養廉，即按而治之。是縱之竊而責以何盜之為，豈理也哉。九曰，恤軍民以固邦本。近命新省整治以來，一切事務盡從簡靜，可謂不嚴而治，不肅而成者也。中外熙熙，翕然有拭目太平之望。蓋皇帝陛下屏去奸慝，保合大和，嘉靖邦本，專任責成之効也。然猶有當軫慮者。夫為治之道，政貴均一，不少偏重。否則必更而張之，使至公均被。國家自攻圍襄陽以來，簽取軍役，蓋四舉矣。將着中物力等戶盡充軍站。中間拋下上戶，其能有幾，皆貧難下戶，而軍興百色所須，皆仰供辦。江南甫下，遭值前省和顧和易，急徵暴斂，侵漁不法，又將軍站閃下差税不

閃多寡，止除四兩。餘者分灑見戶。其逃亡差税，又行每歲陪納。數年之間，編泯已是兼損，其小戶困苦，不較可知。臣以時屬方殷，其代輸差税，宜令蠲免，涵養存恤，小康若一旦別有征求，易為責辦。其軍站戶富者，至有田畝連仟陌，家資累巨萬，丁對列什伍。貧者日求生活，有儲無儲，不問無置錐者，今也不分難易，一體應役。又至元十一年，簽充到軍役，皆多是近下戶。計當時起遣，已是生受。臣愚謂但合分揀定奪，庶不致困乏逃竄，有悞臨時調遣。不均之弊，莫此為重。十曰，復常平以廣蓄積。常平倉設自至元八年，隨路收貯斛粟約八十餘萬。今倉廩具存，悉運久空，甚非朝廷拯荒恤民本意。夫常平之法，歲豐增價以糴之，則農重穀而敦本；歲荒則減價以糶之，故民倚安而無菜色。如往年定時估以平物價，竟不克行。殊不若常平之有粟也。蓋低昂權在有司，兼併利無專擅故也。若復實常平，備遇凶歉，出糶

三二千石，穀價自平，楮幣亦復加重，且免賑濟，破用軍國正儲，實為古今良法。十一曰，廣屯田以息遠餉。臣聞邊儲遠餉，自古未有良法。如飛輓負載，賣爵贖罪，引種和糴，未免弊困，多不能行，但未若留兵屯田，為古今之長策也。臣試以唐振武事言之。憲宗元和七年，李絳言天德振武（今豐州等處）左右良田約四千八百頃，收粟四十萬斛，歲省度支錢二十餘萬緡。茲非明驗歟。今振武豐州界河兩傍除營帳百姓耕占外，其餘荒閑尚多。若大治屯田，自非水旱，田功稍集，因儲必有所濟。唐陸贄所謂緣邊上沃而久荒，所收必厚。又近歲山後流移戶多將見拋地土，時暫借佃營屯，亦是一法。（富弼嘗言此事。）及撿括有戶，仍招募願戶者，聽外邊屯。已置營屯去處，亦宜差強果為國盡心有為能臣，重與撿勘，其閒一切可行未舉，已行不盡者，極人為而盡地力，仍將迤南一切置屯，見闕戶數，併徙邊防，以採一時

急於治外之意也。十二曰。息遠畧以撫已有。臣常聞老子以恬淡為宗。孔宣父戒及其在得。二聖人垂教。以天理當然為言。非徒設也。欽惟皇帝陛下聖神文武。臨御天下三十餘年。配玉天之功。揆千歲之統。三五已來未有若斯之盛。其於太祖聖武皇帝垂創之業。可謂大集厥成。然有其有者安。務廣德者強。審今之勢。譬猶蓄牧大家。川量谷計數已殷富。正在牧圉擇人。芻豢得所而已。如此。則牛羊蕃壯日蕃而無耗。不然。罔恤見有。又務多得。特見復求者未獲。則已有者瘠而耗之。可不惜哉。伏願陛下息遠畧撫已有。以恬淡為心。以在得為戒。頤養聖壽。配天無極。此宗廟神靈四海臣民之願也。臣又嘗觀天地之氣。四時行萬物生。皆自然行然。又其升降止三萬里之中。其範圍不出三十萬里之內。餘則混淪磅礴。雖聖人有置而不論者。伏惟陛下憲天體道。財成輔相。功已不能殫紀。尚何言而何慮哉。十三曰。

感和氣以消水旱。夫兵者凶器。戰者危事。不得已而用之。且以強勝為戒。我國家以神武戡定海宇。日月所出沒。霜露所霑墜。莫不臣而主之。然地廣物衆。不無孽芽其間。故三十年之久。千有餘舉。如征大理雲南。渡鄂渚。平內難。討賊璮。取江南。破襄漢。駕洋海。下占城。安高麗。問罪交州。掃清遼句。皆除暴固存。彼動此應。不得已而用之之舉也。然士卒愁苦。死傷暴露。邊郡困乏。中外憂勞之氣。不得不傷陰陽之和。而致水旱之報。是以聖人重之畏之。故老子曰。大軍之後必有凶年。師之所處。荊棘生焉。故比年以來。水旱無時。霜災屢作。山崩地震。變出非常。奸臣柄用。盜賊竊發。百姓嗸嗸。日趨於困。臣嘗讀中元已來國書詔條。未嘗不以生靈為念。兼捐細故。講信修睦。以用兵為重。此堯舜好生之德。禹湯克寬不自滿假之仁也。願陛下躬體玄默。頤養聖壽。與天無極。以初元之心為心。以恬澹之慮為慮。為民祈天

請命。災害不生。禍亂不作。使黎庶知其無好兵之心。天地鬼神諒其不得已之意。庶幾天回哀眷。易乖戾而為和平。變荒歉而為豐稔。歛時五福。敷錫庶民。咸躋仁壽之域。天下幸甚。十四曰。崇教化以厚風俗。自昔風俗美好。由禮義所生。今也禮義既衰。故日趨於薄。一法出則百奸作。一令下則百詐起。何則。民所欲而生者歲不加益。我過為之求者日有所增。所謂救生而不贍。奚暇治禮義哉。有司釋此不念。每以厚風俗為務。如孝行復役。節婦有旌。議婚姻。立學師。表淑慝。忠臣義士歲有常秩之類。非不家至戶曉。然終無分寸之効者。徒文具虛名而已。夫天下之事有本有末。知所先後。則教立而化行。臣愚以為風化之行。莫國家若。先以四教為本。曰仁以養之。義以取之。禮以安之。信以行之。何為仁。父愛子育。懷生樂業。溫飽以養其心。何為義。輕徭薄賦。取歛合宜。寬裕以暢其氣。何為禮。上下有分。毋妄侵辱。誅

責以當其功罪。何為信。發號施令。令出不易。推誠以明其約束是也。而前政者謂桑葛也。曾不務此。專以威虐肆心。督責為令。取辦一時。流毒四海。不知陵遲偏設。有不可救藥。至于今為厲者。如逋負差徭有已蠲未蠲者。貧難軍人有已聞未聞者。民出紙應不蒙撥降。反覆償其不應。民耕和買。雖蒙官還。曾何數其元價。杖刑重責。未上大夫。崇卑之品。曾不少間。悉被其殘辱。夫如是。將何以責民心之近厚風俗之淳粹者哉。惟其四者本立。而天下悚然有忠厚廉恥之心。而後敎之以禮讓。謹之以庠序。觀之以鄉飲。教之以冠婚喪祭。民將目擊而心諭。安行而有得。二三大臣宜輔翼於上。時從而振德之。孰有子遺其親。臣後其君者哉。所謂父子有親。君臣有義。不曰風恬俗美。將安歸乎。十五曰。減行院以一調遣。伏見近者立行院四處。蓋欲養兵力。分省權而免橫役。然不可多設。多設則一旦遇有調遣。號令不

相統一。至合而征。苟進涉險。雖不肯併力一向以趍成功。況江嶺阻隔。動輒數百里。賊去此而盜彼。即欲加兵。則曰我已降於彼。比緣知會已殺掠而去。如向者鍾賊是也。其在江西。我逐而出境。即既而不視。其在福建。復逐而出境。亦坐而不問。已至朝廷專差重臣會三道之兵總統於上。才方勦絕。臣故曰。不可多立者緣此也。若止設一院於汀州。地近郡中。號令四出。復命皇子震統於上。使跨有江淮遥制兵。勢將何衝而不折。何令之不一哉。誠為備便。十六曰。絕交貢以示曠度。夫邊方小國。外示臣屬。內實覬望。我以誠往。彼輒譎來。何則恃其險僻。昧夫天理。而懷苟且假息之念故也。非修文以來。易以計破。難以兵碎也。今交趾瀆數郡之地耳。數年之間。雖奉貢俾來。終未稽顙闕下。歛輸誠赤。今年獻一犀象。明年獻翠貝若干。是皆我物。藉為巳有。調書詞延歲月而已。此最不可信者。昔漢文帝卻千里馬。詔郡

國毋令來獻。而越王尉佗曾未幾何。愆文自新。去號北面。終其身內屬。正以德禮懷柔然爾。臣愚以謂彼之交貢。自今宜辭而無受。則我之所得者有三。不寶遠物。示以曠度。一也。鱗介之屬。臣測淺深不知我之歷寶。彼用自絕。使私計內窮。二也。又使駭夫天子明見照萬里之外。畏天事大之心。庶有以自省其曲直所在。三也。刺竹桀驁。緩則肆行奸詐。急則曲盡服從。伏乞下公卿集議。以付有司。臣之所言。雖至淺近。然當陛下無忌諱之時。遠被寵召。無一言補報。緘默旅退。豈惟自棄。夫負朝廷虛求之心。顧臣庸愚。倚是重輕。萬一片言誤有可取。使四方大賢大德之士聞之。曰。如臣者且蒙採擇。將訑訑而來。皆為陛下用矣。臣不勝俯伏待罪憂懼之至。臣惶昧死再拜謹言。

趙天麟上策曰。臣聞天由文而能生。地因文而能成。人以文而愈靈。王者守文而為天下正。日月有度。星辰有躔。鼓之以雷霆。潤之以風雨。千變萬化。不失其常者。天之文也。積而山岳。深而河海。五土之高下。百穀之蕃滋。允執厥中。黃裳元吉者。地之文也。君臣父子。禮樂詩書。大理達乎聖賢。英粹宣於翰墨。燦然相接。曲盡諸宜者。人之文也。經天緯地。統制下民。撫善政以勤行。廓皇猷而博施。無私無慾。克長克君。鼓之舞之。以盡其神。煥乎郁乎。以昭其德者。王者之文也。欽惟陛下方承景運。燕處超然。臣謂文者質之華也。質者文之骨也。存其質。則既以成夫元化之鴻基。修其文。則可以耀我一家之偉績。是以質文之理。竝道器而同歸。文質之情。兼顯微而無間。昔者窮新搆逆。光武中興。正火龍驤首之秋。方炎祚回鋒之際。猶且投戈講藝。息馬論道。況為四海治平之政者。可不以文為務哉。故夏之惡衣服而致美乎黻冕。卑宮室而盡力乎溝洫。下車泣罪。設虞待賢者。寔惟文命。周之德顯于西土。道被於南國。與二老盍歸之念。以庶邦惟正之供

者。寔惟文王。漢之天覆萬民。子愛兆姓。前半夜之席而訪寒士。憐少女之意而除肉刑者。寔惟文帝。唐之憂勤鑑古。仁義致平。廣學舍之千區。委名臣之十在者。寔惟文皇。惟此四君。咸有一德。民庶荷當時之福。史編傳後世之美。究而言之。槩可法矣。今國家省臺院部。総于內。路府州縣。分于外。職無不具。事有所司。心安而肢體咸宜。領挈而襟裾就整。臨之以天威。撫之以天慶。宜乎道極三才。功齊四代矣。然而僅能致治。未洽泰和。炎荒之小國相持。中土之獄囚常滿。陳言納跡者。無救弊之方。在位食祿者。但用法而已。豈官非其人。而未能盡副聖意耶。將賢材處職。而有術未得盡行耶。抑且民或下愚不移而不循堯舜之化。須除惡務本。然後息邪。嘗切思之。良有以也。九重深邃。四海懸遠。下情不得上通。上意不得下達。樞機既闢。責成群下。養民之道或未周。用人之方或未至。當事者以簿書期會為急。獻進言

者以法令末節為大本。此其所以僅能致治未洽泰和也。伏望陛下軫聖心而慮之。究至理以啚之。細推今日之施為。詳擇群下之得失。觀天文以法陰陽。察地文以御柔剛。求人文以化四海。守聖文以照無疆。同夏之文命。比周之文王。超漢之文帝。越唐之文皇。治效班攄可得而議。愚臣觀此。蔑有難焉。蓋古天下。今天下。易地則皆然。前聖人後聖人。有為者亦若是故也。

天錫又上策曰。臣聞人以倏然百歲之壽。位天地育萬物而獨崇。人以眇然七尺之軀。周事變具衆理而咸備。盡斯道者。寔惟心乎。及乎青黃白黑之文間錯。而眸子不能瞭矣。淫哇正雅之聲交雜。而耳官不能靈矣。視聽不瞭不靈。而心神蔽不瑩矣。自中人以下。豈有心神曠朗而無凝滯者哉。是知無凝滯者。惟聖人而已。何以言之。盖聖人之知既已特明。而天下之事莫不有理。以吾特明之知。决彼有理之事。雖萬務叢于前。皆為繼於後。豈復有留心者哉。今國家樹后王君公。承以大夫師長。尚恐內外官吏有審諦之所不及。而累政迹者。安可不立法以定之哉。夫財有可以取。可以無取。而介乎兩間者。為民父母之心。但欲益下而已。柰何闢要之地。人共窺覘。天下之達者常少。不達者常多。一日暴之。十日寒之。或始取之而俟後議。或姑取之而傷廉化。可勝言哉。夫事有可以行。可以無行。而介乎兩間者。方其議之也。以為不急。而稽延歲月莫之能定焉。及其行之也。有司應奉而怠慢苟簡莫之能譴焉。况事有至微而關利害之至大。言有至細而存風化之至深者。豈宜輕哉。夫刑有可以輕。可以重。而介乎兩間者。此又方今弊之尤大者也。伏見郡縣之間。一夫繫獄。九族衔悲。產業以之而傾。田宅以之而鬻者衆矣。國家未有律令。有司恣行决罰。竊恐貧者犯刑。未嘗不重。富者犯刑。未嘗不輕。且鞭笞之下。何求不獲。故有家資者。行賂於當塗之人。而委曲以成其輕犯之文矣。彼寒素之族。室如懸磬。故所求不應。激忿怨於無告之人。而挾氣以溢其所抵之罪矣。貧民習知如是。雖無罪而與官吏有相干者。或質什器以傚錢。或立文約以假貸。輸於官吏。冀獲矜憐。如此則不疑之獄。欲輕則輕。欲重則重。皆成疑獄矣。乃欲化洽政治。豈可得哉。若其果疑之者。遷延無斷。有就縲紲之中而死者。有及十餘年而不决者。犯罪之家。道首私謁。所費不貲。犯罪之人。又拘囹圄。所苦無極。漢讀有之曰。畫地為獄。議不入。非虛語也。今雖未至于此。亦宜立法防之。伏望陛下特頒明詔。曉示有司。凡資財可以取。可以無取者。明開其義。減半而取之。凡資財可以與。可以無與者。明開其義。減半而與之。凡事可以行。可以無行者。明開其義。以便民從事。凡疑獄可以輕可以重者。明開其義。從輕而决之。凡常獄易决而懲有贓汙弄法者。一從臣先所謂慎名器杜利門之法而行之。則自當絕矣。若夫愚昧不悛。則有憲職在焉。如是而清俗澤下之道自成。因威示恩之理無歉矣。

歷代名臣奏議卷之六十六

歷代名臣奏議卷之六十七

治道

元成宗大德七年。鄭介夫上奏曰。欽惟聖朝布威敷德。臨簡御寬。極地際天。罔不臣服。混一之盛。曠古所無。三代以降。自周至今二千年間。得大一統者。惟秦漢晉隋唐而已。秦隋晉以貽謀不遠。旋踵敗亡。漢唐雖傳數十世。其間又亂日常多。治日常少。古今一統。其難如此。而能保於長且久者。又難如此。毋謂四海已合。民生已泰。可以安意肆志而不思。否泰相因。離合相仍。大有可憂可慮者存也。昔賈誼當漢文宴安之時。猶為之痛哭。為之流涕。為之長太息。方今之勢。恐更甚焉。安得如誼者復生。為朝廷畫久安長治之策。今觀朝廷之上。大臣則悠悠然持祿而顧望。小臣則惴惴然畏懼而偷生。含胡苟且以求自全之計。玩歲愒月。以希遷轉之階。誰肯奮不顧身。出為百姓分

憂者。然或有之。又招疑速謗。不能自容於時矣。都堂總朝廷之樞柄。謂宜立經陳紀。為萬世法程。進賢退不肖。殖邦家根本。制禮作樂以黼黻皇猷。崇文興義以變移風俗。當今之急務也。卯聚酉散。因循度日。案牘紛填。剖決不暇。間或舉行一二。下侵有司。又皆不急之細事。殊欠經遠之宏規。臺察乃朝廷之耳目。振刷風采。修立紀綱。錯舉枉直。扶弱抑強。職分之宜然也。民冤載路。十詞九退。賄賂充斥。掩耳不聞。縱豺狼之肆暴。取狐鼠以塞責。謾膺搏擊之名。殊乏風憲之體。六部乃朝廷之手足。宜思官盡其職。職盡其事可也。言乎吏。則銓衡之無法。言乎禮。則文蹟之不興。言乎刑。則奸慝之滋蔓。言乎戶。則賦役之未均。言乎兵。則運掉之無方。言乎工。則規畫之不一。使賈生身今之時。目今之弊。不知何如其痛哭流涕。又何如其長太息也。高見遠識之士。雖以斧鉞在前。刀鋸在後。其能自已於言乎。數年以來。固有

指陳事實。傾吐忠蘊者矣。雖措辭不無純疵。言事各有銳鈍。中間豈無一事可行。一語可採者。往往堆案盈几。略不省察。類皆送部。置架閣庫而已。聞者扼腕。誰肯為言。於是忠直退諱。佞與。或陳說因土以要利。或進獻珍奇以希賞。或賦述大都。頌稱一統。而得官陞職。是皆無益於理亂。所當類入架閣者也。而返獲嘉賓優容之禮。昔張齊賢以洛陽布衣。太祖引見賜食。謂不如是則上無以推納諫之誠。下無以作敢言之氣也。今朝廷合奏之事。猥積滿前。動是浹旬半載不得聞奏。而得奏事者。又僅止二三大臣及近幸數人而已。言官諍士莫得一親清光。所陳無問可否。若抑而不奏。則終為廢紙。或事有緊切合從便宜者。必待送擬完議。宛轉遷誤。久而不決。則遂至乾沒。上意不得下達。下情不得上通。萬幾之來。何由盡知。此古今之通患。有國之大戒也。介夫幼勤于學。長習于吏。備員儒泮。偃蹇無成。待直禁垣

有年于此。田野之艱難。朝廷之利害。嘗歷既久。靡不悉知。胷中抱負頗異凡庸。雖迹近權門。不善遊請。故碌碌無聞。少有知者。欲緘默無言。則上負明時。下負所學。縱瞋目張膽。羅縷自陳。則不免東之高閣。否為刀筆吏覆醬瓿而已。古語有曰。樵夫之言。聖人擇焉。又曰。愚者千慮。必有一得。或冀一言見聽。可為涓埃之助云尔。如言而是耶。則施之時政。必有所裨。言無可采。亦宜恕其狂僭。以來諫諍之路。輒以所見列為一綱二十目。條陳于後。繕授中書省御史臺以聞。仰干宸聽。臣無任瞻天望聖激切屏營之至。

一儲嗣。儲嗣一事。最為當今急務。自三代殷周以來。人君即位之初。必先定儲嗣。所以示根本之固。杜覬覦之心也。昔漢高帝欲易太子。叔孫通諫曰。太子天下本。本一搖。天下震動。漢文帝即位三月。他事未暇議。有司請早建太子。曰。豫建太子。所以重宗

廟社稷不忘天下也。唐太宗嘗謂侍臣曰。方今國家何事最急。褚遂良進曰。今四海無虞。太子諸王。宜有定分。最急。可謂明治亂之原。知國家之體矣。欽惟皇帝陛下。春秋鼎盛。德業方隆。億萬斯年。正當發軔之初。而拳拳惓惓者。陳儲建。則似乎不急不切。然揆古度今。未有如茲事之急且切也。朝廷之上。不知為古今常行之故實。往往視為希世之曠典。雖心知其事之必不可緩。相與鉗口結舌。莫敢發言。此愛君憂國者重為之寒心也。今皇太子天性聰明。嫡而居長。神人協贊。朝野歸心。宜早建儲宮正名定號。所以尊崇宗社。所以培埴國本。所以鎮安天下。聖朝萬世不拔之基。實係於此。昔齊桓五子爭立。而霸業遂微。晉獻讒廢申生。至國亂數十年。始皇以扶蘇不定。致使滅宗。惠帝以繼子不明。義至易姓。自後由此而敗亡者。不可勝計。草茅之士。

奏議卷之六十七 三

猶不能忘情而秉鈞當軸之臣。曷不及此。何邪。賈誼曰。天下之命縣於太子。太子之善。在於早諭教與選左右。夫心未濫而先諭教。則化易成也。皇太子嗜欲未開。心術未定。宜選擇端人正士以傅翼之。與之居處出入。教以漢兒文書。使通古今治亂之成迹。明君子小人之情僞。所謂教得而太子正。太子正而天下定矣。今民家有十產之資。便欲延師訓子。為持盈守成之計。孰謂善謀國家者。未如一家之謀邪。古者建東宮立太子。將以表異示尊。定民志。非泛然之美稱也。今諸王公子。例呼太子。嫡庶親疏。略無差別。昔晉申胤曰。太子統天下之重。而與諸王齊冠遠遊。非所以辨貴賤也。同衣冠猶以為不宜。況可同名號哉。杜漸防微。尤宜禁絕。上下二三千年。國家之興廢安危。未有不因儲嗣一事。鑒前代已然之失。為今日庶政之先。速定大謀。使天下曉然知之。所謂先立乎其大者。大綱既舉。其餘事務次第舉行。則宗社幸甚。

一任官。古者任官之法。由儒而吏。自外而內。循次而進。無有僭踰。今中外百官。悉出於吏。觀其進身之初。不辨賢愚。不問齒德。賄緣勢援。互相梯引。有力者趨前。無力者居後。口方脫乳。已入公門。目不識丁。即親案牘。區區簿書期會之末。尚不通習。其視內聖外王之學為何物。治國平天下之道為何事。苟圖俸考。爭先品級。以之臨政。懵無所知。傳曰。仕而優則學。學而優則仕。不知為學。豈知為仕。心術既差。氣節何在。今隨朝吏員。通儒明吏者十無二三。天下好官盡使此輩為之。甚可為朝廷名器惜也。夫吏之與儒。可相有而不可相無。儒不通吏。則為腐儒。吏不通儒則為俗吏。必儒吏兼通。而後可以蒞政臨民。漢書稱儒術飾吏

奏議卷之六十七 四

治。正謂此也。今吟一篇詩。習半行字。即名為儒。何嘗造學業之深奧。檢舉式例。會計出入。即名為吏。何嘗知經國之大體。吏則指儒為不識時務之書生。儒則指吏為不通古今之俗子。儒自儒。吏自吏。本出一途。析為二事。遂致人物之冗。莫甚於此時也。今隨朝自部典吏。轉為省典吏。又轉而部令史。部陞之院。院陞之省。通理俸月。不十年已受六品之官。而各處州縣以吏進者。年一十即從仕。十年得補路吏。又十年得吏目。又十年可得從九。中間往復給由待闕。四十餘年才登仕版。計其年已逾六十矣。或有病患事故。曠廢月日。七十之翁。未可得一官也。以儒進者。自縣教諭陞為路學錄。又陞為學正。為山長。非二十年不得到部。既入部選。陷在選坑之中。又非二十餘年不得銓注。往往待選。至於老死。不獲一命者有之。幸而不死。得除一教授。耄且

及之矣。望為少年相黑頭公必不可得也。今內任以三十箇月為一考。滿。即陞一等。又多是　任遷轉外任。以三周為一考。三考得一等。又有給由入選。待注守闕之歲月六年。才歷一任。十八年得陞一等。淹滯莫此為甚也。且即所見言之。如前德興縣邢主簿竭職奉公。政聲頗著。去官之日。不辦舡資。亦可謂能吏矣。無力求陞。止淹常調。且累任困於錢穀官。今天下之公勤廉幹過於邢者甚不為少。當路者偶未嘗及之。如前禮部高顯卿乃侯司卿根前提胡床小廝。既無學識。又乏德行。不知稼穡。不習刑名。僅十五六年。已致身於四品。今鵷行間。出於役夫賤隸若高之輩者。不堪縷數。雖知之。莫有指斥之者。懷能抱德沉沒下僚。駑才妄子遞登樞要。似此不公。可為一慨。昔宣帝以太守為吏民之本。嘗曰。庶民所以安其田里而亡歎息愁恨之聲者

政平訟理也。與我共此者。惟良二千石乎。太宗謂養民惟在都督刺史。縣令尤為親民。不可不擇。如路府州縣之官。實百姓安危之所係。若以內為重。以外為輕。是不知為政之根本也。久任於內者。但求速化。不歷田野之艱難。久任於外者。惟務苟祿。不諳中朝之體面。今朝廷既未定取人之科。當思所以救弊之策。在朝宜少加裁抑。在外宜量與優遷可也。今後州縣吏。皆當盡取之儒學子弟。每歲令風憲官選其行止無過廉能可稱者。貢補省部典吏。縣則補於部。州則補於省。滿考則部典吏發充外路司吏。省典吏發充宣慰司令史。又每歲擇其上名貢補六部寺監令史。滿考則發充各省令史。並令依例入流。其臺院令史從外任八品官選取。其省掾從外任七品官選取。通理內外俸月以定陞黜。縣教諭與路司吏同資。路學正與宣慰司令史同資。各從所長而委用之。百官自三品以下。九品以上。並內外互相注擬。歷外一任。則陞之朝。歷朝一任。則補之外。凡任於外者必由內勞。任於內者必從外取。庶使儒通於吏。吏出於儒。儒吏不致扞格。內外無分於重輕。雖不能盡選舉之規。亦足以救一時之弊也。

一選法。選曹乃治化之原。人材所自出之地。至甚不輕。選者。選擇之義也。古之選法。選其能者取之。不能者去之。今之選法。但考俸月之多寡。定品給之高下。如是而已。有虞三載考績。三考黜陟幽明。成周三歲則大計羣吏之治而誅賞之。不聞三年必轉一官。三考必陞一級也。選法弊壞。莫甚於此時矣。夫貪汙無行者。皆行險僥倖之小人也。同流合汙。而譽毀歸之。廉介自守者多與俗寡諧之烈士也。疾惡過甚。而怨毀歸之。惟在上之人有

以辨明竊白之耳。今必待被告經斷方指為貪汙。則人之實貪汙而能委曲周旋以幸免於告訐者。比比皆是。如路總管李朶兒赤。劉幹勤之徒。歷任之初。家無儋石之儲。身有鈴朊之債。今皆田連阡陌。解庫鋪席。隨處有之。非取於民。何從而得。凡此者皆實貪汙而未嘗經告者也。及其滿替。貪廉無別。一體給由求仕。彼貪汙者。家計既富。行橐亦充。赴都經賄。無所不至。每每先得美除。彼廉介者。衣食所窘。日不暇給。至二三年閒處於家。雖已給由。無力投放。及文書到部。復吹毛求疵。百端刁蹬。幸而入選。在部待除。淹困逾年。飢寒不免。則急進者可以速化。恬退者反有體覆保勘之撓。是朝廷誘人以奔競也。今大小官正七以上者省除。從七以下者部注。然解由到省。例從部擬。吏部由此得開賄門。如散官職事。互有高低。有力有援。則擬從其高。力孤援寡。則擬從

其低雖以土木偶人及考亦得陞階吏不問爲人之賢愚居官
之能否何如也既以入選公然賣闕以闕之美惡爲賄之高下
各官詐吏相爲通融私門咨下分擬名闕無力之士甘心於選
遠錢谷之除遂致勾闌倡優以有才爲有財以前資爲錢貫之
戲每於注選時莫不爭求其地之近闕之美而邊遠接連缺庫
去處有十餘年不得代之官民間有云使錢不慳便得好官無
錢可幹空做好漢且此爲思苟利肥家以爲榮進之計誰肯恐
苦吞飢自貽疏遠之斥求免相胥爲不廉矣是朝廷導人以貪
汙也選法不公難以條舉且即所見言之如丘恢丘總管之子
父存日已授崇安縣尹因奸囚婦斷罷不叙居閑八年父歿之
後改名丘熙自稱白身承蔭升授寧都州同知聞者莫不駭笑
如孔文昇係浙西廉訪司書吏延按常州改作文聲虛稱歷任

學正滿考自行體覆捏合入府州選又以宣聖子孫即陞太平
路教授除命已下猶在憲司勾當如此詐僞而省部更不究問
實爲孔門之玷風憲之羞又如牟應復輕薄無行傲狠不才初
歷下州學正厚賂闌承旨保稱亡宋故官之子便得攙陞路選
自是援例者但夤緣翰林集賢院求一保闌不問人物根腳即
加虛獎過褒闌節既到隨准所擬小有不完必遭疎駁非才者
陞遷負能者淹屈欲望選法之清人材之盛不可得也古者自
州縣官以上皆天子自選故銓曹每擬一官必先稟命於天子天
子欲用一人亦詢其可否於執政今乃以省部除授之官指爲常
選以天子委用之人指爲別里哥選夫天下之官孰非天子之
臣安得以一朝省而自分爲兩途邪緣常選所除非出天子之
意而別里哥所用又非中外推許之人所以不能歸一若盡以

別里哥不得預常選之列則是天子之言得制於省部之手太
阿之柄竟於倒持矣漢宣帝拜刺史守相輒親見問觀其所由
退而考察所行以質其言唐太宗嘗列刺史之名於屏風坐卧
觀之得其在官善惡之迹注於名下以備黜陟古者選官如此
其精且嚴猶不能盡得其人今之所謂守選法者常選少一月
一日必不許陞歷任雖多而根腳淺者通理必降別里哥盡指
爲無體例難以定奪殊不知常選中太半非才但可沙汰而別
里哥選中豈無一二可用之人才耶不嚴其選而嚴其格不清其
源而澄其流是不識古人選法之意也今宜先擇風憲官委令
常加體察除贓濫正犯之外有罷軟不勝任者行止不廉者帷
薄不修者依阿取容而無所成立者並許彈劾有德行可以廉頑
立懦才幹足以剸繁治劇但一事可稱一行可取者並許摘實

薦舉依古法分爲上中下三考書上考者陞中考者平遷下考
者降次入考者黜從憲司上下半年或每季終造冊關呈都省
如各官根腳年甲籍貫三代已載元除在任實跡已見考書解
由之內不必贅焉止稱歷過俸月足矣並令還家聽除不許親
齎赴都各省逐月類咨差官馳驛入選令選曹自計考書之上
中下以定黜陟誅賞然後照闕銓注將合授宣敕發付各省於
元籍標散賢能者不待致力而自陞誰不知勸愚不肖無所容
私而被降誰不知懼賞罰既公衆心自服矣如民生休戚官吏
賢否既已責任憲司又有監察御史不時差出問事何須重復
遣使巡行郡邑但每歲委請幹官巡按各道專一體問風憲僚
屬有政事無取舉劾不公者比之有司罪加二等如此行之一
年選曹不得而賣闕仕人不得而討買臺察不得而徇私滅公

此絶弊倖之要道也。

一鈔法自漢以来止用銅錢。亦用鐵錢。至前宋祥苻年始置交子。續蔡京又請創會子。今之鈔法乃襲前宋交子會子之舊耳。非古法也。不必究其法始何代。但可以利國濟民者通古今可行也。前宋銅錢與交會並行。以母權子。而母益貴。是時民間貧無置錐者亦有銅錢。官會之籍。無他子母相權而行也。今國家造鈔雖廣。而散在民間者甚少。小民得之者亦甚難。無他。輕重失相權之宜也。夫法立一時。而弊出他日。非法之不善也。乃久而自不能無弊耳。事極則變。變極則反。能因弊更新。然後可傳之不朽。鈔法之弊。已云甚矣。天下之物重者為母。輕者為子。前出者為母。後出者為子。若前後倒置。輕重失常。則法不可行矣。漢以銅錢而權皮幣之重。皮幣為母。銅錢為子。宋以銅錢而權交

會之重。交會為母。銅錢為子。國初以中統鈔五十兩為一錠者。蓋則乎銀錠也。以銀為母。中統為子。既而銀已不行。所用者惟鈔而已。遂至大鈔為母。小鈔為子。今以至元一貫准中統五貫。是以子勝母。以輕加重。以後踰前。非止於大壞極弊。亦非吉兆美識也。今物價日貴。鈔價日賤。往年物直中統一錢者。今直中統一貫。始至元鈔五厘與一分買不成物。街市之間。無所用焉。久而不革。則至元一貫僅直中統一錢。物直錢而鈔不直錢。將見日賤一日。而鈔法愈見澁滯。此弊之一。所宜急救也。每歲發出鈔本倒換昏鈔。止收三分工墨。可謂巧於利國。廉於取民矣。殊不知一貫出。二貫入。鈔行民間。僅有三分。而民間之鈔。反損三分也。且鈔在天下昏爛則已。何必倒換。於古亦無倒換之法。無倒鈔之便。止是城市間一簇人烟得濟。若各縣百姓散居村落僻遠之地。去城數百里。得倒換者絶少。未嘗便於小民也。且所倒昏鈔既皆付之丙丁。則鈔本盡成虚捨矣。况外路倒換到合燒之鈔。貫伯分明。沿角無缺。京都之下。稱為料鈔。一歸煨燼誠為可惜。今但知可得工墨三分之利。不悟虚捨本鈔九錢七分之害。於國於民。兩有所損。將見日少一日。而民間急無鈔可用。此弊之二。所宜急救也。古者藏富於民。民富則國自富。唐太宗曰。民依於國。國依於民。刻民以奉君。猶割肉以充腹。腹飽而身斃。君富而國亡。此之謂也。當今救弊之策。宜增造大德新鈔與至元鈔兼行。大德五貫中統二貫。准作至元一貫。明以大德易中統不過於至元之輕。以救正一時之弊。鈔母既起。則物價自平矣。每歲發出各省。勿令倒換。就支作官吏俸錢和買絲料等用。却以民間所出夏稅折粮課程贓罰諸名項錢起解大都以供

支持賞賜。及隨朝俸給。庶國家鈔本俱為實用。而鈔散天下。民亦無損。行之數年。民間之鈔。不可勝用矣。鈔法既正。又議鑄銅錢法。使輔鈔而行。則國家日富。百姓日殷。隆古至治將復見之。若造新鈔而不行銅錢。則鈔易壞爛。損之多而益之少。決難經久。造銅錢而不行新鈔。則至元太過。恐一旦行之。輕重相懸。不以為便。二者不可偏廢也。夫鑄銅為錢。乃古今不易之法。盗賊難以賫將。水火不能銷滅。世世因之以為通寶。使法不可行。則上下二三千年間。減棄不用久矣。何待今日始知之。言者謂鑄一錢費一錢。無利於國。殊不知費一錢可得一錢。利在天下。即國家無窮之利也。先賢嘗曰。鑄錢無利。所以能久。正謂費本之多。故民間盗鑄者少。然國課自有見銅。以銅價計之。亦不至於大費工本。惟鈔用本之輕。故偽造者紛然。立法雖嚴。終莫能戢。

今天下真偽之鈔幾若相半。如不之信。但以中統鈔通而計之。自初造至住造該若干。倒換已燒該若干。便可知矣。若以鑄錢不償所費。則造鈔所得工墨三分。必不了鈔局俸給一切物料之費也。言者又謂錢重不可致遠。尤為愚昧。夫國家輸運。則鈔為輕費。百姓貿易。則錢為利便。二者相因。而未嘗相背。即子母相權之說。此理甚明。無足疑者。今究其異議之原。皆由内外官吏以利國為重。利民為輕。以至於誤天下國家也。今有陳言謂何地產玉。出令侍慶人家有奇珍異寶。則朝廷忻然從之。立見施行。謂其有以利吾國也。有陳言謂損朝廷一分之鈔。可為民間十分之利。或無損於國。而有益於民之事。則一切視同故紙。抑而不行。謂其無以利吾國也。上下相蒙。已成膏肓。民生日蹙。害日滋。國家雖富。將焉用之。愚今請造銅錢。以翼鈔法。雖於國未見近利

將以大利於民耳。如一歲造鈔一百萬錠。五歲該五百萬錠。紙之為物。安能長久。五年之間。昏爛無餘。逐年倒換。盡皆燒燬。則五百萬錠。舉為烏有。所存者僅工墨鈔十五萬錠而已。如一歲造銅錢二百萬。散在天下。並無消折。歲累一歲。布流益廣。雖億千萬年。猶同一日。所謂鈔為一時之權宜。錢為萬世之長計也。今鈔中明具錢貫。即是銅錢之形。古者懷十文銅而出。可以醉飽而歸。民安得而不富。今之懷十文鈔而出。雖買冰救渴。亦不能數。民安得而不貧。即此已為明驗。不必旁引曲喻以論其利害也。但比來言事者非指陳厚利。不足以聳動朝廷之聽。昔右丞葉李請造至元鈔。謂中統一張。僅可一張之用。若以至元一張抵中統五張。一歲造鈔之費無所增益。自可獲五倍之利。以此陷國。遂行其說。豈知遺弊至于今日。鈔價既賤。而偽造更廣。

數年之後。至元一張。止可當中統一張。國家未見其利。民間不勝其害。實為誤國之謀。而當時遽以為信。迄今不覺其非。亦可悼也。已聞言者請以大德鈔一貫准至元鈔十貫。即葉李之策也。若如所言。則他日至元之弊尤甚於中統矣。亡宋自十六界加至十八界。又加為官會。以至于國亡不救。此覆轍可鑒也。彼知造至元之利可以五倍。不知鑄銅錢之利又可以百倍。夫鈔云一伯文。乃百銅錢。今民間稱為一錢。一貫文乃千銅錢。今民間稱為一兩。是一錢准為百錢。十錢准為千錢也。若以銅錢一錢自作一錢之用。則物直鈔一伯文者可以一銅錢買之。各處月申時估云。物一斤該鈔二錢者。今律以本色銅錢二錢。則二伯文鈔可得物一百斤。以元價計之。省鈔一十九貫八伯文。是錢有百倍之利矣。既利於國。又便於民。猶復議擬。久而不決。甚可

為國之謀臣之歎也。如准所陳。造新鈔以扶至元之輕。罷倒換以全國家之利。鑄銅錢以通鈔法之滯。富國惠民之道。無以加此。玠夫前任湖湘司徑狠役下僚。區區忠愛。無由自達。欽覩累朝詔書節該諸人陳言。在内者呈省聞奏。在外者經由有司按進。遂於前陳。已准太平策内言有不能盡者。摘出鈔法抑強戶計僧道四事。罄竭底蘊。赴湖南廉訪司及宣慰司投進。雖蒙稱善。靳於轉達。言劇明切。竟淪故紙。今附錄于各項之後。縱不幸遇於一時。必將見知於異日。有居樞要達官大臣能以致君澤民為心者。當有取於所言。切謂國之與民。實同一體。民富則國自富。國富則天下自平。用銅錢雖未覩近利。且以富民為先。欽覩先皇帝立尚書省詔文内一款節該。世祖皇帝建元之初。頒行交鈔。以權民用。已有錢幣兼行之意。蓋錢以權物。鈔以權錢。子

毋相貿。信而有證。欽此。銅錢初行。民間得使。歡謠之聲溢于閭里。僅得逾年。遽行改法。又欽覩詔旨嚴用銅錢。蓋該雖畸零使用便於細民。然壅害鈔法。深妨國計。欽此。切詳詔意。未嘗不以用錢為便。何為於國有妨。只此一語。可見奸臣之誤國矣。百姓足。君孰與不足。若使於民。即利於國。國與民相依而為安。有便民而反妨國者。為今之計。未必取民之資以富其國。但因國之資以富其民足矣。所謂富民之術。無他道也。當思古者民何為而富。今者民何為而貧。貧富相懸。係乎銅錢之興廢耳。農家終歲勤動。僅食其力。所出者穀粟絲綿布帛油漆麻苧雞豚畜產等物。所直幾何。若得銅錢通行。則所出物產。可以畸零交易。不致物價消折。得錢在手。隨意所用。入多而出少。民安得而不富。今窮山僻壤。鈔既艱得。或得十貫一張。扯拽不開。若音物還鈔。

則零不肯貼。欲盡鈔買物。則多無所用。展轉較量。坐受百端。或喪婚之家。急切使用。只得以家藏貨物賤價求售。貨不直錢。而利盡歸於商賈之橐。民安得而不貧。詳今用錢之便有三。一則歷代舊錢。散在民間。如江浙一省。官庫山積。取資國用。可抵天下周年之稅。非為小補。二則市廛交易。不煩貼換。雖三尺孩童。亦可入市。免有挑偽疏爛疑貳之憂。三則國之所出者鈔也。民之所出者貨也。鈔以鉅萬計。斷不可以得民貨。貨以畸零計。民不可以得國鈔。若使畸零之貨可易銅錢。則鉅萬之鈔自然流通。此國與民之兩便也。禁錢之不便亦有三。一則見有廢錢日漸消毀。隨處變賣。鎔化為器。減棄有用之實。淪為無用之銅。深為可惜。二則市井懋遷。難以碎貼。店鋪多用鹽包紙標。酒庫則用油漆木牌。所在風俗皆然。阻滯鈔法。莫此為甚。三則商賈往來。途

旅宿食無得小鈔。或留錢當或以準折。村落細民出市買物。或背負穀粟。或袖攜土貨。一錢之貨。不得五錢之物。或應買一錢之物。只得盡貨對換。此則農商工賈之通不便者也。以上二者之便無以三者之不便。因知銅錢誠不可廢也。即今民間所在私用舊錢。准作廢銅行使。幾於半江南矣。福建八路純使廢錢交易。如江東之饒信。浙東之衢處。江西之撫建。湖南之潭衡。街市通行。頗是利便。愚嘗參酌古今。若以銅錢一伯文准中統鈔一貫一分一錢。極為酌中。亦與鈔文內貫形相符。今銅價一斤該中統鈔一貫五伯。每一斤銅。可鑄錢一百六十箇。則錢與銅價亦相等。自無偽鑄之弊矣。然各處爐冶器具。已有規可復鼓鑄。除見管外。仍設官提造。嚴禁民間擅鑄銅器。見存之銅。足可儘用。銅坑所出。更無盡藏。將見國家日富。百姓日殷。太平盛觀。何以

加此。此特言用錢之利而已。鈔法之弊。其害有不可勝言者。鈔國課也。朝廷之柄用也。而與民間共之。可為長太息。可為痛哭。今民間之鈔。十分中九皆偽鈔耳。偽鈔遍滿天下。而朝廷略不動念。未知謀國之臣何如其用心也。且如一年造鈔二百萬錠。發出各省倒換舉化為灰。止存工墨鈔三十萬錠而已。今民間富家巨室。庸僧鉅道。豪商鉅賈。一家所藏。有不啻三十萬錠者。合而言之。箱篋蓄藏。何止百千萬億計。非偽鈔而何。是為偽者與真者無異。雖識者莫能辨。或有敗露到官。乃造之未善。不堪使用者耳。愚嘗留杭。見買齋者就庫倒出料鈔於店戶使用。反覆觀之。曰。此偽鈔也。試代以偽。反忻然而受之。杭人習於市易。尚不能辨。況乎鄉落小民哉。昔在仕途。嘗推問偽鈔公事。犯者謂一定工本可以造鈔數百定。獲利如此。人安得不樂為之。雖赴

賄湯太亦所不碩如不以為然但更改鈔法悉令舊鈔赴官倒換新鈔必數百萬倍透出於元數鈔本矣又嘗考之自周漢以來皆用錢幣以珠玉為上幣黄金為中幣刀布為下幣武帝用白鹿皮方尺緣以藻繢為皮幣後漢光武貨幣雜用布帛金粟章帝時令天下悉以布帛為租市買皆用之至唐則全用銅錢或間以縑帛不聞用鈔也至宋朝張詠刺蜀創置交子以權一時之宜因而行於中國識者謂紙幣乃鬼神所用非人世所宜以人用鬼道知宋祚之不長矣況謂聖朝之治不采乎古而循襲亡宋之舊誠為可惜愚於讀書之暇反覆紬繹頗得其説既之權位雖有其策志不得伸言不得達惟有懷能抱恨而已以紙為鈔決難久長如欲用鈔必須改法宜倣古用幣之意以綃為之國家立局置匠起機依鈔様織成方幅每貫自為一張約以

尺二長七寸闊四圍邊幅俱全其貫文就機織成却以五方印色關防之取青於極東取紅於極南取白於極西取黑於極北取黄於中土五色備具非民間可得之物雖欲偽為將焉用之然織者可作大張難製小幅零用自有銅錢不必小鈔若朝廷出納則代以輕齎此即子母相權之説一則可以數十年不壞二則偽造者不得為之三則免倒換燒燬之煩行之數年成多損少其鈔自不可勝用矣立法之善無出於此故曰錢決不可用鈔決不可改此事有關國計非泛泛雜律常例之比可以富民可以強國可以解歲飢可以弭外患可以萬世開太平真久安長治之策也雖是羣言嘐沓誰適為謀築舍道傍歲不我與因循苟且誰惟慫慂取為攻之大患也深慮廢錢日銷偽鈔日廣國計日削大柄日移其流禍豈淺淺哉伏願賢相名卿其疾圖之天下幸甚

一鹽法富國惠民無出於鑄山煑海二事而已鑄銅為錢固乃國家之大欠煑鹹為鹽雖知為重而未得規畫之方今隨處立運司各場置令丞實以課拉浩大必須另設衙門以專管領不知為害民間甚不小也致弊百端何可勝言其於國家實無所益如福建一道僅抵淮浙一場周歲辦鹽七萬引亦設運司正官首領官吏人等所轄一十場批引入所鹽倉二處官攢人吏游食之徒不計其數惟蚕食鹽户而已今各處運司官吏每歲輪番分司給散工本雖曰明名其實陽散陰收纔併開煎即以守催監裝開竈起火併火附考較封堤巧立名色百計科擾場官因而倍取鹽户必須應付又有總司差人催辦取數什伍為羣求時下場追擾若不取之鹽户從何而出上下交征通同隱

蔽户之富者尚堪少延貧者無措必致私煎私賣之弊官司追捜如捕重寇只得舉家逃竄即目逃户已多不敢申明止令同竈鹽丁代辦數年以後必盡逃矣此鹽司之設不便於鹽户也商旅販賣所以流通鹽法助辦官課令運司賣引鹽倉支鹽則有照引散帖百種需求方得支發纂節去處又設批引官索藏求瑕巻行刀蹬至地頭行賣又差拘收引官撿校多餘無非漁獵客人而已若鹽價高運司官吏詭名先行攙買或鹽價低則勾鹽商聘賣及有上司官與權要之家挾勢奪買必須先儘數足而鹽商有守等半年一年不能得者又計其引數需要答頭錢以客旅與官府交易本自疑忌豈可更加挾持此鹽司之誤不便於商旅也運司關防私鹽併遠場竈遠竈立團煎煮外立團軍巡綽為法可謂嚴矣但團軍歲一更易倚所領籍附團數

十里雖大不得寧。甚至掠人殺牛據䧟居民無所不為。其能保
鈔盜之不備乎。又有鹽司差人及管軍頭目巡鹽。絡繹鄉村。間
過見有鹽未審虛實。便指為私。從其詐騙。則免公庭。少不依隨
遂成實禍。及有正犯到官者。設無賄賂。監禁經年。轉指平民。連
逮無已。淹延既歷。盡皆撒放。或至遣斷者無非窮民。破沒家財
一半多不過五七貫而已。有擾者咸得清脫。無力者必至於罪。
此鹽司之設。不便於百姓也。運司立法。凡有私鹽生發。罪及州
縣正官。鹽出於倉場。而罪歸於州縣。以此無辜何異池魚之殃。
無鹽戶不屬有司。無相統攝。致有一等慣賣私鹽無賴之徒。結
構鹽司上下容情。縱令不執。無所畏憚。又與附場民戶交參住坐。
使作竈戶課戶等名色。衆同影占。又有民税詭寄規避差役。凡遇
有司追會詞訟。庇藉鹽戶。抵抗官府。不得施行。有必合約問之事。
即以辦課推辭動經歲月。不得杜絕。此鹽司之設。不便於官府也。
煮鹽榷課。所以資助國用。今言者但知為國興利。不知為國省力。
總其所入。為數雖多。扣其所出。已費不少。何異以羊易牛。猶謂之
得策耶。且以一引鹽論之。歲給工本及柴草等物。又有鹽司官吏
月支俸給般運水腳之費。通以價錢准除折算。而官司月過本錢
將及一半矣。此則大不便於國家者也。夫畜貓防鼠。不知饞貓竊
食之害愈甚。養犬禦盜。不知惡犬傷人之害尤急。今鹽司官吏。猶
饞貓惡犬之為害也。宜先去之。則鼠竊穴藏盜亦屏迹矣。唐劉晏
專用榷鹽以充軍國之用。觀其行事。一時莫及。後世亦無有以繼
其軌者。其言曰。戶口滋多。則賦税自廣。理財常以養民為先。又謂
官多則民擾。但於出鹽之鄉置鹽官。收鹽戶所煮之鹽。轉鬻於商
人。任其所之。自餘州縣不復置官。或商絕鹽貴。則減價鬻之。謂之

常平鹽。其始江淮鹽利四十萬緡。季年乃六百餘萬緡。由是國
用充足。民不困弊。此已驗良法。古今不能易也。為今之計。不必
立奇求異。但祖述劉晏之遺規。則盡善矣。宜將鹽運司衙門及
各場所設官吏關軍巡卒盡行革罷。併入有司管領。選省部內
才幹官一員。充榷鹽使。於各州縣摘佐貳官一員。提調鹽事。於
出鹽去處設鄉官一員。專掌支發。但發取本處有抵業富家應
當亭戶。分認周歲鹽額。令亭戶自行收拾。竈戶任便煎煮。隨處
立倉交納。灶戶不致於逃亡。竈戶可息於追剝。民戶亦免圖巡
緝逮之擾。既無所擾。自皆然矣。應辦矣。若非亭戶竈戶而自煎
者。方為私鹽。許令鹽戶告發。依條治罪。事既歸一。誰敢輕犯。如
工本實為鹽司所有。而鹽戶虛受其名。得免額外奇虐。已云幸
矣。雖不支工本。亦無怨也。終歲額辦鹽引。預於春季作一次發
下諸路給散各鄉官收貯。令客人徑於收鹽去處支買。依時價
兩平交易。聽從他處發賣。隨所至繳鹽引。自可革去買引攙引
支鹽分例批引過關一應之弊。商人獲利既厚。則販者必多。而
民間亦可得賤鹽食用也。古今鹽法。不過為辦課耳。使課而無
虧。何必廣布衙門。自取多事。今鹽有定額。戶有定數。私煎有定
罪。若一委之有司。取辦於亭戶。既省俸給工本。自可全收課程。
官享其利。而民安其業矣。至於戶日蕃而賦益廣。鹽日多而利
益博。他日之增羨。未可以限量計也。富國惠民之道。已盡於此。
厚俗切自三代漢唐以來。曆數延長。雖中經變亂。至於臨危而
獲安。垂絕而復續者。皆由風俗淳厚。人心固結有以維持扶植
之也。賈誼曰。化行俗美。則皆顧行而忘利。守節而仗義。至哉言
乎。禮義不立。廉恥不興。風俗日薄。人心日漓。如人之一身。已無

元氣安能長久。風俗乃國之元氣。國祚脩短。係乎風俗之厚薄。所關甚不輕也。知為政之要者。當以移風易俗為第一義。夫移風易俗莫大於禮樂教化。昔魯兩生曰。禮樂所由起。積德百年而後可興。自開國以來。今且百年矣。周書曰。既歷三紀。世變風移。自混一以來。今將三紀矣。以時考之。則可興禮樂崇教化變風俗。不可謂之太早計。而朝廷上下畧不及此。苟且一時之謀不思萬世之策。甚可謂長太息也。夫治國猶治身。既未能補養元氣。使之壯實。宜先去其蠹賊。不致於損傷則可矣。且即數端大壞風俗者言之。女正位乎內。男正位乎外。男女吾天地之大義。所以風天下而正夫婦。王化之基也。今街市之間。設肆賣酒。縱妻求淫。暗為娼妓。明收鈔物。名曰嫁漢。又有良家私置其夫。與之對飲。食同寢處。畧無主客內外之別。名曰把手合活。又有

典買良婦養為義女。三四群聚。扇誘客官日飲夜宿。自異娼戶。名曰坐子人家。都城之下十室而九。各路郡邑。手相倣効。此風甚為不美。且抑良為賤者。待告而禁。終不能絕。若令有司覺察或許諸人陳首。但有此等。盡遣從良。有夫縱其妻者。盡因奸從夫捕之條。所以為之無忌。若許四隣舉覺。俾同奸斷。或因事發露。則罪均四鄰。自然知畏。不敢輕犯。此可以厚俗之一也。古者嫂叔不通問。所以別嫌疑。辨同異。今有兄死未寒。弟即收嫂。或弟死而小弟復收甚而四十之婦而歸未冠之兒。一家骨肉。有同聚麀。兄方娶妻而弟已有垂涎其嫂之想。嫂亦有顧盼乃叔之意。妻則以死期其夫。弟則以死期其兄。閨門之醜。所不忍言。舊例止許軍站續又令漢兒不得收。今天下盡化為俗矣。若弟可收嫂。則姪可收嬸。甥可收妗。子可收姆。伯可收弟婦。但有男

女之具者。皆可為種嗣之地。縱意所為。何所不至。此風甚為不美。除蒙古人外。所宜截日禁斷。有兄亡而嫂願改志及守志者。並聽。如收以為妻。則比同奸罪。更加一等。此可以厚風俗之二也。夫紀綱名分。禮之大經。賤以承貴。下以事上。明君子小人尊卑之分限也。今有人家年深奴婢。或需求不獲。或索去不能。欺蔑傲慢。不聽驅使。才加捶撻。便成讎恨。未免巧撰非違。以誣其主。官府未明其虛實。主奴必須同跪于庭。或攀指閨門婦女。貴賤不分。污言無忌。縱得解釋。何面同處。況南北之風俗不同。北方以買來者謂之軀口。南方以受役者即為奴婢。各因其俗之舊。則化易行也。故唐法奴告主者皆勿受。若縱奴告主。名分不立。此風甚為不美。除謀反大逆謀故殺人。許令陳首。其餘一切事務。並不得告。有司亦不得受。此可以厚俗之三也。夫孝始於

事親。中於事君。終於立身。故自天子達於庶人。莫之能易。今有父母俱存。而諸子便已分居析爨。又有職官歷任棄父母而携妻子。昔人三釜之祿為養親也。不顧其親之養。大行已虧。安能治民。又有父母祖父母訃音入耳。略無哀容。或馳伶奔喪。而居官自若。又有親方垂絕。不事津送。且娶妻婦聘女。恣為酣歌。又有鶴髮之親在堂。而牽於求名營利。至十數年于外。而喜懼罔知。略不動劬勞之念。此皆絕滅大倫。去禽獸者幾希。夫三年之喪。天下通喪也。古人云。求忠臣於孝子之門。未有不孝其親而能忠於君者。又云。於所厚者薄。無所不薄。未有薄待其親而能厚於他人者。此風甚為不美。古者明王以孝理天下。由身先之也。又聞古者宗廟四時之祭祀。悉皆天子親享。不敢使有司攝也。伏望檢討舊典。親行享廟之儀。此謂追遠而民德歸厚矣。仍

令天下無論官庶之家，有親在而諸子忍於分析，及居官客外而違於生事死葬者，並坐以不孝之罪。凡遇父母祖父母之喪，並令守制終服。如有告開養親或棄官廬墓者，各從所往，俟其孝行顯然，則優加褒獎。此可以厚俗之四也。父子夫婦乃三綱五常之大者，百世不能以損益也。今鬻子休妻，視同犬豕，賤賣貴買，略無惻忍。雖有抑良買休之條，例而轉賣者則易其名曰過房，實為軀口；受財者則易其名曰聘禮，實為價錢。今大都上都有馬市、羊市、牛市，亦有人市，使人畜平等，極為可憐。是朝廷廣視其禁而明開其門也。大民之安於田里而不好作亂者，以妻子可戀，生理足惜。昨若父不以子為子，夫不以妻為妻，朝為骨肉，暮即岐路，六親不保，恩情已絕，推是心以往，則子棄其父，妻棄其夫，弟棄其兄。為下者疾視其長上，綱常之道蕩然不存。此風甚為不美，所宜嚴行禁絕。無分買者賣者引至者，并令一體斷治。並坐本貫官吏以衡失戶口之罪。使各相保守，無棄天倫。此可以厚俗之五也。古者定服色，所以明貴賤，陳卑高。今衣冠一體，貴賤不分，服色混殽，尊卑無別。如繡金龍鳳，常服也，而百官庶人皆得服之。明珠碧鈿，后飾也，而閭閻下賤皆能效之。若騶從廝役，囊有一金者，便可以乘肥衣輕。雖德行道藝，鉼無儲粟者，亦甘於徒步敝緼。如主奴同出，先與後之分耳。或聯行並轡，不辨誰主誰奴。官吏雜處，坐與立之殊耳。或閑居促膝，不知孰官孰吏。上下無差，冠履倒置。此風甚為不美。宜以九品之官定為九等，士農工商僧道定為六等，下而臧獲定為一等。使服飾各安於分限，貧富不得而僭踰。此可以厚俗之六也。凡此數者，皆時政之急先務，邦國基本實繫於斯。願在朝廷力行何如耳。德風所加，靡如草偃。今行禁止，誰敢不從。所謂道以政，齊以刑，民知遠罪而未至革心。化行俗變之餘，所謂道以德，齊以禮，民日遷善而不自知。風俗既淳，人心自固，各遵德義，視法如讎。欲挽回唐虞三代之風不難矣。

一備荒。凶年饑歲，古不能免。每每亂亡由此名之。是以牧民之官常切究心，備荒之策至甚詳密。古者無三年之蓄曰國非其國也。三年耕餘一年食，九年耕餘三年食。故堯有九年水，湯有七年旱，天下不至於亂，民生不至於乏者，以備之有素也。國家混一以來，年谷屢登，民無菜色，間有不稔，未見深害。所以上下偷安，不為經久之思。萬一遇大水旱，大凶歉饑饉相因，骨肉不保，戶口星散，盜賊寖起，將何策以救之。今民間一年耕僅了一年食，雖有餘糧，亦不愛惜。如近年河南小荒，江淮一水，便已蕩析流離，無所依歸。今年山東八路被災闕食，朝廷撥降鈔三萬錠，委官計戶見數，大口二斗，小口一斗，賑濟兩月。續據報到闕食戶四十六萬四百餘戶，大小口一百九十萬四千有零，該米六十七萬三千九百八十石，折支鈔三十三萬四千八百餘錠，亦可謂善政矣。然民生不可一日無食，七日不食則死，安能忍飢以需賑濟。若待所在官司申明聞奏，係議拯救之術，展轉遷誕，往往流亡過半。此不可一也。災荒之地，自冬而春，春而夏，直至秋成，方可再生。縱得兩月之糧，豈能延逾年之命。此不可二也。今天雖雨玉，亦不可為粟。家累千金，非食不飽。若給以見糧，猶能濟急。今散以鈔物，非可充飢。縱有鈔滿懷，而無米可糴，亦惟拱手就死而已。官雖多費而惠不及民，此不可三也。無預備之先謀，至臨危以立策，雖有上智無如之何。今京都之下，達官大家，亦無儲畜。百工庶民皆是旋糴給糶。朝不謀夕。只令米多價平。尚且不給。設使價起。更值山荒。盡為填溝壑之餓莩矣。此皆可為甚慮者。而執政恬然不以加意。識者為之寒心。伏覩至元新格。該義倉本使百姓豐年儲畜。歉年食用。此已驗良法。其社長照依元行當復修舉。文非不明也。意非不嘉也。越十三載。未見舉行。朝廷泛然言之。百官亦泛然聽之。不過虛文而已。漢立常平倉。穀賤增價而糴以利農。穀貴時減價而糶。民以為便。二千年間皆則而效之。朱文公嘗行於浙東。最為得法。每歲秋成官司給錢。依時價收糴入倉。次年飢時依元價出糶。錢復歸官。官無所損。而民有所濟。備荒之策無出此者。然此法不可行於今矣。何也。貪官污吏並緣為奸。名官入官出民間。未沾賑濟之利。且先被打筭計點之擾。及出入之時。又有尅減百端之弊。適以重困百

姓也。宜於各處驗戶多寡。或一鄉一都。於官地內設立義倉一所。令下姓各輸已粟。自掌出入之數。不費官錢。可免考較。民入一石之粟。自得一石之價。不費於公。亦無損於私。雖不若官支價錢之為便。然為做古酌今之良法也。猶慮風俗不古。急義者少。豪家巨室為富不仁。惟想望飢年。可以閉糴要價。誰肯以陰德濟人為心。若令自願。必無應者。亦須官為立式。有地百畝之家。限以一歲出粟一石。如有好義願自多出者聽。恐令出等甲戶執其綱領。擇鄉里能幹者效其驅馳。歲添新粟。則旋廣倉廩。每遇闕乏。如取諸寄而已矣。收支出入。既無預於有司。若其規畫未至。必須助以官府之力。或掌事任勞之人自有侵欺。宜令司縣官依竊盜例科斷追理。或司縣官因而挾勢借貸。宜令延按官依枉法贓例定罪。徵還本色。若所在官司有能勸率成效。令合屬上司開具保舉。優加陞賞。誠為安民定業之長策。經邦貽謀之要道。雖言近迂緩。而事實急切。如今年之荒。特其靡洋。所可憂者正在他日。毋謂不及於目前。而藐然置之度外也。然此事非二三年未能有成。而目前之急。必思先有以救之。廟堂之上皆知為今日急務。不過坐待其斃。未聞處置之方略。雖官司賤價賑糶。以有限之米。應未已之荒。長計將安出。若勸令隨處富家平糶。則流害滋甚。大戶縱賄而求免。小戶力貧以奉行。徒資官吏之漁獵。初無濟閭里之危急。言者請給塩引和中客米。往年發珠子引。塩商大陷。至今怨讟豈堪再虐以示引邪。縱令優利數倍。亦所不欲也。今被災之處雖多。而江淮湖廣亦皆稔熟。及此收成之餘。急為立法。收米四百餘萬石。半運赴都。半留隨省。以備明年之荒可也。宜做漢時輸粟為郎之例。撥下從七

品正從八品虛名勑牒四千道。賞撥散官。遙授職事。分給行省。填名類報。從七一千道。每名米六百石。正八一千道。每名米四百石。從八二千道。每名米三百石。可得米一百六十萬石。天下之富而好名者。皆爭趨之。既非常調。亦無礙於選法也。又做宋時官賣度牒之例。除西番僧外。發下度牒三十萬張。散之各路。凡為僧道。悉令倒給。自至元十四年始。截日終出家者。每名入米十石。可得米三百萬石。歸附以來。僧道無憑據。糧不輸官。儲積最厚。使少出所餘以濟飢歉。亦無損於教門也。二者但費朝廷之一紙。不動聲色。而數百萬糧可立而致矣。舍此不行。他未見其策也。夫鬻爵濟時。雖非令典。稽之古實。亦乖創行。然可暫不可常也。度牒之法。本後出家者每人納米四十石。永著為令。寬以二三年。義倉既成。儲畜自富。可高枕而無憂矣。

一定律。律者所以齊天下之動。至公大定之制也。皋陶作士。明于
五刑。穆王訓書。罰屬三千。綱舉目張。井然不紊。故百官奉法。各
知所守而不敢踰。百姓視法。各知所避而不敢犯。自三代而下。國
家立政。必以刑書為先。歷觀古今。未有無法而能一朝居也。今
天下所奉以行者。有例可援。無法可守。官吏因得以並緣為欺。
如甲乙互訟。甲有力則援此之例。乙有力則援彼之例。甲乙之
力俱到。則無所可否。遷調歲月。名曰撒放。使天下黔首蚩蚩然
狼顧鹿駭。無所持循。始之所犯。不知終之所斷。是陷之以刑也。
欲強其無犯得乎。內而省部。外而郡府。抄寫格例。至數十冊。遇
事有難決。則檢尋舊例。或中無所載。則旋行議擬。是百官莫知
所守也。民間自以耳目所得之敕旨條令。雜採類編。刊行成帙。
曰斷例條章。曰仕民要覽。各家收置一本。以為準繩。試閱二十

年間之例。校之三十年前。半不可用矣。更以十年間之例。校之
二十年前。又半不可用矣。是百姓莫知所避也。孔子曰。刑罰不
中。則民無所措手足。今者號令不常。有同兒戲。或一年二年前
後不同。或綸音初降。隨即泯沒。遂致民間有一緊二慢三休之
謠。上無道揆。下無法守。不聞如是可以立國者。京都為四方取
則之地。法且不行。況四方之外乎。如往年禁酒。而私醞者比屋
有之。酒益薄。價益高。而民益困。又如禁牛。而私宰者愈多。聲鼓
之下。十家而八。又如奸盜殺人。必不可赦。而每歲放免曾廢。以
此人心輕於犯法。又如婚姻聘財。明有官庶高下折鈔之例。而
今之嫁女者。重要財錢。品官富人。或索七十錠一百錠。市井之
家不下二三十錠。更要表裏頭面羊酒等物。與估賣驅口無異。
又如買賣田宅。舊有先親後鄰之例。而今民業多歸勢要。雖親

與鄰不得占執。告到官府。無力與競。業在豪家。終為所有。推此
數端。天下弊可知矣。今有司每視刑名為重。而婚田錢債畧不
加意。殊不知民間爭競之端。無不始於婚田錢債。而因之以至
於奸盜殺人者也。憲司延挨。每以贓罰為重。而一切民訟畧不
省察。殊不知百姓負冤。上無所訴。是開官吏受贓之路也。審囚
決獄官每臨郡邑。惟具成案行故事。出斷一二。便為盡職。不知
大辟以下刑名公事甚不少也。路縣官吏未飽其欲。每聞上司
官至。則將囚徒保候。審錄既畢。仍復收禁。此皆無法之弊也。又
兼衙門紛雜。事不歸一。十羊九牧。莫知適從。普天率土。皆為王
民。豈可家自為政。人自為國。今正宮位下自立中政院。匠人自
隸金玉府。校尉自歸拱衛司。軍人自屬樞密院。諸王位下自有
宗正府。內史府。僧則宣政院。道則道教所。又有宣徽院。徽政院。

都護府。白雲宗。所管戶計。諸司頭目。布滿天下。各自管領。不相
統攝。凡有公訟。並須約會。或事涉三四衙門。動是半年。虛調文
移。不得一會。或指日對問。則各私所管。互相隱庇。至一年二年
事無杜絕。遂至於強淩弱。眾暴寡。貴抑賤。無法之弊。莫此為甚
也。昔先帝時嘗命修律。未及成書。近議大德律。所任非人。訖無
甚效。今宜於臺閣省部內選擇通經術。明治體。練達時宜者。酌
以古今之律文。參以先帝建元以來制敕命令。揉以南北風土
之宜。修為一代令典。使有司有所遵守。生民知所畏避。國有常
科。吏無敢侮。永為定制。子孫萬世之利也。諸色衙門投下頭目
除管領錢糧造作外。無問大小詞訟。俱涉約會者。並令有司歸
問。似望政歸一體。獄無久淹。可謂成物之簡能。太平之要道矣。
一。刑賞。夫慶賞刑威。國之大柄。刑威不加。則人無所畏。慶賞不明

則人無所慕。二者不可偏廢也。古者立刑。必先施於贓吏。蓋贓吏為患。甚於酷吏之肆虐。酷吏雖為少傷人。猶得而避之。贓吏徇私滅公。人之受害尤甚。國法之不得行。民冤之不得伸。上情之不得下達。善政之不得及民。皆由贓吏有以蠹之。先去贓吏猶除草必先去其根也。贓既不行。則刑自平矣。昔國家定為枉法不枉法之例。今則枉法者除名不敘。不枉法者並殿三年。制法雖明而犯者未已。終莫能禁其萬一也。賈誼曰。禮者禁於將然之前。法者禁於已然之後。既不能革其心使自無所犯。又未能使之畏法而不敢犯。是為兩失之矣。且如司縣官困於正從七品八品間。終老無受宣之望。吏員困於路縣。終老無受敕之期。凡人之自愛其身而重於犯法者。以清議之可畏。前程之尚遠也。既無所畏。又無所慕。則仕而為貪耳。復何所惜。欲責以無貪。不可

得也。若其家業已成。資畜已富。雖除名雖殿三年。未足介意。近見江西有路司吏因賊情事受鈔五百錠金銀一箱。一夕孥家而去。不知所之。意謂累路吏月日老死不得一官。不若多得鈔物可謂富家翁也。又見各處有州縣官不顧名節。縱意侵漁。大小民訟商賈納賄不章。而因小贓告發。雖行定罪停罷。今在閑居已成巨室。縱不再仕。亦可了終生之計也。似此之類。何可勝數。在昔有刺配籍沒之法。犯其面則終身不齒於鄉里。籍其資則全家不免於飢寒。治贓吏無出此法之善也。然朝廷未嘗無刺籍之法。如累朝宰執近臣。多已被罪籍沒。豈此法獨行之隨朝而不可行之外任。又兼有強盜刺額竊盜刺臂之法。矣其贓吏之害及百姓。尤甚於強竊盜之害止於一家一人而已。豈此法獨施之強竊盜而不可施之贓吏。彼之受贓不顧者。將以肥

其身。利其家。養其妻子耳。若使身陷刑戮。田宅為空。妻子不保。雖不除名。不殿三年。亦不敢輕於干禁也。今後無分內外大小官吏。但是贓狀明白者。吏則刺面配役。官則免刺流徙。所有家財田宅奴婢。並令盡數沒官。庶贓吏知憚而犯者鮮矣。夫法為小人而設。非為君子也。君子之人。必不自同於贓吏。而贓吏之法必不及於君子。立法非過於嚴也。治小人之法當如是耳。然今日之政。不患罰之不至。而患於賞罰之不公。不患貪者之難制。而病於貪廉之無別。贓吏固嚴其罪。養而廉吏則未見其賞也。今省部置立過名簿。不聞有功績簿。憲司歲報贓罰冊。不聞有廉能冊。夫人性不大相遠。利欲人之所易動。善節人之所難能。豈以功績廉能為不美哉。謂舉無傳。謂善不足為也。若為善而無以勸。則皆相習為不善矣。舜去四凶。舉十六相。而天下大

治。非罰之少而賞之多。使善者並進。而惡者自化也。明王施政猶天地之於萬物。雨露以滋養之。而後雪霜以肅殺之。有雪霜而無雨露。非所以化育。有刑罰而無恩賞。亦非所以為政也。朝廷昔有封贈之條。該具雖明。而舉行未見。今後無分內外大小官員。有一廉如水。無擾於民者。令風憲官從公保舉。申臺呈省。俾同實跡優陞一等。歷一考則封贈其父母。再歷一考則封贈其妻妾。但才德公勤有一可稱者亦如之。不過費朝廷一紙之虛名。而可以收激勸人材之實効。使居官執役者。明見贓吏之被禍及其身。及其父母妻孥。盡不免於戮辱。又見廉吏之蒙福及其身及其父母妻妾。俱得享於榮華。誰不願趨榮而避辱。捨貪而從廉。不待畏法而不敢犯。舉皆革心而自無所犯矣。

一俸祿。孟子曰。祿足以代其耕也。在官者不耕而食。故制祿以代

之禄有不及何以養廉漢宣帝詔曰吏不廉平則治道衰今小臣皆勤事而俸禄薄欲無侵漁百姓難矣近來貪官汚吏習以成風禄之有餘者則視為儻來略無撙節之心禄之不足者則借曰無可養廉恣為侵漁之地上下交征相承為例廉恥道喪不覺其然宜思所以整救之可也時務所急雖未專在此而禄之不均自是朝廷一大缺政今親民之官該俸十兩者給職田二頃獨江南半之南地非肥北土非瘠也況江北少嚚訟之風江南多豪猾之俗而給田乃有重輕此禄之不均一也顧茲中外管軍管民務站各色官均為任君事也均為食天禄也而職田獨與路府州縣及廉訪司官而餘弗之及於此何薄於彼何厚此禄之不均二也今各處職田元有官田則有之元無官田則無之又雖有官田而不給為職田者有職田處除絲麻豆麥外所收子粒路之正官不下八百石微如巡檢亦收一百餘石無職田處徒得職官之名不沾顆粒之惠而況外任俸鈔從五品止三十兩從六品不滿二十兩如九品止十二兩以俸鈔買物能得幾何十口之家除歲衣外日費飲膳非鈔二兩不可九品一月之俸僅了六日之食而合得俸鈔又多為公用捎除若更無職田老穉何以仰給又如小吏俱已添俸添米舊請俸鈔六兩者增作八兩每鈔一兩月加米一斗以此比之則六品以下之無職田者反不如一小吏也飢寒相迫欲律以廉得乎此禄之不均三也今內任俸鈔倍於外任而京城之間尋常米價亦是半定一石飲食衣帛件件窮貴以鈔數計之雖多一倍以日用計之實無外任一半所得況無職田可以供贍如外任三品官月得俸鈔八十兩職田米八百石一月該米六十餘石至

如九品亦收職田米一百以上石一月得米已近九石之數隨朝三品官月請俸鈔三錠一十五兩既元無職田又不添俸米而四品官除俸鈔外月增米一石九斗五升由此言之則隨朝三品四品之官反不如外任九品簿尉之俸此禄之不均四也制禄不均則人心不一放辟邪侈無不為已其流弊可勝言哉且俸禄一事自歸附以來言者不知其幾矣而所言俱不得其要朝廷舉行亦不知其幾矣而所行皆未底于平一番更變又是一番衮行終無益於缺政之萬一也中朝冗職固難枚舉如各處廵檢各路提控案牘歲收職米尤為虛費隨縣置尉司簽弓手以專廵警又有分鎮軍官以助之何須贅設廵檢司甚而一縣之内有設三四處者徒蠧民間無濟官府隨路既有經歷知事足任案牘又令行省贅差一員徒蠧官府無益民間並賴須多皆合汰去所可省俸又可以清選法也如處州徽州等路總管無職田可收縱令每月增米一石五斗五升而有劉人員一月反得米八石有零似此不平朝廷何嘗知之當今之弊不在俸禄之薄而在俸禄之未均不患俸禄之不裕而患設官之太濫均有餘以周不足取濫設之米以給合設之官則國無所損而官有所利矣議事之臣日夜講求俸米之說譊尔紛紛莫窮要領其有俸鈔有職田則過於厚無俸鈔又無職田則過於薄尸位素飡者空負糜廩粟之譏胼勤輸力者乃有歛不足之歎若能裒多益寡截長補短職田所收自可敷用今有額外多費二十八萬餘石糧徒於國儲大有所損實於官吏未見其益且丞相職居人臣之右每月得俸八錠有零一日之俸不滿十四兩若救晉之何曾日食萬錢無下筯處雖罄竭私帑亦不能

自給矣。天子立相。必須厚祿以優崇大臣。律身自宜減會而從儉。豈可先處以約而薄其所養哉。今俸自三錢以上者。不得添米。官益高而俸益薄。甚非尊尊貴貴之道也。又如隨朝大小官及各處行省宣尉司皆是樞要重臣。既無所取於民。又無職田可收。縱添些少俸米。何足為養廉計。君子猶良驥也。欲責之日行千里。又不飽以芻菽。世無是理也。宜盡取元撥職田合收子粒錢粮。官為收貯。將中外合設人員分別差等而普及之。隨朝官吏俸給雖厚。米價則穹。凡俸五兩月給米一石。外任官吏俸給既薄。米不直錢。凡俸五兩月給米二石。五兩以上。隨俸加之。不願支米者。則隨時價准之以鈔。內外臺察院廉訪司事煩而形神勞。官清而交往絕。比之有司。量加優添。所以重風憲也。和林上都山後河西諸州城不係出米去處。照依本處時估折價

不當拘以二十五兩。所以重邊鄙也。無分軍民各色官吏。但請俸錢者。隨所給鈔數按月支米。元無俸錢者。隨所授品從依例增支。將官收職田錢粮。先儘外任數足。其餘剩者。盡令起運赴都。以給隨朝官吏。計其所得。倍多於前。又可無過費太倉之粟。此所謂利國利官之要道也。其祿既均。其政自平。免致飢寒之憂。自存廉恥之節。然後律之以贓貪之法。彼亦不得而有辭矣。

一求賢。治天下無他道。得人而已矣。詩曰。得賢則能為邦家立太平之基。書曰。野無遺賢。萬邦咸寧。自古及今。國家之興廢。世祚之長短。係乎君子小人之分。用君子必治。用小人必亂。不待縷數詳陳。雖三尺之童。亦知此語也。欽覩明詔。有德行才能不求聞達者。具以名聞。上意非不勤也。未有一山澤之賢希章之吉得進於朝廷者。豈四海之廣。盡無其人耶。天之生才。代不乏絕。何嘗借才於異代。不患無才。所患求之之道未至耳。待其自求而後用之。求進者必非佳士。其有異才者。必不肯自鬻其身也。混一以來。中外薦舉紛奏迭章。而取好人之使。接踵交臂。類皆猥瑣齷齪之輩。次則庸醫繆卜及行符水售妖術之流耳。未見得一真好人也。古語云。達觀其所舉。又云。惟賢知賢。薦引者已非好人。安能識一真好人耶。況賢才之生。散在四方。古今大賢多產於遐陬僻壤之地。出於閭閻寒素之家。雖明君哲輔。不能周知。豈岩廊之內。跬步之間。所能盡天下之賢。今朝廷選人。省部臺院互相推舉。見任者既罷。前廢者復起。往來除授。不出眼前數輩而已。使皆賢也。尚不足以舉政。況未必皆賢耶。既不取人於寒微。又不歷試其能否。數年之後。舊人已死。來者又皆不經事之少年。無仁賢則國空虛。識者之所甚憂也。唐太宗征高

麗。得薛仁貴。謂曰。諸將皆老。患得新進用之。不喜得遼東。喜得卿也。蓋天下之才。猶水焉。浚導其源而疏通其滯。則取之不竭。未見其窮也。三代漢唐以來。有鄉舉里選。有孝廉科。賢良方正科。進士科。武士科。又有任子軍功之例。進取之塗非一端也。廣以取之。而後精以擇之。則賢否判然矣。故賢者於此時不求而自至。非樂於求進也。乃恥於明時不見用也。當今既無廣取之科。又無精選之法。取人於吏。他無進身之階。海宇之中。山林之下。懷瑾握瑜。韞匵自珍者。甚不少也。如郡縣之吏。或以市井小輩。或以僕御賤夫。皆頑頓士恥之徒耳。技止於刀筆。力困於期程。彼磊落之才。必不肯屑就明矣。如朝中小吏。若非達官之爪牙。即是見役之梯引。爭附炎門。自同輿皂。皆游惰無知之子耳。或有生腳而至者。以文學結交。決難投合。非樻物贄見。何足動人。又豈貧

者之所能辨。彼有志之士。必不肯苟合亦明矣。昔田千秋一言寤主。即登侯相。鄭然明一言見知。便獲賞識。古今際遇。往往皆然。若必待肥羊美酒以為先容。幣帛筐篚以將其厚意。則千秋老死於郎官。然明終役於堂下而已耳。仲弓問政。孔子荅以舉賢才。又問焉知賢才而舉之。曰舉爾所知。爾所不知。人其舍諸。蓋四方之賢者得於所見。有得於所聞。有得於人之所見所聞。其所知者有限。所不知者無窮。取在取人之知以為已知。非為平生歡笑面雅。而後謂之所知也。今朝廷上下。不問何人為賢。不知賢為何物。但以巧令迎合。即為精細。以勤奔走善枝梧。即為了得。以久出門下。包苴追往。即為知識好人。所知者止此。所舉者亦止此。而使此流皆得以居官治民。秖見人才日少。政事日乖。紀綱日壞。不可得而復整矣。使一路一縣一衙門之內。止得一真賢委而用之。何政不舉。何事不辦。不浚其源而澄其流。不端其表而正其影。雖日夜紛更。徒勞無益也。宜令各道廉訪司隨路文資官採訪遺逸。無問已仕未仕。見任在閒。但德行可取。才能足稱。卑然為鄉里所敬。及郡邑有聲者。不限員數。具以名聞。待以不次之擢。任以繁要之職。兼內外臺設監察御史主十餘員。各令歲舉一人。重責執結。如大失舉。並當罷職不敘。必然不肯徇情容私。以自貽身禍也。賢者遭時。喜於自効。朝廷得人。足以分憂。古者明良相逢之盛。復見於今日矣。

一養士自唐虞三代春秋戰國以來。王宮國都。下及閭巷。莫不有學。由閭塾而升之黨庠遂序鄉校國學。自月書季攷。以至三年大比。興賢能而爵之祿之。漢唐以後。宗尚益加。建太學。聘生徒至億萬計。如六朝之紛擾。南北之戰爭。亦未嘗一日廢學。而公卿大夫有不出於學校中者。雖處尊榮。終身為恥。是以古今用人。必從學校。捨此他無取焉。欽覩明詔。學校之設。所以作成人才。仰各處正官教官。主領敦勸。嚴加訓誨。務要成材。以備擢用。仰中書省議行貢舉之法。今內而京都。外而郡邑。非無學也。不過具虛名耳。京都立國子監。設生員。無非貴遊子弟。群居終日。句讀未通。已登仕版。欲冀成材。實不可得。若真欲取材於監中。豈二二十輩乳臭無知之子所能盡之耶。在學諸生。既無出身之定例。宜乎來者之不多。齋設伴讀。又不擇人。重賂監官。騰士陪堂。便得入名。更不知所伴所讀者何事。惟想望部領吏。儒學教授而已。朝廷養士為國家深長計。乃令每月掃已出陪堂錢一十五兩。勢家官稅。視此為輕。貧儒寒生。何所從出。今朝廷每歲竭內府太倉以贍性薛以錫僧道。豈少十五兩鈔而靳於養育人材耶。朔望莫謁。已為簡慢。春秋二丁。但揭研刻宣聖一本。破官錢辦祭物。略無禮儀之可觀。以杯酒腐肉為德色。鹵莽滅裂。莫此為甚。隨路立學。例設教授。凡隸文廟錢粮。獨不考較計點之目。朝廷待士亦云厚矣。何乃不體上意。務為苟且。以偷盜侵欺為能事。以積日滿考為盡職。書革作支。破食甚衆。坐齋習讀。不見一人。每歲租入。僅以供給教授正錄直學吏胥數家而已。生員子弟並不沾升合之惠。學校以為虛設。又立一儒學提舉司。上不能承流宣化。下不足儀表後進。尤為冗濫者也。且令之為教授者。失於遴選。薰蕕並進。者犯贓十惡之徒。有市井無賴之輩。亦有江湖間說相談命技術之流。及有新進少年假儒之名。全不通文理者。主領不得其人。安能責成其効。夫學官與有司官不同。儒者以行為先。若於士行猶虧。聲迹不美。便難居以師儒之職何待被告取招。然後明其非儒也。並憲上司特以儒官之故。每加優容。誠為過矣。如郎文龍乃黄班㧅之贓黨起奪徵贓。兩遭杖決。不執之行。鄉里不容。因奸易妻。奮女為奏闌之醜。路人皆知。初任建康。再任平江。皆多士之區為諸郡之甲。而使此輩居之。豈不為明教之羞。士流之辱。又如方平。因乞入奴。久留都下。寅緣詐冒。兩除教授。並不到任。在都以結攬公事為活。每日宿飲於生子人家。群優嘲戲。呼之曰方大頭。棄父母妻子於不顧。俱以凍餒而死。訃音到都。正飲娼門。略不舉哀。亦不奔赴。至今父母妻三喪不舉。閭黨有詩譏之。滿墻壁傳播郡下。言之可醜。他郡學官似此甚不少也。又有待選未除五百餘名。誰為才學明敏。誰為教養精勤。出於選用。必合相應人數。其有虛偽捏合濫名選中者。又且十居四五。望其作成人材。豈

奏議卷之六十七　三十五

可得哉。作成者固不用心。而人材亦不肯就學。今之籍名儒籍者。不知性行本於幼學。而謂借徑可以得官。皆曰何必讀書。縱後富貴既往路非出於儒。不須廢費日力。但厚賂於集賢院求一保文。或稱茂異。或稱故官。或稱先賢子孫。白身人即保教授。才入州選。便求陞路。才歷一任。便幹提舉。但求陞遷之速。何問教養之事。因此學校遂成廢弛。言者皆歸咎於差後所致。不思唐宋盛時。儒人未嘗免差。而士風甚盛。人材甚廣。無他。舉名器之於前。利祿引之於後也。使前數年不當差後亦未見有一人成材者。若業儒而獲用。則人自柔尚。雖當役不足以御之。使業儒而無所用。則人皆厭棄。雖免役亦不足以厲之。夫士列四民之一。為國教役。乃分之宜。而治國平天下。必須取才於士。称工農商之比。在朝廷自當有以優異之。故除徭役以逸其身。存恤

以養其心。好爵以縻其材。信任以[illegible]其志。必如是。可以盡樂育之道也。儒優異之虛文。無激勸之良法。終何補於世用。近朝廷舉擇二三孔氏。謂尊崇聖道。不出於此。比年泛請不明。但姓孔者俱稱聖裔。蠢然無學。即充路教。再歷初階。即陞八品。有貴鈆繼聖學明聖道者反不得援例。夫孔子之道無愧萬世。允天下之路仁履義者。皆夫子之徒也。豈萃在一家一姓之中耶。若朝廷廣延儒者。孔道大行。則生民蒙其福矣。非諂私其子孫以示褒崇之至也。今後宜以教養實效貢之數。殿常令風憲官及隨路文資正官舉德行經術素行有聲望之師範者。即使辟舉擢選。總行文學眾所推服者。補於見闕。到加勉勵。每歲於朝廷優給扶選以驗養之。限二百員或三百員。較其能否。次第錄用。庶使學校不為虛設。人人各知自奮。數年之間。誦讀多士之詩矣

奏議卷之六十七　三十六

一奔競貪鄙之風。尤不可長。古之人。惟患德之不修。學之不講。不患人之不已知。故用行舍藏。一安於命。任止久遠。各隨其時。何嘗識有奔競之事。國朝混一之初。刀筆虛偽。選任實才。此時求進者少。人心猶有古意。近年以來。倖門大開。虛妄紛進。士行喪薄。廉恥道喪。雖執鞭拂鬚。甚於奔學。異之事。靡所不為。其有攀附營求。即獲陞遷者。則眾口稱之羨之。以為能。若安分自守。壹於干謁者。則眾口譏之笑之。以為不了事。習以成風。幾不可解矣。昔桓玄以前世皆有隱遁。恥於己時獨無。求得皇甫希之使隱山林。號曰高士。時人謂之充隱。豈有當今盛際更無一人高尚耶。朝廷既不為恥。則天下亦不以奔進為恥矣。且即近事明之。如前年翰著作依附梁平章門下。希望恩賞。再求抄寫大一統志。選用能書者二十名。語人云。舊例已歷任陞職一資。白身人

即入流品。日支食錢。公給筆札。闈者鼓舞。莫不爭趨。於是趙者作之。户外饞餽交馳。顧求一保。如登天府。況出其頭指。予奔定其一言。至今談者莫不為笑。又如去歲上命寫金字經。從禮部與翰林院官選擇字樣。一時奔競喧閧京師。各投門下。自討經營。侍郎高顯卿學士張師道。至下如應奉鄧善之奏差張士開數家之門。賄賂公行。各出抹子。分占名數。不以字樣定去取有計置即中程式。論價貨名。如同商賈。有不由禮部發者。則缺經局投門下。動至數千百人。禮部經局。互相詆毀。即此二事而觀。可為風俗一慨。奔競日滋。氣習日下。自茲以往。尤恐日甚一日。且編一統志。前後兩舉。其初也。監中求人。而人不肯就。今則人爭求之。而惟恐不得。寫金字經。前後三見。其初也。各省取人莫不力辭求免。官府以勢迫其來。次則人雖懸得。猶恥於求也。

今則趨者如市。競進爭先。惟恐居後。是人心士習。一日不如一日亦可見矣。此事所關甚非細故。執風化之樞者。豈不慮及。何耶。管子曰。禮義廉恥。是謂四維。四維不張。國乃滅亡。凡此者皆不知禮義廉恥之所致也。惟在上之人。有以絶僥倖之門。則此風自息耳。夫尺寸之名。求則得。不求則不得。人安得而不爭。錐刀之利。趨前則有。居後則無。人安得而不逐。俗流相因。恬不知恠。而能不求不趨。卓然自立於名利之外者。千萬中無一人也。風憲之官。尤為禮義廉恥之所自出。往往亦可求而得之。又何恠世俗之皆然耶。昔人言。天下有道。公論在朝。天下無道。公論在野。甚矣天下不可一日無公論也。公論所在。如鑒空衡平。纖毫不能以容其偽。雖無事於奔競可也。自公論不明之後。美惡妍醜。無定價。愛憎取舍。一出私情。人非樂於奔競也。其勢不

得不然。平如抄錄古書揩寫金字。非有追章琢句之巧。若古證今之難。雖以惡夫下流。但能繕書者。皆可與選。給食賞鈔。[illegible]其勞。又與之陞職減資。是朝廷開天下以奔競之路也。當今之外窮遠之士。有皓首窮經。赤心報國。而未獲一階半級之陞者。何可勝計。僅能點綴八書。便可以拾取朝廷之官爵。豈不貽其於天下後世耶。市井之間。莫不忻慕。得寫者之遷擢有期。又怨咨不得寫者之求幹不果。而得寫者皆志高意滿。不得寫者亦深自悔恨。民習澆漓之判。上在此日。失今不救。則流禍未知所終也。若遷欲及其澆風。是其心術矣。豈一朝一夕之故。且金字志書金經二事。始宜特前以之。已陞已注者。追理前資。並行改正。今次之求陞未陞者。截日。停罷。杜其妄想。使天下之人。明知上意之所向。自然各識進退去就之宜。出處行藏之正。雖未能盡

化天下之俗。而奔競之風。亦能十去其七八矣。其於世教。實非小補。

一核實虛文無實壞政尤甚。漢宣帝信賞必罰。綜核名實。政事文學法理之士咸精其能。其時猶有王成虛增户口。黃霸妄稱神雀。議者以有名無實譏之。況下此者。不言可知。今朝廷布政。蠲令出於一時。漫浪之言。百司不知所守。百姓不以為信。習為文具。徒美外觀。雖庶人不能以理其家。況可以治天下乎。且即所見而言之。明詔德行文學高出時輩者。有司保舉。肅政廉訪司體覆相同。以備擢用。年來中外所舉。不為少矣。未見擢一才。發一士。豈非虛文求人乎。若薦狀明白。必須錄用。如人不當任。則必與保官同黜。斯為用人之實也。明詔政事之未便。人情之未達。朝廷得失。軍民利害。有上書陳言者。皆得實封呈獻。年來言者

所陳不為少矣。未聞納一諫。從一事。豈非虛文求言乎。宜選省
臺中曾歷外任文資官專一披詳。擇其可取者。不必議擬。即見
施行。斯為用言之實也。格例該諸縣尹以五事備者為上選。三
事成者為中選。五事俱不舉者必黜。令各官解由之內。無有不
備五事者。皆是滿替之後。巧裝飾詞。私家填寫。上司吏不推問
但辨憑無偽。俸月無差。便給半印。依本抄連。到選之日。真偽無
別。實備五事而無力者。止於常調。虛稱五事而有力者。則引例
陞等。豈非虛文考績之弊乎。宜從各官所屬上司考察其在任
有無五事實跡。另行開申付部。以定陞黜。斯為責效之實也。國
家立御史臺立肅政廉訪司。不揀甚麼勾當。並令糾彈。凡有取
問公事諸人。無得沮壞。今所糾劾者。僅可施之小官下吏。若據
要津。憑城社者。莫敢誰何。縱令言之。亦不聽之。所薦舉者。皆省

劄部。俾同故紙。雖有異才。終不見用。言既不行。因以為欺。而外
任巡按書吏人等。及有借風憲之威。徇私納賄。無所畏忌。其為
民患。過於有司。今臺選中所用人物。冗雜猥甚。豈非虛文重臺
察之弊乎。責任既專。則言無可否。必合信從。若所言不公。則嚴
加誅罰。斯為任風憲之實也。至元新格該常事五日程。中事七
日程。大事十日程。並要限內發遣。違者量事大小。計日遠近。隨
時決罰。今小事動是半年。大事動是數歲。婚田錢債。有十年十
五年不決之事。訟婚則先娶者且為夫婦。至兒女滿前。而終無
結絕。訟田宅則先成交者且主業。至財力俱弊。而兩詞自息。訟
錢債則負錢者求而遷延。而索欠者困於聽候。況刑名之事。疑
獄固難立決。其對詞明白者。可折以片言也。有司往以人命為
重。輩連歲月。干犯人等。太半禁死。但知一已死者當重。不知囚

禁以至死者。十倍其數。亦為不輕也。更無一事依程發遣。而違
者亦無一人依格決罰。豈非虛文議獄乎。若事有逾限不歸結
者。坐以不釋職之罪。比同贓濫。以定責罰。斯為聽訟之實也。詔
書累降停罷勞民不急之役。存恤鰥寡孤獨之人。愛民之念。可
謂至矣。孟子曰。有仁心仁聞。而民不被其澤者。未行先王之政
也。古者發政施仁。必先於四者。非謂官司專養之也。但化行政
成。四者不至於失所足矣。今與之衣。給之食。賜之鈔。而曰愛民
之道止此。是猶輿梁徒杠以濟人也。且鰥寡孤獨多在村落萬
山之間。無挾瓢乞食之所。深為可憐。今之錄名官籍者。皆坊正
巷長。略舉市閭所知以應故事而已。實為窮民無告者。未嘗登
籍沾惠也。聞吉州有王清甫一戶。家富百金。勢淩官府。而每歲
亦請衣糧。獲賞賜。似此甚不少也。糜費廩粟於民間。實無纖毫

之補。豈非虛文愛民乎。使上下相安。家給人足。則鰥寡孤獨自
有所依。斯為仁愛之實也。國家立司農司以敦農政。路縣正官銜
內加以兼勸農事。每歲仲春令親行勸農。重農之意。可謂盡矣。
夫農桑之事。民所恃以為命者。一日不作。則終歲飢寒。雖肯惰
農自安。以貽伊戚。惟在上之人養之愛之。使之無失其時。皆然
各安生理。不廢農業。若使親民官吏。縱其侵漁。日夜叫囂。雞犬
不得寧焉。雖家置一勸農之官。何益於事。如每歲出郊勸農。各
官借此為遊宴之地。帶行不下數十百人。里正社長科斂供給
有典衣舉債以應命者。亦擾民誠為不小。所謂以無益害有
益。豈非虛文務農乎。若嚴禁遊手之徒。罷絕妨農之事。則力耕
者衆。田野自闢。斯為重農之實也。國家倣古立翰林院集賢院
秘書監太常寺。可謂彬彬文物之盛矣。今翰林多不識字之鄙

夫集賢為羣不肖之淵藪。編修檢閱皆歸於門館富兒。秘監丞
著太半是庸醫繆卜。職奉常者誰明乎五禮六律。居成均者誰
通乎詩書六藝。且為公家分任一日事。則酬以一日俸。今十日
之間僅聚三日。十一月二十一日閑居私家。虛給俸祿。受若直而
怠若事可乎。況九日完坐。又不過行故事同杯酌而已。若云無
事可舉。不必濫此職名。以示美觀也。如醫學儒學蒙古學各置
提舉司。尤為無益於國政。若此者衆。不可枚舉。豈非虛文設官
乎。無問內外衙門。凡新所添設。盡行沙汰。舊有冗員。嚴加減併。
則官無曠職。人無廢事。斯為命官之實也。國家設立太史司天。
以明占測。崇奉國師宗師以嚴祈禱。可謂盡事天之誠矣。今日
月薄蝕。則期集鼓奏以彰信推曆。未嘗尅定其應驗。星象失躔。
但托辭據度以分受官物。未嘗指稱其變故。罄竭公帑以供西

番好事。徒資妄僧之酒色。盛陳金帛以副黃冠醮籙。但充貪道
之口體。比來仰觀俯察。災異迭興。其示儆戒。亦云至矣。而恬無
畏懼之心。藐爾修禳之實。豈非虛文對越乎。蒼蒼在上。臨鑒不
遠。豈具文繆敬所能感通。及躬修德。則妖沴自消。悔過作善。而
休祥自降。斯為昭事上帝之實也。凡此數端。特其甚者。其餘事
務。往往皆然。近朝廷庶政更新。甦除前弊。如裁減官吏。分隸怯
薛歹。禁絕別里哥。一時號令。雷厲風飛。衆聽羣心。為之驚聳。謂
德化之成。指日可待。側耳數月。皆已寂然無聞。是朝廷虛言以
戲人耳。欲民之無駭。不可得也。凡布一政。須一令。務在必行。設
一官。分一職。責以必效。上無苟且之謀。下無慢易之心。上下一
意。以實相與。所謂執此之政。堅如金石。行此之令。信如四時。據
此之公。無私如天地。將何事之不可成哉。

一戶計國家設立諸色戶計為得法。古今不能易也。然法久弊
生。若能因弊修理。使久而不壞。即是良法。如軍站乃法之尤善
者。而弊在乎消乏。且軍戶雖困於供給軍需。站戶雖疲於遞船
買馬。亦多是人家子弟不肖自行破蕩。未可全歸咎於軍站之
難當也。然當站必須見鈔。可無丁。不可無產。當軍必須親身。可
無產。不可無丁。實則丁產相資。皆不可無也。如站九戶當一馬。四
戶當一船。消乏者雖多。而興進者亦不少。但驗戶稅新收實數。
使各相糾覈。有一戶消乏。則以他戶餘剩者補之。如軍有貼戶同
當亦有獨戶當者。多因單丁無人。當官以致逃亡。其戶雖絕。而
遺產尚存也。丁有消乏。則別簽貼戶助之。產有消乏。則以逃亡遺
產補之。自然俱不至於消乏矣。然軍站二戶。出力最多。每歲支持
至甚生受。若又令與民一體和雇和買。則消乏愈甚矣。今議者

紛紜。一則以為當差便。一則以為不便。殊不知南北不同。似難
一律。北方站戶多貧。終歲營生。僅了應辦。南方站戶皆巨富。有
輸糧百石之家。止以四石當水站。其餘則安享其利。兼積貪饕。
北方軍戶皆元簽有丁產大戶。一家親軀至四五十口。限地之
外。餘剩亦多。南方止是新附軍人。間有一二出等大戶。乃軍官
之家。餘皆亡宋時無賴之徒。投雇當軍。歸附後。籍為軍戶。僅有
妻子而無抵業。以此北站南軍。再當差發。直是貧不聊生。北軍
南站雖重復當之。未為大損也。如照依元簽頃畝糧石以定則
額。仍舊除免外。有餘剩者。卻令與民一體當差。庶南北無偏負
之失。繇役免重併之憂矣。如金戶一項。將簽戶計散在諸路。而
淘金之地。衆在數場。雖令各戶自行淘採其實。用鈔買金。以辦
官課耳。既與之免稅免役。以稅役之費為買金之資。亦無損於

民也。在先立淘金漕運司。金戶不能自存。革罷之後。皆得稍安。然猶不免金場各官頭目之擾。今金有定額。戶有定數。不必設官計戶點名。亦不必拘以正月下場。十月閉場之程限。但責任有司官用心提調。依各處里正例立排子頭催辦。俾每歲徵糧例照元額徵納。則自安生計。不致失所矣。如匠戶一項。隨朝所取匠人。與外路當工者不同。在京都者月給家口衣糧鹽菜等錢。又就關鋪席買賣。應役之暇。自可還家工作。皆是本色匠人供應本役。雖無事產可也。外路所簽匠戶盡是貧民。俱無抵業。元居城市者。與局院附近。依靠家生。尚堪存活。然不多戶也。其散在各縣村落間者。十中八九。與局院相隔數十百里。前迫工程。後顧妻子。往來奔馳。實為狼狽。所得衣糧。又多為官司捎除

隨處濫設局官三員。與史司吏庫子祗候人等。各官吏又有老小及帶行人。一局之內。不下一二百人。並無俸給。止是捕風捉影。蠶食匠戶。以供衣饍。人匠既無寸田尺土。全藉工作營生。親身當役。老幼何所仰給。如抄紙梳頭作木雜色匠人。何嘗知會絡絲打線等事。非係本色。只得顧工。每月顧錢之外。又有支持迎往之費。合得口糧。已准公用。工作所獲。不了當官。計無所出。必至逃亡。今已十亡二三。延之數年。逃亡殆盡矣。今後除隨朝匠戶外。各路局院宜悉令有司管領。量設局官一員支給俸祿。其餘職名盡行革去。照依水馬站例。於有稅戶內簽取人匠。除其稅徭。令願匠當工。如本戶自能當匠。或顧匠願入局受顧者聽。庶貧難下戶。可免顧工。又得顧錢以贍其家。自然人匠不至逃亡。工程易以辦集。凡此所言。皆在民間。得之目覩。田野利害。無因上達。而朝廷清問。不及下民。似此弊端。何由知之。所宜早加整救。使民得安心而奉公。官不勞力而辦事。於國於民。兩得其便云爾。續在湖南。每以戶計未盡底蘊。赴有司投進附錄于此。聖朝定奪諸色戶計。實為得法。或有未盡善處。非朝廷之失也。不得周知民間之疾苦故耳。若使知之。安得不從而改之。聖朝以仁慈為政。何嘗一毫損民之事。如水馬站戶與之除糧免差。糧資廷以補辦祇應。可抵里役。如金戶辦金。則就推本戶合納之稅。如匠戶當工。則官支口糧以贍養之。如竈戶燒鹽。則給以工本。銀場煉鍛。既給工本。又與口糧。計所入之課程。足與買價無異。朝廷不以屑較者。將以優恤百姓耳。寧過費於公儲。不以重困於民力。愛民之厚。於此可見。今各處巡尉司設弓手。少不下三十名。多者至百名。各路縣獄司設禁子。牧民官各衙設祇候曳刺。率土皆為王民。差使特分內事。既免糧以優之。而有

司不與開除。乃令私戶分任包納。於合輸糧額之外。別立名項曰包米。考古證今。所未嘗見。若以別色戶計排之。朝廷豈獨靳此數百石之米。但承流宣化者不得其人。尸餐苟祿。不以轉達耳。若朝省知有此弊。決不肯作此害民之舉也。移說免之糧。而加於庶姓之家。何分厚薄於磚瓦而受此池魚之殃邪。且弓手祇候曳刺。禁子與水馬站匠金竈等戶。又有勞逸之相懸。站有消乏。金須本色。竈欲辦課。匠不離局。設有不及。詞責踵至。所准稅糧。豈了供給。而弓手祇候曳刺禁子等戶。役甚優閑。無費於己。又可肥家。不知何名而與之免糧哉。當今四方無虞。盜賊消鎖。巡尉之名。有若虛設。遇有煙火逃亡詐偽等項公事。巡尉司一番買賣。弓手遍擾鄉落。排門受攤。指之害。聽突叫罵。雞犬不得寧焉。閭閻吞聲。無所告訴。如祇候曳刺分入各官門下視同

私人。任以腹心。公行關節。倚借氣勢。驕脇吏民。凡有公訟。必先達於祇候。而後得通於官長。每日根隨到公廨侍立問事。有衙番錢。皖喚錢。行杖錢。多立名色。所變不少。禁子在獄囹中。則有直監錢。燒紙錢。好看錢。遞飯錢。百端需求。囚人俯首聽命。莫敢誰何。此數者少出倍入。利多害寡。更得免糧。誠為過矣。既與免糧。乃令稅戶與之包納。以詩禮閥閱之家。而與小夫賤隸代輸戶糧。出於無辜。甚為不平。如蒙垂聽。將包納之米。仍令各戶自認輸官。正供使命之末。初無重難。雖不免糧。亦可也。如或不然。照各色戶計一例關除。庶不致偏負累及於稅家。更或不然。徑令包糧稅家自行應當。前後雖不除糧。亦所甘心。此事甚易改正。惜乎未有言之者。惟明良採納焉。

一怯薛。古稱侍衛禁直左右前後之人。今謂之怯薛歹。以今做古而古者為數甚多。立名甚繁。今之名數。視古頗簡。周禮天官冢宰曰膳夫。曰庖人。曰内饔。曰外饔。曰漿人。曰烹人。曰籩人。今之博兒赤也。曰幕人。曰司服。曰司裘。曰内宰。今之速古兒赤也。曰掌舍。曰掌次。今之阿察赤也。曰閽人。今之哈勒哈赤也。曰縫人。曰屨人。曰典婦功。今之玉烈赤也。曰宮人。今之燭刺赤也。古者分以職役。定以等差。用當其人。人當其任。是以人無覬覦。各守分義。今則不然。不限以員。不責以職。但挾重賞有梯援。投門下便可報名字。請糧草。獲賞賜。皆名曰怯薛歹。以此紛至沓來。爭先競進。不問賢愚。不分階級。不擇人品。如屠沽下隸市井小人及商賈之流。軍卒之末。甚而倡優奴賤之輩。皆得以涉跡宮禁。又有一等流官胥吏。經斷不敘。無所容身。則夤緣投入。以圖陞轉。趨者既多。歲增一歲。久而不戢。何有窮已。夫怯薛之名將以

侍君側。直禁廡也。今乃出入私門。效奔走於卓塵馬足之下。實當怯薛者十無二三。且各官門下之怯薛。非天子根前之怯薛也。冒奉上之名。以供私家之役。此為欺罔之甚者。安而行之。不以為意。今各色怯薛。除近行人外。其餘投入者。但知怯薛官排子頭為使長。歲時餽遺。朝夕根隨。給假還家。去來原給所請糧草。分要過半。四怯薛輪當三日。例蹡九日。而三日之内。未嘗執役。但早晚詣各門下見面呈身而已。富者財力一到。便可幹別里哥早得名分。貧者苟焉棲身。以叨竊恩賞。誑上慢下。莫甚於此。今一人歲支糧十石。表裏段疋。馬草料。或三年四年。散鈔一百三十錠。以有用之財。養此無用之人。實於朝廷有損無益。諸王公子。例皆如此。進身既易。為弊滋多。愚臣不肖。忝名正宮位下輿刺赤身役。三年于茲。稔知其弊。常切自笑。每歲朝廷支糧給衣。以養我輩。何補於國哉。今江北江南富家巨室。夤緣求至者。不計其數。縱賭撑舍。略不愛惜。鞍馬騎從。有似貴遊。或以坐子為家。或取樂人為妻。似此之流。大傷風化。究其所因自韓光甫以說謊出入於脫火伯之門。不及半年。便除杭州府判。人爭羨慕。謂投當怯薛者。即可得六品管民官。扇惑富豪之民。妄生奔競之心。皆其有以召之也。近觀朝省有嚴行分揀之令。私竊自喜。遭遇聖朝。行此善政。雖被斥逐。實所甘心。豈謂各官頭目。顧為私謀。不恤大體。其勢必不可行矣。若去一人。雖國家得省一名之虛費。而各官未免失一戶之供給。取辦於公。而歸利於私。宜其百端阻當也。今遽改前令。停罷分揀。固見聖德之寬容。然以為不當分揀。則宜拒絕於聞奏之初。如以為必合分揀。豈宜變易於已准之後。王言如絲。渙號猶汗。使既出而可以復

反覆姦欺，觀瞻不可掩也。萬世青史照明之，何哉。如速古兒赤、博兒赤、慍都赤、燭剌赤、昔寶赤、玉烈赤、阿塔赤、八兒赤、禿赤等職員。皆君側必用之人，所不可少者。今後宜限以名數，擇其人品。又以所職貴賤高下，定其出身之例。既有名闕，方許選補，則人心自無過望，而國家不至濫恩矣。如必闍赤一項，今省部臺院諸司應有所用掾史奏貼，無非天子之必闍赤，皆執所役。豈有定員，不必又設此虛名也。如怯憐口係蒙古人外，若漢兒皆是有產百姓，今既民間當差是矣。普天率土，盡是皇帝之怯憐口。何為更刱設職。今正宮位下怯憐口有總管府所管戶計，又有四怯薛官所管身役，殊不知在怯薛中者，乃百姓避役投充，以希斡耳朵賞賜耳。若將見在數目收作投下戶計，各令還家辦課，通係位下總管府管領，既免朝廷供給之虛費，又可為正宮增辦之實利也。如輿剌赤一項，各庫錢帛已設庫官六員，又有庫子司吏人等，即是輿剌赤之名，豈可任出入收支之責。何須重役濫設。更有皇太后位下各色怯薛，今已終喪，猶擁虛語，循例供給，費破不資。稽之古典，實出無名。所宜盡行放散，使之各務本業。如准所陳行之，自可免分揀之多事也。每歲國家省粮數十萬石，段千數千萬定，歲收草料三中之一，足了支持，而百姓亦免鹽折草之料。官省其勞，民受其利，誠為兩得矣。既有職役定員，則挾貲投入者無所容力。既有出身定例，則別里哥選不禁自無。此國家無疆之休，子孫萬世之利也。

一、僧道場自唐虞三代以來，國祚延長，羣生康泰，不聞有釋老也。三國六朝以後，僧尼道士，始布滿天下。求福田利益者，不一已則之。釋人君好尚，往往過之。夫福非如粟帛，登實可求而取之物也。上好儉則民財豐，輕力役則民不困，養生送死無憾，則四海皆躋於仁壽之域。民生安樂，便是好事。獄訟無冤，便是布施。何必張浮費事繁文，泥金檢玉，而禱之於虛無也。一僧一道之祝延，不若百姓羣黎之同願。一寺一觀之祈禱，不若千門萬戶之齊聲。古諺云福從贊歎生，正此謂也。西方乃佛生之地，佛聖人也，安肯作威福以要人之敬奉。佛教以慈以貪殺始，不傷生不害物為好事。故云即心是佛也。何嘗以陳玉帛嚴香燈，晨夜誦經禮拜，崇於殺人，致祭繼何詠懲，而名曰做好事哉。今國家財賦，半入西番。紅帽禪衣者，使公然出入宮禁，舉朝相尚，莫不傾貲以奉之。此皆庸僧作此妖孽，非佛之爲心本性也。道家以老子為宗，惟在清淨無為。祖師係赤松子的孫，惟求辟穀棄人間事。今張天師縱情姬妾，廣置田莊，招攬權勢，凌轢官府，乃江南一大豪霸也。其祖風法門，正不如此。諸佛三清在天之靈，不可誣也。往往嗣法者失其初意耳。愚民俗子不知所以為佛、所以為天師者云何，但見髡其頭，即指為佛，黃其冠，即指為天師。雖百喙不能解其惑。其可為世道一慨。朝廷特加寵異，另立宣政院、道教所，以其棄俗出家，非有司所可統攝也，而乃恃寵作威，賄賂公行，以曲為直，以是為非。僧道詞訟，數倍民間。如奸盜殺人，諸般不法之事，彼皆有之矣。學釋老者，離嗜慾，去貪嗔，異乎塵俗可也。而艷妻穠妾，汙穢不羞，奪利爭名，奔競無已，雖俗人所不屑為，甚非僧道之宜然也。僧道之盛，莫甚今日，而僧道之弊，亦莫甚今日。朝廷若不稍加裁抑，適所以重其他日之烈禍也。能律以禮法，制以分義，使不至於驕奢無度，敗壞宗風，乃為敬奉之至矣。今各寺既有講主長老，各觀既有知觀提點，足任管領之責。隨路又濫設僧錄司道錄司。各縣皆置僧綱威儀。反為僧道之蠹。所宜革去也。且僧道另設衙門。三代以下前所未聞。亡金棄人尚鬼。故立二司。與民官鼎立而三。豈謂盛世聖朝。不師古聖王之常法。而踵殘金之弊政耶。況為僧錄道錄者。皆無賴之徒。立談遇遂授此職。便與三品正官平牒往來。以白身之人。一旦居此榮貴。得之既易。視之亦輕。宜乎逞私妄作。而無復顧藉也。近令憲司糾劾文卷。僧官跼蹐知懼。而僧人皆喜得安。此明驗也。所欠道家。猶未一體刷卷耳。若僧道中有棲心寂滅。息念塵寰者。必不自絓憲綱。雖無假官府可也。若行止不檢。身陷刑戮。亦佛法道教之所不容。宜令有司管領。嚴行究治。罪狀明白。比之常人。更加一等。斷遣還俗。彼亦甘心。今僧道不蠶而衣。不耕而食。皆得全免縣役。而愚民多以財產托名詭寄。或全捨入常住。以求隱蔽差役。驅國家之實利。歸無用之空門。視民間輸稅之外。又當里正主首。又當和顧和買。非惟棄本逐末。實是勞逸不均。令後寺觀常住稅糧。宜准古法。盡令輸官。俟其有佛法高妙。道行絕倫者。徒眾推舉。然後蠲其縣役。除其稅糧。庶可養成清淨之風。亦足激勵澆薄之俗也。外有白雲宗一派。尤為妖妄。其初未嘗有法門。止是在家念佛。不茹葷。不飲酒。不廢耕桑。不缺賦稅。前宋時謂其夜聚曉散。恐生不虞。繼加禁絕。然亦不過數家而已。今皆不守戒律。狼藉葷酒。但假名以規避差役。動至萬計。均為誦經禮拜也。既自別於俗人。又自異於僧道。朝廷不察其偽。特為另立衙門。令宗攝錢如鏡恣行不法。甚於僧司道所。亦宜革去。以除國蠹。以寬民力可也。

歷代名臣奏議卷之六十八

治道

元成宗時。鄭介夫上奏曰。切謂釋道之教。與夫子之道並立為三。不知釋道之所謂教者何事。背棄君親。毀滅綱常。捨本逐末。以此教人。可乎。明知其非而趨從愈廣。蓋闢之者不針其病。彼得以有辭。謂世間無佛無仙不可也。誠有之。一言以蔽之。曰無用耳。於國無益。於人無濟。雖宗而事之。將焉用之。夫聖人之道。不可一日無。三綱五常之理。不可一日缺。百姓恃此以自存。無此則不能以一朝居。雖無佛可也。無仙亦可也。況彼二者之說。不過竊聖道之緒餘耳。夫子之所不屑為。彼方挾此以自高。夫子豈不知佛之為佛。仙之為仙。以其不切於日用常行。故未始言之。昧者反謂佛能超世。夫子不能免於世。佛為上一截事。夫子為下一截事。故夫子之不及佛也。噫。為是說者愚亦甚矣。殊不知夫子正是上截事。佛乃下截事耳。季路問事鬼神。子曰。未能事人。焉能事鬼。敢問死。曰。未知生。焉知死。此一章乃三教是非之所由分也。謂佛超世者。以其入聖而不淪於鬼趣。長生而不與俗同腐也。謂聖人不免於世者。以其猶未能脫然於鬼與死也。其言固高矣。不思天下百萬億蒼生。豈能盡為佛。盡為仙乎。能超世者。寧幾何人。泝古及今。或得一於千百中。或閱數世而不得一焉。正自不能免於世也。三綱淪而九法斁。禮樂崩而陰陽隔。人之類滅久矣。安得有所謂佛與仙邪。夫子所以不言者。蓋為世道深長思也。君臣父子夫婦。人之大倫。人稟天地之靈以生。幼學壯行。期為世用。於人之道未能了。何暇問鬼。於生之理未能知。何暇問死。能無忝於為人。能無負於此生。然後反而求之。可以免輪廻。致不死耳。非佛與仙為下一截事乎。況今之奉佛求仙者。逐風吹影。懵不知佛與仙謂何。祖風法門云何。如達磨面壁九年。維摩不二法門。止為身計。何嘗施禍福於人。亦未嘗要人之敬奉。後人為之莊嚴儀飾。誦扇惑愚民。非佛之真性也。張道陵遠處深山。薩真人一瓢自隨。厭與俗接。何嘗妄有希求於人。人亦不敢輕有所與。後來設立符籙醮禳。誑取錢物。非祖師之初意也。今見披禪衣者便拜為佛。見戴黃冠者即稽為仙。彼猶自身尚不克保。何能及人。乃欲賴之以祝聖躬之壽考。祈國祚之[illegible]長。黎庶之安樂。非大愚而何。往年留都下。見帝師之死。馳驛[illegible]小[illegible]師來代。不過一尋常庸俗耳。舉朝上下。傾城老弱。郊迎望風頂禮。羅拜道旁不知所敬者何。所慕者何。其愚一至於此。武力排其非。反招怨。指為毀佛謗道。幾若湯沐不可解者。今以出於祖師之口者解之。則可釋然矣。昔達磨自南天竺來。梁武帝詔至金陵。問曰。朕造寺捨經度生。不可勝紀。有何功德。師曰。並無功德。此但天人小果有漏之因。

如影隨形。雖有非實。此語足以解求福田利益者之惑。陳摶隱華山。宋太宗召至闕下。延入宮中與語。使宰相宋琪等問曰。先生得玄默修養之道。可以授人乎。對曰。練養有術。縱使白日升天。何益於治。今聖上洞達古今。深究治亂。正是君臣合德致治之時。勤行修練。無以加此。琪等表上其語。上喜甚。斯言可為求神仙者之鑒。愚冥之徒。不知取法於此。輒取其無稽之論。公卿士庶。合情勤奉。稍有怠慢。懼禍目前。隨所愛欲。無不聽從。胡不思此輩妖妄。上不足以裨國政。下不足以澤群生。中不足以潤身屋。竭有用之財。事此無用之物。吾不知其何心。尚論其祖風法門。數椽以庇風雨。禍外視猶傳舍。何假乎廣廈千間。琉璃萬瓦。一鉢以供晨夕。身外皆為長物。何貲乎千倉萬箱前驅後從。今天下大寺觀租入鉅萬。徒衆千百。饗用過於宮禁。積蓄侔於邦賦。為長老觀主者。嘗求而得之。標題華麗。珍具畢陳。擁妓宴飲。連宵浹旦。佃客火工。男女雜襲。蠹政侵民。無所不至。經理營運。結納官府。不異於庶姓人家。教門至此。掃地盡矣。若不少抑。為禍滋深。殆有不可勝言者。唐會昌間。為僧尼耗蠹天下。命併省佛寺。上都東都各留二寺。上州留一寺。中下州並廢。分為三等。上等留僧二十人。中等十人。下等五人。餘僧及尼皆勒歸俗。通毀招提蘭若四萬餘區。收良田數千萬頃。奴婢十五萬人。歸俗僧尼二十六萬五百人。真是快活條貫。宜體此意。先將西番大師留京都者。以禮敎遣。悉令還國。外而天下寺觀錢糧。揭使輸官。其游手惰農之夫。蠶食常住無異俗人。各令歸農務本。如果有德行真修[illegible]枯絕慾之士。雖無補於世用。然息念離塵。亦有可取。但官給日米二升。料錢二貫。歲絹五疋。許置從二名以供使令。每名日米二升。歲布二疋。如此待之。亦云足矣。設或果有真佛出現。當如韓文公所云。容而接之。禮賓一設。賜衣一襲。

衛而出之於境。不令惑衆也。若夫神仙。潛形遁跡。不輕於降臨塵間。人亦不得而見之。使可見可接。則非仙矣。然舉此甚難。悟此甚寡。知之者衆。罕不可破。非有高明特達之見。洞察其理。深明其妄。不足以語此。惟聖朝其採擇焉。

介夫又論邊遠狀曰。邊遠之任至甚不輕。古王者之遣將也。跪而推轂曰。閫以內寡人制之。閫以外將軍制之。故邊將咸得以便宜從事。朝廷不得而專之。無他。謂其諳於風土。習於形勢。又知其人之可用與否。以之臨事。如身之使臂。臂之使指。莫不順意。若待朝廷選官分任。無非紈袴膏粱之子。刀筆筐篋之吏。不習兵事。不歷艱難。到彼無所用焉。故昔者邊鄙用人。每歲給降空頭宣敕。令帥臣就便補擬類名中奏而已。以其所用之人。出乎常調之外。非特文墨議論者所可制其短長之命也。且就安避危。人之常情。萬里之遠。煙瘴之區。在常選中者。必不肯往。黃石公軍勢曰。使智使勇使貪使愚。使智者樂立其功。勇者好行其志。貪者急趨其利。愚者不計其死。若非至貪與至愚。誰肯離妻子去墳墓置身於必死之地。其有輕生好名之人。激節赴義之士。不顧父母之遺軀。求陞數級之資品。朝廷亦何吝一紙虛名以勉勵之。然今日未嘗無邊遠選。固有准保定奪者矣。但保舉之初。欠於立法防奸。區用之後。失於計功覈實耳。如雲南甘肅八番兩江等處統帥藩臣。一赴闕下。便行保人。就於京都旋揑前資。以所保之品級定價例之重輕。多者百錠。少者亦三之二。或盡數納足。或先與一半。或立利錢文書。呈解到省。官可立得。以此淹困仕人。街市富子每聞一帥臣至。則爭先求之。並未嘗涉歷塞庭練習邊事也。處於豢養者不吝貲財。苟圖根脚。又為改仕之謀。出於微賤者僥倖榮名欣無事徒。何濟緩急之用。近而江元帥黃普剌不花累保得除者幾及百數。續明里馬合麻元帥踏其故轍。公然賣保。聲跡頗張。甚為不雅。今有劉八都兒平章在都。而技門下求保舉者。又將紛然而至矣。遂致邊鄙失得才之實。朝廷負濫爵之名。皆諸帥不忠誤國之過也。更有甚於此者。今八方按堵。烽燧不驚。正無事於窮征遠討。但務安集故地足可矣。往者劉鄭二帥妄開邊釁。以致雲南小有不安。尺地皆祖宗之遺業。一民皆祖宗之赤子。不宜置之度外。如八百媳婦之國。素不沾化。縱令盡有其土地人民。初無益於聖朝之萬一。生事之臣。但知可以要功希賞。不知有損於國家甚大也。且外夷小醜。何足芥蔕。服不能為國之榮。叛不能為國之辱。得之不足以加國之富。失之不足以致國之貧。故古聖人以不治治之。不計其去就也。昔傅介子以偏使斬樓蘭王。鄭吉以騎都尉發諸國兵破車師降日逐。威振西域。馬奉世因使大宛。矯制擊莎車平諸國。凡此者。皆未嘗出於朝

廷之命也。不假乎遣將調兵。無煩於運輸供給。用得其人。則自能集事。若待稟命而行。整堂堂之陣。出師數萬里之遠。驅不安水土之弱兵羸卒。而投之不毛之地。虎狼之口。宜其將亡兵喪。外損國體。內傷國用。蓋必致之理也。今後遠方之事。一切委任邊將。借以予奪黜陟之權。責以內守外攻之效。聽其擇人而使。伺隙而動。可以進則取。不可以進則守。其有赴闕朝現者。乃臣子之彝禮。慰諭勤渠。賜宴增級足矣。不許在都以白呈濫保。凡有合用之人。並從本處公舉。完發轉申移咨都省。隨其所擬職名。即與准給宣敕。若不由各省咨來者。別無定奪。則帥臣不得以容其奸矣。既除之後。考覈真偽。有已受不任而措徑他求。或已在不職而就誤官事。並須罪及本人。罰及保官。則求仕者揆已無能。自不妄求。保舉者量才無取。必不輕保。而邊境獲真才之用矣。果能如傅介子輩卓有所立。不貲朝廷毫髮之費。而遠拓疆土之廣。則優加旌賞。以示激勸。此用人之微機。安邊之要道。善謀國者之長策也。

介夫又論抑強狀曰。漢書所稱游俠。即今之豪霸也。其時貴臣如竇嬰田蚡之屬。競逐於京師。布衣如劇孟郭解之徒。馳騖於閭閻。立氣勢。作威福。結私交。連黨類。權行州域。力折公卿。凡此者。皆亂之所由生也。豪俠之輩。代不能絕。世降俗末。流弊滋甚。古之豪霸。猶能賑窮周急。謙退不伐。色取仁以合時。好立虛譽以要權利。今之豪霸。所謂鄉人於國門之外者。真生民之蠹。國家之賊也。然有席祖父之勢者。有挾富強之資者。其下則有經斷官吏。閑廢於家。務為潑皮無賴者。人雖不等。均之為蠹為賊耳。憑宸主之威。執予奪之柄。死可使活。生可使殺。富可使貧。賤可使貴。此在朝之豪霸也。氣燄同寅。吞聲莫敢。威凌胥吏。挈令惟謹。借公道以縱賄賂。營私財以奪民利。此在官之

豪霸也。布置爪牙把握官府。小民畏奉餽遺填門其孳産視為己物。其妻子俾同奴婢。此在鄉之豪霸也。地雖不同。亦均之為蠹為賊耳。然在鄉者。雖為豪霸之公廢。而猶及於百姓則甚大也。且即在下而小者言之。凡有詞訟必須經手。若不稟白而徑陳之有司者則設穽尋隙。陷之於刑辟。已歸命於己。而官吏有不順從者。則别生事端累贓誣告。其虀粉可立而待也。威勢既成。動皆如意村落居民事之如父母。敬之如神明。郡縣守宰。順指氣使。俯首聽命而已。間有一二剛方自立。奮然出為寃民施一援手。僅能抑之一時。被罪遠家之後。故態依然。真是法制所不能及。禮義所不能移。朝廷便民之事。亦甚不少。微有一利。舉入豪家。而細民何嘗得沾濡沫之惠。使善政不能下逮者。盡此輩。有以阻之也。由此推其大者為患何可勝言。如朱張二家一驕死之盗賊耳。以言豪霸則渠魁也。皆向來朝廷寵遇之太過

奏議卷之六十八　六

所以養成今日之餘殃。原其始然。抑之不早。遂至身遭顯戮。禍及宰臣。此眼前之轍跡也。昔漢主父偃說武帝曰。天下豪傑兼并之家。亂衆之民。皆可徙茂陵。内實京師。外銷姦猾。所謂不誅而害除。武帝徙之。徙郡國豪傑及訾三百萬以上于茂陵。誠抑强扶弱之良法也。今後若有醜惡聞於鄉邑。聲跡播於中外。不必加以刑辟。但限以訾財若干。即遷之他郡。或徙之荒壤。視所犯之重輕。以定地之近遠。有訾不及者。則移於附近以五百里為限。根蔕既拔。枝黨自散。使良善咸獲安存。官府亦易振立。彼得以全軀保家。朝廷亦不至於多戮。少思去豪霸之策。無以加此矣。又曰。隆古無豪霸之名。自秦廢井田而兼并起。於是强者日富。弱者日貧。豪霸日興。殆不可遏。蓋强必凌弱。富必欺貧。貧弱不能與競。遂歸心服命於富强之家。理勢然耳。聖朝開國以來。軫卹民瘼。禁治豪霸。制令甚嚴。終莫能少戢其風。今上而府縣。下而鄉都。隨處有之。小大不侔。而蠹民則一。蜂起水湧。誅之不可勝誅。雖有智者。莫如之何。愚嘗日夜思之。不究其源。徒窒其流。未易以制也。制之之道。惟有井田一法。今不可得而行矣。蓋自古天下之田無不屬官。民不得而私有之。但强者力多。能兼衆人之利以為富。而乏力者不能自耕其所有之田。至於轉徙流蕩。先王授田使貧富强弱無以相過。各有其田得以自耕。故天下無甚富甚貧之民。至成周時。其法大備。畫地為井。八鳩五規。二牧九夫。以等其高下。溝洫畎澮。川涂畛徑。以立其堤防。疆井既定。無得侵奪。雖欲貪并。亦不可得也。商鞅用秦。規則寖弛。已不復有井田之舊。於是開阡陌。阡陌既開。乃有豪强兼并之患。富者田連阡陌。而貧者無置錐之地。然猶不明説田在民也。官不得治。而民得自占為業耳。迨于漢亡。三國並立。兵火之餘。人稀土曠。當時天下之田。既不在官。亦終不在民。以為在官。則

奏議卷之六十八　七

官無人收管。以為在民。則又無簿籍契券。但隨其力之所能至而耕之。元魏行均田。稍亦近古。唐因元魏而損益之。為法雖善。然令民得賣其口分永業。始有契約文券。日漸一日。公田盡變為私田。先王之法由是大壞。天下紛紛。互相吞并。而井田永不可復矣。民得自有其田。而公賣之。官安得而禁制之。田既屬民。乃欲奪富者之田以與無田之民。禍亂群興。必然之理也。董仲舒在武帝朝。此時去古未遠。井田之法。尚可追也。乃曰。井田雖難卒行。宜少近古限民名田以贍不足。言甚善而未克行。至哀帝時。孔光何武曰。吏民名田無過三十頃。期盡三年。而犯者沒入官。時丁傅用事。董賢隆貴。不便於己。遂寢其行。夫三十頃之田。周民三十夫之田也。以一人而兼三十夫之田。亦已過矣。而期之三年。以太迫蹙。為今之計。豪强卒難禁止。惟有限田之法可以制之。酌古准今。宜為定制。每一家無論門閥貴賤。人口多

寡。並以田十頃為則。有十頃以上至于千頃者。聽令分析。或與兄弟子姪姻黨。或立契典賣外人。止存十頃而止。或敗亡而所存不及十頃者亦聽。十頃以下至于一畝者。許令增買。亦至十頃而止。寬以五年為限。如過限不依制而田富如故者。除十頃外並沒入官。然官不歸於公。仍將沒官田名賣與貧民。所得田價。一半輸官。一半給主。彼富者亦甘心而無辭。不出十數年。而豪強不治而自無矣。此法不驚民。不動衆。不用井田之制。而獲井田之利。使周公復生。亦何以易此哉。然寺觀布滿天下。田業過於巨室。卒未能如會昌之併省廢毀。而僧道恃無差發。因而廣置田宅。使奪民役。為禍不小。亦宜立限分為三等。大寺觀不得過十頃。中止五頃。下存二頃。有過制者。依上沒官。亦足以少抑僧道之僭踰也。良法美意。無加於此。以數千年未全之規。一旦復見於今日。豈非超古之事業。太平之盛觀歟。惟慮左右之臣如丁傳等。恐妨於己。百端阻當。有不得行焉。必須斷以決之。不問於讒。執而守之。克底于終。而後有所成也。惟聖朝其嘉納焉。

介夫又論閱武狀曰。取兵於民。最為近古。計戶簽軍。乃國家之良法。亡宋弛於軍政。用錢雇軍。以有限之國儲。供無窮之戰役。遂至兵盡國亡而不可救。此何也。蓋之廢撤也。國家自車書大同之後。誠偃武修文之時。既未尚文。又不事武。文武兩失。非計之得也。未治不可恃安不可偷。天命靡常。難保其長如一日。廟堂之上。習於安娛。轅門之中。恬於豢養。兵不知律。將不知兵。國不知將。一旦走檄傳警。以弱將冗兵投之敵前。小出則小挫。大舉則大敗。何異驅市人而置之死地耶。昔之為元帥為萬戶。為千戶鎮撫者。皆是披荊棘。冒矢石。身經百戰。萬死一生。然後報之以此職名也。今子弟承蔭。不為降資。是不忘其父而惠及其子。固見朝廷之厚德。然承蔭者。例皆弱冠乳臭之子。着衣喫飯之外。他無能焉。忝賴世賞。賸膺異擢。若再有軍功。則以何爵賞之。夫兵凶器也。戰危地也。豈可使不歷事之小兒。以當一面之重任哉。兼向出於海放者。今皆無軍可管。虛擁宣敕牌面。子弟亦復承襲。尤為冗濫。可盡減併也。軍人自混一以來。父不知兵。昔之善戰者壯而老。老而死。所餘今無幾矣。都城之下。禁衛軍卒。與歲稚替應役。條來條往。互換代名。甫諳兵事。又復還家。叢皆游惰之夫。豈識戰為何事。外路鎮守者。不閑兵革。不習騎射。升斗之糧。不了供給。汲汲為買賣謀生為餬口贍家之計。況各處軍官頭目。不思分鎮軍戶乃國家之士卒。而以該管軍人為櫛己之丁夫。或令報役私門。或遣營運遠方。上失備禦之謀。下奪農商之利。雖名為軍。實與百姓等耳。似此之徒。使之臨敵制勝。惟有束手就擒。雖千百不足以當一二也。昔唐太宗引諸衛將卒習射於庭。諭之曰。邊境少安。則逸游忘戰。是以寇

來莫之能禦。今不使汝等穿池築苑。專習弓矢。居閑則為汝師。寇來則為汝將。於是人思自勵。數年之間。悉為精銳。夫穿築之事。自有民役。唐立租庸調法。每丁歲役二旬者謂此耳。今後軍官子孫。宜擇有器識才力者。比民官承蔭之例稍優一等。待其又習戰事。顯立軍功。然後復之以祖父之職。軍戶宜點其丁壯強悍者。永當官身。勿令交換。朝夕訓習騎射。優其衣糧。更立賞格以激勵之。夫將不在多。兵不在衆。若訓練之精。蒐閱之勤。將為勇將。兵皆勝兵。孰有當其鋒者。此事似緩而實急。長計遠慮者所宜究心也。

介夫又論馬政狀曰。古今立國。未嘗忽於馬政。蓋以邊庭守戰之備。馬不可缺。而車輦出入。百官擁從。及檄書交馳。郵傳迭發。尤不可一日無也。國朝開基以來。以牧放為俗。羊馬之群。遍滿谷野。生長草地。不假喂飼之勞。隨意所用。如取廄中。是以出兵行師。所向無前。皆資

馬之力也。近年偃武之餘。用馬日少。故於馬政。不復介心。古者給價換馬。已非長策。今乃刷馬民間。尤為弊政。且南北之風土不同。生長於南者。則不禁其冷。生長於北者。則不禁其熱。隨其土產之宜而用之可也。若刷東南之馬。以供西北之用。則立見其死亡耳。又兼牧於野者。安於水草。習於馳驟。以之臨敵。易於鞭策。畜於私家者。飽以芻豆。勤於剪拂。一旦置之荒郊。便已瘦弱無力。況當矢石之衝。何濟於用。朝廷失於計畫。苟且目前。不循廣馬之成規。而行刷馬之下策。雖曰和買。何異白奪。且刷馬之政。出於亡金。其時隣敵交攻。疆土遙削。未免刷之民間以應一時之急耳。堂堂天朝。不宜蹈襲亡國之遺轍也。兼刷至之馬。實無所用。而民間之怨。皆歸於國。甚非經久之計。今民間皆畏憚不敢養馬。延以歲月。民馬已歸。萬一國家急欲用馬。何從而得。宜及閑暇早為之謀可也。唐初得牝馬三千匹從之隴右。令

張萬歲掌之。蕃息至七十萬匹。分為八坊四十八監。各置使以領之。是時天下以一縑易一馬。及玄宗以王毛仲為內外閑廐使。東封之日。有馬四十三萬匹。牛羊稱是。此已然之明效也。今國家之地數倍於唐。水草美處。盡在版圖之中。擇宜牧之地。各設牧馬監官。給牝馬。選用能吏。使專牧馬之權。重之以職任。優之以俸祿。責之以成效。不十數年。馬不可勝用矣。向來家自為牧。衣食之資。皆仰於此。取其餘而用之。猶且不竭。況今以全盛之國。又助之以官府之力。因其舊俗而行之。亦甚易事。何必以刷馬為政。徒結怨於民間也。

介夫又上疏曰。近覩朝廷庶政更新。廣開言路。愚嘗條摭二十餘事陳之省臺。自謂言當乎理。事當乎情。可以少裨聖政之萬一。而乃視為迂疎不切之論。為泛常虛調之行。外示容納。內懷猜疑。展轉數月。竟成文具。古人謂忠言逆耳。夜光按劍。良有以也。苟祿素餐。固可蒙

敍。皇天后土。豈堪厚誣。未幾八月初六之夕。京師地震者三。市庶恂悔莫知所為。越信宿而衛輝、太原、平陽等處。馳驛報聞者接踵。雖震有輕重而同出一時。人民房舍。千損八九。震而且陷。前所罕聞。迄今動搖。勢猶未止。亦可謂大異矣。春秋二百四十二年之間。災變迭出。而地震者纔五。國家自十數年矣。凡三見之。以今考古。未有若此之數數也。漢哀帝初。水出地震。李尋對曰。四方中央連國歷州俱動者。其異最大。關東數震。未為大遁。近者之震。連亘西北數千百里。而東南亦皆搖撼。以古證今。未見若此之廣且甚也。安得不謂之大異乎。廟堂之上。謂宜朝不暇食。夕不安寢。思所以更絃易轍。為消禳息變之策。方且恬然自安。不以經意。何異乎依危幕而不知懼。履春冰而不自覺。世無是理也。必明其致震之因。而求其安震之道。則庶乎其可矣。夫地道柔而靜。無故而動。以為地之變。殊不知地無附麗。實依

於天之中。地亦氣中之一物耳。先賢謂天形如雞子。天殼也。地其黃也。日月星辰。黃外之白也。易曰。天行健。君子以自強不息。故天圜而獨運於兩間。一氣周流。循環無已。則地得以遂其資生之性。若天運有一息之間斷。而地不能自存矣。故其變也。為震為裂為崩陷為水涌。為草木枯傷。皆由此也。如人之一身。一日一萬三千五百息周而復始。若一息不順。則肉瞤膚蠕。壅而為癰疽。逆而為癥瘕。故曰。陽用其精。陰用其形。精損則形傷。蓋必然之理。天為乾。為陽。君道也。地為坤。為陰。臣道也。天運愆忒。故地道失常。驗之於人。則知臣職之不舉。亦由乎君德運量之未至也。傳曰。天氣下降。地氣上騰。二氣交而成泰。一有不交。則變而為否。竊聞古者人君每日視朝。不遑寧處。求欲上意下達。下情上通。故能致天下於泰和之域。又聞古者凡遇災異。必詔求直言極諫。冀有以補時政之不逮。達民隱之未知。故能感

格天地轉禍為祥。今得奏之臣有限。而奏事之日甚稀。憂變之忠雖至。而九重之邃不聞。君臣隔塞情懷莫抒。是猶天地之氣不交。安得不反泰而否乎。然則胡為天不示變而獨見之地震者。良由群臣不能順承天地。下遂萬物之情。故變見乎地以深儆之。固已明矣。何以言之。嘗觀漢史翼奉之言曰。地變為陰氣太盛。宜疏后黨親同姓。出後宮損陰氣。李尋之言曰。地震有上中下。上位應妃后。中位應大臣。下位應庶民。宜弱外戚。強本朝。崇陽抑陰以救其咎。或以言游畋土木。或以言宦臣嬖倖。或以言小人黨盛。各因其時弊而指斥之耳。以今日之人事觀之。閫儀嚴肅。女謁不行。如呂常之專趙揚之寵。無有也。後宮列陳。名不盈數。如三千一萬之充溢。無有也。秉國鈞者皆色目漢兒。未嘗一官任舅后之族。如呂霍上官之倦奢。無有也。數奏出納。非省臺不得與聞。未嘗一事出閹官之口。如恭顯魚程之專擅。無

有也。春秋出畋。循行故典。宮墻殿宇。一安舊規。如阿房複閣之畧樓船錦纜之侈無有也。然則致是變也。既皆非此之故。則當歸之執政大臣矣。今大小政事。總於都省。有奏皆惟無言不行。意欲若此。君亦從其若此。意欲如彼。君亦從其如彼。不聞天子以己意強用一官奪行一事。則官之不職。事之不舉。是誰之過歟。不聞天子以私欲行一不義。殺一不辜。則仁心之未被。德政之未敷。是誰之過歟。為執政大臣者。烏得以辭其咎哉。既得君又得時。又得可為之權。亦可以有為矣。使不可為。則諉曰非我之過。使得為之。而安於不肯為。愚不知其何心。且近來朝廷所行。其忤天意咈人心者。殆非一端。民之所欲。天必從之。使能取弊政一整而新之。民心既順。安知天意之不回乎。如直言所當求也。近雖容受陳言。可即行之。否即舍之。而乃反復議擬。動經旬月。議以為非。已同故紙。議以為是。亦成虛文。非時政之弊乎。

賢才所當進也。未聞朝廷因一言而知一人。由一能而擢一職。若非書尺轉送。必須勢援梯引。次則贄禮先容。賄賂取悅。舍此之外。決不能無因而至前也。近聞廉察交章以薦者不少。使果賢也。既不任之風憲。亦宜陞之民職。省咨委呈而至者亦多。使果有治效也。既不加以資品。亦宜賜之褒獎。今保在臺者。已成子虛。呈到省者。亦化烏有。非時政之弊乎。選法所當清也。近吏曹銓擬。縱私逾甚。集賢翰林亂保濫多。待除求進之人。接袂摩肩。不平之鳴。溢于閭巷。選法紊壞。日甚一日。非時政之弊乎。官冗吏繁。所當減併也。近聞置局商度。當否猶豫半歲。竟已寂然。夫添一官。則為民增一害。省一職則為民去一蠹。此理甚明。其事甚易。合存則存。合革則革。立談可決。延不用如此狐疑也。非近事之失乎。刑賞所當明也。近聞採訪使巡行各道。所斷官吏。皆絕知識。失計置之徒。若稍有智力者。已望風先為逭罪之謀

矣。潛形掩迹。必無避理。逢鼓求亡。誰不趨避。中以私情縱放。僥倖脫免者。何可勝數。大奸巨蠹。未嘗少懲。蓋巡歷之廣。閱人之多。豈非出類拔萃者。亦不聞薦一賢為國家深長計。以言乎刑。則未公。以言乎賞。則未見。非近事之失乎。俸祿所當均也。近增官吏俸米通支糧一十八萬餘石。外任分給公田。多歸於具員冗職。實勤王事。則不免乎號寒啼飢。內任雖曳紫懸金。立可企斷。而買桂炊香。居甚不易。縱益之以升斗之糧。莫能禁其尋尺之枉。徒多費太倉之累。實未得均祿之道。非近事之失乎。怯薛所當裁減也。近奏准分揀中外忻快。而各官掩護。力寢其行。良家有才無力之士。反不見取。軍站雜色。無賴之流。則當直自若。非近事之失乎。奔競所當息也。今求仕必須親身。陞等必待營幹。占朝市也。近山林一遠。有閉戶讀書。絕跡權門者。決無得官之理。又非時政之弊乎。法令所當定也。竊聞都城內外。近聞亦

有強盜夜劫之風。且關臨清以東。河西以北。私鹺私牛。猥籍官道。竊視官府若無所禁。雖都下正自不容。外路槩亦可知。是人心全無忌憚也。又非時政之弊乎。風俗所當正也。京關之地。教化所先。澆風大行。滅棄廉恥。南北之民。相習爲薄。鬻婦販子。絶恩離情。今天下皆急私而慢公。先利而後義。所關甚不小也。又非時政之弊乎。物價所當平也。近來鈔價賤物價踊。昔直一錢者。今直一貫。物直錢而鈔不直錢。若不改易鈔法增造銅錢。則民生之危蹙。殆未已也。又非時政之弊乎。學校所當崇也。而視爲不急之務。往往求進者因朝廷不以爲重。多不擇已而妄求。而朝廷亦以爲輕。故不擇人而准保。非惟主領失人。合學校虛設。而選法之壞。士風之薄。亦職此之故。又非時政之弊乎。備荒所當急也。近觀省部議行賑濟。檢撒戶帖。每石亦責伍伯。故糶官券每石一十六貫。百姓均爲皇帝之赤子。而限以有無戶帖之

分。米糧均爲皇家之公儲。而自爲高下價鈔之異。如今年闕食。止數處耳。未足以言荒也。或有甚於此。更直連歲之歉。出有限之見管。應未已之長飢。將何以救之。每年海道運糧。幸賴洪休。安然得濟。或過不測之風濤。一歲所仰。沒爲泥沙。將何以繼之。修舉儲蓄之條。置立義倉之策。執政者何不究心乎。僧道所當抑也。而紅帽黃冠。駢闐巷陌。二司頭目。分布郡縣。朝廷上下。仰之如日月。畏之如雷霆。而官府士民。嫉之如仇讎。惡之如蟊賊。使能祈請而獲福。禳度而免禍。必無地震之變矣。其爲虛妄。顯然可知。今一番災異。則一番好事。災異愈甚。而好事愈廣。豈天地示儆之至。專爲僧道布施之階。執政者何不深省乎。貢舉所當行也。雖業形於詔書。終然付之埋沒。今合朝官職。盡屬吏員。其進身也。既不出於文學。亦不由於選舉。問其吏則不知民間疾苦。問其儒則不通文理句讀。十數年後。儒之類滅。欲求識一

丁字者亦無之矣。雖未至焚書坑儒。而不焚之焚。不坑之坑。其禍尤烈於昔。此事大有關於理亂之故。執政者何不垂鑒乎。武備所當修也。今將帥重臣。皆承襲子弟。不經兵事之少年。軍卒戰士。乃互換替名。不習騎射之懦夫。一旦警生意外。驅弱將冗兵。投之敵前。其爲國家大計。甚可憂也。執政者何無遠慮乎。賦役所當平也。如軍站既已出力當官。每歲租入。僅了支持。而匠戶之貧窶尤甚。豈堪重併當差。飲恨吞聲。有言莫訴。如儒戶雖無劬勞。實關國體。傳曰。士之美者善養。吾君之明者善養士。今儒人之二稅既輸。初無損於公上。但與除免雜泛差役。少安其心。庶見朝廷樂育人材之意可也。如僧道戶計隱占過半。仍復全免。深爲不均。此事尤切於民。執政者何不動念乎。民瘼所當療也。近年以來。存恤之詔屢頒。而舉目之痍。瘝之和。昔虐之政罕有。而比屋交愁怨之聲。亦當思其所以然之故矣。今閭閻之

下。田里之中。冤民抑事。叢如蝟毛。雖罄南山之竹。莫能枚舉。而條陳然疏遠瑣碎之務。安得一一上煩朝廷。而朝廷亦無以盡知之。故漢相平勃。於決獄錢穀幾何之問。而謝曰不知。蜀相亮罰二十以上皆身親之。失於太察。蓋謂其各有司存也。使路府州縣牧民之官。任得其人。各盡所職。則凡可便益於民間者。自能盡舉。若任非其人。縱其殘暴。雖日嚴禁治之章。家至而戶曉。亦無救於百姓也。故曰。安民無他道。在乎知人而已。任賢去邪一事。尤爲廟堂之急先務。執政者豈可尙付之悠悠乎。凡此者皆致變之因也。究其所因而求其安變之道。亦無出於此。朝廷一舉一動之間。神明在上。昭不可欺。能盡目前當行之事。則無遠不通。無幽不格矣。昔陶侃謂禹惜寸陰。常人當惜分陰。今觀大臣群僚。皆持祿顧望。相與依違。堂食既升。一日又了。務爲淺者近者。不求其遠者大者。煖衣飽食。雖以忘憂。不思在下之窮

人飢寒所迫度日如年豈非易過也近朝廷究議一事至數月不得施行終歲之間尋堪幾議雖以司縣不能為理而謂負天下之寄可如是乎萬機之輻湊如水之趨海焉巨川三百支流三千奔忙雜沓莫之能禦日夜泄之以尾閭猶懼未竭乃欲持瓢抱甕區區以升斗計之其不氾濫於中土者幾希休運難逢良辰豈再異至不應災將隨之失今不圖則後禍未可知也常人之言曰地變因於天運天子宜減膳徹樂今吾君之服御供饌務從儉朴雖大禹之惡衣菲食不是過樂入如林非大朝覲而音律不入於耳愚以為膳不必減也樂不必徹也但使通下情貴實效內脩己德上應天心則天地之氣交而萬物咸通矣常人之言曰地變應乎中位大臣宜避位辭祿今都堂一新隆賚委任正是協贊扶危鞠躬致命之時當思體坤以承乾滅山而致吉愚以為位不必避也祿不必辭也但使庶事畢張群賢咸

集晉司盡職萬姓全生凡可以竭臣道之當為者無所不至則妖沴自消休祥自降德合無疆乃終有慶矣常人之言又曰凡變異之來宜布新頒赦減税放租以安人心以荅天譴斷言無稽必不可信傳曰無赦之國其刑必平故諸葛孔明之治蜀絕口不言赦而國以大治君肆赦之類徒以長奸貪資盜賊初無利於君子也奸貪盜賊乃覆載之所不容因變而復赦之寧不重神人之怒乎書曰懷保小民又曰以小民受天永命蓋天意所屬惟在小民若減放之多徒以繼富初無利於小民也彼終歲勤動僅食其力戶無税而官無租縱除免天下十年之糧而小民亦不沾分毫之賜富豪亂衆乃幽明之所同忿因變而附益之又非以重神人之怒乎為此謀者實無補於時政之闕失是猶田舍翁適遭患難横逆不知自反遽修因果以為禳灾徼福之計亦愚甚矣伏惟聖君賢相其拒之絕之介夫火隨禁真

愧乏才資屢名學官粗讀書傳而學拳愚忠不忍目中之無人遂吐平生之耿耿者既攄情無所覬望故出辭不避挭觸比見陳言不為少矣立奇者則不切時務希賞者則尋尚貢諛取合者則興利以啗國欲求其議論正大識見高明達變適時之士蓋十無一二也昔人有言忠臣不順時而取寵烈士不惜死而偷生愚雖未能自附於忠臣烈士之目而夙昔所期不肯多讓自度所言誠有益采不懼斧鉞再干天聽如以為可則見之施行國家幸甚生民幸甚

歷代名臣奏議卷之六十八